Manfred Hildermeier
Geschichte der Sowjetunion
1917–1991

Manfred Hildermeier

Geschichte der Sowjetunion 1917–1991

Entstehung und Niedergang des ersten sozialistischen Staates

Verlag C. H. Beck München

Mit 73 Tabellen, 8 Diagrammen und 1 Karte

Dieses Werk wurde gefördert durch einen einjährigen
Forschungsaufenthalt am Historischen Kolleg in München.
Träger des Historischen Kollegs sind der
Stiftungsfonds Deutsche Bank zur Förderung der Wissenschaft
in Forschung und Lehre und der
Stifterverband für die Deutsche Wissenschaft.
Ferner wurde dieses Buch durch
ein halbjähriges Stipendium im Rahmen
des Akademie-Programms der VW-Stiftung gefördert.

Für Clemens

ISBN 3 406 43588 2

© C. H. Beck'sche Verlagsbuchhandlung (Oscar Beck), München 1998
Satz: Fotosatz Janß, Pfungstadt. Druck und Bindung: Ebner, Ulm
Gedruckt auf alterungsbeständigem, säurefreiem Papier
(hergestellt aus chlorfrei gebleichtem Zellstoff)
Printed in Germany

Inhalt

Vorwort 9

Einleitung 13

Ursachen und Voraussetzungen

I. Der Untergang des Zarenreiches 25
    1. Agrarkrise und Bauernprotest 27
    2. Industrielle Entwicklung und Arbeiterfrage 32
    3. Sozialistische und liberale Opposition 41
    4. Liberale Revolution und ‹konstitutionelle Autokratie›
       (1905–1914) 49
    5. Das Alte Regime im Krieg 55

II. Gescheiterte Demokratie (Februar–Oktober 1917) 63
    1. Die Februarrevolution 64
    2. Doppelherrschaft 72
    3. Koalition der Vernunft 80
    4. Arbeiterbewegung und bäuerliche Revolution 88
    5. Der Aufstieg der Bolschewiki 98

Der Aufbau des Sowjetstaates

III. Oktoberumsturz und Bürgerkrieg (1917–1921) 105
    1. Der Oktoberumsturz 105
    2. Die Grundlegung einer neuen Ordnung 117
    3. Bürgerkrieg und innere Folgen 134

IV. Atempause und Regeneration: die NÈP (1921–1928) 157
    1. Der Streit um den rechten Weg 159
       a. Arbeiteropposition und Gewerkschaftsdebatte *159* b. Bürokratismuskritik und ‹nationale› Frage: der Beginn des Nachfolgekampfes *162* c. Parteidiktatur versus Neuer Kurs: der Sieg des Triumvirats *168* d. «Leninismus oder Trotzkismus?» *176* e. Zerfall des Triumvirats: die ‹Zinov'evsche Opposition› *182* f. Die «Vereinigte Opposition» und das Ende aller Kritik *185*

2. Staat, Partei und affiliierte Organisationen   194
   a. Die Entstehung der Sowjetunion *194* *b.* Verfassung und Verwaltung in der Praxis *202* *c.* Die Partei: Organisation, Mitglieder, Funktion *209* *d.* Die Rote Armee *219* *e.* Rechtsordnung und Staatssicherheit *224*
3. Wirtschaft zwischen Plan und Markt   233
   a. Die Anfänge der NĖP *234* *b.* ‹Scherenkrise›, Industrialisierungsdebatte und Höhepunkt der NĖP *239* *c.* Der Niedergang der NĖP *248* *d.* Die Landwirtschaft *253*
4. Gesellschaft zwischen Gleichheitsideal und neuen Eliten .   263
   a. Bevölkerungsentwicklung *263* *b.* Die Arbeiterschaft *269* *c.* Die Bauern *282* *d.* Nepleute, Spezialisten und neue Elite *297* *e.* Opfer von Krieg und Umbruch *301*
5. Kultur zwischen Bildersturm und Tradition   302
   a. Alphabetisierung, Bildungswesen und «Kulturrevolution» *303* *b.* Der «Sowjetmensch» im Alltag *314* *c.* Neue Symbole und Leninkult *321* *d.* Kirchenkampf und Atheismus *328* *e.* Massenpropaganda und Massenorganisationen *333* *f.* «Proletkul't», Literaturpolitik, Wissenschaft und Ideologie *339*
6. Vom Revolutionsexport zur ‹kollektiven Sicherheit›   352

Mobilisierungsdiktatur

V. Revolution von oben (1929–1933)   367
   1. Der erste Fünfjahresplan   368
   2. Die Zwangskollektivierung   377
   3. Politische Kontrolle und soziale Mobilisierung   401
   4. Ergebnisse und Motive: Entstehungsfaktoren des Stalinismus   423

VI. Neue Ordnung und autoritäre Dynamik: die Herrschaft Stalins
    (1934–1941)   435
   1. Formen und Instrumente der Herrschaft   436
      a. Staat, Verfassung, Recht *436* *b.* Terror und Schauprozesse *444* *c.* Die Partei: Struktur, Säuberungen und neue Funktionen *463* *d.* Die Armee *471* *e.* Nationalitäten *476*
   2. Wirtschaft: Konsolidierung eines Pyrrhussieges   480
      a. Industrie zwischen Licht und Schatten *480* *b.* Landwirtschaft: Arrangement auf niedrigem Niveau *487* *c.* Handel *502* *d.* Finanzwesen, Steuern und Staatshaushalt *503* *e.* Außenbeziehungen *504*
   3. Gesellschaft: Mobilität und Verzicht   506
      a. Bevölkerung *506* *b.* Arbeiter *512* *c.* Die Arbeitslager und ihre Insassen *526* *d.* Bauern *530* *e.* Der Aufstieg der «Sowjetintelligenz» *539*
   4. Bildung, Alltag, Kultur: die Wiederentdeckung der
      Tradition   543
      a. Alphabetisierung, Schule, Bildung *543* *b.* Frauen, Familie,

Inhalt 7

Moral 550 c. Persönlichkeitskult, Massenpropaganda, Ideologie 554 d. Literatur, Kunst und Wissenschaft 563 e. Kirche und Religion 580

5. Außenpolitik zwischen «kollektiver Sicherheit» und Kumpanei der Diktatoren 1929–1941 585

Der Sieg und sein Preis

VII. Der Große Vaterländische Krieg (1941–1945) 601
 1. Wendepunkte und Bilanz des Kriegsgeschehens 601
 2. Herrschaft: Zentralisierung, Mobilisierung und Repression 617
 3. Wirtschaft: Bewährungsprobe für Plan und Zwang? 631
 4. Gesellschaft: Gipfel der Not und fortgesetzter Strukturwandel 645
 5. Kultur und Ideologie: Patriotismus, Konservatismus und Kontrolle 658

VIII. Nachkriegszeit: Spätstalinismus und Wiederaufbau (1945–1953). 670
 1. Herrschaft, Partei, Staat: Personale Diktatur und bolschewistischer Primat 671
 2. Wirtschaft: Wiederaufbau im alten Korsett 688
 3. Gesellschaft: bescheidener Lohn für harte Arbeit 701
 4. Kulturelle Eiszeit 716
 5. Vom ‹heißen› zum «Kalten Krieg» 729
 6. Der Stalinismus als Problem 741

«Entwickelter Sozialismus»?

IX. Chruščev und die Zähmung des Stalinismus (1953–1964) . . 757
 1. Politische Reformen: Populismus versus Bürokratie 758
 2. Wirtschaftsreformen in Hast: übernutztes Neuland und erfolglose Dezentralisierung 788
 3. Kultur: unstetes «Tauwetter» 804

X. Die Ära Brežnevs: von pragmatischen Reformen zum Stillstand (1964–1982) 826
 1. Partei, Staat und ihre Hilfsorgane: die Herrschaft der nomenklatura 826
 a. Machtwechsel: neue Politik und alte Inhalte 827 b. Alter und Systemstabilität: die Brežnev-Generation als letztes Aufgebot 841 c. Die Partei: Organisation und Mitglieder 847 d. Räte, Regierung und Verwaltung 857 e. Bewaffnete Stützen: Armee und KGB 866 f. ‹Real existierender› Föderalismus 873

2. *Unheilbare Wirtschaft: das Ende des Wachstums*   877
   a. *Die Industrie* 878   b. *Die Landwirtschaft* 888   c. *Handel, Steuern, Staatshaushalt* 893
3. *Gesellschaft zwischen Aufstieg und Niedergang: Bevölkerung, Arbeiter, Bauern und Intelligenz*   899
   a. *Bevölkerungsentwicklung* 900   b. *Arbeiter und Angestellte* 907   c. *Bauern* 916   d. *Die technisch-wissenschaftliche und administrative Elite* 924
4. *Kultur zwischen Anpassung und Dissens*   931
   a. *Das Bildungswesen* 932   b. *Frauen, Familie, Moral* 941   c. *Propaganda, organisierte Öffentlichkeit und Ideologie* 950   d. *Wissenschaft, Literatur und Dissens* 958   e. *Kirche und Religion* 981
5. *Außenpolitik zwischen Konfrontation und Entspannung* .   990
6. *Interpretationen des «entwickelten Sozialismus»*   1005

XI. Übergang, perestrojka und Zusammenbruch (1983–1991) . .   1014
   1. *Übergang: Andropov und Černenko*   1016
   2. *Hauptphasen der perestrojka*   1019
   3. *Putsch und Untergang*   1052

XII. Ausblick: Rußland auf dem Wege zur Demokratie? (1991–1996)   1061

Woran scheiterte der Sowjetsozialismus?   1079

Anhang

Karte   1094
Abkürzungsverzeichnis   1096
Anmerkungen   1101
Tabellen   1172
Glossar   1184
Personen- und Ortsregister   1186
Sachregister   1195

Vorwort

Das vorliegende Buch wurde noch während der Präsidentschaft Gorbačevs geplant, und auch der Entwurf der ‹vorrevolutionären› Kapitel entstand, als noch niemand ein so schnelles Ende der Sowjetunion für möglich hielt. Das hat seine Absicht jedoch nicht verändert. Vor und nach dem Zusammenbruch sollte und soll es der schlichten Frage nachgehen, was den ersten Staat auf dieser Welt, der sich als Verwirklichung des Sozialismus in der Leninschen Interpretation des Gedankengebäudes von Marx und Engels begriff, als solchen auszeichnete, wie er seine Ziele angesichts einer sperrigen Wirklichkeit umzusetzen versuchte, warum er das 20. Jahrhundert in gut siebzig Jahren so tief prägen konnte wie außer ihm nur noch die Vereinigten Staaten, und warum er schließlich in eine tiefe Krise stürzte, aus der er auch ohne den dramatischen Putsch vom August 1991 in der alten Form nicht hätte wiederauferstehen können.

Mit diesem Ziel ist das Buch sehr viel länger geworden als anfangs beabsichtigt. Es hält daran fest, auch dem nicht fachlich vorgebildeten Leser verständlich zu bleiben, und bemüht sich daher, die Darstellung über der Deutung nicht zu kurz kommen zu lassen. Die angemessene Berücksichtigung beider als Kern der angestrebten Synthese kostete den Preis eines erheblichen Umfangs. Am Ende wage ich kaum mehr zu erwarten, daß das Ergebnis langjähriger Arbeit von vorn bis hinten gelesen wird. Ich hoffe aber, die einzelnen Großkapitel so gestaltet zu haben, daß sie eine Orientierung über alle wichtigen Entwicklungen, Probleme und Strukturen des jeweiligen Zeitraums geben. In diesem Sinne hege ich die Erwartung, daß sich durch die Addition solcher Lektüre doch ein Gesamtbild zusammenfügt.

Dem Zweck der Gesamtübersicht dient auch die Gestaltung der Anmerkungen, die zugleich dem Zwang der Platzersparnis unterlag. Beim ersten Zitat werden die jeweiligen Titel vollständig, danach nur noch in Kurzform angeführt. Ein Literaturverzeichnis mußte entfallen; um die Auffindung des Erstzitats auch bei nichtkontinuierlicher Lektüre zu ermöglichen, wird bereits erwähnten Titeln zu Beginn eines jeden neuen größeren Abschnitts der Ort des Erstzitats unter Verweis auf das betreffende Kapitel und die Anmerkung in Kurzform angefügt (z. B. VI. 1, 3). Auf diese Weise hoffe ich, verwertbare Hinweise zur vertiefenden Lektüre zu ermöglichen und dennoch so knapp wie möglich zu verfahren. Trotz der Fülle an Literaturhinweisen, die sich im Laufe einer so ausgreifenden Übersicht ergibt, konnte nur ein Bruchteil der vorhandenen und verarbeiteten Literatur zitiert werden. Die Angaben beschränken sich auf neuere westsprachige

Monographien; russische Titel und Aufsätze werden nur ausnahmsweise genannt.

Obwohl sich das Buch primär an Leser wendet, die des Russischen nicht mächtig sind, werden die russischen Namen und Begriffe im Regelfall (von der Ausnahme ‹eingedeutschter› wie *Trotzki* oder *Sowjet* abgesehen) in der korrekten Umschrift wiedergegeben. Angesichts der wenigen lautlichen Zuordnungen, die dabei vorzunehmen sind, scheint mir der Gewinn der richtigen Schreibung das ‹Risiko› der Überforderung deutlich zu überwiegen. Demnach entsprechen: š einem stimmlosen sch (wie: Schaf), č einem tsch (wie: Matsch); s einem stimmlosen s (wie: naß), c einem z (wie: Zahl), y einem dumpfen i, v einem w (wie: Waage), ž einem stimmhaften sch (wie frz. Journal), šč einem schtsch, ė einem kurzen, offenen e (wie: Menge) und ' der Erweichung des vorangehenden Konsonanten.

Alle Daten werden bis zur Umstellung am 1. (14.) Februar 1918 nach dem bis dahin in Rußland gültigen Julianischen Kalender angegeben, der im 19. Jahrhundert zwölf, im 20. Jahrhundert dreizehn Tage weniger anzeigte als der dann eingeführte Gregorianische.

Ein so umfangreiches, über Jahre entstandenes Buch habe ich nur dank vielerlei Hilfe schreiben können. Mehrere Institutionen haben mir die unentbehrliche temporäre Befreiung von Lehr- und Selbstverwaltungspflichten an der Universität verschafft. Zu Anfang hat die VW-Stiftung freundlicherweise zugestimmt, ein für ein anderes Projekt beantragtes halbjähriges Akademiestipendium umzuwidmen. Anderthalb Jahre später konnte ich ein ‹reguläres› Forschungssemester für diesen Zweck nutzen. Ganz besonderer Dank aber gebührt dem Historischen Kolleg in München, das mir 1995/96 ein ganzes Jahr lang den Luxus ungestörter Arbeit in einer großzügigen und ruhigen Umgebung ermöglicht hat. Ohne diese längere Phase konzentrierten Schreibens wäre das vorliegende Buch zumindest nicht vor der Jahrtausendwende erschienen. Daneben haben zahlreiche Personen in der einen oder anderen Form zur Entstehung dessen beigetragen, was unter der Hand die Dimension eines Werkes angenommen hat, das ich wohl kein zweites Mal schreiben werde. Zu nennen sind zum einen mehrere Generationen von Hilfskräften, die mir eine Vielzahl von Büchern und Aufsätzen, davon die meisten über die Fernleihe mit entsprechendem Aufwand, besorgt und unsere überaus nützliche bibliographische Datenbank gepflegt haben. Nach Fertigstellung des ersten Entwurfs habe ich auch manchen Kollegen durch die Bitte um korrigierende Lektüre die Reste ihrer freien Zeit geraubt: Stephan Merl hat große Teile der Kapitel über die NĖP und die Stalinzeit, Bernd Bonwetsch vor allem die Kapitel über den Zweiten Weltkrieg und den späten Stalinismus, Gottfried Schramm die langen Abschnitte über die dreißiger Jahre und Dietrich Beyrau die ‹Kultur›-Kapitel von der NĖP bis zur Brežnev-Zeit gelesen. Dietrich Geyer schließlich hat die große Mühe auf sich genommen, das gesamte Manuskript von der ersten bis zur letzten

Zeile mit kritischen Augen zu prüfen. Alles andere als selbstverständlich ist heutzutage, daß ein Verlag das Risiko auf sich nimmt, ein so umfangreiches Buch zu drucken, und in Gestalt von Detlef Felken auch noch über einen äußerst kompetenten, tatsächlich lesenden Lektor verfügt. Allen bin ich für viele sachliche und sprachliche Verbesserungen und Hilfestellungen, die ich fast ausnahmslos übernommen habe, zutiefst verpflichtet. Den größten Anteil am Zustandekommen des Vorliegenden aber hat, wie wohl immer, meine Familie gehabt. Sie hat nicht nur ein Jahr des Pendelns zwischen Göttingen und München mit Fassung ertragen, sondern auch sonst auf manche abendliche und sonntägliche Freizeit verzichtet. Ihr sei das Buch – vertreten durch unseren ‹Mittleren› – in der Hoffnung gewidmet, daß sich ein solcher Entzug nicht mehr wiederholen wird.

Göttingen, im Dezember 1997
Manfred Hildermeier

Einleitung

Niemand vermag gegenwärtig zu sagen, ob die neue Staatenwelt, die der Untergang der Sowjetunion am Jahresende 1991 hervorgebracht hat, endgültig sein wird. Unabhängig davon besteht Grund zu der Annahme, daß es keine vollständige Rückkehr zum vorherigen Zustand geben kann. Die alte Ordnung hat ausgedient. Sie hat sich – im weltgeschichtlichen Vergleich – zwar als durchaus stabil erwiesen, aber auch als unfähig, sich in der internationalen Systemkonkurrenz zu behaupten. Ihr Ende war in vieler Hinsicht bemerkenswert, fast singulär: Sie ist ohne manifesten äußeren Zwang zugrunde gegangen. Kein verlorener Krieg hat ihr – wie 1917 dem späten, von sozialen und politischen Spannungen zerrissenen Zarenreich – den Gnadenstoß gegeben. Auch wenn der verlustreiche Afghanistan-Krieg die Agonie des «entwickelten Sozialismus» beschleunigt hat: Er wurde in erster Linie von innen zerfressen, versagte gegenüber den selbstgesetzten inneren und äußeren Zielen. Weder vermochte er der Bevölkerung eine der westlichen annähernd vergleichbare Lebensqualität zu sichern, noch der Weltmachtrolle der Sowjetunion ein solides Fundament zu geben, noch gar beides zugleich zu leisten. Kein Zweifel: Was im Oktober 1917 mit großer Geste als Auftakt zur Vollendung der Menschheitsgeschichte und Fortsetzung der großen Französischen Revolution ausgerufen worden war, verfiel 1985 in seine letzte, existentielle Krise und brach im Putsch vom August 1991 für alle Welt sichtbar zusammen.

Diese rückblickende Erkenntnis gibt den vorangegangenen knapp sieben Jahrzehnten sowjetischer Geschichte eine neue Kontur. Auch in der Sowjetunion ging mit dem Beginn der *perestrojka* eine Epoche zu Ende. Nicht nur die Nachkriegszeit lief ab; vor allem löste sich der innere Belagerungszustand in Gestalt der überkommenen, auf dem Entscheidungs- und Gewaltmonopol der Zentrale beruhenden wirtschaftlichen, sozialen und politischen Ordnung auf. Der Stalinismus im engeren Sinne mag schon bald nach dem Tode seines Schöpfers abgedankt haben: In Kenntnis der *glasnost'* und der Denk- und Handlungsfreiheit, die sie brachte, wird man aber nicht nur die Ära Brežnevs, sondern auch die Chruščevs mehr denn je zum alten System rechnen müssen. Angesichts einer personellen Erneuerung der sowjetischen Politik, die seit dem Terror der dreißiger Jahre ihresgleichen suchte, erscheint die bekannte Tatsache in neuem Licht, daß die Zöglinge Stalins das Ruder bis zur *perestrojka* nicht aus der Hand gaben. Und auch Lenin und Stalin verbindet in dieser Perspektive erheblich mehr als nur die formale Zugehörigkeit zu ein und derselben Partei.

Wenn nun das Scheitern vor aller Augen liegt und es mit dem Untergang der kommunistischen Staaten Ostmittel- und Südosteuropas im schicksalhaften Herbst 1989 das Ende nicht nur der Nachkriegszeit, sondern des gesamten ‹kurzen 20. Jahrhunderts› (E. Hobsbawm) herbeiführte, stellt sich die Frage nach den Ursachen. Dabei liegt auf der Hand, daß sie auf die Triebkräfte der Revolution und den Charakter der Gesellschaft, die sie begründete, insgesamt zielt. Vernehmlicher und einseitiger als andere verkündete das russische revolutionäre Regime Aufgaben für die nahe und ferne Zukunft. Es definierte sich in vieler Hinsicht durch Leistungen, die erst noch zu erbringen waren. Die nachrevolutionäre Gesellschaft, die sich «sozialistisch» nannte (und nur in diesem Sinne im folgenden ohne Anführungszeichen so bezeichnet wird), lebte gleichsam auf Borg; Unzulänglichkeiten der Gegenwart rechtfertigten sich durch das Versprechen einer bevorstehenden goldenen Zeit. Darin lag ein entscheidendes Motiv ihrer Möglichkeit; daraus bezog sie ihre anfängliche Dynamik; darin wurzelten aber auch gravierende Legitimationsprobleme von dem Augenblick an, in dem die Kluft zwischen Anspruch und Wirklichkeit immer offenkundiger wurde.

Weil die Aufgabe bis an die Schwelle der Gegenwart nicht bewältigt werden konnte, hat sich die Ordnung in geringerem Maße von ihrem Ursprung gelöst, als das unter anderen Bedingungen der Fall war. Nicht nur in seinem Selbstverständnis ist der nachrevolutionäre Staat eng mit der Revolution verbunden geblieben. Die Frage nach dem Kern der Gemeinsamkeit von fast siebzig Jahren Sowjetgeschichte erweitert sich dadurch auch in die Vergangenheit: Wenn die gesamte Umwälzung von 1917 als Folge eines anders kaum lösbaren Problemdrucks zu verstehen ist, verlängert die Zusammengehörigkeit von Revolution, nachrevolutionärer Gesellschaft und Zukunftsperspektiven einen erheblichen Teil dieser Altlasten bis in die Gegenwart (wenn nicht sogar, wie es angesichts der offenkundigen Probleme Rußlands mit Demokratie und Marktwirtschaft den Anschein hat, über sie hinaus). Eine Kontinuität wird sichtbar, die bei allen unleugbaren Veränderungen und Zäsuren nicht aus dem Blick geraten darf. Vieles spricht deshalb dafür, die Essenz der inneren Geschichte der Sowjetunion im Überhang vor allem *eines* Kardinalproblems der ausgehenden Zarenzeit zu sehen: in der fortdauernden Aktualität der Aufgabe, die wirtschaftliche Leistungsfähigkeit und – eher aus der Perspektive der Massen gesehen – das materielle Lebensniveau des «Westens» zu erreichen.

Seit Peter der Große unter dem nachhaltigen Eindruck seiner großen Reise nach Deutschland, Holland und England (1697/98) das oft beschworene ‹Fenster zu Europa› aufstieß, hat er sein Land einem Vergleich und einer Konkurrenz ausgesetzt, denen es im Grunde nicht gewachsen war. Fortan sah sich die russische Monarchie immer wieder genötigt, westliche Errungenschaften – technisch-industrielle, administrativ-politische ebenso wie sozialorganistorische – zu übernehmen, um die Großmachtrolle, in die sie parallel hineinwuchs, zu wahren. Zugleich bemühte sie sich, den politischen Wandel zu begrenzen. Wirtschaftliche und soziale Modernisierung sollten einhergehen mit der Konservierung der russischen Spielart des Absolutismus, der Autokratie. Erst spät und zögerlich hat sie sich auch zu politischen Konzessionen an eine Gesellschaft herbeigelassen, die sich mit der alten Machtlosigkeit nicht länger abfinden wollte. Wie immer man das Gewicht dieser Faktoren im einzelnen veranschlagen mag, außer Zweifel steht, daß die große Umwälzung des Jahres 1917 nicht zuletzt aus der Unfähigkeit des alten Regimes zu erklären ist, den Wandel unter der zusätzlichen Belastung des Krieges unter Kontrolle zu halten. Die Februar- und die Oktoberrevolution versuchten, eine Antwort auf die politischen Partizipationsansprüche zu geben: die eine in Gestalt eines demokratischen Experiments, die andere in Form der Räteverfassung, die schnell dem bolschewistischen Parteimonopol wich. Unberührt blieb das wirtschaftliche und soziale Entwicklungsdefizit. Die neue Herrschaft übernahm dieses Defizit nicht nur als Erbe der Vergangenheit, sondern erhob es nachgerade zu ihrer *raison d'être*: Die erste sozialistische Gesellschaft der Welt begründete ihre Legitimität und «historische Notwendigkeit» damit, die Produktivkräfte von allen Fesseln zu befreien, der wirtschaftlichen Aktivität der Menschen zur ungehinderten Entfaltung zu verhelfen und durch diese und weitere Maßnahmen alle bisherige Geschichte zu vollenden. Vom geschichtsphilosophischen Pathos gereinigt, zeigte dieses Programm bald seinen eigentlichen Kern: die Industrialisierung Rußlands und den korrespondierenden sozialen Wandel fortzusetzen.

Allerdings sollten die Mittel und Wege dahin völlig andere sein. Die Revolution – und darin lag eine fundamentale *Dis*kontinuität, die ihren Namen rechtfertigt – verschrieb der Bevölkerung in Rußland nicht, dem Westen zu folgen; vielmehr versprach sie, mit Hilfe einer *westlichen* Theorie die Leiden der kapitalistischen Modernisierung zu vermeiden und ohne Privatbesitz an Produktionsmitteln, ohne Ausbeutung und Kapitalistenherrschaft, ans Ziel zu gelangen. Mit gutem Grund nahm der Marxismus im Zuge seiner Anpassung an russische Verhältnisse eine ambivalente Färbung an. Anders als in seiner ursprünglichen Gestalt sollte er den Kapitalismus nicht nur überwinden, sondern dessen wichtigste Errungenschaften zuvor auch nachholen. Das neue Regime sollte *beides* tun: Rußlands Umwandlung in eine Industriegesellschaft beschleunigen und zugleich die Mittel zu ihrer Aufhebung bereitstellen. Die Idee des Kommunismus verengte sich gemäß der bekannten Äußerung Lenins auf die Gleichung «Rätemacht plus Elektrifizierung».[1] Sicher läßt sich die oppositionelle Bewegung nicht auf die politische und diese nicht auf die bolschewistische reduzieren. Aber für den nachrevolutionären Staat prägend war die konkrete Leninsche Zielsetzung. In diesem Sinne erwies sich die Sowjetunion als ein Modernisierungsregime neuer monokratischer und temporär totalitärer Art, dessen Hauptzweck in der zentral gelenkten, vom Monopol der bolschewistischen Partei politisch abgesicherten Mobilisierung der Gesellschaft zu größtmöglicher ökonomischer Leistung bestand. Dem widerspricht der Umstand nicht, daß nach dem Zweiten Weltkrieg weitere Antriebe hinzukamen. Im Gegenteil, sowohl die enormen materiellen Schäden, die zu beheben waren, als auch die neue Rolle einer Weltmacht verlangten auf Dauer eine Wirtschaftskraft, die der ‹kapitalistischen› ebenbürtig war. Nicht zuletzt die Unfähigkeit, diese imperiale Bürde in der gewählten Form militärischer Präsenz und Hochrüstung zu tragen, belegt die andauernde Bedeutung der wirtschaftlichen Aufholjagd. Die Sowjetunion ging letztlich an dem durchaus russischen Unvermögen zugrunde, die riesigen demographischen und natürlichen Ressourcen effizient zu nutzen.

Bei alledem versteht es sich von selbst, daß auch die Sowjetunion in sieben Jahrzehnten tiefgreifenden Veränderungen unterlag. Der Sprung ins Industriezeitalter wurde vollzogen. Die Urbanisierung machte rasche Fortschritte. Die berufliche Struktur der Bevölkerung wandelte sich grundlegend. Aufstiegs- und Bildungschancen nahmen ein Ausmaß an, das auf russischem Boden zuvor noch nicht erreicht worden war. Dieser Fortschritt war zum Teil von heftigen Schwankungen der inneren Politik begleitet. Zeiten relativer Bewegungsfreiheit, vor allem ökonomischer, wechselten mit Repression und allgegenwärtiger Androhung von Gewalt, Zentralismus mit einer gewissen Dezentralisierung, partielle Toleranz mit strikter Kontrolle, rasche Fluktuation an den Hebeln der Macht mit der Herausbildung einer neuen administrativ-politischen Elite, die sich weitgehend aus sich selbst rekrutierte. Zu den umstrittenen Fragen der Gesamtdeutung gehört, ob das sowjetische Herrschaftssystem (nicht die Wirtschaftsordnung) durch diesen Wandel eine andere typologische Qualität annahm. Viele Kritiker der Totalitarismustheorie neigten zu einem solchen klaren Trennungsstrich zwischen stalinistischer und poststalinistischer Ordnung. Sie mußten sich freilich durch die Ereignisse nach 1985 darüber belehren lassen, daß ihre eigene Interpretation neue Züge des Systems zum Teil zu hoch gewichtete und dadurch in die Irre ging. Im Licht der *perestrojka* und des Fiaskos der Sowjetunion tut man – schon um der eben erst ausgebrochenen Debatte nicht vorzugreifen – sicher besser daran, im skizzierten Sinn von einem Kernbestand unveränderter Merkmale auszugehen, die dem Regime eine gewisse Einheitlichkeit gaben, dessenungeachtet aber in seiner Geschichte Phasen von überwiegend deutlichem Eigencharakter zu unterscheiden. Der unbezweifelbare Wandel zerstörte seine Identität als historische Erscheinung nicht, verlieh ihm aber unterschiedliche Gesichter.

Im Anschluß an diese Überlegungen gliedert sich der Hauptteil der folgenden Darstellung nach der Vorgeschichte der Revolution (Kap. I u. II) in vier größere Zeitabschnitte.

(1) Ein erster reicht von den Oktoberereignissen 1917 bis zur Wende von 1929/30. Er umfaßt den Umbau der politischen und ökonomischen Verfas-

sung im halben Jahr nach dem *Coup d'Etat*, die Verteidigung dieser «Errungenschaften» auf Leben und Tod im Bürgerkrieg und deren partielle Aufhebung nicht nur im wirtschaftlichen Leben während der sogenannten Neuen Ökonomischen Politik (NĖP). Nach seiner Rückkehr aus dem Schweizerischen Exil im April 1917 hatte Lenin das Ende jener Revolutionsetappe ausgerufen, die in sozialdemokratischer Begrifflichkeit die bürgerlich-kapitalistische hieß. Statt dessen setzte er den Übergang zur sozialistischen Revolution auf die Tagesordnung. Viele mochten den heftigen Streit, der darüber auch in der bolschewistischen Partei ausbrach, für Haarspaltereien überdrehter Intellektueller halten. Die Maßnahmen der Räteregierung belehrten sie jedoch eines Besseren (Kap. III). Schon das erste halbe Jahr nach dem Staatsstreich vom Oktober brachte eine fundamentale Veränderung der Herrschafts-, Wirtschafts- und Sozialstruktur Rußlands. Die fraglos schwache Demokratie, die faktisch oft in bloßer Herrschaftslosigkeit bestand, verschwand ebenso wie der Parteienpluralismus. Banken und größere Unternehmen wurden enteignet, Adel und Bürgertum verjagt und durch die Legalisierung der bäuerlichen Landnahme sowie die Nationalisierung der Industrie ihrer materiellen Basis beraubt. Der Bürgerkrieg zementierte diese wohl heftigste soziale und politische Umwälzung der neueren Geschichte und dehnte sie auf die eroberten Gebiete aus. Wenn die alte Elite noch eine Chance besaß, ihren Einfluß zurückzugewinnen, dann machte sie der nachgeholte, erbitterte Kampf um den Oktober unwiderruflich zunichte. Er zerstörte, was von der überkommenen Ordnung übrig geblieben war. Er zwang zur Mobilisierung aller Ressourcen, löste eine gewaltige Bevölkerungsbewegung aus und schuf in Gestalt neuer Staatsorgane und der Roten Armee mächtige, in dieser Form völlig neue Katalysatoren des sozialen Aufstiegs. Am Ende des Bürgerkriegs waren in der Tat ein neuer Staat, eine neue Wirtschaftsordnung und eine neue Gesellschaft entstanden, die auch einer tiefgreifenden Veränderung des Denkens und der gesamten geistigen Welt den Boden bereiteten. Revolution und Bürgerkrieg schufen die Grundstrukturen dessen, was von der Partei mehr und mehr als Sozialismus bezeichnet wurde.

Die Diskussion darüber ist heute heftiger denn je, in welchem Maße die NĖP (Kap. IV) dieses Erbe beseitigte und einen Neuanfang brachte. Daß sie der Landwirtschaft Luft verschaffte, den Kleinhandel und das kleine Gewerbe in Stadt und Dorf anregte, ist unbestritten. Man muß aber auch sehen, daß die politische Verfassung in dieser Zeit unverändert blieb. Die Räte, einst als Garanten und Organisationsform tatsächlicher politischer Partizipation der Bevölkerungsmehrheit gedacht, wuchsen in diese Rolle nicht hinein; sie blieben, wie im Bürgerkrieg, von der wirklichen Macht ausgesperrt. Das Monopol der bolschewistischen Partei wurde nicht im mindesten tangiert. Zwar brachen nach Lenins Tod in ihren eigenen Reihen heftige Fehden aus, die unterschiedliche Meinungen über den Charakter der Sowjetherrschaft und die künftige sozioökonomische Entwicklung des Landes offenbarten. Aber die Opposition wurde unterdrückt und die Meinungsfreiheit endgültig liquidiert. Die NÉP war auch die Zeit des Aufstiegs Stalins und eines tiefgreifenden Strukturwandels in der Partei, der ihn erst ermöglichte. Diese Synchronie kam nicht von ungefähr. Eben der zehnte Parteitag, der im Frühjahr 1921 das Ende des Kriegskommunismus und den Beginn der NÉP einleitete, beschloß auch das berüchtigte Fraktionsverbot. Lenin und die Delegierten wollten sich dem freien Spiel der Wirtschaftskräfte, das ihnen nicht geheuer war, nicht ohne Gegenwehr aussetzen. Ihre Überzeugung von der grundsätzlichen Überlegenheit des Sozialismus blieb von der neuen Wirtschaftspolitik völlig unberührt. Sie bestimmte nach wie vor die Struktur des neuen und neuartigen Staates.

(2) Dessenungeachtet bedeuteten die Kampagnen der Dekadenwende einen tiefen Einschnitt. Sie leiteten einen zweiten Abschnitt der sowjetischen Zwischenkriegsgeschichte ein, der bis zum deutschen Überfall dauerte (1929/30–22. Juni 1941) und durch die Etablierung der Stalinschen Herrschaftsordnung gekennzeichnet war. Die Redeweise von der «Revolution von oben» ist sicher insoweit gerechtfertigt, als sie auf das Ausmaß und die Gewaltsamkeit der Veränderungen verweist. Der schon übermächtige Parteiführer und seine Paladine versuchten, der ökonomischen Rückständigkeit des Landes mit anderen, rigoroseren Mitteln Herr zu werden. Zentrale Steuerung einer restlos verstaatlichen Wirtschaft durch die Planbürokratie und Zwang mittels willkürlicher staatlicher Gewalt lösten die marktvermittelte Regulation des Tausches zwischen Stadt und Land durch Preise und Steuern im Rahmen einer politischen Verfassung ab, die sich gewiß nicht durch demokratische Willensbildung oder Sorge um individuelle Freiheitsrechte ausgezeichnet, aber auf systematische Gewaltanwendung in großem Maßstab verzichtet hatte. Wie immer man den Stalinismus im einzelnen definieren mag, er dürfte von der Konzentration aller Ressourcen auf den «großen Sprung nach vorn» einschließlich der uneingeschränkten Anwendung «außerökonomischer» Zwangsmittel nicht zu trennen sein. Insofern war Stalins vielzitierte Äußerung, die Sowjetunion müsse in zehn Jahren nachholen, was «der Westen» in hundert Jahren erreicht habe[2], in der Tat programmatisch: Sie formulierte *in nuce* die Richtschnur seiner gesamten inneren Vorkriegspolitik.

(3) Kriegs- und Nachkriegszeit (1941–1953) bildeten getrennte Perioden und eine Einheit zugleich. Auf der einen Seite rief der deutsche Überfall sofortige Gegenmaßnahmen hervor. Menschen, Vieh und Produktionsanlagen wurden evakuiert und alle Aktivitäten von Staat, Wirtschaft, Gesellschaft und Kultur in den Dienst der ‹Vaterlandsverteidigung› gestellt. Ein Ausnahmezustand wurde begründet, der auch und gerade der inneren Verfassung des Staates einen eigenen Charakter gab (Kap. VII). Auf der anderen Seite zeitigten die Verteidigungsanstrengungen bleibende Folgen, die als Verzahnung zumindest mit der restlichen Regentschaft Stalins wirkten

(Kap. VIII). Sie förderten die administrative Zentralisierung und festigten die Herrschaft einer kleinen Clique hoher Parteifunktionäre um den «Führer». Sie gaben den Anstoß zur Auslagerung wesentlicher Teile der Schwerindustrie hinter die Frontlinie nach Westsibirien und beschleunigten dadurch die Ausdehnung der Industrialisierung über das europäische Rußland hinaus. Sie begünstigten die Verschmelzung von Sozialismus und Patriotismus zu einer Ideologie, deren systemstützende Funktion nicht allein auf Zwang und Indoktrination beruhte. Ihr Resultat, der Sieg über Hitlerdeutschland, hob Stalin auf ein Podest hoch über allen anderen und machte seine persönliche Diktatur unangreifbar. Und es bescherte der Sowjetunion eine Weltgeltung und Hegemonialstellung, die stabilisierend nach innen ausstrahlten. Zugleich wiesen die Nachkriegsjahre deutliche Symptome einer Sklerose der überkommenen Ordnung auf. Das krankhafte Mißtrauen des allgewaltigen Diktators verbreitete nicht nur Angst und Schrecken, sondern auch Lähmung und Leerlauf über das ganze Land. Von der Dynamik der dreißiger Jahre blieben nur Phrasen. Weniger die Zerstörungen als die Verwandlung des ganzen Landes in eine Kolonie virtueller oder tatsächlicher Zwangsarbeiter hinderte daran, an die Begeisterung der dreißiger Jahre, die bei aller Furcht fraglos auch vorhanden war, anzuknüpfen. Die letzten Stalinjahre bildeten die erste Phase des «Stillstandes», der Friedhofsruhe im Innern bei nie dagewesener äußerer Machtentfaltung.

(4) Auch der letzte Zeitabschnitt (1953–1985) enthält eine deutliche Zäsur. Der Sturz Chruščevs trennt den ersten Versuch zur «Entstalinisierung» von einer Phase, die als Konsolidierung nach überstürzten Reformen begann, in der Folgezeit aber mehr und mehr in die Bewegungsarmut einer vorrangig um den eigenen Machterhalt und die Wahrung des inneren Interessenausgleichs besorgten Elite umschlug. Zugleich zeigen sich im Rückblick ebenfalls manche Verbindungslinien. Die Aufarbeitung der Vergangenheit unter Chruščev (Kap. IX) war sicher ein hoffnungsvoller Beginn. Aber sie kam nicht weit voran. Das «Tauwetter» beschränkte sich auf die Geißelung der persönlichen Diktatur, die ohnehin in dieser Form nicht fortzusetzen war, und auf die Kultur. Zwar gab sich der neue starke Mann in zutreffender Ortung der Wurzeln des ökonomischen Übels darüber hinaus erhebliche Mühe, die landwirtschaftliche Produktion zu erhöhen und die industriellen Entscheidungsmechanismen zu dezentralisieren. Er stiftete damit aber mehr Konfusion als ökonomischen Gewinn. Desgleichen sammelte Chruščev neue Leute in der Absicht um sich, eine Verjüngung und Selbstreinigung der Partei auf den Weg zu bringen. Auch dabei verfuhr er aber vorsichtig. Ein wirklicher Austausch der politischen Elite fand nicht statt. Diese Zurückhaltung hatte ihre Gründe: waren es doch die alten Vertrauten und Schützlinge Stalins – Chruščev eingeschlossen –, die im Politbüro und den anderen entscheidenden Gremien den Ton angaben. Sie trauerten der Diktatur eines Mannes, der viele ihresgleichen ohne viel Federlesen hatte

erschießen lassen, nicht nach. Aber ihre Reformbereitschaft machte weit vor jeder wesentlichen Korrektur der von Stalin geprägten sozialistischen Ordnung und erst recht vor der Gefährdung der eigenen Macht Halt.

So bewirkte die Ablösung Chruščevs zwar mehr als ein Stühlerücken im Politbüro (Kap. X). Aber sie zog weit weniger Veränderungen nach sich als das Ausscheiden Lenins aus der Politik 1923 oder die endgültige Machtergreifung Stalins 1929. Statt dessen zeigte sie, daß der «entwickelte Sozialismus» eine eigentümliche Elite hervorgebracht hatte, in deren Händen die Herrschaft nach dem Ende des persönlichen Terrorregiments überging. Das war um so eher der Fall, als diese *nomenklatura* politisch-administrative, wirtschaftliche, soziale und politische Führungspositionen gleichermaßen besetzte. Der Anspruch des sozialistischen Staates, alle im ‹bürgerlichen› Staat angeblich getrennten Bereiche der Gesamtordnung unter Führung der Partei wieder zu vereinen, wurde in dieser Vernetzung der Elite durchaus Wirklichkeit. Damit trat aber auch zutage, daß sich der Charakter des Regimes verändert hatte. Herrschaft wurde anders ausgeübt und der Staat anders organisiert als in den zwanziger Jahren oder unter Stalin. Unbeschadet der letzten Entscheidungsbefugnis des Generalsekretärs (die noch Gorbačevs ‹Auskehr› eindrucksvoll vor Augen führte) war das Gewicht der Apparate gewachsen. In diesem Sinne verwandelte sich personale Herrschaft in administrativ-bürokratische. Gerade dieser Vorgang stärkte aber die Säulen der überkommenen Ordnung: das Parteimonopol, die Planwirtschaft und die Knebelung der Gesellschaft. Fraglos vermochte dieses System ein breiteres Interessenspektrum zu integrieren als das alte. Bis zu einem gewissen Grade rechnete es mit unterschiedlichen Prioritäten seiner Segmente und traf Vorsorge für ihren geregelten Ausgleich in Gestalt von Anwartschaften auf bestimmte Funktionen und ähnlichen Mechanismen mehr. Insofern hatte es den totalitären ‹Notstandscharakter› verloren und sich auf Dauer eingerichtet. Ein zunehmend sichtbarer Funktionsmangel bestand aber darin, daß diese Interessendifferenzen immer weniger durch produktive Konkurrenz und immer häufiger durch informelle Arrangements beigelegt wurden. Protektion und Korruption erstickten innovativen Wettbewerb. Das «neue Denken» nach 1985 hat nicht zuletzt diesem Mangel der alten Ordnung den Kampf angesagt. Die Diagnose war richtig. Nur zeigte sich bei der Therapie, daß die Krankheit im System selbst lag.

In diesen Zeitschritten versucht der Autor im folgenden, die innersowjetische Geschichte in allen wesentlichen Aspekten zu beschreiben. Die Richtungskämpfe in der Partei und die Politik im engeren Sinne sollen dabei nicht zu kurz kommen, da die Gesamtentwicklung ohne sie unverständlich bleibt. Die besondere Anstrengung gilt jedoch dem Bemühen, sie enger mit den anderen Bereichen der historischen Wirklichkeit zu verknüpfen. In diesem Sinne sollen die sozialen und wirtschaftlichen Strukturen, Vorgänge und

Probleme angemessene Berücksichtigung finden. In gleichem Maße richtet sich die Aufmerksamkeit aber auch auf die dritte «Potenz» (J. Burckhardt) des historischen Geschehens, die Welt der Vorstellungen, Normen und mentalen Prägungen in ihrer Verbindung mit den materiellen Grundlagen und der sozialen Organisation des Lebens.[3] Demgegenüber müssen die außenpolitischen Ereignisse zurücktreten. Sie können nur in groben Zügen und insoweit Berücksichtigung finden, wie sie zum Verständnis der inneren Vorgänge nötig sind. Diesem Verfahren liegt keine Geringschätzung der Außenpolitik zugrunde, sondern nur die Überzeugung, daß alle darüber hinausgehenden Aspekte im internationalen Kontext anzusiedeln sind, der hier schon aus Platzgründen ausgespart bleiben muß. Eine ähnliche Einschränkung ist in bezug auf den regionalen Gegenstandsbereich der Darstellung angezeigt. Die Geschichte der russisch-sowjetischen Peripherie ist noch kaum geschrieben worden. Alles spricht dafür, daß sie im neuen nationalstaatlichen Rahmen einen günstigeren Nährboden findet und nun erst ihren Anfang nimmt. Hinzu kommt eine vorgängige konzeptionelle Überlegung: So stiefmütterlich die Regionen im sowjetischen Vielvölkerreich von der in- und ausländischen Forschung behandelt worden sind, so sehr gilt auch, daß sämtliche Grundentscheidungen im Zentrum getroffen und von hier aus in die Randgebiete exportiert wurden. Insofern die sozialistische Verfassung die Klammer bildet, die das Folgende (hoffentlich) zusammenhält, würde ein anderes Buch entstehen, wenn die regionalen Besonderheiten und zentrifugalen Tendenzen im Vordergrund stünden. Es ist daher nicht unkritisch ‹imperialistisch› gemeint, wenn die Sowjetunion im wesentlichen auf das schrumpft, was sie im üblichen Verständnis bedeutet – auf Sowjet*rußland*.

Doch auch so mag die Absicht vermessen erscheinen. Sie rechtfertigt sich im wesentlichen aus dem Befund, daß die Revolutionäre im vorgeblichen Besitz der einzig wahren Weltanschauung alles besser machen wollten und in der Tat ein Gemeinwesen schufen, das vor allem nach der ‹zweiten›, Stalinschen Revolution in allen wesentlichen Bereichen zumindest anders organisiert war (dabei aber in fundamentaler Hinsicht ein durchaus gleichbleibendes Ziel verfolgte). Im Bemühen, diese verbindende ‹Signatur› der einzelnen Sektoren zu verdeutlichen, versteht sich die vorliegenden Darstellung nicht nur als Präsentation der wesentlichen Tatbestände, sondern in gleichem Maße als problemorientierte Zusammenschau. Chronologische und systematische Gesichtspunkte sollen daher – sichtbar am Wechsel zwischen eher synchron arrangierten, nach Maßgabe des Möglichen umfassenden Großkapiteln und kürzeren, eher diachron verfahrenden Abschnitten über Zeiten beschleunigter Umbrüche – ebenso ineinandergreifen wie referierende und erörternde Passagen. In besonderem Maße liegt dem Verfasser daran, die leitenden Vorstellungen und Richtungsentscheidungen, die prägenden Ereignisse und dauerhaften Gestalten, die verändernden Kräfte und Traditionsüberhänge unter der Frage nach ihren gemeinsamen Merkmalen, Interdependenzen und ‹Tiefenstrukturen› zu beschreiben. So gesehen schwebt ihm, auch wenn er dieses Ideal gewiß nicht erreicht, primär eine integrierende Binnenansicht von Staat (Politik), Wirtschaft, Gesellschaft und Kultur vor.

Ursachen und Voraussetzungen

I.
Der Untergang des Zarenreiches

Nach einer geläufigen Vorstellung war ‹die› Russische Revolution ein gedrängtes, ereignishaftes Geschehen, das die alte Ordnung gleichsam mit einem Schlag durch eine neue ersetzte. So sehr das Bild einer historischen Verdichtung zutrifft, so sehr haftet es zugleich an der Oberfläche. Vermutlich in noch höherem Maße als die große Französische Revolution, die die russischen Akteure ebenso gern zum Vergleich heranzogen wie die nachfolgenden Historiker, war auch die Umwälzung im Zarenreich ein Prozeß. Bei näherem Hinsehen löst sie sich, wie alle komplexen Erscheinungen, in zahlreiche Einzelvorgänge und -aspekte von je eigener Dynamik und Tiefenwirkung auf. Dementsprechend lassen sich jeweils gute Gründe für verschiedene Definitionen, Deutungen und Datierungen finden, auch wenn diese grundsätzliche Möglichkeit nicht bedeuten kann, daß alle denkbaren Perspektiven die gleiche Erklärungs- und Überzeugungskraft besäßen.

Sozioökonomische Veränderungen, oft im Begriff der Modernisierung gebündelt, erfordern die Betrachtung eines längeren Zeitraums. Was sich in dieser Perspektive 1917 Bahn brach, reichte mindestens bis zur Jahrhundertwende zurück, bei genauem Hinsehen sogar bis zu den großen Reformen Alexanders II. in den 1860er Jahren. Zur Gegenwart hin kam der Wandel erst mit der forcierten Industrialisierung unter Stalin zu einem gewissen Abschluß. Gesamtdarstellungen, die sich dieser Sehweise verpflichtet fühlten, haben die Revolution selbst deshalb bewußt nicht als Enddatum gewählt, sondern sie nur als Zäsur einer übergreifenden Epoche gewertet. Damit geben sie eine gewiß begründete, aber auch partielle Antwort auf die Tocquevillesche Frage nach der Kontinuität im Umbruch. Wer dagegen politische Aspekte in den Vordergrund stellt, kann eine kürzere Phase in den Blick nehmen. Diese begann nicht lange vor der Einrichtung eines Parlaments als wichtigstes Ergebnis der sog. ersten russischen Revolution von 1905–06, die auch in dieser Perspektive einen tiefen Einschnitt bildete. Und sie erreichte bald nach dem Ausbruch des Ersten Weltkriegs einen ersten Höhepunkt, als endgültig zutage trat, daß die Spannungen zwischen *Staatsduma* und autokratischem Staat im Rahmen der gegebenen Ordnung kaum noch beizulegen waren. Auf der anderen Seite zog die «Gesellschaft» (im russischen Sinne von Besitz und Bildung) vor allem im Krieg so viele Kompetenzen an sich, daß die Gedankenfigur einer Opposition zum Staat in mancher Hinsicht konstruiert erscheint. Sinnfällig an der Kooperation zwischen der gouvernementalen Selbstverwaltung (den 1864 eingerichteten *zemstva)* und der überkommenen zarischen Administration hatte sich eine Symbiose ausgebildet, die manche Chancen für eine evolutionäre Herstellung gesellschaftlicher Teilhabe barg. Insofern hat der Vorschlag vieles für sich, einen weiteren Strukturkonflikt zu bedenken, der eine ‹einfache Lösung› in Gestalt eines Herrschaftskompromisses ausschloß. Als solcher kann die wachsende Kluft zwischen den liberal-konstitutionalistischen, teilweise demokratischen Parteien (in einem weiten Sinne) und der organisierten revolutionären Bewegung gelten, der bei unscharfen Rändern eine soziale Trennung entsprach. Es war die *doppelte* Konfrontation zwischen autokratischem Staat und liberaler «Gesellschaft» auf der einen Seite und liberaler «Gesellschaft» und «einfachem Volk» auf der anderen Seite, die eine friedliche Lösung zunehmend erschwerte oder gar ausschloß. Dabei versteht sich von selbst, daß politische und soziale Faktoren nicht zu trennen waren. Insofern greift diese Sicht auf den längerfristigen Vorgang der Industrialisierung und ihrer breitgefächerten Begleiterscheinungen zurück, in den sie sich gleichsam einbettet. Die gesamtgesellschaftliche Transformation erscheint als Voraussetzung und Triebkraft einer sozialen und politischen Polarisierung, die sich unter der zusätzlichen spannungsfördernden Bürde des Kriegs revolutionär entlud.

Politische, soziale und geistig-kulturelle Begründungsfaktoren verbindet auch eine Deutung, die der Machtgier und ideologischen Verblendung einer radikalen *intelligencija* (im russischen Sinn einer Gesinnungsgemeinschaft im Gegensatz zu einer Funktions- und Statusgruppe) die letztlich entscheidende Rolle zuerkennt. Als Träger der revolutionären Bewegung erscheint hier eine relativ schmale Schicht fanatischer Ideologen, die den einzig ‹wahren› Weg in Rußlands Zukunft zu kennen beanspruchten und ihre gesamte Kraft darauf verwandten, das Land zu diesem seinem ‹Glück› zu zwingen. Dazu bedurften sie zum einen günstiger Handlungsbedingungen. Man wird nicht fehlgehen, diese vor allem in der Schwächung der staatlichen Autorität und der alten Ordnung generell zu sehen. Zugleich bezogen die Vorkämpfer einer exklusiven Utopie selbst weiteren, unentbehrlichen personellen Zuwachs und Gewinn an Überzeugungskraft aus der wachsenden ‹Anarchie›. Deshalb bedarf auch diese Deutung des sozioökonomischen Kontextes, der allerdings bloße Folie für die politischen, ideologisch geleiteten Aktivitäten der ‹Berufsrevolutionäre› bleibt. Hier liegt eine Inkonsistenz, die in besonderem Maße – im Grundsatz gilt das sicher generell – auf außerwissenschaftliche Motive dieses Deutungsansatzes verweist.

Eher zu den grundlegenden Veränderungen vergleichsweise langsamer Wandlungsgeschwindigkeit sind ferner die meisten der kulturrevolutionären Strömungen zu rechnen, die den politischen und sozialen Umbruch begleiteten. Im Kielwasser der bekannten oppositionellen Parteien schwammen Anhänger der verschiedensten Reform- und Protestbewegungen, von den Vorkämpferinnen für die Frauenemanzipation über Gegner der bürgerlichen

Lebensformen und Moral allgemein bis zu Befürwortern einer neuen Pädagogik im Dienste eines besseren Menschen und den Protagonisten der ästhetischen Avantgarde. Sie sind vor allem im letzten Jahrzehnt als Resultat der Wiederentdeckung der Kultur- und Geistesgeschichte (allerdings in ‹kollektivistischer› Form) ins Blickfeld einschlägiger Betrachtungen zurückgekehrt. Bei aller Bedeutung sowohl der sozioökonomischen als auch der politischen Vorgänge und längerfristigen Antriebe sollten die geistig-kulturellen schon deshalb nicht übersehen werden, weil sie erst die konkrete Wahl zwischen – immer gegebenen – unterschiedlichen Optionen und die genaue Art der Abläufe bestimmten. In mancher Hinsicht gilt sogar, daß erst diese, alle wesentlichen Bereiche der historischen Wirklichkeit umfassende Breite den anspruchsvollen Namen eines ‹Umbruchs› rechtfertigt. Allerdings blieben die daraus gespeisten, höchst eigenwilligen und individualistisch-antiautoritären «Träume» besonders eng an die Wirren gebunden. Sie hatten in der Normalität keinen Platz und fristeten zumeist nur noch ein Nischendasein, als der Stalinsche ‹Brumaire› ihnen 1929 endgültig den Garaus machte.[1]

So rief und ruft die Russische Revolution, weil sie nicht nur Grundfragen der politischen Ordnung und der politischen Ethik aufwarf, sondern dazu noch weit über die Landesgrenzen hinauswirkte, höchst unterschiedliche Interpretationen hervor. Dies wird und muß so bleiben, solange es unterschiedliche Prägungen und Haltungen der Betrachter zu unterschiedlichen Zeiten gibt. Zugleich zeigen die vorstehenden Bemerkungen aber auch, daß die skizzierten Deutungen und manche andere auf dieselben Kernvorgänge zurückgreifen. Diese bilden das empirische Material, das die verschiedenen Sehweisen mit unterschiedlichen Akzenten ausstatten und in je spezifischer Form berücksichtigen. Bei aller – entsprechend der Eigenart geisteswissenschaftlicher Erkenntnisweise legitimen – Offenheit für unterschiedliche theoretische ‹Nutzung› enthalten sie ‹faktische Imperative›, insofern sie in allen Deutungen, die Anspruch auf Wissenschaftlichkeit erheben, einen überzeugenden Platz finden müssen. Besonders folgende können als Kernelemente einer jeden ‹Theorie› der Russischen Revolution gelten.

1. Agrarkrise und Bauernprotest

Agrarkrise und Bauernprotest haben seit jeher einen prominenten Platz unter den langfristigen Ursachen für das gewaltsame Ende des Zarenreichs eingenommen. Die lange Liste einschlägiger Hypothesen begann schon mit den Werken der bekanntesten zeitgenössischen Autoren. Politisch zumeist im liberalen oder sozialrevolutionären Lager stehend, begründeten diese die alte Meinung neu, Rußlands Ökonomie kranke vor allem an der mangelnden Leistungsfähigkeit der Landwirtschaft. Der epochale Akt der Bauernbefreiung von 1861 habe die wirtschaftlichen Folgen jahrhundertelanger

Knechtschaft nicht wirklich korrigieren können. Vielmehr sei die Landwirtschaft nicht wirklich in die Lage versetzt worden, das industrielle Wachstum im erforderlichen Maße zu tragen. Was im Regelfall des westeuropäischen Industrialisierungsprozesses «Vorbedingung» gewesen sei, habe Rußland *nach* dessen Beginn erst herstellen müssen. Unbestreitbare Erfolge, die das Zarenreich bei Ausbruch des Ersten Weltkriegs im Bereich der Industrie dennoch vorweisen konnte, wurden dieser Interpretation zufolge nicht aufgrund, sondern trotz des landwirtschaftlichen Leistungsdefizits errungen. Sie verdankten sich in erster Linie der besonderen Anstrengung des Staates, den Mangel an bäuerlicher Kaufkraft (als idealiter hauptsächlichem Träger des ‹inneren Marktes›) durch eigene Aufträge zu ersetzen, sowie dem Import ausländischen Kapitals und anderen kompensatorischen Mechanismen. Agrarkrise und Rückständigkeit gehörten in dieser Sicht ebenso zusammen wie verschiedene «Substitutionen» und ein ökonomischer Modernisierungsprozeß, der zum (prinzipiell auf die ‹Dritte Welt› übertragbaren) Modellfall einer ‹nachholenden› Entwicklung typisiert wurde.

In ihrem argumentativen Kern verband diese ‹klassische› Deutung vor allem drei negative Faktoren miteinander. Der an sich lobenswerte Grundsatz der russischen Bauernbefreiung, die Beschenkten nicht nur mit einem abstrakten Rechtsstatus, sondern darüber hinaus mit Land auszustatten, wurde demnach so unzulänglich durchgeführt, daß er sein wichtigstes Ziel verfehlte. Statt den neuen Landwirten, auf welchem Niveau auch immer, ein annähernd erträgliches Auskommen zu sichern oder ihnen gar eine vermarktbare Überschußproduktion zu erlauben, von der auch die wachsende städtisch-industrielle Bevölkerung hätte profitieren können, kam die Autokratie dem grundbesitzenden Adel (als ihrer hauptsächlichen sozialen und politischen Stütze) letztlich so weit entgegen, daß die Bauern bei der Entflechtung zwischen ihrer und der ‹herrschaftlichen› Wirtschaft in aller Regel den Kürzeren zogen. Im Durchschnitt erhielten sie weniger Land, als sie zuvor für sich genutzt hatten; obendrein mußten sie dafür einen Preis zahlen, der über dem tatsächlichen Wert lag und sie – neben den Steuern – auf Jahrzehnte mit hohen ‹Ablösezahlungen› belastete. Zu dieser ‹Landknappheit› gesellte sich ein demographischer Zuwachs, der nach moderatem Beginn in den vorangegangenen Jahrzehnten bald zu den höchsten in Europa zählte. Drittens schließlich stärkte der autokratische Staat in tiefer Sorge um die politische Stabilität auf dem Lande die überkommene Dorfgemeinde (*obščina* oder *mir*), indem er ihr zusätzlich zu ihrer Funktion als steuerlicher Solidarhaftungsgemeinde und als Landumteilungsgemeinde die polizeilichen und richterlichen Aufgaben übertrug, die der Grund und ‹Seelen› besitzende Adel bis dahin wahrgenommen hatte. Alle genannten Faktoren verbanden sich in dieser Sicht (mit ihren jeweiligen Wirkungen) zu einem vielfach verschlungenen und nicht zuletzt wegen seiner politisch-sozialen Komponenten unauflösbaren Knoten: Der demographische Zuwachs verschärfte den Landmangel, förderte die Übernutzung allzu kleiner Flächen, minderte dadurch weiter den ohnehin kargen Ertrag und verringerte die Möglichkeit, die Produktivität durch Boden- und Anbauverbesserung zu erhöhen; zugleich erschwerte die Beibehaltung der *obščina* die Abwanderung überschüssiger, als ‹Esser› zur Last fallender Arbeitskräfte, derer die Industrie dringend bedurft hätte. Für die Gesamtwirtschaft ergab sich daraus im Endeffekt eine Art Teufelskreis: Die Industrie kam nur langsam vom Fleck, weil sie von der Landwirtschaft nicht unterstützt wurde; diese verfing sich in einer Dauerkrise, weil ihr die Industrie nicht half.²

Gegen diese ‹pessimistische› Deutung sind in jüngerer Zeit mit wachsendem Nachdruck Einwände erhoben worden. Sie werfen ihr den alten Fehler retrospektiver Blickverengung und die Tendenz vor, eine vielgestaltige Entwicklung zum unaufhaltsamen Absturz in die Katastrophe der Revolution verfälscht zu haben. Nicht nur in der adeligen, auch in der bäuerlichen Landwirtschaft erkennen sie im Gegenteil bemerkenswerte Anzeichen für Innovationskraft und flexible Antworten auf die Herausforderungen der neuen Zeit. Diese Korrekturen stützen sich auf eine Reihe neu entdeckter oder neu bewerteter Tatbestände. Die Aufhebung der Leibeigenschaft, so ruft man zu Recht in Erinnerung, habe nur den kleineren Teil der Bauern betroffen. Um die Jahrhundertmitte stellten die (nicht dem Adel gehörenden) Staats- und Kronbauern bereits die Mehrheit der unfreien Landbevölkerung. Sie befanden sich rechtlich wie wirtschaftlich in einer deutlich besseren Position und wurden bei ihrer Freilassung großzügiger behandelt. Und auch die Bilanz von Landgewinnen und -verlusten bei den vormaligen Leibeigenen (im engeren Sinne) selbst läßt in den Augen mancher Beobachter Spielraum für eine ‹optimistischere› Deutung: Überwiegend habe den Bauern nach der Regulierung kaum weniger Land als vorher zur Verfügung gestanden.

Den Kern der Kritik aber bilden Bedenken gegen die weitgehende Ausblendung von Möglichkeiten der Bauern, den Landmangel und seine Folgen auszugleichen. So ist von sowjetischer Seite seit langem auf den wachsenden Umfang von Bodenpacht und -erwerb hingewiesen worden. Dies war in der Tat eine bemerkenswerte Erscheinung: daß die ökonomisch vermeintlich Ruinierten zu den größten Aufkäufern von Land wurden, wenn auch überwiegend im Kollektiv der Dorfgemeinschaft (die als Ganze kaufte) und nicht als Einzelpersonen. Auch wenn der Zins im Falle der Pacht häufig in Gestalt von Arbeitsleistung *(otrabotka)* erbracht wurde und damit die alte Feudalbeziehung zwischen Grundherren und Bauern faktisch fortbestand, war der massive Übergang nichtstaatlicher agrarischer Nutzflächen aus Adels- in Bauernbesitz sicher nicht nur als Indiz äußerster Not («Hungerpacht») zu erklären. Diese Neudeutung einer bekannten Erscheinung liegt um so näher, als die Bauern auch andere Wege der Kompensation ihres Landmangels offensichtlich häufiger beschritten, als das ‹Katastrophenszenario› unterstellte.

Detailstudien, die allerdings nur regional möglich sind, begründen die Vermutung, daß man die Variabilität der Bauernwirtschaften unterschätzt hat. Mittelbetriebe in der Umgebung größerer Städte gingen zum Anbau von Kartoffeln und Gemüse oder zur Vieh- und Milchwirtschaft über. Andere konzentrierten sich auf Spezialkulturen wie Flachs und Rüben, um die neu entstandenen einschlägigen Fabriken zu beliefern. Beide nutzten die Chancen, die in der Urbanisierung und Industrialisierung lagen. Manches verleiht der Warnung daher Glaubwürdigkeit, die russische Landwirtschaft als Getreidemonokultur zu betrachten. Und auch die Entwicklung dieses Pfeilers der russischen Agrarproduktion erscheint im Licht neuerer Forschungen durchaus anders. Statt der oft beklagten Stagnation ergibt sich besonders für die drei Vorkriegsjahrzehnte eine deutliche Erhöhung nicht nur der absoluten, sondern auch der Pro-Kopf-Erzeugung. Mithin übertraf der Produktionszuwachs sogar die Bevökerungsexplosion, die bislang als Urquelle des Übels galt.

Schließlich hat auch die mühselige Neuberechnung und Gewichtung der verfügbaren statistischen Gesamtdaten über das Wirtschaftswachstum und Nationaleinkommen in den letzten Dekaden des Zarenreichs Überraschendes zutage gefördert: Die Landwirtschaft trug nicht nur kräftiger als bislang gemeint zum Wachstum der Volkswirtschaft bei; sie vermochte die Bevölkerung auch besser zu ernähren als zuvor und brauchte den internationalen Vergleich nicht zu scheuen. Die Bauern wurden von der Steuerlast nicht erdrückt und verschafften sich trotz der Bindung an die *obščina* genug Bewegungsfreiheit, um ihre Einkommensgrundlage – ob agrarisch oder nicht – so zu gestalten, wie sie es für vorteilhaft hielten. Mit guten Gründen hat man diese Befunde als endgültigen Todesstoß für das ‹pessimistische› Modell (vor allem A. Gerschenkrons) bezeichnet. Denn im Endeffekt entziehen sie der gesamten Interpretation alter Art den Boden: Die Landwirtschaft leistete deutlich mehr, als die Zeitgenossen unterstellten, und behinderte auch die industrielle Entwicklung nicht.[3]

Bei alledem sollte man nicht übersehen, daß die Kontroverse noch lange nicht abgeschlossen ist. Gewiß hat die revisionistische Sicht eine Schwarzmalerei korrigiert, die großenteils in der Fixierung auf das revolutionäre Ende begründet war. Zugleich besteht Anlaß, vor Gesundbeterei und der Überzeichnung ins Gegenteil zu warnen. Der Blick in die Zukunft darf zwar nicht zum Maßstab der Vergangenheit werden, aber er lehrt auch, daß die Vergangenheit diese Zukunft nicht verhinderte. Bei allem Fortschritt blieb die Landwirtschaft in einem Maße rückständig, das nicht allein mit den Verwüstungen durch Krieg und Revolution zu erklären ist. Man kann und muß ihre Bilanz im internationalen Vergleich anders bewerten, sollte sich aber davor hüten, die unleugbaren späteren Probleme allein auf externe, prinzipiell zufällige Einwirkungen zurückzuführen.

Vor allem aber bleibt das *politische* Kernproblem offen, wie der Zusammenhang zwischen der Agrarentwicklung und jenen Bauernunruhen zu deuten ist, die – bei welcher genauen Rolle auch immer – zweifellos erheblich zu den revolutionären Erschütterungen sowohl von 1905–06 als auch von 1917 beitrugen. Genau besehen schließen beide Deutungen einander in *dieser* Hinsicht keineswegs aus. Die bloße Herleitung der Aufstände aus wachsender Landnot und permanenter Krise nach alter Art vermochte ohnehin nicht mehr zu überzeugen. Sie kam dem seit langem verworfenen, kruden Versuch gleich, Arbeiterunruhen aus einer absoluten Verelendung zu erklären. Komparative Studien von Aufruhr und Revolution in Stadt und Land haben dagegen vielfache und widersprüchliche Vermittlungen zwischen materieller Lage und kollektiver Aktion ans Licht gebracht, die es nahelegen, das Gewicht anderer Faktoren nicht geringer zu veranschlagen. Die bäuerlichen *Vorstellungen* von einer gerechten Verteilung des Landes, ihre chiliastischen *Hoffnungen* auf Land und Freiheit sowie die Öffnung ihrer Lebenswelt nach außen durch zunehmende Mobilität, engere Kommunikation und Kriegsteilnahme gewinnen in dieser Perspektive ebenso an Bedeutung wie die Erfahrung von Regression nach einer Phase relativer Besserung oder ungeschickte Veränderungen des Steuersystems. Zu bedenken wären ferner die Wahrnehmungs- und Handlungsveränderungen, die der Wiederanstieg der Boden(pacht)preise nach einer Baisse seit der Jahrhundertwende oder die Übernahme der Gutshöfe durch eine neue, betriebswirtschaftlich geschulte und kommerziell denkende Generation adeliger Besitzer verursachte. All diesen Faktoren zusammen kam womöglich keine geringere oder sogar eine wichtigere Rolle bei der Entstehung bäuerlicher Unruhen zu als der bloßen ökonomischen Krise. In jedem Fall sollte der sprunghafte Anstieg agrarischer Unruhen nach der Jahrhundertwende im Zusammenhang mit diesen Veränderungen gesehen werden. Dies würde nicht nur zu einer überzeugenderen Deutung führen, sondern auch dazu beitragen, die neue Sicht der agrarischen Entwicklung mit dem scheinbar querstehenden Faktum der Agrarrevolution zu versöhnen.[4]

Nach dem Ende der ersten Revolution kehrte Ruhe auf dem Dorfe ein. Es gehört zu den ungeklärten Fragen der Sozialgeschichte dieser Zeit, warum sich die Bauern von den landesweiten Arbeiterstreiks am Vorabend des Weltkriegs, anders als 1905, nicht anstecken ließen. Die Vermutung erscheint nicht abwegig, daß ihre Energien durch die Flurbereinigung und die Ausgliederung von Einzelhöfen aus der *obščina* im Gefolge zweier Reformmaßnahmen des neuen Ministerpräsidenten P. A. Stolypin nach 1906 absorbiert waren. Erst der Krieg, neuerliche Arbeiterunruhen und der Zusammenbruch der Staatsgewalt änderten dies wieder. Agrarischer Sozialprotest, so darf man daraus schließen, blieb im späten Zarenreich endemisch. Sein Zündstoff lag bereit: in Gestalt einer langen einschlägigen Tradition; dem Fortbestand einer Dorfgemeinschaft, die diese Aktionsform als legitimes

Mittel zur Durchsetzung bäuerlicher Interessen pflegte; einer wirtschaftlichen Lage, die der Mehrheit bei allem Fortschritt keinen Anlaß zur Zufriedenheit gab sowie einer Monarchie, die ihre integrative und charismatische Kraft durch militärische Niederlagen, innere Unruhen, mangelnde Fürsorge und zunehmende Kenntnisse auf Seiten der Bauern (auch als Folge der Errichtung eines dörflichen Schulwesens) immer stärker einbüßte. Dieses Pulver mußte nicht explodieren. Neueren Revolutionstheorien zufolge kam der staatlichen Handlungsfähigkeit eine mindestens ebenso große Bedeutung zu wie dem Angriffspotential der Aufbegehrenden. Wie immer gab es bis zuletzt mehrere Optionen. Aber das Dorf war bei weitem nicht so friedlich, wie es schien. Die Lunte konnte jederzeit in Brand geraten.[5]

2. Industrielle Entwicklung und Arbeiterfrage

Von Anfang an bestand Einvernehmen darüber, daß die industrielle Entwicklung und die Arbeiterfrage aus der Vorgeschichte der Revolution nicht wegzudenken waren. Umstritten blieb dabei bis heute die Gewichtung. Marxistischen Prämissen folgend, hat die sowjetische Forschung dem Kapitalismus und derjenigen sozialen Kraft, die sie als seine Schöpfung und seinen Totengräber zugleich betrachtete, Vorrang eingeräumt. Aber auch nichtmarxistische Autoren haben sich der Meinung in wachsender Zahl angeschlossen, daß die revolutionäre Gärung vor allem von den Arbeitern in den Städten vorangetrieben worden sei. Dagegen stehen Überlegungen, die vom unbestreitbaren Faktum ihren Ausgang nehmen, daß das Fundament der Autokratie auf dem Dorfe lag. Der Adel half ihr zu regieren und verwalten, die Bauern hatten sie zu ernähren und zu verteidigen. Menetekel des alten Staates blieb die Gehorsamsverweigerung der Bauern. In dieser Perspektive war es, unbeschadet der entscheidenden Rolle der Arbeiter, eine agrarische, keine proletarische Revolution, der die russische Monarchie zum Opfer fiel. Die kritische Prüfung und womöglich Vermittlung zwischen diesen kontroversen Positionen muß sich an folgende Vorgänge und Tatbestände erinnern.[6]

An vorderer Stelle zogen die Reformer aus der Niederlage des Regimes im Krimkrieg (1854–56) auch die Lehre, daß Rußland wirtschaftlich und technologisch zu den führenden Ländern Westeuropas aufschließen müsse. Kaum zufällig wurde die Strategie für eine solche Beschleunigung der industriellen Entwicklung bereits in diesen Jahren entworfen: Man hoffte, durch die Förderung des Agrarexports bei gleichzeitiger Sparsamkeit im Innern die Zahlungsbilanz ausgleichen, das Vertrauen in die russische Wirtschaft stärken und mittels staatlicher Initiative sowie ausländischen Engagements das Fundament für eine eigene Schwerindustrie legen zu können. Im ganzen ist dieses Programm mit bemerkenswertem Erfolg verwirklicht worden. Das

Zarenreich erklomm bei allen bleibenden Defiziten in weniger als einem halben Jahrhundert den vierten Rang unter den Wirtschaftsmächten Europas. In der Südukraine wurde mit westlicher Hilfe ein neues Zentrum der Eisenverhüttung errichtet, das die veralteten Hochöfen des Ural aus der Zeit Peters des Großen ablöste. St. Petersburg verwandelte sich in eine Industriestadt europäischen Zuschnitts, die nicht mehr allein von Regierungsbehörden und Adelsresidenzen lebte, sondern in wachsendem Maße vom Maschinenbau. Die Industrieproduktion wuchs in einem Tempo, das den Vergleich mit den aufstrebenden Wirtschaftsnationen des Westens nicht zu scheuen brauchte (zwischen 1883 und 1913 bis zu 5 % jährlich). Besonders große Sprünge waren dabei in den neunziger Jahren zu verzeichnen, als die Transsibirische Eisenbahn, das ehrgeizigste Projekt dieser Gründerzeit, gebaut wurde, desgleichen während der Hochkonjunktur am Vorabend des Ersten Weltkrieges. Hinzu kam, daß auch ältere, in die Vorreformzeit zurückreichende Industriezweige neue Dynamik entfalteten und ins Zeitalter des Dampfantriebs und der Maschinen eintraten. Vor allem die Herstellung von Baumwolltextilien im russischen Kernland um Moskau (dem sogenannten Zentralen Gewerbe- oder Industriegebiet) eroberte neue Märkte. Zu den Käufern gehörte, wie die neue Bilanz ihrer volkswirtschaftlichen Gesamtrolle nahelegt, mehr und mehr auch die Dorfbevölkerung. Staat und ausländische Unternehmer bildeten nicht die einzigen Motoren der Industrialisierung, so wie sich diese nicht auf die Herstellung von Produktionsgütern beschränkte. Kein Zweifel, daß der Aufbruch breit genug war, um dem alten, ländlichen, adeligen Rußland die Zukunft abzuschneiden, auch wenn er es noch längst nicht verdrängte.[7]

Wie überall gab die Zunahme nichtlandwirtschaftlicher Tätigkeiten der regionalen Mobilität kräftige Impulse. Trotz *obščina* und Paßzwang strömten die Dorfbewohner in größerer Zahl in die Städte, als diese verkraften konnten. Zwischen 1867 und 1916 wuchs die städtische Bevölkerung im europäischen Reichsteil von 6,7 Mio. auf 25,8 Mio.; das entsprach einem Sprung von etwa 10 % auf 21 % der Gesamtbevölkerung. Zielpunkte der Wanderung waren zudem ganz wenige große Städte, die um so schneller aus den Fugen gerieten: Die Einwohnerschaft von St. Petersburg vermehrte sich im gleichen Zeitraum um mehr als das Dreifache (von 0,5 Mio. 1867 auf 2,2 Mio. 1914), die von Moskau um das Vierfache (von 0,35 Mio. 1867 auf 1,77 Mio. 1914); andere Städte wie Riga, Kiev und Odessa erreichten eine halbe Million. Auch diese Dynamik hielt dem internationalen Vergleich durchaus stand. Ganz gegen die Absicht der Agrarreform von 1861/63 bescherte die Industrialisierung auch dem Zarenreich an den Brennpunkten des wirtschaftlichen Lebens eine hektische Urbanisierung.[8]

In soziale Begriffe übersetzt, verbarg sich hinter dem Städtewachstum vor allem *ein* Vorgang: die Entstehung der *Arbeiterschaft*. Damit blieb auch Rußland nicht erspart, was seine Staatsmänner als große Gefahr und seine konservativen Sozialphilosophen als Inbegriff des Verfalls der westlichen Welt werteten. Seit den Zeiten Nikolajs I., als man die Emanzipationskämpfe der Arbeiterschaft in England beobachtete, waren die Bestrebungen deutlich geworden, einer solchen Entwicklung vorzubeugen. Indes reichten weder die Ausstattung der ehemaligen Leibeigenen mit Land noch die Beibehaltung der *obščina* aus, um die Eigendynamik der in Gang gesetzten Entwicklung wirksam zu bremsen. Wenn auch langsam und mit zählebigen Eigenarten entstand im letzten halben Vorkriegsjahrhundert eine neue soziale Schicht aus überwiegend nicht landwirtschaftlich tätigen Lohnabhängigen, die nicht in die überkommene agrarisch geprägte Ordnung rechtlich und fiskalisch definierter Korporationen (*soslovie*) paßte. Einer neueren Studie zufolge stieg ihr Anteil von gut 4 Mio. 1860 auf ca. 17,4 Mio. 1913 (bei einer Gesamtbevölkerung von 159,2 Mio. im letztgenannten Jahr, s. Tab. A–1), entsprechend einem Zuwachs von knapp 335 %. Andere Schätzungen weichen nicht grundsätzlich davon ab.[9]

Freilich gehen solche Daten fast ausnahmslos auf sowjetische Berechnungen zurück und legen – bei Unterschieden im Detail – einen sehr breiten Begriff von Arbeiterschaft zugrunde. Dies ist insofern gerechtfertigt, als sie auch in den Städten zu einem großen Teil im Kleingewerbe zu finden und ihre Bindungen an Dorf und Land eng waren. Andererseits täuschen die Zahlen kaum unbeabsichtigt eine Dimension vor, die der Differenzierung bedarf. Die größte Gruppe bildeten, 1913 immerhin noch ein Viertel, die Landarbeiter. Sie dürften sich von Bauern nur dadurch unterschieden haben, daß sie nicht einmal eine kleine Parzelle besaßen oder pachten konnten. Auch die 3,8 Mio. Angehörigen des «Bau- und Transportwesens» wird man zu einem erheblichen Teil im bäuerlichen Milieu ansiedeln können, da hierzu die meisten Wanderberufe wie Maurer, Zimmerleute und Stukkateure gerechnet wurden. Und selbst zu den 6,1 Mio. «Industriearbeitern» (1913) zählten überaus viele, die auf dem Dorfe einen kleinen Acker bestellten. In weiten Regionen Rußlands, besonders im Großraum um Moskau, hatten die langen Winter und der karge Boden stets Anlaß zu gewerblicher Nebentätigkeit gegeben. Besondere Verbreitung erlangten die Leinen- und (seit Beginn des 19. Jahrhunderts) Baumwollverarbeitung, die Anfertigung von Schuhwerk, die Herstellung einfacher Metallwaren (Scheren, Schlösser), die Nagelschmiederei, Kürschnerei, Seilerei und die Erzeugung anderer, für nichtlandwirtschaftliche Tätigkeiten benötigter, regional jeweils unterschiedlicher Gegenstände (Fischnetze, Boote usw.). Dieses *Kustar*gewerbe behielt auch in der ausgehenden Zarenzeit (und bis weit in die frühe Sowjetzeit hinein) große Bedeutung. In ihm dürfte der überwiegende Teil der drei Millionen «Industriearbeiter» Lohn und Brot gefunden haben, die außerhalb der Fabriken und Bergwerke registriert wurden. Sogar die Bergleute konnten mit guten Gründen als eine eher ländliche Gruppe gelten. Im Ural hatten sie unter der Leibeigenschaft zu den Bauern gehört, die den Erzstollen und Eisenhütten zwangsweise überwiesen worden waren und fernab der Städte ihre ländliche Lebensweise bewahrten. Im Donecbecken ging die Erschließung der Kohlevorkommen der Entstehung von Städten um einiges voraus. Außerhalb ihrer Arbeit waren die Bergleute auch hier – wie der junge *Chruščev*, der als Sohn eines solchen ‹Proletariers› Ziegen hütete – von Dorfbewohnern kaum zu unterscheiden.[10]

Nur der schmale Rest genügte strengeren Definitionsmaßstäben. Erhebungen der sog. Fabrikinspektion, die Betriebe mit weniger als 16–20 Beschäftigten in der Regel nicht erfaßten und als zuverlässig gelten, bezifferten die Industriearbeiterschaft im engeren Sinne auf knapp 800 000 im Durchschnitt der Jahre 1861–70, 1,64 Mio. 1891–1900 und 2,28 Mio. 1914. Dies entsprach einer Verdopplung bis zur Jahrhundertwende und einem weiteren Anstieg um ein gutes Drittel – mit einer besonderen Dynamik seit 1910 – danach. Dabei ist allerdings zu berücksichtigen, daß nicht nur ihr Anteil an der Gesamtbevölkerung sehr gering blieb (noch 1914 nur ca. 1,9 %), sondern auch die Grenzen zwischen Groß- und Kleinbetrieben fließend waren. Selbst in den Städten hielt sich die alte vorindustriell-handwerkliche Struktur noch lange. Größere Betriebe bestanden nicht selten aus einer Addition kleiner, weitgehend selbständiger Einheiten. Ganze Berufsgruppen wurden in ihrem Selbstverständnis und politischen Handeln von Kleinunternehmen geprägt. Gerade mit Blick auf die Rolle der Arbeiterschaft im Revolutionsprozeß ist es daher angezeigt, die Lohnarbeiter dieser kleinen Werkstuben einzubeziehen. Die Schätzungen über ihre Zahl schwanken allerdings bei Angaben zwischen 1,2 Mio. bis 2,5 Mio. stark.

Selbst die Arbeiter der städtischen Großbetriebe pflegten überdies ihre Kontakte zum Dorf. Daß sie ihrem rechtlich-korporativen Status nach «Bauern» blieben, hatte nicht nur formale Bedeutung. Sie waren in ihrer Heimat registriert, mußten ihre Pässe dort verlängern lassen und ihre direkten Steuern (zumindest bis 1903) an die *obščina* abführen. Viele nutzten darüber hinaus auch das ihnen zugewiesene Land, das von der zurückgelassenen Familie bestellt wurde. Mehr und mehr ganzjährig in den Städten ansässig, halfen sie selbst nur bei der Aussaat und Ernte aus, konnten aber jederzeit zurückkehren: Der tiefere Grund für diesen scheinbaren Anachronismus lag darin, daß Haus, Hof und die Parzelle auf dem Dorf den einzig wirksamen Schutz gegen Arbeitslosigkeit und Invalidität bildeten. Wer durch Krankheit oder Alter in Not geriet, konnte in der Regel nur in der Heimat überleben. Noch 1907 gab die Hälfte der Moskauer Arbeiter aus diesen und anderen Gründen an, daß ihre Äcker bestellt wurden; 90 % von ihnen überwiesen beträchtliche Summen an dörfliche Empfänger. In St. Petersburg unterhielt im selben Jahr von den Druckern, die als Kern der urbanisierten «Kader» galten, jeder zweite Beziehungen solcher Art zum Dorf.[11]

Allerdings waren auch gegenläufige Tendenzen zu beobachten. Die Jahre städtischer Existenz fielen nicht immer mit der Dauer der Fabrikarbeit zusammen. Vor allem im Zentralen Gewerbegebiet mit seiner langen Tradition bäuerlichen ‹Hausfleißes› gab es einen größeren Stamm von Arbeitern, der regelmäßig, wenn auch saisonal, an fremden Werkbänken stand. Dabei wurde die anfängliche Nebentätigkeit zum Haupterwerb. Zugleich nahm der Anteil derjenigen zu, deren Väter schon in der Fabrik gearbeitet hatten. Kontinuierliche Tätigkeiten über zehn und mehr Jahre waren keine Seltenheit mehr. Auch zeitgenössische Sachkenner aus der «Fabrikinspektion» meinten, daß man solche Vorprägungen nicht einfach ignorieren könne. Sicher blieben gerade die «erblichen» Arbeiter, wie die Sowjethistoriker sagten, oft besonders tief im Dorf verwurzelt, weil auch diese Bindungen über Generationen weitergegeben wurden. Dennoch waren sie keine Neulinge, die den Pflug erst kurz zuvor gegen eine Werkbank eingetauscht hatten.[12]

Nachhaltiger aber veränderte sich die Physiognomie des russischen Arbeiters durch einen anderen Vorgang: den Zuwachs an Bildung, wie einfach diese immer bleiben mochte. Noch zu Beginn der achtziger Jahre des 19. Jahrhunderts ergaben erste statistische Erhebungen, daß in Moskau nur etwa 36% lesen und schreiben konnten, wobei die Quote bei den Männern deutlich höher lag. Im ersten Jahr der neuen Ära (1918) verfügten immerhin schon 64% aller Industriearbeiter im europäischen Rußland, bei den Jugendlichen unter 14 Jahren sogar 80,3%, über solche Elementarkenntnisse. Allerdings dauerten geschlechtsspezifische und regionale Unterschiede an. Unter den Frauen fanden sich nach wie vor erheblich mehr Analphabeten, dementsprechend auch in den Industriezweigen, in denen sie überwogen, wie in der Nahrungsmittel- und Textilherstellung. Den ersten Rang nahmen nicht nur in dieser Hinsicht die Beschäftigten der Metallindustrie ein. Insgesamt galt, daß die städtischen Arbeiter, nach ihrem Bildungsstand zu urteilen, in deutlich höherem Maße fähig waren, sich aus Flugblättern und Zeitungen zu informieren als die übrige, zumeist bäuerliche Bevölkerung, die 1897 noch zu knapp 80% aus Analphabeten bestand.[13]

So wird man dieser zentralen, seit der zeitgenössischen Debatte zwischen den Marxisten und ihren Gegnern heftig umstrittenen Frage am ehesten durch eine doppelte Antwort gerecht: Einerseits liegt auf der Hand, daß die russische Arbeiterschaft bis zur Jahrhundertwende und darüber hinaus, wie die Slavophilen behauptet hatten und die Anhänger des russischen Sozialismus wiederholten, die Muttermale ihres dörflichen Ursprungs nicht verlor. Das konnte angesichts der kurzen Strecke, die das Reich auf dem Wege zur Industrialisierung erst zurückgelegt hatte, kaum anders sein. Andererseits war in Verbindung mit ihrem deutlichen quantitativen Wachstum eine Tendenz zur Verstetigung und Herausbildung einer eigenen sozialen Identität, wenn man so will: zur Konstituierung als soziale Klasse, offenkundig. Die russische Arbeiterschaft befand sich am Vorabend der Revolution in der Tat

2. Industrielle Entwicklung und Arbeiterfrage

«zwischen Feld und Fabrik». Darin sollte man allerdings weniger eine Besonderheit sehen als einen weiteren Aspekt der Rückständigkeit und Phasenverschiebung: Das Zarenreich holte nach, was andernorts früher geschehen war, wenn auch schneller, unter Veränderung der «Verlaufsfiguren» und mit anderen Ergebnissen.[14]

Mit den Arbeitern kam der Protest. Nicht zuletzt darin irrten die autokratischen Reformer, daß sie meinten, zur öffentlichen und massenhaften Äußerung von Unzufriedenheit durch die neue Schicht werde es nicht kommen. Wache Zeitgenossen konnten sich jedoch schon in den ersten Anfängen der Industrialisierung vom Gegenteil überzeugen. Ende Mai 1870 verlangten einige Dutzend Beschäftigte der größten Baumwollspinnerei in St. Petersburg höhere Löhne und bessere Arbeitsbedingungen. Obwohl der anschließende kurzfristige Ausstand friedlich verlief, zeigte sich die Öffentlichkeit verstört. Sie begriff, daß sich eine neue Form des gesellschaftlichen Konflikts ankündigte, deren Sprengkraft nicht abzusehen war. Die weitere Entwicklung bestätigte solche Befürchtungen. Was sich damit abzeichnete, trat im Januar und Oktober 1905 schließlich ein: Als eine Sicherungsabteilung vor dem Winterpalast am 9. Januar auf einen friedlichen Demonstrationszug von Arbeitern schoß, der dem Zaren nur eine untertänige Petition hatte überreichen wollen, löste dies eine landesweite, das Regime bis in die Grundfesten erschütternde Streikwelle aus. Gewiß läßt sich diese Wirkung ohne die äußere Schwächung nach der blamablen Niederlage im Krieg gegen Japan kaum erklären. Desgleichen ist unbestritten, daß sie durch die Loyalitätsverweigerung der Intelligenz seit dem Frühjahr und das Aufbegehren der Bauern im Herbst wesentlich verstärkt wurde. Die Intelligenz formulierte die Ideen der Bewegung und gab ihr mit dem Ruf nach politischer Freiheit und Demokratie ein Ziel. Die Bauern sorgten durch die Gewalt ihres Vorgehens für den nötigen Nachdruck. Aber es waren die Arbeiter, die dem Regime völlig ohne Zutun der Parteien als erste den Gehorsam aufkündigten und die Mobilisierung in der entscheidenden Phase bis zu jenem Punkt vorantrieben, an dem die «Selbstherrschaft» im alten (unbeschränkten) Sinne zu bestehen aufhörte. Der Generalstreik in der zweiten Oktoberwoche 1905, der die Zusage einer Verfassung erzwang, war im wesentlichen ihr Werk.[15]

Dem Einlenken der Autokratie folgten die «Tage der Freiheit». Zwei Monate lang hatte die «Gesellschaft» Gelegenheit, organisatorische Grundlagen für ihre neuen Bewegungsmöglichkeiten zu schaffen. Die Arbeiter nutzten sie auf ihre Weise: Unter tatkräftiger Mitwirkung der engagierten Intelligenz gründeten sie zum einen einen *Rat (sovet)* als oberstes Repräsentativgremium, zum anderen branchenmäßig organisierte Gewerkschaften. Der Rat war im Kern, auch wenn er sich als revolutionäre Gegenregierung verstand, ein zentrales Streikkomitee. Für diesen Charakter spricht nicht zuletzt sein Ende: Als die Arbeiter seinen Aufrufen, die Werkbank zu verlassen, nicht mehr folgten, verfiel seine Macht. Anfang Dezember konnte die zarische Polizei über 250 Delegierte ohne Gegenwehr verhaften. Größere faktische (nicht symbolische) Wirkung entfalteten die Gewerkschaften. Was schon seit dem Frühjahr auf den Weg gekommen war, brach sich nach dem Generalstreik angesichts der Ohnmacht der Staatsgewalt unbehindert Bahn. Als die Autokratie wieder Luft schöpfte und die Kraftprobe mit den Aufständischen in Moskau wagte, hatte die Arbeiterbewegung bereits ein gutes Stück auf dem Wege zur Organisierung zurückgelegt. Der Traum umgehender politischer Freiheit und materieller Besserstellung zerstob zwar Ende Dezember in den Barrikadenkämpfen des Arbeitervororts Presnja. Aber der einjährige Kampf war nicht vergebens: Er hatte Realitäten geschaffen, die der Staat auch nach der endgültigen Wiederherstellung seiner Zwangsgewalt durch das Diktat eines restriktiven Wahlgesetzes am 3. Juni 1907 nicht wieder beseitigen konnte.[16]

Denn dieser illegale Akt verschaffte dem Zaren zwar ein gefügiges Parlament und öffnete der Verfolgung unliebsamer politischer Parteien wieder Tür und Tor. Doch wurde weder das Staatsgrundgesetz selbst aufgehoben, noch ließ sich ein effektives Polizeiregime errichten, ohne die Gefahr einer Wiederholung der Ereignisse von 1905 heraufzubeschwören. Zur Strategie der begrenzten Kooperation mit der «Gesellschaft» und der kontrollierten Reform von oben gehörte auch die Duldung eines Freiraums, in dem die Gewerkschaften überleben konnten. Das Regime verstrickte sich im Widerspruch: Gewiß suchte es mit allen Mitteln gerade die Arbeiterorganisationen zu zerschlagen, in denen es nicht zu Unrecht ein Saatbeet des Massenprotests sah; zugleich verpflichtete es sich aber zu mehr Rechtsstaatlichkeit, die auch die Arbeiterschaft nicht aussparen konnte. Viele Gewerkschaften paßten sich den neuen Verhältnissen an. Sie suchten und fanden Nischen für legale Tätigkeiten. Aus Agenturen der Revolution wurden Bildungsvereine, Unterstützungskassen und Konsumgenossenschaften. Manches spricht dafür, daß die russischen Gewerkschaften den Weg zu «reformistischen» Organisationen westeuropäischer Prägung eingeschlagen hatten und eine breite Strömung innerhalb der revolutionären Parteien bereit war, ihnen dabei zu folgen.[17]

Diese Entwicklung brach schon *vor* dem neuen Krieg jäh ab. Den Anstoß dazu gaben Schüsse, die Soldaten am 4. April 1912 auf eine friedliche Versammlung streikender Arbeiter der Goldminen an der sibirischen Lena abfeuerten und denen zahlreiche Tote und Verwundete zum Opfer fielen. Der Vorfall ähnelte den Januarereignissen des Jahres 1905 ebenso wie die städtischen Massenunruhen, die er auslöste. Insgesamt hat man errechnet, daß die Zahl der Streikteilnehmer im europäischen Rußland von 105 000 im Jahre 1911 auf 725 000 1912 und 1,45 Mio. in den ersten sieben Monaten des folgenden Jahres stieg, entsprechend etwa 38,8 % (1913) bzw. 68,2 % (1914) aller Industriebeschäftigten. Die Unruhen erreichten Anfang Juli einen dramatischen Höhepunkt, der das literarische Zeitgefühl vom ‹Tanz auf dem Vulkan› endgültig zu bestätigen schien: In der Hauptstadt mußten Polizei und Kosaken Stellung beziehen, um die Paläste und eleganten Kaufhäuser am Nevskij-Prospekt vor den Bewohnern des Arbeitervororts Vyborg zu schützen.[18]

Offen zutage lagen auch die politisch-sozialen Wirkungen dieser neuen Unruhe: Die Arbeiter wurden radikaler und hörten den Verfechtern militanter Parolen aufmerksamer zu. Was die menschewistischen Sozialdemokraten bei den Wahlen zur vierten Duma im Herbst 1912 noch als Zufall abtaten, verursachte auf dem Gründungskongreß der wiederzugelassenen Metallarbeitergewerkschaft von St. Petersburg im April 1913 eine Sensation: Die Delegierten entschieden sich für ein mehrheitlich bolschewistisches Leitungsgremium. Zu Recht deuteten die Unterlegenen ihre Verdrängung nun als Resultat einer tiefergreifenden Umorientierung: Ihre verhaltene «tradeunionistische» Taktik fand bei aller Beschwörung des revolutionären Endziels keine breite Resonanz mehr. Zumindest in der Hauptstadt entsprach die Stimmung der Arbeiter eher dem, was die Bolschewiki auf ihre Fahnen schrieben: dem Aufruf zu «politischen» Streiks und aggressiven Parolen gegen die herrschenden Klassen von Staat und «Gesellschaft». Sicher schießt die pointierte Formulierung, das Zarenreich habe sich am Vorabend des Weltbrandes «auf halbem Wege» zu 1917 befunden, über das Ziel hinaus. Aber als Metapher benennt sie das Problem treffend, das seither immer wieder zum Nachdenken Anlaß gegeben hat.[19]

Dies war und ist die Frage nach den Gründen für die Radikalisierung und nach ihrer Bedeutung für das Ende des *Ancien Régime*. Bloße Schuldzuweisungen an die Bolschewiki (nach Art einiger ‹Abrechnungen› mit der sowjetischen Geschichte aus jüngster Zeit) reichen dabei nicht aus. Auch wenn man der extremistischen Agitation eine erhebliche Wirkung zuspricht, bedarf die Frage einer Antwort, welche Faktoren den Nährboden dafür bereitet haben. Ein unbestrittener Vorgang bietet sich als ‹Folie› an: Seit 1909 brach sich ein dynamischer Konjunkturaufschwung Bahn, der die Lähmung der Wirtschaft durch Krieg und Revolution ablöste und neue Arbeitskräfte in die Städte spülte. Drei von vier Arbeitern der Metall- und Maschinenbauindustrie, der auch weiterhin eine Schlüsselrolle in der revolutionären Bewegung zufiel, waren Neulinge (71,5 %). Die meisten kamen nach wie vor vom Dorf, aber ihre Zahl war bereits relativ geringer als in den 1890er Jahren. Dementsprechend wuchs der Anteil der Stadtgeborenen, die das Fabrikleben und das Elend der übervölkerten Industrievororte von Kindheit an kannten, zugleich ein Mindestmaß an Schulbildung genossen hatten und mit den Formen kollektiver Interessenvertretung vertraut waren. Ein Strukturwandel fand statt, der die Mentalität vor allem der hauptstädtischen Arbeiter veränderte: Zeitgenössische Beobachter sagten ihnen nach, impulsiver und ungestümer, dabei aber auch informierter und artikulationsfähiger zu sein als die ältere Generation. Eine ‹kritische Masse› bildete sich, aus der die Meinungsführer der organisierten und nichtorganisierten Bewegung hervorgingen.[20]

Auch beim Kernproblem, der Rolle dieser beiden Großgruppen im Radikalisierungsprozeß, zeichnet sich inzwischen ein Konsens ab. Lange Zeit galt die Flut neu rekrutierter Arbeit als Wurzel des Übels. Ihrem Lebenszusammenhang entrissen, ungewohnter Fabrikdisziplin unterworfen und in menschenunwürdige Elendsquartiere gepfercht, schienen sie zu anarchischem Aufbegehren prädestiniert. Entwurzelung und Entfremdung, so unterstellte man in Anlehnung an die menschewistische Deutung, erzeugten Unzufriedenheit und spielten militanten Agitatoren in die Hände. Unbeschadet der produktiven Impulse, die von ihr ausgingen, hat diese Argumentation der empirischen Überprüfung nicht standgehalten. Eingehende Detailstudien haben gezeigt, daß die bäuerlichen Zuwanderer die ihnen zugeschriebene zentrale Funktion ebensowenig erfüllten wie die stadtgeborenen Neulinge. Wohl verliehen beide Gruppen der Arbeiterschaft neue Züge: ein Element der dörflichen Neigung zur spontanen Empörung *(buntarstvo)* die einen, ein ausgeprägteres Interessenbewußtsein die anderen. Aber sie lösten die überkommenen Führungskader der Gewerkschaften *nicht* ab. Die Alters- und Herkunftsstruktur war gemischt. Rückgrat der Bewegung blieb die qualifizierte, überdurchschnittlich verdienende, urbanisierte, großenteils von handwerklichem Bewußtsein geprägte «Arbeiteraristokratie», die außerdem durch die erste Revolution an politischer Erfahrung gewonnen hatte. Sie fand sich auch *nicht* primär in riesigen Fabrikhallen der hauptstädtischen Großunternehmen, wie die sowjetische und die westliche Forschung lange Zeit gleichermaßen meinten. Der typische Arbeiter, der die Werkbank verließ, um auch *politische* Forderungen zu stellen, kam vielmehr aus einer mittelgroßen Maschinenbaufabrik, die ihn aufgrund seiner Qualifikation auch im Krieg halten konnte. Manches spricht deshalb dafür, die hauptsächliche Ursache der Radikalisierung des städtischen Sozialprotests vor und während des Krieges nicht im Identitätsverlust, sondern umgekehrt in einem *Zuwachs* an kollektivem Identitätsbewußtsein vor allem der Facharbeiter zu suchen. Nicht *Ent*wurzelung, sondern *Ver*wurzelung führte zu jener Streikwelle, die das alte Regime schon vor Kriegsausbruch in Bedrängnis brachte.[21]

Bei alledem behält jedoch auch die Erklärungsfigur der ungeduldigen Handlung aus Enttäuschung ihr Gewicht. Ein erheblicher Teil der Protestenergie, die seit April 1912 manifest wurde, dürfte unerfüllten Erwartungen anzulasten sein. Die Zulassung der Gewerkschaften im März 1906 und ihre relativ unbehinderte Tätigkeit bis zum Juni 1907 hatten Ansprüche erzeugt, die nach dem Juniumsturz enttäuscht wurden. Diese «Frustration» zunächst geweckter Hoffnungen – darin dürften ältere Hypothesen der soziologischen Revolutionstheorie ebenso wie der Schöpfer des einschlägigen *locus classicus* Tocqueville ihr Recht behaupten – zählte allemal zu den fatalsten Fehlern, die ein *Ancien Régime* begehen konnte.[22]

3. Sozialistische und liberale Opposition

Von den sozialen Problemen nicht zu trennen war die Entstehung *oppositioneller politischer Bewegungen*. Was konservative Staatsmänner befürchtet hatten, traf ein: Die Modernisierung ließ sich nicht auf die Wirtschaft und einige sozialstrukturelle Anpassungen beschränken, sie griff auf die Herrschaftsverfassung über. Der Staat selbst stellte auch diese Weiche. Frühzeitig erkannte er, daß seine Ziele ohne flankierende Reformen der Verwaltung und Sozialverfassung nicht erreichbar waren. Mit gutem Grund schnürten die «aufgeklärten Bürokraten», die nach dem Desaster des Krimkrieges die innere Politik bestimmten, ein ganzes Bündel von Maßnahmen zur Wiederherstellung von Rußlands Kraft und Geltung. Die Aufhebung der Leibeigenschaft, die neue Wirtschaftspolitik, die Polizei- und Justizreform (1862/64), die Einführung provinzialer Selbstverwaltungskörperschaften (*zemstva*, 1864), die neue Stadtordnung (1870), die allgemeine Wehrpflicht (1874) und die Abschaffung der Kopfsteuer (1883), die noch von Peter dem Großen stammte – dies alles gehörte zusammen. Die Fachleute in den Ministerien verstanden, daß die gesamte innere Organisation des Landes nach neuen Prinzipien umgestellt werden mußte. Davon konnte weder die Gesellschaft noch das Verhältnis zwischen Gesellschaft und Staat ausgenommen bleiben.[23]

Schon während der Vorbereitung der großen Agrarreform geschah Ungewöhnliches. Personen und Gruppen ohne Mandat meldeten sich zu Wort und trugen ihre Vorschläge zur Lösung des Problems vor. Eine neue Öffentlichkeit bildete sich, die den Anspruch erhob, gehört zu werden. Sie tat dies in korporativen Versammlungen oder in neuen Zeitschriften, in denen sie sich so frei äußern konnte wie nie zuvor. Die publizistische Debatte war eine Angelegenheit der großen Städte und erzeugte manche scharfen Töne. Die ständischen Erörterungen fanden überwiegend in den Räumen der Adelsgesellschaften statt. Hier dachte man furchtsamer, schwankte zwischen Protest gegen die Unterminierung der eigenen Lebensgrundlagen und Zustimmung zu einem Aufbruch, der die angeschlagene Stabilität des Staates retten sollte.

In dieser ersten Regung politischer Eigenständigkeit der «Gesellschaft» waren somit bereits die Keime der *künftigen Hauptströmungen* zu erkennen. Aus der radikalen Kritik eines Alexander Herzen (A. I. Gercen) oder N. G. Černyševskij ging eine revolutionäre Bewegung hervor; sie verschrieb sich dem Ideal einer sozialistischen Gesellschaft, wenn auch in höchst unterschiedlicher Gestalt, und zerfiel seit den achtziger Jahren ihrerseits in ein marxistisches und ein agrarsozialistisches Lager. Die maßvollen Stimmen fanden in den *zemstva* bald ein Forum von wachsender Resonanz. Hier entstand Lokal- und Regionalpolitik, die weitgehend in den Händen des landsässigen Adels lag. Nicht zuletzt das große Interesse an diesen «Landschaften» zeigte jedoch an, daß mit der partiellen Heranziehung der «Gesellschaft» zur Bewältigung staatlicher Aufgaben unweigerlich die Frage weitergehender Mitwirkung aufgeworfen worden war. Mochte sich die Autokratie auch noch einige Jahrzehnte behaupten, die Modernisierung setzte auch in Rußland die Ausweitung politischer Partizipationsrechte mit dem letzten Ziel einer Demokratisierung auf die Tagesordnung.

Aus der Eigenart der russischen sozialen und politischen Verfassung ist am ehesten zu erklären, daß *frühsozialistische* Kräfte zuerst erstarkten und einige Jahrzehnte die politische Bewegung beherrschten. Solange die «Selbstherrschaft» ihren Namen zu Recht trug, verfielen nichtautorisierte öffentliche Äußerungen und erst recht Handlungen grundsätzlich dem Verdikt, Opposition zu schüren. Dies drängte sie in eine Frontstellung, die radikalen Forderungen nach einem gewaltsamen Umsturz und der Schaffung einer völlig neuen Gesellschaft Vorschub leistete. Auch eine Schicht stand bereit, um solchen Gedanken und Bestrebungen Aufmerksamkeit zu verschaffen: die *Intelligenz* im weltanschaulichen Sinn. Ein Generationswechsel von erheblicher Tragweite fand statt. Die «reuigen Edelleute» vom Schlage eines Herzen oder Bakunin, Abtrünnige eines privilegierten Standes, machten jüngeren Vertretern von zumeist bescheidener Herkunft Platz, die nichts anderes als ihre geistige Qualifikation besaßen. Die «Söhne» taten dies zumeist staatsfern, als Publizisten, Literaten oder Hauslehrer. Sie erhoben Gesellschaftskritik und politisches Räsonnement zu ihrer Hauptaufgabe, waren die ersten Intellektuellen von Beruf. Im Zuge des sozialen Wandels erhielten sie Unterstützung durch eine rasch wachsende Zahl von technischen und sonstigen Spezialisten. Eine breite Schicht aus Ärzten, Lehrern, Agronomen und Ingenieuren formierte sich, deren radikal gestimmte Mitglieder zum ergiebigsten Reservoir der revolutionären Elite wurden.

Einen ersten Höhepunkt erreichte die russische revolutionäre Bewegung in den siebziger Jahren. Wer um die Jahrhundertwende Rang und Namen unter den Vorkämpfern des Sozialismus gleich welcher Richtung besaß, war in dieser bald verklärten Zeit politisch erzogen worden. Er hatte in endlosen Debatten zwischen friedlichen «Aufklärern» und anarchistischen Propagandisten der Tat Farbe bekannt und war im «verrückten Sommer» 1874 mit Hunderten Gleichgesinnter aufs Dorf gezogen, um die Bauern gegen die Obrigkeit aufzuwiegeln. Ihm war die bittere Enttäuschung nicht erspart geblieben, daß die Umworbenen den Städtern feindselig begegneten und sie eher verprügelten, als ‹ihren› Zaren beleidigt zu sehen. Über so viel «Dumpfheit» verzweifelt, hatte er über die Lehren aus diesem Debakel nachgedacht und der ersten überregionalen revolutionären Organisation im Zarenreich, der 1876 gegründeten (zweiten) *Zemlja i volja* (Land und Freiheit) den Rücken gekehrt. Soweit er bereit war, sein Leben zu riskieren, hatte er sich einem Verschwörerzirkel angeschlossen, der den «Schlag ins Zentrum der Zentren» zum einzig erfolgversprechenden Mittel erklärte. Der Zarenmord sollte zuwege bringen, was Agitation und Aufklärung nicht hatten bewirken können: die Initialzündung für den Volksaufstand. In der Tat erreichte die *Narodnaja Volja* (Volkswille oder Volksfreiheit) ihr Nahziel. Am 1. März 1881 wurde der einst gefeierte «Befreier-Zar» im dritten Versuch ermordet. Der Anschlag erschütterte die alte Ordnung bis ins Mark und hinterließ ein tiefes Trauma. Was aber ausblieb, war die Erhebung der Massen. Weder Bauern noch Arbeiter sahen sich veranlaßt, den Keulenhieb gegen die Autokratie für einen Umsturz zu nutzen. Augenfälliger ließ sich der Realitätsverlust der Revolutionäre nicht demonstrieren. Insofern konnte sich eine Minderheit bestätigt sehen, die sich dem Terror als *ultima ratio* der Politik verweigert hatte. Sie fand zu einer Gruppe zusammen, aus der nach längerer theoretischer Neuorientierung die russische Sozialdemokratie hervorging.

In den siebziger und achtziger Jahren wurden auch die theoretischen Konzepte formuliert, von denen sich die Bewegung leiten ließ. Die Kernideen teilte man mit Herzens «russischem Sozialismus», jener eigenartigen Synthese von westlichem Frühsozialismus und slavophil-nationalem Sendungsbewußtsein: Skepsis gegenüber dem Segen der westlichen Zivilisation, verbunden mit der Zuversicht, daß Rußland berufen sei, seinen eigenen Weg zur herrschaftsfreien Gesellschaft zu finden. Diese Hoffnung gründete sich auf den angeblich urslavischen Kollektivismus der russischen Bauern samt seiner sozialen Organisationsformen, insbesondere der *obščina* (oder *mir*). Wo man eigentumsfernen, natürlichen Assoziationsgeist lebendig sah, glaubte man nur die repressive politische Macht beseitigen zu müssen, um eine bessere Ordnung des menschlichen Zusammenlebens errichten zu können. Rußland schien *nicht* genötigt, die harte Schule des Kapitalismus zu durchlaufen und das Leid der bürgerlichen Klassenkonflikte auf sich zu nehmen: Es konnte in dieser Sicht, gestützt auf die Unverderbtheit des Dorfes, *direkt* zum Sozialismus übergehen.[24]

Wie erfolglos das gefeierte Attentat auf Alexander II. genau besehen war, brachte die Friedhofsruhe zutage, die in den achtziger Jahren herrschte. Auch wenn der Untergrund trotz der Zerschlagung der *Narodnaja Volja* lebendiger blieb, als man lange gemeint hat, unterband das strenge Regime des neuen Zaren (Alexander III., 1881–1894) bedrohliche Aktivitäten doch effektiv. Nicht nur die revolutionäre, auch die übrige oppositionelle Bewegung beugte sich dem Diktat eines Herrschers, der sich emphatisch als Autokrat verstand. Es bedurfte einer Katastrophe, die (fälschlicherweise) staatlichem Versagen angelastet wurde, um eine Wende herbeizuführen. Die verheerende Hungersnot von 1891/92 brachte viele Zeitgenossen zu der Einsicht, moralisch zum Kampf gegen die Autokratie, mit welchen Mitteln und zu welchem Ziel auch immer, verpflichtet zu sein. Von diesem neuerlichen Erwachen der Intelligenz profitierten auch die Veteranen der siebziger Jahre. Das *narodničestvo* erlebte eine Renaissance, die im Winter 1901/02 in die Gründung der *Sozialrevolutionären Partei* (PSR) mündete. Weit weniger im Bewußtsein der Nachwelt verankert als die Helden der Frühzeit, bildete sie die erste umfassende Föderation derer, die gegen den aufstrebenden Marxismus bei aller Anerkennung des industriellen Fortschritts an der primären Bedeutung des Dorfes für den Aufbau des Sozialismus in Rußland und an ihren geschichtstheoretischen Prämissen festhielten. Trotz mancher Anleihen vor allem bei reformistischen Denkern der europäischen Sozialdemokratie beharrte ihr führender Theoretiker V. M. Černov auf der Grundeinsicht der «subjektiven Soziologie» der siebziger Jahre: daß die ‹kritisch denkende Persönlichkeit› (P. L. Lavrov) letzter Motor des gesellschaftlichen Fortschritts sei.

Damit entfiel nicht nur das ‹revolutionäre Monopol› einer Klasse, sondern auch jede Vorstellung eines gesetzmäßig sich vollziehenden historischen Prozesses. In der sozialrevolutionären Theorie gab es keine feste Abfolge von Stufen, die Rußland zu durchlaufen hatte. Eine «bürgerliche» Revolution mußte der sozialistischen nicht vorangehen, der Kapitalismus sich nicht erst entfalten, bevor es erlaubt war, ihn zu stürzen. Die Sozialrevolutionäre hielten es für richtig, ihn so bald wie möglich abzuschaffen, zumal er die Masse der Bauern noch kaum berührt habe. Sie konnten ohne Zögern die Losung von der «*Sozialisierung des Landes*» ausgeben und zu jener spontanen Landnahme – denn nichts anderes verbarg sich hinter dieser Forderung – aufrufen, die seit Jahrhunderten Ziel unzähliger Bauernaufstände gewesen war. Ihre Revolution brauchte sich keine geschichtsphilosophischen Zügel anzulegen: Sie war eine Empörung *aller* Unterdrückten in Stadt und Land.[25]

Nicht unähnliche, in der unausgewogenen Struktur der russischen Wirtschaft und Gesellschaft wurzelnde Probleme plagten unter umgekehrten Vorzeichen die *Sozialdemokraten*. Mußten die Neo-Narodniki der beschleunigten Industrialisierung Rechnung tragen, so wurde den russischen Marxisten die Zählebigkeit der dörflichen Traditionen zum Ärgernis. In mancher Hinsicht taten sie sich bei dem Versuch, Theorie und Realität zur Deckung zu bringen, schwerer als ihre populistischen Rivalen – hatten sie sich doch einer Theorie verpflichtet, die ausschließlich aus der westeuropäischen Erfahrung abgeleitet worden war. In der Diskrepanz zwischen vorgegebener Deutung und einer Wirklichkeit, die sich ihr bei allem Aufbruch in die Moderne nicht fügen wollte, lag ein Geburtsfehler der russischen Sozialdemokratie. Die meisten der unaufhörlichen Strategie- und Theoriedebatten und fast alle Kurskorrekturen hatten (mindestens bis zur ‹Stalinschen Revolution›) hierin ihren tieferen Ursprung.

Die Rezeption des Marxismus im Zarenreich sollte im Zusammenhang mit dessen Eintritt ins industrielle Zeitalter gesehen werden. Was die zeitliche Parallelität nahelegt, findet eine inhaltliche Stütze: Zumal in seiner frühen Form stand und fiel er mit dem universalen Anspruch und der Vorhersage, daß sich der Kapitalismus auch die russische Wirtschaft und Gesellschaft unterwerfen werde. G. V. Plechanov entwickelte diese These zu Beginn der achtziger Jahre in der Auseinandersetzung mit dem *narodničestvo*. Die Gruppe der Befreiung der Arbeit, 1883 im Schweizer Exil gegründet, war Fleisch vom Fleische der *Zemlja i Volja*. Wie die terroristische Taktik der *Narodnaja Volja* entsprang sie der Enttäuschung über die Apathie der Bauernschaft und schoß wie jene im Bemühen um eine überzeugende Alternative über ihr Ziel hinaus. Vieles spricht dafür, den deterministischen Grundzug des Plechanovschen Marxismus – von Einflüssen zeitgenössischer evolutionistischer Theorien abgesehen – auch als Ausdruck des Bestrebens zu begreifen, sich unmißverständlich von den Fehlern der Vergangenheit zu distanzieren. Es war nicht zuletzt der Legitimationszwang des Renegaten, der dem «Vater des russischen Marxismus» die Feder führte.

Indem die Sozialdemokraten das städtische Proletariat zur entscheidenden Triebkraft der Revolution im Zarenreich erklärten, schrieben sie der kapitalistischen Wirtschafts- und Sozialordnung einen Entwicklungsgrad zu, der erst noch herzustellen war. Der russische Marxismus nahm den Charakter einer *Industrialisierungsideologie* an. Damit entsprach er einerseits einem prägenden Zug der Zeit. Es war kein Zufall, daß er in den neunziger Jahren den Zenit seines Einflusses erreichte. Offensichtlich stärkte der stürmische Aufbruch dieser Ära, der im Bau der *Transsib* ein säkulares Symbol fand, seine Überzeugungskraft. Angesehene Intellektuelle, wie die jungen Ökonomen P. B. Struve und M. A. Tugan-Baranovskij, sahen in ihm das Gedankengebäude, das die Signatur der Gegenwart am ehesten zu begreifen half. Der Marxismus drang in die Universitäten ein und wurde auch für maßvolles, ‹liberales› Reformdenken attraktiv. Andererseits erwuchs ihm aus dem einseitigen Bezug auf eine großenteils noch latente Wirklichkeit ein unlösbares Problem, das seine Glaubwürdigkeit empfindlich schmälerte.

Die Spaltung schon zu diesem frühen Zeitpunkt kam nicht von ungefähr. Sie hatte sich bereits in den Strategiedebatten der neunziger Jahre angekündigt. Im Kern ging es um die Entscheidung zwischen sehr verschiedenen Vorstellungen über Charakter und Struktur der Partei. Geführt von Ju. O. Martov, plädierten die künftigen *Menscheviki* (Minderheitler) für eine prinzipiell offene, demokratische Arbeiterpartei. In den Grenzen der marxistischen Theorie wollten sie Raum lassen für unterschiedliche Grade des Engagements und die Kooperation mit anderen oppositionellen Richtungen. Dem hielt Lenin Formulierungen entgegen, die – gestützt auf restriktive Mitgliedschaftsbedingungen – eine strengere Parteidisziplin und die Forderung zu verwirklichen suchten, die er kurz zuvor in seiner berühmten Programmschrift *Was tun?* (1902) erhoben hatte: eine schlagkräftige Kaderpartei von Berufsrevolutionären aufzubauen. Gewiß sprach manches für sein Argument, daß man der Autokratie nicht mit «Handwerkelei» und unverbindlichem Geplauder in «Aufklärungszirkeln» beikommen könne. Aber Hellsichtige erkannten schon zu dieser Zeit, daß der Preis der angestrebten Waffengleichheit hoch war: Strukturen wurden geschaffen, die der innerparteilichen Demokratie im Wege standen und in der revolutionären Bewegung Wesensmerkmale des verhaßten Staates heimisch machten. Wie bekannt, setzten sich Lenin und seine Anhänger auf dem zweiten Parteitag (1903) durch, nachdem ihnen der Auszug einer dritten Gruppierung zum Abstimmungssieg verholfen hatte. Sie konnten sich fortan den propagandistischen Vorzug zunutze machen, als *Bolschewiki* (Mehrheitler) aufzutreten.

Demgegenüber war das Parteiprogramm noch unumstritten. Bolschewiki wie Menschewiki hielten es für verfrüht, den Übergang zum Sozialismus anzustreben. Beide gingen davon aus, daß die «feudalen Überreste» im Zarenreich noch kräftig seien und dessen Sturz die entstehende bürgerliche Gesellschaft erst wirklich freizusetzen habe. Der Arbeiterpartei fiel somit die Aufgabe zu, dem Klassenfeind zur Herrschaft zu verhelfen. Welch abträgliche Folgen sich daraus ergaben, wurde insbesondere in der Agrarfrage sichtbar, deren politische Sprengkraft man als Ausfluß eines vermeintlich gestrigen Problems auf gröbste unterschätzte. Auch die paradoxe Konstruktion einer stellvertretenden Revolution für das unterentwickelte Bürgertum mußte ihre praktische Tragfähigkeit erst noch erweisen. Und völlig offen blieb, wie die spätere sozialistische Ordnung funktionieren sollte, wenn das Proletariat, anders als Marx unterstellt hatte, nur eine Minderheit der Bevölkerung umfaßte. Sicher waren solche Fragen nicht akut. Aber die Erleichterung darüber hob das Dilemma nicht auf, daß die Sozialdemokraten die Folgen der Rückständigkeit theoretisch wie taktisch nur unzureichend verarbeitet hatten.[26]

Eine Opposition, die auf legale Mittel setzte, entstand später als die revolutionäre Bewegung. Das hatte den schon erwähnten Grund: Innerhalb der staatlichen Ordnung war kein Platz für abweichende Meinungen. Unfähig, zwischen feindseliger und wohlmeinender Kritik zu unterscheiden, drängte die Autokratie jede Art kollektiver politischer Bestrebungen in die Illegalität. Hinzu kam, daß im Zarenreich eine breite soziale Schicht fehlte, die eine Reformbewegung hätte tragen können. Ein Wirtschafts- und Bildungsbürgertum, ein «dritter Stand», hat sich infolge der geringen Bedeutung der Städte und der allgemeinen Rückständigkeit nur zögernd entfaltet. Soweit die wohlhabende Kaufmannschaft und die entstehende industrielle Elite ein Bewußtsein gemeinsamer Wünsche und Sorgen entwickelten, taten sie dies in enger Anlehnung an den übermächtigen Staat. Zwar erkannten sie den Nutzen der Verbandsbildung; es gelang ihnen auch, die Obrigkeit zur Duldung solcher Organisationen zu bewegen. Aber sie verzichteten darauf – und das hat die staatliche Nachsicht ermöglicht –, sie für allgemeinpolitische

Zwecke zu nutzen. Die Bourgeoisie ließ in Rußland lange Zeit keinen Zweifel an ihrer Ergebenheit aufkommen.[27]

Forderungen nach politischer Teilhabe der «Gesellschaft» als Kern dessen, was dem vagen Begriff des *Liberalismus* in Rußland eine gewisse Kontur gab, wurden deshalb von anderen Schichten und Gruppen erhoben. Dabei ist es üblich geworden, in Anlehnung an die Selbstdeutung vor allem auf zwei Wurzeln zu verweisen: auf den reformorientierten Adel in den *zemstva* und die entstehende städtische Intelligenz. Die Annäherung beider ermöglichte nach der Jahrhundertwende die Gründung einer liberalen politischen Organisation.

Der «*Adelsliberalismus*» ging unmittelbar auf die Reformdebatte der ausgehenden fünfziger Jahre zurück. In einigen Gutsbesitzerversammlungen wurden nicht nur bauernfreundliche Meinungen über die Art der bevorstehenden Aufhebung der Leibeigenschaft laut, sondern auch Rufe nach stärkerer Heranziehung des Adels zur Landesverwaltung. Solche Wünsche trafen sich mit der Überzeugung der fortschrittlichen Beamten, daß ein neuerlicher Anlauf zur Beseitigung der notorischen Administrationsmängel unabdingbar sei, wenn die angestrebte sozioökonomische Modernisierung Erfolg haben sollte. Allerdings wurde der Raum für gesellschaftliche Eigentätigkeit eng begrenzt. Die *zemstva* sollten eher Auftrags- als Selbstverwaltung betreiben und die erwachten Partizipationswünsche in konstruktive Energie zur Festigung der bestehenden Ordnung umwandeln. Als Helfer kam dabei nur der Adel in Betracht, in dessen Hände die Führung der neuen Institutionen bei geringer Beteiligung der Städte und der Bauernschaft aufgrund des Kurienwahlsystems gelegt wurde. Auch ihm, dem Stützpfeiler ihrer Macht, traute die Autokratie so wenig, daß sie eines um jeden Preis zu unterbinden suchte: die Entstehung eines Dachverbandes, eines allrussischen *zemstvo*. Hierin witterte sie nicht ohne Grund die Keimzelle einer nationalen Landesversammlung, eines Parlaments.

Indes hat sich der progressive Adel mit solchen Beschränkungen nicht abgefunden. In den Krisenjahren von 1878 bis 1881, als die revolutionäre Bewegung der Autokratie sichtbar zusetzte, brachten immerhin neun *zemstva* den Mut auf, erneut die Schaffung eines allrussischen Repräsentativgremiums mit erweiterten Kompetenzen anzumahnen. Auch die Ablehnung durch den überzeugten Autokraten Alexander III. hat die Forderungen lediglich vorübergehend zum Verstummen gebracht. Als Nikolaj II. (1894–1917) an die Spitze der Monarchie trat, wurden sie sofort wieder laut. Wenngleich sich die Adressen äußerste Mäßigung auferlegten, reagierte der neue Zar mit jenem Mangel an Flexibilität, der später maßgeblich zu seinem Sturz und dem Untergang des Reiches beitrug. Zemstvo-Delegierte, die anläßlich eines Empfangs zu seiner Krönung zusammengekommen waren, brüskierte er 1895 mit dem berühmt gewordenen Rat, sich «sinnlose Träume» von einer Konstitution aus dem Kopf zu schlagen.

Die Zeit hatte solche Empfehlungen jedoch überholt. Um die Mitte der neunziger Jahre mehrten sich die Anzeichen dafür, daß auch die Geduld der *zemstva* zu Ende ging. Dazu trugen weitere Drangsalierungen ebenso bei wie die Verunsicherung, die das Programm der forcierten Industrialisierung beim landbesitzenden Adel auslöste. Zwar behielten die gemäßigten Kräfte fürs erste die Oberhand, die dem Autokraten höchstens eine beratende Reichsversammlung, einen *zemskij sobor* im altrussisch-slavophilen Sinn, ohne wirkliche Vollmachten an die Seite stellen wollten. Doch auch sie nahmen die fortgesetzte Weigerung, dem *zemstvo*-Gebäude ein Dach zu geben, nicht länger tatenlos hin. Seit 1899 fanden sie sich auf eigene Initiative regelmäßig zu überregionalen Konferenzen zusammen. Die innere Lage war der Einsichtsfähigkeit des Zaren, auf die sie letztlich angewiesen blieben, allerdings nicht eben förderlich. Außer verstärkten Streiks und Bauernaufständen verunsicherte vor allem das Wiederaufflammen des Terrors die Herrschenden tief. Unter dem Eindruck der Intransigenz des Zaren und der gleichzeitigen Sammlung der Opposition gewannen die Vorkämpfer einer Verfassung westlicher Prägung die Oberhand. Nachdem sie sich Ende 1903 zum *Bund der Zemstvo-Konstitutionalisten* zusammengeschlossen hatten, errangen sie im November 1904 den entscheidenden Sieg: Die Mehrheit der aus Anlaß des Krieges gegen Japan versammelten *Zemstvo*-Führer des ganzen Landes schloß sich ihren Forderungen an.

An dieser Entwicklung hatte aber schon die zweite Stütze der liberalen Bewegung maßgeblichen Anteil: die *Intelligenz*. Alles deutet darauf hin, in ihr die treibende Kraft der Radikalisierung zu sehen. Professoren und Persönlichkeiten der publizistischen Öffentlichkeit gaben der konsequenten demokratischen Opposition geistig-programmatische Kontur und übernahmen die Initiative zur Umformung der amorphen Bewegung in eine formale Organisation, wie unvollendet diese auch immer bleiben mochte. Eine Schlüsselrolle fiel dabei dem erwähnten Ökonomen Struve zu, der sich von seinen marxistischen Anfängen lossagte. Als er 1901 Kontakt zur Zemstvo-Bewegung aufnahm und mit ihrer Hilfe im folgenden Jahr die Zeitschrift *Osvoboždenie (Befreiung)* herausgab, schlug die Geburtsstunde des revolutionären Linksliberalismus in Rußland. Nicht nur die illegale Publikation eines Parteiorgans im Ausland nach Art der Sozialdemokraten und Sozialrevolutionäre machte die neue Qualität sinnfällig. Auch in den Leitartikeln war unmißverständlich nachzulesen, daß der Autokratie nun ein weiterer Gegner erwachsen war, der auf eine fundamentale politische Wende drängte. Bei aller Skepsis gegenüber der gewaltsamen sozialen Revolution hatte er zu der Überzeugung gefunden, daß eine stabile Demokratie nach westeuropäischem Vorbild ohne tiefe Eingriffe in die agrarischen Eigentumsverhältnisse nicht zu begründen war. Dem Staat mußte dies doppelt bedenklich erscheinen, da die liberale Intelligenz das Bündnis mit dem fortschrittlichen Adel zu festigen verstand. Als formale Klammer zwischen beiden wurde im Januar 1904 in St. Petersburg der *Bund der Befreiung (Sojuz osvoboždenija)* aus der Taufe gehoben. Sein Programm, das die Einberufung einer frei und mit gleicher Stimme aller Untertanen gewählten verfassunggebenden Versammlung sowie die Einführung des Achtstundentags und die Aufteilung des Großgrundbesitzes forderte, hatte mit dem alten Adelsliberalismus nichts mehr gemein. Es konnte von der unmittelbaren Nachfolgeorganisation des Bundes, der *Partei der Volksfreiheit*, besser bekannt als *Konstitutionelle Demokraten (Kadetten)*, die ein Kind der Revolution war, weitgehend unverändert übernommen werden.

Die liberale Bewegung teilte mit der revolutionären eine weitgehend identische soziale Struktur, die besondere Beachtung verdient: *Alle* russischen Parteien fanden ihre Mitglieder, zumal die aktiven, ganz überwiegend in der schmalen Schicht der Intelligenz. Allein sie verfügte über die bildungsmäßigen Voraussetzungen; vor allem sie brachte jene Diskrepanz zwischen gesamtgesellschaftlicher Bedeutung und geringem politisch-sozialem Einfluß mit, die man oft als besonders günstigen Nährboden für systemkritisches politisches Engagement gewertet hat. Ärzte, Anwälte, Ingenieure, Lehrer, Statistiker und andere Vertreter der neuen, vom Aufbruch in das Industriezeitalter hervorgebrachten akademischen Berufe, die großenteils im Dienst der *zemstva* standen (und als «drittes Element» bekannt waren), bildeten das Reservoir ihrer Gefolgschaft. Relativ gesehen fiel diese Intelligenz mit einem Anteil von höchstens 2,7 % an der gesamten erwerbstätigen Bevölkerung (1897) kaum ins Gewicht; breitere Kreise der Bevölkerung wurden erst durch die Revolution in den politischen Prozeß einbezogen. Dennoch reichte ihre absolute Zahl aus, um die politische Organisation der Gesellschaft auf den Weg zu bringen.

Dies gab dem Parteiwesen insgesamt einen eigentümlich embryonalen Charakter. Beim Linksliberalismus kam hinzu, daß er sich nicht, wie die bewußte Allgemeinheit seiner Forderungen anzeigte, als Vertreter einer bestimmten Klasse, sondern als Sprecher der gesamten Nation verstand. Ohne spezifische soziale Bezugsgruppe, in diesem Sinne am wenigsten Interessenpartei, war er in besonderem Maße eine Bewegung der Intelligenz, soweit sie sich als nichtrevolutionär verstand. Diese Überparteilichkeit schlug ebenso zu seinem Vor- wie zu seinem Nachteil aus. Sie begründete den ungewöhnlichen Erfolg der Kadetten in der ersten Revolution, trug aber auch zu einer organisatorischen Schwäche bei, die ihm später zu schaffen machte.[28]

4. Liberale Revolution und ‹konstitutionelle Autokratie› (1905–1914)

Die schweren Unruhen, die das Zarenreich in den Jahren 1905/06 erschütterten, sind von den beschriebenen Wandlungsprozessen nicht zu trennen. Momentane Anstöße, neben Mißernten vor allem die Niederlage im vermeintlichen Blitzkrieg gegen Japan, kamen hinzu. Aber sie setzten den Zunder nur in Brand, den langfristige sozioökonomische und politisch-geistige Veränderungen angehäuft hatten. Schon die Art und Anliegen der Hauptakteure verweisen auf die tieferen Ursachen des Aufstandes: Die Arbeiter forderten bessere Arbeitsbedingungen, soziale Garantien und einen anerkannten Platz im autokratischen Sozialverband, in dem sie bestenfalls geduldet wurden; die Bauern verlangten nach Abhilfe für ihre Landnot und sonstigen Beschwernisse, mochten diese auch objektiv nicht größer geworden sein; und die Gesellschaft von Besitz und Bildung drang angesichts der militärischen Katastrophe mit neuem Nachdruck auf wirkliche politische Partizipation. Da die beiden unterprivilegierten Schichten aber eine dauerhafte Verbesserung ihrer Lage nur unter veränderten politischen Rahmenbedingungen erwarten konnten, fiel es ihnen leicht, sich auch den Wünschen der Intelligenz anzuschließen. Die Bürger- und demokratischen Freiheitsrechte bildeten zweifellos eine Klammer, die geeignet war, die Bedürfnisse *aller* oppositionellen Kräfte zu umfassen. Insofern wurde die Autokratie nun endgültig von der Dynamik eingeholt, die sie selbst ausgelöst hatte.

Deshalb erscheint der Streit darüber, welche ‹Klasse› in der ersten russischen Revolution die ‹Hegemonie› ausübte, in vieler Hinsicht müßig. Für alle drei ‹Anwärter› gibt es gute Argumente, da sie jeweils unterschiedliche Rollen ausübten. Fraglos erzeugten die *Arbeiter* mit ihrem unvermittelten und heftigen Aufbegehren den stärksten Schub. Auch die revolutionären Parteien waren vom Ausmaß des Widerstandes überrascht: Was ihre langjährige Agitation vergeblich herbeizuführen gesucht hatte, bewirkte über Nacht die panische Fehlreaktion eines überforderten Palastschutzkommandanten. Der Eindruck des Massakers vom 9. Januar 1905 war so nachhaltig, daß der alte Streit über das Verhältnis von «ökonomisch»-gewerkschaftlichen und politischen Forderungen gegenstandslos wurde. Schon die Bittsteller des «Blutsonntags» hatten beides miteinander verbinden wollen. Nach den Schüssen und der kompromißlosen Haltung der Regierung in den folgenden Monaten bedurfte es keiner Anstrengung mehr, um auch den Fürsprechern einer eng verstandenen Interessenpolitik klar zu machen, daß diese im autokratischen Staat nicht durchzusetzen war. Versammlungs- und Organisationsfreiheit avancierten zur Voraussetzung für den Achtstundentag und Lohnerhöhungen. Das Regime selbst half den sozialistischen Revolutionären, Anschluß an eine Bewegung zu gewinnen, die ihnen davonzueilen drohte, und den Radikaldemokraten, ihren Parolen durch die Gewalt einer Massenbewegung Nachdruck zu verleihen, die sie selbst nicht zuwege gebracht hätten. Revolutionäres und liberales Engagement verschmolzen ebenso im Generalstreik vom Oktober 1905 wie die Proteste höchst unterschiedlicher sozialer Schichten.

Schon früh nahmen die Arbeiter indes die Hilfe der *Intelligenz* in Anspruch. Kaum hatte sich die Regierung zu Beratungen bereitgefunden, um dem wochenlangen Ausstand der Arbeiter in den großen Städten des Reiches die Schwungkraft zu nehmen, fanden sich zahlreiche Angehörige akademisch qualifizierter Berufe bereit, ihre Kenntnisse und Talente zur Verfügung zu stellen. Dabei handelte es sich nicht nur um Revolutionäre, die in der russischen Sozialdemokratie stets mehr Einfluß ausübten, als es das Selbstverständnis der Arbeiterpartei nahelegte. Es waren vielmehr – und in dieser Form zum ersten Mal – engagierte *intelligenty* unterschiedlicher oppositioneller Orientierung, die politische Gemeinsamkeiten mit der Arbeiterbewegung entdeckten und in der Absicht halfen, die Front gegen die Autokratie zu stärken. Um dieselbe Zeit begann in ihren eigenen Reihen ein völlig neuartiger Prozeß: die Organisierung von Berufsverbänden. Was die Arbeiter auf ihre Fahnen schrieben, verwirklichten mit ihnen nun in breitem Maßstab die Inhaber akademischer Zertifikate, von den Rechtsanwälten, die vorangingen, über die Ärzte, Ingenieure, Verwaltungsangestellte bis zu den Apothekern. Als sich Anfang Mai vierzehn Einzelorganisationen zu einem Dachverband zusammenschlossen, hatten sie sogar mehr erreicht als die Arbeiter: ein allrussisches Repräsentativgremium, das weithin gehört wurde und in der Tat als «Verbindungsglied» zur Arbeiterbewegung dienen konnte. In mancher Hinsicht repräsentierte der *Bund der Bünde* die *differentia specifica* der gesamten ersten Revolution: die Forderung nach institutionellen Garantien von individueller Freiheit und Demokratie als Kernanliegen des revolutionären Liberalismus.

Hinzu kam schließlich der Aufruhr der *Bauern*. Anfangs mochte die Autokratie hoffen, daß ihr der Zangengriff einer parallelen Erhebung von Stadt und Land erspart bleiben würde. Aber seit Juni häuften sich auch die Ausschreitungen auf dem Dorfe. Im November und Dezember schließlich kam es zu einer Flut von Gewalt, wie man sie seit Menschengedenken nicht mehr erlebt hatte. An die 2000 Gutshöfe gingen in Flammen auf oder wurden geplündert. In manchen Gouvernements des Schwarzerdegürtels (von der nördlichen Ukraine bis zur mittleren Wolga), seit Jahrhunderten Zentren agrarischen Sozialprotests, leuchtete die Steppe im Widerschein der Feuer, die brandschatzende Bauern legten. Sicher wird man Ausmaß und Art dieser Gewalt am wenigsten vom Krieg in Fernost trennen können. Auch die normalerweise im Landesinnern stationierten Truppen befanden sich noch an der Front und standen für Pazifizierungsaktionen nicht zu Verfügung. Dies änderte sich schon wenige Monate später und mag dazu beigetragen haben, daß eine Wiederholung der *fureur paysanne* entgegen der Hoffnung vieler Revolutionäre im Frühjahr 1906 ausblieb. Beides, die außerordentliche Gewaltsamkeit und seine zeitliche Konzentration auf wenige Monate, wirft ein bezeichnendes Licht auf die Funktion des dörflichen Aufbegehrens im Gesamtkontext der schweren Staatskrise von 1905/06. Der Sturm auf die Herrenhäuser versetzte Regime und Adel gewiß in Angst und Schrecken. Indem er gleich einem Erdbeben eine tiefe, irrationale Erschütterung auslöste, trug er zu jener Lähmung bei, die es den Revolutionären während der erwähnten ‹Tage der Freiheit› vom Herbst 1905 erst ermöglichte, in Gestalt verschiedener politischer Organisationen trotz aller Restauration dauerhafte Fakten zu schaffen. Zugleich zeigt sein Verlauf aber auch an, daß die Bauern *reagierten*, nicht agierten, und – nach alter Art – primär die Chance der Wehrlosigkeit des Staates nutzten. Die Initiative dagegen lag bei der Arbeiterschaft und die geistige Führung bei den radikaldemokratischen und revolutionären, sich zunächst mit ‹bürgerlichen› Forderungen begnügenden Intellektuellen. In diesem Sinne war die erste Russische Revolution, wenn man sie denn so nennen will, eine *liberale* Revolution und eine Generalprobe für den *Februar*aufstand 1917 (nicht für den Oktobercoup).[29]

Die überwölbende Bedeutung demokratisch-liberaler Ziele fand ihren Ausdruck in der – vor den Gewerkschaften – wichtigsten institutionellen Hinterlassenschaft der Revolution: im *Parlament*, den neuen Parteien und einer von beiden wesentlich getragenen politisch-publizistischen Öffentlichkeit. Dem äußeren Anschein nach vollzog Rußland damit einen entscheidenden Schritt auf dem Wege zur politischen Verwestlichung. Die Autokratie im genauen Sinn hörte endgültig auf zu bestehen. Sie mußte das Zugeständnis, das sie im Angesicht des Generalstreiks am 17. Oktober 1905 gegeben hatte (im sog. *Oktobermanifest*), erfüllen und sich selbst durch eine Verfassung Zügel anlegen. Umstritten bleibt freilich, in welchem Maße die Staatsduma das politische Machtgefüge im Zarenreich tatsächlich änderte. Dies ist die Frage nach den *Chancen des Konstitutionalismus* in Rußland, die so alt ist wie das Parlament selbst.

Die frühere Forschung hat sich überwiegend, soweit sie nicht alle Schuld auf die radikalen Revolutionäre abwälzte, dem Verdikt Max Webers angeschlossen, die Autokratie habe die erlahmende Revolution mit einem bloßen «Scheinkonstitutionalismus» abgespeist. In der Tat lassen sich für diese ‹pessimistische› Sicht manche überzeugende Argumente anführen. Die Verfassung entsprach nicht den Vorstellungen des konsequenten Liberalismus. Es hatte gute Gründe, daß die meisten Kadetten sie ablehnten. Schon mit ihrer Entstehung konnten sie sich nicht anfreunden. Statt eine frei gewählte Konstituante einzuberufen, setzten Zar und Regierung aus eigener Vollmacht eine Kommission ein, die den Auftrag erhielt, in Tuchfühlung mit dem Zaren ein – ausweichend so genanntes – ‹Staatsgrundgesetz› auszuarbeiten. Auch wenn dem Gremium auf Drängen des ‹liberalen› Ministerpräsidenten S. Ju. Witte einige reformbereite hohe Beamte angehörten, konnte auf diese Weise nur ein Dokument zustande kommen, das der «Gesellschaft» so wenig Konzessionen wie nötig machte und dem Monarchen so viele Rechte wie möglich bewahrte. Am meisten schmerzte es die Opposition, daß keine Ministerverantwortlichkeit gegenüber dem Parlament vorgesehen war. Der Zar sollte das Kabinett weiterhin souverän ernennen und absetzen. Die Volksvertretung durfte Fragen stellen (Interpellation) und Gesetze einbringen (Initiativrecht). Aber sie hatte formal keinen Einfluß darauf, was weiter geschah. Wirksame Druckmittel standen ihr nicht zu Gebote. Dies um so weniger, als auch ein erheblicher Teil des Budgets, vor allem die Militärausgaben und der Hofetat, ihrer Kontrolle entzogen war. Entwickelten Demokratien der Zeit entsprach auch das Wahlrecht nicht. Der alte Staat hatte sich ein kompliziertes, mehrstufiges Verfahren ausgedacht, um die Zusammensetzung der Delegierten in seinem Sinne zu lenken. Fatal sollte sich schließlich auch ein Notverordnungsrecht auswirken, das dem Zaren die Möglichkeit gab, zwischen den Dumasitzungen aus alleiniger Vollmacht Gesetze zu erlassen. Freilich war der Verfassung nicht anzulasten, daß es durch die bewußte Herbeiführung von Sessionspausen mißbraucht wurde.

Gegen diese negative Bewertung sind in jüngerer Zeit Bedenken erhoben worden. Ebenfalls mit guten Gründen hat man davor gewarnt, den Verfassungstext für die Wirklichkeit zu nehmen und den historischen Vergleich außer acht zu lassen. Ohne Zweifel eroberte sich das Parlament einen festen Platz im politischen Entscheidungsprozeß. Ohne Zweifel entstand eine publizistische und politische Öffentlichkeit, die weder der Monarch noch die Regierung ignorieren konnten. Plausibel ist auch der Einwand, daß nicht erst mit der Sicherung von Ministerverantwortlichkeit und vollständiger Kontrolle des Parlaments über die Gesetzgebung von Konstitutionalismus gesprochen werden kann. Andernfalls verlöre die Abgrenzung vom Parlamentarismus ihren Sinn und müßten auch im Mittel- und Westeuropa des 19. Jahrhunderts viele Regierungsformen, z. B. die preußisch-deutsche, aus der Liste konstitutioneller Regime gestrichen werden. Die bleibenden Prärogativen des Zaren widersprachen nicht dem Konstitutionalismus, sondern der Dominanz des Parlaments im politischen Entscheidungsprozeß nach angelsächsischem Muster.[30]

Ein Blick auf die nachrevolutionäre Verfassungspraxis eröffnet wohl die besten Chancen, um Anhaltspunkte zur Schlichtung der Kontroverse zu finden. Allerdings hat auch dieser Weg bislang keinen Konsens gebracht. Das Verhältnis zwischen Zentralgewalt und Parlament blieb ebenso ambivalent und wechselhaft wie die Beziehung zwischen publizistischer Öffentlichkeit und zarischem Staat. Die erste Duma, die Ende April 1906 zusammentrat, war trotz des Verfassungsoktroi ein echtes Kind der Revolution. Obwohl die sozialistischen Parteien die Wahl boykottierten, kamen Delegierte zusammen, die ganz überwiegend auf eine weitere Demokratisierung der politischen Verfassung drängten und sich nur zum kleineren Teil (in Gestalt der sog. *Oktobristen*) mit dem Erreichten zufriedengaben. Eine klare Mehrheit rechnete sich den Kadetten zu, die zu dieser Zeit auch für das entscheidende soziale Problem eine vergleichsweise radikale Lösung vorschlugen: Die bäuerliche Landnot sollte durch die Enteignung (wenngleich gegen Entschädigung) auch des privaten Großgrundbesitzes gelindert werden. Damit war die Konzessionsbereitschaft der Regierung überschritten. Bestärkt durch deutliche Anzeichen nachlassender Aufstandsenergie in Stadt und Land wagte sie es, die Duma aufzulösen und Neuwahlen auszuschreiben.

Die zweite Duma, die im Februar 1907 zusammentrat, machte es der Regierung nicht leichter. Zwar gab es in ihr erstmals eine nennenswerte Fraktion konservativer und monarchistischer Abgeordneter. Überdies mußten die Kadetten empfindliche Verluste hinnehmen. Dafür zogen aber die Sozialdemokraten und Sozialrevolutionäre, die ihre realitätsferne Boykottaktik aufgegeben hatten, in beträchtlicher Zahl ins Parlament ein. Als Bemühungen des neuen Premierministers Stolypin scheiterten, mit den Kadetten wenigstens zu einem stillschweigenden Arrangement zu kommen, war abzusehen, daß der zweiten Duma das Schicksal der ersten nicht erspart bleiben würde. Den offenen Konflikt löste auch in diesem Falle die Agrarfrage aus. In einem Akt, der gewiß gegen den Geist der Verfassung verstieß, schloß der Zar das Parlament am 3. Juni 1907 erneut. Zugleich erließ er ein neues Wahlgesetz, das endlich eine breite systemloyale Mehrheit sicherstellen sollte.

In der Tat gaben monarchistische und gemäßigt-konstitutionalistische Parteien und Fraktionen in den letzten beiden Vorkriegsparlamenten den Ton an. Die Kadetten schrumpften zu einer Minderheit, die sich überdies immer weiter von ihren revolutionären Ursprüngen entfernte. Umgekehrt wuchs der Einfluß des konservativen Liberalismus oktobristischer Spielart. Stolypin hatte endlich die maßgeschneiderte Duma mit einer Mehrheit rechts der Mitte, die er für sein Programm begrenzter Reformen von oben brauchte. Was er jedoch nicht fand, waren Berechenbarkeit und Stabilität. Das «System des 3. Juni» hat keine ernsthafte Prüfung bestanden. Es zeigte sich, daß die Wahlrechtsänderung für eine Regierungsform wenig Nutzen brachte, die sich nicht aufs Parlament stützen wollte, andererseits aber auch beim Monarchen keinen zuverlässigen Rückhalt besaß, weil Nikolaj längst den Tag bereute, an dem er das Oktoberversprechen gegeben hatte. Der Balanceakt einer unverbindlichen Kooperation manövrierte den Premier im Gegenteil zwischen die Blöcke und raubte ihm das politische Fundament. Letztlich hat er nur die nach ihm benannte Agrarreform des Jahres 1906 durchsetzen können, die noch unter dem Druck der Revolution erlassen wurde. Alle anderen Maßnahmen, vor allem die Erweiterung der provinzialen Selbstverwaltung durch *zemstva* auf Kreis- und Bezirksebene sowie Verbesserungen im Rechts- und Bildungswesen, mußten angesichts des vereinten Widerstandes der Duma und des Reichsrates (der wiederum eng mit dem Zaren kooperierte) so weit zurückgestutzt werden, daß sie als gescheitert gelten müssen. Als ein Kernpunkt seines Programms, die Einführung der *zemstva* in den Westgouvernements, schließlich sogar formell abgelehnt wurde, meinte der Premier, sein Gesicht wahren zu müssen. Unter Androhung des Rücktritts bewog er den Zaren, die Duma für kurze Zeit zu vertagen und das Gesetz auf dem Notverordnungswege zu erlassen. Von diesem Pyrrhussieg erholte er sich nicht mehr. Die Vermutung ist nicht aus der Luft gegriffen, daß seine Ablösung nur noch eine Frage der Zeit war, als er im September 1911 ermordet wurde. Stolypins Tod bedeutete mehr als nur einen Wechsel an der Regierungsspitze. Mit ihm fand der Wille zur Reform und Zusammenarbeit mit dem Parlament überhaupt ein Ende. Die Anhänger der alten Ordnung feierten einen zweiten (scheinbaren) Triumph, indem sie die monarchische Exekutive dazu bewogen, die sichtbarste institutionelle Errungenschaft der Revolution so weit wie möglich zu ignorieren. Damit trugen sie wesentlich zum Scheitern des «konstitutionalistischen Experiments» bei. Bei alledem sind die Schuldigen nicht nur unter den Unbelehrbaren im Reichsrat und am Kaiserhof zu suchen. Der Zerfall der oktobristischen Fraktion, für die das Lager der gemäßigten Nationalisten keinen Ersatz bot, schadete dem Versuch ebenso wie Stolypins Distanz zur Duma. Auch wenn er um eine Mehrheit warb, blieb der Premier ein Geschöpf des Monarchen, eines solchen zudem, der sich weiterhin als uneingeschränkten Herrscher betrachtete.

Im Streit über die Chancen des Konstitutionalismus in Rußland sollte man mithin unterscheiden: Daß der politische Prozeß im Zarenreich nach 1906 nicht mehr derselbe wie vor der Revolution war, ist leicht ersichtlich; auf einem anderen Blatt steht, ob die neue Ordnung Bestand haben konnte. Die Stolypinschen Bemühungen gaben wenig Anlaß zu Optimismus. Der ehemalige Dumapräsident und Führer der Oktobristen, A. I. Gučkov, gewiß kein Revolutionär, faßte nur eine allgemeine Empfindung in Worte, als er 1913 das Scheitern des Versuchs feststellte, Regierung und Gesellschaft zu versöhnen. Was sich herausgebildet hatte, kam dem paradoxen Tatbestand einer vertraglich gebundenen «Selbstherrschaft» nahe. Auch dies war nicht singulär, sondern die eher regelhafte Widersprüchlichkeit eines Übergangs. Nur teilte die Verfassungspraxis das Schicksal der Agrarreform: Ihr war nicht die Zeit beschieden, die sie bis zu greifbaren Erfolgen und neuer Stabilität benötigt hätte. Insofern erscheint retrospektive Gesundsprechung als Antwort auch auf diese, seit dem Untergang der Sowjetunion unerwartet aktuelle Frage unangebracht. Man wird die grundsätzliche Evolutionsfähigkeit der ‹konstitutionellen Autokratie› nicht leugnen wollen, weil nichts so kommen mußte, wie es kam. Aber weiter als bis zu einem spannungsreichen Nebeneinander alter und neuer Prinzipien und Institutionen war die russische Verfassungswirklichkeit am Vorabend des Ersten Weltkrieges nicht gediehen.[31]

5. Das Alte Regime im Krieg

Über den Platz des Ersten Weltkriegs in der Vorgeschichte der Revolution von 1917 ist viel gestritten worden. Nicht zufällig scheiden sich die Geister besonders an dieser Frage: schließt die Antwort doch eine Stellungnahme zur Reform- und Überlebensfähigkeit des alten Regimes ein. Konservative wie liberale Selbstdeutungen neigten dazu, im Krieg die entscheidende Ursache zu sehen. Nachfolgende Historiker haben sich ihnen angeschlossen, soweit sie dem Zarenreich Zukunftschancen einräumen. Die Zerreißprobe des Krieges beendete in dieser Perspektive abrupt jenen hoffnungsvollen ökonomischen und politischen Aufbruch nach Europa, der nach der ersten Revolution mit neuem Elan eingesetzt hatte. Die alte Ordnung wurde von einem Ereignis aus der Bahn geworfen, an dem sie gewiß nicht schuldlos war, das aber doch von außen über sie hereinbrach – ohne Krieg keine Revolution.

Andere Deutungen erkennen zwar an, daß die zusätzliche, außergewöhnliche Bürde den Sturz des Zarismus beschleunigt hat. Aber sie gehen davon aus, daß Rußland in jedem Falle auf eine schwere Krise zusteuerte. Sie finden deren Wurzeln primär in inneren Vorgängen, in asynchronen Entwicklungsschüben, in der Gleichzeitigkeit destabilisierender Prozesse in mehreren Sektoren von Wirtschaft und Gesellschaft sowie vor allem in der wachsenden Diskrepanz zwischen sozioökonomischer und politischer Modernisierung. Aus dieser strukturgeschichtlichen Sicht war der Untergang der Monarchie nicht unausweichlich. Jedoch wertet sie den Krieg als eine zwar notwendige, aber nicht hinreichende Ursache unter anderen. Vielfach erkennt sie in der eingangs erwähnten doppelten Entfremdung zwischen Staat und «Gesellschaft» auf der einen und «Gesellschaft» und Arbeitern auf der anderen Seite eine neue Qualität der Zerrissenheit. Diese überstieg nicht nur den kläglichen Rest politischer Handlungsfähigkeit des Staates. Zugleich lähmte sie die liberale Opposition und legte den Keim für das Schisma der Revolution im Februar 1917 samt seinem gewaltsamen Ende im Oktober.

Der Krieg führte zu einer deutlichen Kräfteverschiebung im Ringen zwischen Regierung und parlamentarischer Opposition. Zwar hatte es anfangs den Anschein, als würden Zar und Duma ihren Streit begraben können und zueinander finden. Anders als unter den Arbeitern und Bauern fand der Appell des Zaren zum «Burgfrieden» im liberalen Bürgertum und Adel ebenso engagierte Fürsprecher wie im konservativ-monarchistischen Lager. Kadetten und Oktobristen murrten auch nur verhalten, als der Zar es für angezeigt hielt, die Abgeordneten nach einer eintägigen Manifestation nationaler Solidarität im August (n. St.) wieder nach Hause zu entlassen. Aber es verging kein Jahr, bis sich erwies, daß der Staat nicht in der Lage war, die kommenden Herausforderungen tatsächlich aus eigener Kraft zu bewältigen. Nach verheerenden Niederlagen und angesichts weiterhin alarmierender Nachrichten von der Front wurde im Frühsommer 1915 der Ruf nach Wiederaufnahme der regulären Sitzungen des Parlaments laut. Er verband sich mit weitergehenden Forderungen, die das Ende der inneren Waffenruhe unübersehbar machten. In vielfältiger Weise ergriff die «Gesellschaft» die Initiative, um die Lage zu retten. Die Moskauer Industriellen riefen im Mai

Kriegsindustriekomitees ins Leben. Bereits vor Kriegsausbruch hatten sich die *zemstva* in einem Dachverband, dem *Zemstvo*-Bund, zusammengeschlossen. Im August 1914 waren Vertreter der Munizipalverwaltungen diesem Beispiel gefolgt und hatten den *Städtebund* gegründet. Nun bildeten sie aus ihrer Mitte ein neues Organ zur zentralen Koordination der Armeeversorgung *(Zemgor)*. Sie machten damit einen Vorgang sinnfällig, den beide auch dezentral in den Gouvernements mit verstärkter Kraft vorantrieben: die Übernahme der staatlichen Verwaltungsaufgaben durch Wahlorgane der «Gesellschaft». Die «Landschaften» und Stadtgemeinden sorgten für jenes Mindestmaß an innerer Funktionsfähigkeit, das vorerst noch aufrechterhalten werden konnte. Die Umrisse eines ‹Gegenstaates› wurden sichtbar, dessen Träger aufs engste mit den konstitutionellen Kräften im Parlament verbunden waren.

Nicht genug damit, erhob die liberale Opposition auch politische Ansprüche. Nach dem Einbruch der Südwestfront im April 1915 verlangte sie den Rücktritt der verantwortlichen Politiker. Unter ihrem Druck fand sich der Zar bereit, zwei besonders unpopuläre Kabinettsmitglieder zu entlassen. Seine Geste reichte jedoch nicht aus, um die Lage zu entspannen und die weitere Formierung der Opposition zu verhindern. Im August 1915 trat ein, was unmöglich schien: Auf Drängen der Kadetten schlossen sich alle Dumaparteien mit Ausnahme der radikalen Rechten und Linken zum *Progressiven Block* zusammen. Allerdings wurde die Breite der Einheitsfront mit der Ausklammerung zentraler Probleme erkauft. Das Programm ließ nicht nur Mäßigung, sondern auch eine beträchtliche Unverbindlichkeit erkennen. Den Bauern versprach es rechtliche Gleichstellung, den Arbeitern die Wiederzulassung der Gewerkschaften, den religiösen und nationalen Minderheiten das Ende der Diskriminierungen, es forderte Amnestie für politische Gefangene, mehr Rechtsstaatlichkeit und Toleranz. Aber es schwieg sich über die Agrarfrage und soziale Reformen ebenso aus wie über Einzelheiten einer besseren Verfassung. *Raison d'être* des Blocks war letztlich nur *eine* Forderung: die nach einer «Regierung des gesellschaftlichen Vertrauens». Auch hier blieb das Verlangen nach einer *verantwortlichen* Regierung ausgespart, weil es vom rechten Flügel (konservative Oktobristen und gemäßigte Nationalisten) nicht mitgetragen wurde. In dieser Zurückhaltung lagen Chance und Risiko zugleich. Der Progressive Block konnte gewiß als stärkste parlamentarische Opposition seit 1906 gelten. Er wußte nicht nur den Städte- und *Zemstvo*-Bund hinter sich, sondern auch kooperationsbereite Kräfte in der Regierung. Aber er machte sich durch seine Selbstbeschränkung von der Einsichtsfähigkeit des Zaren abhängig. Als «Sicherheitsventil», wie einer seiner Schöpfer formulierte, konnte der Block nur bei sichtbaren Erfolgen wirken, nicht wenn er machtlos gegen eine Mauer anrannte.[32]

Die Staatsführung zog es vor, sich nicht mit solchen Gedanken zu belasten. Im Spätsommer 1915 traf Nikolaj gleich zwei schwere Fehlentscheidungen. Zum einen setzte er sich in den Kopf, das militärische Geschick des Reiches durch eigenen Einsatz zum Besseren zu wenden und den unmittelbaren Oberbefehl über das Heer zu übernehmen. Gerade die treuesten Anhänger der Monarchie sahen diesen Schritt mit Beklemmung, da der Zar seine persönliche Autorität mit dem militärischen Geschehen verknüpfte: Die Verantwortung für Niederlagen konnte fortan nicht mehr glaubwürdig den Generälen zugewiesen werden. Hinzu kam seine Abwesenheit vom Zentrum des politischen Geschehens. Nikolaj verbrachte die letzten anderthalb Jahre seiner Regentschaft im Hauptquartier der Armee an der Südwestfront. Nicht ungern entzog sich der scheue Kaiser den Anstrengungen und Intrigen der Hauptstadt. Die Selbstisolation mag den zweiten Fehler vom Spätsommer 1915 begünstigt haben: Der Zar ließ sich von seinem greisen Ministerpräsidenten abermals zur Auflösung der Duma verleiten. Statt Verständigung zu suchen, entschied er sich für eine Strafaktion gegen das unbotmäßige Parlament. Im Kabinett rief die Order Kopfschütteln hervor. Aber Nikolaj schlug die Warnungen nicht nur in den Wind, sondern zog die Kritiker sogar zur Rechenschaft. Die Koinzidenz der Ereignisse sprach Bände: Einen Tag nach der Entlassung von drei ‹liberalen› Ministern (Ende September 1915) durfte der zwischenzeitlich aus der Hauptstadt verwiesene dubiose Wunderheiler Rasputin nach Petrograd zurückkehren. Das alte Regime grub sich starrsinnig das eigene Grab.

In selbstmörderischer Verblendung halfen dabei die Zarin und ihre spiritistische Clique, deren Einfluß dank der Abwesenheit Nikolajs auf dem Höhepunkt stand. Ihrer Rache fielen weitere verständigungsbereite Minister zum Opfer. Die Portefeuilles wechselten ihre Besitzer im Tempo inflationärer Münzen. Zwischen September 1915 und Februar 1917 verbrauchte das Reich vier Premier-, fünf Innen-, drei Außen-, drei Kriegs-, drei Verkehrs- und vier Landwirtschaftsminister. Solch ein ministerielles «Bockspringen», wie Zeitgenossen spotteten, war kaum geeignet, das Vertrauen der Bevölkerung zurückzugewinnen. Als sich ein vermeintlich integrer neuer Innenminister ebenfalls als Kumpan der Hofkamarilla entpuppte und der Volkszorn angesichts leerer Geschäfte immer bedrohlicher wurde, konnte auch der Progressive Block dem Sog der Unruhe kaum noch standhalten. Sicher war die berühmte Parlamentsrede Miljukovs vom 3. November 1916 als Tribut an die wachsende Empörung im Lande zu verstehen. Die kunstvoll-provokative Wiederholung seiner Frage, ob es «Dummheit oder Verrat» sei, was die Regierung zu ihrem verhängnisvollen Kurs treibe, formulierte in durchaus demagogischer Manier die tiefen Zweifel an der Zurechnungsfähigkeit des Regimes, die weite Teile der Bevölkerung ergriffen hatten. Dabei ist zu beachten, daß ein Mann zum Fenster hinaus sprach, der die Stimmung besänftigen und nicht schüren wollte. Aus Angst vor Rechtlosigkeit und Gewalt akzeptierte der Block am 17. Dezember sogar die abermalige Vertagung

5. Das Alte Regime im Krieg

der Duma (auf den 14. Februar 1917). Hinzu kamen außenpolitische Motive: Alle Parteien der parlamentarischen Opposition waren so tief vom nationalen Gedanken durchdrungen, daß sie an der Notwendigkeit der Fortsetzung des Krieges keine Minute zweifelten. Ob aber Rußland nach einem Sturz der Autokratie seine Bündnisverpflichtungen noch würde einhalten können, blieb ungewiß.[33]

Denn immer deutlicher wurde, daß die Ablösung der Monarchie kein bloßer Staffettenwechsel sein konnte. In dem Maße, wie Zar und Regierung jede Konzession verweigerten, geriet die alte Ordnung selbst in Gefahr. Als Autokratie war sie auch in konstitutionell gezähmter Form ohnehin nicht mehr zu retten. Denkbar schien zu Beginn des Krieges aber eine Übernahme des Staates durch die faktisch bereits dominierenden Organe der «Gesellschaft» bis hinauf zur Regierung. Freilich verlor diese Option mit dem Fortgang des Kampfes ihren exklusiven Charakter. Nicht nur der Gegensatz zwischen Parlament und Regierung gewann größere Schärfe denn je. Auch die Distanz zwischen den sozialen und politischen Kräften, für die der Progressive Block stand, und der Masse der Bevölkerung nahm zu oder wurde deutlicher. Vieles deutet darauf hin, daß die Liberalen den revolutionären Bruch und die Anarchie der Straße kaum weniger fürchteten als die Fortsetzung der alten Herrschaft. Sie gerieten in einen Zwiespalt, aus dem sie keinen Ausweg fanden: Sie wollten das alte Regime politisch erneuern, ohne es sozial tiefgreifend zu reformieren. Weil beide Ziele nicht mehr kompatibel schienen, kam es zu keiner abermaligen «Verbrüderung» von «Gesellschaft» und ‹einfachem Volk› wie 1905. Eine solche Kooperation wäre wohl am ehesten in der Lage gewesen, jene doppelte Polarisierung zu verhindern, die den gewaltsamen Umsturz von unten immer wahrscheinlicher machte.

So aber entfaltete die Arbeiterschaft ihre eigene Dynamik, die sich äußerer Kontrolle bald entzog und das politische Geschehen mehr und mehr bestimmte. Strukturveränderungen im Gefolge des Krieges haben offenbar dazu beigetragen. Während die Gesamtzahl der Arbeiter sank, stieg sie in einigen Schlüsselbranchen der Rüstungs- und Produktionsgüterindustrie. Anfang 1917 gab es im metallverarbeitenden Gewerbe 136%, in den chemischen Fabriken 85,6% mehr Beschäftigte als bei Kriegsbeginn. Man darf davon ausgehen, daß sie in der Regel die Werkhallen der Großbetriebe füllten. Im letzten Friedensjahr gehörten 55% aller Arbeiter von Petrograd zu Unternehmen mit mehr als tausend Beschäftigten, drei Jahre später bereits 67,9%. Anders gerechnet, erreichte die Agitation in nur 132 Betrieben (= 13%) 80,7% aller hauptstädtischen Arbeiter. Die eminente Bedeutung solcher Massierung, die in der Metallverarbeitung am höchsten war, für die politische Mobilisierung in großem Stil liegt auf der Hand. Überdies kamen andere Arbeitskräfte in die Stadt als vor dem Krieg. Auf den Dörfern waren schon im zweiten Kriegsjahr, seit den katastrophalen Niederlagen vom Frühjahr 1915, kaum noch Männer zu finden. Frauen und Kinder blieben zurück, um die Feldarbeit zu verrichten. Sie waren es auch, die als Ersatz für die männlichen Arbeitskräfte in größerer Zahl als je zuvor in die städtischen Fabriken zogen. Anfang 1914 verzeichneten die staatlichen Inspektoren 31,2 % (knapp 724 000) Frauen in den von ihnen kontrollierten Großunternehmen, drei Jahre später 40,1 % (839 000). Die politischen Folgen dieser Veränderungen sollten spätestens bei den ersten Hungerrevolten im Herbst 1916 zutage treten.[34]

Dennoch wäre es verfehlt, den Strukturwandel der Arbeiterschaft zur völligen Erneuerung zu überzeichnen. Zumindest in den kriegswichtigen Branchen und den großen Städten, wo sich das Schicksal der Autokratie weitgehend entschied, war auch eine bemerkenswerte Kontinuität zu beobachten. Man hat geschätzt, daß infolge von Freistellungen zwischen 1914 und 1917 *de facto* nur 17 % der Petrograder und 27 % der Moskauer Arbeiterschaft eingezogen wurden. Auch wenn man den breiten Zustrom von außen in Rechnung stellt, hielten neue und alte Gruppen einander die Waage. Die Folgerung scheint gerechtfertigt, daß der Kern der hauptstädtischen Arbeiterschaft den Umbruch der Kriegsjahre unversehrt überstand. Viele der Erfahrenen und Qualifizierten, der Meinungsführer und Organisatoren blieben an ihrem Platz. Ihnen war es auch zu verdanken, daß sich einige der Veränderungen fortsetzten, die das Profil der Arbeiterschaft vor Kriegsbeginn entscheidend geprägt hatten. So nahm der Analphabetismus trotz der ländlichen Immigration weiter ab. In Petrograd konnten 1918 89 % aller männlichen und 65 % aller weiblichen Beschäftigten lesen und schreiben. Im Druckereigewerbe und in der Metallverarbeitung gab es wohl niemanden mehr, der keine Schule und Lehre durchlaufen hätte. Damit blieb auch jene Mischung aus städtischen und dörflichen Elementen in der Arbeiterschaft erhalten, in der radikales Denken und Handeln seit den Schüssen an der Lena hatten gedeihen können.[35]

Wichtiger für die wachsende Unruhe in der Arbeiterschaft aber dürften andere Entwicklungen gewesen sein, die sich unter dem Stichwort der *dramatischen Verschlechterung der städtischen Lebens- und Arbeitsbedingungen* zusammenfassen lassen. Zum einen spricht trotz ungelöster Probleme bei der Gegenrechnung von Preisen und Löhnen alles für einen deutlichen Verfall der Realeinkommen. Ursache dafür war eine rapide Inflation, die bald nach Beginn der Kampfhandlungen einsetzte und vor allem 1916 ein verheerendes Ausmaß annahm. Bezogen auf 1913 (= 100) kletterte der Preisindex im nationalen Durchschnitt, einer zurückhaltenden Schätzung zufolge, bis Ende 1916 auf 221 und bis Ende 1917 auf 512. Damit konnten die Einkommen, die in der kriegswichtigen Industrie ebenfalls stiegen, nicht Schritt halten. Seit Herbst 1916 mußten zumindest in Petrograd auch die höchsten Lohngruppen reale Einbußen in Höhe von 15 bis 20 % im Vergleich zu 1913 hinnehmen.

Zum anderen forderte der Krieg auch mehr Einsatz und Leistung. Ohnehin war die wöchentliche Arbeitszeit in Rußland mit einem Durchschnitt von 9,7 Stunden an sechs Tagen (1913) länger als in Westeuropa. Die Ausweitung der Rüstungsproduktion führte vor allem in den Hauptstädten zu einer zusätzlichen Anspannung der Kräfte. In der Metallindustrie wurde elf bis zwölf Stunden pro Tag gearbeitet, in der Textil- und Lederindustrie nicht selten noch mehr. Überstunden waren üblich, und 1915 hob man das Verbot der Nachtarbeit für Frauen und Kinder auf. Mit einer solchen Ausschöpfung aller Kapazitäten hing zusammen, daß sich auch Sicherheit, Hygiene und Gesundheit in den Werkhallen, um die es dürftig genug stand, noch verschlechterten. Erkrankungen scheinen, begünstigt durch mangelhafte Ernährung und Mehrarbeit, zugenommen zu haben. Die anhaltende Zuwanderung vom Dorfe und der Flüchtlingsstrom aus den Kampfgebieten verschärften die Wohnungsnot in den Industrievororten weiter.[36]

Den entscheidenden Anstoß zu neuer Unruhe gab indes die *Versorgungskrise*. Soweit ersichtlich, war sie nur zum geringeren Teil Resultat der Teuerung. In erster Linie ergab sie sich aus der Verknappung des Warenangebots auf den großstädtischen Märkten. Kriegsbedingte Engpässe des Bahntransportes spielten dabei eine wesentliche Rolle. Hinzu kamen Probleme der agrarischen Produktion, da die Aushebung von Millionen männlicher Arbeitskräfte und der Verlust eines großen Teils der Zugkraft (durch die Beschlagnahme der Pferde für die Armee) nicht ohne Folgen für die Bestellung der Äcker blieben. Die Erträge gingen zurück, Gutsbesitzer und Bauern verkauften weniger Getreide. Daß sie sich in solchem Maße zurückhielten, war allerdings einem weiteren wichtigen Umstand anzulasten: der planlosen Preis- und Beschaffungspolitik des Staates. Gegen Kriegsende operierten drei Organisationen vor Ort. Diese Zersplitterung lud die Produzenten geradezu ein, Fest- und Marktpreise, Beschaffer und Händler gegeneinander auszuspielen. Die Lage wurde auch nicht besser, als sich die Regierung im Dezember 1916 zur *ultima ratio* entschloß und Getreide zum Staatsmonopol erklärte. Dem Staat fehlten jedoch die Mittel, eine Versorgungsdiktatur durchzusetzen.

Die Folgen solcher Defizite wurden seit dem zweiten Kriegsjahr sichtbar. Im Herbst 1916 kulminierten sie in einer schweren Versorgungskrise, die den Schwarzmarkt florieren ließ und die arme Masse der Stadtbewohner an den Rand des Hungers brachte. Die Zahlen über den Lebensmitteltransport nach Petrograd sprechen für sich: Nur in zwei Monaten konnten die gut 12 000 Eisenbahnwaggons, die eine Sonderkommission im Dezember 1915 für nötig hielt, tatsächlich entladen werden; im Januar 1917 kam nur noch die Hälfte an. Um diese Zeit zehrte man bei fast allen Artikeln des täglichen Bedarfs von den letzten Notvorräten. Im Februar 1917 mußte das Brot auf ein Pfund pro Person und Tag rationiert werden. Einige Fabriken schlossen, weil die Kantinen die Arbeiter nicht mehr verpflegen konnten.[37]

Solche Vorgänge waren geeignet, stille Unzufriedenheit mehr und mehr in offenen Protest zu verwandeln. Der Kriegsausbruch hatte die Streiks schlagartig zum Erliegen gebracht. Auch wenn es keinen förmlichen «Burgfrieden» gab, erfaßte die nationale Aufwallung anfangs auch die Reihen der Arbeiter. Hinzu kam, daß andere Probleme Vorrang beanspruchten; viele wurden eingezogen, alle aus dem Alltag gerissen und mit neuen Sorgen konfrontiert. Die Atempause dauerte jedoch nicht lange. Seit dem Herbst 1915 gehörten Streiks und Demonstrationen wieder zum gewohnten Bild im ganzen Reich. Ein Jahr später erlebten besonders die Hauptstädte ein Ausmaß an Protest, das Erinnerungen an die Vorkriegsjahre weckte. Neben Versorgungsmängeln und Inflation trugen auch politische Motive dazu bei. Gerüchte über das seltsame Treiben Rasputins zeichneten Nikolaj als willenlose Marionette eines Scharlatans, und Andeutungen über eine Verschwörung im Umkreis der aus Deutschland gebürtigen Zarin (Alice von Hessen) schienen einen Abgrund von Landesverrat im Herzen der kaiserlichen Familie aufzudecken. Hinter der Angst und Panik, die der drohende Hunger auslöste, verbarg sich mehr: ein tiefes Mißtrauen gegen die Regierung und das alte Regime schlechthin. Nach einer kurzen Beruhigung zeigten die wiederaufflammenden Demonstrationen seit dem Januar 1917, daß eine neue Stufe der Entfremdung und Eskalation erreicht war. Sie gingen nahtlos in den großen Februaraufstand über, der die Monarchie schließlich in die Knie zwang.

Bei alledem verdient Beachtung, daß die Arbeiterschaft so selbständig handelte wie selten. Weniger denn je war ihre Bewegung im Ersten Weltkrieg mit den revolutionären Parteien verknüpft. Der Kriegsbeginn traf diese vielmehr schwer. Soweit sie überhaupt wieder Fuß gefaßt hatten, wurden sie auf den Stand nach dem Juni-Coup 1907 zurückgeworfen. Die Polizei konnte abermals mit aller Härte gegen sie vorgehen. Prominente Parteiführer fanden sich in sibirischer Verbannung wieder oder flüchteten zu ihren Gesinnungsgenossen ins Exil. Zurück blieben versprengte Gruppen, die bis Ende 1916 den Namen einer Organisation kaum verdienten. Überwiegend existierten die Parteien im Ausland. Wer in Rußland ausharrte, war selbst als moderater Oppositioneller näher am Puls des Geschehens. Er wußte, was die Emigranten erst *post festum* bemerkten: daß die städtischen Massen – bei völliger Ruhe auf dem Dorf – aus eigenem Antrieb auf die Straße gingen und der Lauf der Dinge durch eine Reform kaum mehr zu ändern war. Die Revolution, so räumt im Januar 1917 selbst ein prominenter rechter Kadett ein, sei «unausweichlich». Offen bleibe nur, *wann* der Kampf beginne.[38]

II.
Gescheiterte Demokratie (Februar–Oktober 1917)

Der Monarchie haben wenige nachgetrauert, dem Regime, das sie ablöste, sehr viele. Zwischen Februar und Oktober 1917 genoß Rußland mehr Freiheit als je zuvor: Bis 1992 blieben diese Monate die einzige Periode seiner Geschichte, in der sich Demokratie entfalten konnte. Freilich warfen Entstehungs- und Strukturprobleme von Anfang an tiefe Schatten auf die Zukunft. Die neue Ordnung war instabil und glitt mehr und mehr in Regierungslosigkeit über. Der Sturz des alten Staates brachte keine neue Macht von ausreichender Durchsetzungsfähigkeit hervor. Die Freiheit entpuppte sich als Interregnum, die Demokratie als Anarchie. Je deutlicher die jüngere sozialhistorische Forschung dies zu zeigen vermochte, desto stärker verblaßte die Leistung der Bolschewiki, die gerade ihre Gegner im nüchtern kalkulierten und bedenkenlos exekutierten Sturz der Februarordnung gesehen hatten. Statt dessen richtete sich das Interesse wieder auf die Akteure und Aktionen des demokratischen Experiments. In den Vordergrund trat die Frage nach den Gründen für die selbstzerstörerischen Fehler und Versäumnisse des neuen Regimes, das anfangs von so viel Konsens getragen wurde. Sie verbindet sich mit der Notwendigkeit einer neuen Gewichtung zwischen subjektiven und objektiven Faktoren. Breite Zustimmung hat die These gefunden, das Ende der Monarchie habe die Polarisierung der russischen Gesellschaft nicht beseitigt, sondern nur verändert. Der Graben zwischen Elite und Masse blieb erhalten, auch wenn erstere im wesentlichen ‹nur› noch aus der bürgerlichen Oberschicht bestand. Mehr noch, er erweiterte sich in dem Maße, in dem das Land in wirtschaftlicher Not versank und die Verteilungskämpfe sich zuspitzten. Sicher haben das besondere Kräfteverhältnis zwischen «Gesellschaft», Arbeitern, Bauern (auch in Uniform) und Intelligenz sowie spezifische Ausformungen dieser Schichten, wie sie die zeitliche Verschiebung der sozioökonomischen und politischen Entwicklung in Rußland mit sich brachte, dazu beigetragen. Auf der anderen Seite dürfen die Schwierigkeiten nicht zur Alternativlosigkeit verzeichnet werden. Trotz eines Übermaßes an Problemen ging die Demokratie in Rußland an den Versäumnissen ihrer Träger und Angriffen ihrer Feinde zugrunde, nicht an unheilbaren Erbleiden der Rückständigkeit.

1. Die Februarrevolution

Selten hat eine Massenbewegung einen so durchschlagenden Erfolg errungen wie der Protest der Arbeiter von Petrograd. Dies trug ihr den Ruf besonderer Spontaneität ein. Im Februar 1917 schien sich die Empörung über den Blutsonntag von 1905 zu wiederholen: Arbeiter und Soldaten gaben ‹unverfälscht›, ohne Anleitung von außen, zu Protokoll, was sie vom Staat hielten. Zumal im Vergleich zum Oktoberumsturz ist diese Kennzeichnung weithin akzeptiert worden. Unlängst ist zwar darauf hingewiesen worden, daß auch diese Demonstrationswelle nicht ohne steuernde Kräfte und Führer auskam. Dennoch besteht kein Anlaß, das bisherige Urteil substantiell zu korrigieren. Offener ist die Frage nach den Ursachen und Bedingungen des Erfolgs. Als zu einfach muß die Vorstellung gelten, die Wucht der Demonstrationen habe die Monarchie im Verein mit Streiks zu Fall gebracht. Vielmehr kamen mindestens zwei weitere notwendige Faktoren hinzu: zum einen die Solidarisierung der Soldaten, die den Aufstand in eine Revolution verwandelte, zum anderen die Kopflosigkeit der staatlichen Machthaber vor Ort. Es bedurfte zusätzlich zur destabilisierenden Wirkung einer jahrzehntelangen Strukturkrise, der militärischen Niederlage und wachsender Versorgungsengpässe infolge des Krieges noch einer Vielzahl von Faktoren, um das erschütterte Staatsgebäude zum Einsturz zu bringen.[1]

Den Beginn des einwöchigen Sturms, dem dies gelang, markierte eine Kundgebung am 23. Februar (8. März n. St). Eigentlich ungeplant, weil die Parteien den wenig populären Internationalen Frauentag nicht begehen wollten, offenbarte sie eben darin den Grundcharakter der Februarereignisse. Es waren die erschöpften, doppelt belasteten Textilarbeiterinnen und Hausfrauen von Vyborg, die das Maß des Zumutbaren für randvoll hielten und sich auf den Straßen versammelten, um Brot zu fordern. Ihrem Aufruf zur Solidarität konnten sich die Revolutionäre in den nahegelegenen großen Metallfabriken trotz anderslautender Generaldirektiven der großen Parteien nicht entziehen. Ein Protestzug formierte sich, der mit bemerkenswerter Gewaltsamkeit die Beschäftigten benachbarter Betriebe zum Anschluß zwang. Streik und Demonstration blieben jedoch auf den Außenbezirk beschränkt. Noch gelang es der Polizei, den Weitermarsch ins Innere der Stadt zu verhindern.

Am 24. Februar standen auch die Maschinen in anderen Stadtteilen still. Insgesamt traten an diesem Tage etwa 210 000 Arbeiter in den Ausstand. Auf der ‹Vyborger Seite› formierten sie sich – unter ebenso starker Teilnahme der Frauen wie am Vortag – schon in aller Frühe zu einem neuerlichen Protestzug. Ihr Ziel war der abermalige Versuch, die Forderungen in die Innenstadt unter die Augen der Regierung, der Duma und der ganzen Nation zu tragen. Sozialdemokraten und Sozialrevolutionäre arbeiteten dabei

1. Die Februarrevolution

in ungewohnter Eintracht zusammen. Solange genaue Anweisungen der überraschten Parteizentralen ausblieben, entschieden die Obleute an der Basis, die den gemeinsamen Kampf oft höher bewerteten als theoretische Differenzen. Vereinzelte Schüsse vermochten das Unerhörte nicht zu verhindern: Zum ersten Mal seit 1905 zogen gegen Mittag Kolonnen feindseliger Demonstranten über den Nevskij-Prospekt. Aufs höchste alarmiert, akzeptierte der letzte Ministerpräsident die Aufforderung des Parlaments, die Lebensmittelverteilung in die Zuständigkeit der Stadt zu übergeben. Beide gingen noch von der irrigen Annahme aus, es mit einer bloßen Hungerrevolte zu tun zu haben. Was die Demonstranten vor den Palästen außer der Forderung nach Brot bereits skandierten, hätte sie eines Besseren belehren können: «Nieder mit dem Krieg» und «Nieder mit der Autokratie».

Am dritten Tag weitete sich der Ausstand zum Generalstreik. Auf der anderen Seite rüstete das Regime zur Gegenwehr. Aus dem Armeehauptquartier im fernen Mogilev, wohin sich der Zar unklugerweise trotz der angespannten Lage am 21. Februar begeben hatte, wies er den Petrograder Militärkommandanten an, Schießbefehl zu erteilen. Allerdings häuften sich die Schwierigkeiten, ihn in die Tat umzusetzen. Von Anfang an hatten die Kosaken – zu jener Zeit eine Art von Elite-Polizei – Sympathien für die Aufständischen erkennen lassen. Nun leisteten sie offene Hilfe oder wahrten ostentative Neutralität. Die berühmte Szene auf dem Nevskij-Prospekt war unmißverständlich: Als Kosaken und Demonstranten aufeinander zumarschierten und eine Teilnehmerin sich aus dem Zug löste – nahm der Kosakenoffizier den Strauß roter Rosen entgegen, den sie ihm überreichte. Auch wenn der Stadtkommandant am 26. Februar Gardetruppen ins Gefecht schickte, die vor dem Gebrauch ihrer Schußwaffen nicht zurückschreckten, machte das Beispiel Schule. Der Aufstand hatte einen Wendepunkt erreicht, doch Regierung und örtliche Militärführung erkannten die Zeichen immer noch nicht. Sie meinten, die Situation noch im Griff zu haben und bewogen den fehlinformierten Zaren zu einem Schritt, der kaum hätte fataler sein können: Am Abend des 26. verkündete der Ministerpräsident statt der Berufung eines ‹gesellschaftlich› approbierten Kabinetts, das der Progressive Block mit neuem Nachdruck forderte, die abermalige Auflösung des Parlaments.

Doch nicht der Widerstand der Duma brachte die Entscheidung. Den Todesstoß versetzte dem alten Regime am 27. Februar die massenhafte Fahnenflucht der hauptstädtischen Soldaten. Dies markierte den qualitativen Unterschied zu 1905: daß der bewaffnete Arm der Autokratie im Innern – wohlgemerkt: (noch) nicht an der Front – seinen Dienst versagte. Den Anfang machten dabei jene Offiziere und Soldaten, die am Vortag das blutige Gemetzel verursacht hatten. Gleichsam als Wiedergutmachung verließen sie die Kasernen, um ihre Solidarität mit dem Aufstand zu bekunden. Auf der Brücke zum Vorort Vyborg kam es zur Verbrüderung mit demonstrierenden

Arbeitern: eine denkwürdige Begegnung, die das Novum der Februarunruhen symbolhaft zum Ausdruck brachte. Die Euphorie des nahen Sieges wirkte ansteckend. Man schätzt, daß die Zahl der meuternden Soldaten im Laufe des Tages von gut 10 000 auf knapp 67 000 wuchs. Rein numerisch hatte die Obrigkeit bei einer gesamten Truppenstärke von etwa 180 000 Mann und weiteren 152 000 im näheren Umkreis immer noch eine gute Chance, mit dem Schrecken davonzukommen. Doch die Mehrheit der Regimenter stand Gewehr bei Fuß. Man wird einen Zusammenhang mit dem Wandel ihrer sozialen Herkunft unterstellen dürfen: Die neu rekrutierten Garnisonssoldaten stammten etwa zur Hälfte aus dem Arbeiter-, Handwerks- und Tagelöhnermilieu der Petrograder Umgebung. Sie teilten die Sorgen und Stimmungen der kleinen Leute in der Hauptstadt. Über den Erfolg des Aufstandes entschied weniger die Kraft der Rebellen als die Schwäche der Verteidiger. Vieles spricht für das Urteil eines führenden Dumapolitikers, daß ein einziges diszipliniertes Regiment von der Front genügt hätte, um ihn niederzuschlagen. Ein solches aber war nicht zur Stelle, weil die lokale Militär- und Zivilführung eine bemerkenswerte Unfähigkeit an den Tag legte. Als der Stadtkommandant am Abend des 27. erstmals zugab, nicht mehr Herr der Lage zu sein, und die Armeeführung in Mogilev um Verstärkung bat, war viel kostbare Zeit verstrichen. Zur selben Zeit gestand auch die Regierung ihre Machtlosigkeit ein: Sie erklärte geschlossen ihren Rücktritt. Bevor Nikolaj das Telegramm anderntags überhaupt erhielt, hatte er die Herrschaft faktisch schon verloren.[2]

Der Sieg warf unabweisbar die Frage nach einem neuen Machtzentrum auf. Eine Kraft wurde gebraucht, die fähig war, die Dynamik und wiederholt durchbrechende Gewaltsamkeit der Masse zu bändigen. Dabei blieb ihr Charakter durchaus offen. Zwar war die alte Verfassung nicht mehr zu retten. Aber über das Schicksal der Monarchie selbst mußte noch ebenso entschieden werden wie über die Art der neuen Ordnung. Am ehesten war die Duma zum Handeln aufgerufen. Ihre abermalige Auflösung am Vortag zwang sie, Farbe zu bekennen. Nichts war bezeichnender für ihre Furcht als die Zögerlichkeit, mit der sie trotz allem reagierte. Noch am Morgen des 27. weigerte sich der oktobristische Dumapräsident, den Ältestenrat einzuberufen, dessen Bildung er nach der Entlassungsorder widerwillig zugestimmt hatte. Erst am frühen Nachmittag kam etwa ein Drittel der Parlamentarier aus eigenem Antrieb zusammen. Immer noch war man peinlich darauf bedacht, offenen Ungehorsam zu vermeiden. Die Versammlung deklarierte sich zu einem ‹privaten› Treffen. Erst das unerwartete Eindringen von Demonstranten veranlaßte sie zu Schritten, die damit nicht mehr zu vereinbaren waren. Aber sie wählte unter den Handlungsalternativen auch jetzt noch die unverbindlichste. Statt den Ältestenrat zur Regierung auszurufen oder sich selbst nach dem Vorbild der französischen Generalstände (vom 17. Juni 1789) zur Konstituierenden Versammlung zu erklären, begnügte sie sich mit der Einsetzung eines *Provisorischen Komitees zur Wiederherstellung der öffentlichen Ordnung.* Den Kern dieses dreizehnköpfigen Gremiums stellten die führenden Politiker des Progressiven Blocks, verstärkt durch den Vorsitzenden der menschewistischen Dumafraktion und den Sozialrevolutionär A. F. Kerenskij als neuen Volkstribun. Beiden fiel die lebenswichtige Aufgabe zu, den Kontakt zu den sozialistischen Parteien und den Aufständischen herzustellen.

Auch nach diesem kaum mehr verfassungsmäßigen Akt verfolgte die Duma einen vorsichtigen Kurs. Erst als sich der Zar einem weiteren Appell zum Einlenken versagte und der Triumph der hauptstädtischen Rebellion feststand, fügte sie sich dem Zwang der Ereignisse. Am 28. Februar um zwei Uhr morgens wandte sich das Komitee mit zwei Aufrufen an die Öffentlichkeit. Darin mahnte es zum Verzicht auf Gewalt und versprach, sich im Benehmen mit Volk und Armee um die Bildung einer vertrauenswürdigen Regierung zu bemühen. Immer noch reagierte die «Gesellschaft» mehr, als daß sie agierte. Sie ergriff, wozu nun selbst konservative Parlamentarier rieten, die verwaiste Macht, um die Anarchie zu verhindern, nicht weil sie eine Chance suchte, ihr liberales Programm zu verwirklichen.[3]

Zielstrebiger agierten die Aufständischen. Auch sie schufen am 27. ein Organ, das ihren Willen im bevorstehenden Ringen um die Zukunft des Landes zur Geltung bringen sollte. Ihnen half die revolutionäre Intelligenz aller Schattierungen inner- und außerhalb der Parteien. In Abwesenheit der prominenten Radikalen fiel dabei den vor Ort präsenten gemäßigten Parteiführern der legal operierenden Menschewiki und der Arbeitergruppe beim zentralen Kriegsindustriekomitee eine Schlüsselrolle zu. Als der Streik sich ausweitete, entstand in ihrem Umkreis die naheliegende Idee, auf die 1905 erprobten Räte zurückzugreifen. In dieselbe Richtung drängten auch die aufständischen Arbeiter selbst. Verbürgt ist, daß sie in einigen Fabriken bereits am zweiten Protesttag Delegierte wählten und die menschewistische Dumafraktion aufforderten, ein zentrales Repräsentativgremium einzuberufen. Etwa um dieselbe Zeit, als der Dumaausschuß zur Wiederherstellung der öffentlichen Ordnung zusammentrat, gründeten menschewistische und andere sozialistische Abgeordnete im selben Gebäude ein *Provisorisches Exekutivkomitee des Arbeiterdeputiertenrates.* Zugleich beraumten sie die konstituierende Plenarsitzung des Rates bereits für den Abend desselben Tages an.

Für breite Zustimmung spricht, daß der Sowjet tatsächlich noch am Tag der großen Erhebung zusammentrat. Wichtigste Handlung war die Wahl der Führungsgremien. Die Delegierten gaben dabei ihrer Sympathie für die gemäßigten Menschewiki Ausdruck, die mit sechs Mitgliedern neben fünf Parteilosen, zwei Sozialrevolutionären und zwei Bolschewiki die Mehrheit des ersten Exekutivkomitees stellten. Schon am nächsten Tag kamen im Zuge erweiterter Wahlen Vertreter der Truppen und Garnisonen hinzu. Der Arbeiterrat wandelte sich (damit über seinen Vorgänger aus der ersten Revolution hinausgehend) zum *Arbeiter- und Soldatenrat*. Allerdings verlangte diese Stärkung ihren Preis. Die neuen Bundesgenossen stellten radikale Forderungen, und die gemäßigten Revolutionäre hatten allen Anlaß, sie mit gemischten Gefühlen zu betrachten. Bezeichnend dafür war der berühmte *Befehl Nr. 1*, den Soldatenvertreter einem Ratsmitglied in die Feder diktiert haben sollen. Selbst wenn der entsprechende Bericht den tatsächlichen Hergang stilisierte, weil zu Papier gebracht wurde, was in der Luft lag, war der Mythos gut erfunden. Er erklärte bildhaft, warum dieses erste Dekret zum Symbol der Soldaten- und Matrosenrevolution überhaupt wurde. Zugleich ließ er eine gewisse Distanz der Sowjetführung erkennen. Denn was damit in der Nacht vom 1. auf den 2. März (a. St.) verkündet wurde, war gewiß ambivalent: die Wahl von Komitees in den Regimentern, die Übertragung der Kontrolle über die Waffen an diese Komitees und – psychologisch wohl am wichtigsten – das Verbot des erniedrigenden «Du» samt der verbreiteten Beschimpfungen von seiten der Offiziere. Das Exekutivkomitee sicherte sich mit seiner Zustimmung die Loyalität der aufständischen Truppen. Aber es mochte ahnen, daß eine so plötzliche Demokratisierung der Armee nicht ohne Auflösung der Disziplin zu haben war.[4] Bereits in der ersten Stunde der neuen Ära betrat damit ein zweites allgemeines Führungsorgan die politische Bühne. Die beiden Hauptkräfte des Umsturzes, die ihre Distanz zueinander nicht überwinden konnten, hatten eigene Repräsentativinstitutionen mit unterschiedlichen Konzepten über die künftige Verfassung und Gesellschaft hervorgebracht. Auch wenn Miljukov die Existenz einer «Doppelherrschaft» leugnete, war ihr Fundament gelegt.[5]

Am selben Tag debattierte der Sowjet auch erstmals über die Regierungsbildung. Drei Lager gewannen schnell Kontur. Auf der Rechten votierten Volkssozialisten, einige Menschewiki und Sozialrevolutionäre für eine formelle Koalition mit den liberal-bürgerlichen Kräften der Duma. Auf der Linken forderten Bolschewiki und Linke Sozialrevolutionäre eine allein vom Sowjet getragene «Provisorische Revolutionäre Regierung». Dazwischen formierte sich eine Mitte aus der menschewistischen und sozialrevolutionären Mehrheit. Sie ging ebenfalls davon aus, daß der im politischen Geschäft erfahrenen bisherigen parlamentarischen Opposition die Führung zufallen müsse. Aber sie wollte den Kopf nicht in die Schlinge stecken und sich darauf beschränken, die Regierung zu kontrollieren und je nach Sachlage mitzutragen. Um die Entscheidung über Rußlands Zukunft nicht völlig der anderen Seite zu überlassen, sah sie deshalb einen Programmkatalog vor, den das bürgerliche Kabinett als Gegenleistung für seine Duldung akzeptieren sollte.

Noch am späten Abend des 1. März begannen entsprechende Verhandlungen. Die meisten Wünsche des Exekutivkomitees stießen auf Zustimmung. Gegen die Einberufung einer Konstituierenden Versammlung auf der Basis des «vieradjektivischen» Wahlrechts, gegen Presse-, Rede-, Koalitions-, Streik- und die übrigen bürgerlichen Freiheiten, gegen die Abschaffung religiöser und nationaler Diskriminierungen, kurz: gegen eine grundlegende Demokratisierung von Staat und Gesellschaft hatten die Führer des Progressiven Blocks naturgemäß nichts einzuwenden. Als Sprecher des Dumakomitees brachte Miljukov lediglich zwei, allerdings gravierende Einwände vor. Zum einen lehnte er die vorgeschlagene Ausrufung der Republik ab und bestand darauf, erst die Konstituierende Versammlung über die Staatsform entscheiden zu lassen. Offenbar wollte er damit die Option einer konstitutionellen Monarchie offenhalten. Im Rückblick erscheint der Gedanke nicht abwegig: Womöglich hätte die Legitimität der Monarchie einen Rest an innerem Zusammenhalt bewahren und ein Gegengewicht gegen sozialen Krieg und Unregierbarkeit bilden können, die der gelernte Historiker am Horizont heraufdämmern sah. Zum anderen wies Miljukov die Wahl der Offiziere durch die Soldaten zurück, da er um die Kampffähigkeit der Armee fürchtete. Sicher war es das stärkste Motiv für beide Einwände Miljukovs, daß er die Fortsetzung des Krieges an der Seite der Alliierten gefährdet und die Wahrscheinlichkeit einer Niederlage wachsen sah. Auf einem anderen Blatt stand, und hierin lag die grundlegende Schwäche seiner Position, ob Nationalprestige und Vaterlandsverteidigung in der gegebenen Situation als Richtschnur der Politik noch taugten. In der ersten Streitfrage gab das Exekutivkomitee fürs erste nach; die Staatsform blieb offen; in der zweiten einigte man sich auf einen Kompromiß. Die Dumaliberalen akzeptierten die Demokratisierung der Armee, die ohnehin nicht mehr aufzuhalten war. Im Gegenzug verzichtete der Sowjet darauf, sie bis zur Wahl der Offiziere voranzutreiben.

So war der Weg frei für die Bildung der Provisorischen Regierung. Am Nachmittag des 2. März erschien Miljukov im Katharinensaal des Taurischen Palais (Sitz der Duma), um den zufällig Anwesenden in einer historischen Stunde das neue Kabinett vorzustellen. Als Ministerpräsident wurde der Vorsitzende des *Zemstvo*-Bundes, Fürst G. E. L'vov, ausersehen, der zugleich das Innenressort leiten sollte. Miljukov selbst reservierte sich das Außenministerium. Gučkov sollte als einschlägiger Parlamentsexperte an die Spitze des Heeres- und Marineressorts treten. Neben ihm gehörte der zwölfköpfigen Regierung nur ein weiterer Oktobrist an. Linke Kadetten und andere Liberale verliehen ihr ein glaubwürdiges demokratisches Gepräge. Im Vergleich zum Dumakomitee hatte sich die politische Achse deutlich nach links verschoben. Dennoch richteten sich kritische Zwischenrufe nicht nur gegen die wenigen Konservativen. Klassenkämpferische Töne wurden laut, die das Kabinett als Veranstaltung der «privilegierten Gesellschaft» schmähten. Kein Zweifel, die Bindungen zwischen Regierung und Sowjet waren schwach. Die Unterstützung galt auf Abruf.[6]

Angesichts dessen ist die Frage nie verstummt, warum der Deputiertenrat die Macht überhaupt aus der Hand gab, die der Aufstand vor allem ihm übertragen hatte. Üblicherweise hat man die Antwort in den geschichtstheoretischen Prämissen der Mehrheitsfraktionen gesucht. Menschewiki und rechte Sozialrevolutionäre definierten den Umsturz als endgültige Beseitigung der Feudalgesellschaft. Zweck dieser bürgerlichen Revolution mußte es sein, die nunmehr freigesetzte kapitalistische Gesellschaft mitsamt der ihr entsprechenden politischen Verfassung zur vollen Reife zu entfalten. Die Sozialisten hatten die Bourgeoisie bei dieser ihrer genuinen historischen Aufgabe nur zu kontrollieren, nicht an ihrer Stelle zu handeln. Man kann aber nicht ausschließen, daß sich hinter den ideologischen Argumenten noch andere Motive verbargen: vor allem ein Unterlegenheitsgefühl gegenüber den parlamentarisch erfahrenen Liberalen und eine tiefsitzende Furcht vor der Verantwortung. Womöglich handelte die menschewistische Mehrheit aber auch nur, wie die jüngste Studie meint, in nüchterner Einschätzung der tatsächlichen Kräfteverhältnisse. So gesehen, entpuppt sich das vielzitierte «Paradoxon der Februarrevolution» (Trotzki) als sein Gegenteil: als Realpolitik und Konsequenz ungleicher Handlungsfähigkeit.[7]

Miljukov sah wohl am schärfsten, daß der Schlüssel für den endgültigen Sieg der Revolution im Hauptquartier der Armee lag. Von den Generälen hing ab, ob Nikolaj und die Monarchie noch eine Chance hatten. Den ersten und einzigen Versuch, Frontverbände zur Niederwerfung des Aufstandes einzusetzen, unternahm der Zar selbst. Als die Regierung zurücktrat, setzte er in Mogilev einen Militärdiktator über Petrograd ein und schickte ihn mit allen entbehrlichen Truppen in die Hauptstadt. Überzeugend ist die verbreitete Auffassung widerlegt worden, daß die Mission von vornherein zum Scheitern verurteilt gewesen sei. Siebzehn Frontregimenter und -kompanien summierten sich durchaus zu einer eindrucksvollen Streitmacht. Trotz der Anweisung des Dumakomitees, die Waggons vorher anzuhalten, erreichten sie am späten Abend des 1. März den Residenzort Carskoe Selo vor den Toren Petrograds, konnten aber nicht mehr kampflos zur kaiserlichen Familie in den Palast vordringen. Anderntags zogen sie sich unverrichteterdinge zurück. Über die Gründe ist viel gerätselt worden. Inzwischen dürfte feststehen, daß weder die Stärke der revolutionären Kräfte noch Desertionsgefahr zum Abbruch des Unternehmens zwangen. Den Ausschlag gab vielmehr eine neue Instruktion Nikolajs, die den kommandierenden General anwies, bis zu seinem Eintreffen abzuwarten. Der Zar aber erreichte seine Residenz nicht mehr.[8]

Kaum weniger Bedeutung kam einem zweiten Telegramm vom selben Abend des 1. März zu. Darin hob N. V. Alekseev, Chef des Generalstabs und faktischer Oberkommandierender des Heeres, die Bemühungen des Provisorischen Dumakomitees um Ruhe und Ordnung hervor und gab seiner Erwartung Ausdruck, der Militärdiktator könne auf dieser Grundlage

1. Die Februarrevolution

gemeinsam mit dem Zaren eine «friedliche» Lösung des Konflikts herbeiführen. Wie es scheint, bildeten vor allem Nachrichten vom Übergreifen der Unruhen auf Moskau, Kronstadt und die Baltische Flotte den entscheidenden Anlaß für diese Kehrtwende. Alekseev kam zu der Überzeugung, daß Zugeständnisse unvermeidlich seien und sie allein eine Chance eröffneten, die Armee unversehrt durch die politischen Wirren zu steuern. Hinzu kam, daß einige hohe Generäle, wie die Oberkommandierenden der Nord- und der Südwestfront N. V. Ruzskij und A. A. Brusilov, schon seit längerem zu der Auffassung neigten, Staat und Reich könnten nur im Bunde mit der «Gesellschaft» neue Kraft schöpfen. In jedem Falle formulierte das Telegramm Alekseevs die letztlich *entscheidende Überlebensbedingung der Februarrevolution*: Die Armeeführung war bereit, das alte Regime dem übergeordneten Zweck der Aufrechterhaltung der nationalen Verteidigungsfähigkeit zu opfern.

Was folgte, entwickelte sich mit beinahe tragischer Zwangsläufigkeit. Der zarische Sonderzug war auf Weisung des Transportministeriums in sicherer Entfernung von Petrograd abgefangen und nach Pskov umgeleitet worden. Hier im Hauptquartier der Heeresleitung Nord gab Nikolaj am späten Abend des 1. März dem hartnäckigen Drängen von Ruzskij und Alekseev nach, die Bildung einer verantwortlichen Regierung zu verkünden. Gegen drei Uhr früh erfuhr Ruzskij telegraphisch vom Dumapräsidenten in Petrograd, daß die Ereignisse solch karge Konzessionen längst überholt hätten und die Monarchie, wenn überhaupt, nur durch die Abdankung des Zaren zu retten sei. Alekseev schloß sich dieser Meinung an. In der Erwartung, daß Nikolaj sich gegen den Verzicht sperren werde, bat er gegen zehn Uhr morgens alle Generäle um ihre Meinung. Gegen Mittag trafen die Antworten zusammen mit der Stellungnahme Alekseevs in Pskov ein. Im Bewußtsein, einem historischen Augenblick beizuwohnen, begab sich Ruzskij in den Waggon des Zaren und legte ihm die Telegramme vor. Nikolaj konnte sich dem einmütigen Votum der Armeeführung nicht entziehen und fügte sich. Seine realitätsfremde und prinzipientreue Vorstellungswelt ließ jedoch den Gedanken immer noch nicht zu, daß er an diesem Ende selbst tatkräftig mitgewirkt haben könnte: Verrat und Feigheit, so vertraute er seinem Tagebuch bitter an, hätten ihn zu Fall gebracht.

In bester Absicht traf der unglückselige Zar bei seiner Abdankung eine Entscheidung, die auch das Schicksal der Monarchie selbst besiegeln sollte. Nikolaj verzichtete nicht nur für sich auf den Thron, sondern auch für seinen bluterkranken einzigen Sohn. Er durchkreuzte damit den Plan der liberalen Monarchisten, den unmündigen Aleksej unter der Regentschaft seines Onkels Michail Aleksandrovič zum neuen, konstitutionellen Kaiser auszurufen. Da diese Absicht auch im Sowjet und unter den Aufständischen auf unerwartet heftigen Widerstand stieß, überließ man die Entscheidung schließlich allein dem Großfürsten. Dieser lehnte die Krone nach Beratung mit dem vollzählig versammelten Kabinett ab. So ging am Morgen des 3. März 1917 die dreihundertjährige Geschichte der Romanov-Dynastie und die noch längere der russischen Monarchie generell nicht eben ruhmvoll zu Ende.

Als Petrograd am 4. März zum Alltag zurückkehrte, waren 433 Tote und 1136 Verwundete zu beklagen. Die Februarrevolution verlief weder so gewaltlos noch so spontan, wie oft behauptet wurde. Dennoch trifft zu, daß sie im Vergleich zu Geschehnissen von ähnlicher Tragweite wenig Opfer forderte, weil sie sich auf ein verbreitetes Unbehagen quer durch die Schichten und Gruppen der Untertanen stützen konnte. Von Strukturkrisen und Kriegslasten gleichermaßen überfordert, durch Erstarrung und politische Blindheit isoliert, blieb die zarische Herrschaft im Augenblick der Bedrohung ohne Verteidiger. Die Koinzidenz zweier Angriffe, des parlamentarischen Staatsstreichs im Zeichen der Demokratie und des Aufstands der Massen für Brot, Freiheit, Gleichheit und Friede, ermöglichte den Umsturz. Aber sie verhalf ihm noch nicht zum Sieg. Entscheidend für den raschen Triumph – und das ist bisher zu wenig gesehen worden – war das Arrangement zwischen Armeeführung und Duma, das seinerseits die Mäßigung der Revolution voraussetzte. Darin lag sowohl die hauptsächliche Ursache für die Übergabe der Macht an das Parlament als auch ein wichtiger Grund für die bemerkenswerte Tatsache, daß es eine nennenswerte gegenrevolutionäre Bewegung, einen Bürgerkrieg, nach dem Februar (anders als nach dem Oktoberumsturz) nicht gegeben hat.[9]

2. Doppelherrschaft

Die neue Machtstruktur war indes fragil. Sie beruhte auf der Zusammenarbeit zweier Organe, die unterschiedliche Ziele verfolgten und Anliegen verschiedener sozialer Schichten im Auge hatten. Die Duma repräsentierte einen Teil der alten Ordnung. In ihr ragte die «Gesellschaft» von Besitz und Bildung in das neue Zeitalter hinein. Sie hatte gleichsam ihre Rolle gewechselt und sich aus einer Gegenöffentlichkeit in die formal entscheidende Kraft verwandelt. Insofern verkörperte sie auch ein Stück Kontinuität und Legitimität – jene tiefere Dauer über die Zäsur hinweg, die auch in der Marxschen Theorie die Einheit des historischen Prozesses wahren hilft. Vor allem den Menschewiki war dies bewußt.

Aber die Duma erreichte ihren Aufstieg nicht aus eigener Kraft, sondern wurde vom Ungehorsam der Arbeiter und Soldaten auf den Schild gehoben. Zugleich blieb eine Verbrüderung zwischen liberaler «Gesellschaft» und der politisch aktiven, gewerkschaftlich-sozialistisch orientierten (städtischen) Masse wie 1905 aus. Beide Bewegungen und Schichten hatten sich seither nicht nur parteilich organisiert, sondern auch eigene Wege eingeschlagen und eigene ‹Identitäten› (L. Haimson) ausgebildet. Die Arbeiter bedurften der liberalen Intelligenz nicht mehr, um ihre Forderungen wirksam vorzubringen. Sie schufen sich unter symptomatischem Rückgriff auf das erste Gremium dieser Art von 1905 ihr separates Forum der politischen Willensbildung und Artikulation. Aber so wie die Unterschichten nicht zur «Gesellschaft» gehörten, hatten ihre Organisationen einschließlich der Gewerkschaften, anders als die Duma seit 1907, in der alten Ordnung keinen Platz gefunden. Insofern repräsentierte der Arbeiter- und Soldatenrat das eigentlich Neue, Bruch und Provokation zugleich. Man wird das Schicksal der «bürgerlich-demokratischen Revolution» in Rußland – wie der Februaraufstand in der sowjetischen Geschichtsschreibung durchaus treffend genannt wurde – nicht verstehen, wenn man nicht sieht, daß sie sich als Folge der Eigenarten und Phasenverschiebung der sozioökonomischen Entwicklung mit einer stärkeren und selbstbewußteren Arbeitervertretung messen mußte als alle vergleichbaren Vorgänge der Neuzeit (die französische Revolution von 1848 eingeschlossen).

Freilich gab es durchaus gemeinsame Ziele, die den Dissens für eine gewisse Zeit stillzulegen vermochten. Dazu gehörte nach dem Sturz der Monarchie zunächst die Schaffung einer neuen politischen Ordnung, die nicht ohne soziale Veränderung denkbar schien. Die Provisorische Regierung sollte zu allererst das Versprechen *politischer Freiheit* einlösen. Dafür besaß sie, wie die informelle Koalitionsvereinbarung festlegte, die volle Unterstützung des Sowjets. Was die Regierung am 6. März als Programm verkündete, wurde umgehend in Gesetzesform gegossen. Allgemein verpflichtete sie sich, allen politischen Kräften die Möglichkeit zu ungehinderter politischer Betätigung zu garantieren. Die Koalitions-, Versammlungs- und Pressefreiheit sollte ebenso vorbehaltlos gelten wie die übrigen Grund- und Menschenrechte. Signalwirkung besaß eine Amnestie, die den politischen Häftlingen die Gefängnistore öffnete oder ihnen die Rückkehr aus Verbannung und Emigration ermöglichte. Am 12. März wurde die Todesstrafe abgeschafft, kurz darauf der Strafvollzug von Peitsche und Eisen befreit – Dekrete von starker Symbolkraft, die Sinnbilder der *aziatščina* beseitigten. Am selben Tag erfuhr die Öffentlichkeit, daß jegliche rechtliche Diskriminierung aus ständischen, ethnisch-nationalen und religiösen Gründen aufgehoben sei. Die Provisorische Regierung liquidierte damit nicht nur die Reste der Leibeigenschaftsordnung; zugleich korrigierte sie Auswüchse der Russifizierung und holte mit bezeichnender Verspätung die Judenemanzipation nach.

Schon Ende März war die rechtliche und politische Verfassung des russischen Reichs nicht mehr wiederzuerkennen. Erstmals hatte man mit der Absicht ernstgemacht, den Untertanenverband in eine Gemeinschaft freier, rechtsgleicher und souveräner Staatsbürger zu verwandeln. Da mochte es als bloßer Schönheitsfehler erscheinen, daß eine angemessene Legitimation der neuen Demokratie durch freie, gleiche und geheime Wahlen samt der endgültigen Festlegung ihrer Gestalt noch auf sich warten ließ. Immerhin stellte die Provisorische Regierung auch in dieser Hinsicht frühzeitig die Weichen. Am 26. März richtete sie eine «Besondere Beratung» mit der Aufgabe ein, die Konstituierende Versammlung vorzubereiten, wohl wissend, daß Ruhe und Ordnung einigermaßen gesichert sein mußten, bevor reguläre Wahlen durchgeführt werden konnten.[10]

Offen blieb freilich, was diese Flut wohlgemeinter Maßnahmen tatsächlich bewirkte. Es war eine Sache, Gesetze zu verkünden, eine andere, sie in der Weite der russischen Provinzen auch durchzuführen. Kaum überwindliche Barrieren stellten sich bereits dem Aufbau einer neuen Verwaltung entgegen. Wohl verlief die Wachablösung in den meisten Gouvernements- und Kreisstädten fast ohne Gegenwehr. Die örtlichen Bastionen der zarischen Gewalt lösten sich auf und überließen spontan gebildeten Komitees das Feld. Fast überall wiederholte sich das gespannte Nebeneinander eines Bürgerausschusses und eines Arbeiter- und Soldatenrates. Erstere genossen dabei in der Regel die Hilfe der *zemstva* und Stadtdumen. Gerade die neue Regierung vertraute auf die ‹Schule der Selbstverwaltung›, die der große Aufbruch Alexanders II. ungeachtet aller Beschränkungen dauerhaft verankert hatte. Den Liberalen lag besonders daran, die schöpferischen Kräfte der Regionen, die der alte Obrigkeitsstaat überängstlich hatte brachliegen lassen, für das neue Gemeinwesen nutzbar zu machen. Zugleich mußte die Funktionsfähigkeit des Staates gewahrt bleiben. Es war eine Verbindung von Föderalismus und Zentralismus, die das neue Regime nach dem Muster westeuropäischer Demokratien anstrebte.

Allerdings gelang es ihm nicht, die Balance auch nur annähernd herzustellen. Zwar wurden die Gouverneure und nachgeordneten Repräsentanten der alten Staatsgewalt zügig entlassen und durch die *Zemstvo*-Vorsitzenden als temporäre Kommissare ersetzt. Desgleichen erfüllte die Regierung endlich den alten Traum, der provinzialen Selbstverwaltung durch die Erweiterung auf die Bezirksebene *(volost')* und die Einrichtung eines allrussischen Zentralgremiums Fundament und Dach zu geben. Es fehlte ihr aber an Kraft, um den neuen Hoheitsträgern vor Ort zur Anerkennung zu verhelfen. Die Entfesselung lange unterdrückter Energien löste in Verbindung mit der staatlichen Autoritätskrise einen unkontrollierbaren Wildwuchs konkurrierender Komitees und Organisationen aus. Vor Ort entfaltete sich ein Eigenleben, das sich zentraler Kontrolle weitgehend entzog.

Eine ähnliche Machtlosigkeit, mit gewiß nicht geringeren Folgen, offenbarte die Regierung in der *Versorgungsfrage*. Der Stillstand von Transport und Produktion in den Aufstandstagen hatte die Lage weiter zugespitzt. Die hauptstädtischen Getreidevorräte reichten nur noch für drei bis vier Tage. Auch ein neuerliches Staatsmonopol, das der Landwirtschaftsminister auf Druck des Sowjets Ende März *contre cœur* verfügte, half nicht. Die neue

2. Doppelherrschaft

Herrschaft sah sich gezwungen, dieselbe unpopuläre Entscheidung zu treffen wie die alte: das Brot zu rationieren. Die Krise verschärfte sich so sehr, daß sich der Petrograder Sowjet mit dem flehentlichen Appell an die Bauern wandte, die Ernährung des Landes zu sichern und dadurch die Revolution zu retten. Im Mai richtete die Regierung ein eigenes Versorgungsministerium ein und veranstaltete eine gesamtnationale Konferenz zur Koordination aller einschlägigen Anstrengungen. Im August nahm sie sogar einen Wortbruch in Kauf, als sie den mehrfach garantierten Festpreis in der Hoffnung verdoppelte, die Produzenten zu höheren Verkäufen bewegen zu können. Auch diese Verzweiflungstat blieb indes erfolglos. Vieles spricht dafür, daß eine Besserung der Lage in der Tat nur von zwei Maßnahmen zu erwarten war: Getreide mit Waffengewalt einzutreiben oder den Krieg zu beenden. Beide Wege konnte die Regierung nicht beschreiten, ohne sich selbst untreu zu werden. Die gemäßigte, demokratische Revolution ließ sich mit Zwangsrequisitionen nicht vereinbaren. Aber ihr Dilemma bestand darin, daß sie auch der Doppelaufgabe nicht gewachsen war, eine freiheitliche Ordnung zu verankern und zugleich den äußeren Konflikt fortzusetzen. Der Schlüssel nicht zur Lösung aller, aber der drängendsten Probleme lag im Krieg.[11]

Krieg und Frieden haben denn auch im Vordergrund der Aufmerksamkeit von Regierung und Sowjet gestanden und erste gravierende Auseinandersetzungen verursacht. Die Organe der Doppelherrschaft dachten unterschiedlich über die beiden unzertrennlich miteinander verbundenen Kernprobleme: wie die Kampfkraft der Armee zu bewahren und unter welchen Bedingungen ein Friede vorstellbar war. Das hinderte sie nicht am Konsens darüber, Rußland keinem Diktat der Mittelmächte unterwerfen zu wollen und den Bündnisverpflichtungen so lange nachzukommen, wie kein akzeptabler Weg zur Beendigung des Krieges in Sicht war. Letztlich verlor der Friedenswille darüber an Glaubwürdigkeit. Die Befürwortung des Verteidigungskrieges markierte den Graben zu den radikalen Kräften, die sich bald in den Sowjets meldeten. Sie bildete die Klammer, die den Notbund vom Februar trotz allem zusammenhielt – aber auch die wichtigste Voraussetzung für sein bitteres Ende.

Dabei fiel es den patriotischen Partnern durchaus schwer, sich zu arrangieren. Zwar bemühte sich der Sowjet vereinbarungsgemäß um Schadensbegrenzung, indem er dem «Befehl Nr. 1» einen zweiten mit der Erläuterung folgen ließ, der erste umfasse nicht die Wahl der Offiziere. Parallel kam der Kriegsminister dem Hauptwunsch der Soldaten nach und hob die noch 1913 bestätigten Diskriminierungen auf: Fortan durften auch Gemeine in Straßenbahnen fahren, in Restaurants speisen und ohne Einwilligung der Offiziere Zeitung lesen. Vor allem aber wurde den Offizieren das erniedrigende «Du» untersagt und umgekehrt den Soldaten erlaubt, alle Vorgesetzten mit einem egalitären «Herr» anstelle von verschnörkelten Devotionsformeln anzureden. Zusammen mit dem Verbot der Todesstrafe auch in der Armee und der Abschaffung von Sondergerichten summierten sich diese Maßnahmen zur Erfüllung einer zentralen Erwartung an die Revolution: der Befreiung des Menschen im Soldaten. Insofern nahm vor allem die letztgenannte Weisung den Kern der berühmten «Deklaration der Soldatenrechte» vorweg, die eine gleichzeitig eingesetzte gemischte Kommission von Regierung und Sowjet ausarbeitete. Obwohl die traditionelle Befehlshierarchie damit endgültig zusammenbrach, verfehlte der Kompromiß seine Wirkung nicht. In der zweiten Märzhälfte zeichnete sich eine Stabilisierung ab. Viele Offiziere arbeiteten mit den Truppenkomitees zusammen und wahrten ihre Autorität. Noch herrschten – was oft übersehen wird – an der Front andere Verhältnisse als in der Hauptstadt und im Hinterland. Auch die Komitees stimmten *für* und nicht *gegen* den Krieg.[12]

Solche Mäßigung änderte sich erst, als Spannungen zwischen Arbeitern und patriotischen Soldaten sichtbar wurden und die konservative Presse eine Kampagne gegen die Frontrevolution für angezeigt hielt. Im Gegenzug verstärkte der Sowjet seine Agitation. Zur Heerschau der sozialistischen Kräfte geriet Mitte April ein großer Kongreß von Komiteedeputierten der Westfront. Er machte zugleich die Abkehr der Soldatenkomitees von der Vaterlandsverteidigung deutlich und wurde zum Tribunal über die Außenpolitik der Provisorischen Regierung. Die Offensive der nationalen Publizistik bewirkte eben das, was sie verhindern sollte: den Schulterschluß zwischen den Räten an der Front und denen im Hinterland. Damit setzte eine Dynamik ein, die über den *Status quo* hinauswies. Der Preis wurde endgültig sichtbar, den der Sowjet für die Loyalität der Armee zahlen mußte – die glaubwürdige Bemühung um Frieden.

Was in den letzten Märztagen mit der Befehlsverweigerung einiger Kompanien begonnen hatte, schwoll nun zur Demoralisierung ganzer Regimenter an und mündete ab Mai in eine Flut von Desertionen. Die patriotische Begeisterung erwies sich als Firnis, den die Friedenserwartung und die allgemeine Kriegsmüdigkeit schnell auflösten. Verbrüderung mit dem Feind wurde zum Problem, die Entfernung von der Truppe auf jedem Bahnhof sichtbar. Auch wenn man ihr Ausmaß (in den zehn Wochen von Anfang März bis Mitte Mai nur 135 Mann pro Division der Nordfront bzw. 1,1 – 1,5 % der Kampfstärke) stark übertrieben hat, bleibt unbestreitbar, daß Flucht aus der Armee zur Existenzfrage des neuen Regimes avancierte. Nur fand sie vor allem im *Hinterland* statt. Die unerlaubte Heimkehr in die Dörfer war zunächst, wie die Revolution insgesamt, ein Problem der Etappe. Erst seit Juni weitete sie sich auch an der Front zur eigenmächtigen Demobilisierung ganzer Regimenter aus. Diese Massenbewegung ignorierte nicht nur die Befehle der Regierung, sondern auch die Aufrufe der sie nunmehr formell mittragenden Mehrheit des Sowjets. Sie war das erste unübersehbare Indiz für den Aufstieg der Bolschewiki.[13]

Vom Streit um die Kampffähigkeit der Armee nicht zu lösen war die *außenpolitische Orientierung* des neuen Regimes. Sie stand ebenfalls im Zeichen der Frage nach dem Vorrang von Krieg oder Frieden. Gerade bei diesem heikelsten Problem trat die Kluft zutage, die Liberale und Sozialisten trennte. Andererseits gab es auch innerhalb der Lager eine beträchtliche Spannweite der Meinungen: Befürworter eines Vernunftfriedens als Atempause in der Regierung, gemäßigte «Defensisten» im Sowjet. Wenn die Doppelherrschaft im genauen Sinne über der Friedensfrage zerbrach, hatte das viel mit zwei zusätzlichen Faktoren zu tun: der Persönlichkeit des Außenministers und grundlegenden Veränderungen der politischen Szene durch die Rückkehr der Emigranten.

Miljukov vertrat nicht nur während des Umsturzes konservative Positionen. Auch in der Regierung profilierte er sich schnell als entschiedenster Gegner der «revolutionären Demokratie». Sein Einsatz für die Monarchie war erfolglos geblieben. Um so hartnäckiger hielt er am zweiten Grundsatz seiner politischen Lagebeurteilung fest: der Notwendigkeit, alle Bündnisverpflichtungen vorbehaltlos zu erfüllen. Als Bewunderer der angelsächsischen Verfassung und Gesellschaft versprach er sich von der Allianz mehr als nur einen militärischen Sieg, nämlich Hilfe beim Aufbau der Demokratie in einem Lande, wo sie keine Wurzeln besaß und ihren Weg unter denkbar schlechten äußeren Bedingungen beginnen mußte. So begründet diese Überlegung war, so wenig rechtfertigte sie die weitreichenden Kriegsziele, zu denen er sich mehrfach öffentlich bekannte. Miljukov tat wenig, um sich von zarischen Plänen zur Vorherrschaft am Bosporus zu distanzieren. Auch innenpolitisch waren Zweifel an der Klugheit seiner Haltung angebracht. Starrsinnig weigerte er sich, auf die Zwänge der nachrevolutionären Situation Rücksicht zu nehmen. Darin lag, bei allem intellektuellen Format, seine grundlegende politische Schwäche.[14]

Schon die erste Verlautbarung des Außenministers vom 4. März sorgte für Aufregung. Miljukov sicherte den Bündnispartnern darin zu, die neue Regierung werde die internationalen Verträge der alten ohne Abstriche erfüllen. Der Friede kam in der Note nur am Rande und als Folge des Sieges vor. Dadurch provoziert, beschloß der Sowjet, eine eigene Stellungnahme auszuarbeiten und sie in Gestalt eines Manifests als erste internationale Erklärung der Revolution bekanntzugeben. Von keinem Geringerem als Maxim Gorki entworfen, wandte sich der Aufruf vom 14. März nicht an die Regierungen, sondern an die «Völker der Welt» und rief sie auf, die Entscheidung selbst in die Hand zu nehmen. Die Revolution wurde zur einzig konsequenten Friedenspolitik, und an die Stelle des Miljukovschen Siegfriedens trat die Formel, auf die sich alle Fraktionen des Sowjets einigen konnten: der «Friede ohne Annexionen und Kontributionen». Dennoch: So radikal dies klang, das Manifest forderte keine sofortige Waffenruhe und ließ Raum zum Arrangement mit der Provisorischen Regierung. Nach zähen

Verhandlungen wurde ein solcher Kompromiß am 27. März auch gefunden. Jede Seite wahrte ihr Gesicht – aber um den Preis, daß die Vereinbarung noch unverbindlicher war als andere.[15]
Dazu trug die Rückkehr der prominenten Revolutionäre aus dem Exil entscheidend bei. Dreißig kamen im plombierten Waggon aus der Schweiz, der mit Sondergenehmigung exterritorial durch das Deutsche Reich fuhr. Lenin, der berühmteste Mitreisende, wurde am 3. April mit angemessenem Zeremoniell, aber spürbarer Beklemmung von Abgesandten des Sowjets am Bahnhof empfangen. Die gleiche Ehrung ließ man sechs Tage später, in entspannterer Atmosphäre, dem sozialrevolutionären Parteiführer Černov zuteil werden. Bereits in der dritten Märzwoche war der georgische Menschewik I. G. Cereteli, der mit F. I. Dan an seiner Seite binnen kurzem zur beherrschenden Figur im Exekutivkomitee des Sowjets aufstieg, in Petrograd eingetroffen. Der ‹konservative› Sozialrevolutionär und baldige Innenminister N. D. Avksent'ev fand sich ebenso ein wie der Führer der Parteilinken M. A. Natanson, der als einziger Veteran der siebziger Jahre noch eine bedeutende Rolle spielen sollte. Anfang Mai betraten schließlich Ju. O. Martov und L. D. Trotzki (Trockij) wieder russischen Boden. Ohne Zweifel brachte erst die Selbstauflösung der Emigration die politischen Kräfteverhältnisse in Rußland angemessen zum Ausdruck. Zugleich stellten sich die typischen Verzerrungen einer Ordnung ein, die keine Opposition geduldet hatte. Die meisten und vor allem die fähigsten Emigranten bekannten sich in der ein oder anderen Form zur pazifistischen Linken im internationalen Sozialismus. Ihre Rückkehr markierte nicht nur den endgültigen Einzug der Parteien in den Sowjet, sondern leitete auch eine stärkere Hinwendung zu programmatischen Positionen der Linken ein.

Was dies in der ohnehin labilen innenpolitischen Lage bedeutete, mußte die Provisorische Regierung bald erfahren. Auf Vorschlag Černovs drängte der Sowjet das Kabinett, den Alliierten die Friedenserklärung vom 27. März auch förmlich mitzuteilen, da sie seiner Meinung nach im Ausland nicht gehört worden war. Miljukov fügte sich widerstrebend, nutzte aber die Gelegenheit, um seinen Standpunkt deutlicher zum Ausdruck zu bringen. Die «Note» des Außenministers, schon zeitlich mit bemerkenswertem Ungeschick plaziert, traf am 18. April (1. Mai n. St.) auf die aufgewühlte Stimmung von Arbeiterdemonstrationen. Bereits seit Monatsbeginn beherrschte die Friedensfrage alle politischen Debatten; die Formel des Sowjets machte die Runde. In dieser Situation konnte ein Text nur als Provokation empfunden werden, der den Annexionsverzicht gar nicht erwähnte und über die Versicherung russischer Bündnistreue hinaus noch «Garantien und Sanktionen» als Unterpfand eines dauerhaften Friedens nach dem Siege anmahnte. Auch gemäßigte Linke sahen darin wenig anderes als den alten imperialen Wunschtraum von einem Protektorat über *Car'grad* (Konstantinopel). Drei Tage zogen sich die Protestmärsche einer «ungeheuren

2. Doppelherrschaft 79

Menge» teilweise bewaffneter Arbeiter hin, die den Rücktritt des Außenministers verlangten.

Doch der Sowjet kam der bedrängten Regierung zu Hilfe. Menschewiki und Sozialrevolutionäre im Exekutivkomitee waren sich darin einig, daß es keine Alternative zur Herrschaftsteilung gebe. Sie verhandelten mit der Regierung und erzwangen eine Richtigstellung, die als Zusatznote am 22. April veröffentlicht wurde. Der darin ausgesprochene Verzicht auf alle territorialen Ansprüche verfehlte seine innenpolitische Wirkung nicht. Die Regierung überstand die Krise; nicht einmal Miljukov mußte zurücktreten. Dennoch hatte sich Entscheidendes verändert: Unübersehbar lag zutage, daß allein der Sowjet über Macht verfügte. Die Doppelherrschaft verdiente ihren Namen nicht mehr.[16]

Die Unruhen warfen somit die Frage nach der Regierungsverantwortung neu auf. Eine Minderheit sah nun die Stunde der Entscheidung gekommen. Sie forderte den Sowjet auf, die ungeteilte Macht zu übernehmen. Auf der Gegenseite sprachen sich die konservativen Liberalen um Miljukov dafür aus, den Rat in seine Schranken zu weisen und klare Verhältnisse zu schaffen. In beiden Lagern setzten sich jedoch die Verfechter einer konzilianten Politik durch. Das Ziel, das anzustreben war, hatte die Hilfe des Sowjets vorgegeben: ein förmliches Bündnis der Gemäßigten, eine *Koalition der Vernunft*. Allerdings band der Sowjet seine Bereitschaft, Verantwortung zu übernehmen, an einen Acht-Punkte-Katalog, der die gemeinsame Regierung auf die wesentlichen Nahziele der «revolutionären Demokratie» festzulegen suchte – Frieden ohne Annexionen und Kontributionen, Demokratisierung der Armee, verstärkte Kontrolle über die Industrie, Reform der Landwirtschaft zum Nutzen der Bauern und Verantwortlichkeit der sozialistischen Minister gegenüber dem Sowjet. Den Liberalen fiel es schwer, solche Forderungen zu akzeptieren. Sie empfanden die Aufwertung des Sowjets zu einem regulären, dem Parlament gleichgeordneten Organ als Zumutung. Miljukov zögerte auch nicht, sein Amt mit Eklat niederzulegen. Er mußte jedoch erleben, daß sich die Mehrheit der kadettischen Führung angesichts der Notlage des Vaterlands anders entschied. Dabei half ihr der Sowjet, der neuen Verteidigungsanstrengungen zustimmte.

Es blieb die Frage des Personals. Nach zähem Ringen traten ins neue, am 5. Mai vorgestellte Kabinett unter anderem ein: Kerenskij als Heeres- und Marineminister, Černov als Landwirtschaftsminister und ein Menschewik als Arbeitsminister. Ministerpräsident und Innenminister in Personalunion blieb Fürst L'vov. Insgesamt übernahmen Menschewiki und Sozialrevolutionäre sechs von fünfzehn Ressorts. Sie *wollten* in der Minderheit bleiben, da die Revolution in ihren Augen weiterhin primär bürgerliche Aufgaben zu erfüllen hatte. Darin bewahrte sich ein Gefühl unzureichender historischer Legitimation, das sie ehrte, aber gefährlich war. Falls die Koalition scheiterte, war außer der Gegenrevolution nur *ein* Gewinner in Sicht, die extreme Linke.[17]

3. Koalition der Vernunft

Zum Selbstzweifel gesellten sich weitere Probleme. Nach dem Februarumsturz konnten sich die Revolutionäre von einst so frei bewegen wie nie zuvor. Zugleich gehörten sie nun einer staatstragenden Organisation von Gewicht an. Beides ließ die Zahl der Beitrittswilligen steil in die Höhe schnellen. Vor allem die Ortsverbände der Sozialrevolutionäre und Menschewiki füllten sich in einem Tempo, das ihre Integrationskraft überschritt. Auch die Heimkehr der Emigranten trug nicht zum inneren Frieden bei. Sie brachte zwar unentbehrliche Talente zurück, aber auch den Meinungsstreit der Kriegs- und Vorkriegsjahre. Es waren in tiefem Wandel begriffene, von alten und neuen Konflikten zerrissene Parteien, die das Wagnis der Koalition eingingen.

Beide mußten dies auf ihren ersten gesamtrussischen Konferenzen seit der großen Wende erfahren. Die *Menschewiki* versammelten sich in der zweiten Maiwoche, um ihre Generallinie abzustecken. Im Vordergrund der Debatten standen naturgemäß der Koalitionsbeitritt und die Hauptforderungen, denen die ersten Minister aus den eigenen Reihen praktische Geltung verschaffen sollten. Trotz heftiger Auseinandersetzungen gab der Kongreß den Abmachungen mit solider Mehrheit seinen Segen. Cereteli, Dan und ihre Mitstreiter hatten dennoch keinen Grund zu ungetrübter Freude. Die Basis zeigte entschieden mehr Skepsis gegenüber der Politik und den Persönlichkeiten der Führung als erwartet. Hinzu kam, daß sich eine Minderheit weigerte, dem Pragmatismus Respekt zu zollen. Sie verurteilte die Zusammenarbeit mit der ‹Bourgeoisie› als Kollaboration und die Fortsetzung des Krieges als Verrat am proletarischen Internationalismus. In Martov, dem fähigsten und bekanntesten Parteitheoretiker, fand sie einen Fürsprecher, der ihr mehr Gehör verschaffte, als ihre Zahl erwarten ließ. So wurde aller Einheitsrhetorik zum Trotz offenbar, daß auch die Menschewiki zutiefst gespalten waren.[18]

Noch stärker lähmte innerer Streit die *Sozialrevolutionäre*, die Ende Mai zu ihrem dritten Parteitag zusammentraten. Schon ihre schiere Zahl gab ihnen eine besondere Bürde auf. Zu Recht galten die Menschewiki als die Architekten der Doppelherrschaft, da sie über begabtere Organisatoren und parlamentarische Talente verfügten. Die Massenbasis der Februardemokratie aber stellte die PSR. Wie 1905/06 profitierte sie von ihrem Anspruch, Schmelztiegel der Unterdrückten in Stadt *und* Land zu sein. Die ersten freien Wahlen in Rußland, zu den Stadtparlamenten vom Juni 1917, bestätigten dies eindrucksvoll. In 40 Gouvernementshauptstädten diesseits des Ural erreichte sie 17,6 % der Mandate im Vergleich zu 7,5 % für die Bolschewiki, 3,8 % für die Menschewiki und 11,6 % für die Kadetten. Besonderen Glanz bescherte ihr das Resultat aus Moskau: Mit 58 % der Stimmen verwies sie die anderen Parteien auf die Plätze. Allerdings vermochten die Sozialrevolutionäre solch breite Sympathien kaum in politische Macht umzusetzen. Neben einer gewissen, von Anfang an zu beobachtenden Indifferenz gegenüber der Routine praktischer Alltagsarbeit spielten dabei die inneren Konflikte eine entscheidende Rolle. Dabei spricht vieles dafür, ihre Heftigkeit mit der programmatischen Offenheit der Partei in Verbindung zu bringen. Was als «Synthese» überhöht wurde, ließ sehr verschiedenen Temperamenten und Tendenzen Platz. Nach der Rückkehr der Emigranten Anfang April hatte es den Anschein, als ob sich eine integrationsfähige Mitte bilden würde. Gemäßigte Kriegsgegner (‹Internationalisten›) um Černov verbanden sich mit kompromißbereiten ‹Vaterlandsverteidigern› zu einer Führungsriege, die Kontakt zur menschewistischen Spitze suchte und die Koalitionsregierung auf den Weg brachte. Damit erhielt die Partei – wie die Menschewiki – erstmals die Chance, das Land nach ihren tausendfach erhobenen Forderungen umzugestalten. Aber der Kompromiß forderte einen hohen Preis. Schon im April hatte sich ein neuer rechter Flügel formiert, der ohne Friedensvorbehalt entschieden für die Fortsetzung des Krieges votierte. Auf der anderen Seite entfernte sich die äußerste Linke immer weiter von der Partei. Sie wich keinen Zoll von ihrer (den Bolschewiki nahen) Hauptforderung ab, den Krieg zu bekämpfen und ihn für die soziale Revolution zu nutzen. Dazwischen gerieten Černov und die linke Mitte zunehmend in Bedrängnis.

So lag denn die Spaltung noch spürbarer in der Luft als bei den Menschewiki. Auf dem Parteitag konnte sie noch vermieden werden. Die erste freie Zusammenkunft nach zehn Jahren war nicht der Ort, um Wunden aufzureißen. Vom Triumph getragen, fand die Partei auch in den heftig umstrittenen Lebensfragen der Revolution einen Kompromiß. Die Delegierten votierten für Krieg *und* Frieden und billigten die Koalition. Darüber konnte sich vor allem das inzwischen bestimmende ‹rechte Zentrum› um Avksent'ev und A. R. Goc freuen. Nichts hinderte sie mehr daran, sich der Koalition mit Haut und Haar zu verschreiben. Diese «Menschewisierung» zähmte den einst überschäumenden revolutionären Elan der PSR so nachhaltig, daß er die Kooperation mit dem liberalen Partner nicht ernsthaft störte. Aber sie machte die Sezession der Linken zur Gewißheit. Lange vor der formellen Gründung der *Partei der Linken Sozialrevolutionäre (PLSR)* im November 1917 gab es (mindestens) zwei, einander bitter befehdende sozialrevolutionäre ‹Parteien›.[19]

Die Zerrissenheit der ‹revolutionären Demokratie› war geeignet, den Einfluß der *Kadetten* zu stärken. Ohnehin fiel ihnen, die den Ministerpräsidenten und die Mehrheit des Kabinetts stellten, immer noch die tragende Rolle im Bündnis zu. Auch Miljukovs Demission warf sie nicht aus der Bahn. Ihre

II. *Gescheiterte Demokratie (Februar–Oktober 1917)*

Wirkung wurde durch das Bewußtsein kompensiert, das letzte Bollwerk gegen utopische Experimente zu sein und noch enger zusammenrücken zu müssen. Verpflichtung gegenüber der Staatsidee *(gosudarstvennost')* und der Anspruch, über den Klassen zu stehen *(nadklassnost')*, kamen als Leitideen neu zu Ehren. Damit fanden die Liberalen ihre Identität nicht am selben Ort des politischen Spektrums, den sie in der ersten Revolution eingenommen hatten. Im Frühsommer 1917 kündigte sich eine ähnliche Entwicklung an wie im Adel nach dem ‹Bauernkrieg› des Jahres 1905. Die wohlhabenden Schichten formierten sich zum Widerstand gegen einen neuerlichen Angriff auf ihr Eigentum, den sie nach dem Regierungseintritt der Sozialisten erwarteten. Unternehmer und Industrielle verteidigten ihre Interessen mit größerem Nachdruck; landsässige Adelige schlossen sich zum *Verband der Grundbesitzer* zusammen, um die bevorstehende Agrarreform abzuwehren. Die Kadetten blieben von solchen ersten Regungen der Gegenrevolution nicht unberührt. Zwar gaben die freiberufliche Intelligenz (vor allem Juristen) und die akademische Elite (Professoren) in ihren Reihen nach wie vor den Ton an. Aber ihre Verbindungen zur Welt des (nichtadeligen) Geldes und Besitzes wurden enger. Angesichts der sozialen Polarisierung suchten die Liberalen Distanz zur Masse und zur Linken. Der Anspruch auf eine klassenneutrale, allein den Freiheitsrechten aller verpflichtete Politik verlor an Glaubwürdigkeit.[20]

Die unter solchen Auspizien gebildete neue Regierung stand nicht nur vor den ungelösten Aufgaben der alten. Darüber hinaus wuchs die Ungeduld im Lande. Die Schicksalsfrage des Regimes blieb der *Krieg*. Die Koalition hoffte, die Quadratur des Kreises durch eine Doppelstrategie erreichen zu können: Fortsetzung des Kampfes bei gleichzeitiger Bemühung um einen ‹demokratischen Frieden›. Freilich zerstoben die Hoffnungen auf eine Friedenskonferenz sozialistischer Parteien in Stockholm, die Druck auf die Parlamente und Regierungen der jeweiligen Länder ausüben sollten. Was übrig blieb, war nur das Festhalten an dem, was die Bevölkerung immer weniger hinzunehmen bereit war. Ohnehin argwöhnten linke und hofften rechte Kritiker, daß der Krieg die eigentliche Bestimmung der Koalition sei. Mit seinem ausgeprägten Talent zur Selbstdarstellung festigte der neue Kriegsminister diesen Eindruck. Kerenskij erklärte es unverhohlen zu seiner Hauptaufgabe, die Kampfkraft der Armee wiederherzustellen. Dies um so eher, als die Koalition außenpolitisch zunehmend unter Druck geriet. Die Bündnispartner klagten eine Zusage ein, die noch das alte Regime gegeben hatte: den für das Frühjahr geplanten französischen Angriff durch eine Offensive an der russischen Südwestfront zu unterstützen. Allerdings war die Regierung klug genug, die Verantwortung für ein derart riskantes Manöver nicht allein auf sich zu nehmen. Am 3. Juni wurde in Petrograd der erste *Allrussische Kongreß der Räte der Arbeiter- und Soldatendeputierten* eröffnet. Schon im Vormonat waren die Vertreter der (organisatorisch noch separaten) Bauernräte zu einer analogen Konferenz zusammengetroffen und hatten zur Führung der Geschäfte zwischen den Plenarsitzungen ein Zentrales Exekutivkomitee (VCIK) hinterlassen. Auf beiden Konferenzen verfügten Sozialrevolutionäre und Menschewiki über eine solide Mehrheit. Sie nutzten diese Position, um ihrem Vorhaben Mitte Juni die «breiteste demokratische Legitimation» zu sichern, die zu jener Zeit möglich war. Unmittelbar darauf unterzeichnete Kerenskij den Befehl zur Offensive, die zwei Tage später, am 18. Juni (1. Juli n. St.), unter der strategischen Führung des neuen Generalstabschefs Brusilov begann.[21]

Das aufwendige Unternehmen wurde ein kläglicher Mißerfolg. Drei Armeen und einige Sondereinheiten, die zahlenmäßig über klare Vorteile verfügten, sollten in Bewegung gesetzt werden. Doch die Soldaten ließen sich nur mit Mühe aus den Gräben holen. Der Angriff kam kaum voran. Bereits am dritten Tag mußte die Operation abgebrochen werden. Als die Mittelmächte zum Gegenstoß ansetzten, trafen sie auf keinen nennenswerten Widerstand. Im Angesicht der feindlichen Truppen ergriffen oft ganze Regimenter und Divisionen die Flucht. Die Offensive bewirkte, was ihre Kritiker vorausgesagt hatten: statt einer Beruhigung eine massive Destabilisierung der inneren Lage.[22]

Denn ohne Zweifel markierte der fatale Entschluß zur Vorwärtsverteidigung jenen Punkt, an dem die Regierung und die Mehrheitsparteien ihren Kredit bei den Soldaten endgültig verloren. Alle Versuche, die Kontrolle zurückzugewinnen, waren vergebens. Die drastische Maßnahme der Wiedereinführung der Todesstrafe an der Front am 12. Juli erwies sich sogar als kontraproduktiv: Indem sie den Offizieren faktisch die alte Macht zurückgab, trieb sie die Soldaten in die Arme radikaler Agitatoren. Im Juli begann der Siegeszug der Bolschewiki im Militär. Zugleich ging die Desertion endgültig in unaufhaltsamen Zerfall über. Damit hörte die Armee nicht nur als Garant staatlicher Souveränität auf zu bestehen, sondern auch als mögliche Stütze der demokratischen Revolution. Der Regierung war ein irreversibler Fehler unterlaufen. Sie hatte nicht verstanden, daß Freiheit für die Soldaten ohne Friede keinen Wert besaß.[23]

Diese Wende vollzog sich zu einer Zeit, als die ‹revolutionäre Demokratie› einen Höhepunkt ihrer äußeren Selbstdarstellung erreichte. Zum erwähnten ersten *Allrussischen Kongreß der Räte der Arbeiter- und Soldatendeputierten* entsandten 305 örtliche Sowjets gewählte Vertreter, die etwa 20 Mio. Urwähler repräsentierten (knapp halb so viel, wie einige Monate später für die Konstituierende Versammlung zur Urne gingen). Er war mithin keine Veranstaltung nach dem Geschmack des liberalen Lagers, da er wohl frei, aber unter Ausschluß der besitzenden Schichten gewählt worden war. Dennoch konnten die Anwesenden zusammen mit den Mitgliedern des Allrussischen

Bauernsowjets den Anspruch erheben, für die große Bevölkerungsmehrheit der russischen Kernlande (nicht der fremdethnischen Gebiete) zu sprechen. Über volles Stimmrecht verfügten 822 Abgeordnete. Davon bekannten sich 285 zur PSR und 248 zu den Menschewiki. Nur eine Minderheit folgte den Bolschewiki (105); die übrigen gehörten kleineren sozialistischen Gruppen an oder gaben an, unabhängig zu sein. Dennoch sorgte sie für einen Zwischenfall, der Aufmerksamkeit erregte. In einem ansonsten wenig eindrucksvollen Debüt erklärte Lenin provozierend, daß die Bolschewiki «jede Minute bereit» seien, «die alleinige Macht zu übernehmen». Aufmerksame Beobachter haben den programmatischen Gehalt dieses bald vielzitierten Satzes nicht überhört. Erstmals gab der bolschewistische Führer vor der landesweiten Öffentlichkeit eine unverhüllte Auslegung der neuen Parolen, die er seiner Partei seit seiner Rückkehr einzuhämmern versuchte.

Denn mit der Ankunft Lenins war ein neuer und – darin stimmten alle politischen Konkurrenten überein – böser Geist in die Bolschewiki gefahren. Kraft und Charisma seiner Person verliehen ihrer unauffälligen und trägen Organisation nicht nur Dynamik und Geschlossenheit. Mit wuchtigen Schlägen rammte Lenin auch neue taktische Grenzmarkierungen in die nachrevolutionäre Parteienlandschaft. Was er Freunden und Sympathisanten schon am Tage nach seiner Rückkehr im bolschewistischen Hauptquartier vortrug, schlug wie ein «Blitz aus heiterem Himmel» ein. Die Zuhörer vernahmen mit Erstaunen, daß die neue Regierung nicht mehr Schonung verdiene als die alte, da sie denselben «räuberischen imperialistischen Krieg» führe. Zur Begründung dieser Situationsanalyse scheute sich der Parteigründer nicht, revolutionstheoretischen Ballast abzuwerfen. Wenn er die Eigenart der aktuellen Lage Rußlands bereits im *Übergang* zum Sozialismus erkannte, dann ließ er die alte, im Parteiprogramm von 1903 festgeschriebene Auffassung vom bürgerlich-demokratischen Charakter der Revolution hinter sich. Kaum fünf Wochen nach ihrem Amtsantritt erklärte er die bürgerliche Regierung mit der Begründung für obsolet, das ihr – laut Marx – von der Geschichte aufgetragene Werk sei schon getan. Aufgabe der Zukunft müsse es sein, «die Macht in die Hände des Proletariats und der ärmsten Schichten der Bauernschaft» zu legen. Theoretisch betrat Lenin mit dieser Wende – unausgesprochen – den Boden der Trotzkischen Gedanken über die «permanente Revolution» und schuf die Basis für ihre baldige Zusammenarbeit. Praktisch pflanzte er, wie eine menschewistische Zeitung ihm vorwarf, «die Fahne des Bürgerkriegs inmitten der revolutionären Demokratie» auf. Denn die Handlungsanweisung der neuen Lehre ließ sich in einem Satz zusammenfassen: die Provisorische Regierung, der man eben noch in den Sattel geholfen hatte, zu bekämpfen, wo immer dies möglich war. Gegner sprachen von «Verrücktheiten» und «Fieberphantasien». Aber auch die meisten Parteigenossen wie L. B. Kamenev und A. V. Šljapnikov, die Meinungsführer der hauptstädtischen Bolschewiki im Februar und

März, schrieben die irritierende Radikalität solcher Ansichten mangelnder Vertrautheit mit den innerrussischen Verhältnissen zu. Ihre Hoffnung auf die heilende Wirkung der Eingewöhnung erfüllte sich jedoch nicht. Lenin beharrte nicht nur auf seinen bald berühmten ‹Aprilthesen›, sondern brachte nach und nach auch die Partei auf seine Seite.[24]

Den Mehrheitssozialisten, die diese Parolen angesichts des Häufleins bolschewistischer Delegierter mit Spott quittierten, verging das Lachen schon vor dem Ende der ersten Konferenzwoche. Sie hatten vergessen, was für die gesamte Revolution typisch war: daß die Uhren in der Hauptstadt anders gingen als in der Provinz, aus der die meisten Delegierten kamen. Am 9. Juni hielten aufgebrachte Sowjetführer ein bolschewistisches Flugblatt in den Händen, das die Arbeiter zum Protestmarsch gegen die «Konterrevolution» und zur Absetzung der «kapitalistischen Minister» aufrief. Furcht vor einem Aufstand breitete sich aus. Die menschewistisch-sozialrevolutionäre Sowjetführung setzte sich mit einer Gegenerklärung zur Wehr und appellierte an das bolschewistische Zentralkomitee, die Demonstration abzusagen. Der Konflikt schien beigelegt, da selbst Lenin sich dem Druck beugte; er teilte die Befürchtung, daß die bolschewistische Fraktion andernfalls aus dem Allrussischen Sowjet ausgeschlossen werden könnte.

Mehrere Umstände trugen jedoch dazu bei, daß sich die Lage nicht entspannte. Tiefste Quelle der Unruhe war eine zufällige, aber bedeutungsschwere Koinzidenz: Am selben Tag, an dem der Sowjet die Krise mit einer von ihm organisierten Demonstration endgültig beizulegen suchte (18. Juni), begann die Offensive. Hinzu kam der Beschluß der Regierung, das Hauptquartier der Anarchisten (nach langer Auseinandersetzung) zu räumen. Deren Rädelsführern gelang es in dieser Situation, ein bolschewistisch orientiertes Maschinengewehrregiment der hauptstädtischen Garnison zur Gehorsamsverweigerung zu bewegen, als es seine Waffen für die Front abgeben sollte. Damit war der Weg nicht weit zur *bewaffneten Demonstration*, zu der das Regiment am 3. Juli aufforderte. Dies geschah zwar ohne förmliche Zustimmung des bolschewistischen ZK. Dennoch spricht manches dafür, daß der weitere Führungskreis der Partei die Stimmung schürte und abwartete. Am frühen Abend glich Petrograd einer belagerten Stadt. Aber die Februartage wiederholten sich nicht. Niemand ergriff die Initiative und gab der Bewegung ein Ziel. Auch Lenin hielt sich auffallend zurück. Er hatte aufmerksam registriert, daß die meisten Garnisonsregimenter in ihren Kasernen blieben. Zunächst neutral, schlugen diese sich schließlich auf die Seite der Regierung. Allem Anschein nach gaben dabei vermeintliche Beweise für eine Agententätigkeit Lenins in deutschem Sold den Ausschlag. Als sich außerdem die Nachricht vom Anmarsch einiger Fronttruppen herumsprach, war das Spiel der Bolschewiki vorerst verloren.

Der ‹Juliputsch› klärte die Fronten. Für die Regierung lag nun offen zutage, daß Lenins vollmundige Erklärung vor dem Allrussischen Sowjet ernst gemeint war. Mit guten Gründen deutete sie die Zurückhaltung des bolschewistischen Zentralkomitees als bloß taktische Vorsicht. Die Partei wurde (ebenso wie ihre Publikationen) verboten, ihre Führungsriege, soweit man ihrer habhaft werden konnte, verhaftet. Allerdings zeigte sich bald, daß die Regierung nicht über die Mittel verfügte, ihre Sanktionen effektiv durchzusetzen. Außerdem entkam ihr die wichtigste Person: Lenin floh nach Finnland und dirigierte von dort aus die weitere, illegale Tätigkeit seiner Anhänger. Auch wenn sein Konfrontationskurs in Mißkredit geriet, hatte er doch ein Ziel erreicht: Der Fehdehandschuh war hingeworfen.[25]

Der bolschewistische Aufstandsversuch bildete aber nur eine Hälfte des schweren Bebens, das das Februarregime im Juli erschütterte. Als am zweiten Aufstandstag (4. Juli) die vereinigten Allrussischen Exekutivkomitees zusammenkamen, stand eigentlich ein anderes Problem auf der Tagesordnung: das *Ende der ersten Koalition*. Urheber der Krise waren die Kadetten. Angesichts wachsender Unzufriedenheit im Lande drängte vor allem Miljukov zum Kurswechsel. Für ihn war klar, daß die Wurzel der Misere in der Nachgiebigkeit gegenüber linken Umtrieben lag. Ein Stein des Anstoßes fand sich schnell – der Konflikt mit der ukrainischen Regionalregierung.

Die russische Revolution war nicht nur eine soziale und politische, sondern in gleichem Maße eine nationale. Als die Monarchie im Februar zusammenbrach, fiel auch das Vielvölkerreich auseinander. Die Peripherie nutzte das Machtvakuum, um die Hegemonie des Zentrums endlich abzuschütteln, unter der sie besonders seit dem Aufkommen des großrussischen Chauvinismus gelitten hatte. In den Regionen entfaltete sich ein eigenständiges politisches Leben, das sich um die Anweisungen aus Petrograd immer weniger kümmerte. Die neue Regierung beobachtete diese Entwicklung mit gemischten Gefühlen. Auf der einen Seite gehörte das nationale Selbstbestimmungsrecht zum Kern der demokratischen Verfassung, für die sie stand. Auf der anderen Seite bedrohte der Sezessionismus nicht nur die staatliche Einheit, sondern auch die ohnehin prekäre politische Stabilität. Überdies hatten sich vor allem die Kadetten vom großrussischen Hegemonialanspruch der Vorkriegs- und Kriegsjahre anstecken lassen. Die Abtrennung Polens oder Finnlands, deren nationale Eigenständigkeit prinzipiell außer Frage stand, nahmen sie hin. Um so energischer mißbilligten sie den Anspruch auf exklusive Machtbefugnis, den die ukrainische *Rada* für ihr Territorium am 10. Juni erhob.[26]

Die Ukraine war politisch, ökonomisch und geschichtlich zu bedeutsam, als daß ihre Eigenständigkeit von national gefärbtem zentralistischem Denken hätte akzeptiert werden können. Hinzu kamen aktuelle Motive, da die *Rada* auch die Bildung einer getrennten Armee anstrebte. Schon aus bloßer Sorge um das Überleben des Reststaates teilten die sozialistischen Minister das Befremden über das ukrainische Vorgehen. Die Verhandlungsdelegation, die man nach Kiev entsandte, vermochte zwar die Zustimmung zu dem allgemeinen Vorbehalt zu erwirken, daß erst die Konstituierende Versammlung endgültig über das Schicksal des Einheitsstaates entscheiden könne. Aber sie mußte im Gegenzug die ukrainische Nationalregierung und die meisten ihrer Forderungen bis zu diesem Zeitpunkt anerkennen. Die kadettischen Minister akzeptierten dies nicht und traten mit Billigung der Parteiführung (gegen eine starke Minderheit) am 2. Juli zurück.

Die dadurch ausgelöste Regierungskrise zog sich bis zum 25. Juli hin. Schon ihre Dauer weist darauf hin, daß das Februarregime alle Reserven mobilisieren mußte, um die auseinanderdriftenden politischen und sozialen Kräfte noch einmal zusammenzubinden. Der bolschewistische Angriff machte die Aufgabe nicht leichter, da er die menschewistische und sozialrevolutionäre Mehrheit zwang, sich der Nöte der einfachen Leute auf überzeugendere Weise anzunehmen. Diese Einsicht prägte die Erklärung vom 8. Juli, mit der das Rumpfkabinett nach der Wiederherstellung von Ruhe und Ordnung an die Öffentlichkeit trat. Mit dem Versprechen, die begonnenen Reformen mit größerer Entschiedenheit fortzuführen, warb es um neues Vertrauen. Dabei stellte es, über die Demokratisierung des öffentlichen Lebens und verstärkte Bemühungen zur Sanierung der Wirtschaft hinaus, vor allem *soziale* Verbesserungen in den Vordergrund. Nicht nur die gesetzliche Regelung des Achtstundentags, auch eine *Agrarreform* auf der Grundlage der «Übergabe des Landes an diejenigen, die es bearbeiten», wurde zugesagt. Mit solchen Versprechen bewirkte das Manifest zunächst das Gegenteil seiner Absicht. Der noch amtierende kadettische Ministerpräsident Fürst L'vov wollte sie nicht akzeptieren und trat zurück. Es bedurfte erst der Rücktrittsdrohung seines kommissarischen Nachfolgers Kerenskij, um die Verhandlungen aus der Sackgasse zu befreien. Den Untergang des Februarregimes (und die Anarchie) vor Augen, beschlossen die Minister, sich unter allen Umständen zu einigen. Die historische Zusammenkunft fand noch in derselben Nacht statt. Alle Parteien sprachen Kerenskij ihr Vertrauen aus und räumten ihm weitgehende Sondervollmachten ein. Verlierer waren letztlich die konservativen Kadetten. Kerenskij beließ nicht nur den Landwirtschaftsminister Černov im Amt, der in ihren Augen die Illegitimität der Revolution in kaum geringerem Maße verkörperte als Lenin. Faktisch erhob er auch die Erklärung vom 8. Juli zum Regierungsprogramm. Überdies gewannen die Sozialrevolutionäre und Menschewiki durch den Eintritt neuer Minister aus ihren Reihen numerisch die Oberhand: Bei nur vier Kadetten schien die *zweite Koalition* einer rein sozialistischen Regierung nahezukommen. Was dennoch alle ihre Mitglieder und Stützen miteinander verband, waren der Wunsch nach Fortsetzung des Krieges und die Überzeugung, die soziale Umwälzung dürfe nur durch die Konstituierende Versammlung vollzogen werden. Ebensowenig wie die alte begriff die neue Regierung, daß ihr die Zeit davonlief.[27]

4. Arbeiterbewegung und bäuerliche Revolution

Das Februarregime nahm mit einem Aufstand der Arbeiter und Soldaten seinen Anfang, und es endete mit einem Ereignis, das ohne die passive Mitwirkung beider nicht denkbar ist. Sein Schicksal entschied sich, ungeachtet der lebenswichtigen Parteinahme der Bauern in und außerhalb der Armee, in höherem Maße als das der ersten Revolution in den Industrievororten der großen Städte. Immer wieder, im April, Juli, August, Oktober, griff die städtische Unterschicht in die große Politik ein und erzwang wesentliche Veränderungen. Genau besehen, ruhte die «Doppelherrschaft» auf *drei* Säulen, da Arbeiter und Garnisonssoldaten eine Vetomacht behielten. Voraussetzung dafür war das Engagement einer kritischen Masse für ihre Interessen. Früh öffnete sich eine Kluft zwischen den Aufständischen und den Organen, die sie hervorbrachten. Die Übergabe der Macht an die «Gesellschaft» und das Konzept der ‹bürgerlichen Revolution› trugen das Ihre dazu bei: Sie legitimierten die *politische* Umwälzung, legten aber der *sozialen* Fesseln an. Das Februarregime vermochte die Spannung zwischen beiden immer weniger zu überwinden. Politische Kurzsichtigkeit und eine widrige Wirklichkeit hinderten es gleichermaßen daran. An beidem ging es schließlich zugrunde.

Der Sturz der Monarchie bescherte der Arbeiterschaft vor allem eines: Organisationsfreiheit. Vereinigungen schossen wie Pilze aus dem Boden. Dabei hatten die kleinen Gremien den Vorzug, den Bedürfnissen an den Werkbänken näher zu stehen. Die charakteristische Organisation der Arbeiter im Jahre 1917 waren die *Fabrikkomitees*, nicht die Gewerkschaften. Darin lagen sowohl eine Gemeinsamkeit als auch ein Unterschied zu 1905. Offenkundig knüpften die Betriebsräte ebenso an die Vorbilder der ersten Revolution an wie die Berufsverbände und die Gesamtsowjets. Zugleich verdient der Umstand Beachtung, daß die städtischen Unterschichten im Laufe der zweiten Revolution (*vor* dem Oktober) häufiger und bestimmender in das Geschehen eingriffen. Man wird einen Zusammenhang mit der bescheideneren Rolle der Intelligenz unterstellen dürfen. An deren Stelle traten verstärkt qualifizierte Arbeiter, die in den Komitees das Sagen hatten. Ob man in diesem Wandel nun einen neuen Grad der ‹Reife› erkennt oder nicht – erwiesen scheint, daß die Arbeiter 1917 über mehr Erfahrung und Selbstbewußtsein, angesichts des Zerfalls der staatlichen Zwangsgewalt auch über mehr Macht verfügten und zugleich der «Gesellschaft» mit größerem Mißtrauen begegneten als zuvor. Nicht zuletzt die «Mobilisierung der Arbeit» (W. Rosenberg) zwischen März und Oktober war Ausdruck der Polarisierung, die das soziale Gefüge Rußlands zwischen den Revolutionen prägte.

Es lag nahe, daß die Fabrikkomitees zunächst dieselben Forderungen erhoben wie die Gewerkschaften. Nach dem Umsturz galt ihr Einsatz in erster

4. Arbeiterbewegung und bäuerliche Revolution

Linie dem Hauptziel seit 1905: der Einführung des *Achtstundentags*. Einige Großbetriebe der Hauptstadt gaben ihrem Wunsch dadurch Nachdruck, daß sie die Arbeit trotz des Endes der Unruhen nicht wieder aufnahmen. Am 10. März lenkten die Petrograder Industriellen ein und erklärten sich zu einem Abkommen bereit. Zugleich mußten sie darin die Betriebskomitees rechtlich anerkennen, denen beide Parteien nicht nur die Überwachung der neuen Regelung auftrugen, sondern auch erhebliche Befugnisse in Angelegenheiten der Arbeitsorganisation und Personalstruktur zugestanden. Dies war die zweite Kernforderung der Fabrikkomitees und ihr besonderes Aktionsfeld, das sie von den Gewerkschaften unterschied: Sie verlangten und erhielten *Mitspracherechte bei Einstellungen und Entlassungen*, während die Produktion vorerst außerhalb ihres Ehrgeizes blieb. Der Vertrag gab ein «Signal für ganz Rußland». Er etablierte die Fabrikkomitees endgültig und bereitete damit ihre Anerkennung in ganz Rußland per Regierungsdekret vom 23. April vor.

Daneben vergaßen die Vertrauensleute nicht, was ihren Mandanten ebenfalls auf den Nägeln brannte. Im März kam es zu einer Welle von *Lohnkämpfen*. Meist genügten kurze Ausstände auf Betriebsebene, um die Forderungen durchzusetzen. Schon die Reduzierung der Arbeitszeit war bei vollem Lohnausgleich erzwungen worden. Nun kam weiterer Gewinn hinzu. In Petrograd stiegen die Löhne bis Juli auf etwa das Zwei- bis Dreifache des Januarniveaus, in Moskau allein im Mai um gut 200 %. Bereits diese Größenordnung verweist darauf, daß es den Arbeitern nicht zuletzt darum ging, im Wettlauf mit den Preisen einigermaßen zu bestehen. Wie schnell die Inflation voranschritt, ist noch schwerer zu ermitteln als die Lohnbewegung. Man wird jedoch davon ausgehen können, daß der Februarumsturz den Arbeitern bei erheblichen Unterschieden zwischen den Branchen und Lohngruppen realen Gewinn einbrachte. Ohne Zweifel veränderte er das Kräfteverhältnis in den Betrieben zu ihren Gunsten.[28]

In der Forschungsliteratur ist es üblich geworden, die Fabrikräte mit *Arbeiterkontrolle* gleichzusetzen und sie als größten Triumph anarcho-syndikalistischer Tendenzen in der russischen Revolution zu betrachten. Neuere Untersuchungen geben Anlaß, diese Sehweise zu korrigieren. Die Bewegung speiste sich aus unterschiedlichen, eher pragmatischen als theoretischen Motiven und ließ in der Praxis kaum Ablehnung staatlicher Gewalt oder zentraler Wirtschaftslenkung erkennen. Was sie ins Leben rief und zu einer entscheidenden Kraft der nachrevolutionären Sozialordnung machte, war vielmehr ein handfestes, drängenderes Motiv: der schlichte Überlebenswille aufgrund der Einsicht, daß nur eigener Einsatz den Zusammenbruch der Produktion und Entlassungen würde verhindern können. Auf einem anderen Blatt steht, ob sie dadurch nicht ungewollt jenes wirtschaftliche Chaos verschärfte, dessen Folgen sie abzuwenden suchte. Die Fabrikkomitees verursachten denn auch zunächst wenig Reibungen. Sie bemühten sich um eine bessere Versorgung ihrer Klientel mit Lebensmitteln und halfen, den Betrieb aufrechtzuerhalten. Erst allmählich griffen sie nach Kompetenzen, die Konflikte mit den Unternehmensleitungen heraufbeschworen. Diese Radikalisierung war von der wirtschaftlichen Katastrophe nicht zu lösen, auf die Rußland immer schneller zueilte. Bei aller Skepsis, die gegenüber der Provisorischen Regierung herrschen mochte, wäre die Vorstellung eines vorprogrammierten Zerwürfnisses verfehlt. Wachsende Versorgungsprobleme, Massenentlassungen und eine schwindelerregende Teuerung gaben der Entfremdung die entscheidenden Impulse. Vor allem sie bereiteten im Verein mit einer härteren Haltung der Unternehmer den Boden für die Zuspitzung der Interessenwahrnehmung zum Klassenkampf. Die Wende markierten dabei die ersten Sommermonate. Um die Löhne zu sichern, gingen die Komitees dazu über, die Effizienz der Produktion einschließlich der Rohstoffzulieferung zu überwachen. Allerdings konnten sie die volle Verfügungsgewalt über die Unternehmen nur in Ausnahmefällen erzwingen. Außerdem verwalteten sie im Regelfall nur den Bankrott. Arbeiterkontrolle im engeren Sinne setzte sich vor allem dort durch, wo andere Mittel gegen Schließungen versagt hatten. Rätebewegung und ökonomischer Niedergang waren Zwillinge.

Ebenfalls im Frühsommer zeichnete sich ab, welche politische Rolle den Komitees zufallen sollte. Ende Mai fand in Petrograd ihre erste gesamtstädtische Konferenz statt. Fast die Hälfte der 568 Delegierten kam aus der metallverarbeitenden Industrie, deren Großbetriebe vollständig vertreten waren. Die Debatten brachten schnell zutage, daß die Bolschewiki hier ihre alte Stärke nicht verloren hatten. In ihrem Namen forderte Lenin die Verantwortlichkeit des Managements gegenüber den autorisierten Organen der Arbeiterbewegung. Obwohl er seine Worte vorsichtig wählte, mußte die Versammlung sie als Unterstützung ihrer Wünsche verstehen. Mit Hilfe der Anarcho-Syndikalisten vereinigte die bolschewistische Schlußresolution die überwältigende Mehrheit der Stimmen auf sich.[29]

Um dieselbe Zeit war auch die Regeneration der *Gewerkschaften* weitgehend abgeschlossen. Im ganzen Land entstanden 976 größere Organisationen (die Gesamtzahl erreichte fast 2000), die Ende Juni zur ersten allrussischen Konferenz der neuen Ära zusammenkamen und etwa 1,5 Millionen Mitglieder zu repräsentieren beanspruchten. Aus mehreren Gründen war die politische Färbung der Gewerkschaften weniger einheitlich als die der Fabrikkomitees. Soweit sie bereits auf eine nennenswerte Tradition zurückblicken konnten, setzten sich die alten Sympathien durch. Allgemein schlug der Wettbewerb der Parteien zu Buche, der auf der höheren Organisationsebene, auf der die Gewerkschaften operierten, klarere Konturen besaß als an der Basis. Bolschewiki und Menschewiki teilten sich dabei die wichtigsten Leitungsgremien. Im Petrograder Zentralbüro gaben die Bolschewiki den Ton an, in Moskau und den meisten Provinzhauptstädten die Menschewiki. Hart umkämpft war die Führung des Allrussischen Verbandes. Beide Fraktionen bildeten im Zentralen Exekutivkomitee gleichstarke Blöcke; dank der Unterstützung durch drei Sozialrevolutionäre fiel der Vorsitz aber einem Menschewiken zu. Die bedeutenden Einzelgewerkschaften verteilten ihre Präferenzen unterschiedlich. Fest in bolschewistischer Hand befand sich immer noch der Verband der Metallarbeiter; unter dem prägenden Einfluß des alten Kämpen Šljapnikov wurde seine Petrograder Organisation zum unentbehrlichen Instrument der Aufstandspolitik. Die zweitgrößte Gewerkschaftsgruppe, die der Beschäftigten der Textilindustrie, neigte anfangs eher den Menschewiki zu, geriet aber seit Juni ins Fahrwasser der bolschewistischen Rivalen. Ihr überkommenes eigentümliches Selbstverständnis als ‹white-collar›-Vereinigung pflegte die Eisenbahnervereinigung; ihm entsprach eine moderat sozialistische Grundhaltung unter menschewistisch-sozialrevolutionärer Leitung.

Man darf unterstellen, daß die organisatorische Verschmelzung der Fabrikräte mit den Berufsverbänden vor allem an dieser andersartigen politischen Ausrichtung scheiterte. Von der Gewerkschaftsführung wurde sie betrieben, und sachlich lag sie nahe. Die Komitees beharrten jedoch auf ihrer Selbständigkeit und veranstalteten am 20. Oktober sogar ihre erste allrussische Delegiertenkonferenz. Sicher handelten sie dabei im Einverständnis mit der bolschewistischen Führung. *Vor* dem Umsturz waren die Komitees an der Basis die zuverlässigeren und wertvolleren Gehilfen.[30]

Gewerkschaften und Komitees zogen allerdings mit Blick auf das wichtigste Ziel ihrer Anhänger an einem Strang: beim Kampf gegen die wachsende Not. Sommer und Herbst des Jahres 1917 brachten die Wirtschaft des Landes so dicht an den Rand des Zusammenbruchs wie nie zuvor. Längst fehlte es an allen lebensnotwendigen Gütern, über Nahrungsmittel hinaus in erster Linie an Energie, mit unabsehbaren Konsequenzen für die Produktion und die Arbeitsplätze. Der Niedergang begann, sich durch die eigene Schwerkraft zu beschleunigen. In den Bergwerken machten sich Mangel und Ermüdung von Mensch und Material bemerkbar. Selbst von der Hälfte der Kohle, die im Vergleich zu 1914 nur noch gefördert wurde, kam nur ein Teil in den Ballungszentren an, weil die Transportkapazität nicht mehr ausreichte. Und wo die Züge noch fahrtüchtig waren, fehlte es an Brennstoff und Personal. Im Oktober mußten auch die bevorzugten elektrifizierten Unternehmen ihren Betrieb drastisch einschränken. Der Einbruch in diesem und den folgenden Monaten war so tief, daß im Jahres- und Landesdurchschnitt ein Produktionsrückgang der erzeugenden Industrie von 30,5 % zu verzeichnen war.

Solch ein Verfall belastete die Bevölkerung auf vielfache Weise. In den Ballungszentren fiel die Lebensmittelversorgung auf einen neuen Tiefstand. Auch hier summierten sich verschiedene Ursachen und trieben die Notlage über jene Grenze hinaus, «jenseits derer der Hunger mit all seinen Folgen» begann. Selbst Brotkarten waren weitgehend wertlos, weil die erforderlichen Getreidelieferungen nicht mehr eintrafen. Im März konnte die Hauptstadt 81 % ihres Bedarfs decken, im Juni 62 % und in den folgenden Monaten nur noch 50 %. Die Anlieferung von frischer Milch fiel auf verschwindende 8 % des Vorkriegsstandes. Umgekehrt proportional kletterten, ausgehend von einem ohnehin hohen Niveau, die Preise. Ein führender sowjetischer Wirtschaftshistoriker hat errechnet, daß die Festpreise im Laufe des Jahres 1917 um das 2,3fache, die Marktpreise aber um das 34fache stiegen. Trotz erheblicher Lohnaufschläge mußten die Arbeiter fast aller Qualifikationskategorien empfindliche Einkommenseinbußen hinnehmen. Auch dieser Sturz begann im Frühsommer.[31]

Inflation und Wirtschaftskrise grassierten nicht ohne Schaden für den sozialen Frieden. Die *Streikwellen*, die das Land vor allem seit Mai überrollten, ergriffen immer mehr Arbeiter. Landesweit stieg die Zahl der Streikenden von 35 000 im April auf 175 000 im Juni und 1,2 Millionen im Oktober. Zugleich wuchs die Militanz. Nach den Juliereignissen veränderte sich auch ihr dominanter Typus. Die ‹Avantgarde› der Qualifizierten und gewerkschaftlich Organisierten machte der Masse der schlechter Bezahlten und politisch Unerfahrenen Platz. Zugleich gaben auch die Unternehmer ihre anfängliche Konzessionsbereitschaft auf. Teils stand ihnen das Wasser selber bis zum Halse, teils versuchten sie, die Notlage der Streikenden zu nutzen: Seit dem Frühsommer beantworteten sie Arbeitsniederlegungen verstärkt mit Aussperrungen oder Betriebsstillegungen. Der Klassenkampf wurde beklemmend real. Verschärfend wirkte außerdem, daß das Reformprogramm der Koalitionsregierung, das die Wogen hätte glätten sollen, an inneren und äußeren Widerständen zerschellte. Der neue, menschewistische Arbeitsminister weckte hohe Erwartungen, bewirkte aber wenig. Noch größeren Schaden erlitt sein Ansehen durch die Kehrtwende, die er seit Juni in der Öffentlichkeit vollzog. Immer häufiger mahnte er zu Disziplin und politischer Zurückhaltung. Immer nachdrücklicher unterstrich er die Notwendigkeit von Entbehrungen für die Offensive und die Bewahrung der Revolution. Bevorzugte Zielscheibe seiner Angriffe wurden die Fabrikräte. Offizielle Zirkulare entzogen ihnen Ende August wieder alle Kompetenzen bei Einstellungen und Entlassungen und untersagten ihnen sogar Versammlungen während der Arbeitszeit.

Die Motive solcher Anweisungen liegen ebenso klar zutage wie die Gründe für den wachsenden Widerstand der Unternehmer. Eine andere Frage bleibt, ob sie auch politisch klug waren. Über die Folgen konnte keine Unklarheit herrschen. Angesichts derselben Teuerung und Lebensmittelknappheit wie zu zarischen Zeiten, angesichts auch der Tatsache, daß nicht einmal der faktisch erkämpfte Achtstundentag durch ein Gesetz zur allgemeinverbindlichen Norm erhoben wurde, fühlte sich eine wachsende Zahl von Arbeitern um die Früchte des Februarsieges betrogen. Unversöhnliche Kritik an der bestehenden Ordnung breitete sich aus. Vom Massenprotest der einfachen Arbeiter getragen, erreichte die bolschewistische Formel der «Arbeiterkontrolle über die Produktion und Distribution» im September eine nie dagewesene Popularität. Die Weichen waren für die ironische Pointe gestellt, daß der Geburtshelfer des Februarregimes auch sein Totengräber werden könnte.[32]

Für die *Bauern* kam die Februarrevolution aus heiterem Himmel. Dem Umsturz gingen keine Ausschreitungen gegen die Gutsbesitzer voran. Ebenso wie am Vorabend des Weltkrieges blieb das flache Land in den folgenden Jahren auffallend ruhig. Indes trog der Friede; keinesfalls zeigte er das Ende der sozialen Spannungen oder gar Zufriedenheit an. Die Reaktion der Bauern auf die Nachricht vom Sturz der Autokratie ließ im Gegenteil an Klarheit nichts zu wünschen übrig: Ein offizieller Bericht vermerkte «allgemeine Freude» und Erleichterung. Monarchistische Kundgebungen wurden nur in drei Gouvernements registriert. Vom Zarenmythos, der die Loyalität der Bauernschaft über Jahrhunderte gesichert hatte, war überraschend wenig geblieben.

Der laute Jubel setzte die Provisorischen Regierung unter starken Handlungszwang. In der Vergangenheit hatte beinahe jede größere Reform bei den Bauern die Hoffnung geweckt, auch ihr Los werde eine Erleichterung erfahren. Um so eher mußte sich diese Erwartung nach dem unwiderruflichen Untergang des alten Staates einstellen. Niemand konnte den Bauern plausibel machen, warum sie nicht umgehend erhalten sollten, was nach ihrer Auffassung der Freiheit erst ein Fundament gab: Land. Die neue Regierung stand jedoch vor demselben Dilemma wie bei den Forderungen der Arbeiter. Sie konnte nicht halten, was die Revolution versprach, ohne die Fortsetzung des Krieges aufs Spiel zu setzen und eine tiefgreifende soziale Umwälzung mit unabsehbaren Folgen für den inneren Frieden zu riskieren. Nur stellte sich dieses Problem in noch schärferer Form, weil die bäuerlichen Ansprüche nicht mit Teilkonzessionen oder monetären Ersatzleistungen befriedigt werden konnten. Erschwerend kam hinzu, daß die neue Regierung in elementarer Weise auf die aktive Unterstützung des Dorfes angewiesen war – nicht nur um im Krieg zu bestehen, sondern auch zur Sicherung der Versorgung. Was sie sich vorgenommen hatte, kam daher der Quadratur des Kreises nahe: ein ausreichendes Getreideaufkommen zu gewährleisten und dennoch die soziale Revolution auf dem Lande hinauszuschieben, bis die Konstituierende Versammlung Zeit finden würde, darüber in Ruhe zu beraten.

Bei alledem konnte auch das bürgerlich-liberale Kabinett grundsätzlich mit einem Vertrauensvorschuß rechnen. Dorfversammlungen, in denen Sozialrevolutionäre erkennbar Wort und Feder führten, versicherten ihm nicht nur ihre Sympathie, sondern äußerten sogar Zustimmung zur Vertagung der endgültigen Entscheidung. Höchst unterschiedliche Meinungen traten jedoch in der Frage zutage, was bis dahin zu geschehen habe. Die Regierung verstaatlichte zwar Mitte März demonstrativ die Besitzungen der Kaiserlichen Familie und andere öffentliche Ländereien. Aber sie machte zugleich klar, daß sie nicht daran dachte, Hand an private Güter zu legen. Vorerst sah sie ihre Aufgabe darin, neben Ruhe und Ordnung auch den sozialen Status quo auf dem Lande zu sichern. Der Verdacht kam auf, daß die alten Herren auch die neuen sein sollten.

Die Bauern zögerten jedoch nicht, der Regierung ihre eigenen Vorstellungen entgegenzusetzen. Bezeichnenderweise griffen sie dabei auf bestehende Institutionen zurück: Ob als Dorf- oder *volost'*-, Revolutions- oder Volkskomitee, faktisch übernahm die *obščina* die Macht, indem sie die verwaisten Funktionen von Polizei, Justiz und Verwaltung an sich zog. Ihre Zusammensetzung spiegelte dabei die jeweiligen Besonderheiten. In ihren Reihen fanden sich Angehörige der ‹Landintelligenz› (Dorflehrer, Schreiber) und beurlaubte Soldaten ebenso wie gelegentlich auch angesehene Gutsbesitzer. Die große Mehrheit der Mitglieder aber stellten die Bauern selbst; dabei scheinen sich junge Inhaber mittlerer Höfe in neuer und auffälliger Weise engagiert zu haben. Auf *volost'*-Ebene verdrängten die autochthonen Gremien – nicht selten in offener Auseinandersetzung – auch die neu gegründeten *zemstva*, die ebenfalls als Herrschaftsorgane der traditionellen Elite galten. Bei aller Verschiedenheit des Namens und des sozialen Gehalts bildeten sie im Kern Organisationen gleichen Typs: *direkte* Vertretungen der Bauern, deren Interessen sie mit Nachdruck zur Geltung brachten.[33]

Die Komitees konnten dabei auf die Unterstützung städtischer Agitatoren rechnen, die in größerer Zahl als je zuvor ausschwärmten. Allerdings spricht nichts dafür, daß diese mehr bewirkten, als die Unruhe zu schüren. Die Bauern handelten aus eigenem Antrieb und nach alter Gewohnheit, fast immer im Kollektiv nach einem förmlichen Beschluß der Gemeinde, zumeist auf Dorf- und *volost'*-Ebene, selten in überregionalem Maßstab. Schon im März kam es zu Zerstörungen und Plünderungen. Erneut leerten die Bauern gutsherrliche Getreidespeicher und raubten Vieh und Gerät. Vor allem aber nahmen sie sich Land. Teils beseitigten sie einfach die Grenzmarkierungen und begannen, adeliges, vor allem brachliegendes Land umzupflügen. Teils erklärten die Komitees selbstherrlich allen Boden, der nicht binnen einer kurz bemessenen Frist bestellt werde, zum Eigentum der *obščina*. Und wie stets in Zeiten des Aufruhrs schlugen die Dorfbewohner Holz aus gutsherrlichen Wäldern oder verletzten andere vormalige Feudalrechte. Eines wagten sie jedoch noch selten: die Grundbesitzer ganz zu verjagen. Zumeist beließen sie ihnen den größten Teil der Besitzungen. *Tradition* bestimmte auch darin nach wie vor ihr Verhalten.[34]

Unterdessen bemühte sich die Regierung, die Lage unter Kontrolle zu bringen. Nach bemerkenswert kurzer Zeit gab sie Ende März Anweisung,

4. Arbeiterbewegung und bäuerliche Revolution

im Ernstfall auch Polizei und Truppen einzusetzen – bei Arbeiterunruhen kaum denkbar und ein Indiz für die anhaltende panische Angst der gehobenen Gesellschaft (unter Einschluß der revolutionären Intelligenz) vor dem unverstandenen dörflichen Zorn. Im wesentlichen aber vertraute sie auf die beruhigende Wirkung konkreter Schritte zur Vorbereitung einer Agrarreform. Am 21. April wurden auf vier Verwaltungsebenenen Landkomitees mit der Aufgabe aus der Taufe gehoben, Material für die Konstituierende Versammlung zusammenzutragen, ihr aber nicht vorzugreifen. Schon diese organisatorische Grundlegung der Agrarpolitik der Provisorischen Regierung ist in aller Regel gescholten worden. Das Hauptkomitee hat keine guten Noten bekommen, weil es bei 161 Mitgliedern kaum effektive Arbeit leisten konnte. Es vereinigte viel abstrakten Sachverstand, aber wenig Kenner der realen Verhältnisse. Durch die Einbeziehung der Parteien wurde es überdies zum Schauplatz heftigen und unfruchtbaren Streits. Um die untergeordneten Komitees war es nicht besser bestellt. Sie führten ein tatenloses Dasein im Schatten der bäuerlichen Gremien, es sei denn, sie verschmolzen (auf der untersten, der *volost'*-Ebene) faktisch mit diesen. In der Regel erging es ihnen nicht anders als fast allen vorangegangenen Versuchen des Behördenstaates, seine Instanzen bis in die Dörfer vorzuschieben: Sie scheiterten an der Geschlossenheit der bäuerlichen Welt und der Weite des Landes.

Mit der Weichenstellung vom April schlug die Provisorische Regierung einen Kurs ein, der die Gefahr dauerhafter Verzögerung in sich barg. Sie tat dies nicht nur aus gebotenem Respekt vor der demokratischen Revolution, die es zu erfordern schien, daß eine Entscheidung von solcher Tragweite dem dazu legitimierten Gremium vorbehalten blieb. Vielmehr spricht alles dafür, daß auch politische Gegensätze und soziale Interessen hinter dieser Entscheidungsscheu standen. Aus beiden Gründen verlief die hauptsächliche Konfliktfront in der Regierung zwischen den Kadetten und dem ‹linken Zentrum› der PSR um Černov. Wohl hatten unverdrossene Linksliberale den bäuerlichen Landhunger nicht vergessen; sie votierten weiterhin für die Zwangsenteignung von privatem Großgrundbesitz, wenn auch bei angemessener Entschädigung. Die Mehrheit der Delegierten, die im Mai zum achten Parteikongreß zusammenkamen, wies solche Ansichten jedoch entsetzt zurück. Auf Vorschlag Miljukovs verabschiedete sie mehrere Ergänzungen zum Parteiprogramm, die das darin noch verankerte Prinzip des Landtransfers durch einen Ausnahmekatalog weitgehend aufhob. Obwohl die Konferenz Enteignungen nach wie vor für zulässig erklärte, distanzierte sie sich sichtbar von der revolutionären Vergangenheit. Bei allem Bekenntnis zur ‹Klassenneutralität› verpflichtete sich der russische Liberalismus dem Eigentum so stark, daß der Graben zu den bäuerlichen Forderungen nicht mehr zu überwinden war.

Auf der anderen Seite herrschte bei den Sozialrevolutionären selbst in der Agrarfrage keine Einigkeit. Zwar bestätigte der dritte Parteitag emphatisch die alte Losung von der entschädigungslosen Überführung des Großgrundbesitzes in die «gleiche Nutzung» der «Werktätigen», d. h. selbst auf dem Felde arbeitenden Bauern. Aber er beschloß zugleich, die Festlegung der Modalitäten der Konstituierenden Versammlung zu überlassen. Damit vertagte auch die PSR das Problem, obwohl gerade ihr das damit verbundene Risiko bewußt sein mußte. In der Zwischenzeit konnte sie als Regierungspartei einer temporären Entscheidung nicht ausweichen. Dabei hielt die dominierende gemäßigte Rechte aber ebenfalls am Schulterschluß mit Kadetten und Menschewiki und dem Grundsatz der ‹bürgerlich-demokratischen› Revolution fest. Demgegenüber fühlte sich Černov stärker dem ursprünglichen Geist der Partei verpflichtet. Ohne der Konstituierenden Versammlung das letzte Wort nehmen zu wollen, hielt er Konzessionen an die Bauern für dringend geboten, um der Februarordnung Halt zu geben. Der Landwirtschaftsminister und die schwindende Schar seiner Anhänger waren unter den Entscheidungsträgern letztlich die einzigen, die der *politischen* Dimension der Agrarfrage angemessen Rechnung trugen. Was sie durchzusetzen vermochten, war jedoch nur ein Minimalprogramm. Ende Juni verfügte Černov die Beseitigung der Landeinrichtungskommissionen aus dem Jahre 1906; damit wurde der bei den meisten Bauern verhaßten, weil gegen die *obščina* gerichteten Reform Stolypins das Rückgrat gebrochen. Am 16. Juli nutzte er die Koalitionskrise, um den Landkomitees vor Ort, unbehindert von den zurückgetretenen liberalen Ministern, zusätzliche Rechte einzuräumen. Faktisch bedeutete die Order weit mehr, als ihr Wortlaut besagte. Der Agrarminister wußte, daß sie von den Komitees als Anerkennung ihrer Verfügungsgewalt über das Land gedeutet werden würde. Das ‹Mißverständnis› war in seinem Sinne: Eben diese Verfügungsgewalt schwebte ihm als Interimslösung bis zur Konstituierenden Versammlung vor. Sie war zugleich der größte Stein des Anstoßes für die Kadetten, die darin mit gutem Grund den ersten Schritt zur faktischen Legalisierung der spontanen Landnahme, der «Schwarzen Umteilung», sahen.

Letzten Endes hatten die Liberalen mit Unterstützung der konservativen Sozialrevolutionäre und Menschewiki den längeren Atem. Als Černov nach mehreren Versuchen einsehen mußte, daß sein Gesetzentwurf zur Landreform im Kabinett keine Chance haben würde, gab er Ende August auf. Sein Nachfolger vom rechten Flügel der PSR wollte nur noch *Pacht*land in den Distributionsfonds geben. Selbst dieses Projekt, das den bäuerlichen Landhunger mit Brosamen zu stillen suchte, fand keine Mehrheit. Die Februarregierung und die Sozialrevolutionäre als mittlerweile stärkste Kraft verspielten ihren großen Kredit bei der Dorfbevölkerung leichtfertig.[35]

Nicht glücklicher operierte die PSR auf dem zweiten Schauplatz der Agrarpolitik, in den Bauernsowjets. Die Räteidee faßte auf dem Dorfe mit bezeichnender Verspätung Fuß. Organe der bäuerlichen Interessenvertretung waren seit Menschengedenken die *obščiny*; andere erschienen überflüs-

4. Arbeiterbewegung und bäuerliche Revolution

sig. Die ersten Konferenzen von Bauerndeputierten gingen denn auch nicht aus dörflicher Initiative hervor. Vielmehr wurden sie seit März auf Anregung der Arbeiter- und Soldatensowjets eingerichtet. Politische Bedeutung erlangte vor allem der Allrussische Bauernsowjet. Auf Initiative der PSR und verwandter Organisationen zusammengerufen, konnte seine parteiliche Orientierung keine Überraschung sein. Von den 1115 Delegierten betrachteten sich 537 als Sozialrevolutionäre, nur 14 als Bolschewiki. Bemerkenswert hoch war der Anteil von Soldaten: Knapp die Hälfte der Delegierten trug Uniform, ein weiterer Beleg für die enge Verflechtung der Unruhe in Armee und Dorf. Im Vordergrund der Debatten stand naturgemäß die Landfrage. Sozialrevolutionäre Parolen beherrschten die Reden, solche allerdings, die den meisten Parteiführern nicht mehr behagten. Deren Bemühungen, radikale Beschlüsse zu verhindern, blieben dennoch vergeblich. Die Schlußresolution vom 26. Mai empfahl den Landkomitees, bei der Vorbereitung einer umfassenden Reform vom Grundsatz auszugehen, daß sämtliche Staats-, Kirchen- und Privatgüter entschädigungslos in den Besitz des ganzen Volkes zu überführen seien. Die Bauerndeputierten forderten dasselbe wie 1905: die «Sozialisierung des Landes».

Das Dorf unterstützte solche Beschlüsse mit wachsender Ungeduld. Die Fieberkurve des Aufruhrs stieg seit April, lediglich durch die Ernte unterbrochen, steil an. Zugleich wuchsen Radikalität und Gewalt. Die Bauern gaben sich keine Mühe mehr, den Schein von Legalität zu wahren. Wo sie Land beanspruchten, nahmen sie es im Handstreich; wo sie es gepachtet hatten, ignorierten sie die Verträge. Im Zentralen Schwarzerdegebiet wurden pogromartige Plünderungen von Gutshöfen nachgerade zur üblichen Äußerungsform ihres Zorns. Wo noch bewaffnete Milizen ausgeschickt werden konnten, blieb Blutvergießen nicht aus. Auch unbesonnenes Verhalten seitens der einstigen Herren konnte die Empörung bis zum Mord steigern. Im Frühherbst 1917, als die Regierung ihre Handlungsfähigkeit vollends eingebüßt hatte, erlebte Rußland eine neuerliche *grande peur* – verheerender als 1905 und politisch folgenreicher: Sie bildete eine elementare Voraussetzung für den Oktober.

Denn fraglos goß auch die wachsende Verbitterung der Bauern Wasser auf die Mühlen der militanten Gegner des Februarregimes. Nicht zuletzt auf dem Dorf grub sich die Provisorische Regierung ihr eigenes Grab. Schon vor dem Allrussischen Kongreß der Bauernräte im Mai hatte Lenin eine effektvolle Rede gehalten, deren Botschaft die Stimmung der Anwesenden weit eher traf als Černovs Appell zur Mäßigung. Dennoch bewahrten die Sozialrevolutionäre in vielen Regional- und Dorfkomitees eine erstaunliche Popularität. Den Bolschewiki gelang es nicht, sie zu verdrängen. Die offensichtliche Radikalisierung, vorangetrieben vor allem von den Bauernabteilungen, die den städtischen Arbeiter- und Soldatenräten immer häufiger angegliedert wurden, kam ganz überwiegend den *linken* Sozialrevolutionären zugute. Mit gutem Grund sahen die Bauern in ihnen die wahren Erben der alten PSR. Beide führte nicht nur das gemeinsame Ziel der sofortigen Landumteilung zusammen, sondern auch das Vertrauen in die Zukunft der Dorfgemeinde. Wenn die Revolution auf dem Lande einen Sieger hatte, dann war es die *traditionale Lebens- und Wirtschaftsform* in Gestalt der *obščina*.[36]

5. Der Aufstieg der Bolschewiki

Angesichts der unvermindert wachsenden Konflikte in Staat und Gesellschaft weckte die mühsam reparierte Koalition wenig Optimismus. Niemand traute ihr einen Aufbruch zu neuen Ufern zu. Augenzeugen verschiedenster Orientierung waren sich darin einig, daß das Land mit hoher Geschwindigkeit auf die Unregierbarkeit zuraste. In gleichem Maße schrumpfte der Mittelboden, auf dem die Regierung stand. Die drohende Anarchie war die Stunde extremer Rezepte. Dabei befanden sich die Bolschewiki vorerst im Nachteil. Verbot und Verfolgung banden ihnen die Hände, auch wenn der Bann nicht mit der beabsichtigten Härte durchgesetzt werden konnte. Vielmehr erkannten die Generäle im August, ermuntert durch Sympathiebezeugungen der politischen «Gesellschaft» und die widersprüchliche Haltung des Ministerpräsidenten, eine Chance, das Vaterland aus den Fängen der Revolution zu befreien. Die Ironie wollte es, daß ihr Rettungsversuch das genaue Gegenteil bewirkte: den endgültigen Triumph der radikalen Linken.

Die Option eines Militärputsches wurde in konservativen Offiziers- und Wirtschaftskreisen schon seit April erwogen. Aber bis zum Hochsommer konnte niemand ernsthaft daran denken, sie zu verwirklichen. Die gescheiterte Offensive änderte dies. Sie rückte nicht nur die militärische Niederlage in greifbare Nähe. Darüber hinaus bescherte sie dem nationalen Lager eine Führerpersönlichkeit, der man die schwierige Aufgabe zutrauen konnte: einen neuen Oberkommandierenden, soldatisch, nicht ohne Charisma, kein bloßer Militärstratege, sondern ein Mann mit politischem Verstand, kein unverbesserlicher Monarchist, sondern einer der Befehlshaber, die den Februarumsturz möglich gemacht hatten. General L. G. Kornilov zeigte schon am Tage nach seiner Ernennung, daß er aus anderem Holz geschnitzt war als seine Vorgänger. Er übermittelte dem Ministerpräsidenten nachträglich Bedingungen seiner Amtsübernahme: alleinige Entscheidungskompetenz in allen militärischen Fragen einschließlich der personellen, Ausdehnung der Todesstrafe auch auf die Etappe und Anerkennung seiner ausschließlichen Verantwortlichkeit gegenüber dem «Volk als Ganzem».

Solch forscher Ton gab Kerenskij Anlaß, an der Klugheit seiner Wahl zu zweifeln. Als der Generalstabschef seinen Worten Taten folgen ließ und die

Abberufung des neu ernannten Oberkommandierenden der Südwestfront verlangte, war der Grundstein für ein unheilbares Zerwürfnis gelegt. Ministerpräsident und Kabinett wagten dennoch nicht, den neuen Mann schon wieder zu entlassen. Sie fürchteten nicht nur die öffentliche Blamage, sondern auch eine neue Zerreißprobe für die Koalition. Denn darin bestand die eigentliche Stütze Kornilovs und seiner kommenden Aktionen: Außer Monarchisten alten Schlages freundeten sich breite Kreise der Kadetten mit dem Gedanken einer vorübergehenden Militärdiktatur an. Der neunte Parteitag Ende Juli gab die wachsende Neigung zu gewaltsamen Lösungen deutlich zu erkennen. Miljukovs Aufruf zum entschiedenen Kampf gegen die Linke rief größere Begeisterung hervor, als die soeben bestätigte Zusammenarbeit mit den Menschewiki und Sozialrevolutionären zuließ. Was nach mehrheitlicher Meinung nottat, war die Sammlung aller «Kräfte zur Rettung des Vaterlandes», eine «nationale Regierung» im «nationalen Interesse» mit «nationalen Figuren». Die Liberalen suchten den Schulterschluß nicht nur mit dem Landadel, sondern auch mit dem Militär. Es gereichte ihnen zur Ehre, daß sie an ihrer Selbstverpflichtung auf Legalität festhielten. Dennoch lag offen zutage, daß sie es hinnehmen würden, wenn andere zu tun wagten, was sie nur dachten.[37]

Wie sehr das Land auf einen Eklat zutrieb, machte eine Veranstaltung deutlich, die ihm vorbeugen sollte. Nach dem Zerfall der ersten Koalition war eine sog. Staatsberatung aus Vertretern aller sozialen Gruppen (im Gegensatz zu den Sowjetkongressen) anberaumt worden, um Wege aus der Krise zu suchen. Solche Hoffnungen waren jedoch längst zerstoben, als sie am 12. August für drei Tage im Moskauer Bolschoj-Theater zusammentrat. Die mit Bedacht gesuchte Ferne von der zerstrittenen Hauptstadt trug nicht dazu bei, die Gräben zwischen den Delegationen der Duma, Sowjets, Handels- und Industrieverbände, Grundbesitzer, Städte, Nationalitäten, Armeeführung und anderen zuzuschütten. Statt dessen schlugen die Wogen hoch. Obwohl Kornilov eine maßvolle Rede hielt, entspannte sein Auftritt die Lage nicht. Im Gegenteil, die Umstände seines Aufenthaltes, der Blumenregen und die Fanfaren bei seiner Ankunft, seine Wallfahrt zur selben Ikone im Kreml, zu der die Zaren traditionell vor ihrer Krönung gebetet hatten – all dies bezeugte das Wissen um einen Wunsch, den ein prominenter Altliberaler zur Begrüßung offen aussprach: «Retten Sie Rußland, und ein dankbares Volk wird Sie krönen.»

Die Ergebnislosigkeit der Konferenz beschleunigte die Ereignisse. Sie brachte Kornilov zu der Einsicht, daß Rußland nur durch eine Diktatur zu retten sei. Hinzu kam eine weitere Hiobsbotschaft von der Front: Deutsche Truppen besetzten am 21. August Riga und standen damit in bedrohlicher Nähe der Hauptstadt. Auf der anderen Seite reifte wohl auch in Kerenskij die Überzeugung, daß eine Politik der starken Hand, allerdings unter seiner Führung, unvermeidlich sei. Auf diesem Hintergrund gedieh jene kaum entwirrbare Mischung aus Putschvorbereitungen, Verhandlungen, Mißverständnissen und Intrigen durch interessierte Mittelsmänner, die schließlich in den stümperhaften Versuch eines Coup d'Etat mündete. Das Hauptquartier der Armee in Mogilev nutzte den deutschen Vormarsch, um Truppen im baltischen Raum zusammenzuziehen, die auch gegen Petrograd eingesetzt werden konnten. Am 23. und 24. bemühte sich der stellvertretende Kriegsminister mit Erfolg, durch das Angebot eines ‹legal› verhängten Ausnahmezustands und einer gemeinsamen Notstandsdiktatur einen Kompromiß zu erreichen. Kornilov mußte glauben, im Einverständnis mit Kerenskij zu handeln. Am nächsten Tag begab sich ein anderes Kabinettsmitglied auf eigene Initiative zum Hauptquartier, um die Lage zu sondieren. Bis heute ist unklar, ob Kornilov ihm gegenüber nur die Abmachungen wiederholte, die er für akzeptiert hielt, oder ob er jetzt die alleinige Macht für sich beanspruchte. In dieser Form, als ultimative Androhung einer ausschließlichen Militärdiktatur, erfuhr der Ministerpräsident am 26. von Kornilovs Äußerungen. Er reagierte unverzüglich und enthob den Oberkommandierenden seines Amtes. Kornilov verweigerte den Gehorsam und gab formelle Order zur Besetzung der Hauptstadt. Die Truppen kamen aber nicht weit. Auf Anweisung der Eisenbahnergewerkschaft blieben die meisten weit vor Petrograd liegen. Die einzige Division, die durchkam, ließ sich vor den Toren der Stadt von der Unrechtmäßigkeit ihrer Mission überzeugen. Überdies standen Garnisonssoldaten, Arbeitermilizen und Matrosen zur Abwehr bereit. In bemerkenswert kurzer Zeit hatten die Revolutionäre den Widerstand organisiert. Die Gegenrevolution blieb ohne Chance.[38]

So mochte es scheinen, als hätte das Februarregime einen wertvollen Sieg errungen. Die Wirklichkeit sah anders aus. Auf der Hand lag, daß der Umsturzversuch nicht ohne Konsequenzen in der Regierung bleiben konnte. Die Minister erkannten dies und stellten ihre Ämter noch am Abend des 26. August zur Verfügung. Die Geschäfte übernahm ein fünfköpfiges Direktorium aus ihrer Mitte, in dem Kerenskij, mit Sondervollmachten ausgestattet, den Vorsitz führte. Indes konnte die Notstandsdiktatur die Misere an der Staatsspitze nicht verbergen: Abermals mußte Rußland in schwerer Zeit ohne handlungsfähige Regierung auskommen. Denn die Regierungsbildung gestaltete sich noch schwieriger als zwei Monate zuvor. Umstritten war erneut die Beteiligung der Kadetten. Dabei hatten sich die Fronten nicht nur verhärtet, sondern auch verkehrt. Sicher nicht schuldlos in den Ruch der Kollaboration geraten, standen die Liberalen mit dem Rücken zur Wand. Anders als im Juli mußten sie aus der Defensive operieren. Dagegen spürten ihre Gegner in den Koalitionsparteien Auftrieb. Unter dem Eindruck des Putsches fand ihr Votum für eine rein sozialistische Regierung größere Resonanz denn je. Doch als es zum Schwur kam, hatten sich die ‹Konservativen› in der menschewistischen und sozialrevolutionären Führung gefangen. Gemeinsam trafen sie hinter den Kulissen ein drittes Mal Absprachen mit den Kadetten.

5. Der Aufstieg der Bolschewiki

Formell blieb die Entscheidung allerdings einer Veranstaltung vorbehalten, die eigens zur Krisenbewältigung anberaumt wurde. Im Unterschied zur Moskauer Staatsberatung sollte die *Demokratische Konferenz* (14. bis 23. September) kein Forum der ganzen Nation sein, sondern nur die Säulen des Februarregimes repräsentieren. Unternehmer und Großagrarier blieben ebenso ausgeschlossen wie die Kadetten, die kollektiv dem Verdikt verfielen, dem ‹anderen Rußland› anzugehören. Fraglos zeigte die Konferenz, daß sich die politische Achse im Land merklich nach links verschoben hatte. So konnte es nicht überraschen, daß es den Strategen des Regimes nur mit Mühe gelang, die Delegierten zu dem erwünschten Votum zu bewegen. Wohl sprachen diese sich in einem ersten Referendum mit knapper Mehrheit grundsätzlich *für* eine Koalition mit bürgerlichen Parteien aus. Das hinderte sie aber nicht, die Kadetten in der folgenden Abstimmung aus dem Kreis der Regierungspartner auszuschließen und bei einem «offenkundig unsinnigen Ergebnis» zu enden. Es bedurfte der ganzen Raffinesse des Sitzungsvorstands, um einen Ausweg aus dieser Sackgasse zu finden. Die Aufgabe der Demokratischen Konferenz wurde auf die Verabschiedung eines allgemeinen Aktionsprogramms für die nächste Zukunft zurückgestutzt, während die endgültige Entscheidung über die Form der Regierung einem neu zu wählenden, permanent tagenden Demokratischen Rat vorbehalten blieb. Am 25. September konnte Kerenskij die *dritte Koalition* vorstellen. Von einigen Moskauer Liberalen abgesehen, enthielt die Kabinettsliste nur unbekannte Namen, die sich dem öffentlichen Gedächtnis auch im knappen Monat ihrer Amtszeit kaum einprägten. Unter den Sozialisten fand sich kein Politiker von Rang mehr. Das letzte Aufgebot des Februar rekrutierte sich aus dem zweiten und dritten Glied.[39]

Da half es wenig, daß der Demokratische Rat, bald bekannter als *Vorparlament*, eine überaus gelungene Schöpfung war. Im Gegensatz zur Konferenz selbst repräsentierte er wieder alle sozialen Schichten. Die Parteien, einschließlich der Bolschewiki und der Kadetten, boten ebenso ihre besten Kräfte auf wie die administrativen, sozialen und berufsständischen Organe und Verbände. Beobachter aus verschiedenen Lagern stimmten darin überein, daß diese Versammlung, die am 7. Oktober ihre Arbeit aufnahm, am ehesten den Anspruch erheben konnte, die «Blüte der Nation» zu sein. Leider standen solche Qualitäten in Widerspruch zu ihrer bloß beratenden Aufgabe. Vieles spricht jedoch dafür, daß ihr auch erweiterte Rechte nicht zu größerem Gewicht verholfen hätten. Denn abgesehen von innerer Zerrissenheit litt sie am Boykott durch die Kraft, auf die bereits alle starrten: Trotzki verursachte tumultartige Szenen, als er den Rat am Tage seiner Eröffnung mit polemischem Getöse als bürgerliches Blendwerk anprangerte und den Auszug seiner Parteigenossen begründete. Wer politischen Verstand hatte, begriff – die Bolschewiki rissen die Brücken ab. Die Moskauer Staatsberatung hatte im Bann Kornilovs gestanden. Zwei Monate später agierte das Vorparlament im überlebensgroßen Schatten Lenins. Das Gespenst eines Staatsstreichs von links ging um.[40] Diese Wende kam nicht aus heiterem Himmel. Das erste weithin sichtbare Signal gaben Wahlen zum Petrograder Stadtrat am 20. August. Zwar konnte sich die PSR als stärkste Partei behaupten (37,4 %). Aber den eigentlichen Sieg, der ganz Rußland aufhorchen ließ, verbuchten mit einem Stimmengewinn von 13 % im Vergleich zur Wahl vom Juni die Bolschewiki (33,4 %). Das Nachsehen hatten, am Ort ihrer größten Chancen auf den dritten Rang verwiesen, die Kadetten (20,9 %). In mancher Hinsicht beschleunigte der Kornilov-Putsch nur, was sich in diesem Ergebnis bereits abzeichnete. Glaubwürdig vermochten sich die Bolschewiki als Retter der Revolution in Szene zu setzen: Es waren *ihre* Garden, die binnen weniger Stunden die Verteidigungsposten besetzten. Wer noch eine Bestätigung für den politischen Erdrutsch brauchte, der sich vor aller Augen vollzog, konnte sie den Wahlen zu den Moskauer Stadtbezirksräten am 24. September entnehmen. Im Vergleich zu den Juni-Wahlen verloren die Sozialrevolutionäre über 40 % der Stimmen (14,4 % gegenüber 56,2 %) und die Menschewiki etwa 8 % (4,1 % gegenüber 12,6 %). Die Wähler, insbesondere die Soldaten, liefen scharenweise zu den Bolschewiki über: Der Sprung von 11,5 % auf 50,9 % war ein Triumph, der weit über den kommunalen Rahmen hinauswirkte.

Schon deshalb machte der Wandel vor den Sowjets nicht halt. Allein die Bolschewiki profitierten vom Popularitätsgewinn der revolutionären Organe, den die konservative Mobilmachung auslöste. Sie schienen als einzige keine Verantwortung für die verfahrene Gesamtsituation zu tragen. Bereits am 31. August traten die Folgen in einer denkwürdigen Abstimmung zutage. Erstmals nahm der Petrograder Sowjet eine gegen die Regierung gerichtete bolschewistische Resolution an. Auch Auswirkungen auf die Zusammensetzung des Exekutivkomitees blieben nicht aus. Dies um so eher, als die Bolschewiki wieder weitgehend legal agieren konnten. Die Regierung hatte keine andere Wahl, als ihre inhaftierten Führer (nicht also Lenin, der sich weiterhin versteckt hielt) Anfang September wegen ihrer Verdienste bei der Verteidigung der Demokratie auf freien Fuß zu setzen. Es begann die große Zeit Trotzkis, der kein bloßer Platzhalter war, sondern zur zweiten akzeptierten Führungsfigur aufrückte. In entscheidenden Wesenszügen ergänzten Lenin und Trotzki einander: von hypnotischer Willenskraft der eine, ein begnadeter Volkstribun der andere. So fiel die Wahl nicht schwer, als sich der Petrograder Sowjet auf ein neues Präsidium mit bolschewistischer Mehrheit und einem bolschewistischen Vorsitzenden einigte: Am 25. September löste Trotzki in einem wahrhaft symbolischen Wechsel den menschewistischen Amtsinhaber ab. In seiner Antrittsrede versprach er, «den Arm des Präsidiums» nie zur Unterdrückung einer Minderheit einzusetzen. Er sollte seine Worte schon bald Lügen strafen.[41]

Der Aufbau des Sowjetstaates

III.
Oktoberumsturz und Bürgerkrieg (1917–1921)

1. Der Oktoberumsturz

Wenige Ereignisse haben so tiefe Spuren in der Gegenwart hinterlassen wie das gewaltsame Ende der Provisorischen Regierung. Von langer Hand vorbereitet und im Stile eines militärischen Kommandounternehmens durchgeführt, brachte es die Bolschewiki an die Hebel der ersehnten Macht. Über den Charakter des Putsches wurde seither ebenso heftig gestritten wie über die Kennzeichnung der sozialen und staatlichen Ordnung, die er hervorbrachte. Das Monumentalgemälde vom Massenaufstand der «Großen Sozialistischen Oktoberrevolution» – so ehedem die verbindliche sowjetische Sprachregelung – ist endgültig ins Reich der Mythenbildung verwiesen. Mit dem Ende des Kommunismus sind die letzten Lobeshymnen verstummt. Der Vorschein auf eine bessere Gesellschaft entpuppte sich als Irrlicht, das nur eine schlechtere, weil unmenschliche und ineffiziente Spielart der Modernisierung verbarg. Doch auch jene Sehweise, die den Umsturz im wesentlichen zum Werk machtbesessener und doktrinärer Weltverbesserer erklärt, hat trotz der Konjunktur der letzten Jahre nicht an Überzeugungskraft gewonnen. Die wissenschaftliche Welt hat sich ganz überwiegend sehr reserviert gezeigt und ihr eine ähnliche Einseitigkeit vorgeworfen wie der Glorifizierung der verstummten Apologeten. In den Vordergrund der Diskussion ist statt dessen die Frage nach dem Verhältnis zwischen dem, was unzweifelhaft ein *Coup d'Etat* war, und der vorherrschenden Stimmung im Lande getreten. Intensive sozialgeschichtliche Forschungen der letzten drei Jahrzehnte haben die tiefen Gräben an den Tag gebracht, die sich schon bald nach dem Sturz der Monarchie wieder in der russischen Gesellschaft auftaten. Der Einsicht ist größere Beachtung zuteil geworden, daß die bolschewistischen Revolutionäre, die Geschichte machten, ohne die kapitalen Versäumnisse der Provisorischen Regierung ihr Ziel nicht erreicht hätten. Politisches und soziales Geschehen erscheinen in dieser Sicht ebenso eng miteinander verklammert wie die Persönlichkeiten mit dem Wirkungsfeld, in dem sie sich erst entfalten konnten. Lenin mochte, mit Trotzki an seiner Seite, der böse Geist sein, für den ihn seine Gegner hielten. Seine Autorität und Entschlossenheit waren in und außerhalb der Partei unersetzbar. Aber er vollbrachte keine herkulische Tat *ex nihilo*, sondern nutzte die Fehler anderer.

Gerade mit Blick auf den Oktober sollte man sich allerdings davor hüten, eine Zwangsläufigkeit in die Entwicklung hineinzulesen. Sicher war die Regierung mit ihrer Weisheit am Ende. Spätestens seit August verbreitete sich das Gefühl, daß die entscheidende Kraftprobe bevorstand. Aber nicht nur die Stützen des Regimes dachten dabei an die Konstituierende Versammlung. Auch die meisten bolschewistischen Führer gingen davon aus, daß sich der Knoten gewaltlos lösen würde. Nach dem Kornilov-Putsch sahen sie sich auf dem besten Wege, zur Mehrheitspartei zu werden. Man brauchte nur, wie bisher, «hartnäckig und ohne aufzuatmen … jeden Tag, den Gott gab», in die Fabriken und Kasernen auszuschwärmen und die weitere Untätigkeit der Regierung abzuwarten. Im Sinne dieser legal-parlamentarischen Strategie sprach sich das ZK, Trotzki eingeschlossen, auch für die Teilnahme an der Demokratischen Konferenz aus. Es war erneut ein einzelner, der die Imperative der aktuellen Lage anders deutete und mit der ihm eigenen Energie zur Geltung brachte: Lenin. Im Vorfeld des Oktober wiederholten sich die inneren Kämpfe vom April. Der Führer benötigte einen ganzen Monat, um die Partei auf seine Linie einzuschwören. Auch die Bolschewiki waren zutiefst gespalten, ohne daß eine formelle Sezession drohte. Mit der Deutung ihrer Organisation als Verschwörerzirkel verträgt sich dieser Befund schlecht.[1] Aber er zwingt ein weiteres Mal dazu, über die kaum zu überschätzende Bedeutung der Persönlichkeit Lenins nachzudenken.

Der neuerliche Blitz des «Donnerschleuderers» (Suchanov) traf das ZK in Gestalt zweier Briefe aus dem Untergrund vom 12. und 14. September. Tonfall und Inhalt wirkten wie Faustschläge. Kaum zwei Wochen nach der Wiederzulassung empfahl der Parteiführer die bedingungslose Offensive. Mit der ihm eigenen Unbeirrbarkeit hämmerte er den Genossen ein, daß die Regierung abgewirtschaftet habe. Es genüge, die «aktive Mehrheit der revolutionären Elemente» in den beiden Hauptstädten zu mobilisieren, um «die Macht zu erobern». Man brauche nur «unverzüglich einen demokratischen Frieden» anzubieten, «den Boden an die Bauern» zu geben und die demokratischen Einrichtungen wiederherzustellen, um eine «Regierung zu bilden, die *niemand* stürzen» könne. Mit den Petrograder und Moskauer Räten im Rücken dürfe man keinen Tag zögern. Darin bestehe die von Marx geforderte «Kunst des Aufstandes», den rechten Zeitpunkt zu erkennen. Es sei «naiv, eine ‹formelle› Mehrheit der Bolschewiki» abwarten zu wollen. Einen solchen Augenblick zu verpassen, sei «vollendete Idiotie oder vollendeter Verrat». Dies war, von der taktischen Vorbereitung abgesehen, das Szenario des Oktoberaufstandes *in nuce*. Aber nicht nur das: Wer so redete, wußte sich im Einklang mit dem Weltgeist und scherte sich wenig um meßbare Zustimmung und Proteste. Er bezog seine atemberaubende Selbstgewißheit aus dem Anspruch, den Gang der Entwicklung zu kennen. Um so stärker schlug zu Buche, daß seine Grundannahmen in der gegebenen Situation durchaus zutrafen.[2]

1. Der Oktoberumsturz

Die Empfänger der Briefe waren ähnlich verstört wie Lenins Zuhörer im April. Auf einer eigens anberaumten Sitzung des ZK (am 15. September) fand sich kein einziger, der die rigorose Empfehlung akzeptiert hätte. Im Gegenteil, es bestand Konsens darüber, daß sie den Aufschwung der Partei gefährdete. So einmütig war die Ablehnung, daß beschlossen wurde, ihre Verbreitung zu verhindern und weiterhin eine friedliche Machtergreifung anzustreben. Die Hoffnung galt dabei einem neuen gesamtrussischen Rätekongreß, den das VCIK auf Druck der Bolschewiki für den 20. Oktober anberaumt hatte. Auch wenn seine Aufgaben auf Zuarbeiten für die Konstituierende Versammlung beschränkt wurden, konnte niemand im unklaren darüber sein, daß die Hauptfrage des Tages nicht auszuklammern war: ob «alle Macht den Räten» zufallen oder das Februarregime fortbestehen sollte. Dies war um so eher zu erwarten, als Wahl und Zusammentritt der Konstituante schon Anfang August auf den 12. bzw. 28. November festgelegt worden waren. Wer immer im Lande vollendete Tatsachen schaffen wollte, mußte dies vorher tun.

Lenin wäre nicht der geborene Revolutionär gewesen, der er war, hätte er sich so leicht mundtot machen lassen. In der Sorge, die Parteiführung werde eine unwiederbringliche Gelegenheit verpassen, wiederholte er seine Forderungen in einer Flut von Briefen und Artikeln mit wachsender Ungeduld. Dabei konnte er weitere Krisensymptome ins Feld führen: die Eskalation der Gewalt auf den Dörfern, die Zuspitzung der Arbeitskämpfe in den Städten und nicht zuletzt die Ergebnisse der Moskauer Kommunalwahlen. Mit gutem Grund sprach Lenin von einem «gigantischen Sieg» und einer «klaren Mehrheit», über die ein Bündnis aus Bolschewiki und Linken Sozialrevolutionären verfüge. Als sich das ZK weiterhin taub stellte, scheute er auch vor massivem Druck nicht zurück: Er erklärte seinen Rücktritt von der Parteiführung, wobei er sich die «Freiheit der Agitation» an der Basis vorbehielt. Um der Drohung Nachdruck zu verleihen, verließ er (wahrscheinlich) am 29. September sein finnisches Versteck und bezog – immer noch inkognito – am Rande der Hauptstadt selbst, im Arbeiterviertel Vyborg, Quartier. So nah am Orte des Geschehens fand er Mittel und Wege, die Obstruktion des ZK zu unterlaufen. Anfang Oktober wurden seine Briefe im Petrograder Stadtkomitee bekannt. Obwohl ebenfalls gespalten, verlangte es eine eingehende Diskussion über den künftigen Kurs der Partei. Zugleich erlahmte der Widerstand an der Parteispitze. Als erster wechselte Trotzki die Fronten und plädierte für einen Boykott des Vorparlaments. Seinem Vorschlag schloß sich das gesamte ZK am 5. Oktober mit der einzigen Gegenstimme von Kamenev an. Auch nach innen markierte der zwei Tage später mit Aplomb inszenierte Auszug eine bedeutsame Wende.[3]

Die entscheidende Sitzung des ZK fand drei Tage später statt. Zur geheimen Zusammenkunft erschien erstmals seit Monaten Lenin, mit Perücke und bartlos, um seine Thesen dem Dutzend führender Genossen vorzutragen. Anwesend waren unter anderem Trotzki, Kamenev, Stalin, G. E. Zinov'ev, Ja. M. Sverdlov, führender Organisator der Partei, F. È. Dzeržinskij, bald Chef der berüchtigten Tscheka (ČK, eigentlich VČK), M. S. Urickij, sein späterer Gehilfe in Petrograd, und die Vorkämpferin der Frauenemanzipation A. M. Kollontaj. Die entschiedensten Gegner eines Konfrontationskurses, Kamenev und Zinov'ev, räumten zwar ein, daß ein erheblicher Teil der Arbeiter und Soldaten hinter der Partei stehe. Aber sie warnten vor übertriebenen Hoffnungen auf deren Unterstützung im Konfliktfall. Beide hielten es nach wie vor für die einzig richtige Strategie, den Zerfall der Regierungskoalition zu beschleunigen und gemeinsam mit den Linken Sozialrevolutionären eine Mehrheit in der Konstituierenden Versammlung anzustreben. Unter den Anwesenden war die Stimmung jedoch bereits umgeschlagen. Zwei Sympathisanten der legalen Taktik, der führende Moskauer Bolschewik V. P. Nogin und der Vorsitzende des Allrussischen Gewerkschaftsbundes A. I. Rykov, fehlten. So verabschiedete die historische Zusammenkunft vom 10. Oktober eine von Lenin entworfene Resolution, die den «bewaffneten Aufstand» zur Aufgabe des Tages erklärte.[4]

Kamenev und Zinov'ev aber blieben bei ihrer Opposition. Sie fanden Schützenhilfe beim Petrograder Stadtkomitee und der Militärorganisation der Partei, die ebenfalls daran zweifelte, daß ein erfolgversprechender Putsch überhaupt zu organisieren sei. Als die Mehrheit der greifbaren ZK-Mitglieder den Entschluß zum Gewaltstreich am 16. Oktober dennoch bestätigte, bot Kamenev seinen Rücktritt an. Zinov'ev verlangte, für eine so schwerwiegende Entscheidung eine Vollversammlung des ZK einzuberufen. Um die Durchführbarkeit seines Planes fürchtend, zeigte Lenin erneut, daß Toleranz nicht zu seinen politischen Tugenden gehörte: Er beantragte den Ausschluß der Opponenten aus der Partei. Das ZK verweigerte ihm auch diesmal den Gehorsam und begnügte sich mit einer Verwarnung. Nicht zuletzt daran ist ablesbar, daß die offene Rebellion selbst im engsten Kreis der bolschewistischen Führung bis zur letzten Minute umstritten blieb.

Unterdessen liefen die Vorbereitungen auf vollen Touren. Propagandistisch hatte Trotzki mit seiner Auszugsrede im Vorparlament den Startschuß gegeben. Der Boykott ergab nur Sinn, wenn er bei den Massen Widerhall fand. Bolschewistische Redner scheuten sich in den folgenden Wochen denn auch nicht, die Ängste der Bevölkerung nach Kräften zu schüren: vor einer deutschen Besetzung, vor einem neuen Putsch von rechts, vor der Fortführung des Krieges, vor dem Hunger. Sie versprachen einen sofortigen Waffenstillstand, die unverzügliche Verteilung des Bodens, die Lösung der Versorgungsprobleme und umgehende Wahlen zur Konstituierenden Versammlung. Im Lichte der späteren Geschehnisse verdient es besondere Beachtung, daß sich die Bolschewiki auch als Garanten der parlamentarischen Ordnung präsentierten. Kaum jemand scheint darin einen Widerspruch zur Forderung gesehen zu haben, «alle Macht den Räten» zu übergeben. Und kaum jemand

1. Der Oktoberumsturz

scheint die Vagheit insbesondere der Aussagen zur Behebung der Versorgungskrise bemerkt oder sich bei den wenigen Andeutungen Gedanken darüber gemacht zu haben, wie man sich die «Beschaffung von Brotgetreide *in natura* auf dem Dorfe» konkret vorzustellen hatte. Insbesondere den rhetorischen Künsten des allgegenwärtigen Trotzki war es zu verdanken, daß der Nebel nicht sichtbar wurde, der das bolschewistische Programm umgab. Es mag offen bleiben, ob die Herausforderer, wie ein prominenter Gegner meinte, nichts als «hemmungslose und skrupellose Demagogie» anzubieten hatten – sie nutzten die Mobilisierungschancen, die in den unbefriedigten Wünschen der Masse lagen, mit großem Erfolg.[5]

Bei alledem blieb eine entscheidende Frage offen: *wie* die Machtergreifung ins Werk zu setzen war. Lenin war im Untergrund davon ausgegangen, daß die Partei einen Aufstand organisieren sollte. Im ZK sah man dies jedoch anders. Zwar verfügten die Roten Garden wieder über Waffen, aber eine ernste Auseinandersetzung war damit nicht zu bestehen. Hinzu kamen erhebliche Zweifel an der Unterstützung durch Frontsoldaten und Bauern. Selbst die Befürworter einer Machtprobe suchten daher nach einer anderen Strategie. Die größten Risiken glaubten sie vermeiden zu können, wenn es gelänge, den Kommandostab der Rebellion «mit dem gewählten ... Sowjet» zu verbinden, «dem überdies Vertreter feindlicher Parteien angehörten». Eine Erhebung im Namen der Räte hatte die besten Chancen, den Makel einer eigenmächtigen Aktion zu tilgen: Sie konnte ihr die unverzichtbare Legitimität verleihen, die Gegenwehr der Regierung erschweren und den Zugang zu militärischen Ressourcen eröffnen.[6]

Für solche Absichten kamen einige Ereignisse wie gerufen, die sich völlig unabhängig von den Bolschewiki vollzogen und den Eindruck erwecken konnten, als hätten die Insurgenten auch noch den Zufall auf ihrer Seite. Nach der Besetzung Rigas waren deutsche Armee-Einheiten weiter vorgerückt. Spähtrupps erkundeten die Lage in Reval. Die Inseln vor Estland wurden eingenommen. Anfang Oktober mußte mit einem Angriff auf die Hauptstadt gerechnet werden. Nicht ohne Dramatisierung, aber berechtigt erklärte der Chef des Generalstabs in der Duma, daß das Tor zur Ostsee wieder verschlossen und Rußland in die vorpetrinische Zeit zurückgeworfen worden sei. In dieser entscheidenden Situation faßte die Regierung den unglücklichen Entschluß, einige Petrograder Garnisonsregimenter für den Fronteinsatz vorzusehen. Nichts spricht dafür, wie die Bolschewiki demagogisch behaupteten, daß sie ernsthaft daran dachte, die Hauptstadt kampflos zu räumen. Aber manches deutet darauf hin, daß sie die Gelegenheit ergreifen wollte, um aufsässige Soldaten aus dem Brennpunkt des Geschehens zu entfernen. Militärisch waren jedenfalls Zweifel am Nutzen der Order angebracht, die der zuständige Kommandeur am 9. Oktober bestätigte. Politisch erwies sie sich als fatal. Die angedrohte Verlegung löste in der Garnison jenen entschlossenen Widerstand aus, auf den die Bolschewiki als zündenden Funken warteten. Abermals half die Regierung selbst, die Protestenergie zu erzeugen, die ihr zum Verhängnis wurde.

Ähnlich unbeabsichtigte und schlimme Folgen zeitigte eine andere, im gleichen Zusammenhang ergriffene Maßnahme. Angesichts des deutschen Vormarsches hielt auch das Exekutivkomitee des Petrograder Sowjets Vorbereitungen zur Verteidigung der Stadt für angezeigt. Zu diesem Zweck brachten die (‹rechten›) Menschewiki und Sozialrevolutionäre den Antrag ein, ein Komitee zu gründen, das nicht nur Pläne ausarbeiten, sondern auch die aufgebrachten Garnisonen beruhigen sollte. Die Bolschewiki widersprachen dem Vorschlag, konnten sich aber nicht durchsetzen. Als die Menschewiki ihre Resolution ebenfalls am 9. Oktober dem Plenum des Sowjets vorlegten, hatten sich die Opponenten eines anderen besonnen: Sie unterstützten den Vorstoß, gaben ihm aber durch Änderungsvorschläge eine völlig neue Wendung. Was als Hilfe und Vertrauensbildung für die Regierung gedacht war, verkehrte sich unter der spitzen Feder vor allem Trotzkis ins Gegenteil: zum Plan eines Komitees, das unter der Regie des Sowjets unabhängig Vorsorge für die «revolutionäre Verteidigung» der Hauptstadt treffen sollte. In dieser Form, die der Neigung der Delegierten, sich auf die eigenen Kräfte zu verlassen, offenbar entgegenkam, wurde der Antrag angenommen.

Es dauerte eine weitere Woche, bis am 16. Oktober das neugeschaffene *Militär-Revolutionäre Komitee (VRK)* seine endgültige organisatorische Gestalt erhielt. Wie es scheint, erkannte die bolschewistische Führung erst in diesen Tagen die Chance, es für die eigenen Ziele zu nutzen. Was auch sie bis dahin als Instrument zur Konterkarierung von Regierungsmaßnahmen betrachtet hatte, entpuppte sich als idealer Kommandostab für den anvisierten Aufstand. Das ZK versäumte es denn auch nicht, die besten Kräfte aufzubieten: die Leiter der bolschewistischen Militärkommission und vor allem Trotzki. Sie wurden mit anderen führenden Genossen (J. V. Stalin, Dzeržinskij) ins VRK delegiert, das trotz der Teilnahme von Vertretern des Bauernsowjets, der Armee, Flotte, Fabrikräte und Gewerkschaften sowie der Linken Sozialrevolutionäre – und der Wahl eines der Ihren zum Vorsitzenden – unter bolschewistische Kontrolle geriet. Das Komitee war, wie gegen eine vorschnelle Vereinfachung betont werden sollte, anfangs nicht bloß zum Schein überparteilich. Andererseits schuf der massive Einzug bolschewistischer Prominenz die Voraussetzung für seine Zweckentfremdung zum Sturz der Regierung im Schutze der Legalität des Sowjets. Treibende Kraft dieser Strategie war, wenngleich sich auch Lenin wenige Tage vor der Erhebung von ihrem Vorteil überzeugte, Trotzki.

Manches ließe sich für die Behauptung anführen, daß der Staatsstreich bereits *vor* dem bald historischen Datum stattfand und sich unter den Augen der Öffentlichkeit vollzog. Genau besehen fiel die Entscheidung im Kampf um die Kontrolle über die Petrograder Garnison. Schon in seiner ersten ordentlichen Sitzung am 20. Oktober beschloß das VRK, Kontakt zu den

1. Der Oktoberumsturz

wichtigsten Einheiten aufzunehmen. Eine Rede Trotzkis vor der Garnisonsversammlung hinterließ am folgenden Tag eine solche Wirkung, daß die Bolschewiki die offene Herausforderung wagten. Am Abend desselben 21. Oktober verlangten Abgesandte des VRK vom Oberkommandierenden des Petrograder Militärbezirks das Recht zur Gegenzeichnung aller Befehle. Nach der selbstverständlichen Zurückweisung dieser Zumutung begann das Komitee unverzüglich, die Regimentskommandeure durch Offiziere eigener Wahl abzulösen. Es blieb der demonstrative Schlußakt am 23. Oktober: die Order an die neuen Befehlshaber, nur den Anweisungen des VRK Folge zu leisten. Als sowjettreue Einheiten binnen weniger Stunden auch noch die Kontrolle über das strategische Herz und älteste Bauwerk der Stadt, die Peter- und Pauls-Festung, samt Waffenarsenal gewannen, war der Sieg errungen, bevor die Schlacht überhaupt begonnen hatte. All dies blieb nicht unbemerkt. Offene Aufforderungen an Trotzki, sich zu seinen finsteren Machenschaften zu bekennen, zeugen davon. Bis heute ist die Frage ohne zufriedenstellende Antwort geblieben, warum Kabinett und Militärbehörden dennoch keinen Widerstand leisteten. Das übersteigerte Selbstbewußtsein des Ministerpräsidenten spielte sicher eine Rolle. Ob eine unkorrigierbar falsche Optik hinzu kam, die den Feind nur rechts, aber nicht links erkannte, mag offenbleiben; dagegen spricht die Entschiedenheit, mit der die Regierung im Juli (bei aller Inkonsequenz der Durchführung) reagiert hatte. Der allgegenwärtige Suchanov fand letztlich nur im Psychologischen eine Erklärung, wenn er über die «völlige Naivität und das kindliche Gemüt unserer Marionettenregierung» spottete. Darin steckte soviel Wahrheit, daß die meisten nicht glauben wollten, was sie sahen.[7]

Es wäre übertrieben zu sagen, daß Kerenskij auf verlorenem Posten stand, als er sich schließlich mit Verspätung zur Gegenwehr entschloß. Aber seine Chancen hatten sich verschlechtert. Daß in Petrograd außer den Offiziersschülern kaum jemand für die Regierung kämpfen würde, dürfte ihm bewußt gewesen sein. Wenn er dem Kabinett in den ersten Stunden des 24. Oktober dennoch ankündigte, das VRK verhaften zu lassen, vertraute er auf Hilfe von der Front. Die Minister waren vorsichtiger und empfahlen, lediglich die bolschewistische Presse zu verbieten und die Rädelsführer des Juli wieder hinter Schloß und Riegel zu bringen – wohl in der Absicht, nicht alle Wege zu einer friedlichen Lösung zu versperren. Als das VRK wenig später von der Schließung der *Pravda* erfuhr, schlug es in den Garnisonen umgehend Alarm. Die Losung, unter der das geschah, war ebenso bezeichnend wie irreführend: «Der Petrograder Sowjet ist in unmittelbarer Gefahr.» Der Angriff verwandelte sich in die Verteidigung gegen «konterrevolutionäre Verschwörer». Auch die bolschewistischen Parteigremien traten unverzüglich zusammen. Das Petrograder Stadt- und einige Bezirkskomitees votierten für den sofortigen Aufstand. Dagegen legte sich das ZK nicht fest. Immer noch plädierte die bolschewistische Führung lediglich für eine Sammlung der

Kräfte und hielt sich die Möglichkeit offen, den zweiten Allrussischen Sowjetkongreß abzuwarten, der am nächsten Tag endgültig zusammentreten sollte. Allerdings machte sie ihre Rechnung ohne Lenin, den es nun nicht länger in der erzwungenen Tatenlosigkeit hielt. Am frühen Abend des 24. wandte er sich im Alleingang erneut an die Parteibasis. Eindringlich rief er die Bezirksorganisationen mit den oft zitierten Worten zur sofortigen Aktion auf: «Die Regierung wankt. Man muß ihr *den Rest geben*, koste es, was es wolle. Eine Verzögerung der Aktion bedeutet den Tod.» Danach begab er sich, der Anweisung des ZK ein weiteres Mal zuwiderhandelnd, zum Petrograder Sowjet. Wie er dies tat, ist oft als Beleg für die Unfähigkeit der Regierung angeführt worden: in der Straßenbahn zur Weltrevolution. Denn obgleich Trotzki und das VRK den Umsturz längst vorbereitet hatten – erst mit der Ankunft Lenins im Smolnyj-Institut, dem neuen Quartier des Sowjets seit August, fielen die Würfel.[8]

Unterdessen bemühte sich Kerenskij um Unterstützung. Noch blieb Zeit für Reden und Verhandlungen. Adressat seiner Werbung war nicht mehr der Sowjet, sondern das Vorparlament. Im Marien-Palais erntete er zwar stehende Ovationen für seine heldenmütige Beteuerung, lieber in den Tod gehen als kapitulieren zu wollen. Aber er mußte sich nicht nur die Kritik Linker Sozialrevolutionäre gefallen lassen. Im Namen der menschewistischen und sozialrevolutionären Mehrheit beschwor auch Dan den Ministerpräsidenten, sichtbare Anstrengungen zu unternehmen, um die «Bedürfnisse» des Volkes zu befriedigen. Nur unter der Voraussetzung eines Sofortprogramms für Land und Frieden sah er Hoffnung, die Kraftprobe zu bestehen. Zu Recht vermißte Kerenskij eine klare Solidaritätsbekundung. Mündliche Versicherungen bewogen ihn dennoch, auf den angedrohten Rücktritt zu verzichten. Man überdeckte den offenkundigen Dissens. Die Einkehr der Dan und Goc kam zu spät und blieb folgenlos. Der Ministerpräsident verkündete keine durchgreifende Reform und vertat damit die allerletzte Chance, den Bolschewiki den Wind aus den Segeln zu nehmen.[9]

Bei Licht besehen, bedurfte es der von Lenin zitierten «Kunst des Aufstandes» gar nicht, um dem wankenden Regime den «Todesstoß» zu versetzen. Was zu tun war, lag auf der Hand. Die Strategen des VRK kannten die wenigen zentralen Punkte und Einrichtungen, die im Handstreich genommen werden mußten. Wohl fehlte ihnen eine wirkliche militärische Streitmacht, die einen längeren Kampf hätte bestehen können. Aber angesichts des Mangels an Gegenwehr reichte die Kontrolle über die Garnisonsregimenter aus. Den Roten Garden, in Petrograd etwa 15–20000 Mann, blieb die Feuerprobe erspart.[10] Am 25. Oktober um zwei Uhr morgens besetzten Soldaten den (Nikolaj-) Bahnhof der Strecke nach Moskau, wenig später Elektrizitätswerk, Post- und Telegrafenamt, Staatsbank und die wichtigen Brücken und Plätze. Auf der Neva richtete der Panzerkreuzer *Aurora* seine Kanonen auf den Winterpalast. Als um acht Uhr Soldaten des VRK auch

1. Der Oktoberumsturz

im Warschauer Bahnhof patrouillierten, war der Machtwechsel in Petrograd faktisch bereits vollzogen – kampflos und ohne Blutvergießen, eher eine «Wachablösung» (Suchanov) als ein Umsturz. Eine Stunde später floh Kerenskij in einem Auto der amerikanischen Botschaft nach Pskov, um im Hauptquartier der Nordfront um Hilfe zu bitten.

Was folgte, waren Nachhutgefechte von eher symbolischer Bedeutung. Gegen Mittag lösten Soldaten, ohne Verhaftungen, das Vorparlament auf – ein Vorgeschmack auf das Schicksal der Konstituierenden Versammlung. Um dieselbe Zeit umzingelten aufständische Regimenter und Rote Garden den Winterpalast und forderten die Regierung zur Kapitulation auf. Vor allem Lenin drängte auf ein schnelles Ende. Nach wie vor hielt er es für lebenswichtig, die legale Autorität *vor* dem Zusammentritt des Allrussischen Sowjets zu stürzen. Man wird nicht fehlgehen, darin einen Rest von Unsicherheit über die Stimmung der Delegierten aus der Provinz zu vermuten. Die Minister, die den Tag in demonstrativer Normalität begonnen hatten, versagten ihm jedoch einen raschen Erfolg. Sie bewiesen Mut und harrten aus. Ihr Widerstand ehrte sie, konnte aber nicht mehr sein als eine Geste. In den ersten Morgenstunden des 26. Oktober, als die Verteidiger ihre Posten nach gut zwölfstündiger Belagerung schon aufgegeben hatten, verschafften sich die Angreifer – entgegen der späteren Legende *ohne* Sturmangriff – Zutritt zum Palast und verhafteten das versammelte Kabinett.

Die Sieger warteten mit ihrer Feier nicht so lange. Lenin war der psychologische Vorteil vollendeter Tatsachen so wichtig, daß er bereits am Vormittag (des 25. 10.) eine Proklamation drucken ließ, die den Sturz der Provisorischen Regierung im ganzen Land verkündete. Am frühen Nachmittag gab Trotzki im Petrograder Arbeiter- und Soldatenrat das abermalige Ende eines alten Regimes in Rußland bekannt. Als Lenin den Saal betrat, sich zum ersten Mal seit der Julikrise in der Öffentlichkeit zeigend, erhoben sich die Delegierten von den Plätzen und empfingen ihn mit stürmischem Jubel. In seiner kurzen Rede rief er nicht nur eine neue, allein von den Räten getragene Regierung «ohne Beteiligung irgendeines Bourgeois» aus. Er sprach auch von einer weiteren, der «dritten russischen Revolution», die «letztlich ... zum Sieg des Sozialismus» führen müsse.[11] Der Machtwechsel – und das war gerade den Gegnern klar – sollte kein bloßes Stühlerücken am Kabinettstisch sein.

Bei aller zur Schau getragenen Zuversicht suchte Lenin die Eröffnung des zweiten Allrussischen Sowjetkongresses solange wie möglich hinauszuzögern. Am späten Abend ließen sich die 739 Delegierten nicht länger vertrösten. Die Abstimmungen zeigten, daß 338 von ihnen Bolschewiki waren, 211 Sozialrevolutionäre (darunter mehr als die Häfte linke), 69 Menschewiki und 20 Menschewiki-Internationalisten; die übrigen rechneten sich zu den kleineren sozialistischen Parteien oder allgemein zum revolutionären Lager. Im Vergleich zum ersten Kongreß im Juni konnten die Bolschewiki einen beachtlichen Erfolg verbuchen. Gewiß bestätigte die Verdreifachung ihrer Mandatszahl den Stimmungsumschwung im Lande ein weiteres Mal. Aber Lenins Befürchtungen hatten insofern eine Grundlage, als die Bolschewiki keine unanfechtbare Mehrheit besaßen. Sie brauchten die Hilfe der Linken Sozialrevolutionäre. Eine Erprobung dieser Allianz erwies sich allerdings als unnötig. Die Bolschewiki hatten leichtes Spiel. In der Kernfrage stand der Kongreß fester im radikalen Lager, als die erklärte Parteizugehörigkeit erwarten ließ. Auf einem Fragebogen gaben 505 seiner Mitglieder an, daß sie in der Absicht gekommen seien, «alle Macht den Räten» zu übergeben. Weitere 86 wollten eine «demokratische Regierung» unter Einschluß von Gewerkschaften, Kooperativen, der Bauernsowjets und ähnlicher Organisationen unterstützen. Für die Aufnahme von Vertretern der besitzenden Schichten, aber gegen die Kadetten votierten 21 Delegierte. Und nur 55 sprachen sich für die Fortsetzung der bestehenden Koalition aus. Es war ein anderer Typus von Volksvertretern als im Juni, der nun aus den Schützengräben und den «dunkelsten Winkeln» des Landes herausgekrochen war: «ungehobelte und finstere Gestalten; ihre Ergebenheit gegenüber der Revolution bestand aus Verbitterung und Verzweiflung, ihr ‹Sozialismus› aus Hunger und einem unstillbaren Drang nach Ruhe.» Hinzu kam, daß die Opposition von Beginn an dazu neigte, das Feld kampflos zu räumen. Als das Präsidium des Kongresses neu gewählt wurde, verzichtete sie darauf, die ihnen zugewiesenen Sitze einzunehmen. So blieben die vierzehn Bolschewiki und sieben Linken Sozialrevolutionäre unter sich.[12]

Die Debatte begann mit dem überraschenden Vorschlag Martovs, zuallererst einen friedlichen Ausweg aus der Krise zu suchen. Eine Form der Staatsgewalt müsse gefunden werden, die sich auf die *gesamte* «Demokratie» stützen könne. Die Linken Sozialrevolutionäre schlossen sich an, so daß auch den Bolschewiki nichts anderes übrig blieb, als ihr Einverständnis zu erklären. Indes wurde die Chance schnell vertan. Vor dem Beginn der inhaltlichen Erörterung machten Abgeordnete der ‹rechten› Menschewiki und Sozialrevolutionäre ihrem Unmut Luft. Sie warfen den Bolschewiki vor, den Kongreß verhöhnt und eine militärische Verschwörung angezettelt zu haben. Als einzigen Ausweg schlugen sie sofortige Verhandlungen mit der Regierung vor und kündigten andernfalls ihren Boykott der weiteren Arbeit des Sowjets an. In der Sache trafen solche Äußerungen unbestreitbar ins Schwarze; politisch waren sie unklug. Sie lösten nicht nur Tumulte und Protestgeschrei aus, sondern provozierten auch einen Stimmungsumschwung. Schwankende Parteigänger scharten sich um Lenin und Trotzki und verteidigten einen Coup, dessen Bedenkenlosigkeit sie durchaus mit Skepsis erfüllte. Vieles spricht für das Urteil Suchanovs, daß die rechten Menschewiki und Sozialrevolutionäre den Bolschewiki keinen besseren Dienst erweisen konnten, als diese schicksalhafte Versammlung zu verlassen. Sie verschafften ihnen so eine problemlose Mehrheit und befreiten sie von dem Zwang, den durchaus attraktiven Gedanken einer Regierung aller Sowjetparteien abwehren oder akzeptieren zu müssen. Ihr überhasteter Schritt ebnete jener Deutung des Umsturzes den Weg, die den Insurgenten sicher vorschwebte, aber nicht zutreffen mußte: daß die gesamte Macht nicht den Räten, sondern den Bolschewiki und ihren Gehilfen zugefallen sei.

Andererseits muß offen bleiben, ob Martovs Resolutionsentwurf eine Mehrheit gefunden hätte. Er setzte eine Konsensbereitschaft voraus, die sich längst aufgerieben hatte. Es war Trotzki, der seinem einstigen Lehrer die Sachlage in berühmt gewordenen, schneidenden Worten klarmachte: «Der Aufstand der Massen bedarf keiner Rechtfertigung. Was geschehen ist, war ein Aufstand und keine Verschwörung ... Wir haben den Willen der Massen offen für einen Aufstand geschmiedet, nicht für eine Verschwörung. Die Volksmassen folgten unserem Banner, und unser Aufstand hat gesiegt. Und nun schlägt man uns vor: Verzichtet auf euren Sieg, erklärt euch zu Konzessionen bereit, schließt einen Kompromiß. Mit wem? Ich frage: Mit wem sollen wir einen Kompromiß schließen? Mit jenen kläglichen Gruppen, die hinausgegangen sind, oder denen, die diesen Vorschlag machen? ... Hinter ihnen steht doch niemand mehr in Rußland ... Nein, hier ist kein Kompromiß mehr möglich. Denen, die hinausgegangen sind und denen, die uns Vorschläge machen, müssen wir sagen: Ihr seid klägliche Bankrotteure, eure Rolle ist ausgespielt; geht dorthin, wohin ihr gehört: auf den Kehrichthaufen der Geschichte.» Angesichts des lauten Beifalls, mit dem diese Brüskierung quittiert wurde, sah auch Martovs kleines Fähnlein Aufrechter keinen anderen Weg mehr, als den Saal zu verlassen.

Es blieben die Linken Sozialrevolutionäre. Ihr Sprecher übte zwar ebenfalls Kritik an Trotzkis unversöhnlicher Härte und warnte davor, die Brücken zur anderen Seite der revolutionären Demokratie ganz abzubrechen. Aber er bekräftigte zugleich den Willen seiner Fraktion, die neue Regierung mitzutragen. Mit ihren Stimmen nahm der Rumpfkongreß in den frühen Morgenstunden des 26. das historische Manifest an, das zum Gründungsakt des Sowjetregimes wurde und unter anderem verkündete: «Getragen von der überwältigenden Mehrheit der Arbeiter, Soldaten und Bauern und gestützt auf den siegreichen Aufstand der Arbeiter und der Garnison von Petrograd, beschließt der Kongreß hiermit, die Regierungsmacht in seine Hände zu nehmen. Die Provisorische Regierung ist abgesetzt und die Mehrheit ihrer Mitglieder verhaftet ... Der Kongreß beschließt, daß alle lokale Befehlsgewalt auf die Räte der Arbeiter-, Soldaten- und Bauerndeputierten übertragen wird, die den Auftrag erhalten, die revolutionäre Ordnung durchzusetzen.»[13]

Was den Siegestaumel der Bolschewiki dämpfen konnte, war einzig die Flucht Kerenskijs. Binnen weniger Tage zeigte sich jedoch, daß kein Grund zu allzu großer Sorge bestand. Die verfügbaren Truppen waren so weit zerstreut, daß nur wenige mit schlechter Bewaffnung nach Petrograd in Bewegung gesetzt werden konnten, vor dessen Toren sie am 27. Oktober Stellung bezogen. Größere Gefahr für die neuen Machthaber ging von der Opposition der Eisenbahnergewerkschaft aus. Ihr sozialrevolutionär-menschewistisch beherrschtes Zentralbüro setzte alles daran, die streitenden Parteien im Sinne der Martovschen Resolution an einen Tisch zu bringen. Angesichts der Streikandrohung konnten die Bolschewiki ihre Teilnahme nicht versagen. Man hat plausibel argumentiert, daß sie in diesen Tagen, zwischen dem 29. und 31. Oktober, in die Zange genommen von einer mächtigen Gewerkschaft und regierungstreuen Soldaten, zu substantiellen Konzessionen bereit waren. Nur fehlte die politische Kraft, die ihre Zwangslage ausgenutzt hätte. Menschewiki und Mehrheits-PSR zogen es vor, in der selbstgewählten Defensive zu verharren. Das neue Regime suchte unterdessen die offene Schlacht. Sie fand, ein «Valmy der russischen Revolution», am 30. Oktober auf den Höhen von Pulkovo statt. Die Truppen des VRK bestanden ihre eigentliche Feuerprobe. Kerenskij mußte sich zurückziehen und floh ins Ausland.[14]

Von Moskau abgesehen, wo das Februarregime den zähesten Widerstand leistete, hatten die Bolschewiki auch im restlichen Rußland leichtes Spiel. Dabei lassen sich im wesentlichen drei typische Konstellationen und Abläufe unterscheiden. Im zentralen Gewerbegebiet, der Großregion um Moskau, und im Ural, wo es eine nennenswerte Industrie und Arbeiterschaft gab, bildeten die Bolschewiki in aller Regel die stärkste Kraft im Sowjet. Hier erreichten sie, wie in der Textilstadt Ivanovo-Voznesensk, ihr Ziel meist ebenfalls, ohne einen einzigen Schuß abgeben zu müssen. Der Aufstand nahm die Form eines Mehrheitswechsels im Rat an. Nicht selten beteiligten sich Sozialrevolutionäre und Menschewiki an den neu geschaffenen revolutionären Gremien, ohne daß sie sich Einfluß und dauerhafte Mitgliedschaft zu sichern wußten. In den großen Städten mit gemischter wirtschaftlicher Struktur und einem erheblichen Gewicht des Handels wie Nižnij Novgorod (Gor'kij), Samara (Kujbyšev), Saratov oder Kazan' blieb das Kräfteverhältnis in den Räten ausgewogener. Häufig konnte sich die menschewistisch-sozialrevolutionäre Mehrheit dort über den Oktober hinaus behaupten. Träger der Radikalisierung waren hier meist die Fabrikkomitees und Garnisonen. Sie verhalfen den Bolschewiki, allerdings deutlich später, zur beherrschenden Stellung. In den zahlreichen, vom Handel bestimmten und stark agrarisch geprägten mittelgroßen Städten des Zentralen Landwirtschaftsgebiets (wie Kursk, Voronež, Orel oder Tambov) vermochten die Bolschewiki meist nicht genügend Anhänger zu mobilisieren, um einen Aufstand wagen zu können. Hoffnungsträger der Bevölkerung blieben hier die Sozialrevolutionäre, deren linker Flügel auch die Initiative übernahm. Wo sie sich anschickten, gegen die neue Ordnung vorzugehen, griffen die Garnisonen oder auswärtige Hilfstruppen der Bolschewiki ein. Der Aufstand wurde hier sozusagen importiert. Besondere Verhältnisse herrschten in den frontnahen und den nichtrussischen Gebieten. Soweit die Soldaten in der Überzahl waren, diktierten sie auch hier das Geschehen im bolschewistischen Sinne. Wenn Nationalitätenkämpfe ausbrachen, bemühten sich die neuen Machthaber mit erheblichem Erfolg, die Unabhängigkeitsbewegungen auf ihre Seite zu bringen. Über die Durchsetzung der bolschewistischen Herrschaft entschied hier freilich erst der Bürgerkrieg.[15]

Der Transfer der Macht auf bolschewistisch beherrschte Räte ließ mithin in der Provinz ganz ähnliche Wesenszüge wie in der Hauptstadt erkennen. In der Regel verlief er friedlich und undramatisch. Obwohl die Zahl der aktiven Teilnehmer bemerkenswert gering war, vollzog er sich auf dem Fundament zumindest der passiven Zustimmung vor allem der Soldaten und strategisch bedeutsamer Gruppen der Arbeiter. Gewiß setzten die neuen Herren ihre frisch eroberte Hegemonie im weiten Hinterland bereits ein, um dieselbe Wende wie in den Hauptstädten herbeizuführen. Dennoch gilt auch hier, daß die Provisorische Regierung ihnen leichtes Spiel bereitete: durch ihr Unvermögen, die Versorgungsprobleme zu lösen, durch ihre Blindheit für die Dynamik der sozialen Revolution und – davon nicht zu lösen – durch ihre Unfähigkeit, das Machtvakuum zu füllen, das der Zerfall der alten Herrschaft und Verwaltung hinterließ.

2. Die Grundlegung einer neuen Ordnung

Es ist längst zum geflügelten Wort geworden, daß die politische Macht im Oktober auf der Straße lag und es ein leichtes war, sie aufzulesen. Die Bolschewiki hatten ein dreistes Husarenstück vollbracht, vorerst nicht mehr. Insofern spricht vieles für die Meinung, das eigentlich Bemerkenswerte sei nicht der Umsturz selbst gewesen, sondern die Sicherung seines Ergebnisses in den folgenden Monaten und Jahren. Die Herrschaft war an der Spitze und ‹auf Kredit› errungen worden. Sie bedurfte eines Inhalts, der das Neue sichtbar machte, und eines exekutiven Arms, der dem Willen der Zentralgewalt vor Ort Geltung verschaffte. Gewiß war den Bolschewiki so klar wie wenigen, daß ihnen die Bewährungsprobe noch bevorstand. Sie hatten keine Gnade zu erwarten: Bei Strafe ihres eigenen Untergangs, wie Lenin am entscheidenden Abend hellsichtig erkannte, mußten sie die Fehler der Provisorischen Regierung vermeiden.[16]

Die Voraussetzungen dafür gestalteten sich nicht eben günstig. Der Staatsstreich war denkbar ungeeignet, den wirtschaftlichen Ruin und den Zerfall der öffentlichen Ordnung aufzuhalten. Das Land versank in Anarchie und Not. Hinzu kam die weitere, dramatische politische und soziale Polarisierung. Auch wenn der bewaffnete Bürgerkrieg erst im nächsten Frühjahr ausbrach, der politische Bürgerkrieg nahm spätestens im Oktober seinen Anfang. Zum materiellen Elend gesellten sich Angst, Terror und Blutvergießen. Im ungewöhnlich strengen Winter 1917/18 begann ein Leidensweg für die Bevölkerung, der erst nach dem Bürgerkrieg und der anschließenden Hungersnot von 1921/22 (vorübergehend) enden sollte. Hinzu kam, daß die Bolschewiki nur vage Vorstellungen über die künftige Gesellschaft hatten. Selbst Lenin, der wenig dem Zufall überließ, fand erst in der erzwungenen Muße des Sommers 1917 Gelegenheit, seine einschlägigen Gedanken zu Papier zu bringen. Nicht ohne Grund hat das unfertige Produkt dieser Bemühungen viele seiner Anhänger verwirrt. *Staat und Revolution* paßte schlecht zu den meisten anderen Schriften. Statt eine konkrete Strategie zu entwickeln und der Partei präzise Handlungsanweisungen zu geben, wie sie es von ihm gewohnt war, verlor sich Lenin in allgemeinen Bemerkungen über die Verschmelzung von Staat und Gesellschaft, die Überwindung der Gewaltenteilung, die Beseitigung des bürgerlichen Parlamentarismus und die Notwendigkeit einer umfassenden Selbstverwaltung des Volkes. Die einfachen Leute sollten ihr Schicksal selbst in die Hand nehmen: als bewaffnete Bürger in der Miliz anstelle eines stehenden Heeres, als direkt gewählte, mit imperativem Mandat versehene und jederzeit abberufbare Deputierte in Räten anstelle eines Parlaments. Dabei stellte sich Lenin die Aufgaben denkbar einfach vor. Der alte Staat hatte vor allem die Herrschaft der Bourgeoisie gegen das wachsende Aufbegehren der unterdrückten Arbeiter und Bauern sichern müssen. Nach dem Wegfall dieser repressiven Funktion blieben als wesentliche Inhalte der staatlich-administrativen Tätigkeit «Rechnungsführung und Kontrolle» übrig. Jede Köchin sollte, ein nachmals vielzitierter Satz, den Staat lenken können. Die bolschewistische «Theorie» über die nachrevolutionäre Gesellschaft erschöpfte sich in der verschwommenen Idee einer Verallgemeinerung der Sowjets. Lenin brachte die Pariser *Commune* von 1870 (in der Marxschen Deutung) mit den unabhängig davon entstandenen, in starkem Maße autochthonen russischen Arbeiterräten zusammen. Darin lag ein Novum, das der Schrift einen bleibenden Platz in der Ideengeschichte des Sozialismus sicherte. Aber ein konkretes Aktionsprogramm ließ sich daraus nicht ableiten.[17]

Um so erstaunlicher war, daß die bolschewistische Herrschaft den Herausforderungen und Belastungen standhielt. Zu Recht hat man darin ihre eigentliche Leistung gesehen. Umstritten bleibt bis heute, wie sie zu erklären ist. Im wesentlichen stehen sich zwei mehr oder minder explizierte Interpretationen gegenüber. Die ältere, vom Totalitarismus inspirierte Deutung geht von einem ausgeprägten Machttrieb der Bolschewiki insgesamt aus, der sich dank bedenkenloser Gewaltanwendung schnell und unaufhaltsam durchgesetzt habe. Sie verbindet sich mit hoher Wertschätzung für die Bedeutung historischer Persönlichkeiten, in denen sie sowohl die Träger des Machtwillens als auch eines untrüglichen Instinkts für seine effiziente Verwirklichung verkörpert sieht. Lenin und Trotzki erscheinen in dieser Sicht als Demiurgen und Dämonen des neuen Staates zugleich. Was sie auf den

2. Die Grundlegung einer neuen Ordnung

Weg brachten, war eine geplante Parteidiktatur im Namen einer irregeleiteten Utopie. Ihre Schöpfung war von vornherein eine Mißgeburt, an deren Erzeugung vor allem *eine* Spezies beteiligt war: die radikale *intelligencija*. Diese nutzte bei ihrem verderblichen Werk nicht nur die Gunst der Stunde in Gestalt von Not, Chaos und skrupelhafter Nachgiebigkeit ihrer Gegner. Darüber hinaus profitierte sie von der Zerrissenheit der Gesamtgesellschaft, dem unverbundenen, oft feindseligen Nebeneinander von Stadt und Land, Elite und Masse, Monarchisten und Liberalen, Russen und Nichtrussen – letztlich den Folgen soziokultureller Rückständigkeit, wie sie vor allem von den Liberalen beklagt wurden. Nicht nur die Oktoberereignisse entsprangen dieser Verbindung von fanatischem Weltbeglückungsdrang der einen und der Wehrlosigkeit der anderen, sondern auch das Resultat des Bürgerkriegs, das ihren Bestand sicherte.[18]

Auf der anderen Seite steht eine Auffassung, die den Zwängen der realen Lage, der Improvisation in der Auseinandersetzung mit den Regimefeinden, den Folgen einer beschleunigten soziökonomischen Modernisierung bei andauernder ‹Widerständigkeit› der politischen Verfassung und Kultur, auch der ‹autonomen› Dynamik getroffener Entscheidungen und dem Eigengewicht von Strukturen ‹langer Dauer› größere Bedeutung zuerkennt. Sie veranschlagt den Einfluß der Persönlichkeiten zumeist geringer (ohne sie zu leugnen), die Bedeutung der Geschehnisse und der sozioökonomischen Rahmenbedingungen höher. Wo sie langfristige Prozesse am Werk sieht, hat sie eher sozioökonomische und kulturelle Entwicklungen im Blick als ideologische. Sie gesteht den Meinungsverschiedenheiten unter den Bolschewiki größeres Gewicht zu und attestiert dem Experiment eine gewisse Offenheit. Was mit dem Oktober begann, endete für sie nicht zwangsläufig im Stalinismus. Wenn das neue Regime dennoch, entgegen seinen erklärten Ziele, dauerhafte Unfreiheit, ein Übermaß an Entbehrungen und lange Perioden eigenverursachter Gewalt hervorbrachte, dann waren dafür nicht zuletzt Deformationen der allerersten Jahre seiner Existenz verantwortlich. Ob das Überleben nur um den Preis der permanenten Verankerung von Diktatur und Rechtlosigkeit zu sichern war, gehört zu den zentralen Problemen auch der allgemeinen Revolutionstheorie.[19]

Jede Darstellung wird zu diesen «Geschichten» Position beziehen müssen. Dabei erweist sich, daß sie einander nicht immer ausschließen. Die Sicherung der bolschewistischen Herrschaft vollzog sich in Etappen. Vor allem der Bürgerkrieg verlagerte die Auseinandersetzung in eine andere Arena und verlieh ihr eine neue Dimension. Gerade weil keine «Theorie» der neuen Gesellschaft vorlag, war der Gang der Ereignisse ebensowenig durch den Willen und die Tatkraft einzelner vorentschieden wie durch objektive Gegebenheiten. Es gab Widerstände, Abweichungen, Zufälle, Gegner und Partner, auf die Rücksicht genommen werden mußte. Erst aus der Summe dieser Faktoren formte sich das Resultat.

Die ersten Schritte der neuen Machthaber ergaben sich dennoch mit einiger Zwangsläufigkeit. Schon am Morgen des 25. Oktober hielt das bolschewistische ZK Rat über Form und Charakter der neuen Exekutive. Auf der Hand lag, daß die Distanz zu bürgerlichen Kabinetten deutlich werden mußte. Die Welt verdankt Trotzki die Erfindung des «*Volkskommissars*», der den Minister ablösen sollte. Lenin ergänzte diesen Vorschlag durch die Neuschöpfung des «*Rates der Volkskommissare*» *(SNK)* als Ersatz der Ministerrunde. Die *ad hoc* aus der Taufe gehobene erste «Arbeiter- und Bauernregierung» teilte auf dem Papier mit ihrer Vorgängerin lediglich eines: Auch sie war als Provisorium gedacht, deren Mandat mit der Einberufung der Konstituierenden Versammlung erlöschen sollte.

Mit dieser Entstehung hing zusammen, daß der SNK nicht in die Rätestruktur paßte. Als ihn der zweite Allrussische Sowjetkongreß anderntags formell ins Leben rief, dachte die Mehrheit der Delegierten weder an die Begründung eines neuen Staates noch an die Einheitlichkeit der politischen Verfassung. Die neue Regierung sollte die alte personell und programmatisch ablösen, nicht beseitigen. Institutionell setzte man die Doppelherrschaft fort, da erst die Konstituierende Versammlung befugt sein sollte, die fälligen Grundsatzentscheidungen zu treffen. Im «embryonalen proletarischen Rätestaat» (M. Ferro) des Februarregimes aber gab es bereits ein oberstes ausführendes Gremium in Gestalt des VCIK. Funktional und systematisch gesehen, hätte ihm nach dem Umsturz die politische Führung zufallen müssen. Der SNK war ein Duplikat, das im Gegensatz zu den Sowjets nicht einmal über einen Instanzenzug zur lokalen Ebene verfügte. Als temporäre Lösung mochte seine Existenz unproblematisch sein. Der Rat verfestigte sich jedoch zu einer regulären Regierung mit entsprechendem Apparat und politischem Gewicht. Angesichts des Mangels an eigenen fähigen Kräften blieb den bolschewistischen Kommissaren dabei nichts anderes übrig, als das vorhandene, noch aus zarischer Zeit stammende Personal zu übernehmen. Wo Fachwissen in besonderem Maße unentbehrlich war, wie im Finanz- und Wirtschaftsressort, wechselten die Behörden beinahe komplett zum zweiten Mal Regime und Chef. Bolschewiki waren in ihnen noch einige Jahre lang kaum zu finden. Schon im November siedelten die ersten frisch ernannten Volkskommissare – auch dies nicht ohne Symbolgehalt – in die Gebäude der ehemaligen Ministerien über. Lediglich der SNK tagte weiterhin im Smol'nyj. Als die Hauptstadt des Reiches im März 1918, aus Sicherheitsgründen und als Zeichen des Neuanfangs, in das Herz des altrussischen Reiches zurückverlegt wurde, riß auch diese Nabelschnur. In Moskau konnten Kommissare und SNK ihre Behörden in größerer Distanz zu den Räten und weitgehend ohne Kontrolle ausbauen.

Die Folgen dieser Entwicklung sind leicht ersichtlich: Wichtige Weichen für die Entmachtung der Räte wurden gestellt. Der SNK entzog ihnen nicht nur die entscheidenden Befugnisse, sondern auch die besten personellen

2. Die Grundlegung einer neuen Ordnung

Ressourcen. Wer in der bolschewistischen Parteispitze über Qualifikation und Ehrgeiz verfügte, übernahm ein Amt im SNK, nicht im Exekutivkomitee des Sowjets. Lenin und Trotzki, die Säulen der neuen Regierung, stärkten durch ihre Energie und Autorität den SNK, nicht das VCIK. Die Verantwortlichkeit der Regierung gegenüber dem Sowjet änderte daran wenig. In der Praxis verblaßte sie von Anfang an zur Formalität. Der zweite Allrussische Sowjetkongreß wählte nicht nur ein neues Kabinett, sondern auch ein neues Exekutivkomitee. Gerade hier war die Partei unter sich. Auch wenn sie über manche Fragen stritt, taugte sie wenig zu effektiver Kontrolle der Regierung. Die faktische Fortexistenz der alten Ministerien sorgte nicht nur für eine bemerkenswerte personelle und institutionelle Kontinuität der obersten Reichsverwaltung. Darüber hinaus gab sie der Rätedemokratie ein schweres Handicap mit auf den Weg, das sie nie zu überwinden vermochte.[20]

Dazu trug eine Politik bei, die von Anfang an auf Zentralismus und Alleinherrschaft setzte. Zwar sollte man vorsichtig mit dem bekannten Argument umgehen, beides sei schon seit der Parteispaltung von 1903 im Charakter der Bolschewiki angelegt gewesen. In der freien Luft der Februardemokratie gewann die Partei mehr Normalität als je zuvor. Auch sie erlebte einen Ansturm neuer Mitglieder, der ihre Kader im Meer kurzfristig mobilisierter Sympathisanten untergehen ließ. Auch in ihrer Führung wurde über Wesen und Kurs der Revolution bis zuletzt heftig gestritten. Auf der anderen Seite hatten sich Disziplin und Unterordnung unter Lenins fester Hand trotz allem stärker ausgebildet als in der übrigen antizarischen Fronde. Lenin dominierte und polarisierte. Man war für oder gegen ihn. Zu kollektiver Führung war er nicht bereit oder in der Lage. Es war daher auch ganz wesentlich seiner Hartnäckigkeit anzulasten, daß der Weg zum Einparteienstaat zielstrebig beschritten wurde.

Die erste und im Rückblick schon entscheidende Nagelprobe vor Ausbruch des bewaffneten Konflikts fand unmittelbar nach dem Putsch statt. Als der Eisenbahnerbund mit Unterstützung gleichgesinnter, menschewistisch-sozialrevolutionär orientierter Gewerkschaften auf die Bildung einer sozialistischen Koalitionsregierung drängte, gab das bolschewistische ZK nach. Ohne Lenin und Trotzki, die den Widerstand für die erwartete Entscheidungsschlacht gegen die Fronttruppen Kerenskijs vorbereiteten, war es sogar bereit, dem Sozialrevolutionär Černov das Amt des Ministerpräsidenten zu überlassen und die eigenen Kabinettsmitglieder in unwichtige Ressorts zurückzuziehen. Entsprechende Verhandlungen hatten schon begonnen, als die Armeeregimenter aufgaben und die beiden Parteiführer sich wieder der Politik zuwandten. Lenin und Trotzki widersetzten sich mit aller Entschiedenheit einer Absicht, die nach ihrer Meinung den Sieg der Oktobernacht ohne Not zu verspielen bereit war. Dennoch vermochten sie nicht zu verhindern, daß das ZK am 3. November auf Antrag von Zinov'ev und

Kamenev einen formellen Beschluß zugunsten einer Koalition faßte. Lenin gab indes auch dieses Mal nicht auf. Noch am selben Abend entwarf er ein Ultimatum, das die Mehrheit des ZK zur «Opposition» stempelte und ihr mit dem Ausschluß drohte. Die Angegriffenen lenkten ein. Neben seinen alten Widersachern verließen Rykov, Nogin und V. P. Miljutin das ZK; letztere legten auch ihre Ämter als Volkskommissare nieder. Lenin riskierte eine schwere Regierungskrise, um die Früchte des Umsturzes zu retten, so wie *er* sie sah: als Herrschaft der Bolschewiki. Daß er dabei auch den neu erwachten innerparteilichen Pluralismus schädigte, nahm er gleichfalls in Kauf: Der rüde Umgang mit der Opposition warf einen Schatten auf das Fraktionsverbot von 1921 voraus.[21]

Im übrigen halfen einige rasch erlassene populäre Dekrete den Bolschewiki, die Macht im Alleingang kampflos zu behaupten. Lenin hatte die Lektion der ersten Revolution nicht vergessen. Er sah so klar wie kein anderer bolschewistischer Führer, daß Garnisonssoldaten und städtische Arbeiter als Stützen der Sowjetmacht nicht ausreichten. Darüber hinaus bedurfte das neue Regime zumindest der passiven Duldung der Bauern, um zu überleben. Bereits am Tage nach dem Umsturz legte er dem Allrussischen Arbeiter- und Soldatendeputiertenrat einen Gesetzentwurf vor, der das russische Dorf auf die Seite des neuen Regimes brachte. Das berühmte *Landdekret* vom 26. Oktober 1917 hob alle privaten Besitztitel unverzüglich und ohne Entschädigung auf. Der gesamte Grund und Boden der Gutsherren, Kirche, Klöster und Zarenfamilie wurde «bis zur Einberufung der Konstituierenden Versammlung» in die Verfügung der *Volost'*-Komitees und Bauernsowjets übergeben. Als allgemeines Prinzip galt fortan, daß das Land denjenigen gehören sollte, die es mit eigenen Händen bestellten. Lohnarbeit wurde ausdrücklich verboten. Das ganze agrarische Rußland verwandelte sich gleichsam in eine große Föderation bäuerlicher Selbstverwaltungsgemeinden, deren althergebrachte Rechtsauffassung, Sozialorganisation und Mentalität endlich gesetzliche Anerkennung fanden.

Offen zutage lag, wes Geistes Kind dieses Gesetz war: Lenin trug, als er den Text in eigener Person verlas, bis in einzelne Formulierungen hinein das Agrarprogramm der PSR aus dem Jahre 1905 vor. Der Plagiatsvorwurf der sozialrevolutionären Presse war so begründet, daß die Bolschewiki gar keine Anstalten machten, ihn zu entkräften. Lenins Eingeständnis traf den Gegner im Grunde härter als jeder Rechtfertigungsversuch – man sehe daran, daß man die Partei erst habe verjagen müssen, damit ihr richtiges Programm Wirklichkeit werden könne.[22] Dennoch wäre es einseitig, im Dekret nur einen Schachzug zu sehen, der dem Machterhalt sogar die Moral opferte. Auch bloße nüchterne Beobachtung mußte zu dieser Einsicht führen. Keine Regierung konnte im Oktober anderes tun, als die spontane Revolution auf dem Dorfe hinzunehmen.

2. Die Grundlegung einer neuen Ordnung

Dazu paßt der Befund, daß der Umsturz das Geschehen auf dem Dorfe kaum berührte. Die Bauern handelten weiterhin nach eigener Raison. Auch wenn neue Institutionen begründet wurden, blieben sie die alten. Die Macht ging reibungslos von den *volost'-zemstva* auf die *volost'*- oder Dorfsowjets über, weil in beiden dieselben wenigen Personen das Sagen hatten, die über genügend Autorität und Kenntnis verfügten, um administrative Leitungsaufgaben zu übernehmen. Gerade nach dem Oktober galt, daß alle Gewalt bei der *obščina* lag. Erst der Bürgerkrieg beendete diesen Zustand, der jahrhundertealten bäuerlichen Träumen recht nahe kam: Sechs Monate herrschten die Bauern über sich selbst. Auch bei der Verfolgung ihrer sehnlichsten Wünsche ließen sich die Dorfbewohner durch den Umsturz kaum stören. In Zentralrußland gab es nach dem Oktober kaum weniger Revolten als vorher. Lediglich *eine* Veränderung läßt sich beobachten: Das Landdekret bewirkte vielerorts einen Formwechsel der Aktionen. Wie es scheint, ließen Plünderung und Brandschatzung ungefähr in dem Maße nach, wie die Zahl der gesetzlich gedeckten Enteignungen zunahm. Die legalisierte Agrarrevolution schwenkte in geregelte Bahnen ein. Eben dies belegt, daß nicht der Oktoberputsch, sondern die Aufteilung des Herrenlandes eine Zäsur im dörflichen Kalender markierte. Im übrigen ließ der Machtwechsel an der Staatsspitze einen entscheidenden Konflikt völlig unberührt: Nach wie vor lagen Welten zwischen Stadt und Land. So kam es zu eigentümlich inkongruenten Fronten und Gegensätzen der Interessen. Die Bauern teilten mit ihren ehemaligen Herren die Aversion gegen die städtischen Machthaber, fühlten sich diesen aber in der Ablehnung sozialer Privilegien verbunden.[23]

Man darf vermuten, daß die Teilung der Regierungsgewalt während der folgenden Wochen mit diesem Eigenleben des Dorfes zusammenhing. Den Anstoß gab eine außerordentliche Tagung des Allrussischen Bauernsowjets am 10. November. Er führte den Bolschewiki vor Augen, wie prekär die Gefolgschaft der Bauern nach wie vor blieb. Die entscheidende Kraft des Kongresses bildeten die Linken Sozialrevolutionäre. Hinzu kam das Problem der Konstituierenden Versammlung. Allen Beteiligten war klar, daß ihre Zusammenkunft die letzte nichtmilitärische Entscheidung über den Oktobercoup bringen mußte. Nichts lag näher als ein Bündnis der beiden Parteien, die ein gemeinsames Interesse daran hatten, die Rückgabe der Macht an ein erneuertes Parlament zu verhindern. Ein Verhandlungspaket wurde geschnürt, das den Weg zu einer formellen Koalition freimachte und einem Linken Sozialrevolutionär das Landwirtschaftsressort eintrug. Auch der Eisenbahnerbund arrangierte sich mit den Bolschewiki und übernahm das Kommissariat für Verkehrswesen.[24]

Von einem Partner gestützt, der das Dorf am ehesten hinter sich hatte, konnte das neue Regime der Auseinandersetzung mit den verbliebenen Bastionen der Februarordnung ruhiger entgegensehen. Eine erste Bewährungsprobe fand auf dem *zweiten ordentlichen Allrussischen Kongreß der Bau-*

erndeputierten statt (26. 11.–10. 12.). Von den 796 regulären Teilnehmern gehörten 305 dem Zentrum oder dem ‹rechten› Flügel der PSR, 350 der linken Fraktion, 91 den Bolschewiki und 44 keiner bestimmmten Partei an. Obwohl die neuen Verhältnisse auch in dieser Versammlung bereits deutliche Spuren hinterließen, konnten sich die Anhänger der alten Regierung immer noch auf beinahe die Hälfte der Stimmen stützen. Beide Blöcke bekämpften einander aufs schärfste. Ein förmliches Schisma war vorprogrammiert, da sich Bolschewiki und Linke Sozialrevolutionäre auf eine Sprengung des Kongresses und seine Verschmelzung mit dem Arbeiter- und Soldatensowjet verständigt hatten. Auch die PSR brach nun endgültig auseinander: Die Linken Sozialrevolutionäre erklärten sich zur eigenständigen Partei *(PLSR)*. Sicher geschah dies auch in der Absicht, sich Freiraum für ein förmliches Bündnis mit den Bolschewiki zu schaffen. Die Koalitionsverhandlungen wurden abgeschlossen, so daß am 10. Dezember vier weitere Sozialrevolutionäre in das Kabinett eintreten konnten. Angesichts der hohen Zahl ihrer Portefeuilles (fast die Hälfte) spricht nichts dafür, die Regierungsumbildung als bloßes Alibi abzutun. Beide Parteien waren aufeinander angewiesen. Eben darin bestand aber auch die Grenze der symbolischen Bedeutung der Koalition: Sie war ein Zweckbündnis zur Verteidigung eines gemeinsam getragenen Umsturzes, kein Schritt auf dem Wege zum sozialistischen Pluralismus.

Dies zeigte schon das weitere Schicksal des Bauernsowjets. Die Regierungspartner nutzten ihre Mehrheit im neu gewählten Exekutivkomitee, um bereits für den 13. Januar 1918 den dritten Allrussischen Bauerndeputiertenkongreß einzuberufen, der zugleich der letzte sein sollte. Die Eile war verräterisch: Man fürchtete, daß eine allzu lange Beratung an der Basis womöglich den Hauptzweck der Zusammenkunft, die endgültige Fusion mit dem Allrussischen Arbeiter- und Soldatenrat, konterkarieren könnte. Die Delegierten gaben indes keinen Anlaß mehr zur Besorgnis; sie votierten einstimmig für die eigene Liquidierung. Der Bauernsowjet wurde zur Sektion des Allrussischen Arbeiter-, Soldaten- und Bauernrates, leicht kontrollierbar und an die Kandare zu nehmen.[25]

In ähnlicher Weise versuchte das Sowjetregime, sich die ungeteilte Unterstützung der städtischen Basisbewegung zu sichern. Noch in der ersten Proklamation vom 26. Oktober ergänzte es das politische Versprechen, das in der Machtergreifung lag, durch die Selbstverpflichtung, «die Arbeiterkontrolle über die Industrie» zu errichten. Allerdings war es kein Zufall, daß es bei der knappen Absichtserklärung blieb. Ein dem Landdekret entsprechendes Gesetz ließ auf sich warten. Trotz der Werbung um die Fabrikkomitees wollten die Bolschewiki anarchosyndikalistischen Tendenzen auf keinen Fall Vorschub leisten. Dabei konnten sie sich durch die Beschlüsse des ersten Allrussischen Kongresses der Fabrikräte (17.–22. 10.) bestätigt fühlen. Die Versammlung zeigte, daß die Arbeiterkontrolle im engeren Sinne angesichts

2. Die Grundlegung einer neuen Ordnung

der Wirtschaftsmisere in eine Sackgasse geraten war. Bolschewistische Gewerkschaftsführer vom ‹rechten› Parteiflügel nutzten diese Chance, um *ihre* Deutung der Arbeiterkontrolle in Resolutionen festzuschreiben: als Übertragung des demokratischen Prinzips auf die Wirtschaft, aber unter Aufsicht und Koordination zentraler Organisationen, vor allem der Gewerkschaften. Dieselben Politiker gehörten dem Ausschuß an, der das Gesetz über die Arbeiterkontrolle vom 27. November vorbereitete. In vieler Hinsicht markierte es in der Tat einen Triumph der Arbeiterkontrolle. In «allen industriellen, kommerziellen, landwirtschaftlichen und ähnlichen Unternehmen» sollten gewählte Komitees Produktion und Management überwachen. In jedem Gouvernement und jeder größeren Stadt sollten ihre Repräsentanten sich zu lokalen Räten der Komiteedeputierten vereinigen bis hinauf zum Allrussischen Sowjet und einem (ständigen) Allrussischen Rat der Arbeiterkontrolle. Freilich tat man gut daran, den Text genau zu lesen. Er traf durchaus Vorsorge gegen die befürchtete Eigenmächtigkeit auf Fabrikebene. Den zahlreichen übergeordneten Gremien wurde die Befugnis erteilt, Beschlüsse der unteren Organe zu kassieren. Das oberste Exekutivkomitee sollte überdies Teil eines zu gründenden Obersten Volkswirtschaftsrates *(VSNCH)* werden. Als dieser am 1. Dezember seine Arbeit aufnahm, verwandelte sich die Mitwirkung rasch in völlige Absorption. Der Allrussische Rat der Arbeiterkontrolle hatte gerade Gelegenheit, zweimal zusammenzutreten, bevor er sich faktisch wieder auflöste. Erst recht führten die zahlreichen intermediären Sowjets bestenfalls eine papierne Existenz.

Es blieben die Fabrikkomitees selbst. Sie konnten sich im Aufwind fühlen. Zweifellos war man ihnen weiter entgegengekommen als je zuvor. Dennoch enthielt das Dekret auch bei ihrer Definition eine bezeichnende Unbestimmtheit. Genau besehen, ließ es die entscheidende Frage offen: ob sie die betrieblichen Funktionen bloß überwachen oder sie, zumindest teilweise, übernehmen sollten. Der Allrussische Rat der Arbeiterkontrolle beeilte sich, die Unklarheit zu seinen Gunsten aufzuheben. Er deutete ihre Aufgaben in einer erläuternden Instruktion Anfang Dezember «im weiten Sinne als Einmischung» in das Management und als «unmittelbare Teilnahme» an der Organisation des Herstellungsprozesses. Die Regierung unterstützte diese Auslegung nicht, widersprach ihr aber auch nicht. Ohne Konzept, hielt sie sich bedeckt und ließ den sozialen Kräften vorerst freien Lauf.[26]

In der Praxis bestimmten die Fabrikräte weitgehend selbst, was Arbeiterkontrolle bedeutete. Sie wurden dabei kaum noch von den Unternehmern behindert, denen der Wind hart ins Gesicht blies. Um so heftiger setzte ihnen nach wie vor der wirtschaftliche Niedergang zu. Im Kampf ums Überleben werteten sie als Rettungsanker, was die bolschewistischen Gewerkschaftsführer ohnehin anstrebten: die Überführung der Betriebe in staatliches Eigentum. Im November und Dezember, einige Zeit vor entsprechenden Schritten der Regierung, ging eine erste Welle von Enteignungen durchs

Land. Die Arbeiter selbst lösten sie aus: 77 % von 836 einschlägigen Anordnungen in diesen Monaten wurden von örtlichen Sowjets ausgestellt, während überregionale Organe kaum beteiligt waren. Wie sich zeigen sollte, lieferte sich die Rätebewegung der Basis damit selbst ans Messer. Ob die Betriebe unter «nationale» oder «munizipale» Regie gerieten – in beiden Fällen wurde der Transfer zum Vehikel der Zentralisierung und ihrer Unterwerfung unter übergeordnete Zwecke. Insofern trifft die pointierte Formulierung ins Schwarze, mit dem ersten einschlägigen Dekret vom 14. Dezember – das zunächst nur die ‹Festungen des Kapitals› (und besonders widerspenstigen Gegner), die Banken, zum Staatsmonopol erklärte – habe «Marx an Bakunin Rache genommen».[27]

Die Gewerkschaften und sonstigen Berufsverbände mußten die Ausdehnung und wachsende Selbständigkeit der Arbeiterkontrolle zunächst hinnehmen. Sie standen zu einem erheblichen Teil auf der anderen Seite der Barrikaden und hatten eigene Probleme, die ihre Handlungsfähigkeit einschränkten. Gerade in ihren Reihen löste der Oktobercoup heftige Kontroversen aus. Mit den Eisenbahnern beschlossen die Beschäftigten der Post- und Telegraphenämter und die Drucker unmittelbar nach dem Umsturz, einen landesweiten Streik für den Fall auszurufen, daß die Bolschewiki nicht bereit seien, die Regierungsmacht mit allen Sowjetparteien zu teilen. Die Angestellten des öffentlichen Dienstes und der Banken wollten sich gar nicht erst auf solche Kompromisse einlassen und protestierten kategorisch gegen den Staatsstreich, den sie zu Recht als Anschlag auf die Konstituierende Versammlung verstanden. Ihr wochenlanger Ausstand schuf sicher die größte Bedrohung für das neue Regime. Es war kein Zufall, daß zu seiner Niederringung Anfang Dezember die nachmals berüchtigte Tscheka gegründet wurde.

Letztlich gelang es den Bolschewiki erst nach der Jahreswende, diesen Widerstand zu brechen. Im Falle des Eisenbahnerbundes sahen sich die neuen Herren sogar genötigt, eine Konkurrenzorganisation ins Leben zu rufen und damit den Vorwurf der Parteidiktatur offen zu bestätigen. Ihnen halfen vor allem die Metallarbeiterverbände, die nicht nur ideologische Standfestigkeit mitbrachten, sondern auch die Macht der Überzahl. Diesen war es im wesentlichen zu verdanken, daß die Bolschewiki auf dem ersten Allrussischen Gewerkschaftskongreß vom 7. bis 15. Januar 1918 ihre Vormacht endgültig zu sichern vermochten. Ihre Resolution formulierte, was sich zu leitenden Grundsätzen der sowjetischen Gewerkschaftspolitik verfestigen sollte. Unter entschiedener Zurückweisung jeglicher Neutralität wurde den Berufsverbänden als oberste Pflicht aufgetragen, «die Produktion zu organisieren und die zerstörten Produktivkräfte des Landes» zu erneuern. Damit begann die Deformation unabhängiger Interessenvertretungsorgane zu gefügigen Instrumenten des Staates. Die Gewerkschaften übernahmen die Rolle des vielzitierten «Transmissionsriemens» (Lenin) zwischen Staat und Ar-

2. Die Grundlegung einer neuen Ordnung

beiterschaft, nicht ohne dabei jene Unfreiheit und Bevormundung nach unten zu übertragen, die vom entstehenden Einparteiensystem erzeugt wurde. In dieser Konzeption hatten die Fabrikräte keinen Platz. Dieselbe Konferenz besiegelte auch ihr Schicksal. Zwar wurde Arbeiterkontrolle im Prinzip begrüßt und als Palliativ gegen eine neue Industriebürokratie weiterhin verankert. Aber sie büßte ihre Unabhängigkeit ein. Was als autonome Bewegung revolutionärer Selbsthilfe begonnen hatte, endete als nachgeordnetes Exekutionsorgan einer verstaatlichten Gewerkschaft. Gewiß nahm diese Metamorphose einige Zeit in Anspruch. Auch hier wirkte die Anarchie schützend. Überdies konkurrierte die Nationalisierung noch mit anderen Vorstellungen der künftigen Wirtschaftsorganisation. Als aber diese Debatte im Frühjahr beendet war und der beginnende Bürgerkrieg die Konzentration aller Kräfte erforderte, lief ihre Gnadenfrist endgültig ab.[28]

Bei alledem ging das machtpolitische Kalkül der Bolschewiki vorerst auf. Nicht nur aus Mangel an einer akzeptablen Alternative bewahrten die engagierten Arbeiter der Sowjetmacht ihre Loyalität. Erfolge trösteten sie über die wachsende Not und politische Unterwerfung hinweg. Kernforderungen der Gewerkschaftsbewegung wurden endlich erfüllt. Schon wenige Tage nach dem Umsturz erhob die Regierung den Achtstundentag und die Achtundvierzigstundenwoche zur Norm. Kinderarbeit wurde verboten, die Diskriminierung der weiblichen Arbeitskräfte formal beseitigt, Kranken- und Arbeitslosenversicherung verbindlich vorgeschrieben und die Handlungsfreiheit des Managements drastisch eingeschränkt. Anfang Dezember wurden alle Mietshäuser in Petrograd enteignet und den Bewohnern zur Selbstverwaltung übergeben. Gegen Ende desselben Monats annullierte ein Dekret – nach der Nationalisierung der Banken – alle Dividenden und Wertpapiereinkünfte. So gesehen bedeutete Sowjetmacht anfangs in der Tat Arbeitermacht und Herrschaft der ‹Knechte›.[29]

Unentbehrlich für die Sicherung des Militärcoups war schließlich die Unterstützung der Armee. Die Soldaten brauchten nicht gewonnen zu werden wie die Bauern oder Teile der organisierten Arbeiterschaft. Dennoch erwarteten sie Lohn für ihre Hilfe: *Frieden*. Nicht von ungefähr legte Lenin dem Rätekongreß am Abend des 26. Oktober noch vor dem Bodengesetz eine entsprechende Resolution als erstes Dekret der Sowjetmacht überhaupt zur Abstimmung vor. Die Formel vom Verständigungsfrieden der «gepeinigten und gemarterten» Völker wiederholte dabei nur, was auch die Provisorische Regierung seit Mai propagiert hatte. Unerhört aber war das Ausmaß der angebotenen Vorleistungen. Die Versammlung bekannte sich ohne Einschränkung zum Selbstbestimmungsrecht auch der kleinsten Nation und entließ damit verbal alle nichtrussischen Völker aus dem Reichsverband. Darüber hinaus bekundete sie ihre Bereitschaft, «alle anderen Friedensbedingungen zu erwägen». Der tosende Applaus mochte die Bolschewiki darin bestärkt haben, den radikalen Parolen unverzüglich durch Taten Glaubwürdigkeit zu verleihen. Mitte November sondierte man die Gesprächsbereitschaft des Gegners. Die deutsche Führung ergriff die Gelegenheit, um sich Entlastung für die Westfront zu verschaffen. Formelle Verhandlungen begannen am 19. November. Ein letztes Hindernis fiel, als bolschewistische Einheiten am folgenden Tag auch das Hauptquartier der Armee in Mogilev eroberten. Bereits drei Tage später trug ein erster Waffenstillstand, der Anfang Dezember bis zum Jahresende verlängert wurde, ihren sehnlichsten Wünschen Rechnung. Das erleichterte es der Regierung, auch andere Erwartungen der Soldaten zu erfüllen. Die von Kerenskij wiedereingeführte Todesstrafe wurde zum zweiten Mal aufgehoben und der «Befehl Nr. 1» erneuert: Ein Dekret vom 16. Dezember verkündete die Wahl aller Kommandeure durch ihre Einheiten und übertrug alle Gewalt an die Soldatenkomitees und Räte. Die neuen Regenten bewiesen in dieser sensiblen Materie dieselbe Radikalität wie in der Agrarfrage. Sie verfügten die vorbehaltlose Demokratisierung der Armee, mit allen Folgen für deren Kampffähigkeit. Aber sie mochten der Meinung sein, daß diese ohnehin nicht mehr zu retten war. Vollends seit der Verkündung des Landdekrets strömten die Soldaten in Legionen nach Hause, um bei der Aufteilung des Bodens nicht zu kurz zu kommen.[30]

Um so weniger konnte die deutsche Seite daran hindern, ihre Überlegenheit über einen Gegner auszuspielen, der offensichtlich am Boden lag. Dabei half ihr die formelle Loslösung der Ukraine im Dezember, die den Weg für separate Verhandlungen frei machte. Als die deutschen Generäle gegen Jahresende nicht ohne Ursache den Eindruck gewannen, die russische Delegation spiele auf Zeit, einigten sie sich mit der Ukraine (9. 2. 1918) und stellten der bolschewistischen Regierung ein Ultimatum mit weitgehenden territorialen Forderungen: Über die Ukraine mit ihren unentbehrlichen Getreidefeldern und Rohstoffen hinaus, die faktisch zum deutschen Protektorat herabsank, sollte Rußland auch auf Polen, Finnland, die baltischen Provinzen und weite Teile Weißrußlands verzichten. Es war ein wirtschaftlich amputierter Rumpfstaat, den das deutsche Militär übriglassen wollte. Die sowjetische Delegation, seit Jahresbeginn unter Leitung des Außenkommissars Trotzki selbst, antwortete mit einem ebenso hilflosen wie verzweifelten Appell an die Weltöffentlichkeit. Sie lehnte die Bedingungen am 10. Februar 1918 ab und verfügte den völligen Abzug ihrer Truppen von der Front, um einen Zustand herbeizuführen, der «weder Krieg noch Frieden» (Trotzki) war. Die deutsche Seite honorierte diese Verweigerung nicht. Sie deutete die spektakuläre Geste als Abbruch der Gespräche und begann eine neue Offensive. Der Sowjetführung blieb nichts anderes übrig, als sich unter Protest der Gewalt zu beugen. Am 3. März wurde der Separatfrieden von Brest-Litovsk formell unterzeichnet.[31]

Auch innenpolitisch erkaufte das Revolutionsregime die Handlungsfreiheit teuer. Zwar gaben sowohl der siebte Parteitag als auch der vierte So-

2. Die Grundlegung einer neuen Ordnung

wjetkongreß in eilends anberaumten außerordentlichen Sitzungen ihr Plazet. Aber der Widerstand gegen einen solchen Diktatfrieden war heftig. Lenin hatte selbst in den eigenen Reihen Mühe, eine Mehrheit für seine Meinung zu finden, daß der Rätestaat sich unterwerfen müsse, wenn er überleben wolle. Erst in der entscheidenden Sitzung des ZK Ende Februar setzte er sich durch. Auch dazu war es nötig, daß er mit seinem Rücktritt drohte und sich Trotzki und seine Anhänger der Stimme enthielten. Vier Mitglieder, angeführt von Bucharin, votierten aber dennoch gegen das Unvermeidliche. Größeren und dauerhaften Schaden nahm das Regime jedoch durch den Protest der Linken Sozialrevolutionäre. Auch sie werteten die Annahme des Friedens als «Verrat» an der Revolution und hielten der Bedrohung Petrograds durch das deutsche Heer – am 2. März fielen Bomben auf die Stadt – einen trotzig-irrealen Glauben an die Hilfe des internationalen Proletariats entgegen. Als der SNK anders entschied, kündigten sie die Koalition auf.

Im Rückblick drängt sich allerdings der Gedanke auf, daß die Koalition auch deshalb so leicht zerbrach, weil sie ihren tieferen Zweck erfüllt hatte: die Bedrohung durch die Konstituierende Versammlung abzuwehren. Alle Parteien richteten ihren Blick nach dem Oktoberumsturz auf dieses Ereignis. Nicht nur das Sowjetregime stand auf dem Spiel, sondern auch der innere Friede. Nach einem Scheitern der parlamentarischen Lösung war der Bürgerkrieg kaum mehr zu vermeiden. Die Bolschewiki verfingen sich dabei in den Fallstricken ihrer eigenen Täuschungsmanöver. Unzählige Male hatten sie der Provisorischen Regierung vorgeworfen, daß sie den Zusammentritt der Konstituierenden Versammlung verzögere, um die soziale Revolution zu sabotieren. Nun standen sie im Wort. Zu den wenigen konkreten Absichtserklärungen, die bereits in der historischen Proklamation vom frühen Morgen des 26. Oktober enthalten waren, gehörte nicht zufällig das Versprechen, die Wahlen umgehend anzuberaumen. Im Grunde war aber offensichtlich, daß Unvereinbares miteinander verbunden wurde – «Alle Macht den Räten» konnte nicht zugleich heißen: «Alle Macht der Konstituierenden Versammlung». Die bolschewistischen Führer wußten und ihre Gegner ahnten, daß die Machtergreifung vom Oktober politisch auch schon das Schicksal des Herzstücks der Februarrevolution besiegelt hatte.

Die Wahl begann am 12. November in der Hauptstadt und dauerte in der Provinz bis etwa zum Monatsende. Die harte Gangart der neuen Herrschaft ließ den Wahlkampf nicht unberührt. Vor allem die Kadetten mußten sich gegen den überschäumenden revolutionären Eifer behaupten. Dennoch konnten sie, weil der Arm der neuen Macht noch nicht weit reichte, besonders in den kommerziell geprägten Städten der russischen Provinz wie Samara und Novgorod ein beträchtliches Publikum um sich sammeln. Im ganzen verlief die Wahl regulär. Sie war nicht nur die letzte, sondern darüber hinaus die einzige im strengen Sinne demokratische Wahl mit gleichgewich-

teten Stimmen, die es in Rußland je gegeben hat. Auch die Kadetten haben dies «trotz pessimistischer Voraussagen» nicht anders gesehen.³²
Die Wahl bescherte den Sozialrevolutionären einen triumphalen Erfolg. Von knapp 41,7 Mio. Stimmen vereinigten sie mit 15,8 Mio. sowie dem deutlich größeren Teil von etwa 5 Mio. für «ukrainische Parteien» abgegebenen (während die ukrainischen Sozialdemokraten beider Richtung nur relativ wenige erhielten) fast die Hälfte auf sich. Die Bolschewiki erreichten ein knappes Viertel (9,8 Mio.), die Kadetten keine 5 % (1,97 Mio.), die Menschewiki gut 3 % (1,36 Mio.) und die übrigen Parteien noch weniger. Die Mandatsverteilung war dementsprechend eindeutig: Von 703 Sitzen entfielen 380 auf die PSR, 168 auf die Bolschewiki, 39 auf PLSR und 17 auf die Kadetten. Freilich sind die Zahlen mit Vorsicht zu deuten. Zum Block der sozialrevolutionären Abgeordneten gehörten 81 ukrainische, die nicht nur in der nationalen Frage andere Anschauungen vertraten als die Mutterpartei. Dies in Rechnung gestellt, verfügte die PSR zwar nach wie vor über die größte Fraktion, aber nicht mehr über die absolute Mehrheit. Auch eine Erneuerung der Februarkoalition hätte das Dilemma nicht behoben. Rein arithmetisch ließ das Wahlergebnis stabile Verhältnisse nur in Gestalt einer Verbindung zwischen der PSR und einer der ethnisch orientierten Parteien zu – fraglos ein Beleg für die Brisanz der nationalen Frage und erhebliche Schwierigkeiten, vor denen der Parlamentarismus in Rußland gestanden hätte. Zu warnen ist auch davor, die hohe Stimmenzahl der Sozialrevolutionäre als Votum für die politische Mäßigung der Wähler zu interpretieren. Listenwahl, zentrale Kandidatenauslese und die noch mühsam bewahrte organisatorische Einheit der Partei brachten es mit sich, daß viele Stimmen den ‹rechten› Sozialrevolutionären zugute kamen, die eigentlich für die linken abgegeben wurden. Beachtung verdienen schließlich auch die konträren Ergebnisse in den großen Städten. Die neuen Machthaber fanden ihren Rückhalt in den Ballungszentren, vor allem in den Garnisonen und Arbeitervierteln. In Moskau und Petrograd erlitt die PSR eine ebenso empfindliche Niederlage wie in den vorangegangenen Kommunalwahlen (8,2 % bzw. 16,2 %). Gewinner waren die Bolschewiki (47,9 % bzw. 45 %) und die Kadetten (34,5 % bzw. 26,2 %). Deutlich spiegelte sich die offene Konfrontation seit Oktober in diesen Zahlen. Für die städtischen Wähler, die dem politischen Geschehen näher standen, gab es nur noch pro oder contra.³³

Wie immer man das Ergebnis bewertete, die Feindseligkeit der Konstituierenden Versammlung gegenüber dem Oktoberregime konnte als sicher gelten. Bereits im Vorfeld gab die «Diktatur des Proletariats und der armen Bauernschaft» klar zu erkennen, wie sie darauf zu reagieren gedachte. Mitte November duldete sie erste Übergriffe auf kadettische Politiker, Ende des Monats ächtete sie das gesamte ZK und ordnete seine Verhaftung an. Noch am selben Tag wurden fünf seiner Mitglieder als «Volksfeinde» von Roten Garden abgeführt. Auf den Straßen herrschte ohnehin eine besondere Art

2. Die Grundlegung einer neuen Ordnung 131

von Vogelfreiheit. Marodierende Soldaten und Matrosen demonstrierten hier mit Überfällen ihr eigenes Verständnis von Klassenkampf – zum Leidwesen vor allem der arrivierten liberalen Klientel. Die Sozialrevolutionäre konnten sich dagegen noch weitgehend frei bewegen. Aber auch sie gaben sich keiner Täuschung hin. Der rechte Flügel plädierte sogar für die Wiederbelebung des Terrors. Die Mehrheit des ZK wollte so weit nicht gehen; sie hielt es für «absurd und sogar kriminell», gegen die einstigen Mitkämpfer und Parteigenossen dieselben Mittel einzusetzen wie gegen die Autokratie. Aber sie willigte immerhin in die Vorbereitung der «bewaffneten Verteidigung» der Konstituierenden Versammlung ein. Nur blieb offen, was darunter genau zu verstehen war. Viel konnte es nicht sein, da die PSR in letzter Minute den Beschluß faßte, auf einen bewaffneten Aufstand zu verzichten. Allein Massenstreik und Volksaufstand sollten die Konstituierende Versammlung schützen. Bei den Menschewiki stärkten die Oktoberereignisse den linken Flügel. Auf einem Sonderparteitag Ende November ließ es sich Martov nicht nehmen, den ehemaligen Ministern unter seinen Genossen die Mitschuld am Gewaltstreich der Bolschewiki zu geben. In den Losungen des Tages rückten die Fraktionen jedoch wieder enger zusammen: Die Konstituierende Versammlung und eine demokratisch legitimierte sozialistische Allparteienregierung blieben oberstes Ziel. Für die schwierige Frage der weiteren Mitarbeit in den Räten fand man eine Kompromißlösung. Nur in den Plenarversammlungen, nicht in den Exekutivkomitees sollte sie erlaubt sein. Dahinter verbarg sich die Erwartung, wieder stärkeren Einfluß auf die Arbeiterschaft gewinnen zu können.[34]

Die Delegierten traten schließlich am 5. Januar 1918 zusammen. Schon die Eröffnung verursachte Streit zwischen Bolschewiki und Sozialrevolutionären. Als Beauftragter Lenins ergriff Sverdlov eigenmächtig das Wort. Was er verkündete: daß Rußland unabänderlich eine Räterepublik sei, kam faktisch einer Auflösungsorder gleich. Die folgenden Reden und Debatten verrieten neben der Courage, die Drohung zu ignorieren, auch Einsicht. Sozialrevolutionäre und Menschewiki plädierten nunmehr für einen baldigen Waffenstillstand, wenn auch gegen einen Separatfrieden. Sie befürworteten die entschädigungslose Übergabe allen Landes an die Bauern, auch wenn sie die Festlegung der genauen Modalitäten abermals an Kommissionen verwiesen. Indes hatte der Oktober solche Konzessionen überholt. Außerhalb der Konstituierenden Versammlung hörte sie niemand mehr. Die Entscheidung fiel, als die Linken Sozialrevolutionäre während der Sitzung ihre letzten Skrupel aufgaben und sich ebenfalls definitiv von der parlamentarischen Lösung abwandten. Der SNK verständigte sich darauf, den Kongreß nicht auseinanderzujagen, sondern ihn auszusperren. Als der frisch gewählte Versammlungspräsident Černov den ersten Verhandlungstag beendete, schloß er das einzige demokratische Parlament der russischen Geschichte vor 1993 für immer.

Denn das erhoffte Wunder blieb aus. Zwar versammelte sich am Morgen des Sitzungstages ein eindrucksvoller Zug von Sympathisanten, die sich friedlich durch ein dichtes Spalier bewaffneter Arbeiter und Matrosen zum Taurischen Palais bewegten. Zwar fielen Schüsse, die eine unbekannte Anzahl von Demonstranten töteten, weil einige Rotgardisten nervös wurden. Dennoch konnte die Kundgebung den neuen Regenten keine wirkliche Furcht einflößen. Überdies sprachen die Aufrufe, wie es scheint, nicht die Schichten an, von denen sich Sozialrevolutionäre und Menschewiki Unterstützung erhofften. Es waren ganz überwiegend Staatsbedienstete, Angestellte, Studenten und andere «Intelligenzler», die für die Konstituante auf die Straße gingen. Von einer Minderheit abgesehen, rührten sich die Arbeiter ebensowenig wie die Bauern in der Provinz. Auch beim Begräbnis der Toten des 5. Januar, das symbolträchtig am Gedenktag des Blutsonntags 1905 stattfand, ließ die Empörung der Massen auf sich warten. Anders als zwölf Jahre zuvor erhob sich das Volk nicht im Protest gegen sinnlose Schüsse der Obrigkeit. Entscheidend aber war erneut, daß die Parteien des Februar keine bewaffneten Kräfte zu mobilisieren vermochten. Selbst die drei Regimenter, mit denen die PSR fest gerechnet hatte, blieben in den Kasernen – letztlich aus mangelndem Engagement für die Sache, nicht wegen technischer Probleme. Das Fazit konnte bitterer nicht sein: Die Konstituierende Versammlung fand keine Verteidiger.[35]

Der Weg war nun frei für die endgültige Ausgestaltung der Räteverfassung. Die Regierung nutzte den dritten Allrussischen Kongreß der Arbeiter- und Soldatendeputierten, sicher auch zu diesem Zweck bereits auf den 10. bis 18. Januar anberaumt, um der Auflösung der Konstituante plebiszitären Segen zu verschaffen. Die Versammlung beschloß, dem neuen Staat die Form einer föderativen Räterepublik zu geben. Zum obersten Organ erklärte sie das Plenum der Arbeiter-, Soldaten-, Bauern- und Kosakenvertreter, dessen Vollmachten zwischen den Sitzungen an das VCIK übergingen. Der SNK wurde, auch in seiner (formalen) Verantwortlichkeit gegenüber letzterem, bestätigt. Alle regionalen Angelegenheiten übertrug man den örtlichen Sowjets, allerdings unter Wahrung der Aufsicht und Steuerung durch die Zentralgewalt. Der Kongreß verband diese Beschlüsse mit einer pathetischen, an die Völker der Welt gerichteten Geste. In gezielter Analogie zur Menschenrechtserklärung der Französischen Revolution verkündete er «die Rechte des arbeitenden und ausgebeuteten Volkes». Er machte sich darin zur «Hauptaufgabe ..., jede Ausbeutung des Menschen durch den Menschen zu beseitigen, jede Teilung der Gesellschaft in Klassen abzuschaffen, allen Widerstand der Ausbeuter schonungslos zu unterdrücken, die sozialistische Organisation der Gesellschaft und den Sieg des Sozialismus in allen Ländern durchzusetzen». Was die Konstituierende Versammlung, der die Erklärung zuerst vorlag, abgelehnt hatte, wurde nun geltendes Recht. Der Akt war symbolisch: Der Sowjetkongreß okkupierte ihren Platz und legte die Grundstrukturen des ersten sozialistischen Staates der Erde unwiderruflich fest.[36]

Die Umwandlung der Revolutions- in Staatsorgane fand mit der *Verfassung der Russischen Sozialistischen Föderativen Sowjetrepublik (RSFSR)* ihren Abschluß. Im wesentlichen beschränkte sie sich darauf, die bestehenden Verhältnisse zu kodifizieren. Als Grundprinzipien der staatlichen Organisation wurde die pyramidenförmige Hierarchie der Räte mit der Wahl der jeweils übergeordneten durch die untergeordneten (mithin keiner direkten auf den oberen Ebenen) ebenso verankert wie die Zusammenführung von Exekutive und Legislative. Nur auf höchster Ebene setzte der SNK die ‹bürgerliche› Trennung beider Gewalten fort. Festgeschrieben wurde auch die Parteilichkeit des neuen Staates für das arbeitende Volk. Nicht nur fand die Deklaration des dritten Sowjetkongresses Aufnahme in die Verfassung. Darüber hinaus ließen die Wahlrechtsbestimmungen an Klarheit nichts zu wünschen übrig: Wählen durften – bei andauernder starker Bevorzugung der städtischen Unterschichten – nur diejenigen, «die ihren Lebensunterhalt aus produktiver und gesellschaftlich nützlicher Arbeit» bestritten. Wer Lohnarbeiter beschäftigte oder von Renten und Wertpapieren lebte, war ausgeschlossen; Kaufleute und Priester entmündigte man *per definitionem*. Die «Diktatur des Proletariats und der armen Bauernschaft», die Lenin ausgerufen hatte, entzog den «schmarotzenden Gesellschaftsschichten» ohne Federlesen das grundlegende Bürgerrecht. Das Prinzip der Gleichheit vor dem Gesetz, die große Errungenschaft des 18. Jahrhunderts, wurde (bald auch im Bereich des Zivil- und Strafrechts) suspendiert. Daß diese Maßnahmen nur vorübergehend, bis zur endgültigen Unterwerfung der Bourgeoisie, gelten sollten, rettete die Demokratie nicht mehr. Als Stalins Verfassung von 1936 das allgemeine Wahlrecht wiederherstellte, war jede gesetzliche Bestimmung Makulatur.[37]

Schon die neuartige Staats- und Verfassungsstruktur zeigte an, daß sich die Politik des Oktoberregimes nicht im bloßen Machterhalt erschöpfte. Ihr Elan verriet einen ausgeprägten Neuerungswillen und die Ungeduld derjenigen, die endlich Gelegenheit erhielten, ihre tausendfach repetierten Theorien zu verwirklichen. Fraglos bewirkte der Sturm auf Tradition und Herkommen, der zwischen Oktoberaufstand und Bürgerkrieg fast alle Bereiche von Wirtschaft, Gesellschaft und Kultur erfaßte, in seiner Gesamtheit nicht weniger als eine weitere Revolution. Ränge und Standesbezeichnungen wurden abgeschafft und durch das nivellierende «Bürger» ersetzt, Staat und Kirche getrennt und der Glauben zur Privatsache erklärt, die rechtliche und faktische Gleichheit der Frau dekretiert und durch eine Reihe von Maßnahmen im Sozial- und Wirtschaftsleben unterstützt, Rechtsprechung und Rechtsordnung mit ihren modernen Einrichtungen der Advokatur, des Untersuchungsrichters und der Staatsanwaltschaft liquidiert und für eine – zunächst provisorische – ‹proletarische Justiz› Platz geschaffen, Schulen und

Universitäten den Unterschichten weit geöffnet und samt Kunst und Wissenschaft in den Dienst des «neuen Menschen» gestellt. Die Liste ließe sich mit Blick auf die kommenden Jahre verlängern. Sie wirft ein Schlaglicht auf die breit gefächerten kulturell-sozialen Nebenströmungen der revolutionären Bewegung, denen der Februarumsturz zaghaft, die Oktoberwende *a fortiori* zu praktischer Erprobung verhalf. Zugleich macht sie die eigentümliche Konvergenz zeitversetzter Emanzipationsprozesse auch in diesem Bereich der nachholenden russischen Entwicklung deutlich: Errungenschaften und Leitideen der Säkularisierung des 18., des Liberalismus des 19. Jahrhunderts und des zeitgenössischen Sozialismus kamen zusammen und trugen wesentlich zur Radikalität des Umbruches bei.

3. Bürgerkrieg und innere Folgen

Mit guten Gründen ist der Bürgerkrieg als eines der verheerendsten Ereignisse der russischen Geschichte bezeichnet worden. Ob man auf der Suche nach Vergleichbarem bis zum Mongolensturm des 13. Jahrhunderts zurückgehen sollte, mag offenbleiben. Unstreitig aber enthält seine Bezeichnung als neue «Zeit der Wirren» eine treffende Analogie: Keine andere Auseinandersetzung seit den Adelsfehden des beginnenden 17. Jahrhunderts hat so viele Opfer im Innern gekostet, das Land so verwüstet und seine Bewohner so gegeneinander aufgehetzt. Um diese Dimension verständlich zu machen, reicht der Hinweis auf den nachgeholten Kampf zwischen Anhängern und Gegnern des Oktoberumsturzes und der Revolution nicht aus. Überzeugend hat man unlängst daran erinnert, daß der Bürgerkrieg an vielen Fronten ausgetragen wurde und genau besehen mehrere Konflikte umschloß: «Rote» kämpften zunächst gegen andere, nichtbolschewistische «Rote», dann erst gegen «Weiße»; «Weiße» kämpften gegen «Rote», aber auch gegen andere Sozialisten und vor allem gegen nationale Separatisten; zwischen beiden standen «Grüne» in Gestalt aufbegehrender Bauern, die sich gegen den Raub ihres letzten Getreides durch welche Armee auch immer wehrten. Hinzu kam die Intervention der Alliierten, die den Weltkrieg trotz des Separatfriedens gleichsam fortsetzte und das Problem der staatlichen Souveränität aufwarf. Erst die Verschmelzung all dieser Feuer zu einem Flächenbrand vermag das Ausmaß des Bürgerkriegs und die Verwüstungen zu erklären, die er in allen Lebensbereichen des neuen Regimes und seiner Menschen hinterließ.[38]

Der Konflikt zwischen den unmittelbaren Kontrahenten des Oktober überschritt spätestens mit der Auflösung der Konstituierenden Versammlung jenen Punkt, von dem an keine friedliche Lösung mehr denkbar war. Die Kadetten standen mit dem Rücken zur Wand. Sie galten als ärgster Klassenfeind und wurden nicht zufällig als erste verfolgt. Was die Stunde nach der Auflösung der Konstituierenden Versammlung geschlagen hatte, die vor allem *ihre* Forderung gewesen war, machte nicht zuletzt eine zufällige, aber symbolische Koinzidenz deutlich: Zwei Tage nach der Aussperrung der Volksvertreter wurden zwei der verschleppten kadettischen Parteiführer in einem Akt der Lynchjustiz von Rotgardisten ermordet. Beide Ereignisse gaben dem konservativen Parteiflügel weiteren Auftrieb. Grundsätzlich standen die Liberalen dabei vor der alten Alternative, entweder mit den gemäßigten Sozialisten zusammenzugehen oder auf Kräfte zu setzen, die zumindest die Räte ablehnten, überwiegend aber auch die Februarrevolution bestenfalls hingenommen hatten. Einige unverdrossene Linksliberale traten auch unter den veränderten Bedingungen für das erprobte, wenngleich glücklose Bündnis ein. Die Mehrheit des verbliebenen ZK wollte aber mit jenen nichts mehr zu tun haben, die sie als Hehler des Umsturzes und obendrein als schwache Partner betrachtete. Sie votierte für klare Verhältnisse – eine Notstandsdiktatur der Militärs. Miljukov wartete die Entscheidung gar nicht erst ab. Er verhandelte bereits mit den Donkosaken, die am ehesten in der Lage zu sein schienen, Widerstand zu leisten. Zur selben Zeit sondierte die unterlegene Fraktion mit den einstigen Partnern aus der PSR die Chancen einer gemeinsamen antibolschewistischen Fronde. Ihre Gespräche erhielten eine tragfähige Grundlage, als sich im April die englische und US-amerikanische Intervention ankündigte. Hoffnung keimte auf, Rußland im Verein mit den ehemaligen Bündnispartnern von der Sowjetherrschaft befreien zu können. Zugleich wurde eine Formel gefunden, die eine Verständigung mit den ‹rechten› Sozialrevolutionären ermöglichte. Bald darauf mußten die bekannten Kadetten Zentralrußland endgültig verlassen. Der Exodus nach Süden und Südosten begann, der sie *nolens volens* unter den Schutz, aber auch in die Gewalt nicht unbedingt demokratiefreundlicher Generäle brachte.

Die Sozialrevolutionäre waren die großen Verlierer des Jahres 1917. Sie hatten es nicht vermocht, ihre überwältigende Popularität in politische Stärke umzumünzen. Ihr größter Triumph, die Mehrheit in der Konstituierenden Versammlung, verwandelte sich in ihre schlimmste Niederlage. Dennoch blieb die PSR der natürliche Träger des demokratischen Widerstandes. Sie verfügte nach wie vor über große Popularität auf dem Dorfe und suchte deshalb nicht bei den Generälen, sondern in ihrem Stammland, den agrarischen Gouvernements an der unteren Wolga, Zuflucht. Hier wollte sie die versprengten Mitglieder der Konstituierenden Versammlung neu formieren und ihre Rückkehr nach Petrograd vorbereiten. Auf den wachsenden Widerstand vor allem der Bauern vertrauend, klammerte sie sich an die Hoffnung, zwischen roter und weißer Diktatur eine «dritte Kraft» bilden und ihr zum Siege verhelfen zu können.

Auch die Menschewiki sahen am 5. Januar ihre schlimmsten Befürchtungen bestätigt. Aber sie schlossen daraus nicht, daß gegen Gewalt nur Gewalt helfe. Vielmehr hielten sie an ihrem Bemühen fest, über die Sowjets auf das Regime einzuwirken. Dabei konnten sie sich durch deutliche Anzeichen einer Ernüchterung über die wirtschaftlichen und politischen Resultate des Oktober ermuntert fühlen. Vor allem die Kampagnen im Vorfeld der Neuwahlen zum Petrograder Arbeiter- und Soldatenrat im Mai 1918 zeigten an, daß die Menschewiki eine eindrucksvolle Renaissance erlebten. Jedoch gab ihnen diese Resonanz selbst dort, wo sie eine formelle Mehrheit errungen hatten, keine wirkliche Macht. In die Verfassung war von Anfang an eine ausgeprägte Abhängigkeit der unteren Räte eingebaut. Überdies machte der bald ausbrechende Bürgerkrieg alle Hoffnungen auf größeren Handlungsspielraum zunichte. Gemeinsam mit den Sozialrevolutionären wurden auch die Menschewiki aus dem zentralen und den meisten regionalen Sowjets ausgeschlossen und verfolgt. Dennoch gaben sie ihre Anhänglichkeit gegenüber den Arbeiterräten, *ihrer* Schöpfung vom Oktober 1905 und Februar 1917, nicht auf. Bis zuletzt hielten sie an der grundsätzlichen Richtigkeit und Korrigierbarkeit der Sowjetordnung fest. Unter dem Eindruck einer gewissen Entspannung akzeptierten sie im Sommer 1919 sogar förmlich die Räteverfassung. Als Hauptforderung erhoben sie nicht mehr den Ruf nach der Wiedereinberufung der Konstituierenden Versammlung, sondern nach uneingeschränkter Verwirklichung der geltenden Gesetze. Zu spät, am Vorabend der erzwungenen Emigration im Frühjahr 1921, begriffen sie, daß sie Wunschträumen nachgegangen hatten. Nicht nur ihre numerische Schwäche, auch ihr zunehmend irrationaler ‹sozialistischer Idealismus› verurteilte die Menschewiki im Bürgerkrieg zu noch größerer Bedeutungslosigkeit als die Sozialrevolutionäre und Kadetten.[39]

Der Konflikt zwischen dem Sowjetregime und seinen Feinden schlug seit Dezember 1917, vollends im Frühjahr 1918 in eine offene militärische Auseinandersetzung um. Zugleich verlagerte er sich von Moskau, Petrograd und anderen Städten Zentralrußlands an die Peripherie des Landes. Der Revolutionskrieg erweiterte sich zum Kampf um das gesamte Staatsgebiet und den Fortbestand des großrussischen Imperiums. In dem blutigen Drama, das damit begann, lassen sich grob drei Abschnitte und Schauplätze unterscheiden. Eine erste Etappe dauerte bis etwa November 1918. Sie fand im wesentlichen im Dongebiet und an der mittleren Wolga statt. Hauptakteure waren zum einen die deutschen Truppen und die Kosaken, zum anderen die verjagten führenden Mitglieder der Konstituante und die Tschechoslowakische Legion. Es war das «Jahr des Zerfalls» und das Jahr des politischen Kampfes um die Rettung der *Demokratie* mit anderen Mitteln. Der Krieg begann in der Ukraine. Zum wachsenden Unwillen der neuen Herren in Petrograd duldete die ukrainische Regionalregierung die Sammlung gegnerischer Kräfte an ihrer Südostgrenze. Darüber hinaus begann sie mit der

3. Bürgerkrieg und innere Folgen

Aufstellung eigener, ‹nationaler› Kompanien an der Front – ein Vorhaben, das die Bolschewiki in bezeichnendem Kontrast zu ihrer vorherigen Propaganda nun ebenso strikt ablehnten wie die Provisorische Regierung. Lenin selbst suchte die Entscheidung mit Waffengewalt, als er Anfang Dezember seinen fähigsten Strategen V. A. Antonov-Ovseenko in die Ukraine schickte. Am 26. Januar 1918 hielt die Sowjetmacht zum ersten Mal Einzug in Kiev. Einen Monat später nahmen bolschewistische Milizen, nunmehr Teil der frisch aus der Taufe gehobenen Roten Armee (formell durch ein Dekret vom 15. 1.), auch die Hafenstadt Rostov am Don, das Zentrum des Kosakenterritoriums, ein.

Freilich waren die Eroberungen kurzlebig. Am selben Tage, an dem die Rada fiel, schlossen ihre Abgesandten ein Separatabkommen mit den Mittelmächten. Für Schutz und Truppen stellte sie Getreide in Aussicht, das vor allem in Deutschland dringend gebraucht wurde. In den ersten Märztagen (n. St.) wechselte Kiev einmal mehr die Besatzer. Die neu installierte Rada ließ sich nach deutschem Dafürhalten aber zu viel Zeit mit der Zahlung des Preises. Ende April verloren die eigentlichen Machthaber die Geduld und installierten eine Marionettenregierung unter dem Hetman P. P. Skoropadskyj. Diese sorgte zwar mit entsprechenden Zwangsmitteln für schnellere Getreidelieferungen, brachte aber die Bauern gegen sich auf und bereitete einen günstigen Nährboden sowohl für die bolschewistische Agitation als auch für die anarchistisch-nationalistische Bewegung des Nestor Machno. Die Ukraine versank im halben Jahr des Skoropadskyj-Regimes in Partisanenkrieg und inneren Wirren. Auch der bolschewistische Sieg am Don hatte keinen Bestand. Mit wirkungsvoller Unterstützung durch die deutsche Heeresgruppe Süd gelang es der Freiwilligen- und Kosakenarmee, die gesamte Region zurückzuerobern. Anfang Mai zog sie, nicht ohne drakonische Vergeltung zu üben, in Rostov ein. Das Blatt hatte sich gewendet. Die antibolschewistischen Verbände konnten sich für ihr Hauptziel formieren, den Vorstoß nach Norden.[40]

Die eigentliche Bedrohung für das Sowjetregime ging im Jahre 1918 jedoch von der Tschechoslowakischen Legion und der von ihr gestützten Gegenregierung in Samara aus. Daß den Fremden, wenn auch nur vorübergehend, eine solche Bedeutung im russischen Bürgerkrieg zukam, gehört zu den Zufällen der Geschichte. Zu einem eigenen militärischen Verband hatten die Führer der tschechoslowakischen Nationalbewegung Landsleute, die unter zarischer Herrschaft lebten, bereits 1914 zusammengefaßt. Als Rußland aus dem Krieg ausschied, beschlossen sie, ihre Bataillone auf französischer Seite an den letzten Weltkriegskämpfen teilnehmen zu lassen, um ihr Ziel, die Gründung eines eigenen Staates aus der Konkursmasse der Habsburger Monarchie, zu fördern. Da der Weg nach Westen und Norden versperrt war, sollte die Legion die lange Reise über Vladivostok rund um den Globus antreten. Trotz Zustimmung der Sowjetregierung zu diesem Plan häuften sich die Zwischenfälle. Mitte Mai gab ein Handgemenge auf einer entlegenen Bahnstation im Ural dem Verteidigungskommissar Trotzki Anlaß, die Entwaffnung der Legion zu befehlen. Die Tschechen besetzten daraufhin kurzerhand die Städte, in denen sie sich gerade befanden. Bemerkenswert war die Leichtigkeit, mit der ihnen das gelang. Etwa 20 000 Mann reichten aus, um in wenigen Wochen die mittlere Wolgaregion, den südlichen Ural (Ufa), Südwestsibirien und die gesamte Bahntrasse bis Vladivostok mit der einzigen Ausnahme von Irkutsk zu erobern.

Die Sozialrevolutionäre an der Wolga hatten auf solche Hilfe gewartet. Sie luden die Tschechen ein, Samara nicht auszusparen. Am Tage des Einmarsches (8. Juni) trat hier das Komitee der Mitglieder der Konstituierenden Versammlung (Komuč) an die Öffentlichkeit, das die bolschewistische Regierung für abgesetzt erklärte und sich selber provisorisch die rechtmäßige Macht zuerkannte. Die anschließende Eroberung von Simbirsk, Lenins Geburtsstadt, und Kazan' verschaffte ihm ein Herrschaftsgebiet, das die Rede von einem Gegenstaat rechtfertigte. Überdies konnte das Komitee seinen Anspruch auch politisch abstützen. Bis August fanden immerhin 101 gewählte Deputierte den Weg nach Samara. Angesichts dessen mochte das noch erdrückendere Übergewicht der Sozialrevolutionäre in dieser Versammlung und dem Komitee als unvermeidbarer Tribut an die Gesamtlage gelten. Die Kadetten mißtrauten dennoch dem ganzen Unternehmen. Sie setzten statt dessen auf die Kosakengeneräle am Don, denen Miljukov, Struve und andere prominente Parteimitglieder beratend zur Seite standen. Auch das menschewistische ZK bewahrte Distanz zum *Komuč*. Als sein Emissär, der sich in Samara nur umschauen sollte, den Posten eines Arbeitsministers annahm, schloß es ihn aus seinen Reihen aus. Hinzu kam kleinlicher Zank mit anderen Gegenregierungen, die sich unter tschechoslowakischem Schutz in Omsk und Tomsk gebildet hatten. Hier gaben Generäle und regionale politische Gruppierungen den Ton an, eher den Kadetten verbunden und überwiegend konservativ orientiert. Früh wurde sichtbar, daß es den Gegnern des Sowjetregimes nach wie vor an Einigkeit fehlte.

Nicht genug damit, fiel es der Wolga-Regierung schwer, die aktive Unterstützung der Bevölkerung zu gewinnen. Wohl sprang sie über ihren Schatten und bestätigte die unwiderrufliche Überführung allen Landes in Gemeineigentum. Aber sie fand damit wenig Gehör, weil sich aus der Bestätigung dessen, was längst geschehen war, kein zweites Mal politisches Kapital schlagen ließ. Noch schwerer tat sie sich in den Städten. Hier war sie nicht bereit, die populärste Maßnahme der Bolschewiki anzuerkennen. Statt den Fabrikräten freie Hand zu geben, hob sie die Nationalisierungsdekrete auf und stellte die alten Eigentumsverhältnisse wieder her – um die Wirtschaft zu neuem Leben zu erwecken, aber auch um sich die Hilfe der Unternehmer und Kaufleute zu sichern. Kommunalwahlen im August präsentierten ihr die Quittung: Sie stärkten die Bolschewiki.

3. Bürgerkrieg und innere Folgen 139

Da auch die Tschechoslowakische Legion nach dreimonatigen Kämpfen den Wunsch erkennen ließ, sich aus den innerrussischen Angelegenheiten zurückzuziehen, schien eine Einigung der Opposition dringend geboten. Es bedurfte freilich des Nachdrucks der ausländischen Interventionsmächte, um im September (8.-23.) eine Allrussische Staatskonferenz aus etwa 170 Vertretern verschiedener Parteien und Organisationen in Ufa zusammenzubringen. Im Mittelpunkt der Debatte stand ein Streit über die Regierung des prospektiven Gegenstaates. Anhänger der Konstituierenden Versammlung und Befürworter einer Militärdiktatur einigten sich schließlich auf die Bildung eines Direktoriums, dem außer konservativen Sozialrevolutionären (Avksent'ev und V. M. Zenzinov) auch ein General und der Premierminister der Regierung von Omsk angehören sollten. Die Konferenz feierte ihren Erfolg jedoch zu früh. Noch während sie tagte, vollbrachte Trotzki eine erste Großtat in seinem neuen Amt des Verteidigungskommissars, als er dem geschlagenen Häuflein von Rotarmisten in einem Städtchen an der Mittelwolga, nicht ohne den Nachdruck erbarmungsloser Strafandrohung und -demonstration, neue Moral einflößte (»Wunder von Svijažsk«). Mitte September wurden Kazan' und Simbirsk zurückerobert, am 7. Oktober fiel Samara. Unterdessen zerbrach auch die Einheitsfront von Ufa. Als die Tschechen ihre Hilfe versagten, war das Schicksal der letzten zivilen Gegenregierung entschieden. Am 18. November wurde sie verhaftet und Admiral A. V. Kolčak, Befehlshaber von Kosaken- und Freiwilligenverbänden, in Omsk zum «obersten Herrscher» ausgerufen. Als einzig verbleibende bedeutende Partei machten die Kadetten aus ihrer Freude kein Hehl: Sie sahen keine Belastung der russischen Zukunft darin, daß die antisowjetische Opposition fortan ausschließlich in den Händen höchst konservativer Generäle lag und auch die Errungenschaften des Februar zur Disposition standen.

Die zweite Kriegsphase, das Jahr 1919, war die entscheidende. An drei Fronten gingen die weißen Truppen zum Angriff über. Sie taten das mit Unterstützung der Alliierten, die nun offener Partei nahmen. Im August 1918 waren britische und amerikanische Soldaten in Murmansk und Vladivostok gelandet. Obwohl sie selber kaum kämpften und nie nach Zentralrußland vorzudringen versuchten, waren Geld und Kriegsgerät, das sie verteilten, unentbehrlich. Alle drei Vorstöße blieben jedoch weit vor ihrem Ziel stecken. Damit war der Fortbestand des Sowjetregimes an dieser Front gesichert.

Im Osten verfügte Kolčak über zwei Kosakenarmeen, Reste der Verbände des Komuč und weitere Freiwilligenkorps, insgesamt über mehr als 130000 Mann. Er mußte dennoch schnell einsehen, daß er das riesige Territorium ohne die besser ausgerüstete tschechoslowakische Legion nicht beherrschen konnte. Alle Bemühungen, sie bei der Stange zu halten, schlugen fehl. Dessenungeachtet begannen im Dezember die Vorbereitungen für die große Frühjahrsoffensive, die den Marsch auf Moskau einleiten sollte. Daß man im Dezember die größte Stadt im Ural, Perm', einzunehmen vermochte, konnte trotz hoher Verluste als gutes Omen gedeutet werden. Auch die gemeinsame Attacke begann im März 1919 vielversprechend. Bald wurde jedoch klar, daß die Rote Armee nach Plan aus dem Wolgabecken zurückwich. Als sie im Juni zur Gegenoffensive antrat, brach Kolčaks Streitmacht, zumal wichtige Einheiten zum Gegner desertierten, binnen kurzem zusammen.

Im Süden Rußlands veränderte die deutsche Novemberrevolution die Lage grundlegend. Sie nahm sowohl der Regierung Skoropadskyjs als auch den weißen Militärregimen am Don, auf der Krim und im Vorland des Kaukasus (Kubangebiet) die entscheidende Rückendeckung. In der Ukraine begann ein Jahr der Anarchie und noch heftigerer Kämpfe, nunmehr zwischen den nationalrevolutionären Kräften, angeführt vor allem von S. V. Petljura, und dem Sowjetregime; dieses konnte sich dabei auf die Hilfe der ukrainischen Kommunisten und die Sowjets einiger größerer Städte stützen. Der Einmarsch der Roten Armee in Kiev Mitte Dezember 1919 brachte das größte Opfer, das der Friede von Brest-Litovsk verlangt hatte, endgültig unter großrussisch-bolschewistische Oberhoheit zurück.

Während die Ukraine an der Nahtstelle zu Kernrußland um ihre Selbständigkeit rang, bildeten die Siedlungsgebiete der Don- und Kubankosaken weiterhin den günstigsten Raum für die Sammlung der antisowjetischen Streitmacht. Auch die Spitzen des Generalstabs hatten sich deshalb nach der bolschewistischen Eroberung des Hauptquartiers von Mogilev hierher geflüchtet. Zu Beginn des Bürgerkrieges konkurrierten dabei zwei Armeen und Lager miteinander: die Donkosaken und die Freiwilligenverbände, deren Führung nach dem frühen Tod von Alekseev und Kornilov A. I. Denikin übernahm. Als britische und französische Kontingente die deutschen Protektoren Ende November 1918 ersetzten, gewann die Freiwilligenarmee Oberhand, die größere Distanz zum preußisch-deutschen Heer gehalten hatte. Im Mai 1919 standen 64 000 Mann zur Offensive bereit. Auch wenn diese Zahl nicht überwältigend war, konnte Denikin den Feldzug im Vollgefühl der Stärke planen. Die Briten leisteten großzügige materielle Hilfe; außer Panzern stellten sie sogar Flugzeuge.

Der Vorstoß nach Norden sollte aus drei Richtungen, von Odessa im Westen bis zum Nordkaukasus im Osten, gleichzeitig erfolgen. Die kaukasische Armee unter General P. N. von Wrangel *(Vrangel')* konnte zwar Ende Juni einen eindrucksvollen Sieg feiern, als Caricyn (später Stalingrad, heute Wolgograd) nach hartem Kampf fiel. Aber die beabsichtigte Vereinigung mit den Truppen Kolčaks an der mittleren Wolga gelang nicht. Um so größere Erfolge verbuchte die Freiwilligenarmee, die auf direktem Wege durch die Ukraine nach Zentralrußland marschieren sollte. Anfang Oktober fiel Voronež, bald darauf Orel. Denikin widerstand in dieser Lage der Versuchung nicht, nach der schnellen Eroberung Moskaus zu greifen, und bewegte sich

3. Bürgerkrieg und innere Folgen 141

auf Tula zu. Der Gewaltstreich erwies sich jedoch als fatal. Da auch die westliche Armee nicht mithalten konnte, blieb Denikin ohne Flankenschutz. Ende Oktober vollzog sich die entscheidende Wende: Der Vormarsch kam zum Stehen, ein überstürzter Rückzug begann. Kritik am Oberbefehlshaber wurde laut, dessen Autorität dauerhaften Schaden nahm. Der psychologische Effekt dieser Peripetie wurde durch die Ereignisse im Norden verstärkt. Denn auch General N. N. Judenič verfehlte sein Ziel. Mit Unterstützung von estnischen, lettischen und litauischen Freiheitskämpfern unternahmen seine Truppen im Oktober 1919 einen Vorstoß nach Petrograd. Obwohl sie bis in einen Vorort gelangten, mußten sie unverrichteter Dinge zurückkehren. Auch hierbei griffen innerer Zwist, strategische Fehler und entschlossene, wenn auch späte Abwehr ineinander.

Die dritte Kriegsphase schließlich umfaßte das Jahr 1920 und bescherte der Roten Armee einen triumphalen Sieg. Militärisch war der Kampf bereits im Vorjahr entschieden worden. Was nun folgte, glich einer Verfolgungsjagd der weißen Verbände, die sich zunehmend auflösten und nicht eben heldenhaft untergingen. Kolčak mußte im Oktober Omsk räumen und begann einen langsamen und intrigenreichen Rückzug nach Fernost. Als er in Irkutsk ankam, standen tschechoslowakische Legionäre und Vertreter der von ihnen gestützten sozialrevolutionären Regierung bereit, um seinen Waggon zu umstellen. Er wurde am selben Tag hingerichtet, an dem der Oberkommandierende einen Waffenstillstand mit der Roten Armee in der Absicht schloß, seine Truppen in letzter Minute unversehrt aus Sibirien zu evakuieren. Im Süden mußte Denikin Rostov und die Don-Linie freigeben. Nach einer abermaligen Niederlage im Kubangebiet stellte er sein Amt im April zur Verfügung. Mit englischer Hilfe unternahm sein Nachfolger Wrangel im Sommer von der Krim aus einen letzten hoffnungslosen Versuch, Terrain zurückzugewinnen. Als alliierte Schiffe die Reste der Freiwilligenarmee Mitte November evakuierten, war der Bürgerkrieg nicht nur im Süden zu Ende.[41]

Die Frage drängt sich auf, warum die antibolschewistischen Regierungen und weißen Armeen trotz massiver alliierter Hilfe nicht zu bestehen vermochten. Eine zentrale Ursache lag sicher in der militärischen Stärke des Gegners. Der schnelle Aufbau der *Roten Arbeiter- und Bauernarmee* gehört zu den größten Leistungen des jungen Regimes. Die Namensänderung bedeutete dabei mehr als einen Wechsel des Etiketts. Was im Laufe des Jahres 1918 Gestalt annahm, war etwas bewußt anderes als die Garden und Milizen der Revolutionszeit. Die Sowjetmacht zeigte in dieser Frage von Leben und Tod besonders früh ihre außerordentliche Lernfähigkeit, aber auch ihre bedenkenlose Bereitschaft, Grundsätze und Versprechen von gestern zu vergessen. Nach der Erfahrung der Wehrlosigkeit gegen das deutsche Heer schob sie die Idee der Französischen Revolution beiseite, eine neue, auf

Gleichheit und Überzeugung statt auf Unterordnung und erpreßtem Gehorsam beruhende Organisation der Staatsverteidigung zu schaffen. Vom Gedanken der Volksbewaffnung kehrte sie zur Armee alten Typs zurück. Gegen den Widerstand der Soldaten wurde bereits Ende März die Wahl der Offiziere, gewiß *das* Symbol der Revolution in der Armee, abgeschafft. Im April ersetzte eine neuerliche allgemeine Wehrpflicht die Freiwilligkeit des Beitritts zur Miliz. Feldgerichte gaben den Befehlen wieder den gehörigen Nachdruck. Trotzki schreckte dabei vor äußerster Grausamkeit nicht zurück. Als im kritischen Spätsommer an der mittleren Wolga selbst eine Einheit aus Petrograder Arbeitern meuterte, ließ er die befehlshabenden Offiziere und jeden zehnten Mann ohne Pardon erschießen.

Die Schöpfer der neuen Armee waren indes klug genug zu sehen, daß mit Zwang allein keine Loyalität zu sichern war. Zu den Säulen der neuen Struktur gehörte, von Trotzki vielfach theoretisch begründet, in gleichem Maße die «politische Arbeit» und Werbung im Hinterland. Mit der Motivierung der Soldaten und ‹Erläuterung› der Regierungsmaßnahmen wurden die politischen Kommissare betraut. Institutionell ein Produkt der Februarrevolution, wuchs ihnen eine neue Aufgabe von unschätzbarer Bedeutung zu. Denn auch die Rote Armee sah sich mit dem Problem der Desertion konfrontiert. Wie sehr die Bevölkerung der sozialen Revolution zujubeln mochte, sie wollte alles andere als einen weiteren Krieg. Wenn das Sowjetregime dieser Bedrohung im Gegensatz zur Provisorischen Regierung trotz hoher Fluchtquoten Herr wurde, so war das nicht zuletzt der effektiven Verknüpfung von drakonischen Strafen, politischer Agitation und Kontrolle zu verdanken. Schon das schiere Wachstum sprach für sich: Von 100 000 Mann im April 1918 wuchs die Rote Armee auf eine Million im Oktober, 1,5 Mio. im Mai 1919 und fünf Millionen 1920.

Freilich hätte die Macht der Zahl ohne qualifizierte Führung wenig genutzt. Gerade in dieser Hinsicht strafte das Regime alle früheren Beteuerungen Lügen. Es griff, wie in den Ministerien, auf die einzigen ausgebildeten Offiziere zurück, die zur Verfügung standen: die der zarischen Armee. Patriotische Appelle und materielle Anreize in Zeiten bitterster Not bewogen zwischen Juni 1918 und August 1920 etwa 48 000 ehemalige Offiziere und 215 000 Unteroffiziere zum Wiedereintritt in ihre einstigen Funktionen. Lenin selbst räumte später ein, daß die Rote Armee ohne sie nicht hätte entstehen und ohne die Expertise eines I. I. Vacetis oder S. S. Kamenev, beide für einige Zeit Oberbefehlshaber, nicht hätte siegen können. Dabei blieben viele Spitzenpositionen allerdings Generälen aus den eigenen Reihen vorbehalten. Nicht die geringste Voraussetzung für die Selbstbehauptung der Bolschewiki bestand in der unerwarteten Tatsache, daß sich unter ihnen einige Strategen von Rang fanden. M. V. Frunze, der den Südosten bis Turkestan eroberte, der junge M. N. Tuchačevskij, der Kolčak zurückwarf, der bald legendäre Kavalleriegeneral S. M. Budënnyj, der den Kosaken in ihrer urei-

3. Bürgerkrieg und innere Folgen 143

gensten Kampfart den Schneid abkaufte – sie bewiesen militärische Qualitäten, die denen der erfahrenen Generalstabsoffiziere auf gegnerischer Seite nicht nachstanden. Über allen schwebte schließlich der rastlose Trotzki, allgegenwärtig, kraftvoll, ein begnadeter Inspirator und fähiger Organisator, dabei hart über die Grenzen des Menschlichen hinaus. Auch wenn man sich nicht vom Glorienschein blenden läßt, der sich bald um den Verteidigungskommissar bildete, bleibt seine Leistung außerordentlich. Der berühmte rot beflaggte Panzerzug, autark bis zur Druckerpresse, der ihn quer durch das Riesenreich trug, wurde zum suggestiven Symbol des Sieges.[42]

Dennoch entschied nicht die Leistung der Roten Armee allein über den Sieg. *Geographische und strukturelle Faktoren* begünstigten ihren Aufbau und verschafften ihr kaum wettzumachende Vorteile. Sie ergaben sich im Kern aus dem grundlegenden Tatbestand, daß die Bolschewiki über Zentralrußland herrschten und sich seiner überlegenen Ressourcen bedienen konnten. Der Großraum um Moskau und Petrograd war, von der Ukraine abgesehen, am dichtesten besiedelt. Hier konzentrierten sich, wie erschöpft sie immer sein mochten, Industrie (einschließlich der Rüstungsproduktion), Handel und Gewerbe, hier liefen die Transportwege zusammen, hier breitete sich das größte Netz schiffbarer Wasserwege (Wolgabecken) aus, und hier befanden sich die alten Apparate der administrativ-politischen und militärischen Macht. Dagegen mußten sich die weißen Armeen und Regime spätestens nach dem Fall Samaras an die Peripherie des Reiches zurückziehen – in die dünnbesiedelten Steppen am Don, Kuban', im Ural und nach Sibirien. Besonders im Süden operierten sie auf dem Territorium nichtrussischer Völker, auf deren Hilfe sie kaum rechnen konnten. Was sie an Industrieanlagen im Donecbecken und in Ekaterinburg (Sverdlovsk) vorfanden, war weitgehend zerstört. Die Weite des Raumes bot sicher auch strategische Vorteile, aber eher für einen langen Rückzug, nicht für den Vormarsch ins Zentrum.

Den Rest besorgten die politischen Fehler der weißen Regierungen. Die Kadetten im Kabinett Kolčaks taten nichts, um das «wilde Tier, das Volk genannt wird», so die Erkenntnis des rechten Parteiflügels, zu gewinnen. Sie annullierten, was nach bolschewistischer Maßnahme aussah, und errichteten ein inneres Regiment, das jeder Ordnung und Effizienz spottete. Im Süden arbeiteten sie als Berater der dortigen Machthaber eine Verfassung aus, die den Oberkommandierenden zugleich zum Regierungschef ernannte und das Kabinett auf konsultative Aufgaben beschränkte. Vollends fatal aber mußte es sich auswirken, daß sie die Wiederherstellung des Reiches in den Grenzen von 1914 auf ihre Fahnen schrieben – und damit sämtliche nationalen Befreiungsbewegungen gegen sich aufbrachten. Im Laufe des Bürgerkrieges wurde immer deutlicher – was anfangs durchaus anders war –, daß die bewaffneten Gegner des Oktober letztlich für Grundmerkmale der alten Ordnung standen. Die Stützen des Februarregimes, die eine «dritte Kraft» hatten bilden wollen, waren längst zwischen den Fronten zerrieben worden. Bei aller ‹roten› Gewalt im Innern, die völlig außer Frage steht, wollte aber kaum jemand, und erst recht nicht an der Peripherie, zum Rußland des Adels und staatlicher Bürokratie, der Privilegien und des nationalistischen Zentralismus zurück.[43]

Keiner Erläuterung bedarf, daß die Selbstbehauptung des Sowjetregimes nicht nur eine Frage militärischer Überlegenheit war. Der Bürgerkrieg verlangte keine geringere Anspannung aller wirtschaftlichen, sozialen und administrativen Kräfte des Landes als der vorangegangene äußere Konflikt. Gegen jede Wahrscheinlichkeit bestanden die Bolschewiki letztlich auch diese Herausforderung. Der Sieg wurde jedoch teuer erkauft. Im Kampf auf Leben und Tod gingen die sozialen und politischen Freiräume verloren, die der Sturz der Autokratie und die zweite Revolution nach dem Oktober (nicht der Umsturz selbst) geschaffen hatten. Die Einsicht gewann Oberhand, daß basisdemokratische Experimente kein geeignetes Rezept seien, um das neue Regime vor dem Zusammenbruch zu bewahren. «Die nächsten Aufgaben der Sowjetmacht» hießen Organisation und Disziplin, «Rechnungsführung und Kontrolle» sowie allgemeine Effizienz. Lenin und Trotzki, die für solche Losungen seit März 1918 warben, gingen davon aus, daß sie nur durch «Einmannleitung», Heranziehung bürgerlicher Spezialisten, Lohndifferenzierung und die Nutzung der neuesten kapitalistischen Errungenschaften zu verwirklichen seien. Hinzu kamen immer sichtbarer die Propagierung und Anwendung von Gewalt nicht nur gegen erklärte Feinde, sondern auch gegen solche, die nur ihre letzten Habseligkeiten zu retten suchten oder mit bestimmten Maßnahmen nicht einverstanden waren. Auch dieser schroffe Kurswechsel blieb in der Partei nicht unbestritten. Die sogenannten «linken Kommunisten» verwahrten sich gegen die Gleichsetzung von Mitbestimmung und Anarchie. Sie leugneten die unterstellte Alternative zwischen Zentralismus und Untergang und warnten vor der Gefahr einer dauerhaften Deformation der angestrebten sozialistischen Gesellschaft. Das Dilemma der Revolution bestand darin, daß beide Seiten gute Argumente für sich hatten – aber der harte Zwang der Not, den Lenin und Trotzki ins Feld führen konnten, mächtiger war als Befürchtungen für die Zukunft.[44]

Was im Sommer 1918 Gestalt annahm und bis zum Frühjahr 1920 andauerte, war indes nicht die anvisierte Verbindung aus Sowjetmacht und «letztem Wort» der kapitalistischen Technik, sondern eine neue Mangelwirtschaft. Deren spätere theoretische Überhöhung zur «Ökonomik der Transformationsperiode» (Bucharin) hat die bis heute andauernde Debatte begründet, ob der sogenannte *Kriegskommunismus* bereits als Versuch zu verstehen war, eine Wirtschaftsordnung neuen Typs zu schaffen, oder nur als Ergebnis erzwungener Improvisation in einer Zeit allgegenwärtiger Not. Mittlerweile ist die Einsicht gewachsen, daß die Alternative ins Leere geht. Ohne Zweifel bildete sich eine ökonomische Organisation heraus, die vom ideologischen Anspruch der bolschewistischen Revolution geprägt war. Wesentliche Prinzipien ergaben sich aus dem Programm, Kapitalismus und bürgerliche Klassengesellschaft hinter sich zu lassen. Auf der anderen Seite erbte das neue Regime die alten Probleme. Die Versorgungslage wurde von Tag zu Tag prekärer, die Inflation grassierte unvermindert, die industrielle Produktion stürzte weiter ins Bodenlose, die Kluft zwischen Stadt und Land vertiefte sich, weil das Dorf mit der Verteilung des Revolutionsgewinns beschäftigt war, das Wandergewerbe zusammenbrach und der Mangel an Industriewaren zu verstärkter Autarkie nötigte. Das Regime fand für diese Probleme teils neue, teils ähnliche Lösungen wie die Autokratie und die Provisorische Regierung. Kriegswirtschaft blieb Kriegswirtschaft mit den ihr eigenen Zwängen, aber im Rahmen anderer Vorgaben sowohl des sozioökonomischen als auch des politischen Grundgefüges.[45]

Den Boden für die neue Wirtschaftsorganisation bereitete die weiter vorangetriebene *Nationalisierung*. Was nach dem Oktober als spontane Übernahme durch Fabrikkomitees und örtliche Sowjets begann, wandelte sich im Frühjahr zum Instrument zentraler Wirtschaftslenkung. Schon hier fanden Absicht und Notwendigkeit zusammen. Den Realisten in der Parteiführung war klar, daß die unkoordinierte Selbsthilfe der Belegschaften beendet werden mußte. Zugleich kamen die Überlegungen über die ‹richtige› Wirtschaftsstruktur zu einer Entscheidung. Lenins «staatskapitalistische» Gedankenspiele, die Idee einer Kooperation zwischen privater Großindustrie und sozialistischem Staat, stießen auf anhaltenden Widerstand. Statt dessen votierten vor allem die örtlichen Volkswirtschaftsräte – seit Dezember nach dem Vorbild des VSNCH gebildet – für die Fortsetzung der ‹antikapitalistischen› Offensive. Ihr erster allrussischer Kongreß hatte Ende Mai maßgeblichen Anteil daran, daß die Nationalisierung endgültig beschlossen wurde. Mit der Verstaatlichung der gesamten Großindustrie per Dekret vom 28. Juni 1918 siegte der revolutionäre Impuls über pragmatische Mäßigung. Die Praxis ging im folgenden Jahr über die gesetzlichen Vorgaben noch hinaus. Auch mittlere Betriebe wurden in die Regie der Zentral- und Hauptverwaltungen übernommen, die das Gerüst einer Planwirtschaft errichteten und die Marktkräfte zu ersetzen begannen.

Der erste Schritt zog angesichts von ungelösten Problemen der Finanzierung und Rohstoffzuteilung weitere nach sich. Anfang November 1920 meldete der VSNCH 4 547 (= 65,7 % aller berücksichtigten) Unternehmen mit einer Million Beschäftigten als nationalisiert. Dennoch blieben erhebliche Lücken in der Zuständigkeit der staatlichen Stellen. Eine Mischwirtschaft war entstanden, die der neuen Wirtschaftsbürokratie wachsende Probleme bereitete und in Verbindung mit bitterem Mangel auch am Notwendigsten dem Schwarzmarkt Tür und Tor öffnete. Um dem entgegenzuwirken und zugleich die staatliche Kontrolle über Rohstoffe und Konsumgüter zu erweitern, wurde am 29. November 1920 die Enteignung aller Betriebe mit mehr als zehn Lohnarbeitern verfügt. Ökonomisch bewirkte die Maßnahme wenig. Zwei Drittel aller registrierten Betriebe (185 000 von 278 000 nach einer Erhebung von 1920) beschäftigten überhaupt keine Lohnarbeiter und blieben zusammen mit den übrigen Kleinbetrieben in privater Hand; der illegale Tauschhandel blühte weiter. Politisch aber war eine Grundentscheidung getroffen, die auch die NĖP nicht aufhob.[46]

Als unverwechselbares Kennzeichen des «Kriegskommunismus» hat sich schon dem zeitgenössischen Bewußtsein jedoch eine andere Maßnahme eingeprägt: die Zwangseintreibung des Getreides auf den Dörfern. An sich war die Zuflucht zur *Versorgungsdiktatur* nicht neu. Indem sie per Dekret vom 13. Mai 1918 alles Getreide zum Staatsmonopol erklärten, wiederholten die Bolschewiki nur, was bereits die Provisorische Regierung getan hatte. Dennoch wurde schnell spürbar, daß ein anderer politischer Wille am Werk war. Die Sowjetregierung begnügte sich nicht mit Appellen, sondern drohte mit Gewalt und schuf im Juni 1918 Institutionen, die helfen sollten, das letzte entbehrliche Korn auf den Tennen ausfindig zu machen. Zutritt zu diesen Komitees der Dorfarmut hatten alle Gemeindemitglieder, die nicht zu den Wohlhabenderen zählten oder landlose Tagelöhner und Knechte waren. Sie erhielten den Auftrag, die im Dorf benötigten Industriewaren im Tausch gegen Getreide zu verteilen. Um das nötige Engagement sicherzustellen, überließ ihnen der Staat einen bestimmten Anteil am aufgebrachten Getreide. Der Zweck heiligte die Denunziation: Soziale Spannungen, Neid, Gier und nicht zuletzt schiere Not wurden zu Instrumenten der Nahrungsmittelbeschaffung erhoben. Es war ein weiterer Beleg für die Festigkeit der Dorfgemeinschaft, daß die Rechnung nicht aufging. Der Klassenkampf erwies sich als untaugliches Mittel zum Verständnis der dörflichen Sozialbeziehungen. Bereits am Jahresende wurden die Komitees in den meisten Gouvernements wieder aufgelöst.[47]

Um so stärker wuchs die Versuchung, die Versorgung der hungernden Städte mit Gewalt zu verbessern. Dabei sind drei Stufen zu unterscheiden. Bereits das Maidekret verlieh dem zuständigen Kommissariat außerordentliche Vollmachten. Im Kampf gegen «gierige Kulaken» gewährte man ihm auch das Recht zum Einsatz «bewaffneter Verbände im Falle des Widerstandes» gegen die Beschlagnahme von Getreide. Noch im Laufe des Sommers wurden zuverlässige Parteigänger, vorwiegend Arbeiter aus Petrograd, zu eigenen Detachements zusammengestellt. Unter Mitwirkung der Militärbehörden bildete sich eine separate «Versorgungsarmee», die mit erheblichem Personaleinsatz (November 1918 ca. 29 000, Oktober 1919 über 45 000 Mann) eine weitere Front des inneren Krieges eröffnete: die zwischen Stadt und Land, zwischen Konsumenten und Produzenten nicht nur von Getreide. An die Stelle attraktiver Abnahmepreise traten Bajonette, Requisition ersetzte den Markt. Der trotz allem enttäuschende Ertrag gab Anlaß zu weiterer Verschärfung. Im Januar 1919 ging das Sowjetregime dazu über,

3. Bürgerkrieg und innere Folgen

Ablieferungsquoten pro Gouvernement auf der Grundlage grober Schätzungen festzusetzen *(prodrazverstka)* und einzutreiben. Formal hielt man zwar an der Fiktion des Kaufs fest; nur fehlten die Waren, die das Dorf für die Billets hätte erwerben können. Die Rede vom «nichtäquivalenten Tausch» kleidete in verharmlosende Worte, was für die Bauern nicht nur Erpressung und Raub, sondern Greuel und Mord war.[48]

Der gewaltsame Zugriff auf die Nahrungsmittel bei den Produzenten fand seine Ergänzung in ihrer kostenlosen Verteilung an die städtischen Verbraucher. Das zuständige Kommissariat (für Versorgung) und der Oberste Volkswirtschaftsrat begannen, den gesamten Warenverkehr zwischen Stadt und Land zu regulieren. Auch hier griffen Notlagen, Anpassungszwänge an bereits getroffene Maßnahmen und bewußtes Hinsteuern auf eine andere Wirtschaftsordnung ineinander. Als die Bolschewiki über die Organisation der Versorgung nachzudenken begannen, verfügten sie über keinen fertigen Plan zur Beseitigung des Marktes. Aus ihrem marxistischen Credo leiteten sie aber die vorrangige Aufgabe ab, den freien Warenverkehr mit Hilfe der verstaatlichten Industrie einzuschränken. Als Mittel bot sich an, durch fixierte Industrie- und Getreidepreise den Austausch zwischen Stadt und Land zentral zu steuern. Dabei ergab sich bald die Notwendigkeit, die Kontrolle über die Warenverteilung zu erweitern. Dekrete vom November 1918 und August 1919 erklärten fast alle Verbrauchsgüter und Rohstoffe zum Staatsmonopol. Die damit vollzogene Nationalisierung des Handels markierte einen weiteren Schritt des «Kriegskommunismus», der nur vorübergehend wieder rückgängig gemacht wurde.[49]

Von hier aus war der Weg nicht weit zu einer Wirtschaftsform, die auf das Symbol des Kapitalismus und der Herrschaft vermeintlich willkürlicher Marktkräfte über die tatsächlichen Bedürfnisse der Menschen, auf das Geld selbst, verzichtete. Wenn der Staat die Produktion regulierte und alle wichtigen Bedarfsgüter verteilte, bedurfte es keines Wertzeichens mehr, das diesen Tausch regulierte. Konsumenten und Produzenten erhielten, was vorhanden war; Kauf und Verkauf entfielen. Freilich stand auch bei dieser Entwicklung die schlichte Macht des ‹Faktischen› Pate. Angesichts der zerrütteten Wirtschaft und Verwaltung wußten die neuen Regenten zunächst keinen anderen Rat, als die Staatsausgaben durch die Beschleunigung der Notenpresse zu decken. Sie vergrößerten die Menge des umlaufenden Geldes zwischen 1917 und 1921 auf mehr als das Hundertfache. Zugleich kletterte die Inflation weiter in schwindelnde Höhen: in Moskau bei Nahrungsmitteln 1918/19 um 1564%, 1919/20 um 1312%, 1920/21 um 668,7%, bei Verbrauchsgütern nicht langsamer. Folgerichtig drängten die Gewerkschaften darauf, den Lohn *in natura* auszuzahlen. Trotz erheblicher Skepsis der Planungsinstanzen, die an der Übertragbarkeit von Brot und Grütze in gesamtwirtschaftliche Rechengrößen zweifelten, setzten sie sich seit 1919 mehr und mehr durch. Bei kommunalen Dienstleistungen deckten die Einnahmen nur noch einen Bruchteil der Kosten, so daß der Entschluß nahelag, Gas, Wasser, Strom und Konsumgüter gratis abzugeben (seit Januar 1921). Die freie Benutzung von Post und Telegraph sowie der Wegfall von Mietzahlungen durch die weitere Enteignung privater Wohnungen vollendeten schließlich den Übergang zu dem, was man euphemistisch «proletarische Naturalwirtschaft» nannte. Auch diese Entwicklung war jedoch *nicht* von Anfang an beabsichtigt. Die bolschewistischen Experten ließen dem Geldwertverfall keinen freien Lauf. Vielmehr ergab er sich als Resultat der tiefen Krise des gesamten Finanzwesens. Dabei spielte die überstürzte Nationalisierung der Banken vom Dezember 1917, die mehr Probleme schuf, als sie löste, offenbar eine Schlüsselrolle. Erst als *prodrazverstka* und Inflation ohnehin zur Rückkehr in die ökonomische Steinzeit zwangen, wurde die Not zur Tugend des antizipierten Kommunismus idealisiert.

Es bleibt die Frage nach den Ergebnissen. Soweit es Gewinner gab, waren sie unter den *Schwarzhändlern* zu suchen. Nicht das staatliche Verteilungssystem erhielt die Versorgung der Stadtbewohner bei aller schlimmen Not in diesen Jahren leidlich aufrecht. Als buchstäblich lebensrettend erwies sich vielmehr der emsige Fleiß unzähliger «Sackmänner», die alles, was an Eßbarem entbehrlich schien, in die Ballungszentren trugen und gegen Industriewaren oder Wertgegenstände tauschten. Manch bürgerliches Silber verteilte sich in diesen Jahren über das Land. Man hat geschätzt, daß dieser illegale Markt 65 bis 70% der Nahrungsmittel bereitstellte. Mit gutem Grund hat die Staatsmacht nie ernsthaft versucht, ihn zu zerschlagen – sie brauchte ihn und die ‹Mittelbauern›, die ihn im wesentlichen speisten. Um so grelleres Licht fällt auf die Leiden der armen Bauern, die nichts abzugeben hatten. Sie mußten wieder einmal die größten Opfer bringen. Dabei stand ihnen, da die städtischen Detachements auch das Saatgut raubten, das Schlimmste noch bevor: die wohl verheerendste Hungersnot, die das Reich seit Menschengedenken erlebt hatte, im Winter und Frühjahr 1921/22.[50]

Dieser Umgang mit dem Dorf blieb nicht ohne politische Folgen. Während der Bürgerkrieg tobte und die feindlichen Armeen ihre blutigen Kämpfe austrugen, blieb es bei allem Aufbegehren gegen den Raub des Getreides ruhig. Sicher trug ein Übermaß an Gewalt und Terror dazu bei. Aber die Bauern hatten auch wenig Grund, sich auf die Seite der Gegner des Oktober zu schlagen, die ihren kostbarsten Revolutionsgewinn bedrohten: das Adelsland. «So lange sie die Weißen fürchteten, folgten sie, mit schleppenden Füßen,» der Marschroute des Sowjetregimes. Die Unzufriedenheit wuchs jedoch in dem Maße, wie sich der Kampflärm legte. Mit guten Argumenten ist die Zeitspanne vom Frühjahr 1920 bis zum Frühjahr 1921 als weitere Phase des Bürgerkriegs und als Jahr der «Grünen» bezeichnet worden. Am heftigsten brach sich der Aufruhr im Sommer 1920 im Gouvernement Tambov Bahn, als der Staat abermals seinen Anteil an der Ernte verlangte. Bis zu 20 000 Bauern leisteten bewaffneten Widerstand. Ihre Forderungen

3. Bürgerkrieg und innere Folgen

nach Einberufung der Konstituierenden Versammlung, nach Wiederherstellung der alten Wirtschaftsform, aber auch nach Sozialisierung des Landes und der Rückkehr zu den Prinzipien des Oktober (!) trugen unzweideutig die Handschrift der Sozialrevolutionäre. Ähnliche Erhebungen, die vielfach nach altem Muster von der *obščina* getragen wurden, bedrohten die Sowjetmacht in anderen Gouvernements der Ukraine, der mittleren und unteren Wolga, am Don, im kaukasischen Vorland und in Südsibirien – fast die gesamte ‹Kornkammer› des bolschewistischen Herrschaftsgebiets verwandelte sich in eine «riesige *Vendée*». Das Regime antwortete – wie in Kronstadt – mit erbarmungsloser Härte und Massenerschießungen. Zugleich kam vor allem Lenin zu der Einsicht, daß Millionen von Bauern auf Dauer stärker sein würden. Es sprach abermals für sein politisches Gespür und seine Durchsetzungskraft gegen ‹kriegskommunistische› Idealisten, daß er die Weichen für den Übergang zur NĖP rechtzeitig, im Frühjahr 1921, stellte. So verwandelte er die erfolgreiche Gegenwehr der Bauern in einen Sieg des Regimes.⁵¹

Nicht weniger tief waren die Spuren, die der Existenzkampf ins staatliche und politische Leben eingrub. Die von Lenin und Trotzki verfochtenen Prinzipien ließen die verfassungsmäßige Grobstruktur von Herrschaft und Verwaltung zwar bestehen; aber sie veränderten die tatsächliche Machtverteilung grundlegend. Der Bürgerkrieg war die Zeit der *außerordentlichen Organe*, der Sondervollmachten und des Terrors. Ein Netz von Kommissionen, die reguläre Zuständigkeiten außer Kraft setzten und, wenn sie überhaupt praktischer Kontrolle unterlagen, nur gegenüber Vorgesetzten verantwortlich waren, überzog das Land.

Der erste Pfeiler dieser Notstandsverwaltung wurde schon im Frühjahr 1918 im Transportwesen errichtet, um den lebenswichtigen Schienenverkehr vor dem völligen Zusammenbruch zu bewahren. Im Mai konnte das Volkskommissariat für Versorgung mit der Einrichtung der Requisitionsabteilungen beginnen. Im Sommer ging das Volkskommissariat für Militärwesen in einem neu geschaffenen Revolutionären Militärrat auf, der ebenfalls diktatorische Befehlsgewalt in Anspruch nehmen konnte. Ende November trat ihm ein zentrales Gremium zur Koordination der Rüstungsindustrie und der gesamten Armeeversorgung in Gestalt des *Rates für die Arbeiter- und Bauernverteidigung* (später *Rat für Arbeit und Verteidigung*, *STO*) zur Seite, der dank eigener Gesetzgebungskompetenz zu einem inneren Kabinett wurde. Das umstrittenste, in vieler Hinsicht auch mächtigste dieser Sonderorgane aber war die *Allrussische Außerordentliche Kommission für den Kampf gegen Konterrevolution und Sabotage*, bekannt als *Tscheka*. Zur Abwehr des Streiks der Staats- und Bankangestellten ins Leben gerufen, trug ihr der SNK zunächst «die Verfolgung und Bestrafung» aller gegen die Sowjetmacht gerichteten Handlungen, die «Überstellung» der Verhafteten an die Revolutionstribunale sowie vorbereitende Maßnahmen zur Verhinderung weiterer staatsfeindlicher Aktionen auf. Trotz der bedenkenlosen Vereinfachung solcher Formulierungen spricht wenig dafür, daß mit diesem Beschluß bereits eine unkontrollierte Geheimpolizei gegen innere Feinde gleich welcher Art begründet wurde. Im ganzen übte die Tscheka im ersten halben Jahr ihrer Existenz noch keine eigenmächtige Sammeljustiz, auch wenn sie ihre Beschränkung auf bloße Ermittlung früh mißachtete. Dazu trug der Umstand wesentlich bei, daß ihr im linkssozialrevolutionären Volkskommissar für Justiz ein Rivale erwuchs, der am Leitbild der Gesetz-, wenn auch nicht unbedingt der Rechtmäßigkeit festhielt. Allerdings ließ die Tscheka ihr Potential an Willkür und Macht früh erkennen. Mitte Januar 1918 billigte der SNK den Plan ihres Schöpfers Dzeržinskij, eigene bewaffnete Verbände aufzustellen. Wenig später begann sie, Dependancen in der Provinz einzurichten. Entsprechend schnell wuchs ihr Personal – von zwei Dutzend Mitarbeitern Ende Dezember auf etwa 1000 im Juni, als sie das Innenkommissariat bereits an Größe übertraf.[52]

Die eigentliche Wende brachte indes der sog. Aufstand Linker Sozialrevolutionäre. Im Frühsommer hatte der beginnende Getreidekrieg dem Unmut der einstigen Partner über den Brester Frieden weitere Nahrung gegeben. Als bolschewistische Redner auf dem fünften Allrussischen Sowjetkongreß Anfang Juli 1918 jegliche Konzessionen ablehnten, suchte die PLSR beim alten Rezept des «individuellen Terrors» Zuflucht. Der Schuß, der den deutschen Botschafter Graf Mirbach am 6. Juli tötete, sollte den schändlichen Pakt mit dem Reich annullieren und die eigene Regierung zu einem Kurswechsel zwingen. Vieles spricht dafür, daß die Linken Sozialrevolutionäre gar nicht mehr wollten. Sie hätten durchaus die Chance gehabt, nach der Macht zu greifen, aber sie trafen keine Anstalten dazu. Überdies haben die sofort einsetzenden Verhaftungen ein weiteres Attentat nicht verhindern können, das (in welcher Form auch immer) mit ihrem Wissen geplant wurde. Als Dora Kaplan am 30. August auf Lenin selbst schoß und ihn schwer verwundete, hätte sie um ein Haar weit mehr verändert als nur die deutsch-sowjetischen Beziehungen.[53]

Beide Ereignisse müssen im Zusammenhang mit dem Gegenregime in Samara gesehen werden. Was sie gemeinsam vor diesem Hintergrund auslösten, war der erbarmungslose Feldzug gegen die inneren Feinde und alle, die als solche galten. Der sog. Juliputsch gab Anlaß zu einer gründlichen Reorganisation und Vergrößerung der Tscheka. Im August unterstanden der Moskauer Zentrale an der Lubljanka Abteilungen in 38 Gouvernements und 75 Kreisen. Bereits zu dieser Zeit erweiterte sie ihre Kompetenzen willkürlich zum Exekutionsrecht. Die *carte blanche* zur ungehemmten Selbstjustiz aber stellte ihr der SNK erst nach den Attentaten des August aus. Das Dekret «Über den roten Terror» vom 5. September kündigte dem Klassenfeind und allen weißgardistischen Umtrieben gnadenlose Vergeltung an. Fortan interessierte nicht mehr der Einzelfall, der politische Mord wurde pauschaliert. Alles spricht dafür, daß die Wirklichkeit der berüchtigten Formulierung des hohen «Tschekisten» M. Ja. Lacis an Brutalität nicht nachstand: seine Organisation führe «keinen Krieg gegen Individuen», sie lösche die «Bourgeoisie als Klasse» aus.

Im Dienste dieser Repressionsmaschinerie standen im Januar 1919 etwa 37 000, im Spätsommer 1921 gut 137 000 Mann – verteilt auf verschiedene Aufgabenbereiche, von der Schienenbewachung über die allgemeine innere Sicherung und die Aufsicht in Gefängnissen und Lagern bis zum Fronteinsatz, der in den genannten Zahlen nocht nicht einmal berücksichtigt ist. Die Tscheka wurde zum Staat im Staate, den die Nachbarressorts mit wachsendem Argwohn betrachteten. Auf Initiative des Innen- und Justizkommissariats mußte sie auch gewisse Einschränkungen ihrer Vollmachten zugunsten der regulären Gerichte hinnehmen. Das Innenressort erhielt sogar Sitz und Stimme in ihrem Führungskollektiv. Aber wirksame Barrieren gegen willkürliche Gewalt wurden nicht errichtet, zumal die Revolutionstribunale allem anderen als rechtsstaatlichen Prinzipien verpflichtet waren. Die Schrekkensbilanz suchte in der jüngeren russischen Geschichte ihresgleichen. Lacis selbst räumte Anfang 1920 ein, daß in den beiden vorangegangenen Jahren 13 900 Personen in Konzentrationslagern, 4100 in Arbeitslagern, 36 500 in Gefängnissen inhaftiert, 9600 als Geiseln genommen und 54 200 nach Abbüßung von Strafen wieder freigelassen worden seien. Diese Angaben sind mit Sicherheit ebenso untertrieben wie die 9641 (unter Einschluß des Jahres 1920: 12 733) konzedierten Hinrichtungen. Zuverlässige Zahlen haben sich bis heute nicht ermitteln lassen. Für den gesamten Zeitraum vom Dezember 1917 bis zum Februar 1922 hält die sachkundigste Schätzung 280 000 Opfer für wahrscheinlich, etwa je zur Hälfte durch Exekutionen und Maßnahmen zur Unterdrückung von Aufständen verursacht. Andere Schätzungen schwanken zwischen 50 000 und 300 000. In jedem Falle erreichte der rote Terror schon im Herbst 1918 ein Ausmaß, das auch in der Regierung Proteste hervorrief. Gegen Kamenev und Bucharin behielt die von Lenin und Trotzki geführte Mehrheit jedoch die Oberhand. Sie ordnete Menschlichkeit, Recht und Moral ohne Bedenken dem Machterhalt unter. Mit Lenin tat sie die Kritik an der Tscheka als «Spießergerede» ab. Was solchen Zynismus zu erklären hilft, war höchstens eines: daß die weißen Armeen ebenfalls grausame Vergeltung übten, wo sie Kollaborateure witterten. Insofern kann der Terror dieser Jahre nicht vom Kriegsgeschehen gelöst werden – *à la guerre, comme à la guerre*.[54]

Zur Gewalt im Bürgerkrieg gehört auch ein Geschehen, das erst in den letzten Jahren aufgeklärt werden konnte und viel Aufsehen erregt hat: die *Ermordung der Zarenfamilie* in Ekaterinburg, wohin sie – statt wie ursprünglich noch von der Februarregierung vorgesehen ins sibirische Tobol'sk – auf Drängen der örtlichen Bolschewiki gebracht worden waren. Der

Tatbestand an sich war nicht neu. Er wurde nach dem Ereignis bekannt gegeben und hat bedeutend weniger Reaktionen hervorgerufen als erwartet. Die Monarchisten konnten sich bestätigt fühlen, verzeichneten aber keinen nennenswerten Zulauf oder einen Zuwachs an Motivation. Denn die Bauern, zu deren tradiertem Weltbild der religiös verehrte Zar gehörte, blieben erstaunlich passiv – ob aus dumpfer Erschöpfung oder verschlissener Loyalität, läßt sich nicht klären. Aufmerksamkeit hat die Untat deshalb nicht wegen ihrer Wirkung und historischen Bedeutung in diesem Sinne gefunden, sondern als Symbol für den Charakter des neuen Regimes. Nach allem, was seit 1989 ans Licht gekommen ist, wird man eine solche innere Verbindung nicht bestreiten können. Der Mord war nicht nur politisch sinnlos, weil der Zar als Person kaum geeignet war, zur Integrationsfigur und Kraftquelle des Widerstandes zu werden. Er war vor allem unverhältnismäßig und unverständlich grausam und blutig. Es ist nicht erklärbar, warum eine ganze Familie, neben dem Zaren seine Frau, der bluterkranke Thronfolger, vier Töchter, der Hausarzt und drei Bedienstete, in der Nacht vom 16. auf den 17. Juli 1918 in einem schaurigen Gemetzel auf engstem Raum von einem siebenköpfigen Exekutionskommando niedergeschossen und noch Lebende wie verendendes Vieh mit Bajonetten zu Tode gestochen wurden. Und auch der Umgang mit den Leichen war an entwürdigender Schändlichkeit kaum zu überbieten. Man fuhr sie auf einem Lastwagen in die umliegenden Wälder, um sie in einem aufgegebenen Bergwerksstollen zu vergraben. Da die Weiße Armee vorrückte und man fürchtete, die Opfer könnten entdeckt werden, grub man sie wieder aus, lud sie abermals auf einen Lastwagen, der aber im Morast steckenblieb und das neue Ziel nicht erreichte. Daraufhin verbrannte man die Leichen und verscharrte sie an Ort und Stelle. Erst 1989 wurde das Begräbnis entdeckt und die Identität der Knochenreste festgestellt. Angesichts dieser Rohheit klang der Hinweis auf die Verantwortlichkeit eines irregeleiteten Kommandanten der örtlichen Tscheka stets schal. Inzwischen darf er sogar als Lüge gelten. Neu entdeckte Quellen belegen, daß die Entscheidung über das Schicksal der Zarenfamilie an höchster Stelle fiel, wahrscheinlich Anfang Juli. Lenin selbst gab den Befehl, Sverdlov wußte davon und Trotzki notierte ihn zustimmend in seinem Tagebuch. Dies zwingt zumindest zu *einem* Schluß: Das Regime handelte von Anfang an ohne Not mit äußerster Grausamkeit. Auch unangemessene, durch keinen Zweck nachvollziehbare Gewalt war ihm nicht fremd. Feinde zu schonen, erschien ihm als falsche Sentimentalität. Darüber hinausgehende Deutungen, die Bolschewiki hätten ihre schwankende Gefolgschaft durch eine besonders schlimme Kollektivschuld fester an sich binden wollen, finden in den Ereignissen und Quellen keine Bestätigung. Sie bleiben – *cum ira et studio* angestellte – Spekulation.[55]

Der Aufbau der Staatsverwaltung stärkte nicht nur den Rat der Volkskommissare, bei dem die Fäden nach wie vor zusammenliefen. Mit ihm

3. Bürgerkrieg und innere Folgen

einher ging der Aufstieg der bolschewistischen Partei. Auch wenn Regierungsbehörden und neue Wirtschaftsorgane im Bemühen um Effizienz zahlreiche «bürgerliche Spezialisten» einstellten, eröffnete die Zugehörigkeit zu ihr die attraktivsten Karrierechancen. Der Ausbruch des Bürgerkrieges gab dieser Entwicklung einen weiteren Schub. Als das VCIK die Mehrheits-Sozialrevolutionäre und -Menschewiki am 14. Juni 1918 ausschloß, avancierte die (im März so umbenannte) *Kommunistische Partei Rußlands (Bolschewiki)* endgültig zur *Monopolpartei*. Sie wurde zum Reservoir der Führungskräfte auch auf den unteren Rängen und wuchs zwangsläufig in staatliche Funktionen hinein. Die neue Rolle hatte ihre Nachteile. Die besten Kräfte der Partei verausgabten sich in den staatlichen, besonders den außerordentlichen Organen und der Roten Armee. Ein so riesiges Land im Griff zu halten und seine letzten Reserven zu mobilisieren, drohte ihre Kräfte auszuzehren. Sie schien im Staate aufzugehen und ihren Führungsanspruch nicht mehr einlösen zu können, wie Kritiker aus den eigenen Reihen monierten. Auf Dauer überwogen jedoch die Vorteile der «Verstaatlichung». Nach dem Tode Sverdlovs im März 1919 paßte die Partei sich auch organisatorisch an. Neben das größer gewordene ZK traten ein eigenes Sekretariat sowie ein Organisations- und ein Politbüro. Bezeichnend war der personelle Ausbau des Sekretariats. Sverdlov, der die Partei hausbacken wie einen Verein geführt hatte, war noch mit einer Kanzlei von 15 Mitarbeitern (Stand vom Januar 1919) ausgekommen. Sein Nachfolger befehligte im Februar 1920 schon eine Behörde von der Größe eines Ministeriums (602 Mitarbeiter), die innerhalb eines Jahres (bis Februar 1921) gut 42 000 Parteigenossen über das rasch wachsende Sowjetterritorium verteilte. Ohne die Mitwirkung der Partei wurde kein wichtiges Amt im Lande mehr besetzt.

Auswirkungen auf die Mitgliederschaft blieben nicht aus. Die Partei erlebte einen nie dagewesenen Andrang von Beitrittswilligen. Im Ergebnis belief sich die Zahl der eingeschriebenen Kommunisten zur Zeit des zehnten Parteitages im März 1921 auf 730 000, d. h. auf knapp das Dreieinhalbfache des Standes vom Herbst 1917. Der Zuwachs wurde begleitet von sozialen Veränderungen. Es verdient Beachtung, daß der Rückhalt der Bolschewiki unter den Arbeitern in den Kriegsjahren schwand. Die Umworbenen machten aus ihrer Enttäuschung kein Hehl. Hinzu kam eine der wichtigsten sozialen Folgen des zunehmenden Hungers in den Städten: die Flucht der Unterschichten aufs Land. Vor allem aus den Metropolen wanderten die Menschen scharenweise ab. Moskau verlor zwischen Mai 1917 und 1920 die Hälfte seiner zwei Millionen Einwohner. In Petrograd lebten 1920 sogar nur noch 700 000 von 2,5 Mio. Einwohnern im Revolutionsjahr. Beide Vorgänge, die Entfremdung und die Stadtflucht, summierten sich zu einem deutlichen Effekt: Der Anteil der Arbeiter an der gesamten Mitgliederschaft sank von 1917 bis 1921 von etwa 60 % auf 40 %, bei strengen Kriterien vermutlich sogar noch deutlich tiefer. Davon profitierten Schichten, die stärker als zuvor in die Partei drängten: Bauern in Armeeuniform und Personen, die bald unter den Sammelbegriff der *Funktionäre* fielen. Vor allem letztere gaben der Partei ein neues Gesicht. Schon im Laufe des Jahres 1917 wurde ein Typus von Revolutionär sichtbar, der hauptberuflich in Räten und verwandten Organisationen tätig war und dessen Existenz sich mit ihnen verband. Die Revolution brauchte Verwalter und einen eigenen Apparat. Die neuen Amtsträger sicherten das Überleben des Regimes im Innern und erwarben Macht. Vor allem sie halfen, die neuen Leitprinzipien von Zentralismus und Hierarchie im administrativen Alltag zu verankern. Ohne ihren Aufstieg ist der bedeutendste Wandel in der bolschewistischen Partei nicht zu verstehen: der endgültige Schwund demokratischer Prozeduren und die Verfestigung der politischen Willensbildung aus der Machtfülle der jeweils übergeordneten Gremien. Die Partei nahm nicht nur einen staatlichen, sondern auch einen ‹bürokratischen› Charakter an.[56]

Die Leidtragenden dieser Entwicklung waren die Räte. Idee und Institutionen der direkten, proletarischen Demokratie blieben im Bürgerkrieg auf der Strecke. Sie wurden Opfer nicht allein des Notstands und der Auflösung ihres sozialen Fundaments. Wohl noch stärker fiel die Überzeugung Lenins, Trotzkis und der Mehrheit der Entscheidungsträger ins Gewicht, daß die Räte den außergewöhnlichen Aufgaben nicht gewachsen seien. Die Leichtigkeit, mit der die Regenten auf die Mitwirkung der gepriesenen, neugeschaffenen Organe verzichteten, ist ebenso bemerkenswert wie deren Mangel an Widerstand. Regierung und Gesetzgebung konzentrierten sich ausschließlich beim SNK (genauer sogar bei dessen Kern, dem ‹Kleinen SNK›) und beim (personell weitgehend identischen) Rat für Arbeiter- und Bauernverteidigung. Vollends kraft- und wirkungslos blieben die regionalen und lokalen Räte. Die exekutive Macht im Lande lag bei der Tscheka, den Organen der Versorgungsdiktatur und der Armee.

Gegen diese Mißachtung der Verfassung regte sich jedoch bald Unmut. Er wurde auf dem achten Parteitag im März 1919 unüberhörbar und wuchs in dem Maße, wie die militärischen Erfolge eine politische Normalisierung in Aussicht stellten. Das Ende des Bürgerkrieges bot die Chance zur Korrektur von Fehlern und zum Neuanfang. Auch die Rückkehr zu einem begrenzten innersozialistischen Meinungspluralismus schien nicht ausgeschlossen. An den Sowjetkongressen dieser Zeit nahmen nicht nur internationalistische Menschewiki, sondern auch einige Sozialrevolutionäre teil. Sie konnten sich auf eine erneut wachsende Popularität unter den Arbeitern stützen, die seit dem Frühjahr 1919 wieder auf die Straße gingen. Worum es gehen mußte, machte unter anderem Martov auf dem siebten Sowjetkongreß im Dezember 1919 deutlich: das VCIK wirklich zu dem zu erheben, was es laut Gesetz war – die oberste Exekutive und eigentliche Regierung des Landes. In der Tat erlebten die Räte eine Renaissance. Das VCIK suchte seine Chance. Seine erste Sitzung nach anderthalbjähriger Pause (seit Mitte Juli

1918) Anfang Februar 1920 war an sich schon ein symbolisches Ereignis. Zudem setzte sie inhaltliche Zeichen: Die Abschaffung der (wieder eingeführten) Todesstrafe richtete sich gegen die Allmacht der Tscheka; die Einrichtung der Arbeiter- und Bauernkontrolle sagte der Diktatur von Kommissionen und Behörden den Kampf an.[57] Angesichts der engen Verflechtung von Räteführung und Partei versteht es sich von selbst, daß dem Vorstoß des Zentralen Exekutivkomitees ein neuerlicher Streit in den Reihen der Bolschewiki zugrunde lag. Die Kritik entzündete sich an verschiedenen Problemen und wurde von verschiedenen Gruppen vorgetragen. Die sogenannte *Arbeiteropposition* um Šljapnikov und Kollontaj sorgte sich um die soziale Identität der Partei. Sie forderte die Mehrheitsfraktion auf, den Bedürfnissen der Arbeiter wieder stärker Rechnung zu tragen und die städtischen Massen in die Organisation zurückzuführen. Die *Demokratischen Zentralisten* um N. Osinskij konzentrierten ihre Angriffe auf die Herrschaft der Parteizentrale, die den eigentlichen Anspruch der Sowjetmacht in sein Gegenteil verkehrt habe. Vor allem in einem Punkte stimmten beide Gruppen und manche der nachfolgenden oppositionellen Strömungen überein: daß die politische Freiheit auch der Arbeiter in Gefahr sei, ohne die der Sozialismus nicht leben könne.

Dieser Sorge verliehen mit ihren Mitteln auch die Matrosen von *Kronstadt* Nachdruck. Kein anderes Ereignis ist so sehr zum Symbol der Deformation des Sowjetregimes geworden wie der brutal niedergeschlagene Aufstand derjenigen, die wenige Jahre zuvor die Speerspitze der radikalen Revolution gebildet hatten. Seit langem von linkssozialrevolutionären und anarchistischen Ideen ebenso geprägt wie von bolschewistischen, hingen die Kronstädter Matrosen am Ideal autonomer und egalitärer Kommunen. Sie waren allzu bewußte und unabhängige Vorkämpfer für Gleichheit und Selbstbestimmung, als daß sie sich widerstandslos von Organen hätten entmündigen lassen, die dem Willen der Obrigkeit folgten, auch wenn sie sich Räte nannten. Was sie im Februar 1921 forderten, konnten auch die Arbeiter unterschreiben, die ihre Unzufriedenheit zur selben Zeit in Petrograd und Moskau massiver denn je seit den Revolutionstagen in die Öffentlichkeit trugen: unverzügliche Neuwahlen der Sowjets auf der Grundlage geheimer und gleicher Stimmabgabe, Rede- und Pressefreiheit für alle anarchistischen und linkssozialistischen Parteien, Freiheit der Gewerkschaften, Versammlungsfreiheit, gleiche Brotrationen für alle mit Ausnahme von Arbeitern in gesundheitsschädlichen Berufen und anderes mehr.[58]

So stand das Sowjetregime im Frühjahr 1921 am Scheideweg. Es durchlebte die schwerste innere Krise seit seinem Bestehen. Revolution und Bürgerkrieg hatten neun bis zehn Millionen Tote gefordert, viermal soviel wie der gesamte Weltkrieg. Etwa zwei Millionen Menschen, darunter ein erheblicher Teil der Elite von Besitz und Bildung, waren ins Ausland geflüchtet. Dem Dorf stand die schlimmste Hungerkatastrophe seit Jahrhunderten bevor. Die Industrieproduktion war auf 12 bis 16% des Standes von 1912 geschrumpft.[59] Die bewaffnete Empörung der Bauern in Tambov und andernorts zwang zum Verzicht auf die Versorgungsdiktatur und setzte dem Experiment einer marktfreien Plan- und Verteilungswirtschaft vorerst ein Ende. Die Arbeiter klagten die Errungenschaften ein, um deretwillen sie den Oktoberumsturz mitgetragen hatten. In Partei und Staat wuchs der Widerstand gegen das autoritäre und terroristische Notstandsregime des Bürgerkriegs. Verschiedene Oppositionsgruppen forderten, was die Kronstädter Matrosen schließlich zur offenen Meuterei trieb: die Rückkehr zur Rätedemokratie. Es war ebenfalls eine unruhige, wenn auch keine revolutionäre Zeit, in der das Sowjetregime in seine zweite Phase trat. Nach dem Ende des Bürgerkriegs und der ausländischen Intervention eröffnete sie alle Aussichten auf einen Neubeginn. Zugleich hatten sich die Lasten eher vergrößert als vermindert. Zum ökonomischen Ruin waren die Verwüstung des Landes und unermeßliche Menschenverluste getreten. Kaum weniger Schatten warf die Entstellung und Enttäuschung der Ideen und Hoffnungen des Oktober auf die Zukunft. Es mußte sich zeigen, was stärker war, die Chance der Erneuerung oder die Macht des Bestehenden.

IV.
Atempause und Regeneration: die NĖP (1921–1928)

Am Anfang der neuen Ära stand vor allem *eine* Maßnahme: die Abschaffung von Getreiderequisitionen. An ihre Stelle trat am 21. März 1921 eine *Naturalsteuer*, die nicht mit Waffengewalt eingetrieben wurde. Die neue Abgabe war neueren Berechnungen zufolge nicht niedriger als im Vorjahr, aber im voraus fixiert und berechenbar. Der Sinn der Umwandlung lag auf der Hand: Den Bauern sollte ein Anreiz gegeben werden, wieder mehr zu produzieren, als sie selbst brauchten. Ihnen wurde zugesichert, den Überschuß auf den lokalen Märkten verkaufen zu können. Nicht nur die Versorgung der Städte mit Nahrungsmitteln sollte auf diese Weise verbessert werden. Darüber hinaus hoffte das Regime auf eine Wiederbelebung des gesamten Warenaustauschs zwischen Stadt und Land. Was der «Kriegskommunismus» im letzten Jahr gezielt zu beseitigen versucht hatte, wurde wieder zugelassen: der Motor und Inbegriff des Kapitalismus – der Markt. Lenin scheute sich nicht, die Kehrtwende offen einzugestehen. Man sei «zu weit gegangen auf dem Wege der Nationalisierung des Handels und der Industrie» und habe die Bedürfnisse der Bauernschaft sträflich vernachlässigt. Nun sei es an der Zeit, ein neues Signal zu setzen. Umgehend («noch heute abend») müsse «der ganzen Welt» mitgeteilt werden, daß der Parteitag die Ablieferungspflicht aufgehoben habe.

Die Eile war bezeichnend. Sie machte klar, daß der eigentliche Antrieb für die Maßnahme nicht ökonomischer, sondern politischer Natur war. Lenin sah deutlicher als andere, daß die Sowjetmacht selbst auf dem Spiele stand. In einem Lande, in dem die Bauernschaft eine so überwältigende Mehrheit stellte, konnte sich kein Regime behaupten, dem es nicht gelang, zumindest ihre wohlwollende Neutralität zu sichern. Schon das aber verlangte Konzessionen an den privaten Kleinbesitz, von dem die Masse der Bauern lebte. Weil man «Klassen ... nicht betrügen» konnte, gebot es die revolutionär-marxistische Staatsräson, die Interessen der beiden wichtigsten zu versöhnen. Lenin fand damit zurück zur «revolutionären Diktatur des Proletariats und der armen Bauernschaft», die schon nach dem Oktober verkündet worden war. Als *«smyčka»* (Zusammenschluß) wurde diese Formel zur Leitidee des neuen Staates am Beginn seines ‹friedlichen Aufbaus›. Um den Hammer legte sich nun auch in der realen Politik die Sichel. Zweifellos bezeichnete das Emblem die Essenz der NĖP recht genau.[1]

Freilich machte Lenin diese Zugeständnisse schweren Herzens. Ihm und der Mehrheit der Partei war selbst der begrenzte Kapitalismus, den man mit dem bäuerlichen Handel wieder zuließ, nicht geheuer. Als Gegenmittel empfahl er zum einen Genossenschaften als ideales Instrument zur Steuerung des Warenverkehrs und «besten Verteilungsapparat», den der Kapitalismus hinterlassen habe. Darüber hinaus meinten der Parteiführer und seine Gesinnungsfreunde aber den angeblichen Gefahren aus der Pandora-Büchse des freien Handels durch besondere Wachsamkeit der proletarischen Avantgarde vorbeugen zu müssen. Geschlossenheit und Disziplin wurden zum Gebot der Stunde. Nicht zufällig verabschiedete derselbe zehnte Parteitag, der die Naturalsteuer absegnete, auch das bald berüchtigte Fraktionsverbot. Der Weg von der Diktatur der Partei zur Diktatur über die Partei war geebnet.

Damit sind die beiden *hauptsächlichen Streitfragen* bezeichnet, die den zwanziger Jahren in der Sowjetunion das Gepräge gaben. Ökonomisch wurde um das Ausmaß der Konzessionen an die Privatwirtschaft gerungen. Diese Debatte konzentrierte sich auf die Frage nach dem angemessenen Umgang mit der Bauernschaft, der die Umwälzung des Jahres 1917 gegen die Absicht beider revolutionärer Regime faktisch zu mehr privat genutztem, von Eigentum kaum zu unterscheidendem Land verholfen hatte als je zuvor. Politisch setzte man sich über das Ausmaß an innerparteilicher Meinungsfreiheit und notwendiger zentraler Kontrolle auseinander. Beide Kontroversen waren nicht nur inhaltlich aufs engste miteinander verknüpft (wenngleich die Fronten nicht immer kongruent verliefen), sondern vor allem durch *eine* Gemeinsamkeit der Absicht: Das neue Regime suchte nach dem ‹richtigen Weg›. Auch wenn ‹abweichende› Voten dabei nicht mehr frei geäußert werden konnten, gelangten sie in der Regel an die innersowjetische und internationale Öffentlichkeit. In diesem Sinne konnte noch von einem begrenztem Meinungspluralismus die Rede sein, der dieser Periode retrospektiv eine gewisse Offenheit und ‹Liberalität› verlieh. Wie immer auch idealisiert, lag hierin ihre bleibende Attraktivität sowohl für künftige sowjetische Reformer (von Chruščev bis Gorbačev) als auch für die internationale Forschung. Der Grundsatzstreit der zwanziger Jahre schien zu bestätigen, daß nicht kommen *mußte*, was kam. Auch nach dem Zusammenbruch der Sowjetunion gilt, daß sich keine Darstellung sinnvollerweise von dieser Perspektive wird lösen können – und sei es nur, weil sie ohne jene Ungleichmäßigkeit der sozioökonomischen Entwicklung (um den Begriff der Rückständigkeit zu vermeiden) nicht zu verstehen ist, die sich als allzu schwere Erblast der neuen Ordnung erweisen sollte.

1. Der Streit um den rechten Weg

a. Arbeiteropposition und Gewerkschaftsdebatte

Aus guten Gründen entzündete sich die Debatte an der Frage nach der Rolle der Gewerkschaften. Der neue Staat verstand sich als Verkörperung vor allem der Arbeitermacht. Er beanspruchte, ihre Interessen zur Geltung zu bringen und stellvertretend für sie Herrschaft auszuüben. Um so größer war die Enttäuschung, als sich die Wirklichkeit immer weiter vom erklärten Selbstverständnis entfernte. Statt «Proletariern» sahen die bolschewistischen Betriebsräte «bürgerliche» Spezialisten in den Führungspositionen, statt kollegialer Führungsorgane unkontrolliert anordnende Einzelpersonen, statt Arbeiterdemokratie die Renaissance des autokratischen Prinzips in den Unternehmen. Als die Rechtfertigung dieser Maßnahmen durch die Notlage des Bürgerkrieges entfiel, mahnten sie Abhilfe an. Die Partei sollte Farbe bekennen und zeigen, ob sie wirklich die Interessen der Arbeiter vertrat und bereit war, den Staat zu dem zu machen, was er zu sein beanspruchte.

Die «*Arbeiteropposition*», wie die Anhänger eines solchen Kurswechsels genannt wurden, legten ihre Vorstellungen unter anderem in «Thesen» für den zehnten Parteitag nieder. Im Kern liefen ihre Forderungen darauf hinaus, die gesamte Wirtschaftsleitung in die Hände der Gewerkschaften zu legen. Die Fabrikkomitees sollten wiederbelebt und in die einst verbrieften Rechte restituiert werden. Auf sie gründend, sollte sich eine Pyramide nächsthöherer Organe erheben, die sämtlich von den jeweils untergeordneten zu wählen waren. Dem Allrussischen Kongreß und seinem Exekutivgremium, dem Zentralrat, an der Spitze sollte nicht nur die oberste Leitung der Einzelgewerkschaften zufallen, sondern auch die Koordination der Volkswirtschaft. In der Praxis hätten sie den VSNCh ersetzt. Die Arbeiteropposition meinte, mit diesem Rezept mehreren Übeln gleichzeitig das Wasser abgraben zu können: der «bürokratischen Methode» durch die «Wählbarkeit ... aller Organe von unten nach oben» und der «Demoralisierung» der Arbeiter durch ihre wirkliche Beteiligung am Produktionsprozeß. Sicher kamen darin, wie ihre Gegner meinten, syndikalistische Neigungen zum Vorschein. Zugleich offenbarten sie aber auch naives Vertrauen in das spontane Engagement der Arbeiter für eine Sache, die sie als ihre erkennen sollten. Es war der ursozialistische Glaube an die besondere Kraft des «Proletariats», der in ihrer Plattform am reinsten zutage trat. Nur der Arbeiter konnte einen Ausweg aus der tiefen Not des Staates weisen; man mußte bloß seine produktiven Energien wecken, um ihn – dies ein Schlüsselsatz – «aus einem Anhängsel der toten Wirtschaftsmaschinerie zum bewußten Schöpfer des Kommunismus» zu machen. Im übrigen trug die Gruppe ihren Namen auch unter soziologischem Aspekt nicht zu Unrecht. Obwohl Intellektuelle wie Kollontaj nicht fehlten, gehörten ihr auffallend viele erfahrene Gewerkschafter an. Besonders eng waren die Beziehungen zu den Metallarbeitern, deren Vorsitzender Šljapnikov als ihre führende Persönlichkeit galt.² Die Kritik der Arbeiteropposition und verwandter Gruppen gab auch anderen prominenten Parteimitgliedern Anlaß, Stellung zu beziehen. Zu Zeiten kursierten bis zu acht «Plattformen»; auch dies war ein Beleg dafür, daß sie einen Lebensnerv des Regimes traf. Die Verteidigung des *Status quo* ließ sich – im Gegensatz zu seiner vor- und nachher vertretenen Position – besonders *Trotzki* angelegen sein. Da Markt und wirtschaftliche Freiheit nicht wiederhergestellt werden sollten, konnte der völlige Zusammenbruch des Landes, wie er meinte, nur durch die Perfektionierung der «Kriegsmethoden» abgewendet werden. Alle gesellschaftlichen Organe, alle Glieder des Wirtschaftskörpers waren *einem* zentralen Willen zu unterwerfen. Skrupel hinsichtlich der Folgen für die Macht- und Herrschaftsstruktur im neuen Staat fochten ihn nicht an. Trotzki war zu dieser Zeit wenn auch kein «Proto-Stalinist» (R. V. Daniels), so doch ein bedenkenloser Verfechter autoritärer Organisations- und Entscheidungsstrukturen, deren Effizienz er als Vorsitzender des STO und der Zentralen Transportkommission in den letzten Kriegsjahren demonstriert hatte. Diese Erfahrung mag ihn auch bewogen haben, als Lösung für das äußerst schwierige Problem der beruflichen Wiedereingliederung von fünf Millionen Kriegsheimkehrern die sog. *Militarisierung der Arbeit* vorzuschlagen. Angesichts der Wirtschaftskrise und des Mangels an Arbeitsplätzen war, an den Maßstäben ‹instrumenteller Vernunft› gemessen, wenig gegen diese Idee einzuwenden. Sie hatte ‹nur› ebenfalls den Nachteil, die Freiheit der Menschen nicht zu beachten, die sich im Sozialismus doch erst voll entfalten sollte. Aus alledem ergab sich, daß Trotzkis Überlegungen zur künftigen Rolle der Gewerkschaften vor allem um *einen* Gedanken kreisten: sie dem übergeordneten Zweck des sozialistischen Aufbaus nutzbar zu machen. Weil die Proletarier im Sozialismus *per definitionem* an der Macht waren, brauchten sie keinen Schutzverband mehr. Die vornehmste Pflicht ihrer Organisationen sollte fortan in der «erzieherischen» Funktion bestehen, eine «Schule der Disziplin» und allgemein des «Kommunismus» sein. Nicht wenige prominente Bolschewiki schlossen sich diesen Thesen, wenn auch zum Teil mit Vorbehalten, an: unter anderem Bucharin, Dzeržinskij, der Parteisekretär N. N. Krestinskij und der herausragende Ökonom E. A. Preobraženskij.³

Angesichts der Heftigkeit der Kontroverse konnte Lenin nicht abseits stehen. Er sah, daß der Riß erneut mitten durch das ZK ging und eine mehrheitsfähige Kompromißplattform nötig war. Nicht nur darin zeigte er abermals Führungsstärke, sondern auch in den politisch-taktischen Grundeinsichten, die seinen Thesen zugrundelagen: Die Gewerkschaften sollten bei der Lenkung der Wirtschaft helfen, diese aber nicht übernehmen; sie sollten die Masse «erziehen», aber ihre Selbständigkeit behalten. Selbstredend ging auch Lenin davon aus, daß der Partei als Zusammenschluß der ‹Besten› eine Aufsichtsfunktion zukam. Aber sie sollte Behutsamkeit walten lassen und sich «kleinlicher Bevormundung» enthalten. Lenin trug damit der Tatsache Rechnung, daß die bolschewistisch organisierten Arbeiter keineswegs mit der gesamten Arbeiterschaft identisch war. Die Partei konnte an der Fiktion festhalten, die Interessen *aller* Minderprivilegierten – einschließlich Bauern – zu vertreten, nicht aber die Gewerkschaft. Darüber hinaus nahm Lenin die Warnungen ernst, die in den Streiks zum Ausdruck kamen. Auch die Arbeiter wollten keinen Zwang und keine Kommandowirtschaft mehr. Sie mochten die Umwandlung ihrer Interessenverbände in «Transmissionsriemen» des Sozialismus akzeptieren, nicht aber deren Liquidierung. All dies machte es den Delegierten leicht, Lenins Plattform zuzustimmen. Letztlich errang er einen erstaunlich mühelosen Sieg. Dazu trug allerdings die (auch später zu beobachtende) organisatorische Schwäche der Opposition maßgeblich bei. Ein übriges bewirkte die Rebellion der Matrosen von Kronstadt, die während der ersten Sitzung des Kongresses noch andauerte. So hatten die Kritiker schon verloren, als der Parteitag zusammentrat.[4]

Lenin und die Mehrheit des ZK nutzten die angespannte Lage, um einer Wiederholung des Streits vorzubeugen. Angesichts vorhersehbarer Gefahren hielten sie es für dringend geboten, die Partei besser zu rüsten. Vor allem die Zulassung des Agrarmarktes und des privaten Kleinhandels flößte ihnen Furcht ein. Immer noch galten die selbständigen Bauern, mochte ihre Wirtschaft nach westeuropäischen Maßstäben noch so erbärmlich sein, als kleinkapitalistische Brandstifter im prospektiven sozialistischen Hause. Die Resolution *«Über die Einheit der Partei»* ließ an diesem ‹genetischen Junktim› keinen Zweifel. Ausdrücklich verwies sie auf die anarchistisch-syndikalistische «Abweichung» – ein wahrhaft zukunftsträchtiges Schlag-Wort – und auf die Ausnutzung der Meuterei von Kronstadt durch die «Sozialrevolutionäre und die bürgerliche Konterrevolution allgemein [sic!]». «Kritik» sei zwar weiterhin «unbedingt nötig», dennoch habe das ZK fortan die «größtmögliche Einheit» der Partei zu sichern und für die «vollständige Zerstörung jeglicher Fraktionierung» zu sorgen. Von Protesten der Arbeiteropposition abgesehen, passierte auch diese Entschließung ohne nennenswerten Widerspruch. Ahnungsvoll äußerte der Kominternfunktionär Karl Radek zwar das dumpfe Unbehagen, hier werde eine Vorschrift erlassen, von der man noch nicht wisse, «gegen wen» sie sich richten könne. Aber selbst er stimmte ihr mit jener Ergebenheit an die Sache zu, mit der er und seine Freunde sich anderthalb Jahrzehnte später zur Stalinschen Schlachtbank führen ließen.[5]

b. Bürokratismuskritik und ‹nationale› Frage: der Beginn des Nachfolgekampfes

Die Gewerkschaftskontroverse bezog ihre Sprengkraft daraus, daß sie die Debatte über das Selbstverständnis des revolutionären Staates gleichsam nachholte, die nach dem Oktoberumsturz in den Hintergrund getreten war. Dennoch gibt es gute Argumente für die Meinung, daß nicht sie die Hauptfront markierte, an der die Partei stritt. Auch auf ihrem Höhepunkt schwang stets eine Kritik an der wachsenden Selbstherrlichkeit der Parteispitze mit, die seit dem Bürgerkrieg nicht verstummt war. Der Gegenstand dieser Vorwürfe war so diffus, aber auch so allgegenwärtig wie der Begriff, in dem sie sich bündelten: die Bürokratie oder, noch pejorativer gemeint, der «Bürokratismus». Das Ende der Kampfhandlungen gab nicht zuletzt diesen Protesten Auftrieb. Zugleich führten das unverminderte Wachstum der Partei und ihre anhaltende ‹Verstaatung› zur Verstärkung der inkriminierten Tendenzen. Es kam nicht von ungefähr, daß sich die kommenden Fehden um Lenins Erbe innenpolitisch vor allem an dieser Frage entzündeten. Bürokratismuskritik und Machtkampf gingen Hand in Hand, weil auch sie eine *alternative Deutung* vom Auftrag der Revolution einschloß.

Schon auf dem neunten Parteitag im März 1920 waren, das Unbehagen an der «Einmannleitung» gleichsam verallgemeinernd, deutliche Worte über den «bürokratischen Zentralismus des Zentralkomitees» gefallen. Der Fisch, hatte ein mutiger Opponent gemeint, fange bekanntlich «vom Kopf her zu stinken an». Die Interessen der Lokalorganisationen würden sträflich mißachtet; «engstirniges Ressortdenken» habe Einzug in die oberen Etagen der Partei gehalten. Ein Jahr später wiederholten Sprecher der «Demokratischen Zentralisten» nicht nur diese Anwürfe, sondern präzisierten auch ihre Korrekturvorschläge. Das Plenum des ZK müsse gestärkt, sein Personal erneuert, der Karrierismus beseitigt, die Rechenschaftspflicht ernstgenommen und die ungehinderte Äußerungsfreiheit für alle Strömungen der Partei in Wort und Schrift wiederhergestellt werden. Auch wenn damals andere Prioritäten die Oberhand behielten, verhallten solche Forderungen nicht ungehört.[6]

Zu denen, die der Kritik wachsende Aufmerksamkeit schenkten, zählte nicht zuletzt Lenin. Es gehört zu den Geheimnissen seiner schrankenlosen Autorität, daß er beides miteinander zu verbinden wußte: Unnachgiebigkeit im Interesse der Sache, so wie er sie sah, und ein sensibles Gespür für Mißstände. Allerdings wirkten auch alte, tief eingegrabene Vorbehalte gegen Institutionen, Behörden und Verwaltungen aus vergangenen Kampftagen mit. Als Revolutionäre, die den Sturz der Autokratie zu ihrer Lebensaufgabe gemacht hatten, bewahrten die Bolschewiki seiner Generation ein tiefes Unbehagen gegen Institutionen, Behörden und Verwaltungen. Obwohl der sozialistische Staat in ihrer Sicht einen völlig anderen Charakter besaß, begegneten sie ihm mit Mißtrauen. Zwar hielten sie ihn für notwendig, um die

1. Der Streit um den rechten Weg 163

Reste der alten Klassen und andere Regimegegner in Schach zu halten, aber doch nur vorübergehend. So gesehen, war es das fundamentale Paradox zwischen Revolution und neuer Herrschaft, zwischen Bewegung und Regime, das in der Bürokratismusdiskussion zum Ausdruck kam.

Dieser Zwiespalt hilft auch eine Einrichtung zu verstehen, die in diesen Jahren eine prominente Rolle bei den Bemühungen spielte, das Problem zu lösen. Die *Arbeiter- und Bauerninspektion* (RKI) ging zwar auf eine zarische Behörde zurück, die sogar personell weitgehend übernommen wurde. Aber als die «Staatskontrolle» im Februar 1920 im neuen Kommissariat aufging, veränderte man mehr als die Bezeichnung. Die neue Institution erhielt auch einen neuen Auftrag. Aus der Finanzrevision sollte die *institutionalisierte Bürokratiekritik* werden. Der unterstellten Neigung eines jeden administrativen Apparates, sich vom Knecht zum Herrn aufzuschwingen, wollte man mit gleichen Mitteln, einem ‹Apparat›, entgegenwirken. Freilich wurde schnell offenbar, daß sich Gift und Gegengift nicht aufhoben, sondern beide von einem dritten gelähmt wurden – von Inkompetenz, Schlendrian und Korruption. Immer deutlicher erwies sich, daß die beklagten «bürokratischen» Mißstände vor allem in den alten Übeln aus Gogolschen Tagen wurzelten, nicht in einem *Über*maß an Funktionsfähigkeit und Kraft.[7]

Auch in dieser Debatte markierte der zehnte Parteitag einen Wendepunkt. Lenin ließ sich zwar in seinem Feldzug gegen die Opposition nicht beirren, aber er räumte erstmals die Berechtigung der Klagen ein. Es war kein bloßes Lippenbekenntnis, wenn sein Resolutionsentwurf zur Gewerkschaftsfrage zugleich zum «energischen und systematischen Kampf» gegen den «Zentralismus» aufrief. Dazu gab schon der Umstand Anlaß, daß die NEP nach seiner Meinung auch in dieser Hinsicht Konsequenzen verlangte. Da der Sozialismus dem Kapitalismus wirtschaftliches Terrain abtrat, mußten Partei und Staat nicht nur besonders wachsam, sondern zugleich besonders handlungsfähig sein. Wenn dennoch anderthalb Jahre bis zu konkreten Vorschlägen vergingen, so hatte das viel mit einem Ereignis zu tun, dessen elementare Bedeutung für die Frühgeschichte der Sowjetunion unbestritten ist: mit Lenins Krankheit. Der rastlose Parteiführer, der sich in den Bürgerkriegsjahren physisch verausgabt und an bleibenden Folgen des Attentats zu tragen hatte, konnte den elften Parteitag im März/April 1922 noch nutzen, um ein weiteres Mal auf Degenerationserscheinungen in der Staatsverwaltung aufmerksam zu machen. Doch Vorschläge zur Remedur vermochte er nicht mehr auszuarbeiten. Am 26. Mai erlitt der erst 52-jährige seinen ersten Gehirnschlag, der ihn bis zum Herbst zwang, sich von den Regierungsgeschäften zurückzuziehen. Auch nach seiner Rekonvaleszenz war er nicht mehr der alte. Leicht erschöpfbar, konnte er nur noch «mit der Hälfte seiner früheren Kraft» arbeiten.

Glaubt man Trotzki, so wurde dem Parteiführer in diesen Wochen klar, daß er gut daran täte, sein Haus zu bestellen. Dies sollte im Bunde mit dem

Mann geschehen, der seine politischen Grundpositionen am ehesten teilte und den er bei allen Fehlern für den fähigsten Genossen hielt. Trotzki berichtet von einem Schlüsselgespräch, in dem Lenin sein Entsetzen über die Arbeitsweise im SNK geäußert und um Unterstützung für eine «radikale Personalumgruppierung» gebeten habe. Er habe gern zugesagt und vorgeschlagen, die gesamte Parteispitze einzubeziehen. Man einigte sich auf einen «Block ... gegen Bürokratismus überhaupt und gegen das Organisationsbüro insbesondere». Beide hatten dabei vor allem einen Mann im Visier, der nach ihrer Meinung schon zuviel Macht angehäuft hatte: I. V. Stalin, den der elfte Parteitag zum Leiter des Organisationsbüros und Generalsekretär des ZK bestellt hatte. Zur gemeinsamen Aktion kam es jedoch nicht mehr. Am 16. Dezember erlitt Lenin seinen zweiten Schlaganfall. Obwohl schwer getroffen und ans Bett gefesselt, konnte er zeitweise noch sprechen. Was er seinen beiden Sekretärinnen in diesen Tagen diktierte, machte in der Tat deutlich, wie Trotzki überliefert, daß «Lenins letzter Kampf» (M. Lewin) vor allem der zunehmenden Isolation der Partei- und Staatsführung von denen galt, in deren Namen die Macht doch ergriffen worden war.[8]

Denn auch der sog. *georgische Konflikt*, dem ein Teil seiner letzten Briefe galt, betraf nicht nur die ‹nationale Frage›. Hinter der Debatte über die Verfassung der *Union der sozialistischen Sowjetrepubliken* (UdSSR), auf deren Gründung man zusteuerte, verbarg sich vielmehr ein gleichrangiges politisches Problem: das der Machtverteilung zwischen Zentrum und Peripherie. Was Lenin aufs höchste alarmierte, war die Furcht, die Früchte der (durchaus doppelzüngigen) Kooperation mit den Nationalbewegungen im neuen-alten Vielvölkerreich könnten verspielt werden. Zugleich wird man aber auch seine Sorge über die rabiate Arroganz ernstnehmen müssen, die er am Werke sah. Mit guten Gründen erkannte er in der Mißachtung des Wunsches der georgischen Genossen nach einem Mindestmaß an Selbstbestimmung (ohne das sie keine Chance sahen, Anhang zu gewinnen) ein weiteres Symptom für die zentralistische Degeneration der bolschewistischen Herrschaft. Die Vorfälle zeigten ihm, daß die neue Ordnung immer noch mit dem alten ‹Apparat› operierte und keinen «nichtrussischen Einwohner» vor Übergriffen «großrussischer Chauvinisten» nach Art des «typischen russischen Bürokraten» zu schützen vermochte. Sicher war es ebenso bezeichnend wie irreführend, daß Lenin die Schuld dafür vor allem in der Vergangenheit suchte. Davon unberührt bleibt die Richtigkeit der Diagnose, daß die Mißachtung von Minderheiteninteressen viel zu tun hatte mit der zunehmenden Kaltschnäuzigkeit zentraler Herrschaftsausübung – und mit Stalin.

Deutlicher noch äußerte der Parteiführer seine einschlägige Kritik in anderen Schriften aus diesen Tagen. Am 23. Dezember 1922 begann er mit dem Diktat eines Briefes, der später als sein «politisches Testament» bezeichnet wurde und viel Staub aufgewirbelt hat. Er richtete ihn an den nächsten Parteitag, vertraute ihn aber seiner Frau N. K. Krupskaja mit der Maßgabe

1. Der Streit um den rechten Weg

an, ihn der Partei erst nach seinem Tode zur Kenntnis zu bringen. Ende Januar und Anfang März folgten zwei verwandte konkrete Korrekturvorschläge, die er für die Veröffentlichung bestimmte. Lenin empfahl darin, das ZK (von 25) auf «einige Dutzend oder sogar auf hundert» Mitglieder zu erweitern. Die Neulinge sollten vorzugsweise aus der Arbeiter- und Bauernschaft kommen und noch nicht in den Räten oder vergleichbaren Institutionen tätig gewesen sein. Vor allem solchen Personen traute er die Distanz zu, die nötig schien, um den eingeschliffenen miserablen Arbeitsstil («unter aller Kritik») zu verbessern. Freilich verfolgte er mit diesem Vorschlag noch ein weiteres Ziel, dessen nachrangige Erwähnung nicht mit seiner tatsächlichen Bedeutung verwechselt werden sollte. Der Parteiführer machte sich Sorgen um die Harmonie im ZK. Mit klarem Blick erkannte er die Rivalität zwischen Trotzki und Stalin samt der Gefahren, die sich daraus für die Handlungsfähigkeit der Partei ergaben. Eine Erhöhung der Mitgliederzahl, so formulierte er umschreibend, aber doch unmißverständlich, könne verhindern helfen, daß partielle Konflikte «eine übermäßig große Bedeutung für das ganze Schicksal der Partei» erlangten. Hinzu kamen allgemeine Überlegungen. Bei allem berechtigten Stolz auf die Leistungen im Bürgerkrieg warnte Lenin davor, den Fortbestand alter Verfahrensweisen und Gewohnheiten zu übersehen. In «schwindelerregender Schnelligkeit» vorwärts eilend, habe man die Binsenweisheit – dies ein bald geflügelter Titel – «*Lieber weniger, aber besser*» vergessen. Wenn sich das Sowjetregime in der veränderten Kräftekonstellation «behaupten», wenn es vom «Bauernklepper ... auf das Pferd der maschinellen Großindustrie» (sic!) umsatteln wolle, müsse es als armes Agrarland lernen, wenig Verwaltungspersonal effektiv einzusetzen.[9]

So führten die Überlegungen zur Reorganisation der RKI weit über das engere Thema hinaus. Lenin suchte in ihnen nach Voraussetzungen für die Machtsicherung der Partei im Angesicht einer teilweise kapitalistischen, auf die Bauernschaft gestützten künftigen Entwicklung des Landes. Die zugrundeliegende Diagnose lautete auch hier: Rückständigkeit und «Bürokratismus» waren verschwistert; wer das eine überwinden wollte, mußte auch das andere in den Griff bekommen. Man unterstellt keine ungerechtfertigte Kontinuität, wenn man darin ebenfalls die Anerkennung einer schweren Hypothek aus vorrevolutionären Tagen sieht. Gleichfalls nicht neu war die Therapie, die Lenin für die Staatskrankheit bereithielt. Wie in *Staat und Revolution* vertraute er auf die heilende Kraft des Arbeiters, möglichst des einfachen, gremienunerfahrenen. Die Parallelen zur romantischen Verklärung des unverdorbenen altrussischen Bauern im *narodničestvo* oder zu slavophilen Zeitdiagnosen liegen auf der Hand. Gemeinsam war beiden der naive Glaube an eine gleichsam angeborene, der kapitalistisch-zivilisatorischen Verformung vorgelagerte Potenz des natürlichen Menschen. Erneut und immer noch meinte Lenin, daß jeder «echte» Proletarier in der Lage sei, den Staat zu lenken, wenn er nur rechnen und schreiben könne. Daß gute Verwaltung, wie er wußte, viel mit Qualifikation und Professionalität zu tun hatte, empfand er nicht als Widerspruch. Zur Lösung dieses Rätsels hat er nicht mehr beitragen können. Am 9. März 1923 erlitt Lenin seinen dritten Schlaganfall, der ihn der Sprache beraubte und halbseitig lähmte. Fortan war klar, daß der neue Staat auf seinem Weg zu einer welthistorisch neuartigen Gesellschaft ohne seinen Gründer und unbestrittenen Führer auskommen mußte.

Allerdings hatte Lenin noch Gelegenheit zu dem Versuch, in den Nachfolgekampf einzugreifen, der nun in ein neues Stadium trat. Anlaß gab ihm abermals das georgische Problem, das der kommende Parteitag im Zusammenhang mit den Verfassungsgrundsätzen für die geplante Union entscheiden mußte. Was er schrieb und tat, ließ vor allem zwei Absichten erkennen: Stalin zurückzudrängen, Trotzki zu stärken und dadurch sowohl in der nationalen als auch in der ‹Bürokratismus›-Frage eine Kurswende einzuleiten. Im georgischen Streit war eine Untersuchungskommission eingesetzt worden. Lenin zeigte sich über deren Bericht zutiefst irritiert. Nicht ohne Ursache begann er, an der Unparteilichkeit der Vermittler, allen voran Stalins als Nationalitätenkommissar, zu zweifeln. Als er dann noch von Beschimpfungen erfuhr, die sich Stalin am Telephon gegenüber seiner Frau Krupskaja – einer allseits respektierten bolschewistischen Revolutionärin der ersten Stunde – erlaubt hatte, beschloß er am 5. März allem Anschein nach durchzugreifen. In zwei parallelen Briefen drohte er Stalin in ungewöhnlich scharfer Form «den Abbruch der Beziehungen» an, falls er sich nicht entschuldige. Zugleich ließ er Trotzki eine Notiz mit der Bitte überbringen, im ZK «die Verteidigung der georgischen Sache» zu übernehmen. Die damit beauftragte Sekretärin sprach von einer «Bombe», die gegen Stalin vorbereitet werde, und vertraute ihm Kopien der streng geheimen Diktate über die nationale Frage an.

Zweifellos hatte Trotzki damit Trümpfe in der Hand, die hätten stechen und das Spiel entscheiden können. Doch er nutzte sie nicht. Statt dessen ließ er sich auf eben jenen «faulen Kompromiß» ein, vor dem Lenin ihn ausdrücklich hatte warnen lassen. Er bestellte Kamenev zu sich, der «sehr aufgeregt und blaß» erschien. Aber selbst nach seiner eigenen, wenig selbstkritischen Darstellung unterbreitete er ihm einen Vorschlag, der kaum dazu angetan war, Furcht zu verbreiten. Trotzki eröffnete ihm, daß er weder die Absetzung Stalins noch einen «Kampf» vom Zaun brechen wolle. Er erwarte lediglich eine andere Politik in der nationalen Frage, einen «festeren Kurs auf die Industrialisierung» und ehrliche Zusammenarbeit in der Parteispitze. Diese Worte richteten sich bereits an die Allianz aus Stalin, Zinov'ev und Kamenev, die nun offen sichtbar wurde. Die ‹Troika› akzeptierte das Angebot. Stalin war froh, ohne tiefere Blessuren davon gekommen zu sein, und stimmte einer Korrektur seines Resolutionsentwurfs zur nationalen Frage

1. *Der Streit um den rechten Weg* 167

im Leninschen Sinne bereitwillig zu. Das hinderte ihn nicht daran, seine georgischen Gegenspieler dennoch auszumanövrieren. Trotzki erfuhr davon, erhob aber keinen lauten Protest. Auch von Lenins geheimen Briefen machte er keinen Gebrauch, sondern behielt sie höchst unklug für sich. Deshalb geriet er selbst ins Zwielicht, als Lenins Sekretärin buchstäblich am Vorabend des Parteitages Kamenev über Lenins Briefe und seine Bitte an Trotzki informierte. Unversehens fand er sich in der Lage, sich gegen Stalins Vorwurf verteidigen zu müssen, richtungsweisende Worte des großen Führers verheimlicht zu haben. Er mußte hinnehmen, daß das Politbüro entschied, die Texte nicht zu veröffentlichen, sondern sie nur den Parteitagsdelegierten zur Kenntnis zu geben. So wurde Lenins «Bombe» nicht nur zum Blindgänger, sondern sie rollte auch noch dem Falschen in den Weg.[10]

Denn auch der zwölfte Parteitag (17.–25. 4. 1923) brachte keine Wende. Schon im Vorfeld hatte Stalin klug taktiert. Als sich nach Lenins zweitem Hirnschlag die Frage stellte, wer den Rechenschaftsbericht des ZK – schon damals das Hauptreferat – vortragen sollte, schlug er Trotzki als bekanntestes Mitglied der engeren Führung vor. Dieser lehnte erwartungsgemäß ab, um nicht in den Geruch zu geraten, schon zu Lebzeiten Lenins nach dessen Krone zu greifen. Die Aufgabe fiel daraufhin Zinov'ev zu, der Trotzki ebenfalls nicht wohl gesonnen war, weil er ihm die Niederlage vom Vorabend des Oktoberumsturzes nicht verziehen hatte. Stalin blieb im Hintergrund und beschränkte sich auf das Referat zur nationalen Frage. Darin verstand er es mit erheblichem Geschick, die schweren Vorwürfe Lenins vergessen zu machen. Er verurteilte sowohl den «großrussischen» als auch den «georgischen Chauvinismus» – und verteidigte zugleich seine eigene autoritäre Einmischung unter dem Deckmantel der Behauptung, nur die Zentrale könne die Interessen des Ganzen wahrnehmen. Vergebens hielt Bucharin eine Philippika gegen die Unterdrückung der kleinen Völker; vergebens warnte der ukrainische Parteichef weitsichtig vor dem falschen Weg, den die entstehende Union von Anfang an nehme. Die lange Hand des Generalsekretärs hatte zwar die Delegierten dieses Parteitags noch nicht einzeln verlesen; aber die Zahl der Oppositionellen war gering. Hinzu kam, daß Trotzki ihm abermals unschätzbare Dienste leistete: Er schwieg während der gesamten Debatte beharrlich.

Und auch Lenins Vorschlägen zur Reorganisation der Staats- und Parteiführung blieb die gewünschte Wirkung versagt. Schon die erste Reaktion des Politbüros zu Jahresbeginn ließ nichts Gutes ahnen. Die Mehrheit seiner Mitglieder war höchst befremdet. Auch Trotzki sprach sich entschieden gegen eine Erweiterung des ZK aus, weil er um seine Handlungsfähigkeit fürchtete. Eine andere Stimmung herrschte auf dem zwölften Parteitag selbst. Nicht wenige Redner, überwiegend vom linken Flügel, schlossen sich den harschen Worten des schwerkranken Parteiführers an. Sie empörten sich über die Praxis der «Empfehlung» von Regionalsekretären durch die Parteileitung. Aber auch der Adressat dieser Beschwerden, die Mehrheit des Politbüros um Stalin, besann sich überraschenderweise eines anderen und unterstützte Lenin. Zum einen konnte sie sich nicht gegen ein Votum der größten Autorität stellen, die schon jenseits aller Kritik stand. Zum anderen dürfte sie die Vorteile erkannt haben, die der Plan entgegen der Absicht seines Urhebers für sie barg: Die meisten der Neulinge, die von der Vermehrung der Vollmitglieder von 27 auf 40 und der Kandidaten von 3 auf 17 profitierten, entpuppten sich als «treue Stalinisten». Trotzki blieb auch in dieser Angelegenheit stumm.[11]

Es ist fraglich, ob je geklärt werden kann, warum das so war. Spätestens mit dem zwölften Parteitag begann jene Passivität, die so gar nicht zu Trotzki paßte und bis heute rätselhaft geblieben ist. Daß ihn «Großmut und Vergeben» dazu veranlaßten, klingt angesichts seiner früheren (und späteren) Energie und Härte unwahrscheinlich. Eher schon vermag Trotzkis eigene Begründung zu überzeugen, sein «Hervortreten» hätte als «Kampf um Lenins Platz in Partei und im Staate» verstanden werden können. Manches spricht auch für eine temporäre Resignation oder eine allzu ausgeprägte Konzentration auf Wirtschaftsfragen, die das zweite große Thema des Kongresses bildeten. Hinzu kamen ein Mangel an politischem Instinkt, Selbstüberschätzung und Egozentrik, die vielen aufgefallen sind, die ihm begegneten. Auch wenn kontrafaktische Gedankenspiele über einen anderen Lauf der sowjetischen Geschichte bloße Spekulation bleiben, trifft Trotzkis rückblickende Erkenntnis zu, daß man «in den Jahren 1922/23 ... noch die Kommandoposition ... durch einen offenen Angriff» hätte erobern können. Weil ihm diese Einsicht zur rechten Zeit fehlte, verpaßte er die unwiederbringliche Chance: Der zwölfte Parteitag etablierte das Triumvirat endgültig und erhob «Stalin vom Stand der Unterordnung auf den ersten Platz».[12]

c. Parteidiktatur versus Neuer Kurs: der Sieg des Triumvirats

Im Sommer 1923 rückte ein weiteres Problem in den Vordergrund. Zwei Jahre nach der Einführung geriet die NĖP in ihre erste schwere Krise. Der Absatz von Industriewaren stockte. Die Unternehmen konnten die Löhne nicht mehr auszahlen. Es kam zu Entlassungen und Streiks. Über die Hauptursache der Schwierigkeiten herrschte schnell Einigkeit: Die Preise zwischen Industrie- und Agrarprodukten klafften zu weit auseinander. Die Bauern konnten für ihre Erzeugnisse zu wenig kaufen, als daß es sich gelohnt hätte, viel auf den Markt zu bringen. Somit warf die «Scherenkrise» das Kernproblem der nachrevolutionären Entwicklung wieder auf: die konkrete Gestaltung des Verhältnisses zwischen Arbeitern und Bauern, Industrie und Landwirtschaft. Reibungen waren von Anfang an aufgetreten, nicht nur zwischen Stadt und Land, sondern auch zwischen Arbeitern und neuen Managern. Schon im Frühjahr hatte Trotzki sie auf dem zwölften Parteitag zum Anlaß

1. Der Streit um den rechten Weg

genommen, sich für die Stärkung von Plan und Lenkung auszusprechen. Als vollblütiger, wenn auch nicht orthodoxer Marxist äußerte er die Überzeugung, daß nur zentrale Führung die Schwierigkeiten meistern und das prekäre Bündnis zwischen den neuen ‹Hauptklassen› auf Dauer festigen könne. In seiner zündenden, mit großem Beifall bedachten Rede ließ er keinen Zweifel daran, auf wessen Seite der proletarische Staat bei allem Bemühen um das Dorf letztlich zu stehen habe: auf seiten der Arbeiter und des industriellen Aufbaus. Mit Lenin sah auch Trotzki die wesentliche Aufgabe des revolutionären Regimes darin, den Traum von der wirtschaftlichen Modernisierung des Riesenreichs zu verwirklichen. Nebenbei, aber doch unmißverständlich gab Trotzki auch zu erkennen, wer die «wirklichen Fortschritte» dieser Art in erster Linie bezahlen sollte: die Bauernschaft. Als griffige Formel für die Hauptaufgabe der Zukunft fiel dabei – in Anlehnung an die Marxsche Deutung der Frühgeschichte des englischen Kapitalismus – der Begriff der «ursprünglichen sozialistischen Akkumulation». Auch wenn Trotzki eine vermittelnde Beschlußvorlage unterbreitete und der Kongreß als weitere Erleichterung für die Bauern den Ersatz der Naturalsteuer durch eine monetäre beschloß, waren damit die Positionen benannt, die in den kommenden Jahren den Richtungsstreit bestimmen sollten: Bürokratismuskritik, Planwirtschaft und beschleunigte Industrialisierung durch Werttransfer zwischen Stadt und Land auf der einen, faktischer Ausbau der Parteidiktatur, Anreiz zum Marktverkauf und bauernfreundliche Mäßigung des industriellen Fortschritts auf der anderen Seite.[13]

Der Knoten schürzte sich im Frühherbst 1923. Streiks und unpopuläre Maßnahmen der Regierung zur Krisenbekämpfung gaben der Opposition Auftrieb. Neue radikale Gruppen, die sich als eigentliche Anwälte der Arbeiter verstanden, begannen offen zu agitieren und wurden – wie die *Arbeiterwahrheit* um Lenins alten Rivalen A. A. Bogdanov – verboten und verhaftet. Aber nicht dieser rüde Umgang mit Minderheiten bewog Trotzki, seine Deckung zu verlassen; nach wie vor hegte er wenig Sympathien für neo-syndikalistische Umtriebe und sah offenbar auch keine Prinzipien verletzt. Vielmehr bedurfte es erst des Vorschlags einer Kommission zur Vorbereitung des nächsten ZK-Plenums, alle Parteimitglieder zu verpflichten, der Parteispitze Informationen über Gruppenbildungen zu melden. Dieser unverhohlene Aufruf zur Denunziation überschritt die Toleranzgrenze der ‹zentralen› Opposition: Trotzkis Brief an die Parteiführung vom 8. Oktober eröffnete die entscheidende Phase im Kampf um die Nachfolge Lenins. Dabei rückte die innerparteiliche Demokratie ebenfalls wieder in den Vordergrund. Die politische Dimension des Konflikts verschmolz mit der wirtschaftlichen, wobei die eigentümliche Inkongruenz der Positionen erhalten blieb.

Trotzki bezeichnete es als «äußerst besorgniserregendes Symptom», daß ein «Bedürfnis» nach einer solchen Form von Gesinnungskontrolle entstanden sei. «Sehr viele Mitglieder der Partei und nicht die schlechtesten» betrachteten die Empfehlung als weiteres Anzeichen einer dramatischen Verschlechterung der inneren Lage. Der Generalsekretär habe es durch autoritäre Intervention verstanden, nicht nur die wirtschaftlichen Beschlüsse des zwölften Parteitages zu unterlaufen, sondern auch den Wunsch der Parteibasis nach tatsächlicher Mitsprache zu ignorieren. Der «von oben nach unten geschaffene Sekretärsapparat» ziehe immer sichtbarer alle Fäden. Ernennung habe die Wahl verdrängt. Daraus sei eine eigentümliche «Sekretärspsychologie» erwachsen, deren «wesentlicher Zug» in der Überzeugung bestehe, daß der Eingesetzte «jede beliebige Frage ohne Vertrautheit mit dem Wesen der Sache» entscheiden könne. Konformität und Gefügigkeit seien zu den wichtigsten Eigenschaften für den Aufstieg avanciert. Nicht genug damit, drohte Trotzki nun auch mit einer breiteren Öffentlichkeit: Der Krieg war erklärt.

In der Tat erhielt er eine Woche später wirkungsvolle Schützenhilfe aus der Partei. Nicht weniger als 46 prominente Bolschewiki gaben dem ZK in einem offenen Brief ihren Protest gegen die aktuelle Politik und die Zustände in Partei und Staat zu Protokoll. Auch sie sahen eine enge Verbindung zwischen der Wirtschaftskrise und inneren Fehlentwicklungen. Die Partei sei blind geworden und habe «in beträchtlichem Maße aufgehört», ein «lebendiges, an Eigeninitiative reiches Kollektiv» zu sein. Auf ihren Versammlungen gehe bereits «Angst» vor den Sekretären um, die «freie Diskussion» sei «faktisch verschwunden». Auch diese Diagnose ließ es an Deutlichkeit nicht fehlen. In welchem Maße sie von Trotzki inspiriert war, muß offenbleiben. Unter den Unterzeichnern fanden sich alte Weggenossen wie Preobraženskij oder Antonov-Ovseenko und einstige linke Oppositionelle wie Osinskij oder T. V. Sapronov gleichermaßen. Wie auch immer: Die *«Erklärung der 46»* gab dem Streit eine neue Dimension. Sie konnte nicht mehr als Verirrung eines Einzelnen abgetan werden. In ihr äußerte sich ein großer Teil der bolschewistischen Elite selbst.[14]

Dies bewog die Mehrheit im ZK zur Vorsicht. Zwar bemühte sie sich mit Erfolg, auf der Plenartagung Ende Oktober ein Scherbengericht über die Opposition zu veranstalten. Deren Sprecher, Preobraženskij, hatte einen schweren Stand. Er konnte nicht verhindern, daß die Versammlung nun das Eisen drohend zeigte, das sie für die Dissidenten bereithielt: den Parteiausschluß. Die Empörung schlug aber besonders in Moskau so hohe Wellen, daß sich Stalin und seine Gefolgsleute zu Konzessionen genötigt sahen. Sie räumten erhebliche Mißstände in der Partei ein, bemängelten die niedrige Moral vieler Sekretäre und prangerten selber den «Bürokratismus» an. Mehr noch, in mancher Hinsicht unterwarfen sie sich geradezu. Die Entschließung, die das Politbüro am 5. Dezember verabschiedete, kam der Opposition weit entgegen. Auch wenn sie ‹objektive› Probleme der ‹Übergangszeit› dafür verantwortlich machte, konzedierte sie erstmals offiziell die Verselbständigung des «Apparats» und ein Ungleichgewicht zwischen Zentralismus und Demokratie. Sie betonte die Unerläßlichkeit durchgängiger Wahlen, versprach, Ernennungen fortan auf ein Mindestmaß zu beschränken, und verzichtete ausdrücklich darauf, Kritik als illegitime Fraktionsbildung zu verdammen.

In dieser Form fand die Resolution, die das Wort vom «neuen Kurs» prägte, Trotzkis volle Zustimmung. Sie wurde sogar weitgehend nach seinem Diktat an jenem Krankenbett formuliert, an das ihn seit Oktober ein mysteriöses Fieber fesselte. Das Argument ist weit verbreitet, diese unglückselige Schwächung, die bis zum Frühjahr anhielt (und im Herbst wiederkehrte), habe maßgeblich zu seiner Niederlage beigetragen. Man wird auch hier die Bedeutung des Zufalls nicht leugnen wollen. Aber schon die Entstehung der Dezemberresolution wirft die Frage auf, ob ein gesunder Trotzki wirklich mehr erreicht hätte. Der Infekt war weder für die taktischen Fehler verantwortlich noch für die gesamtpolitischen und sozialstrukturellen Veränderungen in der Partei, auf die Stalin sich stützen konnte. Insofern sollte man in der bekannten Äußerung Trotzkis nicht nur eine aphoristische, sondern auch eine apologetische Absicht erkennen: «Man kann Revolution und Krieg voraussehen. Man kann aber die Folgen einer herbstlichen Jagd auf Enten nicht voraussehen.»[15]

Auch der endgültige Bruch, der dem scheinbaren Frieden abrupt folgte, hatte wenig mit seinem Krankenlager zu tun. Sicher darf man davon ausgehen, daß Stalin und Zinov'ev nach einem Vorwand suchten; Täter und Opfer sollten nicht verwechselt werden. Dennoch trug – nicht zum ersten Mal – ein erhebliches taktisches Ungeschick ihres Gegenspielers zur abermaligen Eskalation des Konflikts bei. Trotzki mußte damit rechnen, daß sein erläuternder Brief an das ZK vom 8. Dezember die Flammen wieder schüren würde, statt sie zu ersticken. Dazu trug nicht allein die Wiederholung der bekannten Anwürfe gegen den Apparat bei. Was der Debatte neue Schärfe gab, war etwas anderes: die Begründung einer neuen Frontlinie zwischen der «alten Garde» und der «Jugend». Die nachwachsende Generation, so Trotzki, müsse «Diensteifer» und «Karrierismus» hinter sich lassen und «die revolutionären Formeln im Kampf» erobern, nicht nur gegen die «Feinde», sondern auch «in der eigenen Organisation». Dies konnte kaum anders denn als Aufruf verstanden werden, die selbstherrlichen Bürokraten der institutionalisierten Revolution davonzujagen. Ein besänftigendes Postskriptum, er habe keinesfalls die Jungen gegen die Alten aufhetzen wollen, änderte daran wenig.

Die Antwort der Troika war Mitte Dezember in der *Pravda* nachzulesen. Dabei lag der wirkungsvollste Vorwurf auf der Hand: Trotzki habe die Resolution voll und ganz unterstützt; das ZK sei im guten Glauben auseinandergegangen, eine einmütige Lösung gefunden zu haben. Der renitente Ankläger, selbst zur «alten Garde» zählend, offenbare in diesem Verhalten jenen

‹Opportunismus›, den ein Überläufer Lenin zufolge nie überwinden könne: Er bleibe ein verkappter ‹Menschewik›. Stalin, der den Hauptangriff führte, brauchte nicht auszusprechen, was jeder Leser selbst ergänzen konnte – daß Opportunisten nicht in die bolschewistische Partei gehörten.[16]

Im Rückblick zeigt sich, daß die innerparteilichen Machtkämpfe im engeren Sinne jenseits der publizistischen Polemik schon in der zweiten Dezemberhälfte 1923 ihren Höhe- und Wendepunkt erreichten. In den Kasernen und Hochschulen Moskaus entfachte die Opposition eine «nie dagewesene» Kampagne gegen die Parteiführung. Doch mehr Bastionen vermochte sie nicht zu erobern. Kein Funke sprang nach Petrograd über, das eine Hochburg des örtlichen Parteivorsitzenden Zinov'ev war und blieb. Wenig Sympathie ließen die Organisationen der zentral- und südrussischen Industriestädte erkennen. Alles deutet darauf hin, daß die Macht der Triumvirn nie ernstlich gefährdet war. Sie kontrollierten nach wie vor die Presse, wußten den Apparat mit seinen Ressourcen hinter sich – und taktierten äußerst geschickt. Gegen die verbreitete Neigung zu einer wohlwollenden Überschätzung der Opposition gilt es festzuhalten, daß ihre Kraft gerade für drei Wochen reichte. Mit Jahresbeginn 1924 brach ihr Aufbegehren zusammen. Als die 13. Parteikonferenz – das höchste Gremium zwischen den Parteitagen – Mitte Januar (immer noch in Trotzkis Abwesenheit) zusammentrat, konnte sich Stalin in Siegerpose präsentieren. Wenn es noch eines Beweises für die Richtigkeit der oppositionellen Vorwürfe bedurfte – die Versammlung erbrachte ihn. Sie war erstmals generalstabsmäßig geplant: Unter 128 stimmberechtigten Mitgliedern fanden sich noch drei versprengte Kritiker. Alle übrigen bedachten Stalins Hauptreferat – auch dies eine Premiere – mit lebhaftem Beifall und stimmten der Verurteilung der Opposition zu. Der Redner vermochte dabei durchaus zu überzeugen: nicht mit analytischer Schärfe, das war nicht seine Stärke, aber mit Schläue und Wendigkeit. Eindrucksvoll demonstrierte er seine Fähigkeit, dem Gegner das Wort im Munde umzudrehen und die eigenen Ziele hinter einem Vorhang von Absichtserklärungen zu verbergen. Die Resolution zog eine ‹politische› Bilanz. Sie warf der Opposition alle nur erdenklichen Varianten *einer* Sünde vor – der Parteischädigung. Deutlicher denn je traten die verheerenden Folgen des Gruppenverbots von 1921 zutage: Mit seiner Hilfe konnte jede öffentlich geäußerte abweichende Meinung ‹kriminalisiert› und unter den Bannfluch des Gegensatzes zu Lenins sakrosanktem Wort gestellt werden. Dazu paßte, daß in dieser Resolution nun auch das verleumderische und inhaltsleere Vokabular, das bis dahin weitgehend den äußeren Propagandaschlachten vorbehalten war, in massiver Form auf innerparteiliche Feinde angewandt wurde. Man warf der Opposition vor, sich «kleinbürgerlicher Abweichung» und einer «ultrafraktionistischen» Lagebeurteilung schuldig gemacht zu haben. Die entstehende Orthodoxie schuf sich einen Gegner nach ihrem Bilde. Zu Recht hat man gesagt, daß die 13. Parteikonferenz größere Bedeutung besaß als die meisten nachfolgenden höherrangigen Kongresse. Sie vollzog die irreversible Wende auch zur innerparteilichen Monokratie.[17]

So waren die entscheidenden Weichen schon gestellt, als Lenin am Abend des 21. Januar 1924 den Folgen seines vierten Hirnschlags erlag. Sein Tod kam nicht mehr unerwartet. Dennoch schuf er neue Tatsachen, weniger politische als psychologische. Die Partei, seit jeher an eine starke Hand gewöhnt, war führerlos geworden und erwartete Ersatz, den es nicht geben konnte. Lenins Stellung war einzigartig. Sie beruhte nicht nur auf seinen politisch-organisatorischen und intellektuellen Fähigkeiten, sondern vor allem auf seiner jahrzehntelangen Symbiose mit der Partei. Um so eher erhöhte sich die Empfänglichkeit für eine andere Form der Kontinuität: die Bewahrung seines Vermächtnisses, allem voran seiner bedeutendsten Schöpfung – der Partei. Der Verlust des charismatischen Führers erzeugte weniger den Wunsch nach Fortentwicklung seines Lebenswerkes, als vor allem und zuerst das Bedürfnis nach seiner *Konservierung*. Dies war nicht die Stunde unverdrossener Revolutionäre, sondern die Chance für Epigonen, sich zu Gralshütern aufzuwerfen.

Erneut gab Trotzkis Verhalten Rätsel auf. Er beging in diesen Tagen den vielleicht größten Fehler im Kampf gegen die falschen Erben: Er fehlte auch an Lenins Sarg. Am 18. Januar, noch während die Parteikonferenz tagte, hatte er auf Anraten seiner Ärzte eine Erholungsreise zur östlichen Schwarzmeerküste angetreten. Auf dem Bahnhof in Tiflis erreichte ihn am Abend des 21. die Nachricht von Lenins Tod. Seiner eigenen Darstellung zufolge setzte er sich am anderen Morgen mit Stalin in Verbindung und erhielt die Auskunft, er könne bis zur Beisetzung, die für Samstag, den 26., anberaumt sei, ohnehin nicht in Moskau zurücksein; das ZK empfehle ihm, seinen Weg fortzusetzen, und wünsche ihm baldige Genesung. Tatsächlich aber fand die Trauerfeier erst am Sonntag, den 27., statt. Man hatte ihn – vorsätzlich? – falsch informiert. So hörte Trotzki im Sanatorium von Suchumi die Salutschüsse, die zur letzten Ehrung des «großen Lehrers» (Zinov'ev) im ganzen Lande abgefeuert wurden. Der Bevölkerung, die nicht nur in Moskau intensiven Anteil nahm, konnte seine auffällige Abwesenheit ebensowenig entgehen wie den professionellen politischen Beobachtern: «Mein Gott, solch eine Gelegenheit zu verpassen!» notierte stellvertretend für viele Sympathisanten ein französischer Korrespondent, «der grollende Achilles in seinem Zelt ... Wenn er nach Moskau gekommen wäre ..., hätte er die ganze Schau gestohlen.» Nicht einmal publizistisch vermochte er sich zu Wort zu melden. Auch diese seine stärkste Waffe versagte aus Gründen, die mit dem mysteriösen Fieber allein gewiß nicht zu erklären sind.[18]

So konnten vor allem Stalin und Zinov'ev die Bühne nutzen, die ihnen Trotzki *nolens volens* überließ. Von außen gesehen, gab der Generalsekretär dabei seinem wichtigsten Bündnispartner den Vortritt. Zinov'ev war nicht nur weitaus populärer und eloquenter. Er konnte auch auf eine längere Weggenossenschaft mit Lenin verweisen, an dessen Seite er im Züricher Exil gelebt und im plombierten Waggon durch Deutschland zurückgekehrt war. Tatsächlich aber zog Stalin nicht nur die Fäden, sondern verstand es auch, zumindest vor der Parteiöffentlichkeit das größte Kapital aus der Situation zu schlagen. Denn fraglos hielt er am Vorabend der Beisetzung in einer Feierstunde des 2. Allunionskongresses der Rätedeputierten, obwohl er – nach dem VCIK-Präsidenten M. I. Kalinin, Lenins Witwe Krupskaja und Zinov'ev – erst als vierter sprach, die effektvollste Rede. Als einstiger Zögling eines Priesterseminars – dies eine verbreitete, wenn auch vielleicht allzu einfache Deutung – gab er ihr eine deutlich erkennbare liturgische Form. Er gliederte sie in «Gebote», die der Führer hinterlassen habe, und wiederholte refrainartig, als gebetsähnliche Eidesformel einer im virtuellen Dialog antwortenden Gemeinde, die (in seiner Werkausgabe auch noch kursiv gedruckten) Sätze: «Als Genosse Lenin von uns schied, hinterließ er uns das Vermächtnis, ... Wir schwören Dir, Genosse Lenin, daß wir dieses Dein Gebot in Ehren erfüllen werden!» Die Wortwahl war elegisch, der Satzbau biblisch knapp. Kein Zweifel, hier begann, wenige Tage nach seinem Tod, die Kanonisierung Lenins, verbunden mit gefühlsorientierten Formen der Massensuggestion, wie sie von den Nationalbewegungen des 19. Jahrhunderts erfunden und von den totalitären Regimen des 20. zur Perfektion entwickelt wurden.[19]

Nach alledem verstand es sich von selbst, daß die Frondeure auch von der Neuverteilung der Ämter nicht profitierten, die durch Lenins Ableben nötig wurde. In den ersten Februartagen avancierte Rykov vom Stellvertretenden Vorsitzenden des SNK zum regulären und übernahm damit formal Lenins Funktion. Sein Amt als Leiter des VSNCh wurde Dzeržinskij übertragen. Kamenev folgte Lenin in der Leitung des STO. Wichtiger aber war ein offener Angriff auf Trotzkis Machtposition im Kriegskommissariat: Man enthob seinen langjährigen Stellvertreter des Amtes und ersetzte ihn durch den Eroberer Mittelasiens Frunze, der als Anhänger Zinov'evs galt. So waren weitere Tatsachen geschaffen worden, als der 13. Parteitag in der letzten Maiwoche 1924 zusammentrat. Trotzkis Fieber hatte nachgelassen; er war im Frühjahr nach Moskau zurückgekehrt und konnte an der Veranstaltung teilnehmen. Dennoch hatten sich die Ausgangsbedingungen für die Opposition nicht gebessert. Im Gegenteil, die erste Zusammenkunft nach Lenins Tod war kein geeigneter Ort für politischen Streit. Auch ohne Steuerung konnte derjenige auf stürmische Ovationen rechnen, der sich am glaubwürdigsten als Garant der Einheit zu präsentieren wußte. Trotzki spürte diesen Konformitätsdruck – und beugte sich. Trotz seiner wiederhergestellten Gesundheit fand er auch diesmal keine Kraft, sich zu widersetzen.

Dabei spielte ihm Lenin *postum* einen letzten und hochkarätigen Trumpf zu. Am Vorabend des Kongresses übergab Krupskaja, der Verfügung des Verstorbenen entsprechend, dem Politbüro den berühmten Brief vom 23.–

25. Dezember 1922 einschließlich einer Nachschrift vom 4. Januar 1923 mit der Bitte, ihn dem Parteitag zur Kenntnis zu bringen. Dieses «Testament» enthielt nicht nur die bereits bekannten Vorschläge zur Erweiterung des ZK, sondern auch persönliche Bemerkungen über die Parteiführer, von denen nach Lenins Meinung die Zukunft abhing. Zinov'ev und Kamenev wurden mit der wenig schmeichelhaften Bemerkung bedacht, daß ihr Verhalten «im Oktober natürlich kein Zufall» gewesen sei, man es ihnen aber nicht als «persönliche Schuld» anrechnen solle. Über Bucharin fielen die – zu Beginn der *perestrojka* vielbeschworenen – Worte, er sei «nicht nur ein überaus wertvoller und bedeutender Theoretiker», sondern gelte «auch mit Recht als Liebling der ganzen Partei»; in ihm stecke aber «etwas Scholastisches», weil er «die Dialektik ... nie vollständig begriffen» habe. Trotzki wurde ausdrücklich als «der wohl fähigste Mann im gegenwärtigen ZK» bezeichnet, zugleich aber auch als «ein Mensch, der ein Übermaß von Selbstbewußtsein und eine übermäßige Vorliebe für rein administrative Maßnahmen» habe. Waren diese Sätze freundlich bis ambivalent, so wußte Lenin über Stalin nur Kritisches zu sagen: Er sei «nicht davon überzeugt», daß Stalin, der als Generalsekretär «eine unermeßliche Macht in seinen Händen konzentriert» habe, es immer verstehen werde, «von dieser Macht vorsichtig genug Gebrauch zu machen.» Von besonderer Brisanz aber war – und darin mag die seinerzeit von Lenin angekündigte «Bombe» bestanden haben – das Postskriptum, das in scharfer Form eine ebenso unmißverständliche Empfehlung aussprach: Stalin sei «zu grob», und dieser Mangel könne in seiner Funktion als Generalsekretär «nicht geduldet werden». Der Parteitag möge deshalb «überlegen, wie man Stalin ablösen» und durch jemanden ersetzen könne, der «toleranter, loyaler, höflicher und den Genossen gegenüber aufmerksamer, weniger launenhaft usw.» sei.

Nach der Verlesung dieser Sätze im engsten Führungskreis am Vorabend des Parteitags (21. Mai) stellte sich Zinov'ev – verabredungsgemäß – als erster vor den Generalsekretär. Auch wenn «jedes Wort von *Il'ič*» für die Partei «Gesetz» sei, gab er seiner festen Überzeugung Ausdruck, daß sich Lenins Befürchtungen nicht bestätigt hätten. Stalin habe gute Arbeit geleistet. Nach einer gleichlautenden Fürsprache Kamenevs konnte Stalin es sogar wagen, seinen Rücktritt anzubieten: Die Versammlung bat ihn einmütig zu bleiben. Danach war es ein Leichtes, die rhetorische Frage aufzuwerfen, ob die öffentliche Verlesung des Testaments noch anderes bewirken könne als Irritation. Gegen das Votum Krupskajas wurde mit etwa 30 zu 10 Stimmen beschlossen, den Text *nicht* im Plenum vorzutragen, sondern nur den Delegationsleitern vertraulich zur Kenntnis zu geben. Es bleibt unbegreiflich, warum Trotzki zu alledem bis zum Schluß schwieg.[20]

So verlief der Parteitag nach dem Plan der Troika. Stalins Sekretariat hatte noch gründlichere Arbeit geleistet als vor der Januarkonferenz: Unter den stimmberechtigten Delegierten fand sich kein einziger Anhänger der Opposition mehr. Deshalb blieb es sogar folgenlos, daß Zinov'ev in seinem mehrstündigen ‹politischen Bericht› des ZK (mit dem er zum zweiten Mal als *primus inter pares* hervortrat) über das Ziel hinausschoß. Er forderte von der Opposition öffentliche Buße und mußte sich eine Zurechtweisung von Krupskaja gefallen lassen, die den Beifall der Delegierten fand: Einheit war angesagt, nicht Zwiespalt. Dies verstand auch Trotzki und verzichtete auf flammende Anklagen. Moderat beschränkte er sich auf die Darstellung seines Verständnisses der gemeinsamen Resolution vom 5. Dezember, deren Umsetzung er nach wie vor vermißte. Und es war vielleicht nicht nur ein Tribut an die Situation, daß er dieser Deutung ein Grundsatzbekenntnis zur Einheit der Partei anfügte: Niemand von seinen Freunden, so Trotzki, könne und wolle «gegen seine Partei» obsiegen. «Letztlich» behalte die «Partei immer recht», weil sie «das einzige historische Instrument sei, das dem Proletariat zur Lösung seiner grundlegenden Aufgaben» zur Verfügung stehe.

Doch auch dieses weitgehende Entgegenkommen nützte nichts mehr. Stalin konnte es sich in seiner Replik leisten, Trotzki und seinen Mitstreiter Preobraženskij lächerlich zu machen. Seine abschließende Empfehlung, den Bann der 13. Parteikonferenz über die «kleinbürgerliche Abweichung» zu bestätigen, war schon akzeptiert, als sie ausgesprochen wurde. Auch die Vorschläge der Troika für personelle Veränderungen an der Parteispitze wurden widerspruchslos gebilligt: Das ZK wuchs abermals (von 40) auf 53 Vollmitglieder und (von 17) 34 Kandidaten. Da niemand ohne Zutun des Sekretariats avancierte, lief die angebliche Erfüllung der Leninschen Wünsche ebenfalls auf eine deutliche Stärkung der Mehrheitsfraktion hinaus. Allerdings wurde die oberste Führung kaum verändert. Lediglich Bucharin, bis dahin Kandidat, rückte auf und übernahm Lenins verwaisten Platz. Trotzki blieb – neben Zinov'ev, Kamenev, Stalin, Rykov und Tomskij – (noch) Mitglied des Politbüros. Der Fetisch der Einheit verlangte auch darin Respekt, daß ein Revirement an der Spitze nicht opportun schien.[21]

d. «Leninismus oder Trotzkismus?»

Nach dem Parteitag nahm der Diadochenkampf immer deutlicher Züge einer Treibjagd an: Man hetzte das Wild, bis es erschöpft aufgab. Die Troika suchte noch eifriger nach Schwächen, die sie im propagandistischen Ringen um die Gunst der Parteimasse – und nur darum ging es – ausnutzen konnte. Sicher verfügte sie dabei über noch mehr institutionelle Macht, um Tatsachen nach Belieben verdrehen zu können. Aber Trotzki machte es ihnen auch hier leicht. Der politischen Schlacht folgte die «ideologische» zwischen «Trotzkismus» und «Leninismus», zwischen *«permanenter Revolution»* und *«Sozialismus in einem Lande»*.

Die erhoffte ‹Blöße› gab sich Trotzki mit einer provozierenden Schrift vom September 1924 über die *Lehren des Oktober*. Schon die ersten Seiten machten klar, gegen wen sie sich richteten: gegen die Feiglinge in der Parteiführung, die revolutionäre Bekenntnisse auf den Lippen führten, aber den Worten keine Taten folgen ließen. Trotzki zog eine Parallele zwischen dem kläglich gescheiterten Aufstandsversuch, den die KPD im Herbst 1923 auf Drängen der Komintern halbherzig unternommen hatte, und dem glorreichen Sieg der Bolschewiki sechs Jahre zuvor in Petrograd. Was hier gelang, schlug dort fehl; eine «einzigartige revolutionäre Situation von weltgeschichtlicher Bedeutung» sei ungenutzt geblieben, weil man die Erfahrung des Jahres 1917 nicht beherzigt habe. Eingeweihte verstanden, wer vor allem gemeint war: Zinov'ev und Kamenev; und sie dürften auch die Sätze wiedererkannt und als besondere Perfidie gewertet haben, die Trotzki fast wörtlich aus Lenins «Testament» zitierte: daß die «Meinungsverschiedenheiten des Jahres 1917 ... durchaus nicht zufällig» gewesen seien, man aber kein Kapital für aktuelle Auseinandersetzung daraus schlagen solle.

Genau besehen, tat Trotzki eben das. Im wesentlichen rekapitulierten seine Schrift die bolschewistischen Strategiedebatten des Revolutionsjahrs unter der Leitfrage nach der ‹richtigen› Weichenstellung. Der Parteiführer stand dabei außerhalb jeder Kritik; auch Trotzki hatte längst die unumstößliche Gültigkeit eines jeden Wortes von Lenin akzeptiert. Hinzu kam, daß dessen radikale Linie durch den Triumph bestätigt worden war. Durchaus in polemischer Absicht nutzte Trotzki diesen Vorzug des Rückblicks, um die Schafe von den Böcken zu trennen. Völlig unhistorisch, aber dem aktuellen Zweck angemessen, geriet seine Darstellung zu einer geschichtlich argumentierenden Verurteilung der Zauderer und Anhänger des «parlamentarischen Kretinismus» (Lenin). Vor allem gegen Zinov'ev als Komintern-Vorsitzenden richtete sich der Vorwurf, die «verhängnisvolle Politik» des Versöhnlertums vom Oktober 1917 in Deutschland (und Bulgarien) wiederholt zu haben. War dies schon Zündstoff genug, so goß Trotzki weiteres Öl durch die Darstellung seiner eigenen Rolle ins Feuer. Unmißverständlich machte er klar, daß von all denen, die sich nun stolz als «alte Bolschewiki» bezeichneten, nur er fest und unverrückbar zu Lenin gehalten habe. Auch bezüglich der Bauernschaft habe es «keinen Schatten von Meinungsverschiedenheiten» zwischen ihnen gegeben. Niemand wird bestreiten können, daß Trotzki Roß und Reiter richtig benannte. Dennoch sollte nicht übersehen werden, daß er mit dieser Schrift als erster die Vergangenheit zum Richter der Gegenwart erhob und jene Form der Reinwaschung oder Denunziation durch vergangene Taten zur Waffe machte, die Irrtümer nicht zuließ, den Oktoberumsturz samt Lenins Rolle heilig sprach und zur Geschichtsklitterung geradezu herausforderte.[22]

So konnte Trotzki über die wütende Reaktion seiner Kontrahenten eigentlich nicht überrascht sein. In der Natur der Sache lag auch, daß sich Zinov'ev und Kamenev am heftigsten wehrten. Hier galt, daß am lautesten schrie, wer am meisten zu verbergen hatte. Invektiven ersetzten Argumente,

Tatsachen wurden nach Belieben verdreht. Kamenev erklärte die Darstellung vor Moskauer Parteifunktionären in Bausch und Bogen für verzerrt. Im Gegenangriff attackierte er Trotzki an seinem schwächsten Punkt: der nichtbolschewistischen Vergangenheit (bis zum Frühsommer 1917). Der Kritiker verschweige, daß die größte Gefahr für die Revolution in einem «rückständigen» Lande wie Rußland vom «kleinbürgerlichen» Element und dessen politischer Speerspitze, dem «Menschewismus», ausgegangen sei. Das liege in seinem Interesse, weil er selbst als «Agent des Menschewismus unter der Arbeiterklasse» den größten Schaden angerichtet habe. Auch nach dem Oktoberumsturz habe er sich, erkennbar an seinem Votum gegen den Brester Frieden, nicht gebessert. Trotzki bleibe Trotzki – ein Einfallstor der Konterrevolution.

Stalin war – schon weil er 1917 keine nennenswerte Rolle spielte – nicht ausdrücklich angegriffen worden. Dennoch hielt er es für opportun, seinen Bundesgenossen beizuspringen. Dabei war seine vorgebliche, neutrale Sachlichkeit durchaus wirkungsvoller als die offensichtliche Betroffenheit Kamenevs und Zinov'evs. Auch Stalin mokierte sich über die «Ergüsse» und «orientalischen Märchen» Trotzkis. Aber er ließ sich nicht auf den unglaubwürdigen Versuch ein, dessen Bedeutung während und nach dem Oktober zu bestreiten. Seine Vernichtungsstrategie war subtiler: Unter dem Vorwand, der Legendenbildung entgegenwirken zu wollen, begann er, Trotzkis Taten zu relativieren. Dieser sei ein herausragender Akteur gewesen, aber kein Einzelkämpfer; man dürfe nicht vergessen, «daß er als Vorsitzender des Petrograder Sowjets lediglich den Willen der entsprechenden Parteiinstanzen» ausgeführt habe. In Stalins Darstellung tritt der Heros zurück ins Glied und wird ebenso zum Werkzeug der ‹Organisation› wie alle anderen auch. Der Schachzug war brillant. Er kam dem verbreiteten Ressentiment gegen Trotzki entgegen, erhöhte das Gewicht der Partei, an dem die ‹graue Masse› der neuen Mitglieder gleichsam partizipieren konnte und eignete sich zugleich zur Fortsetzung: Noch kaum merklich, hatte die Ausmerzung Trotzkis aus den Annalen der Revolution begonnen.[23]

Der Streit um die *Lehren des Oktober* verband sich mit dem ideologischen Kampf gegen eine zweite angebliche Irrlehre Trotzkis: die sog. Theorie der permanenten Revolution. In mancher Hinsicht ‹argumentierte› die Troika in dieser Frage noch unaufrichtiger. Wohl war weniger persönliche Anklage und Rechtfertigung im Spiel. Aber dafür glich die ganze Debatte einem Schattenboxen, weil die Angriffe kein Ziel hatten. Noch offensichtlicher diente Trotzki als Sündenbock: Es ging weniger um die Widerlegung seiner Theorie als um einen Vorwand für die Abkehr von jenem Credo, das zum innersten Kern der Legitimation des Oktoberumsturzes gehörte – der Erwartung einer «Weltrevolution».

Wie erwähnt, fiel es der russischen Sozialdemokratie schwer, die Möglichkeit einer sozialistischen Revolution im Zarenreich überhaupt zu begründen. Laut Marx mußte sich eine solche Umwälzung im ökonomisch fortgeschrittensten Land ereignen, da sie den Kapitalismus nicht antithetisch negieren, sondern ihn im dialektischen Sinne ‹aufhebend› überwinden sollte. Die Produktivkräfte würden gleichsam aus den alten Produktionsverhältnissen herauswachsen und sie in neue, sozialistische überführen. Agent dieses Vorgangs war das Proletariat, das als Mehrheit der Bevölkerung ebenso vorausgesetzt wurde wie die Dominanz der kapitalistischen Strukturen in Wirtschaft und Gesellschaft. Rußland befand sich zwar im ökonomischen Umbruch, blieb aber in vieler Hinsicht rückständig. Die sozialdemokratische Theorie hatte anfangs – und die Menschewiki hielten bis zuletzt daran fest – auf diese Besonderheit insofern Rücksicht genommen, als sie nur eine «bürgerlich-demokratische» Revolution anstrebte. Erst am Ende dieses Stadiums, nach der Reife des Kapitalismus, sollte der Übergang zum Sozialismus auf der Tagesordnung stehen. Lenin rüttelte erstmals im Zusammenhang mit seiner Imperialismustheorie an diesen Fesseln der theoretisch legitimierten revolutionären Ziele. Als eines der charakteristischen Merkmale des «höchsten Stadiums des Kapitalismus» hob er die ungleichmäßige Entwicklung hervor. Dieser Befund erlaubte ihm, das «halbkoloniale» Zarenreich, das teils abhängig war, teils selbst an der südöstlichen Peripherie über unterworfene Gebiete herrschte, ebenso einzubeziehen wie die führenden Mächte der Vorkriegswelt, Deutschland und Großbritannien. Lenin deutete nun an, daß die angestrebte Revolution nicht unbedingt im fortgeschrittensten Land ausbrechen müsse, sondern die Voraussetzungen dafür grundsätzlich in allen ‹imperialistischen› Staaten gegeben seien. Wegen der besonderen Spannungen hielt er eine Umwälzung in den weniger entwickelten Ländern sogar für wahrscheinlicher. Die praktische Konsequenz lag auf der Hand: Das Zarenreich konnte Schauplatz der ersten ‹Selbstbefreiung› des Proletariats sein. Auserwähltheitsgedanken aus der Tradition des «russischen Sozialismus» verschmolzen in dieser Deutung mit der importierten marxistischen Theorie.

Als Lenin die Bolschewiki auf den Kurs der Aprilthesen zwang, setzte er voraus, daß eine sozialistische Revolution in Rußland möglich sei. Zugleich blieb diese Prämisse aber mit einem Makel behaftet: Der Umsturz im Zarenreich konnte nur ein Anfang, kein Ersatz für die *internationale Revolution* sein. Gerade Lenin hat immer wieder auf die Nabelschnur hingewiesen, die beide verband. Der Weltkrieg machte sie in seinen Augen ebenso unübersehbar wie der «Imperialismus», aus dem er notwendig hervorgegangen sei. Weil die Oktoberrevolution zugleich als erste «antiimperialistische» Erhebung des Proletariats galt, lag es auch nahe, den neuen Parteienverbund, der an die Stelle der Zweiten (über die Haltung zum Weltkrieg zerbrochenen) Sozialistischen Internationale treten sollte, in Moskau aus der Taufe zu heben: Daseinsgrund und Hauptaufgabe der *Kommunistischen Internationalen* (Komintern) war die Herbeiführung einer ähnlichen Erhebung in den anderen «imperialistischen» Staaten, letztlich der Weltrevolution. In seiner Rede vor dem Ersten Kominternkongreß vom 4. März 1919 hat Lenin diesen Zusammenhang in die vielzitierten Worte gefaßt: «Es ist sehr wahrscheinlich, daß die Revolution in mehreren westeuropäischen Ländern sehr bald zum Ausbruch kommen wird ... Dann ist unser Sieg sicher, und keine Macht wird imstande sein, etwas gegen die kommunistische Revolution zu unternehmen.» Diese Zuversicht verlor allerdings in den folgenden Jahren an Realitätsgehalt. Auch in Deutschland, auf das man nach dem Ende des Kaiserreiches so sehr gehofft hatte, geriet die Entwicklung in andere Fahrwasser. Die endgültige Wende markierte der erwähnte Aufstandsversuch im Herbst 1923. Danach war offensichtlich, daß jede kurzfristige Revolutionserwartung auf keinem nachvollziehbaren Urteil mehr beruhte. Eine grundlegende Neubesinnung wurde nötig, die der Partei nicht leicht zu vermitteln war.[24]

In dieser Situation kam es der Troika gelegen, daß Trotzki zu den entschiedenen Befürwortern eines radikalen Kurses der Komintern gehörte. Die *Lehren des Oktober* entsprangen auch der Absicht, die unverminderte *weltrevolutionäre* Bedeutung der russischen Geschehnisse vor Augen zu führen. Damit luden sie dazu ein, in Trotzkis zahlreichen Schriften nach einer Konzeption zu suchen, aus der diese Haltung mit dem Ziel abgeleitet werden konnte, einen tief verwurzelten, ‹unkorrigierbaren› Irrtum zu belegen – und die eigene Neuorientierung zu kaschieren. Eine solche «Theorie» fand sich in Gestalt der Gedanken über die *«permanente Revolution»*. Trotzki formulierte sie in seinen Schriften über die russische Revolution von *1905*. Sie entstand im Kontext der Bemühungen um eine angemessene Interpretation dieses ersten Umsturzversuchs vor dem Hintergrund der sozioökonomischen und politischen Besonderheiten des Zarenreiches. Im Kern lief sie auf die naheliegende These hinaus, daß die russische Revolution entgegen den Vorhersagen orthodoxer Marxisten *keine* bürgerliche im westeuropäischen Sinne sein könne. Die zarische «Bourgeoisie» sei zu schwach und zu eng mit dem Regime verbunden, um die kapitalistisch-demokratische Umwälzung aus eigener Kraft durchführen zu können. Sie müsse sich auf das Proletariat als stärkste emanzipatorische Kraft stützen, das aufgrund derselben zeitlich-‹morphologischen› Verschiebungen der russischen sozioökonomischen Entwicklung als numerisch bedeutsame und politisch aktive Klasse auch schon vorhanden sei. Die russische ‹bürgerlich-demokratische Revolution› werde mithin nicht in diesem Stadium verharren, sondern von selbst in eine sozialistische Phase übergehen, d. h. ‹permanent› sein. Angesichts dieser Situationsanalyse hatte Trotzki 1917 gute Gründe für die Meinung, Lenin habe sich mit den Aprilthesen *seinen* Überlegungen genährt. Allerdings blieb ein wichtiger Unterschied bestehen, auf den seine Gegner später zu Recht – wenn auch aus anderen Motiven – hinwiesen: Trotzki ließ die Bauernschaft weitgehend außer Betracht; sie kam in seiner Revolutionstheorie eher als konser-

1. Der Streit um den rechten Weg

vative Gegenkraft und später bestenfalls als nachrangige Hilfstruppe der Arbeiterschaft vor, nicht als partiell vergleichbare Potenz.[25] Die Troika verlagerte nun den Akzent dieser Überlegungen auf die *internationale* Ebene. Aus einem revolutionstheoretischen Modell zur Erklärung von Besonderheiten der *inner*russischen Lage wurde die vermeintliche These von der Unmöglichkeit der sowjetischen Selbstbehauptung ohne äußere Unterstützung. Zwar hat Trotzki seinen Gedanken selbst eine deutliche Wende dieser Art gegeben. Aber ihre Ausformulierung fand erst später als Reaktion auf die Kampagne seiner Gegner statt. Insofern beklagte sich Trotzki zu Recht darüber, daß man seine Gedanken aus ihrem historischen Kontext reiße und Schindluder mit ihnen treibe. Vor allem Stalin setzte sich an die Spitze derer, die in der Polemik gegen die internationalistische «Phrase» zu erkennen gaben, worum es eigentlich ging: um die Möglichkeit des *«Sozialismus in einem Lande»*. In einem programmatischen Aufsatz vom Dezember 1924 definierte er den «Trotzkismus» geradezu durch die Mißachtung der beiden «Besonderheiten» der Oktoberrevolution: zum einen des Bündnisses zwischen Proletariat und «werktätiger» Bauernschaft als ‹Klassenbasis›, zum anderen der Tatsache, «daß die Diktatur des Proletariats bei uns verankert wurde als Ergebnis des Sieges des Sozialismus in *einem*, kapitalistisch wenig entwickelten Lande, während in den anderen, kapitalistisch entwickelteren Ländern der Kapitalismus weiterbestehen blieb.» Weil Trotzki die Bauern nach menschewistischer Art einfach ‹vergessen› habe, sei ihm die Stärke der innerrussischen sozialistischen Kräfte nicht hinreichend klar geworden. Lenin habe dagegen richtig vorhergesehen, daß «der Durchbruch» dort erfolgen werde, «wo die Kette der imperialistischen Front am schwächsten» sei. Es war Stalin, der den Leninschen Überlegungen diese klare Zuspitzung gab. Der Oktoberputsch avancierte endgültig von einem Sonderfall zur Erfüllung der historischen Gesetzmäßigkeit. Sie bedurfte keiner Hilfe von außen, sondern gewährte dem Sozialismus «im Ozean der imperialistischen Länder» im Gegenteil eine erste «Heimstätte». Deutlicher noch als Lenin schlug Stalin damit eine Brücke zwischen russischem Selbstbewußtsein und dem Aufbau einer neuen Gesellschaft, zwischen *Nationalismus und Sozialismus*, die eine erhebliche Tragfähigkeit beweisen sollte.[26]

Der auch darauf gestützte Sieg fiel um so leichter, als Trotzki einmal mehr darauf verzichtete zu kämpfen. Zwar war es nicht ihm anzulasten, daß eine Replik auf die Kritik an den *Lehren des Oktober* ungedruckt blieb. Aber er setzte sich gegen dieses Publikationsverbot auch nicht heftig zur Wehr. Abermals überfiel ihn Ende November das mysteriöse Fieber vom Vorjahr. Auch wenn er den Kreml diesmal nicht verließ, sah er den nächsten Etappen seiner Entmachtung ebenso tatenlos zu wie im Sanatorium von Suchumi. Mehr noch, ähnlich wie auf dem 13. Parteitag gab er Mitte Januar 1925, von seinem Krankenbett aus, eine Erklärung ab, die nur als Unterwerfung zu verstehen war. Zutreffend bezeichnete er darin die Theorie der «permanenten Revolution» als Gegenstand der «Parteigeschichtsforschung», der nichts zur Klärung aktueller Fragen beitragen könne. Zugleich verwahrte er sich gegen den Vorwurf, den «Leninismus» revidieren zu wollen, und beteuerte beinahe devot, keine Sonderrolle zu beanspruchen, sondern wie jeder einfache Parteisoldat für alle Aufgaben zur Verfügung zu stehen, die das ZK ihm zuweise.

Das ZK honorierte diese Kapitulation nicht. Es bestand auf Sanktionen. Uneinigkeit herrschte nur über deren Art und Ausmaß. Das Leningrader Parteikomitee um Trotzkis Intimfeind Zinov'ev forderte schon zu dieser Zeit seinen Parteiausschluß. Als sich dafür keine Mehrheit fand, milderte Kamenev den Antrag auf Entfernung aus dem Politbüro ab. Auch bei dieser Strafe war vielen Genossen – darunter Stalin – noch so unwohl, daß sie dagegen stimmten. Einmütig angenommen wurde schließlich seine *Absetzung als Kriegskommissar* mit Wirkung vom 26. Januar 1925. Trotzki protestierte nicht. Glaubt man seinen Memoiren, so verspürte er sogar eine «innere Erleichterung», weil damit eine Ursache vieler Verleumdungen entfallen sei. So wenig diese Begründung zu überzeugen vermag, so treffend bezeichnete sie seine Verfassung: Trotzki war müde und gab seine Sache verloren.[27]

e. Zerfall des Triumvirats: die ‹Zinov'evsche Opposition›

Alles spricht dafür, daß dem ersten Diadochenbündnis eher gemeinsame Vorbehalte gegen Trotzki als gemeinsame Sachüberzeugungen zugrundelagen. Die Koalition hatte so lange Bestand, wie Gefahr von demjenigen auszugehen schien, den alle als ersten Anwärter auf die Nachfolge Lenins betrachteten, dessen Überlegenheit sie spürten und mit dem jeder von ihnen eine Rechnung zu begleichen hatte. Diese Klammer zerbrach spätestens mit der Ablösung Trotzkis als Militärkommissar. Zinov'ev und Kamenev brauchten den Mann nicht mehr zu fürchten, der sie im Herbst 1917 in den Schatten gestellt hatte. Dafür erkannten sie immer deutlicher, daß nicht sie von seiner Niederlage profitierten, sondern Stalin. Vor allem der ehrgeizige Zinov'ev wollte dieser Entwicklung nicht weiter tatenlos zusehen. Im Laufe des Sommers 1925 häuften sich die Kontroversen seiner Anhänger mit der Parteizentrale. Inhaltlich stand dabei im wesentlichen der Streit um das *Tempo der Industrialisierung, die Möglichkeit des «Sozialismus in einem Lande» und die Art der korrespondierenden Agrarpolitik* im Vordergrund. Allerdings verweist die Tatsache, daß Zinov'ev dabei Positionen bezog, die den kurz zuvor noch verdammten Häresien Trotzkis und Preobraženskijs aufs Haar glichen, auf eine andere, tiefere Wurzel des Konflikts: Der ‹Zinov'evschen Opposition› ging es primär um die Zurückdrängung Stalins und die eigene Vormacht.[28]

Den Höhepunkt und bereits die Entscheidung brachte auch in diesem

1. Der Streit um den rechten Weg

Konflikt ein Parteitag: der 14., der mit halbjähriger Verspätung im Dezember 1925 stattfand. Welcher Machtwechsel sich inzwischen vollzogen hatte, war schon an der äußeren Rollenverteilung abzulesen. Erstmals hielt Stalin im Namen des ZK das Hauptreferat. Zugleich wurde die Spaltung der Führung sichtbar: Ebenfalls zum ersten Mal folgte ihm ein «Korreferat», das Zinov'ev für die Leningrader Opposition vortrug. Offensichtlich operierte Stalin aber schon im Bewußtsein ungefährdeter Herrschaft. Er stellte sich nicht nur den Vorwürfen, sondern antwortete mit jener herablassend-pseudoargumentativen Exegese angeblich verbindlicher Grundsätze, die sich nur leisten kann, wer die Wahrheit gepachtet hat oder sich der Gefolgschaft sicher ist. Den Vorwurf des verkappten Kapitalismus wies er mit dem Hinweis darauf zurück, daß es in der Sowjetunion auch unter den Bedingungen der NĖP angesichts der Verstaatlichung der Großindustrie keine unterdrückende Klasse mehr gebe. Und auf die Frage nach der angemessenen Politik gegenüber den «Mittelbauern» antwortete er mit der Warnung vor *zwei* «Gefahren», der Unterschätzung und der Überschätzung der «Kulaken». Die einzig richtige Haltung bestehe in der Fortsetzung der Leninschen Politik eines Bündnisses unter der wachsamen Führung des «Proletariats» und bei andauernder Förderung der Industrie. Ähnlich fadenscheinig wand sich Stalin aus dem damit verbundenen theoretischen Dilemma des Aufbaus des Sozialismus in einem Lande heraus: Sicher würde «Hilfe aus dem Westen» dazu beitragen, «die Gegensätze ... zwischen den kapitalistischen und den sozialistischen Elementen ... rascher» zu überwinden. Aber wenn sie ausbleibe, könne das sowjetische Volk, durch «Lenins Schule» gestählt, die Probleme auch «aus eigener Kraft» meistern. Wenn die Zuhörer solchen Aufrufen «stürmischen, lang anhaltenden Beifall» spendeten und sich zur «Ovation» erhoben, so zeugte das nicht nur von der Vorsorge des Generalsekretärs bei der Delegiertenwahl, sondern auch von aufrichtiger Begeisterung. Stalin traf eine verbreitete Aufbruchsstimmung und appellierte nicht ohne demagogisches Gespür an den Willen, sich gegen alle Widerstände im In- und Ausland aus der Misere von Zerstörung und Rückständigkeit zu befreien. Abermals erwies sich dieses Rezept als äußerst wirksam.

Dem hatte Zinov'ev wohl Argumente entgegenzusetzen, aber keine Ziele, die eine emotionale Identifikation ermöglicht hätten. Noch deutlicher als Trotzki stand er als bloßer Zweifler vor dem Auditorium, der sich überdies noch vorwerfen lassen mußte, seinen eigenen, kaum verhallten Worten zu widersprechen. Zwar waren auch seine Einwände geeignet, bei älteren Parteimitgliedern Nachdenklichkeit hervorzurufen. Sie konnten der Skepsis gegenüber den «NĖP-Leuten» und der Warnung, die Weltrevolution und die Arbeiterschaft nicht zu vergessen, nur beipflichten. Aber zum einen waren solche Gedanken nicht neu, zum anderen hatten sie den Nachteil, zu abstrakt zu sein und weder den sichtbaren Erfolgen der NĖP noch den Ambitionen einer sich verändernden Partei Rechnung zu tragen.

Manches spricht für die Vermutung, daß dieses Unverständnis beim zweiten Hauptanliegen der neuen Opposition geringer war. In einer eindrucksvollen Rede scheute sich Kamenev nicht, den Trotzkischen Bürokratismusvorwurf vehement zu erneuern. Wegen ihres prophetischen Gehalts sind die Worte oft wiederholt worden, die Opposition lehne es ab, «eine Theorie ‹des Führers›» und «einen Führer zu schaffen». Sie wende sich gegen die Überordnung des Parteisekretariats über das Politbüro und die Ersetzung gemeinsamer Leitung durch die Allmacht einer Einzelperson. Als Kamenev auch noch seiner Überzeugung Ausdruck verlieh, «daß Genosse Stalin nicht in der Lage» sei, «die Rolle einer vereinenden Kraft der bolschewistischen Führung auszufüllen», war für die Delegierten das Maß voll. Der persönliche Angriff auf den Generalsekretär provozierte lärmenden Protest, der in Hurra-Rufe des ganzen Saales überging. Auch hier schwang aufrichtige Überzeugung mit. Nicht nur aus Furcht akzeptierten die Delegierten, daß Stalin sich zum Sprecher der ‹schweigenden› Mehrheit gegen ‹Sonderlinge› und ‹Nonkonformisten› aufschwang. Dabei verstieg er sich zu den nachmals ebenfalls oft in Erinnerung gerufenen Worten: «Ihr wollt das Blut von Bucharin? Wir werden Euch sein Blut nicht geben, das sollt Ihr wissen.» Mit gutem Grund ließ er diese Sätze 1938 aus dem Protokoll streichen.[29]

Schon angesichts der Begeisterungsstürme für Stalin konnten die Beschlüsse des Kongresses nicht überraschen. Kamenev stand auf verlorenem Posten, als er Änderungsvorschläge zum Resolutionsentwurf über den Bericht des ZK vortrug. Der entscheidende Text wurde mit 559 gegen 65 Stimmen angenommen. Doch der abermals Gestärkte begnügte sich nicht mit einem Votum. Es gehörte schon damals zu seinen politischen Methoden, sicher zu gehen. In den ersten Tagen des neuen Jahres (1926) traf seine rechte Hand im Parteisekretariat, V. M. Molotov, an der Spitze einer ganzen Gruppe treuer Gefolgsleute in Leningrad ein. Die Emissäre entfalteten eine lebhafte Agitation in den Betrieben und unteren Parteizellen. Binnen kurzem gelang es ihnen, Versammlungen einzuberufen und die Sekretäre abwählen zu lassen. Bereits Ende Januar war Zinov'evs Hausmacht gebrochen. Den Schlußakkord setzte im Februar eine Gouvernementskonferenz, die dem Hauptredner Bucharin folgte und den in Moskau vorformulierten Resolutionen zustimmte. Auch wenn Molotovs Kommando latente Unzufriedenheit mit Zinov'evs Herrschaftsstil nutzen konnte, verdiente die Methode dieser schnellen Eroberung Beachtung: Es waren die *einfachen* Parteimitglieder, die den Versicherungen der Führung am ehesten Gehör schenkten. Eben die von der Opposition (auch der neuen) zu natürlichen Garanten eines echten, ‹demokratischen› Sozialismus verklärten Arbeiter erwiesen sich als die willfährigsten Gehilfen der zentralen Herrschaft.

Schließlich blieben auch personelle Umbesetzungen nicht aus. Kamenev wurde vom Vollmitglied im Politbüro zum Kandidaten zurückgestuft. Zinov'ev behielt zwar seinen Sitz, verlor aber durch die Erweiterung des Gremiums auf neun Mitglieder an Einfluß. Alle drei Neulinge waren ergebene Diener ihres Herrn: neben Kalinin und Molotov der spätere langjährige Militärkommissar K. E. Vorošilov. In der Regierung gab es weniger Änderungen. Nur Kamenev mußte sein Amt als Stellvertretender Vorsitzender des SNK dem ebenfalls stalintreuen Leiter der innerparteilichen Kontrollkommission (ZKK) V. V. Kujbyšev überlassen. Alldem schaute einer zu, als ob ihn die Vorgänge nicht tangierten: Trotzki. Schon im Frühjahr 1925, als erste Risse im Triumvirat sichtbar wurden, ließ er die Gelegenheit ungenutzt verstreichen. Als sein amerikanischer Sympathisant Max Eastman (für einige Jahrzehnte ohne Nachahmer) Lenins «Testament» veröffentlichte, dementierte er dessen Existenz in einer verwirrenden Erklärung, die er später dem Druck des Politbüros zuschrieb. Und als es auf dem 14. Parteitag zur offenenen Konfrontation kam, ergriff er, obwohl anwesend und gesund, nicht ein einziges Mal das Wort. Sicher verband ihn wenig mit den Anführern der neuen Opposition. Aber ein nüchternes politisches Kalkül hätte verlangt, darüber hinwegzusehen und die Situation im Interesse der Sache zu nutzen. Es lag wohl abermals ein Moment des Eskapismus darin, daß Trotzki stattdessen Moskau im April erneut für längere Zeit verließ, um seine geheimnisvolle, inzwischen nicht mehr akute Krankheit behandeln zu lassen.[30]

f. Die «Vereinigte Opposition» und das Ende aller Kritik

Dennoch kam es im Frühsommer 1926 zu der überfälligen Annäherung zwischen den beiden prominentesten Gegnern Stalins und ihren Anhängern. Zumindest in der Außenwahrnehmung begann die «große Zeit der oppositionellen Bewegung». Gemeinsam verfaßten die Kritiker Plattformen, die mehr Parteimitglieder unterzeichneten als je zuvor. Sie wandten sich gezielt an die große Masse der Parteimitglieder und provozierten eine öffentliche Auseinandersetzung von unversöhnlicher Schärfe. Doch all diese Aktivitäten kamen zu spät. Das äußere Aufsehen fand kein Pendant in innerer Wirksamkeit. Vielleicht zwang es Stalin, früher reinen Tisch zu machen, als er beabsichtigte. Seine Machtposition aber hat es zu keiner Zeit gefährdet.

Dabei bemühten sich die Kritiker diesmal auch darum, ihre Vorstöße organisatorisch zu fundieren. Sie veranlaßten Sympathisanten in verschiedenen größeren Städten, sich zu Komitees zusammenzuschließen. Sie versandten Broschüren und sonstige Materialien. Und sie veranstalteten geheime Versammlungen, da sich ihre Redner nicht mehr öffentlich äußern konnten. Als eines der ersten größeren Treffen dieser Art, das wie zu früheren Zeiten in einem Wald vor den Toren Moskaus stattfinden mußte, an die Parteispitze verraten wurde, scheint diese begriffen zu haben, was sich anbahnte. Sie leitete umgehend ein Untersuchungsverfahren ein und bereitete für das nächste ZK-Plenum Mitte Juli Strafmaßnahmen vor. Auch die neue Opposition rüstete sich für die erste Kraftprobe, indem sie mit einer Plattform an die Parteiöffentlichkeit trat. Sachlich enthielt die *Erklärung der 13* nichts Neues. Sie hatte den positiven Effekt, den Zusammenschluß der Kritiker und ihre neue Stärke unübersehbar zu machen. Aber sie erzeugte auch den taktischen Nachteil, daß sich erstmals seit 1923 wieder eine «Fraktion» in der Partei offen zu erkennen gab.³¹

Das ZK versäumte denn auch nicht, die wirksame Waffe des einschlägigen Verbots aus Lenins Tagen in Anschlag zu bringen. Nach heftiger Diskussion wurde eine Resolution verabschiedet, die Zinov'ev als ersten prominenten Mitkämpfer Lenins aus dem Politbüro ausschloß. Trotzki blieb ungeschoren. Womöglich genügte es Stalin, daß fünf treue Gefolgsleute auf einen Schlag zu Kandidaten des Politbüros befördert wurden, darunter sein georgischer Landsmann G. S. Ordžonikidze, der neue Parteichef von Leningrad S. M. Kirov, A. I. Mikojan, der dem Gremium noch unter Chruščev angehörte, und als vielfach einsetzbarer ‹Feuerwehrmann› L. M. Kaganovič.

Doch die Opposition gab noch längst nicht auf. Im Gegenteil, vielleicht im Bewußtsein ihrer bedrängten Lage forderte sie die Parteiführung durch eine regelrechte Kampagne heraus. Ende September erschienen gleich mehrere prominente Gegner, darunter Trotzki, Zinov'ev, Kamenev und Radek, im Moskauer Flugzeugwerk, um einer Versammlung dortiger Parteimitglieder ihre Ansichten darzulegen. Anfang Oktober wiederholte Zinov'ev einen solchen Auftritt in der bolschewistischen Hochburg der Revolutionstage, den Leningrader Putilov-Werken. Die Resonanz war allerdings kläglich. Er mußte Hohn und Spott über sich ergehen lassen und konnte, der offiziellen Darstellung zufolge, ganze 25 von 1400 Stimmen für seine Resolution gewinnen. Dies mag zu einem irritierenden ‹Waffenstillstand› beigetragen haben, auf den sich unter anderem Trotzki, Zinov'ev und Kamenev am 16. Oktober einließen. In einer gedruckten Erklärung bekannten sie sich öffentlich schuldig, die Parteidisziplin verletzt und eine unerlaubte Fraktion gebildet zu haben. Nach dem entschlossenen Kampf der vergangenen Wochen reagierten viele Anhänger auf diesen Kurswechsel mit Bestürzung. Sie mochten sich damit trösten, daß die «Kapitulation» nicht von Dauer war. Keine Woche nach ihrer Unterzeichnung kam es im Politbüro zu einem Eklat. Als trotz der Unterwerfung beschlossen wurde, der bevorstehenden 15. Parteikonferenz Thesen zur Verurteilung der Opposition aus Stalins Feder vorzulegen, bezeichnete ein erzürnter Trotzki diesen als «Totengräber der Revolution». Damit waren die Brücken endgültig abgebrochen. Stalin, der persönliche Angriffe nicht vergaß, setzte fortan auf Vernichtung, wenn auch noch nicht im physischen Sinn. Als das ZK wenige Tage nach diesem Vorfall zusammentrat (23.–26. Oktober), erteilte es auf Antrag Stalins und Molotovs dem «trotzkistisch-zinov'evistischen Block», wie man bereits formulierte, eine Rüge und schloß Trotzki aus dem Politbüro aus. Kamenev verlor seinen Kandidatenrang und Zinov'ev sein Amt als Vorsitzender des Exekutivbüros der Komintern. Trotzkis Platz im Politbüro übernahm Kujbyšev, der zugleich Vorsitzender des VSNCh wurde. An Zinov'evs Stelle führte fortan Bucharin die Komintern.

Die 15. Parteikonferenz, die sich unmittelbar anschloß, bildete ein willkommenes Forum, um das Scherbengericht vor den Augen der Delegierten aus der ganzen Union zu Ende zu führen. Stalin konnte seine Thesen zu einer ausführlichen und höchst polemischen Abrechnung ausweiten. Dabei besaß er ein plausibles Argument darin, daß die «neue Opposition» gestern noch heftig miteinander gestritten habe und offensichtlich ein «unverhohlener prinzipienloser Kuhhandel» vorliege. Im Mittelpunkt seiner Angriffe stand erneut der Vorwurf, die Möglichkeit des Sozialismus in einem Lande zu leugnen. Auch diese Anschuldigung erfuhr nun, ohne daß neue Begründungen vorgebracht wurden, eine Zuspitzung zur Kardinalsünde: Der «Trotzkismus» behaupte letztlich, daß die russische Umwälzung *an und für sich, dem Wesen der Sache nach,* keine sozialistische Revolution» gewesen sei und diese Dignität erst durch die «Weltrevolution» erreichen könne. Er leugne damit die Grundlagen des Oktober und des neuen Staates. Trotzki entgegnete mit einer flammenden Rede, in der sein alter kämpferischer Elan noch einmal aufflackerte. Obwohl die Delegierten ihm zuhörten und seine Redezeit mehrfach verlängerten, trugen Stalin und Bucharin, der ihm an Hohn und Schärfe nicht nachstand, einen ungefährdeten Sieg davon.[32]

So mochte es im Winter 1926/27 scheinen, als sei auch die Vereinigte Opposition besiegt. Doch die Stille entpuppte sich als sprichwörtliche Ruhe vor dem Sturm. Im Frühjahr 1927 gab ein auswärtiges Ereignis den Gegnern der Parteiführung wieder Gelegenheit, auf den Plan zu treten: das Massaker, das der General Tschiang Kai Tschek am 12. April unter den Kommunisten von Schanghai und Nanking anrichtete, obwohl die von ihm geführte national-demokratische Kuomintang-Partei eine formelle Allianz mit der chinesischen KP geschlossen hatte. Spätestens seit der Niederlage der deutschen Kommunisten im Herbst 1923 bestand eine enge Verbindung zwischen den innerrussischen Kämpfen und der Kominterntaktik. In dem Maße, wie die Weltrevolution auf unbestimmte Zeit vertagt wurde, wuchs das Gewicht des Landes und der Partei, die als einzige vorangegangen waren. Wer im bolschewistischen Politbüro unterlag, hatte auch in der Kominternführung keinen festen Boden mehr unter den Füßen. In dieser Verzahnung von nationaler und internationaler sozialistischer Strategie hatte die Linke zumeist einen radikaleren, revolutionären Kurs auf den verschiedenen Schauplätzen des globalen Klassenkampfes gefordert. Die Konzentration auf den «Sozialismus in einem Lande» dagegen ging einher mit einer gemäßigteren, teilweise für Bündnisse mit nationalen Befreiungsbewegungen offenen Taktik. Eben diese ‹versöhnlerische› Politik der ‹Einheitsfront› sah die Opposition durch den Überfall Tschiangs endgültig diskreditiert. Stalin und Bucharin trugen nicht nur Mitschuld am Märtyrertod unbewaffneter Arbeiter: Was international in die Katastrophe führte, konnte auch im Innern nicht zum Vorteil gereichen: Die Opposition «hob den Kopf» (Trotzki). Die Schüsse im fernen China gaben den Kritikern einen solchen Auftrieb, daß sie eine neue Plattform vorzulegen wagten und dafür mehr Unterschriften sammeln konnten als je zuvor. Nicht zufällig begann die «Erklärung der 84» mit Thesen über die Ursache für die «ungeheure Niederlage» im internationalen Kampf gegen den Imperialismus. Sie versäumte aber nicht, den Bogen zu den inneren Mißständen zu schlagen. Denn die Wurzeln des Übels waren gemäß der linken Diagnose nicht nur dieselben, sondern auch die alten: die Abkehr vom ‹Klassenstandpunkt› und ‹proletarischen› Kurs Lenins zugunsten von Kompromissen mit verschiedensten ‹kleinbürgerlichen› Überhängen der alten kapitalistisch-imperialistischen Ordnung. Weniger der Inhalt dieses Manifests gab daher dem Streit eine neue Dynamik als das Faktum seiner Veröffentlichung in einer gespannten Situation. Fraglos hatte die Komintern eine empfindliche Niederlage erlitten; Konsequenzen konnten auf Dauer nicht ausbleiben. Offen zutage lag aber auch, daß die Opposition ein weiteres Mal gegen das Fraktionsverbot verstoßen hatte. Hinzu kam schließlich, nur einen Tag nach der Übersendung der Deklaration an das Politbüro, ein weiterer schwerer außenpolitischer Rückschlag: Großbritannien brach am 27. Mai seine diplomatischen Beziehungen zur Sowjetunion ab. Der Schritt kam nicht überraschend. Seit dem großen Streik der englischen Bergarbeiter im Vorjahr und den Sympathiekundgebungen sowohl in Rußland als auch von seiten der Komintern war die Mißstimmung gewachsen. Dennoch wirkte das *fait accompli* wie ein Schock. Kriegsfurcht – wie begründet auch immer – verbreitete sich und schürte die Gegensätze.[33]

Als die Parteiführung den ‹trotzkistischen› Wirtschaftsfachmann I. T. Smilga nach bewährtem Rezept auf einen neuen Posten im sehr fernen Osten (Chabarovsk) versetzte, kam es zu einer oppositionellen Demonstration, auf der Trotzki und Zinov'ev öffentlich sprachen (am 9. Juni). Zur Rechenschaft gezogen, bewies Trotzki Mut und stellte die provozierende Frage, wann denn die selbsternannten Richter der Russischen Revolution ihre Gegner auf die Guillotine zu bringen gedächten. Auch die Antwort gab er selbst: Sie stünden «im Begriff, es im ... thermidorianischen Kapitel zu tun.» Wenig später setzte Trotzki auf diesen Klotz noch einen groben Keil. In einem Brief an *Ordžonikidze*, Stalins neuen Mann an der Spitze der ZKK, verglich er die eigenen Reihen mit Clemenceau und seinen Anhängern, die während des Ersten Weltkriegs ebenfalls aus der Opposition heraus die kompromißbereite Regierung angegriffen hätten und von der Geschichte gerechtfertigt worden seien. Die Analogie kam einer Ohrfeige für die Parteiführung gleich und wurde auch so verstanden. Während der nächsten Plenarsitzung des ZK gingen die Wogen hoch. Die ungewöhnliche Länge der Zusammenkunft (29.7.–9.8.) spiegelte die Verbissenheit, mit der gestritten wurde. Zugleich kam in ihr aber auch die neue Stärke der Opposition zum Ausdruck. Immerhin ist bemerkenswert, daß sich die Parteiführung zu einem Kompromiß bereitfand. Zwar verwies ihre Entschließung zu Recht – hier rächte sich dieser Kniefall – auf das Versprechen vom Vorjahr, sich aller Blockbildung zu enthalten. Zugleich verwahrte sie sich gegen die ‹Clemenceau-These› sowie den Vorwurf der thermidorianischen Entartung und warf ihren Urhebern vor, die bolschewistische Partei samt der Komintern spalten zu wollen. Aber sie zog die Drohung des Ausschlusses aus dem ZK ausdrücklich zurück und beließ es bei einer strengen Verwarnung.[34]

Dennoch konnte kein Zweifel darüber bestehen, daß der Bann weiterhin über den Kritikern schwebte. Da eine Verständigung ausgeschlossen schien, mußte eine endgültige Entscheidung fallen. Seit dem Herbst verbreitete sich die Erwartung, daß der 15., für Dezember anberaumte Parteitag sie treffen würde. Tatsächlich aber spitzte sich der Konflikt so schnell zu, daß sie schon eher fiel. Als Vorbereitung auf diesen Endkampf faßte die Opposition ihren Standpunkt noch einmal in einer umfangreichen Plattform zusammen und legte sie dem Politbüro am 8. September mit dem Begehren nach Veröffentlichung vor. Die Parteiführung wies dieses Ansinnen als Versuch der Legalisierung einer Fraktion zurück. Ihr Gegenstoß ließ nicht lange auf sich warten: Zum ersten Mal griff die Geheimpolizei (zu dieser Zeit OGPU genannt) massiv in die Auseinandersetzung ein und hob die Druckerei der Opposition aus. Trotzki durfte zwar noch eine leidenschaftliche Rede vor dem Kominternbüro halten. Diese hinderte das Gremium aber nicht daran, ihn dennoch auszuschließen.

Das herannahende zehnjährige Revolutionsjubiläum am 7. November tat ein übriges, um den Konflikt zu schüren. Da mit oppositionellen Demonstrationen zu rechnen war, nutzte die Parteiführung die gemeinsame Plenarsitzung des ZK und der ZKK vom 21.–23. Oktober zum Vernichtungsschlag. Vergeblich beschwerte sich Trotzki in einer Rede, während der man sogar ein Glas nach ihm warf, über die «Fälschungsfabrik», die «Tag und Nacht in zwei Schichten» arbeite, um den Popanz des «Trotzkismus» zu fabrizieren. Vergeblich verteidigte er die Drucklegung der Plattform mit dem Hinweis darauf, daß sich das Politbüro geweigert habe, sie der Parteiöffentlichkeit zur Kenntnis zu bringen. Vergeblich sprach er offen von Gerüchten über baldige Erschießungen und die Vorbereitung eines «Thermidor», des Tags «der Vernichtung der Revolution». Stalin brauchte sich keine große Mühe bei der Begründung seines Ausschlußantrags zu geben. Er konnte es sich sogar leisten, Lenins «Testament», von dem die Opposition nun endlich Gebrauch machte, offen anzusprechen und zu seinen *Gunsten* zu deuten. Dabei erinnerte er nicht nur – formal korrekt – an sein Demissionsangebot und die einmütige Bitte des 13. Parteitags zu bleiben. Er gab dem unmißverständlichen Leninschen Vorwurf der «Grobheit» selbst eine geradezu dreiste Wendung ins Gegenteil: «Ja», er sei «grob gegen diejenigen, die grob und verräterisch die Partei» zersetzten und spalteten. Dies sagte er vor Funktionären, denen kein Schauer mehr über den Rücken lief, weil sie selbst fürs Grobe zuständig waren und nicht daran dachten, daß aus Tätern Opfer werden könnten. Willfährig beschloß das ZK, Trotzki und Zinov'ev wegen wiederholten parteischädigenden Verhaltens nun aus seinen Reihen zu verbannen.³⁵

Den Ausgestoßenen blieb die Hoffnung auf den ersten ‹runden› Jahrestag der Revolution. Zahlreiche Demonstrationen und Reden waren vorbereitet. Die Opposition beschloß, sich mit eigenen Parolen zu beteiligen. Sie wollte gegen ‹Kulaken, NÈP-Leute und Bürokraten› aufrufen und für die ‹Erfüllung von Lenins Testament› werben. Allerdings hatte sie die Rechnung ohne Stalin gemacht. Offenbar hatte die Polizei Anweisung, gegen ungenehmigte Demonstrationen mit Entschiedenheit vorzugehen. Trotzki zufolge kamen ihr dabei sogar «offen faschistische Elemente» zu Hilfe. Unbequeme Spruchbänder wurden zerrissen, ihre Träger verprügelt, Redner eingeschüchtert. Allerdings wären die Büttel des Parteidiktators machtlos gewesen, hätte sich die Hoffnung der Opposition auf die Unterstützung der ‹Massen› erfüllt. Diese aber blieb abermals aus. Auch Trotzki gestand ein, daß der letzte öffentliche Auftritt der Opposition in einer großen Enttäuschung endete.³⁶

Danach war die Niederlage nicht mehr aufzuhalten. Der 15. Parteitag, der im Dezember tagte (2.–19.), bildete kein Forum mehr, das den Kritikern auch nur zugehört hätte. Das Parteisekretariat hatte die Zusammensetzung durch «sogenannte Wahlen zu den Ortskonferenzen» zuverlässiger gesteuert als je zuvor. Trotzki war nicht einmal anwesend. Was der Kongreß hauptsächlich tun sollte, war von Beginn an klar. Auf Vorschlag der Parteiführung bildete er eine Sonderkommission, der aufgetragen wurde, das Verhalten der Opposition zu prüfen und eine Verfahrensempfehlung auszuarbeiten. Zu welchem Ergebnis die Juroren kommen würden, nahm Stalin schon am zweiten Sitzungstag im Rechenschaftsbericht des ZK vorweg. Nach der abermaligen Wiederholung der bekannten Vorwürfe schloß er mit einem Ultimatum, das an Deutlichkeit nicht zu wünschen ließ: «Man fragt nach den Bedingungen. Wir stellen nur eine Bedingung: Die Opposition muß völlig die Waffen strecken, sowohl in ideologischer als auch in organisatorischer Beziehung ... Entweder sie nimmt das an, oder sie verläßt die Partei. Geht sie aber nicht selber, dann werden wir sie hinausjagen.»³⁷

Diese Drohung verfehlte ihre Wirkung nicht. Unter ihrem Druck zerbrach das oppositionelle Zweckbündnis. Bereits am vierten Sitzungstag trat Kamenev ans Rednerpult, um für sich und seine Gesinnungsfreunde ein glimpfliches Urteil zu erbitten. Er sagte die restlose Einstellung aller nicht genehmigten Aktivitäten zu. Auch wenn er an einigen Sachaussagen festhielt, kam seine Rede einer bedingungslosen Kapitulation gleich. Dem Auditorium war auch dies nicht genug. Wenig machte den Wandel in der Partei so deutlich wie die Tatsache, daß dieser verdiente Altbolschewik und Mitstreiter Lenins von Stalins *apparatčiki* ausgepfiffen wurde. Pausenlose Zwischenrufe warfen ihm falsche Reue vor und verlangten eine überzeugende Lossagung vom «Menschewismus». Auch der von Kamenev unlängst noch geschmähte «Führer» meinte, die Zinov'evisten machten es sich zu leicht. Erwartungsgemäß schloß sich die Sonderkommission dem ebenso an wie der Kongreß insgesamt. Dieser folgte dem Vorschlag, 75 namentlich genannte «Trotzkisten» sowie 23 Anhänger der (immer noch bestehenden) Demokratischen Zentralisten aus der Partei zu entfernen. Zugleich wurde die Reue der Zinov'ev-Anhänger erhört. Die Versammlung wollte zwar kein Generalpardon für die Unterzeichner einer entsprechenden Petition erteilen. Aber sie stellte es dem ZK und der ZKK – nicht ohne die demütigende Auflage einer halbjährigen Wartefrist, tadellosen Benehmens und individueller Prüfung – anheim, die Bittsteller wiederaufzunehmen.[38]

Es wäre zu kurz gegriffen, wollte man diese Unterwerfung bloßem Opportunismus zuschreiben. Ähnliche Konflikte während der Stalinschen Schauprozesse verweisen darauf, daß sich die Betroffenen in einem Dilemma wähnten, aus dem sie keinen anderen Ausweg sahen. Wohl aufrichtig sprach Kamenev angesichts des zu erwartenden Ausschlusses von der Alternative zweier «Wege»: entweder eine andere «Partei» zu gründen oder zu bereuen. Die erste Möglichkeit aber scheide aus; sie sei «verderblich für die Revolution», «verboten» durch «das ganze System unserer Anschauungen». Hier lag in der Tat die tiefere Ursache für *eine* fundamentale Schwäche der Opposition: Sie konnte sich keine andere Partei des Sozialismus vorstellen. Politischer Pluralismus war ihr fremd. Nicht auszuschließen ist, daß eine taktische Überlegung hinzukam. Demnach hätten die Zinov'evisten in der Partei größere Handlungsmöglichkeiten gesehen als außerhalb. Selbst wenn sich diese verständnisvolle Deutung erhärten ließe, muß sie dem Einwand begegnen, daß die Unterwerfung auch den Verzicht auf Agitation und Gruppenbildung einschloß. Kein Oppositioneller durfte ernsthaft hoffen, angesichts fortdauernden Argwohns noch in seinem Sinne Einfluß auf die Partei nehmen zu können.[39]

Die Anhänger Trotzkis kamen gar nicht erst in die Verlegenheit, darüber nachdenken zu müssen. Zwar unternahmen auch sie noch einen Verständigungsversuch. Auch sie erklärten, sich der Parteidisziplin beugen zu wollen. Zugleich hielten sie aber an ihren inhaltlichen Positionen fest. In den Augen der Parteiführung blieben sie verstockte Häretiker. Der Bann wurde weder aufgehoben noch gelockert, sondern im Gegenteil noch verschärft: Anfang Januar 1928 mußten die prominenten Dissidenten Moskau verlassen. Erst als die Geheimpolizei Trotzki in Alma Ata empfing, fühlte sich das Politbüro sicher.[40]

Solch tiefsitzende Furcht, in der sich immer noch ein Abglanz der potentiellen Macht des Opfers spiegelte, wirft erneut die entscheidende Frage auf, wie Trotzkis tiefer Fall in so kurzer Zeit zu erklären ist. Die Reihe der Antworten beginnt mit den persönlichen Eigenschaften. Trotzki war selbstbewußt bis zur Arroganz. Er wußte um seine intellektuelle und rhetorische Brillanz und ließ sie andere spüren. Er konnte schroff und abweisend sein. Er mied Kumpanei und Stammtischgeselligkeit. Zugleich fehlte ihm ein Gespür für die politische Bedeutung solcher Charakterzüge und Verhaltensweisen. Erst im Rückblick erkannte er, daß er sich durch seinen einzelgängerischen Elitarismus abgesondert, sich Feinde geschaffen und von informellen Gruppenbildungen hinter den Kulissen ausgeschlossen hatte. Seine Verachtung für ‹kleinbürgerliche› Kungelei mochte ihn ehren, aber sie war fatal in einer Zeit, in der um Lenins Nachfolge gestritten wurde und Koalitionen zwischen den Aspiranten entschieden.

Mit den persönlichen Schwächen hingen politische zusammen. Trotzki besaß wenig Sinn für die Chancen und Imperative von Situationen. Selbst wenn er tatsächlich krank gewesen sein sollte, ließ er sich kaum verständliche Versäumnisse zuschulden kommen. Er zögerte zur Unzeit, schwieg, wo er hätte reden müssen, lenkte ein, ohne die Tragfähigkeit der Kompromisse zu prüfen, griff Gegner an, die seine Freunde werden konnten, und wachte erst auf, als es zu spät war. Obwohl er sich selber als Administrator hervorgetan hatte und wußte, wie Hierarchien funktionieren, unterschätzte er die Macht des Apparates kolossal. Darin liegt eines der größten Rätsel seiner Person und seines politischen Verhaltens: Er glaubte an die Kraft der Argumente, obwohl er die überlegene Gewalt von Organisationen und Strukturen allzu gut kannte.

Hinzu kam, daß für ihn allem Anschein nach Ähnliches galt wie für Zinov'ev und Kamenev: Auch er konnte sich ein politisches Leben außerhalb der Partei nicht vorstellen. Wenn er sich mehrfach mit der herrschenden Gruppe arrangierte, so beugte er sich dem Leninschen ‹Fraktionsverbot› nicht nur aus taktischen Gründen, sondern auch aus Überzeugung. Wie alle Mitstreiter blieb Trotzki ein Gefangener seiner ideologischen Grundannahmen. Ohne Bolschewismus konnte es keinen Sozialismus, ohne Sozialismus keine erstrebenswerte Zukunft geben. Die bedingungslose Loyalität, die Stalin manipulativ perfektionierte, galt auch für die Opposition: Die Partei wurde zur Kirche, *extra partiam nulla salus*. Wenn sich aber deshalb eine neue Partei verbot und die alte ihn ausschloß, blieb wenig Raum für wirksame Kritik.

Umgekehrt wird man Stalin zumindest in dieser Periode nicht gerecht und seinen Aufstieg nicht verstehen, wenn man ihn nur als Bürokraten und Machtmenschen sieht. Stalin war vor allem ein raffinierter und wendiger Taktiker. Er dachte voraus, hielt sich Auswege offen und handelte, wenn die Gelegenheit gekommen war. Dabei blieb er, wenn nötig, im Hintergrund und wartete seine Zeit ab. Trotzki sah im Stalinismus unter anderem den Triumph der Mittelmäßigkeit. Das traf in mancher Hinsicht zu, aber nicht

1. Der Streit um den rechten Weg

für den künftigen Diktator selbst. Wer dessen Reden liest, begreift, daß Stalin nicht über den Scharfsinn Trotzkis verfügte, aber über die Gewitztheit und Verschlagenheit eines tüchtigen Geschäftsmannes. Trotzki hat auch dies bemerkt, aber nicht beherzigt. Stalin *war* nicht «mittelmäßig», sondern *verkörperte* die ‹Mittelmäßigkeit›, die – weniger polemisch – unter sozialen und funktionalen Gesichtspunkten besser als neue, aufwärtsorientierte, überwiegend, aber keineswegs ausschließlich aus kleinen Verhältnissen stammende administrativ-technische Elite zu kennzeichnen war.

Eben deshalb verweist der Ausgang des Diadochenkampfes über subjektive Momente hinaus auf objektive Veränderungen. Stalin erlangte die Herrschaft über den Apparat nicht nur, weil er die Sekretäre einsetzte, sondern weil er sie zugleich *repräsentierte*. Trotzki erkannte treffend – und wertete dies zu Recht an anderer Stelle als tiefste Ursache des «Thermidor»-, daß die «Stimmung» im Lande sich veränderte und mit ihr der Charakter der Partei. Die «Ideen» des Oktober verloren ihren Einfluß sowohl auf die Massen als auch auf «das Bewußtsein jener Parteischicht, die unmittelbar die Macht über das Land ausübte». Die bolschewistische Führung wechselte ihr Gesicht. Aus den Vorkämpfern der Revolution wurden deren Verwalter. Ein neuer «Typus» drängte in den Vordergrund: Wer sich der Partei zur Zarenzeit angeschlossen hatte, nahm für seine Ideale gravierende Nachteile bis hin zur Aufgabe der bürgerlichen Existenz in Kauf. Wer nach dem Ende des Bürgerkriegs eintrat, gewann Macht, Prestige und Einkommen; er sicherte sein Dasein, statt es zu riskieren. Trotzki bemerkte diesen Wandel und deutete ihn als Aspekt des Übergangs von der ‹Bewegung› zum ‹Regime›. Aber er verstand nicht, daß sich daraus auch neue Bedürfnisse und Ziele ergaben, daß neue Aufgaben neue Leute und neue Leute einen neuen Stil verlangten. Für den friedlichen Aufbau brauchte man keine Volkstribunen und heilsgewisse Retter, sondern pragmatische Organisatoren und ‹Künstler des Machbaren›. Nach einem Jahrzehnt von Krieg und Elend war nicht nur die Notwendigkeit einer materiellen Erholung unabweisbar, sondern auch das subjektive Verlangen nach persönlichem Erfolg und praktischer Teilhabe am Aufbau der besseren Zukunft. Ob zu Recht oder nicht, Stalins Programm des «Sozialismus in einem Lande» wurde als Konzession an dieses Bedürfnis verstanden, die linke Hoffnung auf die Weltrevolution und der Ruf nach einer forcierten Industrialisierung dagegen als Quelle neuer Umwälzungen und Unruhe. Es traf daher nur die halbe Wahrheit, wenn Trotzki den Sieg Stalins, des Apparats und der Mehrheitsfraktion als Abgleiten in die konterrevolutionäre Diktatur deutete. Die andere Hälfte hätte in der Einsicht bestanden, daß der Wandel unvermeidlich und die ‹permanente Revolution›, genau besehen, ein Selbstwiderspruch war.[41]

2. Staat, Partei und affiliierte Organisationen

In den zwanziger Jahren nahm auch die politische Verfassung des neuen Regimes eine dauerhafte Gestalt an. Was unter den Zwängen des Bürgerkriegs teils wild, teils nach ideologischen Vorgaben gewachsen war, wurde in reguläre Formen gegossen. Grundsätzlich bestand dabei die Chance, unerwünschte Entwicklungen zu korrigieren. Es zeigte sich jedoch, daß zwar manche Zuspitzungen des Kommandosystems beseitigt, aber die Machtverteilung und Herrschaftsstruktur beibehalten wurden. Dazu trug, wie erwähnt, paradoxerweise jene NĖP maßgeblich bei, die der Wirtschaft und Gesellschaft wieder Freiraum verschaffte. Die Entscheidung war schicksalhaft: Was zu Beginn des friedlichen Aufbaus versäumt wurde, konnte danach nur noch durch Gewalt nachgeholt werden. So wurden vor allem folgende Merkmale des neuen Staates festgeschrieben: (1) die Degradierung seiner regulären Führungsorgane zu bloß repräsentativen Gremien und die Umwandlung der Sowjetdemokratie in eine reine Fassade; (2) die Konzentration aller Macht bei der bolschewistischen Partei und das Verbot anderer Parteien sowie jeglicher öffentlicher Organisationen mit anderen Zielsetzungen; (3) die endgültige Entdemokratisierung auch der Partei und die ausschließliche Bündelung der Entscheidungen in deren obersten exekutiven und administrativen Gremien sowie (4) die faktische Mißachtung der föderativen Strukturen in der neu geschaffenen UdSSR und die Verlagerung aller wichtigen Entscheidungen auch dieser Ebene in die Parteiführung samt der von ihr kontrollierten Regierung. Sicher traf gerade in dieser Hinsicht zu, daß nicht nur Anspruch und Wirklichkeit, sondern auch ‹Schein und Sein› kaum zur Deckung kamen. Selbst die Partei zerfiel im wenig entwickelten russisch-sowjetischen Riesenreich in zahlreiche Regionalverbände, die ein ausgeprägtes Eigenleben führten. Auch im neuen Staat galt sinngemäß die alte Weisheit, daß der Zar weit sei. Solche Erkenntnisse helfen, Fehlvorstellungen von einer ‹gut geölten› Staatsmaschinerie und allgegenwärtiger zentraler Kontrolle zu korrigieren. Aber sie widersprechen dem grundlegenden Befund nicht, daß alle wesentlichen Entscheidungen ohne Legitimation durch demokratische Prozeduren an der Spitze nicht einmal des Staates, sondern der Partei fielen. Ungeachtet aller Hemmnisse und ‹Umleitungen› ihres Transfers lag die letzte Entscheidung bei der Führung *einer* Organisation. Auch in dieser Hinsicht sollten Kontinuitäten zwischen Lenin und Stalin nicht übersehen werden: Der Diktator trieb ins Extreme, was nicht so kommen mußte, aber angelegt war.

a. Die Entstehung der Sowjetunion

Als der Streit um den rechten Weg zum Sozialismus entschieden wurde, ging es nicht mehr nur um das Schicksal Rußlands, sondern längst auch um die

2. Staat, Partei und affiliierte Organisationen

Zukunft der nicht großrussischen Regionen. Es war ebenso folgenschwer wie denkwürdig, daß das neue Regime seine Herrschaft auf ungefähr dasselbe Territorium ausdehnte wie das alte. Wohl gingen einige Gebiete in Krieg und Revolution verloren. Polen gewann mit deutscher und alliierter Hilfe nach mehr als hundertjähriger Staatenlosigkeit seine Souveränität zurück. Finnland nutzte den Zerfall der staatlichen Zwangsgewalt, um seine weitgehend bewahrte innere Autonomie wieder in äußere Unabhängigkeit zu verwandeln. Und im Zusammenhang mit der militärischen Niederlage gegen Polen erlangten auch die baltischen Provinzen die ersehnte Eigenständigkeit. Dieser Verlust schmerzte am ehesten. Livland und Estland waren schon im frühen 18. Jahrhundert zum zarischen Imperium gekommen, verfügten über wichtige Häfen (Riga, Reval) und hatten ein gutes Jahrhundert lang überdurchschnittlich viele Angehörige der Verwaltungselite des Reiches gestellt. Im übrigen aber sammelten die Bolschewiki im Laufe des Bürgerkrieges alle Territorien wieder ein, die sich aus der großrussischen Hegemonie gelöst hatten. Die nationale Emanzipation, die 1917 kaum weniger Triumphe feierte als die soziale, wurde annulliert. Äußerlich entstand mit der Sowjetunion das alte Imperium neu.

Wer diese Entwicklung verstehen will, muß berücksichtigen, daß sie für die Betroffenen nicht von vornherein absehbar war. Verbal gab sich die Sowjetmacht durchaus den entgegengesetzten Anschein; allerdings hätte ein Blick auf die Machtverhältnisse schon früh zu erheblicher Skepsis Anlaß geben können. Denn die Nagelprobe wurde in dem Maße erforderlich, wie die Revolutionäre militärisch die Oberhand gewannen und die weißen Armeen den Rückzug ins Hinterland antraten. Die Bolschewiki operierten vom Zentrum aus. Ihr Sieg war gleichbedeutend mit der Unterwerfung der Peripherie, von Moskau bis Fernost. Dabei half, wie erwähnt, die unglückliche Politik der weißen Gegenregierungen. Keine von ihnen gab sich besondere Mühe, dem Eindruck entgegenzuwirken, sie strebe mit der Wiederherstellung eines nichtbolschewistischen Staates auch die Rückkehr zu großrussischen Vormachtsansprüchen an. Neben der Neutralisierung und Unterdrückung des Dorfes bildete dies gewiß den zweiten Grundstein des bolschewistischen Triumphes: daß das neue Regime auch die mächtige Schubkraft der nationalen Identifikation auf seine Mühlen zu leiten wußte. Voraussetzung dafür aber war eine Politik, die den Emanzipationsbewegungen *glaubhaft* versicherte, daß sie ihr Ziel nur im Bunde mit der neuen Macht würden erreichen können.

Kaum jemand in der bolschewistischen Führung wußte das besser als Lenin. Schon im Exil hatte er die Bedeutung dieser Frage für die revolutionäre Bewegung erkannt. In einem Streit mit Rosa Luxemburg, dessen Ausstrahlung weit über die russischen Zirkel hinausging, hatte er zugunsten der nationalen Sache Partei ergriffen. Vom Standpunkt der reinen marxistischen Theorie aus gesehen, stand er dabei auf verlorenem Posten. Natürlich hatten nationale Kategorien der proletarischen Bewegung fremd zu sein. Sie gehörten dem Zeitalter der bürgerlichen Demokratien und des aufstrebenden Kapitalismus an. Der reife Kapitalismus ließ, wie Marx vorausgesehen hatte, die staatlichen Grenzen hinter sich und bereitete jenen Internationalismus vor, der in seiner Sicht (unter anderem) die Überlegenheit des Sozialismus begründete. Lenin lag es fern, diesen Charakter der erstrebten Ordnung oder die Wahlverwandtschaft zwischen Nation und bürgerlicher Revolution zu bestreiten. Aber er argumentierte gleichsam vom anderen Ende her. Maßstab für die Zulässigkeit nationaler Bestrebungen mußte ihm zufolge der sozioökonomische Entwicklungsstand der jeweiligen Nationalität sein. Dort, wo Kapitalismus und Demokratie noch in den Anfängen steckten, war die nationale Emanzipation ebenso ein Gebot der Stunde wie die bürgerliche Freiheit. Dieser Einsicht blieb Lenin im Revolutionsjahr treu. Sie erlaubte ihm, die heftigen Konflikte zwischen den regionalen Unabhängigkeitsbewegungen und der ohnehin kaum durchsetzungsfähigen Februarregierung für die bolschewistischen Ziele zu nutzen.[1]

Auch nach dem Oktoberumsturz verlor Lenin die nationale Frage nicht aus dem Blick. Obwohl andere Probleme im Vordergrund standen, blieb ihm die Abhängigkeit des neuen Regimes von der Unterstützung auch des fremdethnischen Hinterlandes bewußt. Kaum zufällig gehörte bereits zur ersten Regierung ein *Volkskommissariat für Nationalitätenfragen*. Während die anderen Ressorts trotz der veränderten Benennungen aus den alten Ministerien hervorgingen, wurde diese Behörde neu geschaffen: Sie setzte ein demonstratives Signal für den grundlegenden Wandel im Verhältnis zwischen politischer Zentralgewalt und Peripherie. Auch ihre eigentümliche Struktur unterstrich diese Aufgabe. In Unterkommissionen sollten alle wichtigen Nationalitäten vertreten sein; sie nahm den Charakter eines repräsentativen Rats an. Dank Lenin fand diese Strategie auch Eingang in das neue Programm der Bolschewiki, das der achte Parteitag im März 1919, sechzehn Jahre nach dem ersten, verabschiedete. In mancher Hinsicht lebte die Debatte über die Vereinbarkeit von Sozialismus und Nationalismus bei dieser Gelegenheit wieder auf. Lenin warf Bucharin und seinen internationalistischen Anhängern in scharfen Worten vor, wie in anderen Grundfragen des Staatsaufbaus «den Wunsch für die Wirklichkeit» zu halten. Realität sei nicht der Sozialismus mit der grenzüberschreitenden Solidarität der Arbeiterschaft, sondern eine Vielfalt unterschiedlicher Stadien auf dem langen «Weg vom Mittelalter zur bürgerlichen Demokratie und von der bürgerlichen Demokratie zur proletarischen Demokratie». Jede Nation, und darin lag der gegenwartsbezogene Kern der Leninschen Botschaft, könne und müsse selbst bestimmen, wie sie sich dem Ziel nähern wolle. Allerdings beschränkte auch Lenin die Wahlfreiheit auf den Entwicklungspfad. Das Ziel blieb vorgegeben. An der historischen Notwendigkeit des Sozialismus ließ er ebensowenig Zweifel wie an der Angemessenheit der Räteverfassung

2. Staat, Partei und affiliierte Organisationen

für diese Etappe der staatlich-sozialen Entwicklung. So war es nur konsequent, daß im neuen Programm *beide* Aspekte des Problems ihren Niederschlag fanden. Die Bolschewiki verpflichteten sich, jegliche Privilegierung einer Nation zu beseitigen, um das «Mißtrauen der werktätigen Massen» der benachteiligten ethnischen Gruppen zu überwinden; die Frage nach dem legitimen Träger sezessionistischer Bestrebungen in Anbetracht der «geschichtlichen Entwicklungsstufe» der betreffenden Nation zu entscheiden (mithin eventuell auch «bürgerliche» Gruppen anzuerkennen); und als ‹Übergangsform› zur «völligen Einheit» die Bildung von Rätestaaten und deren «föderativen Zusammenschluß» anzustreben. Formal verankerten diese Beschlüsse das Selbstbestimmungsrecht unmißverständlich. Zugleich ließen sie Spielraum für unterschiedlichste Koalitionen. Aber auch das beabsichtigte Endresultat blieb nicht im Unklaren: Es ergab sich von selbst, wer nach einer Föderation, die ausdrücklich für temporär erklärt wurde, die endgültige Vereinigung betreiben und kontrollieren sollte.[2]

Als die weißen Verbände zurückwichen und die Rote Armee eine nichtrussische Region nach der anderen eroberte, war die Antwort auf die Frage nicht länger aufzuschieben, welche politische Verfassung die einst vom Zarenreich annektierten Völker erhalten und wie ihre Territorien mit der RSFSR verbunden werden sollten. Schon früh zeigte sich dabei ein taktischer Unterschied: Wo die Zentralregierung ihres übermächtigen Einflusses sicher war, im ‹ersten Gürtel› der Peripherie, verankerte sie ihre Weisungsbefugnis unverzüglich. Vorsichtiger ging sie in ferneren Gebieten zu Werke, die sich ihrem Zugriff noch entzogen und wo sie Verbündete brauchte. Wie zu zarischen Zeiten spielte auch eine Rolle, wie stark eine Minderheit war und auf welches historisch-kulturelle Erbe sie zurückgreifen konnte. Kleinen nomadischen Völkerschaften wurde eine andere Form der Selbstverwaltung zugestanden als Nationen mit eigener Tradition, denen man in der Regel auch eine höhere Kulturstufe attestierte. Auf diese Weise zog die RSFSR zunächst die kleineren, oft nomadischen und islamischen Nationalitäten, von den alteingesessenen Tataren an der mittleren Wolga über die Komi im Norden bis zu den Kazachen im Südwesten an sich. Förmlich entstanden 1920–1923 siebzehn solcher «autonomen» Gebiete, die auch der Kernrepublik von Anfang an einen multiethnischen Charakter verliehen.[3]

Anders verfuhr man mit den ‹großen› Nationalitäten. Die meisten hatten, wie die Ukraine, den Reichsverband verlassen und ihre Unabhängigkeit erklärt. Nicht wenige waren in Beziehungen zu auswärtigen Mächten getreten, genossen Protektion oder sogar völkerrechtliche Anerkennung. Man konnte sie nicht einfach einverleiben, es sei denn um den Preis offensichtlicher Rückkehr zur imperialen Machtpolitik. Auf der anderen Seite wurden die angrenzenden nicht großrussischen Territorien schon lange vor Kriegsende erobert. Im Überlebenskampf lag die Versuchung nahe, ihre zum Teil erheblichen materiellen Ressourcen zu nutzen. Als im September 1918 unter dem

Vorsitz Trotzkis ein Revolutionärer Militärrat gegründet wurde, erstreckten sich seine Kompetenzen auch auf die Ukraine als hauptsächliches Kampfgebiet der kommenden Monate. Gleiches galt für den kurze Zeit später eingerichteten STO, der ausdrücklich Weisungsbefugnis für alle regionalen Dependancen erhielt. Fraglos markierten diese und andere Maßnahmen wichtige Schritte auf dem Wege zur Integration in das bolschewistische Herrschafts- und Wirtschaftsgebiet. Hinzu kam nach und nach die Präsenz der Roten Armee. Vor allem sie wurde zu einem Zentralisierungsinstrument von außerordentlicher Durchsetzungskraft. So war die Eigenständigkeit der nichtrussischen National- und Regionalbewegungen auf dem Territorium des einstigen Reiches bereits ausgehöhlt, als sie – mit welcher Eigenständigkeit auch immer – zu Verhandlungspartnern wurden. Der erste Vertrag dieser Art wurde nach der Eroberung Aserbeidschans Ende September 1920 abgeschlossen. Er schrieb fest, daß die RSFSR die ausschließliche Kompetenz in Angelegenheiten des Militärs, der Versorgung, der Finanzen, des Transports, der Kommunikation und der Außenwirtschaft übernahm. Bemerkenswerterweise beließ er Aserbeidschan die institutionelle Möglichkeit, eine eigene Außenpolitik zu betreiben. Gleichlautende Abkommen unterzeichneten Ende Dezember 1920 und Mitte Januar 1921 die Ukraine und Weißrußland, die beide inzwischen fest in bolschewistischer Hand waren und die Räteverfassung übernommen hatten.[4]

Dennoch war die lange Auseinandersetzung über die Gestalt der Union aller ‹zurückgewonnenen› Territorien und Nationalitäten kein Scheingefecht. Nicht zufällig begann sie ebenfalls nach dem Ende des Bürgerkriegs. Auch sie gehört in den Zusammenhang der endgültigen Ausgestaltung des neuen Regimes und der Kritik an erkennbaren Fehlentwicklungen. Zugleich trat in ihr die Brüchigkeit notgeborener Kompromisse zutage. Nicht zuletzt dank der probaten Leninschen Taktik hatten sich Nationalismus und Kommunismus zur Abwehr eines gemeinsamen Feindes, der imperialen Restauration (oder dessen, was man dafür hielt), verbunden; nach dem Ende der Kämpfe zeigte sich, daß diese Allianz auf keiner wirklichen Gemeinsamkeit beruhte. Die nationalen Bewegungen wollten Unabhängigkeit, die Bolschewiki den sozialistischen Gesamtstaat. Als die unitarischen, von ideologischem Rigorismus und Kriegszwängen verstärkten Absichten auch der Revolutionäre unübersehbar wurden, blieben Konflikte nicht aus. In Mittelasien richteten partisanenähnliche Freiheitskämpfer, die *Basmatschen*, ihre Angriffe nun gegen die neuen Herren. In Rußland selbst wurde der Abfall eines prominenten Mitglieds des Nationalitätenkommissariats zur *cause célèbre* (R. Pipes). Der Wolgatatare M. S. Sultan-Galiev, der den Erfolg der Bündnisstrategie gleichsam personifizierte, kam schon während des Bürgerkrieges zu der Einsicht, daß die Zukunft der nationalen Minderheiten bei den Bolschewiki keineswegs am besten aufgehoben sei. Vollends die Verkündung der NĖP, die auch den Schutz der Schwächeren gegen ausbeuteri-

2. Staat, Partei und affiliierte Organisationen

schen Geschäftsgeist verringerte, bestärkte ihn darin. Es war symptomatisch, wie seine Forderung nach einer eigenen islamischen Sowjetrepublik im Frühjahr 1923 beantwortet wurde: mit Haft und dem Ausschluß aus der Partei.

Erhebliche Probleme gab es auch in der *Ukraine*. Die nationale Idee hatte hier gleich mehrere Parteien und Bewegungen, darunter auch revolutionärmilitante, hervorgebracht. Nach der endgültigen Eroberung durch die Rote Armee verschwanden diese Strömungen nicht einfach. Kompromisse wurden nötig. In der bolschewistischen Partei selbst machten sich regionales Selbstbewußtsein und Widerstand gegen die Bevormundung durch die Moskauer Behörden bemerkbar. Immerhin äußerte ein führender ukrainischer Bolschewik, M. A. Skrypnyk, seinen Unmut auf dem elften Parteitag im März 1922 sogar öffentlich. Und in der Ukraine löste auch ein so spektakulärer Akt wie die Rückkehr des Historikers M. S. Hruševs'kyj – ehemals Vorsitzender der *Rada* und Symbolfigur der bürgerlichen Nationalbewegung – aus dem Exil (1924) die Probleme nicht, sondern kaschierte sie nur.

Offen zutage aber trat der Grundsatzkonflikt vor allem im Streit zwischen der Moskauer Führung und den georgischen Genossen. Der menschewistisch beherrschte, kurzlebige unabhängige georgische Staat war im Februar 1921 von Verbänden der Roten Armee überrannt worden. Gegen Monatsende riefen einheimische Bolschewiki in Tiflis eine sozialistische Sowjetrepublik aus. Im Mai folgte ein förmlicher Vertrag zwischen der neuen Republik und der RSFSR, der dem Sieger nach bewährtem Muster die wirtschaftliche und militärische Oberhoheit übertrug, zugleich aber die prinzipielle Unabhängigkeit und innere Selbständigkeit Georgiens festhielt. Damit war die Zentrale in Moskau jedoch nicht zufrieden. Neben Stalin als Nationalitätenkommissar votierte auch Lenin, wenngleich zögernd, für den Zusammenschluß aller drei Republiken Aserbeidschan, Armenien und Georgien zu einer Transkaukasischen Föderation. Als ausführendes Organ wurde ein «kaukasisches Büro» der Partei eingerichtet, dessen Leitung Ordžonikidze übernahm. Allerdings zeigte sich bald, daß auch die eigenen Genossen, die frisch installierten georgischen Bolschewiki, unerwarteten Widerstand leisteten. Sie intervenierten bei Lenin und veranlaßten ihn zum Umdenken. Die Transkaukasische Föderation wurde im März 1922 dennoch gegründet und goß weiteres Öl ins Feuer.[5]

Es waren diese Probleme, die vor dem Hintergrund des beendeten Bürgerkriegs den Anstoß dazu gaben, das Verhältnis zwischen den Sowjetrepubliken neu zu überdenken und eine endgültige Lösung zu finden. Den ersten Schritt tat das ZK, als es im August 1922 eine einschlägige Kommission einsetzte. *Ex officio* lag die Federführung bei Stalin. Damit machte die Partei den Bock zum Gärtner. Denn gerade Stalin verbarg seine Abneigung gegen föderalistische Bestrebungen nicht. Ein erster Entwurf aus seiner Feder plädierte auch für eine andere Lösung. Er verzichtete auf eine Unterscheidung zwischen «autonomen Gebieten» und selbständigen Republiken und sah trotz anderslautender Vereinbarungen vor, auch die größeren Nationalitäten in die RSFSR einzugliedern. Damit rief das Projekt nicht nur den Widerstand der Betroffenen hervor. Auch Lenin äußerte sich höchst ungehalten. Dem herbeizitierten Stalin empfahl er dringend, eine tatsächliche Assoziation zugrundezulegen. Als der Gemaßregelte dem ZK-Plenum am 6. Oktober einen neuen Entwurf vorlegte, der dieser Vorgabe immer noch nicht entsprach, zögerte er nicht, seinen Protest in die drastischen Worte zu kleiden, er erkläre «dem großrussischen Chauvinismus ... den Kampf auf Leben und Tod.» Erst eine nunmehr neu eingerichtete Kommission legte die Struktur fest, die Lenin für unverzichtbar hielt: einen förmlichen, auch institutionell sichtbaren Zusammenschluß *gleichberechtigter* Republiken zu einem neuen Ganzen, einer *Union*. In dieser Gestalt wurde die Verfassung im Dezember 1922 vom zehnten, durch Vertreter der obersten Sowjets der Ukraine, Weißrußlands und der Transkaukasischen Föderation erweiterten und zur ersten *Allunions*versammlung erklärten Sowjetdeputiertenkongreß der RSFSR gebilligt.

Lenin war jedoch auch mit diesem Resultat noch nicht zufrieden. Nach den Vorgängen in Georgien und anderen Erfahrungen mit Stalin durchschaute er die Unaufrichtigkeit der Zugeständnisse an die neuen Partner. In den erwähnten letzten Notizen für den bevorstehenden (zwölften) Parteitag drang er deshalb noch einmal auf Nachbesserung. Er forderte «strenge Vorschriften» zur Garantie wirklicher Autonomie der Republiken einschließlich eigener diplomatischer Vertretungen im Ausland. Der Schaden für den revolutionären Staat – und darin darf sein stärkstes Motiv gesehen werden –, den mangelnde Koordination zwischen Zentrum und Republiken hervorrufen könne, sei unerheblich im Vergleich zu dem Schaden, der für die ‹ganze Internationale› entstehe, wenn «zu Beginn» des «Erwachens» der nach Millionen zählenden «Völker Asiens» das «Prestige» des ersten revolutionären Staates der Welt «auch nur durch die kleinste Grobheit und Ungerechtigkeit» gegenüber den «eigenen nichtrussischen Völkern» befleckt werde. Angesichts der zunehmend enttäuschten Hoffnungen auf den Westen blickte Lenin nach Osten: Er griff auf, was ein ‹Kongreß der Ostvölker› in Baku Anfang September 1920 bereits angekündigt hatte: daß die russische Umwälzung als ‹sozialistische› Erhebung in einem relativ rückständigen Land auch in den unterentwickelten Regionen der Welt Nachahmung finden könne und müsse. Die Russische Revolution wurde zum *Modell des Aufstandes der Peripherie gegen das Zentrum* im globalen Maßstab. Diesem großen und treffend erkannten Ziel ordnete Lenin kleinlichen Streit um Kompetenzen allemal unter. Man kann nur darüber spekulieren, ob die Union tatsächlich eine andere Gestalt angenommen hätte, wenn er seine Vorstellungen auf dem zwölften Parteitag noch selbst hätte vortragen kön-

2. Staat, Partei und affiliierte Organisationen

nen oder wenigstens Trotzki für das gemeinsame Anliegen eingetreten wäre. So aber verhallte die Kritik der georgischen und ukrainischen Delegierten ungehört. Stalin hatte den Entwurf im März noch um einen «Nationalitätenrat» als zweite Kammer neben dem Unionsrat erweitert. Dies genügte dem Parteitag. Die Verfassung trat am 31. Januar 1924 nach der Ratifizierung durch den zweiten Allunionskongreß der Sowjetdeputierten in Kraft.[6]

Schon die institutionelle Struktur des neuen Staates verriet, wo sein Zentrum lag. Die Verwandtschaft mit der Verfassung der RSFSR war nicht zu übersehen. Formal ging alle Macht vom Kongreß der Sowjetdeputierten aller Unionsrepubliken aus. Er delegierte, da er nicht permanent tagte, seine Kompetenz an ein Zentrales Exekutivkomitee (CIK). Allerdings wählte er nur die Mitglieder (anfangs 414) einer Kammer dieses Gremiums, des sog. Unionsrats; die übrigen Mitglieder (anfangs 100), die den Nationalitätenrat bildeten, wurden von den obersten Sowjets der Unions- und Autonomen Republiken sowie den höchsten staatlichen Organen der Autonomen Gebiete in einer nach deren Größe gestaffelten Zahl bestimmt. Alle Gesetze bedurften der Zustimmung *beider* Kammern. Das ebenfalls noch große CIK wählte seinerseits ein Präsidium, das die laufenden Geschäfte erledigte und zum wichtigsten administrativ-politischen Organ des Sowjets wurde. Der formalen Struktur nach hätten ihm die Aufgaben einer Regierung zufallen müssen. Doch auch der SNK wurde unter Beibehaltung seines Namens auf die Unionsebene übertragen. Er fungierte, formal dem CIK verantwortlich, wie in der RSFSR als Kabinett. Allerdings gab es fortan *drei Arten von Volkskommissariaten*. Allunionskommissariate bestanden nur auf dieser Ebene und besaßen exklusive Kompetenzen für auswärtige Politik, Verteidigung, Außenhandel, Verkehr sowie Post und Telegraphen. «Vereinigte Kommissariate» wurden in den Bereichen Wirtschaft, Arbeit, Versorgung, Finanzen und für die «Arbeiter- und Bauerninspektion» geschaffen; sie bestanden auch auf Republiksebene, wo sie aber nachgeordnet und zur Ausführung der zentral gefaßten Beschlüsse verpflichtet waren. Eine dritte Kategorie von Kommissariaten existierte mit ausschließlicher Zuständigkeit für innere Angelegenheiten, vom Gesundheitswesen bis zur Erziehung, nur auf Republiksebene.

Neu war gegenüber der Verfassung der RSFSR die Gründung einer Art von *Verfassungsgericht* und einer *obersten Prokuratur*. Ersteres genoß aber schon *de jure* keine wirkliche Unabhängigkeit, weil es im wesentlichen auf Bitten des CIK tätig werden sollte. Letztere sollte zur Überwachung der Legalität des staatlichen Handelns und als weitere Vorkehrung gegen ‹Bürokratismus› eine starke Stellung erhalten (Lenin hatte sich besonders für sie eingesetzt); ihre Kompetenzen verhalfen ihr aber nicht dazu. Geregelt wurde schließlich auch der Status der Nachfolgeorganisation der Tscheka. Diese hieß nun «Vereinigte Politische Verwaltung» *(OGPU)* und erhielt, nachdem sie kurzzeitig (seit der Auflösung der Tscheka 1922) als GPU dem Innenkommissariat unterstanden hatte, den Status einer Obersten Behörde (und Quasi-Kommissariats) mit Sitz und Stimme im SNK.[7]

b. Verfassung und Verwaltung in der Praxis

Den Unionsvertrag schlossen ursprünglich nur vier Republiken: Rußland, Weißrußland, die Ukraine und die Transkaukasische Förderation. Letztere bestand aber faktisch aus drei eigenständigen Nationen: Georgien, Armenien und Aserbeidschan. In den folgenden Jahren kamen aus dem Bestand der RSFSR noch Usbekistan (1924), Turkmenistan (1925) und Tadschikistan (1929) hinzu.[8] Weder der erzwungene Zusammenschluß der kleinsten Republiken noch die flächengroßen, aber bevölkerungsarmen Neuzugänge veränderten die Kräfteverhältnisse. Die RSFSR blieb mit einem Anteil von gut zwei Dritteln an der Bevölkerung (100 Mio. von 147 Mio.) und 95 % am gesamten Staatsterritorium ein Senior und Hegemon von erdrückender Übermacht, der auch in seinem föderativen Charakter der UdSSR am ähnlichsten war.

Doch nicht in erster Linie diese äußeren Rahmenbedingungen trugen dazu bei, daß der Eindruck der Wahrheit recht nahe kam, die Union sei eine bloße Erweiterung der Russischen Republik. Als wichtiger erwiesen sich andere Entwicklungen, die auf eine faktische Mißachtung der geltenden Verfassung hinausliefen. Sie waren nicht neu, sondern setzten fort, was bereits mit dem Ausbruch des Bürgerkrieges begonnen hatte: die Entmachtung der Sowjetorgane bei gleichzeitiger Konzentration der Entscheidungsbefugnisse in der Regierung, die personell aufs engste mit der Partei verwoben blieb. ‹Höchste Organe der Staatsmacht› waren nicht das CIK und – zwischen den Sitzungen – dessen Präsidium, wie es die Verfassung vorsah (Art. 26), sondern der SNK. Entscheidend blieb, wohin die *Partei* ihre personellen Ressourcen delegierte. Dies läßt sich an mehreren Indikatoren ablesen. Zunächst hinderte schon die schiere Größe das CIK an effektiver Arbeit. Nach der Aufnahme von Usbekistan und Turkmenistan gehörten dem Unionsrat 450 Mitglieder sowie 199 Kandidaten und dem Nationalitätenrat 131 Mitglieder sowie 53 Kandidaten an. Sicher hätte auch ein solch kopfstarkes Gremium seine legislativen Aufgaben effektiv wahrnehmen können, aber dazu hätte es permanent sein und aus Berufspolitikern bestehen müssen. Auch das CIK tagte aber nur periodisch, und dies immer seltener: Statt dreimal im Jahr, wie vorgeschrieben, trat es schon bald nur noch einmal (oder noch seltener) für jeweils ein-zwei Wochen zusammen. Eine solche Versammlung konnte nicht mehr tun als akklamieren. Kaum der Erwähnung bedarf, daß dies erst recht für die *Plenarkongresse* der Sowjetdeputierten galt. Man mußte das Moskauer Bolschoi-Theater in Anspruch nehmen, um die mehr als 2000 Teilnehmer unterzubringen. Das Ambiente mag ihnen geholfen haben, die ermüdend langen ‹Rechenschaftsberichte› des SNK-Vorsitzenden und anderer Kommissare zu ertragen, die zum Ritual und zum hauptsächlichen Geschäft dieser Massenveranstaltungen wurden. Im übrigen tagte das Sowjetplenum, nachdem es seine Arbeit getan, d. h. die Verfassung verabschiedet hatte, nur noch alle zwei Jahre. Arbeitsfähig war allein das *Präsidium* des CIK. Unter seinen gut zwanzig Mitgliedern gab es bald keines mehr, das seine Tätigkeit nicht als Beruf wahrgenommen und zur neuen Schicht der hauptamtlichen Sowjetfunktionäre gehört hätte. Aber auch unter ihnen fand sich kein Politiker von wirklichem Rang. Selbst der Vorsitz im Präsidium, formal das höchste Amt im Staate, brachte im wesentlichen repräsentative Rechte und Pflichten mit sich. Er wurde zum typischen, wenn auch nicht nur so genutzten Posten, um verdiente Staatsmänner zu honorieren und aus dem Zentrum der Politik zu entfernen.[9]

Der Ausschluß der Räte von der Macht ging einher mit weiterer Zentralisierung. Beides hing auch inhaltlich aufs engste zusammen: Es waren vor allem die Räte, die den Föderalismus und die Gleichrangigkeit der Unionspartner repräsentierten. Sie gaben ihnen eine institutionelle Gestalt und einen Apparat, dessen Funktionsfähigkeit zuallererst über den Grad ihrer praktischen Verwirklichung entschied. In dem Maße, wie auch die neuen Räte zu Foren willfähriger Huldigung herabsanken, büßte der regionale Widerstand gegen die Hegemonie Moskaus sein größtes Wirkungspotential ein. Auch wenn er nicht verschwand, zog er sich gleichsam in interne Rivalitäten zurück und nahm die Form von Interessenpolitik im Rahmen großrussisch dominierter Gesamtorganisationen an. Auch diese Entwicklung zeichnete sich früh ab. Schon in den CIK-Sitzungen von 1924 fielen Entscheidungen, die sich als unwiderruflich erwiesen. Für die Möglichkeit tatsächlicher Emanzipation spricht der Umstand, daß es erstaunlicherweise ein Vertreter der russischen Regierung war, der aus Anlaß der Beratung über die Kompetenzen des Obersten Gerichts gegen die umstandslose Unterordnung der analogen Kammern in den einzelnen Republiken protestierte. Man darf annehmen, daß auch die Repräsentanten der größten Republik in dieser Regelung eine Verletzung ihrer Souveränität erkannte. Gleiches galt für die Ukraine, deren Sprecher Skrypnyk die Belange der Mitgliedstaaten erneut mit besonderem Nachdruck vertrat. Offenbar sah er darin ebensowenig einen Widerspruch zu seiner bolschewistischen Gesinnung wie der russische Kritiker N. V. Krylenko (der seine ideologische Zuverlässigkeit als Hauptankläger beim Revolutionären Militärtribunal im Bürgerkrieg tausendfach blutig bewiesen hatte). Die Partei- und Staatsführung war anderer Meinung. Sie verteidigte ihren Gesetzentwurf nicht nur, sondern sorgte auch dafür, daß öffentliche Debatten fortan unterblieben. Schon im Herbst 1924 verblaßte der Föderalismus zum dekorativen Schein. Ernsthafte Versuche, ihn unter Nutzung der vorgesehehenen Institutionen und Prozeduren zu verwirklichen, hat es danach nicht mehr gegeben.

Auch dieser Sieg der Zentrale läßt sich an symptomatischen Details ablesen. Die Verfassung wies das CIK an, seinen Sitzungsort im Turnus zwischen den Hauptstädten der Mitgliedsrepubliken zu wechseln. Tatsächlich kam es im März 1925 in Tiflis zusammen. Danach wurde die Bestimmung indes ohne hörbaren Protest mißachtet. Wie selbstverständlich tagte man fortan, zudem immer seltener, in Moskau. Ähnlich bezeichnend war die Art und Weise, wie die meisten der neuen Unionskommissariate zustande kamen: Sie gingen, mit einem anderen Etikett versehen, aus den alten russischen hervor. Zumindest für die ausschließlichen Unions- und die «vereinigten» Kommissariate galt, daß sie die vorhandenen Apparate gleichsam requirierten und es der RSFSR überließen, neue aufzubauen. Damit wurde auch das qualifizierte Personal auf die Unionsebene transferiert. Der allrussische SNK verwandelte sich in die Kernressorts der Unionsregierung.

Zwei wichtige Konsequenzen dieses Verfahrens ergeben sich von selbst. Zum einen trug die Übernahme der alten Behörden maßgeblich zur fortgesetzten Dominanz des SNK bei. So wie die Konzentration der besten Köpfe im SNK nach dem Oktoberumsturz die Machtbalance zu seinen Gunsten hatte ausschlagen lassen, so führte die Möglichkeit, auf eine erprobte Verwaltung zurückgreifen zu können, auch in der neugegründeten Sowjetunion zu einem unschätzbaren Handlungsvorteil. Dabei half der Umstand, daß die Leiter ebenfalls weitgehend dieselben blieben: Wer Volkskommissar der RSFSR war, hatte gute Chancen, zum Volkskommissar der Union aufzurücken. Schon deshalb hatte auch die enge personelle Verflechtung zwischen Partei- und Regierungsspitze Bestand. Mitglieder des SNK gehörten in der Regel zumindest dem ZK, die Inhaber von Schlüsselressorts auch dem Politbüro oder dem Kreis seiner Kandidaten an. Faktisch bestellte nicht das CIK, sondern die *Partei*führung die Ministerriege, die deshalb vor allem *ihr* verantwortlich war, nicht dem CIK. Dieser Effekt trat um so eher ein, als die Verfassung dem SNK bezeichnenderweise ähnlich umfassende Rechte zugestand wie dem CIK. Er durfte Dekrete erlassen und Entscheidungen treffen, die ausdrücklich «auf dem gesamten Territorium der UdSSR» (Art. 38) galten. Daß dies im Rahmen der Kompetenzen geschehen sollte, die ihm das CIK übertrug, bedeutete nach Lage der Dinge keinerlei Einschränkung.[10]

Eine zweite Konsequenz bestand in der Festigung jenes ‹Bürokratismus›, gegen den die Opposition seit dem Ende des Bürgerkriegs Sturm lief. Dabei galt die Kontinuität für *beide* Hauptpunkte der Kritik. Zum einen behielten die zahlreichen «Spezialisten» Posten und Einfluß. Trotz des natürlichen, altersbedingten Rückgangs gaben noch 1927 27,8 % von ca. 963 000 befragten Mitgliedern der Gewerkschaft der Sowjet- und Handelsangestellten an, schon 1913 vergleichbaren öffentlichen oder privaten Tätigkeiten nachgegangen zu sein, davon allerdings nur 4,2 % (resp. 5,9 % der Mitarbeiter der Volkskommissariate) in zarisch-staatlichen Behörden selbst. Zum anderen blieben auch Veränderungen aus, die dem Schlendrian und autoritären Stil der Behörden hätten Einhalt gebieten können. Trotz RKI und wachsendem

2. Staat, Partei und affiliierte Organisationen

Unmut (auch bei der ‹Mehrheitsfraktion›, wie sich bald zeigen sollte) bewirkten nach wie vor zu viele Beamte zu wenig. Manches deutet sogar darauf hin, daß die Mißstände weiter um sich griffen, weil erst die Friedensjahre in breitem Maße Gelegenheit boten, reguläre Sowjetapparate auf lokaler und regionaler Ebene aufzubauen. Wie endlos die Reihe der neuen Amtsstuben war, zeigt schon ein Blick auf die Größe des Territoriums, das man in dieser Form reorganisieren wollte. So gab es in der gesamten UdSSR Anfang 1929 laut offiziellen Angaben 72 163 Dorfsowjets, die 123,5 Mio. Menschen betreuten, im Durchschnitt mithin jeder einzelne ca. 1711. Ebenfalls im Mittel gehörten ihnen 18 Mitglieder an. Als Städte im engeren Sinne wurden zum selben Zeitpunkt 712 Orte registriert, darunter kleine Binnenhäfen und Verkehrsknotenpunkte ebenso wie Ballungsräume von Millionen. Hinzu kamen 415 Siedlungen verschiedenen Typs, in denen gleichfalls Stadtsowjets errichtet wurden. Dabei unterlag die Größe der städtischen Deputiertenversammlungen starken Schwankungen. Während sie in kleinen Ortschaften einige Dutzend kaum übertraf, erreichte sie in den Zentren tausend Deputierte und mehr (z. B. in Odessa 1360, in Baku 1327). Hinzu kamen besonders in den Städten mehrere, teilweise mitgliederstarke Kommissionen, die zu der insgesamt offenbar erheblich positiveren Tätigkeitsbilanz der Stadtsowjets beitrugen. Als temporär tagende Gremien bestimmten alle Räte ein Exekutivkomitee für die permanente Geschäftsführung und einen Vorsitzenden an dessen Spitze. Auf diese Weise kam eine erhebliche Anzahl von Personen zusammen, die in verschiedensten Funktionen an der Leitung der öffentlichen Angelegenheiten teilnahmen. Im Rückblick auf die ersten zehn Jahre des Sowjetstaates nannten offizielle Angaben (1928) 8,7 Mio. Personen in den Dorfsowjets, 800 000 in den Stadtsowjets, 9 Mio. in den höheren Sowjets sowohl der ländlichen als auch der städtischen administrativ-territorialen Pyramide bis zur Gouvernements- bzw. *oblast'*- Ebene sowie weitere 700 000 in den Exekutivkomitees dieser höheren Räte. Bezogen auf die Gesamtbevölkerung von 1927 hätte damit jeder Neunte (11,4%) einem dieser Organe angehört – eine Partizipationsquote, die selbst nach Abzug wahrscheinlich überaus zahlreicher Doppelzählungen noch erheblich bleibt.[11]

Nach den bloßen Daten zu urteilen, hätte man daraus auf einen Erfolg der revolutionären Staatsidee schließen können: Das Volk schien der Selbstverwaltung unter dem neuen Regime in der Tat nahegekommen zu sein. Im Vergleich zur Zarenzeit, als sich Elite und Experten ganz überwiegend aus dem Adel rekrutierten, wird man das auch nicht leugnen wollen. Ein Blick auf die Wirklichkeit hinter den Zahlen zwingt jedoch zu erheblichen Korrekturen. Zum einen fielen die Konsequenzen der sog. *Regionalisierung* ins Gewicht, die 1922 eingeleitet, aber erst in der zweiten Hälfte der zwanziger Jahre abgeschlossen wurde. Im Kern zielte diese Reform auf eine Straffung der Verwaltung durch Verringerung der territorialen Einheiten. Weniger

Gremien sollten, schon weil es an qualifiziertem Personal und Geld fehlte, effektiver arbeiten. Hinzu kam die psychologisch sicher bedeutsame Absicht, nicht nur im Namen, sondern auch in der Sache die jahrhundertealte, zarische Verwaltungsgliederung zu überwinden. So ersetzte man, als nächste Ebene oberhalb des Dorfes, die *volosti* durch Rayons *(rajon)*, die zu neuen Bezirken *(okrug)* als Nachfolger der alten Kreise *(uezd)* zusammengefaßt wurden, die ihrerseits *oblasti* (Gebiete) oder *krai* (Gaue) entsprechend den früheren Gouvernements *(gubernija)* bildeten. Städte wurden in der Regel Bezirken *(okrug)* gleichgestellt, unterstanden also den *oblasti* direkt; größere Städte gliederten sich dabei in Stadtbezirke, ebenfalls Rayons *(rajon)* genannt. In der großen RSFSR entstand auf diese Weise eine vierstufige Verwaltungs- und Rätehierarchie (Dorf, Rayon, Bezirk, Gebiet), während die kleineren Unionsrepubliken mit einem *oblast'* gleichgesetzt wurden und eine dreistufige Verwaltungs- und Rätehierarchie (Dorf, *rajon, okrug)* aufwiesen.

Freilich erzeugte diese Reorganisation zumindest *auch* einen anderen Effekt: daß vor allem die unteren Verwaltungsbezirke größer wurden und ihre Instanzen sich weiter von den Bewohnern entfernten.[12] Hinzu kam auf all diesen Ebenen die unveränderte Eigenart des Rätesystems, die Plenarversammlungen trotz aufwendiger Wahlen in kompetenzlose Alibiveranstaltungen zu verwandeln. Selbst in den kleinen und übersichtlichen Dorfräten konnten der Vorsitzende und das Exekutivkomitee in der Regel nach Belieben schalten und walten. Wo dies nicht der Fall war und ‹Eigenmächtigkeit› um sich griff (wie am ehesten in den Städten), brachten die entsprechenden Gremien der nächsthöheren Sowjets die untergebenen zur Raison. Darin rächte sich – oder zahlte sich im Sinne des Regimes aus –, daß die Räteverfassung hierarchisch aufgebaut war: Direkte Wahlen gab es, wie schon seit 1918 in der RSFSR, nur auf der untersten Ebene, d. h. zu den Dorf- oder Stadt- bzw. Stadtbezirkssowjets. Die jeweils übergeordneten Sowjets wurden von den nächstniederen durch Delegation aus ihrer Mitte gebildet. Man darf davon ausgehen, daß die Exekutivkomitees dabei durch Vorauswahl der Kandidaten den Ausschlag gaben: Der Apparat blieb unter sich. Was an möglichem ‹Fremdeinfluß› in Gestalt der Wahl verblieb, wurde gleichsam durch Monopolisierung beseitigt. Nicht die Räte selbst befanden im Regelfall darüber, wer in ihrer Hierarchie aufstieg, sondern die jeweiligen Gremien derjenigen Organisation, die als einzige Kandidaten nominierte: der Partei. Die VKP (b), wie sie seit 1925 hieß, sorgte gleichsam für die ‹Eingabe› und kontrollierte das Resultat. Schon bei den Sowjetwahlen von 1927, erst recht zwei Jahre später, überließ sie nichts mehr dem Zufall. Auf Unionsebene begann ebenfalls die Reihe der Wahlergebnisse, die eine fast hundertprozentige Zustimmung auswiesen. Die Partei bestimmte Anfang und Ende der staatlichen Tätigkeit.

Deshalb verfehlte das Rezept, das die neuen Herren für die verschieden-

2. Staat, Partei und affiliierte Organisationen

sten Erscheinungsformen des Übels bereithielten, auch in der Staatsverwaltung seine Wirkung. Nach wie vor sollten der Proletarier und sein Schicksalsbruder, der arme Bauer, den «Bürokratismus vertreiben», wie ein Redner vor dem russischen CIK im November 1926 ausrief, und die Räte gleichsam zur Rückbesinnung auf ihre dienende Funktion bewegen. Immer noch kam niemandem in den Sinn, daß diese Helfer womöglich nicht nur eine gesunde Distanz zum Apparat mitbrachten, sondern auch schlichte Ignoranz. Niemand auch gab öffentlich seiner Befürchtung Ausdruck, gerade die Aufsteiger aus der Unterschicht könnten anfällig sein für die Versuchungen, die Ämter, Einfluß, Prestige und materieller Gewinn mit sich brachten. Vieles spricht für die Annahme, daß sie die Vorherrschaft der etablierten Gremien in der Tat stärkten und nicht verminderten. Andererseits blieb die Zahl dieser vydvižency (Aufsteiger) relativ gering. Es war der gesamte Wandel im geistig-sozialen Profil der Partei und der von ihr beherrschten Räte, der sich in den beklagten Erscheinungen niederschlug. Insofern galt Trotzkis Befund ‹bürokratischer› Herrschaft auch für die Räte.[13]

Aus ihrem inneren Zusammenhang erklärt sich, daß die faktische Aushöhlung des Föderalismus auch die *Nationalitätenpolitik* untergrub. Den offiziellen Verlautbarungen zufolge stand diese im Zeichen einer Art von Kulturautonomie. Für die gesamtstaatlichen Fragen einschließlich der Verteidigung und aller Außenbeziehungen war die Union zuständig; innere Angelegenheiten sollten die nichtrussischen Republiken in erheblichem Maße eigenständig entscheiden. Man wird dieser *korenizacija* (etwa: Verwurzelung) auch eine gewisse Ernsthaftigkeit und Erfolge nicht absprechen können. In ihrem Geist wurde das zarische Verbot der einheimischen Sprachen in Wort und Schrift endgültig aufgehoben, Unterricht (außer in Russisch) in der Landessprache erteilt und das Schulwesen samt der meisten anderen kulturellen Aktivitäten den jeweiligen Regionalregierungen unterstellt. Erstmals faßte man die Dialekte von 48 kleineren Völkerschaften – bezeichnenderweise mit lateinischen, nicht kyrillischen Buchstaben – in schriftlicher, damit normativer Form zusammen. Fast überall führte man die Alphabetisierungskurse in der Muttersprache durch. In vielen Fällen festigte diese und ähnliche Maßnahmen das ‹indigene› Nationalbewußtsein, in manchen – wie im weißrussischen (wenn auch nicht ohne antipolnische Pointe) – schufen sie es nachgerade erst. Über die kulturelle Eigenständigkeit hinaus ließ das neue Regime zumindest den größeren ethnischen ‹Minderheiten› auch administrativ erheblichen Raum. Nicht nur die Regierungen und staatlichen Behörden, sondern auch die entscheidenden Parteigremien rekrutierten sich aus der lokalen Elite. Als Exempel dieser Politik galt in den zwanziger Jahren die Ukraine. Gewiß nicht ohne Erinnerung an die Freiheit der Revolutionsjahre achtete man hier in besonderem Maße auf eigene Konturen. Dabei mußten sich manche Ukrainer vor allem in den ‹klein- und großrussischen› Mischgebieten nach Jahrzehnten erzwungener Abstinenz erst wieder an ihre Muttersprache gewöhnen. Blau-gelb signalisierte nicht nur ‹Nationalität›, sondern auch Übereinstimmung mit der offiziellen Politik.¹⁴ Von dieser Politik profitierte nicht zuletzt die *jüdische Minderheit*, die in den Vorkriegsjahrzehnten unter einem zunehmend rabiaten Antisemitismus gelitten hatte. Wie die Februarregierung erlaubte ihnen das bolschewistische Regime, die Grenzen des «Ansiedlungsrayon» (dreizehn westliche Gouvernements von Litauen bis zum Schwarzen Meer) zu überschreiten und sich im ganzen Land niederzulassen. Auch alle übrigen, anders als in Mitteleuropa nie beseitigten rechtlichen Diskriminierungen wurden aufgehoben. Daß sich unter den Bolschewiki (wie unter den übrigen Revolutionären) auffallend viele Juden befanden, gab solchen Maßnahmen sicher einen kräftigen Impuls, sollte aber wegen der ungebrochenen großrussischen Dominanz in der Partei nicht überschätzt werden. Die Gleichberechtigung aller Minderheiten gehörte ebenso zum Sofortprogramm wie die Selbstbestimmung der Nationalitäten. Sie galt eher als Teil der nachzuholenden demokratisch-liberalen Umwälzung denn als genuin sozialistisch. Vor allem aber war ihre rechtliche Verankerung *eine* Sache, ihre Durchsetzung in der praktischen Politik und im Alltag eine andere.¹⁵

Indes erreichte diese ‹liberale› Nationalitätenpolitik, genau besehen, nicht mehr als eine Art Schwebezustand. Offensichtlich gab es von Anfang an Widerstand. Stalin stand kaum allein, als er Lenin mehr oder weniger offen widersprach. Es war kein Zufall, daß schon die ersten Äußerungen ‹republikanischen› Selbstbewußtseins im neuen CIK unbeachtet blieben und der Unionssowjet bald in Moskau eine feste Residenz bezog. Größere Bedeutung aber verdient der Umstand, daß Einheimische auch in der politischen Landesverwaltung normalerweise nicht über bestimmte Ebenen hinausgelangten und überdies eher in den unbedeutenden Staatsbehörden als in den entscheidenden Parteigremien vertreten waren. Selbstbestimmung blieb, soweit sie überhaupt Wirklichkeit wurde, auf die Sowjets und den kulturellen Bereich beschränkt. In den muslimischen Regionen Mittelasiens und der übrigen südöstlichen Peripherie kam hinzu, daß sich das großrussische Überlegenheitsgefühl in starkem Maße erhielt. Dem Sowjetsozialismus fiel es hier nicht schwer, unter neuen Parolen das Erbe imperialistischer Missionsgedanken anzutreten. Die *korenizacija* war zwar mehr als bloßes Dekor; aber in dem Maße, wie das Ende der Diadochenkämpfe eine neue, starke Zentralherrschaft festigte, lief ihre Zeit ab. Was immer die Opposition tatsächlich getan hätte – der reale Föderalismus verband sich mit ihrem Schicksal. So kam der frühen, von Stalin schon im April 1926 an das ukrainische Politbüro adressierten Warnung, die *korenizacija* nicht als «Kampf gegen Moskau» und «die Russen überhaupt» mißzuverstehen, vorausweisende Bedeutung zu. Die alte Politik würde die neue sein. Nicht nur der baldige Führer brauchte sich dabei kaum zu ändern.¹⁶

c. Die Partei: Organisation, Mitglieder, Funktion

Auch die bolschewistische Partei durchlebte nach der endgültigen militärischen Niederlage ihrer Gegner einen tiefgreifenden Wandel. Der Februaraufstand hatte sie aus ihrem Untergrunddasein befreit; Oktoberumsturz und Bürgerkrieg verhalfen ihr zur alleinigen Macht. Das Ende der Kämpfe stellte sie vor eine neue Aufgabe: statt der Verteidigung des Staates seinen Wiederaufbau nach Maßgabe ihrer revolutionären Ziele zu organisieren. Charakteristisch und im Weltmaßstab singulär war dabei der Umstand, daß sie diese Funktion für sich als Monopol reklamierte und mit Hilfe der staatlichen Zwangsgewalt, die jede Konkurrenz unterdrückte, auch durchsetzte. In einem neuen Sinne wurde die RKP (b) – so ihr Name seit dem 7. Parteitag 1918 – zur Staatspartei. Sie erhob einen Herrschafts- und Gestaltungsanspruch, den man in der engeren Wortbedeutung zu Recht als total(itär) bezeichnet hat. Sie wurde endgültig zum Korsett und Käfig der neuen Gesellschaft zugleich.

Auf einem anderen Blatt steht, in welchem Maße sie diese Absicht verwirklichen konnte. Als Hüterin des sozialistischen Grals wollte sie nicht nur, wie jede moderne Partei, Reservoir der politischen, sondern auch der administrativen, wirtschaftlichen, sozialen und kulturellen Elite sein – und dies nicht komplementär zu anderen Organisationen, sondern allein. Wie sich zeigen sollte, bürdete sie sich damit eine Last auf, die ihr erhebliche Probleme bereitete. Unerläßlich war ein enormes quantitatives Wachstum ebenso wie eine deutliche Steigerung der fachlichen Qualifikation ihrer Mitglieder auf den verschiedensten Gebieten, von der allgemeinen Verwaltung über die Rechtsprechung und wissenschaftlich-technische Kompetenz bis zum Wirtschaftsmanagement. Beide Anforderungen blieben nicht ohne Auswirkung auf ihre Organisation und innere Struktur. Sie setzten aber, wie als weiteres Merkmal der Gesamtentwicklung festzuhalten ist, kein partizipatorisches oder gar demokratisch-pluralistisches Potential frei. Im Gegenteil, die bolschewistische Partei verteidigte nicht nur ihren äußeren, ideologisch untermauerten Alleinvertretungsanspruch, sondern bewahrte auch die oligarchisch-zentralistische Form der inneren Meinungsbildung und Entscheidungsfindung. Diese veränderte, in einer Art Kreisbewegung, nur ihr Gesicht: Nach Lenins Tod wich die persönlich-charismatische Führung einer apparatgestützten-kollektiven; als deren Exponent stieg Stalin zu den obersten Schalthebeln der Macht auf, um danach wie der Staatsgründer in zunehmendem Maße kraft seiner bloßen Person zu herrschen. So zeichnete sich die Partei in den zwanziger Jahren durch einen tiefgreifenden Wandel ebenso aus wie durch Kontinuität. Sie erneuerte sich personell von Grund auf, bewahrte aber ihre autoritäre innere Verfassung ebenso wie ihren ausschließlichen Machtanspruch. Mehr noch, als Korrektiv gegen die vermeintliche Verlangsamung des ‹sozialistischen Aufbaus› durch die NĖP glaubte sie sich in besonderem Maße zu Reinheit und Wachsamkeit verpflichtet. So gesehen bewahrte sie trotz des Personalwechsels ihre Identität und tat wenig, um die Spuren des Bürgerkriegs zu tilgen. Vor allem sie bildete die Klammer zwischen Bürgerkrieg und Stalinismus.

In den Jahren des Überlebenskampfes war die Partei ins Kraut geschossen. Je deutlicher sich das Kriegsglück den Bolschewiki zuneigte, desto größer wurde die Zahl derer, die ihre Zukunft aus Überzeugung oder Kalkül mit dem Sozialismus verbanden. Obgleich die Angaben gerade für die frühen Jahre widersprüchlich sind, steht das rapide Wachstum ebenso außer Frage wie die Meinung der führenden Bolschewiki, daß allzu viele ihr Herz für die Revolution entdeckt hätten. Der zehnte Parteitag beschloß daher als flankierende Maßnahme zur NĖP auch eine Überprüfung der eigenen Reihen. Mit dieser ersten «Säuberung» (čistka) begannen die gezielten Bemühungen um die Steuerung der Mitgliederzahl und -struktur. Im unangefochtenen Besitz der Macht brauchten die Bolschewiki nicht mehr jeden zu nehmen, der beitreten wollte. Sie konnten wählen und führten darüber mit Hilfe eines erweiterten Apparates auch genauer Buch. Die Ergebnisse beider Anstrengungen spiegeln sich in den Daten der Tabelle A–7/1 (im Anhang).[17]

Klar sind die Zäsuren und Probleme der Mitgliederentwicklung zu erkennen. Der Kehraus, den die Delegierten den eigenen Wählern verordneten, brachte knapp 160 000 Bolschewiki, immerhin fast ein Viertel aller registrierten, um ihre Mitgliedsausweise. Die Prüfkommissionen, die schon im Sommer 1921 in alle Gouvernements ausschwärmten, zeigten Courage. Sie erfüllten ihren Auftrag, die Partei vom Ballast zahlloser Trittbrettfahrer, Trunkenbolde und Provinzdespoten zu befreien, bemerkenswert gründlich. Keine der späteren analogen Maßnahmen, die unter Stalin zum Synonym für Willkür und Terror wurden, hat das ursprüngliche Ziel so konsequent verfolgt. Gemäß der Leninschen Mahnung, daß weniger mehr sein könne, suchte die Partei in höherer Qualität Kraft für die gewachsenen Aufgaben. Die Informationen über die Ausgeschlossenen zeigen nicht nur, daß die Leidtragenden vor allem unter den Bauern (44,8 %) und – in deutlich geringerem Maße – Angestellten (23,8 %) zu suchen waren, während die Arbeiter geschont wurden. Sie lassen auch erkennen, daß die meisten der Gemaßregelten erst kurz zuvor beigetreten waren und höhere Funktionen in den eigenen Reihen, der Armee oder anderen Organisationen übernommen hatten. Es lag mithin klar zutage, von wem sich die Parteiführung trennen wollte: von denen, die sie mit erneutem ideologischen Purismus als ‹klassenfremde›, nichtproletarische Aufsteiger und Karrieristen brandmarkte. *Ex negativo* spiegelte sich darin auch das Ideal, das ihr nach wie vor vorschwebte: die Avantgarde der Arbeiterklasse zu sein. Aus einer amorphen Massenorganisation sollte sie wieder zur Kaderorganisation werden, die Staat und Gesellschaft führen konnte, statt von ihnen aufgesogen zu werden. Zur Geschlossenheit gehörte dabei auch der Kampf gegen abweichende Meinungen.

2. Staat, Partei und affiliierte Organisationen

Es ist unklar, in welchem Maße die «Säuberung» von 1921 als Mittel zur Unterdrückung der Arbeiteropposition genutzt wurde. Alles spricht aber dafür, daß dies nur marginal der Fall war.[18]

Spätestens die «Scherenkrise» vom Sommer 1923 brachte zu Bewußtsein, daß die organisatorischen und ‹sozialen› Mängel der Partei mit der ersten «Reinigung» noch nicht behoben waren. Als beschäftigungslose Arbeiter ihre Unzufriedenheit erneut auf die Straße trugen, kamen alle prominenten Politiker zu der Auffassung, daß die Ursachen dafür auch in Defiziten der eigenen Organisation zu suchen seien. Aus ihrer Sicht verwiesen die Unruhen auf einen erheblichen Vertrauensverlust der Partei. Zur Abhilfe empfahlen alle Fraktionen ein und dasselbe: in großer Zahl neue Mitglieder aus der Arbeiterschaft zu rekrutieren. Daß die Linke zu diesem Heilmittel riet, konnte nicht wunder nehmen. Sie blickte ohnehin mit Argwohn auf die bauernfreundliche NĖP und mahnte bei jeder Gelegenheit die besondere Sorge um die Bedürfnisse der Arbeiter an. Aber auch die ‹Troika› hatte gute Gründe, sich dieser Empfehlung anzuschließen. Kein Geringerer als Lenin hatte sie immer wieder ausgesprochen. Die Auffrischung der Partei durch ‹Arbeiterblut› ließ sich mit guten Gründen als sein vorrangiges Vermächtnis darstellen. Ob bei Stalins Zustimmung schon das Machtkalkül der Gefolgschaftssicherung im Spiele war, muß offen bleiben.

Jedenfalls beschloß die 13. Parteikonferenz im Januar 1924, 100 000 neue Mitglieder aufzunehmen. Wenige Tage später, nach Lenins Tod, konnte man sein Prestige nutzen, um der Werbung Nachdruck zu verleihen. «Arbeiter von der Werkbank, kernfeste Anhänger der proletarischen Revolution» wurden in einer landesweiten Kampagne aufgerufen, die Reihen der Avantgarde zu stärken. Der Erfolg blieb nicht aus. Bis zum Jahresende wuchs die Zahl der Parteimitglieder um 300 000 auf gut 770 000. Ganz überwiegend kam dieses «Leninaufgebot», wie man die Aktion taufte, tatsächlich aus der Arbeiterschaft. Deren Anteil stieg merklich von 44 % auf 56,7 %, am ausgeübten Beruf (und nicht der Herkunft) gemessen sogar von ca. 16–17 % Anfang 1924 auf 42 % im Mai desselben Jahres. Den Initiatoren war freilich bewußt, daß dieser Zustrom ambivalente Folgen haben konnte. Er stellte nicht nur die Integrationsfähigkeit der Partei auf eine harte Probe, sondern barg auch die Gefahr, daß jene Empörung eindrang, die sich im Vorjahr in Demonstrationen Luft gemacht hatte – von der Möglichkeit eines weiteren Qualifikationsverlusts nicht zu reden. Um diesen Risiken zu begegnen, wurden die Neulinge einer eingehenden Schulung unterworfen. In Kurzlehrgängen mußten etwa drei Viertel von ihnen ein politisch angereichertes ABC (*politgramota*) lernen. Parallel zur gesamten Kampagne führte man außerdem eine neue «Säuberung» durch. Die Kommissionen überprüften bis Ende 1925 ca. 23 % der Parteimitglieder (230 000), von denen 17 % bestraft wurden. Die Art der Verfehlungen, im wesentlichen «nichtkommunistisches Betragen» und Tatenlosigkeit, sowie der geringe Anteil von Ausschlüssen

(2,7%) zeigen an, daß man sich dabei eher um die Hebung von Disziplin und Kompetenz als um die Durchsetzung der offiziellen Politik bemühte. Dennoch ließen die Kontrolleure die Opposition nicht ungeschoren. Deren Hochburgen, vor allem in Moskau, wurden gezielt geschleift. Auch manche Neulinge fielen der Revision zum Opfer; gut 11 % traten in den folgenden Jahren wieder aus.

Aber nicht primär aus diesem Grunde sah sich die Parteiführung veranlaßt, die Mitgliederwerbung wenige Jahre später zu wiederholen. Anlaß dazu gab vor allem die hohe Zahl der Beitritte von Bauern. Dies entsprach eigentlich dem Geist der offiziellen Politik. Auf dem Höhepunkt der *smyčka* lag es nahe, daß sich die Bauern ermuntert fühlten, der Partei anzugehören, die um sie warb. Doch was allgemeinpolitisch opportun schien, galt noch lange nicht für die Partei selbst; und was 1925–1926 erwünscht war, geriet schon ein Jahr später, als sich die Wende zur forcierten planwirtschaftlichen Industrialisierung abzeichnete, in Mißkredit. So antwortete der Beschluß, aus Anlaß des zehnjährigen Revolutionsjubiläums im Oktober 1927 eine neue Kampagne an den Werkbänken durchzuführen, nicht nur auf vorhandene Mißstände. Er setzte diesmal auch ein deutliches Signal für die nächste Zukunft.

Auch diese Aktion war erfolgreich. Von Anfang Oktober 1927 bis Ende März 1928 gewann die VKP (b) 151 000 neue Mitglieder, davon 71 % ‹wirkliche› Proletarier und sonstige Angehörige der nichtbäuerlichen Unterschichten. Die Gesamtzahl der Parteiangehörigen bewegte sich nun auf 1,5 Mio. zu, der Arbeiteranteil stieg abermals deutlich auf bald 62,4 % an. Die Partei war weniger denn je die alte. Sie hatte an der Basis vollständiger als von außen sichtbar ihr Personal ausgetauscht. Nichts belegt dies klarer als Daten über die Länge der Mitgliedschaft (Parteialter), die noch vor Abschluß des «Oktoberaufgebots» von 1927 erhoben wurden. Nur noch 0,8 % der damaligen Bolschewiki waren ihrer Organisation vor 1917 beigetreten, 2,6 % im Revolutionsjahr, 19,6 % im Bürgerkrieg (1918–1920), 5,7 % bis 1923, aber 71,1 % zwischen 1924 und Januar 1927. Dennoch bewirkte auch diese Kampagne keine nachhaltige Proletarisierung im beabsichtigten Sinn. Die eingeworbenen ‹Arbeiter› entfernten sich schnell von der Werkbank. Wie ihre Vorgänger fanden sie im Partei- und Staatsapparat, in der Wirtschaft und vor allem in den Gewerkschaften neue Tätigkeiten; auch sie wurden zu ‹Bürokraten›. Dies aber schmerzte die Parteiführung 1927 nicht mehr. Sie mochte sich mit anderen Resultaten des Identitätswechsels trösten: nicht nur der Ausmerzung der aktuellen Opposition, sondern auch der weitgehenden Austrocknung des Reservoirs für künftigen Dissens durch den Zustrom aufstiegswilliger, großenteils handverlesener junger Mitglieder, die wenig Interesse an theoretischen Fragen hatten. Die beiden Spitzen der Parteialterskurve markierten sehr genau, welche Generationen nunmehr den Ton angaben: die Bürgerkriegshelden und die *vydvižency* der jüngsten Zeit.

2. Staat, Partei und affiliierte Organisationen

Sie aber waren Stalins Kohorten, als Führungskader die ersten, als Gefolgschaft die letzten.[19]

Es versteht sich, daß mit der Aufgabenvielfalt und Mitgliederzahl auch die *Organisation* der Partei wachsen mußte. Der Umbau begann mit dem achten Parteitag im März 1919. In der Erkenntnis, daß die Partei nicht mehr in das «Notizbuch» Sverdlovs paßte, verabschiedeten die Delegierten ein neues Statut und Regelungen zur Erweiterung vor allem der zentralen Gremien. Als Sverdlov wenige Tage später unerwartet starb, entstand auch dringender Handlungsbedarf. Das ZK, von 15 (und 7 Kandidaten) auf 19 Mitglieder (und 9 Kandidaten) erweitert, wählte aus seinen Reihen ein Politbüro mit fünf Mitgliedern und drei Kandidaten sowie ein Organisationsbüro und ein Sekretariat. Das Politbüro avancierte schnell – und auf Dauer – zum eigentlichen Führungsgremium, das (mit Ausnahme der hohen Zeit der Stalin-Diktatur) häufig tagte und eine erhebliche Arbeits- und Entscheidungsfähigkeit bewies. Auch das Sekretariat erwies sich, formal gesehen, als gelungene Schöpfung. Es zog alle wichtigen administrativen Tätigkeiten an sich, baute schnell einen umfangreichen Mitarbeiterstab auf und behob den ärgsten Defekt: Dank der militärischen Wende vermochte es bis Jahresende regelmäßige Kontakte zu gut 90 % der Kreiskomitees herzustellen. Lediglich das Organisationsbüro, dessen Kompetenzen unklar waren, erfüllte die Erwartungen nicht.

Bei alledem blieben natürlich Mängel. Chaos und Zerstörung waren auch nach Ende des Bürgerkriegs viel zu groß und das Territorium schon in den Grenzen der alten RSFSR viel zu ausgedehnt, als daß überall reguläre Organe hätten gebildet und eine regelmäßige Kommunikation zwischen Zentrum und Peripherie hätte etabliert werden können. Das wichtigste Ressort im Sekretariat, zuständig für die «Registration» und «Verteilung» des Personals *(Učraspred),* entfaltete zwar viel Aktivität. Auch die Agitations- und Propagandaabteilung *(Agitprop)* bemühte sich nach Kräften nicht nur um die Verbreitung bolschewistischer Ideologie, sondern auch um elementare Allgemeinschulung ihrer Funktionsträger. Desgleichen gelang es, das Netz der örtlichen Zellen vor allem durch die Gründung von Kreis- *(uezd),* volost'- und Dorfkomitees deutlich zu erweitern. Zählte man am Tage des Oktoberumsturzes 334 Stadtkomitees in 24 Gouvernements, so bestanden Ende 1918 350 Kreiskomitees in 48 Gouvernements und bei der ersten umfassenden Bestandsaufnahme Anfang 1922 in 95 Gouvernements, *oblasti* und nationalen Republiken 734 Kreiskomitees, 13 994 registrierte städtische sowie 18 287 ländliche Zellen (ohne *volost'*-Komitees). Dennoch sah die Parteiführung keinen Grund zur Zufriedenheit. Über die Fraktionsgrenzen hinweg war man sich darin einig, daß sowohl die Tätigkeit vor Ort als auch die Kommunikation zwischen den Organisationsebenen viel zu wünschen übrig ließen. Allerdings machte man dafür sehr verschiedene Ursachen verantwortlich: Dirigismus und Gängelung seitens des Sekretariats die einen, Mangel an Kontrolle, Schulung und ‹Zivilisation› die anderen. Weder die einen noch die anderen erkannten in der bestehenden RKP (b) bereits die Kaderpartei, die beide anstrebten.[20] Schon aus diesen Gründen hielten die Bemühungen um eine Reform der Parteiorganisation an. Dabei glitten sie immer stärker in autoritäres Fahrwasser. In dem Maße, wie die Opposition ins Hintertreffen geriet, erfolgten Veränderungen nur noch auf Anweisung von oben. Effizienz wurde mit Kontrolle und Fügsamkeit verwechselt. Vom «demokratischen Zentralismus», den das Parteistatut von 1919 als Grundprinzip bestätigt hatte, blieb in Wirklichkeit endgültig nur das Substantiv übrig. Vor allem zwei Entwicklungen, die Ursache und Folge der politischen Richtungskämpfe zugleich waren, trugen dazu bei: zum einen die Entmachtung der direkt gewählten Repräsentativgremien auf allen Parteiebenen einschließlich der höchsten bei gleichzeitiger Konzentration der Macht in den auxiliären «Büros» und den «Sekretären»; zum anderen der weitere organisatorische Ausbau unter Heranziehung einer neuen, zunehmend von oben ernannten Generation von Funktionsträgern.

Die – schon eingeleitete – Erweiterung des ZK erhielt vor allem durch die erwähnten letzten Schriften Lenins einen kräftigen Impuls. Stalin beeilte sich, das sakrosankte Vermächtnis des großen Führers zu erfüllen und es dabei für seine Zwecke zu nutzen. Anders als Trotzki wußte er, daß die Arbeitsfähigkeit von Gremien in umgekehrtem Verhältnis zu ihrer Größe zu stehen pflegt. Er beließ es deshalb nicht bei der angemahnten einmaligen Aufstockung des ZK-Personals, sondern wiederholte sie mehrfach (vgl. Tabelle A–7/1). Auch aufgrund dieser Entwicklung büßte das ZK, ähnlich wie die Exekutivkomitees der Sowjets, seine formal höchste Macht zwischen den Parteitagen mehr und mehr ein. Die Entscheidungen verlagerten sich ins Politbüro und von dort ins Sekretariat mitsamt dem reformierten Organisationsbüro. Zweifellos lag hier der Schlüssel zu Stalins Aufstieg. Nicht nur gelang es ihm, vom elften Parteitag im April 1922 mit dem neu geschaffenen Amt eines Generalsekretärs betraut zu werden und damit an die Spitze des Apparates aufzurücken. Was ihn dafür qualifizierte, bleibt im einzelnen unklar, vielleicht eben jene Stellung im zweiten Glied der ersten Garde, die ihm alle einstigen Mitstreiter bescheinigten: Als Mitglied des ZK seit 1912 gehörte er zwar zu den ‹alten› und führenden Genossen, hatte aber stets im Schatten der eigentlichen Prominenz gestanden. Er war – auch in Lenins Augen, der seine Wahl unterstützte – ein Mann für wichtige Aufgaben, aber im Hintergrund. Kaum weniger fiel ins Gewicht, daß er von Anfang an Vertraute zu gewinnen und ihnen einflußreiche Funktionen in seiner Umgebung zu übertragen vermochte. Die meisten dieser Gefolgsleute waren ihm bis zur Unterwerfung ergeben und blieben erstaunlich loyal.

Im nachhinein hat deshalb ein personelles Revirement große Aufmerk-

2. Staat, Partei und affiliierte Organisationen

samkeit gefunden, das schon früh eine Vorahnung von seiner Kunst der Klientelbildung und ihres politischen Einsatzes gab. Der neunte Parteitag hatte 1920 neben Rykov und Stalin drei intellektuelle Revolutionäre alten Schlags ins Organisationsbüro berufen, die Trotzki nahestanden. Sie bildeten zugleich das Sekretariat, das sie mithin allein beherrschten. Alle drei wurden aber vom nächsten Parteitag, dem zehnten vom März 1921, in diesen Ämtern nicht mehr bestätigt. An ihre Stelle traten drei Anhänger Stalins, allen voran Molotov, dessen steile, skrupellose und lange Karriere nun begann. Zugleich übernahmen die drei Neuen auch das Sekretariat. Als Stalin zum Generalsekretär avancierte, behielt er Molotov als seine rechte Hand und zog Kujbyšev als weiteren langjährigen Schildknappen nach sich. Beiden sicherte er außerdem einen Platz im Organisationsbüro. Er selbst reservierte sich dabei nicht nur die Oberaufsicht, sondern auch den Kenntnisvorsprung, den er zu ihrer tatsächlichen Wahrnehmung brauchte: Als einziger gehörte er allen drei obersten Parteigremien, dem Politbüro, dem Organisationsbüro und dem Sekretariat, an. In dem Maße, in dem er die Rivalen an die Wand drückte, vermochte er seine eigenen Leute in höchste Organe zu bringen. Der Aufstieg Molotovs, Kalinins, der ebenfalls aus dem Organisationsbüro kam, und Vorošilovs auf dem 14. Parteitag 1925 ins Politbüro war symptomatisch dafür. Zwei Jahre später wählte der 15. Parteitag nach dem Bann über die Vereinigte Opposition ein Führungsgremium, in dem die künftigen Gegner der gewaltsamen Kollektivierung von vornherein wenig Chancen hatten.[21]

Diesem dramatischen Wandel auf höchster Ebene entsprachen Veränderungen im übrigen Apparat. Von entscheidender Bedeutung war dabei Stalins Sekretariat, insbesondere die Personalabteilung; diese wurde unterstützt von der Organisationsabteilung *(Orgotdel)*, die nach erheblichen Anfangsproblemen unter der Leitung von Kaganovič eine bemerkenswerte Aktivität entfaltete. Während *Orgotdel* Instruktoren durchs Land schickte, Informationen über die Komitees sammelte und die Tätigkeit vor Ort – mit welchem Erfolg auch immer – zu überwachen suchte, traf *Učraspred* viele wichtige Personalentscheidungen. Beider Zuständigkeiten waren aber nie recht voneinander zu trennen, so daß die Abteilungen 1924 zur *Orgraspred* zusammengeschlossen wurden. Gewiß überforderte die Masse der zu verteilenden Kader den anfangs noch recht kleinen Stab. Während der Demobilisierung nach dem Bürgerkrieg wurden bis zu sechzig Fälle pro Tag bearbeitet. Und auch in den folgenden Jahren verminderte sich das Entscheidungsvolumen kaum: Zwischen dem elften und 14. Parteitag (1922–1925) verteilte man insgesamt 28 716 hauptberufliche Mitarbeiter über das Land, davon 18 726 in verantwortlicher Position. Wohl meinte die Abteilung selbst nicht ohne Ursache, fast die Hälfte aller Gouvernementssekretäre müßten wegen Unfähigkeit abgelöst werden. Sicher sollte man auch die Funktionstüchtigkeit der Parteiorganisation ebensowenig überschätzen, wie das Gewicht lokaler Gegebenheiten und Belange außer acht gelassen werden darf. Dennoch vermag die These nach wie vor zu überzeugen, daß Stalin über *Orgraspred* Einfluß auf alle wichtigen Lokalkomitees zu nehmen und ein dichtes Netz persönlicher Loyalitäten zu knüpfen vermochte. Auf diese Weise häufte er nicht eigentlich ‹bürokratische› Macht in einem sinnvollen Wortgebrauch, sondern höchst traditionelle personale, dennoch konkurrenzlose Macht an.[22]

Dabei half der weitere Ausbau des Parteiapparates. Allem Anschein nach wurde das Hauptproblem aller russischen Parteien, ihre Komitees auch in die endlose Provinz auszudehnen, besser gelöst als zuvor, wenn auch nicht ohne bleibende Defekte. Den Werbekampagnen entsprechend beherzigte das Sekretariat zudem die Lehren der Streiks von 1923 und achtete auf die Einbindung der ‹proletarischen Masse›. Zwischen 1924 und 1928 wuchs die Gesamtzahl der Parteizellen um mehr als 60% von 28785 auf 46433. Nach Zellentypen aufgeschlüsselt, vermehrten sich dabei die bolschewistischen Komitees in Industriebetrieben und Einrichtungen des Transportwesens deutlich überproportional um mehr als 214% bzw. sogar 258%. Zugleich fällt auf, daß vergleichbare Anstrengungen auf dem Dorf ausblieben. Die ohnehin relativ geringe Zahl ländlicher Organisationen wuchs auch in diesen Jahren weitgehender politischer Konzessionen an die Bauern nur langsam. Wie zu zeigen sein wird, kommt diesem Sachverhalt für das Verständnis der Entscheidung zur Zwangskollektivierung ein zentraler Stellenwert zu.

Alle drei Kennzeichen der organisatorischen Entwicklung der Partei – die Expansion des Zellennetzes bei paralleler Regularisierung, die zentrale Ernennung der mitwachsenden Sekretärsschicht und die Werbung um neue Mitglieder vornehmlich aus der Arbeiterschaft – fanden den gewünschten Niederschlag im sozialen Profil ihrer Funktionsträger. Von Interesse sind dabei vor allem die soziale Herkunft und das ‹Parteialter›. Für die verschiedenen Ebenen der Parteihierarchie und die beiden wesentlichen Formen der Teilnahme – hauptamtlich und permanent zumeist in der Verwaltung oder ehrenamtlich in den konstitutiven Gremien – ergab sich gegen Ende der NÉP etwa folgendes Bild: Die Masse der Abgeordneten in den Vollversammlungen (vom Stadtbezirks- und Dorfkomitee bis zum Gouvernements- bzw. *oblast'*-Komitee) stammte aus der Arbeiterschaft (63%); Bauern waren (im Vergleich zur Bevölkerungsstruktur insgesamt) deutlich unter- (14%), Angestellte eher überrepräsentiert (23%). Auf den niederen Ebenen setzte sich die bloße Überzahl der jeweils dominanten sozialen Schichten in besonderem Maße durch. So gaben Bauern in den untersten Landkomitees und Arbeiter in den Stadtbezirkskomitees den Ton an. Die Selektion auf den höheren Ebenen erfolgte zum einen nach Bildungsgrad und allgemeiner Qualifikation, was den Angestellten zu einem bezeichnenden Übergewicht verhalf. Hinzu kam eine Korrelation zum Parteialter. Dabei stellten aber nicht mehr die ‹Altbolschewiken› aus zarischen Tagen den Kern der Delegierten der höheren Plenargremien, sondern die Konvertiten

2. Staat, Partei und affiliierte Organisationen 217

des Revolutionsjahrs und der Bürgerkriegszeit (35,6 % bzw. 30,8 %). Ganz ähnliche Merkmale ergeben sich für die Parteisekretäre, die eigentlichen Apparatčiki. Mehr als die Hälfte (51,3 %) der Gebiets *(Oblast')*- und Gouvernementssekretäre stammte aus der Angestelltenschaft, etwas weniger aus der Arbeiterschaft (48,7 %), keiner aus der Bauernschaft. Unter den Zellensekretären auf der untersten Ebene dagegen machten die Angestellten nur ein knappes Fünftel aus und besaßen selbst die Arbeiter nur ein geringes Übergewicht über die Bauern (40,8 % zu 39,7 %). Mehr als drei Viertel der Gebiets- und Gouvernementssekretäre waren der Partei vor 1916 beigetreten, weitere 12,8 % 1917. Dagegen wurden die Bezirkskomitees *(okrug)* zu knapp zwei Dritteln von den Neumitgliedern der Jahre 1917–1919 geführt, die Kreiskomitees überwiegend von denen der Bürgerkriegszeit.

Die Aussage solcher Befunde liegt auf der Hand: Die Partei vergrößerte und verjüngte sich; eine neue Generation suchte die Aufstiegschancen zu nutzen, die im Monopol der Bolschewiki gründeten; an der Spitze dominierten, neben einigen altgedienten Revolutionären, die ‹Veteranen› der ‹heroischen› d. h. der Bürgerkriegszeit; aber schon auf den mittleren Etagen wurde sichtbar, daß die Neulinge aus der Arbeiterschaft nachdrängten, die diese Herkunft abgestreift und administrative Funktionen übernommen hatten. Sie wurden von den höheren Parteisekretariaten bis hinauf zum Zentralsekretariat ausgewählt; sie verdankten ihre Ämter und Privilegien Stalin und seinen Mannen; auf sie konnte sich der Generalsekretär verlassen, wenn er nicht grob gegen ihre Wünsche und Ideale verstieß.

Um so größeres Interesse verdient die Frage, ob der personelle und strukturelle Wandel wenigstens die Fähigkeit der Partei verbesserte, ihrem Führungsanspruch in Staat, Wirtschaft und Gesellschaft gerecht zu werden. Zu Beginn der NEP reichten ihre Ressourcen fraglos nicht aus. Nur verschwindende 0,6 % der 1922 registrierten Bolschewiki hatten eine Hochschule, nur 6,3 % ein Gymnasium oder eine vergleichbare Einrichtung besucht; der große Rest war über die Elementarschule nicht hinausgekommen oder sogar Analphabet (4,6 %) geblieben. Ein günstigeres Bild ergab sich für die Führungskader. In den zentralen Komitees und denen der *oblasti* verfügten immerhin 30 % der Genossen über eine höhere und 23,8 % über eine mittlere Bildung, in den entsprechenden Organen der Gouvernements 28,5 % bzw. 37,9 %. Auch dies war freilich für eine Partei, die eine Ordnung neuen Typs aufbauen wollte, nicht genug. Selbst um die elementare politische Information der Parteimitglieder stand es nicht besser. Entsprechende Erhebungen brachten eine erschreckende Ignoranz an den Tag. In neun durchaus nicht abgelegenen Gouvernements mußte über die Hälfte der Befragten in die unterste von drei Kategorien, als «politische Analphabeten», eingestuft werden.[23]

So nimmt es nicht wunder, daß die Bolschewiki große Mühe hatten, in die Führungsetagen des eigenen neuen Gemeinwesens vorzudringen. In den beiden wichtigsten Bereichen, der Staatsverwaltung und der Wirtschaftsleitung, wahrten die ‹bürgerlichen Spezialisten› ihren numerischen Vorrang noch geraume Zeit. Eine Erhebung unter dem Personal aller Volkskommissariate der RSFSR ergab Ende 1922, daß bloße 4,2 % der einfachen Angestellten und 5,1 % der Spezialisten in den mittleren Rängen der RKP (b) angehörten. Lediglich die Leitungspositionen hatten die Bolschewiki zu einem größeren Teil übernehmen können (13,2 %), so daß sich Zweifel an ihrem tatsächlichen Einfluß auf die Arbeitsweise der Behörden aufdrängen. Nicht besser stand es um die bolschewistische Stellung im Wirtschaftsmanagement. Unter 775 Angestellten des Obersten Wirtschaftsrates fanden sich nur 4,3 % Bolschewiki. Naturgemäß änderte sich diese Relation in den folgenden Jahren. Mit der Festigung ihrer Herrschaft und dem Neuaufbau konnten die Bolschewiki auch ihre Präsenz in der administrativ-technischen Elite des Landes stärken. Anfang 1924 ergab eine Enquête bei den 88 größten (Staats-)Unternehmen, daß 91 % der Direktoren der RKP (b) beigetreten waren, während sich nur 7,5 % der Angestellten dazu entschlossen hatten. Dennoch fiel das Gesamtfazit noch einige Jahre mindestens ambivalent aus. Zum einen zeigen die Umfragen auch, daß die Partei schon unter den stellvertretenden Direktoren, bei denen vielfach die eigentliche Sachkompetenz lag, deutlich weniger Anhänger besaß und ihr Einfluß im proportionalen Verhältnis zur Beschäftigtenzahl sank. Zum anderen blieb die formale Bildung ihrer Mitglieder als Indikator allgemeiner Qualifikation gering. Noch 1927 verfügten fast zwei Drittel aller Bolschewiki nur über schulische Elementarkenntnisse; die Quote der Hochschulabsolventen kam über 0,8 % nicht hinaus. Selbst wenn sich in der großen Rubrik der «Autodidakten» gelegentlich eine hohe Qualifikation verbarg, dürfte gerade die forcierte Werbung um den ‹echten Proletarier› eine breite Anhebung des durchschnittlichen Niveaus verhindert haben. Dies war um so eher der Fall, als den *vydvižency* in aller Regel umgehend administrative Tätigkeiten zugewiesen wurden, die ihnen keine Zeit zur Weiterbildung ließen. Dem entsprach der Befund, daß die Bolschewiki auch gegen Ende der NĖP noch weit von einer tatsächlichen Übernahme des Wirtschaftsmanagements entfernt waren. Nach wie vor hatten ‹bürgerliche› Spezialisten die meisten Führungspositionen inne, vor allem die Funktionen, die tatsächlich organisatorisches und technisches Fachwissen erforderten. Nur 16,8 % des gehobenen Personals bekannten sich 1929, als es längst gefährlich geworden war, abseits zu stehen, zur VKP (b). Zugleich galt auch hier, daß sich die Kader in der obersten Leitung konzentrierten: Unter den Betriebsdirektoren fanden sich bis zu 90 % Parteimitglieder.

Mithin drängt sich der Schluß auf, daß die Bolschewiki gegen Ende der NĖP zwar Fortschritt erzielt hatten, aber nach Maßgabe ihrer Ziele nicht weit genug gekommen waren. Sie vermochten die politischen und ökonomischen Rahmenbedingungen zu diktieren, verfügten aber noch nicht über genügend Kompetenz, um die «Spezialisten» aus alten Tagen weitgehend ersetzen zu können. Zweifellos schlug die Massenrekrutierung seit 1924 breite Trassen für den sozialen Aufstieg. Vor allem den städtischen Unterschichten eröffneten sich größere Chancen als je zuvor. Eben diese Mobilisierung brachte jedoch auch erhebliche Nachteile bei der Verwirklichung des Führungsanspruchs mit sich: Lenins ‹Köchin› rückte in Positionen auf, von denen sie vor der Revolution nicht einmal zu träumen gewagt hätte. Aber sie brachte nicht die Kenntnisse mit, die sie eigentlich gebraucht hätte. Schon deshalb vermag das Argument zu überzeugen, daß die administrativ-technische Elite nach wie vor in erheblichem Maße eigene Belange verfolgte. So wie sie sich einem gesamtgesellschaftlichen Transformationsprozeß verdankte, der längst vor 1917 begonnen hatte, so bewahrte sie auch in der frühen Sowjetzeit eine nicht unerhebliche Selbständigkeit. Wohl näherten sich die Interessen beider im Zuge des Generationswechsels an. Aber von einer Identität konnte ebensowenig die Rede sein wie von der vollständigen Unterwerfung der Qualifikation unter die Macht. Beide Probleme, die Kluft zwischen Anspruch und Wirklichkeit und die ‹Sperrigkeit› der Inhaber unverzichtbarer Qualifikation, bereiteten – im Verein mit weiteren Faktoren, darunter nicht zuletzt mentalen – den Boden für eine wachsende Bereitschaft im höchsten Führungskreis der Partei, den Knoten mit Gewalt zu durchtrennen. Dabei nahm man in Kauf, daß willkürliche Haftstrafen und Hinrichtungen, die mit dem sog. Šachty-Prozeß gegen Bergwerksingenieure im Frühjahr 1928 begannen, von der eigentlichen Aufgabe nur ablenken konnten. Es gehörte zum Wesen der neuen Politik, daß sie sich Überlegungen praktischer Zweckmäßigkeit und Rücksichten auf die Realität völlig entzog.[24]

d. Die Rote Armee

Zu den zündenden Parolen der Bolschewiki im Sommer und Herbst 1917 gehörte der Ruf nach konsequenter Demokratisierung der Armee. Was die Februarregierung nur begonnen hatte, sollte zu Ende geführt werden. Kein Geringerer als Lenin hatte in *Staat und Revolution* begründet, warum dem Sozialismus – ebenfalls nach dem Vorbild der Pariser *Commune* und in Anlehnung an die Französische Revolution – eine wesensmäßig neue Armee angemessen sei. Das «Volk in Waffen» war das naheliegende Ideal der künftigen Streitmacht, allerdings mit einem anderen ‹Klasseninhalt›: Die Arbeitermiliz sollte an die Stelle der Bürgerwehr treten. Indes zerstoben solche Vorstellungen noch schneller als analoge basisdemokratische Träume von der Arbeiterherrschaft durch die Sowjets. Die Rote Armee war ein Geschöpf des Bürgerkrieges, der sie in ähnlicher Weise formte wie die Organisation der Staatsverwaltung oder der Wirtschaft. Im Juli 1918 stimmte der fünfte Rätekongreß der Wiedereinführung der Dienstpflicht, der Verankerung einer Befehlshierarchie, dem Einsatz von «Militärspezialisten», der Erneuerung der Todesstrafe und anderen Maßnahmen zu, die auch der Armee zu dem verhelfen sollten, was überall zum obersten Gebot avancierte: Leistung und Effizienz. Die Delegierten erleichterten sich und anderen die Umkehr dadurch, daß sie zugleich eine Art Schutz- und Kontrollinstanz gegen eine mögliche «konterrevolutionäre» Entartung der Reformen bestätigten. Die Institution der *politischen Kommissare* reichte noch bis in die ersten Tage der Februarordnung zurück. Anfangs hatte sie der Aufgabe gedient, den Frontsoldaten zu erklären, was in Petrograd vorgefallen war, danach der Erläuterung der Politik der Provisorischen Regierung. Spätestens seit April 1918 entdeckte die Sowjetmacht den großen propagandistisch-psychologischen Nutzen, den sie barg, und baute sie systematisch zur Repräsentation der Partei und des Staates in der Armee aus. Jedem militärischen Kommandeur stand ein *«Politkommissar»* zur Seite, der ihn weniger beraten als beaufsichtigen sollte. Insofern galt in der Armee nicht das Prinzip rein vertikaler und tendenziell isolierter «Einmannleitung», sondern eine «doppelte Führung», die äußere Einflußnahme zuließ.

Dennoch blieben die Vorbehalte der Partei gegen den offenen Bruch der Versprechen von gestern groß. Der Konflikt zwischen Pragmatikern und Ideologen fand nicht zuletzt im militärischen Bereich reichlich Zündstoff. Zwar vermochte sich Trotzki faktisch weitgehend durchzusetzen. Vor allem er wurde zum Vorkämpfer der neuen hierarchischen Zwangsanstalt. Er warb um die alten Offiziere, verschaffte ihnen einflußreiche Funktionen und sorgte durch drakonische Disziplinarmaßnahmen dafür, daß dieselben Soldaten ihren Anweisungen widerspruchslos Folge leisteten, die sie eben noch davongejagt hatten. Entsprechend schnell wuchs die Zahl der zarischen Experten; Ende 1918 gab man sie mit 22 295 früheren Offizieren und 128 168 einstigen Unteroffizieren an. Aber die Gegenidee einer völlig anderen Armee bewahrte ihre Anziehungskraft. Sie verschmolz mit paralleler Kritik am Aufbau von Staat und Wirtschaft. Was die «Linken Kommunisten» und «Demokratischen Zentralisten» forderten, hatte ein Pendant in den Vorwürfen und Gedanken der «Militäropposition», die sich Anfang 1919 zu Wort meldete. Allerdings war nicht nur sachlicher Dissens im Spiel. Der Unmut richtete sich auch gegen den Verteidigungskommissar als Person, dessen brüske Art verletzte und der noch keine Erfolge vorweisen konnte, die ihn unangreifbar gemacht hätten.[25]

Eine erste Grundsatzdebatte wurde auf dem achten Parteitag im März 1919 geführt. Überwiegend im kleinen Kreis der «Militärsektion» stritt man über das Für und Wider beider Konzeptionen. Wie zu jener Zeit nicht anders zu erwarten, behielt Trotzki – mit Unterstützung Lenins – die Oberhand. Die einschlägige Resolution geißelte die Forderung nach einer Miliz als pseudorevolutionäre Phrasendrescherei und bestätigte den *status quo* einschließlich der ausdrücklichen Erlaubnis zur weiteren Anwerbung von Offizieren der zarischen Armee. Zugleich kam die Entschließung aber auch der Opposition entgegen. Sie betonte die Notwendigkeit strenger ideologischer Aufsicht durch die politischen Offiziere und griff die Formulierung Trotzkis auf, die aktuelle Armee trage alle Merkmale des «Übergangs». Damit lehnte der Parteitag die Idee der Miliz nicht grundsätzlich ab, sondern vertagte die endgültige Entscheidung auf das Ende des Bürgerkriegs.[26]

So konnte es nicht ausbleiben, daß sich der erste Friedensparteitag im März 1921 auch mit dem Armeeproblem befaßte. Der Übergang zur Normalität mußte bewältigt, eine millionenstarke Armee ohne soziale Härten und katastrophale Wirtschaftsfolgen demobilisiert werden. Dies setzte eine Grundsatzentscheidung darüber voraus, wie die bewaffnete Gewalt im sozialistischen Staat künftig aussehen sollte. Die Meinungen dazu waren im Kern unverändert. Für die völlige Liquidierung der Roten Armee und den Übergang zu einer reinen Miliz votierte N. I. Podvojskij, einer der Organisatoren des Oktobercoups und langjähriger «Militäragitator» der Partei. Zugunsten der Beibehaltung der Armee, hierarchisch und verpflichtend, wie sie war, warb Smilga, der die politische Abteilung im Militärkommissariat leitete und als Kopf der Kommissare gleichsam die militärische Parteiintelligenz repräsentierte. Neu hinzu kam eine Gruppe, die zwischen beiden stand und in starkem Maße von ihrer Abneigung gegen Trotzki lebte. Sie favorisierte einen deutlich «revolutionären» Zuschnitt der Armee, ohne sich auf ein reines Milizsystem festzulegen. Sie verband dies mit der Forderung nach einer einheitlichen militärischen Leitung; die Gesinnungskontrolle durch den politischen Kommissar schien ihr nicht nur dysfunktional, sondern auch obsolet geworden zu sein. Sie sprach in der Person von Frunze, Vorošilov, Budënnyj, Tuchačevskij oder S. I. Gusev für die erste Generation der *«roten Kommandeure»* und ihrer Verbündeten in Partei und Regierung; ihr gehörte die Zukunft.

Auch der zehnte Parteitag vermied indes eine Entscheidung. Die jungen Militärs aus den eigenen Reihen plädierten zwar vehement für die Durchsetzung des Klassenprinzips in der Armee. Sie wollten nicht nur die Einberufung – wie vor dem Sommer 1919 – wieder auf die Arbeiterschaft und quasiproletarische Bauernschichten beschränken, sondern auch die Aufgaben der Armee in neuer Form in den Dienst der Revolution stellen: als Hilfstruppe für aufständische Arbeiter in der internationalen Arena. Aber aus derselben Sicht heraus hielten sie es auch für angezeigt, Smilgas Votum für die Beibehaltung der Armee, so wie sie war, zu unterstützen. Angesichts der Aufstände im eigenen Land schien eine tiefgreifende Reorganisation der bewaffneten Macht zu riskant. Überdies fürchteten sie, daß ein territoriales Milizsystem außerhalb der Städte im wesentlichen *eines* bedeuten würde – militärisches Training und Bewaffnung der Bauern einschließlich des «Klassenfeinds», der Kulaken. Nicht zuletzt aus diesen Gründen bemühte sich auch Lenin darum, Frunze von der Unzeitgkeit seiner Pläne zu überzeugen.

Dabei argumentierte er analog zur Begründung des Fraktionsverbots. Weil das Regime den ‹unzuverlässigen› Bauern weitgehende wirtschaftliche Konzessionen gemacht habe, dürfe es seine Zwangsgewalt nicht vermindern. Erst nach der Sicherung ihrer Loyalität könne man an die Reorganisation der Armee im Sinne einer Miliz denken.

Obwohl die Debatte auch auf dem nächsten Parteitag 1922 ohne Ergebnis blieb, wurden in der Zwischenzeit wichtige Weichen gestellt. Die organisatorische Struktur der Roten Armee nahm Gestalt an. Der Hinweis vermag zu überzeugen, daß vor allem finanzielle und wirtschaftliche Zwänge zu Vorentscheidungen führten, die nicht mehr korrigiert wurden. Die wichtigste bestand in der Festlegung der ungefähren Personalstärke. Die Armee schmolz von 4,4 Mio. Mann im März 1921 auf 560 000 Ende 1923. Angesichts der ungeheuren Mittel, die man für den Wiederaufbau brauchte, und der begrenzten wirtschaftlichen Leistungsfähigkeit des Landes verbot sich ein stehendes Heer von der Größe des zarischen. Es schien sinnvoller, die Zahl der Soldaten deutlich zu verringern, dafür aber Reservekader auszubilden, die bei Bedarf eingesetzt werden konnten. Nach diesem System wurde etwa ein Viertel der Dienstpflichtigen in die reguläre Armee aufgenommen, während die Übrigen nur eine kurze, maximal zweimonatige Ausbildung zu absolvieren hatten. So sparte man mit Hilfe des nicht eben neuen Rotationsprinzips (das nach preußischem Vorbild 1874 im Zarenreich eingeführt worden war) nicht nur Geld, sondern kam auch noch den Verfechtern des Milizsystems entgegen. Faktisch entstand eine Mischform aus der alten, stehenden Armee und der *ad hoc* mobilisierbaren, ‹revolutionären› Territorialverteidigung. Ein nicht geringer Vorteil bestand schließlich in einem politischen und sozialen Effekt. Die Bauern, nach wie vor die Hauptmasse der Bevölkerung, fanden sich mit den kurzen Ausbildungszeiten ab. Die Armee förderte dadurch ihre Versöhnung mit dem proletarischen Staat; sie wurde zu einer paradigmatischen Institution der *smyčka*.[27]

Solche Reformen verbanden sich aufs engste mit dem Ausgang des Kampfes um Lenins Erbe. Sie wurden möglich durch den Sturz des Mannes, der von seiner enormen Machtfülle am Ende des Bürgerkrieges nur noch eine einzige Bastion, das Militärkommissariat, gerettet hatte. Auch in der Armee standen Trotzkis Gegner in Gestalt der «roten Kommandeure» bereit. Sie gingen dabei ein gleichsam natürliches Bündnis mit Stalin ein, einige – wie Vorošilov – in unerschütterlicher und dauerhafter Ergebenheit, andere mit mehr oder weniger deutlicher Distanz, für die sie früher oder später bitter zahlen mußten.[28] Was sie verband, war neben persönlicher Aversion gegen den Kommissar vor allem eines: neues Selbstbewußtsein. Nach ‹ihrem› Sieg im Bürgerkrieg begriff sich die Armee als vollwertige, auf fremde Hilfe nicht mehr angewiesene Streitmacht, die sich ganz in den Dienst des revolutionären Staates stellte. Sie entwickelte eine eigene Identität, verbunden mit der Forderung nach einer angemessenen Wertschätzung und Rolle im Staate.

2. Staat, Partei und affiliierte Organisationen

Selbst wenn er ein anderer gewesen wäre, hätte Trotzki, der Schöpfer der Übergangsarmee und Protektor der alten Offiziere, schwerlich zum Verbündeten solcher Bestrebungen werden können. Geeigneter waren die Kräfte, die für die Konsolidierung des revolutionären Regimes in der gegebenen Form auf der Grundlage einer eigenen ‹Staatsräson› standen. Sie verschafften der Armee jenen Status einer tragenden Säule des neuen Staates, der ihr bis zur *perestrojka* eigen war.

Umfassende Reformen in diesem Sinne kamen vor allem seit Januar 1924 voran, nachdem Trotzki die entscheidende Schlacht verloren hatte. Seine Vertrauten wurden ihrer Ämter enthoben und gehörten einer Kommission nicht mehr an, die Grundsätze für die künftige Gestalt und Stellung der Armee ausarbeiten sollte. Zum Vorsitzenden dieses entscheidenden Gremiums wurde Gusev bestellt; mit Frunze, Vorošilov, Ordžonikidze und anderen vereinte es ausnahmslos Gegner Trotzkis und viele Weggefährten Stalins. Und einer Brüskierung erster Ordnung kam die Tatsache gleich, daß einer fehlte: der Volkskommissar (der seinen Posten noch nicht verloren hatte) selbst. Gemäß den Empfehlungen dieser Kommission bestätigte die nachfolgende Gesetzgebung die Mischverfassung aus einem regulären Heer in der genannten Größe und einer Territorialreserve. Sie verankerte ein neues Disziplinarrecht, das dem bedingungslosen Gehorsam strenge Geltung verschaffte. Sie schrieb die Aufstellung eines ordentlichen Etats vor und sorgte für eine spürbare Erhöhung der Zuweisungen. Der Sold vor allem der oberen Ränge stieg, die Qualität der Unterkünfte und der materiell-technischen Ausstattung insgesamt wurde verbessert. Auch wenn das Niveau, absolut gesehen, niedrig blieb, zeigten einschlägige Klagen Wirkung. Die Armee begann ihren Aufstieg zu einer privilegierten Institution.

Davon profitierte im wesentlichen ihr Rückgrat und Kopf: das Offizierskorps. Allerdings gehörten diesem nun überwiegend andere Personen und Schichten an als zuvor. Auch die Stärke der oberen Ränge wurde an die neue Organisationsform angepaßt. Von ca. 30 000 Offizieren 1921 blieben Ende 1923 etwa 12 500 übrig. Unter denen, die man behielt, überwogen aus naheliegenden Gründen die Jungen und Parteitreuen. Nur noch 16,8 % der Kommandeure hatten 1924 – bei naturgemäß fallender Tendenz – ihre Ausbildung ganz oder teilweise im Zeichen des Doppeladlers absolviert. Besondere Symbolkraft kam schließlich der Einführung *neuer Uniformen* zu. Tressen und Schulterstücke, die 1917 abgerissen worden waren, kehrten in anderen Farben, aber alter Funktion zurück. Die Armee gab sich eine klare innere Hierarchie und grenzte sich, als Teil der wiedergefundenen Identität, nach außen ab. Damit einher ging eine wachsende Distanz zwischen Offizieren und Gemeinen. Die oberen Ränge bildeten, unterstützt durch ihre materielle Privilegierung, einen neuen Korpsgeist und Ehrenkodex aus. Dabei verstanden sie sich nicht nur als Elite der Armee, sondern zunehmend auch als Elite des neuen Staates. In dieser ‹gemeinnützigen› Funktion beanspruchten sie daher auch Respekt und Hilfe des Ganzen. Nach ihren Vorstellungen hatten Partei und Regierung der Armee nicht nur bei der Erfüllung ihres Schutzauftrages zu helfen, sondern auch bei der Wahrnehmung ihrer nicht minder wichtigen zivilen Aufgabe: Erziehungsanstalt des revolutionären Regimes zu sein. In diesem Sinne waren die Reformen konservativ. Sie normalisierten die Armee als Institution und erhoben sie zu einem dauerhaften Machtfaktor der *Gesamt*ordnung. Welche Bedeutung ihr als zentrale, integrative Einrichtung zukam, hat Stalin früh erkannt. Die Armee, so formulierte er schon 1923, sei «die einzige allrussische und republiksübergreifende Begegnungsstätte, wo Völker der verschiedenen Provinzen und Regionen zusammenkommen ...»; sie sei «Schule des Sozialismus» und verbindendes Glied zwischen Partei, Arbeiterschaft und Dorfarmut.[29]

Weil sich die «roten Kommandeure» als loyale Stützen des revolutionären Regimes verstanden, war ihnen diejenige Institution von Anfang an ein Dorn im Auge, die eben diese Zuverlässigkeit sicherstellen sollte: die politische Verwaltung der Armee (PURKKA) und ihre Kommissare. Die Reformkommission forderte denn auch, wie schon Frunzes Gruppe auf dem zehnten Parteitag, den Übergang zu dem, was man die «Einmannleitung» nannte, d. h. zur ausschließlichen Verantwortung der Militärkommandeure. Das Organisationsbüro des ZK schloß sich diesem Vorschlag an, überließ aber der Armee die Ausarbeitung von Details. Nach der Übernahme des Militärkommissariats von Trotzki im Januar 1925 bemühte sich Frunze, diese Lösung voranzutreiben. Aber die Partei leistete Widerstand. Die eingefleischten Bolschewiken mochten auf Kontrolle nicht verzichten, solange sich die Offiziere nicht vollständig zu ihnen bekannten. Ende 1925 war dieses Ziel noch nicht erreicht. Auch auf der höchsten Ebene, unter den Korpskommandeuren, gehörten nur 73,3 % der Partei an; bei den Divisionskommandeuren galt dies für 44 % und bei den Regimentskommandeuren nur für 33,4 %. Dennoch arbeitete die Zeit zugunsten der neuen Militärs. Der Anteil der erklärten Bolschewiki stieg kontinuierlich, im gesamten Offizierskorps von 22,5 % 1922 auf 47 % 1926, in der Armee als ganzer mit 16,1 % 1927 auf einen Wert, der die Repräsentanz der Partei in der gesamten Bevölkerung um das Zwanzigfache überstieg. An diesen Zahlen gemessen, engte sich das Aufgabenfeld der politischen Kontrolleure mehr und mehr ein. Faktisch setzte sich die Einmannleitung weitgehend durch.[30]

e. Rechtsordnung und Staatssicherheit

Zur ikonoklastischen Radikalisierung der Umwälzung, die der Oktoberumsturz einleitete, gehörte nicht zuletzt der Sturm auf die überkommene Rechtsordnung. Die ‹zweite Revolution› vollzog auch in dieser Hinsicht einen Traditionsbruch von seltener Härte: Ein Dekret vom 5. Dezember 1917 beseitigte das gesamte Gerichts- und Rechtsprechungssystem und hob

2. Staat, Partei und affiliierte Organisationen 225

die wichtigsten alten Gesetze auf. Zarische Bestimmungen galten nur noch insoweit, «als sie durch die Revolution nicht aufgehoben» wurden und «dem revolutionären Rechtsbewußtsein» nicht widersprachen. Mit einem Federstrich machte der SNK die Justizreform von 1864, die mit guten Gründen als fortschrittlichste Neuerung Alexanders II. und – trotz mancher praktischer Mängel – als eine der größten Errungenschaften des ausgehenden Kaiserreiches galt, samt den Früchten ihrer fünfzigjährigen Erprobung zunichte. Die Unabhängigkeit der Richter und die ungewöhnlich weitgehende Selbständigkeit der Rechtsanwälte wurden beseitigt, legalitätssichernde Verfahrensregeln aufgehoben. Nicht zuletzt in dieser Hinsicht erklärte man die geschmähte Gewaltenteilung zu einem Prinzip von gestern.[31]

Was an die Stelle des Alten treten sollte, ergab sich aus der marxistischen Weltanschauung. Allerdings blieben die Fingerzeige ähnlich vage wie in der gesamten Frage von Verfassung und Struktur des künftigen Staates. Recht und Rechtsordnung wurden als Instrumente der Klassenherrschaft gesehen. Wie das stehende Heer oder die «Bürokratie» galten sie als Eckpfeiler eines staatlichen Zwangsapparates, dessen hauptsächlicher Zweck darin bestand, die fortgesetzte Ausbeutung der ‹Lohnarbeit› durch das ‹Kapital› zu sichern. Recht war ‹bürgerliches› Recht, Neutralität nur vorgetäuscht. Tatsächlich dienten seine vermeintlich allgemeinen Grundsätze und Verfahren sehr konkreten Interessen, die sich in der Aufrechterhaltung der Ungleichheit auf der Grundlage ‹asymmetrischen Tauschs› bündelten. Als besonders krudes Beispiel dafür galt die zarische Justiz. Sie verfiel pauschal dem Verdikt, bestenfalls im Namen der ‹Gesellschaft› Recht *über* das Volk, nicht im Namen des Volkes gesprochen zu haben.[32]

Eine der ersten, allgemeinen Aufgaben, die sich daraus ergaben, besagte, daß die Entfremdung zwischen Recht und den ‹Massen› aufzuheben sei. So wie die Unterschichten in Stadt und Land, auf die der Volksbegriff reduziert wurde, sich in den Räten endlich selbst verwalten und regieren konnten, so sollten sie auch die Rechtsprechung selbst in die Hand nehmen. Recht mußte zum Volk und das Volk zu seinem Recht kommen. Als Mittel zur Beförderung solcher Annäherung bot sich die «Wahl der Richter aus den Reihen der Werktätigen nur durch die Werktätigen» an. Hinzu kam die vermehrte Beteiligung von Schöffen, die ebenfalls von der Werkbank oder vom Pflug geholt werden sollten. Und auch der Rechtsweg sollte ein anderer werden. In der ganzen komplizierten Hierarchie von Instanzen erkannte man weder eine hilfreiche Arbeitsteilung noch eine Verbesserung der Rechtsfindung, sondern im wesentlichen ein Mittel zur Aussperrung des Volkes. Vereinfachung mußte die Devise der Sowjetmacht heißen: «Schaffung eines einheitlichen Volksgerichts an Stelle der endlosen Reihe früherer Gerichte verschiedener Art».

Als der achte Parteitag im März 1919 diese Absichten im neuen Programm festschrieb[33], wurden sie zum Teil schon praktiziert. Bereits das erwähnte erste einschlägige Dekret, das die alte Rechtsordnung aufhob, führte zugleich Volksgerichte ein, die von den lokalen Sowjets zu wählen waren. Mit Voruntersuchungen wurden im Bedarfsfall ebenfalls Mitglieder dieser Ortsgerichte betraut. Als Ankläger und Verteidiger durften «alle unbescholtenen Bürger» auftreten. Es bedarf keiner Erläuterung, was diese Maßnahmen konkret bewirkten: eine Entprofessionalisierung der Justiz (die im halben Jahrhundert vorher mühselig erreicht worden war) und ihre völlige Abhängigkeit von den Räten, die ihrerseits sehr bald ausschließlich den Bolschewiki gehorchten. Schon der Dezembererlaß sorgte mithin für die *Gleichschaltung des Rechtswesens*. Das war um so eher der Fall, als auch diejenigen Institutionen bereits begründet wurden, die in den kommenden vier Jahren die tatsächliche jurisdiktionelle Gewalt ausübten. Zum «Schutz der Revolution und ihrer Errungenschaften» richtete die Sowjetmacht eilends «revolutionäre Arbeiter- und Bauerntribunale» ein. Formal wurden sie ebenfalls von den Räten, wenn auch denen der nächsthöheren Ebene, den Stadt- und Gouvernementssowjets, gewählt. Die Revolutionären Tribunale bildeten ein offensichtliches Pendant zur *Tscheka*. Zunehmend drakonisch verurteilten sie die Opfer, die Dzerźinskijs Einsatzgruppen am Leben ließen. Sie waren, wie die *Tscheka*, außerordentliche Organe mit irregulären Vollmachten. Aber auch sie begründeten ein Erbe, das Bestand hatte.[34]

Schon deshalb blieben inhaltliche Grundpfeiler des alten Rechts ebenfalls nicht unbeschädigt. Der «Kriegskommunismus» hatte in letzter Konsequenz jedes Privateigentum an Produktionsmitteln (mit der faktischen Ausnahme von Bauernland) und jeden Besitz verboten. Die einschlägigen Schutzbestimmungen waren ebenso aufgehoben worden wie das Vertragsrecht, arbeitsrechtliche Vorschriften und sonstige Kernstücke des Wirtschaftsrechts. Im Strafrecht erhob die marxistische Theorie Forderungen nach einem anderen Verständnis von Vergehen und Strafe. Sie rückte die sozialen Ursachen der Kriminalität in den Vordergrund, leugnete oder relativierte zumindest die Angemessenheit des Schuldprinzips und plädierte für die Eliminierung des Vergeltungsgedankens aus der Strafe. An dessen Stelle trat als leitende Absicht die Korrektion und Resozialisierung: Wo außersubjektive Ursachen zu gesellschaftsschädigendem Verhalten führten, mußte im Grundsatz Abhilfe möglich sein. Statt Missetäter einzukerkern, so formulierte erneut das Parteiprogramm von 1919, sollte ein marxistisches Strafrecht sie zu gesellschaftlich nützlicher Arbeit zurückführen; statt sie zu verurteilen, sollte kameradschaftlicher Tadel sie zur Einsicht bringen; statt durch wenige Richter aus der herrschenden Schicht Sühne üben zu lassen, müsse der sozialistische Staat danach streben, «die gesamte werktätige Bevölkerung» zu einer Rechtsprechung heranzuziehen, die «das Strafensystem endgültig durch ein System von Maßnahmen erzieherischen Charakters» ersetze. Hier scheinen theoretische Wurzeln der «Konzentrations»- und Arbeitslager durch, die früh ihres ursprünglichen Sinnes beraubt und zur or-

2. Staat, Partei und affiliierte Organisationen

ganisatorischen Grundlage des Terrors ausgebaut wurden. Allerdings legten viele revolutionäre Praktiker an der Staatsspitze solch anthropologischen Optimismus schnell beiseite. Sie kamen zu der Einsicht, daß Kriminalität auch aus der neuen Gesellschaft auf absehbare Zeit nicht verschwinden werde und dafür Vorsorge zu treffen sei. Hinzu kam schließlich der Übergang zur NĖP. Die partielle Wiederzulassung des Marktes konnte nur wirksam werden, wenn den selbständigen Wirtschaftssubjekten, die den Aufschwung tragen sollten, ein Mindestmaß an Rechtssicherheit gewährt wurde. So ergab sich nach dem Ende des Bürgerkrieges die dringende Notwendigkeit, beinahe das gesamte rechtliche Fundament des Staates zu erneuern und das in gesetzliche Bestimmungen zu fassen, was man «revolutionäre Legalität» nannte.[35]

Als erstes verabschiedete das CIK der RSFSR im Mai 1922 ein neues *Strafgesetzbuch*. Auch wenn es unverkennbar vom revolutionären Geist getragen war, erhielt es seine Prägung nicht durch den Versuch, marxistische Grundsätze zu verwirklichen. In den Vordergrund trat statt dessen bemerkenswert früh der *Schutz der neu geschaffenen Ordnung*. Verbrechen wurden nicht nur als Verstoß gegen das friedliche Zusammenleben der Gemeinschaft generell, sondern als Verletzung der «Räteherrschaft» und ‹Arbeiter- und Bauerndemokratie› definiert. Auch gewöhnliche Straftatbestände rückten durch die grundsätzliche Unterscheidung, ob sie im Interesse der ‹Bourgeoisie› oder aus bloß persönlichen Motiven unternommen wurden, in die Nähe politischer Vergehen. Dem entsprach eine Tendenz, kriminelle Delikte relativ milde, Vergehen gegen die staatliche Ordnung aber streng zu ahnden. Die Höchststrafen, Zwangsarbeit und Erschießung, blieben ausschließlich sog. Staatsverbrechen vorbehalten. Man wird nicht fehlgehen, auch darin Palliativmaßnahmen gegen Eventualitäten der NĖP zu sehen. Wenigstens das Regime sollte als Bollwerk gegen die Brandung von Kapitalismus und Markt Bestand haben. Diese Akzentsetzung hatte insofern besonders gravierende Fernwirkungen, als sie einige Generalklauseln hervorbrachte, die leicht zu Blankovollmachten werden konnten. Traurige Berühmtheit erlangte bald Artikel 57, der nicht nur manifeste Angriffe auf die Sowjetmacht, sondern auch jede «Schwächung» oder Hilfsaktion für die «internationale Bourgeoisie» unter Strafe stellte. Er verband sich nahtlos mit Artikel 58, der strenge Maßnahmen gegen «konterrevolutionäre Verbrechen» androhte, und Artikel 87, der auch die «Unterlassung» der Weitergabe von Kenntnissen über antisowjetische Umtriebe mit Gefängnis bis zu einem Jahr ahndete. Weil auch diese dehnbaren Formulierungen nicht alle Lücken in der Auflistung von Vergehen schließen konnten, empfahl der Gesetzgeber darüber hinaus, in unklaren Fällen analog zum Nächstliegenden zu verfahren (Art. 10). Man mag einen Fortschritt darin erkennen, daß nun nicht mehr das «revolutionäre Bewußtsein» über die Strafwürdigkeit von Handlungen entschied, wie es das Dekret vom Dezember 1917 vorsah. Aber auch die gesetzlich fixierten Vorschriften ließen einen allzu großen Ermessensspielraum. In Verbindung mit der politischen Gleichschaltung der Justizbehörden öffneten sie Mißbrauch Tür und Tor.[36] Im Herbst desselben Jahres 1922 folgte das erste *Zivilgesetzbuch* des neuen Staates. Dessen Ausgestaltung fiel dem neuen Regime in vieler Hinsicht besonders schwer, da kein Weg um die Wiederzulassung des Privateigentums, den innersten Kern des kapitalistischen Übels, herumführte. Das Regime brauchte den Geist aus der Flasche, wollte ihn aber bändigen. Im Resultat gewährte man dem privaten Besitz einen bedingten Schutz. Für bestimmte «ökonomische und soziale Zwecke» erlaubte man eine Ausnahme vom Gemeineigentum, das zugleich ausdrücklich als Regelfall bestätigt wurde. Dem entsprachen die Vergabe von Unternehmen in Privatpacht für sechs Jahre und die Möglichkeit der Vererbung von Besitz an nahe Verwandte bis zu einer bestimmten, nicht allzu großzügig bemessenen Obergrenze. Fraglos nahmen diese Bestimmungen Rücksicht auf die neuen wirtschaftlichen und sozialen Freiheiten. In vieler Hinsicht kehrten sie sogar, wie führende Rechtstheoretiker monierten, zur zarischen Gesetzgebung zurück, bei der die Beamten des Justizkommissariats schon aus Kapazitätsgründen erhebliche Anleihen machten. Aber die Regelungen zeigten zugleich, wie sehr das Regime darauf bedacht war, die Konzessionen gering zu halten. Auch rechtlich bildete die NĖP eine beargwöhnte, von widrigen Verhältnissen erzwungene und temporär geduldete, aber nicht eigentlich akzeptierte Abweichung vom eigentlichen Ziel.

Nach der Gründung der Union ergab sich die Notwendigkeit, ähnliche Rechtskodifikationen für den neuen Gesamtstaat vorzubereiten. Um eine gewisse Gleichförmigkeit sicherzustellen – da die Republiken formal eigenständig entscheiden konnten –, verabschiedete das (Unions-) CIK im Oktober 1924 Richtlinien sowohl für das Straf- als auch für das Zivilgesetzbuch. Dabei traten, bei aller Anlehnung an die entsprechenden Vorschriften der RSFSR, typische Akzente zutage. Vor allem wurden Vergehen gegen den Staat mit noch härteren Strafen bedroht. Dazu mußten weitere elementare Grundsätze der modernen europäischen Rechtstraditon weichen. Zum einen betonte man das Klassenprinzip zu Lasten der Gleichheit vor dem Gesetz, zum anderen verwischte man die Grenze zwischen begangenen und möglichen Taten. Die obsessive Sorge um den Schutz des sozialistischen Staates verschaffte dem Präventionsgedanken Eingang. Dieselbe Partei, die soeben noch die Verfahrensregeln des Rechtsstaates und die bürgerlichen Freiheitsrechte gegen die Autokratie eingeklagt hatte, war nun bereit, Personen auch für das zu belangen, was sie tun *konnten*, aber nicht getan hatten. Krylenko, inzwischen Justizkommissar der RSFSR, kleidete diese fatale und zukunftsträchtige Innovation in die Formulierung, daß man dem Gesichtspunkt der «sozialen Gefahr» ebenso großes Gewicht beimessen müsse wie nachgewiesenen Taten. Dementsprechend empfahlen die «Grundsätze» des CIK, Personen, von denen ein solches Risiko ausgehen könne, aus ihrem Wohnort zu verbannen und gegebenfalls zu deportieren. Bei alledem spricht es für fortdauernde Meinungsverschiedenheiten in Partei und Staat, daß solche Anschauungen auch außerhalb der Opposition kein ungeteiltes Echo fanden. Angesehene Politiker wie der Vorsitzende der ZKK A. A. Sol'c und selbst Dzeržinskij warnten vor den Gefahren der Bewertung von Straftaten nach sozialer Zugehörigkeit. Klassenkampf und Kriminalität waren nach ihrer Meinung verschiedene Dinge. Beide forderten damit aber weder größere Milde für Gesetzesübertreter noch die Eingrenzung von Vergehen gegen den Staat auf überprüfbare Tatbestände, noch gar den generellen Verzicht auf den Klassenbegriff in der Rechtsprechung.

Das CIK verband die Verabschiedung seiner Leitlinien mit der Empfehlung an die Republiken, bis zum März 1925 entsprechende Gesetze zu erlassen. Tatsächlich zogen sich die Beratungen länger hin. Erneut ging die RSFSR voran, die 1926 ein novelliertes Strafrecht erließ. Im Kern hielt man dabei an den Grundsätzen von 1922 fest. Dessenungeachtet wurden in Übereinstimmung mit den Vorschlägen des CIK die Strafen für Vergehen gegen die staatliche Ordnung erhöht. Das Ungleichgewicht verstärkte sich: Während Mord höchstens mit zehnjähriger Zwangsarbeit geahndet werden konnte, stand auf schwere Staatsverbrechen die Todesstrafe. In einer abermals in diesem Sinne ergänzten Fassung vom 6. Juni 1927 wurde dieser Kodex zum Muster, den die anderen Republiken ohne nennenswerte Korrekturen übernahmen.

Noch weniger änderte sich im *Zivilrecht*. Zwar lag nach der Bildung der Union auch in diesem Bereich die Notwendigkeit auf der Hand, ein entsprechendes Gesetzbuch für den Gesamtstaat zu schaffen. Aber Eile schien nicht geboten, da die Bestimmungen der RSFSR einschließlich der Agrar- und Arbeitsgesetze übertragen wurden und wesentliche Änderungen im Rahmen der NĖP ohnehin ausschieden. Als der SNK 1927 schließlich eine entsprechende Kommission einsetzte, führte deren Tätigkeit zu keinen konkreten Ergebnissen mehr. Ein Zusammenhang mit der Peripetie der NĖP liegt nahe. Schon nach geltendem Recht verfügten die Gerichte über ausreichenden Spielraum, um die «allgemeinen Prinzipien der sowjetischen Gesetzgebung» auch bei der Auslegung der Garantien für privates Eigen- und Unternehmertum anzuwenden. Die Waage neigte sich immer deutlicher zu verschärfter Kontrolle, ohne daß dem «Klassenstandpunkt» explizit mehr Gewicht zugebilligt wurde. Man beließ es bei einem *status quo*, den selbst der sechste Juristenkongreß der UdSSR im Februar 1929 trotz mancher Breitseiten seines Vorsitzenden P. I. Stučka noch nicht anzutasten wagte.[37]

Der Kernabsicht zur rechtlichen Stabilisierung der neuen Ordnung entsprach nach dem Ende des Bürgerkriegs auch der *institutionelle Aufbau* der Justiz. Nicht zufällig wurden die einschlägigen Reformen ebenfalls im ersten Friedensjahr 1922 auf den Weg gebracht. Zwar bestätigten sie einige grundsätzliche Organisationsprinzipien, die sich aus der revolutionären Staatsdoktrin ergaben. Weiterhin sollten Gerichte von den Sowjets der jeweiligen Verwaltungsebene gewählt werden. Weiterhin bestimmte deshalb die Partei, wer über wen Recht sprach. Dennoch zollte man dem Übergang zur Normalität auch auf diesem Gebiet Tribut. Die Einsicht setzte sich durch, daß eine funktionsfähige Rechtsordnung, die nicht mehr vorrangig zur Verteidigung der «Diktatur des Proletariats» diente, ein höheres Maß an Professionalität brauchte. Man müsse, formulierte selbst Krylenko, vom Prinzip Abschied nehmen, daß «jeder eines jeden Richter» sein könne. Um dies sicherzustellen, verankerte das neue Statut vom 31. Oktober 1922 die Mitwirkung der jeweils vorgesetzten Justizbehörde bei der Richterwahl, sei es durch die Nominierung der Kandidaten oder durch die Ernennung der Gewählten. Auch Anwälte konnten in Grenzen wieder tätig werden. Vor allem in Wirtschaftsfragen war rechtskundiger Rat gefragt. Zwar blieb der Anwaltsstand ein Schatten seiner selbst, aber es gab ihn wieder.

Hinzu kam an der Spitze der Pyramide die Schaffung eines Obersten Gerichts, dessen Vorsitzender, der Staatsprokuror, nicht nur über die Gesetzmäßigkeit der Verwaltungs- und Regierungsmaßnahmen wachen, sondern auch das Recht zur Anfechtung einer jeden Entscheidung haben sollte. Ihm fiel gleichsam die Rolle eines Wächters über die Legalität auch des revolutionären Staates selbst zu. In diesem Sinne übernahm die Unionsverfassung sowohl den Prokuror als auch den Obersten Gerichtshof. Dabei hielt sie aber am Prinzip der Wahl durch den CIK fest; die Eigenständigkeit der Jurisdiktion wurde durch ihre Begründung geleugnet. Der Gerichtshof durfte denn auch nur auf Initiative des CIK tätig werden. Schon dies hinderte ihn daran, sich zu einem Verfassungsgericht zu entwickeln. Auf der anderen Seite zog der Prokuror erhebliche faktische Kompetenzen an sich. Er kompensierte seine Abhängigkeit gleichsam durch den Umstand, daß Justizkommissariate nur auf Republiksebene bestanden und er die einzige einschlägige Behörde der Union war.[38]

Es lag in der Konsequenz einer solchen Normalisierung, daß die außerordentlichen Organe ihre Existenzberechtigung endgültig verloren. Formal versäumte das Sowjetregime auch nicht, den zwingenden Schluß zu ziehen. Im Februar 1922 wurden die zentralen und lokalen Einrichtungen der *Tscheka* aufgelöst, Anfang 1923 die Revolutionären Tribunale. Allerdings gab es zwischen beiden Maßnahmen einen qualitativen Unterschied: Während die Tribunale tatsächlich verschwanden, wechselte die *Tscheka* nur den Namen; fortan hieß sie GPU und ressortierte im Innenministerium. Über die Kontinuität konnte niemand im Zweifel sein, der auf Roß und Reiter schaute. Das berüchtigte alte Hauptquartier an der Lubjanka diente der neuen Institution ebenso wie der alten, der gefürchtete Hausherr Dzerżinskij stand auch der neuen vor, da er zum Innenkommissar avancierte, und sein Vertreter blieb ebenso derselbe wie der größte Teil des sonstigen Personals.

2. Staat, Partei und affiliierte Organisationen

In mancher Hinsicht wurde die Position der politischen Polizei sogar gestärkt: Anders als die *Tscheka* war die GPU eine reguläre Einrichtung. Kompetenzen, über die jene – formal – nur für den Ausnahmefall und befristet verfügte, standen dieser gesetzmäßig und auf Dauer zu. Von Anfang an gehörten dazu auch jene entscheidenden Befugnisse, die den ‹Tschekisten› die Handhabe zur Verbreitung von Angst und Schrecken im ganzen Lande gegeben hatten. Zum einen durfte auch die GPU «besondere Militärabteilungen» aufstellen und in eigener Regie einsetzen. Zum anderen erhielt sie – wenn auch durch die Bildung einer besonderen Kommission im Innenkommissariat pseudolegal verbrämt – das Recht, «sozial gefährliche» Personen nach Gutdünken zu verbannen oder in Arbeitslager einzuweisen; auf frischer Tat ertappte ‹Banditen› durfte sie sogar erschießen. Drittens schließlich wurde ihr nach einem halbjährigen Streit mit dem Justizkommissariat die Oberaufsicht über alle Arbeits- und sonstigen besonderen Internierungslager in der Union übertragen. Demgegenüber wog die Auflage nicht schwer, die Verhafteten spätestens nach zwei Monaten an ordentliche Gerichte zu überstellen oder auf freien Fuß zu setzen, wenn das CIK keine Sondergenehmigung zu ihrer weiteren Sekretierung erteilte. Sie bot keinen wirklichen Schutz, weil ein entsprechender Beschluß angesichts der Gleichschaltung der Räte leicht zu erwirken war.

Was diese Machtfülle anzeigte, schrieb die Unionsverfassung 1924 förmlich fest. Die GPU stieg zu einer selbständigen Einrichtung des Gesamtstaates auf. Die Erweiterung ihres Namens zu OGPU war nicht nur eine Veränderung des Etiketts, sondern bezeichnete eine tatsächliche Rangerhöhung. Zwar blieb ihr ein eigenes Kommissariat mit Stimmrecht verwehrt; aber ihr Leiter gehörte dem Unions-SNK an und war den Ressortchefs weitgehend gleichgestellt. Die OGPU durfte fortan im ganzen Land gegen «Konterrevolution, Spionage und Banditenwesen» kämpfen. Sie konnte in allen Republiken Dependancen errichten, Truppen stationieren und Lager eröffnen. Dabei war sie allein dem SNK und dem CIK, mithin keiner regionalen Instanz, verantwortlich. Mit dieser Aufwertung der einstigen Notstandsorganisation *par excellence* erklärte die Verfassung im zentralen Bereich der Herrschaftssicherung und inneren Ordnung endgültig den Ausnahmezustand zum Normalfall. Die OGPU trat als dritte Säule des revolutionären Regimes neben die monopolistisch-autoritäre Partei und die zunehmend loyale, elitäre und gesamtstaatsbewußte Armee.[39]

So überrascht es nicht, daß auch die willkürliche Gewaltanwendung gegen angebliche Regimefeinde fortdauerte. Die NÉP führte zwar, wie man annehmen darf, zu einem Verzicht auf Massenerschießungen und andere Auswüchse des inneren Krieges. Angesichts des Personalabbaus von etwa 143 000 im Dezember 1921 auf 105 000 im Mai 1922 mag darüber hinaus die Vermutung einer Einschränkung des Aktionsradius der GPU im Vergleich zur *Tscheka* plausibel erscheinen. Aber der Grundsatz der Unantastbarkeit der Person galt auch in der neuen Ära nur eingeschränkt. Er blieb, ebenso wie die Beachtung der übrigen Menschenrechte, an politisches Wohlverhalten gebunden. Hinzu kam, daß sich auch der innerparteiliche Spielraum im Zuge der Entmachtung der Opposition verengte. Bald wurde nicht nur das Bekenntnis zum bolschewistischen Staat, sondern die Zustimmung zu jener Gestalt gefordert, die Stalin und seine Helfer ihm gaben. Aber es wäre falsch, den späteren Diktator zum alleinigen Urheber dieser Entwicklung zu erklären. Kein Geringerer als Lenin hat während der Reorganisation der *Tscheka* den Justizkommissar mehrfach mit Nachdruck daran erinnert, daß nach seiner Meinung «der Terror nicht abgeschafft», sondern näher bestimmt und «im Grundsatz legalisiert» werden sollte; der entsprechende Paragraph müsse dabei «so weit wie möglich gefaßt werden, da nur das revolutionäre Rechtsbewußtsein und das revolutionäre Gewissen über die Bedingungen seiner Anwendung in der Praxis entscheiden» könne. Insofern galt in dieser Frage ähnlich wie beim Fraktionsverbot, daß Stalin fortführte und für seine Zwecke nutzte, was er im Prinzip schon vorfand.[40]

Über die konkrete Tätigkeit der GPU und OGPU ist wenig bekannt; die Forschung hat dem Zeitraum zwischen dem frühen Terror der Bürgerkriegsjahre und dem «großen Terror» der Stalinära kaum Aufmerksamkeit geschenkt. So scheint im wesentlichen an einigen spektakulären Ereignissen und legislativ-administrativen Weichenstellungen das wachsende Gewicht auf, das ihr zukam. Am Anfang stand der erste Schauprozeß der sowjetischen Geschichte, der im Sommer 1922 führenden Sozialrevolutionären gemacht wurde. In Anwesenheit des belgischen Sozialisten E. Vandervelde und anderer Vertreter der Zweiten Internationalen rechnete das Regime gleichsam repräsentativ mit den Rivalen von gestern ab. Dabei fiel es den Anklägern nicht sonderlich schwer, Beweise für «antisowjetische» Umtriebe vorzulegen. Der Maßstab selbst war in höchstem Maße fraglich, nicht die Tätigkeit derjenigen, die ihrem Land ein anderes Schicksal wünschten. So verfehlte auch die großzügige Geste, mit der die Vollstreckung der zwölf verhängten Todesurteile ausgesetzt wurde, ihre Wirkung auf die internationale Öffentlichkeit. Denn die wesentliche Erkenntnis, die der Westen aus der Veranstaltung zog, blieb davon unberührt: daß politische Opposition im ersten sozialistischen Staat der Erde auch zu Beginn des Friedens als Kapitalverbrechen galt. Was ein Jahr später nach der Niederschlagung eines Aufstands in einem Arbeitslager auf der Eismeer-Insel Solovki über das Schicksal der Begnadigten nach außen drang, verstärkte diesen Eindruck. Erst jetzt wurde einer breiteren Öffentlichkeit in vollem Maße klar, daß sich unter den Insassen manche politische Gefangene, vor allem ehemalige Sozialrevolutionäre und Menschewiki, befanden. Das neue Regime ging mit seinen Gegnern nicht besser um als das alte.[41]

Spätestens die Solovki-Affäre bewies auch, daß die Arbeitslager der *Tscheka* nicht aufgelöst worden waren und ihrer Aufnahme ins Strafgesetzbuch eine bittere Realität entsprach. Wohl hielt sich die Zahl der Internierungsstationen noch in Grenzen. Offizielle Daten gaben für 1926 591 mit 149 000 Insassen an; andere Schätzungen belaufen sich auf 240 000–270 000 Häftlinge im letzten Jahr der NĖP. Im Vergleich zur kommenden Ära war diese Zahl klein, im Vergleich zur zarischen schon groß: In den Gefängnissen des alten Regimes hatten sich auch auf dem Höhepunkt der Verhaftungen (1912) nie mehr als 184 000 Menschen gedrängt. Aber auch in anderer Hinsicht wurde in den friedlichen Jahren der NĖP der Grundstein für die Schrecken des nächsten Jahrzehnts gelegt. Dzeržinskij selbst regte 1924 an, die Arbeitslager für die wirtschaftliche Erschließung der weitgehend unberührten Territorien im Norden und Osten zu nutzen. Was er vielleicht nur vor dem Hintergrund seiner Erfahrungen in beiden Bereichen formulierte – Lenins Tod hatte ihm den Vorsitz im VSNCh eingetragen –, traf eine tiefere politische und sozioökonomische Disposition. Der Vorschlag vereinigte die Herrschaftssicherung mit jenem alles überragenden Ziel, das spätestens durch die Debatte über den «Sozialismus in einem Lande» in den Vordergrund trat: der Mobilisierung aller Ressourcen für die Industrialisierung und Modernisierung des Landes. Diese Symbiose war zukunftsträchtig – sie legte das Fundament für ein eigenes, auf unfreier Arbeit beruhendes ökonomisch-soziales Subsystem. Der «Archipel GULAG» (A. I. Solženicyn) formierte sich.[42]

3. Wirtschaft zwischen Plan und Markt

Vielfach läßt sich belegen, daß die NĖP nicht den eigentlichen Zielen des neuen Regimes entsprach. Sie war ein taktisches Manöver, diktiert vom Überlebenszwang und von der Einsicht, daß die Gefahr vor allem von der Bauernschaft, der großen Bevölkerungsmehrheit, ausging. Die Wirtschaftspolitik beugte sich übergeordneten Notwendigkeiten des Machterhalts. Eben deshalb rückte sie in den kommenden Jahren in den Vordergrund; nicht ohne Grund gab die NĖP der ganzen Epoche den Namen. Auf der anderen Seite blieb die Priorität der allgemeinpolitischen Überlegungen und Fernziele unangefochten. Man stritt über die Angemessenheit des eingeschlagenen Weges zum Endziel des Sozialismus, nicht über diesen selbst. Wer die konkreten Schritte der NĖP und ihren Charakter verstehen will, sollte dies nicht aus dem Auge verlieren. Der Streit ist alt (und im Zeichen der *perestrojka* wiederaufgelebt), ob sie als dauerhafte Strategie oder als kurzfristige Verschnaufpause *pour mieux sauter* gedacht war. Lenin sprach von einem «langen Zeitabschnitt» und einer «Reihe von Jahren», legte sich aber wohlweislich nicht fest. Auch die Maßnahmen erlauben keine eindeutigen Schlüsse. So muß es genügen, von einem praktisch nicht befristeten, aber theoretisch – bei offenem Ende – temporären Charakter zu sprechen.

Daraus entstand eine Ambivalenz, die sich, ohne falsche Entscheidungslosigkeit, als treffendste Kennzeichnung der NĖP anbietet: Sie verstand sich als und war ein *Zwitter* auf unbefristet-begrenzte Zeit, um fortdauernde staatliche Kontrolle mit partieller Freiheit des Marktes zu verbinden. Eben in dieser gewollten, prinzipiellen Unentschiedenheit lag eine der Hauptursachen für ihre Probleme. Die Frage schwebte über allen Debatten und Empfehlungen, ob ein «bißchen» Markt möglich sei.[1]

a. Die Anfänge der NĖP

Lenin und mit ihm – wie stets seit dem Oktobercoup – die Mehrheit des Politbüros gaben eine entschieden positive Antwort. In seiner programmatischen Rede vor der zehnten, außerordentlichen Parteikonferenz im Mai 1921, die den Grundsatzbeschluß des vorangegangenen (ebenfalls zehnten) Parteitages umsetzen sollte, ließ er keinen Zweifel an ihrem Übergangscharakter. Die «wirkliche und einzige Basis für die ... Schaffung der sozialistischen Gesellschaft» sei «allein die Großindustrie». Zu unterstellen, dieses «Hauptziel» könne jemals aus dem Blick geraten, sei «ganz lächerlich und unsinnig». Die Kritiker müßten aber begreifen, daß die nach Revolution und Bürgerkrieg darniederliegende Großindustrie nur durch den «Austausch» ihrer Erzeugnisse gegen landwirtschaftliche wiederaufzurichten sei. Lenin wies deshalb den Vorwurf, man verwöhne die Bauern und mißachte die Arbeiter, als abwegig zurück. In der gegebenen Situation müsse das «Hauptaugenmerk» dem Dorf gelten: ohne ausreichende Versorgung der Städte und ohne landwirtschaftliche Kaufkraft keine Industrie.[2]

Diese Einsicht war ebenso richtig wie trivial. Die Landwirtschaft konnte die Industrie (wenn überhaupt) nur tragen, wenn sie selbst Überschüsse für den Marktverkauf produzierte. Für jeden Verständigen ergab sich daraus von selbst, daß man bei der Einführung der Naturalsteuer nicht stehenbleiben konnte. Was weiter nottat, skizzierte Lenin bereits im Entwurf für die einschlägige Resolution der erwähnten Parteikonferenz: Neben der «systematischen» Entwicklung des Warenaustauschs zwischen Stadt und Land sollten private und genossenschaftliche Klein- und Mittelbetriebe gefördert, die Verpachtung von Staatsbetrieben an Privatpersonen ermöglicht sowie die «Selbständigkeit» der Großbetriebe «hinsichtlich der Verfügung über Finanzmitteln und Materialreserven» mit dem Ziel der Anpassung ihrer Produktion an den ländlichen Bedarf gestärkt werden. Zugleich machte gerade der Parteiführer aus seinen Vorbehalten gegenüber den freizusetzenden ‹kapitalistischen› Kräften kein Hehl. Man wird nicht fehlgehen, die Schlüsselrolle, die er den Genossenschaften zuwies, mit dieser Skepsis in Verbindung zu bringen. Zentral gelenkte Kooperativen sollten als Produktionsgenossenschaften die lokale Industrie technisch und finanziell unterstützen und als Konsumgenossenschaften den Warenaustausch zwischen Stadt und Land

3. Wirtschaft zwischen Plan und Markt

abwickeln. In dieser Funktion dienten sie der Bekämpfung der «anarchischen» (d. h. sich staatlicher Kontrolle entziehenden) Eigenschaften des Marktes, eine für den Konzessions- und Mischcharakter der NĖP gewiß bezeichnende Formulierung.[3] Die konkreten Maßnahmen folgten diesem Programm im großen und ganzen. Den grundlegenden Schritt hatte schon ein Dekret vom 21. März 1921 verkündet. Getreide sollte fortan nicht mehr requiriert, sondern von den Bauern als berechenbare Steuer abgeliefert werden. Entscheidend war dabei der Verzicht auf die Beschlagnahme der «Überschüsse». Anders als häufig nachzulesen, sank die aufgebrachte Menge im Vergleich zum Vorjahr nicht, sondern stieg sogar; die neue Steuer traf mehr Bauern als die Eintreibungen zuvor. Aber die Produzenten durften nun behalten, was sie zusätzlich ernteten. Eine weitere spürbare Erleichterung trat ein, als der zwölfte Parteitag zwei Jahre später die Voraussetzungen für gegeben hielt, um die Naturalsteuer durch eine Geldleistung zu ersetzen. Parallel dazu betrieb man die Anpassung von Industrie, Handel und Gewerbe an die neuen Freiheiten. Mitte Mai 1921 stellte der SNK die Verstaatlichungen ein; bereits nationalisierte Betriebe wurden ihren Eigentümern allerdings nicht zurückgegeben. Zugleich beseitigte er alle Auflagen, die es dem Staat ermöglicht hatten, die Genossenschaften an die Kandare zu nehmen. Ein Erlaß vom 5. Juli räumte ihnen ebenso wie Einzelpersonen das Recht ein, staatliche Industrieunternehmen zu pachten. Vertragspartner war bei Betrieben von lokaler oder regionaler Bedeutung der jeweilige Volkswirtschaftsrat des Gouvernements, bei Großbetrieben von nationalem Gewicht der VSNCh. Die Pächter mußten zusagen, die allgemeinen arbeitsrechtlichen Bestimmungen zu beachten und für die ihnen überlassenen Vermögenswerte zu haften. Im Gegenzug durften sie ihre Produkte frei verkaufen. Sie waren nicht zur bevorzugten Lieferung an den Staat verpflichtet, so wie der Staat umgekehrt keinerlei Hilfs- und Versorgungsaufgaben übernahm. Löhne sollten frei ausgehandelt werden. Per Dekret vom 7. Juli wurde die Gewerbefreiheit für Handwerks- und sonstige gewerblich-industrielle Kleinbetriebe wiederhergestellt. Jeder erwachsene Sowjetbürger durfte fortan selbständig wirtschaften, wenn er nicht mehr als «10 oder 20 Lohnarbeiter» beschäftigte, nur ein Unternehmen besaß und dieses registrieren ließ. Desgleichen wurde ihm erlaubt, stationär oder ambulant Handel mit Waren aller Art zu treiben, soweit sie nicht aus staatlich gelieferten Rohstoffen gefertigt waren. Anfang Dezember 1921 verfügte der SNK sogar, alle Betriebe dieser Kategorie, auch wenn sie bereits in staatliche Verwaltung überführt worden waren, an ihre alten Besitzer zurückzugeben. Damit waren Kleinhandel und -industrie *de jure*, auch wenn die Praxis wie meist nachhinkte, in der Tat weitgehend reprivatisiert worden.[4]

Anders verfuhr man mit den Großbetrieben. Es entsprach der angestrebten Verbindung von staatlicher Lenkung und Marktregulierung, daß die bereits vollzogene Nationalisierung durch dasselbe Dekret, das ihre Fortsetzung untersagte, ausdrücklich bestätigt wurde. Lenin war keinesfalls gewillt, die «Kommandohöhen» der Wirtschaft zu verlassen; die Opposition brauchte ihn davon nicht zu überzeugen. Andererseits hatte sich die zentrale Produktionsplanung durch die Hauptverwaltungen *(glavki)* des VSNCh als ineffektiv erwiesen. Die einschlägige Kritik, vor allem auf dem 8. Sowjetkongreß im Dezember 1920 vorgebracht, war offensichtlich berechtigt. Schon im letzten Bürgerkriegsjahr hatte man erste Konsequenzen gezogen und die Zahl der *glavki* von 52 auf 16 reduziert. Die eigentliche Anpassung an die neuen Wirtschaftsprinzipien aber wurde durch den Zusammenschluß von Staatsunternehmen der gleichen Branche zu sog. *Trusts* vollzogen. Dabei wechselte man nicht nur das Etikett. Die neuen Produktionsverbände sollten weitgehende Selbständigkeit genießen. Sie erhielten ein eigenes Management, eine Grundausstattung an fixem Kapital und das Recht, in eigener Regie Verträge zu schließen. Der VSNCh entließ sie aus seiner direkten Leitung, nicht ohne zugleich seine Fürsorge einzustellen: Wesentlicher Zweck der Reorganisation war es, das Staatsbudget von der Alimentation der Unternehmen zu entlasten und diese dem Prinzip der eigenverantwortlichen «wirtschaftlichen Rechnungsführung», dem *chozrasčet,* zu unterwerfen. Allerdings verzichtete der Staat nicht auf seine Oberaufsicht. Angesichts mancher Rentabilitätsprobleme und ökonomisch unsinniger, von Regionalinteressen geleiteter Fusionen zog der VSNCh im Gegenteil die Zügel wieder an. So bestimmte das abschließende Trustgesetz vom 10. April 1923, daß die Vorstandsmitglieder von ihm ernannt wurden und seiner Aufsicht unterlagen. Einen Teil der Unternehmen, vor allem der Energiewirtschaft und Metallverarbeitung, nahm man ganz von der Neuregelung aus; sie blieben unter der unmittelbaren Kontrolle der sechzehn restlichen *glavki*. Im übrigen kam das unverminderte Gewicht des Staates auch in der Verfügung zum Ausdruck, daß 22% des Gewinns einem Fond zur Verbesserung der Arbeits- und Lebensbedingungen der Beschäftigten zufließen sollten, mithin nicht für Investitionen zur Verfügung standen.[5]

Unentbehrlich und von großer Bedeutung war schließlich die parallele *Finanzreform*. Der Markt konnte nicht wiederhergestellt werden, wenn die Währung nicht in Tagen, sondern in Stunden an Wert verlor, wie Preobraženskij auf dem zehnten Parteitag spottete. Der SNK erkannte auch diese Notwendigkeit und ergriff bemerkenswert radikale Maßnahmen. Ende Juni wurden alle Maximalgrenzen für Vermögen von privaten und juristischen Personen aufgehoben. Einen Monat später verlangte der Staat, der noch ein Jahr zuvor sogar die Bezahlung von Elektrizität und Wasser aufgehoben hatte, die Begleichung seiner Dienste in bar. Am 21. August wurde die Rückkehr zur Aufstellung eines ordentlichen (tendenziell ausgeglichenen) Staatshaushalts gesetzlich verankert, am 10. Oktober zusätzlich die Ausgliederung der kommunalen Budgets aus dem Gesamthaushalt beschlossen. Im Februar

3. *Wirtschaft zwischen Plan und Markt* 237

1922 folgten eine allgemeine Einwohnersteuer und eine Einkommenssteuer, die dem Bürger in Heller und Pfennig vor Augen führten, was die Rückkehr zu geordneten öffentlichen Finanzen kostete. Besonderer Symbolwert aber kam der wichtigsten Maßnahme zu: der Wiedereröffnung der Staatsbank am 16. November 1921. Auch wenn die Kapitalausstattung sehr zu wünschen ließ, markierte ihre Neugründung den Beginn der Wiederherstellung des Kreditwesens. Erst damit wurde wenigstens die Aussicht geschaffen, daß die prospektive Geldwirtschaft auch über Geld verfügte. Allerdings war auf dieses Geld vorerst wenig Verlaß. Daß angesichts der ungebrochen rasanten Inflation eine Währungsreform überfällig war, bestritten nicht einmal die Gegner der NĖP. Der erste Schritt dazu wurde ebenfalls noch im November durch die Ausgabe neuer Banknoten (*Sovznak* = Sowjetzeichen) im Verhältnis von 1:10000 getan. Allerdings bedurfte es noch mancher zusätzlicher Maßnahmen und einiger Geduld, bis die Anstrengungen Wirkung zeigten.[6]

Der Erfolg dieser an kriegskommunistischen Träumen gemessen gewiß einschneidenden Kurskorrektur war unterschiedlich. Die Freigabe des Handels schoß schnell über das Ziel hinaus. Der Versuch, den Austausch zwischen Stadt und Land durch den Zentralverband der Konsumgenossenschaften *(Centrosojuz)* zu steuern, schlug gänzlich fehl. Die staatlichen Aufkäufer erwiesen sich nach wie vor als inflexibel. Gemäß einem Abkommen von Mitte Mai 1921 erhielt *Centrosojuz* die gesamten Staatsvorräte an Rohstoffen mit der Auflage, sie gegen Nahrungsmittel in einem bestimmten Verhältnis zu tauschen. Es zeigte sich jedoch, daß sich der fixierte ‹Naturalkurs› von den Marktpreisen entfernte und die Bauern ihre Erzeugnisse lieber den Meistbietenden als den quasistaatlichen Agenten anboten. Die weitere Loslösung der Zentralgenossenschaft aus staatlicher Obhut im Oktober brachte wenig. Zwar konnte sie fortan selbständig wirtschaften und überdies ein Vorkaufsrecht bei Staatsunternehmen in Anspruch nehmen. Aber die Konkurrenz blieb überlegen, zumal neben den Einzelhändlern zunehmend auch neue, unabhängige landwirtschaftliche Genossenschaften Zuspruch fanden. Nutznießer der Liberalisierung war der private, in der Regel bäuerliche Kleinhändler. Mit gutem Grund wurde er als NĖP-Mann zur Symbolfigur der zwanziger Jahre. Von ihm ging die größte Dynamik aus. Er brachte Waren in die Stadt und versorgte vor allem das kleine Gewerbe, das einen steilen Aufschwung nahm, mit Rohstoffen. Unvollkommene, aber tendenziell zutreffende statistische Daten verdeutlichen diese Entwicklung: 1923/24 hatten Privathändler einen Anteil von etwa 66,5 % am Bruttoumsatz des Detailhandels; zugleich wickelten sie nur 18,1 % des Großhandelsvolumens ab. Dies war die NĖP *in nuce* und eine wesentliche Ursache für ihren raschen Erfolg. Sie belebte den traditionsreichen, wesentlich bäuerlichen Handel. Vielleicht nicht dieselben Personen, aber ihre Nachfolger bereisten dieselben Dörfer und klopften an denselben Türen an wie vor 1914. Vielfach taten sie nach 1921 nur offen, was sie im Bürgerkrieg insgeheim betrieben hatten: In mancher Hinsicht war die NĖP eine bloße Legalisierung des Schwarzhandels.⁷

Tabelle 1: Anteil des Privatsektors in Prozent der Bruttoproduktion

Jahr	Groß-industrie	Klein-industrie	insges.	Großhandel	Kleinhandel	insges.	Landwirtschaft
1923/24	4,4	87,3	33,3	18,1	66,5	44,9	
1925/26	4,0	81,9	27,1	7,9	44,4	24,8	98,6
1927/28	1,4	70,6	14,7	1,9	25,4	10,5	98,6
1928/29	0,9	43,8	12,7	0,9	14,3	5,1	98,3

Quelle: Raupach, Geschichte, 55

Ähnlich schnell blühte die *Kleinindustrie* auf. Die Wiederzulassung des Privatbesitzes in diesem Bereich gab nicht nur dem Handwerk einen kräftigen Impuls, sondern auch dem Wirtschaftszweig, der in Rußland über eine besonders lange Tradition verfügte: dem dörflichen «Hausfleiß», der allerdings aus der Rolle eines Nebenerwerbs längst herausgewachsen war. Die ‹Kustar›-Hütten› nahmen ihren Betrieb wieder auf. Dörfliches Heimgewerbe und bäuerlicher Handel waren historisch untrennbar miteinander verflochten. Sie erwachten auch jetzt gemeinsam aus der kriegs- und verbotsbedingten Stagnation. Die Schnelligkeit der Renaissance überrascht nur auf den ersten Blick. Sie war möglich, weil diese Industrie mit weniger Kapital und teuren Maschinen auskam als die große Konkurrenz und das technisch-organisatorische Wissen noch nicht verschüttet war. Die Demobilisierung tat ein übriges, da sie den Dörfern lang entbehrte Arbeitskräfte zurückgab. Noch 1920 produzierte die Kleinindustrie kaum mehr als ein Viertel des Standes von 1912; 1922 erreichte der Index schon 54 %. Die Erholung galt auch für den wichtigsten Zweig dieses Gewerbes, die Textilherstellung und -verarbeitung. In welchem Maße sie von privater Initiative getragen wurde, läßt sich ebenfalls an einigen, wenn auch groben statistischen Indikatoren ablesen: 1923/24 entfielen 87,3 % der Bruttoproduktion auf den nichtstaatlichen Sektor; noch 1927/28 waren es 70,6 % im Vergleich zu 10,5 % im Kleinhandel. Man darf darin sowohl ein deutliches Zeichen der engen Verbundenheit zwischen Kleingewerbe und (fast vollständig privater) Landwirtschaft als auch einen Beleg für die geringere Toleranz der Partei gegenüber dem Handel sehen, der in stärkerem Maße mit Markt und Kapitalismus identifiziert wurde.⁸

Erheblich steiniger war der Weg der *Großindustrie*. Der Zusammenschluß verschaffte den Unternehmen zwar ein staatlich geschütztes Marktmonopol, aber er löste das Hauptproblem nicht: Der Absatz reichte nicht aus, weil er über die städtischen Käufer nicht hinauskam. Dies machte den großen Fabriken um so eher zu schaffen, als sie mit höherem technischen Aufwand produzierten und ungleich größere Zerstörungen als die kleinen beheben mußten, um wieder arbeiten zu können. Da auch die staatliche Erstausstattung mit Kapital nicht ausreichte, nahmen viele Trusts bei einer Verzweiflungstat Zuflucht: Sie verkauften ihre Erzeugnisse zu Niedrigpreisen und versuchten, auch Inventar zu Geld zu machen, das sie zur Fortsetzung der Produktion dringend brauchten. Im Ergebnis führte dieses *razbazarivanie* zur Verschleuderung wertvoller Ressourcen. Industriegüter erzielten in diesen Monaten nur ca. 69 % des Gegenwerts an Agrarprodukten von 1913. Schon Ende 1921 lag zutage, daß die Unternehmen damit ihre eigene Zukunft unterminierten, statt sie zu stärken. Abhilfe war geboten. Man erblickte sie, mit tatkräftiger Unterstützung Lenins, im Versuch, die Vermarktung der Produkte exklusiv und organisiert in die eigenen Hände zu nehmen. Zu diesem Zweck begannen die Trusts, Handelssyndikate zu bilden. Auch der VSNCh baute ein eigenes Netz von Warenhäusern auf, vom Staatlichen Universalkaufhaus am Roten Platz in Moskau (GUM, heute ‹Schaufenster› der neuen Ära) bis zu den Staatlichen Handelsläden in allen wichtigen Provinzstädten. Der Erfolg ließ nicht auf sich warten. Schon im Sommer hatten sich die Handelsbedingungen so weit zugunsten der Großindustrie verschoben, daß deren Produkte nicht mehr unter Wert verhökert werden mußten, sondern sich Industriepreise und Agrarpreise in ungefähr demselben Verhältnis befanden wie im letzten Vorkriegsjahr. Allerdings hielt diese Balance nicht an. Die Waagschale senkte sich zur anderen Seite. Für immer mehr Agrarprodukte erhielten die Bauern immer weniger Industriewaren. Sie reagierten mit Kaufabstinenz und stürzten die Industrie in die erste Rezession seit dem Bürgerkrieg.[9]

b. ‹Scherenkrise›, Industrialisierungsdebatte und Höhepunkt der NÈP

Diese Krise wurde nicht nur zur beherrschenden Erscheinung des wirtschaftlichen Lebens. Sie beschäftigte das ganze Jahr 1923 über auch die Politik. Nichts war neben dem ‹Bürokratismus›-Problem so umstritten wie die Diagnose des wirtschaftlichen Leidens und geeignete Maßnahmen zur Abhilfe. Dabei konnte es nicht ausbleiben, daß die Wirtschaftspolitik insgesamt ins Visier von Kritik und Verteidigung geriet: Im Rahmen der sog. Industrialisierungsdebatte standen die Angemessenheit und Zukunft der NÈP selbst auf der Tagesordnung.

So kam es nicht von ungefähr, daß Trotzki das irritierende Phänomen als erster an eine breitere Öffentlichkeit brachte. In seinem Referat «über die Industrie» warf er auf dem zwölften Parteitag im April 1923 die rhetorische Frage auf, ob die grundlegende Absicht der NÈP, Arbeiter und Bauern auch ökonomisch zu verschmelzen, Wirklichkeit geworden sei und ein Güteraustausch zwischen Stadt und Land zum Nutzen beider stattfinde. Zur Illustration des Gegenteils verglich er die Preisentwicklung von Agrar- und Industrieprodukten und präsentierte den Delegierten ein Diagramm aus zwei Kurven, die sich im September 1922 kreuzten und seitdem in unterschiedliche Richtungen strebten – die Industriepreise nach oben, die Agrarpreise nach unten. Die Linien zeigten die klaren Konturen einer *Schere*; die Krise hatte ihren Namen. Obwohl Trotzki die Erscheinung als «aktuelles Grundproblem der russischen Wirtschaft» bezeichnete, ließ er bei seinen Korrekturvorschlägen Vorsicht walten. Er regte an, den Getreideexport – nach zwei zufriedenstellenden Ernten – zu steigern, um die Agrarpreise anzuheben. Zugleich sollten energische Rationalisierungsmaßnahmen in der Großindustrie eingeleitet werden, um die Kosten zu senken. Auch Entlassungen und Lohnverzicht faßte er schweren Herzens ins Auge, nicht ohne sie als temporär unumgänglichen «Kredit» der Arbeiter an den Staat zu verbrämen. Allerdings sollten diese Vorleistungen in eine Gesamtstrategie eingefügt werden, die sie durch den erfolgreichen Aufbau einer neuen Großindustrie nachträglich rechtfertigen würde. Spätestens an dieser Stelle kam das eigentliche *Anliegen der gesamten Linken* zum Tragen: Auf Dauer sollte ein *volkswirtschaftlicher Gesamtplan* den marktwirtschaftlichen Wildwuchs, wie ihn die Scherenkrise exemplarisch zu belegen schien, ersetzen.

Die Krise nahm indes bedrohlichere Dimensionen an, als Trotzki wohl vermutet hatte. Ende September 1923 erreichte die «Schere» ihren höchsten Öffnungsgrad, als die Einzelhandelspreise für Agrarerzeugnisse auf 58% des Vorkriegsniveaus gesunken und die entsprechenden Industriepreise auf fast 187% gestiegen waren. Erst danach begann sie, sich wieder zu schließen; im Frühjahr 1924 war ein ungefähres Gleichgewicht wiederhergestellt. Auf dem Höhepunkt der Absatzkrise, die sich hinter diesen Zahlen verbarg, blieb auch das Schlimmste nicht aus: Nachdem Löhne nicht mehr pünktlich hatten ausgezahlt werden können, kam es in einigen großen Werken bei Nižnij Novgorod und im Ural zu Streiks. Erstmals seit Kriegsende begehrten Arbeiter, mitten im friedlichen Aufbau, gegen den Staat auf, der seine Legitimität aus ihrem Mandat ableitete und ihr Emblem im Wappen führte. Dies traf die Partei ins Mark und erschütterte das Vertrauen in die Weisheit der NĖP zutiefst. Die Vorstellung, einen Königsweg gefunden zu haben, der *beide* Säulen des Arbeiter- und Bauernstaates gleichermaßen und zugleich stärken würde, hatte sich als trügerisch erwiesen. Die Partei mußte, jedenfalls auf kurze Sicht, *alternativ* entscheiden, wem sie die Priorität geben wollte.[10]

Weniger Konsens als über den Befund herrschte über seine Ursachen und die geeignete Therapie. Politisches Gewicht erlangten im wesentlichen drei Antworten. Der bekannte Ökonom N. D. Kondrat'ev entdeckte die Wurzel des Übels hauptsächlich im Fall der Agrarpreise. Die relativ höheren Preise für Agrarprodukte im Jahre 1922 hätten die Bauern zur Erweiterung ihrer Anbauflächen veranlaßt und die Industrie animiert, auch ihre Produktion zu steigern. Als das Getreide auf den Markt kam, entstand ein Überangebot,

3. Wirtschaft zwischen Plan und Markt

das auf die Preise drückte. Durch die anhaltende Geldentwertung ohnehin in Bedrängnis geraten, fanden sich keine Abnehmer für Industriewaren mehr. Daraus ergab sich, neben der Empfehlung weiterer Bemühungen um die Stabilisierung der Währung, vor allem *eine* Handlungsanweisung: die Agrarpreise anzuheben und die Industriepreise zu senken. Was ökonomisch neutral klang, lief sozial- und allgemeinpolitisch auf eine klare Parteinahme hinaus. Die Bauern und besonders die marktproduzierenden waren zu unterstützen, den Arbeitern aber weiterhin Lohneinbußen oder gar Entlassungen zuzumuten.

Dem widersprach am energischsten die Linke Opposition. Das Chaos, schrieb Trotzki dem ZK im folgenschweren Brief vom 8. Oktober 1923, komme «von oben». Nicht nur die Finanzpolitik sei verfehlt, sondern die konkrete Handhabung der NĖP insgesamt. Das ZK habe die Preise ebensowenig unter Kontrolle zu bringen vermocht wie den privaten Handel. Zur Abhilfe forderte Trotzki als einzig wirksame ‹Regulierung› einen volkswirtschaftlichen Gesamtplan. Keiner Erläuterung bedarf, warum sich führende Ökonomen der bereits bestehenden Planbehörde *(Gosplan)*, namentlich S. G. Strumilin, dieser Interpretation anschlossen. Beide setzten voraus, daß die zentrale Koordinierung vor allem der *Industrie*förderung zu dienen habe. Auch wenn sich ihre Krisendeutung nicht ausdrücklich gegen die Bauern richtete, war offensichtlich, daß Abhilfe nicht primär in deren weiterer Unterstützung gesehen wurde.

Der ersten Position stand eine weitere Deutung nahe, die unter den Experten der Staatsbank und des Finanzkommissariats vorherrschte. Sie verstand sich als sachlich-neutrale Analyse, hatte aber ebenfalls klare politische Implikationen. Die Anhänger dieser Sehweise zeigten sich durch den Umstand irritiert, daß sich das Überangebot an Industriewaren nicht auf marktwirtschaftlichem Wege verringerte. Wo zu viele und zu teure Produkte zu wenig Käufer fanden, hätte eine Preisreduktion durch die Anbieter nahegelegen. Deren Ausbleiben verwies auf einen Zusammenhang mit der Organisation des Verkaufs. Auch die zeitliche Parallele zwischen dem kontinuierlichen Anstieg der Industriepreise seit der Inventarverschleuderung Ende 1921 und der Syndikatsbildung deutete in diese Richtung. Mithin hatte sich die große Industrie selbst in die Stagnation und Rezession manövriert: durch monopolistischen Vertrieb und ungezügelte Gier, die zum Beispiel dem Moskauer Seidentrust 1922–23 den enormen Gewinn von 175 % eingebracht haben soll. Auch aus dieser Auffassung ergab sich die wichtigste Korrekturempfehlung von selbst. Die *Industrie* stand am Pranger; sie war zu veranlassen, preiswerter zu produzieren und ihre exklusive Marktstrategie aufzugeben.[11]

Eben dieser Auffassung schloß sich die Parteiführung an. Auf dem Höhepunkt der «Schere» und der Streiks setzte das ZK neben der ‹Bürokratismus›-Kommission zwei weitere Ausschüsse ein, die sich mit den Ursachen der Wirtschaftskrise und der Preisentwicklung befassen sollten. Auch in diesen Gremien fehlten prominente Oppositionspolitiker, weil sie ihnen keine Bedeutung beimaßen. Deshalb konnte es nicht überraschen, daß die dem Politbüro im Dezember 1923 vorgelegten Kommissionsberichte keinen Gedanken des linken Lagers enthielten. Statt dessen unterstrichen sie die *petitio principii* der «vorrangigen» Bedeutung der Landwirtschaft. Die Prämisse der NĖP, daß der Weg zur sozialistischen Industrie über ein lebenskräftiges Bauerntum führe, wurde nicht in Zweifel gezogen. Zugleich hielt die Vorlage der Preiskommission aber Kontrollen für nötig. In dieser Hinsicht verteidigte niemand mehr die Selbstregulation des freien Marktes. Damit war der Tenor für die 13. Parteikonferenz Mitte Januar 1924 vorgegeben, die über den Wirtschaftskurs der folgenden Jahre faktisch bereits ebenso definitiv entschied wie über die übrigen Monita der innerparteilichen Opposition. Rykov markierte in seinem Leitreferat als Vorsitzender des VSNCh die Kerneinsicht mit der Bemerkung, die Krise sei ein Problem der Preispolitik, nicht das Ergebnis mangelnder Planung. Die Gegenposition fand nur wenig Fürsprecher. In Abwesenheit von Trotzki wurde sie von G. L. Pjatakov, assistiert von Preobraženskij, vorgebracht. In seiner Sicht lag der Krise eine Unterproduktion der Industrie bei einem gleichzeitigen Überangebot an Getreide zugrunde. Den Großunternehmen mußte also mit weiteren Subventionen geholfen werden.

Freilich war der Ausgang der Debatte dank Stalins Regie schon in ähnlicher Weise vorentschieden wie der Streit über die anderen Forderungen der Opposition. Die zentral approbierten Konferenzteilnehmer stimmten mit überwältigender Mehrheit der These zu, die aktuelle «Absatzkrise» wurzele in überhöhten Industriepreisen. Als Remedur forderten sie die Betriebe zur Rationalisierung, Produktivitätssteigerung und Preissenkung auf. Die Kreditbeschränkungen seitens der Staatsbank wurden ebenso gutgeheißen wie die übrigen Bemühungen um Deflation und Geldstabilität. Zugleich sicherte die Konferenz den Bauern ihre ausdrückliche Unterstützung zu. Großzügige Hilfe sollte vor allem die Genossenschaften anspornen, ihre Produktion wieder zu erhöhen. Dennoch konnten die konsequenten Anhänger der NĖP keinen ungetrübten Sieg feiern. Die Delegierten sprachen sich nicht nur für kompensatorische Lohnzuschläge an die Industriearbeiter und für Preiskontrollen aus. Sie bestätigten auch die Unentbehrlichkeit eines Gesamtplans für die sozialistische Wirtschaft.[12] Es sollte sich zeigen, daß dieser Beschluß kein bloßes Lippenbekenntnis war.

Die vom Parteitag im Mai 1924 (ebenfalls dem 13.) bestätigten Beschlüsse der 13. Parteikonferenz leiteten die hohe Zeit der NĖP ein. Der Zusammenhang war sicher kein unmittelbar ursächlicher. Als die wirtschaftlichen Turbulenzen im Frühjahr 1924 nachließen, begannen anderthalb Jahre, deren Bilanz als entschiedene Bestätigung für die Richtigkeit der Wende von 1921 gelten konnte. Der Kapitalmangel verringerte sich; Kredite waren wieder leichter zu erhalten, und die investive Verschuldung wuchs deutlich. Die industrielle Bruttoproduktion (1913 = 100) stieg in nur zwei Jahren (1924– 1926) von 45 auf 98 (d. h. um 96,4 %), die Konsumgüterherstellung dabei von 41 auf 90 (d. h. um 98,7 %), die Erzeugung von Investitionsgütern von 52 auf 113 (d. h. um 95,1 %). Zugleich stabilisierten sich die Gewinne, besonders in der Textilindustrie. Auch wenn die Schwerindustrie etwas zurückblieb, übertrafen Ausmaß und Geschwindigkeit des Aufschwungs alle Erwartungen. Neun Zehntel des Leistungsniveaus von 1913 waren erreicht; die Sowjetunion trat wirtschaftlich in eine neue Phase ein.[13]

Tabelle 2: Wichtigste Industrieprodukte 1913–1928/29

	1913	1925–6	1926–7	1927–8	1928–9
Kohle (in Mio. t)	28,9	25,4	32,1	35,4	40,6
Rohöl (in Mio. t)	9,3	8,5	10,3	11,8	13,7
Elektrischer Strom (in Mrd. Kwh)	1,9	3,2	3,9		6,5
Roheisen (in Mio. t)	4,2	2,2	3,0	3,3	4,0
Rohstahl (in Mio. t)	4,3	2,0	3,0	4,2	4,7
Walzstahl (in Mio. t)	3,5	2,2	2,8	3,3	3,8
Landwirtschaftliche Geräte (Mio. Rubel zu Vorkriegspreisen)	67	70	97	129	185
Metallschneidende Werkzeugmaschinen (Tsd.)	1,5	1,1	1,9	1,9	3,8
Elektrische Glühbirnen (Mio.)	2,9	13,5	13,3	13,7	19,1
Zement (in Mio. Barrels)	12,3	8,5	9,7	11,9	14,4
Superphosphat (in Tsd. t)	55	80	90	150	213
Baumwollgarn (in Tsd. t)	271	240	277	322	353
Zucker (in Tsd. t)	1290	1063	870	1340	1280

Quelle: Carr, Davies, 1008

Diese Konsolidierung war um so nachhaltiger, als auch die *Währung* endlich gefestigt werden konnte. Im Juli 1922 war neben dem *Sovznak* ein neuer Rubel, der *Červonec*, mit der Maßgabe emittiert worden, seine Menge an der vorhandenen Golddeckung zu bemessen, um seinen Wert zu bewahren. Allerdings wagte man zunächst nicht, diesen Sparkurs rigoros durchzusetzen. Knapp zwei Jahre lang existierten der Sowjetrubel und der *Červonec* nebeneinander. Der Erstere erlebte in dieser Zeit die Fortsetzung der schwindelerregenden Inflation; 1923 belief sich sein Gegenwert pro Einheit des Jahres 1921 schon auf eine Million (nur die deutsche Reichsmark verlor noch schneller an Kaufkraft). Im Februar 1924 machte man dieser Doppelwährung ein Ende und und zog den wertlosen *Sovznak* aus dem Verkehr. Alleiniges Zahlungsmittel war fortan der *Červonec* nach einer neuen Parität.

Da zugleich der Staatshaushalt, auch infolge neuer Steuern, ausgeglichen werden konnte, erreichte die Sowjetregierung eine Geldstabilität, wie sie seit einem ähnlichen Manöver Ende des 19. Jahrhunderts nicht mehr existiert hatte. An westlichen Börsen wurde der Goldrubel höher notiert als das britische Pfund. Im Haushaltsjahr 1924/25 wies das Staatsbudget, auch dies in der *longue durée* ein seltener Fall, einen Überschuß aus. Fraglos konnten die Staatsbank und das Finanzkommissariat als hauptsächliche Urheber stolz auf diesen Erfolg sein.[14]

Zugespitzt ließe sich sagen, daß eben der Erfolg der NĖP zum Verhängnis wurde. Denn was erreicht war, hatte in den Augen vieler den Makel, nicht den eigentlichen Zielen der Revolution zu entsprechen. Genau besehen konnte es nicht überraschen, daß die NĖP um die Mitte der zwanziger Jahre heftiger denn je in Zweifel gezogen wurde. In dem Maße, wie sich der Wiederaufbau einem gewissen Abschluß näherte, blieb die Frage nicht aus, ob sie damit ihre Aufgabe nicht erfüllt habe und der erste sozialistische Staat der Welt nicht besser beraten sei, seinen Seinszweck auf direktem Wege zu verfolgen. Überdies mahnten die Ökonomen die dringende Notwendigkeit an, Maschinen und andere Ausrüstungsgegenstände zu erneuern. Der Rekonstruktion mußte die erste Etappe eines zukunftsorientierten Neuaufbaus folgen. Es war unumgänglich, sich Gedanken darüber zu machen, nach welchen Grundsätzen dies erfolgen sollte. Ein übriges taten die vergangenen Erfahrungen. Daß man die Krise zu meistern vermochte, stärkte die Troika und die Mehrheitsfraktion zwar erheblich. Aber ihre Möglichkeit zeigte auch, wie wenig man das «kapitalistische» Wagnis im Griff hatte. Die Lehre war ambivalent.

So kam es nicht von ungefähr, daß nach Lenins Tod, der die Partei generell zur Neubesinnung zwang, parallel zur politisch-ideologischen Auseinandersetzung um den «Sozialismus in einem Lande» ein heftiger Streit über den angemessenen wirtschaftlichen Kurs ausbrach. Zwischen beiden bestand nicht nur ein zeitlicher, sondern auch ein inhaltlicher Zusammenhang: Wenn die Sowjetunion nach dem Ende aller begründeten Hoffnungen auf äußere Hilfe ihren Weg vorerst allein gehen mußte, war neu zu überdenken, welches materielle (und militärische) Fundament sie dafür brauchte. Paradoxerweise verliefen die Fronten in dieser Frage aber gleichsam verkehrt: Die Kritiker der Beschränkung auf die eigenen Ressourcen, zugleich die Gegner Stalins und des von ihm geformten Apparates, verlangten eine klare Priorität zugunsten der Schwerindustrie. Dagegen votierten die Anhänger des «Sozialismus in einem Lande» für die Fortsetzung des Umweges zur Industrialisierung über die Förderung der Landwirtschaft und die Heranbildung eines aufnahmefähigen inneren, primär bäuerlichen Marktes. Schon die Ambivalenz der einschlägigen Resolution der 13. Parteikonferenz (sowie in ihrer Nachfolge des 13. Parteitages) ließ jedoch die Möglichkeit eines Kurswechsels offen. Das unumgängliche Bekenntnis zu Grundannahmen des

3. Wirtschaft zwischen Plan und Markt

Marxismus in bolschewistischem Verständnis – zur Unausweichlichkeit der Industrialisierung und Überlegenheit der zentralisierten Großproduktion – gab Stalin und seinen Gesinnungsgenossen Anlaß, Alternativen zur NĖP höchstens vorübergehend beiseite zu schieben, aber nicht völlig zu verwerfen. Im Rückblick spricht viel für die Annahme, daß die später sog. ‹Linkswende› der siegreichen Fraktion in diesem Sinne angelegt, wenn auch gewiß nicht unausweichlich war.

Vorerst aber, in der *Industrialisierungsdebatte* der Jahre 1924/25 selbst, schienen die Positionen klar zu sein. Dies ergab sich schon daraus, daß sie nicht neu waren, sondern aus den unterschiedlichen Auffassungen über die Lösung der «Scherenkrise» entstanden. Der scharfsinnigste Ökonom der Linken, Evgenij Preobraženskij, formulierte seine Gedanken in Vorlesungen, die er wenige Monate nach der Konferenz an der Kommunististischen Akademie hielt. Im Titel der gedruckten Fassung fiel der Begriff der «*sozialistischen Akkumulation*», der dem gesamten Konzept den Namen gab. Absichtlich erinnerte der Terminus an das bekannte erste Kapitel des *Kapital*. Karl Marx ging darin am Beispiel Englands der Frage nach, aus welchen Quellen sich die «ursprüngliche kapitalistische Akkumulation» speiste, die der neuen Produktionsweise geholfen habe, sich überhaupt zu etablieren. Mit Hilfe der terminologischen Anleihe zog Preobraženskij eine ebenso suggestive wie gewichtige Analogie: So wie der Kapitalismus einer Grundlegung durch vorgängige Prozesse außerhalb seines eigentlichen Wirkungsfeldes bedurfte, so brauchte auch der Sozialismus neben entsprechenden politischen Rahmenbedingungen einen Anschub, der ihm externe Ressourcen zuführte. Dies galt zumindest für den gegebenen Fall, daß der Übergang zur weltgeschichtlich höchsten Wirtschafts- und Sozialform nicht vom Stadium des hochentwickelten Kapitalismus aus erfolgte, sondern vor dem Hintergrund relativer Rückständigkeit. In Rußland, so räumte Preobraženskij ein, war die große Industrie als Fundament einer jeden Form von Sozialismus erst noch zu schaffen. Die Mittel dafür hatte der Staat bereitzustellen. Da die Industrie sich nicht selbst zu tragen vermochte, mußte er sie in einem anderen Sektor suchen. Für eine Übergangszeit zerfiel die Gesamtwirtschaft in einen zentralen, Ressourcen absorbierenden Bereich und einen ‹kolonisierten›, der im Sinne des Abzugs der von ihm geschaffenen Werte «auszubeuten» war. Preobraženskij sah zwei Mittel eines solchen Transfers: die direkte Besteuerung und die sozusagen schleichende Auslaugung durch unvorteilhafte Preisrelationen, durch ungleichen Tausch. Aus praktischen und politischen Gründen gab er dem zweiten Weg den Vorzug. Unausgewogene Preise beuteten nicht direkt aus und riefen weniger Widerstand hervor. Der Staat, so forderte Preobraženskij unverblümt, hatte mithin ein Monopol zu errichten und während der Übergangszeit in bewußter Parteilichkeit die agrarischen Einkommen in die Industrie umzuleiten. Auf der Hand lag das Risiko dieser Strategie: Jede «Diktatur der Industrie», wie man ebenfalls formulierte, setzte den Frieden zwischen Stadt und Land aufs Spiel. Auch wenn Preobraženskij betonte, daß die Bauern schon mittelfristig ebenfalls vom industriellen Aufbau profitieren würden, bedrohte sein Konzept den labilen sozialen Kompromiß, auf den sich die bolschewistische Herrschaft seit dem Ende des Bürgerkriegs stützte. Abgesehen davon war zumindest offen, ob der ungleiche Tausch tatsächlich Revenuen aus dem agrarischen Sektor in einem Maße an die Industrie übertragen würde, das ausreichte, um sie auf ein neues Niveau zu heben.[15]

Die Gegenrechnung machten in der innerparteilichen Diskussion vor allem Bucharin und Rykov auf. Sie verteidigten die NĖP mit großem Engagement; sie prägten ihre Losungen und avancierten zu Symbolfiguren der bauernfreundlichen Politik. Dabei überragte der «Liebling der Partei» und Chefredakteur der *Pravda* seinen Mitstreiter an gedanklicher Kraft um Längen. Die theoretische Alternativkonzeption verband sich vor allem mit seinem Namen. Dabei sollte (anders als bei seiner Wiederentdeckung zu Beginn der *perestrojka*) nicht übersehen werden, daß Bucharin das Entwicklungskonzept der Linken *nicht* in Bausch und Bogen ablehnte. Er war kein Anhänger der Marktwirtschaft, sondern blieb ein ebenso versierter wie überzeugter Marxist, der ‹nur› auf anderem Wege zum selben Ziel gelangen wollte. Bucharin teilte mit seinem Gegenspieler insbesondere drei Prämissen: die Annahme, daß die Schwerindustrie als Grundlage des Sozialismus unverzichtbar sei; die Einsicht, daß sich der Aufbau weitgehend auf innere Ressourcen stützen müsse, da mit nennenswerter ausländischer Hilfe nicht zu rechnen sei; die Überzeugung, daß die Industrialisierung nur durch Wertübertragung aus der Landwirtschaft finanziert werden könne. Eine völlig andere Antwort gab er allerdings auf die entscheidende Frage, *wie* dieser Transfer ökonomisch effektiv und politisch zuträglich zu organisieren sei.

Auf seine Weise vom Saulus zum Paulus geworden, ging der einstige Theoretiker des «Kriegskommunismus» nun davon aus, daß Fortschritte nur im Bunde mit der Dorfbevölkerung erzielt werden könnten. Allem Anschein nach unterstützte Bucharin die NĖP vom Tage ihrer Verkündung an. Die ‹grünen› Aufstände im Gouvernement Tambov und andernorts waren ihm eine Lehre. Bucharin zog aus ihnen die politische Einsicht, daß es keine Alternative zur *smyčka* gebe und die ökonomische Unterentwicklung der Industrie nur durch die Förderung der Landwirtschaft zu beheben sei. Mit Preobraženskij stellte er sich dem alten Problem unzureichender innerer Nachfrage, das die russische Wirtschaft immer noch fest im Griff hielt. Während jener aber gleichsam dafür plädierte, die fehlende Kaufkraft durch staatliche Intervention zu ersetzen, bemühte sich Bucharin um den Nachweis der zwangsläufigen Kurzatmigkeit einer solchen Anstrengung. Unermüdlich wiederholte er sein Credo, die industrielle Akkumulation könne auf Dauer nicht ohne Akkumulation in der bäuerlichen Wirtschaft vonstatten gehen. Je schneller die dörfliche Nachfrage zunehme, desto rascher könne die Industrie wachsen. So war die Losung gemeint, die Bucharin im Juni 1925 an «alle Schichten der Bauernschaft» richtete und die ihm heftige Kritik eintrug: «Bereichert Euch, akkumuliert, entwickelt eure Wirtschaft.» Was Guizot, von dem diese Worte ursprünglich stammten, den französischen Bürgern unter Louis Philippe zurief, sollte *mutatis mutandis* auch für den sozialistischen Aufbau gelten: Der private Nutzen sollte schon mittelfristig mit dem gemeinschaftlichen zusammenfallen.[16]

Bucharin vertraute damit letztlich auf die Wirksamkeit des kapitalistischen ökonomischen Mechanismus *par excellence*. Ohne Eigeninteresse konnte nach seiner Meinung auf dem Lande kein Bedarf entstehen, der die Industrie zu stärken vermocht hätte. Die Bauern und insbesondere die wohlhabenden mußten die Furcht davor verlieren, «ihr Haus mit einem eisernen Dach zu decken», um nicht als «Kulak» diffamiert zu werden. Erst dann würden sie über wenige, auf dem Dorf nicht herstellbare Konsumwaren und einfache Geräte hinaus schwerindustrielle Erzeugnisse wie Traktoren und andere Maschinen bestellen. Auch Bucharin definierte die NĖP als Mischordnung aus Staats- und Privatwirtschaft. Auch er wollte den privaten Sektor für die Weiterentwicklung des staatlichen einsetzen, ihn in diesem Sinne zumindest funktionalisieren. Aber er plädierte dafür, dies konsequent und ohne ideologische Vorbehalte zu tun: Der Nutzen des egoistischen ‹Besitzindividualismus› für den Gesamtzweck würde sich nur einstellen, wenn dieser sich in dem ihm zugestandenen Sektor voll entfalten konnte.[17]

Bei alledem verlor Bucharin das Fernziel des Sozialismus nicht aus den Augen. Der Agrarkapitalismus sollte unter Kontrolle und dienstbar bleiben. Um dieser Perspektive größere Überzeugungskraft zu verschaffen und einer Verselbständigung der gerufenen Geister vorzubeugen, griff Bucharin auf den Leninschen ‹Kooperativplan› zurück. Regierung und Staat sollten nicht nur die Individualbetriebe, sondern auch die Genossenschaften unterstützen. Dabei schloß er sich dem Vorschlag an, diese aus privatwirtschaftlichen Organisationen in halbstaatliche zu verwandeln. Auf diese Weise konnten sie zu Vorstufen wirklicher Kollektivwirtschaften werden und das Solidaritätsprinzip verankern helfen, das der künftigen Wirtschafts- und Gesellschaftsordnung zugrunde liegen würde. Der «Weg zum Sozialismus» – so der Titel einer Schlüsselschrift Bucharins aus dieser Zeit – führte über die Genossenschaften. Als solcher folgte er ebensowenig der kürzesten Linie wie die Stärkung der Privatbetriebe. Bucharin leugnete diese Eigenheit seines Konzepts nicht. Zentrale Planung und Zuweisung aller entbehrlichen Ressourcen konnten die Wirtschaft einem vorgegebenen Ziel auf kurze Sicht schneller näher bringen. Aber er hielt die Drosselung des Tempos, wie sie die NĖP als solche verkörperte, im Interesse des ‹langen Atems› und der Solidität der künftigen Ordnung für unausweichlich. Auch dafür fand er eine Formulierung, die das Spezifikum seines Konzepts nicht nur plastisch bezeichnete, sondern zugleich übertrieb (und seinen Gegnern eine willkommene Angriffsfläche bot): Angesichts der gegebenen «jämmerlichen» Grundlage müsse man den Sozialismus «im Schneckentempo» ansteuern.[18] Trotz solch taktischen Ungeschicks konnte kein Zweifel darüber bestehen, welcher Kurs obsiegte. Daran änderte auch die mäßige, teilweise sogar schlechte Ernte des Jahres 1924 nichts, die in Georgien zu offenem Aufruhr führte. Gerade wegen dieser Schwierigkeiten wandte die Partei das «Gesicht zur Bauernschaft», wie der Pragmatiker Rykov wenig später in einer ebenso griffigen Wendung formulierte. Ihren deutlichsten Niederschlag fand diese Haltung auf der 14. Parteikonferenz im April 1925. Als wirtschaftspolitischer Hauptredner erklärte Rykov die soziale Differenzierung auf dem Dorfe zu einer normalen Folge der Marktwirtschaft, die weder zu Besorgnis noch gar zu Gegenmaßnahmen Anlaß gebe. Er warnte vor jeder Form «nichtökonomischer», d. h. administrativ-repressiver Mittel und schlug im Gegenteil vor, die eingeleitete Entwicklung weiter zu beschleunigen. Die offizielle Resolution folgte seinen Vorschlägen mit der Empfehlung, die «Verwendung von Lohnarbeit» und die «kurzfristige Landpacht» spürbar zu erleichtern. Trotz der obligaten Warnung vor der «Kulakengefahr» und der Forderung nach vorrangiger Stärkung der Genossenschaften schlüpfte die Partei damit weiter als je zuvor (und danach) aus ihrem ideologischen Futteral.[19]

c. *Der Niedergang der NÈP*

Die NÈP beherrschte das Feld nicht lange. Genau betrachtet, markierte schon der Herbst 1925 den Beginn der Abkehr. Mehrere Faktoren trugen dazu bei. Zum einen traten neue Krisenerscheinungen zutage, die geeignet waren, die ökonomischen Autodidakten der politischen Führung weiter zu verunsichern. Es zeigte sich, daß auch die Senkung der Industriepreise und die Veränderung der *terms of trade* zugunsten der Bauern kein stabiles Gleichgewicht herstellte. Vielmehr erzeugte die gute Ernte dieses Jahres nun das gegenteilige Problem: Die Überproduktion gewerblicher Waren schlug in Mangel um. Waren suchten nicht länger Käufer, sondern Käufer Waren. Das Wort vom «Warenhunger» machte die Runde und sorgte gleichsam von der anderen Seite her dafür, daß die Neigung wuchs, ‹klare› sozialistische Ziele entschiedener anzuvisieren, statt sich immer tiefer in die vermeintliche Unberechenbarkeit des Marktes verstricken zu lassen. Hinzu kamen Anstöße aus dem innerparteilichen Machtkampf. Mit Stalin setzte sich die Parole vom «Sozialismus in einem Lande» durch und verlangte ein materielles Fundament. Da zugleich die ökonomische Regeneration endgültig zu Ende ging, war es nur äußerlich paradox, wenn der 14. Parteitag im Dezember auf dem Höhepunkt der NÈP die Weichen zugunsten der Industrie stellte. Was er beschloß, bedeutete noch keinen Kurswechsel. Desgleichen darf der Auftrag an den *Gosplan*, sich über industrielle Entwicklungsziele und -möglichkeiten konkrete Gedanken zu machen, nicht mit der späteren, machtgestützten Kommandowirtschaft verwechselt werden. Dennoch signalisierte die Forderung, den «Sieg der sozialistischen Wirtschaftsformen über das private Kapital» als Unterpfand «ökonomischer Selbständigkeit» der UdSSR sicherzustellen, einen Stimmungsumschwung. Insofern war der Parteitag bei aller Bestätigung der NĖP bereits ein «Industrialisierungskongreß».[20]

Dieser Widerspruch zwischen der Kritik an der NĖP und ihren Leistungen dauerte bis zu ihrem Ende an. Trotz ‹Warenknappheit› und einigen Wirren im Geld- und Kreditwesen ging es mit der Wirtschaft weiter aufwärts. Gegen Ende des Wirtschaftsjahres 1925–26 äußerte sich selbst die Planungsbehörde zufrieden über das «gleichmäßige und stabile Wachstum der industriellen Produktion» als Entsprechung zu einer guten Ernte; die Löhne seien gestiegen, die Kaufkraft habe sich ebenso wie das Warenangebot verbessert, die Produktivität der Industrie zugenommen. Die ökonomischen Kerndaten bestätigen dieses Urteil. Die industrielle Bruttoerzeugung erhöhte sich um 34,2 %; auch im folgenden Jahr hielt die Aufwärtsbewegung, wenn auch in verlangsamtem Tempo (+ 13,3 %), an. An den quantitativen Parametern gemessen, bestand kein Anlaß zu einschneidenden Veränderungen der bestehenden Ordnung.[21]

Dennoch dauerte die allmähliche Abkehr von der NĖP an. Noch weniger als zuvor gab dazu die fortgesetzte Kritik der Opposition Anlaß. Zwar wiederholte sie ihre Einwände in den erwähnten ‹Plattformen› sowie auf vielen Parteikonferenzen dieser Jahre grundsätzlicher und schärfer als zuvor. Dabei blieb der Hauptvorwurf derselbe: Daß der Klassenfeind gemästet werde, sich die «kapitalistischen Elemente ... schneller» vermehrt hätten als die sozialistischen und die gesamte Entwicklung den «Interessen der Arbeiterklasse» zuwiderlaufe. Aber auch die ökonomischen Breitseiten der ‹Vereinigten Opposition› zerschellten an Stalins geschickter Regie und einem Parteiapparat, der sich an die Einheit als Garanten seiner Herrschaft klammerte. Dennoch drängt sich im Rückblick die Vermutung nachgerade auf, daß viele der jungen ‹Verwalter› die Kritik im Grundsatz teilten, nur mit den ‹Spaltern› keine gemeinsame Sache machen wollten. Die Fronten verkehrten sich zusehends: Die Mehrheit nahm immer deutlicher Kurs auf die Position der Minderheit, wollte sie jedoch ohne diese verwirklicht sehen.[22]

So ergab sich die paradoxe Situation, daß die Wende in dem Maße vollzogen wurde, in dem die Opposition endgültig an Kraft verlor. Schon die Unterminierung der NĖP durch den 14. Parteitag erfolgte kaum zufällig *nach* der faktischen Niederlage der Linken. Die 15. Parteikonferenz bekräftigte die Reorientierung Anfang November 1926 mit der Verkündung einer «neuen Epoche» der sowjetischen Volkswirtschaft samt dem großen Ziel – diese Worte fielen als Ausdruck einer konkreten Strategie erstmals –, «in möglichst kurzer Zeit zum industriellen Entwicklungsniveau der fortgeschrittenen kapitalistischen Länder aufzuschließen und es zu übertreffen». Aber erst der nächste reguläre Parteitag (der 15.) im Dezember 1927 vollendete sie. Derselbe Kongreß, der die Opposition davonjagte, faßte den Doppelbeschluß, die Industrie fortan nach zuvor aufgestellten, mittelfristigen Fünfjahresplänen unter Bevorzugung der Investitionsgüterproduktion zu entwickeln und zugleich das Kollektivprinzip in der Landwirtschaft zu stärken. Der Sowjetstaat sollte nun nicht mehr «auf dem Rücken des Bauern» (Bucharin) in den Sozialismus ‹reiten›, sondern «den ökonomischen Kommandohöhen einen prinzipiell neuen sozial-klassenmäßigen Inhalt» geben und die «Anarchie des kapitalistischen Warenmarktes» ein für alle Mal durch «geplante ... Lenkung» ersetzen. Mit Blick auf den Agrarsektor ließen prominente Redner keinen Zweifel daran, daß nun die «Landbearbeitung selbst» gemeinschaftlich zu organisieren und die Weichen für eine «massenhafte Kollektivierung der agrarischen Produktion» (Molotov) zu stellen seien. Zwar gingen wohl alle dabei vom Prinzip der Freiwilligkeit aus und setzten auf die Überzeugungskraft materieller Vorteile, deren Voraussetzungen (etwa durch eine ausreichende Zahl von Traktoren) die Industrie erst noch schaffen mußte. Auf Drängen Stalins formulierte die Schlußresolution daher vorsichtiger, vor allem die Produktionskooperative armer Bauern seien über die Verkaufsgenossenschaften hinaus zu fördern. Davon blieb aber der grundlegende Richtungswechsel auch in der Agrarpolitik unberührt. Die NÉP hatte ihre Schuldigkeit getan. Nach der Ausschaltung der Opposition, dem Ende des ökonomischen Wiederaufbaus und angesichts unerwarteter internationaler Spannungen konnte sie der Logik des «Sozialismus in einem Lande» geopfert werden.[23]

Dies war um so leichter, als auch die praktische Demontage der NÉP längst begonnen hatte. In allen Bereichen der Volkswirtschaft mit Ausnahme des Agrarsektors befanden sich private Initiative und freier Markt auf dem Rückzug. Sie wichen dem Druck eines Staates, der sein politisches Entscheidungsmonopol und seine überlegenen finanziell-ökonomischen Ressourcen immer einseitiger zugunsten von planerischer Kontrolle und Zuweisung einsetzte.

Den Anfang machte naturgemäß die große Industrie. Ohnehin hatte der Staat die Rohstoffgewinnung und andere strategisch zentrale Branchen nicht aus der Hand gegeben. Auch nach der Trustbildung blieb der VSNCh mit Abstand größter «Unternehmer» im Staat; 172 der neuen Kombinate unterstanden ihm direkt, weitere 258 seinen lokalen Instanzen. Als mindestens ebenso wichtig erwies sich, daß auch das institutionelle Gerüst ökonomischer Gesamtplanung nie abgebrochen wurde. Die Idee rationaler Effizienz in der Volkswirtschaft gehörte zum innersten Wesen der marxistischen Utopie zumindest in ihrer bolschewistischen Variante. Planung sollte die Produktionsfaktoren einschließlich der menschlichen Arbeitskraft wirkungsvoller plazieren, Expertenverstand den Selbstlauf des ökonomischen Prozes-

3. Wirtschaft zwischen Plan und Markt

ses und die Macht der bloßen Tradition ebenso ersetzen wie im Städtebau, Sozialleben oder in der Kunst. Im ersten Überschwang des sozialistischen Aufbaus hatte diese Faszination im staatlichen *Gesamtplan für die Elektrifizierung* Rußlands ihren bekanntesten Ausdruck gefunden. Lenin selbst unterstützte in seiner naiven Technikgläubigkeit die Gründung einer entsprechenden Kommission (*GOĖLRO*, Februar 1920) mit Nachdruck. Als der Plan dem achten Sowjetkongreß Ende Dezember 1920 vorgestellt wurde, stand die Wende zur NĖP bereits unmittelbar bevor. Dessenungeachtet büßte die Idee an sich ihre Attraktivität nicht ein. Dies fand in der Einrichtung eines entsprechenden Stabes *(Gosplan)* seinen Niederschlag, der seine Arbeit im April 1921 aufnahm und dem die *GOĖLRO* eingegliedert wurde. Ein Jahr zuvor hatte der achte Parteitag die Umwandlung des Rates für Arbeiter- und Bauernverteidigung in den STO beschlossen. Damit bestanden drei Institutionen, die sich ganz oder in erheblichem Maße der Planung verpflichtet fühlten: an oberster Stelle der STO als eine Art Wirtschafts- und Militärkabinett, dem Lenin persönlich vorsaß; ihm angehörend der VSNCh im Range eines Kommissariats als höchstes politisches Entscheidungs- und Verwaltungsgremium; diesem als Kommission unterstellt der *Gosplan*, eine Denkfabrik, die fraglos herausragenden – darunter auch nicht parteigebundenen-bolschewistischen – Sachverstand versammelte.[24]

Vor allem *Gosplan* und VSNCh wurden auch auf dem Höhepunkt der NĖP nicht müde, die Notwendigkeit von Aufsicht und Lenkung zu betonen. Ideologisch verfügten sie in der Unvereinbarkeit von Markt und Sozialismus über ein starkes Argument. In der Praxis konnten sie auf den Rückstand der Schwerindustrie, deren grundlegende Bedeutung kein Bolschewik zu bestreiten wagte, im sonstigen wirtschaftlichen Erholungsprozeß verweisen. Schon ein früher Vorstoß des VSNCh im Herbst 1924, der Metallindustrie mit erheblichen Staatssubventionen zu helfen, wurde nicht einfach zurückgewiesen, sondern in reduzierter Form bewilligt. Nach der Niederlage der Opposition im Januar 1925 machte der SNK die Kürzung sogar rückgängig und setzte damit ebenso ein frühes Wendesignal wie mit der parallelen Einrichtung einer Planungskommission für Leningrad. Doch erst der 14. Parteitag rückte den *Gosplan* ins Zentrum der Wirtschaftsentwicklung. Fortan wurde nicht mehr über die prinzipielle Notwendigkeit der Produktionsplanung gestritten, sondern nur noch über ihre Eckdaten. Schon für das Wirtschaftsjahr 1926/27 stimmte die 15. Parteikonferenz einem erheblichem Investitionsvolumen für die Industrie zu. Anfang November beschloß eine Sonderkonferenz des *Gosplan*, mit den Überlegungen für den Bau des ersten Jahrhundertprojekts, des großen Dnepr-Staudamms, zu beginnen. Im Dezember gab Kujbyšev als neuer Vorsitzender des VSNCh den Delegierten eines Gewerkschaftskongresses bekannt, daß Wachstumsraten von 18 % für 1926/27 vorgesehen seien und wahrscheinlich übertroffen würden: Die Rekordjagd hatte begonnen. Endgültig konnten die Parteistrategen – weniger die Experten des *Gosplan*, die sich erheblichem Druck ausgesetzt sahen – frohlocken, als die diplomatische Konfrontation mit England im Frühjahr 1927 das Ziel möglichst rascher wirtschaftlich-militärischer Stärke und Autarkie unabweisbar auf die Tagesordnung setzte. Nun gaben alle Gremien grünes Licht für die Ausarbeitung des ersten umfassenden Entwicklungsplanes, der vor allem den Ausbau der Schwerindustrie für ein Jahrfünft lenken sollte. Dieses überaus komplexe Werk, zweifellos eine wirtschaftstheoretische Pioniertat, hätte nicht schon im Herbst vorliegen und vom 15. Parteitag verabschiedet werden können, wenn es nicht längst vorbereitet gewesen wäre: Der Plan gehörte ebenso zur Identität bolschewistischer Politik wie die Idee des Sozialismus, mit der er unzertrennlich verbunden war.

Auch die *Organisation* der Industrie wurde dieser Veränderung bereits vor dem formellen Kurswechsel angepaßt. Ein neues Gesetz vom 29. Juni 1927 hob die Bewegungsfreiheit der Trusts durch den Zusatz weitgehend auf, daß die wirtschaftliche Rechnungsführung mit den planerischen Vorgaben in Einklang zu bringen war. Was an Autonomie übrig blieb, verschwand im Laufe des Jahres 1928. Zugleich erhielten die *Glavki* im VSNCh ihre alten Vollmachten zurück. Umgekehrt standen die Privatbetriebe mit dem Rücken zur Wand. Bei der Umsetzung des Beschlusses, den Sieg der «sozialistischen Formen» zu sichern, bediente sich der Staat vor allem drastischer Steuererhöhungen. Die Produktion der wenigen größeren nichtstaatlichen Unternehmen fiel 1926/27 um fast 30%. Einige wenige hielten bis zum Ende des Jahrzehnts durch, aber nur noch als Überbleibsel einer vergangenen Epoche. Vorsichtiger ging der Staat mit der privaten *Kleinindustrie* um, von der die Versorgung der Bevölkerung mit Nahrungsmitteln, Kleidung, Schuhen und anderen Konsumgütern wesentlich abhing. Noch im Mai 1927 unterstrich der SNK ihre «herausragende Bedeutung». Auch der erste Fünfjahresplan sah für 1928/29 eine weitere Expansion vor. In Wirklichkeit aber begann sie unter dem Druck der subventionierten Fabriken, Trusts und Syndikate zu schrumpfen. Und auch der private *Handel* mußte seit der neuen Betonung sozialistischer Prinzipien heftigere Angriffe ertragen. Seine starke Präsenz im Einzelverkauf spielte dabei sicher eine Rolle. Wichtiger aber dürfte die *Wahrnehmung* gewesen sein: Der verhaßte NÈP-Mann, der verschlagene Gewinnler und Repräsentant eines räuberisch-parasitären Kapitalismus, war typischerweise ein Händler. Dennoch schützte die Unentbehrlichkeit auch ihn bis etwa zum Herbst 1926. Danach schnürte ihm die steuerliche Ausbeutung in Verbindung mit strengeren Kontrollen und der staatlichen Förderung der Syndikate und Genossenschaften mehr und mehr die Luft ab. Manches spricht aber dafür, daß die meisten Kleinhändler ihre Geschäfte letztlich nicht wegen dieser Konkurrenz schlossen, sondern weil ihnen die Waren ausgingen. Die verplante Industrie produzierte vor allem Investitionsgüter; Konsumgüter dagegen wurden immer knapper. Dem Ende von Wirtschaftsfreiheit und Markt mußten schließlich auch der *Staatshaushalt* und das übrige *Finanzwesen* angepaßt werden. Im Kern bedeutete der Übergang zur zentralen Lenkung unter diesem Aspekt den Ersatz der Selbstfinanzierung durch öffentliche Daueralimentation. Fortan orientierten sich der Staathaushalt und das gesamte Kreditvolumen an vorgegebenen Zielgrößen. Auch die Steuern als wichtigste Einnahmequelle wurden mehr und mehr nach Maßgabe der ‹Kontrolldaten› erhoben. Zu Beginn der NĖP war der Staatshaushalt als Garant finanzieller Stabilität und Schlüssel des staatlichen Wirtschaftsverhaltens wiederhergestellt worden. Nicht der Staat, sondern ein unabhängiges Bankwesen sollte den Geldbedarf der Industrie decken und deren Expansion steuern. Nun opferte man dem Plan nicht nur die Früchte vergangener Mühen, sondern den Grundsatz der Balance als Fundament finanzieller Solidität generell.[25]

d. Die Landwirtschaft

Die NĖP gilt als «goldene Zeit» für Dorf und Landwirtschaft unter dem neuen Regime. Sie wurde auf Druck der Bauern ins Leben gerufen; und sie ging unter, als der Staat den Frieden aufkündigte und sie mit Gewalt in eine neue wirtschaftliche und soziale Ordnung zwang. Der bäuerliche Privatbetrieb, ganz gleich ob auf eigenem Land oder *obščina*-Besitz, bildete das Fundament der konzessionierten Marktwirtschaft, zu der sich der sozialistische Staat bereitfand. Von ihm erhoffte man sich die entscheidenden Impulse sowohl zur Wiederherstellung der Nahrungsmittelversorgung als auch zur Belebung der Nachfrage nach Industriegütern. Vor allem von ihm schien aber auch die Gefahr auszugehen, die jede Form von Kapitalismus nach bolschewistischer Auffassung für die Ziele der Revolution mit sich brachte. Die Bolschewiki proklamierten das Bündnis von Hammer und Sichel, weil sie seine Notwendigkeit im Oktober 1917 sowie vor allem im Frühjahr 1921 erkannten. Aber sie verwandelten sich deshalb nicht in Enthusiasten einer Wirtschaftsweise, die in ihrer Sicht das Stigma des Privateigentums trug. Auch dies erklärt die Nervosität, mit der die neuen Herren die Vorgänge auf dem Lande beobachteten.

Am Anfang standen als Hinterlassenschaft der unmittelbaren Vergangenheit eine Katastrophe und eine Hypothek. Krieg und Bürgerkrieg hatten dem Dorf die besten Arbeitskräfte und die Pferde geraubt, die Getreiderequisitionen die letzten Not- und Saatvorräte. Als im Frühjahr und Sommer 1921 zum zweiten Mal hintereinander auch noch der Regen ausblieb, war ein Unglück nicht mehr zu vermeiden. Die Ernte sank im Schnitt auf weniger als die Hälfte des Vorkriegsniveaus; an der Wolga blieb sie fast ganz aus. Wie viele Tote der folgende Hungerwinter gefordert hat, läßt sich nicht mehr genau ermitteln. Wahrscheinlich betrug ihre Zahl mindestens drei, vielleicht sogar über fünf Millionen. Opfer von Krankheit und Seuchen eingeschlossen, wurden im Dezember 25 Mio. Menschen als notleidend bezeichnet. Noch Schlimmeres verhinderte lediglich die Hilfe, die der amerikanische Präsident Herbert Hoover trotz der alliierten Intervention in den russischen Bürgerkrieg und einer rigoros antibolschewistischen Politik erstaunlich prompt und großzügig auf den Weg brachte.[26] Der langfristige Schaden des (von der gnadenlosen Zwangseintreibung sicher verstärkten, wenn nicht verursachten) Dramas war womöglich größer als zumeist angenommen. Die meisten Pferde gingen nicht im Krieg, sondern in der Hungersnot zugrunde. So leuchtet das Argument ein, daß der chronische Getreidemangel der zwanziger Jahre nicht zuletzt als deren Nachwirkung zu verstehen ist.

Hinzu kam als Erbe der Revolution selbst die *Nivellierung* des Landbesitzes. Dieser Effekt wurde früh gesehen und gehört bis heute zu den wenigen – bei aller Debatte über sein Ausmaß – unbestrittenen Tatbeständen unter den sozioökonomischen Folgen der großen Umwälzung. Daß das Landdekret dem Gesetz über die Arbeiterkontrolle voranging, war symptomatisch. Mehr noch als die Arbeiter konnten sich die Bauern als Gewinner der Revolution fühlen. Sie hatten sich das gutsherrliche Land im Handstreich genommen und gaben es freiwillig nicht wieder her. Es ist bezeichnend, daß die Sowjetmacht einen solchen Versuch gar nicht erst unternahm. Auch in der größten Not und auf dem Höhepunkt kriegsbegünstigter Träume von der unmittelbaren Verwirklichung des Kommunismus erwog sie nie ernsthaft, diesen ganz und gar unsozialistischen Vorgang rückgängig zu machen. Die bäuerliche Beute als Fundament des Arrangements mit dem Oktobercoup ließ sich bald auch statistisch fassen. Zwischen 1917 und 1919 sank der Anteil von Bauernfamilien bzw. -höfen ohne Saatfläche in 25 Gouvernements von 11,5 % auf 6,6 %; in gleichem Maße fiel die Quote von relativ großen Höfen (über 8 Desj.) von 8,9 % auf 3,7 %. Drei Viertel aller Haushalte (72,2 % im Vergleich zu 1917 = 57,6 %) verfügten 1919 über kleine Flächen bis zu vier, 17,6 % (vorher 21,9 %) über mittelgroße von vier bis acht Desjatinen. Vier Desjatinen aber waren in der Regel weniger, als ein marktorientierter Betrieb benötigte. Die «Schwarze Umteilung» bewirkte vor allem eines: Sie ebnete den bäuerlichen Landbesitz auf niedrigem Niveau ein und hob die Resultate der Stolypinschen Reform weitgehend wieder auf. Davon profitierte im wesentlichen der durchschnittliche, nach russischen Maßstäben ‹mittlere› Bauer, der ohne permanente Lohnarbeiter primär für den Eigenbedarf wirtschaftete. Konkurrenzloser denn je gab er ökonomisch und sozial auf dem Lande den Ton an. In der *smyčka* suchte der «proletarische Staat» von Anfang an weniger einen *modus vivendi* mit der armen als mit der *mittleren* Bauernschaft.[27]

Von den neuen Besitz- und Herrschaftsverhältnissen im Dorf profitierten aber nicht nur Landarme und Landlose am Ort, sondern auch viele Heimkehrer. Den Weg zurück fanden zum einen diejenigen, die mit oder ohne

3. Wirtschaft zwischen Plan und Markt

«konsolidierten» Grundbesitz aus der *obščina* ausgetreten waren und selbständig wirtschafteten oder ihren Besitz verkauft hatten und fortgezogen waren; zum anderen diejenigen, die dem Elend der zerstörten Städte durch die Flucht aufs Land zu entgehen suchten. Auch wenn schon ihre Eltern und Großeltern das Dorf verlassen hatten, fanden letztere zumeist Aufnahme. Einer Stichprobe zufolge stellten 1922 immerhin 87 % der Gemeinschaften in 560 Dörfern für solche Rückkehrer Land bereit. Zuwanderer ohne alte Bindungen und Ansprüche hatten es entschieden schwerer; sie wurden von der Hälfte der untersuchten Dörfer gar nicht aufgenommen. Dagegen erhielten bäuerliche Handwerker und Heimarbeiter ohne weiteres die Bodenstreifen, die ihnen nach den üblichen Verteilungskriterien zustanden, wenn die allgemeine Wirtschaftskrise sie zwang, ihren Lebensunterhalt wieder durch Ackerbau zu bestreiten. Hinzu kam nach dem Ende der Hungersnot vom Winter 1921/22 ein rasches Bevölkerungswachstum, das nach Abzug der Abwanderung in die Stadt ca. 1,6 % im Jahr betrug. Diese und andere Prozesse sorgten dafür, daß sich die Umwälzung nicht in der Landnahme erschöpfte. Der auffälligste sozioökonomische Vorgang auf dem Dorf seit dem Untergang des Zarenreichs dauerte nach dem Bürgerkrieg an: Die Anzahl der Haushalte stieg weiter. Auch wenn sich deren Ausstattung mit Saatfläche, Arbeits- und Nutzvieh besserte, ging von den häufigen Teilungen gerade der großen Wirtschaften ein anhaltender Nivellierungseffekt aus. Differenzierung und Herausbildung leistungsfähiger Betriebe kamen nur langsam voran.[28]

Tabelle 3: Wirtschaftliche Differenzierung der Dorfbevölkerung 1916–1927

	1916	1923	1925	1927	1927 in % von 1916	1927 in % von 1923
Dorfbevölkerung (einschl. Abwesende) (in Mio.)	119,16	117,11	121,79	127,58	107,1	108,9
Haushalte im Dorf	21,01	22,83	23,96	25,02	119,1	109,6
Personen/Haushalt	5,67	5,13	5,13	5,10	89,9	99,4
Saatfläche/Haushalt	–	4,02	4,35	4,49	–	111,7
Pferde/Haushalt	1,70	1,08	1,13	1,26	74,1	116,7
Kühe/Haushalt	1,24	1,14	1,19	1,20	96,8	105,3

Quelle: *Merl*, Agrarmarkt, 434

Der geringen Saatfläche der Betriebe entsprach die Einfachheit ihrer Produktionsweise. Nach allen verifizierbaren Maßstäben nutzten die Bauern ihre kleinen Äcker und Wiesen ganz überwiegend nach alter Art mit den hergebrachten Gerätschaften. Nicht nur für das (zentral gelegene) Gouvernement Tver' galt, daß trotz womöglich nicht geringer Fortschritte der Flurbereinigung die einfache Dreifelderwirtschaft weiterhin vorherrschte. Sommerfeld und Winterfeld wurden im Wechsel bepflanzt; ein Drittel des knappen Landes lag jeweils brach. Selbst die ‹konsolidierten› Ackerflächen bestellte man hier noch 1927/28 nicht einmal zur Hälfte im fortgeschritteneren Fruchtwechselverfahren. Zur überkommenen, aufs engste mit der *obščina* verbundenen Nutzungsform gesellte sich eine dürftige Ausstattung. Vielfach (im Gouvernement Tver' auf jedem zweiten Hof) fand noch der hölzerne Pflug *(socha)* mit eisenbeschlagenen Haken Verwendung. Ähnlich häufig nutzte man die aus Fichtenholz zusammengebundene Egge, die noch Astgabeln als Dornen nutzte. Ob zweckmäßig, weil dank des geringen Gewichts leicht, wendig und der dünnen Krume angepaßt, oder nicht – technisch waren solche Geräte primitiv und erlaubten keine intensive Bodenbearbeitung. Mechanische Vorrichtungen oder gar Maschinen in einem engeren Sinne gab es kaum. Die gesamte bäuerliche Produktion, und dies war ihr hauptsächliches Kennzeichen, beruhte auf *Handarbeit*. Noch für 1925 zeigen die Daten, daß die Aufwendungen für Produktionsmittel 4 % der materiellen Gesamtkosten nicht überschritten. Erst 1928 hatte, als Resultat der NĖP, die *socha* auf neun Zehnteln der Ackerfläche ausgedient und wurde mehr als die Hälfte des Getreides mittels Pferdekraft mechanisch gedroschen; aber 44 % der Ähren fielen immer noch unter Sicheln und Sensen. Auch am Vorabend der Kollektivierung konnte von einer Mechanisierung nicht ernsthaft die Rede sein.

Damit korrelierte seit altersher die weite Verbreitung von Ausleihe und Fremdhilfe. Fast alle Wirtschaften mußten sich Maschinen borgen und waren in der ein oder anderen Form, besonders bei der Aussaat und Ernte, auf die Unterstützung von Nachbarn angewiesen. Was der Bauernfamilie ansonsten einzig half, die harte körperliche Arbeit zu verringern, war Zugvieh. Nachdem viele Pferde vor Kanonen und Kriegswagen gespannt worden waren, tat der Hunger (nicht die ‹Umteilung›, die sich nur auf Land bezog) ein übriges. Nach 1922 gab es kaum noch Wirtschaften ohne Pferd, aber auch nur noch wenige, die mehr als eines besaßen. Gleiches galt für Kühe. Zahlreicher war höchstens das Kleinvieh, das aber nicht primär für den Verkauf gehalten wurde. Es mag mithin für die vorrevolutionäre Zeit verfehlt sein, die bäuerliche Wirtschaft ausschließlich als Getreidemonokultur zu betrachten und ihre Vielfalt und Leistungskraft zu unterschätzen. Für die frühe Sowjetperiode sind bislang noch keine Tatbestände entdeckt worden, die Anlaß gäben, das Bild von einer traditionellen, mit einfachsten Geräten im familiären Rahmen und im sozialen Verbund der *obščina* ohne externe Lohnarbeiter nach überkommenen Anbaumethoden produzierenden, seit der Vertreibung der Grundherren fast ausschließlich kleinbäuerlichen Landwirtschaft wesentlich zu revidieren.[29]

Es ist indes umstritten, in welchem Maße die technische Rückständigkeit und geringe Produktivität der vorherrschenden Kleinbetriebe zum Unter-

3. Wirtschaft zwischen Plan und Markt

gang der alten Landwirtschaft und mit ihr des ‹alten Rußland› überhaupt beigetragen haben. Sicher waren noch andere Faktoren im Spiel. Die ideologischen Vorbehalte traten höchstens zurück, blieben aber – was eine rein ökonomische Betrachtung gern übersieht – im Kern erhalten. Als überzeugte Marxisten vertrauten die Bolschewiki auch in der Landwirtschaft letztlich auf geplante Großproduktion und staatliche Absatzlenkung. Aber diese Neigungen hätten sich wohl nicht oder nicht so schnell durchgesetzt, wenn die Versorgung der wachsenden Stadtbevölkerung mit Brot nicht prekär geblieben wäre. Der Rückschluß auf die mangelnde Effizienz der gegebenen kleinbetrieblichen Struktur ist voreilig: Agrarische Produktion und Marktaufkommen landwirtschaftlicher Erzeugnisse waren durchaus sehr verschiedene Dinge. Wer die Unsicherheit betrachtet, mit der das neue Regime jeder Ernte entgegenbangte, versteht die Ursachen der Kollektivierung besser. Das neue Regime mußte zum einen mit größerer Ängstlichkeit als das alte über die Ernährung der Städte wachen, weil es sich zum Schutzherrn der Arbeiter erklärt hatte. Zum anderen brauchte es Exportüberschüsse, um den Wiederaufbau des Landes finanzieren zu können. Bei alledem besaß es eher weniger Mittel als der zarische Staat, um auf das Dorf Einfluß zu nehmen, da die Partei, wie noch zu zeigen sein wird, auf dem Lande keinen Fuß zu fassen und den vertriebenen Adel in dieser Funktion nicht zu ersetzen vermochte. Die Bauern gaben ihre Skepsis trotz der besänftigenden neuen Politik nicht auf; die Kluft zwischen Stadt und Land dauerte an. So spiegelte sich in den Schwankungen des vermarkteten Getreideaufkommens und den überempfindlichen Reaktionen der Partei- und Staatsführung – neben klimatischen Einflüssen und strukturellen Veränderungen wie der Auslöschung des Großgrundbesitzes – vor allem ein *politisches* Problem: die mangelnde Kontrolle der Partei über die ökonomischen Entscheidungen der bäuerlichen Produzenten und die Ratlosigkeit darüber, wie sie zu erreichen sei. Den Machthabern fielen letztlich nur repressive Maßnahmen ein. Auch dies hatte seine Räson – waren sie doch allzu sehr geneigt, ökonomische Schwierigkeiten als ‹bourgeoise› Sabotage zu deuten.

Dabei lehrt ein Blick auf die einschlägigen Schlüsseldaten, daß die NEP gerade in der Landwirtschaft eine positive Bilanz vorweisen konnte (vgl. Tabelle 4). Die Ernten von 1922 und 1923 waren leidlich gut. Die Versorgung der Städte besserte sich schnell. Im Jahr der «Scherenkrise» sprach man von Absatzkrisen und drohender Arbeitslosigkeit in der Industrie, aber nicht von Hunger und Existenznot. Auch die Trockenheit des folgenden Sommers führte zu keiner neuen Katastrophe. Die Ernte sank zwar spürbar, blieb aber über dem Niveau von 1922/23. Sicher waren die psychologischen Folgen dieses Einbruchs gravierender als die ökonomischen. Regional kam es, vor allem in Georgien, zu Aufständen. Das Kommissariat für Binnenhandel suchte erneut bei Preisfixierungen Zuflucht, mußte aber feststellen, daß sie kein zusätzliches Getreide in die staatlichen Vorratslager brachten,

IV. *Atempause und Regeneration: die NĖP (1921–1928)*

Tabelle 4: *Staatliche Getreidebeschaffung nach Landwirtschaftsjahren (in Mio. t)*

Jahr	Getreideernte brutto	Vom Staat beschafftes Getreide			über: Tausch, Handel
		absolut	Ernte = 100	davon Natural- steuer	
1916/17		8,32			
1917/18	54,6	1,20			
1918/19	49,5	1,77			
1919/20	50,5	3,48			
1920/21	45,2	6,01	13,3		
1921/22	36,3	3,81	10,5	3,67	0,14
1922/23	50,31	6,95	13,8	5,92	1,03
1923/24	56,59	6,84	12,1	1,90	4,94
1924/25	51,40	5,25	10,2		5,25
1925/26	72,46	8,91	12,3		8,91

Quelle: Merl, Agrarmarkt, 55

sondern nur Anlaß zur Hortung gaben. Überdies saß die Furcht vor einer neuen *Tambovščina* tief. Das Triumvirat konnte den Bund von Hammer und Sichel schon um des eigenen Machterhalts nicht aufs Spiel setzen und vertraute weiter auf den Markt. Zinov'ev soll sogar vorgeschlagen haben, die Anfang 1918 abgeschafften eigenständigen Bauernsektionen der Sowjets wiederherzustellen, um die Bauern zu besänftigen. Auch Stalin zog aus der Krise für die nahe Zukunft die Lehre, daß man den Bauern entgegenkommen müsse. Die Erweiterung der NĖP durch die 14. Parteikonferenz vom April 1925 setzte diese Einsicht in die Tat um. Allerdings weckte die Krise auch Zweifel; nicht zuletzt sie kamen im Widerstand gegen Bucharins provokativen Aufruf zur Bereicherung zum Ausdruck.

Diese Entscheidungen führten im Sommer 1925 im Verein mit anderen Faktoren zu einer ausgezeichneten Ernte. Insgesamt erreichte der Ertrag 95 % des besten Vorkriegsergebnisses; regional wurde dieses Ergebnis sogar übertroffen. Die Lage schien sich zu entspannen. Unerwartet stellten sich jedoch erneut Beschaffungsprobleme ein. Als Folge zu früher staatlicher Aufkäufe stiegen im Spätsommer die Preise. Um den armen Bauern einen günstigen Verkauf zu ermöglichen, setzte das zuständige Kommissariat daraufhin Direktivpreise fest – mit der Folge eines weiteren steilen Preisauftriebs. Hinzu kam eine Reihe ungeschickter Maßnahmen von Seiten des Staates. Sie reagierten auf späte, regionale Ernteminderungen (die das außerordentlich günstige Gesamtergebnis nicht beeinträchtigten) zögerlich und falsch; sie hielten an der präfixierten Aufkaufmenge fest, orderten auch dort, wo Einbußen zu verzeichnen waren, machten sich selbst Konkurrenz und gaben den Preisen einen kräftigen Schub, statt sie zu stabilisieren. Da die staatlichen Agenturen seit der Ersetzung der Naturalabgabe durch eine

3. Wirtschaft zwischen Plan und Markt

Geldsteuer mit privaten Aufkäufern konkurrieren mußten und die Marktpreise die Fixpreise bald um 60 % und mehr überstiegen, blieben die Folgen nicht aus. Die zuständigen Behörden gerieten erneut in Bedrängnis: Es ergab sich die paradoxe Situation von Mangel im Überfluß, in der nicht nur die Linke einen neuerlichen Beleg für die schädlichen Umtriebe der Kulaken sah. Als Antwort verstärkte die Regierung ihre Intervention und senkte im Frühjahr 1926 den Getreidepreis auf das niedrigste Niveau seit Anfang 1924. Da zugleich die Industriepreise stiegen, tat sich abermals eine ‹Schere› zum Nachteil der Landwirte auf, die neue, alte und marktkonforme Reaktionen hervorrief: Schon im Sommer wurde Getreide auf dem Binnenmarkt knapp, zumal auch die private Nachfrage in den Städten größer war als erwartet. Der Beschaffungsplan konnte trotz der guten Voraussetzungen nicht erfüllt werden: Diese Enttäuschung war nicht der NEP anzulasten, sondern der mangelnden Kompetenz der staatlichen Eingriffe, deren schlimmste Folgen allerdings noch bevorstanden.[30]

Auch über die Ernte des Jahres 1926 konnte sich das Regime freuen. Sie fiel reichlich, wenn auch regional sehr unterschiedlich aus, so daß die anvisierte Getreidemenge leicht beschaffbar zu sein schien. Außerdem bemühte man sich, aus den Erfahrungen der vergangenen Jahre zu lernen. Nach der Stärkung der wirtschaftlichen Planungs- und Lenkungsorgane durch den 14. Parteitag geriet auch die Sicherung der städtischen Brotversorgung in den Sog des Dirigismus. Der private Handel wurde durch die erwähnten Steuererhöhungen, die Verstaatlichung der Mühlen und andere Maßnahmen geschwächt, der staatliche Aufkauf bei den Genossenschaften zentralisiert. Man gab Quoten vor, die dem Staat 70 % des Marktaufkommens zuwiesen. Faktisch sicherte sich der STO in diesem Jahr ein Verteilungsmonopol. Plan und Kontrolle griffen mehr und mehr auf den Handel mit Agrarerzeugnissen und die agrarische Produktion selbst über. Trotz eines vorübergehenden Einbruchs der Aufkäufe im Herbst sorgten sie in Verbindung mit der guten Ernte mittels wachsendem Steuerdruck dafür, daß im Wirtschaftsjahr 1926–27 das größte Volumen an Getreide seit der Revolution in die staatlichen Lager eingebracht werden konnte. Freilich übersah man im allgemeinen Optimismus Warnsignale, die hätten stutzig machen müssen: Als der Steuerdruck Anfang 1927 nachließ und die Industriepreise zu Lasten der Bauern weiter stiegen, sanken die staatlichen Getreideeinkäufe unter das Niveau des Vorjahres. Hinzu kam eine spürbare Absatzkrise bei Industriewaren auf dem Dorf. Nicht zuletzt sie zeigte die gefährliche Tendenz an, daß die Einkommen der Dorfbevölkerung infolge der niedrigen Agrarpreise und höherer Steuern bei einem erheblichen Bevölkerungswachstum (von ca. 2 % jährlich) stagnierten. Die Weichen waren für weitere Schwierigkeiten gestellt.

Die Krisengefahr wuchs, als sich im Sommer 1927 ein Ernterückgang abzeichnete. Die Einbuße schien mit ca. 4 % im Vergleich zum Vorjahr aber nicht gravierend zu sein. Fataler als dieses Defizit selbst war die ungebrochene Euphorie, mit der die Planbehörden die Versorgungsperspektiven beurteilten. Trotz realistischer Schätzung der Bruttoernte rechnete man mit einem Marktaufkommen an Getreide, das um ca. 7 % über der Vorjahresmenge lag. Dementsprechend setzte man auch den Sollwert des Beschaffungsvolumens hoch an. Bereits Ende September wurde jedoch ein dramatischer Einbruch erkennbar. Die Aufkäufer sammelten so wenig Getreide, daß mit Brotmangel in den Städten zu rechnen war. Partei und Regierung mußten handeln. Die erste große Debatte fand auf demselben ZK-Plenum Ende Oktober statt, das der Opposition den letzten, tödlichen Streich versetzte. Die Koinzidenz war paradox und symptomatisch. Als der Trotzki-Anhänger Smilga vor einem Hungerwinter warnte und Bucharin mit der Versicherung abwiegelte, man habe die Lage dank der NÈP im Griff, setzte Molotov als Referent zur Agrarfrage die sozialistische Umgestaltung auch des Dorfes und die Stärkung der «staatlich-planerischen Regulierung» der Landwirtschaft auf die Tagesordnung. Der wirtschafts- und allgemeinpolitische Wind blies auch den Bauern immer kräftiger ins Gesicht. Statt ihnen monetäre, fiskalische oder politische Anreize zum Verkauf zu geben, bewirkten Partei und Staat durch die Senkung des Getreidepreises und wachsende Angriffe gegen Kulaken und ihre Helfershelfer das Gegenteil. Die Produzenten sahen keinen Nutzen darin, ihre Vorräte an konkurrenzlose und schlecht zahlende staatliche Agenten abzugeben.

Gegen Jahresende erkannte die Staatsführung schließlich den Ernst der Lage. Nun meinte sie so schnell handeln zu müssen, daß nur noch außerordentliche Maßnahmen in Frage kämen. Über deren Art konnte nach dem 15. Parteitag kein Zweifel mehr bestehen. Nun machte man ernst mit dem, was längst beschlossen und auf den Weg gebracht worden war. Man liquidierte die private Handelskonkurrenz endgültig, schickte Parteiaktivisten als Beschaffungsschwadronen in die Dörfer, requirierte mit Hilfe von Artikel 107 des Strafgesetzbuchs, der «Spekulation» ahndete, die Bestände von Verkaufsunwilligen und verteilte dabei ein Viertel des Beuteguts an arme Bauern, kurz: Man griff gezielt zu administrativ-repressiven Mitteln und scheute dabei vor Gewalt und Rechtsbeugung nicht zurück. Auf das staatliche Zwangsmonopol gestützt triumphierte die Kommandoordnung nun auch in den Beziehungen zwischen Stadt und Land. Nicht nur in den Augen der Bauern erlebten die Methoden des «Kriegskommunismus» ihre Wiedergeburt.[31]

Die Frage drängt sich auf, welche Ursachen diesem unerwartet schnellen Ende der NÈP zugrundelagen. Zeitgenössische wie spätere bolschewistische Selbstrechtfertigungen wälzten die Schuld auf die «Kulaken» ab. Die ‹kapitalistischen› Elemente auf dem Dorfe hätten sich zu einem Verkaufsstreik verschworen und die proletarische Macht durch Aushungern stürzen wollen. Seriöse Deutungen haben sich von solchen apologetischen Vereinfachungen durchweg distanziert. Dennoch hat ein Element dieser ‹Erklärung› lange Zeit eine gewisse Rolle in der Debatte gespielt. Nicht ohne Grund hat man, als einen Faktor unter anderen, auf die gestiegene Finanzkraft und das gestärkte Selbstbewußtsein der Bauern verwiesen. Zwei gute Ernten und drei Jahre voll entfalteter NĖP hätten ihre Wirkung nicht verfehlt. Auch wenn sie nicht horteten, aßen und verfütterten die Bauern mehr, verkauften weniger und beobachteten den Markt genauer als zuvor. Als die Preissenkung hinzukam, für technische Kulturen sowie für Produkte der Viehzucht höhere Erlöse als für Getreide zu erzielen waren und Industrieerzeugnisse das Dorf nur noch selten erreichten, sei die Brotknappheit in den Städten vorprogrammiert gewesen. Das Ende der NĖP erhält, systemimmanent, eine erhebliche Wahrscheinlichkeit. Ihre Tage waren gezählt. Sie hatte aufs beste erfüllt, was sie sollte und konnte: die Wirtschaft wieder ungefähr auf das Vorkriegsniveau zu heben. Zu mehr aber war sie nicht in der Lage. Für den eigentlichen Fortschritt und die Grundlegung von Neuem brauchte man in dieser Sicht eine andere Politik.[32]

Die Gegenposition vertreten diejenigen, die das Ende der NĖP in erster Linie auf gesamtwirtschaftliche Steuerungsprobleme und Zielkonflikte zurückführen. Diese Deutung hat in der jüngeren Forschung erheblich an Gewicht gewonnen. In ihrem Rahmen kommt der Preis- und Finanz- (Steuer)politik entscheidendes Gewicht zu. Im Kern versucht sie zu zeigen, daß die NĖP an der Unfähigkeit oder dem Unwillen ihrer Exekutoren gescheitert sei, das marktwirtschaftliche Instrumentarium in schwieriger Lage effektiv zu nutzen. Die Wirtschaftspolitiker fanden kein Mittel, um Kaufkraft und Industriewarenangebot in Balance zu halten. Ob als «Scherenkrise», «Warenhunger», Hortung, Steigerung des Eigenverbrauchs, Verringerung der Saatfläche oder Übergang zum Anbau technischer Kulturen anstelle von Getreide – das Problem des Ungleichgewichts zwischen Stadt und Land blieb dasselbe. Statt Angebot und Nachfrage mit den Mitteln der NĖP wie zuvor einigermaßen ins Lot zu bringen, gab die Regierung seit Anfang 1926 der Inflationsbekämpfung einseitige Priorität. Sie setzte alle Hebel in Bewegung, um den Getreidepreis zu senken. Dies gelang ihr dank der wirtschaftlichen Dominanz des Staates in erheblichem Maße. Für ihr Hauptprodukt erhielten die Bauern schon bald weniger, als sie aufwenden mußten und zur Bezahlung der Steuern und übertreuerter Industriewaren brauchten. Zugleich suchten sie bei einträglicheren Industriepflanzen (Raps, Zuckerrüben) Zuflucht, die der Staat ebenfalls benötigte und deshalb mit relativ hohen Preisen prämierte, die aber nicht zur Ernährung der Bevölkerung taugten. Überwiegend – von strukturellen Gründen für die geringere Marktquote an Getreide im Vergleich zu den Vorkriegsjahren abgesehen – trieb mithin eine falsche und trotz offensichtlicher Turbulenzen störrisch verfolgte Preis- und Fiskalpolitik eine Wirtschaftsordnung ins Fiasko, die überlebensfähig war. In dieser Perspektive war die NĖP nicht nur erfolgreich, sondern auch zukunftsträchtig: Sie hätte den politischen und soziostrukturellen Rahmen auch für die nächste(n) Stufe(n) einer wirtschaftlichen Entwicklung ohne staatlichen Zwang und massive Gewalt bilden können.[33]

Freilich läßt die stark ökonomisch geprägte, monetär-fiskalische Argumentation eine wesentliche Frage offen: wie die Obsession mit niedrigen Getreidepreisen und das obstinat-kontraproduktive Krisenmanagement insgesamt zu erklären sind. Vieles drängt zu der Annahme, daß hier allgemeinpolitische und ideologische Motive ins Spiel kamen. Es sind dieselben Präferenzen und Grundsatzentscheidungen, die seit dem 14. Parteitag zur Renaissance von Plan und Kontrolle und zur Bevorzugung der Industrie führten. Der systematische Aufbau der Grundlagen des Sozialismus in jenem Verständnis, das mehr und mehr um sich griff, verlangte langfristige umfangreiche Investitionsprogramme. Diese übten nicht nur einen permanenten Inflationsdruck aus, sondern mußten auch finanziert werden. Die Diskrepanz zwischen niedrigen (staatlichen) Getreide- und hohen Industriepreisen, die seit 1926 wieder auftrat und künstlich erhalten wurde, trug zu diesem Mitteltransfer bei. Sie entsprach dem Grundsatzbeschluß zur Industrialisierung und zur Festigung des revolutionären Regimes ohne äußere Hilfe. Hinzu kamen ungelöste Probleme der politischen Kontrolle. Nicht nur wirtschaftlich blieb die Bauernfrage ein Stein des Anstoßes für die neuen Machthaber. In den Städten groß geworden, war ihnen die dörfliche Denk- und Handlungsweise fremd. Als Marxisten hatten sie gelernt, in selbständigen Landwirten zumindest potentielle Kapitalisten zu sehen. Die Bauern ihrerseits mißtrauten den Städtern und hatten die im Namen des Regimes verübten Grausamkeiten des Bürgerkriegs nicht vergessen. So war die Parteiführung in ihrer Mehrheit nur allzu sehr geneigt, die permanenten Reibungen im wirtschaftlichen Verhältnis zwischen Stadt und Land mit ihren gravierenden Folgen entweder für die Versorgung oder die Beschäftigung der Arbeiter als Ausdruck eines tiefgreifenden und letztlich irreparablen Bruchs in der sozioökonomischen und politischen Gesamtordnung zu deuten. Die Entscheidung zugunsten der forcierten, geplanten und staatlich gelenkten Industrialisierung schloß bereits – unabhängig vom Zeitpunkt ihrer Realisierung – eine Vorentscheidung darüber ein, wie der Mangel an Synchronisation zu beheben sei. Wo sich die Industrie nach Vorausberechnungen und Kontrollziffern entwickeln sollte, mußte auch die landwirtschaftliche Produktion planbar werden. Die unverstandenen und widerspenstigen Bauern aber entzogen sich einer solchen Verfügung. Sicher hätte es Mittel gegeben, ihre ökonomischen Entscheidungen zu beeinflussen, aber nicht im Rahmen des vermeintlich rationalen Plansystems, auf das man sich festgelegt hatte. So wurde die NĖP nur scheinbar plötzlich liquidiert. In Wirklichkeit war sie politisch und theoretisch schon durch die Entscheidung für den «Sozialismus in einem Lande» aufgegeben worden.[34]

4. Gesellschaft zwischen Gleichheitsideal und neuen Eliten

Der Name der NĖP war wörtlich zu nehmen. Das neue Regime ließ sich auf *ökonomische* Zugeständnisse ein, um die Bauern zu besänftigen und den Wirtschaftskreislauf des verwüsteten Landes wieder in Gang zu bringen. Aber es wollte die *sozialen* Folgen (und Voraussetzungen) dieser Wende möglichst gering und in jedem Falle unter Kontrolle halten. Als überzeugte Marxisten hatten sich die neuen Herren vorrangig dem Ziel verschrieben, die Arbeiterschaft für die erlittene kapitalistische Ausbeutung gleichsam zu entschädigen und eine egalitäre Gesellschaft aufzubauen, die angesichts der besonderen russischen Bedingungen auch die ‹arme› Bauernschaft vom Los der Unterdrückung befreien sollte. Kaum zufällig stritt man über die sozialen Konsequenzen der NĖP besonders heftig. «Kulak» und «NĖP-Mann», zunehmend auch die «bürgerlichen Spezialisten», avancierten zu bevorzugten Zielscheiben linker theoretisch-propagandistischer, stark ideologiebestimmter Attacken. Aber auch die pragmatischen Protagonisten der NĖP wagten es in der Regel nicht, sich vorbehaltlos für die Wünschbarkeit ‹kapitalistischer› Veränderungen der Sozialstruktur auszusprechen. Privateigentum und Markt bedeuteten Ungleichheit und die tendenzielle Dominanz der Besitzenden und Leistungsstärkeren über die Mittellosen und Qualifikationsarmen. Es fiel schwer, dies mit dem proklamierten Egalitarismus und dem Ende aller ‹Herrschaft des Menschen über den Menschen› zu vereinbaren. Hinzu kamen weitere Erblasten der jüngsten Vergangenheit und der spezifischen sozioökonomischen Gegebenheiten generell. Nach dem Welt- und Bürgerkrieg war das Land für soziale Experimente denkbar schlecht gerüstet. Demographisch und materiell bedurfte es zuallererst der Konsolidierung. Zugleich sollte die Zukunft nicht in der Vergangenheit liegen und die Normalisierung dem eigentlichen Ziel nicht den Weg versperren. So standen die Führer von Partei und Staat vor der Doppelaufgabe, die Gesellschaft nach Maßgabe dessen, was sie vorfanden, wieder funktionstüchtig zu machen, ohne der ‹Macht des Faktischen› nachzugeben. Es zeigte sich, daß ihnen dieser Brückenschlag nicht gelang. Allzu groß waren die Angst, daß die Mittel den Zweck schädigen könnten, und die Unfähigkeit, Abweichungen vom Ideal zu akzeptieren. Dem Regime fehlten die Gelassenheit und die Geduld einer gefestigten, sich sicher fühlenden Macht.

a. Bevölkerungsentwicklung

Zur Rekonvaleszenz der Gesellschaft (und Wirtschaft) gehörte zunächst die Wiederherstellung ihrer demographischen Basis. Sieben Jahre Blutvergießen an äußeren und inneren Fronten hatten tiefe *Lücken in die Bevölkerung* gerissen. Schätzungen besagen, daß 1914–1917 auf russischer Seite 1,6–2

Mio. Soldaten fielen und mehrere Hunderttausend Zivilisten im Gefolge der Kämpfe umkamen. Hinzu kam eine noch schwerer bestimmbare Zahl an zivilen Opfern von Cholera, Typhus und anderen Krankheiten. Als virtuelle Opfer sind – wie bei anderen demographischen Krisen auch – ferner die Ungeborenen einzubeziehen, die der normalen demographischen Reproduktion entzogen blieben; Angaben darüber beruhen allerdings auf bloßen Hochrechnungen einer als normal angenommenen Bevölkerungsvermehrung und unterliegen im Ergebnis besonderen Schwankungen. Der anschließende Bürgerkrieg 1918–20 kostete weitere ungezählte Leben. Etwa eine Million (0,8–1,2 Mio.) Soldaten starb in den Kämpfen selbst; zwei weitere Millionen gingen an den Epidemien zugrunde, die durch schlechte Ernährung, mangelnde Hygiene in überfüllten Flüchtlingsquartieren, den Zusammenbruch der Wasserversorgung und andere Zerstörungen verursacht wurden. Damit nicht genug, machte die anschließende Hungersnot das Maß des Leids übervoll. Zwischen den Ernten der Jahre 1921 und 1922 gingen mehr Menschen zugrunde als im Bürger- oder Weltkrieg; Schätzungen schwanken zwischen 3 und 5 Mio. Alles in allem kamen in der knappen Dekade von Januar 1914 bis Januar 1923 etwa 6,3 Mio. Menschen ‹zusätzlich› um, nach anderen Berechnungen 7,3 Mio. oder sogar 9,6 Mio. Im Auftrag des Völkerbundes hat einer der besten Sachkenner folgende Verlustbilanz bis zur ersten Volkszählung der neuen Ära (August 1914 bis Dezember 1926) aufgemacht, die immer noch als Referenz einschlägiger Untersuchungen dient: Gefallene – 2 Mio.; zivile Tote – 14 Mio.; Emigration – 2 Mio.; Geburtendefizit – 10 Mio. Die Zahl der zivilen Opfer ist dabei (als Restkategorie) ebenso errechnet wie die der Ungeborenen, die der Flüchtlinge eher zurückhaltend geschätzt. Auch diese Angaben schließen zwei unbestrittene Aussagen ein: daß entschieden mehr Menschen außerhalb der Armeen starben als Uniformierte und daß der allergrößte Teil der Verluste nicht im Weltkrieg, sondern im Bürgerkrieg und der Hungersnot zu beklagen war.[1]

Dieser Aderlaß, fraglos der verheerendste seit vielen Generationen, fand erst mit Beginn der NĖP ein Ende. Im ersten Jahr nach ihrer Einführung zählte man auf dem Territorium der baldigen Sowjetunion 136,1 Mio. Bewohner (vgl. Tabelle A–1). Der Zensus von 1926 ergab eine Gesamtsumme von 146,8 Mio.; dies entsprach in den Grenzen von 1913 einem Zuwachs von fast 8 Mio. Auch in demographischer Hinsicht waren mithin, ungefähr parallel zur Industrie und Landwirtschaft, die äußeren Wunden der sieben friedlosen Jahre einigermaßen verheilt. Allerdings hieß das nicht, daß alle Spuren getilgt waren. Es blieben strukturelle Schäden, die erst die Zeit beheben konnte. So gab es wenig Kinder der Bürger- und der ersten Kriegsjahre. Vor allem aber fehlten die in zarischer, roter oder weißer Uniform gefallenen Männer.[2]

Ein Blick auf die *natürliche Bevölkerungsbewegung* verdeutlicht diese

4. Gesellschaft zwischen Gleichheitsideal und neuen Eliten

Entwicklung. Im ausgehenden 19. Jahrhundert registrierte man im Zarenreich die höchste Geburtenrate und trotz einer ebenfalls hohen Sterblichkeit die höchste Zuwachsrate unter den führenden Ländern Europas. Vom ersten Gesamtzensus bis zum Ausbruch des Weltkriegs (1897–1914) nahm die Bevölkerung jährlich um 2,5–3 Mio. zu. Die hohe Kinderzahl hatte mit einem niedrigen Heiratsalter auf dem Lande, der Belohnung früher Familiengründung durch Landzuteilung von seiten der *obščina*, geringer Verstädterung, verbreitetem Analphabetismus und anderen Aspekten sozioökonomischer Rückständigkeit allgemein zu tun. Dennoch kamen auch jene Vorgänge rasch voran, die unter dem Sammelbegriff der sozioökonomischen und mental-kulturellen Modernisierung zusammengefaßt werden und phasenverschoben weltweit zur Verlangsamung des Bevölkerungswachstums geführt haben. Schon seit den 1880-er Jahren begannen sowohl die Geburten- als auch die Sterberate zu sinken. Krieg und Revolution unterbrachen diese Entwicklung. Dazu trug nicht nur der millionenfache Tod bei, sondern auch die enorme, überwiegend erzwungene Migration, die Ehen zerriß und Familiengründungen verhinderte. Man hat geschätzt, daß bis Ende 1917 ca. 15,7 Mio. Menschen für die zarische Armee mobilisiert wurden. Deren Demobilisierung, die Flucht vor den äußeren Feinden und die Turbulenzen der beiden Revolutionen lösten eine Wanderung aus, die zum selben Zeitpunkt etwa 17,5 Mio. noch keinen neuen festen Wohnsitz hatte finden lassen. Schon kurze Zeit später entstand eine zweite ‹Welle› von kaum geringerem Ausmaß. Etwa 3,5 Mio. Männer traten der Roten, ca. 1 Mio. der weißen Armee bei, mindestens zwei, vielleicht sogar drei Millionen Einwohner emigrierten ins Ausland und ungezählte flohen danach vor dem Hunger aus den am stärksten heimgesuchten Regionen an der Wolga. Um so größere Beachtung verdient der Befund, daß schon 1924 nicht nur das absolute Bevölkerungsniveau von 1914, sondern auch das demographische Wachstumsmuster in etwa wiederhergestellt waren. Das schloß den langfristigen Fall der Geburtenrate ein. Da die Mortalität aber infolge vor allem hygienischer Verbesserungen und der Senkung der Kindersterblichkeit noch stärker abnahm, war der Zuwachs erneut erheblich. Ob die ‹Nettoreproduktionsrate› dieser letzen Jahre der NĖP als normal gelten kann, gehört als einzig verfügbarer Maßstab zu den wichtigsten und zugleich umstrittensten Problemen (nicht nur) der demographischen Entwicklung in den *folgenden* anderthalb Jahrzehnten. In jedem Falle bewirkte erst der Beginn der Stalinära wieder eine tiefe Zäsur.[3]

Länger wirkten die Kriegsfolgen im *Geschlechterverhältnis* nach. Die erste gesamtrussische Volkszählung ergab 1897 im europäischen Reichsteil ein nicht unerhebliches Übergewicht von Frauen, das in einigen Gouvernements um Moskau 16–33 % erreichte. Umgekehrt registrierte man in den Städten deutlich mehr Männer als Frauen, im Gouvernement Moskau sogar 30 %. Ein Zusammenhang liegt nahe. Als Erklärung bietet sich die Arbeitsmigration an *(otchod)*, die vor allem im zentralen Industriegebiet verbreitet war und überwiegend alleinlebende, wenn auch nicht unverheiratete Männer in die Städte schwemmte. Der äußere und der innere Krieg ließen das Ungleichgewicht zu einer symptomatischen Verzerrung anwachsen. Zu Beginn der NĖP belief sich der Frauenüberschuß auf gut 6 Mio. Der Ausgleichsprozeß, der um diese Zeit einsetzte, dauerte nicht lange genug, um sichtbare Resultate zu erbringen. Allerdings bewirkte die höhere Männersterblichkeit, daß sich die Proportionen zwischen den Geschlechtern in den Städten einer Balance stärker annäherten als in den Vorkriegsjahren. Mit der NĖP setzte auch der *otchod* wieder ein. Er verbesserte die Relation zwischen Frauen und Männern in Moskau, der Stadt mit der höchsten Zahl an dörflichen Zuwanderern, zur Zeit des Zensus von 1926 auf 107:100. Auch diese Nivellierung wurde durch die große Wende von 1930 angehalten.[4]

Als Phase der Konsolidierung erweisen sich die zwanziger Jahre nicht zuletzt mit Blick auf die regionalen Wanderungsprozesse. Zu den markantesten demographischen Vorgängen des ausgehenden Kaiserreichs gehörte die rapide *Urbanisierung*. Auch wenn der Anteil von Stadtbewohnern an der Gesamtbevölkerung des Reiches im Durchschnitt bis zum Vorabend des Ersten Weltkriegs niedrig blieb (17,5 % nach den Kriterien des Zensus von 1926, sonst 14,6 %), bedeutete die Quote für die wenigen Zielpunkte der Migration einen dramatischen Zuwachs, der erhebliche soziale und politische Spannungen verursachte. Weniger der äußere Konflikt als der Bürgerkrieg unterbrach auch diese Entwicklung. In den Ballungsgebieten lösten Hunger und Arbeitslosigkeit eine regelrechte De-Urbanisierung aus. Bis 1920 verringerte sich die städtische Bevölkerung (in den Grenzen von 1939) von 25,8 Mio. (= 1917) auf 20,9 Mio. Umso rascher wurde dieser Verlust seit Beginn der NĖP wettgemacht. Die saisonale und permanente Zuwanderung in die Städte gewann in kurzer Zeit das Vorkriegstempo zurück. Schon Ende 1926 übertraf die Urbanisierungsquote mit 17,9 % zu 17,8 % den Vorkriegsstand, um im Zuge der nachfolgenden forcierten Industrialisierung ein Ausmaß zu erreichen, das auch im globalen Vergleich im 20. Jahrhundert beispiellos war.[5]

Die Urbanisierung war zum Teil identisch mit umfassenderen *interregionalen Migrationsbewegungen*, die sich ebenfalls in der zweiten Hälfte des 19. Jahrhunderts verdichteten und als weiterer Aspekt des tiefgreifenden sozioökonomischen Modernisierungsprozesses seit den Reformen Alexanders II. gelten können. Aufwendige Berechnungen haben ergeben, daß vor allem zwei Migrationsströme andauerten: Zum einen zogen die industriellgewerblich verdichteten Gebiete mit höheren Einkommen, geringerer Analphabetenrate oder reicheren Ernten mobile Bevölkerungsteile an; zum anderen setzte sich eine – partiell, aber nicht allein von solchen Motiven gespeiste – Auswanderung aus den nordeuropäischen Regionen des Reiches in die südöstliche Steppe und den gesamten Osten (Sibirien) fort. Ziele der

4. Gesellschaft zwischen Gleichheitsideal und neuen Eliten

erstgenannten Migration waren überwiegend aufstrebende Industriestädte, Fluchtpunkt der letztgenannten die unerschlossene, überwiegend agrarische Peripherie, das später vielzitierte «Neuland», das unter den Pflug kam. Sowohl die Ergebnisse der Volkszählung von 1897 als auch die der Erhebung von 1926 bestätigen diese Bevölkerungsverschiebungen. Mithin überdauerten sie nicht nur die Turbulenzen des Krieges, sondern auch die Zäsur der Revolution. Sie bahnten jener Bewegung gleichsam den Weg, der die Stalinsche Industrialisierung und die Auslagerung der Industrie nach dem deutschen Überfall vom Juni 1941 einen mächtigen Impuls gaben und die bis in die jüngste Zeit andauerten. Eine solche Kontinuität wird bei der Suche nach tieferen, mit den geistig-ideologischen und politischen Motiven sowohl der großen Umwälzung von 1917 als auch des gesamten sozialistischen Experiments unlösbar verknüpften Triebkräften zu bedenken sein.[6]

Der Stellenwert der zwanziger Jahre im Prozeß der sozialökonomischen Modernisierung Rußlands wird nicht zuletzt an der *Berufs- bzw. Beschäftigungsstruktur* sichtbar. Im Vergleich der Vorkriegs- und der Hochzeit der NEP ergibt sich ein paradoxes Fazit: Ungeachtet des tiefen Einschnitts, den der Oktoberumsturz vor allem sozial bewirkte, überwog die Kontinuität. Die sozialistische Umwälzung (nicht das Ende des Zarenreichs im genaueren Sinn) vernichtete die alten Eliten. Der grundbesitzende Adel, dessen Zahl man für 1912 auf 95 000 Familien geschätzt hat, wurde enteignet und floh oder blieb besitz- und rechtlos im Lande. Das gleiche Schicksal ereilte zumindest die mittleren und größeren Unternehmer und Kaufleute, von denen nicht wenige ihre ehemaligen Betriebe nach der Verstaatlichung als Geschäftsführer leiteten. Und auch die höheren Beamten der zarischen Verwaltung, die korporativ (wie Lenins Vater als ‹Schulrat›) zumeist dem «persönlichen Adel» angehört und in mancher Hinsicht als eine Art von ‹Bildungsbürgertum› fungiert hatten, verloren Rang und Einkommen und schlossen sich zu einem erheblichen Teil der großen Emigration gegen Ende des Bürgerkrieges an. Diese soziale Revolution, deren politisch-kulturelle Bedeutung außer Frage steht, berührte aber die großen Proportionen der Beschäftigungs- und Vermögensstruktur der Gesamtbevölkerung wenig. Unverändert blieb im wesentlichen eines: die Verteilung der Erwerbsquellen auf agrarische und nichtagrarische Tätigkeiten, die im großen und ganzen mit dörflichen und städtischen samt entsprechender Residenz kongruent waren. Unter diesem Aspekt stellte die NEP nur den Zustand wieder her, den die Kriege und Revolutionen beschädigt hatten. Dabei fiel insbesondere ins Gewicht, daß die Zahl der ‹selbständigen Landwirte›, was immer darunter im einzelnen zu verstehen war, mit 70,5 Mio. laut Zensus von 1926 wieder das Niveau von 1913 erreichte (vgl. Tabelle 5 sowie die groben, aber im Längsschnitt nicht anders verfügbaren sowjetischen Angaben zur «Klassenstruktur» in Tabelle A–3/1). Allerdings gab es auch sichtbare Veränderungen. So ging die Zahl der selbständigen Kleingewerbetreibenden von 2,7 Mio. auf 1,6 Mio. zurück – ein Vorgang, der anzeigt, daß die Wiederzulassung von Handwerk und Kleinhandel im Gefolge der NĖP die Schäden des ‹Kriegskommunismus› nicht völlig kompensieren konnte. Desgleichen schrumpfte die Zahl der ‹unselbständig› landwirtschaftlich Tätigen, eine Folge vermutlich der Landnahme in der Revolution, während die der industriell Beschäftigten nur unwesentlich hinter dem Vorkriegsstand zurückblieb. Die große Transformation stand dem Land, quantitativ wie qualitativ, noch bevor.

Tabelle 5: Erwerbstätige im Russischen Reich 1913 und der Sowjetunion 1926 (in Mio.)

	1913	Dez. 1926
selbständig		
Landwirtschaft	53–70	70,5
Kleinindustrie	2,7	1,6
Bauwesen	0,5	0,2
Handel	1,2	0,5
unselbständig		
Landwirtschaft	3,0	1,2
Industrie	3,6	3,1
Bauwesen	0,5	0,2
Eisenbahn	0,7	0,9
Handel	0,5	0,7
Armee	1,2	0,6
andere	4,7	6,61e
gesamt	71,6–88,6	86,2

Quelle: Davies, Wheatcroft, Harrison, 82

Weil die Rote Armee mit Ausnahme der westlichen Peripherie vom Baltikum bis zum Schwarzen Meer (Verlust Bessarabiens) das gesamte Territorium des Zarenreichs zurückeroberte, erbte das revolutionäre Regime schließlich auch die Folgen des großrussischen Kolonialismus. Die Zählung von 1926 verzeichnete 188 *Nationalitäten* und ethnische Gruppen. Allerdings war ihre numerische Stärke ebenso unterschiedlich wie ihr politisches Gewicht. Trotz der allmählichen Ostwanderung fand die neue Ordnung ihren Halt und ihre Ressourcen ganz überwiegend ebenfalls im *europäischen* Reichsteil. Dies galt für die Zeit der NĖP ohne Einschränkungen. Auch als mit Beginn der Fünfjahrespläne die Ural-Grenze ökonomisch überschritten wurde, veränderte sich der Schwerpunkt des Reiches noch nicht nennenswert. Nicht zuletzt infolge der Konzentration der Macht bei der bolschewistischen Partei, die großrussisch war und blieb, behauptete die alte moskowitische Kernregion ihre erdrückende Dominanz. Lediglich die Ukraine konnte aufgrund der relativ hohen Bevölkerungszahl und ihrer wirtschaft-

4. Gesellschaft zwischen Gleichheitsideal und neuen Eliten 269

lichen Bedeutung ein gewisses Eigengewicht geltend machen. Die Weißrussen hinzugerechnet, stellten die drei großen slavischen Nationalitäten 1926 77 % der Gesamtbevölkerung. Insofern blieb die Sowjetunion auch in ethnischer Hinsicht primär ein russischer Staat.

In den zwanziger Jahren unterschieden sich die europäischen Nationalitäten in ihren demographischen Merkmalen wenig. Sowohl die natürlichen Veränderungen als auch die geographisch-sozialen Bewegungen folgten einem ähnlichen Muster. Mortalität und Fertilität variierten stärker nach Stadt und Land (mit einer jeweils niedrigeren Rate in den Städten) als nach Nationalitäten. Die Abwanderung in urbane Zentren bei kaum verminderter Unterbeschäftigung auf den Dörfern war überall zu beobachten. Deutlich fielen dagegen Differenzen zwischen dem europäischen und dem asiatischen Reichsteil ins Auge. Im Durchschnitt wuchs die Bevölkerung hier schneller und war der Urbanisierungsgrad niedriger. Die höhere Geburtenrate hat aber, soweit ersichtlich, entgegen tatsächlichen oder zugeschriebenen Überfremdungsängsten, solange die Sowjetunion bestand, zu keinen wirklich tiefgreifenden Veränderungen der ethnischen Proportionen und politisch-ökonomischen Gewichte geführt (vgl. Tabelle A-4).[7]

b. Die Arbeiterschaft

Im nachhinein mag man ein prophetisches Moment darin sehen, daß die Arbeiterschaft als soziale Klasse nicht durch den Weltkrieg, sondern im Gefolge des Roten Oktober zerrieben wurde. Die Längsschnittdaten zeigen – bei allen Abweichungen aufgrund unterschiedlicher Definitionen – ein *numerisches Wachstum* der industriellen Lohnarbeiter auch nach 1914. Die Waffenproduktion verlangte zupackende Hände, und die großen Städte blieben bis zur Revolution von bewaffneten Auseinandersetzungen und der schlimmsten Not verschont. Dies änderte erst der Bürgerkrieg. Die Angaben in Tabelle 6 illustrieren, was am Beispiel der Hauptstädte bereits angedeutet wurde: daß der blutige innere Konflikt, verbunden mit einer verheerenden Wirtschaftskrise, zur Entvölkerung der Städte und einer dramatischen, wenn auch nicht restlosen Zerstreuung der Arbeiterschaft führte. Dieser Niedergang hielt über das Kriegsende hinaus an und erreichte erst im Wirtschaftsjahr 1921/22 seinen Tiefpunkt, als sich die Arbeiterzahl, gemessen an 1913, mehr als halbiert hatte. Allerdings kam die Wende bald. Als die NEP Tritt faßte und die Fabriken ihre Tore wieder öffneten, strömten auch die Arbeiter an die Werkbänke zurück. 1924/25 erreichte der Index knapp 75 %; 1927, nach anderen Berechnungen 1928, überschritt er die Vorkriegsmarke. Insgesamt belief sich die Zahl der Industriearbeiter im engeren Sinne an dieser wichtigen Zäsur (bei einer Gesamtbevölkerung von 147 Mio.) auf knapp 2,8 Mio., unter Einschluß anderer lohnabhängiger Gruppen laut Erhebung von 1926 auf 4,7 Mio.[8]

Tabelle 6: Anzahl der Arbeiter in der Großindustrie 1913 –1926/27 (in Tsd.)

Jahr	Guchmann	1913 = 100	Rabinovič	1924/25 = 100
1913	2598,6	100,0	–	–
1917	3024,3	116,4	–	–
1918	2486,0	95,7	–	–
1921/22	1243,4	47,9	–	–
1924/25	1901,0	73,2	1852,7	100,0
1925/26	–	–	2334,8	126,0
1926/27	–	–	2469,1	133,3

Quelle: Schröder, Arbeiterschaft, 37, 127 u. 320

Die ‹Sammlung des Proletariats› verlief nicht in allen Branchen gleich. Der Strategie der NĖP entsprechend, erholte sich die Konsumgüterindustrie zuerst. Demgemäß kehrten deren Arbeiter eher zurück. Allerdings gab es auch dabei erhebliche und symptomatische Unterschiede. Im Textil- und Nahrungsmittelgewerbe vollzog sich dieser Vorgang langsamer. Die Vermutung eines Zusammenhangs mit der ausgeprägten Landbindung ihrer Beschäftigten liegt nahe: Wer noch Familienangehörige im Dorf oder sogar seinen Anspruch auf einen Acker aus dem *obščina*-Fond aufrechterhalten hatte, konnte gute Gründe haben abzuwarten. Insgesamt aber fanden sich die Beschäftigten dieser Branchen bis 1925 zu 88,3 % wieder in den Fabriken ein. Demgegenüber blieb die Produktionsgüterindustrie zurück. Von der NĖP weniger gefördert, kam sie langsamer in Schwung. Die entsprechende Quote betrug für die Arbeiter dieses Bereichs bis Ende 1925 74,6 %. In beiden Sektoren unterstanden die Beschäftigten im wesentlichen staatlichen Managern (94,4 %). Der Anteil von Industriearbeitern in Privatfirmen war gering (2,7 %); ebenfalls wenige (2,9 %) waren für Kooperativen tätig.

In gewissem Maße vollzog sich parallel zur numerischen Wiederherstellung der Industriearbeiterschaft auch eine sozialstrukturelle und demographische Normalisierung. Kriegsbedingte Verzerrungen lösten sich auf. Besonders der überhöhte Anteil von Frauen und Jugendlichen sank in dem Maße, wie die Demobilisierung der Roten Armee die wehrpflichtigen Männer wieder in den Arbeitsprozeß zurückführte. Auch in traditionell weiblich dominierten Branchen verminderte sich die entsprechende Quote zum Teil bis zur Hälfte. Zugleich waren auch Veränderungen zu beobachten. So entstanden mit der Zulassung des privaten Kleingewerbes und der privaten Landwirtschaft beinahe über Nacht auch die überkommenen sozialen Beziehungen zwischen Stadt und Land, Industrie und Dorf, Fabrik und Kustarhütte neu. Die saisonale Wanderarbeit erlebte eine Renaissance. 1923/24 registrierte man offiziell 1,6 Mio. Migranten, 1925/26 bereits 3,3 Mio. Bevorzugte Ziele waren, wie vor dem Krieg, die großen Städte des zentralen Industriegebiets, der Schwarzmeerküste sowie Petrograd/Leningrad. Und wie zuvor ließ sich ein großer Teil der Saisonarbeiter, ob legal oder nicht,

4. Gesellschaft zwischen Gleichheitsideal und neuen Eliten

faktisch auf Dauer an ihren Arbeitsorten nieder. Damit begann jener Strom wieder zu fließen, der das Wachstum der russischen Arbeiterschaft ganz überwiegend gespeist hatte: die ‹Landflucht›. Dies war um so eher der Fall, als auch in den zwanziger Jahren eine beträchtliche Übervölkerung des Dorfes erhalten blieb. Allerdings scheint sie die Arbeiterschaft in der NĖP in geringerem Maße genährt zu haben als während der Vorkriegsjahre. Die zuverlässigste Quelle, eine Gewerkschaftsumfrage von 1929, zeigt, daß der Anteil «erblicher» Arbeiter erstaunlich hoch war. Im Durchschnitt der Branchen und Regionen kamen 55–65 % der zwischen 1922 und 1925 neu eingestellten aus Arbeiterfamilien. Es wäre jedoch voreilig, in ihnen ein ausschließlich städtisches Element zu sehen. In Moskau besaß noch 1926 jeder zweite Arbeiter und jeder dritte Industriearbeiter einen Ackerstreifen auf dem Dorfe. Als Erklärung liegt die Annahme nahe, daß die durchlebte Krise die Bindungen an das Land wieder stärkte und es angezeigt erscheinen ließ, bei der Rückkehr Vorsicht walten zu lassen. Jahrzehntelange Fabrikerfahrung und alljährliche Erntehilfe in der alten Heimat schlossen einander, wie vor dem Weltkrieg, nicht aus. Die hohe Selbstrekrutierungsrate der wiedererstehenden Arbeiterschaft verweist deshalb in Verbindung mit einem ebenfalls bemerkenswert hohen Anteil von älteren Arbeitern, die ihre Tätigkeit noch vor der Revolution begonnen hatten (mehr als der Hälfte), im wesentlichen auf eines: ihre ausgeprägte Kontinuität. Demgegenüber ließ der Wandlungsdruck durch Zuwanderung aus den Dörfern vorerst nach. In Leningrad und der Moskauer Baumwollindustrie kamen 34,6 % bzw. 41,6 % der 1922–25 frisch Angeworbenen vom Lande. Weitgehend unverändert blieben auch die regionale Verteilung und ‹Dichte› der gewerblich-industriell Beschäftigten. Die NĖP bewirkte zunächst eine *Restitution* der Arbeiterschaft, aber keine Erneuerung. Der große Umbruch stand noch bevor.[9]

Die NĖP sorgte indes nicht nur für die Wiedergeburt der Arbeiterschaft als sozialer Schicht. Sie wies ihr auch eine neue Stellung in Staat, Wirtschaft und Gesellschaft zu. Der «Kriegskommunismus» hatte eine eigentümliche Spaltung im Gewicht des ‹Hegemons› der Revolution und seiner Interessenvertretungen mit sich gebracht. Als soziale Gruppe hatte er sich über das Land verteilt; wo er greifbar blieb, unterlag er einer zunehmenden Disziplinierung, die in massenhafte Zwangsverpflichtung überging. Arbeit verwandelte sich, fixiert in gesetzlichen Regelungen vom 28. November 1918, in einen Dienst am Gemeinwesen, der eher mit einem (minimalen) Sold als mit Lohn entgolten wurde. Zugleich gewannen die Gewerkschaften durch die Verstaatlichung der Industrie an Einfluß. Unter der Ägide des VSNCh hatten sie unbeschadet aller Hierarchie und «Einmannleitung» an der zentralen Lenkung der Wirtschaft entscheidenden Anteil; sie besetzten Schlüsselpositionen in den *glavki* und sonstigen ökonomischen Kommandostellen. Die NĖP änderte beides gründlich. Am spürbarsten war wohl das Ende der Militarisierung. Die Ersetzung der «Hauptabteilung für Arbeit» beim

VSNCh durch ein Volkskommissariat derselben Zuständigkeit verlieh dieser Zäsur institutionellen Ausdruck. Den entscheidenden Schritt aber markierte ein Dekret von Anfang November 1921, das die Zahl der weiterhin dienstpflichtigen Kategorien von Arbeitern stark verringerte. Fortan galt wieder die alte Ordnung, daß Arbeiter unter jeweils auszuhandelnden Bedingungen *angeworben* und entlassen wurden. Der freie Markt umfaßte auch wieder die ‹Ware Arbeitskraft›.[10]

Dementsprechend mußte die Rolle der *Gewerkschaften* neu bestimmt werden. Statt an der Lenkung der Wirtschaft teilzuhaben oder sich gar zur beherrschenden Kraft im «Arbeiterstaat» aufzuschwingen, wurden sie auf ihre ursprüngliche Aufgabe zurückverwiesen: die Wünsche und Anliegen ihrer Mitglieder zu vertreten. Die NĖP schuf die Voraussetzungen dafür. Auch wenn sie die staatliche Kontrolle nur teilweise aufhob, begründete sie eine Ordnung, die den Interessengegensatz zwischen Unternehmen und Arbeitern wiederherstellte. Die Trusts waren gehalten, kostengünstig zu wirtschaften. Lohn und Arbeitsleistung blieben von diesem Druck nicht ausgespart. Die Gewerkschaften hatten ihn im Namen der Beschäftigten abzuwehren. Bereits die Leninsche Kompromißplattform, die der zehnte Parteitag im April 1921 annahm, bestimmte ihre neue Funktion in diesem Sinne. Sie sah – gegen die Wünsche der «Arbeiteropposition» – vor, Gewerkschaften und Staat grundsätzlich und institutionell zu trennen. Damit wurde ihnen die Teilhabe am öffentlichen Gewaltmonopol formell abgesprochen. Gewerkschaften sollten werben und überzeugen, nicht befehlen. Dies schloß als weitere Neuerung die Aufforderung ein, die Freiwilligkeit des Beitritts wiederherzustellen. Erzwungene Zugehörigkeit widersprach der Vertragsfreiheit in den Sozial- und Wirtschaftsbeziehungen. Zugleich wurde die Arbeiterorganisation aber im Ausmaß ihrer legitimen Interessenvertretung beschränkt. Die Resolution untersagte ihnen, in die Produktionsabläufe und Entscheidungen der Betriebsführungen einzugreifen. Sie sollten Gewerkschaften im herkömmlichen Sinne werden, nicht den Fabrikräten des Revolutionsjahres nacheifern. Mit alledem warf die Entstaatlichung der Gewerkschaften allgemein das Problem der Abgrenzung ihrer Aufgaben von denen der bolschewistischen Partei auf. Dabei stand die Dominanz der Partei für Lenin und die Mehrheit der Delegierten außer Frage. Die Gewerkschaften sollten Zuarbeit leisten und unter Aufsicht der Partei zur «Schule des Sozialismus» werden. Faktisch verbarg sich hinter dieser Formulierung der wohl folgenschwerste Überhang aus kriegskommunistischer Zeit: Wenngleich ohne förmlichen Zwang sollten die Arbeiterorganisationen weiterhin zur Leistungssteigerung beitragen.[11]

Anfang 1922, als die NĖP konkrete Gestalt annahm, traf das Politbüro ergänzende Anpassungsbeschlüsse. Dabei war man konsequent genug, auch das Streikrecht wiederherzustellen. In der Auseinandersetzung mit den Trusts oder Privatunternehmern sollten die Arbeiterorganisationen auf ihre

4. Gesellschaft zwischen Gleichheitsideal und neuen Eliten   273

schärfste Waffe nicht verzichten müssen. Zugleich machte der elfte Parteitag, der den Empfehlungen folgte, aber deutlich, daß Ausstände aber nur *ultima ratio* sein könnten. Andernfalls schien die «Hauptaufgabe ... des Proletariats», die «Steigerung des Produktionsvolumens» und die maximale «Erhöhung der gesellschaftlichen Produktivkräfte», gefährdet. Der Zielkonflikt war nicht aufzuheben, da er unmittelbar aus der Strategie erwuchs, den Sozialismus auf dem Umweg über kontrollierte Marktbeziehungen anzusteuern: Einerseits sollten die Gewerkschaften Hammer, andererseits Amboß sein. Letztlich verlangte man von ihnen einen unmöglichen Balanceakt. Kaum einer anderen Institution mutete die NĖP so viel zu und mußte sie so widersprüchlich erscheinen wie den Gewerkschaften.[12]

Angesichts dieser Zumutung wird man den Widerstand der Gewerkschaften für gering halten müssen. Es gab Irritationen und den Versuch, Eigenständigkeit zu demonstrieren. Der Vorsitzende des Allrussischen Exekutivrats M. P. Tomskij äußerte sein Unverständnis und wurde mit Aufgaben in Turkestan betraut. Aber von den Metallarbeitern abgesehen schloß sich keine größere Organisation der Opposition an. So konnte der Kurswechsel ebenso reibungslos vollzogen werden wie die Ausschaltung der Dissidenten nach dem 10. Parteitag. Tomskij zeigte Reue und durfte zurückkehren. Mit seiner ausdrücklichen Unterstützung verabschiedete der 5. Allrussische Gewerkschaftskongreß im November 1922 eine Entschließung, die alle wesentlichen Wünsche der Regierung erfüllte. Nicht zu Unrecht pries Tomskij die darin niedergelegten Verhaltensregeln als «neuen Kurs» und «Gewerkschaftsrevolution». Er versäumte auch nicht, mit gebührender Deutlichkeit vor Streiks zu warnen. Die Gewerkschaften waren abermals, wie im «Kriegskommunismus», in den Gleichschritt mit Partei und Staat verfallen, nur in umgekehrter Richtung.

Fast zeitgleich gab ein neues Arbeitsgesetz dieser Anpassung (im November 1922) auch einen rechtlichen Abschluß. Gemäß den Grundsätzen der NĖP definierte es die Beziehungen zwischen den beteiligten Gruppen und Instanzen neu. Der Staat zog sich aus der Funktion des monopolistischen Befehlshabers auf die eines Vermittlers und Dirigenten im Hintergrund zurück. Er legte durch seine legislative Kompetenz nur noch die Rahmenbedingungen fest. Dazu gehörten ein Minimallohn und Mindestleistungen für die Arbeiter wie der Achtstundentag, Kinder- und Frauenschutzbestimmungen, bezahlter Urlaub, Absicherung gegen Krankheit und Invalidität sowie eine Arbeitslosenversicherung. Desgleichen wurden das Vertretungsmonopol der Gewerkschaften und (bei großzügigen Ausnahmen) der Grundsatz verankert, daß Einstellungen über Arbeitsbörsen vorgenommen werden und gewerkschaftlicher Kontrolle unterliegen sollten. Auf der anderen Seite schrieb das Gesetz auch die Rechte der Unternehmen fest. Sie sollten in eigener Verantwortung wirtschaften, bestimmten den Produktionsablauf und trafen alle Marktentscheidungen. Bei den Bemühungen um wirtschaftliche Betriebsführung konnten sie auf die Kooperation der Gewerkschaften rechnen. Für die Unterschreitung gemeinsam fixierter Leistungsnormen durfte die Unternehmensführung auch Lohnabzüge vornehmen – und damit tun, wogegen die Gewerkschaften in zarischer Zeit besonders heftig gekämpft hatten. Darüber hinaus wurde ihr bei Vorliegen bestimmter Verfehlungen ein fristloses Kündigungsrecht eingeräumt. Auch für Konflikte sah das Gesetz eine neue Regelung vor. Seit Jahresbeginn hatte man verschiedene Formen von Schiedskammern unter Beteiligung der Unternehmen, Gewerkschaften und des Staates erprobt. Fixiert wurde schließlich die Einrichtung solcher Gremien im Falle innerbetrieblicher Auseinandersetzungen auf Verlangen der Gewerkschaft durch das Arbeitskommissariat. Diese Regelung sprach der Arbeitervertretung eine entscheidende Funktion zu. Zugleich traf man aber auch für Ausnahmefälle Vorsorge, die dem VCIK, STO oder dem Kommissariat die Befugnis gaben, von sich aus tätig zu werden. Faktisch lief diese umstrittene außerordentliche Kompetenz auf ein unbegrenztes Interventionsrecht des Staates im unterstellten höheren Interesse hinaus. Nicht zuletzt sie unterstreicht, daß der Staat im neuen Arbeitsgesetz seine prinzipielle Parteilichkeit zugunsten des ‹Proletariats› stark reduzierte und an ihre Stelle ein neues Engagement setzte: die Orientierung am ökonomischen Erfolg und der Beseitigung der Rückständigkeit.[13]

Neben dem Status der Arbeiter und ihrer Organisationen in Wirtschaft und Staat waren die *Löhne* und *Lohnpolitik* an die veränderten Rahmenbedingungen anzupassen. Die Wiederzulassung des Marktes verlangte, als neue Grundsätze die Aushandlung des Lohnes und dessen Differenzierung nach Leistung vorzusehen. Außerdem gebot die Rückkehr zur Geldwirtschaft und die Einführung der unternehmerischen Kostenrechnung, auch die Arbeit wieder in Geld zu bezahlen. Beides traf auf Einwände sowohl der Gewerkschaften als auch der Partei. Angesichts der noch ungebremsten Inflation lief die Monetarisierung des Lohns auf dessen Entwertung hinaus. Die strengere Leistungsbindung des Lohnes wiederum trug in marxistischer Sicht Gegensätze in die Arbeiterschaft und unterminierte ihre Handlungsfähigkeit. So schien der Preis für die NĖP im traditionellen Selbstverständnis bolschewistischer Politik überaus hoch zu sein.

Es war bezeichnend, daß die Parteiführung auch diesen Widerstand beiseite schob und die Härte akzeptierte. Bereits im November 1921 verfügte sie die Bindung des Naturallohns an die Marktpreise und trug dazu bei, daß die Arbeiter Ende 1923 fast überall wieder Rubel in Empfang nehmen konnten. Der Effekt dieser Normalisierung auf ihr Einkommen bleibt unklar. Zeitgenössischen (nicht interesselosen) Kalkulationen zufolge stieg schon in diesen frühen Jahren nicht nur der Nominal-, sondern auch der Reallohn. An 1913 gemessen, errechnen die meisten Autoren für 1923/24 eine Kaufkraft von 60–70%. Dabei fällt aber das Gegenargument ins Gewicht, daß der rasante Geldverfall die Aufwärtstendenz häufig unterbrach und starke

4. Gesellschaft zwischen Gleichheitsideal und neuen Eliten

Schwankungen verursachte. Verzögerte Lohnauszahlungen führten schon nach wenigen Tagen zu spürbaren Werteinbußen (bis zu 30 %). Außer Frage steht deshalb lediglich, daß der gelungene Abschluß der Währungsreform 1924 nicht zuletzt diesem Elend ein Ende setzte. Bei relativ stabilen Preisen schlug der fortgesetzte nominale Anstieg der Löhne voll zu Buche. In Moskau erhöhte sich das Durchschnittseinkommen zwischen Anfang 1925 und Ende 1928 um ein Drittel. Und den erwähnten zeitgenössischen Statistiken zufolge überschritt der Reallohn im Wirtschaftsjahr 1926/27 mit einem Index von 104,6 wieder das Niveau von 1913 (= 100).[14]

Natürlich gab es erhebliche regionale und branchenmäßige Abweichungen. Die wirtschaftsgeographische Differenzierung folgte dabei weitgehend dem Vorkriegsmuster. Wie zu zarischen Zeiten wurden die höchsten Löhne in den Hauptstädten gezahlt, mit dem kleinen Unterschied, daß Moskau als neuer Regierungssitz nun die alte Metropole Petrograd/Leningrad abzulösen begann. Mit einigem Abstand folgten die Südukraine und der Ural. In der Regel stieg die Bezahlung mit dem Industrialisierungsgrad einer Region. Auf der anderen Seite traf eine weitere, aus der Vorkriegszeit bekannte Korrelation vorerst nicht mehr zu: Die Einkommen erhöhten sich nicht mehr mit dem durchschnittlichen Qualifikationsgrad der Arbeit in den einzelnen Branchen. Die hochbezahlten Arbeiter der Montan- und Schwerindustrie büßten ihre privilegierte Stellung relativ ein. Dafür rückten die Arbeiter(innen) der Konsumgüter- und Nahrungsmittelindustrie in der Lohnskala deutlich nach vorn. Auch darin wirkten sich die Gesetze der NĖP aus. Auf dem Markt waren vor allem Konsumgüter gefragt, nicht Stahl und Maschinen; für sie wurden hohe Preise bezahlt, denen die Löhne folgten. So verdienten Arbeiterinnen einer Tabakfabrik 1922 mehr als Kohlenhauer oder Maschinenschlosser. Die Konkurrenz privater Unternehmer, die überwiegend in diesem Bereich tätig waren und relativ hohe Gehälter zahlten, bewirkte ein übriges. Dank der neuen Wirtschaftspolitik erreichte die Konsumgüterindustrie deshalb schon um 1924 den Vorkriegsstand, während der Bergbau noch 1928/29 nachhinkte. Der Umstand, daß die Löhne in der Schwerindustrie dennoch absolut zumeist über denen anderer Branchen lagen, weil das Ausgangsniveau hoch war, vermochte den Eindruck einer relativen Benachteiligung nicht zu korrigieren. Auch dies fand in einer Partei, die den prototypischen Proletarier im Stahlwerker sah, nicht nur Zustimmung.[15]

Da die Regulation der Volkswirtschaft über die Marktkonkurrenz ohne Leistungssteigerung nicht die erwünschte Wirkung hervorbringen konnte, bemühten sich Partei und Regierung, auch dafür neue Anreize zu schaffen. Über die Grundvoraussetzung brauchte man nicht lange nachzudenken: Die weitgehende Nivellierung der Löhne im Kriegskommunismus – ein qualifizierter Arbeiter verdiente gerade 4 % mehr als ein ungelernter – mußte aufgehoben werden. Umgehende Gleichheit («jedem nach seinen Bedürfnissen») konnte nicht länger das Ziel sein. An ihre Stelle trat Anfang 1922 eine

Lohngruppen-Hierarchie, die siebzehn Qualifikationsniveaus unterschied. Laut Mustertarif von 1923 umfaßten die ersten neun Gruppen für Arbeiter eine Spannweite von 1:3,5, die restlichen für technisch-administratives Personal legten Bezüge im Verhältnis von 4,2 bis 8 zur untersten Stufe fest. Allerdings sah die Wirklichkeit zumeist anders aus. Schon der Grundsatz der ‹Tarifautonomie› durch Kollektivverträge zwischen Gewerkschaften und Trusts hinderte die Zentralinstanzen daran, das Modell ohne Korrekturen umzusetzen. Hinzu kam eine Vielzahl branchen- und regionalspezifischer Besonderheiten, vom verbreiteten Facharbeitermangel bis zur Marktstellung, die auf das Lohngefüge einwirkten. Generell dürfte überdies gegolten haben, daß die tatsächliche Spannweite größer war, weil die «Spezialisten» und Manager außertarifliche Leistungen in Gestalt von Gewinnbeteiligungen (Tantiemen) erhielten. Außerdem lagen die Gehälter in der Privatwirtschaft zum Teil erheblich über den staatlichen. Manche Altbolschewiken, die ein Leben lang für die Belange der einfachen Arbeiter gekämpft hatten, sahen nicht zuletzt in diesen Tatbeständen ein Ärgernis erster Ordnung. Und auch die Gewerkschaften, deren Leitungsgremien die neuen Tarife wesentlich mitgestalteten, wurden nicht froh darüber.

Um so größeres Gewicht legte die Regierung auf die Fortsetzung und Verbesserung anderer, zum Teil bereits praktizierter Maßnahmen zur Produktivitätssteigerung. Schon im Bürgerkrieg hatte Lenin für die Einführung des *Stücklohns* geworben. In wenig kritischer Form, die manch gutgläubigen Marxisten irritierte, hatte er die «modernsten» westlichen, besonders die amerikanischen, Produktionsmethoden zum Vorbild erhoben. Ausgerechnet durch Vermessung und Zerlegung des Arbeitsprozesses nach Art des Taylorismus, in der Tendenz mit Fließbandarbeit und Kontrolle eines jeden Handgriffs sollte der erste «proletarische Staat» der Welt den materiellen Überfluß produzieren, den er ideologisch versprach. Im Herbst 1918 arbeitete etwa ein Drittel der Beschäftigten in der Metall- und Textilindustrie im Akkord. Ende 1920 gründete man darüber hinaus ein eigenes *Zentralinstitut für Arbeit*, das die Rationalisierung der Produktion «wissenschaftlich» – auch dies eine symptomatische Formel für den unbeschwerten Glauben an die technische Rationalität in jener Zeit – erforschen sollte. Beide Wege wurden in der NÈP weiter beschritten. Stück-, also produktionsbezogener Lohn wurde im März 1925 an 65% der Metall- und 58,3% der Industriearbeiter insgesamt gezahlt. Und in den Fabriken entstanden auf Betreiben des Arbeitsinstituts Gruppen, die sich um die konkrete Gestaltung der «wissenschaftlichen Arbeitsorganisation» (NOT) vor Ort bemühen sollten. Was später zum Inbegriff der Vertuschung eines planwirtschaftlichen Strukturfehlers wurde: das Bemühen, durch Propaganda und Kampagnen (über manche Jahre auch durch massiven Zwang) jene Einsatzbereitschaft zu erzeugen, die das ökonomische System selbst nicht hervorzubringen vermochte, wurde bereits hier sichtbar.[16]

4. Gesellschaft zwischen Gleichheitsideal und neuen Eliten

Um dieser großen Aufgabe den gebotenen Nachdruck zu verleihen, meinten die obersten Wirtschaftslenker außerdem, auch das repressive Potential des allgewaltigen Staates einsetzen zu sollen. Trotz «wissenschaftlicher Arbeitsorganisation» und einer neuen Tarifordnung stiegen die Löhne schneller als die Produktivität. Je mehr sich die Parteipolitiker in ökonomische Zusammenhänge vertieften, um den Staatsunternehmen auf der Basis des *chozrašcet* das Überleben zu sichern, desto eher wuchs ihre Neigung, das Problem der Bezahlung der Arbeitskraft unter ökonomischen statt unter sozialen und politischen Gesichtspunkten zu betrachten. Als NOT offensichtlich auf der Stelle trat, erneuerte man im Frühjahr 1924 die Kampagne zur Produktivitätserhöhung. Dzeržinskij mahnte die Gewerkschaften in seiner Eigenschaft als Leiter des VSNCh öffentlich, Zielvorgaben für bessere Arbeitsergebnisse in ihre Vereinbarungen mit den Trusts aufzunehmen. Im August zog das ZK sogar die Notbremse und beschloß ein formelles Junktim zwischen Löhnen und Produktivität. Von Oktober 1922 bis Januar 1924, so rechnete man vor, habe sich der mittlere Produktionswert pro Arbeiter in vierzehn Branchen um 23,3 % erhöht, der Lohn aber um 90 %. Der Nachholbedarf sei verständlich, nun aber befriedigt. Einkommenssteigerungen müßten fortan durch mehr und bessere Arbeit verdient werden. Um dies zu erzwingen, empfahl das ZK, «eine weitere Lohnerhöhung» in der Leichtindustrie (mit den höchsten Verdiensten) ganz «zu unterbinden», während die nachhinkenden Löhne in der Schwerindustrie nur nach Maßgabe des «Zustandes» der jeweiligen Branche noch maßvoll wachsen sollten. Es war kein Zufall, daß sich dieselbe Sitzung mit den ersten Kontrollziffern des *Gosplan* für das kommende Jahr befaßte. Auch in der Lohnpolitik stärkte der Staat seine Kontrollkompetenz; der beabsichtigte Stillstand bildete einen weiteren Pfeiler in jenem organisatorischen Gerüst, das die Steuerung der gesamten Volkswirtschaft ermöglichen sollte.[17]

Die Entschiedenheit zahlte sich offenbar aus. Dank der Normerhöhung und organisatorischer Veränderungen im Arbeitsprozeß wurde 1924/25 und während einer zweiten Kampagne 1927/28 ein beträchtlicher Produktivitätsgewinn erzielt. Die Textilindustrie ging dabei mit 66 % schon im ersten Zeitraum voran; im folgenden Jahr übertraf der Produktivitätszuwachs erstmals die Lohnsteigerung. Auch wenn die Erbübel von Trunkenheit, unerlaubter Abwesenheit und mangelnder Disziplin allgemein andauerten, war 1926 im Durchschnitt die Vorkriegsproduktivität wieder erreicht. Der erhebliche Mehrverdienst zwischen 1925 und 1928, den ‹fetten Jahren› der NĖP für die Arbeiter, war deshalb nicht bloß nominal und wurde nicht durch Umverteilung oder Inflation finanziert, sondern entsprang einer tatsächlich größeren Leistung. Mit ihr einher ging eine Abnahme der Streikaktivität, die aber in mancher Hinsicht durch Ablehnung unterhalb der Schwelle offenen Protestes ausgeglichen wurde. Das Moskauer Beispiel deutet auf einen regelrechten Generationenkonflikt hin. Während sich die älteren Arbeiter gegen die Intensivierung stemmten, organisierten die jungen unter tatkräftiger Hilfe des *Komsomol* Kampagnen zu ihrer Erfüllung. Entgegen den gewerkschaftlichen Plädoyers zur Normerhöhung auf breiter Front hoben sie die «*Stoßarbeit*» aus der Taufe, den freiwilligen, temporären Rekordeinsatz als Dokumentation der besonderen Unterstützung nicht nur für das aktuelle Produktionsziel, sondern für die gesamte dahinterstehende Entwicklungspolitik. Desgleichen trat in den schon 1923 eingerichteten, aber erst seit 1926 mit Leben erfüllten sog. Produktionsberatungen viel Unmut über aktuelle Mißstände an die Oberfläche: vor allem über die Einkommensunterschiede und neue Lohnhierarchie, aber auch über Spezialisten, Manager und sonstige Angehörige einer vermeintlich wiedererstandenen herrschenden Schicht. Im Fall Moskaus ist man so weit gegangen, die Gespräche zum Austragungsort eines neuen Klassenkampfes in den Betrieben zu erklären. Auch wenn sich dies als überspitzt erweisen sollte, lassen die meisten neueren Untersuchungen erkennen, daß nicht wenige Arbeiter, besonders die jungen, neuen Konfliktparolen zur ideologischen Flankierung der Abkehr von der NĖP (und der endgültigen ‹Machtergreifung› Stalins) bereitwillig folgten.[18]

Dieser positiven Gesamtbilanz entsprechen die Informationen über das *materielle Lebensniveau* der Arbeiter. Die Linke urteilte vorschnell und voreingenommen. Trotz oder gerade wegen der vorrangigen Förderung der Landwirtschaft profitierten schon mittelfristig auch die Arbeiter von der NĖP. Genau besehen gewannen sie in dieser Hinsicht sogar zweifach und mehr als die Dorfbewohner. Zum einen schlugen die allgemeinen Verbesserungen der staatlichen Leistungen für die Unterschichten, die der Oktoberumsturz fraglos einleitete, in den Städten stärker zu Buche als auf dem Lande. Der Ausbau der Gesundheitsfürsorge wie höhere Standards der öffentlichen Hygiene oder die Eindämmung der Epidemien (als wichtigste Ursachen für die deutliche Verringerung der Säuglingssterblichkeit und der Mortalität allgemein) gingen einher mit der Urbanisierung. In den Städten lebte man deutlich gesünder und länger. Arbeiter kamen zudem in den Genuß eines Versicherungsschutzes gegen Krankheit, Invalidität und (dies allerdings sehr lückenhaft) Stellungslosigkeit, der im Wendejahr 1929 gemäß einem Grundsatzbeschluß vom Oktober 1927 sogar um eine Altersrente erweitert wurde. Nicht zuletzt galt weiterhin der Achtstundentag – den man mit Beginn der Planwirtschaft auf sieben zu kürzen versprach –, während sich die Bauern (im beruflichen Sinne) wie seit altersher im Frühjahr und Sommer von Sonnenaufgang bis Sonnenuntergang abplagen mußten, in der langen Winterpause oft – zu Hause oder in der Fremde – einem Nebengewerbe nachgingen und zumindest als Bauern keine der genannten Sozialleistungen in Anspruch nehmen konnten.

Zum anderen erhöhte sich auch der durchschnittliche Lebensstandard. Dank der guten Ernten und bäuerlichen Nahrungsmittelverkäufe konnten

4. Gesellschaft zwischen Gleichheitsideal und neuen Eliten 279

die Arbeiter schon in den ersten Jahren der NĖP wieder besser und reichhaltiger essen. 1923 nahmen Mitglieder von Arbeiterfamilien pro Tag 1000 Kalorien mehr zu sich als auf dem Höhepunkt des Bürgerkriegs. Auch in den Hauptstädten, die relativ weit von den Zentren der Landwirtschaft entfernt lagen, stieg der Verbrauch von Fleisch, Speck und Milch, während der Konsum von Brot relativ zurückging. Sogar vitaminreiche Kost stand wieder zur Verfügung; und anstelle von Surrogaten konnten sich viele wieder echten Tee und Kaffee leisten. Die Angaben erlauben den Schluß, daß sich die physische Lage der Masse der Stadtbewohner spätestens um die Mitte des Jahrzehnts stabilisierte. Zugleich verbesserte sich die Ausstattung der Haushalte. Metallene Löffel lösten, bis 1927 schon zur Hälfte, hölzerne ab, und statt 43 Matratzen (ohne Gestell) wie 1923 zählte man 1927 schon 60 auf 100 Personen. Sicher gab es erhebliche regionale Abweichungen; und gewiß blieben die materiellen Lebensbedingungen der großen Mehrheit der Arbeiterfamilien im internationalen Vergleich kläglich. Der Spielraum jenseits der Sicherung von Grundbedürfnissen aber wuchs während der NĖP spürbar.[19]

Denn in einem anderen, wesentlichen Bereich trat eine Verschlechterung ein, die sich zu einer regelrechten Notlage ausweitete – in den *Wohnverhältnissen*. Die Enttäuschung darüber war um so größer, als der Rückschlag einer massiven Verbesserung folgte. Die soziale Revolution nach dem Oktobercoup hatte den Arbeitern in dieser Hinsicht unverhältnismäßig hohen Ertrag gebracht. Vor allem sie profitierten von der Flucht, Verjagung und Enteignung der Wohlhabenden gleich welchen Standes. Sie konnten die Kellergeschosse, Mietskasernen und Fabrikschlafsäle, in denen sie vor dem Kriege eher hausten als wohnten, verlassen und in die Residenzen und geräumigen Etagenwohnungen der Oberschicht von gestern ziehen. Nichts symbolisierte das Selbstverständnis und die temporäre Realität des Umsturzes suggestiver als dieser Sturm auf die Paläste. Auch wenn die besetzten Häuser verfielen, weil weder die neuen Bewohner noch die Gemeinden sie erhalten konnten oder wollten, dauerte dieser Zustand während des Kriegskommunismus an. Für Petrograd läßt sich der Gewinn auch statistisch fassen: Hatten 1908 nur 47 % aller Arbeiterfamilien mehr als einen Raum bewohnt und 5,4 % sogar nur einen Teil eines Raumes, so nutzten 1923 zwei Drittel mehr als ein Zimmer, und nur noch 1 % mußte sich mit einer «Zimmerecke» begnügen.

Diese vorteilhafte Situation änderte sich nach dem Ende des Bürgerkrieges. Die große Zahl der Stadtbewohner, die vor Hunger und Kälte aufs Land geflohen war, kehrte zurück. Hinzu kamen die Zerstörungen in den Leidensjahren. Die Belletristik hat oft beschrieben, wie die Bewohner einst stattlicher Häuser kostbarstes Mobiliar zerhackten, um bei klirrender Kälte einen kleinen ‹Kanonenofen› heizen zu können. In ungewöhnlich harten Wintern platzten Wasser- und Abflußrohre, die bei Tauwetter ganze Etagen

IV. Atempause und Regeneration: die NEP (1921–1928)

unbewohnbar machten. Wohnraum wurde zur Mangelware. Schon 1923 standen jedem Arbeiter im Schnitt nur noch 2 m² zur Verfügung. In Moskau lebten mehr als 50% der Menschen in Räumen, die von zwei Personen genutzt wurden, und mehr als ein Drittel in solchen, die 3–5 Personen aufnehmen mußten; nur noch 10% verfügten über den Luxus, ein Zimmer für sich allein zu haben. Da die Bevölkerung der Hauptstadt in diesem Jahr aber immer noch um ein Viertel geringer war als 1917, reichen Rückkehr und Zerstörung zur Erklärung nicht aus: Auch die politische Entscheidung des Regimes spielte eine Rolle, die Arbeiter nicht wieder in die Baracken auf dem Fabrikgelände zurückzuzwingen. Infolge all dieser Faktoren stiegen die Mieten erheblich, zwischen November/Dezember 1924 und November 1926 um fast 100%; nur dank des parallelen realen Lohnzuwachses hielt sich die Belastung für das Familienbudget in Grenzen. Dabei blieb aber die Qualität der Wohnungen unverändert schlecht. Ende 1925 verfügten zwar 61,8% über elektrisches Licht, aber nur 29,5% über fließendes Wasser und 16,5% über Zentralheizung, vom statistisch nicht gemessenen Allgemeinzustand nicht zu reden. Der Mangel wurde schließlich so groß, daß die Schlafkasernen aus der Vorkriegszeit in der zweiten Hälfte des Jahrzehnts wieder bezogen wurden. Auch in dieser Hinsicht kehrte Rußland zur Normalität zurück.[20]

Am stärksten aber drückte die *Arbeitslosigkeit* auf das Lebensniveau der Arbeiter. Auch sie stellte sich mit dem Frieden wieder ein. Die Demobilisierung eines so großen Heeres überforderte die weitgehend zerstörte Industrie. Dies war um so eher der Fall, als viele Soldaten, die zunächst in die Dörfer zurückgekehrt waren, dort kein Auskommen fanden. Sie reihten sich ein in den breiten Strom der Migranten, die in die Städte zogen und das Heer der Stellungslosen vergrößerten. Denn die Umwälzung der Besitzverhältnisse auf dem Lande hatte *ein* zentrales Problem *nicht* gelöst. Der Bevölkerungsüberschuß bestand fort; Mitte der zwanziger Jahre schätzte man ihn auf knapp 20 Mio. Menschen. Ungünstig für die Arbeiterschaft wirkte sich schließlich zunächst auch die NEP selbst aus. Sie förderte primär die bäuerlichen und kleinen Gewerbebetriebe, die meist ohne fremde Hilfe auskamen, nicht die mittlere und große Industrie. Der Zusammenbruch des Marktes infolge der Preisschere 1923/24 tat ein Übriges. Die Arbeitslosenzahl schnellte in die Höhe: von 160 000 am 1. Januar 1922 (= 100) auf 920 000 am 1. Oktober 1925 (= 575), 1,47 Mio. am 1. April 1927 (= 918) und 1,36 Mio. im Oktober 1928 (= 850). Dies entsprach zuletzt einer Quote von 12%, in Moskau Mitte 1927 sogar von 20%. Besonders betroffen waren Frauen und Berufsanfänger; Mitte 1926 hatten im ganzen Land zwei Drittel aller Jugendlichen keine Anstellung. Branchenmäßig war ungewöhnlich, daß die Arbeitslosigkeit alle wichtigen Sektoren, von der Metall- bis zur Textilindustrie erfaßte; ein großer Anteil entfiel auch auf das Handwerk, das unter den Druck der sich erholenden Fabriken geriet. Am wenigsten Sorgen

4. Gesellschaft zwischen Gleichheitsideal und neuen Eliten

brauchten sich in allen Bereichen qualifizierte Arbeiter zu machen. Sie blieben bis zum Ende der NĖP und darüber hinaus gesucht. Es versteht sich, daß der «proletarische» Staat unter besonderem Erwartungsdruck stand, diesem Übel abzuhelfen. Dennoch sah die Regierung weitgehend tatenlos zu. Sie war weder finanziell noch politisch auf die Krise vorbereitet und unternahm zunächst nicht viel mehr, als öffentliche Arbeiten zu fördern. Angesichts knapper Mittel konnten diese Bemühungen nur eine Geste sein. Sie ersparten der Regierung weder die Streiks vom Sommer 1923 noch verbreitete diffuse Unzufriedenheit. Den Betroffenen blieb als einzige Hilfe die Arbeitslosenversicherung, die von den Unternehmen finanziert werden mußte, an viele einschränkende Bedingungen (z. B. eine dreijährige Beschäftigungsdauer) gebunden war und als kargste aller neuen Sozialleistungen galt. Im Oktober 1923 besaßen nur 20% der Moskauer Arbeitslosen ein Anrecht auf solche Unterstützung, ein Jahr später 40%. So mag es einerseits gerechtfertigt sein, die bloße Schaffung einer Arbeitslosenversicherung als bedeutsame Errungenschaft zu bezeichnen. Andererseits zeigte sich das revolutionäre Regime ebenso unfähig, der schlimmsten Geißel der Arbeiterschaft Herr zu werden, wie das ‹bürgerliche›. Arbeitslosigkeit und Wohnmisere straften seinen Anspruch in einer Weise Lügen, die seine Glaubwürdigkeit in Frage stellte.[21]

Um so größeres Gewicht kommt der Frage zu, wie sich *Arbeiterschaft und NĖP* allgemein zueinander verhielten. Gegen Ende des Bürgerkriegs war die ‹Klasse›, in deren Namen das neue Regime die Macht ergriff, zutiefst enttäuscht. Einerseits hatte ihr der Oktoberumsturz erheblichen Gewinn an Prestige und öffentlicher Beachtung beschert. Andererseits ließen konkrete Früchte sowohl in Gestalt materieller Besserstellung als auch in Form politischer Partizipation auf sich warten. Die allgemeine Not traf die Arbeiter in gleichem Maße und veranlaßte nicht zuletzt sie, in die Dörfer zu fliehen. Mit Bauern und Matrosen lehnten auch sie sich in wachsender Zahl gegen einen Staat auf, der seine Zusagen nicht eingehalten und statt dessen Not und Gewalt über die Bevölkerung gebracht hatte. Die NĖP verminderte diese Spannungen zunächst kaum. In ihren ersten drei Jahren waren es vor allem die Arbeiter, denen die Umstellungskosten aufgebürdet wurden. Die Inflation fraß nicht so sehr die deutlich höheren Gehälter der «Spezialisten» oder die *in natura* geernteten Einkommen der Bauern auf als *ihre* Löhne. Hinzu kamen die Krise 1923/24 und die hohe Arbeitslosigkeit. Zwar bemühte sich die betretene Regierung mit Hilfe der Gewerkschaften nach Kräften darum, offene Proteste zu verhindern. Dennoch kam es 1922–24 zu 1098 Ausständen mit 403 000 Teilnehmern – keine Massenunruhe, aber eine schlimme Blamage für den selbsternannten «Arbeiter- und Bauernstaat».

Nach der Mitte des Jahrzehnts fand die Arbeiterschaft ein besseres Verhältnis zum neuen Staat. Die Geldwertstabilität zahlte sich aus. Die Reallöhne stiegen; die Arbeitslosigkeit ging zurück, auch wenn sie nicht beseitigt wurde. Streiks wurden seltener. Die Gewerkschaften konnten sich über einen beträchtlichen Zulauf freuen. Die Zahl ihrer Mitglieder vergrößerte sich von Mitte 1924 bis Mitte 1927 um 55 % von 2,2 Mio. auf 3,46 Mio. In der Partei, den Gewerkschaften, dem erstarkenden *Komsomol*, den Sowjets und anderen Organisationen entstanden neuartige Chancen zum Aufstieg in privilegierte, mit Macht, Prestige und Einkommen versehene Positionen, die in Verbindung mit dem Aufbau eines Bildungswesens, das die städtische Unterschicht gezielt bevorzugte, nicht ohne Integrationskraft blieben.

Zugleich verstärkte sich aber auch die Unzufriedenheit der Arbeiter mit der NÈP. Vielfach ist belegt, daß die Feindseligkeit gegenüber dem Führungspersonal in den Unternehmen eher zunahm als nachließ. Die Lohndifferenzierung wurde ebensowenig akzeptiert wie die materielle Bevorzugung der «Spezialisten» und Manager. Dabei muß offenbleiben, welche Bedeutung der personellen Kontinuität in der Arbeiterschaft zukam. Auf der einen Seite legt der hohe Anteil ‹alter›, vor 1917 ins Berufsleben eingetretener Arbeiter einen solchen Zusammenhang nahe. Auf der anderen scheint verbürgt, daß es vor allem die *Jungen* waren, die den Protest nach außen trugen. Dabei galt die Kritik vor allem zwei Merkmalen der NÈP: zum einen dem, was als Wiederherstellung kapitalistischer Ausbeutung gebrandmarkt wurde, zum anderen der Abhängigkeit der Versorgung von den bäuerlichen Marktproduzenten. Allem Anschein nach stießen die Beschlüsse zur forcierten planwirtschaftlichen Industrialisierung als Gegenprogramm zur bauernorientierten NÈP vor allem unter jungen Arbeitern auf Zustimmung. Als im Winter 1927 wieder Versorgungsengpässe auftraten, waren nicht wenige bereit, die Schuld in bäuerlicher Sabotage zu suchen. Es wird sich noch erweisen müssen, in welchem Verhältnis dabei eine Renaissance von «Klassenbewußtsein», das Ergebnis zehnjähriger Indoktrination, eine gleichsam freiwillige mentale Anpassung an Leitbilder des «neuen Menschen» oder der bloße Wille zum sozialen Aufstieg als Triebkraft dienten – festzuhalten ist, daß die NÈP ohne inhärente Notwendigkeit nicht nur durch eine «Revolution von oben» zerstört, sondern auf seiten von Schlüsselgruppen in der Arbeiterschaft auch durch eine «Revolution von unten» ausgehöhlt wurde.[22]

c. Die Bauern

Die Stellung der Bauern im Arbeiterstaat war und blieb widersprüchlich. Wohl bezogen Lenin und die bolschewistische Parteimehrheit seit der ersten Revolution die Dorfbevölkerung in ihre revolutionäre Strategie ein. Wohl erweiterten sie die Selbstbezeichnung des neuen Staates aufgrund der Erfahrungen der Oktobertage durch die «arme Bauernschaft». Dennoch verloren ihre Maßnahmen und Deklarationen den Kompromißcharakter nicht. Dem Bolschewismus als Spielart des Marxismus standen die Arbeiter näher. *Sie* galten als Subjekt der historischen Entwicklung, das sich seiner Rolle end-

4. Gesellschaft zwischen Gleichheitsideal und neuen Eliten 283

lich bewußt geworden war. Und der als Fernziel angestrebte Sozialismus sollte *ihre* Emanzipation vollenden und in einer freien Gesellschaft dauerhaft sichern. Pragmatisch sprach zwar vieles dafür, die Bauern nicht nur zu dulden, sondern temporär auch zu fördern; ideologisch blieben sie aber eine Residualkategorie. In ihrem sozialen und wirtschaftlichen Charakter standen sie für eben jene Tradition, mit der die Revolution brechen wollte. Der Streit um die NEP spiegelte diesen Zwiespalt.

Hinzu kam, daß sich die Dorfgesellschaft aufgrund ihrer Eigenarten äußerer Einwirkung weitgehend entzog. Sie war bei allem Wandel eine Welt für sich und aufgrund ihrer begrenzten Berechenbarkeit bedrohlich. Deshalb hat die Meinung weite Verbreitung gefunden, der neue Staat habe sie in ihrer alten Form auf Dauer gar nicht dulden *können*. Die zweite, Stalinsche «Revolution» habe nachholen *müssen*, was die erste eigentlich schon tun wollte, aber nicht konnte – auch die Bauern zu unterwerfen. Man sollte sich jedoch auch hier vor der Konstruktion unausweichlicher Entwicklungen hüten. Die Behauptung einer notwendigen Entscheidung zugunsten einer staatlich forcierten, repressiven Kollektivierung vermag nur zu überzeugen, wenn die totalitäre Absicht als inhärente Folge des ideologischen Charakters des revolutionären Regimes vorausgesetzt wird. Wer Spielraum für Alternativen sieht, wird eine andere Argumentation bevorzugen, die allerdings ebenfalls zur Annahme einer Disposition für Gewaltanwendung führt: daß die Politik gegenüber der Bauernschaft im protosozialistischen Staat vor aller Ökonomie eine Machtfrage war und das Dorf letztlich Opfer seiner mangelnden Kontrollierbarkeit wurde.

Wenn es einen Bereich der russischen Gesellschaft und Kultur (beides im allgemeinen Wortsinn) gab, den die große Umwälzung von 1917 im Kern unverändert ließ, dann war es der bäuerliche. Sicher verursachten Februarrevolution und Oktoberumsturz auch hier einen tiefen Einschnitt. Das Ende des Alten Regimes schuf ein Machtvakuum, das die Bauern nutzten, um ihren uralten Traum von «Land und Freiheit» zu verwirklichen. Aber diese Revolution vollzog sich gleichsam im Rahmen der herkömmlichen bäuerlichen Lebenswelt als Teil der darin angelegten Handlungsweisen. Sie beseitigte die alte *Herrschaftsordnung*, die ohnehin als äußerer Oktroi angesehen wurde, und das landwirtschaftliche Eigentum außerhalb der *obščina*. Aber sie tat dies im Namen der Tradition, um dieser wieder mehr Raum zu schaffen. In bäuerlicher Sicht vollendete die «Schwarze Umteilung» vom Sommer und Herbst 1917, was die Autokratie unter Alexander II. begonnen, aber in der ersten Revolution verhindert hatte: die Vertreibung des Adels aus dem Dorf. Dabei war symptomatisch, daß die Bauern auf eigene Faust handelten. Sie brauchten niemanden und richteten ihre neue Ordnung weitgehend ohne fremde Hilfe ein. Deshalb kam die Umwälzung, die sie vollzogen, dem Paradox einer ‹konservativen Revolution› recht nahe. Vereinfacht, aber nicht verfälschend lassen sich die zwanziger Jahre als Phase der *Konsolidierung ihres Gewinns* bezeichnen. Nur politisch mußten sie Konzessionen machen. Gegen das Zugeständnis, weitgehend unbehelligt zu bleiben, akzeptierten sie nach dem Ende der ‹Versorgungsdiktatur›, daß sie neuen Herren mit anderen Zielen unterworfen waren. Erst die große Wende von 1929 kündigte diesen Kompromiß auf.

An die Zustände der Vorkriegsjahre knüpften schon die grundlegenden *geographisch-demographischen, ökonomischen und sozial-institutionellen Entwicklungen* an. Zum einen setzten sich die Abwanderung aus dem Dorfe und die Urbanisierung fort (vgl. Tabelle A-1). Zwischen 1924 und 1930 sank der Anteil der Dorfbevölkerung – anderen Daten zufolge – von 83,7 % auf 80,7 %. Dies änderte aber um so weniger an ihrer erdrückenden Übermacht, als sie in denselben Jahren trotz der Verringerung ihres relativen Gewichts absolut mit steigender Tendenz wuchs. Die Zunahme betrug im Schnitt ca. 2 Mio. pro Jahr und addierte sich im genannten Zeitraum auf 9,4 Mio. Auch wenn man die Migranten in der Größenordnung von etwa 5,2 Mio. abzieht, blieb ein deutlicher Überschuß. Er trug maßgeblich dazu bei, daß das alte Problem der Übervölkerung des Dorfes nicht verschwand, sondern sich mit neuer Schärfe stellte. Schätzungen besagten, daß etwa 9 Mio. Arbeitskräfte, entsprechend 16 % der vorhandenen, als überflüssig gelten konnten. Zugleich folgte aus der erneut starken Bevölkerungszunahme ein ungewöhnlich hoher Anteil von Jugendlichen. Die Zählung von 1926 ergab, daß über 50 % aller Dorfbewohner unter 20 Jahre alt waren. Die Annahme, daß dieser demographische Tatbestand während der Kollektivierung politische Bedeutung erlangte, erscheint plausibel.

Auch die Verteilung und Konzentration der ländlichen Bevölkerung in den verschiedenen Klima- bzw. Bodenzonen und Wirtschaftsregionen des Reiches änderte sich kaum. Insgesamt zählte man gemäß der neuen Definition vom September 1926, daß als Dorf eine Siedlung von höchstens 1000 Einwohnern zu gelten habe, die zu drei Vierteln landwirtschaftlichen Tätigkeiten nachgingen, 613 587 ländliche Gemeinden mit durchschnittlich 200 Einwohnern, entsprechend 30 bis 40 Haushalten. Allerdings überdeckte der Mittelwert große regionale Unterschiede. Generell galt, daß die Siedlungen von Norden nach Süden, mit zunehmender Bodenfruchtbarkeit im Übergang von der Waldzone zur Steppe, größer wurden. Im Zentralen Landwirtschaftsgebiet waren sie auch zahlreicher, während sie in der südöstlichen Steppe bei knappem Wasser weit auseinanderlagen. Auf den fruchtbaren Schwarzerdböden in der Ukraine und an der mittleren Wolga bildeten Dörfer mit 2000–5000 Einwohnern (400 bis 1000 Haushalten) keine Ausnahme; auch 5000–10 000 Bewohner fanden sich noch in mehr als hundert Siedlungen. Dennoch blieben ihre Zerstreutheit über ein riesiges Territorium und ihre *Abgelegenheit* auch nach der Revolution (zumal im Vergleich mit Mitteleuropa) das charakteristische Merkmal der russischen Bauernschaft. Nach

4. Gesellschaft zwischen Gleichheitsideal und neuen Eliten

wie vor waren die Städte als Bastion der Staatsgewalt fern. Auch dieser Umstand mag es einigen Adeligen erleichtert haben, nach der Verkündung der NĖP in ihre Heimat zurückzukehren, um Teile ihres einstigen Besitzes als Großbauern zu bewirtschaften.[23]

Unbestritten ist, daß die spontane Umwälzung der Herrschafts- und Besitzverhältnisse auf dem Lande vor allem *einer* Institution zugute kam: der *Dorfgemeinde*. Die *obščina* bildete den organisatorischen Rahmen, innerhalb dessen die Bauern zur Selbsthilfe griffen. Ihre Beschlüsse schufen eine Legalität, denen die Bauern einen höheren Rang einräumten als dem geschriebenen staatlichen Recht. Sie nahm das Adelsland und die ausgegliederten Einzelhöfe als ganze in Besitz, um sie nach altem Herkommen an ihre Mitglieder auszuteilen. Nivellierung der genutzten Landfläche und Stärkung der *obščina* gingen Hand in Hand. Die elementare und typische sozioökonomische Einheit der Dorfgemeinschaft waren *Haushalt* und *Familie*. Diese Entwicklung entsprach dem Agrardekret vom 26. Oktober 1917, das die «Schwarze Umteilung» als Überlebensbedingung des Staatsstreichs anerkannte. Aber sie stand in deutlicher Spannung zu den eigentlichen Überzeugungen der Bolschewiki und ihrem Ideal der künftigen Wirtschafts- und Sozialordnung. Was die marxistischen Revolutionäre letztlich wollten, war in zahlreichen Schriften niedergelegt worden: den Übergang zu *zentralisierten* und *kollektiven* Organisationsformen auch in der Landwirtschaft. Angesichts der Unsicherheit der neuen Machtverhältnisse erschienen vorerst jedoch nur vorsichtige Schritte in diese Richtung möglich. So bemühte man sich, spezialisierte Betriebe wie Obstgärten, Viehzucht, Industriekulturen – meist aus adeligem Besitz – vor der Aufteilung zu retten und sie geschlossen als Staatsbetriebe *(sovchozy,* Sowchos/en) weiterzuführen. Daneben erlaubte und förderte man verschiedene Arten kollektiver Wirtschaften *(kolchozy,* Kolchos/en), die sich nicht in unmittelbarem Staatsbesitz befanden, aber als öffentlich und protosozialistisch galten, namentlich – in absteigender Linie des Vergesellschaftungsgrades – die Kommune *(kommuna),* das *artel'* und die «Genossenschaft zur gemeinsamen Landstellung» *(TOZ).* Vom *artel'* abgesehen waren diese Einrichtungen, die im Statut vom 14. Februar 1919 ein rechtliches Fundament erhielten, in Rußland fremd. Nicht zuletzt aus diesem Grunde kamen sie trotz staatlicher Unterstützung über ein marginales Dasein nicht hinaus. In der gesamten RSFSR bestanden 1921 6527 Sowchosen, 3313 landwirtschaftliche Kommunen, 10185 Artele und 2514 *TOZy.* Sie zeigten an, wie sich das Regime die ideale Agrargesellschaft der Zukunft vorstellte, und demonstrierten ein neues Prinzip, aber nicht mehr.

Angesichts dessen war es nach der Abkehr von verfrühten kommunistischen Experimenten schon weitgehend vorentschieden, was die überfällige *Kodifizierung der agrarischen Wirtschafts- und Sozialordnung* enthalten würde. Zum einen durften die bestehenden Eigentumsverhältnisse bei Strafe der Gefährdung des neuen Kurses nicht tangiert werden. Zum anderen mußte das revolutionäre Regime, wenn es sein Selbstverständnis nicht völlig verleugnen wollte, die Möglichkeit von Alternativen offenhalten. Im Endergebnis bestimmte das Statut, das am 1. Dezember 1922 in Kraft trat und bis zur Kollektivierung gültig blieb, daß jegliches Privateigentum an Land, Gewässer und Bodenschätzen ein für alle Mal aufgehoben und in Staatsbesitz zu überführen sei. Davon unberührt blieb deren Nutzungsart. Mit Blick auf die Landwirtschaft bestätigte das Gesetz ausdrücklich die Rechtmäßigkeit und Gleichberechtigung der praktizierten Formen. Sowohl die getrennte, «individuelle» Nutzung in Gestalt separater Gehöfte als auch die gemeinschaftliche Nutzung durch Kolchosen verschiedener Art und die *obščina* wurden anerkannt. Desgleichen erlaubte man den Austritt aus der *obščina*, allerdings mit Rücksicht auf das komplizierte Geflecht gegenseitiger Abhängigkeiten nur mit Zustimmung der Gemeinde oder zum Zeitpunkt einer Umteilung. Kauf und Verkauf von Land wurden verboten. Anspruch auf Berücksichtigung bei der Landvergabe sollte im Prinzip jeder «Bürger der RSFSR» ohne Rücksicht auf Geschlecht, Glaube oder Nationalität haben, der sich bereit erklärte, «eigenhändig zu arbeiten» (Art. 9). Deutlicher konnte nicht zum Ausdruck kommen, welche Vorstellungen das Statut prägten: das bäuerliche Rechtsempfinden, das nur demjenigen Land zubilligte, der es bearbeitete, samt der inhaltsgleichen neoslavophilen Konzeption des ‹Rechts auf Land›. Von der ‹westlichen› Stolypinschen Vision der Umformung des traditionsgeleiteten, gemeinschaftsgebundenen *mužik* in einen innovations- und konkurrenzorientierten, ‹besitzindividualistischen› Farmer blieb wenig.

Die Rückkehr zum ‹alten Rußland› störte auch der Umstand nicht, daß der Agrarkodex einige Bewirtschaftungsformen erlaubte, die als kapitalistisch galten und bolschewistischen Puristen besonderen Verdruß bereiteten. Zum einen wurde den Bauern gestattet, Land zu pachten und zu verpachten. Einschränkende Bedingungen erwiesen sich als unwirksam, so daß sich die Regierung der Macht des Faktischen in einer Ergänzung zum Agrargesetz beugte. Vor allem die Gemeinden als ganze verpachteten fortan legal Besitzungen (etwa Seen oder Mühlen), um ihre Einkünfte aufzubessern. Zum anderen räumte das Statut den *obščiny* und ihren Mitgliedern das Recht ein, Lohnarbeiter zu beschäftigen. Es gestattete, was nach marxistischen Begriffen das Übel aller Übel war: die Ausbeutung derer, die ihre Arbeitskraft als Ware anbieten mußten. Wie schwer den Gesetzgebern gerade diese Konzession fiel, wird an der Maßgabe deutlich, daß externe Knechte und Tagelöhner nur ‹aushilfsweise› und unter der Voraussetzung eingestellt werden durften, daß «alle verfügbaren arbeitsfähigen Mitglieder der Wirtschaft in der gleichen Weise» wie sie Hand anlegten (Art. 40). Hinzu kam, daß ‹arbeitgebende› Bauern trotz der Legalität ihrer Handlung Gefahr liefen, gemäß der Verfassung der RSFSR wie «Kapitalisten» mit Wahlrechtsentzug bestraft zu werden. Erst die neue Unionsverfassung hob diese Diskriminierung auf. Auch marktorientierte Agrarproduktion größeren Umfangs war nach dem

4. Gesellschaft zwischen Gleichheitsideal und neuen Eliten

Agrarkodex mithin möglich. Da die *obščiny* das Land wieder an die Haushalte austeilten, lief die vom ihm fixierte Ordnung unbeschadet des globalen staatlichen Eigentumsvorbehalts auf eine privatwirtschaftliche hinaus. Diese blieb aber in die überkommene kollektivistische Grundstruktur eingebunden. Pacht, Verpachtung und Lohnarbeit sprengten deren Rahmen nicht, sondern gehörten seit altersher dazu. Davon zu trennen war die – später zu behandelnde – Frage, wie weit die soziale Differenzierung tatsächlich voranschritt.[24]

Welch starke Stellung die *obščina* wieder erreichte, beleuchten einige statistische Daten. Die Zentrale Statistische Verwaltung ermittelte 1922 für die allermeisten der untersuchten Regionen einen Anteil von über 90 % an der gesamten agrarischen Nutzfläche. Die höchsten Werte (im europäischen Rußland) ergaben sich dabei an der unteren Wolga (98 %), im Südosten (95,4 %) und im Südwesten (93,4 %). Auch im Zentralen Industrie- und im Zentralen Landwirtschaftsgebiet lag die Quote wenig darunter. Aus dem Rahmen fielen lediglich dünn besiedelte Gebiete der einstigen Peripherie des Moskauer Reiches. Demgegenüber blieben die Individualgehöfte, von Weißrußland abgesehen, unbedeutend. Dies galt erst recht für die Kolchosen und Sowchosen, deren Anteil selten über 4 % und nirgendwo über 7 % lag. Für das Ende der NÉP (1927) weisen zuverlässige Erhebungen sogar noch höhere Anteile aus. Vom Westen und Nordwesten abgesehen, überschritten sie in der gesamten RSFSR 90 %, in den landwirtschaftlich bedeutenden Regionen sogar 95 %. Wenn man eine ungefähre Vergleichbarkeit der Daten unterstellt, ergibt sich die Schlußfolgerung, daß die *obščina* zu Lasten der konkurrierenden Landnutzungsformen weiter an Raum gewann. Unter den Ursachen, die dafür in Frage kommen, gebührt der Zunahme von Haushaltsteilungen und -neugründungen seit 1922 besondere Aufmerksamkeit. Sie wiederum findet im merklichen Bevölkerungsanstieg und der bauernfreundlichen Wirtschaftspolitik, die zur Ausdehnung der Ackerfläche anregte, eine plausible Erklärung.[25]

Auch hinsichtlich der *inneren Organisation und Funktion* der *obščina* arrangierte sich der Staat letztlich mit der Wiederherstellung der Tradition. Zwar bemühte er sich um Neuerungen in seinem Sinne; aber er besaß keine Möglichkeit, ihnen in der Wirklichkeit Respekt zu verschaffen. So bestätigte das Agrargesetz die institutionelle Struktur der Umteilungsgemeinde. Weiterhin bildete die Dorfversammlung *(schod)* das zentrale Gremium, das alle wichtigen Fragen entschied. Ein gewählter Vorsteher übernahm Sekretärs- und Exekutivaufgaben zugleich; er berief die Zusammenkünfte ein, empfahl die Beratungsgegenstände, prüfte die Berechtigung der Anwesenden und bereitete in Übereinstimmung mit tradierten Verfahrensweisen die Entscheidungen vor, die er nach der Beschlußfassung umzusetzen hatte. Im Unterschied zur Zarenzeit sollten aber nicht nur Haushaltsvorstände, mithin in aller Regel die männlichen Familienoberhäupter, an der Debatte und Abstimmung teilnehmen können, sondern *alle* erwachsenen, nicht entrechteten Mitglieder der Dorfgemeinde (Art. 52). Fernziel dieser Bestimmung war es, den gerade auf dem Land tief verwurzelten Patriarchalismus aufzubrechen und die Selbstverwaltung zu demokratisieren. Alle Berichte deuten allerdings darauf hin, daß «die Tradition sehr langsam starb». Weiterhin blieben Frauen dem *schod* ebenso fern wie Junge, die sich nicht trauten, in diesem Rat der Angesehenen und Ältesten mitzureden.[26]

Kaum erfolgreicher war das Bemühen von Staat und Partei, die Kernfunktion der *obščina* einerseits zu bestätigen, andererseits mit ihren durchaus widerstreitenden Zielen in Einklang zu bringen. Die Vertreibung der Grundbesitzer hatte in vielen Dörfern (ca. 66% bis 1921) Anlaß gegeben, das Land nach längerer Pause zumindest teilweise neu umzuteilen. Wenn die Sowjetregierung die Bauern nicht auf Dauer verprellen wollte, konnte sie kaum anders, als diese ehrwürdige Praxis zu bestätigen. Sie tat aber nicht zuletzt dies gegen ihre Überzeugungen. Der ökonomischen Modernisierung aufgeschlossen, war ihr der Grundgedanke Stolypins nicht fremd, daß die befristete Landnutzung nicht zu nennenswerten Investitionen animierte und die Bodenzersplitterung rationelle Bearbeitungsmethoden verhinderte. Auf der anderen Seite hatte das neue Regime auch Hilfe für die Armen auf dem Lande versprochen. Ein gewisses Maß an egalitärem Besitzausgleich lag daher in seinem Interesse. Um so verschiedenartige Interessen zu versöhnen, bestätigte der Agrarkodex einerseits die Legalität der Umteilungen. Zugleich bemühte er sich, ihre Häufigkeit unter anderem durch die Bestimmung zu vermindern, daß sie nur nach jeweils drei Feldrotationen, d. h. nur alle neun Jahre, stattfinden durften (Art. 121). Auch diese Vorschrift wurde indes allem Anschein nach nicht immer beachtet. Jedenfalls sah sich das Landwirtschaftskommissariat im Mai 1925 veranlaßt, Umteilungen, «die gegen das Agrarstatut verstoßen», erneut zu untersagen. Im Gouvernement Voronež teilten 398 von 479 *obščiny* ihr Land in weniger als neun, 202 in weniger als sechs, 122 in weniger als drei Jahren und 74 jährlich um. In der Südukraine und an der mittleren Wolga fanden entsprechende Aktionen zwischen 1924 und 1929 jährlich statt. Die Regierung fügte sich dieser hartnäckigen Mißachtung ihrer Gesetze schließlich und erlaubte Umteilungen dort, wo sie 1917 unterblieben waren. Damit gab sie zugleich der Parteinahme für die Dorfarmen und dem «Klassenstandpunkt» Vorrang vor der ökonomischen Vernunft. Es mag offen bleiben, ob auch dies als Vorbote der Stalinschen Wende zu werten war.[27]

Bei alledem sollte nicht übersehen werden, daß es neben der typischen mittelbäuerlichen Familienwirtschaft auf periodisch umgeteiltem *obščina*-Land noch andere ökonomische Nutzungsformen gab. An erster Stelle sind die Varianten des individuellen Agrarbetriebs zu nennen. Ihr Anteil blieb insgesamt zwar gering. Aber aus der quantitativen Bedeutungslosigkeit darf nicht auf eine analoge qualitative Marginalität geschlossen werden: Relativ

4. Gesellschaft zwischen Gleichheitsideal und neuen Eliten

wenige größere Betriebe konnten durchaus eine ‹kritische Masse› bilden, die überproportional zur Gesamtleistung der Landwirtschaft beitrug und ins Blickfeld einer argwöhnischen, ideologisch bereits monopolisierten Öffentlichkeit geriet. Hier lag die innere Verbindung zwischen der NĖP, die marktorientierte, profitable Betriebe wollte, und dem Problem der – nach russischen Maßstäben – wohlhabenden Bauern, der ‹*Kulaken*›.

Verbürgt scheint, daß der Drang zur separaten Individualwirtschaft nach dem Ende des Bürgerkriegs spürbaren Auftrieb erhielt. Bauern äußerten wieder zahlreicher und offener den Wunsch, ihre Ackerstücke zu einem Gehöft zu ‹kommassieren›. Allerdings wäre es verfehlt, die Zusammenlegung mit dem Austritt aus der *obščina* in jedem Falle gleichzusetzen. *Otruba* und *chutora* konnten innerhalb der Gemeinschaft existieren. Dennoch dürften Kommassierung und Separierung, wie vor 1914, zumeist Hand in Hand gegangen sein. Um 1923 entfielen 10 % allen innerdörflichen Landtransfers auf diesen Vorgang. Am häufigsten fand er dabei im russischen Nordwesten und Westen sowie, mit einigem Abstand, im Zentralen Industriegebiet statt. So verfügten 1925 im Gouvernement Smolensk 33,5 % aller Haushalte über einen Einzelhof. Relativ hoch war die entsprechende Quote auch in den Gouvernements Leningrad, Novgorod und Tver' (15–25 %), geringer, aber immer noch überdurchschnittlich in den Gouvernements Jaroslavl' (13,8 %), Moskau (7,7 %) und Kostroma (5,9 %). Dagegen herrschte die *obščina* im Zentralen Landwirtschaftsgebiet so gut wie exklusiv vor. Aus Tambov berichtete man, «individuelle Formen der Landnutzung» existierten nicht, und neue *chutora* würden «sehr selten» geschaffen. In dieser groben regionalen Verteilung ist eine mögliche Antwort auf die wichtige Frage gesehen worden, wer auf einen Einzelhof aussiedelte und warum. Dabei hat man die entscheidende Variable im Niveau der Marktentwicklung und der Nähe aufnahmefähiger Märkte gesehen. Kommassierte Betriebe, so unterstellt diese Deutung, bauten Spezialfrüchte an und orientierten ihre Produktion an der Nachfrage. Sie fanden sich in auffallender Zahl in gewerblich verdichteten Zonen und in der Nähe größerer Städte. Dem entsprach, daß sich unter den ‹Einzelhöfern› deutlich mehr wohlhabende Bauern befanden als unter den *obščinniki*. Allerdings muß sich diese Erkärung fragen lassen, ob die Marktbeziehungen im rein agrarischen und armen russischen Westen und Nordwesten wirklich höher entwickelt waren als im Zentralen Schwarzerdgebiet. Sicher wird man auch historische Faktoren vorrangig bedenken müssen, um die Verbreitung des Gemeinbesitzes und die Häufigkeit der Aussiedlung auf Einzelhöfe zu erklären.[28]

Besonderes Interesse haben Zeitgenossen und Nachwelt der *sozialen Differenzierung* der Bauernschaft entgegengebracht. Dabei setzten marxistische Ökonomen Schichten mit *Klassen* gleich und erhofften sich von ihrer Analyse Aufschluß über den angemessenen Umgang mit der so unverständlichfremden Dorfbevölkerung. Umgekehrt bemühten sich nichtmarxistische

Experten, die in der frühen Sowjetzeit durchaus noch einflußreich waren, die Kurzschlüssigkeit solcher Betrachtungen nachzuweisen und den politischen Schaden zu begrenzen. Für spätere Beobachter und die historische Forschung ergab sich die Bedeutung der Frage vor allem aus dieser unseligen Verbindung: Es waren völlig verfehlte Vorstellungen der Parteitheoretiker und -politiker von der Struktur, der Binnengliederung, den Konflikten und Interdependenzen in der dörflichen Welt, die zur fatalen Entscheidung führten, das leidige Versorgungsproblem durch eine angebliche «Klassenpolitik» im Dienste der armen Bauern gegen die ‹Kulaken› lösen zu wollen. Ideologisch und politisch kam die Zwangskollektivierung nicht aus heiterem Himmel. Sie wurde durch die irregeleitete, im Analogiedenken zum industriellstädtischen Bereich befangene Suche nach Klassen und Klassengegensätzen vorbereitet.

Dabei lagen die Unstimmigkeiten auf der Hand. Als schwierig erwies es sich schon, sinnvolle Kriterien der sozioökonomischen Zuordnung zu finden. Die Bauern ließen sich nicht nach Merkmalen des Besitzes oder Nichtbesitzes von Produktionsmitteln sortieren. Wer auf dem Dorfe wohnte, vereinigte im Regelfall mehrere Eigenschaften in sich: Er war im Frühjahr und Sommer Bauer, im Winter Wanderarbeiter oder im Heimgewerbe beschäftigt; er konnte nebenher oder je nach Jahreszeit mit unterschiedlicher Priorität Handel treiben oder Nachbarn als Tagelöhner bei der Ernte helfen. Die Differenzierung war in einer solchen Ordnung noch nicht so ausgeprägt, daß Zugehörigkeiten klar zu bestimmen und von größerer Dauer gewesen wären. Das hat die marxistischen Ökonomen und Statistiker nicht daran gehindert, eine Klasseneinteilung der Dorfgesellschaft vorzunehmen und Begriffe vorzugeben, die aufgrund der unheilvollen Verschwisterung mit dem staatlichen Machtmonopol nicht nur zur verbindlichen Norm wurden, sondern für Millionen Betroffene auch Deportation und Liquidierung nach sich zogen. Die bald standardisierte Nomenklatur unterschied folgende größere Gruppen innerhalb der Bauernschaft:

(1) Als *batraki* wurden landlose Arbeitskräfte in der Landwirtschaft bezeichnet. Dazu gehörten ‹lebenslange› Knechte und Hirten ebenso wie vorübergehend als solche tätige Tagelöhner. Viele wurden von den Dorfgemeinden eingestellt, die meisten von Einzelbauern. Schon die große Zahl der Letztgenannten weist daraufhin, daß ihre Arbeitgeber *nicht* in erster Linie unter den wenigen Wohlhabenden zu suchen waren. Aufmerksamkeit verdient auch der Umstand, daß viele Frauen, junge Mädchen und junge Männer zu den *batraki* zählten, von denen angenommen werden muß, daß sie nur vorübergehend, etwa bis zur Verheiratung, als solche tätig waren. Dessenungeachtet betrachteten marxistische Ökonomen und Politiker diese Gruppe als Pendant zur Industriearbeiterschaft.

(2) Als *bednjaki* (von *bednyj* = arm) wurden diejenigen Bauern zusammengefaßt, deren Ackerstücke nicht genug Ertrag abwarfen, um davon eine

4. Gesellschaft zwischen Gleichheitsideal und neuen Eliten

Familie ernähren zu können. In der Regel besaßen sie auch kein Pferd oder anderes Zugvieh. Sie waren gezwungen, und dies näherte sie den *batraki* an, durch Tätigkeiten außerhalb ihrer eigenen Wirtschaft zusätzliches Einkommen zu erzielen. Meistens verdingten sie sich als Tagelöhner und Knechte während der Feldbestellung und Ernte. Daneben dürfte ein erheblicher Teil dieser Gruppe zu den Saisonarbeitern *(otchodniki)* zu rechnen sein. Die *bednjaki* galten als «halbproletarisch». Da sie in einem genaueren Sinne zu den Bauern zu rechnen waren als ackerlose Landarbeiter und eine größere Gruppe bildeten, wurden sie als wichtigste Säule der *smyčka* auf dem Dorfe betrachtet.

(3) Über den Landarmen rangierten im einfachen vertikalen Schichtungsmodell die *serednjaki*. Diese Mittelbauern (von *srednij* = mittel) machten die große Masse der russischen Dorfbevölkerung aus. Sie bildeten das Fundament der Tradition, sie trugen die *obščina*, sie *waren* das bäuerliche und rückständige Rußland, das die Revolution überlebte und auch das neue Regime entscheidend prägte. Für die marxistische Theorie hatten sie dabei den großen Nachteil, am wenigsten in ihre Kategorien zu passen. Der idealtypische Mittelbauer bewirtschaftete im Rahmen der Dorfgemeinde gerade so viel Land, daß er vom Ertrag leben, sein Vieh füttern und einen Teil auf dem freien Markt verkaufen konnte. Er war Besitzer und Arbeiter zugleich. Er bestellte sein Land in der Regel nur mit Hilfe der Familienangehörigen. Im günstigen Fall reichte sein Inventar aus. Häufig war er allerdings wie der *bednjak* auf Ausleihe angewiesen, verlieh aber auch selbst. Er besaß ein Pferd, eine Kuh und Kleinvieh, mehr zumeist nicht. Vor allem im Zentralen Industriegebiet ging auch er im Winter oft noch einem Nebengewerbe nach, das in Gestalt der Konsumgüterproduktion (Textilien, Bastschuhe, Holzbestecke, Spielwaren) nicht unerheblich zu seinem Einkommen beitrug. Kurz, der Mittelbauer war ein Zwitter, der sich selbst ‹ausbeutete› und eine im Kern vorindustrielle Wirtschaftsform, die tendenziell selbstgenügsame, subsistenzorientierte *Familienwirtschaft*, repräsentierte. Weil die *serednjaki* so zahlreich waren, wurden sie dennoch zur wirtschaftlich und politisch entscheidenden Größe auf dem Lande. Der Mittelbauer produzierte das meiste Getreide. Er war der Haupternährer der Städte, die zentrale Figur auf dem Dorfe und der wichtigste Adressat der NĖP.

Zugleich ließ sich die Schicht der *serednjaki* noch weniger nach unten und vor allem nach oben abgrenzen als die anderen. Deutlich zerfiel sie in eine ärmere Gruppe *(malomoščnye)* und eine bessergestellte *(zažitočnye)*. Letztere war von den wenigen Wohlhabenden nicht zu trennen. Zu Recht ist darauf aufmerksam gemacht worden, daß die ideologische Kampagne gegen die angeblichen «Kapitalisten» auf dem Dorfe schon deshalb auch die *serednjaki* traf. Daß den «Kulaken» bald «Unter-» und «Halbkulaken» und letztlich der größere Teil der Mittelbauern zugerechnet wurden, war vorprogrammiert.

(4) Den obersten Rang der sozioökonomischen Hierarchie im Dorfe nahmen in dieser Sehweise die ‹Kulaken› (von *kulak* = Faust) ein. Dabei war der Begriff in der allgemeinen Bedeutung eines wohlhabenden Bauern schon alt. Spätestens seit der Jahrhundertwende hatte er auch einen pejorativen Beiklang angenommen. Offen aber waren die genaueren und quantifizierbaren Zuordnungskriterien. Selbst die marxistischen Ökonomen der zwanziger Jahre erreichten kein Einverständnis darüber. Eine einflußreiche Schule an der neu gegründeten Kommunistischen Akademie sah im Verleih von Arbeitsgerät und Zugvieh das entscheidende Merkmal, das die Kulakenwirtschaften als ausbeuterisch ausweise. Andere Studien hielten sich eher an die Beschäftigung von Lohnarbeitern.[29]

Bei näherer Betrachtung erweisen sich alle Maßstäbe als untauglich. Der Verleih von Geräten, Pferden und Maschinen hatte fast überall große Bedeutung. In Teilen des Zentralen Landwirtschaftsgebietes war nicht einmal die Hälfte der Wirtschaften in der Lage, den Boden mit eigenen Mitteln zu bestellen. Ein Drittel mußte Nachbarschaftshilfe in Anspruch nehmen und zahlte dafür in Geld, oft aber (typischerweise) auch natural in Form von «Abarbeit». Allerdings fiel die Trennlinie zwischen entleihenden und ausleihenden Wirtschaften nicht mit der zwischen arm und reich zusammen. Auch mittlere und wohlhabende Betriebe waren auf die temporäre Überlassung von Geräten angewiesen. Vielfach mieteten gerade die großen, wirklichen «Landwirte» in der Hochsaison Maschinen, während kleinere Bauern, die stärker von nichtlandwirtschaftlichen Einkünften lebten, sie vermieteten. Eine ähnliche Verbindung verschiedener Funktionen und Leistungen zeigt sich bei der Pacht und Verpachtung von Land. Es waren nicht unbedingt die Kleinen, die pachteten, und die Großen, die verpachteten, sondern umgekehrt die Kleinen, die verpachteten, weil sie weder Geräte noch Vieh besaßen, und die Großen, die pachteten, weil sie mehr Land bearbeiten konnten, als sie besaßen. So entziehen sich die Daten letztlich einer eindeutigen «Registration», weil die Wirtschaften einen geringen Differenzierungsgrad aufwiesen; mit gutem Grund hat man dies als Indiz für einen vor- oder frühkapitalistischen Zustand gewertet.[30]

Auch die anderen Merkmale führen nicht weiter. Nicht nur ‹Kulaken› beschäftigten Knechte und Tagelöhner, sondern auch Mittelbauern. Außerdem wurde Hilfe überwiegend saisonal geleistet. Als Schichtungskriterium eignen sich aber nur längerfristige Tätigkeiten. Und selbst in diesen Fällen stellt sich heraus, daß permanente Arbeiter häufig in Wirtschaften tätig waren, in denen Männer fehlten. Die vermeintlich reichen ‹Kulaken› entpuppen sich als arme Witwen. In Wirklichkeit kamen die meisten Bauern ohne fremde Hilfe aus, darunter nicht zuletzt die wohlhabenden, die in der Regel über größere Familien verfügten und selbst eher zu viel als zu wenig Arbeitskräfte hatten. Schließlich erweist sich auch der Zug- und Nutzviehbesitz als wenig aussagekräftig. Nur selten besaßen ‹Kulaken› drei-vier Pferde. Außerdem

4. Gesellschaft zwischen Gleichheitsideal und neuen Eliten 293

brauchte man auf schweren Lößböden so viele, um den Acker angemessen bestellen zu können, während dies in anderen Regionen nicht nötig und deshalb auch nicht verbreitet war.[31] Dabei gab es einen alternativen theoretisch-methodischen Zugang. Seit der Jahrhundertwende hatte die neopopulistische Schule der Agrarökonomie in Fortsetzung der alten Debatte mit den Marxisten über die Chancen des Kapitalismus im Zarenreich darauf hingewiesen, daß die russische Dorfgesellschaft nicht mit kapitalistischer Rationalität zu begreifen sei. Sie hatte anhand von Langzeitstudien über bäuerliche Budgets zu belegen versucht, daß die Bauernwirtschaften als Familienwirtschaften den Umfang ihrer Aussaat primär an den eigenen Bedürfnissen, am traditionalen Ideal der «Nahrung», orientierten, nicht am größtmöglichen Verkauf. Die Bedürfnisse aber änderten sich in ungefährer Entsprechung zum Verhältnis zwischen arbeitsfähigen und nur konsumierenden Familienmitgliedern (Kinder, Alte, Gebrechliche). Eine Wirtschaft dehnte ihre Produktion aus, wenn viele Esser zu ernähren waren und schränkte sie ein, wenn sie mit weniger Einsatz auskommen konnte. Daraus ergab sich, daß sie zu unterschiedlichen Zeiten des familiären Lebenslaufs unterschiedliche Positionen in der Besitz- und Größenhierarchie einnahm. Ihre Bewegung war zyklisch, nicht linear. Auch in den zwanziger Jahren hatten die fähigsten Vertreter dieser Denktradition noch in verantwortungsvolle Ämter (vor allem im Umkreis des Landwirtschaftskommissariats und an den Hochschulen) inne. A. V. Čajanov, ihr unbestrittener Kopf und bis zu seiner Verhaftung 1930 Leiter der Landwirtschaftsakademie in Moskau, verfaßte gerade in diesen Jahren seine Hauptwerke über die Familienwirtschaft und spitzte ihre allgemeineren historisch-soziologischen Implikationen zu einer «Theorie der nichtkapitalistischen Wirtschaftsysteme» zu. Vor allem in seinen Gedanken lag eine Interpretation vor, die den traditionalen Charakter des russischen Dorfes ernst nahm, davor warnte, es über den marxistisch-westeuropäischen Leisten zu schlagen, und im Konzept der zyklischen Mobilität den integrativen und stabilisierenden Kräften der Agrargesellschaft Rechnung trug. Zugleich gab es fachökonomische analytische Instrumente an die Hand, die auch zur fiskalisch-monetären Steuerung hätten benutzt werden können. Die ideologische Fixierung des neuen Staates verbot es jedoch, solche Überlegungen ernsthaft in Erwägung zu ziehen. Keiner der neopopulistischen Fachökonomen hat das Ende der NĖP an halbwegs prominenter Stelle überlebt.[32]

Weil die «Klassenanalyse» Anleitung zur ‹richtigen› Politik geben sollte, verband sie sich mit einer institutionellen Frage, in der man mit guten Gründen den tiefsten Kern des Problems sehen kann: der Form der öffentlichen Organisation der Bauern, der Art ihrer Verwaltung und den sozialen und politischen Kräften, die sie tragen sollten. Auch in dieser Hinsicht konkurrierten alt und neu. Seit Menschengedenken regelte die *obščina* nicht nur die Landverteilung und -bearbeitung, sondern alle internen und externen Angelegenheiten des Dorfes. Das revolutionäre Regime bemühte sich, ihr ebenfalls eigene Einrichtungen in Gestalt von Sowjets entgegenzusetzen. Dabei spiegelte der Verlauf der Auseinandersetzung die ‹Konjunkturen› der Politik mit besonderer Klarheit. Zur NÉP gehörte gerade in dieser Hinsicht eine Politik der Duldung und Nichtintervention. Um so rücksichtsloser ging man nach ihrem Ende vor.

Revolution und Bürgerkrieg hinterließen das Problem ungelöst. Nach dem Oktobercoup beherrschte zunächst die *obščina* das Feld. Die Vertreibung der Grundbesitzer und die Anarchie im Wortsinne spielten ihr die unbestrittene Macht in die Hände. Erst im Laufe der folgenden Jahre gelang es dem Regime allmählich, auch auf dem Lande Vorposten seiner Herrschaft zu installieren. Dies geschah vor allem in den Sowjets der – mehrere Dörfer überwölbenden – *volost'*- Ebene. Hier fand, wie eine singuläre Regionalstudie gezeigt hat, der Interessenausgleich zwischen dem revolutionären ‹Arbeiterstaat› und der erstarkten traditionalen Bauernschaft statt. Dabei kam es zu einer typischen Funktions- und Repräsentationsverteilung. Das Plenum bestand aus gewählten Delegierten des Dorfes, die zwar vom Dorfsowjet entsandt wurden, aber im wesentlichen die Wünsche und Meinungen der *obščina* vertraten. In den zunehmend häufig von oben ernannten Exekutivkomitees dagegen versammelten sich die wenigen Bolschewiki, die überhaupt auf dem Lande anzutreffen waren. Sie wurden früh zu nachgeordneten Instanzen der höheren Exekutivkomitees und der Partei. Im Maße der Entmündigung der *Volost'*-Sowjets und steigender fiskalischer Forderungen des Staates zogen sich die bäuerlichen Vertreter indes aus den Plenargremien zurück. Mehr und mehr nahmen sie den Staat wieder in der alten Form wahr: als ausbeuterische Obrigkeit, die nichts anderes im Sinne hatte, als Steuern einzuziehen und Rekruten auszuheben. Damit zerbrach die Kompromißplattform, auf der sich Dorf und Staat begegneten. An seine Stelle trat eine «Doppelherrschaft» als Machtkompromiß: Der Staat begnügte sich mit der Befriedigung seiner fundamentalen Gehorsamsansprüche, überließ die örtlichen Angelegenheiten aber der *obščina*. Faktisch genoß das Dorf, gleichsam unterhalb des praktizierten behördlichen Zugriffs, eine weitgehende Autonomie.[33]

Es versteht sich, daß die Wende zur NÉP diesen Zustand festigte. So wie der Agrarkodex vom Dezember 1922 die kollektive Landnutzung im Rahmen der *obščina* ausdrücklich erlaubte, so bestätigte er auch die Legitimität der Dorfgemeinde und ihrer Tätigkeit. Das bedeutete aber nicht, daß sich Partei und Staat damit ein für alle Mal abgefunden hätten. Der Triumph der Tradition störte sie auf Dauer um so eher, als er einen weiteren, gravierenden Nachteil mit sich brachte: Er konservierte nicht nur das fortschrittshemmende Prinzip der Landumteilung, sondern auch die Herrschaft der ‹Kulaken›. Zu Recht wies vor allem die linke Opposition darauf hin, daß die Demokratisierung des *schod* ein frommer Wunsch geblieben sei und Landlose, von

4. Gesellschaft zwischen Gleichheitsideal und neuen Eliten

Frauen nicht zu reden, weiterhin ausgeschlossen würden. Klassenbewußten Bolschewiki mußte dies ein Dorn im Auge sein und ihr Ziel darin bestehen, die *obščina* durch ein kompatibles Organ der Sowjetverfassung zu ersetzen. In diesem Sinne drängte die Partei auch im Zenit der NĖP auf eine Stärkung der Dorfsowjets. Allerdings blieben entsprechende Vorstöße umstritten. Während ein erster Entwurf zur Anpassung der Verfassung der RSFSR an die Unionsverfassung im Januar 1925 auch solchen Personen das Wahlrecht zuerkannte, die Lohnarbeiter beschäftigten, bestätigte die angenommene Version vom Mai 1925 ausdrücklich das alte Prinzip von 1918, das ‹Ausbeutern› die Ehre der Mitwirkung am proletarischen Staat verweigerte. In der Praxis wurde der Wahlrechtsentzug sehr unterschiedlich gehandhabt. Es gab Bauern, die ihre dritte Kuh verkauften, um nicht als ‹Kulak› definiert und in dieser Form bestraft zu werden. Oft erreichte der Buchstabe des Gesetzes die Realität aber auch (noch) nicht. Als nachgerade kontraproduktiv erwies sich überdies eine Maßnahme, die im Zusammenhang mit der «Regionalisierung» seit 1922 ergriffen worden war: die Vergrößerung der Zuständigkeitsbereiche der Dorfsowjets. Es zeigte sich, daß sie die untersten Räte nicht, wie beabsichtigt, stärkte, sondern ihnen im Gegenteil schadete. In dem Maße, wie die Sowjets vom Dorf wegrückten, füllte die *Pobščina* das Vakuum. Auch die Neufassung des Dorfräte-Statuts im Oktober 1924 hinterließ keine anhaltende Wirkung. Zwar wußten die Bauern das Signal offenbar zu würdigen und reagierten positiv. Aber die konziliante Politik war, wie erwähnt, nicht von Dauer. Mit größerer Energie setzte sich der Staat in den letzten Jahren der NĖP für den gegenteiligen Kurs ein. Auf dem Papier errang er im Kampf gegen die *obščina* auch entscheidende Siege. Schon im November 1926 war die Aufnahme der *batraki* in den *schod* dekretiert worden. Am 14. März 1927 folgte der wichtigste Vorstoß: die Unterordnung der *obščina* unter den Dorfsowjet. Dem Buchstaben nach berief dieser fortan die Gemeindeversammlungen ein, prüfte die Teilnahmeberechtigung, bestätigte die Protokolle und hob eventuell sogar Beschlüsse auf. Allerdings wurden diese Bestimmungen allem Anschein nach nur selten Wirklichkeit.

Nicht besser erging es der Partei. Sie hatte bei ihren Bemühungen, auf dem Lande Fuß zu fassen, eher noch größere Hindernisse zu überwinden. Zum einen war und blieb sie eine städtische Organisation. Die Aufnahme von Bauern mochte die Einseitigkeit ihrer Sozialstruktur reduzieren, behob sie aber nicht. Zum anderen konnte sie die staatlichen Einrichtungen auf dem Dorfe nicht, wie in anderen Bereichen, als Wegbereiter und Vorposten nutzen. Die Folgen sind an den vorliegenden Daten klar erkennbar. Auch auf dem Höhepunkt bäuerlicher Repräsentanz, nach dem Bürgerkrieg (1921) und den Anfangserfolgen der NĖP (1924), überschritt der bäuerliche Anteil an der gesamten Mitgliederschaft die Marke von 30 % nicht. Um die Mitte des Jahrzehnts fand sich in 25–30 Hauptdörfern *(selo)* eine einzige

Parteizelle. Von den rund 700 000 Genossen, die nach dem «Leninaufgebot» im Herbst 1924 zur Partei gehörten, lebten nur 150 000 außerhalb der Stadt, und je weiter die Siedlungen entfernt lagen, desto seltener war dort ein Bolschewik anzutreffen. Schon unterhalb der Kreisebene *(uezd, okrug)* bildeten die Kommunisten in den Sowjets eine Minderheit. In den Exekutivkomitees der *volost'*-Sowjets stellten sie etwa 40 %, in den *volost'*-Plenarversammlungen aber nur 11,7 % und in den Dorfräten bloße 6 %. Dies änderte sich auch in den letzten Jahren der NĖP kaum. In der Gesamtbevölkerung machten die Parteimitglieder 1927 1,78 % aus, unter den Dorfbewohnern aber nur 0,52 %. Im gleichen Jahr gab es nur in 0,7 % aller bäuerlichen Haushalte einen registrierten Kommunisten. Von selbst ergibt sich daraus, daß Bauern auch in der Parteihierarchie unterrepräsentiert waren. Auf der *volost'*-Ebene stellten sie Ende 1927 noch knapp 30 % der Komiteemitglieder, schon auf der Kreisebene *(uezd, okrug)* nur noch 10 %. So gesehen, zahlte sich die NĖP für die Partei als Organisation *nicht* aus. Deren Verankerung auf dem Lande blieb weiterhin prekär. Auch 1929 konnte keine Rede davon sein, daß sie dort nennenswerten Einfluß ausgeübt hätte.[34]

Vor allem zwei Umstände waren für diese Widerstandskraft der Dorfgesellschaft und der *obščina* verantwortlich. Zum einen verschafften ihr die Tradition und die elementare Bindung der großen Masse der Bauern an überkommene Verfahren einen unschätzbaren Vorteil. Weil es sie schon immer gegeben hatte, weil ihre hauptsächliche Funktion gerade für die vielen Kriegsheimkehrer und jungen Familien unentbehrlich war, weil keine andere Institution in der Lage schien, den ungeheuren Umbruch einigermaßen zu steuern, den die Vertreibung der Grundbesitzer und das Bevölkerungswachstum mit sich brachten, hielten sich die Dorfbewohner an die *obščina*. Ihre Loyalität sorgte in Verbindung mit dem Vorzug langjähriger Erprobung dafür, daß die Gemeinde im Vergleich zum Sowjet auch effizient arbeiten konnte. Der Sowjet mochte vieles beschließen, ausgeführt wurde in der Regel nur das, was der *schod* für nötig hielt. Dies war um so eher der Fall, als ein weiterer wesentlicher Tatbestand hinzukam. Die *obščina* verfügte über ein eigenes Budget und war finanziell unabhängig. Schon das Agrargesetz vom Dezember 1922 hatte ihr nicht nur Einkommen aus eigenen Unternehmen (Mühlen, Fischteiche usw.) und Verpachtungen belassen, sondern ihr auch die Befugnis zur Selbstbesteuerung zuerkannt. Wie in zarischer Zeit durfte die Gemeinde ihren Mitgliedern Abgaben auferlegen, aus denen sie ihre Angestellten finanzierte und sonstige Kosten bestritt. Kritischen Äußerungen eines Delegierten des 15. Parteitags zufolge waren die Einnahmen der *obščiny* zum Teil erheblich. In jedem Falle hatten die Sowjets dem nichts entgegenzusetzen. Sie blieben, bei allen Korrekturversuchen, bettelarm. Die Gehälter, die sie dem Vorsitzenden des Exekutivkomitees und einem Sekretär zahlen konnten, reichten zum Überleben nicht aus. Dementsprechend hoch war die Fluktuation. Wer immer konnte, suchte sich eine einträglichere

Stellung. Auch deshalb fungierten die «Ältesten» *(starosta)* der *obščiny* häufig in Personalunion als Vorsitzende des Dorfsowjets. Und nicht selten zahlte die *obščina* das Gehalt des Sowjetsekretärs. Angesichts dessen konnte von ihrer Unterstellung unter die Räte nicht ernsthaft die Rede sein. Auch die im Agrarkodex vorgeschriebene *allgemeine* Dorfversammlung (einschließlich der Landlosen und der Frauen) wurde, soweit sie überhaupt annähernd regelmäßig zusammenkam, von der althergebrachten Einrichtung gleichen Namens, aber anderer Zusammensetzung aufgesogen. So spricht alles dafür, daß die Dorfversammlung, wie ein Parteibeobachter noch im Dezember 1928 feststellte, in der Tat nach wie vor die «beherrschende Position im Dorfleben» einnahm.[35]

d. *Nepleute, Spezialisten und neue Elite*

Neben Arbeitern und Bauern haben vor allem drei soziale Gruppen so viel Aufmerksamkeit gefunden, daß sie über erkennbare Konturen verfügen: die wieder zugelassenen Privatunternehmer; das qualifizierte technisch-administrative Personal sowie neue, im Geist des Regimes herangewachsene Führungskräfte der Wirtschaft und der Staatsverwaltung. Kaum zu fassen sind dagegen bislang die Reste des vertriebenen Adels, des enthaupteten alten Bürgertums und die nicht zur Arbeiterschaft zählenden, in schiefer Analogie zu westeuropäischen Verhältnissen oft als ‹Kleinbürger› bezeichneten einfachen Stadtbewohner *(meščane)*.

Auch über die Erstgenannten liegen allerdings keine brauchbaren statistischen Daten vor. Zeitgenössische Erhebungen haben sie bestenfalls als Residualkategorien behandelt und zusammengefaßt: Ob industrielle Unternehmer, Manager von Staatsfirmen, ehemalige Grundbesitzer oder neureiche Bauern – sie alle wurden als ‹Bourgeoisie› in einen Topf geworfen. Das Ergebnis (vgl. Tabelle A–3/1) läßt daher wenig mehr erkennen als einige grundlegende Tatbestände: zum einen die numerische Marginalität auch dieser gebündelten Gruppe; zum anderen ihren Gewichtsverlust in Relation zur Gesamtbevölkerung. Vieles spricht dafür, daß dieser Rückgang von 1924= 8,5 % auf 1928= 4,6 % keine bloße Erscheinung einer nach unterschiedlichen Kriterien verfahrenden Statistik ist. Sie dürfte (zumeist bittere) Realität gewesen sein, lagen ihr doch die beschriebenen Maßnahmen zugrunde, die schon seit 1926 den Übergang zur Planwirtschaft ankündigten. Deshalb kann auch der Versuch, die verfügbaren Prozentangaben in absolute Zahlen rückzuübersetzen, nur illustrativen Charakter haben. Bei einer Gesamtbevölkerung von 136,1 Mio. 1923 entsprachen 8,5 % ‹Klassenfeinde› kurz vor dem Höhepunkt der NĖP ca. 11,6 Mio. Menschen (einschließlich Familienangehöriger) und 4,6 % bei einer Gesamtbevölkerung von 147 Mio. im Dezember 1926 ca. 6,8 Mio. gegen Ende der NĖP. Welche Verzeichnungen auch diese Daten noch einschließen, mag der Tatbestand beleuchten, daß der Zensus von 1926 nur 137 000 Angehörige freier Berufe registrierte; dies ergab lediglich einen Anteil von ca. 0,09 %.³⁶

Jenseits der Barrikaden wurden prinzipiell auch diejenigen angesiedelt, die dem Aufruf zum neuen Wirtschaftsdenken folgten und maßgeblich zur raschen Beseitigung der Versorgungsengpässe beitrugen: die sog. *Nepleute*. Entgegen den Tagesparolen blieb das Verhältnis des Staates zu den Geistern, die er rief, zumindest ambivalent. Die politische Wende zielte im wesentlichen auf die Bauern. Daß *diese* die Chancen des teilweise wieder zugelassenen Marktes entdeckten, wurde nicht nur geduldet, sondern erwartet. Anders stand es bei den Akteuren von Handel und Gewerbe. Hier witterte nicht nur die bolschewistische Linke besondere Gefahren für die sozialistische Ordnung. Auch die Mehrheitsfraktion meinte, ihnen gegenüber ungewöhnlich wachsam sein zu müssen. Dabei machte man innerhalb dieser Schicht noch einen weiteren, deutlichen Unterschied. Das größte Mißtrauen galt den *Händlern*. Als Erklärung kommt zum einen der Umstand in Betracht, daß die privaten Pächter und Unternehmer in der Industrie so wenig ins Gewicht fielen, daß sie die staatliche Kontrolle zu keinem Zeitpunkt gefährdeten. Zum anderen trat in der Diskriminierung auch ein besonderes Mißtrauen gegenüber einer Gruppe zutage, die dem schlichten Marxismus als Inbegriff des parasitären, ‹häßlichen› Kapitalismus galt. Neben dem ‹Kulaken› avancierte der ‹Spekulant›, der Börsianer und Makler, der ohne nützliche, gegenständliche Arbeit in kurzer Zeit große Vermögen zusammenraffte und seinen Wohlstand in ostentativem Konsum oder gar an Spieltischen verpraßte, zum bevorzugten Schreckgespenst linker Manifeste. Die Realität sah freilich ganz anders aus.

Zwar konnte der Händler als typische Figur der NÈP gelten. Aber es war ziemlich verfehlt, ihn als kapitalistisch im Sinne der modernen Wirtschaftsordnung zu bezeichnen. Der durchschnittliche NÈP-Mann war kaum anderes als der legale Nachfolger des ‹Sackträgers› aus den Bürgerkriegsjahren. Er hatte zu handeln begonnen, weil dazu nur wenig Kapital nötig war. Er blieb mobil, weil ihm das Geld für die Pacht eines Ladens fehlte und Steuern auf diese Weise besser zu umgehen waren. Er verfügte über wenig Berufserfahrung, betrieb sein Geschäft oft nebenher oder in Ermangelung einer anderen Anstellung und hoffte auf schnellen Gewinn. Seine Tätigkeit bestand ganz überwiegend im Kauf und Verkauf von «einfachen, elementaren Konsumgütern», in der Regel Nahrungsmitteln. Dieser Händler war kein begüterter Kaufmann, sondern ein armer Höker, der sein klägliches Sortiment eigenhändig durch die Lande trug. Er verstopfte nicht mit seinem Wagen die Straßen, sondern mit seinem ‹Bauchladen› die wenigen Bahnwaggons, in denen er Tagesfahrten auf die Dörfer unternahm. Handel in stationären Läden fand erst seit 1924/25 wieder in größerem Maßstab statt. Aber auch auf dem Höhepunkt der NÈP blieb sein Anteil unter einem Viertel, während er 1913 gut zwei Drittel betragen hatte. Dazu paßt, daß die Zahl

4. Gesellschaft zwischen Gleichheitsideal und neuen Eliten

der ländlichen Händler 1926/27 wieder die Hälfte des Vorkriegsstandes, aber deren Umsatz nur 13 % des einstigen Niveaus erreichte. Auf der anderen Seite bewies der private Handel ungewöhnliche Widerstandskraft. Als bevorzugte Zielscheibe antikapitalistischer Ressentiments hatte er schon nach der Scherenkrise im Winter 1924/25 sowie vor allem nach 1926 unter feindseligen Maßnahmen des Staates zu leiden. Steuerdruck und behördliche Schikanen lasteten schwer auf ihm und führten zu einem merklichen Rückgang der Lizenzen. Dennoch hielt er stand. Vieles spricht dafür, daß er sich zu einem erheblichen Teil nur abermals in die Illegalität zurückzog. Vor allem auf dem Lande blieb er für die Versorgung unentbehrlich. Kaum zufällig erlebten die ‹Sackmänner› im selben Jahr 1928/29 eine Wiederauferstehung, als der Staat seine fiskalischen und physischen Attakken auf die vermeintlich hortenden Bauern verschärfte. Wohl brach die nachfolgende neuerliche Nationalisierung des Warenaustauschs zwischen Stadt und Land als Begleitmaßnahme der erzwungenen Totalkollektivierung dem privaten Handel endgültig das Rückgrat, zumal auch die staatliche Industrie als zweite Bezugsquelle der Waren entfiel. Die Basare, Märkte und Messen wurden abermals verboten. Doch auch bei der Wertung dieses Tatbestandes gilt es zu bedenken, daß nur wenige Jahre später ein Teil in Gestalt der Kolchosmärkte wieder an die Oberfläche treten konnte. Man darf davon ausgehen, daß mit ihnen auch der private Kleinhandel überlebte. Allerdings entfaltete er – in deutlichem Gegensatz zu seiner ökonomischen Bedeutung – keine sozialbildende Kraft mehr.

Ähnlich entsprachen auch die privaten Unternehmer, bei Lichte betrachtet, dem ideologischen Feindbild nur ausnahmsweise. Zunächst ist zwischen Pächtern und Besitzern zu unterscheiden. Von außen gesehen kamen erstere dabei dem Typus des ‹Kapitalisten› noch am nächsten, da sie in der Regel größeren Firmen vorstanden als die Eigentümer. Angesichts fehlender Informationen über Umsätze und Gewinne mag die Angabe als ungefährer Indikator dienen, daß sie 1923/24 durchschnittlich 16–18 Arbeitskräfte beschäftigten. Nach den üblichen Kriterien bewegten sie sich damit etwas oberhalb der Definitionsgrenze eines handwerklichen Betriebes. Tatsächlich dürften die meisten dieser Unternehmen auch nichts anderes gewesen sein. Dafür sprechen schon die Branchen, denen sie angehörten. Erhebungen von Ende 1922 zeigen, daß ein Viertel Nahrungsmittel herstellte; zumeist handelte es sich um Bäckereien und Brauereien. Ein gutes Fünftel verarbeitete Leder und Pelze, ein weiteres Siebtel Textilien; die übrigen waren Schmieden, Ziegeleien, Seifen- und Talgsiedereien und Ähnliches. Hinzu kam, daß Pächter durch die Verträge nicht unempfindlich eingeschränkt waren. Sie mußten nicht nur Pacht zahlen, sondern auch die Instandhaltung garantieren, Reparaturen durchführen und dem Staat Vorzugsbedingungen bei der Abnahme der Erzeugnisse einräumen. Diese Auflagen mochten dazu beitragen, daß die Pachtzeit im Regelfall weit unter der gesetzlich zugelassenen Maximalfrist von zwölf Jahren lag. Zumeist betrug sie weniger als drei Jahre. Dies kam dem Staat entgegen, der es seit der Mitte des Jahrzehnts vorzog, die Betriebe in eigener Regie zu halten. Schon einige Zeit vor dem Ende der NĖP war die ohnehin nicht große Zahl der Pächter daher rückläufig. Lediglich kooperativ geführte Betriebe (ca. 25 % der privaten) wurden weiterhin gefördert. Auch wenn sich manche von ihnen faktisch in Einzelbesitz befunden haben dürften, galten sie als Vorform sozialistischen Eigentums.

Dagegen hielt die gute Konjunktur für private Unternehmen insgesamt länger an. Ein Zusammenhang mit dem Tatbestand, daß sich ihre große Mehrzahl auf dem Dorf befand, liegt nahe. Der typische gewerblich-industrielle Privatbetrieb war nichts anderes als die vorrevolutionäre *Kustar*hütte. Der Meister und Besitzer stellte hier mit einfachen technischen Mitteln in begrenztem Umfang nach alter Art Gegenstände des alltäglichen Gebrauchs her, von Nägeln bis zu Kleidern. In der Regel halfen ihm Familienmitglieder oder einige wenige externe Arbeitskräfte; 1924/25 beschäftigten 80 % dieser Betriebe nicht mehr als drei Arbeiter. Nur einige wenige größere dörfliche Werkstätten, die sog. *Zensus*-Unternehmen, ragten heraus. Zu den besten Zeiten, 1923/24, erreichte ihre Zahl 2000. Obwohl auch sie quantitativ schrumpften, dauerte ihre gute Konjunktur, ablesbar an der weiteren Vergrößerung ihrer Arbeiterschaft, bis zum Ende der NĖP an. Auch darin darf ein Indiz für die zentrale Funktion des gesamten Privatsektors gesehen werden. Noch nach dem Beginn seiner Strangulierung stellte er ein Drittel aller Konsumwaren her. Diese erhebliche Leistungsfähigkeit verband sich nahtlos mit den übrigen genannten Merkmalen. Wie vor der Revolution waren es die bäuerlichen Händler und *kustarniki*, die entscheidend zur Versorgung der Bevölkerung beitrugen. Darauf wies die linke Kritik an der NĖP zu Recht hin; nur eines waren die Kleinproduzenten und -distributoren von Nahrungsmitteln und Gebrauchsgegenständen des Alltags gewiß nicht: eine neue Bourgeoisie.[37]

In nächster Nähe zu den neuen ‹Kapitalisten› siedelte die Partei die Helfershelfer der alten an. Die Eigentümer selbst hatten nach dem Oktoberumsturz und der Enteignung überwiegend die Flucht ergriffen. Aber ihre leitenden Angestellten und Ingenieure waren zu einem erheblichen Teil geblieben. Zwar schlossen sie sich in der Regel der Opposition an. Aber als der Bildersturm vorbei war und die neuen Machthaber, die harten ökonomischen Fakten vor Augen, das Heil in kompetenter Führung erkannten, arrangierten sie sich mit ihnen. Die NĖP führte über diesen ‹Waffenstillstand› noch einen deutlichen Schritt hinaus. Sie leitete eine Phase der Versöhnung ein, die bis zum ersten Schauprozeß gegen ‹bürgerliche› Spezialisten 1928 anhielt. Noch 1926 vermerkte ein internes Papier des VSNCh, daß dem technischen Leitungspersonal größtmögliche Gestaltungsfreiheit einzuräumen sei. Auch die Gewerkschaften hatten Order, die Gegner von einst zu

4. Gesellschaft zwischen Gleichheitsideal und neuen Eliten 301

schonen. Dank dieses Schutzes stellten parteilose ‹Spezialisten›, die ihre Tätigkeit schon vor der Revolution begonnen hatten, noch 1927 43 % aller einschlägigen Personen. Zwei Jahre später belief sich die Gesamtzahl des «ingenieurtechnischen Personals» auf ca. 100 000.[38]

Auf der anderen Seite vergaß das Regime nicht, ihnen Kontrolleure an die Seite zu stellen. Vor allem seit dem zwölften Parteitag von 1923 rückten ‹rote Direktoren› in die wichtigen Managerposten ein. Fortan mußten die ‹Spezialisten› mit kommunistischen Vorgesetzten zurechtkommen, denen sie an Sachkompetenz oft überlegen waren. Dies konnte kein Dauerzustand sein; dem Regime mußte daran liegen, seine eigene Elite heranzuziehen. Die NĖP bildete auch in dieser Hinsicht eine Übergangszeit. Sie bot den ‹Spezialisten› unter der Voraussetzung politisch-ideologischer Enthaltsamkeit eine ‹friedliche Koexistenz› an. Alle größeren Berufsgruppen (Lehrer, Ärzte, ‹Statistiker›, Wissenschaftler und andere) nahmen die Offerte mehr oder weniger freiwillig an. Zugleich gab sich der neue Staat alle Mühe, Vorsorge für ihre baldige Ablösung zu treffen. Auch wenn der Ertrag erst in der Stalinära voll zutage trat, sollte nicht vergessen werden, daß die Grundlagen bereits vorher gelegt wurden. Vor allem der Führungsanspruch der Monopolpartei in sämtlichen Bereichen von Staat, Wirtschaft, Gesellschaft und Kultur sorgte in Verbindung mit seiner Voraussetzung, der Öffnung der Schulen und Hochschulen für die Unterschichten, für jene unerhörte vertikale Mobilität, ohne die das Regime kaum hätte Bestand haben können.[39]

e. *Opfer von Krieg und Umbruch*

Zur NĖP gehörte schließlich auch ein negatives Erbe, das allen ausländischen Besuchern in die Augen sprang und die Innenpolitik häufiger beschäftigte, als ihr lieb sein konnte: die ungewöhnlich große Zahl heim- und elternloser Kinder und Jugendlicher. Wieviele dieser sog. «Unbeaufsichtigten» *(bezprizorniki)* Straßen und Bahnhöfe vor allem der größeren Städte bevölkerten, läßt sich nicht einmal ungefähr sagen. Die Schätzungen schwanken für 1923 zwischen 1 und 4 Mio., liegen für Anfang 1924 bei einer Million, und verringern sich dazwischen und mit Blick auf die späteren Jahre auf unter 300 000. Unzweifelhaft bezeugt die zeitgenössische Publizistik und Politik aber, daß die «Verwahrlosung» zu einem massiven sozialen Problem wurde. Dabei konnte das Regime noch mit einiger Glaubwürdigkeit darauf verweisen, daß die Misere ihm zumindest nicht alleine anzurechnen war. Die Hauptursachen lagen auf der Hand: Krieg, Bürgerkrieg sowie vor allem die Hungersnot von 1921/22 hatten zahllose Kinder ihrer Eltern beraubt und dem Elend ausgesetzt. Nur verbohrte Ideologen behaupteten dabei, daß den Straßenkindern eine gleichsam im Grundsatz positive Ablehnung ‹bürgerlicher› Vorstellungen von Eigentum und Ordnung eigen sei. Die meisten führenden Politiker hielten wenig davon, Bettelei, Kleinkriminalität und Prostitution zu gleichsam verkehrten Tugenden zu erklären und sahen auch die sozialistische Gesellschaft durch sie gefährdet. Sie gaben den praktischen Forderungen der neuen Staatlichkeit eindeutig Vorrang, die nicht nur die Garantie öffentlicher Ordnung, sondern auch Hilfe bei unverschuldeter Not einschlossen. Anders als in der nächsten Dekade verschwiegen sie aber noch nicht, daß das Regime seine Pflichten auch in diesem Fall nicht erfüllen konnte.[40]

5. Kultur zwischen Bildersturm und Tradition

Die verbreitete Meinung hat gewiß viel für sich, daß die bolschewistische Revolution ihre große Durchschlagskraft vor allem der Mobilisierung sozialer Energien verdankte. Sie galt und gilt primär als gesellschaftlicher Umsturz, der aufgrund seiner Radikalität auch eine neue politische Ordnung begründete. In Vergessenheit geriet darüber die kulturelle Dimension, die aus den revolutionären Bewegungen aller Schattierungen nicht wegzudenken ist. Die Russische Revolution in einem breiteren Sinne war auch ein vehementer Protest gegen tradierte Lebensformen, soziale Normen und Institutionen, gegen die überkommene Kunst und das ‹alte Denken› generell. In ihrem Sog kamen zahlreiche Nebenströmungen an die Oberfläche, die gegen die verschiedensten Aspekte der ‹bürgerlichen›, etablierten Existenz, gegen sozialen Rollenzwang, Denkmuster, kirchlich-anstaltlich regulierte Religiosität und anderes mehr revoltierten. Sie wollten nicht nur die politischen, sozialen und wirtschaftlichen Verhältnisse von Grund auf verändern, sondern das Leben generell. Dabei dachten sie weder an Nischen für Außenseiter noch an Exklaven für eine Bohème, sondern an das Dasein zumindest der städtischen Bevölkerungsmehrheit allgemein. Auch im Denken und alltäglichen Leben sollte der revolutionäre Machtwechsel eine neue Ära eröffnen.

Allerdings blieben nicht nur die Bauern von solchen Visionen intellektueller Weltverbesserer ausgenommen. Auch außerhalb des Dorfes zeigte sich die Wirklichkeit schon mit Beginn der NĖP sperrig. Die hohe Zeit der Experimente in Kunst, Kultur und Leben war der Bürgerkrieg. Der Wiederaufbau verlangte andere Prioritäten; er setzte dem Bildersturm ein Ende und leitete den schwierigen Kompromiß mit der widerständigen und zähen Tradition ein. Kunst und Architektur gingen dabei am ehesten eigene Wege. Bei ihnen war unklar, wie die Kontinuität aussah, die wieder zum Vorschein kam. Seit der Jahrhundertwende hatten sie eine Blüte erlebt, die sich durch die Absage an traditionelle Themen und Verfahren, neue Wege in Anlehnung an die westeuropäische Moderne und durch eine ungewohnte Vielfalt der Richtungen und Gruppen auszeichnete. Die NĖP brachte ihnen diese Freiheit und Mannigfaltigkeit in erheblichem Maße zurück – bis Stalin beide liquidierte.

5. Kultur zwischen Bildersturm und Tradition

a. Alphabetisierung, Bildungswesen und «Kulturrevolution»

Gewiß die elementarste und organisatorisch wohl größte Aufgabe auf kulturellem Gebiet war der Kampf gegen den Analphabetismus. Die *zemstva* hatten in zarischer Zeit zwar schon ein gutes Stück vorgearbeitet. Gerade im Schul- und Bildungswesen erwarben sie sich außerordentliche Verdienste. Laut Zensus von 1897 konnten 57 % der städtischen und 23,8 % der dörflichen Bevölkerung lesen und schreiben (vgl. Tabelle A–5/1). Dabei war ein deutlicher Vorsprung der Männer gegenüber den Frauen sowie der 10– 39-jährigen gegenüber den Älteren zu verzeichnen. Wenn man unterstellt, daß das neue Regime im Überlebenskampf noch nicht in größerem Maßstab aktiv werden konnte, lassen die einzig vorliegenden Daten für 1920 einen erheblichen, noch vom alten Regime erzielten Fortschritt erkennen: Um diese Zeit war die ‹Alphabetisierungsquote› in der Stadt immerhin auf 73,5 %, auf dem Lande auf 37,8 % und im Durchschnitt auf 44,1 % gestiegen. Dennoch standen dem revolutionären Staat noch gewaltige Aufgaben bevor. Klar war auch, wo sie vor allem zu leisten waren: unter den Dorfbewohnern und den Frauen, die beide nach wie vor deutlich gegenüber der männlichen Stadtbevölkerung zurückblieben.[1]

Von Anfang an wiesen die neuen Machthaber dem Kampf gegen die Unwissenheit hohe Priorität zu. Zum einen dürfte dabei die Tradition der revolutionären Bewegung eine Rolle gespielt haben. Früh hatte diese erkannt, daß politisch nur zu überzeugen war, wer größere Zusammenhänge zu begreifen gelernt hatte; auch nach dem Übergang zur Parteibildung lebte dieser «Aufklärungs»-Impuls in Gestalt von Lesezirkeln und Bildungsvereinen fort. Zum anderen trifft es sicher zu, daß die Bolschewiki auch diese Frage unter dem Gesichtspunkt der Nützlichkeit für ihre Sache sahen. In allgemeiner Perspektive lag auf der Hand, daß das gelobte Land des Sozialismus nicht mit Analphabeten bevölkert sein konnte. Hinzu kam der Zusammenhang zwischen Bildung und wirtschaftlichem Fortschritt. Wie eng die Korrelation auf der gegebenen niedrigen Entwicklungsstufe auch sein mochte, für Lenin und die Parteimehrheit stand fest, daß der politischen und sozialen Revolution eine «Kulturrevolution» folgen mußte. Dabei meinte dieser hochtrabende Begriff zunächst wenig anderes als die Verbreitung der schlichten Lese- und Schreibfähigkeit auch in der tiefen, schwer erreichbaren und vielfach von nichtrussischen, zum Teil noch nomadischen Völkerschaften bewohnten Provinz. Wenn Post und Telephon zum neuen Alltag gehören sollten, weil sich der Sozialismus nach Lenins Worten sonst als leere Phrase entpuppen würde, mußte die Masse der Bevölkerung und nicht nur eine schmale Elite in der Lage sein, sich ihrer zu bedienen. Verlockende Aussichten eröffnete ferner der Gedanke, daß die Vermittlung des ABC nicht ohne Inhalte erfolgen konnte. Nichts lag näher, als die «außerschulische» Bildung mit «politischer Aufklärung» zu verbinden. Wer lesen lernte, nahm gleich mit auf, was und wie er lesen sollte. Außerdem schien die Chance, auf diese Weise nachgerade vorrationale Loyalität zu stiften, dort besonders groß, wo am meisten aufzuholen war und das Regime am wenigsten Rückhalt hatte: auf dem Dorf. Wer den Bauern die Vorteile des (marxistischen) Sozialismus erläutern wollte, mußte sie lesen und schreiben und in seinem Sinne denken lehren.[2]

Dementsprechend früh wurde das neue Regime aktiv. Bereits zum allerersten SNK gehörte ein Volkskommissariat für «Aufklärung», das dem schöngeistigen Musterintellektuellen unter den (damals) lenintreuen Altbolschewiken A. V. Lunačarskij anvertraut wurde (und das er bis 1929 behielt). Sicher war es symptomatisch, daß Lenin ihm die neue Aufgabe am Tage nach dem Umsturz mit den Worten übertrug, er müsse vor allem den Analphabetismus beseitigen. Eine weitere Personalentscheidung half in erheblichem Maße, den hohen Rang dieser Aufgabe in der Gesamtpolitik des neuen Regimes zu sichern: Zur Leiterin der entsprechenden Abteilung im Bildungskommissariat wurde Lenins langjährige Gefährtin und Frau N. K. Krupskaja bestellt. Dennoch dürften der Berufung sachliche Motive zugrunde gelegen haben. Krupskaja kam aus der sozialistischen «Aufklärungsbewegung», war als engagierte «Volkslehrerin» zur Sozialdemokratie gestoßen und hatte sich mit Beiträgen zur Massenbildung und allgemeinen Pädagogik über die engen Zirkel der Sozialdemokratie hinaus einen Namen gemacht. Daß sie zusätzlich zu dieser unbestrittenen Qualifikation noch engste Beziehungen zum alles entscheidenden Politiker im neuen Staat mitbrachte, konnte der Sache nicht schaden. Auf der anderen Seite standen zunächst drängendere Probleme im Vordergrund. Das Regime mußte erst überleben, bevor es sich Zukunftsproblemen widmen konnte. Hinzu kam erheblicher Widerstand einer unverzichtbaren Gruppe, der wirkungsvolle Maßnahmen weitgehend ausschloß. Die Masse der Lehrer stand im Zarenreich zwar auf Seiten der ‹Gesellschaft› in Opposition zum autokratischen Staat. Aber ihre Sympathien galten den Sozialrevolutionären und den Menschewiki, nicht den Bolschewiki.[3]

So beschränkte sich die Tätigkeit Krupskajas und des Bildungskommissariats im «außerschulischen» Bereich zunächst auf die Veranstaltung von Kongressen und die Grundlegung der organisatorischen Strukturen. Symbolischen und programmatischen Wert besaß das «Dekret über die Liquidierung des Analphabetentums» vom 26. Dezember 1919. Nicht zuletzt seine Bestimmungen unterstrichen das Gewicht, das man der Aufgabe beimaß. Der Besuch von Alphabetisierungskursen wurde für alle 8–50-jährigen zur «Pflicht» erhoben; «Lohnarbeitern» gewährte man eine Verkürzung des Arbeitstages um zwei Stunden bei vollem Lohnausgleich; und nicht nur die Massenverbände (Gewerkschaften, Komsomol) wurden angehalten, die Kampagne zu unterstützen; das Kommissariat erhielt sogar das Recht, alle Personen auch gegen ihren Willen als Lehrer einzusetzen, die lesen und schreiben konnten. Am 19. Juni 1920 folgte in Gestalt der Einrichtung einer «Außerordentlichen Kommission zur Bekämpfung des Analphabetismus» *(VČK/likbez)* auch ein entscheidender Schritt zur organisatorischen Umsetzung des Dekrets. Unter dem Vorsitz des stellvertretenden Volkskommissars, des Historikers und prominentesten bolschewistischen Wissenschaftlers M. N. Pokrovskij, baute diese Institution über lokale Filialen mit besonderen Vollmachten ein Netz von sog. «Liquidationspunkten des Analphabetismus» auf. Bereits im Winter 1920/21 konnten sich die Resultate sehen lassen: Laut offiziellen Angaben bestanden zu dieser Zeit auf dem Territorium der künftigen UdSSR 40 947 solcher Punkte, in denen sich 1,16 Mio. Schüler um das Alphabet bemühten. Besondere Erfolge verzeichnete die Kampagne – am einzig möglichen quantitativen Maßstab gemessen – in der Armee und der städtischen Arbeiterschaft. Auf der anderen Seite blieb dort viel zu tun, wo der Analphabetismus am größten war.[4]

Daß die NĖP auch in diesem Bereich einen tiefen Einschnitt verursachen würde, war nicht unbedingt zu erwarten. Nicht nur die Aufgabe dauerte an; auch die Organisation bestand fort. Dennoch sank die Zahl der *Likpunkty* und ihrer Klientel drastisch; bis zum April 1923 blieben nur noch 3649 mit 104 361 Kursteilnehmern – weniger als zehn Prozent des Standes vom Ende des Bürgerkrieges. Die Ursachen dafür waren im wesentlichen finanzielle. Nach der Umstellung auf die neuen Prinzipien flossen die öffentlichen Zuwendungen spärlicher. Die Regierung wälzte die Kosten auf die lokalen Exekutivgremien ab, denen angesichts der neuartigen Budgetdisziplin noch weniger Mittel zur Verfügung standen als dem Zentralkommissariat. Hinzu kamen die allgemeine Unordnung, andere Prioritäten und die rasante Inflation. Die Gelder «verschwanden einfach» und mit ihnen die Chancen für die Bewältigung einer lebenswichtigen Herausforderung. Besonders betroffen war das flache Land. Selbst aus großen Dörfern mit mehr als 15 000 Einwohnern berichtete man, daß es weder eine Zeitung noch ein Buch gebe. Solche Zustände trugen maßgeblich zum Versuch bei, den weiteren Verfall der Erwachsenenbildung aufzuhalten. Allerdings war es bezeichnend, daß die neue Organisation mit dem sprechenden Namen «Fort mit dem Analphabetismus» (ODN) nach dem Vorbild von Antialkohol- oder Atheismusvereinen als freiwilliger Zusammenschluß deklariert wurde und ihre Tätigkeit primär aus privaten Spenden finanzieren mußte. Der Staat war trotz der evidenten öffentlichen Bedeutung des Zweckes im wesentlichen nur bereit, seine Autorität zur Verfügung zu stellen. Kalinin selbst, als Präsident des VCIK formal Staatsoberhaupt, übernahm den Vorsitz. Dank solcher Unterstützung erreichte die ODN, quantitativ gesehen, nicht wenig. Bereits im Oktober 1924 vereinigte sie 24 000 Zellen, in denen 1,6 Mio. Menschen lernten. Auch im folgenden Jahr hielt die Gründungstätigkeit an.[5]

Auf einem anderen Blatt stand, was die Anstrengungen von Lehrern und Schülern wirklich erbrachten. Die Volkszählung vom Dezember 1926 bot

Gelegenheit zur ersten Überprüfung seit Ende des Bürgerkriegs. Das Ergebnis war ernüchternd. Zwar gab es durchaus erhebliche Fortschritte: Im Vergleich zu 1920 sank die Analphabetenquote in der gesamten Bevölkerung um 7,7 % auf 60,4 %, unter den 9–49-jährigen sogar auf 43,4 (vgl. Tabelle A–5/1). Unter den jungen Erwachsenen (20–24 Jahre) konnten sogar 81 % der Männer lesen und schreiben, in den Städten 76,3 % aller Einwohner über 9 Jahren. Doch standen solchen Erfolgen bleibende Defizite gegenüber. Immer noch lagen die Quoten für die Frauen deutlich unter denen der Männer (37,1 % gegenüber 66,5 %), und immer noch stand das Dorf gegenüber der Stadt zurück (45,2 % gegenüber 76,3 % für Personen über 9 Jahre). Hinzu kamen starke Schwankungen zwischen den Regionen und Nationalitäten. Etwa die Hälfte aller Einwohner im europäischen Teil der Sowjetunion (einschließlich des nördlichen Kaukasus) beherrschten das Alphabet, in der asiatischen Steppe dagegen meist weniger als ein Viertel. Doch nicht eigentlich diese Überhänge aus zarischer Zeit waren geeignet, Irritationen hervorzurufen. Viel größeren Anlaß zum Nachdenken gab der Umstand, daß der Anteil von Analphabeten auch bei 9–12-jährigen Kindern im Gesamtdurchschnitt der Sowjetunion 45,2 %, in Weißrußland und der Ukraine 35–40 % und in den asiatischen Republiken bis zu 88 % betrug. Mithin hatte der späte zarische Staat, in dem die 20–24-jährigen noch zur Schule gegangen waren, größere Erfolge zu verzeichnen als das neue Regime in seinem ersten Jahrzehnt. Wenn man außerdem bedenkt, daß 1920–1928 ca. 8,16 Mio. Personen die ABC-Kurse besuchten und ca. 1 Mio. pro Jahr das Erwachsenenalter erreichte (16 Jahre), dann scheint das Fazit berechtigt, daß die Zahl der Lese- und Schreibfähigen die Zahl der neuen Analphabeten nur geringfügig überstieg.

Mehrere Umstände sind als Ursachen für diese enttäuschende Bilanz angeführt worden. Zum einen spricht vieles dafür, daß sich die Bolschewiki zu viel auf einmal vornahmen. Statt Kinder und Erwachsene zugleich in allen Landesteilen mit einer elementaren Qualifikation ausstatten zu wollen, wäre das Regime angesichts seiner knappen Ressourcen besser beraten gewesen, einen längeren Zeitraum vorzusehen und sich auf die Grundschulen zu konzentrieren. So aber fehlte es hier an Nachdruck und an Mitteln. Zwar führte ein Gesetz vom 20. August 1923 grundsätzlich eine allgemeine, vierjährige Schulpflicht mit der Maßgabe ein, diese im Laufe von zehn Jahren überall zu verwirklichen. Doch eben um die Praxis war es schlecht bestellt. Noch gegen Ende der NĖP hatte etwa die Hälfte der Kinder im Alter von 8–11 Jahren keinerlei Unterricht. Die übrigen gingen selbst in der RSFSR nicht vier, sondern im Schnitt nur 2,3 Jahre zur Schule (Stand 1925). Und in den meisten Schulen unterrichtete nur ein Lehrer mehr als vierzig Kinder pro Klasse. Auch hinter diesen Angaben verbargen sich große Unterschiede zwischen Stadt und Land. Mithin dürfte die Feststellung kaum übertrieben sein, daß auf dem Dorfe nach wie vor der größere Teil der Kinder und insbesondere die Mädchen Analphabeten blieben und die übrigen nur für kurze Zeit eine Schule besuchten. Viel mehr als das ABC können auch sie nicht gelernt haben. Ein Zusammenhang dieses Befundes mit der Selbstbezogenheit der Agrargesellschaft, die trotz aller Marktbeziehungen politisch-kulturell andauerte, ihrer Distanz zu Staat und Partei und ihrer familienwirtschaftlichen Struktur (Mitarbeit der Kinder und Jugendlichen) liegt nahe. Wo das Regime organisatorisch kaum präsent war, vermochte es auch seine Bildungswünsche nicht durchzusetzen. Freilich mag der Ablehnung noch eine tiefere Ursache zugrunde gelegen haben: Das Dorf brauchte noch wenig Qualifikationen dieser Art. Wie in den meisten traditionalen Agrarordnungen galt «Bücherwissen» als Luxus, wenn nicht – vor allem für Mädchen – als schädlich. So blieb die «Kulturrevolution» bis zum Ende der NEP weitgehend ein leeres Versprechen. Als Stalin den großen Sprung befahl, mußte er auch sie nachholen.[6]

Die kulturellen Ziele der Revolution erschöpften sich nicht in der Beseitigung des Analphabetismus. Der Ehrgeiz richtete sich auf den *Umbau des Bildungswesens* von Grund auf. Schon die emphatische Zukunftsorientierung des Regimes ließ erwarten, daß diese Umwälzung vor allem die Schulen und Universitäten erfassen sollte: Wer einen «neuen Menschen» für den Sozialismus schaffen wollte, mußte bei der Erziehung beginnen. Auch in dieser Hinsicht konnte das neue Regime an Vorarbeiten des alten anknüpfen. Der Aufbruch in die Industriegesellschaft hatte höhere Anforderungen an die Breitenqualifikation gestellt. Die Aufgabe war unabweisbar geworden, größeren Bevölkerungsschichten über die bloße ‹Alphabetisierung› hinaus ein Mindestmaß an Kenntnissen und Lernfähigkeit zu vermitteln. Einen Meilenstein markierte dabei die Absichtserklärung zur Einführung einer allgemeinen Schulpflicht vom Mai 1908, die vor allem der dörflichen ‹Bildung› in Verbindung mit dem Engagement der *zemstva* einen kräftigen Impuls gab. Allein zwischen 1911 und 1915 erhöhte sich die Zahl der Grundschulen von 100295 auf 123745 und die der Schüler von 6,18 Mio. auf 7,79 Mio., so daß am Ende dieses Zeitraums etwa 51 % aller Kinder Unterricht genossen. In den letzten Kriegsjahren entstanden unter dem Einfluß bedeutender zeitgenössischer Pädagogen (J. Dewey, G. Kerschensteiner) sogar Pläne zur Einführung einer Einheitsschule, die Abschied vom herkömmlichen, undurchlässig gegliederten Schulwesen nehmen sollte. Auch wenn diese Vorsätze nicht mehr verwirklicht wurden, zeugten sie von bemerkenswerter Modernität und einer Reformbereitschaft, die in deutlichem Kontrast zur sonstigen Unbeweglichkeit des Zarenregimes standen.[7]

Stärker noch fiel die ‹nichtamtliche› geistige Vorbereitung der frühsowjetischen Bildungspolitik in den letzten Jahren der Monarchie ins Gewicht. Rußland erlebte seit dem ausgehenden neunzehnten Jahrhundert nicht nur eine politisch-sozioökonomische, sondern auch eine kulturell-geistige

Modernisierung. Seine Architektur, Kunst und Literatur öffneten sich westlichen Einflüssen ebenso wie die Sozialtheorie und allgemeine weltanschauliche Reflexion. Dabei fanden auch neue Vorstellungen vom Menschen, seinem Verhältnis zur Umwelt und seiner Erziehung Eingang. Von Anfang an stand diese *Reformpädagogik* der politischen Opposition nahe. Beide teilten die gleichsam ‹naturalistische› Auffassung, daß der Mensch maßgeblich von seiner Umwelt geprägt werde. Seine wahrhafte Bildung schien nur in der Auseinandersetzung mit der Gesellschaft und der Natur möglich. Erziehung bedeutete Praxis, Erfahrung und Gemeinschaftlichkeit, weniger die Vermittlung von Werten und abstrakten Ideen. Wer den Menschen verändern wollte, mußte erst die Welt verändern; soziale Reform und Erziehungsreform gingen Hand in Hand. Dabei flossen höchst unterschiedliche theoretische Überlegungen und praktische Vorschläge in diesen Grundannahmen zusammen, von den moralphilosophisch-pädagogischen Lehren L. N. Tolstojs und N. I. Pirogovs bis zu den Gedanken über die «freie Erziehung» eines K. N. Ventcel' und den Modellversuchen S. T. Šackijs.

Von solchen Prämissen, zu denen sich Forderungen aus der internationalen liberalen und sozialistischen Bewegung gesellten, ließen sich auch die einschlägigen Überlegungen der Bolschewiki leiten. Das Parteiprogramm von 1903 schrieb im wesentlichen drei Leitgedanken fest: den Einfluß der Kirche auf die Schulen zu beseitigen; den Unterricht in der jeweiligen Muttersprache durchzuführen und allgemein eine unentgeltliche, obligatorische Ausbildung für Kinder beiderlei Geschlechts. Hinzu trat eine sozialdemokratisch-marxistische Komponente, die sich nicht nur in der Forderung nach materieller Unterstützung für bildungswillige Arbeiter äußerte, sondern auch in einer ausgeprägten Praxisorientierung der Lernziele. Die Zauberformel, die nach diesem Verständnis bloßem Buchwissen und seiner Entfremdung von den Bedürfnissen des Alltags vorbeugen sollte, war der Ruf nach einer *polytechnischen Ausbildung*, nach vielseitiger Qualifikation von Kopf *und* Hand. Im Revolutionsjahr fügte man solchen Wünschen außerdem eine ‹Tagesforderung› an: daß die Organisation des Schulwesens in den Händen demokratisch gewählter politisch-administrativer Gremien liegen sollte.[8]

Trotz schwieriger äußerer Bedingungen leitete das neue Regime unverzüglich Schritte ein, um den Abschied von der alten Schule auch praktisch auf den Weg zu bringen. Bereits im Januar 1918 wurde als Aspekt der Trennung von Staat und Kirche der religiöse Einfluß auf das Schulwesen beseitigt. Wenig später verbot man die Uniformen – ein Akt primär von symbolischer, aber nicht geringer Bedeutung. Ende Mai ging ein Traum wohl der meisten Schüler in Erfüllung: Zensuren wurden abgeschafft und durch eine jährliche Gesamtbeurteilung ersetzt. Zugleich verfügte man die gemeinsame Erziehung von Jungen und Mädchen und erfüllte eine Forderung nicht nur der Reformpädagogik, sondern auch der (seit langem mit der antizarischen Opposition verbundenen) feministischen Bewegung. Am 16. Oktober 1918 schließlich verabschiedete das VCIK ein Dekret, das die Umgestaltung des Erziehungswesens gleichsam bündelte: Die «*Einheits-Arbeitsschule*» sollte zum institutionellen Gehäuse der neuen Pädagogik werden. Indem sie alle schulpflichtigen Kinder zwischen dem 8. und dem 17. Lebensjahr in zwei Stufen (einem fünf- und einem vierjährigen Zyklus) aufnahm, ersetzte sie die alten Schultypen, von der Grundschule bis zum Gymnasium, die ausdrücklich aufgehoben wurden. Die Einheitlichkeit schloß eine Differenzierung in den höheren Klassen nicht aus; diese machte nur gleichsam vor der organisatorischen Verselbständigung Halt. Zum grundlegenden Erziehungsprinzip avancierte die praktische Arbeit. Lernpsychologische Gesichtspunkte und Nützlichkeitserwägungen kamen dabei, von ideologischer Konformität nicht zu reden, zusammen. Das Kind sei, wie ein bemerkenswertes Manifest zur Begründung formulierte, von sich aus aktiv. Spiel gehe über in Lernen und Arbeit. Was zur Kernidee des Kindergartens geworden sei, müsse altersgerecht in der Schule fortentwickelt werden: der ‹organische› Übergang von natürlicher Neugier zur «polytechnischen» Qualifikation und manuellen Vielseitigkeit. Dekret und Kommentar unterstellten dabei, daß auch eine großzügige Bemessung der Zeit für das Erlernen verschiedener Handwerke – auf den Dörfern einschließlich landwirtschaftlicher Tätigkeiten – nicht zu Lasten ‹abstrakter› Wissensvermittlung gehe. Kopf und Hand würden vielmehr endlich zusammen und bei gegenseitiger Förderung geschult. Auch dadurch werde der Gegensatz von «Unterricht» als Kenntnisweitergabe und «Bildung» als Persönlichkeitsentfaltung ebenso entfallen wie die falsche Polarität von Individualisierung und Kollektiv, weil sich der praktische Arbeits- und Lernprozeß als ideale Form der Entfaltung des Menschen nur gemeinschaftlich vollziehen könne. In dieser Deutung rückte die einheitliche «Arbeitsschule» gleich mehrfach ins Zentrum des frühsowjetischen Bildungssystems: Sie vereinigte die Lehre der modernen Pädagogik vom natürlichen Lernen mit dem Erfordernis technischer Breitenqualifikation und, nicht zuletzt, dem proletarischen Klassenstandpunkt. Es war nur konsequent, daß der bedeutendste theoretische Pädagoge der nachrevolutionären Jahre, P. P. Blonskij, die «Arbeitsschule» zum Gegenstand einer programmatischen Schrift machte (1919).[9]

Dem neuen Inhalt entsprach eine neue administrative Organisation. Die Arbeitsschule sollte nicht nur von demokratischen Organen begründet und kontrolliert (faktisch bestimmte freilich zu dieser Zeit schon das Bildungskommissariat allein), sondern auch in diesem Geiste geleitet werden. Dies führte zu einer Regelung, die ebenfalls besonders abrupt mit der Vergangenheit brach: zur Verankerung des Wahlprinzips und einer durchgängigen Selbstverwaltung. Zum obersten Gremium wurde ein «Schulkollektiv» erklärt, das sich aus den Lehrern, «Vertretern der werktätigen Bevölkerung» des umgebenden Bezirks, Schülerdelegierten und einem Repräsentanten der Volksbildungsbehörde zusammensetzte. Seine Aufgaben umfaßten alle wesentlichen Entscheidungen, von der Klasseneinteilung über die «Stundentafeln» und Schulordnungen bis zu disziplinarischen Maßnahmen. Ausdrücklich wurde auch die Wählbarkeit der «Schularbeiter» einschließlich der Lehrer verfügt. Angesichts solcher Kompetenzen bedeutete die Aufnahme der Schüler (vom 12. Lebensjahr an) in die Schulleitung ein unerhörtes Novum – und das Bekenntnis eines sicher naiven Vertrauens in die Urteilsfähigkeit halbwüchsiger Eleven über die Inhalte und Erfordernisse ihrer eigenen Erziehung. Diese Regelung entsprach den radikalen Parolen, die neben besonnenen Stimmen im Bildungskommissariat ebenfalls zu hören waren: die alte Schule restlos zu zerschlagen und eine neue zu schaffen, weil die wahrhafte Revolution noch bevorstehe und beim Menschen, in der Erziehung, zu beginnen habe. Hier war die Nähe zum «Kriegskommunismus» und den Ideen einer «proletarischen Kultur» (s. u.) mit Händen zu greifen. Bei alledem konnte sich die quantitative Bilanz der Bildungsoffensive schon nach wenigen Jahren sehen lassen. Trotz des Überlebenskampfes wurden 1918–1921 knapp 8500 neue Schulen errichtet, so daß man im Schuljahr 1920/21 auf dem Gebiet der UdSSR 113 944 Grundschulen mit 9,18 Mio. Schülern registrierte.[10]

Eine andere Frage war allerdings auch in dieser Hinsicht, was und wie in diesen Einrichtungen gelehrt wurde. Viel Grund zur Zufriedenheit bestand offenbar nicht. Zumindest fiel es dem Bildungskommissariat nicht schwer, das Ende des Bürgerkrieges für einen deutlichen Kurswechsel zu nutzen. Nicht nur der allgemeine politische Wandel gab Anlaß dazu, sondern auch die Einsicht, manches überstürzt zu haben. Schon auf der ersten Parteikonferenz zur Volksbildung Ende 1920 räumte Lunačarskij ein, daß man die «bürgerliche Schule» voreilig zerschlagen und ihren Nutzen nicht hinreichend gewürdigt habe. An die Stelle kurzatmiger Experimente sollte die Aufgabe treten, die Versorgung der breiten Masse der Bevölkerung mit soliden Elementarkenntnissen zu gewährleisten. Organisatorische Festigung, Wiederherstellung des Vorkriegsniveaus und pragmatische Mäßigung hießen im neuen Geist der NĖP auch die Maximen der Bildungspolitik. Dies war um so eher geboten, als die Schulen in dieselbe Finanzmisere gerieten wie die Alphabetisierungsklassen. Der Übergang zu regulären Etats führte im Verein mit der Regionalisierung der Zuständigkeiten und der allgemeinen Wirtschaftskrise zu ähnlich dramatischen Rückschlägen. Ganze Schulen mußten geschlossen werden; viele Lehrer fanden sich in der Arbeitslosigkeit wieder. Die Zahl der (vierklassigen) Grundschulen sank zwischen Januar 1921 und April 1923 von 76 000 auf 50 000 und die der Schüler von 6,1 Mio. auf 3,6 Mio. Erst nach der Überwindung der Inflation faßte das Bildungswesen wieder Tritt. Wie in fast allen Bereichen von Wirtschaft und Gesellschaft wurde 1926 quantitativ das Vorkriegsniveau erreicht. Im Schuljahr 1926/27 registrierte man 8,02 Mio. Schüler in den Grund-, weitere 1,85 Mio. in den siebenjährigen sowie 791 000 in den neunjährigen und den Schulen der zweiten Stufe. Die Gesamtzahl der Schüler, die sich allerdings in einer deutlich langsamer gewachsenen Zahl von Schulgebäuden drängten, lag damit um knapp drei Mio. über dem Stand von 1914.[11]

Zu dieser Erholung trug der Umstand nicht wenig bei, daß der neue Staat ein Arrangement mit den Lehrern fand. Auch hier ermöglichte die NĖP einen Neuanfang, als das ZK in ihrem Geiste anordnete, die Kampagnen alten Stils einzustellen. Zwei Jahre später warb der zwölfte Parteitag regelrecht um die Gunst der Lehrerschaft, in der er ein ideales «Agitprop-Organ» der Sowjetmacht erkannte. Und im gleichen Sinne erhoben Lunačarskij, Zinov'ev, Krupskaja und andere hohe Parteifunktionäre die Lehrer in Broschüren und Reden der folgenden Zeit zu unentbehrlichen Vermittlern sozialistischer Gedanken vor allem auf den Dörfern. Gegen Ende der NĖP näherte sich die Aussöhnung dem Abschluß, als eine Lehrplanreform zumindest inhaltlich eine weitgehende Rückkehr zur alten Schule zu bringen schien. Die Wende der folgenden Jahre brach indes auch diese Entwicklung unvermutet ab.[12]

Im übrigen änderte der neue Kurs an der organisatorischen Struktur und den bildungspolitischen Grundprinzipien der Schule wenig. Allem voran blieb das Bestimmungsmonopol des unitarischen Staates uneingeschränkt gewahrt. Das einschlägige Volkskommissariat gab in Übereinstimmung mit den Parteigremien in allen Belangen vor, was zu geschehen hatte. Meinungspluralität entfaltete sich, von inneradminstrativen Interessendivergenzen abgesehen, auch über die Gründung der Sowjetunion hinaus im wesentlichen zwischen den Republiken. Einheitlichkeit, Durchlässigkeit und soziale Offenheit blieben die leitenden Prinzipien nicht nur der allgemeinbildenden Schulen. In der RSFSR beschränkten sich die Veränderungen im neuen Statut der Einheits-Arbeitsschule vom 18. Dezember 1923 auf die Verlängerung der Schulzeit der ersten Stufe. Im wesentlichen existierten damit «unter dem Dach der Einheitsschule» vier verschiedene Typen: eine vierjährige und eigentliche Massenschule, eine siebenjährige Schule, eine fünfjährige Schule der zweiten Stufe und eine neunjährige. Hinzu kam für die Vermittlung handwerklich-technischer Spezialqualifikationen eine Vielfalt von Berufs-, Fach- und Fabrikschulen, an deren Verbreitung dem Regime aus den erwähnten ideologischen und wirtschaftspolitischen Gründen ebenfalls sehr gelegen war. Nur in einer Hinsicht nahm das neue Statut einen tiefen Eingriff vor: Es hob die Wählbarkeit der Lehrer und die überzogene Selbstverwaltung der Schule auf. Die Administration wurde fortan in die Hände eines zentral ernannten Schulleiters gelegt. Auch wenn der Schulrat formal erhalten blieb, hatte die Schülerdemokratie ein Ende.

Indes wollte das neue Regime die soziale Öffnung nicht nur in den Grund-, sondern vor allem auch in den *Hochschulen* durchsetzen. Gerade akademische Bildung hatte im Zarenreich als Privileg der «Gesellschaft», fast noch des Adels, gegolten; auch sie mußte, wenn die Revolutionsversprechen nicht gebrochen werden sollten, ohne Unterschied der Herkunft und des Geschlechts für alle zugänglich werden. Rechtlich schuf ein entsprechendes Dekret schon Anfang August 1918 die nötigen Voraussetzungen. Die Bolschewiki begnügten sich jedoch nicht damit. Ideologisch war es nur konsequent, daß sie darüber hinaus die herkunftsbedingte Benachteiligung von Arbeitern und Bauern durch vorbereitende, ihnen allein vorbehaltene Kurse kompensieren wollten. Wirkliche Chancengleichheit mußte nach ihrer Meinung überhaupt erst hergestellt werden. In dieser Absicht gründeten sie seit Februar 1919 (eine Verordnung folgte im September) die «*Arbeiterfakultäten*». Organisatorisch gehörten sie zu den Universitäten, die verpflichtet wurden, Räume und Lehrmittel bereitzustellen. Inhaltlich waren sie eher Teil der Elementar- und der Erwachsenenbildung. Aufgenommen wurden Arbeiter und Bauern, die eine Empfehlung von Sowjetorganen oder Parteigremien vorweisen konnten und mindestens drei Jahre im Arbeitsleben gestanden hatten. Der Zuspruch war erheblich. Bis zum Herbst 1921 entstanden 61 solcher Fakultäten mit etwa 25 000 Hörern; 1927 zählte man unionsweit 122 Fakultäten und 48 800 Studenten. Freilich dürfte der symbolische Erfolg größer gewesen sein als der reale. Selbst im Bildungskommissariat herrschten Zweifel an der Effizenz der Einrichtung. Das Niveau scheint niedrig gewesen zu sein und für die Aufnahme eines sinnvollen Hochschulstudiums selten ausgereicht zu haben. Vor allem aber standen die Arbeiterfakultäten in Konkurrenz zu den mehrklassigen allgemeinbildenden Schulen. Auf Dauer mußten letztere den Vorzug erhalten. Dazu gab während der NÈP auch die Tatsache Anlaß, daß Bauern offenbar strengeren Zulassungskriterien unterworfen und hier ebenso diskriminiert wurden wie in den weiterführenden allgemeinbildenden Schulen.[13]

Nach den eigenen Kriterien bemaß sich der Erfolg der Bildungsrevolution in erster Linie am Grad der tatsächlichen Öffnung der Schulen für die Masse der Bevölkerung. Wenn Qualifikation am Beginn des sozialen Aufstiegs stand, zeigte vor allem der Besuch weiterführender Schulen an, in welchem Maße ein Austausch der Eliten stattgefunden hatte oder im Vollzuge war. Die besten Daten, am 1. Dezember 1926 in der RSFSR erhoben, mußten allerdings jeden Anhänger des Regimes und sozialer Gleichheit tief enttäuschen:

Sie ließen erkennen, daß der Anteil der Unterschichten in den höheren Schulen und Universitäten deutlich zurückblieb (vgl. Tabelle 7). Davon profitierten vor allem die Angestellten und Freiberufler: Kinder aus der traditionell bildungsnahen oberen städtischen Mittelschicht, die nach der Enteignung der Unternehmer und Geschäftsleute zur Oberschicht aufgerückt war und manche Angehörige der einstigen Bourgeoisie (im engeren Sinne) aufgenommen hatte, beherrschten schon die zweite Stufe der allgemeinbildenden Schulen eindeutig. Auch an den Universitäten waren sie mit knapp 40 % aller Studenten im Vergleich zu einem Anteil ihrer Schicht an der Gesamt-

5. Kultur zwischen Bildersturm und Tradition

Tabelle 7: Soziale Struktur der Schüler nach Schulart (am 1. 12. 1926, in %)

Schulart	Arbeiter	Landarbeiter	Bauern	Angestellte	freie Berufe	Handwerker	nichtwerktätige Bevölkerung	sonstige
Schulen der I. Stufe	8,4	1,7	78,9	5,5	0,5	2,4	0,9	1,7
Siebenjahresschulen	35,3	–	25,8²	26,5	–	–	–	12,4¹
Schulen der II. Stufe	13,6	–	30,7²	34,0	–	–	–	21,7¹
Berufsschulen	28,3	1,0	32,2	27,9	0,9	2,5	0,8	6,4
Technika	20,8	0,9	33,6	34,7	0,9	2,5	0,7	5,9
Arbeiterfakultäten	53,4	3,5	35,3	5,4	–	–	–	2,4
Hochschulen	23,7	1,6	24,7	39,3	4,6	3,0	0,7	2,4
soziale Schichtung der erwerbstätigen Bevölkerung (ohne mithelfende Familienangehörige)	17,0	–³	64,4	12,3	0,4	3,8	0,9	1,2

1 einschließlich freier Berufe, nichtwerktätiger Bevölkerung und Handwerker
2 einschließlich Landarbeiter
3 Eine nähere Angabe fehlt. Die Gruppe der Landarbeiter ist unter den Bauern oder Arbeitern enthalten

Quelle: Anweiler, Geschichte, 210

bevölkerung von 12,3 % klar überrepräsentiert. Nach ihnen nutzten Arbeiterkinder die neuen Möglichkeiten am ehesten. In den Siebenjahresschulen stellten sie ein gutes Drittel, und auch in den Hochschulen lag ihre Quote mit 23,7 % noch sichtbar über ihrem Anteil an der Gesamtbevölkerung von 17 %. Weit unter ihrer absoluten und relativen Zahl waren dagegen nach wie vor die Bauern vertreten. Sie besuchten in der Regel nur die vierklassige Grundschule. Schon in den Siebenjahresschulen sank ihr Anteil auf fast ein Drittel; und auch in den Berufsschulen lag dieser um die Hälfte unter ihrem quantitativen Gewicht in der Gesamtbevölkerung. Die Folgerung drängt sich auf, daß Schulausbau und Bildungskampagne das Dorf nur in geringem Maße erreichten. Auch die Arbeiterfakultäten, die den Bauern im Sinne der *smyčka* in gleicher Weise offenstanden, änderten daran nichts.

Mit dieser Zähigkeit überkommener Bildungsprivilegien (von Adel und Großbürgertum natürlich abgesehen) hing der weitere Tatbestand zusammen, daß auch Parteimitglieder unter den Schulabsolventen selten waren. Die neu gegründeten Kommunistischen Universitäten (s. u.) nicht berücksichtigt, machten sie an den höheren Lehranstalten der RSFSR noch 1924 nicht mehr als 7 % aus. Selbst die Komsomolzen unter den Studenten kamen zur Hälfte aus Angestellten- oder bildungsbürgerlichen Familien. Dies erlaubte wenig Hoffnung auf einen baldigen Elitenwechsel im Sinne des Regimes. So meinte die Partei- und Staatsführung, parallel zur ‹Proletarisierung› der Partei durch das «Lenin-Aufgebot» eine Säuberung an den Universitäten vornehmen zu sollen. Auf Anordnung des Bildungskommissariats gaben ca. 135 000 Studenten (von insgesamt etwa 150 000) in einem Fragebogen unter anderem über die ‹Klassenlage› ihrer Eltern Auskunft. Obwohl knapp 37 % als «sozial fremd» im Sinne der offiziellen Ideologie galten, verfuhr man letztlich milde und relegierte «nur» 18 000, überwiegend aus Gründen, die mit dem Studium zusammenhingen. Weitere Abgänge und eine strengere soziale Auslese führten dazu, daß der Anteil der ‹Klassenfremden› 1924/25 auf 19 % sank. Wichtiger aber war, daß man auch in den folgenden Jahren wachsamer auf Regimetreue und Herkunft achtete. Von 1924/25 bis 1927/28 stieg der Arbeiteranteil von 20,7 % auf 26,5 %. Obwohl zugleich auch die Angestelltenkinder an relativer Stärke gewannen (von 35,8 % auf 39,4 %), erreichte das Regime, was es über den ideologischen Umweg des Klassenprinzips eigentlich beabsichtigte: Auch die Quote eingeschriebener Kommunisten erhöhte sich von 10,1 % auf 17,1 % und die der Komsomolzen von 9,5 % auf 20,1 %. Sicher zeitigten darin auch eine gezielte Stipendienvergabe und die Forderung erheblicher Gebühren für «bürgerliche» Studenten (wie auch schon für Schüler der zweiten Stufe aus solchen Familien) Wirkung. So wurde erst gegen Ende der NĖP, immerhin zehn Jahre nach dem Roten Oktober, die Entstehung einer neuen, regimetreuen akademischen Elite sichtbar.[14]

b. Der «Sowjetmensch» im Alltag

Anders als beim Sturz der Monarchie gehörte die Vorstellung zum ideologischen Anspruch der Bolschewiki, nicht nur die öffentliche und ‹kollektive› Existenz der Menschen, sondern auch ihre individuelle und private zu ändern. Viele Äußerungen Marxens und seiner russischen Schüler ließen sich als Beleg für die These anführen, daß die sozioökonomische und politische Revolution genau besehen sogar ‹nur› Mittel zum hauptsächlichen Zweck war, den ‹inneren› Menschen von den äußeren Ketten zu befreien. Industrialisierung, Achtstundentag, Selbstverwaltung, freier Zugang zur Bildung und anderes mehr sollten es ihm ermöglichen, das vom Kapitalismus entfremdete Dasein abzuwerfen und jene natürliche Eigenschaft zu entfalten, die ihn erst zum Menschen machte: autonome Kreativität. Insofern bildeten neue Lebensformen für einen ‹neuen›, «sowjetischen Menschen» das eigentliche, höhere soziokulturelle Ziel des Sozialismus. Ein Dilemma ergab sich nur daraus, daß von Anfang an höchst verschiedene Vorstellungen darüber bestanden, wie der *homo sovieticus* beschaffen sein sollte. Der Bürgerkrieg eröffnete auch in diesem Bereich zunächst den ungestümen Neuerern Freiraum – bis das Pendel angesichts wachsender sozialer Probleme in die andere Richtung ausschlug.

Kaum zufällig begann die ‹Lebensreform› mit der Einführung der *Zivilehe* und der Erleichterung der Scheidung. Von allen kulturellen Nebenströmungen der revolutionären Bewegung gegen die Autokratie war die femi-

5. Kultur zwischen Bildersturm und Tradition

nistische wohl die stärkste und politisch bedeutsamste. ‹Nihilistische› Töchter zumeist aus adeligem Hause drängten in den sechziger Jahren auf die Universitäten, die sich ihnen aber – von wenigen Spezialinstituten abgesehen – nur im Ausland (vor allem in der Schweiz) öffneten. In den siebziger und achtziger Jahren wurden sie engagierte Lehrerinnen und organisierten die Erwachsenenbildung, nicht ohne ihre eigene Sache im Auge zu behalten. Auffallend viele beteiligten sich an den konspirativen, vorzugsweise terroristischen Aktivitäten der revolutionären Zirkel. Als im Umfeld der ersten Revolution friedliche Opposition möglich wurde, fand auch der Ruf nach politischer Emanzipation in Gestalt des gleichen Wahlrechts zunehmend Gehör. Nicht nur in ihrer sozialen Stellung, auch als Bürger der angestrebten Demokratie verlangten Frauen gleiche Rechte und Chancen. Doch machten radikale feministische Bestrebungen dabei nicht halt. Sie trieben die Forderung nach prinzipieller Gleichrangigkeit und größtmöglicher Austauschbarkeit der Geschlechterrollen bis zum Kern der natürlichen Differenzen, zur Sexualität und Mutterschaft, vor. Auch in der Liebe und Geschlechterbeziehung sollten gleiche Bedingungen zwischen Mann und Frau herrschen, Genuß und Verantwortung gleich verteilt werden. Partnerschaft sollte die überkommene Abhängigkeit ersetzen, Handlungsfreiheit bis hin zu Bruch und neuer Bindung auch für die Frau gelten. Dazu mußten nicht nur moralische Tabus gebrochen und neue Gesetze erlassen werden – in dieser Konsequenz, die sich vor allem mit der Person und den Schriften von Alexandra Kollontaj verband, stellte der Feminismus die Familie als Keimzelle der Gesellschaft selbst in Frage.[15]

Was schnell Gesetzesform erlangte, gehörte allerdings zum Grundkonsens nicht nur der feministischen, sondern auch der revolutionären Bewegung. Mit Erlaß vom 29. Dezember 1917 erkannte der Staat nur noch die Eheschließung vor Vertretern des Staates in einer neu zu schaffenden (bis heute existierenden) «Abteilung für die Registration bürgerlicher Standeshandlungen» (ZAGS) an. Die kirchliche Heirat blieb möglich, verlor aber ihre rechtsverbindliche Kraft. Zugleich wurde die Gleichstellung der Ehepartner verfügt. Auch die Ehefrau sollte in den uneingeschränkten Genuß der Grundrechte (vom Briefgeheimnis bis zur Freizügigkeit) gelangen, der traditionale, orthodox-religiöse legitimierte Patriarchalismus in der Ehe ein für alle Mal der Vergangenheit angehören. Wenig später verabschiedete der SNK eine korrespondierende Scheidungsregelung. So wie Ehen durch eine gemeinsame Willenserklärung zustande kamen, konnten sie fortan auf gleiche Weise gelöst werden. Zwar hatte gegebenenfalls ein Richter über Unterhaltsverpflichtungen und das Sorgerecht zu befinden. Die Scheidung selbst aber war nicht nur regulär möglich, sondern auch einfach. Deutlicher noch als die ausschließliche Anerkennung der zivilen Ehe warf dieses Gesetz das althergebrachte, prinzipiell unaufhebbare Ehesakrament über Bord. Nicht ohne Grund arbeiteten ein menschewistischer Rechtsprofessor, eine bolschewistische Feministin (Kollontaj) und der zuständige sozialrevolutionäre Justizkommissar bei der Formulierung dieser Gesetze reibungslos zusammen: In ihrem geistig-politischen Ursprung war diese Reform liberal, nicht sozialistisch. Sie bildete einen Aspekt der Säkularisierung und der Herstellung staatsbürgerlicher Gleichheit. Damit holte sie nur nach, was die Februarrevolution hätte leisten müssen.[16]

Auch darüber ging das neue Regime erst im Bürgerkrieg hinaus. Einen ersten Schritt markierte die rechtliche Gleichstellung der außerehelichen Kinder im «*Familienstatut*» vom Herbst 1918, das die eilig erlassenen Dezembergesetze präzisierte. Fraglos erleichterte diese Bestimmung objektiv die nichtformalisierte Lebensgemeinschaft. Sie kam damit einer Erscheinung entgegen, die in den Städten offenbar weit verbreitet war. Vor allem Männer und Frauen aus der Intelligenz zogen es häufig vor, auf den Trauschein zu verzichten. Allerdings wäre es verfehlt, die rechtlichen Regelungen zur tieferen Ursache dieses Novums zu erklären. Die Zerstörung vieler bürgerlicher Existenzen durch Krieg und Revolution wog sicher schwerer. Das Gesetz sanktionierte nur, was ohnehin bestand. Ähnliches mochte in erheblichem Maße für eine weitere Verfügung gelten, die den Vorwurf der Libertinage am ehesten zu rechtfertigen schien: die Freigabe der *Abtreibung* im November 1920. Mit Bedacht deklarierte man das entsprechende Dekret im Titel als medizinische Präventivmaßnahme. Dahinter verbarg sich weder falsche Scham noch Etikettenschwindel. Vielmehr spricht alles dafür, daß man in der Tat vor allem darauf abhob, die hohe Dunkelziffer illegaler, unter unsäglichen ‹medizinischen› Bedingungen durchgeführter Aborte zu reduzieren und Gesundheitsschäden zu vermindern. Die Maßnahme sollte, wie viele zu dieser Zeit, nur provisorisch gelten; eine dauerhafte Regelung aber blieb aus. Unabhängig von einer Aussage über Ursache und Wirkung steht außer Zweifel, daß die neuen Möglichkeiten in den großen Städten sehr häufig genutzt wurden. Die meisten Frauen gaben materielle Probleme als Beweggrund an. Man darf aber davon ausgehen, daß – neben vielen anderen Motiven – Unsicherheit über die Beständigkeit von Partnerschaften angesichts leichter Scheidungsmöglichkeiten und der Existenz ‹faktischer Ehen› ebenso im Spiele war wie der schlichte Wunsch, die Folgen einer gelockerten Sexualmoral zu beseitigen. Mehrfache Aborte waren nicht selten. In diesem Sinne wurde das neue Recht sicher auch leichtfertig in Anspruch genommen.[17]

Bei allen übrigen öffentlichkeitswirksamen Erklärungen ist eines von vornherein zu bedenken: daß sie Schall und Rauch blieben. Sie wirbelten viel Staub auf und lebten vom Ruch des Skandalösen, erlangten in der Regel aber nicht einmal in Gestalt formaler Vorschriften Geltung. Den Zeitgenossen mag man die Empörung nachsehen, da sie dies nicht wissen konnten. Der Nachwelt kann man aber den Vorwurf nicht ersparen, die Bedeutung Kollontajs, auf deren Schriften und Reden sich das Programm der ‹sexuellen

Revolution› weitgehend reduziert, erheblich überschätzt zu haben. Überdies hat man zu Recht moniert, daß auch ihr angeblich so amouröses Leben im Vergleich mit vielen Zeitgenossinnen (nicht nur vom Schlage einer Lou Andreas Salomé) weder so unkonventionell noch so nymphoman war, wie man meist gemeint hat. Kollontaj hat sich gewiß über die formale Sittenstrenge der bürgerlichen Welt hinweggesetzt, aber sowohl in ihrer Biographie als auch in ihren wichtigeren Schriften Sexualität nicht von Partnerschaft und Liebe getrennt. Der vielzitierte Vergleich der geschlechtlichen Befriedigung mit dem Genuß eines Glases Wasser wurde ihr nicht nur fälschlich zugeschrieben, sondern verzerrte auch den Sinn zumindest ihrer späteren Äußerungen. In einem gleichnamigen Essay stellte sie im Gegenteil dem «ungeflügelten Eros», der bloßen Sexualität, als Ideal den «geflügelten Eros», die Einheit von geistiger und körperlicher Liebe, entgegen.[18]

Dies bedeutete freilich nicht, daß Kollontaj nicht vieles gesagt und geschrieben hätte, was auch Skeptiker eines leutseligen Traditionalismus erschütterte. Vor allem im Bürgerkrieg glaubte sie mit ganzer Seele an die Möglichkeit, ein neues Kapitel in der Gesamtgeschichte der Frau und Familie aufschlagen zu können. Dabei erblickte sie (im übrigen wie A. Bebel schon manche Jahre vor ihr) den Hebel in der Trennung beider. Die neue Gesellschaft sollte die Frau von der Versorgung für Mann und Kinder befreien, die Erziehung an Kinderkrippen und -gärten übertragen, die Hausarbeit durch Gemeinschaftsküchen, -wäschereien und andere Einrichtungen (in der weiteren Vision auch durch Technisierung) auf ein Minimum reduzieren, und sie auf diese Weise gleichsam in ihren Schoß zurücknehmen. Auch ökonomisch werde, wie Kollontaj 1921 erläuterte, die materielle Gleichstellung endlich dazu führen, das ‹andere Geschlecht› aus seiner jahrtausendealten Versklavung zu befreien. Nicht nur die Ehe büße Sinn und Aufgabe ein, sondern auch die Familie: Das «Arbeitskollektiv» werde sie ersetzen.

Kollontaj hat solche Zukunftsvorstellungen häufig und zeitweise (als Volkskommissarin für Sozialfürsorge von Oktober 1917 bis März 1918 sowie 1920–22 als Leiterin der «Frauenabteilung» des ZK) auch autoritativ geäußert und gewiß an sie geglaubt. Nur eines gelang ihr nicht: sie in den Aufbau des neuen Staates nach 1921 einzubringen. Gerade ihre Überlegungen, die der alten Gesellschaft elementar zu Leibe rückten, erhielten keine Chance zu praktischer Umsetzung. Eine Ursache dafür lag sicher darin, daß Kollontaj zu den Anführern der «Arbeiteropposition» gehörte und nach dem zehnten Parteitag aus dem Zentrum der Macht entfernt wurde. Eine andere wird aber auch darin zu sehen sein, daß Lenin von feministischen Bestrebungen, die über die rechtlich-soziale Gleichstellung hinausgingen, nicht viel hielt. Schon in der Emigration hatte er die Forderungen nach ‹freier Liebe› und neuen Geschlechterbeziehungen für ‹kleinbürgerlichen› Unsinn erklärt. Und obgleich auch er von der alten Familie Abschied nehmen wollte, füllte er die neue doch mit *seinen* Vorstellungen von kommunistischer Moral: mit Treu und Redlichkeit, angereichert durch ‹proletarische› Gesinnung und Funktionstüchtigkeit für das neue Ganze. Für grundstürzende Experimente und die radikale individuelle Befreiung der Frau – darauf lief die sexuelle Revolution letztlich hinaus – war in seinen Gedanken ebenso wenig Platz wie in der Marxschen Klassenanalyse.[19]

Die ersten Friedensjahre des revolutionären Staates zeichneten sich in der Frage neuer Geschlechterrollen durch eine besondere Widersprüchlichkeit aus. Auf der einen Seite wurde die Liberalisierung – entgegen der sonstigen innenpolitischen Wende – fortgesetzt. Die Realität selbst hatte sich in einer Form entwickelt, die Anlaß gab, die rechtliche Privilegierung der Ehe weiter zu reduzieren. Ein Statut vom 19. November 1926 stellte dauerhafte Lebenspartner (bei unklarer Definition) formell Verheirateten gleich. Nachdem schon 1918 illegitimen Kindern dieselben Rechte wie legitimen zugestanden worden waren, verlieh man nun auch der sog. «faktischen Ehe» Gesetzesrang. In einer langen Debatte des VCIK begründete der Justizkommissar diesen ungewöhnlichen Schritt mit der Notwendigkeit, die faktischen Ehefrauen und die Kinder für den häufigen Fall besser zu sichern, daß die Männer die Gemeinschaft aufkündigten. Dem gleichen Ziel diente eine weitere Vereinfachung der Scheidung, zu der es nun sogar genügte, wenn einer der Partner seinen Trennungswillen bekundete – der andere wurde dann per Postkarte benachrichtigt. Denn dies war immer noch das tiefere Problem, dem alle Überlegungen galten: Der Bürgerkrieg hatte nicht nur viele Bindungen zerrissen, er hatte im Verein mit revolutionären Ideen auch zur Etablierung eines antikonventionellen, Unabhängigkeit und Abenteuer idealisierenden Lebensstils beigetragen, dessen ‹anomische› soziale Folgen immer deutlicher wurden. Das Gesetz von 1926 bemühte sich, ihrer gleichsam durch Konzessionen Herr zu werden. Offen blieb nur, ob es nicht Öl ins Feuer goß.

Eben diese Meinung verbreitete sich seit 1924 mehr und mehr. Der heftige Streit kam nicht von ungefähr. Er spiegelte die wachsende Sorge über die Risse und Zerrüttungserscheinungen in der Gesellschaft. Nicht nur die Zahl der Scheidungen wuchs weiter (bis 1927 auf das Dreifache), sondern auch ihre soziale Folgelast. Ein Millionenheer von Minderjährigen lungerte an zwielichtigen Plätzen herum und schlug sich mit Diebstahl und Betteln durch. Verlassene junge Mütter fielen der öffentlichen Fürsorge zur Last, soweit von einer solchen die Rede sein konnte. Die Prostitution trat – sicher *auch* als Folge der NÉP – wieder an die Oberfläche. Auch wenn die böse Saat von Krieg und Revolution ausgebracht worden war, gewann die Einsicht an Überzeugungskraft, daß ihr die Instabilität der Lebensgemeinschaften zusätzlich kräftige Nahrung gab. So nahm die Zahl derer zu, die auch der laxen Ehegesetzgebung und der neuen Moral die Schuld gaben. Bucharin, Rjazanov und andere prominente Bolschewiki folgten Lenin in seiner Mahnung zu Anstand, Verantwortung, Konstanz und Zucht. Alte Tugenden

5. Kultur zwischen Bildersturm und Tradition 319

avancierten inmitten einer NĖP, die auch in der Sowjetunion etwas von der Verworfenheit der ‹goldenen Zwanziger› aufscheinen ließ, zu neuen. So besaßen die gesetzlichen Vorschriften gegen Ende der NĖP nicht nur unter Stalins Leuten keinen Rückhalt mehr. In seltsamem Kontrast zu der sonstigen Innen-, Sozial- und Wirtschaftspolitik stand hier nicht die Wiederanknüpfung an den Geist des Bürgerkrieges bevor, sondern die Rückwendung zu konservativen Werten, wenn auch keinesfalls zu den vorrevolutionären Zuständen.[20]

An Ehe, Familie und Geschlechterrollen als Kerneinrichtungen und -beziehungen der Gesellschaft knüpften auch andere Versuche des Regimes an, neue Lebensformen und -normen im Alltag zu verankern. Da zumindest die großen Ereignisse der privaten Existenz in der alten Ordnung unter dem prägenden Einfluß von Religion und Kirche standen, waren diese Bemühungen Teil des Kirchenkampfes und der gewaltsamen Säkularisierung, die der Oktoberumsturz einleitete. Unabhängig von organisierten Atheismuskampagnen (s. u.) lag auf der Hand, daß man den Menschen praktische Alternativen anbieten mußte. Geburt, Heirat, Tod hielten sie in der Tat «wie mit Ketten» am Herkommen fest. Wer in die individuelle Existenz der einfachen Leute eingreifen wollte, konnte die Zeremonien nicht aussparen, die die Zäsuren des Lebens aus der Routine des Alltags heraushoben. Der «Arbeiterstaat» mußte, wie Trotzki mit scharfem Blick erkannte, «seine eigenen Feiertage» und «seine Prozessionen» [sic!] schaffen. Ikonen, Taufe, Trauung, Totengesang sollten verschwinden. An ihren Platz konnten aber nicht nur «theoretische Argumente» treten. Trotzki sah sehr klar, daß diese «nur auf den Verstand» wirkten, die alten Rituale aber, zumal die orthodoxen, auch oder vornehmlich auf das Gefühl und gesamte Empfinden.[21]

Als ‹Erfindung von Tradition› und Ersatzliturgien sind deshalb die Versuche zu verstehen, die genannten Wendepunkte des Lebens im Geiste der neuen Staatsideologie zu begehen. An die Stelle der Taufe sollte die *oktjabrina* (Oktoberfeier) treten, in der das Neugeborene nicht unter den Schutz Gottes gestellt, sondern den Ideen des Roten Oktober geweiht wurde. Man bedachte es mit angemessenen Geschenken, etwa einem Lenin-Porträt, und die Eltern versprachen, es im Geiste des Regimes und des großen Führers zu erziehen. Neue Vornamen hielten das Gelöbnis für die Zukunft wach: Ėngelina, Roza (Luxemburg), Vladlen (Vladimir Lenin), Ninel' (Lenin rückwärts gelesen), Marėn (Marx-Engels) bis hin zu Mėlor (*M*arx, *E*ngels, *L*enin, *O*ktoberrevolution) bezeugen bis heute den elterlichen Revolutionsenthusiasmus. Auch die «rote Hochzeit» wurde propagiert. Selbst überzeugten Kommunisten reichte der nüchterne Akt der standesamtlichen Registration nicht aus, um das Besondere des Ereignisses zu unterstreichen. Ein rotes Tischtuch, ein Leninporträt, die Segenswünsche eines Parteivertreters und die stehend gesungene Internationale halfen offenbar, den Verlust von Chorgesang, Weihrauch und Ikonen zu verschmerzen. Besonders schwierig gestaltete sich der Ersatz der Sterbe- und Begräbnisrituale. Für die letzte Ölung gab es ohnehin kein Pendant. Aber auch Seelenmesse und Totengesang *(otpevanie)* ließen sich nicht befriedigend in säkulare Zeremonien überführen, weil sie vom Glauben an das Jenseits nicht zu trennen waren. Man hätte schon, wie in der Französischen Revolution, einen neuen Kult und ein neues Pantheon schaffen müssen; so weit wollte das Regime dem Volksbedürfnis nach Meta-Physischem aber nicht entgegenkommen. So blieb es bei «roten Fahnen», einem «revolutionären Trauermarsch», einer «Gewehrsalve als Abschiedsgruß» und einem Trauerzug, den für hochrangige Tote auch beflaggte Militärfahrzeuge begleiteten und Flugzeuge zur letzten Ehre überflogen.[22]

Naturgemäß galt die Hoffnung bei all diesen Bemühungen vor allem der Jugend. Selbst der Revolutionär der Gegenwart, verkündete Lenin 1920 in einer programmatischen Rede, habe nur gelernt, das Alte zu zerstören und tauge nicht für die Zukunft, weil er vom Alten geprägt sei. Es komme darauf an, mit neuen Tugenden «in 10–20 Jahren» (sic!) die «kommunistische Gesellschaft» zu errichten. Dazu zählte der Partei- und Staatsgründer Eigenschaften, die wie alle seine Worte bald tausendfach repetiert wurden und bei allem Schematismus deutliche Konturen des ‹neuen Menschen› sowjetischer Prägung entwarfen. Auf einen Nenner gebracht, verfiel alles dem Verdikt des Kleinbürgerlichen und Konterrevolutionären, was geeignet schien, vom Einsatz für das Überleben des Regimes abzulenken. Bemerkenswerterweise änderte sich dies durch den Übergang zur NEP wenig. Analog zur Verpflichtung der Partei auf besondere Wachsamkeit hielt man gerade in einer Zeit besonderer kapitalistischer Versuchungen die Werte der «Kampfzeit» hoch. Der Sowjetmensch sollte lernen und nochmals lernen, arbeiten und nochmals arbeiten. Er mußte verstehen, daß «kommunistische Sittlichkeit» in der Fortsetzung des Klassenkampfes mit anderen Mitteln und Zielen bestand. Er sollte sich «das letzte Wort der Wissenschaft», insbesondere die physikalisch-technischen Grundlagen der «Elektrizität» aneignen, um den Sozialismus nach neuesten Erkenntnissen aufbauen zu helfen. Jede «freie Stunde», die er daneben noch fand, hatte er ebenfalls dem Ganzen zu widmen, sei es im Kampf gegen den Analphabetismus oder bei der Verbesserung des «Gemüseanbaus». Bei alledem sollte er gewissenhaft und ehrlich sein, keine nervöse Hektik zeigen, sondern Geduld, Ausdauer und Disziplin. Dafür war es unabdingbar, daß er sich von Ausschweifungen fernhielt. Als Tischler konnte er, wie Bucharin später erläuterte, *entweder* einen Stuhl bauen *oder* modische Tänze tanzen, nicht beides. Dekadenter *fokstrotizm*, sinnlicher *tangoizm* und sonstige westliche Moden hatten ihm ebenso fremd zu sein wie Passionen für Tabak, Alkohol und fremde Frauen. Von selbst verstand sich, daß er der «Nepifizierung» in Gestalt von «Luxus» und anderen Formen der privaten Akkumulation widerstand. Er ließ sich nicht vom Gerede über ein Himmelreich und ein Leben nach dem Tode einlullen, sondern erkor nur eines zum Maßstab seines Handelns: das Wohl ‹seiner Klasse› und der Partei.[23]

So glich das Leben des idealen Kommunisten auf fatale Weise jenem asketisch-selbstlosen Dasein in utopischen und antiutopischen Gesellschaftsentwürfen, in denen der gemeinsame Zweck alle individuellen Bestrebungen nicht nur aufsaugt, sondern auch erdrückt. Schon in der Theorie lag auf der Hand, daß der übergeordnete Gesamtnutzen von der allwissenden Partei festgelegt und über ihre Filialen als praktische Handlungsanweisungen an jeden Einzelnen weitergegeben werden sollte. Auf der einen Seite standen Černyševskijs altruistische Opferhelden aus «Was tun?» bei der Idee des neuen Menschen offensichtlich immer noch Pate. Auf der anderen Seite lag eine neue Qualität zumindest russischer revolutionärer Zukunftsvorstellungen darin, daß hinter den abstrakten Überlegungen eine weitverzweigte staatliche und quasistaatliche Organisation mit monopolistischer Machtfülle sichtbar wurde, die sie in realen Zwang überführte. Hinzu kam die Assoziation mit dem reibungslosen Ablauf eines großen Räderwerks: So wie die Maschine zum Sinnbild der künftigen Wirtschaft avancierte, so wurde auch der Sowjetmensch als Teil eines analogen gesellschaftlichen Aggregats gedacht. Er schrumpfte zum Zahnrad oder bestenfalls zum «Roboter», der im wesentlichen eines zu tun hatte: im Interesse des Ganzen zu funktionieren. Man wird nicht umhin können, dem «hochwertigen Proletarier» (Trotzki) eine bemerkenswerte Ähnlichkeit mit einem gefügigen Fordschen oder Taylorschen Fließbandarbeiter zu bescheinigen. Sicher sollte er bei all seinem Fleiß und in seiner ernsten Ergebenheit gegenüber der Sache auch lachen dürfen – aber nicht in der anarchischen Spontanität des Karneval, sondern nach Rücksprache mit der Partei.[24]

c. Neue Symbole und Leninkult

Eher und leichter als auf die Menschen und den Alltag konnte das Regime auf seine eigene Präsentation Einfluß nehmen. Die neue Qualität in der Geschichte menschlicher Sozialorganisationen, die es zu schaffen beanspruchte, sollte auch in den Mitteln und Wegen sichtbar werden, Loyalität zu stiften und die Bevölkerung an sich zu binden. Daß das Prinzip der Freiwilligkeit dabei früh verletzt und Gehorsam erzwungen wurde, ist unbestritten. Außer Frage steht aber zugleich, daß sich keine Herrschaft nur auf Gewalt stützen kann und die bolschewistische darin keine Ausnahme machte. Zwar verstanden sich die neuen Machthaber als Vertreter der Bevölkerungsmehrheit und beanspruchten eine Art von natürlichem Konsens. Dennoch legten sie großen Wert auf Einbindung und Zustimmung, da sie als «Avantgarde» auch führen und ‹Uneinsichtige› auf den rechten Weg bringen wollten. Dieses Selbstverständnis hatte schon vor dem Oktober einen bevormundenden, autoritären Charakter angenommen. Erst recht verschmolz es nach Ausrufung des ersten proletarischen Staates der Welt im Selbstbewußtsein einer erfüllten historischen Mission zu einem Verfahren, das immer weniger zwischen Werbung und Nötigung unterschied. Hinzu kam die Einsicht in den Nutzen von Massenagitation und -organisation. Die genauen Vorbilder und Beweggründe dafür liegen noch weitgehend im Dunkeln. Um so bemerkenswerter ist der Tatbestand, daß die Bolschewiki nicht nur den ersten Einparteienstaat moderner Prägung errichteten, sondern auch als erste neue Mittel und Techniken zur Mobilisierung der Bevölkerung und zur Manipulation ihres Denkens und Verhaltens allgemein einsetzten. In diesem Sinne ‹erfanden› sie das *pseudodemokratische Mobilisierungsregime*, das sich als gleichsam institutionelle Variante des plebiszitären Cäsarismus auf eine dauerhafte vorgebliche Partizipation der Massen stützte, sie aber mittels Kontrolle durch vielerlei abhängige Organisationen in die gewünschte Richtung lenkte. Als Medium der Einbindung und Steuerung reichte die unmittelbare politische Entmündigung nicht aus. Dafür schienen gerade kulturelle und soziale Organisationen und Aktivitäten geeignet. Die Effizienz und Modernität des Regimes lagen nicht zuletzt in seiner Erkenntnis, daß belastbare Loyalität darauf angewiesen war, Köpfe und Herzen und nicht nur die Hände zu gewinnen. Jede Herrschaft legt sich Insignien, Symbole und Embleme zu, die nicht nur den Zweck der Hoheitsrepräsentation und Gehorsamserzwingung haben, sondern auch affektive Bindungen, Legitimität und Gefolgschaft erzeugen sollen. Desto eher mußte einem jungen und ungefestigten, revolutionären Staat daran gelegen sein, solche Zeichen zu kreieren.

Schon das erste neugeschaffene Emblem, ein Brustabzeichen für Rotarmisten, das am 19. April 1918 bestätigt wurde, enthielt die wesentlichen Symbole, in denen das revolutionäre Regime fortan sein Selbstverständnis ausdrückte: Hammer und Sichel, über Kreuz gelegt, als Zeichen der Verbindung von Proletariat und armer Bauernschaft, beide eingefaßt in einen roten Stern. Die erstgenannten Sinnbilder erklären sich selber und bedürfen auch keiner ursprungsgeschichtlichen Erläuterung. Dagegen bleibt die Herkunft des letzteren bis heute unklar. Eine zeitgenössische populär-semasiologische Erklärung setzte den Stern mit dem Licht und der Wahrheit gleich, in deren Namen die roten Soldaten kämpften. Auch Bogdanovs utopischer Roman vom «Roten Stern» mag Pate gestanden haben. Wie auch immer, die Konnotation mit einer säkularisierten Endzeit und einer modernen, futuristisch-naturwissenschaftlich gewendeten *aurea aetas* drängt sich auf und war gewiß nicht unbeabsichtigt. Seine Eigenschaft, das szientifisch-utopische Selbstverständnis der Revolutionäre zu treffen und zugleich eine Deutung in religiös-magischen, populären Begriffen zu ermöglichen, mag zu der großen Karriere beigetragen haben, die dem Roten Stern beschieden war. Wie bekannt,

5. Kultur zwischen Bildersturm und Tradition

wurde er im selben Jahr in die neue Flagge aufgenommen, um danach in unzähligen Kopien und Varianten Teil einer elaborierten, propagandistisch in völlig neuem Maßstab instrumentalisierten politischen Ikonographie nicht nur der Sowjetunion, sondern der halben Welt zu werden. Gleiches galt für Hammer und Sichel. Anders als der Stern zierten sie bald auch das Staatssiegel, über dessen Symbolgehalt und künstlerische Ausgestaltung im Sommer 1918 beraten wurde. Lenin setzte sich mit seinem Einwand gegen ein zunächst vorgeschlagenes Schwert als Sinnbild der Wehrhaftigkeit unter Hinweis auf den friedliebenden Charakter des neuen Staates (und auf Brest-Litovsk) durch. Gebilligt wurde ein Arrangement, das neben Hammer und Sichel im Zentrum eine Weizengarbe und eine aufgehende Sonne enthielt. Die allgemeine Verheißung, für die das Sonnensymbol – neben der konkreten des materiellen Wohlergehens – stand, war dabei erneut leicht als kosmisch-säkularisierte Version christlicher Heilsprophezeiungen zu erkennen. Alles wurde eingefaßt durch den Leitspruch der sozialistischen Bewegung seit dem Kommunistischen Manifest: «Proletarier aller Länder, vereinigt Euch!».

Die größte Wirksamkeit der neuen Staatssymbole ging aber vielleicht nicht von den Sinnbildern aus, die der Entschlüsselung bedurften und in ihrer neuen Verbindung durchaus fremd wirkten, sondern von der Farbe Rot. Sie war eine ebenso naheliegende wie ideale Wahl, weil sie mehrere Bedeutungsgehalte vereinte. Rote Fahnen schmückten seit jeher sozialdemokratische Demonstrationszüge; sie standen für die Arbeiterrevolution wie das Kreuz für das Christentum. Rot verband sich mit Bauernunruhen, die selten ohne Brandstiftung (roten Hahn) abgingen. Rot hieß im Russischen aber auch «schön» und besaß einen sakralen Beiklang. In jedem traditionsbewußten Haus, vor allem in jeder Bauernkate fand sich die vielzitierte «rote Ecke», die eigentlich eine schöne und heilige für die Ikonen war. So verschmolz im bald ubiquitären Rot des neuen Regimes die Tradition (auch des bäuerlichen) sozialen Protests mit uralter religiös-volkstümlicher Überlieferung. Als die Regierung dann noch aus der europäischen Metropole Peters I., aus dem «Venedig des Nordens», in die alte Zarenstadt im Herzen Rußlands umzog und der Kreml samt dem Roten Platz wieder zum Zentrum der politischen Macht wurde, kam dem Vorgang auch symbolische Bedeutung zu. In welchem Maße diese faktische Beschwörung altrussischer Herrschaftssymbolik integrative Affekte hervorrief, entzieht sich bislang jeder Prüfung. Man sollte eine solche unterschwellige Wirkung vor allem auf die Bauern, ungeachtet der Aufstände der letzten Bürgerkriegsjahre, zumindest in langfristiger Perspektive aber nicht zu gering veranschlagen.[25]

Derselben Loyalitätsstiftung diente eine Erscheinung, die neben dem Parteimonopol zum Kennzeichen der autoritären Entartung des Sowjetsystems wurde und bis an die Schwelle der Gegenwart geblieben ist: der *Leninkult*. Der Übergang vom Appell der Insignien zur Inanspruchnahme der Ausstrahlung einer ins Mythische überhöhten Persönlichkeit für den Zusammenhalt von Staat und Gesellschaft war sicher vorbereitet. Dennoch markierte er einen qualitativen Sprung. Solange Lenin lebte, deckte seine unleugbare und unangefochtene Autorität die Herausbildung einer auf seine Person zugeschnittenen politischen Ordnung gleichsam ab. Die Struktur besaß eine Entsprechung, die Aushöhlung demokratischer Prinzipien eine sichtbare und dadurch ‹heilende› Ursache. Im Bewußtsein der großen Bevölkerungsmehrheit *war* Lenin die Revolution und *war* er der neue Staat. Sein Tod beraubte deshalb nicht nur die Partei ihres Führers; er nahm dem Regime selbst die Verkörperung und in mancher Hinsicht die Ablenkung von Defekten. Es blieben Wegbegleiter und Gehilfen, die allesamt, von Trotzki abgesehen, keine eigenständige Statur erworben hatten und nicht hätten verhindern können, daß das Regime ohne Ansehen der Person an seinen Leistungen gemessen worden wäre. Die gezielte Begründung eines Kults unter der Devise, daß Lenin in seinem Werk weiterlebe und alles in seinem Geiste geschehe, half das Vakuum an Legitimation und affektiver Einbindung zu füllen. Sie konnte dazu beitragen, das Gefühl der Herrscher- und der Herrschaftslosigkeit ebenso zu unterdrücken wie den Eindruck eines Neuanfangs. Insofern versprach sie großen politischen Gewinn. In allgemeinerer Perspektive spiegelte der Kult die Überzeugung seiner Erfinder, daß Loyalität und Engagement für das Regime in besonderem Maße durch emotionale Bindungen unter Ausnutzung tradierter Formen des Glaubens an übermenschliche Kräfte zu sichern seien. So gesehen liegt auch in dieser Hinsicht ein Zusammenhang mit der Rückständigkeit in Gestalt geringer Bildung, Säkularisierung und ‹abstrakter› Fassungskraft, des Fehlens der von Lenin so oft beschworenen «Kulturrevolution», nahe.

Dennoch muß es offen bleiben, ob die Begründung des Leninkultes durch höchste Gremien von Partei und Staat ausschließlich auf Kalküle des Machterhalts zurückzuführen war. Schon der Umstand, daß eine Gefährdung der bolschewistischen Herrschaft zu diesem Zeitpunkt nicht zu erkennen war, weckt Zweifel an einer solchen Annahme. Vielmehr tut man gut daran, auch bei den Urhebern nicht nur funktionale, in diesem Sinne tiefer verwurzelte Motive am Werk zu sehen. Erst recht galt dies für die Adressaten, bei denen man eine weitgehende Konstanz überkommener Denkweisen unterstellen darf. Die Leninverehrung rückt somit ins Zentrum der politischen Kultur der vorstalinschen Ära: In vieler Hinsicht kreuzen sich in ihr bewußte Absichten der bolschewistischen Elite, Dispositionen der ‹revolutionären› politischen Struktur und mentale Vorprägungen der dörflichen Bevölkerungsmehrheit. Für eine solche Annahme spricht schon der Umstand, daß die Vergötzung Lenins bereits *vor* seinem Tode und sogar vor seiner Erkrankung begann. Sie ging Hand in Hand mit einer auch in anderer Hinsicht zu beobachtenden Vereinnahmung überkommener religiöser Motive und Darstellungsformen. Ein proletarischer Dekalog tauchte auf, Plakate zeigten Arbeiter als Drachentöter, Rotarmisten figurierten als Reiter auf geflügelten Pferden und hielten ein aufgeschlagenes Buch in ihren Händen, das die Proletarier aller Länder zur Vereinigung aufforderte. Ein Flugblatt über den Roten Stern erklärte diesen zum Sinnbild der Wahrheit und erhob seine Träger implizit zu einer bolschewistischen Version von Gralsrittern. Erst recht schwebte Lenin schon in den ersten Darstellungen der Revolution über den Wolken. Er war der große Schöpfer, der alle Fäden zog und im voraus wußte, wie alles kommen würde. Aus der Verkörperung von nimmermüdem Einsatz und Fleiß, dem ersten Diener seiner Partei, wie Krupskaja ihn porträtierte, wurde in populären Biographien der unfehlbare «Führer». Damit verband sich die Zusammenfassung seiner Theorie zum «Leninismus», der gleichsam von seiner Person getrennt und als kongeniale Fortsetzung des «Marxismus» kanonisiert wurde. Als ein *Pravda*-Artikel über «Lenin und Marx» vom April 1923 diese Sehweise offiziös zur verbindlichen Lehrmeinung erhob, wurde endgültig sichtbar, daß eine neue, vom Machtmonopol des Staates getragene ideologische Orthodoxie Gestalt annahm. Der Zeitpunkt des Beitrages fiel dabei nicht zufällig mit dem zwölften Parteitag, dem ersten nachrevolutionären ohne Lenin, zusammen. Schon hier standen die meisten Reden unter dem Vorbehalt der alles beherrschenden Frage, was wohl «Il'ič» dazu sagen werde. Seine selbsternannten Epigonen, vor allem Kamenev und Zinov'ev, gingen dabei mit schlechtem Beispiel voran: Sie erhoben Lenins Schriften und Reden zur unbezweifelbaren Richtschnur der Parteibeschlüsse und trugen maßgeblich zur Verbreitung der Unart bei, eigene Meinungen nur noch im schützenden Gewande Leninscher Gedanken vorzutragen. Was zuvor wie Respekt vor der Überlegenheit wirkte, glitt unmerklich in jene Uneigentlichkeit der Aussage ab, die deren Urheberschaft verleugnete. Nur selbstbewußte Köpfe wie Trotzki wagten noch, sich zu Neuem zu bekennen, und wurden dafür mit dem Vorwurf der Abtrünnigkeit bestraft.

Welche Entwicklung damit eingeschlagen war, machte der zeitgleiche Beschluß der Moskauer Parteiorganisation deutlich, ein Lenin-Institut zu gründen. Die offizielle Aufgabe, Dokumente über den großen Führer zu sammeln, ließ den eigentlichen Zweck bereits erkennen: Lenin lieh keiner normalen Forschungs- oder Kultureinrichtung seinen Namen, sondern einer Andachtsstätte – dem Lenin-*Museum*, Vorbild einer Unzahl ähnlicher Erinnerungsräume in jeder größeren Stadt der Sowjetunion. Mochte sich auch dies noch im Rahmen der Reverenz bewegen, die Staatsgründern – wenngleich *post mortem* – auch in anderen Ländern zuteil wurde, so ging die «Leninecke», die man für die Allrussische Landwirtschafts- und Industrieausstellung im August 1923 schuf, um einiges darüber hinaus. Hier war die Anspielung auf die «schöne», den Ikonen vorbehaltene «Ecke» in den Bauernkaten nicht mehr zu übersehen. Aus Respekt und Verehrung wurden Andacht und Weihe. Kein Zweifel, Lenin befand sich in der Wahrnehmung zumindest der Partei bereits vor seinem Tode auf dem Wege zur ‹Unsterblichkeit›.[26]

So lag es nicht fern, wenn Stalin schon bei einer frühen Gelegenheit im Herbst 1923, als sich der engste Führungskreis der Partei zu einer Beratung über das Vorgehen im schlimmsten Fall versammelte, gefordert haben soll, Lenin müsse auf «russische Art» bestattet werden. Da ein christliches Begräbnis ausgeschlossen war und Einäscherungen in Rußland keine Tradition hatten, konnte dies nur eines meinen: Lenins sterbliche Überreste zu konservieren und auszustellen. Bucharin und Trotzki erkannten diese Konsequenz und protestierten. Sie betrachteten es nachgerade als Hohn auf Lenins Ideen und seine bewußte persönliche Bescheidenheit, ihn nach seinem Tode wie die heiligen Väter zum Gegenstand eines Kultes zu machen. Eine Entscheidung wurde nicht getroffen, durch den faktischen Sieg der Troika über die Linke Opposition aber womöglich präjudiziert. Jedenfalls hatten die Befürworter einer Ausstellung der Leiche bemerkenswert einfaches Spiel, als Lenin am 21. Januar 1924 starb. Auch wenn sie die Einbalsamierung – schon aus technischen Gründen – zunächst nur befristet anordneten, scheint der Grundsatzbeschluß einer permanenten Konservierung womöglich unter dem Eindruck unerwartet heftiger Massentrauer schon gegen Monatsende gefaßt worden zu sein. Hörbaren Protest äußerte einzig Krupskaja. Im ausschlaggebenden Gremium, der vom Politbüro zusammengestellten Beisetzungskommission, fand sich niemand, der ihre Vorbehalte geteilt hätte. Im Gegenteil, hier führten einige Altbolschewiken das Wort, denen man eine besondere religiöse Prägung unterstellt hat: gehörten sie doch vor dem Ersten Weltkrieg zu den Verfechtern einer gnostisch-theosophischen Lehre, die der Vollendung des Menschen in der kommunistischen Gemeinschaft heilssichernde Züge zuschrieb. Allerdings ist bestreitbar und umstritten, ob dieses, von Lenin seinerzeit heftig bekämpfte «Gottbildnertum» tatsächlich wiederauflebte und der Leninkult als oberflächlich säkularisierte Religionsstiftung zu verstehen war. Dagegen sprechen – gerade bei Stalin – die unbezweifelbare politische Absicht des Unternehmens und die tiefe atheistische Färbung des Bolschewismus insgesamt. Nur schließen sich beide Deutungen, bei Licht besehen, keineswegs aus: Gewiß war der Leninkult ein «politischer», in diesem Sinne ein moderner Mythos nach Art der totalitären Massenregime des 20. Jahrhunderts, aber einer, der auf den Appell an die russische, stark religiös gefärbte Tradition im Verhältnis zwischen ‹Zar› und ‹Volk› schon um seiner Wirksamkeit willen nicht verzichten *konnte*.

Fest steht in jedem Fall, daß sich die Kommission für eine dauerhafte Aufbewahrung aussprach und vor allem L. B. Krasin, von Haus aus Ingenieur, für die technische Durchführung sorgte. Er überwachte die Arbeit der Mediziner und Chemiker, die nach einer geeigneten, neu zu entwickelnden Konservierungsrezeptur suchten, und gab den Bau eines Mausoleums in Auftrag. Seit dem 1. August konnte Lenin zunächst in einem provisorischen

Gebäude – das endgültige wurde erst 1930 fertiggestellt – von einem Publikum besichtigt werden, dessen anhaltendes Interesse sich über Jahrzehnte in den bekannten endlosen Warteschlangen auf dem Roten Platz manifestierte.[27] Als der Kult in dieser Form sein offizielles Heiligtum erhielt, hatte er sich auch inhaltlich endgültig etabliert. Die anfängliche Scheu, das kritische Erbe der eigenen Vergangenheit so offen über Bord zu werfen, war einer Selbstverständlichkeit gewichen, in der kalkulierte Manipulation und eigene Überzeugung kaum zu trennen waren. Niemand widersprach der feierlichen Umbenennung der Revolutionsstadt Petrograd in Leningrad unmittelbar nach Lenins Tod. Alle führenden Bolschewiki, Trotzki eingeschlossen, trugen in den folgenden Wochen und Monaten tatkräftig zu seiner Idolatrisierung bei. Auf Versammlungen versprach man dem großen «Lehrer» ewiges Angedenken. Junge Pioniere schworen bei seiner (un)sterblichen Hülle, ihre Kraft und ihr Leben dem Sozialismus zu widmen. Und ein Parteibarde setzte die Analogie mit Christus im tröstenden Zuruf voraus, Trauer und Kummer seien überflüssig, weil Lenin nicht gestorben sei und nicht sterben werde. Der Führer war präsent, und nicht nur abstrakt, sondern als Mumie anschaubar und konkret: Darin lag der augenfälligste Tribut an die russische Tradition, daß sie der Gewohnheit zur Identifikation mit Personen statt mit Prinzipien entgegenkam. Der Mythos vom fortlebenden Lenin tat seine Wirkung. Zugleich erstarrten die Ideen des verewigten «Führers» zu einem Lehrgebäude, das sich zwangsläufig immer weiter von der Wirklichkeit entfernte. In dieser Kluft und der wachsenden Unglaubwürdigkeit, die (unter anderem) daraus folgte, lag die langfristige Rache für den kurzfristigen Gewinn gefestiger Loyalität, den der Leninkult dem Regime bescherte.[28]

Bei alledem verdient Beachtung, daß sich die Personalisierung des neuen Regimes nicht auf den Staatsgründer beschränkte. Lenin war der prominenteste Pate, aber nicht der einzige. Vielmehr läßt sich in den Jahren nach seinem Tod eine regelrechte Welle von Namensänderungen verzeichnen. Sie verhalf auch anderen bekannten, toten und lebenden Bolschewiki zu der Ehre, ihre Prominenz in dieser Form gewürdigt zu sehen. Nachdem im Mai 1924 Lenins Geburtsort Simbirsk (nach seinem eigentlichen Familiennamen) in Ul'janovsk umgetauft worden war, folgte im Juni eine erste Hommage an den Generalsekretär: Die südostukrainische Eisenhüttenstadt Juzovka (benannt nach dem Werksgründer, dem Engländer Hughes), erhielt den neuen Namen Stalinsk (heute Doneck). Ein ehrgeiziges anderes Mitglied der Troika mochte offenbar nicht abseits stehen: Seit September 1924 firmierte die südukrainische Stadt Elizavetgrad (benannt nach Elisabeth I., der Tochter Peters des Großen) als Zinov'evsk. Zugleich erhielt das alte schwerindustrielle Zentrum des Ural, Ekaterinburg (benannt nach Katharina I., der Frau Peters des Großen) in Erinnerung an den ersten Parteisekretär den Namen Sverdlovsk. Im April 1925 schließlich wurde die größte Handelsstadt an der unteren Wolga ihrer historischen Bezeichnung beraubt: Caricyn (abgeleitet von *Carica* = Zarin und von Katharina II. gegründet) verwandelte sich in Stalingrad. Die Beispiele ließen sich mehren, und in den nächsten Jahrzehnten sollten noch viele hinzukommen. Ihr frühes Auftreten belegt einmal mehr, daß der *Personenkult im neuen Regime angelegt* und der Schritt von der (Selbst)Ehrung prominenter Parteioligarchen zur (Selbst)Verherrlichung eines einzigen «Führers» so groß nicht war. Er entwickelte sich als *eine* Möglichkeit aus dem erhöhten Legitimationsbedarf des revolutonären Staates einerseits und einer autoritären, auf Charisma und personale Herrschaft fixierten politischen Kultur sowohl der bolschewistischen Partei als auch der Bevölkerung im ganzen andererseits.[29]

d. Kirchenkampf und Atheismus

In welchem Maße Säkularisierungstendenzen bereits im Ancien Regime über die Intelligenz hinaus in andere Schichten vordrangen, ist weitgehend unbekannt. Dessenungeachtet wird man davon ausgehen können, daß der Alltag der großen Masse der Bevölkerung religiös geprägt blieb. Vor allem aus dem Leben der Dorfbewohner – die zahlreichen Wander- und Saisonarbeiter eingeschlossen – waren Gottesdienste und kirchliche Zeremonien nicht wegzudenken. Zu den Hindernissen, die der Revolutionierung auch der Lebensformen im Wege standen, gehörte als Teil der Tradition an vorrangiger Stelle der Glaube. Dies hilft die große Aufmerksamkeit und bemerkenswerte Eile zu verstehen, mit denen die neuen Machthaber auch gegen dieses Erbe vorgingen. Dabei galten ihre Maßnahmen sowohl der Kirche als Institution als auch dem Glauben derer, die ihren Lehren folgten. Bei Urhebern und Opfern war in ihrer Sicht gleichermaßen anzusetzen, um das aus der Welt zu schaffen, was sie mit Marx als «Opium des Volkes» betrachteten. Zum kruden Materialismus ihres ideologischen Rüstzeugs gehörte eine verbissene Feindschaft gegenüber religiösen Überzeugungen ebenso wie ein missionarischer Atheismus. Beide nahmen dabei einen zentralen Stellenwert ein, weil sie in ein Kausalverhältnis zur Empfänglichkeit für die neuen Dogmen gesetzt wurden. Es war bezeichnend für den eigenen Anspruch, daß man nur Platz für *eine* Lehre sah: Ein Christ konnte kein Bolschewik sein, und ein solcher konnte nur werden, wer die Existenz Gottes leugnete.

Hinzu kam als weiterer Antrieb die besondere weltliche Stellung der russischen Orthodoxie. Trotz ihrer Unterwerfung unter den Monarchen, symbolisiert in der Abschaffung des Patriarchats durch Peter den Großen (faktisch seit 1700), hatte sie im Schutz des Staates ungewöhnliche Macht bewahrt. Bis zur ersten Verfassung von 1906 genoß sie ein Monopol, nach der Verkündung religiöser Freiheit weiterhin sichtbare Bevorzugung. Die Autokratie gewährte ihr Einfluß auf das öffentliche Leben, Schulen und Universitäten und stützte sie im eigenen Interesse nach Kräften. Zwar hatten Kirche und Klöster seit der Verstaatlichung großer Teile ihrer Ländereien durch Katharina II. (1764) aufgehört, größte Grundbesitzer des Imperiums zu sein; aber reich waren sie nach wie vor. Allerdings befand sich auch die Orthodoxie in einer tieferen Krise, als ihre Repräsentanten einräumten. Die Kritik sowohl an inneren Mißständen als auch an der engen *harmonia* mit der weltlichen Macht hatte im halben Vorkriegsjahrhundert stark zugenommen. Insofern mußte die Kirche erkennen, daß die fundamentalen geistig-kulturellen und politisch-sozialen Bewegungen der Zeit nicht spurlos an ihr vorübergingen.[30]

Das Februarregime verfolgte in der Religionspolitik einen vergleichsweise moderaten Kurs. Seinem Programm und Charakter gemäß versuchte es im wesentlichen, auch in dieser Hinsicht liberaldemokratische Grundsätze durchzusetzen. Schon länger hatten Kritiker auf die Verstaatlichung der kirchlichen Schulen und die Abschaffung des obligatorischen orthodoxen Religionsunterrichts gedrängt. Die Nationalisierung wurde am 20. Juni vollzogen; in der zweiten Frage einigte man sich auf einen Kompromiß, der die Entscheidung vertagte. So besaß die Bestätigung uneingeschränkter Konfessionsfreiheit am 14. Juli zwar programmatischen Charakter, zog aber keine rigorose Trennung von Staat und Kirche nach sich. Die neue Herrschaft wußte die grundsätzliche Übereinstimmung in vielen Kernfragen (z. B. der Haltung zum Kriege) zu schätzen und wollte die Orthodoxie auch als Palliativ gegen einen sozialen Umsturz nicht missen. Vor allem für die Kadetten kam eine konsequente Laisierung daher nicht in Frage. Indessen reichte auch der ‹dosierte› Rückzug des Staates aus, um die Kirche zu einer Neudefinition ihrer Gestalt zu zwingen. Diesem Ziel diente das erste allrussische Konzil seit über zweihundert Jahren, das im August 1917 zusammentrat. Fast 600 Kleriker und Laien waren sich in der Warnung vor einer Radikalisierung der Revolution einig. In der Kernfrage der inneren Organisation blieben die Standpunkte der Reformer, die das Konziliarprinzip als Mittel «demokratischer» Mitbestimmung stärken wollten, und der Konservativen, die an der tradierten Hierarchie festhielten, dagegen unversöhnt. Aus verschiedenen Motiven hatten beide dennoch ein Interesse am wichtigsten Beschluß: Das Konzil entschied angesichts der neuen Lage, nach fast zweihundertjähriger formaler Degradierung der Kirche zu einem Zweig der Staatsverwaltung (in Gestalt einer Art von Kirchenministerium als oberster Behörde) das *Patriarchat wiederherzustellen*. In den ersten Novembertagen wählte es den Metropoliten von Moskau Tichon zum neuen Patriarchen.[31]

Die Bolschewiki demonstrierten jedoch sehr schnell, daß sie sich von der erneuerten äußeren Macht der Orthodoxie nicht beeindrucken ließen. Der Enteignung auch des kirchlichen Grundbesitzes durch das Landdekret der Umsturznacht folgte am 28. Januar 1918 ein Generalangriff, der die jahrhundertealte Symbiose von Staat und Rechtem Glauben in Rußland auf allen

Gebieten beseitigte. Beide sollten fortan restlos voneinander getrennt sein. Der Kirche wurde nicht nur untersagt, Schulen zu betreiben und rechtsverbindlich Ehen zu schließen. Sie durfte auch keine Abgaben mehr erheben, büßte ihre finanziellen Privilegien und den Status einer juristischen Person ein, verlor alle öffentlichen Zuwendungen und mußte die prinzipielle Überführung ihres gesamten Vermögens in «Volkseigentum» hinnehmen. Rechtlich war sie nach diesem Keulenschlag nur noch ein Schatten ihrer selbst, eine «Privatgesellschaft» unter anderen. Auch politisch und geistig wurde der Kampf in aller Heftigkeit ausgefochten. Tichon geizte nicht mit wortgewaltigen Angriffen gegen die Gottlosigkeit des revolutionären Regimes, das eine der führenden Persönlichkeiten des Konzils im Juni 1918 mit der Herrschaft des apokalyptischen Tiers gleichsetzte. Die Bolschewiki teilten ihrerseits aus und griffen dabei über Kirchenschließungen, gerichtliche Verfolgungen und Requisitionen hinaus auch zu physischen Repressalien: Viele tausend orthodoxe Christen, darunter mindestens 28 Bischöfe, wurden im Laufe der Bürgerkriegsjahre 1918-20 von ihren Schergen ermordet. Kein Zweifel kann darüber bestehen, daß es dem Staat in dieser Zeit gelang, die institutionelle Macht der Kirche zu brechen. Den Höhepunkt des ungleichen Kampfes brachte die Hungersnot vom Winter 1921/22. Um Hilfsgüter kaufen zu können, wiesen Regierung und VCIK die lokalen Sowjetkomitees an, die verbliebenen kirchlichen Wertgegenstände aus Edelmetallen zu konfiszieren. Als Gläubige der Industriestadt Šuja Widerstand leisteten und Rotarmisten unter Blutvergießen in die Tumulte eingriffen, forderte Lenin in einem (erst spät bekanntgewordenen) Geheimbrief an das Politbüro die Einsetzung eines Sonderbeauftragten (Molotov), der hart durchgreifen sollte. Seine polemischen Worte brandmarkten die Gegenwehr als ‹faschistisch› und offenbarten abermals das ganze Ausmaß der Kirchenfeindschaft auf Seiten der Partei.[32]

Überdies war der Regierung nicht unbekannt, daß sich der innerkirchliche Streit zuspitzte. In gewisser Weise griff jene Stimmungslage des Bürgerkriegs, die den allgemeinen Zerfall als Chance für einen grundlegenden Neuaufbau wertete, auf Teile des Klerus über. Die alten Forderungen aus den Monaten der ersten Revolution und des Februarregimes fanden mehr Gehör denn je. Spannungen zwischen der niederen, ‹weltlichen› (nichtzölibatären) Geistlichkeit und den Bischöfen, die sich nach wie vor aus den Klöstern rekrutierten, brachen mit neuer Schärfe auf. Sie bildeten den Hintergrund für einen dreisten Coup, der die Orthodoxe Kirche abermals – förmlich zum zweiten Mal seit dem Bann über die Altgläubigen Mitte des 17. Jahrhunderts – spaltete. Am 12. Mai 1922 drangen prominente Reformer zum Patriarchen Tichon vor, der einige Tage zuvor unter Hausarrest gestellt worden war. Sie machten ihn für den beklagenswerten Zustand der Kirche verantwortlich und erreichten seinen Rücktritt sowie die Übertragung seiner Kompetenzen an ein Mitglied ihres Kreises. Noch am selben Tag gaben sie die erste Nummer einer neuen Zeitschrift heraus, deren Titel «*Lebend(ig)e Kirche*» der ganzen Strömung den Namen gab. Da die Besucher von den Wachen der GPU durchgelassen wurden, darf man davon ausgehen, daß der innerkirchliche Putsch die Billigung der Staatsmacht besaß. Um ihre Legitimation zu sichern, beriefen die Neuerer für April 1923 ein Konzil ein. Seine Teilnehmer waren handverlesen; Tichons Anhänger fehlten ganz. Dementsprechend leicht fiel es, die Delegierten zu einer Loyalitätserklärung an das Regime zu bewegen. Die Versammlung billigte die soziale Revolution ausdrücklich und scheute auch nicht davor zurück, das Patriarchat wieder abzuschaffen. Nur eines gelang den Rebellen nicht: die Mehrheit des Klerus für sich zu gewinnen. Damit scheiterte nicht nur der radikalste Versuch einer Kirchenreform, sondern auch die Strategie des Staates, die Kirche mit Hilfe der Neuerer gefügig zu machen, ohne sie – zum Schaden auch des eigenen Ansehens vor allem bei den Bauern – noch weiter zu zerstören.

Dies wurde den Putschisten im Verein mit ihrer Kaltschnäuzigkeit auch zum Verhängnis. Um zu retten, was noch zu retten war, beugte sich der entthronte Patriarch der Macht. Angesichts der offenbaren Unfähigkeit der Insurgenten, die Kirche auf ihren Kurs zu bringen, akzeptierte die Regierung seine Wohlverhaltenszusage und entließ ihn aus der Haft. Sie setzte nun auf ein Arrangement mit dem Patriarchen, der nach wie vor die Mehrheit der Kirchenangehörigen repräsentierte. Allerdings fand der Kompromiß bereits im April 1925 mit dem Tod Tichons ein Ende. Der Staat ließ dem Nachfolger als *locum tenens* (Patriarchatsverweser), dem Metropoliten Peter, weniger Spielraum. Als dieser sich weigerte, den wiedererstarkten Reformern entgegenzukommen und ein neuerliches Konzil im Herbst 1925 scheiterte, warf ihn die Regierung, wie seinen Vorgänger, kurzerhand ins Gefängnis (Dezember 1925). Aus (unwürdigen) Fehden um die Nominierung zum neuen *locum tenens*, die während seiner Haft ausbrachen, ging der Metropolit von Novgorod Sergij (Stragorodskij) siegreich hervor, den die Bolschewiki aber ebenfalls in Gewahrsam nahmen (Dezember 1926). Es bedurfte eines neuerlichen sensationellen Kniefalls, um den *modus vivendi* aus den letzten Amtsjahren Tichons wiederherzustellen. Nach einer Loyalitätserklärung an das NKVD durfte Sergij nach Moskau übersiedeln, eine Zeitschrift herausgeben und seinen Amtsgeschäften nachgehen. Mit guten Gründen hat man aus diesen und anderen Vorgängen abgeleitet, daß das revolutionäre Regime im ersten Jahrzehnt seiner Existenz bei aller Härte seines Vorgehens nicht versucht hat, die Kirche – was ihm möglich gewesen wäre – restlos zu zerschlagen. Auch im Bürgerkrieg waren Gottesdienste erlaubt. Erst recht suchte der Staat nach Verkündung der NĖP einen Ausgleich, allerdings zu seinen Bedingungen: Er war sogar bereit, der Kirche «erhebliche» Rechte einzuräumen, wenn sie dem Kaiser gab, was des Kaisers (in seinem Verständnis) war – bedeutete dies doch auch, daß sie für Ruhe und Loyalität auf dem Dorfe sorgen half.[33]

IV. *Atempause und Regeneration: die NĖP (1921–1928)*

Indes schloß solcher Pragmatismus Bemühungen nicht aus, ihn langfristig überflüssig zu machen. Wenn niemand mehr glaubte, brauchte man sich mit keiner Kirche mehr zu arrangieren. Gemeinsam mit der Werbung für den Sozialismus widmete das neue Regime daher von Anfang an dem ideellen Kampf gegen die Religion große Aufmerksamkeit. Im Bürgerkrieg schossen gerade in dieser Hinsicht unter dem Deckmantel der Entmystifizierung blinder Eifer und zerstörerische Wut ins Kraut. Die ‹Aufklärung› entpuppte sich als ignorante Barbarei, und die Revolution entfachte im Wortsinne jenen Bildersturm, vor dem auch entschiedene Gegner der Autokratie gewarnt hatten. Wären nicht Lenin, Lunačarskij und andere Intellektuelle in der bolschewistischen Führung gewesen, hätten leicht auch die Eremitage oder der Kreml geplündert werden können. So sparte der Vandalismus die großen Museen und die weltliche Kunst weitgehend aus.

Was man den Kirchen und dem Glauben antat, war allerdings schlimm genug. Viele der zahlreichen Gotteshäuser in Rußland wurden konfisziert und anderen Zwecken zugeführt. Nicht selten gab man dieser ‹Konversion› mit atheistischer Verve eine ‹didaktische› Note: Was vorher vermeintlich nutzlos war, sollte einen augenfälligen gesellschaftlichen Wert erhalten. Aus der Kirche des erzbischöflichen Palais in Kazan' machte man eine Tischlerwerkstatt; Kapellen wurden zu Ausstellungsräumen, Lagerstätten, Theater oder – dies war sicher noch die angemessenste Nutzung – zu Schulen. Andere, vor allem entlegene Klöster, ließ man einfach verfallen. Bei ‹Umfunktionierungen› vergaß man auch meist die Attribute des neuen Zwecks nicht: In einer der berühmtesten russischen Kirchen (im Sergeevo-Troickij-Kloster) ersetzte man ein kostbares Fensterbild vom segnenden Christus durch eine Darstellung von Spartakus; in der Kuppel einer Leningrader Kirche mußte die Darstellung des Heiligen Geistes einem Emblem der Kommunistischen Jugendinternationale weichen. Eine Religion verdrängte die andere.

Natürlich konnte sich die atheistische Propaganda damit nicht zufriedengeben. Kirchenschließungen rotteten den Glauben nicht aus. Klügere Gottesleugner versuchten, das Übel an der Wurzel zu fassen, und erkannten diese in den Zeremonien, dem Glanz und den Festen. Der einfache Mann werde, wie Trotzki anmerkte, durch den Prunk und das Außergewöhnliche an die Religion gebunden. Um dies zu ändern, meinten sarkastische Eiferer, die Hohlheit der Rituale durch spöttische Nachäffung entlarven zu können. Satirische und parodistische Neigungen erhielten dabei ebenso freien Lauf wie blasphemische Gelüste. Man veranstaltete «rote Messen» und «rote Gebete», in denen lächerliche Popen die Liturgie verhöhnten und sich kanonische Gesänge mit obszönen Gassenhauern mischten. Vor den großen Feiertagen Ostern, Pfingsten und Weihnachten veranstaltete man «Prozessionen», die groteske Gottesmasken mit sich führten und die orthodoxen Heiligen mit beißendem Spott bedachten. Revolutionäre Literaten bemächtigten sich auch des religiösen Schauspiels und verfaßten satirische ‹Mysterien› «von

5. Kultur zwischen Bildersturm und Tradition 333

der Geburt des Komsomol (des Gottlosen)» oder der «nicht unbefleckten Empfängnis». Zu besonders exzentrischen Blüten führte das Bemühen, die Überwindung der ‹Aberglaubens› mit der Propagierung ‹zeitgemäßer› Werte und Ziele zu verbinden. Der «atheistische Traktor» oder der «Gottlosenexpress» als Name für einen Agitationszug (s. unten) standen nicht allein. Auch die Wissenschaft wurde eingesetzt. Im Kampf gegen den Reliquienkult und Wunderglauben stellte man man Ratten und Mäuse aus, die in Ventilatoren geraten und durch den Luftstrom konserviert worden waren. Wie durch Peters des Großen schockierende Präsentation von Natur-Monstrositäten in der «Kunstkammer» sollte die rationale Erklärbarkeit aller Wirklichkeit demonstriert und die subjektive Realität auf die objektive, die wahrnehm- und überprüfbare Welt reduziert werden. In diesem Sinne kam im militanten Atheismus auch ein kurzschlüssiger Vernunftkult zum Vorschein.[34]

Vor allem seit Beginn der NEP erhielten solche Bemühungen organisatorische und publizistische Unterstützung. Als wesentliche Instrumente dienten dabei der Einsatz der Presse und die Gründung eines Vereins. Die bald bekannteste atheistische Zeitschrift nahm Ende 1922 unter dem Titel «Der Gottlose» *(Bezbožnik)* ihr Erscheinen auf. Zwei Jahre später scharte sich formell ein Freundeskreis um sie, der 1925 eine konstituierende Versammlung abhielt und sich in *«Liga militanter Atheisten»* umbenannte. Treibende Kraft dieser Organisation und der gesamten atheistischen Kampagnen war der Bolschewik und frühe Mitstreiter Stalins E. M. Jaroslavskij. Eigenen Angaben zufolge verfügte die Liga 1925 über 2421 Filialen und gut 87 000 Mitglieder, die bis 1928 auf 3900 Filialen und 123 000 Mitglieder anwuchsen. Freilich kam solchen Zahlen eher eine symbolische Bedeutung zu; auf die Bevölkerung bezogen fielen sie nicht ins Gewicht.[35]

e. Massenpropaganda und Massenorganisationen

In der gesamten Breite der Bemühungen um eine Revolutionierung auch des kulturellen Lebens machte sich das neue Regime Verfahrensweisen zunutze, die es als erste in großem Maßstab anwandte: die zentrale Lenkung der *Presse und Buchproduktion* sowie die Gründung von Organisationen zur Manipulation der öffentlichen Meinung. Sicher fand es die Instrumente als solche bereits vor. Sowohl die Zensur als auch Vereinigungen zur Einwirkung auf das politisch-soziale Verhalten der Bevölkerung bestanden schon in der alten Ordnung (und im Ausland). Die Bolschewiki aber fügten sie mit Hilfe ihres Machtmonopols und durch ihren ideologischen Anspruch (schein)legitimiert in neuer Form zusammen. Sie errichteten damit den ersten Staat, der Agitation und Indoktrination zu einem vorrangigen Mittel der Herrschaftssicherung machte und Massenorganisationen sowohl als ihre ‹Medien› als auch zur allgemeinen Steuerung des Denkens und Handelns seiner Angehörigen einsetzte. Beide Formen der Gesinnungskontrolle besaßen in den zwanziger Jahren noch keine totalitäre Qualität. Aber die Annahme ist begründet, daß sie Strukturen schufen, die nach der Wende von 1929/30 kaum verändert zu werden brauchten und die stalinistische Diktatur vorbereiten halfen.[36]

Die Durchschlagskraft und Neuheit lag dabei im wesentlichen darin, daß auch in der Publizistik der Pluralismus zu Ende ging. Man mag darüber streiten, inwieweit unter dem alten Regime politische Gegensätze öffentlich ausgetragen werden konnten. Sicher blieb das legale Aktionsfeld ebenso begrenzt wie das Parteienspektrum. Innerhalb des zugelassenen Rahmens aber entfaltete sich eine Konkurrenz der Meinungen, die in den groben Richtungen mit Parteien oder politischen Gruppierungen verbunden waren. Wie in den westlichen Demokratien gab es eine ungefähre Entsprechung zwischen publizistischer und politischer Orientierung. Ähnlich kam die Vielfalt von Ansichten und Aktivitäten in Zusammenschlüssen verschiedenen Charakters zum Vorschein. Auch hier galt zwar, daß sich im Zarenreich kein an Vielfalt und Regsamkeit mit dem deutschen oder englischen vergleichbares Vereinsleben entfaltete. Dennoch bildete sich eine neue «Gesellschaftlichkeit» *(obščestvennost')* aus, die politisch-soziale Energien weckte und kanalisierte. Nach dem Oktoberumsturz fiel dies alles dem Wahrheits- und Monopolanspruch der Bolschewiki zum Opfer. Der Bürgerkrieg tat ein übriges. Mit den konkurrierenden Parteien verschwanden im Sommer 1918 auch deren Zeitungen und Proklamationen weitgehend aus der Öffentlichkeit. Das Angebot wich obrigkeitlicher Vorklärung, Information verwandelte sich in Indoktrination.

Im Bürgerkrieg überwog aus naheliegenden Gründen Propaganda und Agitation. Sie galt in erster Linie der Bauernschaft. Die den Städten als Zentren der Revolution ferne Bevölkerungsmasse sollte für das Regime gewonnen werden. Dabei verbanden die neuen Machthaber dieses Ziel mit dem Kampf gegen das Analphabetentum. Nicht von ungefähr beschloß der achte Parteitag im März 1919, zu Beginn des Entscheidungsjahrs, die Werbung auf dem Lande zu verbessern. In den Dörfern wurden «Lesehütten» errichtet, die *beiden* Zwecken dienten. Besondere Beachtung verdienen ebenfalls für diesen Zweck eingerichete sog. «Agitationszüge» und «Agitationsschiffe». Sie belegen ein weiteres charakteristisches Novum: die Nutzung *moderner Technik*. In den Stäben erkannte man den außerordentlichen Vorteil, den Dampfkraft und Mobilität auch für die ideologischen Absichten des Regimes boten. Kleinere Städte und entlegene Dörfer wurden durch sie schnell erreichbar. Hinzu kam eine ähnliche Modernität der künstlerischen Mittel, von wirksamer expressionistisch-kubistischer Plakatgestaltung bis zu neuartiger Umsetzung inhaltlicher Aussagen in Bilder und Zeichnungen für ein weitgehend analphabetisches Publikum (vor allem in Majakovskijs berühmten ROSTA-Plakaten). Daneben wurden im Verlags- und Pressewesen die

5. Kultur zwischen Bildersturm und Tradition

Weichen für eine neue Form der publizistischen Öffentlichkeit gestellt. Den Platz der Privatverlage, die oft eher Opfer der wirtschaftlichen Katastrophe als tatsächlicher Nationalisierung wurden, übernahm der Staat. Die zentrale Institution war dabei in diesen Jahren das Kommissariat für Volksaufklärung. In seinem Umkreis wurde auch die Idee geboren, einen Zentralverlag für die führenden Autoren zu gründen. Auch wenn sich unter den 58 Persönlichkeiten, die zur Teilnahme bereit waren, noch manche Kritiker der bolschewistischen Politik befanden (wie Maxim Gorki), bedeutete die Einrichtung von *Gosizdat* (Staatsverlag) im Rückblick eine traurige Premiere: Sie schuf das Muster für die Organisationsform des Publikationsmonopols von Partei und Staat.[37]

Der Übergang zwischen Kriegskommunismus und NĖP war in diesem wie in anderen Bereichen der Kultur fließender als in Wirtschaft und Gesellschaft. Keine Strukturentscheidung von Gewicht wurde zurückgenommen. Auch dies gehört in den Zusammenhang des mehrfach erwähnten, vom zehnten Parteitag verankerten Junktims zwischen ökonomischer Liberalisierung und politischer Rigorosität: So wie man das Parteimonopol durch das Fraktionsverbot festigte, stärkte man die Aufsicht über die Presse und Verlage. Erhalten blieb in dieser Absicht unter anderem eine noch im Krieg begründete neue ZK-Abteilung für «Agitation und Propaganda». Mit gutem Grund machte deren Kürzel *(Agitprop)* als Synonym totalitärer Hirnwäsche negative Karriere. Um dieselbe Zeit erhöhte man auch Rang und Gewicht einer einschlägigen Behörde im Bildungskommissariat. Während die Partei die Linie vorgab, sollte das *Hauptkomitee für politische Aufklärung* im Verein mit einer Vielzahl von Einrichtungen der Erwachsenenbildung, Armee, Gewerkschaften und anderer Organisationen dafür sorgen, daß die Botschaften des Regimes bis in die tiefste Provinz vordrangen. Über den Staatsverlag blieb der Buchmarkt im Griff. Es ist bezeichnend, daß die private Buchproduktion nicht wieder auf die Beine kam. Zwar versuchten manche alte und neue Unternehmer auch auf diesem Gebiet ihr Glück. Aber sie hatten gegen den faktischen Monopolisten keine Chance; ihre Zahl schrumpfte von 223 1922 schon bis Mitte der zwanziger Jahre auf knapp die Hälfte. Dabei ging es quantitativ wieder bergauf. Im Vorkriegsjahr hatten russische Verleger nach den deutschen die zweitgrößte Zahl an Titeln auf den Markt gebracht (34 000); 1918 waren davon etwa 6000 geblieben. Nach der Beseitigung des Papiermangels im Zuge der NĖP stieg diese Zahl bis 1925 wieder auf 20 000 und bis 1928 auf 34 000. Die Druckauflage erreichte im letztgenannten Jahr sogar 270 Mio. (im Vergleich zu 133 Mio. 1913). Auch dies unterstreicht die hohe Priorität, die man der gesteuerten «Aufklärung» beimaß.

Ähnliche Erfolge konnte das *Pressewesen* verzeichnen. Die Kluft zwischen Qualität und Quantität mag hier zwar größer gewesen sein. Aber zahlenmäßig war der Aufschwung des Journalismus eindrucksvoll. Im Januar 1923 erschienen 411 Zeitungen in einer Auflage von 1,5 Mio., im Januar 1927 590 Zeitungen in etwa 8 Mio. Exemplaren. Symptomatisch für den neuen Charakter der Presse war dabei die Aufgabenteilung. Politisch-weltanschauliche Unterschiede entfielen. Auf der anderen Seite konnte eine Einheitszeitung nicht alle Interessen berücksichtigen und nicht alle Lesergruppen ansprechen. So traten organisatorisch-berufliche und verbandsspezifische Orientierungen an die Stelle des Meinungsstreits. Nach diesem Prinzip unterschieden sich schon die beiden ältesten und größten Zeitungen, das Parteiorgan *Pravda* (Wahrheit), die *Izvestija VCIK* (Nachrichten des VCIK) und die Gewerkschaftszeitung *Trud* (Arbeit), die mit den jeweiligen Institutionen entstanden. Es bestimmte aber auch den in vieler Hinsicht typischeren Neuaufbau des Pressewesens, als Zeitungen für die Arbeiter, die Bauern, die Armee, für die kommunistische Jugendorganisation und andere mehr hinzukamen. Auch wenn begrenzte Opposition in den zwanziger Jahren noch möglich war, fielen dieser gleichsam am Schreibtisch entworfenen Pseudo-Pluralität des Pressewesens von Anfang an nicht nur die tatsächliche Konkurrenz, sondern auch Lebendigkeit, ernsthafte Kritik und das journalistische Niveau zum Opfer. Diese Mängel dürften dazu beigetragen haben, daß der Erfolg der publizistischen Anstrengungen gering blieb. Alles spricht dafür, daß man den größten Teil der Bevölkerung nach wie vor kaum erreichte. Auf dem Dorfe wurden Zeitungen trotz einer wachsenden Zahl von Leserbriefen nicht wirklich heimisch.[38]

Besondere Aufmerksamkeit verdient, daß neben Druckerzeugnissen auch ein Medium in die gelenkte Meinungsbildung einbezogen wurde, dessen Wirksamkeit nicht auf Lesefähigkeit der Adressaten angewiesen war: der *Film*. Das technische Angebot kam dabei dem Bedürfnis nach einem solchen Instrument entgegen. In vieler Hinsicht zeigten die modernen visuellen (später auch audiovisuellen) Kommunikationsmittel ihre besondere Eignung für rückständige Gesellschaften mit hohen Analphabetenquoten in Rußland und der Sowjetunion zum ersten Mal. Dazu gesellte sich ein weiteres Motiv. Trotzki war sicher nicht der einzige maßgebliche Bolschewik, dem das emotionale Defizit bewußt blieb, das der ungeheure Versuch einer Revolutionierung auch des Massenalltags nach Kriterien sozialistischer Vernunft notwendigerweise hinterließ. Neben den erwähnten neuen Gebräuchen und Symbolen schrieb er dem Film die Eignung und Aufgabe zu, dafür Ersatz zu schaffen. Die bewegten Bilder sollten Gefühl und «Theatralik» in das Dasein bringen und dadurch sowohl die Loslösung von der überkommenen Religiosität erleichtern als auch die Suche nach Trost beim Erbübel des Alkohols unterbinden. Ob der sowjetische Film diese Aufgabe tatsächlich erfüllte, mag offen bleiben. In jedem Fall erfreute er sich ungewöhnlicher staatlicher Förderung. Dabei wurden die Agitationsstreifen *(agitki)* der Bürgerkriegszeit nach der Wende zur NĖP durch Filme von künstlerischem Anspruch abgelöst. Die zweite Hälfte der zwanziger Jahre gilt mit gutem

5. *Kultur zwischen Bildersturm und Tradition*

Grund als Glanzzeit des sowjetischen Films. In diesen Jahren schufen u. a. S. M. Eisenstein, Dziga Vertov und V. I. Pudovkin ihre bald weltberühmten kinematographischen Epen. Von der dramatischen Bewegtheit des «Panzerkreuzer Potemkin» bis zur getragen-elegischen Verfilmung von Gorkis «Mutter» begründeten sie auf je spezifische Weise einen neuen Stil. Ihre Kreativität trug ihnen zu Recht einen Platz unter den Pionieren des modernen Films ein. Paradox (und im Sinne mancher ästhetischer Theorien durchaus bezeichnend) war nur, daß sie der propagandistischen Absicht der Partei bestenfalls partiell entgegenkamen. Zwar ließen sie sich wie vor allem Eisenstein von individuellem sozial-revolutionären Engagement tragen. Aber sie waren zu autonom und selbständig, um sich in den befohlenen Kulturbetrieb integrieren zu lassen. So hat man resümiert, daß der Film viel zur Legitimationsstiftung der Revolution als solche, aber wenig zur Stützung des bolschewistischen Regimes beitrug. Als er schließlich an die propagandistische Leine gelegt wurde, kam ihm kaum zufällig auch der künstlerische Wert abhanden. In den dreißiger Jahren war der sowjetische Film nur noch ein schwacher Abglanz seiner selbst.[39]

In den Zusammenhang der staatlichen Gesinnungskontrolle gehört schließlich auch die Gründung weiterer Massenverbände. Neben Partei und Gewerkschaften als Organisationen der ‹Kampfzeit› traten neue, die ihre Entstehung anderen Motiven verdankten. Die tradierten Vereinigungen waren im Kern Interessenverbände. Sie dienten der Verfolgung und Durchsetzung gemeinsamer politischer und materiell-ökonomischer Ziele. Als solche wurden sie zwar von Intellektuellen geführt, konnten sich aber auf den grundsätzlichen und mobilisierbaren Konsens der Masse ihrer Mitglieder stützen. Nach der Machtergreifung veränderten die bestehenden Organisationen ihren Charakter. Die Partei avancierte zum personellen Reservoir der staatlichen Institutionen, die Gewerkschaften zum «Transmissionsriemen» zwischen Obrigkeit und Basis. Alle neuen Organisationen dienten von Anfang an eben dieser exekutiven und multiplikatorischen Funktion.

Sicher war der *Kommunistische Jugendverband* (*Komsomol* oder KSM) die bedeutendste und in vieler Hinsicht auch typischste dieser Neuschöpfungen. Schon die Vorgeschichte und Gründungsmotive lassen das Novum seiner Absicht erkennen. Die Idee kam auf, als Menschewiki und Sozialrevolutionäre unter Beteiligung einiger ‹rechter› Bolschewiki im Frühjahr 1917 mit erheblichem Erfolg eine formal überparteiliche, aber zur Unterstützung des Februarregimes gedachte Nachwuchsorganisation ins Leben riefen. Lenin und seine Anhänger sahen darin eine unliebsame Konkurrenz und regten Gegenmaßnahmen an. Diese nahmen aber erst ein Jahr später während der ersten Bürgerkriegsmonate in Form lokaler Gruppen Gestalt an. 176 Delegierte dieser Zellen versammelten sich Ende Oktober 1918 in Moskau, um den allrussischen Komsomol formell zu gründen. Allerdings dauerte es noch bis zum dritten Allrussischen Kongreß im Oktober 1920, ehe er ein Programm und Statut erhielt. Als Vereinigung junger Kommunisten im Alter von 13 bis 24 Jahren sollte er die Mitglieder auf die ganze Breite der Aufgaben ‹erwachsener› Parteigenossen vorbereiten. Besondere Bedeutung kam dabei der politischen Bildung zu. Dem lag die ebenso plausible wie banale Einsicht zugrunde, daß nicht die Aktivisten des Oktober 1917 die neue Gesellschaft aufbauen würden, sondern die Jungen. Auch die Ergänzung des Komsomol durch einen kommunistischen Kinderverband lag deshalb nahe. Zur Aufgabe dieser Organisation, der *Jungen Pioniere*, die im Herbst 1922 ihre Tätigkeit aufnahm, wurde folgerichtig die systemkonforme Erziehung allgemein. In mancher Hinsicht kam darin die tiefere Absicht und totalitäre Qualität des Regimes *in nuce* zum Ausdruck: durch einen möglichst kontinuierlichen Einfluß und vollständigen Zugriff auf die Sozialisation der nachwachsenden Gesellschaftsglieder überzeugte Anhänger der revolutionären Ordnung heranzuziehen. Der Grundgedanke sollte Zukunft haben, daß allein freiwilliges Engagement produktiv und verläßlich ist.[40]

Über den Erfolg des Komsomol läßt sich schwer urteilen. Unzweifelhaft erreicht wurde, was ohnehin in der Gewalt des Einparteienstaates lag: ein Organisations- und Tätigkeitsmonopol. Erster und wichtigster Leidtragender war die Pfadfinderbewegung. Allerdings könnte man argumentieren, daß der Komsomol ebenso wie die Jungen Pioniere dafür auch einen ‹Preis› in Gestalt der Übernahme nicht nur äußerlicher Merkmale der verdrängten Konkurrenz zahlten. Die Uniformen und das rote Halstuch der «Pioniere» machten diese Ähnlichkeit sinnfällig. Aber auch der Komsomol warb mit typischen Angeboten und dem «Geist» der zeitgenössischen, internationalen Jugendkultur: mit gemeinsamen Ausflügen, naturverbundenen Zeltlagern, volkstümlichen Musikabenden und jener Fackelromantik, die bald zur Massensuggestion mißbraucht wurde. Eine andere Frage bleibt, wie viele der Angesprochenen dieser Anziehungskraft und den günstigen Karrierechancen tatsächlich nachgaben, die der Komsomol eröffnete. Die verfügbaren Daten weisen eher auf eine mäßige Resonanz hin. Auf dem Gründungskongreß repräsentierten die Delegierten im Herbst 1918 etwa 22 000 Mitglieder. Im Herbst 1920, als der militärische Sieg des Regimes offensichtlich war und reicher Lohn für die schnelle, ‹richtige› Wendung winkte, registrierte man etwa 482 000 Mitglieder entsprechend 2 % der eintrittsberechtigten Bevölkerungsgruppe. Nach einem erheblichen Schwund um fast die Hälfte bis zum Sommer 1922 sorgte das ‹Leninaufgebot› 1924 für erneutes Wachstum, das auch in den folgenden Jahren anhielt. Im Januar 1927 erreichte der Bestand knapp 2 Mio., die etwa 7,4 % der entsprechenden Altersgruppe ausmachten. Um diese Zeit nahm auch auch das Übergewicht der Arbeiter ab. Der Anteil der Bauernkinder erhöhte sich so weit (47,5 %), daß der Komsomol als wichtigste Mobilitätsschleuse zwischen Dorf und Stadt gelten darf. Erheblich war mit 21,3 % auch die Quote der Frauen. Andererseits beschränkte sich die Tätigkeit vieler Komsomolzen auf die Registration. Allem Anschein nach konnte die Partei auch durch den Komsomol auf den Dörfern nicht wirklich Fuß fassen. Dagegen scheint die Nachwuchsorganisation die Mitwirkung und politisch-soziale Emanzipation der Frauen deutlich vorangetrieben zu haben.⁴¹

f. «Proletkul't», Literaturpolitik, Wissenschaft und Ideologie

In gewisser Weise bündelten sich die kulturell-geistigen, auf die Umwälzung des Denkens und Alltags gerichteten Seitentriebe der bolschewistischen revolutionären Bewegung in der *Proletarischen Kulturbewegung*, abgekürzt *Proletkul't*. Dessen Anhänger wollten sich am wenigsten mit einer ‹bloßen› politischen und sozioökonomischen Umwälzung zufrieden geben. Sie argumentierten nicht ohne Konsequenz, daß die neue Gesellschaft nur von neuen Menschen geschaffen werden könne. Wenn der Sozialismus nicht Produkt äußerer, obrigkeitlich implantierter Regeln sein, sondern innerer Überzeugung entspringen sollte, mußte er sich nach ihrer Auffassung auf neue Denk- und Lebensformen gründen. Dabei verstand sich von selbst, daß diese von der schöpferischen Potenz der Zukunft getragen werden sollte. Auch wenn ‹klassenbewußte› Künstler und *intelligenty* helfen mußten, waren vor allem die Arbeiter selbst zur Mitwirkung aufgerufen. Im Kern war diese Grundabsicht – unabhängig von ihrer radikalen Form – keine eigentümlich russische Idee. Wo immer sich die Arbeiterbewegung zu nennenswerter Stärke entfaltete (nicht zuletzt in Deutschland), verstand sie sich auch als Gegengesellschaft und Alternativkultur. Insofern berief sich der *Proletkul't* mit guten Gründen auf das marxistisch-sozialistische Erbe.

Mit dieser Zielsetzung wurde es von einem produktiven und hochbegabten Mann rezipiert, der als treibende Kraft der gesamten Bewegung gelten darf. A. A. Bogdanov (1873–1928), Arzt, Schriftsteller, Revolutionär und Bolschewik der ersten Stunde, bemühte sich von Anfang an um die welterschließende, erkenntnis- und wissenstheoretische Dimension des Marxismus. Er nahm die Einsicht ernst, daß der Mensch die entscheidende Triebfeder der Veränderung seiner (nicht naturgegebenen) Lebensbedingungen sei. Wenn man ihn nicht auf den *homo faber* reduzieren oder zum Spielball des Automatismus einer ewigen Dialektik von Produktivkräften und Produktionsverhältnissen degradieren wollte, mußte man ihn in seinem ganzen Wesen einschließlich seiner geistig-seelischen Kräfte betrachten. Insofern kam der Prägung der Wahrnehmung und ihrer gedanklichen Verarbeitung, der Vorstellungen und Handlungsmuster grundlegende Bedeutung zu. Bogdanov ging von der aktuell anmutenden Prämisse aus, daß die psychomentale ‹Matrix› der Menschen insgesamt umzuwälzen und kein wirklicher Sozialismus ohne korrespondierende Erfahrungs-, Lebens- und Denkform möglich sei. Es war nicht verwunderlich, daß vor allem Bogdanov den Leninschen Vorwurf auf sich zog, ‹kleinbürgerlichem› Idealismus zum Opfer gefallen zu sein.

Als konkrete Handlungsanweisung ergab sich aus der Betonung der Bewußtseinsdimension, daß sich die sozialistische Bewegung weder auf den gewerkschaftlichen noch auf den politischen Kampf im engeren Sinne beschränken durfte. Wahrer Sozialismus begann in den eigenen Reihen, in der Entfaltung des kollektivistischen Prinzips, der «bewußte(n) Organisiertheit in der Arbeit» und dem sozialen Kampf. Von der Streikerfahrung führte ein direkter Weg zur neuen Gesellschaft – beide erschienen als Formen der Genossenschaftlichkeit. Dieses neue Denken und Handeln war an vorrangiger Stelle einzuüben, da es die Grundlage künftiger Gleichheit vorwegnahm: die Gleichheit, die nicht primär durch Aufhebung des Klassengegensatzes hergestellt wurde, sondern durch egalitären Zugang zu sozialem Organisationswissen. Das Ringen um den Sozialismus erschöpfte sich demzufolge nicht im (äußeren) «Krieg gegen den Kapitalismus», sondern mußte «gleichzeitig positive, schöpferische Arbeit» sein – *«die Ausarbeitung der sozialistischen proletarischen Kultur»*. Die Zerstörung sollte Aufbau sein.[42]

Solche Ideen konnten erst im Zuge der Radikalisierung der Revolution seit dem Sommer 1917 praktisch erprobt werden. Bezeichnend war dabei, wo der erste entsprechende Beschluß gefaßt wurde: auf der zweiten Konferenz der Petrograder Fabrikräte. Solange der *Proletkul't* aktiv und lebendig war, stützte er sich maßgeblich auf die Betriebskomitees und wurde wie kaum eine andere Strömung der bolschewistischen Partei von unten getragen. Auf der anderen Seite liegt auch zutage, daß er sich erst entfalten konnte, als ihm die finanzielle Unterstützung des Staates zufloß. Dies war seit Januar 1918 der Fall. Lunačarskij bekannte sich so weit zu seiner Vergangenheit, daß er eine Bewegung nicht aus seinem Volkskommissariat ausklammerte, die er selbst in den Vorkriegsjahren an der Seite Bogdanovs theoretisch zu begründen geholfen hatte. Allerdings erhob sich von Anfang an Widerspruch. Wohl kaum ohne Einverständnis Lenins machte Krupskaja als Leiterin der konkurrierenden Abteilung für Erwachsenenbildung im Kommissariat geltend, daß die Förderung der Arbeiterkultur zur gesamtstaatlichen Aufgabe geworden sei und keiner eigenständigen Organisation vorbehalten bleiben könne. Eben eine solche Autonomie aber beanspruchte die Bewegung. In Petrograd weigerte sie sich, mit den Beamten des Volkskommissariats zusammenzuarbeiten. Und schon die erste Moskauer allstädtische Konferenz machte im Februar 1918 klar, daß sie ihre vordringlichen Aufgaben, die Einrichtung von Alphabetisierungskursen für Arbeiter, die Gründung von Klubs, Bibliotheken und Theater sowie die Durchführung allgemeinbildender und politischer Veranstaltungen, in eigener Regie zu erfüllen gedachte. Ein Kompromiß, auf den sich Lunačarskij im April einließ, brachte eine gewisse Entspannung (und sicherte großzügige Subventionen des Bildungskommissariats), war aber nicht von Dauer. Wie im Falle der Ge-

5. Kultur zwischen Bildersturm und Tradition

werkschaften entstand ein Konflikt, der letztlich ein Aspekt der grundsätzlichen Alternative zwischen einer eher basisorientiert-pluralistischen und einer zentralistisch-autoritären Entwicklung in Staat und Gesellschaft war. Die Entscheidung darüber löste auch ihn.[43]

Vorerst allerdings blieb der Gegensatz offen, da die Regierung mit anderen, dringenderen Aufgaben beschäftigt war. Im revolutionären Eifer und den Turbulenzen des Bürgerkriegs erreichte der *Proletkul't* seinen Höhepunkt. 1920 gaben verschiedene Einrichtungen etwa 16 Zeitschriften sowie ca. 10 Mio. Exemplare literarischer und weiterer 3 Mio. musikalischer Werke aus der Feder eigener Autoren heraus. Im ganzen Land registrierte man etwa 400 000 Mitglieder, davon 80 000 aktive in ca. 3000 Sektionen. Organisatorisch wurden sie von einem Allrussischen proletarischen Kulturrat repräsentiert, dem neben ihren Delegierten auch Vertreter interessierter Institutionen wie der Partei, der Gewerkschaften, der Armee und natürlich des Volksbildungskommissariats angehörten. Der Rat wählte seinerseits ein ZK als eigentliche Exekutive. Seit Juli 1918 erschien das Zentralorgan *Proletarskaja kul'tura*, dessen Chefredakteur Bogdanov wurde.[44]

Dem programmatischen Selbstverständnis nach sollte die neue, ‹proletarische› Kulturbewegung «alle Errungenschaften» der Vergangenheit «kritisch rezipieren» und im «Schmelztiegel» ihres Klassenbewußtseins verarbeiten. Bogdanov betonte immer wieder, daß die neue Kultur das Erbe der alten produktiv aufnehmen und weiterführen müsse. Nicht zuletzt in diesem Sinne sollte die neue Gesellschaft als Synthese im Sinne der Hegelschen Dialektik die Vollendung der gesamten Menschheitsgeschichte sein. Die radikale Mentalität des Bürgerkriegs förderte jedoch auch in Kunst und Kultur eine Neigung, die Vergangenheit pauschal zu verdammen. Was mit Religion und Kirche geschah, galt in den Augen vieler Anhänger des *Proletkul't* für das geistige Leben allgemein. Einen symptomatischen Ruf als Ausdruck dieser ikonoklastischen Strömung erwarben sich Verse des ‹proletarischen› Dichters V. T. Kirillov, in denen es unter anderem hieß: «Ein leidenschaftlicher stürmerischer Rausch hält uns gefangen,/Auch wenn man uns zuruft: ‹Ihr seid die Henker des Schönen!›/Verbrennen wir Raffael im Namen unseres Morgen,/Zerstören Museen und zertreten die Blüten der Kunst.»[45]

In der Tat wurden, wenn auch zum Segen der Nachwelt auf weniger barbarische Weise, neue Formen in verschiedenen Bereichen der Kunst und Kultur geschaffen. Am auffälligsten dürften dabei Veränderungen in den theatralischen, an Aufführung und Darstellung gebundenen Künsten gewesen sein. Der *Proletkul't* suchte die Masse. Es gehörte zum Kern seines klassenspezifischen Selbstverständnisses, den Elitarismus von Literatur, Musik und Bildung zu durchbrechen und sie den einfachen Leuten zugänglich zu machen. Vor allem in den Städten sollte jeder, der lesen und schreiben konnte, sie erleben und sich nach Möglichkeit in ihnen erproben können. Studios und Ateliers, offen für jedermann (mit dem richtigen ‹Klassenstandpunkt›), entstanden; die Künste, von ihrem Charakter her besonders die dramatischen, gingen auf die Straße. Frühester Propagandist einer «Theatralisierung des Lebens» war der Dramatiker, Lyriker und Agitator V. V. Majakovskij, dessen «Mysterium buffo» – Rezeption und Parodie des Passionsspiels zugleich – am ersten Jahrestag des Oktoberumsturzes aufgeführt wurde. Bekannt und gespielt wurden auch die «kollektivistischen» Stücke von P. M. Keržencev. Sein erstes großes Freilichtspektakel half, den 1. Mai 1920 angemessen zu begehen. Mehr als 2000 Rotarmisten assistierten den Schauspielern beim «Mysterium der befreiten Arbeit». Daß die feierliche Musik dazu von klassischen in- und ausländischen Komponisten stammte, trübte den tiefen Eindruck auf die 35 000 Zuschauer nicht. Seinen Höhepunkt erreichte dieses Massenschauspiel in einer Nachstellung des Sturms auf den Winterpalast aus Anlaß des dritten Jahrestags des Oktobercoups. Bis zu 10 000 Akteure wurden, verteilt auf zwei Bühnen (rot und weiß), in Bewegung gesetzt, um die unaufhaltsame Volksbewegung und weltgeschichtliche Bedeutung des Gründungsakts des neuen Regimes angemessen vor Augen zu führen. 100 000 Zuschauer, die anschließend noch einer Parade im Fakkellicht beiwohnen konnten, sorgten für jene monumentale und suggestive Kulisse, deren Inszenierung bald typisch wurde für die diktatorischen und autoritären Regime der Zwischenkriegszeit. Auch hier wird man allerdings die Situation des Bürgerkriegs mitbedenken müssen: Man feierte auch den – faktisch schon errungenen – Sieg und sprach sich Mut für den Neubeginn zu.[46]

Konventioneller, *in* den Schauspielhäusern und auch durch die Aufführung ‹alter› Stücke, versuchte der begabteste Regisseur der zwanziger Jahre das Programm des *Proletkul't* umzusetzen. Mit dieser Absicht kreierte V. E. Meyerhold, Schüler des Großmeisters der russischen naturalistischen Bühne K. S. Stanislavskij, das *politische Agitationstheater*. An die Stelle des Bemühens, das Geschehen unter Einschluß des inneren, psychologischen Ablaufs möglichst exakt an die Wirklichkeit anzunähern, trat die Absicht, eine Aussage an die Zuschauer zu bringen. Das realitätsgetreue Bühnenbild wich einer pointierenden konstruktivistischen Dekoration, die sensible, oft verhaltene Darstellung einer neuen, laute Effekte nicht scheuenden Dynamik. Das Theater öffnete sich für Experimente und krasse Farben; es suchte seine Wirkung nicht in der Annäherung des Spiels an das Leben, sondern in der demonstrativen Botschaft, letztlich in einem rationalen Akt, auch wenn dieser der visuellen Veranschaulichung bedurfte. Auch die agitatorische, zugleich emotionale Wirkung der szenischen Dynamik in Eisensteins Filmen gehört in diesen Zusammenhang. Politisches Engagement und formale Innovation gingen eine enge Verbindung ein, deren Vielfalt und Stimmigkeit einen erheblichen Teil ihrer außerordentlichen grenzüberschreitenden Ausstrahlung ausmachten. Daneben gab es freilich auch Experimente, die nur von ideologischem Übereifer zeugten und als bloße Kuriositäten in Erinne-

5. Kultur zwischen Bildersturm und Tradition 343

rung blieben. So veranstaltete man Maschinenkonzerte mit echtem Fabriklärm und Sirenengeheul oder gründete, mit größerer Resonanz und Anerkennung, «dirigentenlose Orchester», um den Kollektivismus auch in dieser Hinsicht zur Geltung zu bringen.[47]

Dennoch kamen Anspruch und Wirklichkeit nur ausnahmsweise zur Deckung. Der Alltag des *Proletkul't* war traditioneller und weniger spektakulär. Dazu zwangen schon die Ressourcen an Personal und künstlerischem Repertoire. Die Produktion hielt weder mit dem Wandel der Anforderungen noch mit dem raschen zahlenmäßigen Wachstum der kleinen Theater Schritt. Auf dem Spielplan standen überwiegend vorrevolutionäre, oft klassische Stücke, die man höchstens in Schafe und Böcke, akzeptable und intolerable, aufteilen konnte, wie V. F. Pletnev vorschlug. Aristophanes, Shakespeare und Puškin fanden ebenso Gnade vor seinen Augen wie Bach, Schumann oder Mussorgskij in der Musik. Weiterhin zierten gewohnte und geschätzte Titel die Plakate neben irritierend neuen wie «Der rote Schein der Fabriken», «Der Hammer», «Unser Hochofen» oder das erwähnte «Mysterium der befreiten Arbeit.» An den Leseabenden blieb nicht selten so gut wie alles beim alten: Derselbe Sachkenner gab eine Einführung in dasselbe Werk wie vor 1917. Dazu trug ein sozialer Tatbestand erheblich bei: Die tragende Schicht des *Proletkul't* rekrutierte sich, ebenfalls kaum überraschend, aus der alten sozialistischen Intelligenz. So half der *Proletkul't* – nicht zuletzt durch die Einrichtung von Arbeiterklubs – paradoxerweise tatkräftig mit, die *klassische* Bildung in der städtischen Unterschicht zu verankern. Was er dagegen nicht erreichte, war die angestrebte Verankerung neuer Inhalte, Formen und Rezipienten von Kunst und Kultur. Vielmehr erscheint er im Rückblick eher als Teil der künstlerischen Moderne, die seit der Jahrhundertwende auch ins Zarenreich eingedrungen war. Der *Proletkul't* band die experimentellen, avantgardistischen Strömungen, vom Expressionismus über den Kubismus bis zum Futurismus, nicht zu einer neuen, ‹sozialistischen› zusammen, sondern bestand mit oder sogar aus ihnen.[48]

Auch aus anderen Gründen kam sein Niedergang nicht unerwartet. Aufmerksamen Teilnehmern mußte klar sein, daß der Konflikt mit der Partei nicht beigelegt, sondern nur aufgeschoben war. Die Entscheidung fiel um so eher, als Lenin selbst im Zuge der Neuordnung des Staates nach dem Ende des Bürgerkriegs auf die Eigenwilligkeit und programmatische Autonomie der Lieblingsschöpfung seines alten Gegners Bogdanov aufmerksam wurde. Anfang Oktober 1920 ließ er seinem Spott über die selbsternannten «Fachleute für proletarische Kultur» vor dem dritten Komsomol-Kongreß freien Lauf und bezeichnete solche Ideen sogar als ‹kompletten Unsinn›. Welche Rolle die Zellen des Proletkul't nach seiner Meinung übernehmen sollten, machte ein Resolutionsentwurf des ZK deutlich: «Hilfsorgane eines Netzes von Institutionen des Volkskommissariats für Bildungswesen» zu sein. Zwar konnte er sich mit seiner heftigen Ablehnung selbst im Politbüro nicht durchsetzen; Bucharin etwa ergriff für die Idee Partei, daß die neue Gesellschaft auch eine neue Kultur benötige. Aber die Kernfrage wurde im Sinne des Parteiführers entschieden. Selbst der abgemilderte Beschluß des Politbüros vom 11. Oktober 1920 forderte die Fusion des *Proletkul't* mit dem zuständigen Volkskommissariat. Damit trat endgültig zutage, daß der Mehrheit der Parteiführung die ganze Richtung nicht gefiel und alte Fehden aus den Vorkriegsjahren nicht vergessen waren. Die Anschuldigung, «verdrehte Kunstauffassungen» und bourgeoisen Menschewismus zu propagieren, ließ sich leicht als Vorwand durchschauen, um den *Proletkul't* an die Leine zu legen.[49]

Zweifellos stand diese Wende bereits im Zusammenhang mit der NĖP. Auf den ersten Blick sprach zwar manches für den umgekehrten Weg, die Bemühungen um eine klassenoriertierte Arbeiterkultur unter den neuen Bedingungen erst recht zu unterstützen. Indes sah Lenin die von ihm betonte Notwendigkeit besonderer ideologischer Standfestigkeit typischerweise sehr anders: als Stärkung der Aufsicht und Macht der Partei. Der staatliche Druck war um so effektiver, als er mit finanziellem Zwang einherging. Schon 1921 verringerte das Bildungskommissariat seinen Anteil am Budget des *Proletkul't* von 9,4 % auf 2,2 %. Ein übriges bewirkte die Aufstellung lokaler Behördenbudgets gemäß den Grundsätzen der wirtschaftlichen Rechnungsführung. Als die Bewegung 1925 auch noch dem obersten Leitungsgremium der Gewerkschaften unterstellt wurde, verlor sie nach der Widerstandskraft auch ihre Identität. Die im wesentlichen übriggebliebenen Klubs nahmen nicht einmal mehr den Protest auf, den Arbeitslosigkeit und Wohnungsnot hervorbrachten. Auch sie sanken als bloße Bildungsvereine zu gehorsamen Instrumenten des parteilich kontrollierten Propagandaapparates herab.[50]

Es ist kein Zufall, daß die weitere Entwicklung der sowjetischen Kunst und Kultur bei den Historikern (im fachlichen Sinne) nur noch am Rande Interesse gefunden hat. Was nach dem faktischen Zusammenbruch des *Proletkul't* kam, überließ man anderen Disziplinen, vor allem der slavistischen Literaturwissenschaft. Der wichtigste Grund wird darin zu suchen sein, daß mit dem Ende dieser Bewegung auch der Anspruch aufgegeben wurde, durch ästhetischen Wandel den Menschen selbst zu verändern. Zwar identifizierten sich viele Schriftsteller und Künstler weiterhin emphatisch mit der Idee des Sozialismus (nicht unbedingt mit dem neuen Regime). Aber sie konnten ihr Talent nur noch, selbst wenn sie anderes wollten, innerhalb der überkommenen Grenzen ihres Metiers ausüben. In diesem Sinne fielen Kunst und (materielle) Kultur als Gegenstandsbereiche der Umgestaltung fortan endgültig auseinander. Autonomie und Professionalismus von Literatur und Malerei im traditionellen Verständnis kamen, gewollt oder ungewollt, wieder stärker zur Geltung. Wohl stritt man heftiger denn je seit der Revolution auch über die politische und soziale Funktion der Kunst. Aber die Debatte bewegte sich im wesentlichen zwischen den alten Polen des Rückzugs auf eigene Maßstäbe oder der Orientierung an außerästhetischen Zwecken mit der wachsenden Gefahr, die Unabhängigkeit einzubüßen. Der Ausbruch aus dem Elfenbeinturm, den manche versucht hatten und weiterhin anstrebten, blieb ihr verwehrt.

Im Rahmen dieser allgemeinen Beschränkung schuf die NĖP freilich ein Umfeld, das der russisch-sowjetischen Kunst durchaus zur Anknüpfung an die Blüte der Vorkriegsjahre verhalf. Dafür sorgten zum einen institutionelle und ökonomische Faktoren. Obwohl der Staatsverlag seine beherrschende Stellung behielt, entstand eine Vielzahl kleiner privater Publikationshäuser. Bei ihnen konnten auch Literaten Unterschlupf finden, die vom Regime nur geduldet, aber nicht unterstützt wurden. Hinzu kam eine relativ tolerante Politik der Regierung unter Federführung Lunačarskijs. Natürlich machten Partei und Regime aus ihrer Sympathie für eine Kunst keinen Hehl, die sich zur Parteilichkeit im marxistischen Sinne bekannte. Erklärte Feinde der neuen Ordnung hatten, soweit sie noch im Lande waren, keine Chance, an die Öffentlichkeit zu dringen. Aber der Kreis der Ausgrenzung wurde doch recht weit gezogen. Die 1921 ins Leben gerufene offiziöse neue Literaturzeitschrift *Rotes Neuland* und ihr theoretisches Begleitorgan *Presse und Revolution* setzte diese Leitlinie unter ihrem Chefredakteur A. K. Voronskij wirksam um. Im Ergebnis entfaltete sich ein erstaunlich vitales und experimentierfreudiges Kunstleben, das weit über die Grenzen der Sowjetunion ausstrahlte und in den Gesamtkontext der europäischen Moderne gehörte.[51]

Von ästhetisch-immanenten Überlegungen abgesehen, in der Regel allerdings damit verbunden, wird man eine wesentliche Ratio der Gruppenbildungen dieser Jahre in der beabsichtigten Nähe oder Ferne zum Regime und seinen kunst- und kulturpolitischen Zielen erkennen können. Der Kriegskommunismus war nicht nur die hohe Zeit des *Proletkul't*, sondern auch des Experiments und der Avantgarde allgemein. Die weitgehende Freiheit, die man Schriftstellern wie Malern in diesen Jahren ließ, verschafften dem Futurismus und dem Konstruktivismus einen Spielraum, wie ihn wohl nur ein politischer und soziokultureller Umbruch von solchem Ausmaß eröffnet. Die kulturpolitische Wende der beginnenden Friedensjahre änderte dies. Der eher traditionelle, um nicht zu sagen: konservative Kunstgeschmack Lenins – er ließ sich bekanntlich von Inessa Armand gern Beethoven vorspielen – und Lunačarskijs setzte sich durch. Man respektierte das leidenschaftliche revolutionäre Engagement eines Majakovskij oder V. E. Tatlin, zu dessen bekanntesten Werken der gigantomanische Entwurf eines Monuments für die Dritte Internationale zählte. Aber man war geneigt, die befremdliche Esoterik dieser Strömungen für Ausgeburten der verdrehten Phantasie von Intelligenzlern und Bohemiens zu halten, nicht jedoch für marxistische, der Masse zugängliche und erzieherisch wirksame Kunst.

Auch deshalb duldete die Regierung Literaten mit konventionellerem Geschmack. Zu Beginn der NĖP entstanden auf diese Weise zwei polare Richtungen, die einander in wechselnder organisatorischer Gestalt bis zur Gleichschaltung unter Stalin gegenüberstanden und befehdeten. Auf der einen Seite taten sich diejenigen zusammen, die an einer entschiedenen Parteinahme der Literatur für die ‹proletarische› Sache festhielten. Sie schlossen sich zur *Schmiede (Kuznica)* – in St. Petersburg zum *Kosmist* – zusammen (u. a. A. K. Gastev, zugleich Begründer der NOT, und der erwähnte Kirillov) und brachten noch 1920 auch eine *Allrussische Assoziation Proletarischer Schriftsteller* (VAPP) auf den Weg. Allerdings vermochten sich einige ihrer Mitglieder nicht mit der NĖP abzufinden. Sie verließen die Vereinigung, um nach Zwischenstationen 1923 die *Moskauer Assoziation proletarischer Schriftsteller* (MAPP) ins Leben zu rufen; diese gab eine Zeitschrift mit dem Titel *Auf dem Vorposten* heraus, nach dem die gesamte sozialistisch-regimetreue Richtung benannt wurde. Auf der anderen Seite gingen auch eher traditionell Gesinnte (u. a. M. M. Zoščenko, V. V. Ivanov und K. A. Fedin) eigene Wege und gründeten die literarisch ungleich bedeutendere Vereinigung der *Serapionsbrüder* (programmatisch benannt nach einer Figur aus E. T. A. Hoffmanns Erzählungen). In gewisser Weise dazwischen standen – revolutionär gesonnen, aber von ‹ihrer› Partei beargwöhnt – die futuristische Plejade Majakovskijs (u. a. O. M. Brik und V. V. Chlebnikov), die von 1923 bis 1925 im Organ «Linke Front der Kunst» (LEF) ein Forum besaß, der elitäre Zirkel der – vom vorrevolutionären Symbolismus inspirierten – «Imaginisten» (A. B. Marienhof, S. A. Esenin) sowie auf andere Weise verschiedene, meist ältere und eminente Einzelpersönlichkeiten, die sich im weiteren Sinne mit der Revolution arrangiert oder noch keinen festen Standpunkt gefunden hatten (V. Ja. Brjusov, A. A. Blok, A. N. Tolstoj u. a.). Es war sicher eine ungewöhnliche Leistung, daß es dem *Roten Neuland* gelang, Vertreter der meisten dieser sehr verschiedenen Strömungen für die Mitarbeit zu gewinnen. Abseits hielten sich innerhalb Rußlands im wesentlichen die antisymbolistischen, formal traditionellen «Akmeisten» (N. S. Gumilev, A. A. Achmatova, O. Ė. Mandel'štam), die auch am entschiedensten unpolitische oder gegenrevolutionäre Positionen bezogen (Gumilev wurde 1921 von der Tscheka erschossen).[52]

Die Gegensätze zwischen diesen Gruppen und Richtungen waren freilich so groß, daß schon bald eine heftige Polemik über Art und Notwendigkeit der politisch-sozialen Parteilichkeit von Literatur und Kunst ausbrach. Die zuständigen Organe und Behörden konnten dabei nicht abseits stehen. Sie gerieten im Gegenteil ins Kreuzfeuer linker Kritik (der ‹*Vorpostler*›), die ihnen vorwarf, durch überzogene Toleranz den revolutionären Auftrag zu verraten. Im Kern stand mithin dasselbe Problem zur Debatte wie im Streit um den *Proletkul't*. Angriffe und Repliken zogen sich über drei Jahre hin. Markante Ereignisse waren die Herausgabe von Trotzkis Aufsätzen zu «Literatur und Revolution» im September 1923 und der Versuch einer zusammenfassenden Darlegung der offiziellen Politik durch Voronskij im März 1924. Zum Unwillen der engagierten ‹proletarischen› Literaten verteidigten beide das Bemühen um einen Kompromiß zwischen alter und neuer Kunst. Auch Trotzki, ansonsten ein entschiedener Anwalt des klaren ‹Klassenstandpunkts›, argumentierte im konzilianten Geist der NĖP. Ihm zufolge war es «grundfalsch», der bürgerlichen Kultur und Kunst eine «proletarische» entgegenzustellen, da das «proletarische Regime» im antithetischen Sinne nur «vorübergehend» bestehen werde. Die künftige sozialistische Kunst werde nicht klassenbezogen, sondern die erste wahrhaft menschliche sein. Deshalb müsse die Kunstpolitik «in der Übergangsperiode ... verschiedenen ... Gruppierungen und Strömungen» die Möglichkeit zur Artikulation geben. Anfang Mai 1924 beschäftigte sich sogar das ZK mit der Kunstpolitik. Eine Vermittlung der Standpunkte war auch ihm nicht möglich. Auf dem Höhepunkt der NĖP lag es aber nahe, am moderaten Kurs festzuhalten, zumal Bucharin und Trotzki ausnahmsweise an einem Strang zogen. So unterstrich das ZK auf der einen Seite den «Klassencharakter der Kunst» und stellte fest, daß eine «neue Literatur» nicht nur der Arbeiter, sondern auch der Bauern bereits im Entstehen begriffen sei. Auf der anderen Seite betonte es, daß die Übergangsgesellschaft sozial uneinheitlich sei und verschiedenen legitimen Klasseninteressen Rechnung getragen werden müsse. Vielseitigkeit sei angezeigt, keine «proletarische Treibhausliteratur».

Dieses Machtwort (vom 18. Juni 1925) wurde respektiert, setzte aber dem Streit kein Ende. In gewisser Weise verlagerte er sich in verbandsinterne Auseinandersetzungen, die in deutlicher Entsprechung zu den finalen Fraktionskämpfen in der Partei standen. Schon im Juli 1925 begehrten die Radikalen im VAPP auf und gründeten einen eigenen, kurzlebigen Verband. Im Schutze obrigkeitlicher Flankierung sammelte die Mehrheit als Antwort ihre Kräfte und brachte die Organisation mit Hilfe einer neuen Zeitschrift *Auf literarischem Posten* auf den gewünschten Kurs. Immer deutlicher wurde dabei das Ziel, unter Einschluß der *Allrussischen Schriftstellervereinigung* als Zusammenschluß der sog. Mitläufer einen einheitlichen Verband zu schaffen. Dieser nahm im Dezember 1926 auch Gestalt an, blieb aber ein abhängiges Geschöpf des VAPP. Wichtiger war ein anderes Ereignis: die Ablösung Voronskijs, dem die Nähe zur Trotzkischen Position in der Kunstfrage zum Verhängnis wurde, als Herausgeber des *Roten Neuland* 1927. Damit erreichten die Literaturstrategen und die Parteiführung endlich ihr Ziel. Nachdem sich auch die kurzzeitig erneuerte *Linke Front* Majakovskijs – von Anfang 1927 bis Ende 1928 erschien die *Neue Linke Front* (Novyj Levyj Front) – angeschlossen hatte, repräsentierte die VAPP zumindest formal alle in Rußland verbliebenen, aktiven Schriftsteller. Schon vor der endgültigen Gleichschaltung mit der Partei im Zuge der kommenden Wende gab es keine konkurrierende, öffentlich artikulationsfähige Vereinigung mehr.[53]

In mancher Hinsicht traf der Oktoberumsturz in der *Wissenschaft* auf eine völlig andere Situation als in Kunst und Kultur. Obwohl mehr renommierte Schriftsteller und Maler ihre Heimat verließen, als gewöhnlich bekannt ist, brachten viele jüngere dem sozialistischen Experiment große Sympathie entgegen. Dieses Wohlwollen blieb in der Wissenschaft auf wenige Außenseiter beschränkt. Die gelehrte Welt stand, soweit sie Politik nicht ohnehin als Verletzung ihrer Objektivitätspflicht wertete, auf Seiten der Provisorischen Regierung oder weiter im konservativen Lager. Vor allem die Konstitutionell-demokratische Partei blieb der bevorzugte Adressat professoralen Engagements. Es kam daher nicht unerwartet, daß sich die Hochschullehrer und Akademiemitglieder (einschließlich vieler -mitarbeiter) dem Widerstand der Staatsangestellten gegen die bolschewistische Machtergreifung anschlossen. Auch in den folgenden Jahren ließ der Protest, genährt durch ideologische Anfeindung und unerträgliche Arbeitsbedingungen, nicht nach. Er erreichte im Januar 1922 einen äußeren Höhepunkt, als die Professoren der Moskauer Universität – der ältesten und bedeutendsten – in den Streik traten.

Angesichts dessen konnte auch das Vorgehen des revolutionären Regimes nicht überraschen. Die Universitäten wurden ebenso wie die ehemals Kaiserliche Akademie der Wissenschaften samt der ihr angegliederten Forschungsinstitute dem Bildungskommissariat unterstellt. Allerdings verursachten sie der neuen Obrigkeit besonders viel Kopfzerbrechen. Auch dem bekannten marxistischen Historiker M. N. Pokrovskij, der die wissenschaftlichen Angelegenheiten als Fachmann und Stellvertretender Kommissar leitete, gelang es in den frühen Jahren nicht, den ausgeprägten widerspenstigliberalen Korpsgeist der akademischen Elite zu brechen. Im Bewußtsein ihrer Unersetzbarkeit und oft durch internationale Reputation geschützt, harrten die meisten Wissenschaftler in der ‹inneren Emigration› aus. Sie mochten auf eine Niederlage der Bolschewiki im Bürgerkrieg hoffen oder zumindest auf Veränderungen und neue Chancen nach seinem Ende. Herausragende Gelehrte wie der Geochemiker V. I. Vernadskij, aber nicht nur Naturwissenschaftler, konnten es sich sogar leisten, für die Weißen Partei zu ergreifen, ohne ihren Arbeitsplatz zu verlieren.[54]

Schon wegen der Abhängigkeit von den «bürgerlichen Spezialisten» bemühten sich Lunačarskij und Pokrovskij indes von Anfang an auch darum, institutionelle Grundlagen für die Heranziehung neuer, «sozialistischer» Kader in der Wissenschaft zu schaffen. Dem diente die Gründung einer Sozialistischen (seit 1924 *Kommunistischen*) *Akademie* per Dekret vom 15. Juni 1918, an der die bekanntesten Intellektuellen des Regimes, von Bucharin bis Preobraženskij, lehrten. Zweifellos hat sie eine ihrer Zweckbestimmungen, wissenschaftliches Aushängeschild des ersten sozialistischen Regimes der Welt zu sein und auf hohem Niveau für den neuen Glauben zu werben, im Sinne des Regimes zufriedenstellend erfüllt. Auch deshalb konnte es nicht

5. Kultur zwischen Bildersturm und Tradition

ihre Hauptfunktion sein, marxistische Lehrkräfte für die Hochschulen auszubilden. Dies übernahm das 1921 ins Leben gerufene *Institut der Roten Professur*. Auch ihm stand, wie der *Komakademija*, der allgegenwärtige Pokrovskij vor.

Kurzfristig vermochte allerdings keine dieser Einrichtungen greifbare Resultate zu erbringen. Als der friedliche Neuaufbau begann, kamen Partei und Regierung deshalb mit guten Gründen zu der Einsicht, daß sie in der Wissenschaft vorerst ebenfalls auf die *alten* «Spezialisten» angewiesen waren. Lenin mahnte Lunačarskij zur Vorsicht im Umgang mit der «deutschen Institution», wie man die Akademie wegen der prominenten Rolle deutscher Mitglieder in ihrer Vergangenheit nannte. Kooperation schien angezeigt, nicht Konfrontation. Das Regime ließ die Akademie deshalb nicht nur als Institution fortleben, sondern bedrohte vor allem in den Naturwissenschaften auch ihre Führungsrolle nicht ernsthaft. Seit Beginn der NĖP flossen ihr wieder Mittel zu, die einen personellen Ausbau ermöglichten. Im Revolutionsjahr gehörten ihr 41 Vollmitglieder *(akademiki)* und 220 Mitarbeiter, davon etwa die Hälfte wissenschaftliche, an; 1925 belief sich die Zahl der Mitarbeiter schon auf 873, von denen etwa jeder zweite in der Forschung tätig war. Im selben Jahr erreichte auch die offizielle Anerkennung der Akademie ihren Höhepunkt. Die Revolutionäre von gestern ließen es sich nicht nehmen, das zweihundertjährige Gründungsjubiläum der ältesten wissenschaftlichen Einrichtung Rußlands festlich – und propagandistisch nach innen und nach außen wirksam – zu begehen. In Anwesenheit bedeutender internationaler Gelehrter, darunter Max Planck, sagten Kalinin (als Vorsitzender des CIK), Lunačarskij und Trotzki der Akademie eine große Zukunft voraus. Trotz der marxistischen Konkurrenz schien die Stellung des etablierten Zentrums der Wissenschaft gesichert.

Auch personell und inhaltlich intervenierte der Staat nach 1921 kaum. Die alten ‹bürgerlichen› Mitglieder, darunter Gelehrte von Weltgeltung, blieben unbehelligt und wurden anerkannt. Weiterhin ergänzten sie ihren elitären Kreis nach eigener Wahl und den überkommenen Regeln. Vor allem deshalb bewahrte die Akademie eine beträchtliche Autonomie. Dies schloß selbst in den Geisteswissenschaften einen erheblichen Meinungs- und Forschungsfreiraum ein. So konnte die «Methodologie» des bekannten Historikers A. S. Lappo-Danilevskij 1923 neu herausgegeben werden, die sich entschieden gegen jeden Versuch wandte, der Geschichte irgendwelche (marxistischen) Gesetzmäßigkeiten anzudichten. Sein nicht weniger renommierter Kollege S. F. Platonov, einst Hauslehrer des *Carevič*, der sich nicht gescheut hatte, die bolschewistischen Eroberer eine Bande von Fanatikern zu nennen, wurde dennoch in die Akademie aufgenommen und durfte die sowjetische Geschichtswissenschaft auf mehreren internationalen Kongressen, unter anderem in Begleitung Pokrovskijs 1928 in Berlin, repräsentieren. Nicht weniger böse äußerten sich der Neurophysiologe und Nobelpreisträger I. P.

Pavlov (Entdecker der nach ihm benannten Reflexe) oder der erwähnte Vernadskij, der auch nach kurzer Emigration und seiner Rückkehr in die Sowjetunion keine Anstalten machte, sich auf marxistische wissenschaftstheoretische Prämissen einzulassen. Allerdings konnten sich die Naturwissenschaftler solch unbeeindruckte Offenheit in einem Regime, das die Maschine zum Symbol seiner Zukunft erhob, eher leisten als ihre Kollegen aus anderen Fächern. Insofern förderte die deutliche Verlagerung der Forschungsschwerpunkte auf die Naturwissenschaften in den zwanziger Jahren die relative Selbständigkeit der Akademie erheblich.[55]

Da sich das Regime als Erfüllung historischer Gesetzmäßigkeiten verstand und einen uneingeschränkten Wahrheitsanspruch für die Weltanschauung erhob, die dies zu belegen suchte, lastete der größte Konformitätsdruck sicher auf der *Geschichtswissenschaft*. Um so größere Beachtung verdient, daß auch sie in diesen Jahren noch Bewegungsfreiheit genoß. Zwar entfalteten Partei und Regierung gerade auf ihrem Gebiet erhebliche Aktivitäten. Schon 1920 entstand beim ZK ein Institut, das Materialien zur Parteigeschichte sammeln sollte (und später Teil des *Instituts für Marxismus-Leninismus* wurde). Und 1925 gründete der umtriebige Pokrovskij eine *Gesellschaft marxistischer Historiker*, die gleichsam als Speerspitze der Bemühungen dienen sollte, die etablierte Geschichtswissenschaft auf den neuen Geist einzuschwören. Beide Institutionen wurden finanziell in die Lage versetzt, Zeitschriften herauszugeben und ihre Sehweise zu propagieren. Dennoch blieb die historische Forschung Teil der alten Akademie und erhielt dort 1921 sogar ein neues Zentrum in Gestalt des *Instituts für Geschichtswissenschaft* (im Kern bis heute existent). Als die Vorwürfe gegen dessen unmarxistisch-liberalen Geist lauter wurde, fügte man sie in einen Verbund verschiedener, überwiegend aus vorrevolutionärer Zeit übernommener Forschungseinrichtungen, die *Russische Vereinigung gesellschaftswissenschaftlicher Institute* (RANION), ein. Als Zusammenschluß marxistischer und ‹bürgerlicher› Wissenschaftler zum erklärten Zweck der Umerziehung letzterer geplant, entwickelte sich diese Organisation zum schützenden Dach für unabhängige Forschung. So blieb es bis zum Ende der NĖP auch in der Geschichtswissenschaft bei einem Kompromiß: Neben engagierten Anhängern der neuen Ideologie wie Pokrovskij, dem Marxexperten D. B. Rjazanov oder dem Parteihistoriker (und erstem Direktor der *Leninbibliothek* – heute: *Russische Nationalbibliothek* – in Moskau) V. I. Nevskij gehörten dem Historischen Institut weiterhin die bekannten Repräsentanten der alten, vielfach unpolitischen Wissenschaft wie Platonov, E. V. Tarle, M. M. Bogoslavskij oder ihr langjähriger Leiter D. M. Petruševskij an. Auch in der Geschichtswissenschaft ging die Zeit relativer Freiheit allerdings mit der NĖP zu Ende. Als der Staat alle Kräfte und Zwangsmittel mobilisierte, um die Industrialisierung voranzutreiben und die Bauern gefügig zu machen, wurde nicht zuletzt sie seinem unbeschränkten Zugriff unterworfen.[56]

5. Kultur zwischen Bildersturm und Tradition

Was nun zur Herrschaft gelangte, war nicht nur in der Kommunistischen Akademie und in marxistischen Fachverbänden vorgedacht worden, sondern besaß auch bereits die Gestalt einer allgemeinen Welterklärung. Mit dem Ende des innerparteilichen Pluralismus verwandelte sich der Marxismus in den *Leninismus*. Auf die Monopolstellung der Partei gestützt, entstand jene schematisierte, historisch-philosophisch argumentierende Weltanschauung von universellem Anspruch, die endgültig zum Dogma gerann und als «Sowjetmarxismus» Gegenstand zahlloser Untersuchungen wurde. Eine Wegmarke bildeten dabei Vorlesungen, die Stalin auf dem Höhepunkt der Diadochenkämpfe im April 1924 an der Sverdlov-Parteihochschule hielt und unter dem Titel *Über die Grundlagen des Leninismus* drucken ließ. Mit dieser ersten zusammenhängenden, nicht ungeschickt vereinfachten, auf die Regimeziele abhebenden Darlegung der angeblichen Kernpunkte des Leninschen Denkens begann dessen Kanonisierung zur unantastbaren Lehre und geistigen Grundlage des neuen Regimes in all seinen Aspekten, von der Wirtschafts-, Sozial- und Herrschaftsstruktur bis zur Wissenschaft. Stalin hob dabei primär auf die politische Legitimation der revolutionären Ordnung in drei Aspekten ab: Er rechtfertigte den Oktoberumsturz in einem rückständigen Lande, die «Diktatur des Proletariats und der armen Bauernschaft» als Begründung für eine starke Exekutive sowie die Notwendigkeit des ‹isolierten› sozialistischen Aufbaus als unabdingbarer Voraussetzung für den Schutz der revolutionären Errungenschaften gegen ausländische Intervention und innere Restauration. So avancierte der «Leninismus» in einer vielzitierten Definition zum «Marxismus der Epoche des Imperialismus» und, was mit Blick auf Rußland noch wichtiger war, zur verbindlichen Theorie «der proletarischen Revolution».[57]

Dieser politischen Selbstlegitimierung liefen Bemühungen parallel, die Gültigkeit der Staatsideologie für *alle* Bereiche des geistigen Lebens zu beweisen und sie auch hier verpflichtend zu machen. Der historischen Argumentation wurde eine allgemeine philosophische und wissenschaftstheoretische angefügt. Deren Prämissen konnten dabei nach der Zwangsemigration fast aller bedeutenden Philosophen (S. L. Frank, N. O. Losskij, N. A. Berdjaev u. a.) nicht mehr umstritten sein. Von selbst verstand sich, daß neben der Vergangenheit auch Gegenwart und Zukunft ‹materialistisch› zu betrachten waren. Offen aber blieb, wie eine solch umfassende Theorie genau beschaffen sein sollte. Herrschte zunächst ein kruder Mechanizismus vor, der nicht nur den Wert der geistigen Welt leugnete, sondern ihr auch die unabgeleitete Eigenständigkeit absprach, so erhielten die «Dialektiker» vor allem durch die Erstveröffentlichung von F. Engels' *Dialektik der Natur* im Jahre 1925 Auftrieb. Angeführt von A. M. Deborin, dem beherrschenden Denker der zweiten Dekadenhälfte, lockerte man den groben Determinismus unter Rückgriff auf den Hegelschen Dreischritt zu einer Beziehung zwischen Quantität und Qualität, anorganischer und organischer Natur,

Objekt und Subjekt – um die Pole der wichtigsten Streitfragen zu nennen –, die das Ergebnis nicht nur als wiederauflösbare Addition seiner Bildungsfaktoren auffaßte. Die solchermaßen differenzierte und mit Bewegungsspielraum versehene Dialektik sollte auch auf die Naturwissenschaften und ihren Gegenstandsbereich anwendbar sein. Wenn auch zögernd, arrangierten sich die Deborinisten mit der modernen Atomphysik (seit der Quantentheorie), die Lenin als subjektivistischen Unsinn abgelehnt hatte. Der Streit erreichte 1929 seinen Höhe- und zugleich Wendepunkt. Schon unter anderen politischen Vorzeichen schritt Stalin persönlich ein und brandmarkte die Dialektiker als ‹menschewisierende Idealisten›. Zwar rettete Deborin durch eilfertigen Widerruf (vorerst) seinen Kopf, nicht aber seine Philosophie. Im stalinistischen Reliquienschrein des «Leninismus» war nicht Vereinbarkeit mit dem neuesten Wissensstand gefragt, sondern die funktionelle Leistung der Weltanschauung für die Sicherung und die Ziele des Regimes.[58]

6. Vom Revolutionsexport zur ‹kollektiven Sicherheit›

Selbstverständlich gehorcht Außenpolitik ihren eigenen Imperativen; unbestreitbar besitzt sie ihre spezifische Sphäre und Logik. Dies gilt sowohl für langfristige Perspektiven, Ziele und Zwänge als auch für tagespolitische Optionen. Unter diesen Aspekten findet sie im Rahmen internationaler Beziehungen und Systeme sicher ihren besten Platz. Dessenungeachtet steht außer Frage, daß sie *auch* im eigenen Lande stattfindet und inneren Bedingungen unterliegt. Dazu gehören institutionelle Grundlagen ebenso wie macht- und allgemein innenpolitische Tatbestände, Rücksichten und Motive. Wie die einzelnen Faktoren dabei zu gewichten sind, wird man für jede Zeit und vielleicht sogar für jedes Ereignis eigens ermitteln müssen. Die folgende Übersicht begnügt sich damit, von einem ‹Bündel› zu bedenkender Umstände generell auszugehen und diejenigen Probleme aufzugreifen, die in den Zusammenhang der zentralen Frage nach den Absichten des ‹ersten sozialistischen Staates› der Welt und ihrer Verwirklichung gehören. Insofern erscheinen außenpolitische Vorgänge bewußt einseitig, aber nicht programmatisch und ohne explikativen Prioritätsanspruch, in innenpolitischer Sicht.

Nicht zuletzt die Gestaltung der Außenbeziehungen gehörte zu jenen Aktionsfeldern, auf denen die bolschewistischen Revolutionäre alles anders und besser machen wollten. ‹Bürgerliche› Politik sollte auch in dieser Hinsicht überwunden werden, der ‹Imperialismus›, in den sie folgerichtig abgeglitten sei, ein für alle Mal ein Ende haben. Nach dem August 1914 bildeten die Bolschewiki den Kern der radikalen Kriegsgegner, die auch pazifistische Positionen hinter sich ließen. Statt das ‹Vaterland› zu verteidigen oder den Krieg als solchen zu ächten, riefen sie dazu auf, den erwarteten Zusammen-

6. Vom Revolutionsexport zur ‹kollektiven Sicherheit› 353

bruch des Staates für die angestrebte Revolution zu nutzen. Nach dem Sturz der Autokratie (zu dem sie am wenigsten beitrugen) machten Lenins ‹Aprilthesen› deutlich, daß diese Absicht fortbestand. Ungeachtet aller sonstigen Antriebe blieben sich die Bolschewiki in dieser Hinsicht treu. So gesehen, verbanden sie die Kontinuität ihres militanten ‹Internationalismus› mit dem Zweckdienlichen – der Mobilisierung der kriegsmüden Massen gegen die Provisorische Regierung. Der Kompromißformel vom «Frieden ohne Annexionen und Kontributionen», die es dem Februarregime faktisch ermöglichte, an der Seite der Alliierten zu verbleiben, setzten sie die Forderung nach einem sofortigen Waffenstillstand entgegen. Ihre Außenpolitik beschränkte sich in diesen entscheidenden Anfängen weitgehend auf die Beendigung des Krieges. Das fiel ihnen um so leichter, als die ‹revolutionäre›, ‹antiimperialistische› Absicht darin mit der tagespolitischen Notwendigkeit noch zusammenkam.

Doch war der Keim für die Inkongruenz gelegt. Genau betrachtet, standen bereits die anschließenden Friedensverhandlungen mit dem Deutschen Reich im Zeichen jenes prinzipiellen Gegensatzes, der die gesamte auswärtige Politik der RSFSR und der Sowjetunion in der Zeit der NĖP kennzeichnen sollte: Auf der einen Seite bemühte sich das neue Regime, die ideologischen Versprechen umzusetzen, unter denen es angetreten war; auf der anderen Seite mußte und wollte es den Imperativen der Selbstbehauptung und des eigenen Vorteils folgen. Allein der ideologische Anspruch war paradox, verlangte er doch einen Völkerfrieden in pazifistischem Geiste *und* die Entzündung der ‹Weltrevolution›, die ohne Krieg kaum denkbar war, zugleich. Erst recht kollidierten Eigeninteresse und ‹Realpolitik› mit den revolutionären Parolen. Vor allem nach dem Ende des Bürgerkriegs verschärfte sich der Konflikt. Das Bemühen um internationale Anerkennung einschließlich der Aussöhnung mit den entschiedensten Gegnern vertrug sich immer weniger mit Klassenkampfparolen. Auch die Verteilung dieser Doppelstrategien auf zwei Organisationen löste das Problem nicht wirklich. Für die offizielle Außenpolitik war das *Volkskommissariat für auswärtige Angelegenheiten* (Narkomindel oder NKID) zuständig. Daneben existierte aber seit März 1919 als ‹zweiter Arm› die *Kommunistische Internationale* (Komintern), die formal zwar unabhängig war und aus Repräsentanten der kommunistischen Parteien aller Länder bestand, aber nicht nur ihren Sitz in Moskau hatte, sondern auch von hochrangigen bolschewistischen Politikern geführt wurde. Weil die personelle Verzahnung ins Auge sprang, war die formelle Selbständigkeit der Komintern auch in der Außenwahrnehmung unglaubwürdig. Eine Zeitlang hat das neue Rußland dennoch versucht, eine Art von Arbeitsteilung zu praktizieren. Danach setzte sich das Staatsinteresse immer deutlicher durch. Nicht nur chronologisch fiel dieser Wandel mit dem faktischen Sieg Stalins über Trotzki zusammen. Der Aufbau des «Sozialismus in einem Lande» vertrug sich schlecht mit äußeren Konflikten, sondern verlangte im Gegenteil nach Absicherung. Diese Wende, der die Komintern mit Verzögerung folgte, begann um die Mitte der zwanziger Jahre, fand aber erst mit der Wende zur forcierten Industrialisierung ihren Abschluß. Insofern erscheint es gerechtfertigt, das erste Jahrzehnt sowjetischer Außenpolitik insgesamt durch die zweigleisige, im Kern doppelbödige und unaufrichtige Zielsetzung bestimmt zu sehen.¹

Was die Zerreißprobe des Friedensabkommens von Brest-Litovsk schmerzhaft demonstriert hatte, schien mit Ausbruch des Bürgerkriegs zunächst gegenstandslos zu werden. Wunsch und Wirklichkeit fielen für die Dauer des Konflikts gleichsam in eins. Die Polarisierung griff auch auf die Außenpolitik über: Innere und äußere Feinde, ‹Weiße› und deren ausländische Verbündete, standen auf derselben, der anderen Seite der Barrikade. Insofern sorgte die Unterwerfung unter das deutsche Diktat nicht nur für übersichtliche Fronten, sondern auch für die weitgehende Harmonie zwischen revolutionären und pragmatischen Zielen. Nach der Kapitulation vor dem deutschen Heer gab es im Überlebenskampf nur noch Feinde. Dieser Preis der separaten Einigung nahm im Sommer konkrete Gestalt an, als englische Marineeinheiten Archangel'sk besetzten (2. August 1918). Ihnen folgten zwei Wochen später US-amerikanische Truppen, die in Vladivostok an Land gingen. Die eigentliche Triebkraft aber war Frankreich, auch wenn es militärisch nur zögernd durch Unterstützung antibolschewistischer Kräfte in Südrußland eingriff. Dies lag in vieler Hinsicht nahe, wurde der hauptsächliche Kriegsgegner Deutschlands im Westen (der zudem nach der Wende von Verdun den Sieg in greifbare Nähe gerückt sah) durch den Austritt Rußlands aus der Allianz doch am schwersten getroffen. Ob die Intervention der einstigen Verbündeten beim neuen Regime ein nachwirkendes Trauma hinterließ, mag offenbleiben. In jedem Falle war sie geeignet, ein ohnehin vorhandenes, ideologisch begründetes Gefühl der Umzingelung und eine korrespondierende ‹Belagerungsmentalität› zu verstärken. Auch dabei verschmolzen zu dieser Zeit innere und äußere Feinde. Ob Bauern, ‹weiße› Generäle oder englische Interventionstruppen – sie waren Handlanger des ‹kapitalistischen› Generalfeindes, der das neue Regime vernichten wollte und den es an allen Fronten zu bekämpfen galt. Auch in der ‹externen› Dimension des russischen Bürgerkriegs prallten weniger Territorien und Staaten aufeinander als Ideologien und weltanschauliche Systeme.²

Das Ende des Bürgerkriegs setzte auch in der Außenpolitik andere Prioritäten. Im Norden, Süden und Osten folgte die zivile Herrschaft der Roten Armee; was diese eroberte, wurde Teil des neuen Regimes. Im Westen versuchte der ‹wiedergeborene›, von den Siegermächten aus der Taufe gehobene polnische Staat unter seinem Gründer J. Pilsudski Kapital aus der bedrängten Lage der Bolschewiki zu schlagen und marschierte im April 1920 in die Ukraine ein. Die Rote Armee antwortete mit einem Vorstoß gegen Zentral-

6. Vom Revolutionsexport zur ‹kollektiven Sicherheit› 355

polen, den Piłsudski Ende August durch ein geschicktes Gegenmanöver («Wunder an der Weichsel») nicht nur abwehren, sondern in einen Sieg umwandeln konnte. Wenn Staatlichkeit durch die ungefähre Kongruenz von Herrschaft, Bevölkerung und Territorium begründet wird, kam die Etablierung des revolutionären Regimes in Rußland um diese Zeit zum Abschluß. Damit entstand sowohl im internationalen Mächtesystem als auch für die russische Außenpolitik eine neue Lage. Das Vakuum auf zarischem Boden hatte sich gefüllt. Zugleich mußte der nun relativ gefestigte Staat seinen Platz in dieser Ordnung finden. Von Anfang an stellte sich dabei das ‹Ur›-Problem neu, das Art und Anspruch des Regimes als Widerpart vor allem der westlich-kapitalistischen Welt unausweichlich aufwarfen: wie man die ‹Staatsraison› als Ensemble der Eigeninteressen und -bedürfnisse mit dem Ziel vereinbaren sollte, den eigenen Gründungsakt zu exportieren. Die revolutionären Staatsführer mochten dabei auf die ‹Gesetzmäßigkeit› der historischen Entwicklung auch im internationalen Maßstab vertraut haben. Letztlich zeigte sich jedoch, daß die Spannung nicht zu überbrücken und in der *longue durée* nur durch den faktischen Verzicht auf eine der Absichten aufzuheben war.

Daß Sowjetrußland nicht – wenn dieser Vergleich erlaubt ist – den gleichen Weg gehen würde und konnte wie das revolutionäre Frankreich nach Valmy, wurde schon zu Beginn des Jahres 1921 deutlich. Die zeitliche Parallele zur Verkündung der NEP darf dabei auch als inhaltlicher Zusammenhang gewertet werden. Aber es wäre falsch, die außenpolitische Abwendung von militanten Feindbildern als deren Folge zu verstehen. Vielmehr entsprangen beide derselben Einsicht: in die Notwendigkeit, sich mit zunächst unabänderlichen Zuständen und auch mit Gegnern um des eigenen Überlebens willen provisorisch, aber nicht befristet zu arrangieren. Innenpolitisch markierte der Markt dabei den Rubikon, der zu überschreiten war. Außenpolitisch wurde die Entschädigung für einstigen ausländischen Besitz im Zarenreich samt der Übernahme von Auslandsschulden des alten Regimes zum wichtigsten Stein des Anstoßes, der aus dem Weg zu räumen war. Wirtschaftlich kreisen in den folgenden Jahren fast alle Verhandlungen mit den Westmächten um diese Fragen. Dabei ergab sich eine enge Verzahnung mit der förmlichen politischen Anerkennung, die das Bemühen um Rückkehr Sowjetrußlands bzw. der Sowjetunion als Nachfolger des Zarenreichs in den Kreis der bedeutenden Weltmächte erst zum Abschluß brachte. Für beide Seiten standen in dieser Frage Grundsätze auf dem Spiel. Der ökonomische Liberalismus, dem sich vor allem Großbritannien als bedeutendste europäische Wirtschaftsmacht verschrieb, verlor ohne die Respektierung des Eigentums über die Grenzen hinweg eine seiner wichtigsten Stützen. Umgekehrt gehörte die Enteignung privater Produktionsmittel zur innersten Substanz des marxistischen Credos. Der sowjetische Staat, seit Mai 1918 durch den Außenkommissar G. V. Čičerin vertreten, lehnte denn auch eine Rückgabe der verstaatlichten Auslandsbesitzungen ebenso kategorisch ab wie eine Entschädigung. Das Äußerste, wozu er sich – auch dies ohne Rückendekkung durch die Regierung in Moskau – auf der ersten einschlägigen Gesamtkonferenz in *Genua* im April 1922 bereiterklärte, war eine Verrechnung der Schäden, die durch die alliierte Intervention in den russischen Bürgerkrieg entstanden seien, mit westlichen Wiedergutmachungsansprüchen. Doch dies genügte weder England noch den anderen Staaten mit ähnlichen Interessen. So endete die Veranstaltung, die das Fundament der Nachkriegsordnung legen sollte, ohne Ergebnis.[3]

Allerdings schloß das Scheitern einer förmlichen Gesamtlösung bilaterale Annäherungen nicht aus. Dabei war es in mehrfacher Hinsicht bezeichnend, daß eine Vereinbarung mit *Großbritannien* am Anfang stand. Zum einen waren D. Lloyd George und seine Regierung bei aller Abneigung gegen den Sozialismus im allgemeinen und die bolschewistische Revolution im besonderen geneigt, dem ehrwürdigen Prinzip der *checks and balances* in der europäischen Politik Vorrang einzuräumen. Dies legte nicht nur Konzessionen gegenüber Deutschland (und Meinungsverschiedenheiten mit Frankreich), sondern auch eine gewisse Bereitschaft nahe, dem neuen Rußland zur Präsenz auf dem internationalen Parkett zu verhelfen. Zum anderen, nicht weniger wichtig, litt auch die britische Wirtschaft unter der Nachkriegskrise, so daß die Erschließung eines potentiell bedeutenden Marktes in ihrem und dem Interesse des Landes lag. Umgekehrt brauchte Sowjetrußland am Ende des Bürgerkriegs dringend Aufbauhilfe. Dafür erschien Großbritannien als stärkste Wirtschaftsmacht des Kontinents nach der Niederlage Deutschlands der geeignetste Partner zu sein. Nicht ohne Grund ernannte Lenin den von ihm hochgeschätzten Außenhandelskommissar und besten Sachkenner unter den führenden Bolschewiki Krasin zum Bevollmächtigten in London. Die Verhandlungen waren langwierig und zäh. Da über das Entschädigungsproblem keine Einigung erzielt werden konnte, wurde es ausgeklammert. Man darf darin ein Entgegenkommen der britischen Regierung sehen. Aber auch das Sowjetregime fand sich nicht nur zu Eigentumsgarantien bereit, sondern vor allem auch zu der förmlichen Erklärung, auf Feindseligkeiten gegenüber dem Vertragspartner (auch und vor allem in Asien) einschließlich der Propaganda zu verzichten. So konnte am 16. 3. 1921 mit vielen Vorbehalten auf beiden Seiten und ohne Annäherung in Grundsatzfragen ein Handelsabkommen geschlossen werden. Gerade weil so viele Fragen offen blieben, symbolisierte diese Vereinbarung den Sieg der ‹Realpolitik› nicht weniger deutlich als die synchrone Proklamation der NĖP. Insofern vermag die Deutung zu überzeugen, daß die Einigung mit Großbritannien nicht nur den militärischen Konflikt *ad acta* legte, sondern auch bereits die «Anerkennung» des russischen revolutionären Regimes durch «die kapitalistische Welt» bedeutete. Kein geringerer als Lloyd George selber räumte dies wenige Tage nach der Unterzeichnung vor dem Unterhaus ein.[4]

6. Vom Revolutionsexport zur ‹kollektiven Sicherheit› 357

Freilich zeigte das russisch-englische Abkommen auch, daß rein pragmatische Beziehungen nicht zu gutem politischen Einvernehmen führen müssen. Vielmehr blieb das Verhältnis zwischen Großbritannien und der RSFSR äußerst gespannt. Neben Interessenkonflikten in Afghanistan, Persien und dem ferneren Osten lag der tiefere Grund dafür zweifellos in unüberbrückbaren ideologischen Differenzen. Hinzu kam auf englischer Seite die Verunsicherung, die der beginnende Zerfall des Kolonialreichs (Unabhängigkeitsbewegung in Indien) und die schwere Wirtschaftskrise im eigenen Lande hervorriefen. Wie gereizt die Atmosphäre war, zeigte das sog. Curzon-Ultimatum Anfang Mai 1923, das durch den harmlosen Zwischenfall der Aufbringung zweier englischer Fischerboote vor Murmansk ausgelöst wurde, aber darin keine zureichende Ursache hatte. Zugleich machte der Ausgang der Konfrontation auch deutlich, daß Čičerin die prekäre Verständigung auf keinen Fall gefährden wollte. Er kam den Forderungen in allen wichtigen Belangen nach und dokumentierte, daß der «Primat des Überlebens» noch in voller Wirkung stand.[5]

Nicht nur in dieser Perspektive erscheint die kurze Phase der Verständigung im Jahre 1924 als bloßes Zwischenspiel. Auch wenn der Graben zwischen englischen Sozialisten und russischen Bolschewiki tief war, wird es sich vom Hintergrund des Wahlsiegs der Labourpartei im Dezember 1923 nicht lösen lassen. Die erste ‹Arbeiterregierung› der englischen Geschichte machte ihre Zusage wahr und bot dem Sowjetstaat Verhandlungen über eine diplomatische Anerkennung an. Auch diese Gespräche erwiesen sich als äußerst mühsam, da sie von den umstrittenen Wiedergutmachungsproblemen und anderen finanziellen Transaktionen nicht zu trennen waren. Anders als zuvor bestand aber der Wille zur Einigung, der schließlich Oberhand behielt: Am 8. August 1924 wurde neben einem Handelsvertrag (als Bestätigung und Aufwertung der Vereinbarung von 1921) ein allgemeines Abkommen unterzeichnet, das die erste diplomatische Anerkennung des Sowjetregimes durch einen führenden Staat der westlich-kapitalistischen Welt besiegelte. Die sowjetische Regierung jubelte – und hatte allen Grund dazu. Freilich wußten zumindest ihre Diplomaten sehr gut, daß die eigentliche Bewährung noch bevorstand, wenn in Großbritannien wieder eine andere Partei das Sagen haben würde.

In welchem Maße innerinstitutionelle Rivalitäten und die Diadochenkämpfe allgemein um diese Zeit auf die Außenpolitik durchschlugen, wird erst noch in Erfahrung zu bringen sein. Bislang hat es den Anschein, als ob sich die sowjetische Politik zumindest gegenüber England in den Fallstricken der eigenen Doppelbödigkeit verhedderte. In jedem Fall hielt die Komintern den Augenblick für günstig, um die soziale Unruhe in England für ihre Zwecke zu nutzen. Ein Brief des Vorsitzenden Zinov'ev an den englischen Gewerkschaftsbund, der in britischen Zeitungen Schlagzeilen machte, trug zur Wahlniederlage des Premierministers R. McDonald im Oktober

1924 bei. Auch danach zog sich die Komintern nicht zurück. Sicher spricht alles dafür, die entscheidenden Beweggründe für die dramatische Verschlechterung der sowjetisch-britischen Beziehungen der kommenden Jahre in der schweren inneren Krise Großbritanniens zu sehen. Am 1. Mai 1926 begann ein zehnmonatiger Streik der Bergleute, der die Spannungen auf einen neuen Höhepunkt führte. In dieser Situation waren die sowjetischen Gewerkschaften unklug genug, Spenden in erheblicher Höhe zu sammeln und sie den *trade unions* als Solidaritätsbeweis anzubieten. Obwohl die Adressaten ablehnten und das Außenkommissariat (wenig glaubwürdig) auf die ausschließliche Zuständigkeit der Gewerkschaften verwies, wertete die konservative britische Regierung den Vorfall als dreiste Einmischung in innere Angelegenheiten und Versuch, einen Bürgerkrieg anzuzetteln. Nachdem sie schon im Vorjahr angekündigt hatte, den Anerkennungsvertrag vom August 1924 nicht ratifizieren zu wollen, gewannen nun die Befürworter eines demonstrativen Abbruchs der Beziehungen Oberhand. Die Spionagevorwürfe, die nach einer Hausdurchsuchung in der sowjetischen Handelsvertretung am 12. Mai 1927 erhoben wurden, dienten letztlich nur als Vorwand. Sie rechtfertigten eher fadenscheinig, was man wollte und was in der Luft lag. Paradoxerweise spielten die Konservativen dabei, ohne dies wissen zu können, Stalin in die Hände. Die Kriegsfurcht, die sich als Folge der Konfrontation in Teilen der sowjetischen Bevölkerung ausbreitete, war sicher kein Motiv für den Entschluß, den Übergang zur Planwirtschaft zu forcieren. Aber sie bot sich als zusätzliches Argument nachgerade an.[6]

Man mag darüber streiten, welche ‹Karte› der russisch-sowjetischen Außenpolitik der zwanziger Jahre die wichtigere war, die englische oder die deutsche. Mehr Aufsehen erregte und alles in allem erfolgreicher war die Einigung mit Deutschland. Der Vertrag von *Rapallo* rief unter den Zeitgenossen ebenso heftige Kontroversen hervor wie in der Nachwelt. Dieses lebhafte Echo (das in den Kontext der jeweiligen Landesgeschichte gehört) steht in beträchtlichem Gegensatz zu der weithin geteilten Auffassung, daß die Kooperation nahe lag. In der Tat gab es manches, was das geschlagene Deutschland und das revolutionäre Rußland zusammenführte. Beide Staaten standen außerhalb der Nachkriegsordnung – das Deutsche Reich als Hauptangeklager und -kriegsverlierer, das bolschewistische Regime als Provokateur und verkörperte Anklage gegen die führenden westlichen, kapitalistischen Mächte. Beide waren aus Revolutionen gegen die alten Monarchien hervorgegangen. Beide hatten zumindest teilweise Wurzeln in der internationalen sozialistischen Bewegung. Freilich lassen sich schon gegen die letztgenannten Berührungspunkte so viele Einwände anführen, daß sie als ausschlaggebende Motive für das Zusammengehen ausscheiden. Zwischen Absicht und Praxis des russischen Oktoberumsturzes und der deutschen Novemberrevolution lagen bekanntlich Welten. Desgleichen waren die *Ancien régimes* und die

6. Vom Revolutionsexport zur ‹kollektiven Sicherheit› 359

Stellung der nachmals staatstragenden Parteien darin kaum vergleichbar. Ins Gewicht fielen deshalb wahrscheinlich weitere, auf beiden Seiten verschiedene Beweggründe. Russischerseits mag eine alte Fixierung auf Deutschland im Spiel gewesen sein. Die deutsche Sozialdemokratie hatte den internationalen Sozialismus beherrscht, den die russisch-bolschewistische zwar mit zunehmender Heftigkeit bekämpft hatte, aber unter dessen Fittichen sie aufgewachsen war. Mit den deutschen Generälen hatte man einen Separatfrieden geschlossen, der dem Regime trotz faktischer Kapitulation die Möglichkeit zum Überleben gab. Von Deutschland erwartete man in erster Linie jene Weltrevolution, ohne deren Ausbruch sich nach der festen Überzeugung Lenins und seiner Mitstreiter die russische nicht würde behaupten können. Und nicht zuletzt war es die deutsche Kultur, der sich die bolschewistischen Intellektuellen in besonderem Maße verbunden fühlten. Čičerin, der auf diplomatischen Soirées gelegentlich als Mozartkenner und Pianist glänzte, galt als germanophil und angloskeptisch. Umgekehrt kam auf deutscher Seite ein völlig anderer Umstand hinzu, dem man großes Gewicht beimessen darf: Auch die konservativen, alten Eliten in der Reichswehr, im Auswärtigen Amt und der Industrie unterstützten eine Kooperation. Zum Teil wirkte bei ihnen die Bismarcksche Orientierung auf Rußland nach, die als wirksamstes Mittel galt, um dem polnischen ‹Saisonstaat› (und engen Verbündeten Frankreichs) den Garaus zu machen. Bei anderen überwog die nationale Sicht, der die ‹Verwestlichung› bedrohlicher erschien als eine lokkere Zusammenarbeit mit dem fernen Rußland. Für die Reichswehr gab dabei sicher die Perspektive den Ausschlag, durch geheime Zusatzvereinbarungen die harten Auflagen des Versailler Vertrages unterlaufen zu können. Das nationale Interesse ging über ideologische Feindschaft.

In jedem Falle fiel der Vertrag nicht vom Genueser Himmel, sondern war von langer Hand vorbereitet worden. Eine Schlüsselrolle kam dabei dem polnisch-jüdischen Revolutionär Karl Radek zu, der schon im Januar 1920 offiziöse Gespräche in Berlin führte. Die Initiative ging von sowjetischer Seite aus und zielte analog zu ähnlichen Bemühungen gegenüber Großbritannien zunächst auf einen *Handels*vertrag. Radek traf sich mit dem Generaldirektor der AEG, der Außenminister Rathenau eingeweiht hatte. Ein Fürsprecher der Kooperation fand sich in der Person des Leiters der Rußlandabteilung im Auswärtigen Amt. Und auch die Reichswehrführung unter General von Seeckt freundete sich etwa im März – nach empörter Zurückweisung analoger russischer Avancen im Vorjahr – mit dem Gedanken einer geheimen Liaison an. Als ersten Schritt zur Verständigung wurde im Mai 1921, kurz nach der russisch-britischen Vereinbarung ein Wirtschaftsabkommen unterzeichnet. Als heikelste Frage weiterer Gespräche erwies sich auch in diesem Fall die Entschädigung. Deutsche Unternehmen hatten vor dem Krieg zu den größten Investoren und Besitzern gehört. Entsprechend hoch waren ihre Verluste. Auf der anderen Seite hatten die alliierten Siegermächte dem abtrünnigen Rußland trotz der Tatsache, das sie es von den Friedensverhandlungen ausschlossen, ein Faustpfand in die Hand gegeben. Art. 116 des Versailler Vertrages räumte einer von den Siegermächten anerkannten Regierung Reparationsansprüche ein. Die russischen Unterhändler wucherten mit diesem Pfund – nicht ohne die Bedingung zu übersehen – weidlich. Die deutsche Seite machte ihrerseits finanzielle Ansprüche geltend. Schließlich einigte man sich kurz *vor* der Konferenz von Genua auf eine Art Anspruchstausch: Sowjetrußland verzichtete auf den Versuch, Art. 116 geltend zu machen; Deutschland ließ seine Wünsche nach Kompensation für Enteignungsverluste ruhen. Was noch fehlte, war die Unterschrift, die Reichskanzler und Außenminister im Angesicht der ersten großen Konferenz zur Neuordnung Europas weder leisten wollten noch konnten. Dies änderte sich im Laufe der Verhandlungen. Als sich der Mißerfolg abzeichnete und der englische Premier Lloyd George sich mehrfach weigerte, dem deutschen Wunsch nach Streichung der Bestätigung des Art. 116 aus dem Schlußdokument zu entsprechen, entschloß sich Rathenau schweren Herzens, diesen Verzicht bilateral zu erreichen. Am Abend des 16. April 1922 wurde der sensationelle Vertrag in dem kleinen Ausflugsort Rapallo unweit von Genua besiegelt.[7]

Nur im Rahmen der jeweiligen außenpolitischen Absichten und Optionen läßt sich darüber urteilen, welchen Nutzen der Vertrag brachte und ob der Gewinn einigermaßen gleich verteilt war. Lenin bezeichnete das Abkommen als «einzig richtigen Ausweg». Čičerin, dessen Verhandlungsgeschick auch Lloyd George Respekt zollte, krönte mit ihm bereits seine Laufbahn. Aus russischer Sicht hatte er vor allem eines erreicht: eine Umzingelung durch den westlichen Kapitalismus zu verhindern. Deutschland war aus der Phalanx herausgebrochen und zumindest neutralisiert worden. Zugleich eröffnete dessen – trotz des Niedergangs im Vergleich zu Rußland – immer noch beträchtliche Wirtschaftskraft und technologische Stärke die Aussicht, beim bevorstehenden Wiederaufbau nicht ausschließlich auf Großbritannien angewiesen zu sein und womöglich in Abhängigkeit zu geraten. Politisch wie ökonomisch feierte die Sowjetregierung das Abkommen daher über die diplomatische Anerkennung hinaus als Wiedergewinnung äußerer Handlungsfreiheit. Dagegen wog der Preis des Verzichts auf ohnehin nicht durchsetzbare Reparationen und der Überlassung einiger Flughäfen und Depots für das geheime Aufrüstungsprogramm der Reichswehr nicht schwer.[8]

Die sowjetischen Hoffnungen erfüllten sich zunächst vollauf. Dazu trug die Person des neu ernannten deutschen Botschafters in Moskau, des Grafen Brockdorff-Rantzau, nicht wenig bei. Als ehemaliger Außenminister, der nach der Annahme der Versailler Friedensbedingungen gegen sein Votum zurückgetreten war, betrachtete er die neue Aufgabe in Moskau als Möglichkeit, das ‹Diktat› der Westmächte zu torpedieren. Hinzu kam, daß die

6. Vom Revolutionsexport zur ‹kollektiven Sicherheit› 361

von ihm beschworene «Schicksalsgemeinschaft» auch ein persönliches Fundament erhielt. Der nationale und der bolschewistische Aristokrat – auch Čičerin stammte aus altem Adel – fanden Gefallen aneinander und konversierten an manchen Junggesellen-Abenden über gemeinsame Interessen an Kunst und Kultur. Freilich sah sich der ‹Geist von Rapallo› bald schweren Belastungen ausgesetzt. Zum einen blieb der deutschen Regierung die anstiftende Rolle der Komintern bei dem dilettantischen Aufstandsversuch nicht verborgen, den die KPD im Oktober 1923 in Sachsen unternahm. Zum anderen kamen die Westmächte zu der Einsicht, daß es in ihrem Interesse liege, das Deutsche Reich näher an sich zu binden und die Reparationsfrage einvernehmlich zu lösen. In Deutschland stießen solche Vorstellungen beim neuen Außenminister Stresemann (seit Herbst 1923) auf großes Entgegenkommen. Es begann jene säkulare Aussöhnung mit Frankreich, die in den Verträgen von Locarno (Oktober 1925) förmlich niedergelegt wurde und den Weg in den Völkerbund öffnete.

Die Sowjetregierung verfolgte diese Wendung mit größter Unruhe und Mißbilligung. Mehrfach warnte sie den deutschen Partner vor britisch-amerikanischem Hegemoniestreben und schreckte auch nicht vor schmerzenden Nadelstichen zurück. Die Annäherung an Polen mit dem Ziel eines Nichtangriffspaktes, die Čičerin seit Ende 1924 betrieb, rief im Auswärtigen Amt fraglos tiefe Besorgnis hervor. Aber auch die Bemühungen des Außenkommissars selbst, der Stresemann im September 1925 vor dessen Abreise nach Locarno in Berlin aufsuchte, fruchteten nichts. So blieb der sowjetischen Seite wenig anderes, als sich in das Unabänderliche zu fügen. Die Einsicht gewann Oberhand, daß Deutschland – das jegliche Anerkennung der Ostgrenzen bekanntlich vermied – sich vielleicht doch nicht im unterstellten Maße die Hände gebunden hatte. Schon im November legte die Sowjetregierung in Berlin den Entwurf eines Vertrages vor, der das Abkommen von Rapallo bestätigen und die Verpflichtung zu umfassenden Konsultationen sowie strikter Neutralität enthalten sollte. Nach längeren Verhandlungen über eine Kompromißformel in der umstrittenen Frage einer denkbaren Provokation der Sowjetunion unterzeichneten beide Seiten am 24. April 1926 ein förmliches Abkommen. Auch dieser *Berliner Vertrag*, auf fünf Jahre geschlossen und von einem langfristigen Finanzkredit begleitet, wurde als Erfolg der sowjetischen Diplomatie verbucht. Es schien gelungen, Deutschland von einer einseitigen Westbindung (die das Auswärtige Amt im übrigen kaum anstrebte) abzuhalten und zu dokumentieren, daß die Locarno-Verträge samt der deutschen Absicht zum Eintritt in den Völkerbund mit guten Beziehungen zu Rußland vereinbar waren. Schon mittelfristig zeigte sich freilich, daß diesmal deutlich weniger Anlaß zur Freude bestand. Man hatte die Abmachungen von Rapallo letztlich nur oberflächlich repariert. Die Buchstaben wurden wiederholt, aber der ‹Geist› ließ sich nicht erneuern. Auf beiden Seiten hatten sich die innen- und außenpolitischen Voraussetzungen grundlegend geändert: Deutschland trat in den Kreis der europäisch-angelsächsischen Mächte ein und sah seine Zukunft mit guten Gründen westwärts; die Sowjetunion begann, sich auf den ‹großen Sprung› mit eigenen Kräften zu konzentrieren und benötigte dazu weniger *einen* Bündnisgenossen, den sie bilateral dem Systemfeind entriß, als eine Vielzahl zumindest neutraler Vertragspartner. Der «Sozialismus in einem Lande» kam mit sich selbst aus; er brauchte Schutz durch alle, keinen einzelnen Fürsprecher, dessen Verläßlichkeit er ohnehin mehr und mehr bezweifelte.[9]

Freilich vollzog sich die außenpolitische Reorientierung der Sowjetunion ebenso langsam wie die Besinnung auf die eigenen Kräfte. Auch deshalb liegt die Annahme einer Verbindung mit den Fraktionskämpfen an der Parteispitze und dem Aufstieg Stalins nahe. Die alte Außenpolitik hatte ausgedient oder wurde zumindest ergänzt, als Stalin endgültig gewonnen hatte. Der erste Schauprozeß gegen die ‹bürgerlichen Spezialisten› im Frühjahr 1928 markierte nicht nur eine offene Wende, sondern auch einen Affront gegen Čičerin. Zu den Angeklagten der sog. *Šachty*-Affäre gehörten auch fünf Ingenieure der AEG. Der Außenkommissar war entsetzt, konnte aber nur die Freilassung von zweien erwirken. Als Brockdorff-Rantzau wenige Monate später starb, drängte sich der Eindruck einer sinnfälligen Zäsur nahezu auf: Mit der Brüskierung des Außenkommissars und dem Tod seines langjährigen Partners fand eine außenpolitische Ära ihren Abschluß. Faktisch leitete sein (1930 förmlich ernannter) Nachfolger M. M. Litvinov das Amt schon seit dem Frühjahr 1929. Der Einschnitt galt nicht nur inhaltlich, sondern auch institutionell. Ohne geschultes Personal übernehmen zu können, hatte Čičerin eine vergleichsweise professionell arbeitende Behörde aufgebaut, die der Diplomatie wieder zu einem gewissen Eigengewicht verhalf. Stalin dagegen setzte den uneingeschränkten Primat der Innenpolitik durch. Bei alledem mag die bekannte Gegensätzlichkeit und Aversion zwischen den beteiligten Hauptpersonen ebenfalls im Spiele gewesen sein: Čičerin, intellektuell, adelig und kultiviert, war ein typischer Vertreter der ‹alten Garde›, der dem Repräsentanten des ‹neuen Bolschewismus› nur im Wege stehen konnte.[10]

Zur Wende der außenpolitischen Absichten im engeren Sinne gehörte der Kurswechsel der *Komintern*. In «prinzipieller Gegnerschaft» zur Zweiten Internationalen ins Leben gerufen und diese zugleich fortsetzend, sollte sie vollbringen, was die Russische Revolution im Verständnis *aller* führenden Bolschewiki der ersten Stunde allein auf Dauer würde retten können: die Weltrevolution. Schon der Gründungsort machte jedoch deutlich, daß diese Aufgabe von Anfang an der Bedingung unterlag, mit den Prioritäten des vorangegangenen, ‹ersten sozialistischen Staates› übereinzustimmen. Im November 1918, als das Deutsche Kaiserreich zusammenbrach, hatte sich Lenin nahe am Ziel gesehen; die Revolution auch im Herzen des Kapitalismus und

6. Vom Revolutionsexport zur ‹kollektiven Sicherheit› 363

der stärksten Arbeiterbewegung der Welt schien die Erwartungen zu erfüllen. Schon zwei Jahre später jedoch hatte sich die Situation gründlich geändert. Das revolutionäre Rußland sah sich zum Kompromiß genötigt, wenn es überleben wollte; das neue deutsche Regime hatte eine völlig andere Richtung eingeschlagen als das russische und der große Aufstand des ‹vereinigten› Proletariats in den kriegsversehrten Staaten war ausgeblieben. So stand schon auf dem dritten Weltkongreß im Juni/Juli 1921 die Entscheidung an, ob die neue Organisation bereitwillig auf den Sowjetkurs einschwenken oder eigene Wünsche anmelden würde. Es zeigte sich, daß Čičerins Behauptung, die Komintern habe in Moskau nicht mehr Einfluß als die Zweite Internationale in (ihrer Residenzstadt) Brüssel, nicht der Wahrheit entsprach: Die Versammlung akzeptierte die «Einheitsfront», die ihr im Geiste der NĖP von Lenin persönlich verordnet wurde. Das ‹Mutterland des Sozialismus› brauchte eine Atempause; es suchte die Kooperation mit dem inneren wie äußeren ‹Systemgegner› und erhielt vom ‹verbündeten Proletariat› die Gefolgschaft, die es forderte.

Eine neue Qualität gewann diese Abhängigkeit auf dem fünften einschlägigen Kongreß drei Jahre später (Juni/Juli 1924). Er vollzog die Ausschaltung der Linken Opposition auch in der Komintern und legte den Grundstein für dasselbe Schicksal Kamenevs und Zinov'evs im weiteren Verlauf der Fraktionskämpfe. Spätestens als Bucharin, damals Verbündeter Stalins, den ‹abtrünnigen› Zinov'ev als Vorsitzender des Exekutivkomitees ablöste, mußte jedem unvoreingenommenen Beobachter klar werden, daß die Komintern nicht nur die Interessen der Sowjetunion vertrat, sondern zum Instrument *einer*, der siegreichen Fraktion wurde. In der Tat gelang es Stalin, durch geschickte Personalpolitik sowohl die zentralen Gremien des Dachverbandes als auch die Führungen der wichtigsten Mitgliedsorganisationen (wie der KPD) unter seine Kontrolle zu bringen. So gab es auf dem sechsten Kommunistischen Weltkongreß im Sommer 1928 niemanden mehr, der einen abermaligen Kurswechsel im Dienste des Sowjetregimes hätte verhindern können und wollen: An die Stelle der Kooperation trat nicht nur die Abgrenzung von der Sozialdemokratie, sondern der Kampf gegen sie. Dabei war die Ratio dieser fatalen Wende weder in den politischen Kontexten zu suchen, in denen die hauptsächlichen Mitgliedsorganisationen agierten, noch in der Absicherung des parallel eingeleiteten ‹sozialistischen Aufbaus› in der Sowjetunion selbst. Erstere hätten verschiedene, je spezifische Strategien verlangt; letztere wurde durch die Außenpolitik selber auf völlig andere Weise geleistet. Vielmehr spricht alles dafür, sie als Manöver im innersowjetischen Machtkampf und als Mittel zur Unterwerfung der Komintern zu verstehen. Auf seine Weise brachte Stalin damit *beide* Instrumente sowjetischer Außenpolitik unter so unmittelbare Kontrolle, daß er sie nicht nur grundsätzlich, sondern auch für die tagespolitische Taktik nutzen konnte.[11]

Mobilisierungsdiktatur

V.
Revolution von oben (1929–1933)

Die kennzeichnenden Merkmale des später so genannten «entwickelten Sozialismus» haben sich erst in den Anfangsjahren der Stalinära voll ausgebildet. Denn zweifellos markierte die Wende zum zweiten Jahrzehnt des Staatsaufbaus eine tiefe Zäsur. Wirtschaftlich wurde mit dem Abbruch der NĖP die Koexistenz zwischen staatlicher und privater Wirtschaft widerrufen; sozial entzog man neben den wenigen wirklichen Profiteuren der neuen Ordnung vor allem der ungleich größeren Zahl kleiner Händler und Gewerbetreibenden die Lebensgrundlage; geistig-kulturell legte man die Künstler, Wissenschaftler, Journalisten und andere Vertreter der Intelligenz endgültig an die Kandare. Am wenigsten änderte sich politisch, da die Monopolherrschaft der Bolschewiki längst gefestigt und die linke Opposition zerschlagen worden war; aber auch in dieser Hinsicht wurde ein weiterer, wichtiger Schritt getan: Mit den Sprechern der «rechten Opposition» mußten die Verteidiger der NĖP ebenfalls den engsten Kreis der Macht verlassen.

Was nun Gestalt annahm, unterschied sich deutlich von der frühen Sowjetordnung. Ökonomisch ersetzte die zentrale Planung nicht nur den ohnehin stark (wenn auch nicht erfolgreich) regulierten Markt, sondern auch die darauf ausgerichteten Verfahrensweisen in den staatlichen Großbetrieben (z. B. die «wirtschaftliche Rechnungsführung»); in der öffentlichen Verwaltung entstand ein neuer, riesiger Apparat, der das gesamte komplizierte Geflecht der Ressourcenzuweisung, Produktionsorganisation und Güterverteilung knüpfen und funktionsfähig erhalten mußte; sozial wurde ein tiefgreifender, an den neuen wirtschaftlichen Bedürfnissen orientierter Wandel eingeleitet, der zwar seine eigene Dynamik entfaltete, aber unter Kontrolle blieb; politisch und geistig-kulturell beseitigte man die letzten Freiräume offener Meinungsäußerung und kollektiver Interessenvertretung und festigte die prinzipiell unbeschränkte, wenngleich in der Praxis nicht allgegenwärtige Herrschaft der Parteiführung; damit hing zusammen, daß die politische Polizei, bald als Teil des Innenkommissariats, noch ungehinderter eingreifen konnte als zuvor und das geschriebene Recht weiter an Geltung verlor. Jene politische, wirtschaftliche und soziale Verfassung samt dem ihr korrespondierenden kulturellen Leben bildete sich aus, die sich mit der endgültigen Etablierung Stalins im Zentrum der Macht verband und in den Jahren ihrer extremen Ausformung zum (neben dem Nationalsozialismus) zweiten Exempel einer totalitären Ordnung wurde. Die entscheidenden Vorgänge, die diese Transformation bewirkten, waren die Einführung des

Fünfjahresplans und die «vollständige», äußerst gewaltsam durchgesetzte Kollektivierung der Landwirtschaft. Kaum vermeidbar zogen beide eine verstärkte politisch-soziale Disziplinierung nach sich. Denn alle Veränderungen hingen aufs engste zusammen: Ohne Kontrolle des agrarischen Sektors, gegen die sich die Bauern erbittert wehrten, und ohne Mobilisierung der sozialen Ressourcen, allen voran der Arbeitskraft, ließ sich das angestrebte industrielle Wachstum nicht planmäßig lenken.

Weil sich in ihr eine Weichenstellung von erheblicher Tragweite bis an die Schwelle der Gegenwart vollzog, hat diese Übergangs- und Schlüsselphase in der Forschung kaum weniger Beachtung gefunden als die Revolution selbst. Dem Interesse entsprach das Ausmaß des Meinungsstreits. Bis in die jüngste Zeit hinein dürfte der Dissens auch innerhalb der westlichen Diskussion kaum geringer gewesen sein als der Vorrat gemeinsamer Auffassungen. Umstritten waren dabei neben dem Grad der Planerfüllung (und der Zuverlässigkeit der verfügbaren statistischen Daten) vor allem die Frage nach den Motiven für die Zwangskollektivierung sowie das allgemeinere Problem der Kontinuität oder Diskontinuität zwischen den zwanziger und dreißiger Jahren, zwischen «Leninismus» und «Stalinismus». Die folgende knappe Darstellung soll diese Kontroversen nicht aussparen; die Frage nach der systematischen Kennzeichnung des Stalinismus wird dagegen später eingehend erörtert werden.

1. Der erste Fünfjahresplan

Auch nach Verkündung der NĖP hatten die Bolschewiki, wie erwähnt, ihre Vorbehalte gegenüber dem Markt nicht aufgegeben. Der *Gosplan* blieb nicht nur bestehen, sondern vermochte seine Position seit der ‹Scherenkrise› sogar zu stärken. Als der 12. Parteitag im Dezember 1925 die gezielte Entwicklung der Großindustrie auf die Tagesordnung setzte, gab er zugleich grünes Licht für die Aufstellung eines volkswirtschaftlichen Gesamtplanes anstelle der branchenbezogenen Einzelpläne, mit denen man sich bis dahin begnügt hatte. Die Experten konnten sich an eine Arbeit machen, die zu den Pionierleistungen der theoretischen Makroökonomie in diesem Jahrhundert zählt. Bereits im März 1926 legten sie einen «Perspektivplan» vor, der in den folgenden drei Jahren so heftig umstritten war wie kaum eine andere Frage. Weitgehend unberührt blieben dabei grundlegende Verfahrensentscheidungen; sie avancierten bald zu Kernprozeduren der *Planwirtschaft* und prägten mit der neuen Politik auch ein neues Vokabular. Akzeptiert wurde der Planungszeitraum, den die Autoren auf fünf Jahre festlegten. Dieses Intervall schien sinnvoll zu sein, da es einerseits überschaubar war, andererseits kurzfristige Ernteschwankungen in einer ‹Durchschnittskurve› auffing und zugleich den Vorteil hatte, ungefähr der unterstellten Bauzeit der projektierten

1. Der erste Fünfjahresplan 369

Großvorhaben zu entsprechen. Desgleichen setzte sich die Einführung sogenannter «Kontrollziffern» durch, die nach Ablauf eines jeden Wirtschaftsjahres (anfangs von Oktober bis September reichend) zu erstellen waren und als Richtwerte für weitere Entscheidungen dienen sollten.

Um so heftiger gerieten die Plandaten selbst ins Kreuzfeuer der Kritik. Dazu trug der Umstand bei, daß der *Gosplan* nicht die einzige Behörde blieb, die über die wirtschaftliche Entwicklung nachdachte. Konkurrenz machten ihm vor allem verschiedene Kommissionen des VSNCh, der sich stärker von ideologisch-politischen und weniger von ökonomisch-wissenschaftlichen Überlegungen leiten ließ. Hinzu kamen die erneuten Versorgungsengpässe, die sicher den härtesten Test für die Belastbarkeit der NÉP bildeten und die Lage zuspitzten. Sie traten jedoch ein, als die Weichen (wie erwähnt, auf dem 15. Parteitag Ende 1927) schon in eine andere Richtung gestellt worden waren. Genau besehen, vermochte es *nicht* zu überraschen – und verweist auf tiefere, später zu erörternde Motive –, daß eine wachsende Gruppe im Politbüro für einen klaren Kurswechsel plädierte. Stalin förderte diese Wende nach Kräften; aber er wäre nicht der gewiefte Taktiker gewesen, der er war, wenn er nicht gespürt hätte, daß sie in der Luft lag. Im Verhältnis zu Bauern und Händlern bedeutete die neue Linie die Rückkehr zu repressiven Maßnahmen, von fiskalischem Druck bis zu offener Gewalt. In der Industrie schloß sie nicht nur die Bestätigung des Entschlusses zur zentralen, plangeleiteten Steuerung der Wirtschaft ein, sondern darüber hinaus eine entschiedene Tendenz zur Selbstradikalisierung und maximalistischen Utopie. Man wollte den westlichen Kapitalismus bald nicht nur in der Produktion pro Kopf «einholen und überholen», sondern auch technologisch. Dazu brauchte man große und moderne Industriekomplexe, die teils aus Gründen der Sicherheit vor äußeren Angriffen, teils nach Maßgabe der Rohstofflager, teils auch zum Zweck regionaler Wirtschaftsförderung fernab der traditionellen zentralrussischen Standorte im Ural, in Südsibirien und in Mittelasien errichtet werden sollten – und in immer kürzerer Zeit.[1]

Denn nach der grundsätzlichen Entscheidung gegen den Markt und für den Plan wurde dies zur entscheidenden Frage der neuen Strategie: in welchem *Tempo* die Industrie wachsen und die anderen Bereiche der Volkswirtschaft sich diesen Vorgaben anpassen sollten. Die Planer gingen bis Ende 1927 von einer Drosselung aus; sie hielten es für ausgeschlossen, die hohen Wachstumsraten der Wiederaufbauphase fortzuschreiben. Nicht nur diese Position wurde im Zuge der Wende verdammt. Auch andere fachkundige Bedenken gegen eine allzu forsche Gangart und Überanstrengung der Volkswirtschaft stießen auf taube Ohren. Sie wurden als Abwiegelei, Feigheit und mehr und mehr auch als Sabotage an der Revolution gebrandmarkt. Der neuen Militanz, die sich mit verstärkter Unduldsamkeit als einzig wahre sozialistische Einstellung verstand, kam es gelegen, daß zwei der prominentesten Warner im *Gosplan*, V. G. Groman und V. A. Bazarov, 1917 im menschewistischen Lager gestanden hatten. Sie wurden nun, nach bewährtem Muster der Kampagne gegen Trotzki, offen angegriffen und an ihre «schmachvolle», angeblich immer noch lebendige Vergangenheit erinnert. Die Mehrheitspropaganda erkannte einen neuen Feind, den «Rechtsabweichler», der seine anfängliche Abstraktheit verlor und individuelle Züge annahm.

Im selben Maße wuchs der Druck auf die Planer. Noch im Laufe des Jahres 1928 legten sie zwei korrigierte Versionen vor; erst die nächste wurde im Mai 1929 vom fünften Sowjetkongreß gebilligt. Wohl enthielten auch diese Vorgaben noch Reste der anfänglichen Vorsicht. Vernünftigerweise blieben sie sich der Unkalkulierbarkeit wesentlicher Rahmenbedingungen grundsätzlich bewußt und bemühten sich, dies in Gestalt einer Basis- und einer Optimalvariante zu berücksichtigen. Letztere ging von der Annahme aus, daß im Planzeitraum kein ernsthafter Ernteausfall eintreten, der Handel mit der kapitalistischen Außenwelt «deutlich» zunehmen, die Produktivität merklich steigen, die Eigenkosten sinken und der relative Anteil der Militärausgaben zurückgehen würden. Desgleichen behandelte man den Agrarsektor mit Vorsicht und veranschlagte den Anteil der in Sowchosen oder Kolchosen tätigen Landbevölkerung relativ gering. Dennoch sorgten die hochgesteckten politischen Ziele dafür, daß schon die Normalvariante außerordentliche Wachstumsraten vorsah. So sollten die gesamtwirtschaftlichen Investitionen – dies die Schlüsselvariable – vom Wirtschaftsjahr 1927/28 bis 1932/33 um 250% und in der großen staatlichen, dem VSNCh unterstehenden Industrie um 320% steigen. Die Optimalvariante sah sogar eine Erhöhung um 320% bzw. 440% vor. Ein erheblicher Teil des Geldes sollte in Neubauten fließen, im ersten Planjahr 32%, im letzten sogar 55,9%. Laut Strumilins Berechnungen lief diese Absicht schon in der Minimalversion darauf hinaus, fünf Jahre lang 31,9% des Nationaleinkommens vorrangig für den Ausbau der Grundindustrie zu verausgaben.[2]

Zugleich hielten die Warnungen an. Den Planern selbst, und nicht nur den Vorsichtigen, verschlug es den Atem. Sie sagten den mittelfristigen Kollaps voraus, weil der ungeheure Kraftakt die Bildung von Reserven ausschließe; sie prophezeiten eine dramatische Inflation und soziale Unruhen, weil die Versorgung der Arbeiter zusammenbrechen müsse; und sie beschworen das Schreckbild offener und permanenter Gewaltanwendung eines Staates, der den Protest der Arbeiter gegen den erzwungenen Konsumverzicht (und die Empörung der Bauern gegen ihre Enteignung) anders nicht mehr werde unterdrücken können. Zwangsläufig verband sich diese Kontroverse mit dem Streit über die Agrarpolitik und dem neuerlichen Richtungs- und Machtkampf an der Parteispitze. Als Bucharin auf dessen erstem Höhepunkt, im Herbst 1928, seine aufsehenerregenden *Bemerkungen eines Ökonomen* veröffentlichte, forderte er nicht nur zum Verzicht auf Repressalien gegen die Bauern auf, sondern auch zu einem Industrialisie-

1. Der erste Fünfjahresplan

rungstempo, das die parallele Entwicklung der Landwirtschaft erlaubte. Er apostrophierte die «Trotzkisten», meinte aber die Stalinisten, wenn er an die Binsenweisheit erinnerte, «daß die Entwicklung der Industrie von der Entwicklung der Landwirtschaft» abhänge und zwischen beiden ein ‹dynamisches Gleichgewicht› zu wahren sei. Wer unter Aufbietung aller Kräfte ungeheure Ressourcen einseitig investiere, nehme Einbrüche an anderer Stelle in Kauf und verlangsame das Gesamttempo der Entwicklung, statt es zu beschleunigen. Seine Botschaft blieb, bei grundsätzlicher Anerkennung des eingeschlagenen Weges, dieselbe wie im Streit mit den linken ‹Überindustrialisierern›: Die Brechstange könne kein dauerhaftes Fundament für den Sozialismus legen.[3]

Freilich fanden solche Einwände noch weniger Gehör als zu Jahresbeginn. In dem Maße wie die Haltung zu den Planungszielen den Stellenwert eines Bekenntnisses für oder wider das Regime annahm, verhärteten sich die Fronten. Es begann ein regelrechter *Wettkampf um den schnellsten Weg zum Sozialismus*. Die Wirklichkeit wurde nur noch am Rande zur Kenntnis genommen; stattdessen verfuhr man nach der Devise, daß möglich sein mußte, was möglich sein sollte. Auf dieser Grundlage arbeitete der VSNCh unter Kujbyšsevs Leitung Ende August neue «Kontrollziffern» aus. Sie sahen allein für das Wirtschaftsjahr 1929/30 eine Produktionssteigerung der staatlichen Industrie von 31,2 % vor. Der größte Teil davon (23,5 %) sollte durch Erhöhung der Arbeitsproduktivität, der Rest durch Kostensenkungen erreicht werden. Schon hier wurde das Kardinalübel der verordneten Planung in aller Deutlichkeit sichtbar: *Qualitative* Gesichtspunkte fielen der Faszination von Zahlen, Daten und moderner Maschinerie endgültig zum Opfer. Zwar wehrten sich die Ökonomen des *Gosplan* noch in einem letzten publizistischen Aufbäumen gegen die abermalige Mißachtung ihrer Vorgaben. Ein prominenter Bolschewik aus ihren Reihen kommentierte die neuen Ziele mit der Bemerkung, ‹nur ein Krieg› könne eine solche Mobilisierung des Nationaleinkommens rechtfertigen. Die Experten vermochten sich aber nicht durchzusetzen. Mitte November 1929 nahm das ZK die Regierungsvorschläge an. Demnach sollten die Investitionen in die (staatliche) Industrie und Elektrizitätsgewinnung allein im laufenden Wirtschaftsjahr von 2,8 Mrd. Rubel, wie im Plan bis dahin vorgesehen, auf 4 Mrd. steigen. Um dies zu ermöglichen, sollten die industriellen Produktions- und die Baukosten um 11 % bzw. 14 % vermindert werden. Die industrielle Produktion sollte insgesamt um 32 % und die Produktivität der Arbeitskraft um 25 % zunehmen.[4]

In ähnlicher Weise wurden die Maßzahlen des gesamten Fünfjahresplans heraufgesetzt; die ‹genetische› Rücksicht auf das Ausgangsniveau wich endgültig der Fixierung auf vorgegebene ‹teleologische› Ziele. Nach der Entmachtung der ‹rechten› Opposition im April 1929 hatte Stalin, wenngleich ihm noch längst nicht alle Mitglieder des Politbüros ergeben waren, freie Hand. Er konnte es sich leisten, den Rat nüchterner Fachleute auch in dieser

Hinsicht in den Wind zu schlagen. Ihren Warnungen hielt die *Pravda* die neue Parole entgegen: «den Fünfjahresplan in vier Jahren [erfüllen]»! Die Spiralbewegung dauerte auch in den folgenden Jahren an. Dabei galt der besondere Ehrgeiz der Grundstoff- und Energiegewinnung (Kohle, Eisen, Stahl, Öl) sowie der Fabrikation von Traktoren und anderen landwirtschaftlichen Maschinen. Nicht zuletzt daran wurde deutlich, was die ‹Akkumulation› aus eigener Kraft in der Sache bedeutete: die Mobilisierung aller Kräfte und Ressourcen, um das Fundament für den Eintritt ins Maschinenzeitalter regional wie sektoral (unter Einschluß der Landwirtschaft) sprunghaft zu verbreitern und die Industrialisierung des ausgehenden Zarenreichs mit neuen, gewaltsamen Mitteln beschleunigt fortzusetzen. Stalin hat diesen Bezug zum Hauptproblem des *Ancien régime* in einer Rede, mit der er Anfang November 1929 den Triumph über seine letzten Gegner feierte, in aller Offenheit hergestellt: «Wir gehen», so lauteten die vielzitierten Schlußsätze, «mit Volldampf den Weg der Industrialisierung – zum Sozialismus, unsere uralte, ‹reußische› Rückständigkeit hinter uns lassend. Wir werden zu einem Lande des Metalls, einem Lande der Automobilisierung, einem Lande der Traktorisierung.» Die Warner konnten als einzigen Trost verbuchen, daß noch weitergehende, vollends phantastische Projekte, die den Grundstein für einen fünfzehnjährigen «Generalplan» bildeten, nicht mehr gehört wurden. Sie lagen dem 16. Parteitag vom Juli 1930, der die gesamte Politik der forcierten Industrialisierung und der Zwangskollektivierung endgültig billigte, gar nicht erst vor.[5]

Die *Ergebnisse* des ersten Fünfjahresplans waren in der westlichen Forschung lange Zeit umstritten. Die Möglichkeit dazu eröffneten die Deutbarkeit der statistischen Daten und die Uneinheitlichkeit des Gesamtbildes. Hinzu kamen unterschiedliche weltanschauliche Vorprägungen der Betrachter, da das Urteil über den wirtschaftlichen Neubeginn von der Gesamtinterpretation des Sowjetsozialismus kaum zu trennen ist. Inzwischen scheint eine weitgehende Klärung eingetreten zu sein. Demnach darf man davon ausgehen, daß kein einziges Planziel erreicht worden ist. Weder der Kapitaleinsatz noch der industrielle Gesamtausstoß noch gar die Arbeitsproduktivität, um nur die wichtigsten Indikatoren zu nennen, wuchsen im vorgesehenen Maße. Einige Sektoren wie vor allem die kleine Industrie und der Außenhandel verzeichneten sogar umgekehrt einen deutlichen Rückgang. So gesehen steht, am Maßstab der Kongruenz von Absicht und Realisierung gemessen, der Mißerfolg außer Frage. Und auch das Verhältnis von Aufwand und Ertrag war, nach allem, was sich kontrafaktisch ermitteln läßt, alles andere als günstig.

Von diesem Urteil zu trennen ist der Befund, daß der Kraftakt dennoch eines erreichte: den Grundstein für eine verbesserte ‹Infrastruktur› vor allem bei der Energiegewinnung, eine neue Schwerindustrie und die Anwendung modernster Technologie zu legen, wie sie Rußland seit Jahrzehnten nicht

1. Der erste Fünfjahresplan

mehr kannte. Im Zeichen des Planes entstanden die ersten Großprojekte, denen nicht nur eine ökonomische Schlüsselfunktion, sondern auch ein hoher Symbolwert zukam: der Dnepr-Staudamm samt Elektrizitätswerk (schon 1927 begonnen), das neue Stahlzentrum Magnitogorsk im Südural, zugleich die erste riesige Retortenstadt des Reiches und erster Teil des Ural-Kuzbass-Kombinats mit der Verbindung von Kohle und südsibirischem Eisen (seit 1930), die turkmenisch-sibirische (Turksib)Bahnlinie (von Semipalatinsk über Alma Ata in Richtung Taschkent), das größte europäische Landmaschinenkombinat in Rostov am Don, die Automobilwerke in Nižnij Novgorod (Gor'kij), das Traktorenwerk in Stalingrad – wegen des dringenden Bedarfs seiner Produkte in der kollektivierten Landwirtschaft politisch-propagandistisch besonders exponiert – und andere mehr. Das technische Wissen und die anspruchsvollen Produkte stammten dabei aus dem Westen, der sich auf dem Höhepunkt der Weltwirtschaftskrise nicht zierte, den Versuch einer programmatisch antikapitalistischen Industrialisierung durch die Lieferung von Spitzenerzeugnissen zu fördern. So kamen die Fließbänder und Maschinen des Traktorenwerks aus Milwaukee; bei den Planungen assistierten deutsche Spezialisten, und vor Ort arbeiteten amerikanische Ingenieure. Nur Kapital konnten und wollten die krisengeschüttelten westlichen Staaten nicht zur Verfügung stellen. Der zweite Anlauf zur Industriegesellschaft (nach den 1890-er Jahren) wurde in extrem kurzer Zeit überwiegend aus eigener Kraft unternommen und war in dieser Form aufs engste mit dem Experiment der zentralen, nun nicht mehr unverbindlichen, sondern durch staatliche Gewalt exekutierten Wirtschaftsplanung verbunden.[6]

Unabhängig von Unterschieden der Gesamtwertung waren sich alle westlichen Autoren von Anfang an darüber einig, daß der Erfolg so teuer erkauft wurde wie kaum ein anderer. Die beispiellose Anstrengung erwies sich als *Über*anstrengung, weil sie sich auf wenige Bereiche konzentrierte und dadurch dringend benötigte Ressourcen aus anderen Sektoren abzog. Die exzessive Planung ‹verschwand› in dem Sinne ‹im Plan› (M. Lewin), daß sie unvorgesehene destruktive Kräfte freisetzte. Was mit Macht vorangetrieben werden sollte, kam voran; was als zweitrangig galt, blieb liegen. Der marktlose Dirigismus setzte sowohl Entscheidungen über das Tempo als auch über sektorale Prioritäten voraus. Entgegen Stalins und sonstigen propagandistischen Behauptungen verlangte die «sozialistische Offensive» nicht nur vom «Klassenfeind» (den «NĖP-Leuten» und «Kulaken») Opfer, sondern auch von der großen Masse, denen sie eine bessere Zukunft schaffen sollte. Zu solchen unbestrittenen, nicht bedachten oder in Kauf genommenen sozioökonomischen Folgen des großen Sprungs gehörten vor allem folgende Erscheinungen.

Die enorme Kapitalinvestition verstärkte *inflationäre Tendenzen*. Grundsätzlich büßte das Budget durch den Plan zwar seine Kontrollfunktion für die wirtschaftliche Entwicklung ein. Die Planer hatten sich aber dennoch

Tabelle 8: Revision der Planziele des ersten Fünfjahresplans für 1932/33

		Ursprüngliche Ziele Maximalvariante	Veränderungen Februar 1930	Mai 1930	Juni/Juli 1930
Roheisen	Mio. t	10,0	17,5–20,0	15,0	17,0
Gußeisen und Stahl	Mio. t	10,4		17,0	
Kohle	Mio. t	75,0	120–150,0	120,0	
Rohöl	Mio. t	21,7	40,0	41,5	
Elektrizität	Mrd. kwh	22,0		33,0	
Traktoren	Tsd.	55,0	200–450,0		
Kraftfahrzeuge	Tsd.	130,0	200–360,0		
Schiffbau	Stück	148			492
Schiffbau	Tsd. t	477,7			873,3
Mineraldünger	Mio. t	8,0	20,0		
Holzgewinnung					verdoppelt
Baumwolle	Tsd. t	606		1000	786
Schienengüterverkehr	Mio. t	281	verdoppelt		600

Quelle: Zaleski, Planning, 119

bemüht, Wachstum und monetäre Stabilität in Einklang zu halten. Diese Balance gelang in den ersten Jahren mit Blick auf die Gesamtausgaben. Eine bemerkenswerte Phantasie bei der Erschließung neuer Einnahmequellen (vor allem in Gestalt einer deutlichen Anhebung der Branntweinsteuer, der Ausgabe faktisch obligatorischer Schuldverschreibungen an die Bevölkerung und einer neuen Umsatzsteuer) verhalf dem Staat zu Einkünften, die selbst die drastisch erhöhten Investitionen übertrafen. Auf der anderen Seite wurden einige Planziele, die als Prämissen in die Berechnungen eingegangen waren, nicht erreicht. So blieb insbesondere die Verringerung der Produktionskosten (vor allem weil die Arbeitsproduktivität nicht nennenswert wuchs) weit hinter den Erwartungen zurück. Daraus entstanden erhebliche unvorhergesehene Mehrausgaben, die nicht mehr aufgefangen werden konnten.

Wichtiger aber war ein anderer Effekt. Die Investitionen erzeugten eine so rasante Dynamik, daß entschieden mehr Arbeitskräfte eingestellt wurden als geplant. Da aufgrund des großen Bedarfs auch höhere Löhne gezahlt werden mußten, entstand ein erheblicher Kaufkraftüberhang. Dieser traf auf eine Politik, die unbeeindruckt am Dogma der Beseitigung von privatem Handel und Markt festhielt. In den Städten hatte der Steuerdruck seit 1926 die meisten Ladenbesitzer bereits zur Aufgabe gezwungen. Die großen Messen wurden im Frühjahr 1929 verboten, auf dem Dorfe die Bauernmärkte während der Kollektivierungskampagne reihenweise geschlossen. Der bäu-

1. Der erste Fünfjahresplan

erliche Handel verschwand aber nicht völlig, sondern lebte unter der Oberfläche weiter und mußte bald auch (seit 1932) in Form der Kolchosmärkte partiell wieder legalisiert werden. Deshalb ging dort, wo überhaupt noch etwas frei zu kaufen war, gerade von diesen angebotsreduzierenden Maßnahmen ein starker Inflationsdruck aus, als die Nachfrage stieg. Das Geld verlor kontinuierlich und rasch, zum Teil über 40 % pro Jahr, an Wert. Die staatliche ‹Verteilung› von Lebensmitteln, die ausdrücklich kein Handel sein sollte, konnte diesem Verfall nicht entgegenwirken. Dabei suggerierten die niedrigen Fixpreise einen Kostenvorteil, der an anderer Stelle durch die erwähnten Steuererhöhungen und Zwangsanleihen wieder einkassiert wurde. Faktisch waren die Verbraucher auf zwei Verteilungssysteme mit völlig unterschiedlichen Preisen angewiesen. Die Zeche zahlte in jedem Fall die große Masse der armen städtischen (und ländlichen) Bevölkerung.[7]

Überhaupt scheint sich der Faktor Arbeit am ehesten der Kontrolle entzogen zu haben. Die meisten der unerwünschten Begleiterscheinungen hatten mit ihm zu tun. Als Grundproblem ergab sich, daß die Arbeiterschaft schneller wuchs als angenommen. Geplant war eine Zunahme von ca. 11,3 Mio. 1927/28 (in allen Branchen) auf 15,8 Mio. 1932/33; tatsächlich zählte man 1932 22,8 Mio. Da die weitaus meisten von ihnen aus den Dörfern kamen, führte dieser Prozeß zu einer noch schnelleren Urbanisierung als ohnehin schon vorgesehen. Die Stadtbevölkerung war für 1932 auf 32,5 Mio. geschätzt worden; in Wirklichkeit erreichte sie 38,7 Mio. Dem dadurch erhöhten Konsumbedarf, den die erwähnten nominalen Lohnaufschläge weiter steigerten, lief nicht nur der Versuch entgegen, den Markt aufzuheben und durch ein staatliches Verteilungssystem zu ersetzen. Er verschärfte auch den Effekt der grundsätzlichen Absicht des Planes, schwerpunktmäßig die Produktionsgüterindustrie zu fördern. Die gesamte Strategie war in entschiedener Gegnerschaft zur parallelen und deshalb langsameren Entwicklung der Landwirtschafts- und Konsumgüterindustrie durchgesetzt worden. Und je höher die Ziele gesteckt wurden, desto weiter blieben die Vorgaben für die Verbrauchsgüterindustrie zurück. Im Wirtschaftsjahr 1929/30 flossen zwei Drittel aller Investitionen in den sozialistischen Sektor, danach kaum weniger. Das Resultat dieser Kumulation von Nachfragesteigerung und Angebotsrückgang war absehbar: Schon bevor sich die Folgen der Zwangskollektivierung bemerkbar machten, brach die Versorgung der Städte zusammen. Der Staat antwortete mit *Rationierung* und der Ausweitung der Verpflegung am Arbeitsplatz. Auch dies entsprach dem Rekurs auf ‹kriegskommunistische› Praktiken, der die neue Politik begleitete. Lebensmittelkarten wurden seit 1928 nach und nach ausgegeben. Mitte 1929 konnten Normalverdienende und Nichtprivilegierte fast alle Grundnahrungsmittel nur noch durch Zuteilung beziehen. Zugleich bemühte man sich, die Kapazität der Kantinen und öffentlichen Küchen zu erhöhen. Einen wirklichen Ausgleich für die Versorgungsengpässe und -mängel, von Qualitätseinbußen nicht zu reden, bewirkte dies aber nicht. Auch die nominale Lohnsteigerung reichte allem Anschein nicht aus, um die wachstumsinduzierte Inflation wettzumachen. Alles spricht dafür, daß das Realeinkommen und mit ihm der gesamte Lebensstandard der Arbeiter ganz unplanmäßig sanken.[8]

Offen muß bleiben, in welchem Maße diese Entwicklung mit der wohl ernstesten Bedrohung für den ökonomischen Erfolg des ersten Fünfjahresplans zusammenhing: dem Problem der *Qualität* und der *Arbeitsleistung*. Man tut sicher gut daran, die Meßlatte für den ersten Versuch nicht allzu hoch zu legen und die Voraussetzungen nicht zu vergessen, unter denen das Experiment stattfand. So gut wie alle Rahmenbedingungen waren ungünstig. Bahnlinien, Straßen und sonstige Einrichtungen der kommunikativen ‹Infrastruktur› mußten außerhalb der wenigen erschlossenen Zentren überwiegend noch geschaffen werden. Die Wirtschaftsverwaltung der Provinz befand sich erst im Aufbau. Ingenieure und Techniker waren knapp; viele wurden im Ausland angeworben. Allenthalben fehlte es an gelernten Arbeitskräften. Statt dessen wurde angesichts des sprunghaft steigenden Bedarfs eingestellt, wer kam – vor allem Zuwanderer aus dem Dorfe, die zumeist weder die nötigen Fachkenntnisse noch eine hinreichende Allgemeinbildung mitbrachten. Solche Schwierigkeiten waren zu erwarten. Auch deshalb hätte es nahegelegen, den Umbau langsamer zu vollziehen und die Defizite nach und nach zu beheben. So aber kumulierten sich die Engpässe und Mängel. Man wollte alles auf einmal – und programmierte damit Fehlentwicklungen, Vergeudung von Ressourcen und Arbeitskraft, Verschleiß und Pfusch.

Symptomatisch waren Probleme, die sich beim Bau einer Musterfabrik, des erwähnten großen Traktorenwerks in Stalingrad, ergaben. Die anschaulichen Beschreibungen sind zu Recht oft zitiert worden. Man hastete und improvisierte, um den Bau im Juni 1930 fertigstellen und planmäßig mit der Produktion beginnen zu können. Als Flankierung (und Rechtfertigung) der Zwangskollektivierung war für Juli bis September die Auslieferung von 2000 Traktoren vorgesehen. Tatsächlich verließen im Juni acht, im Juli kein einziger, im August zehn und im September 25 Traktoren das Band. Hinzu kam, daß keiner, wie ein amerikanischer Ingenieur berichtete, die technische Prüfung bestand; nach siebzig Stunden Einsatz zerfielen sie «in Stücke». Die Planer und Ingenieure konnte das kaum überraschen. Bei vielen Bauteilen hatten man sich behelfen müssen. Der Stahl aus dem zugewiesenen Zuliefererbetrieb entpuppte sich als unbrauchbar, Kupferband für die Kühler kam zerrissen an, Schraubenmuttern aus einer Werkstatt, die bis dahin Nägel für den dörflichen Bedarf hergestellt, versagten ihren Dienst. Ähnlich überfordert waren die Arbeiter. In der Regel hatten sie in der kurzen Zeit nicht hinreichend angelernt werden können. Viele hatten noch nie eine Schraube in der Hand gehabt (russische Bauernhäuser wurden zumeist mit Holzdübeln zusammengefügt). Kaum einer war in der Lage, die Betriebsanleitungen für die importierten Maschinen zu lesen. Und die Schilderung einer amerikanischen Industriereporterin gab weit mehr als eine zufällige Situation wieder: Man müsse vom bekannten Bild heimischer Fließbänder, an denen Arbeiter auf beiden Seiten emsig hantierten, Abschied nehmen. Russische Bänder stünden «gewöhnlich völlig still». Ein einziger Arbeiter drehe ein Stück weiter in der Fabrikhalle eine Schraube in einen halbfertigen Traktor, während zwanzig andere um ihn herum stünden, seine Tätigkeit kommentierten, rauchten, diskutierten. An die Stelle der Arbeit trete meist eine ‹kindliche› Bewunderung für die Wunder der Technik. Man halte lange Reden und schreibe eloquente Artikel – aber produziere Ausschuß.[9]

Eine lange Liste weiterer Beispiele ließe sich, etwa mit Blick auf Magnitogorsk, die größte Baustelle im Lande, hinzufügen. Vorschriften wurden mißachtet, weil sie niemand verstand. Entwürfe wurden ohne Rücksicht auf die Funktionsfähigkeit der Objekte verändert und ins Megalomanische überhöht. Teure Maschinen wurden durch unsachgemäße Handhabung beschädigt oder blieben einfach liegen. Wo sie in Betrieb genommen wurden, fehlte es an geeigneten Rohstoffen und Halbfabrikaten. Die Produktion war zu einem erheblichen Teil unbrauchbar. Um Vollzug melden zu können, wurde Untaugliches zu Tauglichem erklärt und auf dem Papier geschaffen, was Plan und Obrigkeit verlangten. Das neue Wirtschaftssystem setzte, zumal angesichts der völlig irreale Ziele in seiner ersten Phase, allein auf Quantitäten und forderte Fälschung und Betrug nachgerade heraus. Nicht zuletzt deshalb verdienen die offiziellen Angaben zum Nationaleinkommen und Bruttosozialprodukt, auf die sich positive Urteile über den Fünfjahresplan weitgehend stützen, wenig Vertrauen. Die nichtproduzierten oder untauglichen, aber gemeldeten Güter, die mit Reden und Gaffen verbrachte, aber angerechnete Arbeitszeit, die registrierte, aber nicht geleistete Wertschöpfung, die verschwiegene Geldentwertung und anderes mehr abgerechnet, verliert der Gesamteffekt des Stalinschen Gewaltakts die respekterheischende Aura des schieren Ausmaßes an Veränderung. Dessenungeachtet hat man mit Blick auf den längeren, angemessenen Zeitraum bis zum Kriegsausbruch argumentiert, daß sowohl das industrielle Gesamtwachstum als auch die Steigerung der gesamten Arbeitsleistung bemerkenswert waren. In diesem Sinn, unter Ausklammerung der Kosten und Alternativen, gelang der ‹große Sprung›.[10]

2. Die Zwangskollektivierung

Mehr noch als die Planwirtschaft verbindet sich die gewaltsame Umgestaltung des Dorfes mit der ‹zweiten Revolution› und dem Aufstieg Stalins, den sie besiegelte. Was damit Gestalt annahm, unterschied sich nicht nur von der frühsowjetischen, sondern auch von der gesamten neueren russischen Geschichte fundamental. Unter dem Aspekt der agrarischen Wirtschafts- und Sozialstruktur markierte weder der Fall der Monarchie noch der Oktoberumsturz die entscheidende Zäsur, sondern der fatale Entschluß zur raschen und ausnahmslosen Kollektivierung. Erst die Durchsetzung dieser Entscheidung, ohne Rücksicht auf den Willen der Betroffenen und die Widerständigkeit gewachsener Verhältnisse, zerstörte die überkommene Ordnung endgültig. Weil die Ressourcen des Staates, wenn auch nicht mehr seine ‹Seele› und politische Kraftquelle, immer noch auf dem Lande ruhten, ging das ‹alte Rußland› in vieler Hinsicht erst jetzt unter. Erst die Liquidierung der zahllosen Privatwirtschaften und ihre erzwungene Überführung in staatsabhängige Großbetriebe entzog sowohl der *obščina* als auch der auf sie gegründeten Sozialverfassung und Lebens- und Denkweise die Grundlage. Bei aller Zählebigkeit von ‹Überresten› verschwand nun in einem «der großen Dramen der Geschichte» (A. Nove) unwiderruflich ein ganzer «Kontinent» (L. Kopelev). Er zerbrach unter dem doppelten Ansturm sowohl der massiven Industrialisierung als auch der gezielten, den Einsatz ökonomischer, politischer und physischer Zwangsmittel nicht scheuenden Kollektivierung.

Aber was historisch Hand in Hand ging, war sachlich nicht unauflösbar miteinander verbunden. Analytisch muß zwischen den verschiedenen Vorgängen und Problemen getrennt werden, die im tatsächlichen Geschehen kaum zu entwirren waren: den Versorgungsschwierigkeiten in den Städten, dem Beitrag der Landwirtschaft zur Industrialisierung, der ‹Vernichtung der Kulaken als Klasse› und dem Zusammenschluß von Indivdualwirtschaften. Schon deshalb wurde unter Zeitgenossen und Historikern eher noch heftiger als über die Planwirtschaft über die Ursachen und Motive der Kollektivierung gestritten. Zur Diskussion stand vor allem die Frage, ob die Zerschlagung des alten Dorfes mit seinen Myriaden privater Kleinbetriebe und einem dichten Geflecht sozioökonomischer und mentaler Interdependenzen eine unerläßliche oder auch nur förderliche Voraussetzung für die beschleunigte Industrialisierung war oder nicht. Dies schloß die Berücksichtigung außerökonomischer Aspekte ein. Ideologische Vorgaben waren ebenso zu bedenken wie das Problem der politischen Kontrolle über das flache Land, der Endkampf gegen die Opposition und der von Anfang an geäußerte Verdacht, die abrupte Wende verdanke sich einer improvisierten, vielleicht sogar kurzschlüssigen Handlung als Befreiungsschlag aus einer nicht mehr beherrschten Zwangslage. In mancher Hinsicht kann die Wahrnehmung der Situation durch die Akteure, soweit sie rekonstruierbar ist, dabei als verbindendes Glied dienen. Auch deshalb erscheint es sinnvoll, die wichtigsten Etappen der Geschehnisse und Entscheidung in ihrer Verzahnung mit den Fraktionskämpfen genauer darzustellen.

Rückblickend wird klar, daß sich das Schicksal der NĖP schon in der

2. Die Zwangskollektivierung 379

Getreidebeschaffungskampagne des Winters 1927/28 entschied. Als der 15. Parteitag auseinanderging, wußten die Eingeweihten, daß die Aufkäufer nur halb so viel Getreide wie im Vorjahr von den Bauern hatten erwerben können. Im weiteren Verlauf des Winters war mit keiner Besserung zu rechnen. Nach Art und Ursachen erinnerte die Krise an die Situation vom Herbst 1925. Um so bezeichnender war der Unterschied der Reaktion. Zwei Jahre zuvor, als die NĖP in höchster Wertschätzung stand, hatte man den Marktkräften nachgegeben, höhere Getreidepreise akzeptiert und die Industrialisierungspläne gestreckt. Nach der Festlegung auf die beschleunigte Schaffung der industriellen Grundlagen des Sozialismus schied diese – immer noch reale – Option offenbar aus. Die Mehrheit der Parteiführung wollte eine solche Lösung nicht mehr. Sie zog es vor, die Daumenschrauben staatlichen Zwangs einschließlich willkürlicher Rechtsbeugung wieder anzulegen. Bereits in den ersten Januartagen 1928 wies Stalin, der die Initiative ergriff, die örtlichen Parteiorganisationen [sic!] an, «außerordentliche» Maßnahmen zu treffen. ‹Notstandskomitees› sollten die Kampagnen leiten, die Mitglieder des Politbüros und der höchsten Parteigremien ausschwärmen, um die Koordinierung auf regionaler Ebene zu übernehmen. Welcher Art die ‹Ermahnungen› waren, die zusätzliches Getreide in die staatlichen Vorratslager bringen sollten, machten die Reden Stalins beim Einsatz in Sibirien hinlänglich klar. Auf der Grundlage einer groben Schätzung des Ernteumfangs behauptete er die Existenz erheblicher Reserven und beschuldigte die ‹Kulaken› der Hortung. Um ihnen das Handwerk zu legen, waren nicht nur die übrigen Dorfbewohner, allen voran die armen, aufgerufen, jeden Verdacht zu melden. Auch Staatsanwälte und Gerichte sollten tätig werden. Stalin schreckte nicht davor zurück, den fortan berüchtigten Artikel 107 des Strafgesetzbuches der RSFSR, 1926 zur Bekämpfung kommerzieller «Spekulation» eingeführt, offen in Anschlag zu bringen. Der Rekurs auf Methoden des Bürgerkriegs war unübersehbar. Sonderbefugnisse, die Androhung von Freiheitsentzug (3–5 Jahre) und Konfiszierung sowie die Belohnung von Denunziation (in Gestalt eines ‹Finderlohns› von einem Viertel) pervertierten den «Verkauf» von Getreide endgültig zu einer kaum verhüllten neuerlichen Requisition.[11]

Der Erfolg all dieser Maßnahmen blieb indes begrenzt. Der Rückgriff auf Repression und Gewalt samt der begleitenden Entsendung Tausender ‹Parteikader› in die Dörfer trieb das staatliche Getreideaufkommen im Januar und Februar zwar deutlich nach oben. Doch danach begann ein ebenso rapider Fall, der bis zum Ende der Kampagne im Juni für ein insgesamt enttäuschendes Ergebnis sorgte. Dazu trugen erste Blicke auf die Wintersaat maßgeblich bei. Sie zeigten den Bauern, daß der Weizen starke Frostschäden erlitten hatte, und veranlaßten sie, bei der Nachsaat nicht zu sparen und Reserven für sich und das Vieh anzulegen. Für den Staat blieb wenig übrig. Solch düstere Perspektiven verfehlten ihren Eindruck auf die Politik nicht.

Obwohl noch niemand laut von einer gezielten Wende sprach, erhielten diejenigen Auftrieb, die über diese Option zumindest nachdachten. In der Partei begann eine Diskussion, die neue Fronten schuf. Als das ZK in der ersten Aprilhälfte zu einer Plenarsitzung zusammenkam, beeilte es sich zwar, allen Spekulationen über ein Ende der NĖP entgegenzutreten. Ausdrücklich verurteilte es solche Gerüchte als «bösartige Agitation der Kulaken, NĖP-Leute und ihrer Nachbeter». Aber auch nach dieser Versammlung ließ kein Geringerer als der Generalsekretär selbst in verschiedenen Reden erkennen, daß man auf ‹ural-sibirische Methoden› (benannt nach der Region ihrer Anwendung) angesichts unverändert trüber Ernteaussichten und der Gefahr einer Versorgungskrise in den Städten nicht völlig werde verzichten können.¹²

Vorerst bemühten sich Partei und Regierung dennoch, mit anderen Maßnahmen über die Runden zu kommen. Dafür bot sich vor allem die sogenannte *Kontrahierung* an. Seit 1926 hatte man sich mit diesem Verfahren bei Industriekulturen darum bemüht, Lieferungen durch Vorabverträge, sozusagen durch den Kauf als Sprößlinge, sicherzustellen. Zwei Jahre später begann man, dieses System auf Brotgetreide zu übertragen. Gute Dienste leisteten besonders die verschiedenen Genossenschaften, die sich allesamt fest in staatlicher Hand befanden. Vertragspartner waren in aller Regel die *obščiny*. Unter den veränderten Bedingungen gingen die Absichten indes über den unmittelbaren Zweck hinaus. Angesichts der allgemeinen Hinwendung zum sozialistischen Plan zielten sie auch darauf ab, die Verbindung zwischen agrarischer und industrieller Produktion von geldlichen Transaktionen zu lösen. Wie im ‹Kriegskommunismus› sollte der direkte Austausch der ‹Gebrauchswerte› die Vermittlung über den Markt ersetzen und zugleich die Planbarkeit auch der Landwirtschaft erhöhen. Allerdings blieb der Erfolg aus. Allem Anschein nach wurde nicht einmal die Beschaffung leichter. Die Bauern lieferten nicht mehr und nicht pünktlicher als sonst. Man darf annehmen, daß es um die Freiwilligkeit der Vereinbarungen, die im Rahmen regelrechter Kampagnen getroffen wurden, nicht gut bestellt war. In vielen Fällen gaben selbst die vertraglich Gebundenen ihr Getreide nur noch bei unverhüllter Gewaltandrohung heraus.

Auch andere Maßnahmen zielten im wesentlichen darauf ab, Einfluß und Lenkungsmöglichkeiten des Staates *vor* der Schwelle massiven Drucks deutlich zu erhöhen. Mit dieser Absicht organisierten die Behörden seit dem Frühjahr 1928 aufwendige Aussaatkampagnen, die nicht nur Zeitpunkt und Dauer der Feldbestellung, sondern zunehmend auch Umfang und Art des Anbaus vorzugeben suchten. In diesem Falle stellte sich ein gewisser Erfolg ein. Er zeigte an, daß das Produktivitätspotential auch der tradierten kleinbetrieblichen Struktur noch nicht ausgeschöpft war. Auf der anderen Seite wurde das ehrgeizigere Ziel einer deutlichen Ausweitung der Anbaufläche – ebenso wie im folgenden Jahr – nicht erreicht. Ihm widerstand eine Rea-

2. Die Zwangskollektivierung

lität, die durch politische Vorgaben nicht einfach beiseite zu wischen war. Ein Mittel, sie zu verändern, bestand in der Fortsetzung der noch von Stolypin auf den Weg gebrachten Neuvermessung der Flur. Staat und Partei nutzten die Gelegenheit in wachsendem Maße, um die Bewirtschaftungsform in ihrem Sinne zu ändern. Man korrigierte die Landaufteilung zugunsten der armen Bauern oder beließ kompakte Flächen so, daß sie nur gemeinschaftlich bearbeitet werden konnten. Die «Landeinrichtung» wurde zum Vehikel der Kollektivierung. Mit guten Gründen hat man argumentiert, daß dieser Weg zum erklärten sozialistischen Ziel, wenn er im Einvernehmen mit der *obščina* beschritten wurde, der vernünftigste war, weil er mit der neuen Nutzungsform auch die unabdingbaren sachlich-materiellen Voraussetzungen zu schaffen suchte. Er hatte nur denselben gravierenden Nachteil wie vor der Revolution, daß er wegen des Ausmaßes der Veränderungen und der Kosten nur langsam zu beschreiten war.[13]

Nach der Grundsatzentscheidung zugunsten des «Sozialismus in einem Lande» reichte dieser bedächtige Wandel einer zunehmend einflußreichen Gruppe an der Parteispitze aber nicht mehr aus. Sie nutzte die Getreidekrise, um einen rascheren Umbruch der Produktions- und Besitzverhältnisse auf dem Dorf allgemein anzumahnen. Dafür sprachen aus ihrer Sicht sachliche wie ideologische Gründe gleichermaßen: allen voran der Glaube an die prinzipielle Überlegenheit der bloßen Größe und die ‹strukturelle› Notwendigkeit, auch den agrarischen Bereich größerer Planbarkeit zu unterwerfen. Die Treibjagd gegen die ‹Kulaken› bildete nur eine Seite dieser Strategie; die andere bestand in der verstärkten Förderung des Zusammenschlusses zu Kolchosen. Nach dem ‹Kriegskommunismus› im Gefolge der NĖP einem eher kümmerlichen Dasein überlassen, belief sich deren Zahl noch 1926 in der gesamten UdSSR auf bloße 18 000; erst recht blieben Sowchosen eine *quantité négligeable*. Wer einer Genossenschaft beitrat, tat das kaum aus ideellen Antrieben. Es waren in aller Regel die ärmsten Bauern in Regionen ohne alternative Einkommen, die auf diese Weise in den Genuß materieller Vorteile, so bescheiden sie waren, zu gelangen suchten. Überdies unterschieden sich die Kolchosen im Grad ihrer Vergemeinschaftung erheblich. Von den drei Hauptformen, der «Kommune» mit gemeinsamer Produktion und weitgehendem Gemeinbesitz, dem *«artel'»* mit kollektiv genutztem Gerät und Inventar und der bloßen «Genossenschaft zur gemeinsamen Landbearbeitung» (TOZ), fand die letzte die weitaus größte Verbreitung. Kolchosen bestanden daher aus wenig mehr als gegenseitiger Unterstützung ansonsten nicht lebensfähiger Zwergwirtschaften.

Dies sollte sich nun ändern. Was der 15. Parteitag im Dezember 1927 zwar nachdrücklicher als zuvor, aber ohne feste Termine beschlossen hatte, wurde konkret. Die Getreidekrise gab auch Anlaß, die «sozialistische Umgestaltung des Dorfes» auf die Tagesordnung zu setzen. Im Zuge der Aussaatkampagne wurde intensiv für die Vorzüge der kollektiven Produktion geworben.

Tatsächlich war im Frühjahr 1928 noch auf freiwilliger Basis, wenn auch vom Staat gefördert, eine erste Welle der «Kollektivierung» im engeren Sinne zu beobachten. Im Vergleich zum selben Stichtag im Vorjahr wuchs die Zahl der Kolchosen zum 1. Juni 1928 um mehr als das Doppelte (auf 1,7 % aller bäuerlichen Haushalte), die Größe ihrer Saatfläche um gut 180 %. Zugleich verstärkte der Staat seine Kontrolle. Er nutzte seine Machtmittel nicht nur, um gegen Pseudozusammenschlüsse vorzugehen, sondern auch, um die neuen Wirtschaften an kürzeren Zügeln zu führen. Das Ergebnis dieser Anstrengungen blieb jedoch enttäuschend. Weiterhin traten ganz überwiegend arme Bauern in den Kolchos ein. Partei und Behörden förderten – eher unbeabsichtigt – diese Tendenz. Da die mittellosen Wirtschaften auf die althergebrachte Hilfe der Wohlhabenden angewiesen waren, traf deren Drangsalierung auch die umworbene «Dorfarmut». Ohne die *suprjaga* suchte diese Zuflucht in den Genossenschaften, die durch sie aber nicht an Lebenskraft gewannen. Fachleute hielten diese Entwicklung denn auch für ruinös und mahnten ihre Beendigung an. Ihre Warnungen waren um so begründeter, als sich die vollmundigen Ankündigungen führender Parteipolitiker, die Kolchosen großzügig mit Maschinen auszustatten, als leeres Gerede erwiesen. Statt ökonomische Vorteile zu bringen, warf die erste Kampagne zur beschleunigten, aber noch weitgehend gewaltfreien Kollektivierung vor allem ein Schlaglicht auf ihre Voraussetzungen: daß sie nur synchron zum industriellen Fortschritt und bei hinreichender Ausstattung der neuen Wirtschaften mit Land und Maschinen sinnvoll war.

Derartige Probleme zeigten an, daß ein Wandel auf dem Dorfe ohne Stärkung des staatlichen Einflusses kaum möglich sein würde. Eine Abkehr von der NĖP zog die Notwendigkeit nach sich, die Marktmechanismen durch Lenkung und die Freiwilligkeit der bäuerlichen Entscheidungen durch Einwirkung von außen zu ersetzen. Dafür brauchten Staat und Partei mehr und solidere Stützpunkte auf dem Lande. Die erwähnte Stärkung der Dorfsowjets auf Kosten der *obščina* wurde nicht zufällig 1928 forciert. Ihr entsprachen auf Parteiebene intensive Werbungskampagnen vor allem unter der «Dorfarmut». *Bednjaki* sollten die Reihen der Bolschewiki stärken und den neuen Klassenkampf von unten stützen. Zugleich überprüfte man, unter führender Beteiligung des *Komsomol*, die vorhandenen Dorfzellenmitglieder auf ihre soziale Herkunft ebenso wie auf ihr Verhalten und eventuell ihre Amtsführung. Immerhin 15 % wurden wegen Trunkenheit, Untätigkeit, ‹klassenfremden Verhaltens› und anderer vorgeblicher oder tatsächlicher Verstöße gegen Geist und Charakter der Partei ausgeschlossen, weitere 15 % ermahnt. Numerisch war das Resultat auch dieser Anstrengungen eher dürftig. Nicht nur relativ blieben die Kommunisten eine kleine Minderheit. Auf andere Weise vermochte die Staatsmacht dennoch ihre Interventionskraft deutlich zu steigern: Erstmals sandte sie städtische Parteikader aus, um die verordnete Politik auf dem Dorfe durchzusetzen. Alle Kampagnen wurden von solchen importierten Arbeiter- und Funktionärsbrigaden getragen. Soweit sie Erfolg hatten, war er ihren Reden und Drohungen zu verdanken. Dieses Verfahren sollte Schule machen.[14] So war die Gesamtbilanz des Jahres 1928 ambivalent. Allem Anschein nach vermochte sich die bald so genannte «Rechte» im Frühsommer zu fangen und der offiziellen Politik wieder ihren Stempel aufzudrücken. Im Juni überwand die Regierung alle Scheu vor einem Prestigeverlust und kaufte im Ausland Getreide. Der Exporteur trat, zum ersten Mal seit Jahrzehnten, als Importeur auf – eine Verwandlung, die mit großer Aufmerksamkeit registriert wurde. Wenig später sprach sich das Juli-Plenum des ZK vorbehaltlos für die Rückkehr zum Markt aus. Es hob alle außerordentlichen Maßnahmen auf und schlug den einzig erfolgversprechenden Weg ein – es erhöhte die Aufkaufpreise. Zugleich wurde Order gegeben, die lokalen Märkte wieder zu öffnen. Doch diese scheinbare Rückkehr zum alten Zustand blieb auf halbem Wege stecken. Was beschlossen wurde, erlangte nur teilweise praktische Geltung. Hinzu kam, daß der Verzicht auf staatlichen Druck in der Partei umstritten war und seine Gegner Oberhand gewannen. Ein übriges bewirkten die unveränderten Beschaffungsdefizite, zu denen die unklare Politik beitrug. Im Herbst zeichnete sich ab, was im Dezember Taten verlangte: Brot wurde so knapp, daß die Behörden erstmals seit dem Bürgerkrieg zur Rationierung übergehen mußten. Damit lag offen zutage, daß die Agrarpolitik des abgelaufenen Jahres gescheitert war. Die Getreidekrise bestand nicht nur fort, sie hatte sich sogar zugespitzt.[15]

Dieser Mißerfolg begünstigte den Entschluß zu tieferen Einschnitten. Prüfstein für jede Strategie blieben dabei die Getreidebeschaffung und die Frühjahrs- und Herbstsaat. Keiner Erläuterung bedarf, daß die Maßnahmen, von denen man sich Linderung erhoffte, nicht ohne Lösung des Konflikts in der Parteiführung ergriffen werden konnten. So verknüpfte der Knoten, der zu entwirren war, mehrere zentrale Probleme: die Bauernfrage mit den Lebensbedingungen der Arbeiterschaft und der übrigen Stadtbewohner sowie das Schicksal der neuen Opposition mit dem Charakter der politischen Ordnung und Herrschaftsverfassung. Dringender Handlungsbedarf entstand schon in den letzten Wintermonaten. Die wachsenden Versorgungsschwierigkeiten schufen einen günstigen Nährboden für den freien, illegalen Handel. Es zeigte sich, daß die begehrten Lebensmittel nicht völlig, sondern nur aus den staatlichen Lagern verschwunden waren. Auf dem Schwarzmarkt tauchten manche Reserven auf, die – wie im Bürgerkrieg – mit erheblichem Aufschlag verkauft wurden. Im März 1929 erreichte die Differenz zwischen Staats- und Marktpreisen bei Weizen in der Ukraine 282 %, bei Roggen war sie noch größer. Angesichts dieser Situation suchten Partei und Staat abermals bei repressiven Methoden Zuflucht. Was ohnehin nie wirklich aufgegeben worden war, avancierte wieder zur vorherrschenden Beschaffungsform. Auch wo sich Dorfversammlungen ‹freiwillig› zur Ablieferung von Getreide verpflichteten, fügten sie sich faktisch städtischen Emissären, die das Abgabevolumen gleich festsetzten. Um den Wünschen Nachdruck zu verleihen, ergänzte man die ohnehin willkürlichen Straftatbestände des Art. 107 weiter: Wer der ‹Hortung› für schuldig befunden wurde, hatte – von Schlimmerem nicht zu reden – die ‹fünffache› Menge abzugeben *(pjatikratka)*. Erneut bemühte man sich damit, die «Dorfarmut» als Komplizen zu gewinnen. Einmal mehr machte man jedoch die Erfahrung, daß die Umworbenen sich zurückhielten. Dazu trug ein Umstand bei, der die Zwangseintreibung im Winter 1928/29 noch deutlicher kennzeichnete als im Vorjahr: Endgültig weitete sich der Kreis der Betroffenen auf die *Mittelbauern* aus. Dies konnte nach Lage der Dinge kaum anders sein. Da die Zahl der Wohlhabenden mit vielleicht 3 % aller Haushalte klein war, mußte die Masse des benötigten Getreides woanders aufgebracht werden – bei der großen Mehrheit der Wirtschaften und Dorfbevölkerung, den *serednjaki*. Bereits hier wurde die Logik sichtbar, die bald dazu Anlaß gab, neben den «Kulaken» noch «Unter»- und «Halb-Kulaken» zu schaffen. Die ‹Klassenanalyse› zeigte ihr wahres Gesicht. Sie verhüllte nur fadenscheinig, daß der Staat alle meinte und alles wollte.[16]

Nicht von ungefähr steuerte auch der innerparteiliche Konflikt um diese Zeit auf eine Entscheidung zu. Die beiden Hauptkontrahenten sprachen schon längst nicht mehr miteinander. Ihre Positionen waren, spätestens seit Bucharins *Anmerkungen eines Ökonomen* vom Herbst 1928, klar. Beide gingen jedoch nicht in die Offensive. Auch Stalin vermied es mit kluger Zurückhaltung, die Kritiker unverhohlen zu attackieren. Noch im Dezember 1928 attestierte er ihnen, keine Fraktion zu bilden und nicht gegen die Parteidisziplin zu verstoßen. Dies änderte sich nach der Jahreswende. Einer Sitzung des Politbüros vom 9. Februar 1929 kam der zweifelhafte Ruhm zu, das Signal für den Sturmangriff auf die «letzte Opposition» (M. Lewin) in der bolschewistischen Partei gegeben zu haben. Sie verurteilte nicht nur Gespräche zwischen Bucharin und Kamenev, über die Gerüchte kursierten, als Verstoß gegen das Fraktionsverbot. Darüber hinaus nannte sie die Gegner nunmehr öffentlich beim Namen und wies deren – ebenfalls erstmals in einer Plattform niedergelegten – Behauptungen auch inhaltlich in aller Schärfe zurück: Weder für «Bürokratismus», den nun auch diese Seite am Werke sah, noch gar für eine «militär-feudale Ausbeutung der Bauern» vermochte sie irgendwelche Anzeichen zu entdecken.[17]

Was mit dieser Resolution begann, fand auf der Plenarversammlung des ZK und der ZKK Mitte April 1929 seinen Höhepunkt. Wenn das Schicksal der «rechten Opposition» und der NÉP noch offen war – spätestens diese Zusammenkunft besiegelte es. Siegesgewiß konnte Stalin in einer langen Rede verschärft und gebündelt alle Vorwürfe seiner Fraktion gegen die angeblich Abtrünnigen wiederholen. Zugleich formulierte er die eigene Strategie deutlicher denn je. Bucharin, Rykov und Tomskij mußten sich als ‹Kulakenfreunde› beschimpfen lassen, die den Klassenkampf auf dem Dorf nicht wahrhaben wollten und sich den Falschen an den Hals warfen. Gefahr für die NĖP komme nicht von ‹links› in Gestalt einer Unterminierung des Marktes, sondern von ‹rechts›, wo die Notwendigkeit für den Staat mißachtet werde, regulierend in die vom Stärkeren diktierten Tauschbeziehungen einzugreifen. Recht verstandene Parteilichkeit verbiete es, das Versorgungsdilemma durch Preiserhöhungen beheben zu wollen: Die Zeche müßten die Arbeiter zahlen, deren Lebenshaltung sich verteuere. Alle echten Marxisten unter den Fachleuten seien sich einig, daß der beschlossene Aufbau des Sozialismus ohne ein temporäres «Hinüberpumpen» der agrarischen Ressourcen in die Industrie nicht zu verwirklichen sei. Es verrate den seichten Liberalen, diesen Transfer als «Tribut» anzuprangern. Auch die Kritik an «Überspitzungen» bei der Getreidebeschaffung hielt Stalin für unbegründet. Nach mehreren guten Jahren verfügten die ‹Kulaken› nach seiner Meinung über ausreichende Reserven, um den Forderungen entsprechen zu können. Das große Ziel verlange und rechtfertige «zuweilen außerordentliche Maßnahmen». Auf Dauer müsse aber nach einer anderen Lösung gesucht werden. Es komme darauf an, die Landwirtschaft mit der schnellen, geplanten Industrialisierung kompatibel zu machen. Die politische Handlungsanweisung, die aus solchen Überlegungen zu entnehmen war, lag auf der Hand: Getreide sollte nicht nur ausnahmsweise requiriert werden und die Grundlegung des Sozialismus nicht mehr von den «Launen» der Kulaken abhängen. Damit wurden die beiden entscheidenden Weichen für die wirtschaftliche (und soziale) Entwicklung der nächsten Zukunft synchron gestellt. Dieselbe Versammlung, die den revidierten Fünfjahresplan mit entschieden höheren (wenn auch in der Folgezeit weiter drastisch heraufgesetzten) Kontrollziffern annahm, billigte auch die neue Gangart an der agrarischen ‹Front›. Während Bucharin die (auch von ihm für nötig gehaltene) Umgestaltung des Dorfes «auf europäische» und nicht «auf asiatische Art» anstrebte, akzeptierte die Partei Stalins verächtlich-inappellablen Bannfluch, daß «Klasse» eben «Klasse» sei.[18]

Die erste Bewährungsprobe für den neuen Kurs stand unmittelbar bevor: endlich eine ausreichende Menge an Getreide in die staatlichen Scheuer einzubringen. Schon seit Jahresbeginn hatte man mit der propagandistischen Vorbereitung der Saatkampagne begonnen. Nach dem Vorbild des Vorjahres wurden in den Dörfern spezielle Komitees gebildet, die eine ausreichende Versorgung mit Saatgut, Inventar und Arbeitskräften sicherstellen sollten. Auch mit auswärtiger Hilfe geizten Partei und Staat nicht; Arbeiterbrigaden wurden in so großer Zahl in die Dörfer entsandt, daß ihre Kontrollfunktion nicht zu übersehen war. Dennoch erreichte man nur im Vergleich zu 1928, nicht aber im Vergleich zu 1927 eine Ausdehnung der Saatfläche. Lange wurde dieses absehbare Ergebnis verschwiegen. Seit der Aprilkonferenz galt nur schönfärberischer Optimismus als Dokumentation des erwarteten sozialistischen Aufbauwillens. Als dennoch deutlich wurde, daß die tatsächliche Ernte leicht unter und nicht über dem Vorjahresniveau lag, blieb zur Gesichtswahrung und Vermeidung weiterer Kalamitäten nur *ein* Ausweg – die Beschaffungs*quote* zu erhöhen. Demgemäß setzten die Machthaber alle Hebel in Bewegung, um möglichst noch vor den prekären Wintermonaten ausreichend Getreide aufzubringen. Das zuständige Volkskommissariat mobilisierte die ihm faktisch untergebenen Produktions- und Konsumkooperativen, um die Kolchosen und Einzelbauern an ihre Vertragspflichten zu erinnern. Die Partei rief in nie dagewesenem Ausmaß Freiwillige aus dem *Komsomol* und den Gewerkschaften zum Einsatz. Auch psychologisch begann die innere ‹Front› die äußere zu ersetzen; die ‹Ernteschlachten› warfen ihren Schatten voraus. Neue Pläne wurden erstellt, die für jedes Dorf monatliche Ablieferungsmengen festlegten. Gemeindeversammlungen und Dorfsowjets erhielten die Befugnis, Behinderungen bei der Planerfüllung zu ahnden. Fortan konnten die *pjatikratka* und andere, im neuen (zusätzlich zum Art. 107 geschaffenen) Paragraphen 61 des Strafgesetzbuches verankerte Strafen administrativ ohne gerichtliche Anordnung mit ausdrücklicher polizeilicher Unterstützung verfügt werden.

Der wachsende Druck blieb nicht ohne Antwort. Die Bauern versuchten mit allen Mitteln, die Abgabepflicht zu umgehen. Dazu gab auch der Umstand Anlaß, daß sich ihre Versorgung mit Industriewaren nicht besserte. Die einschlägigen Planungen konnten nicht eingehalten werden. Umgekehrt stieg die Kaufkraft der Stadtbewohner aufgrund der enormen Investitionen in Großbauten und -unternehmen nominal stark an. Im Resultat war es für die Landbevölkerung noch vorteilhafter als zuvor, ihre Erzeugnisse privaten Kleinhändlern zu verkaufen, die sie in den städtischen Außenbezirken illegal für teures Geld weitergaben, oder auf den Ackerbau ganz zu verzichten und sich als Industriearbeiter zu verdingen. Gelegentlich vergruben Bauern ihr Korn oder verbrannten es lieber, als es den staatlichen Agenten auszuliefern. Auch gewaltsamer Widerstand blieb nicht aus: Bauern attackierten Requisitionsaktivisten, setzten Scheunen in Brand oder verteidigten ihr Getreide mit der Waffe. Dennoch, bei so viel Zwang und personellem Aufwand konnten sich diesmal auch die Ergebnisse sehen lassen. Die (noch zuverlässigen) Daten bezeugen, daß im Sommer 1929 zweimal mehr Getreide eingebracht wurde als im Vorjahr. Im Dezember konnte der Volkskommissar für Handel Mikojan triumphierend melden, daß bereits 92,1 % des gesamten Jahresplans 1929/30 beschafft worden seien. Die Freude wurde allerdings dadurch empfindlich getrübt, daß sich die Versorgungslage nicht entspannte. Obwohl der größere Teil des ‹Surplus› in den Staatshandel floß, reichte die Menge nicht aus, um den Fehlbedarf zu decken. Hinzu kam eine weitere Enttäuschung. Auch der Getreideexport, den man wieder aufnehmen konnte, brachte wegen des Preisverfalls im Gefolge der Weltwirtschaftskrise nicht den erhofften und – zur Finanzierung der Industrieimporte – dringend benötigten Erlös.

2. Die Zwangskollektivierung

Sachkennern war außerdem klar, daß das quantitativ eindrucksvolle Getreideaufkommen teuer erkauft worden war. Die Bauern hatten sich verausgaben müssen, aus Protest Vieh geschlachtet oder ihre Wirtschaften ganz aufgegeben, um Repressalien vorzubeugen. So glich das Resultat dem sprichwörtlichen Pyrrhussieg: Es war um den Preis der Zerstörung der Voraussetzungen für eine Wiederholung im folgenden Jahr erreicht worden und trug dennoch nicht einmal dazu bei, die Ernährungskrise zu beheben.[19]

Neuen Nachdruck verlieh die Kurskorrektur vom April 1929 auch jenem Vorgang, der das Problem ein für alle Mal lösen sollte. Beides entsprang derselben Geisteshaltung: Wer das Versagen politisch-fiskalischer Steuerung durch Klassenkampf zu kompensieren suchte, war auch geneigt, die vermeintliche Wurzel des Übels, die ‹Anarchie› des Marktes und den Eigennutz der großen Produzenten, radikal zu extrahieren. Als Partei und Staat beschlossen, die Kollektivierung voranzutreiben, *hoben sie faktisch deren Freiwilligkeit auf*. Bis zum April 1929 galt im Prinzip (wenn auch in der Realität zumeist schon nicht mehr), daß sich die selbständigen Bauern von den Vorteilen gemeinsamen Wirtschaftens überzeugen und sich aus eigenem Antrieb zusammenschließen sollten. Danach wurde Druck ausgeübt, durch Kampagnen städtischer Aktivisten, durch diskrimierende Steuern für wohlhabendere Besitzer sowie in wachsendem Maße auch durch Gewaltandrohung. Bis zu diesem Zeitpunkt wurde auch die ökonomische Binsenweisheit akzeptiert, die dem Fünfjahresplan ebenso zugrundelag wie den Vorstellungen Bucharins: daß die Kollektivierung nur sinnvoll sei, wenn sie durch den Einsatz von Traktoren und anderen Maschinen unterstützt werde. In diesem Sinne ging man von einer unauflöslichen Verbindung zwischen Industrialisierung und Kollektivierung aus. Seit der Niederlage der «Rechten» setzte sich dagegen die Auffassung mehr und mehr durch, daß schon die bloße Zusammenlegung von Ackerflächen und Inventar ohne begleitende Verbesserung der Anbaumethoden einen erheblichen Fortschritt bedeute. Der Großbetrieb als solcher wurde, ohne Ansehung seiner Ausstattung, zum Selbstzweck.

Plausibel hat man argumentiert, daß hierin die treibende Kraft und *ideologische* Motivation dessen lag, was seit April forciert wurde. Die vorangegangene Entwicklung konnte die Erwartungen nicht zufriedenstellen. Ein deutscher Beobachter sprach noch im Juli 1929 eine offenbar evidente Wahrheit aus, als er die von ihm inspizierten Kolchosen moribund nannte. In vieler Hinsicht war dies eine Folge der alten, ‹liberalen› Handhabung der Kollektivierung. Solange ökonomische Motive und Freiwilligkeit den Ausschlag gaben, verzichteten in der Tat nur solche Bauern auf ihre Selbständigkeit, die nichts zu verlieren hatten. Zu ändern war dieser Zustand im wesentlichen auf zweierlei Weise: durch die Verbesserung des Anbaus und die Ausdehnung der Betriebsflächen. Im Idealfall sollte beides miteinander verknüpft sein, da die Traktoren ihre ganze Leistungsfähigkeit erst in großen

Wirtschaften würden entfalten können. Die Wirklichkeit zeigte indes sehr schnell, daß es um die Realisierbarkeit der beiden Wege sehr unterschiedlich stand. Sogenannte Maschinen- und Traktorenstationen *(MTS)*, die jeweils eine größere Zahl von Sowchosen, Kolchosen und Einzelwirtschaften mit Zugkraft versorgen sollten, gehörten zwar zu den vorrangigen Zielen des Fünfjahresplans und wurden seit 1928 auch mit größerem Elan als zuvor eingerichtet. Aber ihre Zahl und Ausstattung blieben doch zu dürftig, um einen nennenswerten Effekt erzeugen zu können. Zu Jahresbeginn 1929 verfügte der Dachverband der Getreideproduktionsgenossenschaften *(Chlebocentr)* über 13 solcher Stationen mit je 25 Traktoren; bis zum 15. November vergrößerte sich sein Netz auf 61 Stationen mit je 33 Traktoren, die 362 Staats- und Kollektiv- sowie über 55 300 Einzelwirtschaften betreuten. Hinzu kamen hohe Selbstkosten und lange Ausfallzeiten wegen schlechter Qualität, mangelnder Ersatzteile und sorgloser Wartung. Da die Vertragswirtschaften auch noch ein Drittel und mehr ihrer Ernte für die maschinelle Feldbestellung ‹bezahlen› mußten, lohnte sich diese Art von ‹Technisierung› für sie nicht. Fürs erste kam die ‹Industrialisierung› der Landwirtschaft nicht vom Fleck.[20]

Leichter war der andere Weg zu beschreiten. Um die Kolchosen zu vergrößern, bedurfte es keiner großen Investitionen und neuen Fabriken. Hier genügte, jedenfalls bei Ausblendung qualitativer Aspekte, der ‹bloße› Zwang. Die Bereitschaft, ihn anzuwenden, wuchs in dem Maße, wie das sozialistische Fieber und jene Mentalität um sich griffen, die das Heil vom großen Sprung in die Verheißungen der ‹unvermischten› neuen Wirtschafts- und Sozialordnung auch auf dem Lande erwartete. Einer breiteren Öffentlichkeit wurde diese ideologische Wende zum ersten Mal durch eine Plenarversammlung des Moskauer Parteikomitees bekannt. Der oberste Bolschewik der Hauptstadt sprach bei dieser Gelegenheit in einer bezeichnenden Formulierung vom bevorstehenden ‹Endkampf zwischen Sozialismus und Kapitalismus›. Und er kündigte an, worin sich diese Phase vom bestehenden Zustand unterscheiden werde: Die Kollektivierung werde als «Bewegung auch der Mittelbauern ... ganze Dörfer» erfassen und im Moskauer Gouvernement in «ein-zwei Dekaden» abgeschlossen sein. Damit waren in der Tat die wesentlichen Kennzeichen der neuen Agrarpolitik benannt. Auch wenn die angegebene Frist im Vergleich zur baldigen Wirklichkeit ein nachgerade gemächliches Tempo unterstellte, schloß vor allem die Vereinnahmung der *serednjaki* und die implizierte Ausgrenzung der Kulaken Gewaltanwendung ein. Niemand konnte ernsthaft glauben – am allerwenigsten ein überzeugter Kommunist –, daß die vermeintlichen kleinen und großen Agrarkapitalisten ihrer ökonomischen Vernichtung begeistert zustimmen würden. Dieses Programm bedeutete eine Kriegserklärung gerade an den Durchschnittsbauern. Von nun an grassierte die Angst auf dem Dorfe.[21]

2. Die Zwangskollektivierung

In welchem Maße sie berechtigt war, zeigten die Vorgaben für die Sommerkampagne. Parallel zur Steigerung der Wachstumsraten im Fünfjahresplan übertrafen sich die Agenturen in der Heraufsetzung der Kollektivierungsziele. Im Juni 1929 gab *Chlebocentr* bekannt, bis zum Ende des Wirtschaftsjahrs (Mitte 1930) eine Million bäuerlicher Haushalte in der RSFSR und 1,5 Mio. in der UdSSR zusammenschließen zu wollen. Im August nannte *Gosplan* für denselben Zeitraum bereits die Richtgröße von 2,5 Mio. Haushalten mit 13 Mio. ha bestellten Landes. Am 12. September meldete die *Pravda*, daß diese Zahl deutlich zu übertreffen sei, und kündigte für die Getreideüberschußgebiete eine Kollektivierungsquote von mindestens 50%, für die gesamte UdSSR von 60% bei Ablauf des Fünfjahresplans Mitte 1933 an. Rein quantitativ wurde zwischen Juni und Oktober in der Tat viel erreicht. Der Anteil der zusammengeschlossenen Wirtschaften erhöhte sich in der UdSSR von 3,9 auf 7,5 % entsprechend 1,9 Mio. Haushalten, in der Ukraine (der alten ‹Kornkammer› des Reiches) auf 10,4 % (vgl. Tab. 9).

Tabelle 9: Anteil der kollektivierten Haushalte 1928–1932

	Haushalte in Kolchosen in % aller Bauernhöfe der UdSSR und RSFSR	
	UdSSR	RSFSR
1. 6. 1928	1,7	1,6
1. 6. 1929	3,9	3,7
1. 10.	7,5	7,3
1. 1. 1930	18,1	20,1
1. 2.	31,7	34,7
1. 3.	57,2	58,6
1. 4.	38,6	38,4
1. 7.	22,5	20,5
1. 10.	21,8	20,4
1. 1. 1931	25,9	24,4
1. 3.	35,3	
1. 7.	55,1	
1. 7. 1932	61,5	

Quelle: Davies, Industrialisation I, 442–3; S. Merl, Bauern unter Stalin. Die Formierung des sowjetischen Kolchossystems 1930–1941. Berlin 1990, 215

Womöglich noch wichtiger für kommende Entscheidungen war indes die exemplarische Verwirklichung der «vollständigen» Kollektivierung an der unteren Wolga und im nördlichen Kaukasusgebiet (mit überproportionalen Quoten). Hier wurden auch die Methoden *in nuce* vorgeführt, die dazu nötig waren. Staatliche oder quasistaatliche Behörden beraumten Versammlungen des Dorfsowjets oder der *obščina* an und ließen sie beschließen, daß alle in Zukunft gemeinsam wirtschaften sollten. Die Säuberungen der ländlichen Parteikomitees und Neuwahlen zu den Räten, von denen die ‹Kulaken› ausgeschlossen waren, halfen dabei ebenso nach wie die bevorzugte Versorgung der Kolchosen mit Saatgut und Maschinen, die steuerliche Diskriminierung der Einzelwirtschaften und eine Vielzahl politischer, atmosphärischer und sonstiger Repressionen. In jedem Falle wurde – und dies war neu – die oft beträchtliche Minderheit, die bei solchen manipulierten Abstimmungen unterlag, gezwungen, sich zu fügen. Manche ‹Wohlhabenden› zogen es daher vor, ihr Hab und Gut zu verkaufen und in die Stadt überzusiedeln oder als *bednjak* geschützt zu sein (»Selbst-Dekulakisierung«). Ob man diese Form der Gewalt noch als «indirekt» bezeichnen kann, mag offenbleiben. Andererseits kam es fraglos noch weit schlimmer. Auch in dieser Hinsicht ‹überholte›, wie ein Aktivist triumphierend meldete, ‹die Realität den Plan›.[22]

Bei alledem war Sachverständigen bewußt, daß bloße Zahlen nicht viel besagten und ein geschöntes Bild vermittelten. Wie die Wirklichkeit aussah, ging aus einem Bericht hervor, den der Unionsrat der Kolchosen *(Kolchozcentr)* der Parteiführung im September vorlegte. Demnach bestanden die alten Mängel fort. Es fehlte an Inventar und Gerätschaften; Beitretende verkauften vorher ihr Vieh; die neuen Wirtschaften blieben ein Armenhaus. Vielfach war der Zusammenschluß rein formal. Dafür sprach schon der Umstand, daß 62,3 % (Stichtag 1. 10.) als *TOZy* den geringsten Vergemeinschaftungsgrad aufwiesen und sich im wesentlichen auf Hilfeleistungen bei der Aussaat und Ernte beschränkten. Eine reale Kollektivierung fand in der Regel nicht statt, geschweige denn eine Rationalisierung des Anbaus. Daraus war im wesentlichen ein Schluß zu ziehen: Die Kolchosen brauchten Zeit zur Konsolidierung, das Tempo mußte gedrosselt werden. Das Politbüro verweigerte eben dies. Es kam zur entgegengesetzten Folgerung, daß die Unzulänglichkeiten durch noch größere Konsequenz und Geschwindigkeit behoben werden müßten. Damit stand die «vollständige», totale Kollektivierung nicht nur in ausgewählten Regionen auf dem Programm, sondern überall.

Der entscheidende Drahtzieher hinter den Kulissen hat es sich nicht nehmen lassen, auch diesen Kurswechsel selbst zu annoncieren. In einer Rede zum zwölften Jubiläum des Oktober feierte Stalin – so die sprechende Überschrift – «das Jahr der großen Wende». Dabei erdreistete er sich, neben der Grundlegung einer sozialistischen Industrie auch einen fundamentalen, von der Bauernschaft «selbst» herbeigeführten «Umschwung» in der Landwirtschaft zu rühmen. Daß nun auch «der Mittelbauer in die Kollektivwirtschaften gegangen» sei, wie er als Kennzeichen der neuen Phase hervorhob, beschrieb freilich keinen Tatbestand, sondern nur die Absicht der kommenden Monate. Nach solchen Leitsätzen im Wortsinne war klar, was das *Novemberplenum* des ZK (10.–17. 11. 1929) beschließen würde. Gleichsam als Vorspiel trieb man die längst besiegte ‹Rechte› weiter in die Ecke und erreichte ihre förmliche Kapitulation: Bucharin, Rykov und Tomskij gestan-

2. Die Zwangskollektivierung 391

den öffentlich ihre Irrtümer ein. Desto unverhohlener konnte Molotov wenige Tage später in einer vielbeachteten Rede die weitere Beschleunigung der Kollektivierung auf ein ‹wirklich rasantes› Tempo ankündigen. Dem entsprachen zwei weitere, konkrete Beschlüsse. Zur tatsächlichen Durchführung sollten 25 000 freiwillige Helfer aus der Arbeiterschaft rekrutiert werden. Und um sie zentral organisieren und lenken zu können, überwölbte fortan ein Landwirtschaftsressort auf Unionsebene die Republikressorts. So gestützt, konnte die «neue historische Etappe» in der Landwirtschaft, von der die Resolution sprach, kaum anderes bringen als einen Sturmangriff auf die letzten Bastionen der traditionalen Wirtschafts- und Sozialordnung im russischen Dorf.[23]

Bei solchen Anstrengungen durfte ein Erfolg schon aus Gründen der Glaubwürdigkeit nicht ausbleiben. Der Zwang zeitigte Wirkung: Bereits Anfang Februar 1930 belief sich der Anteil ‹kollektivierter› Bauernhaushalte in der UdSSR auf 18,1 % und in der RSFSR auf 20,1 %. Am 1. März erreichte er seinen vorläufigen Höhepunkt mit 57,2 % bzw. 58,6 %; im russischen Teil des Zentralen Schwarzerdgebiets betrug er zu dieser Zeit 83,3 %, an der mittleren und unteren Wolga 60–70 % und in der Ukraine 60.8 % (vgl. Tab. 9). Damit waren die kühnsten Prognosen übertroffen worden. Selbst ein Anfang Dezember eingesetzter Ausschuß, der Vorschläge zur konkreten Umsetzung der epochalen Novemberbeschlüsse ausarbeiten sollte, hielt noch alle restlichen Jahre der ersten Planperiode für nötig, um die Kollektivierung zu vollenden. Deshalb gaben die schnellen Vollzugsmeldungen auch zu Skepsis Anlaß. Es lag auf der Hand, daß sie nur eine Momentaufnahme bildeten. Sachkundige wußten, daß reale Schritte im Winter gar nicht unternommen werden konnten. Die Gemeindeversammlung mochte, unter welchen Androhungen auch immer, den Übergang zur Kollektivwirtschaft beschließen. Konkret geschah bis zur Wiederaufnahme der Feldarbeit nichts. Selbst in großer Zahl registrierten solche Fälle nur einen Schein, keine Wirklichkeit.[24]

Beklemmend real, ruinös und für überaus viele tödlich war dagegen der Vorgang, der die Kollektivierung in mancher Hinsicht erst zu jenem Krieg des Regimes gegen das Dorf machte, zu der sie fraglos ausartete: die *Kulakenverfolgung*. Ob sie nach dem Entschluß zur restlosen Liquidierung der Individualwirtschaft, ideologie- und systemimmanent gesehen, unvermeidlich war, läßt sich nur spekulativ beantworten. Gute Gründe sprechen sicher dafür, daß die neue Agrarverfassung keinen Platz für die «Klassenfeinde» von gestern vorsah, der ihnen irgendeinen Einfluß belassen hätte. Auf der anderen Seite bestand ebenso gewiß Spielraum hinsichtlich der Art ihrer Behandlung und künftigen Rolle. Rein ökonomische Überlegungen hätten ohnehin zu Mäßigung Anlaß geben müssen. Aber das, was im Namen wirtschaftlicher Rationalität durchgeführt wurde, war eben nicht rational, sondern ideologisch. Einige Mitglieder der Dezemberkommission strebten womöglich einen Kompromiß an. Jedenfalls schlugen sie vor, die ‹Kulaken› und alle, die ihnen anverwandelt wurden, nach ihrer Enteignung als Arbeiter in die Kolchosen aufzunehmen. Den selbsternannten Hütern des ‹unverfälschten› revolutionären Erbes genügte diese Erniedrigung indes nicht. Sie wollten den angeblichen Urhebern der Versorgungskrise nicht die geringste Chance lassen, in den neuen Strukturen Meinungsführerschaft und Macht zurückzugewinnen. Erneut gab Stalin persönlich die fatale Parole aus, die den Betroffenen und dem ganzen Land zum Verhängnis wurde: die Parole von der «Liquidierung des Kulakentums als Klasse». Was darunter zu verstehen war, verdeutlichte ebenfalls der Parteichef in einer Rede vor Agrarexperten. Die Politik der «Beschränkung» des Kapitalismus auf dem Lande habe einer Offensive Platz gemacht. Da die Kol- und Sowchosen nun in der Lage seien, die Städte zu versorgen, könne man einen «solchen Schlag» gegen das «Kulakentum» führen, «daß es sich nicht mehr aufrichten» werde. Stalin zögerte auch nicht, eine konkrete Folgerung zu ziehen, die Bedenken in der Parteispitze vom Tisch wischte: Kulaken hätten in den neuen Betrieben nichts zu suchen; es sei «lächerlich», darüber überhaupt zu diskutieren.[25]

Spätestens seit der endgültigen Niederlage der «Rechten» im November war die Stellung des Generalsekretärs (wieder) so gefestigt, daß sein Wort entschied. Die Vorschläge der Dezemberkommission wurden in seinem Sinne überarbeitet. Der geheime Beschluß, den das Politbüro am 5. Januar 1930 zusammen mit einer Stellungnahme zum Kollektivierungstempo faßte, beseitigte alle Unklarheiten. So wie der veröffentlichte Teil erstmals aussprach, daß die Kollektivierung der wichtigsten Getreideregionen, abweichend vom Fünfjahresplan, «im wesentlichen» bereits im Herbst 1930 abgeschlossen sein könne, hielt die interne Anweisung ähnlich rigorose Maßregeln für den Umgang mit den «Kulaken» fest. Demnach war ihr Besitz zu konfiszieren und den Kolchosen zu übertragen; Gefügige sollten das «schlechteste Land» erhalten, Widerstrebende aus ihrer Heimat vertrieben werden. Einer neuen Kommission unter dem Vorsitz des eilfertigen Molotov, der auch der Stellvertretende Leiter der OGPU G. G. Jagoda angehörte, blieb es überlassen, diese Direktive in eine ausführbare Form zu bringen. Die endgültige Formulierung mit dem schlimmen Titel «Über Maßnahmen zur Eliminierung von Kulakenhaushalten in Gebieten mit vollständiger Kollektivierung» wurde am 30. Januar vom Politbüro akzeptiert und noch am selben Tag allen örtlichen Parteikomitees bekanntgegeben. Danach waren die «Kulaken» in drei Kategorien zu unterteilen und gestuft zu bestrafen: (1) Die ‹konterrevolutionären Aktivisten› sollten ihres Eigentums beraubt, ohne Verfahren verhaftet und in «Konzentrationslager» deportiert werden; wer ‹aufständischer› oder ‹terroristischer Akte› für schuldig befunden wurde, konnte auf der Stelle hingerichtet werden. Die schicksalhafte Entscheidung darüber,

2. Die Zwangskollektivierung

wer zu den maximal 63 000 Familien gehörte, die dieser Gruppe zugewiesen wurden, lag in den wenig zimperlichen Händen der OGPU. (2) Die «reichsten Kulaken» und «Halbgrundbesitzer» sollten ebenfalls enteignet werden. Sie durften aber die allernötigsten Produktionsmittel und einige Vorräte behalten. Ihre Familien konnten sie in den hohen Norden, den Ural, nach Kazachstan und Sibirien begleiten, wohin sie zwangsumgesiedelt wurden. Die Gesamtzahl solcher Familien wurde auf 150 000 fixiert, die von den Kreissowjets auf der Grundlage von Beschlüssen der Kolchosen und Komitees der Dorfarmut bestimmt wurden. (3) Alle Übrigen sollten nur teilweise enteignet und ‹nur› im Dorf oder nächsten Umkreis auf die schlechtesten Böden umgesetzt werden; welche Zahl für sie vorgegeben wurde, ist unklar – mindestens 396 000 Haushalte, eventuell sogar 852 000.[26]

Es wirft ein Schlaglicht auf die Machtfülle der Parteizentrale und die eilfertige Untergebenheit der Ortskomitees, daß die Anweisung trotz der Brutalität, die sie verlangte, umgehend befolgt wurde. Schon seit dem Novemberplenum hatte die Gewaltanwendung gegen Kulaken zugenommen. Der Staat machte vom neuen Recht zur Konfiszierung des Eigentums bei Nichterfüllung der Ablieferungsquoten reichlich Gebrauch. Über 100 000 Wirtschaften wurden auf diese Weise bestraft, nicht wenige davon völlig aufgelöst. Dennoch begründete der Beschluß des Politbüros eine neue Qualität staatlicher Willkür: Nun begann die systematische «Liquidierung» all derer, die aufgrund ihrer materiellen Lage oder ihrer – eventuell auch nur zugeschriebenen – Haltung als Feinde der bestehenden Ordnung galten. Die Kriterien waren dabei ebenso vielfältig wie beliebig. Sie reichten von einer bestimmten Höhe des Werts der Produktionsmittel über den Umfang der Beschäftigung von Lohnarbeit, der Ausleihe von Geräten bis zu Anteil und Art eventueller nichtlandwirtschaftlicher Nebentätigkeiten. Ganz überwiegend wurde dabei auf Einzelfallprüfungen verzichtet. In der Regel setzte ein Dreierausschuß, bestehend aus dem örtlichen Parteivorsitzenden, dem Sprecher des Exekutivkomitees des Sowjets und dem Leiter der lokalen OGPU, einfach fest, wer als Kulak zu bezeichnen war. Dabei orientierte er sich an geschätzten Größenordnungen, die auch noch nach Gutdünken ausgelegt wurden. Insgesamt ging die Parteispitze von ca. 974 000 ‹Kulaken›-Haushalten mit 6,3 Mio. Personen aus, die einem Anteil von 3,9 % an allen Höfen und von 5,1 % an allen Dorfbewohnern entsprachen. Molotov, immerhin der Vorsitzender der Januarkommission, unterstellte womöglich sogar die Existenz von 1,3–1,5 Mio. Haushalten. Demgegenüber zeigt die Berechnung nach allen verfügbaren Ausgangszahlen – Angaben über den bereits Ende 1926 dekretierten Wahlrechtsentzug, exemplarische frühere Erhebungen, Daten zur agrarischen Lohnarbeit und anderen mehr –, daß es in der Sowjetunion Mitte 1929 nicht mehr als eine halbe Million einschlägiger Wirtschaften, entsprechend etwa 3 Mio. Personen oder 2 % aller Haushalte, gab. Wer bei den praktischen Verfahrensregeln eine höhere Zahl als Richtschnur zugrundelegte, forderte die Akteure vor Ort auf, mehr ‹Kulaken› zu finden, als vorhanden waren.[27] Die skrupellose Willkür, die schon darin sichtbar wurde, beherrschte die gesamte Kampagne. Mit äußerster Brutalität brach die städtische Partei dem russischen Dorf in wenigen Wochen, vor allem in der zweiten Januar- und der ersten Februarhälfte 1930, das Rückgrat. Was die Beteiligung der Geheimpolizei signalisierte, bewahrheitete sich aufs schlimmste. Die «Entkulakisierung» trat die letzten Reste sowjetisch-sozialistischer Rechtsstaatlichkeit mit Füßen. Nicht einmal der Schein von Legalität wurde gewahrt. Nackte Gewalt und menschenverachtende Rücksichtslosigkeit avancierten in einer Offenheit zu vorrangigen Mitteln der Politik, die es seit dem ‹heroischen› Kampf gegen die ‹Konterrevolution› 1918–20 nicht mehr gegeben hatte. Auch deshalb ist es gerechtfertigt, die geplante, feldzugartige Unterwerfung des ‹Klassenfeinds› auf dem Dorf als inneren Krieg zu bezeichnen.

Dafür spricht um so mehr, als die Durchführung der obrigkeitlichen Verfügung tatsächlich alle drei Gruppen, wenn auch in unterschiedlichem Maße, traf. Allem Anschein nach begann die OGPU unverzüglich mit den Verhaftungen, zu denen sie in der Anweisung des Politbüros aufgefordert wurde. Die Familienvorstände der ersten Gruppe verschwanden in den Gefängnissen der politischen Polizei oder den ebenso zahlreichen wie unsichtbaren Siedlungen des längst berüchtigten «Archipel GULag». In den Schwarzerdegebieten, wo das Land knapp und die sozialen Gegensätze am größten waren, dürfte ihr Los dabei besonders hart gewesen sein. Hier bestand wohl am ehesten eine tatsächliche Feindschaft der armen Bauern gegenüber den reichen, die es letzteren erschwerte, sich den Repressalien zu entziehen. Unterschiedlich gestaltete sich auch das Schicksal der übrigen Kulaken. In den unfruchtbaren Regionen ohne intensive Landwirtschaft kam die Deportation der Familien der zweiten Kategorie nur langsam voran. Die meisten wohnten im Frühjahr noch in ihren Dörfern, hatten aber ihre Häuser oft mit armen Bauern und Landlosen tauschen müssen. Dagegen griffen die Parteiorganisatoren und ihre Helfer von den «25000-ern» in den Getreideüberschußgebieten mit äußerster Härte durch. Was deutsche Kolonisten von der Wolga berichteten, dürfte auch für vergleichbare Regionen gegolten haben. Ihre Schilderungen warfen den tiefen Schatten jener mörderischen Gräßlichkeiten von Nacht- und Nebelaktionen voraus, zu denen die Geheimpolizei in den verschiedensten Regimen der dreißiger Jahre griff und die insbesondere im Zweiten Weltkrieg im Zusammenhang mit wahnwitzigen demographischen ‹Flurbereinigungen› und der «Endlösung» der Judenfrage traurige Bekanntheit erreichten. Die Betroffenen wurden ohne Vorwarnung aus den Betten gezerrt und bei bitterer Kälte in unbeheizte Güterwaggons ohne jedwede sanitäre Einrichtungen gepfercht. Sie durften nur mitnehmen, was sie in der Eile zusammenraffen konnten, wurden völlig

2. Die Zwangskollektivierung 395

unzureichend verpflegt und mußten in den schmutzigen und stinkenden Behältnissen bis zu zwölf Tage ausharren, ehe sie im nördlichen Ural (Rayon Vologda), bei Archangel'sk oder am Enisej wieder frische Luft atmen konnten. Nicht genug damit, waren die Endstationen solcher Transporte auf den plötzlichen Ansturm in keiner Weise vorbereitet. Von einer Neuansiedlung konnte nicht die Rede sein. Weder brachten die Zwangsverschickten Geld oder Geräte mit, noch wurde ihnen Hilfe zuteil. Statt dessen schloß man sie in Lager ein, in denen sich mit Beginn der wärmeren Saison Krankheiten und Seuchen ausbreiteten. Bis Mitte April sollen in den Lagern, über die überhaupt Informationen vorliegen, bereits 10% der Umgesiedelten umgekommen sein. Unter den Kindern stieg die Sterblichkeit derart bedrohlich an, daß man sie fortan umgehend zurückschickte. Solch schlimmste Torturen blieben den ‹Kulaken› der dritten Kategorie erspart. Dennoch wäre es verfehlt, aus der Tatsache, daß sie am Ort bleiben konnten, auf ein mildes Los zu schließen. Auch diese Familien wurden samt gebrechlicher Greise, Wöchnerinnen und Kleinkindern mitten im Winter erbarmungslos aus ihren Häusern getrieben. Auch sie durften nur das Nötigste mitnehmen und mußten sich, mehr oder weniger mittellos, dort eine neue Bleibe suchen, wohin sie der Dorfsowjet oder die Dreierkommission schickten. Nicht zuletzt dieses Vorgehen verwies auf einen kaum unbeabsichtigten Nebenzweck der «Entkulakisierung»: so viel Land, Gebäude, Vieh und Inventar zu enteignen wie möglich, um die klägliche Ausstattung der Kolchosen zu verbessern. Was Staat und Industrie nicht geben konnten, mußte den ‹Wohlhabenden› genommen werden.[28]

Eine derartige Barbarei blieb nicht ohne Folgen. Zum einen wuchs der Widerstand. Zur üblichen passiven Resistenz in Gestalt des Verkaufs von Hab und Gut vor der Sozialisierung trat immer häufiger aktiver Widerstand. Welches Ausmaß er annahm, liegt auch nach dem Beginn einschlägiger Recherchen noch weitgehend im Dunkeln. Eine auffallende Rolle scheinen die Bauersfrauen gespielt zu haben, gegen die der Staat aus verschiedenen Gründen weniger rigoros vorging. Sie weigerten sich zum Teil in bemerkenswerter Geschlossenheit und bewaffnet (wie primitiv auch immer), Vieh, Haus und Hof, für die sie traditionell zuständig waren, abzugeben. Inzwischen darf aber als sicher gelten, daß die Unruhe weit darüber hinausging und die OGPU alle Hände voll zu tun hatte, um einen Flächenbrand zu verhindern. Immerhin registrierte sie 1929 und 1930 22 887 «terroristische Akte», die 1100 Vertretern von Partei und Staat das Leben kosteten. Selbst der Handelskommissar Mikojan sprach von einer «äußerst gefährlichen» Lage. Zum anderen mußte die Parteiführung erkennen, daß ihren Absichten mit einer solchen Kollektivierung nicht gedient war. Die Kampagne entglitt ihrer Kontrolle; Auflagen wurden nicht befolgt. Daß ‹Kulaken›, deren Söhne in der Armee dienten oder in Fabriken arbeiteten, verschont bleiben sollten, vergaßen die emsigen Erfüllungsgehilfen vor Ort ebenso wie die quantitativen Vorgaben. In vielen Dörfern erklärte man bis zu 10% der Familien zu kulakischem Freiwild. Infolgedessen mußte jeder Bauer, der ein paar Habseligkeiten besaß, fürchten, er könne der nächste sein. Wie im Bürgerkrieg ein Dutzend Jahre zuvor, beging das städtisch geprägte Regime den Kardinalfehler, die Solidarität des Dorfes zu unterschätzen und diese in vieler Hinsicht noch dadurch zu stärken, daß seine besessene Jagd auf Klassenfeinde auch viele Mittelbauern traf.[29]

So lag ein Einlenken nahe. Kritik an der Unsinnigkeit inhaltsleerer Vollzugsmeldungen wurde in der zweiten Februarhälfte auch in höchsten Führungskreisen laut. Stalin formulierte sie in einem berühmt gewordenen Artikel, der am 2. März 1930 in der *Pravda* unter dem Titel «Vor Erfolgen von Schwindel befallen» erschien. Mit der üblichen Folgsamkeit schloß sich das ZK zwei Wochen später seinen Argumenten an. Die Parteispitze bemühte sich in diesen Dokumenten, den örtlichen Akteuren die Schuld an den Mißständen zuzuweisen. Der Hauptvorwurf war dabei kaum anders als zynisch zu nennen: Sie hätten das Leninsche Prinzip der «Freiwilligkeit» mißachtet. In ‹törichtem› Übereifer habe man selbst Kleintiere vergesellschaftet und manche Kampagne mit dem Einholen der Kirchenglocken begonnen. Nicht selten sei die Kollektivierungsrate in wenigen Tagen von «10% auf 90%» gestiegen – rein papierne Resultate, die dem Ziel mehr geschadet als genutzt hätten. Für die Zukunft lautete der Tagesbefehl daher: die Hast aufzugeben, auf Gewalt zu verzichten und das Erreichte zu konsolidieren.[30]

Stalins Schelte verursachte auf dem Dorfe eine «Sensation». Die Bauern vernahmen die Rückkehr zum Prinzip der Freiwilligkeit mit Erleichterung und zögerten nicht zu handeln, allerdings anders, als die Partei erwartet hatte. Die Atempause verwandelte sich in eine Massenflucht aus den soeben «gegründeten» Kollektivwirtschaften. Die Daten sprechen eine klare Sprache: Von 57,2% in der UdSSR bzw. 58,6% in der RSFSR sank der Anteil der vergemeinschafteten Haushalte Monat für Monat, bis er Anfang September mit 21,5% bzw. 20,0% seinen Tiefpunkt erreichte (vgl. Tab. 9). Damit fiel er in etwa wieder auf den Stand vom Vorabend der gewaltsamen Kampagne zurück. Zur Korrektur vergangener Überspitzungen gehörte indes nicht nur die Möglichkeit, erpreßte eigene Entscheidungen zu widerrufen. Hinzu kam die Zulassung von Klagen gegen erlittenes Unrecht. In der Tat ergaben Überprüfungen, daß nicht nur Mittelbauern, sondern sogar *bednjaki* «entkulakisiert» worden war. Im Zuge dieser Revision erhielten ca. 20% der enteigneten Familien ihren Besitz zurück.[31]

Ungeachtet anderer Motive fiel die Schonzeit, die bis zum Spätsommer dauerte, in auffälliger Weise mit der Vegetationsperiode zusammen. Die Vermutung liegt nahe, daß sie auch die Absicht verfolgte, die Ernte nicht weiter zu gefährden. Dies schloß die Anerkennung des Umstands ein, daß die Frühjahrssaat noch von kollektivierten und Einzelbauern gleichermaßen auszubringen war. Auch letztere wurden in die abermalige Kampagne einbezogen. Die Bemühungen um Planung und Steuerung stießen allerdings auf größere Hindernisse als zuvor. Das Dorf befand sich mitten im Umbruch. Selten dürfte das Chaos größer gewesen sein als in diesem Frühjahr 1930. Wo Umverteilungen tatsächlich durchgeführt worden waren, hatten die Kolchosen das beste Land genommen. Einzelbauern wurden mit den Streifen abgespeist, die übrigblieben. Zum Teil war der Boden so schlecht und so knapp, daß die Regierung einschritt. Realistisch erkannte sie, daß die Ernte ohne Mitwirkung der Einzelbauern nicht ausreichen würde. Ohnehin waren die Probleme groß genug. Der Bestand an Zugvieh hatte sich empfindlich verringert. Es fehlte an Traktoren und Saatgut. Vielerorts fand die Aussaat, als Folge der Turbulenzen, recht spät statt. Dennoch fiel die Ernte überraschend gut aus. Das günstige Ergebnis verdankte sich ganz überwiegend dem Wintergetreide und dem Fleiß der Einzelbauern, die es noch überwiegend angebaut hatten. Der Sommerweizen dagegen, der sich unter der Regie der Kolchosen entwickelte, brachte bereits einen *unter*durchschnittlichen Ertrag. Nach außen hin kümmerten sich die Herrschenden um solche Feinheiten nicht. Sie feierten die Ernte als Bestätigung der sozialistischen Umgestaltung der Landwirtschaft. Stalin ließ es sich nicht nehmen, seine Gegner bereits auf dem 16. Parteitag vom Juni 1930, dem er zu Jahresbeginn noch mit gemischten Gefühlen entgegengesehen hatte, vorzuführen. Mit Genugtuung versicherte er den «opportunistischen Klatschbasen», daß die «Getreidekrise» durch die «Wendung der Bauernmassen» zum Kolchos «in der Hauptsache als überwunden» zu betrachten sei. Daraus schloß er, daß der eingeschlagene Weg im Prinzip fortzusetzen sei. Der Bauernschaft sagte man das nicht so deutlich, um sie nicht vor dem Spätsommer zu verschrecken. Aber es lag auf der Hand, was kommen würde.[32]

Die Propaganda für die Fortsetzung der Kollektivierung begann im August 1930. Man entdeckte – da die ‹schlimmsten Feinde› bereits vernichtet waren – die «neuen Kulaken» und die «Halb»- bzw «Unter»-Kulaken *(podkulaki)*. Noch deutlicher als zuvor trat zutage, daß der Gegner nicht real, sondern eine Chiffre war, die für alles stand, was als Bedrohung des Parteikurses ausgegeben werden konnte. «Täglich und stündlich», so mahnte A. A. Ždanov – später Stalinscher Oberaufseher über das Geistesleben –, kröchen die Nachfolger der Unterdrücker von gestern «massenweise» aus ihren Verstecken, um denselben schändlichen Ausbeutungstrieb zu entfalten. Anfangs vertraute die Obrigkeit auf Werbung, um die Bauern zu bewegen, sich gegen solche Umtriebe zu Kolchosen zusammenzuschließen. Im Dezember kam sie aber erneut zu dem Schluß, daß nur Zwang helfe: Die «zweite Welle» (S. Merl) der ‹Liquidierung der Kulaken als Klasse› begann. Bis zum Frühjahr 1931 ‹fand› man ungefähr noch einmal so viele dörfliche «Kapitalisten» wie bis zum Herbst 1930. Eine Unterbrechung blieb diesmal aus. Erst im Herbst 1931 hielt die Regierung das Kollektivierungsziel für erreicht und beendete die Kampagne.[33]

V. Revolution von oben (1929–1933)

Obwohl schon aufgrund ihrer Planlosigkeit genauere Angaben darüber fehlen, wieviele *Opfer* diese Vergewaltigung des Dorfes kostete, liegen plausible Extrapolationen aus verschiedenen Teilinformationen vor. Allein die gemeldeten Enteignungen addierten sich im ersten Halbjahr 1930 auf etwa 350000 Höfe. Eine beträchtliche Dunkelziffer hinzugerechnet, ergibt sich eine Summe von «mindestens 400000, höchstens aber 500000 Betrieben», entsprechend etwa 3 % aller Haushalte bei erheblichen regionalen Schwankungen mit dem höchsten Wert an der unteren Wolga (4,5 %). Nach Abzug der zurückgegebenen Wirtschaften, insgesamt mindestens 100000, läßt sich die Gesamtzahl der in dieser ersten Periode endgültig enteigneten Betriebe auf 320000 bis 400000 schätzen. Eine durchschnittliche Familiengröße von sechs Personen zugrundegelegt, lebten in diesen Wirtschaften mindestens zwei Millionen Menschen. Da die ortsnahe Umsiedlung auf größere Hindernisse stieß als erwartet, verursachte auch die zweite Entkulakisierungswelle 1931 erhebliche Opfer. Die Gesamtzahl der bis Ende 1931 von Haus und Hof vertriebenen Familien wird auf 600000–800000 geschätzt, von denen mindestens 350000 in ferne Neusiedlungsgebiete deportiert wurden. In der Addition ergibt sich ungefähr dieselbe Größenordnung, die erste Dokumente aus dem Archiv von OGPU und NKVD für das «Kulakenexil» ausweisen. Diesen neuen Daten zufolge wurden ca. 2,1 Mio. Menschen (1,8 Mio. am Zielort registrierte und 0,3 Mio. unterwegs Verstorbene) als sog. «Sondersiedler» in *ferne* Gebiete deportiert und 2–2,5 Mio. oder 400000 – 450000 Familien innerhalb ihrer *Heimatregion* zwangsumgesiedelt; weitere 1–1,25 Mio. entsprechend 200000 – 250000 Familien ‹dekulakisierten› sich selbst. Alles in allem traf der Krieg gegen das Dorf mithin 5–6 Mio. Menschen oder 1 Mio. von ca. 25 Mio. Betrieben (gleich Haushalten), die man für diese Zeit annehmen kann.[34]

Auf einem anderen Blatt steht, wieviele Opfer im Sinne von *tatsächlich Verstorbenen* die Kulakenverfolgung kostete. Hier bewegt sich die seriöse Forschung auf besonders unwegsamem Gelände. Am ehesten dürfen vorsichtige Schätzungen Plausibilität beanspruchen, die auf den genannten Zahlen über Zwangsumsiedlungen und Deportationen beruhen. Die geringsten Chancen, mit dem Leben davonzukommen, hatten sicher die etwa 100000 der ersten Kategorie Zugeordneten. Nächstgefährdet waren diejenigen, die in unwirtliche Regionen des Nordens und Sibiriens verschleppt wurden. Wenn man deren Zahl mit 2,1 Mio. annimmt und eine erhöhte Sterblichkeit von 15–20 % aufgrund von Seuchen, Hunger, Entkräftung, klimatischen Unbilden und anderem mehr zugrunde legt, käme man auf 315000 – 420000 Todesopfer. Da die Verbannten nicht zurückkehren durften, erscheint es angezeigt, auch die folgenden Jahre bis zu einer ungefähren ‹Normalisierung› zumindest der demographischen Indikatoren in den Kolonien einstiger Kulaken zu berücksichtigen. Dadurch erhöht sich die Zahl der vorfristig Verstorbenen für den gesamten Zeitraum 1930–1953 auf ca. 530000 «bis

2. Die Zwangskollektivierung

höchstens 600 000» Personen. Flinke Hoch-Rechnungen auf 5 oder mehr Millionen ‹zusätzlicher Todesfälle› während der Kulakenverfolgung selbst haben die wissenschaftliche Welt nicht überzeugen können. Die Suggestion vom millionenfachen Mord verdankt sich wohl eher dem Bemühen, die Blutrünstigkeit der beiden schlimmsten Diktaturen (und Diktatoren) dieses Jahrhunderts aneinander anzunähern, als nüchterner Bestandsaufnahme.[35]

Bei alledem ist auch die seriöse Forschung gut beraten, die Leidens- und Opferbilanz der Zwangskollektivierung nicht mit dem Jahresende 1931 abzuschließen. Die neue Aufmerksamkeit für dieses Problem in jüngerer Zeit hat – bei vielen offenen Fragen – alle Zweifel daran ausgeräumt, daß die schlimme *Hungersnot* der Jahre 1933/34 in unmittelbarem Zusammenhang mit dem willkürlichen Umsturz der Eigentums- und Produktionsverhältnisse auf dem Dorfe zu sehen ist. Nicht Trockenheit, wie offiziös behauptet wurde, brachte Millionen von Menschen den Tod, sondern eine ebenso starrsinnige wie brutale Beschaffungskampagne im Winter 1932/33, die der ohnehin schwer geschädigten Landwirtschaft auch das letzte Korn nahm. Der Katastrophe folgte die Tragödie.

Dieses Nachspiel begann bereits mit der Ernte vom Herbst 1931. Dank geringer Schäden an der Wintersaat wurde zwar ein völliger Fehlschlag vermieden; dennoch brachte man die geringste Menge seit 1924 ein. Die Anbaufläche war weiter geschrumpft; vor allem aber hielt die Auszehrung des Viehbestandes einschließlich der Zugtiere an. Besonders alarmierend mußte der Umstand wirken, daß die Hektarerträge der Sowchosen und Kolchosen bei Getreide deutlich unter denen der Einzelbauern lagen. Bereits hier kündigte sich die unterlegene Produktivität der gemeinsamen Bewirtschaftung an, die bald zum chronischen Manko des ökonomischen Sozialismus nicht nur im agrarischen Sektor wurde. Da Partei und Regierung eben auf diese Transformation setzten und einen Bürgerkrieg riskiert hatten, um sie durchzuführen, war eine Versorgungskrise größeren Umfangs programmiert.

Es hängt von mehreren, noch nicht endgültig geklärten Faktoren ab, in welchem Maße die verheerende Hungersnot der beiden folgenden Jahre als Produkt der selbsterzeugten Zwangslage oder als Resultat fortgesetzter, primär ideologisch begründeter wirtschafts- und steuerpolitischer Inkompetenz zu gelten hat. In keinem Falle kann man die Partei- und Staatsführung aus der Verantwortung entlassen. Unabhängig auch davon, wann und ob Stalin vom ganzen Ausmaß des Desasters erfuhr, ist unbestritten, daß sie zu zögerlich und unangemessen reagierte. Frühzeitig waren Indizien für kommendes Unheil erkennbar, und manches deutet darauf hin, daß sie auch registriert wurden. Als Folge der drastischen Abnahme tierischer Zugkraft verringerte sich in der Ukraine die Anbaufläche von Getreide im Vergleich zu 1931 um 14 %; noch stärker (um gut 20 %) sank das Erntevolumen. Ein ähnlicher Rückgang war im nördlichen Kaukasus, einem ebenfalls wichtigen Getreideanbaugebiet, zu beobachten. Die Behörden reagierten zwar auf diese Bedrohung. Anfang Mai 1932 senkten sie die Beschaffungsquoten erheblich (um ca. 30 %); weitere Erleichterungen bis hin zur Rückgabe von Korn folgten. Aber durchgreifende Maßnahmen, die das Unheil zumindest hätten lindern können, blieben aus. Eine koordinierte Umlenkung der Beschaffungsströme aus den primären Produktionsgebieten in sekundäre wurde versäumt. Man korrigierte die Pläne, revidierte sie aber nicht. Als der Fehlbedarf immer augenfälliger wurde, suchte man statt dessen gemäß der eingeschliffenen Logik der Nach-NĖP-Jahre bei offenem Zwang Zuflucht. Einzelbauern mußten ihre Pferde unentgeltlich an Kolchosen ‹ausleihen›, um deren Mangel an Zugtieren zu beheben. Ihnen wurde eine neuerliche Sondersteuer auferlegt, um sie zum Verkauf von Getreide zu zwingen. Alle, auch die Kollektivwirtschaften, wurden angewiesen, ihren Ablieferungspflichten strikt nachzukommen. Ob die Ernte von 1932 nun durchschnittlich war oder sogar schlechter ausfiel, als die offiziösen Statistiken zu erkennen geben – das Massensterben des folgenden Jahres zeigte, daß mehr aus den Bauern herausgepreßt worden war, als sie hätten abgeben dürfen, um sich und ihr Vieh ernähren und die nächste Aussaat bestreiten zu können.[36]

Mit besonderer Leidenschaft ist nach dem 50. Jahrestag der Katastrophe über die Opferzahl und die Frage gestritten worden, ob sie als gezieltes Ausrottungsmanöver gegen die ukrainische Nation zu betrachten sei. Dabei wurden auf brüchiger Quellengrundlage Berechnungen vorgenommen und Szenarien entworfen, die beim nichtbetroffenen wissenschaftlichen Publikum überwiegend auf tiefe Skepsis stießen. Erst die Öffnung der Archive hat in jüngster Zeit neue Erkenntnisse ermöglicht. Es bleiben aber noch so viele Fragen offen, daß eine abschließende Aussage weiterhin nicht möglich ist. Wieviele Tote man dem Hunger zuschreibt, hängt dabei im wesentlichen von zwei Variablen ab: von der Geburtenrate der betreffenden Jahre, die nicht bekannt ist und interpoliert werden muß, sowie der ‹normalen› Mortalität. Letztere läßt sich aus dem Durchschnitt vorangehender Jahre noch am ehesten ‹intersubjektiv› rekonstruieren. Umstritten ist jedoch, ob die Geburtenrate im Zuge der Zwangskollektivierung sank oder ob sie ungefähr gleich blieb, so daß die wenigen verfügbaren Daten noch durch eine erhebliche Zahl Geborener ergänzt werden müssen. Im letzteren Fall ergibt sich eine ‹zusätzliche› Mortalität von 7,2–8,1 Mio. Personen, darunter aber sehr viele unregistrierte Kleinkinder. Unter Einschluß der Nichtgeborenen wächst der demographische Gesamtverlust sogar auf 7,9 bis 10,0 Mio. bis zum 1. Januar 1934. Diese Schätzung ist allerdings sehr hoch. Ebenfalls auf der Auswertung neuer Dokumente basiert eine andere, merklich zurückhaltendere Kalkulation. Ihr zufolge forderte die Hungersnot 4–5 Mio. tatsächliche Opfer und verursachte (inklusive ‹fehlender› Geburten) einen gesamten Bevölkerungsverlust von 5–7 Mio. Gegenwärtig fällt es schwer, sich begründet für die eine oder andere Variante zu entscheiden. Das gilt letztlich auch für einen dritten Vorschlag, der allerdings den Vorzug der Mitte hat. Demnach hätten 6 Mio. Bauern ‹real› ihr Leben lassen müssen. Diese Zahl ist bemerkenswerterweise nicht mehr sehr weit von den 7 Mio. Opfern, davon 5 Mio. ukrainischen, entfernt, die in der publizistisch wirksamsten Darstellung über die «Ernte des Leids» veranschlagt wurden. Um so eher rechtfertigt sie das Urteil, der Hunger sei das «fürchterlichste Verbrechen Stalins» gewesen.[37]

Dagegen kann die weitergehende und eigentliche nationalukrainische These des gezielten Genozids als widerlegt gelten. Die neuen Daten haben endgültig bewiesen, daß andere wichtige Getreideanbaugebiete in ähnlicher Weise vom Hunger betroffen waren. Auch im Nordkaukasus und an der unteren Wolga (Saratov, Penza) wütete ein Massensterben, das durch den staatlich verordneten Getreideabzug verursacht wurde. Und wohl 1,5 Mio. Menschen kamen in Kazachstan um, wo die Herden im Zuge der brutalen Zwangskollektivierung so stark dezimiert worden waren, daß den nomadischen Einwohnern die traditionelle Nahrungsgrundlage fehlte. Nahrungsmittelknappheit herrschte überall, verheerende Not in *allen Getreideüberschußgebieten*, weil man nach starren Plänen zu viel abzog und eine Hungerkatastrophe wissentlich in Kauf nahm. Soweit die Behörden Teile des Landes vor dem Schlimmsten retten wollten, galt ihre Sorge nicht primär russischen Regionen, um im Nebeneffekt den ukrainischen Eigenwillen zu brechen, sondern den Städten, der Arbeiterschaft und der Industrie. Nicht nationale, sondern bolschewistisch-marxistische Prioritäten setzten sich durch. Die ‹Schutzbefohlenen› der Ideologie – und des Fünfjahresplans – kamen in dieser Hinsicht in der Tat glimpflich davon.[38]

3. Politische Kontrolle und soziale Mobilisierung

Ob der sozioökonomische Umbruch ohne analoge politische und kulturelle Umwälzungen überhaupt denkbar war, läßt sich nur spekulativ beantworten. Außer Zweifel aber dürfte stehen, daß eine Abstützung durch politischsoziale Lenkungs- und Zwangsmaßnahmen in dem Maße unausweichlich wurde, wie sein Tempo zunahm. Neben die weltgeschichtlich neue Organisation der Gesamtwirtschaft trat als weitere Säule der sozialistischen Ordnung eine Herrschaftsform, die den Bewegungsraum in Gesellschaft und Kultur weiter einengte. Auch wenn der Staat weder in diesen Jahren noch später eine totale Kontrolle erreichte, liquidierte er den bescheidenen Rest an nichtkonspirativer Denk- und Handlungsfreiheit, der noch verblieben war. Kaum zufällig begann mit der Verkündung des ersten Fünfjahresplans eine Serie von Schauprozessen, die bruchlos, wenn auch nicht ohne qualitativen Wandel in die Justizmorde an einstigen und aktuellen, tatsächlichen oder vermeintlichen Rivalen und ‹Abtrünnigen› im «großen Terror» (R. Conquest) der folgenden Jahre überging. Ebensowenig entsprang es einem bloß chronologischen Zusammenhang, daß mit dem Ende der NĖP auch die letzte Opposition innerhalb der bolschewistischen Führung gegen die Mehrheitsfraktion niedergeschlagen wurde. Der vielfache Substitutionsprozeß, zu dem die nachrevolutionäre politische Verfassung längst degeneriert war, näherte sich seinem Höhepunkt: Die Clique um Stalin trat an die Stelle der Partei, die ihrerseits die Stelle des ‹Proletariats› übernommen hatte und die Bauernschaft endgültig unterwarf. Schließlich gehörten auch grundlegende soziale und mentale Veränderungen in diesen Zusammenhang. Sie ergaben sich nicht nur aus der wirtschaftlichen Dynamik, sondern ebenso aus dem gezielten Bemühen, eine neue, politisch loyale technisch-administrative Elite auf der Grundlage neu entstandener Schichten in der Arbeiterschaft zu rekrutieren. Zugleich zeigte die monopolistisch abgesicherte ideologische Durchdringung des kulturell-geistigen Lebens Wirkung: Eine junge Generation rückte auf, die bewußt nur noch die Sowjetgesellschaft erlebt hatte und sich – mit welcher rollenspezifischer Differenzierung auch immer – engagiert zu ihren Grundwerten und -normen bekannte.

Die Bemerkung trifft sicher ins Schwarze, die «rechte» Opposition habe das merkwürdige Schauspiel einer Gruppe geboten, die besiegt wurde, bevor sie überhaupt entstand. Diese Besonderheit verband sich, auch kausal, mit weiteren Kennzeichen. Anders als die linken Gegner der Mehrheitspolitik knüpften die «rechten» an keine Tradition in der Partei an. Während sich basisdemokratische und ideologisch puristische Tendenzen seit der Machtübernahme immer wieder bemerkbar gemacht hatten, entstand der neue Dissens erst durch die Zwangsmaßnahmen vom Winter 1927/28. Erst die Abkehr von der NĖP schuf die Front, zu deren Verteidigung sich Bucharin, Rykov, Tomskij und andere zusammenfanden. Darüber hinaus aber einte sie wenig. Die «rechte» Opposition war noch loser zusammengefügt als ihre programmatisch konträre Vorgängerin. Damit hing zusammen, daß sie auch leichter zu spalten war und weniger Widerstand leistete. Insofern machte die «rechte» Opposition eigentlich keine der offiziellen Ideologie innewohnende Option geltend, sondern versuchte, die Angemessenheit der praktizierten, pragmatischen Politik für das sozialistische Endziel theoretisch neu zu begründen.

Dennoch war der Ausgang des Konflikts nicht vorentschieden. Als Stalin auf kriegskommunistische Methoden zurückgriff, um der abermaligen Getreidekrise Herr zu werden, war sein Kurswechsel durchaus riskant. Zwar hatte der 15. Parteitag die planwirtschaftlich beschleunigte Industrialisierung endgültig auf die Tagesordnung gesetzt; die Wahrscheinlichkeit sprach deshalb dafür, daß sich auch die landwirtschaftliche Struktur über kurz oder lang ändern mußte. Aber Art und Weise dieses Wandels blieben offen. Größere Berechenbarkeit und Kompatibilität mit der Industrie ließen sich auf verschiedenen Wegen erreichen. Daß auch die ideologisch konsequente-

3. Politische Kontrolle und soziale Mobilisierung

ste Lösung, die Kollektivierung, auf uneingeschränkter Freiwilligkeit beruhen mußte, hatte bis dahin schon wegen eines nachgelassenen Aufsatzes von Lenin über das Genossenschaftswesen niemand in Frage gestellt. Deshalb fanden die aufgeschreckten Anhänger der alten Ordnung durchaus Mitstreiter, als sie gegen die außerordentlichen Maßnahmen Front machten. Indizien weisen darauf hin, daß sich selbst so treue Gefährten Stalins wie Kalinin, Vorošilov, A. A. Andreev oder Ordžonikidze anfangs bedeckt hielten, ohne allerdings für die Gegenposition Partei zu ergreifen. So war auch das ZK, das im April 1928 zusammenkam, nicht bereit, von einem Monat zum anderen die Politik zu widerrufen, die der Staatsgründer selbst für richtig erkannt hatte. Noch deutlicher plädierte das Juli-Plenum für die Fortsetzung der NĖP. Bucharin fand in der Resolution sogar ganze Passagen seines Entwurfs wieder, so daß er sich nicht ohne Grund als Gewinner sah.[39]

Auf der anderen Seite machte die Zusammenkunft klar, daß sich die Fronten verfestigt hatten. Stalin dachte nicht daran aufzugeben, sondern forderte nun offen eine grundsätzlich andere Agrarpolitik. Mit guten Gründen erkannte er in der Versorgungskrise ein strukturelles Problem, das nach seiner nunmehrigen Meinung nur radikal behoben werden konnte: Die technisch primitiven Einzelwirtschaften mußten in rationelle Großbetriebe überführt werden.[40] Erst diese vielbeachtete Rede machte Bucharin und anderen vollends klar, daß ihr bisheriger Mitstreiter eine prinzipielle Wende vollzogen hatte. Nun erst bildete sich aus prominenten, aber wenigen Verteidigern der alten Politik die «rechte», öffentlich aber noch nicht so genannte «Opposition». Bucharin nahm nun auch die erwähnten Kontakte zu Kamenev auf, um die Möglichkeit einer Zusammenarbeit mit den Resten der Linken zu erkunden. Weil Stalin sich aber auf die Position der einstigen Linken zubewegte – ohne daß die gängige Meinung zuträfe, er habe deren Programm übernommen –, blieb die Fühlungnahme ohne Resultat. Trotzki übte aus dem fernen Alma Ata zwar heftige Kritik an Stalins neuem Kurs und warnte vor ungehemmter staatlicher Gewalt. Aber seine Anhänger hielten sich zurück; nicht wenige begrüßten den Industrialisierungsbeschluß sogar und stellten sich mit Rat und Tat in den Dienst einer Politik, die sie für überfällig und genuin sozialistisch hielten.

Schon wegen dieser grundsätzlichen Sympathie konnte Stalin seine neue Position gestärkt sehen. Propagandistisch hielt er sich jedoch noch zurück. Zwar beschwor er nun vage eine «rechte Gefahr»; aber Roß und Reiter blieben im Dunkeln. Anscheinend wagte er es noch nicht, mit offenen Karten zu spielen. Immerhin war er es, der sich anschickte, Leninsche Grundsätze über Bord zu werfen; und immerhin verfügten seine wichtigsten Gegner über einflußreiche Ämter: Bucharin als langjähriger Chefredakteur der *Pravda*, Rykov als Vorsitzender des SNK und Tomskij als langjähriger Vorsitzender des Gewerkschaftsbundes. Um so eher griff Stalin auf die bewährten Methoden seiner Auseinandersetzung mit Rivalen zurück. Eine Vorentscheidung zu seinen Gunsten fiel im Frühherbst, als es ihm gelang, den Moskauer Parteisekretär N. A. Uglanov – vier Jahre zuvor von ihm selbst eingesetzt, um Kamenevs wichtigste Bastion zu schleifen –, der sich auf dem Juli-Plenum als entschiedener Verteidiger der NĖP profiliert hatte, unter Ausnutzung lokaler Konflikte abzusetzen. Dabei war es bezeichnend, daß die mächtigen Gesinnungsgenossen des Degradierten im Politbüro untätig blieben. Erst *post festum* erkannten sie, was geschehen war und legten ihre Ämter mit Aplomb nieder. Tatsächlich zwangen sie Stalin, dem das Finale zu früh kam, zum Einlenken. Allerdings ließen sie sich mit minderen Konzessionen abspeisen. Uglanov wurde nicht wiedereingesetzt. Letztlich errang Stalin einen leichten Sieg.[41]

Dieser Ausgang lud nachgerade dazu ein, die Kampagne durch einen Angriff auf die Gewerkschaftsführung fortzusetzen. Auch hierbei brauchte Stalin nicht lange nach Hilfstruppen zu suchen. Der *Komsomol*, Repräsentant der aufstrebenden, ideologisch bewußten Arbeiter- und Funktionärsgeneration, bot sich an, der ‹versöhnlerischen› und ‹etablierten› Gewerkschaft die Sporen zu geben. Nach publizistischen Vorgeplänkeln fand der offene Schlagabtausch auf dem achten Gewerkschaftskongreß im Dezember 1928 statt. Zum Sprecher des *Komsomol* und eines neuen klassenkämpferischen Kurses machte sich dabei Ždanov, der seine ebenso prominente wie berüchtigte Karriere mit diesem Auftritt begann. Auch wenn Tomskij sein Amt rettete, wurden ihm mit Ždanov, Ordžonikidze, Kujbyšev, Kaganovič und anderen so viele Stalinisten an die Seite gestellt, daß die Gewerkschaft als organisatorischer Stützpunkt der Opposition gleichfalls ausfiel.

Bei alledem bewahrte der Konflikt immer noch den Charakter eines Schattenboxens. Beide Seiten legten die Masken nicht ab, obwohl jeder führende Bolschewik wußte, wer gejagt wurde und was umgekehrt «Lenins politisches Testament» empfohlen hatte, das Bucharin in der Überschrift eines aufsehenerregenden Leitartikels zum fünfjährigen Todestag des Staatsgründers zitierte. Der offene Endkampf begann erst, als im Februar 1929 die Gespräche Bucharins mit Kamenev bekannt wurden, vor allem aber Stalin mit Unterstützung nicht nur der Mehrheit im Politbüro, sondern auch der mittleren und unteren Parteiverbände auf eine Entscheidung über die Agrarfrage und das Industrialisierungstempo drängte. Bemerkenswert war dabei erneut das taktische Geschick Stalins, der abwartete, bis ihm ein überzeugungskräftiges formales ‹Argument› in die Hände fiel. Denn obgleich auch inhaltlich gestritten wurde, erwies sich der Vorwurf der Fraktionsbildung abermals als wirksamste Waffe. So gesehen, war die Erfindung einer neuen ‹parteifeindlichen› Gruppierung, mochte sie noch so durchsichtig sein, nötig. ‹Verrat› wurde geahndet, nicht eigentlich Dissens. Aber Stalin gelang es unter Ausnutzung eines weiter wachsenden Bedürfnisses nach Geschlossenheit, das man sowohl auf den andauernden Bedrohungskomplex als auch auf eine zunehmende Ideologisierung vor allem der nachwachsenden Par-

3. Politische Kontrolle und soziale Mobilisierung 405

teigeneration zurückführen kann, den Dissens als Verrat darzustellen. Die Hauptbeschuldigten hatten dem Kesseltreiben nichts entgegenzusetzen, zumal Bucharin und Tomskij nach dem April-Verdikt ihre exponierten Ämter verloren. Als das ZK sie im November 1929 parallel zum Beschluß über die Zwangskollektivierung auch aus dem Politbüro ausschloß, suchten sie sogar im Widerruf Rettung. Allerdings nützte ihnen das Reuebekenntnis wenig. Anders als ihre linken Vorgänger wurden sie zwar wieder in die Parteiführung aufgenommen (ein Indiz des scheinbar eher ‹taktischen› als prinzipiellen Charakters der Meinungsunterschiede), aber zu wirklichem Einfluß gelangten sie nicht mehr. Auch Bucharin, fortan Chefredakteur der *Izvestija*, war nur noch ein Schatten seiner selbst. Am ehesten behauptete Rykov seine Position; er behielt vorerst sogar das Amt eines Regierungschefs.[42]

Die Unterwerfung der «rechten» Gegner Stalins markierte den endgültigen Abschluß der seit dem Bürgerkrieg geführten Debatte über den ‹richtigen› Weg zu dem, was man Sozialismus nannte. Zugleich fand mit ihr der Kampf um Lenins Nachfolge sein definitives Ende. Aber es wäre voreilig, sie bereits als wirksame Verhinderung von Opposition überhaupt zu werten. Vielmehr zeigen mehrere «Verschwörungen» an, daß die gewaltsam durchgesetzte Umwälzung der industriellen und agrarischen Struktur noch mindestens drei Jahre umstritten blieb. Sicher verfügten sie nicht über die Kraft, Stalins Herrschaft ernsthaft zu bedrohen. Dennoch machen sie deutlich, daß der Diktator noch nicht so fest im Sattel saß, wie es im Rückblick scheinen mag. Erste kritische Bemerkungen äußerten Ende 1930 der Vorsitzende des SNK der RSFSR S. I. Syrcov und der Sekretär der transkaukasischen KP V. V. Lominadze. Beide gehörten der jüngeren Funktionärsgarde an, beide hatten mit Stalin gegen die «Rechte» gefochten. Nach einem Jahr gewaltsamer Strukturveränderungen waren sie aber zutiefst enttäuscht und entsetzt. Syrcov verhöhnte die Muster-Traktorenfabrik bei Stalingrad als «Potemkinsches Dorf», nannte den angeblichen Durchbruch bei der Industrialisierung «Augenwischerei» und attackierte die maßlose Zentralisierung samt der zügellosen Bürokratie. Lominadze variierte eine Bucharinsche Fomulierung, als er dem Regime einen ‹herrenmäßig-feudalen› Umgang mit den Bauern und Arbeitern vorwarf. Allem Anschein nach vermochten die Kritiker nur wenige Sympathisanten zu gewinnen. Aber sie sprachen aus, was viele dachten. Höhere Wellen schlug eine Affäre, in deren Mittelpunkt im Herbst 1932 der ehemalige Moskauer Parteibezirkssekretär M. I. Rjutin stand. Mit einigen Gleichgesinnten verfaßte er eine zweihundertseitige Plattform, die Stalin unter anderem den «bösen Geist der russischen Revolution» nannte, dessen Rachsucht und Machtgier das Regime an den Rand des Abgrunds gedrängt habe. Die Schärfe des Angriffs brachte Stalin aus der Fassung. Er befaßte das Politbüro mit der Angelegenheit und forderte Rjutins Kopf. Seine Mitstreiter versagten ihm jedoch diesmal die Gefolgschaft und beschränkten sich auf den Ausschluß des Angeklagten aus der Partei und seine Verbannung aus der Hauptstadt. Es versteht sich, daß Rjutin den kommenden Terror ebensowenig überlebte wie alle anderen, die es gewagt hatten oder noch wagten, gegen den Diktator aufzubegehren.[43]

Weil die Unzufriedenheit unterhalb der obersten Führung offenbar größer war, als der einseitige Blick auf Stalins engste Umgebung bislang aufgedeckt hat, gibt die Frage manche Rätsel auf, warum sich auch die «rechte» Opposition so leicht ausbooten ließ. Ihr gehörten einflußreiche und erfahrene Parteiführer an. Sie konnte sich auf kopfstarke Gefolgschaften und machtvolle Apparate stützen. Und vor allem: Sie plädierte für eine Politik, die unbestritten die Urheberschaft Lenins für sich in Anspruch nehmen durfte. Dennoch beschränkte sich ihre Gegenwehr letztlich auf theoretische Darlegungen ihrer abweichenden Position. Noch weniger als ihre linken Vorgänger, wagten es die «rechten Abweichler», sich an die Parteiöffentlichkeit zu wenden. Indem sie selbst darum bemüht waren, den Konflikt im engsten Kreis der Macht auszutragen, und trotz des flüchtigen Kontakts zu Kamenev auch das vermeintlich unumstößliche Gebot beachteten, der Geschlossenheit der Partei als Garant ihrer Schlagkraft nicht zu schaden, akzeptierten sie Spielregeln, von denen der Generalsekretär am ehesten profitierte. In diesem Sinne waren auch sie Gefangene ihrer ideologischen Orthodoxie und der Leninschen Parteitradition.[44]

Stalin und seine Mitstreiter beließen es nicht bei der Ausschaltung der letzten Opposition. Der neue Weg zum Sozialismus bedurfte einer breiteren politischen Absicherung in und außerhalb der Partei. Vor allem zwei Maßnahmen sorgten für eine solche Disziplinierung: die Fortsetzung der *«Säuberungen»* und die Veranstaltung von *Schauprozessen*. ‹Durchleuchtungen› der Mitglieder hatten die bolschewistischen Führer schon mehrfach beschlossen. Dies geschah gewöhnlich nach Phasen unkontrollierten Wachstums in der Absicht, das bolschewistische Selbstverständnis als proletarische Avantgarde und politische Elite wieder zur Geltung zu bringen. Gerade die erste Planperiode brachte Gefährdungen dieses Ideals mit sich. Die Zahl der registrierten Parteiangehörigen stieg besonders steil an, von 775 000 (und 373 000 Kandidaten) 1927 (= 100 %) auf 2,2 Mio. (und 1,3 Mio. Kandidaten) zum Jahresbeginn 1933 (= 309,9 %). Zugleich wuchsen als Folge der Besinnung auf Ideologie und Klassenkampf die ‹programmatischen› Anforderungen. Sie begründeten eine Diskrepanz, die abermals Anlaß gab, Charakter und Moral der Genossen genauer zu betrachten. Wie in den zwanziger Jahren achtete man dabei, gleichsam als Bestimmungsgrund des politischen und moralischen Verhaltens, vor allem auf die soziale Herkunft.[45]

Gleich zwei Säuberungen sollten helfen, solchen Wildwuchs zu beschneiden. Die erste fand nicht nur zeitlich parallel zum großen Umbruch statt. Unter Beteiligung «parteiloser» Arbeiter und armer Bauern, wie das ZK im April 1929 erläuterte, sollte sie dazu beitragen, die sozialistische Offensive

3. Politische Kontrolle und soziale Mobilisierung 407

von ‹kapitalistischen› und ‹kleinbürgerlichen› Sabotageakten freizuhalten. In der Tat wurde allem Anschein nach auch die nichtparteiliche Basis zu den Nachforschungen herangezogen, deren Ertrag von Denunziationen kaum zu unterscheiden war. Im Ergebnis wurden ca. 11 % der Mitglieder und Kandidaten (etwa 170 000 Personen) ausgeschlossen, die große Mehrheit davon wegen Verstößen gegen die Parteidisziplin (oppositionelle Umtriebe, mangelnde ideologische Festigkeit, Trägheit), ‹unsozialistischen› Verhaltens (Alkoholismus, Grobheit, sexuelles Fehlverhalten) und nachlässiger Ausführung von Direktiven. Vor allem in der erst- und der letztgenannten Kategorie dürften manche Verhaltensweisen untergebracht worden sein, die aus anderer Perspektive als bloßer Dissens mit der Parteiführung zu bezeichnen wären. Alles spricht deshalb dafür, daß die Überprüfung im wesentlichen eines bewirkte: die Partei gefügig zu machen und der Zentrale dafür noch eine pseudoplebiszitäre Legitimation auszustellen. Wenngleich die «Säuberungen» nach dem Bürgerkrieg sicher ebenfalls schon Sympathisanten der ‹Arbeiteropposition› getroffen hatten, avancierte dieser Effekt nun zum Hauptzweck. Erstmals wurde die Säuberung vorrangig zum Instrument des Machtkampfes und der Beherrschung der Partei durch eine ihrer Fraktionen.

Die zweite Säuberung wurde Anfang Januar 1933 beschlossen und im Laufe der folgenden anderthalb Jahre durchgeführt. Anstoß dazu gab die Einsicht, daß man seit 1929 einen ähnlichen Fehler wie im Bürgerkrieg begangen und nahezu jeden Eintrittswilligen aufgenommen hatte. Danach änderten sich die Prioritäten, Konsolidierung löste die Mobilisierung ab. Stalin brauchte seine Kohorten zwar noch, aber nur noch als gefügige und akklamierende Gefolgschaft. Die zweifelnde Unruhe, die sicher über die wenigen bekannten Proteste hinausging, sollte auf erprobte Weise beseitigt werden: durch Maßregelung ‹klassenfremder und klassenfeindlicher Elemente›, die Entlarvung von ‹Doppelzünglern› und ‹entarteter› Personen oder die Bloßstellung von ‹Karrieristen› und ‹bürokratisierten Elementen›. Tatsächlich brachte die zweite Säuberung dieser Jahre etwa 17 % der Mitglieder und Kandidaten um ihre Hoffnungen; weitere 6,3 % wurden zurückgestuft. Unter den Ausschlußgründen überwog die Inaktivität. An zweiter Stelle rangierte das ‹falsche Bewußtsein›, das um diese Zeit wohl überwiegend als bloßer Zweifel an der Weisheit der befohlenen Politik zu verstehen war. Stalins Equipe duldete auch keine leise Unzufriedenheit mehr, die neue Ära hatte endgültig begonnen.

Trotz solchen Nachdrucks veränderten die Säuberungen die Gesamttendenz des sozialen Strukturwandels der Mitgliederschaft kaum. Weiterhin nahm der Anteil der Arbeiter und Bauern zu; weiterhin ging die Repräsentanz von Angestellten zurück (vgl. Tabelle 10 sowie A 8/2 im Anhang).

Alles spricht dafür, darin einen Reflex des machtvollen industriellen Aufbruchs, daneben auch der Kollektivierung zu sehen. Sicher kam das Sozial-

Tabelle 10: *Anteil der Parteimitglieder nach Beschäftigung (in %)*

Beruf	10.1.1927	1.1.1928	1.1.1929	1.1.1930	1.1.1931	1.1.1932	1.7.1932
Arbeiter	28,6	38,4	39,6	40,4	44,1	39,9	43,5
Landarbeiter	1,4	1,3	1,9	3,0	–	3,9	–
Landwirte	10,1	14,4	12,0	11,3	16,3	18,5	18,3
Angestellte, Dienstpersonal	41,0	35,5	29,8	29,3		26,9	28,4
Studenten	5,1		5,2	5,6		7,8	7,5
Handwerker	0,5	10,5	11,5	0,2	39,5	3,3	0,4
Militär u. a.	13,3			10,2			1,9

Quelle: Schröder, Industrialisierung, 123

profil der Partei dem Idealbild, das sie ideologisch von sich entwarf, näher als unter der NEP. Die Machtergreifung der Stalinisten ging aufs engste mit einer kräftigen Erweiterung der sozialen Aufstiegschancen in und außerhalb der Partei vor allem für die städtischen Unterschichten einher. Die Mitbestimmung der ‹Basis› wurde dadurch aber nicht gestärkt, sondern weiter geschwächt.[46]

Säuberungen der genannten Art konnte es freilich nur in einer überschaubaren und abhängigen Organisation wie der Partei geben. Die institutionell nicht eingrenzbare Gesellschaft ließ sich auf diese Weise nicht unter Kontrolle bringen. Da der ‹große Sprung› aber nur mit Unterstützung zumindest großer Teile der Bevölkerung erfolgreich sein konnte, bemühten sich Stalin und seine Leute um die Sicherung solcher Mithilfe. Sie taten dies in bewährter Manier durch die bekannte Mischung aus Anreizen (einschließlich ideologischer Werbung) und Repression. Beide Komponenten traten nicht ohne Ursache gleichzeitig in Erscheinung; beide flankierten den Umbruch und hielten einander dabei vorerst die Waage.

Der Versuch, die «Gesellschaft» zu domestizieren, stützte sich in erster Linie auf *Schauprozesse*. Die Veranstaltung als demonstrative Scheinlegalität war nicht unbekannt. Lenin selber hatte sie gutgeheißen, um nach dem Bürgerkrieg auch den letzten Widerstand der politisch-militärischen Gegner symbolisch zu zertreten. Längst besiegte und wehrlose Sozialrevolutionäre waren 1922 verurteilt und verbannt worden. Allerdings konnte man in diesem Akt einen Nachklang des Oktoberumsturzes sehen. Er paßte nicht zum Geist der NEP und fand in den folgenden Jahren keine Fortsetzung. Erst mit der Aufkündigung des friedlichen Interessenausgleichs zwischen Stadt und Land ging auch diese Abstinenz zu Ende. Schon der erste Rückgriff auf ‹außerökonomischen› Zwang zur Lösung der Versorgungskrise wurde von Vorbereitungen für einen neuen Schauprozeß begleitet, der gerade in dieser

3. Politische Kontrolle und soziale Mobilisierung 409

Situation als Signal wirken sollte und wirkte. Als die Zeitungen im März 1928 die Aufdeckung einer «konterrevolutionären Verschwörung» in den Kohlebergwerken von Šachty im Donecbecken durch die OGPU bekanntgaben, verstanden aufmerksame Leser, daß der Angriff auf die NĖP damit in ein neues Stadium trat. Während ‹ural-sibirische Methoden› der Getreideaufbringung die *smyčka* unterminierten, zielte diese ‹Enthüllung› offensichtlich auf die Industrie. Sie erwuchs aus Scharmützeln zwischen dem *Gosplan* und Trustdirektoren – unter anderem dem Vorsitzenden der Donec-Kohlevereinigung – um Kredite, Maschinenausstattung, Kapazitätserweiterung und anderes mehr, die seit der Annahme des Fünfjahresplans durch den 15. Parteitag entstanden waren. Schon angesichts dieses Hintergrundes lag die Disziplinierungsabsicht auf der Hand. Genauer aber gaben die Anklagen Auskunft darüber, wer als natürlicher Gegner der neuen Industriepolitik betrachtet wurde: die «bürgerlichen Spezialisten». Bei Bürgerkriegsbeginn zur Rettung der Revolution und nach seinem Ende zur Aufbauhilfe umworben, fanden sie sich nun auf der Anklagebank wieder. Sicher brauchte man ihre Expertise auch weiterhin. Aber nicht ökonomische Vernunft leitete die Stalinsche Wende an, sondern politisch-ideologische Motive: Auf die Gesinnung, nicht auf die Leistung kam es an. Für die bessere Zukunft nahm man aktuelle Nachteile (einschließlich der erwähnten Belastung des Verhältnisses zu Deutschland) in Kauf. Beachtung verdient dabei, daß die baldige «rechte» Opposition die Hetzjagd nicht zum Anlaß für lautstarken Protest nahm, sondern sich abseits hielt. Bucharin äußerte weder öffentlich noch, soweit ersichtlich, in den Parteigremien Bedenken. Tomskij hätte sich eigentlich am stärksten betroffen fühlen müssen, da die vorgebliche Aufdeckung eines ganzen Nests von Saboteuren einen Seitenhieb gegen die verschlafene Gewerkschaft einschloß. Rykov erhob Einwände, ließ sich aber zugleich vor den Stalinschen Karren spannen, indem er selbst (und nicht die Initiatoren) dem ZK über die Affaire berichtete. So protestierten in dieser Phase paradoxerweise zwei Nutznießer Stalinscher Protektion, Kujbyšev als Leiter des VSNCh und Ordžonikidze als Vorsitzender der RKI, am hörbarsten. Beide versicherten, daß kein einziger loyaler Ingenieur behelligt werden würde. Sie mochten dies meinen – die Führung aber entschied anders.[47]

Denn weitere Prozesse folgten. In dem Maße, wie die hektische Industrialisierung und gewalttätige Kollektivierung das Land in die schwersten sozialen Erschütterungen seit dem Bürgerkrieg stürzten, nahm auch die Versuchung zu, die Spannungen auf benennbare Feinde abzulenken. Erfundene Anschuldigungen, vorgefertigte Urteile und ausführliche Presseberichte zielten vor allem auf zwei Effekte: Sündenböcke für die schlimmsten Auswüchse verantwortlich zu machen und offenen Protest durch Einschüchterung einzudämmen. Dabei kamen beide Wirkungen nicht nur in einer Entlastung der eigentlich zu Belangenden zusammen, sondern auch in der weiteren Festigung ihrer Macht. Insofern trugen auch die Prozesse dazu bei, Stalin und seinen Getreuen den Weg zur uneingeschränkten Herrschaft zu ebnen.

Die Vielfalt der Absichten hilft verstehen, warum die Anklagen auf dem Höhepunkt der Turbulenzen in primär *politische* umgewandelt wurden. Der allgemeinen ‹Warnung› an Funktionsgruppen, bei denen Vorbehalte gegen den neuen ökonomischen Kurs vermutet wurden, folgte die gezielte Ausmerzung aller möglichen Gegner der gesamten Wende. Erklärte Anhänger der «rechten» Opposition gab es unter den Experten der Wirtschaftskommissariate und Planbehörden. Dabei kam den Häschern zupaß, daß Persönlichkeiten dazu zählten, die einst mit nichtbolschewistischen sozialistischen Parteien, vor allem den Menschewiki und «legalen» Sozialrevolutionären, sympathisiert hatten. Aus der Perspektive des kommenden Diktators lag es nahe, die Mobilisierung seiner Gefolgsleute zur endgültigen Ausschaltung auch dieser Andersdenkenden zu nutzen. So ‹entdeckte› man im Jahr nach der Šachty-‹Verschwörung› in der Ukraine ‹bürgerliche›, angeblich sogar auf das Kommando von Exilführern hörende ‹Konterrevolutionäre›. Ein weiteres Jahr später legte man einer sogenannten «Bäuerlichen Arbeitspartei» das Handwerk, die schon durch ihren (von der OGPU erfundenen) Namen als Nachfolgerin der PSR zu erkennen war. Zu ihren Mitgliedern sollen die international bekannten Agrarexperten N. D. Kondrat'ev, damals hoher Mitarbeiter im Landwirtschaftskommissariat, und A. V. Čajanov, Leiter der Timirjazev-Akademie für Landwirtschaft in Moskau, gezählt haben, die beide entlassen wurden. Im Herbst desselben Jahres zog die Geheimpolizei finstere Machenschaften ehemaliger Grundbesitzer und zarischer Würdenträger ans Licht der sozialistischen Öffentlichkeit, indem sie deren Wühlarbeit gegen die Lebensmittelversorgung enttarnte und die geheimen Verbindungen zu früheren Adligen, Industriellen, Kadetten und sonstigen Konterrevolutionären offenlegte. Ende November 1930 machte man der sog. «Industriepartei» den Prozeß, deren Zentrum man – im Gegensatz zur vergleichbaren Šachty-Affäre – mitten im Herzen des *Gosplan* und fast aller Kommissariate aufspürte. Auch die Vorwürfe wogen schwerer. Der staatliche Ankläger brauchte großkalibrige Lügen, um Sündenböcke für die großkalibrigen Mängel der jüngsten Zeit, von geringer Planerfüllung bis zur Versorgungsmisere in Stadt und Land, zu finden. Und im März 1931 machte man den Menschewiki postum ein zweites Mal den Garaus, als prominente Mitarbeiter des *Gosplan* wie Groman und Bazarov zusammen mit weiteren ehemaligen Angehörigen der anderen Sozialdemokratie (darunter dem Chronisten der Revolution N. N. Suchanov) vor Gericht gestellt wurden. Daß sich alle Angeklagten von ihrer einstigen Partei längst gelöst und in prominenten Funktionen am Aufbau des Sowjetstaats teilgenommen hatten, bewahrte sie nicht vor Verurteilung und Haft.[48]

3. Politische Kontrolle und soziale Mobilisierung   411

Die fabrizierten Schuldsprüche und juristischen Einschüchterungen ergaben allerdings nur Sinn, wenn man zugleich daranging, den Mangel an sozialistischem Bewußtsein (nach den Maßstäben der Parteiführung) zu beheben. Die Funktionen und Ämter, die man den ‹alten› Spezialisten nahm, mußten mit neuen, ‹sowjetischen Menschen› besetzt werden; ‹richtiges› Bewußtsein und ‹richtige› Herkunft sollten an die Stelle der ‹falschen› treten. Insofern bildeten die Prozesse zugleich eine Art von Flankenschutz für die größte seit dem Ende des Bürgerkriegs unternommene Anstrengung zur Umgestaltung der Sozialstruktur: die Heranziehung einer eigenen, neuen *technischen Intelligenz*. Diese Aufgabe ließ sich nicht isoliert lösen. Sie war eingebettet in eine *Bildungsexpansion* und Qualifikationsoffensive unbekannten Ausmaßes. Auch in dieser Hinsicht knüpfte die frühstalinistische Sowjetunion wieder an ihre Anfänge an. Abermals stand eine «sozialistische Kulturrevolution» auf der Tagesordnung.[49]

Wie dringlich diese Aufgabe war, hatte der 15. Parteitag noch einmal grell beleuchtet. Denn der Entschluß zur beschleunigten, planwirtschaftlichen Industrialisierung warf die Frage auf, wer sie tragen und durchsetzen sollte. Obwohl das Defizit seit langem bekannt war, hatte sich wenig geändert. Fachleute blieben knapp, erst recht politisch ‹zuverlässige›. Im Zuge des Aufbruchs zu neuen Ufern antwortete die Partei auch auf diese Herausforderung mit einem Gewaltprogramm. Wohl hatten die Autoren des ersten Fünfjahresplanes das Bildungssystem nicht übersehen. Ihre Vorgaben erlitten jedoch dasselbe Schicksal wie die übrigen ‹Kontrolldaten›, sie wurden von der Beschleunigung des Gesamtprozesses überrollt. Die Šachty-Kampagne lieferte dabei einen Vorwand und Anlaß, das Bewußtsein für die Notwendigkeit einer Lösung der ‹Kaderfrage› zu schärfen. Was auf den Weg kam, wurde im wesentlichen von drei Grundsätzen geleitet: das technisch-wissenschaftliche Personal schnell zu vermehren; die erweiterte Kapazität vor allem aus den Unterschichten, besonders den städtischen, zu schöpfen; diese sprunghaft erhöhten Aufstiegschancen mit dem Kampf gegen bestehende ‹bürokratische Strukturen› und strengerer ideologischer Auslese zu verbinden. In diesem Sinne wurden die Weichen für einen umfassenden neuen «Kulturfeldzug» gestellt, der zumindest partiell die Gestalt eines «Klassenkampfes» annahm.[50]

Von selbst verstand sich, daß diese Absicht einschneidende Veränderungen im bestehenden Schulsystem ebenso wie in seiner pädagogischen Konzeption erforderte. Um beide wurde ähnlich heftig gestritten wie über den künftigen wirtschafts- und sozialpolitischen Kurs. Allgemeine Zustimmung fand seit dem Industrialisierungsbeschluß und der Šachty-Affäre, daß die Ingenieurs- und allgemein technische Ausbildung noch stärker in den Vordergrund treten sollte als ohnehin schon. Offen blieb aber, in welcher Form dies angezeigt war. Der Auseinandersetzung darüber zwischen dem Volksbildungskommissariat und dem VSNCh kam symbolische und strategische

Bedeutung zugleich zu. Die vergleichsweise altgediente Mannschaft um den schöngeistigen Bildungskommissar hielt nicht nur an der Zugehörigkeit der Technischen Hochschulen (VTUZ) zum eigenen Ressort fest. Sie formulierte darüber hinaus Leitgedanken für die Qualifikation der Absolventen, die den Propagandisten einer rapiden Industrialisierung kaum gefallen konnten. In gewisser Weise trafen auch in dieser Frage ‹traditionalistische› Intellektuelle auf rein pragmatisch-gegenwartsbezogene Administratoren. Erstere hielten bei aller Wertschätzung für polytechnische Erziehung an einem Minimum individualitätsfördernder Allgemeinbildung fest; letztere wollten möglichst schnell den ‹Ausstoß› praxisnah qualifizierter Spezialisten steigern. Eine Vorentscheidung über den gesamten künftigen Kurs fiel, als das ZK im Juli 1928 als Sofortmaßnahme beschloß, tausend «Kommunisten» an die technischen Hochschulen zu beordern. Das höchste Parteigremium nahm die Auswahl selbst vor. Dabei ließ es sich nicht nur von der Gesinnung, sondern auch von der sozialen Herkunft leiten. Knapp 80 % der Ausgewählten waren Arbeiterkinder, die meisten hatten im Bürgerkrieg gekämpft, 40 % verfügten lediglich über Grundschulbildung, keiner war älter als 35 Jahre – ein Merkmalsprofil, das zum Idealbild der von Stalin anvisierten «proletarischen Intelligenz» avancierte. Um so deutlicher widersprach es der stärker ‹innengeleiteten› Persönlichkeit, deren Formung Lunačarskij bei aller Anerkennung von Spezialisierung anstrebte. So darf man annehmen, daß nicht nur private Gründe den dienstältesten Volkskommissar im September 1929 zum Rücktritt bewogen. Den eigentlichen ‹Kulturfeldzug› der beiden folgenden Jahre, der die militärische Metapher auch in seinen Methoden (z. B. bei Ablösung der ‹alten› Lehrer) rechtfertigte, führte bereits sein Nachfolger A. S. Bubnov an. Als Bolschewik der neuen Art, loyal, militant und organisationsbegabt, ein Macher, kein Denker, schien er dazu nicht ohne Grund besser geeignet.[51]

Die Erfolge der großen Anstrengung lassen sich an den folgenden Daten ablesen:

Tabelle 11: Entwicklung der Studentenzahlen an den Hochschulen der UdSSR 1927/28–1932/33

Unterrichts-jahr	Zahl	alle Hochschulen			Technische Hochschulen		
		Studentenzahlen		davon	Studentenzahlen		davon
		absolut	in %	Arbeiter (%)	absolut	in %	Arbeiter (%)
1927/28	129	159 800	100,0	25,4	45 200	100,0	38,3
1928/29	–	166 800	104,4	30,3	52 300	115,7	43,1
1929/30	–	191 100	119,6	35,2	62 800	138,9	46,4
1930/31	537	272 100	170,3	46,4	130 300	288,3	61,7
1931/32	645	394 000	246,6	51,4	197 300	436,5	63,7
1932/33	721	469 800	293,9	50,5	233 400	516,4	64,8

Quelle: Schröder, Industrialisierung, 61 (vgl. auch Tab. 5/2 im Anhang)

3. *Politische Kontrolle und soziale Mobilisierung* 413

Demnach wuchs die Zahl der Studenten an allen Hochschulen im ersten Planjahrfünft von knapp 160 000 1927/28 auf etwa 470 000 1932/33, mithin um etwa 200%. Noch stärker stieg die Hörerzahl an den Technischen Hochschulen; sie erhöhte sich im gleichen Zeitraum von 45 200 auf 233 400 entsprechend einer Differenz von 416,4%. Man erreichte dies zum einen durch eine Verkürzung der Ausbildung, vor allem aber durch den Ausbau der Institutionen selbst. Auch wenn die veränderten Plandaten nach 1929 noch mehr verlangten, bleibt die Leistung eindrucksvoll. In wenigen Jahren wurde das Fundament für jene technisch-administrative Elite gelegt, die – mit welchen Defiziten auch immer – in der Lage war, die Vielzahl neuer Führungsaufgaben in der vollständig verstaatlichten Industrie wahrzunehmen. Zugleich erreichte die Partei auch in sozial-ideologischer Hinsicht ihr Ziel: Die Bildungsexpansion eröffnete den Unterschichten Möglichkeiten der Aufwärtsmobilität, die ebenfalls nicht nur in der russisch-sowjetischen Geschichte ihresgleichen suchten. Der Anteil von Arbeiterkindern auf allen Hochschulen stieg zwischen 1927/28 und 1932/33 von ca. 25% auf über 50%, während der von Studenten aus Bauern- und Angestelltenfamilien leicht zurückging. An den Technischen Hochschulen betrugen die entsprechenden Prozentsätze für Hörer mit ‹proletarischem› Hintergrund sogar 28,3% (1927/28) bzw. 64,6% (1932/33); auch auf diesen Schulen war im gleichen Zeitraum ein deutlicher Rückgang bei Studenten bäuerlicher Herkunft und ein leichter Verlust bei solchen aus Angestelltenfamilien zu verzeichnen. Schließlich vergrößerte sich als nicht unerwünschter Folgeeffekt auch die Zahl der *Parteimitglieder* und *Komsomolzen* unter den Studenten. An allen Hochschulen betrugen die einschlägigen Quoten 1928 15,3% bzw. 19,2%, 1933 22,5% bzw. 30,5%, an den Technischen Hochschulen 1928 21,3% bzw. 16,2% und 1933 29% bzw. 30%; noch höher lagen sie in den gesellschafts- und wirtschaftswissenschaftlichen Hochschulen sowie in den Arbeiterfakultäten.[52]

Was diese Maßnahmen auf der oberen Ebene des Bildungswesens in Bewegung setzten, wurde von einer breiten Kampagne auf der unteren gestützt. Eine vorrangige Sorge galt dabei immer noch dem Kampf gegen das Analphabetentum. Die Einsicht führte zu Taten, daß sich ein Land, das seine «kulturell-technische Rückständigkeit» in einem Kraftakt sondergleichen zu überwinden und zu den kapitalistischen Gesellschaften des Westens aufzuschließen suchte, keinen völligen Mangel an Schrift- und Lesefähigkeit bei nennenswerten Bevölkerungsgruppen mehr leisten konnte. Sie wurde zur Triebkraft eines regelrechten «Kulturfeldzugs». «Kulturarmisten» aus den Reihen ideologiefester Arbeiter zogen in Ausübung einer angemaßten Patronage (*ševstvo*) aufs Land, um den Bauern – nicht zum ersten Mal – das Licht des Wissens zu bringen. Bei den Dorf- und Kreissowjets richtete man weitere Niederlassungen der «Gesellschaft ‹Weg mit dem Analphabetismus›» und Kommissionen zur Koordination ihrer Kampagnen ein. Im Juli

1930 faßte das ZK den Grundsatzbeschluß zur Einführung der allgemeinen Schulpflicht für alle 8–11-jährigen Kinder. Ein Jahr später schrieb man auch den Erwerb von Elementarbildung für Erwachsene per Gesetz verbindlich fest. Im Bereich der technisch-handwerklichen Ausbildung erhielten die Fabriken und Unternehmen mehr Kompetenzen. Eigene Schulen eröffneten zumindest den größeren Betrieben die Möglichkeit, anzulernende Zuwanderer oder reguläre Lehrlinge selbst auf ihre neuen Aufgaben vorzubereiten. Zugleich wurden die Technischen Hochschulen in die Zuständigkeit des VSNCh überführt und damit tendenziell an die Bedürfnisse der großen Industrie angepaßt. Auch diese Veränderungen vollzogen sich im Eiltempo.[53]

Bei alledem hatte diese äußerlich so glänzende Bilanz auch ihre dunklen Seiten. Auf beiden Ebenen wurde die tiefgreifende Transformation nicht nur mit Zwang und Gewalt dekretiert, sondern auch praktiziert. Das Ausmaß physischen Nachdrucks stand hinter dem Ausmaß des formal Erreichten nicht zurück. Vor allem aber besteht Einigkeit über eine negative Folge des raschen und rücksichtslosen Wandels: den Verfall der Qualität. Viele Professoren lehnten den Massenansturm auf die Hochschulen ebenso ab wie die verkürzten Studiengänge. Sie beklagten, daß bestenfalls Fertigkeiten, aber keine Fähigkeiten vermittelt und Diplome vergeben würden, die ihren Namen nicht mehr verdienten. An den Schulen nutzten die stalintreuen Schergen jede Möglichkeit, mißliebige Lehrer zu ‹entkulakisieren›. Reihenweise wurden sie als Verwandte oder ‹Gesinnungsgenossen› des Klassenfeindes entlassen und verbannt. Wer nachrückte, lehrte vielleicht, was die Partei ihm vorgab, aber oft ohne ausreichende Kenntnis und pädagogische Fähigkeiten. So litt die «Kulturrevolution» unter einem ähnlichen Dilemma wie die sozioökonomische. Sie erbrachte eindrucksvolle ‹Kontrollziffern›, aber ein sachliches Niveau, das die äußeren Resultate Lügen strafte.

Schon deshalb hat die Meinung vieles für sich, daß gerade die soziale Mobilisierung nicht von Dauer sein konnte. Ihre abträglichen Folgen traten schneller zutage als die Nachteile der gewählten Industrialisierungsstrategie. Der abermalige Umbruch letztlich des gesamten Bildungssystems verlangte eine Konsolidierung, wenn er nicht umschlagen und kontraproduktive Resultate zeitigen sollte. So wird es kein Zufall sein, daß sein Ende ungefähr mit dem vorläufigen Abschluß der Zwangskollektivierung zusammenfiel. Als das Dorf unterworfen und der Übergang zur Planwirtschaft vollzogen war, konnte auch die «Kulturrevolution» angehalten werden. Den Auftakt bildete ein ZK-Beschluß vom Oktober 1930, die gezielte Beförderung von Arbeitern in höhere Verwaltungspositionen für zwei Jahre einzustellen. Faktisch verwandelte sich das Moratorium in die Abschaffung dieser Form des privilegierten sozialen Aufstiegs. Stalin hat auch diese Wende persönlich in einer programmatischen Rede Ende Juni 1931 begründet. Vor Wirtschaftsfachleuten sprach er von «neuen Verhältnissen» nach der definitiven «Nie-

3. Politische Kontrolle und soziale Mobilisierung

derschmetterung» der «Schädlinge», von der Notwendigkeit größerer «persönlicher Verantwortung» und neuer Wertschätzung der Leistung. Im Klartext hieß diese Botschaft: Wer als parteiloser Spezialist überlebt hatte, konnte aufatmen; der Klassenkampf war beendet oder wenigstens wieder unter zentraler Kontrolle. Auf der anderen Seite bedeutete die neuerliche Kurskorrektur keinen Richtungswechsel, der mit der Abkehr von der NĖP vergleichbar gewesen wäre. Wohlüberlegt betonte Stalin im gleichen Atemzug, daß eine neue, proletarische und loyale technische Intelligenz entstanden sei, auf die man sich in Zukunft stützen könne. Nur der Bildersturm sollte der Vergangenheit angehören, nicht die regulierte, auf Leistung und Treue gestützte Rekrutierung des Nachwuchses für alle Führungsbereiche primär aus der Jugend der Unterschichten.

Bei der synchronen Umkehr im Schulwesen verfuhr man in mancher Hinsicht radikaler. Der Elan der sozialistischen Offensive hatte auf diesem Gebiet einen derartigen Wildwuchs an Experimenten hervorgebracht, daß die Funktionsfähigkeit des Gesamtsystems stark beeinträchtigt war. Das ZK sah daher Anlaß, den Umbau nicht einfach zu sistieren, sondern die Entwicklung in mancher Hinsicht sogar zurückzuspulen. Man korrigierte die ausgeprägte Orientierung des Unterrichts an der Arbeitspraxis. Zu Lasten der polytechnischen Erziehung wurde die Vermittlung von Grundkenntnissen reaktiviert. Stoffliches Wissen verdrängte die «Projektmethode». Auch diese Veränderung fand in einer Personalentscheidung symbolischen Ausdruck: Die Entlassung des Reformpädagogen Šul'gin aus einer einflußreichen Stellung im Kommissariat markierte zugleich die Abwendung von seinen und verwandten Konzepten. Im neuen Stadium brauchte die ‹zweite Revolution› keine neuen Schulen mehr, sondern eher die alten. In dieser Hinsicht begann der Stalinismus schon im Herbst 1932.[54]

Der Aufbruch zum Sozialismus erforderte nicht nur neue technische und administrative Führungskader. Er veränderte auch den Charakter der Arbeiterschaft in fast jeder Hinsicht: ihre Zahl, Qualifikationsstruktur, altersmäßige und soziale Zusammensetzung, materielle Lage, innerbetriebliche Position und auch ihre Mentalität. Die Neigung hat sich in den letzten Jahren verstärkt, in diesem Wandel einen ebenso bedeutsamen politischen wie sozialen Tatbestand zu sehen: Allem Anschein nach trugen die ‹neuen Arbeiter› kaum weniger zur Stalinschen Machtergreifung bei als die neue Intelligenz. Schon deshalb verdienen gerade die Auswirkungen des wirtschaftlichen Umbruchs auf die ideologisch mit besonderer Würde versehene «Klasse» erhöhte Aufmerksamkeit.

Am sichtbarsten trat ein Aspekt des Wandels zutage, der in vieler Hinsicht auch der grundlegende war – das quantitative Wachstum. Daß die ungeheuren Investitionen in den Bau neuer Fabriken und Standorte deutlich mehr Arbeitskräfte erforderten, lag auf der Hand. Die Planer hatten dies bedacht und die Steigerung im ersten Jahrfünft auf knapp 40 % taxiert. Die Rekordjagd machte indes auch diese Schätzungen rasch zu Makulatur. In Wirklichkeit vergrößerte sich die Zahl der Industriearbeiter schon in den ersten vier Jahren um fast 100 %, absolut von 3,12 Mio. 1928 auf 6,01 Mio. 1932. Dabei verteilte sich dieses Wachstum noch ungleich: In der Produktionsgüterindustrie schnellte der Index allein bis 1931 (1928 = 100) auf 234 empor, während die Konsumgüterindustrie bezeichnenderweise zurückfiel. Die neuen ‹Werktätigen› stammten zunächst in erstaunlich hohem Maße aus der eigenen Schicht; anders als vor dem Ersten Weltkrieg war diese nun breit genug, um eine nennenswerte Selbstrekrutierung zu ermöglichen. Ab 1930 änderte sich das Bild allerdings. Die Neuzugänge kamen nun zunehmend und überwiegend aus dem Reservoir, das seit dem Beginn der industriellen Entwicklung unter Peter dem Großen die ‹menschlichen Ressourcen› beigesteuert hatte – aus der Bauernschaft. Im letzten Jahr der ersten Planperiode galt dies in der Hütten- und Maschinenbauindustrie für über 60 % und selbst in der sehr viel älteren Baumwollverarbeitung für gut 54 %. Aus der starken Expansion ergab sich, daß der Anteil der berufs- und stadterfahrenen Arbeiter zurückging. Je mehr Neulinge aus den Dörfern in die Städte strömten, desto schneller verkürzte sich die durchschnittliche Dauer der in der Fabrik verbrachten Lebensarbeitszeit. In der Leningrader Metallindustrie stieg der Prozentsatz derer, die weniger als fünf Jahre in einer vergleichbaren Beschäftigung verbracht hatten, bis 1932/33 auf fast 50 %, in der Hüttenindustrie lag er darüber. Die Abnahme des Berufsalters wurde von einer Verringerung des Lebensalters begleitet. Wie seit altersher waren es die Jungen und Mobilen, die in die Städte, die Fabriken und zu den Baustellen strömten. Hinzu kam als als neues Merkmal des Industrialisierungsprozesses der wachsende Anteil von Frauen, die nun auch in Friedenszeiten in die traditionell männlich beherrschten, weil mit schwerer körperlicher Arbeit verbundenen Berufe und Branchen strömten.

Mit dieser Sogwirkung verbunden war der vielleicht bedeutendste Aspekt des Wandels: Wer die armselige Existenz hinter dem Hakenpflug aufgab (wenn er überhaupt eine Beschäftigung hatte), besaß in aller Regel keine handwerklich-berufliche Qualifikation. Es waren *ungelernte* Kräfte, die von der enormen Beschleunigung der industriellen Entwicklung angezogen wurden. Der Zustrom aus dem Dorfe riß daher abermals – wie vor dem Ersten Weltkrieg – einen tiefen Graben zwischen den qualifizierten, an das Fabrikleben gewöhnten und den unqualifizierten, mental im Dorf verhafteten Arbeitern auf. Vieles spricht dafür, daß die Neulinge allerlei Unordnung in das Fabrikleben brachten. Sie ließen es an Sorgfalt im Umgang mit den Maschinen fehlen und machten keinen Unterschied zwischen ‹roten› und sonstigen Direktoren. Die bolschewistischen Manager sprachen bald von ‹politischem Analphabetismus› und einem Mangel an proletarischem Bewußtsein. Sicher gab dieses Urteil vor allem den eigenen Wunsch nach Kontrolle und Botmäßigkeit wieder. Aber es spiegelte wohl auch einen tatsächlichen, von den

3. Politische Kontrolle und soziale Mobilisierung 417

‹alten› Arbeitern in gleicher Weise gedeuteten Charakterzug der Immigranten. Wie immer man den Wandel bewerten mag: Zweifellos durchlebte die Arbeiterschaft während des ersten Fünfjahresplans eine tiefgreifende Veränderung, die Züge einer «Identitätskrise» aufwies.[55] Da dieser Vorgang auf den sprunghaft steigenden Bedarf der Industrie antwortete, verschob er das soziale Kräfteverhältnis durchaus *zugunsten* der Arbeiterschaft. Arbeitslosigkeit, aus der Sicht des Regimes gewiß der häßlichste Schandfleck der NEP, verschwand weitgehend. Zwar darf man den Federstrich, der sie 1929 für ausgerottet erklärte (indem man die Registration einstellte), nicht für die Wirklichkeit nehmen; aber sie hörte auf, ein soziales Problem zu sein. Teilweise kehrte sich das Verhältnis zwischen Angebot und Nachfrage sogar um: Nicht Arbeiter klopften an den Toren von Fabriken und Baustellen an, sondern diese bemühten sich um sie. Um die irrealen ‹Kontrollziffern› wenigstens annähernd zu erreichen, konkurrierten sie sogar untereinander. Gerade in den ersten, chaotischen Jahren der Planwirtschaft, als ihr Apparat noch im Aufbau begriffen war, waren Abwerbungen vor allem der wenigen Fachkräfte an der Tagesordnung. Aber auch die Fluktuation der normalen Arbeiter nahm ein neuartiges und dysfunktionales Ausmaß an. All dies hätte die wirtschaftliche, gesellschaftliche und auch die politische Position der Arbeiter zumindest für eine gewisse Zeit stärken können und bei entsprechenden Rahmenbedingungen auch stärken müssen.[56]

Die Realität sah jedoch anders aus. Zwar verschafften sich die Marktgesetze vorübergehend Geltung. So löste der Beginn der forcierten Industrialisierung einen Anstieg der Nominallöhne aus, der die analoge Erhöhung in den besten NĖP-Jahren allem Anschein nach übertraf. Der Index kletterte (1927 = 100) bis 1930 auf 128,9 und bis 1932 auf 177,9. Ein genauerer Blick zeigt jedoch, daß der Nennwert trog. Tatsächlich geschah das Gegenteil. Während die Preise in den ersten beiden Jahren der Planperiode hinter den Löhnen zurückblieben, konnten diese bald nicht mehr Schritt halten. Der Preisindex erreichte schon 1930 die Kennziffer von 132, um bis Ende 1932 auf 251,8 emporzuschnellen. Erhebungen über den Nahrungsmittelkonsum bestätigen die unabweisbare Folgerung: Der *Reallohn* der Industriearbeiter fiel spürbar, in Moskau zwischen 1928 und 1932 um 48 %. Die Hauptstadt ließ, wie ein sowjetischer Diplomat 1930 bei seiner Rückkehr nach vier Jahren notierte, «erschreckende Veränderungen» erkennen. «Jedes Gesicht» und «jede Hausfassade» legten beredtes Zeugnis von «Elend, Erschöpfung und Apathie» ab. Es gab kaum noch Geschäfte und Schaufensterauslagen. «An allem» herrschte Mangel, besonders an «Seife, Stiefeln, Gemüse, Fleisch, Butter und allen fetthaltigen Nahrungsmitteln». Die Beseitigung des privaten Handels und Gewerbes sowie die überstürzte Kollektivierung trugen das ihre dazu bei. Die staatlichen Geschäfte blieben leer, die Schwarzmarktpreise aber waren gerade für die einfachen Arbeiter am wenigsten zu bezahlen. Zu allem Überfluß verschlechterten sich die Wohnverhältnisse ebenfalls drastisch. Der unerwartet starke Zustrom neuer Arbeitskräfte machte auch in dieser Hinsicht alle Planungen zunichte. Ohnehin war die Situation schlimm genug. Dennoch wurden die 5,44 m², die den Moskauern im Januar 1929 durchschnittlich zur Verfügung standen, zwei Jahre später mit 3,94 m² noch unterboten. So blieb das faßbare Resultat der ersten Phase des großen Sprungs nach vorn für die Arbeiter paradox: Ideologisch standen sie hoch im Kurs, aber materiell mußten sie eine rapide Verschlechterung hinnehmen – in beiden Hinsichten näherten sie sich wieder an die Bürgerkriegszeit an.[57]

Angesichts dieser Gesamtentwicklung war mit Unzufriedenheit zu rechnen. Der materielle Niedergang und der Strukturwandel gleichermaßen bereiteten den Boden für Konflikte, die zumindest das Potential in sich trugen, den Erfolg des Fünfjahresplans zu gefährden. In der Tat zeigte die Arbeiterschaft manche Verhaltensweisen, die als Widerstreben gedeutet werden konnten. Zu nennen ist zum einen die anhaltende starke Fluktuation. In manchen Betrieben schieden bis zu zwei Dritteln der Beschäftigten, überwiegend auf eigenen Wunsch, bereits nach Ablauf eines Jahres wieder aus. Unter diesen «Zugvögeln», wie Partei- und Wirtschaftsführer kritisch formulierten, befanden sich viele qualifizierte Arbeiter, so daß die Unternehmen auch ihre ‹Kader› öfter ergänzen mußten, als ihnen lieb war. Daneben war ein weiterer Verfall der Arbeitsmoral zu beobachten. Besonders zwischen 1930 und 1932 nahm die Zahl der eigenmächtig herbeigeführten Fehltage erheblich zu. Größerer Schaden noch entstand durch unsachgemäße Behandlung von Material und Maschinen. Ob aus Fahrlässigkeit oder Absicht – der Verschleiß war enorm und die Grenze zur Sabotage fließend. Nicht selten kam es schließlich zu Streiks, Schlägereien und Gewaltausbrüchen. Fast alle der genannten Mißstände lassen sich auch anders erklären: Der häufige Arbeitsplatzwechsel stand in enger Beziehung zu der allgemein hohen Fluktuation der Stadtbevölkerung und der Landflucht; der Mangel an Disziplin hatte viel mit der Gewöhnung der bäuerlichen Neulinge an das fremde Fabrikleben und den miserablen Lebensverhältnissen zu tun; der sorglose Umgang mit dem ‹fixen Kapital› beruhte auf schlichter Unkenntnis, und in den Protestaktionen trat auch die Feindseligkeit zwischen alten und neuen Arbeitern zutage. Dennoch lassen die Erscheinungen in ihrer Gesamtheit zumindest eine ausgeprägte Gereiztheit erkennen.[58]

Kollektive Aktionen oder ein Flächenbrand aber blieben aus. Man wird einen erheblichen Teil der Ursachen für diesen bemerkenswerten Tatbestand in den politischen und administrativen Rahmenbedingungen des Umbruchs zu suchen haben: Der Übergang zur planwirtschaftlichen Industrialisierung beseitigte auch das Minimum der Artikulations- und Koalitionsfreiheit, das die begrenzte Zulassung des Marktes den Arbeitern gewährt hatte. Der vollständige Ersatz des freien Spiels von Angebot und Nachfrage durch zentrale

3. Politische Kontrolle und soziale Mobilisierung

Anweisungen gab der ohnehin ausgeprägten Tendenz zur Monopolisierung der Macht einen weiteren mächtigen Schub. Die «Apparate» erweiterten sich durch eine *neue Bürokratie*, die viele ältere Behörden bald an den Rand drängten. Damit wuchs auch ihr Macht- und Kontrollbereich. Partei und Staat nahmen nun nicht länger vermittelt über die Gewerkschaften oder per Gesetz und Anordnung Einfluß auf die Arbeiterschaft, sondern direkt über die Planungsinstanzen, den Volkswirtschaftsrat und die von ihm ernannten Direktoren und Manager. Auch deshalb begünstigte der industrielle Aufbruch oligarchische Strukturen und deren Zuspitzung zur persönlichen Diktatur, wenngleich er sie nicht notwendigerweise hervorbrachte.

Der Vorschlag hat kaum Widerspruch gefunden, das charakteristische Merkmal der ersten und eigentlichen Umbruchsphase der Jahre 1928/30 in der Erneuerung des Klassenkampfes und der Bürgerkriegsmentalität zu sehen. Dem Übergang zur forcierten Industrialisierung und Kollektivierung entsprach die ideologische Mobilisierung der Arbeiter für das aktualisierte Ziel des Sozialismus. Die Führungsclique, die von der NEP wegstrebte, handelte nicht allein. Sie brauchte Anhänger in hinreichender Zahl, um den neuen Kurs durchzusetzen. Alles spricht dafür, daß sie diese Gefolgschaft – noch *vor* den neuen technisch-administrativen Kadern – in Teilen der Arbeiterschaft fand. Hier traf sie auf viele günstige Voraussetzungen: eine Aversion gegen die neue-alte Herrschaft der Manager, Enttäuschung über die materiellen Errungenschaften und einen wachsenden Glauben an die Versprechungen einer besseren Zukunft. Konsens zeichnet sich auch darüber ab, wen sie am ehesten ansprach: Es scheinen die jungen, männlichen Arbeiter mit städtischem Hintergrund gewesen zu sein, die in besonderem Maße zu Militanz und kommunistischer Gesinnung neigten. Sie hatten als Halbwüchsige die Revolution und den Bürgerkrieg erlebt und sich inzwischen Erfahrung und Qualifikation angeeignet. Sie grenzten sich sowohl gegen die ‹alten› Arbeiter aus der ‹Kampfzeit› als auch gegen die Neulinge aus dem Dorf ab und betrachteten die Denkweise beider mit Skepsis. Sie bildeten die Kohorten des *Komsomol*, der militanten Atheisten und anderer Aktivisten. Sie trachteten, wie spätere Dissidenten in Erinnerung an ihre eigene Jugend formulierten, nicht in erster Linie nach «materiellen Vorteilen», sondern versuchten, ihre *Ideale* zu verwirklichen. Auf ihren Glauben und ihren Einsatz für den zum Nahziel erklärten Sozialismus rechnete Stalin. *Sie* waren neben den *vydvižency* die Stütze der ‹zweiten Revolution› und die Helfershelfer im Kampf gegen die vermeintlichen Klassenfeinde auf dem Dorf. Dabei muß gegenwärtig als offen gelten, in welchem Verhältnis sich – wenn das überhaupt verallgemeinerbar ist – Überzeugung und Vorteilssuche miteinander verbanden.[59]

Denn diese ‹Romantiker› waren am ehesten bereit, in Kauf zu nehmen, was die neue-alte Führung neben Versprechungen für die Bevölkerung auch bereithielt: Schweiß, Entbehrungen und ein wachsendes Maß an Repression.

Gewiß kalkulierten die Advokaten des Kurswechsels von Anfang an die Wahrscheinlichkeit ein, zur Durchsetzung ihrer Ziele neben bloßen Appellen auch andere Mittel einsetzen zu müssen, von materiellen Anreizen bis zum administrativen Zwang. Da der Enthusiasmus nur eine Minderheit ergriff, wenn auch vielleicht eine ‹strategisch› wichtige, überwog bald obrigkeitlicher Nachdruck. Schon im Frühjahr und Sommer 1929, parallel zur aberwitzigen Anhebung der Plandaten, leiteten Partei und Staat eine breitangelegte Kampagne zur Erhöhung der Produktivität ein. Presse, gesellschaftliche Organisationen und Betriebe riefen *unisono* dazu auf, alle Kraftreserven auszuschöpfen, um sie in den Dienst der großen Aufgabe zu stellen. Auch wenn gelenkte Aktionen dieser Art im Sowjetstaat schon Tradition hatten, nahmen sie eine neue Dimension an: Der «sozialistische Wettbewerb» avancierte zu einem unablösbaren Teil der brachialen Industrialisierung und – bis zu seinem Ende – des Systems selbst.

Seine Formen und generell die Wege zur Produktionssteigerung waren vielfältig. Am unauffälligsten vollzog sich die weitere Umstellung auf den Stücklohn, da er am deutlichsten in der Kontinuität der Ideale auch der NEP, von Taylorismus und NOT, stand. Bereits im August 1929 wurden immerhin 60,3 % aller Industriearbeiter auf dieser Grundlage entlohnt. Sichtbarer war die Stoßarbeiterbewegung, der auch die größte Symbolkraft für die «kommunistische Methode des sozialistischen Aufbaus» zuwuchs. Mit Unterstützung von Partei und Staat entstanden im ganzen Lande besondere Brigaden, die ein Vorbild für Leistung, aber auch für Innovation geben sollten. Die übrigen Arbeiter waren aufgefordert, ihnen nachzueifern, Betriebe gehalten, die Produktion eventuell nach ihren Vorschlägen zu reorganisieren. Die *udarniki* kämpften an der vordersten Front der Produktionsschlachten, die fortan in Permanenz geschlagen wurden. Sie gaben mit ihren «Rekorden» die Normen vor, die als erreichbar galten. Sie verkörperten den festen Willen und die Entschlossenheit, nun in wenigen Jahren durch eine beispiellose Anstrengung den Traum der Revolution zu verwirklichen. Naturgemäß fanden sich in ihren Reihen besonders viele Überzeugte. Hier sammelten sich Komsomolzen, Parteigenossen, Gottesleugner und sonstige regimetreue Aktivisten. Auch die Gewerkschaften konnten nicht abseits stehen. Sie wurden, nach dem Sieg über die «Rechten», gründlich reorganisiert und in den Dienst der neuen Politik gestellt. Dadurch gerieten auch Schichten der Arbeiterschaft in den Sog der Bewegung, die anfangs entschieden Distanz hielten. Nachweislich nahm der Anteil der Qualifizierten so weit zu, daß sie 1930 bereits die Mehrheit stellten.[60]

Daneben ergriffen Partei und Staat eine Reihe flankierender Maßnahmen, die nicht zu stimulieren suchten, sondern anordneten. Nach der Wirtschaft als ganzer unterwarfen sie auch das Arbeitsleben und die innerbetriebliche Organisation stärkerer Kontrolle. Schon der 15. Parteitag hatte im Dezember 1927 den Übergang zum siebenstündigen Arbeitstag (montags bis sams-

3. Politische Kontrolle und soziale Mobilisierung

tags) angekündigt. Was als Höhepunkt sozialistischer Fürsorge für das Proletariat gefeiert wurde (und über das langjährige, internationale Ziel des Achtstundentags hinausging), verdankte sich freilich nicht nur dem Versuch, die linke Opposition taktisch-propagandistisch endgültig schachmatt zu setzen. Vielmehr war von Anfang an eine Konsequenz mitbedacht worden, die den Gewinn für die Arbeiter in sein Gegenteil verkehrte: Der Siebenstundentag erlaubte es, von zwei (achtstündigen) Schichten auf drei überzugehen. Statt Erleichterung brachte er in der Textilindustrie, wo man ihn 1928 einzuführen begann, zusätzliche Anspannung im Dienste der Erhöhung der Produktivität. Diesem Ziel diente auch die Einführung der ununterbrochenen Arbeitswoche *(nepreryvka)* im Frühsommer 1929. Feste Erholungstage für alle wurden abgeschafft. Die Beschäftigten mußten vier oder fünf Tage am Stück arbeiten und konnten dann eine längere Pause nehmen, während deren eine andere Schicht Dienst tat. Der Effekt dieser Neuerung ging über die bessere Nutzung von Maschinen und Anlagen weit hinaus. Die Abschaffung des Sonntags griff tief in den tradierten Lebensrhythmus ein. Nicht nur linke Enthusiasten betrachteten sie als kulturrevolutionären Akt und symbolische Liquidierung der christlich geprägten Verteilung von Arbeit und Muße. Dank anhaltenden Nachdrucks des VSNCh waren schon Mitte 1930 knapp 73 % aller Arbeiter nach dem neuen Zeitplan tätig. Kurzfristig blieb der Erfolg nicht aus. Die erhöhte Kapazitätsauslastung sorgte im Wirtschaftsjahr 1929/30 tatsächlich für einen Produktionszuwachs von 8–9%. Auf der anderen Seite nahm auch der Verschleiß zu. Im Schichtwechsel bedienten nun mehrere Arbeiter, nicht zu deren Vorteil, ein- und dieselbe Maschine. So brachte die *nepreryvka* – wie der große Spurt als ganzer – eine Scheinblüte hervor, die nicht von Dauer sein konnte.[61]

Größerer Signalwert für die neuen Verhältnisse kam wohl nur einer anderen Maßnahme aus dem Kontext der Wirtschaftsorganisation zu: der (Wieder)Einführung der «*Einmannleitung*». Ein entscheidender Schritt auf diesem Wege wurde bereits Anfang März 1929 getan. Die Regierung beschloß, der Betriebsführung in Abweichung vom bisherigen Verfahren das Recht zu geben, Disziplinverletzungen auch ohne Konsultation der (auch von den Arbeitern beschickten) Schlichtungskommission bis hin zur Entlassung zu ahnden. Zugleich blieben diese Einrichtungen aber ebenso bestehen wie die Gewerkschaftszellen. Das ZK nahm deshalb die nach wie vor unklare Sachlage ein halbes Jahr später zum Anlaß, um die Aufgaben und Pflichten voneinander abzugrenzen. Dabei machte es die veränderten Prioritäten endgültig deutlich. Bei der Produktionsorganisation, so formulierte die vielbeachtete Resolution, sei davon auszugehen, «daß die Verwaltung (der Direktor) unmittelbar für die Erfüllung des industriell-finanziellen Planes und alle Produktionsaufgaben verantwortlich ist.» Die einschlägigen «Beratungen», in den letzten Jahren der NĖP zur Befriedung der Arbeiterschaft eingeführt, wurden damit ebenso unmißverständlich von allen wichtigen Entscheidungen ferngehalten wie andere Repräsentativorgane der Arbeiter. Freilich entsprach die Wirklichkeit dieser Verfügung zunächst wenig. Die Arbeiter erhoben nicht nur massiven Protest; sie verfügten auch über genügend Macht, um ihre eigenen Interessen zur Geltung zu bringen. Solange jede Hand gebraucht wurde, konnten sie die Kompetenzen der Unternehmensführung auf manchen Wegen einengen und die alten Verhältnisse beibehalten. Erst im Zuge der Konsolidierung der neuen Wirtschaftsstruktur, als sie überdies immer größere materielle Not litten, setzte der erstarkte Staat seine Vorstellungen mit Nachdruck durch.[62]

Überhaupt war um diese Zeit eine Zäsur zu beobachten. Nach der Zerstörung der alten Wirtschafts- und Sozialordnung stellte sich das bekannte Problem, wie eine neue zu etablieren sei. Ihr Aussehen war theoretisch und strukturell bekannt. Offen aber blieben ihre konkrete Gestalt und die Art ihrer politischen Realisierung. Im Kern war erneut die Frage zu beantworten, wie eine Revolution, zu der sich Planwirtschaft und Zwangskollektivierung gewiß addierten, angehalten und in eine geregelte, friedliche und konstruktive Aufbautätigkeit überführt werden könne. Dazu waren die Kräfte zu domestizieren, die zur Destruktion des Überkommenen entfesselt worden waren. Der Klassenkampf hatte seine Aufgabe erfüllt. An seine Stelle traten faktisch wieder Koexistenz und Kooperation, auch wenn diese keine programmatische Qualität mehr erreichten. Abermals wies Stalin die neue Richtung. Vor «Wirtschaftlern» rief er Ende Juni 1931 das Ende der Bilderstürmerei auch in der Industrie aus. Er beklagte den Schaden, der aus dem häufigen Arbeitsplatzwechsel erwachse, und zog gegen einen angeblich falsch verstandenen Egalitarismus zu Felde. Er prangerte den Wildwuchs der Entlohnung an, den die Konkurrenz um knappe Arbeitskräfte hervorgerufen hatte, und mahnte die Rückkehr zur kalkulierbaren Einheitlichkeit als Voraussetzung für eine neue Form der «wirtschaftlichen Rechnungsführung» an. *«Die Fluktuation der Arbeitskraft beseitigen, die Gleichmacherei ausmerzen, den Arbeitslohn richtig organisieren, die Lebensverhältnisse der Arbeiter verbessern»* – darin sah Stalin die «neue Art» zu «arbeiten» und die «neue Art» zu «leiten». Die Praxis gewann wieder an Bedeutung gegenüber der Ideologie; Leistung kam im Vergleich zur Gesinnung wieder zu größerem Recht. Die Abstände zwischen den Lohngruppen nahmen wieder zu, und die «Spezialisten» (die zwar ‹neue› waren, aber alte Privilegien durchaus zu schätzen wußten) ließ man in Ruhe. Zugleich erreichte der Strukturwandel der Arbeiterschaft insofern einen gewissen Abschluß, als der Anteil der seit 1928 Rekrutierten dominant wurde – eine «neue Arbeiterschaft» war entstanden.

Diesen Zöglingen der Stalinschen Planwirtschaft und der korrespondierenden politischen Ordnung mutete man auch eine stärkere Kontrolle zu. Per Dekret vom 27. November 1932 wurden die Betriebe und Behörden ermächtigt, Beschäftigte auch im Falle «eines einzigen», nicht plausibel be-

4. Entstehungsfaktoren des Stalinismus   423

gründeten Fehltages fristlos zu entlassen und sie aller Rechte zu berauben, die mit der Anstellung verbunden waren, von den Lebensmittelkarten bis zur Wohnung. Ende Dezember folgte die Vereinheitlichung des Paßsystems. Fortan war jeder über sechzehn Jahre alte Einwohner verpflichtet, einen Paß bei sich zu führen, der auch über das Arbeitsverhältnis Auskunft gab. Ohne Registrierung war kein Ortswechsel von längerer Dauer mehr möglich. Der Staat verschaffte sich auf diese Weise nicht nur Interventionsmöglichkeiten gegen die Abwanderung zwangskollektivierter Bauern in die Städte, sondern überwachte auch den Arbeitsplatzwechsel. Regulation pervertierte zur Repression. Daß sich parallel die staatliche Geheimpolizei noch weiter von ihrem eigentlichen Auftrag der Bekämpfung «oppositioneller» Aktivitäten, was immer man darunter verstand, entfernte und auf extralegale, völlig willkürliche Weise half, die Bevölkerung zum Gehorsam gegenüber den parteilichen Vorgaben zu zwingen, paßte ins Bild. Mit dem Markt ging auch die soziale und politische Freiheit unter.[63]

4. Ergebnisse und Motive: Entstehungsfaktoren des Stalinismus

Die Erfolgsbilanz der ‹großen Wende› hängt naturgemäß von den Gesichtspunkten und Wertungen ab, die man zugrundelegt. Für die Industrie bleibt die Bilanz kontrovers, auch wenn sich die Tendenz zu einem negativen Urteil in jüngster Zeit deutlich verstärkt hat. Der erste Fünfjahresplan war, an seinen eigenen Zielen gemessen, ein Fehlschlag. Andererseits half er Ressourcen zu erschließen, die für die weitere Industrialisierung unentbehrlich waren, und legte den Grundstein für neue Industrien, die ebenfalls in die Zukunft wiesen. Allerdings bleibt der gewählte Weg auch mit Blick auf den Rest des Jahrzehnts bis zum deutschen Überfall umstritten. Die einen gehen davon aus, daß die NÉP auch bei noch so genialer Handhabung kein vergleichbares Entwicklungstempo erlaubt hätte. Die anderen meinen, per Computersimulation gezeigt zu haben, daß eine alternative Politik zum gewählten Weg der Brachialindustrialisierung auch rein wirtschaftlich, an quantitativen Indikatoren gemessen, zu größerem Erfolg geführt (und die Widerstandskraft der Sowjetunion im Zweiten Weltkrieg noch gestärkt) hätte. Eine dritte Position steht gleichsam dazwischen: Sie geht davon aus, daß die NÉP ihr Potential zum Zeitpunkt ihrer Aufhebung noch nicht erschöpft hatte, sie aber nicht in der Lage gewesen wäre, höhere Wachstumsraten als die zarische Wirtschaft vor dem Ersten Weltkrieg zu erzielen – mithin niedrigere als die tatsächlich erreichten, wobei über letztere ebenfalls Uneinigkeit herrscht. Auch diese Auffassung gesteht der ökonomischen Roßkur wenigstens einen ‹statistischen› Erfolg zu. Unabhängig von dieser Auseinandersetzung gilt der Respekt der einschlägig geschulten Historiker den Fachleuten im *Gosplan*, die völliges Neuland betraten und das komplizierte

Geflecht einer ganzen Volkswirtschaft zum ersten Mal in allen Einzelheiten berechen- und prognostizierbar zu machen versuchten.⁶⁴

Freilich sind diese Urteile insofern hypothetisch, als sie – bewußt und nur zu analytischen Zwecken – nicht nur die außerökonomischen, sondern sogar viele nicht meßbare wirtschaftliche Faktoren außer acht lassen. Eine Gesamtwertung aber muß diese natürlich in gleicher Weise berücksichtigen. Umsichtige Darstellungen haben dies stets bedacht und insbesondere auf folgende Aspekte hingewiesen:

(1) Der starke Expansionsschub löste einen Zustrom von Arbeitskräften aus, für den alle ‹infrastrukturellen› Voraussetzungen fehlten. Ob Städte, Dörfer oder Baustellen in der Wildnis, überall mangelte es an angemessenen Unterkünften, medizinischer Versorgung und zunehmend auch an Lebensmitteln, von Schulen und sozialen oder kulturellen Einrichtungen nicht zu reden. Wie in den zwanziger Jahren oder zur Zeit der ersten Industrialisierung im Zarenreich mußten die Arbeiter mit menschenunwürdigen Behausungen, oft nur einer Bettstelle in Schlafkasernen oder gar Erdhöhlen wie in Magnitogorsk, vorlieb nehmen. Fraglos verschlechterten sich die Lebensumstände nicht nur der Neurekrutierten erheblich.

(2) Die enormen monetären Investitionen trieben die Preise in einem Maße in die Höhe, das die Lohnsteigerungen überschritt. Das Realeinkommen der Arbeiter und der meisten anderen städtischen Bevölkerungsgruppen sank merklich. In bezeichnender Verkehrung der offiziellen Behauptungen bezahlten sie für die rapide Industrialisierung, statt von ihr zu profitieren.

(3) Der parallele Beschluß, mit Beginn der planwirtschaftlichen Industrialisierung den Markt völlig abzuschaffen und den Verkauf von Waren durch deren Verteilung zu ersetzen, zog eine weitere Verschlechterung der Versorgung nach sich. Er beseitigte den unentbehrlichen Kleinhandel, ohne ein funktionsfähiges Verteilungssystem an seine Stelle zu setzen. Hinzu kam eine deutliche Bevorzugung der Investitionsgüterindustrie. Die Planer sahen in einer starken Rohstoff- und Schwerindustrie das eigentliche Fundament einer sozialistischen Wirtschaft. Demgegenüber mußten die Konsumgüter zurückstehen. Für mehr Menschen standen relativ weniger Waren zur Verfügung, die obendrein in unvorhergesehenem Maße dort den Besitzer wechselten, wo sie nicht auftauchen sollten: auf dem Schwarzmarkt.

(4) Die von der Industrialisierung ausgelöste, außerordentliche soziale Mobilität erzeugte Spannungen und Turbulenzen, die weder mit der Planwirtschaft noch mit der zunehmend diktatorischen Herrschaft harmonierten. Es lag in der Logik sowohl der ökonomischen als auch der politischen Struktur, daß obrigkeitliche Kontrolle und gesetzliche Disziplinierung die vom Umbruch geschaffenen Freiräume bald wieder aufsogen. Die Fluktuation wich neuer Bindung, Mitsprache der gestärkten Verfügungsgewalt der Betriebsleitung. Nicht zuletzt in dieser Hinsicht hatten die Arbeiter die

4. Entstehungsfaktoren des Stalinismus

Rechnung zu begleichen, die der gewaltsame Sprung aus der Rückständigkeit verursachte.

(5) So imposant die äußeren Kennziffern der planwirtschaftlichen Industrialisierung auch waren, traten doch von Anfang an gravierende Mängel des neuen Systems zutage: Sachkennern entging nicht, daß die Orientierung an Kontrolldaten und Zuweisungen Anlaß gab, in einseitiger Weise auf Produktionszahlen zu achten. Durch vorrangige Berücksichtigung im kommenden Plan wurde Quantität prämiert, nicht Qualität. Man prüfte die Erfüllung der Vorgaben im wesentlichen am Nennwert, nicht am Gebrauchswert. Ob man schonend mit den Rohstoffen umging und sie effektiv nutzte, blieb zweitrangig. Ein System wurde begründet, das zwar kurzfristig hohe nominale Wachstumsraten erlaubte, aber die Verschleuderung der Ressourcen und die Herstellung minderwertiger Produkte förderte. Durch die Ausschaltung der Marktkonkurrenz gab es außerdem weder Anreize zur Innovation noch zum Ersatz der Maschinen und Gebäude. Stagnation war vorprogrammiert.

Noch weniger aber ist das Urteil über die Industrialisierung vom *Schicksal der Landwirtschaft* zu lösen. Die hohen physisch-mentalen und sozial-ökonomischen Kosten, die der Kraftakt zweifellos verursachte, sind in erster Linie hier zu veranschlagen. Die Befürworter des neuen Kurses stellten ein Junktim zwischen beiden Transformationsprozessen her und hofften, durch sie die in ihrer Sicht drängendsten Probleme lösen zu können: (1) die Versorgungsengpässe zu beheben und deren Wiederholung ein für alle Male auszuschließen; (2) die agrarische Produktion einer ähnlichen Kontrolle zu unterwerfen wie die industrielle; und (3) durch gezielten Werttransfer die Landwirtschaft zur Finanzierung der vorrangig zu fördernden Industrialisierung heranzuziehen. Spätestens seit den neueren Untersuchungen zur Kollektivierung darf als erwiesen gelten, daß sie keines dieser Ziele erreichten.

(1) Die gute Getreideernte von 1930 war im wesentlichen darauf zurückzuführen, daß die Wetterschäden der beiden vorangegangenen Jahre ausblieben und die Saat noch überwiegend von Einzelbauern ausgebracht wurde. Als die überstürzte Auflösung der Privatbetriebe praktische Geltung erlangte, trat zutage, daß man mit den «Kulaken» auch die leistungsfähigsten Produzenten liquidiert hatte. Ein übriges bewirkte das Verbot des Privathandels. Wenn sich die Versorgung der nichtagrarischen Bevölkerung nach der schlimmen Hungersnot auf dem Lande seit 1934 allmählich stabilisierte, so war dies nicht zuletzt der begrenzten Legalisierung des Privateigentums in Gestalt des vielzitierten privaten Hoflandes samt der Erlaubnis zum Verkauf der Erträge zu verdanken. Bei Licht besehen, war der Kolchosmarkt wenig anderes als eine notdürftig legalisierte Form des Schwarzmarktes. Und selbst unter Inanspruchnahme dieses eigentlich nicht vorgesehenen Faktors, des-

sen Produktivität allein die ökonomische Ratio der Kollektivierung Lügen strafte, reichte die agrarische Produktion soeben zur Ernährung auf niedrigem Niveau aus.

(2) Gewiß wurde die Landwirtschaft nach der Unterwerfung der Bauern und dem Oktroi einer tributähnlichen Ablieferungspflicht kalkulierbarer. Auch sie konnte in anderer Weise in das Rechenwerk eingehen, mit dessen Hilfe sich der erste sozialistische Staat auch zur ersten ökonomischen Weltmacht aufschwingen wollte. Aber entscheidende Unwägbarkeiten bestanden fort: Kein Planer hatte Einfluß auf das Wetter, Schädlinge oder sonstige kontingente Faktoren, die den landwirtschaftlichen Ertrag stärker trafen als den industriellen. Niemand konnte das Arbeitsverhalten steuern oder Versäumnisse korrigieren oder auch nur dafür sorgen, daß Traktoren und Maschinen in ausreichender Zahl geliefert wurden und funktionstüchtig waren. Vor allem aber konnte niemand die Geburtsfehler beseitigen, die der neuen Ordnung auf dem Lande unheilbar innewohnten: lähmende Antriebslosigkeit und schleichende Auszehrung der Produktivität.

(3) Die weiteste Verbreitung, auch über die Sowjetunion und die Beteiligten hinaus, hat wohl das Argument gefunden, die Unterwerfung der Bauern sei nötig gewesen, um den agrarischen Sektor im gebotenen Umfang zur Finanzierung der Industrialisierung heranziehen zu können. Sicher stand dabei die lange Zeit vorherrschende Deutung der ersten russischen Industrialisierung seit den 1880er Jahren Pate, die davon ausging, daß die Landwirtschaft durch den «Hungerexport» von Getreide und eine hohe überdurchschnittliche Steuerleistung den Sprung in ein neues ökonomisches Zeitalter erst ermöglicht habe. Inzwischen hat diese Auffassung für die Kollektivierung an Überzeugungskraft verloren. Statistische Berechnungen haben schon vor beinahe drei Jahrzehnten gezeigt, daß der Werttransfer aus der Landwirtschaft entschieden geringer ausfiel als erwartet und zuvor angenommen. Offen bleibt freilich die Interpretation dieses Befundes. Für die einen bricht damit die ‹Standardgeschichte› vom Ende der NEP und der ‹Stalinschen Revolution› zusammen. Andere ziehen sie zwar nicht in Zweifel, halten aber daran fest, daß eine drastische, vom Staat erzwungene und repressiv-politisch zu sichernde Änderung der Austauschrelationen zu Lasten der Landwirtschaft unvermeidlich war, um die ehrgeizigen industriellen Ziele zu erreichen. Dessenungeachtet steht das ökonomische Fiasko des ‹Bauernkriegs› außer Zweifel. Auch kurzfristig erwies sich die Kollektivierung nicht nur als Fehlschuß, sondern als kontraproduktiv: Die Industrie und die Arbeiter mußten letztlich die Zeche für die enormen Zerstörungen zahlen, die der angebliche Triumph des Sozialismus auf dem Dorfe verursachte.[65]

Wenig läßt sich daher ernsthaft gegen die Folgerung vorbringen, die «vollständige» Kollektivierung habe in der gewaltsamen und überstürzten Form, wie sie durchgeführt wurde, eine nicht minder «vollständige» Katastrophe

4. Entstehungsfaktoren des Stalinismus

verursacht. Die Opfer zählten – auch ohne die Hungertoten der folgenden Jahre – nach Millionen. Das Leid, das ihnen mit Ruin und Vertreibung, Repressalien und Schikanen, Krankheit und Tod angetan wurde, läßt sich ebenso wenig ermessen wie die kulturellen Kosten dieses unvergleichlichen Traditionsbruchs. In Zahlen kann man höchstens den ökonomischen Schaden fassen. So sank, als wohl verheerendste Folge, der Bestand an tierischer Zugkraft und Nutzvieh bis 1933 jeweils auf die Hälfte des Niveaus von 1929. Ohne ausreichenden Ersatz durch versprochene, aber nicht gelieferte Traktoren führte der Ausfall von Pferdestärken zu einer drastischen Einschränkung der Anbaufläche und die panische Massenschlachtung von Kühen und Haustieren zu einem ebenso rapiden Rückgang der entsprechenden Nahrungsmittelerzeugung. Beide Einbrüche konnten in den dreißiger Jahren nicht mehr ausgeglichen werden. Noch dauerhafter aber waren vermutlich soziale und mentale Schäden. Mit den ‹Kulaken› und Mittelbauern verschwanden die agrotechnischen Kenntnisse und unternehmerischen Fähigkeiten aus dem Dorf. Die Erfolgreichen wurden vertrieben. Zurück blieben die anderen, die auch keinen Versuch machten, jenen nachzueifern: Die neue Ordnung bestrafte ökonomische Findigkeit und Wohlstand. Noch lange beherrschten Angst und Zurückhaltung die Gemüter, nicht Mut und Initiative.[66]

Um so dringender stellt sich die entscheidende Frage, was die Partei- und Staatsführung letztlich dazu bewog, das Risiko einer derartigen Katastrophe einzugehen, und welche Gruppen und Schichten die Umwälzung eigentlich trugen. Dies ist die Frage nach den Ursachen und Beweggründen der ‹zweiten›, Stalinschen ‹Revolution›.

Zunächst ist festzuhalten, daß die ältere, seit langem bezweifelte These einer gewissen, umständebedingten Zwangsläufigkeit der Entscheidung im Lichte der jüngeren ökonomischen Untersuchungen ihre Plausibilität endgültig eingebüßt hat. Zu ihren Gunsten lassen sich weder soziale noch ökonomische Gründe überzeugend anführen. Das Dorf war 1928/29 ruhig; die Bauern nahmen sogar die beginnende steuerliche Diskriminierung ohne nennenswerten Protest hin. Man brauchte sie nicht zu unterwerfen. Desgleichen spricht nichts dafür, daß sie im Begriff waren, sich völlig vom Markt zurückzuziehen. Die «Getreidekrise» offenbarte eine bemerkenswerte wirtschaftspolitische Ignoranz der Führung, keinen «Boykott» der agrarischen Produzenten. Sie hätte durch Preiskorrekturen und fiskalische Maßnahmen zumindest gelindert, wenn nicht behoben werden können. Damit harmoniert die bedenkenswerte These, daß selbst auf der Grundlage der bolschewistischen Prämisse von der Überlegenheit kollektiver und mechanisierter Großproduktion Alternativen nicht nur denk-, sondern auch realisierbar waren. Nichts zwang dazu, tradierte Formen gegenseitiger Hilfe für die neuen Zwecke ebenso ungenutzt zu lassen wie das tief verwurzelte Prinzip des Gemeineigentums. Nichts gebot wirklich, repressive Mittel, von steuerlicher Benachteiligung bis zu physischem Zwang, anzuwenden, um die Kolchosen zu füllen. Nichts sprach für eine solche Beschleunigung der Gründung von Gemeinwirtschaften, daß sie ohne außerökonomischen Druck nicht mehr zu gewährleisten war. Und erst recht erscheint unverständlich, warum ‹Kulaken› nicht so lange selbständig bleiben sollten, wie sie mochten, und statt dessen zu Freiwild erklärt und verjagt wurden. Diese Argumentation läuft letztlich darauf hinaus, agrarsozialistische Modelle der Kooperativwirtschaft – vor allem in der Čajanovschen Variante – als realistische Entwicklungsoptionen und -alternativen zu begründen. Die wesentlichen Kennzeichen dieses Weges wären die tatsächliche Freiwilligkeit des Beitritts und die Beschränkung auf ökonomisch-fiskalische Lenkung gewesen. Natürlich bleibt die Frage offen, ob die Steuerung nicht unvermeidlich in Zwang hätte übergehen müssen, um Erfolg zu garantieren. Hinreichend belegt wird aber durch solche Überlegungen, daß der gewählte Weg in seiner Ausschließlichkeit und der Hast, mit der man ihn beschritt, einer *politischen* Entscheidung entsprang. Nicht der Zwang der Umstände, sondern der Wille, wie frei auch immer, gab den Ausschlag.[67]

Mehrere solcher *außerökonomischer* Faktoren lassen sich benennen. Nicht alle können als gleichrangig gelten; andererseits spricht nichts für eine monokausale Erklärung. Zum einen hat man (1) auf einen externen, weltpolitischen Anstoß verwiesen: die *Kriegsfurcht*. Tatsächlich löste der Abbruch der diplomatischen Beziehungen durch Großbritannien Ende Mai 1927 in der sowjetischen Öffentlichkeit eine merkliche Unruhe aus. Fast auf den Tag genau zwei Jahre später provozierte China einen Konflikt um die Ostchinesische Eisenbahn, der im November 1929 zum militärischen Eingreifen der Sowjetunion eskalierte, bevor ein Friedensvertrag zum Jahreswechsel den alten Zustand der gemeinsamen Verwaltung wiederherstellte. Und spätestens seit Anfang 1931 häuften sich Zank und Zwischenfälle mit Japan derart, daß militärische Verwicklungen nicht ausgeschlossen schienen. Angesichts dessen wird man eine Verunsicherung auch der Führung nicht ausschließen wollen. Trotz des Berliner Vertrages (1926) gab es nach der Verständigung zwischen Deutschland und Frankreich in Locarno, nach dem Debakel der Kommunisten in Schanghai vom April 1927 und dem Zerwürfnis mit England durchaus Gründe für den Eindruck wachsender internationaler Isolierung des immer noch einzigen sozialistischen Staates der Erde. Daraus versuchte Stalin innenpolitisch Kapital zu schlagen: Man brauche, so soll er die Sachlage im Mai 1928 zusammengefaßt haben, keine Industrialisierung im Schneckentempo, um den kapitalistischen Mächten Paroli bieten zu können, sondern eine rasche und ‹wirkliche›.[68]

Allerdings gibt schon die Unbestimmtheit der Anspielung Anlaß zu vorsichtiger Interpretation. Zwei Diskussionsstränge sind zu unterscheiden, die nur scheinbar zusammenfielen: zum einen die ideologische Debatte über das Verhältnis zwischen Sozialismus und ‹Kapitalismus› im globalen Maßstab,

4. Entstehungsfaktoren des Stalinismus

zum anderen die aktuelle internationale Lage der Sowjetunion. Hinzu kamen militärstrategische Überlegungen, die gleichsam zwischen der konkreten Gegenwart und ‹hochgerechneten› Eventualitäten der näheren und ferneren Zukunft vermittelten. Die allgemeine Analyse war vor allem eine Angelegenheit der Kominternführung und der Parteiintellektuellen, die sich mit der Weltökonomie und der Systemkonkurrenz befaßten. Hier ging man auch weiterhin davon aus, daß der Gegensatz unaufhebbar und ein ‹Endkampf› unvermeidlich sei. Der Pionierstaat des Sozialismus hatte sich dafür zu rüsten, geistig-politisch ebenso wie materiell-ökonomisch. Dies wurde um so eher betont, als die Stalinsche Fraktion aus taktischen Gründen zeitlich parallel zum inneren Kurswechsel, ideologisch aber konträr, die These von der Zuspitzung der globalen Wirtschaftskrise und der Verschärfung der Konflikte zwischen den kapitalistischen Staaten durchsetzte. Der Kapitalismus galt als reif für den Zusammenbruch; die kommunistischen Parteien waren gehalten, dieses gesetzmäßige Schicksal zu beschleunigen, unter anderem durch den Kampf gegen die ‹versöhnlerischen› (sozialdemokratischen) Kräfte, die das ‹Moribunde› künstlich am Leben hielten.

Anders verlief die wirtschaftspolitische Auseinandersetzung. Zwar wurde die ‹rechte Opposition› auch auf dem Felde der Kominternstrategie ‹geschlagen›. Aber die Hauptargumente entstammten der inneren Situation. Zu den bemerkenswerten Ergebnissen einer eingehenden Spezialuntersuchung gehört, daß sich die jeweilige Meinungsbildung separat vollzog. Dies galt auch für die militärstrategischen Überlegungen. Sicher zählten die Generäle zu den Befürwortern einer schnelleren Industrialisierung. Aber sie dachten weiterhin eher in mittel- und langfristigen Kategorien. Auch nach dem Bruch mit Großbritannien wurden, soweit bekannt, keine Vorbereitungen für den Ernstfall getroffen. Nichts deutet daraufhin, daß sich die zivile oder militärische Führung tatsächlich bedroht fühlte. Wenn die Stalinsche Fraktion die Kriegsfurcht dennoch nährte, dann tat sie das in manipulativer Absicht. Nichts belegt diese Instrumentalisierung – eine einigermaßen rationale Entscheidung unterstellt – deutlicher als der Entschluß zur Zwangskollektivierung selbst: Im Falle einer wirklichen Gefahr wäre ein solches Risiko tödlich gewesen.[69]

Um so größere Aufmerksamkeit verdienen innere Antriebe. Dabei kam (2) der *Ideologie* eine herausragende Rolle zu. Es waren bolschewistische Akteure, die den Kurswechsel in der Absicht propagierten, dem Ziel ihres Regimes ein gutes Stück näherzukommen. Sie nahmen die Versorgungskrise und eine Phase der wirtschaftlichen Gesamtentwicklung nach dem Ende des Wiederaufbaus, die als Zeit wichtiger Weichenstellungen verstanden wurde, in den ihnen vertrauten Begriffen und Zusammenhängen wahr. Neben den objektiven Elementen der Entscheidungssituation dürfen die subjektiven gerade in diesem Fall nicht übersehen werden: Möglich und wünschenswert war, zugespitzt gesagt, was in ihrer *Vorstellung* so gelten konnte. Hinzu kam, daß eine Generation endgültig in die zentralen Funktionen von Partei und Staat einrückte, die nichts anderes erlebt hatte als die Sowjetmacht und -ideologie. Sie hatte ihre politische Sozialisation nicht zuletzt im und durch den Bürgerkrieg erfahren. Sie dachte und empfand weitgehend in den Kategorien dieser privat wie öffentlich gleichermaßen schicksalhaften Jahre: im Freund-Feind-Gegensatz, in der Überzeugung von der absoluten Richtigkeit ihrer Sache und in einer Kosten-Nutzen-Abwägung, die einen hohen Preis zu zahlen bereit war, um den ‹Endsieg› zu erreichen. Keine Analyse der letzten Jahrzehnte hat vergessen, auf diese enge sozio-mentale Verwandtschaft zwischen den Bürgerkriegsjahren und dem großen Umbruch an der folgenden Dekadenwende aufmerksam zu machen. Industrialisierung und Kollektivierung avancierten zu lebenswichtigen Zielen; Klassenkampfparolen suggerierten einen Bedrohungszustand, um die Bevölkerung zur Mobilisierung aller Reserven zu bewegen, so wie man in Notwehr das Letzte gibt; Partei und Staat setzten verstärkt agitatorische und repressive Mittel ein, um diesen Vorgang in seiner Ambivalenz zwischen Dynamik und Anarchie einigermaßen unter Kontrolle zu halten – mit der abermaligen Konsequenz der Vervielfachung außerordentlicher Vollmachten und der weiteren Festigung autoritär-diktatorischer Tendenzen.[70]

Zur Renaissance ideologisch militanter Politik gehörte es, daß in der selbstinszenierten «Reprise» vielleicht noch bewußter als im originären Prozeß einige Grundannahmen zu ausschlaggebenden Entscheidungskriterien erhoben wurden, die tief in marxistisch-leninistischen Anschauungen wurzelten. Vor allem folgenden kommt besondere Bedeutung zu:

(a) Auch während der NEP ging die Überzeugung nie verloren, daß wirklicher Sozialismus nur auf der Grundlage einer leistungsfähigen *Schwerindustrie* errichtet werden könne. Darin spiegelte sich die alte Marxsche Voraussage, daß die künftige Wirtschafts- und Sozialordnung die vergangenen «Formationen» im Sinne der Synthese überwinden und die Weltgeschichte vollenden werde. Der Sozialismus wurde als produktive Fortsetzung des Kapitalismus gedacht; er mußte dessen bedeutendste Leistung, die Anwendung maschineller Kraft und technologischer Innovationen im zentralisierten Massenfertigungsprozeß, nachholen, wenn sie noch nicht erreicht war, bevor er seine eigenen Vorzüge entfalten konnte.

(b) Dies schloß eine Bevorzugung der *Großproduktion* ein. Zur Überlegenheit des Kapitalismus über alle vorangehenden gewerblichen Wirtschaftssysteme gehörte nicht zuletzt die wachsende Konzentration sowohl des Kapitals als auch des Arbeitsprozesses selbst. Die bolschewistische Theorie erkannte dies an und nahm die Erwartung in ihre Vision vom Sozialismus auf, daß die neue Ordnung die alte auch in dieser Hinsicht übertreffen werde. Die Begeisterung für die Dampfkraft und das lautlose ‹Räderwerk› der Maschinen ging mit der Bewunderung von Größe einher. Auch in dieser Hinsicht wurde Henry Ford zum sowjetischen Heros.

4. Entstehungsfaktoren des Stalinismus

(c) Wie die allermeisten Sozialisten gingen die Bolschewiki von der prinzipiellen Überlegenheit des *Gemeineigentums* in Gestalt des Staatseigentums gegenüber jeglichem Individualbesitz aus. Die Wiederzulassung des privaten Kleingewerbes und Grundbesitzes durch die NĖP war eine Konzession an die Unreife Rußlands. Man duldete sie vorübergehend (bei allerdings unbestimmter Frist), um die Voraussetzungen für den Sozialismus zu verbessern. Aber niemand dachte je daran, Privateigentum an Produktionsmitteln welcher Art auch immer als integralen *Teil* dieses letzten Stadiums der Entwicklung der Menschheit zu akzeptieren.

(d) Dies bedeutete auch, daß *zentrale Planung* die vielgefürchtete «Anarchie» des Marktes ersetzen sollte. Wer bedenkt, wie viele Übel Marxismus und Bolschewismus dem spontanen Warentausch ankreideten – Auswirkungen, die weit über die ökonomische Sphäre hinausreichten –, wird der These zustimmen, daß die Planwirtschaft Kern und Wesen der angestrebten neuen Wirtschafts- und Gesellschaftsordnung war. In der Idee der Planung verdichtete sich die große Utopie, die dem Sozialismus gerade in der bolschewistischen Version als letzte Triebfeder innewohnte: die Idee der *rationalen Gestaltung des Produktionsprozesses* unter der Prämisse, daß die Arbeit auch andere Aspekte des menschlichen Lebens präge und die bewußte Regulierung der Ökonomie auf die soziale, politische und kulturell-geistige Ordnung insgesamt ausstrahle. Es war diese besondere ideologische Qualität, gleichsam der Glaube an die Machbarkeit des sozialen Glücks, die der Idee der Planung eine ungebrochene Attraktivität verlieh und maßgeblich zum Verständnis der Tatsache beiträgt, daß die Grundlagen des ersten Fünfjahresplans schon auf dem Höhepunkt der NĖP gelegt wurden.

(e) Je länger die Unberechenbarkeit der Getreideproduktion andauerte – und letztlich haben die ökonomischen Dilettanten in der bolschewistischen Führung das Problem zu keiner Zeit wirklich im Griff gehabt –, desto stärker wurde die Neigung, die idealen Prinzipien der wirtschaftlichen Produktion und Organisation auf den Agrarbereich auszudehnen. Auch der bäuerliche Betrieb, nicht nur die dörfliche Gesellschaft, wurde nach den Kriterien der städtischen Industrie beurteilt. Die Vergrößerung der Betriebsfläche sollte den Einsatz von Maschinen ermöglichen und eine Produktivität erhöhen, die durch Vergemeinschaftung, idealiter durch Verstaatlichung, zentraler Planung zu unterwerfen war. In dieser Sicht war die Kollektivierung ‹nur› eine Frage der Zeit und des Weges, aber prinzipiell entschieden.

Eine solche Politik konnte nicht allein von der Parteiführung durchgesetzt werden. Auch wenn eine Minderheit der Mehrheit ihren Willen aufzwang, umfaßte sie ganze Gruppen und Schichten, die ihr folgten. Die ideologische Ursachenforschung bedarf (3) der Ergänzung durch eine *sozialgeschichtliche*. Sozialer Wandel und Stalinismus hingen allem Anschein nach enger zusammen, als unter dem Eindruck einer primär politischen und geistesgeschichtlichen Interpretation lange angenommen wurde. Bei der Suche nach gesellschaftlichen Veränderungen, die sich zugunsten der Stalinschen Politik und seines weiteren Aufstiegs auswirkten, ist vor allem die *Aufwärtsmobilität* im Zuge der beschleunigten Industrialisierung in den Blick geraten. Sie nahm die Gestalt einer komplementären Bewegung im wesentlichen auf zwei Ebenen an. Zum einen verursachte die rapide Industrialisierung den millionenfachen Zustrom von Bauern in nichtlandwirtschaftliche Beschäftigungen verschiedenster Art. Das «Proletariat» alter Art, das sich in den zwanziger Jahren zu einem erheblichen Teil wiederhergestellt zu haben scheint (und vielleicht auch den Bürgerkrieg unbeschadet überstand als bislang angenommen), löste sich endgültig auf. Die Arbeiterschaft wurde vielgestaltiger und konzentrierte sich nicht mehr allein in wenigen Regionen und Städten. Dieser Vorgang kam der neuen Führung offenbar gelegen. Sie förderte ihn, um die Fähigkeit der Arbeiterschaft zur Verfolgung eigener Interessen, mit Unterstützung des *Komsomol*, zu verringern. Stalin brauchte Einsatz und Opfer, keine Ansprüche.

Parallel zum Zustrom vom Dorfe fand ein Abfluß qualifizierter Arbeiter in die *technischen und administrativen Führungskader* statt. Auch dieser Prozeß erhielt durch die planwirtschaftliche Industrialisierung eine Dynamik, die hinter der – erzwungenen und freiwilligen – ‹Landflucht› nicht zurückstand. Mehrere Entwicklungen kamen dabei zusammen. Zum einen trugen die Öffnung der Hochschulen für die Unterschichten und die gezielte Förderung vor allem von Arbeiterkindern allmählich Früchte. Zum anderen wuchs der Bedarf an Ingenieuren und Verwaltungspersonal sprunghaft an. Für die *vydviženсy* gab es mehr Verwendung als je zuvor. Dies war um so eher der Fall, als der forcierte Anlauf zum Sozialismus im Zeichen von Klassenkampfparolen unternommen und von Stalin auch als Möglichkeit erkannt wurde, die «bürgerlichen Spezialisten» aus ihren nach wie vor einflußreichen Positionen zu verjagen. Dank dem industriellen Schub, der Umstellung aller Wirtschaftsaktivitäten auf zentrale Planung und dem gezielten Bemühen, eine politisch zuverlässige Elite unter der Oberleitung der Partei zu schaffen, entstand das, was man stolz als *Sowjetintelligenz* bezeichnete. Auch in der wirtschaftlichen und administrativen Hierarchie fand damit der Elitentausch seinen Abschluß, der mit dem Oktoberumsturz begonnen hatte. Er beförderte eine ganze Schicht von *homines novi* in privilegierte Positionen, die allen Grund hatten, die Versprechen der Revolution an und für sich selbst verwirklicht zu sehen. Sie wurden zu Stützen des neuen Regimes.[71]

Genau besehen schließt die sozialgeschichtliche Deutung (4) das *subjektiv-mentale* Moment der *Überzeugung* bereits ein. Dennoch tun jüngste Darstellungen gut daran, diese Dimension stärker zu betonen und gleichsam aus ihrer ‹Nebenrolle› zu befreien. Niemand wird daran zweifeln wollen, daß viele Sowjetbürger den ‹Aufbau des Sozialismus› nicht nur aus vollem

4. Entstehungsfaktoren des Stalinismus

Herzen unterstützten, sondern auch ihre Identität aus der Zustimmung zum neuen Regime und seinen Visionen bezogen. Insofern sollte neben die gleichsam ‹zweckrationale› Deutung des Stalinismus als Produkt *auch* von Aufstiegsstreben und materieller Vorteilssuche das ‹wertrationale› aufrichtiger Begeisterung treten. Nichts anderes behauptete im übrigen jene Variante der Totalitarismustheorie, die den qualitativ anderen Zugriff der modernen Diktaturen auf ihre Anhänger und Unterworfenen aus der vollständigen Kontrolle auch über alle wichtigen Sozialisationsinstanzen erklärte. Seither ist aber, nicht zuletzt im Vergleich mit dem Nationalsozialismus, deutlich geworden, daß dennoch viele Freiräume blieben und die Identifikation nicht nur schwanken konnte, sondern auch Platz für andere Loyalitäten ließ. Es wird nicht primär darauf ankommen, die affektive Bindung selbst als relevantes Erklärungsmoment des Stalinismus auszuweisen, sondern vor allem darauf, Brechungen und parallele Vielfalt der ‹Zugehörigkeiten› in der durchaus neuen Perspektive eines ‹Stalinismus von innen› zu zeigen.[72]

Unbeschadet der Bedeutung ideologischer, sozialer und mentaler Ursachen für den Antrieb zur ‹großen Wende› und ihre Möglichkeit dürfen (5) *persönliche* und *machtpolitische* Faktoren nicht übersehen werden. Auch wenn man über kontrafaktische Eventualitäten nicht streiten kann: Es ist höchst unwahrscheinlich, daß Industrialisierung und Kollektivierung in der überstürzten und brutalen Form, die beide annahmen, ohne Stalin und seine Clique durchgeführt worden wären. Die Ausschaltung der letzten Opposition in der bolschewistischen Partei ist aus der Geschichte der ‹großen Wende› ebensowenig wegzudenken wie Stalins endgültiger Aufstieg zur Macht. Dabei ist die Frage müßig, was Henne und was Ei war – ob Stalins Herrschaftstrieb das Ende der NEP bewirkte oder die Krise der alten Wirtschaftspolitik ihm eine willkommene Gelegenheit bot, sein neues Ziel auf gut vorbereitetem Boden zu erreichen. Beide Vorgänge waren unauflöslich miteinander verwoben. Die Einführung zentraler Planung, die Beseitigung des privaten Handels und Gewerbes sowie vor allem der gewaltsame Umsturz der Eigentumsverhältnisse auf dem Lande bedurften der Absicherung durch eine staatliche Zwangsgewalt, die sicher auch als kollektiv-oligarchische denkbar war, aber der Herausbildung einer persönlichen Diktatur doch starke Impulse gab. Umgekehrt fand der Wille zur Alleinherrschaft dort besonders günstige Bedingungen, wo die bisherige Politik in Bedrängnis geriet, wo ihr Legitimationsdefizit nach Maßgabe der Versprechungen immer sichtbarer wurde und als Folge einer bereits vollzogenen politischen Kurskorrektur die alten sozioökonomischen Strukturen in Fluß geraten waren. Umfeld und Individuum ergänzten einander auch in diesem Falle. So trug die praktizierte Politik manche Spuren der konkreten Persönlichkeit Stalins. Immer wieder hat man auf seine schon von Lenin gerügte «Grobheit» und die Neigung hingewiesen, die Umgebung pauschal in Freund und Feind zu teilen. Solche Charakterzüge waren in einer Entwicklungsphase

V. Revolution von oben (1929–1933)

von Vorteil, in der wichtige Entscheidungen und tiefgreifende soziale Veränderungen bevorstanden. So wie der Volkstribun Trotzki die revolutionäre Gärung der Massen brauchte, um sein mitreißendes rhetorisches Talent entfalten zu können, so verschaffte sich Stalin in einer Situation Respekt und Autorität, in der unzufriedene junge Arbeiter, die erste sowjetisch sozialisierte Generation und ein weiter wachsender Parteiapparat entschiedener Führung und der Illusion einfacher Lösungen bereitwillig folgten. Stalin verkörperte den neuen Kurs, das neue Ziel und die längst omnipotente Partei, die den Aufbruch in die Zukunft lenken sollte. Aber er tat dies nicht passiv, sondern prägte das Geschehen. Es war zutiefst symbolisch, daß der 50. Geburtstag Stalins im Dezember 1929, am Ende eines schicksalsschweren Jahres, das die junge Sowjetunion mutwillig in die schwerste Krise seit dem Bürgerkrieg stürzte, erstmals mit all den Huldigungen und Propagandafanfaren gefeiert wurde, die bald zum festen Bestandteil des Persönlichkeitskultes gehörten: Als der Staat seine Handschrift zu tragen begann, wurde der «Führer» (vožd) geboren.[73]

VI.
Neue Ordnung und autoritäre Dynamik: die Herrschaft Stalins (1934–1941)

Der großen Wende folgte die Stabilisierung der neuen Verhältnisse. Die ‹zweite Revolution›, von der man mit Blick auf das Ergebnis sicher zu Recht spricht, verursachte ähnliche Zerstörungen und eine ähnliche Anarchie wie die erste. Ein zweiter Aufbau und eine neue Ordnung waren nötig, um ihrem Ergebnis klare Konturen zu geben und Staat, Wirtschaft und Gesellschaft wieder leidlich funktionsfähig zu machen. Was zum Teil schon 1931 eingeleitet worden war, wurde zum Signum der Jahre nach dem großen Hunger und dem Ende des industriellen Umbruchs. In der Landwirtschaft nahm das Kolchossystem samt der Ablieferungspflicht und begrenzten Wiederzulassung des privaten Marktes eine feste Gestalt an. In der Industrie folgte dem ersten Fünfjahresplan der zweite, der ein maßvolleres Wachstum vorsah und vor allem darauf abzielte, das Begonnene zu konsolidieren. In der dörflichen wie städtischen Gesellschaft förderte man die neuen Schichten, die vom Umbruch profitiert hatten und den Sozialismus der neuen Art stützten.

Freilich gab es auch gegenläufige Tendenzen. Sie traten in der Herrschaftsverfassung mit besonderer Deutlichkeit zutage, unterminierten aber auch die soziale Ordnung und bedrohten die Existenz eines jeden einzelnen. Gemeint ist die Zuspitzung des Parteiregimes zur persönlichen Diktatur Stalins samt der zunehmend willkürlichen Gewalt, die sie begleitete und ermöglichte. Von außen gesehen, nahm die Organisation der politischen Macht und staatlichen Administration endgültig einen – zurückhaltend gesagt – ‹dualen› Charakter an: Die Fassade wurde noch demokratischer, das Gebäude selbst immer autokratischer. Nach der Selbstbehauptung der Partei in den selbsterzeugten Turbulenzen der Industrialisierung und Zwangskollektivierung war Stalins Position unangreifbar geworden. Das politische System verschmolz in der Außenwahrnehmung ebenso wie in seiner inneren Funktionsweise mit seiner Person: Die erste, die Vorkriegsphase des Stalinismus im engeren Sinne begann. Allerdings steht mehr denn je in Frage, wie diese Ordnung, wie die Herrschaft und Verwaltung zu kennzeichnen waren und worauf sich Stalins Macht gründete. Das alte Konzept der Totalitarismustheorie ist seit längerem ebenso in Zweifel gezogen worden wie die Annahme, Stalin habe die Administration und den Zwangsapparat im ganzen Lande seiner tatsächlichen, eigenen Kontrolle unterworfen. Dagegen hat man, vor allem anhand sozial- und strukturgeschichtlicher Detailuntersuchungen, zahlreiche Belege für Rivalitäten, Widersprüche, Chaos und Leerlauf ins Feld geführt. Hinzu kommen jüngste Versuchen, den Faktor der Überzeugung und freiwilligen Zustimmung stärker zu betonen. Nach der Revision des Totalitarismus-Ansatzes scheint die ‹Revision der Revisionisten› mit der Pointe einer partiellen Rückkehr zu totalitarismustheoretischen Perspektiven begonnen zu haben. Allerdings bleibt der Geltungsbereich vor allem der letztgenannten Überlegungen vorerst ebenso offen wie die generelle Frage, in welchem Maße und in welcher Gestalt die verschiedenen Konzepte miteinander konkurrieren oder einander ergänzen.

1. Formen und Instrumente der Herrschaft

a. *Staat, Verfassung, Recht*

So wie die NĖP weit mehr als ihr Name war, so griffen auch die Folgen ihrer Beendigung deutlich über die Reorganisation der Wirtschaft hinaus. Die Grundhaltung des Regimes insgesamt, die Bereitschaft zum Arrangement mit vorgefundenen, im Prinzip nicht gebilligten Zuständen, wurde verworfen. Mit ihr verloren die theoretischen Positionen, die von der Voraussetzung eines Kompromisses zwischen Ziel und Wirklichkeit ausgingen, ihren Gegenstand. Der Koexistenz von öffentlichem und privatem Eigentum in der Wirtschaft entsprach die Trennung von Partei und Staat. Formal blieb die Partei während des Neuaufbaus nach dem Bürgerkrieg zwar eine öffentliche, aber nichtstaatliche Einrichtung. Sie kam in der Verfassung explizit nicht vor. Lenin beherzigte diese durchaus logische Konsequenz, indem er seinen Genossen parallel zum Widerruf des «Kriegskommunismus» vor allem die Aufgabe zuwies, die Fahne des Sozialismus hochzuhalten und den Kräften des neuen «Kapitalismus» gleichsam von außen Paroli zu bieten. Um so eher gebot der Beginn der neuen Ära eine gegenteilige Politik. Da die formale Unabhängigkeit der Partei vom Staatsapparat im wesentlichen aus dem Übergangscharakter der Gesamtordnung erwuchs, bestand nach dem Verzicht auf pragmatische Rücksicht auch keine Veranlassung mehr, an ihr festzuhalten. Vielmehr waren die Kommunisten nunmehr aufgefordert, dem neuen Kurs in allen Bereichen zum Sieg zu verhelfen. Die Partei mußte, wie es zu ihrer eigentlichen Absicht gehörte, neben der Gesellschaft an vorrangiger Stelle den Staat durchdringen. Fraglos war der Anspruch der Bolschewiki in diesem Sinne totalitär: Sie wollten lenkendes Zentrum des Gemeinwesens in *allen* Bereichen sein. Wo der Sozialismus zum Staatsziel erhoben wurde, wuchs der Organisation, deren Zweck darin bestand, ihn der Verwirklichung näher zu bringen, zwangsläufig quasistaatlicher Charakter zu.

Auf der anderen Seite gehörte es von Anfang an ebenfalls zum Selbstver-

1. Formen und Instrumente der Herrschaft 437

ständnis des neuen Regimes, die Volksherrschaft erstmals in der Weltgeschichte konsequent zu verwirklichen. Dies leistete der Theorie nach die Räteverfassung. Es versteht sich, daß nach einer Wende im Zeichen der Besinnung auf Geist und Taten der Revolution kein Anlaß bestand, diesen Anspruch zu korrigieren. Vielmehr sah man umgekehrt gute Gründe, ihn noch offensiver zu erheben: Wo der erfolgreiche Eintritt in die sozialistische Wirtschafts- und Sozialordnung behauptet wurde, konnte ihr politisches Pendant nicht fehlen. Auch wenn die Diktatur der Partei strenger geworden und sich zur Diktatur über die Partei zugespitzt hatte, hielt man an der Prämisse fest, daß allein die Partei die Interessen der Bevölkerung repräsentiere und nur ihre Teilnahme an der Staatsführung reale Demokratie garantiere. Daß weder Oktroi noch Substitution mit Selbstbestimmung vereinbar waren, konnte nicht einmal mehr ausgesprochen, geschweige denn bedacht werden. Die paradoxe Verbindung von demokratischem Schein und diktatorischer Wirklichkeit wurde gerade für den programmatischen Sozialismus zur zweiten Haut.

Mit diesem Zweck, Symbol des angeblich neuen Stadiums des Sowjetsozialismus zu sein, hat Stalin persönlich die Ausarbeitung einer *neuen Verfassung* angeregt und lebhaften Anteil an ihr genommen. Auf seine Empfehlung hin beauftragte der siebte (Allunions)Sowjetkongreß Anfang Februar 1935 den Vorsitzenden des SNK Molotov, eine entsprechende Kommission einzusetzen. Deren Entwurf lag dem ZK bereits am 1. Juni 1936 vor und wurde von diesem Gremium, wie es nicht anders sein konnte, gebilligt. Was danach folgte, war ebenso neuartig wie ungewöhnlich. Mit großem propagandistischen Aufwand und unter Beteiligung aller Massenorganisationen wurde im Sommer und Herbst eine breite «Diskussion» inszeniert, deren offizielles Ergebnis niemanden überraschte: vorbehaltlose Zustimmung landauf landab. Ungeklärt bleibt bislang, ob die Kampagne *nur* der Erzeugung demokratischer Scheinlegitimation diente oder auch als Test der Möglichkeit zu verstehen war, den unteren Parteigremien und Sowjets mehr Mitwirkungschancen einzuräumen. Demnach wäre der Versuch erst abgebrochen worden, als die Angesprochenen selbstbewußt eigene Interessen zu verfolgen begannen.[1]

Wie auch immer, planmäßig kam Ende November 1936 ein außerordentlicher Sowjetkongreß zusammen, der den Text der neuen Verfassung endgültig verabschiedete. Stalin ließ es sich dabei nicht nehmen, in einer mehrfach nachgedruckten Rede die Interpretation des Ereignisses vorzugeben. Er sprach von einem ‹historischen Dokument›, das «in einfacher und gedrängter Form» sowohl vom ‹Sieg des Sozialismus› als auch vom Triumph der «restlos konsequenten Demokratie» in der Sowjetunion künde. Es fasse die Umwälzung der vergangenen Dekade «fast im Protokollstil» zusammen: die Überführung sämtlicher Produktionsmittel einschließlich des Grund und Bodens in öffentliches Eigentum, die «Liquidierung» der «Kulaken» als

VI. Die Herrschaft Stalins (1934-1941)

Klasse und die endgültige Sicherung der Herrschaft von Arbeitern und Bauern. Mehrfach von stehenden Ovationen unterbrochen, pries Stalin die neue Verfassung als Beweis für die Aufhebung der «Ausbeutung des Menschen durch den Menschen» und eigentliche Vollendung «bürgerlicher» politischer Verfassungen. Dabei versäumte er nicht, den propagandistischen Effekt auch nach außen zu kehren: In der gegebenen Situation wollte er dieses Zeugnis ‹echter› Demokratie nicht zuletzt als «Anklageakt gegen den Faschismus» verstanden wissen.[2]

In der Tat enthielt die Verfassung vorbildliche Bestimmungen. Sie verkündete eindrucksvolle «Bürgerrechte» für alle: einen Anspruch auf «Arbeit», «Ruhe und Erholung», «materielle Sicherheit» im Alter, «Bildung» und Gleichberechtigung für Frauen. Sie garantierte die Grundfreiheiten zur Versammlung, Rede, Schrift und Demonstration. Sie verankerte einen makellos demokratischen Staatsaufbau in Gestalt einer von unten nach oben gewählten Pyramide von Räten und jeweils von diesen bestimmten Exekutivkomitees mit der demonstrativen Ausnahmebestimmung, daß der Oberste Sowjet (der sowohl den alten Allunionssowjet als auch dessen CIK ersetzte) sowie die korrespondierenden Sowjets der Unions- und der Autonomen Republiken *direkt* gewählt werden sollten. Sie schrieb die Verantwortlichkeit der – weiterhin SNK genannten – Regierung gegenüber dem Obersten Sowjet fest (Art. 31). Sie brachte den föderativen Charakter des Gesamtstaats durch die Einrichtung einer Nationalitätenkammer als Teil des Obersten Sowjets und deren Gleichberechtigung mit der Unionskammer klarer zum Ausdruck, als das in der alten Verfassung der Fall war (Art. 38). Sie betonte die Unabhängigkeit der Justiz und sah als oberste Hüterin der Recht- und Verfassungsmäßigkeit des Verwaltungshandelns neben dem Obersten Gerichtshof sogar eine staatliche Prokuratur vor, die Verstöße von Amts wegen zu verfolgen hatte (Art. 102 ff.). Schließlich gab sie auch ein Wahlrecht vor, gegen das formal wenig einzuwenden war. Im Gegensatz zu den Verfassungen von 1918 und 1924 sollten die Stimmen nicht nur geheim, frei und direkt, sondern auch gleich abgegeben werden (Art. 134 ff.). Die Diskriminierung derjenigen, die angeblich nicht von eigener Arbeit lebten, wurde aufgehoben. Der etablierte Sozialismus, so lautete die Botschaft dieser markantesten Neuerung, hatte diese Art von Klassenkampf nicht mehr nötig; er konnte sich das ‹Risiko› leisten, eine ökonomisch entmachtete, als solche nicht mehr erkennbare ‹Schicht› wahlrechtlich wieder gleichzustellen.

Doch all diese Vorzüge nutzten niemandem. Zum einen gab es manche Bestimmungen, die den wohllautenden Vorschriften schon theoretisch die Kraft entzogen. So verfügte der erste Artikel, daß die Sowjetunion «ein sozialistischer Staat von Arbeitern und Bauern» sei. Die Formulierung war an dieser Stelle mehr als eine Floskel. Vielmehr enthielt sie eine fundamentale Festlegung, die als Prämisse für alle folgenden Paragraphen zu betrachten war: daß Privateigentum an Produktionsmitteln im Geltungsbereich der

1. Formen und Instrumente der Herrschaft

Verfassung ebensowenig Platz hatte wie die «Bourgeoisie». Anstelle der «kapitalistischen Wirtschaftsordnung» wurde allein die «sozialistische» in Gestalt staatlicher oder kollektiver Betriebe zugelassen. Auch die politische Dimension dieser konstitutionellen Fixierung der Wende von 1929/30 blieb nicht unerwähnt. «Alle Macht» sollte von den Räten als Verkörperung der «Diktatur des Proletariats» ausgehen. Entsprechend betonte Stalin in seiner Exegese, daß Demokratie und Diktatur der Werktätigen nicht als Gegensätze zu sehen seien. Vor diesem Hintergrund erhielt auch die erstmalige Nennung der Partei in der Verfassung ihr Gewicht: So beiläufig sie war, so deutlich zeigte sie, daß vor allem die Bolschewiki als «Avantgarde der Werktätigen» und «Kern» aller Organisationen die «Entwicklung des sozialistischen Systems» vorantreiben und die Verfassung mit Leben erfüllen sollten. Schon diese Bestimmungen hätten ausgereicht, um den demokratischen Anstrich gründlich zu zerstören. Ein weiteres kam jedoch hinzu: Kein Buchstabe der wohlgesetzten Paragraphen wurde je Wirklichkeit. Im Ausland durchschaute man dies nicht immer sogleich. Keine Geringeren als die angesehenen englischen Sozialisten Beatrice und Sidney Webb haben den Text für bare Münze genommen und ihrer Hoffnung auf Vollendung der «Sowjetdemokratie» Ausdruck gegeben. Tatsächlich konnte der Kontrast aber größer kaum sein: Die Verfassung blieb über vierzig Jahre in Kraft (bis 1977) – und wog doch praktisch wenig mehr als ein Fetzen Papier.[3]

Wie die Sowjetunion tatsächlich regiert wurde, entzieht sich bis heute weitgehend historischer Kenntnis. Einschlägige Darstellungen gehen über eine interpretierende Skizze der formalen *Verfassungs- und Verwaltungsstruktur* kaum hinaus. Die wenigen Fallstudien sparen zwar nicht mit deutlichen Aussagen; ihre Repräsentativität bleibt aber offen. Nach wie vor müssen daher knappe Hinweise genügen. Die Verfassungskampagne und die Propagierung tatsächlicher Wahlen für die unteren Gremien von Partei und Staat in den folgenden beiden Jahren passen besser ins Gesamtbild der Herrschaftsordnung, als der erste Blick vermuten läßt. Antibürokratische Affekte gehörten nicht nur zum Repertoire bolschewistischer, sondern gerade auch stalinistischer Politik, wie die Geschichte der ‹großen Wende› lehrt. Hinzu kommt, daß die diktatorische Herrschaftsform schon immer mit plebiszitärer Legitimation spielte, die in der Regel leichter zu sichern war als die Zustimmung gewählter oder auf andere Art delegierter Landesvertreter. Trotzkis Charakterisierung des Stalinschen Regimes als Bonapartismus hatte darin womöglich eine größere Berechtigung als im primär gemeinten Sinn des ‹Bürokratismus›. Auf einem andern Blatt stand die wirkliche Verteilung der Macht. Nichts spricht zugunsten der Annahme, daß sich die Praxis in nennenswertem Maße geändert hätte. Weiterhin stand der «demokratische Zentralismus» nur auf dem Papier. Die tatsächliche Meinungsbildung verlief ebenso wie die Umsetzung der Entscheidungen sowohl in der Partei als auch im Staat von oben nach unten. Nach wie vor bildete deshalb auch die Sowjetpyramide eine Ordnung ohne wirkliche Befugnisse. Die Ausdehnung des Wahlrechts änderte nichts daran. Von der «doppelten Verantwortlichkeit» der Exekutivkomitees auf allen Ebenen – außer der höchsten – gegenüber den jeweiligen Plena und gegenüber den nächsthöheren Exekutivkomitees fiel nur die letztgenannte ins Gewicht. Immer noch waren die Sowjets, die der Idee nach Legislative und Exekutive zugleich sein sollten, weder das eine noch das andere, sondern ganz überwiegend eines: bloße Fassade.⁴

Weil die proklamierte Aufhebung der Gewaltenteilung ebenfalls nur auf dem Papier stand, hatte sich die in der Sowjetordnung formal nicht vorgesehene selbständige Exekutive in Gestalt der Regierung nicht nur erhalten, sondern weiter gefestigt. Auch nach Lenins Tod war der Gedanke nie ernsthaft erwogen worden, den SNK etwa mit dem CIK des Allunionssowjets zu verschmelzen. Vielmehr paßte man die Kommissariate an den Wandel der Verhältnisse und Anforderungen an. Der nachhaltigste Impuls ging dabei von der Einführung der Planwirtschaft aus. Obwohl die Branchenministerien erst im Krieg geschaffen wurden, ergab sich von Anfang an die Notwendigkeit, die neue, bald mächtigste Bürokratie überhaupt durch die Bildung zweier allgemeiner Ministerien für die Schwer- und die Verteidigungsindustrie in das Kabinett aufzunehmen. Hinzu kam die Oberste Planbehörde als permanent vertretenes «Staatskomitee». Drei weitere Industrieressorts (Nahrungsmittel, Holz und Leichtindustrie) wurden jeweils auf Republiksebene ohne Unionspendant eingerichtet. Dagegen schlug sich die Zwangskollektivierung bezeichnenderweise weniger deutlich nieder. Angesichts der Fiktion formaler Gleichberechtigung der einzelnen Unionsrepubliken lag im Verhältnis zwischen den Republiks- und den Unionsministerien ein erhebliches Konfliktpotential. Bislang spricht wenig dafür, daß es – anders als in den ersten Jahren der Unionsexistenz – in der Stalinära störend in Erscheinung trat. Die allgemeine Unterordnung der Republikskommissariate unter die entsprechenden Unionskommissariate scheint ausgereicht zu haben, um die Hierarchie auch in der Praxis zu fixieren und letzteren einen Instanzenzug zu verschaffen, über den sie selbst nicht verfügten. Da alle Gremien gleichermaßen von der Partei besetzt und dirigiert wurden, fielen die wichtigen Entscheidungen ohnehin andernorts. Es war symptomatisch, daß Stalin darauf verzichtete, Lenin auch im Vorsitz des SNK zu beerben. Angesichts der begrenzten Befugnisse der Regierung konnte er sich offenbar leisten, selbst dieses formal herausragende Amt einem getreuen Paladin, dem vielfach einsetzbaren Molotov, zu übertragen.⁵

Das eigentliche Novum der dreißiger Jahre aber bestand nicht in der Hegemonie der Partei, sondern – neben der wachsenden Bedeutung des Terrors als Herrschaftsinstrument – in der *persönlichen Diktatur* eines Mannes *über* die Partei. In der Tat wich die ‹kollektive Führung›, worauf später N. S. Chruščev seine Anklage hauptsächlich stützte, dem letzten Wort *eines* Man-

1. Formen und Instrumente der Herrschaft

nes in allen wichtigen Angelegenheiten. Im Kern knüpfte dieses Verfahren zwar an die letzten aktiven Jahre Lenins an, ohne dessen Zustimmung keine wichtige Entscheidung getroffen wurde. Aber so sehr sich Stalin auch als ‹Erbe› in Szene setzte, er war nicht Lenin. Bei aller Zustimmung, die er in manchen Gruppen von Partei und Bevölkerung gefunden haben mag, konnte er sich auf keine annähernd vergleichbare, selbst von Kritikern akzeptierte Autorität stützen. Vielmehr setzte er sich gegen zahlreiche innerparteiliche Gegner und millionenfachen Widerstand in der Bevölkerung durch. Stalin unterwarf und entmachtete seine tatsächlichen und vermeintlichen Opponenten (anfangs nicht vorrangig durch physische Liquidierung), aber er gewann sie nicht. Auch dadurch mögen die bleibende Härte seines Regimes und der nachfolgende Terror zu erklären sein, der bei aller Eigendynamik und manchen anderen Opfern die ‹alten Bolschewiki› durchaus gezielt traf. Insofern besaß seine Diktatur eine andere Qualität. Sie stand nicht nur im Gegensatz zum oligarchischen Entscheidungsprozeß, den es nach Lenins zweitem Schlaganfall fraglos gab, sondern ging darüber hinaus in neuer Weise aus innerparteilichen, schließlich mit terroristischen Mitteln beendeten Machtkämpfen hervor. Vor Kriegsausbruch verkörperte Stalin nicht, wie Lenin, die Herrschaft der Partei (zumindest ihrer Mehrheit) über die Bevölkerung im Sinne des bolschewistischen Anspruchs und des Oktoberumsturzes, sondern die Herrschaft eines Teils der Partei über einen anderen. Allem Anschein nach fand diese nie formalisierte, sowohl gegen die geschriebene Verfassung als auch gegen die institutionelle Struktur des Staates verstoßende Machtkonzentration in der Schlüsselstellung eines Geheim- und Privatsekretariats einen organisatorischen Ausdruck. Wo letztlich alle zentralen Anweisungen der Billigung *eines* Mannes bedurften, wuchs dessen engstem Vertrauten (seit 1930 A. N. Poskrebyšev) eine Machtfülle zu, die weit über seine eigentliche Funktion hinausging.[6]

Gesellschaft und *Rechtsordnung* waren aus den genannten Gründen (vgl. IV. 2) in der Sowjetunion vielleicht noch enger miteinander verzahnt als in anderen Staaten. Nach der Revolution hatte man das Justizwesen – in Umkehrung seiner vorgeblichen Funktion für das alte Regime – erklärtermaßen in den Dienst der «Diktatur des Proletariats» gestellt. Der Preis dieser Instrumentalisierung war hoch: Jede Untat der Tscheka fand ihre Rechtfertigung; Recht wurde auf programmatische Weise parteilich und büßte seine regulierende, Erwartungssicherheit stiftende Kraft ein. Schon deshalb verlangte der Wiederaufbau im Zeichen der NĖP auch rechtliche Konsequenzen. Nicht nur das teilweise wiederzugelassene Privateigentum brauchte gesetzlichen Schutz; die ganze Gesellschaft konnte den Übergang zum Frieden nur auf der Grundlage verläßlicher Rechtsnormen bewältigen.

Entsprechend stand eben dieser Vorrang wie immer auch begrenzter Rechtssicherheit mit dem Ende der NĖP erneut zur Disposition. Schon die Getreiderequisition im ersten Krisenwinter 1927/28 trat die Eigentumsgarantie ebenso wie die Persönlichkeits- und Bürgerrechte mit Füßen. Nicht nur Wirtschaftspolitik und Ideologie, bald gefolgt von der gesamten inneren Politik, kehrten zu den Prinzipien der Bürgerkriegsjahre zurück, sondern auch das Justizwesen in all seinen Aspekten. Sichtbar wurde diese Wende zuerst in der Rechtstheorie. Von der Partei ermuntert, konnten radikale Marxisten, angeführt von Pašukanis, Stučka und Krylenko, gegen pragmatisch orientierte Spezialisten in der Kommunistischen Akademie und andernorts vorgehen. Vorwürfe des ‹vulgären Positivismus›, ‹sentimentalen Soziologismus› oder gar ‹liberal-humanitärer› Prämissen blieben nicht ohne personelle Konsequenzen. Wie die Wirtschaftsexperten im Gosplan verloren die Gemaßregelten, wenn ihnen nicht Schlimmeres geschah, ihre Stellung. Neue Leute rückten auf, die zu begründen versuchten, was die Renaissance ‹linker› Orthodoxie vorgab: die Orientierung von Recht und Rechtsprechung an den Lehrsätzen vom Klassenkampf und vom ‹Absterben des Staates› bei der Vollendung des Sozialismus. Die Korrespondenz zur Stalinschen Politik und einer ideologischen Kampagne, die den Aufbruch in eine bessere Welt ohne agrarische und industrielle Überreste des Kapitalismus begleitete, ist unübersehbar. Dagegen schlug der Wandel in der formalen Organisation der Rechtsprechung kaum durch. Die Veränderungen beschränkten sich im wesentlichen auf die Anpassung an die neuerliche Korrektur der territorialadministrativen Gliederung (Abschaffung des *okrug*). Nicht nur der Übergangscharakter der Zeit erklärt diese Diskrepanz, sondern wohl auch die wachsende Sichtbarkeit einer Erscheinung, der die Zukunft gehörte: die Aushöhlung aller Legalität durch Sondergerichte und die uneingeschränkte Selbstjustiz der Geheimpolizei.[7]

Was sich in den frühen Schauprozessen ankündigte, gewann nach dem Abschluß des Wendemanövers alleinigen Vorrang. Alles spricht dafür, daß um 1935 – die Datierung ist unterschiedlich – eine weitere Zäsur der Rechtsentwicklung zu verzeichnen war. Es begann die letzte Vorkriegsetappe, die im Zeichen der Sicherung des Erreichten stand. Der Umbruch mündete auch in dieser Hinsicht in die Aufgabe, neue Stabilität zu schaffen. Damit stand aber nicht nur eine Korrektur der Gesetze, sondern auch eine der Rechtstheorie an. Die mobilisierende, auf die Zukunft gerichtete Funktion wich einer eher konservierenden. Hinzu kam, daß sich die neue Ordnung stärker auf das Monopol staatlicher Gewaltausübung stützte als die alte. Auch wenn die herrschaftsfreie Gesellschaft proklamiert wurde, war es offensichtlich, daß der Staat als Herrschaftsinstrument ebensowenig ‹abstrakt› wie die öffentliche Verwaltung. Was eben noch als ‹wirklich› marxistisch galt, wurde nun als geistige Sabotage an den Errungenschaften des Sozialismus denunziert. Wie viele andere zahlte Pašukanis einen hohen Preis für seine Gesinnungsfestigkeit. Zum Menetekel einstiger Wahrheiten geworden, verschwand auch er in den Säuberungen des Jahres 1937. Den Sieg trugen A. Ja. Vyšinskij, gefürchteter Chefankläger in den Schauprozessen des ‹Großen

1. Formen und Instrumente der Herrschaft

Terrors›, und seine opportunistischen Mitstreiter davon, die aus dem großen Reservoir elastischer Versatzstücke des stalinistischen «Marxismus-Leninismus» eilfertig eine passende ‹Erkärung› fabrizierten. In ihrer Sicht bestand die Koexistenz von ‹bürgerlichem› und ‹sozialistischem› Recht und damit auch die Notwendigkeit eines starken Sowjetstaates fort, solange dieser von einem kapitalistischen Bollwerk im Ausland umgeben war. Auch rechtlich sollte der Sozialismus wehrhaft sein.

In diesem Sinne wurden, anders als in der vorangegangenen Etappe, frühzeitig auch Eingriffe in das materielle Recht und die Organisation der Rechtsprechung vorgenommen. Den Auftakt bildete die Einrichtung eines «*Sonderkomitees*» im Zuge der Verschmelzung der OGPU mit einem neuen, unionsweiten Innenkommissariat, des bald berüchtigten NKVD, im Juli 1934. Laut Gesetz vom 5. November des gleichen Jahres gehörte diesem Gremium *ex officio* zwar auch ein Vertreter des Generalstaatsanwalts beim Obersten Gerichtshof an. Aber dessen Präsenz allein änderte, selbst wenn sie mehr als ein bloßes Alibi war, nichts an der entscheidenden Tatsache, daß die Exekutive mit der neuen Einrichtung die Möglichkeit besaß, ohne reguläres Verfahren, ohne Appellation und Überprüfbarkeit durch ordentliche Gerichte, Strafen zu verhängen. Daß deren Begrenzung auf fünf Jahre Verbannung und «Besserungsarbeit» beachtet wurde, darf als unwahrscheinlich gelten. Schon vor dem Mord am Leningrader Parteichef S. M. Kirov schuf die Gründung des Sonderkomitees die Möglichkeit zur unkontrollierten administrativen Schnelljustiz. Der Ausnahmezustand war, falls er faktisch nicht ohnehin bestand, institutionell auf den Weg gebracht. Nach den Leningrader Schüssen wurden, neben der Verfügung von Sondermaßnahmen bei «terroristischen» Anschlägen, mehrere bereits bestehende Strafbestimmungen auch förmlich verschärft. Dabei blieb vom marxistischen Urgedanken der sozialen Verursachung von Vergehen und der korrigierenden statt vergeltenden Aufgabe der Strafe wenig übrig. Schon das geschriebene Recht nahm eine bemerkenswerte Härte an. Insofern kam der oft zitierten Absenkung des Straffähigkeitsalters bei schwereren Delikten auf zwölf Jahre im April 1935 durchaus exemplarische Bedeutung zu.

Weit schlimmer war freilich die parallele Unterminierung jeglicher Gesetzmäßigkeit durch die unkontrollierte Gewalt der Exekutive nicht nur in Gestalt der Geheimpolizei. Schauprozesse und förmliche Verfahren vor Sondergerichten brauchte man letztlich nur für prominente Opfer; auch von ihnen erfuhr die Öffentlichkeit, wenn überhaupt, erst *post festum*. Die zahllosen anonymen anderen verschwanden ohne derartiges Aufheben. Angesichts dessen konnte die Bestätigung der Unabhängigkeit der Justiz und makelloser Rechtsstaatlichkeit in der neuen Verfassung von 1936 nur wie blanker Hohn wirken. Das Grundübel war und blieb, daß die Einparteienherrschaft weder politischen Pluralismus noch gar die geschützte Unabhängigkeit der regulären staatlichen Gewalten zuließ. Recht im Stalinschen Staat konnte es ebenso wenig geben wie ein richtiges Leben im falschen.[8]

b. Terror und Schauprozesse

Ungeachtet aller Säuberungen und der wirksamen Unterdrückung erklärter Gegner wurde die Partei als Institution von der ‹großen Wende› am wenigsten berührt. Sie wechselte ihren Kurs, erneuerte ihre Mitglieder, erweiterte ihre Einflußsphäre und schickte schließlich sogar eine eigene ‹Armee› in ihren Krieg gegen das Dorf. Aber sie beschleunigte damit in vieler Hinsicht nur bestehende Tendenzen. Zu den Ergebnissen der «zweiten Revolution» gehörte an vorrangiger Stelle, daß die letzten Bereiche relativ eigenständiger Regulation beseitigt und ebenfalls zentraler Verfügungsgewalt unterworfen wurden. Da das Parteimonopol nicht nur fortbestand, sondern sich sogar zur Herrschaft eines Mannes und seiner Clique verengte, lief dieser Vorgang auf die weitere Konzentration aller politischen Macht in der Parteispitze hinaus. Dennoch wäre es voreilig, daraus bereits auf eine völlig unbedrohte Stellung Stalins zu schließen. Gewiß konnte er den industriellen Spurt trotz aller Pannen als persönlichen Triumph werten. Und noch mehr schlug die wider alles Erwarten einigermaßen ausreichende Ernte von 1933 (nicht weil sie gut gewesen wäre, sondern weil angesichts von Deportation und Hunger weniger Menschen zu ernähren waren), um deren Bedeutung er wußte und die er nach Kräften zu ermöglichen geholfen hatte, zu seinen Gunsten zu Buche. Aber das blutige Drama der Zwangskollektivierung hatte auch in der Partei Spuren hinterlassen. Daß offene Opposition schnell zum Schweigen gebracht wurde, besagte nicht allzu viel über die Verbreitung unterschwelliger Unzufriedenheit. Der nächste Parteitag mußte Auskunft über die Stimmung und Wünsche zumindest der Funktionsträger nach dem Gewaltakt geben. Insofern wohnte ihm eine größere Spannung inne als manchen früheren Veranstaltungen dieser Art.

Ende Januar 1934 kamen 1966 Delegierte aus allen Landesteilen zusammen. In welchem Maße sie für die Parteibasis standen, wird man angesichts der längst üblichen Einflußnahme übergeordneter Instanzen auf ihre Wahl kaum mehr in Erfahrung bringen können. Aus einer Umfrage der Mandatskommission geht indes ein anderer bemerkenswerter Umstand hervor: daß ca. 80 % der Teilnehmer im Revolutionsjahr oder während des Bürgerkriegs in die Partei eingetreten waren. Da dies nur für 10 % aller Parteimitglieder galt, repräsentierte die Versammlung nicht die ‹Aufsteiger› im engeren Sinne und jene militante junge Garde, die Stalins Kurswechsel durchzusetzen geholfen hatte. Mit gutem Grund ist dem propagandistischen Etikett «Parteitag der Sieger» daher die Kennzeichnung als «Parteitag der alten Garde» an die Seite gestellt worden. Im Rückblick auf die Schrecken der folgenden Jahre zeigt sich, daß es die letzte Veranstaltung mit diesem Merkmal war.

1. Formen und Instrumente der Herrschaft

Wie ihre entsetzten Nachfolger 22 Jahre später erfuhren, wurden nicht weniger als 1108 (= 56,4 %) der Abgeordneten unter der Anschuldigung «konterrevolutionärer Verbrechen» verhaftet. Viele überlebten ihre Strafe nicht. So darf ein weiterer Titel des Kongresses keine geringere Berechtigung für sich in Anspruch nehmen: daß er auch ein «Parteitag der Opfer» war.[9] Dabei war ein solcher Ausgang nicht vorauszusehen. Die Zeichen standen auf Versöhnung. Nach der Ernte des Jahres 1933 verbreitete sich in der Parteispitze mit dem Gefühl des Sieges (oder der Erleichterung der Davongekommenen) auch eine Neigung, die Grabenkämpfe der jüngsten Vergangenheit beizulegen. Umgekehrt versuchten die Verlierer zu retten, was zu retten war, und zeigten – zum wiederholten Mal – Reue. Ihre Unterwerfung schien akzeptiert zu werden. Kamenev, Zinov'ev, Radek und andere wurden wieder in die Partei aufgenommen und als Delegierte zur großen Feier eingeladen: Alles war vorbereitet, um dem Land und der Welt neue Einigkeit und Macht zu demonstrieren. Ganz oben auf der Welle des Jubels und des Stolzes schwamm Stalin. Er konnte in seinem Rechenschaftsbericht mit größerer Überzeugungskraft als je zuvor verkünden, «alle» könnten sich davon überzeugen, «daß die Parteilinie gesiegt» habe und der Aufbau des «Sozialismus in einem Lande» möglich sei. Die Zuhörer dankten ihm mit Begeisterungsstürmen, die sicher nicht nur bloßem Opportunismus oder der Suggestivkraft des Massenapplauses, sondern auch ‹aufrichtiger› Verblendung entsprangen. Für so viel Verehrung reichte der «Führer»-Titel schon nicht mehr aus. Nun attestierte man dem «großen Genius» Stalin unter «donnernden Hurrarufen» «Ruhm und Ehre». Als sich Lenins Todestag zum zehnten Mal jährte, hatte der Staatsgründer nach den Bekundungen der Partei endgültig einen würdigen Nachfolger gefunden: Von Lenin zu Stalin, lautete fortan die unbestrittene Sukzession. Dabei wurde die Wirkung dieser Botschaft durch den Auftritt der einstigen Kritiker noch verstärkt. Zinov'ev, Kamenev, Pjatakov, Bucharin, Rykov, Tomskij und andere schlossen sich der Huldigung, zum Teil in peinlich-devoten Worten, ausdrücklich an. Anders als Trotzki widerriefen sie ihre angeblichen Sünden. Sie gönnten Stalin das Schauspiel eines Kniefalls, um weiterhin einer Organisation angehören zu können, die Teil ihres Selbst war. Es gehörte zur tiefsten Tragik der folgenden Jahre, daß sie auch dadurch ihren Kopf nicht zu retten vermochten.[10]

Gleichwohl deutete bislang alles darauf hin, daß es einen Vorfall gab, der dem Diktator den Triumph gründlich vergällte: der Auftritt eines potentiellen Rivalen. Zugleich sind in jüngster Zeit viele ernstzunehmende Zweifel an der bislang überwiegend akzeptierten Version der Ereignisse geäußert worden. Die gesamte Vorgeschichte und Geschichte des Mordes am Leningrader Parteichef *Kirov* beruht auf einer fragilen Indizienkette. Einige Glieder haben sich als brüchig erwiesen, ohne daß andere oder gar festere an ihre Stelle getreten wären. Es kann so gewesen sein, wie es seit einigen

Jahrzehnten aufgrund weniger Quellen ‹fortgeschrieben› wurde; es kann sich aber auch anders zugetragen haben. Was sich im einzelnen hinter den Kulissen des Parteitages abspielte, lag stets im Dunkeln. Aus Memoiren und Berichten ergaben sich jedoch Hinweise darauf, daß Vorbehalte gegen Stalin geäußert und sogar Versuche unternommen wurden, seine Ablösung vorzubereiten. Dabei avancierte Kirov ohne seine aktive Teilnahme zum Hoffnungsträger. Dem wichtigsten Gewährsmann zufolge (keinem Geringeren als Bucharin), stand der Leningrader Parteichef für eine flexiblere und weniger gewalttätige Umsetzung der «Generallinie». Wohl hatte er sich während des ersten Fünfjahresplans als kompromißloser Verfechter wahnwitziger Planziffern erwiesen. Auch beim Bau des berüchtigten Weißmeer-Kanals, des ersten Großprojekts, das überwiegend von Zwangsarbeitern des *GULag* errichtet wurde, hatte er keine Skrupel erkennen lassen. Als Mann Stalins nahm er Gewalt in Kauf, vermied aber das Odium willkürlicher Brutalität. So erwarb er sich in der Partei und Bevölkerung trotz allem den Ruf, «für die Abschaffung des Terrors» zu stehen. Mit Gorki riet er zu einem Neubeginn und verkündete in seinen Reden, daß es in der Partei «keine unversöhnlichen Feinde von Bedeutung» mehr gebe. Ein übriges bewirkte seine Persönlichkeit. Kirov strahlte Tatkraft und Willensstärke, zugleich aber Einfachheit und Offenheit aus. Eingedenk der Chancenlosigkeit für einen wirklichen Gegner Stalins (den es in den oberen Parteietagen auch längst nicht mehr gab) mochte es deshalb naheliegen, daß sich die kleine Schar Entschlossener, die den Generalsekretär ablösen wollte, an Kirov hielt und ihn bat, als Gegenkandidat zur Verfügung zu stehen. Kirov aber lehnte nicht nur ab, sondern informierte darüber hinaus Stalin. Die ‹Palastrevolte› fand nicht statt. Dennoch blieb Stalin eine Demonstration der Popularität seines Rivalen wider Willen nicht erspart. Kirov wurde nicht nur ins ZK, sondern auch zu einem der Sekretäre des ZK gewählt. Der «Alte Bolschewik» machte auf die Konsequenzen dieser Bestallung aufmerksam: Sie war mit einer Übersiedlung nach Moskau verbunden und hätte die Präsenz Kirovs im Zentrum der Macht erheblich gestärkt. Die nachhaltigste Lektion zog der Generalsekretär jedoch aus dem Ergebnis der Wahlen zum neuen ZK. Nach dem alten Usus des «Ballotierens» gaben die Delegierten über jeden Kandidaten sowohl positive als auch negative Voten ab. Bei der nächtlichen Auszählung stellte sich heraus, daß Kirovs Name nur ganz wenige Male durchgestrichen worden war, während auf Stalin, Molotov und Vorošilov je über hundert Gegenstimmen entfielen. Das Ergebnis wurde gefälscht und der «Führer» mit überwältigender Mehrheit im Amt bestätigt. Die überkommene, stark biographisch orientierte Deutung leitet aus diesem Geschehen die Vermutung ab, Stalin habe in dem Vorfall eine ernste Gefährdung seiner Alleinherrschaft gesehen und machthungrig, skrupellos und hinterhältig, wie er war, die Beseitigung nicht nur Kirovs, sondern der gesamten alten bolschewistischen Garde beschlossen.

1. Formen und Instrumente der Herrschaft

Die Abfolge der Geschehnisse, die unzweifelhafte Instrumentalisierung von Kirovs Tod als Vorwand für die erste Welle von Gewalt und Verhaftungen sowie andere Umstände mehr sprechen dafür. Aber unwiderlegbare Beweise stehen selbst für die Wahlfälschung nicht nur im juristischen, sondern auch im historischen Sinne aus.[11]

Dasselbe gilt für den genauen Hergang des *Mordes an Kirov*, der nach wie vor als ein Schlüssel zum Verständnis der nachfolgenden Greueltaten gelten kann. Was in den Jahren 1937–38 seinen Höhepunkt erreichte (aber bis zu Stalins Tod nicht aufhörte), nahm zumindest chronologisch von dieser Tat seinen Ausgang. Es mag deshalb berechtigt sein, den Anschlag zu den ‹wirkungsvollsten› seiner Art im 20. Jahrhundert zu rechnen, vergleichbar mit den Schüssen auf den Erzherzog Franz-Ferdinand im Juli 1914 oder der Ermordung von Ernst Röhm und seiner Spießgesellen Ende Juni 1934 – ein Coup, dessen Kaltschnäuzigkeit Stalin nachweislich beeindruckte. Daß der NKVD und der Generalsekretär selbst beim Attentat auf Kirov ihre Hände im Spiel hatten, versuchte erstmals zu Beginn der fünfziger Jahre ein Überläufer des KGB zu belegen. Seit Chruščev diese Vermutung in seiner Geheimrede vor dem 20. Parteitag der KPdSU aufgriff und auf dem 22. Parteitag 1961 weitere Einzelheiten enthüllte, galt sie in der westlichen Literatur mehr oder weniger als Faktum. Sie stützte sich auf eine Reihe von Merkwürdigkeiten, für die bislang keine andere plausible Erklärung gefunden wurde. So steht außer Zweifel, daß der Attentäter Leonid Nikolaev, ein einfacher, vom Leben enttäuschter und etwas verwirrter Kommunist, mindestens einmal vergeblich versuchte, Kirov aufzulauern. Er wurde vom örtlichen NKVD verhaftet, aber nach kurzer Vernehmung wieder freigelassen, obwohl er einen Revolver samt einer Karte mit der Route bei sich trug, die das Opfer gewöhnlich nahm. Selbst die Schußwaffe gab man ihm zurück. Als Nikolaev den Parteichef am 1. Dezember 1934 in dessen gut bewachtem Dienstgebäude, dem Smolnyj, schließlich erschoß, war es ihm nicht nur gelungen, bewaffnet bis in den dritten Stock zu gelangen. Er traf Kirov außerdem allein an, da der Leibwächter am Eingang von neuen, aus Moskau entsandten Wachen aufgehalten worden war. Am nächsten Morgen kam Stalin höchstpersönlich, begleitet von Molotov, Vorošilov, Ždanov und anderen Mächtigen des Landes, nach Leningrad, um die Vernehmungen durchzuführen. Als Kirovs unglückseliger Leibwächter zum Verhör gefahren wurde, streifte der Lastwagen, in dem er unter Bewachung von zwei Moskauer NKVD-Leuten transportiert wurde, eine Hauswand. Obwohl der Wagen bis zum Zielort weiterfahren konnte, war der wichtige Zeuge tot. Anders als die Bewacher, die bald erschossen wurden, überlebte der Fahrer die Stalinära und sagte gegenüber der Chruščevschen Untersuchungskommission aus, ein neben ihm in der Führerkabine sitzender NKVD-Mann habe ins Steuer gegriffen und den Unfall vorsätzlich herbeigeführt. Auch der Arzt, der den Totenschein ausstellte, räumte zu dieser Zeit ein, daß die letalen

Verletzungen des Leibwächters nicht durch den Aufprall zu erklären gewesen seien. Hinzu kommen weitere Informationen aus zweiter und dritter Hand. So soll Nikolaev im Gefängnis geäußert haben, der ganze Anschlag sei vom Geheimdienst inszeniert worden. Nicht zuletzt erregte im Rückblick auch die ungewöhnliche Aufmerksamkeit Argwohn, die der «Führer» dem Angeklagten schenkte; immerhin besuchte er diesen in seiner Zelle und redete eine geschlagene Stunde auf ihn ein.

Auf der anderen Seite ist mit Nachdruck daran erinnert worden, daß keine dieser Auffälligkeiten und kolportierten Aussagen das Staatsverbrechen schlüssig beweise. Nikolaev habe den Revolver legal seit 1918 besessen. Er sei in unverdächtigen Umständen verhaftet und wieder entlassen worden. Kirov sei entgegen seiner vorherigen telephonischen Ankündigung völlig unerwartet in seinem Büro erschienen; der Attentäter habe ihn deshalb ohne Leibwächter und zufällig getroffen. Der Generalsekretär habe überdies kein wirkliches Motiv gehabt, Kirov ermorden zu lassen. Beide Männer seien keine Gegner gewesen, sondern Gesinnungsgenossen, die gerade damit begonnen hätten, einen Feldzug gegen die administrative Verkrustung des Regimes vorzubereiten. So wird die Glaubwürdigkeit der bisherigen ‹Geschichte› mit bedenkenswerten Argumenten unterminiert. Sicher muß es skeptisch stimmen, daß auch eine 1989 vom Politbüro der KPdSU eingesetzte Kommission trotz intensiver Bemühungen und der Produktion von fünfzehn weiteren Dokumentenbänden keine hieb- und stichfesten Beweise für die Urheberschaft Stalins oder des NKVD auffinden konnte. Nach juristischen Gesichtspunkten müßte in einem solchen Fall die Unschuldsvermutung gelten. Aber Historiker sollen nicht richten, sondern abwägen. In jedem Fall wird man gut daran tun, die Rätsel zu benennen, statt sie in einer Indizienkette aufgehen zu lassen.[12]

Weitgehend unbestritten sind dagegen die *Folgen des Attentats*. Stalin nutzte die Gunst der Stunde. Mit dem Mord begann etwas qualitativ Neues: Innerparteiliche Gegner wurden fortan nicht mehr ‹nur› entmachtet, aus der Partei ausgeschlossen, verbannt oder (wie Trotzki) des Landes verwiesen; nun geschah ihnen dasselbe wie den «Konterrevolutionären» von einst – man steckte sie in Gefängnisse und Arbeitslager, wo die große Mehrzahl von ihnen elend zugrunde ging, oder liquidierte sie gleich. An die Stelle der politischen und räumlichen Entfernung trat die physische Ausmerzung. Der Begriff der «Säuberungen» gewann – begründeterweise erst jetzt – jenen Beiklang eines zynischen Euphemismus, der ihn zum Synonym für ungezählten Schreibtischmord stalinistischer Prägung machte. Das Instrument dieses Terrors stand in Gestalt des NKVD bereit: Dank der Fusion mit der OGPU verfügte er nicht nur über die reguläre Polizei, sondern auch über die Geheimpolizei sowie verschiedene paramilitärische Truppen der inneren ‹Sicherheit›, kontrollierte die Arbeitslager und erwarb damit einen Status, der ihn deutlich über die anderen Kommissariate hinaushob. Gewaltmittel

1. Formen und Instrumente der Herrschaft 449

hatte man im Bürgerkrieg und während der Zwangskollektivierung (aber auch dazwischen) zur Genüge erpobt. Nun kam eine neue Entschiedenheit hinzu, die maßgeblich von Stalin ausging. Kein einziger prominenter Altbolschewik, der mit dem Generalsekretär irgendwann einmal die Klinge gekreuzt hatte (mit der bemerkenswerten Ausnahme von Kollontaj), sollte diesen Ansturm überleben.

Was die Stunde geschlagen hatte, erfuhr die Bevölkerung bereits drei Tage nach dem Attentat. Die *Pravda* veröffentlichte ein Dreipunkte-Dekret, das die Untersuchungsbehörden bei «Terrorakten» zur Eile anhielt, die Justizorgane ermächtigte, Todesurteile ohne Rücksicht auf eine mögliche Begnadigung zu verhängen und dem NKVD befahl, Hinrichtungen «sofort» nach der Urteilsverkündigung zu vollstrecken. Allem Anschein nach war dieser Erlaß vorbereitet. Stalin brachte ihn im Nachtzug mit nach Leningrad und sorgte noch am Abend des 1. Dezember für seine Unterzeichnung. Das Politbüro wurde erst zwei Tage später befragt, stimmte dem *fait accompli* aber selbstredend zu. Die Eile paßt ins vorherrschende Bild. Sie nährt den Verdacht, daß der Mord an Kirov einen Vorwand lieferte, um auch den kläglichen Rest an Legalität über Bord zu werfen und mitten im inneren und äußeren Frieden den Ausnahmezustand auszurufen.

Möglicher Argwohn wurde bald bestätigt. Keine zwei Wochen später nannte Ždanov, Nachfolger Kirovs in Leningrad, die ersten Opfer öffentlich beim Namen, deren Köpfe nun rollen sollten: Zinov'ev, Kamenev und ihre Helfershelfer, darunter unvermeidlich auch Trotzkisten. Ihnen wurde die eigentliche Planung des Anschlags zur Last gelegt, die der willfährige Nikolaev nur ausgeführt habe. Mit der Ausrottung dieser «Schlangenbrut» begann man gleich vor Ort und verhaftete dreizehn Leningrader Bolschewiki, die noch im Dezember mit dem Attentäter nach einem geheimen Schnellverfahren zum Tode verurteilt wurden. Zugleich suchte die Propaganda angestrengt nach präsentablen Gründen für die Willkür, indem sie die Vergangenheit der Leningrader Parteiorganisation als Zinov'evsche Hausmacht ins Feld führte. Die Fiktion der Rechtmäßigkeit, so durchsichtig und falsch sie war, glaubten die Machthaber aufrechterhalten zu müssen. Diesem Widersinn entsprang auch der Rückgriff auf die Schauprozesse der Wendejahre, die man nun gegen die alte Parteiprominenz richtete und im großen inszenierte. Zum Staatsterror gehörten mehr denn je erpreßte Geständnisse und befohlene Anschuldigungen gegen die nächsten Opfer. Auch dies wurde nach den Schüssen auf Kirov in großer Hast eingefädelt: Schon Mitte Dezember befanden sich die einstigen Triumvirn Zinov'ev und Kamenev, erst ein gutes Jahr zuvor wieder in die Partei aufgenommen, unter der Anklage des Hochverrats im Gefängnis. Aus Beweismangel wurden sie zunächst nur zu einer Haftstrafe verurteilt und in den Ural gebracht. Aber ein spektakulärer Prozeß blieb ihnen nicht erspart. In der Zwischenzeit bewog man sie, Taten zu gestehen, die sie nicht begangen hatten. Bis alles vorbereitet war, brauchten auch die Folterknechte des NKVD und die schrecklichen Richter noch anderthalb Jahre.

Unterdessen machte Stalin deutlich, daß die neue Härte kein einmaliges Exempel war. Von Anfang bis Mitte 1935 rollte die erste Welle des neuen Massenterrors durchs Land. Weitere personelle Umbesetzungen halfen dabei. Sie vervollständigten Stalins Kontrolle über die Exekutoren der Willkür, die zugleich selbst an Macht gewannen und sie in unterschiedlichem Maße für eigene Ziele nutzten. Anfang Februar rückte N. I. Ežov, Stalins neuer Mann fürs Grobe, in der Nachfolge Kirovs zum Sekretär des ZK auf. Als man ihm wenige Wochen später auch noch die Leitung der ZKK anvertraute, war klar, worin seine Hauptaufgabe bestehen würde. Im Juni übernahm außerdem Vyšinskij das Amt eines Generalstaatsanwalts, in dem er es durch schrillen Fanatismus und skrupellose Tatkraft zu ähnlich zweifelhaftem Ruhm brachte wie der Vorsitzende des nationalsozialistischen ‹Volksgerichtshofs› Roland Freisler. Sein Name wurde zum Synonym für Schauprozesse und Rechtsbruch im Namen des Gesetzes. Solche und zahllose kleine Helfer, die wie in jeder Diktatur ‹nur› Befehle ausführten, sorgten für plötzliche Todesfälle oder brachten hinter Stacheldraht, wen immer ein Verdacht traf. Ob Kujbyšev am 25. Januar eines natürlichen Todes starb oder gezielt falsche Medikamente erhielt, hat sich bislang nicht klären lassen. Möglich erscheint ein Mord ebenso wie im Falle Gorkis ein Jahr später. Ganz sicher gerieten dagegen Šljapnikov und andere alte Kämpfer, darunter nicht nur oppositionelle, in die Fänge des NKVD. Bezeichnend für die neuen Methoden war ihre Zufälligkeit: Verhaftung und Deportation trafen, wen sie trafen – Verwandte, Bekannte, Gegner und Mißliebige. Der Denunziation wurden Tür und Tor geöffnet. In vielem wiederholten sich die Schrecknisse der Kulakenverfolgung, mit dem bezeichnenden Unterschied allerdings, daß die Jagd diesmal vor allem in den Städten und der Partei stattfand. Nicht allein «Klassenfeinden», wie dehnbar der Begriff auch immer war, wurde der Kampf angesagt, sondern – in der neuen Stalinschen Terminologie – mehr und mehr den «Volksfeinden».[13]

Parallel zu den Verhaftungen fand eine neue «Säuberung» der Partei statt. Ein Zirkular vom Mai 1935 wies die Parteizellen an, ihre Mitglieder nach den Maßstäben kommunistischer Moral und Klassenverbundenheit zu prüfen. Anfang 1936 folgte eine große Umtauschaktion aller Parteibücher mit demselben Ziel. Der Revision hielten 170000 von 1,8 Mio. (= 9,7 %) registrierte Bolschewiki nicht stand. Weitere erhielten keine neuen Ausweise. Diese Maßnahmen gingen aber in der Regel über die herkömmliche Praxis nicht hinaus. Die Anregung erscheint daher berechtigt, sie stärker vom Terror zu trennen, als das bisher oft der Fall war. Zum Argument für eine Relativierung der massenhaften Verstöße gegen die ‹sozialistische Gesetzlichkeit› taugen sie wenig.[14]

Seit dem Herbst 1935 konnten die Stadtbewohner fürs erste wieder ruhi-

1. Formen und Instrumente der Herrschaft 451

ger schlafen. Verhaftungen wurden seltener. Angst und Schrecken paßten nicht zur Lobpreisung der Sowjetdemokratie während der bevorstehenden Diskussion über den Verfassungsentwurf. Auch die Außenwirkung dieser Propagandakampagne sollte nicht getrübt werden. Im Rückblick entpuppte sich der relative Friede jedoch als die sprichwörtliche Ruhe vor dem Sturm. Ob als Reaktion auf ein gescheitertes Experiment oder nicht, in dieser Zeit wurde der erste große Schauprozeß gegen das «trotzkistisch-sinowjewistische terroristische Zentrum», wie die offizielle Sprachregelung lautete, vorbereitet. Die Peiniger scheuten dabei kein Mittel, um das gewünschte Schuldbekenntnis sicherzustellen. Sie desorientierten die Gefangenen mit Fehlinformationen, quälten sie durch pausenlose Verhöre, griffen (mit ausdrücklicher Billigung Stalins) zur Folter und nahmen Angehörige und Verwandte, Kinder eingeschlossen, als Geiseln. Vor allem die Gewaltandrohung und -anwendung gegen Unschuldige scheint – auch in späteren Fällen – Wirkung gezeigt zu haben. Den Ausschlag aber gab ein Wortbruch des «Führers» selbst: In einem persönlichen Gespräch akzeptierte Stalin ausdrücklich die Bedingung Zinov'evs und Kamenevs, daß es keine Todesurteile geben dürfe. Damit war der Weg frei für eine höhnische Parodie auf jedes Rechts- und Wahrheitsempfinden, wie sie trotz mancher Vorläufer bis dahin noch nicht inszeniert worden war. Der Prozeß begann am 19. August 1936 vor dem obersten Militärgericht im Festsaal des einstigen Adelsklubs. Die Hauptangeklagten spielten gefügig ihre Rolle; Kamenev bekannte, gemeinsam mit Trotzki und Zinov'ev «Leiter und Organisator» einer Verschwörung gegen Kirov gewesen zu sein; Zinov'ev bezichtigte sich, durch ‹fehlerhaften Bolschewismus› «über den Trotzkismus zum Faschismus» gelangt zu sein. Mit vierzehn Leidensgenossen wurden sie des Mordes an einem «prachtvollen Bolschewiken» für schuldig befunden und zum Tode verurteilt. Keinen halben Tag nach dem Richterspruch, am Morgen des 25. August, meldete die *Pravda* Vollzug. Die blutlechzende Forderung Vyšinskijs, «diese tollwütigen Hunde allesamt» zu erschießen, war in bezeichnender Hast erfüllt worden.[15]

Auch manche Bolschewiki mochten fürchten, daß es bei diesen Opfern nicht bleiben würde. Seit die Namen von Pjatakov, Radek, Bucharin, Tomskij, Rykov und anderen während der Verhandlungen gefallen waren, hatten sie Gewißheit: Die Staatsmacht annoncierte den nächsten Prozeß. Bereits nach vier Wochen wurden die beiden Erstgenannten, die über den geringsten Rückhalt in der Partei verfügten, verhaftet. Noch deutlicher enthüllte jedoch eine weitere Personalentscheidung die Bedeutung des Signals, das damit gesetzt wurde. Von der Krim aus schickte Stalin am 25. September ein Telegramm mit der dringenden Aufforderung an das Politbüro, Jagoda als Volkskommissar des Innern abzulösen, weil er sich als «offensichtlich unfähig» erwiesen habe, «den trotzkistisch-zinov'evistischen Block zu entlarven»; als Nachfolger empfahl er Ežov. Partei und Regierung gehorchten umgehend.

Bereits zwei Tage später wurde der neue Mann ernannt und der alte zum Kommissar für das Post- und Telegraphenwesen degradiert. Zur Erklärung dieser Umbesetzung, der zahlreiche Entlassungen in den unteren Rängen folgten, hat man meist ebenfalls auf Stalins Drang nach uneingeschränkter Machtausübung verwiesen und jüngst die besondere ‹Eignung› des neuen Mannes für den gerade begonnenen Vernichtungsfeldzug hervorgehoben. Ežov glaubte aufrichtig an eine Verschwörung der einstigen Weggenossen und Gegner seines Herrn. Seine Karriere verband sich ausschließlich mit dem Aufstieg des Generalsekretärs. Man schilderte ihn als ebenso intelligent wie servil und nachgerade hörig. In höherem Maße noch als der ältere Jagoda war er ganz und gar Stalins Kreatur. Schon aus diesem Grunde führt die Bezeichnung, die man der schlimmsten Phase der Verfolgungen, von Anfang 1937 bis zum Herbst 1938 gab, in die Irre: Die Ežovščina könnte mit gleichem Recht auch Stalinščina heißen. Ungeachtet eigener Interessen und Gegner, die (wie es kaum anders denkbar war) auch der willfährige Ežov verfolgte, steht außer Zweifel, daß der Diktator alle wichtigen Fäden in der Hand behielt. Dem widersprechen Belege für institutionell-systemische und von seiner Person unabhängige Ursachen bis hin zur psychotischen Vorstellung einer allgegenwärtigen Verschwörung in keiner Weise. Im Gegenteil, gerade aus ihrer Verbindung könnte die neue Qualität der Gewalt erwachsen sein. Insofern kommt dem suggestiven Etikett für diese Jahre trotz der reißerischen Nebentöne der Vorzug zu, das Novum richtig benannt zu haben: In der Tat brach mit dem Wechsel an der Spitze des NKVD der «Große Terror» aus.[16]

Der zweite Prozeß fand in der letzten Januarwoche 1937 statt. Nicht nur der Vorsitzende, der Ankläger und der Veranstaltungsort waren dieselben wie beim ersten; auch die Vorwürfe und der Ablauf folgten dem erprobten Muster aufs genaueste. Abermals wurde das Schreckbild einer großangelegten trotzkistischen Verschwörung gegen das Vaterland der Revolution beschworen. Als Novum kam höchstens hinzu, daß die Lüge nun nicht einmal mehr vor der Behauptung einer Einheitsfront angeblicher Widersacher gleich welcher Provenienz haltmachte. Nicht nur das Land, sondern die ganze Welt schied sich in gut und böse, in Anhänger des Stalinschen Lichts und Handlanger der kapitalistisch-konterrevolutionären Finsternis. Wie im ersten Verfahren waren die Angeklagten, neben Radek, Pjatakov und dem ehemaligen Finanzkommissar Sokol'nikov vierzehn weitere, geständig und bekannten sich zu den abwegigsten Taten. Radek erfand sogar im Geiste seiner Peiniger die «Viertel» – und «Achteltrotzkisten», die der Konspiration hinter der Maske treuer Kommunisten Dienste leisteten. Solche Beflissenheit trug ihm jedoch bei Vyšinskij keine Nachsicht ein. Stalins Scharfmacher beschimpfte auch die neuen Angeklagten als «Horde von Banditen, Räubern, Dokumentenfälschern, Diversanten, Spitzeln, Mördern», die «nur ein Strafmaß» verdienten – «die Erschießung, den Tod». Wie im ersten Prozeß brauchten die Richter

1. Formen und Instrumente der Herrschaft

auch in diesem nur einige Abendstunden, um eine Entscheidung zu fällen. Dreizehn der Beschuldigten wurden zum Tode, vier, darunter Radek und Sokolnikov, zu langjährigen Haftstrafen verurteilt. Letzteren nützte die ‹Milde› allerdings wenig. Sie starben nur zwei Jahre später im Arbeitslager, Radek dabei nachweislich durch die Hand gedungener Mörder.[17]

Was nach dem zweiten Schauprozeß folgte, war nicht nur in der kurzen Geschichte der Sowjetunion beispiellos. Willkür und Gewalt der sog. ‹Sicherheitsorgane› nahmen nicht nur ein neues Ausmaß an, sondern gewannen durch ihre Unberechenbarkeit und Härte auch eine neue ‹Präsenz› für jeden einzelnen. Die Drohung von Zwangsarbeit und Tod wurde zum Bestandteil des täglichen Lebens, der Schrecken allgegenwärtig. Man mußte lernen, mit ihnen umzugehen wie mit Krankheiten oder Unfällen. Die Menschen wurden nicht mehr verhaftet, wie ein zeitgenössisches Bulletin im Ausland kommentierte, sondern ‹verschwanden› einfach. Viele durchwachten die Nächte, weil die schwarzen Limousinen des NKVD vorzugsweise um Mitternacht ausschwärmten, und machten sich reisefertig, wenn es spätabends an der Wohnungstür klingelte. Andere verscheuchten die Angst durch Alkohol. Die meisten ignorierten die Gefahr oder gaben sich Mühe, dies zu tun, so wie man die jederzeitige Möglichkeit von Schicksalsschlägen ignoriert.

Zugleich gab es nicht nur Opfer, sondern auch Täter. Gewiß keine ganz kleine Minderheit versuchte, Nutzen aus einem Selbstlauf der Terrormaschine zu ziehen, der auf eigenproduzierten Antrieb gerade angewiesen war. Denunziationen wurden gezielt ermuntert, Rachegelüsten und Gemeinheit Tür und Tor weit geöffnet. Die Fälle waren Legion, in denen Nachbarn, Freunde und Verwandte zu Häschern und Hehlern wurden, um vermeintliche Vorteile zu ergattern oder sonstige niedrige Instinkte zu befriedigen. Dabei konnten sie eine Art von Multiplikation ihrer Niedertracht gleich einkalkulieren: In der Regel ‹verschwanden› nicht nur die Angeschwärzten, sondern auch deren Verwandte und Bekannte. Bei aller Omnipotenz fürchtete die Geheimpolizei Mitwisser. Wer als Außenstehender Kenntnis von ihren Operationen haben konnte, mußte mit dem Schlimmsten rechnen. Daß auf diese Weise selbst nach den pervertierten Maßstäben des NKVD viele Unschuldige in den Mahlstrom des Lagersystems gerieten, störte die Praxis nicht. Auch in den unteren Rängen des großen Apparates kannte man genügend Methoden, um Vergehen selbst dort ‹nachzuweisen›, wo es keine gab. Inquisition und Folter gehörten in diesen Jahren in gleicher Weise zum alltäglichen Terror wie zu den Haupt- und Staatsaktionen.

Bei alledem bleibt unbestimmt, wieviele Menschen von dieser Orgie staatlicher Gewalt erfaßt wurden. Bis zum Untergang der Sowjetunion war man auf punktuelle und zumeist subjektive Quellen angewiesen, überwiegend Memoiren, Erlebnisberichte oder spätere offiziöse Enthüllungen. Hinzu kam die Verschiedenartigkeit des Leidens und der Repressalien. Nicht immer wurde klar zwischen Tod und Inhaftierung sowie zwischen den ver-

VI. Die Herrschaft Stalins (1934–1941)

Tabelle 12: Verbreitete Schätzungen des Ausmaßes stalinistischer Gewalt

	Festnahmen gesamt 1937–38	Lagerhäftlinge 1938	Lager- und Gefängnishäftlinge 1938	Lagerhäftlinge 1952	Tote in Lagern 1937–38	Exekutionen 1937–38	Exekutionen 1921–53
Anton Antonov-Ovseenko	18,8 Mio1		16 Mio				7 Mio
Roj A. Medvedev	5–7 Mio					0,5–0,6 Mio	
Ol'ga Šatunovskaja	19,8 Mio1					7 Mio	
Dmitrij Volkogonov	3,5–4,5 Mio						
Robert Conquest	7–8 Mio	ca. 7 Mio	ca. 8 Mio	12 Mio	2 Mio	1 Mio	
Dokumentiert	ca. 2,5 Mio	1,9 Mio2	2,0 Mio2	2,5 Mio2	160 0843	681 692	799 4554

1 1935–1940
2 inklusive Arbeitskolonien
3 in Lagern des GULag, Arbeitskolonien und Gefängnissen
4 von Polizeistellen initiierte oder untersuchte Fälle, die eventuell die Mehrheit der für «politische Verbrechen» Verurteilten beinhalten

Quelle: Getty, Rittersporn, Zemskov, 1022[18]

schiedenen Formen der Inhaftierung unterschieden. Der Opferbegriff überwölbte alles. Aus beiden Gründen dürften die enormen Diskrepanzen zwischen den Schätzungen und Hochrechnungen zu erklären sein (vgl. Tab. 12). Auch wenn man die sehr hohen, aus der Reihe fallenden Angaben beiseite läßt, bleibt eine Spannweite, die nur den Schluß zuläßt, daß man die Bewertung des Regimes weitestgehend von derartigen Zahlen trennen sollte. Dies gilt auch im nachhinein, weil Unmenschlichkeit keine quantitative Größe sein kann. Unabhängig davon gebietet der Wissenschaftsanspruch professioneller Geschichtsschreibung, auch diesen Aspekt des stalinistischen Terrors möglichst wahrheitsgetreu zu erhellen. Die Öffnung der Archive hat erste Schritte in diese Richtung ermöglicht. Es hat sich gezeigt, daß auch die ‹Bürokraten› im NKVD (wie ihre Kollegen in der Gestapo oder dem Reichssicherheitshauptamt) Buch führten. Listen und Zahlen sind aufgetaucht, die niemand für zureichend, geschweige denn für abschließend hält, die sicher ihre eigenen Fehler haben, aber erstmals ein Gesamtbild vermitteln. Ihre Auswertung ergibt durchweg: daß die bisherigen Schätzungen deutlich nach unten korrigiert werden müssen. Statt 7–8 Mio. *Insassen* aller Arbeitslager (53 im März 1940) und Arbeitskolonien (425 um dieselbe Zeit) lassen sich «nur» 2 Mio. nachweisen, die sich mit Gefängnisinsassen und den Verbannten des ‹Kulakenexils› auf höchstens «3,5 Mio. vor dem Kriege» addieren. Statt mindestens 3,5–4,5 Mio. – den am weitesten verbreiteten Zahlen zufolge aber 7–8 Mio. – *Verhaftungen* während des «Großen Terrors» der Jahre 1937–1938 erlauben die internen Statistiken des NKVD eine maximale Schätzung von 2,5 Mio. Statt einer oder mehrerer Millionen – mit Ausnahme

1. Formen und Instrumente der Herrschaft

einer zu niedrigen Schätzung von 0,5 Mio. – in dieser Zeit *Hingerichteter* lassen sich ca. 680 000 belegen; diese Daten sind sicher besonders ungenau, schränken die Fehlermarge aber auf ‹Hunderttausende›, nicht auf ‹Millionen› ein. Schließlich bewegen sich auch die bislang gefundenen Zahlen für diejenige Opferkategorie, die am häufigsten als Gradmesser der Brutalität stalinistischen Terrors herangezogen wurde – die *in Lagern, Kolonien oder der Verbannung* überwiegend infolge von Hunger, Krankheit oder Erschöpfung *Verstorbenen* –, in einer anderen Größenordnung. Zu den belegten 2,3 Mio. sind sicher noch Ungezählte hinzuzurechnen. Aber nach gegenwärtiger Kenntnis wird die ‹wahre› Zahl, sollte sie sich je ermitteln lassen, nicht sehr weit davon entfernt liegen.

Die neuen Funde geben erstmals auch genauere Auskünfte über Veränderungen der Lagerbevölkerung und deren Struktur. Es bestätigt sich, daß die meisten Opfer – trotz eines deutlichen ‹Ausschlags› der Kurve (s. Diagramm 1)[19] auf dem Höhepunkt des Terrors 1938 – nicht während der Vorkriegsjahre in den «Archipel GULag» verschleppt wurden, sondern in der letzten Phase Stalinscher Herrschaft seit 1948. Ferner ergibt sich, daß die Mehrheit der Insassen durchgehend, wenn auch mit unterschiedlichem Anteil, wegen ‹nichtpolitischer› Verfehlungen verurteilt wurde; dabei ist zu bedenken, daß «Konterrevolutionäre» auch dort gewittert wurden, wo völlig andere Motive im Spiele waren und gar keine Verhaftungsgründe bestanden. Dem entsprach, daß die Haftstrafen ganz überwiegend unter fünf Jahren lagen und nur 1936 mehrheitlich Strafen von 5–10 Jahren verhängt wurden; allerdings dürften willkürliche Verlängerungen an der Tagesordnung gewesen sein. Am wenigsten überrascht der Befund, daß Frauen in den Lagern selten waren und junge Männer zwischen 25 und 40 Jahren die Majorität bildeten. Dafür sprach schon die ökonomische Aufgabe, die das Lagersystem auch erfüllte. Nur gelegentlich ist behauptet worden, daß bestimmte Nationalitäten überproportional inhaftiert wurden. Auch dies läßt sich vorerst nicht belegen.[20]

Bei alledem bleibt die Kluft zwischen den archivalisch belegbaren Daten und verschiedenen anderen Angaben so groß, daß letztlich nur zwei Erklärungen in Frage kommen: Entweder irrt eine Seite gewaltig – und bei dieser Annahme darf die dokumentarische Evidenz vorerst größere Glaubwürdigkeit beanspruchen – oder man redet von verschiedenen Dingen. Eine einfache Berechnung hat jüngst die Wahrscheinlichkeit einer Begriffsverwirrung plausibel gemacht. Dabei sind in diesem Fall Schätzungen aus den ersten Jahren der *glasnost'* gemeint, die über die genannten noch hinausgehen. Die ehemalige Vorsitzende einer ersten, von Chruščev eingesetzten Kommission zur Klärung des Kirov-Mordes glaubte sich erinnern zu können, daß das Studium inzwischen verschwundener Akten seinerzeit zu einer Gesamtzahl von 19,8 Mio. zwischen 1935 und 1941 Verhafteter geführt habe, von denen

VI. Die Herrschaft Stalins (1934–1941)

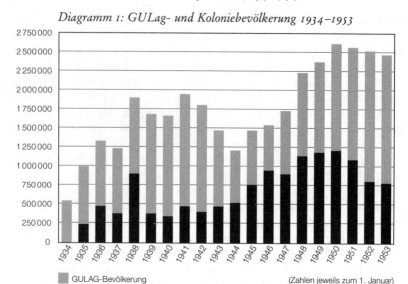

Diagramm 1: GULag- und Koloniebevölkerung 1934–1953

■ GULAG-Bevölkerung (Zahlen jeweils zum 1. Januar)
■ Koloniebevölkerung

Quelle: Getty, Rittersporn, Zemskov, 1040

7 Mio. erschossen worden seien. Ein bekannter Ökonom gab an, Chruščev habe die Zahl der Lagerinsassen zwischen 1937 und 1953 auf 17 Mio. taxiert. Und der erste seriöse sowjetische Stalin-Biograph schätzte die Gesamtzahl der zwischen 1929 und 1953 vom Geheimdienst Belangten sogar auf 23,5 Mio. Als Brücke selbst zu dieser Größenordnung kann die Addition aller Ab- und Zugänge in den Lagern zwischen 1934 und 1947 dienen, die in den NKVD-Akten notiert wurden. Das Volumen dieser *Fluktuation* beläuft sich auf $12^{1}/_{4}$ Mio. Personen. Rechnet man für die restlichen Jahre 1947–52 dieselbe Zahl hinzu, die für das Jahrfünft von 1936–41 bekannt ist, ergibt sich eine Gesamtsumme von gut 18 Mio. – mehr als Chruščev meinte, weniger als die beiden anderen genannten Autoren angaben. Mithin läge der Diskrepanz zumindest teilweise eine unscharfe Verwendung des Begriffs «Opfer» zugrunde: Die einen meinen *alle* je vom NKVD Inhaftierten, von denen die meisten nach einigen Jahren entlassen wurden, die anderen ‹nur› die *jeweiligen* Insassen. Sicher läßt auch dieser Versuch einer «Vermittlung» noch viele Fragen offen; vor allem scheitert er an höchst unterschiedlichen Angaben über die «Opfer» im Sinne tatsächlich Gestorbener. Aber er zeigt doch die Richtung an, die weitere Recherchen einschlagen sollten.[21]

Mitten in dieser Schreckenszeit fand ein weiterer Schauprozeß statt, der das lautlose und doch so geräuschvolle Treiben des NKVD für alle, die Augen

1. Formen und Instrumente der Herrschaft

hatten, exemplarisch an die Öffentlichkeit trug. Es war zugleich die aufwendigste, politisch bedeutsamste und letzte Veranstaltung dieser Art: Nach den ersten Verbündeten des Generalsekretärs und deren (vermeintlichen) Anhängern folgten mit Bucharin, Rykov und 19 anderen die letzten. Daß Stalin mit diesem Spektakel aufs Ganze ging, ließ sich unschwer an der Prominenz der Angeklagten ablesen. Nie zuvor und nie danach standen so viele hochrangige Genossen vor Gericht. Bucharin, der «Liebling der Partei», gehörte nicht nur zu den langjährigen Mitstreitern Lenins, sondern überragte alle an Geistesschärfe und theoretischer Begabung. Rykov vermochte zwar weniger Popularität und Talent ins Feld zu führen, dafür aber eine ähnliche Anciennität und als ehemaliger Vorsitzender des SNK ein höheres Amt. Krestinskij war 1919-20 Parteisekretär und Mitglied des ersten Politbüros gewesen, danach Botschafter in Berlin und 1930-37 stellvertretender Außenkommissar. Hinzu kamen drei von Stalin selbst eingesetzte Volkskommissare sowie nicht zuletzt sein erster oberster Kerkermeister Jagoda. Insgesamt gehörten 9 der 21 Beschuldigten dem ZK von 1934 an. Tomskij fehlte gewiß nur, weil er sich der Verhaftung in zunehmender Gewißheit seines Schicksals durch Selbstmord entzogen hatte. Insofern drängte sich der Eindruck nachgerade auf, den Trotzki aus dem Exil auf die Formel brachte, hier stehe die gesamte frühe Sowjetunion, der revolutionäre Staat von einst, vor Gericht.

Auch dieser Prozeß war nach dem bewährten Muster vorbereitet worden. Ežovs Folterknechte hatten sich alle Mühe gegeben, den Angeklagten das Eingeständnis abzupressen, als Mitglieder eines «Blocks von Rechten und Trotzkisten» – so der Titel der Anklageschrift – gegen die Staatsmacht konspiriert zu haben. Ihre besondere Aufmerksamkeit galt dabei Bucharin. Zwar wurde er allem Anschein nach als einziger nicht physisch gefoltert. Dafür machte man ihm unmißverständlich deutlich, daß er seine junge zweite Frau Anna Larina und ihren neugeborenen Sohn nur durch Gefügigkeit vor Unheil würde bewahren können. So gab Bucharin seinen Widerstand nach dreimonatigen Verhören auf. Dazu mochte der Umstand beigetragen haben, daß er seit längerem nicht nur ahnte, sondern wußte, was ihn erwartete. Zur letzten Einsicht in die mörderische Psyche Stalins und zur Erkenntnis, daß der unumstrittene Sieger im innerparteilichen Kampf auch vor dem Äußersten nicht zurückschrecken würde, brachte ihn offenbar der Anschlag auf Kirov samt der Verhaftung Zinov'evs und Kamenevs. Jedenfalls hinterließ er schon während seines letzten Auslandsaufenthalts in Paris im März und April 1936 bei seinen menschewistischen Kontaktpersonen – wenn die Gespräche in der überlieferten Form stattgefunden haben – den Eindruck, als habe er die sensationellen Interna voller Verzweiflung im Vorgriff auf das eigene, erzwungene Schweigen enthüllt. Weil er nicht «als Emigrant» leben zu können glaubte, kehrte Bucharin dennoch nach Moskau zurück. Dort wurde er zuvorkommend behandelt und durfte seine Wohnung im Kreml samt Dienstwagen ebenso behalten wie seine Parteiämter.

VI. Die Herrschaft Stalins (1934–1941)

Beim jährlichen Revolutionsjubiläum im November erwies ihm Stalin die Reverenz, ihn auf die Ehrentribüne zu bitten. Aber Bucharin wußte, daß man hinter seinem Rücken längst Material gegen ihn zusammentrug. Im August belasteten ihn Zinov'ev und Kamenev in ihren ‹Geständnissen›. Im Januar 1937 wiederholten Radek, Pjatakov und andere die Anschuldigungen. Auf dem nächsten Plenum des ZK Ende Februar war es dann so weit: Letztlich stand nur eine Frage auf der Tagesordnung – was mit Bucharin und Rykov geschehen sollte. Die Debatte verlief äußerst erregt und heftig. Bucharin warf Stalin vor, eine «monströse Verschwörung» gegen die Partei zu inszenieren, und forderte dessen Ausschluß. An einen Erfolg seiner Verzweiflungsoffensive dürfte er indes selbst nicht geglaubt haben. Der Generalsekretär griff seinen letzten bedeutenden Kontrahenten offen an, überließ die Entscheidung aber einer Kommission. In der sicheren Erwartung des Schlimmsten verfaßte Bucharin noch während der Beratungen einen Brief «An eine künftige Generation von Parteiführern», den er seine Frau auswendig zu lernen bat. Als eines der erschütterndsten Dokumente über Stalins Verbrechen gegen die Partei selbst hat dieses ‹Testament› dem ZK unter Chruščev vorgelegen. Er fühle sich hilflos, schrieb Bucharin, gegenüber einer «Höllenmaschine», die eine «gigantische Macht» angesammelt habe und systematischen Rufmord betreibe, einer «degenerierten Organisation von Bürokraten, ohne Ideen, verkommen, gut bezahlt», die «Stalins krankhaftes Mißtrauen» nähre und «jedes Parteimitglied» in einen «Verräter, Terroristen, Diversanten» und «Spion» verwandeln könne. Welche Vorwürfe auch immer gegen ihn erhoben würden, er sei unschuldig und vertraue darauf, daß «der Filter der Geschichte früher oder später den Schmutz» von seinem Haupt fegen werde. Und er schloß mit dem beschwörenden Appell: «Wisset, Genossen, daß sich auf dem Banner, das Ihr auf dem siegreichen Marsch in den Kommunismus tragen werdet, auch Tropfen meines Blutes befinden.» Auch in Kenntnis dieser Zeilen hätte die Kommission sicher getan, was von ihr erwartet wurde. Umstritten aber ist der genaue Inhalt dieses impliziten Auftrags. Einige Kommissionsmitglieder – darunter auch solche, die bald selbst von diesem Schicksal ereilt wurden – votierten für die sofortige Erschießung Bucharins. Andere wollten ihn vor Gericht stellen, aber ein Todesurteil untersagen. Die Mehrheit schloß sich dem Vorschlag Stalins an, ihn aus der Partei auszuschließen, keinen Prozeß zu veranstalten und die Angelegenheit zur weiteren Aufklärung an den NKVD zu übergeben. Es lag auf der Hand, daß letzteres einer Hinrichtung gleichkam. Die ‹Milde› war scheinheilig. Wenn die Akten zeigen, daß Stalins ursprünglicher Vorschlag eine bloße Verbannung ohne Hinzuziehung des NKVD empfahl, erhebt sich die Frage, ob ein solches Verfahren realistisch war. In jedem Falle nützte den Betroffenen selbst eine mögliche Unentschlossenheit des ‹Führers› wenig: Sie wurden auf der Stelle verhaftet und ins Hauptquartier des Geheimdienstes gebracht.[22]

1. Formen und Instrumente der Herrschaft 459

Der Prozeß begann am 2. März 1938. Trotz der einjährigen Zurichtung gehorchten nicht alle Angeklagten der Regie Vyšinskijs. Krestinskij brachte den selbstmörderischen Mut auf, sein ‹Geständnis› zu widerrufen. Er bezahlte diese Unbotmäßigkeit mit qualvoller Folter, die ihn einige Tage später völlig verändert aussehen ließ (falls der Vorgeführte kein Doppelgänger war). Auch Rykov vermittelte den Eindruck eines gebrochenen Mannes, der seine Aussagen gelegentlich durch «irres Gekicher» unterbrach. Aber er spielte seine Rolle ebenso willfährig wie der gleichfalls gefolterte Jagoda. Am schwersten war zweifellos Bucharin für die Anklage auszurechnen. Körperlich weitgehend unversehrt, verfügte er auch über genügend rhetorisches Talent, um die Wahrheit ‹zwischen den Zeilen› und in Andeutungen zu enthüllen. In welchem Maße er auf diese Weise tatsächlich einen «Gegenprozeß» inszenierte, bleibt allerdings weiterhin offen. Eindeutig geht aus dem Protokoll nur hervor, daß Bucharin alle kriminellen Anschuldigungen, vom Attentatsversuch auf Lenin (als Komplize Kaplans 1918) bis zum Mord an Kirov, von sich wies, dagegen die Richtigkeit der politischen Vorwürfe – «den verfluchten Reihen der Konterrevolution» beigetreten zu sein, «weißgardistische Kulakenaufstände gegen die Mitglieder des Politbüros» vorbereitet und «Verrat an der sozialistischen Heimat» begangen zu haben – einräumte. Indem ausgerechnet er, die Verkörperung der hohen Ideale von einst, sich selbst des Verrats bezichtigte, klagte er, wie eine sympathisierende Auffassung meint, unüberhörbar eigentlich Stalin an. Indem er Geständnisse als «mittelalterliches Prinzip der Jurisprudenz» verwarf, deckte er die Folterpraxis auf. Indem er Verbrechen im strafrechtlichen Sinn abstritt, verteidigte er das «historische Erbe» des Bolschewismus gegen dessen Perversion im Stalinschen Schreckensregime. Vyšinskij vermochte dem abermals nichts anderes entgegenzusetzen als Lügen und Beschimpfungen. Bucharin als Gestapoagent war so unglaubwürdig, daß die Vorwürfe auf ihre Urheber zurückfielen. Am Ausgang des Prozesses änderte dies freilich nichts. Die Angeklagten wurden (mit drei Ausnahmen) zum Tode verurteilt und in Erfüllung von Vyšinskijs Plädoyer am 15. März wie «räudige Hunde» erschossen. Es hieße die tiefe Tragik Bucharins verkennen, wollte man den Erfolg seiner Verteidigungsstrategie an ihrer Wirksamkeit auf das Verfahren messen. Er kehrte aus Paris zurück, obwohl er nach Zinov'evs und Kamenevs Verhaftung wissen mußte, daß sein Leben in Gefahr war. Er forderte im ZK Stalins Rücktritt, obwohl ihm niemand mehr folgte. Er bemühte sich während des Prozesses, seine Ehre (und die seiner Partei) zu bewahren, nicht zu Kreuze zu kriechen und den wahren Schurken zu entlarven, ohne Verwandte und Bekannte noch stärker zu gefährden. Diese Gratwanderung mag ihm den Umständen entsprechend gelungen sein. Ob die letzte Rede aber auch seine «beste Stunde» war, muß offen bleiben. Nicht nur seine Frau, die trotz allem zwei Jahrzehnte in sibirischen Lagern verbringen mußte, und sein Sohn, der in Waisenhäusern aufwuchs, mochten der Meinung sein, daß es zu diesem

Ende samt dem Teilgeständnis offensichtlich erlogener politischer Vergehen besser gar nicht erst gekommen wäre.[23]

Schon bevor dieser letzte Schauprozeß begann, verdichteten sich die Anzeichen dafür, daß der Höhepunkt der Gewalt für die Masse der Bevölkerung überschritten war. Die willkürliche Vernichtung sorgte nicht nur für Botmäßigkeit, sondern auch für lähmendes Entsetzen und traf viel herausragende Begabung und unersetzbares Talent. Der «Terror als Machtsystem» ließ die Grenzen seiner Beherrschbarkeit erkennen. Seine Eigendynamik machte ihn selbst zur Gefahr: Die dritte Welle ‹säuberte› mit erheblicher innerer Konsequenz die ‹Säuberer› selbst. Den Auftakt zu dieser Wende gab eine Resolution des ZK-Plenums vom Januar 1938. Darin wurden «Fehler der Parteiorganisationen beim Ausschluß» von Mitgliedern angeprangert. Auf bloßen Verdacht habe man verdiente Kommunisten ins Unglück gestürzt und der Denunziation Tür und Tor geöffnet. Die individuelle Überprüfung sei durch pauschalen ‹Automatismus› ersetzt und in «unerträgliche Willkür» pervertiert worden. Dem Zehnpunkte-Katalog zur Abhilfe folgten gegen Jahresende Taten. Im Dezember wurde Ežov, der es sogar gewagt hatte, Molotov und dem neuen ‹Kadersekretär› G. M. Malenkov zu drohen, auf einen unbedeutenden Posten abgeschoben, um kurz darauf zu ‹verschwinden›. Danach begannen Massenverhaftungen von NKVD-Schergen auf allen Ebenen. Da zugleich Häftlinge entlassen wurden, erlebten die Gefängnisse und Lager in der Tat einen bemerkenswerten Wandel: Anstelle manch eines Gejagten saß dessen Häscher ein. Diese Wende fand auf dem 18. Parteitag einen gewissen Abschluß. Als Referent zur Organisationsfrage wiederholte Ždanov nicht nur *ex cathedra* den Appell zur Beendigung der «Massensäuberungen»; darüber hinaus regte er sogar eine Änderung des Statuts mit dem Ziel an, ehrbare Mitglieder vor der Willkür ihrer Genossen zu schützen. Stalin rief damit die Geister zur Ordnung, die er selbst losgelassen hatte. Sicher durften sie auch weiterhin zeigen, was sie gelernt hatten. Terror gehörte nach wie vor zum System. Aber bei aller Eigendynamik, die er vorübergehend gewann, zeigte das Machtwort auch, wer ihn letztlich lenkte: der Diktator und die Partei.[24]

Diese Aussage enthält bereits eine Antwort auf die schwierige Frage nach der *Deutung des Stalinschen Terrors*. Im großen und ganzen stehen einander zwei Auffassungen gegenüber. Die herkömmliche, vorherrschende Meinung argumentiert persönlichkeitsbezogen. Sie sieht einen unauflöslichen Zusammenhang zwischen der Gewalt, Stalins Charakter und seiner diktatorischen Stellung. Willkür und Mord erscheinen ihr als gezielte Mittel, mit denen der «Führer» die im Laufe der Wende gewonnene Macht zu festigen suchte. Terror wird zum notwendigen Ferment des endgültigen Übergangs der monopolistischen Parteiherrschaft in die persönliche Diktatur Stalins. Auf diese Weise verbindet sich eine methodische Position mit einer Sachinterpretation: Der individuell-psychologische, nicht selten als Biographie dargestellte Zu-

1. Formen und Instrumente der Herrschaft

gang wird durch eine Analyse der Herrschaftsordnung gestützt, die von der weitgehenden Kontrolle der Aktionen von Partei und Staat durch den obersten Machthaber ausgeht. Stalin wollte die alleinige Macht und eroberte sie auf die Art und Weise, die seinem intriganten und brutalen Charakter einerseits sowie den vorgegebenen, in der bolschewistischen Gesellschafts- und Staatsidee wurzelnden Strukturen andererseits entsprachen. Die Herrschaftspraxis stützte sich dabei zugleich auf neue Methoden und Instrumente der Massenmanipulation, sozialer Kontrolle, politischer Lenkung, der ‹Organisation› von Charisma und der polizeilichen Überwachung zumindest aller kollektiven Regungen. Die persönliche Diktatur nahm die Form totalitärer, durch die Partei und ihren Führer ausgeübter Herrschaft an.

In der Tat steht die herausragende Rolle Stalins bei der Gewaltausübung außer Zweifel. In der Kirov-Affäre belasten ihn immer noch viele Indizien. Nach dem Anschlag ergriff er unverzüglich gezielte Maßnahmen, um seinen Feinden den letzten gesetzlichen und politischen Schutz zu nehmen. Fraglos dirigierte er alle Schauprozesse aus nächster Nähe. Aller Wahrscheinlichkeit nach nahm er auch entscheidenden Einfluß auf die Auswahl der höherrangigen Opfer außerhalb der obersten Partei- und Staatsgremien. Ganz sicher waren alle NKVD-Chefs seine Leute und sein Wille Befehl. Insofern erscheint es müßig, die schrankenlose Gewalt und das unsägliche Leid, das sie für lange Jahre über fast alle Schichten der Bevölkerung brachten, von seiner Person trennen zu wollen.

Auf der anderen Seite bleiben Tatbestände und Überlegungen, die in dieser Deutung nicht aufgehen. Es ist nur schwer vorstellbar, daß ein einzelner, selbst wenn ihm der perfekteste und umfassendste Apparat zur bedingungslosen Verfügung gestanden hätte, die hunderttausend- oder gar millionenfache Verschleppung während des «Großen Terrors» noch hätte anordnen und kontrollieren können. Auf der mittleren, spätestens der unteren Ebene, in den Stadt-, Rayon- und Bezirksorganisationen pflanzte sich der terroristische Impuls aus eigener Kraft und nicht ohne lawinenartigen Effekt fort. Die bloße Herkunft genügte, um aus der Partei verbannt zu werden. Wer auf diese Weise gezeichnet war, trug zugleich den Stempel des Sowjetfeindes und lief ernste Gefahr, in die Fänge des NKVD zu geraten. Wo überall nach Saboteuren und Diversanten gefahndet wurde, da fand man sie auch. Eine ganze Organisation, die in Bewegung gesetzt wurde, um ‹Gegner› zur Strecke zu bringen, konnte gar nicht anders, als ‹Gegner› zu entdecken, wenn sie ihre Existenzberechtigung nicht widerlegen oder sich selbst Unfähigkeit bescheinigen wollte. In diesem Sinne verwandelte sich die ideologisch erzeugte Vorstellung von einer «allgegenwärtigen Konspiration» in beklemmende Realität. Dabei halfen persönliche Motive. Lokalstudien haben gezeigt, daß die faktische Lizenz zu Verrat und Deportation nachgerade dazu einlud, alte Rechnungen zu begleichen. Hinzu kamen politisch-organisatorische Zustände, die zumindest die Verselbständigung der Gewalt und gewalttätigen

Institutionen gefördert, womöglich auch aus sich heraus terroristische Antriebe entfaltet haben. Die neuere Binnenperspektive auf die Partei als Organisation vermag plausibel zu machen, daß in der KPR(b) – wie in der NSDAP – von klaren Zuständigkeiten, Effizienz und jener monolithischen Struktur nicht im entferntesten die Rede sein konnte, die man gemeinhin totalitären Apparaten zumindest idealtypisch zugeschrieben hat. Statt der Ordnung zeigte sich Chaos, statt Kooperation heftiger Streit, statt reibungsloser Funktion bei der Ausführung allerhöchster Befehle intrigante Rivalität.

Man hat auf diesen Befund nicht nur eine alternative Deutung des Stalinismus als Herrschaftsordnung insgesamt gegründet, sondern auch eine andere Sicht des Terrors. Die Allgegenwart der Gewaltdrohung erscheint hier nicht als Emanation des obersten Willens und Resultat eines machtbesessenen Kalküls, sondern als Produkt tiefer innerer Konflikte, verbissener Machtkämpfe und (in genauer Umkehrung zum traditionellen Totalitarismusmodell) des Fehlens regulierender Eingriffe einer intakten Hierarchie und höchsten Autorität. Nicht weil ein überlegener Schachspieler den Krieg aller gegen alle inszenierte, um als einziger Sieger aus dem Gemetzel hervorzugehen, konnten und mußten Jagoda und Ežov wüten, sondern weil der Schachspieler ganz im Gegenteil bald oder von Anfang an nur noch die Türme und Springer, aber nicht mehr die Bauern kommandierte. Eine strukturalistische, sozialhistorische Sicht steht hier gegen eine eher individualistische, herrschaftsorientierte. Obwohl die Debatte angesichts sich öffnender Archive gerade erst begonnen hat, drängt sich der Eindruck auf, daß beide Auffassungen, von Extrempositionen abgesehen, durchaus vereinbar sind. Dazu müßte zum einen deutlicher zwischen zentral inszenierter Vernichtung tatsächlicher und potentieller Gegner und der willkürlichen Gewalt des Massenterrors unterschieden werden. Zum anderen sollte nicht aus dem Blick geraten, daß auch die ältere Forschung den ‹Systemcharakter› des Terrors, die institutionalisierte Gewalt als Machtinstrument, ganz überwiegend gesehen und berücksichtigt hat. Nichts spricht gegen die Annahme, daß beide Formen – die gezielte, inszenierte, durch Scheingeständnisse und Scheinprozesse in ihrem flagranten Unrechtscharakter kaschierte Liquidierung Andersdenkender einerseits und die willkürlichen, unter dem Mantel grundsätzlicher Billigung der Parteiführung weitgehend unkontrolliert eskalierenden, in erheblichem Maße strukturell begründeten, durch Konflikte und Rivalitäten zumindest verstärkten Massenverhaftungen andererseits – nebeneinander bestanden. Womöglich resultierte die gewiß neue, als totalitär bezeichnete Qualität dieses Schreckens, die es eigentlich zu erklären gilt, eben aus dieser Verbindung von ‹zentraler› Initiative und ‹lokaler› Umsetzung, samt dem ‹Eigensinn›, der dadurch legitimiert wurde. So gesehen, zündete Stalin, wie man bildhaft formuliert hat, in der Tat das ‹Streichholz› an, während der Zunder in Gestalt des sozialen und administrativen, sicher auch kollektivpsychischen Konfliktpotentials einer Gesamtordnung bereitlag, die den Schock der inszenierten, gewaltsamen und tiefgreifenden ‹Revolution von oben› noch nicht verarbeitet hatte.²⁵

c. *Die Partei: Struktur, Säuberungen und neue Funktionen*

Bereits die Schauprozesse und andere Formen des Terrors zeigen an, wie sehr nicht zuletzt die Partei vom Stalinschen Schreckensregiment betroffen wurde. Die herrschende Organisation im Staate erlebte einen Aderlaß von nie dagewesenem Ausmaß und neuer, schrecklicher Gestalt. Aber es verschwanden nicht nur Mitglieder, es kamen auch neue hinzu. Ein ‹bolschewistischer Kommunist› von 1939 glich weder seinem Vorgänger aus der Zeit des großen Aufbruchs noch gar dem der NĖP. Die «Säuberungen» (im terroristischen Sinn) gaben diesem Wandel sicher einen enormen Schub, veränderten aber seine Richtung nicht. Gleichviel ob die Ausrottung der alten Bolschewiki von Stalin systematisch ins Werk gesetzt wurde oder überhaupt ein vorrangiges Ziel der gesteuerten Gewalt war – sie verstärkte eine Tendenz, die spätestens mit der ‹großen Wende› begonnen hatte. Die neue Ordnung stellte gerade an die Partei veränderte und höhere Anforderungen. Nach der Ausweitung der staatlichen Lenkung auf die gesamte Industrie und Landwirtschaft, nach der endgültigen Unterwerfung aller wichtigen kulturellen und sozialen Verbände und Zusammenschlüsse stieg der Bedarf an einschlägig vorgebildetem Führungspersonal mit systemkonformer Gesinnung abermals sprunghaft an. Die Verstaatlichung der Partei erreichte eine neue Qualität; nun erst entstand jene Stalinsche Herrschafts- und Verwaltungsorganisation, deren tragendes Gerüst in allen Bereichen ohne Ausnahme die Partei bildete und deren bewaffneten Schutz die Geheimpolizei und die Armee besorgten.

Auf mittlere Sicht gehörte dazu an vorrangiger Stelle das *quantitative Wachstum*. Die neue, Stalinsche Partei mußte omnipräsent und möglichst auch omnipotent sein. Wollte sie ihre Funktion als ‹Transmissionsriemen› des politisch-ideologischen Willens annähernd realisieren, konnte sie noch weniger am überkommenen elitären Selbstverständnis festhalten als zuvor. Die Auserwählten mußten zumindest so zahlreich und kompetent werden, daß sie Einfluß nicht nur zu reklamieren, sondern auch zu praktizieren vermochten. Andererseits traute Stalin, darin von manchen aufstrebenden ‹Sozialisten› bestärkt, der alten Partei nicht zu, diesen Zielen zu entsprechen. Daraus ergab sich die doppelte Aufgabe, zum wiederholten Male ‹untaugliche› Mitglieder auszusondern und zugleich neue in der Absicht zu werben, den großen Sprung mit ihrer Hilfe zu bewältigen. Die Personalentwicklung läßt die Wellenbewegung, die sich daraus ergab, deutlich erkennen (vgl. Tabelle A 7/1).

Demnach stieg die absolute Zahl der Kommunisten in der Sowjetunion während der Wende kontinuierlich an und erreichte 1933 mit 2,2 Mio. endgültig und 1,35 Mio. vorläufig registrierten ihren Gipfelpunkt. Erst 1933 kehrte die erwähnte, im physischen Sinne noch gewaltlose «Säuberung» die Entwicklung um. Statt zu wachsen, schrumpfte die Partei im Laufe der nächsten fünf Jahre. Am Höchststand gemessen, fiel die Mitgliederzahl fast um die Hälfte, ohne allerdings das Niveau von 1930 zu unterschreiten. Der starke Einbruch von 1935 dürfte dabei mit der doppelten «Reinigung» durch eine Überprüfung und gleichzeitige Verfügung eines Aufnahmeverbots zusammenhängen, das erst im Herbst 1936 aufgehoben wurde. Keiner Erläuterung bedarf, daß der Rückgang nach 1936 aber in erster Linie die Opfer des NKVD anzeigt. Es ist daher mehrfach versucht worden, deren Zahl über die als einigermaßen zuverlässig geltenden Parteistatistiken zu ermitteln. Auch dieses Verfahren wirft jedoch erhebliche Probleme auf, da die belegte Mitgliederbewegung das Resultat aus Ab- und Zugängen wiedergibt. Wenn man von höchstens 40000 Neulingen ausgeht und den verzeichneten Mitgliederschwund von 60000 addiert, ergibt sich für das Jahr 1937 ein Gesamtdefizit von ca. 100000. Danach scheint die Verhaftungswelle abgeklungen zu sein. Bis zum 18. Parteitag vom März 1939 ist die Maximalzahl der Opfer der Ežovščina in der Partei auf weitere 80000 geschätzt worden. Auch dies wäre ein Beleg dafür, daß sich die Übergriffe mehr und mehr auf die oberen Ränge der Partei (und der Armee) konzentrierten. Andererseits stehen nach wie vor entschieden höhere Schätzungen auch dieses Teils der Opfer im Raum. So schien Stalins Bemerkung im Rechenschaftsbericht vom März 1939, seit dem letzten Parteitag (1934) sei etwa eine halbe Million Genossen in führende Ämter befördert worden, Rückschlüsse auf die Zahl derer zu erlauben, die diese Positionen zuvor innehatten. Die natürliche Mortalität und andere Gründe der Funktionsaufgabe abgezogen, glaubte man schätzen zu können, daß die Verluste (verschiedener, nicht unbedingt mit Tod oder Lagerhaft gleichzusetzender Art) in der Partei ebenfalls nach «Hunderttausenden» zählten.[26]

Angaben über das Parteialter der Funktionäre und Mitglieder insgesamt untermauern diesen Befund. Erstaunlicherweise finden sie sich wohl ungeschminkt und sogar mit einem gewissen Stolz präsentiert im offiziellen Protokoll des 18. Parteitages. Zusammen mit ähnlichen Angaben für den 17. Parteitag 1934 ergeben sie folgendes Bild: Von 1225 stimmberechtigten Delegierten des ‹Sieger›-Kongresses waren 80% vor Ende 1920, «in den Jahren des Untergrundes und Bürgerkrieges», eingetreten. Zugleich betrug der entsprechende Anteil in der Gesamtpartei «charakteristischerweise» nur 10%. Zutreffend kommentierte Ežov als Ausschußvorsitzender, die große Differenz verweise auf das unverminderte Übergewicht der Kämpfer der ersten Stunde (immerhin 22,6% hatten ihr Mitgliedsbuch sogar vor 1917 erworben). Dies änderte sich in den folgenden Jahren nachhaltig. Von den 1569 Delegierten des letzten Vorkriegskongresses waren der bolschewistischen Sozialdemokratie vor 1917 nur noch 2,4%, von allen Parteimitgliedern ganze 0,3 % beigetreten. 17 % der Delegierten und 8 % der Mitglieder hatten sich im Bürgerkrieg (1918 bis Ende 1920) der Partei angeschlossen. Der große Rest war nach 1929 hinzugestoßen. Mithin verdankten 43 % der Delegierten ihre Position, zu einem erheblichen Teil als hauptamtliche Parteisekretäre, der Mitwirkung oder Billigung des Generalsekretariats, 70 % der Mitglieder dürften überwiegend im neuen Geist der ‹Aktualität› des Sozialismus aufgenommen worden sein. Säuberungen und Terror hatten die Partei nicht nur dezimiert, sondern auch grundlegend verändert. Sie raubten ihr – neben den letzten ‹Generälen› der frühen Jahre – vor allem die regionale und lokale Elite, sozusagen das ‹Offiziers- und Unteroffizierskorps›. Auf keiner Ebene vollzog sich ein vergleichbar vollständiger personeller Austausch. Beschleunigt und begleitet vom Schreckensregime des NKVD war eine neue Partei – die stalinistische im engeren Sinne – entstanden.[27]

Herkunft, Beruf und Bildungsniveau der Parteimitglieder illustrieren und bestätigen diesen Charakterwandel. So zeigt sich für 1932, daß zwei Drittel aller registrierten Bolschewiki, an ihrer «sozialen Lage» gemessen, zur Arbeiterschaft zählten (vgl. Tabelle A 7/2). Ein gutes Viertel stammte aus der Bauernschaft, und nur ein kleiner Rest (7,9 %) gehörte zur Gruppe der Angestellten, Beamten und anderer gehobener Positionen. Damit korrespondierte die berufliche Schichtung, die 43,5 % «Arbeiter» im engeren Sinne industriell abhängig Beschäftigter und 17,9 % kollektivierter Bauern auswies. Unter den übrigen machten die Angestellten mit 28,4 % den größten Teil aus. Obgleich analoge Gesamtangaben für die Vorkriegsjahre fehlen, legt die Aufschlüsselung der von November 1936 bis März 1939 neu aufgenommenen Vollmitglieder einen Wandel in so deutlicher Weise nahe, daß vernünftige Zweifel an ihrer Aussagekraft ausgeschlossen scheinen. Demnach fiel der Anteil der Arbeiter auf 41 %, während die Quote der Angestellten und qualifizierten Kader auf 43,8 % stieg. Selbst wenn der in Tabelle 13 gezogene Vergleich mit 1929 das Bild verzerrt, weil auf dem Höhepunkt der ideologiebewußten Wende überproportional viele ‹Proletarier› aufgenommen wurden, und sich unter den «Arbeitern» manche Bauern (»Dorfproletarier«) verbergen, steht die Gesamttendenz außer Frage. Am Vorabend des Zweiten Weltkrieges hatte sich die Arbeiterpartei weit von ihrem Selbstverständnis entfernt. Zu Beginn der dreißiger Jahre konnte sie mit guten Argumenten (besseren als je zuvor und danach) behaupten, die städtisch-industrielle Unterschicht zu repräsentieren. Gegen Ende der Dekade war davon wenig geblieben. Die neuen Kommunisten zeichneten sich durch Jugendlichkeit und eine deutlich verbesserte Qualifikation aus: 49,5 % der stimmberechtigten Delegierten des 18. Parteitages waren höchstens 35, weitere 32 % 36 bis 40 Jahre alt; immerhin 26,5 % von ihnen verfügten über eine abgeschlossene Hochschulausbildung. So stand die Partei im Begriff, zur «genauen Antithese» ihres einstigen sozialen Charakters werden. Die primär technisch-administrativ qualifizierte erste eigene Funktionselite des sozialistischen Staates im Stalinschen Sinne, die «Sowjetintelligenz», stellte die Mehrheit auch der Parteimitglieder. Überraschen konnte an dieser Entwicklung indes nur die Schnelligkeit. Der Wandel selbst vollzog sich mit erheblicher Zwangsläufigkeit – waren doch die neuen *intelligenty* überwiegend die Arbeiter und Bauern von gestern. Zwei Jahrzehnte nach dem Sturz des alten Regimes und ein Jahrzehnt nach dem forcierten Aufbruch zum Sozialismus zeigten sich die Folgen der Öffnung des Bildungssystems, der systematischen Bevorzugung von Arbeitern (im ideologischen Sinne), der Schaffung neuer Führungspositionen im Zuge der Industrialisierung sowie nicht zuletzt des sprunghaften Anschubs der Aufwärtsmobilität durch die massenhafte physische Liquidierung der alten Kader. Darin trat eine andere Variante der bekannten Probleme beim Übergang von der «Bewegung» zum «Regime» zutage: Eine Partei, die tatsächlich zum Rückgrat von Staat und Gesellschaft geworden war, brauchte so viel Qualifikation und Professionalität, daß sie gar keine «Arbeiterpartei» im sozialen Sinne mehr sein konnte.

Tabelle 13: Soziale Lage der neuaufgenommenen Parteimitglieder 1929 und November 1936–März 1939

	Neuaufnahmen 1929 (%)	Neuaufnahmen Nov. 1936–März 1939 (%)
Arbeiter	81,2	41,0
Bauern	17,1	15,2
Intelligenz u. Angestellte	1,7	43,8

Quelle: Rigby, Membership, 223

Die neuen Aufgaben verlangten indes nicht nur ein verändertes Sozialprofil und Qualifikationsniveau, sondern auch schlichtes numerisches Wachstum. Die Dezimierung der Mitgliedschaft durch Ausschluß und Verhaftungen drohte auf längere Zeit dysfunktional zu werden. Ob diese Einsicht als ausschlaggebendes Motiv für das allmähliche Ende der tagtäglichen Willkür gelten kann, muß offen bleiben. In jedem Falle führte die wachsende Kritik im Januar 1938 nicht nur zur erwähnten Verurteilung falschen Übereifers, sondern auch zu einer Wende in der Mitgliederpolitik. Die Öffnung beschleunigte sich nach dem 18. Parteitag. Von April 1939 bis Ende Juni 1940 wurden 1,13 Mio. neuer Bolschewiken aufgenommen – bis dahin die höchste Zahl in einem vergleichbaren Zeitraum überhaupt. Ein solcher Andrang warf allerdings (neben erheblichen organisatorischen Problemen) die Frage auf, ob er mit dem weiterhin gepflegten elitären Selbstverständnis der Partei vereinbar war. Als Korrektur wurden die Beitrittsbedingungen wieder so weit verschärft, daß die Neuzugänge drastisch (um drei Viertel) zurückgingen. Das Resultat der Vorkriegsentwicklung blieb davon aber unberührt: Die Bolschewiki füllten ihre von Säuberungen und Terror heimgesuchten

1. Formen und Instrumente der Herrschaft 467

Reihen wieder auf; sie taten dies ausgiebig, um den neuen Aufgaben gewachsen zu sein, und unter besonderer Förderung der neuen technisch-administrativen Elite – schrieb man dieser doch zu Recht eine fundamentale Loyalität zum Regime auch und gerade in der Gestalt der persönlichen Diktatur Stalins zu.[28]

Eine weitgehende personelle Erneuerung stand schließlich auch am Ende der Turbulenzen, die an der Partei- und Staatsspitze die einschneidendsten Veränderungen seit Lenins Tod bewirkten. Von außen gesehen, entsteht das Bild besonderer Brutalität. Andererseits mag dieser Anschein insofern trügen, als er auf dem Zufall ungewöhnlich genauer Überlieferung beruht. Was die erwähnte Information Chruščevs, über die Hälfte der Parteitagsdelegierten von 1934 hätten den nächsten Kongress nicht erlebt, konkret bedeutete, läßt sich an wenigen, zu jener Zeit Furcht und Respekt einflößenden Namen veranschaulichen. Das vom 17. Parteitag gewählte ZK bestimmte Anfang Februar 1934 das neue Politbüro. Ihm gehörten neben Stalin Molotov, Kaganovič, Vorošilov, Kalinin, Ordžonikidze, Kujbyšev, Kirov, Andreev und S. V. Kosior an; zu Kandidaten avancierten Mikojan, V. Ja. Čubar', G. I. Petrovskij, P. P. Postyšev und Ja. È. Rudzutak. Kirov starb am 1. Dezember 1934 unter den geschilderten Umständen; Ende Januar 1935 schied Kujbyšev aus dem Leben. Für sie rückten Mikojan, ein eiserner Stalinist, und Čubar' nach, der zumindest im Rückblick als Gegner physischer Säuberungen galt. Den Rang von Kandidaten erhielten Ždanov, damals Parteisekretär von Gor'kij (Nižnij Novgorod), und R. I. Èjche. Mitte Februar 1937 beging Stalins einstiger enger Weggefährte Ordžonikidze Selbstmord, vermutlich weil er nicht mithelfen wollte, seinen Freund Pjatakov zu einem falschen Geständnis zu bewegen. Die freie Position übernahm im Oktober Stalins neuer Vertrauter Ežov. Das ZK-Plenum vom Januar 1938 schloß Postyšev mit dem Vorwurf aus, ein verkappter ukrainischer Nationalist zu sein. Chruščev, der Postyšev (wahrheitswidrig) zum Verteidiger Bucharins aufwertete, hätte es eigentlich besser wissen müssen, da er selbst, seit 1935 Parteisekretär von Moskau, ihn beerbte. Im Laufe des Jahres 1938 wurden Kosior, Čubar', Rudzutak, Èjche und Ežov erschossen; im folgenden Frühjahr verlor Petrovskij seinen Posten. So standen auf dem 18. Parteitag im März 1939 ganze sieben der 1934 gewählten fünfzehn Mitglieder und Kandidaten zur Bestätigung an: Andreev, Kaganovič, Kalinin, Molotov, Vorošilov, Mikojan und Stalin selbst. Hinzu kamen nach den Säuberungen des Jahres 1938 Ždanov, Chruščev, N. M. Švernik (als Gewerkschaftschef) und L. P. Berija, Nachfolger Ežovs und schon bald nicht minder berüchtigt. Sie bildeten – mit Ausnahme am ehesten von Kalinin, der stets eine gewisse Sonderrolle innehatte (und dessen Frau Stalin mehr als ein Jahrzehnt in Geiselhaft nahm) – fortan den innersten Kreis der Macht. Sie taten, was Stalin befahl, und trugen erhebliche Mitschuld an unzähligen Verbrechen. Dieses Ergebnis, die absolute Loyalität gegenüber dem ‹Führer›, mag eine

VI. Die Herrschaft Stalins (1934–1941)

zentrale Frage zu den Motiven des brutalen Kehraus vor allem auf den oberen Ebenen der Partei beantworten helfen. Bucharin stellte sie in seiner letzten Botschaft an Stalin vor seiner Erschießung: «Koba [Stalins *nom de guerre* aus den Untergrundjahren], warum brauchst Du meinen Tod?». Der Diktator beantwortete sie nicht. Aber er fühlte sich offenbar so getroffen oder so klar durchschaut, daß er diesen Zettel bis zu seinem Tode 1953 in der Schublade seines Schreibtisches aufbewahrte.²⁹

Was immer die Absicht der Gewaltexzesse war, sie sorgten für den tiefgreifendsten Generationswechsel in der sowjetischen Führung. Selbst Inhaber höchster Ämter mußten ihre Schreibtische räumen oder ‹verschwanden› einfach. Viele waren selbst erst wenige Jahre zuvor im Zuge der ‹Wende› aufgestiegen. Junge wurden durch noch Jüngere ersetzt. Wer in den zwanziger Jahren avanciert war, hatte gute ‹Chancen›, von Ežovs gefürchteten eisernen Handschuhen zerquetscht zu werden. Es begann die große Zeit der ‹Nachgeborenen›, der Jahrgänge nach der Jahrhundertwende. Vor Kriegsausbruch hatte die Sowjetunion die jüngste Regierung der Welt, deren Durchschnittsalter mit 39 Jahren noch dasjenige der allerersten Volkskommissare unterbot. So auffällig war der Wandel, daß ihn keine Studie über die politische Elite der Sowjetunion übersehen hat: Die «Männer des Jahres 1938» wurden zum Begriff. L. I. Brežnev und A. N. Kosygin, später Generalsekretär und Ministerpräsident, standen für eine ganze Generation von Profiteuren des Terrors, die in diesen Jahren den Grundstein ihrer Karriere legten und maßgeblich zur Konservierung des Sowjetstaates in der ihnen vertrauten Form beitrugen.³⁰

Auch die Parteiorganisation blieb von tiefgreifenden Veränderungen nicht verschont. Sie zeigte im Gegenteil eine besondere Unstetigkeit, die das Ausmaß der zu bewältigenden Probleme deutlich machte. Zu lösen waren im wesentlichen drei Aufgaben: Zum einen brauchte die Partei, wenn sie die sozialisierte Industrie und Landwirtschaft tatsächlich dirigieren wollte, neben qualifiziertem Personal auch neue Koordinationsgremien, in denen die Plandaten umgesetzt und, wichtiger noch, in denen Personalentscheidungen getroffen werden konnten. Zum anderen mußte sie die neue Wirtschafts- und Herrschaftsordnung – samt der Beseitigung der innerparteilichen Gegner – ideologisch und institutionell flankieren. Ihr fiel die paradoxe Pflicht zu, die gesetzlose Gewalt gegen ihre eigenen Reihen nicht nur mitzutragen, sondern auch noch zu rechtfertigen. Aus beiden Funktionen erwuchs eine weitere Aufgabe: Sie trugen zu einer ernsten «Kaderkrise» bei, da die Staatswirtschaft den Bedarf an fachlich ausgewiesenen und zugleich ideologisch ‹zuverlässigen› Kräften vervielfachte, während die ziellose Ausschaltung vermeintlicher ‹Volksfeinde› gerade unter den ‹Managern› den Kreis geeigneter Mitglieder nachhaltig verkleinerte.

Der gestiegenen Nachfrage versuchte das Zentralsekretariat zunächst durch eine Erweiterung der zuständigen Abteilung zu entsprechen. Die *Or-*

1. Formen und Instrumente der Herrschaft

graspred wurde in eine Sektion für die Partei (Organisation und Instruktion) und eine Sektion für die übrigen Kader aufgespalten; letztere zerfiel ihrerseits in acht Unterabteilungen, die überwiegend auf die wichtigsten Bereiche der Wirtschaft zugeschnitten waren (Schwerindustrie, Leichtindustrie, Handel usw.). Diese Dezentralisierung bewährte sich indes nicht. Es kam zu Kompetenzüberschneidungen, die schon 1934 zu einer abermaligen Reform Anlaß gaben. Der 17. Parteitag wertete die branchenorientierten Unterressorts gleichsam zu Hauptabteilungen auf. Doch zeitigte auch diese Reorganisation nicht den gewünschten Effekt. Es gelang dem Parteiapparat nicht, sich die ausgedehnte Wirtschaftsverwaltung wirklich zu unterwerfen. Da auch die ‹ideologische› Arbeit, wie nicht zuletzt Stalin bemängelte, viel zu wünschen übrig ließ, beschloß der 18. Parteitag eine faktische Rückkehr zum *status quo ante* von 1930. Die ‹Industriezweig-Abteilungen› wurden größtenteils wieder aufgelöst. Vor allem aber konzentrierte man die wichtigen Personalentscheidungen für alle Bereiche, die Wirtschaft eingeschlossen, wieder in einer Abteilung. Dazu gab nicht nur der Vorteil besserer Übersicht Anlaß, sondern auch die Abwerbung zwischen den Unterabteilungen. In der Praxis führte diese ‹Gegenreform›, die bis 1948 Bestand hatte, zur Herausbildung zweier dominanter Ressorts, deren Leiter gleichsam eine Doppelherrschaft im ZK-Sekretariat errichteten: der Kaderabteilung unter dem aufstrebenden Malenkov und der Abteilung für Propaganda und Agitation unter Ždanov. Kontinuität bestand bei alledem, vom ungelösten organisatorischen Grundproblem abgesehen, nur in einer, aber zentralen Hinsicht: Keiner der Sekretäre wagte es, auf Stalins Spuren zu wandeln. Dessen singuläre Stellung blieb völlig unangefochten.[31]

Mit der ungelösten Kaderkrise hing auch eine andere Maßnahme zusammen, die den organisatorischen Charakter der Partei nachhaltig veränderte. Seit der Spaltung der Sozialdemokratie 1903 hatten die Anforderungen an die Mitgliedschaft in der bolschewistischen Fraktion eine größere Rolle gespielt als in den meisten anderen Parteien. In zarischer Zeit hatte Lenin auf die aktive Teilnahme besonderen Wert gelegt. Danach waren Klassengesichtspunkte in den Vordergrund getreten. Arbeiter, Bauern und «Rotarmisten» wurden gegenüber Anwärtern aus anderen sozialen Schichten durch die Verringerung der (neu eingeführten) Kandidatenzeit privilegiert. Im Statut von 1934 erreichte diese Differenzierung mit der Festlegung von vier sozialen Mitglieder- und Anwärterkategorien ihren Höhepunkt. Um so auffälliger war, daß sie in der Neufassung von 1939 fehlten. Zwar blieb der begehrte Beitritt zu einer Organisation, die zur exklusiven Agentur für die Verteilung von Karriere- und Lebenschancen geworden war, schwierig. Nach wie vor mußten Empfehlungen vorgelegt und mehrere Kandidatenjahre absolviert werden. Auch ein Mindestalter wurde vorgeschrieben. Aber die soziale Barriere und die positive oder negative Privilegierung durch den ausgeübten Beruf bzw. die soziale Herkunft entfielen. Ždanov begründete diese einschneidende Veränderung mit Fortschritten auf dem Wege zur ‹herrschaftsfreien›, sozialistischen Gesellschaft. Wo es keine «Ausbeuter» mehr gab, brauchten diese nicht aus der proletarischen Partei ferngehalten oder einer besonders intensiven Gesinnungsprüfung unterworfen zu werden. Indes darf man vermuten, daß der eigentliche Antrieb für diese Öffnung ein anderer war: Die Partei brauchte neue Kader, die am einfachsten durch die Senkung der Eintrittsschwelle zu gewinnen waren. Daß sie deshalb von ‹Klassen- und Volksfeinden› überschwemmt werden würde, war nach dem «Großen Terror» nicht mehr zu befürchten – Berijas Leute wußten Rat. So mutierte die proletarische Avantgarde förmlich und absichtlich zur klassenlosen Partei, freilich nur für diejenigen, die sich dem von ihr bestimmten Staatsziel verschrieben und selbst auf den Hauch sichtbarer Eigenständigkeit verzichteten.[32]

Angesichts der Unterwerfung der Partei unter die diktatorische Führung konnte es kaum ausbleiben, daß auch der *Komsomol* von diesem Schicksal ereilt wurde. Als Zusammenschluß jugendlicher Aktivisten gegründet, war ihm die Idee einer besonderen Parteilichkeit gleichsam in die Wiege gelegt. Die «junge Garde», so wollte es Lenin und so verstand sie sich selbst, sollte die Vorhut des Kommunismus nicht erst von morgen, sondern schon der Gegenwart sein. In diesem Geiste achtete sie auf die Überzeugung ihrer Mitglieder ebenso wie auf die ideologische ‹Korrektheit› der Klassenlage, die allerdings die «arme Bauernschaft» einbezog. In diesem Geiste ließ sie sich auch willig vor den Karren der «zweiten Revolution» spannen. Stalin belohnte den Einsatz für seinen Kurs indes nicht. Schonungslos wurde auch der Komsomol dem Umbau der Partei und den «Säuberungen» unterworfen. Schon im letzten Jahr der ersten Planperiode mußte der größte Teil der Funktionsträger seine Ämter aufgeben. Insgesamt schätzt man die Zahl der zwischen 1933 und dem Beginn der zweiten Jahreshälfte 1935 ausgeschlossenen Mitglieder auf 450000. Welches Ziel dem Bund vorgegeben war, machte der zehnte Gesamtkongreß 1936 klar. Nach dessen Beschlüssen sollte er sich öffnen und im Grundsatz alle «fortschrittlichen, politisch geschulten werktätigen Jugendlichen aus Stadt und Land» vereinigen. Im Kern war ihm damit dieselbe Metamorphose zugedacht wie der Partei: die Klassenschranken zu überwinden und zur Organisation aller Aktivisten der Bevölkerung zu werden. Dem Wandel des sozialen Charakters entsprach eine veränderte Aufgabenstellung. Nicht tatkräftige Mithilfe beim Aufbau des Sozialismus hatte fortan im Vordergrund zu stehen, sondern die propagandistisch-agitatorische Tätigkeit. In gewisser Weise kehrte der Komsomol damit zu seinen Anfängen zurück: Auch er sollte wieder vorrangig als ‹Transmissionsriemen› zwischen Partei und Masse dienen. Tatsächlich zeigte die Offensive binnen kurzem Wirkung. Aus 3,9 Mio. Mitgliedern, die dem Verband 1936 angehörten, waren schon 1939 9 Mio. geworden. In der Zwischenzeit wütete der NKVD im Komsomol nicht minder als in der Partei.

1. Formen und Instrumente der Herrschaft 471

Der Vorsitzende verschwand ebenso in seinen Gefängnissen wie andere Repräsentanten des alten Bundes. Als das neue Statut von 1939 den Führungsanspruch der Partei durch direkte Unterstellung unmißverständlich festschrieb, nahm es schon eine andere Organisation in die Pflicht: keine idealistische, in gewissem Maße ‹eigensinnige› Elite mehr, sondern einen abhängigen Verband, der mehr und mehr einem einzigen Zweck diente: der politischen Indoktrination und Verbreitung des Stalinkults.³³

d. Die Armee

Die Rote Armee konnte zu Beginn der neuen Ära eine durchaus positive Bilanz im Sinne des Regimes vorweisen. Ein Jahrzehnt nach ihrer Gründung befand sie sich fest in der Hand junger, in ihren Reihen und im bolschewistischen Geist aufgewachsener Führer. Auf der höchsten Ebene, unter den Korpskommandeuren, fand sich 1928 keiner mehr, der nicht der Partei angehörte; unter den Divisionskommandeuren waren 71,9 % eingeschriebene Mitglieder und unter den Regimentskommandeuren 53,6 %. Auf der anderen Seite blieben nach den Maßstäben sowohl der Generäle als auch vor allem der neuen ZK-Mehrheit noch manche Wünsche offen. So lag die durchschnittliche Quote formeller Parteiregistration unter allen Soldaten nur bei 38,7 %. Auch die Repräsentation der Arbeiterschaft entsprach mit 39,7 % (1927) ‹nur› der ungefähren demographischen Proportion, nicht aber den ideologischen Ansprüchen oder der Sozialstruktur der Partei. Schwerer noch aber fielen die Ausrüstungsmängel ins Gewicht. Die Frunzeschen Reformen hatten die Priorität eindeutig auf die Organisation und politische Zuverlässigkeit der Streitkräfte gelegt. Ihre Größe blieb dagegen unverändert und – nach Meinung des Volkskommissars selbst – unzureichend. Deshalb unterstützte die Armeeführung den Übergang zur forcierten Industrialisierung, ohne allerdings maßgeblichen Einfluß auf diese Diskussion zu nehmen. Im ersten Planjahrfünft hielten sich die Fortschritte in dieser Hinsicht in Grenzen. Die Priorität galt, was sich von selbst ergab, der Grundlegung einer Infrastruktur und Produktionskapazität, von denen auch die Streitkräfte später würden profitieren können. Um so energischer trieb die neue Parteiführung unter der Zuständigkeit Vorošilovs den politisch-sozialen Wandel der Armee voran. Bis Ende 1933 stieg der Anteil von erklärten Bolschewiki (Parteimitglieder und Komsomolzen) auf 59 % (1927 = 36 %). Schon 1930 belief sich die entsprechende Quote unter den «höchsten Kommandeuren» (aber nicht nur den allerhöchsten) auf 76 %, unter den «höheren» auf 50–52 % und unter den «mittleren» auf 60 %. Deutlicher noch veränderte sich die soziale Zusammensetzung aller Soldaten. Zwar stellte die Bauernschaft nach wie vor den Kern der Armee. Aber der Anteil der Arbeiter wuchs spürbar und schnell von 1929 = 24,3 % auf 1932 = 38,7 %. Hinzu kam ein neues Militärstatut (1928), das die Disziplinvorschriften verschärfte, sie wie zu zarischen Zeiten auf das außerdienstliche Leben der Soldaten ausdehnte und von kritischen Zeitgenossen wegen seiner starken Betonung von Hierarchie und Rängen als *Magna Charta* der Offiziere verspottet wurde. Es war bereits eine tiefgreifend veränderte, politisch, strukturell und mental weitgehend regimekonforme Armee, die in den Jahren der Wende entstand. Dennoch fehlte ihr in der Sicht der neuen Führung zumindest eines: hinreichende Schlagkraft samt der dafür erforderlichen technischen Ausrüstung. Daß Verbesserungen in dieser Hinsicht auch zum Nutzen der persönlichen Diktatur im Innern wirken konnten, bedarf dabei keiner Begründung.[34]

Nicht ohne Symbolkraft begann Stalin den weiteren Umbau der Armee mit einer Reorganisation ihrer Führung. Kurz nach dem 17. Parteitag wurde der *Revolutionäre Militärrat*, dem der Verteidigungskommissar (formal) nur vorsaß, aufgelöst (März 1934). Damit verschwand das letzte Relikt kollektiver Führung, das aus den frühen Tagen des neuen Staates noch übriggeblieben war. Zwar gehörte auch zum Apparat des neuen Volkskommissariats für Verteidigung, das per Dekret vom 20. Juni desselben Jahres geschaffen wurde, ein «Militärrat»; aber dessen Befugnisse beschränkten sich auf die bloße Beratung. Wenig später erhöhte man die Friedensstärke der Streitkräfte erheblich (von 562 000 auf 940 000) und veränderte ihre innere Struktur. Über drei Viertel aller Divisionen standen fortan permanent unter Waffen. Das Gewicht der Territorialmiliz wurde deutlich verringert und – vielleicht die wichtigste Neuerung – das nationale Prinzip bei der Aufstellung einiger Einheiten verworfen. So stand am Ende dieser Maßnahmen zumindest eine partielle Verwirklichung des neuen Konzepts: die «eine und unteilbare», der politischen Zentralgewalt in klarer Hierarchie unterstellte Sowjetarmee.

In dieser Gestalt konnten ihre Führer in den folgenden Jahren nicht nur eine weitere erhebliche numerische Stärkung auf 1,3 Mio. 1935/36 und 4,7 Mio. bei der totalen Mobilisierung nach dem deutschen Überfall im Juni 1941 verbuchen. Hinzu kam eine beträchtliche Verbesserung und Vermehrung ihrer Waffen und sonstigen technischen Geräte. Der zweite Fünfjahresplan bescherte auch den Streitkräften jene Aufrüstung, die sie sich schon früher erhofft hatten. Vor allem Panzer und schwere Artillerie, aber auch Flugzeuge wurden in deutlich größerer Zahl gebaut und erlaubten die verstärkte Aufstellung entsprechender Brigaden. Ihrer Zahl nach und zunehmend auch hinsichtlich ihrer technischen Ausstattung befand sich die Rote Armee in der zweiten Hälfte der dreißiger Jahre auf dem Wege zu einer der größten und schlagkräftigsten der Welt. Vieles spricht dafür, daß dieses Ergebnis ohne die brachiale Industrialisierung mitsamt der ungeheuren Opfer, die sie kostete, nicht denkbar gewesen wäre. Allerdings kann daraus keine Rechtfertigung abgeleitet werden.

Der stärkeren Berücksichtigung ihrer ökonomischen Wünsche entsprachen die materiellen Privilegien der Armee. So wie Stalin den NKVD durch

1. Formen und Instrumente der Herrschaft

Vergünstigungen an sich band, so bemühte er sich auch um das Wohlergehen der Offiziere und Soldaten. Die Bezahlung vor allem der Kommandeure wurde so beträchtlich erhöht, daß sie sich im Wettlauf mit der allgemeinen Inflation gut behauptete. Eine sinnfällige Gestalt nahm diese Sonderstellung durch die Schaffung einer eigenen Laden- und Kaufhauskette an. Der «Armeehandel» *(Voentorg)* versorgte die Kompanien nicht nur mit Gerät und Möbeln, sondern auch mit Nahrungsmitteln und sonstigem Alltagsbedarf. Das Militär wurde in gewissem Sinne autark und wirtschaftlich ein Staat im Staate.[35]

Mit einiger Zwangsläufigkeit wuchs aufgrund all dieser Maßnahmen auch das *politische Gewicht* der Armee. Dabei tut man gut daran, zwischen der grundsätzlichen Regimetreue und der Ergebenheit gegenüber Stalin klar zu unterscheiden. Alles deutet darauf hin, daß die Armee keine zuverlässige Einrichtung im Sinne des Diktators war. Nach wie vor gaben die ‹alten› Generäle den Ton an, fast alle noch jung an Jahren, aber Helden des Bürgerkriegs und Bolschewiki seit frühen Tagen. Warum sie ebenfalls dem Terror des NKVD zum Opfer fielen, läßt sich immer noch nicht genau sagen. Jüngste Quellenfunde haben lediglich die Dimensionen präzisiert und neues Licht auf die Form und Akteure der Strafmaßnahmen geworfen, ansonsten aber die bisherigen Vorstellungen bestätigt oder nicht berührt.

Schon seit Januar 1937 schwebten düstere Wolken über den Köpfen von V. K. Putna und M. N. Tuchačevskij, als ihre Namen im Prozeß gegen Radek, Pjatakov und andere fielen. Stalin beruhigte Tuchačevskij aber, indem er den ‹Zeugen› zwang, den wohl fähigsten Kopf der gesamten Armeeführung im gleichen Atemzug wieder zu entlasten. Auch in den folgenden Monaten wiegte er den General in Sicherheit. Tuchačevskij wurde für eine Auslandsmission vorgesehen und durfte im Mai dabei sein, als der Arbeiterfeiertag mit der gewohnten Militärparade auf dem Roten Platz begangen wurde. Wie hinterhältig Stalin dabei abermals verfuhr, führten die folgenden Ereignissen besonders nachdrücklich vor Augen. Denn offenbar wurde in dieser Zeit nicht nur gegen Tuchačevskij und andere Generäle ermittelt, sondern auch das Urteil bereits gefällt. Am 11. Mai verkündeten die Zeitungen ein umfassendes Revirement in der Armeeführung, das Tuchačevskij an die Volga versetzte. Bald nach der Ankunft wurde er dort verhaftet. Die meisten seiner engeren Kollegen erlitten um dieselbe Zeit dasselbe Schicksal, darunter der Oberkommandierende des weißrussischen Militärbezirks I. P. Uborevič, der Leiter der PURKKA Ja. B. Gamarnik, der Chef der zentralen Militärakademie A. I. Kork sowie der Oberkommandierende des Leningrader Militärbezirks I. E. Jakir. Mit vier weiteren Generälen wurde ihnen hinter verschlossenen Türen wegen einer angeblichen «militär-politischen Verschwörung» gegen die Sowjetmacht der Prozeß gemacht. Der Mitteilung darüber am 11. Juni konnte bereits anderntags die Vollzugsmeldung folgen. Alle Angeklagten, soweit sie nicht wie Gamarnik Selbstmord begingen, wurden standrechtlich erschossen.

VI. Die Herrschaft Stalins (1934–1941)

Doch dies war nur der Auftakt für die physische Liquidierung der Armeeführung in einem Ausmaß, das als schlagender Beleg für den grenzenlosen Irrationalismus gilt, der den Stalinschen Terror *auch* auszeichnete. Vor dem Hintergrund der numerischen Verstärkung und technischen Aufrüstung der Streitkräfte seit 1934, der ideologisch-politischen Konfrontation mit der kapitalistischen und vor allem der faschistischen Außenwelt, der offensichtlichen deutschen Aggressivität, des japanischen Eroberungszuges in China und fraglos nicht nur eingebildeter wachsender internationalen Spannungen bleibt es nach wie vor unbegreiflich, warum der Diktator es für möglich und nötig hielt, die Armee nachgerade zu enthaupten. Eine Aufzeichnung des Leiters der entsprechenden ‹Kaderabteilung› im Militärkommissariat erlaubt es nun, Umfang und Art der Maßregelungen genauer zu bestimmen. Demnach wurden von Anfang 1937 bis Anfang Mai 1940 in Heer, Luftwaffe und politischer Verwaltung der Armee (PURKKA) 34 301 Offiziere aus ihren Ämtern entfernt. Bis zum Ende dieses Zeitraums – die große Mehrheit davon 1938/39 – wurden 11 596 wieder aufgenommen (meist aber ohne ihre alten Funktionen zurückzuerhalten). Es bleiben 22 705 Männer, deren Schicksal ungeklärt ist. Ein Teil wurde sofort vom NKVD verhaftet; ohne Berücksichtigung der Luftwaffe galt dies für ein knappes Drittel (31,6%) aller Betroffenen. Die übrigen und meisten wurden – entgegen der bisher üblichen Annahme – ‹nur› entfernt, überwiegend wegen ‹Kollaboration› mit ‹Parteifeinden›, an zweiter Stelle wegen moralischer Verfehlungen (Trunkenheit) und an dritter wegen Kontakten zu mißliebigen Nationalitäten (von Polen bis Esten) sowie wegen Alters oder aus gesundheitlichen Gründen. Die Analogie zum ‹zivilen› Terror legt allerdings die Vermutung nahe, daß zumindest den politisch motivierten Entlassungen die baldige Verhaftung folgte; dadurch würde sich der Anteil der Offiziere, die den Weg in den GULag antreten mußten, auf ca. 70% erhöhen. Da auch die ‹moralischen› Verstöße häufig mit Lagerhaft geahndet wurden, kommen sehr wahrscheinlich weitere hinzu. So dürfte es zwar zutreffen, daß der Armeeterror in der praktischen Durchführung ebenfalls nicht so weit von den üblichen ‹Parteisäuberungen› entfernt war, wie man zumeist gemeint hat. Auch die starke Beteiligung der unteren Parteigremien spricht für eine solche Sicht. Aber zur Verharmlosung besteht kein Anlaß: Sicher mußten nicht nur die unmittelbar Verhafteten lange Jahre hinter Stacheldraht verbringen – wenn ihnen nicht Schlimmeres geschah –, sondern auch viele der ‹bloß› Entlassenen. Die Lagerhaft blieb das *normale* Schicksal der Gemaßregelten.[36]

Hinzu kamen ‹qualitative› Gewaltmaßnahmen gegen die Armee. Zwar müssen die Annahmen über den *Anteil* der Entfernten an der gesamten Armeeführung (im wesentlichen wegen der erheblichen Unterschätzung der Größe des Offizierskorps) offenbar korrigiert werden. Statt auf 20–25% oder gar die Hälfte belief er sich im angegebenen Zeitraum offenbar ‹nur›

1. Formen und Instrumente der Herrschaft 475

auf 7,7 %. Unbestritten aber ist, daß die Erschießungen und Verhaftungen *vor allem* die oberste Führung trafen. So ‹verschwanden› drei von fünf Marschällen – darunter die berühmten Generäle A. I. Egorov und V. K. Blücher (Bljucher) –, 13 von 15 Armeekommandeuren, 57 von 85 Korpskommandeuren, 110 von 195 Divisionskommandeuren, 220 von 406 Brigadekommandeuren, alle elf Stellvertreter des Verteidigungskommissars, 75 von 80 Mitgliedern des Obersten Militärrats sowie alle Oberkommandierenden der Militärbezirke und die Kommandeure der Luftwaffe und Marine bis auf eine Ausnahme, nach Rängen aufgegliedert: neun von zehn Generälen und acht von zehn Obersten. Selbst wenn diese Angaben des japanischen Geheimdienstes übertreiben, steht außer Zweifel, daß weder die sowjetische noch die russische und womöglich keine Armee der Welt bis dahin einen vergleichbaren gewaltsamen Aderlaß erlebt hatte. Seine Folgen sind schwer genau zu ermessen, weil die Entlassenen und Erschossenen rein numerisch sogar ‹überkompensiert› wurden. Trotz der «Säuberungen» wuchs die Zahl der Rotarmisten weiter. Der Verlust an Erfahrung und Wissen hingegen war auf kurze Sicht *nicht* gutzumachen. Wie schwer er wog, sollte sich (nach der schmählichen Niederlage im Winterkrieg gegen Finnland) spätestens am 22. Juni 1941 herausstellen, als das Deutsche Reich die Sowjetunion überfiel. Chruščev hat auch diesen Zusammenhang in seiner berühmten «Geheimrede» deutlich benannt.[37]

Im Innern aber räumte die «Säuberung» der Armeeführung den Weg frei für die Herstellung zuverlässiger Kontrolle durch Stalin und sein ZK. Dekrete vom Mai und August 1937 gaben den politischen Kommissaren wieder das gleiche Gewicht wie den jeweiligen Militärführern. Auch damit griff man auf das Vorbild des Bürgerkriegs zurück: Wie damals mußten alle Befehle von *beiden* unterzeichnet werden. Darüber hinaus setzte Stalin ein deutliches personelles Zeichen. Zum Nachfolger Gamarniks als Leiter der PURKKA ernannte er einen seiner engsten Gefolgsleute, den einstigen Leiter seines Privatsekretariats L. Z. Mechlis, der dank eines gut funktionierenden Spitzelsystems zu einer Schlüsselfigur bei der personellen Erneuerung der Armee aufrückte. Den sichtbarsten Ausdruck aber fand das Generalrevirement in der Schaffung eines Obersten Militärflottenrates und eines Obersten Militärrates Anfang 1938. Beide waren den jeweiligen Volkskommissaren übergeordnet und dem Politbüro direkt unterstellt. Die Leitung des ersteren übernahm Ždanov, die des letzteren in Personalunion Vorošilov. Dem Militärrat gehörten, anders als dem 1934 neu besetzten alten, nur noch elf hochrangige Politiker an, neben dem Verteidigungskommissar und Mechlis auch Stalin. Damit war ein möglicher, vielleicht sogar wahrscheinlicher Zweck auch des Todes von Tuchačevskij und fast aller Angehörigen seiner Generation in der Militärführung erfüllt. Denn trotz der starken Mitwirkung der unteren Parteizellen auch an der terroristischen Erneuerung der Armee verstand sich von selbst, daß Stalin die wichtigen Fäden in der Hand behielt und die prominenten Opfer selbst auswählte. Zu seinen Lebzeiten hat kein General mehr den Kopf zu heben gewagt (ohne bestraft zu werden).[38]

e. Nationalitäten

Auch das Ende der *korenizacija* verband sich mit dem Aufstieg Stalins. Zugleich gilt aber auch hier, daß weitere Faktoren hinzukamen. Zum einen scheint es in der Partei noch auf dem Höhepunkt der ‹Regionalisierung› und des Föderalismus eine beträchtliche Skepsis gegeben zu haben, die der angehende Diktator in mancher Hinsicht nur zum Ausdruck brachte. Zum anderen forderten Planwirtschaft und Zwangskollektivierung auch in der Nationalitätenpolitik ihren Tribut. Nach der Grundsatzentscheidung zugunsten einer zentral gelenkten und forcierten Industrialisierung unter Einschluß einer ebenfalls gefügigen Landwirtschaft blieb noch weniger Spielraum für lokale ‹Sonderwege› als ohnehin. Ein übriges bewirkte die Notwendigkeit, den tiefgreifenden Umbruch durch eine ideologische Renaissance zu unterfüttern, da sie angesichts der Abneigung des Sozialismus gegen nationale Regungen in dieselbe Richtung wies. So liegt die Vermutung nahe, daß sich die tradierte Hegemonie des ZK in der bolschewistischen Partei, das Erbe des zarisch-kaiserlichen Herrschaftsmonopols samt der ausgeprägten kulturellen Hegemonie des Hofes und die Folgen der ökonomischen Zentralisierung zu einer Übermacht addierten, die den Resten regionaler Selbständigkeit keine Chance ließen. Der ‹Sozialismus in einem Lande› duldete keine Eigenmächtigkeiten.

Was Partei und Staat nun vorschrieben, machten sie mit den Mitteln der neuen Ära in einem Schauprozeß jedermann klar. Im März 1930 sahen sich 45 ukrainische Politiker und Intellektuelle mit der Anklage konfrontiert, einem Geheimbund anzugehören, der die Sezession ihrer Heimat von der UdSSR betreibe. Zwar gab es solche Organisationen im Gegensatz zu ‹trotzkistisch-sinowjewistischen› Verschwörungen in Ostpolen tatsächlich. Dennoch zeigte nicht nur der Vorwurf, die Wiedereinführung des Kapitalismus anzustreben, daß das Verfahren in die Reihe der inszenierten seit der ‹Šachty-Affäre› von 1928 gehörte. Als kurz darauf noch ein «Ukrainisches Nationales Zentrum» ‹enttarnt› und Hruševs'kyj zu dessen Mitglied erklärt wurde, war die Botschaft unmißverständlich. Die *korenizacija* hatte ihre Schuldigkeit getan, die nichtgroßrussischen Völker an das neue Regime zu binden und den friedlichen Wiederaufbau des ruinierten Landes abzustützen – nun konnte sie auf dem Altar einer neuen und angeblich besseren sozioökonomischen und politischen Ordnung geopfert werden. Die Bereitschaft dazu wuchs um so mehr, als die Kollektivierung in einigen fremdethnischen Gebieten auf besonders heftigen Widerstand stieß. Die Ukraine nahm den größten Teil des Zentralen Landwirtschaftsgürtels ein, wo die Existenz der

1. Formen und Instrumente der Herrschaft

Bauern ganz überwiegend von den wenigen Ackerstreifen abhing, die sie besaßen. In Kazachstan und der übrigen Steppe ging die Verstaatlichung der Landwirtschaft mit erzwungener Seßhaftigkeit einher. Im Ergebnis erhielt derselbe Prozeß einen weiteren, nachhaltigen Schub, der die imperiale großrussische Expansion seit Jahrhunderten begleitet hatte: die Ausweitung staatlicher Herrschaft und der Export sozialer Schichtungsmuster und Verhaltensnormen in völlig andere Gesellschaften und Kulturen.[39]

So wirkten seit Beginn der großen Wende viele Kräfte zusammen, um den regional-nationalen Pluralismus zu strangulieren. Dennoch stand nicht nur die Staatsverfassung einer offenen Kehrtwende nach wie vor im Wege. Auch die unantastbare ideologische Begründung des großen Lenin, der sich in dieser Frage besonders engagiert hatte, verbot einen unverblümten Widerruf. Stalin ‹löste› das Problem auf seine Weise: durch die formale Bestätigung des Bestehenden auf der einen Seite und theoretische Spitzfindigkeiten sowie eine gewalttätige, gegenläufige Praxis auf der anderen. Im März 1929 belehrte er zwei hartnäckige Genossen, die sich in Sorge um die Zukunft der *korenizacija* für eine klarere Anerkennung auch der staatlichen Eigenständigkeit der Nationalitäten ausgesprochen hatten, in brüsker Form über ihren grundlegenden Irrtum. Ihr Vorschlag offenbare eine schädliche Denkweise, weil er nicht beachte, daß es in der Geschichte «zwei Typen von Nationen» gebe: die bürgerlich-kapitalistische und die sozialistische. Die Einführung der letzteren mußte jeden Marxisten aufs höchste überraschen. Wer die Schriften der Urväter gelesen und die berühmte Debatte zwischen Luxemburg und Lenin verfolgt hatte, war darüber belehrt worden, daß der Nationalstaat mit dem Übergang zum Sozialismus überwunden sei. Doch Stalin meinte, dieses Manko durch den Hinweis auf die äußere Lage wettmachen zu können. Solange der Sowjetstaat mit seiner weltgeschichtlichen Pioniertat allein stehe, habe auch der ‹Proletarier› ein Vaterland. Es liegt auf der Hand, daß durch diesen Gedanken der *Sowjetpatriotismus* begründet und als weitere Quelle der ideologisch-psychologischen Mobilisierung der Masse für das neue große Ziel erschlossen wurde. Partikulare Interessen hatten demgegenüber so weit zurückzutreten, daß sie von der Oberfläche verschwanden. Alle Loyalität war auf das Ganze und sein Zentrum zu richten, das mit keinem geringeren Anspruch auf Ausschließlichkeit auftrat als der bürgerliche Nationalstaat.

Auch *institutionell* waren die Signale für den weiteren Abbau des Föderalismus nicht zu übersehen. In der alten RSFSR hatte es – ein deutliches Indiz für das Gewicht, das man diesem Problem beimaß – ein Kommissariat für Nationalitätenfragen gegeben. Im SNK der Sowjetunion fehlte es zwar, aber nur deshalb, weil die Verfassung den nichtrussischen Völkern in Gestalt der Nationalitätenkammer als Teil des CIK eine noch höherrangige Vertretung gewährte. Darüber hinaus richtete man in den politisch entscheidenden Institutionen des Landes, den Parteikomitees und -sekretariaten, besondere Sektionen für Nationalitätenfragen ein, die den großen Vorteil eines bis zur lokalen Ebene hinunterreichenden Instanzenzugs besaßen. Im Zuge der Wende gerieten diese Sektionen, einschließlich der symbolträchtigen «jüdischen» *(evsekcii)*, ins Abseits und wurden abgeschafft. Zwar blieben noch nationale Kommissionen und Beauftragte bei den Präsidien der Exekutivkomitees der Obersten Republiksowjets. Unter dem Druck der Zentralregierung und von der Partei handverlesen, waren sie aber weit davon entfernt, ein wirkliches Gegengewicht gegen den VSNCH, den Gosplan, die Finanz- und Industrieressorts oder gar das Politbüro und Stalin bilden zu können.[40]

Genau besehen, gab die neue Verfassung von 1936 die ganze Widersprüchlichkeit der offiziellen Politik in dieser Frage deutlich zu erkennen. Einerseits stärkte sie mit propagandistischem Gestus das föderale Element im Staatsaufbau. Der Nationalitätensowjet blieb nicht nur erhalten, sondern wurde durch das Recht zur Gesetzesinitiative (Art. 38) noch aufgewertet und endgültig in den gleichen Rang wie der Unionssowjet erhoben. Die Zahl der in ihm repräsentierten Territorien wuchs weiter: Nach den drei mittelasiatischen Republiken kamen 1936 Georgien, Armenien und Aserbajdschan (durch die Aufgliederung der Transkaukasischen Republik) sowie Kazachstan und Kirgisien (durch Statuserhöhung von einer Autonomen Republik) samt sechs weiterer Autonomer Republiken und neun Autonomer Kreise (im Hohen Norden und Fernen Osten) hinzu. Da der Nationalitätenrat nicht nur Teil des CIK, sondern gleichsam auch des Allunionssowjets insgesamt wurde, brachte seine Einrichtung eine erhebliche Vermehrung der Zahl ‹nationaler› Abgeordneter mit sich (569 bei 574 Mitgliedern des Unionsrats nach der ersten Wahl 1937). Desgleichen erhöhte man auch den Status ihrer Bestellung durch die Einführung der direkten Wahl (Art. 35). Andererseits enthielt die neue Verfassung auch Änderungen, die eindeutig zu Lasten der föderativen Kräfte ausschlugen. So entzog sie den Republikressorts die Möglichkeit der Appellation an das oberste Organ der Rätepyramide, während die Unionskommissariate zusätzlich zur Bestätigung der bindenden Kraft ihrer Dekrete die Befugnis erhielten, Gesetze und Anordnungen der Republikskommissariate zu kassieren, wenn sie Unionszuständigkeiten berührten (Art. 67, 69). Zugleich erweiterte sie die Aufgaben der Zentralregierung deutlich. Die reinen Unionsangelegenheiten wurden durch die Schwer- und Verteidigungsindustrie ergänzt. Gemischte Kommissariate waren für die Nahrungsmittel-, Leicht- und Holzindustrie sowie für die Landwirtschaft, Viehzucht, innere Angelegenheiten, Justiz, öffentliche Gesundheit, Finanzen und den Binnenhandel vorgesehen. Den Republiken blieb demnach schon formell nur noch die Leitung des Erziehungswesens, der lokalen Wirtschaft und der Sozialfürsorge – kaum mehr Kompetenzen als den *zemstva* unter dem *Ancien Régime*. Da die Unionsglieder auch die Befugnis zu einem eigenen Rechtswesen einbüßten, straften die praktisch

1. Formen und Instrumente der Herrschaft

wirksamsten exekutiven und judikativen Neuerungen den Anspruch Lügen, den der institutionelle Umbau zugunsten des Föderalismus erhob.[41] Wen diese Manöver immer noch nicht alarmierten, der wurde vom «Großen Terror» nachdrücklich auf Stalins Absichten hingewiesen. Auf dem Höhepunkt ihres unseligen Wirkens wüteten Ežov und seine Komplizen an der nichtrussischen Peripherie wohl noch skrupelloser als im Zentrum. Keine Republik, kein bedeutenderes nationales Territorium blieb verschont. Überall sorgten Verhaftungen und Erschießungen für eine drastische Dezimierung der indigenen politischen Elite. Die bedeutendsten Republiken hatten darüber hinaus so hohe Verluste unter den Repräsentanten von Kultur und Wissenschaft zu beklagen, daß sie gleichsam geistig enthauptet wurden. Ausnahmslos ergriffen Abgesandte oder Statthalter der Zentrale die Schalthebel der Macht. So offenbarte die Gewalt auch in dieser Hinsicht eine erkennbare politische Zielsetzung oder zumindest Wirkung: die endgültige Ausrottung der *korenizacija* durch die Liquidierung ihrer Träger.

In der *Ukraine* begnügte sich Stalin nicht mit der Beseitigung der ranghöchsten Genossen Čubar', Postyšev und Kosior. Insgesamt ‹verschwanden› 1937 über 150000 Parteimitglieder. Zur Auswahl der prominenten Opfer traf im August Molotov persönlich, damals Vorsitzender des SNK, in Kiev ein. Er sorgte bis zum Januar 1938, von einer Ausnahme abgesehen, für die Verhaftung des gesamten regionalen Politbüros. Wer verschont blieb, mußte gleichwohl fürchten, vom neuen Parteisekretär Chruščev auf denselben Weg geschickt zu werden. Andere nahmen sich beizeiten das Leben. Von der Prominenz überlebte so gut wie niemand. In *Weißrußland* begann die Säuberung früher. Schon 1937 war «buchstäblich kein ZK-Mitglied mehr übrig». Als Ersatz wurden Parteisekretäre aus der Provinz nach Minsk beordert, wo sie ebenfalls in den «gigantischen Fleischwolf» gerieten. Auch diese Republik verlor ihre gesamte Führung ohne nennenswerte Ausnahmen. In *Transkaukasien* eröffnete Berija selbst die Jagd, indem er im Juli 1936 den Vorsitzenden des armenischen ZK eigenhändig umbrachte. Einen besonders hohen Blutzoll zahlte allem Anschein nach Stalins Heimatprovinz Georgien. Als Indiz dafür kann gelten, daß von 644 Delegierten, die sich im Mai 1937 zum 10. Parteitag dieser Republik versammelten, in der Folgezeit 425 (= 66 %) verhaftet, verbannt oder erschossen wurden. Ein Zusammenhang mit der besonders langen sozialdemokratischen, menschewistisch geprägten Tradition liegt nahe. Von den prominenten Bolschewiki überlebte im wesentlich nur der Parteisenior F. Macharadze. In Armenien füllten sich die Gefängnisse, als Malenkov, Berija und Mikojan im September 1937 nach Erevan kamen. Allein in der Hauptstadt wurden in den nächsten Wochen mehr als tausend Personen in Gewahrsam genommen. Von neun Mitgliedern des armenischen ZK schieden sieben aus. Kein einziges von 56 Mitgliedern des hauptstädtischen Exekutivkomitees von Anfang 1937 wurde im April 1938 wiedergewählt. In Aserbajdschan fungierte ein ehemaliger

Mitarbeiter der transkaukasischen Tscheka und Vertrauter Berijas als Henker. Auch hier überlebte kaum ein Bolschewik von Rang. Gleiches galt schließlich für so gut wie alle Autonomen Republiken (z. B. der Tataren, Kabardinen und Balkaren, Osseten, Čečenen und Ingušen) und Autonomen Regionen in der RSFSR selbst. Allenthalben schoß die Geheimpolizei, womöglich auch hier mit tatkräftiger Unterstützung der lokalen Parteikomitees, (im beklemmend wahren Wortsinn) den Weg frei für Satrapen und Marionetten der Zentralgewalt – für junge Aufsteiger großrussischer Herkunft, die Stalins Wohlgefallen erregt hatten.[42]

Auch bei diesem Akt des Schreckensdramas stellt sich die Frage nach den *Ursachen* und *Motiven*. Sicher vermag der alleinige Hinweis auf die persönliche Machtgier des Diktators hier noch weniger zu überzeugen. Stalins Herrschaft wurde von keiner Republik und keiner Nationalität ernsthaft bedroht. Säuberungen konnten sie nicht festigen oder erweitern. Größere Plausibiltät darf das Argument beanspruchen, daß es dem Diktator um die endgültige Durchsetzung der neuen «Generallinie» ging. In der Tat bestand die sicherste Methode zur Gewährleistung bedingungsloser Loyalität darin, ergebene Gefolgsleute in allen Schaltstellen der lokalen Macht zu installieren. Stalin hat dies ebenso rücksichtslos und brutal beherzigt wie in vielen anderen Aktionen vor und nach 1929. Auch bei der Massengewalt gegen nichtrussische Eliten sollten indes weitere Umstände nicht übersehen werden, die erklären helfen, warum es ihm abermals nicht schwer fiel, Helfer zu gewinnen. Naturgemäß verband sich das Ende der ‹liberalen› Nationalitätenpolitik mit der Stärkung großrussischer Emotionen und der Privilegierung Kernrußlands und seiner Bevölkerung. In gewisser Weise wiederholte sich die Unterwerfung der nichtrussischen Peripherie durch das russische Zentrum. Stalin hat diese Implikation gesehen und nationale, zunehmend auch chauvinistische Emotionen bewußt geschürt. Damit schuf er den Kitt, der die mächtigen Organisationen und Kräfte im Staat noch enger aneinanderbinden sollte. Die Gesellschaft wurde gewiß nicht monolithisch. Aber es bot sich ihr eine integrative Orientierung, die nicht nur die Partei, Armee und Sicherheitspolizei als Säulen der staatlichen Zwangsgewalt ansprach, sondern auch aufstrebende und zunehmend einflußreiche soziale Schichten: die doppelten Profiteure von Terror und Russifizierung.[43]

2. Wirtschaft: Konsolidierung eines Pyrrhussieges

a. Industrie zwischen Licht und Schatten

Dem zweiten Fünfjahresplan (1933–37) war nicht nur die Fortführung des ersten zugedacht. Nach der Grundlegung der sozialistischen Industrie sollte er eigene Akzente setzen und den Unterschied zwischen Stadt und Land

2. Wirtschaft: Konsolidierung eines Pyrrhussieges

einerseits, geistiger und körperlicher Arbeit andererseits abbauen. Dabei nahm man auch die Tempovorgaben zurück. Das Motto der zweiten Planperiode hieß: *Konsolidierung* statt ungestümer Expansion, Augenmaß statt unerfüllbarer Zielsetzungen. Die ‹Technik beherrschen› lernen, lautete eine beliebte und symptomatische Devise. Zu dieser Reorientierung gehörte auch ein neues Gewicht der Konsumgüterproduktion. Was im ersten Jahrfünft aus politischen Gründen mißachtet wurde, sollte nun in gewisser Weise nachgeholt werden. So gab der Plan in deutlicher Umkehrung der geltenden Prioritäten bei den Produktionsgütern für das Jahr 1937 ein Soll von 197,2 vor (1932 = 100), bei den Konsumgütern aber eines von 233,6. Auch die Löhne und verschiedene Fonds für soziale Leistungen und materielle Verbesserungen sollten spürbar steigen.[1]

In der Tat lagen drei ‹gute Jahre› in der Mitte der zweiten Planperiode. Die Triade von 1934-36 gab nicht nur den Fachleuten, sondern auch der Bevölkerung Anlaß zum Aufatmen. Selbst eine überaus skeptische Darstellung bescheinigt der sowjetischen Wirtschaft in dieser Zeit «eindrucksvolle» Resultate; eine andere spricht von den «vielleicht erfolgreichsten Jahren der sowjetischen Industrialisierung insgesamt». Die industrielle Bruttoproduktion wuchs nach wie vor in schnellem, aber nicht zerstörerischem Tempo (1934 um 17,4 %); die Investitionen blieben hoch, erforderten aber keinen Raubbau; der Lebensstandard erholte sich wieder, wenn auch langsam; ebenfalls zögernd, aber spürbar wuchs die Arbeitsproduktivität; und die Ausgaben für den Staatsapparat (einschließlich der Armee und Wirtschaftsverwaltung) stiegen lediglich in ungefähr demselben Maße wie die ökonomische Leistungsfähigkeit. Eine entscheidende Ursache für diesen ‹Aufschwung› bestand offenbar in der Fertigstellung einiger zentraler Großprojekte. Die Stahlwerke der gigantomanischen Retortenstadt Magnitogorsk im Ural konnten ebenso ihren Betrieb aufnehmen wie andere metallurgische Unternehmen in Zaporož'e und Tula. Sie profitierten dabei von der erhöhten Kohle- und Erzförderung in den neu erschlossenen Lagerstätten Südsibiriens (Kuzbass, Karaganda). Auch die Erzeugung von Elektrizität vor allem für den industriellen Verbrauch wurde erheblich ausgeweitet. Wenngleich auf Importe noch lange nicht verzichtet werden konnte, verfügte die Sowjetunion 1937 doch über einen erheblichen Teil der Ausrüstung, um Maschinen selbst herstellen zu können. Insofern hatte die Sowjetunion zweifellos einen großen Sprung nach vorn getan und eine neue Stufe des industriellen Aufbaus erreicht.[2]

Allerdings war schon im letzten Jahr der Planperiode ein massiver Rückgang der Produktion und Investitionen zu verzeichnen. Mehrere Gründe kommen als Erklärung in Betracht. Zum einen verweist der Zeitpunkt auf die sicher schrecklichsten Ereignisse im Vorkriegsjahrzehnt. Wie Fallstudien aus jüngster Zeit zeigen, richtete sich der Terror in besonderem Maße gegen die Wirtschaftselite des Landes. Mehr noch als ‹alte Bolschewiki› fielen Manager und Ingenieure klassenkämpferischem Übereifer oder schlichter Ranküne zum Opfer. Auch allerhöchste Amtsinhaber wie der Vorsitzende des *Gosplan* V. I. Mežlauk und der angesehene Ökonom E. I. Kviring blieben nicht verschont. Die Folgen machten sich in noch größeren Defiziten bei der Planerfüllung und anderen Problemen umgehend bemerkbar. Allerdings hat man darauf hingewiesen, daß die Wende schon vor dem Höhepunkt der Gewalt in den wirtschaftlichen Leitungsbehörden eintrat. Insofern vermag der erklärende Hinweis auf den Abschluß der erwähnten Großbauten, ohne daß der Grundstein für neue gelegt worden wäre, als zusätzlicher Grund zu überzeugen. So endete der erfolgreiche zweite Fünfjahresplan in mancher Hinsicht recht frühzeitig.

Der dritte und letzte Fünfjahresplan (1938–42) vor dem deutschen Überfall lag nach frühzeitigen Vorarbeiten 1938 im Entwurf vor. Nicht nur die erwähnten Säuberungen, sondern auch die erheblichen Vollzugslücken des Vorjahres gaben Anlaß, ihn gründlich zu revidieren. Trotz größerer Rücksicht auf die ernüchternde Wirklichkeit verankerte die endgültige, vom 18. Parteitag im März 1939 angenommene Version dieses Planes ebenfalls hohe Erwartungen. Nationaleinkommen und Industrieproduktion sollten in annähernd denselben Raten wachsen wie im vorangegangenen Jahrfünft. Zugleich war vorgesehen, den Konsumgütersektor davon wieder stärker auszunehmen und auch die Löhne nur geringfügig anzuheben. Verzicht der Arbeiter und Verbraucher zugunsten von Stahl, Maschinen, Rohstoffen und Energie prägten das Zahlenwerk abermals deutlich. Was aus den Vorgaben wurde, läßt sich nicht mehr genau angeben. Die Daten für 1939 lassen bereits gegen Ende des Jahres bei einigen Schlüsselprodukten und den Investitionen einen erheblichen Rückstand erkennen. Diese Tendenz verstärkte sich im folgenden Jahr; die Realisierungsquote der Sollzahlen fiel bei Investitionsgütern auf 76 %, bei Konsumgütern (auf niedrigem absoluten Niveau) auf 84,5 %; die Stahlerzeugung nahm kaum noch zu. Als Begründung hat sich die Annahme erhärtet, daß die deutlich erhöhte Rüstungsproduktion einen erheblichen Teil der Ressourcen in andere Kanäle lenkte. Auch für diese Zeit wird man außerdem, ohne daß sie sich quantifizieren ließen, erhebliche Schäden und Ausfälle durch den Terror in Rechnung stellen müssen.[3]

Indes besagen Pläne und deren Untererfüllung, die das Urteil vor allem ökonomischer Laien in den letzten Jahrzehnten geprägt haben, noch nicht viel über das tatsächlich Erreichte. Komplementär hat man deshalb immer wieder versucht, das Wirtschaftswachstum in den wichtigsten Branchen zu berechnen und sonstige zuverlässige Indikatoren zu sichern. Die statistischen Probleme dabei sind kaum lösbar. Offiziellen Angaben zufolge stieg das *Nationaleinkommen* vom Beginn des ersten Fünfjahresplans bis zum Jahresende vor der Verwicklung der Sowjetunion in den Zweiten Weltkrieg, d. h. 1928–1940, um etwa 600 %. Ein solcher Zuwachs hat stets als unglaub-

2. Wirtschaft: Konsolidierung eines Pyrrhussieges 483

würdig gegolten, da er nicht nur eine gleichbleibende Produktqualität voraussetzte, sondern vor allem die Inflation nicht berücksichtigte. Unter Abzug der Geldentwertung kam eine (noch)sowjetische Neuberechnung aus der Zeit der *perestrojka* auf weniger als ein Zwölftel dieses Wachstums – bloße 50% 1928–41. Eine derart drastische Verringerung mag indes zur anderen Seite hin übertreiben. Schätzungen westlicher Autoren ergaben, bezogen auf 1928 = 100, für 1940 einen Index des *Bruttosozialprodukts* zwischen 145 und 187, wobei die Unterschiede überwiegend auf unterschiedliche Bezugsjahre zurückgehen. Auf die Bevölkerung (unter Zugrundelegung der neuesten demographischen Daten, vgl. VI. 3) bezogen, hat man daraus Maßzahlen errechnet, die unabhängig von ihrer absoluten Größe die charakteristische Entwicklung deutlich erkennen lassen (vgl. Diagramm 2): Nach der Wiedergewinnung des Vorkriegsniveaus gegen Ende der NĖP begann ein rasanter Anstieg, dessen Grundlage offensichtlich während der ersten Planperiode gelegt wurde, der in der Zweiten Planperiode seinen Höhepunkt erreichte und danach auf der erklommenen Höhe stagnierte. Im Ergebnis lag das Pro-Kopf-Einkommen 1940 um etwa ³/₅ höher als am Vorabend des Ersten Weltkriegs. Unter Einrechnung der Phasenverschiebung, weil die Expansionsperioden in den einzelnen Ländern zu unterschiedlichen Zeiten stattfanden, gehörte die Sowjetunion dieser Jahre damit, wie Deutschland und Japan, zur Gruppe auffallend dynamischer Volkswirtschaften.⁴

Diagramm 2: Bruttosozialprodukt pro Kopf der Bevölkerung, 1913–1940

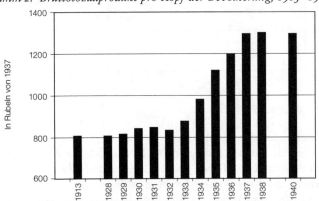

Quelle: Davies, Harrison, Wheatcroft, 46

Angaben über Wachstum und Entwicklung der *Industrie* ergänzen diese Befunde. Auch hier sind die offiziellen Angaben bei westlichen Experten stets auf allergrößte Skepsis gestoßen. Ein Anstieg der Industrieproduktion um 642 % oder 17 % jährlich 1928–1940 wurde von Anfang an als «stark übertrieben» betrachtet. Alternative Berechnungen kamen zu deutlich geringeren Ergebnissen, ergaben aber ebenfalls zwischen 7,1 % und 13,6 % pro Jahr. Damit bewegte sich auch die niedrigste noch auf dem Höchststand der Vorkriegsjahrzehnte, der in den Hochkonjunkturperioden 1891–1899 und 1909–1919 erreicht wurde. Der Löwenanteil des Zuwachses entfiel dabei auf die Großindustrie. Zwar wurden auch handwerklich organisierte Produktionszweige, die vor allem in der Nahrungsmittelherstellung zu finden waren, auf technisierte Massenfertigung umgestellt (und bewirkten vor allem dadurch ihr Wachstum). Aber die große Masse der Investitionen an Kapital, Arbeitskraft und Ressourcen entfiel auf die «Riesenfabriken» in bestimmten, mit Vorrang bedachten Sektoren. Hier neigte man zweifellos zur Überdimensionierung, die organisatorisch nicht mehr handhabbar war und Ineffizienz geradezu provozierte. Anfangs und nominal verzeichnete man aber enorme Expansionsraten (vgl. Diagramm 3).

Diagramm 3: *Wachstum der Industrieproduktion 1929–1940 (nach den Schätzungen von W. Nutter)*

Quelle: Davies, Harrison, Wheatcroft, 155

Was erreicht wurde, schlug sich vor allem in *neuen Industrien* nieder. Deutlicher als zuvor stellt sich dabei heraus, daß die Rüstungsproduktion die mit Abstand beste Bilanz vorzuweisen hatte. Ende der zwanziger Jahre importierte die Rote Armee die meisten Panzer noch aus Großbritannien oder den Vereinigten Staaten. Ihre Flugzeuge vermochten zwar dank des genialen Konstrukteurs A. N. Tupolev international zu konkurrieren, aber die Produktionsanlagen reichten für eine Massenfertigung nicht aus. Nach einem Jahrzehnt war die sowjetische Industrie in der Lage, Panzer zu bauen, die sich mit den besten deutschen messen konnten (T 34, KV, deren Massenproduktion aber erst nach dem Überfall begann). Ihre Flugzeuge hatten ihre technologische Spitzenstellung nicht nur bewahrt, sondern wurden nun

2. Wirtschaft: Konsolidierung eines Pyrrhussieges 485

auch in großer Stückzahl hergestellt. Betrug der Anteil von Rüstungsgütern an der gesamten Industrieproduktion 1930 noch bloße 2,3 %, so stieg er bis 1940 auf 22 %; der Anteil der Investitionen (Kapital) erhöhte sich sogar von 3,3 % 1928/29 auf 31,3 % laut *Plan* des Jahres 1941. Es liegt auf der Hand, daß die wachsenden internationalen Spannungen seit dem Abbruch der diplomatischen Beziehungen durch Großbritannien – Scharmützel mit chinesischen Truppen im Sommer 1929, Einmarsch Japans in der Mandschurei 1931, Machtergreifung der Nationalsozialisten in Deutschland 1933, Spanischer Bürgerkrieg seit 1936 und andere wenig beruhigende Ereignissen mehr – ein wichtiges Motiv für solche Anstrengungen bildeten. Von Anfang an gehörte es *auch* zu den Zielen des sozialistischen Aufbaus, die Sowjetunion in die Lage zu versetzen, sich gegen mögliche militärische Angriffe zu verteidigen. Rein produktionstechnisch gesehen war sie diesem Ziel fraglos ein gutes Stück näher gekommen.

Doch auch im zivilen Bereich wurde manches geleistet. Vor allem die Landmaschinenindustrie machte einen enormen Sprung. Zwar kam er zu spät, um der Kollektivierung ein ökonomisches Fundament zu geben. Danach aber waren erhebliche Fortschritte beim Ersatz des notgeschlachteten Zugviehs zu verzeichnen. So stieg die Traktorproduktion von bloßen 1300 1928 auf 112900 1936. Ein Jahr später liefen 43 900 Mähdrescher vom Band, obwohl man erst 1931 mit ihrem Bau begonnen hatte. Die Zahl der Lastwagen erhöhte sich von 700 1928 auf 182 400 zehn Jahre später. Dies setzte die Schaffung einer eigenen Eisen- und Stahlindustrie voraus. In der Tat hat kein anderer Industriezweig mehr Zuwendungen an Kapital und sonstigen Ressourcen erhalten als dieser. Die Ergebnisse konnten sich sehen lassen. Die Produktion von Qualitätsstahl stieg von 90 000 t 1927/28 auf knapp 2,8 Mio. t 1940. Ähnlich hohe Zuwächse wurden bei legierten Stählen erreicht, geringere, aber immer noch eindrucksvolle bei Eisen und Stahl für Röhren (weil es diese in der Erdölindustrie und im Maschinenbau benötigten Produkte schon vor dem ersten Weltkrieg in größerer Menge gab). Für die Stahlwerke sowie für den Maschinen- und Werkzeugbau galt, daß sich die Sowjetunion zugleich aus der Abhängigkeit von Importen befreite. So verbarg sich hinter der Parole vom ‹Aufbau des Sozialismus› nicht nur ein Programm zur Grundlegung einer Schwerindustrie, sondern auch die Absicht, die politische Isolation durch wirtschaftliche, auch militärisch nutzbare Autarkie zu sichern.[5]

Um so eher erhebt sich die entscheidende Frage, in welchem Maße die Partei- und Staatsführung dem großen Ziel nahe kam, für das sie ein ganzes Land mobilisierte und terrorisierte. Dabei sollte man sich nachträglich gewonnenem Wissen soweit wie möglich entziehen und den Krieg ausblenden. Die Entscheidung zur forcierten Industrialisierung (und Zwangskollektivierung) wurde nicht in der konkreten Erwartung eines unmittelbar drohenden Krieges gefaßt, sondern aus innenpolitischen und ideologischen Gründen, darunter der These von der langfristigen Unvermeidlichkeit eines Krieges mit der kapitalistischen Welt. Im einzelnen hat man folgende Absichten unterschieden: a) die entwickelten kapitalistischen Länder in der industriellen Pro-Kopf-Produktion zu überholen; b) sie auch technologisch und ökonomisch hinter sich zu lassen; c) die Investitionsgüterindustrie stärker zu fördern, aber d) zugleich die Komsumgüterproduktion deutlich auszuweiten und e) langfristige Entwicklungsperspektiven nicht zuletzt militärischer Art zu beachten, die eine Verlagerung der schwerindustriellen Produktion in den Ural und nach Sibirien sowie anderer neuer Industrien nach Mittelasien und andernorts nahelegten. Die ungefähre Richtigkeit der zitierten Daten und Berechnungen unterstellt – und zuverlässigere gibt es zur Zeit nicht –, erreichte die Sowjetunion die ersten drei Ziele «zumindest teilweise». Sicher holte sie die fortgeschrittenen Volkswirtschaften des Westens weder ein, noch überholte sie sie. Aber der Sprung ins Industriezeitalter gelang. Insofern setzte der Stalinsche Staat (wenn auch angesichts der riesigen Ausdehnung des Landes weder flächendeckend noch sektoral gleichmäßig) fort und hob auf ein neues Niveau, was in der letzten Dekade des 19. Jahrhunderts mit dem symbolträchtigen Bau der Transsibirischen Eisenbahn begonnen hatte. Neue Industrien wurden errichtet, neue Technologien verankert, neue Standorte erschlossen.

Dieselben Daten belegen aber auch, daß die übrigen Ziele *verfehlt* wurden. Die Konsumgüterproduktion, die nach der ersten Aufbauphase zu ihrem Recht kommen sollte, blieb ein Stiefkind weniger der Planer als der Exekutoren. Sie stieg zu keiner Zeit in annähernd vergleichbarem Maße und wurde in der zweiten Hälfte der dreißiger Jahre das erste Opfer der massiven Aufrüstung. Zusätzlich nahm sie durch den Rückgang der landwirtschaftlichen Erzeugung Schaden. Beides griff ineinander: Die Katastrophe der Zwangskollektivierung raubte dieser Industrie die Rohstoffe, die ihr vielleicht geholfen hätten, die Folgen der Vernachlässigung zu mildern. So aber setzte sich die Entwicklung der ersten Planperiode im großen und ganzen fort. Der Nahrungsmittelkonsum als wichtigster Indikator des Lebensstandards sank sowohl in der Stadt als auch auf dem Land weiter. Noch 1940 hatte er das Niveau von 1928 nicht wieder erreicht. Mithin ergibt sich eine zumindest zweigeteilte Antwort auf die immer wieder gestellte Schlüsselfrage: In physischen Einheiten, an Staumauern, Fabrikgebäuden, Hochöfen und Produktmengen gemessen, verminderte die Sowjetunion zweifellos jene Rückständigkeit gegenüber den fortgeschrittenen kapitalistischen Ländern erheblich, die ihr ein Stachel im Fleisch war. Aber sie zahlte in Gestalt eines rapiden Verfalls des Lebens- und Konsumniveaus der großen Masse in Stadt und Land einen hohen Preis. Wenn man die Zwangskollektivierung als Voraussetzung für den Übergang zur Planwirtschaft betrachtet, wären zumindest auch die fatalen ökonomischen Folgen dieser Vergewaltigung des alten Dorfes in die Bilanz einzubeziehen. Das neue Wirtschaftssystem war in der

2. Wirtschaft: Konsolidierung eines Pyrrhussieges

Lage, durch die Konzentration aller Energien auf ausgewählte, ‹strategisch› wichtige Industrien in kurzer Zeit enorme, wenn auch primär quantitative Leistungen zu erzielen. Aber es ließ von Anfang erkennen, daß dieser Vorzug mit mangelnder Ausgewogenheit erkauft wurde.[6]

Frühzeitig wurde auch offenkundig, *welche* Bereiche zurückstehen mußten. Große Menschenmassen waren zu bewegen und zugleich bei wachsendem Konsumverzicht ruhig zu halten. Deshalb lassen sich Gewalt und Terror, ohne daß darin eine zureichende Ursache zu sehen wäre, nicht vom industriellen Spurt trennen. Der Stalinsche ‹Arbeiter- und Bauernstaat› bürdete eben jener Klientel die Hauptlast auf, für deren bessere Zukunft der ‹Aufbau des Sozialismus› angeblich unternommen wurde. Von zahllosen Gewalttaten abgesehen, die in mancher Hinsicht ‹nur› Folgeerscheinungen waren, liegt darin sicher der Kern des Vorwurfs irregeleiteter Utopie: daß eine ganze Generation einer Vision geopfert wurde, die sich kurzfristig gar nicht und langfristig nur vielleicht auszahlen konnte. Auch ökonomisch wurde der Glaube weniger zum Schicksal (fast) aller.

b. Landwirtschaft: Arrangement auf niedrigem Niveau

Unbeschadet des politisch-programmatischen Vorrangs der sozialistischen Industrialisierung lag das wirtschaftliche Hauptproblem immer noch auf dem Dorf. Stalin hatte die prekäre Versorgung der Städte durch den Gewaltstreich der Kollektivierung sichern wollen und das Land ins Chaos gestürzt. Erst die weitere Entwicklung konnte zeigen, ob dieser Kraftakt wenigstens nach seiner eigenen Ratio erfolgreich war. Anders als 1917 gehörte die zumindest passive Unterstützung durch die Bauern nicht mehr zu den Überlebensbedingungen des Regimes. Die staatliche Macht war stark genug, sporadischen Widerstand (wie heftig er immer gewesen sein mag) zu ersticken und die große Bevölkerungsmehrheit ihrem Willen zu unterwerfen. Dennoch galt die Aussage weiterhin, daß ökonomische und soziale Fortschritte ohne eine annähernd leistungsfähige Landwirtschaft nicht zu erzielen waren. Nicht über die Existenz, aber über eine stabile Zukunft entschieden nach wie vor in erster Linie die Bauern.

Ihr Engagement hing dabei entscheidend vom *modus vivendi* zwischen Staat und Kolchos ab. Als das ZK im November 1929 die schicksalsschwere Entscheidung fällte, das alte Dorf zu zerschlagen, ließ es die genaue Form des neuen offen. Die ideologische Verve, mit der man zu Werke ging, förderte maximale Erwartungen und radikale Aktionen. Aber schon Stalins berühmter Artikel gegen den Erfolgsrausch verkündete nach der ersten Hetzjagd eine Wende. Er nahm Notiz vom Kampf der Bauersfrauen gegen die Enteignung auch des Gartenlandes und der Kuh, ohne die viele Familien nicht überleben konnten, und warnte vor falschem Eifer. Die ‹Sozialisierung› des letzten Huhns schade der Sache mehr, als daß sie nütze. Zwar erwies sich die Drosselung auch des Tempos, zu der Stalin damit aufrief, nur als die sprichwörtliche Ruhe vor dem nächsten Sturm. Aber das Kompromißangebot hinsichtlich des Kollektivierungsgrades blieb bestehen: «das Hofland (kleinere Gemüse- und Obstgärten), Wohnhäuser, ein gewisser Teil des Milchviehs, Kleinvieh, Geflügel usw.« sollten *nicht* vergesellschaftet werden. Dementsprechend sah bereits das am selben 1. März 1930 veröffentlichte erste Musterstatut für Artele vor, den *kolchozniki* einen Rest an Privateigentum zu belassen, und mehr noch: diesen so zu bemessen, daß er auch ökonomisch nutzbar war und den Bauernfamilien Nebeneinkünfte ermöglichte.[7]

Was in dieser Form von der Parteiführung konzediert wurde, gewann nach dem Ende der Umwälzung eine andere Qualität. In dem Maße, wie die neue Ordnung Gestalt annahm, stellte sich das Problem einer dauerhaften Regulierung der Beziehungen zwischen Bauern und Staat. Stalin hat auch in dieser Hinsicht frühzeitig Signale gesetzt und Realitätssinn erkennen lassen. Die Absicht der Zwangskollektivierung gebot es, die Ablieferungsquoten so zu bemessen, daß nicht nur die Versorgung der vorhandenen nichtagrarischen Bevölkerung gesichert, sondern auch für deren weiteres Wachstum im Zuge des industriellen Aufbaus Sorge getragen war. Bei solchen Anforderungen aber stand die Überlebensfähigkeit mancher Kolchosen auf dem Spiel. Als ‹Lösung› bot sich die Fortschreibung des Kompromisses an: Der Staat würde sich nach *seinen* Prioritäten bedienen, als Gegenleistung aber die bäuerliche Privatwirtschaft in einem Umfang tolerieren, daß eine weitgehende Selbstversorgung möglich wurde. Symbolisch stand dafür die mentalitätsgerechte Propagandaformel von der Kuh, die nach dem Willen von Partei und Staat ‹jeder Kolchoshof› erhalten sollte. Wie immer war es schwerer, das Versprechen zu halten, als es zu geben. Für eine Umverteilung, die alle Bedürftigen bedacht hätte, reichte die Zahl der übriggebliebenen Tiere nicht aus. Immerhin aber bemühte sich der Staat nicht erfolglos, zumal er auf das Wohlwollen der armen, am versprochenen Geschenk lebhaft interessierten Bauern rechnen konnte. Zugleich verdient Beachtung, daß ein anderer Wunsch der unfreiwilligen Kolchosmitglieder *nicht* in Erfüllung ging. Die Partei verweigerte ihnen den privaten Besitz eines Pferdes. Hartnäckig ignorierte sie den dringenden Bedarf, den die Bauern überzeugend geltend machten. Die wichtigste, noch lange unentbehrliche Zugkraft blieb ausschließlich dem Gemeineigentum vorbehalten. Für den Weg zum Markt oder anderweitige Privattransporte mußten Pferde vom Kolchos gegen Entgelt geliehen werden. Erst recht sollten sie auf dem Hofland keine Verwendung finden. Allem Anschein nach fürchteten die ideologischen Wächter, daß die Verfügung über private Zugkraft die Selbstversorgung unaufhaltsam in ein Geschäft verwandeln und den Kolchos unterminieren würde.

Länger blieb das Ausmaß des *Hoflandes* umstritten. Erst der zweite Unionskongreß der Kolchos-»Stoßarbeiter« legte im Februar 1935 Richt-

2. Wirtschaft: Konsolidierung eines Pyrrhussieges 489

größen fest, die in einem neuen Musterstatut Berücksichtigung fanden und die Grundlage für verbindliche gesamtstaatliche Regelungen bildeten. Von Beratung zu Beratung war dabei eine Verkleinerung der Fläche zu beobachten. Die meisten Delegierten votierten für ca. 0,5 ha; die Satzung ließ 0,25 – 0,5 ha zu, und die endgültigen, regional spezifizierten Gesetze senkten das Maximum in marktnahen Gebieten zum Teil auf 0,25 –0,4 ha. Auch hier war die Absicht unverkennbar: Das Hofland sollte nur der Subsistenz einschließlich eines geringen Zugewinns dienen, aber auf keinen Fall die private Vermarktung in größerem Ausmaß ermöglichen. In dieser Form wurde die begrenzte Nebenerwerbswirtschaft, obwohl sie aller ideologischen Konsequenz spottete, regulär in die neue Agrarstruktur eingefügt. Die Selbstausbeutung der traditionalen bäuerlichen Familienwirtschaft avancierte zum unentbehrlichen Funktionselement auch und gerade der sozialistischen Landwirtschaft. Dahinter stand die begründete Sorge, daß die Ertragskraft der Kolchosen nicht ausreichen würde, um der Reproduktion *und* den Ansprüchen des Staates gleichermaßen zu genügen. Ohne den «Kolchosmarkt» schien die Versorgung der Städte nicht gesichert und ohne die bald vielzitierte ‹Privatkuh› die Fähigkeit der Bauern nicht garantiert, Produkte zu verkaufen und Steuern zu zahlen – das alte Problem agrarischer Rückständigkeit überlebte auch die Zwangskollektivierung.[8]

In dieser Form nahm die neue Landwirtschaft seit 1934 eine Gestalt an, die im Kern bis 1938 unverändert blieb. Das Netz zwangsvergemeinschafteter Betriebe wurde dichter. Vom Sommer 1934 bis zum Sommer 1935 stieg der Anteil kollektivierter bäuerlicher Haushalte noch einmal deutlich von 71,4 % auf 83,2 %; im Juli 1936 waren 90,5 % und zwei Jahre später 93,5 % erreicht. Nach wie vor überlebten aber vor allem im Westen und Südwesten trotz äußerlicher Zugehörigkeit zum Kolchos die dort verwurzelten Einzelhöfe. In einer Kampagne, die der «Entkulakisierung» an Gewalttätigkeit kaum nachstand, wurden auch deren Bewohner, schätzungsweise vier Mio. Personen, 1939 aus ihren Häusern vertrieben und lokal umgesiedelt. Spätestens damit war der Parole von der «vollständigen Kollektivierung» im Wortsinne Genüge getan.[9]

Zugleich gewann die äußere und innere Form der Gemeinwirtschaften an Kontur. In absoluten Zahlen gab es Anfang 1937 etwa 3 992 Sowchosen und 243 000 Kolchosen. Zu letzteren gehörten im Durchschnitt 76 Haushalte, 476 ha Saatfläche, 60 Rinder, 94 Schafe und 26 Schweine. Dabei waren die regionalen Unterschiede erheblich; tendenziell galt, daß zumindest die Kolchosgröße nach Süden und Osten zunahm. Früh schälte sich auch der administrative Aufbau der neuen Institution heraus. Er war vergleichsweise unproblematisch, weil er sich aus ihrem Bildungsprinzip ergab und der Pseudodemokratie der gesamten Staatsverfassung in aller Ambivalenz folgte. Schon das Musterstatut von 1930 sah eine allgemeine Mitgliederversammlung vor, die es zum alleinigen Inhaber aller Rechte erhob. Mit einfacher

Mehrheit wählte die Zusammenkunft (allerdings in öffentlicher Abstimmung) ein Leitungsgremium, das aus seiner Mitte Beauftragte für die einzelnen Sachbereiche bestimmte. Die zweite, wichtigere Satzung von 1935 ging noch darüber hinaus. Sie legte fest, daß auch der Kolchosvorsitzende von der Mitgliederversammlung direkt zu wählen war. Für beitritts- und wahlberechtigt wurden in beiden Statuten alle Personen erklärt, die älter als sechzehn Jahre waren. Ausgeschlossen blieben auch 1935 noch ‹Kulaken› und andere ihrer Zivilrechte beraubte Bürger, obwohl es erstere offiziell und faktisch gar nicht mehr gab. Mildere Strafbestimmungen wurden für Bauern eingeführt, die vor dem Eintritt noch ihr Vieh verkauften. Während ihnen die Ordnung von 1930 den Eintritt verweigerte, zog man fünf Jahre später die Auflage vor, den Wert des veräußerten Besitzes innerhalb von sechs Jahren an die Gemeinschaft ‹zurückzahlen›.[10]

Schwieriger gestaltete sich die Organisation der kollektiven landwirtschaftlichen Produktion selbst. Sie wurde im wesentlichen von zwei Variablen geprägt: dem *Lohnsystem* als Grundlage der Arbeitsmotivation und den vorgegebenen volkswirtschaftlichen Rahmenbedingungen in Gestalt der Agrarpreise, der staatlichen Ansprüche und der Verteilung kostenintensiver Gemeinschaftsaufgaben. Dabei zeigte sich schnell, daß die Kolchosen nicht allen Aufgaben gleichzeitig gewachsen waren. Es kam zu einer Konkurrenz, in der sich die stärksten Forderungen nicht nur zu Lasten der anderen, sondern letztlich der gesamten neuen Ordnung durchsetzten.

Eine Ursache dafür war die Auflage, nicht nur die aktiven Mitglieder, sondern auch Arbeitsunfähige und Bedürftige zu versorgen. Faktisch stellten sich damit die Pflichten der alten *obščina* wieder ein. Da sich ihnen der Staat auf dem Dorf (anders als in der Stadt) entzog, vereinte auch der Kolchos notgedrungen mehrere Funktionen in sich: Auch er mußte wirtschaftlicher, sozialer und in vieler Hinsicht auch fiskalischer und administrativ-politischer Verband zugleich sein. Dieser Aufgabenvielfalt fielen einige der in den zwanziger Jahren praktizierten Prinzipien der Einkommensverteilung zum Opfer. Ihrem niedrigen Vergemeinschaftungsgrad entsprechend wiesen die TOZy den Ertrag nach der Höhe der Einlagen zu. Artele und Kommunen verfuhren nach alter *obščina*-Art und legten die Zahl der Konsumenten pro Familie zugrunde. Als der Kolchos zur Masseneinrichtung wurde, bemühte sich der quasistaatliche Dachverband *(Kolchozcentr)*, Kriterien zu verankern, die den erweiterten Aufgaben gerecht zu werden schienen. Da die Orientierung an den «Essern» das Risiko mangelnden Arbeitseinsatzes mit sich brachte, kam ohnehin nur ein Bemessungs- und Prämierungssystem in Frage, das Arbeit nach Leistung vergütete. Was aber auch im Rahmen der sozialistischen Ordnung angezeigt schien, paßte in seinen Konsequenzen weder zu den sozialfürsorgerischen Aufgaben der neuen Kollektive noch zum offiziell propagierten Klassengesichtspunkt. Wenn das verfügbare Gesamteinkommen im wesentlichen nach erbrachter Arbeit um-

2. Wirtschaft: Konsolidierung eines Pyrrhussieges   491

geteilt wurde, gingen nicht nur Faulenzer, sondern auch Kinder, Alte und willige Hände, die einfach nur nicht gebraucht wurden, leer aus. Hinzu kam ein Problem, das die alte *obščina* nicht oder nicht in gleichem Maße beschäftigt hatte: Je größer der Kolchos war, desto mehr administrative und ‹infrastrukturelle› Arbeit fiel an. ‹Verwaltungsarbeit› und ‹Produktionsarbeit› mußten ebenso in eine feste, rechnerische Relation zueinander gesetzt werden wie die Tätigkeit beim Wegebau oder Feuerschutz – denn aller Lohn konnte nur aus dem Gesamteinkommen stammen.

Nicht genug damit erhob auch der Staat Forderungen, die jede Rücksicht auf die bäuerlichen Produzenten vermissen ließen. In den Jahren der Wende waren verschiedene «außerordentliche Maßnahmen» ergriffen worden, um die Versorgung der Städte zu sichern und den Finanzbedarf der Industrie zu decken. Neben der Zwangseintreibung von Naturalien bestanden auch Geldsteuern fort, von denen die *kolchozniki* aber anfangs aus Werbungsgründen weitgehend befreit wurden. In dem Maße freilich, wie die Gemeinwirtschaft zur Norm wurde, richteten sich die Forderungen des Staates immer ausschließlicher an die Kolchosen. Dieser Vorgang – zugleich eine Systematisierung – begann Ende 1932. Per Dekret verfügte man eine «Ablieferungspflicht» für Milchprodukte und Fleisch, die kurze Zeit später auf Getreide, Kartoffeln, Sonnenblumenkerne und Wolle ausgedehnt wurde. Äußerlich blieb zwar der Schein des Verkaufs gewahrt. Aber wie im Bürgerkrieg waren die staatlichen Fixpreise so niedrig, daß der Gegenwert nicht ins Gewicht fiel. Faktisch kehrte das Regime zur «Naturalsteuer» zurück.[11]

Wie stark die Kolchosen dadurch belastet wurden, hing von den jeweiligen Erträgen ab und ist nur schwer zu ermitteln. Die Getreidequoten setzte man bei den Betrieben, die ohne die Ausleihe maschineller Zugkraft auskamen, mit 40 % anfangs offenbar zu hoch an. Nach der Korrektur beliefen sie sich auf etwa 14 % der Bruttoernte. Bei Sonnenblumenkernen betrug die Ablieferung ca. 40–50 %, bei Kartoffeln dagegen nur 9–12 % (1933), bei Fleisch 1937 ca. 40 % und bei Milch 1935–1937 ca. 44–45,5 %. Es wirft ein bezeichnendes Licht auf den Bedarf und die Rigorosität des Staates, daß die Abgaben mit Ausnahme des Getreides (das den Kern des kollektiven Landbaus bildete) auch von der *Privat*produktion der *kolchozniki* zu erbringen waren. Dabei galt ein Aufschlag von 5 % und mehr. Die Steuer zielte darauf ab, die gemeinsame Wirtschaft zu fördern, vermied aber einen Abschreckungseffekt. Der Staat brauchte auch die privaten Erzeugnisse der Landwirtschaft. Seine Ansprüche waren so hoch oder die Produktivität der Gemeinwirtschaften so niedrig, daß er ohne Rückgriff auf die Selbstausbeutung und den privaten Fleiß der Kolchos-Bauern nicht auskam.[12]

Lieferungen an den Staat und Aufwendungen für Nichtarbeitsfähige waren indes nicht die einzigen Abgaben, die am verfügbaren Kolchoseinkommen zehrten. Als erhebliche Belastung wurde ferner das Entgelt empfunden, das die MTS – zumeist *in natura* –erhielten. Zwar taugten diese Maschinenparks in vieler Hinsicht weiterhin wenig. Dennoch stieg der Anteil der mit ihrer Hilfe bestellten Ackerfläche kontinuierlich an. Im Vorkriegsjahr erreichte er – bei regionalen Differenzen zwischen 99,1 % an der Wolga und 65,2 % im europäischen Norden der Sowjetunion – durchschnittlich etwa 94 %. Da den MTS 1933–34 politische Abteilungen angegliedert wurden und sie auch nach deren Wiederauflösung wichtige Stützpunkte der Partei auf dem Lande blieben, verfügten sie über mehr Durchsetzungskraft als andere Institutionen. Auch daraus mögen sich gesetzlich nicht gedeckte Praktiken erklären, die den Kolchosen selbst Treibstoff- und Reparaturkosten aufbürdeten. Schon bei regulärer Abrechnung addierten sich die einschlägigen Mietgebühren auf ca. 20 % des Bruttoertrags der Kolchosen. Hinzu kamen als weitere ‹Kosten› das Saatgut für die nächste Saison, Futtermittel für die Winterhaltung der Tiere sowie ‹eiserne› Reserven an beidem in Höhe von ca. 10–15 % des jährlichen Bedarfs. Schließlich mußten auch noch Versicherungsbeiträge sowie Ausgaben für den normalen Betrieb einschließlich von Reparaturen und Ersatzbeschaffungen, für die Verwaltung und die allgemeine Versorgung samt der Instandhaltung und Ergänzung der Baulichkeiten – von der Kinderbetreuung über den Postdienst bis zum Brückenbau – aus dem Jahreserlös bestritten werden. Erst der Rest konnte an die Kolchosmitglieder verteilt werden. In vielsagender Rangfolge wurde deren Arbeit erst *nach* der Erfüllung aller übrigen Verpflichtungen, besonders solcher gegenüber dem Staat, bezahlt.[13]

Das Verfahren für die Umlage dieses Rests war das letztlich entscheidende Regulativ nicht nur für die soziale Schichtung, sondern auch für die wirtschaftliche Funktionsfähigkeit der neuen Ordnung auf dem Lande. Es entsprach seiner Bedeutung, daß es einer längeren Erprobung bedurfte, bis ein geeigneter Wertmaßstab gefunden war. Gesucht wurde eine Größe, die sich rechenhaft auf verschiedenartige Tätigkeiten beziehen ließ und deren realer Wert zugleich durch den Gesamtertrag des jeweiligen Kolchos bestimmt wurde. Im Grunde lief dies auf einen Ersatz für Geld hinaus, gleich abstrakt in seinem relationalen Charakter und gleich konkret in Gestalt naturaler Auszahlung oder Kaufkraft, wenn der Wert nach Maßgabe des erwähnten Restertrags fixiert war. Andererseits kam Geld selbst nicht in Betracht, weil die Kolchosen nach der Liquidierung der (legalen) Märkte kaum Möglichkeiten zum profitablen Verkauf hatten. Gefunden wurde schließlich eine Einheit, die den genannten Anforderungen genügte: das gut zwei Jahrzehnte beibehaltene «Tagewerk» *(trudoden')*. 1933 gesetzlich verankert, diente es fortan als Indikator für den «Einkommensanteil, der auf den *kolchoznik* entsprechend der von ihm geleisteten Arbeit in der Kolchosproduktion nach Menge und Qualität» entfiel. Für jede Arbeit legte die Kolchosversammlung «Leistungsnormen» und Regeln für deren Wertbestimmung fest. Mindestens einmal wöchentlich addierte der «Brigadeleiter» die demgemäß geleisteten «Tagewerke» seiner Arbeiter und trug sie in ein «Arbeitsbuch» ein. Die

2. Wirtschaft: Konsolidierung eines Pyrrhussieges 493

Gesamtsumme ergab den Anspruch, den der einzelne (arbeitsfähige) *kolchoznik* an die Gemeinschaft richten konnte.[14] Dennoch blieben manche Probleme ungelöst. Von Anfang an war es ein Ärgernis, daß die genaue Wertbestimmung eines *trudoden'* erst spät im Jahr nach der Schlußabrechnung vorgenommen werden konnte. Bis dahin arbeiteten die Bediensteten aller Art für fiktive Recheneinheiten, für ‹Striche›. Viele brauchten aber schon vorher Lohn, da die private Produktion auch den bescheidensten Bedarf über ein gutes Dreivierteljahr nicht deckte. Bereits im Spätsommer 1933 erging daher die Empfehlung, nach Rückstellung der kalkulierbaren Ausgaben und unerläßlicher Reserven aus den laufenden Erträgen Vorauszahlungen zu leisten. Diese konnten monetär sein, wurden aber angesichts der prekären Finanzlage der meisten Kolchosen wohl überwiegend *in natura* ausgegeben. Nicht selten nahm diese Zuweisung, die in der Regel beim Dreschen erfolgte, die Endabrechnung vorweg. Der Gesamterlös der Kolchosen war so gering, daß es kaum noch etwas zu verteilen gab, wenn überhaupt eine Schlußbilanz durchgeführt wurde.

Hinzu kamen Unklarheiten bei der Bemessung und Einordnung der verschiedenartigen Tätigkeiten im Kolchos. War es schon schwer genug, die landwirtschaftlichen, im engeren Sinne ‹produktiven› Tätigkeiten über einen Leisten zu schlagen, so gab es genau besehen keinen Maßstab, um administrative, soziale, kulturelle oder medizinische Dienste in das System der «Tagewerke» einzufügen. Verwaltung war aber, wie meist, von Herrschaft nicht zu trennen. Kaum ein Vorsitzender wurde ohne den Segen der nächsten Parteizelle gewählt. Und selbst wenn dies der Fall war, dachte die Kolchosverwaltung so hoch von sich, daß sie ihre eigene Mühe nicht schlechter bewertet wissen wollte als die ‹Produktionsarbeit›. Ob berechtigt oder nicht, gab die Gleichsetzung einer Fehlentwicklung Auftrieb, die ohnehin im System angelegt war: der Neigung, zu viele Tagewerke zu erzeugen. Das kurzsichtige Individualinteresse stand nicht nur in dieser Hinsicht quer zur kollektiven Vernunft. Der einzelne mochte denken, daß sein Anspruch mit der Zahl der Tagewerke wachse. In Wirklichkeit nahm der Wert dieser Kalkulationseinheit in eben diesem Maße ab. Nicht zuletzt die Verwaltung mußte darauf achten, daß trotz des Drangs in ihre Reihen und der Zuweisung öffentlich-staatlicher Aufgaben an den Kolchos (Kinderbetreuung, Postdienst, kulturelle Veranstaltungen) eine inflationäre Häufung, die «Verschleuderung» von Tagewerken, vermieden wurde. Zugleich hatte sie allerdings eine andere, in mancher Hinsicht gegenläufige Schwierigkeit zu bewältigen. Wie kaum anders denkbar, trat die Überbevölkerung ungeachtet der Landflucht und ‹Kulaken›-Verfolgung auch in der neuen Agrarordnung wieder zutage. Immer noch gab es auf dem Dorf zu viele Arbeitskräfte, nicht zu wenige. Ein voll einsatzfähiger *Kolchoznik* kam im Durchschnitt der gesamten dreißiger Jahre kaum über hundert *trudodni* hinaus; ein gutes Fünftel leistete sogar weniger als fünfzig. Da die neue Gemeinschaft aber die Entlohnung an die nachgewiesene Tätigkeit band, konnten viele Familien kaum überleben (vgl. Tabelle 14). Besonders schlecht stand es um diejenigen, die Unterstützung am nötigsten brauchten: große Familien mit wenigen erwachsenen Arbeitskräften und vielen minderjährigen Kindern oder ‹Altenteilern›. Vor allem sie waren auf den Ertrag der Nebenerwerbswirtschaft angewiesen.[15]

Tabelle 14: *Getreide pro Tagewerk (trudoden') in den Kolchozen 1932–1938*

	1932	1933	1934	1935	1936	1937	1938
nach Daten der Rechenschaftsberichte des Kolchoz							
je Tagewerk (kg)	2,1	3,1	2,8	2,4	1,6	4,0	2,2
je Arbeiter (dt im Jahr)	2,4	4,6	4,4	4,15	2,8	7,7	4,2
je Familie (dt im Jahr)	5,0	9,9	9,6	9,1	6,3	17,4	9,6
nach Daten der Budgets von kolchozniki							
je Familie (dt im Jahr)			7,8	8,3	5,9	14,8	7,0

Quelle: Merl, Bauern, 356. Zur Problematik dieser Daten siehe dort

Doch auch die übrigen Mitglieder investierten ihre Kräfte nicht unbedingt in die Gemeinwirtschaft. Die Erfindung des *trudoden'* öffnete dem Mißbrauch Tür und Tor. In mancher Hinsicht kondensierte sich die vielleicht entscheidende Schwäche der gesamten zentralen Planwirtschaft in dieser Verrechnungsart: die einseitige Prämierung der Quantität zu Lasten der Qualität. Für den materiellen Ertrag war die Größe der gepflügten Fläche, die Masse des gedroschenen Getreides, die Menge der gemolkenen Milch ausschlaggebend, nicht die Sorgfalt der ausgeführten Arbeit. Zwar bemühte man sich, wenigstens unterschiedliche Schwierigkeitsgrade und Qualifikationsanforderungen in die Bewertung einzubeziehen. Die Vermutung erscheint jedoch begründet, daß solche Vorschriften (etwa im Musterstatut von 1935) die Realität nicht wesentlich berührten. Schon weil viele Hände beteiligt waren, ließ sich kaum feststellen, was der einzelne genau getan und wer seine Aufgaben akkurat erfüllt hatte. Das Entlohnungssystem forderte nachgerade dazu heraus, auf möglichst bequeme Weise möglichst viele Tagewerke gutgeschrieben zu erhalten.

Aber nicht nur Schlamperei und Täuschung waren programmiert, auch zeitlich-saisonale Sparsamkeit beim Einsatz eigener Ressourcen gehörte zu den ungeschriebenen Regeln der Kollektivwirtschaft. Da eine Ertragsausschüttung erst in der Erntezeit möglich war und es ohnehin oft bei den ‹Vorauszahlungen› blieb, machten die *kolchozniki* schnell einen wesentlichen Unterschied: zwischen solchen Tagewerken, die man *vor* dem Dreschen leistete und die konkreten Ertrag brachten, und solchen, die *danach* geleistet wurden und bloße ‹Striche› blieben. Bei Nässe und beginnender

2. Wirtschaft: Konsolidierung eines Pyrrhussieges

Kälte für nichts zu arbeiten, war höchstens die Sache vereinzelter Idealisten. Ein Interesse am gemeinsamen Erfolg gab es nicht, statt dessen allgegenwärtigen Betrug – vom Landarbeiter am Kolchos, vom Kolchos am Staat. Eine agrarische Wirtschaftsordnung aber, die nicht Leistung stimulierte, sondern Trägheit, war vielleicht in der Lage, das Überleben der Bevölkerung zu sichern; als Fundament beschleunigter Industrialisierung und einer prosperierenden Volkswirtschaft aber taugte sie nicht. Paradoxerweise fand sich der Staat mit diesem Geburtsfehler nicht nur ab, sondern sanktionierte ihn geradezu. Die zentralen Wirtschafts- und Finanzbehörden bemerkten früh, daß der Kolchosertrag bescheiden bleiben und nicht ausreichen würde. Sie behalfen sich, indem sie die Nebenerwerbswirtschaft gleichfalls heranzogen. Auch wenn sie einen leicht höheren Steuersatz forderten, erkannten sie das Privateinkommen dadurch zugleich an. Mehr noch: Weil angesichts hoher staatlicher Abschöpfungen und niedriger Produktivität kaum ein *kolchoznik* von der Gemeinschaftsarbeit leben konnte, er aber auch einen Teil des Privatertrags an den Fiskus abgeben mußte, hatte er ein doppeltes Motiv, seine Anstrengungen auf das Hofland und die eigene Kuh zu konzentrieren. Es war nur konsequent, wenn er seine Aufgaben im Kolchos nachlässig erfüllte, sich aber auf dem eigenen Land und im eigenen Stall anstrengte.

Ein übriges bewirkten ‹außerökonomische› Faktoren. Weil die Kolchosleiter auch Repräsentanten von Partei und Staat waren, fiel es ihnen leicht, sich von Beauftragten in Kommandeure zu verwandeln. Als dann noch die Freizügigkeit durch die Erneuerung des Paßzwangs Ende 1932 und weitere Dekrete im März 1933 eingeschränkt wurde, lag es für die Bauern nicht mehr fern, sich an vergangene Zeiten der Unfreiheit erinnert zu fühlen. Sie durften den Kolchos ohne die Zustimmung der Leitung nicht mehr verlassen, mußten letztere um Pferde bitten, wenn sie ihre privaten Produkte auf dem Markt verkaufen wollten, waren zu Diensten für die Gemeinschaft gezwungen, die sie nicht als ihre eigenen empfanden, und hatten einen erheblichen Anteil sowohl vom eigenen als auch vom kollektiven Ertrag an den Staat abzuführen – wie sollten sie diese Lage nicht als neue Leibeigenschaft empfinden und ähnlich reagieren?[16]

Bleibt die Frage nach der *Gesamtbilanz* der kollektivierten Landwirtschaft im Vorkriegsjahrzehnt. Vor allem zwei Probleme standen und stehen dabei zur Diskussion: das Versorgungsniveau der städtisch-industriellen Bevölkerung und der Beitrag der neuen Agrarordnung zur Industrialisierung als vermeintlicher Voraussetzung für den Sozialismus. Die Daten über den Umfang der agrarischen Produktion seit Beginn der Zwangskollektivierung sind widersprüchlich; bis in die jüngste Zeit hinein sind Korrekturen und Neuberechnungen vorgenommen worden. Dennoch dürfen die wesentlichen Tendenzen inzwischen als gesichert gelten. An Tabelle 15 ist der starke Produktionsrückgang klar abzulesen, der sowohl bei den Grundnahrungsmitteln als auch bei den wichtigsten Industriepflanzen im Gefolge des ge-

Tabelle 15: Entwicklung der Bruttoproduktion von ausgewählten Pflanzenbauprodukten 1925–1940

Jahr	Getreide		Rohbaumwolle		Zuckerrüben		Sonnen-blumen	Flachsfasern		Kartoffeln	
	insgesamt (Mio. t)	je Kopf der Bevölkerung (kg)	insgesamt (Mio. t)	je Kopf der Bevölkerung (kg)	insgesamt (Mio. t)	je Kopf der Bevölkerung (kg)	insgesamt (Mio. t)	insgesamt (100 t)	je Kopf der Bevölkerung (g)	insgesamt (Mio. t)	je Kopf der Bevölkerung (kg)
1925	72,5	503	0,54	3 750	9,1	63	2,23	305	2 118	38,4	267
1926	76,8	522	0,54	3 673	6,4	44	1,55	267	1 816	42,8	291
1927	72,3	482	0,72	4 800	10,4	69	2,16	236	1 573	42,5	283
1928	73,3	479	0,79	5 163	10,1	66	2,13	324	2 118	46,4	303
1929	71,7	461	0,86	5 527	6,2	40	1,76	361	2 320	45,6	293
1930	77,2	489	1,11	7 025	14,0	89	1,63	436	2 759	49,4	312
1931	68,0	425	1,29	8 063	12,1	76	2,51	553	3 456	44,8	280
1932	67,1	417	1,27	7 888	6,6	41	1,13	498	3 093	43,1	268
1933	68,4	436	1,32	8 408	9,0	57	1,14	364	2 318	41,4	264
1934	67,6	428	1,20	7 595	9,9	63	1,15	371	2 348	43,8	277
1935	75,0	469	1,77	11 063	16,0	100	1,22	395	2 469	60,5	378
1936	55,8	343	2,47	15 200	16,4	101	1,12	331	2 037	44,4	273
1937	97,4	589	2,58	15 589	21,6	131	1,75	362	2 187	58,7	355
1938	73,6	437	2,63	15 608	16,2	96	1,61	307	1 822	38,3	227
1939	73,2	426	2,70	15 698	14,3	83	2,07	380	2 209	40,7	237
1940	84,5	483	2,24	12 800	18,0	103	2,64	349	1 994	61,0	349
1940[1]	95,6	490	2,24	11 487	18,0	92	2,64	349	1 790	76,1	390

[1] Territorium einschließlich der annektierten Gebiete

Quelle: Merl, Bauern, 36. Erläuterungen zu den Daten siehe dort

2. Wirtschaft: Konsolidierung eines Pyrrhussieges 497

waltsamen Umbruchs auf dem Dorfe eintrat. Nach wie vor lieferten Getreide und Kartoffeln die große Masse des täglichen Kalorienbedarfs aller sozialen Schichten. Ersatz gab es nicht. Wenn der Ertrag dieser Pflanzen 1931-34, auf die Bevölkerungszahl umgerechnet, um etwa 15 % abnahm, hatte dies angesichts eines niedrigen Ausgangsniveaus dramatische Folgen. Hinzu kam, daß die Verteilungsprobleme wuchsen, weil die Lager und Transportmittel nicht ausreichten und die Handelsnetze zerschnitten waren. Den Verbraucher erreichten mithin noch geringere Mengen an Brot und Kartoffeln, als die Erntestatistik auswies. Auch nach der Konsolidierung der neuen Verhältnisse um die Dekadenmitte trat keine grundlegende Besserung ein. So spricht alles für den Schluß, daß die kollektivierte Landwirtschaft eine Produktion am Rande der Stagnation ermöglichte, aber von der angestrebten Sicherung der Versorgung nicht die Rede sein konnte.[17]

Unter den Ursachen für den Ertragseinbruch zu Beginn der dreißiger Jahre darf ein Umstand besondere Aufmerksamkeit beanspruchen: der Verlust an *tierischer Zugkraft*. Dabei spielten Verkauf und Schlachtung allem Anschein nach eine geringere Rolle als zumeist angenommen. Zwar ließen die Bauern, die ihrer Enteignung entgegensahen, nichts unversucht, um ihre Tiere zu veräußern. Aber an Ochsen und Pferden bestand außerhalb der Landwirtschaft wenig Bedarf. Dafür waren sie im Kolchos unentbehrlich. Um so eher verwundert, was aus ihnen wurde. Gründungshektik, Widerstand oder Indifferenz der meisten Zwangsvereinten und Futtermangel im Gefolge des allgemeinen Produktionsrückgangs führten schnell dazu, daß sie an Unterversorgung und mangelnder Pflege litten. Von 1929 bis 1935 sank die Zahl der Pferde auf fast die Hälfte (von 23,6 Mio. auf 12,0 Mio.) und die der Ochsen (von denen offensichtlich mehr geschlachtet wurden) auf fast ein Drittel (von 6,1 Mio. auf 2,6 Mio.). Zugleich erhöhte sich der Ausstoß an Traktoren und anderen Landmaschinen nur zögernd. Trotz mancher Fortschritte konnte bis 1933 von Kompensation nicht die Rede sein. Selbst bei der günstigsten Umrechnung maschineller in tierische Leistung (und der Annahme, daß die motorischen Pferdestärken auch tatsächlich einsatzfähig waren), ergibt sich, daß der Gesamtbestand an agrarischer Zugkraft der Jahre 1928-29 erst 1940 wieder erreicht wurde.

Anders als Zugtiere fielen die eigentlichen *Nutztiere* in erheblichem Maße dem Unwillen der Bauern zum Opfer, ihr Eigentum an den Kolchos abzutreten. Keine Darstellung der Zwangskollektivierung vergißt, auf diese *Massenschlachtungen* hinzuweisen. So fielen der Bestand an Rindern und Milchkühen von 60,1 Mio. 1928 auf 33,5 Mio. 1933 und die Zahl der Schweine im gleichen Zeitraum von 22,0 Mio. auf 9,9 Mio. Danach setzte ein Ausgleich der Verluste ein, der aber erst im letzten Vorkriegsjahr annähernd abgeschlossen war. Dieser stumme Protest hatte schwerwiegende Folgen für die tierische Nahrungsmittelproduktion. Das Milchaufkommen sank bis 1933 um 40%, das Gewicht von geschlachtetem Fleisch sogar um 60%. Danach erholte sich, dem Viehbestand entsprechend, auch die Tierproduktion. Beachtung verdient aber, daß bei Milch und Fleisch 80–85 % des letzten NEP-Niveaus nicht überschritten wurden, bevor sich um 1939 erneut eine negative Wende abzeichnete (vgl. Tabelle 16).[18]

Tabelle 16: Entwicklung der Tierproduktion 1925–1940

Jahr	Fleisch (Schlachtgewicht)		Milch		Eier	
	insgesamt (Mio. t)	Je Kopf der Bevölkerung (kg)	insgesamt (Mio. t)	je Kopf der Bevölkerung (kg)	insgesamt (Mrd. Stück)	je Kopf der Bevölkerung (Stück)
1925	3,8	26	28,1	195	8,5	59
1926	4,2	28	30,5	207	9,6	65
1927	4,5	30	30,6	204	10,5	70
1928	4,9	32	31,0	203	10,8	71
1929	5,8[1]	37	29,8	192	10,1	65
1930	4,3	27	27,0	171	8,0	51
1931	3,9	24	23,4	146	6,7	42
1932	2,8	17	20,6	128	4,4	27
1933	2,3	15	19,2	122	3,5	22
1934	2,0	13	20,8	132	4,2	27
1935	2,3	14	21,4	134	5,8	36
1936	3,7[1]	23	23,5	145	7,4	46
1937	3,0	18	26,1	158	8,2	50
1938	4,5	27	29,0	172	10,5	62
1939	5,1[1]	30	27,2	158	11,5	67
1940[2]	4,0	23	27,0	154	–	
1040[3]	4,7	24	33,6	172	12,2	63

[1] Überhöhter Fleischanfall aufgrund Abschlachtung der Herden. 1936 war die Hauptursache Futtermangel, 1929 und 1939 erfolgte die Abschlachtung überwiegend aus politischen Gründen, weil die Agrarproduzenten die «Vergesellschaftung» (Expropriation durch Überstellung an den Kolchos) ihrer Tiere auf diese Weise unterlaufen wollten.
[2] Produktionsdaten für das Territorium bis 1939 geschätzt unter Verwendung der Produktionsdaten nach Republiken 1940.
[3] Territorium einschließlich der 1939 und 1940 annektierten Gebiete.
Quelle: Merl, Bauern, 49

Zu bedenken ist allerdings, daß bloße Mengenangaben wenig über die tatsächliche Versorgung der nichtlandwirtschaftlichen Bevölkerung besagen. Der ausschlaggebende Indikator dafür bleibt die *Marktquote* in Relation zur demographischen Entwicklung. Sie aber läßt einen bemerkenswerten Zwiespalt erkennen. Trotz erheblicher Ertragseinbußen *erhöhte* sich die absolute Menge der in den Läden verfügbaren Kartoffeln und Brotwaren deutlich. Der vermarktete Anteil an der Gesamterzeugung stieg im Vorkriegsjahrzehnt bei Getreide von gut 20 % auf beinahe 50 %, bei Kartoffeln von knapp

2. Wirtschaft: Konsolidierung eines Pyrrhussieges 499

10% auf ca. 20%. Dagegen zeigte die entsprechende Quote für die wichtigen Tierprodukte in den Kollektivierungsjahren eine deutliche Tendenz nach *unten*. Bei Fleisch und Eiern sank sie auf weniger als 50% des Standes von 1928/29 und bei Milch auf ca. 70%, wenngleich sie seit 1935 erneut wuchs. Demnach gelang es dem Staat nach der Unterwerfung des Dorfes durch massiven Einsatz ‹außerökonomischen› Zwangs, bei den pflanzlichen Grundnahrungsmitteln ein größeres Marktaufkommen sicherzustellen. Aber er zahlte dafür den Preis einer hohen Abschöpfung, die zur Hungersnot und dauerhaften Schädigung der ökonomischen Regenerationsfähigkeit auf dem Lande führte. Noch negativer schlug zu Buche, daß die Mehrabgabe *nicht* ausreichte, um den Anstieg der Stadtbevölkerung zu kompensieren. Nur das Angebot an Kartoffeln hielt mit einer Erhöhung auf das Dreifache Schritt. Ansonsten *sank* die Menge der wichtigsten Lebensmittel, die den nichtagrarischen Konsumenten pro Kopf zur Verfügung standen. Der ‹Sieg›, den die Staatsmacht erzwang, war teuer erkauft.[19]

Mit dem Problem ihrer Funktionsfähigkeit ist die Frage stets verbunden geblieben, welchen *Beitrag* die kollektivierte Landwirtschaft *zur industriellen Entwicklung* leistete. Dabei ist evident, daß der gewaltsame Umbau des Dorfes die ökonomische Absicht kurzfristig auf keinen Fall rechtfertigen konnte. Alles spricht im Gegenteil dafür, daß er der Viehzucht ebenso wie dem Ackerbau die schwersten Schäden seit Menschengedenken zufügte. Infolgedessen brauchte umgekehrt die Agrarwirtschaft finanzielle Hilfe. Erst in dem Maße, in dem die neue Ordnung Gestalt annahm, festigten sich auch die Rahmenbedingungen, unter denen überhaupt an einen Werttransfer zu denken war. Indes bedurfte es dazu noch einer weiteren Voraussetzung: schlechterer Bezahlung landwirtschaftlicher Erzeugnisse durch niedrige Aufkaufpreise. Da der freie Handel weitgehend beseitigt war und die Kolchosen Art und Ausmaß ihres Anbaus an den Planvorgaben orientieren mußten, konnte der Staat vor allem bei Getreide und Industriepflanzen seine Bedingungen diktieren. Er tat dies mit dem erklärten Ziel, den Vorrang der Industrialisierung zu sichern. Eben damit verursachte er jedoch schon auf kurze Sicht kontraproduktive und auf lange Sicht ruinöse Folgen. Zum einen wurden die Kolchosen durch die dauerhafte Unterbezahlung ihrer Erzeugnisse daran gehindert, die Arbeit angemessen zu entlohnen, die Anbaumethoden zu verbessern oder ertragreicheres Saatgut und Vieh zu kaufen; vielmehr fand umgekehrt eine andauernde, fatale Auszehrung statt. Zum anderen zwang das unzureichende monetäre Ergebnis der Gemeinschaftsarbeit, wie erwähnt, die Kolchosmitglieder dazu, ihre Kräfte auf die eigene Wirtschaft zu konzentrieren. Dies fügte nicht nur dem Kollektiv weiteren Schaden zu, sondern verlagerte den Beitrag der Bauern zur volkswirtschaftlichen Gesamtentwicklung insgesamt ebenfalls auf den Nebenerwerb. Was der Agrarsektor zur industriellen Wertschöpfung beisteuerte, stammte vom

Hofland und resultierte in erheblichem Maße aus der *Selbst*ausbeutung der *kolchozniki*. Das alte Funktionsprinzip der Familienwirtschaft half auch das Fundament der sozialistischen Wirtschaft zu legen, nicht der vorgebliche Rationalisierungseffekt kollektiver Großproduktion. Daraus aber ergab sich auch, daß Partei und Staat, genau besehen, in der neuen Ordnung nicht weniger auf Privatinitiative angewiesen waren als in der NĖP. Was sich vor allem verändert hatte, war das *Ausmaß* ihrer Lenkungs- und Repressionsmöglichkeiten, weniger der Ort der Ressourcenproduktion.

Auch die *Schlußbilanz* über den Ertrag der Kollektivierung muß deshalb nüchtern ausfallen. Sicher ist unbestreitbar, daß sich die Landwirtschaft bei allen bleibenden Defekten von der schweren Krise erholte, in die sie 1933 gestürzt war. Die bloße Wiederaufnahme von Aussaat und Ernte bedeutete indes keine wirkliche Gesundung. Nur durch die Zulassung des *privaten* landwirtschaftlichen Nebenerwerbs konnte die Versorgung der Bevölkerung in Verbindung mit massiver Zwangsabschöpfung und bei sinkendem Niveau leidlich gesichert werden. Eine solche Ordnung war in der Lage, den Hunger abzuwehren und den *status quo* zu sichern. Aber sie vermochte der ihr eigentlich zugedachten Aufgabe, die forcierte Industrialisierung aktiv und dauerhaft zu unterstützen, nicht gerecht zu werden. Dazu fehlte ihr es an der letztlich entscheidenden Kraft: an innerer Dynamik und Innovationsfähigkeit.[20]

Auch diese Einsicht dürfte zu einem abermaligen Umschwung in der Agrarpolitik beigetragen hat. Sicher gab ein neuer ideologischer Purismus im Gefolge des ‹Großen Terrors› den Ausschlag. Aber beide Motive kamen in der Diagnose zusammen, daß die neue Ordnung an erheblichen Effizienzmängeln litt und eine wesentliche Ursache dafür in ihrem Mischcharakter zu suchen war. Mindestens zwei Therapiewege boten sich an: entweder das privatwirtschaftliche Element zu stärken oder das kollektive. Die erste Möglichkeit schied nach allem, was die dreißiger Jahre gebracht hatten, aus. Es blieb die zweite, die auf eine konsequentere Umsetzung dessen hinauslief, was die Umwälzung zu Dekadenbeginn angestrebt hatte: eine wirkliche Verstaatlichung und Sowjetisierung.

Entsprechende Maßnahmen wurden seit Mai 1939 ergriffen. Zum einen erhöhte man die Lieferpflichten und Steuern drastisch. In manchen Regionen mußten die Bauern bis zur Hälfte mehr Fleisch an die Aufkäufer abgeben. Zugleich wurden sie mit Nachdruck veranlaßt, Vieh zu ungünstigen Konditionen an den Kolchos zu verkaufen, dem nun zwingend vorgeschrieben wurde, eine «Tierfarm» zu betreiben. Im September folgte eine massive Anhebung auch der monetären Steuern. Zum anderen ging der Staat verschärft gegen die Reste privater Landnutzung in und außerhalb des Gemeinbesitzes vor. Da manche Einzelhöfe den Kolchosen nur formal angegliedert worden waren, verlangte er nun deren ausnahmslose Beseitigung. Bis zum

2. Wirtschaft: Konsolidierung eines Pyrrhussieges 501

1. Septembers 1940 (dem gesetzten Endtermin) traf infolgedessen ca. vier Mio. Menschen in 800 000 Familienbetrieben ein ähnlich brutales Schicksal der Zwangsumsiedlung wie die Kulaken knapp zehn Jahre zuvor. Für noch größere Unruhe sorgte aber eine andere Vorschrift desselben Gesetzes. «Zum Schutz des kollektivierten Landes vor der Verschleuderung«, wie sein Titel lautete, wurde darin auch eine Neuvermessung des Hoflandes mit der Begründung angekündigt, daß sich erheblicher Mißbrauch eingeschlichen habe. Die Überprüfung fand in der erstaunlich kurzen Zeit der Sommermonate statt und führte zu einer Verkleinerung des Hoflandes um insgesamt 2,5 Mio. ha. Auch wenn die eigentlichen *kolchozniki* (anders als die hauptsächlich betroffenen ‹Einhöfer›) mit 15 % vergleichsweise wenig Eigenland verloren, blieben spürbare Folgen nicht aus. Neben der Produktion von Obst und Gemüse ging vor allem die Viehhaltung zurück, weil das nötige Futter fehlte. Angesichts der gleichzeitigen Nötigung zum unvorteilhaften Verkauf reagierten die Bauern ähnlich wie 1929/30: mit Massenschlachtungen. Die verfügbaren Daten zeigen eine so rapide Abnahme der Tierzahlen, daß der Anteil der ‹kuhlosen› Kolchosmitglieder schon vor Kriegsbeginn auf ein gutes Drittel stieg.²¹

Schließlich gehörten auch Bemühungen um eine strengere *Arbeitsdisziplin* zur Neuordnung der kollektivierten Landwirtschaft. Der Partei war bewußt, daß die Wurzel des Übels am ehesten im Mangel an Sorgfalt bei allen Tätigkeiten für den Kolchos zu suchen war. Tagewerke, die physische Anstrengungen mit sich brachten, waren nicht eben begehrt. Mehr als ein Fünftel aller erwachsenen und gesunden männlichen Kolchosmitglieder leistete weniger als fünfzig im Jahr. Um lebensnotwendige Arbeiten (Aussaat, Ernte) überhaupt durchführen zu können, gingen die ‹Brigadiere› dazu über, sie höher zu bewerten und mehr *trudodni* anzuschreiben, als eigentlich vorgesehen waren. Kurzfristigen Zwecken mochte dieses Verfahren dienen, dem System aber fügte es weiteren Schaden zu. Denn die Folge lag auf der Hand: Die Nachfrage konzentrierte sich noch stärker auf die einträglichen «Tagewerke«, während andere Arbeiten liegen blieben. Ob die private Nebenwirtschaft dafür, wie Partei und Staat unterstellten, in der Tat hauptsächlich verantwortlich war, weil sie größeren Gewinn versprach, muß offen bleiben. Viele Hände blieben auch deshalb untätig, weil es für sie im Kolchos nichts zu tun gab. In jedem Falle zielte der Versuch der sowjetischen Obrigkeit in die richtige Richtung, die ‹öffentliche› Arbeit durch Anbindung ihrer Entlohnung an das Produktionsergebnis attraktiver zu gestalten. Als Experimentierfeld wurde dabei die Ukraine ausersehen, deren Erster Parteisekretär Chruščev auch als Promotor dieser Reform gelten darf. Das entsprechende Gesetz vom Dezember 1940, das wenig später auf Weißrußland und die Moskauer Region übertragen wurde, sah zusätzlich zur Vergütung nach Tagewerken eine Prämie vor, wenn die spätere Ernte die «mittlere Ertragsnorm» übertraf. In der Fixierung dieser Norm lag freilich auch die Ursache für das Scheitern der guten Absicht. Indem sie sich am Volumen (»Speicherernte«) orientierte, bürdete sie den Arbeitern faktisch die erheblichen Transport- und Lagerungsverluste auf. Das Quorum wurde selten erreicht und kaum eine Prämie gezahlt. Der Mobilisierungseffekt verpuffte. So blieb es bei der nach unten geneigten Ertragskurve, die durch die Reform hatte korrigiert werden sollen. Seit der Rekordernte von 1937 nahm der Naturalerlös pro Tagewerk und Jahr beständig ab: von durchschnittlich 4 kg Getreide im Ausnahmejahr auf 2,2 kg 1938, 1,8 kg 1939 und 1,6 kg. 1940 (vgl. Tabelle 14 oben). Zugleich sank auch das monetäre Entgelt, soweit überhaupt Auszahlungen vorgenommen wurden.[22]

c. Handel

Planwirtschaft und Zwangskollektivierung entzogen auch dem privaten Handel die Grundlage. Neben Verboten und Sondersteuern sorgten der Warenmangel und der Entzug von Transportmitteln dafür, daß er 1931 endgültig verschwunden war. Allerdings kehrte das Regime nicht zum ‹kriegskommunistischen› Versuch zurück, ihn durch naturalen Warentausch zu ersetzen. Statt dessen war man realistisch genug zu sehen, daß auch dem Staat für Produktion und Vertrieb Kosten entstanden, die auszugleichen waren. Daraus ergab sich der Grundgedanke, das Land mit einem Netz staatlicher und quasistaatlicher, von den Kooperativen betriebener Läden zu überziehen, die einerseits die Versorgung sichern, andererseits den privaten Handel überflüssig machen sollten. In den Städten der Sowjetunion gab es 1934 ca. 114 200 solcher Verkaufsstellen, auf den Dörfern 172 000; 1937 betrugen die entsprechenden Zahlen 133 000 und 194 400, mithin insgesamt 327 400 für das ganze Riesenreich. Zugleich verschob sich das Verhältnis zwischen Staats- und Kooperativläden. Der Anteil letzterer sank auf weniger als ein Drittel; der Staat übernahm den Warenvertrieb unmittelbar. Dennoch oder auch deshalb ging das Angebot weiter zurück. Immer mehr Stadtbewohner wurden in den ersten Jahren nach dem ‹Bauernkrieg› in öffentlichen Kantinen verpflegt, die per Zuteilung erhielten, was sie brauchten, und preiswerte Essen ausgeben konnten. Für den übrigen, allernötigsten Bedarf standen Rationierungskarten zur Verfügung.

Doch auch in anderer Hinsicht kehrte der Sowjetstaat nicht zu den überzogenen Konzepten des «Kriegskommunismus» zurück. Aus dem Kompromiß mit den Bauern über das Privatland folgte, daß es einen Ort geben mußte, wo sie ihre Erzeugnisse verkaufen konnten: den *Kolchosmarkt*. Mit seiner Existenz erkannte die neue Ordnung ein weiteres Mal die Durchbrechung ihres Prinzips an. Dadurch begründete sie ein – in dieser Form neues – mischwirtschaftliches System, das zwar fast alle Produktionsmittel nationalisierte und die ökonomischen Entscheidungen weitestgehend zentralisierte, aber das Geld nicht abschaffte und auch dem Markt gleichsam noch

2. Wirtschaft: Konsolidierung eines Pyrrhussieges 503

ein Reservat zuwies. Bemerkenswerterweise stellte sich von Anfang an heraus, daß dieser Markt infolge der mangelnden Leistungsfähigkeit der Kolchosen für die Versorgung der Bevölkerung unentbehrlich war. Was eigentlich nicht sein sollte, sicherte ihr Überleben. Genau besehen, war kaum eine schlagendere Widerlegung der Funktionsfähigkeit des kollektivistischen Grundprinzips denkbar. Aber statt den Widerspruch aufzuheben, lernten ihre Führer, mit ihm zu leben – um den Preis einer Unaufrichtigkeit, die ihre Glaubwürdigkeit immer weiter untergrub. Scharfsinnige Beobachter konnten überdies schon früh erkennen, welches Prinzip die Oberhand behalten würde. Am Tage nach der Aufhebung der Rationierung zum Jahresbeginn 1935, die das Regime als Erfolg der Kolchosordnung feierte, mußten die Käufer selbst für die billigste Brotsorte doppelt so viel zahlen wie zuvor. Der Effekt war nicht unbeabsichtigt, da auf diese Weise Kaufkraft abgeschöpft und der Inflationsdruck gemindert wurde. Tatsächlich stabilisierten sich die Preise in den folgenden Jahren – aber auf deutlich höherem Niveau. Die staatlichen Preise näherten sich (bei bleibender Differenz) den privaten an. Die Zeche dafür zahlten mit einem Konsum auf «Hungerniveau» eben diejenigen, die besonders zu schützen die Regierung verbal für sich in Anspruch nahm.[23]

d. Finanzwesen, Steuern und Staatshaushalt

Nicht zuletzt mußte das gesamte *Finanzwesen* des Staates an die neue Wirtschaftsform angepaßt werden. Ende Januar 1930 wurden alle Gesetze und Anordnungen über das Geld- und Kreditwesen annulliert. An ihre Stelle trat eine neue Gesamtregelung, die im Kern bis 1965 Gültigkeit behielt. Sie vollzog, was nach dem Übergang zur vollständigen Zentralplanung auf der Hand lag: die Beseitigung auch der relativen Autonomie der Banken und einer als unübersichtlich betrachteten Vielfalt der Kredite. Ihr folgte im Mai 1932 eine umfassende Bankreform, die von den unterschiedlichen Typen der Geldinstitute nur vier mit dem dezidierten Zweck übrigließ, jeweils einen bestimmten Wirtschaftsbereich (Industrie, Landwirtschaft, Genossenschaften, Kommunales und Wohnungsbau) mit langfristigen Krediten zu versehen. Alle Institute bezogen ihr Geld von der Staatsbank, die auf diese Weise zur obersten Hüterin aller Leihgelder wurde.

Bei aller Wichtigkeit konnte allerdings auch sie nicht frei operieren. Zur letztlich entscheidenden Finanzierungsagentur der planwirtschaftlichen Industrialisierung avancierte der *Staatshaushalt*. Zwar bestand anfangs die Hoffnung, das Wachstum werde sich zu einem erheblichen Teil aus Kostensenkungen und sonstigen Gewinnen gleichsam selbst finanzieren. Doch dieser Optimismus verflog schnell. Die ungeheuren Investitionen, die der ‹Aufbau des Sozialismus› verschlang, mußten im wesentlichen aus dem Staatsbudget genommen werden. Um den Gesamtetat in die Lage zu versetzen, seiner neuen Aufgabe gerecht zu werden, bedurfte es nicht nur einiger organisatorischer Änderungen, sondern auch einer durchgreifenden *Steuerreform*. Mit Wirkung vom 1. Oktober 1930 wurde eine Vielzahl von Einzelsteuern zu wenigen zentralen Abgaben zusammengefaßt. Der Staat bezog seine Einnahmen fortan zum allergrößten Teil (60-70% in den Jahren 1934-39) aus einer Umsatzsteuer, die fast ausschließlich auf Konsumgüter erhoben wurde. Der Verbraucher wurde auf diese Weise durch relativ hohe Aufschläge auf die Herstellungs- und Verteilungskosten qualitativ mäßiger Produkte gezwungen, einen erheblichen Beitrag zum großen Sprung nach vorn leisten. Der hohe Preis hatte dabei noch den weiterhin erwünschten Nebeneffekt, bei der Bekämpfung der kräftigen, vom enormen Investitionsschub angeheizten Inflation zu helfen. Darüber hinaus kassierte der Staat mit zunehmender Entschiedenheit die Differenz zwischen Großhandelspreis und Einzelhandelspreis und zwang auch die Betriebe, ihre Gewinne ohne nennenswerten Rest mit dem Ziel abzuführen, eigenmächtige Investitionen zu unterbinden. Im Vergleich zu diesen Posten fiel die Einkommenssteuer kaum ins Gewicht. Auch über den tatsächlichen Gewinn neuartiger Anleihen, die seit 1930 aufgelegt und mit wachsendem Nachdruck angeboten wurden, mag man bei einem Anteil von ca. 7% an den gesamten Aktiva des Staates streiten. Dessenungeachtet verdienen sie als Symbol Beachtung. In ihnen fand jener organisierte Massenidealismus gleichsam seinen finanztechnischen Ausdruck, den der Stalinismus unter Inanspruchnahme der geballten Kraft von Partei und Staat zu erzeugen wußte. Bauern zeichneten im Durchschnitt pro Jahr Anleihen in der Höhe zweiwöchiger Einkünfte, Arbeiter nicht selten bis zu einem Monatslohn. Faktisch zahlten sie damit eine weitere Steuer. Es war gewiß symptomatisch, daß die Anleihen nach Stalins Tod gesenkt und aus dem Verkehr gezogen wurden. Sie gehörten in ähnlicher Weise zum finanzpolitischen Instrumentarium des Mobilisierungsregimes wie die eigentümliche Funktion und Struktur des Staatshaushalts zum Instrumentarium der Planwirtschaft.[24]

e. Außenbeziehungen

Zum Wesen des ‹sozialistischen Aufbaus in einem Lande› gehörte der Versuch, ihn ohne fremde Hilfe zu bewältigen. Nicht nur sein Ziel bestand in der Erwartung, sich dadurch endgültig gegen eine kapitalistische Umklammerung wappnen zu können. Auch der Weg dorthin sollte bereits in größtmöglicher Unabhängigkeit beschritten werden. In der Tat hat sich eine ökonomische Modernisierung von solchem Ausmaß und Tempo selten so sehr aus eigener Kraft gespeist wie die sowjetische. Auf der anderen Seite gilt auch für sie, daß sie ohne äußere Hilfe in dieser Form nicht möglich gewesen wäre. Der auswärtige Beitrag, der ein ‹westlicher› im alten Sinne blieb, nahm nur eine andere Gestalt an als in den letzten Jahrzehnten der Monarchie.

2. Wirtschaft: Konsolidierung eines Pyrrhussieges

Seinerzeit war die russische Volkswirtschaft mehr und mehr in den freien internationalen Waren- und Kapitalverkehr hineingewachsen. Die auswärtigen Beziehungen hatten gleichsam die normale Form eines gegenüber den fortgeschrittenen Staaten (damals vor allem Deutschland und Großbritannien) fraglos zurückgebliebenen Landes angenommen: Ausländische Konzerne gründeten (wie Siemens oder die AEG) Tochterfirmen, die moderne Technologie und entsprechendes organisatorisch-administratives Wissen verbreiteten; internationale Banken verfuhren ähnlich und stellten in Verbindung mit verschiedenen staatlichen Aktivitäten (z. B. Anleihen auf ausländischen Kapitalmärkten) Kapital bereit; Rußland exportierte seinerseits landwirtschaftliche Erzeugnisse, vor allem Getreide, und natürliche Rohstoffe (Holz, Erdöl u. a.), um den Import von Maschinen und ganzen Produktionsanlagen sowie hochwertigen Industriewaren zu bezahlen. Der Oktoberumsturz und die Gründung eines programmatisch nichtkapitalistischen Staates entzogen dieser Form des Austausches die Grundlage. Das sozialistische Rußland und die Sowjetunion verstaatlichten ausländischen Besitz im eigenen Land, annullierten die russischen Auslandsschulden, verfügten ein Außenhandelsmonopol des Staates und hoben damit den freien Grenzverkehr von Gütern und Kapital auf. Zugleich ruinierten Krieg, Bürgerkrieg und Agrarrevolution (vor allem durch die Liquidierung des Großgrundbesitzes) die landwirtschaftliche Produktion in einem Maße, daß Exporte kaum mehr möglich waren. Auch die NEP vermochte den dramatischen Rückgang trotz einer gewissen Erholung nicht annähernd zu kompensieren. Dennoch, und wie gezeigt auch gerade *deshalb*, rückte die Industrialisierung in der ökonomischen Agenda des Landes immer weiter nach vorn. Das stählerne Fundament des Sozialismus sollte gelegt werden – ohne Ausfuhrerlöse und ausländisches Kapital mit Hilfe eigener Ressourcen durch zentrale Planung einschließlich des gelenkten und bald erzwungenen Werttransfers aus der Landwirtschaft.

Allerdings zeigte sich schnell, daß die Rechnung nicht aufging. Die Auslandsabhängigkeit und -verschuldung der Sowjetunion stieg im ersten Fünfjahresplan sprunghaft an. Für die ungeheure Anstrengung aus dem Nichts benötigte man Maschinen und Ausrüstungsgegenstände in großem Umfang. Um die steigenden Importe zu decken, verkaufte man Gold in großen Mengen und führte auch Getreide wieder in nennenswertem Umfang aus. Die Anstrengungen konnten aber nicht verhindern, daß die Sowjetunion 1931 das größte Außenhandelsdefizit in ihrer Geschichte verzeichnete. Schlimmer noch: Der befohlene Abzug von Getreide trug darüber hinaus maßgeblich zum Massensterben von 1932/33 bei; das (fälschlicherweise) auf die 1890er Jahre gemünzte Wort vom «Hungerexport» wurde nun grausame Wirklichkeit. Erst mit Beginn des zweiten Fünfjahresplans, als viele Großprojekte zumindest im Rohbau fertiggestellt waren, schwächte sich der Importbedarf ab. Aber er verschwand nicht. Westliches Know-how und technologisch anspruchsvolle, strategische (nicht zuletzt im militärischen Sinne) Güter blieben nach wie vor unentbehrlich. Damit stellte sich im Kern die jahrhundertealte typische Struktur der Außenhandelsgüter wieder her: Wie schon das Zarenreich exportierte die Sowjetunion Nahrungsmittel (bei geringem Getreideanteil) sowie Roh- und Brennstoffe, um dafür hochwertige Produktionsgüter einzutauschen. Dabei nahm das relative Volumen deutlich ab: Am produzierten Nationaleinkommen gemessen, sank die Außenhandelsquote von 1913 = 19,8 % auf 1929 = 6,3 %, 1931 = 7,1 % und 1937 = 0,9 %. Trotz aller Anstrengungen hatte die Sowjetunion keine volle Konkurrenzfähigkeit, geschweige denn Autarkie erreicht, sondern nur eine Abschottung, deren Preis – aktuell und auf Dauer – die Bevölkerung zahlte.[25]

Darüber hinaus läßt die unveränderte Außenhandelsstruktur auch erkennen, worin die Beziehungen letztlich bestanden: in einem anhaltenden und massiven *Technologietransfer*. Kein Geringerer als Stalin hat dies deutlich gesehen. Im Juni 1944 räumte er gegenüber einem Vertreter des wichtigsten Kriegsverbündeten (W. A. Harriman) ein, daß «zwei Drittel» aller großen Industrieanlagen mit Unterstützung der Vereinigten Staaten errichtet worden seien. Er hätte hinzufügen können, daß das übrige Drittel dank deutscher, englischer und französischer Lieferungen entstand. Gewiß wurde die Hilfe alles andere als effektiv genutzt. Dennoch steht außer Zweifel, daß die ‹kapitalistische› Assistenz nicht nur unverzichtbar war, sondern die außerordentlichen Wachstumsraten überhaupt erst ermöglichte. In dieser Perspektive drängt sich auch eine weitere fundamentale Kontinuität zu den letzten Dekaden der Monarchie auf: Die russische Industrialisierung blieb ein nachholender Prozeß, der moderne Technologie aus fortgeschrittenen Ländern ‹borgen› mußte. In den meisten Bereichen (den Flugzeugbau am ehesten ausgenommen) erklomm sie gleichsam aus zweiter Hand vor allem aufgrund der Rückständigkeit ein hohes zeitgemäßes Produktivitätsniveau. Zugespitzt gesagt, profitierte sie von den Leistungen des Kapitalismus, den sie durch diese Aneignung zugleich überwinden wollte. Um so mehr spricht für die These, daß das Kernproblem der sozialistischen Industrialisierung nach Fertigstellung der Großprojekte des ersten Fünfjahresplans vor allem darin bestand, die importierte technische Leistungsfähigkeit und Produktivität durch ständige eigene Innovation zu *erhalten*.[26]

3. Gesellschaft: Mobilität und Verzicht

a. Bevölkerung

Über der Bevölkerungsentwicklung im Vorkriegsjahrzehnt lag bis vor kurzem der Schleier weitgehender Ungewißheit. Bekannt waren die Ergebnisse der Zählungen vom Dezember 1926 und Januar 1939. Das Zutrauen zu

3. Gesellschaft: Mobilität und Verzicht

letzteren hielt sich aber in engen Grenzen, da gute Gründe zur Unterstellung kräftiger Retuschen bestanden. Dies war um so eher der Fall, als man seit längerem von einem Zensus wußte, der nur zwei Jahre zuvor veranstaltet worden war, aber offenbar das Mißfallen der Obrigkeit erregt hatte. Molotov persönlich hatte die Zählung für nichtig erklärt. Die Organisatoren, hochqualifizierte Ressortleiter in der Statistischen Abteilung im Wirtschaftskommissariat, waren im «Großen Terror» verschwunden, die einschlägigen Dokumente galten als verloren. Erst die Meinungsfreiheit der jüngsten Vergangenheit hat die Geheimfonds geöffnet und den Sucheifer beflügelt: Die vermißten Daten wurden gefunden und veröffentlicht. Seitdem ruht die demographische Statistik über die dreißiger Jahre auf einem neuen Fundament.

Nicht zuletzt die Frage, die dem ungewöhnlichen Interesse an der trockenen Materie seit Jahrzehnten letztlich zugrunde lag: nach der *Zahl der Opfer* von Zwangskollektivierung (einschließlich der Hungersnot) und Terror, läßt sich damit zumindest genauer beantworten. Allerdings ist zugleich der Hinweis angebracht, daß immer noch viele Fragen offenbleiben.

Da keine Erhebung dieser Art ohne Fehler sein kann, haben Demographen die Irrtumsmarge zu bestimmen versucht und die Ergebnisse entsprechend korrigiert. Demnach können folgende Zahlen als Eckwerte gelten (vgl. Tab. A–1): Die Gesamtbevölkerung des Sowjetreiches betrug Ende 1926 148,5 Mio., Anfang 1937 162,7 Mio. und Anfang 1939 (d. h. in den alten Grenzen vor den Annexionen im Gefolge des Hitler-Stalin-Paktes) 167,3. Was an diesen Daten anstößig war, tritt bei ihrem Vergleich mit vorherigen offiziösen Angaben zutage. Stalin war im Januar 1934 auf dem «Parteitag der Sieger» so unvorsichtig, die demographischen Errungenschaften des Sozialismus bereits für diese Zeit auf 168 Mio. zu beziffern. Und die Statistiker, denen sich die Experten des *Gosplan* anschlossen, gingen unter Fortschreibung der beim letzten Zensus ermittelten Geburtenrate für Anfang 1937 sogar von einer Schätzgröße von 180,3 Mio. aus. Insofern schien die Erwartung fest begründet, die Wirklichkeit werde die Prognose bestätigen und die neue Ordnung damit beweisen, daß sie auch das Gedeihen der Bevölkerung als fundamentaler Ressource der Volkswirtschaft sicherzustellen wußte. Um so ernüchternder war das Resultat: Die Auswertung der Fragebögen ergab lediglich eine Einwohnerzahl von 156,9 Mio. Zwar fehlten in dieser Summe alle Personen, die dem Verteidigungs- und dem Innenkommissariat unterstanden. Doch auch die «Sonderzählung» in diesen Ressorts führte zu keiner entscheidenden Annäherung an den Sollwert. Die nun erstmals registrierte Größe der Zwangspopulation auf dem «Archipel GULag» von ca. 2,65 Mio. war gewiß ungeheuer (zumal der «Große Terror» noch bevorstand) und übertraf die des Militärs von ca. 2 Mio. deutlich. Aber das Gesamtergebnis ging über 162 Mio. nicht hinaus. Es blieb eine Diskrepanz, die peinliche Fragen aufwarf. Der jährlichen standesamtlichen Registration zufolge hätte die Bevölkerung mindestens 168,3 Mio. betragen müs-

VI. Die Herrschaft Stalins (1934–1941)

Tabelle 17: *Natürliche Bevölkerungsentwicklung in der UdSSR 1926–1940*

	Geburtenrate (Geburten auf 1000 der Bevölkerung)				Sterberate (Todesfälle auf 1000 der Bevölkerung)			
	1	2	3	4	5	6	7	8
1913	45,6		47,0	47,0	28,9		30,2	30,2
1925		44,2*		44,5		22,9*		23,2
1926	43,7	43,5*	44,0	44,0	20,0	19,9*	20,3	20,3
1927	43,3			43,6	21,0			21,3
1928	42,2		44,3	42,5/44,3	18,2		23,3	18,5/23,3
1929	39,8			40,1	20,3			20,6
1930	37,1	37,9		37,9	19,6	19,7		19,7
1931	34,6	35,4		35,4	19,2	19,6		19,6
1932	31,0	31,9		31,9	19,8	20,5		20,5
1933	23,9	25,3		25,3	37,8	37,7		37,7
1934	24,9			25,6/26,4	19,7			19,8
1935	32,1			33,0/34,0	17,5			17,6
1936		32,6		32,6		18,2		18,2
1937		38,8	38,7	38,7		17,9	18,9	17,9/18,9
1938			37,5	37,5			17,5	17,5
1939			36,5	36,5			17,3	17,3
1940			31,2	31,2			18,0	18,0

Auf Archivmaterial beruhen:
Spalten 1 und 5: 1913, 1926–35 (europäischer Teil der UdSSR)
Spalten 2 und 6: 1930–33, 1936–37 (UdSSR in den Grenzen vor 1939)
Auf bereits publizierten Daten beruhen:
Spalten 3 und 7: *1925 und *1926 (europäischer Teil der UdSSR)
Spalten 3 und 5: 1913, 1926, 1928, 1937–1940 (UdSSR in den Grenzen vor 1939)
Die Spalten 4 und 8 wurden aus den anderen Spalten berechnet.
Quelle: S. G. Wheatcroft, More Light on the Scale of Repression and Excess Mortality in the Soviet Union in the 1930s, in: SS 42 (1990), 358

sen; auch bei dieser Zählweise ergab sich ein Defizit von 6,3 Mio. Selbst wenn man – in Übereinstimmung mit der Erläuterung eines führenden Statistikers an Stalin – bei beiden Erhebungen Fehlerquoten in Rechnung stellte, die sich insgesamt auf 3 Mio. addierten, war das Verschwinden von 3,5 Mio. Menschen zu erklären. Der Beamte log nicht einmal, als er eine Minderregistrierung von Todesfällen in dieser Größenordnung für die Lücke verantwortlich machte.[1]

Aber natürlich kleidete er einen schrecklichen Tatbestand in euphemistische Worte. Was er meinte, enthüllt eine Zusammenstellung der jährlichen Geburten- und Todesrate, die auf der Basis neuer Archivfunde in mühsamer Abgleichung mit bereits bekannten, fragmentarischen Daten rekonstruiert wurden (Tab. 17, das natürliche Bevölkerungwachstum ergibt sich aus der Differenz der Werte). Sie zeigt, daß der Geburtenüberschuß bereits seit 1929 deutlich – über die langfristige Abnahme hinaus – fiel und auf dem alten

3. Gesellschaft: Mobilität und Verzicht

Territorium der UdSSR bis zum Krieg trotz Abtreibungsverbot und Familienförderung nicht mehr erreicht wurde. Dazwischen lag eine Periode der Verheerung, die im dramatischen Bevölkerungsrückgang von 1933 gipfelte. Obwohl die Dimension der Todesfälle immer noch umstritten ist, lassen die neuen Daten keinen Zweifel daran, daß die große Masse der ‹zusätzlichen Toten› der erwähnten Hungersnot im zentralen Landwirtschaftsgürtel und in Kazachstan zuzuschreiben war. Dagegen spiegelten sich die Gewaltexzesse von 1937–38 in der natürlichen Bevölkerungsentwicklung nicht unmittelbar.²

Im übrigen waren die Statistiker durch das ‹Debakel› von 1937 gewarnt. Der nächste Zensus mußte ‹passende› Ergebnisse bringen. Schon im Vorfeld wies ein Experte Stalin und Molotov darauf hin, daß der Schätzwert von 183,7 Mio., der sich als Fortschreibung der 1926 ermittelten Wachstumsraten errechne, auf keinen Fall erreicht werde; realistisch sei eine Größenordnung von 170–175 Mio. Diese Vorgabe wurde denn auch eingehalten und das Ergebnis der Zählung im März 1939 auf 170,5 Mio. beziffert. Schon deshalb war Argwohn nachgerade zwingend. Die Zählung selbst ergab nur 167,3 Mio. (nämlich: 159,1 Mio. ‹Grundbevölkerung›, 2,3 Mio. in fernen Gebieten, 2,1 Mio. Militärpersonal und 3,7 Mio. unter Aufsicht des NKVD). Zur optischen Aufhellung haben die obersten sowjetischen Statistiker 2,8 Mio. Personen als ‹unterregistriert› hinzugerechnet. Aus verschiedenen Gründen erscheint diese Zahl zu hoch. Einige halten eine Gesamtzahl von 168,9 Mio. für realistisch, andere das tatsächliche Resultat von 167,3 Mio. In jedem Falle verfehlte die Erhebung die Zielmarke, deren Überschreiten sie vortäuschte.³

So sehr die korrigierte demographische Kurve der Wirklichkeit entsprechen mag, so unvollständig bleibt sie als Indikator für die Opfer des Stalinschen Regimes. Die Statistik erfaßte nur die registrierte Bevölkerung und die aktenkundige Mortalität. Hinrichtungen und Todesfälle in den Lagern und sonstigen Internierungseinrichtungen des NKVD traten lediglich pauschal in Erscheinung. Dennoch erlauben es die neuen Funde auch in dieser Hinsicht, bisherige Schätzungen zu überprüfen und Grenzwerte der Wahrscheinlichkeit zu setzen. Dies ist zum einen für die offiziellen, wenn auch internen Angaben der Lagerinsassen möglich. Die ‹Sonderzählung› im Zuständigkeitsbereich des NKVD ergab für Anfang 1937 2,65 Mio. Personen. Für 1939 führt die Addition anderer, nach der Art der Gefängnisse, Lager, Strafkolonien, besonderen Siedlungsorten u. a. aufgegliederter Angaben unter Einrechnung einer realistischen Todesrate zu einer Gesamtsumme von etwa 2,1 Mio. Personen. Diese Zahl ist nicht weit von den oben zitierten 2 Mio. nachweisbaren Häftlingen Anfang 1940 entfernt, die sich unter Berücksichtigung des ‹Kulakenexils› auf maximal 3,5 Mio. erhöhen. Desgleichen ergibt sich eine bemerkenswerte Nähe zu einer der frühesten einschlägigen Schätzungen von 2,9 bis 3,5 Mio., die 1951 auf der Grundlage des unter Emigranten bekanntgewordenen Wirtschaftsplans für 1941 ermittelt wurde.[4]

Zum anderen erscheint eine plausiblere Antwort auf die Frage möglich, wieviele tatsächliche Todesopfer (unter Ausschluß also der lebenden Internierten) das Stalinsche Gewaltregime in der Vorkriegsphase gekostet hat. Dazu ist es zwar immer noch nötig, ‹normale› Entwicklungen anzunehmen und mit den tatsächlichen Befunden zu vergleichen. Aber die Anhaltspunkte zur Größenbestimmung und Erklärung des dabei zutage tretenden Defizits sind fraglos präziser geworden. So hat man für das erste Jahrzehnt zwischen den ‹Revisionen› (1927 bis 1936), unter Ergänzung der erwähnten Lücke von 6,3 Mio. um geschätzte weitere 2,3 Mio. unregistrierter Todesfälle, folgende Bilanz aufgemacht: zwei Mio. Menschen (vor allem kazachische Nomaden) verließen, großenteils vom Hunger getrieben, die UdSSR; 3,8 Mio. starben während oder im Gefolge der Katastrophe; 1,5 Mio. kamen in Lagern und in der Verbannung um, und weitere 1,3 Mio. verloren wahrscheinlich durch Hunger oder Internierung ihr Leben. Zu diesen insgesamt 8,6 Mio. sind die «Verluste» der Jahre 1937/38 zu addieren, die man unter Berücksichtigung des tatsächlichen Ergebnisses der Zählung vom Januar 1939 und verschiedener Fehlerbereinigungen auf 0,6–1,5 Mio. Personen geschätzt hat. Da die Wahrscheinlichkeit außerdem dafür spricht, daß der größere Teil der ‹Geflohenen› tatsächlich umkam, ergibt sich eine *Gesamtzahl* von Opfern der Stalinschen Politik im Zeitraum von 1927 bis 1939 zwischen 9,5 Mio., wie die niedrigere Schätzung besagt, und 11 Mio., die aufgrund einer anderen Rechnungsweise ebenfalls möglich erscheinen, in jedem Fall aber *etwa 10 Mio.* Personen. Dabei entfiel der weitaus größte Teil, wahrscheinlich mehr als die Hälfte (ca. 5–6 Mio., s. o.) auf die Hungersnot von 1933 und ihre Folgen. Im übrigen registrieren all diese Zahlen ‹nur› die tatsächlich Verstorbenen. Demographen addieren häufig die infolge hoher Todesraten Ungeborenen zu einem demographischen Gesamtverlust. Solche Rechnungen, die sich aufgrund zahlreicher zu interpolierender Prämissen auf besonders schwankendem Boden bewegen, würden weit darüber hinausgehen und ca. 15 Mio. erreichen.[5]

Auch die übrigen demographischen Daten werden nach dem Fund der Ergebnisse von 1937 in manchen Details korrigiert werden müssen. Ein erster Vergleich zeigt jedoch, daß die charakteristischen Veränderungen davon weitgehend unberührt bleiben. So ist deutlich, daß sich das *Geschlechterverhältnis* in der Bevölkerung wieder zuungunsten der Männer verschob. Nach den Verlusten in Krieg und Revolution zeichnete sich durch einen leichten Rückgang des Frauenüberschusses 1927 eine Normalisierung ab. Ein Jahrzehnt später war mit einem weiblichen Anteil von 52,7% aber sogar die Quote von 1923 wieder übertroffen. Gleichviel, ob die Angabe für 1939 von 52,1% die Wirklichkeit beschönigte oder nicht – die Umkehrung des Aus-

3. Gesellschaft: Mobilität und Verzicht

gleichs blieb davon unberührt. Nicht nur der Hunger, sondern vor allem auch die mörderische Gewalt des Staates traf die Männer in höherem Maße. Zumindest in dieser Hinsicht leitete der innere Krieg eine Tendenz ein, die der äußere fortsetzte.[6] Noch klarer liegt auf der Hand, daß der *Urbanisierungsprozeß* in den dreißiger Jahren weiter an Fahrt gewann. Was in der NÈP als Wiederanknüpfung an die Vorkriegsentwicklung begonnen hatte, setzte die planwirtschaftlich forcierte Industrialisierung mit verstärkter Kraft fort. Ende 1926 verfügten zwölf Städte über mehr als 200 000 Einwohner, 1939 schon 39. Zu Beginn dieses Zeitraums registrierte man 26,3 Mio. Menschen in den Städten, 1937 51,9 Mio. und 1939 56,9 Mio. Auch wenn die Geschwindigkeit der Urbanisierung nach dem ersten Fünfjahresplan nachließ, blieb sie eindrucksvoll. Der Anteil der Stadtbewohner erhöhte sich von 17,9 % 1927 auf 32 % 1937 und knapp 33 % 1939 (vgl. Tab. A–1). Laut Erhebung vom Januar 1937 wuchs die Stadtbevölkerung im Vergleich zum Dezember 1926 um 97,4 %, entsprechend einer jährlichen Steigerungsrate von 9,7 %. Eine solche Dynamik sucht im internationalen Vergleich ihresgleichen und kann, wie das Industrialisierungstempo selbst, als Aspekt der besonderen Verlaufsform nachholender, kompensierender Modernisierung gelten. Unverändert blieb auch die Hauptursache der städtischen Expansion: Nach wie vor speiste sich diese vor allem aus der Binnenwanderung und nur zum kleineren Teil aus natürlicher Vermehrung. Nicht zuletzt dauerte die unterschiedliche regionale Ausprägung dieses Vorgangs an. Wie die Industrie zogen die Menschen mehr und mehr in den Osten und Südosten. Wie die industrielle Achse verschob sich die demographische langsam in den südsibirischen Raum, ohne daß die entscheidende Bedeutung Zentralrußlands dadurch aufgehoben worden wäre. Auch dies war ein Wandel, der die Zäsur des Krieges überdauerte.[7]

Enorme Beschleunigung bei grundsätzlicher Kontinuität kennzeichnete auch die Entwicklung der *beruflichen und sozialen Gliederung* der Sowjetgesellschaft in der ersten Hälfte der Stalin-Ära. Dabei fällt vor allem der starke absolute und relative Zuwachs der Arbeiterschaft ins Auge. Sowohl der Zensus von 1937 (vgl. Tab. 18) als auch der von 1939 (vgl. Tab. A–3/1) zeigen deutlich, daß der eigentliche Schub nach der letzten Zählung und der Abkehr von der NÈP einsetzte. Noch 1928 war die entsprechende Kennziffer der späten Zarenzeit nicht erreicht worden; 1937 belief sie sich mit 31,0 % auf mehr als das Doppelte. Ähnliches galt für die Angestellten. Zwar lag deren Anteil an der Gesamtzahl aller Beschäftigten auch um 1927/28 bereits deutlich über der Maßzahl von 1913. Aber der sprunghafte Wandel vollzog sich auch hier erst in den dreißiger Jahren von 5,2 % auf 14,8 % 1937 und ca. 16,7 % 1939. Damit korrelierend verlor die Landwirtschaft als Einkommensquelle für die Bevölkerung an Bedeutung. Gegen Ende der NÈP waren noch drei Viertel aller Einwohner im Agrarsektor tätig, 1937 nur noch

46,4 % und den offiziellen Daten zufolge 1939 etwa gleich viel. Auch die Selbständigen waren schon 1937, als Folge der Verstaatlichung, zu einer *quantité négligeable* von 4,7 % geschrumpft. Noch weniger fielen die übrigen Gruppen, darunter Empfänger staatlicher Hilfen (Pensionäre, Studenten usw.) mit 1,2 % und Angehörige freier Berufe (Künstler u. a.) ins Gewicht. Nicht zuletzt diese Veränderung der sozialen Stratifikation legt die Deutung nahe, daß der ‹sozialistische Aufbau› eine Industrialisierungs- und Modernisierungsstrategie war, die einen partiell ähnlichen Strukturwandel mit anderen Mitteln bewirkte.

Tabelle 18: Sozial- und Beschäftigungsstruktur der Bevölkerung 1937 (in Mio)

	arbeitende Bevölkerung		Familienangehörige	gesamt
	Mio	%	Mio	%
I. Arbeiter				
a. Staatsunternehmen	23,24	29,8	} 26,29	31,6
b. Kooperative	1,07	1,4		
II. Angestellte				
a. Staatsunternehmen	10,34	13,3	} 13,11	14,8
b. Kooperative	0,26	0,3		
III. Kolchosbauern				
a. Landarbeiter	28,86	37,1	} 37,65	46,5
b. Gewerbetreibende Kolchosbauern	0,51	0,7		
c. andere Kolchozniki	7,36	9,5		
VI. Einzelbauern	3,53	4,5	3,95	4,7
VII. Kustarniki				
a. kooperierte	0,38	0,5	} 1,06	1,2
b. nichtkooperierte	0,53	0,7		
IX. freie Berufe	0,01	0,0	0,01	0,0
X. nichtarbeitend oder keine Angabe	1,79	2,3	0,19	1,2

Quelle: Perepis' 1937, 116-7

b. Arbeiter

An Versuchen, den «großartigen Aufmarsch» des Sowjetproletariats in den dreißiger Jahren durch Zahlen zu veranschaulichen, hat es nicht gefehlt. Allerdings bleibt in besonderem Maße unklar, wer und was genau unter den einzelnen Rubriken zusammengefaßt wurde. Andererseits steht die grundlegende Tendenz außer Frage. Insofern sollten die Daten eher als Indikator für Relationen denn als zuverlässige absolute Größen gewertet werden. Nach Maßgabe eines sehr weiten Begriffs hat man für «Arbeiter aller Bereiche der Volkswirtschaft» unter Einschluß von Lehrlingen und Wach- und

3. Gesellschaft: Mobilität und Verzicht

Schutzpersonal folgende Datenreihe errechnet: 1928 – 8,7 Mio., 1932 – 17,8 Mio., 1937 – 20,6 Mio. und 1940 – 23,7 Mio. Nur ein Teil davon kann nach den üblichen Maßstäben als Industriearbeiter gelten. Auch für diese Schlüsselgruppe des sozialistischen Aufbaus ergibt sich aber (ebenfalls auf der Grundlage sowjetischer Quellen) eine ähnliche Kurve: 1928 – 3,12 Mio., 1932 – 6,01 Mio., 1937 – 7,92 Mio. und 1940 – 8,29 Mio. Mithin hielt die Zunahme der Lohnabhängigen außerhalb der Amtsstuben und Büros auch über den ersten Fünfjahresplan hinaus an; insgesamt stieg ihre Zahl bis zum deutschen Überfall auf knapp das Dreifache. Zugleich zeigen die Angaben, daß das Tempo nachließ. Der zweite Fünfjahresplan sah nur noch einen Zuwachs von 47 % vor; man erreichte gerade 32 %. Der dritte Plan veranschlagte 17 %, von denen in den drei abgeschlossenen Jahren 1938 –40 4,6 % realisiert wurden. 1939 verzeichnete man sogar eine absolute Schmälerung des ‹Proletariats› von über 3 %, die wahrscheinlich mit der starken Ausweitung der Armee zusammenhing. Auch diese Verlangsamung entsprach dem Gesamtcharakter der beiden Planperioden: Dem stürmischen Aufbruch folgte das Bemühen um Konsolidierung. Zugleich verminderte sich die Kluft zwischen Schwer- und Leichtindustrie. Nach wie vor strömten 1933 –1937 die meisten Neulinge in die Metall- und Elektroindustrie (ca. 46 %); aber die Textil- und Nahrungsmittelindustrie folgten mit geringerem Abstand als zuvor.[8]

Klarer ist die *Herkunft* der Arbeiter. Nach wie vor blieb die Bauernschaft das mit Abstand größte Reservoir. Offiziellen Angaben zufolge kamen während der zweiten Planperiode 1,4 Mio. Neulinge aus den Fabrikschulen, 1 Mio. aus den Städten und ca. 2,5 Mio. vom Land. Da auch die Zöglinge der Fabrikschulen zur Hälfte aus dem Dorf stammten, ergibt sich der Schluß, daß etwa 60 % der frisch gebackenen ‹Proletarier› den Pflug gegen Hammer eingetauscht hatten. Für die letzten Vorkriegsjahre stehen keine vergleichbaren Daten zur Verfügung. Schätzungen belaufen sich auf einen bäuerlichen Anteil von 40 %. Dies wäre angesichts des geringen absoluten Wachstums noch deutlich weniger gewesen als die 3,3 Mio. Esser, die der *Gosplan* im Juli 1938 auf dem Dorf für entbehrlich hielt. So spricht alles dafür, daß der typische sowjetische Industriearbeiter auch am Ende des beispiellosen Umbruchs sein dörfliches Gesicht noch bewahrt hatte.[9]

Allerdings hatte diese Entwicklung eine besondere Pointe: Das Gesicht nahm zunehmend weibliche Züge an. Zweifellos hat der wachsende Anteil von *Frauen* neben der ‹Verbäuerlichung› als weiteres charakteristisches Merkmal des Strukturwandels der Arbeiterschaft in diesem Jahrzehnt zu gelten. Im zweiten Planjahrfünft war die Hälfte aller Neurekrutierten weiblich. 1937 überschritt ihr Anteil das Niveau des Ersten Weltkriegs von 40 % und stieg zwischen 1929 und 1939 insgesamt von ca. 29 % auf 43,3 %. Hinzu kam ein weiteres, neues und auffälliges Merkmal: Frauen drangen auch in klassische Männerberufe vor. Sie waren nicht mehr nur in der Textil- und

Nahrungsmittelindustrie zu finden, sondern immer häufiger auch bei Beschäftigungen, die schwere körperliche Arbeit erforderten. Selbst in der Kohle- und Stahlindustrie stellten sie 1939 jede vierte Arbeitskraft, in der Metall- und Holzindustrie 31,7 bzw. 43,9 %. Sicher war der Segen dieser Entwicklung, die bis zum Untergang der Sowjetunion sichtbar war und jedem westlichen Besucher auffiel, zwiespältig. Der sozialistische Aufbau der dreißiger Jahre brauchte mehr Arbeitskräfte, als das Dorf kurzfristig abgeben konnte. Frauen hatten außerdem den Vorteil, bereits häufiger und länger als Männer in der Stadt gelebt zu haben und (beides in ihrer traditionellen Rolle als Ehefrauen) weniger mobil zu sein. Zugleich wurden sie durch die wachsende Not gezwungen, eine Arbeit anzunehmen, um der Familie ein zweites Einkommen zu sichern. Die forcierte planwirtschaftliche Industrialisierung setzte damit einen Prozeß in Gang, der die Geschlechterrollen und den Alltag vielleicht tiefgreifender veränderte als alle kulturrevolutionären Aktivitäten der Frühzeit. Die Sowjetunion wurde zum Pionier der Gleichberechtigung hinsichtlich der Einbeziehung der Frauen in das Erwerbsleben (schon nicht mehr hinsichtlich der Löhne); aber zumindest unter den Industrie- bzw. industriellen Schwellenländern wurde sie auch zum Pionier der weiblichen Doppelbelastung durch Beruf und Haushalt.[10]

Keiner Begründung bedarf, daß die Migranten in aller Regel jung waren. Wie eh und je, wechselten vor allem diejenigen Dorfbewohner in Fabriken, die das Leben noch vor sich hatten. Das galt auch für die neu ins Berufsleben eintretenden Frauen. Neben ihrer stärkeren Stadtgewöhnung zeichneten sie sich vor allem durch ihre Jugend aus. Dennoch brachte es die Verlangsamung der Industrialisierung mit Beginn des zweiten Planjahrfünfts mit sich, daß die Arbeiterschaft im Durchschnitt ‹alterte›. Der Anteil der unter 23-jährigen fiel in der RSFSR zwischen Juli 1932 und Juli 1936 von 35,7 % auf 29,3 %. In den neuen Großbetrieben wie den Automobilwerken von Nižnij Novgorod oder dem Traktorenwerk von Čeljabinsk setzte dieser Vorgang naturgemäß zögernder ein. Aber die Tendenz steht außer Zweifel. Ende 1939 waren nur noch 17 % aller Arbeiter der Großindustrie jünger als 25 Jahre. Damit ging, als positiver Aspekt ein und derselben Veränderung, die Zunahme von *Arbeitserfahrung*, gemessen an der Dauer einschlägiger Tätigkeiten, einher. Der Anteil von Arbeitern mit weniger als einjähriger Praxis ging bis 1934 auf 10 % zurück und blieb bis zum Kriegsausbruch auf diesem Niveau. Zugleich nahm der Anteil derjenigen, die länger als fünf Jahre an ihrem oder einem vergleichbaren Platz gestanden hatten, auf 58 % im Durchschnitt der Jahre 1935-40 zu. Nach den Turbulenzen des ‹großen Sprungs› setzte auch in der Arbeiterschaft eine Phase der Konsolidierung ein. Aus den Bauern, die zu den zahlreichen Großbaustellen des Riesenreiches geströmt waren, formte sich eine neue Schicht, die erste, eigentliche sowjetische Arbeiterschaft. Jung, mobil, agrarisch und mit einem hohen weiblichen Anteil, insgesamt qualifizierter als ihre Vorgänger, anspruchslos und im Kern loyal,

3. Gesellschaft: Mobilität und Verzicht

besaßen die neuen ‹Proletarier› nicht nur selbst ein eigenes Profil, sondern prägten angesichts der ungeheuren Karrierechancen, die sich ihr eröffneten, auch die ökonomisch-politische Elite des Staates. Ob bewußt oder nicht, in ihren arrivierten Teilen wurden sie auch für mindestens zwei Jahrzehnte zur wichtigsten Stütze des Stalinismus.[11]

Nicht minder tief waren die Spuren, die der aufkommende Stalinismus in den *materiellen Daseins- und den Arbeitsbedingungen* der Lohnabhängigen hinterließ. Zwar kam der rapide Niedergang auch in dieser Hinsicht 1934 zum Stehen, aber er dauerte in verlangsamter Form an. Die erwähnten Umstände der lautstark gefeierten Aufhebung der Rationierung zum Jahresbeginn 1935 waren bezeichnend: Zwar konnten Brot und andere Grundnahrungsmittel wieder in unbegrenzter Menge gekauft werden, aber für einen deutlich höheren Preis. Faktisch dauerte die Zuteilung noch ein ganzes Jahr an, und auch danach waren ‹Defizite› an der Tagesordnung. Das Versorgungsniveau der späten NĖP-Jahre wurde bis zum Kriegsausbruch nicht wieder erreicht. Dieser anhaltende Verfall war beispielhaft an den *Löhnen* abzulesen, die mit einem Anteil von etwa 80 % das Fundament der Familienbudgets bildeten. Eine sowjetische Berechnung für Moskauer Industriearbeiter kommt der Wirklichkeit wahrscheinlich sehr nahe: Demnach war zwischen 1928 und 1932 eine Einbuße von 48 % und zwischen 1928 und 1937 von 36,5 % zu verzeichnen. Westliche Kalkulationen schwanken zwischen folgenden Minimal- und Maximalwerten: bei den offiziellen Einzelhandelspreisen in Moskau für 1937 zwischen einem Index (1928 jeweils = 100) von 752 bis 1 014, für 1940 von 993 bis 1 442; bei den städtischen Lebenshaltungskosten in der gesamten Sowjetunion für 1937 von 478 bis 801, für 1940 von 679 bis 1265; und bei den realen Jahresbruttolöhnen für 1937 von 43 bis 85 sowie für 1940 von 53 bis 80 (vgl. Tab. 19).

Anzufügen ist freilich, daß ein gewisser Ausgleich durch häufigere Zweiteinkünfte eintrat. Das Verhältnis zwischen Abhängigen und Verdienern veränderte sich zwischen 1927 und 1935 von 2,26 auf 1,59. Jeder Verdienende ernährte mithin nach dem großen Umbruch eine ‹dreiviertel Person› weniger. Darin spiegelte sich vor allem die Zunahme der weiblichen Erwerbstätigkeit. Ehefrauen und Mütter mußten in wachsender Zahl mitverdienen, um die Familie angesichts sinkender Reallöhne ernähren zu können. Vor diesem Hintergrund hatte Stalins vielfach ironisierter, im November 1935 vor der frisch gekürten Arbeiterelite der Nation gesprochener Satz, das «Leben» sei «besser» und «fröhlicher» geworden, trotz der materiellen Erholung, auf die er anspielte, für viele normale – vom Terror (noch) nicht betroffene – Bürger einen höchst ambivalenten, ja zynischen Beiklang.[12]

Wo die Kaufkraft angesichts rasanter Teuerung und Nahrungsmittelknappheit fiel, blieben auch andere Gegenstände des alltäglichen Bedarfs aus. Kleidung war knapp und miserabel. Die einschlägigen Erzeugnisse standen in Rußland von jeher nicht eben im Rufe besonderer Qualität. Aber es

Tabelle 19: *Westliche Berechnungen der Einzelhandelspreise, Lebenshaltungskosten und Reallöhne in der UdSSR 1928–1954 (1928 = 100)*

	1928	1937	1940	1948	1952	1954
offizielle Einzelhandelspreise Moskau						
Chapman, Preise von 1937	100	752	993	2617	1484	1263
Chapman, Preise des jeweiligen Jahres	100	890	1113	2768	1620	1406
Prokopovicz, Preise von 1928	100	837	1385	–	–	–
Jasny, Preise von 1925/26	100	1014	1320	3056	–	–
Zaleski	100	930	1442	3060	1851	1591
städt. Lebenshaltungskosten UdSSR						
Chapman, Preise von 1937	100	478	697	1565	1053	900
Chapman, Preise des jeweiligen Jahres	100	699	951	2056	1413	1245
Jasny, Preise von 1925/26	100	550	1100	2200	–	–
Zaleski	100	801	1265	2435	1658	1434
Bruttorealjahreslohn						
Chapman, Formel 7 oder 11	100	85	80	59	102	124
Chapman, Formel 8 oder 12	100	58	57	45	75	89
Prokopovicz	100	43	36	–	–	–
Jasny	100	58	53	44	–	–

Quelle: Chapman, Real Wages, 153, Fundorte dort

hatte Filzstiefel, grobe Leinenhemden oder Schafspelze als Produkte des dörflichen Nebengewerbes immerhin gegeben. Der Widerruf der NĖP setzte dieser alten und lebenswichtigen Tradition ebenfalls ein abruptes Ende. Als der Privathandel liquidiert und das Kleingewerbe wieder staatlicher Regie unterworfen wurde, verloren die *Kustarniki* ihre Märkte. Viele von ihnen ließen sich vom enormen Sog der Industrialisierung forttragen und verdingten sich auf Baustellen und in Fabriken. Zugleich konzentrierten die Planer fast alle Ressourcen auf die Schwerindustrie und ‹infrastrukturelle› Großbauten. So konnte es kaum ausbleiben, daß Arbeiter in Lumpen gingen und sich glücklich schätzten, wenn sie Hemden und Schuhe mit starken Gebrauchsspuren bekamen. Der zweite Fünfjahresplan korrigierte die Benachteiligung der Konsumgüterindustrie nur unwesentlich. Darüber hinaus kam es schon deshalb zu keiner durchgreifenden Besserung, weil das Kustargewerbe nicht wieder aufgerichtet und in kurzer Zeit kein Ersatz durch maschinelle Produktion in den Fabriken geschaffen werden konnte.[13]

Besonders schlimm stand es nach wie vor um die *Wohnsituation*. Zwar versprachen die Fünfjahrespläne Abhilfe. Ein umfassendes Bauprogramm sollte nicht nur den erhöhten Bedarf decken, den die rapide Urbanisierung verursachte, sondern auch die pro Person verfügbare Fläche erweitern. Doch die hochfliegenden Pläne erwiesen sich als leeres Versprechen. Auch im Vergleich zu 1932 schrumpfte der Wohnraum pro Kopf der Bevölkerung (nicht nur der Arbeiter) weiter von 4,66 m^2 bis 1937 (in diesem Jahr allerdings nur auf die Städte bezogen) auf bloße 3,77 m^2. Molotov hatte alle Ursache, auf

3. Gesellschaft: Mobilität und Verzicht

dem 18. Parteitag im März 1939 gravierende Versäumnisse einzugestehen, auch wenn die korrektiven Anstrengungen des dritten Fünfjahresplans danach eine gewisse Wirkung gezeitigt zu haben scheinen (1940 = 4,15 m^2 pro städtischem Einwohner). Gravierender aber schlug zu Buche, daß diese Durchschnittswerte noch schlimmere Zustände verbargen, unter denen kleinere, aber kaum marginale Gruppen zu leiden hatten. Von Magnitogorsk berichtete ein vielzitierter amerikanischer Augenzeuge noch für 1937/38, daß 15% der Beschäftigten in Apartments, 8% in Bauernhäusern, 2% in Hotels und großzügigen Wohnungen, aber 50% in Baracken und 25% in Erdhütten an Hügelabhängen lebten. Nicht überraschend fehlten hier Küchen und sanitäre Einrichtungen, die eine solche Bezeichnung verdienten, weitgehend. Aber auch in den größeren Städten war es darum mehr als schlecht bestellt. Angesichts der Enge ‹wohnten› viele Familien auf Korridoren und in Kellern, die für eine derartige Nutzung nicht vorgesehen waren. Ein amerikanischer Besucher fand seine Freunde in einem Mietshaus, in dem sich fünfzehn Familien eine Küche und ein Bad teilten. Soweit sie wenigstens über einen separaten Raum verfügten, ging es ihnen noch besser als der Mehrzahl der Arbeiter und einfachen Leute. Vor allem in fabrikeigenen Baracken und Schlafsälen mußten auch Familien mit Ecken und Durchgängen vorliebnehmen. Von Privatheit konnte nicht die Rede sein. Daß auch die Hygiene im argen lag, ergibt sich von selbst. Ungeziefer gehörte zur Grundausstattung; auch ein Volkskommissar gestand die Allgegenwart von Wanzen in Gestalt einer Mängelrüge ein. Viel schlechter als russische Arbeiter konnte man in der halbwegs zivilisierten Welt der dreißiger Jahre kaum hausen.[14]

Angesichts solcher Verhältnisse drängt sich erneut die Frage auf, warum die Betroffenen nicht offen protestierten. Die Allgegenwart des NKVD und die Indoktrination der Partei bilden nur einen Teil der Erklärung. Sicher wird man auch die extreme Einfachheit der Lebensverhältnisse zu bedenken haben, aus denen die meisten bäuerlichen Arbeiter kamen. Im Vergleich zum Dorf lebten viele alles in allem in den Städten immer noch besser. Betriebskantinen, die kostenlose Verteilung von Berufskleidung, der Doppelverdienst und andere Hilfen mehr sorgten für die Befriedigung der grundlegenden Bedürfnisse auf einfachstem Niveau. Arbeiter litten keinen Hunger. Auch der Glaube an die bessere Zukunft mag, wie jüngst betont, eine Rolle gespielt haben. Das neue, das «Sowjetproletariat» duldete und fügte sich – aus Gewohnheit, aus Not, aus Angst und aus Überzeugung.[15]

Im planwirtschaftlichen System und einer Gesellschaft, die immer tiefer von der Monopolpartei durchdrungen wurde, waren schon diese äußeren Lebensumstände der Arbeiter weitestgehend Folgen zentraler Entscheidungen. Erst recht galt dies für die unmittelbaren, gesetzlich oder administrativ angeordneten *öffentlichen Regelungen des Arbeitslebens*, von der Arbeitszeit über die Lohnstruktur bis zu den Arbeitsbedingungen. Bei Verschiedenheit im einzelnen unterlagen sie im ganzen einem ähnlichen Wandel: Nach Konzessionen und Vergünstigungen gegen Ende der NĖP, die im Siebenstundentag ihren symbolischen Ausdruck fanden, sahen sich die Arbeiter wachsenden Einschränkungen und Repressionen ausgesetzt. Dieser Wandel begann im Wetteifer um die ehrgeizigsten Ziele des sozialistischen Aufbaus. Stalin selbst markierte in der erwähnten Rede vor Betriebsleitern im Juni 1931 die Wegzeichen für die neue Richtung. Was er vorgab, blieb für die gesamte Vorkriegszeit und darüber hinaus verbindlich. Partei und Staat sorgten in der Tat für eine «neue Art» zu arbeiten – freilich hatte diese den Nachteil, alle Versprechungen über die soziale (und materielle) Befreiung des Proletariats noch eklatanter als zuvor Lügen zu strafen.[16]

Eine der ersten dauerhaften Maßnahmen im neuen Geist sorgte für die Wiederbelebung materieller Anreize und die Erweiterung der Spannweite zwischen den *Lohngruppen*. Zwar hatten Akkordlohn, Taylorismus und NOT schon während der NĖP die egalitären Tendenzen des Kriegskommunismus weitgehend aufgehoben. Aber die Renaissance klassenkämpferischer Parolen hatte auch in dieser Hinsicht eine Kehrtwende eingeleitet. Mit Beginn der Planwirtschaft war eine Tarifreform durchgeführt worden, die eine Angleichung der Verdienste vollzog. Der Abstand zwischen der höchsten und der niedrigsten Bezahlung der Arbeitskraft wurde auf das 2,8-fache beschränkt. Insofern knüpfte das sozialistische Aufbauprogramm anfangs tatsächlich an die Versprechen der Revolution an. Schon die ersten Resultate des ehrgeizigen Sprungs gaben jedoch Anlaß zur abermaligen Korrektur. Als wichtigstes Motiv kann durchaus gelten, was Stalin selbst nannte: das Bemühen um Eindämmung der Fluktuation in den Betrieben. Die Einsicht brach sich Bahn, daß Enthusiasmus für die Sache als Stimulus nicht ausreichte. Breite Identifikation sollte erneut und ganz und gar unsozialistisch durch bessere Bezahlung und sonstige *materielle* Privilegierung erzeugt werden. Dementsprechend wurden im September und Oktober 1931 zunächst für die Schwerindustrie neue Tarife verfügt. Dabei prämierte man zum einen Akkordarbeit und erweiterte zum anderen die Spannweite zwischen Minimal- und Maximallöhnen in der jeweiligen Vergütungsform. Bei vergrößerter Zahl auch der Lohngruppen (acht bis elf) schwankte der Abstand zwischen einem Verhältnis von 1:3,3 bis zu 1:5,5.

Freilich erwies sich die Ausgestaltung der Progression im Akkordsystem als schwierig, weil sie die Fixierung einer Norm voraussetzte. Letztlich schuf man ein Mischsystem, das in Übereinstimmung mit dem Plangedanken von der Erfüllung eines Grundquantums ausging und die Vergütung von Mehrleistung erst danach in gestaffelter Form vorsah. Auf diese Weise avancierte die Festlegung dessen, was als Orientierungsgröße (Norm) gelten konnte, zu einem Schlüsselvorgang. Da die jeweilige technische Ausstattung sowie branchen- und betriebstypische Besonderheiten zu berücksichtigen waren, wurden dafür eigene Kommissionen eingesetzt, die nach 1932 unter die

3. Gesellschaft: Mobilität und Verzicht

Kontrolle der Betriebsleitungen und -belegschaften gerieten. Durchaus entgegen dem Grundgedanken zentraler Planung, aber in Konkordanz mit der Praxis sicherten sich Basisorganisationen der Einzelunternehmen, darunter nicht zuletzt die Gewerkschafts- und Parteizellen sowie das Management, einen erheblichen Einfluß auf die Normbestimmung und das Lohnniveau. Hinzu kam, daß die allgemeine Vorgabe offenließ, ob sich die Bezahlung an der individuellen oder einer kollektiven Leistung bemessen sollte. Viele Belegschaften votierten, in Anknüpfung an die bäuerliche Tradition des Artel, aber auch aus Furcht vor einer abermaligen Werterevision und einer neuen ‹Entkulakisierung›, für den leichter zu handhabenden und zu schützenden Kollektivmaßstab. Ein übriges bewirkte die Art und Weise, wie die Unternehmensführung die Einhaltung der Normen durchsetzte. Genau besehen, konnte keiner der entscheidenden Akteure ein starkes materielles Interesse an einer hohen oder auch nur realistischen Norm haben: die Arbeiter nicht, weil sie sich selbst ausbeuteten, die Betriebsleitung nicht, weil sie hohe Prämien zahlen mußte und die Maschinen – bei geringen Aussichten auf Ersatz – einem noch größeren Verschleiß unterworfen wurden. Gegen diese Allianz vermochte das übergeordnete Anliegen, das im Prinzip Partei und Behörden vertraten (wenn sie es denn taten), wenig auszurichten. Die Wirklichkeit der zentral gelenkten Wirtschaft sah gerade mit Blick auf Normen, Löhne und Prämien oft anders aus als auf dem Papier: Sie wurde letztlich weitgehend dezentral vor Ort bestimmt.[17]

Materielle Anreize sollten indes nicht nur die ausgeprägte Neigung der Beschäftigten dämpfen, sich durch den Wechsel der Anstellung Vorteile zu verschaffen. In gleichem Maße zielten sie auf ein weiteres gravierendes Übel: den *Mangel an Disziplin und Qualität* der Arbeit. Kaum ein anderes Problem hat so sehr im Vordergrund der obrigkeitlichen Aufmerksamkeit gestanden, kaum ein anderes so viele Regelungen verursacht wie dieses. Von den ‹Produktionsschlachten›, die der Sozialismus – «entwickelt» oder nicht – zeit seines Lebens auszufechten hatte, galten die weitaus meisten ihm. Dabei richteten sie sich in den dreißiger Jahren vor allem gegen zwei Aspekte des Ärgernisses: die Sorglosigkeit im Umgang mit Maschinen sowie das Fehlen ohne triftigen Grund. Ob beide, wie meist behauptet, tatsächlich insofern miteinander verbunden waren, als sie überwiegend dieselbe Gruppe, die frischrekrutierten bäuerlichen Arbeiter, betrafen und derselben Mentalität, der mangelnden Gewohnheit der Dorfbewohner an die Gleichförmigkeit des industriellen Arbeitsprozesses, entsprangen, muß offen bleiben. Die statistischen Daten sind weder zuverlässig noch eindeutig. Sie lassen sich auch so verstehen, daß die durchschnittlichen unentschuldigten Fehlzeiten im Jahr während der ersten Planperiode zurückgingen, obwohl der Anteil der neuen Arbeiter vom Lande erheblich zunahm.[18]

Fest steht dagegen, daß die entsprechende Kampagne bereits Ende 1928 begann. Zu dieser Zeit nahm eine Kommission des Russischen VSNCh ihre

Untersuchungen auf, die den Ursachen der hohen Produktionskosten auf die Spur kommen sollte. Sie stieß an vorderster Stelle auf Defizite der Arbeitskraft und verwies erstmals auf den Zusammenhang mit der bäuerlichen Zuwanderung. Gesetzliche Maßnahmen gegen diesen ‹Schlendrian› verdichteten sich zu drei Zeitpunkten: in der ersten Jahreshälfte 1929, gegen Ende des ersten Planjahrfünfts 1932/33 und 1938 samt Ergänzungen in den letzten beiden Vorkriegsjahren. Die ersten Dekrete begnügten sich mit der Erlaubnis, Arbeiter bei schweren Verstößen gegen die Unternehmensdisziplin fristlos zu entlassen. Offenbar reichten sie aber nicht aus. Viele Arbeiter kehrten weiterhin zur Saat- und Erntezeit oder den großen Festtagen in ihre Heimatdörfer zurück. Diese Ordnungswidrigkeit war gang und gäbe und wurde toleriert. Die Obrigkeit sah sich deshalb zu größerer Strenge veranlaßt. Mitte November 1932 änderte man den entsprechenden Passus des Arbeitsrechts aus dem Jahre 1922. Fortan galt schon eine eintägige Abwesenheit und eventuell sogar eine geringfügige Verspätung nicht nur als hinreichende Begründung, sondern sogar als zwingende Ursache für eine sofortige Kündigung. Das Management durfte nicht nur, sondern *mußte* in dieser Weise verfahren. Mehr noch, es sollte den Gemaßregelten auch die Rationierungskarten entziehen, die sie durch den Betrieb erhielten, und sie gegebenenfalls aus der unternehmenseigenen Wohnung entfernen. Wenn man sich außerdem daran erinnert, daß im Dezember desselben Jahres die Freizügigkeit durch die Erneuerung des Paßzwangs aufgehoben wurde, addieren sich diese Maßnahmen zu einem Paket, das die Kennzeichnung drakonisch verdient. Der vorläufige Verzicht auf die Einführung eines Arbeitsbuchs, über die lange Zeit nachgedacht worden war, änderte wenig daran.

Allerdings zeigen schon die spärlichen Einblicke in die Wirklichkeit, die bislang überhaupt nur möglich sind, daß auch diese Bestimmungen oft tote Buchstaben blieben. Die Betriebsleiter zögerten, sie anzuwenden. Bei älteren Arbeitern, die keine Aussicht auf eine neue Stelle hatten, oder kinderreichen, deren Familien im beklemmenden Wortsinn auf die Straße gesetzt worden wären, dürfte Mitgefühl im Spiel gewesen sein. Vor allem aber war es für das Management nachteilig und bald sogar gefährlich, Arbeiter zu verlieren. Zu Beginn des großen Spurts herrschte akuter Mangel an qualifizierten Kräften, so daß mit Ersatz nicht sofort zu rechnen war. Als die Knappheit nachließ, schwebten Argwohn und Willkür des diktatorischen Überwachungsstaates gerade über den Köpfen der Unternehmensleitungen. Es war ungut, aufzufallen. Auch die offiziellen statistischen Daten lassen Raum zur Deutung. Sie zeigen zwar, daß die Häufigkeit unentschuldigter Abwesenheit vom Arbeitsplatz mit Beginn des zweiten Planjahrfünfts erheblich zurückging. Zugleich weisen sie jedoch eine gleichbleibende Quote von Fehlzeiten insgesamt aus. Dies legt zwei Vermutungen nahe: daß zum einen manches unentschuldigte Fernbleiben einfach als entschuldigt registriert wurde und zum anderen die Zahl der wirklichen Krankheitsfälle aus verschiedenen

3. Gesellschaft: Mobilität und Verzicht

Gründen zunahm, vorrangig weil die Ernährung schlecht, die Behausung erbärmlich und die physische Belastung groß waren. So könnte der Versuch der Disziplinierung mit obrigkeitsstaatlichen Mitteln nicht nur unterlaufen worden sein, sondern sich auch insofern gerächt haben, als die erzwungene höhere Arbeitsleistung Ausfälle anderer Art nach sich zog. In jedem Falle besserte sich der Umgang mit den Maschinen und Apparaten nicht merklich. Nach wie vor war der Verschleiß so groß, daß auch vorsätzliche Fahrlässigkeit und bewußte Sabotage als Ursachen zu unterstellen sind. Wo Arbeit unwillig und ohne angemessenen Ertrag geleistet wurde, waren nicht nur Ausschußproduktion und ‹stiller Betrug› durch vorenthaltenen Einsatz, sondern auch bewußte Beschädigungen und Zerstörungen programmiert.

So nimmt es nicht wunder, daß Partei und Staat abermals Anlaß zum Handeln sahen. Im Dezember 1938, als sich der Mangel an Fachkräften und Managern durch den «großen Terror» weiter zugespitzt hatte, wurde jede Verspätung um mehr als zwanzig Minuten zur Abwesenheit erklärt und mit sofortiger Entlassung samt Entzug aller vom Arbeitsplatz abhängenden Vergünstigungen geahndet. Betriebsleitern, die Milde walten ließen, drohte das Gesetz formal mit gerichtlicher Verfolgung und faktisch mit Deportation. Zugleich führte man nun das Arbeitsbuch zur Kontrolle des Wohlverhaltens und der Mobilität ein. Im Juni 1940 folgte die Anordnung, nicht nur jeden Fehltag, sondern auch jede eigenmächtige Kündigung mit einem Lohnabzug in Höhe eines Viertels oder mit Einweisung in ein Arbeitslager bis zu vier Monaten zu bestrafen. Beide Bestimmungen dekretierten freilich nur, was ohnehin der Fall war. Einen Arbeitsmarkt und die freie Wahl des Arbeitsplatzes gab es längst nicht mehr; und die Geheimpolizei intervenierte auch ohne gesetzliche Grundlage nach Gutdünken. Dies mag dazu beigetragen haben, daß die neuerliche Verschärfung des Disziplinarrechts *realiter* ebenso wenig bewirkte wie frühere Vorschriften. Immer noch kurierte man am Symptom. Die Wurzel des Übels lag woanders – im System. Das aber blieb unverändert.[19]

Die sozialistische Industrialisierung verband sich aufs engste mit der *Stachanov-Bewegung*. Was der bald gefeierte Bergmann auf den Weg brachte, als er während der Nachtschicht vom 30. auf den 31. August 1935 102 t aus dem Stollen einer Zeche im Donecbecken hieb und die Norm damit zu 1457 % erfüllte, gehörte zum Wesen des Stalinismus. Nicht allein die staatlich gelenkte Propaganda verschaffte ihr eine Popularität, die in zahllosen neuen Wortschöpfungen zum Ausdruck kam. Von der Stachanov-«Arbeit» über -Turbinen, -Züge, -Schulen, -Universitäten, -Tage und -Wochen bis zum -Geist, -Gruß, -Hurra und -Dank war der frisch kreierte Held als Symbol des Aufbruchs, der neuen Moral und der neuen Zeit im Alltagshorizont der einfachen Leute nahezu allgegenwärtig. Darüber hinaus spricht vieles dafür, daß diese rasche Breitenwirkung auch auf echter Zustimmung beruhte. Die *Stachanovščina* avanciert damit zu einem Aspekt jenes plebiszitären Fundaments, ohne das der Stalinismus ebensowenig zu denken ist wie der Nationalsozialismus. Zugleich steht außer Frage, daß die Bewegung bald dysfunktionale Wirkungen entfaltete. Dabei beschränkte sich dieser Effekt nicht auf die Wirtschaft. Vielmehr ist davon auszugehen, daß sie keine bloß ökonomische und soziale, sondern in eminenter Weise auch eine politische Bewegung war.[20]

Allerdings ist unstrittig, daß sie als industrielle Kampagne begann. Zu Beginn des zweiten Fünfjahresplans war offensichtlich, daß der erste Ansturm auf den Sozialismus vieles aus dem Boden gestampft und ein riesiges Potential gleichsam in Rohform erschlossen hatte, es aber an annähernd effektiver Nutzung fehlte. Die *Stachanovščina* sollte dazu beitragen, vor allem den Produktionsfaktor Arbeit ertragreicher einzusetzen. Mit gutem Grund ist sie daher als weiterer Versuch zur Rationalisierung und Neuauflage des «sozialistischen Wettbewerbs» aus dem Jahre 1929 verstanden worden. In diesem Sinne entfaltete sie sich mit dem Rückenwind von Partei, Staat und Presse. Ausgehend vom Kohlebergbau, der Eisenverhüttung und der Metallindustrie griff sie auf fast alle bedeutenden Branchen über. Offiziellen Angaben zufolge gebührte der Schuhindustrie, der Erdölgewinnung und der Elektrizitätswirtschaft im Herbst 1935 die Ehre, mit 14,8–15,9% aller Arbeiter die meisten *Stachanovcy* zu stellen. Allerdings bleiben die Erhebungskriterien unklar. Manches deutet darauf hin, daß durchaus großzügig verfahren wurde. Die Elitekandidaten mußten zwar Rekorde aufstellen, aber wie sie zu ihren Erfolgen kamen, blieb oft außer Betracht. Schon Stachanov konnte sich nur so tief in den Berg einhauen, weil fleißige Helfer Kohle und Schutt wegräumten und den Streb sicherten. Zudem disqualifizierte selbst eine Ausschußproduktion von 50% nicht für den Titel eines Helden des Fünfjahresplans. Andere Angaben, die unter knapp 461 000 Arbeitern in 51 ausgewählten Industriebetrieben ebenfalls im Herbst 1935 nur 23 300 oder 5,1% Stachanovisten ausweisen, verdienen daher dieselbe Aufmerksamkeit. Ebenfalls plausibel erscheinen Schätzungen von 3–4% sowohl in der Industrie als auch im Bau- und Transportwesen. Insofern ist es fraglich, ob die *Stachanovščina* tatsächlich, wie Stalin lobte, gleich einem Wirbelsturm durch die Industrie fegte. Aber eine breite Bewegung, die Millionen von Anhängern mobilisierte, war sie zweifellos.[21]

Indes zeigte sich bald, daß der Plan einer Rechnung mit vielen Unbekannten glich. In mancher Hinsicht litt er an einem inneren Widerspruch, der sich kaum auflösen ließ. Die *Stachanovščina* sollte, um ihren Zweck erfüllen zu können, einerseits eine Massenbewegung sein, andererseits Sinn für übergeordnete Prioritäten beweisen. Sie sollte dynamisch und innovativ, zugleich maßvoll und pragmatisch sein. Die Plenarversammlung des ZK, die der Kampagne im Dezember 1935 endgültig den Segen erteilte, scherte sich um solche Zielkonflikte nicht. Sie beschränkte sie ausdrücklich auf die Aufgabe, die «Arbeitsorganisation» zu rationalisieren und die vermeintlichen Fesseln

3. Gesellschaft: Mobilität und Verzicht 523

antiquierter Verfahren und verknöcherter Strukturen zu sprengen. Viele Betriebsleiter sahen dies aber schon zu dieser Zeit anders. Sie befürchteten Widerstand gegen die Normübererfüllung, die den Stachanovisten vom normalen Arbeiter unterschied. Und sie mochten auch bereits sich selbst und alle «alten» Ingenieure am Pranger stehen sehen. So ließ der Protest nicht lange auf sich warten. Er ging von *beiden* Hauptgruppen in den Unternehmen aus. Daß die höheren Angestellten und Manager, die den Produktionsablauf planten und die Normen festlegten, von der Kampagne nicht begeistert waren, versteht sich von selbst. Sie wurden den «Bürokraten» zugerechnet und zum bevorzugten Objekt von Kritik und Spott erkoren. Die Bewegung setzte die Annahme geradezu voraus, daß sie ihre Aufgaben vernachlässigt und unverbesserliche Inkompetenz an den Tag gelegt hätten. Gleiches galt für die Ingenieure und Techniker, die seit den frühen Tagen der NĖP mit der «wissenschaftlichen Arbeitsorganisation» befaßt waren. Die Auflösung der NOT in dieser Zeit war nur folgerichtig – bewiesen die *Stachanovcy* anscheinend doch, daß die aufwendig berechneten Maßzahlen nur Leerlauf hervorbrachten. Aber auch ein erheblicher Teil der Arbeiterschaft betrachtete die Bewegung mit tiefer Skepsis. Stachanovisten wurden bevorzugt behandelt. Sie erhielten deutlich höhere Löhne und eine Fülle sonstiger Privilegien (Wohnung, Nahrungsmittel u. a.). Sie bildeten eine Elite, an der demonstriert wurde, daß sich Leistung wieder lohnte. Dementsprechend galt umgekehrt: Wer nicht mithalten konnte oder wollte, stand mit leeren Händen da. Die *Stachanovščina* vertiefte die Gräben in der Arbeiterschaft und förderte Konflikte. Zugleich verfehlte sie, diejenigen anzuziehen, die von ihr auf den ersten Blick hätten profitieren können. Auch die Facharbeiter hielten sich fern. Sie fühlten sich nicht nur zurückgesetzt, viele dachten auch voraus und warnten die übereifrigen Rekordjäger vor den Folgen ihres Tuns: Man werde, zum Nachteil aller, die Normen erhöhen und die physische Auslaugung beschleunigen.

Sehr bald wurde ferner offenbar, daß die Kampagne auch wirtschaftlich nicht nur erfolglos blieb, sondern auf nahezu allen Gebieten schwere Verwerfungen hervorrief. Technisch führte der Wettbewerb um die größte Fördermenge oder Stückzahl zu einer außerordentlichen Beanspruchung der Ausrüstung. Da die Bestleistungen nur durch vermehrten Arbeitseinsatz, längere Nutzungszeiten und ein schnelleres Tempo erreicht wurden, nicht aber durch raffinierteres Know how und erhöhte Investitionen in das ‹fixe Kapital›, nahmen beide, Mensch und Maschine, Schaden. Ohnehin war der Verschleiß erheblich. Nun kam eine verbissene Anstrengung hinzu, der die viel geschundene und schlecht gewartete Ausrüstung erst recht nicht gewachsen war. Was für den Produktionsfaktor Arbeit galt, traf auch bei Apparaten und Werkzeugen zu: Kurzfristig war eine durchaus bemerkenswerte Verbesserung des Produktionsergebnisses möglich, aber nicht auf Dauer. Die Kampagne litt gerade ökonomisch an fehlender Weitsicht. Zu diesem

Mangel gehörte auch der Umstand, daß der Wettstreit den Gesichtspunkt der Qualität noch weiter in den Hintergrund schob. Man produzierte mehr denn je, aber so viel Ausschuß, daß der Gewinn fraglich wurde: Messer, die sich beim leichtesten Druck verbogen, Staubsauger, die Staub aufwirbelten, statt ihn aufzunehmen, und Traktoren ohne Auspuffrohre.

Nicht minder schwerwiegend waren die sozialen Folgen der *Stachanovščina*. Die materielle Bevorzugung der ‹Bestarbeiter› verursachte nicht nur böses Blut, sie brachte auch die vorgesehene Verteilung der monetären und naturalen Prämien durcheinander. Zum Teil zehrte sie den Lohnfond weitgehend auf, ohne über die Rekorde hinaus einen annähernd verhältnismäßigen Ertrag hervorzurufen. Prestige und Propaganda triumphierten über den Plan. Mit dem Tarifgefüge verfiel die Moral der anderen Arbeiter. Wer mitansah, wie Normen aufgrund demonstrativer, oft auf höchst zweifelhafte Weise erzielter Übererfüllung erhöht wurden, hatte wenig Anlaß, sich weiter anzustrengen. Und wer registrierte, daß Konformismus auch ohne Leistung belohnt wurde, mochte sich darauf seinen eigenen Reim machen. Ferner waren die Sicherheits- und Hygienevorrichtungen am Arbeitsplatz noch schnellerer Zerrüttung als ohnehin ausgesetzt. Wo allein meßbare Höchstleistungen zählten, geriet auch diese Vorsorge für den Erhalt der Arbeitskraft in Vergessenheit. Nicht nur die Wohn- und sonstigen Lebensbedingungen, auch die Verhältnisse am Arbeitsplatz selbst spotteten in wachsendem Maße allem, was die staatsoffizielle Ideologie verkündete.[22]

Um so eher stellt sich die Frage, warum die *Stachanovščina* nicht ebenso schnell wieder beendet wurde, wie sie lanciert worden war. Sie läuft auf das Kernproblem der Gesamterscheinung hinaus: *Nutzen und Funktion* einer staatlich inszenierten Kampagne verständlich zu machen, die offensichtlich schon nach kurzer Zeit nicht mehr im wirtschaftlichen Produktivitätsgewinn gesehen werden konnten. Zur Klärung kann ein Vergleich mit der ‹Stoßarbeiterbewegung› von 1929/30 nützlich sein, der folgende Unterschiede verdeutlicht:

– Der ökonomische Enthusiasmus der frühen Planjahre wurde von der Parteijugend wirkungsvoll unterstützt und wandte sich vor allem an die städtischen Arbeiter. Die Stachanov-Bewegung warb in erster Linie um die große Masse der frisch angeworbenen bäuerlichen Arbeiter. Sie appellierte nicht nur an die Aufstiegsmotivation, sondern auch an die Vision der sozialen Verschmelzung in einer neuen, sozialistischen Arbeiterklasse.

– Die *Stachanovščina* richtete sich ausdrücklich gegen ‹Bürokraten› und starre Vorschriften. Sie besaß, wenn auch wohldosiert, eine sozialrevolutionäre, gegen das ‹Establishment› gerichtete Komponente. Das hinderte sie nicht daran, zugleich autoritätsorientiert zu sein. Sicher lebte auch der «sozialistische Wettbewerb» von plebiszitärer Dynamik; aber er richtete sich gegen die ‹kapitalistische Verunreinigung› des echten Sozialismus durch die NĖP.

3. *Gesellschaft: Mobilität und Verzicht* 525

– Die frühe Plankampagne machte sich zum Anwalt der weiteren ‹Verwissenschaftlichung der Arbeitsorganisation›. Sie begrüßte den Import westlicher Technik und Produktionsmethoden. Die *Stachanovščina* wollte die Leistungsfähigkeit eben dieser Verfahren widerlegen. In gewisser Weise bemühte sie sich, NOT und Taylorismus durch bodenständig-bäuerliche Kraft und sozialistischen Idealismus mit zunehmend patriotischer Einfärbung zu ersetzen.²³

Schon diese Unterschiede verweisen nicht nur auf unterschiedliche Kontexte. Sie enthalten auch Indizien für einen anderen, allgemeineren Charakter der *Stachanovščina*. Als Stachanov seinen Rekord aufstellte, war Stalin auf dem ersten Höhepunkt seiner Macht angelangt. Zugleich hatte der Elan ‹seiner› Aktivisten an Kraft verloren. So wie die Verfassungskampagne und der beginnende Terror ein Moment der demagogischen Instrumentalisierung der Basis gegen die etablierten Funktionsträger enthielten, so gehörte auch der plebiszitäre Appell an den Konsens breiter Schichten zum Stalinismus, der nun endgültig Gestalt annahm. Die Trotzkische Interpretation dieser Diktatur als ‹bürokratische Herrschaft› war schon in ihrer Fixierung auf den Maßstab der Französischen Revolution höchst einseitig und blind. Zwar brauchte Stalin die Mitwirkung der Partei (oder besser: eines Teils von ihr). Aber er war ebenso auf die Unterstützung der übrigen Bevölkerung angewiesen, weil ihm manche ‹alten Bolschewiki› aufgrund ihres bloßen Erinnerungsvermögens zugleich im Wege standen. Stalin baute sich zum charismatischen «Führer» *aller* ‹Sowjetmenschen› auf. Schon vor dem Kriege begann der klassen- und schichtenüberwölbende Patriotismus den trennenden Sozialismus als ideologische Absicherung der Diktatur abzulösen. Der «Führer» aber bedurfte einer Gefolgschaft und der Personenkult des Jubels. Vieles spricht dafür, daß die *Stachanovščina* ihren Platz *auch* in diesem Kontext hatte. Die Bewegung erfreute sich von Anfang an *seines* ungeteilten Zuspruchs; sie war *seine* Schöpfung. Ihre Adepten bekannten sich zu ihm und seiner demiurgischen Rolle in Gegenwart und Zukunft. So gesehen war es kein Zufall, daß sie mehrheitlich anfangs kein Parteibuch besaßen. Der typische *Stachanovec* war ein nicht organisierter Bauernsohn aus kleinen Verhältnissen, der es durch harten Einsatz und treue Anhänglichkeit an den Führer zum Helden der Arbeit und Mitglied einer sozialen Elite gebracht hatte. Er verehrte Stalin, aber nicht unbedingt den Apparat, auf den sich der Diktator stützte. Vor allem aber mißtraute er den Wirtschaftsbürokraten, auch wenn sie samt und sonders mit Hilfe der Partei in ihre Funktionen gelangt waren. Dazu paßte der irrationale Grundzug der Bewegung. Ob man sie als Mutante traditionalen bäuerlichen Wunderglaubens oder als bloße Empfänglichkeit für Charisma (im Sinne M. Webers) betrachtet – zweifellos kam den unglaublichen Taten Stachanovs ein Stück jener «außeralltäglichen» Übermenschlichkeit zu, die dem Sagenhaften stets zugeschrieben wurde. Stalin pflegte diese Wirkung samt der akklamatorischen Kraft, die von ihr ausging.

In dieser Sicht liegen nicht nur Parallelen der *Stachanovščina* zum nationalsozialistischen Führerkult zutage, sondern auch Verbindungen zu einer Konzeption totaler Herrschaft, die deren besondere Qualität im unbürokratischen, unregelhaften und unkalkulierbaren Charakter sieht. Stalin stützte sich auf den Apparat, hielt diesen aber zugleich durch den gezielten Terror des NKVD und unabhängige, auf ihn persönlich fixierte Bewegungen in Schach. Ungeklärt ist dabei, in welchem Maße er selbst die oberste Kontrolle bewahrte. Wie im Falle des Terrors gibt es Anzeichen dafür, daß ihm die Bewegung entglitt. Ob auch daraus eine Triebkraft für willkürliche Gewalt erwuchs, die als Verselbständigung der geweckten Energien ebenso wie als Enttäuschung über den Verrat an einstigen Zielen zu verstehen wäre, bleibt vorerst eine spekulative Überlegung.[24]

c. Die Arbeitslager und ihre Insassen

Kaum ein anderer Aspekt stalinistischer Herrschaft hat so viel Aufmerksamkeit erregt wie die Arbeitslager und die elende Existenz der Häftlinge, die das Los traf, hierher deportiert zu werden. Der Massenterror galt und gilt als Inbegriff des Totalitarismus der dreißiger Jahre; Willkür und Gewalt wiederum schienen im Lagersystem und in der Zwangsarbeit der Inhaftierten *in nuce* grausame Wirklichkeit geworden zu sein. Kein anderes Regime konnte so bedenkenlos mit ‹seiner› Bevölkerung verfahren (nicht etwa ‹nur› mit einer stigmatisierten Minderheit), kein anderes so freihändig unschuldige Untertanen verbannen und einem quasi exterritorialen ‹Staat im Staate› ausliefern, in dem alle Grundregeln menschlichen Zusammenlebens außer Kraft gesetzt waren. Zweifellos verselbständigten sich die Lager zu einem separaten Herrschafts- und Lebensraum – einem verborgenen, wenn auch allseits bekannten «Archipel», wie Solženicyn metaphorisch formulierte. Über seine Bewohner, Gesetze und Funktion ist manches ans Licht gekommen, das meiste aus Erinnerungen und Augenzeugenberichten von Insassen. Nach weiteren Quellen wird intensiv gefahndet. Was bislang zutage getreten ist, gibt keinen Anlaß, das bisherige Bild wesentlich zu korrigieren. Ohnehin spiegeln Erfahrungen des Lagerlebens Wirklichkeitsausschnitte, die einander im Regelfall nur ergänzen, nicht ausschließen. Insofern bleibt diese Perspektive von aller ‹Umwertung› und neuen Funden weitgehend unberührt.

So steht außer Frage, daß Stalin und seine Helfer in Gestalt der Arbeitslager eine Ordnung errichteten, die an absichtsvoller Quälerei auf russischem Boden ihresgleichen suchte. Sie war nicht nur unmenschlich, sondern mörderisch im Wortsinn der kalkulierten Inkaufnahme physischer Vernichtung. Wer nicht mehr konnte, brach zusammen und wurde verscharrt. Die Routine des Lagerlebens nahm Todesfälle als natürlich, mehr noch: als zwangsläufig hin. Mit Ausnahme vergleichbarer Ausgeburten nationalsozialistischen Rassenwahns dürfte der Sozialdarwinismus nirgendwo sonst in so

3. Gesellschaft: Mobilität und Verzicht

zynischer Reinheit zum quasilegalen Prinzip erhoben worden sein. Grundlage dieser Selektion nach Überlebenskraft war die Abhängigkeit der Nahrungsration von der Übererfüllung der Arbeitsnorm. Ein windiger Geschäftsmann soll Stalin zur Einführung dieses Verfahrens geraten haben, das auf ebenso brutale wie oberflächlich-effiziente Weise maximalen Einsatz zu erzwingen schien. Der Mechanismus war denkbar einfach: Nur wer die Norm bis zu einem gewissen Grade – in der Regel mindestens 75 % – erfüllte, hatte Anspruch auf den ganzen «Kessel» *(kotlovka)*. Wer darunter blieb, erhielt entsprechend weniger; wer mehr leistete, konnte einen Zuschlag erwarten. Dabei bemaß man aber beide Vorgaben, Essen und Arbeit, so, daß bei ihrer Einlösung die allmähliche Auszehrung programmiert war. Wer viel leistete, erhielt durch die zusätzliche Ration immer noch weniger Kalorien, als er für die körperlichen Anstrengungen verbrauchte, die in Steinbrüchen, beim Bahnbau oder in Gold-, Erz- und Kohlebergwerken erforderlich waren. Erfahrene Häftlinge wußten das und beherzigten die Devise, daß «nicht die kleine Ration ... im Lager den Tod» brachte, «sondern die große». Hoffen konnten sie nicht auf Lohn für Anstrengung, sondern «allein auf die Sanitätsstelle» und die eigene Klugheit. Nur wer neben einer unverwüstlichen Konstitution einen wachen Verstand mitbrachte und ihn zu hüten wußte, wahrte im günstigen Fall die Chance, eine gewisse Zeit zu überleben – laut Solženicyn allenfalls zehn Jahre. Daran änderte auch eine vorübergehende Besserung der Versorgungslage 1938/39 nichts; die dramatische Kürzung der Rationen nach Kriegsausbruch, vom weiteren Qualitätsverfall nicht zu reden, machte diesen Lichtblick schnell und für lange Jahre wieder zunichte.[25]

Die Lebensverhältnisse in den stalinistischen Lagern sind mittlerweile häufig beschrieben worden. Wie wenig andere illustrieren sie alle nur denkbaren Extreme, denen Menschen ausgesetzt sein können, die sie aber auch selbst erzeugten und erzeugen. Die ‹Lagerprosa› hatte wenig Anlaß zur Schilderung des ‹Positiven›. Nicht nur die beschriebene Welt kam der sprichwörtlichen Hölle auf Erden sehr nahe. Auch die Personen, die sich darin bewegen mußten, widerstanden der Anpassung an die sie umgebende Grausamkeit und Niedertracht nur selten. Zu den physischen Beanspruchungen gesellten sich psychische, die kaum leichter zu ertragen waren. Die meisten politischen Häftlinge mußten häufig auf schmerzhafte Weise lernen, daß jeder sich selbst der nächste und keine Gemeinheit zu groß war, als daß sie nicht begangen worden wäre. Solidarität scheint es nur ausnahmsweise gegeben zu haben. Der Kampf ums nackte Überleben war nicht geeignet, Altruismus zu fördern.

So halfen Häftlinge den Aufsehern, das einzuhalten, was Ordnung und regelmäßiger Tagesablauf genannt wurde. Im frühen Morgenlicht zerrte man die Arbeitsfähigen von den Pritschen; gelegentlich sollen dabei abgerichtete Hunde eingesetzt worden sein. Vor dem Abmarsch zu den entfernten Arbeitsorten gab es die beste Mahlzeit des Tages. In den nächsten zwölf Stunden mußten sich die Gequälten glücklich schätzen, wenn ihnen eine dünne Wassersuppe gebracht wurde. Am frühen Abend kehrten sie erschöpft zurück; mehr als Brot und fettlose Brühe gab es selten, in schlechten Jahren überhaupt nur wertlose und kaum genießbare Ersatzkost. Sie hausten in übervölkerten Baracken ohne Andeutung einer Privatsphäre. Die sanitären Verhältnisse spotteten allen Maßstäben von Hygiene, und die Unterkünfte wurden, wenn überhaupt, auch in bitterer Winterkälte höchst unzureichend beheizt. Über die psychischen Folgen solcher Zustände lassen sich kaum Aussagen machen. Nur die wenigsten Häftlinge dürften in der Lage gewesen sein, aus den ungeheuren Strapazen geistig-moralische Stärke zu ziehen. Insofern sind diejenigen, die wie Solženicyn, E. Ginzburg, V. Šalamov, L. Kopelev oder P. Grigorenko nach ihrer Freilassung zur schriftstellerischen Aufarbeitung (und Information anderer) fähig waren, gewiß als Ausnahmen zu betrachten. Die meisten anderen, denen Solženicyn seinen «Versuch einer künstlerischen Bewältigung» widmete, hatten auch keine Gelegenheit mehr, über das Leid zu berichten, das ihnen die plötzliche Entfernung von Familie und Freunden, die sinn- und schuldlose Verurteilung zu Qual und Elend sowie die Auslieferung an die Gewalt und Erniedrigung oft krimineller Mithäftlinge zufügten. Die brutale Durchsetzung des ‹Rechts des Stärkeren› unter Mißachtung jeden Anstands scheint vielfach eine Erfahrung gewesen zu sein, die noch bitterer war als die Unterwerfung unter die Hierarchie der Gewalt vom Kommandanten bis zum Wächter am Stacheldrahtzaun.[26]

Anders als die Unmenschlichkeit des Lagerlebens war die Wertung der *ökonomischen Funktion* der Zwangsarbeit lange Zeit umstritten. Dabei zog kaum jemand in Zweifel, daß die Lager anfangs vor allem politisch-ideologischen Zielen dienten und die Ausschaltung tatsächlicher oder vermeintlicher Gegner zumindest bis zum Ende des ‹großen Terrors› Vorrang behielt. Konsens bestand ebenfalls darüber, daß wirtschaftliche Überlegungen schon früh hinzutraten und mit dem ersten Fünfjahresplan wachsende Bedeutung erlangten. Im November 1929, fast zeitgleich mit dem Entschluß zur Zwangskollektivierung, wurden die Gerichte angewiesen, bei Haftstrafen die Arbeitspflicht mitzubedenken. Im April 1930 folgte der deutlichere Erlaß, daß Freiheitsentzug von mehr als drei Jahren in «Erziehungs» – oder «Besserungslagern», wie sie offiziell hießen, abzubüßen seien. Im selben Jahr wurde die «Staatliche Lagerverwaltung» (GULag) als eigene Behörde in der OGPU begründet. Desgleichen belegt die Statistik den Wandel: Wurden 1926 14,3 % aller Straftäter zur Lagerhaft verurteilt, so stieg dieser Anteil bis 1929 auf 48,1 % und bis 1932 auf 58 %. Das neue Regime «produzierte Zwangsarbeiter, weil es ihrer bedurfte.»[27]

Keine Einigkeit bestand hingegen darüber, wie groß der ökonomische Nutzen dieser Ordnung für Stalins ehrgeizige Absichten war. Die erste ein-

3. Gesellschaft: Mobilität und Verzicht

gehende, aber nicht ohne Enthüllungsabsicht verfaßte Beschreibung der geheimnisumwitterten Lagerwelt veranschlagte diesen Gewinn sehr hoch und setzte dabei die Arbeit der Deportierten mit der antiker Sklaven gleich. Zwangsfron dieser Art wurde als «billig» und «diszipliniert» betrachtet. Ein Staat, der sich ihrer Hilfe in großem Maßstab bediene, könne riesige Bauwerke mit minimalen Kosten errichten und daraus enorme Vorteile ziehen. Spätere Autoren sind vorsichtiger gewesen. Sie haben darauf hingewiesen, daß erpreßte Arbeit ebenfalls ihren Preis hatte. Wie miserabel auch immer, die Häftlinge mußten mit Essen und Kleidung versorgt werden; sie brauchten eine Behausung, die im ewigen Eis so zu beheizen war, daß sie einigermaßen zu überleben vermochten. Und es war nötig, sie mit Stacheldraht zu umgeben, zu bewachen und eine Behörde zu schaffen, die ihre Zuteilung und Unterbringung regelte. Hinzu kam ein bekannter Tatbestand der Wirtschaftsgeschichte: Unfreie Arbeit ist nicht selten unproduktiver als freie und neigt trotz aller Strafandrohung zu mangelnder Sorgfalt. Gerade der Versuch, ihre Kosten durch schlechtere Versorgung zu senken, verstärkte den kontraproduktiven Effekt, daß ihr Ertrag infolge physischer Schwächung weiter nachließ.[28]

Gleichwohl spricht vieles dafür, daß die stalinistische Diktatur nicht nur aus Gründen der Herrschaftssicherung am Lagersystem festhielt. Der Vergleich mit der «Manufakturleibeigenschaft» Peters des Großen beim Aufbau der Schwerindustrie im Ural, mit Soldatenarbeit unter Friedrich Wilhelm I. in Preußen oder generell mit Häftlingsarbeit im 18. und 19. Jahrhundert hat manches für sich. Erzwungene Arbeit lohnte dort, wo Kapital fehlte, wo Erschließungen mit einfachen technischen Mitteln unter Einsatz vor allem von physischer Kraft vorgenommen wurden, wo freie Arbeit wegen der Ungunst des Klimas, der Entfernung des Standorts oder aus anderen Gründen kaum oder nur bei ungleich höheren Kosten zu mobilisieren war, wo nicht nach Aufwand und Ertrag kalkuliert, sondern eine unabdingbare Vorleistung für die eigentliche Industrialisierung erbracht und deshalb sogar unter Bedingungen gearbeitet wurde, die «mehr Tote kosteten als die Marneschlacht».[29]

So gesehen, eröffnet sich auch ein differenzierendes Urteil über den ökonomischen Effekt der Zwangsarbeit. Der Nutzen war bedingt und an bestimmte Tätigkeitsfelder sowie an die *Anfangs*phase der ‹zweiten› Industrialisierung gebunden. Er gehörte in den Zusammenhang zwischen Stalinschem Aufbruch und Rückständigkeit, zwischen «Terror» und «Fortschritt». Auf der Grundlage dieser Affinität lassen sich unterschiedliche und sukzessive Funktionen des Lagersystems unterscheiden. In seiner Entstehungszeit diente es vor allem der Absorption der großen Zahl überschüssiger Hände auf dem Dorfe. Als Arbeiter während des zweiten und dritten Planjahrfünfts rar wurden, half das Lagersystem, diesen Engpaß auf ‹außerökonomischem› Wege zu beheben: Wer nicht freiwillig oder durch die knappe Ressource

Geld zu gewinnen war, wurde mit Gewalt mobilisiert. Allerdings lag schon in der Art der Arbeit eine schwer überschreitbare Grenze des Einsatzes unfreier Kräfte. Ihre branchenmäßige Verteilung läßt recht genau erkennen, wo sie Nutzen brachten und wo nicht. Die weitaus meisten waren auf Baustellen beschäftigt (während des dritten Planjahrfünfts 3,5 Mio.); es folgten der Bergbau (einschließlich der Goldgewinnung 1 Mio.), der Verleih an andere Behörden (unter Ausschluß des Bergbaus ebenfalls 1 Mio.), der Bau und die Versorgung von Lagern (0,6 Mio.), die Holzgewinnung (0,4 Mio.) und die Landwirtschaft (0,2 Mio.). Hinzu kamen, zum Teil unter der Regie eigener Ressorts, der Straßen- und Eisenbahnbau. Industrie und Fabriken im engeren Sinne fanden sich unter diesen Verwendungsbereichen nicht. Teure Maschinen konnte man den Deportierten nicht anvertrauen. Dem allergrößten Teil der Häftlinge dürfte außerdem die nötige Mindestqualifikation gefehlt haben.

So konnte man unfreie Arbeit im wesentlichen nur bei der Rohstoffgewinnung und auf Großbaustellen zur Verbesserung der ökonomisch-verkehrstechnischen Infrastruktur einsetzen, wo einfache physische Tätigkeiten in großem Umfang anfielen. In diesem Bereich war sie nützlich, weil man freie Lohnarbeiter in unbesiedelten und unwirtlichen Regionen angesichts des enormen Bedarfs nicht in ausreichender Zahl zu gewinnen vermochte. Zugleich zeichnete sich ab, daß die Bedeutung dieser Arbeit mit zunehmendem technologischen Niveau des wirtschaftlichen Produktionsprozesses zurückgehen würde. Zwar gab es unter den Häftlingen auch Fachkräfte und Spezialisten (die zum Teil in Sonderlager eingewiesen wurden), aber zu wenige. Insofern lief die Zeit des Lagersystems nach dem Zweiten Weltkrieg ab. Seine Auflösung unter Chruščev entsprach auch der ökonomischen Vernunft.[30]

d. Bauern

Paradoxerweise ist über die Bauern nach der großen Zeitenwende weniger bekannt als über die Arbeiter. Zwar lebte die große Mehrheit der Bevölkerung noch einige Jahrzehnte auf dem Lande (der Anteil der Stadtbewohner überschritt erst 1961 die ‹Modernitätsschwelle› von 50 %), aber dank der stalinistischen Fixierung auf den industriellen Aufbau rückte sie nicht ins Rampenlicht des zeitgenössischen Interesses. Der gewaltsame Bruch einer jahrhundertealten Tradition erhöhte zunächst nur die Kontrollierbarkeit und äußere Gefügigkeit des Dorfes, nicht aber seine Durchschaubarkeit. Im Gegenteil, die vollständige Umwälzung des bäuerlichen Lebens einschließlich seiner Keimzellen, des ‹Haushalts› und der *obščina*, stürzte es nicht nur ins Chaos, sondern erhöhte auch die Verwirrung für Außenstehende. Die neue Agrargesellschaft mußte sich erst formieren. Auch wenn keine Überlieferung, am wenigsten die soziale und mentale, über Nacht ihre Wirkung

3. Gesellschaft: Mobilität und Verzicht

einbüßt, war sie gezwungen, sich gleichsam in einem völlig neuen Gehäuse einzurichten. Dieser Vorgang des Um- und Wiederaufbaus unter dem Diktat staatlicher Ansprüche bildete den Kern der Entwicklung auf dem Dorfe zwischen Kollektivierung und Kriegsbeginn.

Die revolutionäre Qualität der neuen Ordnung lag auch in sozialer Hinsicht auf der Hand. Mit dem faktischen Privateigentum am bearbeiteten Land in und außerhalb der Gemeinde verschwand nicht nur die Grundlage eigenständigen Wirtschaftens, sondern auch das Hauptkriterium der sozialen Schichtung. Marxisten und Neopopulisten waren sich – bei höchst unterschiedlichen Resultaten ihrer Theorien – in der Überzeugung einig, daß Ökonomie und Gesellschaft im alten russischen Dorf insofern besonders eng miteinander verzahnt waren, als sie auf derselben Grundeinheit fußten. Welchen Personenkreis eine Familie auch immer umfaßte, sie bildete einen Betrieb, der letztlich nach seinen eigenen Vorstellungen über Art und Umfang der Aussaat entschied, Acker und Vieh pflegte, den Verkauf regelte und die Verwendung des Erlöses festlegte. Im großen und ganzen folgten Schichtung und innere Gliederung dem Vermögen, das seinerseits in erheblichem Maße von der Größe des Landes, der Familie, der Marktkenntnis und dem ökonomisch-organisatorischen Geschick abhing oder außerhalb der eigentlichen Landwirtschaft durch kommerzielle und handwerkliche Fähigkeiten sowohl im Dorf als auch auf entfernten Märkten und bei der Wanderarbeit erworben werden konnte. Sicher gab es daneben noch andere Bestimmungsfaktoren der sozialen Position. Gerade in traditionalen Gesellschaften kam dem ‹Ansehen› und der Ancienität als dem gleichsam akkumulierten Verdienst einer Familie große Bedeutung zu. Alles spricht aber dafür, daß die verschiedenen Dimensionen der sozialen Hierarchie eher übereinstimmten als auseinanderfielen. Familienwohlstand, -größe und auch -prestige neigten zur Kongruenz. Auch im zyklischen Mobilitätsmodell Čajanovs und seiner Anhänger fand die Vorstellung Platz, daß dörfliche Familien nicht nur für eine Generation zu den Einflußreichen, den *bol'šaki*, gehörten.

Das Fundament einer solchen Differenzierung wurde durch die Maßnahmen Stalins zertrümmert. Obwohl Kolchosen keine Sowchosen waren, verfügte der Staat faktisch uneingeschränkt über ihr Land. Selbst auf der untersten Stufe der Vergemeinschaftung, als TOZ, bestand auch ihr vorrangiger ökonomischer Zweck in der Zusammenlegung der Ackerflächen anstelle der parzellierten, ‹familiengerechten› Nutzung. Schon deshalb konnte der Kolchos, vom Herkommen und der Freiwilligkeit des Beitritts nicht zu reden, kaum in die Fußstapfen der *obščina* treten. Hinzu kam (innerhalb der Gemeinschaft) das faktische Ende gewinnbringender nichtlandwirtschaftlicher Einkunftsquellen. Der bäuerliche Handel wurde kriminalisiert. Wenngleich er nicht völlig verschwand und sich zum Teil auf die Kolchosmärkte verlagerte, verlor er an Bedeutung. Noch radikaler wurden Handwerk und Gewerbe amputiert, so daß ihre unersetzlichsten Produkte bald aus den neuen

VI. Die Herrschaft Stalins (1934–1941)

Fabriken kamen. Zwar überlebten sie ebenfalls – noch der Zensus von 1937 verzeichnete «nichtkooperierte *Kustarniki*» –, aber doch nur als Rudiment.

So veränderte die Zwangskollektivierung (anders als manche Bodenreformen in Ostmitteleuropa) nicht nur die Besitzverhältnisse auf dem Dorfe, sondern zerriß mit der ‹Entkulakisierung› das gesamte soziale Geflecht einschließlich der darin eingewirkten beruflichen Tätigkeiten und Positionen. Sie schuf Raum für jenen Egalitarismus, den Partei und Staat damals auf ihre Fahnen schrieben. Die Frage war nur, ob diejenigen, die im alten Dorf nicht aus der Armut herauszutreten vermocht hatten, ausreichende Fähigkeiten mitbrachten, um den Grundstein für ein neues zu legen.

Schon um ihren ökonomischen Zweck im Dienste des Staates zu erfüllen, bedurfte die Kolchosordnung ihrer eigenen Hierarchie. Geregelte Aufgabenteilung war nötig, die sich über Einkommen, Macht und Ansehen in eine neue soziale Schichtung transformierte. Dabei lassen sich zwei ‹Achsen› unterscheiden. Zum einen teilte sich die neue Dorfgesellschaft in solche Mitglieder, die in mehr oder weniger engem und ständigem Kontakt mit der Außenwelt standen, und die übrigen. Diese Beziehung nahm ihrerseits im Regelfall entweder die Form administrativ-politischer Vermittlung und der Zugehörigkeit zur Partei oder rein ökonomischer Verbindungen an. Dabei korrespondierten beide Arten mit gehobenen bzw. einfachen Tätigkeiten. Zum anderen wurden die inneren Funktionen im Kolchos zu Bestimmungsmerkmalen der sozialen Lage. Es begründete ein sehr unterschiedliches Einkommen und Prestige, ob jemand in der Verwaltung, im Dienstleistungsbereich (soweit es ihn gab), in Werkstätten oder nur auf den Feldern beschäftigt war. In gewisser Weise war diese Differenzierung nicht nur neu (obwohl sie notwendigerweise auch alte, lebenswichtige Aufgaben der agrarischen Ordnung fortsetzte), sondern auch ‹sachlicher› als die zerstörte. Sie beseitigte Überlieferung und nicht (oder nicht primär) ökonomisch fundierte ‹Schätzung› sowie verwandtschaftliche und andere personale Solidaritäten als vorrangige Bestimmungsgründe der sozialen Position und ersetzte sie in stärkerem Maße durch *funktionale*. Allerdings war diese gleichsam ‹posttraditionale› Differenzierung weder mit dem Abbau von Herrschaft noch mit höherer Effizienz gleichzusetzen. Im Gegenteil, die neue Ordnung verriet vor allem eine politische Kontrollabsicht, die anfangs gar nicht, später nicht ohne Widerspruch mit dem Ziel ökonomischer Leistungsfähigkeit zu verbinden war.

Die funktionale Schichtung der Kolchosgesellschaft nahm in der groben Gliederung zunächst die Gestalt einer Zweiteilung in Leitungs-, Administrations- und Dienstleistungsaufgaben auf der einen Seite und Produktionstätigkeiten auf der anderen an. Was zuvor in der Person des Familienvorstands vereint war, trat nach der ‹Sozialisierung des Landes› auseinander. Planung und Ausführung, Kopf- und Handarbeit verteilten sich auf mehrere Personen. Freilich beschränkte sich dieser Vorgang nicht auf eine ‹neutrale›

3. Gesellschaft: Mobilität und Verzicht 533

Aufspaltung und Neuzuordnung komplexer Verrichtungen, die sich aus der Vergrößerung der Betriebsfläche ergaben. Wie in fast allen ähnlichen Fällen ging die sachliche Differenzierung mit einer Unterscheidung nach anderen Gesichtspunkten, vor allem solchen der Herrschaftsbefugnis und Qualifikation, einher. Dabei zeigte sich bald, daß die Nähe zur politischen Macht und die Verfügung über spezielle, vorzugsweise technische Kenntnisse als höherwertig galten. Zumindest für die Inhaber administrativ-herrschaftlicher Kompetenzen zahlte sich diese (zunächst eher exogene als endogene) Einschätzung auch materiell aus: ‹Geistige› Arbeit wurde besser bezahlt. In gewisser Weise erwuchs dieses Privileg aus einem Dilemma. Da es kaum möglich war, Leistungen dieser Art in physischen Einheiten – vom Umfang eines bestellten Feldes bis zum Gewicht der ausgebrachten Saat – zu messen, wurde beschlossen, den einschlägigen Personen auf der Grundlage der nominellen Arbeitszeit «Tagewerke» gutzuschreiben. Ob tatsächlich Aufgaben erledigt wurden und mit welchem Erfolg, blieb außer Betracht. ‹Kopfarbeiter› sammelten auf diese Weise in jedem Fall mehr Berechtigungseinheiten. Wieviel letztere am Ende in Heller und Pfennig oder Naturalien erbrachten, erfuhren allerdings auch sie erst bei der Schlußbilanz. In dieser Hinsicht blieben sie in die allgemeinen Regeln des Kolchos eingebunden. Zugleich unterschieden sie sich darin ‹kategorial› von städtischen Arbeitern und Angestellten: Einen festen, monatlichen Lohn erhielten auch sie nicht.[31]

Ebenso unscharf wie das Gesamtbild der dörflichen Vorkriegsgesellschaft bleibt das quantitative Verhältnis zwischen den einzelnen Gruppen. Nur grobe Momentaufnahmen liegen vor, die aber eine ungefähre Vorstellung vermitteln. So schlüsselte die nachträglich kassierte Erhebung vom Januar 1937 die Zahl der *kolchozniki* von 36,2 Mio. entsprechend 47,3 % der gesamten selbständig beschäftigten Bevölkerung (d. h. ohne Familienangehörige, s. o. Tab. 18) weiter nach auf «Landarbeitern» *(zemledel'cy)* und «sonstigen» Mitgliedern. Man wird nicht fehlgehen, unter ersteren die zwangsinkorporierten Bauern selbst und unter letzteren das Verwaltungs- und Dienstpersonal einschließlich allerdings von Handwerkern und Technikern zu verstehen. Dies unterstellt: belief sich die Zahl der ‹Kopfarbeiter› auf knapp 7,4 Mio.; ihr Anteil an der gesamten Kolchosbevölkerung erreichte 20,3 % und ihr relatives Gewicht unter allen 116,39 Mio. Dorfbewohnern immerhin 6,3 %. Welcher Art die Tätigkeiten im einzelnen waren und wieviele Personen sich ihnen widmeten, läßt sich insgesamt bislang nicht angeben. Anhaltspunkte sind einer Aufstellung zu entnehmen, die 635700 Beschäftigte aller Kolchosen im Gebiet von Novosibirsk Anfang 1939 (bei der Volkszählung) berücksichtigte. Danach entfielen auf die Kolchosleitung (Vorsitzende, Stellvertreter, Rechnungsführer, Angestellte) 3,9 % der erfaßten Personen, auf die «Brigadeführer» bei der Feldbestellung und Viehzucht 3,1 %, auf qualifizierte Fachleute (Agronomen, Tierärzte, Tierzüchter) 0,2 %, auf Lehrer, Kindergärtnerinnen und sonstige Angestellte im Bildungs- und Kulturbereich 0,4 %, auf Handwerker, Mechaniker und nichtlandwirtschaftliches ‹Dienstpersonal› (Schlosser, Schmiede, Waldarbeiter, Zimmerleute, Tischler, Chauffeure, Fuhrleute) 21,7 %, auf Viehbetreuer (Melker, Knechte, Mägde, Hirten) 14,9 %, auf Spezialisten allgemein und solche für die Bedienung und Wartung der Landmaschinen 4,4 % und auf den großen Rest derjenigen, die auf den Feldern die sonstigen bäuerlichen Arbeiten verrichteten, 51,4 %.[32]

Angesichts der weitgehenden Zerstörung der überkommenen Dorfgesellschaft und des Widerstandes von seiten der enteigneten Bauern hing die Funktionsfähigkeit der neuen Wirtschafts- und Sozialorganisation in besonderem Maße von der Leitung ab. Gerade die Besetzung dieser entscheidenden Positionen gestaltete sich jedoch äußerst schwierig. Da man die alte Dorfelite ermordet oder verschleppt hatte, fehlte die Schicht, in der qualifizierte Anwärter am ehesten zu finden waren. Selbst wenn einige Mitglieder durch Glück, Geschick oder Beziehungen dem Fallbeil der Klassentheorie entronnen waren, haftete ihnen der Ruch politischer Unzuverlässigkeit an. Die Stalinisten aber suchten vor allem Linientreue und erst an zweiter Stelle agronomische und betriebswirtschaftliche Kompetenz. Besonders am Anfang lag es aus ihrer Sicht nahe, die *Kolchosvorsitzenden* von außen zu holen. In Frage kam dafür im wesentlichen eine Gruppe: die auf Herz und Nieren geprüften 25 000 freiwilligen Arbeiter-Aktivisten. In der Tat waren im Mai 1930 gut 19 500 dieser «besten Söhne des Vaterlandes» in den Kolchosen registriert; etwa 10 000 hatten die Funktion eines Vorsitzenden übernommen; viele andere übten in den Rajonkomitees, Kolchosverbänden und anderen übergeordneten Organisationen erheblichen Einfluß aus. Allerdings konnte dies nur ein Übergangszustand sein. Die meisten dieser ‹Enthusiasten› kehrten nicht nur in ihre alten städtischen Arbeits- und Lebensverhältnisse zurück; auch ihre Zahl reichte bei weitem nicht aus, da um die Mitte des Jahrzehnts etwa 245 000 Kolchosvorsitzende benötigt wurden.

Woher die ‹Neuen› kamen, muß ebenfalls aus Fallbeispielen und Teildaten erschlossen werden. Gewiß stammten sie in wachsender Zahl vom Dorf. Insofern nahm zumindest ihre Vertrautheit mit den Grundgegebenheiten der Landwirtschaft und agrarischen Gesellschaft zu. Auch die Rückendeckung durch die Partei blieb gerade für dieses Amt wichtig. Andererseits führte die Aufnahmesperre seit 1933 dazu, daß der Anteil der registrierten Parteimitglieder unter den Kolchosvorsitzenden bis 1938 auf 17,5 % fiel. Nur sozial scheint man der alten Linie strenger gefolgt zu sein. Ehemalige *bednjaki* und *batraki*, Landarme und Tagelöhner, stellten die – allerdings dünne – Mehrheit. Insgesamt verminderte sich mit diesem Wandel die unmittelbare Beherrschung des kollektivierten Dorfes durch Repräsentanten der Außenwelt. Zugleich trat die traditionelle Abgeschlossenheit der ländlichen Gesellschaft wieder stärker hervor, die aber vermutlich durch das Zwischenspiel der (zwangs)importierten Vorsitzenden nicht wirklich aufge-

3. *Gesellschaft: Mobilität und Verzicht* 535

brochen worden war. Ob sich dadurch auch die Skepsis der *kolchozniki* gegenüber der Leitung verringerte, steht auf einem anderen Blatt. Auf der einen Seite trifft sicher zu, daß die Kolchosleitung das Kunststück der Vermittlung zwischen obrigkeitlichen Ansprüchen und eigenen Bedürfnissen vollbringen mußte und dafür *auch* des internen Rückhalts bedurfte. Auf der anderen Seite verbreitete sich offensichtlich kein nennenswertes Engagement für die Gemeinschaft. Und auch die Qualität der Führung verbesserte sich weder durch die bloße ‹richtige› Herkunft noch durch den Umstand, daß im Laufe der Jahre zwar nicht ehemalige ‹Kulaken› selbst, aber deren Söhne in ihre Dörfer zurückkehren und prominente Positionen übernehmen konnten. Im Gegenteil, angesichts anhaltender Mängel sah sich die Partei schließlich sogar gezwungen, ihre kostbarste Ressource zur Beseitigung der Mißstände einzusetzen: Sie gewährte den Vorsitzenden 1940 einen festen Geldlohn und schlug noch eine Prämie obendrauf.[33]

Unter den übrigen neuen Berufs- und Sozialgruppen auf dem Lande kam den Technikern ein besonderer Rang zu. Ob Fahrer von Traktoren und Mähdreschern oder Monteure in einer Reparatur- und Wartungsbrigade, die «*Mechanisatoren*» benötigten eine spezielle, ‹moderne› Qualifikation, die sie über gewöhnliche Bauern hinaushob. Hinzu kam ihre Anbindung an die neu geschaffenen MTS. Als Symbole für den Beginn des industriellen Zeitalters auch in der Landwirtschaft verfügten diese – und mit ihnen das Personal – über besonderes Ansehen. Ökonomisch und politisch war ihnen eine Schlüsselrolle zugedacht. Unabhängig davon, ob sie ihr gerecht wurden oder nicht, galten sie als Stützpunkt und Vorposten des Fortschritts. Freilich tat sich gerade bei den «Mechanisatoren» (und den MTS) eine ausgeprägte Kluft zwischen Anspruch und Wirklichkeit auf. Ihre Bezahlung und materielle Lage entsprach nicht dem propagandistischen Wert ihrer Tätigkeit. Da dem Staat die Mittel fehlten, um die MTS selbst zu finanzieren, bürdete er ihre Kosten den Kolchosen auf. Neben einer ‹Nutzungsgebühr› für in Anspruch genommene Maschinen und Leistungen geschah dies in Gestalt der Alimentierung der Traktoristen, Mähdrescher- und sonstigen Fahrer, die ohnehin überwiegend aus den jeweiligen Dörfern stammten. Wie die übrigen *kolchozniki* wurden sie in das allgemeine Entlohnungssystem einbezogen. Dieses Verfahren stellte sie allerdings aus einem einfachen Grunde schlechter als fast alle Verwaltungsbediensteten und viele einfache Beschäftigte: Man benötigte ihre Dienste nur kurze Zeit auf dem Höhepunkt der Feldbestellung. Dementsprechend gering war die Anzahl ihrer ‹Tagewerke› und ihres Entgelts. Am besten erging es noch den Traktoristen, die immerhin vier bis sechs Monate im Jahr beschäftigt waren. Ein Mähdrescherfahrer mußte den Lebensunterhalt für sich und seine Familie meist im Laufe eines einzigen Monats verdienen, zumal sich die anfängliche Hoffnung, die «Mechanisatoren» könnten ihr Einkommen durch anderweitige Tätigkeiten aufbessern, angesichts des andauernden Überangebots an dörflichen Arbeitskräften nicht erfüllte. Infolgedessen verlor der Beruf trotz seines Ansehens an Attraktivität. Die Fluktuation war hoch; das Qualifikationsniveau blieb hinter der Technik zurück. Beides führte zu hohem Verschleiß und langen Ausfallzeiten. Gerade ausgebildete «Mechanisatoren» verließen Dorf und Kolchos, wann immer sie konnten. Es blieben die Jungen, die überrepräsentiert waren, und die Frauen. Junge Mädchen und Bäuerinnen ließen sich in wachsender Zahl zu ‹Traktoristinnen› ausbilden. Wie in der Industrie drangen auch auf dem Dorfe weibliche Arbeitskräfte in typische Männerberufe vor. Wo Männer flohen, um nach Besserem zu suchen, rückten Frauen nach.[34]

Die einfachen Bauern stellten mit 28,9 Mio., entsprechend 37,1 % der Gesamtbevölkerung, Anfang 1937 nach wie vor die große Mehrheit der Dorfbewohner. Von einigen hartnäckigen ‹Einzelwirten› (3,5 Mio. = 4,5 % 1937) vornehmlich am Rande des Reiches abgesehen, waren die übrigen zu Landarbeitern degradiert worden, deren Lohn letztlich vom Fleiß aller und der Klugheit der Kolchosleitung abhing. Wer sich damit nicht zufriedengeben wollte, dem stand in der Gemeinwirtschaft ein gewisser Aufstieg offen. Aber die Zahl der «Feldbau-Brigadiers» oder «Truppführer» war begrenzt. Die meisten Zwangsvereinten vermochten nicht aus der Masse derer herauszutreten, die mit ihrer bloßen physischen Kraft einfache bäuerliche Tätigkeiten verrichteten. Dies bedeutete auch, daß sie abgeschlagen am Ende der Lohnskala standen. Während ein «Buchhalter» laut einer Aufstellung für 139 Kolchosen aus dem Jahre 1939 625, ein Schmiedemeister 541, ein Feldbaubrigadier 479 und selbst der Bürowächter 265 ‹Tagewerke› ansammelte, kam ein Feldarbeiter auf ganze 169. Schon deshalb wuchs die Bereitschaft der Frauen, mitzuhelfen. In welchem Maße und welcher Form das möglich war, hing in der Regel von der Kinderbetreuung während der Arbeitszeit ab. Da Großeltern nicht immer bereitstehen konnten und es um Kindergärten entgegen aller Propaganda schlecht bestellt war, kam ein Zweiteinkommen eventuell erst in höherem Alter hinzu (wenn es bei einer abnehmenden Zahl von Essern vielleicht schon nicht mehr so benötigt wurde) oder blieb zu gering, um tatsächlich lindern zu können. So dürfte für die Mehrheit der enteigneten Bauern gegolten haben, daß der Natural- und Geldertrag ihrer ‹Gemeinschaftsarbeit› zum Leben nicht ausreichte und sie weiterhin allen Grund hatten, einen «bemerkenswerten Mangel an Begeisterung» für den Kolchos zu dokumentieren.[35]

Was die einfachen Zwangsmitglieder über Wasser hielt, war das *private Gartenland* samt der geduldeten Kuh und dem Kleinvieh. Schon die gemeinschaftliche Tierhaltung war eine Angelegenheit überwiegend der Frauen. Dies galt erst recht für die eigene. Hier ließen sich Haushalt und Nahrungssicherung am ehesten vereinbaren; hier investierte man ungemessene Zeit und Energie; die Produkte aus dieser Wirtschaft brachten unmittelbaren und kalkulierbaren Gewinn. Weil die Existenz der ‹gemeinen› *kolchozniki* auf diese Weise hauptsächlich von der Nebenerwerbswirtschaft abhing, wird

3. Gesellschaft: Mobilität und Verzicht

auch das scheinbare Paradox verständlich, daß vergleichsweise gut bezahlte Parteifunktionäre und Kolchosvorsitzende größere Mühe hatten, ihre Familien zu ernähren als manche einfache Bauern: Sie mußten aus ideologischen oder anderen Gründen (zum Beispiel aus Mangel an Kenntnissen) ohne Privatland auskommen. So galt trotz allem – wenn man im ‹Nebenerwerb›, der zum Haupterwerb wurde, einen Rest des alten Dorfes erkennt –, daß sich Zugehörigkeit immer noch auszahlte und es derjenige besonders schwer hatte, der von außen kam.

Als Fazit der sozialen Neuordnung im Agrarsektor spricht mithin alles für eine zweiteilige Feststellung. Zum einen bescherte die Umwälzung auch den angeblich Beschenkten keine besseren Lebens- und Berufschancen oder gar höhere Einkommen. Trotz Verstaatlichung, zentraler Kommandowirtschaft und monopolistischer Parteikontrolle dauerte das Gefälle zwischen Stadt und Land an. Die materiellen Verhältnisse auf dem Dorf waren erbärmlich, naturale wie geldliche Einkünfte reichten für ein menschenwürdiges Dasein nach städtischen (geschweige denn westeuropäischen) Maßstäben nicht aus. Es gab auch wenig Aussichten auf durchgreifende Änderung durch Qualifikation. Die Bahnen des sozialen Aufstiegs waren schmal. In die Kolchosführung gelangte man nur mit Unterstützung der Partei und des Sowjets (beides auf *Rayon*-Ebene). Die unteren Verwaltungsränge brachten nicht viel mehr ein als andere halbwegs angemessen bezahlte Tätigkeiten. Ehrgeiz und Talent waren auf den Ausweg angewiesen, den die Industrialisierung seit einem guten Jahrhundert eröffnete: in die Städte und Fabriken abzuwandern. Zweifellos erreichte diese *Landflucht* während der ersten Fünfjahrespläne einen neuen Höhepunkt. Mehr Bauernsöhne und -töchter denn je zogen in die Städte. Zugleich dauerte auch der *otchod*, die angebliche Hungermigration des Kapitalismus, in größerem Maßstab an als offiziell zugegeben. Ungeachtet der Massenflucht während der Kollektivierung verließen in den dreißiger Jahren mehr Arbeitskräfte temporär das Dorf als in den zwanziger Jahren (allerdings weniger als vor 1914). Selbst der Paßzwang, der ohnehin zugunsten der Versorgung der Industrie mit Arbeitskräften lax gehandhabt wurde, unterband diese Mobilität nicht. Gegen Ende der Dekade fand sich in jedem vierten Haushalt ein *otchodnik* und in jedem dritten ein Lohnempfänger. Nichts belegt die Armut des Kolchos schlagender als der Umstand, daß ein Außenverdienst (in barem Geld) unverzichtbar blieb. Schon deshalb harrte auf dem Dorf nur aus, wer gute Gründe hatte zu bleiben oder nicht anders konnte.[36]

Zum anderen blieb die ‹sozialistische Revolution› auf dem Dorfe in mancher Hinsicht vor ihrem Ziel stecken. Sie vertrieb die Oberschicht, beraubte die Mittelschicht ihrer wirtschaftlichen Grundlage, aber sie beließ, um das Existenzminimum der Zwangskollektivierten zu sichern, die Keimzelle des dörflichen Lebens weitgehend intakt: *Familie* und *Haushalt*. In sozialer Hinsicht bewahrten diese ihre alte Funktion nicht nur, weil sie weniger

Konkurrenz durch andere Vergemeinschaftungen hatten als in der Stadt. Hinzu kamen ebenso konkrete wie wirksame Motive: Anders als in der Industrie gab es (bis 1964) in der Landwirtschaft keine Altersrente oder eine sonstige nennenswerte soziale Sicherung. Zwar mußte der Kolchos einen Teil seines Ertrags für die Versorgung Arbeitsunfähiger zurücklegen. Aber wo der Erlös chronisch knapp war, reichte der Notgroschen erst recht nicht. Der *kolchoznik* tat gut daran, sich der Hilfe der Familie zu versichern und diese Institution zu pflegen. Aber auch ökonomisch blieb ein gutes Stück Vergangenheit bewahrt. Die Nebenerwerbswirtschaft war eine familiäre; sie rettete, insofern sie faktisch die hauptsächliche Arbeitsstätte und Einkunftsquelle war, das ‹ganze Haus› gleichsam in die neue Zeit hinüber. Noch für einige Jahrzehnte blieb die Familie auch im Kolchos die entscheidende Bezugs- und Aktionseinheit, gleichsam das Atom, des sozialen und ökonomischen Lebens. Diese letzte Bastion des alten Dorfes wurde in der überkommenen Form (nicht als solche, da ihr neue Funktionen zuwuchsen) erst durch die tiefgreifenden Veränderungen der Lebensverhältnisse während der nächsten Etappe der Industrialisierung seit den 1960er Jahren geschleift.[37]

Dieses Fazit enthält auch eine Antwort auf die immer wieder aufgeworfene Frage, ob die neue Ordnung eine «*zweite Leibeigenschaft*» begründet habe. Die Bauern hatten gewiß gute Gründe, Kolchos und Staat als Nachfahren der einstigen Herren zu betrachten. Sie mußten wieder soviel Getreide und sonstige Feldfrüchte abgeben, daß ihnen selbst kaum etwas blieb (in dieser Hinsicht forderte der Stalinsche Staat sicher mehr als der durchschnittliche Adelige des frühen 19. Jahrhunderts). Sie hatten faktisch unbezahlte «Tagewerke» zu leisten, Brücken zu bauen, Holz zu fällen, Fuhrdienste zu leisten und durften sich seit 1933 ohne Paß nicht mehr frei bewegen – Zins (*obrok*), Fron (*barščina*) und Ortsbindung kehrten zurück. Dem entsprach, daß sie sich auf traditionelle Weise wehrten. Sie stahlen und unterschlugen so häufig, daß sich der Staat im Gesetz vom 7. August 1932 zu der drakonischen Androhung zehnjähriger Lagerhaft oder gar der Todesstrafe genötigt sah. Sie begingen verbotene religiöse Festtage nach alter Art mit tagelangem Zechen, sie investierten alle Kraft in ihre eigenen Gärten und Ställe und vor allem: Sie straften den Kolchos durch nachlässige Arbeit und Desinteresse. Damit pflanzten sie dem ‹sozialistischen Dorf› Defekte ein, die zahllose nachfolgende Reformen bestenfalls lindern, nicht aber beheben konnten. So tief wurzelte ihre Ablehnung noch nach einem Jahrzehnt, daß nicht wenige sogar den deutschen Überfall in der Hoffnung begrüßten, er markiere den Anfang vom Ende der Kollektivwirtschaft. Der Ausbeutung stand auf seiten der Bauern kein materieller Nutzen gegenüber (auch wenn sich industriell gefertigte Bekleidung anstelle der traditionellen selbstgewirkten zu verbreiten begann) und auf seiten des Staates, wie gezeigt, kein ökonomischer Gewinn zugunsten der Industrialisierung. Was blieb, waren politisch-herrschaftliche Kontrolle für den Staat und neue Knechtschaft für das Dorf.[38]

e. Der Aufstieg der «Sowjetintelligenz»

Das beherrschende Motto nach der großen Wende hieß auch für die leitenden Kader: Konsolidierung. Die neue Elite mußte weiter wachsen, um die rasch expandierende Zahl an spezialisierten Aufgaben und Posten übernehmen zu können. Zugleich sollte sie Wirtschaft, Gesellschaft und Kultur mit jenem Netzwerk von loyalen Funktions- und Herrschaftsträgern überziehen, dessen die zentrale Steuerung bedurfte. Die Staatslenker erwarteten, daß sie sich veränderte und neue Prinzipien zur Geltung brachte. Vorrangige Gesichtspunkte ihrer Rekrutierung waren fortan nicht mehr soziale Herkunft und ideologische Treue, sondern Leistung und Qualifikation. Dabei schlossen diese Anforderungen einander nicht aus. Am hilfreichsten war es nach wie vor, Leistung mit Parteiarbeit zu verbinden. Dennoch ließ sich eine deutliche Verschiebung der Akzente erkennen. Was schon der Rekurs auf die ‹Einmannleitung› und die aufsehenerregende Kritik an der ‹Gleichmacherei› programmatisch verkündeten, trat nun weiter in den Vordergrund. Stalin sprach sicher seine innerste Überzeugung aus, als er in einer Rede vom Mai 1935 die vielzitierte Formel prägte, «Kader» entschieden «alles». Selbstverständlich meinte er dabei nicht die alten, sondern neue, sowjetische.[39]

Die Grundtendenz der ‹kontrollierten Expansion› läßt sich schon an der *quantitativen Entwicklung* ablesen. Alle einschlägigen Daten zeigen für den Gesamtzeitraum vom Beginn der Planwirtschaft bis zum Kriegsausbruch ein erhebliches Wachstum. Absolut erhöhte sich die Zahl der Schüler in den achten bis zehnten (auf die Hochschulen vorbereitenden) Klassen, den Fabrik- und Werksschulen, den Arbeiter- und Bauernfakultäten, den technischen und sonstigen Fach- und den allgemeinen Hochschulen von ca. 775 200 1926/27 auf ca. 3,3 Mio. 1938/39, davon in den technischen Lehranstalten (Technika) allein von 180 600 auf 951 900 und in den Hochschulen im engeren Sinne *(VUZy)* von 168 000 auf 602 900. Ingenieurdiplome besaßen 1928 47 000 und 1941 289 900 Personen. Für die breitere Gruppe von «Spezialisten mit höherer und mittlerer Bildung» in der «Volkswirtschaft» weisen die veröffentlichten Statistiken eine Zunahme von 521 000 auf 2,4 Mio. aus. Mithin erreichte die Steigerungsrate bei allen Absolventen qualifizierter Ausbildungsgänge das Dreifache und mehr. Allerdings verteilte sich diese Expansion ungleich über die einzelnen Phasen und Regionen. Nach der Massenrekrutierung vor allem von wirtschaftlich-technischem Führungspersonal im ersten Jahrfünft trat eine Verlangsamung ein, die nach 1934 in ein neues Wachstum überging (vgl. Tab. 20). Auch die einzelnen Gruppen in dieser heterogenen Schicht entwickelten sich ungleich. Vieles spricht dafür, daß der Bedarf an Ingenieuren, Technikern und sonstigen Fachleuten mit relativ geringer Qualifikation besonders groß war und vorrangig befriedigt wurde. Auch die Bildungs- und Sozialstruktur folgte den Vorgaben der Planung und Ressourcenkonzentration.[40]

VI. Die Herrschaft Stalins (1934-1941)

Tabelle 20: Zahl der Schüler an Mittleren und Höheren Schulen 1926-1939

	1926/27	1931/32	1933/34	1938/39
Mittelschulen Klassen 5-7				
Stadt	696 145	1 296 977	1 403 378	3 203 341
Land	362 933	1 516 666	2 680 210	5 576 708
gesamt	1 059 078	2 813 643	4 083 588	8 780 049
Mittelschulen Klassen 8-10				
Stadt	118 304	892	123 593	855 089
Land	17 976	35	15 084	548 757
Gesamt	136 280	927	138 677	1 403 846
Fabrik- und Werksschulen (FZU, mit Handelsschulen)	244 600	975 000	400 000	242 200
Arbeiter- und Bauernfakultäten	45 702	285 019	271 104	107 877
Technische Lehranstalten (Technikum)	180 600	707 300	588 900	951 900
Höhere Lehranstalten (VUZ, mit Industrieakademien u. a.)	168 000	405 900	458 300	602 900
Sekundär- und Tertiärbildung gesamt	1 834 260	5 187 789	5 940 569	12 088 772

Quelle: Fitzpatrick, Education, 238

Während sich die quantitative Ausdehnung der ‹Kader› im zweiten Planjahrfünft fortsetzte, läßt die *soziale Herkunft* der neuen Elite eine deutliche Zäsur erkennen. Der Vorrang der Konsolidierung neutralisierte bis zu einem gewissen Grade das Gewicht des ‹Klassengesichtspunkts›. Im Eventualfall gab der proletarische oder arme bäuerliche Vater für die Aufnahme in ein Technikum und die spätere Einstellung nicht mehr den Ausschlag; Effizienz und Qualifikation mußten gleichfalls auf der Waagschale liegen. Einige nach Funktionsgruppen aufgegliederte Daten für die ersten beiden Planperioden illustrieren dies. Unter den Unternehmensdirektoren fiel der Anteil «vormaliger Industriearbeiter» zwischen 1929 und 1936 von 67 % auf 62 %. Unter den Chefingenieuren machten Abkömmlinge aus «Arbeiter»-Familien 1936 nur 7,1 % aus, während 92,3 % dem Angestelltenmilieu entstammten. Nicht untypischerweise kamen Abteilungs- bzw. Werkstattleiter wieder häufiger aus der städtischen Unterschicht; in ihren Reihen stieg der entsprechende Anteil sogar von 33 % 1929 auf 50 % 1935. Besonders aufschlußreich ist eine Aufstellung über die soziale Herkunft aller Studenten in höheren technischen Bildungsanstalten. Sie zeigt deutlich, daß der Arbeiteranteil zwischen 1928/29 und 1930 emporschnellte (von 43,7 % auf 64,5 %) und danach langsam, aber mit wachsendem Tempo abnahm (auf 57,2 % 1936). Parallel fiel die Quote der Bauern (1929/30 15,2 %, 1931 7,3 %) und verharrte auf ungefähr demselben niedrigen Niveau. Der Anteil der Angestell-

3. Gesellschaft: Mobilität und Verzicht 541

ten nahm zu Beginn ebenfalls deutlich ab (von 35,8 % 1928/29 auf 22,3 % 1930), überschritt aber Ende 1934 mit steigender Tendenz wieder die Schwelle von 30 %. So waren Arbeiterkinder unter den Studenten aller Hochschulen bei der letzten veröffentlichten Erhebung vom Januar 1938 mit 33,9 %, gemessen am relativen Gewicht der Werktätigen in der Gesamtbevölkerung von 26 %, nach wie vor überrepräsentiert. Aber ihre Bevorzugung hatte sich im Vergleich zu Angestellten und Funktionären, die 42,2 % der Studenten, aber nur 17 % der Bevölkerung stellten, deutlich verringert. Bauern blieben benachteiligt. Solche Indikatoren legen vor allem *eine* Schlußfolgerung nahe: Der Zugang zur technisch-administrativen Elite wurde mit dem Ende des ersten Planjahrfünfts wieder breiter. Es gab keinen Königsweg mehr für den Aufstieg. Darin lag, bei allen Privilegien der Parteiaktivisten, auch eine ‹Normalisierung› der Karrierechancen für die übrige Gesellschaft.[41]

Damit ging einher, daß Leistung auch materiell immer großzügiger entlohnt wurde. Der ‹Gleichmacherei› wurde nicht nur durch die Einführung des Akkords und wachsende Einkommensdifferenzierung unter den Arbeitern selbst der Boden entzogen. Auch der Abstand zu den Ingenieuren, zumindest den höheren, sowie vor allem dem Management vergrößerte sich zusehends. Um die Mitte des Jahrzehnts erreichte das Verhältnis zwischen untersten und obersten Gehältern 1:15, 1:20 und in manchen Fällen sogar 1:80. Dabei führten weniger die Grundlöhne zu einer solch enormen Spannweite. Ausschlaggebend waren vielmehr die Prämien und Bonuszahlungen, in deren Genuß die Betriebsführung einschließlich der Ingenieure kam. Da dieses Zusatzeinkommen mehr von Quantitäten als von Qualität abhing, ließ sich manche profitable ‹Okkasion› nutzen. Zunehmend wichtiger wurde darüber hinaus die nichtmonetäre Gratifikation. Mit der planwirtschaftlich-stalinistischen Industrialisierung begann jenes System privilegierter Versorgung von ‹Kadern›, das bis zum Ende der Sowjetunion Bestand hatte. Die technisch-administrative Oberschicht kaufte in eigenen Läden, aß in besonderen Kantinen und wohnte in besonderen Häusern. Alles, was knapp war, stand ihr mit Vorrang zu. An die Stelle besserer Bezahlung trat in der Planwirtschaft, die eine chronische Mangelwirtschaft war, die bevorzugte Zuteilung. Was für Magnitogorsk als Prestigeprojekt in besonderem Maße galt, war sicher nicht repräsentativ, aber typisch: Direktoren, ihre Stellvertreter und Chefingenieure lebten mit den Oberen der Partei und Polizei in «opulenten Mehretagenhäusern», während Abteilungsleiter mit einer Dreizimmerwohnung und Arbeiter mit Baracken vorlieb nehmen mußten.[42]

Von der ‹neuen Intelligenz› kann nicht die Rede sein, ohne die Frage nach ihrer politischen Rolle in der stalinistischen Herrschaftsordnung aufzuwerfen. Partei und Staat haben nicht zuletzt aus diesen Gründen mit Energie und Gewalt auf eine Wende hingearbeitet. Eine ergebene Elite sollte den Platz der bloß gefügigen Spezialisten und der restlichen ‹bürgerlichen› Fach-

VI. Die Herrschaft Stalins (1934-1941)

leute einnehmen. Gewiß förderten sie Sachkenntnis, Entscheidungsfähigkeit und Führungskompetenz. Aber sie bemühten sich nicht weniger darum, unabhängiges Denken zu unterbinden. Alles spricht dafür, daß ihre Rechnung aufging. Von nennenswerten Illoyalitäten seitens der ‹Kader› ist in den dreißiger Jahren nichts bekannt. Sehr wahrscheinlich kam dem Terror dabei eine wichtige Funktion zu. Gerade die Inhaber von Führungspositionen hatten Grund zu zittern. Das NKVD schuf auf seine Weise äußerst günstige Bedingungen für eine ungehinderte Elitenzirkulation. Davon profitierte die nachwachsende Generation linientreuer Sowjetspezialisten.

Dessenungeachtet reicht der Hinweis auf staatliche Willkür und materielle Verlockungen als Erklärung für die Systemtreue der neuen Intelligenz nicht aus. Das zeigt schon ein Blick auf ihre weiteren Karrieren. Man hat ausgezählt, daß von 126 Mitgliedern des ZK und des Politbüro zwischen 1958 und 1965 immerhin 99 (78,5 %) zum technisch-administrativen Leitungspersonal der Vorkriegsjahre, ganz überwiegend dabei dem industriellen (80), gehört hatten. Die Verbindung zwischen Wirtschafts- und Parteiapparat war eng, deutlich enger als die zwischen Kulturelite und Partei. In vieler Hinsicht übernahmen Ingenieure und Unternehmensmanager eine ähnliche Rolle wie Juristen in westlichen Gesellschaften. Die Sowjetintelligenz war in hohem Maße eine technisch-ökonomische. Darin spiegelt sich zum einen die hohe Priorität, die der Industrialisierung für die Gesamtpolitik des Regimes zukam. Zum anderen aber mag darin auch eine Bevorzugung bei der Vergabe von politischen Führungspositionen zutage treten. Der stalinistische Staat brauchte Funktionäre und Verwalter. Er benötigte pragmatische Gehilfen, keine Grübler und Systemverbesserer. Ingenieure und Wirtschaftsmanager neigten in hohem Maße zu hierarchischem Denken im Dienst vermeintlicher Effizienz des Ganzen. Sie hatten sich schon im Ersten Weltkrieg, soweit ihr Berufsleben so weit zurückreichte, für eine starke Regierung und wirtschaftliche Koordination ausgesprochen. Sie hatten die Einführung der Planwirtschaft mit Sympathie begleitet, und sie neigten zu einem Regiment, das dem zentral gesteuerten Wirtschaftswachstum Vorrang einräumte. Nicht zuletzt die Karrieren eines Kosygin oder Brežnev verwiesen auf die eingewobene Affinität zwischen technokratischen Wirtschaftsfunktionären und der allgemeinen politischen Verwaltung. Man tauschte nur den Platz in der stalinistischen Nomenklatura; Grundqualifikation und Mentalität blieben dieselben.[43]

In welchem Maße dies auch für die kulturelle Elite galt, muß offen bleiben. Auch ihre Zahl wuchs beträchtlich. Den größten Teil bildeten dabei wohl Lehrer und die Dozenten an Fach- und sonstigen Hochschulen. Allein die Zahl der Schulen erhöhte sich zwischen 1933 und 1940 um 19 313. Hinzu kamen Wissenschaftler, Journalisten, Schriftsteller, Künstler und andere mehr. Soweit diese sich als *intelligencija* im engeren Sinne, als kritische Epochendeuter, Hüter überzeitlicher Werte und geistige Führer begriffen, standen sie überwiegend in offener oder verborgener Opposition zum Regime. Allerdings wirkte eine tiefgreifende Veränderung ihrer materiellen Lage solchen Neigungen entgegen. Mit der endgültigen Beseitigung des Marktes büßten die Intellektuellen vollends ihre Unabhängigkeit ein. Die letzten privaten Verlage und sonstigen Einrichtungen, in denen sie Unterschlupf finden konnten, verschwanden. Der allgegenwärtige Staat und die quasistaatliche Partei sicherten sich ein Beschäftigungsmonopol, dem die «Kulturschaffenden» in besonderem Maße unterworfen waren. Der Terror tat ein übriges, um auch diesen Teil der neuen Elite in den dreißiger Jahren zum Schweigen oder zu (schein)loyaler Mitarbeit zu bewegen.[44]

So mochte denn Stalin alles in allem gar nicht so unverschämt gelogen haben, als er im Tätigkeitsbericht des ZK vor dem 18. Parteitag im März 1939 mit Stolz feststellte, daß sich «eine zahlreiche neue Intelligenz», die «Sowjetintelligenz», gebildet habe. Zusammen mit der halben Million ‹junger Bolschewiki, Parteimitglieder und der Partei Nahestehender›, die seit 1934 «in leitende Posten der Staats- und Parteiarbeit» befördert worden waren, tat sie ganz gewiß eben das, was sie nicht nur nach seiner Meinung tun sollte: der Partei «treu und ehrlich zu dienen».[45]

4. Bildung, Alltag, Kultur: die Wiederentdeckung der Tradition

a. Alphabetisierung, Schule, Bildung

Der Übergang zur Stalinära bedeutete im Bereich von Bildung, Kunst, Wissenschaft, ethisch-moralisch gesteuerten Sozialbeziehungen und anderen Ausdrucksformen des ‹Zeitgeists› eine Zäsur, die als besonders tief empfunden wurde. Hier dauerten alte Verhaltensweisen nicht an – wie in mancher Hinsicht in der ‹politischen Kultur› –, und lösten keine Phasen einer im Kern unveränderten Ordnung einander ab wie die persönliche Diktatur eine oligarchische. Hier fehlte auch weitgehend eine Zwischenphase in Gestalt der partiellen Wiederbelebung des ‹heroischen› Elans der frühen Jahre. Vielmehr vollzog sich gleichsam ohne Drapierung eine offene Kehrtwende. Die Zeit des Experiments lief ab; es begann die Rückbesinnung auf Tradition und Herkommen. An die Stelle vieler «revolutionärer Träume» trat eine staatlich dekretierte Utopie, an die Stelle von Neuerungen die Wiederentdeckung alter Werte. Sie mündete, wie bei den meisten Diktaturen, in eine deutliche Neigung zum Konservatismus. Gewiß wollte auch der etablierte Stalinismus die Gesellschaft mobilisieren, aber unter Wahrung seiner umstrittenen Herrschaft, der Hierarchie und dessen, was er unter Ordnung verstand. Diesen Prämissen hatte sich das kulturelle Leben in all seinen Erscheinungsformen in besonderem Maße zu unterwerfen. Bei allem Einfluß, über den auch Untergebene durch ihre Mitwirkung verfügen, büßte es den letzten Rest an Selbständigkeit ein. Die sichtbare Kultur diente fortan dem Regime und seiner geistig-ideologischen Legitimation.

Ausgespart von dieser Entwicklung blieb am ehesten der *Kampf gegen das Analphabetentum*. Er wurde auch nach dem Ende des «Kulturfeldzugs» in der ersten Planperiode fortgesetzt, wenngleich mit geringerem propagandistischen und organisatorischen Aufwand. Bei Licht besehen, lag dieser Kontinuität eine anhaltende Diskrepanz zwischen Anspruch und Wirklichkeit zugrunde. Zwar feierte man nach dem deklarierten Aufbruch ins Industriezeitalter auch einen vollen Erfolg an der ‹Unterrichtsfront›. Die blanke Unkenntnis war angeblich so gut wie ausgerottet. Nur an der äußersten Peripherie bei den rückständigsten Völkern gab es noch Relikte. Daß die «Gesellschaft ‹Fort mit dem Analphabetentum›» 1936 aufgelöst wurde, dokumentierte diese angebliche Errungenschaft auch nach außen hin. Das Regime tat damit kund, daß es keiner separaten Organisation mehr bedurfte, sondern die einschlägigen Anstrengungen in das normale Schulsystem integriert werden konnten. Zugleich erinnerten Beschlüsse des 17. Parteitags vom Frühjahr 1934 und des SNK vom 16. Januar 1936 daran, daß man in den Anstrengungen nicht nachlassen dürfe. Auch Sachkenner wie N. Krupskaja, die noch offene Worte riskierten, äußerten Zweifel an den amtlichen Erfolgsmeldungen. Sie warfen die Frage nach den Kriterien auf und ließen durchblicken, daß die Unterwiesenen vom Alphabet vielfach nicht mehr beherrschten als die Buchstaben ihres Namens.[1]

Soweit die Anstrengungen statistischen Niederschlag fanden, wird man diese Unklarheit der Maßstäbe in Rechnung stellen müssen. Dennoch vermitteln die verfügbaren Daten ein Bild, das in seinen charakteristischen Konturen als korrekt gelten darf. In der Gesamtentwicklung zeigt sich, daß die starke Zunahme der Schreib- und Lesefähigkeit anhielt. Konnten im Dezember 1926 56,6 % der Bevölkerung beiderlei Geschlechts zwischen 9 und 49 Jahren in diesem Sinne als ‹alphabetisiert› gelten, so belief sich der entsprechende Anteil im Januar 1937 auf 80,3 % und im Januar 1939 auf 87,4 %. Männer besaßen mit einem Anteil von 71,5 % Schreib- und Lesekundigen 1926 und 93,5 % 1939 immer noch einen Vorsprung; aber der Abstand zu den Frauen (1926 42,7 %, 1939 81,6 %) verringerte sich deutlich. Desgleichen schmolz die Kluft zwischen Stadt und Land. Noch 1926 betrug das entsprechende Verhältnis 80,9 % zu 50,6 % (für beide Geschlechter); bis 1939 schrumpfte es auf 93,8 % zu 84,0 %. Der höchste Anteil an Analphabeten war nach wie vor unter den Frauen auf dem Dorfe zu verzeichnen. Auch hier ließ die Statistik aber eine Besserung erkennen: Von 64,6 % (!) 1926 verminderte sich die Quote auf 23,2 % 1939. Kaum der Erwähnung bedarf, daß sich die Gesamtveränderung in den einzelnen Regionen des Riesenreiches unterschiedlich vollzog. Im ganzen gilt dabei, daß sich der Analphabetismus an der südöstlichen Peripherie und besonders in Mittelasien am hartnäckigsten hielt. Zugleich zeigen die Daten aber auch, daß gerade hier enorme Fortschritte erzielt wurden. Teilweise erhöhte sich der Anteil der Schreib- und Lesekundigen zwischen 1926 und 1939 um mehr als 50 %. Auch bei den Frauen lag er am Vorabend des Zweiten Weltkriegs in keiner Unionsrepublik unter 60 %. So scheint das Urteil begründet zu sein, daß die Sowjetunion ungeachtet fragwürdiger Erhebungskriterien und der Neigung zu falschen Erfolgsmeldungen im Vorkriegsjahrzehnt bei der Massenbildung tatsächlich einen großen Sprung nach vorn machte und das Niveau der mittel- und westeuropäischen Länder vom Ende des 19. Jahrhunderts erreichte.[2]

Um so klarer war die Wende in der *Schulpolitik*. Der ‹neue Mensch› alter Prägung wurde gerade hier nicht mehr gebraucht. Revolutionäre Pädagogik hatte endgültig ausgedient. Der stalinistische *homo sovieticus* sollte nicht mehr in erster Linie die Kopflastigkeit traditionellen Lernens überwinden. Sein Streben hatte nicht länger vorrangig der Formung einer ganzheitlichen, theoretische und praktische Erfahrung vereinenden Persönlichkeit zu gelten. Vielmehr erforderte der sozialistische Aufbau im neuen Verständnis vor allem *eine* Tugend: Aufgaben penibel und effektiv ohne Nachfrage zu erfüllen. In erheblichem Maße verlagerte sich der Endzweck schulischer Bildung vom Individuum auf den Staat. Nicht mehr der Einzelne war Maßstab der Methoden und Inhalte, sondern seine künftige Verwendung.

Dazu bedurfte es nicht nur einer eigenen politischen Sozialisation, an deren Erzeugung sich die verschiedensten Agenturen, von den Jugendverbänden bis zur parteilich-staatlichen Propaganda, versuchten. Man benötigte auch eine darauf zugeschnittene andere Schule und Pädagogik. Die entscheidende Kurskorrektur wurde mit dem Beschluß des ZK «über die Grund- und Mittelschulen» vom 5. September 1931 vollzogen. Was die Staatslenker vor allem vermißten, war die Vermittlung von ‹ausreichendem Allgemeinwissen›. Die «Polytechnisierung» werde als Ersatz für die soliden Grundkenntnisse vor allem der Naturwissenschaften mißverstanden. Die Lektion aus dieser Mängelrüge lag auf der Hand: Basiswissen war wieder gefragt, Pauken sollte jene «Projektmethode» ersetzen, die ohnehin nur die «Zerstörung der Schule» fördere, nicht aber die Qualifikation. Eine lange Resolution vom 25. August 1932 erläuterte das neue Ziel. Grundlage des Unterrichts sollten wieder detaillierte und verbindliche Lehrpläne sein, Hauptarbeitsmittel erneut Bücher. Um eine «Überlastung», wie erstaunlicherweise formuliert wurde, durch politisch-gesellschaftliche Aktivitäten zu verhindern, scheute man 1934 selbst vor einer Anweisung an die «jungen Pioniere» nicht zurück, sich aus den Schulen zurückzuziehen. Als zu Beginn des Massenterrors auch besondere Bemühungen um kind- und jugendgerechte Schulerziehung, die «Pädologie», als schädliche und sinnlose «Abweichung» gebrandmarkt wurden, war der offene Widerruf der Prinzipien von einst nur noch eine Frage der Zeit. Am 4. März 1937 wurde die Arbeitslehre als

Fach in der Grund- und Mittelschule abgeschafft. Nicht zufällig kamen um dieselbe Zeit die Schriften des Autodidakten Makarenko zu Ehren, der seine Theorien in Kinderheimen der OGPU erprobt hatte und die Methoden dieser Organisation bewunderte. Autorität, Hierarchie und Gehorsam hielten auch wieder in die Pädagogik Einzug.[3]

Dem Wandel von Ziel und Form des Unterrichts entsprach die Veränderung seiner Organisation. Auch die *institutionelle Gestalt der Schule* paßte nicht mehr zum politischen Umfeld. Kollektive Leitung und (zumindest rechtlich mögliche) Mitbestimmung von Eltern und Schülern wichen der Anverwandlung an das Kommandosystem. Die Stellung des Lehrers wurde per Gesetz ausdrücklich gestärkt: Was er allein entschied, war fortan durch kein Repräsentativgremium mehr zu korrigieren. Vor allem die Schülermitverwaltung wurde zum Opfer der Restauration. An die Stelle der verbliebenen Partizipation – überzogene demokratische Experimente waren, wie erwähnt, schon früh abgebrochen worden – trat die absolute Autorität des Schulleiters. Die Beteiligung selbst der Eltern oder ‹gesellschaftlicher› Experten und Betroffener in einem Pädagogischen Rat entfiel. Der Leiter wurde wieder zum Direktor und lenkte das «gesamte Unterrichts-, Erziehungs- und administrativ-wirtschaftliche Leben der Schule». Faktisch übertrug man damit die «Einmannleitung» auf die Schule.

Parallel dazu versäumte es die Regierung nicht, die Gliederung des allgemeinbildenden Schulsystems zu vereinheitlichen. Ein Gesetz vom 16. Mai 1934 erhob drei aufeinander aufbauende Schularten zur Norm: die vierklassige «Grundschule», die siebenklassige «unvollständige Mittelschule» und die zehnklassige (vollständige) «Mittelschule». Zugleich löste es die bisherigen Schülergruppen auf und wandelte sie in feste «Klassen» um. Absolventen der «unvollständigen Mittelschule» sollten bevorzugt in die Technika eintreten, die vollständigen «Mittelschulen» gezielt auf die Hochschulen vorbereiten. Auch die Stundendauer, Pausenlänge, Leistungsanforderungen und nicht zuletzt «absolut» verbindliche Disziplinarregeln wurden im Zuge der Normierung festgelegt. So konnte es keinen aufmerksamen Beobachter mehr überraschen, als der Wandel 1936 auch äußerlich dokumentiert und die *Schuluniform* wiedereingeführt wurde. Für andere mochte dieser Akt dennoch mehr als der folgerichtige Schlußpunkt einer längst vollzogenen Wende sein: Nichts machte die Abkehr von den pädagogischen Idealen der Revolution und die Rückwendung zum autoritären Stil, wenn auch sicher nicht zum sozialen Charakter der zarischen Schule sinnfälliger als die verordnete Einheitlichkeit der äußeren Erscheinung. Daß nun auch wieder Medaillen, Preise und sonstige Auszeichnungen vergeben wurden, um die erwünschte Union von Leistung, Konformität und ideologischer Ergebenheit zu fördern, ergab sich fast von selbst. Einen weiteren markanten Schritt zurück bedeutete schließlich die Entscheidung vom Oktober 1940, nicht nur für das Studium, sondern auch für den Besuch der oberen (ausschließlich

4. Bildung, Alltag, Kultur

auf die Hochschulen hinführenden) Klassen der Mittelschule Gebühren zu erheben. Damit legte der Arbeiter- und Bauernstaat auch die egalitäre Utopie von einst zu den Akten. Die neue administrativ-technische Elite hatte sich so weit gefestigt, daß sie nach einem Bildungsmonopol zu greifen wagte. Die zweite Phase des Stalinismus als Herrschafts- und Sozialordnung, der Übergang von der Mobilisierung zur Stratifikation, begann in dieser Hinsicht schon vor der tiefen Zäsur des Weltkriegs.[4]

Im Bereich der Berufsbildung war die Wende weniger deutlich zu spüren. Die höheren Klassen und Anstalten wurden in den Umbau der Hochschulen einbezogen und durchliefen im Kern denselben Wandel. Fundamental wirkte sich allerdings die am 2. Oktober 1940 verfügte Einrichtung der sog. staatlichen Arbeitsreserve aus. Sie offenbarte in jedem Buchstaben den Geist des etablierten Stalinismus. Es dürfte erst seit der Mitte der dreißiger Jahre möglich gewesen sein, zur Sicherung des «ständigen Zustroms neuer Arbeitskräfte» für die Industrie einfach ‹anzuordnen›, daß jährlich 800000 bis 1 Mio. Jugendliche aus Stadt und Land in neu zu schaffende Gewerbeschulen abzukommandieren seien. Dort sollten sie mit der Maßgabe ausgebildet werden, anschließend vier Jahre an einem zugewiesenen Platz Dienst zu tun. Erst die Festigung der Parteidiktatur bis in die tiefste Provinz machte es praktikabel, die «Kolchosvorsitzenden» (sic!) und die «Stadtsowjets» zu «verpflichten», jährlich von je 100 Kolchosmitgliedern zwei und in den Städten eine jeweils vom SNK festzulegende Anzahl von Jugendlichen zwischen 14 und 15 Jahren für diesen Zweck ‹auszuwählen›. Mitten im Frieden wurde damit eine Militarisierung der Arbeit verfügt, die in anderen Ländern eine typische Kriegserscheinung war. Sie wurde erst 1955, zwei Jahre nach Stalins Tod, aufgehoben.[5]

Hochschulen und Universitäten wurden von Stalin und seinen Helfern mit besonderer Aufmerksamkeit bedacht. Nach der ungestümen Mobilisierung im ersten Planjahrfünft setzte mit dem zweiten auch in diesem Bereich der Versuch einer Neuordnung ein. Woran es mangelte, formulierte die erste einschlägige Verordnung vom 19. September 1932 erstaunlich unverblümt: Die ‹einseitige› Konzentration auf wachsende Zahlen habe zu einer Vernachlässigung des Niveaus geführt. Gerade in der höchsten Bildung aber sollte die Qualität der Quantität wieder vorangehen. Als Mittel zu diesem Zweck schlugen Partei und Regierung dieselben vor wie in den Schulen: «Studienpläne und Stundentafeln» zu straffen, die Stoffvermittlung wieder in den Vordergrund zu rücken, den Fächerkanon zu verkleinern und dafür die Ausstattung einschließlich des Literaturbestandes deutlich zu verbessern. Zugleich beschnitt man den Wildwuchs in der Organisation von Lehre und Verwaltung. Zulassung, Studium und Prüfungen wurden 1936 einheitlich geregelt, ein Jahr später die Voraussetzungen für die Verleihung akademischer Grade. Anfang September 1938 faßte ein Musterstatut die gesamte administrative Neuordnung zusammen. Rektoren und Direktoren fiel fort-

Tabelle 21: Verteilung der Schüler der Grund-, Mittel- und Sonderschulen nach Stadt und Land 1927/28–1940/41

	Gesamt Stadt und Land			
	Schüler	Davon in den Klassen		
	gesamt	1–4	5–7	8–10 (11)
1927/28	11 368 678	9 910 407	1 331 646	126 625
1932/33	21 256 971	17 674 575	3 515 242	67 154
1937/38	29 445 993	20 755 401	7 677 392	1 013 200
1940/41	34 510 266	21 375 172	10 767 360	2 367 734

	Stadt			
	Schüler	Davon in den Klassen		
	gesamt	1–4	5–7	8–10 (11)
1927/28	3 159 611	2 126 439	918 771	114 401
1932/33	4 766 748	3 392 886	1 311 224	62 638
1937/38	8 610 804	5 202 328	2 767 910	640 566
1940/41	10 668 450	5 334 529	3 965 411	1 368 510

	Land			
	Schüler	Davon in den Klassen		
	gesamt	1–4	5–7	8–10 (11)
1927/28	8 209 067	7 783 968	412 875	12 224
1932/33	16 490 223	14 281 689	2 204 018	4 516
1937/38	20 835 189	15 553 073	4 909 482	372 634
1940/41	23 841 816	16 040 643	6 801 949	999 224

Quelle: Kul'turnoe stroitel'stvo 1956, S. 122 f.

4. Bildung, Alltag, Kultur

Tabelle 22: *Bildungsgrad der Bevölkerung der UdSSR 1937 (Gesamtbevölkerung über 10 Jahren)*

	beide Geschlechter		davon Frauen	
	absolut (Mio.)	%	absolut (Mio.)	%
Analphabeten	31,14	25,61	23,21	35,65
Schriftkundige	61,07	50,22	27,95	42,93
mittlere Bildung	6,86	5,64	3,27	5,02
höhere Bildung	0,91	0,75	0,28	0,43
Schüler gesamt	21,63	17,79	10,38	15,94
davon				
Grundschule	8,56	7,04	4,11	6,31
Klassen 1–4	4,34	3,57	2,09	3,21
Klassen 5–7	6,51	5,35	3,15	4,84
Klassen 8–10	0,77	0,63	0,39	0,60
Technika, Arbeiterfakultäten	0,91	0,75	0,40	0,61
Hochschulen	0,56	0,46	0,23	0,35
gesamt	121,61	100,00	65,1	99,98
unter 12 Jahren	113,11			

Quelle: Perepis' 1937, 100f., 104f.

an die alleinige Entscheidungskompetenz für das Ganze, Dekanen für die Fakultäten zu. Alle wurden hierarchisch vom jeweils nächsten Vorgesetzten ernannt: Rektoren vom Volksbildungskommissar, Dekane vom Rektor. Da man sie zugleich, wie die Studenten, auf die «Lehre von Marx-Engels-Lenin-Stalin» verpflichtete, waren wohl nicht nur die rechtlichen Voraussetzungen für die Gleichschaltung auch der Universitäten gegeben. Von der *vor*revolutionären Autonomie und akademischen Freiheit, die den Untergang der Monarchie zwar beschädigt, aber großenteils funktionstüchtig überstanden hatten, blieb keine Spur.[6]

Über den Erfolg des stalinistischen Umbaus im Bildungswesen läßt sich nur in Kenntnis quantitativer Angaben urteilen. Die vorliegenden Daten erlauben eine Aufschlüsselung nach Schultypen und vermitteln vermutlich eine wirklichkeitsnähere Vorstellung als für die meisten anderen Bereiche der Kultur und sozialen Schichtung.

Einige Folgerungen drängen sich auf. Zum einen illustriert die Statistik (vgl. dabei auch Tab. A 5/2) erneut die ungeheure Dynamik des ersten Planjahrfünfts. In den Grundschulen verdoppelte sich die Schülerzahl, in der ‹unvollständigen Mittelschule› stieg sie auf das Zweieinhalbfache, in den Fabrik- und sonstigen berufsbildenden Schulen auf beinahe das Vierfache. An den Technika und vergleichbaren Fachschulen studierten gegen Ende des

Zeitraums etwa dreimal mehr als zu Anfang; und auch an den Hochschulen erhöhte sich die Absolventenzahl auf etwa das Zweieinhalbfache. Mit Beginn des zweiten Fünfjahresplans verlangsamte sich das Wachstum an den Grundschulen. An den höheren Fach- und den Hochschulen war 1933/34 ein deutlicher Rückgang zu verzeichnen, der an den berufsbildenden Anstalten das Ausmaß eines regelrechten Einbruchs annahm. Einzig die unvollständige und vor allem die vollständige Mittelschule expandierten weiter, so daß sich der Eindruck ergibt, als habe man den überstürzten Ausbau auf der höchsten Ebene zunächst gebremst, um über die Mittelschulen besser vorbereitete Studenten als Reservoir für die neue Elite heranzuziehen. Dementsprechend stieg die Zahl der Hochschulabsolventen vor allem im dritten Planjahrfünft wieder spürbar an.

Alles in allem bestätigen solche Daten die Entwicklung, die sich bereits am Beispiel der technisch-administrativen Intelligenz zeigte. Die Ausbildung von Kadern gelang in erheblichem Maße. Wenngleich es der Industrie weiterhin an Fachkräften mangelte, wurden mehr Techniker, Ingenieure, Lehrer, Ärzte und sonstige ‹Spezialisten› aus den Fach- und Hochschulen entlassen als je zuvor. Auch in den Grund- und Mittelschulen drängten sich mehr Jugendliche, vor allem aus den Unterschichten, als zu irgendeinem anderen Zeitpunkt der russischen Geschichte. Insofern holte der sowjetische Staat nun auf diesem Gebiet ebenfalls nach, was die mitteleuropäischen und angelsächsischen Länder schon früher begonnen hatten: Er mobilisierte die Qualifikationsressourcen der breiten Masse der Bevölkerung. Damit folgte er einem Imperativ seines Wirtschaftsprogramms. Ohne Hebung des allgemeinen Kenntnisniveaus war, wie Stalin richtig erkannte, der «Aufbau des Sozialismus» nicht zu bewerkstelligen. Dieses Junktim und das enorme Tempo brachten es mit sich, daß Bildungssystem und Curricula in unmittelbarer Weise auf die Bedürfnisse von Industrie und Gesellschaft zugeschnitten wurden. Die diktatorische Verfügungsmacht des Staates tat ein übriges, um die Absolventen der verschiedenen Schultypen in vorgezeichnete Laufbahnen zu lenken. Zielprodukt dieser Ausbildung war der effiziente, ideologisch ergebene, auch in der allgemeinen Verwaltung einsetzbare Wirtschaftstechnokrat. Auf der Strecke blieben, weil dysfunktional geworden, die ursprünglichen ‹humanistischen› Ideale der Revolution.[7]

b. Frauen, Familie, Moral

In vieler Hinsicht war die veränderte Sicht der *Familie und der sozialen Stellung der Frau* exemplarisch für den Wertewandel, den Partei und Staat der Gesellschaft unter Stalin verordneten. Zwar hatte sich die kulturrevolutionäre Experimentierfreude des Oktober schon früh an der sperrigen Realität zerrieben. Dennoch verhalf der Elan des Neuanfangs einigen alternativen Grundanliegen wie der Zivilehe oder der weiblichen Emanzipation so

4. Bildung, Alltag, Kultur

weit zu gesetzlicher Geltung, daß der Bruch mit der religiös und patriarchalisch geprägten Vergangenheit immer noch als radikal gelten konnte. Erst Stalin brachte auch in dieser Hinsicht eine Neuorientierung auf den Weg, die weit über Rücksichtnahme auf praktische Hindernisse hinausging. Vor dem Hintergrund wachsender Zweifel am Ziel der ‹Auflösung der Familie› in der Gesellschaft scheinen dabei mehrere Motive eine Rolle gespielt zu haben. Zum einen bestand ein erhebliches *demographisches Ungleichgewicht* zwischen den Geschlechtern fort. Welt- und Bürgerkrieg hatten einen hohen Blutzoll gefordert, der überwiegend Männer traf. Ende 1926 kamen nur 48,3 Männer auf 100 Einwohner; absolut belief sich der Frauenüberschuß auf etwa 5 Mio. Zwangskollektivierung, neue Hungersnot und Deportationen vergrößerten das Mißverhältnis weiter. Beim unterdrückten Zensus von 1937 zählte man 52,7 % Frauen, und am Vorabend des Zweiten Weltkriegs entfielen etwa 92 Jungen und Männer auf 100 Mädchen und Frauen. Volkswirtschaftlich bedeutete diese Entwicklung vor allem eines: Es fehlte an männlicher Arbeitskraft. Das machte sich um so bemerkbarer, als der Bedarf mit dem Beginn des ersten Fünfjahresplans über Nacht emporschnellte. Die entfesselte Industrialisierung zwang daher nachgerade dazu, das Defizit an herkömmlichen Kräften durch die verstärkte Rekrutierung von Arbeiterinnen auszugleichen. Diese neue Rolle mußte aber mit der reproduktiven Aufgabe der Frau verbunden werden, wenn man die demographische Balance wiederherstellen und darüber hinaus ein Bevölkerungswachstum erreichen wollte, das die Industrialisierung auf Dauer hinreichend mit Arbeitskräften zu versorgen versprach. Zum anderen wies der einflußreiche Ökonom und Statistiker Strumilin zu Beginn des zweiten Planjahrfünfts auf einen Zusammenhang zwischen Verstädterung (als Beginn des sozialen Aufstiegs) und sinkender Geburtenrate hin. Da er als Folge der Rekrutierung weiterer Millionen von Bauern für die Industrie ebendiese Wirkung vorhersagte, glaubten die Regierenden die ‹Notbremse› ziehen zu müssen. Hinzu mochte ein weiteres Motiv kommen: die Anpassung an die traditionelle Moral vor allem auf dem Dorf und die Ausmerzung der Revolutionäre der frühen Jahre. Es lag auf der Hand, daß weder die Bauern noch die Arbeiter den Aufstand gegen die ‹bürgerlichen› Lebensformen der alten Gesellschaft angeführt hatten, sondern die radikale Intelligenz. Eben sie, die in aller Regel mit der linken Opposition sympathisierte, wurde das erste, geradezu systemnotwendige Opfer der Stalinschen ‹Revolution›. Die neuen Herren des Sowjetstaates aber waren nicht nur pragmatisch gesonnen und antiintellektuell, sondern unter der Oberfläche eines schematischen Marxismus in ihren sozialmoralischen Normen auch konventionell, wenn nicht konservativ. Dies entsprach der Vorstellungswelt der Bevölkerungsmehrheit und harmonierte mit den Werten, die nach dem Ende des Bildersturms (als sich die durchaus anders denkenden Komsomolzen wieder zurückzogen) in den Vordergrund traten. Das Neue war zwar nicht das Alte, griff aber darauf zurück, um es für seinen Hauptzweck umzuformen: die Aufwertung der Familie von einem Überhang der bürgerlich-kapitalistischen Gesellschaft zum «Bollwerk» und zur Keimzelle des Sozialismus.[8] Was so nebensächlich aussah, erfaßte die Grundfragen der individuellen Existenz und einen breiten Bereich des gemeinschaftlichen Lebens. Dabei war es gewiß bezeichnend, daß der Staat zuvorderst am Wachstum seiner Bevölkerung interessiert war. Die vorbildliche Sowjetbürgerin sollte sich nicht nur öffentlich für die sozialistische Sache engagieren, sondern auch aufopferungsvolle Mutter sein. Daß sie dafür vorübergehend auf ihre aktive Mitwirkung am wirtschaftlichen Aufbau verzichten mußte, nahm man in Kauf. Die ideale Kommunistin näherte sich dem nationalrussischen Urbild der ‹Mutter Heimat›. Sie konnte sich, wie die *Pravda* formulierte, nicht nur mit Stolz als «Vollblut-Bürgerin des freiesten Landes der Welt» fühlen, sondern auch am «Segen der Mutterschaft» teilhaben. Ihre neue Aufgabe lautete, «die Familie zu schützen» und «gesunde Sowjethelden» aufzuziehen. In diesem Geiste erlangte am 27. Juni 1936 ein Beschluß des VCIK Gesetzeskraft, der die Abtreibung (außer bei gesundheitlicher Gefahr für Mutter und Kind) erstmals seit 1920 wieder verbot. Damit ging, zum Unwillen vieler berufstätiger Frauen, wie ebenfalls veröffentlichte Gegenstimmen zeigten, eine ganze Ära zu Ende. Propagandistische ‹Erläuterungen› fehlten nicht. Kollontaj'sche Aufrufe zur «sogenannten ‹freien Liebe›» und andere Spielarten eines «unordentlichen Sexuallebens» hätten ihre ‹bürgerliche Schädlichkeit› unzweifelhaft bewiesen. Die verantwortungsbewußte «sowjetische Jugend» habe die Tugend der Elternschaft in dem Bewußtsein wiederentdeckt, daß das «sozialistische Vaterland» gesunde Mütter und Väter und eine «kräftige Generation von Erbauern des Sozialismus» brauche.[9]

Mit dem Abtreibungsverbot war der verstärkte *Schutz der Ehe* unmittelbar verknüpft. Aus der neuen Wertschätzung der Familie ergab sich von selbst, daß das nichtformalisierte Zusammenleben zur dekadenten Libertinage liederlicher Kleinbürger gerechnet wurde. Partei und Öffentlichkeit prangerten seine soziale ‹Schädlichkeit› an, wo immer sich eine Gelegenheit bot (auch wenn sie es faktisch in größerem Maße hinnehmen mußten, als sie vorgaben). Gesetzliche Verankerung fand dieser Schwenk allerdings erst während des Krieges. Unter dem verstärkten Druck der riesigen Menschenverluste versprach Stalin per Dekret am 8. Juli 1944 nicht nur unverheirateten Müttern staatliche Hilfe, sondern konzentrierte zugleich alle einschlägigen Rechte (und Pflichten) auf die registrierte Ehe. Ohne rechtliche Qualität begründete die faktische Lebensgemeinschaft fortan keinerlei einklagbare Ansprüche mehr. Damit ging das Bemühen einher, die Scheidung zu erschweren. Die Trennung per ‹Postkarte›, wie Kritiker die bloße, seit 1927 sogar nur noch im ZAGS abzugebende Willenserklärung verspotteten, genügte nicht mehr. Scheidungen kamen wieder vor Gericht und mußten fortan verhandelt werden. Sie verursachten nicht nur einen förmlichen Prozeß,

4. Bildung, Alltag, Kultur 553

sondern wurden auch erheblich teurer. Von beidem versprach sich der Staat einen abschreckenden Effekt. In dieselbe Richtung zielte der Versuch, die Familien zu mehr Kindern zu animieren. Mutterschaftsmedaillen und -orden wurden gestiftet. Fünf und mehr Kinder zur Verteidigung des Vaterlandes und zum Ruhme Stalins zur Welt zu bringen, sollte nicht nur öffentliche Anerkennung eintragen, sondern sich auch lohnen. Spätestens dadurch kamen sich die beiden militärischen Hauptgegner in dieser Frage ideologisch sehr nahe. Ob für die «Volksgemeinschaft» und das Überleben der «Herrenrasse» oder den «Aufbau des Sozialismus» und die Verteidigung des «Vaterlandes» – Gebären wurde zur ersten weiblichen Bürgerpflicht und der Muttermythos ein probates und kostengünstigeres Mittel als materielle Hilfen (die es aber auch gab), um die Erfüllung zu befördern.[10]

Die betonte Rückwendung zur Familie hatte indes noch andere Konsequenzen, die den Visionen des Oktober Hohn sprachen. Zum revolutionären Egalitarismus hatte auch die Absicht gehört, uneheliche Kinder vom Schicksal der Rechtlosigkeit zu befreien. Indem der Unterschied zwischen ehelich und unehelich Geborenen verblaßte, zog die weitgehende Anerkennung nichtformalisierter Lebensgemeinschaften gleichsam im Nebeneffekt erhebliche Fortschritte auf diesem Wege nach sich. Aus demselben inneren Zusammenhang ergab sich aber auch, daß die Diskriminierung in dem Maße wieder hervortrat, in dem die förmliche Ehe aufgewertet wurde. Deshalb heftete die rechtliche Degradierung nichtregistrierter Lebensgemeinschaften im Juli 1944 Kindern aus solchen Verbindungen über Nacht wieder das Stigma der Illegitimität an. Ähnlich veränderte sich die Lage derer, die sich den normativen Geschlechterrollen nicht fügen wollten oder konnten. In den zwanziger Jahren konnten Homosexuelle auf dieselbe Toleranz rechnen wie überzeugte, dem anderen Geschlecht nicht abgeneigte Junggesellen. In der Stalinschen Gesellschaft verfielen erstere einem völligen Tabu oder bei Entdeckung manifester Ahndung; letztere mußten mit Unverständnis und seit 1944 mit Strafsteuern rechnen. Sicher reicht dieser Umgang mit Minderheiten und individuellen Lebensformen zur zureichenden Charakterisierung autoritärer, geschweige denn totalitärer Herrschaft nicht aus. Aber er paßt ins Bild und gehört durchaus zu ihren ‹regelhaften› Merkmalen.

Bei alledem wäre es verfehlt, die Kehrtwende als völlige Rückkehr zu den Rollen- und Moralvorschriften der Zarenzeit zu verstehen. Zum einen fehlte die alles durchdringende Ausstrahlung der kirchlich-religiösen Lehre. Zum anderen kam die Gleichstellung der Geschlechter in manchen Bereichen nicht nur formal weiter voran. Frauen wurden aus den genannten demographisch-ökonomischen Gründen stärker als zuvor gedrängt, sich in den Arbeitsprozeß einzugliedern. Dies setzte voraus, daß sie entsprechende Qualifikationen erwarben und von den breiten Bildungschancen profitierten, die der Sowjetstaat den Unterprivilegierten des alten Regimes nach wie vor anbot. Traditionelle Werte wurden auf veränderte Zwecke zugeschnitten. Das

Ergebnis war eine eigentümliche Verbindung von Altem und Neuem, die im Regelfall auf eine *Doppelbelastung* hinauslief. Auch darin knüpfte der Stalinismus eher an bäuerliche als an elitär-städtische Zustände an, mit dem Unterschied freilich, daß die Versorgung von Vieh und Hof leichter mit familiären Pflichten zu verbinden war als eine industrielle oder administrative Tätigkeit außer Haus. Die Sowjetfrau der dreißiger Jahre war Arbeiterin *und* Mutter. Sie stand tagsüber an derselben Werkbank wie die Männer, mußte aber nach einem physisch nicht minder harten Arbeitstag noch den Haushalt besorgen. Alle soziologischen Studien bestätigen, daß alte und neue Aufgaben einander nicht ablösten, sondern sich addierten. Deshalb sprechen gute Gründe für die Ansicht, die Frauen seien die eigentlichen Helden oder Opfer des entbehrungsreichen ‹sozialistischen Aufbaus› der dreißiger Jahre gewesen.[11]

c. *Persönlichkeitskult, Massenpropaganda, Ideologie*

Von allen Versuchen der Politik, Einfluß auf das geistige Leben und öffentlich-kollektive Verhalten der Bevölkerung zu nehmen, ist die *Verherrlichung Stalins* am tiefsten ins Bewußtsein zeitgenössischer und späterer Beobachter eingedrungen. Was 1956 beim ersten Versuch der Vergangenheitsbewältigung sachlich-deskriptiv als «Persönlichkeitskult», aber auch als «widerwärtige Lobhudelei» bezeichnet wurde, galt zu Recht als charakteristisches Merkmal der von ihm geprägten Herrschaftsordnung. In gewisser Weise wurde sein Aufstieg zur alleinigen Macht erst durch die Glorifizierung des «Führers» zum Stalinismus. So wie das System – ungeachtet allen Eigengewichts strukturell-sozialer Komponenten – ohne die Person nicht zu verstehen ist, läßt sich auch die Darstellung der Person nicht ohne Berücksichtigung der vielfältigen Formen und umfangreichen Apparate begreifen, die dem einen Ziel dienten: der Entrückung des Diktators in eine Sphäre nicht nur unbeschränkter Gewalt, sondern auch absoluter Tadel- und Kritiklosigkeit.[12]

Offensichtlich ist, daß diese ‹Kanonisierung› inszeniert wurde. Presse, Rundfunk und Film traten ebenso in ihren Dienst wie Versammlungen und alle Arten öffentlicher Manifestation. Bauten, Skulpturen, Spruchbänder und Aufschriften machten sie im Stadtbild sichtbar, Monumente verkörperten sie durch ehrfurchtgebietende physische Dimensionen, parteilich gesteuerte Organisationen verliehen ihr in politischen und geselligen Veranstaltungen Ausdruck. Stalin war überall, umgeben und bewacht von einem wachsenden Heer gefügiger Parteifunktionäre und allgegenwärtiger Geheimpolizisten. Von Beginn seiner Alleinherrschaft an wurde er zum Regisseur und Nutznießer befohlener Massendevotion, die sich symbiotisch mit zunehmender Manipulation und terroristischer Bedrohung verband. Vor allem deshalb avancierte er neben Hitler zur Personifikation des modernen,

4. Bildung, Alltag, Kultur

totalitären Diktators. Wenn es einen gemeinsamen Maßstab für den Vergleich zwischen Stalinismus und Nationalsozialismus gibt, dann dürfte er zuerst in diesem Aspekt ‹populistischer› Suggestion mittels Propaganda, organisierter Massenbewegung und umfassender Steuerung aller öffentlichen kollektiven, verbalen wie szenischen Artikulation der Bevölkerung zu sehen sein. Dabei waren Lenkung und Kontrolle gewiß nicht lückenlos, aber effektiv und modern.

Dem Nationalsozialismus ähnlich, wenngleich auf deutlich niedrigerem Niveau setzte auch der Stalinismus alle technischen Errungenschaften für die Gleichschaltung der Köpfe ein, die ihm zu Gebote standen. Dazu gehörten in erster Linie Zeitungen und Bücher, zunehmend aber auch Film und Rundfunk. Desgleichen waren Telegraphen, Eisenbahnen und Autos aus dem stilisierten Erscheinungsbild Stalins und seines Sozialismus nicht wegzudenken. Nicht zuletzt sie erzeugten eine neue Art von Charisma, das die religiöse Aura der vorrevolutionären Herrscher ablöste, aber selbst unwirkliche, auf Massensuggestion berechnete, im Sinne vorrationaler mentaler Verankerung mythische und «außeralltägliche» (M. Weber) Züge annahm. Historische Analysen (die zu diesem Problem nahezu vollständig fehlen) tun gut daran, *beide* Linie zu verfolgen: sowohl die Kontinuität zur Selbstherrschaft im Sinne des Fortbestands monokratischer Machtausübung als auch die neue Erscheinung einer säkularisierten, durch den gezielten Einsatz moderner Kommunikationsmittel inszenierten pseudoplebiszitären Individualdiktatur.

Selbst für die hitzigsten Gegner der Totalitarismustheorie steht außer Zweifel, daß schon die frühe Sowjetrepublik ausgeprägte Merkmale nicht nur oligarchischer, sondern auch absoluter persönlicher Herrschaft aufwies. Lenin war in eine quasi-autokratische Rolle hineingewachsen; seinen Worten kam fast die Geltungskraft von Gesetzen zu. Wie meist erwies er sich als realistisch genug, diese Tatsache zur Kenntnis zu nehmen. Aus Anlaß seines 50. Geburtstags Ende April 1920 fand er sich bereit, eine Feier zu seinen Ehren zu erlauben und Huldigungen zu empfangen. Ebenso ließ er sich dazu herbei, für die Anfertigung einer hunderttausendfach replizierten Büste zu posieren. Doch tat er dies, wie auch seine Kritiker nicht leugnen, widerwillig und *contre coeur*. Lenin machte wenig Aufhebens von seiner Person. Er haßte Zeremoniell und sah sich eher als Diener denn als Repräsentant der Sache. In diesem Sinne blieb er ein revolutionärer Asket und Idealtypus des ‹selbstlosen›, dem ideellen Ziel unbeirrbar ergebenen radikalen ‹Intelligenzlers›. Man muß auch davon ausgehen, daß er der dauerhaften Ausstellung seiner Leiche auf keinen Fall zugestimmt hätte.

Gerade vor diesem Hintergrund begründete die Art und Weise, wie Stalin am 21. Dezember 1929 seinen fünfzigsten Geburtstag beging, einen neuen Stil. Der Generalsekretär hatte sich endgültig die alleinige Macht gesichert. Die letzte ernstzunehmende Opposition war besiegt, sein Kurs bestätigt und auf den Weg gebracht. Auch wenn der Ausgang des neuen Bürgerkrieges, den er damit vom Zaun brach, ungewiß blieb – die politische Schlacht war geschlagen und der Zeitpunkt zum Feiern günstig. Doch nicht nur die innere Lage lud zur Besiegelung des Triumphes ein. Der Moment konnte kaum gelegener sein, um auch nach außen hin, für die eigene Bevölkerung und das Ausland, die endgültige Aszendenz eines neuen starken Mannes zu signalisieren. Die Machtübernahme bedurfte der symbolischen Bestätigung, die Thronfolge der Krönung. Dabei mochte es wohl sein, daß er die Feier nicht selbst anregte, aber er brauchte sich nicht zu ‹überwinden›. Die Selbststilisierung war längst vorbereitet und ihr Inhalt stand weitgehend fest: Stalin war der neue Lenin.

Mit diesem Tenor wurden ihm zahllose Grußadressen aus dem ganzen Lande dargebracht. Die Erbfolge lag, ausgesprochen oder nicht, allen Beiträgen zugrunde, die in einer symptomatischen und beispiellosen Festschrift veröffentlicht wurden. Ergebene Paladine wie Jaroslavskij, Kaganovič, Ordžonikidze, Vorošilov, Kujbyšev, Mikojan und Kalinin feierten Stalin mit dem ‹Volksdichter› Demjan Bednyj als «besten Leninisten», «großen Revolutionär», vorbildlichen «Bürgerkriegskämpfer», «herausragenden marxistischen Theoretiker» und «Erbauer des Sozialismus». Sie priesen seine unerschütterliche Standhaftigkeit im Kampf gegen ideologische «Abweichler» aller Art, seine Kühnheit als Militärstratege, seine Klugheit bei der Auslegung des Leninismus als Ergänzung der ‹klassischen› Lehre vom ‹wissenschaftlichen Sozialismus› und seine Tatkraft beim Aufbruch zur konsequenten Verwirklichung des großen Ziels. Die dazu nötigen Korrekturen seiner Biographie waren größtenteils schon während der ideologischen Fehde mit Trotzki vorgenommen worden. So kam Stalin zu der unverdienten Ehre, neben Lenin der zweite Held der Oktobertage gewesen zu sein und maßgeblich zum militärischen Sieg gegen die Weißen beigetragen zu haben. Ähnlich stand er dem Gründervater danach in angeblich innigem Verständnis treu und aufmerksam zur Seite, um als kluger Lehrling die Voraussetzungen für die kongeniale Weiterführung des großen Werkes zu erwerben. In diesem Licht erschienen Planwirtschaft und Zwangskollektivierung als vorgezeichnete Schritte auf dem Wege, den der Staatsschöpfer selbst gewiesen hatte. Stalin wurde zum *Lenin redivivus* und erbte gleichsam auch dessen Eigenschaft, das Maß aller sozialistischen Dinge und Künder der großen Zukunft zu sein. All dies schwang in der neuen Bezeichnung mit, die man ihm nun beilegte: Der Generalsekretär – formal war er weder Regierungs- noch Staatschef – stieg zum «Führer» (vožd) auf; seit seinem 50. Geburtstag gab es einen Stalinkult.[13]

Es versteht sich, daß die Selbstbehauptung des Regimes während des antibäuerlichen Vernichtungsschlags nicht nur die Machtposition Stalins, sondern auch sein Prestige weiter festigte. Nicht aller Beifall war dabei einer geschickten Regie zuzuschreiben. Zweifellos gab es aufrichtige Zustimmung

4. Bildung, Alltag, Kultur 557

zu dem Programm, für das er und seine Kamarilla standen. Auch wer ihn als Person ablehnte, konnte dem eingeschlagenen Kurs eventuell zustimmen und hatte vor Kirovs Aufstieg kaum eine Alternative, um dieser Option Geltung zu verschaffen. Insofern dürfte der Autorität Stalins auch ein Teil jenes Konsenses zugewachsen sein, der nicht ihm, sondern der Sache galt. Das aber bemerkten – wenn überhaupt – höchstens die handverlesenen Gefolgsleute, die auf dem 17. Parteitag 1934 halfen, die Stimmen für die Wahl zum ZK auszuzählen. In den Augen der übrigen Delegierten, des Landes und der ganzen Welt markierte eben dieser ‹Kongreß der Sieger› nicht nur die Bestätigung der Stalinschen Macht, sondern auch eine Approbation seines unvergleichlichen Ansehens. Kaum zufällig veränderten sich auch die Protokollnotizen über den Beifall, den verschiedene Auditorien dem Redner Stalin spendeten, seit dem Ende der ‹zweiten Revolution›. Aus «stürmischem, nicht enden wollendem» Applaus wurde das Ritual stehender «Ovationen» mit «donnernden Hurrarufen» und Übergang in die «machtvolle» Intonation der Internationale. Mehr und mehr auch wurden die «kollektiven Zwischenrufe», die «das ZK» oder «die Partei» hochleben ließen, vom Vivat für Stalin selbst übertönt. Die Zuhörer seiner Eloge auf den Entwurf der neuen Verfassung erhoben sich, um den «Führer, den Genossen Stalin» zu bejubeln, und die Delegierten des 18. Parteitages steigerten die Aufmerksamkeit für seine Person noch, indem sie Partei und ZK gar nicht mehr erwähnten und in «anhaltender Ovation» nur noch brüllten: «›Es lebe Genosse Stalin!›, ‹Dem großen Stalin Hurra!›, ‹Unserem geliebten Stalin Hurra!›.» So erreichte der Personenkult am Vorabend des Weltkrieges seinen ersten Höhepunkt. Die Partei war der Staat, und Stalin war die Partei – ihr Führer und allgewaltiger Tyrann, dessen bloße Geste vernichten konnte.[14]

Was in diesen Devotionsformeln zum Ausdruck kam, fand auch in vielen anderen Erscheinungen des öffentlichen Lebens seinen Niederschlag. Stalins Abbild begann den Alltag zu prägen. Sein Konterfei zierte die Amtsstuben und die Vitrinen der großen Geschäfte. Seine Büste besetzte den Platz neben der Lenins und drang aus Parteigebäuden und Behörden auf Plätze und Straßen vor. Schon im Herbst 1933 glaubte ein ausländischer Beobachter feststellen zu können, daß der Generalsekretär dabei war, sogar den Staatsgründer an propagandistischer Präsenz zu verdrängen. In den Auslagen und Schaufenstern rund um die Moskauer Gor'kij-Straße (heute wieder *Tverskaja* im Einkaufszentrum der Stadt) zählte er 103 ‹politische Ikonen› Stalins gegenüber nur 58 von Lenin. Vier Jahre später notierte selbst ein so unkritischer Besucher wie der deutsche Schriftsteller Lion Feuchtwanger (der die Metropole des Bolschewismus auf besondere Einladung besichtigte, um der Welt «Zeugnis» von den ‹wahren› Zuständen zu geben), die «Verehrung Stalins» sei in einen «maßlosen», jedem Fremden als erstes ins Auge springenden «Kult» pervertiert. «An allen Ecken und Enden, an passenden Stellen und an unpassenden» stünden «gigantische Büsten und Bilder Stalins».

VI. Die Herrschaft Stalins (1934-1941)

Reden jedweder Art seien «gespickt mit Verherrlichungen Stalins»; die «Vergötzung des Mannes» nehme «geschmacklose Formen» an. Im ganzen Lande schossen Stalindenkmäler wie Pilze aus dem Boden. Stalinwettbewerbe und ein Stalinpreis wurden begründet. Der «Führer» entrückte zum «Übermenschen», «der gottähnliche, übernatürliche Eigenschaften» zu besitzen schien, zu einem Menschen, der angeblich alles wußte, alles sah, für alle dachte, alles konnte und «in seinem ganzen Verhalten unfehlbar» war.[15]

Einen besonderen Höhepunkt erreichte diese Glorifizierung vor Kriegsausbruch fraglos in der berüchtigten *Geschichte der Kommunistischen Partei der Sowjetunion (Bolschewiki)*, die seit 1938 das Bücherregal eines jeden treuen Volksgenossen zu zieren hatte. Von einem Redaktionskollektiv aus der nächsten Umgebung des Politbüros verfaßt, erfreute sich die Arbeit reger Anteilnahme Stalins; allem Anschein nach griff er mehrfach selbst zur Feder. Das Ergebnis ließ daher keine Wünsche der Parteiführung offen – und sprach im selben Maße der historischen Wahrheit Hohn. Der «Kurze Lehrgang» faßte alle ‹Korrekturen› über Stalins Rolle in der bolschewistischen Bewegung zusammen. Von seiner ersten Erwähnung im Abschnitt über die Revolution von 1905 an focht der künftige Generalsekretär konsequent für den ‹richtigen› Kurs. Wie in der Geburtstagsschrift, aber nun mit der Verbindlichkeit einer allerhöchst approbierten Lehrmeinung, schritt Stalin gleich einem furchtlosen Helden, trotzkistisches und bucharinistisches Otterngezücht nach beiden Seiten hin abwehrend, auf dem Leninschen Wege zum sozialistischen Parnaß. Er war der Vollstrecker, der auch vollendete, dem Apostel ähnlich, der zum Kirchengründer wird. Daß am Ende des Buches der griechische Antaeos-Mythos bemüht wurde, um der Partei den Weg zu ewiger Kraft zu weisen, faßte Absicht und Tenor sinnbildlich zusammen – was als «Geschichte» begann, streifte auf der angeblich letzten Stufe der Menschheitsentwicklung die Zeitlichkeit ab. Stalin erstrahlte als Demiurg, als Erbauer des Sozialismus.

Doch nicht nur die verfälschende Stilisierung erreichte im «Kurzen Lehrgang» eine neue Qualität. Auch die Verleumdung der Unterlegenen wurde in einer sprachlichen Form sanktioniert, die den Streit – wie es zur Methode des ‹Mobilisierungsregimes› gehörte – präsent hielt und an wütenden Invektiven kaum zu überbieten war. «Bucharinleute» entarteten zu «politischen Doppelzünglern», trotzkistische ‹Spaltzungen› zu einer «weißgardistischen Bande von Mördern und Spionen». Alle «Diversanten» waren nicht nur Stalins Feinde, sondern in bezeichnender Gleichsetzung und entpolitisierender Verallgemeinerung «Volksfeinde». Dies alles könnte man als abstruses Pamphlet einer Lügenmaschinerie abtun – wenn nicht eine erhebliche Massenwirksamkeit wahrscheinlich wäre. Der *Kurze Lehrgang* wurde in zahllosen Exemplaren über das Land verteilt. Bis zu Stalins Tod erschienen 300 Nachdrucke in einer Gesamtauflage von 42,8 Mio. und Übersetzungen in 67 Sprachen. Hinzu kamen Werke mit Stalins deklarierter Autorenschaft, die

4. Bildung, Alltag, Kultur

bald in größerer Zahl gedruckt wurden als die ‹klassischen› Texte: 1932/33 erreichten Marx' und Engels' Schriften sieben Mio. Exemplare, Lenins 14, Stalins aber 16,5 Mio., darunter allein zwei Mio. des Sammelbandes «Probleme des Leninismus».[16] Einen vergleichbaren Rekord erzielte wohl nur noch eine andere politische Schrift jener Zeit: Hitlers «Mein Kampf».

Mit so vielen wirkungsvollen Helfern – behördlichen Apparaten, gesellschaftlichen Organisationen, Verlagshäusern und Massenpresse – an ihrer Seite fiel es den Herrschenden in Partei und Staat nicht schwer, das gesamte öffentlich-soziale Leben nach ihren Vorstellungen umzugestalten. Was Einzug in alle Bereiche des obrigkeitlich regulierbaren Alltags und der Kultur hielt, läßt sich in seinem Kern als Abkehr vom avantgardistischen Denken, von der Hinnahme (schon lange nicht mehr der Ermunterung) antikonventioneller Neuerungen und ‹partieller›, gruppen- und tätigkeitsbezogener Experimente zugunsten strikter Funktionalität für die eine umfassende Aufgabe kennzeichnen: die Industrialisierung und staatliche Machtentfaltung nach innen und außen. Dabei muß vorerst offenbleiben, in welchem Maße auch der Inhalt der «revolutionären Träume» aus dem erlaubten Bewußtsein getilgt wurde. Manches deutet darauf hin, daß sich eine doppelte, gleichsam komplementäre statt einer exklusiven Kultur herausbildete. Sicher wurden der Utopie die Flügel gestutzt; aber der sozialistische Aufbau selbst besaß gerade in der neuen Form deutliche utopische und experimentelle Züge. Zweifellos verschwanden mit der alten bolschewistischen Elite auch deren Zukunftsvisionen; aber nach dem Ende der zweiten Umbruchsperiode formierte sich schnell eine neue Oberschicht, die bei aller Individualität auch Inhalte des überkommenen Sonderbewußtseins aufbewahrte. Hinzu kam das bekannte Auseinandertreten von Öffentlichem und Privatem: In dem Maße, wie die Monopolpartei mit Rückendeckung des Staates in alle Winkel des Lebens eindrang, zogen sich die Betroffenen zurück und bildeten jene ungewöhnlich scharfe Trennung zwischen äußerer und innerer Existenz aus, die manchen Beobachtern wie ein Symptom kollektiver Schizophrenie vorkam. Dies schuf auf der einen Seite einen Schutzraum, den selbst der totalitäre Staat nicht zu beseitigen vermochte. Auf der anderen Seite wurde die Überformung des öffentlich-sozialen Lebens im Sinne der neuen Prioritäten dadurch auch erleichtert.[17]

Der Wandel der Alltagskultur ist außerhalb von Erwerbstätigkeit, materieller Existenz und gesetzlich regulierten Sozialbeziehungen noch kaum erforscht worden. Oft sind nur Grundzüge des breiten, viele Bereiche umgreifenden Geschehens bekannt. An vorderer Stelle sticht das Bemühen ins Auge, die politische Macht in ihrer Zwillingsgestalt von Partei und Staat mittels der *Organisierung der Gesellschaft* möglichst nahe an den einzelnen heranzutragen. Es lag im Interesse der ‹Apparate›, kollektive öffentliche Äußerungen der Bevölkerung zu ermuntern, individuelle dagegen zu unterbinden. Gemeinschaftliche Aktionen ließen sich über Filialen der Partei und gleichgeschaltete Verbände steuern, einzelne nicht. Konformität war gefragt, keine eigene, womöglich abweichende Meinung. Unabhängige und unautorisierte Aktionen mußte das Regime nach seiner Logik sogar als Opposition deuten. Dabei bleibt es für das Wesen der Sache unerheblich, ob es ihm gelang, seine Herrschaft auch tatsächlich in den Köpfen zu errichten. Das Fortbestehen einer andersdenkenden Intelligenz und die spätere Entstehung einer offenen Dissidentenbewegung geben zu begründeten Zweifeln Anlaß. Entscheidend aber war der monopolistische Anspruch, der sich geistig als exklusive Reklamierung der Wahrheit (mit der besonderen Pointe auch der Zukunftsgewißheit) und institutionell als ‹Verstaatung› der einzig zugelassenen Partei zum Einparteienregiment (mit einer machtvollen Repressionsmaschinerie) manifestierte.

Schon die lückenhafte Durchsetzung dieses Grundverlangens reichte aus, um die Menschen auch außerhalb der Arbeitswelt zu beeinflussen. Die Begünstigung alles Kollektiven drückte der neuen Kultur den Stempel der Massenhaftigkeit auf. Sowohl die öffentliche Alltagskultur – von der Freizeitgestaltung bis zur symbolischen Selbstdarstellung des Regimes – als auch das (offizielle) geistige Leben im engeren Sinne künstlerischen Schaffens appellierten an die große Zahl und suchten, wie stark auch immer individualisierend, idealtypische Denk- und Verhaltensweisen in der Absicht wiederzugeben, sie fester im allgemeinen Bewußtsein zu verankern. Die obrigkeitlichen Agenturen ließen in den verschiedensten Variationen das hochleben, was man Solidarität nannte und in absoluter Übereinstimmung mit ihren Vorgaben gedacht wurde. Dabei verband sich die Einordnung des Einzelnen in eine Organisation oder Bewegung zumeist mit *Unterordnung*. Als Musterform des Kollektivs galt längst nicht mehr (falls das unter führenden Bolschewiki je anders war) die egalitäre, sondern die hierarchisch gegliederte und von fester Hand nach Maßgabe der Partei geführte Gemeinschaft. Fast von selbst zogen diese Leitideen eine Veränderung nach sich, die genau besehen die Quintessenz des gesamten ‹inneren›, soziokulturellen Stalinismus bildete: die *Militarisierung*. Es war kein Zufall, daß die Rote Armee 1936 neue Uniformen erhielt, die auffällig an zarische Zeiten erinnerten und Offiziere in Gestalt von Epauletten und Kokarden wieder reichlich mit sichtbaren Insignien ihres Rangs ausstatteten. Ebenso paßte es zum Geist der neuen Zeit, daß neben Schülern, wie erwähnt, auch Staatsbeamte und Eisenbahner wieder durch gleichartige Kleidung als Repräsentanten von Ämtern und Behörden kenntlich gemacht wurden. Sportvereine wurden (sinnfällig in Titeln wie «Meister des Sports») nachgerade zu Vorbildern jener Verbindung von Organisation, Disziplin und Hierarchie, aus der die soziale Gleichschaltung ihren Antrieb bezog. Endgültig dachte man die Gesellschaft, fern von allen Vorstellungen eines Netzes freier und gleicher Individuen, als streng gegliedertes Gefüge – nur daß Korporationen, Stände und soziale Klassen traditioneller Art durch Organisationen, Institutionen, Res-

4. Bildung, Alltag, Kultur 561

sorts und politisch-staatliche Machtgruppen im weitesten Sinne abgelöst wurden. Dabei wurden die Aktionen der Teilglieder zumindest idealiter von der jeweils übergeordneten Instanz koordiniert und vom zentralen Willen gelenkt. In diesem Sinne mutierte die ganze Gesellschaft zur Armee im Dienste der Partei und des sozialistischen Aufbaus. Die alte Technik- und Fortschrittsgläubigkeit, ehedem ein Aspekt utopischen Bewußtseins, schlüpfte in eine neue, wenn auch nicht fernliegende bürokratisch-diktatorische Gestalt. Die Gesellschaft sollte in der Tat zur Maschine werden – aber mehr denn je zu einem hierarchischen, von *einem* Antrieb gesteuerten Räderwerk. Sie bedurfte der Kontrolle ebenso wie der permanenten Mobilisierung, in der selbst die ‹Freiwilligkeit› (wie bei Spenden) ‹angeleitet› wurde. Die Omnipräsenz der Partei und ihres Führers, die rituelle Beschwörung des revolutionären Endziels, die Überhöhung von Partei und Staat zu Garanten der Vollendung des Sozialismus, die neue Demonstration von Macht in Aufmärschen, Kundgebungen und einer Architektur, die im wesentlichen zu imponieren suchte – all dies waren nur unterschiedliche Ausdrucksformen des einen umfassenden Wandels, den Öffentlichkeit, Kultur und Alltag gemeinsam mit Wirtschaft, Gesellschaft und Politik im Zuge der forcierten Industrialisierung durchliefen. Auf der Suche nach Symbolen für diese Veränderung bietet sich jene Selbstdarstellung des Regimes nachgerade an, die es der Nation und der Welt Jahr für Jahr an seinem wichtigsten Festtag, dem Gründungsjubiläum, offerierte: Das Volksfest der ersten Jahre erstarrte zum Defilee bewaffneter Verbände, die unmittelbar neben dem zeremoniellen Ort russisch-zarischer Herrschaftsrepräsentation – dem Kreml in Moskau – unter den Augen des neuen Führers an den mumifizierten Gebeinen des Staatsheiligen in geordneten Reihen und militärischer Disziplin, begleitet von Panzern und Kanonen, bald auch von Flugzeugstaffeln überflogen, vorbeimarschierten. Zweifellos: Der «Carneval» im (Bachtinschen) Sinne spontaner und respektloser Belustigung wich endgültig der befohlenen, ritualisierten und bis ins Detail kontrollierten Parade.[18]

Auch die obrigkeitliche Förderung des Patriotismus hing aufs engste mit dem angestrebten politisch-sozialen und kulturell-geistigen Wandel zusammen. Schon die zeitliche Koinzidenz ist bemerkenswert. Aus heiterem Himmel eröffnete die *Pravda* im Frühsommer 1934 eine Kampagne zur Rehabilitierung heimatlicher Gefühle. Noch während der Wende hatte gegolten, was der ‹reine› Marxismus stets zu diesem Problem äußerte: daß Nation eine Erscheinung der bürgerlich-kapitalistischen Gesellschaft sei. Patriotismus, so hieß es 1927 exemplarisch in einem Staats- und Rechtslexikon, sei eine «extrem reaktionäre Ideologie». Allerdings lag der Widerruf schon in der Luft. Stalin vollzog ihn im Prinzip bereits 1929, als er zwei übereifrige Genossen über die Kontextgebundenheit des verwerflichen Nationalbewußtseins aufklärte und der Identifikation mit dem sozialistischen Staat den parteioffiziellen Segen erteilte. Was in diesem Zusammenhang primär der Abkehr von der *korenizacija* diente (vgl. oben S. 203 ff.), blieb indes noch weitgehend unbemerkt. Erst nach dem Siegeskongreß hielt man die Zeit für gekommen, auch das affektive Bekenntnis zum ‹Sozialismus in einem Lande› offen zu propagieren. Dabei liegt es nahe, das Kalkül eines Ersatzangebots zu unterstellen. Nachdem die Mobilisierung durch erneuerte Aufrufe zum Klassenkampf ihren destruktiv-transformierenden Zweck erfüllt hatte, benötigte man für den Neuaufbau eine konstruktive Motivation. Das war um so eher der Fall, als materieller Eigennutz als Triebkraft für Leistung nach der ‹zweiten Revolution› vollends entfiel. Auch in dieser Hinsicht lag der Rückgriff auf traditionelle Werte, auf Heimatliebe und Nationalstolz, somit nahe. Was noch fehlte, war im wesentlichen eines: die inhaltliche Anbindung dieser Emotionen an die aktuelle Gestalt des Sowjetstaats und seine ‹Errungenschaften›.

Willkommenen Anlaß für den Beginn eines entsprechenden Medienfeldzugs bot die bemerkenswerte Tapferkeit sowjetischer Polarforscher, die nach dem Verlust ihres Schiffes Anfang Februar 1934 auf einer Eisscholle ausharrten, bis sie von Flugzeugen entdeckt und gerettet wurden. Die *Pravda* feierte die Überlebenden als «Helden», die der Welt gezeigt hätten, wozu «Sowjetmenschen» fähig seien. Nicht ihrer Ausdauer und Zähigkeit galt der Jubel, sondern ihrer «Heimatliebe» und «Treue ... gegenüber der Sache der Arbeiterklasse». Unüberhörbar wurde nun verkündet, daß «auch die Arbeiter ... ein Vaterland» hätten. Zwei Jahre später, als die neue Verfassung den Klassengegensatz der alten Gesellschaft offiziell für überwunden erklärte, erreichte auch diese Kampagne einen ersten Höhepunkt. Die *Pravda* und andere Sprachrohre der Herrschenden schreckten dabei vor einem Pathos nicht zurück, das an Unglaubwürdigkeit und Übertreibung kaum zu überbieten war. Der Sowjetpatriot sollte in «Liebe ... zu dem Land» entbrennen, «das den Kapitalisten und Gutsbesitzern mit Blut und Eisen entrissen» worden sei, und das «herrliche Leben» dankbar annehmen, das sein «großes Volk» geschaffen habe. Sowjetpatriotismus war «rückhaltlose Ergebenheit gegenüber der Heimat» und «tiefe Verantwortlichkeit für ihr Schicksal und ihre Verteidigung». Ihm galt die eigene Ordnung als «Frühling der Menschheit», und «selbst die Luft des Sowjetlandes» war ihm «heilig».[19]

Kaum überraschend verschmolz das neuverordnete Nationalempfinden mit dem Stalinkult. Die Liebe zur Heimat bezeugte sich durch die Verehrung ihres ersten und besten Sohnes, der zugleich oberster Kommunist und Erbauer des Sozialismus war. Eine neue Dreieinigkeit setzte sich an die Spitze des sowjetischen Wertekosmos: Stalin, Partei und Vaterland wurden unzertrennlich. Zugleich streifte die politische Bezugsgröße die Konnotation des Revolutionären, damit auch Experimentellen und Innovativen immer weiter ab. Der Oktober verblaßte zum Objekt deklamatorischer Beschwörung. Die wirkliche Emotion galt dem Gewohnten und Bekannten, Land und Leuten, Sprache und Kultur. Auch wenn der Staat weiterhin sozialistisch hieß, auch wenn – oder gerade weil – die ungeheure sozialökonomische Umwälzung fortgesetzt wurde, assimilierte er sich immer weiter an den heimatlichen Boden als Ort der Tradition und Geborgenheit. Mit dieser Entrationalisierung ging eine ethnische Einengung einher. Sowjetbewußtsein nahm immer mehr die Gestalt *russischer* Identität an. Was ursprünglich dem Ganzen und dem neuen Staat als multiethnischer Föderation galt, zog sich auf die größte Nationalität zusammen. Die Helden und Vorbilder der manipulierten Öffentlichkeit stammten aus Rußland. Die retuschierte vaterländische Geschichte war russisch. Rußland, fraglos Kern der Union und ihre beherrschende Kraft, erhielt auch ideologisch ein Übergewicht, das alle Beschwörungen des transnationalen Gesamtbewußtseins Lügen strafte.

d. Literatur, Kunst und Wissenschaft

Bei dem Versuch des Regimes, Kontrolle über das Denken und Handeln der Sowjetmenschen zu gewinnen, konnten Literatur und Künste nicht ausgespart bleiben. Unter diesem nicht werk- und niveaubezogenen Aspekt tut auch eine politisch-sozialhistorisch ausgerichtete Darstellung gut daran, sie in den Blick zu nehmen. Daß eine innere Verbindung zwischen der Veränderung ästhetischer Normen und dem Gesamtprogramm der forcierten Modernisierung und Industrialisierung bestand, darauf verweist erneut schon die zeitliche Koinzidenz. Zu Beginn der großen Wende waren die letzten unverbesserlichen literarischen Avantgardisten ihrer publizistischen Medien beraubt und in den Einheitsverband ‹proletarischer Schriftsteller› gesperrt worden. In vieler Hinsicht markierte dieses Verfahren einen Übergang. Sachlich ließ man die Empfehlungen noch weitgehend bestehen, die seit der Konsolidierung des revolutionären Regimes nach dem Bürgerkrieg galten. Auch wenn sie verbindlicher und der Spielraum enger wurden, zogen die neuen Machthaber vorerst nur die institutionellen Zügel an. Frei waren vor allem die Belletristik und Malerei ohnehin nicht mehr. Hinzu kam, daß die geltenden Gebote dem Aufbruch zum Sozialismus durchaus angemessen zu sein schienen. Man brauchte Fügsamkeit und ideologischen Ansporn, keine neue Ästhetik.

Die abwartende Mäßigung währte jedoch nicht lange. Als die Wende vollzogen und die Macht gesichert war, folgte der organisatorischen Fesselung die inhaltliche. Am 23. Mai 1932 fand sich in der *Literaturzeitung*, dem Organ des Schriftstellerverbandes, ein Beitrag, der zum ersten Mal die Forderung nach einer Darstellungsweise erhob, die «*sozialistischer Realismus*» genannt wurde, und einige Kriterien erläuterte, die sie zu beachten habe. In enger Tuchfühlung mit Stalin, der ein Gespür für die propagandistische Macht auch des ‹schönen Wortes› besaß, gewann das Konzept in den folgenden Jahren Kontur. Dabei nahm es auch charakteristische Merkmale der allgemeinpolitischen Weltanschauung auf. Vor allem Patriotismus und Herrscherkult waren aus der obrigkeitlich gebilligten Ästhetik nicht mehr wegzudenken. Wie in der sonstigen stalinistischen Ideologie absorbierten Volksnähe *(narodnost')* und Massenverbundenheit *(massovost')* den Klassenbezug *(klassovost')*. Auch im literarischen Wertekanon begann Bodenständigkeit proletarisches Engagement zu überwölben, sogen Heimat und Vaterland die soziale Herkunft auf. Nicht nur Stalin, auch die von ihm zensierte Literatur kannte bald nur noch Russen, unter der Voraussetzung natürlich, daß alle für die einzig richtige sozialistische Sache eintraten.

Denn dies blieb oberstes Gestaltungsprinzip: Jede Kunst hatte *parteilich* zu sein. Die Forderung selbst war alles andere als neu, sondern schon seit den frühen Tagen der Revolution zur offiziellen Leitlinie erhoben worden. Auch breite Strömungen der avantgardistischen Moderne, soweit sie sich nicht der *l'art pour l'art* verschrieben, stellten sich in Nachfolge utilitaristischer Auffassungen des 19. Jahrhunderts (V. G. Belinskij, Černyševskij u. a.) ausdrücklich in den Dienst der großen Utopie von der Befreiung des Menschen aus allen materiellen und geistigen Fesseln. Allerdings ließ das neue Regime die Art und Weise der künstlerischen Unterstützung in größerem Maße offen, als es die Theorie vorsah. Anfangs konnte es seine Vorstellungen nicht durchsetzen, danach nahm es auf die NĖP Rücksicht. Erst deren Ende und die Alleinherrschaft Stalins schufen die Voraussetzungen für eine andere Gangart. Gestützt auf einen Machtapparat von zunehmender Ausfächerung konnten der Diktator und seine Umgebung nun auch die *Form* der Kunst vorgeben, die ihnen zweckmäßig zu sein schien. Der letzte Rest an Freiheit löste sich auf: Anstelle der authentischen Gestaltung trat die befohlene.

Ein zweites Prinzip, das in dieser Weise kanonisiert wurde, bezeichnete das Verhältnis zwischen künstlerischer Darstellung und Wirklichkeit. Die Anordnung besagte, daß Romane, aber auch Skulpturen und Gemälde, die tatsächlichen Verhältnisse ‹widerspiegeln› sollten. Vermutlich hätten manche Künstler mit dieser Forderung leben können, wenn die Realität mit der Wahrheit identisch gewesen wäre. Genau besehen, meinte die Forderung aber nicht Realismus, sondern ‹Idealismus› im Sinne jener Wirklichkeit, die der Partei vorschwebte. Literatur und Kunst sollten das Leben nicht zeigen, wie es war, sondern wie es zu sein hatte. Die Aufgabe bestand nicht in der Abbildung des Sichtbaren, noch weniger in naturalistischer Reproduktion, die schon wegen ihrer sozialkritischen Tendenz verpönt war. Vielmehr hatte sich die Wiedergabe auf das ‹Charakteristische› und die eventuell verdeckte, aber bestimmende Entwicklung zu konzentrieren. Die ‹richtige› Mimesis sollte das Wesen, nicht die Erscheinung erfassen. Worin aber das Wesen und seine ‹korrekte› Darstellung bestanden, bestimmten die Kunstwächter der Obrigkeit.

Alle weiteren Gestaltungsprinzipien ergaben sich aus dem Postulat der ‹parteilichen Mimesis›. Wenn die «Widerspiegelung» nicht der Oberfläche galt, sondern einer tieferen Dimension der Wirklichkeit, schloß sie bereits

4. Bildung, Alltag, Kultur

die Forderung nach dem *Typischen* ein. Nicht marginale oder grelle Umstände und Charaktere sollte die vorbildliche Kunst darstellen, sondern die kennzeichnenden und repräsentativen. Allerdings blieb diese Vorgabe so vage, daß darüber nicht weniger kontrovers diskutiert wurde als über die Form des Realitätsbezugs. Die Auffassung vom Typischen als einem Substrat verschiedener Ausformungen gegebener Verhältnisse stand dabei einer Sehweise gegenüber, die eher die Zukunft in der Gegenwart betonte. Auch darin spiegelte sich letztlich die alte Spannung zwischen Wunsch und Wirklichkeit. Es konnte daher kaum ausbleiben, daß mit zunehmender ideologischer Engführung auch der projektive, unwahre Gehalt des Typischen in den Vordergrund trat.

Kaum größere Klarheit bestand beim «positiven Helden», der ebenfalls zur Grundausstattung des sozialistischen Realismus gehörte. Auch seine Merkmale blieben umstritten; auch für ihn galt, daß sich sein Erscheinungsbild mit der politisch-sozialen Gesamtlage änderte. Aus der vorrevolutionären Zeit wirkte die Neigung nach, ein Gegenbild zum prägenden Typus der großen Literatur des 19. Jahrhundert, zum ‹überflüssigen Menschen› zu schaffen. Nach dem Umsturz entfiel diese Folie. Das Musterhafte streifte gleichsam das stützende Korsett der Opposition zum Bestehenden ab und wurde affirmativ. Die Negation der Negation wandelte sich zum Positiven, ohne daß zwischen beide ein Gleichheitszeichen zu setzen gewesen wäre. Denn dem Helden wuchs nun unausweichlich eine legitimatorische Funktion zu. Er hatte nicht nur, wie Gorki 1932 programmatisch erläuterte, zum Schöpfer der neuen Weltordnung zu werden und den Menschen von morgen vorwegzunehmen, sondern zugleich den der Gegenwart zu verkörpern. Nach der großen Wende trat diese Funktion immer deutlicher in den Vordergrund. Der ‹positive Held› wandelte sich vom unerschrockenen Revolutionär – ohne diese Eigenschaft abzulegen – zum praktisch denkenden, pflichtbewußten und lernbegierigen Techniker, vom Helden der Revolution zum «Helden der Arbeit». Dem entsprach, daß er einfach war und aus dem Volke stammte. Er verlor die Eigenschaften eines Intelligenzlers und Bourgeois. Er brauchte nicht mehr, wie viele seiner Vorgänger, nach Art der Protagonisten bürgerlicher Bildungsromane durch Erfahrung zur Vervollkommnung geführt zu werden. Er beging nur noch mindere Irrtümer und war im Grunde schon perfekt. Als Personifizierung der besten Eigenschaften näherte er sich der Konfliktlosigkeit – und damit der Grenze seiner ‹erzieherischen› Ausstrahlung. Sicher lag in dieser Entwicklung, die in den letzten Vorkriegsjahren immer hörbarer bemängelt wurde, eine innere Logik: Die wachsende Bürde an legitimatorischen und affirmativen Aufgaben, deren Gewicht auch eine zunehmende Kluft zwischen ideologischem Anspruch und sozioökonomisch-politischer Wirklichkeit spiegelte, entzog dem ‹positiven Helden› jene Lebens- und Volksverbundenheit, auf der seine identifikationsstiftende Wirkung beruhte.[20]

Bei alledem fällt auf, daß die Romane, die zu Mustern des sozialistischen Realismus wurden, ganz überwiegend *vor* dessen Verkündung entstanden. Gorkis «Mutter» erschien 1906, M. A. Šolochovs «Der stille Don» 1928 (erster Band), D. A. Furmanovs «Čapaev» 1923, F. V. Gladkovs «Zement» 1925, Tolstojs «Peter I.» 1929 (erster Band) und N. A. Ostrovskij «Wie der Stahl gehärtet wurde» 1932-34. Schon in Kenntnis der neuen Ästhetik schrieb von den bekannten, immer wieder aufgelegten Autoren im wesentlichen nur A. A. Fadeev (»Die junge Garde»). Diese Ungleichzeitigkeit war kein Zufall. Vielmehr verweist sie auf ein grundlegendes Merkmal des Programms: auf seine Verwurzelung im 19. Jahrhundert und seinen konservativen Gesamtcharakter. Unter tätiger Beihilfe von Lunačarskij, Gorki und G. Lukács - dem bedeutendsten orthodox-marxistischen Literaturtheoretiker jener Jahre - wurde eine belletristische Darstellungsform zum Dogma erhoben, die schon in ihrer Selbstbezeichnung an das große Zeitalter des europäischen Romans anknüpfte. Der Ablehnung nicht nur der Moderne seit dem Expressionismus, sondern auch des Naturalismus lag ein bewußter Rückgriff auf eine anerkannte, bedeutende Gestaltungsweise, keine bloße Strömung, zugrunde. Vieles dürfte bei dieser Wahl im Spiele gewesen sein: die Zeitgenossenschaft mit den sozialistischen Gründervätern, die Nachwirkung der frühsozialistischen Ästhetik Černyševskijs und seiner Mitstreiter, der konservative Kunstgeschmack Lenins, die singuläre Bedeutung Gorkis als des marxistisch-bolschewistischen Dichters schlechthin und nicht zuletzt die ungleich größere Zugänglichkeit des Realismus im Vergleich zur nachfolgenden Moderne. Daß der Stil des vergangenen Jahrhunderts den Problemen der Zeit nicht mehr entsprechen könne, schien schon der neue Zukunftsbezug auszuschließen. Es war eine eigentümliche Legierung aus konservativer Darstellungsform, sozialer Utopie und großrussischer Heimatverbundenheit, die das diktatorische Regime als künstlerische Untermauerung des Aufbruchs zur sozialistischen Gesellschaft für angezeigt hielt. Stalin traf ihre paradoxe Unerfüllbarkeit recht genau, als er 1935 den Wunsch nach einer «sowjetischen Klassik» äußerte.[21]

Es war bezeichnend für die veränderte Qualität der sowjetischen Diktatur, daß die neue Linie auch institutionell durchgesetzt wurde. Dem Regime genügte es nicht mehr, programmatische Aufsätze zu verbreiten und die Mehrheit in den künstlerischen Berufsverbänden auf seine Linie einzuschwören. Die Meinungspluralität selbst störte; die heraufziehende totalitäre Herrschaft zielte auf uneingeschränkte Instrumentalisierung. Auch bei diesem Vorgang lassen sich zwei Phasen klar unterscheiden, die mit Stalins Aufstieg und seiner endgültigen Machtergreifung nach dem Abenteuer der Kollektivierung zusammenfallen. Die erste zwischen 1928 und 1932 stand im Zeichen der Hegemonie des *Allrussischen Verbandes der proletarischen Schriftsteller* (VAPP) und eines Selbstverständnisses, das Kunst und Literatur auf die Parteilichkeit im Sinne der ‹Arbeiterrevolution› verpflichtete.

Unter seinem agilen Vorsitzenden L. L. Averbach sog er, der sich nach der Bildung eines analogen allsowjetischen Verbandes zur besseren Unterscheidung *Arbeiterorganisation der proletarischen Schriftsteller* (RAPP) nannte, die Reste konkurrierender Gesinnungsgemeinschaften auf und erwarb ein faktisches Vertretungsmonopol. Mit dieser Macht unterstützte er die ‹große Wende› und war Teil jener Reideologisierung im Zeichen des Klassenkampfes, die den Pragmatismus der NĖP ablöste. Dabei zögerte er auch nicht, vermeintliche ‹rechte› und ‹linke› Abweichler in seinen Reihen zu denunzieren. Nur eines verweigerte er: die völlige Unterwerfung. Die RAPP sah sich als Mitstreiter für die proletarische Sache, aber nicht als willenloses Instrument der Politik. Demgegenüber dürften die theoretischen Differenzen über die Grundlagen marxistischer Literaturbetrachtung von nachgeordneter Bedeutung gewesen sein. Es war den Stalinisten ein willkommener Vorwand, daß sich die RAPP auf Plechanovs Überlegungen bezog, die leicht als ‹menschewistisch› zu denunzieren und gegenüber einschlägigen Bemerkungen Lenins aus dem Jahre 1905 herabzusetzen waren. In Wahrheit ging es um die uneingeschränkte Kontrolle auch über das kunstvoll geschriebene Wort. Trotz oder vielleicht gerade wegen ihres überzeugten Marxismus mußte die RAPP, nachdem sie ihren Dienst getan hatte, gehen. Ihre Auflösung per Beschluß des ZK vom 23. April 1932 kam angesichts der propagandistischen Beruhigung überraschend, aber sie war konsequent.

An die Stelle der RAPP trat nach zweijährigen Vorbereitungen der *Sowjetische Schriftstellerverband*. Schon auf seinem Gründungskongreß im August 1934 wurde deutlich, daß damit auch im öffentlichen literarischen Leben eine neue Zeit begann. Nicht nur fand der «sozialistische Realismus» als verbindliche Darstellungsform Aufnahme in das Statut. Symptomatischer noch war der Umstand, daß sich gleich drei prominente Parteiführer Zeit für einen Auftritt nahmen. Der einflußreichste dürfte (vor Bucharin und Radek) trotz seiner Jugend Ždanov gewesen sein, der im ZK für theoretische Fragen zuständig war, bald zum Parteichef von Leningrad und zum ideologischen Wächter des Regimes aufstieg. Was Ždanov den Delegierten vortrug, gab nicht nur die offizielle Meinung wieder, sondern besaß auch in neuer Weise verpflichtenden Charakter. Gestützt auf ihr Meinungsmonopol und durch die Einheitsorganisation gefördert, gelang es den Stalinisten nun widerspruchslos, die publizierte schöne Literatur in das enge Korsett ihrer Direktiven zu zwingen. Wer ihnen auswich oder gar gegen den Strom schwamm, hatte nicht nur mit Mißachtung zu rechnen, sondern mit Ausschluß, Druckverbot und bald auch mit Deportation und Zwangsarbeit. Selbst unlängst noch geehrte, anerkannte Schriftsteller wie M. A. Bulgakov, dem Stalin persönlich im Frühjahr 1930 zum Posten des Stellvertrenden Direktors am Moskauer Künstlertheater (MChAT) verholfen hatte, konnten frei nur noch für die wohlverschlossene Schublade schreiben (unter anderem den wohl bedeutendsten Roman dieser Jahre «Der Meister und Margarita»).

Funktionäre bestimmten, was wert und was unwert war. Obrigkeitliche Zwecke regierten über die schönen Künste, die ohne nennenswerte Ausnahme zu schematischer Serienproduktion herabsanken. Kein stalinistischer Roman im engeren Sinne – Fadeevs «Junge Garde» eingeschlossen – erreichte die unbezweifelbare sprachlich-gestalterische Kraft des ‹Stillen Don› Šolochovs oder des ersten Bandes von Tolstojs «Peter dem Großen», von Gorkis «Mutter» nicht zu reden. Erst Stalins Tod brachte an den Tag, daß selbst sein Regiment den Geist nicht vernichten konnte.[22]

Was Schriftstellerverband und Funktionäre dennoch vermochten, war indes schon schlimm genug. Ihr Eingriff hatte zur Folge, daß die russische Kunst, die seit der Jahrhundertwende auf fast allen Gebieten Anschluß an die europäische Moderne gefunden und anerkannte Leistungen hervorgebracht hatte, auf fade Mittelmäßigkeit zurückfiel. In der *Dramaturgie* erkannte Meyerhold zwar die Zeichen der Zeit und stellte sein Agitationstheater 1933 zugunsten einer ‹Verbeugung› vor dem Realismus zurück. Auch die Inszenierung von Tschajkowskis *Pique Dame* galt nicht ohne Grund einer Oper, die auf der berühmten, klassischen (d. h. romantischen) Novelle Puškins beruhte. Er weigerte sich jedoch, ganz und gar von der Darstellung der Gegenwart Abschied zu nehmen. Als er es mitten im ‹Großen Terror› 1937 wagte, auch die roten Bürgerkriegsgreuel auf die Bühne zu bringen, wurde sein Theater kurzerhand geschlossen. Drei Jahre später zögerte er auf einer Konferenz der Theaterdirektoren abermals, sich dem Diktat des sozialistischen Realismus zu unterwerfen. Meyerhold wurde verhaftet, gefoltert und ermordet, seine Frau, eine berühmte Schauspielerin, kurz darauf durch siebzehn Messerstiche in ihrer Wohnung getötet.[23]

Auch an *Oper und Musik* nahmen die Parteizensoren wirkungsvoll Anteil. Stalin selbst liebte russisch-patriotische Werke und animierte – in einem der seltenen Bekenntnisse zu seiner Herkunft – die musikalische Umsetzung eines großen georgischen Epos. Allerdings hielt er dabei auf einen bestimmten Geschmack. Als 1935 D. D. Šostakovičs Vertonung der berühmten Novelle *Lady Macbeth von Mcensk* von N. S. Leskov aufgeführt wurde, intervenierten seine Aufpasser. Die *Pravda* lamentierte über ‹kakophonisches Gekrächze› anstelle ‹menschlicher Musik› und witterte linksabweichlerische Avantgardisten am Werk. Nicht ästhetische Experimente entfremdeter Gehirne seien dem Sozialismus angemessen, sondern Massennähe und Volksverbundenheit. Die Oper wurde abgesetzt und Šostakovič, der sich nie wieder an ein Musikdrama herantraute, verwarnt. Es begann, auch in den anderen Künsten, eine Kampagne gegen den sog. Formalismus. Wie bei vielen ähnlichen Eingriffen, blieb das Ziel der Attacken höchst unscharf. Letztlich fiel alles darunter, was der offiziösen Gestaltungsform widersprach. Jazz wurde verpönt, so wie einst der ‹dekadente› Foxtrott. Statt des Fremdländischen und Intellektualistischen, das man nun in erster Linie an ihm ablehnte, feierte die heimatliche Folklore obrigkeitlich geförderte Urstände. Musikfilme, die neue volksliedartige Melodien zu populären Schlagern machten (»Wolga, Wolga«), halfen dabei kräftig mit. Auch in dieser Hinsicht zeigten die beiden beherrschenden Diktaturen jener Jahre bemerkenswert verwandte Tendenzen: Das ‹Volksempfinden› avancierte – neben propagandistischen Zielen – zum obersten Maßstab vor allem, aber nicht nur der Musik.[24]

Am deutlichsten war der Niedergang wohl im *Film*. Gerade in dieser neuen Kunstgattung hatten sowjetische Künstler Maßstäbe gesetzt. Während Hollywood die ersten Idole eines Mediums kreierte, das in neuen Dimensionen Massen faszinierte und kommerziell verwertbar war, schufen sowjetische Regisseure grundlegende Techniken zur Steigerung seiner ästhetischen Kraft und Vielfalt. Künstlerisch erreichten einige sowjetische Produktionen fraglos das Niveau der frühen westlichen Klassiker des Stummfilms. Um so tiefer war der Sturz unter dem Joch der stalinistischen Kunstdiktatur. Für alle bekannten Meister des Genres ging die Gestaltungsfreiheit zu Beginn der dreißiger Jahre zu Ende; mit ihr schwanden Kreativität und Phantasie. Zwar versuchten die meisten als überzeugte Revolutionäre, sich mit dem Regime zu arrangieren, das nach ihrer Meinung die überlegene Sache vertrat. Eisensteins *Aleksandr Nevskij* (1938) ist das vielleicht bekannteste Beispiel dafür. Sicher bewies selbst dieses patriotische Spektakel über die Abwehr der Ordensritter auf dem Eis des Peipussees 1240 ebenso wie die filmische Verherrlichung *Ivans des Schrecklichen* (1944–46) als gewalttätigen, aber historisch legitimierten Begründer des russischen Nationalstaats großes handwerkliches Können. Dennoch fehlte den Spätwerken bei aller Einprägsamkeit der holzschnittartigen Figuren und aller atmosphärischen Dichte die suggestive Gewalt der frühen Filme. A. P. Dovženko und Pudovkin unterwarfen sich der oktroyierten Feier zeitgeschichtlicher oder historischer Helden noch vorbehaltloser. Bis zur *perestrojka* hat sich der sowjetische Film aus dieser erstickenden Knebelung, von ganz wenigen Ausnahmen (wie den Filmen A. A. Tarkovskijs) abgesehen, nicht mehr befreien können.[25]

Unter mehreren Aspekten könnte man der *Architektur* eine noch größere Bedeutung für das Regime zumessen als den anderen Künsten. Zum einen besaß sie eine eminent praktische, den Alltag fundamental prägende Dimension; zum anderen kam ihr darüber vermittelt eine ungewöhnliche Breitenwirkung zu. Ihre Schöpfungen wurden als Monumente nicht nur häufig und von vielen gesehen, sondern als Nutzbauten bewohnt oder zur Arbeit aufgesucht. In den neuen Städten und Stadtteilen bestimmten sie über ein Stück Lebensqualität der großen Masse. Das Regime wußte um diesen besonderen Stellenwert und schenkte der Architektur von Beginn an entsprechende Beachtung. Angesichts fehlender materieller Mittel blieb die Aufmerksamkeit allerdings in den zwanziger Jahren überwiegend theoretischer Natur. Neue Konzepte über das Bauen und Wohnen gehörten zum Kern der kulturrevolutionären Begleiterscheinungen der großen Umwälzung. Auch in dieser

VI. Die Herrschaft Stalins (1934–1941)

Hinsicht schien der neue Staat ein Laboratorium zu sein und einen radikalen Abschied von der Tradition zu ermöglichen. Daß verschiedene Strömungen der Moderne, konstruktivistische und funktionalistische (Neue Sachlichkeit) ebenso wie bereits klassische (Jugendstil, *Art nouveau*) aus der Vorkriegszeit, in der frühen Sowjetunion trotz des überwiegend konservativen Geschmacks der Parteiführung eindeutig das Feld beherrschten, hatte sicher nicht nur mit der Ausstrahlung einheimischer Protagonisten wie Tatlin und A. M. Rodčenko oder K. S. Mel'nikov und A. V. Ščusev zu tun, sondern ergab sich gleichsam aus der Natur der Sache, dem Charakter des Regimes, selbst.

Um so bemerkenswerter war die Wende auch auf diesem Gebiet. Dabei eröffnete der ‹Aufbau des Sozialismus› in den Augen etablierter Architekten ebenfalls enorme Chancen. Der Beginn der Planwirtschaft schien die Sowjetunion in ein Land der unbegrenzten Möglichkeiten zu verwandeln und in neuem Maßstab Gelegenheit zu bieten, ohne Rücksicht auf die Wünsche und Marotten privater Financiers allein nach künstlerisch-sachlichen Maßstäben zu bauen. Erstmals unterstützte das Regime eine Radikalität, die alle Hindernisse beiseite zu räumen erlaubte, und erstmals sollte dies in einem nachgerade gigantischen Ausmaß geschehen. Man muß mindestens bis zur Französischen Revolution zurückgehen, um eine vergleichbare Herausforderung für die architektonische und raumplanerische Phantasie zu finden. So nimmt es nicht wunder, daß sich berühmte Vertreter der architektonischen Moderne in Europa und der Welt an sowjetischen Wettbewerben beteiligten (wie Le Corbusier bei der Ausschreibung des Neubaus für den Obersten Sowjet) oder sogar ihre berufliche Tätigkeit vorübergehend nach Moskau verlegten (wie der Frankfurter Ernst Mai, der an verantwortlicher Stelle Ideen für die Retortenstadt Magnitogorsk beisteuerte, oder Hannes Meyer, Nachfolger von Walter Gropius im Bauhaus, der 1930 in das nationale Institut für Urbanistik eintrat und am Generalplan für die Neugestaltung Moskaus mitarbeitete). Sie alle wurden enttäuscht und mußten erleben, daß ihnen die erstarkende stalinistische Diktatur entschiedener ins Handwerk pfuschte als jeder private oder nur regional zuständige staatliche Auftraggeber. Als sie sich – spätestens 1934 – enttäuscht vom ‹Heimatland des Sozialismus› abwandten, lagen ihre architektonischen Hoffnungen in Trümmern. Vertreter des «Konstruktivismus», der unscharf als Generalnenner für alles Moderne diente, bewahrten zwar Einfluß und Ansehen noch bis zum ‹Großen Terror›, aber ihre Ideen durften kaum mehr erwähnt, geschweige denn realisiert werden.

Auch dieser Umbruch setzte zu Beginn des ersten Planjahrfünfts ein. Anfangs mehrten sich lediglich die kritischen Stimmen gegen die gradlinigen, kubischen Zweckbauten aus Stahl, Beton und Glas, gegen den ‹Formalismus› und ‹Technizismus›, dem man kurzerhand auch den ‹Dekorativismus› (gemeint waren Einflüsse des Jugendstil sowie neoromantischer und neomoskowitischer Bauweisen) untermischte, um alle Haupttendenzen der

4. Bildung, Alltag, Kultur

zeitgenössischen Architektur mit einem Streich zu treffen. Eine Schlüsselrolle fiel dabei der *Allrussischen Vereinigung der proletarischen Architekten* (VOPRA) zu, die im August 1929 in offenkundiger Parallele zur RAPP gegründet wurde und die Moderne pauschal als bürgerlich-kapitalistisch verunglimpfte. Allerdings gelang es diesem Kampfverband nicht, den ‹Konstruktivismus› wirklich zu verdrängen. Das ‹Projekt der Moderne› hatte noch zu viele einflußreiche qualifizierte Anhänger. Es blieb bei Kampagnen – zum Beispiel gegen den bekanntesten sowjetischen Vertreter einer dem *Bauhaus* verpflichteten Architektur, Ivan I. Leonidov.

Erst 1932 fühlte sich die neue Führung stark genug, auch in dieser Hinsicht Abschied von der eigenen Vergangenheit zu nehmen. Erneut in Analogie zu entsprechenden Schritten in der Literatur (sowie der Malerei und anderen Künsten) verfügte sie die Gründung einer Einheitsorganisation, die den Namen *Verband der sowjetischen Architekten* erhielt. Wenngleich sich die neue Vereinigung erst später ein Programm gab, lagen dessen Grundzüge von Anfang an fest: Die Architekten sollten die neumodischen ‹Träume› der zwanziger Jahre ebenfalls vergessen und sich auf solide Baukunst besinnen. Allerdings blieb der positive Regelkanon weit unbestimmter als in der Literatur und Malerei. Von «sozialistischem Realismus» war zwar auch für die Architektur die Rede, sollte doch gerade sie helfen, das Leben – nach dem berühmten Ausspruch Stalins – ‹schöner› und ‹besser› zu machen. Aber es fehlte ein klares Muster, wie es der klassische Realismus des 19. Jahrhunderts für die Belletristik bot. Statt dessen flossen die verschiedensten Strömungen in die Entwürfe ein, denen die Zensoren Beifall spendeten. Ein stilistisches Sammelsurium wurde gefördert, dessen Ingredienzien eigentlich nur eines gemeinsam war: die *Monumentalität*.

Diese Quintessenz der ‹sozialistischen Architektur› wurde schon früh sichtbar (wenn auch noch nicht dominant). Aufmerksame Beobachter erkannten sie in der Entscheidung des Wettbewerbs um *den* Prestigebau der ersten Jahre Stalinscher Alleinherrschaft: eine neue Unterkunft für den Obersten Sowjet, das formal höchste Organ im Rätestaat. Die Idee eines «Palastes der Arbeit» war nicht neu. Spätestens seit Tatlins berühmtem Entwurf zu einem Denkmal für die Dritte Internationale (in Gestalt eines riesigen, schrägen, spiralförmig sich verjüngenden Turms) von 1920 hatte sich das Projekt in den Köpfen der führenden Revolutionäre festgesetzt. Verschiedene Standorte in der Nähe des Kremls waren für zu klein befunden und verworfen worden. Erst die ausgreifenden, megalomanischen Planungen für die Umwälzung des gesamten Reiches im Zuge der zentral dirigierten Industrialisierung beseitigten auch in dieser Frage alle Bedenken. Ein neuer Bauplatz am Ufer der Moskva wurde ausersehen, wo der Palast an die Stelle der Kathedrale «Christus der Erlöser» treten sollte, und die Ausschreibung 1931 unter den besten Architekten der Epoche bekannt gemacht. Neben Le Corbusier beteiligten sich auch Gropius und andere Vertreter der

VI. Die Herrschaft Stalins (1934–1941)

Moderne aus Deutschland, Frankreich und anderen Ländern. Den Zuschlag erhielt schließlich der russische Architekt B. M. Jofan, allerdings mit der Auflage, nachträglich Empfehlungen der Auswahlkommission zu berücksichtigen. Dieser veränderte, 1933 approbierte Entwurf sah ein riesiges Gebäude vor, das sich hinter einem halbkreisförmigen, sich zum Betrachter öffnenden Vorbau nach Art einer Hochzeitstorte in acht aufeinander geschichteten Zylindern mit jeweils abnehmendem Durchmesser und zunehmender Höhe zu einem gewaltigen Sockel für eine Leninstatue auftürmte, die alles Vergleichbare übertraf. Der Sowjetpalast sollte das höchste und größte Gebäude der Welt werden, neben dem die vatikanische Peterskirche auf Zwergenmaß geschrumpft wäre, das die Wolkenkratzer New Yorks überragt und Lenin mit einer Höhe zwischen 50 und 70 Metern auch als Skulptur zum größten aller Menschen und in den Himmel erhoben hätte. Als Saum aller Zylinder und des Halbkreises waren mächtige, ‹antike› Kolonnaden vorgesehen – seit jeher ein probates Mittel, um Größe und (säkulare) Weihe zu suggerieren. Avantgardistische Exempel ‹neuer Sachlichkeit› standen zu dieser Zeit nicht mehr ernsthaft zur Debatte. Die stalinistische Epoche hatte die Form ihrer architektonischen Selbstdarstellung gefunden: in der übermenschlichen Dimension, in der Erzeugung einer pseudoreligiösen Aura, im Bemühen um Eindruck durch das bloße Ausmaß. Der totalitäre Machtstaat erhob sich zum Gegenstand kultischer Reverenz – und degradierte den Menschen auf die Winzigkeit einer Ameise. Die Erbauer solcher Tempel hätten sich bald auch, ohne daß wesentliche Änderungen nötig gewesen wären, in Nürnberg oder Berlin betätigen können.

Freilich versetzte der Wettbewerb um den Sowjetpalast in eben dem Maße, wie er stilbildend wirkte, dem internationalen Prestige sowjetischer Baukunst einen vernichtenden Schlag. Der renommierte amerikanische Architekt Frank Lloyd Wright traf sicher den Kern, als er nach seiner Rückkehr vom ersten sowjetischen Architektenkongreß 1937 über seine Eindrücke in Moskau schrieb: «Gebäude mit Säulenreihen, riesige Decken, von denen glitzernde Kristallkandelaber herabhängen, griechische Statuen auf Renaissancebalustraden, Barockbrunnen, die mit dem geschnittenen Grün der Parks kontrastieren. ... Welche schreckliche Konzeptionsarmut hinter diesen Bastards.» Sicher hätte er über die später fertiggestellten Gebäude, die bis heute die Silhouette Moskaus prägen, nicht anders geurteilt. Die ‹Stalingotik› der fünfzig- und mehretagigen Wohntürme mit zinnenförmigen Eckaufbauten und domartigen Spitzen, die in der neuen Universität auf den Leninhügeln ihre bekannteste Ausformung fand, ließ ebenfalls klare Vorstellungen vermissen. Sie neigte überdies mehr und mehr zur Anfügung von funktionslosem – und teurem, wie Chruščev später krämerisch bemängelte – Dekor, das an englische Kathedralen des Spätmittelalters erinnerte. Imitation und Manierismus ersetzten die gestalterische Phantasie. Was blieb, war die schiere Größe.[26]

4. Bildung, Alltag, Kultur 573

Respekt- und hemmungsloser Umgang mit der Vergangenheit samt Gigantomanie prägten nicht zuletzt die Überlegungen zur *Umgestaltung Moskaus*. Nach Beginn des ersten Fünfjahresplans reifte das Vorhaben, die Metropole der Weltrevolution zum Muster und Beweis der rational-gestalterischen Überlegenheit des Sozialismus auszubauen. Als Überhang der zwanziger Jahre rangen anfangs noch utopische Urbanisten mit nicht weniger weltfremden Agraristen. Auch in diesen Streit griff das stalinistische ZK früh ein und wandte sich gegen beide Kontrahenten (Mai 1930). Was es durchsetzte, war allerdings weniger ein gesunder Kompromiß als eine Stadtentwicklung nach seinem Geschmack. Unter der Ägide von Kaganovič (assistiert vom Moskauer Parteichef Chruščev) wurde ein Generalplan erstellt, der das alte Herz Rußlands bis zur Unkenntlichkeit verändert hätte. Ganze Straßenzüge sollten geschleift, breite diagonale Durchfahrten planiert und ungehinderte Axialverbindungen geschaffen werden. Rückständiges, einschließlich der Kirchen, hatte zu weichen; auch in der Stadtplanung siegte ideologischer Pomp. Dieser grundstürzende Generalplan verband sich mit dem wohl ehrgeizigsten technischen Projekt der gesamten dreißiger Jahre: dem Bau der *Moskauer Untergrundbahn*. Ohne Rücksicht auf Kosten und Verluste ließ Stalin die gesamte Innenstadt aufwühlen. Im Mai 1935 wurde die erste Linie mit einem besonders luxuriösen Bahnhof am geplanten Sowjetpalast (später umbenannt in *Kropotkinskaja*) eröffnet. Weitere Linien im System sich kreuzender Diagonalen und eines alle verbindenden Ringes folgten. Fraglos entstand so das modernste und schönste großstädtische Nahverkehrssystem der Erde. Zugleich schuf Stalin aber einen irrealen Schein: Die riesigen, palast- und hallenartigen Bahnhöfe, die aufwendige Verarbeitung von Marmor und Edelmetallen, die lichtdurchflutet-klare, später manieristisch-überladene Ausgestaltung und die sprichwörtliche Sauberkeit samt einer Überwachung, die eines Regierungsgebäudes würdig war, machten die Metro zu einer fremden, märchenhaften Kunstwelt. Unter dem Asphalt wurde gleichsam kompensiert, was darüber für alle sicht- und erfahrbar fehlte.

Sicher war es ein Glücksfall, daß die meisten anderen Projekte bloße Phantasiegebilde blieben. Der Sowjetpalast scheiterte an der mangelnden Stabilität des Untergrundes; nahe an der Moskva gelang es nicht, die Fundamente gegen Wassereinbruch abzudichten. Als dies klar wurde, war die alte Bebauung, die größte Kathedrale Moskaus (die gegenwärtig als Symbol des neuen Rußland wiedersteht), schon abgerissen worden (Dezember 1931). Da die Suche nach einem alternativen Standort vergeblich blieb, entschied sich Chruščev schließlich für eine andere, kleine Lösung. Er ließ in den Mauern des Kreml ein Kongreßzentrum errichten (1961), das humane Dimensionen besaß, kein bestehendes Gebäude tangierte und im partiell rehabilitierten ‹modernen› Stil gehalten war. Auch die Innenstadt blieb von den größten Zerstörungen verschont. Zwar war der Auftakt schlimm genug:

Die alte Marktstraße längs der Kremlmauer wurde in eine breite und zugige Magistrale verwandelt, die zum neuen Sowjetpalast führen sollte. Die schmale, gewundene Hauptstraße (umbenannt in Gorki-Straße) wurde begradigt, verbreitert und vier- bis fünfgeschossig neu bebaut. Aber man legte das größte Warenhaus (GUM) neben dem Roten Platz nicht in Schutt und Asche und brach viele Diagonalen nicht durch die bestehenden Bauten. Dabei kapitulierte die größenwahnsinnige Planung aber weniger vor der Beharrungskraft der Tradition – vom alten Moskau blieb trotz allem nicht viel – als vor finanziellen Zwängen, dem Mangel an Arbeitskräften, der Priorität anderer Vorhaben und nicht zuletzt – vor dem Krieg.[27]

Bei alledem läßt sich das Verhältnis zwischen der ‹revolutionären› Kunst der zwanziger Jahre und der ‹sozialistischen› der dreißiger, zwischen Experiment und Avantgarde auf der einen und konservativer literarischer Ästhetik samt monumentaler Imponierarchitektur auf der anderen Seite, nicht so einfach beschreiben, wie es auf den ersten Blick erscheinen mag. Wohl steht die Wende in der Kunstpolitik ebenso außer Zweifel wie die evidente stilistische Zäsur in den geförderten Werken. Offen bleibt aber, ob nicht mehr modern-›revolutionäre› Elemente fortwirkten, als der erste Blick erkennen läßt. Zum einen hat man auf die erhebliche Zählebigkeit ‹alter› Auffassungen selbst in den Verbänden hingewiesen, da sie sich mit der Autorität der bekanntesten Architekten verbanden. Zum anderen zogen sich manche Künstler einfach nur aus der Öffentlichkeit zurück, ohne sich dem neuen Geschmack zu beugen. Selbst wenn sie ihren Beruf aufgaben, konnte sie niemand wirklich daran hindern, ihre Konzepte im kleinen Kreis zu verbreiten oder in innerer Opposition für die ‹Schublade› weiterzuarbeiten. Auf diese Art und Weise überlebte manches und trat, wenn auch in veränderter Form, nach 1953 wieder an die Oberfläche. Darüber hinaus hat man die ‹ketzerische› Frage gestellt, ob die stalinistische Kunst nicht doch grundsätzliche Absichten der leninistischen verwirklichte. Auch auf der kulturellen Ebene geistiger Schöpfungen steht damit die Frage nach der Kontinuität und der Einheitlichkeit ‹gemeinsozialistischer› Prinzipien zur Debatte. Sicher wird man dem Hauptbeleg für diese Argumentation, Stalin habe der Kunst jene lebensgestaltende Praxis endlich ermöglicht, von der die revolutionäre Avantgarde stets träumte, im großen und ganzen zustimmen können. Davon unberührt bleibt aber der nicht minder überzeugende Hinweis darauf, daß diese Realisierung mit Hilfe seiner Zensoren eine völlig andere, von den Kritikern der reinen Theorie gewiß nicht vorhergesehene Gestalt annahm. Als die Kunst nachhaltigeren Einfluß als zuvor auf die Wirklichkeit nahm, hatte sie ihre Freiheit endgültig verloren. Nicht sie griff in neuer Form ins Leben ein, sondern der Staat mit ihrer Hilfe.[28]

Wie die Kunst zog die *Wissenschaft* von Anfang an die Aufmerksamkeit des Regimes auf sich. Auch dieses Verhältnis war alles andere als spannungsfrei,

4. Bildung, Alltag, Kultur

aber in unterschiedlicher, eigener Weise. Während viele Literaten, Maler und Designer die bolschewistische Revolution begrüßten oder doch nicht ablehnten, stand die große Mehrheit der Wissenschaftler entschieden im oppositionellen, liberalen Lager. Wohl begriffen die neuen Herrscher schnell, daß sie auf die Unterstützung dieser Schlüsselgruppe nicht verzichten konnten, wenn sie ihren anspruchsvollen Fernzielen näherkommen wollten. Zugleich blieb die relative politische Toleranz, die aus dieser Einsicht erwuchs, jedoch labil.

Der Kurswechsel des Regimes in dieser Frage läßt sich recht genau auf den Beginn der Planwirtschaft datieren. Als das große Industrialisierungsprogramm in Angriff genommen wurde, glaubten Partei und Staat auch der Wissenschaft straffere Zügel anlegen zu müssen. Auch dabei gingen Kontrolle und Mobilisierung Hand in Hand. Es fügte sich nahtlos in die Gesamtstrategie, daß im Februar 1928 eine neue Organisation ans Tageslicht trat, die ihre Aufgabe im Namen führte: «Allunionsvereinigung der Wissenschaftler und Techniker zur Unterstützung des sozialistischen Aufbaus» (VARNITSO). Von einem Revolutionär und renommierten Chemiker gegründet, fungierten ihre Mitglieder als Stoßtrupp der Bolschewisierung. Denn der Werbung um Mitwirkung folgten bald Strafe und Zwang. Was der Šachty-Prozeß der «alten Intelligenz» allgemein signalisierte, galt auch für die Wissenschaft und die Bastion ihrer relativen Unabhängigkeit, die ehrwürdige Akademie der Wissenschaften in Leningrad. Spätestens mit der Einrichtung einer besonderen Regierungskommission unter Leitung eines führenden Mitglieds der RKI im Frühjahr 1929 ging die ‹friedliche Koexistenz› zu Ende, und begann die Säuberung. Die letzten bedeutenden, international renommierten Repräsentanten der vorrevolutionären russischen Wissenschaft, wie die Historiker S. F. Platonov und M. K. Ljubavskij, wurden verbannt und verschwanden für immer; andere wie E. V. Tarle kehrten nach einiger Zeit zurück. Der langgediente Sekretär der Akademie S. F. Ol'denburg, einst prominenter Liberaler, wurde seines Amtes enthoben. Ihn ersetzte im folgenden Jahr der Bolschewik und Spezialist für Geschichte und Theorie des Sozialismus V. P. Volgin. Nach Neuwahlen in den Jahren 1929 und 1932 nahm die Akademie gegen Ende des ersten Planjahrfünfts tatsächlich die Gestalt an, die der neuen Staats- und Parteiführung vorschwebte. Von 92 ordentlichen Mitgliedern waren nur noch 14 vor 1917, elf zwischen 1917 und 1928 und 67 nach 1928 gewählt worden. Andererseits erreichte die neue Staatsführung eines *nicht*: die Abschaffung der Kooptation durch autonome Zuwahl von seiten der Vollmitglieder. Mit dieser Beschränkung ihrer Macht mußte der Sowjetstaat bis zu seinem Ende leben.

Dennoch stand der zentralen Steuerung auch der Wissenschaft nun nichts mehr im Wege. Stalin und seine Mannen vollzogen die Weichenstellungen, die sie für nötig hielten, ohne auf nennenswerten Widerstand zu stoßen. Was sie bald nach der Wende auf den Weg brachten, war im wesentlichen dreierlei: die Anpassung der Forschung an die Bedürfnisse der sozioökonomischen Entwicklung, den Ausbau vor allem der naturwissenschaftlichen Institute und die Gründung von Filialen der Akademie in den Unionsrepubliken, mithin die Dezentralisierung und Regionalisierung vornehmlich der naturwissenschaftlichen Großforschung. Für den Geist dieses Kurswechsels war es aber bezeichnend, daß man an der Akademie als organisatorischem Rahmen festhielt. Die älteste Einrichtung der höheren Bildung in Rußland erhielt 1935, nachdem man das alte Statut von 1836 erst 1927 ersetzt hatte, abermals eine neue Verfassung. Ein Jahr später wurde die einzige Konkurrenz, die unter Lenin als dezidierte Alternative zur ‹bürgerlichen› Forschung ins Leben gerufene Kommunistische Akademie, wieder geschlossen. Auch dieser Akt signalisierte das Ende der Experimente und des freien revolutionären Denkens. Denn die neue Akademie hatte fraglos hervorragende marxistische Intellektuelle (wie Deborin und Bucharin) an sich gezogen, allerdings solche, die auf ihre Unabhängigkeit nicht verzichten und sich weder dem Schematismus noch dem Monopolanspruch der Stalinschen Dogmatik unterwerfen wollten. So ergab sich das Paradox, daß das neue marxistische Forschungszentrum für die wissenschaftliche Abstützung des ‹sozialistischen Aufbaus› weniger geeignet schien als das veränderte alte. Nachdem dieses 1933 auch noch dem SNK unterstellt und ein Jahr später nach Moskau transferiert worden war, verfügte die Stalinsche Partei- und Staatsführung mit ihm über die personell stärkeren, fachlich erheblich breiter gestreuten, gerade in den Naturwissenschaften bestens ausgewiesenen und botmäßigen Globalinstitutionen.[29]

Über den Ertrag der reorganisierten oder neubegründeten Akademieeinrichtungen läßt sich nur schwer urteilen. Licht und Schatten lagen dicht beieinander. Fächer und Institute, die sich einer generell hohen Wertschätzung erfreuten und die man zugleich an relativ langer Leine ließ, brachten Leistungen von Weltgeltung hervor. Umgekehrt geriet der Forschergeist in die Tretmühle unproduktiver Scholastik, wo er apriorische, sowjetmarxistische ‹Gesetzmäßigkeiten› zu belegen suchte. Es gehört ins Reich der Legende, daß ideologische Vorgaben die theoretische Physik in der Stalinära ernsthaft behindert hätten. Sicher wurde der Vorwurf des Idealismus gegen die Relativitäts- und Quantentheorie einschließlich der Bohrschen und Heisenbergschen Komplementaritätspostulate erhoben. Aber zum einen geschah dies eher in der physikalischen Philosophie, zum anderen wurde es nach dem großen Umbruch immer stiller um ihn. In bezeichnender Parallelität zu analogen Veränderungen des Schul- und Hochschulunterrichts kehrte auch die stalinistische Wissenschaftspolitik in manchen Bereichen zu konservativen Grundsätzen zurück, indem sie auf unmittelbare Intervention verzichtete. Zugleich gründete der Staat neue Institute, denen er ein Mindestmaß an Selbständigkeit konzedierte. Aus dem Institut für Mathematik und Physik gingen 1934 zwei getrennte Einrichtungen hervor, in denen

4. Bildung, Alltag, Kultur

N. N. Luzin und andere an den Fundamenten der modernen Mathematik mitwirkten und verschiedene herausragende Physiker im Umkreis des hochangesehenen A. F. Ioffe (V. A. Fok, I. E. Tamm u. a.) die zeitgenössische Atomtheorie (durchaus auf ‹idealistischer› Basis) weiterentwickeln halfen. Für einen besonders hoffnungsvollen Wissenschaftler, P. L. Kapica, der sich als Mitarbeiter E. Rutherfords in Cambridge Verdienste erworben hatte, wurde 1935 (wenn auch als Kompensation eines Ausreiseverbots) sogar ein eigenes «Institut für physikalische Probleme» eingerichtet. Der Lohn für diese Anstrengungen blieb trotz des Verderbens, das der Massenterror – etwa im berühmten Ukrainischen Physikalisch-Technischen Institut in Char'kov 1937 – auch in diesem Bereich verursachte, nicht aus: Von den sieben Nobelpreisen, die sowjetische Wissenschaftler bis 1982 erhielten, entfielen die meisten auf die Kerngebiete der Naturwissenschaften, und alle wurzelten in Forschungen der Stalinära. Zugleich fällt auf, daß die meisten Laureaten ihr Studium noch in der internationalen Atmosphäre der zwanziger Jahre absolviert hatten. Mit großer Wahrscheinlichkeit hat eben diese Verbindung aus erheblichen Investitionen vor allem (aber nicht nur) an Personal, einem großzügigen (völlig aus dem Rahmen der sonstigen Kontrolle fallenden) fachlichen Freiraum und hochqualifizierten, noch unter anderen Verhältnissen ausgebildetem Experten maßgeblich zu diesem Ergebnis beigetragen. Die Erfolgsbedingung scheint somit nicht zuletzt darin bestanden zu haben, daß das Interesse des diktatorischen Staates an Prestige und militärisch-industriell nutzbarem Grundlagenwissen mit dem Bemühen der Forscher um Bewahrung ihrer Selbständigkeit zusammenfiel.[30]

Ganz anders lagen die Dinge in der Agrobiologie und Pflanzengenetik. Hier gab seit der Mitte der dreißiger Jahre ein Mann den Ton an, der zum Inbegriff des pseudowissenschaftlichen Scharlatans und Ideologen wurde. Mit bemerkenswertem Machthunger und Durchsetzungsvermögen nutzte T. D. Lysenko die Gunst der Stunde, um die kanonisierte Ideologie in den Dienst vermeintlicher Forschungsergebnisse zu stellen. Was in der Physik und Chemie – hier nicht zuletzt dank des enormen Einflusses von V. I. Vernadskij – nicht gelang, schien im ökonomisch wichtigen Bereich der Pflanzenzüchtung möglich zu sein. Unter Rückgriff auf ältere russische Hypothesen verkündete er mit kräftiger Rückendeckung der Partei die ‹materialistische› Theorie von der prinzipiellen Prägung der pflanzlichen Erbmasse durch die Umwelt. Die bloße Veränderung der Lebensbedingungen werde zur genetischen Anpassung der Pflanzen führen und gebe dem Menschen einen leicht handhabbaren Schlüssel zur Ertragssteigerung in die Hand. Denn dies reklamierte Lysenko ebenso lautstark für seine ‹Theorie›: daß sie unmittelbar praktisch sei und dazu beitragen könne, das wirtschaftliche Kardinalproblem der Sowjetunion zu lösen – die Bevölkerung besser zu ernähren. Lysenko stellte sich damit gegen den Rest der wissenschaftlichen Welt. Vehement bekämpfte er die zeitgenössische Genetik, die von der prinzipiellen Kontingenz der Verbindung von Erbanlagen ausging und die völlig andere Richtung der molekularen Biochemie einschlug. Dabei verzichtete er nicht auf patriotische Töne, indem er andere Theorien als ‹unrussisch› diffamierte, und sicherte sich auch dadurch das Gehör der Parteioberen. Im August 1940 wurde sein wichtigster Gegenspieler, der renommierte Genetiker N. I. Vavilov, während einer Forschungsreise in die Westukraine vom NKVD verschleppt; er starb 1943 an seinem Verbannungsort Saratov. Trotz wachsender Kritik überdauerte Lysenkos Einfluß sogar das Ende der Stalinära. Chruščev vertraute seinen Thesen in der Hoffnung, den Erfolg der ehrgeizigen Agrarreformen beschleunigen zu können. Erst mit dem Zusammenbruch auch dieser Illusion und mit Chruščev fiel Lysenko.[31]

Die Geisteswissenschaften gehörten zu den Forschungsbereichen, die in besonderem Maße unter der Knute ideologischer Zensur zu leiden hatten. Sie durften öffentlich nur Methoden anwenden und Gegenstände untersuchen, die mit der offiziösen Weltanschauung und schlimmer noch: mit der parteilich-obrigkeitlich approbierten Interpretation dieser Weltanschauung vereinbar waren. Die Rezeption vieler großer und origineller Denker des Jahrhundertbeginns fiel diesem Verbot zum Opfer. Ganze Disziplinen, die von ihnen begründet oder maßgeblich beeinflußt wurden, konnten sich nicht entfalten. Weder E. Durkheim noch M. Weber und G. Simmel, weder S. Freud noch W. Dilthey noch E. Husserl, um nur einige wenige zu nennen, drangen mit ihren grundlegend neuen Betrachtungsweisen in die Sowjetunion vor. Soziologie, Psychoanalyse, geistesgeschichtliche Hermeneutik, Phänomenologie, von anderen Richtungen moderner Philosophie nicht zu reden, wurden an der Grenze angehalten. Letztlich sperrten die ideologischen Gralshüter damit in den Geisteswissenschaften sehr viel radikaler als in den Naturwissenschaften die gesamte Moderne aus.

An ihrer Stelle bemühten sie sich um eine leicht faßbare und breiten Bevölkerungsschichten vermittelbare Systematisierung dessen, was sie unter Marxismus-Leninismus verstanden. Im Grundsatz war die kanonisierende ‹Fest-Stellung› der Staatsideologie zum philosophisch-abstrakten «dialektischen Materialismus» und zum geschichtlichen Globalschema des «historischen Materialismus» nicht neu. Dennoch markierte das neue Regime auch in dieser Hinsicht eine Zäsur. Gegen Ende der NĖP konnten ‹Dialektiker› und Anhänger einer eher ‹mechanischen› Deutung des Materialismus noch miteinander streiten. Webers vergleichende Typologie der Städte wurde ins Russische übersetzt und von renommierten Mediävisten zur Kenntnis genommen. Desgleichen kannte man noch, wie genau auch immer, neuere Überlegungen aus der westlichen Pädagogik und Psychologie. Unter Stalin mußte dieses Wissen untertauchen. Es zog sich in die Köpfe und konspirative Kommunikation einiger weniger Individualisten und früher ‹Dissidenten› zurück. Die Masse der neuen, sowjetischen Intelligenz wuchs in weitestgehender Isolation von ausländischen Ideen auf. Gerade in geistig-kultureller Hinsicht wird man weit in die russische Geschichte zurückgehen müssen, um eine ähnliche Periode der Abschottung zu finden. Ein bezeichnendes Indiz dafür war der Schwund von Fremdsprachenkenntnissen. In den zwanziger Jahren lasen Wissenschaftler noch deutsch oder schon englisch; die «Sowjetintelligenz» verstand nur noch russisch. Vom Rest der Welt getrennt und auf verbindliche methodisch-weltanschauliche Axiome festgelegt, verödeten die Geisteswissenschaften zu einem stehenden Gewässer, in dem sie überleben, aber keinen frischen Sauerstoff schöpfen konnten.[32]

Bei alledem wurden sie nicht eigentlich vernachlässigt. Sie genossen zwar keine Unterstützung, die der Pflege der naturwissenschaftlich-technischen Fächer vergleichbar gewesen wäre. Aber die beiden größten Disziplinen, die Geschichts- und die Literaturwissenschaft, erfuhren doch eine Aufmerksamkeit und materielle Hilfe, um die man sie in anderen Ländern beneidet hätte. Vor allem die historische Forschung profitierte von der herausragenden Bedeutung, die ihr die marxistische Weltanschauung zuwies. Marx leitete die Bewegungsgesetze der historischen Evolution in der ewigen Dialektik von Produktivkräften und Produktionsverhältnissen bekanntlich aus dem Studium der Geschichte ab. Wie dogmatisiert auch immer, ergaben sich daraus Erwartungen, die ihr sowohl einen besonderen Rang verliehen, als auch besondere Einschränkungen auferlegten. Deutlicher noch als in den zwanziger Jahren wurde die Historie zur Legitimation des Regimes herangezogen. Dabei fiel ihr die besondere Aufgabe zu, nach den Wurzeln des aktuellen Sozialismus zu fahnden. Daraus erwuchsen nicht nur die bekannten riesigen Quelleneditionen zur Geschichte der «Arbeiter- und Bauernbewegung» (nach angeblicher bolschewistischer Lenkung selektiert) oder die konzentrierten Anstrengungen zur Erforschung der «Genesis des Kapitalismus» in Rußland (die man schon um die Mitte des 17. Jahrhunderts entdeckte), der Arbeiterschaft seit Peter dem Großen, der revolutionären Bewegung in allen genehmen Verästelungen sowie ganz allgemein die exklusive Bevorzugung der sozioökonomischen Geschichte. Auch die Wiederentdeckung der ‹Helden› russischer Vergangenheit gehört in diesen Zusammenhang. So wie der sozialistisch-realistische Roman positive Bezugspersonen brauchte, benötigte das stalinistische Geschichtsbewußtsein Symbole und Personifikationen der entscheidenden Etappen auf dem Wege zur unübertrefflichen Gegenwart. Manche romantische Mythen des 19. Jahrhunderts konnten dabei leicht eingefügt werden. Aus der «Sammlung der russischen Erde» wurde die Herstellung des zentralisierten Einheitsstaates, aus dem ersten gesalbten Zaren Ivan IV. (der «Schreckliche») der Vollender des Kampfes gegen die ‹feudale Zersplitterung›. Bei anderen Akteuren und Entwicklungen griff man eher auf westliche Deutungen zurück. Peter I. erschien als Herkules, der den russischen Augiasstall ausmistete, um das Land auf den Weg der Moderne zu bringen. Die stalinistische Geschichtswissenschaft brauchte wieder ‹große Männer› und kreierte sie mit mehr Pathos als die

vorrevolutionäre. Beides war (und blieb in manchen Nachkriegsjahrzehnten) im Kommandosystem oktroyierter Geistesgeschichte vereinbar: ein kruder Materialismus, der die Forschung weitgehend auf die sozioökonomische Realität einengte und eine neue Ahnengalerie bedeutender Individuen, die den Lebenden teilweise so angenähert wurden, daß Alexander Nevskij, wie Dovženko über seinen eigenen gleichnamigen Film bemerkte (1940), agierte wie «ein Sekretär des Parteikomitees von Pskov».[33]
Es bleibt das Problem eines Gesamturteils. Organisatorisch wurden fast alle Wissenschaften an so enger Leine geführt wie nie zuvor. Auch inhaltlich mußten sie sich eine Gängelung gefallen lassen, die ihresgleichen suchte. Auf der anderen Seite bildete der verheerende Einfluß Lysenkos in den Naturwissenschaften eher eine Ausnahme. In vielen ‹Leitdisziplinen› vollzog sich am Vorabend des Zweiten Weltkriegs unter dem Dach der stark erweiterten Akademie der Wissenschaften eine «ungewöhnlich produktive Forschung», die an der internationalen Entwicklung teilnahm. Dabei kam zum Tragen, daß sich nun manche Begabungen entfalteten, die in der relativ freien Atmosphäre der zwanziger Jahren herangereift waren. Darüber hinaus gehörte es sowohl zu den notwendigen Kompromissen als auch zu den charakteristischen Merkmalen totalitärer Staaten, daß sie zur Förderung übergeordneter sozioökonomischer oder technischer Gesamtziele großzügig Mittel investierten und dabei wissenschaftliche Freiräume tolerierten, die für anderes genutzt werden konnten. Dies mag zur Erklärung der Beobachtung beitragen, daß im Stalinismus beides anzutreffen war: «herausragende wissenschaftliche Leistungen» und «skandalöse politische Attacken.»[34]

e. Kirche und Religion

Nicht überraschend gewann auch der ‹Kirchenkampf› mit der Wiederbelebung von Ideologie und Klassenkampf deutlich an Schärfe. Die hochgestimmte Parteijugend, die auszog, um den kapitalistischen Feind endgültig niederzuringen, wollte auch die geistigen Hauptübel der Vergangenheit mit Stumpf und Stiel ausrotten. Nach den Exzessen der frühen Jahre (1918–21) und der pragmatischen Mäßigung im Zeichen der NĖP (1922–28) begann parallel zur planwirtschaftlichen Industrialisierung und Zwangskollektivierung der dritte und verheerendste Sturmlauf gegen Kirche und Religion.
Die neue Kampfeslust schlug sich bald in gesetzlichen Vorschriften nieder. Dabei las sich das Dekret «über religiöse Vereinigungen» vom 8. April 1929 auf den ersten Blick konziliant. Ausdrücklich legalisierte es «Zusammenschlüsse» gläubiger Bürger jedweden Bekenntnisses zum Zwecke der «gemeinsamen Befriedigung ihrer religiösen Bedürfnisse», wenn sie von zwanzig erwachsenen Personen beantragt wurden. Gemeinden solcher Art durften ‹spezielle Gebetsgebäude› unterhalten, «religiöse Kongresse» veranstalten und Spenden sammeln. Bedeutsamer war indes, was sie *nicht* mehr durften.

4. Bildung, Alltag, Kultur

Ihnen wurde untersagt, Mitgliedern materiell zu helfen, Unterstützungskassen und -vereine zu gründen, außerhalb ihrer Gebäude (Schulen eingeschlossen) religiöse Unterweisung zu erteilen und generell für ihre Ziele zu werben, Familienangehörige der registrierten Gläubigen (Kinder, Frauen) dabei ausdrücklich eingeschlossen. Solche Verbote gingen über die Trennung von Staat und Religion weit hinaus. Das Regime erkannte die Kirche formal erneut an, engte ihren Spielraum aber noch weiter ein und unterwarf sie gänzlich seiner Gnade und Willkür. Dem Dekret entsprach eine Verfassungsänderung, die der nächste (14.) Sowjetkongreß beschloß. Anstelle der «Freiheit religiöser Propaganda» garantierte das Grundgesetz des Sowjetstaates fortan nur noch die «Freiheit des religiösen Bekenntnisses». Unterbunden werden sollte, wie ein Kommentar erläuterte, jegliche ‹antisowjetische› Agitation in kirchlichem Gewande. Um sich Zweifelsfragen zu ersparen, ging man im neuen Geist pauschal vor – und verbot alle Äußerungen außerhalb der dedizierten Gebäude, wenn sie nicht ausdrücklich genehmigt worden waren. Zugleich stärkten Partei und Staat die atheistische Bewegung. Von annähernder Kräftegleichheit konnte im Kampf um die Seelen ohnehin schon seit der Revolution nicht mehr gesprochen werden. Aber fraglos vergrößerten das Dekret vom April 1929 und die folgende Verfassungsänderung den Abstand erheblich.[35]

Nicht genug damit, erhöhte das Regime auch den materiellen Druck. Verschiedene Maßnahmen addierten sich vor dem Hintergrund ohnehin hoher ‹Strafsteuern› zu einer fiskalischen Belastung, die eine atheistische Zeitschrift 1930 mit Genugtuung als «empfindlich» bezeichnete. Gleichzeitig wurden die Mieten sowohl in den ehemaligen Pfarrhäusern als auch in anderweitigen Gebäuden heraufgesetzt. Am schlimmsten aber wirkte sich eine Anordnung vom 3. Januar 1930 aus, derzufolge die Angehörigen aller nichtwahlberechtigten Gruppen, darunter auch die Geistlichkeit, angesichts des katastrophalen Mangels an städtischem Wohnraum aus öffentlichen Appartements und Häusern auszuziehen hatten. Ähnlich rigoros handelte der Staat, als Versorgungsprobleme das Industrialisierungsprogramm zu behindern drohten. Er wies die Kooperativen an, die ‹Werktätigen› vorrangig zu versorgen und Nichtwahlberechtigte, die durch diesen Status als ‹Klassenfeinde› stigmatisiert waren, nur gegen Sonderzahlungen zu beliefern.

Hinzu kamen massive Übergriffe und Schikanen aller Art. Besonders aktiv war die Atheistenbewegung. Jaroslavskij und seine Anhänger versiegelten Kirchen und Kapellen, holten die Glocken aus den Türmen, propagierten ‹gottlose Kolchosen› und nutzten die Umwälzung auf dem Dorfe, um auch Kirche und Religion zumindest optisch vom Land zu vertreiben. Wo neue Siedlungen entstanden, war dies einfach; man baute weder Kapellen noch Betstuben und verbannte die Popen, soweit es sie noch gab. Gleiches galt für die neuen Städte des industriellen Aufbruchs: In der Silhouette von Magnitogorsk fehlten die zwiebelförmigen Goldkuppeln, die immer noch als Wahrzeichen der Städte galten. Die Atheisten waren es auch, die Ikonen auf Scheiterhaufen verbrannten, wo sie ihrer habhaft werden konnten. Wenige Jahre später sollte zutage treten, daß für Heiligenbilder ähnliches galt wie für Bücher: Wer sie verbrannte, schreckte auch vor der Vernichtung der Menschen nicht zurück, die sie verehrten. Dieselben gewalttätigen Atheisten begrüßten auch diejenige Neuerung, die den traditionellen Lebensrhythmus besonders tiefgreifend veränderte: die Einführung der *nepreryvka*, der ununterbrochenen Arbeitswoche. Was im Frühsommer 1929 vor allem dazu gedacht war, die Kapazitätsauslastung der Industrie zu erhöhen, griff tief in die religiös-kirchlichen Gewohnheiten ein. Sonn- und Feiertage wurden zu Arbeitstagen, Familien konnten religiöse Feste und private Feiern nicht mehr vollzählig begehen. Der Alltag wurde der Regulierung durch die Kirche entzogen und der ‹Uhr› des Produktionsprozesses unterworfen. Die «Gottlosen» waren sich dieser Wirkung vollauf bewußt und versuchten, sie zu beschleunigen. Sie verstärkten ihre Kampagnen vor den Feiertagen, insbesondere vor Ostern und Weihnachten, und hofften, das Diktat der Maschinen werde der Religion endgültig «einen vernichtenden Schlag» versetzen.[36]

So wie sich freilich die *nepreryvka* nicht durchzusetzen vermochte und schon gegen Ende des ersten Planjahrfünfts kaum mehr praktiziert wurde, blieb auch der atheistische Ansturm ohne durchschlagenden Erfolg. Allem Anschein nach gelangte die Parteispitze bereits Anfang 1930 zu der Einsicht, daß viele Siegesmeldungen falsch waren oder flüchtige Zustände wiedergaben. Hinzu kam wachsender Widerstand gegen die Schließung von Dorfkirchen und die Schändung des Heiligsten. Ähnlich wie im Falle der Kollektivierung ging der Protest dabei vor allem von den Bauersfrauen aus; sie hielten auch in dieser Hinsicht zäh an der Tradition fest. Gleichfalls analog zur Kollektivierungskampagne lenkte die Partei ein. Mitte Januar 1930 konzedierte Stalin in einem Brief an Gorki, bei der «antireligiösen Propaganda» seien große «Dummheiten begangen» worden, die nur «Wasser auf die Mühle der Feinde» leiten könnten. Und ein halbes Jahr später erteilte der 16. Parteitag übereifrigen Atheisten eine offizielle Rüge, indem er sie daran erinnerte, daß man sich die Mühe langwieriger Überzeugung nicht durch flinken Zwang ersparen könne. Auf bloße Furcht allein konnte sich, was Stalin und seinen Getreuen in der prekären Übergangsphase sehr genau bewußt war, gerade die Umwälzung der Lebens- und Denkweise nicht stützen.[37]

Deshalb lag auch in der Religionsfrage ein ‹Waffenstillstand› nahe. Der Regierung kam es gelegen, daß die atheistische Bewegung deutliche Zeichen der Erschöpfung erkennen ließ. Die Klagen über nachlassenden Eifer vor Ort häuften sich. Die erfolgreiche Zeit ‹atheistischer Stoßbrigaden› aus den Städten oder bäuerlicher Mustertrupps, die ‹atheistische Äcker› bestellten, ging zu Ende. Das Jahr 1932 markierte den Höhe- und zugleich den Wendepunkt der Bewegung. Von ca. 465 000 zu Beginn der Kampagne (1929) kletterte die registrierte Mitgliederzahl bis Mai dieses Jahres auf ca. 5,7 Mio. Zugleich schnellte die Zahl ‹atheistischer› Zeitungen und Zeitschriften um ein Mehrfaches empor, so daß die Gesamtauflage die Millionengrenze überschritt; insgesamt addierte sie sich von 1927 bis 1930 auf ca. 43,6 Mio. Exemplare. Doch die Tätigkeit der Gottlosen veränderte sich bereits. Auch wenn sie 1932 im riesigen *Kazanskij sobor* in Leningrad ein sinnfälliges Symbol, das – nach der zentralen Institution dieser Art in Moskau – bedeutendste Atheismus-Museum erhielten, leisteten sie bereits mehr allgemein kulturelle Aufbau- und ‹Produktionsarbeit›, als daß sie an der ‹religiösen Front› fochten. Sie kämpften gegen Trunksucht und Faulenzerei, warben für die ‹richtige› Parteilinie und halfen bei der Ernte. Als diese eingebracht und der äußere Sieg nicht mehr gefährdet war, sank der Kurs ihrer Hilfeleistung. Zugleich verengte sich offenbar auch der finanzielle Spielraum. Jedenfalls ließ die staatliche Unterstützung für die atheistische Bewegung drastisch nach. Seit 1934 war eine deutliche Beruhigung zu verzeichnen, ablesbar unter anderem daran, daß die meisten atheistischen Periodika, darunter sogar das ‹Zentralorgan› *Bezbožnik (Der Gottlose),* ihr Erscheinen einstellte. Das Regime bekehrte sich gewiß nicht zur Christlichkeit. Aber es verzichtete sozusagen auf den Gnadenstoß und erlaubte den verbliebenen Gläubigen das Überleben in der Enklave.

Die Annahme liegt nahe, daß dazu auch die Entwicklung auf der ‹anderen Seite› beitrug. Die Kampagne verlor ihren Gegner. Zum einen wiederholte der Stellvertretende Patriarchatsverweser – so sein offizieller Titel –, der Metropolit Sergij, seine Loyalitätsbezeugung gegenüber dem Regime. Dabei strapazierte er die Wahrheit so sehr, daß er in der *Izvestija* sogar behauptete, in der Sowjetunion gebe es keine Religionsverfolgungen. Kirchen seien auch nicht auf Betreiben der Regierung, sondern «auf Wunsch der Bevölkerung» geschlossen worden. Sicher ging solche Unterwürfigkeit nicht nur den orthodoxen Christen im Exil, sondern auch vielen, die in der Sowjetunion ausharrten, entschieden zu weit. Auf der anderen Seite gab es im Land selbst keine hörbaren Gegenstimmen. Sergijs Unterwerfung war darin realistisch, daß sie der Schwäche der Kirche als *Anstalt* Rechnung trug. Vor 1917 soll es in Moskau ca. 460 orthodoxe Gotteshäuser gegeben haben; Anfang 1933 waren etwa 100 geblieben. Auch wenn sich der Glaube auf dem Lande vermutlich mit größerem Erfolg behauptete, war das Ende dessen weitgehend erreicht, was sich auf dem Wege der direkten Aktion, durch Zerstörung und Propaganda, bewirken ließ.

Die zweite Phase religionspolitischer ‹Mäßigung› erreichte 1936 mit der Verabschiedung der Verfassung ihren Höhepunkt. Da alle Bürger nach dem angeblichen Ende der ‹Klassengesellschaft› nun gleich sein sollten, konnten auch die Geistlichen nicht ausgeschlossen bleiben. Das Verbot der Aufnahme ihrer Kinder an den Universitäten wurde ebenso annulliert wie die Beschränkung ihres Wahlrechts. Formal kam der Klerus fortan in den Genuß derselben Rechte wie die übrigen Mitglieder der Gesellschaft. Stalin sah keine innere Gefahr mehr, vor der sich die Sowjetmacht noch schützen mußte. So zynisch diese Behauptung war, machtpolitisch traf sie den Kern. Hinzu kam, daß die russische Kirche eine gewisse historische Rehabilitierung erfuhr. In dem Maße, wie der Patriotismus als kompensatorische Integrationsideologie propagiert wurde, rückten auch die frommen Heiligen der alten Rus' ins Pantheon der Helden ein. Selbst der Revolutionsbarde Demjan Bednyj mußte sich allerhöchsten Tadel gefallen lassen, als er diese Wende übersah und in einem Opernlibretto die Taufe des Heiligen Vladimir von Kiev im Jahre 988 parodierte. Stalinistische Vaterlandsliebe duldete auch in grauer Vorzeit keine «Verunglimpfung der Recken» mehr.[38]

Doch auch dieser einseitige Friede war nicht von Dauer. Obgleich von der Kirche als Anstalt keine Gefahr ausging, wollte das zunehmend neurotisierte Regime selbst ihre Möglichkeit ausschalten. Als es zum Massenterror überging, blieb die Kirche nicht verschont. Über das Ausmaß der Gewalt liegen unterschiedliche Zahlen vor. Älteren Schätzungen aus Dissidentenkreisen zufolge wurden 1936–38 ca. 800 000 orthodoxe Geistliche verhaftet und 1937–39 ca. 670 Bischöfe ermordet. Die Kommission zur Rehabilitierung Verfolgter beim Moskauer Patriarchat ermittelte unlängst eine Gesamtzahl von 350 000 bis 1941 verurteilten Gläubigen, von denen allein 1937 ca. 150 000 verhaftet und 80 000 hingerichtet wurden. Und der Vorsitzende einer im Zeichen der *perestrojka* eingesetzten Wiedergutmachungskommission bezifferte die Zahl der Verhafteten auf 165 200, von denen 106 800 erschossen worden seien. Welche Zahlen auch immer zutreffen, der Blutzoll war hoch, und der Kirche wurde personell – wenngleich der Patriarchatsverweser Sergij bemerkenswerterweise unbehelligt blieb – endgültig das Rückgrat gebrochen. Da sie kaum Nachwuchs erhielt, vergreisten die ‹Verwalter› ihres Charismas. Von 83 Moskauer Priestern waren 1938 nur drei jünger als vierzig Jahre. In vielen Gemeinden gab es längst keine ordinierten Geistlichen mehr; statt dessen wuchs die Zahl der ‹selbstbestellten›. Bibelkundige Laien, vorzugsweise Frauen, übernahmen die Liturgie. Wo ‹amtliche› Repräsentanten der strangulierten Kirche fehlten, griffen die Gläubigen zur Selbsthilfe. Es hatte erhebliche Bedeutung für die innerkirchliche Opposition der fünfziger und sechziger Jahre, daß die ‹Gemeindereligiosität› zwangsläufig einen Teil des Vakuums füllte, das die ‹Anstaltsreligiosität› hinterließ, und sich die orthodoxe Kirche spürbar demokratisierte.[39]

Deshalb muß auch das Fazit über den Zustand von Kirche und Religion am Vorabend des Zweiten Weltkriegs offen ausfallen. Der bloße Zerfall der Institution sagt nicht alles. Sicher liegt ein Indiz für den äußeren Zustand der Kirche darin, daß von einst ca. 80 000 russisch-christlichen Gotteshäusern 1939 nur noch etwa 20 000 ihrer alten Aufgabe dienten. Man tut aber gut daran, zwischen Anstalt und Glauben zu trennen. Zwar kamen beide in der orthodoxen Lehre eng zusammen; ein gottesfürchtiges Leben außerhalb amtlicher Hierarchie lag ihr – spätestens seit dem 16. Jahrhundert – ebenso fern wie dem Katholizismus. Aber die Sowjet- und insbesondere die Stalinära zwangen die Kirche in einen Ausnahmezustand. Ob im inneren oder äußeren Exil, die Regeln normaler Existenz waren außer Kraft gesetzt. Was an religiösem Leben überdauerte, blieb notgedrungen unsichtbar. So betrachtet, hatte die einstige Staatskirche nun Gelegenheit, Formen religiöser Praxis zu erproben, die sie den Altgläubigen über Jahrhunderte zugemutet hatte. In welchem Maße sie zur Religion ohne Kirche wurde, hat sich bislang nicht zufriedenstellend klären lassen. Immerhin wagten es selbst auf dem Höhepunkt des Terrors bei der Volkszählung vom Januar 1937 45,1 %, sich für den Glauben auszusprechen. Somit spiegeln beide Behauptungen ihren Teil der Wirklichkeit: Auf der einen Seite kann die weitgehende Verdrängung der fast tausend Jahre alten Kirche aus dem öffentlichen Leben ohne nennenswerten manifesten Widerstand kaum anders als ein Erfolg des Regimes gewertet werden; auf der anderen Seite zeigt sich in der Retrospektive, daß im Verborgenen mehr Religiosität überlebte, als die institutionelle Marginalisierung und die enorme soziale und ideologische Mobilisierung der Bevölkerung in der frühen Stalinära vermuten ließen. Letztlich hängt ein abschließendes Urteil nicht nur von weiteren Forschungen ab, sondern auch von der Antwort auf die Frage, was Kirche ist.[40]

5. Außenpolitik zwischen «kollektiver Sicherheit» und Kumpanei der Diktatoren 1929–1941

Die sowjetische Außenpolitik der dreißiger Jahre hat der Forschung seit Jahrzehnten Rätsel aufgegeben. Dem äußeren Anschein nach verfolgte sie widersprüchliche oder zumindest mehrere Ziele gleichzeitig und ließ so wenig konzeptionelle Geschlossenheit erkennen, daß sie sehr verschiedene Deutungen erlaubte. Immer noch stehen einander dabei vor allem zwei Positionen gegenüber. Die eine geht von einer grundlegenden Neuorientierung der auswärtigen Aktivitäten der Sowjetunion aus. Mit dem Übergang zum «Aufbau des Sozialismus in einem Lande» erkennt sie eine wachsende Priorität zugunsten seiner Absicherung durch bilaterale Nichtangriffsvereinbarungen, deren Summe die größtmögliche Garantie gegen die ungewollte eigene Kriegsbeteiligung zu gewähren schien. Erste Grundlagen dieser Strategie wurden bereits Mitte der zwanziger Jahre geschaffen, als der Kampf gegen die innerparteiliche Opposition noch tobte, aber faktisch bereits entschieden war. Der Wechsel im Amt des Außenkommissars von Čičerin zu M. M. Litvinov Anfang 1930 festigte sie und erhob sie endgültig zur neuen Leitlinie. In ihrem argumentativen Kern geht diese Interpretation von einem engen Zusammenhang zwischen innerer und äußerer Entwicklung, zwischen Industrialisierung und Kollektivierung auf der einen Seite und einer

Diplomatie auf der anderen Seite aus, deren oberste Aufgabe darin bestand, den ‹Sprung nach vorn› international abzuschirmen. Insofern folgt sie einer funktionalen Gedankenfigur und legt implizit eine beträchtliche Rationalität zugrunde, die das Endziel nicht aus den Augen verlor.

Die zweite Deutung meint dagegen die Fortsetzung jenes Doppelspiels einer offiziellen und einer ‹geheimen› Diplomatie beobachten zu können, das schon die frühe Außenpolitik der Sowjetunion kennzeichnete. Hinter der Fassade «kollektiver Sicherheit» ortet sie eine andere Absicht, die sie als eigentliche identifiziert: das Bestreben, zu einem Arrangement mit Deutschland zu kommen. Diese These schließt die Annahme ein, daß die Sowjetführung von der Machtergreifung der Nationalsozialisten letztlich weniger erschüttert wurde, als sie propagandistisch glauben machen wollte, und kein prinzipieller Gegensatz zwischen «Faschismus» und «Bolschewismus» bestand. Im Gegenteil, genau besehen waren die Diktaturen eng miteinander verwandt: Beide strebten nach maximalem territorialen Gewinn und in letzter Absicht nach Herrschaft über ihre Nachbarn und die Welt. Dabei fallen in dieser Sehweise zwei durchaus unterschiedliche Motivationsunterstellungen und eigene Prämissen zusammen: die Auffassung, daß Stalin trotz der Industrialisierung im eigenen Land und des Faschismus in Mitteleuropa unbelehrbar auf eine Restauration des Vertrages von Rapallo hinarbeitete, sowie die Meinung, daß der ‹braune› und der ‹rote› Totalitarismus wesensverwandt waren und mit innerer Zwangsläufigkeit zu einer außenpolitischen Kooperation fanden. Auch wenn sie auf durchgängige, vom Aufstieg des Nationalsozialismus nicht dauerhaft unterbrochene Fäden verweisen kann, urteilt diese Deutung in starkem Maße retrospektiv vom Ergebnis des Hitler-Stalin-Paktes her. Sie legt den Akzent auf die Suche nach einer Erklärung für dieses Ende und findet sie in einer beträchtlichen, letzlich überwiegenden ‹Autonomie› sowohl fortdauernder außenpolitischer Fernziele als auch außenpolitischer Aspekte der Wahlverwandtschaft der Systeme. Demgegenüber spielen ‹funktionale› Erfordernisse der innenpolitischen Situation eine untergeordnete Rolle. Insofern beziehen beide Deutungen implizit auch zum einst vieldiskutierten Problem des ‹Primats der Innenpolitik› Stellung.[1]

Bei alledem stimmen die Interpreten in mindestens zwei Befunden überein. Zum einen entdecken sie eine fundamentale Kontinuität in der ideologischen Prämisse eines unaufhebbaren Gegensatzes zwischen «Kapitalismus» und «Sozialismus». Gleich ob multi- oder bilateral orientiert, die Außenpolitik Stalins ging wie die Lenins davon aus, daß das Mutterland des Sozialismus von kapitalistischen Feinden umzingelt sei. Daraus ergab sich die zweite taktische Erbschaft: Die UdSSR tue am besten daran, sich aus den vermeintlich unausweichlichen kriegerischen Auseinandersetzungen im gegnerischen Lager herauszuhalten. Zahlreiche Äußerungen des Generalsekretärs und Diktators lassen sich als Beleg für die oberste Priorität der eigenen Unversehrtheit anführen. Zwar war Stalin realistisch genug zu erkennen, daß die Sowjetunion auf Dauer nicht abseits stehen konnte. Aber vieles spricht dafür, daß er sich bis zum deutschen Überfall an der schon im Januar 1925 geäußerten Maxime orientierte, als letzter in den Ring zu treten.[2] Der Diktator mochte, wie ihm vor allem die totalitarismustheoretische Deutung unterstellt, in wachsendem Maße auch äußerem Machthunger und territorialen Expansionsgelüsten bis hin zum Bosporus verfallen, eines wollte er aber nach ganz überwiegender Meinung nicht: einen Krieg anzetteln. So wird man davon ausgehen müssen, daß Stalin sein Land wirtschaftlich durch die forcierte Industrialisierung auch in die Lage zu versetzen suchte, den für unvermeidlich gehaltenen Endkampf gegen ‹den Kapitalismus› siegreich zu bestehen, und im Umfeld wachsender internationaler Spannung seit 1937 mehr und mehr Ressourcen in die Rüstung und den personellen Ausbau der Armee lenkte. Zugleich war er aber nach Kräften darum bemüht, diesen Ernstfall so lange wie möglich hinauszuschieben.

Von selbst versteht sich, daß beide Interpretationen die größere dokumentarische Evidenz für sich beanspruchen. ‹Schiedsrichter› müssen die Quellen sein, die aber an Eindeutigkeit zu wünschen übrig lassen. Auch die Öffnung der Archive hat die Sachlage bislang nicht entscheidend verändert. Die folgende Übersicht will nicht verhehlen, daß sie den Zeugnissen und Argumenten zugunsten der «kollektiven Sicherheit» die größere Plausibilität zuerkennt. Aber sie verschließt sich zugleich jüngst vorgetragenen Einwänden nicht, beide Deutungen könnten nicht überzeugen, da die sowjetische Außenpolitik selbst widersprüchlich und inkonsequent gewesen sei. Insofern geht sie davon aus, daß die Versuche einer nachträglichen Synopse kohärenter sind (und sein müssen) als die Sache selbst und die beiden Hauptziele der Stalinschen Diplomatie der dreißiger Jahre einander nicht ausschlossen. In dieser Perspektive lassen sich die wichtigsten Initiativen, Wendepunkte und Ergebnisse wie folgt zusammenfassen.[3]

Nicht zu bestreiten ist, daß in bezeichnender Parallele zum ersten Fünfjahresplan und dem Rückgriff auf ‹kriegskommunistische› Getreiderequisitionen neue außenpolitische Konzepte und Vorgehensweisen sichtbar wurden. Zum einen bemühte man sich, die Freundschafts- und Neutralitätsverträge mit unmittelbaren Anrainern zu einem Netz von Nichtangriffspakten zu erweitern. Entsprechenden Vereinbarungen mit der Türkei, Afghanistan und Persien aus den Jahren 1925-1927 folgten Abkommen mit den argwöhnischeren Nachbarn Finnland, Lettland und Estland (alle 1932), die aus der Konkursmasse des Zarenreichs hervorgegangen waren und mit Argusaugen über ihre mühsam errungene Unabhängigkeit wachten. Sicher zog die Sowjetunion in Gestalt der Verhandlungen mit Polen und Frankreich auch weitere Konsequenzen aus der Westintegration Deutschlands. Zugleich setzte sie aber neue Akzente. Unübersehbar traten diese in der Absicht zutage, auch mit den Erzfeinden von gestern ein völkerrechtlich verbindliches Arrangement auszuhandeln. Dabei markierten die gegenseitigen Gewaltverzichts- und Neutralitätserklärungen, die am 25. 7. und 29. 11. 1932 mit Polen und Frankreich ausgetauscht wurden, sichtbare Höhepunkte. Auch die Sowjetunion machte damit deutlich, daß sie den Dualismus zwischen Siegern und Besiegten (samt dem ausgestoßenen sozialistisch-revolutionären Regime) der unmittelbaren Nachkriegszeit für überholt hielt und eigene Vorstellungen zu einer Neuordnung entwickelt hatte. Zur Glaubwürdigkeit ihrer Absichten mochte ein zuvor unternommener Schritt beigetragen haben, der nicht nur großes Aufsehen erregte, sondern auch ein ‹altruistisches› Anliegen signalisierte. Im August 1928 hatten 15 Staaten auf Anregung der Außenminister Frankreichs und der Vereinigten Staaten, A. Briand und F. B. Kellogg, einen sog. Kriegsächtungspakt unterzeichnet. Aus verschiedenen Gründen – weil sie zuvor gar nicht beteiligt worden war, in Anbetracht des gespannten Verhältnisses zur Weltmacht Großbritannien, aber sicher ebenfalls nicht ohne propagandistisches Kalkül – drängte die Sowjetunion unter Federführung des faktisch schon entscheidenden Mannes im Außenkommissariat Litvinov seine Nachbarn, das Abkommen vorfristig in Kraft zu setzen. Sie profilierte sich damit, wie überzeugend auch immer, als friedliebender Staat, der demonstrativ und kategorisch auf militärische Mittel zur Durchsetzung seiner Wünsche verzichtete. Unter dem Gesichtspunkt internationaler Breitenwirkung konnte die Sowjetunion damit ihren ersten tatsächlichen Erfolg feiern.

Allerdings blieb es nicht bei bloßen Nichtangriffspakten. Die außenpolitische Gesamtlage in Europa veränderte und polarisierte sich in einer Weise, die den sowjetischen Bemühungen um multilaterale Sicherheit enormen Auftrieb gab. Ob diese Entwicklung im Kreml ungeteilte Freude hervorrief, ist ebenfalls umstritten. Nach außen hin zwang sie die sowjetische Politik allerdings mehr und mehr, sich weiter für Friedensvereinbarungen aller Art einzusetzen und eine Verständigung mit derjenigen Macht zu vermeiden, die zum gefährlichsten Störenfried aufstieg: dem Deutschen Reich. Denn die nationalsozialistische Machtergreifung Ende Januar 1933 veränderte die internationale Situation schlagartig. Zwar brachen die Beziehungen zwischen der Sowjetunion und Deutschland nicht ab. Namentlich die wirtschaftlichen Vereinbarungen blieben ebenso in Kraft wie manche informellen Kontakte (wie die ‹deutsche› Interpretation der sowjetischen Außenpolitik hervorhebt). Und auch die Kontinuität der politischen Beziehungen wurde durch ein Protokoll zur Verlängerung des Berliner Neutralitätsabkommens von 1926, das der Reichstag Anfang Mai 1933 ratifizierte, förmlich bestätigt. Doch diese demonstrative Geste konnte nicht darüber hinwegtäuschen, daß der Aufstieg des Nationalsozialismus den ‹Geist von Rapallo› endgültig vertrieb. NSDAP und KPD prallten nicht nur in Deutschland mit bürgerkriegsähnlicher Gewalt aufeinander. Sie standen auch paradigmatisch für die gesamteuropäische Konfrontation von Faschismus und Sozialismus sowie nicht zuletzt für den ideologischen, prinzipiellen Kampf. Zugleich riefen die deutschen Ereignisse internationale Reaktionen hervor. Vor allem Frankreich zeigte sich alarmiert. Als eine mögliche Option kam die weitere Annäherung an die Sowjetunion in Frage. Als sich sein traditioneller Bündnispartner Polen Ende Januar 1934 in einem aufsehenerregenden Nichtangriffsvertrag (der ihm auf Dauer freilich nichts nutzte) mit dem mächtigen und drohenden Deutschen Reich einigte, blieb ihm kaum anderes übrig, als den Blick weiter nach Osten zu richten. Seine Avancen trafen dabei im Kreml auf vorbereiteten Boden. Frankreich ebnete den Weg, den die Sowjetunion – sicher aus anderen Motiven – ohnehin beschreiten wollte. Dank seiner Hilfe nahm der Völkerbund die Sowjetunion schon im September 1934 auf. Die Symbolik war mit den Händen zu greifen: Ein knappes Jahr nach Austritt Deutschlands (und Japans) trat die UdSSR bei.

Der französischen Regierung genügte dies jedoch nicht. Als Sicherheit gegen einen aggressiven Nachbarn, der nach dem ‹Waffenstillstand› mit Polen zunächst gegen den ‹Erbfeind› Front machte, strebte sie die Erweiterung des Nichtangriffsvertrags zu einem Beistandspakt an. Trotz der unvermindert geltenden Vereinbarungen mit Deutschland hielt die Sowjetunion auch eine so weitgehende Verpflichtung für möglich. Der neue Bund wurde mit propagandistischen Fanfarenstößen verkündet. Als der französische Außenminister P. Laval Anfang Mai 1935 zur Unterzeichnung nach Moskau kam, wurde er mit großem Aufwand im Zeichen der neu ausgerufenen ‹Volksfronttaktik› empfangen. Die Botschaft des Abkommens war eindeutig: Stalin warnte die deutsche Regierung vor ungezügelter Expansion und nahm dafür dem Buchstaben nach sogar das Risiko einer kriegerischen Verwicklung in Kauf. Auf der anderen Seite bleibt offen, wie ernst er die Hilfszusage meinte. Einzelheiten der militärischen Intervention im Ernstfall wurden nicht geklärt. Dasselbe galt für einen gleichlautenden und unmittelbar anschließend (am 16. Mai 1935) unterzeichneten Beistandsvertrag mit der *Tschechoslowakei*. In der Sudetenkrise vom Herbst 1938 sollte sich zeigen, daß die Sowjetunion keine Anstalten machte, der schriftlichen Zusicherung Taten folgen zu lassen. Hinzu kam, daß sie weitergehende Pläne Frankreichs schon im Vorfeld abgewiesen hatte. Als Reaktion auf die nationalsozialistische Machtergreifung hatten bereits die Vorgänger Lavals die Idee eines ‹Ostpakts› erneuert, der über Polen und die Tschechoslowakei hinaus auch die Sowjetunion einbeziehen sollte. Litvinov aber hatte nach Rücksprache mit der deutschen Regierung wissen lassen, daß ein solcher Verbund nicht in Frage komme und man sich nur auf bilaterale Abkommen einlassen wolle. So blieb die sowjetische Politik dieser Jahre mehrdeutig. Auf der einen Seite schloß sie sich dem Bemühen vor allem Frankreichs um ein System von Beistandsvereinbarungen an, das klar darauf abzielte, Deutschland in die Schranken zu weisen. Diese Bündnisse ergänzten vorangegangene Neutralitätspakte und erweiterten sie in der Tat zu einem System ‹kollektiver Sicherheit›, das geeignet schien, den konvulsiven inneren Umbruch vor äußerer Bedrohung zu schützen. Auf der anderen Seite versagte sich die Sowjetunion mit Rücksicht auf Deutschland einem umfassenden Paktsystem und ließ auch die praktische Umsetzung der eingegangenen Beistandsverpflichtungen offen. Man mag darin eine «Maske des Antifaschismus»[4] und gezielte Täuschung zur Verheimlichung der eigentlichen Absichten sehen. Eine unvoreingenommene und nicht retrospektive Betrachtung aber könnte sich auch mit dem einfachen Befund pragmatischer Inkonsequenz begnügen. Die Sowjetunion fürchtete das Feuer, wollte sich aber nicht verbrennen und nach Möglichkeit abseits stehen.

Zur Unterstellung der Doppelbödigkeit haben, vom Endergebnis des Paktes abgesehen, vor allem die Gespräche Anlaß gegeben, die der Leiter der sowjetischen Handelsmission D. Kandelaki 1935 und 1936 in Berlin führte. Dabei geht man davon aus, daß der neue Geschäftsträger nicht irgendjemand war, sondern ein georgischer Vertrauter Stalins, der eine «Schlüsselrolle» innehatte und unabhängig von Litvinovs Außenkommissariat die eigentlichen Wünsche des Diktators zu Gehör bringen konnte. Am Ergebnis gemessen, erreichte er allerdings nicht viel. Im April 1935 brachte er Gespräche über ein Handels- und Zahlungsabkommen unter Dach und Fach, die seit Mitte 1934 geführt wurden. Danach regte er Verhandlungen über einen umfangreichen Kredit Deutschlands an die Sowjetunion an. Seine Gespräche mit dem Reichswirtschaftsminister H. von Schacht führten ein Jahr später (am 29. April 1936) zu einem förmlichen Abkommen, ohne daß diesem größere Bedeutung zugekommen wäre. Wichtiger waren allerdings, wenn man das sowjetische Verhalten nicht für bloße Taktik hält, die informellen Avancen, die er dabei vortrug. Moskau, so habe die Botschaft gelautet, sei zu jeder Zeit zu einer politischen Verständigung bereit, wenn Berlin dies wolle. Freilich wollte die deutsche Regierung (noch) nicht. Als Kandelaki Ende Januar 1937 gegenüber Schacht im Namen von Molotov und Stalin noch einmal vorschlug, die beiderseitigen Beziehungen – nun auch politisch – zu verbessern, stieß er auf taube Ohren. Der Außenminister ließ ihm antworten, daran sei nicht zu denken, solange Moskau die Komintern unterstütze.[5]

Über die Schlüsselrolle der *Sudetenkrise* und des *Münchener Abkommens* Ende September 1938 für die außenpolitischen Überlegungen Stalins und seiner engsten Umgebung herrscht Einigkeit. Nach dem Kotau der englischen und französischen Regierung vor den Drohgebärden Hitlers setzte man die vorherige Politik nicht einfach fort. Aber schon über die nächste entscheidende Frage herrscht wieder Uneinigkeit: ob der Kreml ernsthaft daran dachte, der ČSR militärisch zu Hilfe zu eilen. Auf der einen Seite belegen inoffizielle Quellen aus dem Umkreis der sowjetischen Diplomatie, verschiedene Beobachtungen und deutsche Berichte, daß Stalin keine Anstalten machte, Truppen in Bewegung zu setzen. Schon im Sommer, als die deutsche Führung ihre Forderungen immer frecher erhob, wurde die Beistandsverpflichtung in der *Pravda* gar nicht erwähnt. Auch der sowjetische Außenkommissar wiegelte ab, und der deutsche Botschafter in Moskau berichtete seinem Berliner Dienstherrn, daß niemand tatsächlich mit einer militärischen Intervention rechne. In letzter Konsequenz schließt diese Sehweise die Meinung ein, die sowjetische Zusage sei von Anfang an nicht ernst gemeint gewesen. Fraglos lassen sich dafür zwei schwerwiegende Argumente anführen: zum einen der Umstand, daß die sowjetische Militärhilfe an einen entsprechenden *vorherigen* Beschluß der französischen Regierung gebunden wurde, zum anderen die schlichte Tatsache, daß die Sowjetunion und die ČSR zu jener Zeit keine gemeinsame Grenze hatten und Stalins Truppen im Eventualfall nur mit der unwahrscheinlichen Einwilligung Polens oder Rumäniens aktiv hätten eingreifen können. Dagegen läßt sich die Entschlossenheit der UdSSR, ihren Versprechen mit Taten Nachdruck zu verleihen, nur mit Äußerungen Litvinovs und anderen offiziösen Verlautbarungen belegen. So drängt sich in dieser Frage zweifellos der Eindruck auf, daß die sowjetische Außenpolitik zwar an Vereinbarungen zur kollektiven Sicherheit interessiert und sogar bereit war, dafür riskante Zusagen zu geben, aber ihr Eigeninteresse bis zur faktischen Entwertung dieses Preises überwog.[6]

Unabhängig davon steht außer Frage, daß sich dieselbe sowjetische Führung, die vor einer militärischen Verwicklung zurückschreckte, vom Ausgang der Sudetenkrise verärgert und verunsichert zeigte. Zum einen zog sie aus der Kapitulation Großbritanniens und Frankreichs vor dem deutschen Säbelrasseln die Lehre, daß die Westmächte Hitlers Expansionsgelüsten keinen Einhalt gebieten würden. Zum anderen fühlte sie sich zutiefst gedemütigt, da sie im Laufe der Verhandlungen nicht einmal konsultiert, geschweige denn zu den entscheidenden Gesprächen eingeladen worden war. Offenbar sah sie nach diesem Ereignis und erst recht nach der Besetzung der ‹Rest-Tschechei› im März 1939, mit der Hitler das Münchener Abkommen demonstrativ zerriß, Anlaß zum Umdenken. Manches deutet darauf hin, daß der Weg zum sensationellen Pakt mit dem Dritten Reich hier begann. Allerdings bleibt unbekannt, wie sich der Entscheidungsgang konkret gestaltete. Dies schließt die zentrale, weiterhin heftig umstrittene Frage ein, *wann* Stalin die Weichen zu einem Bündnis stellte und *warum* er dies tat. Nach wie vor stehen sich dabei im wesentlichen zwei Auffassungen gegenüber, die sich aus den genannten Grundinterpretationen der Absicht sowjetischer Außenpolitik in den dreißiger Jahren ergeben. Wer die Politik der kollektiven Sicherheit ernst nimmt, muß nach Motiven und einer zeitlichen Verortung der Reorientierung suchen. In zugespitzter Form erscheint diese Wendung dabei eher als «Zufallsprodukt» denn als Ergebnis einer zweckorientierten Strategie. Wer die Verständigung mit Deutschland als eigentliches Ziel der sowjetischen Diplomatie betrachtet, bedarf solcher Argumente nicht, sondern kann konstatieren, daß sich schließlich ein Weg fand, wo schon lange ein Wille war.[7] Schlüsselglieder in der Indizienkette der letztgenannten Beweisführung bilden zum einen Äußerungen Stalins im Rahmen des Rechenschaftsberichts des ZK, den er dem 18. Parteitag im März gab, zum anderen die Ablösung Litvinovs als Außenkommissar durch Molotov im Mai 1939. Der Generalsekretär warf den Westmächten in ungewöhnlich scharfer Form vor, Deutschland und die Sowjetunion in einen Krieg verwickeln zu wollen und sich von anderen – diese Wendung gab der Rede ein einprägsames Etikett – «die Kastanien aus dem Feuer holen zu lassen». Damit habe er, so will es diese Interpretation, dem ideologischen Erzfeind ein deutliches Angebot unterbreitet, daß dieser auch verstand. Am 17. April kam es zu einer Unterredung zwischen dem Staatssekretär im Auswärtigen Amt E. von Weizsäkker und dem sowjetischen Botschafter in Berlin A. F. Merekalov, das von deutscher Seite als Bestätigung des sowjetischen Interesses an einem Arrangement gewertet wurde. Schließlich habe Stalin mit der Auswechselung seines Chefdiplomaten ein weiteres Signal gegeben: Litvinov stand für die Westorientierung und mußte den Nationalsozialisten als Jude ein Dorn im Auge sein; mit dem Großrussen Molotov sei der rote Diktator seinem braunen Konterpart entgegengekommen und habe außerdem einen Gefolgsmann installiert, der die beabsichtigte Kehrtwende ergeben und engagiert zu vollziehen versprach. In diesem Licht erscheinen die Mitte April aufgenommenen Verhandlungen mit Großbritannien und Frankreich über ein Dreierbündnis zur gemeinsamen Abwehr eines Angriffs gegen ein Nachbarland der Sowjetunion ‹zwischen Ostsee und Schwarzem Meer› als Sondierung ohne ernste Absicht oder sogar als gezielte Täuschung. Demnach ging die Initiative zu jener Allianz, die am Beginn des Zweiten Weltkriegs stand und der ganz Ostmitteleuropa zum Opfer fiel, von Stalin aus. Er suchte die Verständigung, um vor allem zwei Ziele zu erreichen: zum einen, um sich vor einem Angriff des Großdeutschen Reichs zu schützen, das die Westmächte offensichtlich nicht in Schach zu halten vermochten, zum anderen, um seine Macht in diktatorial-totalitärer Manier über die sowjetischen Grenzen hinaus auszudehnen. Die erste Absicht ist paradoxerweise auch zum Hauptargument der offiziösen Legitimation geworden, die in der Sowjetunion bis zur Anerkennung der Echtheit des geheimen Zusatzprotokolls zum Hitler-Stalin-Pakt und dessen gleichzeitiger nachträglicher Annullierung durch den säkularen Beschluß des Volksdeputiertenkongresses vom 24. Dezember 1989 galt. Damit gibt diese Interpretation Stalin zumindest kurzfristig Recht, der sich nach Vertragsabschluß im Politbüro darüber gefreut haben soll, daß er Hitler aufs Kreuz gelegt habe. Der Generalsekretär sah sich als Sieger, weil er seinem Land fürs erste Frieden gesichert zu haben glaubte, weil er von einem Krieg zwischen den Westmächten und Deutschland als Folge des unterstellten Angriffs Hitlers auf Polen ausging und obendrein noch die faktische Herrschaft über alle Territorien erhalten hatte, deren Unabhängigkeit ihm mißfiel. Freilich sind gegen alle Eckpfeiler dieser Argumentation Einwände erhoben worden. Mit Blick auf die Stalin-Rede hat man argumentiert, daß sie gewiß die Ernüchterung spiegelte, die das Münchener Abkommen in der sowjetischen Führung auslöste, und in diesem Sinne auch eine Neuorientierung der bis dahin verfolgten Politik. Aber sie enthielt nichts eigentlich Neues. Ihre hauptsächliche Botschaft, daß die Sowjetunion sich aus Konflikten zwischen den ‹kapitalistischen› Staaten heraushalten wolle, war alles andere als neu. So verdient die Folgerung zumindest die gleiche Beachtung wie die gegenteilige Deutung, daß die Rede höchstens eine neue Offenheit gegenüber *beiden* Seiten anzeigte, aber kein Angebot einer bilateralen Verständigung mit Deutschland. Wie sehr Indizienbeweise in die Irre gehen können, zeigt gerade ein genauerer Blick auf die Unterredung zwischen Weizsäcker und Merekalov – belegen doch die inzwischen bekannten Aufzeichnungen des sowjetischen Botschafters, daß er dessen Inhalt ganz anders sah als sein deutscher Partner. Allem Anschein nach interpretierte die deutsche Seite Merekalovs Worte in ihrem Sinne. Sie fand, was sie suchte, weil *sie* – und nicht die Sowjetunion – die treibende Kraft des Bündnisses war, das aus deutscher Sicht vor allem eines leisten sollte: den längst beschlossenen Überfall auf Polen durch eine Neutralitätserklärung von sowjetischer Seite abzusichern. Ähnlich hat man gegen das vermeintliche Signal des Wechsels im Amt des Außenkommissars eingewandt, daß sich die sowjetische Politik danach noch einige Wochen lang in keiner Weise änderte. Auch ohne Litvinov setzte man die Verhandlungen mit den Westmächten ebenso fort, wie man Kontakt mit der deutschen Regierung hielt. Insofern lassen sich aus beiden Argumenten zumindest keine eindeutigen Schlüsse ziehen.

Dies anerkannt, ergibt sich die Notwendigkeit, die Motive für die Wahl der deutschen Option im Verlauf der britisch-französisch-sowjetischen Verhandlungen sowie in Veränderungen des internationalen Kontexts zu suchen. Auf einem anderen Blatt steht, ob daraus gleich auf einen ‹reaktiven und improvisierten Charakter› der sowjetischen Politik zu schließen ist. Fest steht, daß sich die Dreiergespräche mühsam gestalteten und lange hinzogen. Zwar konnte am 24. Juli ein *politisches* Abkommen paraphiert werden, aber die besonders schwierige Frage der militärischen Beistandsverpflichtungen blieb ausgespart und separaten Verhandlungen vorbehalten, die am 12. August beginnen sollten. Entgegen der früheren Meinung kann man inzwischen davon ausgehen, daß die entscheidenden Kontakte zwischen der sowjetischen und der deutschen Regierung in dieser Pause stattfanden und die Weichen zugunsten eines Abkommens mit Deutschland von der sowjetischen Führung bereits *vor* der Wiederaufnahme der Gespräche mit den nachmaligen Alliierten, aller Wahrscheinlichkeit nach spätestens am 11. August, gestellt wurden. Die Initiative ging dabei, auch dies dürfte verbürgt sein, von der *deutschen* Seite aus, da sie unter dem Zeitdruck des Operationsplans für den «Fall Weiß», i. e. den Überfall auf Polen, stand. Dabei erklärten deutsche Diplomaten auch ihre Bereitschaft, eine großzügige Aufteilung der ‹Interessensphären› in Osteuropa zu vereinbaren. Die Funktion des Angebots konnte gewieften ‹Spielern› wie Stalin nicht entgehen: für die Auslieferung Polens wurde freie Hand gegenüber den westlichen Anrainern der Sowjetunion in Aussicht gestellt. Noch am 7. August lehnte Molotov diesen Vorschlag ab. Nach einer Sitzung des Politbüro vier Tage später scheinen die Bedenken verflogen gewesen zu sein. Der Außenkommissar gab grünes Licht für Verhandlungen mit Deutschland, die in aller Eile vorangetrieben wurden. Am 19. August erklärte er sich zu einer Unterredung mit dem deutschen Außenminister J. von Ribbentrop bereit, der am 26./27. nach Moskau kommen und letzte Einzelheiten klären sollte. Nur zwei Tage später übergab der deutsche Botschafter, Graf F. W. von der Schulenburg, ein persönliches Schreiben Hitlers an Stalin mit der Bitte, Ribbentrop schon am 23. August zu empfangen (da der «Fall Weiß» eigentlich schon für den 26. August geplant war). Stalin sagte zu und fällte damit die allerletzte Entscheidung zugunsten des Arrangements mit dem nationalsozialistischen Deutschland.[8]

Was am 24. August durch die Welt ging, war allerdings nur der veröffentlichte und harmlosere Teil der Vereinbarungen. Das Deutsche Reich und die Sowjetunion verpflichteten sich darin auf zehn Jahre zur friedlichen Lösung aller zwischenstaatlichen Konflikte und zur Neutralität im Kriegsfall. In dieser Form knüpfte er an das Berliner Abkommen von 1926 an und entsprach dem Inhalt der meisten *Nichtangriffspakte* seiner Art. Obwohl das Bündnis zwischen den ideologischen Erzfeinden Europas (und Gegnern im Spanischen Bürgerkrieg) in der gegebenen Situation sensationell genug war, richtete sich das retrospektive Interesse doch ganz überwiegend auf das *geheime Zusatzprotokoll*. Sechs Jahre später bekannt geworden (und von der Sowjetunion bis zum Dezember 1989 verleugnet), schien diese Vereinbarung, die auf sowjetische Initiative zustandekam, im nachhinein die wahren Motive beider Seiten aufzudecken. Hitler und Stalin grenzten darin in allgemeinen, aber unmißverständlichen Formulierungen «für den Fall einer territorial-politischen Umgestaltung» ihre Einflußsphären ab: Im Nordosten sollten die baltischen Republiken an die UdSSR fallen und in Polen die Flüsse Narev, Weichsel und San die Demarkationslinie bilden; das Interesse der Sowjetunion an Wilna wurde anerkannt, Litauen aber dem deutschen Herrschaftsgebiet zugeschlagen, für Südostmitteleuropa sah man noch keinen Regelungsbedarf. Die dem Protokoll beigefügte Karte mit dem berühmten Rotstiftstrich und der Signatur Stalins machte augenfällig, was in der Sowjetunion erst in den letzten Jahren Gorbačevs zugegeben wurde: daß sich hier zwei Eroberer die Beute teilten. Eben dies bleibt ein ‹weißer Fleck› in der Argumentation derjenigen, die den sowjetischen Entschluß zum

5. Außenpolitik 1929–1941

Bündnis mit Deutschland aus bloßer Enttäuschung über das Mißtrauen der Westmächte oder aus Sicherheitserwägungen zu erklären suchen. Gewiß kann man argumentieren, daß erst die deutsche Offerte Begehrlichkeiten weckte und sich das Sprichwort bewahrheitete, daß Gelegenheit Diebe mache. Dennoch wird dadurch die Frage nicht wirklich beantwortet, woher der beträchtliche territoriale Hunger (der sich 1940 noch steigern sollte) kam.[9]

Selbstverständlich wußte die sowjetische Führung, daß sie mit ihrer Unterschrift den ungeliebten polnischen Staat ans Messer lieferte. Was die offizielle Sowjetunion bis zur Mitte der *perestrojka* ebenfalls hartnäckig leugnete, lag für objektive Beobachter spätestens seit der Veröffentlichung des geheimen Zusatzprotokolls auf der Hand – bestand doch dessen Zweck eben darin, eine einvernehmliche Lösung für diesen fest einkalkulierten Fall zu fixieren. Auf einem anderen Blatt steht, ob Stalin die Leichtigkeit einkalkuliert hatte, mit der die deutsche Militärmaschine Polen in zwei Wochen niederwarf. Manches spricht dafür, daß man in Moskau noch nicht so recht wußte, wie man die ohne eigenen Einsatz gewonnene neue Einflußsphäre an sich binden und organisieren sollte. Man zögerte nicht nur mit der Besetzung Ostpolens, die erst am 17. September, nach gesonderter Aufforderung durch Deutschland, erfolgte. Auch gegenüber den baltischen Staaten wurde die Sowjetunion erst im Herbst aktiv. Möglicherweise wartete man erst eine Neuregelung im ‹Grenzvertrag› mit Deutschland vom 28. September ab, da man inzwischen ein dringendes Interesse an Litauen entdeckt hatte – und sei es nur, um an dieser Stelle ein deutsches Protektorat zu verhindern. Ribbentrop zeigte sich bei seinem zweiten Besuch in Moskau konziliant und stimmte in einem weiteren geheimen Zusatzprotokoll einem Gebietstausch zu, der Litauen der sowjetischen Interessensphäre und Teile Ostpolens der deutschen zuschlug. Zugleich verpflichtete sich die Sowjetunion, ‹Volksdeutsche› aus den baltischen Republiken aussiedeln zu lassen. Unmittelbar darauf preßte sie diesen Beistandsabkommen ab (am 28. 9., 5. 10 und 10. 10.), die der sowjetischen Armee in allen drei Staaten Stützpunkte einräumten. Mit derart lädierter ‹Souveränität› überlebten sie bis Ende Juli 1940, als sie in Sowjetrepubliken umgewandelt und zwangsintegriert wurden. Auch Finnland sah sich Anfang Oktober 1939 mit dem Ansinnen eines ‹Beistandspaktes› konfrontiert. Freilich verweigerte es die Unterwerfung und leistete im anschließenden «Winterkrieg» so zähen (von England und Frankreich unterstützten) Widerstand, daß die haushoch überlegene Sowjetunion einem Kompromißfrieden zustimmen mußte (12. 3. 1940). Auch wenn sie darin einen Militärstützpunkt und territoriale Gewinne (Teile Kareliens) erzwang, war die Blamage unübersehbar. Deutschland zog daraus indes keinen Vorteil. Das beiderseitige Verhältnis schien ungetrübt und erreichte im Wirtschaftsabkommen vom 11. 2. 1940 einen weiteren Höhepunkt. Schon dessen Umfang gab den deutsch-sowjetischen Beziehungen eine neue Qualität: Die politische Entente schien ein stabiles und langfristiges ökonomisches Fundament zu erhalten. Allerdings ließen Trübungen nicht lange auf sich warten. Die Hintergründe für die deutsche Verhärtung bis hin zum Kriegsentschluß bilden ein eigenes, heftig umstrittenes Kapitel, das hier außer Betracht bleiben kann. Sicher wird man davon ausgehen können, daß das sowjetische Verhalten bestenfalls Anlässe und Vorwände für die Kehrtwende gab, sie aber nicht verursachte. Anders läßt sich kaum erklären, daß Hitlers Entscheidung zum Überfall auf den möglichen ‹Festlandsdegen› des Hauptfeindes Großbritannien allem Anschein nach schon im Juli 1940 fiel. Dennoch bleiben Vorgehensweise und Ziele der Sowjetunion bemerkenswert und erklärungsbedürftig. Als erstes irritierte in Berlin der sowjetische Wunsch nach der Annexion Bessarabiens und der nördlichen Bukowina Ende Juni. Molotov ging dabei so weit, die deutsche Zustimmung (und entsprechenden Druck auf Rumänien) nachgerade zu fordern. Dabei mochte das Bedürfnis nach Kompensation angesichts des soeben errungenen deutschen Blitzsiegs über Frankreich oder der Eindruck, daß der Krieg zu Ende sei und man noch schnell zugreifen müsse, im Spiele gewesen sein. Die Ziele selbst standen aber unübersehbar in großrussisch-imperialer Tradition und rundeten jene *Reconquista* des zarischen Territoriums ab, die schon durch die Einverleibung des Baltikums ein großes Stück vorangekommen war. Die deutsche Regierung bemühte sich zwar unübersehbar, den sowjetischen Appetit zu zügeln, gab seinem Bündnispartner aber grünes Licht und zwang Rumänien, dem Ultimatum zuzustimmen (26. 6.).

Dies war völlig anders, als Molotov am 12. November 1940 zum ersten Gegenbesuch nach Berlin kam. Weil die schicksalhafte Entscheidung schon getroffen war, hätten auch andere Wünsche des sowjetischen Außenkommissars zu keinem anderen Ergebnis geführt. Dennoch verdienen seine Vorschläge als Zeugnisse der Stalinschen außenpolitischen Vorstellungen Aufmerksamkeit. Molotov forderte nicht nur den Rückzug deutscher Truppen aus Finnland, wie es den Abmachungen vom 23. August 1939 entsprach. Darüber hinausgehend reklamierte er Bulgarien für die sowjetische Einflußzone und die Zustimmung zu einem Vertrag mit der Türkei, der sowjetischen Interessen am Bosporus Genüge tun sollte. Auch darin kehrten, unverschleiert und unverblümt, hegemoniale Bestrebungen des späten Zarenreichs zurück. Im Klartext liefen diese Absichten darauf hinaus, Großdeutschland auf den Westen Europas zu begrenzen und die Sowjetunion im südlichen Balkan und an der ‹Pforte› zu installieren. Sicher fiel es der deutschen Regierung, von anderen, vorgängigen Motiven abgesehen, nicht schwer, dieses Ansinnen zurückzuweisen. Molotov reiste ohne Ergebnis ab. Das Gefühl einer starken Abkühlung der deutsch-sowjetischen Beziehungen trog ihn und seine Delegation nicht: Wenig später, Anfang Dezember, erteilte Hitler den endgültigen Befehl, mit der generalstabsmäßigen Vorbereitung des Unternehmens *Barbarossa* zu beginnen.[10]

5. Außenpolitik 1929–1941

Die Diskussion über das verbleibende halbe Jahr des deutsch-sowjetischen Verhältnisses bis zum Überfall vom 22. Juni 1941 hat stets im Zeichen der Doppelfrage gestanden, warum Stalin und seine Führung so vollständig überrascht wurden, daß die Wehrmacht ohne nennenswerten Widerstand bis vor die Tore Moskaus durchmarschieren konnte, und was ihre Absicht war. Zwei Tatbestände dürften außer Frage stehen: zum einen, daß sich die Sowjetunion äußerlich angestrengt darum bemühte, Deutschland keinen Grund zum Angriff zu geben und unter anderem seinen Lieferverpflichtungen aus dem Wirtschaftsvertrag, das am 10. Januar 1941 noch durch ein *Handelsabkommen* erweitert wurde, pünktlich nachkam; zum anderen, daß Stalin seit Januar, als der Aufmarsch deutscher Truppen an der Grenze begann, und verstärkt seit April zahllose Informationen aus westlichen und eigenen Quellen über den bevorstehenden Angriff erhielt. Spätestens seit Bekanntwerden eines strategischen Operationsplans vom 15. Mai 1941, der vorsah, «dem Gegner beim Aufmarsch zuvorzukommen und das deutsche Heer dann anzugreifen, wenn es sich im Aufmarschstadium befindet», darf man auch davon ausgehen, daß die Sowjetunion generell auf einen Krieg vorbereitet war. Um so rätselhafter bleibt die Untätigkeit im Juni. Alles spricht dafür, daß Stalin trotz der Warnungen und trotz der theoretischen Einsichten und Sandkastenspiele seines Generalstabs felsenfest davon überzeugt war, Hitler werde zum gegebenen Zeitpunkt keinen Zweifrontenkrieg riskieren. Er war sich so sicher, daß er keine Anstalten zu einer Annäherung an Großbritannien machte (des naheliegenden und aussichtsreichsten Schachzugs) und noch nach den ersten Meldungen über den Angriff vermutete, es handele sich um gezielte Fälschungen britischer Herkunft mit der Absicht, die Bündnispartner gegeneinander aufzuhetzen. Spätere Äußerungen stützen die Annahme, daß er keinesfalls so naiv war, Hitler zu trauen, aber frühestens 1942 eine Attacke erwartete. Man wird auch nicht ausschließen können, daß er selbst mit dem Gedanken eines Angriffs auf Deutschland spielte. Nur läßt sich diese Möglichkeit nach wie vor nicht zweifelsfrei belegen. Sie bleibt spekulativ, und selbst wenn sich Stalin im Grundsatz auf ein solches Abenteuer hätte einlassen wollen – er plante es sicher nicht für den Sommer 1941, sondern frühestens ein Jahr später oder dann, wenn die sowjetische Rüstung weit genug vorangeschritten sein würde. So zwingt die vielzitierte ‹Widerständigkeit› der Fakten ungeachtet allen interpretatorischen Spielraums zu zwei grundlegenden Feststellungen: Zum einen kam der deutsche Überfall keiner ähnlichen sowjetischen Aktion zuvor, weil er bereits seit Juli und definitiv seit Dezember 1940 feststand (die ‹Präventivkriegsthese› ist deshalb schon dem Namen nach falsch); zum anderen war die sowjetische Führung weder uninformiert noch eigentlich unvorbereitet, sondern zog die falschen Schlüsse und glaubte nicht, was sie sah. Sie wurde gleichsam nicht ‹kalt erwischt›, sondern ‹auf dem falschen Fuß›. Gerade deshalb waren ihre Verblendung und die katastrophale Folgen, die sich daraus für die Bevölkerung und die Armee ergaben, von der diktatorialen Herrschaftsstruktur und der Isolation des Führers und seiner Kumpane nicht zu trennen.[11]

Schon die mehrfachen Volten der sowjetischen Außenpolitik deuten an, daß die *Komintern* in den dreißiger Jahren einen besonders schweren Stand hatte. Sie sank nicht nur endgültig zum Erfüllungsgehilfen der Regierung herab, sondern wurde darüber hinaus auf die offizielle Linie verpflichtet. Die ‹Stalinisierung›, die sie im Zuge der Ausschaltung der innerbolschewistischen Opposition durchlief, beseitigte auch jene Funktion, die sie vorher zumindest teilweise wahrgenommen hatte und ihr einen erheblichen Teil der Aufmerksamkeit sicherte: Sie setzte keine ‹zweite›, informelle und eventuell ‹eigentliche› Außenpolitik mehr um, sondern diente voll und ganz der einen, offiziellen. Bereits der 6. Kongreß, der im Sommer 1928 in Moskau stattfand, machte dies deutlich. Nach der Unterwerfung der linken Kritiker hatte die Komintern fortan dem ‹Aufbau des Sozialismus› in einem Lande zu dienen. Dies schloß den Kampf gegen Positionen der besiegten Feinde ein: Jene unsägliche Doktrin wurde zur Generallinie erhoben, derzufolge die internationale Sozialdemokratie, fortan als ‹Sozialfaschismus› verunglimpft, der ärgste Feind des Kommunismus sei. Erst der Scherbenhaufen der nationalsozialistischen Machtergreifung, den diese Politik anzurichten half, gab zur Umkehr Anlaß. Als das neue Deutschland in Gestalt des Vertrages mit Polen Anfang 1934 (26. 1.) der Sowjetunion endgültig die kalte Schulter zeigte, reagierte die Sowjetunion nicht nur mit verstärkter Hinwendung zur Politik der kollektiven Sicherheit, sondern schwor auch die Komintern auf diesen Kurs ein. Deren 7. und letzter Kongreß vollzog im Spätsommer 1935 die Wende zur ‹Volksfront› mit den Sozialdemokraten gegen den Faschismus. Erneut machte der zeitliche Zusammenhang mit dem französisch-sowjetischen Beistandspakt deutlich, wo der Kurs der Komintern festgelegt wurde. Vollends trat dies nach dem Hitler-Stalin-Abkommen zutage. Die überraschende Versöhnung mit dem Erzfeind von gestern machte die kommunistischen Funktionäre sprach- und hilflos. Nur prinzipienlose Stalinisten vom Schlage eines W. Ulbricht brachten es fertig, auch diesen politischen Salto zu verteidigen. Den meisten muß der deutsche Überfall aber nicht nur als Bestätigung ihrer Auffassung vom Wesen des Faschismus erschienen sein, sondern trotz aller existentiellen Gefährdung auch als Erlösung. Freilich nützte ihnen diese Frontkorrektur wenig. Am 15. Mai 1943 dekretierte Stalin die Auflösung der Komintern – als Konzession an seine neuen westlichen Alliierten, aber wohl auch als ‹Entlassung› eines Gehilfen, der längst überflüssig geworden und nur noch eine Last war.[12]

Der Sieg und sein Preis

VII.
Der Große Vaterländische Krieg (1941-1945)

Im Morgengrauen des 22. Juni 1941 überquerten deutsche Flugzeuge und Panzer die sowjetische Westgrenze. Damit begann ein Feldzug, der zum blutigsten des gesamten Kriegsgeschehens wurde. Die großdeutsche Führung eröffnete eine zweite Front, die maßgeblich dazu beitrug, das Reich und seine Bevölkerung zum zweiten Mal in diesem Jahrhundert in die Katastrophe zu stürzen. Aber nicht nur der Angreifer mußte teuer für seine Eroberungslust bezahlen. Auch wenn Leid nicht gegen Leid aufgerechnet werden kann, spricht alles dafür, daß sein Opfer noch weit schlimmer in Mitleidenschaft gezogen wurde. Die materiellen Zerstörungen waren enorm, die Verluste an Menschen – neben den Toten auch die ungezählten Invaliden und Verletzten, Witwen und Waisen, Ruinierten und aus der Bahn Geworfenen – überschritten alle Vorstellungskraft. Weil der erste totale, ideologisch begründeter Vernichtung dienende Krieg der Weltgeschichte auf sowjetischem Boden stattfand und drei grauenvolle Jahre lang nicht wieder vor die Staatsgrenzen zurückgetrieben werden konnte, mußte die Sowjetbevölkerung (darunter nicht zuletzt Juden) neben Polen und Jugoslawen einen besonders hohen Blutzoll zahlen und besonders harte Entbehrungen erdulden. Dennoch behaupteten sich nicht nur Land und Leute, sondern auch Staat und Regime. Die Frage ist deshalb immer wieder gestellt worden, wie die Wende und dieser Ausgang zu verstehen seien. Gerade unter nichtmilitärischen Gesichtspunkten war und ist der Erklärungsbedarf vor dem Hintergrund der dramatischen und in vieler Hinsicht prekären Vorkriegsentwicklung groß.

1. Wendepunkte und Bilanz des Kriegsgeschehens

Der Überfall in den ersten Stunden eines strahlenden Frühsommersonntags traf die zivile und militärische Spitze der Sowjetunion aus den genannten Gründen völlig unvorbereitet. Weder die Grenztruppen waren in Alarmbereitschaft versetzt, noch andere Maßnahmen für den Ernstfall ergriffen worden. Deshalb bleibt es für den Kriegsbeginn zweitrangig, wie das Stärkeverhältnis zwischen Angreifern und Verteidigern genau beschaffen war. Erst mit Blick auf die weiteren Ereignisse verdienen die verschiedenen Zahlen, die genannt wurden, größere Aufmerksamkeit. Wie so oft kommen die einen zu hohen Schätzungen, um das offensive Potential der Roten Armee zu dokumentieren, die anderen zu niedrigen, um die Unausweichlichkeit anfänglicher Niederlagen zu begründen. Die Wahrheit liegt in diesem Falle, soweit sie denn feststellbar ist, offenbar nicht in der Mitte. Vielmehr dürfte erwiesen sein, daß die Unterlegenheit der unmittelbar einsatzfähigen sowjetischen Verbände geringer war als vielfach angenommen und ein nennenswerter technischer Rückstand auch zu Beginn der Kampfhandlungen nicht auszumachen ist. Das Oberkommando der Wehrmacht schickte mindestens 3,6 Mio. Soldaten ins Feld (einschließlich ca. 600 000 Verbündeter); sie trafen in den Grenzregionen auf ca. 2,9 Mio. Soldaten der Roten Armee und verschiedener Grenztruppen. Die deutschen Divisionen drangen mit 3648 Panzern und Sturmgeschützen, 7146 Geschützen und 2510 Flugzeugen ein; den Verteidigern standen 14–15 000 Panzer, mindestens 34 695 Geschütze und 8000–9000 Kampfflugzeuge zur Verfügung. Auch wenn die meisten veraltet waren, mußten die deutschen Generäle bald mit Bestürzung feststellen, daß die modernen Kriegsgeräte den deutschen gleichwertig oder sogar überlegen waren. Die Stahlplatten der seit Anfang 1941 in Serie produzierten, bald berühmten T–34 und KV-Panzer widerstanden allem deutschen Beschuß; umgekehrt erwiesen sich einige neue sowjetische Abwehrwaffen (*Katjuša*, ‹Stalinorgel›) als äußerst wirkungsvoll. Hinzu kam, daß die Sowjetunion schon bis zum 1. Juli 5,3 Mio. Mann zu den Waffen rufen und ihre anfängliche numerische Schwäche mehr als kompensieren konnte. Alles in allem scheinen daher drei zusammenfassende Formulierungen am Platz: Zum einen waren die sowjetischen Fronttruppen besser ausgerüstet und nach kurzer Zeit auch personell stärker als vom OKW erwartet und lange Zeit von der sowjetischen und westlichen Geschichtswissenschaft behauptet. Zum anderen darf man zum Zeitpunkt des Überfalls, als die sowjetischen ‹Wunderwaffen› nur in relativ geringer Zahl zur Verfügung standen, dennoch von einer technischen Überlegenheit der Angreifer ausgehen. Bei alledem gilt aber drittens nach wie vor, daß vor allem in der ersten Kriegsphase weniger die Masse und Qualität von Soldaten und Waffen den Ausschlag gaben als die militärstrategischen Operationen auf beiden Seiten. Was auf sowjetischer Seite versagte, war die Führung, nicht das Material.[1]

So vergingen kostbare Stunden, bis die Angegriffenen reagierten. Stalin hielt auch die ersten konkreten Meldungen für irrig und das Vordringen der Wehrmacht, als der Tatbestand nicht mehr zu leugnen war, für ein Mißverständnis. Selbst als ihm Molotov die bittere Wahrheit kurz nach der offiziellen Kriegserklärung durch den deutschen Botschafter um halb sechs in der Frühe mitteilte, gab er keine Anweisung zu entschlossenen Gegenmaßnahmen. Zwar befahl die «Direktive Nr. 2» um 7.15 Uhr, den Feind «mit allen Mitteln» zurückzuschlagen; aber die Truppen sollten dabei den Fuß nicht über die Grenze setzen. Immer noch hoffte der Diktator auf eine Beilegung des Konflikts. Er brauchte den ganzen Tag, um sich Gewißheit zu verschaffen und den schlimmsten Schock zu überwinden. Erst am Abend, um 22.15

1. Wendepunkte und Bilanz des Kriegsgeschehens

Uhr, erging die «Direktive Nr. 3», die den bedingungslosen Gegenangriff befahl und nunmehr zu verwirklichen suchte, was der militärische Einsatzplan eigentlich vorsah: den Kampf in Feindesland zu tragen.[2]

Um diese Zeit war freilich schon so viel Terrain verloren, daß der Angriffsbefehl nur kontraproduktiv wirken konnte. Denn die völlige Verkennung der deutschen Absicht bis zur letzten Minute verursachte Schäden, die nicht mehr gutzumachen waren. Dies galt insbesondere für die Folgen der deutschen Luftüberlegenheit. Der Wehrmachtsführung war bewußt, daß sie angesichts der enormen demographischen und natürlichen Ressourcen des Gegners gut beraten war, schnelle Vorstöße an mehreren Fronten einer Dauerschlacht von Mensch und Material vorzuziehen. Dabei betrachtete man die – im Vergleich zum übrigen Europa – völlig neue Dimension des Raumes als leicht überwindbares Hindernis. Auch die Weite der russischen Provinz sollte in einem ‹Blitzkrieg› erobert werden. Ein Rest von Realitätssinn zeigte sich immerhin darin, daß man nicht bis zum Ural vordringen, sondern an einer Frontlinie haltmachen wollte, von der aus die neuen Industrieanlagen in Magnitogorsk und anderen Orten hätten bombardiert werden können. Für eine Strategie dieser Art war die Beherrschung des Luftraums unabdingbar. Sicher gehört der Erfolg, den die Angreifer in dieser Hinsicht erzielten, zu den wichtigsten Voraussetzungen ihres Siegeszugs im ersten Vierteljahr. Schon am Mittag des 22. Juni waren etwa 1200 sowjetische Flugzeuge, die ungetarnt auf den Flugplätzen standen, zerstört.

Auf dem freien Feld, das dieser Keulenhieb hinterließ, kamen die drei mit starken Panzereinheiten auf Moskau, Leningrad und Kiev vorstoßenden deutschen Heeresgruppen zügig voran. Der unvorbereitete Gegenangriff, den die «Direktive Nr. 3» befahl, scheiterte kläglich. Anfang Juli fiel Minsk, Anfang August nach einer Schlacht, die 426 000 Offiziere und Soldaten in deutsche Gefangenschaft brachte, Smolensk. Noch erfolgreicher wurde der Südkeil bis zur Umfassung Kievs vorangetrieben. Stalin beging einen seiner schwersten militärstrategischen Fehler, als er sich dem Rückzug aus dem abschnürungsgefährdeten Frontbereich so lange widersetzte, bis es nur noch wenigen gelang, den Ring zu durchbrechen. Der «Kampf um die Ukraine» endete in der letzten Septemberwoche und kostete die Verteidiger weitere 492 000 Mann. Die deutschen Truppen rückten auf Rostov am Don vor. Auch wenn sie das ‹Tor zum Kaukasus› Ende November nur für eine Woche nehmen konnten, gingen sie nicht weit davon entfernt in Stellung. Trotz der Gegenwehr, die auch hier nicht ausblieb, hatte die Heeresgruppe Nord wohl am wenigsten Schlachten zu bestehen, bis sie im August vor Leningrad stand. Schon Anfang September entschied Hitler – um die ‹Millionenbevölkerung› nicht ernähren zu müssen –, auf eine Eroberung zu verzichten und die Stadt auszuhungern. Jene «900 Tage» während Tragödie begann, die zu den schlimmsten des Krieges zählte, Menschen vor Hunger, Kälte und Entkräftung auf offener Straße zusammenbrechen ließ, mindestens 630 000 Opfer forderte und besonders tiefe Wunden ins kollektive Gedächtnis grub. Andererseits hätte es wohl gar kein Überleben gegeben, wenn es den sowjetischen Truppen nicht gelungen wäre, im Osten eine ‹Straße› über das Eis des Ladoga-Sees freizuhalten und die völlige Abschließung zu verhindern. Schließlich gelang es den Invasoren auch noch, zu Beginn des Angriffs auf Moskau in der Doppelschlacht bei Vjaz'ma und Brjansk einen letzten großen Triumph zu erzielen, der 673 000 Rotarmisten, über 1200 Panzer und mehr als 5400 Geschütze in ihre Hände überführte. Insgesamt ergaben sich der Wehrmacht im ersten Halbjahr des Ostfeldzugs etwa drei Millionen sowjetische Uniformträger. Da auch große Mengen an Waffen und Geräten zerstört oder erbeutet wurden, schienen Hitler und seine gewaltige Kriegsmaschine im Herbst 1941 abermals vor einem schnellen Sieg zu stehen.[3]

Doch diese Erwartung trog. Bei allen Triumphen hatten auch die deutschen Verbände Verluste erlitten und an Kraft eingebüßt. Die scheinbar Unbezwingbaren hatten sich zwar nicht zu Tode, aber müde gesiegt. Ihre Lage wurde in dem Maße bedrohlich, wie die Zeit verrann. Jeder Tag half den Verteidigern, ihre Reihen aufzufüllen, und schadete den Angreifern, die auf eine andere Jahreszeit nicht vorbereitet waren. Nüchterne Beobachter erkannten daher, daß im Herbst oder Winter eine wichtige Vorentscheidung fallen mußte. Abzusehen war auch, wo das geschehen würde – im Kampf um die Hauptstadt. Denn obwohl die Wehrmacht auch in den Norden und Süden vorrückte, lag auf der Hand, daß eine völlige Unterwerfung, wenn überhaupt, nur durch die Eroberung des politischen Zentrums zu erreichen war. Rußland müsse, wie Hitler schon bei der Verkündung seines fatalen Entschlusses im Juli 1940 festgestellt hatte, ‹in einem Zuge› niedergeworfen und Moskau dem Erdboden gleichgemacht werden.[4]

Die Operation «Taifun», die dies auf den Weg bringen sollte, begann am 30. September. Der sowjetische Kommandostab hatte um diese Zeit einigermaßen zu sich gefunden und eine mehrfach gestaffelte Verteidigungsfront aufgebaut. Hinzu kam ein plötzlicher Wetterumschlag, der Schlamm und Schnee brachte und sowohl den Vormarsch als auch die Versorgung der ‹Keilspitzen› außerordentlich erschwerte. Dennoch drangen die deutschen Panzerspitzen bis in die unmittelbare Nähe der Hauptstadt vor. Als am 14. Oktober Kalinin (das alte Tver') fiel, brachen in Moskau Verwirrung und Panik aus. Man begann, Ministerien nach Kujbyšev (Samara) an der Wolga zu evakuieren; die Stadt leerte sich, und ihre Aufgabe schien ernsthaft bevorzustehen. Stalin verschwand aus der Öffentlichkeit, auch wenn er Moskau offenbar nicht verließ, meldete sich aber am 19. zurück und stellte mit der Verhängung des Belagerungszustands die äußere Ruhe wieder her. Inzwischen scheint verbürgt, daß er in diesen Tagen sogar an eine Kapitulation dachte und Berija «für den äußersten Fall» den Auftrag gab, Hitlers Bedingungen für ein ‹zweites Brest› zu erkunden. Freilich bestand nur kur-

1. Wendepunkte und Bilanz des Kriegsgeschehens

ze Zeit Anlaß dazu. Der deutsche Angriff blieb Ende Oktober stecken. Angesichts der beunruhigenden Perspektive, das riesige Heer ohne zureichende Vorkehrungen überwintern lassen zu müssen, gab das Oberkommando der Wehrmacht jedoch nicht auf. Allen Widrigkeiten zum Trotz begann Mitte November eine zweite Offensive. Am 23. kam eine Panzergruppe von Norden her bis auf vierzig Kilometer an die Stadtmitte heran. Dann wendete sich das Blatt endgültig. Bittere Kälte, gegen die zerschlissene Sommeruniformen nicht zu schützen vermochten, und mangelhafte Versorgung brachten die Moral der Soldaten auf einen Tiefpunkt. Der unerwartet heftige Widerstand der Roten Armee, durch frische Kräfte aus dem Osten verstärkt, tat ein übriges. Am 5. Dezember ging er in eine Gegenoffensive über, die zwar das Ziel der Umzingelung des deutschen Keils verfehlte, aber durchaus Erfolge brachte. Die betroffenen Wehrmachtsverbände mußten die Frontlinie bis Anfang Januar um 100 bis 250 Kilometer nach Westen zurückverlegen. Nach Vorhaltungen der Generäle blieb Hitler schließlich keine andere Wahl, als den Befehl zu geben, «Winterstellung» zu beziehen (15.1.). Dies lief entgegen aller ursprünglichen Planung auf einen nur mühsam kaschierten, wenn auch halbwegs geordneten Rückzug hinaus. Die neue, für einige Zeit stabile Front kreuzte, von Novgorod nach Süden reichend, die Linie zwischen Moskau und Smolensk auf halber Strecke und ‹beulte› sich erst im Süden wieder weiter östlich bis zum Don aus. Wieviel die Angreifer damit bereits verloren hatten, ist bis heute offen. Unbestritten aber war der Blitzkrieg gescheitert und die Fortsetzung des Kampfes unausweichlich geworden. So gesehen spricht vieles dafür, daß im Matsch und Frost vor Moskau auch bereits der Anfang vom katastrophalen Ende des deutschen Ostfeldzuges begann.[5]

Dessenungeachtet wies die Bilanz des ersten Kriegsjahres insgesamt einen klaren Triumph der Invasoren aus. Deutsche Panzer und Truppen waren tief in sowjetisches Gebiet vorgedrungen und kontrollierten ein riesiges Territorium. Trotz der Verteidigung Moskaus blieb die Lage der Sowjetunion prekär. Die Frage ist deshalb nicht verstummt, wie es so weit kommen, warum die Wehrmacht überhaupt bis vor die Tore der drei größten Städte gelangen konnte. Von der sowjetischen Geschichtswissenschaft waren im wesentlichen apologetische Hinweise auf die Perfidie des Aggressors und die Überlegenheit der deutschen Kriegsmaschinerie zu hören. Nur unter Chruščev konnten Gegenargumente geäußert werden, die im bekanntesten Fall (von A. Nekrič) nach seinem Sturz eine umgehende Maßregelung zur Folge hatten. Was hier zusammengetragen wurde, entsprach und entspricht weitgehend der nicht- und nachsowjetischen Forschungsmeinung. Dabei wird abermals deutlich, daß die ohnehin geringe rüstungstechnische und personelle Unterlegenheit der Roten Armee nicht entscheidend war. Statt dessen fällt die ganze Last der Verantwortung für das Debakel des ersten Kriegsjahres auf Stalin und die institutionellen und mentalen Folgen der von ihm geschaffenen Herrschaftsordnung. Der aller Kritik enthobene Sowjetführer irrte sich nicht nur in der Persönlichkeit Hitlers, er hielt auch zu lange an der verfehlten Doktrin der Vorwärtsverteidigung fest. Die Vermutung liegt nahe, daß sich dahinter *auch* die Befürchtung mangelnder Loyalität der Bevölkerung in den westlichen Reichsteilen (einschließlich der kurz zuvor annektierten baltischen Staaten) verbarg. Vor allem aber forderte nun der ‹Armeeterror› seinen eigentlichen Tribut. Die fatalen Folgen der Hinrichtung fast der gesamten Generalität konnten in der kurzen Zeit bis zum deutschen Angriff nicht wieder gutgemacht werden. Begabte Strategen, die Stalin notfalls auch widersprachen, mußten erst heranwachsen, Zuständigkeiten und Befehlsstränge im Innern erst wiederhergestellt werden. Die sowjetische Verteidigung war in den ersten Monaten kopf- und orientierungslos. Statt angemessen zu reagieren, suchte sie in Durchhalteappellen und der Androhung drakonischer Strafen einschließlich der Sippenhaftung (Befehl Nr. 270 vom 16. 8. 1941) Zuflucht. Erst allmählich vermochte sie sich zu organisieren. Die Ernennung des späteren Kriegshelden G. K. Žukov zum Oberbefehlshaber der Westfront Mitte Oktober markierte dabei eine wichtige Zäsur. Stalin erwies sich zwar als lernfähig; aber das Land zahlte für seine vergangenen Untaten und die Errichtung eines inflexiblen, auf die Meinungen eines einzigen Mannes zugeschnittenen diktatorischen Systems einen unnötig hohen Preis.[6]

Es gibt gute Gründe für die Annahme, daß das Jahr vom Sommer 1942 bis zum Sommer 1943 die Peripetie nicht nur des Rußlandfeldzuges, sondern des europäischen Krieges überhaupt brachte. Beide Dimensionen und Geschehensräume hingen unauflöslich miteinander zusammen: Der Kampf wurde, wie der Generalstabschef Franz Halder notierte, ‹im Osten entschieden›. Auch Hitler maß den kommenden Ereignissen schicksalhafte Bedeutung zu. Im Frühjahr und Sommer 1942 sollte nachgeholt werden, was der ‹General Winter› vor Moskau verhindert hatte – die «bolschewistischen Horden» durch die Einnahme Leningrads im Norden, vor allem aber durch eine kraftvolle Offensive im Süden und den Vorstoß zum Kaukasus endgültig niederzuringen (Weisung Nr. 41 vom 15.4.). Auch die Verteidiger erwarteten einen neuen Ansturm, allerdings an der falschen Stelle. Stalin glaubte fest an die Wiederholung des Versuchs, nach Moskau vorzustoßen. Daß Hitler den Süden zum hauptsächlichen Aufmarschfeld erkor und dadurch seine bereits merklich geschwächten Armeen noch weiter auseinanderzog, als das ohnehin der Fall war, wollte er trotz entsprechender Meldungen seiner Geheimdienste nicht wahrhaben. Abermals unterstellte er seinem Gegenspieler zu viel militärstrategische Rationalität und verkannte die Hybris, die den deutschen Diktator sogar zu Gedankenspielen über einen Vorstoß bis an den Indischen Ozean verleitete. Zugleich unterschätzte Stalin das Ausmaß der deutschen Energieknappheit: Ohne das Erdöl von Majkop und

1. Wendepunkte und Bilanz des Kriegsgeschehens 607

Baku fürchtete Hitler, und darin pflichtete ihm die Wehrmachtsführung bei, schon in naher Zukunft militärisch bewegungsunfähig zu sein.[7] So begannen in einer personell und materiell bereits schwierigen Lage im Frühjahr 1942 die vorbereitenden Operationen für den großen Durchbruch. Im Mai wurde die Halbinsel Kerč (auf der Krim) eingenommen, im Juni-Juli die hartnäckig verteidigte Seefestung Sevastopol'. Ebenfalls im Mai trugen die deutschen Panzerverbände bei Char'kov einen neuerlichen Sieg davon, der den Weg freimachte für die Eroberung des Donecbeckens, des bedeutendsten Kohlereviers diesseits des Ural. Erstaunlich rasch fiel zu Beginn der eigentlichen Südoffensive (»Operation Blau«) am 23./24. Juli schließlich Rostov am Don. Deutsche Verbände besetzten die nordkaukasischen Ölfelder und stießen bis zum Herbst weiter nach Südosten vor. Die Situation wurde für die sowjetischen Truppen so verzweifelt, daß Stalin abermals Anlaß sah, zum Kampf bis auf den letzten Blutstropfen aufzurufen. «Keinen Schritt zurück» lautete der Kernsatz des Befehls Nr. 227 vom 28. Juli, der einen neuen Höhepunkt der Androhung erbarmungsloser Härte gegen ‹Verräter› und ‹Defaitisten› jedweder Art markierte. Allerdings beließ es die Führung nicht bei Appellen und Strafen. Zugleich begann eine Reorganisation, die die Arbeiter- und Bauernarmee durch neue Garderegimenter, die Stiftung von Tapferkeitsorden und die abermalige Abschaffung der Politkommissare im Oktober ein weiteres großes Stück an die hierarchisch-elitäre Struktur der monarchischen Vergangenheit annäherte.

Wenngleich sichtbare sowjetische Erfolge noch ausblieben, hielt auch der zweite deutsche Höhenflug nicht lange an. Spätestens im September konnte Hitler in seinem ukrainischen Hauptquartier Vinnica die Einsicht nicht länger verdrängen, daß die ehrgeizigen Ziele des Jahres nicht zu erreichen waren. Er selbst hatte noch einmal maßgeblich dazu beigetragen, als er am 23. Juli entgegen der ursprünglichen Planung befahl, auf Rostov und Stalingrad gleichzeitig zu marschieren, und damit die Offensive spaltete. So zogen sich die Gewitterwolken zusammen: Die ohnehin wenig ergiebigen Ölförderanlagen von Majkop waren so gründlich zerstört worden, daß sie sich in der verfügbaren Zeit nicht reparieren ließen. Der Vormarsch auf Baku mußte am Nordhang des Kaukasusgebirges abgebrochen werden. Die Verluste waren hoch (200 000 allein im August) und wurden auch durch die weit größere Zahl sowjetischer Kriegsgefangener (625 000) nicht wettgemacht, da der Roten Armee kaum erschöpfbare Reserven zur Verfügung standen. Vor allem aber ließ sich die 6. Armee seit September in einen erbitterten Stellungskrieg um Stalingrad verwickeln. Hier an der Wolga kam die Front mit fatalen Folgen endgültig zum Stehen. Die Wolga, Lebensader Rußlands und symbolisch-metaphorischer Bezugspunkt patriotischer Empfindungen, wurde im mehrfachen Wortsinn zum Grenzfluß.[8]

Dabei nahmen sich die Ereignisse zunächst nicht so düster aus. Auch wenn besonnene Strategen den Vorstoß für ebenso nutzlos wie riskant hielten, war die Katastrophe nicht unausweichlich. Im September verbuchten die deutschen Truppen durchaus Erfolge. Beim Kampf um jedes größere Gebäude drängten sie die Verteidiger bis auf einen kleinen Brückenkopf am Westufer zurück. Symbolisch dafür war die Vertreibung des russischen Hauptquartiers aus dem *Univermag*, dem größten Kaufhaus im Stadtzentrum, in dem beide Seiten ihren Führungsstab unterbringen wollten. Aber trotz aller Anstrengungen und hoher Verluste, trotz massiver Luftbombardements, die die ausgetrocknete Stadt in ein Flammenmeer verwandelten und die Zerstörung bis an den Rand der angekündigten ‹Ausradierung› vorantrieben (zu 85 %), gelang die befohlene «Inbesitznahme» nicht. Im Oktober machten sich im Gegenteil Erschöpfung und Verschleiß deutlich bemerkbar. Nur drei einspurige Bahnlinien verbanden die Front mit dem Hinterland. Munition, Treibstoff, Kleidung und Nahrung für 300 000 Soldaten mit Panzern, schweren Waffen und 100 000 Zugpferden konnten mit den wenigen einsetzbaren Zügen nicht mehr im nötigen Umfang herangeschafft werden. Erst recht reichte die Transportkapazität nicht aus, um Vorräte anzulegen. Schon vor dem Beginn des sowjetischen Gegenangriffs war die Versorgungslage «äußerst angespannt und in vielerlei Hinsicht katastrophal». Alles sprach dafür, den vorgeschobenen ‹Truppenkeil› zurückzunehmen und sicherere Stellungen für Operationen im folgenden Jahr zu beziehen. Auch der Hinweis auf die Gefährdung der noch größeren, ins nördliche Kaukasusgebiet eingedrungenen Verbände im Falle einer Frontbegradigung vermochte bei Licht besehen nicht zu überzeugen – unterstellte der doch eine Kampffähigkeit, die nicht mehr gegeben war. Größere Plausibilität kam dem Argument zu, daß selbst in den Ruinen der Stadt bessere Winterquartiere zu finden seien als in der eisigen Steppe. Auch das aber rechtfertigte keineswegs die leichtfertige Opferung einer ganzen Armee.[9]

Denn darauf lief die Weisung, trotz aller Nachschubprobleme und der bevorstehenden Kälte auszuharren, letztlich hinaus. Selbst Hitler rechnete nach eigenem Bekunden durchaus mit einer Wiederholung jenes ‹Standard-Angriffs› über den Don in Richtung auf Rostov, mit dem die Rote Armee Stalingrad im Bürgerkrieg 1920 von ihren ‹weißen› Gegnern zurückerobert hatte. Und auch die Spionageabteilung *Fremde Heere Ost* hielt sich mit Hinweisen auf große sowjetische Reserven und Warnungen vor einem Zangengriff nicht zurück. Sie mochte bemerkt haben, daß die Vorbereitungen für eine solche Operation längst getroffen wurden. Schon am 12. September flogen Žukov, inzwischen Stellvertreter des Oberkommandierenden (Stalin), und der Generalstabschef A. M. Vasilevskij, die beide in den Tagen höchster Not mit der Entsetzung Stalingrads beauftragt worden waren, nach Moskau, um dem Diktator den ebenso gewagten wie vielversprechenden Plan einer Einschließung der gesamten in Stalingrad kämpfenden deutschen Truppen vorzutragen. Das Unternehmen *Uranus* hatte begonnen. Seit Oktober wurden Armeen und sonstige Verbände umgruppiert, aufgefrischt und neu ausgerü-

1. Wendepunkte und Bilanz des Kriegsgeschehens

stet. Dabei bewegte man, oft nur nachts und ohne Beleuchtung, erhebliche Massen an Menschen und Material. Allein an der Stalingrad-Front wurden knapp 384 000 Soldaten mit gut 6000 Geschützen und 650 Panzern in Stellung gebracht; hinzu kamen je 293 000 und 339 000 Mann mit gleichwertiger Ausrüstung an der Südwest- sowie an der Don-Front. Alle neu bezogenen Positionen gerieten am Morgen des 19. November in Bewegung, als schweres Artilleriefeuer auf die überraschten deutschen Truppen niederging und schnelle Panzereinheiten von Norden und Süden die Trennlinien durchbrachen, um sich gut fünfzig Kilometer westlich der belagerten Stadt zu treffen. Infanterie- und sonstige Einheiten stießen nach. Am 22. November wurde der Ring geschlossen, der berüchtigte «Kessel» von Stalingrad war gebildet.

Es wäre verfehlt, diesen ersten großen Offensiverfolg der sowjetischen Truppen bereits als definitive Entscheidung zu verstehen. Die Umzingelung bedeutete noch nicht, daß General Paulus und seine 6. Armee zum Untergang verurteilt gewesen wären. Ein Ausbruch erschien noch möglich und anfangs auch chancenreich. Paulus bat seinen Führer daher am Abend des 22. November per Funk um die Genehmigung eines solchen Versuchs, wenngleich nur als *ultima ratio*. Doch statt der gewünschten «Handlungsfreiheit» im Notfall erhielt er den Befehl, auszuharren und bis zur letzten Patrone zu kämpfen. Hitler weigerte sich, die drohende Katastrophe zur Kenntnis zu nehmen. Ob er tatsächlich an die Möglichkeit einer Sprengung des Kessels durch den raschen Vorstoß von Panzertruppen aus dem Süden glaubte, bleibt letztlich unerheblich; in jedem Fall war der Wunsch, nicht aber eine nüchterne Lagebeurteilung Urheber des Gedankens. Gleiches gilt für die Annahme des renommierten Strategen und eilends neu ernannten Oberbefehlshabers der Don-Front, Generalfeldmarschall E. von Manstein, eine leidliche Versorgung der Eingeschlossenen aus der Luft sei durchführbar. Beide Hoffnungen zerplatzten. Mitte Dezember scheiterte die ohnehin verspätete Befreiungsoperation *Wintergewitter* kläglich. Zugleich wurden taugliche Flugzeuge seltener und gegnerische Störmanöver gefährlicher. Im Vorgefühl des Erfolges stießen die sowjetischen Truppen nach und drückten den Kessel zusammen. Spätestens an Weihnachten war das Schicksal der nun selbst Angegriffenen entschieden. Mit fünfzehn Kubikmetern Treibstoff für die ganze Armee, kaum Munition und hundert Gramm Brot pro Mann und Tag war an ernsthafte Verteidigung oder gar an einen Ausbruch nicht mehr zu denken. Der Sturm, zu dem die Belagerer Anfang Januar übergingen, konnte nur noch sinnloses «Heldentum» hervorbringen. In einem verzweifelten Funkspruch vom 22. Januar brachte Paulus – immer noch verschlüsselt – die Möglichkeit einer Einstellung des aussichtslosen Kampfes ins Spiel. Hitler aber beließ es bei der Beförderung des Bittenden zum Feldmarschall und der lapidaren Feststellung, eine Kapitulation komme schon «vom Standpunkt der Ehre» aus nicht in Frage. Verblendet und gewissenlos hielt er am Wahn vom deutschen Helden und dessen Bereitschaft zum Märtyrertod fest. Der Avancierte und seine Kommandeure dachten anders. Sie ergaben sich am 31. Januar, zwei Tage später legten die letzten Kämpfer die Waffen nieder. 108 000 Soldaten gerieten in Gefangenschaft (von denen später nur 6000 nach Deutschland zurückkehrten), 146 000 waren – laut sowjetischer Zählung – gefallen. Durch eine Reihe kapitaler Fehler hatte Hitler, dem keiner der obersten Generäle nachdrücklich widersprach, eine ganze Armee in den Untergang getrieben.

Schon Zeitgenossen konnte die Bedeutung dieses Debakels kaum entgehen. Die deutsche Propaganda hatte die Schlacht um Stalingrad wochenlang zum Symbol des ‹Endsiegs› stilisiert. Umgekehrt versäumte die sowjetische Führung nicht, ihren ersten großen Triumph gebührend zu feiern. Militärisch bestand aber noch kein Grund zum Aufatmen. Die Wehrmacht hatte eine Schlacht verloren, nicht den Krieg. Deshalb hat die Meinung manches für sich, daß die Wirkung der Ereignisse, positiv wie negativ, vor allem im Psychologischen lag: Eine «neue glitzernde Rote Armee», beladen mit Orden, überschüttet mit Ehrungen und strotzend vor Selbstbewußtsein, erhob sich aus den Trümmern von Stalingrad. Dem tat der – seinerzeit verschwiegene – Umstand wenig Abbruch, daß die Sieger gewiß keinen geringeren, wahrscheinlich sogar einen höheren Blutzoll gezahlt hatten als die Verlierer.[10]

Nach diesem schweren Rückschlag bemühten sich die deutschen Generäle nicht ohne Erfolg zu retten, was zu retten war. Wenngleich die Front überall ins Wanken geriet, gelang es ihnen ein halbes Jahr lang, ein ungefähres Gleichgewicht zu erhalten. Dabei galt es zunächst, eine noch schlimmere Katastrophe zu verhindern, da der Fall von Stalingrad die gesamte Kaukasusfront bedrohte. Erneut widersetzte sich Hitler anfangs einem Rückzug, den das Oberste Heereskommando eiligst empfahl. Allerdings mußte er nach dem endgültigen Scheitern des Versuchs, die 6. Armee zu befreien, einlenken. In den letzten Dezembertagen 1942 konnten die vordersten Verbände im Kaukasus mit der Umkehr beginnen. Immer noch war aber eine Frontlinie vorgesehen, die weit im Süden lag und Majkop einschloß. Erst in der zweiten Januarhälfte, als die Katastrophe von Stalingrad längst nicht mehr aufzuhalten war, fand sich der Führer bereit, die Räumung der Gebiete jenseits von Rostov zu erlauben. In Majkop ließen deutsche Ingenieure kostbares Bohrgestänge zurück und verschlossen die Quellen wieder, die sie gerade zu öffnen begonnen hatten. Das große strategische Ziel Hitlers, die Rohstoffbasis für die weitere Kriegführung nicht nur im Osten zu sichern, war verfehlt worden.

Weitere Einbrüche folgten im Frontabschnitt zwischen dem Don und Moskau. Ende Januar fiel Voronež, Anfang Februar Kursk und am 17. Februar, als spektakulärste deutsche Niederlage nach Stalingrad, Char'kov. Die Westfront war schon im November und Dezember, ungefähr parallel zur sowjetischen Offensive gegen die 6. Armee, in Bewegung geraten. Besonders

1. *Wendepunkte und Bilanz des Kriegsgeschehens* 611

der ‹Bogen› bei Ržev entlang dem Oberlauf der Wolga lud zu Vorstößen in den ‹Rücken› der feindlichen Stellungen geradezu ein. Zwar behaupteten sich die deutschen Verbände im Winter erstaunlich zäh. Dennoch zwang die Notwendigkeit, mit den Kräften hauszuhalten, zu einer Frontbegradigung, die der Gegenseite im März 1943 einen erheblichen territorialen Gewinn einbrachte. Und auch im Norden konnte die Wehrmacht ihre Position nicht behaupten. Ein Vorstoß der Verteidiger ins Hinterland von Schlüsselburg, dem Eingangstor zum Neva-Delta am Ladogasee, zwang sie zur Räumung der Stadt. Dadurch wurde der deutsche Ring um Leningrad nach 506-tägiger Blockade am 18. Januar 1943 gesprengt. Die zweitgrößte Stadt des Reiches konnte wieder auf dem Landweg versorgt werden, auch wenn die Belagerung noch ein knappes Jahr andauerte. Bei alledem reichten die sowjetischen Kräfte nicht aus, um die deutsche Front schon ganz aufzurollen. Im März konnte Manstein bei Char'kov sogar eine Gegenoffensive durchführen und den letzten nennenswerten Sieg in Rußland erkämpfen. Alles in allem hielten sich die Frontkorrekturen im Norden und in der Mitte daher in Grenzen. Im Süden mußten Don und Wolga zwar aufgegeben werden; die Wehrmacht stand aber immer noch weit im Osten der Ukraine am Donec. Statt von Leningrad bis Astrachan' verlief die gesamte Ostfront nun ungefähr vom Westufer der Neva vor der alten Hauptstadt bis Taganrog am Schwarzen Meer. Diese Westverschiebung war nach zwei Jahren Flucht und Rückzug ein enormer Erfolg für die Verteidiger und gab ihnen mächtig Auftrieb. Aber ob sie bereits eine militärische Vorentscheidung bedeutete, mußte sich erst noch zeigen.[11]

Das klärte sich während des Sommers 1943 im Zusammenhang mit den Panzerschlachten bei Kursk und Orel, den letzten ihrer Art im Osten. Seit dem Frühjahr hatten Hitler, Manstein und andere führende Generäle über eine neue große Offensive zur Stabilisierung der Gesamtlage beraten. Die Wahl fiel auf den nach Westen vorspringenden Frontbogen vor Kursk, den man von Norden und Süden her ‹begradigen› wollte. Mehrfach wurde diese Operation *Zitadelle* verschoben, um genügend schwere Panzer und ausreichend Truppen heranbringen zu können. Schließlich begann der Vorstoß am 5. Juli mit der Absicht, die unverminderte Schlagkraft der Wehrmacht zu demonstrieren und den Nimbus ihrer Unbezwingbarkeit wiederherzustellen. Die Rechnung ging indes nicht auf. Die Rote Armee hatte sich bestens vorbereitet. Schon im März war Žukov von einer Inspektionsreise mit der Erkenntnis zurückgekehrt, daß der zu erwartende Sommerangriff nicht mehr im Süden stattfinden werde, da die deutschen Kräfte für einen weiteren Versuch, die kaukasischen Ölquellen zu erobern, nicht ausreichten. Vielmehr seien Vorstöße an der Zentral-, der Voronež- und der Südwestfront zu erwarten. Zu den Gegenmaßnahmen, die aufgrund dessen getroffen wurden, gehörte seit April die Anlage tief gestaffelter Verteidigungslinien. Hinzu kam die Neuformierung der Truppen und ihre Ausstattung mit effizienten Waffen, darunter mehr schweren Panzern als zuvor. Solche Anstrengungen verfehlten ihre Wirkung nicht. Die deutschen Panzer kamen nach wenigen Kilometern zum Stehen. Im Süden wurden sie in eine der blutigsten Schlachten des ganzen Krieges verwickelt, in der 70 000 deutsche Soldaten gefallen und fast 3000 Panzer vernichtet worden sein sollen. Wenngleich andere Vorstöße durchaus erfolgreich verliefen, war der Offensive zumindest der Schneid genommen, als Hitler die gesamte Operation am 13. Juli abbrach. Vermutlich bewog ihn dazu auch die Landung amerikanischer und britischer Truppen auf Sizilien am 10. Juli, da er der Standfestigkeit des italienischen Verbündeten nicht traute und einige Armeen aus dem Osten abziehen wollte. Unerwarteter Widerstand und externe Ereignisse kamen zusammen. Letztlich macht es für das Resultat und die Bewertung keinen Unterschied, ob das Aufbäumen hier oder anderswo scheiterte – auch die Vorgänge an den übrigen Schauplätzen gehörten zu einem Krieg, den das Großdeutsche Reich bei Strafe der eigenen Vernichtung gewinnen *mußte*.

Für das Übergewicht lokaler Ursachen spricht, daß der sowjetische Oberbefehlshaber im Kursker Nordbogen (und der gesamten Zentralfront), der spätere Marschall K. K. Rokossovskij, schon am Abend des 14. Juli beschließen konnte, zum Gegenschlag auszuholen. Starke Panzerverbände drangen in das (nördlich von Kursk gelegene) Gebiet bei Orel vor, um diese ostwärts gerichtete ‹Ausbeulung› der deutschen Front einzudrücken. Vor allem aber griff man am 17. Juli im Süden an. Zwischen Char'kov und Taganrog lag die eigentliche Schwachstelle der deutschen Front; hier mußten viel zu geringe Kräfte eine viel zu lange Linie halten. Die Wehrmacht hatte der «ersten sowjetischen Sommeroffensive» (Ziemke), die damit zwischen Weißrußland und dem Azovschen bzw. Schwarzen Meer begann, nicht viel entgegenzusetzen. Schon numerisch war sie inzwischen ins Hintertreffen geraten. Gut 2,6 Mio. Rotarmisten in den Frontabschnitten Mitte, Voronež, Steppe, Südwest und Süd mit 51 200 Geschützen und Mörsern, 2 400 Panzern und Sturmgeschützen standen etwa 2 Mio. deutsche Soldaten mit 2000 Panzern gegenüber. Als wichtiger aber erwies sich, daß Mensch und Material nach zwei Kriegsjahren stark gelitten hatten. Beider Kampfkraft bzw. Einsatzfähigkeit stand deutlicher hinter der gegnerischen zurück, als die bloßen Zahlen suggerieren. Auch die 2000 amerikanischen Panzer, 2500 britischen Flugzeuge und anderes Kriegsgerät, die 1942 aufgrund eines Abkommens vom Dezember 1941 nach dem *lend-lease-act* an die Sowjetunion geliefert wurden, mochten zum Erfolg beigetragen haben. In jedem Fall mußten sich die deutschen Truppen auf breiter Front zurückziehen. Im Oktober war die Dnepr-Linie erreicht, die Hitler zur Abschirmung der Ukraine halten wollte (»Ostwall«). Doch auch dieser Befehl war bald Makulatur. Bei Jahresende 1943 lag Kiev schon weit hinter der Front. Der unaufhaltsame Vormarsch der Sowjetarmee hatte begonnen; der Jäger war endgültig zum Gejagten geworden.[12]

1. Wendepunkte und Bilanz des Kriegsgeschehens 613

In vieler Hinsicht brachten die letzten siebzehn Monate des «Tausendjährigen Reiches» militärisch gesehen nur noch den Vollzug der Peripetie, die sich im Vorjahr ereignet hatte. Die ersten Siegesfeiern in den Straßen Moskaus nach der Abwehr der deutschen Panzer bei Kursk erwiesen sich als berechtigt. Zwar mußte der Triumph bis zuletzt teuer erkauft werden, aber er war der sowjetischen Armee nicht mehr zu nehmen. Ein Schlag folgte dem anderen. Mitte Januar wurde Leningrad endgültig befreit. Die Offensive, in deren Verlauf das geschah, schob die Front in ihrem Nordteil bis zum Ostufer des Peipussees auf eine Linie vor, die ungefähr von Narva bis Vitebsk verlief. Etwa gleichzeitig versuchten sowjetische Truppen im Süden, den deutschen Brückenkopf im Dnepr-Knie bei Krivoj Rog abzuschneiden. Eine Einkesselung gelang zwar nicht; aber der Rückzug aus diesem rohstoffreichen Gebiet wurde unausweichlich. Im März und April führte die große «Schlammoffensive» zum Entsatz von Odessa und verschiedenen Städten im Inland und schob die Grenze des sowjetischen Territoriums wieder bis an den Dnjestr und Pruth sowie weiter nördlich bis an die Karpaten und den polnischen Südosten vor. Im Mai wurde, unter erheblichen deutschen Verlusten, die Krim erobert, im Juni Karelien. Die größte Niederlage erlitt die Wehrmacht jedoch in der Sommerschlacht um Weißrußland. Kaum zufällig am 22. Juni (dem dritten Jahrestag des *Unternehmens Barbarossa*) begonnen, versetzte sie der deutschen Verteidigungsfähigkeit durch die Einkesselung großer Teile der Heeresgruppe Mitte bei Minsk und den Verlust (Tod oder Gefangenschaft) von rund 350000 Mann einen Schlag, von dem sie sich nicht mehr erholte. Zugleich öffnete sie der Roten Armee, die bereits Ende August vor Warschau und – nach entsprechenden Bewegungen im Norden – unweit der ostpreußischen Grenze stand, das Tor nach Mitteleuropa. Im Herbst und frühen Winter rückten vor allem die südlichen russischen Verbände vor und besetzten Rumänien und Ungarn. Nachdem amerikanische und englische Soldaten bereits am 6. Juni 1944 in der Normandie gelandet waren und endlich die von Stalin immer wieder angemahnte «zweite Front» eröffnet hatten, war das Terrain für den Schlußakt zumindest des europäischen Krieges bereitet: den Sturm auf Mitteldeutschland und Berlin.

Diese Offensive begann Mitte Januar 1945 an der Weichsel. Gegen Monatsende hatte sie in Form eines abgeflachten Keils, der bei Frankfurt auf Berlin zeigte, im Süden bis nach Mähren und Ungarn ‹zurückhing› und im Norden Pommern und Westpreußen gleichfalls noch aussparte, bereits die Oder erreicht. Im Februar und März zog die Front im Norden bis Stettin nach; im Süden wurde Wien eingenommen, so daß bei einer Zangenbewegung auf die Zitadelle des nationalsozialistischen Eroberungsstaates kein ‹Rückenstoß› mehr drohte. Der Kampf um Berlin, von den inzwischen ruhmreichen Marschällen Žukov, I. S. Konev und Rokossovskij geführt, begann am 16. April und endete mit der bedingungslosen Kapitulation des Deutschen Reiches am 8. Mai 1945. Knapp vier Jahre nach dem Überfall auf den Bündnispartner ging ein Photo um die Welt, das Geschichte machte: Ein sowjetischer Soldat hißt die rote Fahne auf dem Dach des Reichstags. Nicht Moskau, sondern Berlin lag in Schutt und Asche.[13]

Zu den höchst ambivalenten Folgen des Sieges – von denen noch oft die Rede sein wird – gehörte der Umstand, daß er ein Regime stabilisierte, dem nicht an der Wahrheit, sondern an seiner Legitimation und Verherrlichung gelegen war. Der Krieg wurde zur Legende, die propagandistischen Zwekken diente, nicht der Rekonstruktion von Tatbeständen. Vor allem (wenn auch sicher nicht allein) damit hängt zusammen, daß der Beitrag der *Partisanen* zum schwer errungenen Sieg über das Deutsche Reich bis heute unklar ist. Die sowjetische Forschungs- und Memoirenliteratur hat ihn bis in die jüngste Zeit hinein hoch veranschlagt, die westliche Geschichtsschreibung ist skeptisch geblieben. Gerade sie hat deutlich gemacht, daß man auch in dieser Hinsicht vom weitgehenden Mangel jedweder Vorbereitungen ausgehen darf. Die Milizidee aus revolutionären Tagen war längst in Vergessenheit geraten. Ein ‹Volk in Waffen› war der Parteidiktatur eine ebenso unangenehme Vorstellung wie die tatsächliche Verwirklichung der Räteidee. Ein übriges tat die Strategie der Vorwärtsverteidigung. Um den Feind *vor* den eigenen Grenzen zu bekämpfen, brauchte man keine irregulären Hilfstruppen. So gab es im Juni 1941 kein Netz geheimer Stützpunkte, mit dessen Hilfe sich die Partisanen hätten organisieren können. Erst der unerwartete Überfall zwang zu entsprechenden Maßnahmen.

Für alle hörbar rief Stalin am 3. Juli 1941 in einer Rundfunkrede, mit der er sein langes Schweigen brach, auch zum irregulären Widerstand auf. In den besetzten Gebieten, deren Existenz er einräumen mußte, sollten Untergrundkämpfer «zu Pferd und zu Fuß» mobilisiert werden, um Brücken, Eisenbahnschienen, Telegraphenleitungen und andere Nachschubwege zu zerstören und den Feind zu schlagen, wo immer sich die Gelegenheit bot. Genauere Anweisungen gab das ZK in einer Art Ausführungsbestimmung am 18. Juli. Trotz dieser offiziellen Ermunterung darf man jedoch davon ausgehen, daß sich die Bewegung im ersten Kriegsjahr nur langsam ausbreitete. Dies hatte sowohl mit ihrem soziopolitischen Charakter als auch mit dem Regime zu tun. Anfangs gelang es vor allem versprengten Rotarmisten, sich in den Wäldern zu verstecken. Zu ihnen gesellten sich Funktionsträger von Partei und Staat in den überrollten Gebieten, die mit schlimmsten Strafen rechnen mußten. Da die Partei ihre Tore bald nach Kriegsbeginn weit für die Armee öffnete, rekrutierten sich die Partisanen großenteils aus Kommunisten und anderen, mit dem Regime eng verbundenen Gruppen. Dies galt besonders für die Führungsebene, die fast ausschließlich aus registrierten Bolschewiken bestand. Dagegen hielt sich die einfache, bäuerliche Bevölkerung fern. Sie mißtraute dem Regime nach wie vor und trug ihm die gewaltsame Errichtung der Kolchosordnung nach.

1. Wendepunkte und Bilanz des Kriegsgeschehens

Erst im zweiten Kriegsjahr, vor allem seit Herbst 1942, entfaltete der Partisanenkampf seine volle Kraft. Allerdings bleibt umstritten, wieviele sich dabei aktiv engagierten. Die sowjetischen Angaben von 700 000 bis 1,3 Mio. zuzüglich einer erheblichen Reserve sind mit Vorsicht zu betrachten. Zugleich mag die deutsche Angabe von einer halben Million untertrieben sein. Ins Reich realitätsferner Zweckbehauptungen gehören auch die meisten Erfolgsmeldungen. Daß anderthalb Millionen deutsche Soldaten durch Partisanen starben, darf als Legende gelten. Auch die Bindung von ca. einer Viertelmillion deutscher Soldaten durch den Zwang, die Transportwege zu schützen, kann nicht allein den Untergrundkämpfern gutgeschrieben werden. Partisanen konnten überhaupt nur in bestimmten Regionen operieren, vor allem in den Wäldern Weißrußlands, der Nordukraine und der Regionen um Brjansk und Orel, wo sie sicheres Versteck fanden. Die wichtigste Leistung der Partisanenbewegung dürfte deshalb nicht auf militärischer Ebene, sondern auf politischer zu suchen sein: Die Freischärler repräsentierten die Staatsmacht hinter der Frontlinie. Sie hielten in gleichsam exterritorialen Zonen der besetzten Gebiete die Erinnerung an das Regime wach und handelten in dessen Namen. So gesehen sorgten sie für politische Kontinuität.

Bei alledem gelang es den Partisanen nie wirklich, die Bauern für sich zu gewinnen. Im Gouvernement Orel rechnete man nach der Befreiung im Sommer 1943 ca. 31 % zur Dorfbevölkerung, 38,7 % zur Arbeiterschaft und 30,2 % zu den Angestellten und Funktionären (bei einer Gesamtzahl von 26 000). Allem Anschein nach stieg der bäuerliche Anteil im folgenden Jahr an, während die Zahl der Arbeiter und Kommunisten relativ sank. Einer der wichtigsten Gründe dafür war in der ebenso unklugen wie blutigen deutschen Besatzungspolitik zu suchen. Die neuen Herren taten nichts, um die Bevölkerung für sich zu gewinnen, sondern im Gegenteil alles, um sie dem eigentlich ungeliebten eigenen Regime in die Arme zu treiben. Sie behielten das Kolchossystem bei, führten Zwangsarbeiter ab, mordeten wahllos und mißhandelten die Einwohner als ‹ostische Untermenschen›. Diese gezielte Unterjochung, die dem rassistischen Charakter des Vernichungskrieges entsprach, verfehlte ihre Wirkung nicht. Auf der anderen Seite reichte selbst sie nicht aus, um das Regime unter den Bauern populär zu machen. Die Partisanen fanden zwar Zulauf, aber unerschütterliche, Risiko für Leib und Leben nicht scheuende Unterstützung der breiten Bevölkerung vermochten sie nicht zu gewinnen.[14]

Offener denn je ist auch die Frage der sowjetischen *Kriegsverluste* und der Verantwortung für womöglich unnötige Opfer. Stalin hatte sieben Millionen genannt und wenig Glauben gefunden. Lange Jahrzehnte wiederholte man daher im wesentlichen eine Angabe, die sich in einem (1961 veröffentlichten) Brief Chruščevs an den schwedischen Ministerpräsidenten Tage Erlander fand. «Über zwanzig Millionen Menschen», hieß es darin, seien im Krieg auf sowjetischem Boden umgekommen. Dabei interpretierte man die Aussage so, daß Soldaten und Zivilpersonen je etwa die Hälfte der Toten ausgemacht hätten. Erst die *glasnost'* hat die Geheimhaltung beseitigt, die über die einschlägigen Dokumente verhängt war. Von offizieller Seite wurden zwei Kommissionen mit der Aufgabe betraut, die Verluste zu prüfen. Nach deren Ergebnissen summierte sich die Zahl der gefallenen, gefangenen und an den Folgen schwerer Verwundungen verstorbenen Angehörigen der sowjetischen Streitkräfte – einschließlich des fernöstlichen Kriegsschauplatzes, der allerdings in dieser Hinsicht nicht ins Gewicht fiel – auf 8,668 Mio. Hinzu kamen etwa 18 Mio. Invaliden, Verletzte und Erkrankte. Ein Fünftel dieser Ausfälle waren dem ersten Kriegsjahr zuzurechnen, ein Drittel dem zweiten.[15]

Freilich fehlt die Zivilbevölkerung in diesen Angaben. Der demographische Gesamtschaden war erheblich größer. Die umsichtigste und überwiegend anerkannte Neuberechnung macht folgende Bilanz auf. Die nach dem Hitler-Stalin-Pakt annektierten Gebiete eingerechnet, betrug die Gesamtbevölkerung auf sowjetischem Territorium Mitte 1941 schätzungsweise 196,7 Mio. Menschen. Ende 1945 zählte man 170,5 Mio., entsprechend einem Verlust von 26 Mio. Zu fast demselben Ergebnis führt eine weitere Rechnung. Von den 1945 noch Lebenden (170,5 Mio.) waren 159,5 Mio. bereits vor dem deutschen Überfall geboren worden. In den folgenden viereinhalb Jahren starben 37,2 Mio.; bei normaler Mortalität (Maßstab 1940) wären 11,9 Mio. Tote zu beklagen gewesen; daraus ergibt sich eine «zusätzliche» Sterblichkeit von 25,3 Mio. Nach dem 22. Juni 1941 wurden 15,7–16,4 Mio. Kinder geboren, von denen ca. 4,6 Mio. bis Ende 1945 starben; gemäß der Mortalität von 1940 wären 3,3 Mio. gestorben, so daß sich eine Differenz «zusätzlicher» Todesfälle von 1,3 Mio. ergibt. Die «zusätzlichen» Toten beider Gruppen (25,3 Mio. und 1,3 Mio.) addieren sich auf 26,6 Mio. 19 Mio. davon waren Männer, 7,2 Mio. Frauen – mit gravierenden und lang andauernden Folgen nicht nur für die soziale und demographische, sondern auch für die ökonomische Entwicklung des Landes. Wenn man auch noch die kriegsbedingt Ungeborenen einbezieht, was spekulativ und schwierig, aber nicht unbegründet ist, ergibt sich ein Gesamtverlust der Bevölkerung von 40 Mio., nach einigen Schätzungen sogar von 45–48 Mio. Menschen. Alle Berechnungen stimmen darin überein, daß mindestens 15 Mio. der tatsächlich vorzeitig Verstorbenen auf die Zivilbevölkerung entfielen. Einige der größten Opfergruppen sind bekannt: Die SS und die ‹Einsatzgruppen› ermordeten oder deportierten ca. 2,5 Mio. Juden; 800 000 Menschen starben in Leningrad, ca. 622 000 im GULag, und die Todesrate unter den ca. 3 Mio. Angehörigen nichtrussischer Nationalitäten, die Stalin in Viehwaggons nach Osten bringen ließ, war ebenfalls sehr hoch. Dennoch bleiben ca. 10 Mio. Menschen, die durch andere Kriegseinwirkungen starben, vor allem an Krankheit, Hunger, Kälte und Erschöpfung. Ein solcher Blutzoll war ungeheuer und übertrifft wohl alle vergleichbaren traurigen Bilanzen der Weltgeschichte.[16]

Nicht zuletzt die neuen demographischen Befunde schließen dabei die Annahme ein, daß die enormen Verluste vor allem 1941, aber auch noch 1942 durch Fehler und Versäumnisse der Regierung in erheblichem Maße mitverursacht wurden. Wie die gesamte Reinterpretation des «Großen Vaterländischen Krieges» verweisen sie auf einen unauflöslichen Zusammenhang zwischen Kriegführung, Politik und Herrschaftsverfassung. Damit bestätigen sie, was die westliche Geschichtsschreibung seit langem betonte: daß Stalin und seine parteigestützte Diktatur die Sowjetunion, anders als es die Legende wollte, auch im Krieg teuer zu stehen kamen. Vergleichende Schätzungen der ‹Verlustquote› haben ergeben, daß auf einen gefallenen deutschen Soldaten mehrere – laut einigen Berechnungen bis zu vier – sowjetische kamen. Auch der Schluß, der daraus zu ziehen wäre, ist schon vor Jahrzehnten gezogen worden: daß die Sowjetregierung bedenkenlos mit den ihr anvertrauten Menschen umging. Ob ein Hügel zu erstürmen oder eine Stellung zu verteidigen war – die Operation wurde ohne nennenswerte Rücksicht auf Verluste durchgeführt. Noch die Eroberung Berlins ließ man sich entschieden mehr Opfer kosten, als die hoffnungslose Lage der Stadt und des Reiches erfordert hätte. Sicher ging auch die deutsche Diktatur nicht eben schonend mit ihren Soldaten um. Angesichts des totalen Kriegs, den sie in ganz Europa führte, hatte sie aber früh gute Gründe, auf ihre Ressourcen zu achten. Von solchen Zwängen frei, tat Stalin dies allem Anschein nach nicht in gleichem Maße. Über Hybris, sinnlose Durchhalteparolen und strategische Irrtümer hinaus gehörte die Unterschätzung der sowjetischen Reserven an Soldaten und Waffen zu den schwerwiegendsten Fehlkalkulationen Hitlers und seiner Generäle. Der bolschewistische Staat vermochte letztlich viermal mehr Soldaten zu mobilisieren, als die deutsche Aufklärung für möglich gehalten hatte (30,6 Mio. gegenüber 7,5 –8 Mio.). Zusammen mit der Rüstungsproduktion, die ebenfalls leistungsfähiger war als erwartet, entschied vor allem dieser Umstand den Krieg. Sicher fiel auch ins Gewicht, daß Stalin aus seinen anfänglichen Fehlern lernte. Aber er konnte sich dieses Verfahren gleichsam auch ‹leisten›. Denn das Lehrgeld zahlte die Bevölkerung in Gestalt ungeheuren Leids, das ihr eine Obrigkeit abverlangte, die es gewohnt war, Ziele ohne Rücksicht auf Kosten und Opfer gewaltsam durchzusetzen.[17]

2. Herrschaft: Zentralisierung, Mobilisierung und Repression

In allen Staaten haben moderne Kriege tiefgreifende Auswirkungen auf die innere Struktur gehabt. Gesellschaft, Wirtschaft und Politik wurden in stärkerem Maße als zuvor in den Krieg einbezogen. Die Nation als ganze rang um Sieg oder Niederlage und hatte alle ihre Kräfte auf diese Aufgabe zu konzentrieren. So wie der Friede zur Normalität wurde, geriet der Krieg zum Synonym der schlimmsten aller denkbaren existentiellen Bedrohungen. Dies traf um so eher zu, als parallel dazu Ideologien als psychisch-ideologische Triebkräfte an Bedeutung gewannen und die Unterscheidung zwischen Kombattanten und Zivilbevölkerung verwischten. Kein bis dahin geführter Feldzug war (wenn man die Religionskriege der Frühen Neuzeit beiseite läßt) in so hohem Maße weltanschaulich motiviert wie das *Unternehmen Barbarossa*, keiner richtete sich mit so erbarmungsloser Härte und mörderischer Brutalität auch gegen die nichtkämpfenden Einwohner. Der Überfall auf die UdSSR wurde zum Kreuzzug gegen den ‹jüdischen Bolschewismus› und das ‹slavische Untermenschentum›. Nach dem Ende der paradoxen Allianz zwischen ideologischen Todfeinden wohnte ihrem militärischen Zusammenprall eine ausgeprägte Tendenz zu besonderer Schonungslosigkeit inne. Schon deshalb mußten auch die Anstrengungen *nicht*militärischer Art besonders groß sein.

Ob Stalin diese neue Dimension der ausgebrochenen ‹Völkerschlacht› begriff, als er anderthalb lange Wochen schwieg und es dem Außenminister überließ, die Nachricht über den Kriegsbeginn zu verkünden, muß nach wie vor offen bleiben. Als verbürgt darf lediglich gelten, daß ihn eine «tiefe Erschütterung» lähmte – ob von Anfang an oder in dem Maße, wie die völlige Wehrlosigkeit der Roten Armee unübersehbar wurde, macht letztlich keinen Unterschied. Erst am 3. Juli fand der rote «Führer» zu einer Fassung zurück, die es ihm ermöglichte, sich selbst über Rundfunk an die Bevölkerung zu wenden. In dieser ersten Kriegsrede schlug er ähnliche Töne an wie zwölf Tage vorher Molotov. Er begrüßte die «Genossen», aber auch die «Bürger», «Brüder und Schwestern» und die «Kämpfer» der Armee und Flotte. Er rief alle «Völker der Sowjetunion» auf, sich der «Tollwut» des Faschismus entgegenzuwerfen, und er nannte das höchste Gut, das sie mit allen Kräften verteidigen sollten: nicht den Sozialismus, sondern den mit Schweiß getränkten «Boden», die «Heimat». Auch Stalin gab nun vor, nur noch Patrioten zu kennen, ganz gleich wie sie es mit dem Bolschewismus hielten. Es ist klar, worauf diese propagandistische Kehrtwende zielte – *alle* sollten sich dem Aggressor entgegenwerfen und jede Not für *ein* Ziel auf sich nehmen: die «Zerschmetterung des Feindes».[1]

Trotz des Schweigens stand indes keine Minute außer Zweifel, wo die Entscheidung über die Schicksalsfragen des Staates weiterhin lag. Zwar wirkte Stalin in den ersten zehn Kriegstagen phasenweise «völlig erschöpft»; insbesondere nach dem Fall von Minsk am 28. Juni war er offenbar auch mental tief getroffen. Aber das Land erlebte keine Autoritätskrise und kein Interregnum im genaueren Sinn. Die ersten 24 Stunden vergingen als permanente Krisensitzung, in deren Verlauf Experten und Verantwortliche der verschiedensten Organisationen von Staat, Armee, Wirtschaft und Gesellschaft herangezogen wurden. Anderntags wurde das «Hauptquartier» *(stav-*

2. Herrschaft: Zentralisierung, Mobilisierung und Repression 619

ka) des Oberkommandos der Armee eingerichtet, dem neben Stalin unter dem formalen Vorsitz des neuen Verteidigungskommissars (seit dem finnisch-sowjetischen ‹Winterkrieg›) S. K. Timošenko der Generalstabschef des Heeres Žukov, der ehemalige Verteidigungskommissar Vorošilov, der hochangesehene Bürgerkriegsgeneral Budënnyj (einer der ganz wenigen namhaften Überlebenden des Terrors) und der Marinekommissar N. G. Kuznecov angehörten. Am 10. Juli rückte Stalin auch formell zum Vorsitzenden dieses (leicht umbenannten) Gremiums auf; am 19. übernahm er das Verteidigungsressort, so daß sein förmliches Avancement zum Oberkommandierenden aller Streitkräfte am 8. August faktisch schon vollzogen war. Gewiß zeigen diese Veränderungen, daß die höchste militärische Entscheidungsebene erst noch effizient organisiert werden mußte. Man kann auch nicht ausschließen, daß Stalin mit der Möglichkeit eines Sturzes als Strafe für seine fatale Fehleinschätzung rechnete. Aber nichts dergleichen geschah. Der Schock löste weder Machtkämpfe noch eine Erschütterung des Regimes aus. Die Stellung des Diktators stand nicht zur Disposition; sein Wort galt nach wie vor.[2]

Zügig wurde auch die Anpassung der staatlich-zivilen Entscheidungsprozeduren und Institutionen vorgenommen. Dabei konnte man auf einschlägige Erfahrungen aus der Bürgerkriegszeit zurückgreifen. Im Kern wählte man dieselbe Strategie, die sich ohnehin anbot: Ein Höchstmaß an organisatorischer Zentralisierung und Bündelung der Kompetenzen in wenigen handlungsfähigen Gremien sollte die gewaltige Aufgabe lösen helfen, alle Kräfte in Staat, Gesellschaft und Wirtschaft zum Zwecke der Verteidigung nicht nur zu mobilisieren, sondern auch effektiv zu nutzen. *Außerordentliche Organe* drängten die regulären zunehmend und abermals beiseite. Dabei half der Umstand, daß der Weg, der bis dahin zurückzulegen blieb, kurz war – kürzer wohl als 1918. Nach dem Terror gab es niemanden mehr, der Stalins alleinige Herrschaft im mindesten beschränkt hätte. Von ihm beauftragt zu werden, wog schwerer als die reguläre Machtfülle eines Amtes. Seine Rückendeckung stärkte oder schwächte eine Position. Insofern delegierte er ohnehin einen Teil seiner außerordentlichen Zuständigkeiten auf die verschiedenen Hausmeier. Vieles spricht dafür, daß der «Führerstaat» den regulären Staat, soweit davon in der Sowjetunion überhaupt die Rede sein konnte, in noch stärkerem Maße ersetzt hatte als im Dritten Reich. Weil kein Rechtsstaat zu beseitigen war, fiel es den Mächtigen in Moskau leicht, Sonderorgane zu schaffen und sie mit umfassenden Vollmachten auszustatten. Andererseits könnte man auch sagen, daß sie eines solchen Notstandsregimes weniger bedurften, weil die Ausnahme ohnehin die Norm war.

Jedenfalls wurde frühzeitig, am 30. Juni 1941, eine Art Kriegskabinett gebildet. Diesem «*Staatlichen Verteidigungskomitee*» (GKO) gehörten nur fünf Personen an: Stalin, Berija, Molotov, Malenkov und Vorošilov. Wenn man die Namen ‹deuten› will, liegt die Vermutung nahe, daß neben dem Diktator, der gleichsam das Ganze vertrat, Repräsentanten der Geheimpolizei (Berija), Regierung (Molotov), Partei (Malenkov) und Armee (Vorošilov) berufen wurden. *Homines novi* waren auch die Jüngeren nicht mehr. Vielmehr zählten sie als Profiteure des Terrors seit den letzten Vorkriegsjahren (einige auch schon länger) zur engsten Umgebung Stalins und nahmen als nächste Berater – in welchem Maße bleibt bis auf weiteres offen – an den Herrschaftsgeschäften teil. Deshalb sollte man auch den Umstand, daß die Idee zur Einrichtung des GKO nicht von Stalin kam, sondern aus seiner Umgebung an ihn herangetragen wurde, nicht zum Ausdruck ernsthafter Opposition überzeichnen. Das GKO wurde nicht eigentlich neu geschaffen, sondern ein bereits existenter politischer Führungskreis unter seinem Namen formalisiert. Auch dies verband die neue Notstandsregierung mit der ersten, dem «Rat für Arbeit und Verteidigung», von 1918. An ihrem grundsätzlichen Charakter änderte die Kooptation Mikojans, Kaganovičs und des Wirtschaftsexperten N. A. Voznesenskij im Februar 1942 sowie des Funktionärs N. A. Bulganin im November 1944 nichts. Das GKO blieb ein Zirkel von wenigen Auserlesenen, der seine unbegrenzte Machtfülle im ganzen Land ohne Konkurrenz und Kontrolle nutzen konnte.

Der Überschaubarkeit entsprach ein informeller, von bürokratischen Prozeduren befreiter Arbeitsstil. Das GKO versammelte sich ohne längere Vorankündigung bei Bedarf, oft ohne vorher festgelegte Tagesordnung und ohne schriftliche Fixierung seiner Verhandlungen. Zugleich hatten die Beschlüsse Gesetzeskraft. Mehr noch: da jeder Rechtsschutz fehlte und der NKVD bereitstand, ihnen nach Nachdruck zu verschaffen, nahmen sie die absolute Verbindlichkeit von Befehlen an. Kaum weniger Geltungsanspruch kam den Anweisungen der Bevollmächtigten und von siebzig Lokalkomitees zu, die an der Front eingerichtet wurden und dem zentralen GKO halfen, seine Aufgaben zu erfüllen. Im Endeffekt entstand eine eigene Hierarchie außerordentlicher Instanzen, deren Entscheidungsbefugnisse sich über sämtliche Bereiche von Staat, Wirtschaft und Gesellschaft erstreckten. Sie sogen alle entscheidenden Kompetenzen auf und begründeten die *kommissarovščina* der Bürgerkriegsjahre neu.

Wichtigstes Medium dieser weiteren Stärkung autoritärer Herrschafts- und Verwaltungsstrukturen war die *Personalisierung*. Von Stalin abgesehen, übernahm jedes Mitglied des GKO einen Aufgabenbereich in unbeschränkter Breite, aber auch voller Verantwortlichkeit. Molotov fiel die Aufgabe zu, den Ausstoß von Panzern drastisch zu erhöhen; Malenkov wurde in analoger Absicht mit der Koordination der Flugzeugindustrie betraut; Voznesenskij befehligte die Produktion von Waffen und Munition; Mikojan hatte für die Beschaffung von Lebensmitteln, Treibstoff, Bekleidung und sonstigen Ausrüstungsgegenständen zu sorgen; Kaganovič erhielt die Oberaufsicht über den Schienentransport; Berija und Vorošilov kümmerten sich um ihre angestammten Obliegenheiten. Jeder errichtete seinen eigenen Stab und schickte seine Bevollmächtigten vor Ort. Zugleich konnte er auf die Zuar-

2. Herrschaft: Zentralisierung, Mobilisierung und Repression

beit der regionalen und lokalen Filialen von Partei und Staat rechnen. Da fast alle GKO-Mitglieder auch dem Politbüro (regulär oder als Kandidaten) angehörten, ergab sich überdies eine ausgeprägte Ämterhäufung. In mancher Hinsicht nahm die Durchbrechung bürokratischer Herrschaft (nicht etwa deren Perfektionierung im Sinne der trotzkistischen Deutung des Stalinismus) ein neues Ausmaß an. Nicht nur die Einmannleitung wurde unter dem Druck des Krieges auf die Spitze getrieben, sondern auch das Führerprinzip. Dies verwischte die ohnehin undeutliche Grenze zwischen Staats- und Parteigremien weiter. Nicht funktionale Trennung der Aufgaben und Kompetenzen im Dienste größtmöglicher Sachangemessenheit erschien als Aufgabe der Stunde, sondern Konzentration und Verkürzung der Entscheidungen. Je mehr aber die irreguläre Machtfülle zunahm, wuchs auch die Gefahr von Willkür und Fehlentscheidungen.[3]

Zur weiteren Auflösung der ordentlichen Hierarchie trug die Evakuierung wichtiger höchster Behörden bei. So wie sich die Regierung im Spätsommer 1918 durch den Umzug von Petrograd nach Moskau dem möglichen Zugriff deutscher Truppen entzogen hatte, so beschloß man Anfang Oktober 1941, die Schaltstellen der Staatsverwaltung ins Hinterland auszulagern. Die Wahl fiel auf verschiedene Gouvernementshauptstädte an der Wolga (Kujbyšev [Samara], Kazan', Gor'kij [Nižnij Novgorod]) und im Ural. Alle schienen einerseits weit außerhalb deutscher Reichweite, andererseits noch nahe genug an Zentralrußland zu liegen, wo sich nach wie vor die größten Ressourcen des Reiches (darunter die meisten Einwohner) befanden und der Krieg entschieden wurde. ZK, Gosplan und Außenministerium fanden dabei in Kujbyšev Unterschlupf. Nicht zuletzt dank der Tätigkeit Voznesenskijs, des ‹Wirtschaftsgenerals› dieser Jahre, und der unschätzbaren Bedeutung der Rüstungs- und Industrieproduktion für den Krieg, avancierte diese alte Handels- und Gewerbesiedlung gleichsam zur Verwaltungs- und Koordinationszentrale des Reiches. Die meisten der evakuierten Ämter kehrten erst im Sommer 1943 nach Moskau zurück. Da Stalin und seine engste Umgebung aber in der Hauptstadt blieben, wurden die strategischen Entscheidungen nach wie vor im Kreml' oder auf Stalins Datscha in Kuncevo getroffen, wo die Sprengsätze wieder entfernt wurden, die Berija für den Fall der Fälle schon hatte anbringen lassen. In vieler Hinsicht war diese geographische Trennung symbolisch: Einsam und hoch oben fielen die Beschlüsse, die ohne Widerrede und Kontrolle im ganzen Land (wie auch immer) befolgt wurden.[4]

Aus diesen Gründen büßten auch die obersten ordentlichen Gremien ihre Macht weitgehend ein. Der Rat der Volkskommissare unterlag fortan nicht nur der Anordnungsgewalt des GKO, sondern mußte sich auch damit abfinden, daß ihm alle rüstungs- und verteidigungsrelevanten Zuständigkeiten entzogen wurden. Vor allem die Industriekommissariate, die den größeren Teil der inzwischen 43 Ressorts ausmachten, hatten tiefgreifende Veränderungen hinzunehmen. Die Zerstreuung über verschiedene Standorte im europäischen Osten tat ein übriges; sie schwächte die Regierung weiter, indem sie ihren Kommunikations- und Arbeitszusammenhang zerschnitt. Zum einzigen funktionsfähigen und räumlichen Zentrum wurde auch für diese Bereiche der kleine Kreis höchster Entscheidungsträger, der in Moskau um Stalin ausharrte.

Ähnlich erging es, aber gleichsam auf höherem Niveau, den *Parteiorganen*. Gesamtstaatliche Plenarversammlungen fanden gar nicht oder nur sporadisch statt. Der Parteitag kam nach seiner 18. Sitzung im März 1939 erst wieder im Oktober 1952 zusammen. Parteikonferenzen wurden seit Februar 1941 zu Lebzeiten Stalins nicht mehr einberufen; und das ZK tagte nach Kriegsbeginn nur einmal Ende Januar 1944 (eine Sitzung, zu der sich die Teilnehmer im Oktober 1941 bereits versammelt hatten, wurde kurz vor Beginn wieder abgesagt). Auch zu diesem Verzicht auf die letzten Reste formaldemokratischer Prozeduren trug die partielle Räumung Moskaus bei. Teile des ZK-Apparates samt einem der Sekretäre (Andreev) mußten ebenfalls die Reise nach Kujbyšev antreten, wo sie sich zwar – trotz des unerwarteten Vorstoßes der Wehrmacht nach Stalingrad – in Sicherheit, aber auch fernab vom Geschehen befanden. In der Hauptstadt blieb das Gremium, das neben Stalin noch die größte Macht ausübte: das Politbüro. Hier machten sich inzwischen die Jungen, die Angehörigen der eigentlichen stalinistischen Generation, deutlicher bemerkbar. Der 18. Parteitag hatte Ždanov und Chruščev zu Vollmitgliedern, das ZK im Anschluß an die 18. Parteikonferenz zwei Jahre später Voznesenskij, Malenkov und A. S. Ščerbakov zu Kandidaten gewählt. Als Sekretäre des ZK fungierten unter der Direktion Stalins dessen alter Gefolgsmann Andreev, der sich um die Landwirtschaft kümmerte, Ždanov, der vor allem für Kultur und Ideologie zuständig war, und Malenkov, der als Leiter der Kaderverwaltung eine Schlüsselstellung übernahm. So mochte es kein Zufall sein, daß letzterer neben dem unentbehrlichen Wirtschaftsfachmann Voznesenskij auch in das allerhöchste Gremium, das GKO, aufgenommen wurde. Da nur Bulganin, ein Mann des Regierungsapparates, aus dem Rahmen fiel, darf man in den neun oder zehn Personen, die sowohl dem Politbüro als auch dem GKO angehörten, die erste Garde der sowjetischen Machthaber unterhalb Stalins während des Zweiten Weltkriegs sehen. Aus diesem Kreis ragten wiederum zwei oder drei, Molotov, Berija und bald auch Žukov hervor, die anscheinend sein besonderes Vertrauen genossen. Um so ferner standen der größere Teil der ZK-Mitglieder und/oder Volkskommissare sowie die nachgeordneten Generäle dem Zentrum, nach der Evakuierung zum Teil auch räumlich. Sie, die Mehrheit der dreißig Funktionäre, die eine neuere Studie zur damaligen Herrschaftselite rechnet, entschieden nicht, sondern führten aus.[5]

Doch auch die ganz Mächtigen und Gefürchteten waren machtlos und

2. Herrschaft: Zentralisierung, Mobilisierung und Repression 623

furchtsam gegenüber dem Diktator, der als *einziger allen* genannten Gremien angehörte. Stalin zwang seiner Umgebung nicht nur seinen eigenen Arbeits- und Lebensrhythmus auf, der die Nacht zum Tage machte. Er bestimmte nicht nur nach Gutdünken, wen er zur Beratung heranzog. Er traf auch in allen wichtigen Angelegenheiten die letzte Entscheidung, duldete (mit der gelegentlichen Ausnahme Žukovs) keinen Widerspruch und erließ nicht selten Anordnungen mit der Unterschrift der zuständigen Kommissare, ohne diese vorher zu befragen. Oft fielen schicksalsschwere Beschlüsse im informellen Kreis nach dem Abendessen in Stalins Datscha. Förmliche Verfahren waren weniger denn je nötig. Sitzungen und Herrenabende gingen ebenso nahtlos ineinander über wie amtliche und private Handlungen des neuen Autokraten.[6]

Auf der anderen Seite waren die vielen ‹kleinen Stalins› vor Ort nicht nur Empfänger, sondern auch Exekutoren der Befehle. Wie alle lokalen Verwalter leiteten sie ihre Macht aus der Stellvertretung der Obrigkeit ab, konnten die Aktivitäten dabei aber oft mit eigenen Interessen verbinden. Beauftragte des GKO und anderer Sonderorgane gehorchten nicht nur, sondern herrschten selbst. Gerade in der Ausnahmesituation schuf die Zentralisierung der Entscheidungen auch eine wachsende Abhängigkeit von denen, die sie ausführten. Solche Grenzen zeigten aber nicht in erster Linie staatliche Amtsträger auf, die angesichts der Verbreitung außerordentlicher Kompetenzen an Bedeutung verloren, sondern die Funktionäre der Partei.[7]

Denn es steht außer Frage, daß der Zweite Weltkrieg für die *Kommunistische Partei* (immer noch VKP(b) genannt) eine Zeit tiefgreifender Veränderungen und neuer Chancen zugleich war. Die Führung wandte sich in der katastrophalen Lage, in der sie sich über Nacht sah, naturgemäß vor allem an die Stütze von Staat und Gesellschaft. Die «Avantgarde» sollte Farbe bekennen und sich an allen Fronten hervortun, der militärischen ebenso wie der politischen und wirtschaftlichen. Ihre Aufgabe war es, die Masse der Bevölkerung, deren Hilfe man nun dringender denn je seit dem Bürgerkrieg benötigte, enger an die bolschewistische Monopolorganisation zu binden. Dazu mußten die Bolschewiki vorbildlich sein, an der Front kämpfen, die Verteidigung organisieren und im Hinterland die Fundamente des Sieges legen. In der Tat darf man vermuten, daß sich der alte Traum der sozialistischen Intelligenz in stärkerem Maße erfüllte als zuvor: Weil Partei und Staat an den tiefverwurzelten Patriotismus zu appellieren vermochten, weil der Aggressor eindeutig war und seine Politik in den besetzten Gebieten eine Kooperation auf Dauer unmöglich machte, stellte sich trotz Diktatur, Rechtlosigkeit und Terror eine seit der Revolution nicht mehr gekannte und nie mehr wiederkehrende Nähe zwischen Regierung und Volk, Partei und Gesellschaft, Herrschenden und Beherrschten her, die als elementare Voraussetzung für den letztlichen Sieg gelten kann.[8]

Was neu und anders war, läßt sich am ehesten an der Entwicklung der

Mitgliederstruktur ablesen. Zunächst erlebte die Partei eine ähnliche Auszehrung wie Dorf und Stadt. In Gestalt der Bauern, Arbeiter und Angestellten rief man nicht zuletzt eingeschriebene Kommunisten zu den Waffen. In der zweiten Jahreshälfte 1941 belief sich deren Zahl auf etwa 1,1 Mio., von denen 100 000 durch örtliche Komitees ausgewählt, die übrigen auf dem Wege normaler Gestellungsbefehle eingezogen wurden. Von den vier Millionen Mitgliedern, von denen man zur Zeit des deutschen Überfalls ausgehen kann, blieben bis Jahresende etwa drei Millionen. Schon früh bemühte sich die Parteiführung, diesen Aderlaß auszugleichen. Da eine Schonung ihrer Klientel bei der Vaterlandsverteidigung nicht in Frage kam, lag die Lösung nahe, den Beitritt zu erleichtern. Desgleichen verstand es sich in der gegebenen Situation von selbst, daß die alles beherrschende Aufgabe der Stunde dabei bedacht wurde. So beschloß man bereits am 19. August 1941, prämierte Frontkämpfer ohne Probejahr und Bürgen zu akzeptieren. Im Dezember folgte die Entscheidung, jedem fronterfahrenen Soldaten schon nach dreimonatiger Kandidatenzeit die volle Mitgliedschaft zu gewähren. Vor allem diese Regelung erwies sich als erfolgreich. Insgesamt nahm man zwischen 1941 und 1945 die enorme Zahl von 8,4 Mio. Mitgliedern und Kandidaten auf (zum Vergleich: 1936–1940 nur 3,2 Mio.), davon knapp 80 % aus der Armee. Auf diese Weise erholte sich die Partei numerisch schnell von den Kriegsverlusten, um nach der Wende von Stalingrad den Vorkriegsstand hinter sich zu lassen und die höchste Marke seit der Revolution zu erreichen:[9]

Tabelle 23: Mitgliederzahl der VKP(b) 1941–1946

Jahr	Mitglieder	Kandidaten	gesamt
1941	2,49	1,38	3,87
1942	2,15	0,91	3,06
1943	2,45	1,40	3,85
1944	3,13	1,79	4,98
1945	3,96	1,79	5,76
1946	4,13	1,38	5,51

Quelle: Rigby, Membership, 52

Schon die schiere Masse der Neuzugänge brachte auch eine Tendenz zur Veränderung der Sozialstruktur mit sich. Zwar blieb die Partei eine Minderheit. Weiterhin lockte sie auch, wie in der Endphase des Bürgerkriegs, viele Mitläufer an. Kaum zufällig füllten sich die bolschewistischen Reihen in enger Korrelation mit dem Kriegsglück. Dennoch sollte man zum einen Überzeugung als Beitrittsmotiv nicht ausschließen, da der Staat sich unter Anleitung der Partei, um welchen Preis auch immer, tatsächlich als fähig erwies, russischen Boden gegen fremde Invasoren zu verteidigen. Zum an-

2. Herrschaft: Zentralisierung, Mobilisierung und Repression

deren ging das starke quantitative Wachstum mit einer Aufweichung des elitären Charakters der Partei einher. Auch wenn die Bolschewiki eine privilegierte und herrschende Auswahl blieben und bleiben wollten, spricht alles dafür, daß sie sich der Gesellschaft weiter öffneten als je zuvor seit dem Bürgerkrieg.

Dabei gab es Unterschiede zwischen der *Parteiorganisation in der Armee*, deren Bedeutung im Krieg naturgemäß wuchs, und den zivilen Einrichtungen. Für die bolschewistischen Soldaten lassen sich im Zeitraum zwischen Januar 1942 und Juni 1945 folgende Anteile errechnen: Arbeiter 33,8 %, Bauern 23,4 % und Angestellte 42,8 %. Für die zivilen Parteimitglieder ergibt sich im selben Zeitraum respective: Arbeiter 27 %, Bauern 31 % und Angestellte 42 %. Da das jeweilige Rekrutierungsreservoir unterschiedliche Größenverhältnisse zwischen den sozialen Schichten aufwies, bedürfen die Zahlen der Deutung. Dabei ergibt sich, daß die Arbeiter unter den bolschewistischen Armeeangehörigen relativ höher repräsentiert waren, da die große Masse der Soldaten den demographischen Gegebenheiten entsprechend vom Lande kam. Umgekehrt fällt unter den nichtmilitärischen Parteigenossen die hohe bäuerliche Quote auf. Immer noch residierten die Parteikomitees vornehmlich in den Städten; trotz obrigkeitlichen Nachdrucks stand das Dorf erheblich zurück. Wenn im Krieg dennoch fast jeder dritte Bolschewik vom flachen Lande kam, trat darin der empfindliche Verlust an ‹traditionellen› Kadern und der Gewinn neuer zutage. Bei alledem behaupteten aber Angestellte verschiedener Bereiche, darunter neben betrieblichem Verwaltungspersonal vor allem Staatsbedienstete und Parteifunktionäre, ihre beherrschende Stellung. Dazu dürfte auch die regional belegbare Tatsache beigetragen haben, daß nicht wenige der registrierten ‹Arbeiter› die Werkbank schon einige Zeit verlassen hatten und überwiegend zu Funktionären geworden waren.[10]

Bei alledem darf gerade im Krieg die Anfangs- nicht mit der Endsituation gleichgesetzt werden. Es war kein Zufall, daß der große Andrang neuer Genossen in der zweiten Hälfte der Konfrontation stattfand. Dazu trug nicht nur der Mitläufer- und Überzeugungseffekt der militärischen Wende bei. Darüber hinaus änderte das Regime auch seine Politik gegenüber der Bevölkerung. Kennzeichnend für den Kriegsbeginn war tiefes Mißtrauen. Mit guten Gründen fürchtete die Obrigkeit, daß sich große Teile der Bevölkerung für die Verschlechterung ihrer Lebensverhältnisse durch Zwangskollektivierung und Brachialindustrialisierung, für die Entrechtung durch die endgültige Etablierung der Parteidiktatur und nicht zuletzt für die permanente Angst angesichts willkürlicher Gewaltanwendung rächen würden. Vor allem auf dem Dorfe erblickte man ein erhebliches Potential für Kritik und Opposition. Hinzu kamen die katastrophalen Niederlagen der ersten Monate, die nicht eben dazu beitrugen, dem Regime Kredit zu verschaffen. Nicht zuletzt traute die Partei auch der Armeeführung nicht – nach deren weitgehender Liquidierung oder sonstigen Peinigung ebenfalls eine begreifliche Haltung. Um solchen Gefährdungen vorzubeugen, ergriff sie eine Reihe von Maßnahmen. Der erwähnte rasche Eintritt vieler registrierter Bolschewiki in die Armee war nicht allein Folge ‹normaler› Rekrutierung oder spontaner Verteidigungsbereitschaft. Vielmehr wurde bereits in den letzten Junitagen beschlossen, Mitglieder der Partei und ihr angeschlossener Organisationen (vor allem des Komsomol) gezielt dafür anzuwerben und sie als «Politkämpfer» an die Front zu schicken. In wenigen Tagen hatten die einzelnen Komitees zwischen 500 und 5000 Genossen für diesen Zweck bereitzustellen, deren Zahl sich gegen Jahresende auf ca. 132 000 summierte. Da sie überwiegend aus der Stadt kamen, versuchte man auf diese Weise zugleich, der unterstellten Unzuverlässigkeit bäuerlicher Rekruten entgegenzuwirken. Der Absicht nach wiederholte sich hier die Kampagne der «25 000» aus den ersten Monaten der dekretierten Totalkollektivierung. Doch gab sich die Führung damit nicht zufrieden. Angesichts der fortbestehenden Unzufriedenheit der Bauern belebte man auch die Politabteilungen der MTS wieder, die einige Jahre zuvor abgeschafft worden waren. Ähnlich meinte man auch gegenüber den Generälen verfahren zu müssen. An den Fronten und in den Armeen wurden dreiköpfige Kriegs- bzw. Militärräte *(voennye sovety)* eingerichtet, denen neben dem Oberkommandierenden und dem Chef des Stabes auch ein Repräsentant der Parteiführung angehörte. Welches Gewicht man seiner Aufgabe beimaß, geht schon aus dem Rang einiger Funktionäre hervor, die man mit dieser Aufgabe betraute: Selbst die Fähigkeiten eines Ždanov oder Chruščev wurden offenbar an keiner anderen Stelle dringender benötigt. Sowjetischen Angaben zufolge verteilten sich bis Ende 1941 etwa 8800 hohe Funktionäre in dieser Eigenschaft über die Fronten. Daneben führte man in den unteren Heereseinheiten (von der Division abwärts) schon am 16. Juli 1941 den Kriegskommissar und auf Kompanieebene den Politleiter *(Politruk)* wieder ein, die erst kurz vor dem Krieg abgeschafft worden waren. Zugleich erstand als oberste politische Koordinations- und Anleitungsinstanz die Zentrale der PURKKA neu, die auch wieder dem gefürchteten Stalin-Getreuen L. Z. Mechlis unterstellt wurde. Mitte 1942 waren etwa 100 000 und 1943 ca. 240 000 solcher politischen Offiziere im Einsatz.[11]

Zumeist konnten sie sich bei ihrer Tätigkeit nicht nur der Unterstützung der Parteispitze, sondern auch des *NKVD* sicher sein. Denn an der Stellung des Innenressorts änderte der Kriegsausbruch nichts. So wie Berija allen zentralen Sonder- und Führungsgremien in Staat und Partei angehörte, behielten auch seine Schergen alles im Auge, was ihnen der Aufmerksamkeit wert schien. In mancher Hinsicht erweiterte der Krieg ihr Betätigungsfeld sogar. Denn nun wuchs die Erwartung größerer Wachsamkeit gegenüber jeglicher Unterminierung der Verteidigungsfähigkeit. Die Suche nach vermeintlichen Kollaborateuren und ‹Diversanten› ließ sich nahtlos mit der

2. Herrschaft: Zentralisierung, Mobilisierung und Repression 627

Absicht verbinden, die innere Kontrolle zu verschärfen. Wer Feindberührung hatte, geriet *per se* in den Verdacht der Unzuverlässigkeit. Zumindest schien er disponiert zu sein, die Nachrichtensperre zu durchbrechen, die in den ersten Kriegstagen verhängt wurde und bis zum satirisch anmutenden Verbot der Weitergabe von Gerüchten (bei Androhung standrechtlicher Erschießung) verschärft wurde. Angesichts dessen konnte es nicht ausbleiben, daß sich die Straf- und Arbeitslager zunächst weiter füllten und Entlassungen erst unter dem Druck wachsender Ernährungsprobleme vorgenommen wurden.[12]

Vom Arkanbereich geheimpolizeilicher Machenschaften abgesehen, änderte sich das Verhältnis zwischen parteilich gesteuerter Staatsführung, Armee und Bevölkerung seit der Peripetie des Krieges spürbar. Stalin erwies sich als lernfähig. Er begriff, daß das Übermaß an Kontrolle womöglich mehr Schaden anrichtete, als Nutzen brachte. Vielleicht erkannte er auch den Widerspruch, der sich zwischen patriotischer Mobilisierung ohne Ansehen der Überzeugung und allgegenwärtiger Überwachung auftat. Nicht zuletzt stiegen Einfluß und Unentbehrlichkeit der Generäle. Als der deutsche Vormarsch im Sommer 1942 scheinbar unaufhaltsam fortschritt, ließ sich Stalin von der Notwendigkeit eines einheitlichen Kommandos überzeugen. Die politischen Kommissare, die den Militärs ein Dorn im Auge waren, wurden Anfang Oktober abermals abgeschafft. Der baldige Triumph von Stalingrad tat ein übriges. Die Gunstbeweise häuften sich: Nicht nur Schulterstücke und Orden mit klangvollen Namen der russischen Nationalgeschichte (Suvorov, Kutuzov, Alexander Nevskij) kehrten zurück, sondern auch der bevorrechtigte Zugang zu neuen Kadettenschulen und andere ständisch anmutende Privilegien. Um dieselbe Zeit schrumpfte die Gefahr inneren Widerstands weiter, und wuchs die Identifikation der Bevölkerung mit der Führung. Im Maße des Erfolges überwölbte die gemeinsame Abwehr des äußeren Feindes innere Spannungen und Gegensätze. Günstiger hätte die Entwicklung für das Regime, auch wenn es seine ideologischen Ziele zurücknehmen mußte, kaum sein können.[13]

So gab es bei Kriegsende mindestens zwei Organisationen im Staat, die bei allen Verlusten auch Gewinne verbuchen konnten: die Armee und die Partei. Die Armee hatte ihre Enthauptung im Terror äußerlich kompensiert und war mindestens zur zweitstärksten Institution aufgestiegen. Nicht nur an Ansehen und Einfluß, auch an schierer Größe und materiell-finanziellem Gewicht übertraf sie alles, was sie bis dahin erreicht hatte, bei weitem. Der Sieg, so teuer er erkauft sein mochte, legte den Grundstein für die herausragende politische Bedeutung, die sie trotz temporärer Rückschläge bis zur *perestrojka* zu wahren wußte. Der Partei bescherten die Verteidigungsanstrengungen sicher ambivalentere Erfahrungen. Auf der einen Seite verlor sie weiter an Macht und Einfluß. Der Entzug von Kompetenzen, den die persönliche Diktatur Stalins auf der Grundlage einer ohnehin gegebenen autoritären Entscheidungsstruktur in Friedenszeiten schon weit vorangetrieben hatte, wurde gleichsam nach unten erweitert. Sonderbevollmächtigte und Kommissare höhlten auch die Zuständigkeiten der regionalen und lokalen Parteiorgane aus. Ein übriges tat das wachsende Gewicht der Armee. Auf der anderen Seite umfaßte die Partei einen größeren Teil der Bevölkerung als je zuvor. Sie behauptete ihr politisches Organisationsmonopol nicht nur, sondern stärkte es zumindest numerisch. Diese Verschiebung mit dem großen Wort einer «substantiellen Demokratisierung» zu belegen, ist angesichts fortdauernder Funktionärsherrschaft und personaler Diktatur mit oligarchischem ‹Kranz› sicher irreführend. Auf der anderen Seite liegt aber auf der Hand, daß die Partei den Prestigeverlust der dreißiger Jahre in erheblichem Maße wettmachen konnte. Der Glanz des Sieges fiel auch auf sie – und zementierte ihre Macht in gleicher Weise wie die ihres Führers. Als sich Stalin in der Massenwahrnehmung vom gefürchteten Diktator zum *auch* verehrten *pater patriae* und unbezwingbaren *Generalissimus* (dem einzigen der Sowjetgeschichte) wandelte, profitierte davon trotz aller nationalen Mobilisierung nicht zuletzt die Partei.

In welchem Maße auch immer patriotische Parolen Führung und Volk dank des mächtigen Rückenwinds sich häufender Siege miteinander zu versöhnen vermochten – ausgeschlossen davon war von Anfang an die *nichtrussische Bevölkerung*. An der Front und in den deutschen Besatzungsgebieten verfielen sie kollektivem Kollaborationsverdacht. Aber auch jenseits der Kampfzone und ohne jegliche Feindberührung traf einige von ihnen der pauschale Argwohn, sie könnten im schlimmsten Fall unsichere Kantonisten sein. Bei den Deutschen, die zumeist seit dem letzten Drittel des 18. Jahrhunderts in Rußland lebten, als ihre Urahnen dem Angebot der ‹aufgeklärten› Kaiserin Katharina II. zur privilegierten Ansiedlung gefolgt waren, kam hinzu, daß sie sich kaum assimiliert hatten und nach den Kriterien des späten 19. Jahrhunderts zum ‹Volk› des Aggressors gerechnet wurden. Was ihnen der sowjetische Staat zudachte, war in allen Fällen gleich grausam: Sie wurden ohne Rücksicht auf Schuld und Verluste unter geheimpolizeilicher Bewachung nach Osten verschleppt. Als weiteres Beispiel stalinistischer Untaten haben diese Deportationen nicht nur in der Fachöffentlichkeit große Aufmerksamkeit gefunden. Fraglos waren sie vom Charakter des Regimes weniger zu trennen als vom Krieg.

Denn es fällt in einigen Fällen selbst dann schwer, nachvollziehbare Motive auszumachen, wenn man sich auf denkbare Überlegungen der Akteure einläßt. Sicher gab es in den besetzten Gebieten Kollaboration. Die sowjetische Führung fürchtete in den ersten Kriegsjahren aus gutem Grund, die gewaltsam unterdrückte Unzufriedenheit könne sich unter dem direkten oder indirekten Schutz des Feindes explosionsartig Luft machen. Daß die baltischen Staaten im Einmarsch der Wehrmacht eine Chance erblickten, die

2. Herrschaft: Zentralisierung, Mobilisierung und Repression 629

soeben verlorene Unabhängigkeit zurückzugewinnen, konnte nicht ernsthaft überraschen. Auch in der Ukraine agierten Gruppen wie die «Organisation des ukrainischen Volkes» (OUN), die seit Jahrzehnten gegen Polen und die Sowjetunion für einen eigenen Staat kämpften und die deutsche Invasion als Gelegenheit betrachteten, ihr Ziel endlich zu erreichen. Allerdings erhielten solche Träume schon im September 1941 einen kräftigen Dämpfer, als die Nationalsozialisten eine selbsternannte ukrainische «Regierung» in Lemberg auflösen ließen. Später schlossen sich viele Ukrainer (35 – 40% von etwa 300 000 Mann Ende 1944) der Armee aus Regimegegnern an, die der gefangene sowjetische General A. A. Vlasov mit deutschem Segen aufgestellt hatte. Auch wenn die Zahl der Aktiven letztlich gering blieb und die barbarische deutsche Politik alles tat, um selbst die Bereitwilligsten zu verprellen, war der Unabhängigkeitskampf der Bürgerkriegsjahre in der Ukraine nicht vergessen. Im Hinblick darauf mochte Stalin tatsächlich Anlaß zu der ihm zugeschriebenen, berüchtigten Bemerkung gehabt haben, er würde am liebsten das gesamte ukrainische Volk wegschaffen lassen, wenn es nicht so groß wäre. Auch die in der Ukraine und Neurußland lebenden Deutschen kooperierten mit den Besatzern. Sie wurden schon wegen ihrer Sprachkenntnisse herangezogen, ob sie wollten oder nicht. Anders stand es in Weißrußland. Hier beschränkte sich die manifeste Sympathie auf isolierte Kreise, die überdies bald enttäuscht wurden. Insgesamt blieb die Kollaboration hier eine ebenso marginale Erscheinung wie die nationale Autonomiebewegung in den letzten Jahrzehnten des Zarenreichs.[14]

Begrenzt, wie sie alles in allem waren, schieden solche Vorkommnisse nicht nur als Rechtfertigung für vergeltende oder gar prophylaktische Maßnahmen aus. Selbst als subjektive Gründe, fern aller moralisch-ethischen Grundsätze und Erwägungen der Angemessenheit, vermögen sie nicht zu überzeugen. Gewalt und Leid trafen überwiegend Unbeteiligte. Nationalitäten wurden verschleppt, deren Siedlungsgebiete die Invasoren oft gar nicht berührten. Sie mußten für «Taten» büßen, die sie nicht einmal hätten begehen können. Und selbst bei den Wolgadeutschen, die den Angreifern kulturell sicher eng verwandt waren und denen die Front ein halbes Jahr lang recht nahe kam, wurde die vorbeugende Kollektivhaftung in einem Maße praktiziert, das höchstens durch Panik und blinde Rache, nicht aber durch nüchterne Gefahrenabwägung erklärbar war. In diesem Fall deutet auch alles darauf hin, daß es bereits Vorbereitungen für eine Aktion zumindest gleicher Art, wenn auch vielleicht nicht gleichen Umfangs gab. Schon 1935 hatte man damit begonnen, Deutschstämmige – ebenso wie Finnen und Polen – aus den grenznahen Gebieten im Westen auszusiedeln. Auf dem Höhepunkt des Terrors machte der NKVD auch kurzen Prozeß und sparte dem Staat die Transportkosten durch Erschießungen *en gros*. In jedem Falle waren die Listen und Pläne weitgehend fertig, als der deutsche Überfall Anlaß gab, sie mit grausamer Vollständigkeit zu verwirklichen. Die ersten ‹Geiseln› wurden bereits im Juli weggeschafft. Am 28. August veröffentlichte der Oberste Sowjet einen entsprechenden förmlichen Beschluß, der die Aktion mit der Anwesenheit von ‹Tausenden und Zehntausenden von Diversanten und Spionen› unter den Wolgadeutschen begründete. Die Betroffenen wurden nach zwei- bis vierstündiger Vorwarnung von Spezialtruppen des Innenressorts zu den Sammelpunkten geführt und in Güterwaggons gepfercht, die sie in die Verbannungszonen in Südsibirien (Novosibirsk, Omsk), im Altaigebirge, in Kazachstan und benachbarte Regionen – so das Dekret – brachten. Die Fahrt dauerte mehrere Wochen, Proviant und vor allem Wasser (in der Hitze der Steppe dringend benötigt) waren knapp. Wieviele der insgesamt 894 600 Personen, die auf diese Weise bis Ende Dezember aus ihrer alten Heimat deportiert wurden, an den Strapazen zugrunde gingen, ist nicht bekannt. In jedem Falle mündete die fast zweihundertjährige, erfolgreiche Geschichte der deutschen Siedler in eine Tragödie, deren Folgen bis heute nachwirken.[15]

Nicht genug damit, traf der Bannstrahl auch ethnisch-kulturell weit entfernte und am Kriegsgeschehen völlig unbeteiligte nichtrussische Nationalitäten. Im November 1943 mußten die Karačäer, im Dezember 1943 die Kalmücken, im März 1944 die Čečenen und Ingušen, im April 1944 die Balkaren und im Mai 1944 die Krimtataren ihre Siedlungsräume verlassen, die ihnen gemäß der formal geltenden föderativen Staatsverfassung zumeist als autonome Gebiete ausdrücklich zugewiesen worden waren. In allen Fällen bereitete die Geheimpolizei die Aktion vor, handelte sie ohne Warnung äußerst brutal, wurden die Verschleppten in entlegenen Regionen ihrem Schicksal überlassen und bedeutete der Beschluß daher nicht nur den Verlust von Wohnung und Heimat, sondern auch Elend und Tod. Wieviele Menschen genau betroffen waren, kommt nur stückweise ans Licht. Bezüglich der Ingušen und Čečenen meldete Berija dem GKO und dem «Genossen Stalin» persönlich am 1. März 1944, daß 478 479 Personen abtransportiert worden seien. Unter Einschluß der Kalmücken und Karačäer bezifferte er die Gesamtzahl der Deportierten wenige Tage später auf 650 000. Mit besonderer Rücksichtslosigkeit vertrieb man nach der Rückeroberung der Krim als letzte die Tataren, die dort seit dem Mittelalter ansässig waren. Sie wurden aus den Betten geholt, durften außer Handgepäck nichts mitnehmen und mußten mitten im südlichen Sommer besonders lange in geschlossenen Waggons ausharren, bis sie ihre Bestimmungsorte im fernen Usbekistan erreichten.[16]

Gerade die letztgenannten Verschleppungen werfen die Frage nach den Gründen auf. Im Falle der Wolgadeutschen kann man Kollaborationsfurcht, wie begründet immer, nicht ausschließen. Die Krimtataren lebten einige Zeit unter deutscher Besatzung; zu den Balkaren und Karačäern in der westlichen Mitte des kaukasischen Vorlandes drang die Wehrmacht im Herbst 1943 immerhin noch vor. Groznyj, die Hauptstadt der čečenisch-inguši-

3. Wirtschaft: Bewährungsprobe für Plan und Zwang? 631

schen ASSR, und Ėlista, das Zentrum des Kalmückischen Gebiets, auf der östlichen Seite erreichte sie aber nicht mehr. Hilfeleistung für den Feind konnte die Sowjetführung deshalb nicht ernsthaft vermuten. Vielmehr sind andere Motive wahrscheinlicher. Den betroffenen Minderheiten im nördlichen Kaukasusgebiet war nicht nur die geographische Lage und große ethnische, kulturelle und religiöse Distanz zum dominanten Großrussentum gemeinsam. Darüber hinaus zeichneten sich einige von ihnen durch besonderen Widerstand gegenüber der Zentralgewalt in der Vergangenheit aus. Vor allem die ‹wilden› Bergvölker der Čečenen und Ingušen hatten ihren Anspruch auf Eigenständigkeit immer wieder geltend gemacht. Bei allen nichtrussischen Minderheiten war die Kollektivierung auf erbitterte Ablehnung gestoßen. Noch in den späten dreißiger Jahre kam es zu Unruhen, die nur mit Waffengewalt niedergeschlagen werden konnten. Aus Moskauer Sicht galten die kaukasischen Völker als aufsässig und unzuverlässig. Vor diesem Hintergrund bot die Ausnahmesituation des Krieges einen willkommenen Vorwand, das Ärgernis an der Wurzel zu packen. Dabei verfuhr das Regime nach bewährtem Muster und eliminierte, was störte, ohne Rücksicht auf Menschenleben und sonstige ‹Kosten› aus seinem Gesichtskreis. In mancher Hinsicht vollendete es damit die Unterwerfung, die das Zarenreich in imperialistischem Geist begonnen hatte. So gesehen erübrigt es sich, nach aktuellen und konkreten Motiven für die Deportationen ganzer Völkerschaften zu suchen: Sie entsprangen dem terroristisch-totalitären Grundzug, sozusagen der Normalität des Regimes selbst.[17]

3. Wirtschaft: Bewährungsprobe für Plan und Zwang?

Die Behauptung gehörte zum Standardrepertoire der sowjetischen Selbstlegitimation, daß der «Große Vaterländische Krieg» die entscheidende Nagelprobe für die ‹sozialistischen Errungenschaften› der dreißiger Jahre gewesen sei. Der Endsieg über einen so mächtigen Feind wie das Großdeutsche Reich habe nur auf der Grundlage des bereits vollzogenen radikalen Strukturwandels errungen werden können. Er beweise die prinzipielle Überlegenheit des Sozialismus über den Kapitalismus, als dessen Extremform Faschismus und Nationalsozialismus gemäß der bekannten Kominterndoktrin seit 1935 galten. Stalin selbst hat diese umstandslose Vereinnahmung des durchaus wechselhaften Kampfes in die Erfolgsgeschichte seines Regimes als erster in Umlauf gesetzt. «Der Krieg», so formulierte er am 9. Februar 1946, «brachte eine Art Examen für unsere Sowjetordnung». Was die Auslandspresse als «gewagtes Experiment» verteufelt habe, erweise sich als Garant des großen Triumphes. Einzig die «sowjetische Methode der Industrialisierung» mit ihrer Konzentration auf die Schwerindustrie habe in Verbindung mit der Auflösung der ‹bäuerlichen Kleinbetriebe› die russische «Rückständigkeit» in der gebotenen Schnelligkeit beseitigen können. Kosten und Opfer ließ Stalin ebenso außer Betracht wie die Frage, ob nicht auch eine andere wirtschaftliche Entwicklungsstrategie zu einem ähnlichen Ergebnis hätte führen können. Auch die nachfolgenden Herrscher und Historiker der Sowjetunion stellten diese Fragen nicht. Der «entwickelte Sozialismus» gab sich vor allem darin als Erbe der Stalinschen Ordnung zu erkennen, daß er keine Zweifel an der Notwendigkeit und Richtigkeit von Verstaatlichung und zentraler Planung in Industrie und Landwirtschaft duldete. Noch Gorbačev nannte den Zweiten Weltkrieg in seiner Rede zum siebzigjährigen Jubiläum der Oktoberrevolution eine «schonungslose Bewährungsprobe für die Lebensfähigkeit der sozialistischen Ordnung» und behauptete, unbeschadet seiner Kritik an der Gewaltsamkeit des stalinistischen Regimes: «Ohne Industrialisierung [sc. von der Art der durchgeführten] hätten wir dem Faschismus hilflos gegenüber gestanden».[1]

Auch die westliche Forschung hat die Kriegswirtschaft weitgehend unter diesem Blickwinkel betrachtet. Sie ist nicht nur dem Problem nachgegangen, wie die Anpassung an die ebenso plötzlichen wie ungeheuren Anforderungen vor allem der Rüstung gelingen konnte. Zumeist hat sie dabei auch die Voraussetzungen für den eindrucksvollen Erfolg der gesamten Mobilisierung im Auge gehabt. Die Frage, ob Stalin ‹wirklich notwendig› war, schloß in der Regel die Aufforderung ein, bei der Antwort den großen militärischen Erfolg mitzubedenken.[2]

Die leitenden Grundsätze für den Umbau der Wirtschaft unterschieden sich nicht von den Imperativen, denen die Regierung im Bemühen um mehr Effizienz vertraute. Zentralisierung und Aufhebung der regulären Verfahren standen auch hier im Vordergrund. Allerdings ergaben sie sich in mancher Hinsicht mit größerer Dringlichkeit und Klarheit: Es lag auf der Hand, daß alle ökonomischen Anstrengungen auf die Rüstungsproduktion zu konzentrieren waren. Dementsprechend verstummten die letzten Einwände gegen die Reduzierung der Konsumgüterindustrie auf das Minimum, das zur Versorgung der Bevölkerung nötig schien. Von selbst verstand sich auch, daß von Planung zunächst nicht mehr die Rede sein konnte. Improvisation und Flexibilität taten not, nicht die Erfüllung mittel- oder langfristiger Kontrollziffern. Allerdings mußte zuvor möglichst viel von dem gerettet werden, was im vorangegangenen Jahrzehnt aufgebaut worden war. Der Konversion und Mobilisierung aller Ressourcen mußte die *Evakuierung* vorangehen.

Nahezu alle Darstellungen stimmen darin überein, daß die Verlagerung einer großen Zahl von Fabriken und sonstigen Unternehmen aus gefährdeten, frontnahen Regionen, ihr Transport über Tausende von Kilometern und ihr Wiederaufbau bis zur Produktionstüchtigkeit als herausragende und – neben der Mobilisierung enormer personeller Ressourcen für die Armee – kriegsentscheidende Leistung zu werten seien. Die Notwendigkeit einer sol-

3. Wirtschaft: Bewährungsprobe für Plan und Zwang? 633

chen Anstrengung wurde den (im doppelten Wortsinne) betroffenen Staatslenkern offenbar umgehend klar. Bereits am 24. Juni, nur zwei Tage nach Kriegsbeginn, gründeten ZK und SNK gemeinsam einen *Evakuierungsrat*, dem auf höchster Ebene die Koordination der entsprechenden Aktivitäten oblag. Zum Vorsitzenden wurde Kaganovič ernannt, zu Stellvertretern der junge Kosygin (zu jener Zeit zugleich einer der Stellvertretenden Vorsitzenden des SNK) sowie der Gewerkschaftschef Švernik. Von Anfang an war ferner der Generalstab beteiligt. Dennoch darf man davon ausgehen, daß die zentralen Entscheidungen dort fielen, wo vermutlich auch die Einrichtung des Gremiums selbst beschlossen wurde – in der engsten Umgebung Stalins. Diese Nachordnung erhielt durch die Gründung des GKO, dem die allerhöchste Anweisungsbefugnis zustand, am Monatsende auch eine formelle Gestalt. Dem Evakuierungsrat wurde faktisch der Status einer Art Ausschuß des GKO zugewiesen. Auch als solcher war er noch mächtig genug, da ihm neben 85 Mitarbeitern aus dem *Gosplan*, dem SNK, den Gewerkschaften und betroffenen Volkskommissariaten eine Vielzahl von Sonderbeauftragten unterstand, die seinen Befehlen vor Ort Gehör verschafften. Für den anfänglichen Improvisationscharakter auch dieses Gremiums spricht seine gründliche Reorganisation am 16. Juli, in deren Verlauf Švernik an die Stelle von Kaganovič trat und neben anderen der hochrangige Parteifunktionär Mikojan aufgenommen wurde. In dieser Zusammensetzung amtierte der Evakuierungsrat zunächst bis Ende 1941, als er – wie sich herausstellen sollte – vorläufig aufgelöst wurde.³

Was er zuwege brachte, kann sich, ungeachtet mancher Kenntnislücken, sehen lassen. Flucht und Evakuierung der Einwohner aus den weißrussischen Städten begannen bereits in den ersten Kriegstagen. Am 6. und 7. Juli wurden ähnliche Maßnahmen für Leningrad und Moskau angeordnet. Erhebliche Schwierigkeiten blieben dabei nicht aus, da nach dem deutschen Überraschungsangriff im Westen das schiere Chaos ausbrach und Hunderttausende auf eigene Faust flohen. So konnte aus Leningrad nur ein Teil der Frauen und Minderjährigen, die Vorrang haben sollten, in Sicherheit gebracht werden; immerhin verließen von ca. 3,2 Mio. Menschen, die vor Kriegsausbruch registriert waren (d. h. ohne die beträchtliche Flüchtlingszahl) ca. 490 000 Menschen die alte Hauptstadt, bevor die Bahnlinie am 8. September unterbrochen wurde und die Belagerung begann. Auch in Moskau, dem Nervenzentrum des ganzen Reiches, traf man durch den Abtransport der Wehrlosen und ‹Unentbehrlichen› (darunter nicht zuletzt das Personal hoher Behörden) Vorsorge für den Ernstfall. Allein in der ‹Paniknacht› vom 16. auf den 17. Oktober stürmten 150 000 Menschen die Züge in Richtung Osten. Bis zum Herbst konnten insgesamt 1,4 Mio. von 4,1 Mio. (1939) vor den deutschen Angreifern fliehen. Zielorte waren insbesondere die Städte an der Wolga, im Ural und Südsibiriens. Die Bevölkerung von Kazan' und Sverdlovsk stieg in wenigen Monaten um fast 30 %, die von Stalingrad verdoppelte sich beinahe (von 445 000 auf beinahe 900 000). Auch darin lag ein Grund für die Verteidigung der Stadt bis zum letzten Mann: Die Stadt barst vor Schutzsuchenden, die aus Mangel an Transportkapazitäten nicht ans andere Wolgaufer gebracht werden konnten. Die meisten größeren Orte konnten sich in der kurzen Zeit nicht auf die Aufnahme so vieler Flüchtlinge vorbereiten. Nirgends reichten Unterkünfte, Wasser, Nahrung oder die medizinische Versorgung aus. Wie überall verursachten Flucht und Vertreibung Verzicht und Not. Selbst wenn die Planer Menschenleben schonen wollten, kam es angesichts der Knappheit von Transportmöglichkeiten und des allgemeinen Wirrwarrs zu Pannen, deren Folgen die Betroffenen zu ertragen hatten. Wie viele Menschen insgesamt das schlimme Schicksal von Flucht oder Evakuierung erlitten, läßt sich nur grob schätzen. Im letzten Friedensjahr lebten nach der Annexion des Baltikums und der polnischen Ostprovinzen etwa 194,1 Mio. auf sowjetischem Territorium. Bis November 1941 besetzte die Wehrmacht ein Gebiet mit etwa 77,6 Mio. Menschen (40%), so daß im restlichen Reich ca. 116,5 Mio. übrig blieben. Wenn man drei Mio. Kriegstote annimmt, ergibt sich für 1942 gegenüber der offiziell angebenen Zahl von 130 Mio. eine Differenz von 16,5 Mio. Davon dürften 7,5 bis 10 Mio. offiziell evakuiert worden sein, während ca. 6,5 bis 9 Mio. ihre Heimat auf eigenen Entschluß verließen. Obgleich inzwischen andere Ausgangszahlen genannt werden und die Berechnung anzugleichen wäre, steht der Grundtatbestand außer Frage: daß der deutsche Überfall auch eine Fluchtbewegung von gewaltigem Ausmaß auslöste.[4]

Größere Aufmerksamkeit hat bei alledem die Rettung von Maschinen und Produktionsaggregaten aller Art gefunden. Auch diese Aktion begann bereits kurz nach Kriegsbeginn und dauerte zunächst bis Dezember 1941. Sie erreichte einen ersten Höhepunkt im Juli/August und einen zweiten im Oktober, als Moskau seine schlimmsten Stunden durchlitt. Die Schwierigkeiten waren enorm, da Schienennetz und Ausrüstung der russischen Eisenbahn ohnehin viel zu wünschen übrig ließen. Im Herbst schien der Kollaps unabwendbar; die Umlaufzeit eines Waggons hatte sich verdreifacht (von 6 auf 16 Tage), die Streckenleistung sank auf die Hälfte (von 160 km auf 84 km). Angesichts des drohenden Untergangs gab man dennoch nicht auf. Ganze Unternehmenskomplexe wurden demontiert und jenseits der Wolga wieder zusammengesetzt, darunter über hundert Flugzeugfabriken, deren größte 25 000–30 000 Arbeiter beschäftigte, 5000–10 000 vollbeladene Waggons und 150 000–200 000 Quadratmeter Raum benötigte. In nur sechs Wochen brachte man 320 000 Tonnen Ausrüstung des großen Stahlwerks von Zaporož'e in 16 000 Waggons nach Osten. Insgesamt wurden schon im dritten Quartal 1941 1360 größere Unternehmen, vornehmlich aus der Rüstungsindustrie, evakuiert; bis Jahresende stieg ihre Zahl auf 1523. Ihr prozentualer Anteil an allen 32 000 Unternehmen des Reiches war dabei gering, ihre Bedeutung aber erheblich. Man hat geschätzt, daß die Investitionen

3. Wirtschaft: Bewährungsprobe für Plan und Zwang? 635

dreier Jahre des ersten Fünfjahresplanes – entsprechend etwa einem Achtel aller ‹fixen Kapitals› – im Jahre 1941 in ca. 1,5 Mio. Waggonladungen auf diese Weise für die weitere Nutzung gerettet wurden. Hinzuzurechnen wären Wert und Ladungsumfang von ca. 150 Betrieben, darunter vierzig großen, die im Sommer 1942 in einer zweiten Evakuierungsphase aus dem Don- und Wolgagebiet ausgelagert wurden. Auch für diese Aktion wurde eine eigene Kommission eingerichtet. Sie vergaß im übrigen ebensowenig wie die erste, auch Nutz- und Schlachtvieh, das zum Überleben der hungergeplagten Flüchtlinge unentbehrlich war, zu retten.[5]

Der Wiederaufbau der evakuierten Anlagen verlief sicher nicht so planmäßig und reibungslos, wie sowjetische Darstellungen im Rückblick behaupteten. Manches ging beim Transport zu Bruch, manches wurde Opfer des Winters, fast überall fehlten qualifizierte Arbeitskräfte für die ‹Remontage›, und vielerorts sorgten Energie- und sonstige Probleme der Infrastruktur dafür, daß restaurierte Betriebe anfangs nur mit halber Kraft arbeiten konnten. Im Durchschnitt vergingen zwei bis vier Monate, bevor die Produktion wieder anlief. Im Ural befanden sich auch Ende 1942 noch 55 ‹zerlegte› Fabriken. Im ganzen aber konnten diese Probleme vor allem seit Beginn des Frühjahrs überwunden werden. Bis Mitte 1942 hatten über 1200 Betriebe ihre Tätigkeit wieder aufgenommen. Vorrang kam dabei den rüstungstechnisch nutzbaren zu. Unternehmen der Leicht- und Nahrungsmittelindustrie wurden oft erst in den nächsten beiden Jahren wieder ‹zusammengesetzt›. Geographisch verteilten sie sich über einen größeren Raum als zuvor. Allerdings bildete die Evakuierungskommission Schwerpunkte, die sich meist aus den örtlichen Voraussetzungen ergaben. Offiziösen Daten zufolge wurden 226 der 1941 insgesamt ‹verschickten› Unternehmen im Wolgagebiet, 667 im Ural, 224 in Westsibirien, 78 in Ostsibirien sowie 308 in Kazachstan und Mittelasien angesiedelt. Damit verstärkte die Evakuierung eine charakteristische Entwicklung der Vorkriegszeit: die *Ostverlagerung* der Schwerindustrie. Ökonomisch wandte sich die Sowjetunion unter Stalin von Europa ab und besann sich im Streben nach eigener Kraft und Autarkie auf die enormen, unerschlossenen Reserven im Ural und in Sibirien.[6]

Der Wiederaufbau allein hätte jedoch vermutlich nicht ausgereicht, um jenen Produktionszuwachs zu erzielen, der den deutschen Angreifern zunehmend zu schaffen machte. Hinzu kam der Versuch, alle annähernd geeigneten Fertigungsvorgänge für militärische Zwecke umzurüsten. Zum Teil konnten diese Bemühungen an die Konstruktionspläne anknüpfen, die einen solchen Fall bereits vorgesehen hatten, zum Teil auch nur an entsprechende Überlegungen aus den letzten beiden Vorkriegsjahren. Der deutsche Überfall verlieh beiden über Nacht eine unerwartete Dringlichkeit. Im ganzen verlief auch diese *Konversion* erfolgreicher, als es die beklemmende Lage und die industrietechnische Erfahrung der Sowjetunion hätten erwarten lassen. Statt Kinderfahrräder stellte ein Unternehmen Flammenwerfer her; Teelöffel und Büroklammern wichen der Produktion von Schanzwerkzeugen und Teilen von Panzerabwehrgranaten; Schreibmaschinen wurden zugunsten automatischer Gewehre und entsprechender Munition abgesetzt. Natürlich stießen solche Veränderungen an unüberschreitbare technische Grenzen. Vor allem Großgeräte, von Panzern bis zu Flugzeugen, konnten nicht einfach mit Maschinen und Geräten produziert werden, die eigentlich anderen Zwecken dienten. Aber auch diese Schwierigkeit vermochte die Sowjetunion zu überwinden: Ihr kam zugute, daß entsprechende Prototypen bereits während der massiven Aufrüstung in den Vorkriegsjahren entwickelt worden waren und seit 1941 in Serie hergestellt wurden. Die zur Zeit des deutschen Überfalls geringe Stückzahl konnte nach der Abwehr der Vorstöße auf Moskau und in den Kaukasus merklich erhöht werden. Spätestens bis zum Frühsommer 1943 trugen diese Anstrengungen so reichliche Früchte, daß die deutsche Führung sie sehr ernst nahm und die große Schlacht von Kursk mehrfach verschob, um die sowjetischen T–34- und KV-Panzer mit gleichwertigen, wenn nicht überlegenen Waffen überrollen zu können. Daß dies nicht gelang, verwies auch auf einen entscheidenden rüstungstechnischen Kraftgewinn der Verteidiger. Wenn Stalin in der traditionellen Rede zum Revolutionsjubiläum am 6. November 1943 rückblickend vom «Jahr des grundlegenden Umschwungs» sprach, konnte er seine Siegeszuversicht nicht zuletzt ökonomisch begründen.[7]

Tabelle 24: Entwicklung wichtiger ökonomischer Kennziffern 1941–1945 (in % zu 1940)

Kennziffer	1941	1942	1943	1944	1945
Nationaleinkommen	92	66	74	88	83
Gesamtindustrieproduktion	98	77	90	104	92
Rüstungsindustrie	140	186	224	251	173
Landwirtschaftliche Bruttoproduktion	62	38	37	54	60
Güterumschlag aller Transportzweige	92	53	61	71	77
Kapitalinvestitionen	86	53	53	72	89
Zahl der Arbeiter und Angestellten	88	59	62	76	87
Umfang des Einzelhandels	84	34	32	37	45

Quelle: Segbers, Sowjetunion, 274; HGR III, 970

Aus den meisten Indizes geht hervor, daß der Tiefpunkt in das Jahr 1942 fiel. Danach war eine merkliche Besserung zu verzeichnen, die sich 1944 fortsetzte und gegen Kriegsende in einigen Bereichen fast wieder auf das Niveau der letzten Friedensjahre führte. Eine Ausnahme machte lediglich die Rüstungsproduktion, die kontinuierlich anstieg und bereits bis 1943 um mehr als 80 % wuchs. Analoge Entwicklungskurven waren in der sonstigen Industrie zu verzeichnen. Auch hier ging der Ausstoß im ersten Kriegsjahr

3. Wirtschaft: Bewährungsprobe für Plan und Zwang? 637

dramatisch zurück, um 1943 deutliche Anzeichen der Erholung zu zeigen. Ein ungewöhnliches, wenn auch anfangs verhaltenes Wachstum ließen Maschinenbau und Metallverarbeitung erkennen, die sicher überwiegend für die Rüstung tätig waren.[8]

Solche Ergebnisse konnten nicht an den alten Industriestandorten erzielt werden. Vielmehr gingen sie überwiegend auf die skizzierte Evakuierung und den parallelen Ausbau der neuen Kohle- und Stahlreviere aus der Vorkriegszeit zurück. Auch dieser Transfer kommt in den statistischen Daten (obgleich der Produktionsrückgang im Westen den relativen Anteil der Produktion im Osten *eo ipso* ansteigen ließ) deutlich zum Ausdruck:

Tabelle 25: Veränderung des Gewichts der östlichen Landesteile der Sowjetunion an der Gesamtproduktion wichtiger Industrieerzeugnisse 1940–1942 (in %)

	1940	1942
Eisenerz	28,7	96,8
Manganerz	8,4	84,7
Roheisen	28,5	97,4
Stahl	36,9	88,6
Walzgut	36,6	89,8
Koks	24,5	98,9
Kohle	35,7	81,8
Öl	12,2	18,3
Werkzeugmaschinen	14,6	52,0
Traktoren	50,8	100,0
Elektrizität	25,7	59,3
Gesamtertrag der Getreideernte	42,3	89,1

Quelle: Segbers, Sowjetunion, 280

Die Daten sprechen für sich. Vor allem die Produktion von Energie, Stahl und Maschinen fand schon ab 1943 größtenteils in den östlichen Reichsteilen statt. Insbesondere förderte man dabei den Ural und Südsibirien. Auch wenn die Investitionen gegen Kriegsende wieder in größeren Strömen nach Zentralrußland zurückflossen, entstanden hier Industriekomplexe von fortdauernder Bedeutung. Mit guten Gründen hat man das Ende der Evakuierung in Anlehnung an die Stalinsche Datierung auch als Zäsur der Kriegswirtschaft insgesamt gewertet. Demnach kann die erste Hälfte des Krieges als Phase der ökonomischen Mobilisierung und der Konvertierung ziviler Anlagen für militärische Zwecke gelten. Im Laufe des Jahres 1943 vollzog sich eine Wende, die in Expansion überging. So gesehen, stellte der Krieg wirtschaftsgeographisch und industriell womöglich noch wichtigere Weichen für die Nachkriegsentwicklung als die ersten Fünfjahrespläne.[9]

638   VII. Der Große Vaterländische Krieg (1941-1945)

Tabelle 26:   Veränderung des Anteils der sowjetischen Wirtschaftsregionen
an industriellen Kapitalinvestitionen 1941-1945

	1940	1942	1943	1944
Ferner Osten und Ostsibirien	14,9	13,9	11,5	7,9
Ural und Westsibirien	13,1	38,7	39,5	22,1
Mittelasien und Kazachstan	5,2	9,2	10,5	6,7
Transkaukasien	5,2	3,4	2,5	2,9
Süden	11,8	0,4	2,3	20,2
Zentralregion	23,6	14,2	18,3	23,3
Südosten	7,9	13,4	10,5	9,4
Norden und Nordwesten	15,2	6,8	4,7	5,6
Westen	3,1	–	–	1,9
gesamt	100,0	100,0	100,0	100,0
Davon: Gebiete des Hinterlandes	23,2	61,0	60,0	37,0
Front- und Grenzgebiete	53,2	35,3	32,2	32,0
zeitweilig verlorene Gebiete	23,6	3,7	7,8	31,0

Quelle: Istorija socialističeskoj ėkonomiki v semi tomach. Bd 5: Sovetskaja ėkonomika nakanune i v period Velikoj Otečestvennoj Vojny 1938-1945 gg. M. 1978, 352

Die *Landwirtschaft* hatte sich nach dem Aderlaß der Zwangskollektivierung einigermaßen erholt, aber ein niedriges Produktivitätsniveau nicht überschritten. Insofern gab es kein ‹Polster›, von dem Erzeuger und Konsumenten bei Störungen oder Schlimmerem hätten zehren können. Auf der anderen Seite hatte seit der ‹Wende› auch kein Spielraum für hohe Ansprüche bestanden. Was produziert wurde, reichte zur Ernährung der rasch wachsenden nichtagrarischen Bevölkerung mehr schlecht als recht aus. Alle Schichten, von einer kleinen Funktionärskaste abgesehen, hatten sich ein Jahrzehnt lang mit Verzicht und Entbehrung abfinden müssen. In den Vorkriegsjahren war der Lebensstandard unter dem Druck der Aufrüstung sogar noch weiter (um 4-8 %) gesunken. Angesichts dessen waren die Sowjetbürger, so zynisch das klingen mag, vielleicht eher als andere auf das vorbereitet, was ihnen bevorstand.[10]

Denn die katastrophalen Niederlagen der Roten Armee in den ersten beiden Kriegssommern erlaubten den Deutschen die Okkupation nicht nur ausgedehnter, sondern auch landwirtschaftlich bedeutsamer und vergleichsweise dicht besiedelter Gebiete. Nicht ohne Grund hatte Hitler – militärisch allerdings fatal – dem Vorstoß auf Kiev die gleiche Priorität verliehen wie den beiden anderen ‹Keilen›. Die Ukraine als traditionelle Korn- oder besser: Lebensmittelkammer des russischen und sowjetischen Reiches sollte in Zukunft Großdeutschland ernähren helfen. Immerhin hatten ca. 45 % der Bevölkerung vor dem Überfall auf dem «vorübergehend besetzten» Territorium gelebt, das zugleich 47 % der Saatfläche enthielt und 45 % des Groß-

3. Wirtschaft: Bewährungsprobe für Plan und Zwang? 639

viehbestands ernährte. In der Tat traf der Verlust dieses Gebietes den tief erschütterten Reststaat besonders hart.[11]

Allerdings hatten die Ukrainer anders als die meisten Weißrussen noch Zeit zu retten, was zu retten war. Auch landwirtschaftliche Produktionsmittel wurden evakuiert. Über die Anfangserfolge liegen unterschiedliche Angaben vor. Der Behauptung, daß schon im ersten Kriegsjahr 65,3 % der Rinder, 92,2 % der Schafe, 30,9 % der Schweine und 14,2 % der Pferde lebend aus der Ukraine ins östliche Hinterland gebracht werden konnten, steht das skeptische Urteil gegenüber, dies sei aufgrund des frühen Wintereinbruchs, der völligen Überlastung der Transportwege und mangelnder Futtervorräte in den aufnehmenden Betrieben in weit geringerem Maße der Fall gewesen. Nur 13 % des Kolchos-Viehbestandes gelangten bis zum Herbst 1941 ins Hinterland; ganze 3 % blieben davon bis zum 1. Januar 1942 übrig. Allerdings fand der größere Teil auf der Schlachtbank eine beinahe zweckmäßige Verwendung. Besser erging es dem Vieh der Sowchosen, das mit Ausnahme der Pferde zum überwiegenden Teil in Sicherheit gebracht werden konnte. Gleiches galt im zweiten Kriegsjahr auch für die große Masse des Tierbestandes auf den Kolchosen. Bis Mitte Dezember 1942 wurden 73,4 % der Rinder, 73,7 % der Schafe und 68 % der Schafe in frontferne Gebiete transportiert.[12]

So (über)lebenswichtig diese Leistung im Rückblick auch war, linderte sie die Not sowohl der Bauern als auch der übrigen Bevölkerung nicht merklich. Zu groß waren die Verwüstungen, zu viele Lasten wurden der Landwirtschaft auf einmal aufgebürdet. Zum einen hatte das Dorf die höchsten menschlichen Verluste zu tragen, da der größte Teil der Rotarmisten vom Land kam. Erneut war es vor allem die weite Provinz, die der Armee jene unerschöpflich scheinenden menschlichen Reserven zuführte, denen der Sieg in erster Linie zu verdanken war. Da so viele Menschen auf der Höhe ihrer physischen Kraft trotz der andauernden Überbevölkerung nicht einfach übrig waren, fehlte es bald an Arbeitskräften. Nach dem Weggang der Soldaten blieben Frauen, Kinder, Kranke und Alte zurück. Die nachstehende Tabelle (27) zeigt das ganze Ausmaß dieser Zwangsemigration. Im Vergleich zum 1. Januar 1941 fiel die Zahl der arbeitsfähigen Männer in den nächsten drei Jahren auf 68 %, 42 % und schließlich sogar auf 27 %, um erst 1945 wieder leicht anzusteigen (32 %). In derselben Zeit sank die Zahl der Frauen, Minderjährigen und Alten sehr viel langsamer. Obwohl der kriegsbedingte Tod auch sie nicht verschonte, so daß die Kolchosbevölkerung insgesamt um 30 % abnahm, erhöhte sich ihr Anteil deutlich. Gemeinsam mit den Minderjährigen, Alten und Kranken, für die Ähnliches galt, stellten sie 1941 64,5 % der Dorfbewohner, 1942 aber schon 72 %, 1943 81 % und 1944 86 %.[13]

Hinzu kam ein Verlust von wirtschaftlich kaum geringerer Tragweite: die Einbuße an nichtmenschlicher Arbeitskraft. Schon die Evakuierungs-

Tabelle 27: *Arbeitskräfte auf den Kolchosen des Hinterlandes 1941–1945 (jeweils zum 1. Januar, in Tsd.)*

	Arbeitsfähige			Jugendliche	Alte, Kranke	gesamt	
	Männer	Frauen	gesamt	12–16 Jahre			in % zu 1941
1941	8657,3	9531,9	18 189,2	3818,0	2360,0	24 368,0	100,0
1942	5890,3	9532,9	15 423,2	3779,4	2369,0	21 571,6	88,5
1943	3605,0	9590,7	13 195,7	4035,0	2378,8	19 609,5	80,5
1944	2340,8	9094,0	11 434,8	3820,9	2387,9	17 643,6	72,4
1945	2769,7	8661,2	11 430,9	3524,5	2390,5	17 345,9	71,2

Quelle: Arutjunjan, Sovetskoe krest'janstvo, 75

daten zeigen, daß sich unter den in Sicherheit gebrachten Nutztieren vergleichsweise wenig Pferde befanden. Die Ursache dafür wird in erster Linie nicht in deren geringer Zahl, sondern darin zu suchen sein, daß die Armee Pferde beinahe so dringend benötigte wie Menschen und Panzer. Solange die maschinelle Zugkraft nicht ausreichte, blieb die tierische unentbehrlich. Auch in den nichtbesetzten Gebieten wurden Pferde requiriert. Nach offiziösen, sicher nicht zu niedrig veranschlagten Schätzungen, verblieben um die Jahreswende 1941/42 etwa 40% des Vorkriegsstandes (der mit ca. 21 Mio. gegenüber 36 Mio. seinerseits weiterhin deutlich hinter dem Niveau von 1928 zurückblieb). Noch stärker wurde der Maschinenpark auf den Dörfern in Mitleidenschaft gezogen. Zum einen befanden sich in den besetzten Gebieten, besonders in der Ukraine, überdurchschnittlich viele Traktoren, Lastkraftwagen oder gar Mähdrescher. Zum anderen war der Bedarf der Roten Armee an schweren Fahrzeugen und Zugmaschinen nahezu unbegrenzt. Was immer über geeignete Motorkraft verfügte, wurde requiriert. Neue Modelle wurden ihr «fast vollständig» überstellt, ältere zu einem erheblichen Teil. Insgesamt mußten die MTS fast 75% ihrer ‹Automobile› abliefern, im übrigen auch solche im fernen Hinterland, da selbstverständlich die Ressourcen des ganzen Landes für die Verteidigung mobilisiert wurden.[14]

Die Behinderungen, die sich aus der externen Katastrophe für die Landwirtschaft ergaben, waren somit enorm. Ohne männliche Arbeitskraft und maschinelle Energie, in Anbetracht auch des allgemeinen Chaos, war es vor allem in den frontnahen Gebieten schwierig, eine reguläre Ernte einzubringen. Zwar scheint dies dank der Mobilisierung der Schreiber, Buchhalter und des übrigen, nichtbäuerlichen Personals in den Kolchosen und Sowchosen – in einer neuerlichen und tatsächlichen ‹Getreideschlacht› – 1941 noch einigermaßen gelungen zu sein. Dennoch fehlte seit dem Sommer ein kurzfristig nicht zu ersetzendes Anbaugebiet. Hinzu kamen trübe Aussichten für die Zukunft: Im kommenden Jahr drohten erhebliche Versorgungsengpässe, da die Aussaat weder auf der Fläche noch auch mit den personellen und

3. Wirtschaft: Bewährungsprobe für Plan und Zwang?

maschinellen Mitteln des Vorjahres ausgebracht werden konnte. Gegenmaßnahmen schienen unausweichlich. Der Staat ergriff sie auf verschiedenen Ebenen. Bereits im Herbst 1941 führte man die «politischen Abteilungen» bei den MTS wieder ein, die nicht zuletzt der besseren Kontrolle über den Arbeitseinsatz in den Kolchosen dienen sollten. Demselben Zweck galt ein Dekret vom 13. April 1942, das die Untergrenze der jährlich zu leistenden Tagewerke auf 100–150 heraufsetzte. Erstmals fixierte man dabei auch ein Minimum für Minderjährige. Betroffene, die den vorgeschriebenen Wert nicht erreichten, konnten aus dem Kolchos ausgeschlossen werden und verloren ihren Anspruch auf privates Hofland. Obwohl die praktische Durchsetzung dieser Maßnahme an enge Grenzen stieß, blieben positive Resultate – sicher unterstützt von anderen Faktoren – nicht aus. Die Anzahl der durchschnittlichen weiblichen Tagewerke pro Jahr erhöhte sich bis 1942 von 188 auf 237 und stieg bis 1944 – im Vergleich zu 1940 – um gut 30%. Ähnlich wuchs die Arbeitsleistung der Minderjährigen (von 74 1940 auf 96 1942), während die der Alten offenbar nicht zu steigern war. Freilich reichten solche Anstrengungen bei weitem nicht aus. Nicht nur die Rekrutierungen, auch Krankheiten und Hunger dauerten an. Desgleichen war es kaum möglich, den Ausfall an Zugmaschinen auszugleichen, da allzu viele Ressourcen weiterhin der Rüstung vorbehalten waren. Die Produktion von Traktoren konnte zwar 1944 wieder (von 416 auf 1833) erhöht werden; aber der Unterschied zum Stand von 1940 (18457) blieb, ähnlich wie bei Mähdreschern, riesig. Relativ leicht war nur der Mangel an ‹Kadern› zu beheben. Auch in dieser Hinsicht übernahmen Frauen, deren Anteil am Leitungs- und Verwaltungspersonal der Kolchosen 1944 teilweise auf über 50% stieg, traditionelle Männerfunktionen. So vermochten alle Maßnahmen und aller Einsatz wenig mehr zu bewirken, als ein ohnehin äußerst niedriges Niveau knapp oberhalb der Subsistenz zu halten und Schlimmeres zu verhüten.[15]

Die kennzeichnende Tendenz der Abschwächung eines tiefen Einbruchs läßt sich auch an statistischen Gesamtindikatoren ablesen. Während der Bestand an Rindern bis 1945 in relativ hohem Maße ausgeglichen werden konnte, blieb die Zahl der Schweine und vor allem der Pferde weit zurück. Milchprodukte standen mithin noch am ehesten zur Verfügung; dagegen herrschte noch bei Kriegsende äußerster Mangel an Fleisch und Brot, letzteres infolge des Ausfalls an Zugkraft für den Getreideanbau. Die Saatfläche fiel zwischen 1940 und 1945 um knapp 30% (vgl. Tabelle 28). Drastischer noch ging der Bruttoertrag zurück, der noch 1945 unter der Hälfte des Vorkriegsstandes lag (48%). Auch die Bodenproduktivität, der entscheidende Maßstab, sank in den ersten beiden Kriegsjahren auf die Hälfte und erholte sich bis Kriegsende nur langsam auf 68%. Anzunehmen ist, daß die Unmöglichkeit, kurzfristig neue Anbaugebiete zu erschließen, maßgeblich dazu beitrug. Anders als die industrielle veränderte sich die landwirtschaft-

Tabelle 28: *Ernteertrag 1940–1945*

	1940	1941	1942	1943	1944	1945
Saatfläche (Tsd. ha)	42665,4	42133,4	43171,8	36569,6	31705,7	30301,0
in %	100	97	101	86	74	71
Bruttoernte (Tsd. Zentner)	299787,2	296474,4	182452,3	129378,7	137671,9	144305,6
in %	100	99	61	43	46	48
Ertrag (Zentner pro ha)	7,03	7,04	4,23	3,54	4,34	4,76
in %	100	100	60	50	62	68

Quelle: Arutjunjan, Sovetskoe krest'janstvo, 303

liche Geographie in den Kriegsjahren kaum. Zwar konnte man Vieh und Geräte wie Produktionsanlagen hinter den Ural bringen, nicht aber kultivierte Böden und Klima. Die Landwirtschaft gedieh erst wieder im Frieden – nach manchen Jahren und mit anhaltenden schweren Mängeln.

Wenn die sowjetische Bevölkerung dennoch überlebte, so trug dazu vor allem *eine* Neuerung bei: die Ermunterung oder Duldung *privater Produktion*. Alle westlichen Beobachter waren und sind sich einig, daß darin die charakteristische Erscheinung der agrarischen Kriegswirtschaft und der Schlüssel für eine Leistung zu sehen ist, der die meisten ihre Anerkennung nicht versagt haben. Dabei nahm das private Engagement überwiegend den kleinsten nur denkbaren Maßstab an. Regierung und Partei riefen die Stadtbevölkerung zur Anlage oder Erweiterung von Gemüsegärten auf und stellten dafür brachliegendes Land in den Außenbezirken zur Verfügung. Familien und Kollektive, Ämter und Unternehmen bemühten sich auf diese Weise, ihren Bedarf möglichst weitgehend selbst zu decken. Denn darauf lief das *ogorodničestvo*, dem die Regierung Anfang November 1942 durch eine fünf- bis siebenjährige Garantie des neuen ‹Landbesitzes› einen weiteren Impuls zu geben suchte, hinaus: auf eine neuerliche Natural- und Subsistenzwirtschaft. Analog verfuhr der Staat auf dem Lande. Obgleich er an der Kolchosordnung nicht rütteln ließ, nahm er die erhebliche Erweiterung der bäuerlichen Privatparzellen hin. Die vorgesetzten Instanzen verstanden sehr gut, daß allein der private Anbau nicht nur die Bauern vor Hunger bewahrte, sondern auch noch jenen geringen Überschuß erzeugen konnte, auf den die Städter bei allen ‹Siegesgärten› angewiesen blieben. Denn auch die Kolchosmärkte bestanden fort und wurden trotz teils enormer, spekulativer Preise geduldet, weil man sie im Krieg nicht weniger brauchte als – zur Schande der neuen Ordnung – im Frieden. Von 2810 Kalorien, die ein städtischer Erwachsener 1944 durchschnittlich pro Tag zu sich nahm,

3. Wirtschaft: Bewährungsprobe für Plan und Zwang?

stammten zwei Drittel aus staatlichen Lagern, die restlichen aus privaten Gärten. Eben dieses Drittel machte, wie man treffend formuliert hat, den «Unterschied zwischen Verhungern und Überleben» aus.[16]

Daß auch der *Handel* zurückging, bedarf kaum der Erwähnung. Spätestens seit der Abschaffung des freien Marktes konnte von hinreichender Ausstattung mit dem Lebensnotwendigen nicht mehr die Rede sein. Unter der Last des Krieges schrumpfte das Angebot weiter. Zum einen fiel die Produktion drastisch; zum anderen verschlangen Rüstung und Verteidigungsanstrengungen den Löwenanteil sowohl der Finanzmittel als auch der Herstellungskapazitäten. Schon Ende Juli 1941 mußten wichtige Grundnahrungsmittel in Moskau und Leningrad *rationiert* werden. Zum 1. September erhielten die Bewohner von 197 Städten und Arbeitersiedlungen Bezugsscheine für eine wachsende Palette von Nahrungsmitteln (Fleisch und Buchweizen ebenso wie Fette und Salz). Wie im Bürgerkrieg und zu Beginn der Stalin-Ära machte man dabei Unterschiede nicht nur zwischen Erwachsenen und Kindern, Ernährern und Abhängigen, sondern auch zwischen sozialen ‹Klassen›. ‹Arbeiter› erhielten pauschal größere Rationen als ‹Angestellte›. Die Verteilung erfolgte vor allem durch «Abteilungen für Arbeiterversorgung» in den Unternehmen und Fabriken. Bei Kriegsende gab es 7600 solcher, dem Volkskommissariat für Handel unterstehenden *Orsy*, die 48 % aller zentral versorgten Personen belieferten. Daß die Empfänger über jede preiswert erworbene Kalorie froh sein und keinerlei Qualitätsansprüche stellen konnten, versteht sich von selbst.

Wer von den Zuteilungen nicht leben konnte oder wollte, hatte auch während des Krieges grundsätzlich Gelegenheit, seine Wünsche andernorts zu befriedigen. Wenn er genug Geld oder ‹naturale› Tauschmittel besaß, konnte er seit dem 15. April 1944 Waren des «kommerziellen Handels» kaufen. Noch im Januar 1945 gab es allerdings nur wenige Geschäfte dieser Art, die sich außerdem auf die großen Städte konzentrierten. Hinzu kam ein Preisniveau, das ihr Angebot nur für eine kleine Schicht Wohlhabender erschwinglich machte. Unter dem Gesichtspunkt ihrer Verbreitung bildeten die privaten Kolchosmärkte daher die wichtigere Alternative. Doch sorgten die Preise mit einem Anstieg um mehr als das Zwanzigfache zwischen Juli 1941 und Juli 1943 auch hier für den faktischen Ausschluß der Bevölkerungsmasse. Getreide und Kartoffeln waren besonders stark betroffen, da große Teile der entsprechenden Anbaugebiete unter deutsche Besatzung gerieten. Zeitlich erreichte der Auftrieb 1943 seinen Höhepunkt. Der Index lag aber auch in der ersten Jahreshälfte 1944 noch um mehr als 1000 % und im Sommer 1945 um knapp 500 % über dem Niveau von 1940. Die Gesamterfahrung mochte die Einwohner an den Bürgerkrieg erinnern, auch wenn die Inflationsrate deutlich niedriger blieb. Um so größere Bedeutung kam dem Umstand zu, daß der Anteil des Staates samt der von ihm kontrollierten

Kooperative am Güterumsatz *en détail* erheblich zurückging. Zugleich stiegen die Verkäufe auf den Kolchosmärkten ebenso klar auf 51 % des Gesamtvolumens an Nahrungsmitteln im letzten Kriegsjahr. Auch diese Entwicklung war ein deutliches Indiz für die Unfähigkeit des Kartensystems, die Bevölkerung ausreichend zu versorgen. Allem Anschein nach konnten selbst diejenigen nicht auf das private Angebot verzichten, die ihr Letztes dafür geben mußten.[17]

Desgleichen entsprach es einer allgemeinen Erfahrung, daß der Krieg die *öffentlichen Finanzen* durcheinanderbrachte und zu verschiedenen Korrekturen zwang. In der Sowjetunion lähmte er umgehend das normale Wirtschaftsleben. Der Warenumsatz, der dem Staat als hauptsächliche Einkunftsquelle diente, verminderte sich nachhaltig. Entsprechend gingen die Einnahmen zurück: von 18 Mrd. Rubeln 1940 auf 16,5 Mrd. 1942. Wenn sie danach das Niveau von 1940 wieder erreichten und überschritten, so hatte dies viel mit der Inflation zu tun. Zumindest reichten sie bis 1943 nicht aus, um die Ausgaben zu decken. Auch in dieser Hinsicht erwies sich das zweite Kriegsjahr als Höhepunkt der Krise. Hinzu kam eine Explosion der Kriegskosten. Der Geldbedarf war enorm, die kurzfristig nutzbare Reserve für seine Deckung aber dürftig. Wohl in keinem anderen großen kriegführenden Land stach die Diskrepanz zwischen beiden so sehr ins Auge.[18]

Nirgendwo sonst auch waren die Kosten so exorbitant. Den menschlichen Opfern standen die materiellen Verluste kaum nach. Man hat errechnet, daß sich die Kriegsschäden in Preisen von 1941 auf ca. 67,9 Mrd. Rubeln, entsprechend 30 % des fixen Kapitals am Vorabend des Krieges, beliefen. Direkte Ausgaben (55,1 Mrd.) und den Rückgang des Nationaleinkommens addiert, erreichte der ‹nichtmenschliche› Gesamtverlust etwa 184 Mrd. Rubel oder 2551 Rubel pro arbeitendem Einwohner in den Vorkriegsgrenzen bei einem durchschnittlichen Jahresverdienst von 346 Rubeln. Vermutlich ist ein anderer, wenn auch pauschaler Vergleich einprägsamer: Materiell bezahlte die Sowjetunion für den nicht provozierten Überfall einen Preis, der ungefähr den Investitionen zweier Fünfjahrespläne entsprach.[19]

Einkommensausfälle, Schäden und unabweisbare Verteidigungsausgaben verursachten ein Haushaltsdefizit, das nur durch Mehreinnahmen zu beheben war. Am 21. November 1941 wurden Junggesellen, Kinderlose und Kinderarme mit einer Sondersteuer belegt. Am 29. Dezember folgte eine Kriegssteuer, die zwar nach vermuteter ökonomischer Leistungsfähigkeit differenziert, aber von allen Einwohnern in Stadt und Land aufzubringen war. Anfang April 1942 kamen verschiedene regionale Abgaben auf Gebäude, Land, Vieh, Wagen u. a. in Form der Erhöhung oder Neuerhebung hinzu. Große Bedeutung hatten ferner Anleihen bei der Bevölkerung, die nur formal freiwillig waren. Sie nahmen Arbeitern und Bauern – wie ähnliche ‹Offerten› während des ersten Fünfjahresplans und der Kollektivie-

rung – einen durchaus erheblichen Teil ihrer Bezahlung und führten dem Staat weitere Mittel zu. Eigener Entschluß, der aber teilweise aufrichtigem Patriotismus entsprungen sein mag, lag äußerlich auch der Bereitschaft der Sowjetbürger zugrunde, ihren Beitrag zum «Verteidigungsfond» zu leisten.[20]
Gemeinsam erfüllten diese Maßnahmen ihren Zweck. Während die staatlichen Einkünfte aus der Umsatzsteuer selbst nominal (d. h. nicht inflationsbereinigt) bis Ende 1944 zurückgingen, stieg das Aufkommen aus direkten Steuern von 9,4 Mrd. Rubeln 1940 auf 37 Mrd. 1944 und aus staatlichen Anleihen samt Lotteriegewinnen von 11,5 Mrd. 1940 auf 37,6 Mrd. 1944. Zusammen mit anderen Reserven reichte diese Einnahmeverbesserung aus, um das Staatsbudget trotz der enormen Rüstungsanstrengung und der anhaltenden Paralyse der zivilen Wirtschaftstätigkeit ab 1944 auszugleichen. Den hohen Preis dafür hatte ebenfalls die Bevölkerung zu zahlen: Auch die sowjetische Literatur leugnet nicht, daß die finanzielle Bürde, die der großen Masse durch die Kriegssteuer und sonstigen Zwangsabgaben aufgeladen wurde, den ohnehin niedrigen Lebensstandard bis an die Grenze des knappen Überlebens senkte.[21]

4. Gesellschaft: Gipfel der Not und fortgesetzter Strukturwandel

Die Deutungen des Stalinismus konvergieren in der Annahme, daß zumindest der subjektiv spürbare Unterschied zwischen Friedens- und Kriegszustand in der Sowjetunion vielleicht nicht so groß gewesen sei wie in den meisten anderen kriegführenden Staaten. Ob man die totalitäre Herrschaftsordnung als prägendes Merkmal betrachtet oder die anarchische Eigendynamik der sozioökonomischen Mobilisierung – in jedem Falle erscheint die Gesellschaft als unterdrücktes Opfer, das viel hinzunehmen, aber wenig zu bestimmen hatte. Alle Schichten und Gruppen waren Objekte des gigantischen Experiments, das mit dem ersten Fünfjahresplan und der Zwangskollektivierung begonnen hatte. Manche mochten engagiert teilnehmen und temporär profitieren, die meisten aber litten zumindest objektiv, und der Terror verschonte niemanden. So gesehen befand sich die sowjetische Gesellschaft, aus welcher (nichtsozialistischen) Perspektive auch immer, seit Beginn der dreißiger Jahre in einem Ausnahmezustand, der 1941 beileibe nicht beendet war. So wie die zitierte Behauptung manches für sich hat, die sowjetische Gesellschaft sei am ehesten auf die kommenden Entbehrungen vorbereitet gewesen, ist auch die Vermutung bedenkenswert, der Krieg habe Prozesse und Merkmale verstärkt, die schon zuvor begonnen hatten oder sichtbar waren.[1] Gewiß markierte der deutsche Überfall einen qualitativen Einschnitt; dies zu leugnen, wäre zynisch. Dennoch gab es bezeichnende Kontinuitäten. Was andauerte und sich zum Teil sogar beschleunigte, war neben der Herrschaftsverfassung vor allem eines: die staatlich gelenkte Transformation des ‹alten Rußland› in eine moderne Industriegesellschaft. Die *Arbeiterschaft* durchlebte im großen und ganzen einen ähnlichen Strukturwandel wie im Ersten Weltkrieg. So wie die grundlegende Ursache dieselbe war, so stellten sich *mutatis mutandis* verwandte Folgen ein. Der auslösende Vorgang bestand sozusagen in der Essenz einer jeden Kriegführung, der Mobilisierung aller wehrfähigen Männer für den Kampf. Millionen wurden eingezogen, Millionen gerieten in Gefangenschaft oder starben. Eine erste Auswirkung der Massenrekrutierung, die auch die Städte leerte, bestand im deutlichen Rückgang der Arbeiterzahl. Die Großindustrie beschäftigte 1941 ca. 7,8 Mio. Lohnempfänger; davon waren 1942 nur noch 5,5 und 1943 5,7 Mio. übrig; erst danach stieg die Zahl wieder an, erreichte aber auch 1945 mit 7,2 Mio. noch nicht wieder das Niveau von 1940.[2] Unter Einbeziehung der Landwirtschaft und mühseliger Aufgliederung nach Beschäftigungszweigen hat man folgende Rechnung aufgemacht: Von 87,2 Mio. [sic!] abhängig Beschäftigten 1940 (jeweils Jahresdurchschnitt) blieben 1941 73,4 Mio. und 1942, auf dem Tiefpunkt der Entwicklung, 55,1 Mio., mithin ein gutes Drittel weniger; danach stieg die Zahl wieder bis 1945 auf 76 Mio. an. Allerdings verlief die Entwicklung in den verschiedenen Bereichen ebenso unterschiedlich wie situationstypisch. Den höchsten Verlust erlitt die Landwirtschaft, die 1942 auf mehr als die Hälfte der Arbeitskräfte verzichten mußte. Aber auch die Industrie wurde im ersten Jahr schwer getroffen. Die Zahl ihrer Arbeiter sank von 13,9 Mio. 1940 auf 8,8 Mio. 1942. Allerdings begann im ‹Jahr der Wende› 1943 eine Aufwärtsbewegung, die 1945 zu einem Niveau führte, das sich dem Vorkriegsstand immerhin annäherte. In dieser ‹Erholung› spiegelt sich vor allem die starke Expansion der Verteidigungsindustrie und militärischer Apparate, die beide 1945 deutlich mehr Arbeiter zählten als 1940. Dagegen blieb vor allem die zivile Industrie (d. h. primär die Konsumgüterproduktion) zurück, deren Arbeiterschaft 1942 fast auf die Hälfte gesunken war und die ihre Reihen auch bis 1945 nur auf etwa Dreiviertel füllen konnte (vgl. Tabelle 29).

Aus dieser Grundtatsache ergaben sich andere Verschiebungen. Zum einen veränderte sich die *Altersstruktur*. Da die Männer, soweit sie nicht als unabkömmlich galten, zu den Waffen gerufen wurden, rückten Jugendliche und Alte nach. Der Anteil der unter 18-jährigen industriell Beschäftigten stieg von ca. 6 % im Jahre 1940 auf 15 % 1942. Entsprechend sank die Quote der 18–49jährigen von 85 % auf 73 %. Allerdings fiel der Wandel vielfach deutlicher aus, als die Durchschnittszahlen anzeigen. In Schlüsselindustrien wie dem Maschinenbau und anderen Bereichen der Rüstungsproduktion stellten die 18–25jährigen bis zu 55 % der genannten größeren Gruppe. Nach 1942 scheint das Generationenverhältnis in der Arbeiterschaft einigermaßen stabil geblieben zu sein. Die hohen Verluste der Armee wurden überwiegend auf Kosten der Dörfer ausgeglichen. Vor allem die Metallindustrie

4. Gesellschaft: Gipfel der Not und Strukturwandel

Tabelle 29: *Beschäftigung 1940–1945 (jährlicher Durchschnitt in Mio.)*

	1940	1941	1942	1943	1944	1945
Landwirtschaft	49,3	36,9	24,3	25,5	31,3	36,1
Industrie	13,9	12,8	8,8	9,1	10,3	11,7
Verteidigungsindustrie	1,6	1,8	2,4	2,6	2,8	2,2
Zivile Industrie	12,4	11,0	6,4	6,5	7,5	9,5
Bauwesen	2,6	2,5	1,8	1,7	2,1	2,3
Transportwesen	4,0	3,5	2,4	2,4	3,0	3,6
Handel, Gastronomie	3,3	2,8	1,7	1,7	2,1	2,5
Zivilbeamte	9,1	7,7	4,8	5,1	6,5	7,7
Bewaffnete Organe	5,0	7,1	11,3	11,9	12,2	12,1
Armee, Marine	4,7	6,7	10,8	11,4	11,7	11,6
NKVD	0,4	0,4	0,5	0,5	0,5	0,5
Beschäftigte gesamt	87,2	73,4	55,1	57,5	67,4	76,0

Quelle: Davies, Harrison, Wheatcroft, 322

blieb verschont. Deren Erzeugnisse waren zu kriegswichtig, als daß man sie hätte lähmen wollen.[3]

Noch auffälliger war die Veränderung der *Geschlechterstruktur*. Wo die Männer die Drehbank mit dem Gewehr vertauschten, mußten Frauen sie ersetzen. Sowjetischen Angaben zufolge stieg ihr Anteil an allen Arbeitern und Angestellten von 38,4 % im Vorkriegsjahr auf 57,4 % 1944. Im Bauwesen war fast ein Drittel der Beschäftigten weiblich. Im Maschinenbau stellten Frauen 1942 knapp 40 % der Arbeitskräfte und in der Landwirtschaft ein Jahr später über 60 %. Auch dieser Vorgang war nicht neu, sondern hatte bereits zu den kennzeichnenden Merkmalen der Stalinschen Brachialindustrialisierung gehört. Aber er beschleunigte sich nun sprunghaft und trug insbesondere dazu bei, den Frauen auch bei körperlich schweren Arbeiten zu einer ambivalenten Sichtbarkeit zu verhelfen. Die sowjetische historische Literatur und politische Rhetorik quollen über von Lobeshymnen auf die Heldenleistungen der Sowjetfrauen im Großen Vaterländischen Krieg. Nur wenige Stereotypen des offiziösen Geschichtsbildes waren so fundiert wie diese.[4]

Weniger genau lassen sich andere Strukturveränderungen aufzeigen. Zum einen wirkte sich die Fluktuation der Arbeitskräfte auf ihre Erfahrung am Arbeitsplatz und ihre Qualifikation aus. Dabei war der Zustrom in die Rüstungsindustrie besonders groß. Anfang 1943 konnten 60–70 % aller Arbeiter in Leningrad nur auf eine Tätigkeit von sechs Monaten bis zwei Jahren am Ort verweisen, bei Kriegsende die meisten höchstens auf drei, viele nur auf ein Jahr. In den Gruben des *Kuzbass* hatte nur ein Viertel der Beschäftigten schon vor dem Kriege Kohle gehauen. Die meisten Neulinge kamen, wie eh und je in Rußland, vom Land, obwohl auch die dörflichen Reserven zur Neige gingen. Von 1942 bis 1944 rekrutierte das zentrale Staatskomitee für die Zuweisung von Arbeitskräften ca. drei Millionen frische Arbeitskräfte für Industrie, Transport und Bauwesen; davon kamen 49,6 % aus den Städten und 50,4 % vom Land. Der Anteil der letzteren stieg dabei deutlich an, von 23 % 1942 auf 62 % 1944.[5]

Zu erwähnen ist schließlich eine Strukturveränderung, der nicht der Krieg als solcher, sondern sein spezifischer Charakter einen starken Impuls gab: die *regionale Umverteilung der Arbeiterschaft*. Sie ergab sich zum einen aus der lebensrettenden Evakuierung der Industrie, zum anderen aus der Massenflucht, durch die sich vor allem die Bewohner Weiß- und Südwestrußlands – darunter nicht wenige Juden – vor den deutschen Truppen und den nachfolgenden Erschießungskommandos zu retten suchten. Wanderungsrichtung konnte angesichts des Frontverlaufs nur der Osten sein. An der unteren Wolga zwischen Kujbyšev (Samara) und Stalingrad stieg die Zahl der Arbeiter und Angestellten gegenüber 1940 um 16 %, die der industriell Beschäftigten sogar um 65 %. Im mittleren Ural um Perm', Sverdlovsk und Čeljabinsk erhöhten sich die entsprechenden Anteile sogar um 36 % bzw. 65 %, in Westsibirien *(Kuzbass)* um 23 % bzw. 71 %. Und auch in Kazachstan und Uzbekistan schlugen analoge Folgen der Migration zu Buche. In der Summe befanden sich 1943 bereits 7,5 % aller «industriellen Arbeiter und Angestellten» im unteren Wolgagebiet (im Vergleich zu 3 % 1940), 20,5 % im Ural (8,5 % 1940), 9 % in Westsibirien (4 % 1940) und 8 % in Kazachstan und Mittelasien (3,5 % 1940). Auch wenn sich viele Menschen gegen Kriegsende zur Rückkehr entschlossen, hatte das neue Verteilungsmuster grundsätzlich Bestand. Zentralrußland blieb Haupt und Hirn auch des sowjetischen Wirtschaftskörpers, aber es büßte an vitaler Bedeutung ein. Vor allem in dieser Hinsicht verfestigte der Krieg, was der zentral gelenkte und mit allen Mitteln forcierte Aufbau der Schwerindustrie seit 1928 eingeleitet hatte: Die Menschen folgten den neu entdeckten oder mit neuer Bedeutung versehenen Rohstoffen. In mancher Hinsicht wurden der Osten und der Südosten erst in der Not des Krieges wirklich erschlossen.[6]

Auch die Entwicklung der *Löhne und der Lebensverhältnisse* zeigte manche Parallelen zu Erfahrungen des Ersten Weltkriegs. Einige Grundtendenzen ergaben sich aus analogen Erfordernissen der äußeren Verteidigung und der inneren Konzentration aller Kräfte auf diesen Zweck. So nahm die Differenzierung der Bezahlung der Arbeitskraft auch im Zweiten Weltkrieg zu. Leistung erhielt eine noch höhere Priorität als zuvor; «kleinbürgerlicher Gleichmacherei» wurde erneut der Kampf angesagt. Zugleich bemühte sich die Regierung aber, den Lohnzuwachs in Grenzen zu halten. Schon um die Inflation nicht weiter anzuheizen, galt im Grundsatz, daß bei gleichem Lohn mehr gearbeitet werden sollte. Dies ließ sich freilich nur schwer erreichen. Konzessionen waren vor allem dort unausweichlich, wo die Selbstbehaup-

4. Gesellschaft: Gipfel der Not und Strukturwandel

tung unmittelbar auf dem Spiel stand. Man brauchte viele und qualifizierte Arbeitskräfte, konnte und wollte sie aber nicht primär mit materiellen Anreizen gewinnen. Das Ergebnis war eine Mischung aus Repression und Prämierung, das in enger Verbindung zur Bedrohung des Landes stand und deshalb als typisch gelten darf. Anders als die genannten Merkmale markierte sie einen qualitativen Unterschied zum Ersten Weltkrieg, da der Autokratie seinerzeit kaum noch wirksame Disziplinierungsmittel zur Verfügung standen. Zur selben Zeit enthielt sie wesentliche Elemente der Kontinuität, insofern als es das Stalin-Regime auch zu Friedenszeiten vorzog, den enormen Bedarf an tätigen Händen durch ‹außerökonomischen› Zwang zu decken.

Dem bloßen Nennwert nach zu urteilen, profitierten die Arbeiter und Angestellten demnach wenigstens materiell von der Tatsache, daß man sie dringender brauchte als zuvor. So stieg ihr Durchschnittslohn in den wichtigsten Zweigen der Volkswirtschaft von 330 Rubel 1940 auf 434 Rubel 1945 (vgl. Tabelle 30). Wenn man nur die Industriearbeiter berücksichtigt, betrug der entsprechende Wert für 1940 375 R., 1944 aber 573 R. Freilich unterschlägt der Mittelwert die charakteristischen Abweichungen: Deutlich höhere Löhne wurden in der Kohle- (729 Rubel 1944 für Arbeiter) und der Schwerindustrie (697 Rubel 1944) gezahlt. Auch die Eisenbahner und andere Transportarbeiter konnten sich über ungewöhnliche Zugewinne freuen. Dem entsprach in gewisser Weise die ungleiche regionale Verteilung des Anstiegs. Während die industriellen Monatslöhne zwischen 1940 und 1944 insgesamt um 42 % wuchsen, erhöhten sich die Verdienste an der Wolga und im vorderen Sibirien um 79 % und im Ural um 65 %. Hinzu kam eine weitere vertikale Differenzierung. Die Lohnskala wurde erweitert, die Spanne zwischen der höchsten und der niedrigsten Bezahlung wuchs. Dies geschah im wesentlichen im Interesse der «Spezialisten», die zu noch höheren Ehren kamen als zuvor. Um zugleich das Lohngefüge nicht völlig durcheinander zu bringen, bediente man sich vor allem des Instruments der Prämien. Zwischen 1940 und 1944 erhöhte sich der Anteil solcher außerordentlichen Leistungen am Gesamtlohn von 4,5 % auf 8 %, bei den Technikern und Ingenieuren sogar von 11 % auf 28 %. Zugleich wuchs die Distanz zwischen Durchschnitts- und Spitzenlöhnen von ca. 100 % bei Kriegsbeginn auf 200 %, nach anderen Schätzungen sogar auf 300 % bei Kriegsende. Von selbst versteht sich, daß auch diese zusätzlichen Stimuli im wesentlichen den Facharbeitern und Experten der Schwer- und Rüstungsindustrie zugute kamen. Dagegen fielen die Zuwächse in allen Branchen der Leichtindustrie deutlich niedriger aus. Die Schere zwischen ersterer einschließlich der Rohstoff- und Energiegewinnung und letzterer öffnete sich weiter – auch dies noch ein Erbe aus der Vorkriegszeit.[7]

Allerdings besagte die nominale Lohnsteigerung nicht viel. Entscheidend war der Gegenwert an Gütern und Leistungen, der für den monetären Arbeitsertrag erworben werden konnte. Dieser Vergleich ist aus verschiedenen

Tabelle 30: *Durchschnittlicher Monatslohn von Arbeitern und Angestellten der wichtigsten Zweige der sowjetischen Volkswirtschaft 1940–1945 (in Rubeln von 1941)*

	1940	1945	Absoluter Zuwachs
insgesamt	330	434	+104
davon			
Industrie	340	470	+130
Bauwesen	339	413	+ 74
Transport	347	482	+135
Eisenbahn	341	525	+184
Schiffahrt	409	493	+ 84
Handel, Gemeinschaftsverpflegung, materialtechnische Versorgung	250	269	+ 19

Quelle: Istorija sovetskogo rabočego klassa III, 405

Gründen noch schwieriger als ohnehin. Zum einen sicherte die Rationierung zumindest temporär und regional eine gewisse Grundversorgung mit Nahrungsmitteln zu niedrigen Preisen, auch wenn sie weit hinter ihrer Absicht zurückblieb. Zum anderen verringerte sich die Bedeutung des monetären Lohns zugunsten des naturalen (billiger Wohnraum, privilegierte Versorgung u. a. eingeschlossen). Darüber hinaus läßt sich kaum ermitteln, in welchem Maße die verschiedenen Schichten der Stadtbevölkerung über Zuteilungen und Verköstigungen in subventionierten Garküchen hinaus auf teuren Privatmärkten zukaufen mußten. Trotz solcher Probleme sind Vergleichsberechnungen vorgenommen worden, deren Hauptergebnis in der westlichen Literatur niemand widersprochen hat: daß der *Reallohn* «schmerzlich» sank. Eine der ältesten Datenreihen versuchte, die Entwicklung zwischen 1928 und 1951 zu erfassen. Ihr zufolge stiegen die Nominallöhne in dieser Zeit auf das Achtfache, bei optimistischen Annahmen sogar auf das Elffache. Zugleich erhöhten sich aber die Preise von Grundnahrungsmitteln deutlich stärker, für Roggenbrot zum Beispiel auf das 21-fache, für Rindfleisch auf das 20-fache, für Butter auf das 14-fache und für Zucker auf das 20-fache. Innerhalb dieses Zeitraums gab es Schwankungen; zu Beginn der zweiten Hälfte der dreißiger Jahre etwa war eine gewisse Erholung zu verzeichnen. Danach aber erfolgte ein tiefer Einbruch, der erst nach 1946 zu Ende ging. Weniger anschaulich ergeben verschiedene andere Indizes dieselbe Kurve. Während die Lebenshaltungskosten (1928 = 100) von 1940 = 679 auf 1944 = 952 stiegen, sanken die Bruttoreallöhne von 1940 = 80 auf 1944 = 54 und die Nettoreallöhne (einschließlich der Prämien) von 1940 = 78 auf 1944 = 64. Diesen Daten zufolge markierte erst das Jahr 1948 den Ausgang aus dem Jammertal der Kriegsnot.[8]

4. Gesellschaft: Gipfel der Not und Strukturwandel

Informationen über die *materiellen Lebensverhältnisse* der Arbeiter bestätigen dieses Bild. Die Ernährung der allermeisten Stadtbewohner vermochte den Hunger mit zunehmender Kriegsdauer immer weniger zu lindern. Vieles spricht dafür, daß die sowjetische Zivilbevölkerung auch in dieser Hinsicht stärker zu leiden hatte als in den anderen großen kriegführenden Ländern Europas. Sachverständige des britischen Ministeriums für Nahrungsmittel schätzten 1943, daß die höchste Ration in Moskau – für körperliche Schwerstarbeit – 2914 Kalorien enthielt; als notwendiges Minimum nahmen sie 3500 Kalorien an. Arbeiter der zweiten Kategorie (normale Handarbeit) hatten Anspruch auf Zuteilungen mit 2394 Kalorien, benötigten aber wenigstens 3000 Kalorien. Büroarbeiter erhielten Marken für 1867 Kalorien, brauchten für die Aufrechterhaltung ihrer Leistungsfähigkeit aber ebenfalls ca. 2500 Kalorien. Allen fehlten Tag für Tag etwa 600 Kalorien. Dies allein wäre zu kompensieren gewesen. Die Angaben erhalten ihre eigentliche Aussagekraft jedoch dadurch, daß Moskau zum einen bevorzugt versorgt wurde und die Vorräte zum anderen in der Regel nicht ausreichten, um die vorgesehenen Rationen wirklich an alle Berechtigten ausgeben zu können. Auch in den Hauptstädten waren viele Karten wertlos. Noch viel weniger kam in der Provinz an. Zudem verschlechterte sich die Nahrung qualitativ. Während der Verzehr von Gemüse, Milch und Fleisch um die Hälfte, der von Fetten um ein Drittel zurückging, wurden Kartoffeln aus den Gemüsegärten zum Hauptnahrungsmittel. Sie gewährleisteten keine ausgewogene Ernährung, verhinderten aber Massenhunger.[9]

Andere Indikatoren für den dramatischen Rückgang der ohnehin niedrigen Lebensqualität in den Städten versuchen, die gesamte Versorgung mit Gebrauchsgegenständen des Alltags zu erfassen. Um abzuschätzen, was die Sowjetbürger zu ertragen hatten, genügt ein Blick auf die Produktion der Leichtindustrie. Auf 1940 bezogen (= 100) fiel die Erzeugung auf 48 1942, um erst danach wieder leicht anzusteigen (1945 = 62). Die entsprechenden Kennziffern für die Vorräte an Oberbekleidung lauten: 61, 10, 18, für Stoffe 73, 14, 29 und für Leder- und Gummischuhe 65, 7, 15. Dies bedeutete, daß 1942 weniger als die Hälfte der Konsumgüter des Jahres 1940 hergestellt wurde und sich dieser Einbruch erst seit 1944 langsam abschwächte.[10]

Besonders schlecht war es um Wohnraum, das wohl begehrteste materielle Lebensgut, bestellt. An der Front und in den besetzten Gebieten wurde zerstört, was der Kriegführung im Wege stand. In die östlichen Regionen des europäischen Reichsteils ergoß sich ein beispielloser Flüchtlingsstrom, der die (im wesentlichen betroffenen) Städte völlig überforderte. Staat und Gemeinden mochten sich, wie der nachmalige Kriegsmythos behauptete, noch so viel Mühe geben, um Unterkünfte zu schaffen. Ihnen fehlten angesichts vordringlicher Verteidigungsaufgaben nicht nur die Geldmittel, sondern auch die Arbeiter und die Zeit. Die Wohnungen quollen über von Menschen. Bald mangelte es auch an Brennmaterial für den Winter und an

Ersatz- und Baustoffen aller Art, um Schäden zu beheben. Zimmer wurden mehrfach geteilt, Notöfen installiert; man heizte mit allem, was sich eignete; Zeitungspapier ersetzte zerbrochene Scheiben, Wasser- und Fallrohre platzten und wurden gar nicht oder notdürftig repariert – die Sowjetunion kehrte zu den unsäglichen Zuständen der Bürgerkriegszeit zurück.[11]

In der Notwendigkeit der Leistungssteigerung unter Verzicht auf materielle Antriebe mag man auch ein wesentliches Motiv für *neue Zwangsmaßnahmen* sehen, die nach Kriegsbeginn ebenfalls ergriffen wurden. Schon wenige Tage nach dem Überfall, am 26. Juni, erließ der Oberste Sowjet eine entsprechende Anordnung, die gleichsam den Tenor der kommenden Jahre vorgab und bis Kriegsende gültig blieb: Unternehmensdirektoren wurden ermächtigt, bis zu drei, für Jugendliche unter sechzehn Jahren bis zu zwei Überstunden pro Tag zu verfügen und Urlaub in monetäre Ersatzleistungen umzuwandeln. Schon im Vorjahr war der gefeierte, zum zehnjährigen Revolutionsjubiläum eingeführte Siebenstundentag ohne viel Federlesen dem ‹sozialistischen Aufbau› geopfert und der Achtstundentag samt 48-Stunden-Woche wiederhergestellt worden. Tatsächlich arbeiteten Erwachsene – für Jugendliche galten seit März 1944 minimale Schutzbestimmungen – vielfach sogar an allen sieben Wochentagen ohne regelmäßigen freien Tag. Im Durchschnitt leisteten sowjetische Industriearbeiter 1942 54–55 Stunden pro Woche. Da auch alle gesetzlichen Feiertage gestrichen wurden, lief die Verfügung auf eine beträchtliche Erhöhung der Anforderungen hinaus. Daß die vorgesehene anderthalbfache Vergütung der Überstunden diese Mehrbelastung zu kompensieren vermochte, darf bezweifelt werden.[12]

Hinzu kam ein Kranz von Maßnahmen zur Stärkung der staatlichen Kontrolle und Verbesserung der *Arbeitsdisziplin*. Schon zum ersten staatlichen Zentralisierungsprogramm gehörte die Einrichtung eines ‹Komitees für Arbeit› beim SNK (30. Juni 1941). Formal oblag ihm die Koordination der Umverteilung der Arbeitskräfte bei der Konversion ziviler Unternehmen für die Herstellung militärischer Rüstungsgüter. So wurden im Dezember 1941 alle Arbeiter der Rüstungsindustrie militärischer Disziplin unterworfen. Dies schloß nicht nur die Bindung an ihren Arbeitsplatz ein, sondern auch Schutz vor der Einberufung. Seit November 1942 befand sich die gesamte Mobilisierung von Arbeitskräften für die Kriegsindustrie in der Hand des nun von Švernik gleiteteten Komitees. Dennoch zeigt schon die Spärlichkeit durchgreifender Anordnungen, daß es weiterhin Mühe hatte, sich bei den örtlichen Instanzen Autorität zu sichern. Besonders das Verteidigungskommissariat blieb ein mächtiger Rivale. In den Betrieben waren andere Initiativen vermutlich spürbarer. Zum einen bemühte man sich, jene Konkurrenz wiederherzustellen, die es seit dem Übergang zur Planwirtschaft im Grundsatz nicht mehr gab. Die Stachanovščina erlebte eine Renaissance. Ob man zur 200%-igen Übererfüllung der Normen (und mehr, versteht sich) aufrief oder für den Versuch warb, dieses Ziel jeweils schon zum 20. eines Monats

4. Gesellschaft: Gipfel der Not und Strukturwandel

zu erreichen (»Wettbewerb der Zwanziger«), ob man «Arbeitswachen» einrichtete, um Aufträge besonders schnell zu erledigen, oder aus Komsomolzen besondere «Frontbrigaden» bildete – das Ziel war stets das eine: Leistung anzuspornen, ohne materielle Ressourcen einzusetzen. Freiwilliges Engagement, wenn auch obrigkeitlich gefördert, sollte jenes Produktions-‹Surplus› erbringen, das die ungeheure Herausforderung des Krieges nötig machte. Zum anderen versuchte man, der Einsatzbereitschaft durch Veränderungen im Produktionsprozeß nachzuhelfen. Mehrfach wurden die Normen erhöht und die Einsatzpläne umgestellt. Vor allem aber installierte man Fließbänder, um den Fertigungsprozeß – wie in den kapitalistischen Ländern – zu beschleunigen und gleichsam im Nebeneffekt die Arbeitsdisziplin zu erhöhen.

Dessenungeachtet spricht alles dafür, daß die Anstrengungen weitgehend vergeblich blieben. Allzu viele und zu mächtige Faktoren verhinderten einen durchschlagenden Erfolg. Grundlegende Bedeutung kam dabei dem tiefgreifenden Strukturwandel in der Arbeiterschaft und dem gesamten Umbruch der sozialen Ordnung zu, der ihn trug. Wo die ganze Gesellschaft in Bewegung geriet, wo Millionen zu den Waffen gerufen und weitere Millionen aus ihrer Heimat vertrieben wurden, konnten die Industrie- und sonstigen Unternehmen keine Oase der Normalität sein. Besonders spürbar schlug zu Buche, daß trotz des großen dörflichen Reservoirs auf Dauer mehr Arbeiter in Soldaten verwandelt wurden, als ersetzt werden konnten. Arbeitskraft, zumal qualifizierte, war der «engste Flaschenhals» im Kreislauf der sowjetischen Kriegswirtschaft. Dies alles trug dazu bei, daß besonders zwei Kardinalprobleme der sowjetischen (und schon der russischen) Industrie fortbestanden. Zum einen blieb die Fluktuation der Arbeitskräfte hoch. So wurden 1942 in den staatlichen Eisenhütten 80000 neue Arbeitskräfte eingestellt; im gleichen Zeitraum verließen aber 50000 die Betriebe. Im metallurgischen Kombinat von Magnitogorsk begannen zwischen Juni 1941 und August 1942 4851 junge Arbeiter; 1319 von ihnen verließen ihren Platz wieder. Zum Teil betrachteten die zuständigen Behörden diese Fluktuation als gerechtfertigt und normal. Zum Teil beruhte sie auf eigenmächtiger Entscheidung und war ungesetzlich. Hinzu kamen nach wie vor häufige unerlaubte, meist kurzfristige Abwesenheiten vom Arbeitsplatz. Ob jemand seinen Rausch ausschlief, Besorgungen machte oder aus anderen Gründen nicht erschien – die Zahl von jährlich einer Million einschlägiger Gerichtsverfahren und 200000 Verurteilungen bezeugt, daß alle Disziplinierungsversuche wenig fruchteten. Dies gilt auch, wenn man bedenkt, daß bereits eine zwanzigminütige Verspätung nach den Buchstaben der erwähnten Verordnung vom 26. Juni 1940 als unerlaubtes Säumnis galt. Theoretisch hätten solche Ausfälle durch effektive Arbeit wenigstens teilweise kompensiert werden können. In der Praxis war aber wenig davon zu erkennen. Wie in den dreißiger Jahren fanden die Rekordjäger und Bezwinger aller Planvorgaben (falls sie überhaupt mehr leisteten) kaum Nachahmer. Unbeschadet des aufopfernden Einsatzes vieler für den Sieg, den man nicht in Abrede stellen wird, führten verordnete Mehrarbeit und erhöhter Zwang zu keiner nennenswerten Verbesserung der Produktivität. Die Kriegswirtschaft litt unter denselben Defekten wie die stalinistische Friedenswirtschaft.[13]

Daß die *Bauern* das größte Opfer für den schwer errungenen Sieg zu bringen hatten, ist ein verbreitetes Urteil über das Schicksal der sowjetischen Bevölkerung im Zweiten Weltkrieg. Seine Verfechter können gute Gründe ins Feld führen. Schon die demographischen Proportionen legen einen solchen Schluß nahe. Der Blutzoll war enorm, die zusätzliche physische Last erdrückend, das Leid unermeßlich. Andererseits spricht manches dafür, daß man auf dem Dorfe – außerhalb der besetzten und frontnahen Gebiete – eher überleben konnte als in den Städten. Hinzu kam, daß der Staat die bäuerliche Privatwirtschaft jenseits der Befriedigung seiner Ansprüche in zunehmendem Maße schonte. Nur mit ihrer Hilfe, nicht gegen sie ließen sich schlimmere Entbehrungen vermeiden. Eine Übersicht über das Schicksal der Bauern im Krieg sollte deshalb beide Tendenzen bedenken, ohne dabei große regionale wie zeitliche Unterschiede zu verwischen.

Nicht nur für das wirtschaftliche, sondern auch für das soziale Leben auf dem Lande war der menschliche Tribut die schlimmste, unmittelbar spürbare Folge des Krieges. Abwanderung hatte es sicher auch vorher gegeben. Sie gehörte zu den originären Begleiterscheinungen der Industrialisierung und hatte sich schon in den dreißiger Jahren angesichts des planwirtschaftlich forcierten Tempos erheblich beschleunigt. Dennoch war das Ausmaß der Migration neu und destruktiv. Die Städte nahmen dem Dorf zwischen Ende 1926 und Anfang 1939 29,6 Mio. Menschen entsprechend 2,2 Mio. oder 1,8 % (bezogen auf 1926) pro Jahr ab. Im Vergleich dazu verlor das flache Land allein in den vier Jahren nach dem deutschen Überfall 13,9 Mio. Bewohner entsprechend 3,5 Mio. oder 4,5 % jährlich. Hinzu kam eine Unwiderruflichkeit des ‹Weggangs›, die seinen anormalen Charakter mit besonderer Deutlichkeit zum Ausdruck brachte: Selbst wer gesund überlebte, konnte vor Kriegsende nicht regelmäßig zurückkehren, wenn für die Aussaat und Ernte jede Hand gebraucht wurde. Von Greisen und Untauglichen abgesehen, waren die Männer weg und standen weder als Verdiener (in und außerhalb der Landwirtschaft) noch für ihre familiären Funktionen zur Verfügung. ‹Heimaturlaub› gab es in der Roten Armee nicht. Die reproduktiven Auswirkungen dieser Zwangsabwesenheit zeigten sich als Teil des demographischen Gesamtverlusts erst nach dem Kriege. Andere Folgen machten sich dagegen sofort bemerkbar, allen voran die Asymmetrie der Generations- und Geschlechtsstruktur, die nicht zuletzt

4. Gesellschaft: Gipfel der Not und Strukturwandel

ein sozialer Tatbestand war. Welche Veränderungen eintraten, vermag ein Vergleich des prozentualen Verhältnisses zwischen den wichtigsten Gruppen der Dorfbevölkerung unter dem Gesichtspunkt ihrer autonomen Subsistenzfähigkeit zu illustrieren:

Tabelle 31: Dorfbevölkerung nach Arbeitsfähigkeit 1936–1944 (in %)

	1936	1940	1944
Gesamtbevölkerung	100	100	100
Arbeitsfähige	49	47	35
Jugendliche	8	9	10
Nicht Arbeitsfähige	43	44	55

Quelle: Arutjunjan, Sovetskoe krest'janstvo, 323

Demnach verringerte sich der Anteil der Arbeitsfähigen an der dörflichen Gesamtbevölkerung zwischen 1940 und 1944 um 12 %. Dabei ist noch zu berücksichtigen, daß der größere Teil der verbliebenen Arbeitsfähigen Frauen waren. Laut Aufschlüsselung für die Kriegsjahre 1943–45 stellten Männer nur noch ein Viertel dieser Gruppe, Frauen aber drei Viertel. Auch nach Kriegsende änderte sich die demographische Struktur des Dorfes nur langsam. Die Männer kehrten zwar zurück, aber um viele Millionen dezimiert. Nicht alle, die den Weg in ihre Heimat nicht mehr fanden, waren gefallen oder in deutscher Gefangenschaft verendet. Nicht wenige blieben auch dort, wohin es sie verschlagen hatte. Der Krieg verlangsamte zwar das Tempo der Urbanisierung, aber er beschleunigte die Mobilität. Auf das Übersoll der Frauen nicht nur an häuslicher, sondern auch an gewerblich-landwirtschaftlicher Tätigkeit konnten Staat und Volkswirtschaft noch einige Jahre nicht verzichten. Insofern schlug nicht gegen Kriegsende, sondern während der gesamten Kriegs- und Nachkriegszeit auch in sozialer und familiärer Hinsicht die Stunde der sowjetischen Frauen.[14]

Über die gravierenden Folgen der männlichen Zwangsemigration hinaus verursachte auch die plötzliche Umstellung der gesamten Volkswirtschaft auf Rüstungsproduktion und Verteidigung schwere Schäden für das Dorf. Sie entzog der Leicht- und Nahrungsmittelindustrie, die agrarische Rohstoffe verarbeiteten, unentbehrliche finanzielle Ressourcen. Die Versorgung der Bevölkerung wurde auf ein Minimum reduziert. Mit ihr schrumpften Handel und Verteilung, soweit sie in staatlichen oder anderweitigen öffentlichen Händen (vor allem in Gestalt der Kooperative) lagen. Dies blieb nicht ohne Auswirkung auf die bäuerlichen Einkommen, die außerhalb des privaten Anbaus großenteils vom Verkauf der gemeinschaftlichen Produkte abhingen. In der Tat sank der Ertrag pro Tagewerk erheblich; zumeist war erst nach dem Ende der Kampfhandlungen eine Erholung zu verzeichnen:

Tabelle 32: *Wert eines Tagewerks (trudoden') in der Sowjetunion 1940–1945*

	1940	1941	1942	1943	1944	1945
Getreide, kg	1,60	1,40	0,80	0,65	–	0,70
Kartoffeln, kg	0,98	0,33	0,22	0,40	–	0,26
Geld, Rubel	0,98	1,07	1,03	1,24	1,12	0,85

Quelle: Arutjunjan, Sovetskoe krest'janstvo, 339

Die Interpretation fällt nicht schwer: Der Naturalertrag für harte Arbeit sank bei Getreide auf fast ein Drittel und bei Kartoffeln auf weniger als die Hälfte (1943). Wenn der nominale Gegenwert kaum abnahm, war die Ursache im wesentlichen in der Inflation zu suchen, nicht im realen Zugewinn. Auch für die Bezahlung landwirtschaftlicher Tätigkeit galt, daß Geld im Krieg an Bedeutung verlor und naturaler Ersatz an seine Stelle trat. Sicher bot sich vor allem *ein* Mittel an, um dem Einkommensverlust entgegenzuwirken: mehr zu arbeiten und die Zahl der gutgeschriebenen Tagewerke zu erhöhen. Tatsächlich zwang der Krieg die Dorfbewohner, auch in die ungeliebte Gemeinwirtschaft mehr Mühe zu investieren. Der Staat unterstützte diese Entwicklung, indem er das Minimum an jährlichen *trudodni* im April 1942, wie erwähnt, merklich anhob. Im Ergebnis bewirkte der doppelte Druck allem Anschein nach tatsächlich eine weitere Mobilisierung agrarischer Arbeitskraft. Der Anteil der Arbeitsfähigen, der die Mindestzahl nicht erreichte, nahm nach 1940 ab. Zugleich zeigt ein Vergleich zwischen der durchschnittlichen und der dreistufigen vorgegebenen Mindestarbeitsleistung (100, 120 und 150 *trudodni*), daß die Steigerung an enge physische Grenzen stieß oder der abnehmenden Aussicht auf realen Gegenwert zum Opfer fiel. Die Korrelation war eindeutig: je höher das Minimum, desto niedriger der Durchschnitt an jährlichen Tagewerken (328 bei 100 minimalen *trudodni*, 267 bei 120 und 242 bei 150). Angesichts dessen reichte der zusätzliche Arbeitseinsatz auf den kommunalen Feldern bei weitem nicht aus, um das sinkende Einkommen aufzubessern. Aus der nachstehenden Tabelle 33 geht hervor, daß der Anteil der Kolchosen, die weniger als ein Kilogramm Getreide pro Tagewerk bezahlen konnten, von gut 42 % 1940 auf knapp 76 % 1946 wuchs. Dementsprechend verminderte sich auch der naturale und monetäre Ertrag, der sich aus der weiteren Umrechnung auf jedes Familienmitglied ergab. Trotz des enormen demographischen Verlusts – und dies war der letztlich entscheidende Indikator – *sank* die Zuteilung erheblich. Dabei konnte die Ausgabe von Getreide offenbar noch am ehesten gesichert werden. Drastisch ging in den beiden Anfangsjahren des Krieges die Kartoffelernte zurück; erst 1943 war eine Tendenzwende zu beobachten. Auch die Milchproduktion erreichte in diesem Jahr einen Tiefpunkt. Bei aller Anstrengung konnte eine durchschnittliche bäuerliche Restfamilie von den Almosen, die die Gemeinschaftsarbeit dürftiger denn je abwarf, nicht satt werden.[15]

4. Gesellschaft: Gipfel der Not und Strukturwandel

Tabelle 33: Jährliche Zuteilung nach Tagewerken pro anwesendem Kolchosmitglied 1940–1945

	1940	1941	1942	1943	1944	1945
Getreide, Zentner	2,0	1,6	1,0	0,8	–	0,7
Kartoffeln, Zentner	1,2	0,4	0,3	0,5	–	0,3
Geld, Rubel	113	127	129	146	123	92

Quelle: Arutjunjan, Sovetskoe krest'janstvo, 340

Was zum Überleben blieb, war im wesentlichen der Ertrag des privaten Hoflandes. Es ist gewiß bemerkenswert, daß die Zahl der Kolchoshöfe trotz der rapiden demographischen Auszehrung des flachen Landes in den frontfernen Regionen nur unwesentlich zurückging. Dabei verteilte sich die Verminderung noch ungleich und konzentrierte sich vor allem in den Regionen, in denen die Industrie Dorfbewohner auf Dauer aufnehmen konnte (Ural, Südsibirien). In den meisten Regionen, besonders dort, wo sich Landwirtschaft einigermaßen lohnte, nahm die Zahl der Höfe sogar eher zu als ab. Dies mag zum einen aus der Rücksiedlung dorfstämmiger Stadtbewohner zu erklären sein, die hofften, auf dem Lande besser überleben zu können. Vorrangig aber war dieser paradoxe Tatbestand auf die wachsende Unentbehrlichkeit der privaten Nebenwirtschaft zurückzuführen. Wo der verteilbare Restertrag des Kolchos nur noch zum Hungern reichte, wurden die eigene Kuh, Schweine, Geflügel und sonstige Kleintiere samt des halben Hektars Garten- bzw. Hoflandes zur letzten, endgültig unverzichtbaren Nahrungsquelle. Mehr noch, angesichts der allgemeinen Lebensmittelknappheit eröffneten sie auch eine günstige – und zumeist die einzige – Möglichkeit, Geld einzunehmen oder durch Naturaltausch dringend benötigte industrielle und sonstige, nicht selbst herstellbare Güter, vom Salz bis zu landwirtschaftlichen Geräten, zu erwerben. Partei und Staat duldeten diese Entwicklung, weil sie erkannten, daß nur sie Schlimmeres verhütete. Überleben und Sieg hatten Vorrang vor Sozialismus und Doktrin.

Bei alledem sollte das Lebensniveau der Landbewohner nicht überschätzt werden. Man mag es angesichts der völligen Überraschung durch den deutschen Überfall, des niedrigen Produktivitätsniveaus und des temporären Verlusts der fruchtbarsten Gebiete als große Leistung würdigen, daß ein Massensterben anders als am Ende des Bürgerkriegs oder nach der Zwangskollektivierung ausblieb. Aber der Preis war hoch. Der ‹große Hunger› konnte sozusagen nur durch den alltäglichen ‹kleinen Hunger› vermieden werden. Details über die Ernährung der typischen Dorffamilie zeigen, daß sie zwar mehr Kalorien zu sich nahm als die städtische, aber nicht weniger einseitig aß. Da Getreide immer knapper wurde, rückte die Kartoffel auch auf dem Lande zum wichtigsten Grundnahrungsmittel auf. Sie lieferte alle wichtigen Nährstoffe und vermochte Mangelerscheinungen einzudämmen;

aber ausgewogen war diese Kost ebensowenig wie in den Städten. Hinzu kam, daß der Mangel an Gebrauchsgegenständen des Alltags, insbesondere an Kleidung und Schuhwerk, vom Grundbedarf an Hygiene nicht zu reden, noch größer war als in den Städten. Erst recht fehlte es weitestgehend an ärztlicher Versorgung, schulisch-beruflicher Bildung und allgemein infrastrukturellen Einrichtungen. Allerdings hatte das materiell-kulturelle Lebensniveau schon zuvor sehr zu wünschen übrig gelassen. Nicht zuletzt in dieser Hinsicht stach neben dem ‹Bruch› auch die Kontinuität ins Auge.[16]

5. Kultur und Ideologie: Patriotismus, Konservatismus und Kontrolle

Schon die stalinistische Herrschaft der dreißiger Jahre hatte auf ideologische Hilfe nicht verzichten können. Sie bedurfte ihrer sowohl zur legitimatorischen Abstützung als auch zur Erzeugung von Engagement. Neben anderen Zwecken sollten Indoktrination und Propaganda bewirken, was materielle Anreize nicht zu sichern vermochten. Der Krieg trieb den Bedarf an Leistungsbereitschaft auf die Spitze. Zugleich verringerte er die Mittel seiner Befriedigung drastisch. Es lag nahe, die wachsende Kluft mit zusätzlichen ideologisch-geistigen Antrieben zu füllen. In vieler Hinsicht geschah damit in der Sowjetunion Ähnliches wie in den anderen kriegführenden Staaten auch. Dessenungeachtet gab es nicht nur in der konkreten Ausgestaltung der moralisch-weltanschaulichen Unterfütterung des Abwehrkampfes bezeichnende Eigenarten, sondern auch in der situationsbezogenen politischen Instrumentalisierung. Während die Werte und Ziele, für die Deutschland den Krieg vom Zaun brach und die Großbritannien und die Vereinigten Staaten verteidigten, weitgehend dieselben blieben, änderten Stalin und seine Gehilfen den ideologischen Kurs nach dem Überfall merklich: An die Stelle des Sozialismus trat endgültig der Patriotismus. Wohlgemerkt, auch vaterländische Appelle waren nicht neu. Wie erwähnt, gehörte die Beschwörung russischer Vergangenheit und Größe in Verbindung mit einer Reorientierung auf konservative soziale Werte zur Essenz der stalinistischen Konsolidierung nach der ‹Wende›. Allerdings bestand sie bis zum Krieg gleichsam neben dem überragenden Ziel des Sozialismus. Sie sollte das verbliebene Revolutionsideal, wie entstellt dieses immer sein mochte, in einem eigenartigen Amalgam gleichsam unterstützen. Der deutsche Überfall löste diese Verbindung auf. Offensichtlich erkannte die Führung, daß die patriotische Mobilisierung umfassender und wirkungsvoller sein würde als die sozialistische. Auch wer dem Regime fernstand, konnte gute Gründe haben, das Vaterland bis zum letzten Blutstropfen zu verteidigen. Nationale Loyalität sollte die ‹revolutionäre› überwölben. Mit Bedacht erinnerte der offiziöse Name, den die Propaganda dem neuen Krieg unverzüglich gab, an den Widerstand gegen Napoleon: Dem «Vaterländischen Krieg» von 1812 folgte

5. Kultur und Ideologie: Patriotismus, Konservatismus und Kontrolle

nun – als stereotype Sprachregelung bis zum Ende der Sowjetunion (und darüber hinaus) – der «Große Vaterländische Krieg». Damit einher ging die weitgehende Unterordnung aller anderen geistig-moralischen Tätigkeiten und Maßstäbe unter das beherrschende Ziel der Verteidigung. In den meisten Bereichen, etwa im Bildungswesen, bedeutete sie eine weitere Festigung konservativer Werte; in anderen, wie in der Wissenschaft und Literatur, brachte sie aber auch eine Befreiung von ideologischen Zwängen mit sich. «Alles für die Front, alles für den Sieg» galt nicht zuletzt für die öffentliche Kultur.

Wie alles andere war auch der Appell an das «Volk» nicht vorbereitet, als die deutsche Wehrmacht in Weißrußland einfiel. Nach der ominösen zehntägigen Sprachlosigkeit rief Stalin am 3. Juli 1941 zwar zum Widerstand gegen die faschistischen Aggressoren auf. Aber patriotische Töne traten noch ganz hinter die Rechtfertigung des Paktes mit dem nunmehrigen Feind und den Versuch zurück, den Nimbus seiner Unbesiegbarkeit zu zerstören. Erst als Moskau zu fallen drohte, auf dem Höhepunkt der deutschen Erfolge und sowjetischen Niederlagen, wandte sich der Diktator mit nationalen Parolen an seine Untertanen. Er nutzte dazu die Feier zum 24. Revolutionsjubiläum am 6. November 1941 in der prächtigen Metro-Station «Majakovskaja» sowie anderntags die Parade der Roten Armee aus demselben Anlaß. Psychologisch zwingend, ließ er sich dabei weder von der gedrückten Stimmung noch von der unheilvollen Gesamtlage beeindrucken. Vielmehr konstatierte er in der sicheren unterirdischen Halle umgekehrt das Scheitern der deutschen Blitzkriegstrategie, prophezeite den Untergang des Gegners und demonstrierte jenen Widerstandswillen, den er am nächsten Tag durch den trotzigen Aufmarsch in Reichweite deutscher Flugzeuge auf dem Roten Platz couragiert unterstrich. Vor den Parteifunktionären beschränkte Stalin seinen Versuch, auch ‹positive› Antriebe zur Verteidigung der Heimat zu schaffen, noch auf die Indienstnahme der gesamten russischen Kultur und Geschichte. Kaum unbedacht in dieser Reihenfolge nannte er (unter anderen) Plechanov und Lenin, Puškin und Tolstoj, Glinka und Čajkovskij, Gor'kij und Čechov sowie im Sinne der Steigerung an letzter Stelle die klangvollsten Namen der russischen Militärgeschichte: den siegreichen Feldherrn Katharinas II. Suvorov und den Bezwinger Napoleons im Schicksalsjahr 1812 Kutuzov. Vor den Soldaten auf dem Roten Platz sparte er die Repräsentanten der Kultur aus. Es blieben die Helden des einfachen Volkes, Verteidiger der russischen Heimat gegen fremde Eindringlinge und siegreiche Eroberer: Aleksandr Nevskij (der die deutschen Ordensritter 1242 auf dem Peipus-See zurückschlug), Dmitrij Donskoj (der 1380 den ersten Sieg über die Tataren erfocht), Kuz'ma Minin und Dmitrij Požarskij (die den Widerstand gegen die polnische Invasion von 1612/13 organisierten) sowie Suvorov und Kutuzov. An der Nachahmung ihres ‹heldenmütigen Vorbilds› sollte, wie es danach in Zeitungsartikeln und Proklamationen hieß, auch die «tierische Natur» der «faschistischen Scheusale» zuschanden werden.[1] Von Anfang an verband sich der forcierte Nationalismus mit fortgesetztem Lobpreis auf Stalin. Zu den zahllosen Tugenden, die ihm die zensierten und devoten Medien – neben der Presse nun vor allem auch der Rundfunk – schon seit Beginn des ‹Personenkultes› attestierten, traten weitere, von der Situation scheinbar geforderte. Stalin, der «Vater, Lehrer und Führer», wurde zum «Siegeszeichen». Er «schmiedete die Macht der ruhmreichen Roten Armee», er war «der große Feldherr», den keine «Stürme» schreckten. Stalin liebte «Heimat und Volk» und verabscheute die «Feinde der UdSSR»; unter seiner «ruhmreichen Führung» werde die Rote Armee die «feindlichen Heerscharen» vernichten. In welchem Maße patriotische Appelle den Rest der revolutionären Ideale von einst verdrängten, zeigte symptomatisch die Einführung einer neuen Staatshymne. An die Stelle der «Internationalen», die sich 1917 als Fanfare des ersten ‹sozialistischen Staates› der Welt geradezu anbot, trat 1943 ein Text, in dem es unter anderem hieß: «In Schlachten stählten wir unsere Armeen,/den erbärmlichen Eindringling werden wir schlagen!/Wir entscheiden in Schlachten das Schicksal von Generationen/und werden zum Ruhme unserer Heimat siegen!» Daß die nationale Propaganda dabei in Kriegszeiten auch Haß predigte, verband die Sowjetunion sicher mit den anderen kämpfenden Völkern. Die Deutschen wurden zu «Vandalen», die die Heiligtümer des russischen Volkes «besudelten», Museen großer Dichter in Pferdeställe verwandelten und sich derselben schändlichen Barbarei schuldig machten, wie ihre «Vorläufer» bei der Eroberung Roms. «Brennende Heimatliebe» und «glühender Haß» waren Kehrseiten ein und derselben Empfindung. In dieser Hinsicht fand die staatliche Propaganda im übrigen engagierte Mitstreiter unter einigen führenden Literaten des Landes. Großer Verbreitung erfreuten sich Gedichte von Konstantin Simonov, die den genannten Gefühlen beispielhaft Ausdruck verliehen (»Tötet ihn«). Texte von Aleksej Tolstoj standen ihnen an nationalem Engagement und Feindseligkeit nicht nach. Die größte Wirkung aber entfaltete in den gesamten Kriegsjahren Ilja Ehrenburg, dem einer der scharfsinnigsten Zeitzeugen ein «geradezu geniales» einschlägiges «Talent» zuerkannte. Dabei ließ er – in der Situation verständlich, aber aller Humanität spottend – Augenmaß nicht selten vermissen. Daß es «nichts Schöneres» gebe als «deutsche Leichen», verlor auch vor dem Hintergrund systematischer Massenmorde der SS nichts von seinem menschenverachtenden Zynismus. Sicher wurde Ehrenburg nicht deshalb im Frühjahr 1945 von der «Pravda» offiziös gerügt, sondern weil die sowjetische Führung bereits an die Zeit nach der Stunde Null und die Installierung von Ulbricht, Pieck und anderen ‹guten Deutschen› dachte, die unter ihre Fittiche geschlüpft waren. Dennoch gehörte Differenzierung nicht zu den Verstandesoperationen, die ihm (und der Zensur während des Krieges) unerläßlich schienen.[2]

5. Kultur und Ideologie: Patriotismus, Konservatismus und Kontrolle 661

Im übrigen verwandelte sich die Konfrontation zwischen «Imperialismus» und «Sozialismus», wie man den Krieg mit dem Großdeutschen Reich zu Beginn nannte, propagandistisch mit zunehmender Dauer in eine Wiederholung des globalen Ringens zwischen deutscher und russischer Kultur. Auch in der sowjetischen Wahrnehmung rückte die ethnische Dimension immer stärker in den Vordergrund. Wenn der «Sowjetpatriotismus» anfangs als «Fortsetzung» des russischen ausgegeben wurde, so galt dies bei Kriegsende zumindest offiziös nicht mehr. Der berühmte Trinkspruch, den Stalin Ende Mai 1945 beim Empfang der Armeebefehlshaber im Kreml ausbrachte, formulierte den wahren Gehalt der nationalen Appelle in zu Recht berühmt gewordenen Worten: Der Georgier erhob das Glas «vor allem auf das Wohl des russischen Volkes, weil es die hervorragendste Nation unter allen zur Sowjetunion gehörenden Nationen» sei, «weil es in diesem Krieg die allgemeine Anerkennung als führende Kraft der Sowjetunion ... verdient» und in seinem «Vertrauen» in die Führung nie gewankt habe. Zwar mochte Stalin gute Gründe haben, dem großrussischen Volk für die freiwillige Gefolgschaft aufrichtig zu danken, die es ungeachtet aller Repression und Arbeitslager sicher gab. Die entscheidenden Schlachten des Krieges wurden bei allem strategischen Gewicht der Ukraine auf russischem Boden geschlagen. Die große Mehrheit der Bevölkerung und der Armee bestand aus Großrussen. Und allein in Großrußland gab es (ungeachtet der Vlasov-Bewegung) keine nennenswerte separatistisch-oppositionelle Bewegung. Dennoch lag die Bevorzugung auch in der Konsequenz der patriotischen Mobilisierung. Wer die Nation im historisch-kulturellen und ethnischen Sinne ins Bewußtsein heben und für aktuelle Zwecke nutzen wollte, mußte über kurz oder lang Großrußland in den Vordergrund rücken. Nur hier gab es Geschichte und Helden, die keine Symbole für Selbständigkeitsbestrebungen waren. Nur hier gab es eine Heimatverbundenheit, die im Sowjetreich aufgehen konnte (aber nicht mußte), weil dieses aus der *russischen* Revolution hervorgegangen war. In vieler Hinsicht brachte der russische Nationalismus nur offen zum Vorschein, was längst erkennbar war: daß der Föderalismus in Wahrheit ein russischer Imperialismus war. Auch darin lag eine tiefgründige Kontinuität, die den Krieg nicht nur mit den dreißiger Jahren verband, sondern viel weiter zurückreichte.[3]

Unter allen Kunstgattungen kam dem *Film* sicher die größte politisch-ideologische Bedeutung zu. Diese Einsicht war dem Regime wahrlich nicht neu. Wie kein anderes vor ihm hat es sie von Beginn an beherzigt. Der deutsche Überfall gab aber auch dieser Entwicklung weitere Schubkraft. Sicher geschah in allen kriegführenden Staaten Ähnliches. Überall stiegen patriotische Gesinnung und Vaterlandsverteidigung zu vorrangigen Inhalten auf. Dennoch hat man überzeugend argumentiert, das Ausmaß der nationalen Indienstnahme in der Sowjetunion habe nicht nur analoge Tendenzen in den Vereinigten Staaten weit übertroffen, sondern auch die Zugriffsmöglichkeiten des Goebbelsschen Propagandaministeriums in den Schatten gestellt. Hollywood mußte sich auch im Zweiten Weltkrieg an den Besucherzahlen orientieren. In Deutschland begann die staatliche Fernsteuerung der Filmkameras erst nach dem Ermächtigungsgesetz. Berühmte Schauspieler und Regisseure konnten sich, und sei es durch Emigration, dem Drängen der nationalsozialistischen Auftraggeber und Zensoren entziehen. Allein in der Sowjetunion herrschten die zuständigen Volkskommissare und Parteifunktionäre von Anfang an und uneingeschränkt. Nur hier war eine Generation von Künstlern herangewachsen, die nichts anderes kannte und zum Teil auch nichts anderes wollte. Wenn ihre Begeisterung für das Regime nach 1930 erlosch, weil ihre Vorstellungen von Sozialismus mit der praktizierten Politik nicht mehr in Übereinstimmung zu bringen waren, bedeutete das nicht unbedingt den vollständigen und unwiderruflichen Rückzug aus ihrem Beruf. Einige arbeiteten im zweiten Glied weiter und eilten dem Vaterland nach 1941 mit ihren Mitteln zu Hilfe. Andere waren ohnehin in Stalins Geiste erzogen worden und brauchten sich nicht zu überwinden, um zu tun, was der Diktator von ihnen erwartete.

So traten nach der deutschen Invasion alte und neue Regisseure in Erscheinung, die eines der beiden (neben dem ‹Aufbau des Sozialismus›) Hauptthemen der Stalinära variierten: Vaterlandsliebe und russische Größe. Ihre Produkte ergänzten Wochenschauen, ‹dokumentarische› Werke und kurze Agitationsstreifen (Nachfolger der *agitki* der frühen Jahre). Von siebzig Filmen, die zwischen 1942 und 1945 fertiggestellt wurden, befaßten sich 49 mit dem militärischen Geschehen der Gegenwart. Hinzu kamen historische Inszenierungen, die indirekt, aber offensichtlich Bezug auf die aktuellen Ereignisse nahmen. Gerade für sie galt vielfach, daß ihre Sujets kaum verändert zu werden brauchten. Der Deutsche ersetzte den Kapitalismus, die Aufopferung für den wirtschaftlichen Aufbau verwandelte sich in die heroische Verteidigung der Heimat in und außerhalb der Roten Armee; die Helden der Vergangenheit zeigten sich häufiger in Feldherrnpose, wenn sie ihren Nachruhm nicht ohnehin schon militärischen Leistungen verdankten. So war es kein Zufall, sondern Resultat der propagandistisch-ideologischen Kontinuität, wenn zwei der ersten Werke, die unter den neuen Bedingungen in die Kinos kamen, noch unter den alten entstanden waren. Eisensteins *Aleksandr Nevskij* (1938) paßte mit seiner antideutschen Pointe nicht in die Verbrüderungsphase seit August 1939, aber nahtlos zum Feindbild nach dem 22. Juni. Ähnlich taugte Pudovkins Eloge auf den unbesiegbaren *Suvorov*, im Frieden gedreht, ebensogut für den Krieg. V. M. Petrov verfilmte 1937–39 die Taten Peters des Großen, 1944 die von Kutuzov. Starke Eingriffe mußte der stalinistische Musterroman, Ostrovskijs «Wie der Stahl gehärtet wurde», hinnehmen. Der Regisseur M. S. Donskoj walzte vor allem, den aktuellen Umständen entsprechend, die wenigen Kriegsszenen in der Ukraine aus. Aber die weitgehende Reduktion der Wirklichkeit auf den ‹positiven

5. Kultur und Ideologie: Patriotismus, Konservatismus und Kontrolle

Helden> blieb ebenso bestehen wie dessen makellose Idealität. Der propagandistischen Oberflächlichkeit entrann unter all diesen filmischen Epen nur ein Werk: Eisensteins *Ivan der Schreckliche* (1944, 1946), das Stalin selbst über Ždanov anregte. Allerdings verdankt es seinen Rang ebenfalls nicht besonderer Differenzierung bei der Darstellung des Helden, den der amtierende Regent mehr und mehr bewundern lernte. Vielmehr gelang es Eisenstein trotz der plakativen aktuellen <Botschaft>, durch die maskenhafte Stilisierung seiner Gestalten und eine fast choreographische Inszenierung von Handlung und Ort eine atmosphärische Dichte zu erzeugen, die der immer noch jungen Kunstform abermals eine neue Qualität abgewann.[4]

Auf einem anderen Blatt steht, ob diese Veredelung des Personenkults zur Kunst auch die größte Wirksamkeit entfaltete. Die Wahrscheinlichkeit spricht dagegen. Bilderwelt und Themen der großen Mehrheit der Kriegsfilme waren populärer. Hier wurden der Partisanenkampf geschildert, das Heldentum des Bürgerkriegs beschworen, Haß auf die Invasoren und selbstlose Liebe zur Heimat bis hin zum Opfertod propagiert. Diese Filme griffen ans Herz und appellierten an Emotionen, die offensichtlich stärker waren als der Glaube an den Sozialismus nach zwanzigjähriger Indoktrination. Effektvoll und durchsichtig nutzten ihre Bilder ebenso wie die Plakate und Skulpturen klassische Muster der Darstellung von Leid, Folter, Mutterliebe, Elend und anderen menschlichen Grundbefindlichkeiten. Die Studios schufen Jeanne d'Arc-Gestalten und verhalfen, gemeinsam mit dem Radio, eingängigen Liedern zu enormer Popularität. Später hat sich das Sowjetregime bis über die Grenze des Geschmacks hinaus darum bemüht, solche Mythen und die korrespondierenden Feindbilder präsent zu halten. In welchem Maße die Absicht gelang, wird sich schwer sagen lassen. Aber zweifellos hinterließ die Kriegspropaganda tiefe Spuren im kollektiven Gedächtnis, an die man anknüpfen konnte.[5]

Im sowjetischen *Bildungswesen* führte der deutsche Angriff allem Anschein nach zu einem tieferen Bruch als im Bereich von Ideologie und Propaganda; zugleich verstärkte er auch hier manche Entwicklungen, die schon im Frieden eingesetzt hatten. Die Erschütterung traf Schulen und Universitäten dabei zunächst vor allem in materiell-institutioneller Hinsicht. Grundsätzlich galt zwar weiterhin die spät durchgesetzte allgemeine Schulpflicht. Die Wirklichkeit aber konterkarierte die Bestimmungen; Fronteinsatz, Massenflucht und allgemeine Mobilität leerten nicht zuletzt Schulbänke und Hörsäle. Wer zu jung war, um eingezogen zu werden, rückte eventuell auf verlassene Arbeitsplätze nach. Andere Jugendliche oder Studenten mußten vorzeitig einen Beruf ergreifen, um die Not ihrer Familien zu lindern. Im Rückblick räumte der Volksbildungskommissar offen ein, daß seine Behörden nicht mehr in der Lage waren, die Schulpflicht zu überwachen. Soweit man sich unter diesen Umständen auf Daten verlassen kann, sank die Zahl der Schüler allgemeinbildender Schulen zwischen 1940/41 und 1945/46 um

26%, in den Klassen 8 bis 10 sogar auf 41%, während sich die Studentenzahl nur um 10% verminderte.

Auch inhaltliche Anpassungen an die Erfordernisse des Krieges blieben nicht aus. Schon in einer Grundsatzerklärung vom August 1941 kündigte das zuständige Regierungsmitglied an, künftig «besondere Aufmerksamkeit» auf die Vermittlung verteidigungsrelevanter Fertigkeiten legen zu wollen. Dies meinte nicht nur eine Bevorzugung naturwissenschaftlicher und technischer Unterweisung, sondern schloß auch Fremdsprachen ein, deren Beherrschung «wichtiger denn je» sei. Wenn letzteres augenscheinlich ein Tribut an die neue Westallianz war, kam die geistige Rüstung ebenfalls nicht zu kurz: «Die Kenntnis der großen Vergangenheit des eigenen Landes, der Taten der Volkshelden, der Etappen des Freiheitskampfes des russischen Volkes gegen ausländische Eroberer, der genialen Schöpfungen der russischen Wissenschaft, Literatur und Kunst» – dies alles sollte nicht minder als «mächtige Waffe» der Erziehung zu ‹standhaften Verteidigern› der Heimat dienen.

Häufiger aber waren andere Probleme Gegenstand behördlicher Neuregelungen: Disziplin und Leistung. Die Vollmachten der jeweiligen Leitung wurden weiter gestärkt, auch kleinste «Grobheiten» streng geahndet und allgemein harte Strafen für ‹Herumtreiberei› und ‹Rowdytum› vorgesehen, was immer man darunter im einzelnen verstand. Im Resultat kamen diese Verordnungen einer Militarisierung der Schulen und anderer Bildungseinrichtungen nahe. Symptomatischen, wenn auch zugespitzten Ausdruck fand diese Tendenz in den Vorschriften, die der neue, im August 1943 eingeführte Schülerausweis enthielt. Der Staat verlangte darin nicht nur Aufmerksamkeit und Lerneifer, sondern hielt die Karteninhaber auch dazu an, «sauber gewaschen, gekämmt und ordentlich gekleidet zu erscheinen», «vom Platz aufzustehen», um die Lehrer zu grüßen oder Antworten zu geben, nicht zu schimpfen und zu fluchen und die «Ehre» der Schule «hochzuhalten». Dazu paßte die Aufhebung der Koedukation seit 1943, die Einführung von Auszeichnungen in Gestalt von Medaillen und die Wiederbegründung von Kadettenschulen in der militärischen Laufbahn. Alte Sowjetbürger mochten sich an ihre Schulzeit unter dem Zarenporträt erinnern. Eben diese Abkehr von den Idealen der frühen Jahre war aber nicht neu. Vielmehr begann sie, wie gezeigt, mit dem endgültigen Aufstieg Stalins zur Macht. Ähnlich hatte auch die Bevorzugung der technisch-beruflichen Ausbildung bereits vor dem Krieg begonnen. Das Gesetz über die «staatliche Arbeitsreserve» vom Oktober 1940 brauchte nicht geändert zu werden. Mehr als 8,2 Mio. Personen durchliefen bis (zu ihrer Abschaffung) 1955 die entsprechenden Schulen. Als ‹Mobilisierungsregime› schon im Frieden konnte sich der Stalinismus im Kriege treu bleiben.[6]

Die beschleunigte konservative Wende im Gefolge der patriotischen Mobilisierung beschränkte sich nicht auf Presse, Propaganda, offiziöse Kunst

5. Kultur und Ideologie: Patriotismus, Konservatismus und Kontrolle 665

und Bildung. Sie erfaßte fast alle Bereiche der mentalen Orientierung und Verhaltenssteuerung durch soziokulturelle Normen und Werte. Erinnert sei auch in diesem Zusammenhang an die *Aufwertung der Familie* und die *Rückkehr zur traditionellen Sexualmoral,* die im erwähnten Gesetz von 1944 ihren Höhepunkt und Abschluß fand.[7] In wenigen anderen Fragen trat die Verbindung zwischen ‹Friedens›- und ‹Kriegs›-Stalinismus so greifbar zutage wie in dieser: Was spätestens seit dem Abtreibungsverbot von 1936 der Absicht diente, durch Stabilisierung der sozialen Kerninstitution Kräfte für das ehrgeizige gesamtgesellschaftliche Aufbauprogramm freizusetzen, ließ sich nach 1941 nahtlos der Hauptaufgabe unterordnen, auch die reproduktiv-demographischen Ressourcen in den Dienst des Überlebens zu stellen. Vor dem deutschen Überfall brauchte das Regime ‹Helden der Arbeit›, nachher ‹Helden des Kampfes›. Die Ziele änderten sich, Mobilisierung und Disziplinierung blieben. Insofern gehörten Sozialkonservatismus (mit der bemerkenswerten Ausnahme der weiblichen Berufstätigkeit) und patriotische Loyalität nicht nur zur Selbstbehauptung im Krieg, sondern auch schon zur ideologisch motivierten sozioökonomischen Aufholjagd der dreißiger Jahre.

Freilich verursachte der Kriegsbeginn auch tiefe Brüche in der sowjetischen Kulturpolitik. Neben dem Austausch der Feindbilder erwies es sich in einigen Bereichen auch als tunlich, die staatliche Haltung insgesamt zu revidieren. Eine solche Kehrtwende vollzog das Regime im Umgang mit der *Kirche.* Dabei kamen ihm die Feinde von gestern weit entgegen: *Beide* suchten unter den veränderten Bedingungen die Zusammenarbeit. Ihre Verständigung bedeutete keine Wiederherstellung der historischen *symphonia,* aber doch ein Zweckbündnis, das zumindest die Möglichkeit eines längerfristig tragfähigen *modus vivendi* einschloß. Die hauptsächliche (wenn auch vielleicht nicht einzige) Ursache dafür lag wohl in der Einsicht beider Seiten, daß ihnen die Kooperation Nutzen versprach. Dabei machte der Staat als der Stärkere die größeren Konzessionen. Der klare Sieger der nachrevolutionären Auseinandersetzung zwischen den beiden ältesten und mächtigsten Institutionen der russischen Geschichte kam zu der Erkenntnis, daß er auch religiöse Gefühle und Loyalitäten für die Selbstbehauptung der Nation in Anspruch nehmen sollte. Umgekehrt griff die Kirche einerseits auf uralte, untrennbar mit ihr verwachsene Grundüberzeugungen zurück, wenn sie in der Stunde der Not den Schulterschluß mit der weltlichen Macht zur Verteidigung Rußlands suchte; andererseits mochte sie diese Hilfe mit der Hoffnung auf Honorierung verbinden.

In jedem Falle tat sie den ersten Schritt. Noch am Tage des deutschen Einmarschs verfaßte der immer noch (seit 1925) amtierende Patriarchatsverweser Sergij ein Sendschreiben an die «Hirten» und die «Herde der Rechtgläubigen Kirche Christi», in dem er die Angreifer mit den tatarischen Horden Batus, den Rittern des Deutschen Ordens und den Heerscharen Karls XII. und Napoleons verglich. Er beschwor die Geschichte, um alle Orthodoxen an ihre «heilige Pflicht gegenüber der Heimat und dem Glauben» zu erinnern. Die Kirche habe stets das «Schicksal des Volkes» geteilt und werde es auch in dieser «Prüfung ... nicht im Stich lassen». Sie segne die «Verteidigung der heiligen Grenzen» des «Vaterlandes» und bete für den Sieg. Nicht nur in der Bezeichnung der Eindringlinge als faschistische «Räuber» und dem Hinweis auf die «Mißachtung aller Verträge» ähnelte diese Proklamation regierungsoffiziellen Stellungnahmen. Dasselbe galt auch für die Anrufung der Siegesgewißheit suggerierenden Vergangenheit. Die alte Gleichsetzung von russischer Erde und orthodoxer Frömmigkeit stellte sich ebenso wieder ein wie die Gleichsetzung der Feinde mit Gotteslästerern. Sicher traf letzteres in höherem Maße zu als zuvor. Dennoch lag die objektive Wirkung der kirchlichen Parteinahme, wie zweckorientiert sie immer gewesen sein mochte, auf der Hand: Angesichts der neuerlichen Aggression kannte die Kirche keine Kommunisten mehr, sondern nur noch Patrioten.

Ähnliche Verlautbarungen der folgenden Monate zeigen, daß die Koalitionsofferte keiner vorübergehenden Mutlosigkeit in schwerer Bedrängnis entsprang. Der Metropolit wiederholte seine Schmähungen der faschistischen «Höllenbrut» und lehnte, anders als einige Kirchenführer Weißrußlands, der Ukraine (vor allem autokephal-orthodoxe) und der Emigration, jedes Entgegenkommen strikt ab. Die Wiedereröffnung von Kirchen und die Einberufung von Synoden in den besetzten Gebieten brandmarkte er – mit guten Gründen – als durchsichtige «Maske der Frömmigkeit», die bloß von den «Untaten» ablenken sollte. Statt mit der Rolle einer ‹dritten Kraft› zu liebäugeln und angesichts der staatlichen Notlage zu versuchen, einen Teil der alten Macht zurückzugewinnen, setzte Sergij weiterhin auf den gemeinsamen Abwehrkampf. Zum Jahrestag der Roten Armee am 23. Februar 1942 spendete die Kirche eine Sonderkollekte für die Kriegskasse; das Beispiel machte Schule und trug zur Aufstellung einer neuen Panzerbrigade bei. Im Juni desselben Jahres veröffentlichte das Patriarchat eine Broschüre, die das neue Verhältnis zwischen Staat und Kirche förmlich zusammenfaßte: «Die Wahrheit über die Religion in Rußland» besagte nun, daß von einer Verfolgung nicht die Rede sein könne und die Kirche selbst einen Großteil der Schuld für die unbezweifelbare Krise nach der bolschewistischen Machtübernahme trage. Zum Revolutionsjubiläum Anfang November 1942 ging Sergij noch einen Schritt weiter. Er beugte sich dem allgegenwärtigen Personenkult und grüßte Stalin als «göttlich gesalbten Führer». Sicher überschritt diese Devotion das Maß lebensnotwendiger Anpassung erheblich. Sie kam unwürdiger Selbstverleugnung nahe, zu der aber das Heiligste Anlaß gab, das die Kirche neben dem Glauben verehrte: die Eigenständigkeit Rußlands.[8]

Soweit solche Ergebenheit auch eigene Interessen verfolgte, blieb sie nicht ohne Resultat. Regierung und Partei begrüßten die patriotische Wandlung und zeigten sich erkenntlich. Es war ein weithin wahrgenommener Akt von großer Symbolkraft, daß Stalin am 4. September 1943 den Patriarchatsver-

5. Kultur und Ideologie: Patriotismus, Konservatismus und Kontrolle 667

weser Sergij sowie die Metropoliten Aleksij von Leningrad und Nikolaj von Kiev im Kreml empfing. Sogar das offizielle Kommuniqué betonte Stalins «Verständnis» für die Wünsche der Kirchenfürsten und seine Versicherung, «daß die Regierung ihnen nicht im Wege stehen werde». Die Zusage wurde umgehend eingelöst. Bereits vier Tage später trat in Moskau eine Bischofssynode zusammen, um einen neuen Patriarchen zu bestimmen. Erwartungsgemäß fiel die Wahl auf Sergij, der damit das Amt formell übernahm, das er 18 Jahre lang verwaltet hatte. Am 12. September konnte erstmals seit 1933 die Zeitschrift des Moskauer Patriarchats wieder erscheinen. Eine Woche später erwies der anglikanische Erzbischof von York – als erster Vertreter seiner Kirche überhaupt – dem zweiten regulären geistlichen Oberhaupt der russischen Kirche seit Peter dem Großen die Ehre eines Besuchs. Anfang Oktober richtete die Regierung einen Rat für Kirchenangelegenheiten ein. Auch wenn sein Vorsitzender nicht den Rang eines Volkskommissars erhielt, nahm der Staat damit die Kirche wieder institutionell zur Kenntnis. Insofern traf der Spottname «NK-bog» (Volkskommissar/iat für Gott) einen richtigen Kern. Das ‹Konkordat› überdauerte sowohl den Krieg als auch den Tod des greisen Sergij im April 1944. Am letzten Januartag 1945 trat zum ersten Mal seit 1917 ein Konzil zusammen, um einen neuen Patriarchen zu wählen. Anders als anderthalb Jahre zuvor fand die Versammlung in großem Rahmen statt. In Anwesenheit der Patriarchen von Antiochia und Alexandria sowie zahlreicher anderer Repräsentanten des orthodoxen Glaubens ließ man es an feierlichem Zeremoniell nicht fehlen. Staat und Kirche profitierten auch davon gemeinsam: Die weltliche Macht meldete außenpolitische Geltungsansprüche an und zeigte innere Toleranz; die geistliche demonstrierte die Wiederherstellung ihrer Selbstbestimmung. Den Regierenden konnte die Zustimmung zu dieser Veranstaltung auch aus einem anderen Grunde nicht schwerfallen. Noch als Verwalter dieses Amtes hatte der neue Patriarch Aleksij dem «teuren Josif Vissarionovič» versichert, daß er ganz und gar der Linie seines entschlafenen Vorgängers zu folgen gedenke: «Befolgung der Kanones ... einerseits, unwandelbare Treue zur Heimat und zu unserer von Ihnen geführten Regierung andererseits». Damit war klar, wer im neuen Bunde Herr und wer Knecht sein sollte.

Alles in allem bescherte die militärische Bedrohung der Kirche einen ungeahnten Aufschwung. Seit Sommer 1941 und besonders seit Herbst 1943 konnte sie sich so ungehindert betätigen wie nie zuvor zu sowjetischer Zeit. Sie verdankte diese Rekonvaleszenz der Not des Staates, der Notwendigkeit einer gesamtnationalen, von ideologischen Vorbehalten ungetrübten Mobilisierung der Bevölkerung und ihrer freiwilligen, weil tief in ihrer Geschichte wurzelnden Parteinahme gegen die deutschen Eindringlinge. Auf diese Weise erreichte sie die Wiederherstellung regulärer Verfahren der inneren Administration sowie eine gewisse Erweiterung ihres Aktionsfeldes. Andererseits blieb sie ein Schatten ihrer einstigen Bedeutung. Sollten in der UdSSR

668   VII. Der Große Vaterländische Krieg (1941–1945)

im Juni 1945 tatsächlich 16000 orthodoxe Kirchen ihrem Bestimmungszweck gedient haben, so wären dies immer noch zwei Drittel weniger gewesen als vor 1917. Hinzu kam, daß das Machtungleichgewicht fortbestand und die Kirche nach wie vor keinerlei Rechtsgarantien genoß. Der Patriarch lebte von Stalins Gnaden. Nur breiter, durchsetzungsfähiger Rückhalt in der Gesellschaft hätte dies ändern können. Eine solche Loyalität (wie es sie in Polen auch unter kommunistischer Herrschaft gab) aber war nicht sichtbar.[9]

Mit der Kirche teilte die *Wissenschaft* den Vorzug, gebraucht zu werden. Daraus ergab sich ein ambivalentes Schicksal. Auf der einen Seite standen verheerende Zerstörung und finanziell-materielle Ausblutung angewandter Disziplinen, auf der anderen Seite die gezielte Förderung kriegs- und industriewichtiger Forschungen sowie eine gewisse Entideologisierung vor allem naturwissenschaftlicher Methoden und Konzepte. Beides ging Hand in Hand. Im Ural wurde ein eigenes Institut gegründet, das neue Lagerstätten knapper Bodenschätze erkunden und materialsparende Verarbeitungstechniken entwickeln sollte. Herausragende Physiker wie Ioffe und Kapica wurden (wie Oppenheimer und Teller in den Vereinigten Staaten) zur Mitarbeit an der Entwicklung neuer Waffen herangezogen. N. G. Flerov entdeckte kurz nach Kriegsbeginn die Kernspaltung und plädierte für den Beginn praktischer Versuche zur Entwicklung der Atombombe. Zwar konnte sie während des Krieges nicht mehr hergestellt werden; dem einschlägigen Institut unter der Leitung von I. V. Kurčatov gelang aber 1946 die Erzeugung einer Kettenreaktion und 1948 der Bau des ersten industriell nutzbaren Reaktors. Mit derartigen Forschungen war die weitgehende Befreiung der physikalisch-chemischen Theorie aus ideologischen Fesseln verbunden. Der Idealismusvorwurf gegen die Quantenmechanik wurde fallengelassen. Die sowjetische Naturwissenschaft schloß in der Atomphysik weiter zur internationalen Forschung auf. Auch auf anderen Gebieten stellte sich eine Art ‹Waffenstillstand› ein. Obgleich ideologische Denkverbote nicht förmlich widerrufen wurden, zogen Verstöße weniger Sanktionen nach sich. Nutzen und Notwendigkeit setzten das Dogma partiell außer Kraft.

Daraus dürften auch positive Rückblicke auf die Entstehungsbedingungen von *Literatur* im Zweiten Weltkrieg zu erklären sein. Im Windschatten der patriotisch engagierten Schriftsteller konnten sich diejenigen zum Teil freier bewegen, die sich nicht durch nationales Pathos hervortaten. Dennoch wird man von gedanklicher oder formaler Freiheit angesichts der ungebrochenen Geltung des «sozialistischen Realismus», fortgesetztem Terror und andauernder geistig-ideologischer Kontrolle durch Partei und Staat nicht ernsthaft sprechen wollen. Insofern war der Unterschied zur nachfolgenden Epoche ideologischer Strenge nur ein gradueller, kein qualitativer.[10]

So stellt sich die innere Entwicklung Rußlands im Zweiten Weltkrieg alles in allem weit eher als Fortsetzung des Bestehenden denn als Bruch oder

5. Kultur und Ideologie: Patriotismus, Konservatismus und Kontrolle 669

Neubeginn dar. Sicher hatte die militärische Konfrontation tiefgreifende Folgen für alle Bereiche von Staat, Wirtschaft, Gesellschaft und (öffentlicher) Kultur. Sämtliche Aktivitäten und Ressourcen wurden auf die Bedürfnisse des nationalen Überlebens konzentriert. Dies geschah im wesentlichen durch extreme Zentralisierung und Hierarchisierung der Weisungsbefugnisse über gewohnte Grenzen hinweg sowie durch die Zumutung enormer physischer Leistungen und Entbehrungen an die große Masse der Bevölkerung. Mit dieser Maßgabe aber konnten die meisten Strukturen und Prozesse in der Substanz fortbestehen. Im Bereich der politischen Verfassung und Herrschaft behauptete sich eine diktatorische Ordnung, die sich in allen richtungsweisenden Entscheidungen nicht nur widerspruchslos einem einzigen Willen fügte, sondern stets auch von der Androhung und Anwendung willkürlichen Terrors lebte. In der Wirtschaft blieben die zentrale Planung und Zuweisung der nötigen Kapazitäten, von Rohstoffen bzw. Halbfabrikaten bis zu Investitionsmitteln und Arbeitskräften, unberührt; die bereits zuvor deutliche Tendenz zur Verlagerung der Schwerindustrie nach Osten, insbesondere in den Ural und nach Westsibirien, beschleunigte sich im Zuge der Evakuierung sogar erheblich. Die gesellschaftliche Schichtung verschob sich weiter zugunsten der Stadtbewohner, der Arbeiterschaft sowie der ‹wissenschaftlich-technischen Intelligenz› und administrativen Elite; Urbanisierung, Industrialisierung und ‹Bürokratisierung› machten ebenfalls eher raschere als langsamere Fortschritte. Im Bereich der Kultur geriet die Verbesserung der schulischen Breitenqualifikation zwar ins Stocken, die Tendenz aber hielt an; Kunst und Wissenschaft profitierten von der partiellen Zurücknahme ideologischer Kontrolle, die sich einerseits aus dem Versuch ergab, durch die Erzeugung vorgeblich unpolitischer patriotischer Loyalität größeres Engagement zu erzielen, andererseits aus der Präferenz für praktische Nutzanwendung bei Konflikten mit ideologischen Vorgaben. Vieles spricht dafür, den Kern dieser Kontinuität im totalitären Mobilisierungscharakter zu sehen, der im Vorkriegsjahrzehnt zur Substanz des stalinistischen Regimes gehörte. Der Zweck änderte sich mit dem deutschen Überfall; die grundlegenden Mittel blieben dieselben. Eine solche Sehweise kann nicht ohne Auswirkungen auf die Gesamtdeutung des Stalinismus bleiben. Darüber hinaus schließt sie Hypothesen für die nächste und letzte Periode der Stalinschen Herrschaft ein: Auch in dieser Phase müßten sich deren kennzeichnende Merkmale so weit erhalten haben, daß von ein und demselben politischen System und von einer Einheit, wenn auch gewiß nicht von Einheitlichkeit, gesprochen werden kann.

VIII.
Nachkriegszeit: Spätstalinismus und Wiederaufbau
(1945–1953)

Paradoxerweise erscheinen die sowjetischen Nachkriegsjahre im Rückblick als eine Art Endzeit. Obwohl am Beginn der größte Triumph der sowjetischen Geschichte stand, war der Jubel kurz. Bei allem Siegestaumel konnte die Erleichterung über das Ende des Gemetzels die Sorge über das absehbare Ausmaß der Anstrengungen zum Wiederaufbau nicht verdrängen. Für viele, wenn auch nicht für alle, kam eine weitere beklemmende Einsicht hinzu: Der Triumph stärkte die bestehende Ordnung auf die denkbar wirkungsvollste Weise. Während in den Trümmern des Großdeutschen Reiches auch die nationalsozialistische Diktatur versank, stieg die russische gefestigt aus der Asche mehrfach verbrannter Erde empor. Sicher hat der Krieg den Stalinismus weder inthronisiert, noch vor dem erkennbaren Untergang bewahrt. Aber wenn ihm ein Faktor – letztlich, wie zu zeigen sein wird, bis zum Ende der Sowjetunion – Dauer verlieh, dann war es die Selbstbehauptung gegen den deutschen Überfall. Stalin hat dies in einer der ersten öffentlichen Nachkriegsreden überraschend offen ausgesprochen. Der große Kampf, so belehrte er Anfang Februar 1946 seine Moskauer ‹Wähler›, sei nicht nur ein Fluch gewesen, sondern auch eine «große Schule der Prüfung ... für alle Kräfte des Volkes». Was vor dem Krieg entstanden sei, habe die Feuerprobe in allen Teilen bestanden. Das Gerede vom «Kartenhaus» und vom «gewagten Experiment» sei ein für alle Mal widerlegt.[1]

In diesem gesteigerten Selbstbewußtsein lag bereits ein Impuls für die kommende Politik: Man bemühte sich, das Rad zurückzudrehen. Nach dem Ende der akuten äußeren Bedrohung entfiel die Notwendigkeit, die Bevölkerung hinter der Staatsführung zu versammeln und dafür politisch-ideologische Konzessionen zu machen. Es zeigte sich, daß die Liberalisierung im Kriege allein Erwägungen der Zweckmäßigkeit entsprungen war und keine ‹Bekehrung› der Machthaber spiegelte. Auf allen Gebieten, nicht zuletzt auf ökonomischem und kulturellem, versuchte man, die alte Ordnung wiederherzustellen. So gab vor allem *ein* Merkmal der Nachkriegsentwicklung ihr typisches Gepräge: die Restauration des ‹Kommandosozialismus› der dreißiger Jahre. Mit guten Gründen fühlten sich die Zeitgenossen weniger am Anfang als am Ende einer Epoche. In vieler Hinsicht erstarrte das politischsoziale und kulturelle Leben. Was als ungeheure Dynamik, wenn auch oktroyiert und vom Terror angetrieben, begonnen hatte, endete in der bewegungslosen Abhängigkeit von der Willensäußerung eines einzigen Mannes, der auf seinem Podest vereinsamte. Der personale Zuschnitt des Gesamtsystems rächte sich; es alterte mit seinem Führer.²

1. Herrschaft, Partei, Staat: Personale Diktatur und bolschewistischer Primat

Bei dem Versuch, die kriegsbedingten Veränderungen gleichsam ungeschehen zu machen, mußten Art und Form der Herrschaft am wenigsten korrigiert werden. Stalin und seine Partei hatten Staat, Wirtschaft, Gesellschaft und Kultur nach wie vor fest im Griff. Weder waren neue politische Organisationen entstanden, noch konkurrierende Machtzentren. Nach wie vor ließ sich die Herrschaftsordnung am treffendsten als personale Diktatur kennzeichnen, die sich auf das uneingeschränkte Bestimmungsmonopol der Kommunistischen Partei und auf die exklusive Verfügungsgewalt über außerordentliche, illegale Zwangsinstrumente stützte. Innerhalb dieses Rahmens waren aber Verschiebungen eingetreten, die teilweise nachwirkten und zum besonderen Charakter der letzten Stalinjahre beitrugen.

Zuallererst ist auf *Stalins Stellung* zu verweisen, die der Krieg nicht nur in der Welt allgemein, sondern vor allem auch im eigenen Lande gestärkt hatte. Autorität und Macht des sowjetischen Führers standen im Zenit. Niemand wagte, ihn auch nur im mindesten zu tadeln. Trotz der Auflösung des GKO im September 1945 vereinigte er weiterhin alle höchsten Kompetenzen in seiner Hand. Schon seine regulären Vollmachten dürften zu dieser Zeit in der gesamten zivilisierten Welt singulär gewesen sein: Stalin war Generalsekretär der einzigen Partei, Vorsitzender des SNK und Oberbefehlshaber der Armee, der sich nach dem Sieg noch den exklusiven Titel eines Generalissimus hatte verleihen lassen. Da faktische Kontrollen fehlten, galten seine Anordnungen ohne jeden Vorbehalt.

Doch dies war nur eine Seite der Entwicklung. Zugleich wurde der unbeschränkte Herrscher alt und menschenscheu. Das berühmte Licht hinter den Fenstern seines Kabinetts im Kreml mochte weiterhin die ganze Nacht brennen. Der Zimmerbewohner war dennoch immer seltener anwesend. Mehr und mehr zog er sich nach Kuncevo bei Moskau auf die «Nahe Datscha» zurück und ließ nur noch die engsten Gefolgsleute vor. Auch bei diesen meist spätabendlichen Zusammenkünften konnte jedoch von gemeinsamer Beratung ebensowenig die Rede sein wie von kollektiven Beschlüssen. Stalin bat nach Lust und Laune zu sich, brachte die Rede auf Staatsgeschäfte, holte von den Anwesenden – von einem Verhör kaum zu unterscheiden – Informationen ein und trug ihnen seine Beschlüsse zur Bestätigung vor. So, wie die Einladung einem Befehl gleichkam, vermischte er selbstherrlich private Gastlichkeit und Amtshandlungen. Er holte seine Genossen mit derselben Verbindlichkeit ins kremleigene Kino, um mit ihnen – dies eine bemerkenswerte Passion – neue Wildwest- und sonstige ausländische Filme anzuschauen, wie nachher zu nächtlichen Gelagen, die sich in Kabinettssitzungen verwandeln konnten. Selbst wichtigste Entscheidungen entstanden bei solchen Gelegenheiten gleichsam nebenher. Stalins Zechgenossen ließen sich dies gefallen, obwohl einige von ihnen vor der «Ehre» der Einladung zitterten. So viel Macht sie im Lande ausübten, so schwach waren sie vor ihm. Keiner wagte zu widersprechen. Jeder wußte, daß der Führer sich durchzusetzen verstand und kaltblütig genug war, die extralegalen Foltermittel anzuwenden, die ihm reichlich zur Gebote standen. Alle Spitzengenossen, auch diejenigen, die ihn nach seinem Tode vom Sockel stürzten, fügten sich willig in die Rolle von Ordonnanzen. So weit ging ihre Treue, daß sie Stalin bei neuen Intrigen halfen und sich sehenden Auges zu potentiellen Opfern von Folter, Verbannung und Hinrichtung machten. Ob Stalins Wahn in den letzten Lebensjahren krankhafte Züge annahm, wie Chruščev später behauptete, mag trotz der schwer verständlichen Verhaftung seines langjährigen Privatsekretärs und des ebenfalls treueerprobten Chefs der Leibwache offenbleiben. Unberechenbarer wurde er auf jeden Fall – mit der Folge einer eigenartigen und typischen Lähmung. Argwöhnisch und misanthropisch, ließ der ergraute Diktator eher regieren, als daß er sich selbst um den politischen Alltag gekümmert hätte. Dennoch war die Angst vor ihm so gewaltig und sein Geschick des *divide et impera* so groß, daß er die Zügel bis zuletzt fest in der Hand hielt. Es war bitterer Ernst, wenn selbst ein so regelmäßiger Gast in Kuncevo wie der spätere Verteidigungsminister Bulganin auf einer der Fahrten zur Nahen Datscha gegenüber Chruščev sinnierte: «Man setzt sich als Freund bei Stalin zu Tisch, aber man weiß nie, ob man allein nach Haus fahren wird oder ob man gebracht wird – ins Gefängnis.»[3]

Zugleich scheint Stalins Entrückung bis zu einem gewissen Grade Spielraum für seine nächsten Helfer geschaffen zu haben. Jedenfalls mag es kein Zufall sein, daß die Nachkriegsjahre in stärkerem Maße die Handschrift wechselnder Favoriten trugen und überhaupt deutlicher von Cliquenstreit geprägt waren als die Vorkriegszeit. Es war ein sehr enger Kreis von hohen Schildknappen, der auf diese Weise hervortreten konnte. Seine Zusammensetzung allgemein zu beschreiben, fällt schwer. Zum Teil bildete er gleichsam die Schnittmenge mehrerer ebenfalls kleiner Zirkel führender Funktionäre der bedeutendsten Institutionen von Staat und Wirtschaft. Dabei waren noch nicht alle Bereiche präsent; vor allem gesellschaftliche und kulturelle Institutionen fehlten. Deutlicher als später gaben Partei und «Sicherheitsbehörden» den Ton an. Hinzu kamen alte Weggefährten Stalins, die über keine ‹Hausmacht› verfügten, sondern aus anderen Gründen Zugang zum Diktator hatten. Chruščev erwähnt als Gäste Stalins in der Nahen Datscha außer sich selbst vor allem Berija, Malenkov, Bulganin, Mikojan, Molotov, Ždanov und Vorošilov. Sicher war das Gewicht schon dieser handverlesenen nächsten Gehilfen sehr unterschiedlich. Von Ždanov abgesehen, der früh starb

1. Herrschaft, Partei, Staat: Diktatur und bolschewistischer Primat

(Ende August 1948), besaßen nur die ersten drei sowie später auch der wichtigste Chronist so viel Rückhalt in verschiedenen ‹Apparaten›, daß sie dem «Führer» zwar ebenfalls ausgeliefert waren, aber doch einen gewissen Schutz genossen. Wenn es einen Kern des «inneren Kreises» gab, dann war er am ehesten in diesem Quartett zu sehen: in Berija, Malenkov, Chruščev und Bulganin. Ihnen am nächsten stand Molotov, Stalins Faktotum seit mehr als zwei Jahrzehnten, auch wenn er zeitweise den Unwillen seines Herrn erregte. Daß eben diese häufigen Konsumenten ansonsten verbotener Filme und unerschwinglicher Delikatessen 1953 das Erbe des Diktators antraten, ergab sich daher von selbst. Sie verkörperten die *Kontinuität*, die bei aller Distanzierung von der unmittelbaren Vergangenheit nicht übersehen werden sollte. Auch Stalins Diadochen waren keine namenlosen Tyrannenmörder, sondern seine erklärten Kronprinzen.[4]

Freilich reichte die Gruppe sowjetischer Spitzenpolitiker deutlich über Stalins Tischgemeinschaft hinaus. Ein so riesiges Land konnte nicht von einer Handvoll führender Genossen regiert werden. Bei der Beschreibung der breiteren Machtelite ist es üblich geworden, zwischen Partei- und Staatsführung zu unterscheiden. Gute praktische Gründe sprechen dafür; sie sollten aber nicht übersehen lassen, daß das charakteristische Merkmal nicht nur stalinistischer, sondern sowjetischer Herrschaftsausübung insgesamt gerade in der engen Verzahnung beider bestand. Für die Nachkriegsjahre galt dabei noch klarer als für die spätere Zeit, daß die Partei Vorrang hatte. Die Grundsatzentscheidungen wurden von *ihren* Funktionären getroffen; die Aufnahme in *ihre* zentralen Gremien verlieh – unterhalb Stalins – die größten faktischen Machtbefugnisse; wer Einfluß gewinnen wollte, mußte zuerst in *ihr* Karriere machen. Dennoch war nicht zu übersehen, daß die Bedeutung anderer Sektoren der Gesamtordnung zunahm. Besonders Industrie und Armee wuchsen zu mächtigen Organisationen heran, die Anspruch auf Repräsentation erhoben und nicht folgenlos vom Entscheidungszentrum ferngehalten werden konnten. Als Illustration dieser Entwicklung können die Karrieren der fünf neuen Mitglieder des Politbüros dienen, die in den frühen vierziger Jahren in dieses Gremium aufstiegen. Von ihnen waren nur zwei, Berija und Malenkov, Parteifunktionäre im engeren Sinne. Die anderen, Voznesenskij, Bulganin und Kosygin vertraten eher die Belange anderer Bereiche und Institutionen: die hohe Planungsbürokratie, die Staatsverwaltung und die Industrie. Alle Genannten einte dabei die Altersgenossenschaft und ein Qualifikationsmerkmal. Sie traten der Partei im und nach dem Bürgerkrieg bei und absolvierten primär technische Fachschulen. Sie verkörperten die neue technisch-administrative ‹Intelligenz› und erste sowjetische Generation im engeren Sinne. Zugleich gehörten sie zu den Profiteuren des Terrors, dem sie ihren raschen Aufstieg in zum Teil sehr jungen Jahren verdankten. Sie waren, wie immer sie sich nach dem Tod ihres Gönners verhielten, die eigentlichen Stalinisten.[5]

VIII. *Spätstalinismus und Wiederaufbau (1945–1953)*

Über ihnen standen allerdings, zumindest formell, noch die wenigen dienstälteren Mitglieder des Politbüros, die den «Säuberungen» entgangen waren. Die beiden ‹Senioren›, Andreev und Mikojan, hatten den Höhepunkt ihrer Laufbahn bereits überschritten. Andreev, Vorsitzender der ZKK und Fachmann für Agrarfragen, rettete zwar seinen Sitz im höchsten Parteigremium bis zu dessen Abschaffung 1952. Aber er gehörte schon länger nicht mehr zum innersten Kreis derjenigen, die über Wohl und Wehe des Landes entschieden. Gleiches galt für Mikojan, den kaukasischen Landsmann, mit dem Stalin – wie mit Ordžonikidze – lange Jahre besonders engen Umgang gepflegt hatte. Auch er wahrte seinen formalen Rang, büßte aber an Einfluß ein.

Dagegen verstanden die beiden anderen Angehörigen dieser Gruppe nicht nur zu überleben, sondern auch mit ihren Pfunden zu wuchern. Ždanov überwachte – neben den Außenbeziehungen – seit seinem Aufstieg ins Politbüro (1939) einen Bereich der Politik, dem im Sowjetregime eine herausragende, weil übergreifende Bedeutung zukam: Ideologie und Kultur. Mit seinem Namen verband sich jene neue Eiszeit, die nach einem ZK-Beschluß am 14. Juli 1946 über die sowjetische Öffentlichkeit hereinbrach und die relative Duldsamkeit der Kriegsjahre unvermittelt beendete. Allerdings hielt sich Ždanov nicht lange in seiner exponierten Stellung. Widerstand formierte sich, der unter den gegebenen Umständen die Form mehr oder weniger verdeckter Kabalen annahm. Schon vor seinem plötzlichen Tod hörte Ždanovs Stern auf zu leuchten. Ein gutes Jahr später, Ende 1949, kehrte der vierte Überlebenskünstler der dreißiger Jahre aus Kiev nach Moskau zurück. Chruščev berichtet, daß ihn Stalin selbst unter dem fadenscheinigen Vorwand zum neuerlichen Umzug bewog, der amtierende Erste Sekretär der hauptstädtischen Parteiorganisation sei zu den ‹Schädlingen› übergelaufen. Tatsächlich aber habe er nur ein Gegengewicht gegen die Koalition von Berija, Malenkov und dem jungen M. A. Suslov schaffen wollen, die allzu mächtig zu werden drohte. Wenn diese Deutung zutrifft, stellt sich in besonderem Maße die Frage nach den Ursachen für soviel Vertrauen des notorisch Mißtrauischen. Eine schlüssige Antwort steht noch aus. Womöglich spielte der Umstand eine Rolle, daß Chruščev zu Lebzeiten Stalins nie so weit in den Vordergrund drängte, daß er Argwohn erweckt hätte. Er gerierte sich nicht als Führer im Wartestand, sondern verharrte auch als Erster Sekretär der wichtigsten Parteiorganisationen – erst Moskaus, dann der Ukraine – und langjähriges Mitglied des Politbüros gleichsam in Reih und Glied. In jedem Falle genoß er das Vertrauen der Partei- und eines Teils der Wirtschaftsfunktionäre. Chruščev war der Mann der *nomenklatura*. Sein baldiger Aufstieg signalisierte das neue Selbstbewußtsein der ‹Apparate› gegenüber einem einsamen Willen (und der Willkür) an der Spitze.[6]

So verweist die ‹typisierte› Zusammensetzung der Parteiführung (vgl. Tabelle 34) in den Nachkriegsjahren auf alte Zustände und neue Entwicklun-

1. Herrschaft, Partei, Staat: Diktatur und bolschewistischer Primat 675

gen zugleich. Zum einen wuchs der Anspruch der aufstrebenden Organisationen, vor allem von Wirtschaft, Staat und Armee, auf Teilhabe zumindest an der administrativen Macht. Zum anderen blieb das Bemühen der Partei erhalten, die ‹Teile des Ganzen› zu überwölben und zu integrieren. Eine Entscheidungselite bildete sich heraus, die sich dem Sachzwang der Repräsentation aller wichtigen Interessen immer deutlicher beugte, dabei aber das Monopol auf grundlegende Vorgaben durch die Partei nicht brechen wollte. Diese Tendenz markierte den Beginn jener Institutionalisierung des Interessenausgleichs zwischen den Subsystemen, ohne die ihre Stabilisierung auch über den Tod des Diktators hinaus kaum denkbar ist. Spätestens in der Endphase des Stalinismus – im Keim gewiß schon früher – wurden damit die Wesensmerkmale der *nach*stalinistischen Ordnung sichtbar.[7]

Bei alledem fand der ansatzweise regularisierte Konflikt verschiedener Belange und Ressorts unter der unangefochtenen Dominanz Stalins im Rahmen der Grundordnung statt, die dieser geschaffen hatte. Soweit in den Gruppenrivalitäten der Machtelite auch gegensätzliche materielle Anliegen und nicht nur unterschiedliche theoretische Konzepte zum Ausdruck kamen, lassen sie sich ebenfalls in die beschriebene Interessenaggregation einordnen. Sie bildeten gleichsam pathologische Formen des Zwanges, divergierende Ansprüche zur Geltung – nicht unbedingt in Einklang – zu bringen und dabei die sakrosankte Oberhoheit eines unberechenbaren höchsten Willens respektieren zu müssen. Insofern verliefen die Renaissance von Fraktionskämpfen, wie sie seit der ‹Wende› nicht mehr aufgetreten waren, und die weitere Ausschaltung der Partei unterhalb ihrer obersten Führungsgremien kaum zufällig synchron. Was umstritten war, wurde – in vereinfachter vertikaler Schichtung betrachtet – gleichsam im schmalen Raum zwischen den oberen Parteiorganen und dem Diktator ausgetragen. Die Vorzimmer gewannen an Bedeutung, wenn auch nur dadurch, daß allein sie ins innerste Zentrum der Macht führten. Nie zuvor und nie danach waren sie von vergleichbarer Geheimhaltung umhüllt, zu keiner anderen Zeit so personalisiert wie in den Nachkriegsjahren. Als Symptom dafür darf gelten, daß die statutenmäßig vorgesehenen Plenarzusammenkünfte der Partei nicht mehr einberufen wurden. Das ZK etwa tagte bis 1927 wenigstens sechsmal im Jahr; zwischen 1936 und 1940 schrumpfte die Frequenz schon auf sieben Mal im Gesamtzeitraum; und zwischen 1941 und 1952 wurde es überhaupt nur zwei oder drei Mal einberufen. Parteitage, nach der Etablierung Stalins ohnehin selten geworden, traten nach 1939 gar nicht mehr zusammen. Erst 1952 bequemte sich der Diktator nicht ohne eine besondere Absicht, eine neue Großveranstaltung dieser Art zuzulassen. Vom Alter gezeichnet, trat er selbst nur noch fünf Minuten in Erscheinung. Dennoch erfüllte die Veranstaltung selbstverständlich seine Wünsche. Sie stimmte der Satzungsänderung zu, die aus dem Politbüro ein deutlich größeres «Präsidium» des ZK

Tabelle 34: *Mitgliedschaft in den obersten Entscheidungsgremien der UdSSR (Ende 1951)*

	Politbüro	Sekretariat	Präsidium d. Ministerrats	Posten
Stalin	M	M	M	Generalsekretär des ZK, Vorsitzender des Ministerrates
Molotov	M		M	Stellv. Vorsitzender des Ministerrates
Malenkov	M	M	M	Sekretär des ZK, Stellv. Vorsitzender des Ministerrates
Berija	M		M	Stellv. Vorsitzender des Ministerrates
Vorošilov	M		M	Stellv. Vorsitzender des Ministerrates
Bulganin	M		M	Stellv. Vorsitzender des Ministerrates
Kaganovič	M		M	Stellv. Vorsitzender des Ministerrates
Andreev	M		M	Stellv. Vorsitzender des Ministerrates
Mikojan	M		M	Stellv. Vorsitzender des Ministerrates
Kosygin	M		M	Stellv. Vorsitzender des Ministerrates
Chruščev	M	M		Sekretär des ZK, 1. Sekretär des Moskauer Gebietsparteikomitees
Švernik	K			Vorsitzender des Präsidiums des Obersten Sowjets
Suslov		M		Sekretär des ZK
Ponomarenko		M		Sekretär des ZK
Saburov			M	Stellv. Vorsitzender des Ministerrates, Vorsitzender Gosplan
Malyšev			M	Stellv. Vorsitzender des Ministerrates
Tevosjan			M	Stellv. Vorsitzender des Ministerrates
Pervuchin			M	Stellv. Vorsitzender des Ministerrates

Quelle: Brown, Political Leadership, 34; M = Mitglied; K = Kandidat

der fortan KPdSU genannten Partei machte. Dem neuen Gremium gehörten 25 Vollmitglieder und elf Kandidaten an, darunter qua Amt alle der von fünf auf zehn vermehrten Sekretäre des ZK, alle dreizehn Stellvertretenden Vorsitzenden des Ministerrats, der Vorsitzende des Zentralen Exekutivkomitees der Gewerkschaften sowie Repräsentanten der größten Republiksparteiorganisationen (namentlich der Ukraine und Weißrußlands). Zugleich wurde beschlossen, das Organisationsbüro abzuschaffen. Natürlich ließ die Erkenntnis nicht lange auf sich warten, daß das neue Spitzengremium viel zu groß war, um wirklich führen zu können. Insgeheim wurde deshalb ein kleineres «Büro» gebildet, in dem sich all diejenigen wiederbegegneten, die ohnehin in Kuncevo zusammentrafen. Um so dringender stellt sich die Frage, was Stalin mit dieser Reform bezweckte. Bislang sprechen alle Indizien – nicht zuletzt die Vorwürfe gegen Molotov und Mikojan auf dem ZK-Plenum im Anschluß an den 19. Parteitag – für Chruščevs Deutung, daß der vereinsamte Diktator in seinem grenzenlosen Mißtrauen den ersten Schritt zu nichts Geringerem als der (durchaus physischen) Beseitigung der ‹alten

1. Herrschaft, Partei, Staat: Diktatur und bolschewistischer Primat 677

Garde› tat. In Gestalt des neuen Präsidiums stand die Reservemannschaft bereit. Demgegenüber bedeutete die abermalige Berufung ins Arcanum der Macht wenig. Die Erhebung kam gerade unter Stalins Herrschaft oft genug vor dem Fall. So gesehen konnten alle Jünger des Diktators, von Molotov bis Berija, aufatmen, als ihr «geliebter Vater, Lehrer und Erlöser» starb, bevor seine Pläne über das Anfangsstadium hinausgelangten.[8]

Schon der Umstand, daß Stalin als bolschewistischer Generalsekretär zu höchster Macht aufstieg und erst kurz vor dem deutschen Überfall förmlich an die Spitze der Regierung trat, verweist auf das Übergewicht der Partei. Daran änderten auch die Schaffung zahlreicher Sonderorgane und die allgemeine patriotische Mobilisierung im Kriege, die beide eher dem Staat zugute kamen, wenig. Dennoch sollte man die politische Nachrangigkeit der Behörden im engeren Sinne nicht zur Einfluß-, geschweige denn Bedeutungslosigkeit überzeichnen. Wenn man die Umsetzung von Grundsatzentscheidungen als substantiellen Bestandteil des politischen Prozesses betrachtet, versteht sich die aktive Rolle der exekutiven Instanzen, insbesondere der oberen, von selbst. Auch die erwähnte Veränderung des Funktionärstyps im engsten Zentrum der Macht spricht für eine gleichsam unauffällige, aber darum nicht unwirksame Teilhabe des Staates (im Sinne öffentlich-hoheitlicher Administration) an der Herrschaftsausübung. Letztere ging in der hierarchischen Ausführung eines obersten Willens nicht auf. Eine Vielzahl von Instanzen war, wie stets, mit der Möglichkeit zu eigener Initiative involviert. Auch Verwaltung erzeugte Macht.[9]

Dabei halfen Eigenarten des Regimes. Der Primat der Partei konnte staatliche Institutionen nicht nur schwächen, sondern auch stärken, da deren Personal von der Partei gestellt wurde und Partei und Staat generell kaum voneinander zu trennen waren. Vor allem aber schlug die Verstaatlichung der Wirtschaft in diesem Sinne zu Buche. Während die Umbenennung der Volkskommissariate in Ministerien am 15. März 1946, so symbolträchtig sie war, die Sache selbst nicht berührte, gehörten diese Tatbestände zum Wesen des stalinistischen (und des späteren) Herrschaftsgefüges. Die Bemühung um umfassende Zentralisierung führte zu einer Aufblähung des *Ministerrats* (wie man nun wieder sagte), verbunden mit einer deutlichen Gewichtsverschiebung zugunsten der *industriellen Ressorts*. Typisch waren daneben «Staatskomitees» im Range, aber ohne die förmliche Struktur von Ministerien. Insofern bietet sich eine grobe Dreiteilung aller obersten, im Ministerrat vereinigten staatlichen Behörden in *funktionale Ministerien* klassischen Typs (zum Beispiel für Inneres, Justiz, Finanzen), *Industriezweigministerien* und *Staatskomitees* wie dem *Gosplan* an. In den Industrieministerien setzten Hauptabteilungen die branchenmäßige Zuständigkeit fort (im Ministerium für Eisenmetalle zum Beispiel allein dreizehn), während andere dieser einst als Verkörperung des ‹Bürokratismus› attackierten *glavki* übergreifende, gleichsam systematische Aufgaben (Finanzen, Personal) übernahmen. Angesichts der außerordentlichen Bedeutung der Wirtschaft ergab es sich beinahe von selbst, daß die Industrieministerien die anderen numerisch an die Wand drückten. So vereinigte der Ministerrat Anfang 1947 die stattliche Zahl von 57 – nach anderen Angaben 59 – Ressorts, von denen 52 als zentrale Steuerungsbehörden von Industriezweigen gelten konnten. Allerdings bildete diese Zahl auch den Wendepunkt der quantitativen Entwicklung. Die Einsicht setzte sich durch, daß die wirtschaftlichen Lenkungsapparate schon deshalb in dieser Weise nicht weiterwachsen konnten, weil sie nicht mehr zu kontrollieren waren. Hinzu kamen zahlreiche Kompetenzüberschneidungen und Doppeltätigkeiten. Nach Zusammenlegungen schrumpfte die Zahl der Ministerien 1949 auf 48, blieb aber danach etwa konstant. Einen tiefen Schnitt nahmen erst Stalins Erben vor, als sie den administrativen Wasserkopf im März 1953 auf 25 Ministerien halbierten.[10]

Trotz Bürokratisierung und Überzentralisierung, die den Staatsapparat gerade in den letzten Jahren Stalins prägten, enthielt diese Entwicklung auch positive Veränderungen. Vor allem die technisch-industriellen Fachministerien wurden von qualifiziertem Personal geleitet. Die Chefs selbst hatten in der Regel ein ingenieur- oder naturwissenschaftliches Studium absolviert. Überwiegend standen sie ihren Behörden relativ lange vor, so daß sie einschlägige Erfahrungen sammeln konnten. Sachwissen und politisch-administratives Geschick versetzten sie häufig in die Lage, ihre Interessen auch gegen Widerstände zur Geltung zu bringen. Vielfach entzog sich ihre Tätigkeit auch wirksamer Kontrolle durch übergeordnete Instanzen. Was exekutiert wurde, bestimmten die Exekutoren. So gesehen fand, zumal im Vergleich mit der frühen Sowjetzeit, eine Professionalisierung vor allem der Wirtschaftsverwaltung statt. Ob totalitäre Herrschaft auch deshalb an kaum überwindbare Grenzen stieß, ist eine Definitionsfrage. Eventuell wäre ihr Begriff nur so zu fassen, daß diese Abhängigkeit von vornherein eingeschlossen ist.[11]

Der Hinweis auf die *Verfassung und Rätestruktur* war jedenfalls nach wie vor das schwächste Gegenargument. Weiterhin diente die komplizierte Pyramide von Deputiertenversammlungen und jeweils von ihnen gewählten Exekutivkomitees als formaldemokratische Fassade. Dabei blieb der Schein offenbar in Grenzen wirksam (und mithin auch zweckmäßig). Für die Leichtgläubigen und die vielen, die mitmachten und weder sahen noch sehen wollten, verbarg er die andersartige Wirklichkeit hinter einem Vorhang geschäftiger Gremien. Die zahllosen ehrenamtlichen Abgeordneten kamen, ob im Dorf, Kreis, Gouvernement oder in der Stadt, in aller Regel zusammen, um bereits Beschlossenem zu akklamieren. Wieviel sie im Detail zu ändern vermochten, wenn sie es wollten, ist unklar, da entsprechende Lokalstudien fehlen. Daß sie nennenswerte Korrekturen erwirkten, ist indes wenig wahrscheinlich. Alle Befugnisse lagen bei den jeweiligen Parteisekretären, die sich nur mit den staatlichen und wirtschaftlichen Funktionsträgern als den eigentlichen Fachleuten zu verständigen brauchten, um Maßnahmen durchzusetzen. Auch die sog. doppelte Unterstellung der Exekutivkomitees unter die jeweiligen Plenarversammlungen als ihre Konstituentien – auf gleicher Ebene – einerseits und unter die übergeordneten Exekutivkomitees andererseits stand weiterhin nur auf dem Papier. Faktisch galt eine strenge Hierarchie: Die niedrigeren Gremien hatten auszuführen und die jeweiligen Sowjets, wenn sie denn tagten, zu bestätigen, was die höheren befahlen. Die geschriebene Verfassung blieb weiterhin ebenso ein toter Buchstabe wie die bekannteste Verfassungsänderung. Was immer Stalin genau im Schilde führte, als er allen Unionsrepubliken im Februar 1944 das Recht verbriefte, «direkte Beziehungen zu auswärtigen Staaten» aufzunehmen und eigene Truppenverbände aufzustellen: ob ‹nur› eine stärkere Repräsentanz der UdSSR in der UNO oder mehr, ihre faktische Unterordnung bestand unverändert fort. Deshalb war es symptomatisch, daß ein so farbloser, zugleich altgedienter Funktionär wie Švernik den langjährigen Vorsitzenden des Obersten Sowjets M. I. Kalinin nach dessen Tod 1946 ablöste. Der alte wie der neue Inhaber des formal höchsten Staatsamts hatte wenig zu sagen.[12]

Mit der Stilisierung Stalins zum unfehlbaren Führer auf allen Gebieten hing zusammen, daß selbst die *Armee* nach Kriegsende schnell an innenpolitischem Gewicht verlor. Gerade weil sie einen grandiosen Sieg errungen hatte, der ins Legitimationsritual des Regimes aufgenommen wurde, mußte sie ins Glied zurücktreten. Für zwei konkurrierende Einrichtungen war in der sowjetischen Autokratie ebensowenig Platz wie für zwei ‹Führer›. Als Ždanov sich darum bemühte, die uneingeschränkte Vormacht der Partei wiederherzustellen, verdrängte er zuerst die Armee. Schon im Sommer 1945 übernahm einer seiner Anhänger das vakante Amt des Leiters der Politischen Armeeverwaltung. Im Herbst des folgenden Jahres wurde der *zampolit*, der politische Stellvertreter des Kommandeurs, auf Kompanieebene wieder eingeführt. Bolschewistische Funktionäre sicherten sich wieder ein Mitspracherecht bei Beförderungen. Die Militärs mußten sich abermals gefallen lassen, was sie im Herbst 1942 erfolgreich beseitigt hatten: die Kontrolle durch die Partei. Auch auf höchster Ebene setzte man eindeutige Signale. Solange Stalin lebte, duldete er niemanden, der auch nur auf einem Gebiet hätte ebenbürtig erscheinen können. Deshalb mußte selbst Žukov, der Triumphator, für seine couragierte Bemerkung bei der Verleihung des Titels eines Generalissimus an Stalin während der Siegesfeier vom 24. Mai 1945, auch «so verrufene Persönlichkeiten wie Franco und Tschiang Kai-schek» schmückten sich mit dieser Auszeichnung, büßen: Er wurde, wenn auch ein Jahr später, vom Posten des Oberkommandierenden des Heeres abgelöst und zum Chef des Militärbezirks von Odessa degradiert.[13]

Wie ihr Leitungsapparat blieb auch die *Partei insgesamt* vom Kriegsende nicht unberührt. Manches gibt sogar zu der Behauptung Anlaß, daß sie sich stärker veränderte als alle anderen Säulen des Regimes. Während ihre höchsten Gremien gleichsam unter dem hypnotischen Blick des Führers erstarrten, erging es ihr in mehrerer Hinsicht besser als je zuvor unter Stalins Zepter. Sie blieb von terroristischen Säuberungen im Stil der dreißiger Jahre verschont. Sie wurde von der Bevorzugung der Armee befreit. Und sie war dank der fähigen Führung Ždanovs und der Rückendeckung ihres Generalsekretärs auf dem besten Wege, wieder an jene Rolle anzuknüpfen, die ihr nach Idee und Struktur des Regimes zustand: Avantgarde von Staat, Gesellschaft, Wirtschaft und Kultur zu sein. Denn die Einsicht wurde bestimmend, daß die nationale Mobilisierung der Bevölkerung während des Krieges sozialistische Inhalte über Gebühr in den Hintergrund gedrängt habe. Daraus ergab sich als parteipolitische Leitlinie: Es sollte wieder etwas Besonderes werden, registrierter Kommunist zu sein. Zwar vermerkte eine ZK-Resolution vom Juli 1946 mit Stolz, daß nun alle Welt in die Partei dränge; aber sie empfahl den unteren Komitees auch, diesem «Selbstlauf» den Riegel einer Prüfung vorzuschieben.[14]

Die bloße Mitgliederstatistik gibt diesen neuen Kurs nur unvollständig wieder. Der Andrang war nach dem Triumph zu groß, als daß eine absolute Verminderung der Mitgliedschaft möglich gewesen wäre. Nur zwischen 1945 und 1946 verzeichnete man einen leichten Rückgang von 5,76 Mio. Mitgliedern und Kandidaten auf 5,51 Mio. Aber auch diese Zahl lag immer noch höher als je vor Kriegsende. Danach setzte ein stetiges Wachstum ein, das die VKP(b)/KPdSU 1950 auf 6,34 Mio. und 1953 auf 6,9 Mio. Mitglieder und Kandidaten anschwellen ließ. Dessenungeachtet wurde die Anweisung des ZK nicht vergessen. Vor allem nach 1948 fanden in manchen Regionalkomitees regelrechte Säuberungen (im ursprünglichen Wortsinne) statt, die in ihren Ausmaßen durchaus mit den Vorgängen der zwanziger und frühen dreißiger Jahre vergleichbar waren. Zum Teil wurden so strenge Kriterien angelegt, daß übergeordnete Parteikomitees Anlaß zu Korrekturen sahen. Im Resultat wuchs die Partei sichtbar, aber doch erheblich langsamer, als demographisch möglich und sozioökonomisch vielleicht sogar angezeigt gewesen wäre.[15]

Deutlicher veränderte sich die *soziale Struktur* der Kommunisten. Während des Krieges waren Soldaten und Bauern in die Partei geströmt und hatten das Gewicht der unteren Schichten merklich vergrößert. Die stärkere Selektion der Kandidaten nach der Rückkehr zur ‹Normalität› begünstigte eine Umkehrung dieser Entwicklung. Angehörigen der technisch-administrativen Intelligenz und höher qualifizierten Arbeitern gelang es nun häufiger, den Ansprüchen zu genügen oder die Barrieren auf anderem Wege zu überwinden. Allerdings brachte die erneute Betonung der reinen sozialistischen Lehre Widersprüche hervor. Sie führte nicht nur zu genauerer Prüfung von Beitrittsgesuchen, sondern auch zur abermaligen Betonung des ‹Klassengesichtspunktes›, mithin – wenigstens theoretisch – zur Bevorzugung

1. Herrschaft, Partei, Staat: Diktatur und bolschewistischer Primat 681

einfacher Arbeiter und Bauern. Eine solche Präferenz ist regional vor allem für die Jahre 1948–1951 bezeugt. Dabei ergaben sich erstmals auch deutliche Erfolge in der Werbung unter den Landbewohnern. Was in den zwanziger Jahren mißlungen war und die Zwangskollektivierung erst recht nicht erreichte, stellte sich nun ein. Sicher spielte dabei der Vertrauensgewinn des Regimes durch den Sieg über den deutschen Aggressor eine Rolle. Desgleichen mochte sich die nun offensichtliche Dauerhaftigkeit der Herrschaftsordnung auswirken. Nicht zuletzt stärkte die Vergrößerung der Kolchosen durch ihre numerische Reduzierung im Zuge einer Reorganisation zwischen 1950–52 die Kontrollmöglichkeiten der Leitung. Gewiß nicht zufällig faßte die Partei erstmals auf dem Lande Fuß, als das alte Dorf endgültig zerfiel, weil Dorf und Kolchos nun nicht mehr identisch waren. Im Gesamtergebnis stellte sich eine ausgewogenere soziale Repräsentation der Bevölkerung her als zuvor. Sie befriedigte zum einen das Bedürfnis der Partei, über ein ausreichendes Reservoir an qualifiziertem Führungspersonal zu verfügen, zum anderen ihren neu bekräftigten Anspruch, Anwalt vor allem der Unterklassen in Stadt und Land zu sein.[16]

Zukunftsträchtiger waren indes andere Veränderungen dieser Jahre. Zum einen weisen alle Daten darauf hin, daß die Partei jung blieb, ihre Führung aber merklich alterte. Im ersten Nachkriegsjahr (1946) waren 18,3 % ihrer Mitglieder – gegenüber nur 8,9 % vor dem Krieg – jünger als 25 Jahre und 63,6 % jünger als 35 Jahre. Fast drei Viertel hatten den Schritt des formellen Beitritts nach 1941 unter dem Eindruck des deutschen Überfalls getan. Zugleich verlangsamte sich der Aufstieg in die Spitzengremien. Der Krieg dezimierte die Parteielite in weit geringerem Maße als der Terror. Wer vom Verschwinden der Oberen profitiert hatte, verfügte über relativ gute Chancen, seine neue Position zu halten. Während 49,5 % der stimmberechtigten Delegierten, die nach den großen ‹Säuberungen› 1939 zusammenkamen, unter 35 Jahre alt waren, belief sich dieser Anteil unter den Teilnehmern des 19. Parteitags 1952 nur noch auf 5,9 %. 1939 stellten die 40–50-Jährigen 15,5 % der regulären Deputierten, 1952 aber schon 61,1 %. Hinzu kam, daß sowohl die ‹Novizen› als auch die wenig älteren Führungskader einen höheren Bildungsgrad mitbrachten als ihre Vorgänger. Zwei Jahre nach der deutschen Kapitulation konnten etwa 6,3 % aller eingeschriebenen Bolschewiki auf ein abgeschlossenes Hochschulstudium verweisen; gut 20,5 % oder 1,3 Mio. Personen hatten eine höhere Schule (»Mittelschule«) oder eine vergleichbare Einrichtung besucht. Vor dem Krieg beliefen sich die entsprechenden Werte auf knapp 5,1 % bzw. 14,2 %. Besonders eindrucksvoll aber trat dieser Wandel in der Parteielite zutage: Während sich der Anteil der Hochschulabsolventen unter den Delegierten des 18. Parteitages 1939 nur auf 26,5 % belief, besaßen dreizehn Jahre später auf dem 19. Parteitag schon 56 % einen entsprechenden Abschluß, die meisten davon in den Ingenieurwissenschaften. Somit deuten alle Indikatoren darauf hin, daß sich die Partei in den Nachkriegsjahren tiefgreifend wandelte: Sie repräsentierte die großen sozialen Gruppen der Bevölkerung angemessener als je zuvor und schloß die neue, technisch geprägte «Sowjetintelligenz» in ihre Führungskader ein. In mancher Hinsicht erreichte Stalin nun, nach zwei Jahrzehnten ebenso brutaler wie stabiler Diktatur und einem gewonnenen Krieg, was er mit dem gewaltsamen Aufbruch in die Planwirtschaft und total(itär)e Herrschaft der Partei beabsichtigt hatte.[17]

Probleme eigener Art bereitet die Frage nach Charakter und Funktion von *Gewalt und Terror* im späten Stalinismus. Auf der einen Seite ist unstrittig, daß Willkür und Zwang nach wie vor zu seinen tragenden Pfeilern gehörten. Auf der anderen Seite wurden organisatorische Veränderungen vorgenommen, die als Versuch verstanden werden können, die Allmacht des NKVD zu beschneiden. Auch Berija und sein Imperium wurden in die Cliquenkämpfe hineingezogen, die zu den charakteristischen Merkmalen der Nachkriegsjahre zählten. Zugleich waren beide in erheblichem Maße auch Inspiratoren und in jedem Falle Instrumente dieses verdeckten, aber um so zäheren, tödlichen Ringens.

Für kurze Zeit wurden «Sicherheits»- oder besser: Geheimpolizei und Innenressort bereits im Februar 1941 getrennt. Ob die Absicht einer weiteren Stärkung der allgemeinen Überwachung dahinterstand oder das gegenteilige Bemühen, den übermächtigen Apparat des NKVD nach den Exzessen des ‹Großen Terrors› zu domestizieren, bleibt weiterhin offen. Faktisch änderte sich womöglich wenig, da der Leiter des neuen Volkskommissariats für Staatssicherheit (NKGB), V. N. Merkulov, ein alter Vertrauter Berijas war. Schon im Juli wurde die Maßnahme angesichts des Kriegsausbruchs wieder aufgehoben, um im April 1943 – vor der militärischen Wende – abermals und bis zu Stalins Tod endgültig in Kraft gesetzt zu werden. In der Sache entstand auf diese Weise (ebenfalls unter der Leitung Merkulovs) die (O)GPU mit ihrer Kernzuständigkeit für die Bekämpfung innerer Opposition und der Grenzsicherung neu; zugleich wurde die Innenbehörde – von der Lagerverwaltung abgesehen, die man ihr beließ – auf die Oberaufsicht über die Verwaltung, Justiz und reguläre Polizei zurückgestuzt. Während die Umbenennung auch dieser Volkskommissariate in Ministerien im März 1946 eine papierne Angelegenheit blieb, tangierten zwei personelle Veränderungen an ihrer Spitze im selben Jahr die Herrschaft über das Land. Sowohl Berija als auch sein Gefolgsmann Merkulov mußten die Ressortleitung an Männer aus dem zweiten Glied abgeben. Der gefürchtetste aller Schreibtischtäter rückte aber zugleich vom Kandidaten zum Vollmitglied des Politbüros auf und übernahm als einer der Stellvertretenden Vorsitzenden im Ministerrat den Aufgabenbereich seines ehemaligen Ressorts. Insofern bleibt es ungewiß, ob er durch das Revirement tatsächlich an Macht verlor. Andererseits mochte er sich zurückgesetzt fühlen, zumal die Zuständigkeit für Sicherheitsfragen im Politbüro einem neuen Mitglied und Ge-

1. Herrschaft, Partei, Staat: Diktatur und bolschewistischer Primat 683

folgsmann des Erzrivalen Ždanov übertragen wurde. Gewiß hielt Berija im Hintergrund weiterhin viele Fäden in der Hand; gewiß standen ihm auch alte Loyalitäten zu Gebote und betraute ihn Stalin um dieselbe Zeit mit einer ebenso geheimen wie wichtigen Aufgabe, der obersten Kontrolle über das sowjetische Atomwaffenprogramm. Dennoch bleibt fraglich, ob diese Kontakte und Funktionen ausreichten, um den formalen Machtverlust voll zu kompensieren.[18]

Auch deshalb mochte Berija Ursache genug gehabt haben, gegen Ždanov und seine Anhänger Front zu machen. Dabei tat er sich mit Malenkov zusammen, der sich durch den ideologischen Zensor in seiner Kontrolle über den Parteiapparat bedrängt sah. Hinzu kam der junge Suslov, dessen Motive aus seinen eng benachbarten Aufgaben – er leitete zu dieser Zeit die Agitprop-Abteilung des ZK – zu erklären sein mögen. Kaum ohne Einverständnis Stalins nutzte die Troika verschiedene Kontroversen, um die Stellung ihres Opfers zu untergraben. So beteiligten sie sich 1947 an der Debatte über ein Buch von E. S. Varga, Direktor des Instituts für Weltwirtschaft und führender theoretischer Ökonom jener Tage, das eine zunehmende staatliche Intervention und als deren Folge wachsende Stabilität des Kapitalismus zu belegen suchte. Die Studie hatte das Pech, nach Ausbruch des Kalten Krieges nicht mehr in die sowjetische Außenpolitik zu passen. Sie konstatierte eine Erholung, wo der baldige Zusammenbruch erwünscht war. Da half es auch wenig, daß sie die Fakten auf ihrer Seite hatte. Auch in der parallelen ‹philosophischen› und wissenschaftstheoretischen Debatte stand Ždanov nach anfänglichen Siegen seit Mitte 1947 auf der ‹falschen› Seite, d. h. derjenigen, der sich Stalin nicht anschloß. Mit dem Scharlatan Lysenko triumphierte weniger die vaterländisch-sozialistische Wissenschaft als die Front der Ždanov-Gegner. Ein übriges tat Mitte 1948 das öffentliche Zerwürfnis zwischen Stalin und dem jugoslawischen Partisanenkämpfer und Staatsgründer J. B. Tito, das über die kommunistische Welt hinaus großes Aufsehen erregte. Dieses an sich ferne Ereignis schwächte Ždanovs Position nachhaltig, da er nicht nur Chefideologe im Innern war, sondern als Gründer des «Kommunistischen Informationsbüros» (Kominform), der Nachfolgeorganisation der Komintern (seit September 1947), auch nach außen hin für die Verbreitung der reinen Lehre stalinistischer Prägung zu sorgen hatte. So dürfte es kein Zufall gewesen sein, daß der ehemalige Leningrader Parteichef auf demselben Kominformkongreß im Juni 1948, der Tito «exkommunizierte», zum letzten Mal öffentlich auftrat. Stalins vermeintlicher Erbe verschwand von der politischen Bühne. Seine Gegner triumphierten, äußerlich vor allem Suslov, der 1947 zum ZK-Sekretär aufstieg, 1949 auch die Chefredaktion der *Pravda* übernahm und Anspruch auf ideologische Führerschaft (unterhalb Stalins, versteht sich) als Nachfolger Ždanovs erhob.[19]

Damit gaben sich die Drahtzieher indes nicht zufrieden. Sie überzeugten Stalin von der Notwendigkeit, ein strenges Exempel zu statuieren, um auch die Anhänger des Gemaßregelten ebenfalls zur Verantwortung zu ziehen. Die Vorbereitung dieser sog. *Leningrader Affaire* übernahm Berija, der ein hochverräterisches «Komplott» erfand, Geständnisse erpreßte und die Strafen festlegte. Der Prozeß fand vor einer «handverlesenen ‹Öffentlichkeit›» in den letzten Septembertagen des Jahres 1949 statt. Ein Jahr später folgten die drakonischen Urteile und deren Vollstreckung. Mehrere hochrangige Parteifunktionäre, allesamt Protégés und Anhänger von Ždanov, wurden hingerichtet, darunter als prominenteste: Voznesenskij, Leiter des *Gosplan*, Stellvertretender Vorsitzender des Ministerrats und Mitglied des Politbüros, A. A. Kuznecov, ebenfalls Mitglied des Politbüros, zugleich ZK-Sekretär und Angehöriger des Politbüros, P. S. Popkov, Erster Parteisekretär des Leningrader Gebiets sowie dessen Stellvertreter und der Vorsitzende des Exekutivkomitees des Leningrader Stadtsowjets. Andere regionale und lokale Parteiführer erhielten hohe Gefängnisstrafen. Dies war gleichwohl erst der Anfang einer gründlichen ‹Säuberung›, der zwischen 1949 und 1951 über 2000 Funktionäre, nicht wenige davon durch Erschießung und Lagerhaft, andere in Form ‹bloßer› Amtsenthebung zum Opfer fielen. Wer davon profitierte, wurde offensichtlich, als Malenkov im Februar 1949 unerwartet eine Leningrader Parteikonferenz präsidierte und – gleichsam als Vorbote künftiger Verhaftungen – neue Parteisekretäre inthronisierte. Ebenso umfassend wie der junge Molotov Anfang 1926 die Gefolgsleute Zinov'evs in Leningrad ausräucherte, räumte Malenkov ein knappes Vierteljahrhundert später mit den Anhängern Ždanovs auf. Allerdings hatten er und Berija wenig Grund zu ungetrübter Genugtuung. In Chruščev und anderen standen schon neue Rivalen bereit.[20]

In der Tat folgten noch zwei weitere Intrigen von jener Art, die den Begriff des mörderischen Komplotts rechtfertigt. Ironischerweise waren Berija und die Geheimpolizei dabei nicht nur abermals hilfreich, sondern allem Anschein nach am Ende auch selber Opfer. Ende 1951 mußte Stalins eifrigster Exekutor nicht nur mitansehen, daß ein Anhänger Chruščevs anstelle eines seiner Schützlinge das Amt des Ministers für Staatssicherheit übernahm. Um dieselbe Zeit ‹entdeckte› Stalin eine ‹nationalistische Verschwörung› in Berijas Heimat Mingrelien, wo er seit langen Jahren Parteichef war. Der Diktator formulierte nicht nur höchstpersönlich eine scharfe Resolution ‹des ZK› gegen die Umtriebe, sondern beauftragte ausgerechnet Berija, das Widerstandsnest auszuheben. Welche Motive ihn im einzelnen leiteten, ist bislang ungeklärt. Falls der Diktator die Loyalität Berijas auf die Probe stellen wollte, hatte er keinen Grund zur Klage. Sein Landsmann eilte selbst in den Kaukasus und rottete das erfundene Übel mit derselben Kaltblütigkeit aus, die er stets an den Tag gelegt hatte. Chruščev hatte sicher recht, als er Berija einen ‹Schurken› nannte, der über «unzählige Leichen zu höchsten Regierungsämtern» emporgestiegen sei.[21]

Bei der letzten Inszenierung schließlich wurde selbst das Minimum an

1. Herrschaft, Partei, Staat: Diktatur und bolschewistischer Primat 685

Plausibilität unterschritten, dem offenbar auch eindeutig erlogene Anschuldigungen genügen mußten. Jedenfalls wurde der Vorwurf höchster Absurdität für das sog. *Ärztekomplott* Anfang 1953 besonders häufig bemüht. Einzelheiten sind bis heute im Dunkeln geblieben. Zum Glück für alle Betroffenen hinderte der Tod Stalin daran, seine finsteren Absichten zu verwirklichen. Der Auftakt läßt allerdings vermuten, daß eine ‹Säuberung› auf höchster Ebene geplant war. Immerhin richtete sich der Angriff gegen die Ärzte der Spitzenpolitiker, denen vorgeworfen wurde, durch falsche Medikamente unter anderem Ždanov umgebracht zu haben. Einer der fünf Marschälle der Sowjetunion unterstützte die Anschuldigung mit der Behauptung, er sei ähnlichen Machenschaften mit knapper Not entgangen. Sieben Mediziner, darunter Stalins langjähriger Leibarzt V. N. Vinogradov, wurden verhaftet. Der Diktator selbst soll dem Staatssicherheitsminister unter Androhung schlimmster Strafen befohlen haben, umgehend Geständnisse beizubringen. Was auf diese Weise zustande kam, brachte nach bewährtem Muster die nächsten Opfer ins Spiel: Juden sollten die Missetäter angestiftet haben – ein Freibrief für die wüstesten obrigkeitlich sanktionierten antisemitischen Verfolgungen seit der Zarenzeit. Die *idée fixe* der jüdischen Weltverschwörung erlebte einen bolschewistischen Epilog. Manches spricht dafür, diese Kampagne mit der Abschaffung des Politbüros ein Jahr zuvor in Verbindung zu bringen. Beide Maßnahmen waren geeignet, das Terrain für die Liquidierung der alten Garde, nicht zuletzt Berijas selbst, zu bereiten.[22]

So gibt es keinen Anlaß, von der verbreiteten Auffassung abzurücken, daß Gewalt und Terror auch in den letzten Jahren der Stalinära unverzichtbare Instrumente des Herrschaftssystems blieben. Dies bekamen jene Millionen besonders schmerzlich zu spüren, die von der ersten und größten Verhaftungswelle unmittelbar nach Kriegsende mitgerissen wurden. Solženicyn führt sie als einen der Ströme von Leid und Blut auf, die sich in den nimmersatten Schlund des Archipels GULag ergossen. Aber die Ungeheuerlichkeit des Geschehens hat auch andere Beobachter schockiert: daß Gefangene, Verschleppte, Vertriebene, Versehrte und Kranke, in jedem Fall überwiegend unfreiwillig außer Landes Geratene, oft Geschundene und Malträtierte, die nichts sehnlicher wünschten, als ihre Heimat wiederzusehen, dort vom NKVD in Empfang genommen und in Arbeitslager deportiert wurden. Ob Überläufer oder im Kampf Besiegte, ob «Ostarbeiter» oder Kollaborateure – wer immer in Feindesland gelebt hatte, stand unter pauschalem Verratsverdacht. Mit englischer und amerikanischer Hilfe kehrten ca. 2,27 Mio. Sowjetbürger und Emigranten zurück. Ca. 20 % von ihnen wurden zum Tode oder zu 25-jähriger Lagerhaft, 15–20 % zu fünf bis zehn Jahren Haft, 10 % zu mindestens sechsjähriger Verbannung nach Sibirien und 15 % zum Wiederaufbau in den zerstörten Gebieten verurteilt. Nur 15–20 % konnten nach Hause fahren; von den übrigen dürfte ein erheblicher Teil ‹unterwegs› umgekommen oder verschollen sein. Dies alles führte dazu, daß die Lager sich füllten, anstatt sich zu leeren.²³ Wenn das Maß des Kontrollierbaren nicht überschritten wurde, so lag das nicht nur an der Brutalität des Lagerregimes, sondern auch an der steigenden Todesrate als Folge der allgemein katastrophalen Versorgung. Die Lage besserte sich (in dieser Hinsicht) erst seit 1948. Den zitierten neuen Quellen zufolge gab es am Vorabend des deutschen Überfalls ca. 2 Mio. Insassen der Arbeitslager und -kolonien (das ‹Kulakenexil› nicht eingerechnet). Während des Krieges sank die Zahl, da viele an die Front entlassen wurden, nicht mehr ernährt werden konnten oder einfach starben. Nach dem Krieg aber füllten sich die Lager wieder in einem solchem Ausmaß, daß der Höchststand des gesamten Zeitraums seit 1934 mit mehr als 2,5 Mio. im Jahre 1950 erreicht wurde. Danach sank die Häftlingszahl bis zu Stalins Tod nur leicht auf 2,47 Mio. ab. So steht eine denkwürdige Besonderheit des Stalinregimes außer Frage: daß nach der Kapitulation des Feindes und dem Ende der äußeren Bedrohung der GULag *nicht* zusammenbrach, sondern grassierte. Der Krieg war schlimm, der Frieden in dieser Hinsicht nicht besser. Die Tage des Ivan Denisovič glichen einander wie eine Qual der anderen.²⁴

Unabhängig davon bleibt zu klären, ob Terror und Gewalt deshalb in alter Form weiterhin *konstitutiv* für die Herrschaftsordnung waren. Zumindest die Vermutung liegt nahe, daß sie andere Personengruppen und andere Bereiche der politisch-sozialen Ordnung als vor dem Krieg erfaßte. Funktions- und Amtsträger scheinen überwiegend ‹nur› auf höchster Ebene als Opfer von Cliquenkämpfen und Intrigen des Diktators selbst betroffen worden zu sein. Massenverhaftungen nach Art des «Großen Terrors» gab es – mit Ausnahme am ehesten der Kriegsheimkehrer – offenbar nicht. Die «Apparate» von Partei und Staat blieben im großen und ganzen unversehrt. Systematische Denunziation scheint weniger verbreitet gewesen zu sein. Sozusagen flächendeckende Gewalt verwandelte sich in punktuelle. Auch in dieser Hinsicht mag man im Spätstalinismus bereits Vorzeichen des Nachstalinismus erkennen. Als permanentes Herrschaftsmittel war Terror gefährlich, weil er sich der Berechenbarkeit entzog.²⁵ Die weitere Institutionalisierung des Regimes als Voraussetzung für Dauerhaftigkeit gebot auch seine Zähmung. Er verschwand beileibe nicht, wurde aber ‹fokussiert› – die Gehorsamen bemerkten ihn nicht, die anderen um so eher.

Trotz seiner Jahre und seiner bekannt ungesunden Lebensweise kam *Stalins Tod* schließlich überraschend. Dies hat zu vielerlei Spekulationen über seine Ermordung Anlaß gegeben. Noch die jüngste westliche Biographie hält Argwohn für «begründet», auch wenn sich bislang kein Verdachtsmoment erhärten ließ. Immerhin war die offizielle Mitteilung vom 4. März 1953, Stalin habe «in der Nacht vom 1. auf den 2.» in seiner Moskauer Wohnung eine Hirnblutung erlitten und leide unter Herz- und Atmungsstörungen, in mehrfacher Hinsicht falsch. Zum einen befand sich der Dik-

1. Herrschaft, Partei, Staat: Diktatur und bolschewistischer Primat

tator – wie inzwischen überwiegend – nicht in der Hauptstadt, sondern in Kuncevo; zum anderen traf ihn der Schlaganfall auch nicht im genannten Zeitraum, sondern entschieden früher. Aus den Memoiren von Chruščev und Stalins Tochter Svetlana Allilueva (den nach wie vor wichtigsten Berichten über die Ereignisse) läßt sich vielmehr folgender Hergang rekonstruieren: Stalin ergötzte sich am Abend des 28. Februar gemeinsam mit Berija, Malenkov und Chruščev im Kreml-Kino und lud seine Kumpane, wie so oft, anschließend zu sich in die Datscha ein. Dort aß man gut und trank sehr viel bis zwischen fünf und sechs Uhr in der Frühe. Während die Gäste zurück in die Stadt fuhren, legte sich der Hausherr zu Bett. Als er entgegen seiner Gewohnheit auch am folgenden Abend (des 1. März) nicht um Tee oder Essen bat, wurden seine Diener und Leibwächter unruhig und informierten die Zechgenossen. Gegen drei Uhr nachts (am 2. März) wagten sie es, seine Privaträume zu betreten, fanden den Diktator schlafend auf dem Boden und legten ihn auf eine Couch. Als die vier Besucher vom Vortag gegen halb vier morgens kamen, erhielten sie die entsprechende Auskunft und verließen die Datscha wieder im Glauben, alles sei in Ordnung. Kurze Zeit später wurden sie erneut mit der Nachricht gestört, Stalins Schlaf sei ungewöhnlich. Nicht vor fünf Uhr morgens fanden sie sich wieder in Kuncevo ein. Nun erst beschlossen sie, Ärzte hinzuziehen, fremde allerdings, da Stalins Leibarzt im Zuge des ‹Ärztekomplotts› verhaftet worden war. Die Mediziner diagnostizierten einen Hirnschlag mit anschließender Lähmung und versorgten den Schwerkranken, so gut es ging, in seiner Wohnung, wo er etwa drei Tage später, am 5. März, um 9.50 Uhr, starb. Während dieser Zeit hielten Berija und Malenkov, Vorošilov und Kaganovič sowie Bulganin und Chruščev jeweils zu zweit Wache. Vor allem Berija benahm sich auffällig. Nach der Feststellung von Stalins Tod soll er triumphiert und sofort nach seinem Wagen gerufen haben, um in den Kreml zu fahren. Dort könnte er Stalins Safe ausgeräumt haben, da dieser später leer und nur Berija in der Lage war, sich Zugang zu verschaffen. Aber schon dies muß Spekulation bleiben. Tatsache ist lediglich, daß der Diktator, abhängig davon, wann ihn der Schlag ereilte, im Höchstfall immerhin fast 24 Stunden ohne ärztliche Hilfe blieb, weil niemand nach ihm zu schauen wagte. Daß Berija, wie seine Gegner früh argwöhnten, die Attacke provozierte, ist weder auszuschließen, noch zu belegen. Die verbürgten Todesumstände sind indes bezeichnend genug: Stalin starb, wie er in den letzten zwei Jahrzehnten gelebt hatte, vereinsamt und selbst von der engsten Umgebung gefürchtet. Einen ganzen Tag und eine Nacht ließ man ihn bewegungsunfähig liegen – ein Opfer der eigenen Tyrannei.[26]

2. Wirtschaft: Wiederaufbau im alten Korsett

Mit der Bevölkerung hat die Wirtschaft der Sowjetunion besonders schwer unter dem deutschen Einfall gelitten. Was den Invasoren nicht schon beim Einmarsch unter die Ketten geriet, walzten sie spätestens beim Rückzug nieder. Wo die Verteidiger Hals über Kopf fliehen mußten, versuchten sie, nichts Brauchbares zu hinterlassen. Diese Politik der verbrannten Erde kostete die Sowjetunion 31 850 Industrieunternehmen oder etwa ein Drittel der zivilen Produktionsanlagen, ca. 24 % der vor dem Krieg bestellten Saatfläche und ein gutes Drittel des größeren, für die Ernährung unentbehrlichen Hornviehs. Ganze Regionen, vor allem in Weißrußland, der Ukraine und am Nordrand des Schwarzen Meeres, glichen Trümmerfeldern. Straßen, Brücken und Schienen waren zerstört, Gewerbe und Landwirtschaft weitgehend ausgestorben. Etwa 1710 Städte und 70 000 Dörfer mit 1,2 Mio. bzw. 3,5 Mio. Häusern lagen in Schutt und Asche. Mitte 1945 fehlte es in der Sowjetunion an allem: an intakten Produktionsanlagen und Äckern, an Nutz- und Zugtieren, an Nahrungsmitteln, Wohnungen und Geld. Zugleich wurden Millionen Männer, oft für ein ganzes Leben geschwächt oder verkrüppelt, aus der Armee entlassen und reihten sich ein in den kaum weniger breiten Strom der Geflohenen und Evakuierten, die schon seit dem Frühjahr 1944 aus dem Osten in ihre Heimat zurückkehrten. Die wirtschaftliche Aufbauleistung, die bevorstand, war ebenso gewaltig wie das Ausmaß der erlittenen Schäden.[1]

In dieser schwierigen Lage hätte massive äußere Hilfe notgetan. Doch die internationalen Beziehungen entwickelten sich anders. Schon wenige Monate nach der deutschen Kapitulation stellten die Vereinigten Staaten alle kostenlosen Lieferungen nach dem *lend-lease*-Abkommen ein. Ein Dreivierteljahr später, im Februar 1946, gab das berühmte «lange Telegramm» von George F. Kennan, Stellvertreter und politischer Berater des US-amerikanischen Botschafters in Moskau, die politische Begründung für den beginnenden «Kalten Krieg». Materielle Unterstützung – die nur aus den USA kommen konnte – für den geschundenen, nunmehr beargwöhnten Alliierten von gestern verbot sich unter diesen Umständen von selbst. Um so entschiedener hielt sich die Sowjetunion an den Territorien schadlos, in denen sie ungehindert schalten und walten konnte. Auf Panzer und Gewehre der Roten Armee gestützt, installierte sie in Ostmitteleuropa, ihrer deutschen Besatzungszone und Teilen Südosteuropas nicht nur Marionettenregierungen und diktatorische Regime heimischer Prägung, sondern transportierte auch ab, was immer beweglich und brauchbar schien. In besonderem Maße litt die spätere DDR, da sie über ihre Zugehörigkeit zum besiegten Land hinaus auch am meisten zu bieten hatte. Mehrere tausend Fabriken, darunter hochmoderne wie die Carl-Zeiss-Werke in Jena, wurden mit etwa 12 000 Zügen

2. Wirtschaft: Wiederaufbau im alten Korsett 689

in die Sowjetunion verfrachtet. In den übrigen Staaten, von Polen bis Rumänien, lohnte die Demontage, die dennoch stattfand, weit weniger. Welchen Sachwert diese Art von Reparations-Selbsthilfe besaß und welchen Nutzen sie dem wirtschaftlichen Wiederaufbau der Sowjetunion brachte, läßt sich bis heute nicht genau angeben. Eine kenntnisreiche Schätzung beläuft sich auf 10% aller fixen Staatsinvestitionen der Jahre 1945 und 1946, eine andere nennt die «erhebliche» Größenordnung von 10 Mrd. Dollar (in Preisen von 1938). Hinzu kamen bald Zwangslieferungen zu Niedrigpreisen aus den neuen Satellitenstaaten, die der sowjetischen Industrie gleichfalls halfen. Dennoch: auch wenn der äußere Beitrag bedeutend war, blieb er lediglich ein zusätzlicher Faktor. Der Wiederaufbau verdankte sich ganz überwiegend eigener Kraft.[2]

Weil der große Sieg daher, äußerlich wie innerlich, bei aller Kontinuität einen Neuanfang brachte, barg die Gesamtlage zumindest wirtschaftlich durchaus Chancen für Veränderungen. Was politisch gefährlich und deshalb unwahrscheinlich war, hätte sich ökonomisch leichter, wenn auch nicht risikolos verwirklichen lassen. Fraglos gab es manche Erwartungen in diese Richtung, die sich aus den erwähnten Gesten der Regierung und der ungeheuren Leistung der Bevölkerung speisten. Einige Bauern in Uniform scheinen sogar die Aufhebung der Kolchosen für möglich gehalten zu haben (vielleicht in Erinnerung an die Freiheit, die ihre leibeigenen Vorfahren als ‹Lohn› für lebenslangen Militärdienst erhielten). Und der ein oder andere Arbeiter und Intellektuelle mag an die Rückkehr zur NEP geglaubt haben. Nichts von alledem geschah. Auch der ökonomische Wiederaufbau stand ganz und gar im Zeichen der Restauration der Vorkriegsordnung.[3]

In der *Industrie* wurden erste Maßnahmen früh ergriffen. Das Ziel lag auf der Hand; die Produktion war so schnell wie möglich auf den Zivilbedarf umzustellen. Schon im Monat der Kapitulation traf das GKO die erste entsprechende Anordnung. Am 19. August legten Partei und Regierung fest, wie die neuerliche Umstellung zu organisieren war: Sie gaben Anweisung zur Ausarbeitung eines neuen, des vierten, Fünfjahresplans für die Jahre 1946–50. Dabei zeigte sich, daß der Übergang zum Frieden wirtschaftsorganisatorisch höchstens die außerordentliche Zentralisierung der Kompetenzen beenden, aber keinesfalls die zentrale Planung selbst abschaffen sollte. Letztlich tat man in dieser Hinsicht wenig mehr, als die Industrieministerien und den *Gosplan* wieder in ihre alten Befugnisse einzusetzen. Die Fachressorts konnten erneut dirigieren. In welchem Maße sie auch entschieden, ist bereits eine Frage der Interpretation des Herrschaftssystems. Verbürgt scheint aber, daß die Eckwerte wie zuvor im Politbüro, d. h. von Stalin, festgelegt wurden. Dem entsprach, daß der einschlägige Beschluß (formal des ZK) über die Vorbereitung der neuen Planperiode das politische und ökonomische Hauptziel bereits vorgab – zum Ende des Jahrfünfts das

Vorkriegsniveau der Schlüsselbranchen nicht nur zu erreichen, sondern zu übertreffen.

Während sich die Planbehörde unter der Leitung Voznesenskijs an die Arbeit machte, setzte in der höchsten politischen Führung erneut jenes Rekordfieber ein, das so wenig von der staatlich gelenkten Wirtschaft zu trennen war wie die Grundsituation der Rückständigkeit. In der erwähnten ersten längeren Rede vom Februar 1946 bemühte Stalin nicht nur den militärischen Sieg als historische Rechtfertigung von Staatswirtschaft und Zwangskollektivierung, sondern nannte auch konkrete Ziele für die Fortsetzung der Produktion im alten Korsett. Sie übertrafen die gegebenen Möglichkeiten so weit, daß der «längere Zeitraum» für ihre Verwirklichung, den der Diktator ansprach, sehr wörtlich zu nehmen war. 50 Mio. t Roheisen, 60 Mio. t Stahl, 500 Mio. t Kohle und 60 Mio. t Erdöl wurden überwiegend erst ein Vierteljahrhundert später erreicht. Was nach Maßgabe des *Gosplan* im März 1946 Gesetzeskraft erlangte, ging zwar über den Auftrag des ZK hinaus, blieb aber einigermaßen realistisch.[4]

Sowohl die Plandaten als auch die tatsächlichen Produktionsziffern bedürfen allerdings der Erläuterung. Zum einen geben die Maßzahlen selbst Anlaß zur Vorsicht. Die zeitgenössischen Statistiker operierten zum Zwecke der vergleichenden Gewichtung des Ausstoßes der einzelnen Branchen mit ‹obsoleten› Preisen aus der Vorplanära, die vor allem den Maschinenbau begünstigten. Generell befanden sich die Mitarbeiter aller beteiligten Behörden in diesen Jahren unter außerordentlichem Druck. Die Wirklichkeit wurde nicht weniger manipuliert als zu Zeiten des «Großen Terrors». Hinzu kamen Realisierungsprobleme, die den Charakter des Aufbaus erheblich veränderten und verheimlicht wurden. Besondere Schwierigkeiten entstanden zu Beginn. Der Frühsommer 1946 brachte im europäischen Reichsteil die schlimmste Dürre seit fünfzig Jahren. Gegenüber dem Vorjahr sank die eingebrachte Getreideernte um fast ein Sechstel (auf 39,6 Mio. t). Als Folge dieser Naturkatastrophe mußten die konsumtiven Zielgrößen korrigiert werden. Die Aufhebung der Rationierung (s. u.) wurde verschoben, das Preis- und Lohnniveau entsprechend verändert. Auch die Leichtindustrie, die oft landwirtschaftliche Rohstoffe verarbeitete (wie die Leder-, Textil- und Nahrungsmittelherstellung), blieb davon nicht unberührt. Sie wuchs deutlich langsamer als in jenem hohen Tempo von jährlich 17 %, das Voznesenskij im Frühjahr vorgesehen hatte. Dennoch galt alles in allem weiterhin, daß die Konsumgüterproduktion zumindest mit besonderer Aufmerksamkeit bedacht wurde: Ždanov und Mikojan, deren Stern zu dieser Zeit leuchtete, vertraten entschieden die populäre Meinung der unmittelbaren Nachkriegszeit, daß die Bevölkerung gleichsam eine Kompensation für ihre großen Opfer verdiene.[5]

Allerdings setzte schon im ersten wirklichen Aufbaujahr 1947 eine Wende ein. Die Schwer- und Investitionsgüterindustrie überflügelte den sog. «B-

2. Wirtschaft: Wiederaufbau im alten Korsett

Tabelle 35: Der vierte Fünfjahresplan (1946–1950)

	1940	1945	1950 (Plan)	1950 (tatsächlich)
Nationaleinkommen (Index)	100	83	138	164
Bruttoindustrieproduktion	100	92	148	173
Produktionsgüter	100	112	–	205
Konsumgüter	100	59	–	123
Bruttolandwirtschaftsproduktion	100	60	127	99
Arbeiter und Angestellte (Mio.)	31,2	27,3	33,5	39,2
Durchschnittslöhne (pro Jahr)	4054	5000	6000	7670
Schienengüterverkehr (Mrd. Tonnen km)	415	314	532	602,3
Kohle (Mio. t)	165,9	149,3	250	261
Elektrizität (Mrd. kWh)	48,3	43,2	82	91,2
Öl (Mio. t)	31,1	19,4	35,4	37,9
Roheisen (Mio. t)	14,9	8,8	19,5	19,2
Stahl (Mio. t)	18,3	12,3	25,4	27,3
Traktoren (Tsd)*	66,2	14,7	112	242,5
Zement (Mio. t)	5,7	1,8	10,5	10,2
Baumwollstoffe (Mio. m)	3900	1617	4686	3899
Wollstoffe (Mio. m)	119,7	53,6	159	155,2
Schuhe (Mio. Paar)	211,0	63	240	203,4
Zucker (Mio. t)	2,2	0,46	2,4	2,5
Getreideernte tatsächlich	95,6	47,3	–	81,2
«biologisch»	119	–	127	120

* 15 PS-Einheiten
Quelle: Nove, History, 298

Sektor» nicht nur in ihrem Anteil am gesamten Ausstoß, sondern auch in den Steigerungsraten. In den letzten vier Jahren des Planzeitraums wuchs der «A-Sektor» ausnahmslos schneller als die anderen Branchen. Davon profitierten zum einen die zerstörten Großbauten der dreißiger Jahre sowie die Städte in den ehemals besetzten Gebieten. Der Dnepr-Staudamm und das Stalingrader Traktorenwerk wurden wiederhergestellt, die Gruben des Donec-Beckens in Betrieb genommen, Kiev und andere Städte vom Schutt befreit. Zum anderen verschlang die Wiederherstellung des Schienennetzes einen Großteil der Finanzmittel. Insgesamt wurden im vierten Planjahrfünft 2400 km Bahnlinien repariert und 3100 km neu verlegt; auf weiteren 5500 km machte man die zweite Spur wieder benutzbar. Auch wenn das Fracht- und sonstige Verkehrsaufkommen nur langsam wuchs, schuf diese unbestrittene Leistung eine wichtige Grundlage für den ökonomischen Wiederaufbau allgemein. Nicht zuletzt flossen wie zuvor auch erhebliche Investitionen in die Rüstungsbetriebe. Der Ausbruch des Kalten Krieges und die neue Weltmachtrolle der Sowjetunion forderten ihren Preis: einen großen Teil des Bruttosozialprodukts, der angesichts der begrenzten wirtschaftlichen Leistungskraft des Systems zumindest durch eine Stagnation des Lebensstandards der Bevölkerung erkauft werden mußte.

Im Endeffekt war der vierte Fünfjahresplan vor allem dem dritten strukturell eng verwandt. Die wirtschaftliche Entwicklung verlief unter seiner Ägide regional und sektoral wie vor dem Krieg. Seine hauptsächlichen Nutznießer waren die alten Industriegebiete diesseits des Ural; der Osten sollte ursprünglich überproportional (etwa durch Lohnzulagen) gefördert werden, fiel aber tatsächlich relativ zurück. Ähnlich kamen die Ressourcen überwiegend den schwerindustriellen Komplexen der Vorkriegsjahre zugute, während die ursprüngliche Planung die Gewichte zugunsten des Konsumbereichs zu verschieben suchte. Für dieses unerwartete Resultat dürfte neben dem Kalten Krieg und dem Unterhalt einer stark vergrößerten Armee auch außerhalb der Landesgrenzen mindestens noch ein weiterer Faktor verantwortlich gewesen sein: der Einfluß der Ministerien, die mit zurückgewonnener Gestaltungsmacht nach Geist und Funktion die alten blieben. Im Interessenstreit der Wirtschaftsbürokratie zog die Leichtindustrie abermals den kürzeren. Damit hing auch zusammen, daß in der letzten Phase des vierten Fünfjahresplans die meisten jener Prestigeprojekte auf den Weg gebracht wurden, an denen man – soweit sie keine Chimären blieben – das ganze nächste Jahrzehnt baute, die Unsummen verschlangen und in typisch stalinistischer Manier schon wegen ihrer gigantischen Dimensionen zu Symbolen für die Überlegenheit des Sozialismus stilisiert wurden (wie die neuen Wasserkraftwerke von Kujbyšev, Stalingrad, Kachovka u. a. oder der 1100 km lange Kanal, der den Amur-Darja mit dem Kaspischen Meer verbinden und die turkmenische Wüste bewässern sollte). Andererseits trugen dieselben alten und neuen Wirtschaftsmanager auch maßgeblich dazu bei, daß der Wiederaufbau in erstaunlich kurzer Zeit gelang. Wie immer man das Ergebnis bewerten mag, der Leistung zollen auch energische Gegner der sozialistisch-stalinistischen Wirtschaftsordnung größte Anerkennung.[6]

Schon deshalb ist die Frage nie verstummt, ob noch andere Faktoren als Konsumverzicht, hohe Arbeitsleistung und die Konzentration aller Ressourcen auf industrielle Schlüsselbereiche zu diesem Erfolg beigetragen haben. *Zwangsarbeit*, so meinte eine verbreitete Auffassung, sei auch beim Wiederaufbau unverzichtbar gewesen. Allerdings gilt wie für die Vorkriegs- und Kriegsjahre, daß sich ihr Beitrag eher vermuten als belegen läßt. Zwar schwoll der Menschenstrom – um Solženicyns Bild erneut aufzugreifen –, der den Archipel GULag bevölkerte, nach der deutschen Kapitulation massiv an. Aber die bloße Zunahme der Internierten besagt wenig über ihren wirtschaftlichen Nutzen. Gleichwohl deutet manches darauf hin, daß auch die gering qualifizierte, in der Regel fremdeingesetzte Zwangsarbeit unter

2. Wirtschaft: Wiederaufbau im alten Korsett 693

den Bedingungen der unmittelbaren Nachkriegszeit ertragreich sein konnte. Hauptaufgabe des vierten Fünfjahresplans war die Wiedererrichtung von Wohnraum und Fabriken, die Reparatur von Staudämmen, Elektrizitätswerken, Kohlegruben, Hochöfen und anderen Großbauten der dreißiger Jahre sowie die Beseitigung ‹infrastruktureller› Schäden. Zur Finanzierung dieser Vorhaben benötigte man nicht zuletzt den Erlös des Verkaufs natürlicher Rohstoffe dringender denn je, die unter den menschenfeindlichen Bedingungen des hohen Nordens und des Fernen Ostens, von der Holzfällerei bis zur Gold- und Edelsteingewinnung, gewonnen wurden. Die dabei anfallende Arbeit brauchte größtenteils weder fachmännisch noch sorgfältig zu sein und konnte von Häftlingen erbracht werden. Nur machte sie allem Anschein nach nur einen kleinen Teil der Gesamtleistung aus. Zwangsarbeit war auch in diesen Jahren noch hilfreich, aber nicht entscheidend.[7]

Die *Landwirtschaft* befand sich bei Kriegsende eher in noch desolaterem Zustand als die Industrie. Sie litt nicht nur unter der Plünderung von etwa 100000 Kolchosen, Tausenden von Sowchosen und MTS und der Verwüstung von Zehntausenden von Dörfern und Siedlungen in den westlichen Landesteilen, der Ukraine und anderen, zur ‹Kornkammer› des Reichs gehörenden Regionen (Orel, Kursk und Poltava). Sie mußte nicht nur den Rückgang der Anbaufläche auf 76% des Vorkriegsstandes hinnehmen und verkraften, daß 40% aller Kolchosbauern Anfang 1946 keine Kuh, 17,6% gar kein Vieh mehr besaßen und der allergrößte Teil sowohl der Pferde als auch maschineller Zug- und Transportkapazität abhanden gekommen war.[8] Darüber hinaus hatte vor allem die Landwirtschaft den ungeheuren Blutzoll zu tragen, den der erste Vernichtungskrieg der modernen Geschichte forderte. Die große Mehrzahl der 26,6 Mio. Soldaten und Zivilisten, die durch unmittelbare Kriegseinwirkung den Tod fanden, stammte aus den Dörfern. Gerade dieser Verlust wirkte lange nach. Bis in die späten fünfziger Jahre hinein mußten Frauen auch deshalb schwere körperliche Arbeiten verrichten, weil es an Männern fehlte. Auf der anderen Seite blieb es ein evidenter Tatbestand, daß die nichtmenschlichen Produktionsfaktoren der Landwirtschaft prinzipiell leichter wieder auf ihr altes Niveau zu heben waren als die industriellen. Trotz (oder aufgrund) der Zwangskollektivierung hatte ihre Mechanisierung wenig Fortschritte gemacht. Zu ihrer Wiederherstellung war kein vergleichbar großer Kapitalaufwand nötig. Zunächst genügten die Möglichkeit zur friedlichen Bestellung des Landes, die alten, einfachen Gerätschaften und kräftige Hände.

Dennoch begann die neue Ära unter ungünstigen Bedingungen. Ursache dafür war weniger der Mangel an Arbeitskräften als eine Naturkatastrophe: Rußland erlitt im ersten Friedensjahr 1946 eine der schlimmsten Dürreperioden seit Menschengedenken. Die Trockenheit erfaßte fast alle Getreideanbauregionen des Landes, ließ die Ernte drastisch schrumpfen und verursachte eine weitere Hungersnot. Faktisch konnte der landwirtschaftliche Wiederaufbau daher erst 1947 beginnen. Hinzu kam ein Signal der staatlichen Politik, das kaum geeignet war, den Einsatz zu stimulieren. Partei und Regierung meinten, auch der Landwirtschaft wieder engere ideologische Zügel anlegen zu sollen, und kündigten in einer Resolution vom 19. September 1946 ihren Widerstand gegen die «falsche Verwendung von Tagewerken» und den «Diebstahl gemeinschaftlicher Kolchosländereien» an. Verstöße sollten wie «Strafvergehen» geahndet und Boden gemäß den Bestimmungen von 1939, auf die ausdrücklich Bezug genommen wurde, zurückgegeben werden.[9]

Zur Aufsicht über diese ‹Re-Sozialisierung› der Landwirtschaft wurde ein «Rat für Kolchosangelegenheiten» bestellt, an dessen Spitze der altgediente Landwirtschaftsexperte des ZK Andreev trat. Allem Anschein nach täuschte die Gründung dieses Gremiums aber eine Tätigkeit vor, die nicht stattfand. Dazu trugen die erwähnten Cliquenkämpfe, in deren Verlauf auch Andreev als Parteigänger Ždanovs an Einfluß verlor, maßgeblich bei; der Rat selbst wurde erst nach Stalins Tod aufgelöst. Die zentrale Intervention ließ deshalb nicht nach. Sie wurde vielmehr im Fünfjahresplan und durch die stete Präsenz der Agrarfrage in den Debatten der Führungsspitze nachgerade institutionalisiert. Grundlegende Bedeutung kam dabei der ersten Plenarversammlung des ZK nach dem Kriege zu, die im Februar 1947 in Moskau zusammentrat. Vermutlich wurde auf dieser Veranstaltung erneut über die wirtschaftliche Kernfrage dieser Jahre gestritten: welche Prioritäten der planwirtschaftliche Wiederaufbau setzen und in welchem Maße er der Hoffnung der Bevölkerung auf eine Hebung ihres Lebensstandards Rechnung tragen sollte. Der ausführlichen Entschließung nach zu urteilen, trugen die ‹Partei-Erneuerer› um Ždanov und Andreev, die ihr Votum für eine Festigung des Führungsanspruches mit Konzessionen an die Konsumwünsche der Bevölkerung verbanden, den Sieg davon. Jedenfalls verabschiedete die Zusammenkunft eine ausführliche Resolution, die in ungewöhnlicher Formulierung als «dringendste Aufgabe» die allgemeine Richtlinie festschrieb, «einen solchen Aufschwung der Landwirtschaft herbeizuführen, der es in kürzester Zeit erlaubt, einen Überfluß [!] an Lebensmitteln für unsere Bevölkerung» und «an Rohstoffen für die Leichtindustrie» zu schaffen. In Übereinstimmung mit dem Septemberbeschluß sollte dies nicht durch Anregung privater Initiative geschehen, sondern durch die Erschließung von Neuland und die Mechanisierung des Anbaus einerseits sowie die Stärkung der Parteipräsenz auf dem Lande andererseits. Folgerichtig beschloß die Versammlung nicht nur, die Zahl der MTS zu vermehren, sondern auch den Posten eines politischen Stellvertretenden Leiters wiedereinzuführen. Auch diese Maßnahme erinnerte lebhaft an die dreißiger Jahre. Was stets nur auf dem Papier gestanden hatte, sollte in einem neuen Anlauf Wirklichkeit werden: die Steigerung agrarischer Produktivität durch industrielle Hilfe in Ge-

2. Wirtschaft: Wiederaufbau im alten Korsett

stalt vor allem von Traktoren und landwirtschaftlichen Maschinen unter der koordinierenden Aufsicht der Partei.¹⁰

Auch in der Agrarpolitik trat freilich im Laufe des Jahres 1948 eine Wende ein. Ob sie mit dem Sturz und Tod Ždanovs zusammenhing, läßt sich bislang nicht genau sagen. Die zeitliche Parallele legt eine Verbindung durchaus nahe; andererseits behielt die Förderung nicht nur der Landwirtschaft, sondern auch des Massenkonsums weiterhin hohe Priorität. In mancher Hinsicht wechselte sie gleichsam nur die Form: Neben den ohnehin nicht eben bescheidenen Fünfjahresplan traten weitere, noch ehrgeizigere Vorhaben, die an die Gigantomanie der frühen dreißiger Jahre erinnerten. Dazu war zum einen der Beschluß des Ministerrats vom Frühjahr 1948 zu rechnen, zusätzliche Maßnahmen zur umfassenden «Elektrifizierung» des Dorfes zu ergreifen. Innerhalb von drei Jahren sollte sich die Zahl der einschlägig versorgten Kolchosen verdreifachen und eine Vielzahl von MTS (4300) und Sowchosen (3724) mit demselben Komfort bedacht werden. Eigens damit beauftragte Ministerien sollten die erforderlichen Kraftwerke bauen und ausreichend qualifizierte Arbeitskräfte an-, d. h. faktisch wohl: abwerben. Analogien zum Leninschen GOĖLRO liegen auf der Hand.

Vor allem aber verband sich die neue Rekordjagd mit dem «Stalin-Plan zur Umgestaltung der Natur» vom Oktober 1948. Er sollte über einen Zeitraum von fünfzehn Jahren einem Erzübel der russischen Landwirtschaft, der fortschreitenden Bodenerosion in der Zentralen Schwarzerderegion südlich von Moskau und an der Wolga sowie in der südlich angrenzenden Steppe bis hin zum Nordkaukasus, Einhalt gebieten. Was vom Menschen selbst durch Abholzung oder Übernutzung verursacht wurde, sollten großflächige Waldgürtel korrigieren. Pro Jahr sollten etwa 350 000 ha und insgesamt 5,7 Mio. ha Forst gepflanzt werden, der größte Teil davon durch die Kolchosen und auf deren Kosten. Andere Regionen wie die Wüsten Turkestans wollten die Planer mit Hilfe von Kanälen und sonstigen Bewässerungsanlagen großen Stils in blühende Landschaften verwandeln. Und zusätzlich sollte, gleichfalls großflächig, eine Grasbrache in die Fruchtwechselwirtschaft eingeführt werden, die als neue Entdeckung marxistischer Agrarwissenschaft ausgegeben wurde, aber durchaus nicht neu war. Der Plan trug hier die Handschrift Lysenkos und seines Mitstreiters V. R. Williams (Vil'jams), die nach dem Sturz ihres Gegners Ždanov den Zenit ihres Einflusses erreichten. Schließlich zog 1949 auch der schlechte Zustand der Viehwirtschaft die Aufmerksamkeit der Parteiführung auf sich. Ein Dreijahresplan, der sowohl die Ablieferungsquoten für Fleisch- und Milchprodukte als auch die Normzahl der gehaltenen Tiere aller Art erhöhte, sollte Remedur bringen.

Zu agrotechnisch-ökonomischen Maßnahmen und Änderungen der Ressourcenverteilung gesellten sich administrativ-organisatorische Reformen. Umstritten war dabei zunächst die Art der Arbeitseinheiten in den Kolchosen, danach die Größe der Kolchosen selbst. Andreev favorisierte in den

VIII. *Spätstalinismus und Wiederaufbau (1945–1953)*

ersten Jahren des Wiederaufbaus kleine Arbeitskollektive von kaum mehr als fünf Mann, die fixierte Aufgaben wie die Bestellung einer bestimmten Ackerfläche oder die Pflege bestimmter Ställe längerfristig übernahmen. Der Vorteil wurde dabei sowohl in der Überschaubarkeit als auch in der Kontinuität und dem materiellen Anreiz gesehen, der sich aus guter Arbeit ergab. Wegen der Ähnlichkeit zur privaten Familienwirtschaft gerieten diese Kleingruppen *(zveno)* bald ins Fadenkreuz ideologischer Kritik. Zum Wortführer der Gegner machte sich kein Geringerer als Chruščev, der als Mann des Parteiapparates aufstieg und seinen Platz zwischen den rivalisierenden Lagern suchte. Ihm gelang es seit 1949, den Ministerrat, der noch ein Jahr zuvor das *zveno*-System ausdrücklich empfohlen hatte, zur Kehrtwende zu bewegen. Dabei kam ihm die wachsende Konkurrenz zwischen den kleinen Arbeitseinheiten und den MTS zustatten. Die meisten *zvena* wurden aufgelöst. An ihre Stelle traten (wieder) die deutlich kopfstärkeren, teilweise bis zu einhundert Männer und Frauen umfassenden Brigaden, die sich ihrer Aufgaben in alter Anonymität und Sorglosigkeit entledigten. Chruščev verband diese verfehlte Gleichsetzung von Größe und Effizienz (auch dies eine Wiederanknüpfung an die dreißiger Jahre) mit einer Kampagne für die Verschmelzung kleiner Kolchosen zu großen, die dem Mangel sowohl an qualifiziertem Verwaltungspersonal als auch an Parteikadern auf dem Lande Rechnung trug. Wenige große Kolchosen waren leichter zu kontrollieren als viele kleine. Darüber hinaus entsprach die Reform den Vorstellungen Stalins, der in seinem letzten theoretischen Werk über *Ökonomische Probleme des Sozialismus* (1952) die Notwendigkeit lückenloser Verstaatlichung und größtmöglicher Zentralisierung zu belegen suchte. Auch diese Übereinstimmung mit der höchsten Autorität mag dazu beigetragen haben, daß Chruščevs Vorstellungen weitgehend verwirklicht wurden. Von 236 900 Kolchosen, die es 1940 in der UdSSR gab, bestanden 1953 nur noch 93 300. Wenngleich sich der baldige Erbe Stalins mit noch radikaleren Zentralisierungskonzepten nicht durchsetzen konnte und die «Agrostädte» als urbane Mittelpunkte umliegender Großkolchosen bzw. Sowchosen ebenso schnell aus den Überschriften der Parteizeitungen verschwanden, wie sie dort aufgetaucht waren, bedeutete die Vergrößerung der Kolchosen einen tieferen Einschnitt als zumeist erkannt. Bis dahin umfaßte ein Kolchos in der Regel ein Dorf. Ihm gehörten viele der alten Familien an, er übernahm alte Funktionen und setzte alte Traditionen fort. Nun wurde diese Identität zerstört – und damit der letzte Schritt zum Untergang des alten Dorfes als ökonomischer und sozialer Gemeinschaft getan.[11]

Alle Entscheidungen und Aktivitäten fanden ihren natürlichen Maßstab in ihrer Wirkung. Soweit die Ergebnisse meßbar waren, blieben sie überwiegend hinter den Erwartungen zurück. Weder die Gesamt- noch wichtige Einzelvorgaben des Fünfjahres- oder der anderen Pläne wurden erreicht. Damit verfehlte das Regime auch sein Hauptziel, bis zum Dekadenende die

2. Wirtschaft: Wiederaufbau im alten Korsett

Tabelle 36: Agrarproduktion 1940-1950

	1940	1946-1950 (Jahresmittel)	1950
Gesamtproduktion der Landwirtschaft (Preise von 1965), Mrd. Rubel	39,6	35,7	39,3
Getreide, Mio. t	95,6	64,8	81,2
Rohbaumwolle, Mio. t	2,24	2,32	3,54
Zuckerrüben, Mio. t	18,0	13,5	20,8
Sonnenblumen, Mio. t	2,64	1,55	1,80
Flachsfasern, Tsd. t	349	225	255
Kartoffeln, Mio. t	76,1	80,7	88,6
Gemüse, Mio. t	13,7	11,4	9,3
Fleisch, Mio. t Schlachtgewicht	4,7	3,5	4,9
Milch, Mio. t	33,6	32,3	35,3
Eier, Mrd. Stück	12,2	7,5	11,7
Wolle, Tsd. t	161	147	180

Quelle: Istorija socialističeskoj ėkonomiki VI, 126.12

Kriegsschäden zu beseitigen und das Aufbauprogramm der dreißiger Jahre fortzusetzen. Einige Indikatoren seien genannt (vgl. Tabelle 36). Die Getreideproduktion, der wohl wichtigste Indikator für die Versorgung der Bevölkerung mit Nahrungsmitteln, lag noch 1950 gut 15 % unter dem Niveau von 1940; im Durchschnitt der Jahre der vierten Planperiode (1946-50) betrug der Abstand sogar 32 %. An Gemüse standen im Durchschnitt der zweiten Dekadenhälfte 13 %, im offenbar schlechten Jahr 1950 sogar 32 % weniger zur Verfügung. Bei Fleisch, Milch, Zuckerrüben und Eiern fehlten im Planjahrfünft durchschnittlich jeweils etwa 35 %, 4 %, 25 % und 39 %; erst 1950 wurden die Mengen von 1940 zum Teil leicht übertroffen. Eine Ausnahme waren Kartoffeln, von denen sowohl im Jahresdurchschnitt (um 6 %) als auch im Schlußjahr (116 %) deutlich mehr erzeugt wurden als vor dem Kriege. Schon dies zeigt, wovon sich die Masse der Bevölkerung beim Wiederaufbau eher schlecht als recht ernährte. Dagegen verzerren die Wachstumsraten bei der Erzeugung von Rohbaumwolle im fernen, vom Krieg unberührten Usbekistan in mancher Hinsicht das Gesamtbild. Der wertmäßige Rückstand der agrarischen Gesamtproduktion von 10 % im Durchschnitt der Jahre 1946-50 und bloßen 0,7 % im direkten Jahresvergleich zwischen 1940 und 1950 wäre deshalb entsprechend zu erweitern.

Bis zu einem gewissen Grade läßt sich der Rückgang aus einer Verminderung der Anbaufläche erklären. Der Schaden war bei Kriegsende zweifellos gewaltig, da etwa ein Viertel weniger Land bestellt werden konnte (113,8 Mio. ha 1946 gegenüber 150,6 Mio. 1940). Bis 1950 wurde in dieser Hinsicht aber viel erreicht und beinahe das gesamte Vorkriegsterrain (146,3 Mio. ha bzw. 97%) wieder unter den Pflug genommen. Lediglich bei Getreide blieb ein Defizit von 7%, während andere Kulturen sogar in etwas größerem Umfang angepflanzt werden konnten als zuvor. Die Folgerung liegt deshalb nahe, die Hauptursache für die zögerliche Erholung im geringen Produktivitätsfortschritt zu suchen. In der Tat zeigen die entsprechenden Berechnungen ganz überwiegend, daß die Hektarerträge im Durchschnitt der vierten Planperiode deutlich hinter denen der Jahre 1936-40 zurückblieben; ausgenommen davon waren auch in dieser Hinsicht Rübenzucker und Kartoffeln. Nicht anders stand es um die Viehzucht. Allerdings war die Entwicklung unterschiedlich. Während es 1951 wieder mehr Rinder, Schafe und Ziegen gab als zehn Jahre zuvor, blieb die Anzahl der Schweine und vor allem der Pferde (hier um fast 35%) weiterhin hinter dem Vorkriegsniveau zurück. Letzteres wirkte sich nachhaltig auf die Erträge der Landwirtschaft aus, da Pferde als Zugkraft nach wie vor unentbehrlich waren.[13]

Alles in allem kam auch die auf sozialistische Siegesmeldungen verpflichtete offiziöse Darstellung für diese Jahre zu dem Ergebnis, daß die Lage zu Beginn des neuen Jahrzehnts in der Viehwirtschaft immer noch «angespannt» war und die Zieldaten des vierten Fünfjahresplans im Feldbau nicht erreicht wurden. Die Versorgung vor allem der nichtdörflichen Bevölkerung mit Lebensmitteln blieb prekär. Ungewöhnlich offen ließ die Übersicht auch eine wichtige Ursache für die enttäuschende Entwicklung erkennen: die ungleichgewichtige Förderung von Industrie und Landwirtschaft. Gewiß produzierten die Fabriken auch Traktoren und andere Maschinen, die geeignet waren, den Bodenertrag zu steigern. Nie zuvor verfügten Kolchosen und Sowchosen (an den Stückzahlen gemessen) über mehr Traktoren, Mähdrescher und Lastwagen als in der Jahrhundertmitte (in 1000): Ende 1940 – 531, Ende 1950 – 595 bzw. 182 gegenüber 211 und 228 gegenüber 283. Und gewiß konnten mehr Dörfer die symbolträchtige Errungenschaft der Elektrizität nutzen als je zuvor. Aber abgesehen von der Einsatzfähigkeit der Maschinen floß der Löwenanteil der industriellen Produktion in andere Sektoren, nicht zuletzt in die Rüstung und die Armee. Insofern kommt den Kennziffern für das Wachstum der beiden volkswirtschaftlichen Basisbereiche erhebliche Erklärungskraft zu: Im Vergleich zu 1940 (= 100) erhöhte sich die Werterzeugung der Industrie auf 173, die der Landwirtschaft aber nur auf 99, bezogen auf 1945 (= 100) stieg die entsprechende Industrieproduktion auf 189, die der Landwirtschaft auf 163.

Dieses Ergebnis hatte viele Ursachen, schwer veränderbar objektive und politisch erzeugte subjektive. Dabei scheinen letztere überwogen zu haben. Schon der Umstand, daß die staatlichen Aufkaufpreise für die Kolchosprodukte bis zu Stalins Tod unverändert niedrig blieben und in Verbindung mit hohen Ablieferungsquoten nicht den geringsten Anstoß zu größerer Arbeitsleistung gaben, deutet darauf hin. Nach wie vor lohnte sich Einsatz nur in der privaten Produktion, die aber wieder an kürzerer Leine geführt wur-

2. Wirtschaft: Wiederaufbau im alten Korsett 699

de. Vor diesem Hintergrund legen die zitierten Indikatoren eine weitere Lesart nahe: daß die Führung von Partei und Staat analog zur Bevorzugung der Investitionsgüter gegenüber den Konsumgütern den größeren Teil der Ressourcen entgegen ihren Versprechungen *nicht* in die Landwirtschaft lenkte, sondern in die Industrie. Sie gab auch bei Lebensmitteln *nicht* der Verbesserung der kläglichen Versorgung den Vorzug, sondern setzte andere, ideologisch und zunehmend auch militärpolitisch begründete Prioritäten.[14]

Andererseits trat die Konsumorientierung der Produktion nicht so weit in den Hintergrund, daß ein Schritt von großer Symbolkraft unmöglich geworden wäre: die *Aufhebung der Rationierung*. Nichts galt so sehr als Inbegriff von Krise und Mangelwirtschaft wie die Zuteilung von Grundnahrungsmitteln auf Bezugscheinen. So wie deren Abschaffung Anfang 1935 (wenn auch trügerisch) den Übergang zur Normalität und ihre Wiedereinführung im Sommer 1941 das Gegenteil anzeigten, weckte die deutsche Kapitulation 1945 Erwartungen, die ohne Glaubwürdigkeitsverlust auf längere Sicht nicht unerfüllt bleiben konnten. Allerdings bedurfte es mehrerer ökonomischer Voraussetzungen. Zum einen mußte das Angebot an Grundnahrungsmitteln annähernd ausreichen. Zum anderen mußten Preise und Löhne so reguliert werden, daß die Güter auch für den normalen Käufer erschwinglich waren. Die Mißernte von 1946 machte die Hoffnung zunichte, die organisierte Notversorgung schon im ersten Nachkriegsjahr beseitigen zu können. Hinzu kam der Umstand, daß der Unterschied zwischen den (1944 auch formell anerkannten) «kommerziellen Preisen» der Kolchosmärkte und den staatlichen Preisen zwar schrumpfte, aber noch zu groß war. Da er weiter verringert werden mußte, bot sich der Einschnitt auch als Möglichkeit an, die von Inflation und Krieg geschädigte Währung zu sanieren. Im September 1946 wurden die staatlich fixierten Preise für rationierte Lebensmittel drastisch, im Durchschnitt um 250%, heraufgesetzt. Um die Folgen einigermaßen aufzufangen, erhöhte man parallel, aber in sehr viel geringerem Maße, die (ebenfalls zentral festgelegten) Löhne. Der entscheidende Schritt folgte am 14. Dezember 1947, an dem alle Geldrubel im Verhältnis von 10:1 abgewertet wurden; ausgenommen waren lediglich kleine Vermögen von weniger als 10 000 Rubel, die man günstiger konvertierte. Löhne und Gehälter behielten ihren Nennwert. Somit vernichtete die *Währungsreform* einen Großteil der Barvermögen (einschließlich bäuerlicher Ersparnisse), zog aber auch spekulative Gelder aus dem Verkehr und reduzierte die Schulden erheblich. Zwei Tage später wurden die Rationierungskarten eingezogen und einheitliche Preise verfügt, die bei Lebensmitteln etwa 250% und bei Industriewaren 320% unter den kommerziellen lagen.[15]

An den mittelfristigen Resultaten gemessen, erreichte die Reform ihren Zweck. Bis zum Ende der Planperiode hatten die Einheitspreise Bestand. Danach drifteten die Forderungen der privaten Anbieter auf den Kolchosmärkten (die es nach wie vor gab) und der staatlichen Läden wieder stärker auseinander; bei Stalins Tod lagen die ersteren erneut etwa 30% über den letzteren. Wichtiger aber war die Gesamtentwicklung von Handel und Versorgung. Wenn man den (einzig verfügbaren) offiziösen Statistiken glauben darf, so schloß der Einzelhandelsumsatz in den Staats- und Kooperativgeschäften wieder zum Vorkriegsniveau auf. Zugleich verlagerten sich die Käufe in die staatlich geführten Läden (unter Einschluß der kooperativen) zurück, deren Anteil, 1945 auf knapp die Hälfte geschrumpft, bis 1950 auf 88% stieg. Die allermeisten Käufer mieden die Kolchosmärkte wieder. Dies war möglich geworden, weil auch die staatlichen Geschäfte nicht leer und die Waren dort billiger angeboten wurden. Sicher blieben private Produkte als Ersatz für staatliche «Defizite» und als qualitativ gehobenes Komplement zum spartanischen Normalangebot auch weiterhin unentbehrlich. Dennoch spricht alles dafür, daß sich die Versorgung der Bevölkerung, nicht zuletzt dank fallender Preise, seit 1948 deutlich besserte. Zwischen April 1947 und April 1954 fiel der offizielle Index für alle Waren von 100 auf 43, wobei die Kennziffer für Lebensmittel sogar bis 38 zurückging. Wie bescheiden der Lebensstandard immer bleiben mochte, die Kriegsnot ging auch in dieser Hinsicht zu Ende.[16]

Um so eher stellt sich die Frage, wie der sowjetische Staat den Wiederaufbau finanzierte. Dabei liegt die allgemeine Antwort angesichts der Einstellung der *lend-lease*-Lieferungen samt jeder anderen ökonomischen Hilfe aus dem westlichen Ausland nach dem schnellen Beginn des Kalten Krieges, angesichts enttäuschender Reparationsgewinne und (noch) sehr begrenzter Möglichkeiten zur ökonomischen Nutzung des entstehenden ‹informal empire› auf der Hand: daß die Masse der Bevölkerung selbst durch ihre Arbeit und große materielle Anspruchslosigkeit die notwendigen Werte schuf. Ungeachtet dessen bleibt die Wahl der Mittel und Wege von Interesse. Auf der Einnahmenseite zeigen alle Daten an, daß der sozialistische Staat auch in der *Finanz- und Steuerpolitik* wieder zur Vorkriegsordnung zurückkehrte. Um die enormen Rüstungs- und Verteidigungskosten zu decken, hatte er noch 1941 eine deutliche Anhebung der direkten Abgaben im Vergleich zur indirekten Umsatzsteuer verfügt. Auch wenn die neue Einnahmequelle nicht ausreichte und der Staatshaushalt drei Jahre lang (1941–1943) eine Deckungslücke aufwies, verschob sich das Gewicht zwischen den beiden Ressourcen erheblich. Nach Kriegsende hob man die Sonderopfer auf und stützte sich wieder vorwiegend auf die weniger augenfällige, weil in den Preisen verborgene Umsatzsteuer. Deren Anteil stieg von 35,1% der Einnahmen zur Zeit ihres niedrigsten relativen Aufkommens auf 62,1% 1947 an. Zugleich erhöhte sich das Aufkommen aus einer zweiten, nicht minder charakteristischen Quelle: dem Verkauf der Erzeugnisse staatseigener Unternehmen. Sein Anteil stieg von 5,1% 1946 auf 13% 1953.

Auch die Ausgaben zeigten deutliche Veränderungen. Die hauptsächlichen Empfänger blieben zwar dieselben; aber die Gewichte verschoben sich in bezeichnender Weise. Schon im letzten Vorkriegsjahr (1940) war die höchste Summe in die Volkswirtschaft geflossen, die man in dieser Hinsicht angesichts der geringen Kapitalintensität von Landwirtschaft und Handel weitgehend mit der Industrie gleichsetzen darf. Eine erstaunlich hohe, beinahe gleichgroße Summe verschlang aber bereits die Rote Armee. Demgegenüber standen die «sozio-kulturellen Maßnahmen», darunter neben dem Bau und Betrieb von Schulen, Krankenhäusern, Theatern und Versammlungsgebäuden auch Sozialleistungen, sowie der Unterhalt der Verwaltung deutlich zurück. Im Krieg überflügelten die Verteidigungsausgaben aus zwingenden Gründen alle übrigen. Nach dem Krieg erreichten die wirtschaftlichen Investitionen schnell wieder ihren alten Umfang (1950 38,2 % der Ausgaben). Auch die «sozio-kulturellen Maßnahmen» wurden besser bedacht als 1940 (28,2 %). Demgegenüber gingen die Ausgaben für die Verteidigung (noch) und die Verwaltung zurück, wenn auch nur proportional.[17]

3. Gesellschaft: bescheidener Lohn für harte Arbeit

Der Krieg zerstörte nicht nur das wirtschaftlich-materielle Fundament der Bevölkerung, sondern auch ihre sozialen Beziehungen. Familien wurden auseinandergerissen, Freunde getrennt, Arbeitszusammenhänge zerschnitten. Was dem einzelnen widerfuhr, veränderte auch das Ganze: Rekrutierung, Evakuierung, Flucht und Migration nivellierten die Verteilung von Macht, ‹funktionaler› Qualifikation, Einkommen und Prestige, die nach der Abschaffung des Privateigentums in erster Linie über den sozialen Status entschieden. Vor allem die Armee sog Angehörige sehr verschiedener Gruppen und Schichten auf; das gesamte Sozialgefüge veränderte sich. Dieser komplexe Vorgang mußte mit dem Ende des Krieges wieder rückgängig gemacht werden. Nicht nur die Wirtschaft, sondern auch die Gesellschaft war zu re-‹konvertieren›. Hier wie dort standen dafür im Prinzip mehrere Wege offen. Auch wenn sich politische Grundsatzentscheidungen zu mächtigen Institutionen und einer beherrschenden Gesamtorganisation aller wesentlichen Bereiche von Wirtschaft, Gesellschaft und Kultur verfestigt hatten, blieben Kurskorrekturen möglich. Man hätte das Entlohnungssystem in der Industrie und Landwirtschaft ebenso ändern können wie die sektoralen Prioritäten der volkswirtschaftlichen Entwicklung. Angesichts der Kontinuität von Herrschaftsordnung und Herrschenden war dies aber wenig wahrscheinlich. In der Tat zeigte sich, daß der Begriff des *Wieder*aufbaus auch in sozialer Hinsicht wörtlich zu nehmen war: Die neue Gesellschaft sollte die alte sein.

Wie die meisten anderen sozialen Schlüsselgruppen mußte die *Arbeiterschaft* – im engeren Sinne der außerhalb von Ackerbau und Viehzucht lohnabhängig Beschäftigten (unter Einschluß mithin von Bauwesen, Transport und Handel) - zu diesem Zweck erst wieder zusammengeführt werden. Wohl hatte sie den Krieg mit einem größeren Kern überdauert als die Bauernschaft, da die Rüstungsproduktion bei aller Bedeutung ausreichender Versorgung mit Lebensmitteln Vorrang besaß. Aber es waren nur ausgewählte Branchen, deren Personal, soweit es über Spezialqualifikationen verfügte, von der Einberufung verschont blieb. Überdies hatten viele von ihnen die Umsiedlung nach Osten auf sich nehmen müssen, so daß sie ebenfalls zumindest aus ihren außerbetrieblichen sozialen Bindungen gerissen wurden. Die weniger kriegswichtige Leicht- und Konsumgüterindustrie wurde nicht geschont. Trotz deutlicher Erholung seit 1943 hatte die Arbeiterschaft ihre Vorkriegsgestalt daher zum Zeitpunkt der deutschen Kapitulation weder numerisch noch in anderer Hinsicht annähernd zurückgewonnen.

Das Ende der Kampfhandlungen beschleunigte die Konsolidierung. Nach Maßgabe der neuen Prioritäten setzte sich auch die arbeitende Gesellschaft neu zusammen. Millionen von Menschen kehrten in ihre Heimat und Berufe zurück. Sie kamen aus verschiedenen Institutionen und Regionen, die ihnen transitorisch Unterschlupf und Auskommen geboten hatten. Zu nennen sind hier besonders drei solcher Quellen, aus denen sich die ‹neue Arbeiterschaft› nach dem Krieg auf dem Fundament des verbliebenen Kerns im wesentlichen speiste.

(1) Der breiteste Strom floß naturgemäß aus der Armee zurück. Schon am 22. Juni 1945 begann die formelle *Demobilisierung* durch die Ausmusterung der dreizehn ältesten Jahrgänge. Weitere Entlassungen folgten in kurzen Abständen. Zugleich traf die Regierung organisatorische Vorsorge zur Wiedereingliederung der Rückkehrer. Auf allen Verwaltungsebenen wurden einschlägige Kommissionen eingerichtet. Sie trugen dazu bei, daß zum Beispiel von 324 000 Armeeangehörigen, die bis Ende 1945 ins Leningrader Gebiet zurückkehrten, 47 % an industriellen Werkbänken unterkamen. 1946 galt dies unter Einschluß auch gewerblicher Baustellen für 1,52 Mio. von 2,9 Mio., von denen viele über eine fachlich-handwerkliche Ausbildung verfügten. Alles in allem führte die Demobilisierung (trotz einer Friedensstärke der Roten Armee, die größer war als je zuvor) bis 1948 8,5 Mio. Menschen in die verschiedenen Bereiche der Volkswirtschaft zurück. Danach verlor diese Rekrutierungsquelle an Bedeutung.[1]

(2) Erhebliches quantitatives Gewicht kam an zweiter Stelle auch denjenigen gefangenen und verschleppten Sowjetbürgern zu, die sich bei Kriegsende im Ausland befanden. Offiziösen Angaben zufolge konnten oder mußten insgesamt - über die von den Alliierten Zurückgeschickten hinaus - bis Ende 1945 etwa 5 Mio. *Repatriierter* ihr Leben in der Diaspora aufgeben. Was mit ihnen geschah, bleibt bislang weitgehend im Dunkeln. Daß ein großer Teil hinter den Stacheldrähten der NKVD-Pferche verschwand, darf als verbürgt gelten. Aber selbst wenn nur, wie erwähnt, 15-20 % von ca.

3. Gesellschaft: bescheidener Lohn für harte Arbeit

2,27 Mio. Rückwanderern aus dem späteren westlichen Ausland im normalen Berufsleben einen Platz fanden und dies für den größeren Teil der übrigen 2,23 Mio. Rückkehrer (abzüglich einer halben Million Kinder) galt, leiteten sich aus dieser Quelle ebenfalls mehr als zweieinhalb Millionen Arbeitskräfte in Industrie und Landwirtschaft her.[2]

Schließlich drängten (3) auch die Flüchtlinge und Evakuierten wieder in ihre Heimat, obwohl sie kaum hoffen konnten, hier mehr als Ruinen und Asche wiederzufinden. Wenn die zitierte Schätzung von 7,5 – 10 Mio. offiziell Ausgesiedelten und 6,5 – 9 Mio. aus eigenem Antrieb Geflohenen ungefähr zutrifft, dürften diese *Remigranten* die weitaus größte Gruppe derer ausgemacht haben, die nach dem Krieg in Fabriken und auf Bauernhöfen mithalfen, die normalen Lebens- und Wirtschaftsfunktionen wieder in Gang zu bringen. Dieser Befund gilt ungeachtet der Tatsache, daß manche Zwangsverpflanzte an ihren neuen Wohn- und Arbeitsstätten blieben. Nicht zuletzt sie trugen dazu bei, daß die Ostverlagerung der sowjetischen Industrie Bestand hatte. Der größere Teil der Investitionen floß allerdings, wie erwähnt, in die alten Standorte des Westens. Auch demographisch lag das Zentrum des Riesenreiches weiterhin in Europa. Daß die ‹Ostheimkehrer› dabei eine besondere Arbeitsmotivation und nicht selten eine ausgeprägte Loyalität gegenüber dem Staat erkennen ließen, der ihnen den heimatlichen Boden zurückgegeben hatte, leuchtet ein. Dagegen bestätigte der komplementäre, pauschale Kollaborations- und Korruptionsverdacht gegen die gewaltsam nach Deutschland Deportierten und die unter deutscher Besatzung am Ort Gebliebenen eher auf zynische Weise die böse Volksweisheit, daß ein Unglück das nächste nach sich ziehe.[3]

Insgesamt strömten aus diesen Reservoiren so viele vom Krieg ‹verwehte› Menschen in ihr altes Leben zurück, daß die Arbeiterschaft als soziale Schicht schnell wiedererstand. Bei einem breiten Begriff ergibt sich eine Kurve, die bereits 1950 um ein Viertel über das Vorkriegsniveau hinausragte. Von 19,7 Mio. im Jahre 1940 stieg ihre Zahl nach einem Rückgang auf 17,5 Mio. zum Kriegsende auf 25,2 Mio. im letzten Jahr des vierten und 33 Mio. bei Ablauf des nächsten, fünften Planjahrfünfts (vgl. Tabelle 37). Das Wachstum verteilte sich dabei ungleichmäßig. In der ersten Planperiode der Nachkriegszeit wurde aus naheliegenden Gründen eine Erweiterung von knapp 12 % pro Jahr erreicht. Danach sank die Quote auf 5,2 % – ein Indiz der Sättigung insofern, als sich die quantitative Ausdehnung nicht mehr aus dem Nachholbedarf speiste, sondern in anderen Entwicklungen, letztlich in der sozioökonomischen Transformation allgemein, wurzelte.

Bereits die Expansion der Arbeiterschaft verweist auf die spezifische Verbindung von Schadensbeseitigung und Fortsetzung des alten sozialistischen Industrialisierungsprogramms. Verschiedene Aspekte der *inneren Struktur und sozialen Zusammensetzung* bestätigen diese Kennzeichnung. Sie verdeutlichen damit ein weiteres Mal die Wirksamkeit *beider* Momente: der

Tabelle 37: Zahl und Struktur der Industriebeschäftigten 1940–1955 (in Tsd.)

	1940	in %	1945	in %	1950	in %	1955	in %
Gesamtzahl	10 967	100,0	9508	100,0	14 144	100,0	17 367	100,0
davon								
Arbeiter	8 290	76,0	7189	76,0	11 308	80,0	14 281	82,0
Lehrlinge	351	3,0	364	4,0	320	2,0	327	2,0
Ingenieure	932	8,5	806	8,0	1 197	8,5	1 545	9,0
Angestellte	768	7,0	570	6,0	710	5,0	753	4,0
jüngeres Dienstpersonal	626	5,5	579	6,0	609	4,5	461	3,0

Quelle: Istorija sovetskogo rabočego klassa IV, 121

Zäsur im Sinne des Rückschlags, aber auch die Kontinuität einer sozioökonomischen Modernisierung, die sich letztlich bis in die zarische Zeit zurückverfolgen läßt.

Als Beleg für diese Doppelung kann die Mitwirkung der *Frauen* am Produktionsprozeß gelten. Kriegsbedingt stieg der Anteil weiblicher Arbeiter und Angestellter von 39% 1940 auf 56% 1945. Die Rückkehr der Männer bewirkte daher einen ebenso schnellen Rückgang dieser Quote nach Kriegsende. Noch bezeichnender aber war, daß der Anteil schon im letzten Jahr des vierten Planjahrfünfts (1950) bei 47%, mithin deutlich höher als vor dem deutschen Überfall lag. Zugleich verdient die Tatsache Beachtung, daß sich die Quote in den folgenden beiden Planjahrfünften kaum veränderte. Als Erklärung dafür vermag zu überzeugen, daß einerseits der Bedarf an Frauen in der Volkswirtschaft anhielt, daß dieses Reservoir andererseits aber nicht vollständig ausgeschöpft wurde, weil es an sozialen Einrichtungen fehlte, die den Frauen die Kinderbetreuung und Versorgung des Haushaltes erleichtert hätten. Ähnlich läßt sich die sektorale Verteilung der weiblichen Arbeit deuten. Auf der einen Seite nahm der entsprechende Anteil in der Industrie einschließlich schwerer körperlicher Tätigkeiten zu. Auch auf Baustellen verrichteten nach wie vor viele Frauen Männerarbeit. Fast jede dritte Arbeitskraft war hier 1950 weiblich (32%), in der Industrie sogar fast jede zweite (46%). Auf der anderen Seite waren die meisten Frauen immer noch in der traditionell weiblich dominierten Leichtindustrie zu finden, allen voran in der Textilherstellung (1939 89%, 1959 95% aller Beschäftigten). Hinzu kamen in stark ansteigendem Maße Berufe im Erziehungs- und Gesundheitswesen sowie zunehmend in der Wissenschaft. Mithin schritt die berufliche Emanzipation der Frauen im Zuge der Industrialisierung weiter fort; sie normalisierte sich aber insofern, als die kriegsbedingten Ersatzfunktionen an Bedeutung verloren, auch wenn sich das demographische Gleichgewicht nur langsam wieder herstellte.[4]

Ein klares Bild der Normalisierung läßt die *Altersstruktur* der sowjetischen Arbeiterschaft in den Nachkriegsjahren erkennen. Der Anteil der Kinder unter 16 Jahren war schon 1948 auf 0,4% gesunken; bis zur Mitte

3. Gesellschaft: bescheidener Lohn für harte Arbeit

der fünfziger Jahre verringerte er sich – nicht zuletzt infolge der Verlängerung der Schulbildung – noch weiter. Auch die relative Zahl von Jugendlichen zwischen 16 und 19 im Produktionsprozeß nahm deutlich ab; 1948 gehörte noch gut jeder Zehnte dieser Gruppe an (10,8 %), 1953 nur noch knapp jeder Vierzehnte (7,3 %). Ebenso ging die Quote der 20- bis 25-jährigen noch sichtbar zurück; andererseits blieben sie mit ungefähr einem Fünftel eine der drei tragenden ‹Generationssäulen› des Arbeitsprozesses. Umgekehrt vergrößerte sich die Gruppe der 26- bis 35-jährigen, deren Anteil sich von 26,8 % auf 31,3 % bei Stalins Tod mit weiter steigender Tendenz erhöhte. Sie verdrängte damit die fast gleichstarke Generation der 36- bis 49-jährigen, die noch 1948 den Hauptteil der Aufbaulast getragen hatte. Hier dürfte sich die altersmäßige ‹Ungleichheit› der Kriegsopfer ausgewirkt haben, die unter den Jugendlichen geringer waren als unter den jungen Erwachsenen; hinzu kam der allmähliche Wiederanstieg der Geburtenrate. Kaum vertreten waren in der Arbeiterschaft die 50–54-jährigen. Ihr Anteil lag mit 5–6 % bei geringen Schwankungen sogar unter dem der Jugendlichen. Dieser auffallende Tatbestand ist sicher nicht der geringen Lebenserwartung zuzurechnen, sondern der Kriegseinwirkung vor dem Hintergrund der ohnehin auszehrenden dreißiger Jahre. Die schicksalhafte Ungerechtigkeit zwischen den Generationen, die kein Gemeinwesen wirklich vermeiden zu können scheint, traf in der Sowjetunion vor allem diese Gruppe: Wer um die Jahrhundertwende geboren wurde, lief nicht nur Gefahr, bereits als junger Mensch von der Not der Revolutions- und Bürgerkriegswirren heimgesucht zu werden, sondern auch die Entbehrungen und Angst der dreißiger Jahre sowie die Leiden des Weltkriegs samt der harten Aufbauzeit zu erleben – oder an ihnen zugrundezugehen.

Mit der Normalisierung der Altersstruktur hing die Zunahme der *Kontinuität* am Arbeitsplatz zusammen. Der Anteil derjenigen, die weniger als ein Jahr und ein bis drei Jahre beschäftigt waren, sank in der gesamten Volkswirtschaft zwischen 1948 und 1953 von 27,3 % auf 21,4 % bzw. 33,1 % auf 28,6 %. Zugleich stieg die Quote der 3–5 und 5–10 Jahre Beschäftigten von 15 % auf 17,4 % bzw. 14,4 % auf 19,6 %. Die Zahl der noch länger an ein und demselben Ort Tätigen fiel noch nicht ins Gewicht, vergrößerte sich aber ebenfalls. Da diese Entwicklung angesichts der Rückkehr zur Friedenswirtschaft nahelag, verdient eine andere Folgerung aus diesen Daten größere Aufmerksamkeit: daß die Stammbelegschaft in den einzelnen Betrieben bemerkenswert *langsam* wuchs. Dies galt für einige Branchen, allen voran das Baugewerbe, und einige Regionen, namentlich Sibirien und den Fernen Osten, in besonderem Maße. Was hier durch spezifische Bedingungen erklärbar war – die geringe Qualifikation im ersten Fall und die unwirtlichen Lebensbedingungen im letzteren – traf aber auf die industrielle Arbeiterschaft insgesamt ebenfalls zu. Selbst nach dem Ende des Wiederaufbaus herrschte in vielen Unternehmen ein stetes Kommen und Gehen. Dieser

Befund war nicht neu: Auch in den dreißiger Jahren war der häufige Arbeitsplatzwechsel zum Hemmnis für höhere Produktivität geworden. Mit der wirtschaftlichen Vorkriegsverfassung kehrte das alte Übel zurück. Zur Fortsetzung des ‹sozialistischen Aufbaus› gehörte auch das Bemühen, die *Qualifikation* der Arbeitskraft weiter zu erhöhen. In der Tat zeigen die Längsschnittdaten, daß der Anteil von Beschäftigten mit geringer Allgemeinbildung bei den Jungen abnahm. Unter den Berufsanfängern des Jahrzehnts zwischen 1940 und 1950 hatte etwa die Hälfte die vierklassige Grund- oder die siebenklassige «Mittelschule» ohne Abschluß besucht. Ein Drittel hatte die siebenklassige sog. «unvollständige mittlere» Bildung durchlaufen, die am ehesten der deutschen Realschule entsprach. Ca. 30 von 1000 hatten eine Art von Gymnasialbildung (vollständige Mittelschule) und gut 20 von 1000 ein Studium an Universitäten oder Fachhochschulen absolviert oder wenigstens begonnen. Mit Blick auf die älteren Jahrgänge markierte dies einen erheblichen Fortschritt. Andererseits sollte man diese Zahlen ebenfalls nicht nur als Erfolgsmeldung lesen. Sie weisen auch aus, daß immerhin ein Zehntel der Jahrgänge 1925–1934 weniger als vier Grundschulklassen hinter sich gebracht hatte und kaum lesen und schreiben konnte. An diesem Befund ändert auch der Umstand wenig, daß zur Zeit des vierten Fünfjahresplans mehr als 16 Mio. Arbeiter (von ca. 25 Mio. insgesamt) an verschiedenen innerbetrieblichen Fortbildungskursen teilnahmen. Dies mochte die fachliche Qualifikation im Individualfall spürbar anheben, taugt aber als allgemeiner Maßstab wenig, da die Inhalte disparater und die Ergebnisse noch weniger aussagekräftig waren als in der öffentlichen Bildung. Größere Beachtung verdient als Abweichung vom sonst zu beobachtenden Regelfall, daß weibliche Arbeitskräfte im Durchschnitt über eine höhere Allgemeinbildung verfügten als ihre männlichen Kollegen.[5]

Die Frage nach dem *Lebensniveau* der Arbeiterschaft hat gerade für die Nachkriegszeit besondere Aufmerksamkeit gefunden. Wie für die dreißiger Jahre speiste sie sich zum einen aus dem Anspruch des Regimes, seine Handlungen auf das Wohl des ‹Proletariats› zu richten, zum anderen aus dem Interesse an den Mitteln, mit denen ein erklärtermaßen antikapitalistischer Staat versuchte, Not und Entbehrungen zu überwinden. Der Bedeutung des Problems entsprach die Schwierigkeit seiner Lösung. Viele Aspekte der materiellen Versorgung ließen und lassen sich zumindest global nicht zureichend aufhellen. Besonders qualitative Merkmale müssen fast immer außer Betracht bleiben. Was sich (auch dies mit erheblichen Lücken) eruieren läßt, sind einige quantitative Indizes. So zeigt die erwähnte ‹mittelfristige› Zusammenstellung der Einzelhandelspreise, daß nach 1948 zweifellos ein Rückgang zu verzeichnen war, der die Lebenshaltung verbilligte. Zugleich stiegen die Nominallöhne erheblich. Das letzte Friedensjahr (1940) gleich Hundert gesetzt, betrug der Index für die gesamte Volkswirtschaft 1945 43,4, 1950 63,9 und 1955 71,5. Die Kurve verlief dabei in den Großsektoren In-

3. Gesellschaft: bescheidener Lohn für harte Arbeit

Tabelle 38: Jährlicher Reallohn nichtlandwirtschaftlicher Lohn- und Gehaltsempfänger in der UdSSR 1928–1954 (1928 = 100)

	1928	1937	1940	1944	1948	1952	1954
1. Lebenskostenindex							
a) Formel 5 oder 9	100	478	679	952	1565	1053	900
b) Formel 6 oder 10	100	699	951	–	2056	1413	1245
2. Jahreslöhne brutto	100	405	538	701	931	1065	1113
3. Jahreslöhne netto	100	400	512	516	828	932	1024
4. Reallöhne brutto							
a) Formel 7 oder 11	100	85	80	74	59	102	124
b) Formel 8 oder 12	100	58	57	–	45	75	89
5. Reallöhne netto							
a) Formel 7 oder 11	100	83	75	54	53	88	113
b) Formel 8 oder 12	100	57	54	–	40	66	82
6. Reallöhne netto inklusive Prämien							
a) Formel 7 oder 11	100	86	78	64	59	94	119
b) Formel 8 oder 12	100	61	57	–	46	72	88

Quelle: Chapman, Real Wages, 145

dustrie, Bauwesen und Transport annähernd gleich; lediglich die landwirtschaftlichen Löhne auf den Sowchosen standen weit zurück. Freilich besagen die nominalen Bewegungen für sich genommen wenig. Entscheidend bleibt die Kaufkraft der Rubel, die den Arbeitern am Monatsende anstelle von Naturalien nun wieder ausgehändigt wurden. Entsprechende, höchst aufwendige Berechnungen unter Berücksichtigung der Inflation und der Bedeutung verschiedener alltäglicher Gebrauchs- und Konsumartikel sind mehrfach angestellt worden. Tabelle 38 zeigt das plausibelste und allgemein akzeptierte Ergebnis.

Demnach verringerte sich das Nettoeinkommen nichtlandwirtschaftlicher Lohnempfänger nach Abzug ihrer Abgaben, aber unter Einschluß von Zulagen zwischen 1928 (= 100) und 1940 auf knapp die Hälfte (57), bis 1948 auf weniger als die Hälfte (46), um danach bis 1952 auf knapp Dreiviertel (72) und bis zum Beginn der neuen Ära nach Stalins Tod wieder nahe an das Ausgangsniveau heranzukommen (1954 = 88). Bei Nichtberücksichtigung der Zulagen überschritt der Index für das Nettoeinkommen bereits 1952 den Wert von 1928 wieder (102). Auch die anderen Berechnungen stimmen darin überein, daß die Preise gegen Ende der vierten Planperiode deutlich sanken und die Löhne weiter stiegen. Insofern spricht nach dem gegenwärtigen Kenntnisstand alles für die Aussage, daß sich die Realeinkommen der nichtlandwirtschaftlichen Arbeiter zu Beginn der ersten Nachkriegsdekade in der Tat erholten. Auch die Wohnfläche war, nach den spärlichen Angaben zu urteilen, mit 7,0 m^2 pro Einwohner 1950 größer als je zuvor. Dennoch bleibt ein solches Ergebnis höchst ambivalent: Erst im Todesjahr Stalins wurde die Kaufkraft des Vorjahres der von ihm eingeleiteten ‹Revolution von oben› wieder erreicht. Selbst wenn die Güter, die man nun kaufen oder mieten konnte, von besserer Qualität waren (was noch zu prüfen wäre), war der Preis überaus hoch, den mindestens zwei Generationen zu zahlen hatten. Sicher trugen die Verwüstungen, die der unprovozierte deutsche Überfall hinterließ, ganz erheblich dazu bei. Aber selbst wenn der Krieg die Wertschöpfung zweier Fünfjahrespläne vernichtete, blieb auch unter rein monetären Gesichtspunkten ein beträchtlicher Rest, der auf das Konto des Stalinschen Industrialisierungswahns ging.[6]

Da die Masse der Soldaten noch immer vom Dorf kam, wirkte sich die Demobilisierung vor allem hier aus: Sie bildete die unerläßliche Voraussetzung für die demographische Normalisierung in der *Bauernschaft*. Mit der Verkleinerung der Armee auf Friedensstärke konnten die vielen Millionen zwangsrekrutierter junger Männer wieder auf die Felder zurückkehren, die im Krieg ohne sie hatten bestellt werden müssen. Das Verhältnis zwischen den Altersgruppen und Geschlechtern begann sich wieder auf den Vorkriegsstand zuzubewegen. Allerdings stellte sich die natürliche Balance zum Teil nur langsam und unvollständig wieder her. Die auffälligste Entwicklung lag auch am nächsten: Der Anteil der arbeitsfähigen Männer nahm von 27,2 % 1945 auf 35,1 % 1950 merklich zu. Zugleich verringerten sich (absolut und relativ) die Zahl der Kinder unter 12 Jahren und der Jugendlichen zwischen 12 und 16 Jahren.

Damit sind allerdings die klaren Veränderungen auch schon benannt. Nicht weniger Beachtung verdienen diejenigen Vorgänge, die eigentlich zu erwarten waren, aber nicht stattfanden. So nahm der Anteil der Alten (Frauen über 55 Jahre, Männer über 60) nicht proportional zur Rückkehr der Arbeitsfähigen ab, sondern stieg sogar leicht an. Dieser überraschende Befund verweist zum einen auf anhaltende demographische Schäden des Krieges, der vor allem die junge und mittlere Generation traf. Zum anderen wird man die Verbesserung der medizinischen und hygienischen Versorgung zu bedenken haben, die auch in der UdSSR zur allmählichen Verlängerung der durchschnittlichen Lebensdauer führte. Darüber hinaus aber schlugen sozioökonomische Faktoren im engeren Sinne zu Buche. Nicht alle entlassenen Soldaten kehrten auf ihre Äcker zurück und nicht wenige verließen sie im Zuge des Wiederaufbaus in der vierten Planperiode wieder. Der langsame Wandel der inneren demographischen Struktur der Dorfbewohner zeigt damit eine bemerkenswerte allgemeine Entwicklung an. Unter Ausklammerung der Annexionen im Gefolge des Hitler-Stalin-Paktes (der ehemaligen baltischen Republiken, Bessarabiens nördlich des Pruth, Weißrußlands und der westlichen Ukraine) vermitteln die quantitativen Angaben ein klares Bild: Die Anzahl der Kolchosbevölkerung ging von 75,8 Mio. 1940 auf 63,9 Mio. 1946 und 62,3 Mio. 1950 zurück. Auf dem Territorium von 1939 ver-

3. Gesellschaft: bescheidener Lohn für harte Arbeit

ließen damit selbst oder gerade 1948–50, als es aufwärts zu gehen begann, durchschnittlich 1,5 Mio. Menschen pro Jahr das Dorf.[7] Die Ursachen lassen sich nicht im einzelnen bestimmen. Statistische Korrelationen weisen jedoch darauf hin, daß ökonomisch-finanzielle Motive – wie in analogen, früheren Prozessen in- und außerhalb der Sowjetunion auch – eine prominente Rolle spielten. So ergibt sich aus dem Vergleich der Migrationsdaten mit einer regionalen Aufschlüsselung des ausgezahlten naturalen und monetären Lohns der Kolchosbauern in Zentralrußland, daß die Landflucht im Maße der Ertragsabnahme stieg. Wo die Kollektivwirtschaften am wenigsten auszahlten, war die Abwanderung am größten. Allerdings setzte sie voraus, daß es außerhalb der Landwirtschaft genügend Arbeit gab. Deshalb dürfte sich diese neue Spielart des *otchod* nicht in allen Regionen des Reiches gleichermaßen angeboten haben. Andererseits liegt auf der Hand, daß angesichts der gewaltigen Kriegsschäden und der Fortsetzung des ‹sozialistischen Aufbaus› mehr zu tun war als je zuvor. Dabei lockten nicht nur industrielle Tätigkeiten, sondern auch solche im Bau- und Transportwesen. Allein auf organisiertem Wege (der zunehmend durch die freie Rekrutierung seitens der Unternehmen ersetzt wurde) fanden im Laufe der vierten Planperiode ca. vier Millionen Menschen, davon etwa 60–85 % vom Dorf, in den genannten Bereichen eine Anstellung. Hinzu kam der Ortswechsel zum Zweck der Qualifikation. Im Maße der allgemeinen Erhöhung der Anforderungen sahen sich auch Dorfbewohner veranlaßt, wenigstens die «unvollendete» Mittelschule zu besuchen oder zusätzliche praktische Fertigkeiten zu erwerben, wenn sie außerhalb des Kolchos arrivieren wollten. Diese Ausbildung war auf dem Dorfe nicht zu erhalten. Sicher floß auch die ‹Bildungsmigration› in den Rückgang des Anteils von Jugendlichen an der Dorfbevölkerung ein. Schließlich darf ein letzter Faktor nicht vergessen werden: Allen Lobpreisungen zum Trotz spricht wenig dafür, daß das Landleben attraktiver wurde. Selbst wenn Schulen, Kindergärten und Begegnungsstätten errichtet wurden, wenn Glühbirnen und Radios bis in die Dörfer vordrangen, blieb die Kluft zu den Städten groß. Wer besser leben und aufsteigen wollte, tat gut daran, Felder und Ställe zu verlassen. Auch darin war ein wesentliches Moment jener Kontinuität der sowjetischen Variante des sozioökonomischen Modernisierungsprozesses zu sehen, die vom Krieg höchstens verlangsamt, nicht aber beendet wurde.[8]

Letztlich konvergierten alle genannten Ursachen in einem fundamentalen Umstand: Der Kolchos blieb als wirtschaftlicher und sozialer Monopolverband des Dorfes bestehen. Austritte waren wie vor dem Krieg faktisch unmöglich; in den annektierten Gebieten sorgte staatlicher Druck dafür, daß die vorherrschenden Einzelbetriebe und Familienwirtschaften ebenso verschwanden wie in der alten Sowjetunion nach 1929. Weiterhin stand den Bauern als Freiraum für selbständiges Wirtschaften im wesentlichen der eigene Hof zur Verfügung. Nach wie vor teilten die *kolchozniki* daher ihre

VIII. *Spätstalinismus und Wiederaufbau (1945—1953)*

Tabelle 39: Jährliche Tagewerke (trudodni) der Kolchosmitglieder 1940—1950

	1940	1945	1946	1947	1948	1949	1950
Jahresdurchschnitt UdSSR	254	250	239	243	247	237	251
Davon							
pro arbeitsfähigem Mann	326	318	309	310	318	310	324
pro arbeitsfähiger Frau	197	229	206	206	207	137	211
% der Arbeitsfähigen, die das Minimum nicht erarbeitet haben	11,6	15,4	18,5	15,1	13,6	16,3	16,8
% der Arbeitsfähigen ohne Tagewerke	1,6	1,2	1,5	1,2	1,1	1,5	1,9

Quelle: Istorija sovetskogo krest'janstva IV, 97

Arbeitskraft in bezeichnender Weise ungleich zwischen Gemein- und Eigenwirtschaft auf: Trotz erneuerter ideologischer Kritik und flankierenden Gegenmaßnahmen gaben sie dem eigenen Land und der eigenen Viehzucht den Vorzug.

Statistische Angaben vermögen dies zu belegen. Als erstes fällt auf, daß der durchschnittliche Arbeitseinsatz während der Kriegs- und Nachkriegsjahre erstaunlich konstant blieb. Von 1940 bis 1946 fiel die Zahl der jährlichen Tagewerke pro Kolchosarbeiter von 254 auf 239; danach stieg sie aber nur langsam und schwankend auf 251 am Ende des Planjahrfünfts (vgl. Tabelle 39). Auch wenn man den absoluten Rückgang der Kolchosbevölkerung einschließlich der Arbeitsfähigen bedenkt, wird man in dieser Kurve kein Indiz für größeres Engagement als vor dem Krieg erkennen können. Zu demselben Schluß geben auch die Daten über den Anteil derer Anlaß, die das erforderliche Minimum nicht erreichten. Der entsprechende Wert fiel zwischen 1945 und 1950 nicht etwa, wie zu erwarten wäre, sondern stieg von 15,4% auf 16,8% sogar leicht an. Selbst wenn man objektiven Mangel an Arbeit (etwa infolge fortbestehender Zerstörungen) in Rechnung stellt, dürfte auch gegen Ende der ersten Wiederaufbauphase Desinteresse die primäre Ursache für diesen Befund geblieben sein.

Eine wichtige Ursache dafür lag nach wie vor in der miserablen *Bezahlung* landwirtschaftlicher Arbeit. Auch weiterhin lohnte es nicht, sich für den Kolchos zu schinden. Wer die Felder sorgfältig bestellte, hatte wenig davon; sein Einsatz wurde nicht individuell vergütet, sondern hing vom Gesamtertrag ab. Wenn andere nachlässig arbeiteten oder die Leitung ungünstig verkaufte (soweit die Erfüllung der Ablieferungspflicht nicht die gesamte Ernte aufzehrte) oder zu viel Verwaltungspersonal ausgehalten werden mußte, blieb wenig für die Verteilung nach registrierten Tagewerken übrig (vom Zustandekommen der Listen der Anspruchsberechtigten ganz abgesehen). Sicher besserte sich die Lage im Laufe der vierten Planperiode auch in dieser Hinsicht. Aber selbst die amtlich approbierten Statistiken —

3. Gesellschaft: bescheidener Lohn für harte Arbeit

Tabelle 40: Verteilung der Kolchosen nach der Getreide- und Geldausgabe pro Tagewerk 1940–1950 (in %)

Jahr	Getreide, kg						Geld, Rubel					
	bis 1	1,1–2	2,1–3	3,1–5	mehr als 5	ohne Ausgabe	bis 0,6	0,6–1,0	1,0–2,50	2,51–4	mehr als 4	ohne Ausgabe
1940	42,2	28,2	13,9	7,6	1,3	6,8	54,8	12,9	15,5	1,7	2,8	12,3
1945	76,2	14,2	3,9	1,9	0,5	3,3	35,5	10,5	14,0	4,9	3,8	31,3
1946	75,8	10,3	3,4	2,2	0,6	7,7	37,5	12,1	13,4	3,9	3,7	29,4
1948	67,3	21,8	6,05	2,01	0,4	2,4	43,9	11,8	12,4	2,7	2,0	27,2
1950	48,9	28,4	12,7	6,5	1,4	2,1	39,3	12,7	16,5	4,2	4,8	22,4

Quelle: Istorija sovetskogo krest'janstva IV, 175

und andere liegen bis auf weiteres nicht vor – vermögen keine uneingeschränkte Erfolgsmeldung zu begründen. Bei näherem Hinsehen zeigt sich (vgl. Tabelle 40), daß zwar der Anteil der Kolchosen, die weniger als ein Kilogramm Getreide pro Tagewerk ausgeben konnten, nach der großen Dürre von 1946 deutlich abnahm, aber selbst im letzten Jahr der vierten Planperiode noch über dem Stand von 1940 lag. Statt zum weiteren Beweis sozialistischer Überlegenheit darauf hinzuweisen, daß 1950 jeder arbeitsfähige Kolchosbauer im Durchschnitt 3,8 Zentner Getreide und 347 Rubel erhielt und auf einen Haushalt sogar 6,1 Zentner Getreide und 596 Rubel entfielen, wäre die Gegenrechnung am Platz. Diese könnte unter anderem anführen, daß der durchschnittliche Bruttojahreslohn eines nichtlandwirtschaftlichen Lohn- oder Gehaltsempfängers 1948 immerhin 7720 Rubel und 1952 8250 Rubel betrug. Mithin zahlte der Kolchos einer ganzen Bauernfamilie in Geldform nicht einmal ein Zehntel des außerdörflichen Arbeitsertrags. Auch das naturale Entgelt bildete keine ausreichende Ergänzung. Denn dieselben offiziösen statistischen Quellen weisen 1950 schon für eine einzige «Kolchosseele» einen durchschnittlichen Jahresverbrauch an Getreide von 161,64 kg aus, also deutlich mehr als drei Zentner. Von sechs Zentnern konnte eine mehrköpfige Familie kaum leben.

An der Steigerung des Einkommens, in welcher Form auch immer, und der Erhöhung des Lebensstandards auch der Dorfbewohner nach 1945 ist dennoch nicht zu zweifeln. Nur blieb das Niveau auch gegen Ende des vierten Fünfjahresplans überaus niedrig. Außerdem zeigen die Daten ebenfalls, daß die monetäre Entlohnung in geringerem Maße zunahm als die naturale und eigene Erzeugnisse bis zuletzt den größeren Teil der Bezahlung ausmachten. Selbstversorgung und Naturalwirtschaft überwogen auf dem Lande noch immer, Handel und Geld setzten sich nur mühsam durch.[9]

Um so eher stellt sich die Frage, wovon die Bauern eigentlich lebten. Die Antwort lautete auch weiterhin: von ihren *privaten* Parzellen. Anders als für die Vorkriegsjahre liegen für die Wiederaufbauzeit aufschlußreiche An-

Tabelle 41: Anteil der privaten Nebenwirtschaft am naturalen Gesamteinkommen der Kolchosbauern 1940–1950 (pro Person in %)

	1940	1945	1946	1947	1948	1949	1950
Getreide	–	12,9	14,1	14,0	12,9	9,8	7,4
Kartoffeln	66,9	88,6	87,2	84,5	83,4	85,0	88,4
Gemüse	66,1	77,9	81,0	78,0	72,8	73,2	73,4
Fleisch	86,8	85,5	84,8	81,3	83,6	84,0	85,3
Eier	97,4	97,1	97,0	97,0	96,0	95,4	95,6
Milch	97,6	98,7	98,8	98,7	98,1	98,0	97,7

Quelle: Istorija sovetskogo krest'janstva IV, 178

gaben über die Herkunft der bäuerlichen Einnahmen vor. Sie zeigen in aller Deutlichkeit, daß sich die Kolchoshaushalte wie zuvor ganz überwiegend vom eigenen Hof ernährten und für das Kollektiv – als Nachfolger jener Instanz, die ihnen seit Jahrhunderten einen Teil des Ertrags genommen hatte – im wesentlichen den Getreideanbau besorgten. Auch 1950 stammten 88,4 % der Kartoffeln, 73,4 % des Gemüses, 85,3 % des Fleisches, 95,6 % der Eier und 97,7 % der Milch vom eigenen Hof (vgl. Tabelle 41). Nur das Korn, an dem der Staat vor allem interessiert und das auf kleinen Flächen ohne Zugkraft auch schlechter anzubauen war, stammte weitestgehend aus der Gemeinwirtschaft. Umgekehrt blieb vor allem die Kleintierhaltung eine Domäne der Privatwirtschaft. Wenn eine Einrichtung die Bauern und die Bevölkerung vor dem Hunger bewahrte, dann waren es immer noch die Relikte des ‹Kapitalismus›, die man weiterhin dulden mußte.

Gleichfalls ungewöhnliche Angaben über die *Struktur der bäuerlichen Gesamtbudgets* bestätigen diesen Befund. Zwar zeigen sie, daß der Anteil der Einnahmen aus dem Verkauf der eigenen Erzeugnisse in den Nachkriegsjahren von mehr als der Hälfte auf ein knappes Drittel fiel (vgl. Tabelle 42). Desgleichen weisen sie aus, daß die Zahlungen der Kolchosen und MTS sowie der Erlös von Lohnarbeit, für wen auch immer, stark anstiegen (von knapp 11 % 1945 auf über 40 % 1950). Dennoch ist auch bei dieser Auflistung die andere Lesart zu beachten: daß die Geldeinkünfte der Kolchosbauern noch 1950 zu gut 30 % im eigenen Garten und Stall erwirtschaftet wurden. Wenn man die Zwangsablieferungen an den Staat einbezieht, die nach wie vor auch die privaten Produkte betraf, ergibt sich selbst nach offiziellen Daten immerhin eine Quote von 45,3 % noch für 1950 (1946 = 69,5 %). Eine Dekade zuvor, im letzten Friedensjahr, lag der entsprechende Anteil bei 51,7 %. Somit gewann die Gemeinwirtschaft in der Tat an Bedeutung. Zugleich bezogen ihre Mitglieder nach wie vor einen wesentlichen Teil ihres monetären Gesamteinkommens aus dem sog. Nebenerwerb. Der Kolchosmarkt blieb doppelt unentbehrlich: für die Versorgung der nichtagrarischen Bevölkerung *und* für das Budget der Kolchosbauern, die ansonsten

3. Gesellschaft: bescheidener Lohn für harte Arbeit

Tabelle 42: *Quellen der Geldeinkünfte einer Bauernfamilie 1945–1950 (in %)*

	1945	1946	1947	1948	1949	1950
Gesamt	100,0	100,0	100,0	100,0	100,0	100,0
Davon						
aus der Kolchose	3,7	4,2	4,4	11,6	14,6	19,7
aus der MTS	0,3	0,4	0,5	1,0	0,6	0,6
Lohnarbeit	6,9	9,5	10,5	18,3	20,8	20,2
Heimarbeit	1,4	2,0	2,0	1,6	1,4	1,4
aus Pflichtablieferungen	0,5	0,5	0,5	1,2	1,3	1,4
aus Pflichtablieferungen an Vieh und Geflügel	0,1	0,2	0,2	0,4	0,4	0,5
Verkauf und Kontraktabgabe von Vieh	14,8	18,9	18,2	16,6	14,2	11,8
Verkauf von landwirtschaftlichen Produkten	58,3	49,9	50,0	36,6	33,0	31,6
Erlös aus Fischfang und Jagd	0,9	2,1	1,6	1,2	1,2	0,9
Pensionen und Beihilfen der Sozialversicherung	2,2	3,6	4,4	6,8	7,7	7,5
Beihilfen für Familien Armeeangehöriger	2,5	1,4	0,7	0,5	0,6	0,5
Versicherungsleistungen	0,1	0,2	0,1	0,1	0,3	0,2
Anleihegewinne	0,5	0,6	0,7	0,3	0,7	0,8
Abhebungen von der Sparkasse	0,2	0,1	0,1	0,2	0,1	0,2

Quelle: Istorija sovetskogo krest'janstva IV, 180–81

weder Industriewaren kaufen noch Steuern und Versicherungsabgaben leisten konnten.

Auch verschiedene andere Indikatoren des materiellen Lebensniveaus auf dem sowjetischen Dorf der Nachkriegszeit lassen ein ambivalentes Bild erkennen. So zeigen Berechnungen des Verzehrs, daß sich der Speiseplan der durchschnittlichen Bauernfamilie zwar veränderte, aber nicht durchgreifend. Der Getreidekonsum nahm wieder zu. Kartoffeln kamen zunächst häufiger, gegen Ende des Planjahrfünfts seltener auf den Tisch. Der Verbrauch von Gemüse und Eiern änderte sich kaum. Milch wurde sogar weniger verbraucht; dafür stieg – ein wichtiger Maßstab ausreichender Ernährung – der Genuß von Fleisch und (tierischen) Fetten deutlich an, wenngleich man sich den Braten nach wie vor nur selten leisten konnte. Alles addiert, aßen die Bauern 1950 mehr und besser als zehn Jahre zuvor; aber groß war der Unterschied nicht. Ungleich schneller kam die Versorgung mit industriellen Konsumgütern voran. Von Textilien über Schuhe und Kerosin (für die Lampen) bis zu Wasch- und Toilettenseife erhöhte sich der Verbrauch um ein Vielfaches (bis 600 %). Allerdings fehlen hier

Vergleichsdaten für die Vorkriegszeit, so daß die Aussagekraft der Steigerungsraten sehr begrenzt bleibt.

Aus anderen Gründen sind auch Angaben über den Bau von Wohnungen und kulturellen Einrichtungen mit Vorsicht zu betrachten. Außer Zweifel steht, daß die schlimmste Not gelindert wurde. In den Besatzungsgebieten, wo noch zwei Jahre nach Kriegsende ca. 60 000 Familien in Erdhöhlen lebten, wurden Hunderttausende neuer Häuser gebaut. Da der Staat die Dringlichkeit des Problems erkannte, verzichtete er anfangs oft darauf, selber die Federführung zu übernehmen. Die Kolchosen bildeten Brigaden, deren Tagewerke der Gemeinschaft angeschrieben (die aber auch von ihr bezahlt) wurden, auch wenn sie den Familien ein privates Dach über dem Kopf verschafften. Der Staat gewährte individuelle Kredite, mit denen die Bauern von ihnen selber engagierte Brigaden bezahlen oder die Materialien kaufen konnten, die sie selber zu einem Haus zusammenfügten. Allein in Weißrußland entstanden auf diese Weise in den ersten drei Nachkriegsjahren ca. 340 000 Häuser für 1,8 Mio. Menschen. Nach dieser ersten Hilfe konnte man auch darangehen, das kulturell-zivilisatorische Angebot auf dem Lande zu verbessern. Die Kolchosen errichteten Klubs und Lesesäle, an zentralen Orten öffneten ‹Kulturhäuser› und Schulen ihre Pforten. Unklar bleibt, welche qualitativen Veränderungen sich hinter den quantitativen Erfolgsmeldungen verbargen. Die Vermehrung der entsprechenden Räumlichkeiten war durchaus eindrucksvoll; in der Regel wurde der Vorkriegsstand auch übertroffen. Wieweit Klubs und Lesesäle aber in Anspruch genommen wurden und welche Erfolge der Besuch der neuen Schulen brachte, läßt sich bislang nicht beantworten. Sicher ging es aufwärts, aber langsam, denn die Rückkehr zum Frieden bedeutete in jeder wesentlichen Hinsicht auch die Rückkehr zum Alten.[10]

Zu erwähnen ist schließlich eine Schicht, die sich in mancher Hinsicht der Beschreibung entzog: die sog. *wissenschaftlich-technischen Arbeiter*, aus denen sich ein erheblicher Teil der *Intelligenz* rekrutierte. Einerseits deutet alles darauf hin, daß sie quantitativ und strategisch weiter an Bedeutung gewann; andererseits blieben ihre Konturen unscharf. Der Zusammenbruch der regulären Ausbildung und Laufbahn im Krieg zwang gerade in dieser Hinsicht zur Improvisation. Viele Betriebe zogen ihre technischen Kader unter Rückgriff auf die obligatorischen Arbeitsreserveschulen selbst heran. Dadurch konnten sie den Bestand an hinreichend ausgebildetem Personal in bemerkenswertem Maße sichern (1940 932 000, 1945 806 000). Zugleich wurde der Übergang zwischen den einzelnen Gruppen leichter; faktische Qualifikation ersetzte die formale. Die Friedenswirtschaft und der Fortgang der Industrialisierung lenkten die Entwicklung auch in dieser Hinsicht wieder zu den Vorkriegszuständen zurück. Gegen Ende der Wiederaufbaujahre kam eine wachsende Verfestigung der sozialen Struktur hinzu. Die Ära der

3. Gesellschaft: bescheidener Lohn für harte Arbeit

außerordentlichen – von Terror und Krieg begünstigten – Aufstiegschancen ging zu Ende; die gesamtgesellschaftliche Mobilität ließ nach. Beide Veränderungen stärkten bei parallel steigenden Anforderungen das Gewicht schulisch-formaler Qualifikation. So wie Parteibewährung zur Übernahme leitender administrativer Positionen immer weniger ausreichte, bedurfte es auch in den oberen Etagen der verstaatlichen Wirtschaft zusätzlicher Fachkenntnisse. Dafür spricht nicht nur die starke Vermehrung des entsprechenden Personenkreises von 806 000 1945 auf 1,2 Mio. 1950 und 1,5 Mio. bei Ende der nächsten Planperiode. Ebenso deutlich ist der Fingerzeig, den die Angaben über die Hochschulabgänger enthalten. Von allen höheren Lehranstalten, darunter vielen technisch-naturwissenschaftlichen Fachhochschulen, fanden 1938–40 72 000, 1941–45 54 200, 1946–50 aber bereits 112 900 und 1951–55 219 000 Aufnahme in Industrie und Bauwesen. Offensichtlich wuchs hier in raschem Tempo eine Qualifikationselite heran, deren Grundstein ebenfalls bereits vor dem Krieg gelegt worden war, die aber in den Jahren des Wiederaufbaus auf zunehmend günstige Rahmenbedingungen traf. Bezeichnend war dabei (auch in den folgenden Dekaden), daß sie nicht nur sektoral die führenden Funktionen übernahm, sondern darüber hinaus weiter zum gesamtgesellschaftlichen Leitbild avancierte. Der Ingenieur verkörperte den Wunschtraum von Modernisierung und einer besseren Zukunft. Er stand für Wissen, Kompetenz und Machbarkeit. Zugleich warf seine Idealisierung auch ein bezeichnendes Licht auf den rein technisch-materiellen Gehalt des ‹sozialistischen Aufbaus›. Quantitativ rivalisierte am ehesten der Lehrer mit ihm. Die Rubrik «Bildung», die hauptsächlich er füllte, wuchs sogar noch schneller als die der technischen Kader. Dennoch wird man darin eher eine Voraussetzung als ein Ziel zu sehen haben. Der Übergang zur industriellen Massengesellschaft verlangte eine höhere Allgemeinqualifikation. Aber die Lehrer, die dafür nötig waren, wurden schlecht bezahlt und nahmen (außerhalb der Wissenschaft) einen niedrigen Rang in der sozialen Prestigeskala ein. Gleiches galt für Ärzte, Hygienefachleute und sonstige Träger des öffentlichen Gesundheitswesens. Man brauchte sie eher, als daß man sie prämierte.[11]

Quer zu all diesen Gruppen stand (und steht überwiegend) die *Intelligenz* im russisch-sowjetischen Sinn. Auch das kleine Fähnlein der Kunst- und Filmschaffenden ist ihr nicht ohne weiteres zuzurechnen. Schon seit zarischer Zeit bildete sie ganz überwiegend eine *geistig-kulturelle*, keine soziale Kategorie. Zu ihr zählte, wer ihre Werte teilte, nicht, wer eine bestimmte beruflich-fachliche Qualifikation besaß.

4. Kulturelle Eiszeit

Gute Gründe stützen die Meinung, daß sich die Rückkehr zum Alten im kulturell-geistigen Leben besonders kraß vollzog. Wer die Verhärtung nicht im politischen Leben spürte oder in den Strudel des erneuerten Terrors geriet, der konnte bald an der Propaganda, an Lehrinhalten und den verschiedensten Ausformungen von Kunst und Wissenschaft ablesen, was die Stunde wieder geschlagen hatte. Denn der Friede hob die Notwendigkeit jener Konzessionen auf, die der Zwang zur Mobilisierung aller Überlebenskräfte hervorgerufen hatte. Schon seit der Wende des Jahres 1943 kursierten Gerüchte, die wissen wollten, daß es mit der relativen Liberalität bald ein Ende habe. So fiel die Rückbesinnung auf den ‹reinen Leninismus› nicht vom Himmel. Sie kam mit dem Sieg, weil die Selbstbehauptung auch ein Triumph des Regimes war. Bitter genug, brachte die äußere Befreiung keine innere, sondern das Gegenteil.[1]

Dabei lohnt es darüber nachzudenken, ob der Zeitpunkt des Kampagnenbeginns zufällig war. Ein Jahr lang gewährten Partei und Regierung der Bevölkerung eine Verschnaufpause. Sie mußten den Übergang zum Frieden vollziehen, das Land neu organisieren und hatten stärker als zuvor und danach die Bedürfnisse der geschundenen Bevölkerung im Blick. Im Sommer 1946 mehrten sich die Zeichen für ein Ende dieser Schonzeit. Die schlimme Dürre zeigte Wirkung, der Kalte Krieg kündigte sich an. In dieser Situation hatten diejenigen leichtes Spiel, denen die patriotische ‹Libertinage› ohnehin ein Dorn im Auge war. Für sie sprach Ždanov als Ideologiefachmann des Politbüro in einer berühmt-berüchtigten Rede vor Leningrader Schriftstellern und Parteigenossen, die am 14. August 1946 in einen formellen ZK-Beschluß umgesetzt wurde. Ždanov wählte zwei Schriftsteller für seine Attacke aus, meinte aber die Verlockung ästhetischer Autonomie generell. Was Michail Zoščenko und Anna Achmatova vorgeworfen wurde, stand für zwei der größten geistigen Gefährdungen nach den Maßstäben stalinistischer Orthodoxie: für zersetzenden ‹Negativismus›, der den Sowjetstaat diskreditiere, und für selbstverliebten ‹Formalismus›, der das Geschäft der Konterrevolution, des «reaktionären Obskurantismus», betreibe. Leicht ist zu sehen, daß sich hinter solchen Verunglimpfungen nicht der unbedeutendsten unter den zeitgenössischen Literaten zwei fundamentale Glaubenssätze des sozialistischen Realismus alter Prägung verbargen. Der ‹positive Held› sollte in gleicher Weise wieder zur Pflicht werden wie die ideologische Botschaft. Literatur und Kunst hatten nicht zu mäkeln oder sich selbst zu genügen, sondern vorbildlich zu sein.

Zugleich verdient Beachtung, daß die approbierte Gestaltungsweise eine Reihe von Konnotationen einschloß, die kaum weniger über die offiziell-normativen kulturell-geistigen Werte aussagten als sie selbst. Zoščenkos Sa-

4. Kulturelle Eiszeit

tire vom Affen, der sich durch den mühseligen, von Elendsquartieren und Armut, von Mangelwirtschaft und Trunksucht geprägten sowjetischen Alltag schlägt und aus seiner tierisch-verkehrten Sicht die Wahrheit sagt, ließ nicht nur die Anerkennung sozialistischer Leistungen vermissen. Darüber hinaus störten die Kritik und die exponierende, als Brennglas dienende Einseitigkeit. ‹Gewohnheitsmäßige Verhöhnung› wollte sich das Regime ebenso wenig gefallen lassen wie vor dem Krieg. Was ihm mißfiel, erhielt den Stempel des ‹Widerlichen› und ‹Oberflächlichen›. So wie Ždanov nicht versäumte, Zoščenkos angebliche Verirrungen aus seiner Vergangenheit als Mitglied der bewußt apolitischen «Serapionsbrüder» herzuleiten, so warf er auch Achmatova vor, die Ideale ihrer vorrevolutionären Jugend nicht aufgegeben zu haben. Von ‹Imaginisten›, ‹Symbolisten› und ‹Dekadenten aller Schattierungen› habe sie sich nicht gelöst. Ihre Kunst sei esoterisch und «dem Volk vollkommen fremd». Daß auch der Vorwurf des Blasphemischen und Pornographischen nicht fehlte («halb Nonne, halb Dirne»), nimmt ebensowenig wunder wie die Billigung patriotischer Untertöne. Es war abermals eine stalinistisch-sozialistische Variante des gesunden Volksempfindens, die Ždanov mit der Androhung staatlicher Sanktionen zur verbindlichen Norm erhob. Weder ihr Inhalt noch die Art ihrer Durchsetzung enthielten Neues, aber die Wende war nach der relativen Freiheit der Kriegsjahre schroff. Auch darin mag begründet sein, daß Zoščenko über den formellen Ausschluß aus dem Schriftstellerverband, der dem obrigkeitlichen Tadel noch am selben Abend folgte, zerbrach.[2]

Was der Literatur recht war, sollte den anderen Künsten billig sein. Dabei machten weitere offizielle Resolutionen klar, daß die Parteimeinung auch in dieser Hinsicht einem Befehl gleichkam. Am 4. September legte man dem *Film* noch engere Zügel an, als dies unter dem vereinnahmenden Druck der Vaterlandsverteidigung ohnehin der Fall gewesen war. Die Inszenierung des Wiederaufbaus im Donecbecken unter dem Titel «Ein großes Leben» mußte sich vorhalten lassen, «die Sowjetmenschen falsch und verzerrt» darzustellen. Statt wirklicher Helden präsentiere sie dem Zuschauer Faulenzer, Trunkenbolde und Ignoranten. Ždanov vermißte auf der Leinwand ebenfalls das Konstruktive und plädierte dafür, daß der «Realismus» nicht die Wirklichkeit, sondern die ideologisch verschönerte Vorstellung von der Wirklichkeit wiedergebe. Auch dieser Tadel galt dabei nicht einem Werk allein. Man liest ihn kaum falsch, wenn zwei später namentlich genannte prominente Regisseure ihre eigentlichen Ziele waren. Selbst dem großen Eisenstein wurde die «Ignoranz» vorgeworfen, im zweiten Teil seines Epos über Ivan den Schrecklichen «das fortschrittliche Heer der Opritschniki» als «entartete Bande vom Schlage des amerikanischen Ku-Klux-Klan» porträtiert zu haben. Ähnlich erfuhr der nicht weniger bekannte Pudovkin, daß er keinen Film über den historischen Helden Admiral Nachimov – so der Titel – gedreht habe, sondern einen «über Bälle und sonstige Tanzveranstaltungen».

Pudovkin kroch zu Kreuze. Sein Film wurde geschnitten und gezeigt. Eisenstein erbat und erhielt eine Audienz bei Stalin persönlich, die ihm nicht half. Seine «Fehler» waren irreparabel, der Film verschwand im Archiv. Eisenstein erlitt eine Herzattacke und starb zwei Jahre später im Alter von nur fünfzig Jahren.[3]

Um dieselbe Zeit verstärkten sich auch die Angriffe auf die zeitgenössische *Musik*. Nicht zuletzt an Opern und sonstigen Kompositionen vermißte Ždanov den Rückgriff auf die «besten Traditionen» der russischen Klassik, besonders die Melodik und Harmonie. An ihre Stelle träten formalistische Experimente mit Atonalität und Dissonanz. Im Kern wiederholte der entsprechende ZK-Beschluß vom 10. Februar 1948 die Kritik, die zwölf Jahre zuvor an Šostakovičs Vertonung der Leskovschen Novelle über die «Lady Macbeth von Mcensk» geübt worden war. Auch der Spätstalinismus wandte sich gegen esoterische «Volksfeindlichkeit» und zersetzende Vernünftelei. Was stattdessen gewünscht wurde, dürfte einem Pendant zu jener affirmativen Selbstrepräsentation nahegekommen sein, die in der *Architektur* immer deutlicher zutage trat. Wer die Bahnhöfe der Moskauer Metro, über fast zwei Jahrzehnte errichtet, vergleicht, dem fällt diese Veränderung ins Auge. Die schnörkellose (dabei durchaus nicht unscheinbare) Geradlinigkeit kubischer, lichtvoller, von Marmorkolonnaden gesäumter Hallen wich kirchenschiff- und gelegentlich grottenähnlichen, dunkleren Räumen, deren Ende überlebensgroße Reliefs und Bilder freudiger Industriearbeit oder überreich belohnter Ernteeinsätze von sozialistischen Helden und Heldinnen zieren. Manieristischer Prunk löste die letzten Reste funktionaler Sachlichkeit ab. Der späte Stalinismus verzichtete auch in seiner Architektur auf Dynamik und Bewegung. Seltsam statische Üppigkeit erzeugte eine erkennbar falsche Scheinwelt – sozialistisches Barock.[4]

Auch vor der *Wissenschaft* machte die materialistische Eiszeit nicht Halt. In mancher Hinsicht erreichte sie auf diesem Gebiet sogar einen Höhepunkt. Einige Disziplinen wurden durch die neue Macht des Dogmas um Jahrzehnte zurückgeworfen, weil sie Forschungserkenntnisse der jüngeren Vergangenheit öffentlich nicht zur Kenntnis nehmen durften und der Anschluß an die internationale Diskussion endgültig verlorenging. Andere konnten zumindest nicht ungehindert verfolgen, was im Westen vor sich ging, und Geld für Experimente fehlte ohnehin. Weil der Schaden, auch materiell, so immens war, gelten die Vorgänge in der sog. *Agrobiologie* als exemplarisch. Was hier an Verirrung für sakrosankt erklärt und jahrelang praktiziert wurde, ging aufgrund der besonderen Agilität, Bösartigkeit, aber auch – auf seine Weise – Wirksamkeit eines Beteiligten sicher über das Normalmaß hinaus. Andererseits warf allein ihre Möglichkeit ein bezeichnendes Licht auf das Verhältnis zwischen verordneter Ideologie und vorurteilsfreier Forschung.

4. Kulturelle Eiszeit

Denn die Thesen des erwähnten Pflanzenkundlers *Lysenko* hatten sich im Kern nicht verändert. Nach wie vor bestritt er den Zufallscharakter von Mutationen und behauptete statt dessen die grundsätzliche Möglichkeit, durch Veränderung der Umgebung neue, linear vererbbare Eigenschaften zu züchten. Mit diesen Anschauungen paßte Lysenko nachgerade musterhaft in das Ždanovsche Konzept, schien er doch zu beweisen, daß die offizielle Welt-Sicht mit den neuesten Erkenntnissen der Wissenschaft nicht nur vereinbar war, sondern diese nachgerade vorweggenommen habe. Hinzu kam ein ‹nationaler Vorzug› von wachsendem Gewicht. Im Maße der Eskalation des Kalten Kriegs gewann der Patriotismus abermals an integrativer Qualität. Offiziell fielen die Adjektive sozialistisch und russisch-sowjetisch nun auch im Frieden in eins. So paßte es in die politische Gesamtsituation, daß Lysenko seit dem Frühjahr 1948 mit obrigkeitlicher Hilfe endgültig die Oberhand gewann. Ein gutes Jahrzehnt lang waren kritische Stimmen in der Akademie der Wissenschaften nicht verstummt. Sie hatten seine Stellung zwar nicht erschüttern, aber doch seine Alleinherrschaft verhindern können. Nun verbanden sich die Umstände zu seinen Gunsten. Dabei war es bezeichnend, daß Lysenkos Triumph mit dem Sturz (und Tod) Ždanovs zusammenfiel. Andere traten dessen ideologisches Erbe an: Es gab einen Ždanovismus ohne Ždanov – Indiz dafür, daß die ideologische Verhärtung nicht von ihm allein, sondern von der gesamten Parteiführung getragen wurde. Die entscheidende Sitzung der (Leninschen Allunions-) Landwirtschaftsakademie fand Anfang August 1948 statt. Lysenko versäumte nicht, die Versammlung durch den Hinweis vollends gefügig zu machen, Stalin selbst habe seinen Thesen zugestimmt. So wurde die Behauptung von der umweltabhängigen Manipulierbarkeit der Erbanlagen zur allein gültigen Lehre erhoben; abweichende Auffassungen traf der Bann. Dank der neuen Massivität staatlich-parteilicher Unterstützung blieb die Ächtung keine bloße verbale Erklärung. Einflußreiche Widersacher wurden ihrer Ämter enthoben, Experimente zum Beweis alternativer Hypothesen verboten, «falsche» Bücher aus den Bibliotheken entfernt. «Grauhaarige Wissenschaftler», die es besser wußten, mußten sich in Lysenkos Vorlesungen begeben, «um neu zu lernen». Um den Monopolisten entstand ein regelrechter Kult. Büsten und Hymnen, die seine Leistung priesen, verbargen den einen und dokumentierten den anderen, was Lysenkos Sieg in Wahrheit bedeutete: den weiteren, unaufholbaren Rückfall der sowjetischen Genetik hinter den globalen, vom Westen bestimmten Standard.[5]

Offensichtlich stand dieses amtliche Unfehlbarkeitszeugnis für Lysenkos Scharlatanerie in enger Verbindung mit weiteren, ungefähr zeitgleichen Kampagnen. Bereits 1947 lebte die alte Debatte über Materialismus und Idealismus in der *Philosophie*, besonders der naturwissenschaftlichen, wieder auf. Auch dabei zog Ždanov die Fäden. Nachdem er dem Verfasser einer neuen «Geschichte der westlichen Philosophie» auf einer Konferenz höchstpersönlich die Leviten gelesen hatte, leitete die neubegründete Fachzeitschrift zu Beginn des folgenden Jahres eine neue Phase der Kontroverse um das Weltbild der modernen Physik ein. Programmatisch verwarf ein Beitrag vom März 1948 den Versuch, die Quantenmechanik in der Bohrschen Interpretation für marxistische Erkenntnistheorie annehmbar zu machen. Statt letztere, wie vorgeschlagen, in eine flexible Deutung des Subjekt-Objekt-Verhältnisses einzufügen und die Substanz des Problems an sich als unverändert zu betrachten, erklärte er die Hypothesen und Beweise von der Planckschen Korpuskulartheorie bis zur Heisenbergschen Unschärferelation für unstatthaften Idealismus. Auf Ždanovs Geheiß bekräftigten die Wissenschaftszensoren, daß nicht sein konnte, was nicht sein durfte: Die Beschaffenheit der Realität sollte nicht vom Standpunkt des Betrachters abhängen, das Bezugssystem von Raum und Zeit nicht relativ und die Materie nicht mehrdeutig sein. Auch in der theoretischen Physik war für 1949 eine Unionskonferenz geplant, um die «Wahrheit» *ex cathedra* zu verkünden. Zum Glück der wahrscheinlichen Opfer fiel die Veranstaltung aus, weil Berija auf Drängen Kurčatovs intervenierte. Lediglich ein Sammelband erschien zwei Jahre später, der fast die gesamte einschlägige, stark jüdisch geprägte sowjetische Elite, von Ioffe über Ja. I. Frenkel' bis L. D. Landau, anschwärzte und ihre international längst anerkannten Erkenntnisse auf den Index setzte. Bei alledem war es kein Zufall, daß sich die Maßregelung weitgehend auf verbale Kritik beschränkte: Man brauchte die Gescholtenen im Rüstungswettlauf mit den Vereinigten Staaten. Mit ‹materialistischer› Physik des 19. Jahrhunderts ließ sich keine Atombombe bauen. Die Spezialisten, die dies 1949 zuwege brachten und 1953 die noch verheerendere nukleare Sprengkraft des Wasserstoffs erfolgreich testeten, gingen von den Überlegungen und Berechnungen Einsteins, Bohrs und Heisenbergs aus, nicht von ‹marxistischen›.[6]

In mancher Hinsicht flossen die Kritik an ‹entarteter› Literatur und Musik, der molekularen, von der Spontanmutation ausgehenden Genetik, der ‹idealistischen› Elementarphysik und andere Angriffe auf angebliche Abweichungen vom materialistisch-dialektischen Königspfad in der Kampagne gegen den sog. «*Kosmopolitismus*» zusammen. Obwohl schon Ždanov nationalpatriotische Töne angeschlagen hatte, um Kunst und Wissenschaft in eine sowjetsozialistische Form zu trimmen, geriet die entsprechende Propaganda erst nach seinem Tod richtig in Fahrt. Dabei zeigte sich noch deutlicher als bei den übrigen Attacken, daß das Feindbild höchst unscharf war. Inhalte und Personen ließen sich so weit austauschen, daß auch ehemalige Schützlinge Ždanovs in die Schußlinie gerieten. Im Kern entpuppte sich der ‹Anti-Kosmopolitismus› als *Antisemitismus*: Seine Opfer waren ganz überwiegend Juden. Die Verfolgung erstreckte sich dabei auf die verschiedensten Bereiche der Kultur. Ob Schriftsteller, Literaturkritiker, Philosophen oder Naturwissenschaftler, wer jüdischer Herkunft war – und das galt für überaus viele –,

4. Kulturelle Eiszeit

stand in besonderer Gefahr, ‹wurzelloser› Volksfeindlichkeit beschuldigt und mit Lagerhaft bestraft zu werden. Wenig spricht dafür, diese und die anderen Kampagnen der späten Stalinära irrational im Sinne des Selbstlaufs zu nennen. Aber sie waren insofern willkürlich, als ihr Gegenstand immer beliebiger wurde: Die Parteiherren brauchten Sündenböcke, gleich welche.[7] Auf der anderen Seite ist nicht zu übersehen, daß die Kampagnen auf bestimmte Bereiche beschränkt blieben und selbst hier keine dauerhafte Durchschlagskraft entfalteten. Gewiß forderte auch die Ždanovščina zahlreiche Opfer, darunter solche im schlimmsten Sinne der physischen Vernichtung. Und in einigen Berufsgruppen, vor allem unter den Biologen und den Schriftstellern nach dem zwölften Allunionskongreß vom Dezember 1948, kam es sogar zu regelrechten «Säuberungen». Dennoch ignorierten viele Betroffene die obrigkeitlichen Zumutungen in einer Form, die von Ablehnung kaum zu trennen war. Dabei legt die Chronologie den Verdacht nahe, daß der unerwartete Tod Ždanovs solche Verhaltensweisen erleichterte. Auch wenn die Angriffe von Stalin und dem Politbüro gebilligt wurden, fehlte seit dem Spätsommer 1948 die treibende Kraft. Schon die nächste, 13. ordentliche Versammlung der organisierten sowjetischen Schriftsteller nahm Warnungen vor einer «mechanischen» Übertragung politischer Überzeugungen in die Literatur mit Beifall zur Kenntnis. Desgleichen interpretierten viele Zuhörer die Kritik an ‹mißverstandenem› Vorgehen gegen die drei großen Übel des ‹Kosmopolitismus›, ‹Idealismus› und volksfernen ‹Subjektivismus› sicher richtig als Ermunterung zur Mäßigung. Wenn auch verschleiert, setzte sich die Einsicht durch, daß man die Künste nicht so eng an die ideologische Kandare legen konnte, ohne ihre ästhetische Qualität vollends zu opfern und den bald bemängelten unglaubwürdigen und immergleichen süßlichen ‹Glanz› *(lakirovka)* nachgerade zu provozieren.[8]

In der Wissenschaft konnte sogar von deutlichem Widerstand die Rede sein. Parallel zur Korrektur der ideologischen Strenge in der Literatur wagten es vor allem theoretische Physiker, offen gegen die vorgeschriebenen Lehrmeinungen zu protestieren. Sie verteidigten die Revolution des Weltbildes unter anderem dadurch, daß sie eine klare Trennung zwischen ‹philosophischer› und ‹physikalischer Relativität› forderten. Wer Einsteins Theorien akzeptiere, stelle den recht verstandenen ‹historisch-dialektischen Materialismus› dadurch keineswegs in Frage. Geradezu als Provokation mußte auf glaubensfeste Dogmatiker der Umstand wirken, daß die indizierten Schriften nicht nur weiterhin gelesen, sondern drei Werke Heisenbergs auch in russischer Übersetzung veröffentlicht wurden. Ähnlich verfuhren die Mathematiker, die trotz aller Kritik am ‹Formalismus› den Anschluß an die internationale Entwicklung nicht verloren. Und selbst einige Biologen probten den Aufstand. Wenn auch recht spät, veröffentlichte eine der führenden Fachzeitschriften 1952 prinzipielle Einwände gegen Grundannahmen des ‹Lysenkoismus›. Zugleich wurden ausländische Werke übersetzt, die konträre Gedanken entfalteten. Mithin trat schon *vor* Stalins Tod klar zutage, daß der Versuch, ein umfassendes Parteimonopol in allen Bereichen der Weltdeutung, von der künstlerischen Darstellung bis zur wissenschaftlichen Erklärung, zu verankern, zum Scheitern verurteilt war. Ein so weitgehender Monismus geriet offensichtlich in Gegensatz zu unbestreitbaren Erkenntnissen und unverzichtbaren Eigengesetzlichkeiten der wissenschaftlichen und künstlerischen Disziplinen.[9]

Anders sah es nach wie vor in den *Geisteswissenschaften* aus. Auch sie hatten sich zwar zu einem erheblichen (und wachsenden) Teil unter das große, schützende Dach der Akademie der Wissenschaften flüchten können. Aber zum einen beschränkte sich die Unabhängigkeit im wesentlichen auf den engen Kreis der (lebenszeitlich berufenen) Vollmitglieder *(Akademiki)*, zum anderen blieb das Gewicht der Geisteswissenschaften in der Akademie bei aller Zunahme bescheiden. Hinzu kam der anhaltende, in mancher Hinsicht sogar verstärkte Druck des Regimes: Während die Naturwissenschaften die äußere und ökonomische Überlebensfähigkeit zu sichern hatten, zog man die Geisteswissenschaften weiterhin zur Legitation und inneren Festigung heran. Während ersteren dafür faktisch ein gewisser Freiraum autonomer Fortentwicklung attestiert wurde, verzichtete man bei letzteren nicht nur darauf, sondern verpflichtete sie mit neuer Strenge auf den universalen Gültigkeitsanspruch der Staatsideologie – einschließlich durchaus wechselnder Deutungen.

Es ergab sich daher von selbst, daß die Geisteswissenschaften ähnlich hart von der *Ždanovščina* getroffen wurden wie Literatur und Musik. Was der *Geschichtswissenschaft*, immer noch mit einer Schlüsselfunktion versehen, widerfuhr, kann dabei als exemplarisch gelten. Im Krieg hatten nicht zuletzt die berufsmäßigen Historiker Anlaß gesehen, in den patriotischen Chor einzustimmen. Die altrussische Geschichte fand neues Interesse. Moskowitische Helden zogen gemeinsam mit ‹großen Männern› des 18. und 19. Jahrhunderts in die Ahnengalerie des Sowjetimperiums ein. Man entdeckte die ‹Entstehung des zentralisierten Einheitsstaates› als Grundlage aktueller Größe und genierte sich nicht, das Schreckensregime Ivans IV. zur unverzichtbaren Politik der harten Hand zu verharmlosen, die Stalin als Vorbild dienen konnte. Mit dem Frieden zog eine gewisse Unsicherheit ein. Die nationale Orientierung hielt an, zumal sie (wie erwähnt) nicht erst nach dem deutschen Überfall entstand, sondern Fleisch vom Fleische des Stalinismus war. Andererseits lebte eine marxistische Strömung wieder auf, die den Verzicht auf Klassenkampfparolen als Konzession an die Notlage verstanden hatte und nun zu den ideologischen Ursprüngen des revolutionären Staates zurückdrängte.

Allerdings gab erst der offene Ausbruch des Kalten Krieges zur Konkretisierung des Neuen Anlaß. Was Ždanov im Sommer 1947 – ein Jahr nach seiner ‹literarischen› Philippika – der Abhandlung über die westliche Philo-

4. Kulturelle Eiszeit

sophie ankreidete, wurde auch als Direktive für das offiziöse Geschichtsbild verstanden: Die nationale Komponente hatte der marxistischen an die Seite zu treten; der Feind stand zwar außerhalb der Grenzen, verfügte aber über innere Agenten, die an ihren ‹Abweichungen› von der Parteilinie zu erkennen waren. In diesem Geiste fand im Januar 1948 die erste sog. Diskussion im Historischen Institut der Akademie der Wissenschaften statt, die wie viele nach ihr in Wahrheit der Durchsetzung der Parteilinie diente. Was dem ersten Opfer I. I. Minc, Verfasser einer (später zum monumentalen Standardwerk erweiterten) Darstellung der Revolution von 1917, vorgeworfen wurde, war bezeichnend: das Gründungsdrama des Sowjetstaats als Ergebnis von Klassenkämpfen, nicht als Befreiung Rußlands von ausländischem Kapital beschrieben zu haben. Folgekonferenzen im März 1948 und 1949 machten deutlich, daß sich der Akzent der Anklage immer weiter auf die angeblich mangelnde Wertschätzung von Errungenschaften der russischen Geschichte verlagerte. Der normannische Ursprung der Waräger und des ersten slavischen Staatsgebildes sei nicht entschieden genug zurückgewiesen, die großen Leistungen von Lomonosov und anderen hervorragenden Gelehrten des achtzehnten Jahrhundert ungenügend gepriesen und überhaupt der Beitrag Rußlands zur Entwicklung der Welt vernachlässigt worden. Die verbalen Kainsmale Ždanovscher Prägung, die jedem beliebigen Opfer stereotyp angeheftet wurden, drangen auch in die Spalten historischer Fachzeitschriften ein. Von ‹Kriecherei› vor dem Feind war ebenso die Rede wie vom ‹Kosmopoliten ohne Freunde und Verwandte›. Überhaupt wurden die Gemaßregelten den vermeintlichen Handlangern des ‹amerikanischen Imperialismus› immer ähnlicher. Auch in der Geschichtswissenschaft entpuppte sich die ‹Anti-Kosmopolitismus›-Kampagne mit wachsender Deutlichkeit als antisemitische Hetze. Im März 1949 hießen die Angegriffenen Minc, N. L. Rubinštejn, S. Ja. Lur'e und O. L. Vajnštejn, denen ein I. M. Razgon zugeschlagen wurde, weil er ein Schüler von Minc war und mit diesem als Vertreter von Ideen Pokrovskijs, des anderthalb Jahrzehnte zuvor von Stalin verjagten Lehrmeisters der frühsowjetischen Geschichtswissenschaft, galt. Daß die Ankläger, von A. L. Sidorov über N. A. Maškin bis zu L. V. Čerepnin, überwiegend russische Namen trugen, dürfte ebenfalls kein Zufall gewesen sein. Auch bei den Säuberungen in der Geschichtswissenschaft floß vieles zusammen: Nationalismus, parteikonformer Opportunismus, Antisemitismus und sicher eine gehörige Portion instituts- und disziplininterner Intrigen.[10]

Bei alledem bleibt bemerkenswert, daß die Historiker vergleichsweise glimpflich davonkamen. Zumindest rollten, soweit ersichtlich, keine Köpfe. Minc avancierte zum Doyen der sowjetischen Geschichtswissenschaft bis weit in die siebziger Jahre hinein; Lur'e konnte seinen Ruf als herausragender Fachmann für die frühmoskowitische Periode durch zahlreiche Schriften erhärten. Die Gangart änderte sich mit Beginn des neuen Jahrzehnts. Dabei dürfte der Inhalt der obrigkeitlich gelenkten ‹Debatten› recht unerheblich gewesen sein. Nach dem ‹Kosmopolitismus› stritt man, durchaus fachnäher, über die *Periodisierung* der russischen Geschichte. Abermals wurde das alte Problem erörtert, das jede Übertragung der marxistischen Geschichtstheorie auf Rußland unweigerlich aufwarf: in welchem Maße die russische Entwicklung der ‹westeuropäischen›, verstanden als die ‹globale›, glich. Abermals gab die machtgestützte Ideologie die Antwort vor. Feudalismus, absolutistischer Zentralstaat, Kapitalismus und Imperialismus mußten den jeweils analogen ‹westeuropäischen› nicht nur wesensgleich sein, sondern ihnen auch chronologisch ungefähr entsprechen. Ob die Kritik aufrechte Historiker traf, die der Pflicht zur Objektivität durch Hinweise auf die ein oder andere Besonderheit der russischen Entwicklung wenigstens rudimentär zu entsprechen suchten (wie immer sie ihre Position verstanden), mag offen bleiben. Für eine erhebliche Beliebigkeit spricht der Umstand, daß das hauptsächliche Opfer der Periodisierungsdebatte, S. V. Bachrušin, aus dem Moskauer Großbürgertum stammte und noch bei dem bedeutendsten vorrevolutionären Historiker, dem liberalen Ključevskij, studiert hatte.

Warum schließlich wer verschwand, läßt sich vorerst nicht im einzelnen angeben. Die Verhaftungen erfolgten willkürlich und verbanden sich mit physischen Maßregelungen derjenigen, die nach völlig unerwarteten heftigen Angriffen Stalins gegen den längst (1934) verstorbenen maßgeblichen sowjetischen Linguisten der zwanziger Jahre N. Ja. Marr im Juni 1950 ausbrachen. So undurchsichtig wie die Motive des greisen «Führers» für diesen Exkurs in völlig unvertrautes Gelände bleiben die ausufernden Folgen. Nicht nur die Spuren derjenigen wurden getilgt, die ins Kreuzfeuer der vorangegangenen Kampagnen geraten waren; auch Ankläger wie Maškin fanden sich plötzlich zur Rechenschaft gezogen. Offenbar wurden die Geschichts- und mit ihr andere Bereiche der Geisteswissenschaft in diesen letzten Jahren der Stalinära, als der neurotische Diktator abermals Intrigen zu spinnen begann, vom Strudel der Denunziation und Gewalt einfach mitgerissen. Nicht unbedingt wer gefügig war, überlebte, sondern oft einfach derjenige, der Glück hatte.[11]

Auch *Schulen und Universitäten* blieben vom Versuch, das gesamte kulturell-geistige Leben wieder der Parteifuchtel zu unterwerfen, nicht verschont. Dabei hatten es die ideologischen Strategen einfacher als in anderen Bereichen. Die Erfordernisse des Krieges arbeiteten ihren Wünschen weitgehend vor. Es konnte bei den Grundsätzen bleiben, die seit Stalins Machtübernahme in den Vordergrund getreten und nach dem deutschen Überfall gefestigt worden waren: Disziplin und Zwang sollten jene Qualifikation sichern, die für den sozialistischen Aufbau nötig schien. Die Verhaltensmaßregeln für Schüler behielten ebenso ihre Geltung wie die obrigkeitlich-autoritäre Stellung der Lehrer und die Geschlechtertrennung als vermeintliche Vorausset-

4. Kulturelle Eiszeit

zungen für aufmerksames Lernen. Ausdrücklich wurde der *Komsomol* angewiesen, seine Generalaufgabe der Förderung einer kommunistischen Avantgarde in Übereinstimmung mit dieser Ordnung zu begreifen. In gleichem Geiste hielt man auch an der «Arbeitsreserve» fest, die nichts anderes war als ein Heer staatlich verfügbarer Arbeitskräfte. Denn eine solche Militarisierung der Berufs- und Allgemeinbildung, die das Experiment der Erziehung des ‹neuen Menschen› seit den dreißiger Jahren abgelöst hatte, fügte sich ebenso nahtlos in die Aufbaupläne der Nachkriegs- wie zuvor in die Verteidigungszwänge der Kriegszeit ein. Zu Änderungen gab erst das Ende der unmittelbaren Wiederaufbauphase Anlaß. Auch sie betrafen nicht die schulisch-pädagogischen Grundsätze, sondern lediglich ihren Umfang. Es zeigte sich, daß die elementare, in den ersten obligatorischen vier Klassen erworbene Qualifikation nicht mehr ausreichte. ZK und Regierung beschlossen daher 1949, die Schulpflicht auf sieben Jahre zu verlängern. Noch weiter ging der nächste, der fünfte Fünfjahresplan (1951–55), an dessen Ende laut Beschluß des 19. Parteitages die Zehnjahresschule, d. h. die sog. vollständige mittlere Bildung, für alle stehen sollte. Selbst wenn der Plan auch diesmal nicht erfüllt wurde, waren Fortschritte der Breitenqualifikation, auf welchem Niveau auch immer, nicht zu übersehen.[12]

Selbst die *Kirche*, so will es scheinen, wurde in den späten Stalin-Jahren endgültig auf Linie gebracht. Die Notgemeinschaft überdauerte das Kriegsende und verwandelte sich in das erste freiwillige Bündnis. Nicht nur Koexistenz im Sinne gegenseitiger Duldung stellte sich ein, sondern eine Kooperation. Dabei diktierte der Staat die Bedingungen. Die Kirche kam zum Regime, nicht umgekehrt. Offenbar hatte sie zu der Meinung gefunden, daß ein Kompromiß mit der weltlichen Macht vorteilhafter sei als ohnmächtige Opposition. Aber auch die Herrschenden nahmen die Religion von der Rückkehr zum ideologischen Purismus aus. Statt die Kirche wieder zu würgen, schien es ihnen ratsam, die Zusammenarbeit fortzusetzen. Voraussetzung dafür war ein neues gemeinsames Interesse, das an die Stelle der Vaterlandsverteidigung treten konnte. Dieser ‹Kitt› fand sich vor allem auf außenpolitischem Gebiet: Die Kirche unterstützte nach Kräften, was die Sowjetregierung Friedenspolitik nannte und faktisch auf ihre Schachzüge im voll entfachten Kalten Krieg hinauslief. Aber auch innenpolitisch trug sie zumindest verbal eines mit – die Reverenz vor dem allmächtigen Stalin. Zum dreißigjährigen Jubiläum der Oktoberrevolution verurteilte der Patriarch nicht etwa den verbal unverminderten offiziellen Atheismus oder die fortdauernde ‹Entkirchlichung› des öffentlichen Lebens. Vielmehr rief er die Gläubigen zu Gebeten für die «göttlich beschützte russische Macht und für ihre Behörden unter der Leitung des weisen Führers» auf, «den der Wille Gottes erwählt und eingesetzt» habe. Noch untertäniger erteilte er dem ‹lieben Josif Vissarionovič› zweieinhalb Jahre später zum siebzigsten Geburtstag des Diktators den kirchlichen Segen und wünschte ihm «Wohlergehen»

Tabelle 43: *Entwicklung der allgemeinen und speziellen Bildung 1927/28 bis 1955/56 (in Tsd. zu Anfang des Schuljahres)*

	1927/28	1940/41	1950/51	1955/56	1955/56 in % zu 1940/41	1955/56 in % zu 1950/51
Gesamt	11 996,0	37 338,8	37 297,1	33 897,6	91	91
Davon						
Klassen 1–4	10 007,8	21 756,3	20 139,4	13 798,7	63	69
Klassen 5–10	1819,7	14 770,8	15 910,3	18 231,9	123	115
Davon						
Schulen für Arbeiter- und Landjugend und Erwachsene	172,0	660,9	1085,6	1750,2	265	161
mittlere Fachschulen	189,4	974,8	1297,6	1960,4	201	151
Hochschulen	168,5	811,7	1247,4	1867,0	230	150

Quelle: Kul'turnoe stroitel'stvo 1956, 6f.

zum «Glück» der Sowjetvölker. Am 21. Dezember 1949 geschah, was sowohl die Revolutionäre als auch die Gläubigen der frühen Jahre als schlimmsten Verrat betrachtet hätten: In den orthodoxen Kirchen des Landes bat man um Gottes Beistand für ein langes Leben des «großen Führers».[13]

Solches Wohlverhalten brachte der Kirche reichen Lohn. Noch als Dank für die patriotische Solidarität im Krieg dürfte ein Beschluß vom 15. August 1945 zu verstehen sein, der ihr erlaubte, ihre Gotteshäuser mit Hilfe der örtlichen Sowjets wiederaufzubauen und so weit ökonomisch tätig zu werden, daß sie ihren Bedarf an Kultgegenständen aus eigener Produktion decken konnte. Ein halbes Jahr später wurden die Steuern für Klostergebäude und -ländereien aufgehoben. Doch auch danach hielten die Gunstbeweise an. Der Staat ließ die Kirche gewähren. Die Zahl der anerkannten Gemeinden wuchs ebenso wie die der Würdenträger. 1948 standen den Gläubigen ca. 22 000 Kirchen (im Vergleich zu 40 000 am Vorabend des Ersten Weltkriegs) offen, deren Priester 1950 von 73 Diözesanbischöfen und Erzbischöfen angeleitet wurden. Die Ausbildung eigenen Nachwuchses konnte verstärkt und der Klerus verjüngt werden. Überall scheinen Spenden vergleichsweise reichlich geflossen zu sein, so daß die russische orthodoxe Kirche das 500-jährige Jubiläum ihrer faktischen Autokephalie im Juli 1948 mit großem Prunk im Beisein ausländischer Patriarchen und Metropoliten feiern konnte. Als Gegenleistung durfte der Staat auf kirchliche Unterstützung im politisch-ideologischen Kampf gegen ‹den Westen› rechnen. Wenn der Patriarch das «kapitalistische Amerika» anläßlich der ersten Allunions-Friedenskonferenz im August 1949 als «rasende Hure eines neuen Babylon» schmähte und ihm drei Jahre später vorwarf, den Koreakrieg angezettelt zu haben, so sprach er damit nicht nur der Regierung aus dem Herzen. Auch im Verhältnis zwischen Staat und Orthodoxie konnte der Kalte Krieg den

4. Kulturelle Eiszeit

‹heißen› darin problemlos ersetzen, daß der äußere Feind ähnlich blieb: Es war ‹der Westen›, ob lateinisch oder kapitalistisch, der das heilige und sowjetische Rußland nach wie vor bedrohte. So gesehen stützte sich die Fortsetzung der Kooperation zwischen Regime und Kirche nach der deutschen Kapitulation auf ein weiteres, womöglich festeres Fundament als die bloße opportunistische Einsicht in den beiderseitigen Vorteil.[14]

Nicht nur bei oberflächlicher Betrachtung kam die Essenz der Nachkriegsordnung im *Personenkult* um den Diktator zum Vorschein. Auch wenn seine Statthalter im höchsten Parteigremium wachsenden Einfluß ausübten und trainierte Fachleute mit Rückhalt in der Staats- und Wirtschaftsverwaltung in die Fachressorts vordrangen, war seine Stellung stärker denn je. Der Sieg über Hitlerdeutschland hob ihn im Innern endgültig auf ein Podest hoch über alle Kritik und verwandelte ihn außerhalb von einem (faktischen) Staatschef unter mehreren in eine der drei wichtigsten politischen Persönlichkeiten der Welt. Ob seine ohnehin schon unbeschränkte Machtfülle dadurch noch gesteigert wurde, mag offen bleiben. In jedem Falle wuchsen sein Prestige und die Ehrerbietung, die ihm die Bevölkerung entgegenbrachte. Nach dem Krieg hörte Stalin endgültig auf, *nur* der gewalttätige Zuchtmeister zu sein, der das Land mit Knute und Peitsche in eine angeblich bessere Zukunft trieb. Er war nicht länger *nur* der Eroberer, der das Dorf einmal mehr mit staatlich-städtischer Gewalt unterwarf und es nach neuen, dem Kopf, nicht der Tradition entsprungenen Grundsätzen umbaute. Nun galt er als Urheber eines großen, kaum für denkbar gehaltenen Triumphes und konnte als Repräsentant des Staates, der zweifellos den größten Anteil an der deutschen Kapitulation hatte, die Glückwünsche der führenden Staatsmänner der Welt entgegennehmen. Stalin entrückte endgültig ins Mythische. Er verkörperte nicht nur das Regime, sondern auch das Land, das die ungeheure Leistung vollbracht hatte. Nicht zuletzt daraus ist zu erklären, warum es zweier Anläufe bedurfte, um das Stalinsche Erbe wirklich zu überwinden.

Gewiß gilt in vieler Hinsicht, daß Stalin diese Lorbeeren ohne sein Zutun erntete. Das Deutsche Reich wurde trotz seiner anfänglichen Fehlentscheidungen niedergerungen und nicht zu dem Zweck, seinen Ruhm weiter zu erhöhen. Zugleich steht außer Frage, daß er Kapital aus den Ereignissen schlug. Dies gilt trotz mancher Hinweise auf einen gewissen Überdruß an den endlosen Huldigungen, mit denen er bei jedem öffentlichen Auftritt empfangen wurde. Allem Anschein nach ging Stalin das Gespür für die Nützlichkeit manipulierter Begeisterung nicht verloren: Er wußte zwischen seinen Empfindungen und denen der Bevölkerung zu unterscheiden. Massenloyalität als affektiven, nicht (nur) der Treue zum Gesetz entspringenden Gehorsam hielt er nach wie vor für einen Grundpfeiler seiner Herrschaft. In diesem Sinne pflegte er den Personenkult als Mittel zur Erzeugung von Gefolgschaft und als Faustpfand einer Herrschaft, die jenseits der Apparate auf ihn zugeschnitten, in diesem Sinne charismatisch war und ihn vor allen, die nur qua Amt Macht ausübten, auszeichnete.[15] Eingehende Studien über die Mechanismen und Äußerungsformen dieser Führerschaft fehlen. Aber viele Indizien belegen, daß die Verehrung und Devotion in den Nachkriegsjahren ihren Höhepunkt erreichten. Mit guten Gründen zitierte Chruščev weidlich aus einer 1948 erschienenen «Kurzen Biographie». Stalin erscheine in diesem Machwerk als «größter Führer» und «hervorragendster Stratege aller Zeiten und Völker». Er werde ‹in den Himmel gehoben› und zum «Götzen» verklärt. Wie schon im berüchtigten *Kurzen Lehrgang* zehn Jahre zuvor habe er durch eigenhändige Korrekturen dafür gesorgt, als makelloser Held von Sieg zu Sieg durch die sowjetisch-bolschewistische Geschichte zu schreiben. Zielstrebig gipfele diese «widerwärtige Lobhudelei» in der Behauptung, Stalin sei der «würdige Fortsetzer von Lenins Werk». In der Tat lag die Konstruktion dieser Ahnenreihe weiterhin im Interesse des Diktators. An sich nicht neu, wuchs ihr nach zwei Jahrzehnten persönlicher Herrschaft und dem größten denkbaren Triumph immer sichtbarer das Moment der Vollendung zu: Stalin übernahm die Staffette nicht nur, er brachte sie auch ins Ziel.[16]

Ebenfalls in diesem Licht wird man die Feierlichkeiten zu seinem siebzigsten Geburtstag sehen müssen. Was im Umfeld des 21.12.1949 geschah, darf als Gipfel jener Apotheose bezeichnet werden, die den Nachfolgern als besonders schlimme Sünde wider den Geist des Bolschewismus galt. Stalin sperrte sich nicht dagegen, daß das Ereignis auf höchster Ebene gefeiert wurde. Das Politbüro setzte ein Jubiläumskomitee ein; man scheute weder Geld (5,6 Mio. Rubel) noch Mühe. Die Reden während des Festakts im Bolschoj Theater ließen Stalin nicht nur hochleben, sondern erhoben ihn zum «Genie», unübertreffbaren Denker und bedeutendsten Feldherrn aller Zeiten. Zahlreiche Verse wurden für diese Gelegenheit geschmiedet, die sich im hymnischen Tonfall und der Maßlosigkeit verbaler Überhöhung mit barocker Panegyrik messen konnten: «Genosse Stalin! Alle Winkel der Erde sind von Deinem Licht erleuchtet! Stalin ist die bolschewistische Partei. Stalin ist das Banner des großen Kampfes. Stalin ist das Lied der kommenden Jahrhunderte. Stalin ist die Sonne für die Bestimmung der Völker. Stalin ist das Glück der Sowjetmenschen; Stalin ist der Stolz und der Ruhm der Siege; Stalin ist die Weisheit unsterblicher Ideen; Stalin ist der Lenin von heute.» Dem so Besungenen widmete die Tret'jakov-Galerie eine eigene Ausstellung. Unzählige Geschenke aus dem In- und Ausland wurden in den heiligen Hallen des Revolutionsmuseums am Ausgang des Roten Platzes ausgestellt. Weitere Städte erhielten seinen Namen, und weitere Monumente wurden errichtet. Für den größten dieser «Gedenksteine des Lebenden» nahe Stalingrad stellte der zu Ehrende eigenhändig durch seine Unterschrift unter ein entsprechendes Regierungsdekret 33 Tonnen Kupfer zur Verfügung. Während die Bewohner dieser Gegend, wie Chruščev böse kommentierte, noch in Erdhöhlen lebten, gab man «Unsummen» für eine gigantische Verherrlichung aus. Bei alledem wurde der Entrückte nicht nur immer einsamer, sondern auch älter. Die Kluft zwischen Bild und Wirklichkeit wuchs. Insofern kam dem Umstand Symbolwert zu, daß die Ovationen auf dem 19. Parteitag 1952 länger dauerten als die Rede Stalins selbst. Der Jubel der dreißiger Jahre, dem man trotz aller Ambivalenz eine gewisse Dynamik nicht absprechen kann, hatte sich längst in ein starres Ritual für einen lebenden Toten verkehrt. Stalin, der nicht zurücktreten konnte, selbst wenn er gewollt hätte, stand im Begriff, sich zu überleben. Seine Kronprinzen wußten das und hielten sich bereit. Noch im Todesjahr des Diktators begann die Entstalinisierung – mit der Beendigung des Kultes und der Zertrümmerung des Mythos an vorderer Stelle.[17]

5. Vom ‹heißen› zum «Kalten Krieg»

Der deutsche Angriff veränderte nicht nur die innere Lage der Sowjetunion schlagartig, sondern auch die äußere. Was eben noch gefeiert wurde, erwies sich über Nacht als der schlimmste aller Irrtümer. Wie widernatürlich auch immer, verwandelte sich der Pakt in eine Falle, indem er die Westmächte vor den Kopf stieß und im Innern eine trügerische Sicherheit erzeugte, ohne deren Unterstellung die Ungläubigkeit der sowjetischen Führung und ihre verspätete Reaktion bislang nicht plausibel zu erklären sind. Zugleich markierte der Überfall eine so tiefgreifende Wende im gesamten (noch europäischen) Kriegsgeschehen, daß Hitlers Gegner die Gunst der Stunde nutzen mußten. Nach dem anscheinend so leichten Siegeszug der Wehrmacht durch beinahe ganz Europa, die deprimierend rasche Niederwerfung Frankreichs eingeschlossen, eröffnete der Zweifrontenkrieg neue Hoffnung. Voraussetzung war die Widerstandsfähigkeit der Sowjetunion. So lag es nahe, daß der hauptsächliche Kriegsgegner des Großdeutschen Reiches den ersten Schritt tat: Schon am 12. Juli 1941 traf der britische Botschafter in Moskau ein, um ein Hilfsabkommen zu unterzeichnen. Eine gute Woche später informierte sich der Sondergesandte und Vertraute des amerikanischen Präsidenten F. D. Roosevelt am selben Ort, um in Erfahrung zu bringen, was die Rote Armee am dringendsten für die Verteidigung bräuchte. Stalins Bitten wurden nicht abgeschlagen. Am 7. November beschloß der Kongreß, die Sowjetunion an den Vergünstigungen von Lieferungen nach dem (ursprünglich vor allem für die Unterstützung Großbritanniens gedachten) *lend-lease*-Gesetz vom 11. März teilhaben zu lassen. Damit war wirtschaftlich das Bündnis bereits geschlossen, das einen knappen Monat später durch den Kriegseintritt der Vereinigten Staaten als Antwort auf den japanischen Überfall auf Pearl Harbour am 7. Dezember 1941 auch politisch besiegelt wurde. Schon diese Genese zeigte aber eines deutlich: Die Allianz war aus der Not geboren; ihr

VIII. Spätstalinismus und Wiederaufbau (1945-1953)

Kitt bestand im gemeinsamen Kampf gegen einen Feind, der nach Weltherrschaft strebte und sich nicht einmal mehr durch elementaren Realitätssinn im Zaume halten ließ. Unter dem Firnis des alles beherrschenden Nahziels bestanden die ideologischen und politisch-systematischen Gegensätze fort. Gerade in dieser Hinsicht war der Friede der Normalfall und der Krieg die Ausnahme.[1]

So läßt sich die Geschichte dieser Kriegskoalition ungeachtet ihres säkularen Triumphes über Hitler durchaus als Weg von vernunftgeleiteter Kooperation zu wachsender Uneinigkeit beschreiben. Dabei begannen die Schwierigkeiten schon früh. Sicher konnte in den ersten beiden Kriegsjahren, als die Sowjetunion mit allen Mitteln ums nackte Überleben kämpfte, am ehesten von ungetrübter Zusammenarbeit die Rede sein. Vor allem die Vereinigten Staaten als Land mit der größten Wirtschaftskraft lieferten schwere Waffen, deren militärische Bedeutung schwer zu ermessen, aber angesichts der Evakuierung und Konversion der eigenen Industrie nicht gering zu veranschlagen ist. Dennoch stand auch in dieser Zeit ein Problem im Raum, das nur deshalb zu keiner ernsthaften Verstimmung führte, weil keine Seite ein Zerwürfnis riskieren konnte: die Frage der ‹zweiten Front› in Westeuropa. Mit gutem Grund hatte Stalin diese Forderung schon wenige Tage nach der Vereinbarung mit Großbritannien am 18. Juli 1941 erstmals erhoben, lag es doch auf der Hand, daß vor allem ein paralleler Angriff auf der anderen Seite des Kontinents Entlastung bringen würde. So einleuchtend es war, mit dem Zweifrontenkrieg ernstzumachen, so sehr scheuten die neuen Verbündeten ein solches Wagnis. Sicher traf es zu, wenn Churchill Stalin noch im ersten Kriegsjahr schrieb, seine Generäle hielten eine solche Operation für unmöglich. Aber der Nebeneffekt dieses Ratschlags, daß die Sowjetunion die Hauptlast der Verteidigung zu tragen hatte und vor allem ihre Soldaten starben, dürfte nicht unwillkommen gewesen sein. Insofern hatten Churchill und Roosevelt aus sowjetischer Sicht leicht reden, als sie sich Ende Januar 1943 bei einer Zusammenkunft in Casablanca darauf verständigten, Deutschland müsse bis zur «bedingungslosen Kapitulation» niedergerungen werden. Soweit ersichtlich, hat Stalin dennoch nie ernsthaft an ein separates Abkommen mit Deutschland nach Art des Friedens von Brest gedacht.[2]

Als die ‹großen Drei› schließlich Ende November 1943 zum ersten Mal im zwischenzeitig sowjetisch besetzten *Teheran* zusammentrafen, hatte das militärische Geschehen bereits eine entscheidende und sichtbare Wende genommen. In Rußland befanden sich die deutschen Truppen auf dem Rückzug, und Italien hatte im September kapituliert. Stalin, und daran war ihm sehr gelegen, mußte nicht mehr fürchten, als bloßer Bittsteller dazustehen und abgewiesen zu werden. Er konnte Leistungen präsentieren, auf die Gunst der Stunde verweisen und als Repräsentant des Landes, das dabei war, das Schicksal des gesamten, weltumspannenden Krieges zu entscheiden, auch bereits Forderungen stellen. Für ihn war die Konferenz, die ansonsten

5. Vom ‹heißen› zum «Kalten Krieg» 731

wenig brachte, kein Fehlschlag. Die Kernfrage, was nach dem Krieg mit Deutschland und Europa (bis an die sowjetische Grenze) geschehen sollte, blieb zwar offen; aber sie brannte noch nicht auf den Nägeln. Was unmittelbar anstand, erreichte Stalin im Bunde mit Roosevelt: die feste Zusage der westlichen Verbündeten, die ‹zweite Front› an der französischen Küste (und nicht etwa in Südeuropa) im Mai 1944 zu eröffnen. Im Gegenzug stimmte er dem amerikanischen Hauptanliegen zu, den globalen Frieden nach dem Krieg durch eine neu zu begründende Weltorganisation zu sichern. Churchill war darüber hinaus noch so großzügig, dem sowjetischen Wunsch nach der (bereits 1919 vom damaligen britischen Außenminister vorgeschlagenen und nach ihm benannten) Curzon-Linie als Ostgrenze Polens und einer Kompension im Westen auf Kosten Deutschlands grundsätzlich zuzustimmen. Ob die westlichen Partner mit diesem Entgegenkommen auch einem stets befürchteten neuerlichen Arrangement Stalins mit Hitler vorbeugen wollten, bleibt ungeklärt. In jedem Falle dürfte es unhistorisch sein, sich über die ‹Konzessionen› zu wundern. Die Sowjetunion tat in mancher Hinsicht immer noch das, was Stalin im März 1939 so vehement abgelehnt hatte: ‹Kastanien› für die ‹kapitalistischen› Mächte aus dem Feuer zu holen, und konnte dafür durchaus eine Belohnung erwarten. Der Kampf gegen Deutschland überdeckte Meinungsverschiedenheiten im eigenen Lager. Dennoch zeigte die Konferenz, daß der Preis für den sowjetischen Beitrag zur Niederwerfung Hitlers stieg. Auch wenn der Generalsekretär Roosevelt durch einen Toast auf die Wirtschaftskraft der Vereinigten Staaten schmeichelte, war er sich seines neuen Gewichts bewußt und nutzte es.[3]

Fraglos spielte ihm die militärische Entwicklung im folgenden Jahr in die Hände. Je schneller die Wehrmacht floh und die Rote Armee vorrückte, desto offenkundiger wurde, was auf der Hand lag: daß die Waffen über das Schicksal der ihr unterworfenen Länder und Bevölkerung entschieden. Der gegenwärtige Krieg unterscheide sich, wie Stalin dem jugoslawischen Kommunisten (und späteren Dissidenten) M. Djilas im April 1945 anvertraute, von den vorangegangen dadurch, daß die Armeen auch ihre politischen Systeme im Gepäck führten. Wer das Land besaß, bestimmte die politische und sozioökonomische Ordnung. Auch in dieser Hinsicht war der Krieg ein ideologischer. Welche Folgerungen Stalin und der enge Kreis seiner Ratgeber daraus im einzelnen ableiteten, hat sich bis heute nicht feststellen lassen. Es ist auch nicht zu sehen, daß die nun zugänglichen Archive in dieser Hinsicht Neues zutage brächten. Weiterhin ist die Forschung darauf angewiesen, Rückschlüsse aus den Aktivitäten und offiziellen Verlautbarungen zu ziehen. Als markante Tatbestände ragen dabei im Jahr des deutschen Rückzugs vor allem zwei heraus. Zum einen konnten sich die Verbündeten relativ problemlos auf die Aufteilung des besiegten Deutschland in drei Besatzungszonen (später kam noch die französische hinzu) und deren Grenzziehung einigen. Die britischen Vorstellungen stimmten in dieser Hinsicht mit den sowjetischen weitgehend überein, so daß die Vereinigten Staaten auf ihren ursprünglich abweichenden Vorstellungen nicht beharrten. Die Einigung wurde im September 1944 unter Dach und Fach gebracht. Zum anderen hat die berühmt-berüchtigte prozentuale Aufteilung von Einflußzonen in Ost- und Südosteuropa viel Aufmerksamkeit auf sich gezogen, die Churchill und Stalin bei einer separaten Zusammenkunft in Moskau im Oktober festlegten. Was der britische Premier auf ein Stückchen Papier kritzelte, brachte das Novum der anstehenden Friedensordnung in der Tat auf den Begriff: Quoten über die Fremdbestimmung der jeweiligen Regionen durch die Sowjetunion und ‹den Westen›. Auch wenn die Abmachung viel zu allgemein blieb, um wirksam werden zu können, war sie in Inhalt und Gestus bezeichnend. Man unterstellte nicht nur, daß die Wünsche der Betroffenen zumindest vorübergehend keine Rolle zu spielen hätten, sondern setzte bereits einen schwer überbrückbaren, nur durch ‹Proporz› gleichsam in Schach zu haltenden Gegensatz der Systeme voraus. Ob damit trotz so bizarrer Formeln wie «90:10» zugunsten der Sowjetunion in Rumänien oder «50:50» in Jugoslawien, bei Licht betrachtet, schon der Kalte Krieg begann, ist vor allem eine Definitionsfrage. Historisch gesehen, wenn Begriff und zeitlicher Rahmen einigermaßen zusammenfallen sollen, war das sicher nicht der Fall. Aber hinter der ‹Einigung› gewann die Konfrontation bereits deutlich an Kontur.

So gesehen kann die zweite Konferenz der Kriegsalliierten, die nach Maßgabe von Umfang und Reichweite der Entscheidungen sicher am erfolgreichsten war, nachgerade als Ausnahme gelten. Nach *Jalta*, nicht zufällig auf sowjetischem Boden (der Krim) am Schwarzen Meer gelegen, kamen die drei Regierungschefs (vom 4.–11. Februar 1945) im ersten Überschwang des sicheren und nahen Triumphes. Dabei hatte sich Stalins Position im Vergleich zu Teheran erheblich, nachgerade im ‹Quantensprung›, verbessert. Sowjetische Truppen standen an der Oder, die Rote Armee hatte die einst kraftstrotzende Wehrmacht niedergerungen. Demgegenüber war der Krieg in Ostasien noch nicht beendet. Japan trotzte den Vereinigten Staaten nach wie vor, und die Sowjetunion hatte sich gehütet, in diesen Krieg einzutreten. Man tut sicher gut daran, diese Ausgangsposition bei der Wertung der Beschlüsse von Jalta mitzubedenken. Zwar war die Aufteilung Deutschlands schon im Vorjahr von den Außenministern besiegelt worden, so daß ihre Bestätigung nur noch eine Formsache war. Aber die endgültige Zustimmung Stalins zur Gründung der Vereinten Nationen mußte Roosevelt in Gestalt des Vetorechts im Sicherheitsrat (und dreier sowjetischer Stimmen in der Vollversammlung, neben der UdSSR auch der Ukraine und Weißrußlands) teuer bezahlen. Ungeahnte Folgen hatten auch die Beschlüsse über Polen. Allerdings standen hier eher englische Interessen auf dem Spiel als amerikanische, da Großbritannien sich als eigentliche Schutzmacht betrachtete und Hitler, zumindest formell, den Krieg erklärt hatte, um Polen zu Hilfe zu

5. Vom ‹heißen› zum «Kalten Krieg» 733

kommen. Was in Jalta besiegelt wurde, war auch in dieser Hinsicht nicht neu. Die Curzon-Linie wurde als Ostgrenze fixiert und ein «beachtlicher» Zuwachs im Westen ins Auge gefaßt. Daß Roosevelt und Churchill sich weigerten, die Oder-Neiße-Linie festzuschreiben, wog die Stalinsche Ablehnung freier Wahlen für den abermals wiederherzustellenden Staat nicht auf. Ohne diese Garantie bot auch die Aufnahme demokratischer Politiker aus der in London ansässigen polnischen Exilregierung keinen Schutz gegen sowjetische Fernsteuerung. Ob Churchill und Roosevelt hätten wissen müssen, was wenige Monate später auf der Hand lag, bleibt spekulativ. Selbst wenn sie ahnten, daß sie Polen und Ostmitteleuropa faktisch der Sowjetunion überließen, ist die Frage nicht leicht zu beantworten, was sie außer militärischen Maßnahmen, die ausschieden, wirksam hätten tun können. Wahrlich nicht zum ersten Mal war Polen gewaltsam der Hegemonie des östlichen Nachbarn unterworfen worden. Alles spricht dafür, daß Stalin entschieden hatte, diesen Trumpf nicht aus der Hand zu geben. Darin mag man eine Lehre aus dem deutschen Überfall sehen, der nur durch die Auslöschung Polens möglich geworden war. Zugleich kehrte die sowjetische Außenpolitik deutlicher als selbst im Geheimen Zusatzprotokoll von 1939 zur imperialen Tradition zurück: Gestützt auf russische Gewehre sollte ein Satellitenstaat als Pufferzone entstehen. Die Gelegenheit war günstiger als je zuvor seit dem 18. Jahrhundert, und Stalin ergriff sie in der ihm eigenen Weise – ohne jede Rücksicht auf die Betroffenen.

Zwischen dem Treffen von Jalta und dem nächsten in *Potsdam* vom 17. Juli bis 2. August 1945 lagen nur wenige Monate und dennoch tiefgreifende Veränderungen. Dabei fiel die deutsche Kapitulation am wenigsten ins Gewicht. Sie war seit längerem absehbar und markierte zwar einen epochalen und rechtlich wie symbolisch notwendigen Schlußakt, kam aber nicht mehr überraschend. Bedeutender war sicherlich ein personeller Wechsel. Anstelle des verstorbenen Roosevelt saß Harry Truman am Verhandlungstisch. Wie hoch immer dieser Faktor zu veranschlagen ist, der Wechsel war kaum geeignet, die Verständigung zu fördern. Dessenungeachtet besteht Konsens darüber, daß die wichtigste Veränderung in der westlichen Wahrnehmung der sowjetischen Politik in Polen und Südosteuropa bestand. Im sowjetischen Nachbarland regierten Kommunisten, die nichts gegen den Willen des mächtigen Diktators taten. Auch die Zusage, Politiker der Exilregierung aufzunehmen, die ein Sonderemissär des amerikanischen Präsidenten im Juni 1945 in Moskau erwirkte, veränderte die faktische Lage nicht. Und daß die Rote Armee nach vier Jahren schlimmster Kämpfe im Angesicht eines geschlagenen Feindes nicht haltmachte, sondern Budapest, Bukarest, Wien und Prag einnahm, deutete gewiß nicht nur Churchill als strategische Aktion. *Faits accomplis* sollten die Ausgangsposition im großen politischen Ringen um Einflußzonen in der europäischen Nachkriegsordnung verbessern, das nach dem militärischen Sieg beginnen mußte.

VIII. Spätstalinismus und Wiederaufbau (1945–1953)

So standen die Zeichen nicht günstig für das Treffen der Sieger in nächster Nähe zur völlig zerstörten Hauptstadt des Besiegten, das die Grundlagen für ein neues Europa legen sollte. Man einigte sich über das wenige, das ohnehin schon geklärt war: die Aufteilung Deutschlands in Besatzungszonen, auf deren Grenzen sich die weiter vorgerückten amerikanischen Truppen noch im Juni zurückgezogen hatten. Alle darüber hinausgehenden wichtigen Fragen blieben ungelöst. Dabei konnte Stalin mit der Lösung für die polnische Westgrenze noch am ehesten zufrieden sein. Juristisch mochten die Westmächte die Oder-Neiße-Linie zwar nicht endgültig akzeptieren, aber das Zugeständnis polnischer «Verwaltung» lief auf ihre faktische Anerkennung und damit auch der polnischen Westverschiebung hinaus. Wenig war dagegen das Zugeständnis der westlichen Staatschefs wert, Deutschland ungeachtet der Aufteilung in Besatzungszonen als «wirtschaftliche Einheit» zu betrachten. Was die Sowjetunion mit ihrem Drängen begehrte und – neben dem *cordon sanitaire* – als ihr oberstes Ziel in den Nachkriegsjahren gelten kann, erhielt sie nicht: einen verbrieften Anspruch auf hohe Reparationen aus *Gesamt*deutschland. In dieser Hinsicht scheiterte Stalin an einem Zielkonflikt. Die Vorherrschaft über Polen sowie prospektiv über andere Staaten Ostmittel- und Südosteuropas *und* Entschädigung für die fraglos enormen Kriegszerstörungen *zugleich* waren nicht zu haben. So blieben die entscheidenden Fragen in Potsdam offen. Statt des Friedensvertrages mit Deutschland rückte ein Konflikt zwischen den Siegern immer näher. Kaum hatte sich die Klammer des gemeinsamen Kampfes gelöst, brachen die alten Gegensätze wieder auf. Außenpolitik ließ sich nicht von Ideologie und Wertvorstellungen lösen.

Über wenige Fragen wurde in den sechziger und siebziger Jahren so heftig gestritten wie über die Triebkräfte dieser Auseinandersetzung, die bald als *Kalter Krieg* bezeichnet wurde. Allerdings bezog sich die einschlägige Debatte allein auf die Motive der amerikanischen Politik. Was die sog. Revisionisten gegen die ältere, durchweg zustimmende Sehweise einwandten, gehörte offenkundig in den Gesamtkontext der Neuen Linken und des Aufbegehrens gegen offiziöse, regierungsgenehme Selbstdeutungen. Die Sowjetunion blieb außer Betracht. Über ihre Absichten und Antriebe konnte man nur mutmaßen. Dabei brachte es die Kritik an der amerikanischen Selbstdarstellung mit sich, daß Stalin und seine Mannschaft in eine Opferrolle gerieten. Aus dem Schurken der dominanten Sehweise, dessen ideologisch begründetem Expansionsdrang die freie, westliche Welt unter Führung der Vereinigten Staaten entgegentreten mußte, wurde tendenziell der Getriebene, der sicher nichts Gutes, aber nach dem Leid des Krieges durchaus Legitimes wollte, von materieller Wiedergutmachung bis zu einer Sicherheitszone. Inzwischen ist die Debatte längst selbst Geschichte. Neuere Übersichten referieren sie als historiographische Kontroverse und bemühen sich um eine Mittelposition. Insofern hat die revisionistische Korrektur, so überzogen sie war, Spuren

5. Vom ‹heißen› zum «Kalten Krieg» 735

hinterlassen. Darüber hinaus aber scheint ein gewisser Stillstand eingetreten zu sein. Die Erwartung, daß endlich von sowjetischer Seite neues Licht auf die Entstehung der weltgeschichtlich so bedeutsamen Konfrontation (die letztlich erst 1989/91 ihren Abschluß fand) fallen würde, hat sich bislang nicht erfüllt. Eine ‹Revisionismusdebatte› aus der ‹anderen› Perspektive ist nicht in Sicht. So bleibt es mit Blick auf die amerikanischen Beweggründe bei einer Verbindung aus weltanschaulich-politischer Abwehr, dem Export politischer, aber auch – untrennbar damit verbunden – ökonomischer Freiheit in Gestalt offener Märkte sowie innenpolitischem Integrationsbedarf, hinsichtlich der sowjetischen Absichten bei der weitgehend spekulativen Meinungsbildung zwischen den gegensätzlichen Positionen der Unterstellung eines ungehemmten ideologischen Expansionsdrangs oder der Annahme begrenzter Sicherheitsinteressen, auch hier womöglich mit willkommenen innenpolitischen Nebeneffekten. Was Stalin wirklich wollte, liegt in weit größerem Maße im verborgenen als die Ziele der amerikanischen Politik, die sicher vielfältiger waren als die sowjetischen.[4]

Deshalb ist auch kein neues Licht auf die erwähnte ‹Wahl›-Rede Stalins vom 9. Februar 1946 gefallen, die in der amerikanischen Diplomatie so viel Wirbel hervorrief und als ‹autoritatives Zeugnis› der wahren Absichten sowjetischer Außenpolitik der Nachkriegszeit gewertet wurde. Von der Überlegenheit des Sozialismus war dort die Rede und der Krise des Kapitalismus, die zur Selbstzerfleischung führen müßten. Auch wenn «Sozialismus» und «Kapitalismus» noch nicht wieder zu unversöhnlichen Gegnern erklärt wurden, ergab sich diese Folgerung unausgesprochen von selbst. Die Klassenkampfrhetorik der Vorkriegsjahre lebte auch in der Außenpolitik wieder auf. Ob sie so gemeint war, verliert angesichts ihres Echos an Bedeutung. Offensichtlich war die Bereitschaft schon groß, sie ernstzunehmen. Sie schien zu bestätigen, was man ohnehin argwöhnte. Keinen Monat später, am 5. März 1946, fielen daher auf westlicher Seite jene Worte, die die westliche Wahrnehmung bis zum Beginn der Entspannungspolitik Ende der sechziger Jahre prägten und in einem suggestiven Bild zusammenfaßten: Von Stettin bis an die Adria, formulierte Churchill in einer Rede (als Oppositionsführer) im amerikanischen *Fulton*, habe sich «ein eiserner Vorhang» durch den europäischen Kontinent gelegt, hinter dem die Sowjetunion herrsche und keinen westlichen Einfluß zulasse. Dies sei nicht die Ordnung, für die man gekämpft habe und die den Frieden garantieren könne. Obwohl sich Stalin selbst die Zeit nahm, auf diesen ersten offenen Angriff zu antworten, erholten sich die Beziehungen zwischen den Noch-Alliierten nicht mehr. Die Außenminister, nun einschließlich des französischen, einigten sich zwar im Laufe des Frühjahrs und Sommers auf mehreren Konferenzen über die Einflußverteilung in Süd- und Südosteuropa, aber die westlichen Vorschläge für Friedensverträge mit Deutschland und Österreich stießen auf die mehrfache und kategorische Ablehnung Molotovs, der spätestens jetzt (mit guten

Gründen) zur Verkörperung von Sturheit, eigensüchtiger stalinistischer Machtpolitik und ideologischer Borniertheit sowjetmarxistischer Prägung wurde. Welch tiefgreifende Wende sich vollzogen hatte, machte am 6. September 1946 ein weiteres Mal die Rede des amerikanischen Außenministers J. F. Byrnes in Stuttgart deutlich. Darin ging er über die deutliche, aber sozusagen noch unentschiedene Kritik Churchills insofern hinaus, als er den Weg wies, den die Westmächte beschreiten sollten: wo die Einheit nur nach sowjetischen Vorstellungen zu erreichen sei, gezielt die Teilung zu betreiben. Mit dem Vorschlag zur Einrichtung eines «deutschen Nationalrats» zur Ausarbeitung einer Verfassung war der Weg zur Staatsgründung auf westlichem Territorium gewiesen. Für die amerikanische Politik wurde bestimmend, was Kennan schon in Jalta für unumgänglich gehalten hatte – den Westen Europas unter Führung seiner neuen Vormacht zu konsolidieren und den Osten «abzuschreiben».[5]

Die Uneinigkeit eskalierte im Laufe des nächsten Jahres zum offenen Konflikt. Dabei bezeichnete der einprägsame Begriff, der nun in der Publizistik und Politik populär wurde, die Sachlage recht genau. Es herrschte kein Krieg im Sinne bewaffneter Auseinandersetzungen, aber auch kein Friede im Sinne des einvernehmlichen Miteinanders. Statt dessen nahm die Konfrontation einen anderen, nichtmilitärischen, politisch-ideologischen Charakter an. Aller Anschein deutet darauf hin, daß die Dimension, die neu hinzukam, ebenfalls wesentlich zur Zuspitzung beitrug: die wirtschaftlich-finanzielle. Denn dem ersten Schritt, dem Entschluß zur teilenden Zusammenfassung der Westzonen (förmlich am 2. Dezember 1946 in New York gefaßt), mußte der zweite folgen, der Bi-Zone auch zur Lebensfähigkeit zu verhelfen. Diesem Erfordernis kam das europäische Wiederaufbauprogramm entgegen, das der neue amerikanische Außenminister G. C. Marshall am 5. Juni 1947 in einer Rede in der Harvard-University vorstellte. Das Angebot galt zwar ausdrücklich auch für Osteuropa und reagierte als bewußt zonenübergreifende Offerte unmittelbar auf das Scheitern einer neuerlichen Außenministerkonferenz, die im März und April in Moskau stattgefunden hatte. Aber angesichts der festgeschriebenen Federführung durch die Vereinigten Staaten war seine Verwirklichung nur im westlichen Einflußgebiet kalkulierbar. Insofern bildete es nach dem Moskauer Treffen und nach Auseinandersetzungen im griechischen Bürgerkrieg, die den Vereinigten Staaten Anlaß gegeben hatten, die Region unter ihren besonderen Schutz zu stellen (»Truman«-Doktrin vom 12. März 1947) eine Art letzter Überprüfung der Bereitschaft Stalins, seine Einflußzonen zu öffnen. Angesichts der nur wenig später im Juli erschienenen offiziösen Darstellung der Ziele sowjetischer und der Aufgaben amerikanischer Außenpolitik (»containment«) aus der Feder eines «Mr. X» – hinter dem sich kein Geringerer als Kennan in seiner neuen Eigenschaft eines Leiters der Planungsabteilung des State Department verbarg – liegt allerdings die Vermutung nahe, daß das Ergebnis

5. Vom ‹heißen› zum «Kalten Krieg»

beim Vorschlag zumindest mitbedacht wurde: Die Zurückweisung war vorhersehbar. Molotov bestätigte diese Erwartung und lehnte die Teilnahme am *Marshall-Plan* auf einer neuerlichen Außenministerkonferenz Ende Juni 1947 nicht nur für sein Land, sondern für die gesamte sowjetische Einflußzone ab. Die Tschechoslowakei, die ihre Bereitschaft bereits zugesagt hatte, mußte diese widerrufen. Auch wirtschaftlich war (unter Einbeziehung West-Berlins in das Programm) die Teilung des Kontinents vollzogen.

Bei alledem ist noch kein wirklich neues Licht in das Dunkel der sowjetischen außenpolitischen Motive und Absichten gefallen. So lange bewahren einige eher indirekte Schlußfolgerungen ihre Überzeugungskraft. Stalins Hauptinteresse galt, auf der Moskauer Außenministerkonferenz im Frühjahr 1947 noch einmal vorgetragen, offensichtlich der Entschädigung für die materiellen Kriegsverluste. Dabei reichte ihm, aus einsehbaren Gründen, das Potential der eigenen Besatzungszone nicht aus. Der Hauptteil industrieller Anlagen (auf die sich auch das französische Begehren richtete) befand sich außerhalb im Ruhrgebiet. Reparationen sollten daher aus der Gesamtmasse geschöpft werden. Ob die wiederholten sowjetischen Vorschläge zur Aufrechterhaltung bzw. Wiederherstellung der Einheit Deutschlands (bis an die Oder-Neiße-Linie) aber als bloßes Mittel zu diesem Zweck zu verstehen und nicht ernstgemeint waren, ist weiterhin offen. Vieles spricht dafür, wobei die nicht minder entscheidende Frage ebenfalls ohne Antwort bleibt, welchen politischen Preis die Sowjetunion dafür zu zahlen bereit war. Daß der Versuch unternommen worden wäre, Gesamtdeutschland sowjetischer Kontrolle zu unterwerfen, darf man unterstellen. Die kommunistische Machtergreifung in Prag vom 23. Februar 1948 wurde in dieser Hinsicht mit gutem Grund als Vorbild betrachtet. Ob er angesichts der begrenzten Präsenz sowjetischer Truppen (anders als in Polen oder der Tschechoslowakei) ohne weiteres gelungen wäre, wie die Politik gezielter Westintegration der späteren Bundesrepublik unterstellte, wird man wohl auf Dauer der Spekulation überlassen müssen.[6]

Unabhängig davon tut man gut daran, das sowjetische Verhalten nicht als Indiz der Stärke zu deuten. Schon ein flüchtiger Blick auf das Land verweist vielmehr auf das Gegenteil. Mitten in der kräftezehrenden industriellen Aufholjagd getroffen, lag die Sowjetunion nach vier Kriegsjahren wirtschaftlich und finanziell am Boden. Wiederaufbau war das Gebot der Stunde, und nichts hätte sie dringender benötigt als massive technologische und monetäre Hilfe. Wenn Stalin das Angebot nicht annahm, so stand dem das Fundament *seiner* Entwicklungsstrategie und der gesamten politischen und sozioökonomischen Ordnung entgegen, die darauf gegründet war, aus *eigener* Kraft das Niveau an Wirtschaftsleistung und politischer Gesamtstärke zu erreichen, das es erlauben würde, eine unanfechtbare Stellung unter den führenden Mächten Europas und der Welt einzunehmen. Mit dem Sieg über Hitler-Deutschland war dieses Ziel *politisch* erreicht, aber *ökonomisch* verfehlt worden. Weil das stalinistische System sich behauptet hatte, blieb die Art und Weise, diese wirtschaftliche Schwäche zu beheben, an seine Wahrung gebunden. Darin aber unterschied sich die mögliche westliche Nachkriegshilfe zweifellos von den *lend-lease*-Leistungen während des Krieges, daß sie an die Öffnung der Empfängerländer für Demokratie und den freien Markt geknüpft war. Stalin erkannte richtig, daß die «Dollaroffensive» auf seine Ordnung zielte und geeignet war, sie zu erschüttern. So gesehen stand sich der Sowjetstaat selbst im Wege: Er hatte großen Bedarf an äußerer Unterstützung, konnte sie in der angebotenen Form aber nur mit dem Risiko der eigenen Destabilisierung akzeptieren.

Man darf vermuten, daß sich die Alternative ernsthaft gar nicht erst stellte. Die Selbsterhaltung hatte in jedem Fall Vorrang. Zugleich brachte die Konfrontation mit einem wirtschaftlich haushoch überlegenen Gegner, die damit begann, neue Kosten und Lasten mit sich. Wahrscheinlich kann der Verzicht auf die anfängliche Konsumorientierung zugunsten der Schwer- und Rüstungsindustrie schon bald nach Beginn des vierten Fünfjahresplans auch als eine ihrer Folgen gelten. Wenn dieser Zusammenhang bestand, erscheint die Argumentation plausibel, daß der politisch-ideologische Konflikt – ähnlich wie *mutatis mutandis* in den Vereinigten Staaten – *auch* zur Festigung des inneren Zusammenhalts genutzt wurde. Keiner Erläuterung bedarf, daß wohl nur eine Diktatur und Siegermacht in dieser Form fähig war, gegen die Bedürfnisse der Bevölkerung zu handeln und in imperialer Manier gleich für die unterworfenen Nationen mitzuentscheiden. Allein sie konnte es wagen, unter Anwendung ihrer friedlichen und gewaltsamen Mobilisierungskapazitäten den alten Weg des isolierten und (weitgehend) autonomen wirtschaftlichen Aufbaus fortzusetzen. Dabei sollte diese Wahl aber weder als Demonstration der Stärke noch als Notbehelf angesichts westlichen Drucks verstanden werden. Vielmehr ergab sie sich aus dem Charakter des Stalinschen Systems und seiner Politik.[7]

Bei alledem wird man wirtschafts- und innenpolitisch nicht begründbare ideologisch-expansive Motive der sowjetischen Außenpolitik der Nachkriegszeit nicht ausschließen können. Sie ließen sich mit der Herstellung eines sowjetisch kontrollierten Blocks und der Option eines – wie immer auch dauerhaft zu verankernden – neutralen gesamtdeutschen Staates durchaus vereinbaren. Bislang lassen sich aber auch darüber keine unbezweifelbaren Aussagen machen. Unabhängig davon mag sich die Alternative zwischen Sicherheitsinteressen und Revolutionsexport nach dem definitiven Ende der Nachkriegszeit als Konstrukt des Blockdenkens erweisen und auflösen. Jede annähernd durchsetzungsfähige Außenpolitik tat gut daran, das für unverzichtbar Gehaltene mit dem Wünschbaren zu verbinden und beides nach Maßgabe des Möglichen voranzutreiben. Innere und äußere Antriebe waren gleichermaßen im Spiele. In dieser Hinsicht zeigte die stalinistische Sowjetunion wohl die geringsten Besonderheiten.

5. Vom ‹heißen› zum «Kalten Krieg» 739

Was folgte, war mit Blick auf die großen Entwicklungslinien der Nachkriegsaußenpolitik ‹nur› noch eine Folge der Grundentscheidungen. Die westliche, längst von den Vereinigten Staaten geführte Politik steuerte zielstrebig auf die Gründung eines deutschen Teilstaates in den Westzonen hin. Die Sowjetunion versuchte dies eine Zeit lang zu verhindern, bereitete aber den komplementären Schritt vor. Die letzte, bereits unwahrscheinliche Chance einer Einigung verstrich auf der Londoner Außenministerkonferenz Ende November/Anfang Dezember 1947. Erneut prallten die amerikanische Vorstellung eines offenen und die sowjetische eines zonalen Europa ohne Brückenschlag aufeinander; danach sah man von weiteren Einigungsversuchen und Zusammenkünften dieser Art ab. Als die Westmächte Ende Juni 1948 in Gestalt der Währungsreform den bedeutendsten Schritt zum politischen Zusammenschluß ihrer Zonen taten, versuchte die Sowjetunion diesen Prozeß gewaltsam und hart an der Grenze der militärischen Konfrontation aufzuhalten. Es begann die *Blockade* der Zufahrtswege nach Berlin (24. Juni 1948), die erst ein knappes Jahr später (12. Mai 1949) aufgehoben wurde. Fraglos bedeutete dieser Rückzug eine empfindliche – und weithin sichtbare – Niederlage. Die vielbeschworene ‹Luftbrücke›, bald ein Stück bundesrepublikanischer Identität, erwies sich als wirkungsvoll und in der Lage, die Millionenbevölkerung der Stadt einigermaßen zu ernähren. Stalin mußte einlenken, ohne das Hauptziel erreicht zu haben. Die westdeutsche Staatsbildung wurde weiter vorangetrieben, neue Gespräche über Reparationen und ein neutrales Gesamtdeutschland fanden nicht statt. Einleuchtend hat man argumentiert, daß die Blockade in mancher Hinsicht sogar kontraproduktiv war. Sie beschleunigte die Gründung der Bundesrepublik, deren Grundgesetz am 23. Mai 1949 in Kraft trat, eher, als sie zu verlangsamen, und lieferte vor allem ein dauerhaft wirksames Argument für die Notwendigkeit der Integration des neuen Staates in die NATO und die Wiederaufrüstung. Allerdings blieb auch die Sowjetunion im langen Blockadejahr nicht untätig. Abgesehen von der weiteren Konsolidierung ihres Einflusses in Osteuropa beschleunigte sie in dieser Zeit die Vorbereitung für einen eigenen Teilstaat in ihrer Besatzungszone. Mit der Gründung der DDR am 7. Oktober 1949 wurde nicht nur – für ziemlich genau vierzig Jahre und ebenso lange, wie die Patenschaft der Sowjetunion anhielt – die Spaltung Deutschlands besiegelt, sondern ebenso Europas und letztlich der Welt.[8]

Daran änderte auch die vieldiskutierte *Stalin-Note* vom 10. März 1952 nichts, mit der die Sowjetunion einen letzten Versuch unternahm, ihre Vorstellung von einem neutralen Gesamtdeutschland durchzusetzen. Mit Blick auf das tatsächliche Geschehen ist es ohnehin müßig, über die Ernsthaftigkeit des Angebots zu streiten, da sie der deutsche Bundeskanzler K. Adenauer in Übereinstimmung mit den Westmächten gar nicht erst prüfte. Aber auch hinsichtlich der Ziele sowjetischer Außenpolitik dürfte nach erster Einsichtnahme in die nun zugänglichen Akten feststehen, daß Stalin *nicht* ernsthaft daran dachte, die DDR zur Disposition zu stellen und sich auf ein wirklich neutrales Deutschland einzulassen.⁹ Wenn die Sowjetunion auf diese Weise zumindest eines ihrer Hauptziele nicht erreichte, so erging es ihr im Fernen Osten nicht besser. Dabei wirkte ihre dortige Niederlage auf Europa zurück. In mancher Hinsicht galt, daß die militärische Konfrontation, die im Brennpunkt der Konfrontation, in Berlin, ausblieb, in Ostasien, wenn auch auf sowjetischer Seite durch einen Stellvertreter, stattfand. Auch deshalb hat nach der Blockade kein anderes Ereignis so nachhaltig auf die Auseinandersetzung zwischen den beiden Atommächten eingewirkt wie der *Koreakrieg*. Die Entwicklung im Fernen Osten wies so viele Parallelen zu Mitteleuropa auf, daß politisch-ideologische Querverbindungen nicht ausbleiben konnten. Nach dem deutschen Überfall hatte Stalin das große Glück, daß die japanische Regierung beschloß, sich auf ihre pazifischen Interessen zu konzentrieren. Dies ersparte ihm einen Zweifrontenkrieg, der seine Lage noch schwieriger gemacht hätte. Wie hoch er den Nichtangriffspakt vom August 1941 einstufte, geht daraus hervor, daß er sich erst in Jalta bereiterklärte, in den Krieg gegen Japan einzutreten. Als Lohn gestand ihm Roosevelt den nördlichen Teil der koreanischen Halbinsel zu, die von sowjetischen Truppen besetzt wurde. Nach Kriegsende vollzog sich hier im großen und ganzen eine ähnliche Entwicklung der Konversion des Feindes von gestern, Japan, und der Regierung der westlichen Besatzungszone, Südkorea, zu Verbündeten wie in Mitteleuropa. Zugleich verhärteten sich im Zuge des Kalten Krieges die Fronten. Als der chinesische Bürgerkrieg 1949 mit dem Sieg der Kommunisten unter Maotse-tung endete, veränderte dies nicht nur die politisch-strategische Gesamtsituation in der Region, sondern löste auch einen Schock in der amerikanischen Politik aus. Dessenungeachtet erklärte der Außenminister in Übereinstimmung mit dem regionalen Oberbefehlshaber der Streitkräfte, daß Korea außerhalb der vitalen Interessenzone seines Landes liege. Ob diese Äußerung Stalin zu einer schweren Fehleinschätzung verleitete, läßt sich wiederum nicht mit Sicherheit sagen. Außer Zweifel steht nur, daß der Vorstoß nordkoreanischer Truppen über die Demarkationslinie (den 38. Breitengrad) nicht ohne seine Zustimmung unternommen werden konnte. In Verbindung mit der UNO reagierten die Vereinigten Staaten sofort und intervenierten, zur völligen Überraschung der Invasoren, mit eigenen Truppen. Als Nordkorea schon fast besiegt war, griff Rotchina in den Kampf ein, der sich dadurch gefährlich zuspitzte und in die Länge zog. Auch hier muß offen bleiben, in welchem Maße Mao-tse-tung für Stalin handelte. In jedem Fall bemühte sich die Sowjetunion um einen Waffenstillstand, der seit Juni 1951 verhandelt, aber erst am 8. Juni 1953, drei Monate nach Stalins Tod, unterzeichnet wurde.¹⁰

So bestand am Ende dieser so fatalen und folgenschweren Ära der Sowjetgeschichte, mit der zugleich die unmittelbare Nachkriegszeit ihren Abschluß fand, gerade auf außenpolitischem Gebiet wenig Anlaß zu einer positiven Bilanz. Der ‹heiße› Krieg gegen Deutschland war, unter welchen Opfern auch immer, gewonnen worden, der Kalte Krieg gegen die Vereinigten Staaten und ihre Verbündeten in Europa und Fernost fürs erste verloren. Weder hatte die Sowjetunion Reparationen aus den westlichen Einflußzonen erhalten, noch Berlin in die Knie zwingen, noch die Gründung der Bundesrepublik verhindern können. Erst recht hatte sie in der einzigen, von ihr zumindest mitzuverantwortenden militärischen Konfrontation den kürzeren gezogen. Ihre beiden größten Niederlagen, in Berlin und Korea, gaben dem westlichen Militärbündnis unter Einschluß der Bundesrepublik einen kräftigen Schub. Auf der anderen Seite hatte sie konsolidiert, was ihr nach dem Vormarsch der Roten Armee auf Berlin und in die Hauptstädte Ostmittel- und Südosteuropas niemand mehr nehmen konnte. Dies war mehr als je zuvor in der russisch-sowjetischen Geschichte. An der Ausdehnung ihres Hegemonalbereichs gemessen, übertraf die spätstalinistische Sowjetunion selbst das Zarenreich nach den Napoleonischen Kriegen und konnte in manchen territorialen Ambitionen an die imperiale Tradition anknüpfen. Wenn aber der Kalte Krieg schon als Wettkampf der Leistungs- und Überzeugungsfähigkeit der Systeme zu verstehen war, dann standen die Chancen für den Sozialismus nicht gut.

6. Der Stalinismus als Problem

Es ist üblich geworden, die Sowjetordnung unter Stalin als Stalinismus zu bezeichnen. Allerdings ist bis heute unklar, was darunter genau zu verstehen sei. Die inhaltliche Füllung des Begriffs hing und hängt vom Vorverständnis nicht nur der sowjetischen, sondern auch der russischen Geschichte und eventuell von weltanschaulichen Grundeinstellungen allgemein ab. Diese Mehrdeutigkeit teilt er mit verwandten Konzepten, die seine Prägung sehr wahrscheinlich angeregt haben. Wie beim Faschismus ist es in erheblichem Maße eine Frage der Interpretation, welche Merkmale jeweils als entscheidend angesehen werden. Hinzu kommt, daß sich die Inhaltsgebung mit den Jahren verändert hat. Gleich anderen historisch-politischen System- und Globalbegriffen gehörte der Stalinismus jeweils in den größeren Kontext der vorherrschenden wissenschaftsinternen, und meist auch breiter in der politisch-öffentlichen Meinungs- und Theoriebildung verankerten Deutungsmuster. So besagte Stalinismus in der aktuellen Auseinandersetzung mit dem so benannten Regime anderes als für die nachfolgenden Generationen, denen sich die Sowjetunion vielfach auch anders darstellte. Was im weltanschaulichen Konsens der zeitgenössischen Perspektive eindeutig schien, löste sich aus der Distanz in unverbundene, oft für unhaltbar erklärte Einzelaspekte auf. Im ganzen darf dieser Vorgang als ‹Verwissenschaftlichung› eines stark weltanschaulich geprägten Konzepts im Sinne sowohl kritischer Überprüfung implizit unterstellter Prämissen als auch der Konfrontation mit neuen Forschungserkenntnissen im engeren Sinne gelten. Eine solche Neubesinnung erscheint um so eher geboten, als der Begriff des Stalinismus – anders als Faschismus und Nationalsozialismus – keine Selbstbezeichnung war. Es hat weder eine stalinistische Bewegung noch ein Regime gegeben, das sich stalinistisch oder ähnlich genannt hätte. Stalin wurde im Gegenteil nicht müde, seine Treue zum Leninismus zu beteuern. Als ergebenster Nachlaßverwalter Lenins, keinesfalls als dessen Fortsetzer schwang er sich zum Diktator auf. Insofern blieb es seinen ausländischen Gegnern in und außerhalb der marxistisch-sozialistischen Bewegung überlassen, der von ihm geprägten Ordnung einen eigenen Charakter zuzuschreiben und seinen Namen zur Kennzeichnung zu wählen. Stalinismus wurde als politischer Kampfbegriff, nicht als deskriptiv-neutraler Begriff erfunden. Auch Stalins inländische Diadochen hielten sich aus guten Gründen terminologisch durchaus bedeckt, als sie ihn vom Sockel stürzten. Sie attackierten Stalins ‹Größenwahn› und sprachen von «Personenkult», nicht von *stalinizm* in Analogie zum *leninizm* und *marksizm*. Allein die Hypertrophie der personalen Diktatur war ihnen zuwider, nicht das politisch-sozioökonomische Grundgefüge. Stalinismus im landläufigen Sinn gehörte daher im wesentlichen dem außer- (und post-) sowjetischen historisch-sozialwissenschaftlichen und publizistisch-politischen Diskussionsprozeß mit der vorherrschenden Zweckbestimmung nicht nur der analytischen Beschreibung, sondern auch des wertenden Systemvergleichs an.[1]

In der verallgemeinernden Zusammenschau des halben Jahrhunderts, das seit den ersten einschlägigen Überlegungen vergangen ist, haben dabei vor allem folgende Deutungsvorschläge, sei es nacheinander oder in Konkurrenz nebeneinander, Verbreitung gefunden.

Am wirkungsvollsten war wohl die *Totalitarismustheorie*. Sie entstand gleichsam durch die Übertragung und Erweiterung von Versuchen vor allem deutscher Emigranten, Struktur und Charakter des nationalsozialistischen Regimes zu beschreiben. Was Hannah Arendt, Ernst Fraenkel, Franz Neumann und andere zu prägenden Merkmalen des ‹Dritten Reiches› erklärten, fanden mehr und mehr professionelle Beobachter in der Sowjetunion unter Stalin wieder. Dabei verdient Beachtung, daß im wesentlichen Politik- und Sozialwissenschaftler nach derartigen Strukturkennzeichen Ausschau hielten und den Versuch unternahmen, sie zu einem neuen Herrschaftstypus zusammenzufügen. Die Absicht war vergleichend und zielte auf verallgemeinernde Abstraktion im Sinne der Aussonderung des Charakteristischen. Aus dieser Perspektive fiel der Blick vor allem auf Eigenarten der Herrschaftsverfassung in einem umfassenden Sinne unter Einschluß von Sozialbeziehungen und Wirtschaftsabläufen, die staatlicher Regulierung zugänglich waren. An oberster Stelle legte er die Schrankenlosigkeit der Zentralge-

6. Der Stalinismus als Problem

walt, verkörpert im Diktator, frei. Dabei kam es ihm weniger auf die Monokratie und deren personale Zuspitzung als auf die Regellosigkeit, Allgegenwart und Durchschlagskraft der Machtausübung an. Qualitativ neu im Vergleich zu herkömmlichen autoritären Regimen und Diktaturen schien die Fähigkeit der Herrschenden zu sein, jederzeit in das Leben jedes einzelnen eingreifen, es zumindest im groben bestimmen und auch vernichten zu können. Das ‹bürgerliche Individuum› der spätneuzeitlichen *societas civilis*, gleichsam als geschützte Monade und in seiner politischen Denk- und Handlungsfähigkeit prinzipiell frei gedacht, schien zerstört zu sein. Die neuartigen Regime denaturierten es zu einem kopflosen, der Selbständigkeit beraubten Befehlsempfänger, der sich mit zahllosen ähnlich ‹entmenschten› Wesen zu einer beliebig manipulierbaren Masse verband und darin aufging. Die literarischen Utopien eines George Orwell oder Aldous Huxley gaben diesem sozial- bzw. staatsphilosophischen Kern des Totalitarismuskonzepts eine ebenso anschauliche wie didaktische Gestalt.

Um für eine gewisse Dauer wirksam zu werden, bedurfte eine solche Herrschaft verschiedener Institutionen und Vorkehrungen. Diese konkret zu benennen und zugleich ihre prinzipielle Verallgemeinerbarkeit in typologischer Absicht zu wahren, hat den Denkansatz vor die größten Probleme gestellt. Dabei schälten sich in der langjährigen Diskussion folgende konstitutive Merkmale heraus. Totalitäre Diktaturen besaßen – in einer späten Formulierung der beiden bedeutendsten Vertreter der Theorie – eine «ausgearbeitete», alle Lebensbereiche der Menschen umfassende «Ideologie», die einen noch herzustellenden «Endzustand» von Gesellschaft und Staat verhieß und in Gestalt einer allgemeinen, auch retrospektiv-historisch argumentierenden Welterklärung ein notwendig eintretendes, von übergreifenden Gesetzen verbürgtes Ziel begründete. Sie verfügten über eine monopolistische «Massenpartei», nominell und in letzter Instanz auch faktisch vom Diktator selbst geführt, die diese offizielle Ideologie gleichsam verwaltete, alle öffentlichen Führungspositionen besetzte, in diesem Sinne die politische, soziale, kulturelle, tendenziell auch die wirtschaftliche Elite bildete und kraft ihrer Loyalität faktisch als verlängerter quasistaatlicher, bis in die Keimzellen der Gesellschaft hinunterreichender Arm des Regimes fungierte. Sie stützten sich zur weiteren Machtabsicherung auf Terrororganisationen in Gestalt einer omnipräsenten Geheimpolizei und eines weitverzweigten Netzes von Zwangsverwahrungsanstalten, die außerhalb jeder unabhängigen Gerichtsbarkeit operierten und letztlich nur dem Führer und seinen Statthaltern verpflichtet waren. Sie sicherten sich die zentrale Kontrolle über alle Medien der Massenkommunikation, von den Zeitungen bis zum Film, und nutzten sie unter Einsatz moderner Techniken zur propagandistischen Beeinflussung der Bevölkerung. Sie zogen die exklusive Verfügung über bewaffnete Kampfeinheiten, reguläre ebenso wie paramilitärische Organisationen, an sich. Und sie bemühten sich um die Lenkung der Wirtschaft durch administrative Koordinierung in Gestalt kurz- und mittelfristiger Planvorgaben.[2]

Keiner Erläuterung bedarf, daß verschiedene Autoren verschiedene Akzente setzten. Insofern gab es keine einheitliche Totalitarismustheorie und macht sich jede knappe Zusammenfassung unzulässiger Vereinfachung schuldig. Desgleichen liegt auf der Hand, daß die genannten Merkmale schon in den beiden hauptsächlich gemeinten Herrschaftsystemen höchst unterschiedlich ausgeprägt waren. Der letzte Punkt etwa bezog sich vor allem auf die stalinistische Sowjetunion, da die Planwirtschaft nur hier uneingeschränkt praktiziert werden konnte. Dies allein hätte das Modell aber kaum in Mißkredit gebracht. Hinzu kamen weitere, wichtigere Schwächen. Zum einen offenbarte die sozialwissenschaftliche (nicht die philosophische) Formulierung der Totalitarismustheorie eine deutliche Tendenz, zu einem oberflächlichen Merkmalskatalog zu erstarren. Die komparative Absicht begünstigte eine statische Sehweise. Auch die modifizierende Betonung des «revolutionären» Eifers der Regime (Z. Brzezinski) – die im übrigen ebenfalls primär auf den Stalinismus gemünzt war – änderte dies nicht durchgreifend. Die Besonderheiten, die auf diese Weise der Vergleichbarkeit allzu bereitwillig geopfert wurden, waren aber von ihrer Entstehung nicht zu trennen. Daraus dürfte zu erklären sein, daß die Kritik vor allem auf die Ausblendung der historisch-genetischen Dimension und, damit verbunden, der dynamischen Komponente hinwies. Auch wenn sie damit in mancher Hinsicht den Dauerstreit zwischen den Advokaten des Individuellen (mit je eigener Vergangenheit) und den Fürsprechern der Generalisierung im Dienste der Übertragbarkeit wiederholte, fand sie zunehmende Resonanz, da sie Zweck und Kern der Totalitarismustheorie selbst in Frage stellte: die Vergleichbarkeit. Je genauer Spezialisten nachfragten, desto klarer traten die Grenzen eines gemeinsamen Modells zutage. Der Graben zwischen Nationalsozialismus und Faschismus auf der einen und dem Stalinismus auf der anderen Seite wurde breiter, auch wenn niemand die Existenz formaler Gemeinsamkeiten leugnete. Seither hat sich das historische Forschungsinteresse ganz eindeutig auf die einzelnen Regime konzentriert. Vergleiche wurden im wesentlichen nur noch unter begrenzten, im weiteren Sinne systemtheoretischen, primär politik- und sozialwissenschaftlichen Aspekten vorgenommen. Zwar lebte die Totalitarismustheorie weiter, aber stark modifiziert und auch in ihrem umfassenden Verständnisanspruch erheblich reduziert, nicht dynamisch und als synthetisches Konzept.[3]

Offensichtlich hingen die wachsenden Bedenken mit dem tiefgreifenden Wandel der Interessen, Methoden und Maßstäbe innerhalb der historischen Wissenschaft und benachbarter Disziplinen sowie der gesamten geistigen Umwelt in den westlichen Ländern zusammen. Spätestens seit Beginn der siebziger Jahre traten sozial- und wirtschaftsgeschichtliche Fragestellungen in den Vordergrund, zu denen sich auch Versuche gesellten, die Binnen-

6. Der Stalinismus als Problem 745

struktur der Staatsverwaltung unter der Frage nach ihrer Effizienz genauer auszuleuchten. Was sie zutage förderten, vermehrte die Einwände und stützte solche, die zum Teil schon zuvor im Rahmen des überkommenen Modells vorgebracht worden waren. Vor allem folgende Einsichten und Hypothesen erwiesen sich dabei als besonders wirkungsvoll.

(1) Noch vor dem eigentlichen ‹Paradigmenwechsel› wurden Einwände gegen die stillschweigende Gleichsetzung von Leninismus und Stalinismus laut, zu der das überkommene, unhistorische Konzept neigte. Gegen die Kontinuitätsannahme beharrte diese Position darauf, daß die Sowjetordnung mit dem Aufstieg Stalins zur alleinigen Herrschaft eine neue *Qualität* gewonnen habe. Nicht nur die NEP sei liquidiert worden, sondern mit ihr eine ganze Strömung, die auf dem Boden der Leninschen Politik eine realistische Alternative zum Stalinschen Kurs angeboten habe. In seiner zugespitzten Formulierung behauptete das Argument, der Stalinismus habe eine «radikale Abkehr vom bolschewistischen programmatischen Denken» (S. Cohen) vollzogen. Aber auch ohne die bezweifelbare Lokalisierung der ‹eigentlichen› frühsowjetischen Strategie im Umkreis von Bucharin blieben gute Gründe, zu Beginn der dreißiger Jahre eine Zäsur zu erkennen. R. Tukker hat sie in dem Begriff der «Revolution von oben» und dem Gedanken zusammengefaßt, daß diese die wesentlichen Merkmale des stalinistischen Regimes erst hervorgebracht habe: die zentrale ökonomische Planung auf der Grundlage der Verstaatlichung sowohl der Industrie als auch der Landwirtschaft, die terroristische Disziplinierung der Gesellschaft, eine neue Elite als soziale Trägerschicht und einen formal omnipotenten Staatsapparat mit verschiedenen Affiliationen (von der Partei bis zu den Gewerkschaften) mit diktatorischer Spitze. Unbestritten blieb in dieser Version, daß der Oktoberumsturz und die Leninschen Grundentscheidungen über Art und Struktur der neuen Ordnung durchaus wesentliche «Keime», mehr noch: Voraussetzungen für die späteren Zustände legte. Zugleich fügte sie aber hinzu, daß die zeitliche Folge nicht zur logischen verfälscht und aus der Möglichkeit keine Notwendigkeit gemacht werden dürfe. In dieser Form hat sich die Überlegung als weithin unbezweifelte Erkenntnis etabliert.[4]

Nicht weniger überzeugende Einwände erwuchsen (2) aus *sozialhistorischer* Feldforschung. Dabei traten gleichsam ‹negative› wie ‹positive› Faktoren in den Vordergrund. Zu ersteren lassen sich jene Strukturen und Verhaltensweisen rechnen, die nach den Maßstäben des Regimes als Hindernisse empfunden wurden und zu überwinden waren, desgleichen solche, die neutralisiert oder sogar nutzbringend eingesetzt werden konnten; zu letzteren solche, die mithalfen, das Neue hervorzubringen. Als besonders bedrückend empfand die selbsternannte ‹proletarische Avantgarde› zweifellos den Umstand, daß sie eine Art Insel im bäuerlichen Meer bildete und gegen eine Übermacht dörflicher ‹Kleineigentümer› und eine zählebige Tradition aus rückständiger Subsistenzwirtschaft und parochial beschränktem Gemeindeleben ankämpfen mußte. Auch wenn die frühere antitotalitaristische Deutung als widerlegt gelten muß, die Zwangskollektivierung sei aus der Not geboren worden, bleibt das Faktum bestehen, daß die Führung subjektiv zum Ergebnis kam, der Knoten sei nur mit Gewalt zu durchschlagen. Stalin und seine Umgebung wurden nicht getrieben, aber sie meinten, treiben zu müssen, weil die sozioökonomischen Verhältnisse nicht so waren, wie sie nach ihrer Überzeugung für den ‹Aufbau des Sozialismus› zu sein hatten. Bei dieser *tour de force* spielte ihnen eine Entwicklung in die Hände, die ein Überhang aus alter Zeit und eine neue Erscheinung zugleich war: die Unterstützung durch eine neue Elite. *Vydvižency*, bolschewistische Kämpfer der Bürgerkriegsjahre, alerte Mitläufer, überzeugte Neumitglieder mit Aufstiegsmotivation und die ersten Absolventen der Arbeiterfakultäten und ‹klassenorientierten› neuen Bildungseinrichtungen nutzten die Gelegenheit, um vom Neubeginn zu profitieren. Zugleich bedurften die Stalinisten ihrer als zuverlässige Exekutoren des abermaligen gewaltsamen Umsturzes. Dabei stimmt das sozialhistorische Argument in *dieser* Hinsicht – aber nur in dieser – mit der jüngeren, dem Interesse an *kollektiver Mentalität* entwachsenen Behauptung überein, daß nicht nur die Profiteure, sondern darüber hinaus eine breite Mehrheit der Bevölkerung zumindest den ehrgeizigen und durchaus grandiosen Aufbruch zum Sozialismus in Gestalt des Ersten Fünfjahrplans engagiert mitgetragen habe. Wie auch immer, der Staat übte nicht nur Gewalt aus; er konnte auch auf zahlreiche, gleichviel ob opportunistische oder aufrichtig überzeugte Helfer rechnen.[5]

In gleicher Weise haben neuere Studien (3) Teile des *Staats- und Parteiapparats* genauer in den Blick genommen. Sie fanden heraus, daß es um dessen innere Funktions- und äußere Gestaltungsfähigkeit ganz anders bestellt war, als das Konzept totalitärer Herrschaft zumindest der Idee nach voraussetzte. Anstelle von Effizienz und geordneten Entscheidungsabläufen fanden sie Wirrwarr, Desorganisation und Improvisation, anstelle wirksamer Kontrolle einen Mangel an Durchsetzungsfähigkeit, anstelle klarer, gegebenenfalls autoritär und gewaltsam verwirklichter Maßnahmen gegenläufige Konzepte, konkurrierende Interessen und rivalisierende Gruppen. Angesichts dieser Befunde geriet nicht nur die jahrzehntelang kolportierte Hypothese ins Wanken, Stalins Aufstieg in den zwanziger Jahren habe sich in erster Linie seinem Geschick verdankt, als Generalsekretär der Partei alle Schlüsselpositionen mit ergebenen Gefolgsleuten zu besetzen. Auch die gleichfalls unterstellte Annahme, Stalin und seine Umgebung hätten nach der Ausschaltung innerparteilicher Opponenten und der Unterwerfung der Bauern über gehorsame Apparate verfügt und nach Belieben schalten und walten können, erwies sich als quellenfernes Konstrukt. Dabei muß es individueller Interpretation überlassen bleiben, ob solche Befunde auch den Vorschlag treffen, den Stalinismus durch das Macht- und Organisationsmonopol der Partei in *allen* entscheidenden Sektoren, vom Staat bis zur Kultur,

6. *Der Stalinismus als Problem* 747

zu kennzeichnen. Der Überlegung wäre nachzugehen, daß beides durchaus miteinander vereinbar war: die letztinstanzliche Durchdringung der Gesamtordnung *und* erhebliche Mängel ihrer Realisierung. Wo immer sich die angemessene Deutung (sicher auch nach Behörden und Regionen differenziert) im Spannungsfeld zwischen weitgehendem Selbstlauf und zentraler Lenkung einpendeln mag – die Vorstellung von totaler Kontrolle und diktatorischer Omnipotenz ist längst revidiert worden.[6]

Mit dieser Einsicht eng verbunden waren (4) Einwände gegen die überkommene Deutung des *Terrors* der dreißiger Jahre. Durch- und Gegeneinander bestimmten zumindest auf regionaler Ebene und als zusätzliche Faktoren Richtung und Ausmaß der willkürlichen Gewalt, die zahllose Unschuldige vernichtete. Auch hier ist die Frage noch offen, ob die gezielte Gegenposition nicht zur anderen Seite hin überzeichnet. Dessenungeachtet geht die jüngere Forschung davon aus, daß die frühere, dem Umfeld des Totalitarismuskonzepts entstammende Vorstellung einer ausschließlich zentral gelenkten und in jeder Phase kontrollierten Terrorkampagne in jedem Falle zu korrigieren ist.[7]

In letzter Zeit hat die Diskussion über den Stalinismus schließlich (5) eine weitere Wendung genommen. Nun geraten die *beiden* beherrschenden Interpretationsansätze der Nachkriegsjahrzehnte ins Fadenkreuz der Kritik: sowohl die Totalitarismustheorie als auch deren sozialhistorische Durchlöcherung. Die «Revisionisten» sehen sich mit ihrer eigenen Revision konfrontiert. Auch dabei gehen, wie es nicht anders sein kann, unterschiedliche Befunde mit unterschiedlichen Methoden, Interessen und Arbeitsfeldern Hand in Hand. Letztlich darf man aber auch, obgleich Zuordnungen in dieser Hinsicht verfrüht sind, den vielzitierten Zeitgeist als treibende Kraft im Hintergrund vermuten. Deutlich sind zumindest zeitliche Konturen, die dies nahelegen: die sozialhistorische Revision der Totalitarismustheorie erscheint als charakteristische (wenn auch nicht unbedingt quantitativ dominante) Neuerung der siebziger und frühen achtziger Jahre, wobei ihre intellektuelle Genese in die ausgehenden sechziger Jahre fällt; die jüngste Wende geht auf die späten achtziger Jahre zurück und zeitigt soeben erste Früchte.

Mit Blick auf den Stalinismus sind dabei zwei durchaus unterschiedliche methodisch-interpretatorische Ansätze erkennbar. Auf der einen Seite steht eine stark *alltagsgeschichtliche* Sicht, die sozusagen das gewöhnliche, wenn auch nicht normale Leben in der stalinistischen Diktatur erkunden möchte. Die erste umfassende Studie dieser Art, zweifellos eine – durch die Öffnung der Archive zumindest erleichterte, wenn nicht ermöglichte – Pioniertat, fragt nach den «Werten» und «Träumen» sowohl der «einfachen Leute» als auch der «Elite» und möchte «auf der Ebene der Lebenswelt die verwickelten Begegnungen, Konflikte und Verhandlungen» ausfindig machen, die sich als Realität niederschlagen. Sie bemüht sie um die Perspektive der ‹Betroffenen›, um zu vermeiden, was sie den bisherigen Studien zum Vorwurf

VIII. Spätstalinismus und Wiederaufbau (1945–1953)

macht: ‹von außen› zu kommen und mit großen (und groben) Begriffen das Filigrangeflecht der ‹kleinen Welten› zu zertrümmern, statt es zu entschlüsseln. ‹Gelebter› Stalinismus steht im Mittelpunkt, nicht Stalinismus als System. Der neuen Präferenz für die Wahrnehmung entsprechend, gewinnen dabei Vorstellungen und Eindrücke neues Gewicht. Das Bewußtsein bestimmt, zumindest in erheblichem Maße, wieder das Sein. Zugleich kehrt die Ideologie in den Kreis der bevorzugten Untersuchungsgegenstände zurück. Allerdings erfährt sie, im genauen Gegenteil zur totalitaristischen Sicht, eine deutliche (und beinahe methodische) Aufwertung. Sie tritt auch für das Individuum und nicht nur für das System bei gleichzeitiger Aufhebung des Gegensatzes zwischen beiden als positive, integrative Kraft in Erscheinung. Diese Version von Stalinismus als Erfahrungsgeschichte – weitere mögen und werden hoffentlich andere Wege gehen – lenkt den Blick damit nicht nur vom ‹System› auf die sozialen Beziehungen, sondern offenbart auch eine ausgesprochen affirmative Tendenz: Sie nimmt für bare Münze und die Realität, was viele glaubten.[8]

Der zweiten Variante geht es eher um eine *bewußtseinsgeschichtliche* als um eine alltagsgeschichtliche Neudeutung. Sie setzt sich sozusagen zum Ziel, Stalinismus von innen zu beschreiben, weniger ihn von unten zu betrachten. Auch dies ist dank einschlägiger Materialfunde erst in jüngster Zeit möglich geworden. Wie sich nun wider alles Erwarten herausstellt, haben mehrere Dutzend Tagebücher die Wirren eines halben Jahrhunderts überstanden. Die Auswertung im einzelnen bleibt abzuwarten, die zentrale Perspektive aber liegt auf der Hand: Sie muß der subjektiven Wahrnehmung und Verarbeitung gewiß sehr unterschiedlicher Erfahrungen gelten. Dies schließt die Ablehnung sowohl der ‹totalitaristischen› Annahme ein, daß die Beherrschten ‹dem Apparat› mehr oder weniger wehrlos ausgeliefert waren, als auch der Unterstellung sozusagen zweckrationaler Handlungsstrategien sozialhistorischer Provenienz. Die Kritik gilt explizit auch jener Hypothese, die die unzweifelhafte Stabilität stalinistischer Herrschaft nicht allein auf die Wirksamkeit von Gewalt und Terror zurückführte, sondern in gleichem Maße auf die Zustimmung der neuen technisch-administrativen Elite. Dabei steht weniger die Akklamation selbst in Frage als deren Gründe: Während der sozialhistorischen Deutung eine Art von primitivem Materialismus in Gestalt der Unterstellung vorgeworfen wird, die Claqueure vom Typus eines Breznev oder Kosygin (denn die Rede ist von dieser ersten stalinistischen Generation im Sinne der politischen Sozialisation) seien Stalin aus karrieristischen Motiven gefolgt, hätten ihre Zustimmung sozusagen im Tausch gegen Privilegien und Macht gegeben, führt die bewußtseins- bzw. mentalitätsorientierte Deutung eine ganze Kette von Zwischengliedern ein. Diese kreisen um subjektive, auch individuell lebensgeschichtliche Einflüsse auf die jeweilige Wahrnehmung von Umwelt und System. Die Gemeinsamkeit mit der eher alltagsgeschichtlichen Orientierung liegt auf der Hand: Der

6. Der Stalinismus als Problem

subjektive Faktor erhält neues Gewicht und dadurch auch die Eigenwertigkeit, um nicht zu sagen: Autonomie des Bewußtseins, das seinerseits nicht von der permanenten Einwirkung der Ideologie zu trennen war.[9]

Bemerkenswerterweise zeigt sich trotz aller neuen Befunde, daß einige allgemeinere Überlegungen aus der Frühphase der Kritik am Totalitarismusmodell im großen und ganzen Bestand haben. Dies gilt zum einen für die zeitliche Eingrenzung des Stalinismus auf das knappe Vierteljahrhundert zwischen dem faktischen Beginn des ersten Fünfjahresplans samt nachfolgender Zwangskollektivierung und Stalins Tod (1929–1953). Damit verbunden ist eine Teilantwort auf die Frage nach der Kontinuität zwischen Leninismus und Stalinismus: Wer die Periodisierung akzeptiert, kann beide nicht gleichsetzen, wie immer er ihre Beziehung beschreiben mag. Leninismus und Stalinismus bezeichnen nicht nur unterschiedliche Phasen der sowjetischen Geschichte, sondern auch unterschiedliche Formen der Herrschafts-, Sozial- und Wirtschaftsverfassung einschließlich der Auswirkungen auf das kulturelle Leben. Von selbst versteht sich, daß auch das Ableben des Diktators in dieser Sicht eine tiefe Zäsur markierte. Nach ihm dauerte kein Stalinismus ohne Stalin fort, sondern entstand ein qualitativ anderes System, das eines neuen Begriffs und einer eigenen Kennzeichnung bedarf. Zum anderen haben aber auch erste Versuche einer Neudefinition eine beachtliche Plausibilität bewahrt. Selbst wenn man den Gedanken Tuckers nicht im einzelnen folgen mag, gibt es gute Gründe, an den drei von ihm benannten wesentlichen Kennzeichen festzuhalten. Als Kernelemente des stalinistischen Systems hätten demnach zu gelten: a) das ‹bolschewistische Erbe›, b) das ‹russische Erbe› und c) *Stalins Person.*

Das erste Ingredienz nimmt gleichsam die totalitaristische *petitio principii* auf, daß es einen substantiellen Zusammenhang zwischen bolschewistischer Revolution und stalinistischer Diktatur gebe. Es verweist auf die langfristige Bedeutsamkeit der Grundentscheidungen über den Charakter des neuen Staates. Lenin und seine Mitstreiter betrachteten sich als Interessenvertreter der Unterschichten, insbesondere der industriellen Arbeiterschaft, und als Vollstrecker historischer Gesetzmäßigkeiten in marxistischem Verständnis. Sie wollten eine antikapitalistische, vor allem die städtischen Unterschichten begünstigende, auch institutionell nichtbürgerliche und angesichts starker Gegner und der eigenen Minderheitenposition wehrhafte neue Ordnung aufbauen. Die notgeborene Konzession eines partiellen Marktes in Gestalt der NEP gab dabei nach dem Verbot konkurrierender Parteien während des Bürgerkriegs auch noch Anlaß, die kollektive Äußerung abweichender Meinungen im eigenen Lager zu verbieten. Mithin fand Stalin eine politische und soziale Verfassung vor, die bereits wesentliche Strukturmerkmale ‹seiner› Ordnung enthielt: eine monopolistische Partei, die den Staat einschließlich seiner Zwangsgewalt fast vollständig übernommen und durch das Frak-

VIII. *Spätstalinismus und Wiederaufbau (1945–1953)*

tionsverbot die Reste demokratischer Willensbildung im Innern zugunsten der ausschließlichen Bestimmungsmacht der Zentralgremien aufgegeben hatte; ein Netz mitgliederstarker parteilich kontrollierter Sozialverbände, die den zentral festgelegten politischen Kurs umzusetzen halfen; eine geheim operierende Sonderpolizei, die außerhalb der ohnehin vom Partei- und Staatsinteresse abhängigen Jurisdiktion stand; eine Armee, die nach ihrer personellen Erneuerung und Reorganisation loyal zur Parteispitze stand; und Institutionen zur zentralen Lenkung der Massenmedien (einschließlich modernster wie des Films) sowie von ‹Agitation und Propaganda› allgemein. Hinzu kam eine auffallende Gewalttätigkeit gegenüber Gegnern, die zwar auch in Weltkriegserfahrungen wurzelte, aber erst durch den Bürgerkrieg bis in die hinterste Provinz getragen wurde und dem Regime von der ersten Stunde an gleichsam eine Blutspur anheftete, die auf eine unheilbare Geburtswunde verwies: als Minderheit durch temporären und lokalen Mehrheitswillen an die Macht gekommen zu sein und sich im Gefühl permanenter Bedrohung nicht nur gegen äußere, sondern auch und vor allem gegen innere Feinde wehren zu müssen. Dies alles wurde gleichsam vom vorrangigen Regimeziel überwölbt, den Sozialismus in einem umfassenden, aber unbestimmten Sinne allen ökonomischen, sozialen und kulturellen Widerständen zum Trotz zu verwirklichen.

Das zweite Kernelement faßt die verschiedenen Aspekte zusammen, in denen die vorrevolutionäre, russische Tradition wirksam geworden ist. Einzelne sind früh gesehen, die meisten bestätigt worden. Daß seit der Mitte der zwanziger Jahre in der bolschewistischen Partei ein Generationswechsel stattfand, der die ‹multikulturellen› Exilintellektuellen in den Hintergrund drängte und Untergrundkämpfer, ehemalige Rotarmisten und sonstige Neulinge der ersten Stunde ohne Auslandserfahrung und geistiges Training in die Führungspositionen brachte, gehört in diesen Kontext. Gleiches gilt für die kulturelle Wende: Ungefähr zeitgleich mit dem Ende der NĖP waren die «revolutionären Träume», die ohne nennenswerte Ausnahme aus antibürgerlichen Bewegungen Westeuropas stammten, ausgeträumt. Bei der patriotisch-nationalen Reorientierung von Ideologie, Propaganda, Kunst und Wissenschaft liegt die Nähe auf der Hand. Aber auch die fundamentalen sozioökonomischen und politischen Umwälzungen der frühen Stalinära kann man unter diesem Gesichtspunkt deuten. Daß die Prioritäten der Fünfjahrespläne an die gelenkte Industrialisierung im ausgehenden Zarenreich anknüpften, bedarf keiner Erläuterung. Ähnlich hat man mehrfach auf Parallelen in der Lage der Bauern nach der Zwangskollektivierung mit der Leibeigenschaft hingewiesen. Und daß die einsame Entscheidung einer abgehobenen Obrigkeit samt ihrer Durchsetzung mit staatlichen Zwangsmitteln historischen Handlungsmustern in Rußland durchaus entsprach, wird ebenfalls nicht zu bestreiten sein. Sicher bleibt die Wirksamkeit dieser Tradition für die Entscheidungen der Akteure unbewiesen. Desgleichen steht vor al-

6. Der Stalinismus als Problem

lem der Vergleich zwischen Leibeigenschaft und Kollektivwirtschaft auf schwachen Füßen. Die eigentlich gemeinte, generelle These, Stalinismus sei unter anderem als russifizierter Bolschewismus zu definieren, vermag aber im Sinne einer stärkeren Einbindung des Sowjetregimes in Kontinuitäten der russischen Geschichte, seien es politische, ökonomische, soziale oder mental-kulturelle, dennoch zu überzeugen.

Von selbst sollte sich schließlich das dritte Wesensmerkmal verstehen. Obwohl gelegentlich eine Neigung zu beobachten ist, die Rolle Stalins sehr weit herunterzuspielen, wird niemand ernsthaft einem Stalinismus ohne Stalin das Wort reden wollen. Natürlich bedurfte es seiner taktischen Raffinesse, Entschlossenheit, Gewaltbereitschaft, Skrupellosigkeit und Heimtücke, aber auch seiner Führungskraft und seines Charismas, wie immer es entstand, um gegen erheblichen, intellektuell brillanten Widerstand den Entschluß zum neuerlichen Bauernkrieg und zum gewaltsamen Sprung in die industrielle Welt durchzusetzen. Mit guten Gründen ist argumentiert worden, eine wirkliche Alternative zu Stalin als Politiker sei nach Lenins Tod nicht erkennbar gewesen. Gewiß förderten die vielzitierten Umstände seinen Aufstieg. Zugleich nutzte er aber auch die Gunst der Stunde und prägte die Entwicklung von Staat und Gesellschaft im weitesten Sinne so sehr, daß sie ohne ihn in der Form nicht denkbar ist, die sie annahm. Individuum und objektiver Kontext gehörten auch in diesem Fall in dem Sinne zusammen, daß beide einander voraussetzten. Die «Revolution von oben» mit ihren (bis zum Ende der Sowjetunion) strukturbildenden Folgen war, als eine Handlungsoption unter anderen, *sein* Werk.[10]

Freilich ist ein solcher Rahmen groß. Er erlaubt es nicht nur, Schwerpunkte bei einem der Faktorenbündel zu setzen, sondern zwingt nachgerade dazu, sie nach Maßgabe der Akzente aufzuschnüren. Auf diese Weise lassen sich sowohl neuere soziokulturelle und mentalitätsorientierte als auch ältere politisch-systematische und ideologiebezogene Überlegungen aus dem Umfeld der Totalitarismustheorie einfügen, die in manchen Aspekten eine bemerkenswerte (allerdings sozusagen nicht durch eine Kreis,- sondern durch eine Spiralbewegung erzeugte) Nähe aufweisen.

Zum einen dürfte die Art der Kontinujtät zwischen Lenin und Stalin weiterhin Gegenstand von Kontroversen sein, auch wenn nicht zu sehen ist, daß der qualitative Einschnitt selbst bestritten werden könnte. Nach Präzisierung verlangt ferner der historische Rückbezug des Stalinismus. Daß sie bislang ungeachtet globaler Etikette von ‹roten Zaren›, neuer ‹Leibeigenschaft› und Weltherrschaftsträumen nach Art der Legenden vom ‹Dritten Rom› nur punktuell vorgenommen wurde, mag an dem implizit erhobenen hohen Anspruch liegen – verbirgt sich dahinter doch die Tocquevillesche Frage nach dem Verhältnis von Kontinuität und Wandel in und nach der Revolution. Gerade aufgrund ihrer Bedeutung spricht manches dafür, die geschichtliche Erblast nicht als eine Ursache unter anderen einzureihen. Zu überlegen wäre, ob das Substrat dieser Hinterlassenschaft, die einst vielzitierte und inzwischen vielgeschmähte Rückständigkeit, nicht (ein) Bestimmungsgrund für mehrere konkrete Ausformungen offensichtlich tradierter Erscheinungen und Probleme sein könnte. Die Annahme liegt nahe, daß die rasche Wiederherstellung eines dominanten Staates, die letztlich – trotz innerparteilicher Widerstände und lokaler Proteste in rätedemokratischem Geist – bemerkenswert reibungslose Zentralisierung aller Entscheidungsbefugnisse, die vergleichsweise konfliktlose Gleichschaltung der gesellschaftlichen Interessen mit den Vorgaben der Partei- und Staatsspitze, die ungeachtet aller passiven Proteste leichte Unterwerfung des Dorfes, die Akzeptierung nicht nur der parteilichen, sondern bald auch der persönlichen Diktatur und die Möglichkeit eines schrankenlosen Terrors, der keine nennenswerten rechtlichen, mentalen oder anders in der politischen Kultur verankerten Barrieren zu überwinden brauchte – daß all dies ohne den Fortbestand der Eigenarten russischer Staatlichkeit, Gesellschaft und Öffentlichkeit kaum denkbar war. Eine solche Bevorzugung des ‹russischen Faktors› würde gerade auch durch die Ergebnisse jüngerer sozial- und herrschaftsgeschichtlichen Studien gestützt werden. So gut wie alle Befunde: die Dysfunktion der Apparate, die Unterversorgung des riesigen Reiches mit administrativen Leistungen *(undergovernment)*, der Wildwuchs terroristischer Willkür auf regionaler und lokaler Ebene, die Rivalität zwischen verschiedenen Satrapien und Satrapen samt ihrer jeweiligen Klientel, der schnelle Elitentausch als Folge einer ebenso gezielten wie inhaltsindifferenten Qualifikationsoffensive lassen sich am überzeugendsten – wenn auch gleichsam nur als notwendige, nicht hinreichende Voraussetzung – durch Rekurs auf Überhänge aus zarischer Zeit verständlich machen.

Zum anderen versteht sich von selbst, daß auch das alles überragende Regimeziel der Sowjetunion bis in die jüngste Vergangenheit hinein ein Erbe russischer Träume spätestens seit Peter dem Großen war: die Industrialisierung. Ob man sie nun beim Namen nannte oder ideologiekonform vom ‹Aufbau des Sozialismus› sprach, die Sache war dieselbe. Deshalb nützt es auch wenig, wie jüngere Überlegungen zur Reinterpretation der russisch-sowjetischen Geschichte gelegentlich anklingen lassen, den Begriff der Rückständigkeit zu tabuisieren. Man schafft den Tatbestand nicht dadurch aus der Welt, daß man seine Bezeichnung verbietet. Dafür benannten die zeitgenössischen Akteure viel zu offen, was sie wollten: im ersten Fünfjahresplan ein neues Amerika, später eher ein anderes Amerika, aber nicht ohne das technisch-zivilisatorische Niveau dieses Inbegriffs einer kapitalistischen Gesellschaft. Es war die alte Verwestlichung des 18. und 19. Jahrhunderts (hier allerdings bereits in der Ambivalenz des Ein- und Überholens), die gerade die stalinistische Sowjetunion unter marxistischen Vorzeichen auf ihre Fahnen schrieb. Nicht das Rückständigkeitskonzept sollte aus dem Diskurs genommen werden, sondern die einseitige Wertung, die es als Variante

6. *Der Stalinismus als Problem* 753

des Modernisierungsansatzes fraglos aufwies. Andernfalls würde man sich auch bei der Analyse des Stalinismus eines hilfreichen, ja unentbehrlichen heuristischen Instruments begeben und das Kind mit dem Bade ausschütten.

Vieles spricht dafür, die Rückständigkeit als prägendes Strukturmerkmal der materiellen Verhältnisse in Verbindung mit der bewußten, persönlichkeits- und ideologiebestimmten, ‹mental› zumindest von ‹strategisch› bedeutenden Gruppen gebilligten Wahl exzessiver Mittel zu ihrer Überwindung als entscheidenden Katalysator der Entwicklung seit 1929 zu betrachten.[11]

Womöglich könnte eine Gedankenfigur aus dem Umfeld der vielgestaltigen Beziehung zwischen Rußland und ‹dem Westen› weiterhelfen. Ihre Übertragung geht davon aus, daß die Oktoberrevolution den selbstgewählten Vergleichsmaßstab nicht beseitigt, sondern im Gegenteil als Teil der importierten Staatsideologie noch tiefer eingepflanzt hat. Mehr noch, das Regime beging sogar den Fehler, das Niveau ‹des Kapitalismus› zur Elle seiner eigenen Leistung zu machen und damit Ansprüche zu verfestigen, denen es immer weniger standzuhalten vermochte. Von Anfang an zwang es sich, moderne Errungenschaften vor allem, aber nicht nur technischer Art zu übernehmen. Lenins bekannte Definition des Sozialismus als «Sowjetmacht plus Elektrifizierung» brachte diese Faszination auf eine griffige Formel. Stalin verwirklichte sie in den gigantischen Projekten der ersten beiden Fünfjahrespläne und dem Import vor allem amerikanischer Technologie der neuesten Art. Aber auch Planwirtschaft und Zwangskollektivierung entstammten einem Denken, das nach ökonomischer Rationalität gemäß westlich-marxistischen Kriterien suchte (und dabei Effizienz mit Größe verwechselte). Zugleich stießen all diese Pläne und Absichten auf eine durchaus andersartige Wirklichkeit. Nicht zuletzt die russischen Gegebenheiten machten die Fließbandproduktion zur Utopie. Gedanke und Realität enger zusammenzubringen, erwies sich als schwierige Operation. Auch wenn sich Stalin auf menschenverachtende Weise bemühte, gemäß seinen bekannten Worten in zehn Jahren nachzuholen, wozu Europa ein halbes Jahrhundert brauchte, und der ‹Gedanke› immer russischer wurde, schloß sich die Kluft nicht. Altes stand neben Neuem, Importiertes neben Bodenständigem, Visionäres neben Erprobtem, Utopie neben Tradition. An sich eine Selbstverständlichkeit (und nachgerade die Definition des Geschichtlichen) lud sich diese ‹Gleichzeitigkeit des Ungleichzeitigen› im Maße des Abstandes zwischen selbstgewählter Norm und konkreter Wirklichkeit mit wachsender Spannung auf. Zugleich nahm sie die verschiedensten ‹morphologischen› Formen von Assimilation, Rezeption, Überlappung, beschleunigter Nachholung, Substitution oder auch Abstoßung an.[12]

Welche im Stalinismus zum Tragen kamen, mag im einzelnen offen bleiben. Aber das Problem ist des Nachdenkens wert, ob seine Strukturmerkmale und der gewaltsame (letztlich im Oktoberumsturz und Bürgerkrieg wurzelnde) politische Grundgestus, der sie hervorbrachte, einschließlich der instrumentalisierten Ideologie und der mentalen Mobilisierung der Bevölkerung nicht zu einem erheblichen Teil als Niederschlag eben jener eigentümlichen Mixtur aus erborgten bzw. extern gesetzten Zielen samt bestimmter Vorstellungen von der Art ihrer Realisierung und bodenständigen, sowohl aus der Tradition als auch aus der ‹Widerständigkeit› der Verhältnisse erwachsenen Mitteln zu verstehen waren. Hier könnte auch *ein* Schlüssel zur Erklärung mancher, einst in totalitaristischem Geiste vorgebrachter und in jüngster Zeit in anderer Perspektive wiederentdeckter, nach wie vor irritierender Gemeinsamkeiten vor allem der Funktion der Ideologie und der Art der Herrschaftsorganisation und -mittel zu suchen sein. Wenn die Erfahrung und mentale Filterung der Wirklichkeit in den Vordergrund rücken, so verändert dies die Grundkonstellation nicht, sondern erweitert sie gleichsam um eine – in den letzten Jahrzehnten – durchaus vernachlässigte Dimension. Charakter und Absicht des Regimes setzten die Rahmenbedingungen sowohl für die Alltagswelt und ‹kollektive Mentalität› als auch für die subjektive Orientierung in ihr. Stalinismus war in dieser Perspektive sicher ein eigener Lebenskosmos, der Identitäten und Identifizierungen begründete und als «Zivilisation» (wenn auch entschieden kritischer weder als zivile noch als zivilisierte) ernstgenommen zu werden verdient. Zugleich schuf er aber aufgrund seines Charakters als institutionalisierter Ausnahmezustand nach Maßgabe eigener wie erborgter Imperative auch eine besondere Spannung sowohl im Bewußtsein von (und zwischen) Kollektiven als auch von Individuen, die ihre ‹Innenwelt› mit den Gesetzlichkeiten der Außenwelt zu koordinieren lernen mußten. Auch Erfahrungshorizont und -verarbeitung sollten vor dem Hintergrund der Brüche in der sozioökonomischen und politischen Realität und in Anbetracht eines Regimes interpretiert werden, das sie mit einem Kraftakt zu überwinden suchte. Schon deshalb konnte es auch hier ‹Identität› nur im Plural geben, gleich ob gespalten oder multipel.

«Entwickelter Sozialismus»

IX.
Chruščev und die Zähmung des Stalinismus (1953–1964)

In mancher Hinsicht ließe sich sagen, daß die sowjetische Nachkriegszeit erst mit Stalins Tod begann. Als der Tyrann seine argwöhnischen Augen schloß, schien das Land aus einer tiefen Erstarrung zu erwachen. Die rasche Verbreitung der vielzitierten, einer Erzählung Ehrenburgs entnommenen Metapher für diesen Wandel verdankte sich nicht nur ihrer naturverbundenen Bildkraft, sondern auch und vor allem der treffenden Wiedergabe einer allgemeinen Empfindung: «Tauwetter» ergriff nicht nur den geistig-kulturellen Bereich. Wie sehr sich das Gefühl, von Eis und Angst befreit zu sein, Bahn brach, lehrt nicht zuletzt der Umstand, daß es selbst die Parteispitze erfaßte. Auch ihren Mitgliedern fiel die zentnerschwere Last der Todesdrohung von den Schultern, die seit der Leningrader Affäre und der ‹Ärzte-Verschwörung› wieder eine beklemmende Gegenwärtigkeit angenommen hatte. Obwohl Chruščev später behauptete, aufrichtige Tränen vergossen zu haben, hielt sich die Trauer aller in engen Grenzen. Nicht nur Berija wird man eine klammheimliche Freude unterstellen dürfen.

Trotz der Erleichterung blieb aber umstritten, wie weiter zu verfahren sei. Genau besehen, hielt diese Unsicherheit auch über die endgültige Niederlage der Gegner Chruščevs im Juni 1957 hinaus an. Andernfalls wäre vielleicht sein Sturz im Oktober 1964, aber kaum der Kurswechsel zu verstehen, der danach einsetzte. Es lag in der Natur der Sache, daß unterschiedliche Meinungen über das Ausmaß der Distanzierung von Stalins Hinterlassenschaft bestanden. Schnell war nur der kleinste gemeinsame Nenner gefunden: daß der Terror nicht fortgesetzt werden dürfe. Seine Folgen hatten sich längst als dysfunktional erwiesen. Was sozialer Kontrolle und Disziplinierung diente, hatte allgemeine Apathie und eine Furchtsamkeit hervorgerufen, die nicht nur das wirtschaftliche, sondern auch das soziale und politische Leben lähmten. Politik mußte, wie man die Aufgabe treffend zusammengefaßt hat, wieder an die Stelle von Gewalt treten. Da diese aber zur Substanz des Stalinismus gehörte und ihm nicht äußerlich war, stellte sich unvermeidlich die Frage, was an ihren Platz treten und in welchem Maße das tragende Gerüst des bestehenden Herrschaftssystems beibehalten werden sollte. Nicht nur die Gegner Chruščevs, sondern der bald allein starke Mann selbst hat sie durch seine Maßnahmen eindeutig beantwortet: Der Angriff galt Stalin, *nicht* der Sowjetordnung in der von ihm geschaffenen Form. Weder die Verstaatlichung der Industrie noch die Zwangskollektivierung standen je zur Disposition. So hatte zwar nicht der Stalinismus als spezifische terroristische Diktatur Bestand, wohl aber – und über Chruščevs Sturz hinaus bis zum Beginn der *perestrojka* – die sozioökonomische und politische Gesamtordnung, die ihr korrespondierte.

Dieser Befund hilft, auch ein weiteres Dilemma der Diadochen zu verstehen. Da sich die gleichsam pauschale Terrordrohung als untauglich erwies, die dringend erforderliche aktive Unterstützung des Regimes zu erzeugen, bedurfte es eines Ersatzes. An Massenkampagnen zur Leistungserhöhung nach Art der Stachanovščina war nicht zu denken. Allzu offen lag ihre Kurzatmigkeit zutage. Was nötig schien, war eine Motivationsressource von größerer Kraft und Dauerhaftigkeit, die sich mit neuen Zielvorgaben für die mittel- und langfristige Wirtschaftsentwicklung verbinden ließ. Chruščev suchte die Lösung für dieses Problem in einem Bündel von Maßnahmen. Ob die zentralen Planungsbehörden Kompetenzen an neugeschaffene lokale Wirtschaftsräte abgeben mußten oder die Aufkaufpreise für Agrarprodukte erhöht wurden, dahinter stand derselbe Kerngedanke: das *Eigen*interesse der Betroffenen im Interesse des Ganzen zu stärken. Spätestens Stalins Erben erkannten mithin, woran das System zutiefst krankte – an Gleichgültigkeit und mangelnder Produktivität. Auch das vielzitierte Neulandprogramm gehört in diesen Zusammenhang; es sollte durch Extensität wettmachen, was an Intensität fehlte. Da aber nichts anschlug, hastete Chruščev von Reform zu Reform und schuf sich mehr Feinde, als er auf Dauer abwehren konnte. Sein Sturz befriedigte den Wunsch nach innerer Stabilität, kurierte aber nur an Symptomen und ließ die Wurzel des Übels unberührt. Obwohl die neuen Machthaber das Problem anfangs erkannten, gingen sie den Prämissen gemäß, unter denen sie angetreten waren, weit vorsichtiger zu Werke. Im Rückblick gesehen, vertaten sie damit – wenn man nicht ohnehin von der Unheilbarkeit der Defekte ausgeht – die vielleicht letzte Chance zur Rettung der Ordnung, der sie vorstanden. Diese Perspektive relativiert Chruščevs Sturz und verbindet seine Politik mit Gorbačev und dem Ende der Sowjetunion: Weder er noch seine Nachfolger vermochten die Schwächen zu beheben, unter denen zumindest das stalinistische, in erheblichem Maße aber auch schon das sozialistische System der zwanziger Jahre gelitten hatte.

1. Politische Reformen: Populismus versus Bürokratie

Dabei war es zu Beginn der neuen Ära alles andere als beschlossen, daß überhaupt nennenswerte Reformen bevorstanden. Bevölkerung und Partei atmeten zwar auf, aber die Führung war die alte. In der ungeschriebenen, dennoch jedermann bewußten Rangordnung ihrer Mitglieder gab niemand den Ton an, der im Verdacht stand, Stalins Hinterlassenschaft möglichst schnell beiseite räumen zu wollen. Die größte Macht schrieb man dem In-

1. Politische Reformen

nen- und Polizeiminister Berija zu. Besondere Autorität aufgrund von Dienstalter und Erfahrung genossen Molotov und Mikojan. Als Kronprinz aber galt, nachdem Molotov 1949 das Außenministerium verloren hatte und sein Stern sank, Malenkov als Chef des Parteiapparats. Im prestigebewußten Zeremoniell der Sowjetunion dürfte es in der Tat kein Zufall gewesen sein, daß Malenkov am 9. März 1953 die Trauerrede auf den verstorbenen Führer hielt. In den ersten Wochen des Interregnums übernahm, wie nach dem zweiten Schlaganfall Lenins 1923, eine Troika das Staatsruder, die nicht nur Kontinuität versprach, sondern auch verhieß. Zum Neuanfang wäre es vielleicht auch nicht gekommen, wenn Malenkov, Molotov und Berija einig gewesen wären. Was umgehend mit Zustimmung wohl aller Führungsgenossen unternommen wurde, ging in mancher Hinsicht über eine symbolische Geste kaum hinaus. Drei Wochen nach Stalins Tod, am 27. März, wurde eine erste Amnestie verfügt; am 3. April konnten die Kreml'-Ärzte das Gefängnis verlassen, die Stalins letztem Komplott zum Opfer gefallen waren. Doch waren diese Maßnahmen nicht als Zeichen einer allgemeinen Befreiung zu verstehen. Berija verlas die Beglückten per Hand. Molotovs Frau Polina durfte zurückkehren, desgleichen Mikojans Sohn Sergo. Chruščevs Unterstellung war nicht bloß apologetisch, daß Berija sich auf solche Konzessionen nur einließ, um weitergehende zu verhindern. An die Auflösung der Lager dachte noch niemand.

Dazu bedurfte es erst der Ausschaltung Berijas und neuer Koalitionen. Sie brachten einen Mann an die Spitze, den bis dahin niemand als Nachfolger Stalins in Erwägung gezogen hatte: Nikita Sergeevič Chruščev. Auch diese Entwicklung war nicht absehbar. Der Nutznießer der Manöver beschrieb sehr anschaulich, daß es ihn einige Anstrengungen kostete, um sie auf den Weg zu bringen. Dabei lassen sich Parallelen zu Stalins Aufstieg nicht übersehen. Was Chruščev zum Sieg verhalf, waren im wesentlichen zwei Umstände: eine bemerkenswerte Kunst der furchtlosen Intrige und die tiefsitzende Angst aller vor Berija (vergleichbar mit der Abneigung gegen Trotzki). So gelang es dem Mitglied des Präsidiums und des Sekretariats der Partei – mehr war Chruščev zunächst nicht –, eine große Koalition gegen den Gefürchteten zusammenzuschmieden. Möglicherweise konnte er dabei, wie eine neue Version der Ereignisse behauptet, auf die Vorarbeit Malenkovs zurückgreifen, der nach außen hin eher als Partner Berijas galt. Wer immer die Initiative ergriff, das gefährliche Spiel war gewonnen, als feststand, daß Malenkov sich ihm anschloß und man noch Zwangsgewaltige fand, die einen so mächtigen Mann auf der Stelle festsetzen konnten. Auch solche schlossen sich der Verschwörung in Gestalt mehrerer Generäle, darunter Žukov, an. Nicht zuletzt sie hatten (vielleicht auch, um offene Vorkriegsrechnungen zu begleichen) Grund, den unheimlichen Polizeichef, der sich als erste Maßnahme nach Stalins Tod wieder den Geheimdienst (MGB) einschließlich der Arbeitslager und deren Wachtruppen hatte unterstellen lassen, zu entmachten. Nach heftigen Anklagen vor allem von Chruščev, weil Malenkov die Nerven verlor, wurde Berija am 26. Juni am Ende einer Sitzung des Parteipräsidiums überrumpelt. Die offizielle Mitteilung über das Ereignis am 10. Juli erhob im üblichen verschlüsselten Jargon verschiedene Vorwürfe gegen den Inhaftierten, von ‹ruchlosen› Machtergreifungsplänen bis (unter Anspielung auf Vorgänge in der Ukraine) zur Aussaat von «Zwietracht» zwischen den Nationalitäten. Mit Berija wurden sechs seiner Vertrauten zur Rechenschaft gezogen und nach einem Geheimprozeß Ende Dezember 1953 erschossen, darunter der ehemalige Minister für Staatssicherheit Merkulov. Im Juli und Dezember 1954 folgte noch eine Art Nachspiel; ihm fielen ein leitender Inszenator des ‹Ärztekomplotts› sowie ein weiterer ehemaliger Minister für Staatssicherheit, Abakumov, zum Opfer. Damit aber fand die (im Wortsinne) mörderische Lösung politischer Konflikte ihren endgültigen Abschluß.[1]

Der erfolgreiche Coup gegen den ‹Herrn der Finsternis› besiegelte auch bereits die Neuverteilung der Funktionen an der Spitze von Partei und Staat. Er hob auf, was die Diadochen unmittelbar nach Stalins Tod beschlossen hatten. Keine zwei Tage waren vergangen, als sie am 7. März die Erweiterung des Präsidiums rückgängig machten. Mit zehn regulären Mitgliedern und vier Kandidaten schrumpfte es wieder auf die Größe des alten Politbüro. Zugleich begann hinter den Kulissen, bis heute unaufgeklärt, ein Tauziehen um die höchsten Ämter. Aller Wahrscheinlichkeit nach führte es unter anderem zu jenem Beschluß vom 14. März, der sich als entscheidende Weichenstellung im Kampf um Stalins Nachfolge entpuppte: zum Rückzug Malenkovs aus dem Sekretariat des ZK und seine Beschränkung auf den Posten des Ministerpräsidenten. Wer zu dieser Zeit in einem Reich, das inzwischen über die Wasserstoffbombe verfügte und dessen Westgrenze mitten durch Europa verlief, die Schalthebel der Macht bediente, zeigt die folgende Tabelle 44.

Besondere Aufmerksamkeit verdient die Rangordnung in dieser offiziösen Liste. Stalins langjährige Vertraute, Malenkov, Berija, Molotov und der ergraute Vorošilov führten sie an; die Neulinge, kaum zufällig Fachminister für Schlüsselindustrien, M. S. Saburov und M. G. Pervuchin, standen am Ende. Chruščev mußte sich mit dem fünften Platz begnügen. Allerdings entsprach dies schon bald nicht mehr der Wirklichkeit. Nach Malenkovs Ausscheiden blieb Chruščev als einziger übrig, der das Amt eines Sekretärs des ZK mit dem Sitz im Präsidium verband. Die Annahme vermag zu überzeugen, daß ihn Malenkov und Berija, die dem Revirement zustimmten, für ungefährlich hielten. Sie sahen ihren Gegner nicht in ihm, sondern in Molotov. Das neue Amt aber verschaffte Chruščev enorme Möglichkeiten personalpolitischer Einflußnahme und informeller Lenkung. Wie seine Memoiren eindrucksvoll belegen, nutzte er sie zielstrebig und geschickt mit dem Ergebnis seiner förmlichen Wahl zum Ersten Sekretär der KPdSU. Als die

1. Politische Reformen 761

Tabelle 44: *Mitglieder des Präsidiums des Zentralkomitees der KPdSU, März 1953*

Mitglied	Geburtsjahr	Parteieintritt	Position
G. M. Malenkov[1]	1902	1920	Vorsitzender des Ministerrats
L. P. Berija	1899	1917	Erster stellvertretender Vorsitzender des Ministerrats und Innenminister
V. M. Molotov	1890	1906	Erster stellvertretender Vorsitzender des Ministerrats und Außenminister
K. E. Vorošilov	1881	1903	Vorsitzender des Präsidiums des Obersten Sowjets
N. S. Chruščev	1894	1918	Sekretär des ZK
N. A. Bulganin	1895	1917	Erster stellvertretender Vorsitzender des Ministerrats und Verteidigungsminister
L. M. Kaganovič	1893	1910	Erster stellvertretender Vorsitzender des Ministerrats
A. I. Mikojan	1895	1915	Stellvertretender Vorsitzender des Ministerrats und Minister für Binnen- und Außenhandel
M. Z. Saburov	1900	1920	Minister für Maschinenbau
M. G. Pervuchin	1904	1919	Minister für Kraftwerke und elektrotechnische Industrie
DURCHSCHNITT	1895	1914	
Kandidaten			
N. M. Švernik	1888	1905	Vorsitzender des Allunions-Zentralrats der Gewerkschaften
P. K. Ponomarenko	1902	1925	Kultusminister
L. G. Mel'nikov	1906	1928	Erster Sekretär des ukrainischen ZK
M. D. Bagirov	1896	1917	Erster Sekretär des aserbajdschanischen ZK

[1] Mitglieder und Kandidaten sind nach der Rangordnung der offiziellen Verlautbarung aufgelistet
Quelle: Hough, Fainsod, 197f.

Entscheidung am 13. September 1953 bekanntgegeben wurde, war auch diese Gemeinsamkeit nicht zu übersehen: Der ‹Überraschungkandidat› Chruščev war dort angekommen, wo Stalin (ebenfalls keiner der ersten Anwärter auf die Nachfolge Lenins) einst begonnen hatte. Ungeachtet sehr anderer Methoden und Vorstellungen von Herrschaftsausübung erwies er sich – nicht zum ersten Mal – als gelehriger Schüler: Wirkliche Macht ging im bolschewistisch-monokratischen Staat nur von der Verfügung über die Monopolpartei aus. Chruščev erlangte sie, weil er die Partei zu stärken und wiederzubeleben versprach.

Wenn die Gleichzeitigkeit nicht trügt, kam mindestens ein weiterer Umstand hinzu. Der Streit um Stalins Erbe verband sich mit der Auseinandersetzung um neue Konzepte für eine bessere wirtschaftliche Zukunft. Nach dem Ende der ersten Wiederaufbauphase und der Einsicht in die Untauglichkeit des repressiven Instrumentariums stalinistischer Prägung erhob sich abermals die alte Frage, welcher Weg am schnellsten zum «Sozialismus» führe und was darunter zu verstehen sei. Auch auf diesem Gebiet zeigte sich Chruščev als überlegener Taktiker. Im erklärten Ziel unterschied er sich kaum von Malenkov. Beide erkannten, daß der wunde Punkt der Nationalökonomie immer noch in der Landwirtschaft zu suchen war. Chruščev gelang es dabei aber, sich glaubhaft für die Hebung der Lebensqualität durch Steigerung der agrarischen Produktion einzusetzen und zugleich die Interessenvertreter der Schwerindustrie auf seine Seite zu bringen. Er vollzog diese Quadratur des Kreises, indem er auf eine massive Umlenkung der Ressourcen in die bestehende Landwirtschaft verzichtete und stattdessen die – scheinbar billigere – Erschließung von Neuland in Kazachstan, Südsibirien und im europäischen Südosten propagierte. Malenkov beließ es dagegen bei Vorschlägen zu besserer Nutzung der bestehenden Flächen. Er versprach Steuersenkungen, angemessenere Ernteschätzungen (als Maß für die Ablieferungsquoten), großzügige Zuteilung von Kunstdünger und die beschleunigte Ausrüstung der Kolchosen mit Traktoren und Maschinen. Damit weckte er nicht nur Befürchtungen in anderen Zweigen der Volkswirtschaft, sondern versäumte es auch, die Aufbruchsstimmung zu nutzen, die Stalins Ableben erzeugte. Chruščev tat das Gegenteil und setzte sein populistisches Talent dabei wirkungsvoll ein: Der obrigkeitlich gestützte, dennoch von der Bevölkerung aufgenommene Elan wurde zu einem Kennzeichen ‹seiner› Ära. Schon seine erste einschlägige Rede vom 3. September 1953 – vor seiner Wahl – fand ein auffallend breites, nicht nur zentral gelenktes Echo in der Presse. Der Durchbruch gelang Ende Februar 1954, als eine Plenarsitzung des ZK erste Maßnahmen erließ. Seitdem begann Malenkovs Einfluß zu schwinden. Im August erhöhte das ZK die Zielvorgabe für den Landgewinn. Wenig später warf die *Pravda* einigen Ökonomen – und implizit dem Ministerpräsidenten – vor, entgegen den Lehren von Marx bis Stalin die Schwerindustrie zu vernachlässigen. Am 8. Februar 1955 gab Malenkov, dem zusätzlich die Verstrickung in die Leningrader Affäre zu schaffen gemacht haben könnte, auf und trat zurück. Zum Nachfolger wurde zwar nicht Chruščev bestellt, aber dessen Mitstreiter Bulganin.[2]

Bei alledem war klar, daß auf höchster Ebene zwar wichtige Weichen gestellt werden konnten, annähernd dauerhafte Entscheidungen aber dem nächsten Parteitag, dem ersten nach Stalins Tod, vorbehalten bleiben mußten. Dies war um so eher der Fall, als nach dem Ableben des Diktators auch die Frage einer grundsätzlichen Reorientierung der Politik einschließlich des Führungsstils in Partei und Staat auf der Tagesordnung stand. Dennoch berief man trotz des offensichtlichen Endes einer ganzen Ära keinen Sonderkongreß ein und verzichtete auf eine Verkürzung des satzungsmäßigen Turnus. Offenbar wartete man die Klärung der Nachfolge ab und wollte diese selbst in alter Manier *nicht* vom Parteitag entscheiden lassen. Die *Bestätigung* des faktisch auserkorenen neuen Mannes und seines Kurses aber blieb eine Aufgabe für die Gesamtheit der Parteivertreter. Chruščev hielt auf dem 20. Parteitag der KPdSU (14.–25. Februar 1956) gleich zwei lange Reden, den Bericht des Ersten Sekretärs und die berühmte ‹Geheimrede› nach dem

1. Politische Reformen

offiziellen Ende der Zusammenkunft. Im Rückblick hat die Wucht der letzteren die erste weitgehend in den Hintergrund gedrängt. Dies tat dem traditionellen Auftritt insofern Unrecht, als auch er durchaus Neues enthielt. Hinter den üblichen Floskeln verborgen, läutete er außenpolitisch (trotz der Intervention in Ungarn 1956, des Berlin-Ultimatums 1958 und der Kuba-Krise 1962) die «friedliche Koexistenz» und innenpolitisch ein Zeitalter ein, in dem Worte wie «innerparteiliche Demokratie» und «Kollektivführung» wieder eine entfernte Ähnlichkeit mit der Realität erhielten. Dennoch kam der geschlossenen Veranstaltung die größere Bedeutung zu. Was Chruščev den Delegierten nichtöffentlich mitzuteilen hatte, entpuppte sich als bedeutendste Erklärung eines Parteichefs – wenn man den Krieg beiseite läßt – seit der ‹großen Wende›. Schon nach Berijas Verhaftung hatte man nicht nur begonnen, Gefangene in nennenswerter Zahl freizulassen und Lager aufzulösen. Darüber hinaus sah sich das Präsidium in wachsendem Maße genötigt, dem inner- und außerparteilichen Bedürfnis nach Aufklärung über die Geschehnisse der dreißiger und der nachfolgenden Jahre nachzugeben. Tiefe Eindrücke scheinen Dokumente aus dem Safe des ehemaligen Geheimdienstchefs hinterlassen zu haben, die dem neuen Parteichef 1955 übergeben wurden. Ergebnis auch dieser Lektüre war die Einrichtung einer Untersuchungskommission unter P. N. Pospelov Ende Dezember 1955, der besonders aufgetragen wurde, nach dem Verbleib von Parteigenossen zu forschen. Ende Januar lag ein siebzigseitiger Bericht vor, der von «schändlichen Verstößen gegen die sozialistische Gesetzlichkeit» und «tierischen Quälereien» sprach. Dennoch – oder eben deshalb – bemühten sich Molotov, Vorošilov und Kaganovič (vielleicht nicht zufällig die ältesten Stalin-Getreuen unter den verbliebenen Präsiden) in der entscheidenden Sitzung am 9. Februar, selbst die Vorstellung der Befunde im eigenen Kreise zu unterbinden. Sie unterlagen ebenso wie in der Frage der Einweihung der Partei als ganzer.[3]

Statt dessen setzte sich Chruščev mit seinem Votum durch, den Delegierten die Wahrheit zuzutrauen. Seine Enthüllungen verursachten eine Sensation; vielen Zuhörern verschlug es die Sprache. Vier Stunden lang schilderte er Intrige um Intrige und Untat um Untat, vom Mord an Kirov über die Schauprozesse bis zur erlogenen ‹Ärzteverschwörung›. Der gottähnliche Stalin, der Triumphator, weise Führer und Glücksspender verwandelte sich in einen kaltblütigen, verschlagenen Verbrecher, der servile Kreaturen heranzog, um sich ihrer zu bedienen, und gegen Ende seines Lebens in pathologisches Mißtrauen versank, das um ein Haar eine neue Terrorwelle gegen die Führungselite des Landes hervorgerufen hätte. Am Diktator blieb nichts Gutes. Chruščev legte offen, daß er ehrbare Genossen aufgrund erpreßter ‹Geständnisse› hinrichten ließ und die gleichermaßen grundlose Anweisung gab, eine ganze Armee zu enthaupten; daß er in den ersten Kriegsjahren Fehler auf Fehler beging, die Millionen unschuldiger Soldaten das Leben kosteten, und nach dem ungeachtet dessen errungenen Sieg kein Menschenleben schonte, um den wahren Charakter seines Regimes zu verbergen und vermeintliche Rivalen auszuschalten. Was in diesem Scherbengericht Bestand hatte, waren Lenin und die Idee der Partei einschließlich des Prinzips der kollektiven Führung. Hierin bekannte sich Chruščev zum revolutionären Erbe, stellte gleichsam die Kontinuität wieder her und bot den Repräsentanten der Partei jenen Strohhalm an, den sie zur Versöhnung mit der Idee, an die sie glaubten, und dem Einsatz, den sie (eventuell) leisteten, brauchten. Eben darin bestand auch die *fundamentale Beschränkung der ersten Entstalinisierung,* deren Auftakt seine Rede markierte: Sie attackierte den Tyrannen, aber nicht die von ihm geschaffene Ordnung und erst recht nicht den sozialistischen Staat. Im Gegenteil, je schrecklichere Züge der Unhold Stalin annahm, desto reiner strahlte das Bild des ohnehin verklärten Lenin. In mancher Hinsicht zielte Chruščev auf eine *purgatio*: Was von Stalin in den Schmutz gezogen worden war, sollte um so leuchtender wiedererstehen. Es wird kein Zufall sein, daß der Ankläger zu jener Generation gehörte, die im Enthusiasmus des ersten Fünfjahrsplan politisch groß geworden war.[4]

Bei alledem bleibt die Frage offen, was Chruščev, der kaum weniger zu verbergen hatte als seine Gegner, zu seinem riskanten Manöver bewog. Auch nach der ersten Konsultation der Präsidiumsprotokolle sind nur Spekulationen möglich. Wahrscheinlich traf das Argument zu, das Chruščev seinen Opponenten entgegengehalten haben will: daß die Wahrheit unweigerlich ans Licht kommen und das Erwachen um so böser sein werde. Es war der Musterfall einer Flucht nach vorn, die der neue Parteichef unternahm. Dies tut der dazu gewiß nötigen Courage ebensowenig Abbruch, wie der Reinigung des politischen Klimas, die er bewirkte. Im Rückblick spricht manches für die Behauptung, daß erst dieser Akt das Fundament für den abermaligen Aufbruch legte, den Chruščev auf den Weg brachte. Wie Stalin während der ‹Wende› appellierte der neue Parteiführer an das Engagement und die Begeisterung der Menschen. Beides war nur durch eine glaubwürdige Abkehr von den Schattenseiten des alten Regimes zu wecken. Schon dies deutet darauf hin, daß auch Kalkül im Spiele war. Es lag nahe, das als unabänderlich Erkannte mit Schachzügen zur weiteren Schwächung der Konservativen zu verbinden. Indem er sich von der Vergangenheit löste, präsentierte sich Chruščev als läuterungswillig oder sogar geläutert. Er nahm sich selbst und seinen Mitstreiter Bulganin aus der Schußlinie und wälzte die Schuld auf die Unbelehrbaren ab. Schon weil er selbst kein reines Gewissen haben und niemandem seine Unschuld wirklich plausibel machen konnte, riskierte Chruščev viel – und gewann alles.[5]

Denn es dauerte nicht lange, bis zutage trat, daß sich der Einsatz gelohnt hatte. Chruščevs Widersacher waren noch längst nicht besiegt. Solange sie über Sitz und Stimme im höchsten Parteigremium verfügten, hatten sie eine Bataille verloren, nicht den Krieg. Sie spürten um so mehr Rückenwind, als ihr ungeliebter Vormann noch auf dem 20. Parteitag begann, seine Reformen zu forcieren. Nach dem Neulandprogramm brachte er nun auch die Dezentralisierung der industriellen Planung und Leitung auf den Weg. Nicht nur die Kompetenzverlagerung, sondern auch die reale Umsiedlung zahlreicher hauptstädtischer Beamter, die damit verbunden war, brachte ihm weitere Gegner ein. Dies mochte seine Opponenten in der Meinung stärken, die Oberhand gewinnen zu können. Seit dem Frühjahr 1957 verständigte sich die Mehrheit des Gremiums in ähnlicher Weise, wie Chruščev seine Spitzengenossen nach Stalins Tod gegen Berija eingeschworen hatte. Molotov scheint – erneut? – der Drahtzieher gewesen zu sein. Ihm gelang es, nicht nur Kaganovič, Vorošilov und Malenkov auf seine Seite zu ziehen, sondern auch Chruščevs Bundesgenossen Bulganin. Im Vollgefühl des sicheren Triumphes beschlossen sie am 18. Juni 1957 (mit sieben zu vier Stimmen), künftig auf das Amt des Ersten Sekretärs zu verzichten und dem ZK eine entsprechende Vorlage zur Annahme zu empfehlen. Doch es kam anders. Chruščev spielte auf Zeit und setzte seine Forderung durch, die Sitzung wegen Abwesenheit einiger Mitglieder bis zum nächsten Tag zu unterbrechen. In der Zwischenzeit ließ er nicht nur die fehlenden Spitzengenossen nach Moskau holen, sondern dank der logistischen Unterstützung vor allem Žukovs, der inzwischen zum Verteidigungsminister avanciert war, auch ausgewählte Anhänger aus dem ZK. Diese nahmen sofort Kontakt zum Präsidium auf, forderten Rederecht und erreichten die Verlängerung der Sitzung auf insgesamt vier Tage – Zeit genug für Žukov und den Chef des KGB, der ebenfalls zu Chruščevs Gefolgsleuten zählte, um weitere ZK-Mitglieder nach Moskau zu holen und (einschließlich der Drohung eines Militärputsches) «beispiellosen Druck» auf sie auszuüben. Sie verliehen dem Argument Nachdruck, nicht das Präsidium könne den Parteichef entlassen, sondern allein das Gremium, das ihn gewählt habe. Schließlich konnte sich das Präsidium diesem Begehren nicht mehr entziehen. Die ZK-Sitzung begann am 22. Juni. Als die weitaus meisten Redner zu Gunsten Chruščevs Partei ergriffen, wechselten Vorošilov und andere die Front. Der Erste Sekretär wurde im Amt bestätigt und die Opposition zur «parteifeindlichen Gruppe» erklärt. Chruščev trug einen bemerkenswerten Triumph davon, dessen Art bezeichnend für seine Person und seine Politik war: Das Plenum stützte ihn gegen den Vorstand, die Gesamtpartei – jedenfalls in Gestalt ihrer mobilisierbaren Repräsentanten – gegen die stalinistischen *reguli*, denen es in Fleisch und Blut übergegangen war, sich für die Partei zu halten.

Der schwer errungene Sieg mußte nun auch personelle Konsequenzen haben. Chruščev war stark genug, seine abermaligen Widersacher von der unmittelbaren Macht zu verjagen. Molotov, Kaganovič, Malenkov und Šepilov – ein Neuling und Chefredakteur der *Pravda*, der sich als hartnäckiger Gegner erwiesen hatte – wurden sowohl aus dem Parteipräsidium und der Regierung als auch aus dem ZK ausgeschlossen. Mitläufer wie Saburov mußten nur das Präsidium verlassen oder wurden, wie Pervuchin, degradiert. Bulganin erhielt, womöglich aus optischen Gründen, noch eine Gnadenfrist. Er durfte bis Ende März 1958 Vorsitzender des Ministerrats bleiben und verlor seinen Sitz im Präsidium erst Anfang September desselben Jahres. Einfluß aber besaß er nicht mehr. Dasselbe galt für Vorošilov, den ältesten der Seniorenriege (geb. 1881), dem man noch bis zum Sommer 1960 den protokollarisch prominenten, aber politisch bedeutungslosen Posten des Vorsitzenden des Präsidiums des Obersten Sowjets sowie den Sitz im Parteipräsidium beließ. Aber auch er befand sich längst auf dem Altenteil. Insgesamt rückten sechzehn neue Funktionäre in ein Parteipräsidium ein, das auf fünfzehn reguläre Mitglieder und acht Kandidaten erweitert wurde, darunter: Brežnev (Chruščevs Nachfolger), E. A. Furceva (eine der ersten Frauen in diesem Amt und spätere Kulturministerin), F. R. Kozlov (der bis zu seinem Schlaganfall als aussichtsreichster Erbe Chruščevs galt) und A. I. Kiričenko (Erster Sekretär der ukrainischen KP) sowie als Kandidaten Kosygin und A. P. Kirilenko, auf den noch größere Aufgaben unter Brežnev warteten. Als erstem Militärführer gelang, wenn auch nur für kurze Zeit, Žukov der Sprung ins Zentrum der politischen Macht – ein Zeichen der Anerkennung sowohl für die Hilfe während des Umsturzversuchs als auch der außerordentlich gestiegenen inneren (und äußeren) Bedeutung der Armee. Andererseits sollte man dieses Avancement nicht überbewerten: Das kennzeichnende Merkmal der Chruščev'schen ‹Säuberung› bestand in der Stärkung der *Partei*. Alles in allem drängten die Politiker die Administratoren wieder in den Hintergrund. Zugleich verdient die Art des Revirements keine geringere Aufmerksamkeit. Was sich im Juni 1957 vollzog, war nichts weniger als das definitive Ende der Diadochenkämpfe und die Ausschaltung der letzten Repräsentanten einer diktatorisch-terroristischen Herrschaftsform, die das Sowjetreich mehr als ein Vierteljahrhundert geknebelt hatte. Dennoch wurde dieser tiefe Einschnitt ohne Blutvergießen vollzogen. Erstmals seit Lenins Tod fand ein umfassender Personalaustausch im höchsten Parteigremium statt, der die Betroffenen weder in Hinrichtungskammern oder Arbeitslager noch auch in die Emigration zwang. Alle überlebten, und die meisten erhielten Ämter, die ihnen die alten Privilegien samt einer gewissen Würde sicherten. Molotov wurde Botschafter in der Mongolei, Pervuchin später Botschafter in Ost-Berlin, Malenkov und Kaganovič beendeten ihre Laufbahn als Werksdirektoren in der Provinz. Auch darin zeigte der neue Führer jenes Doppelgesicht, das man ihm immer wieder attestiert hat: Als Musterschüler der dreißiger Jahre war er Stalinist, aber doch ein ‹etwas anderer›.[6]

Formal wie faktisch erreichte Chruščev 1958 den Zenit seiner Macht. Als er sich im März auch zum Ersten Vorsitzenden des Ministerrats wählen ließ, vereinigte er dieselbe Kompetenzfülle in seiner Person wie einst Lenin und Stalin. An seinen Ämtern gemessen, konnte er nach Belieben schalten und

1. Politische Reformen

walten. Vieles weist jedoch darauf hin, daß die Wirklichkeit anders aussah. Chruščev hatte sich von den letzten Vertretern der alten Garde befreit, aber nicht von allen Widersachern. Im Gegenteil, seine Reformen, sein ganzer politischer Stil und womöglich auch die Abrechnung mit der Vergangenheit waren nachgerade dazu prädisponiert, Opposition zu begründen. Die Skeptiker blieben im Hintergrund, solange Chruščev stark genug schien, sie mühelos zu ersticken. Aber sie machten sich in dem Maße bemerkbar, wie er sich Blößen gab.

Schwächen dieser Art ließen nicht allzu lange auf sich warten. Chruščev vergaß mehr und mehr, was seine Stärke ausgemacht und seinen Aufstieg begründet hatte: die Fähigkeit, eine starke Klientel in den ‹Apparaten› um sich zu scharen und ihre Wünsche zu befriedigen. Seine Pläne mochten im Interesse der Masse liegen, wie er es verstand. Aber sie setzten sich zunehmend über die Interessen einflußreicher Gruppen hinweg. Die Öffnung der Hochschulen von 1958 verärgerte die *nomenklatura*, deren Söhne und Töchter die große Mehrheit der Absolventen stellten. Die 1956 beschlossene Dezentralisierung der volkswirtschaftlichen Planungskompetenzen, die nun an Fahrt gewann, erfreute zwar die örtlichen Parteiherrscher (und schuf hier neue Anhänger), förderte aber kontraproduktive Egoismen und düpierte die befehlsgewohnten Zentralbehörden. Berühmt ist der tiefe Eindruck, den Futtermais bei Chruščev während seiner ersten Reise durch das Mutterland des Kapitalismus im Spätsommer 1959 hinterließ. Was er in einer hochindustrialisierten Landwirtschaft sah, schien ihm auf die heimatlichen Zustände übertragbar und nachgerade eine Patentlösung für alle drängenden Probleme zu sein. Dem Engagement entsprach der Preis, den er zahlte, als sich nach hohen Investitionen und großem propagandistischen Aufwand ein völliger Fehlschlag abzeichnete. Da der Wunderpflanze trotz naheliegender Hinweise auf Gefährdungen durch Trockenheit und Kontinentalklima auch Getreideflächen weichen mußten, trug die fixe Idee 1963 zur empfindlichsten Ernteeinbuße seit Jahren bei. Soweit das Ansehen des Partei- und Staatsführers nicht schon dadurch ruiniert war, hatte der Ausfall eine unvermeidliche Folge: Vor den Augen der Weltöffentlichkeit mußte die Sowjetunion erstmals seit den zwanziger Jahren Getreide importieren und es ausgerechnet beim ideologischen Erzfeind in den Vereinigten Staaten kaufen. Vielen Sowjetführern, die sich längst daran gewöhnt hatten, die zweite Supermacht zu repräsentierten, war ein solcher Preis für Reformen selbst dann zu hoch, wenn sie ihnen im Grundsatz zustimmten.

Hinzu kam, daß im selben Unglücksjahr auch die chaotischen Konsequenzen einer organisatorischen Reform von 1962 zutage traten. Chruščev hatte die Gesamtpartei (wohl in der Absicht, die jeweilige Sachkompetenz zu erhöhen) in zwei Stränge, einen industriellen und einen landwirtschaftlichen, mit der Folge unterteilt, daß die Zuständigkeiten der einzelnen Gremien durcheinandergerieten. Aber auch außenpolitische Faktoren waren an vorrangiger Stelle im Spiel. Im Herbst 1962 kam es zur gefährlichsten Konfrontation der beiden Weltmächte seit dem Koreakrieg. Nach der Blockade durch amerikanische Kriegsschiffe mußte die Sowjetunion einlenken und ihre Raketen aus Kuba abziehen. Nicht nur nach Meinung seiner Generäle hatte sich das Heimatland der sozialistischen Revolution zutiefst blamiert.

Als Chruščev dann – nach weiteren Reorganisationen der Volkswirtschaft – auch noch mit seiner mehrfach angekündigten Verlagerung der ökonomischen Ressourcenverteilung vom Produktionsgütersektor auf die Konsumindustrie ernstzumachen schien, war das Maß voll. Mit bemerkenswertem Leichtsinn hatte der Partei- und Regierungschef die Schlüsselgruppen in Partei, Staat und Wirtschaft brüskiert. Jede hatte ihren eigenen spezifischen Anlaß zur Klage. Alle zusammen konnten sich in einem Punkt einigen: der Sprunghaftigkeit der Reformen und ihrer Erfolglosigkeit. Zugleich wuchs die Kritik am Führungsstil des Vormannes. Chruščev neigte immer deutlicher zu eben jener Selbstherrlichkeit, die er Stalin vorgeworfen hatte. Er ließ Augenmaß vermissen und verstieß selbst gegen das Kollektivprinzip – Grund genug für seine ‹Klienten›, sich von ihrem ‹Patron› abzuwenden, weil er gegen die ‹Spielregeln› verstieß und den Preis nicht mehr bezahlen wollte oder konnte, den sie für ihre Unterstützung erwarteten: Sicherheit und Pfründe.[7]

Bei alledem wird man nicht ausschließen wollen, daß manchem hohen Parteivertreter auch der Feldzug gegen die stalinistische Vergangenheit zu weit ging. Nach einer gewissen Abschwächung am Ende der fünfziger Jahre hatte er auf dem 22. Parteitag im Herbst 1961 einen neuen Höhepunkt erreicht. Da sich der vorangegangene außerordentliche (21.) Kongreß von 1959 ausschließlich mit Wirtschaftsfragen befaßt hatte, sollte die nächste reguläre Delegiertenversammlung politischen und ideologischen Fragen vorbehalten bleiben. Allem Anschein nach wollte Chruščev dabei die Gelegenheit nutzen, um dem Reformprozeß durch die Erneuerung der ‹Ideen von 1956› neue Impulse zu geben und womöglich auch seine eigene Position zu stärken. Heftiger denn je attackierte er den Persönlichkeitskult und Terror Stalins. Vorsichtige unter den Kritikern der Vergangenheit betrachteten erst diese Wiederholung der Angriffe als wirkliche Wende, die auf Kontinuität hoffen ließ. Dies war um so eher der Fall, als Chruščev die abermalige Absage an das Alte mit der Verkündung neuer Ziele verband: Nach langen Diskussionen (die sich bis in die Vorkriegsjahre zurückverfolgen lassen) verabschiedete der 22. Parteitag ein neues Parteiprogramm samt einer revidierten Parteisatzung (Statut). Schon der Tatbestand an sich schloß einen Anspruch ein. Es hatte nur Sinn, das alte (zweite) Programm der Bolschewiki zu ersetzen, wenn man davon ausging, daß es durch eine neue Stufe der historischen Entwicklung überholt war. Das erste Programm von 1903 hatte den Weg zur Revolution ebnen, das zweite von 1919 die Marschroute zur Verwirklichung des ‹Sozialismus› weisen sollen. Nun stand die Vollendung des ‹Glücks aller Völker›, der Kommunismus, bevor. Was bis dahin noch als Begrenzung und Maß der gesellschaftlichen Entlohnung für den individuellen Einsatz gedient hatte, die Leistung, sollte nun dem Füllhorn der voll entfalteten Produktivkräfte weichen und – gemäß der bekannten Marx'schen Formulierung – «jedem nach seinen Fähigkeiten, jedem nach seinen Bedürfnissen» gegeben werden. Man kann sich die Auflistung der ehrgeizigen Vorhaben und vollmundigen Sentenzen im neuen Programm sparen, weil sie Schall und Rauch blieben. Daß die Sowjetunion am Ende der 1959 eingeleiteten Planperiode die Vereinigten Staaten sogar in der wirtschaftlichen Gesamtproduktion pro Einwohner ‹überholt› haben werde, verdient eher als Zeugnis grandioser Selbsttäuschung denn als konkrete Vorhersage Beachtung. Chruščev wollte mobilisieren; Realitätssinn und Pragmatismus waren, wie fast alle Reformen zeigten, seine Sache nicht. Die Delegierten vermochte er auch diesmal wirkungsvoller mitzureißen, als dem Präsidium lieb war. Nicht ohne eigenen Willen beschlossen sie einen Akt von außerordentlicher Symbolkraft, vergleichbar höchstens mit der Zertrümmerung von Denkmälern nach dem Ende der Sowjetunion: die Entfernung der Mumie Stalins aus dem sozialistischen Heiligenschrein, dem Mausoleum am Roten Platz, und ihre Beisetzung an der deutlich weniger exponierten Kremlmauer neben anderen prominenten Persönlichkeiten der sowjetischen Frühgeschichte.[8]

Und dennoch: der Rückblick lehrt auch, daß Chruščev selbst die Konspirateure ins Präsidium holte, deren Opfer er wenige Jahre später wurde. Bezeichnenderweise vollzog sich dieser abermalige Personalwechsel an der Spitze von Partei und Staat auf dem Höhepunkt seiner Macht, zwischen den beiden Parteitagen, als der Plan zur (abermaligen) großen Aufholjagd soeben gebilligt worden und die zweite Entstalinisierungswelle auf dem Wege war. Im Mai 1960 mußten vier von neun nach dem Putschversuch 1957 ins Präsidium aufgenommenen Mitgliedern das Gremium wieder verlassen. Desgleichen schied der ukrainische Parteisekretär Kiričenko aus, der zu den getreuesten Gefolgsleuten Chruščevs zählte und das wichtige, für Personalangelegenheiten zuständige Amt des zweiten Parteisekretärs ausübte. Gewiß bedarf es der Erklärung, warum mit Kozlov ausgerechnet ein Mann diese Funktion übernahm, der als Widersacher des Parteichefs bekannt war. Andererseits deutete bei den übrigen Präsidiumsgenossen wenig auf Neigungen zum Cäsarensturz hin. Von Kuusinen, Švernik und Mikojan abgesehen, die zu Monumenten eines halbwegs akzeptablen Teils der Vergangenheit geworden waren, galten sie alle, darunter besonders Brežnev, als loyale Zöglinge. Auch Suslov und Kosygin gaben keinen Anlaß, sie für unsichere Kantonisten zu halten. Bei allen war ‹nur› zu bedenken, daß sie in den neuen, mächtigen Apparaten von Partei und Staat groß geworden worden waren und im Konfliktfall zwischen persönlicher und institutioneller Loyalität eventuell für letztere votieren würden.[9]

IX. Chruščev und die Zähmung des Stalinismus (1953–1964)

Tabelle 45: Mitglieder des Präsidiums des Zentralkomitees der KPdSU, Dezember 1962

Mitglied	Geburtsjahr	Parteieintritt	Position
N. S. Chruščev	1894	1918	Erster Sekretär des ZK, Vorsitzender des Ministerrats der UdSSR, Vorsitzender des ZK-Büros für die RSFSR
F. R. Kozlov	1908	1926	Sekretär des ZK
M. A. Suslov	1902	1921	Sekretär des ZK
O. V. Kuusinen	1881	1904	Sekretär des ZK
N. M. Švernik	1888	1905	Vorsitzender der Kontrollkommission
A. P. Kirilenko	1906	1931	Erster stellvertretender Vorsitzender des ZK-Büros für die RSFSR
N. V. Podgorny	1903	1930	Erster Sekretär des ukrainischen ZK
L. I. Brežnev	1906	1931	Vorsitzender des Präsidiums des Obersten Sowjets
A. I. Mikojan	1895	1915	Erster stellvertretender Vorsitzender des Ministerrats der UdSSR
A. N. Kosygin	1904	1927	Erster stellvertretender Vorsitzender des Ministerrats der UdSSR
D. S. Poljanskij	1917	1939	Stellvertretender Vorsitzender des Ministerrats
G. I. Voronov	1910	1931	Vorsitzender des Ministerrats der RSFSR
DURCHSCHNITT	1901	1923	
Kandidaten			
L. N. Efremov	1912	1941	Erster stellvertretender Vorsitzender des ZK-Büros für die RSFSR
V. V. Grišin	1914	1939	Vorsitzender des Allunions-Zentralrats der Gewerkschaften
K. T. Mazurov	1914	1940	Erster Sekretär des weißrussischen ZK
V. P. Mžavanadze	1902	1927	Erster Sekretär des georgischen ZK
Š. R. Rašidov	1917	1939	Erster Sekretär des usbekischen ZK
V. V. Ščerbickij	1918	1941	Vorsitzender des ukrainischen Ministerrats

Quelle: Hough, Fainsod, 230f.

Wer mit welchem Nachdruck den Sturz Chruščevs betrieb, wird vielleicht nie genau zu erfahren sein. Nach zahlreichen, von der Meinungsfreiheit der *glasnost'* ermöglichten Äußerungen zeichnet sich aber die Notwendigkeit ab, die bekannteste, unmittelbar nach den Ereignissen zu Papier gebrachte Version zu korrigieren. Demnach liefen die Fäden bei Brežnev und N. V. Podgornyj, seit 1963 ZK-Sekretär, zusammen, die sich auf die bereitwillige Hilfe des KGB-Chefs V. E. Semičastnyj und seines (ins Politbüro aufgerückten) Vorgängers A. N. Šelepin verlassen konnten. Dagegen scheint sich Suslov, der bislang als entscheidender Drahtzieher galt, der Verschwörung erst später angeschlossen zu haben und nur nach außen hin hervorgetreten zu sein. Anders als bis dato häufig zu lesen war, wurde der Coup auch nicht kurzfristig angezettelt, sondern seit dem Frühjahr 1964 von langer Hand geplant. Im übrigen aber haben die Berichte keine wesentlichen neuen Erkenntnisse gebracht, so daß der grobe Ablauf der Geschehnisse als verbürgt gelten darf. Die Verschwörer hatten aus der Erfahrung ihrer Vorgänger von 1957 gelernt.

1. Politische Reformen

Sie informierten die ZK-Mitglieder und versicherten sich bereits vorher auch ihrer Zustimmung. Ohne Hektik warteten sie den Herbsturlaub ab, den Chruščev wie üblich am Schwarzen Meer verbrachte. In seiner Abwesenheit riefen sie am 11. Oktober 1964 das Präsidium zusammen und ließen dem bereits überwachten Partei- und Regierungschef die Aufforderung übermitteln, zur Beratung über eine neue, von ihm selbst vorgeschlagene Agrarreform nach Moskau zurückzukommen. Chruščev beugte sich dem von Brežnev übermittelten Wunsch erst nach der Drohung, andernfalls werde man sich ohne ihn mit der Sache befassen. Als er am 13. Oktober im Präsidium erschien, wurde ihm der Absetzungsbeschluß eröffnet. Nur Mikojan soll anfangs zu ihm gehalten, ihn dann aber selbst überredet haben, sich in das Unvermeidliche zu fügen. Schon am nächsten Tag (dem 14. 10.) trat eine Vollversammlung des ZK zusammen. Von den Konspirateuren einberufen, machte sie diesmal keine Anstalten, Chruščev zu retten, sondern diente im Gegenteil als Parteigericht. Die Anklage trug – offenbar stellvertretend für Brežnev und Podgornyj, die sich weigerten – Suslov in einer mehrstündigen Rede vor. Er listete auf, was sich in den vergangenen Jahren angehäuft hatte: vom völligen Fehlschlag der Agrarreformen über die unglücklichen organisatorischen Änderungen bis zu selbstherrlichen außenpolitischen Entscheidungen und Vetternwirtschaft. Ein öffentliches Scherbengericht aber blieb dem Gemaßregelten erspart. Jedermann wußte, was er vom freiwilligen Verzicht aus Gesundheitsgründen zu halten hatte, den die Zeitungen anderntags meldeten. Zur Überraschung auch der Konspirateure blieb es im Lande ruhig. Die Bevölkerung nahm die Ablösung Chruščevs ohne offene Proteste hin. Sicher schlug sich darin nieder, daß spontane Demonstrationen in der Sowjetunion seit ihrer Gründung unterdrückt worden waren. Dennoch deutete die bemerkenswerte Ruhe auch darauf hin, daß der Held von einst seine Ausstrahlung verloren hatte. Keiner ging für ihn auf die Straße.[10]

So waren die Umstände des Geschehens ebenso bemerkenswert wie dieses selbst. Was im Juni 1957 zutage getreten war, bestätigte sich: Erstmals in der sowjetischen Geschichte verlief ein Machtwechsel gewaltlos. Der Amtsinhaber wurde formal auf regulärem Wege durch das dazu befugte Gremium abgelöst. Der Übergang der Kompetenzen war nicht mehr gleichbedeutend mit der Änderung der Herrschaftsverfassung und dem blutigen Austausch der gesamten Elite. Dafür spricht auch die neue Art, mit der man den Entlassenen behandelte. Chruščev behielt seine Datscha bei Moskau, Dienstwagen und Chauffeur. Schon dies verweist auf einen tiefgreifenden und nicht nur kosmetischen Charakterwandel der Gesamtordnung. Sie hatte sich gefestigt und auf ihre Weise Prozeduren des Ämterwechsels und der politischen Kurskorrektur gefunden. So sehr sie ihn traf – in mancher Hinsicht hätte sich Chruščev, der offenbar Schlimmeres fürchtete, keinen besseren Beleg für die bleibenden Wirkungen seiner Politik wünschen können als die Art seiner Entmachtung.

Die Einmütigkeit und Gewaltlosigkeit des Umsturzes deuten auch an, wo jenseits konkreter Anlässe seine tieferen Ursachen zu suchen sind. Nicht unverbesserliche Altstalinisten machten Chruščev zum Pensionär, sondern (nach den neuesten Enthüllungen deutlicher denn je) seine eigenen Schützlinge. Was sie antrieb, war nicht der Versuch, zur Diktatur vergangener Jahre zurückzukehren, sondern eine eigentümliche Mischung aus alter und neuer Mentalität: die Verpflichtung auf die Interessen der machtvollen Organisationen, die der sozialistische Staat inzwischen hervorgebracht hatte. Man mag dies eine sozialistische Staats- oder weniger anspruchsvoll: ‹Apparateraison› unter unbestrittener Führung der Partei nennen. Da der Gegenstand dieser Loyalität aber ein Produkt der Stalinschen Herrschaftsordnung war, standen die heimlichen oder offenen Gegner Chruščevs den alten Strukturen näher als der Partei- und Staatschef. In mancher Hinsicht trat nun eine Hinterlassenschaft Stalins zutage, die bei aller Berechtigung der Aufmerksamkeit für Terror, Industrialisierung und totalitäre Herrschaft nicht aus dem Blick geraten sollte: das enorme Wachstum der Institutionen in Staat, Wirtschaft, Gesellschaft und Armee. Wenn man davon ausgeht, daß sich ihre Interessen im ZK bündelten, wo viele *de facto* einen Anspruch auf Vertretung hatten, dann enthüllt der Protest gegen ein Novum im Parteistatut von 1961 mehr als nur eine Stimmung in der KPdSU. Der inkriminierte Passus begrenzte erstmals die maximale Amtszeit von Delegierten in den Parteigremien und schrieb die Neuwahl eines bestimmten Anteils (auf der höchsten Ebene eines Viertels, auf der mittleren eines Drittels und auf der unteren der Hälfte) der Funktionsträger vor. Auch höchste Funktionäre sollten nach Ablauf dreier Dienstperioden ausscheiden müssen. Die Betroffenen erkannten wohl richtig, daß diese Rotation sie nicht nur um ihre Pfründe, sondern auch um ihre Macht bringen würde. ‹Volksverbundenheit› stand gegen die Privilegien (und die darauf gegründete Konstitution) einer ganzen Klasse. In diesem Lichte zeigte Chruščevs Sturz auch, daß die *nomenklatura* längst am längeren Hebel saß.[11]

Bei alledem ist bis heute offengeblieben, ob der erste Mann im Staate aus derartigen, ‹objektiven› Gründen nicht stärker sein konnte oder nur subjektiv nicht in der Lage war, in dieser Hinsicht Lenins Spuren zu folgen. Die Antwort hängt in hohem Maße vom jeweiligen Verständnis der gesamten Sowjetordnung nach Stalin ab. Wer den neuen Partei- und Staatsführer als Erbe seiner Vorgänger sieht, wird eher seine Unfähigkeit oder seinen Unwillen betonen, die formalen Vollmachten konsequent zu nutzen. Wer dagegen wesentlich gestärkte Apparate erkennt, die um den Preis der Funktionsfähigkeit des Ganzen repräsentiert sein mußten, wird ihn eher als Vormann eines oligarchischen Kollektivs betrachten, dessen Macht immer von seinem Vermögen abhing, unterschiedliche Positionen und Wünsche zusammenzuführen. Chruščev, Stalinist und Stalinkritiker zugleich, bleibt eine schillernde Figur. Als Typus verkörperte er das Gegenteil unpersönlicher

1. Politische Reformen

Apparate und intriganter Herrschaft. Dennoch verhalf er eben den Apparaten zu weiterer Blüte und vereinte selbst mehr personale Macht als alle seine Nachfolger. Zumindest in dieser Hinsicht markierte seine Herrschaft weniger eine Unterbrechung als einen Übergang – den Übergang von der personalen zur institutionellen Diktatur.[12]

Angesichts ihrer Schlüsselrolle versteht es sich von selbst, daß auch die *Partei* vom neuen Geist erfaßt wurde. Der Abschied vom Stalinismus war nur mit ihr denkbar. Dabei übernahm sie offenbar eine durchaus aktive Rolle. Alles spricht für die geläufige Hypothese, daß sich der unwahrscheinliche Aufstieg Chruščevs vor allem seiner Verwurzelung im Parteiapparat verdankte. Weder der Geheimdienst noch die Staats- und Wirtschaftsverwaltung oder die Armee waren stark genug, ihre Repräsentanten ins Zentrum der Macht zu befördern. Fraglos siegte in dieser Hinsicht der leninistische Grundsatz, daß die selbsternannte ‹Avantgarde› auch die führende Kraft in Staat und Gesellschaft sein sollte. Bis zu einem gewissen Grade darf man daraus eine Interessenidentität zwischen der Partei und dem ‹Kandidaten› ableiten. Was Chruščev auf seine Fahnen schrieb: die Rückkehr zur kollektiven Führung, stieß zumindest auf der regionalen Parteiebene auf offene Ohren. Deshalb liegt die Vermutung nahe, daß sie auch die Entstalinisierung in dem Maße mittrug, wie sie sich davon Sicherheit vor Willkür, mehr Einfluß und neue Dynamik versprach.

Das Ende der personalen Diktatur machte sich zunächst in den Führungsgremien der Partei bemerkbar. Stalins Erben verkleinerten (mit bezeichnender Eile) nicht nur ihre eigene Versammlung, das Präsidium, wieder auf eine arbeitsfähige Größe. Sie sahen sich auch genötigt, das ZK als eigentliches Leitungsorgan zwischen den Parteitagen häufiger zu Rate zu ziehen. Ursache und Anlaß dafür lagen auf der Hand: Solange die Diadochen miteinander stritten, bedurfte jeder Schachzug – gleich welcher Fraktion – der Absicherung. Das ZK wurde zum Schiedsrichter. Daraus erklärt sich in erster Linie, warum es nach langen Jahren bloß marginaler Existenz ungewohnt häufig zusammentrat: im März 1953, um die Nachfolge zu regeln und Malenkovs Verzicht auf das Amt Parteisekretärs zu akzeptieren; im Juli, um Berijas Verhaftung zu bestätigen; im September, um Chruščev zum Vorsitzenden des Sekretariats zu wählen und in den folgenden Jahren im vorgeschriebenen Turnus mindestens zweimal, um über Grundsatzfragen der Agrar- und Industriepolitik zu beraten. Das ZK entschied Anfang 1954 über das Neulandprogramm und billigte im Umfeld des 20. Parteitages die Entstalinisierung. Chruščev nutzte es kalkuliert und erfolgreich, um sich und seine Politik durchzusetzen. Den größten Triumph feierte er dabei im Juni 1957, als er es dazu brachte, den Absetzungsbeschluß des Präsidiums aufzuheben.

Auch nach dem endgültigen Aufstieg zur Alleinherrschaft hielt Chruščev am Usus fest, das Plenum des ZK regelmäßig einzuberufen. In der Retrospektive ist durchaus zweifelhaft, daß er damit nur der Form Genüge tat und auf willenlose Akklamation rechnen konnte. Zwar gab der Erste Sekretär über die Agenda hinaus zumeist auch die Beschlüsse vor. Dessenungeachtet traf das ZK nicht nur Personalentscheidungen, die ihm unlieb sein mußten, sondern wandte sich zu guter Letzt sogar gegen ihn selbst. Man wird dies angesichts der entscheidenden Rolle des Politbüros nicht als Sieg innerparteilicher Demokratie feiern wollen. Aber der Gedanke dürfte der Überlegung wert sein, daß Chruščev wie eine andere Art von Zauberlehrling etwas zu Hilfe rief, dessen er schließlich nicht mehr Herr wurde. Wenn ihm das ZK im Oktober 1964 anders als im Juni 1957 nicht mehr zur Seite sprang, so kam darin *auch* ein neues Selbstbewußtsein zum Ausdruck. Die längst mit angestammten Sitzrechten versehenen Provinzfürsten, die wichtigen Ressorts und großen Organisationen (Gewerkschaften u. a.) waren nicht mehr bereit, sich ohne Gegenwehr willkürlichen und noch weniger: sprunghaften Entscheidungen einer autokratischen Obrigkeit zu unterwerfen. Insofern wurde Chruščev vom Prinzip der kollektiven Führung eingeholt, das er selbst propagiert hatte – nur meinte es nicht die Stärkung demokratischer Prozeduren, sondern die Berücksichtigung der Interessen jener Funktionärselite in Partei, Staat, Wirtschaft, Gesellschaft und Kultur, die sich inzwischen als *nomenklatura* verfestigt und etabliert hatte.[13]

In ähnlicher Weise wie das ZK wertete Chruščev die *Parteitage* auf. Formal mit den breitesten Kompetenzen ausgestattet, waren sie unter Stalin zu Akklamationsorganen verblaßt, die nach 1939 nicht einmal mehr zur Aufrechterhaltung der Fassade gebraucht wurden. Chruščev änderte auch dies, freilich ohne ihnen zu einer ähnlichen Bedeutung zu verhelfen wie kurz vor und nach Lenins Tod. Korrektur und Unterschied waren gleichermaßen bezeichnend. Einerseits berief Chruščev die Repräsentativversammlung aller Parteimitglieder ein, um die großen Weichenstellungen seiner Politik legitimieren zu lassen. Der 20. Parteitag 1956 brachte die Entstalinisierung in Gang und bestätigte die Agrarreformen. Der 21., außerordentliche Parteitag wurde 1959 eigens zur Diskussion über einen neuartigen, vom Usus seit 1928 abweichenden *Sieben*jahresplan einberufen. Der 22. Kongreß, der knapp zwei Jahre später ungefähr wieder im üblichen Turnus zusammentrat, nahm das neue Parteiprogramm samt Statut an, bekräftigte die Notwendigkeit der Aufarbeitung der Vergangenheit und unterstützte Chruščevs hochfliegende Pläne, die Versorgung der Bevölkerung auf amerikanisches Niveau zu bringen. Zugleich bleibt es bemerkenswert, daß nach Stalins Tod immerhin drei Jahre vergingen, bis ein Parteitag zusammentrat. Offenbar sahen die führenden Genossen keinen Anlaß, das Parteivolk über den künftigen Weg zu befragen. Sie klärten die Nachfolge unter sich und riefen nur das ZK zur Legitimation an. Ähnlich warteten auch Chruščevs Nachfolger, bis keinerlei Unruhe mehr zu befürchten und ihr Coup fast vergessen war. Erst 1966 beriefen sie den 23. Parteitag ein. Beides zeigt: Das Ende der personalen Diktatur stärkte nur die Oligarchie, nicht aber die tatsächliche Mitsprache der unteren Organisationen. Was sich nie hatte entfalten können, entstand auch 1953 nicht.

Aus der neuen Rolle des ZK ergab sich für jeden Anwärter auf die höchste Macht die Notwendigkeit, seine Gefolgschaft im ZK zu erweitern. Chruščev ging dabei so energisch zu Werke, daß frühe Interpreten gemeint haben, nicht zuletzt darin ein Indiz für die Kontinuität der Herrschaftsordnung sehen zu können. Analogien boten sich in der Tat an: Wie Stalin begann Chruščev die letzte Etappe seines Aufstiegs als Erster (= General-) Sekretär der Partei; wie jener nutzte er diese Stellung, um seine Klientel in die entscheidenden Ämter zu bringen. An erster Stelle galt diese Patronage den leitenden Sekretären der Parteiorganisationen in den Republiken und größeren Städten. Da viele von ihnen über Sitz und Stimme im ZK verfügten, sicherte er sich auf diese Weise nicht nur Rückhalt in der Provinz, sondern auch das Wohlwollen der oberen Parteigremien. Von Chruščevs Fürsorge profitierten dabei zunächst vor allem Mitarbeiter aus den Parteiverbänden, die er selbst geleitet (und gesäubert) hatte. Alte Gehilfen aus Moskau rückten zum Innenminister und zum Stellvertretenden Leiter des KGB auf; treue Anhänger aus der Ukraine wie Kirilenko oder Brežnev wurden Parteifürsten im Ural und in Kazachstan. Hinzu kamen auffallend viele Funktionäre aus Leningrad, die mit Ždanov gefallen waren, aber überlebt hatten. Insgesamt tauschte Chruščev in der kurzen Zeit zwischen September 1953 und Februar 1956 immerhin 45 von 84 Ersten Sekretären von Republiks- und Regionalorganisationen der KPdSU aus. Dies hatte zur Folge, daß ungefähr ein Drittel der ZK-Mitglieder (nicht stimmberechtigte eingeschlossen) eng mit ihm verbunden waren und ein weiteres Drittel aus Personen bestand, die ihn wahrscheinlich unterstützten. Auch diese (traditionelle) Ableitung von Macht aus erfolgreicher Personalpolitik würde erklären helfen, warum sein Stern nach der Dekadenwende sank. Denn zum Ergebnis verschiedener Krisen und Kompromisse zwischen dem 21. und 22. Parteitag gehörte ein massives Revirement der regionalen Parteisekretäre. Mehr als die Hälfte wurde allein in der RSFSR und der Ukraine ausgewechselt. Wenn man davon ausgeht, daß diese Veränderungen nicht von Chruščev, sondern von seinen innerparteilichen Gegnern betrieben wurden, wäre auch die zweite Entstalinisierung als ‹Vorwärtsverteidigung› in bedrängter Lage zu deuten. Aber auch wenn man die Ursachen für seinen Sturz eher in innen- und außenpolitischen Fehlern sucht, liegt im Ergebnis ein Argument zugunsten des oligarchisch-interessenzentrierten und zu Lasten des monokratisch-herrschaftsbezogenen (totalitaristischen) Ansatzes. Wer Chruščevs Aufstieg und Macht mit Stalins gleichsetzt, muß erklären, warum beides wieder zunichte wurde.[14]

Zu einem großen Teil kamen die ‹neuen Leute› fraglos aus der alten Partei.

IX. Chruščev und die Zähmung des Stalinismus (1953–1964)

Auf längere Sicht aber wollte Chruščev mehr. Eine Erneuerung der Politik mit dem Ziel der Wiedergewinnung der Dynamik seiner ‹Lehrjahre› im ersten Planjahrfünft verlangte auch eine andere Partei. Für die gesamte Ära war typisch, daß Stalins Nachfolger *beides* miteinander verband: eine nicht unerhebliche, anfangs sogar ausgeprägte Kontinuität auf den oberen Ebenen und eine bewußt geförderte, zum Teil stürmische Erneuerung der einfachen Mitgliederschaft. Übernahme und langsame Ablösung der alten Kader lassen sich durch eine Langzeitstudie über die ZK-Angehörigen belegen. Demnach behaupteten immerhin 60 % der vom 19. Parteitag 1952 (wieder)gewählten Vollmitglieder auf dem 20. Parteitag 1956 ihren Sitz, während 40 % zum ersten Mal in dieses Gremium eintraten. Das umgekehrte Verhältnis errechnet sich erst für die Personen, die der 22. Parteitag 1961 bestimmte. Von ihnen waren 60 % neu und 40 % ‹alt›. Beachtung verdient überdies, daß der Anteil derjenigen, die dem ZK seit 1956 angehörten, auf die Hälfte schrumpfte. Ähnlich deutlich ging auch die Quote derer zurück, die 1952 den Sprung ins höchste Organ der Partei geschafft hatten. Dies legt den klaren Schluß nahe, daß der personelle Abschied von der Vergangenheit *nicht* 1956 stattfand, sondern fünf Jahre später auf dem zweiten Entstalinisierungskongreß. Paradoxerweise wählte eben diese Versammlung den Großteil derer, die bis zur Mitte der siebziger Jahre und, soweit sie nicht verstarben, bis zum Beginn der *perestrojka* die Geschicke der Partei lenkten. Daraus kann man zum einen entnehmen, daß Chruščev beim Tribunal über die ‹parteifeindliche› Gruppe der Altstalinisten von 1957 seine eigenen Totengräber bestellte. Zum anderen drängt sich aber auch die oben skizzierte Deutung auf: daß die mächtigen Institutionen und Interessen des Reiches ihren Einfluß mehr und mehr geltend machen und sozusagen verstetigen konnten. Sie kündigten ihrem Mentor die Gefolgschaft auf, als dessen Reformen in ihren Augen mehr Schaden als Nutzen brachten; danach trugen sie die zunehmend unbewegliche Sowjetunion bis zum Untergang. Ihr Ende war auch deren Ende.[15]

Aus evidenten Gründen war es leichter, die personelle Erneuerung auf der *unteren* Parteiebene voranzutreiben. Ein gleichsam offizielles Signal gab dabei Chruščevs Kritik am restriktiven Zulassungskurs der Nachkriegsjahre im Februar 1954. Spätestens um diese Zeit begann die längste Öffnungsphase in der Geschichte der bolschewistischen Partei. Anfangs scheint es gelegentlichen Widerstand gegen eine so klare Abkehr von der Vergangenheit gegeben zu haben. Nach dem 20. Parteitag aber gewann die Erneuerung an Tempo. Von ca. 234 000 Neuaufnahmen (ohne Kandidaten) 1956 kletterte deren Zahl 1964 auf etwa 629 000. Insgesamt stieg sie dabei von 6,8 Mio. Vollmitgliedern und 0,4 Mio. Kandidaten auf 11,5 Mio. bzw. 0,8 Mio zu Jahresbeginn 1966; dies entsprach einem Zuwachs von 39,8 % resp. 41,9 % einschließlich der Kandidaten. Bei alledem blieb die jährliche Wachstumsquote deutlich hinter den entsprechenden Raten früherer Expansionsphasen,

1. Politische Reformen

Diagramm 4: Kontinuität der Vollmitglieder des Zentralkomitees der KPdSU
1939–1990

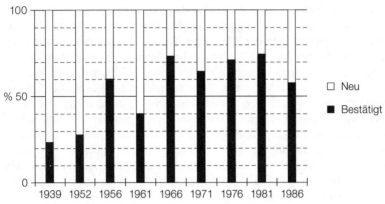

Quelle: Mawdsley, Portrait (VIII. 1, 1), 197

etwa des «Leninaufrufs» nach 1924 oder der Aufbruchskampagne nach 1928, zurück. Desgleichen wurde die KPdSU keine Massenpartei im genaueren Sinn. Mit einem Anteil von etwa 3,9 % (Mitglieder und Kandidaten) an der Gesamtbevölkerung im Stichjahr 1959 bildete sie weiterhin eine schmale Minderheit, der funktional der Charakter einer Elite beizumessen war.[16]

Zweifellos ging es Chruščev nicht um die bloße Vermehrung der Mitgliederzahl. Auch in seiner Perspektive sollte die Partei das ‹Salz› der sowjetischen Gesellschaft bleiben. Aber es entsprach sowohl dem populistischen Gestus seiner Politik als auch seinem ‹ursprünglichen› Sozialismusverständnis, die Auswahl sozial ausgewogener zu gestalten. Schon im ersten öffentlichen Bekenntnis zum neuen Kurs bemängelte Chruščev den weitgehenden Ausschluß von Kolchosbauern. Sein damaliger Mitstreiter Suslov formulierte die Hauptabsicht auf dem 20. Parteitag noch deutlicher: Der Anteil von Arbeitern und Bauern sollte, notwendigerweise zu Lasten der Intelligenz, merklich erhöht werden. Alle Daten deuten darauf hin, daß intensive Anstrengungen dieser Art unternommen wurden und nicht ohne Ergebnis blieben. 40,7 % aller zwischen dem 20. und 22. Parteitag neu Aufgenommenen bezeichneten sich zum Zeitpunkt ihres Beitritts als Arbeiter, 22,7 % als Bauern. Bis 1964 nahm der Anteil der Arbeiter weiter auf 44,3 % zu, während das relative Gewicht der Bauern auf 15,1 % fiel. Was immer genau unter den Berufskategorien zu verstehen war, die Tendenz steht außer Frage: Die sozialen Unterschichten wurden in der Chruščev-Ära mit dem typischen Akzent auf der Arbeiterschaft bevorzugt.

Auf einem anderen Blatt steht, ob der Wandel zu einer spürbaren und dauerhaften Veränderung führte. Mehrere gesamtgesellschaftliche Tendenzen wirkten ihm entgegen. Die demographischen Proportionen verschoben sich zu Lasten des Dorfes. Da Industrialisierung und Urbanisierung noch schneller voranschritten als vor dem Weltkrieg, vermochte die Erhöhung des bäuerlichen Anteils in der Partei den dadurch hervorgerufenen Gewichtsverlust höchstens zu verlangsamen, nicht jedoch umzukehren. Aber auch der Arbeiterschaft kam der allgemeine Wandel nur teilweise zugute. Zum einen hob die gleichzeitige Erhöhung der allgemeinen Qualifikationsanforderungen den entsprechenden Effekt der gesamtgesellschaftlichen Modernisierung in gewissem Maße auf. Zum anderen dehnte sich auch im total verstaatlichten Sowjetsystem der administrative Sektor stark aus. Beide Veränderungen begünstigten nicht das ‹Proletariat›, sondern die technisch-administrative Intelligenz. Auch wenn der Anteil von Arbeitern und Bauern zunahm, zeigte die soziale Aufschlüsselung der Parteimitglieder im Längsschnitt daher deutlich, wer ‹siegte›: Das gehobene qualifizierte Personal aller Art, von Ingenieuren über Ärzte bis zu Lehrern, stellte fast die Hälfte aller eingeschriebenen Kommunisten, 1956 sogar über 50%.

Dabei läßt eine weitere Aufgliederung erkennen, daß innerhalb der qualifizierten Berufe die *technischen* zunahmen. Von 1956 bis 1967 wuchs deren Anteil von 20,1% auf 34,9%. Was schon an Biographien führender Politiker aus der Generation der Stalin-Zöglinge abzulesen war, findet darin eine Bestätigung: In der ‹sozialistischen Industriegesellschaft› avancierten die technisch-administrativen Fähigkeiten zur Basisqualifikation, die multiple Karrierechancen eröffnete und – deshalb? – auch in der Partei mehr und mehr die Oberhand gewann.[17]

Aus der relativen Stärkung der ‹Sowjetintelligenz› ergab sich eine weitere Veränderung der Mitgliederstruktur von selbst: die zunehmende *Bildung*. Was in den unmittelbaren Nachkriegsjahren begonnen hatte, setzte sich beschleunigt fort. Anfang Januar 1956 machten Kommunisten mit (abgeschlossener und abgebrochener) Hochschul- sowie mit höherer Fachhochschul- und Oberschul- bzw. Gymnasialbildung 36,8% der Gesamtzahl aus; bis Anfang 1965 vergrößerte sich dieser Anteil auf 47,7%. Parallel dazu erhöhte sich der Prozentsatz der Mitglieder mit mittlerer Bildung von 66,3% auf 75,6%. Entsprechend sank der Anteil derjenigen mit bloßen Grundschulkenntnissen von 33,7% auf 24,4%. Diese Entwicklung erfaßte die obere Parteiebene in besonderem Maße. Die Ersten Sekretäre der Gebietsorganisationen (*oblast'*) verfügten über eine zunehmend höhere Qualifikation. Um die Mitte der sechziger Jahre gab es nur noch wenige ohne Hochschulabschluß. Dabei neigten sie ebenfalls auffällig zu einem technischen Fachstudium: Der kommunistische Regionalführer war *typischerweise ein Ingenieur*. Und auch unter den Parteitagsdelegierten, schon 1961 immerhin knapp 4400 Personen (ohne Gäste), die aus den entlegensten Winkeln des Reiches kamen, fanden sich immer weniger, die nur einen mittleren Schulabschluß vorweisen konnten. Der Anteil der Hoch- und Fachhochschulabsolventen erreichte auf dem 22. Parteitag immerhin knapp 73% und auf dem 23. Parteitag 1966 fast 80%.[18]

1. Politische Reformen

Die Veränderung der *Altersstruktur* legt eine doppelte, in mancher Hinsicht zwiespältige Schlußfolgerung nahe. Einerseits brachte die Öffnung der Partei eine abermalige Verjüngung mit sich. Junge suchten nicht nur die Karrierechancen in größerem Maße, die der Beitritt eröffnete. Nicht wenige ließen sich darüber hinaus (was man mit Blick auf die Dissidentenbewegung der kommenden Jahrzehnte nicht vergessen sollte) von der Dynamik des aufgefrischten, entstalinisierten Sozialismus mitreißen. Beides fand seinen Niederschlag in der Tatsache, daß 1966 fast die Hälfte aller Parteimitglieder unter vierzig Jahre alt war und mehr als zwei Drittel (71,6%) das fünfzigste Lebensjahr noch nicht überschritten hatten. Klarer tritt der Wandel in Längsschnittvergleichen der oberen Parteiorgane zutage. So verdoppelte sich unter den Parteitagsdelegierten zwischen 1956 und 1966 der Anteil derjenigen, die das 40. Lebensjahr noch nicht erreicht hatten. Zugleich sank der Prozentsatz der 41–50-jährigen von 55,7% auf 34,3%. Bemerkenswerterweise ging aber die Repräsentanz der Älteren (51 Jahre und mehr) *nicht* zurück; sie blieb vielmehr mit 24% auf dem 20. Parteitag und 25,5% auf dem 23. (1966) ungefähr konstant. Auf der höchsten Ebene schließlich zeigte sich, daß der Anteil der 40–49-jährigen unter den ZK-Mitgliedern im Jahre 1952 von fast 60% bis 1966/71 auf weniger als 20% schrumpfte.

In diesem Befund wird das andere Ergebnis der Generationsanalyse besonders deutlich greifbar: Nach der Vernichtung der ersten Bolschewiki im «Großen Terror» alterte die Parteiführung kontinuierlich. Die abermalige, ‹friedliche› Verjüngung kam oben nicht an. Zwar wurden Stalins engere Helfer samt den vor 1900 Geborenen nach und nach aus den Entscheidungspositionen entfernt. An ihre Stelle traten aber diejenigen, die unter ihm groß geworden waren. So gaben gegen Ende der Chruščev-Ära vor allem zwei Generationen in der KPdSU den Ton an: die in den zwanziger und dreißiger Jahren Geborenen unter den einfachen Mitgliedern und die in der Revolutionsdekade Geborenen unter den wichtigeren Funktionsträgern. Letztere hatten ihre Karrieren im frühen Stalinismus begonnen, erstere ihre politisch-mentale Prägung in diesen Jahren erhalten; beide gehörten – auf verschiedenen Ebenen, aber mit gleich tiefen Eindrücken – zu den *frontoviki* des Zweiten Weltkriegs. Was immer den Ausschlag gab, keiner dieser Tatbestände begünstigte eine tiefgreifende Vergangenheitsbewältigung und wirkliche Entstalinisierung.[19]

Trotz eines geringen Wandels zeigte die Entwicklung zweier weiterer Merkmale der Parteimitglieder, die als Abrundung des Strukturprofils Beachtung verdienen, mehr Kontinuität. Zum einen ging der Frauenanteil, den der Verlust an Männern im Krieg hatte nach oben schnellen lassen, langsam zurück. Zugleich stieg die Zahl der weiblichen Kommunisten absolut an, so daß sich der entsprechende Prozentsatz bei etwa einem Fünftel stabilisierte. Zum anderen veränderte sich die national-regionale Zusammensetzung der Partei wenig. Die KPdSU blieb – bis zum Ende der Sowjetunion – eine großrussische Partei. Aufgrund ihres unbeschränkten Einflusses übertrug nicht zuletzt sie die Hegemonie des Zentrums auf den Gesamtstaat. Daran änderte die Rolle der Ukrainer als nächstgrößter Nationalität unter den registrierten Mitgliedern wenig. Auf keinen Fall zeigte die Partei Anzeichen, zu dem zu werden, was sie der Staatsidee nach hätte sein müssen: die Verkörperung eines ‹multikulturellen› Föderalismus.²⁰

Alles spricht dafür, daß sich der *Komsomol* ähnlich veränderte wie die Partei. Als Symptom verdient schon die Häufigkeit der Kongresse Beachtung. Die erste Zusammenkunft der Nachkriegszeit fand 1949, dreizehn Jahre nach der letzten, statt. Fünf Jahre später versammelten sich die Delegierten erneut, um ihr Wirkungsfeld in der poststalinistischen Ära zu beraten. Danach tagten sie im statutenmäßig vorgesehenen Turnus von vier Jahren (1958, 1962). Inhaltlich blieb die Tätigkeit des Jugendverbandes aber zunächst weitgehend unverändert. Dies änderte sich erst mit dem 20. Parteitag. Allem Anschein nach stellte er sich besonders entschieden hinter Chruščev und sein Entstalinisierungsprogramm. Zugleich zeigt der Untergang beider, daß er weiterhin keinen entscheidenden Einfluß auf die Partei ausübte. Insofern hängt die Antwort auf die Frage nach der Gesamtbedeutung des Komsomol in besonderem Maße von der vorgängigen Gesamtsicht auf die Sowjetordnung ab. Wer die ‹totalitäre Kontrolle› über jeden Einzelnen betont, wird das Gewicht der politischen Indoktrination von der Wiege bis zur Bahre hoch veranschlagen. In dieser Sicht erscheint der Komsomol als Glied einer Kette permanenter Manipulation. Wer eher einem interessentheoretischen Ansatz zuneigt und nach den Pfunden fragt, die der *Komsomol* in die Waagschale des *bargaining* werfen konnte, wird dagegen zurückhaltender urteilen.²¹

Trotz des entschieden ‹zivilen›, auf die Verbesserung der Lebensbedingungen gerichteten Zuschnitts der Politik darf die Chruščev-Ära auch als diejenige gelten, in der das Gewicht der *Armee* in neuer Form zutage trat. Als die ‹kollektive Führung› die Interessen der großen Institutionen wieder stärker hervortreten ließ, profitierte davon nicht zuletzt die Armee. Durch den Triumph über Deutschland und den Ausbruch des Kalten Krieges mächtig gestärkt, war sie neben der Partei, den Apparaten von Staat und Wirtschaft sowie dem KGB endgültig zur dritten Säule des Gesamtsystems aufgestiegen. Dies zeigte sich zum einen im starken Anstieg von Soldaten unter den Parteineulingen. 1958/59 rekrutierte die KPdSU 60 % mehr Kandidaten in der Armee als 1956-57, während sich die Quote der Neuaufnahmen allgemein nur um 38 % erhöhte. Unteroffiziere traten dabei in besonders großer Zahl bei. Auf diese Weise gelang es, in zwei Dritteln aller Kompanien Parteizellen einzurichten. Partei und Armee waren zu Beginn der sechziger Jahre enger miteinander verzahnt als je zuvor.²²

1. Politische Reformen

Größere Probleme warf allerdings ein anderer Aspekt des neuen Gewichts der Armee auf. Selbstbewußter geworden, strebten die führenden Generäle nach Beachtung ihrer institutionellen Interessen und in Teilen sogar nach politischer Mitsprache. Dabei lagen ihre Wünsche auf der Hand. Wer die Armee auf seiner Seite haben wollte, tat gut daran, den Vorrang der Schwer- (und Rüstungs)industrie in der Wirtschaftsplanung nicht zu tangieren, keine Kürzung des Militärbudgets zu befürworten und womöglich sogar ein gewisses Maß an ‹dosierter› internationaler Spannung zu fördern, um die Unverzichtbarkeit militärischer Schlagkraft im Bewußtsein zu halten. Anfangs gab sich Chruščev große Mühe, Rücksicht darauf zu nehmen. Insofern liegt es nahe, seinen Sieg und die Entmachtung Malenkovs, der anders operierte, auch damit in Verbindung zu bringen. Während der Juni-Krise 1957 wurde diese Hilfe offensichtlich. Die Berufung Žukovs, seit 1955 (in der Nachfolge Bulganins) Verteidigungsminister und seit dem 20. Parteitag Kandidat des Parteipräsidiums, zu dessen Vollmitglied verlieh ihr auch einen formalisierten Ausdruck.

Um so überraschender kam sein schneller Sturz. Schon im Oktober 1957 wurde der legendäre Kriegsheld als Verteidigungsminister abgesetzt und wenig später auch aus dem ZK ausgeschlossen. Die Gründe liegen nach wie vor im Dunkeln und haben schon deshalb immer wieder zu Spekulationen Anlaß gegeben. Lange Zeit meinte man dabei, in den Vorgängen einen Niederschlag institutioneller Rivalitäten sehen zu können. ‹Die Armee› habe den Vorrang ‹der Partei› angefochten und in Gestalt der Degradierung ihres prominentesten Repräsentanten eine empfindliche Schlappe erlitten. In der Tat läßt sich Žukovs Mahnung an die Offiziere unter den Delegierten des 20. Parteitags, über die ideologische Treue ihre Profession nicht zu vergessen, ebenso als Beleg für diese Sehweise verstehen wie der offizielle, nach seiner Absetzung erhobene Vorwurf, die Armee gegen die Partei aufgehetzt zu haben. Allerdings sind in jüngerer Zeit Einwände vorgebracht worden. Sie weisen auf die ausgeprägte persönliche Komponente des Streits hin und warnen davor, mehr hineinzulesen, als sich nachweisen läßt. Unbeschadet davon bleibt der Befund, daß sich die Armee zumindest das Potential erworben hatte, an höchsten Entscheidungen mitzuwirken.

In gewisser Weise kann die Vorgeschichte von Chruščevs eigenem Sturz als Beleg für *beides* gelten. Zum einen bestreitet niemand, daß die Unzufriedenheit der Armee dabei im Spiele war. Denn Angriffsflächen gab es seit dem Abzug der Raketen aus Kuba genug. Dazu zählte nicht nur die außenpolitisch-militärische Blamage, sondern in gleichem Maße Chruščevs neue Sympathie für die Konsumgüterindustrie samt der parallelen Bemühungen um eine zahlenmäßige Verringerung der Armee. Zum anderen zeigen sowohl die Art des Putsches als auch die Persönlichkeiten seiner Nachfolger, daß die Partei und nicht das Militär den Ton angab. Der ‹militärisch-industrielle Komplex› herrschte nicht, zählte aber zu den mächtigen Apparaten und Interessen im Reich. Auch diese Entwicklung vollzog sich unter Chruščev – und wurde ihm zum Verhängnis, als seine Politik ihr zuwider lief.[23]

Der *Staat* und seine Institutionen haben von Anfang an unter dem Verdacht gestanden, bloße Dekoration zu sein. Sicher sprach seit Lenins faktischem Ausscheiden aus dem SNK manches für eine solche Sicht. Fortan entschied die Partei- und nicht die Staatsführung alle Schicksalsfragen des Landes. In welchem Maße dies unter Chruščev anders gesehen werden kann, hängt gleichfalls erheblich von der Gesamtinterpretation der Sowjetordnung dieser Jahre ab. In totalitaristischer Perspektive tritt die ungebrochene Vorherrschaft der Partei in den Vordergrund. Niemand wird in Frage stellen, daß sowohl nach Stalins Tod als auch während der hohen Zeit der neuen Alleinherrschaft alle wichtigen Weichen in den Gremien der KPdSU gestellt wurden. Der Führungsstil änderte sich, nicht der Anspruch der Partei auf Führung. Allerdings verdient das Argument Beachtung, daß die allermeisten Parteimitglieder inzwischen exekutive oder administrative Leitungsfunktionen in Staat, Wirtschaft und Kultur ausübten und damit hauptberuflich außerhalb der Partei tätig waren. Eben weil die Monopolpartei den Staat übernahm, verliert die Unterscheidung zwischen beiden einen Großteil ihres Sinns. Es ist zu kurz gegriffen, dieses Verhältnis als Unterwerfung des Staates unter die Partei zu deuten. Vielmehr rächten sich Anspruch und exklusive Stellung der Partei von Anfang an auch darin, daß die Partei ‹verstaatlichte›. Die in ‹öffentlichen› Apparaten tätigen Kommunisten trugen deren Interessen und Probleme in die Partei hinein. Deshalb gewinnt die Frage mindestens gleich viel Gewicht, welche institutionellen Anliegen sich in den entscheidenden Parteigremien durchsetzten.[24]

Wo die hauptsächlichen Aufgaben der Staatsverwaltung lagen, geht schon aus augenfälligen Tatbeständen hervor. Zum einen erfüllten vor allem der Oberste Sowjet der UdSSR, aber auch die analogen höchsten Republiksowjets überwiegend repräsentative Aufgaben. Ob man sie deshalb zum bloßen Dekor erklären sollte, bedarf weiterer Prüfung. Ihr Fassadencharakter wurde auch aus traditioneller Sicht zumeist funktional interpretiert: Zwar glichen die Wahlen der berühmten Prophezeiung, die sich selbst erfüllt; aber sie dienten zugleich der Bestätigung des demokratischen Scheins. Das gesamte trügerische Gebäude war insofern nützlich, als viele seine Leere nicht sahen. In dieser Perspektive erscheint das Ornamentale als integrativ und auch die vorwiegend repräsentative Funktion der Obersten Sowjets nicht als überflüssig, sondern als notwendig im Sinne der Erzeugung symbolvermittelter Loyalität.

Mit dieser Deutung korrespondiert die gleichfalls einleuchtende Auffassung, daß umgekehrt die lokalen Sowjets (also alle unterhalb des Obersten) mehr und mehr administrative Aufgaben übernahmen und zu unentbehrlichen Exekutoren übergeordneter Entscheidungen wurden. In diesem Sinne

1. Politische Reformen

gewannen sie ein erhebliches Maß jener Kompetenzen zurück, die ihnen laut Verfassung zukamen. Für eine solche Rolle der Regional- *(oblast')*, Stadt-, Gebiets- *(kraj)* und Dorfräte sprechen fast alle meßbaren statistisch-strukturellen Indikatoren. So deutet die wachsende Zahl der Deputierten von 1,5 Mio. 1957 auf 2,0 Mio. 1965 auf eine Beteiligung hin, die mit dem Bevölkerungswachstum Schritt hielt und die Erledigung einer anschwellenden Aufgabenlast zumindest ermöglichte. Die Beobachtung, daß dabei zwischen 1959 und 1963 ein besonders starker Zuwachs zu verzeichnen war, legt das zusätzliche Motiv der gezielten Partizipationssteigerung nahe. Ganz ähnlich entsprach es Chruščevscher Politik, daß sich der Anteil von Arbeitern der ‹materiellen Produktion› kontinuierlich erhöhte. Auch wenn diese Veränderung überwiegend auf die Umwandlung von Kolchosen in Sowchosen zurückging, bleibt ein Rest, der sich dem Bemühen um die Einbeziehung der unteren Schichten verdankte. Nicht weniger typisch war freilich eine Verschiebung, die sich ohne deutliche Nachhilfe vollzog. Die Zahl derer nahm erheblich zu, die eine ‹höhere› und ‹mittlere› Ausbildung im sowjetischen Sinne genossen hatten. In der Mitte der *Chruščevščina* (1959) belief sich der entsprechende Anteil in der gesamten UdSSR auf 40,1 %, zehn Jahre später auf 53,7 %, wobei der eigentliche ‹Sprung› in den ersten Jahren der neuen Ära zu verzeichnen war. Regional lag er zum Teil, in den jeweiligen Exekutivkomitees überwiegend noch deutlich höher. Ende der sechziger Jahre fand sich in den obersten Gremien der Stadtverwaltungen nur noch einer unter zehn, der nur eine mittlere Schulbildung (nach hiesigen Maßstäben) genossen hätte. Selbst in den ländlichen *ispolkomy* betrug sogar der Anteil der Hochschul- und Gymnasialabsolventen Mitte der sechziger Jahre schon über die Hälfte. Demgegenüber veränderte sich die Quote von Parteimitgliedern unter den lokalen Sowjetdeputierten kaum. Sie befand sich mit 52 % (1959 einschließlich der Kandidaten und *Komsomol*-Angehörigen) schon auf einem hohen Niveau und erhöhte sich in den ersten Brežnev-Jahren im wesentlichen nur durch die größere Zahl der *Komsomolzen* (auf 57,6 % 1969). Die Annahme liegt nahe, daß eine hinreichende Sättigung erreicht war, die man mit Rücksicht auf das elitäre Selbstverständnis nicht vergrößern wollte. Allerdings kann man auch Hindernisse weiterer parteilicher Rekrutierungen nicht ausschließen.[25]

Selbst die Grobstruktur der Staatsverfassung wäre ohne die Erwähnung des *Ministerrats* unvollständig skizziert. Er bildete zumindest *de jure* das höchste exekutiv-administrative Gremium. Freilich fiel ihm die Ausfüllung dieser Rolle in der Praxis schwer. Denn allen Beschneidungsmaßnahmen der Nachkriegsjahre zum Trotz entfaltete er eine starke Tendenz, das zu tun, wozu einem bekannten (Vor)Urteil zufolge alle Bürokratie neigt: zu wachsen. Gegen Ende von Chruščevs unsteten Reformen, als die Dezentralisierung wieder der Vereinheitlichung wich, gehörten ihm Vertreter von fast 80 obersten Behörden an, darunter der Unionsministerien, Staatskomitees, Republiks-Ministerräte und mehr als einem Dutzend wirtschaftlicher Fachkomitees, die mit anderen Institutionen den wiedererstandenen Obersten Volkswirtschaftsrat bildeten (Stand Ende Dezember 1963). Ein so großes Gremium – letzten Ende das zwangsläufige Ergebnis der Verstaatlichung von Wirtschaft, Gesellschaft und Kultur – war nicht entscheidungsfähig. Schon unter Stalin bildete sich daher in faktischer Analogie zum Präsidium (Politbüro) des ZK ein Präsidium des Ministerrats. Ende 1963 gehörten ihm zwölf Mitglieder an, darunter als Vorsitzender Chruščev selbst, sowie ein Erster und mehrere weitere Stellvertreter. Schon die Personalunion von Partei- und Regierungschef deutet an, daß auf dieser Ebene die Verzahnung von Partei und Regierung enger war als sonst. Vier von zwölf Vollmitgliedern des Parteipräsidiums gehörten zugleich dem Regierungspräsidium an, darunter der künftige Regierungschef im Wartestand Kosygin (vgl. oben Tab. 45). Daß die Mehrzahl nach wie vor ‹nur› Parteiämter wahrnahm, zeigt allerdings auch an, wo sich weiterhin das Zentrum der Macht befand. Selbst das ‹kleine Kabinett› exekutierte nur. Erst recht beschränkte sich die Tätigkeit des gesamten Ministerrates, der sich dafür der Hilfe großer Apparate mit 700–1000 zentralen Mitarbeitern und Heerscharen von Beamten in den nachgeordneten Instanzen bedienen konnte, auf die Ausführung dessen, was die Parteispitze beschloß. Zuverlässige Angaben über das numerische Verhältnis zwischen Administratoren im weiteren Sinne und der übrigen Bevölkerung liegen bislang nicht vor. Insofern ist die übliche Vermutung, der Sowjetstaat sei nicht nur als Inhaber der Zwangsgewalt, sondern auch als Administrator allgegenwärtig gewesen, zwar nach Maßgabe einer Vielfalt anderer Zeugnisse begründet, aber nicht über alle Zweifel erhaben.[26]

Da der Sowjetstaat ein föderativer war, konnte der Versuch seiner Erneuerung nicht ohne Auswirkungen auf die Behandlung der *Nationalitäten* bleiben. Der Anstoß zu entsprechenden Korrekturen wurde früh gegeben und ging von einem Akteur aus, der sich ansonsten nicht eben durch Sorge um die Rechte von Minderheiten auszeichnete: von Berija. Schon dieser Umstand gibt Anlaß, besonderen Handlungsbedarf zu unterstellen. In der Tat gab es nur wenige Politikfelder, auf denen die Stalinsche Diktatur größere Verheerungen anrichtete als auf diesem. Als Folge von Unterdrückung und Deportationen stellten sich passiver Widerstand und Apathie ein. Die vielzitierte Friedhofsruhe der letzten Jahre Stalins galt gerade für die Regionen. Ob Berijas Änderungsvorschläge dabei bloßen Opportunitätsüberlegungen oder tieferer Einsicht entsprangen, mag offen bleiben. In jedem Falle begrüßte das ZK seine Überlegungen am 12. Juni 1953 und beschloß in einer geheimen Resolution, den Regionen nicht nur durch Aufnahme ihrer Parteiführer in die zentralen Entscheidungsgremien angemessene Mitwirkungsmöglichkeiten zu eröffnen, sondern ihnen sogar die Benutzung der Landessprache im inneren amtlichen Schriftverkehr zu erlauben. Nach Be-

Bitte
freimachen

Postkarte

Verlag C.H.Beck
Vertrieb / Werbung Allgemeiner Verlag
Postfach 40 03 40
80703 München

Liebe Leserin, lieber Leser,

gerne informieren wir Sie regelmäßig über unser Verlagsprogramm. Schicken Sie einfach diese Karte ausgefüllt an uns zurück!

Ihr Verlag C.H.Beck

P.S: Wenn Sie Zeit und Lust haben, beantworten Sie doch die Fragen auf der Rückseite dieser Karte! Sie helfen uns damit, unsere Arbeit noch besser auf unsere Leserinnen und Leser abzustimmen.

Vorname / Name

Straße, Hausnummer

PLZ / Wohnort

Diese Karte entnahm ich dem Buch

Haben Sie dieses Buch
- [ ] gekauft
- [ ] geschenkt bekommen?

Was war für Ihre Kaufentscheidung ausschlaggebend? (Mehrfachnennung möglich)

- [ ] Beratung in der Buchhandlung
- [ ] Präsentation des Titels in der Buchhandlung
- [ ] Prospekte / Verzeichnisse
- [ ] Rezensionen / Bücherlisten
- [ ] Empfehlungen durch Freunde und Bekannte
- [ ] Umschlag / Ausstattung
- [ ] Themen
- [ ] Werbung / Anzeigen

Ihre Altersgruppe?
- [ ] bis 30 Jahre
- [ ] 30 – 45 Jahre
- [ ] 46 – 60 Jahre
- [ ] über 60 Jahre

Welche Zeitungen / Zeitschriften lesen Sie regelmäßig?

- [ ] SZ
- [ ] taz
- [ ] FAZ
- [ ] Stern
- [ ] DIE ZEIT
- [ ] Die Woche
- [ ] NZZ
- [ ] Brigitte
- [ ] Der Spiegel
- [ ] örtliche Zeitungen
- [ ] Focus

Welche Themen unseres Programms interessieren Sie?

- [ ] Alte Geschichte (1037)
- [ ] Belletristik (1042)
- [ ] Mittelalter (1038)
- [ ] Literaturgeschichte (1013)
- [ ] Neuere Geschichte (1039)
- [ ] Islam (1016)
- [ ] Zeitgeschichte Politik (1040)
- [ ] Judaica (1017)
- [ ] Theologie / Philosophie (1012)
- [ ] Gesundheit / Medizingeschichte (1041)
- [ ] Kunst / Kunstgeschichte (1015)

1. Politische Reformen

rijas Sturz setzte Chruščev diese Politik fort. Sie lag in der Konsequenz seiner Bemühungen um die Schaffung einer neuen Basis für den ‹sozialistischen Aufbau›. Die Begeisterung, die er zu wecken suchte, sollte nicht zuletzt die Regionen ergreifen. Der Föderalismus als formales Fundament des Gesamtstaates gewann wieder eine gewisse Entsprechung in der Wirklichkeit.

Dabei kam es Chruščev sicher zupaß, daß er auf diese Weise zugleich Notwendigkeiten der parteiinternen Machtsicherung das Gütesiegel eines neuen Umgangs mit den Regionen verleihen konnte. Keine andere Nationalität hat ihr Gewicht an der Spitze von Partei und Staat sichtbarer erhöht als die ukrainische. Sie profitierte vom politischen Lebensweg Chruščevs und dem Umstand, daß er befolgte, was ihm Stalin vorgemacht hatte: in allen wichtigen Funktionen Schützlinge und Getreue zu installieren. Die Motive lassen sich dabei nicht immer klar voneinander scheiden. Auch dies ist zu bedenken, wenn man nach den Ursachen für das schnelle Ende der neuen Politik sucht. Bereits das Schulreformgesetz vom Dezember 1958 markierte den abermaligen Umschlag. Zwar berührte der Text das entscheidende Problem der Unterrichtssprache nicht. Aber die Parteiführung machte unmißverständlich klar, daß sie dem Regionalismus an der sprachlichen Wurzel zu Leibe rücken und das Russische zur *lingua franca* im Gesamtstaat erheben wollte. An der andersartigen Praxis haben Gesetz und Ausführungsbestimmungen noch einige Zeit wenig geändert. Dennoch können sie als Signal für einen neuen Unitarismus und abermalige Hegemonialbestrebungen der russischen Zentrale gelten.[27] Sollte sich diese Deutung erhärten, verdient der Zeitpunkt Beachtung: Die Abkehr begann, als Chruščev niemanden mehr zu fürchten hatte. So liegt der Gedanke nahe, daß strukturelle Gegebenheiten und die Tradition der Einmannherrschaft sich durchsetzten. Solange die ‹russische› KPdSU allmächtig blieb, konnte die UdSSR keine wirkliche Union werden. Parteiliche Monokratie und Föderalismus schlossen einander aus.

Sehr viel positiver fällt nach dem bisherigen Kenntnisstand die Antwort auf die Frage nach der Entwicklung des schlimmsten stalinistischen Erbes aus: nach Willkür und *Terror*. Chruščev verschaffte der Achtung des Gesetzes auch von Seiten der Machthaber wieder mehr Geltung. Entsprechende Maßnahmen folgten nach dem Tode Stalins rasch. Schon am 27. März 1953 verkündete der Ministerrat auf Drängen Berijas eine Amnestie für Haftstrafen unter fünf Jahren und die Verkürzung längeren Freiheitsentzugs auf die Hälfte; Minderjährige, werdende und junge Mütter sowie Kranke wurden generell entlassen. Bald darauf setzte man die überlebenden Opfer der ‹Ärzte-Verschwörung› auf freien Fuß. Darüber hinausgehende Hoffnungen riefen einige *Pravda*-Artikel hervor, die nach den Ursachen offensichtlicher Intrigen gegen verdiente «ehrliche Sowjetmenschen» fragten und die Ahndung weiterer Gesetzesverstöße ankündigten. Allerdings wurden sie überwiegend enttäuscht, da die Haftverkürzung nur für Strafen wegen *krimineller* Delikte galt. Die sog. ‹politischen› Insassen blieben ausgenommen. Nicht zuletzt dies trug zu tragischen Geschehnissen bei. Im Mai 1953 verweigerten die Häftlinge von Noril'sk (Nordsibirien) die Arbeit, im Juli folgten ihnen Schicksalsgenossen in Vorkuta (Nordural) und im Mai 1954 besonders viele in Kengir (Kazachstan). Die örtlichen Funktionäre des MVD reagierten unterschiedlich. Die einen verhandelten und machten Konzessionen (vor allem in Vorkuta); andere blieben hart. Zumindest in Noril'sk (bis zu 120 Toten) und Kengir (laut Solženicyn etwa 500 Tote) floß viel Blut, als die Obrigkeit bewaffnete Einheiten rief oder zum Teil auf höchst grausame Weise andere Waffen und schwere Maschinen gegen die unbewaffneten Rebellen einsetzte. So zynisch es klingt, die Opfer waren nicht vergebens. Im April 1954 folgte eine weitere Amnestie, die allen zur Tatzeit minderjährigen Häftlingen die Freiheit brachte. Am 17. September 1955 wurden tatsächliche oder vermeintliche Kollaborateure des Zweiten Weltkriegs entlassen und ein Jahr später schließlich auch die ehemaligen Soldaten, die Stalin nur deshalb eingesperrt hatte, weil sie in deutsche Gefangenschaft geraten waren. Hinzu kam die Prüfung zahlreicher Einzelfälle. Insgesamt konnten bis Ende 1955 etwa 10000 Personen ins zivile Leben zurückkehren.

Parallel dazu ergriff die neue Führung Maßnahmen, um die politisch-administrativen Stützen des mächtigen Terrorsystems zu zerstören. Im März 1954 – nach dem Prozeß gegen Berija und seine Vertrauten – gliederte man das ehemalige MGB wieder aus dem MVD aus und gab ihm als *Komitee für Staatssicherheit (KGB)* jenen Status, den es bis zum Ende der Sowjetunion behalten sollte. Im September 1953 wurde das berüchtigte Sonderkomitee beim MVD beseitigt, das seit 1934 alle Verhafteten im Schnellverfahren hatte aburteilen können. Etwa um dieselbe Zeit unterstellte man die Grenztruppen wieder dem Verteidigungsministerium, übertrug die ausgedehnten Kompetenzen des MVD über das Straßen- und Verkehrswesen auf ein neu gegründetes einschlägiges Fachressort und übergab die ökonomisch relevanten Arbeitslager an das Wirtschaftsministerium. Im Mai 1955 erhielt die Staatsprokuratur beim Obersten Sowjet eine neue Abteilung, deren Aufgabe es war, die Rechtmäßigkeit der Aktivitäten des KGB zu überwachen. Im April 1956 hob man die nach der Ermordung Kirovs erlassenen Sondergesetze auf, die dem ‹Großen Terror› ein pseudorechtliches Fundament gegeben hatten. Und im Dezember 1958 folgte ein neues Strafgesetzbuch, das zwar viele Schlupflöcher ließ, dem KGB aber gerichtliche Kompetenzen endgültig entzog. Ein übriges bewirkte der Personalwechsel an der Spitze beider Ämter: Dem Innenminister Stalins nach dem Krieg S. N. Kruglov, Nachfolger Berijas als MVD, folgte im Februar 1956 der Ingenieur L. P. Dudorov, und der altgediente Geheimdienstexperte Chruščevs I. A. Serov, der den KGB übernommen hatte, wurde 1958 durch den aufstrebenden

1. Politische Reformen

Komsomolvorsitzenden Šelepin ersetzt. Beide waren in erster Linie Männer der Partei; letzterer galt außerdem als beinahe idealtypische Verkörperung des neuen talentierten Multifunktionärs. Ungeachtet seiner fortbestehenden, geheimnisumwitterten und gewiß faktisch ausgedehnten unsichtbaren Kompetenzen schrumpfte der KGB dank all dieser Maßnahmen zu einer vergleichsweise regulären, wenn auch nicht normalen, in jedem Falle der Partei unterworfenen Behörde. Als das MVD Ende Januar 1960 schließlich als Unionsministerium aufgelöst wurde, verschwand der Moloch als Organisation sogar völlig, der die ‹Kinder der Revolution› verschlungen und jedes noch so unbedeutende Glied der Gesellschaft bedroht hatte.[28]

Und dennoch: Auch in dieser Frage gibt es bedenkenswerte Argumente gegen eine vorbehaltlose Betonung des Bruchs mit der Vergangenheit. Zwar trieb Chruščev die Entstalinisierung nicht zuletzt der ‹extralegalen› Gewalt weit voran. Insofern hat es seine guten Gründe, daß ihm selbst Beobachter aus dem westlichen Exil attestieren, die «sozialistische Gesetzlichkeit» – so das neue Schlagwort – wiederhergestellt zu haben. Wie programmatisch verkündet, bemühte er sich, zu ‹leninistischen Prinzipien› zurückzukehren und dem geltenden Recht wieder Respekt zu verschaffen. Dem widersprach aber nicht, daß von unabhängiger Justiz und der Beachtung international anerkannter Menschenrechte nicht die Rede war. Die Parteilichkeit der Gesetze und Gerichte gehörte nach wie vor ebenso zum angeblich revolutionären Staat wie ihr Fundament: die monopolistische Herrschaft der KPdSU. An Gewaltenteilung und einen tatsächlichen Macht- und Meinungspluralismus dachte Chruščev genauso wenig wie der Staatsgründer oder Stalin. Nicht nur in dieser Hinsicht verkörperte er nachgerade die Systemtreue der ersten Generation der ‹Sowjetintelligenz›. Auf einem anderen Blatt steht, ob eine solche Kontinuität die Behauptung rechtfertigt, die sozialistische Herrschaftsordnung habe sich in ihrer Essenz trotz sozusagen neuer Einkleidung nicht verändert. Die Antwort hängt nicht nur vom vorgängigen Verständnis davon ab, was Wesen und was Erscheinung sei. Darüber hinaus verträgt sich die Annahme einer ‹qualitativen› Veränderung durchaus mit dem Tatbestand, daß das Ende des Massenterrors keine Rechtsstaatlichkeit, Freiheitsgarantien und Gewaltenteilung im westlichen Sinne nach sich zog. An die Stelle personaler Diktatur trat die kollektive, ‹pauschale› Gewaltandrohung wich selektiver Maßregelung, und an die Stelle autoritärer, gegebenenfalls terroristischer Durchsetzung einer zentralen Einzelentscheidung trat der Appell an freiwilliges Engagement. Mit diesem Wandel änderte sich auch das Wesen des Systems – nur war das neue ebensowenig demokratisch wie das alte.

2. Wirtschaftsreformen in Hast: übernutztes Neuland und erfolglose Dezentralisierung

Chruščevs Ruhm gründet sich im Rückblick vor allem auf das, was seit dem Ende der Sowjetunion als erster Anlauf zur Entstalinisierung erscheint. Dabei sollte man diesen Versuch aber nicht auf die Beendigung des Massenterrors und das kulturelle «Tauwetter« einengen. Für Chruščevs Aufstieg war ein anderes Handlungs- und Bewährungsfeld viel wichtiger: die *Landwirtschaft*. Am Anfang seiner Karriere standen neue Überlegungen zur Lösung des sowjetischen (und russischen) Kardinalproblems, wie die Versorgung der Bevölkerung zu sichern sei. Obwohl die Ansprüche bescheiden blieben, kam die Erholung von den Kriegsnöten gerade in dieser Hinsicht viel zu langsam voran. Überdies hatte Stalin schon während des vierten Fünfjahresplans die Weichen wieder auf die vorrangige Förderung der Schwer- (und Rüstungs)industrie gestellt. Darunter litten nicht nur die ‹kleinen Leute› in den Provinzstädten. Auch die Bauern, immer noch die Masse der Bevölkerung, spürten wenig Erleichterung. Sie standen weiterhin am unteren Ende der Sozialpyramide, bezogen die geringsten Einkommen und lebten in einer Umgebung, der die Segnungen der materiellen Zivilisation trotz aller Elektrifizierungspläne und «Kultur«-Kampagnen nach wie vor weitgehend fehlten.

Der Tod Stalins warf auch auf diese Probleme neues, grelles Licht. Die Versorgungsdefizite brannten auf den Nägeln. Ihnen standen jedoch mächtige Interessen der Wirtschaft und Verwaltung entgegen, die sich außerdem sicherheitspolitische Erwägungen zu eigen machen konnten. Dabei spielte die Konkurrenz untereinander demjenigen in die Hände, der es verstand, mehrere Gruppen gleichzeitig hinter sich zu versammeln. Wenn die Führung ohne Führer keine einseitige Prioritätensetzung vertrug, verbot sich eine klare Kehrtwende zugunsten der Konsumgüterproduktion und Landwirtschaft. Die vielfach beschworene Vermehrung der Nahrungsmittel konnte nicht durch Produktivitätssteigerung, sondern nur durch die Erweiterung der Anbaufläche erreicht werden. In dieser Situation wartete Chruščev mit einem verblüffend einfachen, nachgerade wundersamen Vorschlag auf: die riesigen Steppen östlich des Unterlaufs der Wolga, im nördlichen Kazachstan und westlichen Sibirien für die Landwirtschaft nutzbar zu machen. Der Plan verband sich mit der Absicht, auch die Bauern der Kernländer durch preispolitische Maßnahmen zu vermehrten Anstrengungen zu bewegen. Schon im Spätsommer 1953 begann die Regierung, die Steuern für Privatland zu senken; zugleich erhöhte sie die staatlichen Ankaufpreise und verringerte die unbezahlten Zwangsabgaben. Bauern ohne Privatvieh wurden ganz von Fleischlieferungen befreit. Malenkov und Chruščev zogen in dieser Frage an einem Strang: Es sollte sich wieder lohnen, mehr zu produzieren.[1]

2. Wirtschaftsreformen in Hast

Wichtiger aber war das *Neulandprogramm*. Man darf davon ausgehen, daß Chruščev seinen unerwarteten Aufstieg vor allem dieser Idee zu danken hatte; und zu Recht hat sie sich in besonderem Maße mit seinem Namen verbunden. Dem neuen starken Mann, der um dieselbe Zeit zum Ersten Parteisekretär gewählt wurde, gelang es in bemerkenswert kurzer Zeit, Unterstützung für seine Pläne zu finden. Nach einem Grundsatzbeschluß über die Priorität der Agrarfrage im vorangegangenen Herbst verkündete eine Plenarversammlung des ZK am 2. März 1954 die große Aufgabe, zwischen Stalingrad und Semipalatinsk neues oder ungenutztes Land unter den Pflug zu nehmen. Dabei deutete die präzise Kennzeichnung der anvisierten Fläche darauf hin, daß die Absicht als solche nicht neu war. Auch sie war im Zusammenhang mit der gesamten Ostwendung seit dem ausgehenden 19. Jahrhundert und besonders in der Vorkriegsdekade immer wieder in den Blick geraten. Klimatische Gefährdungen hatten aber Anlaß gegeben, die Idee nicht intensiv zu verfolgen. Die Wahrscheinlichkeit starker Spätfröste und empfindlicher Dürren war in der südöstlichen Steppe hoch. Nicht nur Altstalinisten wie Molotov votierten daher gegen das Programm; auch wissenschaftliche Experten und die kazachische Parteiführung zeigten sich skeptisch. Chruščev ließ sich aber nicht beirren. Er witterte die Chance, den Machtkampf auch dadurch für sich zu entscheiden, daß er sich als Erneuerer und Wahrer der Kontinuität zugleich präsentierte. Volksverbunden wie er war, mag er darüber hinaus die Möglichkeit gespürt haben, mit dem Neulandprogramm einen allgemeinen Mobilisierungseffekt zu erzielen: Wenig eignete sich so sehr als Stimulans einer neuen Dynamik, deren die sowjetische Gesellschaft nach der Todesstarre im späten Stalinismus dringend bedurfte; wenig vermochte in vergleichbarer Weise als neue griffige Konkretisierung der Leistungsfähigkeit der sozialistischen Idee dienen. Chruščev war auch darin ein gelernter ‹Frühstalinist›, daß er die Notwendigkeit solcher massenwirksamer und integrierender «Kampagnen» erkannte.

Der Feldzug begann denn auch mit großen Schritten. Die Planung für 1954/55 war ehrgeizig. Zu den ca. 32 Mio. ha Ackerland, die in dieser Region zwischen 1913 und 1953 gewonnen worden waren, sollten allein in diesem Zeitraum dreizehn weitere Millionen hinzukommen, um den Markt um 13–15 Mio. t Getreide zu bereichern. Tatsächlich stellten sich bemerkenswerte Erfolge ein. Bereits im Juni des ersten Jahres war ein knappes Drittel der Fläche eingesät, so daß die Parteiführung gute Gründe sah, die Vorgaben noch zu erhöhen. Laut Beschluß vom August 1954 sollte die Ernte des übernächsten Jahres auf 28–30 Mio. ha Neuland eingebracht werden. In Wirklichkeit erreichte man 1956 sogar 35,5 Mio. ha; ausnahmsweise wurde der Plan übererfüllt. Danach ging man etwas vorsichtiger mit der Maßgabe vor, nur zweifelsfrei geeignetes Land zu bearbeiten. Zugleich wurden die Zuwachsraten im sechsten Fünfjahresplan (1956–60) bei Getreide so hoch angesetzt, daß sie die weitere Landerschließung und gleichbleibende Erträge voraussetzten. Der 21. (außerordentliche) Parteitag, der angesichts der Unerfüllbarkeit des laufenden Fünf- einen neuen Siebenjahresplan beschließen sollte, verzichtete wohlweislich darauf, genaue Zahlen zu nennen. Auch in der Folgezeit gab sich Chruščev für seine Art ungewöhnlich zurückhaltend und verwies darauf, daß die Neulanderschließung nun in die «zweite«, durch Verbesserung der Anbaumethoden gekennzeichnete Phase getreten sei. Dennoch verlangte der unverminderte Zwang zur Erhöhung des Konsumniveaus nach weiterer Ausdehnung der Ackerfläche. Auf dem 22. Parteitag im Oktober 1961 wurde der Partei- und Staatschef wieder konkreter. Zwar verkündete er das bescheidenere Ziel, bis zur Mitte des Jahrzehnts acht Mio. ha zusätzliches Land zu kultivieren; insgesamt rückte damit aber die magische Zahl von 50 Mio. ha in greifbare Nähe.

Tatsächlich spricht alles dafür, daß Chruščevs ehrgeiziges Programm quantitativ ungewöhnlich erfolgreich war. Zwischen 1953 und 1964 wuchs die gesamte Saatfläche in der UdSSR um 55,6 Mio. ha (von 157,2 Mio. auf 212,8 Mio.); davon entfielen 40,5 Mio. auf Neuland, ganz überwiegend in Westsibirien und Kazachstan. Damit veränderten sich wie in der Industrie auch in der Landwirtschaft die regionalen Proportionen: 35 % der genutzten Äcker befanden sich bei Chruščevs Sturz im asiatischen Reichsteil gegenüber 27 % zu Beginn seiner ‹Regentschaft›. Allerdings verweist schon ein zweiter Blick auch auf Schwächen und Probleme. Zum einen eignete sich nicht alles Land, das umgepflügt wurde, auch für die Bepflanzung. Immerhin ein Viertel (10,4 Mio. ha) des 1953–60 einbezogenen Bodens erwies sich als untauglich. Ähnlich blieb die tatsächlich bestellte Fläche erheblich hinter dem gesamten, für nutzbar erklärten Landfond zurück. Bei diesem Maßstab schrumpft das Resultat gewaltiger Anstrengungen während einer guten Dekade Chruščevscher Herrschaft (1953–64) auf einen Gewinn von mageren 10 %. Offenbar stieß die Expansion der Landwirtschaft an natürliche Grenzen. Wenn man den Statistiken trauen darf, war der Höhepunkt 1960 erreicht. Wohl vergrößerte sich die gesamte agrarische Nutzfläche weiter; aber der Umfang des Ackerlandes fiel 1964 auf das Niveau von 1960 zurück.[2]

Weil der Pflug Mittel zum Zweck war, gibt der Ertrag genauere Auskunft über den eigentlichen Erfolg des Programms. Die Ernten waren unterschiedlich, im ersten Jahrfünft (1954–58) aber im ganzen mehr als zufriedenstellend. Nur 1957 gestaltete sich das Wetter so ungünstig, daß es zu schweren Einbußen kam. Dafür brachte das Jahr 1956 gute und das Jahr 1958 hervorragende Erträge. Im Durchschnitt erzielte man 9,1 Zentner Korn von einem Hektar, 1958 im *annus mirabilis* der Chruščev-Ära sogar 11,1. Auf Neuland lagen die Ergebnisse in den guten Jahren überwiegend noch darüber, in den schlechten darunter. Auch im zweiten Jahrfünft 1959–63 hielt die Aufwärtstendenz, quantitativ gesehen, an. Die Erträge stiegen durchschnittlich auf 10,2 Z. /ha. Dabei fiel die Ernte in den ersten vier Jahren gut, 1963 aber katastrophal aus. In diesem Schreckens- und Schicksals-

2. Wirtschaftsreformen in Hast

jahr Chruščevs standen nur 5 % mehr Korn auf dem Halm als 1957. Durchgehend waren die Ähren auf den neuen Feldern leichter; in Kazachstan wog man sogar nur enttäuschende 6,9 Z./ha. So ergibt sich mit Blick auf die Mengenerzeugung ein durchaus positives Fazit: Im Durchschnitt der Jahrfünfte stieg die Getreideproduktion in der Sowjetunion von 89,9 Mio. t 1949–53 über 110,3 1954–58 auf 124,7 1959–63 deutlich. Dazu trugen die Neulandgebiete mit einer Verdopplung des Aufkommens in den ersten Jahren ihrer Erschließung maßgeblich bei (22,7 Mio. t 1949–53, 45,2 Mio. t 1954–58); im letzten Jahrfünft aber nahm ihre Bruttoleistung kaum noch zu (51,6 Mio. t 1959–63). Zugleich hielten Urbanisierung und Industrialisierung unvermindert an. Nach der schlimmen Mißernte von 1963 mußte die Sowjetunion sogar erstmals Getreide vom amerikanischen Klassenfeind kaufen. So kamen nach der Dekadenwende mehrere ungute Vorgänge zusammen: die Abnahme des Ertragszuwachses in den Neulandgebieten, die ungebremste Bedarfssteigerung und die Enttäuschung überzogener Erwartungen. Ihre ‹Synergie› verdunkelte auch Aspekte des Unternehmens, die keine pauschale Verdammung verdienten.[3]

Denn auch die volkswirtschaftliche Gesamtbilanz, die sowohl die Investition von Geld und Arbeit einbeziehen als auch bedenken muß, daß manches Korn auf dem Wege von den Feldern in die staatlichen Vorratskammern verlorenging, blieb in der Schwebe. Auf die Gesamtzeit gesehen, ergab sich eine Ertragsquote von 7,5 Z./ha. Dies lag deutlich unter dem Durchschnitt für die RSFSR nach 1958 und hätte kaum einem westeuropäischen Bauern zum Überleben gereicht. Auf der anderen Seite stieg der Anteil des Neulandes am gesamten staatlichen Aufkommen von Getreide in den ersten Jahren gezielter Ausdehnung von 30,2 % 1949–53 auf 53,1 % 1954–58 und 62,2 % 1960 nahezu sprunghaft an; danach fiel er merklich auf 45,6 %, 47,8 % und den Tiefststand von 36,4 %, erreichte 1964 aber wieder 55 %, so daß er insgesamt beachtlich blieb. Zu einem weniger positiven Ergebnis gelangt man erst, wenn man die monetären und anderen Investitionen einbezieht. Eine solche Rechnung zeigt, daß die Kampagne bis 1960 einigermaßen rentabel war, danach aber Verluste brachte. Auch erhebliche Zusatzinvestitionen konnten diese Entwicklung nicht aufhalten. Über die entscheidende Ursache besteht Konsens: Die Überbeanspruchung von Land in einer klimatisch gefährdeten Region rächte sich. Was fünf Jahre gut ging und ‹nur› die Erschließung kostete, erwies sich als *Raubbau*. Wind und Trockenheit zerstörten den mühsam kultivierten Boden. Dauerhafte Fruchtbarkeit hätte eine vorsichtige Nutzung mit hohen Investitionen in Schutzmaßnahmen, Wechselkulturen und resistentes Saatgut erfordert. Was in Kanada gelang (Saskatchewan, Alberta), scheiterte in der Sowjetunion. Dabei war der ungeheure Verschleiß an menschlicher Arbeitskraft und Gesundheit noch gar nicht eingerechnet. Hunderttausende junger Leute, darunter viele Komsomolzen, konnten die harten Lebensbedingungen in eilig zusammengezimmerten Gemeinschaftshütten bei unzureichender Heizung und schlechter Ernährung nur unter Aufbietung höchster Begeisterung oder außerordentlicher Wertschätzung der besseren Bezahlung ertragen. Dennoch wurde auch die Abwanderung zu Beginn der sechziger Jahre zum Problem. So war der neue Wirtschaftsfeldzug, aus der Distanz betrachtet, auch darin sozialistisch und mit manchen stalinistischen Vorläufern verwandt, daß er kurzsichtig auf schnellen Gewinn zielte, aber die Vorsorge für dauerhaften Ertrag außer acht ließ.[4]

Chruščev beließ es jedoch nicht bei der bloßen Ausdehnung der Anbaufläche. Er sah, daß der extensiven Soforthilfe intensivierende Maßnahmen folgen mußten. Solange die Altstalinisten noch nicht besiegt waren, schien ihm aber Zurückhaltung geboten. Erst nach dem Putschversuch vom Juni 1957 wagte er es, seine Karten offenzulegen. Dabei zeigte sich, daß seine Vorschläge auf eine tiefgreifende Veränderung der überkommenen wirtschaftlichen und politischen Organisation des Dorfes hinausliefen. Sie lassen sich vor allem in drei Absichten zusammenfassen: durch fiskal- und preispolitische Maßnahmen *die Bauern zu vermehrten Anstrengungen* zu bewegen, durch die Abschaffung der MTS *die Zersplitterung der Anweisungskompetenz zu beseitigen* und sowohl durch die Förderung der Sowchosen als auch durch die Garantie eines festen Einkommens für die *kolchozniki* den staatlich-öffentlichen Agrarsektor so weit zu fördern, daß der *private verkümmern* würde. Chruščev hielt am Ziel des Sozialismus im Sinne staatlicher Lenkung und Gewinnabschöpfung fest, wollte die Dorfwirtschaft aber von jenen faktisch unentgeltlichen Zwangsleistungen Stalinscher Prägung befreien, die so viele Beobachter an vormoderne Hörigkeit erinnerten.

Die erste grundlegende Reform wurde bereits am 4. Juli 1957 verkündet. Mit Wirkung vom Beginn des nächsten Jahres an hob sie die Pflicht zur anteiligen Ablieferung von Privaterträgen der *kolchozniki* und anderer Kleinbesitzer auf. Die Regierung begründete diesen Schritt mit der sinkenden Quote solcher Naturalabgaben am Gesamtaufkommen. In der Tat fiel deren Prozentsatz z. B. bei Fleisch von 23 1952 auf 10,2 1957. Andererseits war der Effekt kaum unerwünscht, daß auf diese Weise nicht nur Kapazitäten für den bäuerlichen Eigenkonsum, sondern auch für das Warenangebot auf den privaten Kolchosmärkten frei wurden. Dem ersten Schritt folgte eine umfassende Reform des staatlichen Erwerbssystems. Was ein ZK-Beschluß vom 18. Juni 1958 verhüllt erläuterte, entpuppte sich als Versuch, *kostendeckende Preise* zu zahlen und die Kolchosen durch die Zusammenfassung verschiedener Abgaben zu größerer Effizienz anzuspornen. Auch verbal kam die neue Absicht zum Ausdruck: Aus *zagotovka* (wörtlich: Zubereitung) wurde *zakupka* (Aufkauf.). Gewiß blieben die Preise niedrig. Im Schnitt stiegen sie aber zwischen 1952 und 1959 auf das Dreifache, bei Getreide, das zuvor fast gratis abgegeben werden mußte, sogar auf das Siebenfache.[5]

2. Wirtschaftsreformen in Hast

Auch wenn die staatlichen «Käufe» zu besseren Konditionen nicht als Aufhebung ihres Zwangscharakters mißzuverstehen waren, gaben sie der Monetarisierung der Wirtschaftsbeziehungen zwischen Dorf und Staat einen deutlichen Impuls. Dies konnte das Verhältnis zwischen Kolchosen und MTS nicht unberührt lassen. Bis dahin hatten die ‹Traktoristen› und Mähdrescherfahrer den größten Teil ihres Lohns *in natura* von den Nutznießern ihrer Dienste erhalten. Mit guten Gründen kamen Parteispitze und Regierung zu der Überzeugung, daß die unzureichende Versorgung der nichtlandwirtschaftlichen Bevölkerung auch auf diese Tatsache zurückzuführen war. Ein erheblicher Teil der Produkte floß an die Technikstationen statt in die staatlichen Scheunen oder auf die Märkte. Diese Beobachtung verstärkte andere Vorbehalte. Zum einen wuchs die Kritik an der Rivalität zwischen Kolchosen und den MTS. Auf dem Lande bestimmten ‹zwei Herren›, oft ohne Einvernehmen, über Aussaat und Ernte. Zum anderen erschien die politische Kontrolle über das Dorf, die den MTS faktisch übertragen worden war, nicht mehr nötig. Stalin hatte die Bauernschaft unterworfen und danach beaufsichtigen müssen. Zwei Generationen später waren die alten Besitz- und Wirtschaftsverhältnisse wenn auch nicht vergessen, so doch außer Reichweite. Selbst die Partei hatte auf dem Lande Fuß gefaßt. Generell sollte Engagement von unten die Anweisung von oben zumindest ergänzen. Ökonomisch und politisch entbehrlich, administrativ eher hinderlich, verloren die MTS ihre Fürsprecher. Ende März 1958 wurde Gesetz, was Stalin 1952 noch abgelehnt hatte: die *Auflösung* dieser staatlichen Stützpunkte auf dem Lande. Die Kolchosen waren gehalten, die Traktoren und Maschinen zu kaufen. Neue waren über eine eigene Organisation zu beziehen *(Sojuzsel'choztechnika)*; die Wartung übernahmen «Reparatur- und Technikstationen» (RTS). Bei alledem hoffte die Parteiführung, daß die Kolchosen pfleglicher mit ihrem technischen Inventar umgehen würden – wie bei den höheren Preisen setzte man auch hier letztlich auf materielles Eigeninteresse.

In der Tat verschwanden die MTS schnell. Von 7903 Anfang 1958 waren zwei Jahre später nur noch 345 übrig; Ende 1961 gab es keine mehr. Stattdessen entstanden 2900 RTS mit fast 400000 Arbeitskräften. Betrüblich blieb nur, daß sie nicht in der Lage waren, ihre Aufgaben wahrzunehmen. Ein großer Teil der Kolchosen war technisch höchst unzulänglich ausgestattet. Reparaturhilfe konnte selbst bei Traktoren nicht einmal in der Hälfte der Fälle geleistet werden. Und auch die Planung wurde nicht besser: In den saisonalen Spitzenzeiten, wenn in wenigen Wochen alles eingesät oder geerntet werden mußte, fehlten Maschinen an allen Ecken und Enden; in den übrigen Monaten lagen sie nicht nur brach, sondern verfielen auch oft. Produktionseinbußen und ein gleichbleibend niedriges Ertragsniveau waren die Folge. Die überfällige Mechanisierung der Landwirtschaft kam weiterhin nicht voran. Die Zentralisierung der Zuständigkeiten zeigte ebensowenig Wirkung wie der Appell an wohlverstandenen Egoismus. Dies legt die Ver-

mutung nahe, daß sich prinzipielle Hindernisse auftürmten: Betriebswirtschaftliche Effizienz auf der Grundlage materieller Anreize ließ sich in keiner Umgebung installieren, die ansonsten das genaue Gegenteil favorisierte.[6]
Vor allem daraus dürfte zu erklären sein, daß auch die übrigen genannten Reformen an Wirksamkeit zu wünschen übrig ließen. Trotz höherer Ankaufpreise und deren regionaler Differenzierung anstelle allgemeingültiger Tarife (die auf Produktivitätsunterschiede keine Rücksicht nahmen), trotz Vereinheitlichung der Abgabearten zu einer einzigen, besser kalkulierbaren füllten sich die staatlichen Lager nicht im erforderlichen Maße. Chruščev sah sich mit dem Dilemma konfrontiert, daß weitere Anreize für einen Sektor der Volkswirtschaft wachsende Lasten in einem anderen nach sich zogen. Höhere Ankaufpreise für die Kolchosen verteuerten die Lebenshaltung der Stadtbewohner, die ohne entsprechende Lohnerhöhungen einen realen Einkommensverlust hätten hinnehmen müssen. Es war daher verständlich, daß der Partei- und Regierungschef zögerte und den Bauern zunächst nur durch höhere Vorauszahlungen (seit März 1956) für zumeist per Kontrakt vereinbarte Lieferungen oder die Übernahme der Transportkosten entgegenkam. Weitergehende Maßnahmen ließen sich aber auf Dauer nicht vermeiden. Zum 1. Juni 1962 wurden sowohl die An- als auch die Verkaufspreise in den Läden vor allem für tierische Produkte merklich erhöht. Fleisch etwa verteuerte sich um 30%, Butter um 25%, so daß es in einigen Städten zu den befürchteten Unruhen kam. Auch diese Eingriffe brachten keine wirkliche Erleichterung; die höheren Preise deckten die Produktionskosten ebenfalls nicht. Man wird nicht fehlgehen, einen Gutteil dieser Probleme auf die überhastete Abschaffung der MTS selbst zurückzuführen. Die Kolchosen wurden von der finanziellen Bürde des Erwerbs der Maschinen ebenso überfordert wie von der Aufgabe, sie effektiv einzusetzen. So blieb ein unaufhebbarer Widerspruch: Auf der einen Seite vergrößerte sich der staatliche Nahrungsmittelfond in der Ära Chruščev enorm; zugleich nahm das bäuerliche Geldeinkommen deutlich zu; auf der anderen Seite reichte der Zuwachs bei weitem nicht aus, um den gestiegenen Bedarf zu befriedigen. Was ausblieb, war eine analoge Steigerung der Produktivität. Dieser aber stand weniger die Einfallslosigkeit Chruščevs und seiner Berater im Wege als ein Strukturdefekt der Gesamtordnung.[7]

Es wird kein Zufall sein, daß Chruščev auch mit einer anderen tiefgreifenden Reform der Landwirtschaft bis zum endgültigen Triumph über seine innerparteilichen Gegner wartete: der Änderung des Systems der Bezahlung von Kolchosarbeit. Im selben Jahr 1958, als mit der Auflösung der MTS ein Stützpfeiler der stalinistischen Dorfverfassung fiel, dachte der Partei- und Staatschef auch immer lauter über die Schwächen der Entlohnung gemäß «Tagewerken» nach. Er sprach aus, was längst zur Binsenweisheit geworden war: daß die Ertragsabhängigkeit dieses Einkommens Desinteresse an der gemeinschaftlichen Tätigkeit nachgerade provoziere. Die Bezahlung vom

Ernterest nach *trudodni* erfolgte so spät im Jahr und unterlag so starken Schwankungen, daß die *kolchozniki* nicht ernsthaft mit ihr rechnen konnten. Die Bauern investierten ihre Kraft daher ganz überwiegend in das eigene Land. Chruščevs Bemühung um eine Monetarisierung auch der Landwirtschaft vertrug sich mit diesem Zustand nicht. Wenn höhere Preise bessere Erträge hervorbringen sollten, konnte es nicht angehen, daß der Anreiz zu größerem Einsatz, den sie bildeten, durch das Entlohnungssystem wieder zunichte gemacht wurde. Hinzu kam, daß auch eine andere Folge der Quasi-Verstaatlichung ihre dysfunktionalen Folgen immer deutlicher offenbarte: die Überbewertung administrativer Tätigkeiten. Zur Abhilfe für beide empfahl Chruščev zwar keine ‹kapitalistische› Form leistungsabhängiger Entlohnung, aber eine Angleichung an die Sowchosen und damit an Arbeiter im engeren Sinne: Auch Kolchosbauern sollten endlich einen monatlichen monetären *Festlohn* erhalten.

Diese Neuerung war ebenfalls leichter angekündigt als umgesetzt. Weder vermochten die Kolchosen die vielfältigen Tätigkeiten ohne weiteres von einer naturalen Vergütung in eine geldliche umzurechnen, noch verfügten sie über ausreichende Liquidität, um die konvertierten Löhne tatsächlich auszahlen zu können. In den meisten Fällen blieb es bei einer Mischung aus naturalen und monetären Leistungen, die sich allerdings zugunsten der letzteren verschob. In den Jahren 1959/60 entfielen 58,4 % des gesamten Lohnfonds auf Geld, 1963/64 bereits 67,8 %; umgekehrt wurden im gesamten Jahrfünft bis 1964 immer noch bis zu 25 % des Gesamtlohns in Naturalien ausgegeben. Bis zum Sommer 1962 stellten sich ungefähr 8000 Kolchosen, entsprechend einem Fünftel aller, auf das neue System um. Auch danach verlief die Konversion zögerlich, da vielen Betrieben – vor allem den normalen, nicht auf einträgliche Spezialkulturen wie Zuckerrüben oder Baumwolle ausgerichteten – das Geld fehlte. Das Problem blieb ungelöst. Noch Chruščevs Nachfolger wagten es aber auf dem 23. Parteitag 1966 nicht, sich festzulegen. Sie sprachen lediglich von der Notwendigkeit, über die Einführung des monetären Garantielohns «nachzudenken».[8]

Keiner Erläuterung bedarf, daß die Reformmaßnahmen in ihrer Gesamtheit auch darauf abzielten, das allgemeine Lebensniveau der Bauern zu heben. Chruščev besaß ‹Stallgeruch› genug, um diesen Aspekt nicht aus den Augen zu verlieren. Die Datenlage ist schwierig und besonders mit Blick auf regionale Unterschiede einschließlich der Kaufkraft lückenhaft. Dennoch dürfte feststehen, daß die neue Aufmerksamkeit für die Landwirtschaft in dieser Hinsicht Wirkung zeitigte (vgl. Tabelle 46). Bis 1957 erhöhte sich die Auszahlung pro Arbeiter um 83 %; auch wenn man das niedrige Ausgangsniveau von 1952 bedenkt, bleibt der Anstieg bemerkenswert. In den folgenden drei Jahren sanken die ‹gemeinschaftlichen› Einkommen allerdings trotz guter Ernten – eine Entwicklung, die in der Tat auf die finanziellen Belastungen durch die erzwungene Übernahme der MTS hindeutet.

Tabelle 46: *Jahreslohn pro Arbeiter und pro Haushalt auf Kolchosen und Sowchosen 1952—1963*

	1952	1957	1958	1959	1960	1961	1962	1963
Kolchosen								
Beschäftigte (Mio.)	25,8	25,3	25,1	24,1	21,7	20,3	19,8	19,2
Lohn pro Arbeiter (Rubel)	184	331	311	320	332	379	424	432
Zahl der Haushalte (Mio.)	19,9	18,9	18,8	18,5	17,1	16,4	16,3	16,1
Lohn pro Haushalt (Rubel)	239	443	415	416	421	470	515	515
Lohn pro Arbeiter in Sowchosen	–	–	574	575	565	639	754	760

Quelle: Volin, 420 u. 425

Erst nach 1961 setzte vor allem aufgrund der erwähnten Preiserhöhung eine Erholung ein, die aber recht schnell wieder nachließ.

Der Versuch, die kollektiven Einkünfte zu steigern, verband sich mit einer Kampagne zugunsten der *Umwandlung von Kolchosen in Sowchosen*. Dahinter stand zum einen die (nicht zuletzt von Stalin vertretene) Auffassung, nur die von jeglichem (auch dem gemeinsamen) Privateigentum freien Staatsbetriebe seien im eigentlichen Sinne sozialistisch zu nennen. Zum anderen drängte der Umstand in diese Richtung, daß die Arbeiter der Sowchosen als Staatsangestellte von Anfang an nicht nur einen festen, sondern auch einen (um bis zu einem Drittel) höheren Lohn erhielten als die *kolchozniki*. Besonders vor und nach der Dekadenwende wuchs die Bedeutung der Sowchosen erheblich. Während die Zahl der Kolchosen von 83 000 1956 auf 37 600 1964 fiel, stieg die der Sowchosen im gleichen Zeitraum von 5098 auf 10 078. Die bleibend große Differenz schon der bloßen Betriebszahl zeigt allerdings auch an, daß aus der Annäherung noch lange keine Angleichung wurde. Man visierte dieses Ziel zwar an, verfehlte es aber bei weitem. Schon deshalb konnte die neue Verstaatlichungskampagne eines *nicht* gewährleisten: nennenswerten finanziellen Gewinn für die Masse der Bauern. Die *kolchozniki* mußten sich weiterhin mit erheblich geringeren ‹kommunalen› Erträgen zufriedengeben als die Sowchos-Arbeiter. Hinzu kam, daß sich der Abstand beider vom Einkommen der Industriearbeiter ebenfalls kaum verminderte. Selbst der Durchschnittslohn auf den Sowchosen erreichte 1963– 65 nur 77 % des Durchschnittslohns aller Arbeiter und 70–73 % des Einkommens der Industriearbeiter. Daher hatte auch ein besonders folgenschweres und altes Leiden der russischen Gesellschaft, die Kluft zwischen Stadt und Land, Bestand. Mochten noch so viele Häuser, Kinderhorte, Schulen und Klubs errichtet worden sein – das Dorf fand keinen Anschluß an urbanes Leben.

Dieses Gefälle förderte eine Entwicklung, die von der anhaltenden Industrialisierung ohnehin vorangetrieben wurde: die *Landflucht*. Dabei kamen zwei Ursachen in einem Effekt zusammen. Zur ‹alten› Abwanderung aus

2. Wirtschaftsreformen in Hast

Mangel an dörflicher Arbeit und Lebensqualität gesellte sich der zunehmende volkswirtschaftliche Bedeutungsverlust des Agrarsektors. Wer jung und energisch war, tat wieder, was seine gleichgesinnten Vorfahren (mit einer gewissen Ausnahme in der zweiten Hälfte der fünfziger Jahre) ebenfalls getan hatten – er versuchte sein Glück in der Stadt. Infolgedessen stieg das Durchschnittsalter in manchen Kolchosen, wie der Vorsitzende des KSM im Mai 1965 dem ZK-Plenum berichtete, auf fünfzig Jahre an. Wer zurückblieb, mußte sich mit kaum verringerten physischen Anstrengungen und anhaltendem Ausschluß von den Errungenschaften der materiellen Zivilisation abfinden. Nicht nur die Mechanisierung der landwirtschaftlichen Produktion trat auf der Stelle. Auch die Elektrifizierung des Dorfes, noch von Stalin mit großem propagandistischen Aufwand eingeleitet, machte ungeachtet einer neuen Kampagne seit Februar 1961 keine entscheidenden Fortschritte. In der Region Kaluga, immerhin nahe Moskau gelegen, verfügte noch 1963 nur jedes zweite Dorf über elektrische Energie. Und auch die, die Strom hatten, mußten sich oft noch aus kleinen und teuren Produktionsstätten versorgen, da die Errichtung von Überlandleitungen aus den Kraftwerken an den großen Staudämmen nur langsam voranskam. Welche Lobpreisungen zeitgenössische sowjetische Berichte auch immer anstimmen mochten, die alten Zustände wichen so langsam, daß Marxens böses Wort von der «Idiotie des Landlebens» für das sozialistische Dorf nach wie vor in besonderem Maße galt.[9]

Zu diesem unerfreulichen Gesamtergebnis trug der Umstand bei, daß Chruščev auch mit seiner Lieblingsidee scheiterte. Als Bauernsohn verstand er von der Landwirtschaft genug, um den engen Zusammenhang zwischen Feldbau und Viehhaltung zu begreifen. An eine spürbare Hebung des allgemeinen Konsumniveaus war nur zu denken, wenn es ebenfalls gelang, das Aufkommen an Schlachtfleisch merklich zu vergrößern. Der Schlüssel aber für größere Herden lag weniger in der Erweiterung der Weideflächen als in der Verfügbarkeit von Futter. Schon zu den allerersten Reformvorschlägen Chruščevs gehörte daher die Idee, eine ergiebige Futterpflanze in großem Umfang anzubauen: den *Mais*. Die Spezies selbst und ihre Vorzüge waren nicht unbekannt. Wegen klimatischer Hindernisse aber hatte man bis dahin darauf verzichtet, ihre Verbreitung zu beschleunigen. Mangelnder Niederschlag und kurze Vegetationsperioden erzeugten Risiken, vor denen auch Optimisten zurückwichen.

Dagegen setzte Chruščev mit dem ihm eigenen Wagemut, der von Leichtsinn nicht immer zu trennen war, seine ganze Hoffnung auf den Mais. Schon Ende Januar 1955 vermochte er das ZK zum Beschluß einer erheblichen Erweiterung der Anbaufläche zu bewegen. Vom Konzept her gesehen, war diese Entscheidung zwingend. Denn auch hier hing das eine mit dem anderen zusammen: Chruščev ging davon aus, daß die parallel eingeleitete Neulandkampagne in den alten Anbaugebieten Kapazitäten freisetzen würde, die für anderes genutzt werden könnten. Getreide sollte nach Kazachstan und Südsibirien ausgelagert und an seiner Stelle Mais angepflanzt werden. Der Parteichef war sich dabei der natürlichen Gefährdungen bewußt. Er empfahl jedoch, den Mais dort, wo er nicht reifen konnte, vor der Zeit zu ernten und ausschließlich für Futterzwecke zu verwenden. Vieles spricht dafür, daß er dem Mais von Anfang an eine größere Wirksamkeit zutraute, als er unter den gegebenen Umständen entfalten konnte. Insofern bestärkte der bekannte Besuch in den Vereinigten Staaten im Spätsommer 1959 nur eine Überzeugung, die schon zuvor den Charakter einer ‹fixen Idee› angenommen hatte. Dabei mag auch im Spiele gewesen sein, daß der Mais gleichsam zwischen die Fraktionen gefallen und zum Politikum geworden war. Molotov und Malenkov lehnten auch seine großflächige Nutzung als Teil von Chruščevs Gesamtprogramm ab. Sicher hatten ihre Motive wenig mit der Frucht selbst zu tun. Dennoch wiesen sie auf Probleme hin, deren Ernsthaftigkeit sich nur allzu sehr bestätigen sollte.

Die Pflanzung begann schon in den ersten Jahren der neuen Ära. Für die reife Ernte kamen dabei nur die Ukraine, der Nordkaukasus und einige Regionen an der südlichen Wolga in Frage. Als Grünfutter für Silolagerung aber baute man Mais in fast allen Gebieten ohne Rücksicht auf das Klima an. Auf dem Höhepunkt seiner Aussaat (1962) bedeckte er 37 Mio. ha Land zwischen dem Baltikum und Zentralasien. Nur auf 7 Mio. ha davon konnte er reifen; auf weiteren 7 Mio. ließ man ihn bis zur Bildung grüner Kolben gedeihen; auf der restlichen, immer noch riesigen Fläche wurde er grün geschnitten. Nicht genug damit zog Chruščev spätestens nach seinem endgültigen innerparteilichen Sieg auch gegen die Brache zu Felde. Vor allem die Graslandbrache, die der erwähnte Williams (Vil'jams) als Mitstreiter Lysenkos den politischen Entscheidungsträgern effektiv zu Gehör gebracht hatte, verfiel seinem Verdikt. Chruščev wollte jedes Feld ohne Ausfall nutzen und auch Regenerationsflächen verringern. In Hektar gemessen hatte er Erfolg; von Rückschlägen 1957–59 abgesehen dehnte sich der Maisanbau kontinuierlich aus. Nur der Ertrag ließ zu wünschen übrig. Auch während der guten Jahre 1958–62 erreichte die durchschnittliche flächenbezogene Erntemenge nicht einmal die Hälfte des amerikanischen Niveaus. Als es 1963 schließlich zu einem regelrechten Mißwuchs kam, brach sich die angestaute Kritik Bahn. Man warf dem Regierungs- und Parteichef vor, einer Obsession gefolgt zu sein und alle klimatischen Bedenken mißachtet zu haben. Da erprobtes Wintergetreide hatte weichen müssen und die Erträge des Neulandes ebenfalls zurückgingen, summierten sich die Folgen der Fehlentscheidung zu einem offenkundigen und prestigezehrenden Fiasko. Nicht zuletzt dieser Schlag trug zu Chruščevs Fall bei.

Schließlich soll nicht unerwähnt bleiben, daß all diese Reformen *administrative Veränderungen* zum Teil mit sich brachten, zum Teil nahelegten. Dabei darf man die einschlägigen Maßnahmen in der ersten, erfolgreichen

2. Wirtschaftsreformen in Hast

Hälfte der Chruščev-Ära als *Dezentralisierung* kennzeichnen. Bereits im Herbst 1953 wurden die lokalen Instanzen des Landwirtschaftsministeriums aufgelöst; die Aufsicht über die MTS und die Kolchosen lag fortan bei den entsprechenden Parteiorganisationen, die um so mehr Ursache hatten, der Kür des überraschenden Bewerbers um Stalins Nachfolge zuzustimmen. Anfang 1955 folgte die Aufhebung detaillierter Plan- und Terminvorgaben für die Kolchosen. Freilich zeigte sich schnell, daß dem Kernübel mit solchen Korrekturen nicht beizukommen war. Die Fremdbestimmung der Produktionseinheiten wurde dadurch nicht beseitigt, sondern nur durch die nicht minder lähmende Rivalität zwischen den MTS und den Kolchosen ersetzt. Erst die Abschaffung der ersteren löste dieses Problem und bewirkte die wohl einschneidendste Veränderung der Machtverhältnisse auf dem Lande seit der Zwangskollektivierung.

Auch in der Folgezeit veränderte sich das Ziel der Reformen im Kern nicht. Chruščev hielt an der Prämisse fest, daß der administrative Schlüssel zur Steigerung der agrarischen Produktivität in der Befreiung der Produktionseinheiten von obrigkeitlicher Bevormundung zu sehen sei. Nur verloren die entsprechenden Maßnahmen an Überlegtheit und systematischem Gehalt. Zum Teil ergaben sie sich, wie die Abschaffung des Allunions-Ministeriums für Sowchosen im Jahre 1959 und des zentralen Landwirtschaftsministeriums unter Aufteilung der Kompetenzen beider auf die einschlägigen Republiksministerien, aus vorangegangenen Entscheidungen. Zum Teil reagierten sie auf die unerwarteten Ertragseinbrüche der Dekadenwende. Als ‹Vorwärtsverteidigung› dieser Art sind vor allem zwei Maßnahmen von 1962 zu werten. Im Frühjahr vollzogen die Reformer eine Art von schmerzlicher Radikallösung, als sie eine neue «Produktionsverwaltung» einrichteten, deren lokale Organe Vertreter des Staates und der Kolchosen umfaßten und sämtliche Kompetenzen in ihrem Zuständigkeitsbereich vereinten. Zwar unterstanden die neuen Organe entsprechenden Gremien auf der Regionalebene *(oblast')* und einer Zentralbehörde. Letztere wurden jedoch nicht wirklich aktiv, so daß sie den ‹produktionsnahen› Organen die faktische Gewalt überließen. Im Herbst folgte die durchgehende Zweiteilung der Parteiorganisationen in einen industriellen und einen agrarischen Strang. Über deren Wirksamkeit läßt sich keine Aussage machen. Die Reform hatte zu wenig Zeit, um sich entfalten zu können. Dieser Umstand enthielt allerdings schon eine Wertung seitens der Betroffenen: Die Partei fühlte sich in der Substanz bedroht. Die organisatorische Spezialisierung gefährdete ihre Handlungsfähigkeit und schuf weitere Verwirrung. Sie brachte das Faß der Unzufriedenheit zum Überlaufen, da der wahrscheinliche Gewinn endgültig in keinem Verhältnis mehr zum Risiko zu stehen schien.[10]

Bleibt die Frage nach der *Gesamtbilanz*. Sie fällt alles in allem erstaunlich positiv aus. Das Neulandprogramm war, an der absoluten Getreideproduktion gemessen, trotz der absinkenden Ertragskurve ein Erfolg. Selbst der Maisanbau erscheint nicht als pure Katastrophe, wenn man die ungeheure Ausdehnung der Fläche in Betracht zieht. Die Erhöhung der Ankaufpreise brachte die Monetarisierung der Landwirtschaft ein großes Stück voran. Der private Sektor konnte nach der Abschaffung der Zwangsabgaben aufatmen. Das Bemühen um einen Garantielohn setzte die Angleichung an industriellgewerbliche Arbeit mit größerem Nachdruck als zuvor auf die Tagesordnung. Der Viehbestand wuchs. Und fraglos erhöhte sich der Lebensstandard sowohl der Bauern – einer Berechnung zufolge 1953–67 sogar um 311% – als auch der Bevölkerung insgesamt erheblich. Dennoch scheiterte Chruščev nicht zuletzt an und mit seiner Agrarreform. Mehrere Umstände tragen zum Verständnis dieses scheinbar paradoxen Resultats bei. Zum einen versuchte er, das Erbübel mangelnder agrarischer Produktivität eher durch *Extensivierung* als durch Intensivierung zu beheben. Zum anderen fehlte es seinen Maßnahmen an Klarheit und Linie. Vor allem als sich Rückschläge einstellten, suchte er in hektischem Aktionismus Zuflucht. Zu viele und zu schnelle, unbedachte Reorganisationen folgten einander in zu kurzer Zeit und überforderten die Partei. Diese kontraproduktiven Folgen verbanden sich mit geringer relativer Effizienz angesichts anhaltend rascher Industrialisierung und Urbanisierung. Die bloß extensive Produktionssteigerung reichte nicht aus, um die Ansprüche einer wachsenden Zahl von Menschen außerhalb der Landwirtschaft zu befriedigen. Bei alledem weckte Chruščev die Erwartung, er werde das allgemeine Lebensniveau erhöhen. Wenn er sie nicht einlöste, versagte dabei, genau besehen, weniger der Partei- und Regierungschef als das System. Chruščev vermochte die agrarische Produktivität nicht im nötigen Maße zu erhöhen, weil dies innerhalb der gegebenen Ordnung unmöglich war. Die Landwirtschaft blieb die Achillesferse der sozialistischen Ordnung insgesamt; immerhin aber konnte Achilles, wie man das Bild treffend ergänzt hat, auf seiner Ferse noch gehen.[11]

Auch wenn die Landwirtschaft im Vordergrund des Interesses stand, blieb deren unauflösliche Verbindung mit der *Industrie* allen Beteiligten stets vor Augen. Ausgesprochen oder unausgesprochen kreisten alle Überlegungen um die alte Streitfrage: wie die Förderung der Produktionsgüterherstellung und der weitere Ausbau der Kommunikationswege, Elektrizitätsversorgung und sonstigen ‹Infrastruktur› mit einer Hebung des kläglichen Lebensstandards der großen Bevölkerungsmehrheit zu vereinbaren sei. Chruščev war und blieb auch darin überzeugter Leninist und Stalinist, daß er die Notwendigkeit des «sozialistischen Aufbaus», verstanden als Grundlegung einer autarken Schwerindustrie, außerhalb jeder Kritik stellte. Dazu gab nicht zuletzt das neue internationale Gewicht der Sowjetunion Anlaß. Als zweite Atom- und Weltmacht, die sich ein breites Glacis aus Satellitenstaaten bis zum Eisernen Vorhang an der Elbe zugelegt hatte, war sie gezwungen, ein

2. Wirtschaftsreformen in Hast

riesiges Heer und eine ebenso kostspielige Armada auf den Weltmeeren zu unterhalten. Dies erforderte eine entsprechende Lenkung der Ressourcen und band allgemein erhebliche Mittel. Demgegenüber mußte die Konsumgüterindustrie trotz des großen Nachholbedarfs zurückstehen. Malenkov setzte aufs falsche Pferd, als er in der kurzen Zeit seiner Hegemonie die Plandaten zugunsten der alltäglichen Gebrauchsgegenstände ändern ließ. Damit fixierte er nicht nur Ziele in Maß und Zahl, die unerreichbar waren; er brachte auch die mächtige Schwerindustrie und Armee gegen sich auf. So war es kein Wunder, daß die tatsächlichen Produktionsergebnisse von 1955 deutlich hinter den reformulierten Vorgaben zurückblieben. Dennoch darf dieser Plan als ‹einigermaßen erfolgreich› gelten.[12]

Dafür ereilte den nächsten, sechsten (1956–60) ein regelrechtes Desaster. Obwohl gerade er in den zuständigen Behörden gründlich vorbereitet und vom 20. Parteitag im Februar 1956 mit besonders lauten Fanfarenstößen auf den Weg gebracht worden war, kam die Parteispitze schon zum Jahresende zu der Erkenntnis, daß die Vorgaben nicht einzuhalten seien. Das Ungleichgewicht zwischen den verschiedenen Sektoren wurde so groß, daß der Plan aus den Fugen geriet. Bereits im September 1957 widerrief ihn das ZK – beispiellos in Friedenszeiten – förmlich. An seine Stelle trat, gleichfalls ein Novum, ein Siebenjahresplan für die Jahre 1959–65, der zugleich Teil einer noch weitergehenden, bis 1970 reichenden langfristigen Orientierung war. Die Siebenjahresziele waren hochgesteckt. Das Nettosozialprodukt sollte um die Hälfte, die Industrieproduktion um gut 80 % steigen; dabei lag der Akzent abermals auf den Investitionsgütern (+85–88 %); aber auch der Ausstoß von Konsumgütern sollte nachhaltig erhöht werden (+62–65 %). Zu den Gegenständen besonderer Förderung gehörten die Chemieindustrie, die zukunftsweisenden Sektoren des Maschinenbaus (Elektrotechnik, Feinmechanik), die weitere Elektrifizierung sowie die Verbreiterung der Energiebasis (Öl, Erdgas). Damit verband sich die fortgesetzte Verlagerung der Industrie in den Osten, der in den Genuß von über 40 % aller Investitionen kommen sollte. Insofern blieb der Ausbau Kazachstans und Westsibiriens zum dritten Standort der Schwerindustrie, den schon der gescheiterte sechste Fünfjahresplan vorgesehen hatte, erhalten. Es waren die Werbekampagnen für diese neuen Ziele und ihre weitergehenden Perspektiven, in denen sich Chruščev zu den bekannten, oft verspotteten Vergleichen mit den Vereinigten Staaten hinreißen ließ. Bis 1970 sollte das Vaterland des Sozialismus die Vormacht des Kapitalismus nicht nur in der volkswirtschaftlichen Pro-Kopf-Produktion übertreffen, sondern auch an materiellem Wohlstand. Mit der ihm eigenen Vollmundigkeit versprach der Parteichef schon für die greifbare Zukunft Waren im Überfluß als Beweis für die Überlegenheit des Sozialismus – und errichtete abermals Maßstäbe, an denen sowohl er selbst als auch das Regime gemessen wurde. Nicht zuletzt der Leichtsinn solcher Prognosen wurde ihm zum Verhängnis. Dessenungeachtet sollte man die erheblichen Fortschritte nicht übersehen, die auch in der Industrie zu verzeichnen waren. Die meisten Ziele des Siebenjahresplans wurden annähernd erreicht, einige sogar übertroffen. Was an absoluten Resultaten vorzuweisen war, konnte sich sehen lassen. Die Sowjetunion erlebte unter Chruščevs Ägide zwar kein ‹Wirtschaftswunder›, aber eine beachtliche ökonomische Konsolidierung. Sie hatte nur das Pech, daß ihr Ausgangsniveau sehr niedrig war und die Kosten der neuen Weltmachtrolle ihre wirtschaftliche Leistungskraft überforderte.[13]

Sicher hingen schon die Probleme des abgebrochenen sechsten Fünfjahresplans mit *organisatorischen Veränderungen* zusammen. Zu Chruščevs Lektion aus den stalinistischen Erfahrungen gehörte die Einsicht, daß die zentrale Direktion von allem und jedem in einem so riesigen Land wie der UdSSR große Reibungsverluste verursachte. Bessere Überschaubarkeit der Kompetenzen schien ein erfolgversprechendes Mittel dagegen zu sein. In diesem Geist wurde bereits Mitte 1955 der *Gosplan* gespalten: Eine Abteilung sollte für die langfristige («perspektivische») Planung in Zeiträumen von zehn und mehr Jahren zuständig sein, eine andere – nun «Staatliche Wirtschaftskommission» genannt – für die laufenden Angelegenheiten. Allerdings stellte sich schnell heraus, daß diese Maßnahme wenig nutzte. Die Unklarheiten, die sie schuf, machte die Begrenzung der Zuständigkeiten allemal wett. Die Reform blieb halbherzig und verlangte nach Erweiterung.

Die Gelegenheit kam, als der sechste Fünfjahresplan ins Stocken geriet. Von seiten der Wirtschaftskommission wurde zur Abhilfe vorgeschlagen, ihr Anweisungskompetenz für alle ökonomischen Ressorts zu erteilen. Im Gegenzug schlug Chruščev vor, die Industrieministerien ganz abzuschaffen und an ihrer Stelle ein Netz regionaler Volkswirtschaftsräte zu knüpfen. Die Stoßrichtung dieser Initiative vom Februar 1957 war offensichtlich: Die bürokratische Stütze der Gestrigen sollte geschwächt und ein neuer ‹Ultrazentralismus› vermieden werden. Ein weiteres Mal verband Chruščev taktische Schachzüge des innerparteilichen Machtkampfs geschickt mit einem Reformkonzept, das auf breite Sympathien in den unteren Rängen der Partei rechnen konnte. In gewisser Weise spielte er die Parteiprovinz abermals gegen das Zentrum aus – denn die Funktionäre vor Ort begriffen, daß damit eine Kompetenzverlagerung zu ihren Gunsten von erheblichem, über die Wirtschaft hinausgehendem Ausmaß begründet wurde. Auch die Namensgebung war kaum zufällig. «Volkswirtschaftsräte» hatte es in den frühen Jahren des bolschewistischen Regimes gegeben. Ungeachtet der Praxis standen sie der Idee nach für dezentrale Mitbestimmung und demokratische Entscheidungsprozeduren in der Industrie. Diese Suggestion mag dazu beigetragen haben, daß sich Chruščev abermals durchsetzte. Laut Beschluß des ZK vom Februar und des Obersten Sowjets vom Mai 1957 wurden 140 regionale Volkswirtschaftsräte mit Leitungskompetenz für alle Betriebe gebildet, die mehr als lokale Bedeutung besaßen. Die große Mehrheit davon

2. Wirtschaftsreformen in Hast

(105) entfiel auf die RSFSR; die Ukraine erhielt elf, Kazachstan neun und Uzbekistan vier; in den übrigen elf Republiken glaubte man mit je einem auskommen zu können. Alle neuen Gremien wurden von den Ministerräten der jeweiligen Republiken eingesetzt. Der *Gosplan* blieb für die längerfristige Allgemeinplanung zuständig; die Staatliche Wirtschaftskommission wurde abgeschafft.[14]

Allerdings war die Therapie schlimmer als die Krankheit. Was Kritiker (auch inländische) von Anfang an befürchtet hatten, trat schon bei den ersten Maßnahmen der Volkswirtschaftsräte zutage: daß sie im wesentlichen die Bedürfnisse ihrer Region im Auge hatten, aber den Interessen des Ganzen wenig Beachtung schenkten. Dem Gesamtstaat fehlte nun eine durchsetzungsfähige Agentur. Statt die Zentrale zu schwächen, hatte man sie in der Industrie ganz abgeschafft. Schon im Sommer 1958 wurde es notwendig, das neue *mestničestvo* (von *mesto* = Ort) mit Strafen zu bedrohen. Zugleich blieben die Kompetenzen unklar. Die Unternehmen erhielten von verschiedenen Institutionen verschiedener Ebenen Anweisungen, so daß sie im Endeffekt selbst entschieden. Weil niemand mehr zentral zuteilte, mußten sie sich Rohstoffe, Kapital und Arbeitskräfte durch Kooperation über die regionalen Grenzen hinweg selbst beschaffen und den Absatz ebenfalls ‹im Konzert› regeln. Bei alledem bestanden die Systemdefekte fort. Die Unternehmen produzierten weiterhin nach plankonformen Quantitäten, nicht mit Blick auf Qualität und Faktoreffizienz. Regionalisierung war nicht zu verwechseln mit Marktorientierung.

Als die Folgen sichtbar wurden und die industriellen Wachstumsraten zurückgingen, erkannte auch Chruščev die Notwendigkeit von Gegenmaßnahmen. Eine *Rezentralisierung* begann, die in kurzer Zeit die Fehler von Jahren rückgängig zu machen suchte. Für die wichtigsten Industriezweige wurden «Staatskomitees» eingerichtet (1962), die wenig anderes waren, als die seinerzeit liquidierten Ministerien, aber ohne deren Anweisungsbefugnis. Volkswirtschaftsräte wurden miteinander verschmolzen, um größeren Räumen eine einheitliche Leitung zu geben und dem Parochialismus weiteres Wasser abzugraben; ihre Zahl schrumpfte bis Anfang 1963 auf bloße 47. Auf höchster Ebene, wo Änderungen sicher am Platze waren, wurde der *Gosplan* abermals gespalten: Der 1960 begründete «Staatswirtschaftsrat» sollte sich mit der langfristigen Planung befassen, während es fortan dem Allunions-Wirtschaftsrat oblag, für deren Verwirklichung zu sorgen. Als man im gleichen Jahr, wie erwähnt, auch noch die Parteiorganisation durchgängig in einen industriellen und einen agrarischen Zweig teilte, wußte niemand mehr, wer welche Zuständigkeiten besaß. Hektisch wie die Gegenreformen waren, verfehlten auch sie ihren Zweck.

Dessenungeachtet gilt ähnlich wie für die Landwirtschaft und das gesamte politische System, daß die Ära Chruščev auf einem Niveau zu Ende ging, das entschieden höher war als bei ihrem Beginn. Auch in der Industrie gaben weniger die Leistungen Anlaß zu heftiger Kritik als die gutgemeinten, aber dysfunktionalen und unzureichend durchdachten organisatorischen Reformen einschließlich des Mißverhältnisses zwischen tatsächlichen Errungenschaften und propagandistischen Verheißungen. Hinzu kam die Bürde der neuen Weltmachtrolle. Die Sowjetunion bewegte sich auf dünnem Eis. Sie benötigte die gesamte Kraft, die ihr System zuließ. Riskante Experimente konnte sie sich ökonomisch (nicht unbedingt politisch) noch weniger leisten als die Staaten, mit denen sie konkurrierte.[15]

3. Kultur: unstetes «Tauwetter»

Die tatsächliche Entstalinisierung war vor allem eine Erscheinung des geistig-kulturellen Lebens. Auch wenn sie die politische, soziale und wirtschaftliche Sphäre nicht aussparte, richteten sich Reform und Wandel in allen Bereichen primär auf die Motivation und Mentalität. Neuer Geist sollte das überkommene Gehäuse, das bei allen Veränderungen in der Grundstruktur erhalten blieb, mit Leben erfüllen. Die sozialistische Ordnung galt selbst in ihrer stalinistischen Gestalt nicht nur als heilbar, sondern im Grundsatz als historisch notwendig und alternativlos. Was sie gelähmt hatte, war der lange Schatten der Tyrannei. Dieses Verständnis erscheint als *petitio principii* Chruščevs und sein fataler Irrtum zugleich: daß das System funktionieren werde und der Konkurrenz überlegen sei, wenn der richtige Geist es beseele. Dazu gehörten Eigeninitiative und ein gewisses Maß an Freiheit, aber beide gezügelt vom Glauben an die Sache des Sozialismus und seine prinzipielle Verkörperung in der gegebenen Ordnung. Eine solche einschränkende Zweckorientierung verlieh auch den kulturellen Reformen von vornherein eine erhebliche Ambivalenz: Einerseits schien ein größeres Maß an Meinungsfreiheit in Kunst, Wissenschaft und allgemeiner öffentlicher Diskussion unabdingbar; andererseits sollten ihre Grenzen sichtbar bleiben und ihre Kontrollinstitutionen, von der Zensur bis zu den gelenkten Berufsverbänden, fortbestehen. Nicht zuletzt aus dieser widersprüchlichen Zielsetzung dürfte die Wellenbewegung der Chruščevschen Kulturpolitik zu erklären sein. Zwar brach das «Tauwetter» aus, dem Ehrenburgs gleichnamige Erzählung einen suggestiven Namen gab; aber der Frühling blieb launisch. Auch im kulturellen Leben wurden mehr Hoffnungen erweckt als erfüllt. So gesehen, bereitete die Chruščev-Ära der Dissidentenbewegung nicht nur dadurch den Boden, daß sie den Intellektuellen eine Kostprobe von Meinungsfreiheit gewährte, sondern auch durch deren grundsätzliche Begrenzung.

Bildung und schulische Erziehung mußten in den fünfziger Jahren vor allem *einem* Imperativ genügen: den wachsenden Qualifikationsanforderungen, die sich aus der ökonomischen und allgemein sozial-politischen Modernisierung ergaben. Bei aller Rückständigkeit erhöhte sich sowohl das naturwissenschaftlich-technische Kenntnisniveau, das man von den Ingenieuren erwartete, als auch das administrativ-organisatorische, das für Leitungsfunktionen in der Staatsverwaltung und in gesellschaftlichen Organisationen für nötig gehalten wurde. Den Schöpfern der Kontrolldaten im *Gosplan* war dies bewußt. Deshalb gehörte es schon zu den Zielen der fünften Planperiode, die obligatorische Schulzeit zu verlängern und das Bildungsangebot zu erweitern. Laut Beschluß des 19., noch unter Stalin durchgeführten Parteitags sollte die siebenjährige Schule in den größeren Städten schon bis 1955 durch eine zehnjährige ersetzt werden. Zugleich sprach sich die Konferenz für die Verbesserung sowohl der allgemeinen als auch der berufsbezogenen Bildung aus. Insofern gingen die prägenden Entwicklungen im öffentlichen Erziehungswesen unter Chruščev in ihrem wesentlichen Gehalt nicht auf persönliche Vorlieben des neuen starken Mannes zurück, sondern stammten noch aus der Zeit, von der man sich nun distanzierte. Andererseits war zwischen ‹Quantität› und ‹Qualität› auch in dieser Hinsicht nicht genau zu unterscheiden. Chruščev setzte sich so nachdrücklich für den praktischen, «polytechnischen» Unterricht bei gleichzeitiger Verlängerung der Schulzeit ein, daß sie zu einem weiteren Signum *seiner* Ära wurde. Auch damit knüpfte er gezielt an die sowjetische Frühzeit an. Allerdings drängt sich der Eindruck auf, als hätten sich Art und Absicht der Ideen gewandelt: Was ursprünglich die Erziehung des «neuen Menschen» befördern sollte und als Überwindung einseitigen geistigen Trainings gedacht war, verengte sich auf den *funktionalen* Aspekt der Hilfestellung für die Industrialisierung und sozial-administrative Modernisierung.[1]

In dieser Gestalt begann die Renaissance der polytechnischen Ausbildung bald nach Stalins Tod. Erste Änderungen der Stundenpläne wurden 1954 vorgenommen. Ein Jahr später führte das Curriculum in den oberen Klassen zwei Wochenstunden für handwerklich-praktische Unterweisung ein. Insgesamt stieg deren Anteil am gesamten Stundenvolumen in diesem Jahr auf 15 % im Vergleich zu 8 % 1947. Bei weitgehend gleichbleibender Unterrichtszeit verringerten diese Neuerungen das Gewicht anderer Fächer. Vor allem die russische Sprache und Literatur, aber auch die Mathematik mußten Opfer bringen. Besonders schwierig gestaltete sich das praktische Lernen, da es an geeigneten Räumen, Geräten und Materialien fehlte. Mit beiden Umständen mochte zusammenhängen, daß die Lehrplanreform eine Sache, ihre Umsetzung eine andere war. Noch im Juni 1958 legten etwa drei Viertel aller sowjetischen Schulen ältere, nicht manuell-technisch orientierte und primär als Vorbereitung auf die Hochschulen gedachte Curricula zugrunde. Trotz regionaler Unterschiede hatte die Annäherung an die Bedürfnisse des Arbeitslebens noch keine entscheidenden Fortschritte gemacht.[2]

Insofern hatte Chruščev alle Ursache, sein Anliegen weiterhin engagiert zu verfolgen. Was er zur Begründung anführte, blieb dabei im wesentlichen unverändert. Für alle hörbar und ausführlich formulierte er seine Überlegungen erstmals vor dem 20. Parteitag im Februar 1956. Der Unterricht, so konstatierte er als ‹bekannten Mangel›, bereite «nur ungenügend auf eine praktische Tätigkeit» vor. Die «Verbindung der Schule mit dem Leben» – dies eine bezeichnende und programmatische Redewendung – müsse ‹gefestigt› werden. Dazu sei es unabdingbar, «nicht nur neue Unterrichtsfächer einzuführen, in denen Grundkenntnisse auf den Gebieten der Technik und der Produktion vermittelt werden, sondern auch die Schüler systematisch zur Arbeit in Betrieben, Kolchosen und Sowchosen, auf Versuchsfeldern und in Schulwerkstätten heranzuziehen». Derselbe Defekt schwäche die Hochschulen, die weit «hinter dem heutigen Stand der Technik» zurückstünden und nicht in der Lage seien, dem «Aufbau des Sozialismus» zu dienen. Allerdings mußte Chruščev erst die letzten Gefechte mit den Altstalinisten bestehen, bevor er seine Ideen ungeschmälert durchsetzen konnte. Am 21. September 1958 nahm das ZK ein Memorandum an, das die Parteitagsrede in Titel und Inhalt aufgriff und das entscheidende Gesetz vom 24. Dezember desselben Jahres vorbereitete. Dabei waren schärfere Töne gegen die alten Zustände kaum zu überhören. Es ging nicht mehr ‹nur› um die Harmonisierung von Erziehung und Leben, sondern auch um den Kampf gegen eine «herrschaftlich-verächtliche, falsche Einstellung zur körperlichen Arbeit» im Dienste der Aufwertung dessen, was nun «nützliche Arbeit» für die «kommunistische Gesellschaft» hieß. Das Feindbild gewann an Kontur: Die ‹akademische›, vermeintlich zum Monopolbesitz einer neuen, produktionsfernen Elite erstarrte Bildung stand am Pranger. Wer aus diesen Äußerungen sogar klassenkämpferische Töne heraushörte, lag nicht falsch. Die Aversion des frühsowjetischen Aufsteigers gegen bloß ‹theoretisches› Wissen war mit Händen zu greifen.[3]

Vielleicht blieb die konkrete Umsetzung auch deshalb etwas hinter den vorbereitenden Denkschriften zurück. In der Praxis zwang man nicht *alle* Kinder, sich praktisch-technische Fertigkeiten anzueignen; ‹polytechnische› Erziehung wurde nur *ein* Weg neben anderen. Dennoch veränderte die Reform das überkommene Schulsystem nachhaltig. Die obligatorische Schulzeit wurde von sieben auf acht Jahre verlängert. Vierklassige ‹Zwergschulen› sollten nur noch in kleinen Siedlungen geduldet werden. Mit Bedacht gab man der neuen Regelschule aber einen Namen, der ihren fragmentarischen Charakter zum Ausdruck brachte. Die «unvollständige allgemeinbildende polytechnische Arbeits-Mittelschule» sollte zwar «feste Grundlagen» auf allen «theoretischen und praktischen Wissensgebieten» vermitteln (Art. 2,3). Aber der «vollständige» Abschluß wurde, beginnend mit dem 15. bis 16. Lebensjahr, erst durch eine dreijährige Zusatzausbildung «auf der Grundlage der Verbindung des Unterrichts mit der produktiven Arbeit» erreicht. Für diese Ergänzung durch «nützliche» Tätigkeit wurden drei Typen vorgegeben: Schulen der Arbeiter- und Landjugend für solche Absolventen der achtjährigen Regelschule, die im Berufsleben standen und blieben; allgemeinbildende polytechnische Arbeits-Mittelschulen mit Produktionsunterricht für Tätigkeiten in Wirtschaft und Kultur; und «Technika» und andere mittlere Fachschulen für die Ingenieurslaufbahn (Art. 3,4). Darüber hinaus sah das Gesetz den Ausbau der Internate sowie die Verbesserung auch der beruflich-technischen, der mittleren Fach- und der Hochschulbildung vor. Die Aufnahme in Universitäten und gleichrangige Institutionen setzte dabei den Erwerb der «vollständigen mittleren Bildung» im neuen Verständnis voraus. Dem entsprach die Vorschrift, auch das ‹akademische› Studium enger «mit gesellschaftlich nützlicher Arbeit» zu verzahnen. «Partei- Gewerkschafts-, Komsomol- und andere gesellschaftliche Organisationen», die bei der Zulassung zu beteiligen waren, hatten nicht zuletzt auf die Erfüllung dieser Voraussetzungen zu achten (Art. 28). Für die Wissenschaft im Sinne zweckfreier Suche nach Erkenntnis blieb wenig Platz. Auch darin lag eine deutliche Abkehr von der Stalinschen ‹Buchschule›, in der ‹abstrakte› Wissensvermittlung und ‹Pauken› nach vorrevolutionärer Art wieder zu Ehren gekommen waren.[4]

Die Reformabsicht wäre indes nur unvollständig benannt, wenn man die Wiederbelebung der polytechnischen Erziehung nicht als Teil eines allgemeineren Anliegens betrachtete. Der populistische Partei- und Regierungschef suchte letztlich einen anderen Typus von Träger der sozialistischen Gesellschaft zu schaffen. Nicht zuletzt darin war er seiner Herkunft und frühsowjetischen Idealen verpflichtet, daß er ‹dem Volk› zu größeren Aufstiegschancen verhelfen wollte. Die Aufwertung manueller Fertigkeiten sollte den Ansturm auf die Hochschulen verringern und deren Funktion als unumgängliche Schleuse zu allen höheren Positionen in Wirtschaft, Staat und Gesellschaft einschränken. Zugleich bemühte sich Chruščev um die Erleichterung des Zugangs zu den *VUZy* für Arbeiter und Bauern. Ein entsprechendes Gesetz vom 18. September 1958 war Programm und erinnerte nicht unabsichtlich an die Arbeiter- und Bauernfakultäten der zwanziger Jahre. Hinzu kam die gezielte Förderung des Abend- und Fernstudiums, verbunden mit großzügigeren Regelungen bei Arbeitsfreistellungen zu Fortbildungszwecken. In der Summe liefen diese Maßnahmen in einer Tendenz zusammen: analog zur ‹Demokratisierung› der Parteimitgliederschaft auch die Bildungselite wieder für die Unterschicht zu öffnen und ihrer Neigung zur Selbstrekrutierung entgegenzuwirken.[5]

Zum Abschied von der unmittelbaren Vergangenheit paßte schließlich auch die Veränderung der Schul*organisation*. Neben den Direktor «aus der Mitte der besten Lehrer» trat ein «pädagogischer Rat», dem außer Partei- und Gewerkschaftsmitgliedern auch Vertreter der Eltern angehörten. Letztere waren in besonderem Maße zu konsultieren. Zu diesem Zweck sah das Gesetz neben dem Rat noch ein eigenes «Elternkomitee» vor. Auch die

Schüler, unter Stalin allein zu Gehorsam verpflichtet, durften wieder einen Ausschuß bilden und Wünsche vorbringen. Die «Einmannleitung» blieb zwar erhalten; aber sie fand im «Kollegialitätsprinzip», wie ausdrücklich formuliert wurde, eine Ergänzung. Insofern ging Chruščev in organisatorischer Hinsicht vorsichtiger vor: Er führte die Extreme der jüngeren und älteren Vergangenheit zu einem Kompromiß zusammen.[6]

Freilich erlitt die Schulreform ein ähnliches Schicksal wie die meisten anderen Neuerungen Chruščevs. Theoretisch mochte sie viel für sich haben, praktisch warf sie Schwierigkeiten auf, an denen sie schließlich scheiterte. Nach einer weitgehenden Revision der Curricula im August 1959 als eigentliche Umsetzung des Dezembergesetzes ließen schon Ausführungsbestimmungen vom Mai 1961 eine vorsichtige Distanzierung erkennen. Die polytechnische Unterweisung wurde auf zwei Disziplinen beschränkt. Faktisch lief dies oft auf das Ende der Wahlmöglichkeit und den Widerruf eines Hauptzwecks hinaus: der Vorbereitung auf das (berufliche) «Leben». Dem entsprach, daß bis 1962 etwa zwei Drittel aller Schulen elfjährige Lehrpläne eingeführt hatten, deren Umsetzung aber häufig über erste Anfänge nicht hinauskam. Um dieselbe Zeit wuchs die Kritik am neuen Konzept. Sie richtete sich zum einen gegen die Verlängerung der Schulzeit um ein Jahr und die Rückstufung der traditionellen Fächer. Zwei Übel wurden zugleich am Werk gesehen: die Verschwendung kostbarer Zeit und ein Niveauverlust im allgemeinen, theoretischen Wissen. Zum anderen machten empirische Studien deutlich, daß der manuelle Unterricht in der Regel nutzlos war, weil kaum ein Schüler den Beruf ergriff, dessen Anfangsgründe er erlernt hatte. So wurde noch unter Chruščevs formeller Regentschaft Anfang Oktober 1964 verfügt, daß die praktische Ausbildung von 1966 an auf zwei und die gesamte Schulzeit wieder auf zehn Jahre verringert werden sollte. Nach seinem Sturz konnte der Unmut ungebremst zutagetreten. Die Koordination von allgemeiner Wissensvermittlung und beruflicher Ausbildung sei, so stellte der Präsident der Pädagogischen Akademie der Wissenschaften fest, mißlungen. Als ein Gesetz vom Februar 1966 den polytechnischen Unterricht unter den Vorbehalt geeigneter Bedingungen stellte, war das Experiment faktisch beendet. Diese Wende konnte sich um so ungehinderter vollziehen, als auch der abermalige Versuch, Arbeiter und Bauern an die Hochschulen zu bringen, seine Wirkung verfehlte. Der Anteil von Angestelltenkindern ging zwar von 46,1 % 1960 auf 41,1 % 1964 zurück; dementsprechend stiegen die Prozentsätze für «Arbeiter» von 34,6 % 1960 auf 39,4 % 1964 und für «Kolchosbauern» von 19,3 % 1960 auf 19,5 % 1964. Die Veränderungen berührten aber die Vorherrschaft der Manager, Funktionäre und Wissenschaftler in keiner Weise. Auch im letzten Jahr der Chruščevschen ‹Regentschaft› hatten diese Gruppen eine etwa zweieinhalb Mal größere Chance als die Unterschichten, mit einem Hochschulabschluß in oberste Positionen vorzudringen.[7]

Natürlich stellt sich die Frage, ob die geäußerten Einwände nicht noch weitere verbargen. Anlaß zu breiter Opposition gab es genug. Chruščevs Rückgriff auf die zwanziger Jahre ignorierte die Existenz einer einflußreichen, anders geprägten stalinistischen Generation. Ihre arrivierten Vertreter bildeten eine neue Elite, deren einziges, an ihre Kinder weitergebbares ‹Kapital› im Zugang zur höchsten Qualifikation bestand. Die Trennung zwischen manueller und geistiger Arbeit hatte den Charakter einer deutlichen, in manchen Fällen der einzigen sozialen Grenzlinie angenommen. Hinzu kam, daß die Abneigung gegen unstandesgemäße polytechnische Verirrungen willkommene Argumentationshilfe in akademischer Kritik an wachsenden Wissensdefiziten fand. Beide Einwände drängten zu ein und demselben Ziel: die vollständige ‹Mittelschule› wieder primär zur Vorbereitungsstufe für die Hochschulen zu machen. Soziale Distinktion und herausragende wissenschaftliche Qualifikation erwiesen sich als dominante Interessen, nicht die Produktion paßgerechter, aber mittelmäßiger Funktionäre für Wirtschaft, Kultur und Politik. Dabei mag offen bleiben, welche Beweggründe letztlich den Ausschlag gaben. Sicher entfaltete die Tendenz der *nomenklatura* zur Exklusivität eine erhebliche Durchsetzungskraft. Zugleich bedarf die Hypothese einer gründlichen Prüfung, daß Chruščev im Zeitalter der militärischen und ökonomischen Systemkonkurrenz auch die Anforderungen an die ingenieurwissenschaftliche Qualifikation in den Schlüsseltechnologien unterschätzte.[8]

Angesichts ihrer – zumindest prinzipiellen – Unterwerfung unter das Regime wurde auch die *Wissenschaft* vom politischen Wandel erfaßt. Gerade sie atmete auf, als Stalin das Land aus dem Griff ließ und sein Henker in den Nachfolgekämpfen unterging. Ein neuer Geist belebte die Forscherneugier und die Institutionen, die sie beherbergten. Es ist nicht übertrieben, wenn man in der disziplinären Geisteselite des Landes nicht nur ein «Tauwetter» entdeckt, sondern geradezu ein mächtiges Aufblühen unterdrückter Triebe. Vieles spricht sogar dafür, die späten fünfziger Jahre als Hoch-Zeit der sowjetischen Wissenschaft zu bezeichnen. Nie zuvor und nie danach konnte die UdSSR vergleichbare Errungenschaften vorweisen, die ihr auf der ganzen Welt zu Respekt, Glanz und Prestige verhalfen. Daß der Atombombe – nicht zuletzt dank der Genialität von A. D. Sacharov – in so kurzer Zeit die Wasserstoffbombe (1953) folgte und sich die erste Raumsonde von Kazachstan aus über die Erdatmosphäre (1957) erhob, beeindruckte die westliche Öffentlichkeit zutiefst und erschütterte den selbstgewissen Glauben an die uneinholbare Überlegenheit der demokratisch-kapitalistischen Ordnung. Die Rarität, daß ein russisches Wort wie *sputnik* (= Begleiter) zum Synonym einer neuen Erfindung wurde, verwies auf einen ebenso bezeichnenden wie bemerkenswerten Tatbestand. Zugleich zeigte sie aber auch die Grenzen der neuen Leistungskraft: Zum einen erreichte die sowjetische Wissenschaft Weltniveau nur dort, wo sie vom Staat in der Hoffnung auf militärischen und politischen Nutzen im Zeichen der Ost-West-Konfrontation und Systemkonkurrenz massiv unterstützt wurde. Zum anderen liegt auf der Hand, daß die Erfolge nicht vom Himmel fielen, sondern in erheblichem Maße auf stalinistischem Fundament ruhten. Diese Merkmale prägten die Wissenschaft unter Chruščev über den prestigeträchtigen militärtechnologischen Sektor hinaus: Forschung blieb eng mit Partei und Staat verbunden, kam aber in den Genuß größerer Bewegungsfreiheit. Weltweit akzeptierte Befunde, Theorien und Strategien konnten zur Kenntnis genommen und weiterverfolgt werden; zugleich dauerten ideologische Vorgaben und Aufträge, in ihrem Gewicht durch die neue Weltgeltung der Sowjetunion erheblich verstärkt, fort. Dabei genossen die Naturwissenschaften deutlich mehr Unterstützung als die Kultur- und Geisteswissenschaften. Immer noch galten erstere als unentbehrliche Gehilfen des wirtschaftlichen Fortschritts und als Garanten der militärischen Selbstbehauptungsfähigkeit, während letztere ‹nur› die Legitimation des Regimes zu befördern hatten. In der Summe blieb allerdings die Lage der Naturwissenschaften ebenfalls unsicher. Nicht nur galt die neue Freiheit auf Abruf. Darüber hinaus erwiesen sich auch die meisten organisatorischen Reformen als unwirksam oder kurzlebig. Sie erzeugten sektoral eine Scheinblüte, die ebenso schnell verlosch, wie sie entstanden war.[9]

In den *Naturwissenschaften* wurden neue Töne schon ein halbes Jahr nach Stalins Tod laut. Sie galten vor allem jener Disziplin, die ideologischer Oktroi auf einen besonders abseitigen Weg geführt hatte. Lysenkos ‹agrobiologischer› Trivialbehaviorismus war auch nach seinem politischen Sieg von ernsthaften Wissenschaftlern abgelehnt worden. Aber erst das Ende der terroristischen Diktatur gab den Kritikern die Möglichkeit, sich ohne Lebensgefahr öffentlich zu äußern. Dabei traten Gelehrte benachbarter Disziplinen, vom Chemiker N. N. Semenov bis zum Physiker Tamm, in die vorderste Reihe, da der Angegriffene seine Gegner im eigenen Haus erfolgreich ausgemerzt hatte. Es gelang ihnen recht schnell, Lysenkos Lehre vom Sockel zu stoßen. Molekularbiologie, Biophysik und -chemie sowie die moderne Genetik wurden nicht nur studiert, sondern auch institutionell verankert. N. I. Vavilov, der ein so tragisches Ende in den Kerkern des NKVD gefunden hatte, kam endlich zu Ehren. Allerdings konnte die Erblast der Vergangenheit nicht ganz aus dem Weg geräumt werden. Lysenko lud Chruščev 1954 auf seine Versuchsfarm ein und gewann dessen Vertrauen. Hochstaplerischer Zuchtexperte der eine, ehrgeiziger Agrarreformer der andere, hatten beide ein Interesse daran, die baldige Verfügbarkeit umweltresistenter Pflanzen zu behaupten. Chruščev ließ sich nasführen und verlängerte Lysenkos Wirken bis zu seinem eigenen Sturz. Auch wenn diese Fortsetzung eines offenkundigen Holzwegs singulär war, warf sie ein bezeichnendes Licht auf das Verhältnis zwischen Politik und Wissenschaft. Sie hilft verstehen, warum sich der neue Geist im intellektuellen Leben der Fachdisziplinen, bei Licht besehen, doch nur auf zwei Äußerungsformen beschränkte: die Rehabilitierung bereits bekannter, aber verbotener Hypothesen und die Rezeption der westlichen, gerade in den Nachkriegsjahren überaus innovativen Forschung. Man konnte zur Kenntnis nehmen und erproben – aber in den ideologischen und finanziellen Grenzen, die Partei und Staat nach wie vor setzten.[10]

Weniger spektakulär, aber nicht unbedingt wirkungsloser vollzog sich die Öffnung in anderen Zweigen der Naturwissenschaft. Chemiker konnten es endlich wagen, die international längst anerkannte Resonanztheorie offensiv zu vertreten. In der theoretischen Physik setzten sich die Quantenmechanik und andere Theorien über die Struktur der kleinsten Bausteine der Materie als Grundlage eines neuen Weltbildes durch. Der Vorwurf des Idealismus wurde schon im ersten Jahr der Diadochenkämpfe aus dem Verkehr gezogen. Nach dem 20. Parteitag wagten sich die Kritiker weiter vor. Sie wiesen nicht nur angeblich materialistische Vorwürfe gegen den Einsteinschen ‹Relativismus› zurück, sondern verbaten sich darüber hinaus weitere Empfehlungen von philosophischer Seite. Eine hochrangige Konferenz der Akademie der Wissenschaften erhob 1958 vor allem die Forderung, daß die wissenschaftliche Theoriebildung nur den Ergebnissen ihrer Experimente und eigenen Überlegungen folgen dürfe. Ideologisch-politische Auflagen, in welcher Verkleidung auch immer, würden nur in neue Sackgassen von der Art der Lysenkoschen Lehre führen. Die Gedanken Plancks, Einsteins, Heisenbergs, Bohrs, Borns, de Broglies und anderer wurden in diesem Geiste erstmals breiter diskutiert. Herausragende Forscher griffen produktiv in einschlägige Debatten ein. Sinnbild dieser neuen Haltung war die Veröffentlichung einer vierbändigen Ausgabe der Einsteinschen Werke (1966–67). Darüber hinaus wurden auch völlig neue Gedanken und Verfahren aufgegriffen. So bemühten sich Mathematiker um das Verständnis der neuartigen Disziplin der Kybernetik. Früh erkannten sie deren enormes Potential für die Automatisierung und die Steuerung gleichartiger Abläufe verschiedenster Art. Desgleichen leisteten sowjetische Wissenschaftler wesentliche Beiträge zur Erforschung thermonuklearer Prozesse und der weiteren Geheimnisse der Materie in ihren kleinsten Elementen. In beiden Bereichen zeigten sich allerdings auch die Grenzen des Aufschwungs: Er war nicht von Dauer und hatte keine nennenswerten, längerfristigen Auswirkungen auf die sowjetische Wirtschaft und Technik.[11]

Die Vermutung liegt nahe, daß diese Beschränkung mit einem anderen, auffallenden Umstand zusammenhing. Naturwissenschaft und Technik blieben in der Sowjetunion gleichsam zweigeteilt. Der Staat förderte Nützliches, technisch-militärische Errungenschaften ebenso wie primär prestigeträchtige. Solche Prioritäten waren sicher nicht spezifisch sozialistisch. In allen Ländern, nicht zuletzt den Vereinigten Staaten, galt die politische Unterstützung in erster Linie verwertbaren Vorhaben. Im sowjetischen Fall zog die Knappheit der finanziellen und technischen Ressourcen aber eine besonders große Diskrepanz zwischen theoretischen und praktischen Disziplinen nach sich. Atomindustrie und Raumfahrt kamen in den Genuß privilegierter Zuweisungen einer zentralen Kommandowirtschaft. Andere Bereiche mußten mit dem vorlieb nehmen, was übrig blieb. Um Gerätschaften war es traditionell schlecht bestellt. Praktische Fächer, die nicht unmittelbar Gewinn (auch immaterieller Art) abzuwerfen versprachen, wie die experimentelle Physik oder die Chemie, konnten mit der internationalen Entwicklung am wenigsten Schritt halten. Auch darin lag ein wichtiges Stück Kontinuität: So wie Chruščev manche wissenschaftlich-technischen Erfolge einheimsen konnte, deren Grundlagen Stalin gelegt hatte; so wie die Entfaltung der Forschung auf dem Fundament eines Bildungswesens ruhte, das ebenfalls in der Stalinära entstanden war – so setzte sich die starke Förderung ‹nützlicher› Schlüsselbereiche samt des Entwicklungsgefälles zwischen den Disziplinen fort, das dadurch entstand. Wie für Chruščevs Politik galt für die Wissenschaft, daß sich alte Zustände mit neuen, ererbte Praktiken der umfassenden Parteidiktatur mit neuer Bewegungsfreiheit verbanden.

Im Zeichen gefeierter Erfolge und wachsender wirtschaftlich-technischer Bedeutung konnte es kaum ausbleiben, daß die Wissenschaft auch an Selbstbewußtsein gewann. Zum Artikulationsforum avancierte dabei die Akademie als Dachorganisation der bedeutendsten Forschungszentren und Vereinigung der führenden Gelehrten. So kann es kaum als Zufall gelten, daß der Atomphysiker Kapica 1965 eine Mitgliederversammlung nutzte, um vor einer allzu engen Bindung der Wissenschaft an staatliche Interessen zu warnen. Es liegt nahe, solche Äußerungen mit der Kritik an Chruščevs polytechnischer Bildungskonzeption in Verbindung zu bringen. Der international angesehene Wissenschaftler – ein unabhängiger, oppositionsgeneigter Mann, der (anders als Sacharov) seine Mitarbeit im hochgeheimen Projekt zum Bau der Atombombe verweigert hatte, weil es unter Berijas Oberaufsicht stehen sollte – mahnte genau besehen dasselbe ureigene Anliegen aller ernsthaften Forschung an: eine solide Fachausbildung und die Möglichkeit zu deren Entfaltung nach autonomen Präferenzen. Im übrigen wirft es ein bezeichnendes Licht auf den Spielraum selbst öffentlicher Äußerung, über den couragierte Amtsträger verfügen konnten, wenn Kapica seine Bemerkungen mit moralisch-ethischen Beiklängen versah. Er sprach auch als Wissenschaftler, der sich angesichts entgleitender Kontrolle über die Verwertung einmal gewonnener Erkenntnisse um die Verantwortbarkeit seines Tuns sorgte.[12]

Es ist angemessen, solche selbstbewußten Töne vor dem Hintergrund des weiteren, stark beschleunigten institutionellen Wachstums der Akademie zu sehen. Angeregt vor allem durch die Öffnung zum Westen wurden zahlreiche Forschungseinrichtungen neu geschaffen. Neben der Kernphysik mit ihren großen Synchrotronen erhielten so aktuelle Arbeitsfelder wie die Molekular-

3. Kultur

biologie, Biochemie, Kybernetik, Quantenchemie und Wirtschaftsmathematik eigene Heimstätten. Sie erforderten nicht nur wachsende Finanzmittel, sondern gaben auch immer mehr hochqualifizierten Spezialisten Arbeit und Brot. So stieg die Zahl der «wissenschaftlichen Mitarbeiter» der Akademie (sonstiges Personal und Familienangehörige also nicht eingerechnet) von 4200 im Vorkriegsjahr 1940 auf 35 000 1970. Auf ihre Weise vollzog auch die Sowjetunion nach Stalins Tod eine tiefgreifende wissenschaftlich-technische Umwälzung. Nichts machte diesen Elan sinnfälliger als die umfangreichste Erweiterung in Gestalt einer völlig neuen ‹Wissenschaftsstadt› in Westsibirien. Nahe Novosibirsk entstand seit 1958, am Reißbrett entworfen und mit programmatischem Namen versehen, das *Akademiestädtchen* (Akademgorodok). Nicht nur seine Retorten-Genese gab den innovativen Charakter des Unternehmens zu erkennen. Auch die dort angesiedelten Forschungszentren machten deutlich, daß sie nicht einfach Altes fortsetzen, sondern dem Pulsschlag des internationalen wissenschaftlichen Lebens folgen wollten. Unterstützend wirkte dabei der Umstand, daß die sibirische Akademie eine eigene Generalversammlung und ein eigenes (von ihr gewähltes) Präsidium erhielt. Sie genoß auf diese Weise eine weit größere Unabhängigkeit als die Leningrader Abteilung oder untergeordnete Institute. Darin kam auch ein Unterschied der Ressortzugehörigkeit zum Ausdruck: Die ‹große› Akademie war eine Einrichtung der Union, die sibirische eine der RSFSR.[13]

Aber auch die Gesamtakademie bewahrte eine bemerkenswerte Unabhängigkeit. Was für die Stalinzeit galt, traf erst recht für die Chruščev-Ära zu: Die altehrwürdige Institution ließ sich nicht vereinnahmen. Ihr politisch-administrativer Charakter blieb eigentümlich. Auf der einen Seite deutet alles darauf hin, daß der Anteil registrierter Kommunisten am wissenschaftlichen Personal kontinuierlich zunahm. Von ca. 40% 1950 wuchs er auf etwa die Hälfte Mitte der sechziger Jahre. Unter den Institutsleitern lag er etwas, bei den rangniedrigeren, oft jüngeren Mitarbeitern deutlich über dem jeweiligen Durchschnitt. Im Kern war diese Entwicklung zwangsläufig: In der dritten oder schon vierten nachrevolutionären Generation rückte die eigene, die «sowjetische Intelligenz», endgültig in die freigewordenen Positionen ein. Auf der anderen Seite blieb die Quote eingeschriebener Kommunisten erheblich unter dem ‹Sättigungsgrad› vergleichbarer Einrichtungen. ‹Gegen den Strich› gelesen, nahm fast jeder zweite Wissenschaftler allgemein und fast jedes zweite Vollmitglied der Akademie den Nachteil in Kauf, außerhalb der Partei zu stehen. Nach wie vor bündelte sich diese Distanz in der verbrieften Praxis der Kooptation auf der höchsten Ebene. Die Versammlung der Akademiemitglieder im engeren Sinn ergänzte sich selbst. Partei und Regierung konnten drängen, aber nicht befehlen. Besonders klar trat dies zutage, als sich der Staat und bestimmte Bereiche der Wissenschaft nach Chruščevs Sturz wieder stärker voneinander entfernten. Die Akademie weigerte sich bis zuletzt, den Bürgerrechtler Sacharov, der längst unter Hausarrest stand, auszuschließen. Man sollte vorsichtig damit sein, die Unbotmäßigkeit als Solidarisierung zu werten. Aber eine Demonstration traditions- und selbstbewußter Eigenständigkeit war sie allemal.[14]

Die *Geistes- und Kulturwissenschaften* hatten es auch unter Chruščev schwerer. Nach wie vor standen sie unter der Fuchtel des allumfassenden Monopolanspruchs der marxistischen Weltanschauung und sahen sich mit dem Schicksal konfrontiert, entweder für falsch erklärt zu werden oder in den Dienst der offiziellen Weltanschauung zu treten. Zwar ließ der Konformitätsdruck seit Stalins Tod nach; aber die neue Großzügigkeit ging nicht so weit, daß sie ihnen wirkliche Freiheit beschert hätte. So färbte die Halbherzigkeit der Chruščevschen Reformen in besonderem Maße auf die Geisteswissenschaften ab: Einerseits durften sie Dogmen in Frage stellen, die der Staat zuvor mit Gewaltandrohung geschützt hatte, andererseits marxistischen Boden nicht verlassen. Ob diese Verbindung von Toleranz und Vorschrift überhaupt dauerhaft hätte verankert werden können, erscheint ebenso fraglich wie die Möglichkeit der ‹Dosierung› von Gewalt. Chruščevs Sturz nur wenige Jahre nach der Verbannung des schrecklichen Vorgängers aus dem Mausoleum, die viele als eigentlichen Beginn der Entstalinisierung werteten, ersparte allen Beteiligten die Nagelprobe.

Bezeichnend für den transitorischen und – retrospektiv gesehen – zaghaften Charakter der ideologischen Lockerung unter Chruščev war zum einen die Duldung neuer Wissenschaften. Der universalistische Anspruch der marxistisch-leninistischen Lehre hatte letztlich alle wichtigen Disziplinen im Keim erstickt, die in der produktiven ‹Sattelzeit› der Jahrhundertwende entstanden waren. Von der Soziologie über die Psychologie bis zur Politologie und Ökonomie hatten die neuen Kultur- und Sozialwissenschaften im ausgehenden Zarenreich bestenfalls die ersten Entwicklungsetappen mitvollzogen. In den zwanziger Jahren hatte das Regime zum Teil noch von ihnen profitiert, etwa in den Wirtschaftswissenschaften bei der Aufstellung von volkswirtschaftlichen Gesamtplänen oder in der Pädagogik bei den Überlegungen zur Erziehung des «neuen Menschen». Danach trockneten die neuen Ideen mehr und mehr aus. Das Ende der Tyrannei änderte auch dies. In der Sozialpsychologie legte man Werke aus der NĖP-Zeit wieder auf, die im Westen längst zur Pflichtlektüre gehörten (z. B. L. S. Vygockij). Sozialwissenschaftliche Fragestellungen wurden für sinnvoll befunden, die in die Begründung der Soziologie als Wissenschaft mündeten. Zugleich blieb dieser Prozeß aber auch sehr begrenzt. Erst 1963 wurde ein eigenes Soziologisches Institut (an der Leningrader Universität) errichtet, und die Akademie dachte bis 1968 nach, ehe sie den gleichen Schritt vollzog. Für beide Zentren galt, daß sie ausschließlich empirisch orientiert waren. Man sammelte Daten über Kriminalität, Urbanisierung, Zeitbudgets, Heiratsgewohnheiten und demographische Veränderungen allgemein – Interpretationen aber sollten nach wie vor nicht sein, da die einzig richtigen schon befolgt wurden. Es liegt daher nahe, diese selektive Toleranz in dem Gedanken zusammenzufassen, daß erlaubt wurde, was der Sowjetstaat zur Steuerung der tiefgreifend veränderten Gesellschaft brauchte, aber nicht mehr. Sozialtechnologie war gefragt, keine Sozialtheorie.[15]

Nicht nur eine *déformation professionelle* gibt zu der Auffassung Anlaß, daß die Behandlung der *Geschichtswissenschaft* in vieler Hinsicht typisch war für das Schicksal der mit kulturellen und sozialen Fragen befaßten Disziplinen. Geschichte war und ist für die marxistische Weltanschauung kein Bestandteil unter anderen, sondern ihr unverzichtbares Fundament. Von Anfang an stand sie an der legitimatorischen Front, mit der durchaus ambivalenten Folge, daß ihr einerseits besondere Aufmerksamkeit, andererseits besonderer Argwohn zuteil wurde. Der geistige Aufbruch unter Chruščev veränderte weder diese exponierte Gesamtlage noch deren zwiespältiges Resultat. Auch deshalb erfuhr sie in bemerkenswert kurzer Zeit, was ihr erlaubt war und was nicht. Nach der Distanzierung vom «Persönlichkeitskult» verschaffte sich tiefergehende Kritik an der stalinistischen Vergangenheitsbetrachtung im Laufe des Jahres 1955 Gehör. Im Herbst erschien ein Sammelband, der nicht nur die Isolation der sowjetischen Historiker vom Rest der Welt beklagte, sondern auch davor warnte, vorrevolutionäre Leistungen pauschal als pseudowissenschaftlich abzutun. Eine Konferenz der offiziösen Zeitschrift *Voprosy istorii* (Fragen der Geschichte) verstärkte am Vorabend des 20. Parteitages die Signale, die von solchen Äußerungen ausgingen. Der Kongreß selbst erlebte eine programmatische Rede von A. M. Pankratova, der anerkannten ‹ersten› Historikerin im Lande und Chefredakteurin des Fachorgans. Unterstützt von Mikojan, erklärte sie die Hinwendung zum Pioniergeist der frühen Jahre zur vordringlichen Aufgabe der Historiker. Nicht zufällig kamen damit die Revolution und revolutionäre Bewegung, Arbeiterstreiks und Bauernunruhen (denen massige Dokumentionsserien gewidmet wurden) samt der Vorgeschichte radikaler Opposition im Zarenreich zu neuen Ehren, während die glorreichen Helden der vaterländischen Vergangenheit ins Glied zurücktraten.

Zugleich forderte der Aufruf zu größerer Eigenständigkeit nachgerade dazu auf, neue Wege der Interpretation zu gehen. Dabei konnte es nicht überraschen, daß die Frage der Synchronie zwischen der russischen und der ‹westeuropäischen› historischen Entwicklung einen prominenten Platz einnahm. Zu einem Periodisierungsproblem verharmlost, lag ihr das prinzipielle Dilemma zugrunde, das sich aus der schematischen Übertragung der marxistischen, tief in westeuropäischem Denken verwurzelten Weltanschauung auf Rußland ergab. Eine ganze Plejade talentierter Nachwuchshistoriker (K. N. Tarnovskij, P. V. Volobuev, I. F. Gindin, M. Ja. Gefter, L. M. Ivanov u. a.) fand sich in der 1957 begründeten Abteilung zur Erforschung der Voraussetzungen der «Großen Sozialistischen Oktoberrevolution» zusammen und bemühte sich um eine neue Lösung, die den unleugbaren sozioökonomischen Rückstand Rußlands gegenüber den fortgeschrittenen kapitalistisch-imperialistischen Mächten (vor allem Großbritannien und Deutschland) in Rechnung stellte. Es entstand die gedankliche Grundlage für das Modell der «Vielschichtigkeit» oder «strukturellen Heterogenität» *(mnogoukladnost')*. Statt die Zählebigkeit traditionaler sozioökonomischer Formen zu leugnen, um die Legitimität der sozialistischen Revolution begründen zu können (die der bürgerlich-kapitalistischen Gesellschaft gemäß der Marxschen Stufentheorie erst folgen sollte), hob man die Ungleichmäßigkeit der Entwicklung hervor. Darauf gestützt konnte man argumentieren, daß der historische Prozeß in den fortgeschrittenen Sektoren tatsächlich für den Übergang zum Sozialismus reif gewesen sei. Das Rückständige mußte gleichsam mitgerissen und im Rahmen der neuen Globalbedingungen auf den ansonsten erreichten Stand gebracht werden. Aber nicht nur das legitimatorisch brisante Problem der unmittelbaren Vorgeschichte der Revolution erschien in neuem Licht. Ähnliche Zweifel an der behaupteten universalen Gültigkeit historischer Gesetzmäßigkeiten stellten sich bei anderen großen Fragen der makrohistorischen Deutung ein. Man debattierte zum wiederholten Male über die Anwendbarkeit des Feudalismusbegriffs und seine zeitliche Eingrenzung; man betrachtete den ‹Übergang vom Feudalismus zum Kapitalismus› in Rußland neu und verschob seinen Beginn in Rußland im Vergleich zu ‹Westeuropa› um gut hundert Jahre zur Gegenwart; man überprüfte den Sinngehalt der Engelsschen Interpretation des Absolutismus als Verselbständigung des Herrschaftsapparates angesichts eines Kräftegleichgewichts von Adel und Bourgeoisie und fand, daß zur Blütezeit des russischen Absolutismus von nennenswerter Stärke des Bürgertums nicht die Rede sein konnte. Die meisten dieser großen, über mehrere Jahre auf landesweiten Konferenzen ausgetragenen Diskussionen drangen erst später an die Öffentlichkeit. Wie inzwischen verbürgt ist (und aufmerksame Beobachter seinerzeit schon vermuteten), wurden sie auf Anweisung des ZK zu Beginn der siebziger Jahre abgebrochen; die führenden Neuerer verloren ihre einflußreichen Posten im geschichtswissenschaftlichen Betrieb. Damit ging mit der Wende zur zweiten, deutlich restaurativen Hälfte der Brežnev-Ära zu Ende, was seine geistigen Wurzeln zweifellos unter Chruščev hatte. Aber auch weit radikalere und gegenwartsnähere Korrekturen des Geschichtsbildes hatten hier ihren Ursprung: Nach dem 22. Parteitag begann R. Medvedev mit der Materialsammlung für die erste, fachwissenschaftlichen Ansprüchen genügende ‹Abrechnung› mit den Verbrechen Stalins. So ist die Schlüsselstellung dieser Jahre auch für eine neue – gleich ob moderate oder radikale, im Selbstverständnis sozialistische, liberal-westliche oder slavophile – Denkungsart in der Geschichts- und anderen Kulturwissenschaften nicht zu übersehen. Manche Gedanken mußten aber bis zur *glasnost'* warten, ehe sie offen geäußert werden konnten.[16]

Auf diese Weise regte Chruščev mehr an, als er eigentlich wollte. Man darf davon ausgehen, daß er die Grenzen der neuen Freiheit vor allem in den ersten Jahren seiner Parteiherrschaft recht eng zog. Dies hilft die Kurzlebigkeit des Kurses verstehen, den Pankratova auf dem 20. Parteitag begründete. Zur Zielscheibe wurde dabei vor allem ihr Kompagnon bei der Herausgabe der «Voprosy istorii» E. N. Burdžalov. Als früherer Stalinist und Renegat im Wortsinn mochte er eine besondere Verpflichtung zur Wahrheit empfinden. Überdies lud sein langjähriges Arbeitsgebiet, die Geschichte des Revolutionsjahrs zwischen Februar und Herbst, nachgerade zur Revision ein, da die Auffassung zur verbindlichen Lebenslüge des Regimes erhoben worden war, der «Triumphzug der Großen Sozialistischen Oktoberrevolution» – so der Titel eines späteren panegyrischen Monumentalwerks – habe unmittelbar nach dem Untergang des Zarenreichs begonnen. Was Burdžalov in zwei Beiträgen zu ‹seiner› Zeitschrift dem Publikum vorlegte, brachte nicht nur Stalinisten in Harnisch. Er zeichnete den Februaraufstand – zutreffend – als parteilich nicht gelenkten Protest, der anfangs durchaus maßvolle Ziele verfolgte, und die Bolschewiki als orientierungslosen Haufen, der nach Maßgabe des gültigen Parteiprogramms von 1903 im Kern der menschewistischen Politik folgte. Orthodoxe Geister empörten sich über die klägliche Rolle, die Stalin in diesem Szenario spielte; andere nahmen daran Anstoß, daß die Bolschewiki generell von Helden zu Statisten herabsanken. Anfang März 1957 griff das ZK selbst mit einem förmlichen Beschluß ein. Die Redaktion der «Voprosy istorii» wurde getadelt; Burdžalov fiel der gleichzeitigen Umbildung zum Opfer, während Pankratova Selbstkritik übte und bis zu ihrem baldigen Tod im Amt blieb. Gewiß darf man unterstellen, daß die Altstalinisten im ZK diese Maßregelung mit Nachdruck forderten. Mit Blick auf das weitere Schicksal der Geschichtswissenschaft verdient aber der Umstand größere Beachtung, daß die programmatische Erklärung der neuen Redaktion *nach* dem ‹Juni-Putsch› erschien und spätere Verlautbarungen (1960) ihr im Kern folgten. Die offiziöse Linie warnte nun einerseits vor «Vereinfachungen, Pedanterie und Dogmatismus», andererseits aber auch vor der Herabsetzung der Rolle der Bolschewiki und der Überschätzung von «Menschewiki, Trotzkisten, Bucharinisten, bürgerlichen Nationalisten» und anderen Gegnern. Dazwischen lag als goldene Mitte der richtig verstandene Leninismus. Da dies eine Leerformel war, floß alter Wein in neuen Schläuchen: Auch unter Chruščev hatte die Geschichtswissenschaft den Leninschen Parteigeist zu stärken – nur im zeitgemäßen, vom ZK approbierten Verständnis.[17]

Ähnlichen Schwankungen unterlag die *Literaturpolitik* unter Chruščev. Vor dem Hintergrund besonders strenger Denkverbote während der Nachkriegsjahre lag die Versuchung nahe, allen gegenläufigen Tendenzen das Gütesiegel der Freiheitlichkeit zu verleihen. In der Tat ließen sich obrigkeitliche Kontrolle und Zensur kaum noch über das von Ždanov verfügte Maß hinaus steigern, ohne die Auslassungen offizieller Ideologiewächter selbst zur Kunst zu erheben. Der Tod Stalins beseitigte diesen Zustand. Wenn Literatur und Kunst in besonderem Maße der Autonomie und Freiheit bedürfen, wenn ihren bedeutenden Schöpfungen *eo ipso* nicht nur ein mimetisches Moment, sondern auch ein kritisches Potential (welcher Gestalt und Art auch immer) innewohnt, dann hatten gerade ihre Produzenten Ursache zur Erleichterung. Dies sollte aber weder über grundsätzliche Kontinuitäten hinwegtäuschen noch die zahlreichen Rückschläge aus dem Blickfeld verdrängen, die das schöngeistige Leben auch zu Zeiten unbedrängter Herrschaft Chruščevs hinnehmen mußte. Ob vom «Zickzackkurs» die Rede ist oder von «Spätfrösten», gemeint ist derselbe Tatbestand: daß es dem Regime auf literarisch-künstlerischem Gebiet besonders schwer fiel, aus dem Schatten der Vergangenheit zu treten. Eine Ursache für diese Zählebigkeit lag sicher in der gleichsam kompensatorischen Aufgabe von Literatur und Kunst: Deren richtungweisende und disziplinierende Funktion schien den Staatslenkern in Zeiten tiefgreifender wirtschaftlicher und politischer Reformen am wenigsten entbehrlich. Umstritten war nur, mit welcher Strenge und welchen Methoden sie durchgesetzt werden sollte.[18]

Zur Substanz des Neuen gehörte bereits die Vorsicht, mit der es sich durchsetzte. Immerhin dauerte es bis zum Ende des Stalinschen Todesjahres, bevor der Ruf nach dem Ende der Bevormundung hörbar wurde. Erst im Dezember 1953 forderte ein junger Kritiker namens V. M. Pomerancev mit großer Resonanz bei allen, die zu lesen verstanden, «Aufrichtigkeit in der Literatur». Die Parallele zu den politischen Machtkämpfen fällt ins Auge. Als Chruščev im Sattel saß (wenn auch noch nicht fest), konnte der Protest gegen die Auswüchse der jüngsten Vergangenheit lauter werden. Zugleich galt aber auch: So wie der neue Parteichef ein Stück vom Alten war, so schloß der Kritiker an Unzufriedenheit mit der «Konfliktlosigkeit» in zeitgenössischen Romanen an, die bereits unter Stalin geäußert worden war. Man kann darüber streiten, ob der Kurzroman «Tauwetter», der im Mai 1954 erschien, tatsächlich darüber hinausging. Sein Verfasser gehörte zu den etablierten, zugleich schillernden Literaten der Sowjetunion. In den zwanziger Jahren aus Unzufriedenheit mit dem neuen Regime nach Paris emigriert, vermochte Ehrenburg den Ruch des Unzuverlässigen in den Augen der Parteiführung trotz des Übersolls an antideutschen Tiraden während des Krieges nicht wirklich abzustreifen. Nach dem Friedensschluß wurde er nicht mehr gebraucht und mußte das Rampenlicht verlassen. Hinzu kam die obrigkeitlich gesteuerte antisemitische Kampagne, die ihm als Juden nicht entgehen konnte. So kamen ihm zwei Voraussetzungen zustatten, als er nach Stalins Tod vor einer unbesehenen Übernahme des Vermächtnisses warnte: Er gehörte zur approbierten «Sowjetintelligenz», und stand doch am Rande. Sein Kurzroman spiegelte dies. Ästhetisch konventionell, artikulierte er ein neues Lebensgefühl. «Tauwetter» gehörte zu jenen literarischen Produkten, die weniger dank ihrer Qualität als dank der ‹Korrespondenz› zur Zeitstimmung große Wirksamkeit entfalteten. Die ‹Moral› einer mittelmäßigen Geschichte traf die Sehnsüchte einer von Stalinismus und Krieg um einen Großteil ihres Lebens betrogenen Generation: «... denn der Winter, die Kälte weichen bereits, das Tauwetter ist da, das Eis schmilzt, der Atem des Frühlings liegt in der Luft und bringt neue Hoffnung, Auftrieb, Freude, Liebe ...». Die griffige Metapher tat ein übriges: Die neue Zeit hatte ein Etikett.[19]

Allerdings gaben sich die Anhänger der überkommenen Dogmen noch lange nicht geschlagen. Schon im Herbst 1953 hatte das Präsidium des Schriftstellerverbandes beschlossen, nach langer Pause einen zweiten Deputiertenkongreß einzuberufen. Was Auftakt eines neuen Anfangs hätte sein können, nahm den Charakter einer Heerschau der Gestrigen an. Schon im Vorfeld wurden programmatische Zeichen gesetzt. Die Verbandsleitung verurteilte den Lyriker und Chefredakteur der Zeitschrift *Novyj mir* (Neue Welt) A. T. Tvardovskij, die sich als Forum nonkonformistischen Denkens zu profilieren begann. Noch im selben Monat (August 1954) gelang es ihr, sogar seine Ablösung durch den prominenten und seinerzeit linientreuen Romancier Konstantin Simonov zu erwirken. So konnte es nicht überraschen, daß der zweite Kongreß des sowjetischen Schriftstellerverbandes im Dezember 1954 die Chance der Reorientierung ungenutzt ließ. Unter den 734 Delegierten, die recht genau zwanzig lange Jahre nach der Gründungsversammlung zusammenkamen, fanden sich noch 123 Veteranen der ersten Stunde. Sie mochten noch Erinnerungen an die Reste avantgardistischer Experimentierfreude gehabt haben, die sich trotz aller Gegensteuerung des Regimes bis zum großen Umbruch erhalten hatten. Alle übrigen waren Kreaturen der Stalin-Ära, aufgewachsen unter der unumschränkten Vorherrschaft des «sozialistischen Realismus» und mit seltener Effizienz von auswärtigen Einflüssen abgeschirmt. Von ihnen war wenig anderes zu erwarten, als sie taten: den Niveauverlust der vergangenen Dekaden zu dokumentieren und die geltende ästhetische Doktrin in ihrer leeren Formelhaftigkeit zu bestätigen. Der Tribut an den Wandel der Zeit erschöpfte sich in vorsichtigen Rehabilitierungen (etwa von Bulgakov, des Formalisten Ju. N. Tynjanov und der Satiriker I. A. Il'f und E. P. Petrov) und der Zulassung neuer Zeitschriften, u. a. von *Junost'* (Jugend), *Neva* (Neva) und *Inostrannaja literatura* (Ausländische Literatur). Obwohl diese ein pluralistisches Element in die literarische Öffentlichkeit brachten, war der zweite Schriftstellerkongreß im wesentlichen eine konservative Veranstaltung.[20]

Indes legte sich die Unzufriedenheit nicht. Weiterhin verliefen die politische und die ästhetische Debatte ungefähr im Gleichklang: Als die Abkehr vom Stalinismus auf einen ersten Höhepunkt zusteuerte, wurde die Kritik an der kanonisierten Trias von Parteilichkeit (*partijnost'*), ideeller Vorbildlichkeit (*idejnost'*) und Volksverbundenheit (*narodnost'*) wieder deutlicher.

Auch sie fand auf dem 20. Parteitag Mitte Februar 1956 eine wirkungsvolle Tribüne. Kein Geringerer als der gefeierte Altmeister des «sozialistischen Realismus» M. A. Šolochov nutzte die Gelegenheit, um den Anhängern des Alten die Leviten zu lesen. 3773 Menschen, rechnete er vor, seien in der Sowjetunion hauptberuflich mit Federn bewaffnet, um die «Wahrheit» zu sagen, auch wenn sie «bitter» schmecke. Dennoch vermochte er in den letzten zwanzig Jahren nur wenige «kluge und gute Bücher» zu entdecken. Das Mitgliederverzeichnis des Schriftstellerverbandes enthalte zu einem erheblichen Teil ‹tote Seelen›. Sicher hat nicht erst diese Schelte jene Blüte an kritischer Literatur hervorgebracht, die zum Kennzeichen des Jahres 1956 wurde. Aber sie mag den Ausbruch des ‹zweiten Tauwetters›, wie man es genannt hat, beschleunigt haben. Paradigmatisch für die neue Offenheit wurde der Roman von V. M. Dudincev «Nicht von Brot allein», der im Augustheft von *Novyj Mir* zu erscheinen begann. Seine ‹Lehre› ließ an Deutlichkeit nichts zu wünschen übrig: Der hartnäckige, erst nach großem Kräfteverschleiß erfolgreiche Kampf des Erfinders Lopatkin gegen die geballte Ignoranz von Funktionären klagte einen Mißstand an, der allgemein Unmut erregte und sich mit dem stalinistischen Erbe verband. Daß die Mühe schließlich doch belohnt wird, mußte als Ermunterung zum Reformdenken verstanden werden. Nur wenige Leser mochten unter der Oberfläche dieses Schlüsselromans noch eine tiefere Ebene verborgen sehen, die dem Widerstand eine abstraktere Bedeutung gab: als Symbol für die Unbeugsamkeit des Geistes und jene Unauslöschlichkeit der Individualität, die selbst den stalinistischen Kasernensozialismus überstanden hatte. Ähnliches Aufsehen erregte die Erzählung «Die eigene Meinung» von D. A. Granin, die im selben Spätsommer in derselben Zeitschrift veröffentlicht wurde. Bei auffallender thematischer Ähnlichkeit legte sie zum Teil radikalere, in jedem Falle pessimistischere Schlußfolgerungen nahe als der Roman Dudincevs. Der negative Held Minaev, der durch Opportunismus, Lüge und Skrupellosigkeit eine führende Position erklommen hatte, wurde gleichsam noch entlastet – nicht seine Verfehlungen standen am Pranger, sondern das ‹System›, das sie nicht nur duldete, sondern geradezu provozierte.[21]

Die Zeit für solch weitgehende Toleranz der Zensur war allerdings knapp bemessen. Schon im Herbst 1956 zeichnete sich ihr abermaliges Ende ab. Als Begründung werden üblicherweise äußere Ereignisse angeführt. In der Tat konnte man den ungarischen Aufstand als Warnung vor ähnlichen Unruhen im eigenen Lande werten. Vor diesem Hintergrund fand die konservative Diagnose Gehör, daß die größte Gefahr von der unbotmäßigen Intelligenz ausgehe und ihre Kritik im Keime zu ersticken sei. Der Umschlag von Lob zu Tadel für die genannten Autoren machte die Kurskorrektur publik. Nach der Jahreswende folgte eine regelrechte Kampagne in Gestalt regionaler, vom Schriftstellerverband organisierter Konferenzen, die den Mitgliedern einzubleuen versuchten, was in der neuen-alten Lesart gut und was böse sei. Die Literaten hatten allerdings schon so viel von der lange vorenthaltenen ‹Speise› gekostet, daß sie nicht ohne Widerstand davon lassen wollten. Schließlich sah sich Chruščev persönlich zur Intervention veranlaßt. Was er der schriftstellerischen Prominenz zu sagen hatte, wurde nicht nur von den Gemaßregelten als Rückfall in alten Stumpfsinn empfunden, zumal sich der Parteiführer sogar auf den einstigen Präzeptor Ždanov berief. Der mißlungene Putsch vom Juni änderte nichts daran. Der bestätigte Führer meinte, was er sagte. Organisatorische Schritte untermauerten dies. So wurde die Gründung eines eigenen Schriftstellerverbandes der RSFSR mit einer eigenen Zeitung *(Literatura i žizn'*, Literatur und Leben), die dem Unionsorgan *Literaturnaja gazeta* (Literaturzeitung) Konkurrenz machen durfte, Ende August 1957 allgemein als gezielter Affront gegen den sperrigen Gesamtverband gewertet.[22]

Wer noch an der Ernsthaftigkeit der Renaissance stalinistischen Geistes zweifelte, wurde spätestens im folgenden Jahr durch eine Affäre belehrt, die internationales Aufsehen erregte und dem Ansehen der neuen Sowjetunion schweren Schaden zufügte. Sicher gehörte der Lyriker B. L. Pasternak in mancher Hinsicht zu den ‹Leuten von gestern›. In einem kunstbeflissenen Moskauer Hause aufgewachsen, wo Berühmtheiten ein- und ausgingen, und noch im Zarenreich großgeworden, bewegte er sich im Gravitationsfeld verschiedener Strömungen der russischen Moderne. Zwar nahm er in den späten zwanziger Jahren auch zur politischen Wirklichkeit Stellung; dennoch fand er mehr und mehr zu der Überzeugung, daß echte Kunst einer anderen Welt angehöre und eigenen Gesetzen zu gehorchen habe. Außer Zweifel stand dabei für Freund und Feind sein außergewöhnliches Talent, das ihn schon zu dieser Zeit bekannt machte. Trotz einer vorübergehenden (vielleicht komplementären) Bewunderung für den ‹Tatmenschen› Stalin zog er sich daher nach der ‹Revolution von oben› aus der literarischen Öffentlichkeit zurück, lebte mehr schlecht als recht von Übersetzungen und überstand mit Glück und der Hilfe seines Ansehens auch gefährliche Berührungen mit dem NKVD. Nach dem Krieg begann er mit der Arbeit an jenem Roman, der die gleichsam aufgeschobene Konfrontation mit der Staatsmacht doch noch herbeiführte: *Dr. Živago*. Eine provozierende (und neue) Form der Veröffentlichung kam dabei mit einer entschieden antisozialistischen Aussage zusammen. Welche Bedeutungsdimensionen man diesem Spätwerk auch immer zusprechen mag, man wird es stets auch als Apotheose der autonomen Kunst, der freien, nur sich selbst verantwortlichen Schöpfung, der reinen Poesie und des singulären, prinzipiell individualistischen Genies zu lesen haben. Schon in diesem Sinne – von der Schilderung des Bürgerkriegs nicht zu reden – warf es der offiziellen Literaturdoktrin zweifellos den Fehdehandschuh hin. Pasternak mochte das vorausgesehen haben, als er das Manuskript nach der Ablehnung durch *Novyj Mir* einem Mailänder Verleger übergab. Die Moskauer Zensoren haben die Herausgabe einer redigierten Fassung wohl ernsthaft erwogen, wollten sich aber dem Vergleich mit der Originalversion nicht aussetzen. Rückforderungen blieben ebenso ergebnislos wie offizieller Druck. Dr. Živago erschien im November 1957 in Mailand, erwarb sich binnen kurzem den Ruf eines Jahrhundertbuchs und trug seinem Verfasser im folgenden Jahr den Nobelpreis ein. Eben dies brachte das Faß zum Überlaufen: Ein gegen den Willen der Behörden im Ausland erschienenes Werk, das implizit allen «sozialistischen Realismus» als Todsünde wider den Geist wahrer Kunst brandmarkte, wurde mit der höchsten Auszeichnung geehrt, die der kapitalistische Erzfeind zu vergeben hatte.

Die Reaktion kam prompt und in dieser Form selbst angesichts der neuen Eiszeit unerwartet. Zwei Tage nach der Stockholmer Verlautbarung gab die *Literaturnaja gazeta* das Signal für eine Kampagne, die seit dem Ende der *Ždanovščina* nicht mehr möglich schien. Pasternak wurde nicht nur vorgehalten – was in der Sache nicht falsch war –, eine «Schmähschrift» gegen den gesamten Marxismus verfaßt zu haben. Er mußte auch ertragen, daß Kübel von Schmutz über ihn ausgegossen wurden. Die Invektiven reichten vom «räudigen Schaf» bis zum «Schwein» mit der besonderen Pointe, daß die letztgenannte Tituliierung des «Schmöker»-Autors als «Verleumdung des Schweins» zu gelten habe. Vor so viel Haß kapitulierte der alternde Dichter (geb. 1890), der keine Kämpfernatur und nicht zufällig den Weg der ‹inneren Emigration› gegangen war. Als ihm die Regierung mit drohendem Unterton mitteilte, seiner Ausreise keinen Stein in den Weg legen zu wollen, schrieb er Chruščev persönlich, daß er in der Emigration nicht leben könne und auf die Entgegennahme des Nobelpreises verzichte. Seine Anhänger blieben ihm dennoch treu. Sie machten Pasternaks Begräbnis am 2. Juni 1960 zur «ersten politischen Demonstration im nachstalinschen Rußland».[23]

Auch die Parteiführung mochte eingesehen haben, daß allzu heftiger Druck den Widerstand nur stärken konnte. Mit Pasternaks Unterwerfung endete die öffentliche Denunziation. Bereits auf dem 21. Parteitag Ende Januar 1959 wurden versöhnlichere Töne angeschlagen. Die Kulturpolitiker des Politbüros räumten Fehler ein, die Literaten, darunter der 1958 auf seinen Chefsessel zurückgekehrte Tvardovskij, versprachen größere Wachsamkeit gegenüber «schlechten Büchern». Was damit auf den Weg gebracht worden war, besiegelte der dritte Kongreß des sowjetischen Schriftstellerverbandes im Mai desselben Jahres: eine Art Kompromiß, der den Primat der Politik über individuelle Wahrnehmungsmuster und Gestaltungspräferenzen festschrieb, aber innerhalb dieser Loyalität einen gewissen Spielraum ließ. Chruščev selbst erlaubte sich in seiner improvisierten Ansprache Formulierungen, die sogar als Rehabilitierung von Dudincev verstanden werden konnten.

Diese Toleranz hielt während der nächsten Jahre nicht nur an, sondern erweiterte sich noch. An der politischen Brisanz der Veröffentlichungen gemessen, die (zufällig?) mit ästhetischem Niveau zusammenfiel, markierten die anderthalb Jahre nach dem 22. Parteitag vom Oktober 1961 bis zum Frühsommer 1963 den Höhepunkt der künstlerischen Freiheit. Man sollte dabei aber nicht übersehen, daß sich die Duldung im wesentlichen auf *ein* Thema beschränkte: die Aufarbeitung der jüngsten Vergangenheit, genauer noch – deren terroristischer Exzesse. So gesehen relativiert sich die bald verklärte Liberalität selbst dieser Zeit zu einer Interessenkongruenz von Partei und engagierter Öffentlichkeit. Auch wenn die Endphase der Chruščev-Ära zur Wiege unterschiedlichster Kunst- und Denkströmungen wurde, die oft erst unter Gorbačev an die Oberfläche treten konnten: tiefgreifende formale und ästhetische Innovationen wird man darunter bestenfalls am Rande finden.

Für die Annahme eines temporären Zweckbündnisses als Motiv der Zensurlockerung spricht nicht zuletzt die Vorgeschichte jener Veröffentlichung, die der gesamten Zeit das Signum gab: Solženicyns «*Ein Tag im Leben des Ivan Denisovič*». Auch dieses erste Beispiel der ‹Lagerprosa›, das sowjetischen Lesern legal zugänglich gemacht wurde, erschien in *Novyj mir*. Ungeachtet aller literarischen Qualitäten hielt Tvardovskij den Inhalt für so brisant, daß er an der Publikationsmöglichkeit zweifelte. Um dennoch zum Ziel zu gelangen, schickte er das Manuskript an einen liberal denkenden persönlichen Assistenten Chruščevs mit der Bitte, sich beim Parteichef dafür zu verwenden. In der Tat gab dieser sein Plazet, so daß die fast naturalistisch anmutende Chronik namenlosen, stumm und dumpf ertragenen, durch die beiläufige Normalität um so schlimmeren, weil hoffnungslosen Leids unter der Knute des NKVD im November 1962 gedruckt werden konnte. Die Sensation, die das Ereignis im In- und Ausland hervorrief, war absehbar. Mit ähnlicher Hilfe erreichte um dieselbe Zeit auch die dichterische Warnung des Lyrikers E. A. Evtušenko vor «Stalins Erben» ein größeres Publikum. Beides hält die Frage weiterhin offen, ob Chruščevs Entscheidung wirklich seiner Impulsivität oder nicht doch einem taktischen Kalkül im innenpolitischen Machtkampf zu verdanken war. Zumindest für bewußte Grenzen der Toleranz spricht der Umstand, daß *Novyj Mir* um dieselbe Zeit noch weitere Produkte literarischer Vergangenheitsbewältigung vorlagen wie die Erzählungen über die berüchtigten ostsibirischen Arbeitslager an der *Kolyma* von V. T. Šalamov, ein autobiographischer Kurzroman (später als «Das leere Haus» im Ausland veröffentlicht) von L. K. Čukovskaja und die Enthüllungen von Žores Medvedev über Lysenko. Diese Werke durften nicht erscheinen und kursierten bald in jenem Untergrund, der sich als Mischung aus politischer Gesinnungsgemeinschaft, künstlerischer Gegenöffentlichkeit und Subkultur in den letzten Jahren der Chruščev-Ära herausbildete.

Darin kam ein Dilemma zum Ausdruck, das sich in mancher Hinsicht in der Person Tvardovskijs verkörperte: Was er nach Maßgabe literarisch-ästhetischer Qualität hätte akzeptieren wollen, erschien politisch nicht hinnehmbar. Auch der Chefredakteur jener Zeitschrift, die sich am weitesten vorwagte, war im zentral gelenkten Kulturbetrieb der Sowjetunion zugleich ein hoher Parteifunktionär (Kandidat des ZK). Ihm durfte nicht gleichgültig sein, was politisch auf dem Spiel stand: die Herrschaft der Partei über die Köpfe als Resultat einer prekären Balance zwischen Meinungsmanipulation und Glaubwürdigkeit. Um sie zu wahren, mußten Wahrheit und Ästhetik zurückstehen. Es war und blieb das Menetekel aller ideologischen Lockerungen in der Sowjetunion, daß sich geistige Freiheit nicht dosieren ließ. Chruščev förderte die Aufdeckung der stalinistischen Verbrechen, um den Beginn einer neuen Epoche zu unterstreichen. Aber er tat dies auf dem Boden der bestehenden Ordnung. Daher konnte er kein Interesse an jener Radikalisierung haben, die den angeprangerten Terror, wenn auch nicht im Ausmaß, so doch in der Substanz, dem 1917 begründeten System als solchem anlastete. In dieser Perspektive scheint es überaus fraglich, ob der Parteichef und seine Gesinnungsfreunde die Entstalinisierungsliteratur (etwa durch die bereits vereinbarte, aber nach Chruščevs Absetzung unterbliebene Veröffentlichung von Solženicyns großem Roman *Der erste Kreis der Hölle*) wirklich hätten gewähren lassen können – es sei denn, sie hätten Fundamentalkritik zumindest an der Stalinschen Version der sozialistischen Gesellschaft in Kauf genommen.[24]

In dieser Perspektive war eine neuerliche Kehrtwende Chruščevs nur eine Frage der Zeit, nicht des Prinzips. Wenn die Toleranz nicht zum unberechenbaren Risiko werden sollte, schien es unvermeidbar, sie in die Schranken zu weisen. Dieser Korrekturversuch begann mit abfälligen Bemerkungen Chruščevs beim Besuch einer großen Ausstellung Moskauer Künstler am 1. Dezember 1962. Der Partei- und Regierungschef, der wohl von konservativer Seite mit eben diesem Hintergedanken in die «Manege» geladen worden war, empörte sich besonders über die abstrakte Malerei. «Gekleckse», das nicht erkennen lasse, ob es «von Menschenhand gemalt oder mit dem Schwanz eines Esels draufgeschmiert» sei und von Leuten stamme, deren «Gehirnkasten ... schief» sitze, habe mit Sozialismus nichts gemein. Es lag auf der Hand, was demgegenüber wieder zu neuen Ehren kommen sollte: die Verpflichtung auf ‹konstruktive› Werte, deren offiziöse Billigung sich von selbst verstand. Die Rückbesinnung auf den «sozialistischen Realismus» schien plötzlich derart zu drängen, daß der zuständige ZK-Sekretär die künstlerischen Meinungsführer schon Mitte Dezember zu einem Treffen beorderte, auf dem Chruščev selbst auftrat. Sein Einsatz lohnte sich; die obrigkeitliche Intervention zeigte Wirkung. Evtušenko gestand öffentlich Fehler ein. Der Schriftstellerverband verpflichtete sich, «wahrhaftig ... über das Volksleben zu schreiben» und die Werke dabei «sowohl mit Politik als auch mit der Poesie friedlicher Schöpfungsarbeit, hoher staatsbürgerlicher Leidenschaft und ins Herz gehender Lyrik» anzufüllen. Zugleich machte sich aber auch Widerspruch bemerkbar. Die meisten prominenten Autoren hielten sich auffällig bedeckt. Tvardovskij wagte sich sogar mit einem deutlich kritischen Poem an die Öffentlichkeit. Und Evtušenko sah sich nach einer heftigen Zeitungsattacke von einer eindrucksvollen Sympathiewelle gestärkt. Auch der erste, aufsehenerregende Literatenprozeß, der dem Leningrader Lyriker I. A. Brodskij im Frühjahr 1964 fünf Jahre Zwangsarbeit eintrug, zeitigte nicht die gewünschte disziplinierende Wirkung. So drängt sich trotz der Unterwürfigkeit des Schriftstellerverbandes und mancher literarischer Kleinproduzenten der Gesamteindruck auf, daß die Bemühungen der Parteispitze um die Wiedergewinnung ästhetischer und thematischer Kontrolle über die Literatur in deutlichem Kontrast zu ihrem Erfolg standen. Die erneute geistig-kulturelle Wende aber hatte bereits stattgefunden. Das Tauwetter war im Begriff, neuem Frost zu weichen.[25]

X.
Die Ära Brežnevs: von pragmatischen Reformen zum Stillstand (1964–1982)

1. Partei, Staat und ihre Hilfsorgane: die Herrschaft der nomenklatura

Nicht nur für westliche Beobachter kam der Sturz Chruščevs letztlich doch überraschend. Trotz mancher Anzeichen sprach die Machtfülle des Partei- und Staatschefs gegen die Möglichkeit einer erfolgreichen Nacht- und Nebelaktion. Auch die historische Erfahrung lehrte anderes. Noch nie war im Sowjetregime ein höchster Amtsträger zu Lebzeiten abgesetzt worden, geschweige denn ein physisch und geistig voll aktionsfähiger. Schon die Art des Coups vom 13. Oktober 1964 enthielt daher einen Hinweis auf seine Absicht: Er fand im engsten Kreis der Macht unter Ausschluß der Öffentlichkeit statt und zielte auf eine Kurskorrektur innerhalb der gegebenen Grundordnung. Die Vermutung liegt nahe, daß der Machtwechsel nur deshalb so geräusch- und gewaltlos vonstatten ging, weil er sich auf einen breiten Konsens in den oberen Rängen von Partei und Staat stützte. In mancher Hinsicht verwirklichte erst diese ‹Palastrevolte›, was Chruščev auf seine Fahnen geschrieben hatte: das Prinzip der kollektiven Führung. Insofern wurde Stalins Erbe nicht nur Opfer seiner Hektik und Fehler, sondern auch seiner Leistungen – das Sowjetsystem befriedet, bei allen bleibenden Schwächen weiter modernisiert und eine Funktionärselite herangezogen zu haben, die ihr Interesse an Berechenbarkeit der Politik und eigener Sicherheit einklagte. Wenn es eine Botschaft des Umsturzes gab, lautete sie: Ende der Reformen ohne Rückkehr zur stalinistischen Angst aller vor allen. Lenin, Stalin und auch Chruščev hatten, nicht ohne je besondere Ausstrahlung, ein persönliches Regiment ausgeübt; ihre Nachfolger, nicht zufällig im Duumvirat, waren die ersten, die im Namen der ganzen Führungskaste einer in die Jahre gekommenen revolutionären Ordnung handelten. Dies schloß personale Herrschaft nicht aus. Vor allem in der zweiten Hälfte der neuen Ära zeigte sich, daß die wichtigen Entscheidungen nicht nur in kleinstem Kreise fielen, sondern auch der Zustimmung eines einzelnen, neuen ‹Führers› bedurften. Dennoch unterschied sich die neue Herrschaft von der alten. Selbst wenn sie sich nach ihrer Festigung von Interessen und Institutionen zu lösen vermochte, blieb sie stärker daran gebunden als je zuvor. So gesehen ergriff 1964 die *nomenklatura* als herrschender und ‹beamteter› Teil der «Sowjetintelligenz» die Macht.

Schon im Ursprung der neuen Regentschaft war damit ein Problem angelegt, an dem sie schließlich zugrundeging: der fließende Übergang zwischen Bewahrung und Stillstand. Was in gewisser Weise als Notbremse des ‹Apparates› diente, versteinerte zu einem Grundkompromiß, der die Kraft zur Selbstregeneration verlor. Diese Entwicklung war nicht vorgegeben. Vieles deutet darauf hin, daß es anfangs an ernsthaftem Reformwillen nicht mangelte. Der Putsch richtete sich weniger gegen Neuerungen an sich als gegen ihre Art. In verändertem Stil wurden in den ersten Jahren vor allem auf wirtschaftlichem Gebiet durchaus Reformen in Angriff genommen. Auch danach ging das Bewußtsein wachsender Rückständigkeit im Konsumniveau und allgemeiner ökonomischer Leistungsfähigkeit gegenüber dem kapitalistischen Systemgegner nicht verloren. Nur erlahmte die Bereitschaft, daraus praktische Konsequenzen zu ziehen, weil es keine Instanz oder Person mehr gab, die Unbequemes hätte durchsetzen wollen. Der Apparat und seine Spitze richteten sich in einem Zustand ein, der von der angestrebten Konfliktregulation in sklerotische Trägheit hinüberglitt. Der Scheitelpunkt zwischen der ersten, überwiegend (mit Ausnahme sicher der Dissidenten) als annähernd erfolgreich empfundenen Phase der Brežnev-Ära und der zweiten, die zum Vorspiel des Abgesangs wurde, lag dabei irgendwann zu Beginn der siebziger Jahre. Ihm ging Brežnevs Aufstieg vom *primus inter pares* zum Alleinherrscher voraus, auch wenn er das Ministerpräsidentenamt nicht übernahm. Parallel dazu verlief die Installierung auffallend vieler Getreuer (und Verwandter) in materiell privilegierte Positionen mit dem Ergebnis, daß Stagnation und Korruption in der Retrospektive eine charakteristische Wortverbindung eingingen. Mit guten Gründen deutete man die Vergreisung an der Spitze als Symptom für den Zustand des ganzen Regimes. Nicht dessen Ende, aber dessen Verjüngung und Dynamisierung wurde unausweichlich. Wie sich zeigen sollte, setzte der Versuch, mit dieser Einsicht ernst zu machen, Spannungen frei, denen es nicht gewachsen war.

a. Machtwechsel: neue Politik und alte Inhalte

Der Gedanke hat viel für sich, daß die Installierung eines (wenn auch noch so kleinen) Kollektivs an der Spitze von Partei und Staat Programm war. Die oberste Gewalt beider Apparate sollte nicht mehr in Personalunion wahrgenommen werden; Trennung von Kompetenzen, nicht Vereinigung war angesagt. So rückte Brežnev zum neuen Chefkommunisten, Kosygin zum neuen Vorsitzenden des Ministerrats auf. Zur Reibungslosigkeit des Umsturzes trug der Tatbestand bei, daß er vom ZK und Obersten Sowjet unterstützt wurde. An den Buchstaben der Statuten gemessen, taten beide Gremien damit eigentlich nur das Normale: Sie wählten neue Männer in die höchsten Ämter. Es war bezeichnend für das verkehrte Verhältnis zwischen geschriebener Verfassung und Wirklichkeit, daß der Regelfall zum Putsch geriet. Entgegen den Gesetzen war die Akklamation das Übliche, die Ab- und Neuwahl aber bedeutete das Ende einer Ära. Daß im Parteipräsidium nicht nur Stühle gerückt wurden, geht auch aus der aktiven Beteiligung anderer führender Politiker hervor. Sie saßen gleichsam mit am Tisch, auch wenn sie nicht an der Stirnseite Platz nahmen. Alles belegt die Annahme, daß Brežnev und Kosygin wichtige Entscheidungen anfangs nicht nur gemeinsam trafen, sondern darüber hinaus mit anderen einflußreichen Funktionären abstimmten. Unmittelbar nach dem Putsch waren dies vor allem die übrigen Konspirateure: Podgornyj, Suslov und Šelepin.

Die neuen-alten Oligarchen sorgten denn auch für die rasche Aufhebung jener Maßnahmen, die sie als größte Zumutung ihres gestürzten Vorsitzenden betrachteten. Woran sie Anstoß nahmen, ging aus einem Leitartikel der *Pravda* vom 17. Oktober in ungewöhnlicher Deutlichkeit hervor: an «Aktionen, die auf Wunschdenken, Prahlerei und leeren Worten» gegründet gewesen seien, an «Voluntarismus» und «Subjektivismus». Kein Monat war vergangen, als die Spaltung der Parteiorganisation in einen industriellen und einen agrarischen Zweig rückgängig gemacht wurde (16. November). Ein Jahr dauerte es, bis die regionalen Volkswirtschaftsräte ihre Tätigkeit einstellen und sich den Weisungen der erneuerten zentralen Industrieministerien unterordnen mußten. Dabei verlief die Bündelung der Kompetenzen an der Staatsspitze bemerkenswerterweise überwiegend entlang den alten Grenzen. So war es ein Leichtes, auch das alte Personal zu reaktivieren: Zwölf der 33 neu ernannten Minister hatten dieses Amt schon vor der Reform ausgeübt, weitere zehn waren stellvertretende Ressortchefs gewesen. Ein weiteres Jahr später wurden auch das 1960 aufgelöste Unions-Innenministerium sowie ein Bildungsministerium auf dieser Ebene wiederbegründet; fünf weitere Bauministerien sowie ein Justizministerium folgten 1967 sowie 1970 und 1972, so daß die Gesamtzahl der Ministerien in der ersten Dekade der neuen Ära von 29 auf 36 stieg.

Besondere Aufmerksamkeit verdient darüber hinaus die Annullierung einer besonders einschneidenden Reform: der Begrenzung der Amtszeit für Funktionäre. Daß selbst die mächtigsten Kommunisten im Regelfall nach drei Amtsperioden ausscheiden sollten und darüber hinaus «mindestens» ein Viertel aller Funktionäre – auf den unteren Ebenen noch mehr – bei jeder Neuwahl ausgewechselt werden sollten, widersprach nicht nur ihrem Selbstverständnis, sondern gefährdete auch die oligarchische Herrschaftsform. Die Begründung des Widerrufs mit dem Hinweis darauf, daß der reguläre Wahlmodus ohnehin zu einer angemessenen Erneuerung des Personals führe, nahm dem Akt nichts von seinem Egoismus; allzu deutlich lagen die wahren Motive zutage. Die neuen Herrscher wollten gerade in personalpolitischer Hinsicht zu liebgewordenen Traditionen zurückkehren. Daß diese stalinistisch waren, störte sie in keiner Weise. Dazu paßte die Um- und Rückbenennung des Parteipräsidiums in Politbüro, dessen Vorsitz anstelle des Ersten Sekretärs wieder ein Generalsekretär führte. Zugleich brachte der 23. Parteitag (29. 3.–8. 4. 1966), der unter anderem die letztgenannten Beschlüsse faßte, aber keine *erklärte* Restalinisierung. Der erste Kongreß der neuen Ära verfuhr wie die neuen Machthaber: Man verzichtete auf öffentliche Anklagen und demonstrative Gesten. Chruščev wurde weder vor Gericht gestellt noch propagandistisch diffamiert. Statt dessen kassierte man seine institutionellen Reformen ohne viel Aufhebens und hielt ideologische Veränderungen an. Die Entstalinisierung wurde abgebrochen; die Verbrechen des Diktators schrumpften zu «Fehlern», aber er wurde nicht förmlich rehabilitiert (und etwa ins Mausoleum zurückgeholt). Vieles gibt zu der Vermutung Anlaß, daß dieses stille, aber effiziente Vorgehen die Kernabsicht der Putschisten recht genau wiedergab. Die *nomenklatura* suchte nach einem turbulenten Jahrzehnt Ruhe und Stabilität. Dazu gehörte auch die Sicherheit vor der eigenen Biographie. Überwiegend unter Stalin aufgestiegen, fühlten sich die neuen-alten Männer durch die Enthüllungen über vergangene Greuel selbst angegriffen. Ob sie etwas zu verbergen hatten oder nicht – neugierige Fragen gar nicht erst zuzulassen, war allemal besser.[1]

Es hätte jeder Erfahrung widersprochen, wäre die Installation einer neuen Führung völlig ohne persönliche Auseinandersetzungen verlaufen. Was im einzelnen vorging, liegt noch im Dunkeln. Gleichwohl lassen sich die Ämterrochaden jener Jahre in Übereinstimmung mit den meisten damaligen Beobachtern als Resultate solcher Konflikte deuten. So besteht Einigkeit darüber, daß zunächst vor allem Brežnev und Podgornyj miteinander konkurrierten. Letzterer war nach dem Krieg im Gebietskomitee *(oblast')* der Industriestadt Char'kov, danach in der Parteiorganisation der Gesamtukraine aufgestiegen. Seit Ende 1957 gehörte er zum engstem Kreis der Macht (dem Parteipräsidium), aus dem er durch seine Ernennung zum ZK-Sekretär 1963 noch herausgehoben wurde. Wenn er gemeinsam mit Brežnev maßgeblich daran beteiligt war, jene Drähte zu spannen, über die Chruščev stolperte, so darf man die Verfolgung eigener Interessen unterstellen. In diesem Licht kam es in der Tat dem bekannten Manöver der ‹befördernden Abschiebung› gleich, wenn er im Dezember 1965 dazu auserkoren wurde, dem betagten Mikojan im Vorsitz des Präsidiums des Obersten Sowjet nachzufolgen.

Als Rivale für Brežnev konnte auch A. N. Šelepin gelten, der als jüngster Spitzenfunktionär (geb. 1918) die vielleicht steilste Karriere durchlaufen hatte. Dabei halfen seine Vergangenheit als KGB-Chef (seit 1958), seine Funktion als ZK-Sekretär für Sicherheitsfragen seit 1961 (die es ihm faktisch weiterhin ermöglichte, den Geheimdienst zu dirigieren) sowie der Vorsitz in der ZKK, die zu dieser Zeit auch für staatliche Funktionen zuständig war. All dies verschaffte ihm besondere Aufmerksamkeit und den Ruf eines starken Mannes hinter den Kulissen. Nicht zuletzt vor diesem Hintergrund müssen Umbesetzungen gesehen werden, die ihn zumindest um seine Hausmacht im Polizeiapparat brachten. Dasselbe ZK-Plenum, das Podgornyj in das Amt des ‹Staatspräsidenten› weglobte, löste im Dezember 1965 die alte ZKK auf. Anderthalb Jahre später verlor Šelepin auch die entscheidende

Sekretärsfunktion, als man ihn zum Vorsitzenden der Gewerkschaften ernannte. Zwar brachte das neue Amt viel Prestige mit sich, galt aber als unvereinbar mit einem Parteiamt. Da auch manche Vertraute auf andere Posten der vielköpfigen *nomenklatura* versetzt wurden, büßte er so viel Macht ein, daß er als ernsthafter Konkurrent Brežnevs ausschied.²

Im übrigen zeichnete sich die sowjetische Führung im ersten Jahrzehnt der neuen Ära durch eine ungewöhnliche *Kontinuität* aus. Bei genauer Betrachtung läßt sich in der gesamten sowjetischen Geschichte keine längere Periode von vergleichbarer personeller Stabilität finden. In den zwanziger Jahren bildete Lenins Tod eine tiefe Zäsur, der Machtkämpfe und ein Elitentausch auf allen höheren Ebenen von Partei und Staat folgten. Anfang der dreißiger Jahre bewirkte Stalins Aufstieg einen ähnlichen Riß, den der anschließende «Große Terror» brutal fortsetzte. Die Profiteure der Erschießungen und Deportationen genossen, soweit sie wendig genug waren, am ehesten eine vergleichbare politische Langlebigkeit; aber auch sie wurden durch den Weltkrieg dezimiert oder waren Stalins gewalttätigen Launen ausgeliefert. So verweist nicht zuletzt die auffällige Konstanz des inneren Machtzirkels auf Veränderungen des Systems, die durch seine Pazifizierung und eine neue Form der Zusammenarbeit gekennzeichnet waren. Wie immer dieser Wandel zu deuten ist, er zementierte sowohl die Oligarchie als auch die Herrschaft der Partei über den Staat und verlängerte damit die Lebensdauer der Gesamtordnung.

Dieser ‹erste Kreis› der *nomenklatura* sah im März 1966 so aus:

Tabelle 47: Mitglieder des Politbüros der KPdSU nach dem 23. Parteitag vom März 1966

Mitglied	Geburtsjahr	Parteieintritt	Position
L. I. Brežnev	1906	1931	Generalsekretär des Zentralkomitees
A. P. Kirilenko	1906	1931	Sekretär des Zentralkomitees
A. N. Šelepin	1918	1940	Sekretär des Zentralkomitees
M. A. Suslov	1902	1921	Sekretär des Zentralkomitees
A. Ja. Pel'še	1899	1915	Vorsitzender der Parteikontrollkommission
P. E. Šelest	1908	1928	Erster Sekretär des ukrainischen ZK
A. N. Kosygin	1904	1927	Vorsitzender des Ministerrats der UdSSR
N. V. Podgornyj	1903	1940	Vorsitzender des Präsidiums des Obersten Sowjets
K. T. Mazurov	1914	1940	Erster stellvertretender Vorsitzender des Ministerrats der UdSSR
D. S. Poljanskij	1917	1939	Erster stellvertretender Vorsitzender des Ministerrats der UdSSR
G. I. Voronov	1910	1931	Vorsitzender des Ministerrats der RSFSR
DURCHSCHNITT	1908	1931	
Kandidaten			
P. N. Demičev	1918	1939	Sekretär des Zentralkomitees
D. F. Ustinov	1908	1927	Sekretär des Zentralkomitees
D. A. Kunaev	1912	1939	Erster Sekretär des kazachischen ZK
P. M. Mašerov	1918	1943	Erster Sekretär des weißrussischen ZK
V. P. Mzavanadze	1902	1927	Erster Sekretär des georgischen ZK

1. Die Herrschaft der nomenklatura 831

Mitglied	Geburtsjahr	Parteieintritt	Position
Š. R. Rašidov	1917	1939	Erster Sekretär des uzbekischen ZK
V. V. Grišin	1914	1939	Vorsitzender des Allunions-Gewerkschaftskomitees
V. V. Ščerbickij	1918	1941	Vorsitzender des Ministerrats der Ukraine

Quelle: Hough, Fainsod, 239 f.

Zwei Merkmale stechen hervor: zum einen eine erhebliche, mit typischen Karrieremustern verbundene altersmäßige Kohärenz, zum anderen die Repräsentation einflußreicher Ämter und Organisationen. Beide haben als Grundlage einer Gesamtdeutung des politischen Systems der nachstalinschen Sowjetunion gedient, die unabhängig von der Entscheidung darüber gilt, welches Kriterium für wesenskonstitutiv erklärt wird. Unvorgreiflich einer solchen Festlegung bleibt zu konstatieren, daß die Vollmitglieder des Politbüros in der ersten Hälfte der Brežnev-Ära ohne nennenswerte Ausnahme der *stalinistischen Generation* im mental-politischen Sinne angehörten. Altersunterschiede wurden, auch wenn sie nicht unerheblich waren, durch gleichartige Prägungen und Erfahrungen ausgeglichen. Die ältesten Mitglieder waren in der Regel sowohl nach Maßgabe ihrer Ämter als auch ihrer Autorität zugleich die mächtigsten. Beide Eigenschaften ließen sich dabei kaum voneinander trennen, da sich die eine aus der anderen ergeben konnte. Sicher bedarf der biographische Zugang einer systemanalytischen Ergänzung. Unabhängig davon kommt schon ihm allein in einer Herrschaftsordnung, die in einem Maße auf eine kleine Gruppe herrschender Personen zugeschnitten war wie wenig andere, große aufschließende Kraft zu.

Es paßt ins Bild, daß auch die ‹Duumviren›, die Chruščev gemeinsam beerbten, eine exemplarische Biographie aufwiesen. Als Sohn eines Metallarbeiters 1906 geboren, besuchte *Brežnev* (gest. 1982) Ende der zwanziger Jahre eine landwirtschaftliche Fachschule und setzte seine Ausbildung danach am metallurgischen Institut in Dnepropetrovsk fort. Hier begann auch seine Parteilaufbahn, die ihn noch vor dem deutschen Überfall an die Spitze des Gebietskomitees führte. Nach dem Dienst als Politoffizier während des Weltkriegs kehrte er in führende Parteiämter der Ukraine zurück, erklomm aber erst unter den neuen Regenten dank Chruščevs Hilfe die entscheidenden Karrieresprossen bis hinauf in das oberste Unionsgremium. Als Lohn für die Bewährung in Kazachstan, wo er in der Eigenschaft des Ersten Parteisekretärs 1954 das Neulandprogramm auf den Weg brachte, konnte er 1956 als Sekretär des ZK und Kandidat des Parteipräsidiums nach Moskau umziehen. In seine Zuständigkeit fiel vor allem die Oberaufsicht über die Schwer- und Rüstungsindustrie einschließlich des prestigeträchtigen Raumfahrtprogramms. Im Zuge eines größeren Personalrevirements im Sommer 1960 fiel ihm das Amt des Vorsitzenden (im Präsidium) des Obersten Sowjets zu, das üblicherweise betagten und ‹verdienten› Parteigenossen vorbehalten war. Allem Anschein nach gelang es Brežnev, seine Funktion anders auszuüben und Kontakt zum politischen Entscheidungszentrum zu halten. So kehrte er 1963 in das Sekretariat des ZK zurück, wo er vermutlich den starken Mann, Kozlov, ersetzte, der nach einem Schlaganfall ausschied. Vor allem diese Ernennung warf ein bezeichnendes Licht auf seine zentrale Rolle im Hintergrund und hob ihn als Anwärter für die Nachfolge Chruščevs ins Rampenlicht.

Auch *Kosygin*, 1904 geboren (gest. 1980), kehrte nach dem Besuch einer Gewerbeschule und ersten Berufserfahrungen Anfang der dreißiger Jahre noch einmal in die Ausbildung zurück. Er studierte am Textilinstitut in Leningrad und erwarb den Grad eines Ingenieurs. Mit dieser – überaus typischen – Qualifikation übernahm er Leitungsfunktionen in der Leichtindustrie, bevor er im Gefolge des Terrors als sehr junger Mann eine steile Karriere im Staatsapparat durchlief und 1939 zum Volkskommissar für die Leichtindustrie ernannt wurde. Im folgenden Jahr avancierte er sogar zu einem der Stellvertretenden Vorsitzenden des SNK (nach dem Kriege umgetauft in Ministerrat) und behielt dieses Amt bis zu Stalins Tod. Seit 1948 gehörte er außerdem als Vollmitglied dem Parteipräsidium an, fiel aber im Zusammenhang mit der ‹Leningrader Affäre› in Ungnade und verlor diesen Rang. Mit der Ära Chruščev begann auch sein Wiederaufstieg, aber deutlich langsamer als im Falle Brežnevs. Erst 1959/60 gelang ihm der entscheidende Sprung: Er rückte zum Leiter des *Gosplan*, einem der Ersten Stellvertretenden Ministerpräsidenten und zugleich zum Vollmitglied des Parteipräsidiums auf. Damit hatte er die höchsten Würden der Staatsverwaltung mit besonderer Erfahrung im entscheidenden Bereich, der Wirtschaft, erreicht. In dieser Funktion übernahm er den zweiten Teil des Chruščevschen Erbes, das Amt eines Regierungschefs.

Wohl am längsten von allen wichtigen sowjetischen Nachkriegspolitikern bewahrte *Suslov* Sitz und Stimme im Arkanum der Macht. Zugleich war es kein Zufall, daß er nie als Anwärter für das allerhöchste Amt galt. Er war der typische starke Mann im Hintergrund, mächtig aufgrund seiner Ancienität und seiner Zuständigkeit für eine tragende Säule des Gesamtregimes, zugleich kein Generalist mit politischen Erfahrungen in den verschiedensten Bereichen (wie Brežnev), sondern ein eher öffentlichkeitsscheuer Spezialist. Auch Suslov, obwohl etwas älter als seine Kollegen (geb. 1902) und früher in die Partei eingetreten (1921), eroberte den entscheidenden Posten für seine weitere Laufbahn erst kurz vor Kriegsausbruch. Der Schluß liegt deshalb nahe, daß er das Amt des Ersten Parteisekretärs im *oblast'* Stavropol' ebenfalls dem mörderischen Wirken des NKVD verdankte. Nach einem Zwischenspiel als Partisanenführer ebenda und oberster Kommunist im okkupierten Litauen stieg er 1946 ins ZK auf, um im nächsten Jahr die Funktion zu übernehmen, die er bis zu seinem Tod 1982 innehatte: die höchste Kontrolle über die Ideologie und Propaganda. Suslov erschien – schon wegen seines asketischen Äußeren – als eine Art Großinquisitor, der seine Fäden im Verborgenen zog. Zu diesem Bild trug der ungewöhnliche Umstand bei, daß er als einziger führender Politiker sowohl den Umbruch nach Stalins Tod als auch Chruščevs Sturz überlebte. Während des Putschversuchs der Altstalinisten gegen Chruščev im Juni 1957 gehörte Suslov zu den wenigen Präsidiumsmitgliedern, die dem neuen Parteichef die Stange hielten. Trotzdem geriet er schon wenige Jahre später in den Ruch, zusammen mit Kozlov einer konservativen Gruppierung vorzustehen, die den allzu reformfreudigen ersten Mann im Staat zu bremsen suchte. Zumindest die Retrospektive bestätigt diesen Verdacht, da Suslov den Putsch vom Oktober 1964 gewiß unterstützte, wenngleich er ihn wohl nicht inszenierte. Und auch der Aufstieg Brežnevs zum Alleinherrscher schadete Suslov nicht sichtbar. Nicht er litt unter dieser Machtverschiebung, sondern Kosygin. Äußerlich blieb Suslov, was er war – Wächter des Kommunismus im Verständnis der frühen Stalinjahre.

Schließlich wird auch *A. P. Kirilenko* gewöhnlich zu den ‹starken Männern› der neuen Führung gerechnet. Allerdings verdankte er diese Stellung weniger eigener Kompetenz als seiner lebenslangen Verbindung mit dem Parteichef. Im selben Jahr wie Brežnev geboren, trat Kirilenko im selben Jahr der Partei bei und absolvierte zur gleichen Zeit dieselbe Ausbildung zum Ingenieur. Wie jener übernahm er danach verschiedene Parteiämter in der Ukraine, mußte aber mit deutlich niedrigeren vorliebnehmen. Nach dem Kriege diente er unter Brežnev in Nikolaev (am Schwarzen Meer), wurde 1950 dessen Nachfolger als Erster Parteisekretär von Dnepropetrovsk und stieg im Windschatten seines Mentors in die politische Elite des Gesamtstaates auf, als er zum obersten Kommunisten der wichtigen Industrieregion von Sverdlovsk (heute wieder Ekaterinburg) im Ural ernannt wurde (1955). Nach den Juni-Ereignissen von 1957 zog er als Kandidat ins Präsidium ein, in dem er seit 1962 vollberechtigt mitwirkte. Zugleich übernahm er in Gestalt des Stellvertretenden Vorsitzes des ZK der RSFSR das zweitwichtigste Amt in dieser mit Abstand bedeutendsten Sowjetrepublik. Wie nahe Kirilenko dem neuen Generalsekretär stand, geht aus seinem Privileg hervor, ihn vertraulich beim Vornamen nennen zu dürfen. Er war sein engster Helfer und sein Faktotum zugleich.[3]

Neben biographischen Merkmalen sollten indes Gesichtspunkte der Repräsentanz nicht übersehen werden. Schon ein oberflächlicher Blick auf die Zusammensetzung des neuen Parteipräsidiums begründet eine hohe Wahrscheinlichkeit (vgl. Tabelle 47), daß sie ebenfalls im Spiele waren. Neben dem Parteiapparat selbst, der in Übereinstimmung mit der ubiquitären Hegemonie der KPdSU am stärksten vertreten war, gab es nicht wenige Mitglieder, die zugleich für andere machtvolle Apparate sprechen konnten. Mit Sitz und Stimme bedacht wurden in diesem Sinne schon 1966 das (um den Aufgabenbereich der Überwachung der Staatsverwaltung verkleinerte) ZKK der Partei (A. Ja. Pelše), die ukrainischen Kommunisten (P. E. Šelest), der Ministerrat der UdSSR (Kosygin und K. T. Mazurov), der Oberste Sowjet (Podgornyj), der Ministerrat der RSFSR (G. I. Voronov) sowie unter Einbeziehung der Kandidaten des Politbüros: Kazachstan (D. A. Kunaev), Weißrußland (P. M. Mašerov), Georgien (V. P. Mšavanadze), Uzbekistan (Š. R. Rašidov), die Gewerkschaften (V. V. Grišin) und der ukrainische Ministerrat (V. V. Ščerbickij). Als besonders deutliches Indiz für das neue Prinzip aber hat man von Anfang an das Revirement von 1973 gewertet, das den Leiter des KGB (und ersten Generalsekretär nach Brežnev) Ju. V. Andropov, den Verteidigungsminister Marschall A. A. Grečko und den Außenminister A. A. Gromyko auf einen Schlag und unter Umgehung der üblichen Kandidatenjahre zu Vollmitgliedern des Politbüro beförderte. In der Tat liegt es nahe, diesen ungewöhnlichen Akt als Versuch zu deuten, einige der mächtigsten Akteure und Institutionen des Riesenreiches in die zentralen Entscheidungen einzubeziehen. Insofern kann er als besonders überzeugendes Argument für eine Interpretation gelten, die den politischen Entscheidungsprozeß in der nachstalinistischen Sowjetunion nicht nur oder nicht primär als Resultat der Durchsetzung eines zentralen Willens mittels der monopolistischen Partei, ideologischer Kontrolle und exklusiver Verfügung über alle staatlichen Zwangsmittel betrachtet, sondern auch oder vorrangig als Ergebnis des formalisierten Interessenausgleichs.[4]

Man mag einwenden, daß sich die beiden hervorstechenden Merkmale der politischen Führung nach Chruščev nicht ohne weiteres miteinander vereinbaren lassen. Der Blick auf ihre altersmäßige Zusammensetzung beleuchtet vor allem das Gemeinsame, die Frage nach ihrer Repräsentanz für bedeutende ‹kollektive Akteure› zielt dagegen eher auf Gräben und Gegensätze. Dem wäre entgegenzuhalten, daß sachlicher Dissens im Rahmen ein und derselben Grundüberzeugungen nicht nur theoretisch, sondern auch praktisch ohne weiteres möglich ist. Beide können sich zueinander wie Fundament und Aufbau verhalten. In diesem Falle wären beide Aspekte nicht gleichrangig, sondern der zweite dem ersten untergeordnet. Dennoch gälte, daß die ‹Füllung› eine andere wäre, wenn das Gerüst verändert würde.

Ob paradox oder folgerichtig, die «Stabilität der Kader» in der Staatsführung verband sich mit der Aushöhlung der ‹kollektiven Führung› und zunehmender Konzentration aller Kompetenzen bei *einer* Person. Diese Person war nicht zufällig der Generalsekretär. Abermals setzte sich die Partei als faktische, wenn auch indirekte Inhaberin des Gewaltmonopols über alle Bereiche von Staat, Wirtschaft, Gesellschaft und Kultur durch. Sicher trugen auch individuelle Begabungen und Grenzen der beiden Hauptakteure zu diesem Ergebnis bei. Daß sie aber den Ausschlag gaben, erscheint in Anbetracht der analogen Entwicklung von Lenin bis Chruščev wenig plausibel. Sowohl der strukturelle Zwang der Parteiübermacht als auch die Behar-

1. Die Herrschaft der nomenklatura

rungskraft der sowjetischen (und russischen) politischen Kultur ließen bald in Vergessenheit geraten, was immerhin eine vorrangige Lehre aus der Erfahrung der Stalinära und der Regentschaft des ersten Nachfolgers gewesen war. Diese Rückkehr zur Tradition fand in Gestalt einer Auseinandersetzung zwischen Brežnev und Kosygin statt. Sie wurde, den Machtkämpfen nach Lenins und Stalins Tod nicht unähnlich, in Form unterschiedlicher Konzepte für die nächste Zukunft ausgetragen. Spätestens zu Beginn der siebziger Jahre stand dabei Brežnev als Sieger fest. Sicher war ihm dabei das stillschweigende Versprechen behilflich, bei allen Neuerungen, wenn sie denn unumgänglich waren, den Kern des *status quo* auf der Basis der Hegemonie der Partei nicht anzutasten.

Denn vor allem in den ersten Jahren setzten die beiden neuen Führer durchaus auf Reformen. Ihre Reden stimmten in der Auffassung überein, daß die materielle Lage der Bevölkerungsmehrheit weiterhin im argen lag. Beide hielten die Hebung des Konsumniveaus für dringend geboten und folgten insofern der Diagnose ihres Vorgängers und Mentors. Beide teilten zugleich die Abneigung gegen überstürzte Abhilfe und zu viel Öffentlichkeit. Was sie anstrebten, waren vorsichtige Veränderungen im Einvernehmen mit denen, die sie letztlich durchzuführen hatten. Sie wollten die überfälligen Änderungen *mit* dem Apparat, nicht *gegen* ihn vornehmen. Allerdings wurde auch früh deutlich, daß sie bei allen Gemeinsamkeiten unterschiedliche Mittel bevorzugten. Brežnev setzte seine Hoffnungen anfangs entschieden auf eine Steigerung der landwirtschaftlichen Produktion. Dabei hatte er aus den Erfahrungen des vergangenen Jahrzehnts gelernt: Nicht die bloße Ausdehnung der Anbaufläche sollte zu diesem Ergebnis führen, sondern vor allem die Ertragssteigerung bereits genutzter Böden. Dies zog die Notwendigkeit erheblicher Investitionen nach sich. Dagegen setzte Kosygin stärker auf die Erweiterung der leichtindustriellen Produktion durch materielle Anreize. Letztere bestanden vor allem in Vergütungen und deren klarerer Abstufung. Insofern lief diese Therapie auf eine bewußte Verbreiterung der Lohnskala hinaus. Effizienzkriterien verdrängten ideologische Vorgaben. Das Instrument selbst war alles andere als neu – man denke an das ausgeprägte Gefälle im Vorkriegsstalinismus –, in seiner nüchternen, von Aufbruchselan und sozialistischer Rhetorik gleichermaßen entkleideten Funktionalität aber zumindest ungewöhnlich. Im Kern propagierte der mittlerweile altgediente Manager die Aufnahme eines Grundelements der Marktwirtschaft: Was weder der sozialistische Gedanke noch propagandistisch gesteuerte Wettbewerbskampagnen zu erreichen vermocht hatten, sollte der greifbare materielle Vorteil zuwege bringen. Allerdings setzte sich Brežnev schon in dieser Konkurrenz durch, als das ZK im März 1965 *sein* Programm annahm. Vermutlich hatte er dabei die mächtige Lobby der Schwer- und Rüstungsindustrie auf seiner Seite; sie befürchtete von einer Förderung der Landwirtschaft weniger Einbußen als von der Umleitung der

Ressourcen in die Konsumgüterproduktion. Hinzu kam, daß der achte Fünfjahresplan (1966–70), den der 23. Parteitag im April 1966 endgültig verabschiedete, als zweiten Profiteur den ‹militärisch-industriellen Komplex› auswies. So wurden schon in dieser Auseinandersetzung Weichen gestellt, die Kosygin, auch wenn er den siegreichen Kurs ausdrücklich unterstützte, eher auf ein Nebengleis und Brežnev auf den Gipfel der Macht führten.[5]

Auch in anderen Kernfragen der inneren Politik zogen Brežnev und Kosygin anfangs am selben Strang. Beiden ging es zunächst darum, die Funktionsträger von Partei und Staat sowie die Bevölkerung insgesamt zu beruhigen. Die Gräben, die Chruščevs Reformen aufgerissen hatten, mußten zugeschüttet werden. Hinzu kam, daß auch ihre Vorstellungen darüber, wie den unbezweifelbaren Mängeln auf anderem Wege beizukommen sei, in wichtigen Aspekten miteinander harmonierten. Beide forderten höhere Qualifikation und größere Anstrengungen, da sie eine Hauptursache der unverminderten ökonomisch-materiellen Unterlegenheit des ‹Sozialismus› gegenüber dem ‹Kapitalismus› im selben Defizit erkannten: der Trägheit, die eine konkurrenzlose, mehr Konformität als Einsatz prämierende Ordnung förderte. Allerdings verfolgten sie unterschiedliche Strategien zur Abhilfe. Während Kosygin vor allem technische, industriell verwertbare Fertigkeiten im Blick hatte, dachte Brežnev eher an die Optimierung der parteilichen Aufsicht. Verbesserte Ausbildung der ‹Kader› war ihm Mittel zum Zweck. Seinem Amt entsprechend, aber sicher nicht ohne innere Überzeugung, verband er auch die Aufgabe, den allgemeinen Lebensstandard zu heben, mit einer Stärkung der Partei. Die *nomenklatura* sollte noch mehr Macht erhalten, diese aber dank höherer Qualifikation auch effektiver nutzen.

Das ‹Duumvirat› im engeren Sinne dauerte etwa drei Jahre. Danach setzte sich Brežnev immer sichtbarer nicht nur als *primus inter pares*, sondern als einziger Vormann durch. Auch bei dieser Lösung der Nachfolgekrise bildete die Schwer- und Rüstungsindustrie offenbar das Zünglein an der Waage. Brežnev gelang (wie anfangs auch Chruščev) die Quadratur des Kreises. Er vermochte verschiedenen Interessen so weit gerecht zu werden, daß ihre Protagonisten ihn unterstützten oder sich seinem Aufstieg zumindest nicht in den Weg stellten. Auf der einen Seite erneuerte er seine Absicht, die Landwirtschaft nach Kräften zu fördern und die Leichtindustrie so zu bedenken, daß eine spürbare Verbesserung der materiellen Versorgung der Bevölkerung möglich schien. Auf der anderen Seite versprach er den Delegierten des 24. Parteitags Ende März 1971, die Interessen der Schwerindustrie «auf keinen Fall» zu vernachlässigen. Wie beides miteinander vereinbar war, blieb sein Geheimnis. Der Widerspruch trat aber (anders als zehn Jahre später) nicht deutlich ins Bewußtsein. Allerdings erscheint auch die alternative Deutung nicht abwegig, daß ohnehin niemand an die Möglichkeit gleichberechtigter Förderung fast aller wichtigen ökonomisch-politischen

1. Die Herrschaft der nomenklatura

Interessen glaubte und es darauf auch nicht ankam. Die stärkste Lobby entschied. Insofern war Brežnevs Sieg gesichert, als es ihm gelang, den ‹militärisch-industriellen Komplex› mit der Zusage zu beruhigen, die unumgängliche Hebung des allgemeinen materiellen Lebensniveaus werde sich nicht auf seine Kosten vollziehen. Die Vermutung liegt nahe, daß der ungefähr parallele außenpolitische Kurswechsel einen wichtigen Eckstein der Gesamtstrategie bildete. Gewaltverzichtsabkommen und Abrüstungsvereinbarungen mit der westlichen Welt schufen die Grundlage, um Sicherheitsbedenken entkräften und die Priorität des Konsums mit der Absicht tendenziell verminderter Zuwendungen an die Schwerindustrie sowie die riesige Armee verbinden zu können.

Bei diesem Erfolg half Brežnev, daß er seine Hausmacht auszubauen vermochte. Dazu bediente er sich der Neigung der Etablierten, am Überkommenen festzuhalten und ihren ‹Besitzstand› zu wahren. Manche Beobachter glauben bereits in den Reden vom Herbst 1967 eine konservative Wende erkennen zu können. Immer unverhohlener machte sich der Parteichef zum Advokaten des *status quo* unter besonderer Berücksichtigung der Suprematie von Partei und Ideologie. Auch in dieser Hinsicht steuerte er einen geschickten Mittelkurs. Auf der einen Seite vermied er eine Brüskierung der Parteioligarchie. Er wahrte nicht nur den Anschein kollektiver Führung, sondern hielt, wenn man den Begriff nur eng genug faßt, tatsächlich an ihr fest. Insofern wurde ein Kernstück der Entstalinisierung nicht in Frage gestellt. Auf der anderen Seite holte er im Zuge der ‹regulären› (nicht durch massive ‹Säuberungen› der Apparate beschleunigten) Ergänzung weitere Anhänger in das Politbüro und trat selbst immer stärker in den Vordergrund. Obwohl nach wie vor nur Generalsekretär, vertrat er die Sowjetunion international; sein Konterfei zierte die ersten Seiten der zensierten Medien, und seine Werke füllten in hohen Auflagen (gefolgt von denen Suslovs) die Auslagen von Buchläden und Kiosken. Eine Zäsur markierte dabei der 24. Parteitag. Während es um Kosygin stiller wurde, entwickelte sich um Brežnev ein regelrechter neuer Personenkult. Abermals verschmolzen Mann und Partei. Abermals inkarnierte sich das Wahrheitsmonopol der Partei in einem Einzelnen, der zugleich den Staat und den Sozialismus als System und Ideologie nicht nur der Sowjetunion repräsentierte. Dabei hinterließ der neue faktische Inhaber aller höchsten Kompetenzen anders als anfangs selbst Chruščev keine Blutspur. Dies verweist nicht nur abermals auf einen grundlegenden Systemwandel, sondern auch auf einen anderen Umgang mit der Parteiführung und eventuell auf eine gewisse Machtbegrenzung. Brežnev respektierte die Mitentscheidung zumindest des Politbüro. Soweit bekannt, fielen wichtige Entscheidungen weder beiläufig in durchzechten Nächten noch einsam. Mit dem erweiterten Sekretariat des ZK hatte sich beim höchsten Parteigremium auch ein eigener Apparat, genau besehen: eine zweite Regierung gebildet, auf die der Generalsekretär in dem Maße angewiesen war, wie seine Aufgaben wuchsen. Dies wirft die Frage nach dem Charakter der Brežnevschen Herrschaft auf. Wenn mächtige, im Politbüro vertretene Interessen und Organisationen zu beachten waren, unterlag die faktische Entscheidungskompetenz des ersten Mannes im Staate stärkeren Beschränkungen, als seine äußere, mediale Präsenz vermuten ließ, ohne daß er dadurch zum bloßen ‹Makler› herabsank.

Zu einer solchen, offenen Formulierung gibt auch der paradoxe Umstand Anlaß, daß Brežnevs wirtschafts- und innenpolitische Programme seit Mitte der siebziger Jahre heftige Rückschläge erlitten, seine Position davon aber (entgegen der Erfahrung seiner Vorgänger) unberührt zu bleiben schien. Der vom 24. Parteitag beschlossene neunte Fünfjahresplan (1971–1975) geriet schon 1972 durch schlechte Witterung ins Stocken. Zwar profitierte nicht zuletzt die Sowjetunion als bedeutender Exporteur im nächsten Jahr von der drastischen Anhebung der Rohölpreise; zugleich trocknete aber auch der Zufluß dringend benötigten westlichen Kapitals aus. Im letzten Planjahr schließlich wurde das Land von einer regelrechten Katastrophe heimgesucht. Die schlimmste Trockenheit seit langem vernichtete die Ernte so sehr, daß die Kontrollziffern zur Makulatur wurden. Seit 1932 hatte es keinen vergleichbaren Rückstand zum vorberechneten Soll mehr gegeben. Dennoch konnte Brežnev, nachdem er schon im Vorjahr den seltenen Marschallsrang erhalten hatte, im Juni 1977 den ungeliebten Podgornyj zum Rücktritt zwingen und auch den Vorsitz im Obersten Sowjet übernehmen. Zum ersten Mal seit Chruščevs Sturz waren damit zwei der drei wichtigsten Ämter wieder in einer Hand konzentriert. Auch wenn die neue Funktion keinen Machtzuwachs brachte, hob sie den Status ihres Inhabers merklich. Brežnev war, was Chruščev bei Auslandsbesuchen oft vermißt haben soll, nun auch protokollarisch der erste Mann im Staat.

Man muß davon ausgehen, daß diese abermalige Rangerhöhung vom Politbüro gebilligt wurde. Dies legt einen Zusammenhang mit weiteren innen- und wirtschaftspolitischen Kurskorrekturen nahe, die Brežnev in diesen Jahren vollzog. Schon nach den ersten Widrigkeiten rückte er vom ehrgeizigen Vorhaben ab, die Landwirtschaft abermals mit großen Summen zur Modernisierung zu bewegen. Bald darauf mußten auch sibirische Großprojekte aus Mangel an Kapital aufgegeben werden. Die verheerende Dürre zur Dekadenmitte schließlich machte nicht nur endgültig deutlich, daß die Planziele auf allzu optimistischen Voraussetzungen beruhten. Darüber hinaus rief sie die Agrarmisere einmal mehr schmerzlich ins Bewußtsein: An der Einsicht führte kein Weg vorbei, daß viereinhalb Jahrzehnte nach der gewaltsamen Auslöschung des alten Dorfes, zwei Jahrzehnte nach Chruščevs Neulandprogramm und ein Jahrzehnt nach Brežnevs eigener, zu Beginn der laufenden Planperiode wiederholter massiver Investitionshilfe die sowjetische Landwirtschaft immer noch die Schwachstelle der Wirtschafts- und Sozialordnung war. Während die kapitalistische Gesellschaft längst Lebens-

1. Die Herrschaft der nomenklatura

mittel und alltägliche Gebrauchsgüter im Überfluß produzierte, konnte sich die sozialistische nach wie vor nicht selbst ernähren – und gefährdete dadurch auch ihre politische Stabilität und Legitimation.

Trotz dieses vernichtenden Resultats blieb Brežnev das Schicksal Chruščevs erspart. Zwar geriet seine Autorität im Umfeld des 25. Parteitags im Februar/März 1976 in Bedrängnis. Kritiker riefen wieder lauter nach konkreten Anreizen für höhere Leistungen. Aber der Generalsekretär verstand es, sie zu besänftigen, und seine Position erneut zu festigen. Allem Anschein nach half ihm dabei abermals eine Koalition mit konservativen Kräften. Hauptprofiteur des zehnten Fünfjahresplans (1976–80) war die Schwer- und Rüstungsindustrie, die den Löwenanteil des Budgets behalten sollte. Unbeschadet dessen griff Brežnev aber auch Vorschläge Kosygins für materielle Impulse auf. Dies verband sich mit Bestimmungen in der neuen Verfassung von 1977, die den Bürgern auf dem Papier größere Rechte einräumten und die Entstalinisierung als Übergang von der ‹Herrschaft durch Gewalt› zur ‹Herrschaft durch sozialistische Gesetzlichkeit› – bei Wahrung aller staatlichen Prärogative für deren Auslegung – in Paragraphen faßte. Die Verwandtschaft mit Chruščevs Maßnahmen blieb aber entfernt. In seiner konkreten Innenpolitik klammerte sich Brežnev immer fester an konservative Grundsätze. Reformen kamen weniger denn je in Betracht. Auch zwei neue Mißernten in den Jahren 1979 und 1980, die Brežnev selbst zu der Befürchtung veranlaßten, die Versorgung der Städte sei in Gefahr, bewirkten keine Einkehr mehr. Der 26. Parteitag applaudierte im Frühjahr 1981 nur noch und bestätigte ein weiteres Mal den Vorrang der bekannten Interessen bei Verkündung ungetrübter Harmonie im Sowjetland. Zu dieser Zeit hatte sich die überalterte Führung mit einem kranken, kaum noch arbeitsfähigen Vormann längst in der Enge des eigenen Horizonts festgefahren. Zukunftsplanung erschöpfte sich endgültig in der Routine des Gehabten; der bald vielberufene «Stillstand» wurde unübersehbar. So drängt sich im Rückblick der Eindruck auf, als habe das Land, die Partei nicht ausgeschlossen, auf das Ableben Brežnevs und seiner Generation nachgerade gewartet.

Dennoch sollte man über dieses Ende den Anfang nicht vergessen. Die Meinung ist nicht abwegig, daß Brežnev – wie Stalin oder Nikolaj I. im zweiten Drittel des 19. Jahrhunderts – das oft ungnädige Schicksal widerfuhr, zu lange im Amt geblieben zu sein. Er stand achtzehn Jahre an der Spitze der Partei und mehr als eine Dekade an der des Gesamtstaates, länger als Chruščev und kaum kürzer als Stalin. In dieser geraumen Zeit änderte sich nicht nur seine Stellung, sondern auch seine Politik. Weit deutlicher als Kosygin war Brežnev ein Zögling Chruščevs, den der Geist der «Tauwetter»-Periode nicht unbeeindruckt ließ. Auch ihm blieben die Defizite der Sowjetordnung, vor allem im agrarischen Bereich, nicht verborgen. Es wäre zu einfach, die Aufhebung der Chruščevschen Reformen als generellen Verzicht auf ihre Absicht zu deuten. Brežnev drängte nicht nur unmittelbar nach dem Putsch auf massive Investitionen in die Landwirtschaft, sondern wiederholte seine Vorschläge mindestens bis zum Beginn der siebziger Jahre. Allerdings plädierte er für andere Mittel und Wege. Dies stärkte zum einen die dirigierenden und kontrollierenden Apparate, zum anderen die Reaktionsmöglichkeiten der relativ Benachteiligten. Die Reformpolitik verstrickte sich in die fundamentale Paradoxie, daß sie diejenigen zu motivieren trachtete, die am wenigsten an Veränderungen interessiert sein konnten. In Verbindung mit der tiefen Aversion gegen Öffentlichkeit und Massenpartizipation entstand daraus ein Dilemma, unter dem die meisten obrigkeitlichen Reformversuche litten: Man wollte Reformen durchaus *für* das Volk (das von einem größeren Warenangebot sicher eher profitiert hätte als die wohlversorgte *nomenklatura*), aber nicht *durch* das Volk. Angesichts dessen wurde die Neuerungsabsicht allmählich von der Furcht vor ihr aufgesogen. Hinzu kam die Trägheit der Partei. Sicher war dieses Ergebnis einerseits auf einen Mangel an ernsthaftem Reformwillen zurückzuführen. Andererseits spricht auch viel für die Meinung, darin nur eine Seite der Medaille zu sehen und die komplementäre in immanenten Barrieren der überkommenen Ordnung. In dieser Sicht produzierte die strukturell noch stalinistische Gesamtverfassung von Staat, Wirtschaft, Gesellschaft und Kultur aus sich selbst heraus ununterbrochen Reformzwänge, stellte aber ihrer Befolgung Hindernisse in den Weg, deren Überwindung die Herrschaft der Partei und letztlich das System selbst zu gefährden drohte.

Schon Chruščev sah dieses Dilemma und hütete sich, an das Gerüst des stalinistischen Gebäudes zu rühren; zugleich entsprach es seinem Charakter und dem Gebot des ‹Zeitgeistes› nach Jahrzehnten der Unterdrückung, daß er versuchte, es durch Appelle an die Bevölkerung und permanente Veränderungen mit dem Ergebnis unleugbarer Verwirrung zu überwinden. Von der Partei auf den Schild gehoben, schlug Brežnev den umgekehrten Weg ein, verzichtete aber mehr und mehr auf tatsächliche Neuerungen. Dabei erscheint die Frage müßig, was Einsicht und was Nachgeben war. Es gehörte zu jenen Eigenschaften, die seine lange Amtszeit zu verstehen helfen, daß er flexibel genug war, beides miteinander zu verbinden. Ähnlich wird man sich der damit zusammenhängenden Frage nach dem Charakter und Ausmaß seiner Macht nähern. Wer den Generalsekretär als Mittler zwischen den mächtigsten Interessen sieht, mag ihm einen eigenen Bewegungsspielraum weitgehend absprechen. Er vergißt aber dabei, daß auch und gerade aus der Vermittlung Macht entsteht, die bis zum diktatorischen *divide et impera* reichen kann. Schon deshalb erscheint es angezeigt, Brežnev autonome Herrschaft als Repräsentant einer Organisation zu attestieren, die nach wie vor unangefochten *alle* Bereiche von Staat, Wirtschaft, Gesellschaft und Kultur kontrollierte.[6]

b. Alter und Systemstabilität: die Brežnev-Generation als letztes Aufgebot

In den langen Jahren von Brežnevs Regierung veränderte sich nicht nur sein Herrschaftsstil, sondern auch der Charakter der von ihm geführten Oligarchie. So gut wie alle Autoren deuten diesen Wandel als Aspekt des Alterns. Dies hat zu ungewöhnlicher Aufmerksamkeit für die Frage nach Generationsgruppen und prägenden Merkmalen ihrer politischen Sozialisation geführt. Von einer Kollektivbiographie der Mächtigen versprach man sich Aufschluß über das System selbst. Dadurch wird verständlich, warum die *Generationsanalyse* zum Kronzeugen weit ausholender Deutungen wurde. Bemerkenswerterweise diente sie dabei durchaus unterschiedlichen, ja sogar konträren Aussagen. Die Verfechter einer ‹essentialistischen› Interpretation entnahmen den Daten eine bezeichnende Kontinuität über die Zäsuren von 1953 und 1964 hinweg und verbuchten sie als Beleg für ihre Auffassung, daß sich die bolschewistische Herrschaft nur oberflächlich verändert habe. Es sei im Kern die erste stalinistische Generation (im Sinne der mentalen Prägung, nicht der Geburt) gewesen, die den Sowjetstaat der Nachkriegsjahrzehnte gelenkt und konserviert habe. Mit ihrem Tod zu Beginn der achtziger Jahre habe notwendigerweise auch der Untergang der bolschewistischen Herrschaft begonnen. Demgegenüber wiesen Kritiker des Totalitarismuskonzepts darauf hin, daß der von ihnen postulierte qualitative Wandel der Sowjetordnung seit Stalins Tod nicht zuletzt an der Kollektivbiographie ihrer Führer abzulesen sei: belegten die Angaben doch den Aufstieg einer neuen Funktionärselite, die pragmatisch statt ideologisch dachte, institutionelle Interessen repräsentierte, anstatt utopischen Gesellschaftsentwürfen anzuhängen, und Konflikte überwiegend durch Kompromisse beilegte, anstatt Kontrahenten aus dem Amt zu jagen oder physisch zu vernichten. Schon dieser Tatbestand verweist auf die Notwendigkeit differenzierter Betrachtung. Zugleich deutet er an, daß sich die Interpretationen der Karrieremuster womöglich nicht ausschließen.[7]

Als Illustration der Veränderungen kann die Zusammensetzung des Politbüros gegen Ende der Brežnev-Ära dienen (vgl. Tabelle 48).

Das auffallendste Merkmal dieser Liste ist unbestritten: die erstaunliche *Kontinuität*. Sie betraf zunächst und in erster Linie – mit der Ausnahme Podgornyjs, der im Zuge seiner Ablösung als ‹Staatschef› auch aus dem Politbüro ausschied – die hauptsächlichen Profiteure des Umsturzes vom Oktober 1964. Brežnev, Kosygin, Suslov und Kirilenko behaupteten nicht nur ihren Sitz im höchsten Parteigremium, sondern bildeten darüber hinaus eine Art ‹Ältestenrat›, dem besondere Autorität zukam. Doch auch die meisten ihrer Kollegen hatten ihren Platz bewahrt. So ergab sich das erstaunliche Faktum, daß Mitte der achtziger Jahre, zu Beginn der *perestrojka*, noch zwölf der neunzehn Mitglieder dem Politbüro angehörten, die 1966 vom ersten Parteitag der neuen Ära bestellt worden waren. Ein solches «Über-

Tabelle 48: *Mitglieder des Politbüros der KPdSU im Januar 1978*

Mitglied	Geburtsjahr	Parteieintritt	Position
L. I. Brežnev	1906	1931	Generalsekretär des Zentralkomitees und Vorsitzender des Präsidiums des Obersten Sowjets
Ju. V. Andropov	1914	1939	Vorsitzender des KGB
V. V. Grišin	1914	1939	Erster Sekretär des Moskauer Stadtparteikomitees
A. A. Gromyko	1909	1931	Außenminister
A. P. Kirilenko	1906	1931	Sekretär des Zentralkomitees
A. N. Kosygin	1904	1927	Vorsitzender des Ministerrats
F. D. Kulakov[1]	1918	1940	Sekretär des Zentralkomitees
D. A. Kunaev	1912	1939	Erster Sekretär des kasachischen ZK
K. T. Mazurov	1914	1940	Erster stellvertretender Vorsitzender des Ministerrats
A. Ja. Pel'še	1899	1915	Vorsitzender der Parteikontrollkommission
G. V. Romanov	1923	1944	Erster Sekretär des Leningrader Parteikomitees
V. V. Ščerbickij	1918	1941	Erster Sekretär des ukrainischen Parteikomitees
M. A. Suslov	1902	1921	Sekretär des Zentralkomitees
D. F. Ustinov	1908	1927	Verteidigungsminister
DURCHSCHNITT	1911	1933	
Kandidaten			
G. A. Aliev	1923	1945	Erster Sekretär des aserbajdschanischen Parteikomitees
K. U. Černenko	1911	1931	Sekretär des Zentralkomitees
P. N. Demičev	1918	1939	Kultusminister
V. V. Kuznecov	1901	1927	Erster stellvertretender Vorsitzender des Präsidiums des Obersten Sowjets
P. M. Mašerov	1918	1943	Erster Sekretär des weißrussischen Parteikomitees
B. N. Ponomarev	1905	1919	Sekretär des Zentralkomitees
Š. R. Rašidov	1917	1939	Erster Sekretär des usbekischen Parteikomitees
M. S. Solomencev	1913	1940	Vorsitzender des Ministerrats der RSFSR

[1] gestorben Juli 1978
Quelle: Hough, Fainsod, 270f.

maß an Stabilität» hatte es bis dahin nur von 1941 bis 1953, mithin zu einer Zeit gegeben, als das Politbüro nichts zu sagen hatte und vor Stalin zitterte.[8]

Zwangsläufig verwandelte sich eine solche Oligarchie mit der Zeit in eine *Gerontokratie*. In den zwei Dekaden zwischen 1965 und 1985 erhöhte sich das Durchschnittsalter der Politbüromitglieder von 56 auf 67 Jahre (vgl. Tabelle 49). Dazu trug nicht nur die ungewöhnliche Kontinuität bei, sondern auch der Umstand, daß die Neulinge immer älter wurden. Gromyko war 64, Grečko 70, Andropov 59, Černenko 66, Ponomarev 67 und V. V. Kuznecov sogar 76 Jahre alt, als sie zwischen 1971 und 1977 ins Zentrum der Macht aufstiegen. Der einzig jüngere unter den Novizen dieser Zeit war mit 53 Jahren der Leningrader Parteichef Romanov. Weil er eine Ausnahme blieb, erhöhte sich das durchschnittliche Geburtsjahr von 1911 nicht nennenswert. Es war die vor dem Ersten Weltkrieg geborene und in den dreißiger Jahren politisch erzogene Generation, die unter Brežnev bis in die späten

1. Die Herrschaft der nomenklatura

Tabelle 49: *Altersgruppen der Politbüromitglieder 1920–1990 (in %)*

Alter/Jahre	1920	1925	1930	1935	1940	1945	1950	1955	1960	1965	1970	1975	1980	1985	1990
30 bis 39	50	38	41	14	–	–	–	–	–	–	–	–	–	–	–
40 bis 49	50	61	41	57	64	50	17	8	17	24	–	–	4	–	–
50 bis 59	–	–	18	29	18	29	58	50	50	41	55	35	13	18	37
60 bis 69	–	–	–	–	18	21	17	33	21	29	40	43	39	35	63
70 bis 79	–	–	–	–	–	–	8	8	13	6	5	22	39	41	–
80 bis 89	–	–	–	–	–	–	–	–	–	–	–	–	4	6	–
Durchschnitt	39	41	42	47	50	52	56	58	58	56	59	63	67	67	60
Mitgl. absolut	8	13	17	14	11	14	12	12	24	17	20	23	23	17	19

Quelle: Löwenhardt, Ozinga, van Ree, S. 130

siebziger und frühen achtziger Jahre hinein den Ton angab. Was sich damit verändert hatte, verdeutlicht der Rückblick auf frühere Zustände. Im Januar 1920 befanden sich vier von acht Politbüroangehörigen in ihren Dreißigern, das Durchschnittsalter betrug 39 Jahre; 1939 waren ihre Nachfolger im Durchschnitt gut 50 Jahre alt, die nachrückenden Kandidaten 46. Seit der ‹heroischen› Frühzeit der Sowjetunion waren bei Brežnevs Tod fast siebzig Jahre vergangen, aber die führenden Männer in Partei und Staat im Durchschnitt nur dreißig Jahre älter geworden. Allerdings darf man, um kein schiefes Bild zu erzeugen, einen Tatbestand nicht außer acht lassen: Die Langzeitanalyse zeigt, daß die Alterung schon mit der Geburt des Staates begann und trotz der Liquidierung vieler ‹alten Kämpfer› im Zuge des Stalinschen Terrors selbst in den letzten Zwischenkriegsjahren andauerte. Es gab nur unterschiedliche Geschwindigkeiten des Vorgangs, keine Sistierung oder gar Korrektur. Mithin trat in den siebziger Jahren nur deutlicher zutage, was sich von Anfang an vollzog: einerseits eine Normalisierung der Elitenrekrutierung aus der Gesamtgesellschaft (anstelle eines Segments mit besonderen Merkmalen, wie nach der Revolution und der Stalinschen ‹Wende›), andererseits eine unaufhaltsame Petrifizierung an ihrer Spitze als Folge der weitgehenden Ausschaltung autochthoner, konkurrenzgesteuerter Aufwärtsmobilität und ihrer Ersetzung durch Kooptation.[9]

Kontinuität und Alterung setzten eine Erscheinung voraus, die zur Veranschaulichung eigens Erwähnung verdient: die *Wiederwahl*. Da sie in einem System ohne Parteienkonkurrenz von vornherein wahrscheinlicher ist als in einer politischen Ordnung mit institutionalisiertem Wettbewerb, kommt den entsprechenden Daten für das gesamte ZK – immerhin ein Gremium von 125 Mitgliedern 1952 und 319 1981 – besondere Bedeutung zu. Die Berechnungen ergeben ein deutliches Bild. Im Regelfall wurden die ZK-Angehörigen in der Brežnev-Ära zu gut 70 % bestätigt; lediglich 1971 verringerte sich der Anteil auf 61,8 %. Bemerkenswert ist aber auch, daß sich eine ähnlich hohe Quote von 59,4 % für das ZK des Jahres 1956 ergibt. Tiefere personelle Zäsuren mit einer Aufnahme von mehr als 50 % Neulingen lassen sich lediglich 1961 sowie 1939 und 1952 feststellen. Diese Ergebnisse legen den Schluß nahe, daß (1) Terror und Krieg zwischen dem 17. und 19. Parteitag (1934 und 1952) mit Wiederwahlquoten von 23 % und ca. 28 % zu einem umfassenden (und blutigen) Elitentausch in der KPdSU führten; daß (2) die Entstalinisierung unter Chruščev erst 1961 deutliche personelle Auswirkungen mit einer Nichtbestätigung von 60 % zeitigte; und daß (3) Brežnev 1971 nur in geringem Umfang Neubesetzungen vornahm, das ZK ansonsten aber in Ruhe ließ. Da letzteres für die *nomenklatura* insgesamt stand, entsprach dies nicht nur dem Charakter, sondern der Existenzgrundlage ‹seines› Regimes insgesamt (vgl. oben Diagramm 4 S. 773).[10]

Für den Historiker verdichten sich die meisten der vorgenannten Daten zu der Frage nach gemeinsamen Erfahrungen, aus denen Ähnlichkeiten der politischen Weltsicht abzuleiten wären. Unter diesem Aspekt ergibt sich zuallererst ein Befund, den kein ernsthafter Beobachter bestreitet: daß es die Nutznießer des Stalinschen Terrors waren, die unter Chruščev groß wurden, nach ihm die Zügel übernahmen und sie bis zur ‹Auskehr› unter Gorbačev nicht losließen. Sie stolperten gleichsam die Karriereleiter hinauf, da die exzessive Gewalt der Vorjahre die alten Amtsinhaber beseitigt hatte. Unter den vom 18. Parteitag 1939 gewählten ZK-Mitgliedern fand sich buchstäblich niemand mehr, der vor der Jahrhundertwende geboren worden war. Den Jungen eröffneten sich Aufstiegschancen, wie sie seit 1917 nicht mehr bestanden hatten. Viele nutzten sie und sorgten für eine ungewöhnliche generationsmäßige Geschlossenheit, die sich gleichsam wellenförmig von Ebene zu Ebene (bemerkenswerterweise ohne wirklich schwere Rückschläge) fortsetzte. Als «Klasse der '38er» teilten sie eine Reihe typischer Merkmale: Sie kamen aus kleinen Verhältnissen, besuchten in der ersten oder zweiten Fünfjahresplanperiode die neuen technischen Fachschulen des Arbeiter- und Bauernstaates, traten in dieser Zeit der Partei bei und erwarben sich erste Sporen in einem der staatlichen und quasistaatlichen Apparate; sie waren unter dem neuen Regime erwachsen geworden, verdankten ihm eine Qualifikation und Zukunftsperspektiven, um die ihre Väter sie beneiden konnten; sie teilten den Enthusiasmus des sozialistischen Aufbaus, verehrten Stalin, kannten nur den autoritären Einparteienstaat, hatten keine Fremdsprache gelernt und Rußland nie verlassen, nahmen die Welt in technischen Kategorien wahr, maßen in Tonnen, dachten antiintellektuell und latent antisemitisch – kurz: sie waren *vydviženzy par excellence* und Prototypen der «Sowjetintelligenz». Am Maßstab des Parteieintritts gemessen, belief sich der Anteil solcher ZK-Mitglieder, deren politisches Weltbild sich in den dreißiger und vierziger Jahren geformt hatte, sowohl 1966–71 als auch 1976–81 bei natürlichem Rückgang der erstgenannten Kategorie auf ca. 70%. Erst 1986 – auch dies ein Faktum, das geradezu nach interpretatorischem Bezug auf den synchronen politischen Neubeginn verlangt – erreichte die Chruščev-Generation den Anteil der Neulinge der vierziger Jahre und bildete zusammen mit diesen die große Mehrheit. Erst in diesem Jahr sank der Prozentsatz derer, die den «großen Terror» und das Kriegsende als Erwachsene erlebt hatten, unter die Hälfte.[11]

So klar die Führungsrolle der sowjetischen Vorkriegsgeneration in der Nachkriegsgeschichte zutage liegt, so offen bleibt die Frage nach ihrer Prägekraft für das gesamte politische System. Daß die *vydviženzy* die politische Mentalität ihrer frühen Erwachsenenjahre konservierten, ist eine naheliegende, aber nicht die einzige Deutung. Sie hat den Einwand hervorgerufen, daß eben diese Generation sich anders verhielt als ihre Vorgängerin, weil sie aus der stalinistischen Erfahrung gelernt hatte. Immerhin waren es Stalins Zöglinge, die Chruščevs Abrechnung mit der Vergangenheit unterstützten und nach 1964 das Prinzip der kollektiven Führung in nie dagewesenem Maße verwirklichten. Sie schafften die Gewalt als Mittel der politischen Auseinandersetzung – zumindest unter ihresgleichen – ab und erlaubten Chruščev einen friedlichen Ruhestand. Fraglos begründeten sie eine Art von ‹institutionellem Pluralismus› und taten dies in Kooperation sowohl mit den älteren Genossen der zwanziger Jahre als auch mit den jüngeren der vierziger. Eine so ausgeprägte Homogenität, wie ihn das generationssoziologische Totalitarismusmodell unterstellt, hat es in dieser Sicht nie gegeben. Stets teilten sich mehrere Generationen den großen Kuchen der Macht – bis hin zu dynamischen Jungfunktionären wie M. S. Gorbačev oder E. A. Ševardnadze, die Ende der siebziger Jahre aufstiegen. Zu diesem differenzierteren Bild paßt die Beobachtung durchaus, daß die regionale Entwicklung anders verlief. In den *oblasti* und *krai* gaben gegen Ende der Brežnev-Ära die 1915–1925 Geborenen, deren Karriere überwiegend erst *nach* dem Krieg begonnen hatte, den Ton an. Man hat daher in dieser Hinsicht von einer doppelten Kluft gesprochen: Die Distanz zwischen Zentrum und Peripherie war zugleich eine zwischen den Generationen. Freilich räumt auch diese Auffassung ein, daß die Grobstruktur der Macht im Staat spätestens seit der Stalinschen «Revolution von oben» weitgehend unverändert blieb. Zwar verschwand die personale Diktatur. Aber an ihre Stelle trat eine *oligarchische*. Diese vertrug sich nicht nur mit generationsmäßiger Homogenität der Elite, sondern erforderte sie nachgerade. Zugleich erlaubte sie eine Veränderung der Form politischer Entscheidungen ebenso wie das Heranwachsen einer jüngeren Regionalelite anderer Prägung. «Wandel in einer breiteren Kontinuität» scheint daher in der Tat eine angemessene Formulierung für diese Mixtur zu sein – schließt sie doch den Anpassungsdruck ein, der sich im Maße der fortschreitenden Sklerose an der Spitze von Partei und Staat aufbaute.[12]

Der Befund überrascht nicht, daß der *Ministerrat* der UdSSR eine ähnliche Generationsstruktur aufwies. Detaillierte Daten liegen für das Ende der Brežnev-Ära vor. Wer der Spitze der Staatsverwaltung im Juni 1981 angehörte – insgesamt 116 Personen –, war im Durchschnitt 64 Jahre alt und 1918 geboren worden. Er hatte in der Regel (95 %) ein Studium, typischerweise der Ingenieurwissenschaften (2/3) mit besonderer Bevorzugung der Schwerindustrie, absolviert, diese Ausbildung 1938 begonnen und vor Ende des Zweiten Weltkriegs abgeschlossen. Siebzehn Personen (etwa ein Fünftel) holten den Studienabschluß im späten Stalinismus nach, nur 13 (= 14,9 %) unter Chruščev. Zumeist waren die Mitglieder des letzten Brežnevschen Ministerrats gegen Ende ihres Studiums 1943, zu 16,8 % nach dem Zweiten Weltkrieg und in gleicher Anzahl nach 1953 in die KPdSU eingetreten. Nur vier, zweifellos die Inhaber der wichtigsten Ämter, gehörten zugleich (überwiegend aber erst seit 1973) dem Politbüro an: der Vorsitzende (bis 1980 Kosygin, danach N. A. Tichonov), der Verteidigungsminister (bis 1976 Grečko, danach D. F. Ustinov), der Außenminister (Gromyko) und der Chef des KGB (Andropov). Zwei Drittel aber waren Vollmitglieder, weitere 22,3 % Kandidaten des ZK,

1. Die Herrschaft der nomenklatura 847

so daß fast alle Mitglieder des Ministerrates über einen Sitz im nominell höchsten Parteigremium verfügten. Die durchschnittliche Amtszeit eines Ministers oder Staatskomiteeleiters betrug gut zehn Jahre; schon zu Beginn der zweiten Hälfte der Brežnev-Ära bestand die Spitze der staatlichen Administration aus Personen, die ihre Berufung dem Generalsekretär verdankten. Mithin bestätigen diese Daten vor allem zwei Hypothesen: (1) daß der Ministerrat, obwohl etwas jünger als das Politbüro, ebenfalls ganz überwiegend der stalinistischen Vorkriegsgeneration angehörte, und (2) daß er in der Machthierarchie unterhalb des Politbüros stand und von diesem schon aufgrund der geringeren Anciennität seiner Mitglieder installiert wurde. Auch die Zusammensetzung der obersten staatlichen Exekutive kann daher als Beleg für die Hypothese gelten, daß die neue, technisch-administrative Elite des frühen Stalinismus die Sowjetunion bis in die letzten Jahre der Brežnev-Periode trug und prägte. Daraus ergibt sich als Umkehrschluß: Erst das Abtreten dieser Generation bewirkte eine tatsächliche Zäsur, wie tief sie immer sein mochte.[13]

c. Die Partei: Organisation und Mitglieder

Es versteht sich, daß die Gerontokratie vor allem deshalb so lähmend wirkte, weil die *Partei* ihre überkommene Machtstellung weiter festigen konnte. In dem Maße wie der Umsturz vom Oktober 1964 den Chruščevschen Populismus korrigierte, war er geeignet, ihre Kontrollfunktionen zu stärken. Der neuen Oligarchie an ihrer Spitze entsprach eine Bekräftigung ihres Monopols an faktischer Verfügungsgewalt in allen Bereichen des öffentlichen Lebens einschließlich der Wirtschaft. Die Partei war, wie die neue (Brežnevsche) Verfassung vom 7. Oktober 1977 erstmals offen und korrekt formulierte, die «führende und lenkende Kraft der sowjetischen Gesellschaft, der Kern ihres politischen Systems, der staatlichen Organe und gesellschaftlichen Organisationen». Sie traf die Entscheidungen, die der Staat ausführte. Sie wählte die Personen aus, die alle wichtigen Staatsämter übernahmen. Sie gab die Entwicklungsziele vor und bestimmte die Wege, auf denen sie anzusteuern waren – während die staatlichen Instanzen immer weiter zu abhängigen Organen herabsanken. Zugleich wuchs den Parteikomitees auf allen Verwaltungsebenen die Funktion von Führungsorganen zu. Als Folge der Aufgabenfülle, die sich daraus ergab, stiegen sowohl der Bedarf an neuen Mitgliedern als auch die Anforderung an ihre Qualifikation weiter. Beides stellte die Partei vor erhebliche Probleme und veränderte ihren Charakter nach Meinung einiger Interpreten sogar grundsätzlich. Zum einen stärkten die zunehmenden Kompetenzen die jeweiligen faktischen ‹Parteiregierungen› zwar, stützten jedoch auch deren Stellung in der Gesamtpartei und vergrößerten ihre Handlungsmöglichkeiten. Zum anderen erhöhte das quantitative Wachstum wohl die Wahrscheinlichkeit, genügend fähiges Personal zu rekrutieren; aber es modifizierte auch die soziale Struktur der Mitgliederschaft in einer Richtung, die mit dem traditionellen Selbstverständnis der Kommunisten kaum vereinbar war. Beide Tendenzen waren nicht neu; beide gewannen jedoch in dem Maße an Schärfe, in dem Brežnev der Maxime folgte, daß möglichst viel von der Partei und möglichst wenig vom Volk durchzuführen sei. Zugespitzt gesagt, stand die Option tatsächlicher Oligarchie gegen eine Politik als Interessenmanagement und die herkömmliche Klassenpartei gegen eine Volkspartei, die mehr und mehr von der Bildungselite dominiert wurde.[14]

Weil moderne Herrschaft nicht ohne Verwaltung denkbar ist, entwickelte die KPdSU immer größere Apparate. Ihr Machtanspruch rächte sich. Wer über alles bestimmen wollte, mußte die reklamierten Zuständigkeiten auch wahrnehmen und sich die nötige Kompetenz aneignen. Faktisch bildete sich auf jeder Ebene eine informelle zweite ‹Regierung› der Partei, die alle wesentlichen Entscheidungen traf. Dabei wirft ihre neutrale Bezeichnung als «Apparat» ein bezeichnendes Licht auf ihre ‹uneigentliche› Stellung: In der Verfassung nicht vorgesehen, durfte sie im Namen nicht preisgeben, was sie eigentlich war. Neben dem Ministerrat und dem Obersten Sowjet, der außer legislativen Befugnissen eigentlich auch ausführende besaß, entstand eine Art dritter Exekutive. Da die Macht aber nicht wirklich geteilt werden sollte, wurden die beiden konkurrierenden Organe auf andere Felder abgedrängt. Der Ministerrat übernahm die Ausführung der Beschlüsse im administrativen Sinne, der Oberste Sowjet ihre Umgießung in Gesetze. Diese Verdreifachung fand sich auch auf Republiksebene; neben dem jeweiligen ZK der Partei und seinem Apparat gab es eine eigene Regierung samt Ministerrat und einen Obersten Sowjet. Dagegen verringerte sie sich auf den unteren Ebenen zu einem Nebeneinander der Exekutivgremien von Partei und Sowjet. Gerade hier kann man allerdings nicht von Konkurrenz sprechen. Bei allen Einflußmöglichkeiten, die sich aus der Mitwirkung als solcher ergaben, lag allzu deutlich zutage, wer Herr und wer Knecht war.

Ebensowenig sammelte sich die Macht in der Partei selbst bei den Organen, denen sie satzungsgemäß zukam. Wohl gehörte es zur Politik des Ausgleichs mit den Funktionären, daß ihre formal demokratischen Repräsentativversammlungen ernstgenommen wurden. Auch in dieser Hinsicht fand keine Rückkehr zu Stalin statt. Vielmehr kam der Parteitag regelmäßig alle fünf Jahre zusammen. Der 23. Parteitag 1966 bestätigte den Machtwechsel und weitere personelle Umbesetzungen in dessen Nachfolge. Der 24. Parteitag 1971 brachte im wesentlichen den neuen (9.) Fünfjahresplan (1971–75) auf den Weg. Gleiches galt für den 25. Parteitag 1976, dem Brežnev aber das Erntedesaster erläutern und Besserung zusagen mußte. Der 26. Parteitag 1981 legte dem Parteiführer im siebzehnten Jahr seiner Amtsführung keine Steine mehr in den Weg, obwohl vor allem die Agrarkrise die Leistungsfähigkeit der Gesamtwirtschaft aufs ernsteste gefährdete. Ähnlich tagte das ZK in recht genauer Erfüllung der Vorschriften. Die Sammlung seiner Be-

1. Die Herrschaft der nomenklatura

Tabelle 50: Zahl der Parteitagsdelegierten 1956–1981

Parteitag	Delegierte	Parteitag	Delegierte
20. (1956)	1355	24. (1971)	4740
21. (1959)	1269	25. (1976)	4998
22. (1961)	4394	26. (1981)	5002
23. (1966)	4620		

Quelle: s. Anm. 15

schlüsse weist aus, daß es, wie vorgesehen, in der Regel zweimal pro Jahr zusammentrat. Im Vergleich zur Chruščev-Ära zeigt sich auch hier eine Art von Mittellinie: Die neuen Regenten vermieden gehäufte Appelle, zollten ihm aber als ständige Vertretung der Gesamtpartei den statutengemäßen Respekt. Man kann diesen Umgang als bloß formale Korrektheit deuten. Vieles spricht aber dafür, in ihm zugleich die Anerkennung der grundlegenden Rolle zu sehen, die der Partei in der Herrschaftspraxis zukam.

Auch die letztgenannte Deutung schließt im übrigen nicht aus, daß beide Organe, der Parteitag ebenso wie das ZK, von Entscheidungen über fundamentale Fragen ausgeschlossen blieben. Dazu trug schon ihre schlichte Kopfzahl bei. Die seit der Revolution zu beobachtende Tendenz zur Vergrößerung setzte sich fort; in gleichem Maße nahm ihre Handlungsfähigkeit ab. Die Angaben sprechen für sich (vgl. Tabelle 50).

Eine ähnliche Entwicklung durchlief das ZK (vgl. Tabelle A–7/1 im Anhang). Dabei zeigt die Aufstellung, daß der eigentliche Sprung erst nach dem 22. Parteitag stattfand. Auch dieser Unterschied verlangt geradezu nach einer Korrelation mit der Gesamtpolitik: Unter Chruščev vergrößerte sich die Zahl der *Parteitags*delegierten auffallend, unter Brežnev die der *ZK*-Mitglieder. Sicher wird man die bloße Kopfstärke nicht allein dafür verantwortlich machen können, daß sich beide Organe nach dem Oktoberumsturz von 1964 wieder zu willfährigen Instrumenten der obersten Führungsspitze degradieren ließen. Entscheidend war und blieb der monokratische Charakter der Gesamtordnung. Dennoch scheint die schiere Größe der Versammlung zu diesem Ergebnis beigetragen zu haben. Die alte Strategie der Erweiterung als Mittel der Entmachtung bewährte sich noch in den letzten Jahrzehnten der Sowjetunion.[15]

Um so eher gingen die laufenden Geschäfte in die Hände anderer Gremien über. Was sich zur Politik summierte, wurde vom *Sekretariat des ZK* vorbereitet. Unbeschadet der endgültigen Entscheidung durch das Politbüro fiel daher ihm eine Schlüsselrolle zu. Ständige und geregelte Mithilfe bei der Machtausübung verwandelte sich in Teilhabe an der Macht selbst. Dieser (historisch häufige) Vorgang hatte auch personelle Folgen: Einige Mitglieder des Politbüro gehörten zugleich dem Sekretariat des ZK an. Dabei wird man es nicht als ornamentale Addition werten wollen, daß vor allem diejenigen eine Doppelfunktion innehatten, denen der größte Einfluß zugeschrieben wurde – unter anderem dem Generalsekretär Brežnev, seinem Gehilfen Kirilenko und dem Chefideologen Suslov. Auch dies war nicht neu im Einparteienstaat: Maßnahmen vorzubereiten und über sie mitzuentscheiden, garantierte von Anfang an ein Maximum an Macht – angesichts fehlender Kontrollen auch in der Partei (von den Sowjets nicht zu reden) faktisch eine Position nahe der personalen Diktatur.

Sicher konnte das Sekretariat des ZK auf Unionsebene am ehesten den Anspruch erheben, die eigentliche Staatsregierung zu sein. Seine in der Regel elf Mitglieder übernahmen bestimmte sachliche Zuständigkeiten, innerhalb derer ihnen faktisch die oberste Anweisungskompetenz zukam. Auch wenn sie formal bloße Parteiangestellte blieben, übten sie faktisch hoheitliche Funktionen aus, da der Ministerrat ihren Wünschen folgte. Auch die Aufsicht des Politbüros dürfte nur in Ausnahmefällen den Charakter einer Kontrolle angenommen haben. Von Grundsatzentscheidungen abgesehen, bestimmten die Sekretäre in ihren ‹Ressorts›, wohin das Land steuerte. Deshalb spricht in der Tat vieles dafür, die Mitgliedschaft in ihrem Kreise ebenso genau zu beobachten wie die im Politbüro. Im Vergleich zwischen den Anfangs- und den Schlußjahren der Brežnev-Ära zeigen sich dabei einige Unterschiede. Zunächst fällt auf, daß Brežnev in diesem Gremium zügiger daranging, Gegner zu entfernen oder natürliche Vakanzen zu nutzen, um Personen seines Vertrauens einzuschleusen. Nach der Abdrängung Šelepins und der Besetzung zweier weiterer freigewordener Posten verfügte er spätestens 1968 über einen Stab, der seinen Vorstellungen folgte. Zum anderen verdient Beachtung, daß auch Jüngere eine Chance erhielten. So durfte im April 1968 mit dem damals 41-jährigen K. F. Katušev zum ersten Mal ein Mann diese unmittelbare Vorhalle der höchsten Macht betreten, der den Zweiten Weltkrieg in seiner Jugend kaum mehr bewußt erlebt hatte. Ähnliches wiederholte sich während einer umfassenden Rochade im September 1978, als der 47-jährige Gorbačev zum ZK-Sekretär ernannt wurde. Auch wenn Brežnev weiterhin – und in mancher Hinsicht zäher denn je – an Helfern aus alter Zeit festhielt (so rückte Černenko z. B. zum Vollmitglied des Politbüros auf), verwiesen nicht nur diese Ernennungen auf den bevorstehenden Generationswechsel. Die Annahme drängt sich auf, daß ‹neue Leute›, deren Erscheinen überfällig war, zunächst im Sekretariat eine Wirkungsstätte fanden.[16]

Natürlich bedurften die ZK-Sekretäre ihrerseits der Zuarbeit. In dem Maße wie Umfang und Reichweite der Entscheidungen des Politbüros zunahmen, entstand ein eigener, mächtiger *Apparat*. Seine Struktur spiegelte nicht nur die klassischen Aufgaben der Politik, sondern auch die zusätzlichen, die sich aus der Verstaatlichung von Industrie und Landwirtschaft ergaben. Dementsprechend nahm sie nach Kriegsende eine reguläre, trotz starker personeller Ausweitung während der folgenden Jahrzehnte im Kern unveränderte Gestalt an. Allem Anschein nach gliederte sich dieser Apparat

1. Die Herrschaft der nomenklatura

Ende der siebziger Jahre in mindestens 21 Abteilungen, die für Allgemeines, die Staatsverwaltung, Parteiorganisation- und arbeit, Landwirtschaft, chemische Industrie, Rüstungsindustrie, Schwerindustrie, Leicht- und Nahrungsmittelindustrie, den Maschinenbau, das Bauwesen, Wirtschafts- und Finanzpläne, Handel und Konsum, Transport und Verkehr, das diplomatische Personal, internationale Angelegenheiten, die politische Verwaltung des Verteidigungsministeriums (und der Armee), Kultur, Bildung und Wissenschaft, die übrigen sozialistischen Länder sowie das Informationswesen zuständig waren. Die meisten dieser Abteilungen betreuten somit ähnliche Sachbereiche wie die jeweiligen Ministerien. Diese Parallelität war beabsichtigt. Sie schloß eine faktische Anweisungsbefugnis gegenüber den staatlichen Behörden ein und konkretisierte die allgemeine Hegemonie der Partei über den Staat für die einzelnen Politikfelder. Die weitere Binnenstruktur des ZK-Apparates bleibt unklar. Sicher ist, daß die einzelnen Abteilungen nach sachlicher Zuständigkeit in unterschiedlich viele Sektionen untergliedert waren. An ihrer Spitze standen ein Leiter sowie je nach Größe ein bis fünf Stellvertreter, denen eine ebenfalls divergierende Zahl von Referenten und Instruktoren zuarbeitete. Bei 3–15 Sektionen pro Abteilung hat man insgesamt etwa 150–175 Sektionen angenommen. Dementsprechend weichen auch die Schätzungen der personellen Gesamtstärke des ZK-Apparats stark voneinander ab. Ein zurückhaltender Überschlag der höheren Mitarbeiter – unter Abzug also vor allem des reinen Dienstpersonals – kommt auf etwa 1500.[17]

Die skizzierte Organisation wiederholte sich auf den verschiedenen Ebenen der administrativen Hierarchie (vgl. Diagramm 5). In den Republiken gab es – mit der bezeichnenden Ausnahme der RSFSR – eigene Kommunistische Parteiorganisationen, die auf Parteitagen eigene Zentralkomitees mit einem Politbüro und einem Sekretariat an der Spitze wählten. Darunter folgten Gebietsorganisationen (*oblast'*), denen Gebietskomitees (*obkom*) vorstanden. Wie in der Union wurden alle wichtigen Fragen im Politbüro oder den Exekutivkomitees der insgesamt 139 Gebiete entschieden, an deren Spitze jeweils ein Erster Sekretär stand. Diese 139 «Sowjetpräfekten», wie man sie genannt hat (Stalin sprach sogar von «Generälen«), waren die starken Männer ihrer Regionen. Sie gaben den Ministerpräsidenten der Republiken oder den Vorsitzenden der Gebietssowjets ebenso Anweisungen wie den untergebenen Parteisekretären und Sowjetvorsitzenden. Sie gehörten überwiegend dem Unions-ZK an, die einflußreichsten von ihnen sogar dem Unions-Politbüro. Alle Generalsekretäre der Gesamtpartei nach Stalin und die meisten Mitglieder der engsten Führungsspitze hatten dieses Amt irgendwann und meist nicht zum unwichtigsten Zeitpunkt ihrer Karriere inne. Von Chruščev über Brežnev bis Gorbačev bezeugt ihr Aufstieg, daß die Republiks- und Gebietssekretäre das wichtigste Reservoir für die Auslese der allerersten Führungsgarnitur bildeten. In der Provinz genossen sie eine ähnliche Stellung wie einige von ihnen prospektiv im Gesamtstaat; hier

X. Die Ära Brežnevs (1964–1982)

Diagramm 5: Vereinfachte Organisationsstruktur der KPdSU

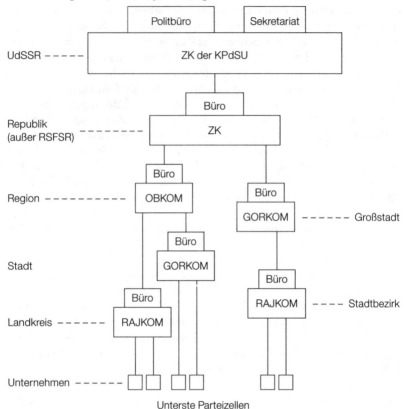

Quelle: R. J. Hill, P. Frank, The Soviet Communist Party. 3. Aufl., London 1988, 48

mußten sie ihre politischen wie organisatorischen Fähigkeiten unter Beweis stellen.

Angesichts dessen bedarf es kaum der Erwähnung, daß die Gebietssekretäre in wachsendem Maße über einen Hochschulabschluß verfügten. Dabei zeigt sich ein auffallender Zusammenhang mit der sozioökonomischen Struktur ‹ihrer› Region: In industriellen *oblasti* überwogen die Ingenieure, in agrarischen die Landwirtschaftsexperten. In der gegebenen Ordnung ohne Parteienkonkurrenz mußten Politiker – denn nichts anderes waren die Ersten Sekretäre funktional – nicht nur über Führungstalent verfügen, sondern auch und temporär sogar in erster Linie über ökonomische Fachkenntnisse. Diese Auswahlkriterien werfen ein bezeichnendes Licht auf den hohen Stellenwert des wirtschaftlichen Erfolges für den allgemein politischen. Allerdings trug ein mehrfach erwähntes, brutales Faktum ebenfalls maßgeblich

1. Die Herrschaft der nomenklatura

dazu bei, daß eine neue, technisch qualifizierte Generation in solch hohe Ämter gelangte: Sie profitierte vom «großen Terror», dem fast alle ihrer Vorgänger (118 von damals 121) zum Opfer gefallen waren. Zumindest für das erste Jahrzehnt der Brežnev-Ära dürfte (wie für die Chruščev-Jahre) gelten, daß die «Männer von 1938» auch in ihrer Mitte noch den Ton angaben.[18]

Auch die Republikszentralkomitees und Gebietskomitees verfügten über Sekretariate und eigene Apparate. Sie waren, wie die sie bildenden Organe, naturgemäß kleiner als auf Unionsebene. Während die Republik- und Gebietskomitees 1976 im Durchschnitt 110 stimmberechtigte Mitglieder umfaßten (allerdings mit erheblicher Spannweite z. B. bis zu 191 Mitgliedern in der Ukraine), gehörten den Politbüros bzw. Büros oder Exekutivkomitees der *oblasti* gewöhnlich nicht mehr als 7–15 Mitglieder an, denen ein Sekretariat von ca. 5 Mitgliedern zur Seite stand. Letztere verfügten über einen Apparat mit etwa einem Dutzend Abteilungen, darunter in aller Regel solche für öffentliche Organisationen (von der Partei über die Staatsverwaltung bis zu den Gewerkschaften), Landwirtschaft, Industrie (meist in verschiedene Branchen unterteilt), Bauwesen, Handel, Finanzen, Propaganda sowie Kultur und Bildung. Die personelle Größe dieser Apparate unterlag erheblichen Schwankungen. Zuverlässige Schätzungen fehlen bislang.

Die nächstniedrige Ebene im Parteigefüge bildeten die *Stadtorganisationen* sowie auf dem Lande die *Rajonorganisationen*. Erstere gliederten sich ihrerseits in Stadtbezirksorganisationen und kleinere Zellen bis hinunter zu Betrieben als Basisgruppen, die Rajonorganisationen in Kreisorganisationen bis hinunter zu den Parteiverbänden der Kolchosen und Sowchosen. Allen Organisationen von nennenswerter Größe standen nominell gewählte, faktisch aber von der nächsthöheren Ebene ernannte Komitees vor *(gorkom* bzw. *rajkom)*. Diesen gehörten Mitte der siebziger Jahre im Durchschnitt 55 stimmberechtigte Mitglieder an, die ein «Büro» (Exekutivkomitee) von 7–11 Vollmitgliedern und 3–5 Kandidaten zur Führung der täglichen Amtsgeschäfte wählten. Ihnen gingen in der Regel drei Sekretäre zur Hand, deren Zuständigkeit jeweils grob Organisation, Ideologie und Wirtschaft umfaßte. Eine ungefähr gleichgroße Anzahl von Abteilungen ihres «Apparates» kümmerte sich um das, was man als Kommunalpolitik (Verkehr, Wirtschaft, Wohnungswesen u. a.) bezeichnen könnte. Insofern kam den Stadt- und Rajonsekretären, die in Begriffen der westlichen politischen Verfassung Bürgermeister und Stadtdirektoren zugleich waren, eine grundlegende ‹Scharnierfunktion› zu: Sie hatten die «Generallinie» der Monopolpartei in engster Berührung mit der Bevölkerung umzusetzen und die versprochenen Segnungen des Sozialismus erfahrbar zu machen.

Auch sie waren dabei auf die Hilfe von hauptamtlichem Verwaltungs- und Fachpersonal angewiesen. Dessen Zahl belief sich in Rajon- und kleineren Stadtkomitees auf 12–20, in größeren Städten auf 25–30. Wenn man etwa 100 Beschäftigte bei den Gebietskomitees und 200 bei den Republiks-Zentralkomitees annimmt, ergibt sich für die Mitte der siebziger Jahre – bei 2857 Rajonkomitees und 815 Stadtkomitees – eine Gesamtzahl aller Vollzeit-Parteiangestellten in der UdSSR von ungefähr 100 000. Dies harmoniert mit den 146 000, die der Bevölkerungszensus von 1970 unter Einschluß des Komsomol, der Gewerkschaften und anderer faktischer Tochterorgane der Partei angab. Allerdings kann man diese Personen nicht alle zur *nomenklatura* der verschiedenen Ebenen rechnen. Der genannte Zensus bezeichnete nur 87 500 als Leiter von Abteilungen der verschiedensten Art. In jedem Falle machte die Gesamtzahl der Funktionäre bei einer Bevölkerung von 241,7 Mio. (1970) nur Bruchteile einer Promille aus.[19]

Hinter der Größe der Apparate verbarg sich ein tieferes Problem: die Frage nach dem Selbstverständnis der Partei und entsprechender Maßnahmen zur Lenkung der *Mitgliedschaft*. Der besondere Anspruch der Bolschewiki brachte es mit sich, daß der alte Streit über die Offenheit oder Geschlossenheit der Partei in verschiedener Gestalt immer wieder aufbrach. Was vor der Revolution in die Entscheidung zwischen demokratischen oder konspirativen Grundsätzen mündete, setzte sich nach dem Sieg in der Alternative zwischen elitärer Absonderung und massenverbundener Avantgarde fort. Praktisch nahmen die Optionen vor allem die Form von Vorkehrungen zur Ermunterung oder Erschwerung des Beitritts bis hin zur Überprüfung bereits aufgenommener Mitglieder an. Zu den Antrieben der Frondeure vom Oktober 1964 gehörte – zum wiederholten Mal – auch die Absicht, die gezielte Öffnung der Partei besonders für die Unterschichten in Stadt und Land wieder rückgängig zu machen. Auch hier darf man Interessen des Apparates am Werke sehen: Den parteiamtlichen Reichsverwesern gefiel weder die Konkurrenz noch die erklärte Absicht, auf diese Weise der Neigung der ‹Sowjetintelligenz› zur Selbstreproduktion entgegenzuwirken. Ein Avantgardebewußtsein trat wieder in den Vordergrund, das von der Wahrung liebgewordener Privilegien und Pfründe kaum zu trennen war.

In diesem Geiste beschloß der erste Parteitag der neuen Ära (der 23.) im März 1966 Erleichterungen für den Ausschluß von Mitgliedern und den Umtausch der Mitgliedsbücher. Dabei machte gerade die Verbindung deutlich, was eigentlich beabsichtigt war: eine ‹Säuberung› im ursprünglichen Wortsinn der Trennung von ‹Spreu› und ‹Weizen›. In der Tat lassen die Daten eine verspätete Wirkung solcher Maßnahmen erkennen. Wenn man davon ausgeht, daß die Umsetzung des Beschlusses einige Zeit in Anspruch nahm, kann der Rückgang der Zuwachsrate neuer Vollmitglieder und Kandidaten in der ersten Hälfte der siebziger Jahre als seine Folge interpretiert werden. Während 1966–70 im Jahresdurchschnitt je etwa 597 000 Mitglieder und Kandidaten akzeptiert wurden, sank diese Zahl 1971–75 auf knapp 495 000 bzw. 529 000. Allerdings hielt diese Tendenz nicht an. Bereits in der

1. Die Herrschaft der nomenklatura

zweiten Hälfte der siebziger Jahre (1976-80) belief sich der jährliche Zuwachs der Mitglieder auf 589 000 und der der Kandidaten auf gut 632 000. Eine Dekade nach der Entscheidung gab Brežnev in seinem Bericht an den 25. Parteitag bekannt, daß insgeamt 347 000 registrierte Kommunisten im Zuge der Umtauschaktion ausgeschlossen worden seien. Wenn man noch unrechtmäßig Verzeichnete abzieht, blieb eine ‹Säuberungsrate› von 1-1,5 %. Ein solches Resultat konnte weder die Ausweitung korrigieren noch das absolute Wachstum der Partei aufhalten. Zwar stieg die Mitgliederzahl nicht mehr so rasant wie unter Chruščev (vom 1. 1. 1957 bis zum 1. 1. 1967 einschließlich der Kandidaten von 7,5 Mio. auf 12,7 Mio.). Die Zunahme blieb aber nicht nur erheblich (1. 1. 1977 = 16 Mio.), sondern erhöhte sich in den letzten Amtsjahren Brežnevs und seiner unmittelbaren Nachfolger noch einmal so sehr, daß die Wachstumsraten der fünfziger und frühen sechziger Jahre deutlich übertroffen wurden (1. 1. 1983 = 18,12 Mio.). Entsprechend nahm der Anteil der Parteimitglieder an der Gesamtbevölkerung zu. Wenn man die offiziellen Angaben für 1960 (212,4 Mio.), 1970 (241,7 Mio.) und 1980 (264,5 Mio.) zugrundelegt, ergibt sich jeweils für den Beginn der Jahre 1961, 1971 und 1981 ein Prozentsatz von 4,4, 5,9 und 6,6. Die Partei wuchs schneller als die Einwohnerschaft.[20]

Es bietet sich an, diesen Mißerfolg der Bemühungen um Exklusivität mit der objektiven Bedarfsentwicklung in Verbindung zu bringen. Infolge der allgemeinen, trotz mancher Defizite seit den fünfziger Jahren auch in der Sowjetunion einsetzenden Modernisierung erhöhten sich Qualifikationsanforderungen und Ausbildungsniveau weiter. Dabei läßt sich in einzelnen Aspekten noch eine Beschleunigung gegenüber der Chruščev-Ära feststellen, die vielleicht als Konsequenz der apparatefreundlichen Politik zu werten ist. So stieg der Anteil der Parteimitglieder mit abgeschlossener Hochschulbildung 1957-67 von 11,6 % auf 16,5 %, aber in der nächsten Dekade auf 25,1 % und bis 1983 auf 29,5 %. Desgleichen deutlich erhöhte sich die Repräsentanz von Personen mit mittlerer Fach- und Oberschulbildung von 22,6 % 1957, 31,5 % 1967, 39,2 % 1977 auf 43 % 1983. Dementsprechend fiel der Prozentsatz derjenigen, die nur eine Grundschulbildung vorweisen konnten, von 28 % 1957 auf 22,5 % 1967, 13,6 % 1977 und 9,6 % 1983. Unter den Mitgliedern der Parteikomitees in den Städten und Rajons betrug ihr Anteil zuletzt sogar nur 0,3 %, unter denen der höheren Komitees (obkom) 0,1 % (jeweils 1980/81), und unter den Sekretären aller Ebenen, die unterste eingeschlossen, fand sich seit 1981 keiner mehr, der nicht zumindest die achtjährige (sog. unvollständige Mittel-) Schule durchlaufen hätte. Als das Ende der alten Sowjetunion nahte, gehörte nur noch knapp jedes zehnte Parteimitglied bildungsmäßig zu jener Schicht, deren Aufbegehren die Revolution zumindest ermöglicht hatte.[21]

Auf den ersten Blick läßt sich dieses Ergebnis nicht ohne weiteres mit den Angaben über die *soziale Struktur* der Parteimitglieder vereinbaren.

Nach den üblichen – nicht weiter bestimmbaren – Klassenkriterien zu urteilen, setzte sich die von Chruščev angestoßene Entwicklung, wenn auch in vermindertem Tempo, fort. Der Anteil der Arbeiterschaft erhöhte sich von 32 % 1956 und 37,8 % 1966 auf 41,6 % 1976 und 44,1 % 1983. Zugleich sank der Anteil der Bauern von 17,1 % 1956 und 16,2 % 1966 auf 13,9 % 1976 und 12,4 % 1983. Desgleichen sank der Prozentsatz der «Angestellten» (einschließlich der Intelligenz im Sinne beruflicher Qualifikation) von 50,9 1956 und 46,0 1966 auf 44,5 1976 und 43,5 1983. Diese Datenreihe legt zwei Deutungen nahe. Zum einen könnte man in ihr das Resultat übermächtiger Durchsetzungskraft fundamentaler demographischer Entwicklungen sehen. Das Gewicht der Bauernschaft ging weiter zurück, weil sie im Zuge fortschreitender Industrialisierung und Urbanisierung allgemein an Bedeutung einbüßte. Umgekehrt wuchs rein quantitativ die Gruppe derer, die in einem sehr weiten Sinne als gewerblich-industriell Beschäftigte zu bezeichnen waren. Den Angaben zufolge übertraf ihr Zustrom die Aufnahme von Angehörigen der Gruppe der «Angestellten», deren relatives Gewicht aber nur leicht zurückging. Eine andere Deutung könnte auf die Ungenauigkeit oder Manipulation der Zuordnungsgesichtspunkte verweisen. Die Unterscheidung in Arbeiter, Bauern und Angestellte ist nicht nur überaus grob; sie geht auch von früheren Berufen, der Ausbildung oder gar der Herkunft aus, da viele der solchermaßen Rubrizierten zum Zeitpunkt der Erhebung administrativ-politischen Tätigkeiten nachgingen. Kaum zufällig gaben Angestellte und *intelligenty* sowohl in den Parteikomitees als auch unter den Parteitagsdelegierten mit 60 % und mehr den Ton an. Andererseits spricht wenig dafür, die Gesamttendenz des sinkenden Anteils der «Angestellten» allein auf irreführende Gruppierungen zurückzuführen. Auch dieser überraschende Befund kann durchaus als – begrenzt erwünschter – Niederschlag der außerhalb der Partei sich vollziehenden, diese aber betreffenden demographischen Entwicklung gedeutet werden.[22]

Aus den genannten Gründen kommt den Angaben über das *Alter* der Parteimitglieder besondere Bedeutung zu. Dabei bestätigt sich zum einen die Grundtendenz, die am Beispiel der Elite zu beobachten war; zum anderen zeigen sich Unterschiede, die zur Differenzierung des Gesamtbildes Anlaß geben. Auch sämtliche gut 17 Mio. eingeschriebenen Kommunisten wurden bis zum Ende der Brežnev-Ära durchschnittlich immer älter. Der Anteil der über Fünfzigjährigen erhöhte sich von 22,1 % 1966 auf 35,1 % 1981, während der der unter Vierzigjährigen von 53 % 1966 auf 38,8 % 1981 sank. Ähnlich veränderte sich die altersmäßige Zusammensetzung der Parteitagsdelegierten. Gehörten auf dem 24. Parteitag 1971 noch 17,9 % der Gruppe der unter 35-jährigen und 55,5 % der (stärksten) Gruppen der 36–50-jährigen an, so sank beider Anteil bis zum 26. Parteitag 1981 auf 12,2 % bzw. 50,4 %; dementsprechend stiegen die Anteile der 51–60-jährigen und der über 60-jährigen von 20,7 % auf 25,7 % resp. von 5,9 % auf 11,7 %.

1. Die Herrschaft der nomenklatura

Schon die große Zahl der Neulinge seit Chruščev legt aber in Verbindung mit der natürlichen Lebenskurve den zwingenden Schluß nahe, daß es dennoch nicht dieselben Alten waren, die der Gesamtpartei mit wachsendem relativem Gewicht den Stempel ihres Verständnisses von Staat und Gesellschaft aufdrückten. Ein Vergleich der Dauer der *Parteizugehörigkeit* fördert weitere wichtige Differenzierungen zutage. Zur Zeit des ersten Parteitages der Brežnev-Ära 1966 konnten 47,1 % aller registrierten Kommunisten auf eine 10-, weitere 47,3 % auf eine 11–25-jährige und 5,6 % auf eine über 25-jährige Mitgliedschaft zurückblicken. Mithin waren 94,4 % aller Mitglieder nach dem Beginn des Zweiten Weltkriegs für die Sowjetunion (1941) und knapp die Hälfte erst nach dem 20. Parteitag eingetreten. Im vorletzten Jahr der Brežnevschen Regentschaft (1981) stellten die 1950–1960 Aufgenommenen nur noch 16,7 % der Mitglieder; 64,7 % dagegen hatten ihr Parteibuch später erhalten und gehörten zu denen, die nur ihn als Parteichef kannten. Andererseits machte die ‹stalinistische Generation› der vor 1950 Rekrutierten immer noch ein knappes Fünftel (18,6 %) aus. Da eben diese Generation etwa 70 % der ZK-Mitglieder der Jahre 1976–81 stellte, liegt die Folgerung einer *tiefen Kluft zwischen Mitgliedern und Führung* nahe. Die Angaben über die Zugehörigkeitsdauer bestätigen mithin die These einer ausgeprägten Gerontokratie in Partei und Staat. Zugleich zeigen sie aber auch, daß sich auf den unteren Ebenen ein umfassender Generationswechsel vollzog. Hier gaben die in den letzten Jahren Chruščevs und den ersten seiner Nachfolger (1960–1970) Angeworbenen (33,5 %) sowie die noch Jüngeren den Ton an. Die Vermutung ist kaum aus der Luft gegriffen, daß der Druck zur Ablösung der überalterten Führung wuchs und die Wahl irgendeines Gorbačev zum ersten Mann von Partei und Staat nicht mehr lange auf sich warten lassen konnte. Unter dem Gesichtspunkt der politischen Sozialisation stand mithin nach Brežnevs Tod ein Wandel bevor, der nichts Geringeres bedeutete als den Übergang der Macht an die Nachkriegsgeneration. Unterhalb der Elite hatte sich diese ‹zweite Entstalinisierung› und Renaissance des Chruščevismus längst vorbereitet.[23]

d. Räte, Regierung und Verwaltung

Formal hatten nach wie vor nicht die Partei und ihre Gliederungen die Staatsgewalt inne, sondern die *Räte*. Unbeschadet der bolschewistischen Führungsrolle blieb das Regime dem Buchstaben nach, was es im Namen trug: eine Union sozialistischer Sowjetrepubliken. Die neue Verfassung von 1977 beschrieb das Verhältnis zwischen der Monopolpartei und den förmlichen Trägern der Souveränität recht genau: Die KPdSU sollte die Politik bestimmen und das Personal stellen, das sie umsetzte, Räte und Regierung dagegen hatten auszuführen, was jene vorgaben. Offiziell sah man keinen Widerspruch zwischen beiden Regelungen. Die Souveränität wurde dem

Staatsvolk zugeschrieben, das sich einerseits angeblich um die Bolschewiki scharte und sie mit der stellvertretenden Artikulation seines Willens betraute, andererseits Delegierte in die Sowjets wählte, die unmittelbar Maßnahmen trafen oder ausführten. Ironischerweise kann man einen Gegensatz tatsächlich mit guten Gründen verneinen, weil den beiden Gewalten nicht einmal eine annähernd vergleichbare Autorität zukam. Die Staatsorgane führten aus, was die Partei beschloß. So gesehen stand die Verfassung auch in ihrer erneuerten Version weiterhin nur auf dem Papier. Dessenungeachtet sprechen gute Gründe für die Annahme, daß die Sowjets samt der übrigen Staatsorgane ebenfalls unentbehrliche Funktionen ausübten. Zum einen lag die niedere Verwaltung weitgehend in ihren Händen. Zum anderen muß man ihnen eine wie auch immer beschränkte integrative Funktion zubilligen, ohne deren Unterstellung die – trotz des raschen Zusammenbruchs unleugbare – relative Stabilität der nachstalinistischen Ordnung nicht zu erklären ist. Pseudodemokratische Verfahren und begrenzte oder scheinbare Partizipation vor allem an lokalen Angelegenheiten halfen Teilen der Bevölkerung, sich mit dem bestehenden Staat zu arrangieren. Folgt man der konflikt- und interessentheoretischen Deutung, kam den Sowjets mit ihren zahlreichen *ex officio*-Mitgliedern darüber hinaus neben den Partei- und Regierungsorganen eine lebenswichtige Rolle als Zentren des Ausgleichs und Kompromisses zu.

Alle Verfassungen des neuen Staates übertrugen die höchste Gewalt dem Allrussischen, später dem Allunions-Kongreß der Arbeiter-, Soldaten- und Bauerndeputierten, der 1936 zum direkt gewählten *Obersten Sowjet* erklärt wurde. Dieser bestand seit der Gründung des Bundes aus einer Nationalitäten- und einer Unionskammer. Auch die Zahl der Sowjetdeputierten stieg im Laufe der Nachkriegsjahre; aus 1347 Mitgliedern des vierten Kongresses 1954 wurden 1517 des achten 1970. Gemäß der Verfassung von 1977 sollten beide Kammern dieselbe Deputiertenzahl haben; daraus ergab sich – nach Maßgabe der gestuften Repräsentanz der anderen (nichtrussischen) Unionsrepubliken (je 32), der Autonomen Republiken (je 11) und Autonomen Gebiete (je 5) bis zu den Autonomen Kreisen (je 1) – eine Beschränkung der Unionskammer auf 750 und eine Gesamtzahl von 1500. Schon diese numerische Dimension verweist auf zwei grundlegende Merkmale des Obersten Sowjets: Er konnte kein ständiges, ‹arbeitendes› Gremium sein und seine Mitglieder ihm nicht hauptberuflich angehören. Da er zugleich die höchste und einzige Gesetzgebung im förmlichen Sinne ausübte, ergab sich von selbst, daß andere Institutionen sie bis zur Möglichkeit bloßer Akklamation vorbereiten mußten. Dies blieb ein grundsätzlicher Unterschied zu westlichen Parlamenten, daß das höchste politische und legislative Organ der Sowjetverfassung eine kurzzeitig, regulär zweimal im Jahr zusammentretende Massenveranstaltung war.

Vor allem diese, in der Grundidee der Räteverfassung als Form nicht-

1. Die Herrschaft der nomenklatura

delegierter Demokratie wurzelnde Eigenart erzeugte von Anfang an den Zwang, einen kleineren Ausschuß als ständiges Organ zu bilden. Aus dem Zentralen Exekutivkomitee schon des ersten Petrograder Rates der Februartage 1917 entwickelte sich das *Präsidium* des Obersten Sowjets. Dieses bestand zuletzt aus dem Vorsitzenden, einem Ersten Stellvertretenden Vorsitzenden, fünfzehn weiteren Stellvertretern (je einem aus den Unionsrepubliken), einem Sekretär und 21 Mitgliedern des Obersten Sowjets. Nicht nur den Paragraphen nach fiel den 39 Personen, die auf diese Weise zusammenkamen, erhebliches Gewicht zu. Sie führten die Geschäfte des Gesamtgremiums, konnten Dekrete erlassen, ratifizierten internationale Verträge und hatten Krieg und Frieden zu erklären. Als Spitze der Rätepyramide kam dem Obersten Sowjet formal die höchste Gewalt im Staate zu, sein Vorsitzender war das Äquivalent eines Staatspräsidenten, dem auch in den internationalen Beziehungen die entsprechenden protokollarischen Ehren zuteil wurden. Ohne die allgegenwärtige Steuerung durch die Partei wäre das Präsidium des Obersten Sowjets, dem der Ministerrat formell verantwortlich war, fraglos der erste Anwärter auf die Ausübung der tatsächlichen Souveränität im sozialistischen Staat gewesen.[24]

Welche Funktionen der Oberste Sowjet tatsächlich wahrnahm, läßt sich weitgehend an seiner *Zusammensetzung* ablesen. Dabei stimmen verschiedene Aufstellungen für die frühen Brežnev-Jahre in den Grundzügen überein. Sozial zeigen sie ein deutliches Übergewicht der Intelligenz im sowjetischen, technisch-administrativen Sinne (55,5 % 1970). Dies paßt zu dem Befund der Bildungsanalyse, daß über die Hälfte der Abgeordneten dieser Wahlperiode ein Hochschulstudium begonnen oder abgeschlossen hatte. Auf der anderen Seite fällt ein ungewöhnlich hoher Anteil von Arbeitern (31,7 %) und Kolchosbauern (13,3 %) auf. Offiziell wurde er für den nächsten Sowjet von 1974 sogar mit 50,7 % angegeben. Sicher wird man davon ausgehen können, daß die Mitglieder dieser Delegiertengruppe keine typischen Vertreter ihrer ‹Klasse› waren, sondern Funktionäre, dekorierte ‹Helden der Arbeit› und verdiente Genossen anderer Art. Dennoch bleibt die relative Repräsentanz beider Gruppen (wenn die Angaben richtig sind) ungewöhnlich. Als Erklärung bieten sich sowohl die Größe als auch der allgemeine Charakter des Obersten Sowjets an. Bei anderthalb Tausend Deputierten und einer ausgeprägten scheindemokratischen Legitimationsfunktion der medienwirksam inszenierten Veranstaltungen sprach vieles dafür, vermeintliche Vertreter des einfachen Volkes in nennenswerter Zahl zuzulassen. Wenn es ein Gremium gab, in dem ein solches Verfahren sowohl Symbolwirkung entfalten konnte als auch praktisch ‹unschädlich› blieb, dann war es der Oberste Sowjet.

Auch *funktional* lassen die Daten das hervorstechende Merkmal deutlich erkennen: Im Obersten Sowjet traf sich die politische Kaste des Imperiums. Dabei dürfte es kein Zufall gewesen sein, daß die *regionalen* Amtsinhaber sowohl der Partei als auch des Staates dominierten. Neben dem ZK bildete der Oberste Sowjet ein zweites Forum, auf dem die *nomenklatura* zusammenkam. Schon deshalb waren die Beziehungen zur Partei eng. Immerhin 84 % der ZK-Mitglieder gehörten 1974 auch dem Obersten Sowjet an. Da im Politbüro, Ministerrat und ZK letztlich die gesamte Führungsspitze des Landes vertreten war, galt dies auch für den Obersten Sowjet. Wenngleich unbeweglicher und in mancher Hinsicht bloß «ornamental und dekorativ», konnte er zumindest der Integration des ebenso ausgedehnten wie verschiedenartigen Gesamtstaates dienen.[25]

Das *Präsidium* überragte den Basiskörper nicht nur durch seine Permanenz, sondern auch durch sein Personal. Zwar konnte es sich an faktischer Macht mit dem Politbüro nicht annähernd messen. Aber es war bedeutend genug, um alle General- bzw. Erste Sekretäre der Partei und viele andere prominente Politiker zu veranlassen, auch seine Reihen zu füllen. Allerdings legen einige Indizien die Annahme nahe, daß sich auch dieser Zustand erst im Gefolge des Systemwandels nach Stalins Tod herausbildete. Der Übergang von der personalen Diktatur zur Oligarchie brachte eine Aufwertung des höchsten Staatsgremiums mit sich, dessen die Partei bedurfte und das sie lenkte. Nicht zuletzt daraus mag zu erklären sein, daß das Amt des Vorsitzenden des Präsidiums des Obersten Sowjets an Attraktivität gewann. Zwar folgten dem langjährigen ersten Inhaber Kalinin (1919–46) noch zwei gleich farblose Funktionäre in Gestalt des Gewerkschaftsvorsitzenden Švernik (1946–53) und des einstigen Verteidigungsministers Vorošilov (1953–1960), die beide auf ein prestigereiches Altenteil abgeschoben wurden. Dennoch zeigte die Wahl Brežnevs 1960 und – nach einem Zwischenspiel des greisen Mikojan 1964–65 – Podgornyjs eine deutliche Veränderung an. Erst recht verdient Beachtung, wer Podgordny beerbte: Der Generalsekretär selbst hielt es für angezeigt, nun auch das Amt des Staatspräsidenten zu übernehmen. Während sich Chruščev auf dem Höhepunkt seiner Macht zum Ministerpräsidenten küren ließ, zog Brežnev vielleicht nicht nur um der internationalen protokollarischen Respektbezeugung willen den Vorsitz im Präsidium des Obersten Sowjets vor. Bei alledem wurde *eine* Regel bemerkenswert genau beachtet: daß kein Mitglied des Ministerrats zugleich ins Präsidium des Obersten Sowjet einzog, da jener diesem laut Verfassung verantwortlich war und ein und dieselbe Person nicht zugleich Kontrolleur und Kontrollierter sein konnte.[26]

Gleichsam zwischen dem Obersten Sowjet und seinem Präsidium standen dessen permanente *Kommissionen*. Waren gegen Ende der Chruščev-Ära nur neun solcher dauerhaften Arbeitsgruppen bekannt, so stieg ihre Zahl bis 1978 auf dreißig. Auch darin darf man einen Aspekt des zunehmenden gesamtgesellschaftlichen Regulierungsbedarfs erblicken. In den Ausschüssen, die für alle wichtigen Felder der Innenpolitik, vom Bildungswesen über die Sozialfürsorge und das Transportwesen bis zu den industriellen Kernberei-

1. Die Herrschaft der nomenklatura

chen eingerichtet wurden, fand in mancher Hinsicht die eigentliche Gesetzgebung statt. Von selbst versteht sich daher, daß die Kommissionen wichtige Scharniere zwischen ZK, Ministerrat und Oberstem Sowjet bildeten. Noch entscheidender aber mochte die Verständigungs- oder Ausgleichsfunktion gewesen sein, die auch ihnen zukam. Die Zusammensetzung der Kommissionen läßt einerseits einen hohen Anteil regionaler Repräsentanten, andererseits eine ungewöhnliche Sachkompetenz erkennen. Mithin liegt die Vermutung nahe, daß in ihnen sowohl die Belange der Provinz als auch die Expertise jeweiliger Spezialisten zum Tragen kamen. Im übrigen spricht auch ihre personelle Gesamtstärke für eine solche Schlüsselrolle. Bei 45 Mitgliedern der Haushalts- und Planungskommission sowie 35 Mitgliedern der anderen ergab sich eine Summe (1060), die knapp 71 % der Sollstärke des gesamten Sowjets (nach Maßgabe der Verfassung von 1977) ausmachte. Ein so hoher Prozentsatz qualifizierter Mitarbeiter verdient trotz des ehrenamtlichen Charakters der Sowjetdeputierten Beachtung.[27]

Nicht das geringste Indiz für die Aufblähung der zentralen Administration im Sowjetstaat war in der Existenz eines dritten Exekutivgremiums zu sehen: des *Ministerrats*. Hervorgegangen aus dem SNK, ließ er nicht nur seine systematische Fremdheit (als faktischer Nachfolger eines ‹bürgerlichen› Kabinetts) vergessen, sondern bewies darüber hinaus eine bemerkenswerte Lebenskraft. Zwischen dem Politbüro bzw. ZK der Partei und dem Präsidium des Obersten Sowjet bzw. diesem selbst fand er ein Arbeitsfeld von wachsender Bedeutung. Diese Aufgaben lagen in der obersten Verwaltung allgemein und seit der Stalinschen «Revolution von oben» in der Wirtschaftslenkung im besonderen. Fielen die wesentlichen Entscheidungen der frühen Jahre überwiegend im SNK, weil Lenin und seine fähigsten Mitstreiter dieses Gremium bevorzugten, so wurde er in dem Maße in den Hintergrund gedrängt, in dem sich schon die Diadochenkämpfe und erst recht die nachfolgenden strategischen Weichenstellungen in das Politbüro verlagerten. Zugleich vermehrten sich seine ökonomischen Aufgaben. Vor allem er hatte die Last der Koordination und obersten Leitung zu tragen, die der Übergang zur Planwirtschaft dem Staat (neben der erwünschten Möglichkeit langfristiger Zielsetzung) ebenfalls bescherte. Insofern war es kein Zufall, sondern Produkt der ‹sozialistischen› Grundentscheidung, daß sich im Ministerrat mehr und mehr Manager (im Sinne der ökonomischen Führungselite) sammelten und die Zahl der einschlägigen Ministerien seit dem Ende der Chruščev-Ära wieder ununterbrochen wuchs.

So umfaßte der Ministerrat 1978 nicht weniger als 62 Ministerien sowie 16 Staats- und sonstige zentrale Komitees, die oft – z. B. im Falle des *Gosplan* und KGB – keine geringeren Kompetenzen besaßen und nicht unbedeutender waren. Seine Kopfstärke erreichte um diese Zeit 110. Ein so großes Gremium konnte nicht mehr entscheiden und führen. Zur Sicherung der Handlungsfähigkeit griff man zu demselben Verfahren wie im Falle des ZK oder des Obersten Sowjets: Man bildete einen Ausschuß, der zum Kabinett im Kabinett wurde. Diesem ebenfalls Präsidium genannten Gremium gehörten der Vorsitzende sowie die Ersten und die weiteren Stellvertreter des Ministerpräsidenten sowie Repräsentanten der wichtigsten Behörden in einer Gesamtzahl von mindestens dreizehn Personen an. Das Präsidium vertrat den Ministerrat ständig. Da einige seiner Mitglieder, an erster Stelle sein langjähriger Vorsitzender Kosygin, zugleich über Sitz und Stimme im Politbüro verfügten, darf man ihm ebenfalls eine erhebliche Bedeutung attestieren.

Natürlich verfügten auch und gerade die Ministerien über administrative Apparate. Deren Mitarbeiterzahl dürfte typischerweise 700–1000 betragen haben, während größere Behörden über 2000 Beschäftigte und mehr verfügten. Die meisten besaßen darüber hinaus regionale Dependancen, deren Größe sich kaum abschätzen läßt. In jedem Fall bündelte sich ein erheblicher Teil des Sachverstandes in diesen Apparaten. Zu vermuten ist, daß es zu manchen Kompetenzüberschneidungen vor allem mit ZK-Abteilungen kam. Wie die Zuständigkeiten im einzelnen aufgeteilt wurden, bleibt unbekannt.[28]

Auch im Verhältnis zwischen Zentralgewalt und *regionalen bzw. lokalen staatlichen Instanzen* liegt noch vieles, wenn nicht das meiste, im Dunkeln. Auf der einen Seite gaben Hauptstadt und Regierung, wie seit altersher, den Ton an. Was in Moskau oder zuvor in St. Petersburg geschah, bestimmte das Schicksal der Provinz in erheblichem Maße. Auf der anderen Seite nannte der russische Zar spätestens seit dem 17. Jahrhundert so riesige Gebiete sein eigen, daß seine Anordnungen den Alltag in den sprichwörtlichen ‹Bärenwinkeln› oft kaum berührten. Sicher haben die Modernisierung der Kommunikationsmittel und die Bürokratisierung der Herrschaft in Gestalt eines Netzes von Institutionen und Funktionären, das über die Provinzen gelegt wurde, diesen Zustand vor allem nach dem Zweiten Weltkrieg verändert. Dennoch liegt die Vermutung nahe, daß der Spielraum für autonome Regelungen lokaler Belange erheblich blieb. Insofern beschreibt die folgende Skizze der Institutionen und Apparate nur die Hülsen, deren Inhalt noch weniger bekannt ist als an der Staatsspitze.

In den *Unionsrepubliken* wiederholte sich die Struktur der Unionsbehörden. Höchstes legislatives Organ war laut Verfassung auch hier ein Oberster Sowjet, dem aber die zweite, föderative Kammer fehlte. Seine Abgeordneten wurden auf fünf Jahre gewählt. Da sie wie der Unionssowjet regulär nur zweimal im Jahr zusammenkamen, bestimmten sie ihrerseits ein Präsidium, das die Geschäfte zwischen den Plenartagungen führte. Dem Obersten Republikssowjet war ein Ministerrat verantwortlich, in dem die Ministerien und sonstigen höchsten Staatsbehörden Sitz und Stimme hatten. Auch auf den weiteren Ebenen der administrativ-territorialen Hierarchie ging alle Macht dem Buchstaben nach jeweils von Plenarversammlungen der entspre-

1. Die Herrschaft der nomenklatura

Diagramm 6: Regionalorganisation der Räte

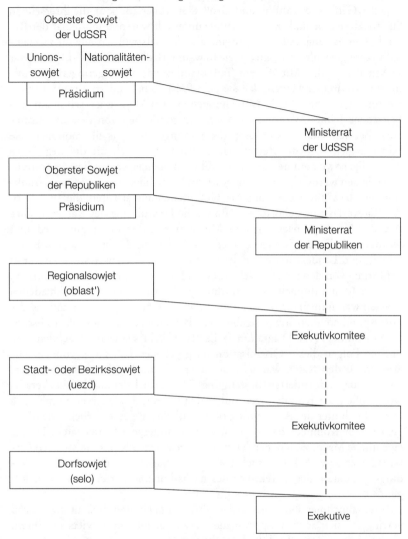

Quelle: J. N. Hazard, The Soviet System of Government. 4., rev. Aufl. Chicago, London 1968, 217

chenden Sowjets aus: auf Gebietsebene *(oblast')* vom Gebietssowjet, auf Rajon- *(rajon)* bzw. (mittelgroße Städte waren diesen gleichgeordnet) Stadtebene vom Rajon- bzw. Stadtsowjet und auf der untersten Ebene der Dörfer *(selo)*, Ortschaften *(poselok)* und Kleinstädte (zwischen 12 000 und 50 000 Einwohner) vom Dorf-, Ortschafts- oder Kleinstadtsowjet. Kleinstädte unterstanden somit der Rajonverwaltung, Mittelstädte (über 50 000 Einwohner) der Gebietsverwaltung und Großstädte (über 100 000), die ihrerseits in Stadtbezirke (ebenfalls *rajon* genannt) unterteilt waren, unmittelbar der Republiksverwaltung. All diese provinzialen Sowjets wurden nur für zweieinhalb Jahre gewählt und tagten vier- bzw. unterhalb der *Oblast'*-Ebene sogar sechsmal im Jahr. Mit diesem Tatbestand sowie ihrer geringeren Größe mochte zusammenhängen, daß sie kein Präsidium, sondern nur ein Exekutivkomitee besaßen. Da Entsprechungen zu den Ministerien schon auf Gebietsebene fehlten, wurden die Verwaltungsaufgaben von den als «Komitees» bezeichneten Ausschüssen der jeweiligen Sowjets übernommen. Sie bildeten gleichsam die Regierungen, waren aber auch für die Legislative zuständig, soweit auf den jeweiligen Ebenen noch eigenständige Anordnungen erlassen werden konnten. In gewisser Weise blieb in dieser Doppelfunktion jene bewußte Ablehnung der Gewaltenteilung erhalten, die zum Kern der Räteverfassung gehörte, aber durch die Fortführung des Kabinetts alter Art als SNK bzw. nach 1946 als Ministerrat in den Hintergund gedrängt worden war. Da die Sowjets (anders als die jeweils direkt gewählten Kommunal- und Landesparlamente der westlichen politischen Systeme) pyramidenförmig von den jeweils nächstunteren Sowjets indirekt gewählt wurden, ergab sich eine doppelte Unterordnung: Die Komitees der verschiedenen Ebenen waren formal sowohl an die Beschlüsse der Plenarversammlung des korrespondierenden Sowjets gebunden als auch an die des jeweils nächsthöheren Komitees (vgl. Diagramm 6). Es bedarf keines längeren Nachdenkens, um die Folgen dieser Organisation im gegebenen Fall zu ergründen: Die Wahlen zu den Räten waren weder alternativ noch geheim, sondern verkamen zur präformierten Bestätigung. Die formal demokratische Verantwortlichkeit der Komitees gegenüber den jeweiligen Plenarversammlungen trat völlig hinter der Ausführung obrigkeitlicher Befehle zurück. Die übergeordneten Komitees bestimmten, was die untergeordneten taten. Da die eigentliche Macht zudem bei der einzig zugelassenen Kommunistischen Partei lag, war deren Sekretär auch vor Ort der starke Mann. Auch er tat allerdings gut daran, den Direktiven des nächsthöheren Parteisekretärs zu folgen.[29]

Ihrer abnehmenden territorialen Zuständigkeit und Bedeutung gemäß verringerte sich auch die personelle Stärke der lokalen Sowjets mit ihrem hierarchischen Rang. Im Durchschnitt gehörten 1977 einem *Oblast'*-Sowjet 218, einem Stadtsowjet 134, einem Rajon-Sowjet 78 und einem Dorfsowjet 33 gewählte Mitglieder an, so daß sich deren Gesamtzahl angesichts der Größe des Landes auf etwa 2,2 Mio. addierte. Wie im Obersten Unionssowjet beteiligten sich die meisten (1975 80,8 %) an einem der ständigen Ausschüsse, die neben dem Exekutivkomitee die eigentliche Arbeit leisteten. Auf Dorfebene genügten 3–5 solcher Ausschüsse, um für die fundamentalen Bedürfnisse der Einwohner Sorge zu tragen; auf regionaler Ebene richtete man bis zu siebzehn ein. Da in diesen Gremien Fachkompetenz gebraucht wurde, zog man neben den Deputierten vor allem in den unteren Organen ‹Freiwillige› heran, deren Gesamtzahl mit 2,6 Mio. bei 328 765 Ausschüssen (1975) die der Deputierten noch überschritt.

Was über das *Sozialprofil* der Ratsmitglieder bekannt ist, zeigt an, daß der Anteil der Arbeiter vom Beginn der Chruščev-Ära bis zur zweiten Hälfte der Regentschaft Brežnevs (1975) auf das Vierfache (von 10,7 % auf 40,5 %) stieg. Im selben Zeitraum sank der Anteil der *kolchozniki* von 54 % auf 27,2 % drastisch, während das relative Gewicht der «Anderen», darunter auch (aber nicht nur) Angehörige der technisch-administrativen Intelligenz, langsamer fiel (von 45,3 % auf 32,3 %). Demgegenüber deutet ein Vergleich des Bildungsniveaus zwischen Beginn und Ende der sechziger Jahre (1959– 1970) erwartungsgemäß auf die wachsende Verbreitung der Hoch- und Fachhochschulqualifikation hin (4,2 % gegenüber 16,7 %), während der Anteil derer, die nur die Elementarschule durchlaufen hatten, stark zurückging (von 51,7 % auf 13,5 %). Beachtung verdient, daß die Quote der registrierten Kommunisten an allen Sowjetmitgliedern in diesen Jahren trotz des enormen Anstiegs ihrer absoluten Zahl ungefähr gleich blieb und weniger als die Hälfte betrug (1961 45,4 %, 1975 43,8 %). Dies galt allerdings nicht für die Leitungsfunktionen: Die Exekutivkomitees waren Domänen sowohl der eingeschriebenen Bolschewiki als auch von Fachleuten mit Hochschulabschluß. Zugleich nahm das Ausmaß der Rotation ab. Bei den Wahlen von 1975 wurden zwischen 44 % und 54 % der Mitglieder – mit steigender Tendenz bei abnehmender Bedeutung der Sowjets – wiedergewählt. Der typische lokale Ratsdeputierte stammte in den siebziger Jahren mithin aus der städtischen oder ländlichen Unterschicht, hatte aber einen «mittleren» Bildungsgrad im sowjetischen Sinne erworben und gehörte statistisch nur zu weniger als der Hälfte der Partei an. Erst als Mitglied eines Exekutivkomitees oder Vorsitzender eines ständigen Komitees änderte er sein Profil, konnte auf einen (Fach)Hochschulabschluß verweisen und hatte sich in die Reihen der KPdSU eingeschrieben.

Auch die örtlichen Sowjets hatten Apparate unter sich, die ihre Entscheidungen umsetzten. Eine Großstadt verfügte über etwa ein Dutzend solcher Ämter, von der Finanzverwaltung über die Kultur und das Wohnungswesen bis zur lokalen Wirtschaft. Ein *Obkom* mochte sogar vierzig und mehr benötigen, um die Fülle an Aufgaben wahrzunehmen, die in seinem, an die Größe eines mitteleuropäischen Staates heranreichenden Zuständigkeitsbereich anfielen. Diese Apparate bildeten die eigentliche Kommunal- und Regionalverwaltung. Daß sie effizient arbeiteten, darf man bezweifeln. Als sicher kann gelten, daß sie überbesetzt waren. Aber das optimale Verhältnis zwischen Größe und Leistung ist ein Maßstab, der sich nicht nur schwer festlegen läßt, sondern dem auch Verwaltungen anderer politischer Systeme nicht immer standhalten.[30]

Die genannten Charakteristika der örtlichen Sowjets haben Anlaß gegeben, vor allem in ihnen Organe echter Teilhabe der Bevölkerung zu sehen. Wie begrenzt die Kompetenzen auch immer gewesen sein mochten, vor Ort habe sich ein ferner Abglanz der basisdemokratischen Uridee der Rätestruktur darin erhalten, daß die «Masse» selbst in die Lenkung ihrer Angelegenheiten einbezogen worden sei. Im Vergleich zu den höheren Sowjets, deren Sitzungen seit langem zu bloßen Akklamationsveranstaltungen verkommen waren, traf dies vermutlich zu. Schon die häufigere Zusammenkunft verschaffte den Deputierten in Verbindung mit ihrer Tätigkeit in den ständigen Ausschüssen mehr Einflußmöglichkeiten. Andererseits sollte man das Ausmaß solcher Mitwirkung nicht überschätzen. Auf die Gesamtzahl der erwachsenen Einwohner der Sowjetunion (über 20 Jahre) bezogen, belief sich der Anteil aller Deputierten zu Beginn der siebziger Jahre auf bloße 1,4 %. Selbst unter Berücksichtigung der ‹freiwilligen Aktivisten› ergeben sich höchstens 3 %. Wenn man ferner bedenkt, daß die Kandidaten – parteilose eingeschlossen – handverlesen, die Exekutivkomitees von der parteilich organisierten Elite beherrscht wurden und auf den unteren Ebenen, wo einfache Leute am ehesten mitreden konnten, angesichts einer strengen Kompetenzhierarchie wenig Wichtiges zu entscheiden war, muß die Bilanz negativer ausfallen. Was als Mitbestimmung erscheinen mag, verwandelt sich in eine konzessionierte Ersatztätigkeit auf unbedeutenden Politikfeldern unter den wachsamen Augen der Partei.[31]

e. Bewaffnete Stützen: Armee und KGB

Über die Rolle der *Armee* in Staat und Politik der nachstalinistischen Sowjetunion herrscht Übereinstimmung und Dissens zugleich. Niemand bestreitet, daß ihr Gewicht aufgrund der fundamental veränderten außen- und innenpolitischen Lage erheblich zunahm. Dem großen Sieg über Deutschland folgte der Aufstieg zur zweiten Welt- und militärischen Supermacht, deren Präsenz zunächst in Osteuropa, zunehmend aber auch in der dekolonialisierten Dritten Welt eine enorme Truppenstärke und hohe Rüstungsausgaben notwendig machte. Gerade im «entwickelten Sozialismus» zog die äußere Machtentfaltung schwerwiegende innere Konsequenzen nach sich. Zum einen wuchs der Einfluß des Militärs und der mit ihnen verbundenen Bereiche von Wirtschaft und Gesellschaft. Zum anderen machten sich die Kosten der neuen Position – auch wenn die osteuropäischen Zwangsverbündeten kräftig zur Kasse gebeten wurden – mit wachsendem Nachdruck bemerkbar. Ohnehin durch Systemfehler, Erblasten und natürliche Hemmnisse stark beeinträchtigt, zeigte sich die Sowjetwirtschaft immer weniger in der Lage, den zivilen und militärischen Anforderungen zugleich gerecht zu werden. Eben die Alternativität und der Zwang zur Prioritätensetzung, die sich daraus ergaben, stärkten die innere Stellung der Generäle. Denn wer

1. Die Herrschaft der nomenklatura

immer den Vorrang erhielt – Außenpolitik und Weltmachtrang wogen so schwer, daß sie mindestens als ‹zweite Sieger› und in der Summe der Jahre wohl als hauptsächliche Profiteure aus dem Wettbewerb hervorgingen. Hinzu kam die schiere Größe: Weil die internationale Präsenz nicht auf sozioökonomischer oder politischer Attraktivität, sondern auf militärischer Beherrschung beruhte, bedurfte sie einer millionenstarken Armee (5,8 Mio. «regulärer Truppen» 1955, 2,4 Mio. 1960 – als Tiefststand der Nachkriegszeit –, 3,3 Mio. 1970, 3,6 Mio. 1980 und erneut 5,3 Mio. 1985) und eines inneren Verwaltungsapparates samt rüstungswirtschaftlichem Annex, der zu den größten im Staat zählte.[32]

Offen bleibt dabei allerdings, wie groß das innere politisch-administrative Kapital war, das den Militärs auf diese Weise zuwuchs, und welchen Gebrauch sie davon machten. Sehen die einen klare Beweise für die zunehmende Dominanz des ‹militärisch-industriellen Komplexes›, so halten die anderen an der Überordnung der Partei fest. Wiederum andere meinen, ein permanentes Ringen um die Durchsetzung der jeweiligen Prioritäten erkennen zu können. Auf der Hand liegt deshalb, daß auch eine Bilanz der Rolle der Armee nicht ohne Bezugnahme auf ein Modell zur Interpretation des politischen Prozesses in der nachterroristischen Sowjetunion auskommt. Wer am unbeschränkten, wenn auch äußerlich retouchierten Verfügungsmonopol der Parteiführung festhält, wird zu anderen Ergebnissen kommen als ein Anhänger konflikt- oder interessentheoretischer Überlegungen. Schon deshalb (vom unzulänglichen historischen Forschungsstand ganz abgesehen) ist vorerst kaum mehr möglich, als nach Maßgabe unterschiedlicher theoretischer Perspektiven die wenigen fragmentarischen Informationen zusammenzustellen, die nach außen gedrungen sind.[33]

Als ein erster Indikator gilt die Verankerung der Partei in der Armee. Dabei tritt schon auf der untersten Ebene der bemerkenswerte Tatbestand zutage, daß Soldaten nach dem Zweiten Weltkrieg in einem Maße eingeschriebene Kommunisten waren, das mit der starken Vergrößerung des Militärapparates Schritt hielt. Nach dem Höhepunkt von 26,2 % im Juli 1945 sank ihr Anteil bis zum Oktober 1967 nur auf 22 % und bis zum Februar 1974 auf 20 %. Unter Einbeziehung des Komsomol betrug er im Juli 1972 sogar 60 %. Angesichts des Übergangs zu einem dauerhaften, wenn auch gespannten Frieden verdient nicht das Anfangs-, sondern das Schlußniveau Beachtung. Immerhin jeder fünfte Militärangehörige hielt es um die Mitte der Brežnev-Ära für angezeigt, der Partei beizutreten. Dieser Anteil übertraf die entsprechende Quote in der Gesamtbevölkerung erheblich. Daraus kann entnommen werden, daß auch die unteren permanenten Ränge (Wehrpflichtige sind in diesen Angaben nicht berücksichtigt) entweder ungewöhnlich regimetreu oder aufstiegsorientiert waren, in jedem Falle eine besondere Auswahl bildeten. Zugleich kam eine solche Präsenz der Partei zugute, die ihre Vorstellungen in der Armee in einem Maße verbreiten konnte wie in keiner anderen vergleichbaren Organisation. Ein Blick auf die höheren Ränge der Armee macht dies noch deutlicher. Er zeigt, daß die formelle Zugehörigkeit zur KPdSU nicht nur über die Jahre, sondern auch mit wachsender Bedeutung der Funktionen zunahm. Schon Ende 1959 verfügten drei von vier Offizieren über ein Parteibuch. Unter Berücksichtigung der Ausweise des Komsomol erhöhte sich dieser Anteil bis Oktober 1977 auf über 90%. Die umgekehrte Aufschlüsselung ist weniger lehrreich. Von 4998 Delegierten des 25. Parteitages der KPdSU im März 1976 standen 314 auf den Soldlisten einer Armeeorganisation (Flotte, Luftwaffe und andere bewaffnete Verbände eingeschlossen). Zwanzig Offiziere hielten Sitz und Stimme im ZK. Relativ fiel diese Repräsentanz mit weniger als 7% kaum ins Gewicht. Absolut verschaffte sie der Armee aber auch in den beiden verfassungsmäßigen Grundorganisationen der Partei Einfluß.[34]

Solch tiefe Verwurzelung der Partei in der Armee hätte Anlaß geben können, auf die überkommenen Instrumente politischer Kontrolle zu verzichten. Was in den zwanziger und dreißiger Jahren aus der Sicht der Machthaber nachvollziehbar war, büßte seine Begründung genau besehen ein. Bloße, unpolitische Kriegshandwerker, die man überwachen zu müssen glaubte, hatten höchstens vereinzelt überlebt. Wer auf der militärischen Karriereleiter avancierte, kam nicht nur in den Zwangsgenuß weltanschaulicher Unterweisung, sondern mußte sich auch als Parteigenosse bewähren. Den zivilen obersten Kommunisten scheint dies aber nicht ausgereicht zu haben. Im Kern überdauerte die alte Organisation sowohl Stalin als auch Chruščev. Weder die politische Hauptverwaltung auf höchster Ebene noch die heftig umstrittenen politischen Instruktoren in den unteren Einheiten wurden abgeschafft. Im Gegenteil, auf Bataillons- und Kompanieebene führte man letztere im August 1955 und im Januar 1967 wieder ein. Allerdings kann man mit guten Gründen der Meinung sein, daß diese Vorsorge eher den Mannschaften als den Befehlshabern galt. Auf den oberen Ebenen hatte die Auseinandersetzung längst ihre Form geändert: Aus dem möglichen temporären Konflikt war das permanente Ringen in – zumindest teilweise – repräsentativen Führungsgremien geworden. Die wachsende Integration im Zeichen gemeinsamer Herrschaft senkte die Wahrscheinlichkeit, daß Ressortdenken und eine separate Identität Überhand nahmen. Nicht zuletzt der Zusammenbruch der Sowjetunion zeigte, daß Partei und Armee um den Preis des Untergangs aufeinander angewiesen waren.[35]

Diese Symbiose trat in der ersten Hälfte der Brežnev-Ära besonders augenfällig zutage. Verschiedene Umstände trugen dazu bei, daß sie wohl am ehesten das Etikett eines ‹goldenen Zeitalters› der Beziehungen zwischen Partei und Armee verdient. Zum einen wirkten die Folgen des Zweiten Weltkriegs nach. Das Militär konnte aus dem schwer erkämpften Sieg enormen Gewinn an Prestige und politisch-administrativem Gewicht ziehen. Diese neue Macht ging im Zuge der Transformation des Systems zur ‹bürokratischen› Herrschaft gleichgeschalteter Apparate nicht verloren. Im Gegenteil, unterstützt vom Kalten Krieg erwiesen sich Größe und funktionale Unverzichtbarkeit zur Herrschaftssicherung nach innen und außen als äußerst ertragreiches Kapital. Schon der Aufstieg Chruščevs lehrte, daß ohne Zustimmung der Armee nicht mehr zu regieren war. Zum anderen pflegte der neue erste Mann alte persönliche Beziehungen zur Militärführung und ihren Verbündeten. Dabei half ihm der Umstand, daß er in den späten fünfziger Jahren als Sekretär des ZK für die Rüstungsindustrie zuständig gewesen war. Er kannte nicht nur die Wünsche und Sorgen dieser Branche, sondern auch ihre zentralen Akteure, allen voran den Rüstungsmanager Ustinov. Ob Brežnev dieser Lobby sogar das Amt des Parteichefs verdankte, mag offen bleiben. Unbestritten sind seine Verbindungen zu ihr samt einer bemerkenswerten «Stabilität und Geschlossenheit» der Funktionärselite jenes Bereichs, der von westlichen Beobachtern nun immer häufiger mit dem Sammelbegriff des ‹militärisch-industriellen Komplexes› bezeichnet wurde. Insofern wird die Zugehörigkeit zur selben Generation auch hier zum Argument.³⁶

Gewiß wäre es falsch, Brežnev nach Art einer groben ‹Agententheorie› zum Handlanger solcher Interessen zu erklären. Vielmehr gehörte es zu den Verpflichtungen seines Amtes, auszugleichen und in diesem Sinne über den Parteien zu stehen. Hinzu kam, daß auch er die Notwendigkeit wirtschaftlicher Reformen akzeptierte und durchaus wußte, daß die dafür nötigen Finanzmittel nur einmal verteilt werden konnten. Vor allem in den ersten Jahren mußte er außerdem auf Kosygin und Podgornyj Rücksicht nehmen, die sich den Wünschen der Militärs am deutlichsten widersetzten. Dessenungeachtet spricht alles dafür, daß er die (nach Maßgabe der Selbsteinschätzung) vitalen Bedürfnisse von Armee und Rüstungswirtschaft nicht verletzte: hohe Investitionen in die Schwerindustrie, einen großen Anteil an den Staatsausgaben zum Unterhalt einer kopfstarken Armee, die Anerkennung einer gewissen professionellen Autonomie und ein Mindestmaß an internationaler Konfrontation zwecks Absicherung von Ansprüchen und Aufrechterhaltung des Feindbildes. Als ‹Meister des Ausgleichs› verstand es Brežnev allem Anschein nach, die Befürwortung teurer agrarisch-leichtindustrieller Programme mit glaubwürdigem Einsatz für die Belange des Militärs zu verbinden. Dabei scheint er die Generäle sogar von der Notwendigkeit eines gewissen Maßes an äußerer Entspannung und Abrüstung überzeugt oder ihre Zustimmung durch die Beförderung ihrer höchsten Repräsentanten erkauft zu haben: In jedem Fall verdient es Beachtung, daß dem ersten Abkommen mit den USA über die Reduzierung der nuklearen Interkontinentalraketen vom Oktober 1972 (SALT I) im April 1973 die Aufnahme des Verteidigungsministers Grečko ins Politbüro folgte. Nach dessen Tod drei Jahre später rückte sein Stellvertreter Ustinov, schon vorher der wichtigste Akteur hinter den Kulissen, nach. So war es kein Zufall, daß die

UdSSR in diesen Jahren nicht nur den Zenit ihrer internationalen Geltung, sondern auch ihres rüstungstechnischen Niveaus erreichte.[37] Doch spätestens mit der Ernennung Ustinovs kam auch der Wendepunkt. Als Brežnev wenig später (im Mai 1976) zum Marschall der Sowjetunion befördert wurde und im folgenden Jahr zusätzlich das Amt des Vorsitzenden des Obersten Sowjets übernahm, signalisierte dies nicht nur die Anerkennung seiner Führerschaft durch alle Fraktionen der herrschenden Elite, sondern auch deren Kapitulation. Endgültig unanfechtbar geworden, öffnete sich dem alternden Partei- und Staatschef neuer Spielraum, um sich den Forderungen der Militärs zu entziehen. Dazu zwang vor allem die wirtschaftliche Entwicklung. Statt der erneut versprochenen Fortschritte hatte der neunte Fünfjahresplan einen Rekord an Untererfüllung gebracht. Dabei ließ sich die Schuld nicht allein auf die schlimme Dürre in seinem letzten Jahr abwälzen; die Naturkatastrophe verschärfte den Mißerfolg, verursachte ihn aber nicht. Daß er tiefer wurzelte, konnten die Verantwortlichen an der Tatsache ablesen, daß der Zuwachs des Bruttosozialprodukts von ca. 5 % jährlich in den sechziger Jahren auf 2 % in der zweiten Hälfte der siebziger sank. Die enormen Rüstungs- und sonstigen Militärausgaben trugen maßgeblich dazu bei. Gegen Ende der Brežnev-Ära mußte jedem annähernd vorurteilsfreien Entscheidungsträger klar sein, daß «blinde Unterstützung der militärischen Wünsche der Tötung jener Gans gleichkam, die goldene Eier legte.» So zerfiel, als die letzte stalinistische Politikergeneration abtrat, auch das Fundament für das relativ konfliktfreie Zusammenwirken von Partei und Armee. Die mangelnde Leistungsfähigkeit der sozialistischen Wirtschaft vernichtete die Möglichkeit, die Wünsche beider zu befriedigen.[38]

Auch die Geschichte des *KGB* als Nachfolger des NKVD in der nachstalinistischen Sowjetunion liegt noch weitgehend im Dunkeln. Seine Interna drangen kaum nach außen und waren vermutlich nur einigen Eingeweihten bekannt. Was jenseits des eisernen Vorhangs bekannt wurde, beruhte entweder auf der peniblen Lektüre offiziöser – und nicht immer einheitlich zensierter – Verlautbarungen oder auf Erinnerungen von Überläufern. Dennoch dürfen die grundlegenden Informationen bis zur (auch gegenwärtig nicht absehbaren) Korrektur durch Archivquellen als plausibel gelten. Außer Frage steht, daß der Geheimdienst neben Partei und Armee als dritte Säule der Sowjetmacht zu gelten hat. Für die Anhänger einer totalitaristischen Deutung lag und liegt dies auf der Hand, da die Ausübung extralegaler oder juristisch nicht genau umgrenzter Zwangsgewalt durch eigens dafür geschaffene Organisationen zu den zentralen Aspekten der behaupteten Gemeinsamkeiten zwischen ‹braunen› und ‹roten› Diktaturen zählt. Aber auch ihre Kritiker haben keine systematische Ursache, sein Gewicht zu unterschätzen: Eine zahlenmäßig große und politisch mächtige, dabei relativ geschlossene und schwer kontrollierbare Institution mit entsprechender

1. Die Herrschaft der nomenklatura

Durchsetzungskraft war und blieb der KGB allemal. Insofern verdiente er mehr Raum, als er nach Maßgabe der verfügbaren Informationen in den meisten Darstellungen tatsächlich erhält.[39]

Bedeutung und Einfluß des Komitees ergaben sich schon aus großzügigen Kompetenzen, die ihm trotz aller Beschneidungen im Gefolge von Berijas Sturz Mitte 1953 blieben. Nach wie vor sammelte der KGB Informationen über die Stimmung im Lande, sorgte für den Schutz des Kreml samt der führenden Politiker, sicherte geheime Anlagen – von Nuklearfabriken in ‹verbotenen›, auf keiner Landkarte zu findenden Städten bis zu Staudämmen und wichtigen Betrieben –, beschattete oppositionelle Gruppen, bewachte die Grenzen und betrieb Auslandsspionage. Sowohl für die innere Disziplinierung als auch für die Fluchtverhinderung – wie man Grenzkontrolle lesen sollte – standen ihm eigene Truppen zur Verfügung. Die sowjetische «Staatssicherheit» war nicht nur Auge und Ohr, sondern auch Arm und Hand der Partei. Von den ersten Stunden der VČK bis in die letzten Tage des KGB bewahrten ‹die Organe›, wie man zu Stalins Zeiten in ängstlicher Umschreibung sagte, das einzigartige Vorrecht, *reguläre bewaffnete Einheiten* zu unterhalten. Anders als in Demokratien gab es in der Sowjetunion zeit ihrer Existenz *zwei* Organisationen, auf die das vielzitierte staatliche Monopol der legitimen und gesetzeskonformen Zwangsgewalt verteilt war: neben der Armee (wie überall) für die äußere Verteidigung den KGB mit der Aufgabe, Proteste zu unterdrücken und innergesellschaftlichen Gehorsam zu erzwingen. Dabei veränderten sich die Formen der inneren Repression grundlegend. Während VČK und NKVD vor Exekutionen und Massenterror nicht haltmachten, wurde der KGB an die Leine gelegt. Blutvergießen war seine Sache auch vor der Selbstverpflichtung der Sowjetunion auf die Wahrung der Menschenrechte in der Schlußakte der KSZE in Helsinki (»Korb drei«) im August 1975 nicht. Aber die permanente Androhung von Gewalt und deren eventueller Vollzug in Gestalt fabrizierter Prozesse, der Einweisung in eine Irrenanstalt bei voller geistiger Gesundheit oder sogar tatsächlicher Mordanschläge blieben bestehen. So betrachtet, vermochten die Bolschewiki jenes Amalgam aus Sendungsbewußtsein und Minderheitenkomplex, dem die VČK (unter anderem) ihre Existenz verdankte, nie abzuschütteln. Die Angst auch vor belanglosen Widersetzlichkeiten und der Argwohn gegenüber ‹den Massen› bestanden fort. In dieser Funktion, als sozusagen institutionalisierte ‹Vorsorge›, war der KGB zweifellos politischer als seine Konkurrentin, die Armee. Zugleich lag darin der Keim seiner Doppelrolle: Weil zwangsläufig auch die Partei ins Beobachtungsfeld geriet, sammelte er Herrschaftswissen und Macht. Bei aller Fesselung im Vergleich zum NKVD blieb er eine ebenso unberechenbare wie bedeutende Potenz im inneren Fraktionskampf.[40]

Dabei markierte der Staatsstreich vom Oktober 1964 auch für den Geheimdienst eine merkliche Wende zum Besseren. Chruščevs Vergangenheitsbewältigung und der Versuch, Begeisterung auf der Grundlage ‹sozialistischer Gesetzlichkeit› an die Stelle von Zwang zu setzen, hatten ihn bei aller Anerkennung seiner Unentbehrlichkeit um den alten Rang gebracht. Der KGB war in den Hintergrund getreten und mußte sich darauf beschränken, die Aufdeckung der eigenen Verbrechen mit stiller Wut zu begleiten. Aus welchen Motiven auch immer: Die Vermutung hat sich erhärtet, daß derselbe Šelepin, der den Dichterfürsten Pasternak als Schwein bezeichnet hatte und sich auf dem 22. Parteitag 1961 durch eine Rede von ‹meisterhafter Heuchelei› an die Spitze der Entstalinisierer setzte, zu den treibenden Kräften des Komplotts gegen Chruščev gehörte. Wahrscheinlich ließ er danach sogar noch größeren Ehrgeiz erkennen. Beide Tatbestände helfen, das Verhalten Brežnevs ihm und dem KGB gegenüber zu erklären. Der neue Erste bzw. Generalsekretär trennte klug zwischen dem Rivalen und der Institution. Šelepin wurde mit der Vollmitgliedschaft im Politbüro (anstelle des Kandidatenstatus) belohnt, sein Nachfolger im Amt des KGB-Chefs Semičastnyj (seit Nov. 1961) mit der analogen Aufwertung im ZK. Beide konnten sich aber nicht lange im Glanz ihrer neuen Rolle sonnen. Wohl aus Argwohn vor zu großer Macht lobte Brežnev den Mitverschwörer 1967 auf den ehrenvollen Posten des Gewerkschaftsvorsitzenden fort. Zugleich ersetzte er Semičastnyj durch den Kompromißkandidaten Andropov. Letzteres bedeutete aber auch, daß nicht der KGB, sondern seine Führung gemaßregelt wurde. Das Komitee selbst erhielt im Gegenteil die Belohnung, die es für seine tätige Beihilfe zum Putsch erwartete. Sichtbar an Andropovs Rang eines Kandidaten des Politbüros, erfreute es sich auch weiterhin der Wertschätzung des Parteichefs. Als Andropov 1973 zum Vollmitglied aufstieg und damit erstmals seit Berija wieder ein Vorsitzender ‹der Organe› zum engsten Kreis der Machthaber gehörte, wurde die Verständigung auch äußerlich sichtbar.

Es widerspräche aller Erfahrung, wenn diese Eintracht nicht auf sachlichen Gemeinsamkeiten beruht hätte. Dabei liegt es nahe, ein wichtiges Unterpfand in der Abwehr wachsender Kritik zu sehen. Die neue Führung betrieb keine programmatische und institutionelle Restauration des Stalinismus, aber sie gab umgehend Order, weitere Enthüllungen zu unterbinden. Dabei konnte sie keinen besseren Partner gewinnen als den KGB, der nicht nur über die nötigen Instrumente verfügte, sondern auch ‹Leidtragender› der Chruščevschen *glasnost'* gewesen war. In vieler Hinsicht verkörperten die Dissidenten in beider Augen die verderblichen Folgen der vorangegangenen Liberalisierung. Der ostentative Aufwand, mit dem 1966 der Prozeß gegen Ju. M. Daniel (N. Aršak) und A. D. Sinjavskij (A. Terc) inszeniert wurde, darf daher im Rückblick als Signal für die neue Freiheit des KGB gelten. Hinzu kamen personelle Veränderungen. Andropov war ein Mann der Partei, kein gelernter Geheimdienstler, überdies ein Funktionär von Format, der zwischen beiden Apparaten zu vermitteln wußte. Dieselbe Aufgabe erfüllten mehrere Vertraute des Generalsekretärs, die dieser in wichtigen Positionen – wie S. K. Cvigun als Ersten Stellvertretenden Vorsitzenden oder V. M. Čebrikov als einen der weiteren Stellvertretenden Vorsitzenden – unterbrachte. Sie sorgten dafür, daß auch der *modus vivendi* mit dem internationalen Klassenfeind um den Preis verbaler Anerkennung der Menschenrechte und größerer Vorsicht im Umgang mit den Dissidenten das Einvernehmen mit dem KGB nicht zerstörte. Brežnev konnte sich auf seine Schützlinge verlassen. Solange er die Zügel in der Hand hielt, blieb der KGB bei der Stange.

Erst nach dem Tode des Generalsekretärs wurde deutlich, daß sich der Geheimdienst schon auf das Ende der *entente cordiale* vorbereitet hatte. In welchem Maße er tatsächlich besser über die Lebensfähigkeit des Imperiums informiert war als andere, muß offen bleiben. Eigentlich konnte ihm der wirtschaftliche Stillstand ebensowenig entgehen wie die wachsende Unzufriedenheit selbst in der Partei. In jedem Fall zeigte sich der KGB über *einen* Aspekt dieser unheilvollen Entwicklung nach Brežnevs Ableben bestens informiert: über die Korruption und Schiebereien unter den Herrschenden, die nicht nur die Glaubwürdigkeit, sondern die schiere Funktionsfähigkeit der sozialistischen Ordnung untergruben. In der einschlägigen Kampagne zugunsten Andropovs trat zutage, daß sich der Geheimdienst bei aller Loyalität und Interessengleichheit nicht auf Gedeih und Verderb an die Partei ausgeliefert hatte. Als diese mit der Wirtschaft und der gesamten Staatsordnung in eine tiefe Krise stürzte, stand er in Startposition und bot sowohl ein Rezept als auch einen neuen Führer in der Person seines Vorsitzenden an.[41]

f. ‹Real existierender› Föderalismus

Auch unter Brežnev wurde hochgehalten, was Lenin mit letzter Kraft als Unterpfand der Dauerhaftigkeit ‹seiner› Revolution gesichert hatte: der föderale Staatsaufbau. Die neue Verfassung von 1977 folgte ihren Vorgängerinnen von 1936 und 1924 in diesem Punkte ohne nennenswerte Änderungen. Um die Freiwilligkeit des Zusammenschlusses zu unterstreichen, garantierte auch das novellierte Grundgesetz das Recht auf ungehinderten Austritt (Art. 72). Und die Nationalitätenkammer des Obersten Sowjets blieb nicht nur erhalten, sondern wurde durch die Herstellung numerischer Parität zur Unionskammer sogar sichtbar aufgewertet. Zugleich machte die Verfassung allerdings mehrfach deutlich, daß sie das Austrittsrecht für formal hielt. Der Bundesstaat habe in dem halben Jahrhundert seiner Existenz nicht nur die «Annäherung aller Klassen und sozialen Schichten» weit vorangetrieben, sondern auch die «juristische und tatsächliche Gleichheit aller Nationen und Völkerschaften». Die Präambel gipfelte in der Behauptung, daß eine «neue historische Gemeinschaft von Menschen – das Sowjetvolk –

entstanden» sei. Damit wurde das alte Wunschziel kommunistischer Ideokratie zum Tatbestand erklärt: Der *homo sovieticus* habe seine nationale Identität abgestreift und kenne, wie die Verfassung es gebot, nur noch *ein* ‹Vaterland›: den ‹sozialistischen›, supranationalen Gesamtstaat.⁴²

Solcher Selbstgewißheit entsprach es, daß die Politik noch stärker in den Dienst zentraler Identitätsbildung trat. Was schon Chruščev begonnen hatte, wurde nach seiner Absetzung fortgesetzt. In kaum einem anderen Politikbereich brauchten die Putschisten so wenig zu ändern. Gerade in dieser Hinsicht hatten sie es nicht nötig, zur stalinistischen Praxis zurückzukehren. Vermutlich wäre dies auch kaum möglich gewesen, da sich zu viel verändert hatte. Auch die Nationalitätenpolitik, die von Regionalpolitik nicht zu trennen war, unterlag dem Zwang zum gesamtstaatlichen Ausgleich. In einem zunehmend komplexen System konnte die Zentrale nicht mehr völlig nach eigenem Gutdünken, geschweige denn willkürlich schalten und walten. Sie hatte jeweilige Gegebenheiten in Rechnung zu stellen und bis zu einem gewissen Grade, schon mit Blick auf die eigenen Ziele, auszugleichen. Auf der anderen Seite spricht alles dafür, sie nicht zur bloßen Vollzugsagentur von Kompromissen zu degradieren. Ihr stand die bewaffnete Macht der Armee ebenso zu Gebote wie die verdeckt-repressive des KGB, die bürokratische der Verwaltung und die manipulative des Parteiapparates. Insofern konnte sie kraft eigener Kompetenz und Durchsetzungsfähigkeit anordnen. Man wird dem Wesen nachstalinistischer Nationalitätenpolitik am nächsten kommen, wenn man nicht in Extremen denkt und keinen Gegensatz zwischen zentraler Dominanz und regionaler Mitwirkung unterstellt. Entscheidend war das Verhältnis zwischen beiden und die Dosierung der letzteren. Dabei schlugen allerdings die bestehenden Strukturen, ideologische Grundannahmen und sicher auch Ängste nachhaltig zu Buche. Angesichts des tradierten Zentralismus, angesichts ständiger Furcht vor sezessionistischen Tendenzen in einem Vielvölkerreich, um dessen außerordentliche Verschiedenartigkeit die Führung nur allzu genau wußte, hatte der Föderalismus keine wirkliche Chance. In mancher Hinsicht drängt sich der Eindruck eines unter den gegebenen Bedingungen unauflösbaren Zirkels auf: Ohne Demokratie und individuelle Freiheit konnte es keine regionale Selbstverwaltung unter Anerkennung notwendiger gesamtstaatlicher Prärogative geben; ohne regionale Eigenständigkeit fehlte aber die lebendige Initiative, auf die der Gesamtstaat bei Strafe von Legitimations- und Leistungsschwund angewiesen war.

Es liegt nahe, nicht nur die wachsende Unbeweglichkeit, sondern auch den erstarkenden russischen Zentralismus des Brežnev-Regimes als Antwort auf dieses Dilemma zu verstehen. Die praktizierte Nationalitätenpolitik des «entwickelten Sozialismus» lief auf ein Lippenbekenntnis zum Föderalismus bei paralleler Sicherung unangefochtener Dominanz der Unionsgremien hinaus. Man kooptierte einige Repräsentanten der Republiksparteien, gab

1. Die Herrschaft der nomenklatura

Diagramm 7: Nationale Zusammensetzung der Mitglieder des Zentralkomitees der KPdSU 1939–1986

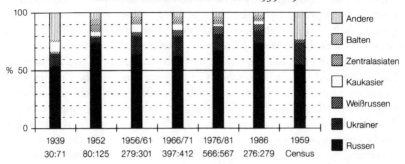

Quelle: Mawdsly, Portrait, 202

ihnen Sitz und Stimme im ZK, ganz wenigen auch im Politbüro und Ministerrat; man reservierte ihnen weiterhin die zweite Kammer des Obersten Sowjets – sorgte aber (neben der Auswahl genehmer Personen) zugleich dafür, daß regionale oder fremdethnische Interessen auf keinen Fall Oberhand gewannen. Insofern galt nach wie vor, daß in Moskau entschieden wurde, was im Baltikum oder im Kaukasus geschah. Dieses Verfahren symbolischer Teilhabe läßt sich in aller Deutlichkeit an der *ethnisch-nationalen* Zusammensetzung der zentralen Gremien ablesen. Für das *Politbüro* wurde errechnet, daß der Anteil der slavischen (als Sammelbezeichnung für die russischen, ukrainischen und weißrussischen) Mitglieder 1965–1990 zwischen 78 % und 89 % schwankte. Der Tiefpunkt lag dabei 1980, der Höhepunkt im letzten Jahr. Mithin stammten in der Brežnev-Ära vier von fünf der mächtigsten Politiker des Landes aus den genannten drei Kerngebieten nicht nur des alten Zarenreiches, sondern auch der Sowjetunion. Eine weitere Aufschlüsselung zeigt, daß unter den slavischen Nationalitäten die russische mit erheblichem Abstand dominierte. Ihr folgte die ukrainische, dieser wiederum mit einiger Distanz die weißrussische. Zwar wurde es seit Chruščev üblich, «ein bis zwei Transkaukasier und ein bis zwei Asiaten (in der Regel einen Kazachen und einen Usbeken)» zu kooptieren. Aber deren Anwesenheit war nicht mit Einfluß zu verwechseln. Anders als es dem Zusammenwachsen der Völker entsprochen hätte, verringerte sich das russische Übergewicht nicht, sondern wuchs (bemerkenswerterweise nach Brežnevs Tod noch stärker) weiter. In diesem Sinne fand sogar eine «Re-Russifizierung» statt.[43]

Ähnlich klare Verhältnisse zeigen die Angaben über die nationale Zugehörigkeit der *ZK-Mitglieder*. Seit 1952 lag der Anteil der Großrussen über 60 %, der ‹slavische› unter Einschluß der Ukrainer und Weißrussen über 80 %. Dabei war noch eine steigende Tendenz zu beobachten: Die großrussische Repräsentanz überschritt 1986 sogar die 70 %-Marke, die ‹slavische› erreichte im selben Jahr 90 %. Wie das Balkendiagramm (vgl. Diagramm 7) illustriert, wurde die großrussische Vorherrschaft aber nur von der ukrainischen tangiert (wenn auch keinesfalls gefährdet). Nicht zufällig erreichte der großrussische Anteil erst 1986 wieder den Stand von 1952: Chruščev und Brežnev hatten beide lange Jahre ihrer Karriere in der Ukraine verbracht und holten Zöglinge aus dieser Zeit nach Moskau. Als die Ära Brežnev zu Ende ging (und seine ukrainischen Gefolgsleute um dieselbe Zeit ins Pensionsalter kamen), verringerte sich auch das relative Gewicht ukrainischer Politiker. Noch stärker fällt allerdings der Tatbestand ins Auge, daß der Anteil nichtslavischer Nationalitäten, die schon 1959 (vgl. die rechte Spalte des Diagramms und Tabelle A–4 im Anhang) mehr als 20 % der Gesamtbevölkerung ausmachten und den größten natürlichen Zuwachs verzeichneten, nicht stieg. Zwölf von fünfzehn Unionsrepubliken, die große Masse der 26 «autonomen» Republiken bzw. Gebiete sowie der siebzig größeren Völkerschaften, die noch der Zensus von 1979 verzeichnete, blieben im ZK, vom Politbüro nicht zu reden, ohne Sitz und Stimme.[44]

Auch unter den *einfachen Parteimitgliedern* zeigt sich noch ein ähnliches Bild. Im letzten Amts- und Lebensjahr Brežnevs (1982) wurden 59,8 % der 17,8 Mio. registrierten Angehörigen der KPdSU als Russen geführt; 16,0 % bezeichneten sich als Ukrainer, 3,8 % als Weißrussen, 2,3 % als Usbeken, 1,9 % als Kasachen, 1,7 % als Georgier, 1,6 % als Aserbajdschaner und 1,5 % als Armenier (um nur die größten Nationalitäten, denen weitere 37 folgen, zu nennen). Dabei lag der Prozentsatz der Russen deutlich über dem entsprechenden Resultat der Volkszählung von 1979 (52,4 %), der der Weißrussen und Georgier leicht darüber (3,6 %, 1,4 %), der der Ukrainer, Kasachen und Aserbajdschaner leicht darunter (16,2 %, 2,5 %, 2,1 %) und der der Usbeken – nicht zufällig – deutlich darunter (4,7 %). Andererseits kann man auf dieser Ebene nicht mehr von einer wirklichen Hegemonie der Großrussen über den Rest der Sowjetbürger sprechen. Parteimitglieder brauchte man überall; sie bildeten auch auf regionaler Ebene die administrativ-politische und ökonomische Elite. Dies entspricht der allgemeineren Beobachtung, daß Chruščev und Brežnev darauf achteten, die sogenannten Titularnationen in der Führung der jeweiligen Republiken oder autonomen Gebiete (verschiedenen administrativen Ranges) nicht zu kurz kommen zu lassen. Mit Ausnahme von Moldawien und Weißrußland waren sie überall proportional zu ihrem jeweiligen Bevölkerungsanteil vertreten und häufig sogar darüber hinaus. Auch wenn es große russische Minderheiten gab, wurden die Republiken gleichsam als national annähernd homogene Territorien behandelt. So fanden sich unter den Mitgliedern des ukrainischen Politbüros 1955–1972 93 % Ukrainer, in Tadžikistan 72 % Tadschiken, in Aserbajdschan 87 % Aserbajdschaner und in Lettland 80 % Letten.[45]

Allerdings darf aus dieser Repräsentation oder gar Überrepräsentation nicht geschlossen werden, daß auch die Macht in den Händen der ‹Landespolitiker> gelegen hätte. Vieles spricht im Gegenteil dafür, daß sich die Zentralgewalt die Besetzung der herrschaftsrelevanten Positionen vorbehielt. So gehörte der Erste Parteisekretär in den Unionsrepubliken und autonomen Regionen zwar üblicherweise der jeweils mehrheitlichen Nationalität an. Aber häufig hielten Großrussen zwei Schlüsselämter in der Provinz, die den Zugriff der Obrigkeit sicherten und Unbotmäßigkeit am ehesten unterbinden konnten: das Amt des Zweiten Parteivorsitzenden, der für die Auswahl der ‹Kader› zuständig war, sowie das Amt des Oberkommandierenden des entsprechenden Militärbezirks. Hinzu kam der Vorsitz des regionalen KGB, den zwischen 1955 und 1972 nur 26 % Einheimische ausübten; erst Brežnev lockerte hier die Zügel, so daß sich die letztgenannte Quote bis 1979 auf die Hälfte erhöhte. Dennoch liegt die Folgerung nahe, daß die weitgehende Freihaltung dieser Funktionen vom ‹Indigenat› Methode hatte. Sie bestätigt eine politische Strategie, die letztlich auf Irreführung berechnet war. Die Zentralgewalt täuschte eine Selbständigkeit der Republiken vor, die in Wirklichkeit nicht bestand. Sie tolerierte den Föderalismus in dem Maße, wie er nötig schien, um ein Mindestmaß an Aktivität auf regional-lokaler Ebene zu gewährleisten; aber sie setzte ihm dort klare Grenzen, wo die Macht auf dem Spiele stand. Auch in dieser Hinsicht herrschte eine Kluft zwischen Schein und Sein, die – wie sich zeigen sollte – eine enorme Sprengkraft enthielt.[46]

2. Unheilbare Wirtschaft: das Ende des Wachstums

Chruščev stürzte auch über ökonomische Probleme. Wenngleich die Verschwörer vor allem den Unmut der Parteioberen zum Ausdruck brachten, handelten sie zugleich im Namen vieler Wirtschaftsplaner und -verwalter. Die Meinung hatte Oberhand gewonnen, daß nicht zuletzt die Wirtschaftsreformen des Staats- und Parteichefs gründlich gescheitert waren. Zwar stand ihre prinzipielle Notwendigkeit außer Frage, aber ihre konkrete Gestalt verfiel dem mehrheitlichen Verdikt zumindest der durchsetzungsfähigen Akteure. Beim Versuch, einen anderen Weg zu gehen, markierte die ungefähre Mitte der Brežnevschen Regentschaft, wie in der inneren Politik generell, eine deutliche Zäsur: Erfolge, die bis dahin durchaus zu verzeichnen waren, verkehrten sich – nach deutlichen Anzeichen schon seit Beginn der siebziger Jahre – endgültig in ihr Gegenteil. Das wirtschaftliche Wachstum versiegte, während die Militärkosten stiegen und die Konsumansprüche der Bevölkerung zumindest nicht fielen. Eine Schere tat sich auf, die das Ende der Brežnev-Ära wirtschaftlich nicht nur als «Stagnation» erscheinen läßt, sondern als rapiden Niedergang. Sicher war dieser Verfall nicht unaufhaltsam. In der Retrospektive spricht aber vieles dafür, daß die Gegenmittel außerhalb des Systems lagen.

a. Die Industrie

Es war in doppelter Hinsicht kein Zufall, daß die neue, vorletzte Epoche der sowjetischen Industriegeschichte mit einer *Reform* begann. Zum einen unterstreicht dieser Umstand die Berechtigung des Urteils, die Verschwörer hätten wirtschaftlich zunächst einen ‹Chruščevismus ohne Chruščev› angestrebt und keine völlige Kehrtwende. Zum anderen belegt er, wie unabweisbar durchgreifende Änderungen geworden waren. Mehrere Faktoren trugen zu dieser Einsicht bei. Der größte Handlungszwang ging von den sinkenden Wachstumsraten der industriellen Produktion und des gesamten Nationaleinkommens aus. Dabei war die Tendenz selbst im Grunde nicht verwunderlich. Angesichts des niedrigen Ausgangsniveaus und der enormen, physischen Zwang einschließenden Mobilisierung aller Ressourcen waren in den ersten Planjahrfünften hohe Zuwächse (1928–40 14,6 % p. a.) erzielt worden. Nach dem Krieg schufen die ungeheuren Verwüstungen bei Fortbestand der stalinistischen Diktatur vergleichbare Voraussetzungen, die zumindest die statistischen Ergebnisse schnell in die Höhe trieben (1946–50 14,5 % p. a.). Dies änderte sich mit dem Ende des unmittelbaren Wiederaufbaus. Langsam, aber merklich ließ die industrielle Dynamik – von der landwirtschaftlichen nicht zu reden – nach. In der zweiten Hälfte der fünfziger Jahre (1956–60) sank die entsprechende Rate auf jährlich 8,8 %. Und nach dem Abbruch des sechsten Fünfjahresplans konnte auch der Siebenjahresplan von 1959 die Ermüdung nicht anhalten: Gegen Ende der Chruščev-Ära wurde nur noch eine Steigerung des Nationaleinkommens von jährlich 5,7 % gemessen. Ein solches Wachstum brauchte sich im internationalen und langfristigen Vergleich zwar nicht zu verstecken, auch wenn es vom bundesrepublikanischen und japanischen ‹Wirtschaftswunder› übertroffen wurde. Aber es verbarg erhebliche sektorale Unterschiede, die um so stärker ins Gewicht fielen, als das absolute Niveau aller Produktionsbereiche nach wie vor kläglich war. So gab es gute Gründe zur Besorgnis, wenn der Privatkonsum während des Siebenjahresplans nur um 3,8 % wuchs und die entsprechenden Werte für die Landwirtschaft sogar auf 2,3 % fielen. Nach der Proklamation des Kommunismus und der Ankündigung, die Vereinigten Staaten nicht nur im Weltraum, sondern bald auch in der Milchproduktion übertreffen zu wollen, war eine solche Schrumpfung besonders peinlich: Sie entzog den vollmundigen Versprechungen gleich zu Beginn die Glaubwürdigkeit.[1]

Was sich in unvermindert langen Schlangen vor den Geschäften ebenso wie in meßbaren Produktionsvolumina niederschlug, ließ sich leicht als Symptom durchschauen. Die eigentlichen Ursachen waren schwerer zu ermitteln. Im Rückblick kommen vor allem folgende in Betracht. Bei aller Langsamkeit des Vorgangs machte sich schon um diese Zeit die *Verknappung der Arbeitskräfte* bemerkbar. Ein großer Teil der dörflichen Reserve

2. Unheilbare Wirtschaft 879

an ‹überflüssigen Menschen› war bereits in den dreißiger Jahren abgezogen worden. Die entbehrlichen Hände, die der Vernichtungskrieg übrigließ, wurden für den Wiederaufbau gebraucht. Zugleich machten sich die enormen Menschenverluste bemerkbar. Die wichtigste Ressource des industriellen Produktionsprozesses stand nicht mehr in jener Fülle zur Verfügung, die jede Sorge um ihre effektive Nutzung überflüssig machte. Dem Rückständigkeitstrauma und einem schematischen, davon zutiefst geprägten ideologischen Selbstverständnis entsprechend, hatten die Wirtschaftsplaner gut drei Jahrzehnte lang infrastrukturellen Investitionen und der Grundlegung einer Schwerindustrie den Vorrang eingeräumt. Landwirtschaft und Konsumgüterproduktion hatten demgegenüber zurückstehen müssen. Daraus war ein *Ungleichgewicht* entstanden, das sich zunehmend dysfunktional auswirkte und in wachsenden Gegensatz zu *steigenden Verbraucheransprüchen* geriet. Beim Ausbau der Schwerindustrie hatte man Bodenschätze in relativer Nähe zu Kernrußland nutzen und dort neue Industriereviere gründen können, die nach vergleichsweise geringen Investitionen Ertrag abwarfen. Je weiter man sich vom Zentrum entfernte und in unwirtlichere Regionen vorrückte, desto größer wurde der vorzufinanzierende, kurzfristig *nicht profitable Erschließungsaufwand*. Nicht zuletzt wuchs die *Komplexität* der Wirtschaftsstruktur und mit ihr die *Schwierigkeit der Planung*. Die Hypothese hat manches für sich, daß die zentrale Festsetzung und Koordinierung der Produktionsabläufe einfache Systeme und klare Ziele voraussetzt. In dem Maße, wie die Erzeugnisse zahlreicher und anspruchsvoller wurden und sich das Beziehungsgeflecht zwischen einer wachsenden Zahl von Branchen und Unternehmen verdichtete, stiegen die Anforderungen an die behördliche Planung und Koordination. Schon weil die Informationen zu langsam flossen, verringerte sich fernab vom Ort des Geschehens die Fähigkeit, angemessen zu reagieren. Man hat geschätzt, daß sich die ‹Gleichungen›, die zur Abstimmung aller Allokations- und Produktionsprozesse einschließlich von Kapital und Arbeitskraft erforderlich waren, gegen Ende der Chruščev-Ära auf mehrere Trillionen summierten. Hinzu kam, daß die Meinungen über die Rangfolge der Entwicklungsziele seit Stalins Tod immer weiter auseinandergingen. Je mehr Institutionen und Gruppen ihre Wünsche wirkungsvoll äußern konnten, desto mühevoller wurde die Entscheidung und desto labiler ihr Ergebnis. So unterminierten die Eigenlogik zunehmender Komplexität der Gesamtwirtschaft und der analoge Vorgang wachsender Pluralität politisch-ökonomischer Interessen die Funktionsfähigkeit des überkommenen zentralen Plansystems. Was nottat, ergab sich von selbst: größere Selbständigkeit und Eigenverantwortung der Betriebe. Um so schwerer fiel die Antwort auf die im Rahmen der bestehenden Ordnung entscheidende Frage – wie diese Bewegungsfreiheit mit zentraler Kontrolle und gesamtstaatlichen Entwicklungszielen zu vereinbaren war.[2]

Überlegungen zur Beseitigung dieser und anderer Schwächen sind fast so alt wie die zentrale Kommandowirtschaft selbst. Während Stalin sie noch ahndete (die Erschießung Voznesenkijs 1949 gilt dafür ebenso als Beleg wie die Absetzung Kosygins drei Jahre zuvor), wurden sie unter Chruščev zum Programm erhoben. Aber der Gewaltstreich von 1957 schuf mehr Probleme, als er löste. Die schon bald beginnende Rezentralisierung ließ erkennen, daß nach anderen, eher systematischen als administrativen Wegen der Abhilfe zu suchen war. So lag es sachlich durchaus nahe, daß die Meinungsbildung im September 1962 durch einen *Pravda*-Artikel in die Öffentlichkeit getragen wurde. Was sein Verfasser, der Ökonom E. G. Liberman, vorzuschlagen hatte, blieb zwar weitgehend graue Theorie, aber er beschrieb die Kardinalfehler des Systems ohne Schönfärberei und scheute vor einschneidenden Therapievorschlägen nicht zurück. Liberman erkannte, daß der Kern des Übels in der strukturellen Vernachlässigung der Rentabilität als Folge starrer Vorgaben und zu geringer Bewegungsmöglichkeiten der Betriebe lag. Deshalb versprach er sich vor allem von zwei Neuerungen Abhilfe: der Verringerung der ‹Kontrollziffern› und der Berücksichtigung des Gewinns. Die Plandaten sollten sich im wesentlichen auf Produktionsvolumina und Preise beschränken, um die Unternehmen von ‹kleinlicher Bevormundung› zu befreien. Diesen selber blieb es überlassen, ihre Rohstoffe so einzukaufen und ihre Löhne unter Berücksichtigung der sonstigen Kosten so zu bemessen, daß sie einen Rest für Prämien und kleinere Investitionen einbehielten. Libermans Anregungen bedeuteten im Gegensatz zur eigenverantwortlichen «wirtschaftlichen Rechnungsführung» durch die Betriebe, die in der anschließenden Diskussion vorgeschlagen wurde (V. S. Nemčinov), keinen Übergang zur «sozialistischen Marktwirtschaft», wenn der Begriff die Wirksamkeit von Marktmechanismen unter Beihaltung staatlichen Eigentums meint. Bei vorgegebenem Ausstoß spielte die Nachfrage in seinen Vorstellungen keine ausschlaggebende Rolle. Erstmals aber betonten sie die Notwendigkeit der Belohnung von Effizienz und Ertragskraft, verbunden mit einer Preisreform, die es den Unternehmen ermöglichen sollte, kostendeckend zu produzieren.[3]

Es mag offenbleiben, ob die breite, zum Teil unerwartet kühne publizistische Reaktion auf die Libermanschen Vorschläge dazu beitrug, daß die konkreten Reformen letztlich bescheiden blieben. In jedem Falle entsprachen auch sie dem Stil der neuen Machthaber: Die Leistung sollte erhöht werden, aber nicht um den Preis systemverändernder Eingriffe einschließlich der Rückkehr zur NĖP. Was Kosygin dem ZK Ende September 1965 vorlegte, kam einer tiefen Zäsur in der Industrieverwaltung gleich, ließ jedoch ansonsten deutliche Behutsamkeit erkennen. Parallel zur Wiederherstellung der Branchenministerien und zur Bestätigung des Planprinzips in Fünfjahresperioden, also *innerhalb* der restituierten, alten Ordnung, beschloß man im wesentlichen zwei Änderungen: Zum einen sollte die Vielzahl der ‹Ziele› (etwa 20 bis 30) auf acht unter dem Primat des Absatzvolumens anstelle der bisherigen Bruttoproduktion verringert werden. Zum an-

2. Unheilbare Wirtschaft

deren eröffnete das «neue System» (wie es hieß), da zwar Warensortiment und Lohnsumme vorgegeben wurden, nicht aber Maßzahlen der Beschäftigtenproduktivität, größere Möglichkeiten für finanzielle Anreize. Wo effektiver gearbeitet wurde und höherer Gewinn anfiel, konnte ein Prämienfond angelegt werden, der den materiellen Stimulus zu einem Wirtschaftsfaktor neuen Ranges zu erheben versprach. Zugleich brachte man eine Preisreform auf den Weg, die allerdings – in unterschiedlichen Stufen für die Konsum-, Schwer- und Bauindustrie – auf einen längeren Zeitraum (bis 1969) berechnet war. Von einem Aufbruch zu neuen Ufern zeugten solche Maßnahmen nicht; aber sie zogen immerhin Konsequenzen aus einer Kette fruchtloser Experimente.

Der Gedanke liegt nahe, daß schon die Vorsicht der Reformen eine gewisse Wahrscheinlichkeit geringer Durchschlagskraft mit sich brachte. In der Tat blieben ihre Ergebnisse bescheiden. Zwar wurden die Anordnungen der Parteispitze formal befolgt. Wenn auch langsam, stellte sich die Mehrheit der Unternehmen im Laufe der ersten Planperiode der neuen Ära (bis 1970 immerhin 41 000) um. Allerdings gab es schon dabei wichtige Ausnahmen; einige Schlüsselsektoren, darunter die Baubranche, hielten ganz überwiegend (zu ca. 90 %) am hergebrachten Verfahren fest. Wichtiger aber war, daß die funktionale Absicht der Neuerung ebenfalls weitgehend ins Leere ging. Die Orientierung der Produktionsplanung an der Bruttoerzeugung ohne Rücksicht auf Qualität und Nachfrage bewies eine Zählebigkeit, die den Profitgesichtspunkt nicht gedeihen ließ. Gewinnkriterien rückten nur in den allerersten Jahren nach der Ankündigung Kosygins in den Vordergrund. Danach verfielen sie auch ideologisch wieder dem Verdikt. Weil sich die Fixierung auf Tonnen und Meter behauptete, gingen auch nur geringe Wachstumsimpulse von den Reformen aus. Wenn man die üblichen statistischen Größen, vom Nationaleinkommen bis zur Bruttoproduktion und Effizienzsteigerung der wichtigsten Branchen zum Maßstab nimmt, lassen sich *keine* ‹deutlichen Spuren› der Reformen erkennen. Temporäre und partielle Verbesserungen waren oft eher als Ergebnis der Mobilisierung von Reserven oder als sonstige «Struktureffekte» zu verstehen. Hinzu kam, daß auch die Preisreform verpuffte. Zur Kostendeckung oder einem ausgewogenen Verhältnis zwischen Angebot und Nachfrage führten die neuen monetären Bewertungen nicht. So schreckten alle Reformen deutlich vor Einschnitten in das System zurück. Mehr noch, je weiter sich das neue Regime festigte, desto offener kehrte es auch in seiner Wirtschaftspolitik zu alten Zuständen zurück. So kamen Gegenmaßnahmen zwischen Juni 1971 und April 1973 nicht aus heiterem Himmel. Die Ministerien erhielten wieder uneingeschränkte Verfügung über Umfang und Verwendung des Prämienfonds. Der Spielraum der Manager bei der Festlegung der Produktionshöhe wurde eingeschränkt und die Anzahl der vorgegebenen Kontrollziffern (um sechs) heraufgesetzt. Worauf solche und andere Vorschriften hinausliefen, war unschwer zu erkennen: auf eine Annullierung der Kosyginschen Reformen und eine deutliche Absage sowohl an größere Selbständigkeit der Betriebe als auch an materielle Anreize zur Steigerung der Produktivität. Damit siegte nicht nur die Trägheit des Apparats über die Innovation, sondern auch ideologische Konformität über Pragmatismus und die politisch erwünschte Konzentration der Entscheidungen in den obersten Lenkungsbehörden über die überfällige Flexibilisierung des im Kern stalinistischen Systems.[4]

Ohne gründliche Korrektur bestand aber wenig Aussicht, die Defekte der zentralen Planwirtschaft dauerhaft zu beheben. Der Mangel an Produktivität sowohl der Arbeit als auch des Kapitals hielt an und mit ihm die Unfähigkeit, *beiden* Aufgaben, der Fortentwicklung der Grundindustrien *und* der Verbesserung des Angebots an Gebrauchsgütern und Lebensmitteln, gerecht zu werden. Daraus ergab sich nicht nur eine wachsende Kluft zwischen Erwartung und Wirklichkeit, sondern auch der fortgesetzte Zwang zur Prioritätensetzung. Den Vorrang aber erhielt immer deutlicher der alte Favorit – bis der Spielraum schließlich so weit schrumpfte, daß weder der eine noch der andere Sektor merklich vorankam.

Anfangs lag der Akzent klar auf der Versorgungsseite. Brežnev widmete sich besonders der Landwirtschaft und mahnte ein umfassendes Programm zur Steigerung der agrarischen Erzeugung an. Kosygin assistierte mit der Betonung der Notwendigkeit, «die Wachstumsraten der Konsumgüterproduktion stärker an die Wachstumsraten der Herstellung von Produktionsgütern anzunähern». Damit knüpften beide zunächst an die Chruščevsche Politik an. Wer genau hinsah, konnte allerdings schon früh Unterschiede erkennen. Unter Hinweis auf den beginnenden Vietnamkrieg plädierte Brežnev dafür, den Rüstungsbereich *nicht* zur Finanzierung der Umschichtung zugunsten der Landwirtschaft heranzuziehen. Daraus ergab sich, daß die Leicht- und Konsumgüterindustrie als Opfer ausersehen war. Aber auch eine weitere Konsequenz lag nahe: Wenn die Schwerindustrie geschont werden sollte, mußte es schwerfallen, vorrangig die Bedürfnisse der Bevölkerung zu erfüllen. Tatsächlich wurde, wie die verfügbaren Daten zeigen (vgl. Tabelle 51), der angekündigte Gleichschritt der Wachstumsraten fast erreicht. Im Gesamtzeitraum des achten Fünfjahrplanes stieg die Produktion in beiden Bereichen ungefähr im selben Tempo (um 51 % bzw. 49 %). Man kann dieses Ergebnis aber mit gleichem Recht negativ werten: bedeutete es doch auch, daß der über Jahrzehnte hinweg geschaffene Unterschied zwischen den Sektoren erhalten blieb. Um die Masse der Sowjetbürger dem näherzubringen, was sie unter dem versprochenen Kommunismus verstand, bedurfte es *über*proportionaler Investitionen in die Konsumgüterproduktion und dies sicher über mehr als eine Planperiode hinweg. Wenn Brežnev die schwerindustriellen und militärischen Interessen schonte, konnte er zwar immer noch den Lebensstandard heben, aber nur langsam. In dieser Form wurden auch tatsächliche Fortschritte erzielt. Während die industriel-

2. Unheilbare Wirtschaft

le Produktion im achten Planjahrfünft um etwa die Hälfte zunahm, erhöhten sich der Durchschnittslohn nur um 26 % und das reale Pro-Kopf-Einkommen um 33 %. Allerdings übertraf ein solcher Anstieg nicht nur die vorangegangene, sondern auch die nachfolgende Planperiode deutlich. Insofern bestätigt er die häufig zu hörende Aussage, die materielle Versorgung des durchschnittlichen Sowjetbürgers habe zu Beginn der Brežnev-Kosygin-Ära ihren Höhepunkt erreicht. In der Retrospektive betrachtet, erlebte die Nachkriegssowjetunion in diesen Jahren sogar ihre «goldene Zeit».[5]

Das alles in allem noch zufriedenstellende Ergebnis des achten Fünfjahrplans mag in Verbindung mit den Konsumerwartungen der Bevölkerung dazu beigetragen haben, daß die Ziele für die nächste, neunte Planperiode (1971–75) gleich hoch gesteckt wurden. Für die meisten Produkte und Sektoren schrieb man die behaupteten Leistungen der vorangegangenen Etappe fort. Eine Ausnahme bildete der Zuwachs der Arbeiterschaft, der vorsichtiger taxiert wurde. Darin spiegelte sich die realistische Einschätzung der allmählichen Verringerung dieses Reservoirs. Wenn die ehrgeizigen Maßzahlen dennoch erreicht werden sollten, mußte die Arbeitsproduktivität – durch höhere Anstrengungen oder technologische Verbesserungen – deutlich steigen. Darüber hinaus setzte der Plan gute bis sehr gute Ernten voraus. Mit diesen Prämissen war er der erste überhaupt, der ein höheres Wachstum der Konsumgüterproduktion als der Produktionsgüterherstellung vorsah (48,6 % gegenüber 46,3 % im Gesamtzeitraum, vgl. Tabelle 51). Darin hielt Brežnev, der inzwischen allein das Sagen hatte, am alten Versprechen fest, den Lebensalltag zu erleichtern. Zugleich scheute er sich weiterhin, Abstriche im konkurrierenden industriellen Sektor zuzulassen. Dies lief auf ein Kunststück hinaus, das er, von gutem Wetter abgesehen, vor allem auf *einem* Wege vollbringen zu können hoffte: durch internationale Entspannung, finanziell-technische Hilfe des Westens in ihrem Gefolge und die Verringerung der Militärausgaben.

Der Optimismus wurde indes hart bestraft. In erheblichem Maße wird man dafür die vielberufene Kontingenz verantwortlich machen müssen, wurde die Sowjetwirtschaft im neuen Planzeitraum doch gleich von zwei Mißernten getroffen. Andererseits kann das System nicht aus der Verantwortung entlassen werden, da es günstige Bedingungen unterstellen mußte, um die Zielwerte zu erreichen. Es besaß keine Reserven, die es ihm ermöglicht hätten, Rückschläge zu verkraften, geschweige denn die Fähigkeit, daraus zu lernen. Als die russischen Getreidegebiete 1972 von einer Dürre heimgesucht wurden, war der Plan im Grunde schon Makulatur. Der schlimmste Ausfall dieser Art seit fünfzig Jahren machte umfangreiche Einkäufe im Westen erforderlich. Soweit die Industrie nicht direkt betroffen wurde, mußte sie die Abwehr einer akuten Versorgungskrise mit Investitionskürzungen und Kapitalknappheit bezahlen. Brežnev gab die Zahlenmatrix dennoch nicht auf, sondern verstand es mit erstaunlichem Geschick,

Tabelle 51: Entwicklung der Industrie im 8., 9. und 10. Fünfjahresplan (1965–70, 1971–75, 1976–80)

	1965	(1965 = 100) 1970 Plan	(1970 = 100) 1970 Real	1975 Plan	1975 Real	(1975 = 100) 1980 Plan	1980 Real
A. Indexzahlen							
Nationaleinkommen	100	139,5	141	138,6	128	126	120
Industrieproduktion	100	148,5	150	147,0	143	137	124
Produktionsgüter	100	150,5	151	146,3	146	140	126
Konsumgüter	100	144,5	149	148,6	137	131	121
B. Mengen							
Elektrizität (Mrd. kWh)	507	840	740	1 065	1039	1 380	1 295
Öl (Mio. t)	243	350	353	505	491	640	603
Gas (Mrd. m³)	129	233	200	320	289	435	435
Kohle (Mio. t)	578	670	624	694,9	701	800	716
Stahl (Mio. t)	91	126	116	146,4	141	168	147
Kunstdünger (Mio. t)	31	63,5	55	90	90,2	143	104
Kraftfahrzeuge (Tsd.)	616	1385	916	2 100	1964	2 296	2 199
Traktoren (Tsd.)	355	612	458	575	550	590	555
Zement (Mio. t)	72,4	102,5	95	125	122	144,5	125
Textilien (Mio. m²)	7500	9650	8852	11 100	9956	12 800	10 700
Schuhe (Mio. Paar)	486	620	676	830	698	–	–
Durchschnittseinkommen (Index)	120*	–	126	122,4	120	116–18	–
Realeinkommen pro Kopf (Index)	119*	–	133	130,8	124	120–22	–
Verkaufspreise, staatlich und kooperativ (Index)	133*	–	148	141.8	136	127–29	–
Beschäftigte, gesamt (Index)	124*	–	117	112	113	–	–

* 1960 = 100
Quelle: Nove, History, 386; Grossman, Economy at Middle Age, 22

sie den widrigen Umständen anzupassen. In dieser Hinsicht bewies er deutlich größere politische Fähigkeiten als etwa Chruščev in vergleichbarer Lage. Allerdings hatte er das Pech, daß sein Land nach nur drei Jahren erneut von einer Trockenheit heimgesucht wurde. Dabei übertraf der Getreideverlust noch die Minderernte von 1972. Obwohl andere Pflanzen weniger litten, stellte der Gesamtschaden die positiven Wirkungen weit in den Schatten, die vom erhöhten Engagement des Westens und den drastisch gestiegenen Energie- und Goldpreisen im Gefolge der Erdölkrise des Jahres 1973 ausgingen.

So konnte es nicht wunder nehmen, daß die Bilanz des neunten Fünfjahresplans vernichtend ausfiel. Eine Untererfüllung solchen Ausmaßes hatte es seit dem Abbruch des dritten Fünfjahresplans nach dem deutschen Überfall vom 22. Juni 1941 nicht mehr gegeben. Alle Indikatoren blieben deutlich hinter dem Soll zurück. Für 21 Metall- und Maschinenerzeugnisse betrug

2. Unheilbare Wirtschaft

der durchschnittliche Zuwachs 89 % des vorgegebenen Werts. Besonders in Mitleidenschaft gezogen wurde die Konsumgüterproduktion. Da sie ihr Ziel um 11,6 % verfehlte, expandierte sie doch langsamer als die Investitionsgüterherstellung. Damit blieb alles beim alten: Wo die Mittel knapper wurden, setzten sich die schwer- und rüstungsindustriellen Interessen wieder durch. Dazu paßte, daß auch der Reallohn am Ende des Jahrfünfts erheblich unter dem anvisierten Niveau lag. Die Planrealisierung scheiterte indes nicht nur am Wetter. Vielmehr verwies die Größe des Rückstands auf das Hinzutreten langfristiger Ursachen. Der ohnehin zurückgenommene Voranschlag für den Zuwachs der Beschäftigtenzahl wurde zwar mit knapper Not erreicht. Aber die Arbeits- und Kapitalproduktivität, die letztlich entscheidenden Variablen, machten nur absolute und weit geringere Fortschritte als erwartet. Bei allem Zuwachs verlor die sowjetische Wirtschaft im neunten Fünfjahresplan, wie man aus den Zahlen geschlossen hat, endgültig ihren «jugendlichen Elan». Die Mißernten spitzten nur zu, was sich in nachlassenden Wachstumsraten schon länger angekündigt hatte. Ein zeitgenössischer Beobachter sprach noch vom Übergang ins «mittlere Alter». Wenig später diagnostizierten fast alle Fachleute weit Schlimmeres: nicht das allmähliche Absinken einer organisch gedachten Lebenskurve, sondern eine schleichende Auszehrung zum Tode.[6]

Zweifellos ließ der zehnte und vorletzte Fünfjahresplan der Brežnev-Ära Symptome dieser Krankheit erkennen. Mit allen westlichen Kommentatoren wird man sie vor allem in der Projektierung deutlich bescheidenerer Wachstumsraten sehen können. Die neue Vorausschau dokumentierte einen ungewohnten Realismus. Sie stellte die *Konsolidierung* der Wirtschaft über die übliche Jagd nach plakatierbaren Rekorden. Zum einen war das alte Tempo nicht mehr zu halten; zum anderen mochte auch der Glaube an die propagandistische Wirksamkeit bloß quantitativer Erfolge einer nüchternen Sehweise gewichen sein. Für Letzteres spricht der Umstand, daß man an den Hauptzielen des havarierten neunten Fünfjahresplans festhielt. Weiterhin sollten Konsum und Landwirtschaft besondere Förderung erfahren, um der Bevölkerung endlich eine konkrete Anzahlung auf die vielfach angekündigten Segnungen des Sozialismus aushändigen zu können. Es gelang Brežnev somit nicht nur, den schweren Rückschlag zweier Mißernten zu überstehen. Seine Autorität war so gefestigt, daß er auch seine ökonomischen Kernziele durchzusetzen vermochte. Sicher waren dabei politisches Geschick und die monopolistisch abgesicherte Autorität seines Amtes im Spiel. Ins Gewicht fiel aber auch, daß die Rüstungsindustrie neben der Landwirtschaft zu den hauptsächlichen Gewinnern der neuen Planung zählte. Jedenfalls bewog er den 25. Parteitag Ende Februar 1976 dazu, einen Entwicklungsplan zu verabschieden, der ein praktikables Wachstum mit Strukturverbesserungen und der Anerkennung von Konsumerwartungen verband.[7]

Freilich zeichnete sich schon nach wenigen Jahren ab, daß auch die ku-

Tabelle 52: *Wachstum der sowjetischen Wirtschaft 1961–1982 (jährliches Durchschnittswachstum in %)*

	1961–1965	1966–1970	1971–1975	1976–1980	1976–1978	1979–1982
Nationaleinkommen, produziert	6,7	7,7	5,7	4,2	5,1	3,1
Beschäftigte im staatlichen Sektor	4,4	3,2	2,4	1,9	2,0	1,4
Arbeitsproduktivität der Gesamtwirtschaft	–	6,8	4,6	3,2	3,8	2,3
Industrie						
Bruttoproduktion	8,6	8,4	7,4	4,4	5,1	3,3
Produktionsmittel	9,6	8,6	7,9	4,7	5,4	3,2
Konsumgüter	6,3	8,3	6,5	3,9	4,2	3,3
Bauwesen, Bau- und Montagearbeiten	5,1	7,4	5,7	0,9	1,6	1,9
Landwirtschaft, Bruttoproduktion	2,3	4,2	0,8	1,5	4,5	–
Gütertransport	7,9	6,6	6,3	3,5	4,5	1,8
Nationaleinkommen, verwendet	5,9	7,1	5,1	3,8	4,5	2,9
Einzelhandelsumsatz	5,9	8,1	6,3	4,4	4,5	3,4
Bruttoanlageinvestitionen	6,2	7,1	7,0	3,3	4,8	2,2
Verteilung						
Durchschnittliche Monatseinkommen der Arbeiter und Angestellten	3,5	4,7	3,7	3,0	3,2	2,5
Durchschnittliches monatliches Arbeitsentgelt der Kolchosbauern	–	7,2	4,2	5,2	6,0	3,5

Quelle: Sowjetunion 1982/83, 114

pierten Vorgaben nicht zu erreichen waren. Die Wirtschaft entfaltete sich zwar ausgeglichener, aber auch langsamer. Besonders stach dabei die Wachstumshemmung der Schwerindustrie ins Auge. Zwar wurde bis 1978 im internationalen Vergleich immer noch eine ansehnliche Expansionsrate erzielt; aber sie war die niedrigste der «sowjetischen Industrialisierungsgeschichte». Noch langsamer erhöhte sich die Konsumgütererzeugung, die gegenüber den steigenden, von der Verdichtung der Außenbeziehungen genährten Ansprüchen weiter ins Hintertreffen geriet. Nicht genug damit bescherten die beiden letzten Jahre des projektierten Zeitraums, die im Rückblick schon zur Endzeit der Brežnev-Ära gehörten, den Verantwortlichen noch Schlimmeres. Das Wachstum sank in allen produktiven Bereichen auf einen historischen Tiefstand (vgl. Tabelle 52). Zwar schrumpfte es noch nicht zur Stagnation im genauen Sinn. Aber kompetente ausländische Beobachter waren sich bald sicher, daß der Einbruch kein «Zwischentief» anzeigte, sondern den Beginn der seit längerem prognostizierten «Dauerkrise». Wie später ans Licht kam, war auch die sowjetische Führungsspitze alarmiert. Dazu mag der Umstand erheblich beigetragen haben, daß die Antwort der NATO auf die Stationierung der sowjetischen Mittelstreckenraketen von 1978 («Doppelbeschluß») keine Entlastung der überanstrengten Wirtschaft durch die Senkung der Militärausgaben erlaubte.[8]

2. Unheilbare Wirtschaft

So gliedert sich die Brežnev-Ära auch mit Blick auf die ökonomische Entwicklung in zwei, durch das Jahr 1973 getrennte Abschnitte. Um diese Zeit, als der neunte Fünfjahresplan in schweres Wetter geriet, verlor die sowjetische Volkswirtschaft jene Expansionskraft, die sie bei allen Defiziten seit dem Übergang zur zentralen Planung ausgezeichnet hatte. Der Wachstumsschwund kehrte zurück und beschleunigte sich. Was nach dem Wiederaufbau schon Chruščev zum Handeln veranlaßt hatte und angesichts des Erfolgs des achten Fünfjahresplans als temporäre Entgleisung erschienen war, stabilisierte sich als dauerhafte Tendenz. Da es in einer geplanten Ökonomie keine Konjunkturen (jedenfalls nicht in größerem Ausmaß) geben konnte und marktwirtschaftliche Erklärungen weitgehend ausschieden, kamen nur Ursachen in Betracht, die ins Mark trafen: *Strukturmängel* des Systems in der gegebenen Gesamtlage selbst. Dabei ließen sich die Kardinalprobleme am Vergleich der Wachstumszahlen (vgl. Tabelle 52) leicht ablesen. In den drei letzten Jahren der Brežnev-Ära wuchsen die Beschäftigtenzahl nur noch um 1,4 %, die Arbeitsproduktivität um 2,3 % und die Bruttoanlageinvestitionen um 2,2 % (jeweils p. a.). Mithin wurden die beiden entscheidenden Produktionsfaktoren, Arbeit und Kapital, knapp. In den siebziger Jahren hatte das demographische Arbeitskräftepotential noch ca. 24 Mio. betragen; in den achtziger Jahren kamen nur mehr ca. 6 Mio., überwiegend in Mittelasien und dem Kaukasus, hinzu; in der RSFSR und der Ukraine ging die entsprechende Zahl sogar zurück. Schon Mitte der siebziger Jahre betrug die Beschäftigungsquote aller Erwerbsfähigen, Frauen eingeschlossen, ca. 85 %. In dem Maße, wie der natürliche Bevölkerungszuwachs abnahm, konnten Auswirkungen auf den Arbeitsmarkt nicht ausbleiben. Sehr begrenzt waren in Rußland traditionell (nicht erst seit 1917) die Kapitalreserven. Zwar profitierte die Sowjetunion von der Energie- und Rohstoffverteuerung auf dem Weltmarkt. Aber der finanzielle Mehrbedarf überstieg den Gewinn spätestens, als die globale Krise überwunden war und die Preise sich normalisierten. Nun zeigte sich in neuer Deutlichkeit, daß zu viele ‹Verbraucher› von der verfügbaren Masse zehrten, die wenig oder nichts zu ihrer Vermehrung beisteuerten. Die größten Nettoempfänger waren unter diesem Gesichtspunkt das Militär, das sich zu Beginn der neuen Dekade auch noch in das Abenteuer des Afghanistankriegs stürzte, und die Landwirtschaft, die seit 1979 neue Mißernten zu verkraften hatte. Hinzu kam die spürbare Erschöpfung der genutzten Rohstoffquellen im Westen des Landes und die Notwendigkeit, unter enormen Kosten neue in Sibirien erschließen zu müssen. Die Folgen solcher Überbeanspruchung zeigten sich in der rückläufigen Investitionsquote. Lag sie in der ersten Hälfte der siebziger Jahre noch bei 7 %, so fiel sie in den letzten Jahren Brežnevs auf ganze 2,2 % – und dies angesichts der dringenden Notwendigkeit einer völligen Erneuerung von Maschinen, Gebäuden, Fahrzeugen und anderen Bestandteilen des ‹Kapitalstocks›.

Theoretisch lagen die Heilmittel gegen diesen schleichenden Substanzverlust auf der Hand. Fachleute waren sich darüber einig, daß vor allem eine bessere Ressourcennutzung hätte Abhilfe bringen können. Die Arbeit hätte produktiver, Kapital effizienter eingesetzt werden müssen. Dazu wäre zum einen größere Disziplin und höhere Qualifikation nötig gewesen, zum anderen der Einsatz moderner und teurer Technik. Beides überschritt die gegebenen Möglichkeiten, da an dieser Stelle systembedingte Mängel hinzutraten. Durch die wachsende Komplexität der Produktionsprozesse und die kaum mehr übersehbare Vielfalt interdependenter volkswirtschaftlicher Zusammenhänge ohnehin bis aufs äußerste beansprucht und wahrscheinlich sogar schon überfordert, war die zentrale Planwirtschaft nicht mehr imstande, *qualitative* Produktionsressourcen zu mobilisieren. Sie hatte sich als fähig erwiesen – und darin bestand nach Meinung einiger Beobachter sogar ein singulärer Vorzug –, Wachstumsfaktoren auf *extensivem* Wege, d. h. durch ihre schlichte physische Vermehrung, zu erschließen und zielgerichtet einzusetzen. Den Übergang zu *intensivem* Wachstum in Gestalt einer erheblichen Steigerung der Produktivität sowohl der Arbeit als auch des Kapitals vermochte sie nicht mehr zu vollziehen. Anders gesagt: Sie war, um welchen Preis auch immer, eine zumindest ökonomisch geeignete Organisationsform, um vorhandene, sozusagen brach liegende Ressourcen zu bündeln und Rückständigkeit ‹quantitativ› in hohem Tempo abzubauen. Aber sie stieß an unüberwindbare Grenzen, als sparsamer, innovativer und phantasievoller Umgang mit diesem Potential gefragt war. So gesehen, hatte sich die zentrale Planwirtschaft schon in den letzten Jahren der Ära Brežnev überlebt. Wie in der Herrschaftsausübung stand ökonomisch ein tiefer Einschnitt bevor. Und ebenso wie bei den überfälligen politischen Veränderungen konnte niemand vorhersagen, ob die wirtschaftlichen Belebungsmaßnahmen noch mit dem überkommenen System vereinbar sein würden oder nicht.[9]

b. Die Landwirtschaft

Für die Ökonomie des Dorfes galt dasselbe wie für die Industrie. Die Anstrengungen waren groß und die Investitionen enorm. Es fehlte noch weniger an nominell eindrucksvollen Resultaten, aber die Verbesserungen reichten nicht aus, um den gestiegenen Anforderungen zu genügen. Angesichts der höheren Nachfrage verblaßten die Erfolge. Es blieben die Erfahrung und das Bild von Mangel und Versagen. Zum einen gelang es der sowjetischen Landwirtschaft nicht, sich durch ausreichende Produktivität vor Gefährdungen durch Trockenheit und Kälte zu schützen, die das russische Klima mit sich brachte. Zum anderen blieb das Angebot an Nahrungsmitteln kläglich. Wo Fleisch und Getreide fehlten, klangen die Versprechungen einer goldenen sozialistischen Zukunft besonders schal. Insofern ergab es sich von

2. Unheilbare Wirtschaft

selbst, daß die Ergebnisse der Landwirtschaft noch eher als die industriellen zum Maßstab für die Leistungsfähigkeit der Gesamtordnung avancierten. Hinzu kam die singuläre geschichtliche Dimension des Problems. Wenn die Zwangskollektivierung ebenfalls als Versuch verstanden werden muß, nach Maßgabe marxistischer Prämissen das jahrhundertealte Problem unzureichender Erträge bäuerlicher Kleinstwirtschaften durch den gewaltsamen Umsturz der «Produktionsverhältnisse» zu lösen, konnte ein besonderer Rechtfertigungsdruck nicht ausbleiben. Schon Chruščev hatte der Erhöhung der Agrarerträge Vorrang eingeräumt und war – unter anderem – an Rückschlägen dieses Versuchs gescheitert. Daraus ergab sich eine große Wahrscheinlichkeit, daß die Herrschaft der neuen Regenten ebenfalls in erster Linie an ihrer Fähigkeit gemessen werden würde, *diesem* Erbübel abzuhelfen.

Vor allem Brežnev hatte es denn auch eilig, sich als Sachwalter weiterer Agrarreformen in Szene zu setzen. Bereits die erste Plenarversammlung des ZK nach dem Umsturz verabschiedete Ende März 1965 auf seine Empfehlung hin eine Resolution, die heftige Kritik an den bestehenden Zuständen übte und Abhilfe forderte. Der Aufschwung der Landwirtschaft, so betonte der neue Erste Sekretär, sei von existentieller Bedeutung für den Aufbau des Kommunismus und bedürfe deshalb angemessener materieller Förderung. Allem Anschein nach führte diese Prioritätensetzung auch zu Dissens hinter den Kulissen. Denn Brežnev forderte nicht nur das Ende administrativer Gängelung, sondern auch massive Investitionen in die Bodenverbesserung und maschinelle Ausstattung. Sein Programm war teuer und verlangte eben jene alternative Entscheidung, die sich aus den engen Grenzen der sowjetischen Kapital- und Wirtschaftskraft ergaben. Der Entwicklungsplan, den der 23. Parteitag im April 1966 annahm, zeugte vom Erfolg seiner Werbung. Aber er zeigte auch, welchen Preis der ‹aszendierende› Führer zahlte: Nächste Profiteure der finanziellen Umverteilung waren, wie erwähnt, Militär und Schwerindustrie. Man kann in diesem Junktim durchaus einen Geburtsfehler des neuen Anlaufs sehen, die Agrarmisere zu beheben. Denn zum einen sind auch für diese Jahre Zweifel daran erlaubt, daß tatsächlich beide Prioritäten gleichermaßen hätten bedacht werden können; zum anderen bleibt offen, ob eine massive Förderung der Landwirtschaft ohne analoge Investitionen in die Zulieferindustrie überhaupt sinnvoll war.[10]

Schon dieses kompromißbeladene Programm wurde freilich zunächst nicht verwirklicht. Paradoxerweise sorgten Rekorderträge im Jahr seiner Annahme dafür, daß man es für entbehrlich hielt. Erst die Mißernte der folgenden Saison brachte die Parteiführung zur Vernunft. Gleiches bewirkten Versorgungsmängel im strengen Winter 1969/70, so daß der Generalsekretär seine Argumente mit größerer Überzeugungskraft wiederholen konnte. Politbüro und Ministerrat akzeptierten seine prophetische Mahnung, daß es «entscheidend» darauf ankomme, ein «modernes materielles und technisches Fundament» für die Landwirtschaft zu schaffen. Dementsprechend sah der neue (9.) Fünfjahresplan für die erste Hälfte der siebziger Jahre nicht nur die höchste absolute Investitionssteigerung seit seinem Regierungsantritt vor (von 82,2 Mrd. Rubel 1966–70 auf 131,5 Mrd. Rubel 1971–75), sondern auch eine erhebliche Vergrößerung des prozentualen Anteils der Landwirtschaft an der gesamten Mittelzuweisung. Was davon unter den vorausgesetzten günstigen Umständen hätte Wirklichkeit werden können, muß der Spekulation überlassen bleiben. Die Mißernten von 1972 und 1975 sorgten für «weniger konsistente» Resultate als zuvor. So blieb die Bilanz eines Jahrzehnts ambivalent, aber durchaus nicht rein negativ. Einerseits reagierte die agrarische Bruttoproduktion auf den Investitionsimpuls positiv mit einer ‹respektablen› Wachstumsrate von 3,9 % 1966–70, so daß sie insgesamt vom achten (1961–65) bis zum Beginn des zehnten Fünfjahresplans (1976–78) um mehr als die Hälfte stieg. Andererseits resultierte dieses Ergebnis überwiegend aus den größeren, zumeist von gutem Wetter unterstützten Anstrengungen, nicht aus größerer Effizienz.

So trat die sowjetische Landwirtschaft auch in die letzte abgeschlossene Planperiode der Brežnev-Zeit mit kaum veränderten Aufgaben. Dank realistischer Planung als Folge der Katastrophe von 1975 und einer ungewöhnlich guten Ernte (von 235 Mio. t.) im ersten Jahr schien sie anfangs auf gutem Wege. Trotz rückläufiger Tierproduktion, die den Verbraucher in Gestalt von Fleischmangel traf, wurde in den ersten drei Jahren ein Gesamtzuwachs erzielt, der den Durchschnitt des vorangegangenen (9.) Fünfjahresplans immerhin erreichte. Dann freilich ging die Erholung auf niedrigem Niveau, durch weitere Mißernten konterkariert, endgültig in Stillstand über. Zu Beginn des neuen Jahrzehnts wurden alle Berechnungen obsolet. Der Mangel war allgegenwärtig und fühlbar, der Lebensstandard absolut zwar gestiegen, aber in der Wahrnehmung und nach Maßgabe des Bedarfs gefallen. Im Vorfeld des nächsten, 26. Parteitags mußte Brežnev eingestehen, daß ein gesondertes «Lebensmittelprogramm» erforderlich sei, um Versorgungsengpässen in den Städten vorzubeugen. Somit war die Sowjetunion in entscheidender Hinsicht zum Ausgangspunkt der Reformen zurückgekehrt: Wenn auch auf deutlich höherem Niveau hatte sich die politisch brisante Diskrepanz zwischen wachsenden Ansprüchen der Bevölkerung sowie vollmundigen propagandistischen Verheißungen auf der einen Seite und der kläglichen Realität auf der anderen Seite – soweit sie denn zwischenzeitlich überhaupt geschwunden war – wiederhergestellt.[11]

Welche fatale Schwäche sich tatsächlich hinter beachtlichen absoluten Zuwächsen verbarg, enthüllt erst ein kontrollierender Blick auf *relative* Daten, die zumindest als gewichtete Zeitreihen vorliegen. So läßt sich der oben präsentierten ‹Wachstumsbilanz› (vgl. Tabelle 52) entnehmen, daß die landwirtschaftliche Bruttoproduktion in den letzten beiden Jahren dieser und

2. Unheilbare Wirtschaft

Tabelle 53: *Landwirtschaftliche Produktion 1961–1980 (jährliche Durchschnittswerte)*

	1961– 1965	1966– 1970	1971– 1975	1976– 1980
Bruttolandwirtschafts-produktion (Mrd. Rubel)	66,3	80,5	91,0	99,9
Getreideernte (Mio. t)	130,3	167,6	181,6	205,0
Baumwolle (Mio. t)	4,9	6,1	7,7	8,9
Zuckerrüben (Mio. t)	59,2	81,1	76,0	88,4
Kartoffeln (Mio. t)	81,6	94,8	89,6	84,0
Fleisch (Mio. t)	9,3	11,6	14,0	14,8
Milch (Mio. t)	64,7	80,6	87,4	92,6

Quelle: Nove, History, 379

den ersten beiden der nächsten (noch unter Brežnev begonnenen) Planperiode (von 1979–82) einen *Rückgang* um 0,6 % hinzunehmen hatte. Ähnlich zeigen die Maßzahlen über den Konsum der wichtigsten Nahrungsmittel pro Kopf der Bevölkerung in der zweiten Hälfte der siebziger Jahre, daß bei Fleisch, Getreide und Kartoffeln 1980 keine Veränderung gegenüber 1975 eingetreten war, obwohl sich der monatliche Durchschnittslohn der Arbeiter und Angestellten im gleichen Zeitraum von 146 Rubel auf 168,5 Rubel erhöhte. Mithin stand einer gestärkten Kaufkraft ein schrumpfendes Angebot gegenüber. Wichtiger noch war ein Faktor, der sich nicht messen ließ, aber von vielen ‹nichtstatistischen› Indikatoren belegt wird: die wachsenden Ansprüche der Bevölkerung. Jede ernstzunehmende Theorie des sozialen Protests lehrt, daß nicht das *absolute* Niveau an Bedürfnisbefriedigung über Loyalität oder Illoyalität im Denken oder Handeln (mit)entscheidet, sondern das *relative* nach Maßgabe der Wahrnehmung und Erwartung. Anspruch und Wirklichkeit jedoch fielen trotz der Vermehrung auch der agrarischen Produktion gegen Ende der Brežnev-Ära immer weiter auseinander. Gerade in dieser Perspektive blieben die unzweifelhaft hohen Investitionen und großen Anstrengungen im agrarischen Sektor fruchtlos.[12]

Die Frage stellt sich auch hier, wie dieser Befund zu erklären ist. Viele Gründe kommen in Betracht: das niedrige Ausgangsniveau, das selbst hohe absolute Zuwachsraten stark relativiert; das Bevölkerungswachstum, das den Produktionsanstieg zu einem erheblichen Teil (statistisch zwischen 1960 und 1980 ca. zur Hälfte) wieder aufzehrte; die politisch begründete Stabilität der Ladenpreise, die seit 1962 nicht mehr angehoben worden waren, während die Löhne von diesem Zeitpunkt bis 1980 um ca. 70 % wuchsen; der Mangel an technischer Ausrüstung und an Ersatzteilen, um die vorhandenen Geräte intakt zu halten; die Überdimensionierung der Kolchosen, die oft mehrere Dörfer umfaßten, alles und jedes, aber wenig Spezielles produzierten; die

Bevormundung der Kolchosen durch entfernte Parteileitungen bis zu der Absurdität, daß kein Stück Vieh ohne schriftliche Genehmigung von ‹oben› geschlachtet werden durfte; die anhaltende Abwanderung der Qualifiziertesten als Folge des niedrigen materiell-kulturellen Lebensniveaus; die fehlende Unterstützung für verbesserte Anbau- und Viehzuchtmethoden durch Komplementärindustrien (Düngemittel, Maschinen); die völlig unzulänglichen Lager- und Transportmethoden und andere mehr. Eine Ursache bleibt indes besonders hervorzuheben: Das Kernübel lag auch hier in der geringen Produktivität sowohl der Arbeit als auch des Kapitals. Alle Investitionen verpufften, weil sie nicht effektiv genutzt wurden. Noch gegen Ende der Brežnev-Ära brauchte die sowjetische Landwirtschaft mit 8 kg Futter für 1 kg Schweine- und 12 kg Futter für 1 kg Rindfleisch einen doppelt so hohen Einsatz wie die westliche. Die Einführung des Festlohns, der 1966 endlich die Auszahlung nach Tagewerken und Restertrag ablöste, verfehlte in dieser Hinsicht die erwünschte Wirkung. Und wo, überwiegend oder zusätzlich, nach ‹Leistung› bezahlt wurde, prämierte man immer noch Quantität statt Qualität. Auch die Einführung kleiner, überschaubarer Arbeitskollektive *(zveno)* löste das Problem nicht, da man auf den wichtigsten Anreiz: die *Verantwortung* für und die Beteiligung am Arbeitsergebnis verzichtete. Bis zum ‹kapitalistischen› Profitprinzip sollte die Selbstbestimmung nicht getrieben werden. In dieser Form hätte sie auch mit der obrigkeitlichen Direktion des Produktionsprozesses kollidiert. Insofern führt auch die Suche nach den Ursachen für die chronische Unzulänglichkeit der Agrarwirtschaft in einem ressourcenreichen Land, das mit Investitionen nicht sparte, zu Fehlern des *Systems* zurück. Es gab keine gute Wirtschaft in der schlechten.[13]

Was die Versorgung der Sowjetbürger trotz allem einigermaßen sicherte, ist bekannt: immer noch die sog. Nebenerwerbswirtschaft. Auch nach der Einführung des Festlohns bezogen die *kolchozniki* den größeren Teil ihres geldlichen Einkommens aus dieser Quelle; und nach wie vor stammte die Masse der Lebensmittel, die über die Grundversorgung mit Brot, Milchprodukten und (schlechtem) Fleisch hinausgingen, von den Privatparzellen. Verallgemeinernd hat man für die zweite Hälfte der Chruščev-Ära geschätzt, daß etwa ein Viertel der gesamten agrarischen Bruttoproduktion außerhalb der Kolchosen und Sowchosen erzeugt wurde. Schon diese Größenordnung verweist darauf, daß auch die beschriebenen Besonderheiten der ‹Hoflandwirtschaft› Bestand hatten. Letztere diente nicht nur (aber selbstverständlich auch) der Selbstversorgung, sondern darüber hinaus dem freien Verkauf auf den ‹Kolchosmärkten›. Auch unter Brežnev fand der Sowjetbürger hier, was er in den staatlichen Läden zumeist vergeblich suchte. Dieses Ergebnis läßt darauf schließen, daß die 0,25 ha, die der Kolchos-Familie in der Regel für die eigene Nutzung zur Verfügung standen, immer noch einen unverhältnismäßig hohen Anteil an Arbeitskraft und Sorgfalt absorbierten. Hier zog man hochwertige Pflanzen, bearbeitete sie mit durchaus einfachen Geräten und völlig ohne maschinelle Hilfe, verwendete den Dung aus der eigenen Viehhaltung, um hohe Erträge zu erzielen: Kurz, man nutzte diese kleine Fläche nicht extensiv wie die großen Flächen des Kolchos, sondern intensiv. Ungeachtet dieser andauernden Bedeutung der Privatwirtschaft gibt es aber gute Gründe, sie nicht nur in Konkurrenz zur staatlichen zu sehen. Manches deutet darauf hin, daß weder ihre Ackerflächen noch ihre Arbeitskräfte anderweitig in annähernd gleich produktiver Weise einsetzbar waren. Eine solche Sehweise würde es nahelegen, das Verhältnis zwischen Hoflandwirtschaft und Kolchos bzw. Sowchos eher als komplementär zu verstehen. Eben daraus ließe sich eine überzeugende Begründung für den Umstand gewinnen, daß die private Wirtschaft trotz Festlohn und erhöhter staatlicher Aufkaufpreise mit der Folge geringerer Attraktivität des eigenen Verkaufs nur unwesentlich an Bedeutung verlor. Die ‹öffentliche› Agrarproduktion brauchte die private, um sich auf die Hauptaufgabe der Grundversorgung der städtischen Bevölkerung konzentrieren zu können. Auch diese Deutung stellt ihr allerdings kein gutes Zeugnis aus – denn zu mehr als der Sicherstellung des Nötigsten war sie nicht in der Lage.[14]

c. *Handel, Steuern, Staatshaushalt*

In welchem Maße Mängel bei der Verteilung der Produkte ebenfalls zu diesem Ergebnis beitrugen, läßt sich kaum genau bestimmen. Sicher litt der *Handel* aber unter ähnlichen Strukturschwächen wie die gewerblich-industrielle und die agrarische Güterproduktion. Seit der Verstaatlichung hatte er der obersten Leitung durch ein entsprechendes Unionsministerium unterstanden. Im Zuge der Dezentralisierungspolitik löste Chruščev auch diesen Apparat auf (1958), schuf aber ein ähnliches Durcheinander wie in der Industrie. Zu den ersten administrativen Restaurationsmaßnahmen nach dem Putsch gehörte deshalb 1965 die Wiederherstellung des Handelsministeriums. Damit kehrten aber auch die alten Probleme zurück, die ebenfalls ganz überwiegend in der Abschaffung privater Verantwortlichkeit und in staatlicher Regelung von allem und jedem wurzelten. So machte sich zum einen eine erhebliche Trägheit in Gestalt des immergleichen Warensortiments bemerkbar. Zugleich mangelte es an Qualität. Dies konnte im Kontext der gegebenen Ordnung auch kaum anders sein: Wo Innovation und Veränderung schon in der Produktion bestraft wurden, weil Neues Unruhe stiftet, litt die Verteilung der Erzeugnisse unter denselben Symptomen. Angelegt war in dieser Ordnung mithin ein Selbstverständnis, das sich auf die bloße Weitergabe gründete. Die Abnehmer traten als glückliche Empfänger, nicht als wählerische Kunden in Erscheinung. Hinzu kamen in der Regel mehr als dürftige Vorrichtungen der Lagerhaltung und eine schlechte Organisation. Beides begünstigte große Verluste nicht nur bei verderblicher Ware.

Darüber hinaus tut man gut daran, noch eine weitere, tiefere Ursache für diesen besonders augenfälligen und den Alltag so unendlich beschwerenden Mißstand in Betracht zu ziehen: die Vernachlässigung von Verteilung und Verkauf. Nach wie vor orientierte sich der sozialistische Aufbau an der alten, im Denken des 19. Jahrhunderts wurzelnden Vorstellung, daß er seine Leistungsfähigkeit ganz überwiegend in der Produktion beweisen müsse. Zwar wurde die Distribution stets bedacht, weil die Bevölkerung versorgt werden mußte, aber sie blieb – wie schon in der Marxschen Theorie, die den Mehrwert ausschließlich in der Waren*herstellung* lokalisierte – das Stiefkind der Industrialisierung sowjetischer Art. Diese Mißachtung zeigte sich nicht zuletzt in den Gehältern. Nur noch ‹übertroffen› von den niederen Angestellten im Gesundheitswesen, der Sozialfürsorge und der Kunst bezogen die Verkäufer die geringsten Einkommen der gesamten Volkswirtschaft. Da andererseits viele knappe Güter durch ihre Hände gingen, betätigte sich das System nahezu als Hehler der bekannten Unsitten. Ladenangestellte bedienten sich und Bekannte zuerst und verkauften den Rest zu vielfach höheren Preisen ‹unterm Tresen›. Ihre Arbeitsfreude hielt sich in engen Grenzen, und von Freundlichkeit konnte zumeist nicht die Rede sein. Daß die Organisation des Verkaufs sogar offensichtliche Vereinfachungen ignorierte und sowohl dem Personal als auch den Kunden völlig überflüssige Anstrengungen abverlangte, weiß jeder, der auch nur einmal ein sowjetisches Geschäft betreten hat. Veränderungen wurden auch hier bestraft, weil der Absatz keine verhaltenssteuernde Maßzahl bildete. Der Verkaufsumfang wurde gemäß dem Gesamtplan vorgegeben. Wie er erfüllt wurde, lag außerhalb des Interesses der höheren Instanzen und hatte keine Auswirkungen auf künftige Zuweisungen. In mancher Hinsicht konnte der Einzelhandel nachgerade als Symbol dafür gelten, was die Bevölkerung als Konsument ‹ihrem› Staat wirklich bedeutete – letztes und unbeachtetes Objekt zentraler, unter Absehung ihrer Interessen getroffener Entscheidungen zu sein.[15]

Der *Außenhandel* half der Misere lange Zeit nur theoretisch ab. Auch er unterlag staatlicher Kontrolle und diente primär anderen Zielen. Importe wurden in die Entwicklungsvorgaben eingearbeitet und entsprechende Mittel zur Bezahlung vorgesehen. Der *Gosplan* bestimmte (in Verbindung mit den zuständigen Ministerien und Behörden), welche Materialien und Maschinen nach Maßgabe der Prioritäten benötigt wurden. Ein- und Ausfuhr erhielten auf diese Weise ein systemkonformes Korsett und eine Aufgabe, die sie primär auf innere ‹Entwicklungshilfe› festlegte. Daraus ergab sich auch die Form, die sie über Jahrzehnte prägte: Außenhandel war als Monopolveranstaltung des Staates nicht nur an bestimmte Lieferanten, Güter und Mengen gebunden, sondern vollzog sich auch weitgehend separat auf der Grundlage einer eigens für ihn geschaffenen Kunstwährung, dem Verrechnungsrubel, den es nur auf dem Papier und nicht für die Bevölkerung gab. Auf diese Weise nahm die Sowjetunion einerseits begrenzt und sozusagen zweckorientiert am Weltmarkt teil, schottete sich aber zugleich von ihm ab.

2. Unheilbare Wirtschaft

Beides kam ihrem Gesamtcharakter entgegen: der Inanspruchnahme der Außenwelt für ehrgeizige ökonomische Ziele bei gleichzeitiger Abwehr dieser Welt, die ideologisch und politisch der globale Hauptfeind war und blieb.
Erst unter Brežnev trat auch in dieser Hinsicht ein merklicher Wandel ein. Beginnend vor allem mit den siebziger Jahren nahm die Außenhandelsverflechtung der Sowjetunion über die staatssozialistischen, im sog. *Rat für Gegenseitige Wirtschaftshilfe* (RGW, engl. auch *Comecon* abgekürzt) zusammengeschlossenen Länder hinaus sprunghaft zu. Den Anstoß dazu gaben offenbar die erwähnten Mißernten von 1972 und 1975, die zu massiven Getreidekäufen auf dem Weltmarkt zwangen. Um sie bezahlen zu können, lag eine Erhöhung des Exports nahe. Dabei half der kräftige Anstieg der Energiepreise im Gefolge der künstlichen Erdölverknappung durch die arabisch-afrikanisch-lateinamerikanischen Produzentenländer (OPEC) Anfang 1973. Zugleich blieb der Tatbestand weiterhin bezeichnend, daß die sowjetische Ausfuhr hauptsächlich aus Rohstoffen und anderen Naturprodukten bestand. Allem Anschein nach gingen die Ursachen für den zunehmenden Warenaustausch mit dem ‹kapitalistischen Westen› aber über die Kompensation für Naturkatastrophen hinaus. Die erwähnten Strukturmängel machten sich bemerkbar und verlangten nach Ausgleich. Wo das Angebot an Arbeitskräften schrumpfte und die eigene Technologie zur überfälligen Erhöhung der Arbeitsproduktivität nicht ausreichte, mußte die Innovationskraft des Weltmarkts in Anspruch genommen werden. Spätestens seit Anfang der siebziger Jahre trat die vielberufene «technologische Lücke» deutlicher ins Bewußtsein; erhöhte Importe sollten sie wenigstens verringern. So überraschte es Sachkenner nicht, daß sich die Lage gegen Ende der Brežnev-Ära weiter zuspitzte. Bei andauernder Agrarkrise, dramatisch nachlassendem industriellen Wachstum, zumindest gleichbleibenden Rüstungsausgaben, ungebremsten Konsumwünschen der Bevölkerung und wieder rückläufigen globalen Energiepreisen sah sich die Sowjetunion nicht mehr in der Lage, ihre Bündnispartner, wie bis dahin, mit billigen Rohstoffen zu versorgen *und* steigende Importe zu finanzieren. Auch die wirtschaftliche Außenverflechtung und zunehmende Schuldenlast ließen erkennen, daß sich die Sowjetunion zumindest am Vorabend einer Krise, wenn nicht bereits in dieser selbst befand.[16]

Struktur und Funktion des sowjetischen *Staatshaushalts* samt *Steuer- und öffentlichem Finanzwesen* unterlagen in den Nachkriegsjahrzehnten dem geringsten Wandel. Die wesentlichen Systemmerkmale ergaben sich auch in dieser Hinsicht aus der Grundentscheidung lückenloser Verstaatlichung. Sie veränderte sowohl die Quellen der staatlichen Einnahmen als auch die Empfänger der Ausgaben. Denn beides waren nur Aspekte der *einen* Hauptwirkung: daß sich der Staatshaushalt zur Gesamtheit der nichtprivaten Budgets ‹kommassierte›. Als *alle* industriellen und kommerziellen Betriebe zur «Mammutunternehmung UdSSR GmbH» zusammengeschlossen wurden, übernahm dieses fortan auch die Finanzierung aller Aktivitäten samt der Aufgabe, die erforderlichen Geldmittel zu beschaffen. Der Staatshaushalt verband sich mit der Entscheidung über Wirtschaftsinvestitionen, seine Aufstellung kam der Fixierung ökonomischer Prioritäten gleich. Deshalb lag es nahe, daß beide Zahlenwerke, Staatsbudget und Wirtschaftsplan, symptomatischerweise gemeinsam beraten und verabschiedet wurden.

Aus den veröffentlichten Budgets ergibt sich, daß der Sowjetstaat auch in der Brežnev-Ära den größten Teil seiner Einkünfte aus der Umsatzsteuer bezog (gut 31 %). Ihr folgte die Gewinnabführung der Betriebe (um 30 %). Allerdings hatte sich das Verhältnis zwischen den genannten Quellen zugunsten der letzteren verschoben. Der sowjetische Normalbürger merkte davon wenig, da die Veränderungen innerhalb einer Marge stattfanden, die relativ beliebig zwischen beiden Posten aufgeteilt wurde. Die Ökonomen faßten beides als «Mehrwert», definiert als Differenz zwischen Produktionskosten und Endverkaufspreis einer Ware, zusammen. Mithin stammten die Staatseinkünfte ganz überwiegend aus den eigenen Unternehmungen (unter Einschluß der genossenschaftlichen, die nur *de jure* privat waren). Formal war damit durchaus eine der Absichten der Revolution erfüllt worden: daß unternehmerischer Gewinn nicht mehr ‹ungleich verteilt› und einer schmalen gesellschaftlichen Schicht zufloß, sondern dem Staat als Sachwalter des Gesamtinteresses. Das Problem lag politisch nur darin, daß die letztgenannte Prämisse nicht zutraf, und ökonomisch darin, daß mit der Beseitigung des Privatbesitzes samt Konkurrenz und Markt auch die innerste Triebkraft für Effizienz und Innovation ausgerottet worden war. Der Gewinn, der nach wie vor erwirtschaftet wurde, floß nun zwar dem Staat zu, aber sein Volumen lag deutlich unter dem marktwirtschaftlich möglichen. Im Wortspiel gesagt: Der «Mehrwert» war weniger wert, und ‹weniger› wäre, mit Lenin zu reden, ‹mehr› gewesen.

Auf größere Veränderungen verweisen die Zahlen über die Struktur der staatlichen *Ausgaben*. Allerdings ist in wesentlichen Punkten erhebliche Skepsis angebracht. Glaubwürdige Kontinuität zeigt die Tendenz wachsender Zuweisungen an die Wirtschaft. Als monopolistischer Gesamtunternehmer mußte der Staat nicht nur für die Löhne, sondern für alle Investitionen, von infrastrukturell-allgemeinen bis zu betrieblich-innovativen, vom Bahnanschluß bis zur Erneuerung des Maschinenparks, sorgen. Dies wäre ihm leicht gefallen, wenn die ebenfalls an ihn zurückfließenden Gewinne so hoch gewesen wären, daß er davon auch die von jedem Staat aufzubringenden ‹Gemeinkosten› einschließlich des Unterhalts der Armee hätte bestreiten können. Aus den genannten Gründen mußte er sich aber mit einem vergleichsweise geringen «Mehrwert» begnügen, so daß der wachsende Anteil der Ausgaben für die Volkswirtschaft (1973 = 49,6 %, 1978 = 54,3 %) nicht

2. Unheilbare Wirtschaft

zuletzt höhere Subventionen spiegelte. Demgegenüber nahmen die Prozentwerte für «soziokulturelle» Leistungen, «Verteidigung», «Verwaltung» und Sonstiges trotz deutlich größerer absoluter Summen stark ab. Vor allem den veröffentlichten Daten über die Zuweisungen an das Militär hat schon seinerzeit niemand getraut. Ganz gewiß lagen die tatsächlichen Kosten so viel höher, daß sie die Investitionen, derer die Wirtschaft zur Produktivitätsverbesserung dringend bedurft hätte, zu einem erheblichen Teil aufzehrten.

Um so eher drängt sich die Frage auf, ob die sowjetische Wirtschaftsordnung wenigstens einen anderen behaupteten Vorzug: dank der Möglichkeit zu zentraler Planung das gesamtökonomische Gleichgewicht besser sichern zu können, tatsächlich zu realisieren vermochte. ‹Scherenkrisen› ohne Ende hatten in der zweiten Hälfte der zwanziger Jahre die Bereitschaft erhöht, ihre unumstrittene Hauptursache, die mangelnde Koordination zwischen Industrie und Landwirtschaft, ein für alle Mal zu beseitigen. Der siegreichen Fraktion schien allein die ‹rationale› Festlegung der Eckdaten Gewähr dafür zu bieten. Insofern war auch die ‹prinzipielle› Ausrottung der Unwägbarkeit des Verhaltens von Produzenten und Konsumenten eine praktische Konsequenz der teleologischen Vernunftkonzeption, an der Marx bei aller materialistischen Umkehrung Hegels bekanntlich festhielt: In der Planung (und Verstaatlichung als ihrer Voraussetzung) aller wirtschaftlichen Tätigkeiten emanzipierte sich die ökonomische Rationalität vom Eigeninteresse der Akteure.

Freilich machten die Urheber der zentralen Planwirtschaft ihre Rechnung in dieser Hinsicht ebenfalls ohne den Wirt. Sie überschätzten die Leistungsfähigkeit des neuen Systems und unterschätzten die Erwartungen der Menschen samt dem Zwang, ihnen entsprechen zu müssen. Solange Partei und Staat ihren Schutzbefohlenen ohnehin nur Schweiß und Tränen verordneten und extralegale Terrororgane dafür sorgten, daß jede Entbehrung widerstandslos ertragen wurde, traten die Symptome der Fehlkalkulation höchstens in stiller Leistungsverweigerung zutage. Dies änderte sich, als sich die Einsicht in die letztliche Unmöglichkeit verbreitete, mit Gewalt mehr als formalen Gehorsam zu erzwingen. Bei der Suche nach anderen Mitteln setzte Chruščev in hohem Maße auf wirtschaftliche Reformen, sozialistische Überzeugung und größere Meinungsfreiheit. Als Brežnev und Kosygin der ‹Stabilität der Kader› den Vorrang gaben und Reformen, wenn überhaupt, durch die Apparate umsetzen wollten, schlugen sie implizit eine neue Art des Arrangements mit der Bevölkerung vor: Hebung des Lebensstandards als Gegenleistung für Arbeitseinsatz und Protestverzicht. Zu diesem stillschweigenden ‹Abkommen› gehörten nicht nur die wiederholten Agrarprogramme und Experimente mit materiellen Anreizen in der industriellen Produktion, sondern auch Lohnerhöhungen. Alle Daten deuten darauf hin, daß die Einkommen der Bevölkerung schneller stiegen als geplant. Zugleich zeigte sich der Staat aus den genannten Gründen immer weniger in der Lage, für ein ausreichendes Warenangebot zu sorgen. Vermutlich war um die Mitte der siebziger Jahre auch in dieser Hinsicht eine Art von Scheitelpunkt erreicht: Als die ‹Extraprofite› infolge der internationalen Preisexplosion für Energie nachließen und nicht mehr ausreichten, um die stagnierende Eigenproduktion zu kompensieren, ging die mühsam gewahrte Balance endgültig verloren. Die Fiktion, vor den Launen des kapitalistischen Marktes gefeit zu sein, wurde in Gestalt weitgehend stabiler Ladenpreise zwar aufrechterhalten. Aber faktisch trat das unerwünschte Phänomen, das ebenso geleugnet wurde wie die Arbeitslosigkeit, immer deutlicher zutage: die *Inflation*. Einem wachsenden Geldüberhang, erkennbar an stark ansteigenden Ersparnissen, stand ein zumindest nicht proportional vermehrtes Quantum an Gütern und Dienstleistungen gegenüber. Da Staat und Planungsbehörde die Preise nach wie vor festlegten, äußerte sich das Ungleichgewicht nicht marktwirtschaftlich in einer Verteuerung der Waren, sondern in wachsender Knappheit. Nur wo die Kaufkraft bestimmen konnte, auf den privaten Kolchosmärkten, trat das übliche Resultat ein. Ein besseres Angebot in den Staatsläden hätte das Problem lösen können. Aus den genannten Gründen war der schwerfällige Monopolbetrieb Sowjetunion, der das individuelle Wohl als wichtigste Triebfeder ökonomischen Handelns zugunsten des von ihm beschlagnahmten Gemeinwohls abgeschafft und den *homo oeconomicus* auf diese Weise um sein Lebenselexier gebracht hatte, dazu aber nicht in der Lage. So produzierte die vermeintlich rationale Planwirtschaft aufgrund eigener Mängel eben das, was sie der ‹irrationalen› Marktwirtschaft vorwarf und prinzipiell aufzuheben beanspruchte: Disproportionen. Den Schaden hatte der Konsument, der Geld anhäufte, aber wenig fand, was er dafür kaufen konnte.[17]

Doch auch der Staat kam nicht ungeschoren davon. Er verlor Schlimmeres als materielle Werte – die Loyalität seiner Bürger. Im Maße seiner Unfähigkeit, ausreichend Konsumgüter des alltäglichen Bedarfs in angemessener Qualität zur Verfügung zu stellen, büßte nicht nur die Propaganda endgültig ihren Kredit ein. Darüber hinaus wuchsen die Zweifel an der Leistungsfähigkeit und Glaubwürdigkeit des Regimes selbst. Der Fundamentalkompromiß, wenn man so will: der Gesellschaftsvertrag der Brežnev-Ära geriet ins Wanken. Wo Arbeit im Tausch gegen materielle Zufriedenheit geleistet und der Verzicht auf politische Freiheit und Partizipation als Gegenleistung für höhere Lebensqualität gewährt wurde, konnte enttäuschte Abwendung nicht ausbleiben, als der Staat immer deutlicher offenbaren mußte, daß er seine Zusagen nicht einhalten konnte. Hinzu kamen auch in dieser Hinsicht Auswirkungen des Generationswechsels. Die These vermag zu überzeugen, daß die Nachkriegsgeneration ihr Lebensniveau an anderen, nicht zuletzt an ausländischen, durch die wachsende wirtschaftliche und kommunikative Verflechtung nähergebrachten Standards maß und eher bereit war, die Einhaltung der propagandistischen Versprechungen einzuklagen.[18] So gesehen, forderte die neue Generation nichts anderes als eine Normalisierung. Eben für den Normalfall aber war die zentrale Planwirtschaft nicht gerüstet. Auch deshalb wurde ihr Versagen mit guten Gründen als Versagen der Gesamtordnung verstanden. Am *Anfang* der großen Krise, die den Untergang der Sowjetordnung bringen sollte, stand weder ein Schwächeanfall staatlicher Autorität noch ununterdrückbarer politischer Freiheitswille noch auch nationales Selbständigkeitsstreben, sondern der *ökonomische* Offenbarungseid.

3. Gesellschaft zwischen Aufstieg und Niedergang: Bevölkerung, Arbeiter, Bauern und Intelligenz

Im ganzen erlebte die sowjetische Gesellschaft unter Brežnev sicher ihre beste Zeit. Sowohl aus zeitgenössischer als auch späterer Sicht genoß sie ein relatives Höchstmaß an Wohlstand, Stabilität und – von erklärten Andersdenkenden abgesehen – Frieden. Alle Indikatoren wiesen aufwärts: Demographisch erholte sie sich endgültig von den Kriegsfolgen; die Einkommen aller Schichten wuchsen; das durchschnittliche Qualifikationsniveau stieg; und der Abstand zwischen den verschiedenen Berufs- und Funktionsgruppen nahm ebenso ab wie die tradierte Kluft zwischen Stadt und Land. Nach dem Wechselbad der Chruščevschen Reformen, die den Lebensstandard ebenfalls schon gehoben hatten, glitt der Wandel in ruhigeres Fahrwasser, ohne zu erlahmen. Materiell und strukturell erreichte die Sowjetunion die weiteste Etappe auf dem Wege, den sie von Beginn an eingeschlagen hatte und dessen suggestiver Überzeugungskraft sie in erheblichem Maße ihre Existenz verdankte: der Modernisierung und Überwindung von Rückständigkeit. An den üblichen Indikatoren gemessen, trat sie in ein neues soziales Zeitalter ein. Die magische Schwelle der städtischen Ansässigkeit eines jeden zweiten Einwohners wurde 1961 erreicht; korrespondierende Prozentwerte industriell-gewerblicher Beschäftigung und professionell-akademischer Qualifikation ließen nicht lange auf sich warten (vgl. Tabelle A–1, A–2 und A–5 im Anhang). Auch wenn Entwicklungsmodelle aufgrund ihrer teleologischen Implikationen in Mißkredit geraten sind, sollte nicht übersehen werden, daß die Sowjetunion – um welchen Preis auch immer – nicht nur dank ihrer militärischen Erfolge in die ‹Zweite Welt› aufgestiegen war. Insofern hatten die verschiedenen, vor allem in den sechziger Jahren unternommenen Bemühungen um neue soziologische und politologische ‹Parameter› zur Erklärung ihrer Wesenszüge einschließlich konvergenztheoretischer Überlegungen durchaus ihre Berechtigung.[1] Sie spiegelten die zutreffende zeitgenössische Wahrnehmung, daß die andere Supermacht – bei allem andauernden Abstand zum ‹Westen› – auch sozioökonomisch nicht mehr mit den Maßstäben und Begriffen ihrer frühen Jahre zu beschreiben war. Auf der anderen Seite erlebte auch die Gesellschaft des «entwickelten Sozialismus» eine Art Peripetie. In der zweiten Hälfte der siebziger Jahre verdichtete sich der Eindruck, daß der Fortschritt ins Stocken geraten sei. Dabei bleibt es unerheblich, ob sich der materielle Lebensstandard, die soziale Versorgung, die beruflichen Aufstiegsmöglichkeiten und andere individuell erfahrbaren sozialen Errungenschaften tatsächlich verschlechterten – entscheidend war die Wahrnehmung. Sie maß die Gegenwart an den Erwartungen der Vergangenheit oder am Bild vom westlichen Ausland und entdeckte eine wachsende Diskrepanz, die nicht zuletzt in der Unbeweglichkeit der bestehenden Ordnung wurzelte. Wo Einsatz und Initiative blockiert wurden, blieben sie aus. Die Warnung eines Reformökonomen der sechziger Jahre (V. S. Nemčinov) galt auch für die Gesellschaft: daß ein System, das in Routine erstarrt, weil es darin die Bedingung seines Selbsterhalts sieht, irgendwann mit der ignorierten Wirklichkeit kollidieren werde. Dieser Zeitpunkt näherte sich gegen Ende der Brežnev-Ära.

a. Bevölkerungsentwicklung

In physisch-natürlicher Hinsicht, der die primäre Aufmerksamkeit der Demographen gilt, begann für die Bevölkerung der Sowjetunion nach dem Ende von Krieg und Nachkriegszeit eine neue Ära. Die Auflösung der Arbeitslager tat ein übriges, um eine Phase der friedlichen, gewalt- und katastrophenfreien Entfaltung von nie dagewesener Dauer einzuleiten. Unter Chruščev und Brežnev gab es – ebenso wie im letzten Jahrzehnt der Sowjetunion – weder militärische Gemetzel noch massenhafte Vernichtung durch staatliche Gewalt, Hunger oder Epidemien. Zwar lag es in der Natur der Sache, daß Kriegsschäden noch in der nächsten und übernächsten Generation zu spüren waren. Aber die Erholung begann und hatte zum ersten Mal Gelegenheit, ihr Ziel zu erreichen. Klarer als unter jedem anderen Aspekt zerfiel die sowjetische Geschichte demographisch in zwei Hauptperioden: eine unstete, vielfach von innerer und äußerer Gewalt unterbrochene bis 1953 und eine etwa ebenso lange, relativ interventionsfreie während der nächsten dreieinhalb Jahrzehnte. Insofern liegt die These nahe, daß die Sowjetunion erst nach dem Ende der terroristischen Diktatur Stalins in eine Phase der Normalität eintrat. Davon bleibt das Problem unberührt, ob ihr Gesamtsystem für diesen Zustand geeignet war. Die Meinung hat manches für sich, daß vor allem die demographischen Begleiterscheinungen physisch ungestörter sozioökonomischer Modernisierung die Planwirtschaft und Parteimonokratie in jene Sackgasse chronisch mangelhafter Effizienz trieben, die zum Zusammenbruch beider führten.

Als sichtbarste Folge der friedlichen Entwicklung ist der abermalige Be-

3. Gesellschaft zwischen Aufstieg und Niedergang 901

völkerungsanstieg zu nennen. Aus Tabelle A-1 im Anhang geht hervor, daß das Vorkriegsniveau in den erweiterten Grenzen von 1940 etwa um die Mitte der fünfziger Jahre wieder erreicht wurde. Die erste vollständige Zählung der neuen Ära ergab im Januar 1959 eine Gesamtsumme von 208,8 Mio. Einwohnern. 1970 registrierte man 241,7 Mio., beim zweiten umfassenden Zensus im Januar 1979 262,4 Mio. und im letzten Bestandsjahr der UdSSR 278,1 Mio. Mithin hatte sich die Bevölkerungszahl des Sowjetreiches – allerdings einschließlich der annektierten Gebiete – in siebzig Jahren (1922 136,1 Mio.) mehr als verdoppelt. Der Löwenanteil dieses Zuwachses fiel in die knapp vier Jahrzehnte nach Stalins Tod, denen vor allem die lange Regentschaft Brežnevs ihr Gepräge gab.[2]

Parallel zu dieser Bevölkerungsvermehrung kam das *Geschlechterverhältnis* allmählich wieder ins Lot (vgl. Tabelle A-1). Seit Bestehen der Sowjetunion hatte der Anteil der Frauen den der Männer in ungewöhnlichem Maße überschritten. In den zwanziger Jahren zeigten sich darin Nachwirkungen des Ersten Weltkriegs und des Bürgerkriegs, in den dreißiger – nach einer gewissen Erholung gegen Ende der NĖP – vermutlich Spuren ungleicher Folgen von Zwangskollektivierung, Hunger und Terror. Das größte Loch in die männliche Population aber riß der Zweite Weltkrieg mit seinen ungeheuren Verlusten nicht zuletzt an Soldaten. Der Frauenanteil erhöhte sich von 52,1 % 1939 auf 56 % im Jahre 1951. Noch der (verläßlichere) Zensus von 1959 ergab mit 55 % einen deutlichen Überschuß, der als Resultat nicht manipulierbarer natürlicher Gegebenheiten nur langsam zurückging. Nach 53,3 % im Jahre 1980 näherte sich die Quote mit 52,7 % erst kurz vor dem Zusammenbruch des Staates (1989–91) dem demographischen Durchschnittswert, der in der Regel etwas über einem ausgeglichenen Verhältnis zugunsten der Frauen liegt.[3]

Es versteht sich, daß Kriegsverluste und -verwerfungen als grundlegende Bedingungen auch der natürlichen Bevölkerungsbewegung der Nachkriegsjahrzehnte zu bedenken sind. Gerade in dieser Hinsicht verbietet sich aber die Annahme einfacher Kausalitäten. So zwang der Männermangel zwar einen auffallend hohen Prozentsatz – noch 1959 knapp die Hälfte – von heiratsfähigen Frauen zur Ehelosigkeit. Die Geburtenrate wurde davon aber ebensowenig betroffen wie die entscheidende Größe der ‹biologischen› *Zuwachsrate* insgesamt. Letztere nahm im Gegenteil in den fünfziger Jahren deutlich zu. Dazu trugen beide Faktoren bei, deren Differenz sie bildet, allerdings in unterschiedlicher Weise. Der größere Effekt ging von der Verminderung der Sterblichkeit aus, die im Vergleich der Stichjahre 1940 und 1950 drastisch sank (von 18,0 auf 9,7 Promille) und bis zur Mitte der sechziger Jahre (1965 7,3/ooo) weiter fiel. Zugleich verringerte sich zwar auch die Geburtenrate nicht nur im Vergleich zum Vorkriegsstand, sondern kontinuierlich bis etwa 1970 (31,2/ooo 1940; 26,7/ooo 1950; 24,9/ooo 1960; 17,4/ooo 1970), aber nicht in gleichem Maße. Der positive Effekt besserer

Gesundheitsvorsorge und einer (im Vergleich zur Vorkriegszeit) deutlich gesunkenen Kindersterblichkeit überwog. Im Ergebnis nahm die Bevölkerung in den fünfziger Jahren zu (1950 um 17,0/000; 1960 um 17,8/000). Dabei mochte auch, wie man vermutet hat, ein im Vergleich zu westlichen Ländern länger andauernder ‹kompensatorischer› Effekt als Folge der Demobilisierung im Spiele gewesen sein.

Mit Beginn der sechziger Jahre setzte allerdings eine umgekehrte Bewegung ein. Die Geburtenrate nahm deutlich ab, ohne nach dem Tiefstand von 17,4/000 im Jahre 1970 und nachfolgender langsamer Erholung das Niveau auch nur von 1960 wieder zu erreichen. Gegen Ende der *perestrojka*, seit etwa 1988, als sich die Wirtschaftskrise beschleunigte und das Imperium ins Wanken geriet, war im Gegenteil ein neuerlicher Geburtenrückgang zu verzeichnen. Zugleich nahm die Mortalität (seit 1965) wieder zu, ob primär als Folge der Alterung der Gesellschaft oder nachlassender Leistungsfähigkeit des Gesundheitswesens, bleibt offen. Im Endeffekt ergab sich eine kontinuierliche Abnahme des demographischen ‹Nettozuwachses› vom genannten Höhepunkt 1960 über 11,1/000 1965 auf 8,0/000 1980 und – nach einer leichten Aufwärtsbewegung (1985 8,8/000) – den tiefsten Stand seit der Entstehung der Sowjetunion überhaupt (1990 6,5/000). Dabei ist noch zu beachten, daß diese aggregierten Angaben große regionale Unterschiede verbargen. In der RSFSR und der Ukraine lagen die entsprechenden Werte in den fünfziger Jahren etwas (1950 16,8/000, 1960 15,8/000 bzw. 14,3/000 und 13,6/000), danach deutlich niedriger (1965 8,1/000, 1985 5,3/000 bzw. 7,7/000 und 3,6/000) als im Durchschnitt, in einigen kaukasischen sowie besonders in allen mittelasiatischen Republiken ebenso klar darüber. Noch geringere Zuwächse verzeichneten Lettland und Estland.

Solche Abweichungen enthalten bereits einen Hinweis auf die wichtigste allgemeine Ursache für die beschriebene Entwicklung. Der an sich paradoxe Tatbestand hoher Geburtenraten und eines schnellen Bevölkerungswachstums in schwieriger, noch von Not und Armut geprägter Zeit, aber sinkender Geburtsraten und eines stark abnehmenden Gesamtzuwachses in den Jahrzehnten relativer Prosperität läßt sich am ehesten durch Wirkungen der Industrialisierung und gesamtgesellschaftlichen Modernisierung erklären. Unter Brežnev traten in der Sowjetunion ähnliche Erscheinungen zutage wie in den westlichen Industrieländern. Höherer Lebensstandard, eine längere und teurere Ausbildung, soziale Absicherung und Altersrenten durch den Staat, im gegebenen Fall sicher auch die fast vollständige Einbeziehung der Frauen ins Erwerbsleben, größere Mobilität, wachsende Freizeitangebote einschließlich moderner Massenmedien, die generelle ‹Verdichtung› des Lebens und andere Faktoren mehr (kaum aber die Wohnungsnot, die vorher größer gewesen sein dürfte) bewirkten einen Wertewandel, der sich unter anderem in der bewußten Senkung der Kinderzahl niederschlug. Die politisch motivierte, neuerliche Freigabe der Abtreibung seit 1955 kam als Hilfe

3. Gesellschaft zwischen Aufstieg und Niedergang

bei der Realisierung dieses Umdenkens hinzu. In den letzten Jahren der Sowjetunion dürften auch Verunsicherung und Zukunftsangst eine Rolle gespielt haben. Ob aber solche Unterschiede der Geburtenhäufigkeit vor allem zwischen den relativ stark industrialisierten kernrussischen Gebieten (um die baltischen als marginale Größen beiseite zu lassen) und den traditionsbestimmten mittelasiatischen wirklich als Triebkräfte der Erosion des Reiches gelten können, läßt sich aus rein demographischen Beobachtungen nicht zureichend begründen.[4]

Von entscheidender Bedeutung weit über die reine Demographie hinaus ist die Frage nach der regionalen Verteilung dieses Wachstums. Sie verbindet sich zum einen mit dem Problem der *interregionalen Wanderung*, zum anderen mit der Migration zwischen Stadt und Land. Die geographischen Zielgebiete der Bevölkerungsbewegung haben einerseits gewechselt, sind aber andererseits – je nach Distanz der Betrachtung – dieselben geblieben. Auch in der Ära Chruščev und Brežnev lockten die vielversprechenden Möglichkeiten des Ostens, der aber gleichsam in immer weitere Ferne rückte. Das hinterste Sibirien avancierte zur Region mit der höchsten Netto-Zuwanderungsrate, während der Nordkaukasus und Mittelasien zurückfielen. Bemerkenswerterweise verzeichneten auch der baltische Nordwesten und das russische Zentrum ‹Reingewinne›. Im Ergebnis dauerte einerseits die überkommene, durch die Industrialisierung nachhaltig verstärkte ‹Ostsiedlung› an, andererseits verlor diese Bewegung ihre Einseitigkeit und Dominanz.

Prägender und gleichförmiger blieb die *Urbanisierung*. Nach der Unterbrechung durch Krieg und Wiederaufbau knüpfte die Sowjetunion in diesem fundamentalen Aspekt des gesamten sozioökonomischen Modernisierungsprozesses wieder an die stürmischen Jahre von 1926 bis 1939 an. An der jährlichen Beschleunigung gemessen, verfehlte dieser Vorgang zwischen 1959 und 1970 zwar die Dynamik der ersten Fünfjahresplanperioden; mit Blick auf den absoluten Zuwachs an Stadtbewohnern aber übertraf er diese sogar. Wie aus Tabelle A-1 ersichtlich ist, nahm der Anteil der Stadtbewohner kontinuierlich und rapide zu; auch die wirtschaftlich schweren letzten Jahre der UdSSR führten zu keiner ‹Devolution›. Vom Beginn der NĖP bis zum deutschen Überfall stieg die Urbanisierungsquote in der Sowjetunion von ca. 16 % auf gut 32 %, zwischen dem Ende der unmittelbaren Nachkriegszeit (1950) und dem Zusammenbruch des Reiches aber von ca. 39 % auf 66 %. Zumindest bis zum Ende der Brežnev-Ära gilt mithin als Gesamtfazit, daß womöglich kein anderes Land der Erde eine so dauerhaft rapide Urbanisierung erlebte wie die Sowjetunion.

Was sich änderte, war nicht die Verstädterung, sondern ihr hauptsächliches Reservoir. In seinen ersten beiden Phasen (1927–38 und 1939–1958) speiste sich dieser Vorgang ganz überwiegend aus dem Dorf. Millionen beschäftigungsloser Bauern drängten in Städte oder die abseits gelegenen Großbaustellen des sozialistischen Aufbaus. Man hat geschätzt, daß 63 %

bzw. 62 % (ab 1939) der neuen Bewohner Landflüchtige dieser Art waren. Nur 18 % bzw. 20 % stammten aus der örtlichen Einwohnerschaft selbst; der Rest des Zuwachses verdankte sich administrativen Eingriffen, zumeist in Gestalt der rechtlichen Umwandlung von Dörfern in Städte. Dieses Verhältnis änderte sich im «entwickelten Sozialismus» entscheidend. Der Anteil der ‹Selbstrekrutierung› stieg zwischen 1959 und 1970 auf über 40 %. Dementsprechend sank die Zuwanderungsquote vom Land. Auch wenn sich der Wandel zum Teil zwangsläufig aus dem Fortschreiten der Verstädterung ergab, verdient er festgehalten zu werden. Indem die Migration von Stadt zu Stadt und die natürliche Bevölkerungvermehrung den Abzug überschüssiger Arbeitskräfte (und Esser) aus dem Dorf ersetzten, trat die Sowjetunion nicht nur in eine neue Etappe der Urbanisierung ein, sondern normalisierte sich auch. Der kapitalistische und der sozialistische Weg der Industrialisierung führten in *diesem* Punkt zusammen: Die Gesellschaft, die immer weniger von landwirtschaftlicher Tätigkeit und immer mehr von Fabrikation und Dienstleistungen lebte, war eine städtische. Bei alledem versteht es sich von selbst, daß die UdSSR im internationalen Vergleich keine Spitzenposition erreichte. Auch wenn die Anzahl ihrer Millionenstädte von nur drei im Jahre 1959 auf 20 im Jahre 1980 stieg, blieb der Abstand vor allem zu Großbritannien und den Vereinigten Staaten groß. Nicht nur die riesige Ausdehnung sorgte dafür, sondern in gleichem Maße die kurze Dauer der sozioökonomischen Modernisierung. Auch die ‹reife› Sowjetunion war ein Neuling im Kreise der Industrieländer.[5]

Mit der Urbanisierung, die gleichsam die Mitte zwischen demographischen und sozialen Tatbeständen markiert, war der Wandel der *sozialen Schichtung* unmittelbar verbunden. Leider entzieht sich die Genese der verfügbaren Daten jeder Nachprüfung. Weder sind die Kriterien der Gruppierung im einzelnen bekannt, noch läßt sich feststellen, ob sie über den Zeitraum der Existenz der Sowjetunion hinweg einigermaßen konstant gehandhabt wurden. Dennoch scheint es vertretbar, aus den entsprechenden Zahlenreihen der Tabelle A-3/1 einige langfristige Tendenzen abzulesen. Zum einen wird sichtbar, daß die quantitative Ausdehnung der Arbeiterschaft über die Zäsur des Zweiten Weltkriegs hinaus anhielt. Ihr relatives Gewicht stieg nicht mehr so sprunghaft an wie während der drei ersten Fünfjahrespläne, vergrößerte sich aber zwischen 1939 und 1959 noch von 33,5 % auf 49,5 %. Danach flachte die Kurve deutlich ab. In der Brežnev-Ära nahm ihr Anteil über 56,8 % 1970 nur noch auf 60,9 % 1982 zu. Die Datenreihe untermauert mithin, was Ökonomen (unter anderem) aus dem sinkenden Wirtschaftswachstum schlossen: daß das Potential an Arbeitskräften trotz wachsender Gesamtbevölkerung erschöpft war. Das Proletariat büßte im ‹proletarischen Staat› zwar nicht seine numerische Hegemonie ein, fror aber quantitativ sozusagen ein. Denn in gleichem Tempo nahm seit dem Ende des Chruščevschen Populismus die relative Zahl der Angestellten zu.

3. Gesellschaft zwischen Aufstieg und Niedergang

Unter Brežnev konnten sich die Apparate nicht nur in Sicherheit wiegen. Darüber hinaus taten sie das, was man (fast) allen Verwaltungen nachsagt: Sie expandierten. Allerdings hat man darauf hingewiesen, daß die Rede von der ‹aufgeblähten Bürokratie› zumindest im internationalen Vergleich, gemessen an der relativen Anzahl der Führungspositionen, falsch ist. Wenn der Anteil der «Angestellten» – was immer im einzelnen darunter zu verstehen ist – im «entwickelten Sozialismus» relativ zur Arbeiterschaft stieg, dürfte darin eher ein frühes Symptom für den ökonomischen Bedeutungsverlust der reinen Produktion gegenüber Dienstleistungen einschließlich der Verwaltung zu erkennen sein. So gesehen machten sich auch in der Sowjetunion Tendenzen einer Tertiarisierung von Wirtschaft und Gesellschaft bemerkbar. Mit größerer Deutlichkeit tritt dagegen zutage, zu wessen ‹Lasten› sich die quantitative Vergrößerung sowohl der Arbeiterschaft als auch der Angestellten vollzog: der Bauern. Gerade in dieser Perspektive wird der Doppelcharakter der Kriegs- und Nachkriegsjahre sowohl als Periode der Kontinuität als auch des Umbruchs besonders augenfällig. Vor dem deutschen Überfall ruhte der Sozialkörper Rußlands wie seit Menschengedenken in Gestalt einer deutlichen agrarischen Bevölkerungsmehrheit (44,9 % 1939) noch auf dem Lande; bei der nächsten umfassenden Zählung hatte sich das Zentrum mit einem Abstand von 18,1 % klar auf die überwiegend (aber nicht ausschließlich) städtischen Arbeiter verlagert. Zur Halbzeit der Brežnev-Ära lebte nur noch ein Fünftel, gegen Ende ein Siebtel der Bevölkerung auf dem Dorf.[6]

Auf einem anderen Blatt steht, um welchen Preis auch an menschlich-sozialen Ressourcen (über materiell-finanzielle hinaus) diese Entwicklung erkauft wurde und in welchem Grade sie sich für die Bevölkerung auszahlte. Gerade in dieser Perspektive verdient Beachtung, daß die Arbeiterschaft den größten Frauenanteil unter allen vergleichbaren Ländern der Welt umfaßte. Der Erhebung von 1979 zufolge standen 89,1 % aller 16–54-jährigen Frauen im Berufsleben, kaum weniger als Männer (90,8 %) und weit mehr als in den Vereinigten Staaten (56,5 %) oder in der Bundesrepublik Deutschland (46 %). Bei aller Vielfalt der Ursachen wird man die Bedeutung gesamtwirtschaftlicher Zwänge hoch veranschlagen dürfen. Die weitgehende Ausschöpfung spiegelte die Notwendigkeit, alle Ressourcen physischer Arbeitskraft zu mobilisieren, um das erklärte Ziel der ‹Ein- und Überholung› des ‹Kapitalismus› zu erreichen. Insofern zeigt sie nicht nur exemplarisch an, daß Quantität den Mangel an Qualität wettmachen mußte, sondern verweist ein weiteres Mal auch darauf, wer den Preis für diesen Mangel zu zahlen hatte: die Masse der Bevölkerung.[7]

Die *Nationalitätenfrage* hat einen erheblichen Teil ihrer Brisanz aus der demographischen Entwicklung der letzten Jahrzehnte bezogen. Als politische Aufgabe war sie wahrlich nicht neu, sondern Folge der föderativen Staatsgründung schon von 1918, aber besonders von 1924. Vieles deutet aber darauf hin, daß sie ihre außerordentliche Sprengkraft, die maßgeblich zum Untergang des Gesamtstaates beitrug, erst in der Nachkriegszeit und besonders in der Brežnev-Ära sammelte. Die numerischen Verschiebungen bildeten dabei nur einen Faktor unter anderen. Für das politische Ergebnis sind andere vermutlich wichtiger gewesen: allen voran die Verbreitung weltlicher Bildung sowie die Industrialisierung mit der Folge sozioökonomischer Mobilisierung und der Verstädterung der Bevölkerung auch an der südöstlichen Peripherie des Reiches. Die meisten dieser Veränderungen verbanden sich auf die eine oder andere Weise, als Ursache, Wirkung oder Begleiterscheinung, mit den demographischen Prozessen, die somit als elementar gelten können.

Die prägende Entwicklung läßt sich an den Datenreihen der Tabelle A–4 ablesen. Während der Anteil der Russen vor dem Krieg wuchs, ging er in den Nachkriegsjahrzehnten immer deutlicher zurück. Die Ukrainer machten insofern eine Ausnahme, als sich ihr Gewicht auch in den dreißiger Jahren infolge der Stalinschen Unterdrückung verminderte. Angesichts der starken Vermehrung der Großrussen (partiell womöglich nur statistisch, da es kaum opportun war, sich als Ukrainer zu bekennen) und ihrer ohnehin gegebenen quantitativen Übermacht konnte diese Besonderheit der Stärkung der Slaven im sowjetischen Vielvölkerreich aber nichts anhaben. Gegen Ende der fünfziger Jahre trat eine Wende ein, die sich im Rückblick als langfristig erwies. Die Geburtenrate der slavischen Nationalitäten fiel ebenso wie die schon seit längerem niedrige der baltischen (Letten, Esten, Litauer). Zugleich stieg die natürliche Vermehrung der islamischen Völker Mittelasiens und des östlichen Kaukausus an. Da sich hier nun auch die Investitionen in die öffentliche Hygiene (Wasser) und die Gesundheitsvorsorge mit der Folge eines deutlichen Rückgangs der Sterblichkeit auswirkten, ergab sich ein starker Gesamtzuwachs der Bevölkerung dieser Republiken und Regionen. Als Folge sank der Anteil der Russen an der gesamten Einwohnerzahl der UdSSR zwischen 1959 und 1989 von 54,6 % auf 50,8 % und der Anteil der drei slavischen Völker (Russen, Weißrussen, Ukrainer) von 76,3 % auf 69,8 %. Auch die baltischen Nationalitäten büßten relativ weiter an Gewicht ein; mit weniger als 2 % bildeten sie beim Untergang der ungeliebten Zentralmacht zumindest quantitativ eine *quantité négliable*. Umgekehrt nahm der Anteil vor allem der Usbeken, Kasachen, Tadschiken, Turkmenen und Kirgisen sprunghaft zu. Im genannten Zeitraum von drei Jahrzehnten erhöhte er sich bei den Usbeken auf mehr als Doppelte und für alle genannten Völkerschaften zusammen auf fast das Doppelte (6,2 % 1959, 12,0 % 1989). Auch die Azerbeidschaner vergrößerten ihr Gewicht. Bei den übrigen Nationalitäten traten keine erheblichen Veränderungen ein.[8]

Es ist nun sicher problematisch, aus demographischen Vorgängen politische Folgerungen abzuleiten. Zwar mögen bei vielen Sowjetbürgern, vielleicht auch bei einflußreichen, Überfremdungsängste geweckt worden sein.

3. Gesellschaft zwischen Aufstieg und Niedergang

Daß sie handlungsrelevant geworden sind, läßt sich schon nicht mehr belegen. Auch die Stärkung des Russischen als obligatorische Zweitsprache und *lingua franca* seit Beginn der siebziger Jahre muß nicht als Antwort auf Bedrohungsempfindungen verstanden werden. Umgekehrt folgte aus der Geburtenfreudigkeit der islamischen Nationalitäten weder zwangsläufig noch auch nur wahrscheinlich ein Zuwachs an nationalem Hochgefühl und Selbständigkeitsbestrebungen. Schon das Beispiel der baltischen Republiken, die als erste aus dem Sowjetverband ausschieden, verweist auf die Vielfalt möglicher Ursachen. So sollte man sich mit der Feststellung unzweifelhafter Tatbestände begnügen: zum einen des relativen demographischen Bedeutungsverlusts der slavischen Nationalitäten einschließlich der Russen zugunsten der islamischen besonders Mittelasiens; zum anderen der plötzlichen Präsenz eines gewiß vorbereiteten, aber verborgenen politischen Regionalismus und Nationalismus, als im Zuge der *perestrojka* weitgehende Meinungs- und öffentliche Aktionsfreiheit hergestellt und die zentrale Herrschaftsgewalt durch die innere Zerrissenheit der Partei und eine um sich greifende Wirtschaftskrise bereits erheblich an Ansehen und Handlungsfähigkeit verloren hatte. Welcher Art die Zusammenhänge waren, wird später zu erörtern sein.

b. Arbeiter und Angestellte

Schon die allgemeine Übersicht über den Wandel der Sozialstruktur seit den zwanziger Jahren (vgl. Tab. A–3/1) zeigte, daß das Wachstum der *Arbeiterschaft* in den letzten Jahrzehnten der Sowjetära ins Stocken geriet. Die Zahl der ihr zugerechneten industriell-gewerblich Beschäftigten (ausschließlich also der Sowchos- und Kolchosangestellten, die eventuell inhaltlich durchaus vergleichbaren Tätigkeiten nachgingen) nahm zwar absolut und relativ weiter zu, aber in geringerem Tempo als in der Sturm- und Drangzeit der Industrialisierung. Dabei ging die Verlangsamung allem Anschein nach weniger auf veränderte Anforderungen zurück als auf die Austrocknung der tradierten Rekrutierungsquellen. Zum einen verlor die Bauernschaft, auch wenn sie weiterhin ein erhebliches Reservoir blieb, ihre einschlägige Bedeutung. Zum anderen konnten die Frauen nur noch in begrenztem Maße in den Produktionsprozeß einbezogen werden. In den Kolchosen waren sie zur Versorgung der Privatparzellen unentbehrlich. Wo dies nicht der Fall war, stand die Starrheit des Fabriklebens angesichts ihrer häuslichen Verpflichtungen einem Wechsel im Wege. Zwar nahm der Frauenanteil – bei starken Unterschieden zwischen den Berufsgruppen – weiter zu, aber mit bemerkenswerter Verlangsamung bis zur Stagnation (47% 1960, 51% 1970, 51% 1981). So brachten es primär strukturelle Ursachen mit sich, daß die Selbstrekrutierungsquote der Arbeiterschaft wuchs. In der Moskauer Region kamen 1973/74 sogar 55,8% der industriell beschäftigten Jugend aus ‹lohnabhängigen Familien› und nur 15,2 % aus bäuerlichen; auch im großflächigeren Durchschnitt übertraf der entsprechende Anteil 50 %. Insofern näherte sich das ‹Proletariat› eben jenem reinen Typus der ‹Erblichkeit› an, dem die marxistische Theorie geschichtsphilosophische Kränze flocht. Nur konnte selbst der Sowjetstaat, der das Ideal sogar rückwirkend als Wirklichkeit ausgegeben hatte, über diese Entwicklung nicht froh sein: Als sie Kontur gewann, verlor die Arbeiterschaft alter Art an Bedeutung. Beide Vorgänge waren unauflöslich miteinander verbunden. Um so hemmender wirkte sich die Unfähigkeit des Systems aus, der demographischen Einschnürung durch intensivere Nutzung der verfügbaren Ressourcen zu trotzen. Es war in der Lage, Arbeitskräftemangel zu produzieren, der sich in der Chruščev-Ära ebenso einstellte wie während der ersten beiden Fünfjahrespläne. Ihn durch Effizienz und Intelligenz abzubauen, aber vermochte es nicht.[9]

Mit diesen Besonderheiten nahm das quantitative Gewicht der Arbeiterschaft vor allem auf Kosten der Bauern, wenn auch seit dem Ende der unmittelbaren Nachkriegszeit in gedrosseltem Tempo, weiter zu. Im knappen Vierteljahrhundert zwischen der ersten umfassenden Volkszählung 1959 und dem Ende der Brežnev-Ära belief sich ihr Zuwachs nur auf gut 10 %. Dies sollte man bei den Daten beachten, die in isolierter Betrachtung zu deutlich höheren Prozentwerten gelangen. Andererseits behalten diese Angaben, von falschen Suggestionen befreit, ihren Aussagewert. So stieg die Zahl der Arbeiter und Angestellten in der Volkswirtschaft auch 1960–1980 noch um 81 % von 62,0 Mio. auf 112,5 Mio.; erst danach trat ein weitgehender Stillstand ein (112,9 Mio. 1990, vgl. Tab. A–3/2). Zugleich änderte sich aber ihre Struktur und Gestalt. Als typisch kann dabei jener Wandel gelten, den die fortschreitende Industrialisierung überall nach sich zog: die Verlagerung von Hand- auf Kopfarbeit im Gefolge der Herstellung technisch höherwertiger Erzeugnisse und der damit einhergehenden Differenzierung der Volkswirtschaft einschließlich ihrer administrativen Funktionen. Die Umrechnung der absoluten Daten in Indizes gibt einen ersten Hinweis darauf. Während die Gesamtzahl der Arbeiter und Angestellten zwischen Kriegsbeginn und dem Ende der Brežnev-Ära (1940–1980) um 232 % wuchs, nahm das Personal im Bereich von Kultur und Wissenschaft weit überproportional, in letzterer um 1110 %, zu. Auch der Transport außerhalb von Bahn und Flüssen sowie die allgemeine Kommunikation gewannen an Gewicht; die Zahl der industriell Beschäftigten vermehrte sich immerhin in gleichem Maße wie die in der Volkswirtschaft allgemein. Da beide Vorgänge miteinander verbunden waren, gibt die Tabelle zugleich eine weitere langfristige Veränderung zu erkennen: die ‹Tertiarisierung›. Neben Kultur und Wissenschaft, in denen laut üblicher Terminologie vor allem Angestellte beschäftigt waren, expandierten auch das Gesundheits- und Bildungswesen überproportional. Wenngleich dieser ‹Dienstleistungssektor› schmaler blieb als in den Ländern der ‹Ersten Welt› und das Wachstum der allgemeinen Verwaltung den

3. Gesellschaft zwischen Aufstieg und Niedergang

Durchschnitt der erfaßten Gruppen erstaunlicherweise nicht erreichte, entwickelte sich die sowjetische Gesellschaft doch in dieselbe Richtung. Klarere Aussagen erlauben Daten über das Qualifikationsniveau der Beschäftigten und seine Verteilung. Die ungefähre Konstanz der Erhebungsweise vorausgesetzt, vollzog sich in dieser Hinsicht in der Tat ein erheblicher Wandel. So erhöhte sich der Anteil von «Spezialisten mit höherer und mittlerer Fachausbildung» in der sowjetischen Volkswirtschaft von etwa 7 % 1940 über 14,2 % 1960, 18,7 % 1970 auf 25,4 % 1980. Wie tief er in der allgemeinen soziöökonomischen Entwicklung eingewirkt war, geht nicht zuletzt aus dem Umstand hervor, daß er während des wirtschaftlichen Niedergangs nach Brežnevs Tod andauerte (1990 32,8 %). Auch eine Aufschlüsselung der Arbeiter nach dem Mechanisierungsgrad ihrer Tätigkeit in sechs Kategorien zeigt an, daß die manuelle Arbeit Ende der sechziger Jahre rückläufig war und der Anteil qualifizierter Tätigkeiten bei der Handhabung von Maschinen und Automaten zunahm. Desgleichen wird diese Entwicklung durch Angaben über die formalen Bildungsabschlüsse bestätigt. Zwischen 1952 und 1973 wuchs der Anteil der Industriearbeiter mit einem Zeugnis über den erfolgreichen Besuch der «vollständigen Mittelschule» von 1,4 % auf 24,1 % an. Vor der Schlußprüfung gingen im letzten Lebensjahr Stalins 25,5 % ab, zwanzig Jahre später 41,2 % («unvollständige mittlere Bildung»). Eine Fach- oder andere technische Hochschule hatten zu dieser Zeit immerhin 5,6 % besucht (1952 1,0 %), so daß der Anteil der Arbeiter mit bloßer Elementarbildung auf weniger als 30 % sank. Auch wenn der genaue Kenntnisstand im ungewissen bleibt, steht die Tendenz außer Frage. Andererseits folgt daraus keine «Annäherung von körperlicher und geistiger Arbeit», wie die sowjetmarxistische Interpretation behauptete. Zum einen überwogen manuelle Tätigkeiten auch in den siebziger Jahren noch. Zum anderen sollte die Anhebung des gesamten Qualifikationsniveaus nicht mit Homogenisierung verwechselt werden. Nicht nur die einfachen Verrichtungen wurden komplexer, sondern auch die schwierigen. Die Einheitlichkeit einer (auch) dank geistiger Qualifikation vom Produkt ihrer Tätigkeit nicht mehr entfremdeten (und *per definitionem* seit Bestehen der Sowjetmacht nicht mehr ausgebeuteten) Arbeiterklasse, deren Existenz auf solche Weise suggeriert wurde, blieb eine Wunschvorstellung.[10]

Es liegt in der Natur der Sache, daß dieser Wandel mit einer Veränderung auch der *Altersstruktur* zusammenhing. Im Ganzen nahm der Anteil junger Arbeiter (20–29 Jahre) zwischen 1959 und 1970 ab. Allerdings spiegelte sich darin nur die tiefe Kerbe, die der Krieg in die gesamte Bevölkerungspyramide geschnitten hatte. Nicht nur die Generation der Gefallenen war numerisch schwach, sondern auch die ihrer Nachkommen. Unter Berücksichtigung dieser Verwerfung und im Maße der demographischen Erholung stellte sich das zu erwartende Ergebnis ein: daß die Jüngeren höhere Qualifikationen erwarben und in die oberen Berufsgruppen drängten. Auch aus diesem Grund bildete die Generationszugehörigkeit eines der wichtigsten Kriterien innerer Differenzierung, die aller Ideologie zum Trotz auch im Sozialismus zu beobachten war. Die neue Arbeiterschaft kam nicht mehr vom Lande, sondern aus den Städten; sie war qualifizierter und vielleicht auch stärker auf ein höheres materielles Lebensniveau orientiert. Ob die Enttäuschung gerade ihrer Hoffnungen im Gefolge der Dauerkrise am Ende der Brežnev-Ära wesentlich zu den anschließenden Turbulenzen beitrug, bleibt bislang eine offene Frage.[11]

Neben Grunddaten ihrer demographisch-sozialen Struktur haben die *Lebensverhältnisse* der Arbeiterschaft im Vordergrund der historischen Aufmerksamkeit gestanden. In kapitalistisch-marktwirtschaftlichen Gesellschaften wurde dabei in aller Regel ein enger Zusammenhang zwischen ihren inner- und außerbetrieblichen Errungenschaften und ihrer politischen Durchsetzungskraft, gemessen zumeist am gewerkschaftlichen Organisationsgrad, angenommen. Unter der Bedingung lückenloser Verstaatlichung von Herstellung und Handel entfiel die Voraussetzung nicht nur für effektive, sondern für Interessenvertretung überhaupt. Die prägenden, individuell kaum veränderbaren Merkmale ihrer beruflichen und privaten Existenz, von den Arbeitsbedingungen (Zeit, Schutz, Hygiene, Absicherung) bis zu Lohn, Wohnung und der ‹Lebensqualität› der Umgebung, wurden vom Staat und den wirtschaftlichen Planungsbehörden überwiegend zentral festgelegt. Eben dies hat den Vergleich immer wieder herausgefordert. Mit Blick auf die Arbeiterschaft standen einander hier gleichsam die vom ‹Klassen›- oder zumindest ‹Interessengegner› erstrittenen Zugeständnisse und die freiwillig gewährten ‹Geschenke› einer monokratischen Staatsmacht gegenüber, die nach wie vor den Anspruch erhob, primär die Belange der Werktätigen zu vertreten. Für die frühen Jahre kann man den Ergebnissen noch zugute halten, daß sie den großen Nachholbedarf der Sowjetunion und ähnliche Entbehrungen spiegelten, wie sie auch die frühe westeuropäische Industrialisierung prägten. Für die nachstalinistischen Jahrzehnte konnte dieser Bonus nicht oder nicht mehr in gleichem Maße gelten. Der Sozialismus, der sich sogar an der Schwelle zum Kommunismus wähnte, mußte sich ohne die historische Entschuldigung des Nachzüglers an den ‹real existierenden› Früchten messen lassen. Auf Rubel und Kopeke oder Stunde und Minute genau ist dies angesichts der Geheimniskrämerei und der Unterentwicklung der empirischen Sozialwissenschaften nicht möglich. Die Tendenz der Ergebnisse aber darf als verbürgt gelten.

So sprechen alle Indizien dafür, daß seit Mitte der fünfziger Jahre nicht nur der Nominal-, sondern auch der *Reallohn* der sowjetischen Arbeiter und Angestellten deutlich stieg. Sicher hat die Deutung dabei das äußerst niedrige Ausgangsniveau zu bedenken. Die gewichtete Berechnung der Indizes deckt auf, daß das Realeinkommen aller nichtlandwirtschaftlichen Arbeiter und Angestellten der Sowjetunion 1948 45 %–59 % des letzten vor-

3. Gesellschaft zwischen Aufstieg und Niedergang

planwirtschaftlichen Jahres 1928 betrug; selbst 1954 lag es bestenfalls um 24 % über dieser Marke (vgl. oben Tabelle 38). Ein Vierteljahrhundert lang mußte die Bevölkerung nicht nur das gesetzlose Regime eines gewalttätigen Diktators ertragen, sondern auch erhebliche materielle Entbehrungen in Gestalt niedriger Einkommen und erbärmlicher Lebensumstände hinnehmen. Danach aber begann für gut zwei Jahrzehnte eine Aufwärtsbewegung, die bei aller gebotenen Vorsicht durchaus als «eindrucksvoll» bezeichnet zu werden verdient. Absolut erhöhte sich der durchschnittliche Monatslohn eines Industriearbeiters 1955–1975 um 110,9 % von 76,2 Rubel auf 160,9 Rubel. Nach Abzug der offiziellen Preissteigerungsrate blieb ein Anstieg von 107,8 %, nach Maßgabe einer westlichen Berechnung von 62,8 % (vgl. Tabelle 54). Selbst wenn man auch diese Kalkulation für überhöht hält, weil die Preise auf den Privatmärkten nicht berücksichtigt wurden, bleibt das Fazit, daß sich der Geldlohn im genannten Zeitraum mehr als verdoppelte und seine Kaufkraft immerhin um knapp 2,5 % pro Jahr wuchs. Zwar konnte die Sowjetunion mit den Segnungen der westlichen Konsumgesellschaften nicht mithalten und nahm auch im Vergleich zu den anderen sozialistischen Ländern Europas nach wie vor nur einen Mittelplatz ein. In der subjektiven Wahrnehmung aber war über die Halbzeit der Brežnev-Ära hinaus der Eindruck begründet, daß es den ‹Sowjetmenschen› nie besser gegangen sei. Auch im zehnten Planjahrfünft (1976–1980) hielt die Entwicklung trotz merklicher Abschwächung zunächst an. Das durchschnittliche Monatseinkommen aller Arbeiter und Angestellten erhöhte sich immer noch um 2,9 % pro Jahr. Sicher wird man auch für diese Zeit einen gewissen Preisauftrieb in Rechnung stellen müssen, den die Lenkungsbehörden trotz hoher Subventionen für die meisten Güter und Dienstleistungen des alltäglichen Bedarfs (Grundnahrungsmittel, Transport, Wohnung) nicht einzudämmen vermochten. Dennoch spricht wenig dafür, vor dem Ende der Brežnev-Ära einen empfindlichen realen Kaufkraftverlust der Lohn- und Gehaltsempfänger anzunehmen. Nicht sinkende Einkommen machten das Ende des Aufstiegs sinnfällig, sondern gleichsam systemkonform der Umstand, daß es immer weniger zu kaufen gab.[12]

Da Durchschnittswerte große Unterschiede verbergen können, bedarf der Befund weiterer Differenzierung. Unter dem Gesichtspunkt der programmatischen Fürsorge des Sowjetstaates für die Minderprivilegierten, zu denen die Arbeiterschaft üblicherweise gerechnet wurde, verdient dabei die Einkommens*spanne* besondere Aufmerksamkeit und unter deren Bestimmungsfaktoren – neben Branche und Region – die Position in der Betriebshierarchie. Zumindest in der letztgenannten Hinsicht deuten alle Angaben darauf hin, daß sich der Abstand zwischen den niedrigsten und den höchsten Verdiensten erheblich verringerte. Ursache dafür waren zwei Lohn- und Gehaltsreformen, die zwar hauptsächlich andere Ziele verfolgten, aber diesen Nebeneffekt ebenfalls im Auge hatten. Das erste Maßnahmenbündel

Tabelle 54: *Nominal- und Reallöhne der sowjetischen Industriearbeiter 1955–1975*

	Nominallöhne		Preisindex		Reallohnindex	
	Rubel pro Monat	Index	A Offiziell	B Schroeder/ Severin	A	B
1955	76,3	100,0	100,0	100,0	100,0	100,0
1960	89,9	117,8	100,5	104,6	117,2	112,6
1965	101,7	133,2	101,5	112,0	131,2	118,9
1970	130,6	171,2	100,9	119,4	169,7	143,4
1975	160,9	210,9	101,5	129,5	207,8	162,8
Durchschnittliche jährliche Wachstumsrate						
1955–60		3,33	0,10	0,90	3,23	2,40
1960–65		2,49	0,20	1,36	2,27	1,09
1965–70		5,12	−0,20	1,28	5,27	3,82
1970–75		4,26	0,11	1,64	4,13	2,56
1955–75		3,80	0,30	1,30	3,70	2,46

Quelle: Chapman, in: Kahan, Ruble, Industrial Labor, 168

wurde im wesentlichen in der zweiten Hälfte der fünfziger Jahre durchgesetzt, in einigen Bereichen aber auch erst 1964. Es stand im Zeichen der Entstalinisierung und vollzog die erste völlige Neugliederung des Arbeitsentgelts seit den dreißiger Jahren. Leitende Absicht war es dabei, die Vielfalt von Löhnen, Zulagen und Vergünstigungen zu verringern, um dem Grundsatz gleicher Entlohnung für gleiche Arbeit mehr Geltung zu verschaffen. Im Zuge der Umgestaltung wurde der Minimallohn zunächst auf 27–35 Rubel und 1959 auf 40 Rubel angehoben. Brežnev und Kosygin knüpften durch die erwähnte Wirtschaftsreform von 1965 an diese Initiative an. Allerdings wurde davon im Januar 1968 im wesentlichen nur eine als Abfederung gedachte weitere Erhöhung des Minimallohns auf 60 Rubel Wirklichkeit, der 1978 eine letzte auf 70 Rubel folgte. Die leistungsbezogene Prämierung aus neu zugelassenen betrieblichen Gewinnrücklagen, die zu größerer Differenzierung hätte führen müssen, setzte sich dagegen nicht durch. Auch eine bis 1970 geplante allgemeine Anhebung der Entgelte für die mittleren Lohn- und Gehaltsgruppen blieb, wohl aus Inflationsfurcht, ein toter Buchstabe. Zugleich hielt man an der seit Chruščev geübten Praxis fest, die oberen Gehälter ‹nachgerade einzufrieren›. Mithin verringerte sich der Abstand zwischen dem Handlanger (als Repräsentanten der untersten Lohnkategorie) und seinem Chef erheblich: Das unveränderte höchste Direktorengehalt in der Industrie von 450 Rubel monatlich entsprach 1960 dem 11-fachen des Mindestlohns, 1975 nur noch dem 6,5-fachen. Obwohl die Egalisierungspolitik zu dieser Zeit ihren Zenit schon überschritten hatte, fand eine Umkehr

3. Gesellschaft zwischen Aufstieg und Niedergang

nicht mehr statt. Die Spannweite industrieller Löhne und Gehälter blieb deutlich unter der Differenzierung amerikanischer (und anderer westlicher) vergleichbarer Einkommen.[13] Freilich darf daraus nicht vorschnell auf eine tatsächliche Gleichheit der Lebenslagen und -chancen geschlossen werden. Zum einen blieb das Gefälle zwischen den Branchen erheblich. Die höchsten Löhne und Gehälter wurden sowohl 1955 als auch zwanzig Jahre später im Bergbau, gefolgt von der Metallverarbeitung, gezahlt. Das Schlußlicht bildeten die Nahrungsmittel- und die Bekleidungsindustrie. Mitte der siebziger Jahre betrug der Abstand zwischen diesen Extremwerten immerhin 98 Prozentpunkte (Durchschnitt = 100). Die Angehörigen der unteren Lohngruppen der schlecht zahlenden Branchen befanden sich mithin schon im Normalfall, ohne Krankheit oder sonstige außergewöhnliche Belastungen, am Rande der Armut. Am offiziellen Kriterium eines monatlichen Pro-Kopf-Einkommens von 50 Rubel gemessen, überschritten 1967 37,7 % der Individuen und 32,5 % der Familien diese Grenze. Einfache Büroangestellte erhielten 45–60, Kassierer 50, Schuhmacher 46–55, Näherinnen 46–50, Wäscherinnen 46–55 und Ladenangestellte (Verkäufer) 55 Rubel im Monat. Es ist offensichtlich, daß viele dieser Tätigkeiten von Frauen ausgeübt wurden, die im Durchschnitt um ca. 40 % schlechter bezahlt wurden. Angesichts der überaus hohen weiblichen Erwerbsquote dürften diese Entgelte daher oft Zweitverdienste gewesen sein. Doch blieben genug Sowjetbürger außerhalb der Landwirtschaft übrig, die von einem solchen Lohn oder Gehalt allein leben mußten. Nimmt man die Gruppen ohne Arbeitseinkommen im engeren Sinne (vor allem Pensionäre und Studenten) hinzu, so verwundert die Feststellung nicht, daß selbst auf dem Höhepunkt der Nivellierungsmaßnahmen 1967/68 eine «erhebliche städtische Armut» erhalten blieb. Da der Sowjetstaat – nicht zuletzt infolge finanzieller Zwänge – die Hilfe für die Unterschichten mit Beginn der nächsten Dekade verringerte, nahm sowohl die materielle Bedürftigkeit als auch die Spanne zwischen den niedrigsten und den höchsten Einkommen wieder zu. Der ‹tendenzielle Fall der Profitrate›, der spätestens gegen Ende des zehnten Fünfjahresplans ironischerweise die Sowjetwirtschaft und nicht den Kapitalismus traf, tat ein übriges. So nahm zwar nicht die absolute Armut im Sinne der Entbehrung des Nötigsten zu, aber die Ungleichheit. Und der erste und größte sozialistische Staat der Welt entfernte sich immer weiter von einem seiner ideologischen Kernziele, der Harmonisierung der Gesellschaft als Antithese zur ‹kapitalistischen Klassenspaltung›.[14]

Angesichts ihrer Zählebigkeit spiegelten sich die Lohn- und Gehaltsunterschiede in vielen Aspekten der Lebensführung. Auch dazu hat die sowjetische Soziologie trotz ihrer späten Entwicklung Daten erhoben. Kaum überraschend zeigen sie bei den materiellen Grundlagen dieselbe Korrelation zwischen Einkommen und Alltagsumständen wie in den westlichen Gesellschaften. So ergaben Umfragen über das Konsumverhalten in Moskau, daß der Anteil der Ausgaben für Nahrungsmittel und Wohnung mit steigender Verfügungsmasse abnahm; zugleich wuchs der Anteil für Kleidung, Möbel und «andere Ausgaben» einschließlich der Ersparnisse. Andererseits war Wohnraum so knapp, daß auch Besserverdienende zu jenen 77,2 % aller in Moskau, Leningrad, Tbilisi und Pavlovo-Posad (einer Kleinstadt nahe Moskau) befragten Familien gehört haben müssen, die sich auf 7 m^2 pro Person bewegen mußten; je 11,4 % standen 7–9 bzw. mehr als 9 m^2 zur Verfügung. Arme Familien besaßen weniger Telephone, Bücher, Autos und Badezimmerutensilien als bessergestellte. Dabei entsprach die auffallende einkommensabhängige Staffelung im Vergleich etwa zu parallel erhobenen amerikanischen Daten dem Knappheitsgrad und hohen Preis der Güter. Erst der Massenkonsum löste diese Korrelation auf. Alle Erhebungen belegten im übrigen die Vermutung, daß der sowjetische Arbeiter auch nach zwanzig Jahren friedlicher Entfaltung des Sozialismus und einem – nach Maßstäben des Landes – beispiellosen materiellen Aufstieg noch «in fast jeder Hinsicht ... ein großes Stück» hinter seinem «amerikanischen Pendant» zurücklag. Weder die letzten Jahre der Brežnev-Ära noch die *perestrojka* änderten Wesentliches daran. Im Gegenteil, der fortschreitende wirtschaftliche Niedergang spricht eher für die Annahme, daß sich der Abstand noch vergrößerte.[15]

Tiefgreifende Neuerungen brachte die Chruščev-Ära auch am *Arbeitsplatz*. Allem voran mußte die von Stalin verfügte Militarisierung der Arbeit wieder zivilen Verfahrensweisen weichen. Wenn die Einsicht praktisch werden sollte, daß produktives Engagement nur durch Überzeugung zu begründen sei, mußte der äußere Druck in Gestalt der Kriminalisierung von Disziplinarvergehen und der Zwangsrekrutierung *(orgnabor)* weichen. Im April 1956 hob der Oberste Sowjet die drakonischen Strafbestimmungen vom Oktober 1940 (die aber schon zuvor nur noch in Ausnahmefällen angewandt worden waren) förmlich auf. Arbeiter konnten wieder kündigen und ihren Arbeitsplatz wechseln. Im Januar 1957 folgte eine allgemeine Neuregelung, die auch die gründliche Novellierung des Arbeitsstatuts vom Juli 1970 überdauerte. Verspätungen, unerlaubtes Fehlen, Trunkenheit und sonstige, verbreitete Formen der Arbeitsverweigerung wurden zwar weiterhin geahndet, bei illegalem Arbeitsplatzwechsel bis 1960 sogar durch den Verlust von Ansprüchen auf nichtmonetäre Vergünstigungen wie Betriebswohnungen, besonderen Zugang zu Nahrungsmitteln und anderem mehr. Aber sie galten nicht mehr als strafrechtliche Delikte, sondern als bloße disziplinarische Vergehen. Statt der berüchtigten Viertelstunde konnte ein Arbeiter nun einen ganzen Tag fehlen, ehe die Unternehmensleitung einschritt. Entlassungen waren nur in schweren Fällen bei systematischer Regelverletzung möglich. Auch eine Berufungsinstanz wurde in Gestalt von Schlichtungskommissionen (nach Art ähnlicher Einrichungen während der NĖP) wiederhergestellt.[16]

3. Gesellschaft zwischen Aufstieg und Niedergang

Hinzu kam ein neues Gewicht der *Gewerkschaften*. Schon seit Stalins Tod waren aus dem Munde der alten Funktionäre – namentlich von Švernik als Vorsitzendem des Zentralen Exekutivkomitees – lange Zeit verpönte Worte zu hören. Von ‹Lohnpolitik› war ebenso wieder die Rede wie von den ‹Interessen der Werktätigen› in einem anderen Sinne als obrigkeitlicher Verordnung. Eine förmliche Neuregelung aber konnte ebenfalls erst nach dem 20. Parteitag vorgenommen werden. Ende Dezember 1957 verabschiedete das ZK einen Grundsatzbeschluß, der den Gewerkschaften im wesentlichen wieder die vorstalinistischen Funktionen zuwies. In der bekannten Leninschen Formulierung sollten sie wieder zum ‹Transmissionsriemen› zwischen Partei bzw. Staat und Arbeiterschaft werden, sich als ‹Schule des Kommunismus› verstehen und ihre Klientel nicht zuletzt das richtige Arbeitsverhalten lehren. Eine solche Rolle war gewiß nicht als unabhängige Interessenvertretung der Werktätigen gedacht. Selbstverständlich ging Chruščev wie alle seine Vorgänger davon aus, daß die Arbeiter keine eigene Organisation bräuchten, weil sich der ‹proletarische Staat› aller Sorgen annahm. Dennoch setzte schon die neue Form der Mitwirkung ein Maß an Kompetenzen voraus, das in der stalinistischen Autokratie kaum denkbar war. In den Betrieben sollten Gewerkschaftsvertreter gemeinsam mit der Leitung an den «Ständigen Produktionsberatungen» (ab Juli 1958) teilnehmen; auf höchster Ebene wurden sie Partner des Staatskomitees für Arbeit und Löhne beim Ministerrat, das die einschlägigen Eckwerte zentral festlegte. Dem entsprachen konkrete, für jedermann fühlbare Veränderungen, die an die späten zwanziger Jahre erinnerten. Offiziellen Angaben zufolge sank die Arbeitszeit von durchschnittlich 7,96 Stunden an sechs Arbeitstagen in der Woche (die 40-Stunden Woche war von Stalin offiziell 1940 wieder eingeführt worden) im Jahre 1956 auf 6,93 Stunden 1962. Bei einem verkürzten Samstag addierten sie sich zu ca. 41 Wochenstunden.[17]

Dennoch blieb auch diese Reform unvollständig und zaghaft. Chruščev beseitigte zwar den äußeren Zwang, vermochte ihn aber nicht durch innere Anreize zu ersetzen. Die stützenden Aufgaben, die den Gewerkschaften im Übergang zum nachstalinistischen «entwickelten Sozialismus» zugeschrieben wurden, überwogen bei weitem. Neben der Partei und den Zwangsorganen (Armee, KGB) wuchsen sie zu einer tragenden Säule des Gesamtsystems heran. Dies wirkte sich schon mittelfristig zu Lasten der Arbeiterschaft aus. Die Arbeitszeitverkürzung erstreckte sich angesichts kurzer Urlaubszeiten nicht auf das ganze Jahr; das Lebensniveau stieg nur langsam, und die Arbeitsbedingungen (Sicherheit, Hygiene) verbesserten sich kaum. Dazu trug der Umstand maßgeblich bei, daß die zu Beginn der neuen Ära unternommenen Versuche, materielle Anreize in der überkommenen Planwirtschaft zu verankern, fehlschlugen. Der Teufelskreis von schlechter Bezahlung und schlechter Arbeit konnte nicht durchbrochen werden. Die dürftige Ausstattung der Werkbänke, mangelnder Schutz und veraltete

Technik hemmten die Produktivität und förderten die Fluktuation; diese und andere Faktoren drückten die Gewinne und verhinderten in Verbindung mit Funktionsmängeln des Gesamtsystems die Verbesserung der technisch-organisatorischen Voraussetzungen für effizientere Arbeit. Wo sich aber Anstrengung nicht lohnte, wurde sie gar nicht erst investiert, zumal der Alltag angesichts des allgegenwärtigen Mangels schwer war und ebenso viel Zeit wie Kraft kostete. Bemerkenswerte 73 % der Arbeiter(innen) von fast 800 Betrieben der Moskauer Region fanden laut einer Umfrage aus den letzten Jahren der Brežnev-Ära Zeit, ihren Arbeitsplatz vorübergehend zu verlassen, um private Besorgungen zu erledigen. Man braucht gar nicht die bekannt häufigen Ausfälle wegen übermäßigen Alkoholgenusses zu bemühen, um den ironischen Kommentar bestätigt zu finden: ‹Wir gaben vor zu arbeiten, und sie gaben vor, uns zu bezahlen›. Dabei trifft der Aphorismus auch darin ins Schwarze, daß er das Wissen um den gegenseitigen Betrug und seine Hinnahme voraussetzt. Die «Kultur des Hintergehens» pflegten beide Seiten, aber nicht nur zum Nachteil des Staates, wie gewollt oder stillschweigend hingenommen, sondern auch zum Nachteil der Arbeiter als Gesamtheit, was jeder einzelne von ihnen kaum sah.[18]

c. Bauern

Deutliche materielle Fortschritte hielt der nachstalinistische Sozialismus auch für die *Bauern* bereit. Zwar galt hier ebenfalls, daß das Ausgangsniveau nach einem Krieg der verbrannten Erde und einem Vierteljahrhundert gewaltsamer Ausbeutung zugunsten der Industrie äußerst niedrig war. Aber Verbesserungen ergaben sich dennoch nicht von selbst, erst recht nicht im bald spürbaren Ausmaß. Antrieb der neuen Sorge um die Bauern war zum einen (wie bei den Arbeitern) die Sympathie Chruščevs für die einfachen Leute, verbunden mit dem Versuch, die Masse für die sozialistische Sache zu gewinnen, zum anderen das chronische Defizit an Nahrungsmitteln. Es lag auf der Hand, daß man zur Hebung der landwirtschaftlichen Produktivität nicht nur Technik, Maschinen und eine effizientere Organisation benötigte, sondern zuallererst sorgfältigere Arbeit. Auch Brežnev trug dieser Einsicht Rechnung. Freilich stießen alle Reformversuche auf unüberwindliche Grenzen. Gerade in diesem Bereich verhinderte das stalinistische Erbe in Gestalt der kollektivierten Landwirtschaft und ihrer Dienstbarkeit gegenüber dem Staat jeden ernsthaften Fortschritt. Darunter hatten nicht zuletzt die Bauern zu leiden. Auch wenn es ihnen besser ging als je zuvor, blieb genug Ursache zur Klage. Weder erreichte die Landwirtschaft eine Ertragskraft, die ausgereicht hätte, um den Bedarf zu decken, noch führten die massiven Investitionen des Staates zum erklärten Ziel: das Leben auf dem Dorf attraktiv zu machen.

Mehrere Indikatoren bieten sich an, um das Ausmaß des Erfolges auf

3. Gesellschaft zwischen Aufstieg und Niedergang

diesem Wege zu bestimmen. Allesamt haben den Nachteil, recht grob und in ihrer Erhebungsweise kaum nachvollziehbar zu sein. Dennoch gilt auch hier, daß die Übereinstimmung von Tendenzen auf unterschiedlichen Prüffeldern ungefähre Gesamtaussagen hinreichend plausibel begründet. Der erste Blick galt und gilt üblicherweise den *Löhnen und sonstigen Einkommen*. Dabei ist vorab zu beachten, daß sich die Identität von Landbevölkerung und Bauern im Sinne beruflicher Haupttätigkeit immer weiter auflöste. Die Industrialisierung in ihrer primären Bedeutung als Verlagerung der wirtschaftlichen Produktion von Ackerbau und Viehzucht auf die gewerbliche Verarbeitung von Rohstoffen verbreitete sich auch auf den Dörfern. Vor allem in den sechziger Jahren schmolz das Übergewicht der *kolchozniki* (von 57,3 Mio. 1959 auf 43,6 Mio. 1970) so weit, daß sie nicht einmal mehr die größte Gruppe der nichtstädtischen Erwerbstätigen stellten. Mit 44,9 Mio. wurden sie von den «Arbeitern und Angestellten» bereits überflügelt. Allem Anschein nach dauerte dieser Vorgang an: Von 97,7 Mio. Dorfbewohnern, die 1981 gezählt wurden, waren nur 11,8 Mio. in der Landwirtschaft beschäftigt. Selbst wenn man Familienangehörige, Rentner und andere Nichtselbständige berücksichtigt, spricht alles dafür, daß die Ansässigkeit außerhalb der Städte immer weniger mit agrarischem Lebensunterhalt gleichzusetzen war. Auf einem anderen Blatt steht, ob sich deshalb auch die Denk- und Lebensweise änderte. Hier wird man Vorbehalte anmelden müssen, die sich statistisch kaum fassen lassen.[19]

Bei Schlußfolgerungen aus der Lohnentwicklung ist wie immer die Geldentwertung zu berücksichtigen. Die verfügbaren Angaben erlauben dies nicht immer. Dabei können sie für sich in Anspruch nehmen, daß die zentral festgesetzten und subventionierten sowjetischen Preise relativ stabil blieben. Dennoch sind inflationsbereinigte Daten vorzuziehen. Bei den *kolchozniki* ist außerdem die überaus schwierige Aufgabe zu lösen, naturale Zuwendungen in Geld umzurechnen und den Erlös aus dem Verkauf privater Produkte abzuschätzen. Mit allen daraus entstehenden Unwägbarkeiten weisen die Zahlen unter Einschluß der Neben- und Naturaleinkünfte und unter Berücksichtigung der Preisentwicklung für die zweieinhalb Jahrzehnte der Chruščev- und des größeren Teils der Brežnev-Ära einen Anstieg der landwirtschaftlichen Löhne von 100 1950 auf 329 1976 aus (vgl. Tab. 55). Im selben Zeitraum erhöhten sich die industriellen Löhne nur auf den Indexwert von 208. Zu ähnlichen Ergebnissen führen Aufstellungen, die den Kaufkraftverlust nicht explizit berücksichtigen oder sich darauf beschränken, jeweils für Stichjahre die Relationen zwischen den Löhnen der verschiedenen Gruppen unselbständig Beschäftigter zu errechnen. Auch sie zeigen (vgl. Tab. A–6 im Anhang), daß sich das Verhältnis zwischen Arbeiter- und Baueneinkommen vom Tiefstand im Jahre 1950 (100:25) in jedem Jahrzehnt verbesserte. Nachgerade ein Sprung war dabei in den sechziger Jahren zu beobachten (von 31 % des Industrielohns 1960 auf 57 % 1970).

Man darf darin vor allem ein Resultat der Einführung des Festlohns im Mai 1966 sehen. Auch diese Entwicklung belegt, daß Brežnev und Kosygin das Werk ihres Mentors, wenn auch mit anderen Mitteln, fortsetzten. Im Endergebnis, darin stimmen alle Studien überein, schrumpfte die Kluft zwischen agrarischen und industriellen Einkommen erheblich. Gegen Ende des «entwickelten Sozialismus» alter Prägung (1980) betrug er nur noch 35 Prozentpunkte, vielleicht sogar nur 13. Nach dieser Berechnung wäre schon 1977 der Abstand unterschritten worden, der dem vorletzten Bericht der statistischen Zentralverwaltung zufolge 1990 erreicht war (19 %). Manches deutet darauf hin, daß sich im Zuge dieser Entwicklung auch die Struktur der bäuerlichen Einkommen veränderte. Offenbar hatte die Abschaffung der Tagewerke eine Vergrößerung des Anteils aus öffentlicher Entlohnung zur Folge. Noch 1969 stammten nur 37,8 % der bäuerlichen Geldmittel aus der Kolchosarbeit, aber 34,3 % vom privaten Gartenland. Bis 1977 sanken letztere auf ca. 23 %, während die Tätigkeit auf den Kolchosfeldern nun 56 % einbrachte. Die Zuverlässigkeit der entsprechenden Angaben vorausgesetzt, hielt diese Tendenz bis zum Zerfall der Sowjetunion an; 1990 trug das Privatland nur noch ein Viertel zu den Gesamteinkünften der *kolchozniki* bei.[20]

Auch die Arbeitsbedingungen verbesserten sich erheblich. Gleich den industriell Beschäftigten bescherte der Aufstieg Chruščevs den Bauern das Ende strafrechtlicher Ahndung von Verstößen gegen obrigkeitliche Anordnungen. An ihre Stelle traten seit 1956 Sozialkontrolle und disziplinarische Maßnahmen. Aber die sonstige ‹zivile› Regularisierung der Arbeitsbeziehungen kam den *kolchozniki nicht* zugute. Offenbar fürchtete man negative Auswirkungen auf die Landwirtschaft. Das neue Kolchosstatut vom 20. März 1956 bestätigte daher den jeweiligen Leitungen die Befugnis, Arbeitszeit und freie Tage nach Maßgabe ihrer eigenen Präferenzen festzulegen. So groß waren die Bedenken gegen zentrale Vorgaben, daß man selbst dreizehn Jahre später, bei dessen letzter Novellierung vom 28. November 1969, vor einem solchen Schritt zurückschreckte. Trotz der Einführung des Festlohns drei Jahre zuvor wagte es die Regierung nicht, auch die übrigen Privilegien der Sowchosen auf die Kolchosen zu übertragen. Nach wie vor kamen die meisten Bauern ebensowenig in den Genuß einer 41-Stundenwoche mit einem Ruhetag (wobei die Arbeitszeit während der Hochsaison auf 10 Stunden erhöht und in Ruhezeiten auf 5 Stunden gesenkt werden konnte) wie der Garantie eines 15-tägigen Mindestjahresurlaubs. Ausnahmen galten lediglich für Frauen anderthalb Monate vor und nach einer Geburt sowie für Jugendliche, die allgemeine Schutzbestimmungen in Anspruch nehmen konnten.[21]

Deutlich gestärkt wurde schließlich auch die Absicherung der Kolchosmitglieder im Alter und gegen vorzeitige Arbeitsunfähigkeit. Allerdings mußten sie auch darauf einige Jahre länger warten als Arbeiter und Angestellte außerhalb der Landwirtschaft. Während für letztere schon im Oktober 1956 ein grundlegendes, im Kern bis zum Untergang der Sowjetunion

3. Gesellschaft zwischen Aufstieg und Niedergang

Tabelle 55: *Einkommen landwirtschaftlicher und nichtlandwirtschaftlicher Arbeiter (ausgewählte Jahre 1950–1976)*

	Jahresdurchschnitt Landwirtschaftliche Einkommen (Rubel)	Jahresdurchschnitt Nichtlandwirtschaftliche Einkommen (Rubel)	Realeinkommen, Index (1950 = 100)	
			Landwirtschaftliche Arbeiter	Nichtlandwirtschaftliche Arbeiter
1950	441	794	100	100
1960	651	1002	167	143
1970	1234	1505	280	190
1976	1616	1838	329	208

Quelle: Schroeder, Rural Living Standards, in: Stuart, 243

unverändertes Rentengesetz in Kraft trat, galt für die *kolchozniki* weiterhin die überkommene, schon im ersten Statut von 1930 niedergelegte Regelung, daß die Kolchosen selbst im Alters- und Notfall für ihre Mitglieder sorgen und dafür eine Rücklage bilden sollten. Allerdings waren die Leistungen, wenn denn überhaupt derartige Fonds angelegt wurden, noch kläglicher als die Entlohnung nach Tagewerken, so daß alte und arbeitsunfähige Bauern wie in traditionalen Gesellschaften so gut wie ausschließlich auf die Hilfe ihrer Familien angewiesen waren. Es bedurfte erst einer Großtat Chruščevs, um dies wenige Monate vor seinem Sturz Mitte Juli 1964 zu ändern. Fortan galt eine Regelung, die vor allem bei den einfachen *kolchozniki* im Unterschied zu den besser versorgten qualifizierten Mitgliedern (Verwaltungspersonal und «Mechanisatoren») durchaus noch manche Lücken aufwies und wichtige Aufgaben weiterhin den Kolchosen überließ, dennoch aber große Fortschritte brachte: Erstmals übernahm der Staat die Zuständigkeit für die Sozialversicherung der *kolchozniki* und näherte sie auch in dieser Hinsicht an die nichtlandwirtschaftlich Beschäftigten und die Arbeiter und Angestellten der Sowchosen an.[22]

Einkommen setzt sich in aller Regel, weil dies sein Zweck ist, in materielle und materiell (mit)bestimmte *Lebensbedingungen* um. In Anlehnung an die empirische Sozialforschung bieten sich verschiedene Indikatoren an, um sie zu kennzeichnen und synchron wie diachron vergleichbar zu machen. Angaben über die Ernährung sind spärlich und wenig aktuell. Bis in die späten sechziger Jahre lassen sie deutliche Tendenzen zur Angleichung erkennen. In Kalorien gemessen, scheinen Stadt und Land einander recht nahe gekommen zu sein. Allerdings spricht auch manches dafür, daß Bauern nach wie vor weniger Eiweiß in Gestalt von Fleisch und Fisch, dafür deutlich mehr Brot, Gemüse und andere stärkehaltige Lebensmittel zu sich nahmen. Ernährungsphysiologisch gesehen, konsumierten sie im Durchschnitt mehr minderwertige Lebensmittel als städtische Arbeiter und Angestellte. Das schloß nicht aus, daß sich der Verbrauch über die Jahre beständig und deutlich erhöhte. Beiden Gruppen ging es in dieser Hinsicht gegen Ende der Brežnev-Ära deutlich besser als in den fünfziger Jahren.[23]

Da die Ernährungsgewohnheiten unabhängig vom Angebot gerade auf dem Dorf in hohem Maße von Traditionen bestimmt werden, können Angaben über die Verbreitung sog. langlebiger Konsumgüter und Dienstleistungen aller Art größere Aussagekraft beanspruchen. Sie zeigen in starker Vereinfachung etwa folgendes Bild. Der Einzelhandelsumsatz pro Kopf der Bevölkerung nahm auf dem Lande zwar rasant zu (von 80 Rubel 1950 auf 568 Rubel 1980), reichte aber bis zuletzt bei weitem nicht an den städtischen heran (1283 Rubel 1980). Desgleichen blieb die Versorgung der Dörfer mit Restaurants und persönlichen Dienstleistungen hinter der städtischen zurück. Allerdings wird man darin nicht unbedingt einen Mangel, sondern in ähnlicher Weise eine Folge geringeren Bedarfs sehen müssen wie bei der durchschnittlichen Verkaufsfläche von Einzelhandelsgeschäften, die geringer war als in den Städten, während die absolute Anzahl der Läden über der städtischen lag. Gleiche Nachfrage wird man dagegen bei höherwertigen Gebrauchsgegenständen unterstellen dürfen. Davon gab es, soweit man sie als Luxus im Sinne des nicht Lebensnotwendigen bezeichnen kann, z. B. an Fernseh- und Radiogeräten, Uhren, Fotoapparaten, Waschmaschinen und Staubsaugern, auch 1980 in ländlichen Familien noch deutlich weniger. Beachtung verdient aber auch, daß die Anzahl von Fahr- und Motorrädern sowie von Nähmaschinen, unentbehrlicher Gebrauchsgegenstände, in den Städten relativ geringer war. Was beide wiederum vereinte, verdeutlichen die Angaben über eines der Fundamente der materiellen Lebensbedingungen: das Wohnen. Auch wenn bloße Quadratmeterzahlen wenig besagen, weil qualitative Aspekte ausgeklammert bleiben, belegen sie das bekannte Faktum außerordentlicher Beengtheit. Wenn Dorfbewohner dabei leicht im Vorteil zu sein schienen, weil ihnen seit 1960 mit 6,3 m^2 pro Kopf gegenüber 5,8 m^2 der Städter etwas mehr Wohnraum zur Verfügung stand, besagte dieser auch 1980 noch vorhandene Unterschied (8,9 m^2 im Vergleich zu 8,6 m^2) wenig. Die Qualität der Wohnungen dürfte hinsichtlich der Versorgung mit Wasser und Energie sowie der Entsorgung, von der baulichen Substanz nicht zu reden, trotz aller Mängel höher gewesen sein als auf dem Lande. Andererseits befanden sich die kleinen, einzeln stehenden dörflichen Holzhäuser alter Art *(izba)* überwiegend in Privatbesitz. Vor- und Nachteile mögen sich, so gesehen, die Waage gehalten haben. Ärmlich und klein aber waren die Behausungen (zumal im internationalen Vergleich) in jedem Falle. Kaum Unterschiede wies auch die Ausgabenstruktur der bäuerlichen und städtischen Haushalte auf. Die prägende, langfristige Veränderung galt für beide: die deutliche Abnahme des Anteils von Nahrungsmitteln zugunsten vor allem der Industriewaren. Allerdings kauften die Bauern mehr Baumaterialien, Brennstoffe und Kraftfahrzeuge als die Stadtbewohner, die ihrer-

3. Gesellschaft zwischen Aufstieg und Niedergang

Tabelle 56: *Indikatoren für Konsum und Dienstleistungen in Stadt und Land (1950–1980)*

	Land				Stadt			
	1950	1960	1970	1980	1950	1960	1970	1980
Einzelhandelsumsatz (Rubel pro Kopf)	80	174	334	568	383	564	874	1283
Nahrungsmittel	40	86	185	295	234	316	485	647
anderes	40	88	149	273	149	248	389	636
Dienstleistungen (Rubel pro Kopf)			7	21			24	34
Anzahl der Ladengeschäfte (Tsd.)	190	242	279	283	109	171	221	249
Durchschnittsgröße der Geschäfte (m^2)	36	49	69	54	83	110		
Anzahl der öffentlichen Verpflegungseinrichtungen (Tsd.)	26	38	71	95	70	109	166	208
Sitze pro Restaurant		23	28	41		40	57	72
Anzahl der Dienstleistungseinrichtungen (Tsd.)			103	113			136	158
Wohnraum (m^2 pro Kopf)	4,7	6,3	7,8	8,9	4,7	5,8	7,2	8,6
Kinobesuche pro Kopf	11	12	16	16	13	21	21	16
Anzahl der «Klubs» (Tsd.)	116	114	116	119	9	14	18	19
Besitz von langlebigen Konsumgütern (pro 100 Familien)		a)				a)		
Uhren		245	309	418		375	480	570
Radios		49	55	75		67	78	90
Fernsehgeräte		15	32	71		32	61	91
Fotoapparate		8	12	16		36	36	39
Kühlschränke		3	15	61		17	43	99
Waschmaschinen		12	26	58		29	64	78
Staubsauger		1	3	13		11	16	37
Nähmaschinen		50	54	69		54	57	63
Fahrräder und Motorräder		57	71	83		49	49	46

a) Daten für 1965

Quelle: Stuart (Hg.), Soviet Rural Economy, S. 248f.

seits ebenso mehr in Möbel investierten als in kulturelle Veranstaltungen und persönliche Dienstleistungen. Wenig fanden beide vor.[24]

Besondere Bedeutung kommt mit Blick auf die soziale und regionale Mobilität der Versorgung von Stadt und Land mit staatlich-kommunalen Einrichtungen und Dienstleistungen zu. Zweifellos tat sich in dieser Hinsicht eine besonders tiefe Kluft auf. Dies galt zum einen für Schulen und Bildungschancen. Zwar erhöhte sich das durchschnittliche Qualifikationsniveau auch der Dorfbewohner im Laufe von zwei Jahrzehnten (1959–79) so erheblich, daß zuletzt fast jeder zweite eine «Mittelschule» (im sowjetischen Sinn) und immerhin 25 von 1000 eine Universität oder höhere Fachschule absolviert hatten. Dennoch blieb der Abstand zur Stadt erheblich: Die Zahl der Inhaber von Universitäts- und gleichwertigen Diplomen lag hier viermal höher, während sich der Anteil der Absolventen «mittlerer» Bildungseinrichtungen auf fast zwei Drittel belief. Noch größere Unterschiede gab es in der medizinischen Versorgung. Anfang der siebziger Jahre waren nur 11 % aller Ärzte und ca. 20 % des mittleren medizinischen Personals auf dem Lande tätig. Wenig später entfielen nur 15 % aller Ausgaben für Krankenhäuser und Hospitäler auf ländliche Regionen. Wenn man das weitgehende, von den sog. Klubs nicht wirklich kompensierte Defizit an kulturellen Angeboten, vom Kino über Konzerte bis zum Theater, hinzunimmt, vermag die gängige Meinung zu überzeugen, daß die Lebensqualität auf dem Dorf deutlich niedriger war als in den Städten.[25]

Bei alledem versteht es sich von selbst, daß nicht nur die dörfliche, sondern auch die bäuerliche Gesellschaft (im beruflichen Sinne) in sich nicht homogen war. Unter den ‹Achsen› der Binnendifferenzierung treten (in sozialgeschichtlicher Betrachtung) vor allem zwei hervor: die natürliche nach Geschlecht, Alter und Familienzugehörigkeit sowie die tätigkeitsbezogene, an Qualifikation und Funktion orientierte. Daß die Familie auch und gerade im verstaatlichten Dorf die soziale Kerneinheit blieb, ergibt sich schon aus dem Umstand, daß sie innerhalb des Kolchos weiterhin Maßstab der Zumessung von Haus, Hof und Land sowie in Gestalt der privaten Nebenerwerbswirtschaft auch eine Betriebseinheit war. So tief die Zwangskollektivierung das überkommene soziale, wirtschaftliche und politische Gefüge auch umgewälzt hatte, mußte sie ihm doch in der Beibehaltung der Höfe und des Privatlandes Konzessionen machen. Beide wurden durch die Familie zusammengehalten, die neben ihrer Funktion als soziale Keimzelle weiterhin auch als elementare Besteuerungseinheit diente. Erst die Aufhebung der Abgabepflicht und die Ersetzung der Tagewerke durch einen Festlohn änderten dies. Vermutlich näherte sich die dörfliche Familie durch diese Entwicklung und den parallelen Rückgang der Bedeutung der Nebenerwerbswirtschaft der städtischen an. Die Besonderheit aber dauerte an, daß sie in viel stärkerem Maße Wirtschaftseinheit und unentbehrliche Sicherung für Krankheit und Alter war.[26]

3. Gesellschaft zwischen Aufstieg und Niedergang

Die geschlechtliche Differenzierung fiel in vieler Hinsicht mit der beruflich-qualifikatorischen zusammen. Dabei lassen sich vor allem vier Funktionsgruppen der mit Landwirtschaft befaßten Bevölkerung unterscheiden. An der Spitze der Hierarchie standen (1) das administrative Personal und die agrarischen, technischen und ökonomischen Spezialisten, angeführt von den Kolchosvorsitzenden; statistische Angaben aus den letzten Jahren der Brežnev-Ära weisen aus, daß diese ‹Kader› in aller Regel über eine abgeschlossene Hochschulausbildung verfügten. Es folgten (2) die sogenannten «Mechanisatoren», zu denen im Kern alle Fachkräfte gehörten, die landwirtschaftliche Maschinen, vom Traktor bis zum Mähdrescher, bedienen und reparieren konnten. Eine dritte Gruppe (3) bildeten die mit der (nichtprivaten) Viehzucht und -pflege betrauten Kolchosmitglieder. Als vierte (4) schließlich konnte der große Rest der einfachen Feldarbeiter gelten, in deren Händen die Kärrnerarbeit der Ackerpflege, Aussaatvorbereitungen, Ernteeinbringungen und anderes mehr lag; hier fand sich auch die Masse der außerhalb der eigenen Wirtschaft tätigen Frauen. Einer Erhebung aus der ‹mittleren› Chruščev-Zeit zufolge waren 2,1 % aller einschlägig Beschäftigten zur ersten, 5,5 % zur zweiten, 15,2 % zur dritten und 76,6 % zur letzten Gruppe zu rechnen. Die Prozentsätze würden sich bei Berücksichtigung der Rentner und mancher, aus verschiedenen Gründen (Ausbildung, Armee, saisonale Arbeit) Abwesenden verändern, die Proportionen der tatsächlich in der Landwirtschaft Tätigen aber nicht. Man darf davon ausgehen, daß sich vor allem die Zahl des Verwaltungspersonals in den folgenden Jahrzehnten vermehrt hat. Dies entsprach einer ausgeprägten Tendenz, der ‹Schmutzarbeit› zu entfliehen und leichtere, dabei höher bewertete, teilweise auch mit Einfluß verbundene Bürotätigkeiten zu übernehmen. Desgleichen brachte die Zunahme der Mechanisierung zumindest eine Erhöhung der generellen Qualifikation, eventuell auch des Anteils der entsprechenden Fachkräfte mit sich. Auch dieser Entwicklung einschließlich ihrer Folge andauernder Abwanderung in die Stadt versuchten die zentralen Lenkungsbehörden durch Veränderungen der Lohnstruktur entgegenzuwirken. Der langfristige Trend zwischen 1950 und 1980 zeigt eine deutliche Anhebung der Bezahlung der Arbeiter zu Lasten sowohl der Agronomen, Veterinäre, Ingenieure und Techniker als auch der «Angestellten». Zugleich bewahrten die Spezialisten ihre Vorrangstellung in der Einkommensskala, so daß sie 1980 als einzige der drei Gruppen etwa gleich viel erhielten wie Industriearbeiter (vgl. Tabelle A-6). Außer- und oberhalb standen die Kolchosvorsitzenden, deren Gehälter von den örtlichen Sowjets bestimmt wurden. Je nach Größe und Bedeutung des Kolchos konnten diese Bezüge auch die Spezialistengehälter erheblich überschreiten. So wie Kolchosvorsitzende zur lokalen *nomenklatura* zählten (und vom zuständigen Sowjet ernannt wurden), so reichte auch ihre, mit nichtmonetären Privilegien verbundene Bezahlung an die Einkommen der lokal-regionalen Funktionselite heran.[27]

Nicht zuletzt dieser Umstand verdeutlicht den Gesamtbefund: daß die ‹bäuerliche Gesellschaft› nicht minder differenziert war als die städtische. Da den Einkommensgruppen auch auf dem Dorfe ungefähre Lebensstile entsprachen, tat sich zwischen der Elite aus Administratoren und Spezialisten und den ‹handarbeitenden› Bauern im eigentlichen Wortsinn, darunter unverhältnismäßig vielen Frauen, gleichfalls eine erhebliche Kluft auf. Dies vertrug sich durchaus mit der parallelen Beobachtung eines andauernden Gefälles zwischen Stadt und Land. Dabei mag offenbleiben, ob beide einander überlappten oder ergänzten. Für letzteres spricht der Befund, daß sich negative Wertungen nicht nur auf den Inhalt agrarischer Tätigkeit, sondern auch auf die ländlichen Lebensbedingungen allgemein bezogen. Dem «Arbeiter- und Bauernstaat» gelang es somit über die anhaltende Recht- und Einflußlosigkeit der Arbeiterschaft hinaus bis zu seinem Ende auch nicht, die soziale Position seiner zweiten primären Klientel zu verbessern. Die Masse der Bauern verharrte am alleruntersten Ende der Prestige- und Einkommenspyramide. Mehr noch, ihr war es untersagt, diesen Zustand etwa durch Abwanderung zu ändern. Gleich schwer wie die materielle Diskriminierung wog die zivilrechtliche: Der 1933 eingeführte Paßzwang zur Eindämmung der Freizügigkeit wurde erst 1980 aufgehoben. Da aus diesen und anderen Gründen selbst die dörfliche Elite nicht eben beneidet wurde, liegt der pointierende Rückgriff auf eine bekannte Formulierung von Marx nahe: daß die «Idiotie des Landlebens» im reifen Sozialismus merklich länger Bestand hatte als im Kapitalismus.[28]

d. Die technisch-wissenschaftliche und administrative Elite

Es gehörte zum ehernen Bestand der selbstzugeschriebenen Errungenschaften, daß der Sozialismus die stete Steigerung der ökonomischen Leistungsfähigkeit und der Qualifikation der Produzenten mit sich brachte. Keine einschlägige Darstellung vergaß, die neue Schicht zu erwähnen, die aus diesem Prozeß hervorging: die «Ingenieure und technischen Arbeitskräfte» (ITR) mit fließenden Übergängen zu den «wissenschaftlich-technischen Arbeitskräften» (NTR) in den neuen, personalintensiven Bereichen der Wissenschaft, der medizinischen Versorgung und der Kultur. In der Tat folgten die Sowjetwirtschaft und -gesellschaft auch in dieser Hinsicht dem kapitalistisch-marktwirtschaftlichen Vorbild. Obwohl der Rückstand erheblich blieb, nahm ein soziales Phänomen immer deutlicher Konturen an, ohne das keine Gesellschaft funktionieren kann, das aber im Sozialismus eigentlich verpönt war: eine *Elite*. Aufgrund der Verstaatlichung der Wirtschaft und der faktischen parteilich-staatlichen Kontrolle über das kulturelle und soziale Leben lassen sich keine scharfen Trennlinien zwischen den Tätigkeitsfeldern oder den erlernten Fähigkeiten der sie bildenden Gruppen ziehen. Gerade die Verbindung zwischen Wirtschaft und Administration bzw. Po-

3. Gesellschaft zwischen Aufstieg und Niedergang

litik war eng. Manager wechselten häufiger in hohe Staats- und Parteiämter, auch wenn die höchsten Amtsinhaber vorrangig aus der KPdSU selbst kamen, als in westlichen Gesellschaften. Dies schloß eine vielfältige Differenzierung innerhalb der Elite nicht aus. ‹Horizontal› verlief sie zwischen den jeweiligen fachlichen Zuständigkeiten und Berufen, ‹vertikal› bietet sich die Teilhabe an politischer, im Sinne des Systems regulärer Macht als Kriterium an. Auch hier waren sektorale Herrschaftsfunktionen von übergreifenden kaum zu trennen. Ihre analytisch-heuristische Unterscheidung erscheint dennoch sinnvoll.

Leider bleiben die statistischen Daten grob. Die offiziellen Übersichten enthalten nur summarische Angaben über «Spezialisten» mit mittlerer Fach- und Hochschulausbildung. Da die Sowjetordnung seit Stalins ‹Revolution von oben› keine Selbständigen mehr kannte, dürfte diese Rubrik aber so gut wie alle einschlägig qualifizierten Beschäftigten der Industrie und Landwirtschaft umfassen. Damit kennzeichnet sie die Funktionselite in einem sehr breiten Sinne, aber wohl ausschließlich des Herrschaftsapparates und der sozial-kulturellen Organisationen.

Selbst wenn man eine Tendenz zur Bekräftigung sozialistischer Fortschrittlichkeit unterstellt, bleibt die Dynamik des Wandels eindrucksvoll. Seit 1928, dem Beginn der Industrialisierung, wuchs die Zahl der Spezialisten in einem Tempo, das im ersten Jahrzehnt gut 300 % betrug, vom Krieg nicht entscheidend verlangsamt wurde, in den fünfziger Jahren ebenfalls fast eine Verdreifachung, in den sechziger und siebziger Jahren immer noch eine knappe Verdopplung brachte und erst in den achtziger Jahren deutlich nachließ. Im Gesamtergebnis erzeugte die fortschreitende Industrialisierung und Modernisierung der Nachkriegsjahrzehnte eine Schicht von Fachleuten, die 1980 schon ein Viertel aller Angestellten und Arbeiter des produzierenden Sektors umfaßte. Neben der Urbanisierung und der deutlichen Abnahme nichtagrarisch Beschäftigter gehört diese Entwicklung zu den fundamentalen langfristigen sozialen Transformationsprozessen des ‹friedlichen› Sozialismus. Dabei sollte man vielleicht schärfer als bisher auch ihre politischen Begleiterscheinungen ins Auge fassen: Sie bezeugt die Entstehung einer relativ breiten Schicht, die mit ihrer ökonomisch-fachlichen Qualifikation zugleich das Rüstzeug für ein höheres Maß an Urteilsfähigkeit erwarb. Vor dem Hintergrund eines parallelen Generationswechsels und zunehmender Verflechtung mit der westlichen Welt drängt sich der Gedanke auf, daß auch dieser Wandel eine – im Systemsinn – ‹tragische› Ambivalenz enthielt: So notwendig er gesamtwirtschaftlich und -gesellschaftlich war, als so riskant erwies er sich politisch. In Verbindung mit den anderen genannten Vorgängen erhöhte er nicht nur die Maßstäbe für ‹Lebensqualität›, sondern vergrößerte auch die Zahl derer, die den wachsenden Abstand zwischen Versprechen und Realität, zwischen Möglichem und Tatsächlichem zu erkennen vermochten.

Tabelle 57: *Spezialisten mit Hochschul- und «mittlerer» Fachausbildung in der sowjetischen Arbeiter- und Angestelltenschaft 1922–1990*

Jahr	Arbeiter und Angestellte gesamt (Mio.)	mit Hochschulbildung (Mio.)	%	mit «mittlerer» Fachbildung (Mio.)	%
1922	6,2				
1928		0,23		0,28	
1940	33,9				
1941		0,91	2,7*	1,49	4,4*
1950	40,4	1,44	3,6	1,81	4,9
1960	62,0	3,54	5,7	5,24	8,4
1970	90,2	6,85	7,6	9,99	11,1
1980	112,5	12,07	10,7	16,54	14,7
1990	112,9	16,00	14,2	21,00	18,6

* bezogen auf 1940
Quellen: Narodnoe chozjajstvo 1922–1972, 346, 353; Narodnoe chozjajstvo 1922–1982, 399, 407; Narodnoe chozjajstvo 1990, 100, 104

Hinzu kam eine gleichfalls kräftige Zunahme der *wissenschaftlich-medizinisch-kulturellen Elite.* Aus Tabelle A–6 geht hervor, daß die frühe Sowjetunion auch in dieser Hinsicht viel aufzuholen und fast bei Null anzufangen hatte. In der «Volksbildung» und «Kultur» stieg die Zahl der Angestellten, größtenteils sicher Lehrer, bis 1940 auf das Fünffache, in der «Kunst» auf beinahe das Sechsfache und an den wissenschaftlichen Einrichtungen, vor allem den Akademien und Universitäten, sogar auf das Zehnfache. In den Nachkriegsjahrzehnten verlief die Entwicklung weniger stürmisch, blieb aber entsprechend dem Bedarf durchaus dynamisch. Im Bildungswesen außerhalb der Hochschulen (Bibliotheken, Museen) arbeiteten 1980 immerhin 10,4 Mio. und 1990 12,8 Mio. Menschen anstelle von ca. 3,3 Mio. 1950 und 4,8 Mio. 1960. Auch die Wissenschaft erlebte mit einer Erhöhung der Beschäftigtenzahl von 0,7 Mio. 1950 auf 4,4 Mio. 1980 eine bemerkenswerte Expansion. Ähnliches galt für den großen Sektor der medizinischen Für- und Vorsorge. Nach einer Versechsfachung der einschlägig Beschäftigten in den beiden Vorkriegsjahrzehnten vermehrte sich ihre Zahl von ca. 2 Mio. 1950 auf 6,2 Mio. 1980; anders als in der Wissenschaft, die mit der Gesamtwirtschaft schrumpfte (auf 4 Mio. 1990), hielt diese Entwicklung auch danach an (1990 7,6 Mio.). Prozentual konnte schließlich auch der Kunstbetrieb Anschluß halten. Allerdings blieb er quantitativ mit knapp 0,18 Mio. Beschäftigten 1950 und 0,46 Mio. 1980 als Berufsfeld unbedeutend. Auch hier fällt auf, daß sein Personal in den achtziger Jahren nicht mehr wuchs.

Unter dem Aspekt der sozialen Lage der ‹Eliten› verdient das Einkommen

3. Gesellschaft zwischen Aufstieg und Niedergang

besondere Beachtung. Auch in dieser Hinsicht gewährt eine langfristige und vergleichende Aufstellung wichtige Erkenntnisse. So zeigt Tabelle A–6, daß die Gehälter in allen drei Tätigkeitsbereichen, die eine besondere Fach- bzw. Hochschulausbildung voraussetzten, im Verhältnis zum Lohn der Industriearbeiter (= 100) in den Nachkriegsjahrzehnten deutlich schrumpften. Vergleichsweise glimpflich kam dabei noch die Wissenschaft davon; der Index der Verdienste ihrer Beschäftigten sank nur von 145 1940 auf 97 1980 und stieg unter Brežnevs Nachfolgern sogar noch einmal auf 114 an. Ärzte, Sanitäter, Krankenhauspersonal und andere Berufsgruppen der medizinischen Betreuung der Bevölkerung verdienten von Anfang an schlecht; dennoch mußten sie weitere relative Einbußen von 79 1940 auf 68 1980 und 63 1990 hinnehmen. Den steilsten Abstieg aber erlebten die Lehrer und sonstigen «Kultur»-Angestellten. Zollte ihnen Stalin auch materiell Anerkennung als einer unentbehrlichen Funktionsgruppe für die Vermittlung grundlegender Qualifikationen, so verloren ihre Fähigkeiten in der Nachkriegszeit, als die Elementarbildung zum Gemeingut wurde, an Besonderheit. Spezialkenntnisse von der Art, wie man sie nunmehr brauchte, vermittelten wissenschaftliche Institute und Universitäten, nicht mehr allgemeine Schulen. Demgemäß sank die Entlohnung im Bildungssektor von 102 1940 auf 73 1980 und 64 1990. Sicher wird man einen Zusammenhang zwischen diesem relativen Einkommensverlust und einer weiteren Zunahme des von Anfang an hohen Anteils von – deutlich schlechter bezahlten – Frauen unterstellen dürfen. In der «Volksbildung» und «Kultur» erhöhte sich die Frauenquote von 59% 1940 auf 73% 1971, im Medizinalwesen im gleichen Zeitraum von 76% auf 85% und in der Wissenschaft von 42% auf 48%. Im übrigen erlebten auch die Ingenieure und Techniker, die vom institutionellen Niveau her eine gleichartige Ausbildung mitbrachten wie Lehrer, einen Sturz aus den obersten Rängen der vielfach gestuften Lohnskala. Zugleich bleibt der Tatbestand bezeichnend, daß sie eine mittlere Position oberhalb der Industriearbeiter behaupteten (215 1940, 115 1980, 116 1990). Dies bestätigt einmal mehr die Beobachtung, daß technische Qualifikation in Verbindung mit administrativem Geschick im Sowjetsystem die Funktion einer vielfältig verwendbaren Grundkompetenz übernahm, die in den meisten demokratisch-marktwirtschaftlichen Ordnungen der juristischen zukommt. Die Erklärung dafür liegt auf der Hand: Wo der Rechtsstaat fehlte und die wirtschaftliche Bilanz zum entscheidenden (wenn auch nicht einzigen) Maßstab für den politischen Erfolg wurde, bestand wenig Nachfrage nach Rechtsexperten, aber großer Bedarf an Ingenieuren.[29]

Ob das *Verwaltungspersonal* in den verschiedenen staatlichen, wirtschaftlichen, gesellschaftlichen und kulturellen Organisationen klar von den genannten Gruppen zu unterscheiden war, darf bezweifelt werden. Vor allem die Berührungspunkte zwischen technischer Intelligenz und Wirtschaftsmanagement waren zahlreich. Allerdings galt dies nur für die oberen Positionen. Die einfachen ‹Verwalter› blieben auf ihre Tätigkeit beschränkt. Sie rechtfertigen somit das statistische Verfahren, diese Gruppe separat aufzuführen. Die Angaben in den Tabellen 58 und A–6 lassen mehrere charakteristische Entwicklungen erkennen. Zum einen zeigen sie im Vergleich zwischen dem letzten Vorkriegsstand und dem Ende der Brežnev-Ära keine aufsteigende Kurve, sondern eine Wellenbewegung. Die Zahl der einschlägig Tätigen war 1940 mit 1,8 Mio. und einem Anteil an der Gesamtbevölkerung (soweit diese annähernd korrekt ermittelt wurde) von 0,95 % recht hoch. Obwohl die Parteimitgliedschaft nachweislich wuchs und eine absolute Beschneidung des Staatsapparates nicht zu erkennen ist, gelang es Chruščev im Zuge seiner ‹antibürokratischen› Politik, die hauptamtlichen Kader zu verringern. Um die Mitte seiner Regentschaft (1960) waren nur noch 1,2 Mio., entsprechend 0,58 % der Bevölkerung und einem Index von 68 (1940 = 100) geblieben. Zum hauptsächlichen Umsturzmotiv und Signum der neuen Politik paßte es, daß die Apparate danach auch numerisch wieder an Stärke gewannen. Mit 1,8 Mio. war 1970 der Bestand von 1940 – allerdings bei einem geringeren Anteil an der größeren Gesamtbevölkerung – wieder erreicht; 1980 wies der Index mindestens 122 (2,2 Mio.) aus. Anders als die anderen Schlüsselgruppen der entstehenden ‹sozialistischen Dienstleistungsgesellschaft› schrumpfte das Verwaltungspersonal danach wieder. Da sich dieser Vorgang vor allem nach 1986 vollzog, liegt eine Verbindung mit der Politik Gorbačevs nahe. Die *perestrojka* brauchte keine administrative Routine, sondern Kreativität. Beinahe antizyklisch bewegte sich die Entlohnung der Administratoren. Von einem Höchststand von 120 im Jahre 1940 (Industriearbeiter abermals = 100) fiel sie auch unter Brežnev kontinuierlich auf 84 1980, um bis 1990 wieder auf 114 zu steigen.

Freilich darf man die genannten Funktionskategorien nicht mit *der* Elite im engeren Sinne verwechseln. Letztere bestand jeweils nur aus den höchsten Repräsentanten mit einem deutlichen Übergewicht von Partei und Staat. Den sozialen Kriterien müssen politisch-administrative hinzugefügt werden. Dabei zeigt sich, daß die monetäre Prämierung eng mit der Teilhabe an Macht im weiteren Sinne der Verfügung über bedeutsame Ressourcen verbunden war. Insofern kommen die beiden wichtigsten Bestimmungsmerkmale in der materiellen Entlohnung, die allerdings nicht nur als geldliche verstanden werden darf, nahe zusammen.

Nach Maßgabe solcher Überlegungen führt die solideste Untersuchung zu einer Gesamtzahl von ca. 227 000 Funktionsinhabern, die in den siebziger Jahren ein Einkommen von mehr als 400 Rubel pro Monat bezogen und als Oberschicht gelten konnten. Ein gutes Drittel davon (36 %) bekleidete hohe Parteiämter, ein Viertel (26 %) analoge Positionen in Regierung und Staatsverwaltung, je 18 % hatte leitende Ämter in der Wirtschaft sowie in Wissenschaft und Kultur inne, 13 % gehörten zu den Spitzen der Armee, Polizei und der diplomatischen Vertretungen. Zu einem erheblichen Teil war diese

Tabelle 58: Beschäftigte in den Apparaten der Staatsorgane, Wirtschaftsleitungen sowie der Führungsgremien der Kooperativ- und Gesellschaftsorganisationen 1922–1990

Jahr	N (in Tsd.)	Index	in % zur Gesamtbevölkerung
1922	700		
1940	1837	100	0,95
1950	1831	97	1,02
1960	1245	68	0,58
1970	1838	100,5	0,76
1980	2495 (2233)*	136 (122)*	0,94 (0,84)*
1990	1637	89	0,57

* abweichende Angaben in: Narodnoe chozjajstvo 1990, 101
Quellen: Narodnoe chozjajstvo 1922–1972, 347; Narodnoe chozjajstvo 1922–1982, 400; Narodnoe chozjajstvo 1990, 101

dünne Elite (ca. 0,09 % der Bevölkerung) mit der sowjetischen, d. h. gesamtstaatlichen *nomenklatura* identisch. Auf diese Weise sogar förmlich «registriert», genoß sie in einem Staat, der die soziale Gleichheit hoch oben auf seine Fahnen schrieb, paradoxerweise von Anfang an eine Vielzahl von Privilegien. Ob höhere Gehälter, bessere Wohnungen, reichlichere Versorgung mit Lebensmitteln, eigene Kliniken, leichterer Zugang zu höheren Bildungsanstalten oder Auslandsreisen – die hauptsächlichen Instrumente ihrer Bevorzugung wurden schon unter Lenin erdacht und genutzt. Allerdings blieb es Stalin vorbehalten, sie als Unterstützung seines wirtschaftlichen Aufbauprogramms in besonderem Maße zu entwickeln. So wie die Lohndifferenzierung weiter vorangetrieben wurde als zuvor, unterstrich man auch die Exklusivität der engsten Elite. Umgekehrt lag es in der Konsequenz der Chruščevschen Politik, den hierarchisch-autoritären Grundzug der stalinistischen Ordnung auch in dieser Hinsicht zu korrigieren. Excessive Privilegien wichen einer Tendenz zur Egalisierung. Dabei verfuhr sie aber genauso ‹oberflächlich› (im Wortsinne) wie in den meisten anderen Bereichen des staatlich-gesellschaftlichen Lebens. So brauchten Brežnev und Kosygin das Steuer gar nicht allzu heftig in die Gegenrichtung zu drehen, um ihren anderen Vorstellungen vom Umgang mit der Elite Geltung zu verschaffen.[30]

Im Endeffekt zeichnete sich der «entwickelte Sozialismus» der späten sechziger und der siebziger Jahre durch eine gezielte, aber nicht forcierte Rückkehr zu deutlicherer materieller Differenzierung und sozialer Schichtung bis hin zur offenkundigen Privilegierung aus. Die Stärkung von Leistungsanreizen im Zuge der Wirtschaftsreform nach 1965 wirkte dabei mit der generellen Förderung der Apparate zusammen. Auch die beschriebene Annäherung der Einkommen von Arbeitern und Bauern sowie die unzweifelhafte Nivellierung der industriellen Lohnskala verminderten ihren kumulativen Effekt nicht ernsthaft, da sie gleichsam unterhalb der begünstigten Schicht stattfanden. Die Elite entfernte sich immer weiter vom Rest der Gesellschaft, die *nomenklatura* wurde endgültig zu einem sozialen Begriff. Eine Zweiklassenordnung entstand, deren Scheidelinie der Zugang zu Privilegien bildete. Dabei drängt sich der Eindruck auf, daß letztere in dem Maße zunahmen, wie der allgemeine Mangel um sich griff. Zum Privileg wurde alles, was trotz des üblichen ‹Defizits› erreichbar war. Dazu zählte der Einkauf in bevorzugten Geschäften – bei weitem nicht nur in den bekannten Devisenläden – ebenso wie großzügige Apartments in bester Lage oder der Besuch in staats- bzw. verbandseigenen Klubs und der Urlaub in gleichfalls organisationseigenen ‹Datschen›. Sozial bedeutsamer war freilich die Bevorzugung des *nomenklatura*-Nachwuchses auf den Hochschulen und bei der weiteren beruflichen Karriere mit einer auffälligen Neigung zu Berufen, die Auslandskontakte mit sich brachten. Die Elite rekrutierte sich immer offener aus sich selbst. Sie konnte dies in vieler Hinsicht gründlicher tun als je zuvor, da ihr weder die populistische Politik eines Chruščev noch die terroristische Säuberung eines Stalin entgegenwirkte. Ohne Mobilitätsschübe friedlicher oder gewaltsamer Art fürchten zu müssen, richtete sie sich in ihrem bevorzugten Dasein ein. Spätestens in den siebziger Jahren war diese Tendenz so offensichtlich, daß – neben der populären Rede von der herrschenden ‹Kaste› – der Begriff des Ständischen zu ihrer Kennzeichnung bemüht wurde. Sicher trifft der Vergleich im strengen Sinne daneben, da sowohl der traditionale Charakter als auch – je nach Definition – das Moment der ‹Schätzung› beiseite gelassen werden müssen. Was im Kern gemeint ist, erscheint jedoch plausibel: die zunehmende Dichotomisierung der Gesellschaft in Privilegierte und Herrschende auf der einen Seite und Untergebene ohne Zugang zu knappen Ressourcen auf der anderen, verbunden mit einer ausgeprägten Neigung der ersteren zur sozialen Abschließung.[31]

Dabei war weniger die Privilegierung selbst charakteristisch und anstößig, da es in jeder Gesellschaft ungleiche Verfügung über Güter und Chancen gibt. Auch die Art der Privilegien enthielt im internationalen Vergleich nichts Ungewöhnliches, sondern gab, weil Selbstverständliches zum Luxus wurde, oft eher Anlaß zu mitleidigem Lächeln. Als typisch, weil systembedingt, kann dagegen zum einen die Grundlage der Privilegierung gelten: Nicht Geld, wie überwiegend in marktwirtschaftlichen Ordnungen, gewährte Zugang zu Knappem, sondern die Ausübung bestimmter Funktionen. Zum anderen sprang der Widerspruch zum offiziellen Egalitarismus ins Auge. Sicher lag darin eine besondere Provokation *sowjetischer* Privilegien, daß eigentlich nicht sein konnte, was nicht sein durfte. Jeder Devisenladen strafte die sozialistische Ideologie Lügen, jeder mäßig begabte Funktionärssohn in hoher Funktion widerlegte das Parteistatut. Vor allem deshalb vertragen sich die beiden Befunde, die der bloße Augenschein zutage fördert, durchaus: daß die materiellen (nicht die politischen) Vorrechte der sowjetischen Elite im Vergleich zu analogen Schichten aller führenden westlichen Länder höchst bescheiden waren, sie aber zugleich viel heftigerer Kritik unterlagen, weil sie an den eigenen Maßstäben gemessen nicht nur unstatthaft, sondern nachgerade unmoralisch waren.[32]

4. *Kultur zwischen Anpassung und Dissens*

Die Gesamtschau vermittelt den Eindruck, als hätten Kultur und öffentlichgesellschaftliches Leben zu den besonders disponiblen Bereichen der sozialistischen Wirklichkeit gehört. Mehr als einmal schritten sie im politischen Wandel voran, mehr als einmal wurde der jeweilige Kurswechsel hier besonders schnell und konsequent vollzogen. In mancher Hinsicht dienten Bildung, Wissenschaft, Kunst, Recht und die breite Palette sonstiger wertbestimmter soziokultureller Aktivitäten, Regelungen und Einrichtungen als Erprobungs- und Demonstrationsfelder. Teils ließen sich Veränderungen (zumindest oberflächlich) leichter und schneller durchsetzen, teils verlieh man ihnen besonderen Nachdruck, weil der geistig-ideologischen Orientierung eine wegweisende Funktion zugeschrieben wurde. Dies war in der neuen Ära des «reifen Sozialismus» nicht anders. So wie die Entstalinisierung mit dem «Tauwetter» begann, machte sich auch die konservative Wende nach Chruščevs Absetzung im Bereich von Kultur und Wissenschaft besonders rasch bemerkbar. Wer Roß und Reiter kannte, wußte, daß die relative Geistesfreiheit beendet war und kein weiteres Werk aus Solženicyns Feder mehr legal den Leser erreichen würde. Ein neuer Geist oder besser: Ungeist zog in das kulturelle Leben ein. Ihn als konservativ zu kennzeichnen, trifft sicher zu, erfaßt aber eher seine Erscheinung als sein Wesen. Oft war unklar, was als rückwärts- und was als vorwärtsgewandt gelten konnte. Vielfach verbanden sich, wie im Bildungssektor, beide Züge zu einer unauflösbaren Einheit. Gemeinsam war allen Feldern und Bereichen der Kultur allerdings eines: das Schicksal strengerer Aufsicht. Kontrolle, Zensur und Maßregelung, ohnehin nur partiell gelockert, wurden wieder zur ausnahmslosen Regel.

Damit provozierten Partei und Staat auch den Widerstand vieler, die unter Chruščev den Geschmack geistiger Freiheit schätzen gelernt hatten. Oktroi und Dissens waren Zwillinge. Außenpolitische Konzessionen zur Sicherung der «friedlichen Koexistenz» und des atomaren Patts taten ein übriges. Unter Brežnev fiel die Kultur nicht nur wieder in die alte Hörigkeit zurück, sie wurde auch zur Wiege des geistigen und politischen Widerstandes. Hinzu kamen als weitere Barriere gegen völlige Unterwerfung die Erfordernisse der fortschreitenden Industrialisierung vor dem Hintergrund des demographischen Wandels. Die Schul- oder Rechts-, zum Teil auch die Familienpolitik orientierten sich in gleichem Maße an diesen Imperativen. So bewegten sich die einschlägigen Regelungen wesentlich im Dreieck zwischen ideologischer Kontrolle, den Zwängen der weiteren sozioökonomischen Modernisierung und dem extern gestützten, aber intern verursachten Widerstand.

a. Das Bildungswesen

Gerade mit Blick auf Schulen und Hochschulen erscheint die Brežnev-Ära zweigeteilt. Der politischen Gesamtabsicht entsprechend, stand auch hier das Bemühen am Anfang, die ‹Fehler› der unmittelbaren Vergangenheit zu korrigieren. Was danach kam, besaß aber eigene Züge: eine neuerliche Kehrtwende, die Kernanliegen des abgesetzten Vorgängers wiederaufnahm. Auch wenn die Motive dieser Rückkehr andere waren als bei den originären Maßnahmen, sind die Ähnlichkeiten nicht zu übersehen. Insofern ließ die Bildungspolitik einen ungewöhnlichen Dreischritt erkennen: Der Rückgriff Chruščevs auf Konzepte der frühen zwanziger Jahre mündete in eine Restauration, die ihrerseits nach einer guten Dekade wieder von einer Reform in seinem Sinne abgelöst wurde.[1]

Dabei begann die Revision der Maßnahmen vom November 1958 noch unter Chruščev. Die Rückkehr zur «Arbeitsschule» der zwanziger Jahre empörte nicht nur die bürokratisch-akademische Elite des Landes, weil sie deren Kinder zu ‹schmutziger› Handarbeit verurteilte. Darüber hinaus entsprach sie auch den Wünschen der Wirtschaft bestenfalls teilweise. Nur zu bald stellte sich heraus, daß die praktischen Kenntnisse trotz der Aufwertung, die sie nach Maßgabe des wiederbelebten Ideals der Verbindung von geistigen und manuellen Fähigkeiten erlebten, höchst unzulänglich blieben. So setzte sich der Eindruck einer «nutzlosen Zeitverschwendung» fest, wie kein Geringerer als der Bildungsminister der RSFSR formulierte. Der polytechnische Unterricht beförderte die Berufsvorbereitung kaum, stahl aber der Vermittlung theoretischen Wissens kostbare Unterrichtsstunden. Ein Dekret des Ministerrats vom 13. August 1964 zog daraus die Konsequenz, die Schulzeit wieder von elf auf zehn Jahre zu verkürzen.

Damit war der Weg gewiesen, der unter der neuen Herrschaft ohne Rücksichtnahme auf die Worte von gestern beschritten werden konnte. Zahlreiche Bedenken, nicht zuletzt aus der Akademie der Wissenschaften, führten schon im Oktober 1964 zur Einsetzung einer zentralen Kommission mit der Aufgabe, die Stundentafeln der «allgemeinbildenden Mittelschule» zu überprüfen. In einer einmaligen Kooperation von Theoretikern und Praktikern kamen fünfzehn Fachkommissionen zu der Empfehlung, die unmittelbare Berufsvorbereitung aus dem Lehrprogramm zu entfernen und durch zwei wöchentliche Unterrichtsstunden im Fach «Arbeit» zu ersetzen. Ihre Tätigkeit mündete am 10. November 1966 in ein Reglement, das die voruniversitäre Bildung abermals in eine andere Richtung lenkte. Zwar sollte die Mittelschule nach wie vor «allgemeinbildend» und «polytechnisch» sein. Aber

4. Kultur zwischen Anpassung und Dissens

die praktische Anschauung durfte die Vermittlung theoretischen Wissens nicht länger beeinträchtigen; im Gegenteil, die offene Klage der Gesetzespräambel über das «Mißverhältnis» zwischen Lehrplänen und aktuellem Kenntnisstand verwies auf den Vorrang der Anhebung des letzteren. Auch die kurz zuvor, im August, erfolgte Gründung eines Unionsministeriums für Bildung war in diesem Sinne zu verstehen. Als die Änderungen vom 24. Parteitag bestätigt wurden und zwei Jahre später ein umfassendes neues Statut in Kraft trat, war die Gegenreform abgeschlossen. Der «entwickelte Sozialismus» schien die ihm angemessene Struktur des Bildungswesens gefunden zu haben.

Allerdings markierte dieses ‹Grundgesetz› vom 17. Juli 1973 zugleich bereits einen abermaligen Wendepunkt. Ende Dezember 1977 verabschiedeten ZK und Ministerrat eine Verordnung, die der Mittelschule – in den Worten des Unions-Bildungsministers – erneut nahelegte, sich «entschieden» um die «Vorbereitung der Jugend auf eine Arbeit im Bereich der materiellen Produktion» zu kümmern. Damit schlug das Pendel wieder in die entgegengesetzte, alte Richtung aus. Als Ursachen darf man vor allem zwei Entwicklungen unterstellen. Zum einen war das vom 23. und 24. Parteitag (1966, 1971) verkündete Hauptziel der siebziger Jahre, die Aufstockung der achtjährigen Pflichtschulzeit auf zehn Jahre, trotz mancher Rückschläge erreicht worden. Wenn man die berufsbildenden Spezialschulen sowie die Abend- und sonstigen «Kurse» hinzurechnet, schlossen 1976 immerhin 91,2 % aller Erstklässler (unter Einschluß sogar der mittelasiatischen Republiken, wo der entsprechende Anteil nur wenig über 80 % lag) die «vollständige», zehnjährige Mittelschule ab. Zum anderen machte sich der demographische Wandel bemerkbar. Je knapper die Arbeitskräfte wurden und je weniger es der Industrie aufgrund ihres technologischen Rückstands gelang, mit weniger auszukommen, desto notwendiger wurde eine Abstimmung zwischen Schule und Unternehmen. In dieser Sicht erscheint das Gesetz vom Dezember 1977 als Vorzeichen jenes Neuanfangs, der die Sowjetunion nach dem Ende der Brežnev-Ära zu rettenden Ufern führen sollte. Was es auf den Weg brachte, läßt sich als erneute Priorität ökonomischer Kriterien beschreiben. Fast drei Viertel (74 %) der allgemeinbildenden Mittelschulen vermittelten 1978 manuelle Fertigkeiten gleich welcher Art. Immer noch hielt man dabei an der Doppelaufgabe der frühen Jahre fest: Vor allem die «Mittelschule» sollte als Massenschule auf praktische Berufe vorbereiten *und* allgemeines Wissen lehren. Allerdings war auch dieser Renaissance der Praxisorientierung kein Erfolg beschieden. Zur Halbzeit der Gorbačevschen Regentschaft hatte sich herausgestellt, daß die Schule damit nach wie vor überfordert war. Die technischen Spezialkenntnisse blieben zu gering, um wirklich zur Berufsqualifikation taugen zu können. So führte die Doppelaufgabe letztlich zum schlechtesten der denkbaren Ergebnisse: Die Schule löste weder die eine noch die andere.[2]

Diagramm 8: Schematische Darstellung des Aufbaus
des sowjetischen Bildungswesens (1973)

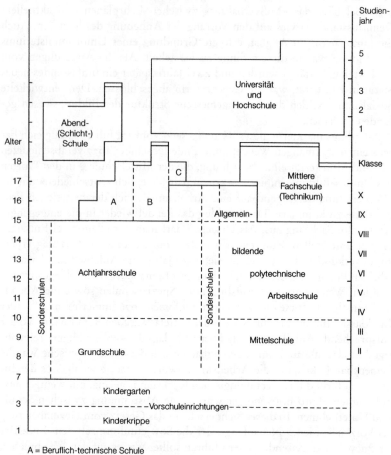

A = Beruflich-technische Schule
B = Mittlere beruflich-technische Lehranstalt
C = Technische Lehranstalt

═══ = vollständige mittlere Bildung (Hochschulreife)

(Die Größenverhältnisse entsprechen nicht der prozentualen Verteilung der Schüler)
Quelle: Anweiler, Kuebart, Meyer, Sowj. Bildungspolitik, 369

Im Zenit seiner Entfaltung (1973) besaß das sowjetische Bildungswesen mithin ungefähr folgende Gestalt (vgl. Diagramm 8). Die Vorschuleinrichtungen Kinderkrippe und Kindergarten mündeten in eine achtjährige allgemeine polytechnische Arbeits-«Mittelschule», die Jungen und Mädchen mit der Vollendung des siebten Lebensjahrs, danach ein Jahr früher zu beginnen

4. Kultur zwischen Anpassung und Dissens

hatten. Die ersten vier Klassen dieser Schule bildeten die Grundschule; nach Vollendung von acht Klassen war die sog. «unvollendete mittlere Bildung» erreicht. Danach eröffnete sich die Wahl zwischen der Fortsetzung dieser Schule um weitere zwei Jahre, die zur «vollendeten mittleren Bildung» führten, oder dem Eintritt in beruflich-technische Spezialschulen einschließlich technikumähnlicher mittlerer Fachschulen. Im Regelfall wurde die Zehnjahresschule im Alter von 17 Jahren abgeschlossen, die praxisorientierte Spezialschule mit 18 oder 19. Dabei galten die neunte und zehnte Klasse der allgemeinen polytechnischen «Mittelschule» als eigentliche Vorbereitung auf die Hochschule und Durchgangstor zu höheren Positionen in allen Bereichen von Staat, Wirtschaft, Gesellschaft und Kultur.

Sehr viel schwerer fällt es, Leistungsfähigkeit und Erfolg dieses Systems zu beurteilen. Tabelle 59 zeigt, daß der Anteil der Personen über 10 Jahren, die über eine «vollständige oder unvollständige mittlere oder höhere Bildung» verfügten, kontinuierlich wuchs. Besonders groß war dabei der Sprung zwischen 1939 und 1959. Aber auch unter Brežnev lagen offenbar noch viele Qualifikationsressourcen brach; immerhin verdoppelte sich die entsprechende Meßgröße zwischen 1959 und 1982 beinahe. Laut Ausweis der letzten analogen Statistik stieg sie sogar in den Turbulenzen der letzten sowjetischen Dekade unvermindert an. Dasselbe Bild ergibt sich mit Blick auf die einzelnen Stufen dieses Kenntnisniveaus. So vergrößerten sich besonders die Gruppen der Inhaber eines Hochschul- und eines Diploms der «vollständigen mittleren Bildung» auch zwischen 1970 und 1990 deutlich. Die Absolventen berufsspezifischer Ausbildungsgänge hielten mit. Um so eher fällt die einzige rückläufige Ziffer auf: Offenbar reichte der bloß achtjährige Schulbesuch immer weniger aus, um die Chance auf einen annähernd attraktiven Arbeitsplatz zu wahren.

Weitere Aufschlüsselungen unter vorrangiger Berücksichtigung der Faktoren, die (nicht nur) in der russisch-sowjetischen Bildungsgeschichte besondere Nachteile mit sich brachten, bestätigen die Grundtendenz der Gesamtdaten. Zugleich geben sie interessante Unterschiede zu erkennen. Es dürfte mit der frühzeitigen Einbeziehung der Frauen in den Produktionsprozeß, aber wohl auch mit dem grundsätzlichen Bekenntnis zur Gleichberechtigung zusammenhängen, daß sich der Qualifikationsunterschied zwischen den Geschlechtern weitgehend einebnete. Zwar blieb er sichtbar, da auch 1979 noch mehr Männer über ein Hochschulzeugnis oder einen unvollständigen bzw. vollständigen Mittelschulabschluß verfügten als Frauen (75/1000 zu 62/1000 bzw. 610/1000 zu 535/1000). Aber angesichts der Vervielfachung dieses Anteils seit der Vorkriegszeit (1939: 11/1000 zu 5/1000 bzw. 116/1000 zu 85/1000) hatte sich der Abstand stark verringert. Dabei half, daß er schon in der frühen Stalinzeit vergleichsweise klein war: Von Anfang an brauchte man die Frauen für den sozialistischen Aufbau. Dagegen blieb der andere traditionelle Bruch im Bildungsgefüge deutlich sichtbar.

Tabelle 59: *Anteil der Bevölkerung mit höherer und mittlerer Bildung 1939–1990 (pro Tsd., bezogen auf Personen über 10 Jahren)*

	1937	1939	1959	1970	1982	1979*	1989*
Gesamt	60	108	361	483	670	699	812
davon							
abgeschlossene höhere	7	8	23	42	76	75	108
nicht abgeschlossene höhere			11	13	15	16	17
mittlere Fachbildung	53	100	48	68	116	119	182
mittlere Allgemeinbildung			61	119	244	229	305
unvollständige mittlere			218	241	219	260	200

* bezogen auf Gesamtbevölkerung über 15 Jahren
Quelle: Narodnoe Chozjajstvo 1922–1982, 42; Perepis' 1937, 100

Während 1979 630 von 1000 mehr als zehn Jahre alten Stadtbewohnern acht oder zehn Klassen der «Mittelschule» durchlaufen hatten, galt dies nur für 467 Dorfbewohner; bei den Hochschulabsolventen betrug die Kluft sogar 93/1000 zu 25/1000. Auch die entsprechenden Anteile unter den Beschäftigten (ausschließlich also vor allem der Pensionäre, Schüler und Studenten sowie der Familienangehörigen) lassen dieses Verhältnis erkennen: daß fast viermal mehr Städter als Dörfler das Studium an einer Universität oder gleichartigen Einrichtung abschlossen. Wenn man dies nicht auf eine geringere natürliche Begabung zurückführen will, bleibt nur der Schluß, daß auch die sozialistische Industrialisierung die vielzitierte Bildungsferne des Dorfes nicht beseitigen konnte. Allerdings sind gerade in dieser Hinsicht starke regionale Differenzen zu bedenken. Wo die Urbanisierung (wie in den baltischen Republiken oder in Zentralrußland) hoch war, kam das Gefälle weniger, wo sie (wie in den meisten peripheren Gebieten des Riesenreiches) gering war, um so stärker zur Geltung.[3]

Das *Hochschulwesen* zieht in der Regel besondere Aufmerksamkeit auf sich, da sich an ihm wesentliche Merkmale der Elite ablesen lassen. Grundsätzlich ist festzuhalten, daß die Sowjetunion in dieser Hinsicht eine ähnliche Entwicklung durchlief wie die westlichen Industriestaaten. Der allgemeine wirtschaftliche Fortschritt, die Ausdehnung der Verwaltung, der Aufbau einer (bei allen qualitativen Mängeln) umfassenden Gesundheitsfürsorge, der (gleichfalls trotz vieler Defizite) unzweifelhafte technologische Sprung der Produktion und Produkte, die ‹Verwissenschaftlichung› der Kultur und viele andere Aspekte der Modernisierung verlangten auch vom «entfalteten Sozialismus» eine deutliche Verbreiterung einer entsprechend qualifizierten Schicht samt dem Ausbau der dazu nötigen Institutionen. Eine solche Expansion fand von Anfang an, mit größerer Beschleunigung seit den dreißiger und besonders seit den fünfziger Jahren ohne nennenswerte Un-

4. Kultur zwischen Anpassung und Dissens

terbrechung statt. So stieg die Zahl der Studenten an allen Hochschulen *(VUZy)* von 0,17 Mio. 1927/28 über 0,81 Mio. 1940/41 und 1,25 Mio. 1950/51 auf 2,4 Mio. 1960/61, 4,58 Mio. 1970/71 und 5,23 Mio. 1980/81; erst im letzten schwierigen Jahrzehnt setzte ein leichter Rückgang auf 5,16 Mio. 1990/91 ein (vgl. Tabelle A 5/2 im Anhang). Dieses Wachstum übertraf die demographische Zunahme erheblich, so daß sich die Quote der Inhaber höchster Bildungszertifikate in der skizzierten Weise ebenfalls erhöhte (vgl. Tabelle 59). Auch im internationalen Vergleich rückte die Sowjetunion damit gegen Ende der siebziger Jahre, rein quantitativ gesehen, auf einen der obersten Ränge vor. Desgleichen enthüllt die berufliche Aufgliederung eine erhebliche Kontinuität. Die mit Abstand stärkste Dynamik war nach wie vor im Industrie- und Bausektor zu verzeichnen. Die Zahl der einschlägigen Studenten stieg selbst zwischen 1960 und 1980 auf das Zweieinhalbfache (um in der letzten sowjetischen Dekade bis 1990 bezeichnenderweise auf den Stand von 1970 zurückzufallen). Auch die Tätigkeitsfelder Bildung und Landwirtschaft verzeichneten weiterhin einen überdurchschnittlichen Zulauf. Dagegen fiel die Zunahme in den übrigen Bereichen nicht aus dem Rahmen. Sie hatten, wie das Gesundheitswesen, die Phase des forcierten Ausbaus bereits hinter sich.[4]

Schwankungen innerhalb der gleichbleibenden Grundtendenz zeigten sich auch in der Hochschulpolitik. Chruščev bemühte sich nicht zuletzt auf diesem Feld um die Erweiterung des Zugangs von außen und von unten. Allerdings ging er vorsichtiger vor als gegenüber den «Mittelschulen». Angesichts ihrer Spezialisierung und wissenschaftlichen Ansprüche sperrten sich die *VUZy* besonders hartnäckig gegen die ‹Polytechnisierung› und sonstige Eingriffe in die Lehrinhalte. Das neue Regime brauchte deshalb wenig zu ändern. Seine Maßnahmen lassen sich in zwei Tendenzen und Ergebnissen zusammenfassen. Zum einen verringerte die neue Führung äußere politische Interventionen und setzte in höherem Maße auf die Autorität des hauptamtlichen Personals. Zum anderen festigte sie den Zugriff der Partei und übergeordneter Instanzen. Zwischen beiden Absichten bestand insofern kein prinzipieller Gegensatz, als die obrigkeitliche Kontrolle nach Möglichkeit durch ‹professionelles› Personal, mit welcher tatsächlichen Kompetenz auch immer, ausgeübt werden sollte. Brežnev und Kosygin unterstützten ein deutlich höheres Niveau an Spezialisierung. Allerdings blieben die Geistes- und Sozialwissenschaften davon weitgehend ausgespart. Nach wie vor standen Wirtschaft und Technik im Vordergrund, während das kulturelle Leben im weiteren Sinne enger als zuvor an der ideologischen Leine geführt wurde.[5]

Zu dieser Politik zentraler, apparategestützter Aufsicht paßte die Veränderung der *sozialen Struktur* der Studenten. Öffnung oder Schließung der Hochschulen haben einander in der jüngeren Geschichte Rußlands (wie der anderer Länder auch) abgewechselt und waren wichtige Indikatoren der jeweiligen Gesellschaftspolitik. Die Sowjetunion verpflichtete sich dabei durch ihren Charakter explizit, größtmögliche Chancengleichheit für alle herzustellen. Im Maße ihrer Konsolidierung geriet sie jedoch in einen Zielkonflikt, insofern sie wie jeder Staat zugleich auf Leistung bedacht sein und den Interessen der neuen, eigenen Elite Rechnung tragen mußte. Stalin gab der Effizienz und der neuen Oberschicht eindeutig Vorrang. Umgekehrt bemühte sich Chruščev um eine Kurskorrektur, indem er Talent und Eifer vor allem in der Masse suchte. Nachgerade als Symbol dafür konnte gelten, daß er die von Stalin 1940 eingeführten Studiengebühren 1956 wieder abschaffte. Auch die polytechnische Orientierung der allgemeinen «Mittelschule» und das neue Recht der Betriebe und Kolchosen (1959), besonders fähige Mitglieder für ein Studium vorzuschlagen, wirkten in diesem Sinne: Sie erschwerten den direkten Übergang zur Universität ohne Umweg über die ‹Produktion›.

Es lag in der Natur der Sache, daß die Abkehr von diesem ‹Werkbankmythos› den sozialen Charakter der studierenden Elite nicht unberührt ließ. Schon im März 1965 wurde den Hochschulleitungen erlaubt, die für ‹Produktionskandidaten› reservierten Plätze zwischen direkten Schulabgängern und ‹Arbeitern› zu teilen. Im Ergebnis fiel die Zahl solcher Studenten «dramatisch», bis 1973 auf 23 % der Neuzugänge. Zugleich verbesserte die Erhebung des zehnjährigen Unterrichts zur Norm nicht nur die Kenntnisse der Absolventen, sondern erleichterte auch den Wechsel in die Hochschulen erheblich. Der Weg von der «vollendeten mittleren Bildung» zur universitären bzw. analogen wurde zum erwünschten Regelfall. Da man auch den ‹Seiteneinstieg› durch Abend-, Fern- und Teilzeitfortbildung erschwerte, profitierte vor allem die *nomenklatura*. Sie erreichte, was sie wollte: die Privilegierung der eigenen Kinder. Statt der Arbeiter und Bauern rückten die «Angestellten» nach vorn. Da die verfügbaren Gesamtdaten an Genauigkeit zu wünschen übriglassen (vgl. Tabelle 60), erscheint der Rückgriff auf verstreute Einzelergebnisse zwingend. Diese bestätigen indes die Gesamttendenz ebenso wie die Laienbeobachtung: daß sich die sowjetische Elite in wachsendem Maße aus sich selbst rekrutierte. Dabei zeigte sich die soziale Auslese schon beim Übergang von der achten zur neunten Klasse. Einer Studie über Leningrad zufolge stieg der Anteil der Akademikerkinder mit dem Beginn dieser universitätsvorbereitenden ‹Oberstufe› um 46 %, während derjenige von Kindern manuell tätiger Eltern(teile) um 10 % sank. In mancher Hinsicht ergab sich diese Tendenz aus dem eigentümlichen Charakter der herrschenden Elite im Sozialismus. Denn anders als in westlichkapitalistischen Gesellschaften besaß diese weder Eigentum noch sonstige vererbbare Anwartschaften. Um ihre Errungenschaften weiterzugeben, stand ihr nur die Nutzung persönlicher Beziehungen in den verschiedenen Apparaten zur Verfügung, die aber in der Regel eine ungefähr entsprechende Qualifikation voraussetzte. Gerade für sie galt, daß die beste – und in ihren unteren Rängen wohl einzige – Mitgift in einer Hochschulbildung bestand.[6]

Tabelle 60: *Sozialstruktur der Vollzeitstudenten an den sowjetischen Hochschulen (VUZy) 1938–1977 (in %)*

	1938	1960	1964	1971	1973	1977
Angestellte	42,2	46,1	41,1	53,1	44,8	38,4
Arbeiter	33,9	34,6	39,4	36,2	31,2	
Kolchosbauern	16,1	19,3	19,5	10,7	8,4	61,6
Andere	5,6	–	–	–	15,6	–

Anmerkung: Die Zahlen für 1973 und 1977 beziehen sich auf Studenten im ersten Studienjahr, alle anderen auf die Gesamtheit der Studenten.
Quelle: Matthews, Education, 159

Bei alledem wandte sich auch das neue Regime nicht völlig vom ‹Egalitarismus› Chruščevs ab. Chancengleichheit war als Ziel so tief in der Staatslegitimation verankert, daß sie nicht wirklich aufgegeben werden konnte. Nicht nur die berufsbildenden Schulen (in Nachfolge der FZU nunmehr PTU genannt) wurden weiterhin gefördert. Auch die Hochschulen mußten (zum Teil in erheblichem Maße) Plätze für die Arbeiter- und Landjugend freihalten. Für Studierwillige ohne die nötigen Schulzeugnisse richtete man sogar besondere Vorbereitungskurse ein, die an die «Arbeiterfakultäten» der zwanziger Jahre erinnerten. Seit Juli 1965 wurde ein kostenloser Schulbus und seit 1972 ein warmes Mittagsmahl bereitgestellt. Sicher trugen auch ökonomische Überlegungen zu dieser Förderung bildungsferner Schichten bei. Die Einsicht hatte manches für sich (und fand seinerzeit auch im Westen Gehör), daß quantitativ und qualitativ hinreichende Leistung nicht länger nur aus einer schmalen Elite zu gewinnen war. So gesehen hielten auch Brežnev und Kosygin am tradierten Doppelziel von sozialer Öffnung der Bildungseinrichtungen und Prämierung von Leistung fest, nur – anders als in der vorangegangen Ära – mit einem deutlichen Akzent auf dem letztgenannten.[7]

Als Fazit der Bildungspolitik im «entwickelten Sozialismus» drängen sich zwei Aussagen auf, die gerade aufgrund ihrer scheinbaren Widersprüchlichkeit zusammenzusehen sind. Einerseits stimmen Autoren unterschiedlicher Prägung darin überein, daß die Sowjetunion außerordentlich viel erreicht hat. Gemessen am kläglichen Ausgangsniveau, unter Berücksichtigung auch ihrer enormen Ausdehnung mit der Folge außerordentlicher kulturell-zivilisatorischer, sozioökonomischer und ethnisch-nationaler Vielfalt geben die vollständige Beseitigung des Analphabetismus schon vor dem Zweiten Weltkrieg und der Aufbau eines umfassenden Schul- und Hochschulwesens einschließlich einer breit gefächerten, spezialisierten Berufsbildung nach Stalins Tod zweifellos Anlaß zu Respekt und Anerkennung. Am Anteil von Absolventen der «mittleren» und äquivalenten Schulen sowie der universitären und analogen Einrichtungen gemessen, brauchte die Sowjetunion auf dem

Höhepunkt ihrer Entwicklung gegen Ende der siebziger Jahre auch den internationalen Vergleich nicht zu scheuen. Hinzu kam, ebenfalls vielfach hervorgehoben, eine überaus breite Mobilisierung von ‹Bildungsreserven›. Chancengleichheit gehörte zum Kern des sowjetischen Selbstverständnisses, sozialer, in aller Regel über Bildungsqualifikationen vermittelter Aufstieg zu den unverzichtbaren Instrumenten. Beide Grundsätze gerieten zwar in Konflikt mit der konkurrierenden Orientierung an Leistung und der Tendenz einer jeden Elite zur Abschließung; sie gingen aber als Orientierungspunkte der Politik nicht völlig verloren. Ein übriges bewirkten die Zwänge des sozialistischen Aufbaus, der auf nichts anderes als eine planwirtschaftlich gesteuerte, unter Stalin diktatorisch-totalitär, später durch die Monokratie der Partei und ihrer oligarchischen Führung umgesetzte Industrialisierung und gesamtgesellschaftliche Modernisierung hinauslief. Bei allen regionalen Unterschieden und sektoralen Defiziten verwandelte sich auch die Sowjetunion in eine moderne «Lern- und Leistungsgesellschaft».

Andererseits bleibt die Frage nach der Qualität der Ausbildung offen. Aus der bekannten Tatsache, daß der Wettbewerb um Studienplätze und sonstige Zugangschancen zu knappen Bildungsgütern überaus hart war, darf nicht in jedem Fall auf ein hohes Kenntnisniveau geschlossen werden. Fähigkeiten und Fertigkeiten beschränkten sich auf Schlüsselsektoren. Ihre Verallgemeinerung zur Breitenqualifikation manueller und technischer Art gelang nicht. Vielmehr deutet das klägliche materielle Lebensniveau als ‹Summe› zahlreicher Defizite der Versorgung mit Gütern und Dienstleistungen auf das Gegenteil hin. In Bereichen besonderer Aufmerksamkeit, die mit entsprechenden materiellen Ressourcen bedacht wurden, war die Sowjetunion offensichtlich zu herausragenden Leistungen fähig. Gleiches galt für nicht wenige theoretische Disziplinen der Wissenschaft. Daneben und darunter aber, auf der Ebene des Durchschnitts und des Regelfalls, blieben so viele Mängel, daß von einem Erfolg der Qualifikationsanstrengungen nur mit erheblichen Einschränkungen gesprochen werden konnte. Dabei läßt sich auch nicht klären, in welchem Maße diese Beobachtung mit einem anderen, augenfälligeren Befund zusammenhing: daß es den sowjetischen Schulen nicht gelang, jene Wertschätzung der Bau- und Funktionsprinzipien der eigenen Ordnung zu verankern, deren Propagierung auf keiner Stufe fehlte. Vom Kindergarten bis zur letzten Universitätsprüfung gehörten Marxismus und Sozialismus sowie die glorreiche eigene Geschichte in der parteilich genehmigten Version neben den Fachkenntnissen zum obligatorischen Unterrichtsprogramm. Nicht erst der Zusammenbruch der Sowjetunion lehrte (ungeachtet der nachfolgenden, vorhersehbaren Nostalgie), daß diese Bemühungen weitgehend vergeblich waren. Totalitaristischen Annahmen und sowjetpädagogischen Hoffnungen zum Trotz führte permanente Indoktrination nicht zum Glauben, sondern eher zum Gegenteil. Man wird nicht ausschließen wollen, daß auch dadurch manche hervorragende Qualifikation nicht zum Tragen kam. Wissen ohne Engagement verpuffte, Fähigkeit ohne angemessene Nutzung lag brach. So konnte es sein, daß in einem Bildungssystem, das fraglos beachtliche Leistungen aufzuweisen hatte, beide Mängel zusammenkamen: eine erhebliche Ungleichmäßigkeit und eine unzureichende Synchronisation mit dem Gesamtsystem, dessen Werte als Grundlage für freiwilliges Engagement nicht zu vermitteln waren.[8]

b. Frauen, Familie, Moral

Zum umfassenden Freiheitsversprechen der russischen Revolution gehörte an vorrangiger Stelle die Gleichstellung der Frau. Wo sich nach marxistischer Verheißung die gesamte Gesellschaft aus den Fesseln von Fremdbestimmung aller Art lösen sollte, konnte die Hälfte der Bevölkerung nicht ausgeschlossen bleiben. Allerdings stand seiner praktischen Umsetzung nicht nur eine konträre jahrhundertealte Rollenverteilung entgegen, sondern auch der Mangel an materiellen Mitteln. Danach vollzog Stalin gerade in dieser Hinsicht eine Kehrtwende. Die Zusage von gestern galt nicht mehr – mit der einen Ausnahme der Einbeziehung der Frauen in den Produktionsprozeß, ohne daß sie von den traditionellen Aufgaben der Sorge für Haus und Kinder entlastet worden wären. Der Krieg steigerte diese Doppelbürde noch drastisch, indem er nicht nur die Männer aus den Familien holte, sondern den Frauen darüber hinaus besondere überlebenswichtige Reproduktionspflichten auferlegte. Da beide Aufgaben in den folgenden Jahren als Nachwirkungen der ungeheuren Zerstörungen und Verluste anhielten, galt in vieler Hinsicht, daß erst der Tod Stalins die Voraussetzung für einen neuen Versuch schuf, das Emanzipationsversprechen tatsächlich einzulösen. Auf der anderen Seite hatten auch manche der alten Hindernisse Bestand. Sowohl die überkommene Rollenverteilung als auch die staatliche Finanznot erwiesen sich als äußerst zäh. So begann die neue Ära auch auf diesem Gebiet mit einer ausgeprägten Spannung: zwischen dem Ballast einer antiemanzipatorischen stalinistischen Politik als inhaltlicher Fortsetzung (selbstredend bei völlig anderer Begründung) des traditionellen Patriarchalismus einerseits und der Chance, im zweiten Anlauf die revolutionäre Vision wenigstens annähernd zu verwirklichen, andererseits.

Mit diesem Widerspruch hing zusammen, daß die Rückkehr zu den Anfängen in *einer* Hinsicht die Fortsetzung des Alten forderte: Frauen sollten weiterhin *berufstätig* sein. An ihrer volkswirtschaftlichen Funktion änderte sich wohl am wenigsten. Allerdings war die zunehmende Sättigung nicht zu übersehen. Von 39 % vor dem deutschen Überfall (1940) stieg der Anteil der Frauen an allen Beschäftigten der Volkswirtschaft auf 47 % 1960 und 51 % 1970, um bis zum Ende der Brežnev-Ära auf diesem Niveau zu verharren und sich bis 1990 nur noch geringfügig (51,5 %) zu erhöhen. Zwar bedeutete diese Quote nicht, daß jede Frau einer bezahlten Tätigkeit außerhalb des Hauses nachgegangen wäre. Dennoch hatten die volkswirtschaftlichen Planer das einschlägige Rekrutierungspotential weitgehend ausgeschöpft. Als Indiz dafür konnte vor allem die Zunahme des beruflichen Engagements unter den Frauen der mittleren Altergruppen gelten. Während junge Frauen schon zu zarischer Zeit durch reguläre externe Arbeit zur materiellen Sicherung der Familie beitragen mußten, widmeten sich verheiratete in aller Regel Haushalt und Kindern. Dagegen zeigte die nachstalinistische Entwicklung, daß auch die 30-49-jährigen ganz überwiegend (1970 über 90%) einen Beruf ausübten. Man wird daher nicht irren, wenn man in ihnen das letzte Reservoir sieht, das überhaupt noch eine Steigerung der weiblichen Erwerbstätigkeit ermöglichte. Als dieses an der Wende zu den achtziger Jahren ebenfalls ausgeschöpft war, standen 2/3 bzw. 3/4 aller Frauen (abhängig von der Definition der erwerbsfähigen Altersgruppen) in Lohn und Brot. Auch wenn der Durchschnittswert erhebliche regionale Unterschiede einebnete und der entsprechende Anteil in den traditionalen Gesellschaften Mittelasiens und des Kaukasus deutlich niedriger blieb, suchte er im internationalen Vergleich mit nichtsozialistischen Ländern seinesgleichen. Am Kriterium des eigenen Einkommens und einer gewissen finanziellen Unabhängigkeit gemessen, war die Emanzipation der Frau im «entwickelten Sozialismus» deutlich weiter vorangeschritten als im damaligen ‹Westen›.[9]

Offen blieb nur, ob die alte marxistische Annahme – die bereits Bebel in seinem Pionierwerk «Die Frau und der Sozialismus» zu belegen versucht hatte – überhaupt zutraf, daß sich die weibliche Emanzipation als Folge wirtschaftlicher Unabhängigkeit einstellen werde. Denn schon ökonomisch waren manche Umstände zu verzeichnen, die zu Zweifeln Anlaß gaben. Am stärksten fielen geschlechtsspezifische Unterschiede der Tätigkeitsart und damit verbunden ihrer Bezahlung ins Gewicht. So führte die kunstvolle Auslegung eher verbergender Daten zu der Vermutung, daß auch die beschleunigte Industrialisierung sowjetischen Typs mit ihrem enormen Bedarf an Arbeitskräften kaum zur Verwischung der Grenzen zwischen Frauen- und Männerberufen beitrug. Auf der einen Seite brachte die konzentrierte und repressive Aufholjagd sicher den Nebeneffekt mit sich, die Fähigkeit der anweisenden Instanzen zur Korrektur tradierter Rollen erheblich zu erhöhen. Die spitzhackenbewehrte, stämmige Arbeiterin in Drillich und Kopftuch am Bahndamm war ein repräsentatives Produkt der Sowjetwirtschaft. Doch sollten auffällige Bilder nicht über die Normalität hinwegtäuschen: Berücksichtigt man alle Branchen, so belegt die genaue Prüfung, daß die «horizontale Segregation» zwischen den Geschlechtern zwischen 1939 und 1979 nicht nur anhielt, sondern sogar zunahm. Was vor dem Weltkrieg als Frauen- oder Männerberuf galt, wurde in der Regel auch in den letzten Jahren des intakten Sowjetregimes noch so angesehen. Von allseitiger Offenheit und Austauschbarkeit konnte nicht die Rede sein.[10]

4. Kultur zwischen Anpassung und Dissens

Nun ist Gleichheit durchaus mit funktionaler Spezifizierung zu vereinbaren, wenn die jeweiligen Tätigkeitsbereiche dieselbe Wertigkeit, gemessen vor allem an Prestige und Einkommen, besitzen. Sie verträgt sich mit horizontaler Segregation, wenn keine vertikale hinzutritt. Alle Evidenz weist aber darauf hin, daß auch letzteres der Fall war. Frauen sammelten sich nicht nur in bestimmten, sondern darüber hinaus in den unteren und schlechter bezahlten Berufen. Die typischen weiblichen Erwerbstätigkeiten manueller Art außerhalb der Landwirtschaft veränderten sich kaum. Nach wie vor fanden die meisten Frauen als einfache Arbeiterinnen im Dienst von Kommunen und Betrieben, als Putzfrauen und Kindermädchen, als Schneiderinnen und Näherinnen, als Verkäuferinnen oder Köchinnen eine Anstellung. Demgegenüber standen sehr viel mehr Männer an Fließbändern und Drehbänken oder arbeiteten als Elektriker, Fahrer und Ingenieure, während ein abnehmender Prozentsatz der Kategorie gewöhnlicher Arbeiter zuzurechnen war. Die Schlußfolgerung liegt nahe, daß keine «massenhafte Ausdehnung weiblicher Erwerbstätigkeit in qualifizierte industrielle Berufe» stattfand. Vielmehr deutete die Vermehrung von Massenküchen und Einzelhandelsläden umgekehrt auf eine Renaissance «tradierter Muster» der Rollenverteilung im Wirtschaftsleben hin. Eben die bevorzugten Tätigkeitsfelder waren aber diejenigen, die wenig Qualifikation verlangten und ein geringes Einkommen erbrachten. So ist es zu erklären, daß einerseits gleiche Arbeit in der Tat gleich entlohnt wurde, andererseits aber alle Befunde darauf hindeuten, daß Frauen im Durchschnitt nicht mehr als zwei Drittel bis drei Viertel der männlichen Bezahlung erhielten.

Bei alledem schloß die ausgeprägte Kontinuität geschlechtsspezifischer Berufsverteilung Änderungen nicht aus. Der industriell-technische Fortschritt und die gesellschaftlich-administrative Modernisierung erfaßten, so minimal sie blieben, auch Art und Inhalt der weiblichen Tätigkeiten. Zum einen profitierten Mädchen ebenfalls von der Verbesserung schulischer Bildung und der allgemeinen Hebung des Kenntnisniveaus. Die alte Wissenskluft zwischen den Geschlechtern schloß sich weitgehend. Frauen stiegen in qualifiziertere Berufe auf. Dies zeigte sich bei Lehrern und Ärzten besonders deutlich, galt aber auch für Ingenieure. Allem Anschein nach stand den Frauen auf dieser Ebene ein breiteres Tätigkeitsfeld offen als darunter. So sicherten sie sich beachtliche Positionen: Ein Viertel der Richter und Neurophysiologen, 38% der stellvertretenden Schuldirektoren, 45% der Hochschullehrer (an den *VUZy*) und die Hälfte der wissenschaftlichen Mitarbeiter von Forschungsinstitutionen waren Ende der siebziger Jahre weiblich – deutlich mehr als in Westeuropa oder den Vereinigten Staaten. Dies schloß allerdings nicht aus, daß ihnen die allermeisten unmittelbaren Führungspositionen, die mit administrativ-politischen Entscheidungsbefugnissen verbunden waren, versperrt blieben. Qualifikation erhöhte die Gleichheitschancen, stieß aber ebenfalls an klare Grenzen. Zum anderen verschoben sich die Proportionen der Verbreitung von Frauenarbeit in den volkswirtschaftlichen Großsektoren. Wurden 1939 noch 60% aller externen weiblichen Arbeit (die häusliche auf privatem Grund und Boden also nicht eingeschlossen) manuell in der Landwirtschaft geleistet, so sank dieser Anteil bis 1959 um fast ein Drittel und bis 1970 um ein weiteres Drittel auf knapp 20%. In ungefährer Entsprechung nahm der Prozentsatz nichtagrarischer, weitgehend mit Handarbeit verbundener (nicht mechanisierter) Tätigkeiten zu, während der Anteil nichtmanueller generell von ca. 15% auf ca. 30% stieg. Sicher ergab sich diese Veränderung großenteils zwangsläufig aus der allgemeinen Gewichtsverlagerung von pflanzlich-tierischer Produktion auf gewerblich-maschinelle. Deshalb verdient der komplementäre Blick auf den Stand des Prozesses mindestens so viel Aufmerksamkeit wie dieser selbst: Noch in der ersten Hälfte der Brežnev-Ära, als sich die Supermacht Sowjetunion auch ökonomisch längst mit den ‹kapitalistischen› Ländern maß, war immer noch ein ganzes Fünftel der Frauen in der Landwirtschaft tätig.[11]

Nicht nur aus diesem Grunde verdient die weibliche Arbeit im agrarischen Sektor eine eigene Betrachtung. Bei allen besonderen Schwierigkeiten ihrer statistischen Erfassung stimmen die Untersuchungen darin überein, daß die weitaus meisten Landfrauen einfache, ungelernte Tätigkeiten ausübten. Sie waren schlechter qualifiziert als Männer und nahmen in geringerem Maße an der Kolchosproduktion teil. Auch wenn sich der Unterschied, in Tagewerken gemessen, verringerte, blieb noch 1974 eine Lücke von einem Fünftel von deren Durchschnittsleistung. Beide Faktoren helfen den Befund zu verstehen, daß die weiblichen Löhne deutlich hinter den männlichen zurückblieben. Der Abstand fiel regional sehr unterschiedlich aus, lag aber eher über 30% als darunter. Wie in der Industrie verbanden sich mit dem Faktum schlechter Bezahlung hohe Barrieren der Aufwärtsmobilität. Je höher der Tätigkeitsrang, desto niedriger war der Frauenanteil. Unter den Brigadeführern stellten sie 1967/68 gerade 13,7%, aber 65,8% unter den einfachen Landarbeitern. Allerdings gilt es zu bedenken, daß Frauen nicht nur ihren Lebens-, sondern auch ihren ‹Arbeitsmittelpunkt› andernorts hatten: in der privaten Nebenerwerbswirtschaft. Gerade in dieser Hinsicht befanden sie sich noch lange fest im Griff der Tradition, die ihnen Haus und Hof, allem voran die Viehhaltung, zuwies. Was hier erzeugt wurde, ging auf weibliche Arbeit zurück. Da die vielzitierte Privatkuh und der eigene Garten bis zu den Reformen Chruščevs die Lebensgrundlage der *kolchozniki* bildeten und auch danach eher den größeren als den kleineren Teil zum Familieneinkommen beisteuerten, war dies alles andere als wenig. Vermutlich achtete die Kolchosleitung bei den Frauen auch nicht so streng auf die Einhaltung der Mindestzahl an Tagewerken: Sie wußte, wo die eigentliche Arbeit geleistet wurde, und mußte dies aus wohlverstandenem Eigeninteresse akzeptieren. So gesehen verliert die Angabe über die externe Arbeitsleistung der

Frauen an Aussagekraft. Dennoch bleibt der Tatbestand geschlechtsspezifischer Ungleichheit der beruflichen Position und der Bezahlung gerade auf dem Lande bestehen. Bei aller Zuspitzung enthielt Chruščevs Diktum, daß die Männer die Kolchosen verwalteten, aber die Frauen die eigentliche Arbeit leisteten, wohl mehr als ein Körnchen Wahrheit.[12]

Zur Erklärung dieser Sachlage bot die sowjetische und nichtsowjetische Soziologie mehrere Überlegungen an. Erhebliche Skepsis schlug dem Hinweis auf physisch-natürliche Unterschiede zwischen den Geschlechtern entgegen. Auch wenn diese nicht zu leugnen sind, mochte kaum jemand die Prämisse akzeptieren, daß sie gleichsam notwendig zu Diskriminierung im Arbeitsleben führten. Dies war um so weniger der Fall, als gerade den sowjetischen Frauen schwere ‹Männerarbeit› abverlangt wurde und das Ausmaß kräftezehrender Körperarbeit auch in der sozialistischen Wirtschaft abnahm. Mit größerer Plausibilität hat man Unterschiede der schulischen Bildung ins Spiel gebracht. Dabei ist allerdings zu beachten, daß Mädchen formal seit den siebziger Jahren keine niedrigeren Abschlußzertifikate mehr erwarben als Jungen, sondern im Gegenteil eher höhere Schultypen besuchten. Es war mithin weniger die Leistung als die Art der bevorzugten Fächer, die unterschiedliche Karrierechancen nach sich zog. Auffallend viele Frauen und Mädchen wählten Spezialisierungen, die kaum günstige Aussichten auf beruflichen Erfolg begründeten. Solche Präferenzen wird man nicht aus vermeintlich naturgegebenen Anlagen erklären wollen, sondern aus vorgängigen Prägungen der Denk- und Verhaltensweisen, sowie vor allem aus der Vorwegnahme künftiger sozialer Rollen. An dieser Stelle kamen auch, wenngleich vermittelt und ergebnisoffener, natürliche geschlechtsspezifische Unterschiede wieder zum Tragen: Die Berufswahl aufgrund bestimmter Rollenerwartungen spiegelte die besonderen Aufgaben der Mutterschaft und Haushaltsführung. Schon frühe Weichenstellungen standen mithin unter dem antizipierten Zwang der Vereinbarkeit von Beruf und Familie. Diese Vorwegnahme einer möglichen Kollision war in der Regel nur allzu begründet. Eine dritte Überlegung zur Erklärung der Abwertung weiblicher Arbeit verweist daher eben auf diesen Umstand: daß Frauen sowohl bei der Wahl als auch in der Ausübung ihrer Berufe durch die zusätzliche Last der primären, in vielen Fällen sogar exklusiven Sorge für Haus und Kinder erheblich beeinträchtigt waren. Zweifellos kam und kommt ihr die größte Überzeugungskraft zu.[13]

Denn es steht außer Zweifel, daß der Sowjetstaat seine vollmundigen Versprechen auch in dieser Hinsicht nicht erfüllte. Zwar hatte er sich früh vom Eifer der Bilderstürmer distanziert, die im revolutionären Überschwang nach der Auflösung der Familie riefen und die Kommunalisierung der Kindererziehung und Hausarbeit forderten. Aber selbst im autoritätsbewußten Stalinismus, der die Familie als Keimzelle des fügsam-engagierten Sowjetmenschen wiederentdeckte, war der Anspruch der Verwirklichung tatsächlicher Gleichheit zwischen den Geschlechtern nie aufgegeben worden. Er floß gleichsam in den Grundbestand sozialistischer Prinzipien ein, da Freiheit und Gleichheit schon als Utopie nicht teilbar waren. Insofern verbreitete die Propaganda auch nach der offenkundigen Abwendung von allem, was den Ideen Kollontajs noch ähneln mochte, unverdrossen Erfolgsmeldungen über den Bau von Kinderkrippen und -gärten, die es den Frauen ermöglichen sollten, einem Beruf nachzugehen oder sich fortzubilden. Die Wirklichkeit sah jedoch anders aus. Mitte der siebziger Jahre reichten die Betreuungsplätze nur für 37% aller Vorschulkinder. Zwar war dies ein großer Sprung im Vergleich zu 23% zu Beginn der Brežnev-Ära, aber dennoch angesichts des weit höheren Anteils berufstätiger Mütter viel zu wenig. Dabei täuscht der Durchschnittswert noch über den Umstand hinweg, daß sich die meisten Kindergärten in den größeren Städten befanden und Krippen (bis zum dritten Lebensjahr) nur für jedes vierte Kind zur Verfügung standen. Wie bei den Schulen hinkten Dörfer und Kleinstädte hinterher. Man darf davon ausgehen, daß die oft bemühte *babuška* hier noch unentbehrlicher war als in den städtischen Familien. In mancher Hinsicht scheint das Dorf unter einer Kumulation negativer Effekte der Modernisierung gelitten zu haben: Die soziale Erwartung von Eheschließung und Kindern (angesichts einer unzureichenden Altersversorgung lange Zeit auch der materielle Zwang dazu) hielt an, aber externe Hilfe, um Arbeit und Familie zu vereinbaren, blieb aus. Auch dies war ein wichtiger Aspekt des Gefälles im Lebensniveau zwischen Stadt und Land.[14]

Wenig vermag diese Doppellast der berufstätigen Sowjetfrau so schlagend zu belegen wie Studien über geschlechtsspezifische *Zeitbudgets*. Einschlägige Erhebungen förderten ein eindeutiges Ergebnis zutage: daß die Hausarbeit ganz überwiegend von den Frauen geleistet wurde. Um die Mitte der sechziger Jahre widmeten diese (neben ihrem Beruf) immerhin 33–35 Stunden pro Woche entsprechenden Tätigkeiten, während ihre Männer es bei 15–17 Stunden bewenden ließen. Manche Verrichtungen fielen allein den Frauen zu. Um Waschen, Kochen und Sauberkeit der Wohnung kümmerte sich kaum ein Mann. Beachtung verdienen auch die wichtigsten Variablen, die das Ausmaß des Unterschiedes steuerten. Es zeigte sich, daß das Gefälle in Dörfern und Kleinstädten, in Familien manueller Arbeiter, in älteren Vorstadtsiedlungen und bei Frauen und Männern im mittleren Alter mit kleinen und jugendlichen Kindern am größten war. Daraus ergeben sich einige Hypothesen hinsichtlich der wahrscheinlichen Ursachen nicht nur dieses Befundes, sondern der weiblichen Diskriminierung generell. Wären Berufstätigkeit und ein eigenes Einkommen entscheidend gewesen, wie der Marxismus ursprünglich meinte, hätte die Ungleichheit schon seit der Stalinschen Industrialisierung ausgerottet worden sein müssen. Hätte sie überhaupt ökonomische Gründe, ließen sich manche der erwähnten Abhängigkeiten nicht erklären. So drängt alles dazu, soziokulturellen Faktoren entscheidende Bedeutung beizumessen. Der altrussische Patriarchalismus trotzte der Revolution bemerkenswert erfolgreich. So ergibt sich das paradoxe Fazit, daß die Sowjetunion einerseits über eine ungewöhnlich qualifizierte und ökonomisch ungewöhnlich aktive weibliche Bevölkerung verfügte, andererseits aber eine ebenso ungewöhnliche Ungleichheit zwischen den Geschlechtern bewahrte. Auf die sowjetische Mutter und Hausfrau, die einem Beruf nachgehen mußte, um der Familie einen minimalen Lebensstandard zu sichern, aber weder durch Haushaltsmaschinen noch durch institutionell-‹infrastruktuelle› Hilfen entlastet wurde; die zudem mit wenig Wohnraum und großem Zeitverlust bei allen Besorgungen des Alltags zurechtkommen mußte und auf ein ebenso resistentes wie allgegenwärtiges hegemoniales männliches Rollenverhalten stieß – auf die Leidtragenden einer solchen Doppellast konnte das Gleichheitsversprechen des offiziellen Sozialismus nur wie Hohn wirken.[15]

Trotz erheblicher Wandlungsresistenz soziokultureller Normen ist die Hypothese überzeugend, daß dieser ganz und gar unrevolutionäre, hartnäckige soziale Konservatismus auch ein Resultat der Politik war. Angesichts ihres kaum beschränkten Zugriffspotentials lag es durchaus in der Macht der Partei- und Staatsführung, das Erbe zu dulden oder nicht. Wenn sie weitgehend untätig blieb, muß man keine feministischen Prämissen teilen, um einen Zusammenhang mit dem Tatbestand zu erkennen, daß *Frauen in der sowjetischen Politik* kaum vertreten waren. Die Belege dafür sind zahlreich. Welche Gremien und Organisationen man auch betrachtet, weibliche Angehörige und Delegierte ließen sich überall an den Fingern abzählen. Nur eine einzige Frau, E. A. Furceva, brachte es je zur Vollmitgliedschaft im Politbüro; im Sekretariat der Partei, dem zweiten Zentrum der Macht, waren die Männer zu allen Zeiten unter sich. Im ZK der Vorkriegszeit saßen nie mehr als sieben Frauen, im selben Gremium der nachstalinistischen Ära, das inzwischen über 200, in den sechziger Jahren über 300 und in der zweiten Hälfte der Brežnev-Regentschaft sogar über 400 Mitglieder zählte, nie mehr als fünfzehn. Dementsprechend stieg ihr Anteil nur einmal über 4 %. Ähnliches ließ sich auf regionaler Ebene beobachten. Die «Sowjetpräfekten» entsprachen dieser Bezeichnung auch hinsichtlich des Genus: Frauen bildeten eine verschwindende Minderheit, 1955–1973 unter *allen* Mitgliedern der *oblast'*-Exekutivkomitees ganze 3,2 % (26 von 810). Häufiger waren sie auf den unteren Ebenen anzutreffen, wo sie unter den Kreis- und Stadtsekretären bis zu einem Fünftel, unter den Ersten Sekretären der Basiszellen etwa ein Drittel stellten. Dasselbe Prinzip war offenbar in der staatlichen Hierarchie am Werk. Zu einem Ministeramt kämpfte sich nach dem Zweiten Weltkrieg nur eine einzige Frau hoch. Von den ca. 550–560 Stellvertretenden Ministern und Stellvertretenden Vorsitzenden von Staatskomitees, die man 1975 zählte, waren ganze sieben weiblich. Im Obersten Sowjet der UdSSR erhöhte sich der Frauenanteil von 28 % 1967 auf

31,4% 1975, in den Obersten Sowjets der Unionsrepubliken in denselben Stichjahren von 34% auf 35,4%, in den *Oblast'*-Sowjets von 43% auf 44,9% (1973) und in den lokalen Sowjets von 43% auf 48,1%. Mithin erreichten die Frauen auf den unteren Ebenen, wo sie fast jeden zweiten Abgeordneten stellten, eine Stärke, die ihrem demographischen Anteil annähernd entsprach. In den höchsten Repräsentativgremien war dies schon nicht mehr der Fall. Andererseits waren die Frauen hier mit einem Drittel der Delegierten im Vergleich zu den Ministerialbehörden noch so ungewöhnlich prominent vertreten, daß sich eine boshafte Erklärung geradezu anbietet: Ihr Anteil konnte so hoch sein, weil auch die Obersten Sowjets wenig zu sagen hatten. Insofern bestätigt er die generelle Beobachtung, daß Frauen von Entscheidungen ferngehalten wurden. Politische Macht blieb Männersache.[16]

Sicher hätten Maßnahmen zur tatsächlichen Gleichstellung der Frauen auch ohne deren Beteiligung ergriffen werden können, und sei es nur, um die Kluft zwischen Anspruch und Wirklichkeit zu verringern. Doch blieben solche Schritte, soweit sie unternommen wurden, halbherzig. Zwar kam die Entstalinisierung auch in dieser Hinsicht voran. Aber zu einem demonstrativen Bruch mit der Vergangenheit vermochte sich die Führung nicht durchzuringen. Was man in mehreren Anläufen zu geltendem Recht erhob, war ein Kompromiß. Dabei legte schon Chruščev auffallende Zurückhaltung an den Tag. Anders als in sonstigen wert- und ideologieabhängigen Fragen brauchte das neue Regime nach dessen Sturz keine Kehrtwende zu vollziehen.

Ins Fadenkreuz der Kritik gerieten vor allem das Familienstatut von 1936 und das berüchtigte Gesetz über den Status unehelicher Kinder vom Juli 1944. Daß sie noch zu Lebzeiten Stalins geschah, legt die Annahme unterschwelliger Vorbehalte von Anfang an nahe. Obwohl Chruščev offen bekannte, einer der Urheber des Gesetzes von 1944 gewesen zu sein und in diesem Punkte an seiner damaligen Auffassung festhielt, konnte er sich dem Drängen der Gegner nicht entziehen. Noch vor der endgültigen Festigung seiner Macht, im November 1955, wurde die künstliche Beendigung einer Schwangerschaft wieder legalisiert, wenn sie innerhalb der ersten drei Monate und in einer Klinik vorgenommen wurde. Doch damit fand die Reform vorerst ein Ende. Von einer Erleichterung der Scheidung, gleichen Rechten für beide Elternteile und Kinder gleich welcher Geburt wollte Chruščev nichts wissen. Nicht nur in dieser Hinsicht war er eindeutig ein Mann der dreißiger Jahre, kein Anhänger antibürgerlicher Moral und Lebensformen der zwanziger. Diesem Widerstand war es wesentlich zu verdanken, daß sich die überfällige Korrektur der stalinistischen Familiengesetzgebung um ein ganzes Jahrzehnt verzögerte. Chruščev duldete zwar die Ausarbeitung einschlägiger Gesetzesvorschriften, wußte aber deren Verabschiedung stets zu verhindern. So machte auf diesem Gebiet paradoxerweise erst sein Sturz den

Weg zur weiteren Abkehr von der stalinistischen Vergangenheit frei. Im Dezember 1965 trat ein (seit langem vorbereitetes) neues Scheidungsgesetz in Kraft, das am 27. Juni 1968 in ein umfassendes Familienstatut mündete. Beide, bis zum Ende der Sowjetunion gültigen Regelungen vermochten diejenigen kaum zu befriedigen, die eine völlige Rückkehr zu den liberalrevolutionären Grundsätzen der frühen Jahre forderten. Aber sie kamen solchen Bestrebungen ein gutes Stück entgegen. Einerseits bemühte sich das Gesetz, eine Balance zwischen staatlicher Zielvorgabe und individueller Selbstbestimmung zu finden. Andererseits neigte diese ‹Mitte› zur Bevorrechtigung des persönlichen Willens. So wurden Scheidungen wieder erleichtert. Im Streitfall hatte das Gericht über die Zerrüttung der Ehe zu befinden, bei gegenseitigem Einvernehmen konnte die Trennung aber auch einfach vom ZAGS registriert werden. Die Gebühren entsprachen etwa einem monatlichen Durchschnittsverdienst. Angesichts der Garantie eines Arbeitsplatzes (und der Arbeitspflicht) für alle, hatten nur Kinder, nicht die geschiedenen Frauen, Anspruch auf Unterhalt. Frauen behielten nach der Heirat ihre Rechte; ihre Gleichstellung wurde bekräftigt. Zugleich erhielten sie keinen besonderen Schutz. Dieser galt, wie im Arbeitsleben (Nacht- und Schwerarbeitverbot, Kündigungsschutz, Sonderregelung für Stillzeiten), nur für werdende und junge Mütter.[17]

Obwohl die Reform auch den Gesamtinteressen (in der Definition der Partei- und Staatsführung) Rechnung zu tragen suchte, dauerten unerwünschte demographische Vorgänge an. Besorgnis riefen vor allem zwei hervor: zum einen der Fall der Geburtenrate, zum anderen die Zunahme der Scheidungsquote. Allerdings muß offen bleiben, welche Wirkung dabei den neuen Familiengesetzen zukam. Kausale Zuweisungen werden durch die Zahlenreihen ausgeschlossen, die eine jeweils kontinuierliche Tendenz zum Teil schon seit der Zarenzeit erkennen lassen. Insofern muß man die grundlegende Wirksamkeit langfristiger, umfassender sozioökonomischer Veränderungen unterstellen, von der Industrialisierung mit der Folge hoher weiblicher Erwerbstätigkeit über die deutliche Verbesserung des Bildungs- und Qualifikationsniveaus der Frauen bis zum Wertewandel als Folge der allgemeinen Modernisierung. Die Legalisierung der Abtreibung hatte keine quantitativ faßbaren Auswirkungen auf den Bevölkerungszuwachs. Dagegen war nach der Erleichterung der Scheidung ein deutlicher Anstieg entsprechender ‹Fälle› zu verzeichnen. Insgesamt fiel die Geburtenrate von 31,2 pro Tausend Einwohner 1940 auf 26,7 1950, 24,9 1960 und 17,4 1970, erholte sich 1980 leicht auf 18,3, um 1990 auf den tiefsten Stand von 16,8 zu sinken. Die Scheidungsrate erhöhte sich von 1,1 pro Tausend Einwohner 1940 nur leicht auf 1,6 1965, schnellte aber schon im nächsten Jahr 1966 auf 2,8 empor und verharrte ungefähr auf diesem Niveau, bis sie 1975 mit 3,1 die nächste Grenzmarke überschritt und nicht wieder fiel (1990: 3,3).[18]

Wichtiger als der tatsächliche, nachweisbare Effekt des familienpolitischen und sozialmoralischen Kurswechsels war daher – unabhängig davon, ob sie zutraf oder nicht – die *Wahrnehmung* dieser Entwicklungen durch die politische Elite. Da beide Vorgänge als bedrohlich empfunden wurden, lag es nahe, zumindest ideologisch eine abermalige Reorientierung zu konservativen Werten vorzunehmen. Die Familie kam wieder zu Ehren, als Stätte der Kinderaufzucht ebenso wie als ‹Fluchtpunkt› der Gefühle und Fundament seelisch-geistiger Stabilität. Brežnev begriff, daß diese Leistungen für die Reproduktion und Funktionsfähigkeit der Gesellschaft unersetzbar waren, daß die Vergesellschaftung hier haltmachen und in ein sinnvolles Verhältnis der Komplementarität eintreten mußte. Diese obrigkeitliche Einsicht traf auf eine analoge Tendenz in der Bevölkerung, die in der Familie Schutz vor der Allgegenwart staatlicher Aufsicht suchte. Private, zumeist familiäre Bindungen erhielten Vorrang vor staatlich-öffentlichen Pflichten, weil allein sie in der permanenten Mangelwirtschaft und zunehmend korrupten Gesellschaft Rückhalt gaben und nur auf sie letztlich Verlaß war. Im Ergebnis erlebte die Familie eine politische und ideologische Aufwertung, die dem sozialistischen Staatsziel Hohn sprach.[19]

So läßt sich kein positives Fazit der Frauen- und Familienpolitik im «entwickelten Sozialismus» ziehen. Allen Behauptungen zum Trotz blieb eine tatsächliche Gleichberechtigung der Frauen aus. Die Aufwertung der Familie entlastete sie nicht, sondern führte angesichts unverminderter Berufstätigkeit umgekehrt zur Vermehrung ihrer Pflichten. Ihre überaus starke Beanspruchung trug in Verbindung mit den Strapazen eines mühsamen, allenthalben von «Defiziten» gezeichneten Alltags nicht dazu bei, der ‹pronatalistischen› Propaganda zum Erfolg zu verhelfen oder der Zunahme der Scheidungen entgegenzuwirken. Vielmehr entpuppte sich ihre restlose Mobilisierung für den Arbeitsprozeß mittelfristig auch ökonomisch als kontraproduktiv: Da die Doppelbürde als eine der (sicher vielfältigen) Ursachen des Geburtenrückgangs gelten kann, beschleunigte sie die Verknappung von Arbeitskraft. Eben diese Ressource wurde aber dringender denn je gebraucht, da sie allein in der Lage war, der ineffizienten sozialistischen Wirtschaft ohne einen technologischen ‹Quantensprung› oder externe Hilfe zu weiterem Wachstum zu verhelfen.

c. Propaganda, organisierte Öffentlichkeit und Ideologie

Es dürfte mit der wachsenden Normalität des Sowjetstaates, aber auch mit dem Wechsel der Deutungsparadigmen während der letzten drei Jahrzehnte zu tun haben, daß die Besonderheiten des öffentlichen Lebens im weiten Sinne aller nichtstaatlichen, nichtwirtschaftlichen und nichtprivaten beruflichen oder freiwilligen Aktivitäten der Bevölkerung kaum in den Blick der Wissenschaft geraten sind. Die vollständige Kontrolle und Lenkung von Gesellschaft und Kultur lagen offen zutage. Beide waren spätestens durch

4. Kultur zwischen Anpassung und Dissens

Stalin der letzten Reste von Eigenständigkeit beraubt worden. Mit guten Gründen wertete es die Totalitarismustheorie als ein Merkmal der von ihr idealtypisierend beschriebenen neuen, modernen Herrschaftsform, daß beide als annähernd autonome, d. h. von anderen abgrenzbare und identifizierbare Bereiche ausgelöscht worden seien. In diesem Sinne ging die Gesellschaft – soweit die alte Unterscheidung des 19. Jahrhunderts übertragbar ist – zwar nicht im Staat bzw. der ihn umschließenden Partei auf, sank aber zum Anhängsel beider herab.[20]

Zweifellos galt diese Gleichschaltung aller öffentlichen Lebensäußerungen nach Stalins Tod weiter. Von einer Korrelation des «Tauwetters» mit Meinungs- und Handlungsfreiheit konnte nicht die Rede sein. Die neue Offenheit vertrug sich ohne weiteres mit dem Fortbestand sowohl der Zensur als auch der Lenkung sozialer Organisationen, von parteilichen Jugendverbänden bis zu Sportvereinen.[21] In Konfliktfällen, die nicht ausblieben, zeigte der Staat dieselbe kompromißlose, nur oberflächlich rechtskonforme Härte wie zu allen anderen Zeiten, auch wenn keine terroristischen Strafen folgten. Als im Sommer 1957 Studenten der Moskauer Universität für weitergehende Reformen demonstrierten, wurden einige verhaftet und nach Sibirien verbannt. Nach wie vor bestimmte die Parteiführung, was erlaubt war und was nicht. Welche Folgen Unbotmäßigkeit nach sich ziehen konnte, machte der ‹Fall› Pasternak hinlänglich klar. Und auch die begrenzte Freiheit vor allem im Umfeld des 20. und 22. Parteitages galt lediglich für ausgewählte Bereiche der Literatur und Wissenschaft. Die Massenmedien als hauptsächliche Instrumente zur Lenkung der öffentlichen Meinung blieben davon weitgehend unberührt. Es wurde möglich, neue Themen aufzugreifen und Stalin, in angemessener Form und den bezeichneten Aspekten, zu attackieren. Aber eine *glasnost'* war weder beabsichtigt, noch lag sie in der Konsequenz der Chruščevschen Politik. Stalins Nachfolger suchte die Lösung für das treffend diagnostizierte Grundübel der sozialistischen Gesellschaft nicht in der Freisetzung individueller Initiative, sondern in neuem kollektiven, obrigkeitlich gesteuerten Enthusiasmus. Dafür aber benötigte er eine nicht minder funktionstüchtige Massenpropaganda durch manipulierte Zeitungen und Fernsehbilder wie sein Vorgänger für den Kraftakt des ‹großen Sprungs›.

Und ein weiteres blieb schon mittelfristig unverändert: die Stellung des Partei- und Staatschefs in der Öffentlichkeit. Ob beabsichtigt oder nicht, spätestens seit der zusätzlichen Übernahme des Ministerpräsidentenamtes war auch Chruščev in den Medien allgegenwärtig und entrückte zugleich offener Kritik. Sicher fehlten Denkmäler, Führertitulatur und andere Ausdrucksformen der extremen Verherrlichung Stalins. Aber Chruščev brach auch in dieser Hinsicht nur teilweise mit seinem Vorgänger. Manches nährt die Annahme, daß es dafür tiefere Gründe gab: Solange sich die Macht ausschließlich in den Händen des Ersten Parteisekretärs konzentrierte und die staatliche Exekutive eine nachgeordnete Behörde blieb, so lange die Sowjethierarchie über dekorative Funktionen nicht hinauskam, so lange thronte der Parteichef so hoch über allen anderen, daß eine Art von ‹strukturellem Personenkult› nicht ausbleiben konnte. Hinzu kam bei Chruščev nicht nur ein ausgeprägtes Machtbewußtsein, ohne das er seine Position nicht erklommen hätte, sondern auch Ausstrahlung – von sehr anderer Art als die seiner Vorgänger, aber doch unleugbar.

So änderte sich mit dem Putsch vom Oktober 1964 zwar erneut der Inhalt, kaum aber die Sache selbst. Es lag in der Absicht seiner Urheber, den Diskussionsspielraum wieder einzuengen und die stalinistische Vergangenheit von kritischen Fragen zu entlasten. Die Medien wurden an noch kürzerer Leine geführt. Zwar erhöhten sich Zahl und Auflage der Zeitungen und Zeitschriften weiter. Vor allem wuchs das Netz von Radio- und Fernsehstationen samt der Empfangsgeräte, deren Preis in einem Land, das nicht eben für seine effiziente Produktion anspruchsvoller Massenkonsumgüter bekannt war, kaum ohne Absicht auf bemerkenswert niedrigem Niveau gehalten wurde. Auch in der Sowjetunion vollzog sich in den sechziger Jahren ein tiefgreifender Wandel der technischen Mittel der Massenkommunikation und -propaganda. Spätestens in dieser Zeit erhielt jede größere Organisation in Staat, Gesellschaft, Wirtschaft und Kultur ihre eigene Zeitung, zum Teil auch ihre eigenen Radioprogramme. Aber diese äußere Vielfalt täuschte einen inhaltlichen Pluralismus nur vor: Die wichtigen Nachrichten und die ‹Botschaft› waren überall gleich. Gerade wenn man die Wirkung der je spezifischen Berichte und gelegentlichen Problemerörterungen nicht unterschätzt, liegt der Schluß nahe, daß der Mangel an zuverlässiger Grundinformation nicht ohne Folgen blieb. Über die Wahrheit informierte man sich im Lande der *Pravda* am besten bei Bekannten oder bei ausländischen Sendern. Privater Nachrichtenfluß, oft von letzteren gespeist, ersetzte den defizitären offiziellen. Die Möglichkeiten dazu vergrößerten sich gerade in der Brežnev-Ära enorm. Insofern liegt die Annahme nahe, daß der neuerliche Versuch verstärkter Gängelung schon aus diesen Gründen auf erheblich höhere Barrieren stieß als analoge Anstrengungen ein-zwei Jahrzehnte zuvor. Die technische Verdichtung der Kommunikation ließ sich ebensowenig aufhalten wie die Anhebung des allgemeinen Bildungs- und Kenntnisniveaus. Schon deshalb kann es nicht überraschen, daß die konservative Wende nach 1964 Wirkungen hervorbrachte, die sich als Aspekte einer allgemeinen Ambivalenz des Modernisierungsprozesses in der Sowjetunion verstehen lassen: Auf der einen Seite gelang es, die Löcher zu schließen, durch die ein Hauch von Gedankenfreiheit in das sorgsam abgeschottete Gehäuse des öffentlichen Lebens eingedrungen war; auf der anderen gab sie der ohnehin vorhandenen Neigung zu Apathie, Unglauben, Flucht ins Private und – dies war neu – Widerstand als Folge sowohl enttäuschter Hoffnungen aus den Chruščev-Jahren als auch engerer Verflechtungen mit der Außenwelt einen

4. Kultur zwischen Anpassung und Dissens

nachhaltigen Impuls. *Beide* Wirkungen gehörten zu den entscheidenden Ursachen der letalen Krise des Sowjetsystems.²²

Als Teil der Steuerung des öffentlichen und nach Möglichkeit (die aber sehr begrenzt blieb) auch des privaten Lebens kann die auffällige *Ritualisierung* gelten. Mit guten Gründen hat man die Allgegenwart obrigkeitlich geförderter normierter Zeremonien bei der Aufnahme in hervorgehobene Organisationen oder der Begehung von Fest- und Gedenktagen als charakteristisch für sozialistische Gesellschaften bezeichnet. Die Partei versuchte zu vereinnahmen, was sie nur konnte. Dabei veränderten die Akte mit der Festigung und Dauer des Regimes ihren Charakter. Im Kern mutierten sie von Veranstaltungen zur Werbung um Loyalität in solche zu deren Sicherung. Der Zweite Weltkrieg und Stalins Tod können auch in dieser Hinsicht als Wendepunkte gelten. Die Zeremonien teilten das Schicksal des gesamten Staates, an Dynamik zu verlieren. In der negativen Bedeutung des Wortes wurden sie erst jetzt zum Ritual – zur inhaltsleeren Beschwörung zunehmend ferner Ereignisse und Taten. Doch sollte dieser Wandel nicht als Funktionsverlust mißverstanden werden. Vielmehr wuchsen zumindest den öffentlichen Feiern neue legitimatorische Aufgaben zu. Was in der revolutionären Genese des Staates gleichsam verkörpert war, wurde durch die symbolhafte, normierte Wiederholung einerseits bekräftigt, andererseits aus der Agenda der ‹nächsten Aufgaben› gestrichen. Es liegt nahe, auch darin ein Ventil für manchen Verdruß über unerfüllte Versprechen zu erkennen.

Darüber hinaus entwickelten die Zeremonien in den drei großen Bereichen, die sich unterscheiden lassen, unterschiedliche Kennzeichen und Funktionen. Bei den staatlichen Feiern rückte die Demonstration äußerer und innerer Macht immer deutlicher in den Vordergrund. Was Stalin begonnen hatte, setzten Chruščev und Brežnev fort. Sowohl der Arbeiterfeiertag am 1. Mai als auch das Revolutionsgedenken Anfang November wurden in der Hauptstadt (nicht in Leningrad) als Militärparaden begangen. Mit gutem Grund avancierten die Bilder von der Parade gedrillter Truppen und modernster Waffen vor dem Leninmausoleum auf dem Roten Platz zur repräsentativen Momentaufnahme des ganzen Regimes. Dabei kam dem Umstand, daß Chruščev und (nach der Übergangsphase der Doppelherrschaft immer deutlicher allein) Brežnev am Platze Stalins standen, auch inhaltliche Bedeutung zu. Er verwies nicht nur auf eine grundsätzliche Kontinuität der Selbstdarstellung, sondern auch auf eine solche der Herrschaftsstruktur.

Die gesellschaftlichen Zeremonien veränderten ihre Zweckbestimmung in geringerem Maße. Sie behielten die primäre Aufgabe, den Eintritt in eine parteinahe oder -genehme Organisation oder ‹Klasse› hervorzuheben. Gelöbnisse und die repräsentative Beteiligung der aufnehmenden Gemeinschaft bildeten die Grundbestandteile der einschlägigen Feiern. Im Angesicht des Kollektivs, unter Fahnen und dem Antlitz des obersten Führers schworen Junge Pioniere, Komsomolzen oder Arbeiter als solche der neuen Organisation und dem Ganzen ergeben mit allen Kräften zu dienen. Die Forderung von Opferwillen war dabei ebenso bezeichnend wie die Unterwerfung des Individuums unter das Kollektiv – beides gehörte zu den Initiationsgebräuchen, die fast alle autoritären und sämtliche totalitäre Regime (z. B. die faschistischen) den Untertanen abverlangten. Gefolgschaft und bedingungsloser Gehorsam sollten die rationale Einzelfallentscheidung ersetzen. Der Ritus mit seiner Besonderheit und Feierlichkeit, zelebriert mit Hilfe allgegenwärtiger Zeichen von Ewigkeit und Transzendenz wie Licht, Feuer und Raumarrangements – auch sie nicht zufällig Gemeingut der Diktaturen dieses Jahrhunderts –, bildete gleichsam die symbolische Konkretion einer höheren Pflicht. Neu war dabei, daß die meisten der gesellschaftlichen Organisationen, die auf diese Weise Neulinge wie Schwurbrüder begrüßten, ihren elitären Charakter im «entwickelten Sozialismus» zunehmend einbüßten. Damit wuchs auch der Widerspruch zwischen Selbstverständnis und Wirklichkeit. In diesem Sinne wurden die entsprechenden Rituale zu Musterfällen einer ‹Veralltäglichung› mit der wahrscheinlichen Folge eines erheblichen Verlusts an Glaubwürdigkeit.

Auch die Versuche, system- und ideologiekonforme Feiern an die Stelle der jahrhundertealten religiös-kirchlichen ‹Transitionsriten› des privaten Lebens zu setzen, blieben in hohem Maße gleich. Sie wandelten sich weder inhaltlich noch funktional. Dabei fehlt bislang eine befriedigende Antwort auf die Frage, ob sie mit nachlassender Erinnerung an andere Zustände der Vergangenheit und dem Heranwachsen der dritten und vierten nachrevolutionären Generation, beschleunigt durch den Massenterror der dreißiger Jahre und den Blutzoll des Zweiten Weltkriegs, nicht tiefere Wurzeln in der Bevölkerung schlugen. Manche Verhaltensweisen wie die häufige Niederlegung von Blumen nach der Trauung an Lenin-Denkmälern scheinen dafür zu sprechen. Andererseits beehrten Leningrader Neuvermählte nach wie vor das berühmte Reiterstandbild Peters des Großen auf dem Dekabristen- (früher und heute wieder Senats-)platz mit dieser Sitte, andere zogen Stätten der Erinnerung an die Weltkriegstoten vor – beides keine Hommage an den Sowjetstaat. Noch weniger vermochten die *oktjabrina* oder die ‹gottlose› Beerdigung Fuß zu fassen. So liegt, nicht zuletzt im Licht der jüngsten Renaissance von Religiosität und Kirchlichkeit, die Annahme nahe, daß die sozialistischen Rituale in der Familie, die sich dem Einfluß von Partei und Staat am ehesten entzog, auch die geringste Resonanz fanden. Das Alte wurde verboten, aber Neues wuchs nicht auf.[23]

Als Indiz der symbolischen Kontinuität kann auch die Entwicklung an der Staatsspitze gelten. In dem Maße, in dem Brežnev aus dem Duumvirat mit Kosygin ausbrach, kehrte auch der geächtete *Personenkult* zurück. Ämter und Orden markierten dabei gleichsam die ‹Sprünge› dieses kontinuierlichen Vorgangs; zugleich zeigten sie an, wo der Rahmen des Angemessenen überschritten wurde. Der sowjetische Helden- oder der Leninorden standen

4. Kultur zwischen Anpassung und Dissens

einem Generalsekretär der KPdSU sicher zu. Der Marschallsrang, der Brežnev 1976 verliehen wurde, oder der oberste Militärorden (1978) und vollends der höchste Literaturpreis für seine Memoiren (1979) gingen aber deutlich darüber hinaus, weil sie Gebiete betrafen, auf denen er sich keine Verdienste erworben hatte. Von hier aus war der Weg zur Feier seiner Allwissenheit nicht weit, die vor allem nach der Übernahme auch des Amtes eines Vorsitzenden des Obersten Sowjet (im Juni 1977) immer unverhüllter zutage trat. Insignien und Funktionen zusammen begründeten den Eindruck einer Rückkehr zum alten Herrschaftsstil. Ungeachtet der Wesensveränderung der gesamten Sowjetordnung nach Stalins Tod gibt diese Renaissance zumindest der äußeren Darstellung der Machtkonzentration in den Händen eines Mannes Anlaß zu der Frage, ob ihr nicht auch systemische Gründe in Verbindung mit einer monokratisch geprägten politischen Kultur Vorschub leisteten.[24]

Insofern die *Ideologie* eine staatliche Veranstaltung war, unterlag sie ähnlichen Veränderungen wie die übrigen Bereiche des offiziösen geistig-politischen und kulturellen Lebens. Im Rückblick drängt sich dabei der Eindruck auf, als habe die wellenförmige Abfolge von begrenztem Pluralismus und «Redisziplinierung» einer inneren Logik gehorcht. Dem Denkverbot unter Stalin folgte eine Öffnung, die trotz ihrer engen Grenzen Gefahren für die monopolistische Gesamtordnung heraufbeschwor. Dies war um so eher der Fall, als es zum Kern der Chruščevschen Politik gehörte, das Land durch neuen Enthusiasmus aus der Teilnahmslosigkeit der Nachkriegsjahre zu erwecken. Man hat diesen Grundzug nicht zu Unrecht als Renaissance der Ideologie bezeichnet. Dabei sollte allerdings nicht übersehen werden, daß die Belebung mit nachlassender Verbindlichkeit einherging. Die Allgegenwart sozialistischer Floskeln war nicht länger identisch mit autoritativer Exegese. Im Gegenteil, die Revitalisierung der Theorie ging schon deshalb mit einem größeren Maß an Deutungsfreiheit einher, weil sie alte mit neuen Aufgaben verbinden sollte. Die Überlegung leuchtet ein, daß die Sowjetideologie nach dem 20. Parteitag von 1956 vor allem drei Anforderungen zu genügen hatte. Erstens mußte sie die Grundrichtung besonders der sozioökonomischen Entwicklung des Landes seit der ‹großen Wende› verteidigen, zweitens ‹Entartungen› in dieser Zeit anprangern und drittens die neuen innen- und außenpolitischen Vorgänge, von der Entstalinisierung über die Auflösung des *Gosplan* bis zur beginnenden friedlichen Koexistenz mit den kapitalistischen Ländern rechtfertigen. Die Integration dieser Leistungen hilft zum einen die erhebliche Kontinuität zu verstehen, die gerade in ideologischer Hinsicht zu beobachten war: Chruščev hat nie daran gedacht, den «Sozialismus» in der stalinistischen Gestalt lückenloser Verstaatlichung und Zentralisierung zu tadeln, geschweige denn zu korrigieren. Zum anderen macht die ‹Dreifaltigkeit› der Probleme verständlich, daß bei anderen Aspekten neue Interpretationen der überkommenen Staatsdoktrin geradezu gefordert waren. Darin lag die tiefere Ursache sowohl für den abermaligen ideologischen Aufbruch als auch für jenen Überschuß an Kritik, der bald nicht mehr in das enge Korsett des Regimes zu zwängen war.[25]

Chruščev erkannte früh die Chance, seine Akzente durch ein neues Parteiprogramm zu setzen. Dabei brauchte er ebenfalls nicht von vorn anzufangen: Den ersten Beschluß zur Revision des Programms von 1918 hatte schon der 16. Parteitag 1930 (!) gefaßt. Trotz zweier, 1939 und 1952 eingerichteter Kommissionen vermochte Stalin ihn aber nicht mehr zu realisieren. In neuem Geiste ließ Chruščev 1956 eine weitere Kommission wählen. Diese erledigte ihre Arbeit so zügig, daß das dritte Programm der bolschewistischen Partei vom 22. Parteitag im Herbst 1961 verabschiedet werden konnte. Genau besehen löste sich auch diese Neuformulierung der offiziellen Ideologie im Kern nicht vom Erbe der Vergangenheit. Ihre Hauptaussage, zugleich Begründung der Notwendigkeit einer Neufassung, blieb die alte. Die Sowjetunion, so hatte Stalin schon nach der ersten Kollektivierungswelle behauptet und so wiederholte Chruščev, habe das oberste Ziel der Revolution erreicht, der «Sozialismus... vollständig und endgültig gesiegt». Gemäß der Marxschen Geschichts- und Gesellschaftslehre, von zahllosen Philosophen nicht erst der Stalinzeit zur unfehlbaren Begründung objektiver Gesetzmäßigkeiten überhöht, begann damit die nächste Etappe: der Übergang zur kommunistischen Gesellschaft. Das Programm erläuterte auch, was darunter zu verstehen sei – «alle Menschen von sozialer Ungleichheit, von jedweden Formen der Unterdrückung und Ausbeutung», auch «von den Schrecken des Krieges zu erlösen» und «Frieden, Arbeit, Freiheit, Gleichheit, Brüderlichkeit und Glück aller Völker» auf Erden zu begründen. Unverblümter ließ sich der pseudoreligiöse Erlösungscharakter des angestrebten Endzustandes der sozialen Evolution und aller Geschichte kaum ausdrücken. Vieles von diesem utopischen Überschuß ging auf Chruščev und seine Variante der Fortschrittsgläubigkeit zurück. Aber man sollte auch in diesem Fall äußere Einflüsse nicht vergessen. Die technologischen Erfolge in der Raumfahrt (Sputnik, erster bemannter Orbitalflug) kommen dabei ebenso als Antriebe in Betracht wie der allgemeine Zeitgeist. In mancher Hinsicht erscheint die leutselige Siegesgewißheit Chruščevs als sowjetisches Pendant zu jenem fundamentalen Optimismus, der auch die geistige Gesamtlage der westlichen Länder in den fünfziger und sechziger Jahren kennzeichnete. Freilich begingen Chruščev und seine Gefolgsleute in ihrem ‹naiven› Marxismus den Fehler, sich auf das Glatteis der Prophetie zu wagen. Bis 1970, «möglicherweise auch früher», so hatte Chruščev auf der 21. Parteikonferenz im Januar 1961 erklärt, werde die Sowjetunion den Lebensstandard der Vereinigten Staaten erreichen und sich anschicken, den großen Systemkonkurrenten nicht nur in der absoluten, sondern auch in der Pro-Kopf-Produktion zu überholen. Offenbar hatte der vorsichtige Altstalinist Molotov die Brisanz einer solchen Festlegung erkannt. Er scheint am hef-

4. Kultur zwischen Anpassung und Dissens

tigsten gegen das neue Programm opponiert und ihm sowohl außenpolitischen Defaitismus als auch innenpolitische Großmäuligkeit vorgeworfen zu haben. In der Tat errichtete Chruščev mit der Proklamation des Anbruchs kommunistischen Überflusses («jedem nach seinen Fähigkeiten, jedem nach seinen Bedürfnissen») einen Maßstab, der das Regime international der Lächerlichkeit preisgab und nach innen vollends der Lüge überführte.²⁶

So nimmt es nicht wunder, daß der Putsch vom Oktober 1964 auch in dieser Hinsicht eine Wende brachte. Brežnev und Kosygin ergriffen nicht nur im Namen der *nomenklatura* die Macht, sondern ebenso im Zeichen der Nüchternheit. Das neue Parteiprogramm blieb zwar unverändert in Kraft (bis 1986), wurde aber aus den Schlagzeilen getilgt. Fortan behandelte man es eher als Formulierung der Fernziele, weniger als Anleitung der Tagespolitik. Pragmatische ‹kleine Schritte› waren angesagt, keine lauten Worte. Damit stimmt überein, daß erst die schmerzliche Konkretisierung reformkommunistischer Konzepte außerhalb der Sowjetunion, aber innerhalb der von ihr beanspruchten Hegemonialsphäre, in der ČSSR, den (letzten?) Anstoß dazu gab, durch einen ZK-Beschluß vom Frühjahr 1968 auch im Innern zur Gegenoffensive überzugehen. Nach einer Art von Ruhigstellung setzte zu Beginn des neuen Jahrzehnts in fast allen Bereichen des kulturellgeistigen Lebens eine ideologische «Restauration» ein. Da sie ungefähr zeitgleich mit der außenpolitischen Öffnung verlief, drängt sich die Parallele zur Leninschen ‹Einheit› von NEP und Fraktionsverbot nachgerade auf. Auch die Begründung klang verwandt: Trotz ‹friedlicher Koexistenz› verschärfe sich der «Kampf der Weltanschauungen», weil «fremde Ideen» leichter eindringen könnten. So gesehen war die dogmatische Verhärtung unter anderem als erneuter Versuch zu erklären, die ‹innere Unterwanderung› durch westliche Gedankenfreiheit (einschließlich reformkommunistischer Ideen) im Zuge der Entspannung zu verhindern.

Da aber bloße Abwehr nicht ausreicht, propagierte man nun auch stärker neue, ‹positive› Ziele. Statt vom Kommunismus war fortan vom Aufbau einer «entfalteten sozialistischen Gesellschaft» die Rede, die von einer «neuen geschichtlichen Gemeinschaft», dem «Sowjetvolk», getragen werde. Alle Schichten und die zahlreichen Nationalitäten des Vielvölkerreiches sollten, wie die neue Verfassung von 1977 bereits als Faktum verkündete, zu einem nicht nur rechtlich, sondern auch materiell-kulturell gleichen Ganzen verschmelzen. Allerdings sollte dieser Prozeß im Zeichen der reklamierten sowjetischen Werte stehen. Durchaus folgerichtig attackierte die Propaganda daher verstärkt die Ausbreitung von ‹Warenvergötterung› und ‹Sachenanbetung› in der Jugend. In mancher Hinsicht wollte man damit die Geister, die vollmundige Einholungsversprechen geweckt hatten, wieder einfangen. Daß dies auf eine Quadratur des Kreises hinauslief, war offensichtlich: Auf der einen Seite stellte das Entwicklungsgesetz des «historischen Materialismus» durchaus konkrete Früchte in Aussicht und bedurfte die antriebslose Wirtschaft individuell spürbarer Gratifikationen; auf der anderen Seite sollte die neue ideologiekonforme Haltung nicht die ‹westliche› Gestalt von Habsucht und Konsumgier annehmen. Dieser Grat zwischen gleichsam kollektivverträglichem Individualismus und ‹unsozialistischem› Egoismus war zu schmal, als daß er beschreitbar gewesen wäre. Aber auch das greifbarere und eigentlich gemeinte Ziel, die sowjetische Wirtschaft und Gesellschaft auf ein deutlich höheres technisch-organisatorisches und kulturell-geistiges Niveau zu heben, wurde nicht erreicht. In dieser Hinsicht blieb die ideologische Restauration der siebziger Jahre genauso ergebnislos wie die Reform der fünfziger und sechziger. Es gab keinen richtigen Weg auf dem falschen.[27]

d. Wissenschaft, Literatur und Dissens

Auch ihre ärgsten Feinde räumen ein, daß die Sowjetunion in den fünfziger Jahren wissenschaftliche und technische Höchstleistungen vollbrachte. Die Zündung der Wasserstoffbombe (1953) sowie der erste unbemannte (1957) und bemannte (1961) Raumflug bescherten ihr nicht nur militärische Macht, sondern auch Prestige. Das Mutterland des Sozialismus schien der Welt zu zeigen, daß sein System genau so viele Fähigkeiten zu mobilisieren vermochte wie das ‹kapitalistische›. Dabei konnte es immer noch glaubwürdig den Anspruch erheben, am Anfang seiner Laufbahn zu stehen, und galt darüber hinaus vielen, nicht zuletzt in der nun so genannten entkolonialisierten Dritten Welt als gerechter. Eben daraus erwuchs jedoch auch eine bedrohliche Ambivalenz: Wenn sich die Erfolge als temporär erwiesen, bargen sie weiteres Potential für Unzufriedenheit. Die folgenden Jahrzehnte zeigten, daß diese Möglichkeit Realität wurde. Denn ebenso einmütig urteilten Freunde und Gegner der Sowjetordnung, daß auch die Entwicklung von Wissenschaft und Technologie in eine Sackgasse geriet. Gegen Ende der Brežnev-Ära äußerten selbst inländische, grundsätzlich loyale Wissenschaftler – von oppositionellen nicht zu reden – tiefe Zweifel an den Ergebnissen ihrer kollektiven Anstrengungen. Der Ertrag schien in keinem angemessenen Verhältnis mehr zum Aufwand zu stehen. Die Sowjetunion verfügte um diese Zeit über die größte Heerschar an graduierten Forschern und investierte enorme Summen in ein engmaschiges Netz wissenschaftlicher Einrichtungen. Dennoch war sie nach allen gängigen Kriterien auf einen minderen Rang zurückgefallen. Es gab die eine oder andere Musterdisziplin von Weltgeltung; aber die Schwächen überwogen. An wirtschaftlich nutzbaren Innovationen hatte sie nie mit den Vereinigten Staaten und anderen westlichen Ländern konkurrieren können. Nun verringerten sich auch die Bezugnahmen in der Literatur (Zitierhäufigkeit) und die Berufungen in internationale Gelehrtengesellschaften. Vor allem nahmen die Nobelpreise ab: Es war bezeichnend, daß die letzte Auszeichnung (an den Physiker Kapica 1978) für Forschungen aus den Vorkriegsjahren vergeben wurde. Was einst als neues,

4. Kultur zwischen Anpassung und Dissens

überlegenes System begründet worden war und vor allem unter Chruščev respektablen Ertrag erbracht hatte, versank in den siebziger Jahren in Mittelmaß. Die Frage drängt sich auf, ob und wie dieser Niedergang zu erklären war.[28]

Denn rein äußerlich ging es der sowjetischen Wissenschaft besser als je zuvor. Die hektischen Reformen hatten ein Ende. Stattdessen trat nicht nur eine Beruhigung ein, sondern auch eine Bündelung der Kräfte. Zwar hatte Chruščevs Attacke gegen den Zentralismus die Wissenschaft insofern ausgespart, als es seit 1957 ein oberstes Koordinierungsgremium beim Ministerrat der UdSSR gab. Aber diesem wurden erst 1961 und 1963 ausreichende Kompetenzen übertragen. Darauf gestützt, konnte das – nach dem Umsturz 1965 erneut umgetaufte – *Staatskomitee für Wissenschaft und Technologie* (GKNT) seiner Bestimmung im Benehmen mit dem mächtigen *Gosplan*, der die Eckdaten vorgab, tatsächlich einigermaßen gerecht werden. Allerdings bedurfte es dazu der Hilfe einer Institution, die dank ihrer Kompetenz allein in der Lage war, die zunehmend unübersichtliche Forschungsvielfalt zu ordnen: der *Akademie der Wissenschaften*. Nach einem Grundsatzstreit über ihren Sinn und Zweck wurde diesem letzten organisatorischen Überbleibsel aus kaiserlichen Zeiten 1963 das Recht übertragen, seine Beschlüsse auch für regionale Dependancen verbindlich zu machen, die eigentlich den Republiken (nicht der Union) unterstanden und von diesen finanziert wurden. Dabei mag es offen bleiben, ob der zeitliche Zusammenhang auch ein inhaltlicher war. Die Debatte, vom Chemie-Nobelpreisträger Semenov ausgelöst, endete mit der Abtretung der technisch-ingenieurwissenschaftlichen Institute an die Fachministerien und schuf Freiraum nicht nur für Grundlagenforschung auf vielen neuen Gebieten, sondern auch für die zentrale Koordination solcher Aktivitäten. Die Akademie übte diese Funktion in einem solchen Maße aus, daß sie als gleichberechtigt mit dem – ihr eigentlich übergeordneten – Staatskomitee galt. Faktisch bestimmte die Akademie, was in welchem Institut geforscht wurde. Sie wählte die Arbeitsgebiete aus und wies die Mittel zu. Sie dirigierte und kontrollierte so weitreichend und effektvoll, daß die Meinung keine ungebührliche Übertreibung war, der Präsident der Akademie besitze mehr Macht als manch ein Minister.[29]

Auch mit der Ausstattung geizte der Staat nicht. Das neue Parteiprogramm, vom 22. Parteitag 1961 mit propagandistischem Getöse verabschiedet, wies nicht zuletzt der Wissenschaft die Aufgabe zu, im Wettkampf der Systeme zum Sieg des Sozialismus beizutragen. Sie sollte noch «mehr Gewicht» erhalten und wurde zur ‹unmittelbaren Produktivkraft› erhoben. Auch die neuen Herren vergaßen dieses Bekenntnis nach 1964 nicht und ließen es sich einiges kosten. Allenthalben wurden neue Forschungseinrichtungen gegründet. Sämtliche regionalen und zentralen Akademien, Laboratorien, Observatorien, Museen, Versuchsanlagen, Botanische Gärten und Hochschulen *(VUZy)* zusammengerechnet, gab es Ende 1985 5057 solcher

Einrichtungen. Dementsprechend wuchs das Personal. Die Eckdaten beeindrucken insbesondere im längerfristigen Vergleich. Unter Einschluß der Verwaltung wuchs seine Zahl von 362 1940 auf 714 1950, 1.592 1960, 2.999 1970 und 4.379 1980 (in Tausend). Die jährlichen Zuwachsraten schwankten dabei in den siebziger Jahren zwischen 2,7 und 5,0 %, waren aber nur ein Mal rückläufig. Ähnlich schnell nahm die Zahl der Wissenschaftler von 162,5 Tausend 1940, 354,2 1950, 664,6 1960, 927,7 1970 und 1.373,3 1980 mit Wachstumsraten zwischen 2,0 und 8,1 % zu. Auch wenn die Wissenschaftler ihre materiellen Privilegien in den nachstalinistischen Jahrzehnten einbüßten und ihre Gehälter relativ sanken, ergab sich aus einer solchen Expansion für den Staat absolut eine kontinuierlich steigende Belastung. Im großen und ganzen hielten die Zuweisungen damit Schritt. Trotz aller Probleme der Preisbereinigung erscheint die Schlußfolgerung vorerst plausibel, daß die wissenschaftlichen Einrichtungen auch unter den schwierigen Bedingungen abnehmender Wirtschaftserträge seit der zweiten Hälfte der siebziger Jahre ‹relativ großzügig› bedacht wurden. Wenn sich der Eindruck geringer Leistungsfähigkeit verbreitete, so lagen dem zumindest in erheblichem Maße auch andere Ursachen zugrunde: Probleme der Ressourcenverteilung und -nutzung. Diese Vermutung liegt um so näher, als auch das Qualifikationsniveau nicht hinter dem personellen Wachstum zurückblieb. Zählte man 1950 noch 8,3 Tausend «Doktoren der Wissenschaft» (entsprechend den hiesigen Habilitierten) und 45,5 «Kandidaten der Wissenschaft» (entsprechend unseren Doktoren) sowie 1960 10,9 resp. 98,3, so verstärkte sich diese Gruppe auf 23,6 resp. 224,5 1970 und 37,7 resp. 396,2 Tausend 1980. Mithin kam am Anfang wie am Ende dieses Zeitraums etwa ein ‹titulierter› Wissenschaftler auf zwei ‹nichttitulierte›.[30]

In Gestalt der Akademie erhob die Partei- und Staatsführung eine Institution zur wichtigsten Gehilfin ihrer Wissenschaftspolitik, die dafür gewiß geeignet war, aber in ihrer Sicht auch manche Nachteile aufwies. Der größte Stein des Anstoßes dürfte dabei in der tradierten, statutenmäßig fixierten Autonomie bestanden haben. Selbst Stalin vermochte sie nicht wirklich zu beseitigen, sondern sie gleichsam ‹nur› durch Terror und Drohungen auszuhöhlen. Um so zäher beharrte die Akademie im ‹friedlichen Sozialismus› auf diesem ihrem alten Recht, das vor allem in einem Verfahren Ausdruck fand: der Aufnahme neuer Mitglieder ausschließlich durch eigene Zuwahl. Allerdings kamen ihre verschiedenen Gremien und Institutionen in unterschiedlichem Maße in den Genuß dieser Unabhängigkeit. Schon angesichts ihrer Größe konnte auch die Akademie keine homogene Körperschaft sein. So wie sie in der Brežnev-Ära mindestens drei Funktionen miteinander verband: die bedeutendsten Gelehrten aller Disziplinen zu versammeln, Forschungseinrichtungen zu betreiben und Wissenschaft zu verwalten, so bestand sie auch bezüglich ihrer Selbstverwaltung aus mindestens drei verschiedenen Bereichen.

4. Kultur zwischen Anpassung und Dissens

Die Wissenschaftsadministration lag in den Händen des Präsidiums. Dieses setzte sich aus dem von ihm auf vier Jahre gewählten Präsidenten, acht gewählten Vizepräsidenten, den wissenschaftlichen Sekretären, Vertretern der Filialen und einer bestimmten Zahl angesehener Gelehrter zusammen. Da die Akademie als Organisation dem Ministerrat der UdSSR unterstand, dürfte der Einfluß der Staats- und Parteiführung auf die Besetzung zumindest der Ämter des Präsidenten und seiner Stellvertreter erheblich gewesen sein. Das letzte Wort sprach, wie in allen wichtigen Fragen, das ZK, dessen Apparat auch eine Abteilung für die Wissenschaft und Höheren Lehranstalten enthielt. Andererseits stiegen nur angesehene Wissenschaftler zur höchsten Position auf. Alle Präsidenten der Nachkriegsjahre, der Chemiker A. N. Nesmejanov (1951–61), der Mathematiker M. V. Keldyš (1961–1975), der Physiker A. P. Aleksandrov (1975–1986) und der Mathematiker G. I. Marčuk (1986–1991) waren herausragende Gelehrte, die ihr exponiertes Amt aufgrund ihrer fachlichen Leistung antreten konnten. Insofern verkörperten sie gleichsam einen ansonsten eher seltenen Kompromiß zwischen Gesichtspunkten politisch-ideologischer Konformität, administrativer Befähigung und wissenschaftlicher Autorität. Will man die Führung als ‹Kopf› bezeichnen, so bestand der eigentliche Körper der Akademie aus zahlreichen Forschungsinstitutionen, die sich über die gesamte Bandbreite vor allem der Naturwissenschaften und der Medizin sowie eher marginal der Geistes-, Sozial- und Wirtschaftswissenschaften erstreckten. Außerhalb der Akademie befanden sich seit Beginn der sechziger Jahre im wesentlichen nur die ingenieurwissenschaftlich-technischen Einrichtungen, die (ebenfalls sehr zahlreich und in den oben genannten Daten enthalten) bei den Fachministerien ressortierten. Die wissenschaftlichen Angestellten dieser Institute waren in aller Regel *keine* Mitglieder der Akademie. Sie blieben, wie die offizielle Bezeichnung formulierte, «Mitarbeiter(innen)». Nicht wenige der Dienstälteren erwarben nach vielen Jahren der Forschung über recht spezielle Gegenstände durch die Vorlage einer umfangreichen Untersuchung den Grad eines Doktors. Dies trug ihnen Prestige und Avancement ein (während man auch ohne diese Qualifikation Professor an einer der zahlreichen Provinzuniversitäten und sonstigen Hochschulen werden konnte), mitnichten aber den Rang eines Akademiemitglieds. Schon deshalb war und blieb die Mitgliederversammlung das ‹Herz› der Akademie. Nur die Vollmitglieder wählten das Präsidium, nur sie übten das Kernrecht der *Kooptation* neuer Mitglieder aus, wobei die Ausersehenen in der Regel zunächst als «korrespondierende Mitglieder» eine Art Probezeit mit minderem Status absolvieren mußten. Da die Abstimmung geheim war, vermochte sich dieses Gremium dem Druck der Partei- und Staatsführung in ungewöhnlichem Maße zu entziehen. Sicher hätte sich keine andere Institution so beharrlich weigern können, einen Regimegegner von der Statur Sacharovs auszuschließen. Im übrigen brachte die Mitgliedschaft auch materielle Vorteile in

Gestalt hoher Gehälter, eines Dienstwagens sowie des Zugangs zu besonderer medizinischer Versorgung, zu Sanatorien, Erholungsheimen usw. mit sich.[31]

Der eigentümliche Status der Akademie und ihrer Einrichtungen geht auch aus anderen Angaben über ihr Verhältnis zur Partei hervor. Im großen und ganzen zeigt sich dabei eine deutliche Korrelation zwischen Durchdringungsgrad und Funktionsebene. Evident ist, daß die Akademieführung dem offiziellen politischen Kurs in der Regel folgte. Dafür sorgte an vorrangiger Stelle der ehemalige Agrarhistoriker S. P. Trapeznikov, der als langjähriger Leiter der einschlägigen ZK-Abteilung (1966–83) der gesamten Amtszeit seines Gönners Brežnev den Stempel eines besonders rigiden Konservatismus aufdrückte. Hinzu kam, daß der Akademiepräsident *ex officio* Sitz und Stimme im ZK besaß, so daß er auch in dieser Eigenschaft faktisch dem ‹Apparat› unterstand. Auf den unteren Ebenen sah das Bild freilich anders aus. Mitte der fünfziger Jahre gehörten nur 33 % der vollberechtigten und 39 % der korrespondierenden Akademiemitglieder der KPdSU an. Dieser Anteil stieg zwar bis zur Mitte der siebziger Jahre auf 59 % bzw. 66 %, blieb damit aber (für Angehörige der Elite) relativ niedrig. Zu ähnlichen Ergebnissen führten Erhebungen unter *allen* (nicht nur denjenigen der Akademie) wissenschaftlichen Mitarbeitern mit dem Titel eines «Kandidaten» oder «Doktors». Zu Beginn der Chruščev-Ära (1956/57) verfügten 44 % über einen Parteiausweis, zehn Jahre später 52,7 % und 1980/81 52,9 %. Dabei lag die Quote in den letztgenannten Stichjahren unter den «Doktoren» (Habilitierten) deutlich höher als unter den «Kandidaten». Mithin vermag das doppelte Fazit einschlägiger Spezialuntersuchungen zu überzeugen: daß es der Partei zwar auch in der Wissenschaft im großen und ganzen gelang, ihre Ideologie und Vorgaben durchzusetzen, daß ihre Präsenz und Kompetenz aber nicht ausreichten, um die Forschung völlig zu unterwerfen. Insofern verkörperte Kapica, der als (zuletzt einziger) Parteiloser noch am Ende der Brežnev-Ära sogar dem Präsidium der Akademie angehörte, nicht nur den Erfolg der seltenen Verbindung von herausragender Fähigkeit und Zivilcourage, sondern auch eine erhebliche, wenn auch politisch überwiegend indifferente Resistenz vieler namenloser Wissenschaftler.[32]

Natürlich hängt das Urteil über die Effizienz des sowjetischen Wissenschaftsapparats zuallererst von seiner fachlichen Leistung ab. Deren Bewertung muß im einzelnen der Wissenschaftsgeschichte überlassen bleiben, die es für Rußland und die Sowjetunion kaum gibt. Dennoch scheinen einige allgemeine Aussagen möglich. Für die *Naturwissenschaften* schälen sich im wesentlichen zwei heraus. Zum einen geben die üblichen Kriterien, von internationalen Auszeichnungen bis zur Zitierhäufigkeit in der Fachliteratur, zu erkennen, daß die sowjetische Wissenschaft alte Stärken weiterpflegte. In einigen Musterdisziplinen war und blieb sie eine Weltmacht. Dies galt vor allem für die Mathematik, in der A. N. Kolmogorov mit grundlegenden

4. Kultur zwischen Anpassung und Dissens

Beiträgen zur Wahrscheinlichkeitstheorie an die Pioniertaten von Luzin oder V. A. Steklov in der sowjetischen Frühzeit anküpfte, aber auch andere wie der spätere Akademiepräsident Keldyš auf dem Gebiet der Aerodynamik internationale Maßstäbe setzten. Letztlich reicht die Kette herausragender Neuerungen bis zu L. Euler und den Bernoullis zurück, die im 18. Jahrhundert an der St. Petersburger Akademie der Wissenschaften wirkten. In dieser großen Tradition hat man daher auch eine Ursache für das ungewöhnliche Niveau der sowjetischen Mathematik noch der frühen Brežnev-Ära gesehen. Eine andere lag wohl darin, daß die reine Verstandeskraft, die hier benötigt wurde, weit von aller Ideologie und Politik entfernt war und im Kontext der allgegenwärtigen Denkverbote einen attraktiven Freiraum bildete. Erst in den siebziger Jahren begann das Ansehen der sowjetischen Mathematik zu verblassen. Die Vermutung liegt nahe, daß dabei auch der Mangel an leistungsstarken Computern, die immer unverzichtbarer wurden, eine Rolle spielte.

Ähnliche Gipfelhöhen erklomm die theoretische Physik in der Sowjetunion. Fast waren die Namen der herausragenden Persönlichkeiten hier noch zahlreicher. Allerdings blieben sie weitgehend dieselben. Fok, Landau, Tamm und Frenkel' prägten auch in den fünfziger und sechziger Jahren durch alte und neue Arbeiten oder Lehrbücher den nationalen Standard und das internationale Ansehen ihrer Disziplin. Besondere Bedeutung als Kaderschmiede kam dabei dem schon 1918 in Petrograd begründeten Ioffe'schen Physikalisch-Technischen Institut zu, aus dem viele, noch unter Brežnev Maßstäbe setzende Physiker hervorgingen. Dies galt für Kapica, Landau und Frenkel' ebenso wie für den langjährigen Akademiepräsidenten Aleksandrov, den früh verstorbenen Erbauer der ersten sowjetischen Atombombe Kurčatov oder den Chemie-Nobelpreisträger Semenov. Hinzu kamen Sacharov, ‹Vater› der sowjetischen Wasserstoffbombe, P. A. Čerenkov, dessen Arbeiten über die Reaktion von Flüssigkeiten auf atomare Bestrahlung 1958 mit dem Nobelpreis ausgezeichnet wurden, oder C. G. Basov und A. M. Prochorov, die (gemeinsam mit dem US-Amerikaner C. Townes) für ihre Studien über elektromagnetische Wellen 1964 mit derselben Ehre ausgezeichnet wurden. Danach setzte auch in der theoretischen Physik eine Entwicklung ein, die zumindest als abnehmende Konkurrenzfähigkeit im internationalen Maßstab, wenn nicht als Niedergang, zu beschreiben war.[33]

Von den übrigen Naturwissenschaften ragten zeitweise und partiell noch die Astronomie und die Chemie heraus. Beide konnten auf eine bedeutende Tradition zurückblicken, die F. G. W. Struve bzw. A. M. Butlerov in der ersten Hälfte des 19. Jahrhunderts begründet hatten. Davon zehrten beide, vermittelt durch herausragende Gelehrte alter Schule, noch bis in die dreißiger Jahre, in der Chemie infolge des langen Lebens von N. D. Zelinskij sogar bis in die fünfziger Jahre. Und auch die physikalische Chemie gelangte, angestoßen von der herausragenden theoretischen Physik, vorübergehend zu hohem Ansehen. Ansonsten aber herrschte Mittelmaß. Ältere Disziplinen konnten nicht mehr mithalten, jüngere befanden sich noch in den allerersten Anfängen. Sicher liegt die Bedeutung zumindest der frühen Brežnev-Ära darin, daß sie die Öffnung der Wissenschaft zur internationalen Entwicklung fortsetzte. Der ideologischen Befreiung folgten (in vieler Hinsicht typisch für den pragmatischen, stillen Reformkurs dieser Jahre) organisatorisch-institutionelle Konsequenzen. Die meisten neuen, im Westen nach dem Zweiten Weltkrieg entstandenen Wissenschaftszweige und Methoden, von der Molekularbiologie bis zur Kybernetik, wurden jetzt erst in Form eigener Forschungseinrichtungen fest verankert. Der Rückstand hätte sich höchstens durch massive, gleichsam kompensatorische Investitionen in die sachliche und personelle Ausstattung aufholen lassen. Dazu fehlten aber besonders in den siebziger Jahren die Mittel. In dem Maße, wie finanzintensive Großforschung, teure Apparaturen und Schlüsseltechnologien wie die Herstellung von Hochleistungscomputern für alte und neue Disziplinen an Bedeutung gewannen, fielen die sowjetischen Naturwissenschaften zurück. Dies war um so eher der Fall, als die ohnehin knappen Gelder noch einseitig verteilt wurden. Der allergrößte Teil kam den Disziplinen zugute, die rüstungstaugliche Forschungsresultate versprachen. Der Rest ging leer aus. Auch diese Erfahrung begünstigte einen Fatalismus, der nicht eben dazu beitrug, den Niedergang aufzuhalten.

Doch Geldmangel und fehlende Wirtschaftskraft reichen nicht aus, um die nachlassende Innovations- und Leistungskraft der sowjetischen Wissenschaft seit dem Ende der sechziger Jahre zu erklären. Für die ‹klassischen› theoretischen Disziplinen greifen sie nicht oder nur zum Teil. Insofern vermag das Argument zu überzeugen, daß auch hier ein generationsspezifischer Faktor hinzutrat: In den sechziger Jahren starben die meisten jener Forscher, die ihre Ausbildung noch bei vorsowjetisch geprägten Lehrern erhalten hatten. Wer in den zwanziger Jahren studierte und in den dreißigern erstes Aufsehen erregte, nahm an den internationalen Diskussionen jener Zeit teil und bewegte sich methodisch und gedanklich auf internationalem Niveau. Nicht ohne Grund ging der Ruhm der sowjetischen Physik vor allem auf ihre Beiträge zur Quanten- und Atomtheorie zurück. Erst als diese Generation abtrat, rückte die eigentlich sowjetische in die führenden Positionen ein. Sie aber war stalinistisch und von den charakteristischen Merkmalen ihrer Epoche geprägt: der Begrenzung des Denkens auf Erlaubtes und die eigene Zuständigkeit, verbunden mit einer völligen Isolation von der Außenwelt einschließlich geringer oder fehlender Kenntnis fremder Sprachen. Zugleich brachte es die bekannte ‹Gerontokratie› in fast allen Bereichen der Sowjetgesellschaft mit sich, daß junge Wissenschaftler lange auf Einfluß und Ränge warten mußten. Allein zwischen 1976 und 1986 ging der Anteil von «Doktoren» (Habilitierten) unter 40 Jahren um 67% zurück. Die Brežnev-

4. Kultur zwischen Anpassung und Dissens

Generation regierte auch in der Wissenschaft – mit ähnlichen Symptomen der Sklerose wie in der Politik. So spricht alles für eine Deutung, die auf eine Bankrotterklärung des Systems vor allem (aber nicht nur) in seiner stalinistischen Variante hinausläuft: Die sowjetische Wissenschaft hielt Weltniveau, wo sie eine russische und internationale war und soweit sie keine kostspieligen Apparaturen brauchte; als die alte Generation starb und Tafel und Kreide nicht mehr ausreichten, fiel sie zurück. Einzige Ausnahme war die Raumfahrt der fünfziger Jahre. Allerdings bestätigte auch sie die Regel, sobald man ihren Triumph gemäß der überwiegenden Deutung auf eine außergewöhnliche und einseitige, langfristig teuer erkaufte Konzentration von Geld und Personal zurückführt.[34]

Die *Geistes- und Sozialwissenschaften* unterlagen einer strengeren ideologischen Aufsicht als die Naturwissenschaften. Vor allem damit dürfte zusammenhängen, daß sie sich im ganzen noch weniger entfalten konnten. In vieler Hinsicht konservierte der offizielle Marxismus-Leninismus die disziplinäre Gestalt des späten 19. Jahrhunderts. Die klassischen Deutungs- und Kulturwissenschaften, namentlich die Geschichts- und die Literaturwissenschaft, wurden gefördert. Kleinere tradierte Disziplinen, von der Archäologie bis zur Ethnologie, überlebten, fristeten aber ein marginales Dasein. Andere wie die Jurisprudenz oder Ökonomie galten eigentlich als gegenstandslos, weil ihre Kernprobleme für gelöst erklärt wurden; sie behaupteten sich höchstens als kasuistisches Hilfsmittel zur Regelung praktischer Tagesfragen, die unter dem Dach unumstößlich ‹richtiger› Strukturentscheidungen auch im ‹Sozialismus› anstanden. Neue, oft erst nach dem Zweiten Weltkrieg aufblühende Wissenschaften wurden völlig unterdrückt oder blieben noch fragmentarischer. Auf die Politikwissenschaft meinte man verzichten zu können, weil die beste aller denkbaren Ordnungen für gefunden erklärt wurde. Die Soziologie durfte sich immerhin entwickeln, aber auch nur als empirisches Regelwerk zur Ermittlung unverzichtbarer Daten. Theorie im engeren Sinne jenseits ‹sozialtechnologischer› Methodologie war nicht erlaubt. Allerdings war dies generell der Fall: Alle Geistes- und Sozialwissenschaften (im übrigen auch die meisten Naturwissenschaften) litten existentiell darunter, daß der marxistisch-leninistische Wahrheitsanspruch die Rezeption anderer Gedankengebäude und Verfahrensweisen behinderte. Ohne ‹Klassiker der Moderne›, von Dilthey bis Popper, von Simmel bis Heidegger, von Weber bis Parsons, von Freud bis Wittgenstein, kamen sie, soweit sie überhaupt das Licht der sowjetischen Welt erblicken durften, über den Stand des ausgehenden Zarenreichs nicht hinaus.

Anders, aber nicht unbedingt besser erging es den auserkorenen, weil zu Propagandisten der offiziellen Weltanschauungen erhobenen Disziplinen. Als Exempel kann die Geschichtswissenschaft gelten, die Marx zur letzten Universal- und eigentlichen Fundamentalwissenschaft erklärt hatte. Ihr reichten die wenigen Jahre des Aufatmens unter Chruščev für eine grundlegende Neuorientierung nicht aus. Untersuchungen, die gegen Ende der fünfziger Jahre begonnen wurden, kamen oft über das Stadium der ersten Niederschrift nicht hinaus. Als die Veröffentlichung anstand, hatte sich die politisch-geistige Lage grundlegend verändert. Nur wenige besaßen die Courage, das Ergebnis mühevoller Arbeit noch veröffentlichen zu wollen. Sie alle wurden auf Druck des neuen Zensors Trapeznikov, gelegentlich sogar durch Intervention Suslovs selbst, gemaßregelt. Wer sein Werk (wie R. A. Medvedev die erste Darstellung des Vorkriegsstalinismus) im Ausland drucken oder illegal zirkulieren ließ, geriet zwangsläufig unter die «Dissidenten»; wer die Zensur zu umgehen wußte oder ihr zuvorkam, mußte öffentliche Reue üben oder (wie A. M. Nekrič für sein Buch über Stalins Versagen beim deutschen Überfall vom 22. Juni 1941) außer Landes gehen, um frei weiterarbeiten zu können. Auch Korrekturen an der offiziösen Interpretation der älteren russischen Geschichte wurden nicht toleriert. Einige Berichtsbände über einschlägige Konferenzen konnten noch erscheinen. Offenbar brauchte die neue Aufsicht ebenso lange, um eine Linie zu finden, wie die damals führenden Historiker der mittleren Generation, um die Diskussion in Gang zu bringen. Aber zu Beginn der siebziger Jahre wurde auch dieser Überhang undogmatischen Denkens, das im übrigen den marxistischen Boden nicht verließ, liquidiert. Nach obrigkeitlicher Intervention fanden sich die Urheber der Debatte aus dem Historischen Institut der Akademie der Wissenschaften in Moskau als der ranghöchsten Einrichtung der sowjetischen Geschichtsforschung ausgeschlossen und in untergeordnete oder qualifikationsfremde Positionen versetzt. Ihre ernannten Nachfolger nutzten die zentrale Anweisungskompetenz, die auch in der Wissenschaft galt, um eine neue Orthodoxie zu verankern. Der ohnehin geringe Interpretationsspielraum wurde zumindest für die Geschichte Rußlands nach der Mitte des 19. Jahrhunderts faktisch aufgehoben. Innovation, die in Kandidaten- und Doktordissertationen angesichts wachsender Konkurrenz dennoch gefordert werden mußte, konnte im wesentlichen nur in Gestalt faktischer Kenntniserweiterung stattfinden.[35]

Über das kennzeichnende Merkmal der *Literatur*landschaft unter Brežnev herrscht erstaunliche Einmütigkeit: Sie war gespalten. Dabei mag der Konsens mit dem Kontrast zur Chruščev-Ära zusammenhängen. Stalins Schatten hatte so lange über dem Land gelegen, daß alle, die an neuem geistigen Leben interessiert waren, an einem Strang zogen. Natürlich gab es unterschiedliche Temperamente; aber sie traten hinter das gemeinsame Anliegen zurück, zumal sie darin unerläßliche Unterstützung durch die Politik erhielten. Diese Klammer verlor schon unter Chruščev an Stärke; Radikale(re) und gesamtpolitisch Denkende trennten sich von Moderaten und eher Professionsbezogenen. Insofern wird man den neuen Regenten nicht die ganze Verantwortung für die kommende Entwicklung aufbürden können. Zu-

4. Kultur zwischen Anpassung und Dissens

gleich gilt, daß Kunst und Denken unter einem besonders tiefen Einschnitt zu leiden hatten, der dem Differenzierungsprozeß einen kräftigen Schub gab. Das Verbot weiterer Stalinkritik zwang in Verbindung mit strengerer ideologischer Aufsicht zur Entscheidung: Wer nicht dafür war, mußte dagegen sein. Viele Schriftsteller verließen in den folgenden Jahren, freiwillig oder unfreiwillig, die Sowjetunion. Erneut wurden die Hauptstädte des Westens zur zweiten Heimat russisch-sowjetischer Literatur und alternativer politischer Konzepte. Allerdings kamen die geographische und die ‹inhaltliche› Teilung nicht zur Deckung. Hier wie dort gab es unterschiedliche Meinungen und Lager. Zumindest darin kann man im Vergleich zur relativen Homogenität während des allseits ersehnten «Tauwetters» auch einen Aspekt der Normalisierung sehen.[36]

Unter dem Gesichtspunkt der politisch-weltanschaulichen Haltung zum bestehenden Regime – die ästhetischen Konzepte sollen hier außer Betracht bleiben – lassen sich (mindestens) vier Orientierungen unterscheiden. Am wenigsten Aufmerksamkeit fanden außerhalb der Sowjetunion die überzeugten Anhänger der bestehenden Ordnung einschließlich der Vorgaben für Kunst und Literatur. Natürlich waren sie nicht nur präsent, sondern stellten die Masse der Mitglieder (und alle leitenden Funktionäre) des Schriftstellerverbandes. Man sollte die kulturpolitische Bedeutung dieser Durchschnittsproduzenten nicht unterschätzen. Eben weil sie Massenware verfaßten, waren sie nicht nur geeignete, sondern auch wirkungsvolle Mediatoren. Hinzu kam, daß sie von einigen Prominenten wie Šolochov oder Fedin angeführt wurden, die in einer ‹gerontokratischen› Gesellschaft erheblichen Respekt genossen. Die Konformisten beiderlei Art bildeten den größeren Teil der Intelligenz in der entgegengesetzten Bedeutung von *intelligencija*: eher das ‹Öl› der Gesellschaft, nicht ihr ‹Salz›.

Eine zweite Haltung könnte man als innere Emigration bezeichnen. Damit sind jene Schriftsteller gemeint, die ihre öffentliche Laufbahn im Zeichen der neuen Gedankenfreiheit begannen oder in sie hineinwuchsen, aber ihre Kritik (auch durch thematische ‹Flucht›) so weit zähmten, daß sie geduldet wurden und einen geachteten Platz im innersowjetischen literarischen Leben behielten. Als Beispiele können, gerade in ihrer Unterschiedlichkeit, V. F. Tendrjakov und Ju. V. Trifonov, gelten. Ersterer begann als «Tauwetter»-Autor mit scharfem Blick für Mängel und falsche Töne und endete bei theosophischen Problemen. Letzterer erhielt für sein Frühwerk 1951 den Stalinpreis und wandelte sich zu einem Autor, dessen Vorliebe für Alltägliches so viel Lebenswirklichkeit aufsog, daß sie als gleichsam unpolemische und deshalb um so wirkungsvollere Kritik verstanden werden konnte. Aber auch andere wären am ehesten unter einer solchen Kategorie – die ihre künstlerische Individualität nicht berühren soll – unterzubringen: von regimefreundlichen Autoren bis zu eher distanzierten mit erbarmungsloser, wenn auch unpolitischer Beobachtungsgabe wie V. M. Šukšin, von bekannten Vertretern ihrer Profession wie die genannten bis zu jenen, die nur gelegentlich von sich reden machten wie der Abchase F. A. Iskander.[37]

Größere Aufmerksamkeit fand zumeist eine Richtung, deren Vertreter als «Dörfler» *(derevenčiki)* bekannt geworden sind. Ästhetisch-thematische und weltanschaulich-kulturelle, vermittelt darüber auch allgemein politische Zuordnungskriterien griffen dabei ineinander: Sujets und Sprache ihrer Prosa (bezeichnenderweise fehlt Lyrik weitestgehend) stammten ebenso aus der ländlichen, von den Städten bedrohten Welt wie die propagierten Werte. Die größte Begabung wird allgemein V. G. Rasputin zugesprochen, dessen *Abschied von Matjora* (1976) auch international für Aufsehen sorgte. Als Gleichgesinnte können unter anderem V. I. Belov, F. A. Abramov, S. P. Zalygin, aber auch der Weißrusse V. V. Bykov gelten. Bei ihnen allen avancierten Tradition und Herkommen zum höchsten Gut. Oft in Naturmetaphern gekleidet, entrückte das Alte und Bewährte als unabänderlicher, ewiger Lauf der Dinge in eine metaphysische Sphäre. Eingriff und Veränderung erscheinen nicht nur als Zerstörung von Unwiederbringlichem, sondern auch als Frevel. Ein größerer Gegensatz zur sozialistischen Vision ließ sich kaum denken. Die offizielle Ideologie lebte vom ‹Entwurf›, von der Sehnsucht nach einer besseren, vernünftig umgestalteten Welt. Nach fünfzig Jahren ebenso rasanten wie gewalttätigen Wandels wiesen die «Dörfler» auf die Schäden dieser gigantischen Operation hin und machten sich zum Anwalt der (unter anderen) Leidtragenden: der Natur und der mit ihr verwachsenen Menschen. Für die meisten ergab sich aus diesem Anliegen eine breitere weltanschauliche Verankerung, die positiv wertete, was die Revolution bekämpft hatte. Unter Rückgriff auf konservatives Denken des 19. Jahrhunderts verschmolzen sie Natur, Tradition und eigene Geschichte. Alte Werte wurden zu guten Werten, das einfache Volk, idealiter als dörfliches gedacht, rückte zum Träger vergangener und künftiger Tugenden auf, die gezielte Veränderung verfiel dem Verdikt der Hybris. Diese neoslavophile Orientierung verlieh einer (nicht nur) unter Intellektuellen verbreiteten Haltung Ausdruck, die der politisch-ökonomischen Verfassung der westlich-angelsächsischen Gesellschaften und ihrer gesamten Kultur mit ähnlicher Skepsis begegnete wie dem (ursprünglich aus dem Westen importierten) einheimischen Sozialismus. Sie empörte sich über *beide* und empfahl dem russischen Volk, sich statt dessen auf seine autochthone Kultur zu besinnen.

Im Regelfall schloß diese Bodenständigkeit eine Emigration von vornherein aus. *Derevenčiki* im Ausland waren ein Widerspruch in sich. Vorzugsweise in der Stille, vielfach auch regional peripher zu wirken, entsprach ihren Grundideen weit eher. Allerdings mußte der Staat dies auch erlauben. Insofern kam ein weiterer (und kein unwichtiger) Faktor hinzu: die relative Toleranz des Brežnev-Regimes gegenüber Rasputin und seinen Mitstreitern. Zum Teil war dies auf deren Vorsicht und Geschick zurückzuführen, zum

4. Kultur zwischen Anpassung und Dissens 969

Teil aber auch auf Berührungspunkte mit der offiziellen Literaturpolitik. Die «Dörfler» standen jeglichem ästhetischen Avantgardismus programmatisch fern. Sie schrieben weder artifiziell-‹formalistisch› noch esoterisch-phantastisch, sondern altbacken realistisch. Sie riefen nicht zum politischen Widerstand auf, noch ‹wühlten› sie in der Vergangenheit. Sie fühlten sich volksverbunden, verklärten die Gemeinschaft, wenn auch eher in Gestalt der *obščina* als des Kolchos, und favorisierten Ordnung und Unterordnung, nicht indviduelle Selbstbestimmung. Dies alles schützte sie und half ihnen, jene Nische in der geistig-politischen Gesamtordnung einzunehmen, mit der sie sich fürs erste begnügten.[38]

In grellerem Rampenlicht der freien Öffentlichkeit standen diejenigen Literaten, die offen gegen das Regime rebellierten. Zweifellos verdienten sie diese Beachtung, da die tatsächliche Toleranz einer jeden Herrschaftsordnung am Umgang mit ihren Gegnern gemessen werden sollte. Dennoch darf nicht in Vergessenheit geraten, daß die Prominenz der erklärten Kritiker eine Angelegenheit der westlichen Medien sowie der sowjetischen *intelligencija* war. Die Masse nicht nur der einfachen Bevölkerung erfuhr höchstens gerüchteweise von ihrer Existenz. Außer Frage steht ebenfalls, daß die Gedanken und Antriebe dieser Gruppe im Chruščevschen Aufbruch wurzelten. In ihrer Gestalt lebte der Impuls der Befreiung von den geistigen Ketten des Stalinismus fort. Dabei gewann er allerdings eine so konsequente und radikale Form, daß er mit den politischen Absichten seines Urhebers nur noch wenig zu tun hatte. Im literarischen Bereich (von der Dissidentenbewegung im engeren Sinne hier nicht zu reden) fand diese Kontinuität in *der* zentralen Persönlichkeit der russischen Literatur seit den sechziger Jahren eine nachgerade idealtypische Verkörperung: So wie Solženicyns erste veröffentlichte Novelle, die ihn schlagartig berühmt machte, den Gipfelpunkt der bis dahin geleisteten ‹Vergangenheitsbewältigung› markierte, so wurden seine nachfolgenden, nicht mehr im Inland erschienenen Romane zum Symbol des geistigen Widerstands. Der Autor blieb sich treu – und kollidierte mit einem Regime, das nach dem Putsch gegen Chruščev das Land wieder unter die erstickende Glocke pauschaler Verbote und Bevormundung zu zwängen suchte. Und auch einer der Beschuldigten im ersten Prozeß, mit dem die neuen Herren ein Zeichen setzen wollten, repräsentierte diese Genese des literarischen Dissenses: Sinjavskij gehörte zu denen, die 1960 Pasternaks Sarg durch das Künstlerdorf Peredelkino getragen hatten. Nicht zuletzt deshalb kam dem Verfahren gegen ihn und seinen Ko-Autor Daniėl' im Februar 1966 exemplarische Bedeutung zu. Zum ersten Mal in der sowjetischen Geschichte – Stalin hatte stets *politische* Komplotte fabrizieren lassen – standen Literaten *als* Literaten vor Gericht, zum ersten Mal stützte sich die Anklage auf literarische Werke. Insofern nahm der KGB, der sich ebenfalls in neuer Offenheit einschaltete, in der Tat den Kampf «gegen Ideen» auf und wurden Ideen verurteilt. Letztere waren sicher nicht Chruščevs eigene, aber solche, die er vorübergehend gefördert hatte. So gesehen wurde seiner Hinterlassenschaft abermals der Prozeß gemacht.

Schon ein Blick bis zur Mitte der Brežnev-Ära genügt allerdings für die Feststellung, daß die neue Politik scheiterte. Die Kritiker des Regimes verstanden die Botschaft und ergriffen Gegenmaßnahmen. Sie unterliefen das Publikationsmonopol des Verbandes und veröffentlichten ihre Werke im *Samizdat* («Selbstverlag»), danach mehr und mehr auch im Ausland *(Tamizdat:* «Dortverlag»), soweit sie nicht ohnehin emigrierten. Auch in dieser Hinsicht ging Solženicyn voran. Noch von Chruščev war die Veröffentlichung des fertigen Romans *Der erste Kreis der Hölle* abgelehnt worden, weil ihm die Darstellung eines Lagers für geistige Zwangsarbeiter trotz ihres parabolischen Charakters für menschliche Grenzsituationen allgemein zu weit ging. Nach dem Putsch meinte die neue Führung, sicher gehen zu müssen, und ließ das Manuskript vom KGB konfiszieren. Solženicyn begab sich selbst in die Höhle des Löwen, um sein Eigentum zurückzuverlangen. Erst danach brachte er den Fall in einem offenen Brief mit dem Vorwurf, bei der Hauptaufgabe des Mitgliederschutzes kläglich zu versagen, vor den nächsten Kongreß des Schriftstellerverbandes (1967). Das Schreiben wurde als Kriegserklärung empfunden und veranlaßte den Verbandsvorstand, einen weiteren Roman des produktiven Autors, die *Krebsstation*, entgegen dem Votum Tvardovskijs unter Verschluß zu halten. Freilich kursierten beide Romane bald unter den Lesern des *Samizdat;* 1968 erschienen sie im Ausland. Spätestens nach dieser Wendung konnte über die Antwort des Schriftstellerverbandes kein Zweifel mehr bestehen: Im Herbst 1969 wurde Solženicyn, sicher nicht ohne Rücksprache mit der Parteiführung, ausgeschlossen. Der Autor gab indes nicht auf. Vielmehr holte er – wozu die Rückenstärkung durch den Nobelpreis des Jahres 1970 beigetragen haben mag – zur Generalabrechnung aus und beendete ein monumentales Werk, das eher zeitgeschichtlichen als literarischen Charakter hatte und (darin am ehesten mit den parallel entstandenen, aber später veröffentlichten *Erzählungen aus Kolyma* von V. T. Šalamov vergleichbar) primär der Aufdeckung der totgeschwiegenen Verbrechen nicht nur Stalins, sondern der gesamten sowjetischen Vergangenheit diente. Insofern war der *Gulag Archipelago* sein erstes wirklich politisches Werk. Angesichts dieser Brisanz sorgte der inzwischen weltbekannte Autor diesmal für den Ernstfall vor. Er deponierte eine Kopie des Manuskripts bei einem Schweizer Verlag. Als der KGB 1973 sein eigenes Exemplar konfiszierte, gab er deren Druck frei. Die dadurch ausgelöste Sensation ist bekannt, die Reaktion des Politbüros auch. Im Februar 1974 wurde Solženicyn verhaftet und ohne Paß außer Landes geflogen. Erst nach dem Zusammenbruch des alten Staates kehrte er 1994 aus dem amerikanischen Exil zurück.[39]

Bei alledem ist das Urteil sicher richtig, daß die Literaturpolitik der Brežnev-Ära insgesamt nicht nur durch verstärkte Gängelung zu kennzeichnen

4. Kultur zwischen Anpassung und Dissens

sei. Zwar bemühten sich Suslov und seine Helfer, zur Rigorosität des späten Stalinismus zurückzukehren, aber ohne durchschlagenden Erfolg. Was bei den leichter steuerbaren Wissenschaftlern durch Entlassungen weitgehend gelang, versagte bei vielen Künstlern. Literaten neigten, auch wenn sich die Mehrheit mit der Obrigkeit arrangierte, in höherem Maße zu festen Überzeugungen und Gesinnungsstärke. Dies mag dazu beigetragen haben, daß auch regimetreue Schriftsteller den Prozeß gegen Sinjavskij und Daniėl' mißbilligten. Immerhin 63, die sich ausdrücklich von den Angeklagten distanzierten, gaben ihrer Befürchtung schriftlichen Ausdruck, die erneuerte Zensur könne der weiteren Entwicklung der «sowjetischen Kultur» schaden. Daß fiktionale Äußerungen wieder strafrechtliche Konsequenzen haben konnten, berührte die Grundlagen ihrer Profession und ließ auch sie frösteln. Hinzu kamen die mehrfach erwähnten Auswirkungen eines fundamentalen Merkmals der Brežnev-Ära und der globalen Modernisierung allgemein: Die Sowjetunion ließ sich nicht mehr so dicht abschotten wie zu Stalins Zeiten. Unabhängig von der wirtschaftlichen Verflechtung riß der kommunikationstechnische Fortschritt immer größere Löcher in den «Eisernen Vorhang». Nicht nur Nachrichten über das Leben im ‹Westen› passierten auf diese Weise die Grenze, sondern auch verbotene Prosa und regimekritische Schriften allgemein.⁴⁰

Dies alles bewog oder nötigte die Partei- und Staatsführung mehr und mehr zur Bescheidung. Unterhalb einer ‹Interventionsschwelle›, die allgemein mit dem offenen Angriff auf die Grundfesten der Sowjetmacht einschließlich der glorifizierten Vergangenheit beschrieben sein mag, nahm sie die Neuentstehung eines gewissen Freiraums hin. Rasputin und Gleichgesinnte nutzten ihn ebenso wie Trifonov und andere, die es den Lesern überließen, sich ihren Reim auf die beschriebenen Zustände zu machen. Ohne jede Andeutung einer inhaltlichen Gleichsetzung könnten in diesem Zusammenhang auch Erscheinungen aufgeführt werden, die manchem Beobachter höchst bizarr oder gar schizophren erschienen: daß es Theater und Inszenierungen, selbst Filme gab, die sichtbar gegen die Leitlinien der staatlichen Kulturwächter verstießen, und dennoch geduldet wurden. Das berühmte Theater am Taganka-Platz in Moskau machte – unter seinem Regisseur Ju. P. Ljubimov – fast ein Prinzip daraus und wurde zur jedermann bekannten ‹heimlichen› Attraktion nicht nur für kritische Hauptstadtbewohner, sondern auch für die *nomenklatura* (und ihre Kinder). Solche Exklaven der Freigeisterei als Ventile zu deuten, liegt nahe. Ihre Existenz und vielleicht sogar Notwendigkeit machen aber auch die Grenzen geistiger Bevormundung in einem Regime deutlich, das bei aller Härte gegen erklärte (und so wahrgenommene) Gegner bis hin zur Einweisung in psychiatrische Kliniken nicht zur allgegenwärtigen Zwangsanwendung zurückkehren wollte und konnte. So ergibt sich ein doppeltes oder dreifaches Resümee: Einerseits zog das Regime die Daumenschrauben wieder an, andererseits mußte es dabei mit Augenmaß zu Werke gehen, um keine kontraproduktive Verweigerung auch prinzipiell Wohlgesonnener zu erzeugen; die Stärkung der Kontrolle reichte aber aus, um die «Generation der 1956er» in die innere oder äußere Emigration zu treiben und eine tiefe Spaltung des geistig-kulturellen Lebens zu erzeugen. Die literarischen Dissidenten nahmen dabei mit guten Gründen für sich in Anspruch, das ‹historische Gedächtnis› des geschundenen Landes zu verkörpern und die Wahrheit gegen die ideologisch verkleidete Lüge zu verteidigen. Sie taten dies, vielfach im Rekurs auf die vorsowjetische Zeit, mit den ihnen bekannten, alten Mitteln. Bei allen Gegensätzen zwischen den Lagern gab es deshalb paradoxerweise sogar eine (wenn auch nicht von allen geteilte) Gemeinsamkeit. Ästhetisch blieb die Literatur der Brežnev-Ära (ebenso wie großenteils die Kunst), anders etwa als die frühsowjetische, traditionell und konventionell realistisch.

Was für die schöne Literatur galt, traf im großen und ganzen auch für den *Film* als weitere bedeutende ‹Massenkunst› zu. Schon die Organisation war ähnlich. Analog zum Schriftstellerverband gab es einen monopolistischen Berufsverband, der allerdings erst 1965 formell gegründet wurde. Im gegebenen Fall war ihm ein Staatskomitee beim Ministerrat der UdSSR vorgeordnet; sicher darf man darin ein Zeichen für die meinungsbildende Bedeutung erkennen, die man diesem Medium nach wie vor zubilligte. *Goskino* und der Verband verfügten über ein festes Budget, eigene Studios und Ausbildungsstätten für den Nachwuchs. Wie bei den anderen ‹Kulturschaffenden› war gleichsam für alles, einschließlich einer gewissen materiellen Sicherheit auch für Durchschnittsbegabungen, gesorgt – unter der Voraussetzung freilich der Unterwerfung unter die offizielle Kunst. Eben diese Bedingungen wollten viele nicht akzeptieren. Allerdings wagten es Filmemacher in deutlich geringerer Zahl als Literaten oder Wissenschaftler, offen aufzubegehren. Die meisten von ihnen sympathisierten mit der Dissidentenbewegung, verhielten sich aber «konformistisch». Nach Meinung des emigrierten Experten, der dies behauptete, neigten sie dabei vorwiegend reformsozialistischen Ideen der sowjetischen Frühzeit zu, nicht etwa einem kommerzialisierten Kunstbetrieb westlicher Prägung. Daneben drängte eine zweite prominente Strömung gegen Ende der Brežnev-Ära in den Vordergrund, die ein Hollywood-Kino noch entschiedener ablehnte: Auch neoslavophile Regisseure suchten nach neuen Werten, nicht nach klingender Münze. Wenn einige wenige dieser Kritiker dennoch emigrierten, so geschah das um der geistig-schöpferischen Freiheit willen, die sie im pluralistischen Westen trotz allem fanden. Manchen allgemeinen Kunsttheorien entspricht dabei der Umstand, daß die größte Autorität der unangepaßten Regisseure und sicher die bedeutendste Künstlerpersönlichkeit des sowjetischen Films der sechziger und siebziger Jahre, A. A. Tarkovskij, eben diesen Weg wählte. Er starb 1986 in Italien.[41]

4. Kultur zwischen Anpassung und Dissens

Wenn schließlich auch in der sowjetischen *Musik* dieser Jahre, die kurz gestreift sei, ähnliche Grundtendenzen zu beobachten waren, so verweist dies auf allgemeine Hintergründe. Dabei wirkte die Öffnung über den Sturz Chruščevs hinaus, so daß die abermalige Einengung erst zu Beginn der siebziger Jahre deutlicher spürbar wurde. Zugleich brachten es die Dauer der stalinistischen Zensur und die Kürze des «Tauwetters» mit sich, daß die Gegenwart dem Griff der Vergangenheit nicht völlig entglitt. Die neue Freiheit bedeutete – wie in den Naturwissenschaften – vor allem die Möglichkeit, nach fünfundzwanzigjähriger Einschnürung endlich die ‹Klassiker der Moderne›, darunter neben Schönberg, Berg, Webern auch den eigenen (ehemaligen) Landsmann I. Strawinsky, kennenzulernen. Umgekehrt schloß der Versuch ihrer neuerlichen Beschränkung die Rückbesinnung auf den «sozialistischen Realismus» und die Ablehnung ihm vermeintlich fremder Werte ein. Doch diese Wende, die der 4. Allunionskongreß der Komponisten im Dezember 1968 – wenige Monate nach dem Einmarsch in Prag – förmlich verkündete, konnte nicht wirklich vollzogen werden. Wie in anderen Bereichen von Kunst und Kultur gelang es dem Regime unter den veränderten inneren und äußeren Bedingungen nicht mehr, die entstandene Vielfalt wieder zur Uniformität zurückzustutzen. Ausländische Orchester und Interpreten ließen sich nicht mehr aussperren und Rück-Wirkungen berühmter emigrierter sowjetischer Musiker, von M. Rostropovič, der sich offen für die Opposition engagierte, über G. Kremer bis zu M. Šostakovič (einem Enkel des Komponisten), nicht verhindern. Vor allem die junge Komponistengeneration scherte sich kaum noch um offiziöse Anweisungen. Obwohl sie eine bemerkenswerte Distanz zur erklärten politischen Opposition wahrte, hoffte man auch in ihren Kreisen auf das definitive Ende des geistes- und kunstfremden Wahrheitsanspruchs von Partei und Staat.[42]

Vor allem Kunst und Wissenschaft waren, obgleich in sehr unterschiedlichem Maße, mit einer Erscheinung verbunden, die zu den charakteristischen Merkmalen der Brežnev-Ära zählte und gleichsam den zukunftsweisenden Kontrapunkt zur wachsenden Bewegungsarmut des Regimes bildete: mit den sog. *Dissidenten*. Die Bezeichnung ist bewußt allgemein und hat, aus der angelsächsischen Publizistik stammend, wohl auch deshalb in der gesamten westlichen Literatur breiten Zuspruch gefunden. Sie setzt voraus, was die Sowjetunion zeit ihrer Existenz prägte – eine verbindliche Weltanschauung mit sehr konkreten Folgen für die Struktur und Organisation von Staat, Gesellschaft, Wirtschaft und Kultur. Wer dieses Gerüst und seine ‹realsozialistische› Ausformung nicht akzeptierte, wurde zum «Andersdenkenden». Allerdings *handelten* nur die wenigsten von ihnen gemäß ihrer abweichenden Einsicht. Wie so oft, war der Abstand zwischen Sympathisanten und Aktivisten erheblich. Viele Vorfälle belegten aber, daß es beide Gruppen gab und beide einander brauchten. Wer mit großem persönlichen Mut und in der Gewißheit, sein normales, unbehelligtes Leben aufs Spiel zu setzen, auf die Straße ging oder sich auf andere Art exponierte, brauchte neben dem Vertrauen in die Richtigkeit und Notwendigkeit seiner Sache auch die Unterstützung Gleichgesinnter. Und viele, die aus durchaus ehrbaren Gründen im Hintergrund blieben, halfen dennoch mit, das Regime zur Demokratisierung zu drängen, ohne daß über deren genauen Inhalt Konsens bestanden hätte. Weil die Dissidenten anderes wollten, erfüllten sie zweifellos den Begriff einer Opposition. Allerdings evoziert diese Bezeichnung einen stärker politischen Charakter, als er ihrer Bewegung in manchen ihrer Ausformungen tatsächlich eigen war. Vor allem in der ersten Hälfte der Brežnev-Ära blieb das ‹andere Denken› eine wesentliche *vor*politische, allgemein geistig-kulturelle Erscheinung. Dies änderte sich erst in dem Maße, wie es sich der Menschenrechte annahm, besonders aber danach, als die *perestrojka* dazu zwang, Farbe zu bekennen.

Wenn man die Wurzeln einbezieht, liegt die Kontinuität des Dissenses seit Chruščev auf der Hand. Schon während des «Tauwetters», als die Diadochenkämpfe noch lange nicht entschieden waren, kursierten Pamphlete, die sich über den «sozialistischen Realismus» lustig machten. Danach gab die Geheimrede des neuen Parteichefs all jenen Auftrieb, die eine entschiedene Abkehr von der jüngsten Vergangenheit für nötig hielten. Gerade sie wurden aber auch durch Vorkommnisse irritiert, die gar nicht zum neuen Denken passen wollten – allem voran die Niederschlagung des ungarischen Aufstandes im November 1956 und die ‹Pasternak-Affäre› zwei Jahre später. In welchem Maße die Diffamierung des verehrten Poeten zur Beschleunigung der ‹Selbstorganisation› beigetragen hat, mag offen bleiben. Der Gedanke liegt aber nahe, daß es kein Zufall war, wenn die erste, bis zum Ausland vorgedrungene Dissidentenzeitschrift unter dem Titel *Sintaksis* (Syntax) 1959 und 1960 erschien. Ihre drei Ausgaben begründeten eine staatlich nicht lizensierte Öffentlichkeit des geschriebenen Wortes, die bei allem Auf und Ab zur dauerhaften Erscheinung wurde. Die Auflage war mit geschätzten 120–300 Exemplaren minimal, der Inhalt literarisch und zumindest nicht offen politisch. ‹Organisatorisch› wie thematisch wandten sich die Hefte an den engen Kreis der ästhetisch interessierten Intelligenz, deren charakteristisches Merkmal geradezu darin bestand, Distanz zum Mehrheitsgeschmack zu halten. Dennoch reagierte der KGB außerordentlich hart. Der «Chefredakteur» A. I. Ginzburg, gerade 25 Jahre alt, wurde verhaftet und zu zwei Jahren Arbeitslager verurteilt. Wie die meisten anderen, die sich früh zur Opposition bekannten, kehrte er nach der Strafverbüßung in den Kreis seiner Gesinnungsfreunde zurück und machte noch mehrfach von sich reden. War seine Verurteilung schon biographisch vergeblich, so schreckte das harte Vorgehen auch Nachfolger nicht ab. In den nächsten Jahren konnten Eingeweihte in einer Reihe weiterer Untergrundbroschüren *(Feniks* [Phönix], *Koktejl* [Cocktail], *Sfinksy* [Sphinxe]) nicht nur unerlaubte Verse

4. Kultur zwischen Anpassung und Dissens

und Erzählungen, sondern zunehmend auch kritische Kommentare zum aktuellen Geschehen lesen.

Die einmal geweckte Unbotmäßigkeit ließ sich nicht mehr ersticken. Vielleicht ohne es immer zu wollen, machte die Intelligenz (verstanden als Wertegemeinschaft, nicht als sozio-funktionale Gruppe) die Probe aufs Exempel der neuen Politik. Darauf mit der Wiederbelebung des Terrors zu reagieren, verbot sich für das Regime. Gleichwohl hielt auch Chruščev unterhalb dieser Schwelle äußerste Härte für angezeigt. In ‹seiner› Ära wurde A. S. Esenin-Vol'pin, Sohn des berühmten S. A. Esenin, international renommierter Mathematiker und Regimegegner der ersten Stunde, 1961 zum ersten Mal in eine Nervenklinik gesperrt. Und noch unter seinem Zepter fand im März 1964 der aufsehenerregende Prozeß gegen den jungen Brodskij statt. Die Opfer dieses Hohns auf die neue «sozialistische Gesetzlichkeit», allesamt wegen «antisowjetischer Propaganda» verurteilt, wußten am besten, welch enge Grenzen der Abwendung vom Stalinismus gezogen waren.[43]

Um so gedämpfter waren die Erwartungen, mit denen die Opposition nach dem Oktober-Putsch in die Zukunft blickte. Vor allem die augenfällige Rolle Suslovs bot Anlaß zu größter Skepsis. Zwar gaben sich die neuen Herren ein knappes Jahr Zeit, bevor sie ihren Kurs gegenüber den ‹Abweichlern› offenlegten. Aber ihre Handlungen ließen es dann an Deutlichkeit nicht fehlen: Im September 1965 wurden zwei besonders kritische Literaten, deren Gegenwartssatiren unter Pseudonymen im Ausland erschienen waren, verhaftet und vor Gericht gestellt. Der Prozeß gegen Sinjavskij und Daniėl' vom Januar 1966 gilt als Wendepunkt in der Geschichte der Dissidenten und als Beginn der Phase ihrer größten Resonanz. Dazu trug die drakonische Strafe von sieben bzw. fünf Jahren verschärfter Lagerhaft nicht unwesentlich bei. Nicht nur die erwähnten 63 Schriftsteller sahen Anlaß zum Protest, sondern auch eine Gruppe namhafter Persönlichkeiten des öffentlichen Lebens. Diese nicht unmittelbar betroffenen Wissenschaftler und Künstler – darunter Kapica, Tamm sowie erstmals Sacharov, der Regisseur M. M. Romm sowie die *prima ballerina assoluta* jener Tage Maja Pliseckaja – werteten den Vorfall als Bestätigung einer unheilvollen Absicht und warnten die neuen Regenten mit Blick auf den bevorstehenden 23. Parteitag vor einer wie auch immer getarnten Rehabilitierung Stalins. Jede Art von Kehrtwende werde größte Unruhe unter der Intelligenz hervorrufen und, dies die unausgesprochene Implikation, die Ordnung im Lande gefährden. Zwar verfehlte der Appell seinen unmittelbaren Zweck. Die Regierung setzte ihren Kurs fort und scheute vor weiteren Prozessen nicht zurück (im Februar 1967 gegen den Arbeiter V. A. Chaustov und den Schriftsteller I. Ja. Gabaj, Ende August desselben Jahren gegen die bekannten Literaten V. K. Bukovskij, V. N. Delone und E. I. Kušev sowie im Januar 1968 unter besonderem Protest der Öffentlichkeit u. a. gegen Ju. T. Galanskov und Ginzburg, gleichfalls Schriftsteller). Dennoch erzielten die ‹Protestanten› gemeinsam mit weiteren, nun um sich greifenden öffentlichen Bekundungen von Zivilcourage einen Effekt anderer Art: eine nie dagewesene Verbreitung der oppositionellen Schriften und Gedanken.[44]

Weitere Ereignisse stärkten diesen Auftrieb. Dazu zählte zum einen die Zuspitzung des Konflikts zwischen Solženicyn und dem Schriftstellerverband, der durch den Kontrast zum Ursprung der Berühmtheit des Autors, der Veröffentlichung des *Ivan Denisovič*, eine besondere Symbolkraft erhielt. Zum anderen drang der Reform- bzw. Eurokommunismus in dem Maße durch den Vorhang von Desinformation und Zensur, wie er seit Anfang 1968 in die konkrete Politik des ‹Prager Frühlings› umgesetzt wurde. Die Idee vom freiheitlichen Sozialismus regte eine Schrift an, die zum Meilenstein der nichtliterarischen, im engeren Sinne politischen Dissidentenbewegung wurde: Sacharovs *Gedanken über Fortschritt, friedliche Koexistenz und geistige Freiheit*. Auch ihr Verfasser, obgleich in der Welt der Dissidenten längst kein Unbekannter mehr, überschritt durch diese Publikation (im Ausland) endgültig den Rubikon und verlor fast alle Ämter und Privilegien mit der bezeichnenden Ausnahme der Mitgliedschaft in der Akademie der Wissenschaften. Daß man ihn überhaupt so lange gewähren ließ, dürfte mit seiner Unersetzbarkeit als Wissenschaftler, seinem enormen Prestige, den zahlreichen höchsten Ehrungen (Lenin-, Stalin- und Sowjetorden, dreifacher «Held der Arbeit») und seiner Funktion als Träger strengster Geheimnisse zu tun haben. Denn Sacharov war nicht irgendwer, sondern galt trotz seiner jungen Jahre als ‹Erfinder› der sowjetischen Wasserstoffbombe. Nach seiner außergewöhnlichen Dissertation hatte ihn der berühmte Physiker Tamm 1948 in eine Arbeitsgruppe geholt, deren Aufgabe es war, die entsprechenden theoretischen Grundlagen zu entwickeln. Im Jahr der erfolgreichen Zündung der Bombe (1953) wurde Sacharov (geb. 1921) als jüngstes Vollmitglied aller Zeiten in die Akademie der Wissenschaften gewählt. Ausgerechnet dieser Mann kam seit seinem Votum gegen die Aufnahme eines Anhängers von Lysenko in die Akademie wenige Monate vor dem Sturz Chruščevs (der darüber sehr erzürnt gewesen sein und dem KGB befohlen haben soll, Material gegen den ‹Querulanten› zu sammeln) zu der Erkenntnis, daß er einem diktatorischen, Freiheit und Recht mißachtenden Regime gedient hatte. Unter dem Eindruck der Ereignisse in der ČSSR brachte Sacharov die Früchte seiner Läuterung in der Absicht zu Papier, sie öffentlich zu machen und Gleichgesinnte zum aktiven Engagement zu bewegen. Spätestens dieser Schritt ließ jene rigorose Unerschrockenheit und Opferbereitschaft erkennen, die ihn im folgenden Jahrzehnt in Verbindung mit höchster moralischer Integrität und seinem wissenschaftlichen Ruhm zur Verkörperung des Widerstandes und zum ‹Gewissen› des ‹anderen›, freiheitlichen Rußland machen sollten. Lediglich Solženicyn genoß ähnliche Autorität, konnte sie aber seit Anfang 1974 nur aus der Emigration in die Waagschale werfen. Sacharov ließ man dagegen lange in Moskau gewähren, wo er an fast allen wichtigen Aktivitäten der Opposition teilnahm. Statt ins Ausland schafften ihn die Regenten Anfang 1980, als sie nach seinem Protest gegen den Einmarsch in Afghanistan das Maß des Erträglichen für überschritten hielten, in die gesperrte, eine Tagesreise von Moskau entfernt liegende Stadt Gor'kij (heute wieder Nižnij Novgorod). Angesichts dieses Hintergrundes war es ein Akt von großer (und kalkulierter) symbolischer Bedeutung, daß der Regimekritiker zu Beginn der *perestrojka* nach einem persönlichen Anruf von Gorbačev in die Hauptstadt zurückkehren konnte (Anfang 1987). Er erlebte noch die Genugtuung, im März 1989 zum Mitglied jenes Volksdeputiertenkongresses gewählt zu werden, der das Fundament einer neuen Staatsverfassung legen sollte. Ob er über die Entwicklung nach dem Zusammenbruch der Sowjetunion glücklich gewesen wäre, muß offen bleiben.[45]

Sacharovs *Memorandum* formulierte erstmals die Kernforderungen, auf die sich alle oppositionellen Strömungen einigen konnten. Es verlangte eine offene und ehrliche Auseinandersetzung mit der stalinistischen Vergangenheit, Meinungsfreiheit und, allem voran, die Herstellung einer demokratischen, pluralistischen Gesellschaft. Die Gedanken dieses Essays blieben in vieler Hinsicht allgemein. Sie ließen das jahrzehntelange Verbot einschlägiger Überlegungen und die Isolation auch der sowjetischen Intelligenz von der westlichen Diskussion ebenso deutlich erkennen wie die Nabelschnur, die sie – im Glauben an die Konvergenz von Sozialismus und Kapitalismus, dem Sacharov anhing – immer noch mit einem allgemeinen sozialistischen Zukunftsideal verband. Zugleich klagten sie erstmals jenes Anliegen ein, das sich als äußerst wirksam und zukunftsträchtig erwies, weil es auf ein universales Fundament aller zivilisierten Staaten seit der Amerikanischen Revolution Bezug nahm: die Menschenrechte. Der Anspruch auf Garantie natürlicher und politischer Individualrechte war einerseits allgemein genug, um als gemeinsamer Grund für verschiedene Visionen eines besseren Staates der Zukunft dienen, zum anderen konkret genug, um unmittelbare, praktische Forderungen begründen zu können. Darüber hinaus bezog er die westlich beherrschte Weltöffentlichkeit ein, die seinen Gegenstand nicht nur als unaufgebbar, sondern auch als unteilbar betrachtete.

Hinzu kam eine wachsende Sensibilität regimekritischer Kreise für einschlägige Probleme, die angesichts der zunehmenden globalen Verflechtung der UdSSR mit der Folge der Übernahme internationalen Rechts nahelag. Aus diesem Interesse ging im Mai 1969 eine erste *Initiativgruppe zur Verteidigung der Menschenrechte in der UdSSR* hervor. Allerdings wurde sie in kurzer Zeit durch Verhaftungen derart dezimiert, daß sich im November 1970 eine weitere Organisation mit derselben Aufgabe bildete. Als treibende Kraft wirkte dabei der Physiker V. N. Čalidze, dem sich neben A. N. Tverdochlebov, gleichfalls Physiker, auch Sacharov anschloß. Die Etablierung dieses Komitees war in vieler Hinsicht ein kluger Schachzug. Formal bestand seine Aufgabe nur darin, Verstöße gegen geltende Gesetze und die

Menschenrechtsdeklaration der UNO von 1948 anzuprangern, der die Sowjetunion durch ihren Beitritt zugestimmt hatte. Der Ausschuß agierte mithin auf rechtlich gesichertem Boden. Seine Zielsetzung bot der Regierung, wollte sie sich nicht selbst unglaubwürdig machen, keine Handhabe zur Intervention. Trotz mancher Meinungsverschiedenheiten mit anderen Zirkeln darf das Komitee im Rückblick als auffälligste Gruppierung dieser Jahre gelten. Allerdings hinterließ auch die «Initiativgruppe», deren Nachfolger es in gewisser Weise war, bleibende Spuren. Sie rief die erfolgreichste Publikation des gesamten sowjetischen Untergrundes ins Leben: die beinahe legendäre *Chronik der laufenden Ereignisse*, die von April 1968 bis zum Juli 1981 in 62 Heften erschien. Staatliche Verfolgungen und Prozesse gegen Mitarbeiter unterbrachen ihr Erscheinen mehrfach, ohne sie auf Dauer zum Verstummen bringen zu können. Als Forum unzensierter Nachrichtenübermittlung und Organ der Menschenrechtsbewegung, das dem KGB Paroli bot, gleichermaßen wurde sie – wie Sacharov und Solženicyn als Personen – zum Symbol unbezwingbarer Selbstbehauptung der gerechten Sache.[46]

Die Auseinandersetzung zwischen Staat und Opposition erreichte 1972–73 ihren Höhepunkt. Die Herrschenden gingen zum Gegenangriff über. Prominente Dissidenten wie Esenin-Vol'pin und Čalidze wurden in die Emigration getrieben, zwei vermeintliche Hintermänner der *Chronik*, P. I. Jakir und V. A. Krasin, vor Gericht gestellt (Aug.-Sept. 1973) und zu sensationellen Schuldbekenntnissen veranlaßt. Den Biologen Žores Medvedev (Bruder des Historikers Roy Medvedev) ließ man nach jahrelanger Ablehnung entsprechender Anträge zu einer Konferenz ins westliche Ausland reisen – und bürgerte ihn aus. A. A. Amal'rik, Verfasser des verbreiteten Essays *«Kann die Sowjetunion das Jahr 1984 erleben?»* (1966/67), der ihm drei Jahre Haft eintrug, wurde nach deren Ablauf umgehend zu weiteren drei Jahren verurteilt und damit an der Rückkehr zu seinen Gesinnungsfreunden gehindert. Die Presse hieb auf Sacharov und Solženicyn ein, die westlichen Zeitungen Interviews gegeben hatten. Eine dramatische Zuspitzung erreichte die staatliche Machtdemonstration Ende 1973, als der KGB Solženicyns Manuskript über den *Gulag Archipelago* entdeckte, das Buch im Ausland erschien und der Autor außer Landes gebracht wurde (Februar 1974). Mit Blick auf die nächsten Jahre wird man nicht leugnen wollen, daß das Regime auf diese Weise für relative Ruhe an der ‹inneren Front› zu sorgen vermochte. Lösen konnte es die Probleme aber nicht, weil der Widerstand zum einen noch über genügend herausragende Persönlichkeiten (wie Sacharov oder Medvedev) im Lande verfügte und zum anderen so lange immer neue Anhänger fand, wie seine Hauptursache, die politische Unfreiheit, andauerte.[47]

Dabei half der wohl schwerste Fehler, den das Sowjetregime seit der Stationierung von Raketen auf Kuba beging: die Unterzeichnung der Schlußakte der (nicht zuletzt auf sein Betreiben anberaumten) KSZE von Helsinki im August 1975. Der Vertrag garantierte ihm erstmals die Unverletzlichkeit der bestehenden Grenzen; damit erkannte er die sowjetische Hegemonie über Ostmittel- und Teile Südosteuropas faktisch an. Für diese Festschreibung der Früchte des militärischen Sieges im Zweiten Weltkrieg waren Brežnev und das Politbüro bereit, die «Achtung der Menschenrechte einschließlich der Gedanken-, Gewissens- und Überzeugungsfreiheit» (Korb 1) sowie Zusammenarbeit im Bereich von Information, Kultur und Bildung (Korb 3) zu versprechen. Dabei mochten sie davon ausgehen, daß eine solche Verpflichtung angesichts der Mitgliedschaft in der UNO nicht neu war und weiterhin sozusagen auf den äußeren Gebrauch beschränkt werden konnte. Diese Annahme erwies sich jedoch als Irrtum. Auf Initiative von Ju. F. Orlov wurde am 12. Mai 1976 eine *Öffentliche Gruppe zur Förderung der Durchführung der Abmachungen von Helsinki in der UdSSR* ins Leben gerufen, die sich zur Aufgabe machte, Verstöße gegen die Beschlüsse aufzudecken. Damit stellte sie sich einerseits in die Tradition der Menschenrechtskomitees seit der *Initiativgruppe*, agierte aber andererseits auf festerem Fundament, weil sie der Aufmerksamkeit der anderen Signatarmächte und ihrer publizistischen Öffentlichkeit sicher sein konnte. Abermals trat die zunehmende internationale Verflechtung der Sowjetunion als neue Qualität auch ihrer inneren Entwicklung zutage. Darauf gestützt, erwies sich die *Öffentliche Gruppe* in der Tat als wirkungsvoll. Ihre Aktivitäten riefen binnen kurzem den KGB auf den Plan, der vor allem in der Ukraine Verhaftungen vornahm. Angesichts westlicher Proteste, des Interesses an Rüstungsabkommen mit den Vereinigten Staaten und der bevorstehenden Fortsetzung der KSZE in Belgrad scheint die Führung aber vor der letzten Konsequenz zurückgeschreckt zu sein. Erst im folgenden Jahr 1978 wurden harte Strafen (u. a. gegen Orlov, Ginzburg und A. B. Ščaranskij) verhängt, zum Teil aber vor ihrer vollen Abbüßung erlassen. Vollends scheint der Einmarsch in Afghanistan Ende Dezember 1979, sichtbar an der Verbannung Sacharovs, die Überzeugung begründet zu haben, nun im Innern für Gehorsam sorgen zu müssen. Dennoch summierten sich auch diese Aktionen im Endeffekt eher zu einem unentschlossenen Schwanken zwischen hartem Durchgreifen und bloßer Kontrolle. Als Erklärung bietet sich gerade in den letzten Jahren der Brežnev-Ära Rücksichtnahme auf die Weltöffentlichkeit an. Ob die Strenge darüber hinaus auch schon durch die Furcht gebremst wurde, die ohnehin wachsende Unzufriedenheit könne andernfalls um sich greifen und die Stabilität des Regimes gefährden, wird erst die freie Auswertung der einschlägigen Quellen erweisen können.[48]

Als Brežnev starb, gab es in der Auseinandersetzung zwischen Regime und Opposition weder Sieger noch Besiegte. Da sich der «entfaltete Sozialismus» aber längst in eine tiefe Krise manövriert hatte, hatten die Dissidenten guten Grund, sich am längeren Hebel zu sehen. Erst recht gab ihnen einige Jahre später Gorbačevs Reformprogramm Anlaß zur Genugtuung.

Gewiß erfüllte die *glasnost'* eine ihrer vorrangigen Forderungen. Zugleich entzog sie ihrer Bewegung aber auch den Boden oder versetzte sie zumindest in einen anderen ‹Aggregatzustand›. Unter der Bedingung freier Diskussion waren konkrete politische Programme und überzeugende Vorschläge zur Lösung drängender Tagesprobleme gefragt. Es zeigte sich, daß die Dissidenten über beides nicht verfügten. Die endlich erreichte Meinungsfreiheit förderte unüberbrückbare Gegensätze zutage, und die neue Form der Gruppen- bzw. Parteienkonkurrenz offenbarte, daß sie kaum jemanden hinter sich hatten. Beide Merkmale waren nicht neu; insofern verweist die Vorschau auf vergangene Wesenszüge, die im gegebenen Umfeld nur verborgen blieben.

Denn von Anfang an bestand die Opposition, wie es auch kaum anders sein konnte, aus verschiedenen Personen mit verschiedenen Vorstellungen über eine bessere Gesellschaft. Üblicherweise hat man mindestens vier Richtungen ausgemacht. Die *Sozialisten* hielten an der Überlegenheit und Wünschbarkeit einer Gesellschaft von der Art fest, wie sie Marx und die frühen sowjetischen Revolutionäre im Auge hatten. Sie sahen in Lenin eine positive Gestalt und konzentrierten alles Übel auf Stalin. Die Entartung der Sowjetunion begann in ihrer Sicht mit dem Aufstieg Stalins, dessen Hinterlassenschaft seine Nachfolger nicht zu beseitigen vermochten und nach 1964 auch nicht mehr beseitigen wollten. In vieler Hinsicht plädierte diese Strömung, für die exemplarisch R. Medvedev stand und steht, – darin Gorbačev verwandt – für eine Rückkehr zu den ‹positiven› Anfängen der Sowjetunion. Auch einige *Demokraten*, wie ihr bekanntester Vertreter Sacharov, hingen anfangs noch dem Ideal eines ‹freiheitlichen Sozialismus› an, wandten sich im Laufe ihrer politischen Reifung aber davon ab. An seine Stelle trat der Einsatz für die Menschen- und Bürgerrechte, verbunden mit der Forderung nach einer pluralistischen politischen Verfassung, die beide garantierte. Dabei gab es durchaus erhebliche Spannungen zwischen der eher moralischen und der eher politischen Argumentation, die Unterschiede in der Wertigkeit der verschiedenen Prinzipien spiegelten. Vornehmlich, aber nicht nur Literaten fühlten sich einer dritten Richtung zugehörig, die als *neoslavophil* bezeichnet werden kann. Sie verdammte nicht nur das gesamte sowjetische Experiment in Bausch und Bogen, sondern wahrte auch gegenüber westlicher Demokratie und Marktwirtschaft Distanz. Jenseits von Sozialismus und Kapitalismus suchte sie nach altrussischen Tugenden und gesellschaftlich-staatlichen Bauprinzipien. Prototypisch für diese Richtung stand (und steht) Solženicyn, der schon Sacharovs *Memorandum* dafür tadelte, daß es Stalin und nicht Lenin samt der Revolution von 1917 selbst als Urheber der Übel der Gegenwart sah. Vollends hat er sich später in der Emigration zu Ideen des 19. Jahrhunderts bekannt, die er für Rußlands politisch-soziale Zukunft nutzbar zu machen suchte. Hinzu kam schließlich eine Vielzahl *nationaler Bewegungen*, die ebenfalls im Untergrund operieren mußten, in ihrer Mehrzahl demokratische Ziele teilten und den ‹zentralen› Widerstand in dieser Phase unterstützten.⁴⁹

Nicht genug damit, blieb die Opposition auch quantitativ eine bescheidene Größe. Für das Ende der siebziger Jahre hat man die Zahl der politischen Häftlinge auf 8-9000 und die der in Freiheit lebenden Dissidenten auf 10000 geschätzt. Selbst wenn man 250000 Gläubige und aktive nationale Kämpfer hinzurechnet, ergibt sich bei einer Gesamtbevölkerung von gut 260 Mio. ein verschwindender Anteil. Mithin wird man die Leser der 4000 *Samizdat*-Publikationen, die bis dahin in den Westen gelangt waren, in einem sehr kleinen Kreis zu suchen haben. Der russische Dissens war eine Angelegenheit der Intelligenz und vermochte diese Beschränkung, anders etwa als der polnische durch die Koalition mit der *Solidarność*, nicht zu überwinden. Beide Schwächen wurden von der Konfrontation mit dem Regime überdeckt. Inhaltliche Differenzen traten hinter dem gemeinsamen Ziel einer allgemein verstandenen Freiheit zurück. In gewisser Weise wurde das Fehlen einer Massengefolgschaft sogar durch den Umstand kompensiert, daß es der politischen Struktur des bekämpften Staates entsprach. In dem Maße aber, wie Gorbačev den Pluralismus zuließ und ihn immer weniger auf bloße Meinungsäußerung zu beschränken vermochte, wie halb gewollt, halb ungewollt eine Gruppenkonkurrenz um politischen Einfluß und Macht entstand, verlor die Klammer zwischen den Dissidenten an Kraft und trat ihre Isolation ungeschminkt zutage. Das neue Umfeld verlangte neue Methoden und neue Personen – nicht nur in Rußland hatten die Bürgerrechtler ihre Schuldigkeit getan.⁵⁰

e. Kirche und Religion

Die Religionspolitik Brežnevs und Kosygins läßt sich nur schwer von der Chruščevs trennen. Während sie sich ansonsten von seiner Politik distanzierten und fast alle Reformen aufhoben, setzten sie seinen diesbezüglichen Kurs im Grundsatz fort. Zwar änderten sie auch hier die Form, aber der Inhalt blieb weitgehend derselbe. Insofern erscheint es angezeigt, die beiden ansonsten so unterschiedlichen Epochen sowjetischer Innen- und Kulturpolitik in dieser Hinsicht gemeinsam zu behandeln.

Dieses Vorgehen schließt die Behauptung ein, daß sich Chruščevs einschlägige Maßnahmen von seiner übrigen Politik merklich unterschieden. In der Tat muteten sie paradox an: Statt Freiraum zu schaffen, wie in allen anderen Bereichen nicht nur der Kultur, brachten sie neue Unterdrückung. Die Entwicklung erschien als verkehrte Welt. In den letzten Jahren Stalins war die Kirche aufgelebt. Das Regime hatte ihr in der Absicht, breiten patriotisch-nationalen Widerstand zu mobilisieren, eine neue Rolle zuerkannt, die auch äußerlichen Ausdruck fand. Vor allem die orthodoxe Kirche wurde als Institution gestärkt, ihre Verfolgung eingestellt. Sie durfte 1945 ein Landeskonzil durchführen und erstmals seit 1918 einen Patriarchen (Aleksij) wählen. Viele Gotteshäuser wurden wiedereröffnet und priesterliche Tätigkeiten wieder geduldet. Auch wenn diese ‹Toleranz› enge Grenzen hatte und unter der unaufhebbaren Bedingung staatlicher Vorherrschaft stand, atmete nicht nur die Kirchenführung auf. Auch viele einfache Gläubige konnten sich mit diesem Zustand arrangieren. Nach der Verfolgung in der Vorkriegszeit trat eine Entspannung ein, die der Religion und ihren ‹Anstalten› fern aller Gleichberechtigung wenigstens einen gesicherten Platz einräumte. Unter Chruščev wurde dies anders. Der Wandel setzte zwar mit Verzögerung ein, so daß er die Inszenierung des 20. Parteitags als Aufbruch zur geistig-ideologischen Befreiung nicht gefährdete. Aber nach dem Ende der Diadochenkämpfe vollzog er sich um so schneller und nahm in den Kernjahren der Chruščevschen Herrschaft 1959–1964 die Gestalt einer vehementen, neuen *Kirchenverfolgung* an. Die Entstalinisierung, die in diesen Jahren ihren Höhepunkt erreichte, ging einher mit Verboten, Schikanen und Repressionen, wie man sie seit Kriegsausbruch nicht mehr erlebt hatte. Wohl hatten sich die Mittel geändert. Willkürliche und pauschale Gewalt nach Stalinscher Art konnte Chruščev nicht zulassen, wenn er glaubwürdig bleiben wollte. Aber unterhalb dieser Schwelle griff er zu einem ganzen Bündel von Maßnahmen, die seiner Reform eklatant zu widersprechen schienen.

Was die Stunde geschlagen hatte, konnten hellhörige Zeitgenossen schon einem Dekret vom 7. Juli 1954 entnehmen, das kaum ohne Zutun des Prätendenten Chruščev beschlossen wurde. Das ZK stellte darin fest, «daß sich viele Parteiorganisationen der Leitung der wissenschaftlich-atheistischen Propaganda unter der Bevölkerung in unbefriedigender Weise» annähmen. Die Kirchen und Sekten hätten dies unter «wendiger Anpassung an die gegenwärtigen Verhältnisse» ausgenutzt und ihren Einfluß auf die «rückständigen Schichten der Bevölkerung» gefestigt. Die Konsequenz müsse sein, Wachsamkeit und Gegenwehr zu stärken. Zwar monierte eine weitere Resolution des obersten Parteigremiums nur vier Monate später «grobe Fehler» bei dem Versuch, die Ermahnungen in die Tat umzusetzen. Im Rückblick spricht aber alles dafür, solche Konzilianz nicht als Zeichen der Unsicherheit zu werten, sondern als taktisches Manöver in der Auseinandersetzung mit Malenkov. Was im Juli-Dekret befohlen wurde, atmete bereits den Geist jener Anordnungen, die Chruščev nach der Entfernung aller Rivalen aus einflußreichen Ämtern ungefährdet treffen konnte. Über das Bekenntnis zum vorstalinistischen Leninismus hinaus dürfte dabei auch die Einsicht im Spiele gewesen sein, daß religiöse Empfindungen und Bedürfnisse, anders als erwartet, auch in der zweiten und dritten nachrevolutionären Generation nicht von selbst ‹abstarben›. Im Gegenteil, die Renaissance der Kirche während und nach dem Zweiten Weltkrieg verwies auf ihre Dauerhaftigkeit. Wenn die Sowjetgesellschaft nun, wie Chruščev im neuen Parteiprogramm formulieren ließ, mit Macht Kurs auf den Kommunismus nahm, bot sich die Folgerung an, auch den Umgang mit der Religion diesem Ziel anzupassen. So paradox es klingt: Was Stalinkritik und Kirchenkampf miteinander verband, war die Reideologisierung der Politik zur Mobilisierung aller Kräfte für den Aufbruch zum Kommunismus im Sinne des Leninismus nach Lenin, fast möchte man sagen: des Enthusiasmus der ersten Planperiode.[51]

Als Auftakt der Kampagne im engeren Sinne gilt zumeist ein auffälliger Personalwechsel. Im Februar 1961 teilten führende Presseorgane mit, daß der Vorsitzende des «Rats für Angelegenheiten der russisch-orthodoxen Kirche» beim Ministerrat der UdSSR abgelöst worden sei. Da sich dieses Amt seit seiner Gründung im Jahre 1944 in ein und derselben Hand befunden hatte, kam der Maßnahme – über die Entfernung eines der letzten Altstalinisten hinaus – symbolische Bedeutung zu. Als wenige Monate später auch die korrespondierende Persönlichkeit auf Seiten der Patriarchatsverwaltung in den Ruhestand versetzt wurde, war deutlich, daß neue Personen eine neue Politik durchsetzen sollten. Auf mehreren Ebenen versuchten Partei und Staat abermals, Kirche und Religion als vermeintliche Überbleibsel der bürgerlich-kapitalistischen Gesellschaft nicht nur zurückzudrängen, sondern zu beseitigen. Gesetzesergänzungen und die strengere Anwendung bestehender Verordnungen (vor allem des immer noch rechtskräftigen Statuts vom 8. April 1929) engten den legalen Spielraum der Priester in den folgenden drei Jahren spürbar ein. «Kulthandlungen», wie man offiziell formulierte, durften (seit Oktober 1962) nur noch in den Kirchen vorgenommen werden. Da für Schwerkranke und Sterbende eine Sonderregelung galt, richtete sich diese Maßnahme vor allem gegen häusliche Taufen. Um auch den Ausweg zu verschließen, daß die Großmütter anstelle der anonym bleibenden Mütter die Neugeborenen in die Gotteshäuser trugen, forderte der Staat darüber hinaus die schriftliche Einwilligung beider Elternteile. Dem Schutz vor Sekten diente ursprünglich die Vorschrift, religiöse Lehren von Jugendlichen fernzuhalten. Spätestens 1963 wurde diese Bestimmung auf die russisch-orthodoxe Kirche übertragen, der mithin ein Lebensnerv, die religiöse Unterweisung der nachwachsenden Generation, abgeschnitten wurde. Auch andere, ursprünglich gegen Sekten gerichtete Bestimmungen wie das Verbot, ordentliche Bürger «unter dem Deckmantel religiöser Lehren» von der Ausübung ihrer gesellschaftlichen Pflichten abzuhalten oder im Namen von Ritualen gesundheitsgefährdende Handlungen durchzuführen, wurden bald auf die großen, grundsätzlich tolerierten Konfessionen ausgedehnt. Da die orthodoxe Taufe das vollständige Eintauchen des Kindes vorsah, bedurfte es nur eines unglücklichen Zwischenfalls, um einen willkommen Anlaß für eine landesweite Kampagne zu finden. Darüber hinaus hatte sich Chruščev schon im Oktober 1960 durch Strafandrohung für alle Angriffe auf die Trennung von Staat und Kirche eine Art Blankovollmacht verschafft. Im Sinne der «sozialistischen Gesetzlichkeit» achtete er darauf, daß «keine Strafe ohne rechtliche Grundlage» sei. Aber die Legalität war fadenscheinig.[52]

Indes blieb es nicht bei Worten. Der Staat ging auch mit konkreten Taten gegen die Kirchen und ihre Mitglieder vor. Dabei bediente er sich ebenfalls allerlei Vorschriften und Anordnungen; insofern war er weiterhin um formale Rechtsförmigkeit bemüht. Doch das Ergebnis sprach den Vorwänden Hohn und enthüllte die wahren Absichten. Ob man bauliche Mängel vortäuschte, die Voraussetzungen für die staatliche Registrierung nicht erfüllt sah oder die Verletzung sonstiger Vorschriften monierte – in aller Regel endeten die darauf gegründeten Verwaltungsakte in Zwangsausweisungen, Schließungen und Versiegelungen. Das Ausmaß dieser institutionellen Demontage der Kirche läßt sich schwer bestimmen, da die genaue Anzahl ihrer Einrichtungen vor und nach der Kampagne nur ungefähr bekannt ist. Eigenen Erhebungen zufolge verfügte die Russisch-orthodoxe Kirche 1961 über etwa 20 000 Gemeinden in 73 inländischen Eparchien. Selbst wenn diese Angabe zu hoch gegriffen ist, wie auch wohlgesonnene Kommentatoren vermuten, liegt die tatsächliche Zahl deutlich über jenen 11 500, die 1963 in der staatlichen Presse genannt und von der offiziellen Kirche bestätigt wurden. Weithin akzeptierte Schätzungen besagen, daß zu Beginn der sechziger Jahre ungefähr die Hälfte der zwischen diesen Werten liegenden Zahl, eventuell sogar an die 10 000 Kirchen geschlossen wurden. Ein ähnliches Schicksal ereilte die vierzig Klöster – darunter auch das berühmte Höhlenkloster in Kiev –, von denen nur der kleinere Teil überlebte. Über den spirituellen Verlust hinaus wurden dadurch zahlreiche architektur- und kulturgeschichtliche Monumente dem Verfall preisgegeben. Und auch die geistlichen Ausbildungsstätten mußten sich der Zwangssäkularisierung beugen. Von acht theologischen Akademien und Priesterseminaren hatten nur drei Bestand. Sie allein sollten die wenigen Geistlichen ausbilden, die man in nächster Zukunft noch für nötig hielt. So sah die Kirche beim Sturz Chruščevs auch ‹anstaltlich› sehr anders aus als zu Beginn seiner Herrschaft und in den letzten Jahren Stalins. Ähnlich massiv war der Staat nur in den schlimmsten Jahren des entfesselten Atheismus 1928–32 und 1936–38 gegen sie vorgegangen.[53]

Hinzu kam eine Vielzahl paralleler Einschüchterungs- und Manipulationsversuche. Partei und Staat blieben nicht bei Verboten stehen, sondern ergänzten sie durch mediale Beeinflussung und soziale Nötigung. Zum einen verstärkten sie die atheistische Propaganda, sichtbar unter anderem in der Gründung einer neuen Zeitschrift mit dem verschleiernden Titel «*Wissenschaft und Religion*» (1959). Zum anderen bemühten sie sich in der Überzeugung verstärkt um Ersatz für religiöse Zeremonien, daß sich die widerborstige Attraktivität der Kirche nicht zuletzt auf die Aura des Außeralltäglichen gründe. Letztlich lief dies auf eine Erneuerung der frühsowjetischen Bemühungen hinaus, die religiöse Kultur durch eine eigene, sozialistische zu ersetzen. Abermals warb man für eine «Namensgebungsfeier», in deren Verlauf das Neugeborene eine Medaille samt Leninporträt und einem mah-

4. Kultur zwischen Anpassung und Dissens

nenden Lobspruch auf das Vaterland erhielt. Man bot die Jugendweihe anstelle der Kommunion an. Man eröffnete «Heiratspaläste», die allerdings nur selten so prätentiös untergebracht werden konnten wie in einer ehemals großfürstlichen Residenz in Leningrad, und man schuf neue Feiertage anstelle oder in der Nähe der tradierten christlichen. Allerdings war das Resultat nicht positiver als vierzig Jahre zuvor.[54]

Um so größere Bedeutung kam der administrativen und sozialen Kontrolle zu. Zusätzlich zu den bestehenden Aufsichtsgremien rief man zu Beginn der sechziger Jahre als unterste Instanz «Hilfskommissionen zur Kontrolle der Beachtung der Kultgesetzgebung» ins Leben. Der Gründungszeitpunkt war ebensowenig zufällig wie ihre Zusammensetzung aus Sowjetdeputierten, Angehörigen sonstiger Ämter und ‹aktiven› Bürgern: Vor allem diese Gremien übernahmen die genaue Beobachtung der Kirchen und ihrer Besucher vor Ort. Während die übergeordneten Institutionen über den generellen Kurs wachten, schrieben die Hilfskommissionen eifrig auf, wer an Gottesdiensten teilnahm, sich vom Popen trauen ließ, seine Kinder zur Taufe brachte, spendete oder auf andere Weise zum Gemeindeleben beitrug. Sie sammelten systematisch Informationen, die andernorts bei Zuweisung von Arbeitsstellen, Beförderungen, der Aufnahme von Kindern in weiterführende Schulen und vielen anderen, gegebenenfalls existentiellen Entscheidungen verwertet wurden. ‹Rechtsaufsicht› nahm vor allem hier die Form der Bespitzelung an, deren Ergebnisse dem KGB nicht verborgen blieben.[55]

Die staatliche Kontrolle wurde dabei durch eine Neuregelung des Verhältnisses zwischen Kirchengemeinden und örtlichen Sowjets vom April 1961 erheblich erleichtert. Da die orthodoxe Kirche dazu erstmals seit 1945 ihre Statuten ändern mußte und ihre Mitwirkung offen dokumentierte, geriet diese Maßnahme auch vorrangig ins Visier der inneren Kritik. Die Rede ist vom Beschluß der ersten (einer ‹kleinen›, auf Bischöfe beschränkten) Synode seit Kriegsende, gemäß dem Vorschlag des neuen ‹Kirchenministers› V. A. Kuroedov die weltlichen und geistlichen Aufgaben einer Kirchengemeinde so strikt zu trennen, daß der Pope nicht mehr an der Verwaltung seiner eigenen Gemeinde teilnehmen konnte. Geistliche sollten weder der sog. «Zwanzigschaft» *(dvadcatka)* aus Gläubigen angehören, die eine Gemeinde als rechtliche Körperschaft gründen durften, noch dem von ihr zu wählenden Exekutivrat, dem die laufenden Geschäfte übertragen wurden (Pflege der unentgeltlich vom Staat als Monopoleigentümer überlassenen Gebäude und Liegenschaften, Kassenführung, Administration). Damit wurden sie in der Tat zu «Kultdienern», die im Auftrage der sie einstellenden Gemeinde ausschließlich für die Liturgie und Seelsorge zuständig waren. Die Kirche wirkte nur noch insofern mit, als sie alle Wählbaren weihte und investierte, insofern die alleinige religiöse Kompetenz wahrte. Freilich hatte die Reform allem Anschein nach auch zumindest eine positive Seite: Sie bescherte den Gemeinden reguläre und deutlich höhere finanzielle Einkünfte. Die Frage muß offen bleiben, in welchem Maße diese materielle Besserstellung die Bereitschaft des Patriarchats und der synodalen Mehrheit beflügelte, der abermaligen Selbstbeschneidung zuzustimmen.[56]

Als Chruščev stürzte, atmeten die Gläubigen in der gesamten Sowjetunion auf. So paradox wie die Kirchenverfolgung in der von ihm geprägten Reformära, so ‹verkehrt› wirkte die Reaktion in Kirchenkreisen (und je tiefer die Ebene, desto deutlicher) auf dieses unerwartete Ereignis: Es schien eher Hoffnungen als Befürchtungen zu begründen. Allerdings bewahrheitete sich der Optimismus nur zum Teil. Soweit er davon ausging, daß es schlimmer kaum noch kommen konnte, war er gerechtfertigt; soweit er deutliche Verbesserungen erwartete, wurde er enttäuscht. Die neuen Regenten änderten viel und doch wenig. Ihrem Pragmatismus getreu, kassierten sie auch auf diesem Gebiet die übereifrigen Maßnahmen Chruščevs. Statt dessen beherzigten sie die Einsicht, daß Strafen und Verbote niemanden wirklich zum Atheismus bekehrten. Die Verfolgungen hörten auf, aber die Gesetze blieben und mit ihnen die engen Grenzen für kirchliche Aktivitäten. Man mag dies ein Arrangement mit Zügen einer Koexistenz nennen; aber im Vergleich zu den vierziger und fünfziger Jahren schrieb es einen *status quo minus* fest.

Aus der (unterschiedlich motivierten) Vorsicht beider Seiten mag zu erklären sein, daß sich in den nächsten anderthalb Jahrzehnten am offiziellrechtlichen Verhältnis zwischen Staat und Kirche wenig änderte. Die Regierung widmete sich anderen, drängenderen Problemen, versäumte aber nicht, die sozusagen ‹zwischen den Epochen› entflammte kirchenpolitische Debatte abzubrechen. Die Zeit reichte, um öffentlich festzustellen, daß alle Drangsalierung ihren Zweck verfehlt habe und den Stab über solch ideologische Hitzigkeit zu brechen. Aber einer Kehrtwende redete schon deshalb niemand das Wort, weil sie zu einer Liberalisierung hätte führen müssen. Die offizielle Kirche akzeptierte dies und fügte sich. Diese Bereitwilligkeit trug dazu bei, daß sie nach dem Tod des 93-jährigen, seit 1945 amtierenden Patriarchen Aleksij (April 1970) eine landesweite *Synode* einberufen durfte, um ein neues Oberhaupt zu wählen. Am Vorabend versäumte es der Metropolit Pimen als temporärer Patriarchatsverweser nicht, die umstrittenen Beschlüsse der Bischofsversammlung vom April 1961 zu verteidigen. Was er damit einschloß, formulierte ein anderer einflußreicher Kirchenführer bei derselben Gelegenheit: daß die Kirche zum Wohle ihrer Tätigkeit gut beraten sei, «keinen Konflikt mit den Gesetzen unseres Vaterlands» zu riskieren. Die Mehrheit der Synodalen unterstützte diesen Kurs durch die Wahl Pimens, mit der auch Partei und Staat zufrieden sein konnten.[57]

Solche Fügsamkeit erleichterte es dem Staat, bei seiner Politik zu bleiben. Das seit längerem erwartete *neue Religionsgesetz* vom 23. Juni 1975 begnügte sich im wesentlichen damit, die bestehende Rechtslage zusammenzufassen. Sicher brachte es den Gläubigen insofern Gewinn, als es die zum Teil unbekannten Bestimmungen der sechziger Jahre fixierte und Rechtssicherheit schuf. Darin mag man auch eine Anerkennung des Fortbestandes der Religion und eine Folge der Tatsache erblicken, daß man Anfang der siebziger Jahre immerhin von ca. 40 Mio. Anhängern allein der orthodoxen Kirche (entsprechend 17 % der Bevölkerung) ausging. Doch damit hatte sich das Entgegenkommen des Staates schon erschöpft. Die Bestätigung der Regelung von 1961 ließ keinen Zweifel daran, daß man die Existenz der Kirche zwar hinnahm, ihren Wirkungskreis aber nicht wieder erweitern wollte. Partei und Staat verzichteten auf Chruščevs ideologischen Eifer, wichen aber vom inhaltlichen Ziel keinen Deut ab.[58]

Um so eher konnten sich diejenigen bestätigt fühlen, die den Kurs des Patriarchats mit Skepsis verfolgten. Kaum zufällig gelangte die erste ausführliche Kritik im diskussionsoffenen Übergangsjahr 1965 an die Öffentlichkeit. Sie markierte nichts weniger als den Beginn einer *Dissidentenbewegung* auch in der Kirche. Allerdings gab es zu dieser Zeit noch kaum Verbindungen zum literarisch-politischen Widerstand. Der Protest der Kirchenrebellen galt weder einer möglichen Restalinisierung noch der Furcht vor einem Rückgriff auf Chruščevsche Gewaltmaßnahmen, sondern dem Verhalten der eigenen Obrigkeit. «Getrieben» von ihrem «christlichen Gewissen» und «priesterlicher Pflicht» listeten zwei Moskauer Geistliche den ganzen Katalog von Verboten und Behinderungen auf, mit denen der Staat versuchte, die Kirche aus dem Leben seiner Bürger zu verdrängen. Doch nicht dies sorgte für Aufsehen, sondern der mehrfach wiederholte Vorwurf, die Kirchenleitung habe der Zerstörung tatenlos zugesehen. Was die Verfasser – N. Eliman und G. P. Jakunin – in Form eines offenen Briefes an den Patriarchen publik machten, lief auf einen ungeheuerlichen Vorwurf hinaus: den der Pflichtverletzung und Komplizenschaft mit einem gottlosen Staat. Denn «wo ein Bischof seinen Eifer und Mut zur Verteidigung seiner Herde» eingesetzt habe, dort sei die «Gesetzlosigkeit» zurückgewichen. Ein krasses Beispiel solcher Hehlerei sahen die Autoren in eben jenen Beschlüssen der Bischofssynode vom April 1961, die den Priester entgegen der heiligen Schrift von der Mitwirkung an der Verwaltung seiner eigenen Gemeinde ausschloß. Die Kirchenführung habe sich auf diese Weise zum Erfüllungsgehilfen des Atheismus gemacht und obendrein gegen das eigene Statut von 1945 verstoßen.[59]

Offensichtlich trafen die Autoren damit die Achillesferse der offiziellen Kirchenpolitik. Die Antwort des Patriarchen war ebenso unmißverständlich wie die Anklage. Unter Inanspruchnahme der absoluten Gewalt, die ihm die hierarchische Kirchenorganisation übertrug, suspendierte er die Kritiker von ihrem Amt. Selbstzweifel waren dem Dokument nicht anzumerken. Die offizielle Kirche hielt bis zu ihrer Erneuerung gegen Ende der achtziger Jahre an der Politik der Verständigung, um nicht sagen: der Kollaboration mit dem kommunistischen Staat fest. Sie tat dies aber um den Preis fortgesetzter Gärung im Innern. Etwa zeitgleich mit den Moskauer Geistlichen wandte sich auch der Bischof Hermogen von Kaluga mit der Bitte an den Patriarchen, ein neues Konzil einzuberufen, um die Beschlüsse von 1961 aufheben zu lassen. Obwohl die Opposition durch die Unterstützung eines so hohen Würdenträgers eine andere Qualität gewann, blieb eine sichtbare Gruppenbildung aus. Vielmehr ließ sich auch Hermogen widerstandslos maßregeln und nach bewährtem Rezept in ein fernes Kloster abschieben. Etwa ein Jahr später, im November 1966, sorgte ein weiterer offener Brief für Unruhe, der diesmal aus der Provinz kam. Ein Wissenschaftler und Schriftsteller aus Kirov (Vjatka) im Vorural schilderte darin die Schikanen und Drangsalierung der staatlichen Behörden mit einer Genauigkeit, die vielen Beobachtern das Ausmaß der Kirchenverfolgung überhaupt erst deutlich machte. Auch er gab sich damit allerdings nicht zufrieden, sondern bezichtigte das Patriarchat nicht minder heftig der Mitschuld als seine Moskauer Vorgänger.[60]

Solche Vorwürfe bildeten indes nur den Beginn des Aufbegehrens. Insofern kam der unrühmlichen Rolle des hohen orthodoxen Klerus während der Kirchenverfolgung eine ähnliche Funktion in der Geistlichkeit zu wie die Unterbindung weiterer Stalinkritik nach Chruščevs Sturz in der *intelligencija* allgemein. Gegen Ende des Jahrzehnts löste sich der religiöse Protest von dieser ‹institutionellen› Wurzel und verband sich mit allgemeiner Regimekritik unter dem Banner von Meinungsfreiheit und Menschenrechten. Die Allianz lag nicht nur nahe, sondern konnte auch Vorläufer für sich reklamieren, gab es doch unter den zahlreichen Opfern des Stalinschen Terrors viele, die allein für ihren Glauben leiden mußten. Zur bürgerlich-politischen Freiheit gehörte die ungehinderte Tätigkeit religiöser Gemeinden, zu den menschlichen Grundrechten die Bekenntnisfreiheit. Zwischen kirchlichem Dissens und allgemeinpolitischem bestand eine Wahlverwandtschaft, die immer deutlicher zutage trat. Auch der religiöse Untergrund verbreitete seine Auffassung durch den *Samizdat*, einer gründlichen Zählung zufolge zwischen November 1968 und August 1971 in 268 Einzelschriften, von denen 68 aus Kreisen der russischen Stammkirche kamen. Als der christlich-orthodoxe Schriftsteller A. E. Levitin-Krasnov im Mai 1971 wegen «antisowjetischer Propaganda» zu drei Jahren Lagerhaft verurteilt wurde, protestierten auch Sacharov und die Initiativgruppe. Und wie dem politischen Dissens gab die Unterzeichnung der KSZE-Akte auch dem religiösen einen kräftigen Impuls: Ende Dezember 1976 wurde in offensichtlicher Analogie zur Menschenrechtsgruppe ein *Christliches Komitee für die Verteidigung der Rechte der Gläubigen in der UdSSR* gegründet, zu dessen Hauptaufgaben die (einige Jahre später in den USA veröffentlichte) Dokumentation von Verstößen zählte.[61]

Im letzten Jahrzehnt der Brežnev-Ära änderte sich an der Grundkonstellation der Beziehungen zwischen Staat und Kirche wenig; aber das Kräfteverhältnis unterlag merklichen Schwankungen. Partei und Regierung beharrten auf ihrer Eindämmungspolitik, überspannten den Bogen aber nicht. Die neue Verfassung von 1977 ließ sogar eine gewisse Konzilianz erkennen, wenn sie die Erlaubnis zu «antireligiöser» Propaganda in «atheistische» abschwächte. Entsprechend biegsam zeigte sich die offizielle Kirche, die darum bemüht war, keinen Anlaß zu Verärgerung zu geben. Patriarch Pimen erfüllte die Erwartungen, die sowohl die Synodalen als auch der Staat in ihn setzten, vollauf; er schreckte nicht einmal vor einem peinlich-servilen Nachruf auf den neuen Führer zurück, der deutlich über den gebotenen Respekt gegenüber dem Toten hinausging. Zugleich setzte sich der ebenso zähe wie schmutzige Kleinkampf auf der unteren Ebene fort. Einem später ins westliche Ausland gelangten Bericht des Stellvertretenden Vorsitzenden des «Rats für Angelegenheiten der Religionen beim Ministerrat der UdSSR» war zu entnehmen, daß die staatlichen Agenten Mitte der siebziger Jahre noch mit denselben Intrigen und Rechtsbeugungen arbeiteten wie anderthalb Jahrzehnte zuvor. Nach wie vor gaben diese Machenschaften in Verbindung mit der Unterwürfigkeit des Patriarchats unter den kirchlichen Würdenträgern Anlaß zu Protest. Auch wenn man diese aus der Praxis erwachsene Opposition von der Menschenrechtsbewegung ‹genetisch› trennt, kamen beide in der Diagnose zusammen, daß die orthodoxe Kirche zu «einem langsamen Sterben» verurteilt sei. Insofern handelte der Staat ungewollt im tieferen Interesse einer wahren Kirche, als er vor allem nach dem Einmarsch in Afghanistan Ende 1979 auch gegen den religiösen Dissens mit ungewöhnlicher, neuer Härte vorging. Gab man die Zahl der aus einschlägigen Gründen Inhaftierten 1979 mit 39 an, so stieg sie bis 1984 auf fast 200. Die ersten Nachfolger Brežnevs änderten daran nichts. Auch der religiöse Dissens lag am Boden, als der letzte Generalsekretär zu der Überzeugung kam, das Regime sei nur durch einen radikalen Kurswechsel zu retten.[62]

Bei alledem mochte nur eines irritieren, falls die Regenten die entsprechenden Berichte des KGB überhaupt lasen: daß die Kirche in den siebziger Jahren neuen Zulauf erhielt. Wohlgesonnene Beobachter sprachen sogar von einer «religiösen Renaissance». Neu daran war weniger die erhöhte Attraktivität des Glaubens als der Personenkreis, der in die Kirchen drängte. Wohl zum ersten Mal seit der geistigen Krise der Jahrhundertwende – von Not- und Kriegszeiten abgesehen – bekehrte sich anstelle der Frauen und der ländlichen Unterschichten, die ansonsten die Gotteshäuser bevölkerten, die kritische Intelligenz in wachsender Zahl zum Glauben. Dabei kommt der Überdruß an den Schemata der Staatsideologie ebenso als Motiv in Betracht wie der Protest gegen die verordnete Säkularisierung und Denkverbote generell. Auch eine Verbindung mit der allgemeinen weltanschaulichen und politischen Rückwendung zur nationalrussischen Tradition liegt nahe. Offen bleibt nur, in welchem Maße diese Bewegung die Kirche gestärkt hat. Nach

Bataillonen zählten diese ‹Konvertiten› nicht, aber sie brachten etwas mit, was nicht geringer wog: Überzeugung und Courage.⁶³

5. Außenpolitik zwischen Konfrontation und Entspannung

Über das Verhältnis zwischen Innen- und Außenpolitik ist gerade in den letzten Jahrzehnten viel nachgedacht worden. Beide können in ungefährer Konkordanz stehen, müssen das aber nicht. Die nachstalinistische Sowjetunion kann als Beleg für beides gelten: In der Gesamtperspektive bis zum Ende der Brežnev-Ära überwog das Bedürfnis, entsprechend der friedlichen Entwicklung im Innern zu einem Arrangement mit dem äußeren Gegner zu kommen. Kurz- und mittelfristig traten aber viele Faktoren hinzu, die zu erheblichen Schwankungen führten – darunter vorrangig Rivalitäten im ‹eigenen› sozialistischen Lager und die globale Systemkonkurrenz um Gefolgschaft in der ‹Dritten Welt›. Zwar gab es (vor Kuba) nur noch einen einzigen Konflikt, der die Welt wie in Korea an den Rand eines neuen globalen Krieges brachte. Aber Spannungen und krisenhafte Zuspitzungen blieben endemisch. Insofern vereinfacht die Vorstellung allzu sehr, daß der Kalte Krieg durch die «friedliche Koexistenz» ersetzt worden sei. Stattdessen griffen Phasen der Konfrontation und der Verständigung ineinander. Warum das so war, läßt sich im Rückblick besonders klar erkennen: Solange die Sowjetunion und ihre Satelliten existierten, gehörte der Gegensatz zur globalen Struktur. Er erlaubte die temporäre Annäherung der ‹Blöcke›, aber nicht ihre Aufhebung. ‹Kleine Schritte› waren möglich und nötig, weil der große nicht getan werden konnte.

Von selbst verstand sich, daß der Tod Stalins auch einen außenpolitischen Einschnitt bedeutete. Dies war um so eher der Fall, als die Wachablösung im Kreml ungefähr mit dem endgültigen Ende des Koreakriegs zusammenfiel. Als auch der Arbeiterprotest vom 17. Juni 1953 in Ostberlin glimpflich überstanden war, sah die neue Führung sowohl die Möglichkeit als auch Anlaß, einen neuen Anfang zu machen. Nach dem Patt im Fernen Osten und angesichts des Vorrangs innenpolitischer, vor allem wirtschaftlicher Fragen lag es nahe, ein Arrangement mit dem internationalen ‹Klassenfeind› zu suchen. So wie man die rigorose Kontrolle über das Geistesleben lockerte, so distanzierte man sich auch vom Dogma des unausweichlichen globalen Zusammenpralls zwischen ‹Kapitalismus› und ‹Sozialismus›. Allerdings folgte daraus noch lange keine Verständigung mit den westlichen Mächten. Der Weg dorthin war steinig und wurde von Chruščev auch nicht ohne Verbündete beschritten. Es entsprach seinem Bemühen um die Wiederbelebung eines anderen, des ‹echten› Sozialismus, daß er zunächst versuchte, die Risse in der kommunistischen Welt zu kitten. In Peking räumte er fürs erste

5. Außenpolitik zwischen Konfrontation und Entspannung

Unstimmigkeiten unter anderem dadurch aus, daß er alten territorialen Wünschen entgegenkam (Rückgabe von Port Arthur, September 1954), und er wagte sich in die Höhle des Löwen, als er im Mai 1955 nach Belgrad flog, um das schmerzhafteste Schisma, den Bruch zwischen Stalin und Tito, zu überwinden. Solch neue Geschlossenheit sollte nicht nur die Attraktivität des globalen Sozialismus erhöhen, sondern zugleich der Stellung der Sowjetunion zugute kommen: Denn mit der Einheit des Weltsozialismus reparierte der neue Kremlherr auch den Führungsanspruch seines eigenen Staates. So gerüstet ließ er sich nicht nur auf die Freigabe und Neutralisierung Österreichs (Staatsvertrag vom 15. Mai 1955), sondern auch auf die erste Begegnung der Regierungschefs der Siegermächte seit Potsdam ein. Die Ergebnisse dieses Gipfeltreffens in Genf (Juli 1955) beschränkten sich indes weitgehend auf seinen symbolischen Wert. Chruščev und Bulganin (als formeller Ministerpräsident) lernten den amerikanischen Präsidenten D. D. Eisenhower und seinen neuen Außenminister J. F. Dulles kennen. Vor allem der letztere soll einen bleibenden Eindruck hinterlassen und durch Unnachgiebigkeit maßgeblich zum negativen Urteil Chruščevs über die Möglichkeit einer Verständigung beigetragen haben. Die Großen Vier konnten sich einzig darauf einigen, nach fünf Jahren in Paris erneut zusammenzukommen. Daß diese Konferenz nicht stattfand, war oberflächlich sicher dem aufsehenerregenden Abschuß eines Aufklärungsflugzeugs (U-2) der USA über sowjetischem Territorium kurz vorher zu verdanken. Dessenungeachtet fehlte auf allen Seiten auch der Wille, den Zwischenfall beizulegen.[1]

Zeigte schon dieses Resultat mehr faktische Kontinuität als Wandel, so galt dies für die ersten äußeren Auswirkungen der Entstalinisierung in besonderem Maße. Dazu trug weniger der Umstand bei, daß die zwischenstaatlichen Beziehungen der Sowjetunion ähnlichen ideologischen Vorgaben folgen sollten wie der Aufbau von Wirtschaft, Gesellschaft, Staat und Kultur. Entscheidend war vielmehr der Zwangsexport des Sozialismus nach Ost- und Südosteuropa im Schlepptau der Roten Armee nach 1945. Weltkrieg und Kalter Krieg hatten den Stalinismus internationalisiert und die Grundlage dafür geschaffen, daß auch der Abschied von der unmittelbaren Vergangenheit (was sich konsequenter 1989–90 wiederholen sollte) keine innere Angelegenheit der Sowjetunion bleiben konnte. Dementsprechend gab Chruščevs ‹Geheimrede› auf dem 20. Parteitag auch in dieser Hinsicht den Startschuß. Die Botschaft, die von ihr ausging, wurde vor allem dort, wo es starken, nationsweiten autochthonen Widerstand gab, als Chance begriffen, sich zumindest aus der inneren Bedrückung durch den oktroyierten Sowjetsozialismus zu befreien. In *Polen* war im März 1956 nach dem plötzlichen Tod des Vorsitzenden der kommunistischen Partei B. Bierut ein gleichgesinnter Nachfolger gekürt worden. Doch auch die persönliche Anwesenheit und Mithilfe Chruščevs, der schon damit dokumentierte, daß er die innere Lockerung nicht mit äußerem Machtverfall erkaufen wollte, vermochte diesem keine hinreichende Unterstützung zu verschaffen. Die Sympathie schon der Partei und erst recht anderer Bevölkerungskreise galt einem anderen Kommunisten, der kaum zufällig zu den Opfern Stalins zählte: W. Gomułka. Als sich die Versorgungslage im ganzen Land verschlechterte, allgemeine Unzufriedenheit um sich griff, die Industriearbeiter am 28. Juni 1956 in einen landesweiten Ausstand traten und nach blutigen Zusammenstößen mit der Polizei 44 Tote und über 300 Verletzte zu beklagen waren, wurde die Notwendigkeit eines Führungswechsels und Neuanfangs unübersehbar. Der sowjetische Ministerpräsident und sein Verteidigungsminister trafen ungebeten in Warschau ein, um die Notwendigkeit der Krisenbereinigung unter Wahrung der kommunistischen Herrschaft zu verdeutlichen. Angesichts solcher Drohungen setzte sich die ‹nationale› Fraktion in der kommunistischen Führung durch. Am Ende der ersten Oktoberwoche wurde eine entsprechende Vereinbarung unterzeichnet, die allerdings von der gegnerischen Gruppe wieder in Frage gestellt wurde. Es bedurfte erst eines zweiten, ebenso überraschenden Besuchs von Chruščev selbst am 19. Oktober, um den neuen ersten Mann in Warschau zu installieren. Als Gomułka seinen Triumph auf einer Massenveranstaltung fünf Tage später öffentlich verkündete, hatten die Gegner des Stalinismus auch in Polen gesiegt. Damit setzte sich innerhalb des Sowjetblocks zum ersten Mal eine Orientierung durch, die den landeseigenen Belangen nach jugoslawischer Art größeren Spielraum zugestand. Mit Unabhängigkeit von Moskau oder gar innerer Freiheit im Sinne eines anerkannten sozialen und politischen Pluralismus aber hatte sie nichts zu tun. Grundlage und Maßstab der fast fünfzehnjährigen Herrschaft Gomułkas blieb (neben der Duldung von Säulen polnisch-nationaler Eigenart wie der katholischen Kirche und einer relativen Offenheit des geistigwissenschaftlichen Lebens) seine Fähigkeit, die Versorgung der Bevölkerung einigermaßen sicherzustellen. So war es nur konsequent, daß seine letzte Stunde schlug, als dies nicht mehr gelang. Es waren ähnliche Arbeiterstreiks, diesmal von der Danziger Werft ausgehend, die mit seiner Ablösung durch E. Gierek im Dezember 1970 die Endphase des kommunistischen Regimes in Polen vor der Notstandsdiktatur des Generals W. Jaruzelski (13. Dezember 1981) und dem friedlichen Übergang zur Demokratie im Jahre 1989 einleiteten.[2]

Auch den *ungarischen Aufstand* im Herbst desselben Jahres 1956 wird man in unmittelbarem Zusammenhang mit dem Beginn der Entstalinisierung in der Sowjetunion sehen müssen. Schon in den zurückliegenden Jahren hatte es Auseinandersetzungen zwischen Gegnern und Anhängern analoger Reformen gegeben. Paradoxerweise behauptete sich dabei mit dem Premierminister M. Rákosi ein Mann des alten Geistes, dem es gelang, sich als Mittler in Szene zu setzen. Dessenungeachtet zeigte sich schon in den ersten Wochen nach dem 20. Parteitag, daß dessen Signal in Budapest zumindest öffentlich stürmischer begrüßt wurde als in Warschau und Aktio-

5. Außenpolitik zwischen Konfrontation und Entspannung 993

nen begründete, die breitere Kreise der Bevölkerung einbezogen. Im März wurden drei inhaftierte Gegner der alten Machthaber freigelassen, im Juni knapp 12000 politische Gefangene entlassen. Die Lage spitzte sich zu, als Anfang Oktober die exhumierten Gebeine eines prominenten Opfers der ‹Säuberungen› Rákosis unter Anteilnahme vieler tausend Demonstranten beigesetzt wurden und eine Woche später sein als liberal geltender Hauptgegner I. Nagy wieder in die Kommunistische Partei aufgenommen wurde. Am 23. Oktober kam es zu einem maßgeblich von Studenten und Intellektuellen getragenen offenen Aufstand, in dessen Gefolge Nagy die sowjetischen Oberherren davon zu überzeugen vermochte, er allein könne die Krise ohne ‹konterrevolutionäre› Veränderungen beilegen. So begann am 29. Oktober die erste und bis zum Zusammenbruch des Ostblocks 1989 einzige Woche politischer Freiheit im Nachkriegs-Ungarn. Freilich besiegelte der neue Premier, wie sich *ex post* herausstellte, schon am 1. November seinen eigenen Untergang, als er dem damaligen sowjetischen Botschafter in Budapest Andropov ankündigte, daß Ungarn aus dem 1955 geschlossenen Militärbündnis (Warschauer Pakt) austreten wolle. Diese (in Polen nie erwogene) Absicht überschritt die sowjetische Toleranzgrenze erheblich. Am 4. November rückten Panzer der Roten Armee auf Budapest vor und eroberten es nach heftigen Straßenschlachten am 11. November. Nagy wurde gestürzt und J. Kádár als nicht kompromittierter (von Rákosi sogar verfolgter) Kandidat von Moskaus Gnaden eingesetzt. Eine Viertelmillion Menschen emigrierte; Ungarn blieb ein Satellitenstaat, der in den nächsten Jahrzehnten zwar in vieler Hinsicht eigene Wege ging und bald als liberalster im ganzen Ostblock galt, aber weder demokratische Experimente wagte noch gar Anstalten zur Neutralität machte. So erreichte die (vor dem Abenteuer in Afghanistan Ende 1979) blutigste Intervention der Roten Armee nach dem Zweiten Weltkrieg sicher ihren Zweck. Dennoch wird man nicht von einem ungetrübten Sieg sprechen wollen: Chruščev verlor außenpolitisch endgültig den Nimbus eines Reformers; der ‹Geist von Genf› erlitt einen Schlag, von dem er sich nicht mehr erholte; und aller Welt wurde offenbar, daß die sozialistische Ordnung zumindest außerhalb der Sowjetunion nicht auf Zustimmung, sondern auf Gewalt beruhte.[3]

So hätte das Krisenjahr 1956 dem sowjetischen Staatschef eigentlich die Augen darüber öffnen können, wie zerbrechlich seine Macht über Osteuropa war. Allem Anschein nach verdrängte Chruščev diese Lektion, wenn er sie überhaupt verstand. Dabei half ihm der Triumph über seine innerparteilichen Widersacher im Juni 1957 und der erste unbemannte Raumflug am 4. Oktober 1957. Angesichts des weltweiten Aufsehens, das der *Sputnik* erregte, und der Bewunderung für die sowjetischen Trägerraketen, denen der Westen den Erfolg zuschrieb, brachte er eine neue Außenpolitik auf den Weg. Über ihren Inhalt herrscht im Kern Konsens: Einerseits sollte der internationale Klassenkampf endgültig «friedlicher Koexistenz» mit der anderen atomaren Supermacht und dem von ihr geführten kapitalistischen Westen weichen; andererseits meinte Chruščev, bei dieser Politik nicht nur im Bewußtsein der Anerkennung grundsätzlicher Gleichrangigkeit, sondern darüber hinaus von einer Position der Stärke agieren zu können. Daraus ergab sich eine eigentümliche Sprunghaftigkeit, um nicht zu sagen: Paradoxie, die bis heute rätselhaft geblieben ist. Man hat sie ebenso als Verknüpfung von Entgegenkommen und Drohung, von ‹Zuckerbrot› und ‹Peitsche›, wie als bewußte Täuschung gedeutet, die von der tatsächlichen militärischen Schwäche ablenken sollte. Was immer man für plausibler hält, beide Ziele wurden nicht erreicht. Chruščev unterschätzte den Widerstand gegen die faktische Aussöhnung mit dem Klassenfeind und überschätzte den Respekt vor der sowjetischen Schlagkraft samt der eigenen Fähigkeit zur Vorspiegelung falscher Tatsachen. Ohne klare Linie endete seine Außenpolitik im Konflikt mit einem wichtigen einstigen Verbündeten, der Volksrepublik China, und vor Kuba 1962 in der tiefsten Erniedrigung seines Landes seit dem Zweiten Weltkrieg.

Besonders undurchsichtig sind die Motive bis heute für das *Berlin*-Ultimatum vom 27. November 1958 geblieben, mit dem Chruščev zehn Jahre nach der Blockade durch Stalin eine neue *Krise* in der geteilten Stadt auslöste. Man mag vermuten, daß der endgültige Sieg über die Opposition im eigenen Land den nunmehrigen Partei- *und* Regierungschef dazu animierte, der anderen Supermacht ihre Verwundbarkeit im Brennpunkt des Kalten Krieges zu demonstrieren. Im gleichen Akt ergab sich die Gelegenheit, der Bundesrepublik die Gefährlichkeit jeder Träumerei von (Mit)Verfügung über Atomwaffen zu verdeutlichen. Womöglich standen hinter der Aufforderung, ganz Berlin zu einem neutralen Gebilde unter der Kontrolle der vier Siegermächte zu machen, aber auch schon Befürchtungen über negative Auswirkungen des Wohlstandsgefälles zwischen West- und Ostberlin, das im Zuge des bundesdeutschen ‹Wirtschaftswunders› immer augenfälliger wurde. In jedem Falle führte die Note zu nichts. Die Westmächte und die Bundesrepublik lehnten jede Veränderung des Status der Stadt kategorisch ab – und das halbjährige Ultimatum verstrich geräusch- und folgenlos.[4]

Obwohl ein Zusammenhang mit der nächsten, schwereren Krise um Berlin, dem Mauerbau vom 13. August 1961, naheliegt, sind manche zwischenzeitige Ereignisse zu bedenken, die ihr Eigengewicht verleihen. Von besonderer Bedeutung war dabei vor dem Hintergrund der antiamerikanischen Revolution in Kuba Ende 1959 der Präsidentschaftswechsel von Eisenhower zu J. F. Kennedy. Beides hilft das Risiko zu verstehen, das Chruščev auf Drängen der DDR zweifellos einging. Der Umsturz im eigenen ‹Hinterhof› traf die Vereinigten Staaten tief und gab zu nachgerade verzweifelten Bemühungen um Korrektur Anlaß, die im Abenteuer einer Landung in der «Schweinebucht» (April 1961) gipfelten. Sicher enthüllten F. Castros Sieg

5. Außenpolitik zwischen Konfrontation und Entspannung

und das klägliche Scheitern der Gegenoffensive empfindliche Schwächen der amerikanischen Außenpolitik und Sicherheitslage. Hinzu kam der Amtsantritt des jungen Demokraten. Nach dem republikanischen General und Weltkriegshelden war er geradezu ein Wunschkandidat der sowjetischen Führung. Allerdings zeigte sich schon bei der ersten Begegnung in Wien, mit der im Juni 1961 der Gipfel von Paris nachgeholt wurde, daß die Unerfahrenheit des jungen Präsidenten und die Liberalität seiner Berater nicht mit Nachgiebigkeit gleichzusetzen waren. Die Gespräche endeten ergebnislos und gaben Chruščev Anlaß zu einem neuen Muskelspiel, indem er abermals auf die prekäre Lage Berlins hinwies. Die amerikanische Regierung antwortete mit der Ankündigung neuer Verteidigungsanstrengungen und Hilfszusagen für Berlin. So lag die Konfrontation bereits in der Luft, als Ostberliner Volkspolizisten am 13. August trotz allem überraschend mit dem *Mauerbau* begannen. Gleichsam als diplomatisches Alibi wiederholte die Sowjetunion ihr ‹Angebot› eines Friedensvertrags unter der unannehmbaren Bedingung gesamtdeutscher Neutralität. Die Reaktion der Westmächte beschränkte sich auf verbale Proteste. Die Mauer wurde vollendet und nach und nach durch die Befestigung und militärische Sicherung der gesamten Westgrenze der DDR erweitert. Beide erfüllten zumindest ihren ökonomischen Zweck, den sowjetisch dominierten deutschen Staat vor dem Ausbluten durch Abwanderung der Arbeitskräfte zu schützen. Im September scheint Chruščev eine moderatere Position in Partei und Regierung durchgesetzt zu haben. Kurzfristig ging *diese* Runde wohl an die Sowjetunion. Sie hatte den *status quo* zwar nicht verändert, ihn aber mit Zement und Stacheldraht befestigt. Denn dies war allen ostentativen Besuchen und verbalen Hilfsbekundungen zum Trotz aus sowjetischer Sicht womöglich das wesentlichste Resultat der Kraftprobe: Wie schon in Budapest akzeptierten die Westmächte die Aufteilung der Einflußsphären und den Eisernen Vorhang mitten durch Europa in dem Sinne endgültig, daß sie die jenseitigen Vorgänge als innere Angelegenheit betrachteten. Ein dritter Weltkrieg würde nicht mehr durch Veränderungen innerhalb der Blöcke, sondern allenfalls durch Konfrontation zwischen den Blöcken entstehen.[5]

Ihren unbestrittenen Höhepunkt erreichte die amerikanisch-sowjetische Konfrontation in der *Kuba-Krise* vom Herbst 1962. Ob sie tatsächlich an den Rand des Dritten Weltkriegs führte, wie spätere Chroniken meinten, muß allerdings der Spekulation überlassen bleiben. Sicher hatte sich die erste globale bewaffnete Auseinandersetzung im Juli 1914 aus einem nichtigeren Anlaß entwickelt. Dazwischen lagen aber nicht nur ein halbes Jahrhundert und der schrecklichste Krieg aller Zeiten, sondern auch die Erfindung der Atombombe und das nukleare Patt. Dessenungeachtet standen sich die beiden Supermächte so direkt gegenüber wie nie zuvor und nie danach. Unbestreitbar lag darin eine Qualität, die es rechtfertigt, diesen Zusammenprall als besonders gefährlich und als äußerste Zuspitzung des Kalten Krieges zu deuten, deren mögliche Sprengkraft die des Vietnamkriegs deutlich übertraf. Zu diesem Urteil wird man um so eher gelangen, als die sowjetische Rechtfertigung für die Entscheidung, auf Kuba atomare Raketen gegen die Vereinigten Staaten in Stellung zu bringen, nicht zu überzeugen vermag. Es ging ihr gewiß nicht nur und auch nicht primär um den Schutz Kubas vor einer amerikanischen Invasion. Vielmehr beschrieb Chruščev das Hauptmotiv in seinen Memoiren allem Anschein nach zutreffend: Die Sowjetunion habe gehofft, auf diese Weise das ‹herstellen› [sic!] zu können, «was der Westen gern das ‹Gleichgewicht der Kräfte›» nannte, und den Vereinigten Staaten «ein bißchen von ihrer eigenen Medizin» verabreichen zu können. Mithin suchte sie – unabhängig davon, ob man das implizierte Unterlegenheitsgefühl für aufrichtig hält oder nicht – ihre globale strategische Position zu verbessern und es dem Hauptfeind heimzuzahlen, daß er in der Türkei atomare Sprengköpfe unmittelbar an ihrer Grenze stationiert hatte.

Was danach geschah, ist bekannt und verdient in gesamtinterpretatorischer Perspektive vor allem zur Erläuterung des Ausgangs Beachtung. Der amerikanische Geheimdienst bemerkte die Vorgänge Ende August 1962. Im September, als sich der sowjetische Frachtverkehr nach Kuba weiter verdichtete, bemühte man sich hinter den Kulissen um Aufklärung und Beilegung. Die angesprochenen sowjetischen Amtsträger, darunter neben dem Botschafter in Washington auch der Außenminister Gromyko, stritten die Geschehnisse jedoch rundweg ab. Am 4. Oktober faßte der Kongreß einen prophylaktischen Beschluß über die Bereitstellung von 150 000 Mann für eine mögliche Invasion. Zugleich wurden Arbeitsgruppen eingesetzt, die alle politischen und militärischen Optionen prüfen sollten. Sie kamen offensichtlich zu dem Ergebnis, daß die atomare Schlagkraft der Vereinigten Staaten, alle Trägersysteme addiert, das sowjetische Potential deutlich übertraf, mächtige politische Verbündete wie die NATO, die UN und auch die Organisation der amerikanischen Staaten (OAS) hinter ihr standen und die Sowjetunion für keinen Nuklearkrieg gerüstet war. Anders gesagt, hielten sie die oft beschworene ‹Raketenlücke› für unerheblich und den sowjetischen Schachzug für eine leere Drohgebärde. Vor diesem Hintergrund empfahlen sie eine militärische Blockade, die Kennedy am 22. Oktober öffentlich verkündete. Chruščev reagierte mit einem Rückzugsangebot, das es so eben ermöglichte, das Gesicht zu wahren: Man werde die Raketen wieder wegschaffen, wenn die Vereinigten Staaten förmlich auf alle Invasionsabsichten verzichteten und somit der Grund ihrer Aufstellung entfalle (Brief vom 26. Oktober). Obwohl ein entschieden standfesteres Schreiben folgte, ging die amerikanische Regierung auf diese Offerte ein und erreichte, daß die sowjetischen Schiffe am 28. Oktober *vor* der ‹Quarantäne›-Linie abdrehten. Obwohl auch die Vereinigten Staaten, von der Weltöffentlichkeit kaum bemerkt, einen Preis in Gestalt des Abzugs ihrer Raketen von der türkischen Grenze zahlten, konnten sie diesen Ausgang als uneingeschränkten Sieg fei-

5. Außenpolitik zwischen Konfrontation und Entspannung 997

ern. Chruščev hatte zu hoch gespielt – und verloren. Nach der offenen Herausforderung, die neben militärstrategischen Vorteilen auch die politische Ausstrahlung auf die Dritte Welt im Auge hatte, bedeutete der Rückzug eine schlimme Blamage. Der Westen atmete auf, Castro reagierte verstimmt, die chinesische Regierung spottete, aber auch die sowjetische Elite war alles andere als glücklich: Nicht zuletzt diese Demütigung trug zum Sturz des einst ersehnten Reformers bei.[6]

Gerade für die Außenpolitik galt, daß der Machtwechsel im Kreml vom Oktober 1964 keine inhaltliche Neuorientierung brachte. Brežnev und Kosygin setzten Chruščevs ‹Generallinie› fort – allerdings ohne jenen impulsiven und hyperbolischen Aktionismus, der mehrfach zu erheblichen Diskrepanzen zwischen Anfangsforderungen und Resultaten geführt hatte. Insofern änderten die neuen Machthaber gerade auf diesem Gebiet eher den Stil als die Ziele. Dabei schloß die Politik nach wie vor *beides* ein: Konfrontation und Kooperation und ließ sich in unterschiedlichen Phasen jeweils von der ein oder anderen Option leiten. Eine anfängliche Periode der *Entspannung* wich nach einer Übergangszeit, auch verursacht durch die zögerliche amerikanische Reaktion, der *Verhärtung*. Am Ende der Brežnev-Zeit stand im Zeichen des Afghanistan-Kriegs und des Amtsantritts von R. Reagan samt der von ihm unterstützten *Strategic Defence Initiative* (SDI) zweifellos eine Art neuer Kalter Krieg. Fast möchte man sagen, die Weltsituation hätte sich wiederholt – wenn es nicht grundsätzliche Unterschiede in der Verfassung beider Weltmächte und ihrer Verbündeten in Europa gegeben hätte. Wie sich zeigen sollte, hatte sich so viel verändert, daß die ‹neue Eiszeit› zu einem völlig anderen ‹Tauwetter› führte als im späten Stalinismus und danach.

Mehrere Faktoren begünstigten zunächst auf beiden Seiten das Bemühen um Verständigung. Zum einen verschärfte sich der sowjetisch-chinesische Konflikt weiter. Der Weltsozialismus sprach weniger denn je mit einer Zunge. Wenn man an den Titoismus und an die Vorgänge in Ungarn und Polen denkt, war dies nicht eigentlich neu. Unerhört aber war das Ausmaß der Feindschaft, das Gefechte um eine unbewohnte Insel im Grenzfluß Ussuri im März 1969 für alle Welt sichtbar machten. Zum anderen verstrickten sich die Vereinigten Staaten seit 1964 immer tiefer in den Krieg zwischen Nord- und Südvietnam mit gravierenden Auswirkungen auf die innere Politik und die äußere Manövrierfähigkeit. In mancher Hinsicht bietet sich ein Vergleich der ‹Hemmschuhe›, die beide zu tragen hatten, nachgerade an: Was für den einen die chinesische Herausforderung bedeutete, war dem anderen ein militärisches Engagement, das vom Stellvertreterkrieg zum Interventionskrieg mutierte, Hunderttausende von Opfern forderte und erst 1975 um den Preis einer faktischen Kapitulation und überstürzten Flucht zu Ende gebracht wurde.[7]

Vor diesem Hintergrund sind weitere Ereignisse und Entwicklungen zu sehen, die von beiden Seiten als Wegweiser zum Ausgleich interpretiert wurden. Dazu zählte ein Ereignis, das innenpolitisch und vordergründig ganz anders wirkte: die Invasion sowjetischer (und verbündeter) Truppen in die ČSSR. Wie ein gutes Jahrzehnt zuvor in Ungarn war der Sozialismus Stalinscher Prägung auch in der Tschechoslowakei in eine Sackgasse geraten. Unter dem Eindruck undogmatischer, in den meisten kommunistischen Parteien der westlichen Welt verbreiteter marxistischer Ideen («Eurokommunismus») entwickelten sich seit Anfang 1968 Reformvorstellungen, die das ererbte Ziel von Gleichheit und Gemeinschaftlichkeit mit demokratischen Grundsätzen zu verbinden suchten. Die Sowjetführung beobachtete diesen «Sozialismus mit menschlichem Antlitz» äußerst skeptisch, zeigte sich aber eingedenk paralleler Unruhe in vielen ‹Bruderparteien› nicht nur des Westens zunächst duldsam. Zumindest war sie mit einem Personalwechsel in der Prager Führung einverstanden. Im Laufe des Sommers kam sie allerdings zu der Erkenntnis, daß die Reformen nicht nur eine systemverändernde Qualität angenommen hatten, sondern auch die Zugehörigkeit der ČSSR zum Warschauer Pakt gefährdeten. Zum zweiten Mal (wenn man den kurzen Arbeiteraufstand in Ostberlin beiseite läßt) drohte das Bemühen, die desolaten Resultate sowjetkommunistischer Politik zu korrigieren, den territorialen Kriegsgewinn und den *status quo* zu schmälern. Man darf davon ausgehen, daß neben dem Risiko möglicher Nachahmung des tschechischen Modells (etwa in Polen) vor allem diese Gefahr am 20. August Anlaß zur militärischen Invasion gab. Allerdings soll die Entscheidung im Politbüro mit der knappsten denkbaren Mehrheit von einer Stimme gefallen sein, die dem Parteivorsitzenden gehörte (6:5). Den Panzern vorgeblicher Verbündeter hatten die ‹Abtrünnigen› nichts entgegenzusetzen. Der Widerstand blieb weitgehend ohnmächtig und passiv. Ein folgsamer Paladin, der den Parteichef A. Dubček ablöste, war schnell gefunden. Mit G. Husak und der Entfernung aller aktiven Sympathisanten aus öffentlichen Funktionen fand der «Prager Frühling» ein gewaltsames Ende. Bei alledem zeigte schon das Abstimmungsergebnis, daß die bald so genannte «Brežnev-Doktrin» der begrenzten Souveränität eine *ultima ratio* war, die ihren Ausnahmecharakter nicht verlieren durfte. Insofern widersprach sie zwar eklatant dem Inhalt von Entspannungspolitik, aber nicht der Einsicht in deren Zweckmäßigkeit. Im Gegenteil, schon um den außenpolitischen Schaden im Gefolge der Invasion zu begrenzen, schien es angezeigt, weiterhin auf ein Arrangement zu setzen.[8]

Dazu trug eine Veränderung maßgeblich bei, die geeignet war, die gesamtpolitische Lage in Deutschland und Mitteleuropa insgesamt nachhaltig zu verändern: die *Ostpolitik* der sozialliberalen Koalition in Bonn. Mit ihr zog die neue Bundesregierung unter dem Kanzler W. Brandt letztlich die Konsequenz aus der Hinnahme sowohl des Mauerbaus vom 13. August 1961 als

5. Außenpolitik zwischen Konfrontation und Entspannung 999

auch der Prager Invasion durch die Westmächte: Wenn der *status quo*, wie beide Ereignisse lehrten, von den Supermächten akzeptiert wurde, konnte es nur noch darum gehen, ihn bei faktischer Anerkennung erträglicher zu machen und auf diese Weise längerfristig zur Veränderung beizutragen. Die Prämisse dieser Strategie kam dem überragenden Ziel sowjetischer Außenpolitik sehr entgegen, ihre letzte Absicht sicher nicht. Da deren Erfüllung aber in weiter Ferne zu liegen schien – 1989 zeigte sich, daß diese Einschätzung trog – und auch die amerikanische Politik allem Anschein nach von der Einsicht ausging, daß die Teilung Europas auf absehbare Zeit weder politisch noch gar militärisch zu ändern war, ließ sich die sowjetische Führung alles in allem bereitwillig auf die neue Annäherung ein. Gespräche wurden bereits im Dezember 1969 aufgenommen. Neben dem unstrittigen Gewaltverzicht war dem Kreml besonders an der Festschreibung der bestehenden Grenzen einschließlich der deutsch-deutschen gelegen. Um eine friedliche Wiedervereinigung nicht zu torpedieren, wollte und konnte die Bundesregierung dem nicht zustimmen. Man einigte sich auf eine Kompromißformel («Unverletzlichkeit» statt «Unabänderbarkeit»), die eine völkerrechtliche Anerkennung der Viermächtehoheit auch über die DDR als Interpretationsmöglichkeit von deutscher Seite einschloß. Allerdings bedurfte es erst einer massiven Intervention des sowjetischen Außenministers, um den Widerstand der DDR zu brechen. Mit diesem Inhalt wurde am 12. August 1970 in Moskau ein Vertrag über die Normalisierung der Beziehungen unterzeichnet, der die Sowjetunion der Anerkennung der europäischen Nachkriegsgrenzen so nahe brachte wie nie zuvor und zugleich das Fundament für Entspannung und neue Mobilität im Verhältnis zwischen den Staaten nicht nur Europas legte. Das Pionierabkommen machte den Weg für analoge Vereinbarungen mit anderen Staaten des Ostblocks frei. Am 7. Dezember 1970 folgte der Warschauer Vertrag, der die (schon in Potsdam gesondert ausgewiesene) Oder-Neiße-Linie faktisch anerkannte; am 21. Dezember 1972 der deutsch-deutsche «Grundlagenvertrag», der zum Austausch «ständiger Vertretungen» führte und das Tor zu weiteren Vereinbarungen zwischen den beiden deutschen Staaten öffnete (Transitabkommen, Besuchsregelung etc.); und am 11. Dezember 1973 schließlich ein Vertrag mit der ČSSR.

Von selbst verstand sich, daß alle diese Regelungen eine korrespondierende Vereinbarung über *Berlin* voraussetzten. Dafür waren nach einhelliger Rechtsauffassung die vier Siegermächte des Zweiten Weltkriegs zuständig, die bereits im März 1970 entsprechende Verhandlungen aufnahmen. Allerdings erwies sich ihre Kompromißfähigkeit als begrenzt. Die Sowjetunion verweigerte jede Anerkennung einer Zugehörigkeit der Westsektoren zur Bundesrepublik, während sie den Ostsektor weiterhin als Teil und Hauptstadt der DDR betrachtete. Worauf sie sich – gegen den Widerstand Ulbrichts, der am 3. Mai 1971 aufs Altenteil geschickt und durch E. Honecker ersetzt wurde – lediglich einließ, war eine Formulierung, die im westlichen Text als (politische, rechtliche und kulturelle) «Bindungen», im russischen als «Verbindungen» *(svjazi)* verkehrstechnisch-postalischer Art gedeutet wurde. Aufgrund dieser mangelnden Klarheit ließ das Abkommen, wie sich in den folgenden Jahren häufig zeigen sollte, die Kernfrage letztlich offen. Dessenungeachtet markierte es insofern einen entscheidenden Fortschritt, als es nicht nur die «Lebensfähigkeit» Berlins erheblich verbesserte, sondern darüber hinaus die entscheidende politische Voraussetzung für alle Ostverträge sowie insbesondere des deutsch-deutschen Grundlagenabkommens bildete.[9]

Es hieße allerdings die Bedeutung Europas in der Weltpolitik der zweiten Hälfte des 20. Jahrhunderts zu überschätzen, wenn man nicht die grundsätzliche Parallelität der Beziehungen zwischen den beiden Supermächten erkennen und sie als Voraussetzung für die sozialliberale Ostpolitik werten würde. Die globale Entspannung aber hatte – neben den erwähnten jeweiligen Verwicklungen auf anderen Schauplätzen – (mindestens) noch eine weitere entscheidende Voraussetzung: die Veränderung des militärisch-strategischen Verhältnisses im Laufe der sechziger Jahre. Allem Anschein nach zog die sowjetische Führung einen *doppelten Schluß* aus der Kuba-Krise: Zum einen begab sie sich mit der Einrichtung einer direkten Fernsprechverbindung zwischen dem Kreml und dem Weißen Haus («Rotes Telefon») und dem ersten Abkommen zur Begrenzung oberirdischer Atomtests (1963) auf jenen Weg der Verständigung mit den Vereinigten Staaten, den Brežnev und Kosygin (unterbrochen von der Invasion in die ČSSR) fortsetzten; zum anderen rüstete sie (obwohl viele Planungen in die fünfziger Jahre zurückreichen) nun massiv auf, um eine Wiederholung des Debakels zu verhindern. Beides schloß sich in ihrer Wahrnehmung nicht aus. Vielmehr ging sie aus verschiedenen Gründen, unter denen das Trauma vom Juni 1941 nicht am geringsten wog, davon aus, daß sie nur aus einer Position der Stärke erfolgreich verhandeln könne, *Auf*rüstung in diesem Sinne *Ab*rüstung erst ermögliche. Westlicher Kenntnis nach zog die Sowjetunion dabei in der Anzahl der Interkontinentalraketen, die auf dem Höhepunkt der Anstrengungen (1966–1969) um ca. 300 pro Jahr wuchs, an den Vereinigten Staaten vorbei. Diese behaupteten zwar ihr Übergewicht bei unterseebootgestützten Trägersystemen, mußten aber die grundsätzliche Parität anerkennen. Auf dem Hintergrund dieser Einsicht: daß keine der beiden Supermächte die andere würde besiegen können, ohne selbst tödlich getroffen zu werden, begannen im November 1969 – fast zeitgleich mit der sozialliberalen deutschen Ostpolitik – die ersten Gespräche über eine Begrenzung der beiderseitigen strategischen Waffen.[10]

Bemerkenswerterweise waren es der (seit 1969 amtierende) republikanische Präsident R. M. Nixon und sein gleichfalls als konservativ bekannter Sicherheitsberater und spätere Außenminister H. A. Kissinger, die den damit

5. Außenpolitik zwischen Konfrontation und Entspannung 1001

beginnenden Prozeß der *détente* energisch vorantrieben. Sie akzeptierten auch den sowjetischen Wunsch nach einer separaten Vereinbarung über Abwehrraketen (ABM), bestanden aber auf der Einbeziehung offensiver Waffen. Nach zahlreichen Gesprächen konnte das Abkommen während des ersten Gipfeltreffens zwischen Nixon und Brežnev in Moskau Ende Mai 1972 unterzeichnet werden (SALT I). Wie schwierig die Verhandlungen waren, geht allein aus dem Umstand hervor, daß die Vereinbarung ausdrücklich als provisorisch bezeichnet und auf fünf Jahre befristet wurde. Man konnte sich lediglich auf Obergrenzen für die verschiedenen Waffensysteme einigen, die nicht nur hoch blieben, sondern auch die Modernisierung nicht ausschlossen. So war der ‹Geist› von Moskau, genau besehen, wichtiger als der militärische Inhalt des Abkommens. Hinzu kam, daß in der Besuchswoche eine Vielzahl weiterer Vereinbarungen getroffen wurde, von gesundheitspolitischen über die Zusammenarbeit beim Umweltschutz und den Kultur- und Wissenschaftsaustausch bis zu dem wichtigsten zivilen Dokument: einer Absichtserklärung zur engeren wirtschaftlichen Kooperation einschließlich der gegenseitigen Meistbegünstigung bei Importzöllen. Das beiderseitige Einvernehmen prägte auch noch den Gegenbesuch Brežnevs in Washington ein Jahr später, in dessen Verlauf elf Abmachungen, darunter eine Verpflichtung zur gegenseitigen Konsultation im Falle eines drohenden Nuklearkriegs, unter Dach und Fach gebracht wurden. Damit aber war der Zenit der bilateralen Gipfeldiplomatie erreicht.[11]

Was noch folgte, hatte seine Zeit in mancher Hinsicht schon überschritten – und erwies sich im Rückblick doch als außen- und innenpolitisch äußerst bedeutsam, wenn nicht entscheidend: die *Helsinki-Konferenz* und ihre Schlußakte vom 1. August 1975. Die Idee war alt und vielleicht der letzte Überhang stalinistischer internationaler Politik. Der längst vergessene Molotov hatte sie beim Außenministertreffen der vier Siegermächte zur Vorbereitung des Genfer Gipfels in Berlin 1954 geäußert. Danach war sie von der Sowjetunion gelegentlich wieder ins Spiel gebracht, aber erst von Brežnev in seiner Grundsatzrede auf dem 24. Parteitag 1971 mit höchster Priorität versehen worden. Die Sowjetunion versprach sich von solchen Verhandlungen letztlich noch immer das, wonach schon Stalin gestrebt hatte: die endgültige Anerkennung der Nachkriegsgrenzen. Deshalb ergab sich auch die innere Verknüpfung mit dem globalen Entspannungsprozeß und der neuen deutschen Ostpolitik von selbst. Mit diesem Wunsch als faktischer Bedingung konfrontiert, sagten sowohl Brandt als auch Nixon 1972 ihre Unterstützung zu. Unter Einschluß der Vereinigten Staaten und Kanadas eröffneten Vertreter aller europäischer Staaten (mit Ausnahme Albaniens) am 3. Juli 1973 in der finnischen Hauptstadt eine Veranstaltung, die von allen internationalen Zusammenkünften der Nachkriegszeit einer Friedenskonferenz zweifellos am nächsten kam. Auf den ersten Blick konnte sich die Sowjetunion nach zwei Jahren am Ziel ihrer langjährigen Bemühungen sehen. In

«Korb 1» der gemeinsamen Erklärung verpflichteten sich die Signatarstaaten in der Tat, *alle* Grenzen in Europa als «unverletzlich» zu betrachten und auf Versuche zur gewaltsamen Änderung zu verzichten. Allerdings bestanden die westlichen Staaten darauf, im «Korb 3» desselben Dokuments die Wahrung der Menschen- und Bürgerrechte unter Einschluß der freien Meinungsäußerung, der Presse- und Informationsfreiheit sowie der ungehinderten, auch grenzüberschreitenden Mobilität zu verankern. Da sie von einigen Vertretern des Ostblocks unterstützt wurden (und die amerikanische Annäherung an China seit 1972 ihre Wirkung nicht verfehlte), gab die sowjetische Regierung ihren Widerstand schließlich in der zu vermutenden Meinung auf, das Einklagen der verbrieften Rechte im Innern verhindern zu können. Dies sollte sich, wie gezeigt, als folgenschwerer Irrtum erweisen. Auch wenn der Zusammenbruch der Sowjetunion viele und wichtigere Ursachen hatte, liegt das Urteil über Gewinner und Verlierer im KSZE-Prozeß auf der Hand. Die alten Herren im Kreml übersahen, daß das außenpolitische Hauptanliegen ihrer mittleren Jahre zu einer Zeit erfüllt wurde, als anderes längst wichtiger geworden war. Sie zahlten für ihre Sehnsucht von gestern einen Preis, der den Ertrag überstieg. Insofern entpuppte sich dieser Sieg auf längere Sicht als wahrhafter Pyrrhus-Sieg.[12]

Aber auch kurzfristig und sichtbar setzte Ernüchterung ein. Genau besehen hatte sie schon Oberhand gewonnen, als in Helsinki noch über das Schlußdokument gestritten wurde. Wer und was dabei die treibende Kraft war, gehört in besonderem Maße zu den offenen Interpretationsfragen, die von politisch-weltanschaulichen Grundpositionen kaum zu trennen sind. In den Vereinigten Staaten herrschte Unmut über die wirtschaftlichen Abmachungen. Um die Folgen der Mißernte von 1972 zu lindern, kaufte die Sowjetunion große Mengen an Getreide, die sie aufgrund der (endgültig am 18. Oktober 1972 unterzeichneten) Handelsvereinbarung nicht nur zu einem äußerst günstigen Preis unter dem Weltmarktniveau erhielt, sondern auch noch mit Krediten der US-Regierung bezahlte. Im Endeffekt, so rechneten konservative Kritiker vor, habe der amerikanische Steuerzahler die kommunistische Vormacht subventioniert und es ihr erleichtert, die Bevölkerung bei Laune zu halten. Entspannung wurde (sichtbar am Wahlkampf 1976) zum Unwort und Synonym für moralische Schwäche. Wohin die Stimmung im Lande ging, zeigte die Bedingung, die der Kongreß im Ratifizierungsverfahren für das Handelsabkommen an die Meistbegünstigung knüpfte: daß die Sowjetunion die Auswanderung der Juden und anderer diskriminierter Minderheiten erleichtere *(Jackson-Vanik amendment)*. Umgekehrt gab solch unerwarteter Widerstand auch den sowjetischen Gegnern der Verständigung Auftrieb. Wenn der wirtschaftliche Gewinn so begrenzt blieb und mit Auflagen versehen wurde, die man als Einmischung in die inneren Angelegenheiten empfand, geriet die Bilanz ins Wanken: Die Sowjetunion

5. Außenpolitik zwischen Konfrontation und Entspannung

interpretierte die Schlußakte von Helsinki als faktische Aufteilung der Welt, die Vereinigten Staaten mit dem Junktim zwischen Handel und Emigration offenbar nicht. Da auch der Vietnamkrieg zu Ende ging, der sowjetisch-chinesische Konflikt aber weiterschwelte, wurden die Stimmen im Politbüro lauter, die am Ertrag der *détente* zweifelten.

In diese Situation fiel die Wahl des neuen amerikanischen Präsidenten J. Carter im November 1976. An seine Seite trat mit dem Politikwissenschaftler Z. Brzezinski ein Sicherheitsberater, der in Moskau (als einer der ‹Väter› der Totalitarismustheorie und Sohn polnischer Emigranten) im Ruf eines unverbesserlichen Kalten Kriegers stand. Was dessen Ernennung verhieß, wurde in sowjetischen Augen schnell Wirklichkeit. Die programmatische Parteinahme für die Wahrung der Menschenrechte auf dem gesamten Globus irritierte den Kreml zutiefst. Anstelle von Kooperation und Verständigung setzte die sowjetische Führung nun wieder verstärkt auf militärische Überlegenheit oder zumindest Parität. Zugleich bemühte sie sich mit neuer Kraft um Brückenköpfe in der Dritten Welt, wo die Entspannung zum Teil auf Unverständnis gestoßen war und ihre Glaubwürdigkeit gelitten hatte. Dabei scheute sie, wie vor allem in Angola und am Horn von Afrika (Äthiopien, Somalia) nicht davor zurück, unmittelbar in die Kämpfe einzugreifen – zwar nicht mit eigenen Truppen, aber mit Hilfe kubanischer Söldner. Doch auch so rückte die Erneuerung substantieller Zusammenarbeit mit den Vereinigten Staaten in noch weitere Ferne.[13]

Als die amerikanische Aufklärung dann auch noch die Aufstellung neuer Waffensysteme entdeckte, drängte die Carter-Regierung zu Gegenmaßnahmen. Die sowjetischen Militärs mochten in den neuen Mittelstreckenraketen SS-20 nur eine legitime Modernisierung und ausgleichende Antwort auf die Bedrohung durch überlegene westliche Kampfflugzeuge sehen. Die NATO-Staaten (einschließlich der Bundesrepublik) werteten sie dagegen als Veränderung des *status quo*. Angesichts der Tatsache, daß die 1973 in Wien aufgenommenen Gespräche über den Abbau der konventionellen Streitkräfte in Europa (MBFR) immer noch auf der Stelle traten, faßten sie am 12. Dezember 1979 einen «Doppelbeschluß», der trotz Verständigungsbereitschaft Festigkeit dokumentieren sollte: einerseits die Fortsetzung von Abrüstungsverhandlungen anzubieten, andererseits aber die Stationierung von Marschflugkörpern *(cruise missiles)* und Mittelstreckenraketen neuesten Typs *(Pershing II)* vorzusehen. Dabei kam dem zweiten Teil der Entscheidung in der gegebenen Situation zweifellos größere Bedeutung zu. Das Bekenntnis zur Entspannung verdankte sich im wesentlichen nur noch der Einsicht, daß es keine Alternative zu ihr gab. Vor allem in weiten Teilen der amerikanischen Öffentlichkeit waren die Abkommen zur Rüstungsbegrenzung vollends in den Ruf geraten, nur die Überlegenheit der Sowjetunion festzuschreiben und eigenen Interessen zu schaden. Diesem Pessimismus entsprach das Schicksal von SALT II recht genau. Auf dem Höhepunkt der *détente* war die Fortsetzung der Gespräche beschlossen und begonnen worden. In Vladivostok hatte man sich 1974 noch auf ungefähre Grenzwerte für die abzubauende Vernichtungskapazität einigen können. Bei der Ausarbeitung der Einzelheiten aber, als es darum ging, Tragkapazitäten gegen Zielgenauigkeit und die Über- bzw. Unterlegenheit bei verschiedenen Waffensystemen auszutarieren, gerieten die Verhandlungen ins Stocken. Es bedurfte mehrerer Außenministertreffen, um sie wieder flottzumachen. Schließlich konnte der Vertrag im Juni 1979 aus Anlaß der ersten und einzigen Gipfelbegegnung zwischen Carter und Breznev in Wien auch noch unterzeichnet werden. Aber die Ratifizierung durch den amerikanischen Kongreß blieb aus.[14]

Offiziell und zu einem erheblichen Teil sicher auch tatsächlich fiel SALT II dem Einmarsch der Sowjetunion in Afghanistan am 26./27. Dezember 1979 zum Opfer. Mit dieser ersten offenen Intervention in die Machtkämpfe eines fremden, formal souveränen Staates seit 1968 riß der Gesprächsfaden zwischen den Supermächten für einige Jahre endgültig ab. Was der Demokrat Carter nicht konnte und wollte, erklärte der Republikaner R. Reagan zum Programm: Mit seinem Amtsantritt Anfang 1981 gaben die Vereinigten Staaten einer neuen Runde der Aufrüstung in Gestalt des ‹Sternenkrieges› offen Priorität vor der Abrüstung. Insofern erscheint es gerechtfertigt, beide Ereignisse, die sowjetische Invasion und den Präsidentenwechsel in den Vereinigten Staaten, unter dem Gesichtspunkt der außenpolitischen Periodisierung zusammenzuziehen. Dabei verdient in historischer Perspektive Beachtung, daß sie überwiegend nur eine Entwicklung zum Eklat brachten, die sich längst vollzogen hatte. Die *détente* der siebziger Jahre war im Verhältnis zwischen den bedeutendsten Akteuren schon lange tot, bevor sie förmlich zu Grabe getragen wurde. Insofern markierte Reagans vielzitierte Charakterisierung der Sowjetunion als «Reich des Bösen» zwar eine neue ‹Qualität› der Feindseligkeit, aber keinen grundsätzlich neuen Tatbestand. Zugleich bleibt offen, ob man so weit gehen sollte, sie als Kampfparole eines neuen Kalten Krieges zu deuten. Das Verhältnis zwischen den Supermächten war auch in den folgenden Jahren überaus kühl. Aber in Europa sah die politische Gesamtlage anders aus. Im Gegensatz zu den fünfziger und frühen sechziger Jahren folgte der alte Kontinent den Vereinigten Staaten nur partiell. Obwohl niemand die abermalige Wende infolge der *perestrojka* vorhersah, wiederholte sich die Geschichte auch in dieser Hinsicht nicht. Der neue Kalte Krieg war nicht der alte und vor allem: Er brachte, weil der Afghanistan-Krieg und die amerikanische Aufrüstung die innere Systemkrise der Sowjetunion zweifellos erheblich verschärften, völlig andere Ergebnisse hervor.[15]

6. Interpretationen des «entwickelten Sozialismus»

Mit zunehmender Dauerhaftigkeit der Veränderungen im Sowjetsystem verbreitete sich unter den professionellen Beobachtern im Westen die Überzeugung, daß es neuer Überlegungen zu seiner Deutung und Erklärung bedürfe. Zwar markierte der Sturz Chruščevs einen weiteren Einschnitt, der auch interpretatorische Konsequenzen nach sich zog. Aber da er zugleich die Zweifel daran beseitigte, daß das Ende der Reformen keine Rückkehr zum Stalinismus bedeutete, bestätigte er die Notwendigkeit der Revision sogar. Nicht nur die Sowjetunion nach Stalin, auch ihre Verfassung, Struktur und Politik nach Chruščev ließen sich nicht mehr mit Hilfe des überkommenen Totalitarismusmodells erklären. Zumindest bedurfte dieses Modell, wenn man im Prinzip an ihm festhalten wollte, der Modifizierung. Entsprechende Diskussionen begannen nach dem 20. Parteitag der KPdSU und mündeten zu Beginn der sechziger Jahre in erste Neuvorschläge ein. Ihren Höhepunkt aber erreichten sie in der ersten Hälfte der Brežnev-Ära, als die Sowjetunion im Zenit ihrer inneren Kraft- und äußeren Machtentfaltung stand. Darüber hinaus waren allerdings, wie die zeitliche Situierung des Umdenkens andeutet, noch weitere Faktoren im Spiel. Die Antriebe kamen in gleichem Maße aus den betrachtenden Wissenschaften und Gesellschaften selbst. Der vielzitierte ‹Zeitgeist› sorgte auch in dieser Hinsicht für einen Wandel der Werte und Orientierungen. Sowohl die vorrangige Aufmerksamkeit für die Diktaturen des zwanzigsten Jahrhunderts als auch die Wahrnehmung der Welt in antithetischen Blöcken ließ nach. An die Stelle der Suche nach Gegensätzen auf allgemeiner Ebene trat eine stärkere Beachtung der inneren Funktionsweise und Struktur der sozialistischen Länder, an die Stelle des globalen, bipolar angelegten Vergleichs die separate Analyse einzelner Politikfelder *(area studies)*. Zugleich blieb dabei die systematische Gesamtperspektive schon deshalb gewahrt, weil die einschlägigen Forschungen und Überlegungen nahezu ausschließlich – mit durchaus ambivalenten Folgen für die vorliegende Untersuchung – von Politik- und Sozialwissenschaftlern betrieben wurden. Mit veränderter Blickrichtung und neuen Einsichten bemühten vor allem sie sich um ein neues Verständnis des Wesens dieser eigentümlichen Ordnung, die sich selbst als «entwickelten Sozialismus» bezeichnete.

Dabei entsprach es dem Charakter wissenschaftlicher Erkenntnis, daß konkurrierende Vorschläge unterschiedlicher methodischer und weltanschaulich-politischer Provenienz unterbreitet wurden, die kaum oder gar nicht miteinander zu verbinden waren. Vermutlich wird man den Status dieser Überlegungen am ehesten als Angebot heuristischer Modelle kennzeichnen können, zwischen denen nach Maßgabe der Plausibilität zu wählen und zu entscheiden ist. Auch wenn die Überlegungen den Anspruch erhoben, über bloße Partialerkenntnisse hinauszugehen, hat sich keine ungeteilten Konsens sichern können. Dafür blieben nicht nur die Zugänge allzu disparat. Hinzu kam und kommt, daß die Deutungen in der Regel von bestimmten Sektoren, Aspekten und Einzeluntersuchungen ausgingen, die sie besser zu erklären vermochten als andere. Insofern blieben und bleiben Präferenzen in der Regel nicht nur an außerwissenschaftliche Voreinstellungen gebunden, sondern auch an subjektiv stark divergierende sachliche Interessen und Spezialisierungen.

Zur Charakterisierung der einzelnen Konzepte haben sich bestimmte Schlüsselbegriffe als hilfreich erwiesen. Als einer der ersten hat A. G. Meyer bereits in den fünfziger Jahren versucht, dem vorherrschenden Modell seiner Zeit alternative Überlegungen entgegenzusetzen. Unzufrieden über die Allgemeinheit der zu Definitionskriterien totalitärer Herrschaft erhobenen Systemmerkmale schlug er vor, die Sowjetunion seiner Zeit als «große, komplexe Bürokratie» zu betrachten, die «in ihrer Struktur und Funktionsweise mit den riesigen Korporationen, Armeen, Regierungsinstitutionen und anderen Einrichtungen ... des Westens» vergleichbar sei. Ähnlichkeiten sah er dabei in «vielen Organisationsprinzipien und Formen des Managements», vor allem der tief eingewurzelten «autoritären politischen Struktur», der unkontrollierten Herrschaft einer Machtelite, der Allgegenwart vorgegebener administrativer Reglements und der Auslieferung des einzelnen an grundsätzlich anonyme Abläufe und Verfahrensweisen. Der Titel eines Diskussionsbeitrages faßte die Kernidee ebenso pointiert wie einprägsam zusammen: «*USSR, incorporated*».

Diese Analogie schoß jedoch über das Ziel hinaus und schuf mehr Probleme als sie löste. Nicht nur waren und sind ‹westliche› Bürokratien zumindest hinsichtlich der Zugehörigkeit zu ihnen freiwillige Veranstaltungen; bei aller Eigengesetzlichkeit unterliegen sie in letzter Instanz auch der Kontrolle, sei es durch die Öffentlichkeit oder den Markt. Hinzu kam ein Einwand von sachlich größerem Gewicht: daß die neue Perspektive den Blick in ähnlicher, nur umgekehrter Weise einenge wie die alte. An die Stelle der ‹Herrschaftslastigkeit›, die man dem Totalitarismustheorem mit guten Gründen vorgeworfen hat, trat eine deutliche Tendenz zur Ausblendung zumindest individuell zurechenbarer Machtausübung. Auf der anderen Seite ist Meyers Anregung dennoch auf fruchtbaren Boden gefallen. Sie traf nicht nur auf ein verbreitetes Unbehagen an der Einseitigkeit des hergebrachten Ansatzes, sondern wies neuen Überlegungen auch die Richtung: Trotz der evidenten Rückkehr Chruščevs zu personaler Herrschaft traten die Partei und Staatsbehörden einschließlich zahlreicher nachgeordneter Instanzen seit dem Tode Stalins so deutlich in den Vordergrund, daß sie nun als charakteristisches Merkmal der Sowjetordnung gelten konnten und eines zentralen Ortes in seiner Interpretation bedurften. Insofern begann die Theorie in Gestalt ‹korporativistischer› und administrationstheoretischer Überlegung

6. Interpretationen des «entwickelten Sozialismus»

die unbezweifelbare Veränderung der Realität aufzunehmen. Die Diktatur von Personen verwandelte sich in die Macht der Apparate.[1]

Als Variante dieses Vorschlags darf ein Konzept gelten, das den entscheidenden Wesenszug des Sowjetsystems im Organisationsmonopol der kommunistischen Partei und ihrer Elite sah. T. H. Rigby vermied durch den Begriff der «*monoorganizational society*» schiefe Vergleiche mit westlichen Korporationen. Zugleich hob er dasselbe Merkmal hervor, das auch der bürokratietheoretische Ansatz hauptsächlich meinte: die Negierung nicht nur der Trennung zwischen Staat und Gesellschaft, sondern auch der Grenzlinien zwischen den übrigen Sektoren der Gesamtordnung durch die uneingeschränkte Gestaltungsmacht der Partei. Deren Führung begriff sich nicht nur als ideologische Avantgarde, sondern setzte diesen Anspruch auch in Machtexklusivität um. Parteikader, Angehörige der vielzitierten *nomenklatura*, durchdrangen die Wirtschaft ebenso wie Gesellschaft und die Kultur. Ohne das Eigengewicht der Apparate und deren Durchsetzungskraft zu leugnen, gingen Rigby und andere davon aus, daß die letztinstanzliche Entscheidungs- und Kontrollbefugnis bei den höheren Gremien und Funktionären der Partei lag. Insofern bewahrte dieser Deutungsvorschlag auch eine Grundeinsicht des Totalitarismusmodells: die Machtkonzentration bei *einer* Organisation und deren nicht demokratisch legitimierter Spitze. Darin lag eine Kontinuität, die womöglich dazu beigetragen hat, daß die Interpretationsfigur einer monopolistisch organisierten Gesellschaft (im breiten soziologischen Sinn) einen weithin akzeptierten Platz jenseits der Kontroversen gefunden und sich bis zum Ende der Sowjetunion behauptet hat. Sie war und ist sowohl mit jenen Überlegungen vereinbar, die den Akzent auf die Entstehung mächtiger Institutionen und administrativer Hierarchien legen (von den Ministerien über das Militär bis zu industriellen Unternehmen und Branchenvereinigungen) als auch mit solchen, die das System von der zentralen Herrschaftsausübung und politischen Kontrolle her zu verstehen suchen.[2]

Auch ein weiterer Vorschlag, der sein Kennwort durch den Begriff der *partizipatorischen Bürokratie* erhielt, kann als Spielart des Korporativismus begriffen werden. Allerdings fügt er der besonderen Beachtung administrativ-‹bürokratischer› Herrschaft einen Aspekt hinzu, dem durchaus eine qualitative Dimension beizumessen ist. Im Bemühen um eine Präzisierung und zugleich Aktualisierung des Totalitarismusmodells nach Maßgabe der sowjetischen Zustände der sechziger Jahre vermißte R. V. Daniels die Berücksichtigung vor allem zweier Merkmale. Zum einen schlug er vor, dem eigenartigen Amalgam von obrigkeitlicher Bestimmung und formaler Wahl Rechnung zu tragen. Dies tat seiner Meinung nach weder die Vorstellung von der autoritär-diktatorischen Befehlsgewalt noch deren Leugnung. Als Lösung führte er die Formulierung vom «zirkulären Fluß der Macht» ein, die eben jene paradoxe Verbindung meinte: Auf der einen Seite wurden die

Kandidaten für wichtige Ämter von der Parteiführung handverlesen; auf der anderen meinte man doch, den Statuten bzw. der Verfassung und dem demokratischen Anspruch durch die Wahl der solchermaßen faktisch schon ernannten Kandidaten formal Genüge leisten zu müssen. Dabei schloß der Begriffsvorschlag die Möglichkeit, vielleicht sogar die Wahrscheinlichkeit einer gewissen Einflußnahme von Seiten der unteren Gremien und Betroffenen ein: Nur so ‹floß die Macht› nicht nur von oben nach unten, sondern von dort – nicht *nur* als Akklamation bereits getroffener Entscheidungen – auch wieder zurück. In diesem Verständnis schloß die Idee vom ‹Kreislauf› der Macht die zweite Modifizierung schon ein. Mit vielen anderen Betrachtern wies Daniels darauf hin, daß keine «komplexe, moderne bürokratische Organisation» darauf verzichten könne, ein Mindestmaß an Wünschen und Informationen von unten aufzunehmen. Bei Strafe der eigenen Ineffizienz und letztlichen Funktionsunfähigkeit sind sie genötigt, Bedürfnisse und Interessen des Gesamtorganismus zu beachten. Nicht mehr Anweisungen qua Zwangsgewalt, so behauptete diese ‹kybernetische› Ergänzung, könnten komplexe Organisationen steuern, sondern nur noch Formen der Entscheidungsfindung, die verschiedenen Interessen gerecht würden und zumindest ein Moment der Überzeugung und Partizipation enthielten.[3]

Ungeachtet der Evidenz der – unter Sachkennern nicht neuen – Kerneinsicht warfen derartige Überlegungen ebenfalls manche Probleme auf. Im Licht der nachfolgenden Entwicklung wird man dem Begriff der Teilhabe mit Skepsis begegnen. Auch wenn das Adjektiv *partizipatorisch* nicht emphatisch gemeint war, schließt der Gedanke des ‹Machtkreislaufs› und des Mindestmaßes an ‹kybernetischer› Steuerung eine solche Deutung ein. Sicher lag sie in der damaligen Situation nahe, als die personale Diktatur endgültig überwunden schien, die sowjetische Wirtschaft noch Wachstumsraten verzeichnete und der Gesamtstaat dank seiner schieren Größe und militärischen Macht die Rolle einer zweiten Weltmacht noch ausfüllen konnte. Dennoch gab es auch außerhalb des überkommenen Totalitarismuskonzept Alternativen, die einerseits die charakteristische bürokratische Struktur der nachstalinistischen Sowjetunion aufnahmen, andererseits die Imperative modernen Managements in geringem Maße erfüllt sahen und deutlich pessimistischer urteilten. So hat vor allem R. Löwenthal auf der Unvereinbarkeit beider Merkmale und Entwicklungen bestanden: Das Macht- und Gestaltungsmonopol einer einzigen Partei vertrug sich nicht mit der Notwendigkeit der Interessenartikulation einer zunehmend differenzierten Gesellschaft und Wirtschaft. Modernisierung und Industrialisierung schufen in dieser Sicht in Gestalt einer allgemeinen Steigerung der Komplexität, sei es durch höhere Bildung oder eine technisch aufwendigere Produktion, Bedürfnisse und Zwänge, denen nur eine pluralistische, auf Kompromiß gegründete politische Steuerung und Entscheidung Genüge tun konnte. Letztlich liegt dieser Überlegung die Annahme einer unauflöslichen Symbiose zwischen sozioökonomischer Differenzierung als unvermeidlichem Ausdruck wirtschaftlicher und allgemein infrastruktureller Modernisierung auf der einen Seite und demokratischer politischer Organisation, definiert als institutionalisierter Kompromiß unterschiedlicher Meinungen und Interessen, auf der anderen Seite zugrunde. Auch wenn diese Hypothese manche Merkmale der zeittypischen, überaus optimistischen normativen politischen ‹Teleologie› aufweist, darf sie eine erhebliche Erklärungskraft für sich in Anspruch nehmen. Die *perestrojka* wurde nötig, um eben die postulierte Unvereinbarkeit zu beheben – mit dem Resultat, daß der zentrale Pfeiler entfernt wurde, auf dem das gesamte Gebäude ruhte.[4]

Spätestens diese Wendung ‹bürokratie›-zentrierter Deutungen des «entwickelten Sozialismus» illustrierte die enge Verzahnung einschlägiger Hypothesen mit dem Gedanken der *Konvergenz* beider Systeme. In der Tat könnte dieser Begriff am ehesten eine Art Dach für verschiedene Überlegungen zur Aktualisierung der theoretischen Beschreibung der Sowjetunion unter Chruščev und Brežnev bilden. Fast alle Vorschläge zur Ergänzung und Revision totalitaristischer Hypothesen griffen Elemente gewisser Entwicklungsähnlichkeiten zwischen Ost und West auf. Überwiegend standen sie im Kontext von Annahmen über notwendige Begleiterscheinungen der Industrialisierung und Modernisierung, denen systemneutrale Effekte zugeschrieben wurden. Allerdings unterschieden sich die Überlegungen erheblich hinsichtlich des Ausmaßes solcher Analogien. Überwiegend wurden nur partielle entdeckt. Darüber hinausgehende Behauptungen und Vorhersagen, die durchaus angestellt wurden, haben auch auf dem Höhepunkt solcher Szenarien *keine* breite Resonanz gefunden. Allzu groß und unüberwindbar schienen in allen ‹Großbereichen› der Gesamtgesellschaft, von der Wirtschaft bis zur sozialen Schichtung und politischen Verfassung, die Unterschiede.

Weite Verbreitung fanden dagegen Vorschläge zu einer neuen Deutung des *politischen* Prozesses in der Sowjetunion. Gewiß entfernten sie sich am weitesten vom Totalitarismuskonzept. Was sie als charakteristisches Merkmal in den Vordergrund rückten, widersprach vor allem ihm diametral: die These, daß auch in der scheinbar monolithischen Herrschaftselite der Sowjetunion höchst unterschiedliche Wünsche anzutreffen waren, ohne deren Berücksichtigung keine Entscheidung getroffen werden konnte. «*Interessengruppen*» wurden entdeckt, deren Gegen- und Miteinander auch in der Sowjetunion die Politik maßgeblich bestimmten. Generäle und Manager, KGB und regionale Parteikader wurden nun mit einer Bedeutung ausgestattet, die sie zu eigenständigen Akteuren im Kampf um die Ressourcenverteilung oder innen- und außenpolitische Grundentscheidungen machte. Auch die sowjetische Politik erschien als Resultat von Interessenkonflikten, die einem ähnlichen «*institutionellen Pluralismus*» entsprangen, wie er in anderen Systemen anzutreffen war und als «Polyarchie» bezeichnet wurde.

Allerdings tut man gut daran, die Verfechter dieses Konzepts nicht über einen Kamm zu scheren. Mindestens zwei Orientierungen lassen sich deutlich unterscheiden. Die meisten Autoren begnügten sich mit der Feststellung und Beschreibung zahlreicher Gruppierungen und deren unterstellten oder nachweisbaren Wünschen. Dabei verstand es sich von selbst, daß politische Entscheidungen *auch* auf einen Ausgleich zwischen ihnen bedacht sein mußten, insofern sie, wie überall, auf Kompromissen und Konsens beruhten. Diese Position ließ sich zumindest im Prinzip mit ‹bürokratischen› Ansätzen vereinbaren. Dies galt sogar einschließlich des ‹organisationsmonopolistischen› Modells, da sich die jeweiligen Einzelinteressen durchaus im vorgegebenen, höheren Orts ‹zugelassenen› und ideologisch abgesegneten Rahmen bewegen konnten. Erst die Zuspitzung divergierender Interessen zum institutionalisierten Dauerkonflikt, ihre Aufwertung zu einem echten Pluralismus und die gleichzeitige Degradierung der politischen Entscheidung zur *Vermittlung*, begründeten einen schwer überwindbaren Gegensatz sowohl zu totalitaristischen als auch zu korporativistischen Ansätzen. Besonders engagiert hat J. Hough für diese Auffassung und gegen die Verteidiger des überkommenen Modells gefochten. Dabei ging er so weit, Herrschaft auch in oligarchischer Gestalt fast völlig zu leugnen. Die «politischen Führer» fungierten in seiner Konzeption «im wesentlichen ... als Makler», deren Hauptaufgabe darin bestand, «Leute ... auf einem Mittelgrund zusammenzubringen», um ihnen Gelegenheit zur Formulierung einer gemeinsamen Politik zu geben. Größer konnte der Gegensatz kaum sein: Genuine Macht im ‹anomischen› Sinne der Usurpation und letztlichen Schrankenlosigkeit verwandelte sich in den bloßen Ausgleich der Interessen rivalisierender Gruppen und Apparate. Sowjetische Politik hatte sich gleichsam normalisiert und zivilisiert – sie war vom *bargaining* und regularisierten Kompromiß demokratischer Art zwar qualitativ, aber kaum noch prinzipiell zu unterscheiden.[5]

Trotz des gleichlautenden Adjektivs sollte das Konzept des *«bürokratischen Sozialismus»* in seiner Absicht und Genese völlig unabhängig von korporativistischen Ansätzen amerikanischer Prägung gesehen werden. Nicht die spezifische Funktionsweise großer Verwaltungsapparate stand hier als Bezugspunkt Pate, sondern die marxistische Kritik an der stalinistischen Pervertierung behaupteter ursprünglicher demokratischer Absichten der Revolution und ihrer Ideologie. Die Analyse verfuhr im Kern machttheoretisch und interpretierte das Gesamtsystem als Gebilde einer selbsternannten und nicht mehr kontrollierten Parteielite. Allerdings unterlag die Herrschaft der ‹Kader› eigenen Regeln und Dispositionen, die sich in dieser Sicht gemeinsam mit anderen Besonderheiten des Gesamtsystems zu einem spezifischen Typus von Herrschaft und Gesellschaft einschließlich der Wirtschaft (die Kultur blieb weitgehend ausgepart) summierten. Den neuen Machthabern fehlte vor allem Positionssicherheit, da sie die staatlichen Ressourcen zwar unbeschränkt verwalten und nutzen, aber nicht in dauerhaften

6. Interpretationen des «entwickelten Sozialismus»

Besitz nehmen konnten. Sie mußten sich in besonderer Weise legitimieren und dabei vor allem die sozioökonomische Modernisierung als *raison d'être* des Gesamtsystems beachten. In der Anerkennung der Prägekraft dieser Aufgabe lag – neben der zentralen Bedeutung der Apparate – eine weitere ‹Schnittstelle› zu den übrigen skizzierten Deutungsvorschlägen. Allerdings betonte der «bürokratische Sozialismus» auch in dieser Hinsicht seine Eigenständigkeit: Er wollte entschieden nicht – wie die meisten Vorschläge aus dem Umkreis der amerikanischen *comparative politics* der 1950er Jahre – als Variante von Entwicklungsregimen der Dritten Welt begriffen werden. Vielmehr ging er davon aus, daß der Sozialismus, was immer im einzelnen darunter verstanden wurde, eigene und keine fremden Ziele verfolgte.[6]

In Kenntnis des Endes der Brežnev-Ära und der Sowjetordnung insgesamt kann die Frage nicht ausbleiben, welche der skizzierten Deutungen auch die spätere Entwicklung verständlich macht. Dabei gilt einerseits, daß *post hoc* nicht *propter hoc* werden darf. Andererseits zwingt der Rückblick zu neuem Nachdenken, verbunden mit der Möglichkeit, aus der Distanz stark Zeitgebundenes von weniger Temporärem zu trennen. In dieser Perspektive wird man nicht umhin können, sowohl diejenigen Erklärungsangebote zu verwerfen, die den eigenständigen Anspruch des Sowjetsystems ernstgenommen haben, als auch diejenigen, die von einer tendenziellen Konvergenz der Systeme, in welchem Maße auch immer, ausgegangen sind. Die Akzeptierung der sowjetischen Selbstwahrnehmung als System *sui generis* war dabei nicht mit Kritiklosigkeit gleichzusetzen. Den sozialistischen Anspruch hat inhaltlich kein Beobachter von Rang geteilt. Aber schon die Konstruktion eines separaten Typus muß im Rückblick darauf geprüft werden, ob sie die zunehmende Lähmung dieser Ordnung wenn nicht vorausgesehen – Prophetie ist keine Sache der Wissenschaft –, so doch als Möglichkeit mitbedacht hat. Dabei zeigt sich, daß vor allem die Modelle aus den sechziger und frühen siebziger Jahren, die unter dem Eindruck verwandter Strukturmerkmale in Ost und West standen, ihre Überzeugungskraft weitgehend eingebüßt haben. Eine Ausnahme bilden lediglich jene, die dem dilemmatischen Charakter der Entwicklung nicht nur am Rande, sondern in ihrem Kern Rechnung trugen. Wie man es auch dreht und wendet – in der ein oder anderen Form hat sich der Grundgedanke bewahrheitet, daß die Erfordernisse funktionaler Effizienz zunehmend komplexer Organisationen und technisch anspruchsvollerer Produktion auf Dauer nicht mit der monopolistischen Herrschaft einer Einheitspartei und noch weniger mit zentraler Anweisungs- und Planungskompetenz in ihrem Auftrag zu vereinbaren waren. In diesem Sinne gerieten die unausweichlichen Begleiterscheinungen der sozioökonomischen Modernisierung im Sinne ‹kybernetischer› Steuerungs- und Informationsprozesse in einen wachsenden Widerspruch zur anachronistischen monistischen politischen Verfassung. Der Gedanke drängt sich nachgerade auf, daß sich ein altes Problem der russischen Geschichte in neuer Variante wiederholte: Auch die revolutionäre Gärung seit der Jahrhundertwende, der die Sowjetordnung ihre Entstehung verdankte, wurzelte nicht zuletzt in mangelnder oder verspäteter Kompatibilität zwischen sozioökonomischem Fortschritt und autokratischer Herrschaft.[7]

Jedoch schließt diese Sicht die Anerkennung assimilatorischer Tendenzen ein. Wer die Probleme sozialistischer Systeme im genannten Dilemma ortet, setzt Entwicklungen voraus, die im Kern auch westliche Gesellschaften erfaßten, hier aber andere Reaktionen und Folgen hervorriefen. Insofern bewahren die meisten ‹Entdeckungen› professioneller Beobachter in der Chruščev- und Brežnev-Ära durchaus ihre Gültigkeit. Fraglos haben ‹Korporativisten› zu Recht auf die wachsende Macht der Sowjetapparate hingewiesen. Zweifellos haben sich in einer Gesamtordnung, deren Institutionen nach dem Tode Stalins weitgehend unbehelligt wachsen konnten, mächtige Interessengruppen gebildet, die um so eher auf die Verteilung der Reichtümer im Lande und die grundlegenden politischen Weichenstellungen Einfluß zu nehmen suchten, als diese zentral stattfand. Und ebenso steht außer Frage, daß die Sowjetunion nach der Behebung der schlimmsten Kriegsschäden in eine neue Phase sozioökonomischer Modernisierung eintrat, die auch sie – bei allen bleibenden regionalen und sektoralen Unterschieden – zumindest mit drei langfristigen Veränderungen konfrontierte: mit der Urbanisierung, der Anhebung der Massenqualifikation (‹Bildungsexplosion›) und der Industrialisierung im einfachen Sinne des Rückgangs sowohl des Anteils landwirtschaftlicher Beschäftigung als auch agrarischer Wertschöpfung. Alle diese Vorgänge blieben nicht ohne Rückwirkungen auf den politischen Prozeß und die politisch-soziale Gesamtverfassung.

Insofern sollte man sich vor der verbreiteten Täuschung hüten, der Zusammenbruch der Sowjetunion habe die Grundannahmen des Totalitarismusmodells bestätigt. Alle genannten Veränderungen der sowjetischen Makro-Struktur standen außerhalb der ursprünglichen Form dieser Deutung und wurden von ihr ignoriert. Die vergleichende Kernabsicht zog eine statische Sicht nach sich, die auch eine destabilisierende Evolution bis hin zum Zerfall ausblendete. Wenn einige Anhänger dieses Ansatzes später Elemente industriegesellschaftlicher Konvergenzbefunde aufnahmen und einen wachsenden Gegensatz zwischen dem ideologisch begründeten Totalitätsanspruch und den Imperativen der ökonomischen Modernisierung feststellten, so verließen sie die ursprüngliche Deutung und betraten den Boden der ‹Dilemma›-Hypothese. Zur weiteren Förderung der Erklärungskraft dieses Amalgams sollte man noch einen Schritt weitergehen und auch Aspekte des Interessengruppenansatzes einfügen. Bei aller Berechtigung der Kritik an der ‹Entmächtigung› politischer Entscheidungen zur bloßen Vermittlung steht die wachsende Bedeutung großer Apparate in der nachstalinistischen Sowjetunion außer Frage. Dabei liegt die Vermutung nahe, daß sich ihre

6. Interpretationen des «entwickelten Sozialismus»

Stabilität während der letzten Brežnev-Jahre, als Wirtschaftskrise, Aufrüstung, wachsende Legitimationsdefizite, abnehmende internationale Konkurrenzfähigkeit und innere Kritik längst an ihren Grundfesten rüttelten, vor allem dem Zusammenwirken besonders einflußreicher ‹Interessen› – von der Parteiführung über die Armee und den KGB bis zu den Managern der Schlüsselindustrien – verdankte. In diesem Sinne käme damit auch das korporativistisch-bürokratische Denkmodell zum Tragen. Sicher bedeutete Chruščevs Sturz einen «Sieg der Sekretäre» (Z. Brzezinski). Aber zu seinen Voraussetzungen gehörte, wie derselbe Kommentar aus totalitaristischer Sicht erkannte, das Versprechen, nicht nur die personale Herrschaft Chruščevs wieder durch eine oligarchische zu ersetzen, sondern eben diese ‹Interessen› in Gestalt der Anliegen der *nomenklatura* stärker und regelmäßig zu beachten. Deshalb trifft die Bezeichnung des neuen Regimes als eines «*konsultativen Autoritarismus*», wenn das Adjektiv weit genug von der Konnotation einer Gleichrangigkeit der Beteiligten entfernt und das Substantiv nahe genug an eine nicht individuell ausgeübte Diktatur angenähert wird, ebenso zu wie die Formulierung von der «bürokratischen Versteinerung».

Somit schälen sich vor allem folgende Kennzeichen der politischen und sozioökonomischen Verfassung des «entwickelten Sozialismus» heraus, über die ungeachtet sonstiger Divergenzen zwischen den verschiedenen Deutungsvorschlägen weitgehend Konsens besteht: die Hegemonie der Partei bei der Festsetzung sowohl der Regimeziele als auch des Rahmens zulässiger Artikulation eigener, eventuell abweichender Forderungen nach Maßgabe der von ihr interpretierten monopolistischen Ideologie; die Existenz verschiedener institutionalisierter Interessen ohne echten Pluralismus; der Verzicht auf Massenterror bei durchaus drakonischer Einzelbestrafung von Dissidenten; und die wachsende Sichtbarkeit eines sozioökonomischen Modernisierungsprozesses in Richtung auf eine industriegesellschaftliche Gesamtverfassung. Dabei mag die schwierige, in vieler Hinsicht definitionsabhängige Frage offenbleiben, ob die Parteifunktionäre – und von welcher Ebene an – tatsächlich eine «neue Klasse» bildeten, die den Staat gleichsam besaß, andererseits auf die Erblichkeit dieses ‹Eigentums› verzichten mußte. Außer Frage steht, daß diese Verfügungsgewalt über die Partei erworben und in deren Namen ausgeübt wurde. Somit bietet sich zur Kennzeichnung des Sowjetregimes auf dem Höhepunkt seiner Entfaltung unter Brežnev als Konvergenz unterschiedlicher faktischer Befunde und theoretischer Vorschläge der letzten Jahrzehnte eine Verbindung im wesentlichen zweier Überlegungen an: des Konzepts der ‹monopolistisch organisierten Gesellschaft› und die Denkfigur eines wachsenden Widerspruchs zwischen einer solchen politisch-sozialen Struktur und den unausweichlichen Folgen eben jenes wirtschaftlichen und gesellschaftlichen Modernisierungsprozesses, der letztlich Ursprung, Antrieb und Ziel der gesamten Sowjetordnung war und blieb.[8]

XI.
Übergang, perestrojka und Zusammenbruch
(1983–1991)

Daß Brežnev nicht mehr allzu lange amtieren würde, blieb niemandem verborgen, der mehr als nur Standphotos von ihm sah. Eingeweihte wußten von dem schweren Schlaganfall, der ihn 1976 getroffen und dauerhafte Schäden hinterlassen hatte. Wer mit der zensierten Berichterstattung vorliebnehmen mußte, konnte sich seinen eigenen Reim auf die Bilder eines Mannes machen, der kaum noch abzulesen vermochte, was man ihm selbst für beiläufigste Äußerungen aufschrieb. Dies hätte bloßer Stoff für den Volksspott bleiben können, wenn es in der Sowjetunion eine geregelte Gewaltenteilung oder eine tatsächliche kollektive Führung gegeben hätte. Die zentralistische Herrschaftsstruktur aber sorgte dafür, daß ungeachtet der Existenz durchsetzungsfähiger ‹korporierter› Interessen wenig ohne den Generalsekretär geschah. Hinzu kam, daß auch das Politbüro stark überaltert und weder physisch noch geistig in der Lage war, den Ausfall Brežnevs zu kompensieren. So trieb die zweite Weltmacht zumindest kraft-, wenn nicht steuerungslos vor sich hin. Wo ein reguläres Verfahren zur Ablösung der politischen Führung fehlte, konnte ein Wechsel nur durch eine Verschwörung (von der Art der Absetzung Chruščevs im Oktober 1964) oder nach dem Tod des ersten Mannes vollzogen werden. Wie in den letzten Jahren Stalins und sozusagen verfassungskonform grundsätzlich in vormodernen Monarchien, wartete das Land auf einen biologisch erzwungenen Neuanfang.

Dabei mag es offenbleiben, ob das Fortleben Brežnevs den Problemdruck erhöhte oder nicht. Spätestens seit der zweiten Hälfte der siebziger Jahre waren die hauptsächlichen Fehlentwicklungen erkennbar, die jeder neue Mann an der Staatsspitze zu korrigieren hatte. An erster Stelle stand die ökonomische Misere. Wer immer das höchste Amt übernehmen würde, mußte den anscheinend unaufhaltsamen Niedergang der industriellen Produktion bremsen. Aufs engste verband sich damit die weiterhin drängende Aufgabe, die Versorgung der Bevölkerung sowohl mit Nahrungsmitteln als auch mit nichtagrarischen Konsumgütern zu verbessern. In mancher Hinsicht war ihre Lösung noch schwieriger geworden. Da die Krise hauptsächlich auf das Versiegen des Reservoirs an qualifizierten Arbeitskräften bei unverändert vorrangiger Versorgung der Rüstungsindustrie mit allen knappen Ressourcen zurückging, blieben zur Behebung im wesentlichen nur zwei Wege: die Produktivität zu steigern oder die Prioritäten zu ändern. Letzteres war angesichts des großen Gewichts der Armee und der involvier-

XI. Übergang, perestrojka und Zusammenbruch (1983–1991)

ten Industrien im gesamten politischen Kräftespiel außerordentlich schwer. Die Barrieren erhöhten sich noch, als die Aufstellung der SS-20-Raketen und der ‹Doppelbeschluß› der NATO eine neue Runde des Wettrüstens einleiteten und die Sowjetunion im Dezember 1979 den fatalen Entschluß faßte, sich in den afghanischen Bürgerkrieg einzumischen. Andererseits setzte die effektivere Nutzung von Rohstoffen und Arbeitskräften bessere Maschinen und allgemein das voraus, was der sowjetischen Wirtschaft am meisten fehlte: eine zeitgemäße Technologie und das Kapital, sie anzuwenden.[1]

Insofern gab es für die anstehende Reform von vornherein nur die Alternative, im Keim zu ersticken oder die gegebenen Grenzen der Wirtschaftsordnung – soweit sie überhaupt zu markieren waren – zu überschreiten. Wie sich zeigen sollte, geschah beides. Brežnevs erster Nachfolger Andropov bemühte sich um das, was man als autoritäre, in jedem Fall strikt systemimmanente Lösung bezeichnen könnte. Die Bereitschaft zur Beseitigung des Übels fand ihre Grenze dort, wo Grundpfeiler der bestehenden Ordnung angetastet wurden. Vor allem das Machtmonopol der Partei und die uneingeschränkte Kontrolle aller gesellschaftlichen öffentlichen Regungen durch die von ihr beherrschten staatlichen Instanzen standen in keiner Weise zur Disposition. Freilich hatte diese Vorsicht ihren Preis. Sie erlaubte bestenfalls langsame Fortschritte und mutete der Bevölkerung nicht nur zu, die überkommene Unfreiheit weiterhin zu ertragen, sondern sich außerdem mit der Erfüllung ihrer materiellen Wünsche zu gedulden. Erst Gorbačev kam zu der Einsicht, daß der Sowjetordnung so viel Zeit nicht mehr blieb. Er suchte nach Rezepten für schnelle Erfolge und nahm das Risiko in Kauf – wenn er es denn erkannte –, die politische und sozioökonomische Verfassung der Gesellschaft (im umfassenden Sinn) tiefgreifend, wenn auch nicht ohne gedachte Einschränkung, zu verändern. Eine schnelle Anhebung des Lebensniveaus für die Mehrheit der Bevölkerung schien ihm nur durch die Einbeziehung des ‹subjektiven Faktors› möglich zu sein. Die Menschen mußten zu größerem Engagement und zu Eigeninitiative bewegt werden. Dabei war klar, daß materielle Anreize nicht ausreichen würden: Die innere Verbindung zwischen Leistung und Freiheit – in welchem Ausmaß auch immer – war von Anfang an mitgedacht.

Damit erhielt das, was als *perestrojka* in die Geschichte einging und zum Anfang des Endes der Sowjetunion wurde, eine *andere Dimension* als alle vorangegangenen Reformen. Nicht nur der Stalinismus im Sinne zentraler Kommandowirtschaft und bürokratisch-obrigkeitlicher Lenkung aller gesellschaftlich-politischen Bewegungen stand zur Disposition. Auch die Leninschen Grundlagen des Staates, die Ergebnisse des Oktober 1917 selbst, gerieten bald ins Kreuzfeuer der Kritik – stellte sich doch heraus, daß ihr Verhältnis zur Freiheit durchaus prekär war. Dies wiederum hob das Problem auf die prinzipielle Ebene, auf die es gehörte. Immer deutlicher wurde, daß sich dem Regime eine ‹Gretchenfrage› stellte: die nach dem Fortbestand seiner eigenen Legitimation. Die Revolutionäre von einst waren angetreten, das Land auf nichtkapitalistischem Wege durchaus in der vorrangig materiellen Bedeutung der Erschließung seiner reichen Ressourcen und der Hebung des Lebensstandards zu modernisieren. Als die *extensive* Variante dieses Prozesses auf unüberwindbare Barrieren stieß und immer deutlicher wurde, daß nur wachsende *In*tensität weiteren Fortschritt verbürgen konnte, trat die Notwendigkeit zutage, das nachzuholen, was der extensive Weg auszuklammern erlaubt hatte: ökonomische und allgemein politische Bewegungsfreiheit zu gewähren. So ließ sich das Dilemma, das dem zweiten Reformversuch der Nachkriegszeit zum Verhängnis wurde, genauer als wachsende *Kluft zwischen sozioökonomischer Modernisierung und politischer Partizipation* beschreiben. Die *perestrojka* wurde zum Test der Möglichkeit, beide Vorgänge voneinander zu trennen. Wie frühere Versuche einer obrigkeitlichen Reform (Alexanders II. in den 1860er Jahren oder das verspätet-halbherzige ‹konstitutionalistische Experiment› nach 1905), an die sie in der Tat erinnert, hat sie ihn nicht bestanden. Dazu trug der unerwartete und schnelle Aufschwung separatistischer national-regionaler Bewegungen maßgeblich bei. Als die Demokratisierung, wenn überhaupt, nur noch um den Preis eines Abbruchs der gesamten Transformation aufzuhalten war, gab er der zerfallenden Zentralgewalt den Gnadenstoß. Die bekannte These Tocquevilles bewahrheitete sich, daß ein Regime dann besonders gefährdet ist, wenn es sich aus dem Sumpf zu befreien versucht, in den es sich gebracht hat.

1. Übergang: Andropov und Černenko

Wann die Diadochenkämpfe hinter den Kulissen begannen, bleibt bislang im Dunkeln. Man darf jedoch davon ausgehen, daß sie schon zu Lebzeiten des Generalsekretärs ausbrachen. Dafür sprechen zum einen systembedingte Gründe in Verbindung mit Brežnevs Alter und langer Amtszeit. Nach mehr als anderthalb Jahrzehnten an der Spitze von Partei und Staat, einer Spanne, die nur Stalin übertroffen hatte, lag es auf der Hand, daß mit dem Tod des Generalsekretärs eine ganze Epoche zu Ende gehen würde. Hinzu kam das erwähnte Resultat der Politik ‹stabiler Kader›: Als Chruščev auf dem 22. Parteitag 1961 den eigentlichen Bruch mit der Vergangenheit vollzog, installierte er ein ZK, dessen Mitglieder zu 27 % über fünfzig Jahre alt waren; als diese Generation mit seinem Zögling Brežnev abtrat, hatte sich dieser Anteil auf 94 % erhöht. Ein Personalwechsel stand an, der eine ähnliche Dimension anzunehmen versprach wie beim Aufstieg und Niedergang des schrecklichen Diktators. Zum anderen drangen Vorgänge nach außen, die schon von professionellen Beobachtern jener Tage als Indizien für Machtverschiebungen gedeutet wurden. Ein entscheidendes Datum war dabei der Tod der ‹grauen Eminenz› Suslov im Januar 1982. Er scheint den Untergang der alten

Ära gleichsam symbolisiert und den Beginn der Auseinandersetzungen um die Nachfolge eingeleitet zu haben. Kaum zufällig wurde im März Anklage gegen Freunde von Brežnevs Tochter wegen Schmuggel und Korruption erhoben. Im Mai wählte das ZK nicht Brežnevs Vertrauten K. U. Černenko zum Nachfolger Suslovs als Sekretär für Fragen der Ideologie, sondern den KGB-Chef Andropov. Im August folgten weitere Maßnahmen gegen politische und private Gefolgsleute des Generalsekretärs. So waren manche Weichen schon gestellt, als der erste Mann im Staate am 10. November 1982 starb. Bereits am nächsten Tag wurde Andropov zum Vorsitzenden des Trauerkomitees bestimmt und am 12. November förmlich zum neuen Generalsekretär des KPdSU gewählt. Im März 1983 avancierte er auch zum Vorsitzenden des Verteidigungsrats und übernahm im Juni dieselbe Funktion im Präsidium des Obersten Sowjets der UdSSR. Damit hatte er in wenigen Monaten alle Ämter in seine Hand gebracht, für deren Vereinigung Brežnev dreizehn Jahre gebraucht hatte. Offenbar drangen keine nennenswerten Kräfte auf eine kollektive Führung wie bei Chruščevs Sturz. Der gebotene und erwünschte Wandel war anderer Art. Er bezog sich auf den Inhalt vor allem der inneren Politik, nicht auf die Form der Machtausübung. Im Gegenteil, der Eindruck scheint überwogen zu haben, daß die Probleme des Landes ohne Konzentration aller Befugnisse in einer Hand nicht zu lösen seien.[2]

Freilich holten die personalpolitischen Versäumnisse Brežnevs auch seine ersten Nachfolger in gewisser Weise ein. Andropov war mit 68 Jahren der älteste Generalsekretär, der je in dieses Amt gewählt wurde. Überdies litt er bekanntermaßen an Herzproblemen. Sicher hätte er bedeutend länger amtieren können als die sechzehn Monate, die ihm vergönnt waren. Aber eine kurze Wirkungszeit lag eher im Bereich des Wahrscheinlichen als das Gegenteil. Dessenungeachtet bestellte das Politbüro keinen Verlegenheits- oder Übergangskandidaten. Andropov brachte viele Vorzüge mit, die ihn für die höchste Position im Sowjetstaat qualifizierten. Er verfügte nicht nur über eine lange, sondern auch über eine vergleichsweise vielfältige politische Erfahrung. In den bewegten fünfziger Jahren diente er als Botschafter in Ungarn (1953–57) und konnte sich seine eigenen Gedanken über die Ursachen des Budapester Aufstandes machen. Eine Dekade später hielt er von Moskau aus Kontakt zu den außersowjetischen Bruderparteien und dürfte in dieser Funktion auch mit verschiedenen häretischen Gedanken des ‹Eurokommunismus› in Berührung gekommen sein. Vor allem aber rückte er 1967 an die Spitze des KGB auf, eine Funktion, die ihm 1973 auch Sitz und Stimme im Politbüro eintrug. Gewiß war diese Karriere nicht ohne Zustimmung Brežnevs möglich. Zugleich spricht vieles für die Annahme, daß sich Andropov zum einen dank seiner gefürchteten Hausmacht eine erhebliche Unabhängigkeit bewahrte und zum anderen eher von Suslov gefördert wurde. Da er darüber hinaus den großen und schwer beherrschbaren Geheimdienst fest im Griff hatte und als intelligent galt, erschien er in mehrfacher Hinsicht als idealer Kandidat. Er verband gleichsam die hauptsächlichen Eigenschaften, die man nach dem Ende einer zunehmend in Immobilismus versunkenen Ära vom neuen ersten Mann erwartete: Kontinuität dank Erfahrung und Dienstalter, zugleich aber Innovationsbereitschaft dank deutlicher Distanz zur Klientel Brežnevs und Aufmerksamkeit gegenüber der Stimmung und der wahren Situation im Lande.

Die Kürze seiner Amtszeit verdeckt den Tatbestand, daß Andropov beiden Erwartungen durchaus gerecht wurde. Zupackend ging er gegen die Mißstände vor, die er als Hauptursachen der wirtschaftlichen Lähmung der letzten Jahre wertete – gegen Vetternwirtschaft, Schlendrian, Betrug und Unfähigkeit. Dabei scheute er auch vor drakonischen Maßnahmen nicht zurück. Der Korruption überführt, wurde der Leiter des größten Moskauer Lebensmittelgeschäfts sogar hingerichtet. Der Generalsekretär kehrte mit eisernem Besen, nach Art des KGB, wie man bald kommentierte. Nicht genug damit, machte Andropov aber auch ein ‹Angebot›. Er führte in Grenzen eine neue Offenheit ein. Erstmals wurde die Tagesordnung des Politbüros in der *Pravda* publiziert. Petitionen und Beschwerden fanden größere Aufmerksamkeit, und der Generalsekretär selbst kümmerte sich bei Betriebsbesichtigungen wieder demonstrativ um die Sorgen der kleinen Leute. Es lag auf der Hand, was solche Taten und Gesten signalisieren sollten: daß die Partei ihrem Drohnendasein abschwöre und sich an ihre Aufgabe erinnere, dem Wohle des Volkes zu dienen. In diesem Sinn versuchte schon Andropov, zu den Tugenden der sowjetischen Frühzeit (in offizieller Sicht) zurückzukehren.

Freilich hätte Andropov die Lektionen eines langen Parteilebens nicht verstanden, wenn ihm nicht bewußt gewesen wäre, daß jede neue Politik unter dem Deckmantel ideologischer und struktureller Kontinuität personeller Veränderungen bedurfte. Alle vorherigen Generalsekretäre hatten dies beherzigt und ihr Amt dazu genutzt, ergebene Gefolgsleute in entscheidende Positionen zu bringen. Auch Andropov setzte einen solchen Personalwechsel in Gang. Wie sich zeigen sollte, stellte er vor allem damit wichtige Weichen für die turbulenten Ereignisse der folgenden Jahre. Denn bei aller Würdigung der außerordentlichen Durchsetzungsfähigkeit Gorbačevs verdient der Umstand größere Beachtung als bisher, daß der ‹Elitentausch› unter Andropov begann. Einige der entscheidenden Akteure des kommenden Dramas traten seit dem ZK-Plenum vom November 1982 unter seiner Ägide ins Rampenlicht der großen Politik: N. I. Ryžkov, später langjähriger Premierminister unter Gorbačev, rückte vom *Gosplan* ins Zentralsekretariat der Partei auf, E. K. Ligačev, anfangs Mitstreiter, danach wichtigster Gegner der *perestrojka*, avancierte vom Ersten Sekretär der Gebietsorganisation im sibirischen Tomsk zum ZK-Sekretär für Kaderfragen; und auch Gorbačev selbst tat einen weiteren wichtigen Schritt auf dem Weg an die Spitze, da ihn

Andropov allem Anschein nach zu seinem Kronprinzen erkor. Er hielt die Verbindung zum Politbüro, als der Generalsekretär im November 1983 wegen Nierenversagens für längere Zeit ins Krankenhaus eingeliefert wurde. Damit stand Gorbačev im unmittelbaren Vorzimmer der Macht. Trotzdem kam der Tod seines Mentors, der am 9. Februar 1984 starb, ohne die Klinik wieder verlassen zu haben, zu früh.

Denn in den Augen der meisten seiner Kollegen im höchsten Machtzirkel hatte Gorbačev noch einen wesentlichen Makel: Er war (1931 geboren) zu jung und gehörte der Parteiführung zu kurze Zeit (seit 1978) an. Demgegenüber konnte sich sein hauptsächlicher Rivale, der schon gegen Andropov angetreten war, überzeugend auf Anciennität berufen. Hinzu kam, daß Černenko die halbjährige Abwesenheit des Generalsekretärs genutzt zu haben scheint, um die Mitstreiter des verstorbenen Suslov für sich zu gewinnen. Desgleichen wird man nicht ausschließen können, daß der reformerische Elan mancher oberster Kommunisten nach den ersten Erfahrungen mit einer Erneuerungspolitik, die auf alte Seilschaften keine Rücksicht nahm, schon nachgelassen hatte. In jedem Falle bildete die jahrzehntelange äußerste Nähe Černenkos zu Brežnev kein Hindernis mehr. Auch das fortgeschrittene Alter des Kandidaten – mit 72 Jahren gebührte nun ihm die Palme – und seine redehemmende Kurzatmigkeit (Folge eines Lungenemphysems) hielten die Parteihierarchen nicht davon ab, ihn schon am Tage nach Andropovs Tod zu nominieren. Allerdings kam es diesmal zu einem förmlichen Kompromiß. Die Anhänger Andropovs und Befürworter einer Reform im Politbüro waren offenbar so stark, daß sie dem greisen Vorsitzenden einen Vertreter an die Seite zu stellen vermochten, der ihre Interessen wahrnahm und bald auch die Politbürositzungen leitete: Gorbačev. Angesichts der Energie, Raffinesse und Brillanz, die dieser dabei bewies, wird man daran zweifeln dürfen, daß der nominelle Generalsekretär auch der tatsächliche war. Allerdings kam es gar nicht erst zur Kraftprobe. Bereits gegen Ende seines ersten Amtsjahres erkrankte Černenko so schwer, daß er seine Geschäfte nicht mehr wahrzunehmen vermochte. Die innenpolitische Lage hatte sich wenig verändert, als er am 10. März 1985 starb.[3]

2. Hauptphasen der perestrojka

In der Rückblende steht die Wahl Gorbačevs nachgerade unter dem Diktat der Frage, wie es überhaupt zu dem kommen konnte, was zum Anfang vom Ende der Sowjetunion und des praktizierten Sozialismus (ob auch seiner Idee, bleibt abzuwarten) wurde. Man wird die Antwort vor allem in der Verbindung zweier Faktoren zu suchen haben, die bei den meisten historischen Weichenstellungen zusammenkommen und nicht alternativ, sondern komplementär gesehen werden sollten: der Person und der vielzitierten

‹Umstände›. Zum einen bot sich Gorbačev durch seine außergewöhnlichen Fähigkeiten an. Er überragte alle Mitbewerber nicht nur an intellektueller Beweglichkeit und rhetorischem Talent, sondern auch an taktisch-strategischem Geschick und administrativer Durchsetzungsfähigkeit. Offenbar beherrschte er die Kunst, die eigenen Ziele dem jeweils Erreichbaren anzugleichen und Apparate wie Personen in die gewünschte Richtung zu bewegen, mit traumhafter Sicherheit. Anders ist sein kometenhafter Aufstieg aus kleinen Verhältnissen kaum zu erklären. Dem Sohn eines einfachen ‹Traktoristen› aus der Region Stavropol' im kaukasischen Vorland gelang es Anfang der fünfziger Jahre, zum Jurastudium an der ersten Universität des Landes (der Moskauer) zugelassen zu werden. Nach einem Abschluß mit Auszeichnung kehrte er nach Stavropol' zurück, um im *Komsomol*, danach in der Parteiorganisation im Eiltempo Stufe um Stufe bis hinauf zum Ersten Sekretär zu erklimmen. Sicher genoß er dabei wirkungsvolle Protektion. Vor allem der Parteichef des *oblast'* Stavropol' F. D. Kulakov förderte ihn nach Kräften. Insofern stand ihm auch das Glück des Tüchtigen in Gestalt einer ebenfalls ungewöhnlichen Karriere dieses Mentors zur Seite, der 1970 zum ZK-Sekretär für Landwirtschaft ernannt wurde und dessen regionale Funktion er übernahm. Als Kulakov 1978 starb, folgte ihm Gorbačev auch im letzten Amt. Dafür bedurfte er breiterer Unterstützung. Insofern erscheinen die Vermutungen plausibel, Gorbačev habe auch von dem glücklichen Umstand profitiert, daß seine Heimatregion zwischen Schwarzem Meer und Kaukasus ein begehrter Urlaubsort der Parteiprominenz war und er mehrfach Gelegenheit hatte, Andropov und Suslov (dessen Laufbahn im übrigen ebenfalls in Stavropol' begonnen hatte) begrüßen zu können. Doch dürfte dieser Zufall jemandem nur als zusätzlicher Steigbügel gedient haben, der vor allem durch seine Begabung auf sich aufmerksam machte. Diese brachte ihn bereits 1979 als Kandidat und im Oktober 1980 als Vollmitglied ins Politbüro. Bemerkenswerterweise konnten ihm selbst schwere Rückschläge der Landwirtschaft, für die er immerhin zuständig war, nichts anhaben. Seine Wendigkeit, vielleicht auch seine schiere Dynamik und geistige Überlegenheit hatten zur Folge, daß sie ihm offenbar nicht angerechnet wurden. Bei alledem verfügte Gorbačev zusätzlich über eine Eigenschaft, die im grauen Einerlei der Parteiverwalter besonders auffiel: über Charisma und eine öffentlichkeitswirksame Persönlichkeit. Was bald vor allem die mediengeleitete westliche Welt faszinierte, stach auch in der Sowjetunion ins Auge. Gorbačev war der einzige Funktionär, der sich trotz dreißigjähriger Tätigkeit im Apparat sowohl mental als auch in seinem Habitus eine erstaunliche Frische bewahrt hatte. Als erster sowjetischer Politiker von Rang seit den zwanziger Jahren wirkte er nicht wie die Verkörperung eines Aktenvorgangs, sondern lebendig und gewinnend.

Doch hätten selbst solch ungewöhnliche Eigenschaften allein nicht ausgereicht, um die Waagschale bei der schicksalhaften Entscheidung über die

2. Hauptphasen der perestrojka

Nachfolge Černenkos zu seinen Gunsten zu senken. Hinzu kam die schwer bestimmbare Gunst der Stunde. Das Regime drohte zu ersticken. Die Wirtschaft hatte 1983 zwar kurzfristig wieder Tritt gefaßt, aber auch der laufende (11.) Fünfjahresplan konnte bei weitem nicht erfüllt werden. Ideologische Beteuerungen boten mehr Anlaß zu Hohn und Spott, als daß sie zu größerem Engagement und Vertrauen beigetragen hätten. Das Politbüro stand vor dem Scherbenhaufen der Brežnevschen Personalpolitik. ‹Stabile Kader› hatten sich als senile erwiesen. Nun schlug die Stunde der Jungen. Die Behauptung ist nicht allzu gewagt, daß Gorbačev ohne das schnelle Ableben seiner beiden Vorgänger und ohne das verbreitete Bewußtsein einer tiefen Krise, aber auch ohne sein herausragendes Talent kaum gewählt worden wäre. Der Sturz Chruščevs war im Oktober 1964 dem Bedürfnis nach Ruhe entsprungen, die Bestellung Gorbačevs verdankte sich der Einsicht in die Unaufschiebbarkeit von Reformen. Insofern vermag auch die These zu überzeugen, daß die *perestrojka* ebensowenig vom Himmel fiel wie die meisten historischen Erscheinungen. Soziale und mentale, mit der Hebung des allgemeinen Qualifikationsniveaus, der Entstehung neuer Berufsfelder, der wachsenden internationalen kommunikativen Verflechtung sowie nicht zuletzt dem allgemeinen Generationswechsel zusammenhängende Veränderungen hatten sie seit den siebziger Jahren vorbereitet. Nicht nur in der Intelligenz, sondern auch in der regionalen Parteielite gab es breite Zustimmung für einen wirklichen Neuanfang. So verliert Gorbačevs Wahl im Rückblick viel von ihrem sensationellen, unerwarteten Charakter. Es bleibt aber der Befund – woran Ligačev die Delegierten der 19. Parteikonferenz Ende Juni 1988 am Scheideweg der *perestrojka* in eindeutiger Absicht erinnerte –, daß es auch anders hätte kommen können. Die Abstimmung vom 11. März 1985 ergab eine hauchdünne Mehrheit. Schon ihre zügige Durchführung – einen Tag nach Černenkos Tod – zeigte jedoch an, daß der Ausgang zu den wahrscheinlichen Ergebnissen zählte. Dem Vernehmen nach soll ausgerechnet Gromyko, dienstältester Außenminister der Welt und Personifizierung des verknöcherten Bürokraten spätstalinistischer Prägung, den neuen Mann mit den ungewollt prophetischen Worten empfohlen haben, Gorbačev habe ein ‹gewinnendes Lächeln›, aber ‹eiserne Zähne›.[4]

Zum Verständnis seines Votums trägt die Erinnerung daran bei, daß niemand zu diesem Zeitpunkt den umstürzenden Charakter voraussehen konnte, den die Reform annehmen würde. Man erwartete von Gorbačev einschneidende Maßnahmen, aber keine systemsprengenden. Auch seine Wahlhelfer, darunter ein so konservativer Mann wie Ligačev, wollten die Stabilisierung der bestehenden Ordnung, nicht ihren grundsätzlichen Wandel oder gar Sturz. Gorbačevs Reden und Taten boten bis dahin auch keinen Anlaß zu solchen Befürchtungen. Nicht überraschend wäre, wenn die Akten dereinst belegen würden, daß er anfangs selbst gar nicht mehr wollte. Er wurde als Schützling Andropovs gewählt, den er verehrte. Weiterhin war die Reform als obrigkeitliche gedacht, nicht als Initiative von unten. Genau besehen hielt Gorbačev an diesem Charakter der bald so genannten *perestrojka* bis zuletzt fest. Was sich allerdings wesentlich änderte, waren die Mittel, die er ergriff, um die Sowjetunion als zweite Weltmacht ins nächste Jahrtausend zu bringen. Dabei setzte ein Prozeß ein, den man sowohl mit Bezug auf das Konzept Gorbačevs als auch mit Blick auf die Resonanz in der aktiven Bevölkerung als *kumulative Radikalisierung* bezeichnen kann. Auch ohne eine Zwangsläufigkeit in sie hineinzulesen, wird man eine Triebkraft ausmachen können, die ihr zumindest die Energie (bei offener Richtung) lieferte: den inhärenten Selbstwiderspruch einer obrigkeitlichen Reform, die auf der einen Seite die Eigeninitiative der Bevölkerung zu wecken sucht, auf der anderen Seite aber darauf achten muß, die erwünschte Energie in konformen Bahnen zu halten. Mit Blick auf dieses Paradox bietet es sich an, Etappen der *perestrojka* zu unterscheiden, die eine knappe Zusammenfassung zu strukturieren vermögen. Plausibel erscheinen folgende:[5]

Eine *erste Phase* erstreckte sich von Gorbačevs Wahl (März 1985) bis Ende 1986. Sie stand ganz im Zeichen *wirtschaftlicher* Reformprojekte. Dabei stellte sich der neue Generalsekretär nicht ohne Absicht in die Nachfolge Andropovs. Diese Kontinuität verlieh ihm in der – stets kritischen – Anfangszeit ein hohes Maß an Unangreifbarkeit. Gegen Maßnahmen zur Stärkung der Disziplin konnte niemand seine Stimme erheben. Symbolisch wurde die Kampagne wider «Trunkenheit und Alkoholismus». Mit gutem Grund galt der ökonomische und soziale Schaden dieses Lasters als so erheblich, daß sich sogar das ZK damit befaßte. Überdies war es vergleichsweise einfach, den Appellen Nachdruck zu verleihen. Ladenzeiten und Verkaufsstellen ließen sich ebenso leicht verringern wie die staatliche Produktion hochprozentiger Getränke. Nur stellte sich schnell heraus, daß die Bevölkerung von tief verwurzelten Gewohnheiten nicht lassen wollte und einmal mehr Mittel und Wege fand, die obrigkeitlichen Verbote zu umgehen. Bekanntlich verschwand der letzte Zucker aus den staatlichen Regalen, weil er für die Heimdestillation von Wodka gebraucht wurde. Und als sich auch das Loch im Staatshaushalt sichtbar vergrößerte, weil die Einnahmen aus dem Alkoholverkauf zurückgingen, wurde der Feldzug abgeblasen. Obwohl er ebenso kläglich scheiterte wie manche anderen vor ihm (daß der Staat die Trunksucht nicht wirksam bekämpfen konnte, weil er unentbehrlichen Gewinn aus ihr zog, war ein altes Problem der russischen Geschichte), verdient er im Rückblick insofern besondere Aufmerksamkeit, als er Schatten auf Kommendes vorauswarf: Mit der *ökonomischen* Sanierung stand und fiel die *perestrojka*; was dem ‹Mineralsekretär› (wie der Volksmund umgehend spottete) geschah, ereilte auch den Präsidenten – ein Fiasko.[6]

Gorbačev wäre indes nicht der Visionär gewesen, der er auch war, wenn er der Reform nicht schon von Anfang an seine eigene Handschrift verliehen hätte. Was man zum Zeitpunkt seiner Wahl von seinen Ideen wußte, war nicht viel, hätte aber aufhorchen lassen können. Zwar beschränkte sich seine bedeutendste, am 10. Dezember 1984 gehaltene Rede ebenfalls im wesentlichen auf die besonders drängenden wirtschaftlichen Probleme. Hier prägte er zum ersten Mal *den* Schlüsselbegriff der ersten Reformphase, als er von der «Hauptaufgabe unserer Tage» sprach, «eine wesentliche *Beschleunigung* des ökonomischen und sozialen Fortschritts zu erreichen». Aber nicht nur in der Konnotation dieser Formulierung ging er über oft repetierte Phrasen hinaus. Neu waren vor allem nachfolgende Überlegungen über das «lebendige Schöpfertum des Volkes» als «Wesen des Sozialismus». Gorbačev stellte die Kernfrage, wie man «das Interesse ... von Millionen» wecken und «sie von der Notwendigkeit der tatkräftigen Verwirklichung der vorgesehenen Umgestaltungen» überzeugen könne. Hierin ging er nicht nur über seinen Vorvorgänger hinaus, sondern hierin lag auch ein *qualitativer* Sprung der Reformkonzeption: Gorbačev verstand, daß der Wirtschaftsmisere letzlich nur durch eine Veränderung der *Motivation* aller beizukommen war. Noch zog er daraus keine Schlüsse, die der unbeschränkten Macht von Partei und Staat hätten gefährlich werden können. Aber er wies sozusagen systemkonform auf die Notwendigkeit hin, den «Faktor Mensch» zu aktivieren.[7]

Nach seiner Wahl wagte sich Gorbačev weiter vor. Das unrühmliche Ende der Anti-Alkohol-Kampagne schadete seinem Ansehen vielleicht auch deshalb kaum, weil er so rasch über diese ‹Ouvertüre› hinwegschritt. Die Gelegenheit, bei der das Programm vorzustellen war, stand fest: beim nächsten, dem 27. Parteitag, der statutengemäß im Frühjahr 1986 zusammentreten sollte. Gorbačev nutzte diese Bühne wirkungsvoll. Äußerlich folgte sein langes Referat (114 Druckseiten) zwar noch in vielem den endlos-langweiligen Rechenschaftsberichten seiner Amtsvorgänger. Auch inhaltlich gab er sich große Mühe, zumindest die Kontinuität zum Konzept der «Beschleunigung der wirtschaftlichen und sozialen Entwicklung» zu wahren, wie es vom ZK im April des Vorjahres gebilligt worden war. Wer auf Nebentöne achtete, erkannte aber schon in der zunehmenden Betonung *qualitativer* Gesichtspunkte, daß er anderes, Neues meinte. Dies wurde vollends klar, als Gorbačev seine Einsicht in die immanente Verbindung von ökonomischer Reform und Massenpartizipation, offener und politisch brisanter als zuvor, wiederholte. Um das «lebendige Schöpfertum» des Volkes zu wecken, setzte er die «weitere Demokratisierung der Gesellschaft» auf die Tagesordnung. Klar benannte er auch den Weg, der sich nach seiner Meinung dafür anbot: Die *Sowjets*, insbesondere die lokalen und regionalen, waren zu reaktivieren. Zu Recht erinnerte er daran, daß sie von den Revolutionären der ersten Stunde als Instrumente einer besseren, unmittelbaren Beteiligung der Massen am politischen Entscheidungsprozeß gegründet worden waren. Spätestens an dieser Stelle wurde deutlich, wohin Gorbačev strebte: zu den Anfängen der Sowjetunion in der Hoffnung auf eine Revitalisierung des ‹Sozialismus›.[8]

Indes tat der neue Generalsekretär noch mehr. Er hatte nicht nur ein Konzept, sondern wußte aus seiner langen Parteikarriere auch, daß man für die Umsetzung neuer Ideen neue Leute brauchte. Vielleicht noch stärker als die Grundgedanken der frühen *perestrojka* (die so sensationell noch nicht waren) haben die Tatkraft und das Geschick Aufsehen erregt, mit denen Gorbačev zu Werke ging, um seine Gegner auszumanövrieren. So gründlich hatte noch kein Generalsekretär der Nachkriegszeit die Repräsentanten des alten Regimes in kurzer Zeit aus allen wichtigen Ämtern entfernt. Allerdings kam ihm dabei die zentralistische Herrschaftsstruktur entgegen. Bei allem Gespür für die Schwächen erklärter und möglicher Widersacher bediente er sich eben jener demokratisch nicht legitimierbaren Kompetenzfülle, die er wenige Jahre später in der Erkenntnis abzubauen bereit war, daß die Initiative der Gesellschaft nicht zuletzt an ihr erstickte. Zu Beginn aber – dies sollte man nicht aus den Augen verlieren – brauchte er sie, um sich endgültig durchsetzen und sein Transformationsprogramm überhaupt in Gang bringen zu können. Auch dieses Verfahren gehört zur Definition einer Reform von oben. So nutzte Gorbačev schon das nächste ZK-Plenum nach seiner Wahl im April 1985, um die Blockade zwischen Reformbefürwortern und -gegnern im Politbüro zu seinen Gunsten aufzulösen. Drei weitere Schützlinge Andropovs rückten zu Vollmitgliedern auf: der Vorsitzende des KGB V. M. Čebrikov aus dem Kandidatenstatus, die ZK-Sekretäre Ligačev und Ryžkov auf dem ungewöhnlichen direkten Weg aus ihrer alten Position (die sie behielten). Im Juli bat sein Hauptrivale G. V. Romanov – auch er 1983 durch Andropov vom Leningrader Parteichef zum einflußreichen Doppelmitglied des ZK-Sekretariats und des Politbüro befördert – «aus gesundheitlichen Gründen» um seine Demission. Für ihn rückte der georgische Parteichef Ševardnadze zunächst als Kandidat nach. Zugleich wählte das ZK den Parteisekretär von Sverdlovsk (heute wieder Ekaterinburg) B. N. El'cin – auf Empfehlung von Ligačev, aber mit Billigung Gorbačevs – und den neuen Parteivormann in Leningrad L. N. Zajkov zu neuen Sekretären. Anderntags lobte der Oberste Sowjet den greisen Gromyko ins formal höchste, aber politisch einflußlose Amt des Vorsitzenden seines Präsidiums fort; das Außenministerium übernahm – dies sicher eine der glücklichsten Entscheidungen – Ševardnadze. Im September mußte der achtzigjähre Tichonov (Nachfolger Kosygins) als Vorsitzender des Ministerrats seinen Hut nehmen, um bald auch aus dem Politbüro auszuscheiden; ihn ersetzte Ryžkov. Mitte Februar schließlich ‹akzeptierte› das ZK auch die Rücktrittsgesuche der letzten Brežnev-Anhänger im Politbüro. Der Moskauer Parteichef Grišin, den El'cin nach Korruptionsvorwürfen schon im Vormonat abgelöst hatte, mußte sich aufs Altenteil zurückziehen.

Umfangreichere Revirements im ZK bedurften der Zustimmung des Parteitags. Der 27. Kongreß wählte fünf neue Sekretäre, darunter A. N. Jakovlev und V. A. Medvedev, beide nicht zufällig Wissenschaftler und ehemalige

2. Hauptphasen der perestrojka

Rektoren bekannter Akademieinstitute. Sie repräsentierten jene Intelligenz, die den Generalsekretär unterstützte, und hatten in den folgenden Jahren neben seinen engsten Beratern A. S. Černjaev und G. Ch. Šachnazarov entscheidenden Anteil an der Weiterentwicklung der *perestrojka*. Darüber hinaus wurden ca. 40% der ZK-Mitglieder selbst ersetzt, vielfach durch Neulinge, die nicht handverlesen waren. Und auch die Ersten Parteisekretäre der Gebiete *(oblast')* vergaß Gorbačev nicht. Bis zum November 1986 wurden 57 von 157 dieser «Präfekten» ausgewechselt, die für die Umsetzung der zentralen Anweisungen wohl wichtiger waren als die ZK-Mitglieder. Nimmt man noch den Personalaustausch im Ministerrat hinzu, der allein im ersten Jahr seiner Amtszeit (März 1985 bis Februar 1986) etwa ein Drittel dieses Gremiums erfaßte, so ergibt sich ein Ausmaß an *homines novi*, das in der Geschichte der Sowjetunion seit dem ‹Großen Terror› seinesgleichen suchte. Dennoch: Auch dieses Resultat bedeutete nicht, daß sich Gorbačev bereits alle Gegner vom Hals geschafft hatte. Im Gegenteil, wenn zwei Fünftel der ZK-Mitglieder zum ersten Mal gewählt wurden, dann blieben drei Fünftel aus Brežnevs Zeit übrig. Gleiches galt für die restlichen hundert Ersten Sekretäre. Sie bildeten mit anderen – darunter wohl der Mehrzahl der Generäle und höheren KGB-Funktionäre – eine Bastion der alten Ordnung, die Gorbačev nicht einzunehmen vermochte und die konservativen Kräften auf absehbare Zeit einen nicht zu unterschätzenden Rückhalt gab.[9]

Eine *zweite Phase* dauerte von Ende 1986 bis Mitte 1988 und stand im Zeichen der *glasnost'*. Die neue Vokabel, eine von Gorbačevs suggestiven und medienwirksamen Wortschöpfungen, war in ihrem positiven Gehalt ebenso aussagekräftig wie in dem, was sie vermied. «Transparenz» oder «Öffentlichkeit», wie man wörtlich übersetzen müßte, schloß zwar die Zulassung von Meinungsvielfalt ein, weil sie nur auf diesem Wege hergestellt werden konnte. Dennoch wich der Begriff einer Nähe zu denen der Freiheit oder Demokratie nicht zufällig aus. Der Anklang an westliche politische Konzepte hätte ebenso desavouierend gewirkt wie ein allzu radikaler Gestus. Vereinbarkeit mit der gegebenen Grundordnung blieb das oberste Gebot, dem sich auch die *perestrojka* terminologisch unterwarf (hätte man den «Umbau» doch ebenso gut «Reform» nennen können). *Glasnost'* signalisierte die Abkehr von undurchsichtiger Klüngelei und einen neuen Stil; zugleich strahlte der Begriff aufgrund seines unpolitischen Charakters aber auch das beruhigende Signal aus, daß die bestehende Verfassung nicht tangiert werde. Insofern verweist der (wenig bekannte) Umstand, daß *glasnost'* zu den Parolen des ‹Tauwetters› nach dem Tod Nikolajs I. 1856 gehörte, bei aller Distanz der Zeiten und Verhältnisse auf eine inhaltliche Gemeinsamkeit: Beide Male ging es um einen kontrollierten Wandel nach Maßgabe einer einsichtsvollen Obrigkeit, nicht um einen vollständigen Neuanfang.

Allerdings deutete schon die Tatsache des Übergangs zu einer neuen

Etappe der *perestrojka* auf einen wesentlichen Unterschied hin. Mit der *glasnost'* wurde nicht nur ein weiterer, sondern der erste entscheidende Schritt getan, der über bloße ökonomische Reformen hinausführte. Sie markierte das jenseitige Ufer des Rubikon, das den Weg zu einem anderen System eröffnete. Gorbačevs Vorstellungen endeten nicht mehr an der Grenze der bestehenden Ordnung; vielmehr ließ er diese bewußt hinter sich, um mit seiner grundlegenden Einsicht Ernst machen zu können: daß *wirtschaftliche* Leistung auf Dauer nicht ohne *politische* Bewegungsfreiheit zu sichern war. Damit aber rief er unvermeidlich den Widerstand derjenigen hervor, die zwar nicht mehr so weitermachen wollten wie unter Brežnev, aber an den Grundfesten der überkommenen Ordnung nicht zu rütteln wagten. Zum Sprecher dieser Orientierung wurde Ligačev, der als ZK-Sekretär für Ideologie- und Kaderfragen in der ungeschriebenen Parteihierarchie den zweiten Platz nach Gorbačev einnahm. Es war kein Zufall, daß sich die beiden Schützlinge Andropovs und einstigen Verbündeten in dieser zweiten Phase der *perestrojka* zerstritten und der Unterlegene, Ligačev, mit der faktischen Degradierung zum ZK-Sekretär für Landwirtschaft (seit Ende September 1988) den Platz räumen mußte. Durch die Ausrufung der *glasnost'* zeigte Gorbačev, daß er nicht nur lernfähig, sondern auch bereit war, den Sprung ins Ungewisse zu wagen. Dieser Mut ehrte ihn und festigte seine Glaubwürdigkeit im In- und Ausland nachhaltig. Zugleich schuf er sich vor allem dadurch Feinde. Wenn man einen Zeitpunkt angeben kann, an dem die – bis zur Gegenwart andauernde – Polarisierung der sowjetisch-russischen Gesellschaft und politischen Öffentlichkeit begann, so lag er näher bei den Anfängen der *glasnost'* als der *perestrojka* im Sinne der Gorbačev-Ära insgesamt.

Von der Notwendigkeit der *glasnost'* hatte Gorbačev schon seit seinem Amtsantritt gesprochen. Allerdings hatte er dabei allein die Tätigkeit von Partei und Staat im Blick. Deutlich weiter zog er die Grenzen des Begriffs schon, als er vor den Delegierten des 27. Parteitages betonte, Kommunisten bräuchten ‹unter allen Umständen die Wahrheit›. Auch wenn er sich dabei wie viele andere vor ihm auf Lenin berief, war der neue Akzent unüberhörbar: *Pravda* sollte ihren Wortsinn wiedergewinnen. Dennoch fand der Aufruf erst breite Resonanz, als ihn ein symbolischer Akt untermauerte: Im Dezember 1986 durfte Sacharov nach Moskau zurückkehren. Gorbačev ließ es sich nicht nehmen, den berühmtesten Dissidenten höchstpersönlich per Telephon (das zu diesem Zweck eigens installiert wurde) davon zu informieren. Der Generalsekretär selbst, so war diese Geste zu lesen, hob die von seinem langjährigen Amtsvorgänger verfügte Ausgrenzung der Opposition auf und lud sie ein, an der Erneuerung des Staates teilzunehmen. Wenig später, am 11. Februar 1987, hielt er schließlich jene Rede vor Journalisten und Wissenschaftlern, in der die bald geflügelten Worte fielen, daß es an der Zeit sei, die «weißen Flecken» in der sowjetischen Geschichte zu beseitigen.

Die Medien reagierten sofort. In kürzester Zeit entstand eine Meinungsvielfalt, die man nicht nur in der westlichen Welt für unmöglich gehalten hatte. Nicht länger bestimmte die Partei, worüber Zeitungen, Radio und Fernsehen berichten durften. *Glasnost'* befreite die publizistische und sonstige Öffentlichkeit von der zentnerschweren Bürde des obrigkeitlichen Ideologiemonopols, das zu den konstitutiven Prinzipien nicht erst des Stalinschen, sondern schon des Leninschen Staates gehört hatte. Aus dieser ursprünglichen Symbiose von bolschewistischem Regime und geistig-weltanschaulichem Herrschaftsanspruch ist der ungeheure Eindruck zu erklären, den der Verzicht auf die staatliche Kontrolle über die Massenkommunikation hervorrief. Die Partei gab in ihrer Gestalt das erste wirklich wichtige Machtmittel aus der Hand. Dabei darf man die Lebhaftigkeit des Echos als Zeichen des Umstandes werten, daß die Zeit dafür reif war: Die Intelligenz wartete auf Gedankenfreiheit. Insofern gelang Gorbačev abermals ein geschickter Schachzug, der ihm die Unterstützung der Meinungselite sicherte und seiner Reform eine neue, nun weit über die Wirtschaft hinausgehende Dynamik verlieh.

So unbestimmt wie der Begriff war der Inhalt der neuen Politik. Dies hatte sicher auch damit zu tun, daß *glasnost'* in praktischer Hinsicht eher einen Verzicht auf bisherige Usancen, in diesem Sinne ein ‹negatives› Prinzip formulierte als ‹positive› Inhalte für eine konkrete Politik. *Glasnost'* wurde zu dem, was die Angesprochenen aus ihr *machten*. Gerade sie war ein Prozeß – mit allen Unwägbarkeiten, die sich aus dem offenen Ende ergaben. Die erste, politisch sicher bedeutendste Auswirkung bestand in der Entfaltung einer bemerkenswerten Meinungsfreiheit. Alte Zeitungen änderten ihren Charakter bis zur Unkenntlichkeit. Das galt sowohl für die *Pravda*, die als Parteiorgan den Direktiven der neuen ‹Chefideologen› im ZK-Sekretariat Jakovlev und Medvedev unterworfen wurde, als auch für die *Izvestija* (Nachrichten), die als Mitteilungsblatt des Obersten Sowjet – dies ihre Entstehung und andauernde Affiliation – zum Forum unterschiedlicher Anschauungen und Interessen wurde, oder die Zeitschrift *Ogonek* (Feuerchen), der die Palme besonderer Aufmüpfigkeit gebührte. Eine so unbedeutende Lokalzeitung wie die *Moskovskie Novosti* (Moskauer Nachrichten) wurde nachgerade neu geboren und verwandelte sich in die Verkörperung der *glasnost'*, die in ihrer Unabhängigkeit und kritischen Distanz auch gegenüber der ‹Bedingung ihrer eigenen Möglichkeit›, der *perestrojka*, dem Ideal der alleinigen Verpflichtung auf Wahrheit, Redlichkeit und Niveau besonders nahe kam. Daneben schossen neue Zeitungen und Zeitschriften wie Pilze aus dem Boden, darunter Sprachrohre der entstehenden privatwirtschaftlichen Elite ebenso wie allgemeinorientierte, unter denen *Argumenty i fakty* (Argumente und Fakten) mit einer Auflage von 33 Mio. Anfang 1990 besonders weite Verbreitung fand. Ohne neues Pressegesetz (das erst im Juni 1990 verabschiedet wurde) und die förmliche Aufhebung der Zensur eroberte sich die Presse den Freiraum, den sie für nötig hielt. Plötzlich ‹gab› es wieder Erscheinungen, von denen jahrzehntelang nicht die Rede sein durfte – Unfälle, Kriminalität, Probleme und unterschiedliche Standpunkte. Die Sowjetunion wurde zu einem normalen Land, wenn auch zu einem solchen mit besonders vielen Mißständen und einem enormen, manche Anhänger des Alten überfordernden Nachholbedarf an Aufklärung.

Im Grundsatz ähnliches ereignete sich in Rundfunk und Fernsehen. Hier ließ sich das Novum gleichsam *in nuce* auch am Vordringen einer bestimmten Sendungsart ablesen: Direktübertragungen von Diskussionen oder ansonsten nicht planbaren Veranstaltungen – einschließlich von Konferenzschaltungen etwa in die Vereinigten Staaten – hielten Einzug ins Programm. Allerdings nahmen die Reformer diese Medien zugleich schärfer ins Visier. Funk und Fernsehen wirkten breiter als die gleichsam durch den Zwang zur Lektüre ‹gefilterten› Druckerzeugnisse. Insofern trat die prinzipielle Ambivalenz der *perestrojka* als Reform von oben in diesem Bereich deutlicher zutage. Denn die neue Transparenz diente fraglos auch der Eigenwerbung. Sie war kein Selbstzweck und sollte nicht aus dem Ruder laufen. Freiheit und Instrumentalisierung ließen sich aber nicht dauerhaft vereinbaren. Autonom wie im Ideal war die neue Öffentlichkeit noch lange nicht; dazu fehlte ein entsprechendes politisches und sozioökonomisches Umfeld.[10]

Für die Intelligenz, aber vielleicht nicht nur für sie, dürfte eine weitere Folge der *glasnost'* von gleichrangiger Bedeutung gewesen sein. Die neuen Möglichkeiten der Meinungsäußerung und Recherche galten nicht zuletzt ‹rückwirkend› mit Blick auf die Geschichte. Gorbačev hatte ausdrücklich dazu aufgerufen, auch die Wahrheit der Vergangenheit aufzuspüren. Zwar hielt er sich selbst dabei noch auffallend zurück. Trotz neuer Nuancen wiederholte seine Rede zum siebzigsten Jahrestag des ‹Roten Oktober› Anfang November 1987 in den Passagen über die Stalinzeit alle wesentlichen Fälschungen des offiziösen Geschichtsbildes. Die Zwangskollektivierung blieb in gleicher Weise eine notwendige Etappe auf dem Weg zur sozialistischen Gesellschaft wie die Brachialindustrialisierung, und beide wurden immer noch durch den Sieg über den deutschen Aggressor gerechtfertigt. Solche Konformität hinderte den Generalsekretär aber nicht daran, die Diskussion über diese schicksalhafte Zeit freizugeben. Was nun, zunächst aus Schubladen, später mehr und mehr aus freigegebenen Akten, ans Licht der Öffentlichkeit kam, war für sowjetische Leser nichts weniger als eine Sensation. Der Stalinsche Terror durfte erstmals so genannt werden, Lager und Zwangsarbeit wurden beschrieben, wie das bis dahin nur in der Untergrundliteratur geschehen war, Berechnungen über Opferzahlen, die Schwindel erregten, waren schwarz auf weiß nachzulesen, die Notwendigkeit der Zwangskollektivierung wurde in Frage gestellt und mit ihr jene entscheidende Weichenstellung im parteiinternen Kampf gegen die sog. rechte Opposition, die Stalins Aufstieg vollendet hatte.

2. Hauptphasen der perestrojka

Auch partei- und regierungsoffiziell konnte man sich bei aller Rücksichtnahme auf Anhänger der alten Ordnung der Notwendigkeit nicht entziehen, besonders schlimme Geschichtsklitterungen zu korrigieren. Sie fanden vor allem in der Rehabilitierung zahlreicher Opfer Stalins ihren Niederschlag. So erhielten Gesichter, die auf bekannten Gruppenphotos aus der sowjetischen Frühzeit zu weißen Masken retuschiert worden waren, wieder konkrete Züge und einen Namen. Programmatischen Charakter besaß dabei die Wiederaufnahme Bucharins in den Schoß der Partei (am 2. Februar 1988), der als Leninanhänger, Stalingegner und Befürworter der NĖP zum unerklärten Helden der *perestrojka* geworden war. Aber auch Rykov, Tomskij und Kamenev wurden aus ihrer unfreiwilligen Anonymität befreit. Von den bedeutenden Revolutionären der frühen Jahre mußte allein Trotzki länger warten. Er stellte auch die *perestrojka* vor besonders schwierige Probleme: Zwar wollte man ihn strafrechtlich ohne weiteres freisprechen, aber die «permanente Revolution» paßte ebenso wenig zu Gorbačevs Versöhnungskurs wie die «ursprüngliche sozialistische Akkumulation» zu seiner Wirtschaftspolitik. So bezeichnet die Tätigkeit der Rehabilitierungskommission unter Jakovlevs Leitung den Grundcharakter der *glasnost'* recht genau: Bis zum August 1988 wurden 636 Opfer Stalins – darunter auch solche außerhalb des ‹Großen Terrors› – von allen Vorwürfen gereinigt, aber an die Fundamente der bestehenden Ordnung rührte man dabei nicht. So wie hochrangige Parteipolitiker noch an der Rechtmäßigkeit der Annexion der baltischen Republiken im Gefolge des Hitler-Stalin-Paktes festhielten (um diese nicht freigeben zu müssen), so blieb die Notwendigkeit des ‹Aufbaus des Sozialismus› offiziell sakrosankt. Der Stalinismus war für Kritik freigegeben, nicht die Sowjetunion.[11]

Literatur, Film und die anderen schönen Künste wurden von der neuen Freiheit nicht ausgenommen. Im Gegenteil, ihre Schöpfer entsprachen der Erwartung, *qua* Profession die lange (wenn auch nicht von allen) geforderten Chancen noch entschiedener zu nutzen als weniger auf Kreativität und Originalität angewiesene Intellektuelle. Verbotene Autoren wurden wieder gedruckt, darunter neben Pasternak und einer ganzen Plejade frühsowjetischer Schriftsteller auch Emigranten wie V. V. Nabokov und ausländische Autoren generell (Orwells *1984*). Neue Romane erschienen, die vor allem die Stalinzeit künstlerisch zu gestalten suchten (A. Rybakov, *Kinder des Arbat*). Filme konnten gezeigt werden, die dasselbe, alles beherrschende Thema nicht weniger wirkungsvoll darstellten (T. E. Abuladze, *Die Reue*) und ihren Teil zur Bewältigung einer Vergangenheit beitrugen, die schon deshalb nicht vergehen konnte, weil die Sowjetordnung als solche mit ihr unauflöslich verwoben war. Nicht zuletzt die personelle Erneuerung der entsprechenden Verbandsvorstände machte deutlich, daß auch in der Kunst eine neue Ära begann. Überzeugte Vorkämpfer geistiger Freiheit lösten die alten Funktionäre ab. Freilich brauchte dieser Wandel seine Zeit. Noch im Herbst

1988 verhinderte eine Weisung des ZK (von Medvedev) die geplante Veröffentlichung der schonungslosesten Aufdeckung stalinistischer Greuel, von Solženicyns *Gulag Archipelago*. Erst im folgenden Jahr wurde auch diese letzte Grenze überschritten.[12]

Obwohl die neue Öffentlichkeit und Meinungsvielfalt als charakteristisches Merkmal der zweiten Phase der *perestrojka* gelten können, ließ Gorbačev die *Wirtschaft* nicht aus dem Blick. Sie hatte am Anfang der Reform gestanden und behielt weiterhin ihre grundlegende Bedeutung. Dabei mag offenbleiben, ob sich der Generalsekretär dieser Tatsache stets voll bewußt blieb. Sicher lag die Versuchung nahe, auf anderen Feldern schnellere Erfolge zu suchen. Von vornherein stand fest, daß es nicht nur eines längeren Atems bedurfte, sondern auch besonders hartnäckiger Widerstand zu überwinden war, um Produktion und Arbeitseffizienz zu steigern. Hier, bei der Suche nach neuen, wirksamen Rezepten zur Heilung des schleichenden Krebsleidens des ‹entfalteten Sozialismus› stand zuerst – *vor* allen Gedanken an eine Beschneidung des Parteimonopols – eine schmerzhafte Entscheidung bevor: in welchem Maße *Privateigentum* zugelassen werden sollte. Sie war besonders schwierig und heikel, weil ihr prinzipielle Bedeutung zukam. Mit dem Verzicht des Staates auf den Besitz *aller* Produktionsmittel brach der hauptsächliche Stützpfeiler der stalinistischen Wirtschafts- und Sozialordnung zusammen, von der das Herrschaftssystem kaum zu trennen war. Wer privates Unternehmertum wieder tolerieren wollte, ging endgültig vor die große Wende von 1929 zurück. Viele altgediente Partei- und Staatsfunktionäre mochten darüber hinaus fürchten, daß auch die Leninsche Ordnung nicht unberührt bleiben würde. Für sie lag es nahe, schon den Anfängen zu wehren. Die quälende und letztlich vergebliche Debatte über diese Frage hat vor allem darin ihre Wurzel.

Schon solche Implikationen mochten für Gorbačev Anlaß zur Vorsicht sein. Seine wirtschaftspolitischen Maßnahmen in der zweiten Phase der *perestrojka* galten vor allem zwei Zielen: der Aufstellung des nächsten (12.) Fünfjahresplanes für die Jahre 1986–90 und ersten grundsätzlichen Veränderungen. Natürlich sollte auch die Fortschreibung hergebrachter Verfahren und Methoden neue Akzente setzten. Dabei hatte sich die Ausgangslage nicht verbessert. Trotz einer gewissen Erholung in den Jahren 1983/84 dauerte der langfristige Wachstumsschwund weiter an. Andropovs Disziplinkampagne verhinderte nicht, daß der jährliche Zuwachs mit 2,5–3,0 % (nach sowjetischen Kriterien) deutlich hinter der Zielmarke des 11., noch von Brežnev auf den Weg gebrachten Fünfjahresplans zurückblieb. Gorbačev wollte und mußte dies um den Preis seiner Glaubwürdigkeit ändern. Daraus dürfte die mehrfache Intervention zu erklären sein, die er trotz des Umstandes für nötig hielt, daß der neue Fünfjahresplan Teil langfristiger, bis zum Jahre 2000 reichender Überlegungen war. Er setzte die Anhebung der Eckwerte und die Beschleunigung des vorgesehenen Wachstums durch. Damit zerstörte er aber auch die ungefähre Balance zwischen den einzelnen Sektoren, von der die Erfüllbarkeit eines jeden Planes in erster Linie abhing. Dies war um so eher der Fall, als der Generalsekretär gemäß dem Rezept seiner wichtigsten Wirtschaftsberater jener Jahre auf eine deutliche Steigerung der Investitionen als Grundlage höherer Produktion und besserer Versorgung der Bevölkerung in den kommenden Jahren drängte. Was A. G. Aganbegjan und andere Experten – vornehmlich aus dem Umkreis der sibirischen Abteilung der sowjetischen Akademie der Wissenschaften in Novosibirsk, die zu einer Art ‹Denkfabrik› der frühen *perestrojka* wurde – vorschlugen, leuchtete sicher unmittelbar ein, trug aber kurzfristig nur zur Verschärfung des Hauptproblems bei: Die ohnehin zu geringen Finanzmittel konnten nur *einmal* verwendet werden, *entweder* für die dringend notwendige technologische Erneuerung der Produktionsanlagen *oder* für mehr Konsumgüter und höhere Löhne. Angesichts dessen bemühte sich Gorbačev, fast möchte man sagen: seiner Natur und vor allem seiner politischen Taktik gemäß, um einen Kompromiß. Er wiederholte, was schon viele Generalsekretäre vor ihm versprochen hatten, daß der Konsum nicht zu kurz kommen sollte, hörte aber auch auf den Rat der Fachleute. Im Ergebnis blieb der Realitätssinn dennoch weitgehend auf der Strecke. Ein Jahreswachstum der Industrieproduktion um 4,1 % war im Durchschnitt sicher ebensowenig zu erreichen wie eine Steigerung der Arbeitsproduktivität um 4,4 % und – angesichts der besonders desolaten Voraussetzungen – der landwirtschaftlichen Bruttoerzeugung um 2,8 % (jeweils pro Jahr).[13]

Da half auch die Entlastung nicht, die Gorbačevs «neues Denken» in der Außenpolitik brachte. Idealistisch begründet und mit griffigen Metaphern (wie der Rede vom ‹gemeinsamen europäischen Haus›) propagiert, diente sie zugleich einem handfesten, inneren Zweck. Vermutlich ging beides Hand in Hand: Der Generalsekretär wollte die Welt sicherer machen und aufrichtig zum Ende des neuen Kalten Krieges beitragen, der mit dem faktischen Scheitern von SALT II ausgebrochen war. Auf der anderen Seite aber sprachen «das rückläufige Wirtschaftswachstum, der technologische Abstand zu den entwickelten Industriestaaten» und «die niedrige Lebensqualität der Menschen» in der Sowjetunion in der Tat «für sich». Angesichts des Umstandes, daß die Militärausgaben nicht 16%, sondern 40% des Staatshaushaltes verschlangen, wie die neue Mannschaft mit Entsetzen feststellte, war der ‹Umbau› ohne außenpolitische Flankierung undenkbar. Nicht zuletzt damit dürfte die Eile zu erklären sein, mit der Gorbačev noch im Herbst 1985 bei seinem ersten Gipfeltreffen mit Reagan in Genf zu Werke ging. Und auch die schwierige Begegnung von Reykjavik ein Jahr später, die trotz der Uneinigkeit über SDI zum «Durchbruch» wurde, kam auf seine Initiative zustande. Der äußere Erfolg ließ nicht auf sich warten: Bei Gorbačevs erstem Besuch in den Vereinigten Staaten im Dezember 1987 konnte in der Tat ein Vertrag unterzeichnet werden, der erstmals eine ganze Waffengattung

– die SS-20-Raketen auf sowjetischer Seite und die Pershing-Raketen und Marschflugkörper auf amerikanischer – beseitigte (INF-Vertrag). Die Sowjetunion rüstete ab und begann mit der Konversion ihrer Produktionsstätten für dringend benötigte zivile Güter. Auf diese Weise hatte die Welt der *perestrojka* für die Überwindung der Konfrontation zwischen den Supermächten und den Militärblöcken zu danken. Auch die Zustimmung der Sowjetunion zur deutschen Wiedervereinigung sowie vor allem zum Verbleib des gesamtdeutschen Staates in der NATO war ohne sie und die Annäherung in zahlreichen west-östlichen Gipfelgesprächen nicht denkbar. Aber eines blieb aus: spürbarer Nutzen der Entspannung für die innere Lage und vor allem die wirtschaftliche Entwicklung im Lande selbst. So gesehen erfüllte sich ein, wenn nicht *der* ‹Urgedanke› der außenpolitischen *perestrojka* nicht.[14]

Um so eher mußte Gorbačev erste Schritte auf dem dornigen Weg eines Umbaus der Wirtschaftsstruktur wagen. Ihr gemeinsames Merkmal läßt sich in einer Absicht zusammenfassen: wieder Elemente eines *Marktes* zuzulassen, um die *Konkurrenz* als Triebkraft für Leistung zu nutzen. Damit avancierte, ob ausgesprochen oder nicht, eben jener Mechanismus zum Heilmittel, in dem Marx und die Gründerväter der Sowjetunion die Krankheit geortet hatten. Selbstbehauptungszwang und teilweise privater Eigennutz traten an die Stelle des bis dahin geheiligten Kollektivprinzips, das auf dem Weg der ‹mehrfachen Substitution› (der Masse durch die Partei und der Partei durch deren Führung) zur Oligarchie verkommen und an der Teilnahmslosigkeit der ihm Unterworfenen gescheitert war. Freilich ging Gorbačev gerade in dieser Hinsicht vorsichtig zu Werke. Er hielt es für überlebensnotwendig, die Reform auf diejenigen Maßnahmen zu beschränken, die mit den Leninschen Grundsätzen vereinbar waren oder dafür ausgegeben werden konnten. Nicht zufällig stammten beide, von ihm im wesentlichen beschrittene Wege aus dem Repertoir der NĖP. Zum einen führte er die «wirtschaftliche Rechnungsführung» *(chozrasčet)* wieder ein. Staatsunternehmen sollten aus der unmittelbaren Abhängigkeit von den Ministerien und zentralen Planungsinstanzen entlassen werden. Ihnen wurden nicht länger bestimmte Rohstoffmengen zugewiesen und Produktionsziele samt Verkaufspreisen vorgegeben. Vielmehr sollten sie sich durch Verhandlungen mit den Lieferanten beschaffen, was sie brauchten, und die Preise nach eigener Kalkulation festlegen. Alleiniger ‹Käufer› blieb natürlich der Staat, überwiegend in Gestalt anderer Unternehmen. Immerhin aber sollten die ‹Anbieter› große Teile des Gewinns nach ihren Vorstellungen verwenden dürfen. Bei Verlusten durften sie die Löhne reduzieren und schlimmstenfalls sogar Arbeiter entlassen. Als Herzstück dieses Programms transferierte ein «Gesetz über die Staatsunternehmen» vom Juni 1987 60% derselben zum Beginn des nächsten Jahres in den neuen Status; der Rest sollte Anfang 1989 folgen. Theoretisch mochte dies ein wichtiger Schritt auf dem Wege zur angestrebten ‹sozialistischen Marktwirtschaft› als Verbindung von Staatseigentum und Konkurrenz sein. Faktisch hingen die Betriebe aber weiterhin am finanziellen Tropf des Staates und an seinen Aufträgen. Überdies waren viele Betriebe bankrott, durften aber aus sozialen und politischen Gründen nicht schließen. Die «wirtschaftliche Rechnungsführung» war höchstens in der Lage, einige Symptome der Krankheit zu beseitigen, nicht aber die Ursachen.

Zum anderen griff Gorbačev auch darin auf die ökonomische Mischform der NĖP zurück, daß er private Kleinbetriebe zuließ. In Gestalt der sog. Kooperativen erblickte das kapitalistische Privatunternehmertum nach fast sechzig Jahren wieder das Licht der sowjetischen Welt. Allerdings mag man diese ersten Keime einer nichtsozialistischen und nichtstaatlichen Wirtschaft kaum mit einem solchen Adjektiv belegen. Allzu eng waren die Grenzen dessen gezogen, was das «Gesetz über individuelle Arbeitsaktivität» vom 19. November 1986 (mit Wirkung von 1. Mai 1987) erlaubte. Nur Familienmitglieder sollten «Kooperativen» gründen dürfen. Diese blieben auf das Angebot von Dienstleistungen (Restaurants, Friseure, Handwerker) sowie die Herstellung alltäglicher Konsumgüter (Bäcker u. a.) beschränkt und wurden überdies hoch besteuert. Erst ein neues Gesetz vom 26. Mai 1988 ging deutlich darüber hinaus. Es stellte kollektiv-private Unternehmen mit staatlichen gleich, erlaubte ihnen auch den Außenhandel und beseitigte Gewinn- und Kapitalobergrenzen. Wenn auch diese Initiative nicht den gewünschten Effekt hatte, so lag die Ursache weniger im Mangel an Resonanz. Vielmehr machten nicht nur Ausländer, sondern auch bemerkenswert zahlreiche Sowjetbürger von den neuen Möglichkeiten Gebrauch. Nur gründeten sie ganz überwiegend Handelsgesellschaften, Banken, Börsen und andere Einrichtungen, die Waren verteilten, aber nicht produzierten. Für den Aufbau oder die Übernahme von Industriebetrieben fehlte nicht nur das Geld, sondern auch eine angemessene Umgebung (Zulieferer, Märkte usw.). Angesichts dessen mochte solcher ‹Kooperativ-Kapitalismus› als Experiment und Vorschau auf die Zukunft dienen. Zur wirtschaftlichen Sanierung taugte er aber zumindest kurzfristig nicht. Auch die neue Qualitätskontrolle (*gospriemka*) beseitigte das Übel nur theoretisch. Praktisch bewirkte sie wenig, weil zu viele Schlupflöcher blieben. So spricht vieles für die weithin geteilte Meinung, daß Gorbačev kostbare Zeit vertat und wirtschaftlich nicht zuletzt am eigenen Zögern scheiterte. Er hob den Deckel gleichsam einen Spaltbreit an, wollte aber den bösen Geist auf keinen Fall aus dem Topf lassen. Als er größere Courage zeigte, war es zu spät.[15]

Was an der Wirtschaft zu beobachten war, galt für die Reformmaßnahmen dieser Jahre insgesamt. In seiner zweiten Phase näherte sich der ‹Umbau› zwar den Stützpfeilern des Gebäudes, ließ sie aber noch weitgehend intakt. Genau besehen, waren der *glasnost'* ganz ähnliche Grenzen gezogen wie der ökonomischen Sanierung. Wenngleich sie die Freiheit des Wortes in bemerkenswertem Maße wiederherstellte, blieb eines weitgehend tabu: Lenin und die Revolution von 1917. Dies konnte kaum anders sein, weil mit der Vergangenheit auch die Legitimation des Staates ins Kreuzfeuer der Kritik geriet. Je finsterer die Gestalt des terroristischen Diktators wurde, desto heller *mußte* Lenins Stern leuchten, wenn sich das Regime nicht selbst als historischen Irrtum bezeichnen wollte. Der Oktoberumsturz war die letzte Quelle, aus der nicht nur seine Gegenwart, sondern vor allem auch die anvisierte, bessere Zukunft zu rechtfertigen war. In der alten Ordnung groß geworden, wollte Gorbačev sie ändern, nicht abschaffen. Zu seinem Leidwesen verschaffte die neue Öffentlichkeit aber auch anderen, radikaleren Stimmen Gehör. Insofern brachte die *perestrojka* spätestens in dieser Phase ihre eigenen Gegner hervor. Neben Reformsozialisten traten marktwirtschaftliche Demokraten und autoritäre Nationalisten. Erstmals wurde eine Dynamik sichtbar, die Gorbačev nicht vorhergesehen hatte und nicht wollte. Ein Selbstlauf begann, der die seltene Möglichkeit einer Art historischer *Um*kehr eröffnete (selbstredend keiner *Rück*kehr, als habe es die Sowjetunion nie gegeben): Die Kinder begannen, ‹die Revolution zu fressen›.[16]

Um die Mitte des Jahres 1988 wurden Veränderungen auf den Weg gebracht, die es im Rückblick rechtfertigen, sie als Beginn einer *dritten*, bis zum Herbst 1990 dauernden *Phase* der *perestrojka* zu bezeichnen. Den Wendepunkt markierte dabei, wenn man ein konkretes Ereignis benennen will, die 19. Parteikonferenz Ende Juni. Schon die Notwendigkeit einer solchen Veranstaltung – mehr als eine Plenarsitzung des ZK, weniger als ein Parteitag – deutete auf die Absicht einschneidender Maßnahmen hin. Wie immer der Stellenwert der *glasnost'* in der Konzeption der *perestrojka* ausgesehen haben mag, sie sollte weder politische noch ökonomische Reformen ersetzen. Den vielen Ankündigungen mußten Taten folgen. Um die wachsende Kluft zwischen geistiger und politischer Liberalisierung zu schließen, bot sich im wesentlichen ein Weg an: die energische *Demokratisierung*. Dabei konnte den Vordenkern dieser Strategie nicht verborgen bleiben, welche Risiken ein Scheitern barg. *Innerhalb* der gegebenen Ordnung war in diesem Fall keine Rettung mehr zu erwarten.

Systemimmanent lag das aussichtsreichste Rezept auf der Hand. Auch in dieser Hinsicht sollte sich der Sowjetstaat zu seinen Anfängen zurückwenden. Es war bezeichnend, daß die Parole immer noch und wieder lautete: alle Macht den *Räten*. In diesem Sinne faßte die 19. Parteikonferenz zwecks «Vertiefung der *perestrojka*», «Reform des politischen Systems» und «weiterer Demokratisierung der Partei und Gesellschaft» zwei Leitbeschlüsse. Zum einen verordnete sie der eigenen Organisation eine Reform an Haupt und Gliedern, die vor allem auf dem Wege einer «Berichts- und Wahlkampagne» durchgeführt werden sollte. Zum anderen billigte sie die Schaffung einer neuen obersten gesetzgebenden Versammlung, die aus allgemeinen, im April 1989 abzuhaltenden Wahlen hervorgehen sollte. Einzelheiten des

Wahlmodus, der Zusammensetzung des neuen Gremiums und seiner Aufgaben sollte der Oberste Sowjet in Verbindung mit den dazu notwendigen Verfassungsänderungen festlegen. Beide Gremien dürften nicht geahnt haben, daß sie sich mit dieser Zustimmung selbst überflüssig machten. Sie hoben ein Organ aus der Taufe, das die bisherige höchste Körperschaft im Staate nicht nur ersetzen, sondern durch die tatsächliche Ausübung der Legislative auch das Machtmonopol der Partei in Frage stellen mußte.

Angesichts dessen verdient der Umstand größte Beachtung, daß es Gorbačev problemlos gelang, eine solche Neuerung durchzusetzen. Sicher nutzte er dabei seine ungeheuren Kompetenzen, die durch seine Wahl zum Vorsitzenden des Präsidiums des Obersten Sowjets anstelle des nunmehr aus allen Ämtern entlassenen Gromyko am 1. Oktober 1988 noch wuchsen. Aber es war alles andere als selbstverständlich (wie nicht zuletzt die Zukunft zeigen sollte), daß die Fügsamkeit sowohl die Bindung an die alte, jahrzehntelang als Vollendung aller historischen Verfassungsformen gepriesene Ordnung überwog als auch das Eigeninteresse. Hinzu kam, daß aufmerksamen Genossen nicht entging, was Gorbačev auf Empfehlung seiner engsten Berater mit dieser Weichenstellung *auch* vorbereitete: die Verlagerung seiner Macht von der Partei auf den Staat. Der Generalsekretär wollte zum Präsidenten neuer Art werden, weil sich die Partei zum einen als größter Bremsklotz der *perestrojka* erwies und weil sie zum anderen in der gegebenen Gestalt als Inhaberin des Machtmonopols in keiner wirklich demokratischen, auf Gewaltenteilung beruhenden politischen Verfassung Platz finden konnte.[17]

Als institutioneller Ausdruck einer Reform von oben war der *Volksdeputiertenkongreß*, wie er mit basisdemokratischem Beiklang (und Anspielung auf die Oktoberrevolution) genannt wurde, notwendigerweise ein Organ des Übergangs. Dies kam zum einen im Wahlmodus zum Ausdruck. Von 2250 Mitgliedern sollten nur 1500 durch den Urnengang der Bevölkerung bestimmt werden. Das restliche Drittel erhielt aufgrund bloßer Nominierung durch «gesellschaftliche Organisationen» Sitz und Stimme. Es verstand sich von selbst, daß letztere als Einrichtungen des alten Staates ganz überwiegend von Parteimitgliedern beherrscht wurden. Insofern führten die Kontingente, die nach Maßgabe ihrer Größe und Bedeutung an die Berechtigten vergeben wurden, in die Irre. Von einigen Deputierten der Akademie der Wissenschaften abgesehen, die nach langem Widerstand schließlich auch Sacharov benannte, dürften alle 750 Angehörigen dieses Drittels im Besitz eines Parteibuchs gewesen sein. Aber auch die Legitimation der beiden gewählten Drittel ließ zu wünschen übrig. Nicht von ungefähr monierten Kritiker, daß die Bestimmungen und die Praxis der Wahl geeignet waren, Irritationen hervorzurufen. Manche sahen in den Bedingungen für eine Kandidatur gezielte Versuche zum Ausschluß möglicher Dissidenten. Vor allem aber war eine Grundvoraussetzung jeder demokratischen Abstimmung in vielen Kreisen des riesigen Territoriums nicht gegeben: die Konkurrenz zwischen mehreren Bewerbern. Jeder zehnte Abgeordnete ging am 26. März 1989 – trotz des ersten weitgehend unbehinderten, offenen und vom Fernsehen zum Teil direkt übertragenen Wahlkampfs – nicht aus den erwünschten «alternativen Wahlen» hervor.[18]

Doch nicht nur die Zusammensetzung des Gremiums war als Konzession an die alte Ordnung und Indiz für seinen Kompromißcharakter zu verstehen. Ähnliches galt für seine Zweiteilung und schiere Größe. Denn auch der neue Kongreß war äußerlich ein Sowjet, der gemäß der alten Begründung aus der Revolutionszeit *unmittelbare* Demokratie durch möglichst viele ‹Laien-Deputierte› institutionalisieren sollte. Die Wirklichkeit überholte diese Reminiszenz allerdings bald. Faktisch wandelte sich der Volksdeputiertenkongreß zum ersten Repräsentativorgan der Sowjetunion, das seine Gesetzgebungs- und Kontrollfunktion auch tatsächlich ausübte. Naturgemäß fiel diese Aufgabe nicht der riesigen Plenarversammlung zu. Diese trat, wie alle Sowjetkongresse, nur kurzfristig, zweimal im Jahr für je zwei Wochen, zusammen, so daß sie zu wenig anderem in der Lage war, als vorgefertigte Resolutionen zu verabschieden. Gleich in seiner ersten Sitzungsperiode (25.5.–9.6. 1989) wählte der Kongreß als ständige Kommission einen Obersten Sowjet aus 542 Mitgliedern, die je zur Hälfte von den Unionsrepubliken und Autonomen Regionen gestellt bzw. in einer bestimmten Relation zur Einwohnerzahl von der Bevölkerung gewählt wurden. Auch dies war kein Novum, sondern entsprach sowohl in Gestalt der Einsetzung eines permanenten Gremiums als auch der Zweiteilung in eine Unions- und eine Nationalitätenkammer der alten Verfassung. Was dem neuen Obersten Sowjet dennoch eine *völlig neue Qualität* gab, waren seine Befugnisse und die Art ihrer Wahrnehmung. Zum Teil ergaben sich diese aus dem Zwang der Situation. So wie der Volksdeputiertenkongreß als Duplikat des alten Obersten Sowjets erschien, so wirkte der neue Oberste Sowjet wie eine bloße Dopplung des alten Präsidiums des Obersten Sowjets. Um beide Organe voneinander zu unterscheiden, bedurfte es einer unübersehbaren Verdeutlichung der vermehrten Zuständigkeit der neuen Einrichtung. Der Volksdeputiertenkongreß zögerte mit einer solchen Klärung nicht und verlieh sich selbst das exklusive Recht, alle vom alten Obersten Sowjet – der dafür gemäß der geltenden Verfassung weiterhin zuständig blieb – verabschiedeten Gesetze zu kontrollieren und zu verändern. Die Hauptarbeit fiel dabei 23 ständigen Ausschüssen zu, zu denen aus Gründen der Sachkompetenz auch solche Abgeordnete zugelassen wurden, die nicht in den Obersten Sowjet gewählt worden waren. Radikale Demokraten forderten daher, daß alle 2250 Deputierten ihrem neuen Amt ausschließlich nachgehen sollten. Allerdings setzten sie sich mit dieser Maximalforderung nicht durch. Es war sicher schon teuer genug, wenn der Kongreß am 26. Mai 1989 beschloß, daß die 542 Mitglieder des (neuen) Obersten Sowjet im Regelfall ihren alten Beruf aufgeben und sich mit ihrer gesamten Arbeitskraft dank einer entsprechenden staatlichen Vergütung der Deputiertentätigkeit widmen sollten. Damit verwandelte sich der neue Oberste Sowjet in ein *Parlament* von Berufspolitikern. Erst die *perestrojka* öffnete den Weg zu einem denkwürdigen Eingeständnis: daß die Uridee der Räte zumindest auf der höchsten Ebene nicht mehr taugte, weil die Aufgaben zu schwierig geworden waren, als daß man sie noch ehrenamtlich hätte wahrnehmen können. Im Sommer 1917 hatte Lenin (in «Staat und Revolution») prototypisch jede «Köchin» an der Staatslenkung beteiligen wollen; 1989 meinte der Volksdeputiertenkongreß, daß die Köchin ihre Funktion als Abgeordnete zum Beruf erheben und aufhören müsse, Köchin zu sein. Klarer konnte man den Rätestaat politisch kaum *ad acta* legen.

Volksdeputiertenkongreß und Oberster Sowjet haben in den gut zwei Jahren ihrer Existenz wenig spektakuläre Entscheidungen getroffen, aber ungemein viel bewegt. Die Veranstaltung veränderte den politischen Prozeß durch ihre bloße Existenz von Grund auf. Unter prinzipiellen Gesichtspunkten, die auch der potentiellen Funktion der Körperschaft Rechnung tragen, braucht man das Adjektiv «revolutionär» nicht zu scheuen. Die wichtigsten Aspekte dieses Gesamteffekts seien herausgegriffen. Ungeheuer mußte der Eindruck sein, den die Live-Übertragung aller Debatten im Fernsehen auf die Bevölkerung machte. Diese völlig neue Offenheit in einem Lande beinahe immerwährender Zensur setzte sich nach dem sensationellen Wahlkampf vom März fort. Ende Mai konnten die sowjetischen Fernsehzuschauer zum ersten Male Sacharov frei sprechen und argumentieren hören. Sie erlebten, wie der KGB attackiert wurde oder wie El'cin (der im übrigen bei den Wahlen zum Obersten Sowjet durchfiel und erst durch den Verzicht eines anderen nachrücken konnte) mit polternder Heftigkeit die Privilegien der *nomenklatura* geißelte und eine grundlegende Demokratisierung des öffentlich-politischen Lebens samt des Übergangs zur Marktwirtschaft forderte. Diese Reden und Auftritte mit herber Kritik nicht nur am vergangenen Sozialismus, sondern auch an der *perestrojka* waren nur möglich dank einer weiteren neuen Errungenschaft: der *Immunität*. Wie westliche Parlamentarier genossen die Mitglieder des Volksdeputiertenkongresses und des Obersten Sowjets den besonderen Schutz der Straf- und Verfolgungsfreiheit für ihre Äußerungen, wenn er nicht durch einen gesonderten Beschluß aufgehoben wurde. Bewahrt blieb bei alledem nur *ein* Merkmal des Rätegedankens – die Mandatsgebundenheit. Die Abgeordneten sollten Aufträge ihrer Wähler erfüllen, *nicht* allein, wie es zu den Grundsätzen des westlichen Parlamentarismus gehört, ihrem Gewissen und eigener Einsicht folgen. Freilich spricht manches dafür, daß die Kluft zwischen Theorie und Praxis beim imperativen Mandat der unorganisierten Volksdeputierten noch größer war als in umgekehrter Form bei der freien Entscheidung westlicher Parlamentarier angesichts von Parteizugehörigkeit und Fraktionsdisziplin.[19]

Denn dies war eine zweite, nicht minder bedeutsame Wirkung des Kongresses, daß er die Verpflichtung der Deputierten gegenüber der KPdSU weiter reduzierte und eine organisatorische Differenzierung der politischen Meinungen förderte, die als *Genese einer Parteienlandschaft* bezeichnet zu werden verdient. Dem Buchstaben nach ganz überwiegend Kommunisten, hatten sich viele längst aus dem Prokrustesbett der alles beherrschenden Organisation befreit. Zwar entstand spätestens seit Beginn der *glasnost'* – wenn man nicht schon die Dissidentenzirkel einschließen möchte – ein dichtes Netz «informeller» Gruppen (Ende 1987 ca. 30 000) politisch Gleichgesinnter *(neformaly)*. Darüber hinaus hatten sich einzelne neue Parteien wie der «Demokratische Bund» im Mai 1988 gebildet. Aber erst im Wahlkampf und den Debatten des Kongresses ‹aggregierten› sich verwandte Orientierungen zu festeren Zusammenschlüssen. Es bedurfte der katalytischen Funktion von Abstimmungen und Koalitionen, um diesen nächsten Schritt anzustoßen. Führende Oppositionelle um El'cin, Sacharov und den Ökonomen G. Ch. Popov (bald Moskauer Oberbürgermeister) nutzten sie bereits zu Beginn der ersten Sitzungsperiode im Mai 1989, als sie etwa 400 der 2250 Delegierten zu einer «Interregionalen Gruppe» mit dem gemeinsamen Anliegen zusammenführten, durchgreifende demokratische Reformen voranzutreiben. Als Antwort darauf schlossen sich die Befürworter einer nationalkonservativen und antiwestlichen Politik (die im Grunde auch den demokratischen Pluralismus ablehnten, dem sie ihre Handlungsfreiheit verdankten) im Oktober 1989 zur «Russischen Volksfront» zusammen. Neben der Kommunistischen Partei hatten sich damit im groben die Lager herausgebildet, aus denen in den folgenden Jahren auf gesamtstaatlicher Ebene eine Vielzahl – Anfang 1990 gut zwanzig, Ende 1991 über 300 – zumeist kleinerer Parteien mit den verschiedensten Schattierungen der Grundorientierung hervorgehen sollten. Allerdings kam im Maße des Zerfalls der Sowjetunion eine weitere und entscheidende Achse hinzu: regionale Nationalbewegungen, die ihre temporäre Einheit im wesentlichen durch eine gemeinsame ‹äußere› Forderung erreichten – die Trennung vom letzten Vielvölkerreich der zivilisierten Welt. Bei alledem kam das Parteiensystem über erste Anfänge nicht hinaus. Gerade seine Zersplitterung spiegelte das hauptsächliche Defizit, das über den Untergang des Gesamtstaates hinaus erhalten blieb: das Fehlen eines sozialen Fundaments, das annähernd klare und abgrenzbare Interessen hätte hervorbringen und bloße Meinungsgruppen in größere, solide Organisationen überführen können.[20]

Allerdings reichte schon der rudimentäre politische Pluralismus aus, um das Monopol der KPdSU ins Wanken zu bringen. In diesem Resultat des Versuchs, das «lebendige Schöpfertum» des Volkes zu wecken, trat für die Anhänger der alten Ordnung wohl am schmerzlichsten zutage, daß eine neue Zeit angebrochen war. Aber auch aus neutraler Perspektive verdient die formelle Beseitigung der kommunistischen Alleinherrschaft besondere

Beachtung. Sie beendete, was mit den Verboten anderer Parteien bald nach dem Oktoberumsturz begonnen hatte, und brach den zentralen Eckpfeiler aus der Gesamtordnung heraus. So gut wie alle nichtsympathisierenden Interpretationen des Sowjetregimes, totalitaristische ebenso wie revisionistische, stimmen darin überein, daß der kommunistische Exklusivanspruch auf die Organisation des politischen Willens und die kontrollierende Lenkung *aller* öffentlichen und kollektiven Lebensäußerungen der Menschen als elementares Bauprinzip des gesamten von ihm repräsentierten Herrschafts- und Gesellschaftstypus zu gelten hat. Wenn dem so war, ergibt sich die Bedeutung der Zulassung des politischen Pluralismus von selbst. Gorbačev dürfte dies bewußt gewesen sein; ungewöhnlich starr beharrte er aber auf dem Alten und geriet zunehmend in die Position desjenigen, der die Geister nicht mehr bändigen konnte, die er selbst gerufen hatte. Mehrfach bezeichnete er Forderungen nach Aufhebung des Parteimonopols als Unsinn und verurteilte sie (wie auf einer Plenarversammlung des ZK im Januar 1989) noch, als er den Führungsanspruch der KPdSU schon nicht mehr für gottgegeben erklärte. Der Widerspruch wird verständlich, wenn man taktische Überlegungen in Rechnung stellt, aber auch von einem nicht einfachen Lernprozeß des Generalsekretärs selber ausgeht: In der Partei aufgewachsen, hatte er das Land *mit ihrer Hilfe* reformieren wollen. Deren Widerstand enttäuschte ihn, so daß er ihr die belebende Konkurrenz alternativer Wahlen zum Volksdeputiertenkongreß verschrieb. Diese erste freie Abstimmung seit November 1917 brachte indes nicht nur den verstockten fortgesetzten Unwillen der Partei zum Vorschein, sondern auch ihre mangelnde Popularität bei der Bevölkerung. Als der Kongreß dem politischen Differenzierungsprozeß einen weiteren, nachhaltigen Schub gab, brachen die Dämme endgültig. Die Alleinherrschaft der KPdSU war nicht mehr zu retten. Bemerkenswerterweise gelang es Gorbačev aber noch Anfang Februar 1990, die Zustimmung des ZK für einen Akt zu gewinnen, der auf die eigene Marginalisierung hinauslief. Am 13. März strich der eilends zu seiner dritten, außerordentlichen Sitzung zusammengerufene Volksdeputiertenkongreß Artikel 6, der die alleinige Führungsrolle der KPdSU festschrieb, aus der (mit den übrigen Änderungen nach wie vor gültigen) Verfassung von 1977.

Diese späte, im Rückblick wird man sagen dürfen: allzu späte Konsequenz aus der Wandlungsresistenz der Monopolpartei brachte nicht zuletzt für Gorbačev tiefgreifende Veränderungen mit sich. Die wichtigste hatte schon bei der geistigen Geburt des Volksdeputiertenkongresses Pate gestanden: Der Generalsekretär brauchte eine neue Machtbasis. Als Vorsitzender *einer* Partei unter anderen verlor er alle Rechte über seine Organisation hinaus. Auch die geringen Befugnisse der Präsidentschaft des Obersten Sowjets alter und neuer Art reichten nicht aus. So bereiteten Gorbačev und seine Berater eine neue Position dieses Namens vor, die sich von den bestehenden einerseits durch die direkte und allgemeine Wahl seitens der Bevölkerung, andererseits durch umfassende Vollmachten nach französischem oder amerikanischem Vorbild unterscheiden sollte. Nur eine starke staatliche Exekutive, so lautete die dahinterstehende Einsicht, sei in der Lage, das Land zu neuen Ufern zu führen. Dasselbe ZK-Plenum, das die Abschaffung des Artikels 6 billigte, gab daher grünes Licht für die Einführung eines *neuen Präsidentenamtes*. Dessen Inhaber durfte nicht nur den Regierungschef und jeden einzelnen Minister ernennen, sondern konnte auch den Notstand verhängen und mittels präsidialer Dekrete regieren. Allerdings behielt der Kongreß formal in letzter Instanz die Oberhand. Notstand und Präsidialregiment bedurften seiner Zustimmung und sein Veto in allen Fragen war für den Präsidenten bindend. Gorbačev ließ sich auf diese Beschränkung ein. Dafür erreichte er im Gegenzug das Zugeständnis, daß ihm die Notwendigkeit einer unmittelbaren Legitimation durch die Bevölkerung erspart blieb. So wurde der erste «exekutive Präsident» der Sowjetunion ohne Gegenkandidaten *ausnahmsweise* am 14. März 1990 von derselben dritten, außerordentlichen Zusammenkunft der Volksdeputierten gewählt. Auch das Abstimmungsergebnis machte weder dem neuen Amt noch Gorbačev Ehre: Nur 59,2 % von 2245 Anwesenden gaben ihr Plazet. Formal rückte er dennoch zum mächtigsten Politiker des Landes seit Lenin auf. Auch die *perestrojka* erhielt eine neue Legitimation: Aus einer Parteiangelegenheit verwandelte sie sich in eine Veranstaltung des Staates.[21]

Nicht zuletzt diese Rochade wäre ohne weitere *personelle Umbesetzungen* kaum möglich gewesen. Bei aller Neigung zur Vision vergaß Gorbačev auch in der letzten Phase seiner Reform die machtpolitischen Lektionen seiner Lehrjahre nicht. Als die *perestrojka* in ihre erste Vertrauenskrise geriet, weil die ökonomischen Resultate immer deutlicher hinter der *glasnost'* zurückblieben, glaubte er die Zeit gekommen, um weitere Gegner auszuschalten. Mit dem Argument, daß nun konsequentes Handeln geboten sei, gelang es ihm, seinen ärgsten Widersacher Ligačev aus der Position eines Ideologiesekretärs in das Amt eines Landwirtschaftssekretärs fortzuloben. Die neue, schwierige Aufgabe, an der alle seine Vorgänger letztlich gescheitert waren, nahm dem ‹Beförderten› nicht nur den faktischen Rang eines zweiten Mannes in der Partei, sondern band seine Energie auch nahezu vollständig. Zugleich beschloß dieselbe außerordentliche Sitzung des ZK am 30. September 1988, Ligačevs verwaiste Position an Gorbačevs Vertrauten Medvedev zu übergeben, Jakovlev als ‹Vordenker› der Reform mit der Zuständigkeit für die Außenpolitik zu versehen und den KGB-Chef Čebrikov durch V. A. Krjučkov zu ersetzen. Als der Oberste Sowjet andertags auch Gromyko noch in den Ruhestand schickte, war dem Generalsekretär ein abermaliger Befreiungsschlag im Zentrum der Macht gelungen. Dazu trug die Fortsetzung des Elitentauschs auf regionaler und lokaler Ebene durch die Neuwahl der Parteikomitees Ende 1988 nicht unerheblich bei: 60 % der Ortssekretäre und 50 % der Gebiets-«Präfekten» traten ihre Ämter erstmals an.

2. Hauptphasen der perestrojka

Allerdings entzog sich das formal höchste Parteigremium, das ZK, weiterhin seiner Kontrolle. Auch wenn es dem Politbüro ‹gewohnheitsrechtlich› untergeben war, konnte die Mehrheit aus Würdenträgern der Brežnev-Ära, die sich auf dem 27. Parteitag 1986 behauptet hatte, der *perestrojka* zumindest passiven Widerstand entgegensetzen. Um auch diesen zu brechen, ersann Gorbačev ein ebenso ungewöhnliches wie raffiniertes Verfahren, das den Betroffenen als eine Art Staatsstreich erscheinen mußte: Er zwang alle Mitglieder, die das 65. Lebensjahr überschritten hatten, zum Ausscheiden. Aufgrund dieser neuen Vorschrift mußten 98 «tote Seelen» (davon 24 Kandidaten) das hohe Haus verlassen; zugleich verkleinerte sich dessen Gesamtzahl von 458 auf 360 Gesamt- bzw. von 301 auf 251 Vollmitglieder. Desgleichen trugen die erwähnten Ereignisse des folgenden Jahres dazu bei, Gorbačev personell freie Hand zu geben. Dabei änderten sich allerdings die Rahmenbedingungen durch die Einberufung des Volksdeputiertenkongresses als tatsächlicher Legislative fundamental. Der Wechsel in zentralen Ämtern verlor an Bedeutung, weil die Inhaber weniger Macht besaßen. Andererseits blieb es erheblich, daß Gorbačev mit dem Präsidentenamt neuer Art auch einen Präsidentenrat ins Leben rief, der ihm bei der Formulierung und Durchsetzung seiner Politik zur Seite stehen sollte. Diesem neuen Gremium gehörten *ex officio* der Vorsitzende des Obersten Sowjets, der Premier-, Außen- und Verteidigungsminister sowie die Vorsitzenden des KGB und *Gosplan* an, die alle von ihm ernannt wurden. Die übrigen zehn Mitglieder konnte er frei berufen. Faktisch entstand damit eine zweite, der ‹eigenen Kanzlei› der Zaren um die Mitte des 19. Jahrhunderts nicht unähnliche Regierung.

Aber auch in der Partei machte Gorbačev weiter reinen Tisch. Als Generalsekretär, der er noch war, sorgte er nicht nur für die Vorverlegung des turnusmäßig erst 1991 fälligen 28. Parteitages auf die erste Julihälfte 1990, sondern auch für eine weitere personelle Erneuerung seines höchsten Organs. Diese letzte ordentliche Zusammenkunft von Repräsentanten der KPdSU entsandte nicht weniger als 412 neue Vollmitglieder ins ZK, von denen ihm nur 14,1 % schon angehört und nur 15,5 % zuvor Ämter auf gesamtstaatlicher Ebene ausgeübt hatten. Allerdings kam die Roßkur zu spät. Als der neue, kurz zuvor zum Vorsitzenden des Obersten Sowjets der RSFSR (Rußland) gewählte national-demokratische Hoffnungsträger El'cin seinen Austritt aus der Partei erklärte und den großen Tagungssaal im Kreml' in einem demonstrativen Auszug verließ, mußte jedermann begreifen, daß die alte Partei aufgehört hatte zu bestehen. Vom Fernsehen in denkwürdigen Bildern übertragen, vollzog diese Geste sozusagen vor aller Welt die Tilgung des Artikels 6: Die KPdSU war nicht mehr der Staat und auch nicht Rußland – wo im Juni eine eigene, bis dahin anders als in den anderen Sowjetrepubliken nicht existente Kommunistische Partei gegründet worden war –, sondern im Prinzip nur *eine* politische Partei unter anderen, auch wenn diese erst im Entstehen begriffen waren.[22]

Dennoch waren es weder die gesamtpolitische Entwicklung noch die mangelnde Gefolgschaft der Partei, die der *perestrojka* zum Verhängnis wurden. Die Vorgänge, an denen Gorbačev letztlich scheiterte, zeichneten sich kaum zufällig dadurch aus, daß sie sich zumindest seiner kurzfristigen Einwirkung entzogen: Zum einen konnte er den *wirtschaftlichen Niedergang* nicht bremsen, zum anderen setzte die Agonie der gesamtstaatlichen Autorität in den Unionsrepubliken *national* oder einfach *regional orientierte sezessionistische Kräfte* frei, mit denen er nicht gerechnet hatte. Was dabei Ursache und Wirkung war, ist umstritten. Manches spricht dafür, daß die Alternative von falschen Voraussetzungen ausgeht und das Problem eines von «Henne und Ei» war.

In jedem Falle bezweifelt niemand, daß die Kernabsicht der *perestrojka* ins Leere ging: Die Produktionskurve der *Wirtschaft* zeigte weiter abwärts. Nach einer gewissen Erholung in den ersten Jahren, vor allem 1988, verstärkte sich die fallende Tendenz bis zum absoluten Rückgang. Im sechsten Jahr der Reformen, 1990, waren buchstäblich alle wichtigen Indikatoren negativ. Im ersten Quartal 1991 kam es noch schlimmer, so daß die ökonomische «Katastroika» auch ohne den Augustputsch bevorzustehen schien (vgl. Tab. 61). Auch wenn der Ausstoß an Konsumgütern noch stieg, führte die Abnahme der landwirtschaftlichen Erzeugung zu einer unaufhaltsamen Verschlechterung der Versorgung. Wo es bei niedriger Produktion durch Verteilungsprobleme schon länger zu Engpässen gekommen war, stellte sich nun permanenter Mangel ein. Vor allem außerhalb der nach wie vor privilegierten Hauptstädte fehlten die elementarsten Gebrauchs- und Verbrauchsgüter. Das Politbüro selbst gestand Ende 1989 ein, daß Schulbücher, Bleistifte, Batterien, Nadeln, Rasierklingen, Teekannen, Schuhe und anderes mehr aus den Regalen der staatlichen Einzelhandelsgeschäfte verschwunden seien. Doch hätte die Bevölkerung ohne diese Gegenstände wohl noch auskommen können. Die Wirklichkeit sah weit trostloser aus. In der Provinz gab es weder Fleisch noch Milch. Im Winter 1990/91 fürchtete man eine Hungersnot, die zu Hilfssendungen aus dem Ausland (nicht zuletzt aus Deutschland, das auf diese Weise seinen Dank für den Fall der Berliner Mauer bezeugen konnte) Anlaß gab. Laut offizieller Verlautbarung aus derselben Zeit fehlten 1000 von 1200 Gegenständen des statistischen Musterwarenkorbs. Die freigegebenen Spalten der Zeitungen füllten sich mit Klagen nach Art der Drohung einer Hausfrau aus der Moskauer Region, ihr schmutziges Bettzeug mangels Waschmittel an das zuständige Ministerium zu schicken. Der sowjetische Normalbürger mußte den Eindruck gewinnen, vom Regen in die Traufe geraten zu sein: Die *perestrojka* hatte die Misere deutlich verschärft, nicht behoben.[23]

Darüber hinaus zeitigte dieses schlimme und im Wortsinne fatale Versagen der Reform auch schwerwiegende soziale Folgen. Versorgungsprobleme vergrößerten die Armut. Wo die preiswerten Waren der staatlichen Läden

2. Hauptphasen der perestrojka

Tabelle 61: Daten zur Entwicklung der sowjetischen Wirtschaft 1985–1990
(jährliche Veränderung in %)

	1985	1986	1987	1988	1989	1990	1991*
Bevölkerung	1,1	1,0	0,9	0,8	0,7	0,3	–
Beschäftigte (Arbeiter und Angestellte)	0,8	0,6	0,1	–1,1	–1,5	–0,7	–
Bruttosozialprodukt	2,3	3,3	2,9	5,5	3,0	–2,0	–8,0
Nationaleinkommen, prod.	1,6	2,3	1,6	4,4	2,4	–4,0	–10,0
produzierendes Anlagevermögen	5,6	5,2	4,8	4,5	4,2	3,5	–
Inbetriebn. von Anlagevermögen	1,4	5,9	6,8	–1,4	2,5	–4,0	–34,0
Industrieproduktion	3,4	4,4	3,8	3,9	1,7	–1,2	–5,0
Gruppe A (Produktionsmittel)	3,5	5,0	3,7	3,4	0,6	–3,2	–
Gruppe B (Konsumgüter)	3,0	2,6	4,1	5,4	4,9	4,4	–
Agrarproduktion	0,2	5,3	–0,6	1,7	1,3	–2,3	–
Bruttoanlageinvestitionen	3,0	8,4	5,6	6,2	4,7	–6,7	–16,0
Arbeitsproduktivität der Gesamtwirtschaft	1,3	2,1	1,6	4,8	2,3	–1,0	–
Geldeinkünfte der Bevölkerung	3,7	3,6	3,9	9,2	13,1	11,0	24,0
Außenhandelsumsatz	–0,4	2,3	0,6	2,6	4,5	–6,9	–

* 1. Quartal
Quelle: Sowjetunion 1990/91, 136

fehlten, blieb nur der Ausweg, sie bei privaten Anbietern zu kaufen – oder trotz dringenden Bedarfs auf sie zu verzichten. In «Kiosken», auf Kolchosmärkten und an improvisierten Ständen vor den Metro-Eingängen gab es fast alles, aber zu Preisen, die sich mehr und mehr Menschen nicht mehr leisten konnten. Der Produktionseinbruch bei allmählicher, allzu zaghafter Privatisierung von Dienstleistungsbetrieben und Kleingewerbe drängte ganze Schichten der Bevölkerung, vor allem Rentner, Arbeitsunfähige und kleine Staatsangestellte, an den Rand des Elends. Ihre ohnehin knapp bemessenen Einkommen blieben hinter der allgemeinen Inflation und erst recht hinter den privaten Preisen zurück. Zugleich sammelten andere Vermögen an, für die sie keine Waren kaufen konnten, mit der bekannten Folge weiterer Preissteigerungen. Eine Spiralbewegung von rückläufigem Angebot, Geldüberhang, Inflation, wachsender Armut vieler bei steigendem Wohlstand weniger, hoher Budgetdefizite und zunehmenden Schwierigkeiten des Staates, den größeren Teil der Betriebe und fast alle Preise (vom öffentlichen

Verkehr über die Grundnahrungsmittel bis zu den Wohnungen) zu subventionieren, gewann an Fahrt, die Gorbačev nicht anhalten konnte. Zur Not gesellte sich Kriminalität. Das Leben in der Sowjetunion wurde freier, aber für die große Mehrheit auch unsicherer. Während die meisten Staatsunternehmen ihre Produktion verringerten oder gar einstellten, breitete sich in der halblegalen, typischerweise im Dienstleistungsbereich, Finanzwesen und der Güter*verteilung* (Börsen, Handel) konzentrierten Privatwirtschaft die bald vielzitierte «Mafia» aus. So konnte sich die politische Führung eigentlich nicht darüber wundern, daß die *perestrojka* vor allem unter den Arbeitern stark an Popularität verlor.[24]

In mancher Hinsicht kumulierten diese Krisensymptome in der neuen Kraft und Sichtbarkeit von Streiks. Wohl hatte es in den vorangegangenen Jahrzehnten und selbst unter Stalin Arbeitsniederlegungen gegeben. Aber sie waren zumeist schnell beendet und totgeschwiegen worden. Die neue Freiheit änderte dies. Was eigentlich eine positive Entwicklung war, verwandelte sich angesichts seiner Massivität und der ohnehin prekären wirtschaftlichen Situation in die vielleicht gefährlichste Bedrohung, der sich die *perestrojka* bis dahin ausgesetzt sah. Der Ausstand, den die Bergarbeiter im südsibirischen Kuznec- und im südostukrainischen Donec-Becken im Juli 1989 begannen, weitete sich zum größten Streik seit 1929 aus. Auf seinem Höhepunkt verweigerte eine halbe Million Bergleute die Einfahrt und stürzte das Land in eine schwere Energiekrise. Sicher waren es nicht die ärmsten, sondern typischerweise im Gegenteil die bestbezahlten Arbeiter, die sich zu dieser Aktion entschlossen. Aber ihr Motiv spiegelte eine allgemeine Empfindung: Protest gegen den rasanten Fall des materiellen Lebensniveaus, ablesbar an einer kaum glaublichen Erscheinung – die kohlegeschwärzten Bergleute hatten keine Seife.[25]

Angesichts der dramatischen Verschlechterung der Wirtschaftslage im Laufe des Jahres 1989 war die Einsicht unausweichlich, daß die bisherigen Rezepte versagt hatten. Es reichte offenbar nicht aus, die eigenständige «Rechnungsführung» wiederzubeleben und auf diese Weise das fundamentale Prinzip der sozialistischen Ordnung unberührt zu lassen: das Staatseigentum an Produktionsmitteln. Auch wenn erst Stalin die Planwirtschaft mit Zwang verwirklichte und ihr einen völlig anderen Charakter verlieh, kann kein Zweifel darüber bestehen, daß auch Lenin sie anstrebte und seit dem GOĖLRO auf den Weg brachte. Insofern gehörte das öffentliche Besitzmonopol an Land und Kapital (monetär oder ‹vergegenständlicht›) zu den Bauprinzipien des Sowjetstaates und zum innersten Kern seiner ideologischen Grundannahmen. Dies hilft nicht nur, das lange Zögern Gorbačevs zu verstehen, sondern auch die Zähigkeit, mit der um die Art der wirtschaftlichen Zukunft gerungen wurde. Mehr noch, die Vermutung drängt sich nachgerade auf, daß die *perestrojka*, wie weit sie auch immer über ihre Anfänge hinausgegangen sein mochte, hier an eine unüberwindbare Barriere stieß: Die Beseitigung zumindest der Dominanz des Staatseigentums und damit der zentralen Planbarkeit markierte die letzte und entscheidende Grenze der bestehenden Ordnung. Jenseits dieser Linie begann ein *anderes* System, das Gorbačev nicht wollte. So gesehen, stellte sich der *perestrojka* seit 1989 die *grundsätzliche* Frage, ob sie das Alte verändern oder Neues schaffen, ob sie eine Reform oder eine Revolution (im üblichen Sinne) sein wollte. Damit warf der ökonomische Absturz auch das Problem der Reformier*barkeit* des Sowjetsozialismus auf – eine Frage, die sich nach dem Fehlschlag der *perestrojka* zur Grundfrage nach der Lebensfähigkeit der gesamten Sowjetordnung und den Methoden und Strukturen ihrer Sicherung seit ihrer Begründung erweitert hat.

Die Suche nach neuen, radikaleren Sanierungskonzepten begann im Herbst 1989. Ihnen war nicht nur die Absicht gemein, für *baldige* Heilung zu sorgen, sondern auch der Grundgedanke, daß sie nur durch die Erweiterung ökonomischer Eigenständigkeit und den Übergang zur Marktwirtschaft zu erreichen sei. Allerdings unterschieden sich die Programme *erheblich* im vorgesehenen Ausmaß und Tempo der Veränderung. Dabei gingen alle Autoren und Verantwortlichen zu Recht davon aus, daß die Schwere der Lasten, die der Wandel unvermeidlich mit sich bringen mußte, maßgeblich von diesen beiden Faktoren bestimmt werden würde. Man muß allerdings die Motive unterscheiden: Die Rücksicht, die aus den absehbaren ökonomischen Folgen resultieren konnte, lieferte auch jenen plausibel erscheinende Argumente, die im Kern am alten System festhalten wollten. Eben diese Absicht darf man wohl dem Premierminister Ryžkov unterstellen, der dem Volksdeputiertenkongreß im Dezember 1989 ein erstes marktwirtschaftliches Reformkonzept vorlegte. Es entstammte den Überlegungen einer vom Ministerrat eingesetzten Reformkommission unter Leitung des prominenten Ökonomen L. I. Abalkin und visierte das Jahr 1993 als Endpunkt der Transformation an. Abgesehen von nachträglichen inkonsistenten Korrekturen stieß es auch deshalb auf Ablehnung, weil es schon in den ersten Monaten des neuen Jahres von der Wirklichkeit überholt wurde. Im Mai 1990 kam Ryžkov der Aufforderung des Obersten Sowjets zur Überarbeitung nach. Vor dem Hintergrund öffentlich annoncierter drastischer Preiserhöhungen erntete aber auch der neue Plan mehr Kritik als Zustimmung, darunter den ebenso hämischen wie suggestiven Kommentar, «einen Schock ohne Therapie» vorzusehen. Den Reformern auf der anderen Seite ging der Maßnahmenkatalog nicht weit genug. Während an Ryžkovs Entwurf weiter gefeilt wurde, arbeitete eine andere Gruppe unter Leitung des nicht minder renommierten Ökonomen S. S. Šatalin ein Konzept für den schnellstmöglichen Übergang zur Marktwirtschaft bei vertretbaren ‹sozialen Kosten› aus: den sog. «500-Tage-Plan». Zwischen beiden Extremen war schließlich eine dritte Variante angesiedelt, für die Aganbegjan verantwortlich zeichnete. Angesichts des Streits der Experten tat der Oberste Sowjet das Naheliegende und bat Gorbačev, die ‹besten Elemente› aller drei Modelle in einem gleichsam synthetischen Plan zusammenführen zu lassen. Diese sog. «Richtlinien für die Stabilisierung der Volkswirtschaft und den Übergang zur Marktwirtschaft» wurden denn auch am 19. Oktober 1990 mit großer Mehrheit angenommen.

Angesichts der unverminderten wirtschaftlichen Talfahrt und der starken Polarisierung der Gesellschaft samt ihrer geistig-politischen Elite hätte es an ein Wunder gegrenzt, wenn dieser Vorschlag auf breite Zustimmung gestoßen wäre. Statt dessen ereilte ihn das Schicksal vieler Kompromisse: Er machte es weder den einen noch den anderen recht. Die Anhänger einer wie immer auch modifizierten sozialistischen Ordnung lehnten den konsequenten Übergang zur Marktwirtschaft prinzipiell ab. Die Befürworter eines solchen ‹harten Schnitts› dagegen wiesen mit guten Gründen darauf hin, daß der ursprüngliche Plan verwässert und ohnehin viel zu viel Zeit verloren worden sei. Die Regierung habe sich um eine Entscheidung gedrückt – und damit alles verloren. Im Rückblick enthielt dieser Vorwurf Šatalins und anderer Autoren des 500-Tage-Plans mehr als nur ein Körnchen Wahrheit. Denn die Ablösung von Premierminister Ryžkov, dem wohl ältesten prominenten Mitstreiter Gorbačevs, durch den nachmaligen Putschisten und damaligen Finanzminister V. S. Pavlov im Januar 1991 signalisierte nicht nur die endgültige Ablehnung einer raschen Einführung der Marktwirtschaft, sondern dieser überhaupt. Zwar beteuerte der neue Regierungschef, daß er am Endziel der freien ökonomischen Tätigkeit festhalte, aber der Akzent verschob sich deutlich auf die staatliche Marktregulierung. In der Praxis ging fortan jede längerfristige Perspektive verloren; die Wirtschaftspolitik erschöpfte sich in improvisierten Maßnahmen von zweifelhaftem Erfolg (wie z. B. dem Zwangsumtausch ‹großer› Rubelscheine). Gewiß war dieser Kurswechsel nicht ohne Billigung des Präsidenten möglich. Mit der Bestellung Pavlovs begann die konservative Wende, die Gorbačev suchte oder – das wird sich noch erweisen müssen – zu der er genötigt wurde. Dabei dürfte ihm die Konzilianz in der wirtschaftlichen Grundsatzfrage jener Monate leichtgefallen sein. Denn trotz des vorübergehenden Anscheins von Sympathie für den 500-Tage-Plan hat er zumindest in seinen öffentlichen Äußerungen keinen Zweifel daran gelassen, daß er am Sozialismus festhalten wollte. Die reine Marktwirtschaft war auch für Gorbačev Kapitalismus und letztlich vom Teufel.[26]

Der Streit um den Weg zur Marktwirtschaft hat ein Problem in den Hintergrund der Diskussion gedrängt, dem keine geringere Bedeutung zukam: die Frage des *Eigentums an Grund und Boden* als Voraussetzung für entsprechende Reformen in der Landwirtschaft. Die Verstaatlichung von Industrie und Gewerbe besaß ihr Pendant im Staatsmonopol auf Land, Gewässer und Bodenschätze. Auch hier hatte der Oktoberumsturz den Grundstein gelegt, als die neuen Machthaber noch in der Nacht ihres Coups die Enteignung des Landes verfügten. Auch hier hatte Stalin Begonnenes nach dem Kompromiß der NĖP mit äußerster Gewaltsamkeit wiederaufgenommen und jene Struktur geschaffen, die Gorbačev vorfand. Mithin mußte die *perestrojka* nicht nur eine ungeheure Aufgabe bewältigen, sondern auch eine ideologische Grundsatzentscheidung fällen: ob man wieder Privateigentum an Land zulassen sollte oder nicht. Hinzu kam, daß die Implikationen einer solchen Entscheidung für jedermann auf der Hand lagen. Wer neue Wege ging, gab zu, daß die alten in eine Sackgasse geführt und Stalins Zwangskollektivierung ebenso falsch war wie die ungezählten offiziellen Beteuerungen, der kollektive Landbau sei dem individuellen überlegen. Dies alles mag gemeinsam mit der Zuständigkeit des konservativen Ligačev (seit Herbst 1988) erklären helfen, warum die *perestrojka* auf diesem Gebiet besonders wenig bewirkte. Erst nach einer vergeblichen bürokratischen Reform, unter anderem in Gestalt der Schaffung einer neuen Zentralagentur (*Gosagroprom*, 1985 begründet, 1989 wieder aufgelöst), besann man sich auf neue Ideen, die im wesentlichen auf eines zielten: das Interesse der Bearbeitenden für das von ihnen bestellte Land zu wecken. Als Mittel zu diesem Zweck führte man zunächst die individuelle *Pacht* wieder ein, erlaubte aber erst Mitte 1988 längerfristige Laufzeiten bis zu fünfzig Jahren. Im Zuge der Radikalisierung der Reform ging man im März 1990 mit einem Gesetz darüber hinaus, das individuelles Eigentum gleichberechtigt neben Kollektiv- und Staatseigentum anerkannte. Damit wurde das Landdekret vom Oktober 1917 in der Tat aufgehoben, aber wesentliche Beschränkungen blieben. Für privaten Grund und Boden waren nicht nur hohe Steuern zu entrichten, er durfte auch nicht weiterverkauft und vor allem nicht von Lohnarbeitern bestellt werden. In der Idee, daß nur Familienmitglieder Hand anlegen sollten und erst die spekulativ-profitable Veräußerung des Landes kapitalistische Verhältnisse auf dem Dorfe schufen, bewahrten alte, eher sozialrevolutionäre als sozialdemokratische Vorbehalte ihre Kraft. Auch die *perestrojka* konnte es allerdings nur bedauern, daß sich solche Befürchtungen als überflüssig erwiesen. Einige Bauern wagten es zwar, sich selbständig zu machen. Aber ihre Zahl fiel nicht ins Gewicht. Zum einen gab es fünfzig Jahre nach der Kollektivierung kaum noch ‹Agrararbeiter›, die über genügend Initiative und betriebswirtschaftliche Kenntnisse einschließlich der Vermarktung verfügten. Zum anderen fehlte ein analoges Umfeld an Zulieferern, Aufkäufern und landwirtschaftsorientierter Industrie. Traktoren wurden nicht geliefert, Ersatzteile nicht beschafft, Tiere nicht abgenommen, Futtermittel nicht bereitgestellt und anderes mehr. Im Ergebnis blieb auch nach fünf Jahren aus, was die Agrarreform zügig hätte leisten müssen: die zunehmende Versorgungsnot zu lindern.[27]

Unabhängig von der Frage der Priorität herrscht Einvernehmen darüber, daß die zweite Hauptursache für den Untergang der *perestrojka* in der *Entstehung nationaler und regionaler Bewegungen* mit dem Ziel der Loslösung vom Gesamtstaat zu sehen ist. Diese Entwicklung unterschied sich von der ökonomischen Krise unter anderem dadurch, daß sie unerwartet und gleichsam von außen kam. Während die niedrige Wirtschaftsleistung zu den bekannten Übeln des Sowjetsystems gehörte und eine der stärksten Triebkräfte für die *perestrojka* bildete, brachen sich die sezessionistischen Energien erst nach deren Beginn Bahn. Dabei mag man es nachgerade als tragische Ironie bezeichnen, daß die entscheidende Voraussetzung für die Möglichkeit massenhafter Artikulation sezessionistischer Forderungen zweifellos in der *glasnost'* und der beginnenden *Demokratisierung* bestand. Als das gedruckte Wort freigegeben wurde, mußte die politische Handlungsfreiheit folgen. Dabei hielt Gorbačev die Gefahr zentrifugaler Tendenzen offenbar für gering, in jedem Fall für weniger schwerwiegend als die Folgen eines generellen Verzichts auf den Versuch, den ‹Faktor Mensch› auf diesem Wege zu aktivieren. Indes zeigte sich, daß die Aufhebung der Zensur nicht nur solche Gegner der *perestrojka* auf den Plan rief, die in Gestalt einer konsequenten marktwirtschaftlichen Demokratisierung über sie hinausgehen wollten, sondern auch solche, die dem Ziel nationaler Unabhängigkeit Vorrang einräumten. Dem entsprach die zeitliche Abfolge: Wenn das Jahr 1987 als Geburtsstunde der *glasnost'* gelten darf, so begann 1988 die Bewegung, die wirksame Reformen nur außerhalb des Gesamtstaates für möglich hielt.

Weil die Vorkämpfer der Abspaltung das Alte gar nicht mehr erneuern wollten, trafen sie die *perestrojka* noch fundamentaler als andere Gegner. Sie verwarfen sozusagen die Voraussetzung für das gesamte Unternehmen. Damit mag zusammenhängen, daß Gorbačev lange kein Rezept für den Umgang mit ihnen fand. Kaum zufällig fehlte in der Darlegung seiner Absichten, im Sommer 1987 *vor* Beginn der Krise des Einheitsstaates zu Papier gebracht, ein entsprechender Abschnitt. Gorbačev dachte an vieles, aber er war zu sehr Großrusse und ein Mann des Apparates, als daß er die tatsächliche Sprengkraft der nationalen und regionalen Identifikation erkannt hätte. Auch wenn er in seinen «Erinnerungen» das Gegenteil versichert, scheint er jenem Wunschbild vom ‹supranationalen› Sowjetmenschen in erheblichem Maße vertraut zu haben, das vor allem unter Brežnev beschworen worden war und Eingang in die Verfassung von 1977 gefunden hatte. Die neue ‹Öffentlichkeit› brachte jedoch an den Tag, daß die Wirklichkeit auch in dieser Hinsicht anders aussah. Unter der Oberfläche hatten sich Bindungen an die eigene, nicht großrussische Sprache, den nicht großrussisch orthodoxen Glauben und vielfach eine autochthone Kultur erhalten. Was verdeckt war, erwies sich als durchaus vorhanden. Offen bleibt aber die Frage, ob solche Energien schon kraftvoll entwickelt waren – wie manche retrospektiv gewußt zu haben behaupten – und sozusagen nach «Rissen» suchten, um das «Imperium» zur Explosion zu bringen, oder ob ein schmales ‹Rinnsal› erst aufgrund der *glasnost'* und wachsender ökonomischer Probleme zu einem mächtigen ‹Strom› anschwoll. Feststeht – und deshalb mag man sie in mancher Hinsicht auch für müßig erklären – die Existenz eines erheblichen Potentials, das seine Kraft nicht zuletzt aus der einheitsstiftenden *Außen*abgrenzung bezog und innere Differenzen bis zur Herstellung der angestrebten Souveränität überwölbte oder gar unterdrückte.²⁸

Auch hinter dem chronologischen Tatbestand, daß nationale Manifestationen zuerst – im Frühjahr und Sommer 1988 – in den baltischen und den christlich-kaukasischen Republiken auftraten, darf man eine sachliche Ursache vermuten. Diejenigen Nationalitäten machten den Anfang, die der hegemonialen großrussischen Kultur am fernsten standen und zugleich über eine lange, gefestigte und bewußte, eigene Geschichte verfügten. In Armenien kamen Irredenta-Probleme in der (von Armeniern bewohnten, aber zu Aserbajdschan gehörenden) Exklave Nagornyj Karabach hinzu. Die baltischen Republiken ihrerseits konnten auf die längste Epoche staatlicher Souveränität zurückblicken. Sie hatten außerdem das überzeugende Argument auf ihrer Seite, durch den räuberischen Pakt zweier Diktatoren (vom 23. August 1939) und nackte militärische Gewalt dieser Selbständigkeit beraubt worden zu sein. Was eine wachsende Mehrheit der Bevölkerung in Litauen, Estland und Lettland forderte, war mithin nichts weniger als die Korrektur offensichtlichen Unrechts. Auf eine eigene, wenn auch in dieser Hinsicht überwiegend ‹erfolglose› Geschichte konnten auch entsprechende Bestrebungen in der Ukraine zurückblicken. «Kleinrußland» war nie «Großrußland», sondern verfügte über eine eigene Sprache, in den Westgebieten auch über eine eigene Kirche, fühlte sich historisch älter und hatte die Zugehörigkeit zur polnisch-litauischen Adelsrepublik im 15. und 16. Jahrhundert sowie die faktische Eigenständigkeit als Grenzland nicht vergessen. Stärker aber wirkte sicher die Unterdrückung seit Mitte der zwanziger Jahre und insbesondere seit Stalins Aufstieg zur alleinigen Macht nach. Ohne genuine nationalstaatliche Tendenzen in Abrede zu stellen, wird man den Faktor jahrhundertelanger Unterwerfung unter das großrussische Zentrum und sozusagen die Aversion gegen den übermächtigen Nachbarn als Katalysator der Nationalbewegung mitbedenken müssen. Das gilt in noch höherem Maße für die anderen Regionen des Sowjetreiches, von den mittelasiatischen Republiken bis Weißrußland, die überwiegend eher nachzogen, als daß sie aus starken autochthonen Antrieben hervorgegangen wären.

Insofern spricht vieles dafür, auch die nationalen, notgedrungen separatistischen Bewegungen als Amalgam unterschiedlicher Motive und Interessen zu betrachten. In allgemeiner Perspektive rächte sich zum einen die Wiederherstellung des zarischen Imperiums im Bürgerkrieg, verbunden mit der nicht wirklich praktizierten Föderalisierung in den zwanziger Jahren und deren faktischem Widerruf durch Stalin. Die *reconquista* der alten Grenzen (von wenigen, oben genannten Gebieten abgesehen) machte die Sowjetunion zum letzten Vielvölkerreich in Europa. Sie bereitete damit auch den Boden für jenen nationalen Widerstand, der in globalem Maßstab zum Zerfall der

Kolonialreiche führte. So gesehen ermöglichten es *perestrojka* und *glasnost'* nachzuholen, was als innere *Entkolonialisierung* bezeichnet werden könnte. Sie setzten den Protest gegen die großrussische Hegemonie frei, die unzweifelhaft und spürbar durch alle drei Säulen der ‹real-sozialistischen› Ordnung ausgeübt wurde: Sowohl die Partei als auch Armee und KGB befanden sich fest unter Moskauer Kontrolle. Politischer Zentralismus und ethnisch-nationale sowie sprachlich-kulturelle Dominanz gingen Hand in Hand. Sie erzeugten Unzufriedenheit und latente Opposition, die zwar gegen eine intakte Herrschaft nichts ausrichten, aber in einer staatlichen Autoritätskrise eine erhebliche Dynamik entfalten konnten.

Dies war um so eher der Fall, als sich nationale Orientierungen mit Hoffnungen auf *ökonomische* Sanierung verbanden. In der politischen Führung fast aller Republiken verfestigte sich die Meinung, daß der wirtschaftliche Zusammenbruch nur im überschaubaren Rahmen des eigenen Territoriums zu beheben war. Dabei gingen diejenigen Republiken voran, die auf überdurchschnittliche Leistungen verweisen und der Meinung sein konnten, daß sie mehr an den Gesamtstaat abgaben, als sie zurückerhielten. Für die industriell bzw. im Falle Litauens agrarisch vergleichsweise weit entwickelten baltischen Republiken lohnte es sich auch materiell nicht, im Bund zu bleiben. Bislang dürfte es unmöglich sein, das relative Gewicht beider Motive näher zu bestimmen. Desgleichen wird man es vom jeweiligen Problem abhängig machen, ob eine solche Frage überhaupt sinnvoll ist. Dennoch sollte man den Wunsch nach *regionaler* Autonomie analytisch von *nationalen* Unabhängigkeitsbestrebungen trennen. Nicht alles, was national aussah und sich national artikulierte, entsprang der primären Loyalität gegenüber der eigenen Nation im kulturellen, durch die bekannten Kriterien vor allem der sprachlichen, historischen und eventuell religiösen Gemeinsamkeit definierten, Sinn. Schon der bemerkenswerte Umstand, daß sich die ‹nationalen› Bewegungen *entlang der bestehenden,* in der Regel *nicht* mit nationalen Siedlungsräumen identischen *Republiksgrenzen* artikulierten, sollte zu einer solchen Differenzierung Anlaß geben. Auch der Umstand, daß ihre Forderungen von den kommunistischen Parteien in den Obersten Sowjets fast aller Republiken und nicht selten von hohen Repräsentanten der alten Kader aufgegriffen wurden, weist in diese Richtung. Gemeinsam war dem echten Nationalismus und dem eher pragmatisch-taktischen Regionalismus allerdings das Nahziel, das die *perestrojka* in Verbindung mit der Wirtschaftskrise letztlich zu Fall brachte: die Sezession vom Gesamtstaat.[29]

Angetrieben von den baltischen und christlich-kaukasischen Republiken gelangte Gorbačev Ende 1989 zu der Einsicht, daß nur ein neuer Vertrag die Union retten könne. Allerdings deutet vieles – entgegen seinen «Erinnerungen» – darauf hin, daß er das nicht wirklich gewähren wollte, was der einzige Sinn einer solchen Vereinbarung sein konnte: weitgehende Selbstbestimmung der Republiken. Noch im September hatte er sich vor dem ZK, das nach langer Vorbereitung «entschieden zu spät» eigens zur Debatte über diese brisante Frage zusammenkam, in diesem Sinn geäußert. Der Eindruck drängt sich auf, als habe Gorbačev auf Zeit spielen wollen oder nicht mehr weiter gewußt. So konnte es nicht verwundern, daß der erste, im November 1990 vorgelegte Entwurf einer neuen Vereinbarung die Adressaten in keiner Weise befriedigte. Erwartungsgemäß reservierte er alle wichtigen Kompetenzen, vom Besitzmonopol am Grund und Boden einschließlich der Bodenschätze, über das Militär und die Wirtschaftspolitik bis hin zu den Außenbeziehungen, für die Zentralgewalt; lediglich zweitrangige Befugnisse sollten den Unionsrepubliken übertragen werden. Selbst unionsfreundliche Republikführer lehnten diesen Entwurf ebenso ab wie der Volksdeputiertenkongreß, der ihn zur Überarbeitung an den Präsidenten zurückgab. Anfang März 1991 kam Gorbačev dem Auftrag mit einem neuen Entwurf nach, den er durch eine Volksbefragung vom 17. desselben Monats legitimieren lassen wollte. Allerdings war das Ergebnis dieses Referendums zwiespältig. Die Bevölkerung sprach sich zwar mit 76,4 % der Stimmen für den Erhalt der Union aus, aber sechs Republiken (die baltischen, Armenien, Georgien und Moldawien) nahmen gar nicht erst teil. Der zweite Entwurf eines Unionsvertrags entsprach diesem Resultat insofern, als er ebenfalls an den Prärogativen der Zentralgewalt festhielt und die Republiksführer weiterhin nicht zufriedenstellte. Andererseits scheint er so viele Konzessionen angeboten zu haben, daß er von ihrer Mehrheit als Diskussionsgrundlage akzeptiert wurde. So begannen in der Präsidenten-Datscha Novo-Ogarevo jene Gespräche zwischen der Zentralgewalt und neun Republiken («9+1»-Gespräche), deren Ergebnis die Sowjetunion in der Tat tiefgreifend verändert hätte, wenn Gorbačev es noch zum Gesetz hätte erheben könnten: Die Unterzeichnung war für den 20. August 1991 anberaumt.[30]

Allerdings kann man mit gutem Grund der Meinung sein, daß dem Präsidenten zu diesem Zeitpunkt längst die Hände gebunden waren. Was immer die Archive über die Hintergründe und Absichten des Komplotts freigeben werden, die Einheit des Staates dürfte bereits verspielt gewesen sein. Denn viele und vor allem die wichtigsten Unionsrepubliken wollten den Gesamtstaat nicht mehr. Die entscheidende Wende auch in dieser Hinsicht fand – kaum zufällig parallel zur Erosion der KPdSU und dem Versuch Gorbačevs, seine Macht auf den Staat zu verlagern – im Laufe des Jahres 1990 statt. Besondere Bedeutung kam dabei den Neuwahlen zu den lokalen und regionalen Sowjets im März 1990 zu, an deren Spitze in den Republiken ebenfalls Volksdeputiertenkongresse installiert wurden. Diese Urnengänge begründeten im ganzen Land reformfreundliche und zumeist regional- bzw. nationalorientierte Exekutivgremien. Vor allem aber leiteten sie auch im Kernland der Sowjetunion, der RSFSR, eine Radikalisierung der Reformen ein, die sich schnell mit eigenem, russischen Nationalbewußtsein füllte und sezessionistische Bestrebungen freisetzte. Wie bedeutend die baltischen und kaukasischen Republiken wirtschaftlich und politisch auch sein und wie sehr ihre Unabhängigkeitsbestrebungen ausstrahlen mochten – erst der Ausbruch der RSFSR traf die Sowjetunion ins Herz. So wie die UdSSR 1924 aus der RSFSR (die selbst eine Föderation zahlreicher Nationalitäten und ‹autonomer› nationaler Gebiete war) hervorgegangen war, so konnte sie ohne diese nicht bestehen. Da außerdem die Ukraine aus dem sowjetischen Zwangsverband auszubrechen suchte, bestand der Sowjetkörper letztlich nur noch aus so nicht lebensfähigen ‹Extremitäten›.

Die Sezessionisten artikulierten ihre Wünsche in aller Deutlichkeit. Seit dem 11. März 1990, als Litauen seine Selbständigkeit verkündete, folgte eine *Souveränitätserklärung* – förmlich von den (überwiegend kommunistisch beherrschten) Obersten Sowjets beschlossen – nach der anderen. Am 30. 3. sagte sich Estland (in Erweiterung der Suspendierung der Unionsverfassung vom November 1988) vom Gesamtstaat los, am 4. 5. Lettland, am 23. 8. Armenien und am 14. 11. Georgien. Dazwischen lag die wichtigste Proklamation: die der RSFSR am 12. 6. Kurz vor diesem demonstrativen Akt war El'cin zum Vorsitzenden des Volksdeputiertenkongresses gewählt worden. Indem er durch diesen Sieg triumphal ins Zentrum der politischen Macht zurückkehrte, aus dem ihn Gorbačev Ende 1987 hinausgeworfen hatte, lud sich die Auseinandersetzung zwischen der Union und ihren Gliedstaaten an entscheidender Stelle zusätzlich mit der unerbittlichen Feindschaft zwischen den beiden fähigsten und populärsten Politikern auf. El'cin nutzte dabei das Zaudern Gorbačevs und das Vertrauen in die Grundabsichten der *perestrojka*. Er rief zu radikalen demokratischen und marktwirtschaftlichen Reformen auf und tat mit durchaus demagogischem Gestus das, was Gorbačev zum wachsenden Verdruß vieler Sympathisanten immer wieder hinausschob. In diesem Geiste erkannte El'cin im Sommer und Herbst 1990 auch die Unabhängigkeit der baltischen Staaten und der Ukraine an. Obwohl die genannten Souveränitätserklärungen teils nur eine Absicht verkündeten, teils Übergangsfristen enthielten und überwiegend *keinen sofortigen* Austritt aus der Union nach sich zogen, wurde dieser durch die ‹horizontale› Verständigung zwischen den sezessionswilligen Republiken der Boden entzogen. So war Gorbačev genau besehen schon seit dem Herbst 1990 ein General ohne Truppen. Macht und Initiative gingen für alle sichtbar unter der faktischen, wenn auch unausgesprochenen neuen Führung der Russischen Föderation auf die Republiken über.[31]

3. Putsch und Untergang

Was mit der Erosion der Zentralgewalt seit dem Sommer 1990 einsetzte, läßt sich als *vierte Phase* der *perestrojka* bezeichnen. Sie war zugleich die *letzte*, die im *Putsch vom 19.–21. August 1991* einen dramatischen Höhepunkt erreichte und deren Ende in Gestalt der Auflösung der Sowjetunion am 31. Dezember desselben Jahres einen Einschnitt von wahrhaft säkularem Format markierte: Dieser Tag enthüllte nicht allein Gorbačevs Reform endgültig als vergebliches Aufbäumen, sondern besiegelte zugleich das Schicksal des ersten sozialistischen Staates der Erde. Dabei gilt auch für diese Zäsur, daß sie in vieler Hinsicht nur Entwicklungen gebündelt ans Licht brachte, die sich unter der Oberfläche schon länger vollzogen. Im gegebenen Fall bietet es sich an, mindestens zwischen einer kürzeren und einer längeren zeitlichen Perspektive zu unterscheiden. Erstere gehört zur Geschichte der *perestrojka*, letztere zur Geschichte der gesamten Sowjetunion (und in den Schluß dieses Buches).

Wann der Anfang vom definitiven Ende begann, läßt sich nicht auf ein Datum festlegen. Mehrere Vorgänge summierten sich zu einer weiteren ‹qualitativen› Veränderung, die einige Anhänger des *ancien régime* endgültig zu der Überzeugung brachte, daß die Zeit zu handeln gekommen sei. Die Grenze, deren Überschreitung sie als nicht mehr hinnehmbar betrachteten, markierte dabei die Auflösung des Gesamtstaates. Fraglos wirft diese Gewichtung abermals ein bezeichnendes Licht auf den ‹real existierenden Föderalismus›. Die Anhänger der alten Ordnung nahmen die *glasnost'*, die Verdrängung des alten Obersten Sowjets durch den halbdemokratischen Volksdeputiertenkongreß und sogar die Abschaffung des Parteimonopols mit der Folge der Verlagerung der Macht auf den Staat hin – aber sie waren nicht bereit, den Untergang des Imperiums zu akzeptieren. Sowjetherrschaft und Zentralgewalt ließen sich in ihrem Verständnis nicht trennen, das Reich mit seiner atomwaffengestützten Weltgeltung erschien ihnen als unaufgebbarer Kern der Hinterlassenschaft der Revolution. Es mag offenbleiben, ob auch darin ein spezifisches Vermächtnis Stalinscher ‹Staatsräson› zutage trat oder eine Identifikation, die in gleicher Weise schon auf Lenin und den Bürgerkrieg zurückging. Desgleichen läßt sich nicht näher bestimmen, in welchem Maße persönliche Motive eine Rolle spielten. Der Umstand, daß Gespräche über die baldige Ablösung einiger wichtiger Amtsträger unter den Putschisten Ende Juli abgehört wurden, spricht dafür. Andererseits ist inzwischen auch verbürgt, daß der konservative Schulterschluß spätestens im Frühjahr vollzogen wurde. Dies war kaum zufällig die Zeit, als die Gespräche über einen neuen Unionsvertrag auf einen erfolgversprechenden Weg gebracht wurden.

Im Rückblick liegt es nahe, den Personalwechsel an der Spitze mehrerer wichtiger Behörden Ende 1990 zum Vorboten des kommenden Unheils zu erklären. Gorbačev beging seinen (nach dem Verzicht auf die Direktwahl zum Präsidenten) zweiten schweren Fehler, als er nicht nur den erwähnten Pavlov zum Premierminister ernannte, sondern um dieselbe Zeit auch den liberalen Innenminister V. V. Bakatin durch den Reformgegner B. K. Pugo ersetzte und den farblosen Funktionär G. I. Janaev zu seinem Stellvertreter beförderte. Gemeinsam bildeten sie einen konservativen Brückenkopf im Zentrum der Macht, der auch anderen Schutz bieten und als Schaltstelle für restaurative Aktivitäten dienen konnte. Vor allem aber erregte der überraschende Rücktritt Ševardnadzes Aufsehen und Betroffenheit. Der Außenminister erfreute sich im Ausland einer ähnlichen Beliebtheit wie Gorbačev selbst. Im Inland galt er als besonders aufrechter Verfechter des neuen Kurses. Als Ševardnadze sein Amt am 20. Dezember 1990 – nach der ‹samtenen Revolution› im ehemaligen Ostblock und der deutschen Wiedervereinigung – mit der dunklen Andeutung zur Verfügung stellte, daß ein reformfeindlicher Staatsstreich bevorstehe, horchte die ganze Welt auf. Aber kaum jemand wollte die Warnung glauben, solange Gorbačev noch im Amt war. Erst im nachhinein zeigte sich, daß Ševardnadze gute Gründe für seine Äußerung hatte. Offenbar durchschaute er die (bald als ‹Winterkrieg› bezeichnete) konservative Offensive oder wußte von ihr. Um so rätselhafter bleibt, warum er kapitulierte statt zu kämpfen. Der Verdacht muß erst noch widerlegt werden, daß Gorbačev um diese Zeit nach der Ablehnung von Šatalins ‹500-Tage-Plan› ein wie auch immer geartetes Bündnis mit seinen Gegnern einging.[32]

Im Besitz dieser Schlüsselpositionen glaubten die Gegner der *perestrojka*, ein Exempel statuieren zu können. Es galt der besonders aufsässigen Unionsrepublik Litauen, deren Nationalbewegung «Sajudis» sich (in einem Lande, wo es anders als in Estland und Lettland keine nennenswerte russische Minderheit gab) ungewöhnlicher Popularität erfreute. Unter ihrem Eindruck hatte sich selbst die Kommunistische Partei – als erste überhaupt – von der KPdSU losgesagt (19. Dezember 1989) und die Unabhängigkeitserklärung vom 11. März 1991 mitgetragen. Dieselbe, demokratisch neugewählte Versammlung hatte die Adjektive «sozialistisch» und «sowjetisch» aus dem Staatsnamen getilgt und eine neue, die erste nichtkommunistische Regierung in der Sowjetunion eingesetzt. Danach waren heftige Spannungen zwischen Gesamtstaat und Republik ausgebrochen, die mehrfach hart an den Rand militärischer Gewaltanwendung führten, aber nicht beigelegt werden konnten. Als sich im Januar 1991 eine abermalige Konfrontation anbahnte, weil Litauen seinen Beitrag zum neuen Unionsbudget verweigerte, griff die sowjetische Armee ein und umzingelte das Parlament sowie den Fernseh- und Rundfunksender von Wilna. Zwei Tage später, am 13.1., starben fünfzehn Litauer und wurden über Hundert verwundet, als die ‹Schwarzen Barette› das Nachrichtengebäude stürmten. Hunderttausende strömten daraufhin auf die Straße und verteidigten das Parlament. Die internationalen Protestwellen schlugen hoch. El'cin bekundete demonstrative Solidarität, als er zur Beerdigung der Opfer anreiste. Gorbačev beteuerte mehrfach, keinen Sturmbefehl gegeben zu haben. Bis heute bleibt unklar, wo die Entscheidung genau fiel. Die Spuren verlieren sich zwischen den Führungsstäben des KGB und des Verteidigungsministeriums sowie den jeweils örtlichen Einsatzzentralen. Ihre ungefähre Richtung erscheint aber eindeutig. Nicht ohne Grund gaben spätere Aussagen der Putschisten der Attacke den Stellenwert einer Generalprobe.[33]

Auch Gorbačev scheint dies so gesehen zu haben und zog seine Lehren. Zum einen bemühte er sich verstärkt um eine demokratische Legitimation für den Erhalt des Gesamtstaates; diesem Zweck diente das Referendum vom 17. März 1991. Zum anderen kam er den Wünschen der Republiken im Entwurf zu einem neuen Unionsvertrag so weit entgegen, daß Ende April der «Prozeß von Novo-Ogarevo» beginnen konnte. Mit beiden Schritten entfernte er sich wieder von den Konservativen, die sie auch so deuteten. Ohne daß es bislang eindeutige Belege für eine solche Rezeption gibt, liegt es nahe, einige Marksteine der weiteren Entwicklung bis zum August als Bestätigung der Befürchtungen der Frondeure zu deuten. Anfang März traten die Bergleute in einen landesweiten Streik, dem sich im April weißrussische Industriearbeiter aus Protest gegen Preiserhöhungen anschlossen. Nach wirkungslosen Verboten bedurfte es des Einsatzes von El'cin, um ihn zu beenden. Am 12. Juni feierte dieser seinen größten Triumph, als er mit großer Mehrheit (57,3 %) vor seinem nächsten Rivalen Ryžkov (16,8 %) zum ersten, aus einer *direkten* (sowie allgemeinen, freien und gleichen) Abstimmung hervorgegangenen Präsidenten Rußlands und der gesamten russischen Geschichte gewählt wurde. Nachdem er Anfang April, von Massendemonstrationen unterstützt, den Versuch seiner Gegner im russischen Volksdeputiertenkongreß abgewehrt hatte, ihn zu stürzen, verschaffte ihm dieses Ergebnis ein solides, ohne Gewaltanwendung nahezu unerschütterliches Fundament in der mit Abstand wichtigsten Sowjetrepublik. Sein Sieg mußte die Gegner der *perestrojka* um so heftiger aufschrecken, als das klare Votum für ihn zugleich die Billigung radikal-demokratischer und marktwirtschaftlicher Reform und den Auftrag bedeutete, eine derartige ‹Beschleunigung› des Umbruchs auch gegen die Union voranzutreiben. El'cin machte umgehend klar, daß er das Ergebnis ebenso verstand, und verbot am 20. Juli alle kommunistischen Parteizellen in russischen Staatseinrichtungen (einschließlich der Unternehmen). Eine größere Demütigung der wenige Jahre zuvor noch allmächtigen Monopolpartei war kaum denkbar; die neue (und alte zarische) weiß-blau-rote Nationalflagge verdrängte nicht nur symbolisch das rote Hammer-und-Sichel-Banner. Um das Maß voll zu machen (in dieser Perspektive), verlor auch Gorbačev die Geduld und beraumte Ende Juli einen außerordentlichen Parteitag für Dezember (1991) an, der die widerspenstige Partei endgültig zur Selbstreform zwingen sollte.[34]

Was sich in den Putschtagen vom 18. bis zum 22. August 1991 ereignete, läßt sich äußerlich zuverlässig und knapp rekonstruieren. Die Hauptverschwörer: KGB-Chef Krjučkov, Verteidigungsminister D. T. Jazov, Ministerpräsident Pavlov und Vizepräsident Janaev, kamen am Samstag, dem 17. August – drei Tage vor der geplanten Unterzeichnung des neuen

Unionsvertrags – zusammen, um das genaue Vorgehen abzustimmen. In ihrem Auftrag suchte eine Delegation am Sonntagnachmittag, dem 18., Gorbačev in seinem Feriendomizil in Foros auf der Krim auf, um entweder seine Zustimmung zur Verhängung des Notstandes oder die Übertragung seiner Vollmachten an den Vizepräsidenten zu erzwingen. Gorbačev verweigerte beides und warnte die ungebetenen Gäste nach eigener Darstellung eindringlich davor, das Land ins Unglück zu stürzen. Vorsichtshalber hatten die Konspirateure sämtliche Telephonleitungen des Präsidenten unterbrochen, so daß dieser von der Außenwelt abgeschnitten war. Am Montag, dem 19. August, um 6.00 in der Frühe erfuhren die Sowjetbürger, daß der Präsident unfähig sei, seine Amtsgeschäfte auszuüben, und Vizepräsident Janaev alle Vollmachten übernommen habe. Ihm assistierte ein sogenanntes «Staatskomitee für den Notstand», das unter Einschluß eines Demonstrationsverbots und der Medienkontrolle den Ausnahmezustand erklärte und sich mit einem Aufruf an die Bevölkerung wandte. Die *perestrojka* sei, so hieß es darin, in eine «Sackgasse» geraten und das Land «unregierbar» geworden. Extremisten träten das Referendum über die «Einheit des Vaterlandes» mit Füßen, «Egoisten» nützten die Marktwirtschaft zur schamlosen Bereicherung auf Kosten der verarmenden Mehrheit aus. «Stolz und Ehre» seien den Sowjetmenschen genommen worden und müßten durch «wahrhafte demokratische Prozesse» und eine «Erneuerung» des «Vaterlandes» wiederhergestellt werden. Zur Unterstützung des Appells rollten Panzer in das Zentrum der Hauptstadt, die vor allem das «Weiße Haus an der Moskwa», Sitz des russischen Präsidenten und Tagungsort des Volksdeputiertenkongresses, umstellten. Ohne weitere Befehle bezogen sie dort Position und warteten ab.

Im Rückblick muß es schon als Ursache für den Fehlschlag des gesamten Staatsstreiches gelten, daß es dem absehbar entscheidenden Gegner der Putschisten und nach (vielleicht sogar schon vor) Gorbačev mächtigsten Politiker der Sowjetunion, dem russischen Präsidenten, nicht nur gelang, der Verhaftung zu entgehen, sondern samt Limousinenkonvoi mit Stander gleichsam offiziell sein Dienstgebäude an der Moskva zu erreichen. Hier konnte El'cin eine Pressekonferenz geben und sich vom Turm eines ‹übergelaufenen› Panzers aus an die Menschenmenge wenden, die sich inzwischen zur Verteidigung des Parlaments eingefunden hatte. In seiner vorbereiteten Rede verurteilte er die Entmachtung Gorbačevs als «reaktionären, antikonstitutionellen Staatsstreich», bekräftigte Rußlands Wunsch, die Reformen im Rahmen einer erneuerten Union fortzusetzen, erklärte alle Anordnungen des Notstandskomitees für gesetzeswidrig und rief «die Bürger Rußlands» dazu auf, den Putschisten würdig zu antworten und das Land auf den verfassungskonformen Weg zurückzuführen. Zugleich forderte er die Offiziere und Soldaten auf, den «Hochstaplern» nicht ins Netz zu gehen und sich an ihren «Treueeid auf das Volk» zu erinnern. Es folgten zwei dramatische Tage der Konfrontation zwischen den Verteidigern des Weißen Hauses und den

3. Putsch und Untergang

wenigen Truppenteilen, die auf die Befehle der Putschisten hörten. Hinter diesen äußeren (wie keine analogen je zuvor in der Geschichte direkt in alle Welt übertragenen) Ereignissen verbarg sich letztlich eines: ein zähes Ringen um die Loyalität der schlagkräftigsten und interventionsfähigen (d. h. nahe genug stationierten) bewaffneten Einheiten, dessen Ausgang nicht nur von der politischen Überzeugungskraft, sondern auch vom psychologischen Geschick der Kontrahenten abhing. Die Entscheidung fiel, als der Ansturm stärkerer Panzereinheiten auf das Weiße Haus während der ersten Stunden des 21. August in den Barrikaden und der Menschenmenge steckenblieb. Drei junge Männer, die den Panzerfahrern die Sicht zu nehmen oder die Luke zu öffnen versuchten, wurden dabei getötet. Am Vormittag forderte das russische Parlament die Verschwörer auf, sich zu ergeben. Am frühen Abend telephonierte El'cin mit Gorbačev, der um Mitternacht, von vier Tagen Haft und Ungewißheit gezeichnet, auf dem Moskauer Binnenflughafen eintraf. Gegen Mittag des 22. konnten die Verteidiger ihren endgültigen Triumph auf dem Vorplatz des Weißen Hauses mit einer Großdemonstration feiern: Über dem Gebäude wehte die weiß-blau-rote, nunmehr zum offiziellen Staatsemblem erhobene Flagge.[35]

Schon dieser Wechsel der Symbole deutete an, daß nichts mehr war wie vorher. Der Präsident der UdSSR kehrte – so seine vielzitierten Worte – in «eine andere Welt» zurück. Fortan amtierte Gorbačev von El'cins Gnaden. Die eigene Partei hatte in einer denkwürdigen Sitzung am ersten Putschtag keinen Finger für ihn gerührt, seine Regierung ihn verraten, und der mißlungene Coup tat ein übriges, um seine Macht weiter zu untergraben. Bilder zeigen manchmal mehr als Worte und Taten. Als der heimgeholte Staatspräsident am 23. August im russischen Parlament sprach, führte ihn El'cin wie einen Tanzbären vor: Es war eine gezielte Demütigung, als er in Anwesenheit Gorbačevs ein Dekret unterschrieb, das die Tätigkeit der KPdSU auf dem Territorium der RSFSR verbot. Die *Pravda* wurde geschlossen, das ZK-Gebäude (samt anderer Parteistellen) versiegelt. Am 24. August zog Gorbačev die unvermeidliche Konsequenz und trat als Generalsekretär zurück. Am 29. erweiterte der Oberste Sowjet der UdSSR El'cins Erlaß auf das gesamte Staatsgebiet. Anfang September löste sich dieses Gremium selbst auf. Am 24. Oktober wurde der KGB abgeschafft. Am 6. November untersagte El'cin der im Vorjahr gegründeten russischen KP jegliche Aktivität. Es war nicht viel, was Gorbačev blieb. Dennoch hielt er an der Idee des Gesamtstaates fest. Schon um eines Gegengewichts gegen die russischen Organe willen rief er neue sowjetische ins Leben. Den Platz des alten Obersten Sowjets übernahm ein Gremium gleichen Namens, das sich aus Repräsentanten der (kooperationswilligen) Unionsrepubliken zusammensetzte, und sich selbst stellte er unter seinem Vorsitz einen Staatsrat aus den Präsidenten von elf Republiken (die drei baltischen und Georgien blieben fern) zur Seite. Es ist deutlich, wo Gorbačev seine letzte Bastion sah – in den

Provinzen des Reiches, die endgültig zu selbständigen politischen Einheiten geworden waren und die eigentliche Herrschaft im Sinne der anerkannten und durchsetzungsfähigen Zwangsgewalt ausübten. Dabei mochte Gorbačev auch auf die keimende Furcht der Schwachen gegenüber dem Riesen Rußland rechnen und sich neue Akzeptanz als Mittler erhoffen.

Eine solche Rettung der Union und seines Amtes setzte freilich die Bereitschaft der Republiken zur Mitwirkung voraus. Gorbačev sah dies und drängte auf der Grundlage eines neuerlichen Vertragsentwurfs zur Fortsetzung des ‹Prozesses von Novo-Ogarevo›. Doch unter dem Eindruck des Putsches schwand der Kooperationswille endgültig. Schon vor dem Putsch hatte Georgien den litauischen Schritt wiederholt und seinen förmlichen Austritt aus der Union erklärt (9. April 1991). Erst recht gab es nach der Bedrohung der *perestrojka* durch ihre Gegner – sei es aus Furcht vor einer siegreichen Wiederholung oder angesichts der Scherben, in die der Gesamtstaat zerfallen war – kein Halten mehr: Am 20. August folgte Estland, am 21. Lettland, am 24. die Ukraine, am 25. Weißrußland, am 27. Moldawien, am 30. Aserbajdschan, am 31. Kirgistan, am selben Tag Uzbekistan, am 9. September Tadžikistan, am 23. Armenien und am 27. Turkmenistan. Übrig blieben allein Rußland und Kazachstan, die auch am deutlichsten um die Rückkehr der Ausgeschiedenen in eine erneuerte Union warben. Einige kleinere (und ärmere) Republiken (nicht die baltischen) wären dazu wohl bereit gewesen. Aber der wichtigste Staat, ohne den ein Gesamtstaat zu Recht sinnlos erschien, verweigerte sich. Die Ukrainer bekräftigten ihre Unabhängigkeitserklärung am 1. Dezember 1991 in einem Volksentscheid und wählten zugleich den ehemaligen Sekretär ihrer KP, L. M. Kravčuk, zum neuen, eigenen Präsidenten. Damit waren die Würfel gefallen. Was folgte, kam – wenn man nicht schon die gesamten Ereignisse seit dem Augustputsch so bezeichnen will – einer Abwicklung gleich. Erneut ergriff El'cin die Initiative und regte in Erweiterung der letzten Überlegungen zu einer neuen Struktur der Union (die als Staatenbund und nicht als Bundesstaat wiedererstehen sollte) die Gründung eines losen Verbandes souveräner Staaten an, der sich am Völkerrecht (UN-Charta, KSZE-Abkommem) orientieren, ausdrücklich die Unverletzlichkeit der Grenzen anerkennen und die gemeinsame Ausübung von Kompetenzen auf die strategischen Atomwaffen beschränken sollte. Einschlägige Gespräche wurden offenbar hinter Gorbačevs Rücken und nur mit den beiden slavischen Nachbarrepubliken Ukraine und Weißrußland geführt. Am 7. Dezember 1991 kamen die Präsidenten dieser drei Republiken bei Minsk zusammen und hoben unter bewußter Vermeidung des Wortes «Bund» *(sojuz)* die *Gemeinschaft unabhängiger Staaten* (GUS) aus der Taufe. Wenig später trafen sich die Führer von acht nichtslavischen Republiken in Aschabad (12. Dezember) und beschlossen trotz Kränkung ihren Beitritt. Am 21. Dezember unterzeichneten alle elf angehenden Partner in der kasachischen Hauptstadt Alma Ata ein entspre-

3. Putsch und Untergang

chendes Dokument. Als der Gastgeber N. A. Nazarbaev – kein sezessionistischer Heißsporn, sondern seit April Gorbačevs treuester Gehilfe bei der Rettung der Union – danach vor die Presse trat, hatte er ein Ereignis von wahrhaft weltgeschichtlicher Bedeutung zu verkünden: Die Sowjetunion war nicht mehr. Nach dem Rücktritt von Gorbačev (am 25.), nun Präsident ohne Staat, hörte sie am Ende des 31. Dezember 1991, 69 Jahre nach ihrer Gründung (im Dezember 1922), 74 Jahre nach ihrer politischen Entstehung in der Oktoberrevolution von 1917, gleichsam durch einen Federstrich ihrer Mitglieder auf zu bestehen.[36]

Pointiert hat man deshalb gesagt, das Beste an der *perestrojka* sei ihr Ende gewesen. Daran ist soviel richtig, daß es wohl keinen Staat von vergleichbarer Größe und Bedeutung gab, der so geräuschlos und friedlich von der historischen Bühne abtrat. Auch wenn man den Umsturzversuch sinnvollerweise einbezieht, bleibt dieses Fazit bestehen. Im August waren drei Tote zu beklagen, sicher drei zu viel, aber überaus wenig, wenn man den Untergang der Sowjetunion mit ihrer Entstehung in Revolution und Bürgerkrieg oder ihren Opfern in der Zwischenzeit vergleicht. Wer eine Erklärung sucht (und den Rückblick auf die Gesamtgeschichte des Staates zunächst ausklammert), wird auf den Zusammenhang zwischen Putschabwehr und *perestrojka* stoßen. Zum einen liegt auf der Hand, daß der Staatsstreich schlecht vorbereitet und dilettantisch war. Sarkastische Zungen kommentierten, er habe sich eben auf dem Niveau abgespielt, auf dem das Land seit 1917 regiert worden sei. Wie einige Verschwörer nach ihrer Verhaftung aussagten, gab es keinen genauen Plan. Die Junta war uneins und nervös, eine Schlüsselfigur (Pavlov) betrunken. So konnte es geschehen, daß sich El'cin nicht einmal verkleiden mußte, um ins Weiße Haus zu kommen, von hier aus ins Ausland telephonieren konnte (er sprach mit mehreren westlichen Regierungschefs), weder Elektrizität noch Wasser abgestellt wurden und die gefürchtete Eliteeinheit «Alpha» des KGB in den Kasernen blieb. Zum anderen hatte man nicht mit offenem Massenwiderstand gerechnet. Ševardnadze traf ins Schwarze, als er *post festum* meinte, die Putschisten hätten das Wichtigste nicht bedacht: daß die verhaßte *perestrojka* das Volk verändert habe. Aus fügsam-verängstigten Untertanen waren, jedenfalls in der gegebenen Situation und in größerem Maße als zuvor, mitdenkende, aktive Bürger geworden. Dies meinte auch Gorbačev, als er den Erpressern in Foros voraussagte, sie würden scheitern, weil sich das Volk nicht wie Bataillone kommandieren lasse.

Allerdings kam ein entscheidender Faktor hinzu – die Person El'cins und das, wofür er stand. Die Behauptung erscheint nicht aus der Luft gegriffen, daß in den schicksalhaften Augusttagen *zwei* Umstürze zugleich stattfanden: ein vergeblicher der Junta und ein erfolgreicher der Radikalreformer. Denn der russische Präsident nutzte seine Popularität und überlegene Legitimität für Anordnungen, die seine Kompetenzen ebenfalls überschritten. Zwar mag man über die Unterstellung streiten, er habe die Gefahr bewußt übertrieben, um seinen Handlungsspielraum zu vergrößern. Aber nicht zu leugnen ist, daß er die Gelegenheit nutzte, um reinen Tisch zu machen. Wenn sich historische Alternativen auch durchsetzen, weil sich Prädispositionen verschiedener Art, struktureller und personeller ebenso wie politischer und geistiger, in ein und dieselbe Richtung bewegen, dann handelte der richtige Mann zur richtigen Zeit richtig. Auch dies ist ein Aspekt der von Lenin beschworenen «Kunst des Aufstands» – nur ins Gegenteil gewendet. So gesehen vollzog die ‹Revolution› von unten als Abwehr des Staatsstreichs von oben nur, was längst überfällig war; und so gesehen war der Augustputsch samt der nachfolgenden Abwicklung der Sowjetunion, wie auch Gorbačev in seinen letzten Reden einräumte, in der Tat ‹nur› ein «reinigendes», aber notwendiges und unvermeidliches «Gewitter».[37]

XII.
Ausblick: Rußland auf dem Wege zur Demokratie?
(1991–1996)

Im Rückblick aus einer Distanz nur weniger Jahre steht eines doch schon fest: Die Übergangszeit, die unter den Nachfolgern Brežnevs begann, war auch nach der Auflösung der Sowjetunion nicht abgeschlossen. Dem Zusammenbruch der alten Ordnung folgte der Aufbau einer neuen. Beides brauchte seine Zeit. Beides war in allen Sphären von Staat und Gesellschaft mit fundamentalen Veränderungen der politischen und sozioökonomischen Struktur, aber auch der propagierten Werte verbunden. Beides brachte ein Maß an Politisierung, Mobilisierung und Polarisierung mit sich, das dicht an den Rand offener Unruhen führte und – zumindest in der neuesten Geschichte – zu den typischen Symptomen eines tiefgreifenden Umbruchs gehört. Insofern ging die *perestrojka* zwar im Sinne ihres Erfinders zu Ende, aber in der Wortbedeutung setzte sie sich fort. Politisch nahm der ‹Überhang› die Gestalt einer neuen «Doppelherrschaft» zwischen dem Volksdeputiertenkongreß und dem Präsidenten der Russischen Föderation an. Alles spricht dafür, den (vorläufigen?) Abschluß des gesamten ‹Umbaus› auf die Lösung dieses geradezu paradigmatischen Konflikts in der zweiten, blutigen Auseinandersetzung der Transformationsjahre am 3. und 4. Oktober 1993 zu datieren; dabei wären die nachfolgenden ersten Wahlen zum neuen Parlament und der Volksentscheid über eine neue Verfassung der Russischen Föderation am 12. Dezember desselben Jahres einzubeziehen.

Historische Parallelen zum Untergang des Zarenreiches im Februaraufstand 1917 und zum Gründungsakt Sowjetrußlands im Staatsstreich vom Oktober 1917 liegen nahe. Aber sie sind sachlich irreführend und in der funktionalen Parallelität oberflächlich, da die erste «Doppelherrschaft» nicht in der Koexistenz alter und neuer Machtorgane bestand und die beiden Oktoberunruhen einander hinsichtlich der Legitimation ihres Ergebnisses genau widersprachen. Bedenkenswert erscheint dagegen der Vorschlag, den Gesamtprozeß in den Rang einer Revolution zu erheben. Folgt man einer verbreiteten Zählung (die immer auch Deutung ist) wäre nach den Ereignissen von 1905/06, vom Februar und Oktober 1917 sowie von 1929/30 von der «fünften russischen Revolution» zu sprechen. Dabei gründet diese Kennzeichnung (ohne nähere definitorische Festlegung) auf die evidente, außerordentliche historische ‹Wirkungsmacht›, die den Vorgängen eigen war. Schon weil die alte Ordnung den Anspruch erhob, *alle* Lebensbereiche der Gesellschaft zu durchdringen, brachte ihr Untergang die Notwendigkeit und Chance eines grundlegenden Neuanfangs hervor. Auch wenn sich das genaue Verhältnis von Kontinuität und Wandel erst aus größerem zeitlichen Abstand klären lassen wird, bleibt – ebenso wie bei den anderen, unbestritten als Revolution charakterisierten Turbulenzen – das prinzipielle Urteil über die Dimension des Umbruchs unberührt. Zwischen 1985 und 1993 (mit Vorläufern seit 1982 und Nachwirkungen bis?) fand auf dem Territorium des Zarenreichs und der Sowjetunion ein Systemwechsel säkularen Ausmaßes statt. Unumstritten war auch, unter welchen Parolen große Teile der gesamtstaatlichen und regionalen Eliten, auf die Mehrheit der Bevölkerung (bei durchaus starken Gegenkräften auf allen Ebenen) gestützt, mit der Vergangenheit brachen: im Namen von Demokratie, Marktwirtschaft, neuer nationaler Identität und der Hoffnung auf ein besseres Leben durch politische Freiheit und ökonomische Effizienz. Offen bleibt dagegen die Frage, wieweit das Land auf diesem Weg inzwischen fortgeschritten ist. Die beiden Parlamentswahlen (1993 und 1995) und die erste Wahl des Staatsoberhaupts (1996) haben samt ihren Folgewirkungen für die Politik des Präsidenten zu Skepsis Anlaß gegeben. Erst in jüngster Zeit scheint sich die Exekutive wieder gefangen und zu einem ruhigeren, eigenen Kurs zurückgefunden zu haben. Die wichtigsten Etappen und Merkmale dieser Geburt der «zweiten russischen Republik» (nach dem Februarregime 1917) seien als Ausblick knapp skizziert.[1]

Als die Putschisten der *perestrojka* im August 1991 den beabsichtigten Todesstoß versetzten (ironischerweise mit kontraproduktiven Folgen), gab es in Rußland zwei institutionalisierte politische Gewalten. Auf der einen Seite stand der Volksdeputiertenkongreß, der nach dem Muster des sowjetischen Volksdeputiertenkongresses im März 1990 gewählt worden war. Auch wenn er eine deutlich höhere demokratische Legitimation für sich in Anspruch nehmen konnte als dieser und die Stimmzettel fast überall mehrere Kandidaten enthielten, leitete er seine rechtliche Stellung und Gestalt letztlich aus der Brežnev-Verfassung von 1977 ab. Der russische Volksdeputiertenkongreß war ein Sowjet und kein Parlament, durch entsprechende, förmliche Änderungen zwar modifiziert, aber in der zweiteiligen Struktur aus temporärer Vollversammlung und Oberstem Sowjet als permanenter Exekutive doch als solcher deutlich erkennbar. Auf der anderen Seite gab es einen Präsidenten, der seinem Amt eine neue Basis gegeben hatte. Direkt gewählt, verfügte er nach demokratischen Maßstäben nicht nur über eine höhere Berechtigung zur Kompetenzausübung, sondern auch über eine neue Unabhängigkeit: Er handelte nicht länger im Namen des Deputiertenkongresses und des Obersten Sowjets, mußte ihm auch nicht mehr angehören, sondern agierte aus *eigener*, ihm vom Volk *ad personam* verliehener Vollmacht. Andererseits repräsentierten beide Organe das ‹neue Rußland› als «wiedergeborenen», selbständigen Staat. Auch wenn beide gleichsam aus unter-

XII. Rußland auf dem Wege zur Demokratie? (1991–1996) 1063

schiedlichen Phasen der Transformation stammten, waren sie anfangs durch diese und andere Gemeinsamkeiten verbunden. Schon deshalb ist es abwegig, eine Art Zwangsläufigkeit in den Konflikt hineinzulesen. Die Auseinandersetzung war möglich und strukturell fundiert, aber nicht vorprogrammiert.

Es entsprach auch nicht nur dem Selbstverständnis des Präsidenten und seinem Wählerauftrag, daß er entschiedene Reformmaßnahmen ergriff. Was El'cin populistisch und radikal von Gorbačev einklagte, fand zunächst die Billigung des Volksdeputiertenkongresses. Der Versammlung war noch bewußt, daß sie ihn, wenn auch mit knapper Mehrheit, ein Jahr zuvor zu ihrem Vorsitzenden bestellt hatte. Andererseits blieb offen, wie die neue Ordnung im einzelnen aussehen sollte. Hierin unterschied sich der Untergang Sowjetrußlands von seiner Entstehung, daß – entgegen dem Votum einer kleinen radikaldemokratischen Minderheit – keine Konstituierende Versammlung einberufen wurde, die eine Verfassung ausgearbeitet und Übergangsrichtlinien festgelegt hätte. Dabei liegt es nahe, diesen Umstand mit der erstaunlichen Gewaltlosigkeit des Umbruchs in Beziehung zu setzen. Im Vergleich zu analogen Vorgängen verhielt sich die russische Bevölkerung nachgerade diszipliniert. Beide Beobachtungen lassen sich trotz aller Polarisierung (unter anderem) durch ein erhebliches Maß an Konsens über die Funktionsuntüchtigkeit der alten Ordnung erklären, aber auch durch weitgehende personelle Kontinuität, die das neue Regime zumindest mit der *perestrojka* verband. In der Person El'cins und fast seiner gesamten Umgebung reichen die Wurzeln sogar deutlich weiter zurück. Schon diese Faktoren, zu denen trotz aller Demonstrationen in den Hauptstädten auch ein tradierter Vertrauensvorschuß für starke Persönlichkeiten gehörte, summierten sich zu einem entscheidenden Resultat: Die konkrete Ausgestaltung der neuen Herrschaftsform blieb in erheblichem Maße *der Praxis und den Vorstellungen des ersten Präsidenten* überlassen blieb. Dies war um so eher der Fall, als El'cins ohnehin starke Stellung im entscheidenden Bereich noch weiter gefestigt wurde. Unter dem Eindruck des Putsches und der Notwendigkeit raschen Handelns gewährte ihm der Deputiertenkongreß am 1. November 1991 *Sondervollmachten* für den Übergang zur Marktwirtschaft. Dieser Beschluß bildete die Grundlage für die Regierung durch eigene Dekrete, zu der El'cin sich mit zunehmendem Widerstand des Volksdeputiertenkongresses veranlaßt sah. Von Anfang an lag die Macht bei der Exekutive; die Legislative, die das Brandmal der Herkunft aus dem alten Regime nicht tilgen konnte, wurde kaum gefragt. Statt sich in ein Parlament zu verwandeln, betrieben Oberster Sowjet und Volksdeputiertenkongreß Obstruktion und brachten einen latenten Struktur- und Verfassungskonflikt zum offenen Ausbruch. Zugleich zwangen sie den Präsidenten, schnell und ausschließlich den Weg zu beschreiten, den er ohnehin einzuschlagen geneigt war: die Reform im Alleingang, d. h. von oben, durchzusetzen.

Bezeichnend für diese frühe Präferenz eines *Präsidialsystems* (amerikanisch-französischer Prägung) war die Bedeutung, die dem Aufbau eines entsprechenden Apparates zukam. Entscheidend wurde, was in der Umgebung El'cins geschah. Auch hier liegt die Kontinuität zu den letzten Jahren des alten Regimes offen zutage: El'cin setzte fort, was Gorbačev im Sommer 1989 mit der Schaffung des Präsidentenamtes als neuer Machtgrundlage begonnen hatte. So stand der «Staatsrat», der ihm zunächst assistieren und seine Verordnungen ausarbeiten sollte, funktional in der Nachfolge des Gorbačevschen Präsidialrates. Dasselbe galt für den «Konsultativrat», der den kurzlebigen Vorgänger bald ersetzte. Und auch der «Sicherheitsrat», der im Juni/Juli 1992 per Dekret größere Zuständigkeiten erhielt und zum wichtigsten Organ unterhalb des Präsidenten aufstieg, ließ diese Herkunft noch klar erkennen. Gerade die Karriere des Sicherheitsrats verdeutlicht überdies die unmittelbare Verwurzelung in der Präsidentenmacht und Dienstbarkeit im Kampf gegen den Deputiertenkongreß: El'cin wertete ihn als Reaktion auf eine erste Einschränkung derjenigen seiner Befugnisse auf, die der Zustimmung des Kongresses bedurften (er hatte im April vom Amt des Premierministers, das er anfangs in Personalunion versah, zurücktreten müssen), und benutzte ihn gleichsam als institutionelle Demonstration der Unabhängigkeit des Präsidenten. Es ist schwierig, eine Art *ratio* der organisatorischen Veränderungen in der Umgebung seines Amtes zu entdecken. Wenn es eine gab, so dürfte sie zum einen in der Schaffung eigener Fachbehörden zur Vorbereitung von Verordnungen und Gesetzen zu sehen sein, zum anderen in der Einrichtung beratender Gremien mit der deutlichen Tendenz, sie in ihrer Zusammensetzung der Entscheidung des Präsidenten zu unterwerfen und die Zahl der *ex officio*-Mitglieder gering zu halten. Als Folge der starken Position und weitreichenden Kompetenzen des Präsidenten entstand auf diese Weise letztlich ein Duplikat der hohen, politischen Stäbe der Ministerien. Auch Analogien zum Sekretariat des ZK der KPdSU oder zur «Kanzlei Seiner Allerhöchsten Majestät» in der Reformzeit wurden in durchaus kritischer Absicht hergestellt.

Dies war um so eher der Fall, als El'cin eine deutliche Neigung erkennen ließ, die engsten Berater aus dem Kreis seiner langjährigen Weggenossen zu wählen. Auch dies lag in der gegebenen Situation der Konfrontation und des Umbruchs nahe. Natürlich brauchte der Inhaber des Amtes, von dem der staatliche Neuaufbau letztlich abhing, zuverlässige und erprobte Helfer. Loyalität und Kompetenz aber fand er im wesentlich dort, wo er selbst jahrzehntelang gewirkt hatte und bis zum Ersten Parteisekretär aufgestiegen war – in seiner Heimatregion Sverdlovsk (heute wieder Ekaterinburg) im Ural. Von außen wirkte das Resultat dieses verständlichen Verfahrens aber völlig anders: als Fortsetzung des Nepotismus, dessen institutionalisierte Form soeben überwunden worden war. Wenn der faktisch zweitmächtigste Mann, Sekretär des ersten Staatsrats, anfangs Stellvertretender Ministerpräsident, danach auch ohne Portefeuille engster Berater des Präsidenten, G. È. Burbulis, aus Sverdlovsk kam (wo er Geschichte des Marxismus-Leninismus gelehrt hatte), wenn der Sekretär des Konsultativrates Ju. V. Petrov Parteichef der Stadt gewesen war und wenn der Leiter von El'cins persönlichem Sekretariat O. I. Lobov dort zuvor das Amt eines Stellvertretenden Parteichefs versehen hatte – brauchte sich niemand über die abschätzige Rede von der «*Sverdlovsk-*» oder «*Ural-Mafia*» zu wundern. Noch schwerer wog jedoch, daß sich die Bevorzugung ergebener Berater aus alten Tagen auf ungute Weise mit persönlicher Schroffheit verband und jüngere Weggefährten verprellte. Vieles deutet darauf hin, daß der populäre General und Afghanistan-Kämpfer A. V. Ruckoj, den El'cin während des Wahlkampfes im Frühjahr 1991 aus taktischen Gründen als Stellvertreter nominiert hatte, bald nach dem Triumph von der eingeschworenen Mannschaft aus Sverdlovsk mit Billigung des Präsidenten von allen wichtigen Entscheidungen ausgeschlossen wurde. Ähnliches dürfte R. I. Chasbulatov widerfahren sein, der im August 1991 an der Seite El'cins das Weiße Haus an der Moskwa verteidigt hatte und mit dessen Hilfe nach dieser Bewährungsprobe in das – seit El'cins Direktwahl – vakante Amt eines Präsidenten des russischen Volksdeputiertenkongresses (zugleich des Obersten Sowjets) bestellt wurde. Allerdings trugen in diesem Falle auch andere Ereignisse und besondere, großenteils sehr negativ bewertete Charaktereigenschaften Chasbulatovs zu einem Zerwürfnis bei, das der politischen Auseinandersetzung jene Unerbittlichkeit verlieh, die einen Kompromiß ausschloß und zur gewaltsamen Entscheidung zwang.

Infolge des präsidialen Übergewichts veränderte sich der Status der *Regierung* nicht grundlegend. Auch hier hatte die unmittelbare Vergangenheit zunächst Bestand. Rechtlich galt die alte Regelung fort, daß der Präsident (neuer Art) den «Ministerrat» ernannte, dieser aber der Bestätigung durch den Volksdeputiertenkongreß bedurfte und ihm rechenschaftspflichtig war. Dem entsprach eine faktische Richtlinienkompetenz des Präsidenten, die das Kabinett zum ausführenden Organ degradierte. In der gegebenen Übergangs- und Ausnahmesituation fand diese Abhängigkeit in der erwähnten Doppelfunktion El'cins einen besonders prägnanten Ausdruck: Der Präsident war zugleich Premierminister. Allerdings dauerte dieser Zustand kein halbes Jahr. Schon zum Zeitpunkt der sechsten Zusammenkunft des (russischen) Volksdeputiertenkongresses in der ersten Aprilhälfte 1992 hatten sich die Kontrahenten so zerstritten, daß El'cin taktische Zugeständnisse machen mußte. Er verzichtete auf das Amt des Premierministers, opferte seinen Stellvertreter in dieser Funktion, Burbulis, und entließ E. T. Gajdar, vormals Mitarbeiter am Institut für Weltwirtschaft und (neben G. A. Javlinskij und dem Namensträger) Ko-Autor des Šatalin-Plans, als Finanzminister. Dessenungeachtet hielt El'cin an den Eckpunkten seines Programms fest. Im Zuge eines größeren Revirements wagte er es sogar, eben jenen Gajdar, der die vom Kongreß bekämpfte Politik der kompromißlosen ökonomischen Verwestlichung geradezu verkörperte, am 15. Juni 1992 zum Premierminister zu ernennen. Zugleich nahm er allerdings zwei Repräsentanten der alten Staatsindustrie, V. S. Černomyrdin und V. F. Šumejko, die schon unter Brežnev gedient hatten, ins Kabinett auf. Damit hatte El'cin, ob geplant oder nicht, für kommende Manöver vorgesorgt. Als er bei der nächsten Kraftprobe mit dem feindseligen Kongreß, der Anfang Dezember 1992 zum siebten Mal zusammenkam, Gajdar nicht mehr halten konnte, schlug er Černomyrdin für das Amt des Premierministers vor. Dieser wurde als Fürsprecher gedrosselten wirtschaftlichen Wandels mit großer Mehrheit gewählt. Schon ein halbes Jahr *vor* dem Entscheidungskampf rückte El'cin damit vom radikalen Reformkurs ab und signalisierte Kompromißbereitschaft. Er selbst blieb zwar nicht unbeschädigt, aber aufgrund der starken Position seines Amtes unangefochten. Eben dies entsprach der Kernabsicht des Präsidialsystems, das er mit Überzeugung praktizierte: Die Regierung hatte für die Politik geradezustehen und mußte eventuell zurücktreten, wenn der Widerstand zu groß wurde; der Präsident setzte sie zwar ein und stützte sie, befand sich aber gleichsam hinter der Front und konnte bei seiner höheren Legitimation und festgelegten Amtszeit Zuflucht suchen.[2]

Unter den zahlreichen Grundsatzfragen, die beim Neuaufbau heftig umstritten waren, stand die *Wirtschaftspolitik* an erster Stelle. Sie schlug nicht nur unmittelbar auf den Alltag und das Lebensniveau der Bevölkerung durch, sondern verband sich darüber hinaus mit seinem strukturellen Ziel. Sicher konnte man auf verschiedene Weise und mit unterschiedlichem Tempo zur Marktwirtschaft gelangen. Aber zugleich lag auf der Hand, daß manche Wege auch willkommene Umwege waren, die nicht unbedingt zum selben Endpunkt führten. Diese Verzahnung von Methode und Zweck wird man in Rechnung stellen müssen, um den Stellenwert auch scheinbar nebensächlicher Details der Wirtschaftspolitik in den ersten beiden Jahren der neuen Ära verstehen zu können. Nicht nur in der Theorie lagen zur Stunde Null (die aber nur in begrenztem Maße eine war) mehrere Strategien und Optionen vor. Zum einen wäre eine angepaßte Version der letzten Pläne der *perestrojka* denkbar gewesen; allerdings kehrten die bekannten Ökonomen, die sich für Gorbačev engagiert hatten – von Aganbegjan bis Šatalin –, überwiegend in die Wissenschaft zurück. Daneben gab es das radikaldemokratische Lager um Javlinskij und Gajdar, das für einen sofortigen Übergang zur Marktwirtschaft plädierte. Eine dritte Richtung trat für die Fortsetzung der alten Staatswirtschaft ein und verband sich mit nationalen Kräften, die einer Verwestlichung auch aus anderen Gründen skeptisch gegenüberstanden. Eine vierte Gruppe schließlich akzeptierte die Notwendigkeit des Übergangs im Prinzip, warnte aber vor einer sofortigen Aussetzung der staatlichen Subventionen, um die Schlüsselindustrien einschließlich der militärischen nicht zu gefährden.

XII. Rußland auf dem Wege zur Demokratie? (1991–1996)

In der Aufbruchsstimmung nach dem Untergang der alten Ordnung kamen zaghafte Schritte nicht in Betracht. Die alten Konzepte waren gescheitert oder kompromittiert. Insofern enthielt die Situation eine Präferenz für radikale Schritte. Dies galt nicht zuletzt für El'cin, der nach seiner scharfen Kritik an der Zögerlichkeit Gorbačevs kaum anders konnte, als das Hauptübel der alten Ordnung, die zentrale Kommandowirtschaft, frontal anzugreifen. Daß ihm der Volksdeputiertenkongreß eben dafür Sondervollmachten gewährte, belegt den breiten einschlägigen Konsens, der zu dieser Zeit noch herrschte. Offen mag vorerst bleiben, in welchem Maße daneben ausländische Ratgeber aus dem Umkreis ‹monetaristischer› Ökonomen und Druck von Seiten des Internationalen Währungsfonds eine Rolle spielten. Auch der inländische Fachmann stand bereit, der geeignet schien, das Programm politisch durchzusetzen: Gajdar. Zumindest ihm und seinen Beratern mußte klar sein, daß der strikte, unvorbereitet eingeschlagene Sparkurs das Risiko erheblicher sozialer Kosten barg. Zu diesem neoliberalen Programm gehörte es, die Preise freizugeben, die Subventionen für die Staatsbetriebe zu kürzen, den Staatshaushalt ohne Hilfe der Notenpresse zu konsolidieren, die industrielle und landwirtschaftliche Produktion zu privatisieren und alle Produktions- und Handelshemmnisse zu deregulieren, um das Land dem Weltmarkt zu öffnen. Dahinter stand die Erwartung, daß hohe Preise den großen Kaufkraftüberhang abschöpfen, die Inflation ersticken und die private Produktion durch verlockende Gewinnchancen so animieren würden, daß sich mittelfristig das angestrebte Gleichgewicht zwischen Angebot und Nachfrage als Garant marktgerechter Preise einstellen werde.

Theoretisch mochte dieser «ökonomische Romantizismus» überzeugen. Praktisch verursachte er tiefgreifende soziale Erschütterungen, die politisch nicht aufzufangen waren. Insofern trug gerade die Schocktherapie – von manchen erneut als Schock ohne Therapie bezeichnet – zur Frontenbildung bei. Ob sie nötig war, wird unter Historikern und Ökonomen noch lange kontrovers sein. Jedenfalls tröstete der versprochene mittelfristige Gewinn über die kurzfristigen Nöte nicht hinweg: Im gesamten Jahr 1992 galoppierten die Verbraucherpreise (bis zu 1000 %), die Industriepreise bis zu 1500 %, die industrielle Bruttoproduktion fiel um 23 % und das Einzelhandelsvolumen um 42 %. Auch wenn die Weltbank hohe Kredite gewährte und ausländisches Kapital trotz unsicherer Zukunftsaussichten ins Land kam (wenn auch zögerlich), war die Bilanz besorgniserregend. Die massenhafte Verarmung der Bevölkerung sprang ins Auge. Das Wort von der ‹Lateinamerikanisierung› machte die Runde. Zwar blieben Streiks, anders als 1989/90, aus. Die Bevölkerung stellte ihre erprobte Leidensfähigkeit einmal mehr mit erstaunlicher Ruhe – vielleicht aus Erschöpfung nach der vorangegangenen Mobilisierung – unter Beweis. Dennoch erscheint das Urteil im Rückblick gerechtfertigt, daß dieser ökonomische Rigorismus die Grenzen der vielzitierten ‹Kunst des Möglichen› überschritt. El'cin trug dem Rechnung, als er

Praktiker alten Schlages ins Kabinett holte und die von ihm einst als «Jungs in rosa Hosen» verspotteten theoretischen Marktwirtschaftler beiseite drängte. Černomyrdin hielt nicht unbedingt das, was sich seine konservativen Sympathisanten erhofften. Er erwies sich als loyal und setzte die Politik der Umwandlung der überkommenen staatlichen Planwirtschaft in eine marktgesteuerte Ordnung fort. Aber er mäßigte das Tempo, hielt die Großbetriebe (darunter die militärischen und die rohstoffgewinnenden) durch abermalige Subventionen am Leben und konnte 1995 erstmals seit der Wende Erfolge in Gestalt einer Preisstabilisierung und neuem Wirtschaftswachstum verbuchen. Nach einem Jahr des Stillstands 1996, verursacht sowohl durch den Wahlkampf für die erste Bestellung des Präsidenten nach der neuen Verfassung im Juni als auch durch die schwere Herzerkrankung El'cins, lassen die jüngsten Daten des Jahres 1997 erkennen, daß die Erholung anhält. Für mittelfristige Tendenzaussagen oder gar Erleichterung ist es aber sicher noch zu früh.[3]

Auch ein weiteres, in vieler Hinsicht sogar *das* Kernstück der Wirtschaftsreform, die *Privatisierung*, führte zu einem durchaus ambivalenten Ergebnis. Für die Industrie wählte man unter mehreren Optionen – in bewußter Abgrenzung von Resten sozialistischer Ideen nach Art der Übergabe der Unternehmen an Arbeiterkollektive – die demokratischste, die zugleich eine individuelle war: Zum 1. Oktober 1992 erhielten alle Bürger Rußlands Coupons *(voucher)* im Wert von je 10000 Rubel (damals etwa das Zwei- bis Dreifache eines durchschnittlichen Monatslohns); die Gesamthöhe entsprach etwa dem Wert eines Viertels der Staatsunternehmen. Die Empfänger konnten diese Coupons verkaufen, sich den Gegenwert auf ihrem Bankkonto gutschreiben lassen oder Aktien eines der Unternehmen erwerben. Die Idee, dem Volk tatsächlich auszuhändigen, was ihm nominell schon immer gehörte, war ehrenwert und ließ sich politisch mit Aussicht auf propagandistische Wirksamkeit an den Wähler bringen. Die Wirklichkeit sah indes anders aus. Angesichts der Möglichkeit zum Weiterverkauf war vorhersehbar, daß die Streuung des Eigentums nicht von Dauer sein würde. Da viele Betriebe im wesentlichen Schulden produzierten und, selbst wenn sie rentabel arbeiteten, zur technischen Verbesserung dringend auf neues Kapital angewiesen waren, wäre ein Transfer an zahlungskräftige Geldgeber ökonomisch durchaus wünschenswert gewesen. Die meisten *voucher* gelangten jedoch nicht in solche Hände, sondern zum einen in den Besitz der schmalen Schicht von Neureichen, die verdienen, aber nicht investieren wollte, zum anderen unter Inanspruchnahme eines entsprechenden Vorkaufsrechts in die mehrheitliche (51% der Anteile eines Unternehmens) Verfügung der Belegschaft. Deren Besitz lief aber zumeist darauf hinaus, daß die alten Direktoren das Sagen behielten und die Aktien nach und nach von der Belegschaft kauften. Im Resultat ergab sich ein ökonomisch wenig förderlicher und politisch höchst unerwünschter Effekt: Im wesentlichen profitierte die *nomen-*

klatura von der Privatisierung. Die alten Herren waren auch die neuen. In Verbindung mit bemerkenswert schnell akkumuliertem Reichtum einer sehr schmalen Schicht ‹neuer Russen›, der überwiegend aus Handel, finanziellen Transaktionen und Maklertätigkeiten, kaum aber aus der Produktion stammte, war dieses Ergebnis eher geeignet, tief verwurzelte Vorurteile gegen den ‹Kapitalismus› zu nähren, als sie zu zerstören. Allem Anschein nach gab die Privatisierung der sozialen Polarisierung einen weiteren Schub. Zumindest leistete sie das nicht, was das demokratische Rußland politisch und gesellschaftlich am dringendsten gebraucht hätte: den Grundstein für Kleineigentum und eine neue Mittelschicht zu legen.

Das galt erst recht für die Überführung von Grund und Boden in Privatbesitz. Auch dieser wohl schwersten Aufgabe hat sich El'cin früh gestellt. Schon am 27. Dezember 1991 verfügte er per Dekret eine Landreform, die weit über die zaghaften Schritte Gorbačevs hinausging: Privatbesitz sollte wieder ohne Wenn und Aber möglich sein. Da die ehrwürdige Umteilungsgemeinde *(obščina)* nicht wieder eingeführt wurde, lief diese Absicht darauf hinaus, zum zweiten Mal in Rußland – nach den sog. Stolypinschen Reformen von 1906 – zu versuchen, ein lebensfähiges, marktproduzierendes Bauerntum zu schaffen. Freilich zeigte sich bald, daß die Hindernisse seit der *perestrojka* nicht abgenommen hatten. Nach wie vor fehlte es an unternehmerischen Kenntnissen und Initiative. Und weiterhin mußten die wenigen mutigen Privatbauern im kaum veränderten staatswirtschaftlichen Umfeld besonders große Schwierigkeiten meistern. Bis Ende 1992 gingen ganze 4,5 % der Nutzfläche in Privatbesitz über. Inzwischen sind die Kolchosen überwiegend privatisiert. Aber unter den neuen Eigentümern finden sich auffallend viele Angehörige der alten *nomenklatura*: Die Kolchosvorsitzenden griffen zu, da sie über die größten betriebswirtschaftlich-agrotechnischen Kenntnisse verfügten, die besten (überlebenswichtigen) Beziehungen hatten und am ehesten wußten, wie man die ‹Unternehmen› erwerben konnte. Auch damit mag zusammenhängen, daß die alte Wunde der russischen Wirtschaft nach allem, was man weiß, bislang nicht einmal ansatzweise geheilt werden konnte. Dieser Befund schlägt um so eher zu Buche, als die Russische Föderation statistisch zwar als Industrieland gilt, aber so groß ist, daß weite Regionen primär agrarisch geprägt sind und bleiben. Schon deshalb steht der sozioökonomischen Transformation noch ein langer Weg bevor.[4]

Bei alledem stand außer Frage, daß der *Konflikt zwischen Präsident und Volksdeputiertenkongreß* gelöst werden mußte. El'cins Konzession in Gestalt der Opferung Gajdars (der ganz aus der Regierung ausschied) und der Berufung Černomyrdins in das Amt des Premiers half ihm zwar aus der Sackgasse, beseitigte aber die Konfrontation nicht. Der Streit galt der künftigen Verfassung in einer Schlüsselperiode des Aufbaus, an deren Ende eine neue dauerhafte und konsensfähige Ordnung der politischen Gewalt stehen *mußte.* So hätte seine einzige friedliche Lösung in einem Kompromiß bei deren Ausarbeitung gelegen. Daran aber war nicht mehr zu denken. Was mit der Einsetzung einer Kommission Mitte Juni 1990 kurz nach der Souveränitätserklärung hoffnungsvoll begonnen hatte, endete in auswegloser Konfrontation. Dabei wäre es zu einfach, den Verlierern nur unlautere Motive zu unterstellen. Bei allen Vorbehalten gegen die Person Chasbulatovs und die egoistische Sorge um Privilegien, die viele Volksdeputierte beherrscht haben mag, sollte der autoritäre Grundzug des El'cinschen Konzepts nicht übersehen werden. Der Präsident und seine Umgebung gingen von Anfang an davon aus, daß Rußland mit starker Hand regiert werden müsse. Sicher gab es angesichts der nicht eben demokratischen Tradition vor und nach dem Sozialismus gute Gründe für diese Prämisse. Auf der anderen Seite will aber auch das Argument bedacht sein, daß dadurch ein Zirkel perpetuiert wurde, der eben das verhinderte, was eigentlich erwünscht war und ist. Zwischen dem Anspruch des Deputiertenkongresses, die Macht beim neu zu gründenden Parlament als Grundstein für eine *parlamentarische* Demokratie zu konzentrieren, und der Präferenz des Präsidenten für eine dominante *Exekutive* ließ sich unter den gegebenen Bedingungen nicht vermitteln.[5]

In Kenntnis der nachfolgenden Ereignisse erscheint spätestens der Streit um den Ministerpräsidenten auf der siebten Zusammenkunft des Volksdeputiertenkongresses Anfang Dezember 1992 als jene Etappe, jenseits derer die Ereignisse auf eine gewaltsame Lösung zuliefen. Denn hinter El'cins Manövern verbarg sich die schiere Not der Ohnmacht im verfassungslosen Zustand. Der Kongreß hatte die erwähnten Sondervollmachten für ein Jahr gewährt; diese Frist war am 1. Dezember abgelaufen. Angesichts der völlig veränderten Lage mußte der Präsident damit rechnen, seiner Befugnisse nach und nach beraubt zu werden. Sein Kapital bestand in seinem Mandat, seinem Apparat und der Uneinigkeit sowie der minderen Legitimation seiner Gegner. Aber die Zeit arbeitete gegen ihn. Dennoch war El'cin klug genug, weiter mit dem Kongreß zu verhandeln. Auch hier muß offen bleiben, in welchem Maße er eine militärische Kraftprobe mit unberechenbarem Ausgang scheute und in welchem Maße er sozusagen taktisch handelte, um angesichts der Tragweite einer solchen Auseinandersetzung dem Vorwurf vorzubeugen, Verständigungschancen nicht genutzt zu haben. Im März 1993 einigte er sich sogar mit seinem Erzfeind Chasbulatov auf vorgezogene Wahlen für ein neues Parlament *und* das Präsidentenamt im Herbst. Diesmal aber kündigten die Abgeordneten (die sich damit selbst entlassen hätten) ihrem Vorsitzenden die Gefolgschaft auf und lehnten die Vereinbarung ab. Zugleich machten sie immer massiver gegen El'cin Front, indem sie ihm die Sondervollmachten tatsächlich weitestgehend entzogen. Der Präsident suchte seine Stellung durch ein Referendum zu retten, das den Wählern die Aufgabe übertrug, eine Entscheidung über den Vorrang des einen oder anderen

Organs zu fällen. Trotz mancher Warnungen, die Kampagne werde das Land endgültig zerreißen, konnte die Abstimmung am 25. April 1993 friedlich und ordnungsgemäß durchgeführt werden. El'cin erhielt die Bestätigung, die er brauchte; selbst die schmerzhafte Wirtschaftspolitik wurde gutgeheißen. Dennoch klärte das Referendum die Situation nicht: Die Fragen waren nach langen Verhandlungen so entschärft worden, daß sie keine Alternativen mehr formulierten. So zog sich die Konfrontation weiter hin und nahm mehr und mehr den Charakter einer lähmenden gegenseitigen Blockade an.

Als El'cin schließlich den entscheidenden Schritt zu ihrer Aufhebung tat, konnte niemand überrascht sein, aber jeder erschrak angesichts der Unwägbarkeit des Ausgangs. Per Dekret löste der Präsident am 21. September 1993 den Volksdeputiertenkongreß und den Obersten Sowjet auf. Zweifellos verstieß dieser Akt gegen die gültige Verfassung. El'cin konnte sich lediglich darauf berufen, zum Präsidenten neuer Art gewählt worden zu sein, der nicht Teil der alten Verfassung war und geradezu den Auftrag erhalten hatte, deren Reste zu beseitigen. Nur eine wirkliche, akzeptierte Konstituierende Versammlung – eine im Juni einberufene Konferenz verdiente diesen Namen nicht, weil sie nur noch Korrekturempfehlungen geben konnte – hätte den Konflikt in verfassungsrechtlich einwandfreier Form lösen und Blutvergießen vermeiden können. So aber war der gordische Knoten nur in einer Weise zu durchschlagen, die rechtlich einem Staatsstreich gleichkam – und das sozialistische Regime endgültig so beendete, wie es begonnen hatte.

Erneut wird man sich hüten, die folgende gewaltsame Auseinandersetzung für unvermeidlich zu erklären. Aber sie war nach einem solchen Akt wahrscheinlich. Nicht zuletzt El'cin hatte dies vorausgesehen und den entscheidenden, im staatsrechtlichen Sinne eigentlich revolutionären Akt von langer Hand vorbereitet. Dafür spricht ein Dekret vom 27. September, das die regionalen Verwaltungen der Russischen Föderation dem Ministerrat in Moskau unterstellte – war es doch wahrscheinlich, daß die Haltung der Gebietsregierungen von erheblicher Bedeutung sein würde. Dennoch kam die Eskalation der *Gewalt am 3. und 4. Oktober 1993* unerwartet. Daß sich auch die Gegenseite vorbereitet und – bezeichnend für die hinter ihr stehenden Kräfte – ausgebildete Kämpfer für einen regelrechten Militärputsch aus dem ganzen Land zusammengezogen hatte, war offensichtlich eine böse Überraschung. Die Eroberung des Moskauer Bürgermeisteramtes und der blutige Sturm auf die Fernsehstation Ostankino durch die Verbände des «Weißen Hauses» am 3. Oktober machte den Einsatz von Panzern und schweren Waffen nötig. Eigentlich hätten dazu vor Ort befindliche Sondereinheiten des Innenministeriums ausgereicht. El'cin entschied sich jedoch – aus welchen Gründen, ist noch ungeklärt – dafür, die reguläre Armee um Hilfe zu bitten. Ca. 1300 Mann wurden aus der Umgebung nach Moskau beordert, wo sie gegen 22.30 Uhr eintrafen. Allem Anschein nach gab es aber noch keinen Einsatzbefehl. Erst um dieselbe Zeit fällte eine Generalsversammlung im Verteidigungsministerium in Anwesenheit des Präsidenten den definitiven Beschluß, das Weiße Haus mit Gewalt zu nehmen. Die Beschießung begann am Morgen des 4. Oktober. Am Abend brannte das Gebäude, das zwei Jahre vorher zum Symbol des Widerstandes gegen die Putschisten und der Hoffnung auf ein neues, demokratisches Rußland geworden war. Als Chasbulatov und Ruckoj mit erhobenen Händen auf die Straße traten, ging die «fünfte russische Revolution» zu Ende. Trotz der Befriedigung, die der Präsident über den Ausgang empfinden mochte, hatte er keinen Grund zu wirklicher Freude. Der Sieg war teuer erkauft – mit dem Blut Unschuldiger, vergossen im ersten bürgerkriegsähnlichen Kampf der Wende, und mit einer Bringschuld gegenüber dem rettenden Helfer, der Armee.[6]

Dem ersten Schritt mußte, schon um seiner Rechtfertigung willen, der zweite folgen. El'cin hatte die Auseinandersetzung im Namen einer neuen Verfassung und ihr entsprechender *Neuwahlen* gesucht. Diese fanden am 12. Dezember 1993 statt und wurden mit einem Volksentscheid über die (im Vorgriff angewandte) Verfassung verbunden. Die Russische Föderation sollte fortan neben dem Präsidenten von einer zweikammerigen «Bundesversammlung» regiert werden. In den «Föderationsrat» entsandten die 89 «Föderationssubjekte» (Republiken, Regionen [*kraj*], *oblasti*, große Städte u. a.) «je einen Vertreter der exekutiven und legislativen Gewalt»; für die erste, auf zwei Jahre verkürzte Legislaturperiode wurde er ausnahmsweise gewählt. Die «Staatsduma» (programmatisch erneut mit einem altrussischen Begriff für «Rat» benannt, den auch das vorrevolutionäre Parlament der Jahre 1906–1917 trug), bestehend aus 450 Abgeordneten, setzte sich nach einem «gemischten Wahlrecht» zusammen: Eine Hälfte wurde in Wahlkreisen – analog zum deutschen Wahlrecht – direkt, die andere gemäß dem proportionalen Stimmenanteil für die Partei- bzw. Wählervereinigungslisten gewählt. Für die Direktkandidatur waren mindestens ein Prozent der Stimmen eines Wahlkreises nötig. Parteien und Wahlblöcke mußten 100 000 Unterschriften vorweisen, um antreten, Listen mindestens 5 % der abgegebenen Stimmen auf sich vereinen, um in die Duma einziehen zu können; direkt gewählte Abgeordnete zogen in jedem Fall ein.

Für die Zukunft entscheidend war indes die Verteilung der Macht zwischen Exekutive und Legislative. Sie entsprach nach dem Ausgang der Kraftprobe ganz und gar El'cins Wünschen, dessen Entwurf der Bevölkerung im wesentlichen unverändert vorgelegt wurde. Demnach verankerte die *neue Verfassung* ein Präsidialsystem, das zwar noch wie das französische oder polnische eine eigene Regierung vorsieht, aber in der Machtfülle des Präsidenten durchaus jene ‹ersatzmonarchischen› Elemente aufweist, die man dem amerikanischen nachsagt. Der *Präsident* leitet die Kabinettssitzungen, bestimmt die Grundlinien der Innen- und Außenpolitik, kann Gesetzesvorlagen in die Duma einbringen, ist Oberbefehlshaber der Streitkräfte, wacht über die Einhaltung der Verfassung, beraumt die Wahlen an und kann die

Bevölkerung zu einem Referendum aufrufen. Er darf die Staatsduma – allerdings nicht den Föderationsrat – auflösen. Dazu ist er berechtigt, wenn diese seinen Kandidaten für das Amt des Premierministers dreimal ablehnt, wenn sie dem Regierungschef das Mißtrauen ausspricht und dies, falls der Präsident das Amt nicht neu besetzt, innerhalb von drei Monaten wiederholt und schließlich, wenn der Premier um ein Vertrauensvotum bittet, es aber nicht erhält. Dementsprechend geringer fielen die Rechte der Staatsduma und des Föderationsrats aus. Die *Duma* beschließt mit einfacher Mehrheit über alle Gesetze, kann mit zwei Dritteln ihrer Mitglieder ein Veto des Föderationsrats überstimmen, kann mit zwei Dritteln ihrer Stimmen einen Einspruch des Präsidenten zurückweisen, falls der Föderationsrat dies mit gleicher Mehrheit unterstützt, muß den Vorschlag des Präsidenten für das Amt des Ministerpräsidenten billigen (nicht aber für die einzelnen Minister), kann der Regierung das Mißtrauen aussprechen, sie aber nicht absetzen, kann ein Verfahren zur Amtsenthebung des Präsidenten anstrengen und mit Zweidrittelmehrheit (zusammen mit drei Vierteln der Stimmen des Föderationsrates) eine Verfassungsänderung vornehmen. Der *Föderationsrat* beschließt mit der Mehrheit seiner Mitglieder ebenfalls über Gesetzesvorlagen, hat wie die Duma und der Präsident Initiativrecht, muß die Verhängung des Ausnahmezustandes durch den Präsidenten bestätigen, entscheidet über den Einsatz russischer Truppen im Ausland, führt ein Verfahren zur Amtsenthebung des Präsidenten durch und ernennt die höchsten Richter auf Vorschlag des Präsidenten. Dem in allen Demokratien praktizierten Grundsatz der Gewaltenteilung folgend, sieht die neue russische Verfassung die Unabhängigkeit der *Justiz* vor. Richter werden für unabsetzbar und unverletzlich erklärt, Sondergerichte ausdrücklich ausgeschlossen. Alle Verhandlungen müssen öffentlich sein. Für die verbindliche Auslegung der Verfassung ist ein Verfassungsgericht zuständig. Sehr knapp ist im ansonsten umfangreichen Verfassungstext der Abschnitt über die «örtliche Selbstverwaltung» geraten. Immerhin werden die grundsätzliche Selbstbestimmung und demokratische Funktionsweise der entsprechenden Gremien festgeschrieben. Im übrigen geben sich die souveränen «Subjekte» ihre eigenen Verfassungen. Ein gesondertes, langes Kapitel widmet die Verfassung schließlich den «Rechten und Freiheiten des Menschen und Bürgers», die inhaltlich den analogen Passagen aller demokratischen Verfassungen seit der Amerikanischen Revolution entsprechen und erstmals Eingang in ein russisches Staatsgrundgesetz fanden.[7]

Die Dumawahl vom 12. Dezember 1993 selbst markierte die wohl tiefste Zäsur der russischen Nachkriegsgeschichte. Darüber hinaus hinterließen auch ihre Einzelergebnisse tiefe Spuren in der Chronik der Übergangszeit. Offenbar trafen sie die Reformer wie ein Blitz aus heiterem Himmel. Noch ein Dreivierteljahr zuvor hatte sich eine – wenn auch knappe – Mehrheit für El'cin und seine Wirtschaftspolitik ausgesprochen. Nun versetzte der souveräne Wähler dem Präsidenten, der zwar nicht selbst zur Wahl stand, dessen Sympathien aber kein Geheimnis waren, eine schallende Ohrfeige. 140 (!) Gruppen und Grüppchen erhielten das Recht zur Aufstellung von Listen; die Wahlkommission ließ 13 Listen mit Vertretern von elf Parteien und sieben Bewegungen zu, die sich zu dreizehn Blöcken zusammenschlossen. Diese ließen sich bei allen Unterschieden drei Lagern zuordnen: dem demokratischen, den Präsidenten unterstützenden; dem nationalistisch-kommunistischen mit der russischen Nachfolgeorganisation der KPdSU und einer neuen rechtsextremen Partei; und dem zentristischen, stark von einstigen und neuen Unternehmensdirektoren geprägten. Bei 105 Mio. Wahlberechtigten und einer Wahlbeteiligung von nur 54,8 % (laut offiziellem Ergebnis vom 25. Dezember) entfielen auf die drei Parteien des demokratischen Blocks ganze 30 % der Stimmen – die meisten davon auf *Rußlands Wahl* des ehemaligen Premierministers Gajdar –, auf die vier Parteien des zentristischen Blocks 23,6 % und auf die drei Parteien des nationalistisch-kommunistischen Blocks 36,7 %, darunter 14,2 % auf die rechtsextremen «Liberaldemokraten» von V. V. Žirinovskij, der unerwartet als Sieger aus den Wahlen hervorging. So führte kein Weg an der Einsicht vorbei, daß die Wähler *gegen* Reformen und die neue Ordnung, aber für nationalistische Parolen zur Wiederherstellung alter Größe sowie für die Repräsentanten des untergegangenen Regimes votiert hatten.

Auch das Referendum über die Verfassung konnte über diesen herben Rückschlag nicht hinwegtrösten. Laut amtlicher Zählung stimmten ihr zwar 58,4 % der Wähler bei einer Wahlbeteiligung von 54,8 % zu. Aber das in den Wendejahren (Oktober 1990), als die Volksbefragung ihren Höhepunkt erlebte, festgelegte Quorum der Hälfte aller 105 Mio. Wahl*berechtigten* wurde verfehlt. Da der Präsident weitsichtig genug gewesen war und bei der Anberaumung dieses letzten Plebiszits (Mitte Oktober 1993) die bloße Mehrheit der *Wähler* für ausreichend erklärt hatte, konnte er die Verfassung dennoch in Kraft setzen. So erblickte auch das neue, demokratische Rußland mit einem Geburtsfehler das Licht der Welt: Nur 30,7 % der Wahlberechtigten stimmten für seine Gründungsurkunde, und ein Präsident hob es aus der Taufe, der seine Herrschaft immer enger an das Militär band.[8]

Was seither geschehen ist, entzieht sich in noch höherem Maße einer empirisch gesicherten Beschreibung als die vorangegangenen Geschehnisse. Äußerlich scheint Rußland, zumindest im Vergleich zu den Wendejahren, wieder einigermaßen zur Ruhe gekommen zu sein. Weder Demonstrationen noch Referenden reißen die Bevölkerung aus einem Alltag, der den meisten nach wie vor große Entbehrungen abverlangt. Die wirtschaftlichen Veränderungen sind unauffälliger, schockierende Maßnahmen seltener geworden, vielleicht, weil man die schmerzlichsten (wie die Freigabe der Preise) schon hinter sich hat. Die politische Auseinandersetzung hat sich in die Gremien und Medien zurückgezogen – mit Ausnahme des *einen*, allerdings trauma-

XII. Rußland auf dem Wege zur Demokratie? (1991–1996)

tischen Ereignisses: des Krieges gegen die tschetschenische Republik, die es gewagt hatte, ihren Austritt aus der Russischen Föderation zu erklären. Offensichtlich meinte die russische Führung, ein Exempel statuieren zu müssen, als sie der Armee Anfang Dezember 1994 den Marschbefehl erteilte. Damit tat sie eben das, was die sowjetische Führung der *perestrojka* weder wagte noch vermutlich je ernsthaft erwog. Der grausam geführte Krieg Goliaths gegen David entpuppte sich als ähnliche Katastrophe wie das Afghanistan-Abenteuer. Nach mehreren einschlägigen Zusagen und langwierigen Verhandlungen zogen sich die russischen Truppen schließlich Ende 1996 zurück. Warum El'cin sich auf das sinnlose Blutbad einließ, ist noch ebenso unbekannt wie die Bilanz an Opfern und materiellen Verlusten. Der Verdacht liegt aber nahe, daß er damit auch die Bringschuld leistete, die seit der Hilfe der Armee in den Oktobertagen 1993 offenstand.

Mit Spannung hat die ganze Welt auf die zweite Dumawahl am 17. Dezember 1995 sowie vor allem auf die erste Präsidentenwahl vom 16. Juni/ 3. Juli 1996 geblickt. Zu Recht galten sie als eigentliche Bewährungsproben für die Stabilität und Akzeptanz der neuen Verfassung und *politischen* Ordnung. Äußerlich und formal hat Rußland den Test zweifellos bestanden. Beide Wahlen verliefen trotz erheblicher Polarisierung der Gesellschaft und aufgepeitschter Emotionen friedlich und regelkonform. Zum Stichtag im Dezember stellten sich auf der Grundlage eines neuen Wahlgesetzes vom 21. Juni 1995 erstmals für die volle Legislaturperiode von vier Jahren 43 Parteien und Wählervereinigungen. Die Wahlbeteiligung lag zur Überraschung mancher Beobachter mit 64,3 % um 9,5 % *über* der entsprechenden Quote vom Dezember 1993. Vier Parteien übersprangen die Fünfprozenthürde und zogen in die Duma ein. Klarer Wahlsieger war die Kommunistische Partei mit 22,3 % der Stimmen; ihr folgten die rechtsradikalen «Liberaldemokraten» Žirinovskijs mit 11,18 %. Die ‹Partei der Macht› um den Ministerpräsidenten Černomyrdin, zugleich dem Präsidenten nahestehend, erhielt 10,13 % *(Unser Haus Rußland*, NDR), die demokratische Opposition um den Wirtschaftsreformer Javlinskij 6,89 % *(Jabloko)*. Über die Direktwahl erhielten weitere Parteien und Gruppen Sitz und Stimme, die den genannten zum Teil zuzuordnen sind, zum Teil einen eigenen Block bilden. Insgesamt verfügen Kommunisten, Nationalisten und die ihnen verbundenen «Agrarier» über 52,2 % der Sitze in der Staatsduma, ‹zentristische› Gruppen über 17,5 %, das Regierungslager über 12,2 %, die Demokraten über 10,2 % und «Unabhängige» über 7,8 %. Der Block linker und rechter Extremisten kann mithin Gesetze verabschieden, der Regierung das Mißtrauen aussprechen und eine Vertrauensfrage ablehnen – wenn er denn einig ist (Quorum 50 %). Freilich bedürfen die Gesetze einer ebensolchen Mehrheit im (nicht gewählten) Föderationsrat. Vor allem aber reicht die Mehrheit für das Wichtigste *nicht* aus: das Veto des Präsidenten oder des Föderationsrats zu überstimmen. So mag sich denn der Leitgedanke tatsächlich zum

Segen Rußlands auswirken, der bei der Ausarbeitung der Verfassung Pate stand: daß nur eine starke Exekutive in der Lage sei, das Land durch die Turbulenzen einer längeren und schwierigen Übergangszeit zu steuern.[9]

Um so größere Bedeutung kam der Präsidentenwahl vom Juni 1996 zu. Gesundheitlich angeschlagen, bereitete sich El'cin geschickt und mit der ihm eigenen Bedenkenlosigkeit auf die Entscheidung vor: Unmittelbar nach der Niederlage in den Parlamentswahlen entließ er die letzten seiner Minister und Berater aus den ersten Jahren der neuen Ära. Sie standen im Ruf radikaler Reformer und schienen zur nationalkommunistischen Stimmung der Bevölkerungsmehrheit nicht mehr zu passen. Der Macht Personen und Prinzipien opfernd, spielte El'cin hoch – und gewann. Im ersten Wahlgang erreichte er 35,3 % der Stimmen gegenüber 32,0 % für seinen schärfsten Rivalen, den Vorsitzenden der Kommunistischen Partei G. A. Zjuganov. Als ihm danach noch der äußerst geschickte Schachzug gelang, den Überraschungssieger der ersten Runde, den General A. I. Lebed, für das Amt eines Sekretärs des Sicherheitsrats zu gewinnen und damit einen erheblichen Teil der für diesen abgegebenen 14,5 % der Stimmen auf sich zu ziehen, war der Ausgang der Stichwahl vom 3. Juli entschieden: El'cin versammelte 53,8 % der Stimmen auf sich, Zjuganov nur 40,3 %. Das nichtkommunistische Rußland und die westliche Welt atmeten auf. Zweifellos wird diese Wahl als Bestätigung des Untergangs der Sowjetunion in die Geschichte eingehen. Die Folgen eines anderen Ausgangs wären kaum auszudenken, innerer und äußerer Krieg (etwa mit den baltischen Republiken oder der Ukraine) nicht auszuschließen gewesen. Die Jungen und die Städter in den industrialisierten Regionen des Zentrums um Moskau und St. Petersburg, des Ural und Sibiriens setzten sich durch gegen die Älteren und eher auf dem Lande Siedelnden im «roten Gürtel» südwestlich bis südöstlich von Moskau sowie im gesamten Süden. Sie bestätigten die Transformation als solche und gaben El'cin eine Chance, sie gegen nationalkommunistische Nostalgie fortzusetzen. Zugleich installierten die Wähler aber ein mehrheitlich anders orientiertes Parlament. Dies verweist zum einen auf die Spaltung der russischen Gesellschaft, zum anderen auf den prinzipiellen Charakter der Entscheidung bei der Präsidentenwahl, daneben aber gewiß auch auf die Bedeutung der Personen und den Einfluß des präsidialen Apparates. Zumal seit der schnellen Entlassung Lebeds hat die Deutung vieles für sich, daß die «Partei der Macht» und ihre Klientel ‹neuer›, reicher ‹Russen› als eigentliche Sieger aus der Abstimmung hervorgingen. Auch die Juniwahl hat weniger die Demokratie gestärkt als die ohnehin ausgeprägte Tendenz zu einem autoritären Präsidialsystem.[10]

Nicht zuletzt deshalb bleibt die Kernfrage weiter offen: ob Rußland nun im dritten Anlauf (wenn man die Revolutionen von 1905/06 und vom Februar 1917 mitzählt) den Weg zur Demokratie mit Aussicht auf Erfolg eingeschlagen hat. Rein formal wird man nach Maßgabe der geschriebenen Verfassung zu einer positiven Antwort kommen. Alle Organe wurden ordnungsgemäß gewählt und üben ihre vorgeschriebenen Aufgaben aus. Dennoch stimmt es skeptisch, daß die Duma im politischen Entscheidungsprozeß eine offensichtlich zweitrangige Rolle spielt. Als Hauptursache dafür kommt immer noch ein uraltes Merkmal des öffentlichen Lebens in Rußland in Betracht, das schon die Demokratisierung im ausgehenden Zarenreich lähmte und nach dem Oktoberumsturz nicht beseitigt, sondern durch das Einparteiensystem im Gegenteil gefestigt wurde: die mangelnde freie, interessen- und ideengeleitete Selbstorganisation der Gesellschaft. Anders als die ostmitteleuropäischen und baltischen Staaten, die auf die Vorkriegszeit zurückgreifen können (auch wenn die damaligen Demokratien, was heute gern übersehen wird, mit der bezeichnenden Ausnahme der ČSR sämtlich in autoritäre Regime abglitten), hat sich in Rußland kein annähernd gefestigtes Parteiensystem entwickelt. Es gibt zahllose Gruppen, die auf einem Sofa Platz haben (‹Divan›-Parteien), daneben als einzige mitgliederstarke, organisierte Partei im westlichen Sinne die Erbin der alten KPdSU. Die KPRF lebt allerdings ebenso von einem eher diffusen Protest gegen die Umwälzung wie – in höherem Maße, wenn nicht ausschließlich – die rechtsextremen Liberaldemokraten. Durch materielle Interessen an die neue Ordnung gebunden sind im wesentlichen nur die neuen Unternehmer und Manager. Sie halten sich nicht zufällig eher an den Präsidenten als an ‹seine› Partei, die ohne ihn kaum existieren würde. Zwischen Macht und rückwärtsgewandter Opposition schrumpfen die ‹radikalen› Demokraten weiter zu einem Fähnlein gewiß aufrechter, aber parlamentarisch wenig einflußreicher, primär im städtischen Milieu verwurzelter Intellektueller.

So spricht vieles dafür, das dominante Merkmal des politischen Prozesses im gegenwärtigen Rußland nicht in der Bündelung und Artikulation gesellschaftlich-öffentlicher Meinungen durch Parteien zu sehen, sondern in der Durchsetzung der Vorstellungen und Interessen des Präsidenten und seiner Klientel aus Repräsentanten vor allem der wirtschaftlichen, militärischen und bürokratischen Elite. Die Demokraten der Wende sind – soweit sie nicht gehen mußten – zu Praktikern der Macht mutiert, deren programmatisches Profil kaum mehr erkennbar ist. Sie wollen nicht zurück zur alten Ordnung. Aber wohin sie streben, bleibt unklar. Fürs erste eint sie der Wunsch, dort zu bleiben, wo sie sind. Ihre Zusammengehörigkeit scheint in der Tat eher auf hierarchischen Positionen und persönlichen Verbindungen zu beruhen als auf gemeinsamen inhaltlichen Orientierungen. Insofern liegt die Vermutung nahe, daß der ‹obrigkeitliche› Übergang von der Sowjetunion zum neuen Rußland auch in dieser Hinsicht unter der Oberfläche mehr Kontinuität zu wahren half, als formal und äußerlich sichtbar wird. Die *nomenklatura* ist tot, aber die Klientelpolitik lebt. Ob regionales Selbstbewußtsein Abhilfe bringen und das Zentrum gleichsam erst über die Peripherie wirklich demokratisiert werden kann, wie manche meinen, wird man nicht ausschließen wollen. Es gibt neues Leben in der Provinz; aber das Zentrum hat es bisher noch nicht verändert.[11]

Woran scheiterte der Sowjetsozialismus?

Für das Ende der Sowjetunion hat sich bis heute keine allgemein akzeptierte Deutung durchgesetzt. Was im Endergebnis revolutionäre Qualität gewann, verlief anders bei ‹anerkannten› Präzedenzfällen eines so bezeichneten Umbruchs. Dennoch gingen die Ereignisse über eine Reform ebenso weit hinaus wie über die bloße Sezession der Teile, die vom Ganzen nichts mehr übrig ließ. Außer Frage stehen aber zwei Befunde. Zum einen markiert der Zusammenbruch eine Zäsur von – der Begriff sei trotz seines inflationären Gebrauchs in den letzten Jahren erlaubt – historischer Dimension. Dabei sollte man ihn nicht auf ein Ereignis festlegen. Auch wenn die Geschehnisse vom August 1991 herausragen, vollzog er sich als Folge vieler Einzelschritte. Das gilt nicht nur im trivialen Sinn, daß jedes Ereignis einen Vorlauf und eine Nachwirkung hat, sondern auch im Sinne der Summe exponierter und konzentrierter Vorgänge – vom Sturz der ostmittel- und südosteuropäischen Satellitenregime im Herbst 1989 über die formelle Auflösung der Sowjetunion Ende 1991 bis zu den Oktoberunruhen 1993 und den nachfolgenden Wahlen samt der Annahme einer neuen Verfassung am 12. Dezember. So gesehen war die Demission des Sowjetstaates in derselben Weise ein Prozeß wie seine Entstehung zwischen dem Oktoberumsturz 1917 und dem Ende des Bürgerkriegs 1921.

Zum anderen verlief diese säkulare Entwicklung erstaunlich gewaltlos. Die vielzitierte Formel von der ‹samtenen Revolution› traf in der gemeinten pointierten Verdichtung auch auf die sowjetischen Geschehnisse zu, wenn man sie mit Vorgängen ähnlicher Tragweite vergleicht. Die Französische Revolution – und auf diese historische Ebene darf man sie vorerst heben – endete im Terror und der Kanonade von Valmy, die den gesamten alten Kontinent in Schutt und Asche legte; die Russische Revolution selbst war bei allen langfristigen Ursachen vom Ersten Weltkrieg und dem nachfolgenden Bürgerkrieg nicht zu trennen; die Chinesische Revolution zog ihre entscheidende Durchsetzungskraft aus der langjährigen kriegerischen Abwehr der japanischen Invasion – nur die Sowjetunion dankte mitten im Frieden ohne äußere und bei minimaler innerer Gewaltanwendung sang- und klanglos ab. Sie stürzte zusammen wie das sprichwörtliche Kartenhaus, implodierte gleichsam, statt zu explodieren. Auch der Hinweis auf den obrigkeitlichen Charakter dieser Demontage hilft als Erklärung nicht weiter: Die ‹Stalinsche Revolution›, die ‹Meji-Restauration› im Japan der 1860er Jahre oder andere autoritäre Transformationen stärkten allesamt den Staat und seine Herrschaft, vernichteten sie aber nicht. Auch in dieser Perspektive bleibt der Zusammenbruch der Sowjetunion singulär. Da er zugleich das Ende des Sowjet*sozialismus* in- und außerhalb Rußlands markierte, versteht sich die Annahme eines unauflöslichen Zusammenhangs von selbst. Mit dem Staat ging ein System unter, das den Anspruch erhob, die Evolution der sozioökonomischen und politischen Verfassung des menschlichen Zusammenlebens samt der ganzen Weltgeschichte zu vollenden. Der Versuch einer Erklärung muß beide Aspekte berücksichtigen. Dabei stellt sich heraus, daß auch der ‹Ort› nicht außer Betracht bleiben kann: Der sozialistische Rätestaat wurde in *Rußland* errichtet, von wo er sich über das Territorium des alten Imperiums und nach dem Zweiten Weltkrieg über Ostmittel- und Teile Südosteuropas ausbreitete. Die Sowjetunion entstand aus Sowjet*rußland*, war ohne diesen Kern (und die Ukraine) nicht zu denken und brach nicht zufällig in dem Augenblick endgültig zusammen, als Rußland eigene Wege ging (und auch die Ukraine nicht mehr dabei sein wollte). Was sich zwischen 1985 und 1993 vollzog, war neben der national-regionalen Abspaltung vor allem der Untergang des *sozialistischen* Experiments auf *russischem* Boden. Seinen Ursachen gelten die Fragen, die seither nicht nur die einschlägige historische Forschung bewegen.

Aus Gründen der systematischen Übersichtlichkeit, nicht unbedingt inhaltlicher Eigenständigkeit, empfiehlt es sich, drei Gruppen wahrscheinlicher Ursachen zu unterscheiden, die man der Einfachheit halber als *sozialistische*, *russische* und *extern-globale* bezeichnen könnte.

Schon in den Anfängen der Debatte – denn die wissenschaftliche Auseinandersetzung hat soeben erst begonnen – zeichnet sich ab, daß über die grundlegenden Strukturschwächen des *Sozialismus* am ehesten Konsens besteht. Dies gilt zunächst für jenes Dauerproblem, das die Sowjetunion zu kaum unterbrochenen Reformen verschiedenster Art, einschließlich der *perestrojka*, zwang: den Mangel an *wirtschaftlicher Leistungsfähigkeit*. Seit der endgültigen Liquidierung des Marktes durch die Aufkündigung der NĖP reichte die Einsatzbereitschaft der zu Staatsangestellten nivellierten Arbeitskräfte in Stadt und Land nicht mehr aus, um die enormen Ressourcen des Riesenreiches leidlich effektiv zu nutzen. Der brutale Krieg gegen das Dorf trug ein übriges dazu bei. Es war bezeichnend, daß die Zwangskollektivierung ihr ökonomisches Ziel nur dadurch halbwegs erreichte, daß der Staat sich zu einem Kompromiß bereitfand: zur Duldung eben jener privaten ‹Nebenerwerbswirtschaft›, die vom Prinzip her nicht hätte sein dürfen und doch zur hauptsächlichen Lebensgrundlage der Bauern wurde. Insofern fixierte die Kolchosordnung von 1935 das Problem *in nuce*: Das sozialistische Glaubensbekenntnis schrieb den Kollektivismus auch im Wirtschaftsleben vor, aber zur Sicherung eines Mindestmaßes an Ertrag mußte auch Stalin den nunmehrigen Landarbeitern einen Rest an privater Produktion belassen. Genau besehen konnte man die Funktions*un*tüchtigkeit der *petitio principii* des gesamten Staates nicht deutlicher zum Ausdruck bringen: Ideologie und Realität, Theorie und Praxis standen in *unaufhebbarem* Gegensatz zueinander. Ihn zu ignorieren und durch zahllose, vergebliche Reformen überbrükken zu wollen, war die Lebenslüge des Sowjetsozialismus.

Freilich setzte sich diese Erkenntnis erst langsam durch. Auch die Verspätung verlangt nach einer Erklärung, da man über den unerwarteten und schnellen Untergang der Sowjetordnung ihre Stabilität und Dauer nicht vergessen sollte. Für die fünfziger Jahre läßt sich als eine Ursache die psychologische Nachwirkung des Krieges anführen. Die Anspannung des Wiederaufbaus und die Genugtuung über den Erfolg verdrängten alle Kritik, zumal Chruščev eine Erneuerung von Grund auf versprach. Dies änderte sich im Laufe der sechziger Jahre. Zugleich vermochten die neuen Kremlherren Brežnev und Kosygin aber für eine vielfach bezeugte Hebung des Lebensstandards zu sorgen, die dem Regime zugute gehalten wurde und massenhafter Unzufriedenheit vorbeugte. Hinzu kam eine Begünstigung der *nomenklatura*, die ähnliches in den unteren Parteirängen bewirkte und die Opposition vollends auf den kleinen Kreis der regimefernen *intelligencija* reduzierte. Erst als die «Stabilität der Kader» sichtbar in tatenlosen Privilegiengenuß ausartete und der materielle Aufschwung der Allgegenwart des Mangels wich, fand die Diagnose einer strukturellen Unzulänglichkeit der sozialistischen Wirtschaftsordnung zunehmende Resonanz. Es war die *Normalisierung* in Verbindung mit wachsenden Anforderungen an die *Produktivität* und *Qualifikation* der Arbeitskraft, die immer breiteren Bevölkerungskreisen das Versagen der zentralen Staats- und Kommandowirtschaft vor Augen führte.

Dies schließt die Behauptung vorheriger Leistungen ein. In der Tat wird man den Erfolg der Stalinschen Industrialisierung im schlichten faktischen Sinne nicht leugnen können. Wie hoch der Preis an Menschenleben und verschwendeten materiellen Ressourcen auch immer war, die Dynamik dieser Entwicklung suchte ihresgleichen. Dies festzustellen, bedeutet schon mangels kontrafaktischer (durch jüngste Computersimulationen nicht wirklich ersetzbare) Vergleichsmöglichkeiten weder eine positive Würdigung noch eine abwägende ‹Gegenrechnung›, sondern nur den Hinweis auf – soweit es sie gibt – objektive Ergebnisse. Die bekannte These vermag zu überzeugen, daß die Chance zur Bündelung aller Produktionsfaktoren einschließlich der menschlichen Arbeitskraft *vorübergehend* ein hohes, extensives Wachstum erlaubte, auf Dauer aber die *Nach*teile des um ihretwillen begründeten Systems überwogen. Mit anderen Worten: Die allumfassende Planwirtschaft, wie sie seit der Zwangskollektivierung bestand, war in der Lage, die vielzitierte russische Rückständigkeit in einer enormen Kraftanstrengung vergleichsweise schnell zu verringern; aber sie erwies sich als ungeeignet, die effiziente Nutzung der Ressourcen durch permanente technische, organisatorische und sonstige Innovation sicherzustellen. Sie eignete sich für die *Ausnahme*situation eines ‹großen Sprungs› nach vorn, nicht jedoch als *Dauer*einrichtung. So gesehen trat ihre unheilbare Schwäche nicht ohne Grund in dem Maße zutage, wie die außerordentlichen, intern und extern begründeten Anforderungen schwanden. Es zeigte sich, daß die eigentliche Bewährungsprobe nicht in kurzfristigen Höchstleistungen (die nicht mit Bestleistungen zu verwechseln sind) bestanden, sondern in der Fähigkeit zur kontinuierlichen Aufgabenerfüllung einschließlich der Behauptung auf dem Weltmarkt.

Obwohl ökonomisches Versagen jede moderne politische Ordnung untergräbt, spricht vieles dafür, daß die Sowjetunion besonders tief von der wirtschaftlichen Dauerkrise getroffen wurde. Dazu gibt vor allem die Frage der *Zurechnung* Anlaß: So wie ein kriegführender Monarch nicht gut beraten ist, den Oberbefehl und damit die Verantwortung für alle Niederlagen zu übernehmen, so rächte es sich für die Sowjetordnung, daß sie mit der Verstaatlichung nicht nur die Selbstregulation der Wirtschaft, sondern auch die Selbstverantwortung liquidierte. Seit Beginn der Planwirtschaft und der nachfolgenden Zwangskollektivierung mußte der Staat unmittelbar für ökonomische Krisen und Schwächen geradestehen. Es war die Kehrseite der Aufhebung der ‹Marktanarchie›, daß diese – anders als noch die Mischordnung der NĖP – nicht mehr als Entschuldigung taugte. Wer prinzipiell uneingeschränkt dirigieren konnte, mußte es sich gefallen lassen, ebenso uneingeschränkt für das Resultat haftbar gemacht zu werden. Erst dieser, für totalitäre Systeme in einem deskriptiven Sinn (ohne Zwangskonnotation mit der Totalitarismustheorie, aber von anderen Diktaturen unterschieden) bezeichnende Zusammenhang vermag hinreichend verständlich zu machen, warum sich der wirtschaftliche Strukturdefekt zum schleichenden Legitimationsverfall der Gesamtordnung ausweitete.

Dieser trat um so eher ein, als die Partei von Anfang an den Anspruch erhob, im *alleinigen* Besitz der Wahrheit zu sein. Wo die Wirtschaft über die Partei – die ihrerseits den Staatsapparat beherrschte – auch noch mit dem Weltgeist verknüpft war, gab es erst recht keine Flucht mehr vor der Rechtfertigung zunehmend offensichtlicher Defizite. Eben diese ‹pufferlose› Schicksalsgemeinschaft aller Bereiche gesellschaftlicher Aktion und Artikulation summierte sich zu jener Starrheit, die der Sowjetordnung und gleichartigen Systemen schließlich zum Verhängnis wurde. Manche Autoren wollen dies *ex post* schon lange vorhergesehen haben. Soweit solche Behauptungen mit Sympathien für totalitaristische Prämissen über die Omnipotenz staatlich-parteilicher Macht einhergehen, spricht wenig für ihre Richtigkeit, weil eben die erdrückende politische Macht in dieser Perspektive jede Opposition zur Wehrlosigkeit verdammte. Wo sie aber aus funktionalistisch-modernisierungstheoretischen Grundannahmen erwuchsen, sind sie wesentlich plausibler. Bislang ist kein überzeugendes Argument gegen die These vorgebracht worden, daß ein ‹monokratisches› System zu inflexibel werde, um auf äußere und innere (in der Regel von ihm nicht steuerbare) Veränderungen noch angemessen reagieren zu können. In dieser Sicht glich die Sowjetunion wie alle ähnlichen Systeme nicht unbedingt einem ‹hohlen Riesen› und auch keinem ‹Koloß auf tönernen Füßen› (wie Liberale des 19. Jahrhunderts das ‹reaktionäre› Rußland Nikolajs I. nannten), sondern starren Ästen, die der Sturm leicht brechen kann, während biegsame Halme ihm nachgeben, aber eben dadurch standhalten.

Freilich gehört zu den systemspezifischen Untergangshypothesen auch jene Überlegung, die den Kern des Übels in der sozialistischen Utopie sucht. Der Gedanke ist ebenfalls nicht neu, hat aber in der Debatte über den Verfall der Sowjetunion seit der *perestrojka* neue Popularität gewonnen. Dabei bleibt es weitgehend unerheblich, ob man (wie M. Malia) die Gleichheitsforderung angesichts unvermeidlicher Ungleichheit, oder (mit A. S. Cipko) den Kollektivismus angesichts unauslöschlicher Individualität oder (wie M. Heller und A. Nekritsch) einfach die Vorrangigkeit des Ziels angesichts einer andersartigen Wirklichkeit verantwortlich macht. Die deutende Folgerung bleibt dieselbe: daß ideologisch vorgegebene Absichten mit dem Nachdruck staatlicher Gewalt nicht nur um jeden finanziell-materiellen Preis, sondern auch unter Mißachtung von Menschenleben durchgesetzt wurden. Die Geschichte der Sowjetunion erscheint in dieser Perspektive primär als tragischer Ausfluß einer *Ideokratie*. Letzte Ursache nicht nur für ungezähltes Leid, sondern auch für den Mißerfolg des Gesamtexperiments war die Gewißheit, den einzig richtigen Weg in die Zukunft zu kennen, verbunden mit der Entschlossenheit, ihn gegen jeden Widerstand zu verfolgen.[1]

Sicher läßt sich die Wirksamkeit dieses Faktors nicht leugnen. Besonders der Stalinismus ist ohne Rückgriff auf ideologische Motive als Begründung sowohl der Art und Weise des ‹Sozialismus›, den er errichten wollte, als auch der unmenschlichen Brutalität seiner Mittel nicht zureichend zu erklären. Modernisierungsnotwendigkeit und ideologische Utopie verbanden sich hier mit einer Kraft, die ebenfalls dazu beitragen kann, das Ausmaß an Gewalt und Terror zu verstehen. Auch im Vergleich zum Nationalsozialismus vermag die Unerschütterlichkeit der Überzeugung, aus dem einzig richtigen Weltverständnis heraus die einzig richtigen Folgerungen für die Zukunftsgestaltung ableiten zu können, bei der Frage weiterzuhelfen, wie das Regime und seine Exekutoren so zynisch mit Millionen von Menschen umspringen konnten. Deutlich weniger Erklärungskraft besitzt diese Deutung jedoch für die nachstalinistische Epoche. Letztlich ignoriert sie die Zäsur und leugnet eine *qualitative* Systemveränderung. Die Ideologie blieb in dieser Sehweise nicht nur Quelle des evolutionären Fernziels der Gesellschaft, sondern auch der konkreten Politik unter der obersten Maxime, jede Äußerung individueller Freiheit zu unterdrücken. Menschen- und Bürgerrechte konnten nicht zugelassen werden, um die Ideokratie der Monopolpartei nicht zu gefährden. Sicher trifft diese Diagnose zu. Die Frage ist nur, ob sie für die Chruščev- und Brežnev-Ära (von der *perestrojka* nicht zu reden, die gelegentlich ebenfalls eingeschlossen wird) noch das tragende Fundament der Gesamtordnung erfaßt. Manches deutet darauf hin, daß die sozialistische Utopie nicht nur verbal zur inhaltsleeren Floskel verblaßte, sondern auch aufhörte, die konkrete Politik maßgeblich zu bestimmen. In diesem Fall wäre die Diagnose der Ideokratie zwar nicht falsch, träfe aber einen eher marginalen Tatbestand und würde als hauptsächliche Ursache des Untergangs der Sowjetunion ausscheiden. Der *nervus rerum* lag nicht mehr in der Ideologie, sondern – wie in allen modernen Gesellschaften – in der Ökonomie.

Neben systemspezifischen (sozioökonomischen, politischen und ideologischen) Faktoren sind häufig auch Überhänge *russischer Tradition* für das Scheitern des ersten sozialistischen Staates der Welt angeführt worden. Dabei verfährt die analytische Trennung in der Regel durchaus künstlich. Sowohl in der Realität als auch in der Argumentation ging und geht beides Hand in Hand. Unter den zahlreichen Erbschaften, die sich als Erblasten entpuppten, verdienen folgende nicht nur, weil sie besonders oft genannt wurden, primäre Aufmerksamkeit. Schon der erste Blick lehrt, daß ein wesentlicher Kern der ökonomischen Dauerkrise der Sowjetunion bereits die zarischen Fachleute intensiv beschäftigte: die Agrarmisere. Die mangelnde Produktivität der Landwirtschaft wurde spätestens zum Problem, als um die Mitte des 19. Jahrhunderts ein demographischer Zuwachs begann. In Verbindung mit der gleichzeitigen – wie stark auch immer begrenzten und gesteuerten – Abwanderung in die Städte und der Verlagerung der Ernährungsgrundlage auf nichtagrarische Tätigkeiten setzte sie dem Industrialisierungstempo enge Grenzen. Auch wenn die jüngere Forschung das überkommene Bild eines ausweglosen Zirkels von demographischem Zuwachs und sinkender agrarischer Leistungskraft korrigiert hat, bleibt das Faktum einer verbreiteten Krise und ertragshemmender, rückständiger Produktionsmethoden bestehen. Die Revolutionäre vom Oktober 1917 übernahmen diese Hinterlassenschaft nicht nur, sondern trugen dazu bei, ihre negativen Auswirkungen weiter zu verschärfen: Mit dem Großgrundbesitz wurde eben diejenige Betriebsform beseitigt, die den größten Teil der Überschüsse für den Binnenmarkt und den Export erzeugt hatte. Erst recht führte die Zwangskollektivierung, die *unter anderem* vor diesem Hintergrund zu sehen ist, vom Regen in die Traufe. Sie begründete eine dörfliche Wirtschafts- und Sozialorganisation, die den Mangel chronisch machte und Rußland auf Dauer von einem Getreideausfuhr- in ein Getreideeinfuhrland verwandelte. Alle Versuche von Chruščev bis Brežnev, diese Leistungsschwäche im Rahmen der gegebenen Ordnung zu beheben, blieben trotz enormer Investitionen ohne dauerhaften Erfolg. So trieb der Sowjetsozialismus den Teufel mit Beelzebub aus und verfestigte eben jene Krise, der er seine Existenz maßgeblich verdankte.

Dieselbe Beobachtung gilt für den oft zitierten, weniger faßbaren, aber darum nicht weniger bedeutenden *Mangel an gesellschaftlicher Eigentätigkeit*. Seit einiger Zeit ist es besonders in dieser Hinsicht unüblich geworden, von Rückständigkeit zu sprechen, weil die Selbstgewißheit des westlichen Maßstabs verloren gegangen und die Übung des interkulturellen Vergleichs generell in Mißkredit geraten ist. Aber die Sache ist durch die Ächtung des Begriffs und durch neue methodische Wege nicht beseitigt, sondern im Gegenteil durch den Untergang der UdSSR wieder ins Bewußtsein gehoben worden: Wie die russische hat sich auch die sowjetische Gesellschaft nicht aus der Bevormundung durch den Staat lösen können. Da sich dessen Herrschaft – vor und nach 1917 – auch örtlich-regional konzentrierte, verband sich das ausgeprägte Ungleichgewicht zwischen Staat und Gesellschaft mit der Dominanz des Zentrums über die Peripherie. Unter beiden Aspekten erscheint die Kontinuität über die Revolution hinweg größer als der Bruch. Bolschewismus und Kommunismus setzten nicht nur überkommene Besonderheiten und Defizite fort, sondern beseitigten Ansätze zu ihrer Überwindung und verstärkten sie dadurch noch. Fraglos hatten die *Zemstvo*bewegung und der vorrevolutionäre Liberalismus seit den großen Reformen der 1860er Jahre die politisch-administrative Selbstorganisation der Gesellschaft auf regionaler Grundlage angestoßen. Selbstbewußtsein und Interesse an der Regelung eigener Belange nahmen endlich eine sichtbare organisatorische Gestalt an, die der russische Staat seit dem ausgehenden 18. Jahrhundert als Heilmittel für notorische Verwaltungsdefizite und den Mangel an effektiver Nutzung seiner enormen Ressourcen zu wecken versucht hatte. Die Einsicht des Aufgeklärten Absolutismus wurde nun von den Adressaten aufgegriffen, nur das Engagement der ‹Gesellschaft› könne jene sozioökonomische Dynamik auf Dauer garantieren, die zum Überleben in der modernen Welt unerläßlich ist. Daß dieser Appell auch politisch gewendet wurde, andere soziale Schichten ansprach als den gemeinten obrigkeitstreuen Adel und sich 1905 sogar gegen die Autokratie selbst richtete, widersprach ihr nicht, sondern bestätigte sie geradezu. Prinzipiell war die Forderung nach gesellschaftlicher Initiative insofern revolutionär, als sie nicht gesellschaftlich – und dieses Adjektiv meinte immer deutlicher: egalitär-demokratisch – legitimierter Herrschaft widersprach.

In dem Maße, wie die bolschewistische Parteispitze abweichende Meinungen außerhalb und innerhalb der Partei verbot, ihre Träger vertrieb, ausschloß oder gar ausrottete, machte sie auch die fragmentarische Selbstorganisation der Gesellschaft zunichte. In einem wesentlichen Kern läßt sich dieser Vorgang sogar konkret bezeichnen: Es war der Zwangsexodus der liberalen ‹Gesellschaft›, der nichtbolschewistischen Intelligenz und des durchaus vorhandenen, obgleich schmalen Besitzbürgertums, der wieder zerstörte, was sich an autochthoner politisch-sozialer Initiative entwickelt hatte. Wenn Demokratie von der aktiven Teilnahme selbstbewußter, engagierter und in jeder öffentlichen Hinsicht freier Bürger abhängt, dann waren die Vorkämpfer einer solchen Entwicklung im späten Zarenreich vor allem hier zu suchen. Es gehörte zur Aporie, um nicht zu sagen: Tragik, des Oktoberumsturzes, daß er durch die Blindheit dieser Elite gegenüber den Bedürfnissen der Bevölkerungsmehrheit in Stadt und Land möglich wurde und sie als Gegner beseitigte, zugleich aber auf sie angewiesen war, wenn er die ‹Gesellschaft› tatsächlich mit dem ‹Staat› verschmelzen wollte. Die bolschewistischen Revolutionäre sahen dies (im Gegensatz zu den menschewistischen) anders: Sie wollten ohne die liberale Elite auskommen und den neuen Staat ausschließlich auf die ‹Ausgebeuteten› in ihrer Definition gründen. Alle anderen wurden politisch durch den Entzug des Wahl- und Bürgerrechts ausgeschaltet oder gar physisch liquidiert. Entgegen dem ‹Leninaufgebot› und analogen Kampagnen zeigte sich, daß dieser Verlust an demokratischem Potential durch ‹echte Proletarier› von der Werkbank nicht zu kompensieren war. Anders als die marxistisch-leninistische Ideologie suggerierte, erwiesen sich die Arbeiter nicht als Garanten von Partizipation und Kontrolle von unten, sondern im Gegenteil als leicht manipulierbare Masse. Wenn man den Parteiführern der frühen Jahre nicht von vornherein bloße Machtgier im Namen einer fixen Idee unterstellt, erhebt sich der Vorwurf, daß sie als überzeugte Marxisten zumindest eines versäumten: aus diesen Erfahrungen die Lehre zu ziehen, daß nur die selbstbewußte Verfolgung eines individuellen, von materiellen Wünschen nicht zu trennenden und insofern auch egoistischen Interesses zu effektiver Teilnahme an legitimer Herrschaft führt.

Die stalinistische Elite konnte und wollte selbstverständlich noch weniger zur Rückgewinnung demokratischer Partizipationsrechte beitragen. Sie darf auch in dem Sinne als erste genuin sowjetische gelten, daß sie entsprechende Forderungen weder hegte noch erhob. Insofern schließt ihre Kennzeichnung als ganz überwiegend technisch-administrative den komplementären Aspekt ein: Politisch war sie gleichsam amputiert. Sie gehorchte und funktionierte, genoß nicht unerhebliche Privilegien und kam um so weniger auf den Gedanken, nichtmaterielle Wünsche anzumelden. Nach dem Wechselbad unter Chruščev wärmte auch sie sich unter den schützenden Fittichen des neuen Generalsekretärs. Ihr technisch-ökonomisches Segment zahlte dafür zwar mit dem bleibenden Verlust materieller Privilegien (der freilich andere Ursachen hatte) einen hohen Preis. Aber die Administratoren profitierten umso stärker, und die Elite insgesamt konnte sich über die Befreiung vom Druck der Bewährung und Konkurrenz freuen.

Dieser Zustand änderte sich, als die ökonomischen Kennziffern auf eine Fundamentalkrise der Gesamtordnung hindeuteten, die äußere Selbstbehauptungsfähigkeit schwand und die innere Stabilität zumindest mittelfristig gefährdet schien. Die *perestrojka* teilte mit jeder obrigkeitlichen Reform – aber auch mit den meisten Revolutionen – die Eigenschaft, daß sie ihre geistigen und sozialen Wurzeln im *Ancien régime* hatte. Dabei strebten ihre entschiedensten Befürworter fraglos eine konsequente Demokratisierung an. Aber sie blieben in der Minderheit und traten auch nach dem Zerfall der Sowjetunion nicht ins Rampenlicht des neuen politischen Lebens. Erst recht verschwanden sie nach dem Ende des ersten ‹Frühlings› im Oktoberaufstand 1993. Was blieb, war die nicht mehr schweigende, sondern tonangebende Mehrheit und der von ihr geprägte Zustand, der seine Herkunft aus der sowjetischen *und* russischen Tradition nicht verleugnen konnte: politische Gruppen und Grüppchen überwiegend ohne Tradition, Zusammenhalt und soziale Rückbindung. Die Behauptung ist sicher falsch, daß die sowjetische Gesellschaft nicht differenziert und gegliedert gewesen sei. Aber die Trennlinien, die sie durchzogen, taugten nicht als identitätsstiftende Grenzen politischer Organisierung und Zugehörigkeit. Während die ostmitteleuropäischen Gesellschaften auf die Vorkriegstradition (wie schwierig diese immer sein mochte) zurückgreifen konnten, fand die neue Demokratie in Rußland (und fast allen anderen Nachfolgestaaten der UdSSR) keine tauglichen Vorbilder und Stützen. Denn das wenige, das sich vor 1917 entwickeln konnte, hatte die Gleichschaltung der bolschewistischen Revolution(en) nicht überstanden.

Dieser Schwäche der politischen Selbstorganisation der Gesellschaft entsprach das Übergewicht staatlicher Obrigkeit und darüber vermittelt die Hegemonie des Zentrums über die Peripherie. Alle drei Merkmale dessen, was mit einem unscharfen – und deshalb oft angeprangerten – Begriff als politische Kultur bezeichnet wird, gingen im Sinne der Interdependenz Hand in Hand. Wo die Bevölkerung passiv blieb, eröffnete sich um so größerer Spielraum für konzentrierte staatliche Gewalt. El'cin und seine Umgebung gingen nicht von falschen Voraussetzungen aus, als sie aus der russischen Tradition die Notwendigkeit einer starken Exekutive ableiteten. Nur ist diese Folgerung zweischneidig. Sie läßt sich mit dem erklärten Ziel der Demokratisierung nur vereinbaren, wenn sie eine deutliche Tendenz zur Selbstbeschränkung enthält. Andernfalls entsteht jener bekannte Zirkel, der den *status quo* zementiert: Die Schwäche der Parteien (als Ausdruck geringer Eigenaktivität der Gesellschaft) stärkt die Macht des Präsidenten, der seinerseits die Ausbildung einflußreicher Parteien behindert, weil diese vorrangig darum bemüht sein müssen, seine Befugnisse einzuschränken. Es hat in Westeuropa jahrzehnte-, wenn nicht jahrhundertelanger Kämpfe bedurft, um (jeweils landesspezifisch) eine ausgewogene Kräfteverteilung zwischen den Staatsgewalten herzustellen. Insofern mag es unbillig erscheinen, von Rußland zu erwarten, diesen Vorgang in wenigen Jahren nachzuholen. Zumindest der Zwang dazu aber wird bleiben. So wie der Untergang der Sowjetunion ohne den säkularen Vorgang der ökonomischen und kommunikativen Globalisierung kaum zu denken ist, so wird auch Rußlands neue Demokratie in nächster Zukunft – und nicht erst in einigen Jahrzehnten – am Maßstab der dominanten politischen Werte der entstehenden Weltgesellschaft gemessen werden.

Schließlich liegt es nahe, eine Erscheinung an russische Wurzeln zurückzubinden, die ebenso allgegenwärtig wie unbestimmt war: das vielbeschworene Desinteresse der sowjetischen Gesellschaft. Dieses Übel hatte viele Gesichter. Ob mangelnde Arbeitsdisziplin, Dienst nach Vorschrift, Vorrangigkeit von Verwandten und Freunden, Korruption oder die Flucht ins Private, das Grundmotiv war dasselbe: Die Menschen scheuten öffentlich-staatliche Verpflichtungen. Der ‹sozialistische› Mensch entfaltete sich nicht zum altruistisch-kollektivistischen Wesen. Im Gegenteil, er zog sich zurück. Als ihm der kommunalistische Überschwang der frühen Jahre und die permanente, weil unkalkulierbare Kontrolle einer terroristisch instrumentalisierten Gesellschaft den letzten Rest an geschützter Eigensphäre zu rauben schien, verkroch er sich ins Innere. Als ihm ein weniger aggressiver kommunistischer Staat, der seinen Frieden mit dem Individuum gemacht hatte, wieder mehr Privatraum gönnte, nutzte er diesen maximal. Auf der Strecke blieb der Einsatz für das Ganze. Puristische Kritiker hatten recht, wenn sie den Kosyginschen und den nachfolgenden Reformen, die eben dieses Engagement durch materielle Anreize hervorzurufen suchten, vorwarfen, die sozialistische Idee zu verraten. Dem Prinzip nach sollte das Engagement für die Gemeinschaft von innen kommen. Allerdings hatte eben diese Erwartung schon seit Jahrzehnten getrogen, sonst wären weder die ausgeprägte Lohndifferenzierung noch die endlose Folge von «Kampagnen» und «Produktionsschlachten» seit Stalin nötig gewesen. Eben dieser, vom System geförderte Mangel knüpfte an eine weit zurückreichende Arbeits- und überwiegend auch öffentlich-politische Verhaltensform an. Es fällt schwer, die typische tradierte Mentalität zu kennzeichnen, da sie kaum erforscht ist und die Gefahr pauschalisierender Verzerrung naheliegt. Die meisten Bemerkungen nicht nur ausländischer Beobachter (die viele Vorurteile fortschrieben) deuten aber daraufhin, daß Pflichtbewußtsein, Sorgfalt, innere Anteilnahme um der Erfüllung auferlegter oder selbstgesetzter Maßstäbe willen, Perfektionsstreben und alle jene Tugenden, die zum Begriff der bürgerlichen zusammengezogen wurden, nicht zu den dominanten Eigenschaften zählten. Das ‹Fach›- und ‹Berufsmenschentum› im Sinne Max Webers – sicher ein Idealtypus, aber doch ein kennzeichnender – hatte im vorrevolutionären Rußland nur in quantitativ (wenn auch nicht unbedingt strategisch) unbedeutenden Segmenten der Gesellschaft Wurzeln geschlagen: vornehmlich in eben jenen städtisch-kapitalistischen, die vom Oktoberumsturz zerstört wurden. So liegt der Verdacht nahe, daß nicht alle Defizite des ‹Sowjetmenschen› sozialistische waren, sondern auf russischen gleichsam aufsetzten. Zwei dysfunktionale Eigenschaften aber hoben einander nicht auf, sondern verstärkten sich.[2]

Ein drittes Faktorenbündel schließlich läßt sich unter dem Merkmal der *äußeren Einwirkung* zusammenfassen. Auch hier gilt, daß die Trennung rein analytische Zwecke verfolgt. In der Realität verbanden sich ihre Effekte in einer Weise, die keine säuberliche Unterscheidung erlaubt. Die Außenpolitik schon der siebziger Jahre legt die Vermutung nahe, daß einem Umstand besonderes Gewicht zukam: der enormen wirtschaftlich-finanziellen Last, die sich aus Stalins territorialen Ambitionen und dem sowjetischen Anspruch auf militärische Gleichrangigkeit mit den Vereinigten Staaten ergab. Spätestens seit der *perestrojka* steht außer Zweifel, daß die Sowjetunion immer weniger in der Lage war, die Kosten für eine riesige, über die Staaten des ehemaligen Ostblocks verteilte Armee und die militärische Hochrüstung zu tragen. Auch in dieser Hinsicht (neben der Kontinuität zunächst der personalen, dann der Parteidiktatur) zeitigte der teuer erkaufte Sieg im Zweiten Weltkrieg bittere Folgen. Allerdings hätte er nicht in dieser Form genutzt werden müssen. Hinzu kam das imperiale Machtstreben (wie immer man es erklären mag) und ein Geltungsbedürfnis, das ein durchaus fragiles Selbstbewußtsein verbarg. Von der Kriegsflotte etwa behaupteten nicht nur Kritiker einer westlichen Politik der Stärke, daß sie sich eher dem Geltungsbedürfnis als strategischen Erwägungen verdankte. Die Kosten für atomgetriebene U-Boote und Interkontinentalraketen mochten in Zeiten wirtschaftlicher Expansion noch aufzubringen sein, auch wenn die Versorgung der Bevölkerung stets zurücktreten mußte. Als aber die hauptsächliche Wachstumsquelle, die Zufuhr neuer Arbeitskräfte, austrocknete, trat die strukturelle Überstrapazierung um so deutlicher zutage. Angesichts ihrer Ineffizienz vermochte es die Sowjetwirtschaft trotz des enormen Reichtums an Rohstoffen nicht, *beide* Aufgaben zugleich zu lösen: ein 3,7 Mio. Mann starkes Heer zu unterhalten, immer kostspieligere Waffensysteme zu produzieren und gleichzeitig wachsende materielle Ansprüche der Bevölkerung zu befriedigen. So näherte sie sich – wie man zugespitzt, aber treffend formuliert hat – immer mehr einer permanenten Kriegswirtschaft mit marginalem Konsumsektor. Schon Brežnev brauchte die Abrüstung dringend und ließ sich nicht ohne Zwang zum Abschluß des ersten SALT-Vertrages herbei. Erst recht erkannte Gorbačev, daß nicht nur die marode Sowjetwirtschaft allgemein, sondern auch sein Reformprogramm im besonderen eines «neuen Denkens» in der Außenpolitik bedurfte. Als dann die Wende in Ostmittel- und Südosteuropa vom Herbst 1989 und die deutsche Wiedervereinigung ein Jahr später jene Entlastung brachten, die Kapazitäten für andere Zwecke hätte freisetzen können, kam die Hilfe zu spät: Es gab schon keinen funktionsfähigen Produktionsverbund mehr, der sie hätte nutzen können.[3]

Sowohl die allgemeine Wirtschaftskrise als auch die Notwendigkeit zur Abrüstung förderten eine Entwicklung, die als weitere externe Ursache für den Untergang der Sowjetunion gelten kann: die wachsende *kommunikative Verflechtung* mit der Außenwelt. Welche Bedeutung ihr zukam, ist schwer zu ermessen. Einschlägige Studien fehlen. Aber viele Indizien deuten darauf hin, daß die Überwindung jener Mauer aus Reiseverboten, Kontaktüberwachung, Désinformation und sprachlicher Verständigungsunfähigkeit (man lernte keine Fremdsprachen mehr), die Stalin um das Land gezogen hatte, auf Dauer die ernsteste Bedrohung überhaupt erzeugte. Vor allem sie untergrub die Glaubwürdigkeit des Regimes. Nichts rüttelte so sehr an den Grundfesten einer Herrschaft, die den grundsätzlichen Anspruch erhob, die beste aller bisherigen Gesellschaften zu errichten, als Informationen über eine gegenteilige, tagtäglich von der eigenen Erfahrung bestätigte Realität. Dabei spielte die technische Entwicklung eine erhebliche Rolle. Stalin und Chruščev hatten den Empfang von Nachrichten aus der anderen Welt noch auf eine kleine Minderheit beschränken können. Seit den sechziger Jahren war das kaum mehr möglich. Zwar bestand der Eiserne Vorhang fort, aber er wurde durchlässiger. Alle genannten Faktoren wirkten dabei zusammen, auch der Weltmachtanspruch der Sowjetunion bei gleichzeitigem Bemühen um eine Normalisierung der Beziehungen zum Westen. Wer auf dem Weltmarkt Getreide oder Südfrüchte kaufen und Öl oder Waffen exportieren wollte, wer geschäftliche und zunehmend auch kulturell-wissenschaftliche Kontakte knüpfte, konnte den Schutzwall nicht mehr auf der Höhe halten, die Stalin zur Sicherung seiner Diktatur für nötig befunden hatte. Je mehr man ihn aber abbaute, desto klarer erkannten immer breitere Kreise der Bevölkerung, daß er sie nicht vor sinistren Machenschaften des Klassenfeindes bewahrte, sondern von unerwünschten Wahrheiten abriegelte. Wenn Herrschaft in der Sowjetunion nicht allein auf permanenter Zwangsgewalt, sondern auch auf Konsens beruhte, dann erodierte eben diese Säule. Was ohne Zustimmung übrigblieb, war jenes entkernte Gehäuse, das schließlich von selbst zusammenfiel.[4]

Zu den äußeren Ursachen ist schließlich auch jener Zusammenhang zu rechnen, dem in diesem Buch mehrfach besonderes Gewicht zugemessen wurde: *dem wachsenden Widerspruch zwischen der Gesamtordnung als «Fundamentalstruktur» von Institutionen, Regelungen, Verfahren und der ihnen entsprechenden Verhaltensweisen auf der einen sowie den sich wandelnden Anforderungen der administrativen und technisch-wirtschaftlichen Organisation auf der anderen Seite.* Schon die Formulierung zeigt, daß dieser Faktor kein unveränderliches Ursache-Wirkungs-Verhältnis, sondern ein defizitäres Bauprinzip beschreibt. Als solches nahm er über die Zeiten unterschiedliche Formen an, blieb aber als Funktionszusammenhang derselbe. Er verbindet einen formalen, im Wortsinne ahistorischen Grundgedanken mit der Vorstellung eines Prozesses, der zwar vielfältig und im Ziel offen ist, dem aber dennoch bestimmte inhaltliche, überwiegend auch unumkehrbare Aspekte eigen waren. Das zum Ende hin nicht festgelegte Konzept der Modernisierung nimmt die Idee eines eingebauten Strukturkonflikts im Sinne der ungleichmäßigen Veränderung verschiedener Teile eines Gesamtgeflechts auf.

Die monokratische Organisation von Herrschaft, Gesellschaft, Wirtschaft und Kultur, so ließe sich die Essenz dieser Deutung zusammenfassen, war auf Dauer nicht mit der Flexibilität zu vereinbaren, die eine moderne Gesellschaft aufweisen muß, wenn sie ihre Konkurrenzfähigkeit nicht verlieren will. Die Bolschewiki beanspruchten nicht nur die politische Macht, sondern auch die Entscheidungsgewalt über alle anderen Bereiche der von ihnen errichteten Gesamtordnung, wobei der kulturelle nicht zufällig als letzter gleichgeschaltet wurde. Dadurch errichteten sie ein Monopol, das deren Lern- und Erneuerungsfähigkeit schon mittelfristig lähmte. Der Stillstand bedrohte nicht nur die internationale Konkurrenzfähigkeit des Sowjetsystems – am sichtbarsten auf wirtschaftlich-technischem Gebiet, zunehmend aber auch militärisch –, sondern schadete auch der eigenen Herrschaft. Wer die gesellschaftliche Eigendynamik in allen ihren Äußerungsformen einfror, konnte im Innern ebenfalls keinen Erfolg haben. So geriet die Monokratie in einen unaufhebbaren Gegensatz zur Ideologie und ihren hochtönenden Zielsetzungen. Durch den exklusiven Herrschaftsanspruch untergrub die Partei selber ihre Glaubwürdigkeit.

Zugleich gehörte der Wandel aber nicht nur zu den erklärten Absichten, sondern zur Legitimation des Regimes. Dies brachte für Partei und Staat die Notwendigkeit mit sich, seine Folgen ‹systemkonform› zu gestalten. Wo Modernisierung mit zunehmender Qualifikation verbunden war, gelang dies nur bedingt. Es erwies sich als Quadratur des Kreises, Menschen auf der einen Seite immer besser auszubilden und sie auf der anderen Seite in politischer Unmündigkeit zu halten. Dieser Konflikt wiederholte sich auf organisatorisch-struktureller Ebene: Zunehmend komplexere Entscheidungs- und Handlungsabläufe erforderten auch außerhalb der Wirtschaft flexiblere Reaktionen von Institutionen und Einzelnen, als sie in der gegebenen Ordnung möglich waren. Hinter dieser Denkfigur steht letztlich ein liberales Ideal: die Vorstellung eines handlungsfähigen und vernunftbegabten Individuums und einer korrespondierenden Gesellschaft, die dessen Eigenschaften übernimmt. Insofern kommen sozialwissenschaftliche und historische, externe und interne, systemtheoretische und politik-philosophische Überlegungen in diesem Focus zusammen. Auch wenn kein Faktor allein zu einem ‹historischen› Ereignis wie dem Zusammenbruch der Sowjetunion geführt hat, gehören strukturelle Hemmnisse für die Entfaltung des Individuums bei gleichzeitiger Hebung der Ansprüche an seine allgemeine Leistungsfähigkeit in Verbindung mit dem zunehmend evidenten Gegensatz zwischen Anspruch und Wirklichkeit zu den vorrangig zu bedenkenden Ursachen.[5]

Doch sollte am Ende eines langen Rückblicks, der im realen Geschehen von einem Neuanfang begleitet wird, kein ausschließlich negatives Fazit stehen. Die Sowjetunion ist tot, ihre Nachfolger leben. Sie alle haben – unter sehr verschiedenen Voraussetzungen und mit unterschiedlichen Problemen – den Weg des Nationalstaats gewählt. Mit guten Gründen hat man dies ebenfalls als nachholende Wiedergewinnung dessen begriffen, was durch den bolschewistischen Imperialismus abgebrochen wurde. Der Übergang zu Marktwirtschaft und Demokratie, an dem die *perestrojka* auf sowjetischer Gesamtebene scheiterte, soll im überschaubaren Rahmen vollzogen, nationale Loyalität gleichsam zur Abfederung der unvermeidlichen Turbulenzen genutzt werden. Auch auf diesem Weg werden manche Hindernisse zu überwinden sein. Die nostalgische Verklärung der Vergangenheit erweist sich als hartnäckig und der zukunftsorientierten national-regionalen Motivation mitunter als gleichwertig. Darüber hinaus sind die neuen Staaten ethnisch überwiegend alles andere als homogen und haben ihre eigenen Probleme mit eben jenen zentrifugalen Tendenzen, die maßgeblich zum Untergang der Sowjetunion beitrugen. Nicht zuletzt fehlt der alten sowjetischen Peripherie ebenso wie der russischen Provinz eine einschlägige dominante Vergangenheit, an die man anknüpfen könnte.

Dennoch: Was lange Jahrhunderte vom Zentralismus erstickt wurde, muß nicht so bleiben. Es gibt nicht nur im ethnisch-kulturellen Rußland, sondern über seine Grenzen hinaus auch die andere, liberal-föderalistische Tradition dezentraler Selbstverwaltung. Regionalismus ist nicht mehr gleichbedeutend mit hinterwäldlerischer Eigenbrötelei. Nach dem Zusammenbruch der Zentralgewalt besteht Hoffnung, daß sich aus den sprichwörtlichen ‹Bärenwinkeln› andere Gestalten erheben als Oblomovs im Schlafrock. Nižnij Novgorod hat vorgemacht, daß sich Demokratie und Marktwirtschaft gerade in der Provinz mit Erfolg verankern lassen. Sicher werden Moskau und St. Petersburg weiterhin die Maßstäbe setzen. Aber manches deutet darauf hin, daß das Gefälle ab- und nicht zunimmt. Eben diesen Weg sollte das neue Rußland weiter beschreiten. Dann könnte der zweite Anlauf nach Europa beherzigen, was schon der erste in den Jahrzehnten vor dem Ersten Weltkrieg lehrte: daß Demokratie auf ehemals zarischem Boden ohne echten Föderalismus nicht zu haben ist und die Erneuerung in den Regionen beginnen muß.[6]

Anhang

Erläuterungen zur Karte auf Seite 1094 und Seite 1095
Im Laufe der zwanziger und dreißiger Jahre wurden die Transkaukasische SFSR aufgelöst und die mittelasiatischen ASSR aus der RSFSR ausgegliedert. Dadurch entstanden die neuen Sowjetrepubliken Georgien, Armenien, Aserbajdschan, Kasachstan, Kirgistan, Tadschikistan, Turkmenistan und Usbekistan. Im Gefolge des Hitler-Stalin-Pakts vom 23. August 1939 kamen im August 1940 als letzte Republiken Moldawien, Litauen, Lettland und Estland hinzu.

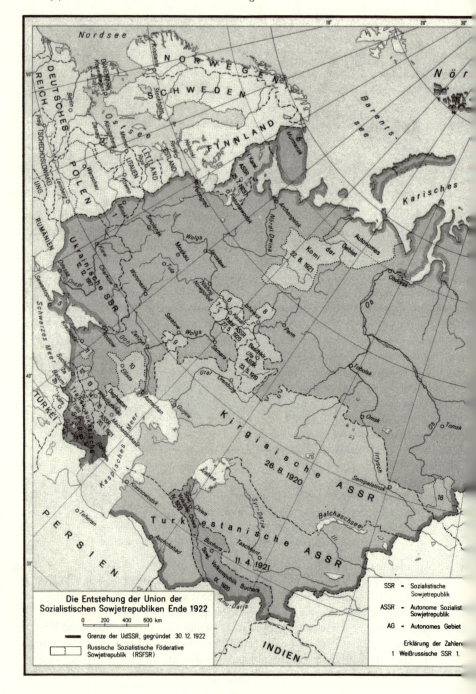

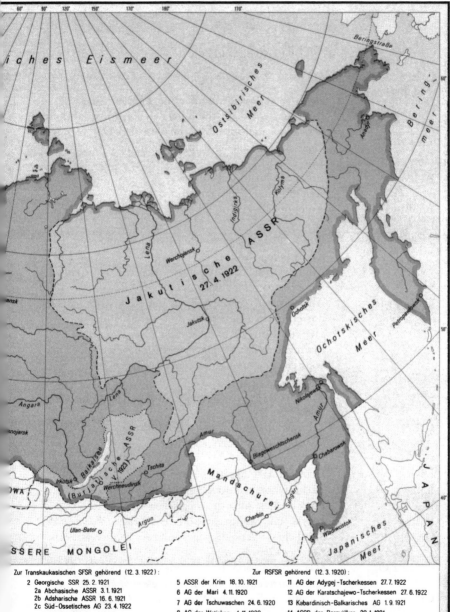

Zur Transkaukasischen SFSR gehörend (12. 3. 1922):
- 2 Georgische SSR 25. 2. 1921
  - 2a Abchasische ASSR 3. 1. 1921
  - 2b Adsharische ASSR 16. 6. 1921
  - 2c Süd-Ossetisches AG 23. 4. 1922
- 3 Armenische SSR 29. 11. 1920
- 4 Aserbaidschanische SSR 28. 4. 1920
  - 4a AG Nachitschewan Februar 1923
  - 4b AG der Berg-Karabachen 7. 7. 1923

Zur RSFSR gehörend (12. 3. 1920):
- 5 ASSR der Krim 18. 10. 1921
- 6 AG der Mari 4. 11. 1920
- 7 AG der Tschuwaschen 24. 6. 1920
- 8 AG der Wotjaken 4. 11. 1920
- 9 Wolgadeutsche Arbeiterkommune 19. 10. 1918, am 19. 12. 1923 ASSR
- 10 AG der Kalmücken 4. 11. 1920
- 11 AG der Adygej-Tscherkessen 27. 7. 1922
- 12 AG der Karatschajewo-Tscherkessen 27. 6. 1922
- 13 Kabardinisch-Balkarisches AG 1. 9. 1921
- 14 ASSR der Bergvölker 20. 1. 1921
- 15 Tschetschenisches AG 30. 11. 1922
- 16 Ojrotisches AG 1. 6. 1922

Abkürzungsverzeichnis

a./n. St.	alter, neuer Stil: bis zum 1./14. Februar 1918 galt in Rußland der Julianische Kalender, der im 19. Jahrhundert zwölf und im 20. Jahrhundert dreizehn Tage weniger anzeigte als der dann übernommene Gregorianische
AHR	American Historical Review
agitprop	Agitation und Propaganda
ASSR	Autonome Sozialistische Sowjetrepublik *(Avtonomnaja sovetskaja socialističeskaja respublika)*
BIOst	Bundesinstitut für ostwissenschaftliche und internationale Studien, Köln
Centrosojuz	Zentralverband der Konsumgenossenschaften *(Central'nyj sojuz potrebitel'skich obščestv SSSR)*
Chlebocentr	Allrussischer Zentralverband der Landwirtschaftsgenossenschaften für Produktion, Verarbeitung und Absatz von Getreide und Ölsaaten *(Vserossijskij central'nyj sojuz sel'skochozjajstvennych kooperacij po proizvodstvu, pererabotke i sbytu zernovych i masličnych kul'tur)*
chozraščet	wirtschaftliche Rechnungsführung *(chozjajstvennyj raščet)*
CIK	Zentrales Exekutivkomitee (des Sowjets der UdSSR), Vorläufer des «Obersten Sowjets» *(Central'nyj Ispolnitel'nyj Komitee)*
DDR	Deutsche Demokratische Republik
EKKI	Exekutivkomitee der Komintern
FzoG	Forschungen zur osteuropäischen Geschichte
FZU	Fabrik- und Werksschule *(Fabrično-zavodskoe učilišče)*
GKO	Staatliches Verteidigungskomitee *(Gosudarstvennyj Komitet Oborony)*
GOĖLRO	Staatskommission für die Elektrifizierung Rußlands *(Gosudarstvennaja komissija po ėlektrifikacii Rossii)*
GPU	«Staatliche Politische Verwaltung» *(Gosudarstvennoe političeskoe upravlenie)*, Nachfolgerin der VČK (seit 1922, ab 1924 OGPU)
GULag	Staatliche Lagerverwaltung *(Gosudarstvennoe upravlenie ispravitel'no-trudovych lagerej)*

GUS	Gemeinschaft unabhängiger Staaten *(Sodružestvo nezavisimych gosudarstv*, SNG)
HGR	Handbuch der Geschichte Rußlands
HZ	Historische Zeitschrift
IA	*Istoričeskij archiv* (Historisches Archiv)
IK	Exekutivkomitee *(Ispolnitel'nyj komitet)*
ITR	Ingenieure und technische Arbeitskräfte *(inčener'notechničeskie rabotniki)*
JGO	Jahrbücher für Geschichte Osteuropas
KGB	Staatssicherheitskomitee *(Komitet Gosudarstvennoj Bezopasnosti)*
Kolchos *(kolchoz)*	Kollektivwirtschaft *(kollektivnoe chozjajstvo)*
Kolchozcentr	Allunionsrat der Kolchosen *(Vsesojuznyj sovet sel'skochozjajstvennych kollektivov SSSR)*
Komintern, KI	Kommunistische Internationale
Komsomol	Kommunistischer Jugendbund *(Kommunističeskij sojuz molodeži)*
Komuč	Komitee der Konstituierenden Versammlung *(Komitet členov učreditel'nogo sobranija)*
KP	Kommunistische Partei
KPD	Kommunistische Partei Deutschlands
KPR (b)	Kommunistische Partei Rußlands (Bolschewiki)
KPRF	Kommunistische Partei der Russischen Föderation *(Kommunističeskaja partija Rossijskoj Federacii)*
KSM	s. Komsomol
KSZE	Konferenz für Sicherheit und Zusammenarbeit in Europa
LEF	(Die) Linke Front der Kunst *(Levyj front iskusstva)*
LW	W. I. Lenin, Werke. Dt. nach der 4. russ. Ausg. Bd. 1–40, 2 Reg. bde., 2 Erg. bde., Berlin 1955–64, 1969, 1971
M.	Moskau
MBFR	Mutual Balanced Forces Reduction
MAPP	Moskauer Vereinigung proletarischer Schriftsteller *(Moskovskaja associacija proletarskich pisatelej)*
MTS	Maschinen- und Traktorenstation *(Mašinno-traktornaja stancija*
Narkomindel	s. NKID
NDR	Unser Haus Rußland *(Naš Dom Rossii)*
NKGB	Volkskommissariat für Staatssicherheit *(Narodnyj kommissariat gosudarstvennoj bezopasnosti)*
NKID	Volkskommissariat für Auswärtige Angelegenheiten *(Narodnyj kommissariat inostrannych del)*

Anhang

NKVD	Volkskommissariat für innere Angelegenheiten *(Narodnyj kommissariat vnutrennich del)*
n. St.	neuer Stil, s. oben a. St.
NOT	Wissenschaftliche Arbeitsorganisation *(Naučnaja organizacija truda)*
NĖP	Neue Ökonomische Politik *(Novaja ėkonomičeskaja politika)*
NTR	Wissenschaftlich-technische Arbeitskräfte *(Naučno-techničeskie rabotniki)*
ODN	Gesellschaft «Fort mit dem Analphabetismus» *(Obščestvo «Doloj negramotnosti»)*
OGPU	Vereinigte Staatliche Politische Verwaltung *(Ob-edinennoe Gosudarstvennoe Političeskoe Upravlenie pri SNK SSSR)*, s. GPU
OI	*Otečestvennaja istorija* (Vaterländische Geschichte)
OKW	Oberkommando der Wehrmacht
Orgraspred	Organisationsabteilung im Sekretariat des ZK der Kommunistischen Partei *(Organizacionno-raspredelitel'nyj otdel)*
Ors	Abteilung für Arbeiterversorgung *(Otdel Rabočego Snabženija)*
PLSR	Partei der Linken Sozialrevolutionäre *(Partija Levych Socialistov-revoljucionerov)*
Proletkul't	Proletarische Kultur *(proletarskaja kul'tura)*
PSR	*Partija Socialistov-revoljucionerov* (Partei der Sozialrevolutionäre)
PTU	Berufs- und Technikschule *(Professional'no-techničeskoe učilišče)*
PURKKA	Politische Verwaltung der Roten Arbeiter- und Bauernarmee *(Političeskoe Upravlenie Raboče-Krest'janskoj Krasnoj Armii)*
RANION	Russische Vereinigung gesellschaftswissenschaftlicher Institute *(Rosssijskaja associacija naučno-issledovatel'nych institutov obščestvennych nauk)*
RAPP	Russische Vereinigung der proletarischen Schriftsteller *(Rossijskaja associacija proletarskich pisatelej)*
RGW	Rat für gegenseitige Wirtschaftshilfe (Comecon)
RKI	Arbeiter- und Bauerninspektion *(Raboče-krest'janskaja inspekcija)*
RR	Russian Review
RSFSR	Russische Sozialistische Föderative Sowjetrepublik *(Rossijskaja Sovetskaja Federativnaja Socialističeskaja Respublika)*

RTS	Reparatur- und Traktorstationen *(Remontno-techničeskaja stancija)*
SALT	Strategic Arms Limitation Talks
SDI	Strategic Defense Initiative
SEER	Slavonic and East European Review
SNG	Gemeinschaft Unabhängiger Staaten *(Sodružestvo Nezavisimych gosudarstv)*
SNK	Rat der Volkskommissare *(Sovet narodnych kommissarov)*
Sowchos *(sovchoz)*	Sowjetwirtschaft *(sovetskoe chozjajstvo)*
SPb.	St. Petersburg
SR	Slavic Review
SS	Soviet Studies (jetzt: Europe-Asia Studies)
STO	Rat für Arbeit und Verteidigung *(Sovet truda i oborony)*
SW	J. W. Stalin, Werke. Bd. 1–12; 13; 14–15; 17. Berlin (Ost), Frankfurt, Dortmund, Hamburg 1950–54, 1972, 1976–1979, 1973
TOZ	Genossenschaft für gemeinsame Landbestellung *(tovariščestvo po sovmestnoj obrabotke zemli)*
Tscheka	s. VČK
Učraspred	Abteilung für die Registration und Zuweisung von Kadern im Organisationsbüro beim ZK der Kommunistischen Partei *(Učetno-raspredelitel'nyj otdel)*
UdSSR	Union der Sozialistischen Sowjetrepubliken *(Sojuz sovetskich socialističeskich respublik*, SSSR)
VARNITSO	Allunionsvereinigung der Wissenschaftler und Techniker zur Förderung des sozialistischen Aufbaus *(Vsesojuznaja associacija rabotnikov nauki i techniki dlja sodejstvija socialističeskomu strotitel'stvu)*
VAPP	Allrussischer Verband proletarischer Schriftsteller *(Vsesojuznaja associacija proletarskich pisatelej)*
VfZG	Vierteljahreshefte für Zeitgeschichte
VOPRA	Allrussische Vereinigung der proletarischen Architekten *(Vsesojuznoe ob-edinenie proletarskich architektorov)*
VČK, Kurzform: ČK	*Vserossijskaja črezvyčajnjaja komissija po bor'be s kontrrevoljuciej i sabotažem* (Allrussische Außerordentliche Kommission für den Kampf gegen die Konterrevolution und Sabotage), *Tscheka*
VČK/likbez	Allrussische Außerordentliche Kommission zur Beseitigung des Analphabetentum *(Vserossijskaja črezvyčajnjaja komissija po likvidacii bezgramotnosti)*

Anhang

VCIK	Allrussisches zentrales Exekutivkomitee *(Vserossijskij Central'nyj Ispolnitel'nyj Komitet)*
VKP (b)	Allrussische, dann Allsowjetische Kommunistische Partei (Bolschewiki) *(Vsesojuznaja Kommunističeskaja partija, Bol'ševiki)*
VRK	Voenno-revoljucionnyj Komitet (Militärisch-revolutionäres Komitee)
VSNCh	Oberster Volkswirtschaftsrat *(Vysšij sovet narodnogo chozjajstva)*
VTUZ	Höhere technische Lehranstalt *(vysšee techničeskoe učebnoe zavedenie)*
VUZ	Höhere Lehranstalt *(vysšee učebnoe zavedenie)*
ZAGS	Abteilung für die Registration bürgerlicher Standeshandlungen *(otdel zapisi aktov graždanskogo sostojanija)*
ZK	Zentralkomitee, eigentlich: CK = Central'nyj Komitet
ZKK	Zentrale Kontrollkommission der KPR (b) bzw. KPdSU, eigentlich: CKK *(Central'naja Kontrol'naja Kommissija)*

Anmerkungen

Einleitung

1 Vgl. W. I. *Lenin*, Werke; dt. nach der 4. russ. Ausgabe, Berlin 1955–64 (Bd. 1–40, Reg. Bde. 1,2); Erg. bde. 1 u. 2, 1969–71, hier XXXI, 513.
2 Vgl. *J. W. Stalin*, Werke. Bd. 1–12; 13; 14–15; 17, Berlin (Ost); Frankfurt; Dortmund; Hamburg 1950–54; 1972; 1976–1979; 1973, hier XIII, 36.
3 Hierin dürfte sich die vorliegende Gesamtdarstellung am ehesten von ihren Vorgängern unterscheiden: vgl. v. a. *M. Heller, A. Nekrich*, Geschichte der Sowjetunion. Bd. 1–2, Königstein/Ts. 1981; *G. Hosking*, A History of the Soviet Union. London 1985; *N. Werth*, Histoire de l'Union soviétique. De l'Empire russe à la Communauté des Etats indépendants 1900–1991. Paris 1992; *V. Andrle*, A Social History of Twentieth-Century Russia. London u. a. 1994; *H. Carrère d'Encausse*, L'URSS de 1917 à 1953. Paris 1973; *dies.* Lenin. Revolution and Power. London 1982; dies., Stalin. Order Through Terror. London 1981; *M. Lewin*, The Making of the Soviet System. Essays in the Social History of Interwar Russia. New York 1985; *D. Treadgold*, Twentieth Century Russia. 8. Aufl., Boulder 1995; *J. N. Westwood*, Endurance and Endeavour. Russian History 1812–1992. 4. Aufl. Oxford 1993; *M. McAuley*, Politics in the Soviet Union. Harmondsworth 1977; *dies.*, Soviet Politics 1917–1991. Oxford 1992; *G. Boffa*, Storia dell'Unione Sovietico. Bd. 1–2, Mailand 1976–1979; knapp: *H. Altrichter*, Kleine Geschichte der Sowjetunion 1917–1991. München 1993. Die einzige ausführliche Gesamtdarstellung aus deutscher Feder erschien erstmals 1955: *G. von Rauch*, Geschichte der Sowjetunion. 8. Aufl. Stuttgart 1990. Politikwissenschaftlich orientiert: *J. Hill*, The Soviet Union: Politics, Economics and Society from Lenin to Gorbachev. 2. Aufl. New York 1989; *R. Sakwa*, Soviet Politics: An Introduction. London 1989; nützliche Nachschlagewerke: *H.-J. Torke* (Hg.), Historisches Lexikon der Sowjetunion 1917/22 bis 1991. München 1993; *A. Brown* (Hg.), The Soviet Union: A Biographical Dictionary. London 1990; *ders.*, M. Kaser (Hg.), The Cambridge Encyclopedia of Russia and the Former Soviet Union. 2. Aufl., Cambridge 1994; *E. Hösch, H.-J. Grabmüller*, Daten der sowjetischen Geschichte. Von 1917 bis zur Gegenwart. München 1981.

I. Der Untergang des Zarenreiches

1 Vgl. *B. Bonwetsch*, Die Russische Revolution 1917. Eine Sozialgeschichte von der Bauernbefreiung 1861 bis zum Oktoberumsturz. Darmstadt 1991; *L. H. Haimson*, Das Problem der sozialen Stabilität im städtischen Rußland 1905–1917, in: *D. Geyer* (Hg.), Wirtschaft und Gesellschaft im vorrevolutionären Rußland. Köln 1975, S. 304–332; *ders.*, The Problem of Social Identities in Early Twentieth Century Russia, in: SR 47 (1988), S. 1–20; *R. Stites*, Revolutionary Dreams. Utopian Vision and Experimental Life in the Russian Revolution. New York 1989; *R. Pipes*, Die Russische Revolution. Berlin, Bd. 1–3, 1992–93, bes. I, 13 ff.; ‹Gegendarstellung›: *O. Figes*, A People's Tragedy. The Russian Revolution 1891–1924. London 1996, 213 ff., 809 f. u. pass.; Übersicht: *M. Hildermeier*, Die Russische Revolution 1905–1921. Frankfurt 1989, 14 ff.
2 Vgl. *A. Gerschenkron*, Agrarian Policies and Industrialization: Russia 1861–1917, in:

The Cambridge Economic History of Europe. Cambridge 1966, S. 706–800; *ders.* Problems and Patterns of Russian Economic Development, in: *C. E. Black* (Hg.), Transformation of Russian Society. Cambridge/Mass. 1960, S. 42–72; *ders.*, Economic Backwardness in Historical Perspective. Cambridge/Mass. 1962; *P. Gatrell,* The Tsarist Economy. 1850–1917. London 1986; *P. R. Gregory,* Before Command. An Economic History of Russia from Emancipation to the First Five-Year Plan. Princeton 1994; *E. Kingston-Mann; T. Mixter,* Peasant Economy, Culture and Politics of European Russia 1800–1921. Princeton 1991; *Geyer,* Wirtschaft; *D. Field,* The End of Serfdom. Nobility and Bureaucracy in Russia 1855–1861. Cambridge 1976; Übersichten: HGR III (auch im Folg. bis 1945), hier 14 ff.; *Bonwetsch,* Revolution, 8 ff., *Hildermeier,* Revolution, 14 ff.

3 Prononcierteste Revision bei: *Gregory,* Before Command, 14 ff., 37 ff. sowie *ders.,* Russian National Income. 1885–1913. Cambridge 1982, 77 f., 134 f.; knapp: *R. W. Davies,* in: *Ders.,* (Hg.), From Tsarism to the New Economic Policy. Continuity and Change in the Economy of the USSR. Ithaca 1991, 11 ff., 18 ff.; Agrarfrage: *S. G. Wheatcroft,* Crises and the Conditions of the Peasantry in Late Imperial Russia, in: *Kingston-Mann, Mixter,* Peasant Economy, S. 128–172; *Bonwetsch,* Revolution, 8–53. Monographischer Belegversuch: *H.-D. Löwe,* Die Lage der Bauern in Rußland 1880–1905: Wirtschaftliche und soziale Veränderungen in der ländlichen Gesellschaft des Zarenreiches. St. Katharinen 1988.

4 *Bonwetsch,* Revolution, 19 f.; *Wheatcroft,* Crises, 167, 171 f.; *R. Manning,* The Crisis of the Old Order in Russia. Gentry and Government. Princeton 1982, 141 ff.; *A. Ascher,* The Revolution of 1905 [Bd. I]: Russia in Disarray. Stanford 1988, 161 ff.

5 Vgl. *D. A. J. Macey,* Government and Peasant in Russia, 1861–1906. The Prehistory of the Stolypin Reforms. DeKalb/Ill. 1987; *A. Moritsch,* Landwirtschaft und Agrarpolitik in Rußland vor der Revolution. Wien 1986; *G. Yaney,* The Urge to Mobilize. Agrarian Reform in Russia, 1861–1930. Urbana 1982, 144 ff.; *L. Haimson* (Hg.), The Politics of Rural Russia, 1905–1914. Bloomington 1979; Übersicht: *A. Ascher,* The Revolution of 1905 [Bd. II]: Authority Restored. Stanford/Cal. 1992, 267 ff.; Revolutionstheorie: *T. Skocpol,* States and Social Revolutions. A Comparative Analysis of France, Russia and China. Cambridge 1979; *P. B. Evans, D. Rüschemeyer, T. Skockol* (Hg.), Bringing the State back in. Cambridge 1989.

6 Vgl. u. a. *T. McDaniel,* Autocracy, Capitalism, and Revolution in Russia. Berkeley 1988 vs. *B. Moore Jr.,* Soziale Ursprünge von Diktatur und Demokratie. Die Rolle der Grundbesitzer und Bauern bei der Entstehung der modernen Welt. Frankfurt/M. 1969 oder – bei aller Eigenständigkeit – *Skocpol,* States.

7 *Gatrell,* Tsarist Economy, 143 ff., 186 f.; *Gregory,* National Income, 130 ff. sowie *ders.,* Before Command, 23 ff. auch hier gegen Gerschenkron.

8 Vgl. *Gatrell,* 67; *Bonwetsch,* Revolution, 14 f.; *D. R. Brower,* The Russian City Between Tradition and Modernity, 1850–1900. Berkeley 1990.

9 Vgl. *O. Crisp,* Labour and Industrialisation in Russia, in: The Cambridge Economic History of Europe. Cambridge 1978, 332; *Bonwetsch,* Revolution 56 f.

10 Daten nach *Crisp,* 332; *T. H. Friedgut,* Iuzovka and Revolution. Bd. 1–2, Princeton 1989, 1994, hier I, 71 ff.; *C. Wynn,* Workers, Strikes, and Pogroms. The Donbass-Dnepr Bend in Late Imperial Russia, 1870–1905. Princeton/N. J. 1992.

11 Vgl. *Crisp,* 347, 349 (Daten); im einzelnen: *Bonwetsch,* Revolution, 54 ff.; Gesamtbevölkerung nach: *A. G. Rašin,* Naselenie Rossii za 100 let (1811–1913 gg.). Statističeskie očerki. M. 1956, 98; *R. E. Johnson,* Peasant and Proletarian. The Working Class of Moscow in the Late 19th Century. New Brunswick/N. Y. 1979, 55, 67 ff.; *J. Bradley,* Muzhik and Muscovite. Urbanisation in Late Imperial Russia. Berkeley 1985, 103 ff.; *B. Eklof* u. *S. P. Frank* (Hg.), The World of the Russian Peasant. Post-Emancipation Culture and Society. Boston 1990.

12 *Johnson*, Peasant, 39 ff., 62 ff. nach *Bonwetsch*, 74;
13 *Crisp*, Labour, 387 ff.; *J. Brooks*, When Russia Learned to Read. Literacy and Popular Literature 1861–1917, Princeton 1985; *B. Eklof*, Russian Peasant Schools. Officialdom, Village Culture, and Popular Pedagogy, 1861–1914. London 1986.
14 Vgl. *Crisp*, 362 f.; *Bonwetsch*, Revolution, 71 ff.
15 *R. Zelnik*, Labor and Society in Tsarist Russia. Stanford 1971; *ders.*, Law and Disorder on the Narova River. The Kreenholm Strike of 1872. Berkeley 1995; nachfolgende Streiks: *Johnson*, Peasant, 120 ff.; *Ascher*, Revolution I, 74 ff., 211 ff.; *Hildermeier*, Revolution, 51 ff.
16 Vgl. u. a. *Ascher*, Revolution I, 74 ff., 211 ff. und *Hildermeier*, Revolution, 51 ff.: *L. Engelstein*, Moscow 1905. Working-Class Organization and Political Conflict. Stanford 1982; *G. D. Surh*, 1905 in St. Petersburg: Labor Society and Revolution. Stanford 1989, 304 ff.; *M. D. Steinberg*, Moral Communities: The Culture of Class Relations in the Russian Printing Industry, 1867–1917. Berkeley/Cal. 1992, 158 ff.; *O. Anweiler*, Die Rätebewegung in Rußland 1905–1921. Leiden 1958, 69 ff.
17 *V. E. Bonnell*, Roots of Rebellion. Workers' Politics and Organisations in St. Petersburg and Moscow, 1900–1914. Berkeley 1983, 319 ff.
18 Daten nach *R. B. McKean*, St. Petersburg between the Revolutions. Workers and Revolutionaries, June 1907–February 1917. New Haven and London 1990, 193 u. *L. Haimson*, *R. Petrusha*, Two Strike waves in Imperial Russia (1905–1907, 1912–1914), in: *L. H. Haimson* u. *C. Tilly* (Hg.), Strikes, Wars, and Revolutions in an International Perspective. Strike waves in late nineteenth and early twentieth centuries. Cambridge 1989, 107.
19 Vgl. *Haimson*, Problem; dagegen: *McKean*, St. Petersburg, 157 ff.
20 Vgl. *L. H. Haimson*, Changements démographiques et grèves ouvrières à Saint-Pétersbourg, 1905–1914, in: Annales E. S. C. 40 (1985), 789 ff. (Zitat 788); *Haimson*, *Petrusha*, Strike waves, 135, 143.
21 ‹Anomie›-These bei: *Haimson*, Problem; Selbstkorrektur: *Ders.*, *Petrusha*, Strike Waves, 134 ff.; überzeugende Neudeutung: *Bonnell*, Roots, 431 ff.; *McKean*, St. Petersburg, 192 ff., 406 ff.; *D. P. Koenker* u. *W. G. Rosenberg*, Strikes and Revolution in Russia, 1917. Princeton 1989, 30, 304 ff.
22 Vgl. *Bonnell*, Roots, 450 ff.; *McDaniel*, Autocracy, 395 ff.; *Friedgut*, Iuzovka II, 458 f.; *A. de Tocqueville*, Der alte Staat u. die Revolution. München 1978, 169 ff.
23 Vgl. neben HGR, III, 68 ff. u. a.: *B. W. Lincoln*, In the Vanguard of Reform. Russia's Enlightened Bureaucrats 1825–1861. DeKalb/Ill. 1982; *D. K. Rowney*, Transition to Technocracy. The Structural Origins of the Soviet Administration State. London 1989, 19 ff.; *T. Emmons*; *W. S. Vucinich* (Hg.), The Zemstvo in Russia. An Experiment in Local Self-Government. Cambridge/Mass. 1982; *M. Hildermeier*, Bürgertum und Stadt in Rußland 1760–1870. Rechtliche Lage und soziale Struktur. Köln 1986, 271 ff.; *D. Beyrau*, Militär und Gesellschaft im vorrevolutionären Rußland. Köln 1984; *J. Baberowski*, Autokratie und Justiz: zum Verhältnis von Rechtsstaatlichkeit und Rückständigkeit im ausgehenden Zarenreich 1864–1914. Frankfurt/M. 1996.
24 Vgl. u. a. *F. Venturi*, Roots of Revolution. A History of the Populist and Socialist Movements in 19th Century Russia. 2. Aufl., N. Y. 1966; *A. Walicki*, The Controversy over Capitalism. Studies in the Social Philosophy of the Russian Populists. Oxford 1969; *M. Malia*, Alexander Herzen and the Birth of Russian Socialism 1812–1855. Cambridge/Mass. 1961; *M. Hildermeier*, Das Privileg der Rückständigkeit. Anmerkungen zum Wandel einer Interpretationsfigur der neueren russischen Geschichte, in: HZ 244 (1987), S. 557–603.
25 Vgl. *M. Hildermeier*, Die Sozialrevolutionäre Partei Rußlands. Agrarsozialismus und Modernisierung im Zarenreich. Köln 1978; *M. Perrie*, The Agrarian Policy of the Russian Socialist-Revolutionary Party from Its Origins Through the Revolution 1905–

1907. Cambridge 1976; *C. Rice,* Russian Workers and the Socialist-Revolutionary Party Through the Revolution of 1905-1907. London 1988; *P. Pomper,* Peter Lavrov and the Russian Revolutionary Movement. Chicago 1972.
26 Marksteine der Literatur: *S. H. Baron,* Plekhanov. The Father of Russian Marxism. Stanford 1963; *L. H. Haimson,* The Russian Marxists and the Origin of Bolshevism. Cambridge/Mass. 1955; *D. Geyer,* Lenin in der russischen Sozialdemokratie. Die Arbeiterbewegung im Zarenreich als Organisationsproblem der revolutionären Intelligenz 1890-1903. Köln 1962; *A. Wildman,* The Making of a Workers' Revolution. Russian Social Democracy 1891-1903. Chicago 1967; *J. L. H. Keep,* The Rise of Social Democracy in Russia. Oxford 1966; neueste Leninbiographien: *R. Service,* Lenin: A Political Life. Bd. 1-3, Basingstoke u. a. 1985-1995, hier I, 65 ff., 85 ff.; *N. Harding,* Lenin's Political Thought, Bd. 1-2, London 1977-1981, hier I, 161 ff., 213 ff.; *D. Wolkogonow,* Lenin. Utopie und Terror. Düsseldorf 1994, 65 ff.; neue Quellen neben LW bei: *R. Pipes, D. Brandenberger* (Hg.), The unknown Lenin: From the secret archive. New Haven 1995; Gesamtdarstellungen: *R. Wesson,* Lenin's legacy. The story of the CPSU. Stanford 1978; *L. Schapiro,* Die Geschichte der Kommunistischen Partei der Sowjetunion. Frankfurt 1961; Quellen: *R. H. McNeal* (Hg.), Resolutions and Decisions of the Communist Party of the Soviet Union. Bd. 1-5, Toronto 1974-1982, hier I, 38 ff.
27 Vgl. *A. J. Rieber,* Merchants and Entrepreneurs in Imperial Russia. Chapel Hill 1982; *T. C. Owen,* Capitalism and Politics in Russia: A Social History of the Moscow Merchants 1855-1905. Cambridge 1981; *J. H. Hartl,* Die Interessenvertretungen der Industriellen in Rußland 1905-1914. Wien 1978; *J. A. Ruckmann,* The Moscow Business Elite: A Social and Cultural Portrait of Two Generations, 1840-1905. DeKalb/Ill. 1984
28 Vgl. *S. Galai,* The Liberation Movement in Russia 1900-1905, Cambridge 1973; *K. Fröhlich,* The Emergence of Russian Constitutionalism, 1900-1914: The Relationship Between Social Mobilization and Political Group Formation in Pre-revolutionary Russia, Den Haag 1981; *R. Pipes,* Struve: Liberal on the Left 1870-1905, Cambridge/Mass. 1970; *T. Emmons,* The Formation of Political Parties and the First National Elections in Russia. Cambridge 1983; *A. M. Verner,* The Crisis of Russian Autocracy. Nicholas II. and the 1905 Revolution. Princeton 1990, bes. 141 ff.
29 Vgl. *Ascher,* Revolution I, 161 ff.; *T. Shanin,* Russia as a Developing Society. Bd. 2: Russia, 1905-1908; Revolution as a Moment of Truth. London 1986, 34 ff.
30 Vgl. *M. Weber,* Zur Russischen Revolution von 1905. Schriften und Reden 1905-1912. Tübingen 1989, 293 ff., der im Grunde nicht «Schein-Konstitutionalismus», sondern «Schein-Parlamentarimus» meinte; Einwände: *M. Szeftel,* The Russian Constitution of April 23, 1906. Political Institutions of the Duma Monarchy. Brüssel 1976, 260 ff.; *M. Hagen,* Die Entfaltung politischer Öffentlichkeit in Rußland 1906-1914. Wiesbaden 1982.
31 Vgl. *A. Levin,* The Second Duma. A Study of the Social-Democratic Party and the Russian Constitutional Experiment. Hamden/Conn. 1966; ders., The Third Duma. Election and Profile (auch unter anderem Titel: The Third Russian State Duma 1907-1912). Hamden/Conn. 1973; *G. A. Hosking,* The Russian Constitutional Experiment: Government and Duma 1907-1914. Cambridge 1973; *E. Birth,* Die Oktobristen 1905-1913. Zielvorstellungen und Struktur. Stuttgart 1974
32 Vgl. *M. F. Hamm,* Liberal Politics in Wartime Russia: An Analysis of the Progressive Bloc, in: SR 33 (1974), 468; *R. Pearson,* The Russian Moderates and the Crisis of Tsarism 1914-1917. London 1977, 10 ff., 50 ff.; *P. Scheibert* (Hg.), Die russischen politischen Parteien von 1905-1917. Ein Dokumentenband. Darmstadt 1972, 78 ff.; *H. Gross,* Selbstverwaltung und Staatskrise in Rußland 1914-1917. Macht und Ohnmacht von Adel und Bourgeoisie am Vorabend der Februarrevolution, in: FzoG 28 (1981), 205-381.

33 Vgl. *T. Hasegawa*, The February Revolution: Petrograd 1917. Seattle 1981, 40 ff.; *Pearson*, Moderates, 65 ff., 114 ff.; *T. Riha*, A Russian European. Paul Miliukov in Russian Politics. Notre Dame 1969, 264 ff.
34 Vgl. Rabočij klass 1907 – fevral' 1917 g., M. 1982, 247 f.; *McKean*, 328; *S. A. Smith*, Red Petrograd: Revolution in the Factories, 1917–1918. Cambridge 1983, 11, 24; *Hasegawa*, February, 74 f., 79; *D. Koenker*, Moscow Workers and the 1917 Revolution. Princeton 1981, 80. Der Name der Hauptstadt wurde 1914 russifiziert.
35 *Hasegawa*, February, 80 f.; *Koenker*, Moscow, 28 f., 78 f.; *Smith*, 17, 34 f.
36 *Smith*, 43 f., 45 f.; *Hasegawa*, February 84 f.
37 *McKean*, 344 f.; *L. T. Lih*, Bread and Authority in Russia, 1914–1921. Berkeley 1990, 32 ff.
38 V. Šul'gin nach *Pearson*, Moderates, 133.

II. Gescheiterte Demokratie (Februar–Oktober 1917)

1 Grundlegend: *Hasegawa*, 215 ff.; auch: *E. N. Burdzhalov*, Russia's Second Revolution. The February 1917 Uprising in Petrograd. Bloomington 1987; *M. Ferro*, The Russian Revolution of February 1917. London 1972; *G. Katkov*, Russia 1917. The February Revolution. New York 1967; *E. R. Frankel, J. Frankel* u. *B. Knei-Paz*, Revolution in Russia: Reassessments of 1917. Cambridge 1987; *Pipes*, Revolution I, 473 ff.; *C. Read*, From tsar to Soviet. The Russian people and their revolution, 1917–21. London 1995, 46 ff. sowie jüngst: *Figes*, People's Tragedy, 307 ff. u. *H. Altrichter*, Rußland 1917. Ein Land auf der Suche nach sich selbst. Paderborn 1997, 110 ff.; unübertroffene Memoiren: *N. N. Suchanow*, 1917. Tagebuch der russischen Revolution. München 1967. Quellensammlungen: *R. P. Browder* u. *A. F. Kerensky* (Hg.), The Russian Provisional Government 1917. Documents. Bd. 1–3, Stanford 1961; *M. Hellmann* (Hg.), Die russische Revolution 1917. Von der Abdankung des Zaren bis zum Staatsstreich der Bolshewiki. München 1964 (dtv); *R. Lorenz* (Hg.), Die russische Revolution 1917. Der Aufstand der Arbeiter, Bauern und Soldaten. München 1981.
2 Minutiöse Chronik neben *Hasegawa*: *Burdzhalov*, 83 ff. Erschöpfend zur Armee: *A. K. Wildman*, The End of the Russian Imperial Army. Bd. 1–2, Princeton 1979, 1987, hier bes. I, 121 ff., bes. 124.
3 *Hasegawa*, 348 ff.; *BK* I, 42 ff.
4 Text bei *Hellmann*, 133, *Lorenz*, Revolution, 249 f.; Entstehung: *Suchanow*, 122; *BK* II, 846 ff.; *Wildman*, End I, 182 ff.; anders *Pipes*, Revolution I, 524.
5 *Hasegawa*, 313 ff.; *Ferro*, February, 54 ff.
6 Quellen: *BK* I, 117 ff.; *Suchanow*, 148 f.; *P. N. Milukow* [Miljukov], Geschichte der zweiten russischen Revolution. Gegensätze der Revolution. Wien 1922, 54 ff.; *W. G. Rosenberg*, Liberals in the Russian Revolution. The Constitutional Democratic Party 1917–1921. Princeton 1974, 49 ff.
7 *Z. Galili*, The Menshevik Leaders in the Russian Revolution: Social Realities and Political Strategies. Princeton 1989, 46; *L. Trotzki*, Geschichte der russischen Revolution. Fkf. a. M. 1967, 139
8 *Hasegawa*, 473.
9 *Hasegawa*, 582, 586; ähnlich *Trotzki*, Revolution, 129; den Autoritätsverlust beklagend: *Pipes*, Revolution I, 577.
10 *Milukow*, Geschichte, 73 ff.; *BK* I, 157 ff., 195 ff. u. pass.
11 *BK* I, 254 f., II, 615 ff., bes. 627; *Milukow*, Geschichte, 80 f.; *Suchanow*, 184 ff., 324; *Ferro*, February, 181 ff.; *Koenker*, 129 ff.
12 *Wildman*, End I, 215 ff., 246 ff.; Dekrete in: *BK* II, 851 ff., 880 ff.; *Hellmann*, 166 ff. Zur Entwicklung in der Flotte: *E. Mawdsley*, The Russian Revolution and the Baltic Fleet.

War and Politics, February 1917–April 1918. London 1978; *N. E. Saul*, Sailors in Revolt. The Russian Baltic Fleet in 1917. Lawrence/Kan. 1978.
13 Daten: Wildman, End I, 364 f.
14 *Rosenberg*, Liberals, 74 ff.; *Ferro*, February, 187 ff. Außenpolitische Gesamtlage: *H. G. Linke*, Das zarische Rußland und der Erste Weltkrieg: Diplomatie und Kriegsziele 1914–1917. München 1982; *R. A. Wade*, The Russian Search for Peace, February–October 1917. Stanford 1969; *J. Stillig*, Die russische Februarrevolution 1917 und die sozialistische Friedenspolitik. Köln 1977.
15 *Suchanow*, 204 ff., 263; *Milukow*, Geschichte, 93 ff.; *BK* II, 1042 ff.
16 *Suchanow*, 328 ff. (Zitate 331, 338); *Ferro*, February 210 ff.; *Rosenberg*, Liberals, 94 ff.; *BK* II, 1096 ff.; III, 1236 ff.
17 *Rosenberg*, Liberals, 111 ff.; *Galili*, 187, 202; *O. H. Radkey*, The Agrarian Foes of Bolshevism: Promise and Default of the Russian Socialist Revolutionaries, February–October 1917. New York 1958, 240 ff.; Dokumente: *BK* III, 1249 ff.
18 *Galili*, 189 ff.; *L. H. Haimson* (Hg.), The Mensheviks from the Revolution of 1917 to the Second World War. Chicago 1974, 15 ff.
19 *Radkey*, Agrarian, 187 ff., 454 ff.; Daten: *ebd.*, 236 f., *Rosenberg*, Liberals, 162 ff.; PLSR: *L. Häfner*, Die Partei der Linken Sozialrevolutionäre in der Russischen Revolution von 1917/18. Köln 1994.
20 *Rosenberg*, Liberals, 188 ff.
21 *Stillig*, 148 ff.; *Wade*, Search, 51 ff.; *BK* II, 1102 ff. – *A. F. Kerenski*, Erinnerungen. Vom Sturz des Zarentums bis zu Lenins Staatsstreich, Dresden 1928, 247 f.; *Anweiler*, Rätebewegung, 150 ff., Zitat 152.
22 Vgl. *Wildman*, End II, 73 ff.
23 *Wildman*, End II, 146 f.; *M. Ferro*, The Bolshevik Revolution. A Social History of the Russian Revolution, London 1980, 80 ff.
24 *Suchanow*, 277 ff., 281, 298; *Knei-Paz*, 108 ff.; *D. Wolkogonow*, Trotzki. Das Janusgesicht der Revolution. Düsseldorf 1992, 103 ff.
25 Einzelheiten bei: *A. Rabinowitch*, Prelude to Revolution: The Petrograd Bolsheviks and the July 1917 Uprising. Bloomington 1968; Quellen: *BK* III, 1335 ff.
26 *J. E. Mace*, Communism and the Dilemmas of National Liberation: National Communism in Soviet Ukraine 1918–1933. Cambridge 1983, 17 ff.; *R. Pipes*, The Formation of the Soviet Union. Cambridge/Mass. 1964. Zum Gesamtproblem: *A. Kappeler*, Rußland als Vielvölkerreich. Entstehung, Geschichte, Zerfall. München 1992.
27 *Rosenberg*, Liberals, 170 ff.; *Radkey*, Agrarian, 279 ff. Dokumente bei *BK* III, 1383 ff. (Zitat 1387); *Suchanow*, 482 ff.
28 *Smith*, 65 ff. (Daten 70 f.); *J. L. H. Keep*, The Russian Revolution: A Study in Mass Mobilisation. London 1976, 67 ff. (Daten 73); *Koenker*, 107 ff.; für die Provinz: *Friedgut*, Iuzovka, II, 263 ff.; Zitat: *Suchanow*, 216. Texte: *Lorenz*, Revolution, 49 ff.; *BK* II, 709 ff.
29 *Smith*, 139 ff.; *Ferro*, Bolshevik, 149 ff.; *D. Mandel*, The Petrograd Workers and the Fall of the Old Regime. From the February Revolution to the July Days 1917. London 1983, 149 ff.; *ders.*, The Petrograd Workers and the Soviet Seizure of Power. From the July Days 1917 to July 1918. London 1984, 264 ff. gegen *Keep*, Revolution, 79 ff. und *Anweiler*, Rätebewegung, 154 ff.
30 Neben *Keep*, Revolution, 96 ff.; *Smith*, 103 ff., 185 ff. und *Koenker*, 143 ff.: *R. Pethybridge*, The Spread of the Russian Revolution. Essays on 1917. Edinburgh 1972, 1 ff., 57 ff.
31 Daten nach *G. Gill*, Peasants and Government in the Russian Revolution. London 1979, 174 ff.; *Ferro*, Bolshevik, 159 ff.; *Smith*, 116 ff.; *Keep*, Revolution, 172 ff.; *Koenker*, 129 ff.; Zitat *Suchanow*, 541.

32 *Koenker, Rosenberg*, 90, 321 ff.; *Smith*, 116 f. (Daten), 163 f., 190 ff.; *Koenker*, 228 ff., 293 ff.
33 *Gill*, Peasants, 18 ff., 30 f.; *Keep*, Revolution, 155 ff.; Dokumente: *BK* II, 523 ff.; *Lorenz*, Revolution, 133 ff.
34 Glänzende Regionalstudie: O. *Figes*, Peasant Russia, Civil War. The Volga Countryside in Revolution (1917–1921). Oxford 1991, hier 47 ff.
35 *Gill*, Peasants, 64 ff.; *Keep*, Revolution, 163 ff.; *Rosenberg*, Liberals, 127 ff.; *Radkey*, Agrarian, 322 ff., 445 ff.
36 *Anweiler*, Rätebewegung, 147 ff.; *Keep*, Revolution, 229 ff.; *Häfner*, 73 ff., 102 ff.
37 Grundlegend: A. *Rabinowitch*, The Bolsheviks Come to Power. The Revolution of 1917 in Petrograd. N. Y. 1978, 94 ff.; *Rosenberg*, Liberals, 196 ff. (Zitate 202).
38 Ich folge: *J. L. Munck*, The Kornilov Revolt. A Critical Examination of Sources and Research. Aarhus/Denmark 1987, 92 ff. (Zitat 95); zugunsten Kerenskijs: *Rabinowitch*, Bolsheviks, 110 ff.; *Rosenberg*, Liberals, 229 ff.; konträr: *Pipes*, Revolution II, 218 f.; *G. Katkov* (Hg.), The Kornilov Affair. Kerensky and the Break-up of the Russian Army. London 1980. Quellen in: *BK* III, 1527 ff.; Hellmann, 270 ff.
39 *Radkey*, Agrarian, 393 ff.; *Rabinowitch*, Bolsheviks, 151 ff. (Daten 176); *Rosenberg*, Liberals, 234 ff.; *Suchanow*, 549 (Zitat); Quellen: *BK* III, 1714 ff.
40 Zitat: *Suchanow*, 567.
41 *Rabinowitch*, Bolsheviks, 168 ff. (Zitat 189); *Suchanow*, 530 ff.; Daten nach *Rosenberg*, Liberals, 274 f.; *I. Deutscher*, Trotzki. Bd. 1 Der bewaffnete Prophet 1879–1921. Stuttgart 1962, 270 ff.

III. Oktoberumsturz und Bürgerkrieg (1917–1921)

1 Vgl. *R. Service*, The Bolshevik Party in Revolution: A Study in Organisational Change, 1917–1923. London 1979, 49 u. pass.; Zitat: *Suchanow* (II, 1), 562.
2 Zitate in: *LW* XXVI, 1–3, 5 f., 65. Zum Folgenden im Detail: *Rabinowitch*, Bolsheviks (II, 37), 170 ff.; ferner u. a.: *R. V. Daniels*, Red October: The Bolshevik Revolution of 1917. London 1968, 52 ff.; *Service*, Lenin I (I, 26), 239 ff.; *Pipes*, Revolution I (I, 1), 235 ff.; *Figes*, People's Tragedy (beide I, 1), 474 ff.; *Altrichter*, Rußland (II, 1), 215 ff.; *Wolkogonow*, Lenin (I, 26), 147 ff.; *Read*, From Tsar (II, 1), 145 ff. Dokumente: *J. Bunyan* u. *H. H. Fisher* (Hg.), The Bolshevik Revolution, 1917–18: Documents and Materials. Stanford/Cal. 1934; *BK*III (II, 1), 1714 ff.; *HellmaG17 nn* (II, 1), 283 ff. Weitere Lit.: *Bonwetsch*, Revolution (I, 1), 189 ff.; *Hildermeier*, Revolution (I, 1), 229 ff.
3 *LW* XXVI, 67, 125.
4 *LW* XXVI, 178.
5 Zitate: *Suchanow*, 583.
6 Vgl. *Trotzki*, Revolution, 571.
7 *Suchanow*, 597; *Rabinowitch*, Bolsheviks, 249 ff.; *Daniels*, Red October, 81 ff., 107 ff.; interessant: *Trotzki*, Revolution, 568 ff.; Quellen: *BK* III, 1761 ff.
8 *Suchanow*, 633; *Hellmann*, 302 f.; *Rabinowitch*, Bolsheviks, 266; Zitat: *LW* XXVI, 224.
9 *BK* III, 1772 ff. (Zitat 1778).
10 Vgl. *R. A. Wade*, Red Guards and Workers' Militias in the Russian Revolution. Stanford 1984; *Keep*, Revolution (II, 28), 90 ff. (Daten 95).
11 *BK* III, 1793.
12 Zitat: *Suchanow*, 666; Daten nach *Političeskie dejateli Rossii 1917*. Biografičeskij slovar'. M. 1993, 390; *Rabinowitch*, Bolsheviks, 292; *Pipes*, Revolution II, 290.
13 *Rabinowitch*, Bolsheviks 296, 303; *BK* III, 1797 f.; *Suchanow*, 669, 675.
14 *Daniels*, Red October, 206; *Rabinowitch*, Bolsheviks, 305 ff.

15 *Keep*, Revolution, 339 ff.; *Ferro*, Bolshevik (II, 23), 258 ff., 266 f.; *Friedgut*, Juzovka (I, 10) I, II; *D. J. Raleigh*, Revolution on the Volga. 1917 in Saratov. Ithaca 1986, 262 ff.; abweichend: *Friedgut*, Iuzovka, II, 302 ff.
16 *P. A. Sorokin*, Leaves From a Russian Diary – and Thirty Years After. Boston 1950 (Nd.: N. Y. 1970), 96; jüngster Dokumentenband: *R. A. Wade* (Hg.), Documents of Soviet History. Bd. 1–3 (1917–1925), Gulf Breeze 1991–1995, hier Bd. 1.
17 *Harding* I (I, 26), 110 ff.; *Service*, Lenin II, 216 ff.; *G. Ritter*, Das Kommunemodell und die Begründung der Roten Armee im Jahre 1918. Berlin 1965, 21 ff.
18 Jüngste Formulierung: *Pipes*, Revolution, u. a. I, 15; III, 797 ff.; ähnlich: *P. Scheibert*, Lenin an der Macht. Das russische Volk in der Revolution 1918–1922. Weinheim 1984; *M. Malia*, Vollstreckter Wahn. Rußland 1917–1991. Stuttgart 1994; *V. N. Brovkin*, Behind the front lines of the civil war. Political parties and social movements in Russia, 1918–1922. Princeton 1994, bes. 420 f.
19 Beste Übersicht: *D. P. Koenker, W. G. Rosenberg* u. *R. G. Suny* (Hg.), Party, State and Society in the Russian Civil War. Explorations in Social History. Bloomington 1989. Auch: *S. Fitzpatrick*, The Russian Revolution. 2. Aufl. Oxford 1994; *Service*, Bolshevik.
20 *T. H. Rigby*, Lenin's Government: Sovnarkom 1917–1922. Cambridge/Mass. 1979, 160 ff.; grundlegend zur administrativen Kontinuität, aber auch Erneuerung: *Rowney*, 94 ff.; *H. Altrichter*, Staat und Revolution in Sowjetrußland 1917–1922/23. 2. erw. Aufl. Darmstadt 1996, 9 ff., 29 ff.; *W. Pietsch*, Revolution und Staat. Institutionen als Träger der Macht in Sowjetrußland 1917–1922. Köln 1969. Wichtige Quelle: *The Debate on Soviet Power*. Minutes of the All-Russian Central Executive Committee of Soviets, Second Convocation, October 1917–January 1918, hg. v. J. L. H. Keep, Oxford 1979.
21 *Rabinowitch*, Bolsheviks, 308 ff.; *Pipes*, Revolution II, 304 ff.
22 *Suchanow*, 686; Text: Hellmann, 315 ff.
23 *Figes* (II, 34), 70 ff.; *Ferro*, Bolshevik, 132 ff.; *Keep*, Revolution, 385 ff.; *Bunyan, Fisher*, 668 ff.
24 *Rigby*, Lenin's, 27 f.
25 *O. H. Radkey*, The Sickle under the Hammer: The Russian Socialist Revolutionaries in the Early Months of Soviet Rule. New York 1963, 226 ff.
26 Text: *Hellmann*, 327 f.; *H. Altrichter* u. *H. Haumann* (Hg.), Die Sowjetunion. Von der Oktoberrevolution bis zu Stalins Tod. Bd. 2: Wirtschaft und Gesellschaft. München 1987, 36 ff.; Darstellung: *Smith* (I, 34), 209 ff.; *U. Brügmann*, Die russischen Gewerkschaften in Revolution und Bürgerkrieg 1917–1919. Frankfurt/M. 1972.
27 *Smith*, 239.
28 *Smith*, 216 ff.; *Brügmann*, 158 ff.; für Moskau: *R. Sakwa*, Soviet Communists in Power. A Study of Moscow during the Civil War, 1918–1921. London 1988, 71 ff.; Dokumente: *Bunyan, Fisher*, 639 ff.
29 Quellen bei *Bunyan, Fisher*, 304 ff.; *Ferro*, Bolshevik, 174 f.
30 *Hellmann*, 312 ff., 335 ff.; *Wildman*, End (II, 2) II, S. 379 ff.
31 *Bunyan*, Fisher, 510; auch: *W. Hahlweg* (Hg.), Der Friede von Brest-Litowsk. Düsseldorf 1971, 539. Darstellungen u. a.: *R. K. Debo*, Revolution and Survival: The Foreign Policy of Soviet Russia, 1917–18. Liverpool 1979, 91 ff.; *M. Kettle*, The Allies and the Russian Collapse. March 1917–March 1918. Worcester 1981, 176 ff.; *W. Baumgart*, Deutsche Ostpolitik von Brest-Litovsk bis zum Ende des Ersten Weltkrieges. Wien 1966, 13 ff.; *G. Rosenfeld*, Sowjetrußland und Deutschland 1917–1922. Berlin (Ost) 1960, 22 ff.
32 *Rosenberg*, Liberals (II, 6), 273 f.
33 Daten: *O. Radkey*, Russia Goes to the Polls. The Election to the All-Russian Constituent Assembly, 1917. Ithaca, London 1990, 18, 23, 82.

Anmerkungen

34 *Rosenberg*, Liberals S. 277f; *Radkey*, Sickle, 280ff. (Zitat 333); *L. H. Haimson*, The Mensheviks After the October Revolution, in: RR 38. 1979, 456–73, 39. 1980, 181–207, 462–83, bes. Teil III.
35 *Radkey*, Sickle, 416ff.; auch *Pipes*, Revolution II, 362f. kann keine Massenbewegung entdecken.
36 Dokumente bei: *H. Altrichter* (Hg.), Die Sowjetunion. Von der Oktoberrevolution bis zu Stalins Tod. Bd. 1: Staat und Partei. München 1986, 32f.; *Hellmann*, 340ff. (Zitat 342); *Bunyan, Fisher*, 389ff.
37 Vgl. *Anweiler*, Rätebewegung (I, 16), 279ff. (Zitat 282); *Altrichter*, Staat, 54f.; Text: *Altrichter*, Sowjetunion, 143ff.
38 Vgl. *Brovkin*, Behind, 403ff.
39 Vgl. *Rosenberg*, Liberals, 283ff. *Radkey*, Sickle, 436ff.; sonst *Brovkin*, Behind, 40ff., 174; *Haimson*, Mensheviks, 107ff., 156ff., 191ff.; *V. N. Brovkin*, The Mensheviks After October. Socialist Opposition and the Rise of the Bolshevik Dictatorship. Ithaca, London 1987, bes. 126ff.; *ders.*, Behind, 31ff., 63ff., 163ff. – Zur Emigration: *M. Raeff*, Russia Abroad. A Cultural History of the Russian Emigration 1919–1939. Oxford 1990; *K. Schlögel* (Hg.), Der große Exodus. Die russische Emigration und ihre Zentren 1917 bis 1941. München 1994.
40 Übersichten: *E. Mawdsley*, The Russian Civil War. London 1987; *Pipes*, Revolution III, 19–271; *Figes*, People's Tragedy, 555ff.; *G. Swain*, The Origins of the Russian Civil War. London 1995; Bauernbewegung: *Brovkin*, Behind (Zitat 403); Machtkampf in den Regionen: *P. Kenez*, Civil War in South Russia. Bd. 1–2, Berkeley 1971, 1977, hier bes. I, 45ff.; *J. F. N. Bradley*, Civil War in Russia 1917–1920. London 1975; Mace (II, 26), 40ff.; *T. Hunczak* (Hg.), The Ukraine, 1917–21: A Study in Revolution. Harvard 1977; *J. Borys*, The Sovietization of Ukraine 1917–1923. The Communist Doctrine and Practice of National Self-Determination. Edmonton 1980; *Pipes*, Formation (II, 26), 114ff.; *D. Dahlmann*, Land und Freiheit, Machnovščina und Zapatismo als Beispiele agrarrevolutionärer Bewegungen. Wiesbaden 1986; Quellen: *J. Bunyan* (Hg.), Intervention, Civil War, and Communism in Russia April–December 1918, Baltimore 1936; *J. V. Got'e*, Time of Troubles. The Diary of Jurii Vladimirovič Got'e. Moscow July 8, 1917 to July 23, 1922. Princeton 1988.
41 Vgl. *Mawdsley*, Civil war, pass.; *J. D. Smele*, Civil War in Siberia. The anti-Bolshevik government of Admiral Kolchak, 1918–1920. Cambridge 1997, 10ff., 108ff. u. pass.; zur auswärtigen Intervention: *J. F. N. Bradley*, Allied Intervention in Russia, London 1968; *Kettle; Debo*, Revolution; *ders.*, Survival and Consolidation. The Foreign Policy of Soviet Russia 1918–1921. Montreal 1992; *R. H. Ullman*, Anglo-Soviet Relations 1917–1921, Bd. 1–2, Princeton 1961–1968; *G. F. Kennan*, Soviet-American Relations, 1917–1920. Bd. 1–2, Princeton 1956–1958 (Bd. 2 in dt. Übers. Stuttgart 1961).
42 Vgl. neben *Mawdsley*, Civil War, 59ff., 277f. und *Altrichter*, Staat, 165ff.: *M. von Hagen*, Soldiers in the Proletarian Dictatorship. The Red Army and the Soviet State, 1917–1930. Ithaca 1990, 24ff.; *F. Benvenuti*, The Bolsheviks and the Red Army, 1918–1922. Cambridge 1988, 20ff.; *Wolkogonow*, Trotzki, 163ff.; Quellen: *Altrichter*, Sowjetunion, 104ff.; *J. M. Meijer* (Hg.), The Trotzki Papers 1917–1922. Bd. 1–2, Den Haag 1964–1971.
43 Vgl. *Mawdsley*, Civil war, 272ff.; *Bradley*, Civil War, 117ff., aber auch: *Pipes*, Revolution III, 26ff.; *Rosenberg*, Liberals, 396ff. (Zitat 426).
44 LW XXVII, 225–268 (Zitate 244, 247); *F. Kool* u. *E. Oberländer* (Hg.), Arbeiterdemokratie oder Parteidiktatur, Olten 1967, 92–126; *R. V. Daniels*, Das Gewissen der Revolution. Kommunistische Opposition in Sowjetrußland. Köln 1962, 105ff.; *S. F. Cohen*, Bukharin and the Bolshevik Revolution. A Political Biography 1888–1938. New York 1973, 60ff.; *L. Schapiro*, The Origin of the Communist Autocracy. Political Opposition in the Soviet State. First Phase: 1917–1922. 2. Aufl. London 1977, 107ff.

45 Grundlegend: S. *Malle*, The Economic Organization of War Communism 1918–1921. Cambridge 1985, hier 3 ff., 495 ff.; *P. Scheibert*, Lenin; anders: *M. McAuley*, Bread and Justice: State and Society in Petrograd, 1917–1922. Oxford 1991, bes. 187 ff.; für Moskau: *Sakwa*, Soviet Communists, 33 ff., 266; Selbstdeutungen: *N. Bucharin*, Ökonomik der Transformationsperiode, Reinbek 1970; *L. N. Kritzman*, Die heroische Periode der großen russischen Revolution, Frankfurt 1971. Quellen: *Altrichter, Haumann*, 62 ff.; *E. Müller, H. H. Schröder* (Hg.), Partei, Staat und Sowjetgesellschaft. Sozialgeschichtliche Aspekte politischer Macht. Dokumente 1917–1941. Tübingen 1993, 13 ff. u. pass.
46 Daten nach *Malle*, 62 ff.; anschaulich: *Scheibert*, Lenin, 194 ff.; Übersicht: *Altrichter*, Staat, 85 ff.
47 *Figes*, 188 ff.; *Lih* (I, 37), 138 ff. Zentrale Dokumente neben *Altrichter, Haumann*, 56 ff. und *Müller, Schröder*, 41 ff.: *S. Merl* (Hg.), Sowjetmacht und Bauern. Dokumente zur Agrarpolitik und zur Entwicklung der Landwirtschaft während des «Kriegskommunismus» und der Neuen Ökonomischen Politik. Berlin 1993, 81 ff.
48 *Figes*, 260 ff.; *Lih*, 167 ff.; *Brovkin*, Behind, 132 ff., 301 ff. u. pass.; *Pipes*, Revolution II, 627 ff.
49 *Malle*, 322 ff., 396 ff. (Daten 364); *Scheibert*, Lenin, 122 ff.
50 Daten nach *Malle*, 166, 179, 504; *McAuley*, Bread, 261 ff.; *Scheibert*, Lenin, 122 ff.
51 *Figes*, 321 ff., Zitat 354; *Brovkin*, Behind, 300 ff., 405, 417 (Zitat); *O. H. Radkey*, The Unknown Civil War in Soviet Russia. A Study of the Green Movement in the Tambov Region 1920–1921. Stanford 1976; *G. Meyer*, Studien zur sozialökonomischen Entwicklung Sowjetrußlands 1921–1923. Die Beziehungen zwischen Stadt und Land zu Beginn der Neuen Ökonomischen Politik. Köln 1974, 77 ff.
52 Maßgeblich: *G. Leggett*, The Cheka: Lenin's Political Police. The All-Russian Extraordinary Committee for Combating Counter-Revolution and Sabotage (December 1917 to February 1922). 2. Aufl. Oxford 1986, hier 34, 58, 67; *Pipes*, Revolution II, 751 ff.; *Scheibert*, Lenin, 79 ff.; *Altrichter*, Staat 20 ff.
53 *Häfner* (II, 19), 535 ff.; *Pipes*, Revolution II, 508 ff.
54 *Leggett*, 70 ff., Daten 181, 464, 467; *LW* XXVIII, 164; *Pipes*, Revolution II, 833 ff.; *Brovkin*, Behind, pass.
55 Ausführlich: *Pipes*, Revolution II, 679 ff.; knapp: *D. C. B. Lieven*, Nicholas II. Twilight of the Empire. New York 1993, 242 ff.; auch: *M. Ferro*, Nikolaus II. Der letzte Zar. Zürich 1991, 289 ff.
56 *D. Koenker*, Urbanization and Deurbanization in the Russian Revolution, in: *Koenker, Rosenberg, Suny*, 81 f.; *Brovkin*, Behind, 281; *Service*, Bolshevik, 85 ff.; *Sakwa*, Soviet Communists; 96 ff.; *Pietsch*, 140 ff., 153; *T. H. Rigby*, Communist Party-Membership in the USSR 1917–1967. Princeton 1968, 52 ff., 57 ff.; *Altrichter*, Sowjetunion, 342; *Scheibert*, Lenin, 44 ff.; Dokumente: *Müller, Schröder*, 97 ff.
57 *Sakwa*, Soviet Communists, 216 ff.; *Brovkin*, Behind, 63 ff., 287 ff.; *Rigby*, Lenin's, 160 ff.; *Pietsch*, 118 ff. Dokumente: *Müller, Schröder*, 57 ff.
58 *Daniels*, Gewissen, 14 ff.; *Schapiro*, Origin, 273 ff., Dokumente: *Kool, Oberländer*, 128 ff., 240 ff.; *I. Getzler*, Kronstadt 1917–1921. The Fate of a Soviet Democracy. Cambridge 1983; *P. Avrich*, Kronstadt 1921. Princeton 1970; «Wahrheit über Kronstadt» bei: *Kool, Oberländer*, 297 ff.; Forderungen: *Altrichter, Haumann*, 126 f.; Streiks: *J. Aves*, Workers against Lenin. Labour protest and the Bolshevik dictatorship 1920–22. London 1996, 39 ff.
59 *Mawdsley*, Civil War, 286 f.

IV. Atempause und Regeneration: die NĖP (1921–1928)

1. Der Streit um den rechten Weg

1 *LW* XXXII, 217, 222, 231; S. *Merl*, Der Agrarmarkt und die Neue Ökonomische Politik. Die Anfänge staatlicher Lenkung der Landwirtschaft in der Sowjetunion 1925–1928. München 1981, 286.
2 *Kool, Oberländer* (III, 45), 170 ff. (Zit. 174, 176), 182 ff.; *Wade*, Documents (III, 16) II u. III, hier II, 165 ff.; knappe Darstellung: *Service*, Lenin (I, 26) III, 176 ff.
3 *Daniels*, Gewissen (II, 44), 150 ff. (Zitat 152); Plattform: *Desjatyj s-ezd RKP (b)*. Mart 1921 goda. Stenografičeskij otčet. Moskva 1963, 674–685; ferner: M. *Dewar*, Labour Policy in the USSR, 1917–1928. London 1956; J. B. *Sorenson*, The Life and Death of the Soviet Trade Unionism 1917–1928. New York 1969.
4 Auszüge: *McNeal*, Resolutions (I, 26) II, 121 ff., 126 ff.
5 Auszüge: *McNeal*, Resolutions II, 119 f. und *Altrichter*, Sowjetunion (III, 36), 76 ff.; zum Ganzen: *Daniels*, Gewissen, S. 178 ff.
6 *Kool, Oberländer*, 92 ff., 126 ff., 128 ff., 240 ff., Zitat 135; *Daniels*, Gewissen, 144 ff.; U. *Nienhaus*, Revolution und Bürokratie. Staatsverwaltung und Staatskontrolle in Sowjetrußland 1917–1924. Frankfurt/M. 1980, 73 ff.
7 Vgl. E. A. *Rees*, State Control in Soviet Russia. The Rise and Fall of the Workers' and Peasants' Inspectorate 1920–34. London 1987, 12 ff., Zitat 37; *Nienhaus*, 104 ff.; vor allem: C. *Sirianni*, Workers' Control and Socialist Democracy: The Soviet Experience. London 1982.
8 *Desjatyj s-ezd*, 667; L. *Trotzki*, Mein Leben. Versuch einer Autobiographie. Berlin 1930, 462; ferner u. a.: H. *Brahm*, Trotzkijs Kampf um die Nachfolge Lenins. Die ideologische Auseinandersetzung 1923–1926. Köln 1964, 75 ff.; M. *Lewin*, Lenins letzter Kampf. Hamburg 1970, 41 ff.; *Daniels*, Gewissen, 224 ff.; *Service*, Lenin III, 256 ff.; *Deutscher*, Trotzki II, 83 ff. Wichtigste (im folgenden nur noch bei direkter Entlehnung zitierte) Stalin-Biographien: R. C. *Tucker*, Stalin as Revolutionary 1879–1929. A Study in History and Personality. New York 1973; *ders.*, Stalin in Power: The Revolution from Above, 1928–1941. London 1990; R. H. *McNeal*, Stalin. Man and Ruler. New York 1988; D. *Wolkogonow*, Stalin. Triumph und Tragödie. Ein politisches Porträt. Düsseldorf 1989; R. *Conquest*, Stalin. Der totale Wille zur Macht. München 1991; A. *Ulam*, Stalin. Koloß der Macht. Esslingen 1977 (2. erw. Aufl d. am. Or. Boston 1990); I. *Deutscher*, Stalin. Eine politische Biographie, Bd. 1–2. Berlin 1979; B. *Souvarine*, Stalin. Anmerkungen zur Geschichte des Bolschewismus. München 1980; A. *Bullock*, Hitler und Stalin. Parallele Leben. Berlin 1991; W. *Laqueur*, Stalin. Abrechnung im Zeichen von Glasnost. München 1990; erste Quellen jetzt bei: L. T. *Lih*, O. V. *Naumov*, O. V. *Chlevnjuk* (Hg.), Stalin's letters to Molotov, 1925–1936. New Haven 1995.
9 *LW* XXXVI, 591, 577, 581; *LW* XXXIII, 474 f., 489, auch: 468 ff. u. *LW*, Erg. bd. 1917–1928, 457 ff.; zu Krupskaja: R. *McNeal*, Bride of the Revolution. Krupskaya and Lenin. London 1972.
10 *Trotzki*, Leben, 466 f., 469 f.; knapper: *Ders.*, Stalin. Eine Biographie. Reinbek 1971, II, 198 ff.; kursorisch: *Wolkogonow*, Trotzki (II, 24), 275 ff.
11 *Dvenadcatyj s-ezd RKP (b). 17–25 apr. 1923 g*. Stenografičeskij otčet. M. 1968, 479 ff., bes. 495, 576 ff., 611 ff.; *SW* V, 207–230, 231 ff., Zitat 234; *Daniels*, Gewissen, 227, 234 f.; E. H. *Carr*, The Interregnum 1923–1924, Harmondsworth 1969, 284.
12 *Deutscher*, Trotzki II, 97; *Trotzki*, Leben, 465 f.; *ders.*, Stalin. Eine Biographie. Bd. 1–2. Reinbek 1971, hier II, 201; *Daniels*, Gewissen, 244 f.
13 *Dvenadcatyj s-ezd*, 309 ff., Zitat 351; *KPSS v rezoljucijach i rešenijach s-ezdov, konfe-*

rencij i plenumov CK (1898–1986). Bd. 1–15, 9. Aufl. M. 1983–1989, hier III, 57 ff.; Auszüge: *McNeal*, Resolutions, II, 194 ff.; *Daniels*, Gewissen 241.
14 Trotzkis Brief dt. in: *U. Wolter* (Hg.), Die Linke Opposition in der Sowjetunion 1923–1928, Bd. 1, Westberlin 1976, 197–204 (Zitate pass.); Replik: ebd. 204–206; Erklärung der 46: *Kool, Oberländer*, 273–280, Zitate S. 275 f. Kontext, auch zum Folgenden: *Daniels*, Gewissen, 256 ff.; *Carr*, Interregnum, 316 ff.; *Deutscher*, Trotzki II, 114 ff.; *Schapiro*, Geschichte (I, 26), 299 ff.; *Wesson*, Lenin's (I, 26), 123 ff.
15 *SW* V, 310 ff.; *Trotzki*, Leben, 482; skeptisch: *Daniels*, Gewissen, 268; *Carr*, Interregnum, 312.
16 *Wolter* I, 242–249, bes. 246; *L. Trotzki*, Der neue Kurs. Nachdr. Berlin 1972 (Or. 1924). *SW* V, 325–339, bes. 336 f.
17 *Carr*, Interregnum, 348; *McNeal*, Resolutions, II, 209–212.
18 *Trotzki*, Leben, 490 ff.; Zitat: *Daniels*, Gewissen, 278.
19 *SW* VI, 41–46; *Carr*, Interregnum, 353 ff.; relativierend: *Tucker*, Stalin I, 281 ff.
20 *LW* XXXVI, 578–580; *Tucker*, Stalin I, 288 f.; *McNeal*, Bride, 243 ff. Offiziell wurde Lenins ‹Testament› in der Sowjetunion erst 1956 veröffentlicht.
21 *Trinadcatyj s-ezd RKP (b). Maj 1924 goda*. Stenografičeskij otčet. M. 1963, 106, 158, 225; *SW* VI, 169 ff., 197 ff.; *Daniels*, Gewissen, 284.
22 *Wolter* II, 192–251, bes. 192 f., 228, Leninzitat: 218; dazu bes.: *E. H. Carr*, Socialism in One Country. Bd. 2, Harmondsworth 1970 [Or. 1959], 11 ff.; *Daniels*, Gewissen, 285 ff. – *J. Zarusky*, Die deutschen Sozialdemokraten und das sowjetische Modell. Ideologische Auseinandersetzung und außenpolitische Konzeptionen 1917–1933. München 1992, 179 f.
23 *Wolter* II, 271–335 (»Leninismus oder Trotzkismus?«), Zitate 275, 298, 325; auch Zinov'ev ebd., 336–370; *SW* VI, 290–319, Zitat 293.
24 *LW* XXII, 189–309; dazu: *Harding* II (I, 26), 41 ff.; *Service*, Lenin II, 113 ff.; Zitat: *LW* XXVIII, 488
25 Vgl. v. a. *L. Trotzki*, Ergebnisse und Perspektiven. Die treibenden Kräfte der Revolution. Frankfurt 1967; dazu: *Knei-Paz*, 113 ff., 144 ff., 367 ff.; s. a. oben II, 24.
26 Vgl. *L. Trotzki*, Die permanente Revolution. Frankfurt a. M. 1969 (Or. 1930), 151 f.; *SW* VI, 320–358, Zitate 324, 331, 357 f.; *Tucker*, Stalin I, 388 f.
27 *Wolter* II, 476 ff.; *Trotzki*, Leben, 497 ff., bes. 502; *Carr*, Socialism II, 30 ff.; verständnisvoll: *Deutscher*, Trotzki II, 162 ff.
28 *Daniels*, Gewissen, 296.
29 *Četyrnadcatyj s-ezd vsesojuznoj KPR (b)*, 18–31 dekabrja 1925 g. Stenografičeskij otčet. M., L. 1926, 8–55, dt. in: *SW* VII, 227–305, bes. 264 f., 290 f., 303; Zinov'evs und Kamenevs übers. Reden in: *Wolter* III, 300–336, 357–375, Replik: *SW* VII, 306–340, S. 334 fehlt der zitierte Satz zur Verteidigung Bucharins.
30 *Daniels*, Gewissen, 314 ff.; *Carr*, Socialism I, 73 ff., 168 ff., 183 ff.
31 *Wolter* IV, 71–85. Zum Folgenden im einzelnen: *Daniels*, Gewissen, 319 ff.; *Carr*, Foundations II, 3 ff.
32 *McNeal*, Resolutions, II, 288 ff.; *Daniels*, Gewissen, 327; *SW* VIII, 192–265, Zitate 194, 209, 212.
33 *Trotzki*, Leben, 514 (Zitat); *SW* VIII, 191 ff., 245 ff.; Trotzkis Antwort: *Wolter* V, 50–83; *G. Kleinknecht*, Die kommunistische Taktik in China 1921–1927. Die Komintern, die koloniale Frage und die Politik der KPCh. Köln 1980; *H.-Y. Kuo*, Die Komintern und die chinesische Revolution. Die Einheitsfront zwischen der KP Chinas und der Kuomintang 1924–1927. Paderborn 1979, 211 f.; Kriegsfurcht: *M. v. Boetticher*, Industrialisierungspolitik und Verteidigungskonzeption der UdSSR 1926–1930. Herausbildung des «Stalinismus» und äußere Bedrohung. Düsseldorf 1979.
34 *KPSS* IV, 202 f.; *SW* X, S. 3–52, 75 ff.
35 *McNeal*, Resolutions, II, 306; *Wolter* V, 515 ff. (Zitate 516, 525); *SW* X, 150 ff. (Zitat 153).

36 *Trotzki*, Leben, 518.
37 *Trotzki*, Leben 522; *SW* X, 305.
38 *Pjatnadcatyj s-edzd VKP (b). Dekabr' 1927 goda*. Stenografičeskij otčet. Bd. 1–2, M. 1961, hier I, 279 ff., II, 1468 ff., 1599 f.; *KPSS* IV, 311–314; Auszüge: *McNeal*, Resolutions, II, 335 ff.; *Wolkogonow*, Trotzki, 313 ff.
39 *Pjatnadcatyj s-ezd* I, 280; *Deutscher*, Trotzki II, 370 f.
40 *Pjatnadcatyj s-ezd* II, 1599 ff.; *Deutscher*, Trotzki II, 373 ff.
41 *Trotzki*, Leben, 485 ff.; *Daniels*, Gewissen, 349 f.; *Wolkogonow*, Trotzki, 302 ff.; *Tucker*, Stalin I, 388 ff. u. a.; *D. K. Rowney*, Transition to Technocracy. The Structural Origins of the Soviet Administration State. London 1989, 124 ff., 193 ff.

2. Staat, Partei und affiliierte Organisationen

1 Zur Debatte: *Harding* II (I, 26), 63 ff.; *Service*, Lenin (I, 26) II, 41 ff.
2 *Vos'moj s-ezd RKP (b). Mart 1919 goda. Protokoly*. M. 1959, 54; *B. Meissner* (Hg.), Das Parteiprogramm der KPdSU 1903 bis 1961. Köln 1962, 128; *H. Carrère d'Encausse*, The Great Challenge: Nationalities and the Bolshevik State, 1917–1930. New York and London 1992 (Or.: Le grand défi: Bolcheviks et nations, 1917–1930. Paris 1987), 101 ff.
3 Details bei: *Pipes*, Formation (II, 26), 241 ff., Liste ebd. 246; *Carrère d'Encausse*, Challenge, 111 ff.; Übersicht: *Kappeler*, Rußland (II, 26), 300 ff.
4 Vertragstexte, auch zum Folgenden, in: *Istorija Sovetskoj Konstitucii. Sbornik dokumentov 1917–1957*. M. 1957, 132 f., 141 ff., 145 ff. u. pass.; engl. Auswahl bei: *R. Schlesinger* (Hg.), The Nationalities Problem and Soviet Administration. Selected Readings on the Development of Soviet Nationalities Policies. London 1956, 33 ff.
5 *Pipes*, Formation, 255 ff.; *R. G. Suny*, The Making of the Georgian Nation. Studies of Nationalities in the USSR. Bloomington 1988, 209 ff.; *Mace* (II, 26), 197 ff., 234 ff.
6 *W. I. Lenin*, Ausgewählte Werke in drei Bänden. Bd. 3, Berlin 1967, 851 f.; *Pipes*, Formation, 286; schematisch: *M. Fainsod*, Wie Rußland regiert wird. Köln 1965, 410 f.
7 Verfassungstext und -kommentar bei: *A. L. Unger*, Constitutional Development in the USSR. A Guide to the Soviet Constitutions. London 1981, 45 ff.; Kontext ausführlich bei: *E. H. Carr*, The Bolshevik Revolution 1917–1923. Bd. 1–3, Harmondsworth 1966 [Or. London 1950–1953], hier I, 403 ff.; *S. Kucherov*, The Organs of Soviet Administration of Justice: Their History and Operation. Leiden 1970, 78 ff.
8 Weitere Änderungen fanden im Zusammenhang mit der Ausarbeitung der neuen Verfassung von 1936 statt. Die transkaukasischen Republiken erhielten ihre Selbständigkeit auch formal zurück und die Autonomen Sozialistischen Republiken (ASSR) der Kirgisen und Kazachen wurden zu Unionsrepubliken erhoben. Die UdSSR bestand damit aus elf Republiken. Die übrigen vier kamen im Zuge der Annexionen nach dem Hitler-Stalin-Pakt hinzu: Estland, Lettland und Litauen sowie Moldavien (Bessarabien). Seitdem ist die Anzahl der Republiken bis zum Zerfall der Sowjetunion nach dem Putschversuch vom 19. August 1991 stabil geblieben. Vgl. *Unger*, 60, 85.
9 *Carr*, Socialism (IV. 1, 22) II, 250 ff. (Zitat 250).
10 *Unger*, 67; *Carr*, Socialism II, 262 ff.
11 Daten nach: *R. A. Lewis* u. *R. H. Rowland*, The Population Redistribution in the USSR. Its Impact on Society, 1897–1977. New York 1979, 441; *E. H. Carr* (Bd. 1 mit *R. W. Davies*), Foundations of a Planned Economy 1926–1929. Bd. 1–3, Harmondsworth 1974, 1976 [Or. London 1969, 1971], hier II, 263 f., 284, 287, 300 f. sowie Tabelle A-1.
12 *Carr*, Socialism II, 293 ff., bes. 316 f., 323 f. Die *okrugi* wurden 1930 wieder aufgehoben.
13 *Carr, Davies*, 231 ff., 263 ff.
14 *G. Simon*, Nationalismus und Nationalitätenpolitik in der Sowjetunion. Von der tota-

litären Diktatur zur nachstalinschen Gesellschaft. Baden-Baden 1986, 83 ff.; *Carrère d'Encausse*, Challenge, 173 ff. Neuere Gesamtübersichten: *G. Smith* (Hg.), The Nationalities Question in the Soviet Union. London 1990; *A. Kappeler*, Kleine Geschichte der Ukraine. München 1994, 187 ff.; *F. Golczewski* (Hg.), Geschichte der Ukraine. Göttingen 1993, 172 ff.; *G. Hausmann, A. Kappeler* (Hg.), Ukraine: Gegenwart und Geschichte eines neuen Staates. Baden-Baden 1993, 82 ff.

15 Vgl. u. a.: *N. Levin*, The Jews in the Soviet Union since 1917. Bd. 1–2, New York 1988, hier I, 46 ff.; *B. Pinkus*, The Jews of the Soviet Union. The History of a National Minority. Cambridge 1988, 49 ff.

16 *Simon*, Nationalismus, 97 ff. (Zitat 97); *Carrère d'Encausse*, Challenge, 151 ff.; *Kappeler*, Rußland, 306 ff.

17 Grundlegend: *H.-H. Schröder*, Arbeiterschaft, Wirtschaftsführung und Parteibürokratie während der Neuen Ökonomischen Politik. Eine Sozialgeschichte der bolschewistischen Partei 1920–1928. Berlin 1982, 54 f., 91, 95, 140 ff., 331, 337; auch: *Rigby*, Membership (III, 56), 52 f. (die Daten weichen trotz derselben Hauptquellen z. T. erheblich voneinander ab), zusammengest. bei *Altrichter*, Sowjetunion, 342; im Längsschnitt: *ders.*, Kleine (Einl., 3), 212; *D. Lane*, State and Politics in the USSR. Oxford 1985, 325 f.; grundlegende Quellen: *Müller, Schröder* (III, 46), 168 ff.

18 *Schröder*, Arbeiterschaft, 84 ff.; *Rigby*, Membership, 96 ff.; *Schapiro*, Geschichte (I, 26), 252 ff.

19 Daten nach *Schröder*, Arbeiterschaft, 275 ff. (Zitat 275), 331 ff.; weiterhin nützlich: *Rigby*, Membership, 110 f., 165 ff.; *A. Avtorkhanov* [Avtorchanov], The Communist Party Apparatus. Chicago 1966, 58 ff.; Lokalstudie: *C. Merridale*, Moscow Politics and the Rise of Stalin. The Communist Party in the Capital, 1925–32. London 1990, 117 ff.

20 *Schröder*, Arbeiterschaft, 57, 64; *Service*, Bolshevik (III, 1), 114 ff.

21 *Daniels*, Gewissen (III, 44), 184 f.; Liste bei: *S. White* (Hg.), The Soviet Leadership: Politburo, Orgburo and Secretariat of the CPSU 1919–1991. Glasgow 1994, 5 f.; *Carr*, Bolshevik I, 201 ff.; *ders.*, Socialism II, 213 ff.; Parteistatut bei: *G. Brunner* (Hg.), Das Parteistatut der KPdSU 1903–1961. Köln 1965, 116 ff.

22 Daten nach *Carr*, Socialism II, 222 u. *Schröder*, Arbeiterschaft, 152 f. (etwas abweichend). Zur Bedeutung des ‹mentalen Generationswechsels›: *G. Gill*, The Origins of the Stalinist Political System. Cambridge 1990, 307 ff.

23 Daten nach *Schröder*, Arbeiterschaft, 359; 351 f., 355, 359, 362; 180,182.

24 Daten nach *Schröder*, Arbeiterschaft, 221–223, 366, 380 ff.; ähnlich: *Rowney* (IV. 1, 41) 132 ff., 144 ff.; auch: *J. R. Azrael*, Managerial Power and Soviet Politics. Harvard 1966, 28 ff., 65 ff.; Quellen: *Müller, Schröder*, 273 ff.

25 Daten nach: *M. von Hagen*, Soldiers in the Proletarian Dictatorship. The Red Army and the Soviet Socialist State, 1917–1930. Ithaca 1990, 36; *Benvenuti* (III, 42), hier 38 ff.; Gesamtübersicht: *J. H. Erickson*, The Soviet High Command. A Military-Political History 1918–1941. London 1962, hier 31 ff.; kursorisch: *V. Rapoport, Y. Alexeev*, High Treason. Essays on the History of the Red Army, 1918–1938. Durham 1985.

26 *Vos'moj s-ezd*, 143 ff., 339 f., 412 ff.; *McNeal*, Resolutions (I, 26) II, 73 ff.; *von Hagen*, 62 ff.; *Benvenuti*, 92 ff.

27 *von Hagen*, 137 ff., 206 ff.; *Carr*, Socialism II, 417 ff.; *Erickson*, High Command, 123 ff.

28 So starb Frunze Ende Oktober 1925 während einer laut Trotzki von Stalin erzwungenen Magenoperation. Tuchačevskij gehörte zu den prominentesten Opfern des ‹Großen Terrors›, vgl. u. S. 473 f.

29 *von Hagen*, 206 ff., 271 ff., Zitat 342; *Carr*, Socialism II, 425 ff., Daten 426 f.

30 *von Hagen*, 330 ff.; Daten: ebd., 266 und *Carr*, Socialism II, 439, 441 (bei unterschiedlichem Urteil); noch nützlich: *D. N. F. White*, The Growth of the Red Army. Princeton 1944, 183 ff.

31 Zitat nach: *Altrichter*, Sowjetunion, 100; eingehend: *J. Hazard*, Settling Disputes in

Soviet Society: The Formative Years of Soviet Legal Institutions. New York 1960; *Kucherov; P. Juviler,* Revolutionary Law and Order. New York 1976; *R. Schlesinger,* Soviet Legal Theory. London 1945; nützlich: *P. Beirne* (Hg.), Revolution in Law. Contributions to the Development of Soviet Legal Theory, 1917–1938. Armonk 1990. Quellensammlung: *Z. L. Zile* (Hg.), Ideas and Forces in Soviet Legal History: A Reader on the Soviet State and Law. New York, Oxford 1992.

32 Vgl. *LW* XXV, 393–507 sowie die einflußreichsten Rechtstheorien dieser Jahre: *E. Paschukanis* [E. A. Pašukanis], Allgemeine Rechtslehre und Marxismus. Versuch einer Kritik der juristischen Grundbegriffe. Frankfurt 1966 (hier 17) und *P. Stutschka* [P. I. Stučka], Die revolutionäre Rolle von Recht und Staat. Frankfurt a. M. 1969. Frühe Texte auch bei: *W. G. Rosenberg* (Hg.), Bolshevik Visions. First Phase of the Cultural Revolution in Soviet Russia. Bd. 1: The Culture of a New Society: Ethics, Gender, the Family Law, and Problems of Tradition. 2. Aufl., Michigan 1990, 159 ff.

33 *Meissner,* Parteiprogramm, 130.

34 *Altrichter,* Sowjetunion, 98 ff., 108 ff.

35 Zitat: *Meissner,* Parteiprogramm, 130.

36 *Carr,* Socialism I, 88 f., II, 454 ff.; *Hazard,* 301 ff.; *Kucherov,* 79 ff.; *Juviler,* 15 ff., 36 ff.

37 *Carr, Davies,* 369 ff., 398 ff.; *Wade,* Documents (III, 16) II, 373 ff., 420 ff.

38 *E. Huskey,* Russian Lawyers and the Soviet State. The Origins and Development of the Soviet Bar, 1917–1939. Princeton 1986, 80 ff.; *Hazard,* 247 ff.; *Carr,* Socialism I, 95 ff.; *Carr, Davies,* 356 ff.

39 Gründungsdekrete: *Altrichter,* Sowjetunion, 119 ff.; Aufgaben: *Kucherov,* 72 ff.; Details zur Kontinuität bei *Leggett,* 339 ff.; *Carr,* Socialism II, 453 ff.

40 *LW* XXIII, 344; *Leggett,* 346 f.

41 *M. Jansen,* A Show Trial under Lenin. The Trial of the Socialist Revolutionaries, Moscow 1922. Leiden 1982; *Carr,* Bolsheviks I, 189 f.; *ders.,* Socialism II, 474 ff.; ohne neues Material: *M. Jakobson,* Origins of the GULAG. The Soviet Prison Camp System, 1917–1934. Lexington/Kent. 1993, 111 ff.; *R. Stettner,* «Archipel GULAG»: Stalins Zwangslager – Terrorinstrument und Wirtschaftsgigant. Entstehung, Organisation und Funktion des sowjetischen Lagersystems 1928–1956. Paderborn 1996, bes. 83 ff.; auch: *E. Bacon,* The Gulag at war. Stalin's forced labour system in the light of the archives. Houndmills 1994, 42 ff.

42 Daten: *Carr,* Socialism II, 472; *Juviler,* 35; *Jakobson,* 113.

3. Wirtschaft zwischen Plan und Markt

1 *LW* XXXII, 454.

2 *LW* XXXII, 421–437, Zitate 427–29.

3 *LW* XXXII, 454–456; *McNeal,* Resolutions (I, 26) II, 132 f.

4 *Merl,* Agrarmarkt (IV. 1, 1) , 286 gegen *A. Nove,* An Economic History of the USSR, 1917–1991. 3. Aufl. Harmondsworth 1992 (Or. 1969), 79; Übersichten: *ebenda,* 78 ff.; *Carr,* Bolshevik II (IV. 2, 7), 269 ff. (hier 299 ff.); an langfristigen Trends interessiert, mit vielen Daten: *R. W. Davies, M. Harrison* u. *S. G. Wheatcroft* (Hg.), The economic transformation of the Soviet Union, 1913–1945. Cambridge 1994, bes. 8 ff., 131 ff.; *Davies,* Tsarism (I, 3); *ders.,* Economic and Social Policy in the USSR, 1917–1941, in: Cambridge Economic History of Europe. 1989, 984–1047, 1198–1203, hier 1008 ff.; *L. Volin,* A Century of Russian Agriculture. From Alexander II to Khrushchev. Cambridge/Mass. 1970, 161 ff.; viel voraussetzend: *H. Raupach,* Geschichte der Sowjetwirtschaft. Reinbek 1964, 47 ff., großenteils identisch mit: *Ders.,* Wirtschaft und Gesellschaft Sowjetrußlands 1917–1977. Wiesbaden 1979, 34 ff.; *R. Lorenz,* Sozialgeschichte der Sowjetunion. Bd. 1. 1917–1945. Frankfurt/M. 1976. Wichtigste Quellen

übersetzt bei: *Altrichter, Haumann* (III, 26), 138-141, 148 ff.; *Merl,* Sowjetmacht (III, 47), 139 ff.

5 *Raupach,* Geschichte, 56; *Carr,* Bolshevik II, 398 f.; Betriebssstruktur: W. *Süß,* Der Betrieb in der UdSSR. Stellung, Organisation und Management 1917-1932. Fkf. a. M. 1981, hier 129 ff.; *LW* XXXIII, 413.

6 *Carr,* Bolshevik II, 343 ff. (Zitat 343); *Nove,* History, 85 ff.; *F. D. Holzman,* Soviet Taxation. The Fiscal and Monetary Problems of a Planned Economy. Cambridge/Mass. 1955, 105 ff.; G. *Hedtkamp,* Das sowjetische Finanzsystem. Berlin 1974, 34 ff.; *H. Sigg,* Grundzüge des sowjetischen Bankwesens. Bern 1981; 55 ff.

7 *M. Dobb,* Soviet Economic Development since 1917. 8. Aufl. New York 1966, 143 ff.; *P. Gatrell, R. W. Davies,* in: *Davies,* Tsarism, 145 f.; *Raupach,* Geschichte, 54 f.; *Carr, Davies* (IV. 2, 11), 1018.

8 *Carr,* Bolshevik II, 309 f.; *Raupach,* Geschichte, 55; ähnlich: *C. Ward,* Russia's Cotton Workers and the New Economic Policy. Shop-floor Culture and State Policy 1921-1929. Cambridge 1990, 11 f.

9 Daten nach *Dobb,* 156.

10 *Dvenadcatyj s-ezd* (IV. 1, 11), 309 ff., bes. 320 f.; *McNeal,* Resolutions II, 194 f.; *Carr,* Interregnum, (IV. 1, 11) 28 ff., 95 ff.; Diagramm bei: *Altrichter, Haumann,* 161; Streikdaten: *S. Plogstedt,* Arbeitskämpfe in der sowjetischen Industrie 1917-1933. Frankfurt/M. 1980, 54 ff.; bäuerliche Marktproduktion: *M. Harrison,* in: *Davies,* Tsarism, 109 ff.; *Davies,* Economic, 1016 ff.

11 *Dobb,* Soviet, 166 ff.; Trotzkis Brief in: *Wolter* (IV. 1, 14) I, 197 ff.; auch: *ebd.,* 206, 211 ff. sowie allgemein: *Carr,* Interregnum, 113 ff.

12 *KPSS* (IV. 1, 13) III, 160 ff., bes. 161; *Carr,* Interregnum, 134 ff.; *Wolter* I, 410 ff.

13 Daten nach Tabelle A-2/1; Wertung: *Davies, Harrison, Wheatcroft,* 136. Ähnliche Tabelle: *Nove,* History, 89; weitere Daten bei *Davies,* Economic, 1015 f.; *ders,* Tsarism, 127 ff.

14 *Nove,* History, 85 ff.; *Hedtkamp,* 37 ff.; *Sigg,* 64 ff.; auch: *Carr,* Bolshevik II, 354 ff.

15 *Davies,* Economic, 1018 ff.; Standardwerk: *A. Erlich,* Die Industrialisierungsdebatte in der Sowjetunion 1924-1928. Frankfurt/M. 1971, 43 ff.

16 Vgl. *Erlich,* 28 ff. sowie die maßgebliche Biographie von Cohen (III, 44), 175. Auch: *D. Bronger,* Der Kampf um die sowjetische Agrarpolitik 1925-1929. Ein Beitrag zur Geschichte der kommunistischen Opposition in Sowjetrußland. Köln 1967, 50 ff.; *M. Lewin,* Russian Peasants and Soviet Power. A Study of Collectivization. New York 1968, 132 ff.; *ders.,* Political Undercurrents in Soviet Economic Debates. From Bukharin to the Modern Reformers. Princeton/N. J. 1974; *P. Knirsch,* Die ökonomischen Anschauungen N. I. Bucharins. Berlin 1959.

17 *Erlich,* 28; *Cohen,* 176 f.

18 *Bronger,* 55 ff.; *Cohen,* 183 sowie oben Anm. 4.

19 *KPSS* III, 368 ff., Zitat 369; *Bronger,* 31 ff.

20 *McNeal,* Resolutions II, 260; *Carr,* Socialism I, 377 (Zitate); *Nove,* History, 137 ff.; *Davies,* Economic, 1022 ff.; *Bronger,* 69 ff.

21 *Carr,* Davies, 309; Daten laut Tabelle A-2/1; s. a. oben Anm. 13 u. Tabelle 2.

22 *Wolter* V, 89, 193, 345.

23 *McNeal,* Resolutions, II, 319 ff., 329 ff.; *Pjatnadcatyj s-ezd* (IV. 1, 38) II, 1199 (Zitate); *Bronger,* 83 ff., bes. 131, 134 f.; *SW* VIII, 209 ff., 266 ff.

24 Vgl. *J. Coopersmith,* The Electrification of Russia, 1880-1926. Ithaca 1992, 151 f.; *H. Haumann,* Beginn der Planwirtschaft. Elektrifizierung, Wirtschaftsplanung und gesellschaftliche Entwicklung Sowjetrußlands 1917-1921. Düsseldorf 1974. Zur frühen Planwirtschaft insgesamt: *F. Pollock,* Die planwirtschaftlichen Versuche in der Sowjetunion 1917-1927, Leipzig 1929, Nachdr. Frankfurt/M. 1971.

25 Vgl. *Carr, Davies,* pass., bes. 833 f.; *R. W. Davies,* The Development of the Soviet

Budgetary System. Cambridge 1958, 117 ff.; *Hedtkamp*, 47 ff.; *A. D. Rassweiler*, The Generation of Power: The History of Dneprostroj. New York u. a. 1988.

26 *Davies, Wheatcroft, Harrison*, 63; *Merl*, Sowjetmacht, 33 (Daten), Dok. 125 ff.; auf die amerikanische Hilfe beschränkt: *B. M. Weissman*, Herbert Hoover and Famine Relief to Soviet Russia: 1921–1923. Stanford/Cal. 1974.

27 Daten nach *Altrichter, Haumann*, 510; ähnliche Angaben bei *T. Shanin*, The Awkward Class. Political Sociology of Peasantry in a Developing Society: Russia 1910–1925. Oxford 1972, 153 ff.; *Meyer*, Studien (III, 51), 274 f.; *S. Merl*, in: *Davies*, Tsarism, 55, 258 f.; Quellen: *Merl*, Sowjetmacht, 84 ff.; Fallstudien: *Figes* (II, 34), 131 ff.; *H. Altrichter*, Die Bauern von Tver'. Vom Leben auf dem russischen Dorfe zwischen Revolution und Kollektivierung. München 1984, 74.

28 *V. P. Danilov*, Rural Russia Under the Old Regime. Bloomington 1988, 209 ff.; zustimmend: *Merl*, Agrarmarkt, 411 ff., hier 436; *Davies, Wheatcroft, Harrison*, 84 errechnen 1914 = 18,7 Mio. Haushalte, 1927 = 24 Mio.

29 Vgl. *Altrichter*, Bauern, 68 ff.; *Danilov*, Rural, 258 ff.; *Merl*, Agrarmarkt, 411 ff. (Zitat 436); niedrige Produktionsziffern: *Wheatcroft*, in: *Davies*, Tsarism, 79 ff.; positiver: *Davies, Wheatcroft, Harrison*, 112; grundlegend zum alten Dorf: *M. Confino*, Systèmes agraires et progrès agricole. L'assolement triennal en Russe aux XVIII–XIX siècles. Paris 1969

30 *Merl*, Agrarmarkt, 69 ff., 109 ff.; *Lewin*, Peasants, 172 ff.; *Davies, Wheatcroft, Harrison*, 111 f.

31 *Merl*, Agrarmarkt, 123 ff., 313 ff., 367; *Carr, Davies*, 3 ff., 32 ff., bes. 36 f.; *Davies*, Economic, 1024 ff.; *Lewin*, Peasants, 214 ff.; *McNeal*, Resolutions II, 326 ff.; klarer noch: *Pjatnadcatyj s-ezd* II, 1210 f. u. pass.; sonstige Quellen: *Merl*, Sowjetmacht, bes. 277 ff.

32 Vgl. *Carr, Davies*, 48 ff.; interpretatorische Implikationen: *Davies, Wheatcroft, Harrison*, 12 f.

33 Eindrucksvoll belegt bei: *Merl*, Agrarmarkt, 313 ff., 465 ff.; ähnlich *ders*, Sowjetmacht, 77 f.; *Nove*, History, 133 ff. Chancen geben der NEP ebenfalls: *Tucker*, Stalin I, 421 ff.; *Cohen*, 270 ff., auf der Grundlage einer kontrafaktischen Computersimulation: *H. Hunter* u. *J. M. Szyrmer*, Faulty Foundations: Soviet Economic Policies, 1928–1940. Princeton 1992, 258 f. u. pass. sowie *J. Millar*. Eine mittlere Position in dieser zentralen Debatte nehmen *R. W. Davies* und *S. G. Wheatcroft* ein, die davon ausgehen, daß die Möglichkeiten der NEP zum Zeitpunkt der Abschaffung noch nicht erschöpft waren, daß sie aber einem «sehr viel höheren» Industrialisierungstempo als dem am Vorabend des Ersten Weltkriegs erreichten nicht standgehalten hätte. Vgl. *Davies, Wheatcroft, Harrison*, 12 f.; *Davies*, Tsarism, 24.

34 Vgl. *Nove*, History, 157; *Davies*, Development, 85 ff. Mit dem Akzent auf staatlichem Unverständnis: *Lewin*, Peasants, 516 ff.

4. Gesellschaft zwischen Gleichheitsideal und neuen Eliten

1 Daten nach *Davies, Wheatcroft, Harrison* (IV.3, 4), 62–64 (mit Einzelnachweisen); *F. Lorimer*, The Population of the Soviet Union: History and Prospects. Genf 1946, 40 f.; *V. Kozlov*, The Peoples of the Soviet Union. Bloomington 1988, 36 f.; grundlegend jetzt: *E. M. Andreev, L. E. Darskij, T. L. Char'kova*, Naselenie Sovetskogo Sojuza, 1921–1991. M. 1993, hier weitere Daten 7 ff.

2 Vgl. *Narodnoe chozjajstvo SSSR 1922–1972 gg. Jubilejnyj statističeskij ežegodnik*. M. 1972, 9; *Davies, Wheatcroft, Harrison*, 65.

3 *Davies, Wheatcroft, Harrison* 57, 59, 60–62, 65; *Kozlov*, 99 ff.; *Lorimer*, 34 (je mit leicht abweichenden Daten); *S. Merl*, Rußland und die Sowjetunion 1914–1980, in: *W. Fischer, J. A. van Houtte, H. Kellenbenz, I. Mieck, F. Vittinghoff* (Hg.), Handbuch der

europäischen Wirtschafts- und Sozialgeschichte Bd. 6, Stuttgart 1987, 653. Vgl. unten Kap. VI. 2.
4 *Kozlov*, 104 ff.; *Merl*, Rußland, 649 f. sowie Tab. A-1.
5 *Kozlov*, 50; *Merl*, Rußland, 651; *Lorimer*, 32 f., 66 ff.; *Davies, Wheatcroft, Harrison*, 65 sowie Tab. A-1; statistische Längsschnittuntersuchung: *Lewis, Rowland* (IV. 2, 11).
6 *Lewis, Rowland*, 83 ff., bes. 95 f.; *Lorimer*, 10, 27, 46 ff.; *Davies, Wheatcroft, Harrison*, 60, 83 ff.
7 Vgl. eine Fülle von Daten zu diesem wichtigen Problem, das hier und im folgenden nur am Rande erwähnt werden kann, weil es eine eigene Darstellung erfordern würde, bei *Kozlov, Lorimer,* im Standardwerk von *Simon*, Nationalismus (IV. 2, 14) sowie bei: *R. A. Lewis, R. H. Rowland, R. S. Clem,* Nationality and Population Change in Russia and the USSR. An Evaluation of Census Data, 1897-1970. New York 1976.
8 Daten neben *Schröder* (vgl. Tab. 6) nach: *Davies, Wheatcroft, Harrison,* 278; *Istorija sovetskogo rabočego klassa v 6-ti tomach. T. 2: Rabočij klass – veduščaja sila stroitel'stva socialističeskogo obščestva 1921-1937* gg. M. 1984, 191, 85 ff., 191 ff. Eine zusammenfassende westliche Monographie fehlt. Fallstudien: *W. J. Chase*, Workers, Society and the Soviet State. Labor and Life in Moscow, 1918-1929. Champaign/Ill. 1987; *Ward* (IV. 3, 8), 20 f., 73 ff. sowie die Beiträge von J. B. Hatch und W. Z. Goldman in: *S. Fitzpatrick, A. Rabinowitch, R. Stites* (Hg.), Russian in the Era of NEP. Bloomington 1991; in Einzelheiten nützlich bleibt: *S. M. Schwarz*, Arbeiterklasse und Arbeiterpolitik in der Sowjetunion. Hamburg 1953; zur Gesellschaft insgesamt: *L. H. Siegelbaum*, Soviet State and Society Between Revolutions, 1918-1929. Cambridge 1992; *R. Pethybridge*, One Step Backwards, Two Steps Forward. Soviet Society and Politics under the New Economic Policy. Oxford 1990.
9 *Istorija sov. rabočego klassa* II, 86 ff.; *Schröder*, Arbeiterschaft, 127 ff.; *Chase*, 86 ff., 103 ff., bes. 90, 108 f.; *Ward*, 22 ff., 39 ff.; Erhebung von 1929 dt.: *G. Meyer*, Sozialstruktur sowjetischer Industriearbeiter Ende der zwanziger Jahre. Ergebnisse der Gewerkschaftsumfrage unter Metall-, Textil- und Bergarbeitern 1929. Marburg 1981.
10 Vgl. *Carr*, Bolshevik (IV. 2, 7) II, 317 ff.; *Schlesinger*, Legal, 55 ff.; *Zile* (beide IV. 2, 31), 130 f.
11 *McNeal*, Resolutions (I, 26) II, 126 ff., zusammengefaßt bei: *Sorensen*, 122 ff.; *Dewar* (beide IV. 1, 3); immer noch nützlich: *W. Koch*, Die bolschewistischen Gewerkschaften. Eine herrrschaftssoziologische Studie. Jena 1932. Eine neuere Monographie fehlt.
12 *McNeal*, Resolutions II, 156 f.; *I. Deutscher*, Die sowjetischen Gewerkschaften. Ihr Platz in der sowjetischen Arbeitspolitik. Frankfurt/M. 1969, 83 ff.; *Plogstedt* (IV. 3, 10), 43 ff.
13 *Schlesinger*, Legal, 97 ff.; *Dewar*, 95 ff., 228 ff.; *Sorensen*, 169 ff.
14 *Schröder*, Arbeiterschaft, 115, 314; *Chase*, 174 f.
15 *Carr*, Interregnum (IV. 1, 11), 401 f.; *Chase*, 219; *Schröder*, Arbeiterschaft, 315.
16 *Schröder*, Arbeiterschaft, *Chase*, 219 f., 224 f.; *Ward*, 141 ff.; zur NOT: *M. Tatur*, «Wissenschaftliche Arbeitsorganisation». Arbeitswissenschaften und Arbeitsorganisation in der Sowjetunion 1921-1935. Berlin 1979, 37 ff.; *M. R. Beissinger*, Scientific Management, Socialist Discipline, and Soviet Power. Cambridge/Mass. 1988, 34 ff., 59 ff.; *K. E. Bailes*, Technology and Society under Lenin and Stalin. Origins of the Soviet Technical Intelligentsia, 1917-1941. Princeton 1978, 44 ff.; *Stites*, Dreams (I, 1), 145 ff.
17 *Carr*, Socialism (IV. 1, 22) I, 410 ff.; *KPSS* (IV. 1, 13) II, 293 ff. (Zitat 295).
18 *Chase*, 214 ff., bes. 236 f., 271 ff. Probleme der Durchsetzung von Akkordarbeit belegt dagegen *Ward*, 158 ff., 241 ff.
19 *Carr*, Socialism I, 430 ff.; *Carr, Davies* (IV. 2, 11), 527 ff., 643 ff.; *Schröder*, Arbeiterschaft, 122 f., 316 f.; *Chase*, 174 ff.
20 *Schröder*, 318, 124; *Chase*, 183 ff.
21 *Schröder*, Arbeiterschaft, 248, 319, 250, 119; *Chase*, 136, 150, 159; anders: *Ward*, 132 ff.

22 Klassenkampf-Deutung bei *Chase,* 299, 303; eine Spaltung der Arbeiter findet *Schröder,* Arbeiterschaft, 327 ff.; vgl. ferner unten S. 401 ff.
23 Vgl. *Danilov,* Rural (IV. 3, 28), bes. 40 f. u. 48 ff.
24 *D. Atkinson,* The Russian Land Commune and the Revolution. Stanford 1971, 234 ff.; *Danilov,* Rural, 93 ff.; *Yaney,* 526 ff. Agrarstatut in Auszügen: bei *Altrichter, Haumann,* 151 ff. Zur ‹alten› *obščina: Confino* (IV. 3, 29).
25 Daten nach: *Danilov,* Rural, 112; *Atkinson,* 254. Auch: *D. J. Male,* Russian Peasant Organisation before Collectivisation. A Study of Commune and Gathering 1925 – 1930. Cambridge 1971, 23 ff.; *Y. Taniuchi,* The Village Gathering in the Mid-1920s. Birmingham 1968.
26 *Male,* 67 ff.; exemplarisch: *Altrichter,* Bauern, Rural, 92 ff.; anders: *Danilov* (IV. 3, 27), 106 ff.
27 Vgl. neben *Male,* 56 ff. (Daten, 60); *Danilov,* Rural, 112 ff. (Daten 119 f.) knapp auch: *N. Werth,* La vie quotidienne des paysans Russes de la révolution à la collectivisation (1917–1939). Paris 1984, 51 ff.
28 Daten nach *Atkinson,* 249 und *Danilov,* Rural, 144 ff. (hier auch die recht orthodoxmarxistische Deutung).
29 Vgl. *Lewin,* Peasants (IV. 3, 16), 49 ff.; *Shanin,* Awkward (IV. 3, 27), 45 ff.; *T. Cox,* Peasants, Class and Capitalism. The Rural Research of L. N. Kritsman and his School. Oxford 1986.
30 So auch: *V. P. Danilov,* Sovetskaja dokolchoznaja derevnja: Social'naja struktura, social'nye otnošenija. M. 1979, 157.
31 Beste Widerlegung: *Merl,* Agrarmarkt (IV. 1, 1), 411 ff.
32 Vgl. *A. Tschajanow,* Die Lehre von der bäuerlichen Wirtschaft. Versuch einer Theorie der Familienwirtschaft im Landbau. Berlin 1923; zur Wiederentdeckung: *Shanin,* Awkward; Čajanov wurde 1937 erschossen.
33 *Figes* (II, 34), 232 ff., 355 ff.
34 *Carr,* Socialism II, 332 ff. (Daten 333); ders., Foundations (IV. 2, 11), II, 188 ff., 231 ff. (Daten 188); *Schröder,* Arbeiterschaft, 341 ff. (Daten 352). Ähnlich: *Lewin,* Peasants, 81 ff.; *Danilov,* Rural, 101 ff.; *Altrichter,* Bauern, 134 ff.; *D. Thorniley,* The Rise and Fall of the Soviet Rural Communist Party, 1927–39. London 1988, 11 ff.
35 *Carr,* Foundations II, 262 (Zitat); *Danilov,* Rural, 109.
36 Bezugsdaten nach Tabelle A–1 und *Lorimer,* 44.
37 Einzige Monographie: *A. M. Ball,* Russia's Last Capitalists: The Nepmen 1921–1929. Berkeley 1987, hier bes. 85 ff., 127 ff.
38 *Bailes,* Technology, bes. 65 f.; *N. Lampert,* The Technical Intelligentsia and the Soviet State: A Study of Soviet Managers and Technicians, 1928–1935. London 1979, 12 ff., Daten 22 f.; *Rowney* (I, 23), pass.
39 Vgl. *S. Fitzpatrick,* Education and Social Mobility in the Soviet Union 1921–1934. Cambridge 1979, 16, 42 ff.; *Rowney,* pass.; *C. Read,* Culture and Power in Revolutionary Russia: The Intelligentsia and the Transition from Tsarism to Communism. New York 1990, 189 ff. sowie unten S. 307 ff.
40 *A. M. Ball,* And Now My Soul Is Hardened. Abandoned Children in Soviet Russia, 1918–1930. Berkeley 1994, bes. 17, 192 f.; *W. Z. Goldman,* Women, the State and Revolution. Soviet Family Policy and Social Life, 1917–1936. Cambridge 1993, 59 ff.; *R. Bosewitz,* Waifdom in the Soviet Union. Features of Sub-Culture and Re-Education. Frankfurt usw. 1988.

5. Kultur zwischen Bildersturm und Tradition

1 Beste Übersicht: *P. Kenez,* The Birth of the Propaganda State: Soviet Methods of Mass Mobilization. 1917–1929. Cambridge 1985, 70 ff.

2 Grundlegend: O. *Anweiler*, Geschichte der Schule und Pädagogik in Rußland vom Ende des Zarenreiches bis zum Beginn der Stalin-Ära. 2. Aufl. Berlin 1978, 212 ff.; *Kenez*, Birth, 70 ff., 145 ff.
3 S. *Fitzpatrick*, The Commissariat of Enlightenment. Soviet Organization of Education and the Arts under Lunacharsky, October 1917–1921. Cambridge 1970, 26 ff.; *McNeal*, Bride (IV. 1, 9), 191 ff.
4 *Anweiler*, Geschichte, 215; andere Daten bei *Kenez*, Birth, 82; Dekret bei: O. *Anweiler*, K. *Meyer* (Hg.), Die sowjetische Bildungspolitik seit 1917. Dokumente und Texte. Heidelberg 1961, 88 ff.
5 *Kenez*, Birth, 146, 154, Zitat 147.
6 *Anweiler*, Schule 217 ff. (Daten 217); *Kenez*, Birth, 156 ff.; *Werth*, Vie (IV. 4, 27), 204 ff.
7 *Anweiler*, 28 ff., Daten 35; *Eklof* (I, 13).
8 *Anweiler*, 42 ff., 75 ff.; *Meissner*, Parteiprogramm (IV. 2, 2), 117 f.
9 Dekrete bei: *Anweiler, Meyer*, 55 ff.; *Altrichter, Haumann* (III, 26), 49 ff., 61 f., 78 ff.; Gesamtübersichten: A. *Gock*, Polytechnische Bildung und Erziehung in der Sowjetunion bis 1937. Bildungspolitische und pädagogische Diskussionen und Lösungsversuche. Berlin 1985, 14 ff., 103 ff.; L. E. *Holmes*, The Kremlin and the Schoolhouse: Reforming Education in Soviet Russia, 1917–1931. Bloomington 1991, 27 ff.; auch: B. *Bütow*, Organisationsstruktur und Organisationswandel des sowjetischen Berufsschulwesens von 1917 bis 1930. Wiesbaden 1985.
10 *Anweiler, Meyer*, 71 f.; *Anweiler*, Geschichte, 114, 119 f. (Daten 125).
11 *Anweiler*, Geschichte, 193 f.; *Fitzpatrick*, Commissariat, 62.
12 *Ebd.*, 29 ff.
13 *Anweiler*, Geschichte, 199, 207 f.; *Fitzpatrick*, Commissariat, 48 ff., 58 ff.; *Anweiler, Meyer*, 128 ff.
14 Daten: *Fitzpatrick*, Commissariat, 97 ff.; skeptischer: *Anweiler*, Geschichte, 211.
15 Grundlegend: R. *Stites*, The Women's Liberation Movement in Russia. Feminism, Nihilism, and Bolshevism 1860–1930. Princeton/N. J. 1978, 29–316; beste Biographie: B. *Farnsworth*, Aleksandra Kollontai. Socialism, Feminism, and the Bolshevik Revolution. Stanford 1980; übergreifende Sammelbände: D. *Atkinson, A. Dallin, G. W. Lapidus* (Hg.), Women in Russia. Stanford 1977; B. *Farnsworth, L. Viola* (Hg.), Russian Peasant Women. New York, Oxford 1992; B. E. *Clements, B. A. Engel, C. D. Worobec* (Hg.), Russia's Women. Accommodation, Resistance, Transformation. Berkeley u. a. 1991; jüngste Monographie: *Goldman* (IV. 4, 40); zum Gesamtprogramm der Kulturrevolution neben Stites, Dreams (I, 1): S. *Plaggenborg*, Revolutionskultur. Menschenbilder und kulturelle Praxis in Sowjetrußland zwischen Oktoberrevolution und Stalinismus. Köln 1996.
16 *Altrichter, Haumann*, 44 f.; R. *Schlesinger* (Hg.), The Family in the U.S.S.R. Documents and Readings. London 1949, 30 ff.
17 *Stites*, Women's, 386; *Goldman*, 48 ff.
18 *Stites*, Women's, 346 ff., 377; dagegen *Carr*, Socialism (IV. 1, 22) I, 40 f.; farbig: R. *Fülöp-Miller*, Geist und Gesicht des Bolschewismus. Darstellung und Kritik des kulturellen Lebens in Sowjetrußland. Zürich 1926, 265 ff.; Texte: *Rosenberg*, Visions (IV. 2, 32) I, 67 ff.
19 A. *Kollontai*, Die Situation der Frau in der gesellschaftlichen Entwicklung. 3. Aufl., Frankfurt 1977 (Erstdr. 1926), 222; *Farnsworth*, 127 ff., 151 ff., 212 ff.
20 *Goldman*, 185 ff.; *Schlesinger*, Family, 81–234; *Farnsworth*, in: *Atkinson, Dallin, Lapidus*, 139–165; gegenteilige Sicht: H. K. *Geiger*, The Family in Soviet Russia. Cambridge/Mass. 1968, 43 ff.
21 L. *Trotzki*, Fragen des Alltagslebens. Die Epoche der «Kulturarbeit» und ihre Aufgaben. Hamburg 1923, 68, 70.
22 *Stites*, Dreams, 111 ff.; *Fülöp-Miller*, 259 ff.; *Trotzki*, Fragen, 68 ff. (Zitat 72).

23 *LW* XXXI, 372–390 (Zitate 279, 283, 287, 289); *Rosenberg,* Visions I, 21 ff, 30 ff., 43 ff.; *Trotzki,* Fragen, 28 ff.; dazu: *Stites,* Dreams, 115 ff.
24 *Stites,* Dreams, 100, 115; *Trotzki,* Fragen, 31; *Fülöp-Miller,* 281 ff. u. pass.
25 *Stites,* Dreams, 83 ff.; *N. Tumarkin,* Lenin Lives! The Lenin Cult in Soviet Russia. Cambridge 1983, 70 ff.
26 *Tumarkin,* Lenin, bes. 69, 121, 123 ff.; *Stites,* Dreams, 119 ff.; auch: *O. Velikanova,* Making of an Idol: On Uses of Lenin. Göttingen 1996.
27 *Tumarkin,* 173 ff. Eine politische Deutung favorisieren: *Tucker,* Stalin (IV. 1, 8) I, 282 ff. sowie bes. *G. B. Ennker,* Die Anfänge des Leninkults: Ursachen und Entwicklung in der Sowjetunion in den zwanziger Jahren. Köln 1997, 319 ff.; *K. Mänicke-Gyöngyösi,* «Proletarische Wissenschaft» und «sozialistische Menschheitsreligion» als Modelle proletarischer Kultur: Zur linksbolschewistischen Revolutionstheorie A. A. Bogdanovs und A. V. Lunačarskijs. Wiesbaden 1982, 198 ff.; Umfeld: *Z. A. Sochor,* Revolution and Culture: The Bogdanev-Lenin Controversy. New York 1988; zu Krasin: *T. E. O'Connor,* The Engineer of Revolution. L. B. Krasin and the Bolsheviks, 1870–1926. Boulder/Col. 1992.
28 *Tumarkin,* 144, 153 f., 167.
29 Umbenennungen nach *Carr,* Socialism II, 11 f.
30 Grundlegend: *G. L. Freeze,* The Parish Clergy in Nineteenth-Century Russia. Crisis, Reform, Counter-Reform. Princeton 1983.
31 Vgl. *R. Rössler,* Kirche und Revolution in Rußland. Patriarch Tichon und der Sowjetstaat. Köln, Wien 1969, hier 15 ff.; *A. Luukkanen,* The Party of Unbelief. The Religious Policy of the Bolshevik Party, 1917–1929. Helsinki 1994, 60 ff.; beste Gesamtübersicht bleibt: *J. S. Curtiss,* Die Kirche in der Sowjetunion (1917–1956). München 1957, hier 14 ff., 29 ff.; *J. Rothenberg,* in: *R. H. Marshall* (Hg.), Aspects of Religion in the Soviet Union, 1917–1967. Chicago 1971, 61 ff.; religionsgeschichtlich: *N. Struve,* Die Christen in der UdSSR. Mainz 1965; ferner: *D. Pospielovsky,* The Russian Church under the Soviet Regime, 1917–1982. Bd. 1–2, Crestwood/N. Y. 1984; *ders.,* A History of Soviet Atheism in Theory and Practice, and the Believer. Bd. 1–3, New York 1987–1988; *O. Luchterhand,* Der Sowjetstaat und die russisch-orthodoxe Kirche. Eine rechtshistorische und rechtssystematische Untersuchung. Köln 1976. Auch: *S. P. Ramet* (Hg.), Religious Policy in the Soviet Union. Cambridge u. a. 1992; unentbehrliche Quellensammlung: *P. Hauptmann, G. Stricker* (Hg.), Die Orthodoxe Kirche in Rußland. Dokumente ihrer Geschichte (860–1980). Göttingen 1988, hier 617 ff.; ergänzend: *L. Regel'son,* Tragedija russkoj cerkvi 1917–1945. Paris 1977, 201 ff.
32 *Pospielovsky,* Church I, 38 (Daten); *Curtiss,* 45 ff.; *Hauptmann, Stricker,* 648 f. (auch *Altrichter, Haumann,* 49 ff.), 674 ff.
33 *Curtiss,* 125 ff., Zitat 187; *Pospielovsky,* Church I, 43 ff., 93 ff.; *A. Levitin-Krasnov,* in: *Ramet,* 273 ff.; *Hauptmann, Stricker,* 669 ff.; *G. L. Freeze,* Counter-reformation in Russian Orthodoxy: Popular Response to Religious Innovation, 1922–1925, in: SR 54 (1995), 305–339.
34 Vgl. dazu überaus farbig: *Fülöp-Miller,* 247 ff.; *Plaggenborg,* 289 ff.; *Stites,* Dreams, 105 ff.; *Trotzki,* Fragen, 50 f., 69.
35 *Curtiss,* 188 f., Daten 197; *Pospielovsky,* History III, 184 ff.
36 Vgl. *Kenez,* Birth, 12, 256 ff.
37 *Kenez,* Birth, 44 ff., 58 ff., 95 ff.
38 *Kenez,* Birth 121 ff., 224 ff., Daten 226, 243; *Werth,* Vie, 206 ff., 242.
39 *Trotzki,* Fragen, 47 ff.; *Fülöp-Miller,* 261 f.; *Kenez,* Birth 195 ff. – *P. Kenez,* Cinema and Soviet Society, 1917–1953. Cambridge 1992, 28 ff.; *Plaggenborg,* 186 ff.; *H. Marshall,* Masters of the Soviet Cinema: Crippled Creative Biographies. London 1983, 10 ff., 61 ff.; *D. Shlapentokh, V. Shlapentokh,* Soviet Cinematography, 1918–1991: Ideological Conflict and Social Reality. New York 1993, 39 ff.; *J. Leyda,* Kino: A History of

the Russian and Soviet Film. 3. Aufl. N. Y. 1983, 121 ff., 155 ff.; *R. Taylor,* The Politics of the Soviet Cinema 1917–1929. Cambridge 1979; zum kaum bekannten Unterhaltungskino: *D. J. Youngblood,* Movies For the Masses. Popular Cinema and Soviet Society in the 1920s. Cambridge 1992; *R. Stites,* Russian Popular Culture: Entertainment and Society since 1900. Cambridge 1992, 37 ff. Texte bei: *Rosenberg,* Visions II, 106 ff.
40 *Kenez,* Birth, 84 ff., 167 ff., 190 ff.; *Fülöp-Miller,* 409 ff.; *I. Tirado,* Young Guard: The Communist Youth League, Petrograd 1917–1920. Westport/Conn. 1988, Statut in Übers. 237 ff.; unersetzte Gesamtdarstellung: *R. T. Fisher,* Pattern for Soviet Youth. A Study of the Congresses of the Komsomol, 1918–1954. New York 1959, hier 8 ff., 79 ff., 96 f.
41 Daten nach *Kenez,* Birth, 91, 168 f. u. *Fisher,* 410; zum *Komsomol* auf dem Land: *Werth,* Vie, 173 ff.
42 Zitat nach: *P. Gorsen, E. Knödler-Bunte,* Proletkult. Dokumentation. Bd. 1–2, Stuttgart-Bad Cannstatt 1974–1975, I, 132 f.; philosophische Analyse bei: *Mänicke-Gyöngyösi,* bes. 70 ff.; knapper: *D. Grille,* Lenins Rivale. Bogdanov und seine Philosophie. Köln 1966, 126 ff.; *G. Gorzka,* A. Bogdanov und der russische Proletkult. Theorie und Praxis einer sozialistischen Kulturrevolution. Frankfurt 1980, 79 ff.; – *R. Williams,* The Other Bolsheviks. Lenin and his Critics, 1904–1914. Bloomington 1986, 162 ff.
43 Vgl. *Gorzka,* Bogdanov, 20 ff., 259; *Gorsen, Knödler-Bunte* I, 48 ff., 60 f.; *Mally,* 40 ff. sowie verschiedene Beiträge in dem Pionier-Sammelband von: *A. Gleason, P. Kenez, R. Stites* (Hg.), Bolshevik Culture: Experiment and Order in the Russian Revolution. Bloomington 1985.
44 *Gorzka,* Bogdanov, 23, 27 (Daten); Statut: *R. Lorenz* (Hg.), Proletarische Kulturrevolution in Sowjetrußland (1917–1921). Dokumente des Proletkult. München 1969, 64 ff. Weitere Dokumente: *P. Gorsen, E. Knödler-Bunte, B. Steinborn* (Hg.), Proletkult, in: Ästhetik und Kommunikation. Beitäge zur politischen Erziehung 2 (1972) H. 5/6, S. 63–201; *Rosenberg,* Visions II, 101 ff., 153 ff., 223 ff. Zum Gesamtkontext: *N. A. Nilsson* (Hg.), Art, Society, Revolution: Russia 1917–1921. Stockholm 1979.
45 Programm: *Gorzka,* Bogdanov, 259; Gedicht «Wir» bei: *Lorenz,* Kulturrevolution, 78.
46 *Mally,* 122 ff.; *Stites,* Dreams, 93 ff.; *Fülöp-Miller,* 182 ff.; *Plaggenborg,* 261 ff.; *B. Zelinsky* (Hg.), Russische Avantgarde 1917–1934. Kunst und Literatur nach der Revolution. Bonn 1991, 18 f.; *K. Rudnitsky,* Russian and Soviet Theatre. Tradition and the Avantgarde. London 1988, 41 ff.; *J. van Geldern,* Bolshevik Festivals, 1918–1920. Berkeley 1993, 62 ff., 199 ff.; grundlegende Quellensammlung: *Ders., R. Stites* (Hg.), Mass Culture in Soviet Russia. Tales, Poems, Songs, Movies, Plays, and Folklore, 1917–1953. Cambridge 1995, 3 ff.
47 *Fülöp-Miller,* 157 ff., 235 ff.; *K. Rudnitsky,* Meyerhold, the director. Ann Arbor 1981, 283 ff.; *C. Kiebuzinska,* Revolutionaries in the Theater. Meyerhold, Brecht, and Witkiewicz. Ann Arbor 1988, 39 ff.; *R. Leach,* Vsevolod Meyerhold. Cambridge 1989.
48 Vgl. *Mally,* 133, 140 f., Fazit 158 f.; *G. Gorzka,* Arbeiterkultur in der Sowjetunion. Industriearbeiter-Klubs 1917–1929. Ein Beitrag zur sowjetischen Kulturgeschichte. Berlin 1990, hier 165 ff., 429 ff.; *K. Schlögel,* Jenseits des Großen Oktober. Das Laboratorium der Moderne: Petersburg 1909–1921. Berlin 1988.
49 *S. Fitzpatrick,* Commissariat, 175 ff.; *Gorsen, Knödler-Bunte* I, 76 ff.; *Gorzka, Bogdanov,* 28 f.; *K. Eimermacher* (Hg.), Dokumente zur sowjetischen Literaturpolitik 1917–1932. Stuttgart 1972, 24 ff., 77 ff.; Zitate: *LW* XXXI, 276; *Gorsen, Knödler-Bunte* I, 165, 167;
50 *Mally,* 209 (Daten), 221 ff.; *Gorsen, Knödler-Bunte* I, 88 ff., 175 ff.; *Gorzka,* Arbeiterkultur, 431 ff.
51 Literaturgeschichtliche Würdigungen aus jüngerer Zeit: *Zelinsky,* Avantgarde; *H. Stephan,* «LEF» and the Left Front of the Arts. München 1981; *R. G. Grübel,* Russischer Konstruktivismus. Künstlerische Konzeptionen, literarische Theorie und kultureller

Kontext. Wiesbaden 1981; Übersicht: *R. Lauer*, in: Neues Handbuch der Literaturwissenschaft, hg. v. K. von See u. a., Bd. 20: Zwischen den Weltkriegen. Wiesbaden 1983, 487–523; Malerei und bildende Kunst: *H.-J. Drengenberg*, Die sowjetische Politik auf dem Gebiet der bildenden Kunst. Berlin 1972; *C. Lodder*, Russian Constructivism. New Haven 1983; *J. E. Bowlt* (Hg.), Russian Art of the Avant Garde. Theory and Criticism, 1902–1934. London 1988.

52 Neben Lauer Übersicht bei: *K. Eimermacher*, Zur Frage des Zusammenhangs von literaturpolitischen Entscheidungen und den Kulturkonzeptionen literarischer Gruppen in der ersten Hälfte der 20-er Jahre, in: Russian Literature 6 (1978), 103–153; ferner: *Ders.*, Dokumente, 13 ff. und *P. Hübner*, Literaturpolitik, in: *O. Anweiler, K.-H. Ruffmann* (Hg.), Kulturpolitik der Sowjetunion. Stuttgart 1973, 190 ff.

53 Zitate: *L. Trotzki*, Literatur und Revolution. Wien 1924, 13 [Nd. Berlin 1968]; *Eimermacher*, Literaturpolitik, 310; zum Kontext: Ebd., 36 ff., 138 ff.; *Anweiler, Ruffmann*, 198 ff.; *H. Ermolaev*, Soviet Literary Theories 1917–1934. The Genesis of Socialist Realism. Berkeley 1963, 55 ff.; *E. J. Brown*, Russian Literature Since the Revolution. 2. rev. u. erw. Aufl., Cambridge/Mass. 1982, 50 ff.; *V. Terras*, The Twentieth Century: the Era of Socialist Realism, 1925–1953, in: *C. A. Moser* (Hg.), The Cambridge History of Russian Literature. 2. verb. Aufl., Cambridge u. a. 1992, 458–520.

54 Vgl. *K. Meyer*, Wissenschaftspolitik, in: *Anweiler, Ruffmann*, 145 ff., hier 152 f.; *A. Vucinich*, Empire of Knowledge. The Academy of Sciences of the USSR (1917–1970). Berkeley u. a. 1984, 72 ff.; *L. R. Graham*, Science in Russia and the Soviet Union. A Short History. Cambridge 1993, 79 ff.; *K. E. Bailes*, Science and Russian Culture in an Age of Revolutions. V. I. Vernadsky and His Scientific School, 1863–1945. Bloomington 1990, hier 148 ff.; sowjetische Gesamtdarstellung: *G. D. Komkov, V. V. Levšin, L. K. Semenov* (Hg.), Geschichte der Akademie der Wissenschaften der UdSSR. Berlin 1981, hier 341 ff.

55 *Vucinich*, 91 ff., 121 ff., Daten 115.

56 *G. M. Enteen*, The Soviet-Scholar Bureaucrat. M. N. Pokrovskij and the Society of Marxist Historians. London 1978, 51 ff., 64 ff.; *E. Hösch*, Evgenij Viktorovič Tarle (1875–1955) und seine Stellung in der sowjetischen Geschichtswissenschaft. Wiesbaden 1964, bes. 89 ff., 113 ff.; *K. F. Shteppa*, Russian Historians and the Soviet State. New Brunswick/N. J. 1962, 13 ff.

57 SW VI, 62–166, passim; immer noch herausragend: *G. A. Wetter*, Der dialektische Materialismus. Seine Geschichte und sein System in der Sowjetunion. Wien 1953; *J. M. Bochenski*, Der sowjetrussische dialektische Materialismus. München 1956; *H. Marcuse*, Die Gesellschaftslehre des sowjetischen Marxismus. Neuwied 1964; Quellen: *H.-J. Lieber, K.-H. Ruffmann*, Der Sowjetkommunismus. Dokumente. Bd. 1–2, Köln 1963.

58 *R. Ahlberg*, «Dialektische Philosophie» und Gesellschaft in der Sowjetunion. Berlin 1960; *Wetter*, 157 ff.; Quellen: *A. Deborin, N. Bucharin*, Kontroversen über dialektischen und mechanistischen Materialismus. Frankfurt 1969, 7 ff.; zur Auseinandersetzung mit der modernen Physik grundlegend: *D. Joravsky*, Soviet Marxism and Natural Science 1917–1932. New York 1961, 160 ff.; *P. R. Josephson*, Physics and Politics in Revolutionary Russia. Berkeley u. a. 1991, 213 ff. 247 ff.

6. Vom Revolutionsexport zur ‹kollektiven Sicherheit›

1 Beste Problemübersicht: *D. Geyer*, Voraussetzungen sowjetischer Außenpolitik in der Zwischenkriegszeit, in: *Ders.* (Hg.), Osteuropa – Handbuch Sowjetunion. Außenpolitik I: 1917–1955. Köln, Wien 1972, 1–85, hier 19 ff.; zum Folgenden en détail: *F. T. Epstein*, Außenpolitik in Revolution und Bürgerkrieg, 1917–1920, in: ebd., 86–149, sowie *W. Eichwede*, Der Eintritt Sowjetrußlands in die Internationale Politik, 1921–

1927, in: ebd. 150–212; *G. Gorodetsky*, in: Ders. (Hg.), Soviet Foreign Policy 1917–1991. A retrospective. London 1994, 30 ff.; *Debo*, Revolution (III, 31); *Debo*, Survival (III, 41); *T. J. Uldricks*, Diplomacy and Ideology. The Origins of Soviet Foreign Relations 1917–1930. London 1979; *A. B. Ulam*, Expansion and Coexistence. The History of Soviet Foreign Policy, 1917–1967. London 1968, 126 ff.; offiziöse Sicht: *Geschichte der sowjetischen Außenpolitik 1917–1966*. Bd. 1–2, Berlin (Ost) 1969–71, hier Bd. 1; Rosenfeld, Sowjetrußland (III, 31); ders., Sowjetunion und Deutschland 1922–1933. Berlin (Ost) 1984; übers. Quellen: *J. Degras* (Hg.), Soviet Documents on Foreign Policy. Bd. 1–3, London 1951–1953, hier I u. II.

2 *Epstein*, 124 ff., Zitat 124 sowie Anm. III, 41.
3 *S. White*, The Origins of Detente: The Genoa Conference and Soviet-Western Relations 1921–1922. Cambridge 1985, hier 192; *C. Fink, A. Frohm, J. Heideking* (Hg.), Genoa, Rapallo, and European Reconstruction in 1922. New York 1991. Zum Außenkommissar: *T. E. O'Connor*, Diplomacy and Revolution. G. V. Chicherin and Soviet Foreign Affairs, 1918–1930. Ames/Iowa 1988.
4 *O'Connor*, 120; ders., Krasin, 230 ff.; *Eichwede*, 151 (Zitat).
5 Zitat *Geyer*, Voraussetzungen 30.
6 Den Dualismus der sowjetischen Politik betonend: *G. Gorodetsky*, The Precarious Truce. Anglo-Soviet Relations 1924–27. Cambridge 1977, 134 ff., 211 ff.; *Boetticher* (IV. 1, 33), 94 ff., 198 ff.
7 *H.-G. Linke*, Deutsch-sowjetische Beziehungen bis Rapallo. Köln 1970, bes. 175 ff.; *O'Connor*, 75 ff.; *R. H. Haigh, D. S. Morris, A. R. Peters*, German-Soviet Relations in the Weimar Era. Friendship from Necessity. Aldershot 1985, 87 ff.
8 LW XXX, 342; O'Connor, 92 f.; zum geheimen Militärprogramm: *M. Zeidler*, Reichswehr und Rote Armee 1920–1933. Wege und Stationen einer ungewöhnlichen Zusammenarbeit. München 1993.
9 *O'Connor*, 97 ff.; *Eichwede*, 185 ff.
10 *Uldricks*, 117 ff., 143 ff.; *O'Connor*, 153 ff.
11 Jüngste Darstellung aus innerer Sicht: *A. Watlin*, Die Komintern 1919–1929. Historische Studien. Mainz 1993; stärker außenpolitisch: *W. Eichwede*, Revolution und internationale Politik 1921–1925. Köln, Graz 1970; informative Übersicht: *D. Geyer*, Kommunistische Internationale, in: Sowjetsystem und Demokratische Gesellschaft. Eine vergleichende Enzyklopädie, hg. v. C. D. Kernig. Freiburg 1969, Sp. 771–791.

V. Revolution von oben (1929–1933)

1 Grundlegend: *R. W. Davies*, The Industrialisation of Soviet Russia Bd. 3: The Soviet Economy in Turmoil, 1929–1930. Cambridge/Mass. 1989, bes. 187 ff.; ders., The Industrialisation of Soviet Russia Bd. 4: Crisis and Progress in the Soviet Economy, 1931–1933. Basingstoke 1996; ders., Economic, 1028 ff.; Davies, Harrison, Wheatcroft (beide IV. 3, 4), 13 ff., 136 ff. (Ziele 137 f.); *E. Zaleski*, Planning for Economic Growth in the Soviet Union, 1918–1932. Chapel Hill 1971 (frz. Or. 1962), 56 ff.; *Nove*, History (IV. 3, 4), 189 ff.
2 Daten nach *Zaleski*, Planning (V, 1), 57, 61; Auszüge: *Altrichter, Haumann* (III, 27), 233 ff.
3 *Altrichter, Haumann*, 225 f. (Zitate); *Cohen* (III, 45), 295 f.
4 *Davies*, Industrialisation III, 179 ff., bes. 180, 186; Details: *Zaleski*, Planning, 80 ff.
5 *Davies*, Industrialisation III, 187 ff.; Zitat: SW XII, 119.
6 Fazit nach: *Davies*, Industrialisation IV, 466 ff.; negativ schon: *N. Jasny*, Soviet Industrialisation 1928–1952. Chicago 1961, 67 f.; vorsichtiger: *Zaleski*, Planning, 236 ff., 289 ff.; anders: *Nove*, History, 195; Stalin-Zitat: SW XII, 305, auch: 207 ff., 229 ff.;

Großprojekte: *Davies,* Industrialisation III, 249 f.; *Rassweiler,* (IV. 3, 25); *S. Kotkin,* Magnetic mountain. Stalinism as a civilisation. Berkeley 1995; *T. Kirstein,* Die Bedeutung der Durchführungsentscheidungen in dem zentralistisch verfaßten Entscheidungssystem der Sowjetunion am Beispiel des Aufbaus von Magnitogorsk (1928– 1932). Wiesbaden 1984; Erlebnisbericht: *J. Scott,* Behind the Urals. An American Worker in Russia's City of Steel. Bloomington 1989 (Or. 1942); grundlegend zur westlichen Hilfe: *A. C. Sutton,* Western Technology and Soviet Economic Development. Bd. 1–3, Stanford 1968, hier II; *B. Parrot,* Politics and Technolgy in the Soviet Union. Cambridge/Mass. 1983, 27 ff.; *P. Flor,* Die Sowjetunion im Zeichen der Weltwirtschaftskrise. Außenhandel, Wirtschaftsbeziehungen und Industrialisierung 1928–1933. Berlin 1995, 102 ff.; Gesamtwertung: *Davies, Harrison, Wheatcroft,* 14 ff., 136 ff.
7 *Davies,* Industrialisation III, 248 f., 300 ff., 385 ff. u. pass.; *Nove,* History, 201 ff.
8 *Davies,* Industrialisation IV, 176 ff.; *Nove,* Economy, 197 ff.; *Davies,* Industrialisation III, 304 ff., 358 ff.; *Zaleski,* Planning, 128 ff., 180 ff.; anschaulich zu den extremen Bedingungen: *Kotkin,* 72 ff.
9 *Davies,* Industrialisation III, 372 ff.
10 Vgl. u. a. die Debatte in: *SR* 39 (1980), 559–615 sowie jetzt: *Davies, Harrison, Wheatcroft,* 43 f., 138 ff., auch unten S. 480 ff.
11 *SW* XII, 1 ff., 9 ff. sowie die besten Übersichten von: *S. Merl,* Die Anfänge der Kollektivierung in der Sowjetunion. Übergang zur staatlichen Reglementierung der Produktions- und Marktbeziehungen im Dorf (1928–1930). Wiesbaden 1985, 53 ff.; *R. W. Davies,* The Industrialisation of Soviet Russia. Bd. 1: The Socialist Offensive. The Collectivisation of Soviet Agriculture, 1929–1930. London 1980 39 ff.; ders., Economic, 1035 ff.; *Lewin,* Peasants (IV. 3, 16), 214 ff., *Volin* (IV. 3, 4), 203 ff. sowie *S. Fitzpatrick,* Stalin's peasants. Resistance and survival in the Russian village after collectivization. New York 1994, 48 ff. Knapper auch: *M. Reiman,* Die Geburt des Stalinismus. Die UdSSR am Vorabend der «zweiten Revolution». Frankfurt/M. 1979, 71 ff.
12 *KPSS* (IV. 1, 13) IV, 320; Diagramm bei *Merl,* Anfänge, 60; *J. Hughes,* Stalin, Siberia and the Crisis of the New Economic Policy. Cambridge/Mass. 1991, 149 ff.; ders., Stalinism in a Russian province. Collectivization and de-kulakization in Siberia. London 1996, 73 ff. u. pass.
13 *Merl,* Anfänge 52 f., 166 ff., 212 f.
14 *Merl,* Anfänge, 90 ff., 252 ff. (Daten 255, 288); *Davies,* Industrialisation I, 51 ff., 442; zur späteren ‹Arbeiterhilfe› s. u. S. 391.
15 *KPSS* IV, 353 f.
16 Vgl. *Lewin,* Peasants, 384 (Daten), 385 ff.; *Davies,* Industrialisation I, 57 f.
17 *McNeal,* Resolutions III (I, 26), 39 f.; *Cohen,* 295 ff.; *Daniels,* Gewissen (III, 44), 418 ff.; *Bronger* (IV. 3, 16), 233 ff.
18 *SW* XI, 1–8 (Zitat 5); *SW* XII, 1–95, bes. 38 f., 43 ff., 54 ff., 76 ff.; *McNeal,* Resolutions II, 342 ff.; *N. I. Bucharin,* Izbrannye proizvedenija. M. 1988, 429; *SW* XII, 80.
19 *Merl,* Anfänge, 89 f., 201 ff.; *Davies,* Industrialisation I, 60 ff., 71 ff., 82 ff., 104 ff.
20 *Merl,* Anfänge, 343 ff., bes. 349; *R. F. Miller,* One Hundred Thousand Tractors. The MTS and the Development of Control in Soviet Agriculture. Cambridge/Mass. 1970, 36 ff.
21 *Davies,* Industrialisation I, 119 (Zitat); *Lewin,* Peasants, 408 ff.
22 *Davies,* Industrialisation I, 128 ff., 442 ff. (Daten); *Lewin,* Peasants, 426 ff.; *Merl,* Anfänge, 138 ff., 356 ff.
23 *Davies,* Industrialisation I, 155 ff.; *Lewin,* Peasants, 454 ff.; Zitate: *SW* XII, 117; *McNeal,* Resolutions III, 28 ff., 31; Redeauszüge jetzt in: *V. P. Danilov, N. A. Ivnickij* (Hg.), Dokumenty svidetel'stvujut. Iz istorii derevni nakanune i v chode kollektivizacii 1927– 1932 gg. M. 1989, 274 ff. «25000-er»: *L. Viola,* The Best Sons of the Fatherland. Workers in the Vanguard of Soviet Collectivization. Oxford 1986.

24 *Davies*, Industrialisation I, 174 ff., 203 ff. (Daten 442 f.); *Merl*, Anfänge, 356 f.; *Lewin*, Peasants, 465 ff.
25 *SW* XII, 148, 150; auch: 157–161.
26 Vgl. *Davies*, Industrialisation I, 234 ff.; *Merl*, Bauern 72; *L. Viola*, The Second Coming: Class Enemies in the Soviet Countryside, 1927–1935, in: *J. A. Getty, R. T. Manning* (Hg.), Stalinist Terror. New Perspectives. Cambridge 1993, 65–98; Text jetzt (mit weiteren Dokumenten) in: IA (1994) H. 4, 147 ff.
27 Eingehendste Prüfung der Daten: *Merl*, Bauern, 62 ff. Das Dekret gab 3–5 % vor (s. Anm. 26)
28 Auszüge aus der Dokumentation von O. Auhagen bei *Merl*, Bauern, 77 ff.; *Fitzpatrick*, Peasants, 54 ff.; auch: *M. Fainsod*, Smolensk under Soviet Rule. Boston 1989 (Or. 1958), 242 ff.; *Lewin*, Peasants, 495.
29 *Fitzpatrick*, Peasants, 65 ff.; *L. Viola*, Peasant Rebels under Stalin. Collectivization and the Culture of Peasant Resistance. Oxford 1996, Daten 238; *Hughes*, Stalinism, 92 ff.; erste westsprachige Quellenpublikation: *V. Danilov, A. Berelowitch*, Les documents des VČK-OGPU-NKVD sur la campagne soviétique, 1918–1937. – Documents de l'OGPU, 1923–1930, in: Cahiers du Monde Russe 35 (1994), 641–682; noch vorsichtig: *Davies*, Offensive, 255 ff.; *McNeal*, Resolutions III, 48.
30 *SW* XII, 168–175; *McNeal*, Resolutions III, 47 ff.
31 *SW* XII, 177–200; *Davies*, Industrialisation I, 269 ff.; *Merl*, Bauern, 87 f. (Daten), 98.
32 *SW* XII, 207–326, hier 230, 254; *McNeal*, Resolutions III, 51 ff.
33 *Merl*, Bauern, 91 ff.; *Davies*, Industrialisation I, 372 ff.
34 *Davies, Harrison, Wheatcroft*, 68 in Verbindung mit *Merl*, Bauern, 85 ff., 97 ff., 214, *V. N. Zemskov*, «Kulackaja ssylka» v 30-e gody, in: Sociologičeskie issledovanija 1991, H. 10, S. 3, wiederholt in: OI 1994, H. 1, S. 118 und *S. Merl*, Das System der Zwangsarbeit und die Opferzahl im Stalinismus, in: Geschichte in Wissenschaft und Unterricht 46 (1995), 277–305, hier 282.
35 Daten nach *Merl*, Bauern, 100 f. in weitgehender Übereinstimmung mit *Davies*, Industrialisation I, 235 f. Laut Zemskovs, von *Davies, Harrison, Wheatcroft*, 68, übernommenen Daten starben 1932–33 allein im Exil 241 355 «Kulaken»; Jagoda gab die Todesrate mit 1,3 % pro Monat an (vgl. OI 1994, 1, 120); Widerlegung der Hoch-Rechnungen vor allem von *R. Conquest*, Ernte des Todes. Stalins Holocaust in der Ukraine 1929–1933. München 1988, 364 ff., bei *S. Merl*, in: Geschichte und Gesellschaft 14 (1988), 534–540. Andere, hohe Gesamtschätzungen von 6,5 Mio. oder gar 8,5–9 Mio. «zusätzlicher Todesfällen» schließen offensichtlich die Hungersnot von 1933/34 ein; vgl. Wolkogonow, Stalin (IV. 1, 8) 705 f. sowie die frühere Debatte zwischen *S. Rosefielde* und *S. G. Wheatcroft* in SR 43 (1984) und 44 (1985) sowie SS 35 (1983) und 86 (1984). Zum Gesamtproblem: *A. Nove* (Hg.), The Stalin Phenomenon. London 1993, 35 ff.
36 *Merl*, Bauern, 218 f., 221 (Daten); eher die schlechte Ernte macht verantwortlich: *M. B. Tauger*, The 1932 Harvest and the Famine of 1933, in: *SR* 50 (1991), 70–89; unentschieden bleibt Davies in: *Davies, Harrison, Wheatcroft*, 16 f.
37 Niedrige Schätzung: *S. G. Wheatcroft*, More Light on the Scale of Repression and Excess Mortality in the Soviet Union in the 1930s, in: SS 42 (1990), 355–367 (Neudr. in: *Getty, Manning*, 275–290) sowie *Davies, Harrison, Wheatcroft*, 74; höhere: *M. Ellman*, A Note on the Number of 1933 Famine Victims, in: ebd. 43 (1991), 375–379 sowie *Conquest*, Ernte 373; Zitat (Danilovs): *Merl*, System 293. Zum Problem der demographischen Quellen auch u. S. 506 ff.
38 *A. Nove*, Victims of Stalinism, in: *Getty, Manning*, 261–274, hier 265; *Tauger*, 85 ff.; Kritik an der nationalukrainischen und derselben Position von *Conquest*, Ernte, bei: *S. Merl*, War die Hungersnot von 1932–1933 eine Folge der Zwangskollektivierung der Landwirtschaft oder wurde sie bewußt im Rahmen der Nationalitätenpolitik herbeigeführt?, in: *Hausmann, Kappeler* (IV. 2, 14), 145–166.

39 *KPSS* IV, 315 ff., 348 ff.; ausführlich zum Folgenden: *Daniels,* Gewissen, 377 ff.; *Lewin,* Peasants, 267 ff.; *Cohen,* 282 ff.; *Tucker,* Stalin (IV. 1, 8) I, 407 ff.
40 *SW* XI, 161.
41 *Merridale* (IV. 2, 19), 47 ff.
42 *Cohen,* 304 ff.; *Daniels,* Gewissen, 418 ff.; *McNeal,* Resolutions III, 342 ff.; IV, 39 ff.
43 *Cohen,* 342 f. (Zitate); *H. H. Schröder,* Industrialisierung und Parteibürokratie in der Sowjetunion. Ein sozialgeschichtlicher Versuch über die Anfangsphase des ‹Stalinismus› 1928–1934. Berlin 1988, 320 ff.; *Tucker,* Stalin II, 209 ff.
44 Vgl. *Daniels,* Gewissen, 440, 462 f.
45 Daten nach: *H. H. Schröder,* Industrialisierung, 122; auch: *Lane,* State (s. IV. 2, 17), 325.
46 *Schröder,* Industrialisierung, 183 f., 338 ff. (Zitate und Zahlen 339, 346); *Rigby,* Membership (s. III, 56), 165 ff.; *Davies,* Industrialisation III, 118 ff.
47 Vgl. oben IV. 2, 41 sowie u. a. *Bailes,* Technology (IV. 4, 16), 69 ff.; *N. Lampert* (IV. 4, 38), 39 ff.; *Reiman,* Geburt, 102 ff.; *Fitzpatrick,* Education (IV. 4, 39), 113 ff.; *Schröder,* Industrialisierung, 33 ff.; *H. Kuromiya,* Stalin's Industrial Revolution: Politics and Workers, 1928–1932. Cambridge 1988, 12 ff.; *Davies,* Industrialisation III, 110 ff.
48 *R. Medwedew* [Medvedev], Das Urteil der Geschichte. Stalin und Stalinismus. Bd. 1–3, Berlin 1992, hier I, 267 ff.; *Bailes,* Technology, 95 ff.; *Kuromiya,* 167 ff.; *Fitzpatrick,* Education, 134 f.; *Schröder,* Industrialisierung, 220 f.
49 *Anweiler,* Geschichte (IV. 5, 2), 330 ff. (Zitat 330).
50 *S. Fitzpatrick,* Cultural Revolution as Class War, in: Dies. (Hg.), Cultural Revolution in Russia 1928–1931, Bloomington 1978, 8–40; *KPSS* IV, 289 f., 328.
51 *Fitzpatrick,* Education, 116 ff.; *Bailes,* Technology, 159 ff.; *Anweiler,* Geschichte, 335 ff.; *KPSS* IV, 355 ff.; *Anweiler, Meyer* (IV. 5, 4), 161 ff.
52 *Schröder,* Industrialisierung, 64 f.; *Fitzpatrick,* Education, 186 ff.; *Bailes,* Technology, 188 ff., 216 ff.
53 *Anweiler,* Geschichte, 344 ff.; *Fitzpatrick,* Education, 198 ff.; *Anweiler, Meyer,* 173 f.
54 *Schröder,* Industrialisierung, 62; *Fitzpatrick,* Education, 136 ff., 204, 209 ff.; *SW* XIII, 47 ff.; *Anweiler,* Geschichte, 428 ff.; *Anweiler, Meyer,* 177 f.
55 Daten nach *Davies, Harrison, Wheatcroft,* 94 ff., bes. 95, 99, 101; *Schröder,* Industrialisierung, 89 ff.; *Kuromiya,* 92 ff., Krisenbegriff: 78 ff.
56 *Kuromiya,* 200 ff.; *Davies,* Industrialisation III, 125 ff.; *ders.,* The Ending of Mass Unemployment in the USSR, in: *D. Lane* (Hg.), Labour and Employment in the USSR. Brighton 1986, 19–35; knapp: *J. L. Porket,* Work, Employment and Unemployment in the Soviet Union, London 1989, 56 ff.
57 *Schröder,* Industrialisierung, 101; *Davies, Harrison, Wheatcroft,* 103; *Kuromiya,* 231 f., Zitat 229; auch Tabelle A–6 im Anhang.
58 *Schröder,* Industrialisierung, 291 ff.; *Kuromiya,* 235 ff.
59 *Kuromiya,* 108 ff., Zitat 114, Belege von P. Grigorenko und L. Kopelev ebd. 112 f.; *Schröder,* Industrialisierung, 280 ff.; vor allem: *S. Fitzpatrick,* The Cultural Front. Power and Culture in Revolutionary Russia. Ithaca 1992, 91 ff., 149 ff. u. pass.; so auch schon: *M. Lewin,* The Social Background of Stalinism, in: *R. C. Tucker* (Hg.), Stalinism. Essays in Historical Interpretation. New York 1977, 111–136. Inhaltlich steht die ‹subjektivistische› Neudeutung durch Kotkin (358, 365 u. a.) und andere jüngere Forscher dieser Auffassung durchaus nicht fern.
60 *Davies,* Industrialisation III, 83 f.; *Kuromiya,* 115 ff., 194 ff., 319 ff.; *Schröder,* Industrialisierung, 107 ff.
61 *Carr, Davies* (IV. 2, 11), 531 ff.; *Davies,* Industrialisation III, 84 ff., 252 ff., Daten 254; *Kuromiya,* 238 ff.
62 *Kuromiya,* 72 f., 187 f.; *Davies,* Industrialisation III, 272 ff.; *KPSS* IV, 556 ff. (Zitat 558); *Azrael,* Managerial Power (IV. 2, 24), 90 ff.

63 *SW* XIII, 47 ff. (Zitate 54, 68, kursiv i. O.); *Schröder*, Industrialisierung, 305 ff. (Zitat 314); *Kuromiya*, 261 ff., 302 ff.; *Bailes*, Technology, 151 ff.
64 *Davies, Harrison, Wheatcroft*, 12 f.,44; *Davies*, Tsarism (I, 3), 23 ff.; noch entschieden ‹positiver›: *S. G. Wheatcroft, R. W. Davies, J. M. Cooper*, Soviet Industrialisation Reconsidered: Some Preliminary Conclusions about Economic Development between 1926 and 1941, in: Economic History Review 39 (1986), 293; Gegenposition: *Jasny*, Industrialization, 67 f.; 117; *H. Hunter, J. M. Szyrmer*, Faulty Foundations: Soviet Economic Policies, 1928–1940. Princeton 1992, 258; s. a. unten S. 480 ff.
65 Offenes Fazit einer langen Debatte: *Davies, Harrison, Wheatcroft*, 22 f.; Hauptpositionen schon bei: *J. R. Millar, A. Nove*, A Debate on Collectivization: Was Stalin Really Necessary?, in: Problems of Communism 25 (1976), 49–62, bes. 54 f. (Zitat); ältere, inzwischen einhellig zurückgewiesene Position: *A. Nove*, Was Stalin Really Necessary? Some Problems of Soviet Political Economy. London 1964, 17–33; vorsichtige Neuorientierung: *Ders.*, Stalin and Stalinism – Some Introductory Thoughts, in: *Ders.*, Stalin Phenomenon, 24 ff.
66 *Merl*, Anfänge, 401 ff., bes. 407.
67 Vgl. z. B. *Carr, Davies*, 264 ff.; frühe Kritik: *Tucker*, Stalinism, 84 f.; Diskussion von Alternativen: *Merl*, Anfänge, 408 ff.; neue sowjetische Sicht: *S. Merl*, in: *D. Geyer* (Hg.), Die Umwertung der sowjetischen Geschichte. Göttingen 1991, 103–132; *H. Okuda*, in: *T. Ito* (Hg.), Facing up to the Past. Soviet Historiography under Perestrojka. Sapporo 1989, 169–186.
68 laut indirektem Bericht, zit. bei *Davies*, Industrialisation III, 462.
69 *Boetticher* (IV. 1, 33), bes. 303, 306, 313.
70 Vgl. u. a.: *R. Pethybridge*, The Social Prelude to Stalinism. New York 1964; *Lewin* und *Tucker*, in: *Tucker*, Stalinism; *S. Fitzpatrick*, The Civil War as a Formative Experience, in: *Gleason, Kenez, Stites*, 57–76 (IV. 5, 43); *dies.*, The Legacy of Civil War, in: *Koenker, Rosenberg, Suny* (III, 19), 385–423, bes. 395 ff.
71 Vgl. *S. Fitzpatrick*, Stalin and the Making of a New Elite, 1928–1933, in: *Dies.*, Front, 115–148 u. zahlreiche andere Beiträge dieser Autorin; ähnlich: *Kuromiya; Schröder*, Industrialisierung; auch schon: *Lewin*, Background (Anm. 59).
72 Vgl. bes.: *Kotkin* und *J. Hellbeck* (Hg.), Tagebuch aus Moskau 1931–1939. München 1996; neue Quellen auch bei: *V. Garros, N. Korenevsky, T. Lahusen* (Hg.), Intimacy and Terror: Soviet Diaries of the 1930s. New York 1995.
73 *Tucker*, Stalin I, 421 ff.

VI. Neue Ordnung und autoritäre Dynamik: die Herrschaft Stalins (1934–1941)

1. Formen und Instrumente der Herrschaft

1 *J. A. Getty*, State and Society under Stalin: Constitutions and Elections in the 1930s, in: *SR* 50 (1991), 18–35 (Zitate 32); vorsichtiger: *Tucker*, Stalin (IV. 1, 8) II, 355 f., im Gegensatz (u. a.) zu: *Fainsod*, Rußland (IV. 2, 6), 416.
2 *SW* XIV, 57 ff. (Zitate 60, 89 f.); Vorgeschichte u. Inhalt neben Anm. 1: *Unger* (IV. 2, 7), 79 ff.; *M. Fainsod, J. Hough*, How the Soviet Union is Governed. Cambridge/Mass. 1979, 172 f.
3 Text bei: *Unger*, 140 ff., Zitate Art. 118–125, 1, 2, 4 u. 126 sowie S. 82; Gesamtdarstellung: *K. Westen*, Die Kommunistische Partei der Sowjetunion und der Sowjetstaat. Köln 1968, hier 50 ff.
4 Einzige Regionalstudien: *Fainsod*, Smolensk (V, 28); *J. A. Getty*, Origins of the Great Purges: The Soviet Communist Party Reconsidered, 1933–1938. Cambridge 1985. Es

Anmerkungen 1129

ist bemerkenswert, daß es trotz vieler allgemeiner Äußerungen über den stalinistischen Herrschaftsapparat kaum Detailstudien gibt. Erste Untersuchungen über die Industrieministerien jetzt: *E. A. Rees*, Stalinism and Soviet Rail Transport, 1928-41. New York 1995 sowie *ders.* (Hg.), Decision-making in the Stalinist command economy, 1932-37. Basingstoke 1996; zur Partei: *O. V. Chlevnjuk*, Politbjuro. Mechanizmy političeskoj vlasti v 1930-e gody. Moskva 1996.

5 *Gill*, Origins (IV. 2, 22), 219 ff.; *Fainsod*, Rußland, 438; *Unger*, 69 f., 150 f.
6 *Gill*, Origins, 258 ff., 306; *N. E. Rosenfeldt*, Knowledge and Power. The Role of Stalin's Secret Chancellery in the Soviet System of Government. Kopenhagen 1978; *ders.*, Stalin's special departments. A comparative analysis of key sources. Copenhagen 1989.
7 *P. H. Solomon*, Soviet criminal justice under Stalin. Cambridge 1996, 153 ff.; *Juviler* (IV. 2, 31), 42 ff.; *Kucherov* (IV. 2, 7), 72 ff., 93 ff.; *G. P. van den Berg*, The Soviet System of Justice: Figures and Policy. Dordrecht 1985, 17 ff.; *R. Sharlet*, in: *S. Fitzpatrick* (Hg.), Cultural Revolution in Russia, 1928-1931. Bloomington 1978, S. 169-187.
8 *Juviler*, 58 ff.; *Solomon*, 230 ff.; *Kucherov*, 75 f., 94 f., 101 ff.; *Unger*, 153 f.; zum Kirov-Mord s. S. 447 f.
9 *Tucker*, Stalin II, 238 ff.; Chruščevs Geheimrede auf dem 20. Parteitag 1956 u. a. im Anhang von: *Chruschtschow erinnert sich*. Reinbek 1971, hier 542; auch: Gill, Origins, 278. Zum Folgenden neben den in IV. 1, 8 genannten Stalinbiographien als grundlegende, aber in jüngster Zeit bezweifelte Quelle die angeblichen Aussagen Bucharins während seines letzten Auslandsaufenthaltes in Paris 1935 bei: B. Nicolaevsky, Power and the Soviet Elite. «The Letter of an Old Bolshevik» and Other Essays. New York 1965, 35 ff.
10 *Tucker*, Stalin II, 244 ff.; *Nicolaevsky*, Power, 34 f.; SW XIII, 252-338 (Zitate 308 f., 338); SW XIV, 57.
11 Abwägende ‹Standardversion› bei: *Tucker*, Stalin II, 238 ff., 265 ff.; Zitat: *Nicolaevsky*, 32; exemplarisch für die traditionelle Sicht: *R. Conquest*, The Great Terror. A Reassassment. N. Y. 1990, 31 f. (sowie zahlreiche andere Veröffentlichungen des Autors); auch: *Ders.*, Stalin and the Kirov Murder. New York 1989. Detaillierte Kritik: *J. A. Getty*, in: *Ders., R. T. Manning* (Hg.), Stalinist terror. New perspectives. Cambridge 1993, 42 ff.; *Chlevnjuk*, 118 ff., 260 f.
12 *Tucker*, Stalin II, 288 ff., Zitat ebd. 272; *Chruschtschow*, 544; *Nicolaevsky*, 69 ff.; *Conquest*, Terror, 37 ff.; *Medwedew*, Urteil (V, 48) II, 9 ff.; *Ulam*, Stalin (IV. 1, 8), 375 ff.; *Wolkogonow*, Stalin (IV. 1, 8), 307 ff.; *McNeal*, Stalin (IV. 1, 8), 169 ff.; Gegenargumente: *Getty, Manning*, 46 f.
13 Abwägende Zusammenfassung: *Tucker*, Stalin II, 296 ff.; detailliert, aber einseitig: *Conquest*, Terror, 53 ff., 71 ff.; *Chruschtschow*, 535.
14 *Getty*, 58 ff. (Daten 81, 89 f.); auch: *Tucker*, Stalin II, 311 ff.; exemplarisch: *Fainsod*, Smolensk, 222 ff.
15 *Tucker*, Stalin II, 366 ff.; *Conquest*, Terror, 91 ff.; Dokumente in: *T. Pirker* (Hg.), Die Moskauer Schauprozesse 1936-1938, München 1963, 123 ff. (Zitat ebd. 141, 143).
16 *B. A. Starkov*, Narkom Ezhov, in: *Getty, Manning*, 21-39; *Tucker*, Stalin II, 373 ff.; *Conquest*, Terror, 135 ff.; *Getty*, 128 ff.
17 Zitate: *Pirker*, 170, 176, 190.
18 Alternative Tabelle dieser Art jetzt bei: *S. Rosefielde*, Stalinism in Post-Communist Perspective: New Evidence on Killings, Forced Labour and Economic Growth in the 1930s, in: Europe-Asia Studies [vormals: SS] 48 (1996), 959-987, hier 962 ff.
19 Im Diagramm *fehlen* die Häftlinge des ‹Kulakenexils›. Um die Gesamtzahl der Verbannten zu ermitteln, müssen zu den Angaben des Diagramms für 1935-1940 ca. 1 Mio. Deportierte pro Jahr hinzugerechnet werden; vgl. ein weiteres Diagramm bei *J. A. Getty, G. T. Rittersporn, V. N. Zemskov*, Victims of the Soviet Penal System in the

Pre-war Years: A First Approach on the Basis of Archival Evidence, in: AHR 98 (1993), 1017–1049, 1021.
20 Daten nach: *Getty, Rittersporn, Zemskov*, bes. 1019 f., 1023 ff., 1031 ff., 1039 f.; Kritik und Gegenkritik: *R. Conquest, A. Getty* u. *G. Rittersporn* in: AHR 99 (1994), 1038 ff.; anderen Daten vor allem Zemskovs folgt: *Merl*, System (V, 34), der ca. 3 Mio. in den Lagern Verstorbene errechnet (293); «Terror als Prozeß»: *Tucker*, Stalin II, 442 ff.; eher narrativ: *Conquest*, Terror, 214 ff., dessen Daten 485 f. fürs erste großenteils als ebenso spekulativ gelten müssen wie die von *Wolkogonow*, Stalin, 399 f., 706 u. a. In Unkenntnis der Archivdaten, aber informiert und umsichtig urteilte *Nove*, in: *Manning, Getty* (V, 26); um Widerlegung bemüht sich *Rosefielde*, Stalinism, der sich aber weitgehend auf demographische Daten stützt und nicht ausreichend zwischen Kulakenverfolgung, Hungertoten und Lageropfer bzw. -insassen unterscheidet. Zu den demographischen Kerndaten vgl. u. S. 506 ff.
21 Vgl. *Bacon* (IV. 2, 41), 35 ff.
22 Vorherrschende Version u. a. bei: *Tucker*, Stalin II, 420 ff., 492 ff.; *Cohen*, Bukharin (III, 44), 364 ff., Zitate 365, 370 f.; Brief bei: *Medwedew*, Urteil II, 49 ff.; offener: *Getty*, in: *Getty, Manning*, 58 f.
23 *Conquest*, Terror, 341 ff. (Zitat 348); wohlwollend: *Cohen*, 372 ff., *Tucker*, Stalin II, 497 f.; kritischer: *G. Katkov*, The Trial of Bukharin. London 1969, 191 f.; offizieller Prozeßbericht: *R. C. Tucker, S. F. Cohen* (Hg.), The Great Purge Trial. New York 1965; Auszüge: *Pirker*, 202 ff., Zitate 225–27, *Cohen*, ebd., 380.
24 *McNeal*, Resolutions (I, 26) III, 207; *Getty*, 185 ff.
25 So *Getty* in: *Ders., Manning*, 15; neue Sicht insgesamt: *Ders.*, ebd., 40 ff.; zugespitzte frühere Position: *Ders.*, 3 ff., 196 ff.; ähnlich: *G. T. Rittersporn*, Stalinist simplifications and Soviet Complications: Social Tensions and Political Conflicts (1933–1953). Philadelphia 1991 (frz. Or. 1988); reflektierteste traditionelle Sicht: *Fainsod*, Russia, 469 ff.; Terror als Essenz des Sowjettotalitarismus: *Z. K. Brzezinski*, The Permanent Purge. Politics in Soviet Totalitarianism. Cambridge 1956.
26 So vorsichtig: *Rigby*, Membership (III, 56), 212; *Hough, Fainsod*, 177; gesamt: *Gill*, Origins, 219 ff.; Lokalstudie: *N. Shimotomai*, Moscow Under Stalinist Rule, 1931–34. Basingstoke 1991, 13 ff.
27 *XVII s-ezd vsesojuznoj kommunističeskoj partii (b) 26 janvarja–10 fevralja 1934 g. Stenografičeskij otčet*. M. 1934 (Neudr. Nendeln/Liechtenstein 1975), 303; *XVIII s-ezd vsesojuznoj kommunističeskoj partii (b) 1–21 marta 1939 g. Stenografičeskij otčet*. M. 1939 (Neudr. Nendeln/Liechtenstein 1975), 148 f.; SW XIV, 141; weitere Daten: *Fainsod*, Rußland, 226.
28 *Rigby*, Membership, 199, 217, 220; *XVIII s-ezd*, 148; *Fitzpatrick*, Education (IV. 4, 39), 241.
29 Namenslisten bei *Schapiro*, Geschichte (I, 26), 632; *White*, Leadership (IV. 2, 21), 11 ff.; *T. H. Rigby*, The Soviet Political Executive, 1917–1986, in: *A. Brown* (Hg.), Political Leadership in the Soviet Union. Bloomington, Indianapolis 1989, 32; *Fainsod*, Rußland, 350 ff.; *Hough, Fainsod*, 157 f.; *Chruschtschow*, 546 ff.; *Tucker*, Stalin II, 447, 500; *A. Knight*, Beria. Stalin's First Lieutenant. Princeton 1994, 87 ff.; Kontinuität im Politbüro (im Gegensatz zum ZK) behauptet: *Gill*, Origins, 286; *O. V. Khlevniuk*, In Stalin's Shadow. The Career of «Sergo» Ordzhonikidze. Armonk 1995, Selbstmord: 150 ff. Zu Chruščevs früher Karriere: *W. J. Tompson*, Khrushchev. A Political Life. Houndmills u. a. 1995, 29 ff., 60 ff.
30 Vgl. u. a. *R. V. Daniels*, Political Processes and Generational Change, in: *A. Brown* (Hg.), Political Leadership in the Soviet Union. Bloomington 1989, 98 ff. sowie unten Kap. X. 1.
31 Weiterhin informativ: *Fainsod*, Rußland, 227 ff.; ferner: *Brunner*, Parteistatut (IV. 2, 21), 31 f., 36; *Schapiro*, Geschichte, 472 ff.
32 *Brunner*, Parteistatut, bes. 148, 150, 158 f., 162.

Anmerkungen

33 *Fisher* (IV. 5, 40), 163 ff. (Daten 180); *Fainsod*, Rußland, 320 ff.; *Brunner*, Parteistatut, 36.
34 Vgl. *White, Growth* (IV. 2, 30), 199 ff. (Daten und Zitate 206, 234, 273 ff., 296, 304, 324); *Erickson,* High Command (IV. 2, 25), 164 ff., 301 ff. u. Anhang, 796 ff.; *Fainsod,* Rußland, 523 ff.
35 *Erickson,* High command, 367 ff. (Daten 384, 764); *Fainsod,* Rußland, 528 ff. (Daten 529); *White,* Growth, 379 ff.
36 Daten nach: *R. R. Reese,* in: *Getty, Manning,* 199 ff.
37 *Tucker,* Stalin II, 432 ff.; *Erickson,* High Command, 449 ff., 505 f.; *Conquest,* Terror, 182 ff. (bei diesen Autoren auch die älteren Verlustschätzungen); *Chruschtschow,* 556 f.
38 *Erickson,* High Command, 474 ff., Schaubild 477; *Reese,* 213.
39 *Simon,* Nationalismus (IV. 2, 14), 97 ff.; 107 ff.; *Mace* (II, 26), 267 ff.
40 SW XI, 298-317; *Simon,* Nationalismus, 154 f.
41 *Unger,* 104 ff., 148 ff.; *Tucker,* Stalin II, 486.
42 *Medwedew,* Urteil II, 96 ff.; *Tucker,* Stalin II, 487 ff.; *Simon,* Nationalismus, 180 ff.
43 Bedenkenswert: *Simon,* Nationalismus, 182 f.

2. Wirtschaft: Konsolidierung eines Pyrrhussieges

1 *E. Zaleski,* Stalinist Planning for Economic Growth, 1933-1952. Chapel Hill 1980, 134 ff. (Daten 136); *Jasny,* Industrialization (V, 6), 119 ff.; *Nove,* History (IV. 3, 4), 226 ff. (Daten 228). Grundlegende Gesamtübersicht: *Davies, Harrison, Wheatcroft* (IV. 3, 4) 13 ff., 131 ff.
2 *Jasny,* Industrialization, 123; *Zaleski,* Stalinist, 142 (Zitat); *Nove,* Economic, 226 ff.; *Davies, Harrison, Wheatcroft,* 154 ff. (Zitat 157).
3 Vgl. *Zaleski,* Stalinist, 146, 153, 161 ff., 182 ff., Daten 186; *Nove,* Economic, 238 f 255 ff.
4 Vgl. *Harrison,* in: *Davies, Harrison, Wheatcroft,* 45 f.; *G. Chanin,* Dinamika ėkonomičeskogo razvitija SSSR. Novosibirsk 1991.
5 Alle Daten nach der besten Übersicht von *Davies,* in: *Davies, Harrison, Wheatcroft,* 138 ff.
6 Ebd. 137 f., 151 ff. (Zitat 151).
7 SW XII, 168 ff. (Zitate 174), 177 ff.; Statut bei: *G. Brunner, K. Westen,* Die sowjetische Kolchosordnung (mit Dokumenten). Von den Anfängen bis zum 3. Musterstatut 1969. Stuttgart 1970, 124 ff.; Auszüge: *Altrichter, Haumann* (III, 26), 291 ff. Grundlegend, auch zum Folgenden: *Merl,* Bauern (V, Tab. 9) 257 ff.; *N. Jasny,* The Socialized Agriculture of the USSR: Plans and Performance. Stanford 1949, 325 ff.; beste knappe Übersicht neben *Nove,* History, 241 ff.: *Volin* (IV. 3,4), 235 ff.; Daten: *Davies, Harrison, Wheatcroft,* 119 ff.
8 *Merl,* Bauern, 261 ff.; SW XIII, 220 ff. (Zitat 220); Statut: *Brunner, Westen,* 129 ff.; Auszüge: *Altrichter, Haumann,* 401 ff.; *Fitzpatrick,* Peasants (V, 11), 104 ff., 134 ff.; *K. E. Wädekin,* Privatproduzenten in der sowjetischen Landwirtschaft. Köln 1967 (primär gegenwartsbezogen); ders., Die Bezahlung der Arbeit in der sowjetischen Landwirtschaft. Berlin 1972; ders., Sozialistische Agrarpolitik in Osteuropa. Bd. 1-2, Berlin 1974.
9 *Merl,* Bauern, 208, 462; *Volin,* 211.
10 *Nove,* History, 245 f. (Daten); *Jasny,* Agriculture, 327 ff., 338 ff.; *Altrichter, Haumann,* 293, 295 f., 402, 405.
11 Einzelheiten bei: *Merl,* Bauern, 327 f., 129 ff.; *Jasny,* Agriculture, 363 ff.
12 Daten nach *Jasny,* Agriculture, 372, 375, 377, 379, 381; z. T. abweichend: *Merl,* Bauern, 131 ff.
13 *Jasny,* Agriculture, 269 ff., Daten 288, 293; Zitate: *Altrichter, Haumann,* 294, 403 f.; *Merl,* Bauern, 327 ff.; *Miller* (V, 20), 220 ff.

14 *Merl*, Bauern, 360 ff. (Zitat 364); *Jasny*, Agriculture, 389 ff.; *Altrichter, Haumann*, 404.
15 *Merl*, Bauern, 327 ff. (Zahl der *trudodni* 297, 464); *Volin*, 406 f., Tab. 418; *Fitzpatrick*, Peasants, 145.
16 *Merl*, Bauern, 361; *Altrichter, Haumann*, Wirtschaft, 374.
17 *Merl*, Bauern, 35-44. Ähnlich urteilt die Mehrheit der Autoren wie *J. R. Millar, H. Hunter, J. F. Karcz, A. Nove, R. W. Davies* oder *S. G. Wheatcroft*. Optimistischer, aber überholt: *Jasny*, Agriculture, 520, 532 ff.
18 Vgl. *Merl*, Bauern, Tab. 4, 44, 48 ff.; z. T. optimistischer: *Jasny*, Agriculture, 449 ff., 620 ff.
19 *Merl*, Bauern, 53 ff.
20 *Merl*, Bauern, 453 ff., positiver *Nove*, History, 243 ff.
21 Daten nach *Merl*, Bauern, 193, 311 f., 317 f.; *Nove*, History, 260 ff.; *Rešenija partii i pravitel'stva po chozjajstvennym voprosam*. Bd. 2: 1929-1940 gody. M. 1967, 707-713.
22 *Merl*, Bauern, 391 ff., Daten 356, 402.
23 *Nove*, History, 254 f.; *G. A. Dichtjar'*, Sovetskaja torgovlja v period postroenija socializma. M. 1961, 396 ff. (Daten 421, 426); *Jasny*, Industrialization, 158 ff., Zitat 207; *B. H. Kerblay*, Les marchés paysans en URSS. Paris 1968, 125 ff.
24 *Davies*, Development (IV. 3, 25), 194 ff., 211 ff.; *Hedtkamp* (IV. 3, 6), 67 ff., 110; *Holzman*, Taxation (IV. 3, 6), 123 ff.
25 *Flor* (V, 6), 205 ff.; *F. D. Holzman*, Foreign Trade Under Central Planning. Cambridge/Mass. 1974, 35 ff., 40 f.; *M. Gotthelf*, Außenhandelsentwicklung und Außenhandelsstrategie in der Sowjetunion. Die Entwicklung des Außenhandels der Sowjetunion mit den westlichen Industrienationen und die sowjetische Außenhandelsstrategie in den Jahren 1918-1978. Frankfurt 1979, 42 ff., 96 ff.
26 *Sutton* (V, 6), II, 3, 346; *Parrot* (V, 6), 74 f.; neuer Rückstand schon Ende der 1930er: *Lewis*, in: *Davies, Harrison, Wheatcroft*, 192.

3. Gesellschaft: Mobilität und Verzicht

1 Bevölkerungsdaten nach *Davies, Harrison, Wheatcroft* (IV. 3, 4), 71, 273; alternative Neuberechnung bei: *E. Andreev, L. Darskij, T. Char'kova*, Naselenie Sovetskogo sojuza 1922-1991. M. 1993, 15 ff., bes. 21, 29, 33; grundlegende neue Quelle: *Vsesojuznaja perepis' naselenija 1937 g.* Kratkie itogi. M. 1991; auch: *Vsesojuznaja perepis' naselenija 1939 goda.* Osnovnye itogi. M. 1992. Sonstige Daten nach *V. V. Caplin*, Statistika žertv Stalinizma v 30-e gody, in: VI 1989, 4, 176 f.; kluge Zusammenschau: *A. Nove*, Victims of Stalinism. How Many Victims in the 1930s?, in: *Getty, Manning* (V, 26), 261-274.
2 Von *Wheatcroft* abweichende, hinsichtlich der Geburtenraten aber überwiegend als zu hoch angesehene Daten bei: *Andreev, Darskij, Char'kova*, 48.
3 *Davies, Harrison, Wheatcroft*, 72; *Andreev, Darskij, Char'kova*, 31 ff.; *Caplin*, 179 f.
4 *Caplin*, 176 (Angabe für 1937); ders., Archivnye materialy o čisle zaključennych v konce 30-ch godov, in: VI 1991, 4-5, 161 (für 1939); *N. Jasny*, Arbeitsstatistik in MWD-Lagern, in: Ostprobleme Nr. 50 (1951), 1560 (für 1941) sowie oben S. 453 ff.
5 *Nove*, Victims, 265, 267; *Davies, Harrison, Wheatcroft*, 76 f.; *S. Maksudov*, Poteri naselenija SSSR. New York 1989.
6 *Perepis' 1937*, 74-78; *Andreev, Darskij, Char'kova*, 21 f., 28 f., 34 f. sowie Tab. A-1.
7 *Lorimer* (IV. 4,1), 145, 147; *Perepis' 1937*, 61; *Lewis, Rowland* (IV. 2, 11), 99 ff., 165 ff., 214 ff.; *Kozlov* (IV. 4,1), 49 ff.
8 *Istorija sov. rabočego klassa II* (IV. 4, 8), 196 f. (Zitat 127); T. 3: Rabočij klass SSSR nakanune i v gody Velikoj Otečestvennoj vojny. 1938-1945 gg. M. 1984, 103; grund-

legende Daten bei *J. Barber* in: *Davies, Harrison, Wheatcroft*, 95 ff. Jüngste Monographie: *V. Andrle*, Workers in Stalin's Russia: Industrialization and Social Change in an Planned Economy. Hemel Hempstead u. a. 1988, hier 34; auch: *Schwarz* (IV. 4, 8), 32 ff.; *D. Filtzer*, Soviet Workers and Stalinist Industrialization: The Formation of Modern Soviet Production Relations, 1928–1941. London 1986, 125 ff.; immer noch sehr informativ: *W. Hofmann*, Die Arbeitsverfassung der Sowjetunion. Berlin 1956; Übersicht zum Gesamtzusammenhang: *W. G. Rosenberg, L. H. Siegelbaum* (Hg.), Social dimensions of Soviet industrialization. Bloomington 1993.
9 *Davies, Harrison, Wheatcroft*, 102; *S. Merl*, Agrarreformen und nichtmarktwirtschaftliche Bedingungen – Agrarsektor und Industrialisierung in Rußland und in der Sowjetunion, in: *T. Pierenkemper* (Hg.), Landwirtschaft und industrielle Entwicklung. Stuttgart 1989, 201; *S. L. Senjawski, V. B. Telpuchowski*, Die Arbeiterklasse der UdSSR [1938–1965]. Berlin 1974, 101 f.; *Andrle*, 35.
10 *Davies, Harrison, Wheatcroft*, 99 f.; *M. P. Sacks*, Women in the Industrial Labor Force, in: *D. Atkinson, A. Dallin, G. W. Lapidus* (Hg.), Women in Russia. Stanford 1977, 189–204, bes. 195 sowie unten bes. S. 195 sowie unten S. 937 ff.
11 *Davies, Harrison, Wheatcroft*, 97 f.; *Andrle*, 35 f.
12 *J. Barber*, The Standard of Living of Soviet Industrial Workers, 1928–1941, in: *C. Bettelheim* (Hg.), L'industrialisation de l'URSS dans les années trente. Paris 1982, 110 ff. (Daten 116); *Andrle*, 36 ff.; grundlegend: *J. G. Chapman*, Real Wages in the Soviet Union since 1928. Cambridge/Mass. 1963, 144 f., 153; *SW* XIV, 31–47, hier 38 f.; Fallbeispiel: *Shimotomai* (VI. 1, 26), 125 ff.
13 *Andrle*, 39 f.
14 *Barber*, 113 ff.; *Andrle*, 41 ff.; *Scott* (V, 6), 211 f.
15 *Davies, Harrison, Wheatcroft*, 105; *M. Lewin*, Social Relations inside Industry during the Prewar Five-Year Plans, in: *Bettelheim*, 107 f.
16 *SW* XIII, 68 u. oben S. 422 f.
17 *Schwarz*, 158 ff.; *Andrle, Workers*, 45 ff., 146 ff.
18 *Andrle*, 129.
19 *Schwarz*, 112 ff.; *Andrle*, 126 ff., 200 ff.; *G. C. Guins*, Soviet Law and Soviet Society. Den Haag 1954, 150 ff.
20 Maßgeblich: *R. Maier*, Die Stachanov-Bewegung 1935–1938. Der Stachanovismus als tragendes und verschärfendes Moment der Stalinisierung der sowjetischen Gesellschaft. Stuttgart 1990, Neologismen 132 f.; *L. H. Siegelbaum*, Stakhanovism and the Politics of Productivity in the USSR, 1935–1941. Cambridge 1988.
21 *Maier*, 72 ff.; *Siegelbaum, Stakhanovism*, 66 ff.; *Andrle*, 142, 177 ff.
22 *Maier*, 160 ff., 196 ff.; *Andrle*, 155 ff., 190 ff.; *Siegelbaum, Stakhanovism*, 99 ff., 179 ff.; *Filtzer, Workers*, 205.
23 *Andrle*, 182 ff.
24 *Maier*, 170 ff., 418 ff.; kompatibel: *Siegelbaum, Stakhanovism*, 295, 298 u. pass. sowie *Getty, Manning*, 15 f.
25 *A. I. Solschenizyn*, Der Archipel GULAG. Bd. 1–3, Bern 1974–1976, hier II, 207; *D. J. Dallin, B. Nicolaevsky*, Forced Labor in Soviet Russia. New Haven 1947, 9 ff.; *S. Swaniewicz*, Forced Labour and Economic Development. London 1965, 16; *Bacon* (IV. 2, 41), 123 ff.; *Conquest*, Terror (VI. 1, 11), 333 ff.; *ders.*, Kolyma. The Arctic Death Camps, New York 1978, 125 ff.; Übersicht und Daten jetzt bei: *Stettner* (IV. 2, 41).
26 Lageralltag: *Solschenizyn* II, 188 ff.; *Dallin, Nicolaevsky*, Teil I; *Conquest, Terror*, 311 ff.
27 *Hofmann*, 267.
28 Neben *Dallin, Nicolaevsky*, 88 ff. bes.: *Hofmann*, 271 f.
29 *Scott*, 5; *Hofmann*, 270.
30 Daten: *Swaniewicz*, 39; *Merl, System* (V, 34), 296; *Hofmann*, 271 ff.; zurückhaltender auch: *Bacon*, 143.

31 *Fitzpatrick*, Peasants (V, 11), 139 ff., 174 ff., 313 f. sowie vor allem: *S. Merl*, Sozialer Aufstieg im sowjetischen Kolchossystem der 30er Jahre? Über das Schicksal der bäuerlichen Parteimitglieder, Dorfsowjetvorsitzenden, Posteninhaber in Kolchosen, Mechanisatoren und Stachanowleute. Berlin 1990, 70 ff.
32 *Perepis' 1937*, 77, 116 f.; *Merl*, Aufstieg, 72.
33 *Merl*, Aufstieg, 73, 83, 89; *Fitzpatrick*, Peasants, 185 f., 245; *J. F. Hough*, The Changing Nature of the Kolkhoz Chairman, in: *J. R. Millar* (Hg.), The Soviet Rural Community. A Symposium. Urbana/Ill. 1971, 104 ff.
34 *Merl*, Aufstieg, 159 ff., bes. 162, 174, 187; *Fitzpatrick*, Peasants, 140 f.; *Miller* (V., 20), 36 ff.
35 Daten nach: *Merl*, Aufstieg, 156; Zitat: *Fainsod, Smolensk* (V, 28), 278.
36 *Fitzpatrick*, Peasants, 134 f., Daten 171; *Merl*, Aufstieg, 62 f., 250 ff.
37 *Fitzpatrick*, Peasants 112 f.; *Merl*, Aufstieg, 137; *S. P. Dunn, E. Dunn*, The Peasants of Central Russia. New York 1967, 38 ff., 47 ff. sowie unten S. 915.
38 *Fitzpatrick*, Peasants, 73, 128 ff., 204 ff., 214 ff.
39 *SW* XIV, 28.
40 Neben *Fitzpatrick*, Education (IV. 4, 39), 238; *Bailes*, Technology (IV. 4, 16), 219 f.; *Anweiler, Meyer* (wie IV. 5, 4), 36; *perepis' 1937*, 100 f., *Lampert* (IV. 4, 38), 63 f.; *Narodnoe obrazovanie, nauka i kul'tura v SSSR*. M. 1971, 233; *W. J. Conyngham*, Industrial Management in the Soviet Union. The Role of the CPSU in Industrial Decision-Making, 1917–1970. Stanford 1973, 25 ff.
41 Daten: *Lampert*, 64, 67, 70; *Fitzpatrick*, Education, 235 f.
42 *Lampert*, 135 ff., Zitat 142; *Kotkin*, 128 f.
43 *Bailes*, Technology, 265 ff., 407 ff. (Daten 267); *Fitzpatrick*, Education, 244 ff. sowie S. 462 f. u. S. 837 ff. in diesem Band.
44 *D. Beyrau*, Intelligenz und Dissens. Die russischen Bildungsschichten in der Sowjetunion 1917 bis 1985. Göttingen 1993, 73 ff.; Schuldaten nach: *Kul'turnoe stroitel'stvo*. Statističeskij sbornik. M. 1956, 72.
45 *SW* XIV, 210, 218.

4. Bildung, Alltag, Kultur: die Wiederentdeckung der Tradition

1 *Sovetskaja kul'tura v rekonstruktivnyj period 1928–1941*. M. 1988, 99 f.; *Anweiler*, Geschichte (IV. 5, 2), 347 f.; *V. A. Kumanev*, Socializm i vsenarodnaja gramotnost'. Likvidacija massovoj negramotnosti v SSSR. M. 1967, 179 ff.
2 Daten nach Tab. A 5/1, *I. M. Bogdanov*, Gramotnost' i narodnoe obrazovanie v dorevoljucionnoj Rossii i v SSSR (Istoriko-statističeskoe očerki). M. 1964, 92, 96; *Perepis' 1937* (VI. 3, 1), 100–105.
3 *Meyer, Anweiler* (IV. 5, 4), 178 ff. (Zitate 179 f.) u. Krupskajas Kritik 247; *Gock* (IV. 5, 9), 298 ff.; *Anweiler*, Geschichte, 428 ff., 436 ff.; Gesamtübersicht: *G. Helmert*, Schule unter Stalin 1928 bis 1940. Über den Zusammenhang von Massenbildung und Herrschaftsinteressen. Berlin 1994; zum Kontext: *S. Fitzpatrick*, Cultural Orthodoxies unter Stalin, in: *Dies.*, Front (V, 59), 238 ff.; *A. S. Makarenko*, Werke. Bd. 1–7, Erg. bd., Berlin 1956–1958. – Die Schultypen werden in der russisch/sowjetischen Terminologie bezeichnet. Dabei ist zu beachten, daß die Dreigliederung anders als im deutschen Sprachgebrauch die Universitäten umfaßt. Die «Mittelschule» *(srednaja škola)* ist daher nicht mit der deutschen Realschule, sondern eher mit dem Gymnasium gleichzusetzen, «höhere» Bildung meint immer die Hochschulen. Der Realschule entsprach am ehesten die «unvollständige Mittelschule».
4 *Meyer, Anweiler*, 203 (Zitat ebd.), 210 ff., 39; *Anweiler*, Geschichte, 444 ff.
5 *Meyer, Anweiler*, 39 ff., 253 f. (Zitate); *M. Matthews*, Education in the Soviet Union:

Policies and Institutions since Stalin. London 1982, 67 ff.; *A. N. Veselov*, Professional'-no-techničeskoe obrazovanie v SSSR. Očerki po istorii srednego i nizšego proftech-obrazovanija. M. 1961, 270 ff.
6 *Meyer, Anweiler*, 41 ff., 195 ff., (Zitate 196, 242); *Matthews*, Education, 97 ff.
7 weitere Daten Tab. A 5/2 sowie unten VIII. 4 Tab. 43; *Anweiler*, Geschichte, 451 ff.; *S. Fitzpatrick*, Culture and Politics Under Stalin: A Reappraisal, in: SR 35 (1976), 211–231.
8 *Goldman* (IV. 4, 14), 144 ff., 293 f.; *G. W. Lapidus*, Women in Soviet Society. Equality, Development, and Social Change. Berkeley 1978, 95 ff., hier 112; *Geiger* (IV. 5, 20), 76 ff.; *M. Buckley*, Women and Ideology in the Soviet Union. New York 1989, 108 ff. sowie der Sammelband von: *Atkinson, Dallin, Lapidus* (IV. 5, 15, Daten hier 190). Quellen bei: *Schlesinger*, Family (IV. 5, 16), 235 ff.; Tabelle A–1.
9 Zitate nach *Schlesinger*, Family, 247, 254, 333, 339, Gesetzestext ebd. 269 ff.; dazu: *Goldman*, 296 ff., 331 ff.; *P. H. Juviler*, Women and Sex in Soviet Law, in: *Atkinson, Dallin, Lapidus*, 243 ff.; *L. Liegle*, Familienerziehung und sozialer Wandel in der Sowjetunion. Berlin 1970, 13 ff.
10 *Schlesinger*, Family, 367 ff.
11 *Lapidus*, 96; dies. in: *Atkinson, Dallin, Lapidus*, 129; *N. T. Dodge*, Women in the Soviet Economy. Their Role in Economic, Scientific and Technical Development. Baltimore 1966, 238 ff.; ders., in: *Atkinson, Dallin, Lapidus*, 223; *Geiger*, 217 ff. sowie unten S. 944 ff.
12 *Chruschtschow* (VI. 1, 9), 529, 574.
13 *Tucker*, Stalin (IV. 1, 8) I, 462 ff.; *Wolkogonow*, Stalin (IV. 1, 8), 319 ff.; unbefriedigend: *R. Löhmann*, Der Stalinmythos. Studien zur Sozialgeschichte des Personenkultes in der Sowjetunion. Münster 1990, 27 ff., 64 ff.; *J. L. Heizer*, The Cult of Stalin, 1929–1939. Ph. D. Diss. University of Kentucky 1977, 56 ff.; *F. J. Miller*, Folklore for Stalin: Russian Folklore and Pseudofolklore of the Stalin Era. Armonk/NY 1990; gekürzte, dt. Ausgabe der ‹Festschrift›: *J. W. Stalin*. Hamburg, Berlin 1930.
14 *SW* XIII, 192, 209, 230; XIV, 90, 234.
15 *R. C. Tucker*, The Rise of Stalin's Personality Cult, in: AHR 84 (1979), 365; *L. Feuchtwanger*, Moskau 1937. Ein Reisebericht für meine Freunde. Amsterdam 1937, 76; *Wolkogonow*, Stalin, 343; *Chruschtschow*, 529, 577.
16 Geschichte der Kommunistischen Partei der Sowjetunion (Bolschewiki). Kurzer Lehrgang. Berlin 1946, Neudr. Berlin 1970, 393, 433, 438 f.; Daten nach: *Tucker*, Stalin II, 161 f., 537.
17 *H. Günther* (Hg.), The Culture of the Stalin Period. London 1990, ‹Koexistenz› der Kulturen: XIX.
18 *R. Sartorti*, Stalinism and Carnival: Organisation and Aesthetics of Political Holidays, in: *Günther*, 41–78 sowie die Beiträge von *R. Stites* und *R. Robin* ebd., 15–40, 78–97; *James van Geldern*, The Centre and the periphery: cultural and social geography in the mass culture of the 1930s, in: *S. White*, New directions in Soviet history. Cambridge 1992, 62–82; *J. Riordan*, Sport in Soviet Society. Cambridge 1977, 82 ff.; *R. Edelman*, Serious Fun: A History of Spectator sports in the USSR. New York 1993, 57 ff.; *W. E. Odom*, The Soviet Volunteers: Modernization and Bureaucracy in a Public Mass Organization. Princeton 1973.
19 Zitate nach: *E. Oberländer*, Sowjetpatriotismus und Geschichte. Köln 1967, 56, 58, 62 f.; auch: *Simon*, 171 ff.; *F. C. Barghoorn*, Soviet Russian Nationalism. New York 1956.
20 Vgl. u. a. *H. Günther*, Die Verstaatlichung der Literatur. Entstehung und Funktionsweise des sozialistischen-realistischen Kanons in der sowjetischen Literatur der 30-er Jahre. Stuttgart 1984, bes. 18 ff.; *K. Clark*, The Soviet Novel. History as Ritual. Chicago 1981, 27 ff., 46 ff.; *R. Robin*, Le Réalisme socialiste. Une esthétique impossible. Paris 1986, bes. 66 ff., 244 ff. (engl. als: Socialist Realism: An Impossible Aesthetic. Stan-

ford/Cal. 1992; Hübner, Literaturpolitik, in: *Anweiler, Ruffmann* (IV. 5, 52), 204 ff., 221 ff.; *S. Fitzpatrick,* Becoming Cultured: Socialist Realism and the Representation of Privilege and Taste, in: *Dies.,* Cultural Front, 216–237; Dokumente: *Lieber, Ruffmann* (IV. 5, 57) II, 366 ff.; Beiträge zum sozialistischen Realismus. Grundsätzliches über Kunst und Literatur. Berlin 1953; jüngster Sammelband: *G. Gorzka* (Hg.), Kultur im Stalinismus. Sowjetische Kultur und Kunst der 1930er bis 1950er Jahre. Bremen 1994; übersetzte Quellen: *Geldern, Stites* (IV. 5, 46), 123 ff., 215 ff.

21 *Robin,* Réalisme, 120 ff.; *Günther,* 53.

22 *Anweiler, Ruffmann,* 211 ff.; *McNeal,* Resolutions (I, 26) III, 115 f.; *Robin,* 38 ff.; *Brown,* 169 ff.; Protokolle: *Pervyj vsesojznyj s-ezd sovetskich pisatelej 1934.* Stenografičeskij otčet. M. 1934, Nachdr. M. 1990, 2 ff., 712 ff.

23 Vgl. *Tucker,* Stalin II, 558, 563; *Rudnitsky* (IV. 5, 47), 499 ff. (ohne Erwähnung seines Endes); *Leach* (IV. 5, 47), 28 f.

24 *S. Fitzpatrick,* The Lady Macbeth Affair: Shostakovich and the Soviet Puritans, in: *Dies.,* Cultural Front, 183–215; auch: *Tucker,* Stalin II, 554; *B. Schwarz,* Musik und Musikleben in der Sowjetunion 1917 bis zur Gegenwart. Wilhelmshaven 1982, 234 ff.; Umfeld: *F. K. Prieberg,* Musik in der Sowjetunion. Köln 1965, 83 ff.

25 *Kenez,* Cinema (IV. 5, 39), 101 ff.; *Stites,* Popular Culture (IV. 5, 39,) 85 ff.; *Leyda* (IV. 5, 39), 277 ff., 301 ff.; *R. Taylor,* Film Propaganda. Soviet Russia and Nazi Germany. N. Y. 1979, 64 ff., 116 ff.; *R. Taylor, D. Spring* (Hg.), Stalinism and Soviet Cinema. New York 1993.

26 *A. Kopp,* L'architecture de la période stalinienne. Grenoble 1978, hier 80 ff., 205 ff., 237 ff., Zitat 234; *J.-L. Cohen,* Le Corbusier et la mystique de l'URSS. Théories et projets pour Moscou 1928–1936. Liège 1989, 205 ff. (engl.: Le Corbusier and the Mystique of the Soviet Union, Princeton 1991); *E. Pistorius,* in: *Gorzka,* Kultur, 153 ff. Zur Entwicklung auch der Malerei: *M. C. Bown,* Kunst unter Stalin: 1924–1956. München 1991, 83 ff.

27 *K. Berton,* Moscow: An Architectural History. London 1990, 231 ff.; *A. Kopp,* Town and Revolution: Soviet Architecture and City Planning, 1917–1935. New York 1970, 163 ff.

28 *H. D. Hudson,* Blueprints and Blood: the Stalinization of Soviet Architecture, 1917–1937. Princeton 1994, 185 ff., 204 ff.; *V. Paperny,* Kul'tura «dva». Ann Arbor 1985, 17 f. u. pass.; *B. Groys,* Gesamtkunstwerk Stalin. Die gespaltene Kultur in der Sowjetunion. München 1988, 42 f. u. ö.

29 *Vucinich* (IV. 5, 54), 126 ff.; *K. Meyer,* Wissenschaftspolitik, in: *Anweiler, Ruffmann,* 161 (Daten); *Graham,* Science (IV. 5, 54), 180 ff.; *Komkov, Levšin, Semenov,* 341 ff., 382 ff.; *M. J. Berry* (Hg.), Science and Technology in the USSR. Harlow/Essex 1988.

30 Vgl. neben *Vucinich,* 142 ff. bes. *D. Joravsky,* The Stalinist Mentality and the Higher Learning, in: *SR* 42 (1983), 575–600, Daten 576; *Josephson* (IV. 5, 58), 184 ff., 213 ff.; *N. Krementsov,* Stalinist science. Berkeley 1996, bes. 31 ff., 254 ff. (mit stärkerer Betonung der Ideologie); *L. R. Graham,* Science, Philosophy and Human Behavior in the Soviet Union. New York 1987 (1. Aufl. 1972), 320 ff., 354 ff.; Skandal von Char'kov: *Graham,* Science, 209 f.

31 *Krementsov,* 54 ff.; *Vucinich,* 175 ff.; *Z. Medvedev,* The Rise and Fall of T. D. Lysenko. New York u. a. 1969, 20 ff., 45 ff.; *D. Joravsky,* The Lysenko Affair. Cambridge/Mass. 1970, 97 ff.; *Graham,* Science, 102 ff.; *M. Popovsky,* The Vavilov Affair. Hamden/Conn. 1984.

32 Vgl. *Wetter,* 263 ff.; *Ahlberg; Lieber, Ruffmann* u. a. oben IV. 5, 56–58 genannte Übersichten.

33 Vgl. neben *Shteppa* und *Hösch* (IV. 5, 56), 113 ff.: *C. E. Black* (Hg.), Rewriting Russian History. Soviet Interpretation of Russia's Past. New York 1956; *Heller,* Nekritsch (Einl., 3) I, 287.

34 Vucinich, 192; Joravsky, Stalinist mentality, 575.
35 Grundlegend: Curtiss, 217 ff.; Luchterhandt, Sowjetstaat, 78 ff., 89; Pospielovsky, Church I, 163 ff.; Dekret bei: Hauptmann, Stricker, 735 –39; kirchl. Quellen: Regel'son (alle wie IV. 5, 31), 462 ff.
36 Curtiss, 229 sowie oben S. 421.
37 SW XII, 156.
38 Curtiss, 235 ff., 258 ff., Daten 242, 253; Hauptmann, Stricker, 739 f., 745 ff.
39 M. V. Škarovskij, Russkaja cerkov' pri Staline v 1920-e – 30-e gody, in: M. Hildermeier, E. Müller-Luckner, Stalinismus vor dem Zweiten Weltkrieg. Neue Wege der Forschung/Stalinism before the Second World War. New Avenues of Research. München 1998, 255 ff.; Namenslisten bei: Regel'son, 524 ff.
40 Curtiss, 265, 272; Perepis' 1937, 107.

5. Außenpolitik zwischen «kollektiver Sicherheit» und Kumpanei der Diktatoren 1929–1941

1 Nach G. Roberts, The Soviet Union and the Origins of the Second World War. Russo-German Relations and the Road to War 1933–1941. Houndmills, Basingstoke 1995, 1 ff.
2 Vgl. Geyer, Voraussetzungen, in: Ders., Außenpolitik I (IV. 6, 1), 74.
3 T. J. Uldricks, Security Policy in the 1930s, in: Gorodetsky, Foreign Policy (IV. 6, 1), 65 –74. Zum Folgenden vor allem: A. Hillgruber, Der Zweite Weltkrieg, 1939–1945, in: ebd., 270–342, hier 270–300; H.-J. Jacobsen, Primat der Sicherheit, 1928–1938, in: Geyer, Außenpolitik I, 213 –269; Ulam, Expansion (IV. 6, 1) 209 ff., 280 ff.; J. Haslam, Soviet Foreign Policy, 1930–33; The Impact of the Depression. London 1983; ders., The Soviet Union and the Struggle for Collective Security in Europe 1933 –39. London 1984; T. Weingartner, Stalin und der Aufstieg Hitlers. Die Deutschlandpolitik der Sowjetunion und der Kommunistischen Internationale 1929–1934. Berlin 1970; G. Roberts, The Unholy Alliance: Stalin's Pact with Hitler. Bloomington 1989; ders., Soviet Union; B. Pietrow, Stalinismus, Sicherheit, Offensive. Das «Dritte Reich» in der Konzeption der sowjetischen Außenpolitik 1933 bis 1941. Melsungen 1983.
4 Tucker, Stalin II (IV. 1, 8), 353; Haslam, Soviet Union, 27 ff.
5 im einzelnen: Tucker, Stalin II, 348 ff., 409 ff.; dagegen: Roberts, Unholy Alliance, 101 ff.
6 I. Pfaff, Die Sowjetunion und die Verteidigung der Tschechoslowakei 1934–1939. Versuch der Revision einer Legende. Köln 1996, 475 ff.; Tucker, Stalin II, 516 ff.; Roberts, Soviet Union, 59 ff.; Haslam, Soviet Union, 185 ff.
7 Roberts, Soviet Union, 62 ff. (Zitat 64); Tucker, Stalin II, 592 ff.; Hillgruber, in: Geyer, Außenpolitik I, 275 ff.; kenntnisreiche Übersicht: B. Bonwetsch, Vom Hitler-Stalin-Pakt zum «Unternehmen Barbarossa». Die deutsch-russischen Beziehungen von 1939–1941 in der Kontroverse, in: Osteuropa 41 (1991), 6, 562–579.
8 Details bei Roberts, Soviet Union, 92 ff.; Pietrow, 66 ff.; deutsche Urheberschaft: I. Fleischhauer, Der Pakt. Hitler, Stalin und die Initiative der deutschen Diplomaten 1938–1939. Berlin 1990, 408 ff. u. pass.; westliche Verhandlungsstrategie: G. Gorodetsky, Stafford Cripps' Mission to Moscow, 1940–1942. Cambridge 1984, 41 ff.; Datierung: M. I. Semirjaga (Hg.) Sekretnye dokumenty iz osobych papok, in: VI 1993, 1, 3.
9 Dokumentation (samt Karte): H. König, Das deutsch-sowjetische Vertragswerk von 1939 und seine Geheimen Zusatzprotokolle. Eine Dokumentation, in: Osteuropa 39 (1989), 413–458.
10 Roberts, Soviet Union, 103 ff.; Hillgruber, 291 ff.; Pietrow, 127 ff.; Tucker, Stalin II, 598 ff.

11 *Roberts*, Soviet Union, 135 ff., bes. 137; *Bonwetsch*, Hitler-Stalin, 576 ff.; Plan im Anhang von: *W. Maser*, Der Wortbruch. Hitler, Stalin und der Zweite Weltkrieg. München 1994, 406 ff., Zitat 422. Die ‹Präventivkriegsthese› ist unlängst wieder aufgelebt und scheint in Rußland inzwischen mehr Anhänger gefunden zu haben als im Westen. Einschlägige Literatur bei: *Roberts*, Soviet Union, 178 ff.; *Bonwetsch*, Hitler-Stalin; jüngste deutsche Beiträge: *Maser* u. *J. Hoffmann*, Stalins Vernichtungskrieg. München 1995; russische Kontroverse: OI 1995, H. 2 u. 3.
12 *Geyer*, Voraussetzungen, 66 ff.; *ders.*, Kommunistische Internationale (VI. 6, 1), 778 ff.; grundlegende Gesamtdarstellung: *E. H. Carr*, Twilight of Komintern, 1930–1935. New York 1982, bes. 45 ff., 147 ff.

VII. Der Große Vaterländische Krieg (1941–1945)

1. Wendepunkte und Bilanz des Kriegsgeschehens

1 Die Literatur zum deutschen Rußlandfeldzug füllt Regale. An faktischer Dichte ragen heraus: *J. Erickson*, Stalin's War with Germany. Bd. 1: The Road to Stalingrad. London 1975, hier bes. 101 ff.; *ders.*, Stalin's War with Germany. Bd. 2: The Road to Berlin. London 1983; *H. Boog, J. Förster, J. Hoffmann u. a.*, Der Angriff auf die Sowjetunion. Stuttgart 1983 (= Das Deutsche Reich und der Zweite Weltkrieg Bd. 4, hier zitierte Taschenbuchausgabe Frankfurt/M. 1991); *H. Boog, W. Rahn, R. Stumpf, B. Wegner*, Der globale Krieg. Die Ausweitung zum Weltkrieg und der Wechsel der Initiative 1941–1943. Stuttgart 1990 (= Das Deutsche Reich und der Zweite Weltkrieg Bd. 6); *G. R. Ueberschär, W. Wette* (Hg.), «Unternehmen Barbarossa». Der deutsche Überfall auf die Sowjetunion 1941. Berichte, Analysen, Dokumente. Paderborn 1984 (Tb. Frankfurt/M. 1989); aktualisierte, ältere militärgeschichtliche Darstellung: *E. F. Ziemke, M. E. Bauer*, Moscow to Stalingrad. Decision in the East. New York 1989; *dies.*, Stalingrad to Berlin. The German Defeat in the East. New York 1986; immer noch lesenswerter Augenzeugenbericht: *A. Werth*, Rußland im Krieg 1941–1945. München 1965, hier 113 ff.; Übersicht über die primär deutsche Forschung: *W. Michalka* (Hg.), Der Zweite Weltkrieg. Analysen, Grundzüge, Forschungsbilanz. München 1989; beste Zusammenfassung aus rußlandhistorischer Sicht: *B. Bonwetsch*, in: HGR III, 909–1008, hier bes. 925 ff. Informativ: *J. Barber, M. Harrison*, The Soviet Home Front 1941–1945. London 1991, 21 ff.; aus sowjetischer Feder trotz der Zeitumstände apologetisch: Geschichte des Großen Vaterländischen Krieges der Sowjetunion. Bd. 1–6, Berlin 1962–1968, hier II, 11 ff.; *B. S. Telpuchowski [Tel'puchovskij]*, Die sowjetische Geschichte des Großen Vaterländischen Krieges 1941–1945. Frankfurt/M. 1961. – Versagen: *Chruschtschow* (VI. 1, 9), 556 ff.; Angaben nach: *Hoffmann*, in: *Boog*, Angriff, 108; ähnlich: *Bonwetsch*, in: HGR III, 932 f. Von 3,2 Mio. Angreifern und 2,9 Mio. Verteidigern, etwa gleich vielen deutschen Panzern und Flugzeugen, aber sehr viel weniger sowjetischen Panzern (1800, aber nur schwere) und Flugzeugen (2000) geht *Erickson*, Stalingrad, 98 aus.
2 *Erickson*, Stalingrad, 124, 132.
3 *Klink* und *Hoffmann* in: *Boog*, Angriff, 541 ff., 850 ff. (Daten 883, 888, 899); *Bonwetsch*, in: HGR III, 925 ff. (Gefangenenzahl 928); leicht abweichende Angaben bei *Erickson*, Stalingrad, 136 ff., 180 ff.; *H. E. Salisbury*, Neunhundert Tage. Die Belagerung Leningrads. Frankfurt/M. 1970; *W. Moskoff*, The Bread of Affliction. The Food Supply in the USSR During World War II. Cambridge 1990, 185 ff.; *D. Pavlov*, Die Blokkade von Leningrad 1941. Frauenfeld 1967.
4 *Klink*, in: *Boog*, Angriff, 246 ff., bes. 271 ff.
5 *Klink*, in: *Boog*, Angriff, 654 ff.; *Hoffmann*, in: ebd., 898 ff.; *Erickson*, Stalingrad, 249 ff.;

B. Bonwetsch, Der «Große Vaterländische Krieg» und seine Geschichte, in: *Geyer*, Umwertung, 185; *Wolkogonow*, Stalin (IV. 1, 8), 565 f., datiert Kapitulationserwägungen schon auf die ersten Kriegswochen «Ende Juni bis Anfang Juli».

6 *Bonwetsch*, in: HGR III, 928 ff.; *A. Nekritsch, P. Grigorenko*, Genickschuß. Die Rote Armee am 22. Juni 1941. Wien 1969, bes. 123 ff.; *Wolkogonow*, Stalin, 582 f.

7 Details: *Wegner*, in: *Boog*, Krieg, bes. 769 ff.; *Erickson*, Stalingrad, 340 ff.

8 *Wegner*, in: *Boog*, Krieg, 840 ff., 951 ff.; *Erickson*, Stalingrad, 343 ff., 384 ff., (Befehl Nr. 227 dt.: *Wolkogonow*, Stalin, 622 f.); *J. Hoffmann*, Kaukasien 1942/43. Das deutsche Heer und die Orientvölker der Sowjetunion. Freiburg 1991.

9 *Wegner*, in: *Boog*, Krieg, 962 ff. (Zitate 987, 992); *Erickson*, Stalingrad, bes. 406 ff.

10 *Erickson*, Stalingrad, 304 ff.; *ders.*, Berlin, 1 ff. (Schlußzitat 38); Wegner, in: *Boog*, Krieg, 997 ff. (Daten über Angreifer 1001, Ursachenanalyse 1061 ff.); Verlustzahlen nach: *W. Wette, G. R. Ueberschär* (Hg.), Stalingrad. Mythos und Wirklichkeit einer Schlacht. Frankfurt/M. 1992, 19; s. auch: *J. Förster* (Hg.), Stalingrad. Ereignis–Wirkung–Symbol. München 1992, bes. 15 ff., 53 ff.; *G. Jukes*, Hitler's Stalingrad Decisions. Berkeley 1985, 95 ff.; *Ziemke, Bauer, Moscow*, 458 ff., 478 ff.

11 *Wegner*, in: *Boog*, Krieg, 1064 ff.; *Erickson*, Berlin, 45 ff.; *Ziemke*, Stalingrad, 81 ff.

12 *Erickson*, Berlin, 87 ff. (Daten 122, Karten 107, 125); *Ziemke*, Stalingrad, 118 ff., 143 ff.; lend-lease-Lieferungen: Sutton (V. 3) III, 3 ff.

13 Beste Darstellung: *Erickson*, Berlin, 191–640; knapper: *Ziemke*, Stalingrad, bes. 197 ff.; mit Zeitkolorit: *Werth*, Rußland, 509 ff.

14 *J. A. Armstrong* (Hg.), Soviet Partisans in World War II. Madison 1964, Daten 36 u. 45; *B. Bonwetsch*, Sowjetische Partisanen 1941–1944. Legende und Wirklichkeit des «allgemeinen Volkskrieges», in: *G. Schulz* (Hg.), Partisanen und Volkskrieg. Zur Revolutionierung des Krieges im 20. Jahrhundert. Göttingen 1985, S. 92–124 (Daten ebd. 98); SW XIV, 241; *Bonwetsch*, in: HGR III, 943 ff.; *Hoffmann* in: *Boog*, Angriff, 889 ff.; *W. Wilenchik*, Die Partisanenbewegung in Weißrußland 1941–1944, in: FzoG 34 (1984), S. 129–297 (mit positiverem Urteil); *Werth*, Rußland, 478 ff.; *M. Cooper*, The Phantom War: The German Struggle Against Soviet Partisans 1941–1944. London 1979; Besatzungspolitik: *A. Dallin*, Deutsche Herrschaft in Rußland 1941–1945. Düsseldorf 1980 (1. Aufl. 1958); *T. Schulte*, The German Army and Nazi Policies in Occupied Russia. Oxford 1989.

15 *M. A. Moiseev*, Cena pobedy, in: Voenno-istoričeskij žurnal 1990, 3, 14, jetzt auch: *G. Krivošeev* (Hg.), Grif sekretnosti snjat. Poteri vooružennych sil SSSR v vojnach, boevych dejstvijach i voennych konfliktach. Statističeskoe issledovanie. Moskva 1993, 129; *Bonwetsch*, in: *Geyer*, Umwertung, 183; Sammelband: *Ljudskie poteri SSSR v Velikoj Otečestvennoj vojne*. Sbornik statej. SPb. 1995.

16 Beste Zusammenstellung: *Davies, Harrison, Wheatcroft* (IV. 3, 4), 77 ff.; die häufig genannte sowjetische Neuberechnung von 27 Mio. Gesamttoten 1941–45 (z. B. *Krivošeev*, 127) kommt diesem Ergebnis sehr nahe; *V. I. Kozlov*, Die Kriegsverluste der Sowjetunion. Neue Berechnungen eines sowjetischen Wissenschaftlers, in: Osteuropa 40 (1990), A 204.

17 *B. V. Sokolov*, O sootnošenii poter' v ljudjach i voennoj techniki na Sovetsko-Germanskom fronte v chode Velikoj Otečestvennoj vojny, in: VI 1988, 9, 116–126 (Daten 118); *Bonwetsch*, in: *Geyer*, Umwertung 184. Laut *Krivošeev*, 139 wurden insgesamt 34,5 Mio. Sowjetbürger zu den Waffen gerufen (einschließlich der bei Kriegsausbruch ‹Dienenden›).

2. Herrschaft: Zentralisierung, Mobilisierung und Repression

1 *Wolkogonow*, Stalin, 555 ff. (Zitat 560); *Conquest*, Stalin, 301 ff.; vorsichtiger: *McNeal*, Stalin (alle IV. 1, 8), 239; Rede: *SW* XIV (Einl., 4), 236 ff. (Zitate 236, 239 f., 242).
2 *McNeal*, Stalin, 238 ff. (Zitat 239); *Wolkogonow*, Stalin, 555 ff. sowie grundlegend zum folgenden: *Barber, Harrison* (VII. 1, 1), 50 f.; *K. Segbers*, Die Sowjetunion im Zweiten Weltkrieg. Die Mobilisierung von Verwaltung, Wirtschaft und Gesellschaft im «Großen Vaterländischen Krieg» 1941–1943. München 1987, 29 ff., 55 ff.; *J. Garrard, C. Garrard* (Hg.), World War II and the Soviet People. Selected Papers from the Fourth World Congress for Soviet and East European Studies. Harrogate 1990.
3 *Segbers*, 49 ff.; *Barber, Harrison*, 46 ff.; *S. R. Lieberman*, Crisis Management in the USSR: The Wartime System of Administration and Control, in: *S. J. Linz* (Hg.), The Impact of World War II on the Soviet Union. Totowa/N. J. 1985, S. 59–76.; *ders.*, The Party under Stress: The Experience of World War II, in: *K. W. Ryavec* (Hg.), Soviet Society and the Communist Party. Amherst 1978, S. 108–133, hier 108 ff., 132 sowie knapp alle genannten Stalin-Biographien; *KPSS* (IV. 1, 13) VII, 225.
4 *Barber, Harrison*, 47; *Segbers*, 57, 60, pass.
5 Vgl. die Tabelle bei *Segbers*, 50 f. sowie ebd. 57 f., 59 f.; *Schapiro*, Geschichte (I, 26), 632; *Knight*, Beria (VI. 1, 28), 112. Das gesamte Politbüro bestand zu dieser Zeit mithin aus: Andreev, Chruščev, Kaganovič, Kalinin, Mikojan, Molotov, Stalin, Vorošilov und Ždanov sowie den Kandidaten Berija, Malenkov, Ščerbakov, Švernik und Voznesenskij.
6 *Wolkogonov*, Stalin, 555 ff., bes. 616 f.; *Chruschtschow* (VI. 1, 9), 302 ff.
7 *Segbers*, 62 ff.; *Barber, Harrison*, 48 ff.
8 *C. S. Kaplan*, The Impact of World War II on the Party, in: Linz, 157–188; *Rigby*, Membership (III, 56), 236 ff., hier 271; *Ju. P. Petrov*, Partijnoe stroitel'stvo v Sovetskoj Armii i Flote. Dejatel'nost' KPSS po sozdaniju i ukrepleniju politorganov, partijnych i komsomol'skich organizacij v vooružennych silach (1918–1961 gg.). M. 1964, 341 ff.; skeptischer: *Lieberman*, Party.
9 Vgl. ähnliche Angaben bei *Kaplan*, in: Linz, 160.
10 *Rigby*, Membership, 250–52, 267 ff.; *Kaplan*, in: Linz, 160 f.
11 *Bonwetsch*, HGR III, 933 f.; *Istorija krest'janstva SSSR*, Bd. 3: Krest'janstvo SSSR nakanune i v gody Velikoj Otečestvennoj vojny 1938–1945. M. 1987, 148; *Segbers*, 55 f.; eher allgemein: *R. Kolkowicz*, The Soviet Military and the Communist Party. Princeton 1967, 64 ff.; *T. J. Colton*, Commissars, Commanders and Civilian Authority: The Structure of Soviet Military Politics. Cambridge/Mass. 1979, 152 ff.
12 *Barber, Harrison*, 51 f.; *N. Tolstoy*, Stalin's Secret War. London 1981, 236 ff.; Diagramm oben; zu den organisatorischen Veränderungen im NKVD dieser Jahre s. u. S. 626 f.
13 *Bonwetsch*, HGR III, 947 ff.; *Barber, Harrison*, 53 ff.; Dekret v. 9. 10. 42 und andere Dok. bei: *Altrichter*, Sowjetunion (III, 36), 319 ff.
14 *Simon* (IV. 2, 14), 217 ff.; *V. S. Vardys, R. J. Misiunas* (Hg.), The Baltic States in Peace and War 1918–1945. London 1988; *J. Hiden, P. Salmon*, The Baltic Nations and Europe. Estonia, Latvia and Lithuania in the Twentieth Century. London 1991, 109 ff., hier 115; *R. J. Misiunas, R. Taagepera*, The Baltic States. Years of Dependence, 1940–1990. 2. erw. Aufl., London 1993, 15 ff.; *J. Hiden, T. Lane* (Hg.), The Baltic and the Outbreak of the Second World War. Cambridge 1992; *J. Hoffmann*, Die Geschichte der Wlassow-Armee. Freiburg 1984; *C. Andreyev*, Vlasov and the Russian Liberation Movement 1941–1945. Cambridge 1987; *J. A. Armstrong*, Ukrainian Nationalism 1939–1945. New York 1955, 73 ff.
15 *N. F. Bugaj, L. Berija – I. Stalinu*: «Soglasno Vašemu ukazaniju ...». Moskva 1995, 27 ff. (Daten 35); *B. Pinkus, I. Fleischhauer*, Die Deutschen in der Sowjetunion. Geschichte einer nationalen Minderheit im 20. Jahrhundert. Baden-Baden 1987, hier 303 ff. (Zitate

307, 311); *Simon*, 228 ff.; *J. F. Bourret*, Les allemandes de la Volga. Histoire culturelle d'une minorité 1763–1941. Lyon 1986; grundlegende Dokumentation: *A. Eisfeld*, *V. Herdt* (Hg.), Deportation, Sondersiedlung, Arbeitsarmee. Deutsche in der Sowjetunion 1941 bis 1956. Köln 1996.

16 Daten nach: *N. F. Bugaj*, Pravda o deportacii Čečenskogo i Ingusškogo narodov, in: VI 1990, 7, 40; *ders.*, Berija, 90 ff. sowie *Simon*, 231 f.; *A. Nekrich*, The Punished People. New York 1978, 36 ff. und *R. W. Conquest*, The Nation Killers – Soviet Deportation of Nationalities. London 1970, 50 ff. (u. thematisch verwandte Werke dieses Autors); *A. Fisher*, The Crimean Tatars. Stanford 1978, 165 ff.

17 Vgl. *Simon*, 233; *Bugaj*, Pravda, 35; *ders.*, Berija, 6 u. ö.

3. Wirtschaft: Bewährungsprobe für Plan und Zwang?

1 Vgl. SW XV (Einl., 4), 37 f. (Zitate 39, 46 f.); *M. S. Gorbatschow*, Ausgewählte Reden und Aufsätze. Bd. 1–5, Berlin (Ost) 1988–1990, V, 375; *ders.*, Perestroika. Die zweite russische Revolution. Eine neue Politik für Europa und die Welt. München 1987, 47; auch: *M. Harrison*, Stalinist Industrialization and the Test of War, in: History Workshop 29 (1990), S. 65–84, hier 66 f.

2 Vgl. *Nove*, Stalin (V, 65); *Linz* (VII. 2, 3), 2.

3 *Segbers* (VII. 2, 2), 95 ff.; *Barber, Harrison* (VII. 1, 1), 127 ff.; *M. Harrison*, Soviet Planning in Peace and War, 1938–1945. Cambridge 1985, 63 ff.; *Zaleski*, Stalinist (VI. 2, 1), 309 ff.; wichtige Quelle: *N. Wosnessenskij [Voznesenskij, N.]*, Die Kriegswirtschaft der Sowjetunion während des Vaterländischen Krieges. Berlin o. J. [1949]; grundlegende Daten: *Narodnoe chozjajstvo SSSR v Velikoj Otečestvennoj vojne 1941–1945 gg.* Statističeskij sbornik. Moskva 1990.

4 *Harrison*, Planning, 70–72 (Daten); *Bonwetsch*, in: HGR III, 960; andere Bevölkerungszahl s. o. VII. 1, 16

5 *Harrison*, Planning, 78 ff.; *Barber, Harrison*, 130 ff.; *Segbers*, 132 f., 166 f.; knapp: *Davies, Harrison, Wheatcroft* (IV. 3, 4), 254 ff.

6 Daten: *Segbers*, 135, 139.

7 *Harrison*, Planning, 55 ff., 85 f. (Beispiele); *Barber, Harrison*, 218; *S. J. Linz*, World War II and Soviet Economic Growth, 1940–1953, in: *Dies.*, 14 ff.; *Wosnessenskij*, 30 ff.; SW XIV, 326.

8 Details: *Segbers*, 275.

9 *Harrison*, 154 ff.; *Wosnessenskij*, 42 ff.

10 *Barber, Harrison*, 77.

11 Vgl. im Détail unübertroffen: *Ju. V. Arutjunjan*, Sovetskoe krest'janstvo v gody Velikoj Otečestvennoj vojny. 2., erg. Aufl. M. 1970 (Erstdr. 1963), 220.

12 *Sovetskaja ėkonomika (Tab. 26), 370 gegen Arutjunjan, 55 ff.*

13 Vgl. auch: *A. Nove*, Soviet Peasantry in World War II., in: *Linz*, 77–89, hier 79 (VII. 2, 3), *Nove*, in: *Linz*, 82 f.; *Volin* (IV. 3, 4), 278.

14 *Istorija socialističeskoj ėkonomiki* V, 370; *Istorija sov. krest'janstva* III (VII. 2, 11), 175; *Nove*, in: *Linz*, 82 f.; *Volin* (IV. 3, 4), 278.

15 *Arutjunjan*, Sovetskoe krest'janstvo, 65 ff., 279, 295; *Nove*, in: *Linz*, 80, 82.

16 *Harrison* in: *Davies, Harrison, Wheatcroft*, 264; *Volin*, 289 f.

17 Daten: *Moskoff* (VII. 1, 3), 154 ff.; Handelsanteile: *Bonwetsch*, HGR III, 964; auch: *Nove*, History, 286 ff.; *Kerblay*, Marchés paysans (VI. 2, 23) 153 ff.

18 Daten nach: *M. L. Tamarčenko*, Sovetskie finansy v period Velikoj Otečestvennoj vojny. M. 1967, 29 (neue Rubel, in alten um den Faktor 10 höher); *Holzman*, Taxation (IV. 3, 6), 221 ff.; *Wosnessenskij*, 82 ff.

19 *J. R. Millar, S. J. Linz*, The Cost of World War II to the Soviet People: A Research Note, in: Journal of Economic History 38 (1978), S. 959–962.

20 *Tamarčenko*, 62 ff.; *Nove*, History, 289 f.
21 Daten nach: *Istorija socialističeskoj ékonomiki* V, 501; *Tamarčenko*, 30.

4. Gesellschaft: Gipfel der Not und fortgesetzter Strukturwandel

1 Vgl. S. *Fitzpatrick*, War and Society in Soviet Context. Soviet Labor before, during and after World War II, in: International Labor and Working Class History 35 (1989), 37–52; breitgefächerter Sammelband: *Garrard, Garrard* (VII. 2, 2).
2 *Istorija sov. rabočego klassa* III (VI. 3, 8), 356 f. (Daten); *Harrison*, in: *Davies, Harrison, Wheatcroft* (IV. 3, 4), 256 ff.; *Segbers* (VII. 2, 2), 194 ff., 235 ff.; *Barber, Harrison* (VII. 1, 1), 95, 216.
3 Daten nach dem Standardwerk: *A. V. Mitrofanova*, Rabočij klass SSSR v gody Velikoj Otečestvennoj vojny. M. 1971, 451 ff.; vgl. neben *Segbers*, 201 ff. u. *Barber, Harrison*, 97, auch: *Senjawski, Telpuchowski* (VI. 3, 9), 211 ff.
4 *Istorija sov. rabočego klassa* III, 374 f. (Daten); grundlegende Langzeitstudien: *Lapidus* (VI. 4, 8), hier 161 ff.; *Dodge* (VI. 4, 11), 76 ff.; *M. P. Sacks*, Women's Work in Soviet Russia: Continuity in the Midst of Change. New York 1976, 27 ff. sowie *ders.*, Women (VI. 3, 10).
5 *Harrison*, in: *Davies, Harrison, Wheatcroft*, 259; *Segbers*, 237 f.
6 *Segbers*, 243 ff., hier 245 f.
7 *Istorija sov. rabočego klassa* III, 405 f. (Daten); *Segbers*, 263 ff.; *Schwarz* (IV. 4, 8), 214 ff.
8 *Schwarz*, 246; *Chapman*, Real Wages (VI. 3, 12), 144 f. sowie Tabelle 19 (S. 516) u. 38 (S. 707).
9 *Moskoff* (VII. 1, 3), 146 ff., 223; *Harrison*, in: *Davies, Harrison, Wheatcroft*, 261 ff.
10 *Bonwetsch*, in: HGR III, 961; ähnlich: *Istorija sov. rabočego klassa* III, 401 f.
11 *Istorija sov. rabočego klassa* III, 423 ff.
12 *Barber, Harrison*, 163 ff.; *Segbers*, 247 ff.; *A. A. Antuf'ev*, Ural'skaja promyšlennost' nakanune i v gody Velikoj Otečestvennoj Vojny. Ekaterinburg 1992, 271 ff.; Text: *Rešenija* (VI. 2, 21) III, 37 f.
13 *Barber, Harrison*, 152 f., 177 f., Daten 164 f.; *Segbers*, 254 ff. (Daten 250).
14 Daten nach: *Perepis' 1937* (VI. 3, 1), 48 ff.; *Merl*, Rußland (IV. 4, 3), 651; *Istorija sov. krest'janstva* (VII. 2, 11) III, 346; *Arutjunjan* (VII. 3, 11), 323 f.
15 *Arutjunjan*, 90 ff., 339 ff.; *Istorija sovetskogo krest'janstva* III, 356 ff.
16 Vgl. *Arutjunjan*, 328 ff. (bes. Tab. 48), 360 ff.; *Istorija sovetskogo krest'janstva* III, 360 ff., 369 ff.

5. Kultur und Ideologie: Patriotismus, Konservatismus und Kontrolle

1 SW XIV, 243 ff., 259 ff., Zitat 253 u. 261; dazu: *Werth*, Rußland (VII. 1, 1), 185 ff.
2 *Oberländer* (VI. 4, 19), 70 ff. (Zitate 71 f., 74, 78); *Werth*, Rußland (VII. 1, 1), 295 ff., 496 ff., Zitat 297; *G. Struve*, Geschichte der Sowjetliteratur. München 1957, 380 f.; *E. Bérard*, La vie tumultueuse d'Ilya Ehrenbourg. Juif, Russe et Soviétique. Paris 1991, 223 ff.; *J. L. Laychuk*, Ilya Ehrenburg. An Idealist in an Age of Realism. Bern u. a. 1991, 190 ff.
3 *Oberländer*, Sowjetpatriotismus, 80.
4 *Kenez*, Cinema (IV. 5, 39), 186 ff.; *Stites*, Popular (IV. 5, 39), 112 ff.; *Leyda* (IV. 5, 39), 365 ff. Der Rundfunk, dem Stites, Cinema 109, sicher zu Recht die größte Massenwirkung attestiert, sei hier außer acht gelassen.

Anmerkungen 1143

5 *Stites*, Popular, 114 f.; *N. Tumarkin*, The Living and the Dead. The Rise and Fall of the Cult of World War II in Russia. New York 1994, bes. 140 f.
6 *Meyer, Anweiler* (IV. 5, 4), 256 ff. (bes. 258, Zitate 257 f., 261); *Anweiler, Ruffmann* (IV. 5, 52), 73.
7 Vgl. oben S. 550 ff.
8 *Hauptmann, Stricker*, 749 ff. (Zitate 750 f.); *Curtiss*, 274 ff.; *Pospielovsky*, Church I, 193 ff., 221 ff. (alle IV. 5, 31); *W. Alexeev, T. G. Stavrou*, The Great Revival. The Russian Church Under German Occupation. Minneapolis 1976.
9 *Hauptmann, Stricker*, 758 ff., Zitate 758, 761; *Curtiss*, 276 ff., 283 f.; *Werth*, Rußland, 305 ff., bes. 308, 310.
10 *Vucinich* (IV. 5, 54), 199 ff.; *D. Holloway*, Stalin and the Bomb. The Soviet Union and Atomic Energy 1939–1956. New Haven 1994, bes. 72 ff.; *Anweiler, Ruffmann*, 225 f.; *Struve*, 386 ff.

VIII. Nachkriegszeit: Spätstalinismus und Wiederaufbau (1945–1953)

1. Herrschaft, Partei, Staat: Personale Diktatur und bolschewistischer Primat

1 *SW* XV, 39.
2 Vgl. *A. Werth*, Russia: The post-war Years. London 1971, 97 ff.
3 *Chruschtschow* (VI. 1, 9), 262, 302 ff., ähnlich u. a.: *Wolkogonow*, Stalin, 707 ff.; *Ulam*, 668 ff., 700 ff. u. pass., *Deutscher*, Stalin, 721 ff.; *McNeal*, Stalin, 264 ff. (alle IV. 1, 8).
4 *Chruschtschow*, 303 f.
5 *Fainsod*, Rußland (IV. 2, 6), 345 ff., bes. 353 f.; *Fainsod, Hough* (VI. 1, 2), 466 ff.; *Rigby*, Political Executive (VI. 1, 27), 34 f.; *E. Mawdsley*, Portrait of a changing elite: CPSU Central Committee full members, 1939–1990, in: *S. White* (Hg.), New directions in Soviet history. Cambridge 1992, 191–206, hier bes. 198 f. Allgemein: *T. Dunmore*, Soviet Politics, 1945–53. London 1984, 10 ff.; *W. O. McCagg*, Stalin Embattled, 1943–1948. Detroit 1978, bes. 75 ff.; knapp jetzt: *J. L. H. Keep*, Last of the empires. A History of the Soviet Union 1945–1991. Oxford 1995, 9 ff.
6 *W. Hahn*, Postwar Soviet Politics: The Fall of Zhdanov and the Defeat of Moderation. Cornell 1982, hier 19 ff.; *G. D. Ra'anan*, International Policy Formation in the USSR. Factional «Debates» during the Zhdanovshchina. Hamden/Conn. 1983, 25 ff.; *McCagg*, 97 ff.; *Chruschtschow*, 249 f., 254; *Fainsod*, Rußland, 358 f.
7 Dem ‹Interessenmodell› folgt: *Dunmore*, Politics, bes. 13 ff., 146 ff., 155 ff.; ähnlich: *Hahn*, Postwar. Zur Gesamtcharakterisierung und zum Totalitarismuskonzept s. u. 742 ff.
8 Angaben nach *Rigby*, Political Executive, 28 ff., Zitat 36; *Chruschtschow*, 285 f.; *Fainsod*, Rußland, 361 f. (Namensliste); *Dunmore*, Politics, 10 ff.; dt. Übers. d. Parteitagsprotokolle in: Neue Welt 7 (Berlin 1952), H. 22 (158).
9 Vgl. neben *Dunmore*, Politics, als Fallstudie: *C. S. Kaplan*, The Communist Party of the Soviet Union and Local Policy Implementation, in: Journal of Politics 45 (1983), S. 2–27.
10 *Dunmore*, Politics, 21; *Fainsod*, Rußland, 437 f.; *J. Crowfoot, M. Harrison*, The USSR Council of Ministers under late Stalinism, 1945–1954: its production branch composition and the requirements of national economy and policy, in: SS 42 (1990), 39–58.
11 *Fainsod*, Rußland, 431 ff.; allgemein: *B. Moore Jr.*, Terror and Progress – USSR: Some Sources of Change and Stability in the Soviet Dictatorship. Cambridge/Mass. 1954.
12 *Fainsod*, Rußland, 361 ff., 425; *Hough, Fainsod*, 363 ff.
13 *Kolkowicz* (VII. 2, 11), 71 ff.; *M. J. Deane*, Political Control of the Soviet Army. London 1977, 51 ff.; *Petrov* (VII. 2, 8), 400 ff.; *J. F. Hough*, Soviet Leadership in Transition. Washington 1980, 86; Zitat: *Stalin und der «Große Vaterländische Krieg» – die Diskus-*

sion geht weiter, in: Osteuropa 39 (1989), A 458; *M. Parrish*, The Lesser Terror. Social State Security, 1933-1953. Westport 1990, 177 ff.
14 *KPSS* (IV. 1,13) VIII, 24 ff., Zitat 27; ähnlich: *McNeal*, Resolutions (I, 26) III, 236 f.
15 *Rigby*, Membership (III, 56), 52, 273 ff.; *Schapiro*, Geschichte (I, 26), 548 ff. Zur analogen Entwicklung im Komsomol: *Fisher* (IV. 5, 41), 218, 223, 235.
16 *Rigby*, Membership, 285 ff., Fazit 289; *Istorija sovetskogo rabočego klassa*. Bd. IV: *Rabočij klass SSSR v gody upročenija i razvitija socialističeskogo obščestva 1945-1960* gg. M. 1987, 284; *Fainsod*, Rußland, 304 ff.; *I. E. Zelenin*, Obščestvenno-političeskaja žizn' sovetskoj derevni 1946-1958 gg. (Sostav i dejatel'nost' obščestvennych organizacii, Sovetov, rost političeskoj aktivnosti sel'skich truženikov). M. 1978, 9 ff.
17 *Fainsod*, Rußland, 310; *Schapiro*, Geschichte, 550; *Mawdsley*, Portrait, 196 f.
18 Anders: *Knight*, Beria (VI. 1, 28), 140, Kontext: 124 ff.; *B. Lewytskyj*, Vom Roten Terror zur sozialistischen Gesetzlichkeit. Der sowjetische Sicherheitsdienst. München 1961, 117 f., 151 ff.; *Fainsod*, Rußland, 503 f.
19 *Hahn*, Postwar, 67 ff., 94 ff., Zitat 98; *Knight*, Beria, 143 ff.; *Ra'anan*, 62 ff., 132 ff.; *G. Duda*, Jenö Varga und die Geschichte des Instituts für Weltwirtschaft und Weltpolitik in Moskau 1921-1970. Zu den Möglichkeiten und Grenzen wissenschaftlicher Auslandsanalyse in der Sowjetunion. Berlin 1994, 175 ff., 215 ff.
20 *Hahn*, Postwar, 122 ff.; *Knight*, Berija, 151 ff.; *Chruschtschow*, 249 ff., 566 ff.; *B. Bonwetsch*, Die «Leningrad-Affäre» 1949-1951: Politik und Verbrechen im Spätstalinismus, in: Deutsche Studien 28 (1990), 306-322, Zitat 307; *McCagg*, 118 ff.; *Tompson* (VI. 1, 28), 96 ff.
21 *Chruschtschow*, 570; *Knight*, Berija, 159 ff.; *Lewytskyj*, 181 f.
22 *Knight*, Beria, 169 ff.; *Lewytskyj*, 183 ff.; *Chruschtschow*, 569 ff.; *G. V. Kostyrčenko*, V plenu u krasnogo faraona. Političeskie presledovanija evreev v SSSR v poslednee stalinskoe desjatiletie. Dokumental'noe issledovanie. M. 1994, 207 ff., 289 ff.; populär: *L. Rapoport*, Hammer, Sichel, Davidstern. Judenverfolgung in der Sowjetunion. Berlin 1992, 170 ff.
23 *Heller, Nekrich* (Einl., 5) II, 140; laut *Keep*, Last, 10, kehrten 4,1 Mio. Menschen, darunter 2,6 Mio. Zivilisten, zurück; 58 % konnten nach Hause fahren, 19 % mußten in der Armee bleiben, 14,5 % kamen in Arbeitsbataillone, 6,5 % = 273 000 wurden vom NKVD interniert.
24 *Solschenizyn*, GULag (VI. 3, 25) I, 87 f.; *Getty, Rittersporn, Zemskov*, 1040 = oben Diagramm 1; *V. N. Zemskov*, Archivy načinajut govorit' - GULAG. Istoriko-sociologičeskij aspekt, in: Sociologičeskie issledovanija (1991) H. 6, 10-27, H. 7, 3-16, hier H. 6, 11; *Bacon*, bes. 123 ff., 145 ff. Die Schätzung von 12 Mio. Insassen bei *Conquest*, Terror (VI. 1, 11), 478, 486 und 7-12 Mio. [!] bei *Dallin, Nicolaevsky*, 86 lassen sich nicht mehr halten.
25 Vgl. die klugen Bemerkungen bei: *Fainsod*, Rußland, 512 ff.
26 *McNeal*, Stalin, 303 ff.; *Wolkogonow*, Stalin, 770 ff.; *Chruschtschow*, 321 ff.; leicht abweichend, aber mit ähnlicher Schlußfolgerung: *Knight*, Beria, 176 ff.; *Tompson*, 111 f.

2. Wirtschaft: Wiederaufbau im alten Korsett

1 Daten nach: *Istorija socialističeskoj ėkonomiki SSSR v semi tomach. Bd.6: Vosstanovlenie narodnogo chozjajstva SSSR. Sozdanie ėkonomiki razvitogo socializma. 1946 - načalo 1960 - ch godov*. M. 1980, 51; *M. McCauley*, The Soviet Union since 1917. 2. Aufl., New York 1993, 186 f.; *Nove*, History (IV. 3, 4), 295; *Werth*, Russia (VIII. 1, 1), 79.
2 *Sutton* III, 15 ff., bes. 39; *Jasny*, Industrialization (beide V, 6), 246; *Nove*, History, 297. Zur internationalen Entwicklung s. u. VIII. 5.

3 *Dunmore*, Politics (VIII. 1, 5), 42 ff., bes. 45, 75; Details auch zum folgenden: *ders.*, The Stalinist Command Economy: The Soviet State Apparatus and Economic Policy, 1945-1953. London 1980.
4 SW XV, 51; Vergleichsdaten bei: *Clarke* (IV. 3, Tab. 1) 53 ff.
5 *Zaleski*, Stalinist (VI. 2, 1) 354, 357; *Dunmore*, Politics, 61 f.
6 *Jasny*, Industrialization, 45, 376 ff., 386 ff.; *Nove*, History, 301; *Istorija soc. ėkonomiki* VI, 131; *Dunmore*, Command Economy, 64 ff., 95 ff., 121; *ders.*, Politics, 56, 63; 386 ff. Entschiedenere Priorität für den Konsum erkennt dagegen F. A. *Durgin*, in: R. C. *Stuart* (Hg.): The Soviet Rural Economy. New Jersey 1983, 118-142.
7 *Swaniewicz*, 206 ff. gegen *Dallin, Nicolaevsky* (beide VI. 3, 25), 298; dagegen N. *Jasny*, Arbeitsstatistik in NKWD-Lagern, in: Ostprobleme (1951) H. 50, 1560 («Zuschußbetrieb») sowie oben VI. 3, 30.
8 *Istorija soc. ėkonomiki* VI, 110; *Istorija krest'janstva SSSR. Istorija sovetskogo krest'-janstva.* Bd. 4: *Krest'janstvo v gody uproćenija i razvitija socialististiċeskogo obśċestva 1945 – konec 50-ch godov.* M. 1988, 23 ff., hier 32 f.; *Nove*, History, 303; *Zelenin* (VIII. 1, 16), pass.
9 *I. M. Volkov*, Zasucha, golod 1946-1947 godov, in: ISSSR 1991, H. 4, 3-19; V. F. *Zima*, Golod v Rossii 1946-1947 godov, in: OI 1993, H. 1, 35-52; *Rešenija* III (VI. 2, 21), 336 ff. (Zitate 336 f.); *Istorija sov. krest'janstva* IV, 37 ff.; *Fitzpatrick*, Peasants (V, 11), 315.
10 *McNeal*, Resolutions (I, 26) III, 245; *KPSS* (IV. 1, 13) VIII, 144; *Dunmore*, Politics, 80 ff.; *Istorija sov. krest'janstva* IV, 44 ff.
11 *Dunmore*, Politics, 94 f.; zum «Vil'yamism» *Medvedev* (VI. 4, 32), 89 ff.; *J. Stalin*, Ökonomische Probleme des Sozialismus in der UdSSR, in: SW XV, 292-338; *Fitzpatrick*, Peasants, 316; *McNeal*, Resolutions III, 253 ff.
12 Vgl. auch: *Volin* (IV. 3, 4), 304 ff.; E. *Strauss*, Soviet Agriculture. A Study of its Successes and Failures. London 1969, 138 ff.
13 *Istorija soc. ėkonomiki* VI, 122, 127; *Dunmore*, Politics, 85.
14 Daten nach: *Volin*, 308; *Istorija soc. ėkonomiki* VI, 123, 125; A. N. *Malafeev*, Istorija cenoobrazovanija v SSSR, 1918-1963. M. 1964, 266; Umfeld: *Dunmore*, Politics, 97 ff.; anders: *Durgin*.
15 *Malafeev*, 242 ff.; *Nove*, History, 315 f.; *Holzman*, Taxation, 232 f.; *Hedtkamp* (beide IV. 3, 6), 139 f. Im internationalen Vergleich geschah dieser Schritt durchaus früh. Ob darin eine ernsthafte Konsumorientierung zu erkennen war, bleibt offen.
16 *Istorija sov. rabočego klassa* IV, 236; *Malafeev*, 257 ff., bes. 260; *Kerblay*, Marchés (VI. 2, 23), 180.
17 *Holzman*, Taxation, 222; *Istorija soc. ėkonomiki* VI, 160 ff.; *Hedtkamp*, 118 ff.; *Davies*, Development (IV. 3, 25), 316 ff.

3. Gesellschaft: bescheidener Lohn für harte Arbeit

1 *Istorija sov. rabočego klassa* IV (VIII. 1, 16), 101 f. Alle im folgenden genannten Angaben sind mehr oder minder offiziösen Darstellungen entnommen und harren noch der Überprüfung anhand der nun im Prinzip frei zugänglichen Archive.
2 Ebd. 102; Anm. VIII. 1, 23.
3 *Istorija sov. rabočego klassa* IV, 102 f. u. oben Anm. VII. 3, 4.
4 *Lapidus* (VI. 4, 8), 166, 172; *Istorija sov. rabočego klassa* IV, 131 ff., 136 sowie unten X. 3 S. 901 f.
5 *Istorija sov. rabočego klassa* IV, 137 ff., 145, 160; *Senjawski, Telpuchowski* (VI. 3,9), 258 ff., 262 f., 272 f.
6 *Chapman*, Real Wages (IV. 3, 12), 145, 153); *Istorija sov. rabočego klassa* IV, 236, 238, 258 sowie oben VII. 3, 19.

7 *Istorija sov. krest'janstva* IV, 147, 153 ff., Tab. 154.
8 Daten *ebd.*, 148 ff., 192 ff.
9 *Istorija sov. krest'janstva* IV, 175 f., 182; *Chapman*, Real Wages, 118.
10 Vgl. *Ist. sov. krest'j.* IV, 177 ff., 182 ff., bes. 182, 184, 196, 206.
11 *Kul'turnoe stroitel'stvo* (1956), 216 (Daten 1928–1955); *Istorija sov. rabočego klassa* IV, 121; *D. Beyrau*, Intelligenz und Dissens. Die russischen Bildungsschichten in der Sowjetunion 1917 bis 1985. Göttingen 1993, 145 ff.; *M. Matthews*, Class and Society in Soviet Russia. London 1972, 90 ff. sowie unten Tabelle A–5/2.

4. Kulturelle Eiszeit

1 *Werth*, Russia (VIII. 1, 1), 197.
2 *A. Shdanow*, Über Kunst und Wissenschaft. Stuttgart 1952, Zitate 14 f., 18 ff.; *Lieber, Ruffmann* (IV. 5, 58) II, 375 ff.; *McNeal*, Resolutions (I, 26) III, 240 ff.; dazu: *H. Swayze*, Political Control of Literature in the USSR, 1946–59. Cambridge/Mass. 1962, 26 ff.; *A. Yarmolinsky*, Literature Under Communism. The Literary Policy of the Communist Party of the Soviet Union from the End of World War II to the Death of Stalin. Bloomington 1957, 16 ff.; *Ra'anan* (VIII. 1, 6), 54 ff.; *Werth*, Russia; Beiträge zum sozialistischen Realismus (VI. 4, 21), 20 ff.
3 *Lieber, Ruffmann* II, 377 ff. (Zitate 378 f.); *Kenez*, Cinema (IV. 5, 39), 209 ff., bes. 215 ff.; *Werth*, Russia, 209 ff.; *Stites*, Popular (IV. 5, 39) 116 ff.
4 *Lieber, Ruffmann* II, 381 ff. (Zitat 382); *Shdanow*, 46 ff.; *McNeal*, Resolutions III, 248 ff.; *Schwarz*, Musik, 352 f.; *Prieberg* (beide VI. 4, 25),198 f.
5 *Medvedev*, 103 ff.; *Joravsky*, Lysenko (beide IV. 4, 31), 130 ff.; *Graham*, Science, 124 ff.; *Vucinich* (beide IV. 5, 54), 211 ff.; *A. Buchholz*, Ideologie und Forschung in der sowjetischen Naturwissenschaft. Stuttgart 1953, 64 ff.
6 *G. A. Wetter*, Der dialektische Materialismus. Seine Geschichte und sein System in der Sowjetunion. Wien 1958, 211 ff., Rede Ždanovs, 594 ff.; Auszüge: *Lieber, Ruffmann* I, 406–413; *Vucinich*, 222 ff.; *Graham*, Science, 324 ff., 357 ff.; *Holloway* (VII. 5, 10), 196 ff.; *A. Sacharow*, Mein Leben. 2. Aufl. München 1991, 115 ff., 177 ff.
7 *Hahn*, Postwar (VIII. 1, 6), 118 ff.; *Kostyrčenko* (VIII. 1, 22), 177 ff.; Dokumente: *Oberländer* (VI. 4, 20), 88 ff.
8 *Swayze*, 64 ff.; *W. N. Vickery*, The Cult of Optimism. Political and Ideological Problems of Recent Soviet Literature. Bloomington 1963, 16 ff.
9 *Vucinich*, 247 ff.; *Graham*, Science, 361 ff. u. ö.
10 *K. F. Shteppa*, Russian Historians and the Soviet State. New Brunswick/N. J. 1962, 210 ff.; *H. Jablonowski*, Die Lage der sowjetrussischen Geschichtswissenschaft nach dem Zweiten Weltkriege, in: Saeculum 2 (1951), 443–464, bes. 448 ff.; *G. von Rauch*, Die Sowjetische Geschichtsforschung heute, in: Die Welt als Geschichte 11 (1951), 249–262.
11 *Shteppa*, 242 ff., 291; SW XV, 164 ff.; *L. C. Thomas*, The Linguistic Theory of N. Ja. Marr. Berkeley 1957; *Vucinich*, 242 f.
12 *J. I. Zajda*, Education in the USSR. Oxford 1980, 31; *A. Korol*, Soviet Education for Science and Technology. New York 1957, 10 ff.; *L. Volpicelli*, Die sowjetische Schule. Wandel und Gestalt. Heidelberg 1958, 221 ff.; *Anweiler, Meyer* (IV. 5, 4), 275; *Fisher* (IV. 5, 41), 223, 235 ff.
13 *Curtiss*, 187 ff., Zitate 292 f.; *Pospielovsky*, History I (beide IV. 5, 31), 69 ff.
14 *Hauptmann, Stricker* (IV. 5, 31), 749, 763 ff., bes. 779 f., 793 (Zitate); *J. Rothenberg*, in: Marshall (IV. 5, 31), 61–102, hier 83 f.; sonstige Daten nach *Curtiss*, 288.
15 *Wolkogonow*, Stalin, 680 f., 707 ff.; *McNeal*, Stalin (beide IV. 1, 8), 291 f.
16 *Chruschtschow* (VI. 1, 9), 573 ff. (Zitate 574); *G. F. Alexandrow, M. P. Galaktionow u. a.*, Josef Wissarionowitsch Stalin. Kurze Lebensbeschreibung. Moskau 1947, bes. 97 ff.

17 *Wolkogonow*, Stalin, 708 ff.; *Chruschtschow*, 576 f.; «Gedicht» aus der Resolution des elften Allunionskongresses des *Komsomol* vom April 1949 nach *Fisher*, 225; Unserem Freund und Lehrer J. W. Stalin zum Siebzigsten Geburtstag. Berlin 1949.

5. Vom ‹heißen› zum «Kalten Krieg»

1 Übersicht bei: *A. Hillgruber*, in: *Geyer*, Außenpolitik I (IV. 6, 1), 300 ff.; *V. Mastny*, Moskaus Weg zum Kalten Krieg. München 1980, 49 ff.; *Gorodetsky*, Cripps (VI. 5, 8), 163 ff.; *R. Crockatt*, The Fifty Years War. The United States and the Soviet Union in world politics, 1941–1991. London, N. Y. 1995, 39 ff.; *J. L. Nogee, R. H. Donaldson*, Soviet Foreign Policy Since World War II. 3. Aufl. New York 1988, 63 ff.; *T. W. Wolfe*, Soviet Power and Europe 1945–1970. Baltimore, London 1970, 9 ff.; knapp: *L. Aronson, M. Kitchen*, The Origins of the Cold War in Comparative Perspective. American and Canadian Relations with the Soviet Union, 1941–48. London u. a. 1988, 7 ff.; *Ulam*, Expansion (IV. 6, 1), 314 ff., 378 ff.
2 *I. Fleischhauer*, Die Chance des Sonderfriedens. Deutsch-sowjetische Geheimgespräche 1941–1945. Berlin 1986.
3 neuere Übersichten: *C. Kennedy-Pipe*, Stalin's Cold war. Soviet strategies in Europe, 1943 to 1956. Manchester 1994, 40 ff.; *J. F. N. Bradley*, War and Peace since 1945. A History of Soviet-Western Relations. Boulder 1989, 13 ff.
4 Übersicht (neben *Bradley*) bei: *T. G. Paterson*, On Every Front: The Making of the Cold War. New York 1979, 69 ff., Literatur: ebd., 184 ff., *Crockatt*, 46 ff., 64 ff.; *P. G. Boyle*, American-Soviet Relations: From the Russian Revolution to the Fall of Communism. London 1993, 54 ff.; *A. Hillgruber*, Europa in der Weltpolitik der Nachkriegszeit 1945–1963. 4., durchges. u. erg. Aufl. München 1993, 163 ff., 177 ff.; knapp: *V. Zubok u. C. Pleshakov*, in: *D. Reynolds* (Hg.), The Origins of the Cold War in Europe. New Haven, London 1994, 53–76; *M. Kitchen*, in: *Gorodetsky*, Foreign Policy (IV. 6, 1), 111–133.
5 *Kennedy-Pipe*, 51; *Paterson*, 145 f.; *Hillgruber*, 39 ff.; *D. Geyer*, in: *Geyer*, Außenpolitik I, 361 ff.
6 Zum Februar-Umsturz: *K. Kaplan*, Der kurze Marsch. Kommunistische Machtübernahme in der Tschechoslowakei 1945–1948. München 1981, 201 ff.
7 *Geyer*, 373 ff.; *B. Bonwetsch*, Kalter Krieg als Innenpolitik: Überlegungen zu innenpolitischen Bedingungen des Ost-West-Konflikts nach 1945, in: *F. Quarthal, W. Setzler* (Hg.), Stadtverfassung-Verfassungsstaat-Pressepolitik. Sigmaringen 1980, 244 ff.; auch: *Kennedy-Pipe*, 192 ff.; *Paterson*, 138 ff., 138 ff.
8 Vgl. aus einer umfangreichen Lit.: *N. Naimark*, Die Russen in Deutschland. Die sowjetische Besatzungszone 1945 bis 1949. Berlin 1997.
9 Vgl. *G. Wettig*, Die Deutschland-Note vom 10. März 1952 auf der Basis diplomatischer Akten des russischen Außenministeriums. Die Hypothese des Wiedervereinigungsgebots, in: Deutschland-Archiv 26 (1993), S. 786–805.
10 Vgl. *S. N. Goncharov, J. W. Lewis, X. Litai*, Uncertain Partners: Stalin, Mao, and the Korean War. Stanford 1993; *W. Stueck*, The Korean War. An International History. Princeton 1995; *B. Bonwetsch, P. M. Kuhfus*, Die Sowjetunion, China und der Koreakrieg, in: VfZG 33 (1985), 28–87; *Boyle*, 84 ff.; *Crockatt*, 100 ff.

6. Der Stalinismus als Problem

1 Beste Übersichten: *G. Gill*, Stalinism. London 1990; *G. Boffa*, The Stalin Phenomenon. Ithaca 1992; *A. Gleason*, Totalitarianism. The inner history of the Cold War. New York

1995, 121 ff.; *N. S. Chruščev*, Doklad na zakrytom zasedanii XX s-ezda KPSS. O kul'te ličnosti i ego posledstvijach. M. 1959, 43 ff.
2 ‹Klassische› Darstellung: *C. J. Friedrich, Z. Brzezinski*, Totalitarian Dictatorship and Autocracy, 2. Aufl. Cambridge/Mass. 1965, hier nach: *B. Seidel, S. Jenkner* (Hg.), Wege der Totalitarismus-Forschung. Darmstadt 1968, 610 ff.; sozialphilosophische Formulierung: *H. Arendt*, Elemente und Ursprünge totaler Herrschaft. München 1986 (engl. Or. 1951); Übersichten: *W. Schlangen*, Die Totalitarismustheorie. Entwicklung und Probleme. Stuttgart 1976; aus ‹sowjetologischer› Sicht: *Brzezinski* (VI. 1, 25); *Boffa* (VIII. 6, 1), 60 ff.; *S. Fitzpatrick*, Constructing Stalinism: Changing Western and Soviet Perspectives, in: *Nove*, Stalin Phenomenon (V, 35) 79 f.; *Gleason*, 122 ff.
3 Frühe Kritik bei P. Ch. Ludz, in: *Seidel, Jenkner*, 466 ff., 532 ff.; Übersicht: *Schlangen*, 63 ff. u. pass.; auch der bedenkenswerte Begriff des «Mobilisierungsregimes» verdankte sich dem Versuch, das ‹dynamische› Manko des Totalitarismuskonzepts im Rahmen seiner Grundannahmen zu korrigieren (vgl. *R. C. Tucker*, The Soviet Political Mind. Stalinism and Post-Stalin Change. 2. Aufl. New York 1971, 3 ff., auch in: *Seidel, Jenkner*, 382 ff.). Verteidung des Grundansatzes u. a. bei: *K. D. Bracher*, Autoritarismus und Totalitarismus, in: *Ders.*, Wendezeiten der Geschichte. Historisch-politische Essays 1987–1992. Stuttgart 1992, 145 ff.
4 Vgl. die Beiträge *S. Cohen* und *R. C. Tucker* in: *Tucker*, Stalinism (V, 59), 3–29 (Zitat 24) u. 77–108; Übersichten: *S. Fitzpatrick*, New Perspectives on Stalinism, in: RR 45 (1986), S. 357–74 (samt folgender Diskussion), *dies.*, in: *Nove*, Stalin Phenomenon, 84 f.; *Boffa*, 187 ff.; *Gleason*, 138 ff. u. *S. Merl* und *H.-H. Schröder* in: *Geyer*, Umwertung (V, 67) 103–132, 133–166.
5 Vgl. *Lewin, Fitzpatrick* u. *Kotkin* in Anm. V, 6 u. V, 59 oben.
6 Vgl. u. a. *G. Gill*, Stalinism and Institutionalization. The Nature of Stalin's Regional Support, in: *J. W. Strong* (Hg.), Essays on Revolutionary Culture and Stalinism. Selected Papers from the Third World Congress for Soviet and East European Studies. Columbus 1990, S. 112–138, *ders.*, Origins (IV. 2, 19), bes. 219 ff., 307 ff. sowie *Rittersporn* (IV. 1, 22), 47 ff.; *T. H. Rigby*, Stalinism and the Mono-organisational Society, in: *Tucker*, Stalinism, 53–76, wiederabgedr. in: *Rigby*, The Changing Soviet System. Mono-organizational Socialism from its Origins to Gorbachev's Restructuring. Hants 1990, 82–112 sowie weitere Beiträge ebd. 155 ff., 207 ff.
7 Vgl. v. a. *Getty* (VI. 1, 4) und *Getty, Manning* (VI. 1, 11) sowie zusammenfassend Getty, in: *Nove*, Stalin Phenomenon, 100–151 sowie *Rittersporn*, 139 ff.
8 Vgl. *Kotkin*, 23, 355 ff.
9 Vgl. *J. Hellbeck*, Fashioning the Stalinist Soul: The Diary of Stepan Podlubnyi (1931–1939), in: JGO 44 (1996), 344–373; erste Dokumente: *ders.*, Tagebuch; *Garros, Korenevsky, Lahusen* (beide V, 72).
10 *Tucker*, Stalinism, pass.; *Stites*, Dreams (I, 1); *S. Plaggenborg*, Gewalt im Stalinismus. Skizzen zu einer Tätergeschichte, in: *M. Hildermeier, E. Müller-Luckner* (Hg.), Stalinismus vor dem Zweiten Weltkrieg. Neue Wege der Forschung / Stalinism before the Second World War. New Avenues of Research. München 1997 (im Druck); *Nove*, Stalin phenomenon, 24 ff.
11 Ähnlich: *Gill*, Stalinism, 60 ff.; Leitbild Amerika: *K. Schlögel*, Go East oder Die zweite Entdeckung des Ostens. Berlin 1995, 189 ff.; nicht zufällig hieß die ‹Luxus›-Siedlung von Magnitorgorsk «Amerikanka», vgl. *Kotkin*.
12 Ausführlicher: *M. Hildermeier*, Das Privileg der Rückständigkeit. Anmerkungen zum Wandel einer Interpretationsfigur der neueren russischen Geschichte, in: Historische Zeitschrift 244 (1987), 557–603.

IX. Chruščev und die Zähmung des Stalinismus (1953–1964)

1. Politische Reformen: Populismus versus Bürokratie

1 Zusammenfassend jetzt (aber ohne entscheidend neue Funde): *Tompson* (VI. 1, 28), 114 ff.; *V. P. Naumov,* Bor'ba N. S. Chruščeva za edinoličnuju vlast', in: Novaja i Novejšaja istorija 1996, H. 2, 11 ff.; *Ju. N. Žukov,* Bor'ba za vlast' v partijno-gosudarstvennych verchach SSSR vesnoj 1953 goda, in: VI 1996, H. 5/6, 39–57; *G. W. Breslauer,* Khrushchev and Brezhnev as Leaders: Building Authority in Soviet Politics. London 1983, 23 ff.; *T. H. Rigby,* Khrushchev and the Rules of the Game, in: *R. F. Miller, F. Fehér* (Hg.), Khrushchev and the Communist World. London 1984, 39–81, hier 42 ff., 55 ff.; *Keep,* Empire (VIII. 1, 5), 41 ff.; *M. McCauley,* in: Ders. (Hg.), Khrushchev and Khrushchevism. Basingstoke 1987, 9 ff.; älter: *M. Rush,* Political Succession in the USSR. New York 1965, 42 ff.; *McAuley,* Politics, 151 ff.; *R. A. Medvedev, Z. A. Medvedev,* Khrushchev: The Years in Power. New York 1976, 72 ff.; unentbehrliche Quelle: *Chruschtschow* (VI. 1, 9), 326 ff.
2 *C. A. Linden,* Khrushchev and the Soviet Leadership, 1957–1964. Baltimore 1966, 22 ff.; *Y. Gorlizki,* Party Revivalism and the Death of Stalin, in: SR 54 (1995), 1–22; *Tompson,* 127 ff.; *McCauley,* Soviet Union (VIII. 2, 1), 170 ff.; *Medvedev, Medvedev,* 53 f. u. a.
3 *Naumov,* 14 ff., Zitate 16.
4 *Tompson,* 143 ff.; *Linden,* 33 ff.; *Breslauer,* 55 ff.; *Hough, Fainsod* (VI. 1, 2), 213 ff.; *McAuley,* Politics (Einl., 3); *Chruschtschow,* 529–586; *McNeal,* Resolutions (I, 26) IV, 36 ff., bes. 52; *B. Meissner,* Das Ende des Stalin-Mythos. Die Ergebnisse des 20. Parteikongresses der KPdSU. Parteiführung, Parteiorganisation, Parteiideologie. Frankfurt a. M. 1956.
5 *Chruschtschow,* 351 ff.; *Naumov,* 18 f.
6 erste Archivmaterialien bei: *Naumov,* 22 ff.; ausführlich: *R. W. Pethybridge,* A Key to Soviet Politics. The June Crisis of 1957. London 1962; Chruščevs Konzessionen an seine Retter betont: *Linden,* 40 ff.; «Stalinist with a difference»: *Rigby,* Rules, 64; grundlegende Dokumentation der gesamten Jahre 1956–1960: *B. Meissner,* Rußland unter Chruschtschow. München 1960, hier, 310 ff.; auch: *McNeal,* Resolutions IV, 93 ff.
7 *Tompson,* 200 ff.; ausführlich: *M. Tatu,* Macht und Ohnmacht im Kreml. Von Chruschtschow zur kollektiven Führung. Berlin u. a. 1968, 174 ff. u. pass.; *Rigby,* Rules, 68 f.; *Breslauer,* 81 ff.; *A. Brown,* Political Developments: Some Conclusions and an Interpretation, in: *A. Brown, M. Kaser* (Hg.), The Soviet Union Since The Fall Of Khrushchev. London, Basingstoke 1975, 218–275, hier 236; auch: *B. Meissner,* in: *E. Boettcher, H.-J. Lieber, B. Meissner* (Hg.), Bilanz der Ära Chruschtschow. Stuttgart u. a. 1966, bes. 148 ff. sowie ders., in: *Ders., G. Brunner* (Hg.), Gruppeninteressen und Entscheidungsprozeß in der Sowjetunion. Köln 1975, 21–60.
8 Vgl. *Meissner,* Parteiprogramm (IV. 2, 2), 143 ff., Zitat 145; *McNeal,* Resolutions IV, 157 (Zitat), 167 ff. (Programm), 264 ff. (Statut), 281 f.; *Brunner* (IV. 2, 18), 185 ff.; *Tatu,* 121 ff., 155 f.; 176 ff.; *Linden,* 117 ff.; *Tompson,* 241 f.
9 Vgl. neben Tab. 45: *T. H. Rigby,* The Soviet Politbureau: a comparative profile, 1951–71, wiederabgedr. in: Ders., Political Elites in the USSR: Central Leaders and Local Cadres from Lenin to Gorbačev. Aldershot 1990, 165–89.
10 Details: *Tatu,* 365 ff., korrigiert durch: *W. Hahn,* Who ousted Nikita Sergeyevich?, in: Problems of Communism 40 (1991), 109–115; karg: *Tompson,* 270 ff.
11 Vgl. *Brunner* (IV. 2, 18), 190.
12 Vgl. *Hough, Fainsod,* 233 ff. («normalcy») sowie die Debatten zwischen *C. Linden, T. H. Rigby, R. W. Conquest* u. a.: Conflict and Authority: A Discussion, in: Problems

of Communism 12 (1963) Nr. 5, 27–46; Nr. 6, 56–65 und *post factum* zwischen M. *Fainsod*, R. *Löwenthal*, R. *Conquest*, C. *Linden*, A. *Ulam*, S. *Bialer* u. a. in: The Coup and After, in: Problems of Communism 14 (1965), Nr. 1, 1–31; Nr. 3, 37–45; Nr. 4, 72–76; prototypisch für die Konfliktinterpretation: *Linden*, für die Gegenposition: *Fainsod*, Rußland, 639 ff., in Deutschland u. a. *B. Meissner*, Die besonderen Wesenszüge der sowjetischen Bürokratie und die Wandlungsmöglichkeiten des Einparteisystems, in: *ders.*, *G. Brunner*, *R. Löwenthal* (Hg.), Einparteisystem und politische Herrschaft in der Sowjetunion. Köln 1979, 65–1077, bes. 96 f. S. auch unten 1005 ff.
13 *T. H. Rigby*, Khrushchev and the resuscitation of the Central Committee, in: *Ders.*, Elites, 147–64; *Fainsod*, Rußland, 250 ff.; *M. S. Voslensky*, Nomenklatura: die herrschende Klasse der Sowjetunion. Wien 1980.
14 *Rigby*, Elites, 156; für eine spätere Zeit: *Hough*, *Fainsod*, 232.
15 *Mawdsley*, Portrait, 197 f. sowie Diagramm 4 u. unten 841 ff.
16 Vgl. Tab. A-1 und A-7/1; *Rigby*, Membership, 299 ff., leicht abweichende Daten ebd., 52 f.; *Fainsod*, Rußland, 311 ff.
17 Vgl. *Rigby*, Membership, 324 ff.; *M. P. Gehlen*, The Communist Party of the Soviet Union. A functional Analysis. Bloomington 1969, 25 ff.; *Fainsod*, Rußland, 312 ff.; *B. Meissner*, Die soziale Struktur der KPdSU (1966), wiederabgedr. in: *Ders.*, Sowjetgesellschaft am Scheideweg. Beiträge zur Sozialstruktur der Sowjetunion. Köln 1985, 185–200, bes. 186, 190 f.
18 Daten nach *R. E. Blackwell Jr.*, Elite Recruitment and Functional Change: An Analysis of the Soviet Obkom Elite 1950–1968, in: Journal of Politics 34 (1972), 124–152, bes. 135 f.; *Meissner*, Sowjetgesellschaft, 195.
19 *Meissner*, Sowjetgesellschaft, 198 f.; *Mawdsley*, Portrait, 199; *Fainsod*, Rußland, 317; *Rigby*, Politbureau, 183.
20 Daten nach *Meissner*, Sowjetgesellschaft, 186, 189; *Fainsod*, Rußland, 314 f.
21 Vgl. mit symptomatischer Ausführlichkeit: *Fainsod*, Rußland, 329 ff. und gleich sprechender Knappheit *Hough*, *Fainsod*, 405 f.
22 *Rigby*, Membership (III, 56), 340 f.
23 *Kolkowicz* (VII. 2, 11), 135 ff.; *Deane* (VIII. 1, 13), 58 ff.; *Y. Avidar*, The Party and the Army in the Soviet Union. Jerusalem 1983, 147 ff.; ‹revisionistische› Sicht: *Colton*, Commissars (VII. 2, 19), 175 ff., bes. 194 f.
24 Einleuchtend bleibt: *Hough*, *Fainsod*, 362 f.
25 Daten nach *E. M. Jacobs*, The Composition of Local Soviets 1959–69, in: Government and Opposition 7 (1972), 503–519, bes. 505, 507, 509 f.; *Hough*, *Fainsod*, 363 ff.; beschönigend: *G. V. Kulikova*, Demokratičeskie osnovy dejatel'nosti mestnych Sovetov v razvitom socialističeskom obščestve 1959–1975. M. 1978, 130 ff.
26 *B. Meissner*, Wandlungen im Herrschaftssystem und Verfassungsrecht der Sowjetunion, in: *E. Boettcher*, *H.-J. Lieber*, *B. Meissner* (Hg.), Bilanz der Ära Chruschtschow. Stuttgart 1966, 154; *Hough*, *Fainsod*, 380 ff., 385; *Fainsod*, Rußland, 444 ff.
27 *Simon* (IV. 2, 14), 256 ff., 280 ff.
28 Vgl. *A. W. Knight*, KGB. Police and Politics in the Soviet Union. 2., verb. Aufl. Boston 1990, 47 ff.; *Lewytzkyj* (VIII. 1, 18), 187 ff.; *Fainsod*, Rußland, 497 ff.; Aufstände: *A. Graziosi*, The Great Strikes of 1953 in Soviet Labor Camps in the Accounts of Their Participants, in: Cahiers du Monde Russe et Soviétique 33 (1992), 419–446.

2. Wirtschaftsreformen in Hast:
übernutztes Neuland und erfolglose Dezentralisierung

1 Detailliert: *S. Ploss*, Conflict and Decision-Making in Soviet Russia. A Case Study of Agricultural Policy, 1953–1963. Princeton 1965, 62 ff., hier 95; *Breslauer* (IX. 1, 1),

23 ff. Übersichten auch zum Folgenden: *Nove*, History (IV. 3, 4), 336f.; *Volin* (IV. 3, 4), 327ff., hier 378ff.; *Strauss* (VIII. 2, 12), 166ff.; *P. R. Gregory, R. C. Stuart*, Soviet Economic Structure and Performance. 4. Aufl., New York 1990, 139ff.; knapp: *Wädekin*, Agrarpolitik (VI. 2, 8) I, 221ff., II pass. sowie verschiedene Aufsätze in: *Stuart* (VIII. 2, 6); *R. D. Laird* (Hg.), Soviet Agricultural and Peasant Affairs. Lawrence/Kansas 1963 und *ders., E. L. Crowley* (Hg.), Soviet Agriculture: The Permanent Crisis. N. Y. u. a. 1965.
2 *McNeal*, Resolutions (I, 26) IV, 30f.; *Volin*, 484, 488; *Strauss*, 171, 174 sowie grundlegend: *M. McCauley*, Khrushchev and the Development of Soviet Agriculture. The Virgin Land Program 1953–1964. New York 1976, 79, 82, 85 f. u. Tab. 4.3 u. 4.4.
3 Daten nach *McCauley*, Development 86, 89, 92, 96.
4 *McCauley*, Development, 98, 147f.; *Volin*, 493f., 495f.
5 *Volin*, 382f.; ähnlich Angaben: *Strauss*, 20ff.; ZK-Beschluß in: *KPSS* (IV. 1, 13) IX, 243ff.
6 *Volin*, 467ff.; *Strauss*, 214ff.; *Ploss*, 113ff.
7 *Volin*, 395ff.; *Strauss*, 200ff.; *Nove*, History, 372f.; *Matthews*, Class (VIII. 3, 11), 63.
8 *Volin*, 413f.
9 *Strauss*, 178, 180; *Volin*, 420f., 425ff., 478f.; kritischer gegen die alte Schönfärberei jetzt: *O. M. Verbickaja*, Rossijskoe krest'janstvo: ot Stalina k Chruščevu. M. 1992, 205f.
10 *Strauss*, 176f., 210ff.; *Volin*, 496ff., 500f., 536ff.
11 *Volin*, 537ff., Zitat 571; *Strauss*, 221ff.; *D. W. Bronson, C. B. Krueger*, in: *Millar* (VI. 3, 33), 223; *Fitzpatrick*, Peasants (V, 11), 317.
12 Tabellen bei *Nove*, History 335, 349f.; auch: *Meissner*, Rußland (IX. 1, 6), 203ff. Bis 1955 reichen die ersten großen wirtschaftsstatistischen Untersuchungen von: *G. W. Nutter*, Growth of Industrial Production in the Soviet Union. Princeton 1962 und *A. Bergson*, The Real National Income of Soviet Russia since 1928. Cambridge/Mass. 1961; nur begrenzt brauchbar: *Istorija socialističeskoj ėkonomiki* VI (VIII. 2, 1), 219ff.
13 Plandaten bei *Nove*, History, 363; eingehende Beschreibung: *Meissner*, Rußland, 203–238.
14 *McNeal*, Resolutions IV, 82ff.; *Nove*, History, 352f.
15 *Nove*, History, 369ff.

3. Kultur: unstetes «Tauwetter»

1 Beste Übersicht: *O. Anweiler*, Die Schulreform Chruschtschows und ihre Revision, in: *Ders.*, Die Sowjetpädagogik in der Welt von heute. Heidelberg 1968, S. 115–144; knapp: *Anweiler, Ruffmann* (IV. 5, 33), 77ff.; *Matthews*, Education (VI. 4, 5), 21; *Zajda* (VIII. 4, 12), 32ff. sowie Beiträge in: *G. Z. F. Bereday, J. Pennar* (Hg.), The Politics of Soviet Education. N. Y. 1960; *J. Pennar, I. I. Bakalo, G. Z. F. Bereday*, Modernization and Diversity in Soviet Education. With special Reference To Nationality Groups. New York 1971; statistisches Monumentalwerk: *N. de Witt*, Education and Professional Employment in the USSR. Washington 1961; Quellensammlungen neben *Anweiler, Meyer* (IV. 5, 4): *O. Anweiler, F. Kuebart, K. Meyer* (Hg.), Die sowjetische Bildungspolitik von 1958 bis 1973. Dokumente und Texte. Berlin 1976; *W. Mitter* (Hg.), Das sowjetische Schulwesen. Frankfurt a. M. 1970.
2 *Matthews*, Education, 21f.
3 *Anweiler, Meyer*, 276, 278, 294f. (Zitate); auch: *Anweiler, Kuebart, Meyer*, 27ff.
4 Zitate: *Anweiler, Meyer*, 347f., 353f.; *Anweiler, Kuebart, Meyer*, 31, 36; *Matthews*, Education, 24ff.; *Anweiler*, Schulpolitik, 118ff.
5 *Matthews*, Education, 153ff.

6 *Anweiler, Meyer*, 376 ff.; *Anweiler, Kuebart, Meyer*, 53 ff.
7 Vgl. *Anweiler*, Schulpolitik, 123 ff.; *Anweiler, Kuebart, Meyer*, 94 f., 112 ff.; Daten nach: *Matthews*, Education 159 = Tab. 60 S. 939.
8 *Anweiler*, Schulpolitik, 126 ff.; *Matthews*, Education, 32 f; *Zajda*, Education, 33.
9 Übersichten: *Vucinich* (IV. 5, 54), 257–313; *Komkov, Levšin, Semenov* (IV. 5, 54), 529 ff.; knapp: *M. J. Berry*, Science, Technology and Innovation, in: *McCauley, Khrushchev* (IX. 1,1), 71–94; *Graham*, Science (IV. 5, 54), 167 ff.; *P. Kneen*, Soviet Scientists and the State. An Examination of the Social and Political Aspects of Science in the USSR. London 1984, 97 sowie *Berry* (VI. 4, 29), pass.
10 *Joravsky*, Lysenko (VI. 4, 32), 157 ff.; *Graham*, Science, 143 ff. Knapp auch: *A. P. van Goudoever*, The Limits of Destalinization in the Soviet Union. Political Rehabilitations in the Soviet Union since Stalin. New York 1986, 79.
11 *Graham*, Science, 272 ff., 298 ff., 329 ff.; *Vucinich*, 274 ff., 329 ff.; *H. Dahm*, Der gescheiterte Ausbruch. Entideologisierung und ideologische Gegenreformation in Osteuropa (1960–1980). Baden-Baden 1982, 42 ff., 79 ff. u. pass.
12 *Vucinich*, 278 f.
13 *Vucinich*, 284 ff.; *Berry*, in: *McCauley, Khrushchev*, 83 f.
14 *Kneen*, 73 ff. sowie unten S. 959 ff.
15 *E. A. Weinberg*, The development of Sociology in the Soviet Union. London 1974, 9 ff., 52 ff.; *Vucinich*, 265 ff.
16 Vgl. u. a.: *C. Goehrke*, Zum gegenwärtigen Stand der Feudalismusdiskussion in der Sowjetunion, in: JGO 22 (1974), 214–247; *C. Scharf*, Strategien marxistischer Absolutismusforschung. Der Absolutismus in Rußland und die Sowjethistoriker, in: Annali dell'Instituto storico italo-germanico in Trento/Jahrbuch des italienisch-deutschen historischen Instituts in Trient 5 (1979), 457–506; *B. Bonwetsch*, Oktoberrevolution. Legitimationsprobleme der sowjetischen Geschichtswissenschaft, in: Politische Vierteljahresschrift 17 (1976), 150–185; *M. Hildermeier*, Revolution und Revolutionsgeschichte, in: *D. Geyer* (Hg.), Die Umwertung der sowjetischen Geschichte. Göttingen 1991, 32–53; *Medwedew* (V. 48).
17 Zur Affäre instruktiv: *Burdzhalov* (II.,1), XIIIf; Gesamtkontext: *Shteppa* (VIII. 4, 10), 361 ff., 383 ff. (Zitat 378 f.); *K. Marko*, Dogmatismus und Emanzipation in der Sowjetunion. Stuttgart 1971, 112 f.
18 Jüngste Übersicht und grundlegende Dokumentensammlung: *W. Eggeling* (Hg.), Die sowjetische Literaturpolitik zwischen 1953 und 1970. Zwischen Entdogmatisierung und Kontinuität. Bochum 1994; ferner: *Swayze* (VIII. 4, 1), 83 ff.; *Vickery* (VIII. 4, 8), 33 ff., 53 ff.; *A. Steininger*, Literatur und Politik in der Sowjetunion nach Stalins Tod. Wiesbaden 1965; *Beyrau*, Intelligenz (VIII. 3, 7), 156 ff.; *Anweiler, Ruffmann* (IV. 5, 53), 232 ff.; *G. Svirski*, A History of Post-war Soviet Writing: The Literature of Moral Opposition. Ann Arbor 1981, bes. 69 ff.; *G. Hosking*, in: *Moser* (VI. 4, 23), 520 ff.; *D. Brown*, Soviet Russian Literature since Stalin. Cambridge 1978, 82 ff., 145 ff.; Zitate: *Beyrau*, Intelligenz, 156; *Struve* (VII. 5, 2), 545.
19 *Steininger*, 36 (Zitat), 40 ff.; *A. Rothberg*, The Heirs of Stalin. Dissidence and the Soviet Regime 1953–1970. Ithaca 1972, 12 ff.; *J. L. Laychuk*, Ilya Ehrenburg. An Idealist in an Age of Realism. Bern 1991, 255 ff.
20 *Swayze*, 115; *D. Spechler*, Permitted Dissens in the USSR. *Novy mir* and the Soviet Regime. New York 1982, hier 36 ff.; *E. R. Frankel*, Novy Mir. A Case Study in the Politics of Literature 1952–1958. Cambridge 1981, 20 ff.; *Beyrau*, Intelligenz, 191 ff.; *Steininger*, 42 ff.; *Vickery*, 53 ff.; Daten nach: *H. von Ssachno*, Der Aufstand der Person. Sowjetliteratur seit Stalins Tod. Berlin 1965, 113.
21 *Swayze*, 144, 164 ff.; *Steininger*, 64 ff. u. a.; *Svirskij*, 123 ff.
22 *Steininger*, 79 ff.; *Anweiler, Ruffmann*, 279 f.
23 *Beyrau*, Intelligenz, 163 ff., Schlußzitat 171; *Rothberg*, 28 ff. Chronik bei: *R. Conquest*,

Courage of Genius. The Pasternak Affair: a documentary report on its literary and political significance. London 1961, bes. 176 ff., dt. bei: *Lieber, Ruffmann* (IV. 5, 58) II, 390 f. (Zitate hier).
24 *Steininger,* 89 f.; 191 ff., bes. 201 ff.; *Swayze,* 206 f.; *Beyrau,* Intelligenz, 191 f., 194, 196; *Rothberg,* 56 ff., 85 ff.; *Svirskij,* 159 ff.; *Spechler,* 106 ff.; biographisch: *V. Lakshin,* Solzhenitsyn, Tvardovsky, and Novy Mir. Cambridge/Mass. 1980. Zu Chruščevs Vorstellungen: *Lieber, Ruffmann,* II, 392 ff.
25 Dokumentation mit ausführlicher Einleitung bei: *P. Johnson, L. Labedz,* Khrushchev and the Arts. The politics of Soviet Culture, 1962–1964. Documents. Cambridge/Mass. 1965, hier 9 ff.; Zitate nach *Beyrau,* Intelligenz, 162 f. und *Steininger,* 205, 212; Gesamtwertung ebd., 217, 219 f.

X. Die Ära Brežnevs: von pragmatischen Reformen zum Stillstand (1964–1982)

1. Partei, Staat und ihre Hilfsorgane: die Herrschaft der *nomenklatura*

1 Historische Literatur zur Brežnev-Ära fehlt noch weitgehend. Dagegen liegen politik- und sozialwissenschaftliche Darstellungen in großer Zahl vor. Sie verfolgen allerdings zumeist eher systematische und theoretische Zielsetzungen. Beste Übersichten bei: *Breslauer* (IX. 1, 1), 137 ff. (Zitat 138); *Brown,* Political Developments, in: Ders., *Kaser,* Soviet Union (IX. 1, 7); *D. R. Kelley* (Hg.), Soviet Politics in the Brezhnev Era. New York 1980; *T. J. Colton* (Hg.), The Dilemma of Reform in the Soviet Union. New York 1986; *P. Hauslohner,* Politics before Gorbachev. De-Stalinization and the Roots of Reform, in: *S. Bialer* (Hg.), Politics, Society, and Nationality Inside Gorbachevs's Russia. Boulder/Colo. 1989, 41–90; *S. Bialer,* The Political System, in: *R. F. Byrnes* (Hg.), After Brezhnev. Sources of Soviet Conduct in the 1980s. Bloomington 1983, 1–67; *Hough, Fainsod* (VI. 1, 2), 237 ff. (Daten 253 f.); *McCauley, Soviet Union* (VIII. 2, 1), 214 ff.; *S. F. Cohen, R. Sharlet, A. Rabinowitch* (Hg.), The Soviet Union since Stalin. London 1980; *S. I. Ploss,* The Rise of Brezhnev, in: Ders. (Hg.), The Soviet Political Process. Aims, Techniques, and Examples of Analysis. Waltham/Mass. 1971, 271–295; Gegenreformen: *McNeal,* Resolutions (I, 26), V, 51 ff., 72; *Voslensky* (IX. 1, 12).
2 Vgl. *Hough, Fainsod* (VI. 1, 2), 244, 251 f., 257 f.; unentbehrliches Nachschlagewerk: *B. Levytskyj,* The Soviet Political Elite. Stanford 1970.
3 Nach *Hough, Fainsod,* 241 ff. sowie *Hough* (VIII. 1, 13), 11 ff., 40 ff.; materialreich auch: *R. J. Hill, A. Rahr,* The General Secretary, the Central Party Secretariat and the Apparat, in: *D. Lane* (Hg.), Elites and Political Power in the USSR. Aldershot 1988, 49 ff.; Listen: *White,* Leadership (IV. 2, 21), 20 ff.
4 Vgl. *J. H. Kress,* Representation of Positions on the CPSU Politburo, in: SR 39 (1980), 218–238; Personalinformationen auch bei: *Hough, Fainsod,* 269 f. u. pass.; *G. Brunner,* Herrschaftsinstitutionen und politischer Wandel, in: *G. Simon* (Hg.), Weltmacht Sowjetunion. Umbrüche, Kontinuitäten, Perspektiven. Köln 1987, 97 f.
5 *Breslauer,* 141 ff.; *McNeal,* Resolutions V, 43 ff.
6 *Breslauer,* 138–244, bes. 282 gegen ein reines Interessengruppenmodell (dazu unten 1005 f.); *R. Sharlet,* Soviet Constitutional Crisis: From De-Stalinization to Disintegration. Armonk 1992, 15 ff. sowie ders., in: *Cohen, Rabinowitch, Sharlet,* 93 ff.; *A. Dallin* (Hg.), The Twenty-Fifth Congress of the CPSU: Assessment and Context. Stanford 1977.
7 Totalitaristische Deutung bei: *S. Bialer,* Stalin's Successors. Leadership, Stability and Change in the Soviet Union. Cambridge 1980, 81 ff.; Selbstrekrutierung als System-

merkmal: *R. J. Mitchell*, Getting to the Top in the USSR: Cyclical Patterns in the Leadership Succession Process. Stanford/CA 1990, 1 ff., 25 ff.; den Wandel betonend: *Mawdsley*, Portrait (VIII. 1, 5); *Hough*, Leadership (VIII. 1, 13), 150 u. pass.; vermittelnd: *Daniels*, Processes (VI. 1, 28), 123; ähnlich zu verstehen: *Rigby*, Politbureau (IX. 1, 19).

8 Vollständigste Übersicht: *J. Löwenhardt, J. R. Ozinga, E. v. Ree*, The Rise and Fall of the Soviet Politburo. London 1992, 128 ff., hier 131.

9 Vgl. *Löwenhardt, Ozinga, van Ree*, 129 f. (Daten); *Bialer*, 89; *Daniels*, Processes, 101; ders., Office Holding and Elite Status: The Central Committee of the CPSU, in: *P. Cocks, R. V. Daniels, N. W. Heer* (Hg.), The Dynamics of Soviet Politics. Cambridge, London 1976, S. 77–95; *Mawdsley*, Portrait, 196 f.; *P. Frank*, The Changing Composition of the Communist Party, in: *Brown, Kaser*, Soviet Union, 96–120, bes. 111 f.; *J. H. Miller*, The Communist Party: Trends and Problems, in: *A. Brown, M. Kaser* (Hg.), Soviet Policy for the 1980's. Oxford 1982, 1–34.

10 ähnlich: *Daniels*, Processes, 100.

11 Vgl. die Diagramme bei *Mawdsley*, Portrait, 200; Zitat: *Daniels*, Processes, 99; ausführlich: *Hough*, Leadership, 37–60.

12 *Hough*, Leadership, 55, 65 ff.; *Daniels*, Processes, 123 (Zitat); *Mawdsley*, Portrait, 204; überzogen: *Bialer*, 91.

13 Vgl. *E. Schneider*, Sozialer Hintergrund und Karrieren der Mitglieder des Ministerrats der UdSSR. Eine empirische Untersuchung, in: PVS 24 (1983), 275–292; *Hough, Fainsod*, 237 f.

14 Zitat nach: *E. Schneider*, Breschnews neue Sowjetverfassung. Kommentar mit den Texten der UdSSR-Grundgesetze von Lenin über Stalin bis heute. Stuttgart 1978, 45 (Art. 6), im Gegensatz zur beiläufigen Erwähnung der Partei in der Verfassung von 1936 (Art. 126). Zur Verfassung: *D. D. Barry, G. Ginsburgs, P. B. Maggs* (Hg.), Soviet Law After Stalin. Bd. 2, Alphen aan den Rijn 1978, 1–33, 35–66; *Sharlet*, 15 ff.; ders., in: *Kelley*, 200–234; *Sowjetunion 1978/79*. Ereignisse, Probleme, Perspektiven. Hg. v. Bundesinstitut für Ostwissenschaftliche und Internationale Studien München 1979, 47 ff., 58 ff. Zur Gesamtrolle der Partei: *J. R. Millar* (Hg.), Cracks in the Monolith: Party Power in the Brezhnev Era. London 1992.

15 *KPSS* (IV. 1, 13) VII, 94 f.; X, 59 f.; XI, 9 f.; XII, 15 f.; XIII, 9; XIV, 35 f. (Daten); *Hough, Fainsod*, 409 ff., 449 ff.; *Brunner* (IV. 2, 18), 192 f. Unter Brežnev fanden die Parteitage nach einer entsprechenden Änderung des Statuts durch den 24. Parteitag im April 1971 nur noch alle fünf Jahre statt.

16 Details bei *Hill, Rahr*, 51 ff.; Übersichten: *D. P. Hammer*, The USSR. The Politics of Oligarchy. Boulder 1990, 77 ff.; *J. A. Armstrong*, Ideology, Politics, and Government in the Soviet Union. An Introduction. 4. Aufl. Lanham 1978, 81 ff.; *R. J. Hill, P. Frank*, The Soviet Communist Party. 3. Aufl., London u. a. 1988, 47 ff.

17 *Hough, Fainsod*, 412 ff., 424; *Avtorkhanov* (IV. 2, 15), 199 ff. (mit einer fünffach höheren Personalschätzung!).

18 *Hough, Fainsod*, 491 ff.; *Hough*, Prefects (X. 1, 7), 70 ff. (Daten 72); *Avtorkhanov*, 153 ff., 170 ff. (Opferzahl 154); materialreich: *G. Hodnett*, Leadership in the Soviet National Republics: A Quantitative Study of Recruitment Policy. Oakville/Ontario 1978, bes. 57 ff.; ferner: *R. E. Blackwell, Jr.*, Career Development in the Soviet Obkom Elite: A Conservative Trend, in: SS 24 (1972), 24–40; ders. (IX. 1, 18), Elite; *W. A. Clark*, Soviet Regional Elite Mobility after Khrushchev. New York 1989; *R. J. Hill*, Soviet Political Elites. The Case of Tiraspol. London 1977; *J. C. Moses*, in: *T. H. Rigby, B. Harasymiw* (Hg.), Leadership selection and Patron-Client Relations in the USSR and Yugoslavia. London 1983, 15–61; soziologisch interessiert: *K. C. Farmer*, The Soviet Administrative Elite. New York 1992, hier 189 ff.

19 *Hough, Fainsod*, 493 ff. (Komiteegrößen nach offiziellen Angaben für 1976); *Avtor-*

khanov, bes. 157f., 182f. (mit leichten Abweichungen bei der Komiteegröße), 133 ff., bes. 142 f. (mit weit höheren, aber nicht glaubwürdigeren Schätzungen der *nomenklatura*); ohne Daten: Voslensky (IX. 1, 13), 403 ff., 409 ff.

20 Vgl. *Meissner*, Sowjetgesellschaft (IX. 1, 16), 236, 260 sowie Tab. A–7/1 im Anhang; *D. R. Kelley*, The Communist Party, in: *Ders.*, 27–54, hier 48 f.; *T. H. Rigby*, Soviet Communist Party Membership, in: SS 28 (1976), 317–337, bes. 322, mit Ergänzungen von *A. L. Unger*, in: SS 29 (1977), 306–316; *Gehlen* (IX. 1, 17), 28 ff.

21 *Meissner*, Sowjetgesellschaft, 253, 284, 286 f.; *Kelley*, in: *Ders.*, 50 f.; *Y. Bilinsky*, The Communist Party of the Soviet Union, in: *J. W. Strong* (Hg.), The Soviet Union under Brezhnev and Kosygin. The Transition Years. New York 1971, 26–49, bes. 38 f.

22 Vgl. Tabelle A–7/2 im Anhang sowie *Meissner*, Sowjetgesellschaft 250, 277, 282 f.

23 Vgl. *Meissner*, Sowjetgesellschaft, 198 ff., 288 ff., Daten 287, 289; *Mawdsley*, Portrait (VIII. 1, 5), 200; überzeugender Nachweis der «Kluft» bei: *Hough*, Leadership, 150; ähnlich: *Frank*, in: *Brown, Kaser*, Soviet Union, 114 f., 118 f.; *Hodnett*, 88.

24 Vgl. *P. Vanneman*, The Supreme Soviet: Politics and the Legislative Process in the Soviet Political System. Durham 1977, 37 ff., 170 ff. (Daten 69); knapper: *H.-C. Reichel*, Das Präsidium des Obersten Sowjets der UdSSR. Baden Baden 1967; *Schneider*, Breschnews, 60 ff.; Übersichten u. a.: *Hough, Fainsod*, 363 ff.; *G. Brunner*, in: *H. G. Bütow* (Hg.), Länderbericht Sowjetunion. 2. Aufl. Bonn 1988, 194 ff.; *Hammer*, 121 ff.; *Armstrong*, Ideology, 159 ff.; *Hill*, Soviet Politics (Einl., 1), 103 ff.; *Handbuch der Sowjetverfassung*. Hg. v. M. Fincke, Bd. 2, Berlin 1983; *L. G. Churchward*, Contemporary Soviet Government. 2. Aufl., London 1975, 117 ff.

25 *Vanneman*, 64 ff., bes. 64, 67; *Hough, Fainsod*, 364 f., Zitat (Fainsods) 368.

26 *Vanneman*, 178 f.; *Churchward*, 133 ff.

27 *Vanneman*, 119 ff.; *Hough, Fainsod*, 373 ff.; *D. R. Little*, Soviet Parliamentary committees after Khrushchev: Obstacles and Opportunities, in: SS (1972), 41–60, hier 48.

28 *Schneider*, Breschnews, 64 ff.; *Brunner*, in: *Bütow*, 197 ff.; *Hough, Fainsod*, 380 ff.; Einzeldarstellungen der Ministerien: *E. Huskey* (Hg.), Executive Power and Soviet Politics: The Rise and Decline of the Soviet State. Armonk N. Y. 1992, 129 ff.

29 Vgl. neben *Brunner*, in: *Bütow*, 199 ff.; *Hough, Fainsod*, 485 ff.; *Jacobs* (IX. 1, 24) und *Churchward*, 172 ff.; ausführlich: *T. Friedgut*, Political Participation in the USSR. Princeton 1979 sowie die Fallstudien von *W. Taubman*, Governing Soviet Cities. Bureaucratic Politics and Urban Development in the USSR. New York 1973 und *Hill*, Political Elite.

30 Daten nach: *Friedgut*, Participation, 168, 170, 188; *Hough, Fainsod*, 487, 490; ähnlich: *W. Teckenberg*, Gegenwartsgesellschaften: UdSSR. Stuttgart 1983, 74 ff.

31 Zitat: *Friedgut*, Participation, 181; Daten nach *ebd.*, 168 und *Merl*, Rußland, 651; positive Wertung: *Hough, Fainsod*, bes. 314 ff. und *J. S. Adams*, Citizen Inspector in the Soviet Union. New York 1977, u. a. V.

32 Daten nach: *J. H. Hansen*, Correlation of forces. Two decades of Soviet military development. New York u. a. 1987, 42, 70, 121, 166, 187.

33 Beste Übersicht: *T. J. Colton, T. Gustafson* (Hg.), Soldiers and the Soviet State. Civil-Military Relations from Brezhnev to Gorbachev. Princeton 1990, hier bes. 11 ff.; knapp (mit Lit.): *Hammer*, USSR, 183 ff.

34 Daten nach *Colton*, Commissars (IX. 1, 22), 17, 21, 49; *Hough, Fainsod*, 393; ähnliche Angaben bei: *J. Cooper*, The Defense Industry and Civil-Military Relations, in: *Colton, Gustafson*, 168.

35 Tab. Übersicht bei: *Colton*, Commissars, 12 f.

36 Vgl. *Cooper*, in: *Colton, Gustafson*, 166 ff.; *J. R. Azrael*, The Soviet Civilian Leadership and the Military High Command, 1976–1986. Santa Monica 1986, V, 1 ff.; Generationsanalyse der Militärführung bei: *Hough*, Leadership, 79 ff.

37 Vgl. *Kolkowicz* (VII. 2, 11), 291; *ders.*, The Military, in: *H. G. Skilling, F. Griffiths*

(Hg.), Interest Groups in Soviet Politics. Princeton 1971, 131–169, hier 140 ff.; *B. Parrott*, Political Change and Civil-Military Relations in the Soviet Union, in: *Colton, Gustafson*, 44–92, bes. 48 ff.; *Breslauer*, 137 ff., Zitat 179; *Hough, Fainsod*, 391.

38 Vgl. *R. Campbell*, Resource Stringency and Civil-Military Resource Allocation, in: *Colton, Gustafson*, 126–163, (Daten 126, Zitat 143); *Azrael*, 5 ff.

39 Neueste Übersicht: *Knight*, KGB (IX. 1, 27); resümierend: *Dies.*, The KGB and Civil-Military Relations, in: *Colton, Gustafson*, 93–125; gleichfalls kenntnisreich: *J. R. Azrael*, The KGB in Kremlin Politics. Los Angeles 1989; aktualitätsbezogen: *A. v. Borcke*, Unsichtbare Weltmacht KGB. Steht sie hinter Gorbatschows Perestrojka? Stuttgart 1989; knapp: *Hough, Fainsod* im Gegensatz zu *Fainsod*, Rußland (IV. 2, 6).

40 Funktionen bei: *Knight*, KGB, 115 ff., 183 ff.

41 Vgl. *Knight*, KGB, 79 ff., 86 ff., sowie *dies.* in: *Colton, Gustafson*, 99 ff.; *Azrael*, KGB, 19 f., 24 ff.; zur Korruption: *L. Holmes*, The End of Communist Power: Anti-Corruption Campaigns and Legitimation Crisis. New York 1993; *W. A. Clark*, Crime and Punishment in Soviet Officialdom: Combating Corruption in the Political Elite, 1965–1990. Armonk 1993, 71 ff.

42 Zitate nach *Schneider*, Breschnews, 43.

43 Vgl. *Simon* (IV. 2, 6), 315; *Löwenhardt, Ozinga, van Ree*, 136 ff. (Daten); Kontext: *H. Carrère d'Encausse*, Risse im roten Imperium. Das Nationalitätenproblem in der Sowjetunion. Wien 1979, 138 ff.

44 Vgl. *Mawdsley*, Portrait, 201 f.; *Simon*, 422 ff.; 450 (mit leicht abweichenden Daten); *Kozlov*, Peoples (IV. 4, 1), 33.

45 Daten nach *Meissner*, Sowjetgesellschaft, 272; vgl. auch *Simon*, 312 f., 448 f.

46 Vgl. *Simon*, 314; *Bialer*, 214; *J. H. Miller*, Cadres Policy in Nationality Areas. Recruitment of CPSU first and second secretaries in non-Russian republics of the USSR. In: SS 29 (1977), 3–36, hier 35; vorsichtiger: *Hodnett*, 88 ff., 112 f.; *Carrère d'Encausse*, Risse, 171; anklagend: *B. Lewytzkyj*, «Sovetskij narod – Das Sowjetvolk». Nationalitätenpolitik als Instrument des Sowjetimperialismus. Hamburg 1983.

2. Unheilbare Wirtschaft: das Ende des Wachstums

1 Daten nach *H.-H. Höhmann*, Wirtschaftsentwicklung und Wirtschaftsreform in der UdSSR. Ursachen, Voraussetzungen, Ergebnisse und Probleme der Reformmaßnahmen in der sowjetischen Industrie 1965/1976. Diss. Frankfurt a. M. 1978, 42 ff.; ähnlich: *Gregory, Stuart* (IX. 2, 1), 150 f.; *G. R. Feiwel*, Economic performance and reforms in the Soviet Union, in: *Kelley* (X. 1, 1), 70 ff.; *E. Zaleski*, Planning reforms in the Soviet Union 1962–1966. An analysis of recent trend in economic organization and management. Chapel Hill 1967, bes. 141 ff.; *D. Lane*, Soviet Economy and Society. Oxford 1985, bes. 50 ff.; Details: *R. V. Greenslade*, The Real Gross National Product of the U.S.S.R., 1950–1975, in: *Soviet Economy in a New Perspective*. A Compendium of Papers submitted to the Joint Economic Committee. Congress of the United States. Washington, D. C. 1976, 269–300, bes. 294.

2 Vgl. *Höhmann*, Wirtschaftsentwicklung, 48 ff.; *K. Ryavec*, Implementation of Soviet Economic Reforms. Political, Organizational and Social Processes. N. Y. 1975; *A. Katz*, The Politics of Economic Reform in the Soviet Union. New York 1972.

3 Vgl. neben *Höhmann*, Wirtschaftsentwicklung, 92 ff. und *Ryavec*, 25 ff.: *A. Nove*, Das sowjetische Wirtschaftssystem. Baden-Baden 1980, 104 ff., 376 ff.; *Lane*, Economy, 3 ff., 67 ff.; *E. G. Liberman*, Methoden der Wirtschaftslenkung im Sozialismus. Ein Versuch über die Stimulierung der gesellschaftlichen Produktion. Frankfurt a. M. 1974; *M. E. Sharpe* (Hg.), The Liberman Discussion: A New Phase in Soviet Economic Thought. White Plains/N. Y. 1966.

4 *Gregory, Stuart*, 445 ff. (Konversionsdaten 1. Aufl., New York 1974, 353); *Nove*, History (VI. 3, 4), 382 ff.; ausführlich: *Höhmann*, Wirtschaftsentwicklung, 143 ff., Fazit 202 ff.; *Ryavec*, 186 ff.; *Conyngham* (VI. 3, 4), 264 ff.; *G. E. Schroeder*, The Soviet Economy on a Treadmill of «Reforms», in: *Joint Economic Committee of the Congress of the United States* [of America] (Hg.), Soviet Economy in a Time of Change. A Compendium of Papers Submitted to the Joint Economic Committee Congress of the United States. 1979, 312–340; *J. Chapman*, Wage Variation in Soviet Industry: The Impact of the 1956–1960 Wage Reform. Santa Monica/CA 1970, 126 ff.; Reformbeschlüsse: *KPSS* (IV. 1, 13) X, 440 ff. Eine Ausnahme blieb das Experiment in Ščekino: vgl. *Gregory, Stuart*, 212; *H.-H. Höhmann, U. Fox* (Hg.), Arbeitsmarkt und Wirtschaftsplanung: Beiträge zur Beschäftigungsstruktur und Arbeitskräftepolitik in Osteuropa. Köln 1977, 51 ff.; *V. Andrle*, Managerial Power in the Soviet Union. London 1976, 13 ff.
5 Vgl. *Breslauer* (IX. 1, 1), 137 ff. (Zitat 140); *H.-H. Höhmann*, Die Entwicklung der sowjetischen Wirtschaft seit 1979: Zwischentief oder Dauerkrise? Köln 1982 (= Berichte des BIOst Nr. 40–1982), 2 (Zitat).
6 Vgl. *G. Grossman*, An Economy at Middle Age, in: Problems of Communism 25 (1976) H. 2, S. 18–33, Daten 22 f.; *Nove*, History, 385; *Breslauer*, 200 ff.; Sowjetunion *1975/76*. Innenpolitik, Wirtschaft, Außenpolitik. München 1976, 93, 96 f.; äußerst materialreich zu allen Aspekten: *Joint Economic Committee*, Soviet Economy in a Time of Change, Bd. 1–2, hier u. a.: I, 402 ff.
7 Vgl. *Sowjetunion 1975/76*, 116 ff.; *Breslauer*, 220 ff.; kritischer: *Grossman*, 27 ff.; *Feiwel*, 78 f.
8 Vgl. *Sowjetunion 1978/79*. Ereignisse, Probleme, Perspektiven. München 1979, 119 ff., bes. 124, 126; *Höhmann*, Entwicklung, 2 ff. und Untertitel; *ders.*, Von Breshnew zu Andropow. Bilanz und Perspektiven sowjetische Wirtschaftspolitik. Köln 1983 (= Berichte des BIOst Nr. 10/1983), weitgehend identisch mit: *Sowjetunion 1982/83*. Ereignisse, Probleme, Perspektiven. München 1983, 113 ff.; *M. S. Gorbatschow*, Perestroika. Die zweite russische Revolution. München 1987, 19 f.
9 Vgl. vor allem: *Höhmann*, Entwicklung, 16 ff.; *ders.*, Von Breshnew, 13 ff.; *Sowjetunion 1978/79*, 121 f., 129 f., 147 ff.; *Sowjetunion 1982/83*, 116 f.; mit derselben Deutung: *Grossman*, 31 f.; *Gregory, Stuart*, 1. Aufl. 452; *Nove*, History, 389 f.; *Feiwel*, 97 ff.; *P. Hanson*, in: *D. Lane* (Hg.), Labour and Employment in the USSR. Brighton 1986, 84; *Schroeder*, 336 f.; *G. I. Chanin*, Economic Growth in the 1980s, in: *M. Ellman, V. Kontorovich* (Hg.), The Disintegration of the Soviet Economic System. London 1992, 73–85; *J. Berliner*, Economic Prospects, in: *R. Wesson* (Hg.), The Soviet Union: Looking to the 1980s. Stanford/Cal. 1980, 89–109, bes. 107 ff. Ältere Untersuchungen zogen gern den Vergleich mit der amerikanischen Industrialisierungsepoche: vgl. *Gregory, Stuart*, 355 ff.; *A. Bergson, S. Kuznets* (Hg.), Economic Trends in the Soviet Union. Cambridge/Mass. 1963, 54; zur begrenzten Innovationsfähigkeit der Sowjetindustrie allgemein: *J. S. Berliner*, The Innovation Decision in Soviet Industry. Cambridge/Mass. 1976, bes. 503 ff.; Bemühungen um höhere Arbeitsproduktivität: *M. Tatur*, Taylorismus in der Sowjetunion. Die Rationalisierungspolitik der UdSSR in den 70er Jahren. Frankfurt/M. 1983.
10 Vgl. *Breslauer*, 141 ff., bes. 144; *W. G. Hahn*, The Politics of Soviet Agriculture 1960–1970. Baltimore 1972, 168 ff.; *KPSS* X, 426 ff.; Übersichten: *Nove*, History 378 ff.; *Nove*, Wirtschaftssystem, 145 ff.; *ders.*, Agriculture, in: *Brown, Kaser*, Soviet Union (X. 1, 1), 1–15 (bis 1975); *ders.*, Agriculture, in: *Brown, Kaser*, Soviet Policy (X. 1, 9), 1970–185; *R. D. Laird*, The Political Economy of Soviet Agriculture under Brezhnev, in: *Kelley* (X. 1, 1), 55–69; *D. W. Carey, J. F. Havelka*, Soviet Agriculture: Progress and Problems, in: *Soviet Economy in a Time of Change II*, 55–86; *Gregory, Stuart* (IX. 2, 1), 146 ff. u. pass.

11 Vgl. *Breslauer*, 189f. (Zitat 180), 200ff. (Zitat Brežnev 237); Erfolgswertung nach: *Carey, Havelka*, 61, 64; ähnlich: *Nove*, in: *Brown, Kaser*, Soviet Policy, 170; auch: *Hahn*, Politics, 189ff., 225ff.; *Sowjetunion 1975/76*, 93ff., 113f.; *Grossman*, 21 (Erntedaten); *Sowjetunion 1976/77*, 112ff.; *Sowjetunion 1978/79*, 127f.; *Sowjetunion 1980/81*, 138ff.; *Nove*, in: *Brown, Kaser*, Soviet policy, 170 (mit abweichenden Daten zur Bruttoagrarproduktion im Vergleich zu Tab. 53).
12 Daten nach: *Sowjetunion 1982/83*, 114; *Sowjetunion 1981/82*, 169.
13 Daten nach *Sowjetunion 1980/81*, 170; Ursachenkatalog bei: *Nove*, in: *Brown, Kaser*, Soviet Policy, 172ff.; *ders.*, History, 380f.; *Carey, Havelka*, 56f.
14 Vgl. neben *Nove*, Wirtschaftssystem, 148ff., vor allem: *K.-E. Wädekin*, Privatproduzenten in der sowjetischen Landwirtschaft. Köln 1967, bes. 23 u. 170ff.
15 *Nove*, Wirtschaftssystem, 308ff.; auch: *Bütow*, 409ff.
16 Vgl. *Nove*, Wirtschaftssystem, 327ff.; *Sowjetunion 1975/76*, 150ff.; *Sowjetunion 1976/77*, 150ff.; *Sowjetunion 1978/79*, 187ff.; *Sowjetunion 1980/81*, 177ff.; *Nove*, History, 391f., 397.
17 Vgl. *Nove*, Wirtschaftssystem, 280ff. (Daten 281, 289, 303); *ders.*, History, 388ff.; *Bütow*, 338ff. (Daten 341).
18 Vgl. *Sowjetunion 1976/77*, 162ff.

3. Gesellschaft zwischen Aufstieg und Niedergang:
Bevölkerung, Arbeiter, Bauern und Intelligenz

1 Zur Literatur vgl. u. 1005ff.
2 Diese Angabe aus *Strany-členy SNG. Statističeskij ežegodnik*. M. 1992, 5 liegt allerdings (auch für 1990) um bemerkenswerte 12 Mio. unter den entsprechenden Angaben des letzten statistischen Jahresbandes des Staatlichen Statistischen Komitees der UdSSR; vgl. *Narodnoe chozjajstvo SSSR v 1990 g. Statističeskij ežegodnik*. M. 1991, 67. Ich habe vorsichtshalber die niedrigere Zahl gewählt. Westsprachige Auswahl neuerer sowjetischer Daten: *The First Book of Demographics for the Republics of the Former Soviet Union 1951–1990*. Maryland 1992; reiche Daten zum Folgenden auch: *M. Ryan* (Hg.), Social Trends in Contemporary Russia: A Statistical Source-Book. New York 1993; kluge Gesamtdeutung: *G. W. Lapidus*, Social Trends, in: *Byrnes* (X. 1, 1), 186–249, hier 210ff.
3 Vgl. neben den Quellen von Tab. A-1: *Kozlov*, Peoples (VI. 4, 1), 126; *J. A. Newth*, Demographic Developments, in: *Brown, Kaser*, Soviet Union, 77–95; *A. Helgeson*, Demographic Policy, in: *Brown, Kaser*, Soviet Policy, 118–145; *D. M. Heer*, Population Policy, in: *J. G. Pankhurst, M. P. Sacks* (Hg.), Contemporary Soviet Society. Sociological Perspectives. New York 1980, 63–87.
4 Daten nach *Kozlov*, Peoples, 123ff.; *Narodnoe chozjajstvo 1922–1972*, 40; *Narodnoe chozjajstvo 1990*, 88; Destabilisierungsthese: *Carrère d'Encausse*, Risse (X. 1, 42).
5 Vgl. *Lewis, Rowland* (IV. 2, 11) 42ff., 109ff., 158ff. (Zitat 174), 186ff., 279ff.; *Kozlov*, Peoples, 49ff., bes. Tab. 8; *Merl*, Rußland, 651ff.
6 Vgl. *M. Feshbach*, The Structure and Composition of the Industrial Labor Force, in: *A. Kahan, B. A. Ruble* (Hg.), Industrial Labor in the U.S.S.R. New York u. a. 1979, 3–18; *Teckenberg*, Gegenwartsgesellschaften (X. 1, 30), 162ff.; *H.-H. Höhmann, G. Seidenstecher*, Beschäftigungsstruktur und Arbeitskräftepolitik in der Sowjetunion, in: *Höhmann*, Arbeitsmarkt (X. 2, 4), 11–96, hier 25ff.
7 Daten nach: *Teckenberg*, Gegenwartsgesellschaften, 22; *Höhmann, Seidenstecher*, 36.
8 Vgl. neben der Tabelle A-4: *Sowjetunion 1978/79*, 85ff. und *Sowjetunion 1980/81*, 58ff.; *R. S. Clem*, The Ethnic Dimension of the Soviet Union, in: *Pankhurst, Sacks*, 11–62.

9 Daten nach: *Istorija sovetskogo rabočego klassa v šesti tomach. Tom 5: Rabočij klass SSSR na novom etape razvitija socialističeskogo obščestva 1961-1970 gg.* M. 1988, 93 ff. (bes. 95, 138) und *Narodnoe chozjajstvo 1922-1982* (IV. 4, 2), 398 ff., 403; *Senjawski, Telpuchowski* (VI. 3, 9), 211 ff.; *M. Rutkewitsch, F. Filippow,* Klassen und Schichten in der Sowjetunion. Berlin 1979, bes. 273 ff.; *D. Lane, F. O'Dell,* The Soviet Industrial Worker. Social Class, Education and Control. Oxford 1978, 108 ff.; *Lane,* Economy, 155 ff.; *K. Schlögel,* Der renitente Held. Arbeiterprotest in der Sowjetunion 1953-1983. Hamburg 1984, 82 ff. (Daten 84). Ferner: *W. Teckenberg,* Die soziale Struktur der sowjetischen Arbeiterklasse im internationalen Vergleich. Auf dem Wege zur industrialisierten Ständegesellschaft? München 1977, 54 f., 79 ff.; *ders.,* Gegenwartsgesellschaften, 22 ff.; *D. Filtzer,* Soviet Workers and De-Stalinization. The Consolidation of the Modern System of Soviet Production Relations, 1953-1964. Cambridge 1992, 59 ff.; *Feshbach,* in: *Kahan, Ruble; Höhmann, Seidenstecher,* 41 ff.; *Hanson,* in: *Lane,* Labour (X. 2, 9), 83-111; *R. B. Dobson,* Socialism and Social Stratification, in: *Pankhurst, Sacks,* 88-114.
10 Daten nach *Narodnoe chozjajstvo 1922-1982,* 399, 407 (berechnet); *Rutkewitsch, Filippow,* 77, 92, 311 ff. (Zitat 61); *Istorija sov. rabočego klassa V,* 119; *Höhmann, Seidenstecher,* 38 ff.; *Lane, O'Dell,* 112 ff.; zahlreiche weitere in: *Trud v SSSR. Statističeskij sbornik.* M. 1988, 111 ff.
11 Vgl. *Istorija sov. rabočego klassa V,* 111 f. (Daten); *Chapman,* Wage Variation (X. 2, 4), 104 f.; *Teckenberg,* Soziale Struktur, 190; *J. Brockmann,* Die Differenzierung der sowjetischen Sozialstruktur. Wiesbaden 1978, 137 ff.; *O. I. Shkaratan,* Sources of Social differentiation und andere Beiträge in: *M. Yanowitch, W. A. Fisher* (Hg.), Social Stratification and Mobility in the USSR. White Plains/NY 1973; *M. Yanowitch,* Social and Economic Inequality in the USSR. Six Studies. New York 1977, bes. 3 ff.
12 Vgl. *J. C. Chapman,* Recent Trends in the Soviet Industrial Wage Structure, in: *Kahan, Ruble,* 166 ff.; *A. McAuley,* Economic Welfare in the Soviet Union. Poverty, Living Standards and Inequality. Madison/Wisc. 1979, bes. 242, 308; *Matthews,* Class (VIII. 3, 11), 72 ff.; *Lane, O'Dell,* 79 ff.; *Sowjetunion 1980/81,* 139 (Daten); andere Zahlen: *Istorija sov. rabočego klassa V,* 191 f.; *Trud v SSSR,* 143 ff.; ‹intersozialistischer› Vergleich: *W. D. Connor,* Socialism, Politics, and Equality. Hierarchy and Change in Eastern Europe and the USSR. New York 1979, bes. 215 ff.; *K. von Beyme,* Ökonomie und Politik im Sozialismus. Ein Vergleich der Entwicklung in den sozialistischen Ländern. München und Zürich 1975, 76 ff.
13 Vgl. *Chapman,* in: *Kahan, Ruble,* 151, 159, 169 ff. (Daten); *McAuley,* Economic welfare, 197 ff.; *Yanowitch,* 23 ff., bes. 25, 47.
14 Vgl. *Chapman,* in: *Kahan, Ruble,* 171; *McAuley,* Economic welfare, 218 ff., 242 ff., 308; *Brockmann,* 148; *Matthews,* Class, 89 (Lohndaten).
15 Vgl. *G. E. Schroeder, I. Edwards,* Consumption in the USSR. An International Comparison. A Study Prepared for the Use of the Joint Economic Committee of the Congress of the United States. Washington, D. C. 1981; *Matthews,* Class, 93 ff., bes. 94 u. 96; knapp: *ders.,* The Soviet Worker at Home, in: *Kahan, Ruble,* 209-231, Zitat 227; *Teckenberg,* Soziale Struktur, 109 ff.; *ders.,* Gegenwartsgesellschaften, 401 f.
16 *Filtzer,* Workers and De-Stalinization, 38 f.; *Bütow,* 246 f.; *A. Brodersen,* The Soviet Worker: Labor and Government in Soviet Society. New York 1966, 139 ff.; *M. McAuley,* Labour Disputes in Soviet Russia, 1957-1965. Oxford 1965.
17 *B. Lewytzkyj,* Die Gewerkschaften in der Sowjetunion. Geschichte, Aufgaben und Stellenwert der Gewerkschaften in der sowjetischen Gesellschaft. Frankfurt/M. 1970, 46 ff., bes. 50 f.; *E. C. Brown,* Soviet Trade Unions and Labor Relations. Cambridge/Mass. 1966, 139 ff., 270 (Daten); *Hanson,* in: *Lane,* Labour (X. 2, 9), 98; ZK-Beschlüsse: *Rešenija* (VI. 2, 21) IV, 382 ff., 437 ff.
18 Vgl. *H.-H. Schröder,* «Lebendige Verbindung mit den Massen». Sowjetische Gesell-

schaftspolitik in der Ära Chruščev, in: VfZG 34 (1986), 523-560, hier 529 ff.; *M. Harrison*, Lessons of Soviet Planning of Full Employment, in: *Lane*, Labour, 78 (Umfrageergebnis); Zitate: *L. R. Graham*, The Ghost of the Executed Engineer: Technology and the Fall of the Soviet Union. Cambridge/Mass. 1993, 102; *Schlögel*, Renitente Held, 103 f. Zu Alkoholismus und abweichendem Verhalten allgemein: *W. D. Connor*, Deviance in Soviet Society. Crime, Delinquency, and Alcoholism. New York 1972

19 Daten nach *Brockmann*, 152; ähnlich: *Matthews*, Class, 151; *G. E. Schroeder*, Rural Living Standards in the Soviet Union, in: *Stuart* (V, 65), 241-257, hier 244.

20 Vgl. Tab. A-6 sowie *Schroeder*, in: *Stuart*, 243, 245; *Matthews*, Class, 65; *Narodnoe chozjajstvo SSSR za 70 let*. Jubilejnyj statističeskij sbornik [1917-1987]. M. 1987, 445; *Narodnoe chozjajstvo 1990*, 114. Ich danke Stephan Merl, Bielefeld, für den Hinweis auf diese Zahlen und manch andere Informationen und Kommentare nicht nur zu diesem Abschnitt.

21 Vgl. *Brunner*, Westen (VI. 2, 7), 18 f., 76 f., 141 ff., 147 ff.; *Matthews*, Class, 60 ff.

22 Einzelheiten bei *Brunner, Westen*, 80 ff.; *P. Stiller*, Sozialpolitik in der UdSSR 1950-1980. Eine Analyse der quantitativen und qualitativen Zusammenhänge. Baden-Baden 1983, 108 ff.

23 *Schroeder*, in: *Stuart*, 246 f.; *Matthews*, Class, 68; langfristige, aber nicht sozial aufgeschlüsselte Zahlenreihen in: *Narodnoe chozjajstvo 1922-1972*, 372; *Narodnoe chozjajstvo 1922-1982*, 447.

24 Daten nach Tab. 55; ähnlich: *Matthews*, Class, 67 ff.; *Narodnoe chozjajstvo 1922-1972*, 373; *Narodnoe chozjajstvo 1917-1987*, 444 f.; *Narodnoe chozjajstvo SSSR 1990*, 113 f., 182 f.; *Teckenberg*, Soziale Struktur, 392 ff.

25 Daten nach *Schroeder*, in: *Stuart*, 252 f.; weitere Angaben unten S. 932 ff.

26 Vgl. u. a. *Dunn u. Dunn* (VI. 3, 37), 39 ff.: *S. P. Dunn*, Structure and Functions of the Soviet Rural Family, in: *Millar*, Rural Community (VI. 3, 33), 276-306; *S. Bridger*, Women in the Soviet Countryside. Women's Roles in Rural Development in the Soviet Union. Cambridge u. a. 1987, 89 ff.

27 Vgl. *Matthews*, Class, 153 sowie die Quellen von Tab. A-6; grundlegend zur Frauenarbeit: *Bridger*, 21 ff.

28 Vgl. *Brockmann*, 158 f.; *Matthews*, Class, 185 u. pass.; *Fitzpatrick*, Peasants (V., 11), 319;

29 Angaben neben Tab. A-3/2 und A-6 aus: *Narodnoe chozjajstvo 1922-1972*, 348 f.; weitere Daten: *Beyrau*, Intelligenz (VIII. 3, 7), 145 ff.; *H. Strizek*, Zur Lage der technischen Intelligenz in der Sowjetunion, in: Osteuropa 23 (1973), 105-118; grundlegend: Naučnye kadry SSSR: dinamika i struktura. M. 1991; zur Frauenarbeit: *Dodge* (VI. 4, 11), bes. 193 ff. und *Lapidus* (VI. 4, 8), 170 ff.; Gesamtproblem: *Parrot* (V., 6); *E. P. Hoffmann, R. F. Laird*, Technocratic Socialism. The Soviet Union in the Advanced Industrial Era. Durham 1985; *D. M. Gvishiani, S. R. Mikulinsky, S. A. Kugel* (Hg.), The Scientific Intelligentsia in the USSR. Structure and Dynamics of Personnel. M. 1976; *Andrle*, Managerial Power (X. 2, 4), 95 ff.

30 Vgl. *M. Matthews*, Privilege in the Soviet Union. A Study of Elite Life-Styles under Communism. London 1978, 31 (Daten), 59 ff., 96 ff.

31 Vgl. *Matthews*, Privilege, 118 f., 129 f.; *Teckenberg*, Gegenwartsgesellschaften, 434.

32 Vergleich mit den USA: *Matthews*, Privilege, 175 ff.

4. Kultur zwischen Anpassung und Dissens

1 Vgl. O. *Anweiler*, Das sowjetische Schulwesen am Beginn der achtziger Jahre, in: Osteuropa 31 (1981), 791–811, bes. 792.
2 Zum Vorstehenden: *Anweiler*, in: *Anweiler, Ruffmann* (IV. 5, 53), 90 ff.; *Matthews*, Education (IV. 4, 5), 42 ff., bes. 65; *Zajda* (VIII. 4, 12), 34 ff.; *S. Baske*, in: *Bütow* (X. 1, 24), 483 ff.; *Anweiler*, Schulwesen, 793 ff.; ders., *F. Kuebart*, Berufsausbildung in der Sowjetunion im Schnittpunkt pädagogischer Ziele und ökonomischer Interessen, in: Osteuropa 37 (1987), 562–577; Texte bei: *Mitter* (IX. 3, 1), 55 ff. (Zitat, 55) und *Anweiler, Kuebart, Meyer* (IX. 3, 1), 121 ff., 128 ff.
3 Daten nach: *Narodnoe chozjajstvo 1922–1982*, 42 f.; *Narodnoe chozjajstvo 1922–1972*, 36; *Narodnoe chozjajstvo 1990*, 209; im einzelnen: *Narodnoe obrazovanie, nauka i kul'tura SSSR. Statističeskij sbornik.* M. 1971 sowie dass. M. 1977; dazu: *R. B. Dobson*, Educational Policies and Attainment, in: *Atkinson, Dallin, Lapidus* (IV. 5, 15), 267–292, bes. 268 f.; *A. McAuley*, Women's Work and Wages in the Soviet Union. London 1981, 134 ff.
4 Vgl. neben Tabelle A 5/2 vor allem: *Matthews*, Education, 101 ff.
5 Vgl. *Matthews*, Education, 97 ff., bes. 148.
6 Vgl. *R. B. Dobson*, Education and Opportunity, in: *Pankhurst, Sacks* (X. 3, 3), 115–137, bes. 123; *G. Avis*, in: *J. J. Tomiak* (Hg.), Western Perspectives on Soviet Education in the 1980s. London 1983, 199–239, bes. 218 ff.
7 Einzelheiten vor allem bei: *Matthews*, Education, 153 ff.
8 Vgl. *Anweiler, Ruffmann*, 131 f.; *Matthews*, Education, 200 ff.; *von Beyme* (X. 3, 12), 123 ff.; *Lapidus*, Social Trends, in: *Byrnes* (X. 1, 1), 203 ff.; zum Erziehungsideal: *U. Bach*, Kollektiverziehung als moralische Erziehung in der sowjetischen Schule 1956–1976. Berlin 1981.
9 Daten nach *Narodnoe chozjajstvo 1922–1972*, 348; *Narodnoe chozjajstvo 1922–1982*, 403; *Narodnoe chozjajstvo 1990*, 103 sowie *McAuley*, Women's Work, 32 ff., 46 f.; *Lapidus* (VI. 4, 8), 161 ff., bes. 168; *M. P. Sacks*, Women in Industrial Labor Force, in: *Atkinson, Dallin, Lapidus*, 189–204, bes. 198; ders., The Place of Women, in: *Pankhurst, Sacks*, 227–253; ders., Women's Work (VII. 4, 4), 27 ff. Sammlung sowjetischer Beiträge: *G. W. Lapidus* (Hg.), Women, Work and Family in the Soviet Union. Armonk 1982; Vergleich 1939 und 1970: *M. P. Sacks*, Work and Equality in Soviet Society: The Division of Labor by Age, Gender, and Nationality. New York 1982.
10 Vgl. *McAuley*, Women's Work, 48 ff., bes. 56; *Lapidus*, 196 f.
11 Vgl. *McAuley*, Women's Work, bes. 44, 72 f., 96 f.; *Sacks*, in: *Pankhurst, Sacks*, 236, 238; ders., Women's work, 69 ff., 80 ff., 91 f.; *J. Chapman*, Equal pay for equal work?, in: *Atkinson, Dallin, Lapidus*, 225–239, bes. 236; *N. T. Dodge*, Women in the professions, in: *Atkinson, Dallin, Lapidus*, 205–224.
12 Vgl. *Bridger* (X. 3, 26), 21 ff., bes. 29, 79, 81 (Zitat); *McAuley*, Women's Work, 98 ff., bes. 100, 106, 113; *Sacks*, Women's work, 141 ff.
13 Vgl. *McAuley*, Women's Work, 120 ff.
14 Vgl. *Lapidus*, 123 ff. (Zitat 131); *Bridger*, Women, 89 ff., 129 ff.; *Sacks*, Women's Work, 164.
15 Vgl. *J. Zuzanek*, Work and Leisure in the Soviet Union. A Time-Budget Analysis. New York 1980, 80 ff., 89; *Lapidus*, 269 ff.; *Bridger*, 100 ff.
16 Daten nach: *Lapidus*, 198 ff., bes. 205, 214 f.; *J. F. Hough*, Women and Women's Issues in Soviet Policy Debates, in: *Atkinson, Dallin, Lapidus*, 356–378, hier 357; s. auch: *G. W. Lapidus*, Sexual Equality in Soviet Policy. A Developmental Perspective, in: *Atkinson, Dallin, Lapidus*, 115–138; *J. C. Moses*, Women in Political Roles, in: Ebd., 333–353 sowie den Pionieraufsatz von: *B. W. Jančar*, Women and Soviet Politics, in:

H. W. Morton, R. L. Tőkés (Hg.), Soviet Politics and Society in the 1970's. London 1974, 118–160.
17 Vgl. P. H. Juviler, Women and Sex in Soviet Law, in: *Atkinson, Dallin, Lapidus,* 243–265, bes. 554 ff.; ders., Family Reforms on the Road to Communism, in: *P. H. Juviler, H. W. Morton* (Hg.), Soviet Policy Making: Studies of Communism in Transition. N. Y., London 1967, 29–60; *Lapidus,* 235 ff.; *Liegle* (VI. 4, 9), 19 ff. u. pass.; *McAuley,* Women's Work, 163 ff.
18 Vgl. *Narodnoe chozjajstvo 1922–1972,* 40, 44; *Narodnoe chozjajstvo 1922–1982,* 27, *Narodnoe chozjajstvo 1990,* 83, 88; *Lapidus,* 251.
19 Vgl. *Lapidus,* 247 ff.; *Liegle,* 55 ff.; 181 ff.; *McAuley,* Women's Work, 199 ff.
20 Vgl. *C. J. Friedrich,* Totalitäre Diktatur. Stuttgart 1957 19 f., 24 ff., 103 ff.
21 Vgl. *Riordan* (VI. 4, 19), 161 ff.; *Edelman* (VI. 4, 18), 155 ff.
22 Vgl. *M. T. Choldin, M. Friedberg* (Hg.), The Red Pencil. Artists, Scholars, and Censors in the USSR. Boston 1989; *M. Dewhirst, R. Farrell* (Hg.), The Soviet Censorship. Metuchen/N. J. 1973; zur Medienlandschaft: *G. D. Hollander,* Soviet Political Indoctrination. Developments in Mass Media and Propaganda Since Stalin. N. Y. u. a. 1972, Tabellen 205 ff.
23 Informativ: *C. Lane,* The Rites of Rulers. Ritual in Industrial Society. The Soviet Case. Cambridge 1981, bes. 191 ff. (Zitat 27); *D. E. Powell,* Antireligious Propaganda in the Soviet Union: A Study of Mass Persuasion. Cambridge/Mass. 1975, 66 ff.
24 Angaben nach: *A. Brown,* The Power of the General Secretary of the CPSU, in: *T. H. Rigby, A. Brown, P. Reddaway* (Hg.), Authority, Power and Policy in the USSR. Essays dedicated to Leonard Schapiro. London 1980, 135–157, bes. 141 f.
25 Vgl. *R. Ahlberg,* in: *Lieber, Ruffmann* I (IV. 5, 58), 429 ff.; *H. Dahm,* Ausbruch (IX. 3, 11), 369 ff.; ders., Die Dialektik im Wandel der Sowjetphilosophie. Köln 1963; zum »Revisionismus« in der außersowjetischen marxistischen Philosophie, der hier außer Betracht bleiben muß, u. a.: *L. Kolakowski,* Die Hauptströmungen des Marxismus. Entstehung, Entwicklung, Zerfall. Bd. 1–3, München 1977–1979, bes. III, 489 ff.
26 Vgl. *Meissner,* Parteiprogramm (IV. 2, 2), 65 ff., 143 ff., Zitate 69, 145.
27 Zusammenfassend: *Dahm,* Ausbruch, 369 ff., 395 ff.; grundlegende Dokumente zur Kulturpolitik: *D. Kretzschmar* (Hg.), Die sowjetische Kulturpolitik 1970–1985. Von der verwalteten zur selbstverwalteten Kultur. Analyse und Dokumentation. Bochum 1993, 399 ff.; *Eggeling* (IX. 3, 18), 172 ff., 631 ff.
28 Vgl. diese Frage bei: *L. R. Graham,* Big Science in the Last Years of the Big Soviet Union, in: Osiris 7 (1992), 49–71, Daten 58. Beste Übersichten: Ders., Science (IV. 5, 54), bes. 137 ff.; ders., Science, Philosophy (VI. 4, 31); *Berry* (VI. 4, 29), 18 ff. (handbuchartig); *Kneen* (IX. 3, 9); *S. Fortescue,* Science Policy in the Soviet Union. New York 1990; ders., The Communist Party and Soviet Science. Baltimore 1986; Sammelbände: *J. R. Thomas, U. M. Kruse-Vaucienne* (Hg.), Soviet Science and Technology. Domestic and Foreign Perspectives. Washington D. C. 1977; *L. J. Lubrano, S. G. Solomon* (Hg.), The Social Context of Soviet Science. Boulder/Colo. 1980; *P. Cocks,* Science Policy USA/USSR. Bd. 2: Science Policy in the Soviet Union. Washington/DC 1980. Materialreich, aber offiziös: *Komkov, Levšin, Semenov* (IV. 5, 54), 565 ff.
29 Vgl. *Vucinich* (IV. 5, 54), 304 f.; *Berry,* 20; *Graham,* Science, 183 ff.; *K. Meyer,* Wissenschaftspolitik, in: *Anweiler, Ruffmann,* 171 ff.
30 Daten und Fazit nach: *Fortescue,* Science Policy, 7, 9; *Berry,* 82 f.; auch: *Komkov, Levšin, Semenov,* 646 f.
31 *Berry,* 33 ff.; *W. Kasack,* Die Akademie der Wissenschaften der UdSSR. Überblick über Geschichte und Struktur. 3. Aufl. Boppard 1978.
32 Daten nach *Kneen,* 73–75; *Fortescue,* Communist Party, 66 f., 160 ff.; auch: *Vucinich,* Empire, 363 f.; kritischer: *Kneen,* 97 ff.
33 Vgl. *Graham,* Science, 207 ff., 213 ff.; ders., Sience, Philosophy, 266 ff., 320 ff., 354 ff.

34 Vgl. *Graham*, Science, 185 f., 201 f., in Übereinstimmung mit: *T. Gustafson*, Why Doesn't Soviet Science Do Better Than It Does?, in: *Lubrano, Solomon*, 31–68.
35 Vgl. u. a.: *Bonwetsch*, Oktoberrevolution (IX. 3, 16); *Scharf* (IX. 3, 16); *Geyer*, Umwertung (V, 67); zur Soziologie: *Weinberg* (IX. 3, 15).
36 Vgl. zum Nachstehenden neben einer Fülle literaturwissenschaftlich-ästhetischer Spezialliteratur u. a.: *G. Hosking*, The twentieth century: in search of new ways, 1953–1980, in: *Moser* (VI. 4, 23), 520–594; *ders.*, Beyond Socialist Realism: Soviet fiction since ‹Ivan Denisovich›. New York 1980; *N. N. Shneidman*, Soviet Literature in the 1970s: Artistic diversity and ideological conformity. Toronto u. a. 1979; *G. Roseme*, The Politics of Soviet Literature, in: *Strong*, Soviet Union (X. 1, 21), 176–192; *M. Dewhirst*, Soviet Russian Literature and Literary Policy, in: *Kaser, Brown*, Soviet Union (X. 1, 9), 181–195; *A. White*, De-Stalinization and the House of Culture. Declining State Control Over Leisure in the USSR, Poland and Hungary, 1953–89. New York 1990; *R. J. Marsh*, Soviet Fiction Since Stalin: Science, Politics and Literature. London 1986.
37 Vgl. *Hosking*, Beyond Realism, 84 ff., 162 ff.
38 Vgl. *Hosking* in: *Moser*, 535.
39 Vgl. ebd. 534 (Zitat), 536 ff.; *ders.*, Beyond Realism, 101 ff.; *Beyrau*, Intelligenz (VIII. 3, 7), 191 ff.; *Rothberg* (IX. 3, 19), 127 ff.; *P. Hübner*, Die Rolle der Literatur und der Literaten in der sowjetischen Opposition, in: *H. Brahm* (Hg.), Opposition in der Sowjetunion. Berichte und Analysen. Düsseldorf 1972, 52–90, 171 ff.; *M. Hayward* (Hg.), On Trial: The Case of Sinyavsky (Tertz) and Daniel (Arzhak). London 1966; *Kretzschmar*, 516 ff.
40 Vgl. *Hosking*, in: *Moser*, 533 f.,
41 Vgl. *Shlapentokh, Shlapentokh* (IV. 5, 39), 147 ff.; *P. Rühl*, in: *Bütow*, (X. 1, 24), 566 ff.
42 Vgl. *Schwarz*, Musik (VI. 4, 25), 774 ff., bes. 786, 804; *D. Gojowy*, in: *Bütow*, 559 ff.
43 Vgl. u. a.: *C. J. Gerstenmaier*, Die Stimmen der Stummen. Die demokratische Bewegung in der Sowjetunion. Stuttgart 1971, 11–200, hier 68 ff.; *Beyrau*, Intelligenz, 229 f.; *P. Reddaway*, Policy Towards Dissent Since Khrushchev, in: *Rigby, Brown, Reddaway*, 158–192, bes. 161 ff.; *ders.*, The Development of Dissent and Opposition, in: *Brown, Kaser*, Soviet Union, 121–156; *Rothberg* (IX. 3, 19), 235 ff.; *R. L. Tökés* (Hg.), Dissent in the USSR. Politics, Ideology, and People. Baltimore 1985 (umfangreicher Sammelband); *F. J. M. Feldbrugge*, Samizdat and Political Dissent in the Soviet Union. Leiden 1975; *Brahm*, Opposition; *S. Bloch, P. Reddaway* (Hg.), Psychiatric Terror. How Soviet Psychiatry Is Used to Suppress Dissent. New York 1977.
44 Vgl. neben Anm. 43: *A. Buchholz*, Systemkritiken sowjetischer Naturwissenschaftler, in: *Brahm*, Opposition, 91–111, bes. 92 f.
45 Eindrucksvoll: *Sacharow* (VIII. 4, 6), hier bes. 287 ff.; frühe politische Schriften in: *A. Sacharow*, Stellungnahme. Wien u. a. 1974, 59 ff.; *T. Friedgut*, The Democratic Movement: Dimensions and Perspectives, in: *Tökés*, 116–138; *Rothberg*, 328 ff.
46 Vgl. *Sacharow*, 309 f., 357 f.; *Gerstenmaier*, 120 ff.; *Feldbrugge*, 38 ff., hier 43; *Beyrau*, Intelligenz, 246 ff.; *P. Reddaway* (Hg.), Uncensored Russia. The Human Rights Movement in the Soviet Union. The Annotated Text of the Unofficial Moscow Journal «A Chronicle of Current Events» (Nos. 1–11). London 1972, 61 ff.; *M. Hopkins*, Russia's Underground Press. The Cronicle of Current Events. New York 1983.
47 Vgl. *Beyrau*, Intelligenz, 239, 250 f.; *Rothberg*, 315 ff.; Übersicht: Sowjetunion 1973, 48 ff.
48 Vgl. Dokumente der Moskauer Helsinki-Gruppe. Texte der «Förderungsgruppe zur Erfüllung der Beschlüsse von Helsinki in der UdSSR». Frankfurt/M. 1977; *P. Hübner* in: Sowjetunion 1976–77, 90 ff.; Sowjetunion 1978/79, 105 ff.; Sowjetunion 1980/81, 89 ff.; *Rigby, Brown, Reddaway*, 178 f.; *Sacharow*, 532 ff., 605 ff. u. ö.
49 Vgl. *Feldbrugge*, 28 ff.; *Tökés*, 116–136, 329–353; *A. Solschenizyn* u. a., Stimmen aus

dem Untergrund. Darmstadt 1975, 9–32; *ders.*, Rußlands Weg aus der Krise. Ein Manifest. München 1990.
50 Daten nach *Sowjetunion 1978/79*, 107.
51 Vgl. Texte in: *Hauptmann, Stricker* (IV. 5, 31), 797 ff., hier 802, 804; Übersichten: *Rothenberg* (VIII. 4, 14), hier 84 f.; *D. A. Lowrie, W. C. Fletcher*, Khrushchev's Religious Policy 1959–164, ebenfalls in: *Marshall* (IV. 5, 31), 131–155, hier 131 f.; *J. Pankhurst*, Religion and Atheism in the USSR, in: *Pankhurst, Sacks* (X. 3, 3), 182–207, hier 195 ff.; *P. Walters*, A survey of Soviet religious policy, in: *Ramet* (IV. 5, 31), 3–30, hier 20 ff.; *Luchterhandt* (IV. 5, 32), 112 ff.; *ders.*, Die Religionsgesetzgebung der Sowjetunion. Berlin 1978, 21 f.; systematisch: *Powell.*
52 Vgl. *Rothenberg*, 87 ff.; *Lowrie, Fletcher*, 145 ff.; *Luchterhandt*, Sowjetstaat (IV. 5, 32), 125 ff.; *G. Simon*, Der Kampf um die Glaubenstoleranz, in: *Brahm*, Opposition, 137–162, hier 153 ff.
53 Angaben nach *Lowrie, Fletcher*, 151 ff.; *Hauptmann, Stricker*, 818; niedrigere Schätzungen bei: *J. Ellis*, The Russian Orthodox Church. A Contemporary History. London 1986, 13 ff.
54 Vgl. *Lowrie, Fletcher*, 136 ff.; Gesamtübersicht: *Lane*, Rites; *Powell*, 66 ff.
55 Vgl. *Luchterhandt*, Sowjetstaat, 212 ff., bes. 220 f.; *Rothenberg*, 97 f.; *A. P. Bogolepov*, The Legal Position of the Russian Orthodox Church in the Soviet Union, in: *Marshall*, 193–221, hier 211 f.
56 Vgl. *Luchterhandt*, Sowjetstaat, 199 ff.; *Hauptmann, Stricker*, 824 ff.; umfangreichste Gesamtübersicht: *Ellis*, 39 ff., 251 ff. u. pass.
57 Zitate: *Hauptmann*, Stricker, 864, 871.
58 Vgl. *Luchterhandt*, Religionsgesetzgebung, 41 f., 107 ff. (Text; *Sowjetunion 1975/76*, 72; *Hauptmann, Stricker*, 892 ff.; *Sowjetunion 1974/75*, 77; *Ellis*, 174 (Daten).
59 Vgl. *Hauptmann, Stricker*, 840 ff. (Zitate 843, 847); ausführlichste Übersicht: *Ellis*, 287–454; ferner: *Simon*, Kampf, 144 ff.; *B. R. Bociurkiw*, Religious Dissent and the Soviet State, in: *Ders., J. W. Strong* (Hg.), Religion and Atheism in the USSR. Toronto 1975, 58–91; *ders.*, Religion in the USSR after Khrushchev, in: *Strong*, Soviet Union (X. 1, 21), 135–155, hier 139 ff.; *G. Simon*, Die Kirchen in Rußland. Berichte – Dokumente. München 1970, 113 ff.; *M. Bourdeaux*, Patriarch and Prophets: Persecution of the Russian Orthodox Church. London 1975 und *ders.*, Faith on Trial in Russia. London 1971; andere Religionen: *Ders.*, Religious Ferment in Russia: Protestant Opposition to the Soviet Religions Policy. London 1968.
60 Vgl. ebd., 843 ff.; *Simon*, Kampf, 151 f.
61 Vgl. *Simon*, Kampf, 153; *Ellis*, 375 f.
62 Vgl. *G. Stricker*, Die Kirchen in der Sowjetunion 1975–1985 (Berichte des Bundesinstituts für ostwissenschaftliche und internationale Studien, Köln, 18/1986), bes. 6 f., 8 f., 11; *Luchterhandt*, Religionsgesetzgebung, 41 f.; *Ellis*, 405 ff.; *Walters*, 27 f.
63 Vgl. *Stricker*, 12 ff.; *Sowjetunion 1974/75*, 77; *Ellis*, 181; *C. Lane*, Christian Religion in the Soviet Union. London 1978, 43 ff.; *Bridger* (X. 3, 26), 176 ff.

5. Außenpolitik zwischen Konfrontation und Entspannung

1 Neuere Übersichten: *Crockatt* (VIII. 5, 1), 123 ff.; *Bradley*, War (VII. 5, 3), 89 ff.; *Nogee, Donaldson*, 103 ff.; *Boyle* (VIII. 5, 4), 116 ff.; *McCauley*, Soviet Union (VIII. 2, 1), 269 ff.; *Wolfe* (VIII. 5, 1), 74 ff.; *D. Geyer* (Hg.), Osteuropa – Handbuch. Sowjetunion. Außenpolitik II: 1955–1973. Köln, Wien 1976 sowie die Aufsätze von *D. Holloway*, Foreign and Defence Policy, in: *Brown, Kaser*, Soviet Union (IX. 1, 7), 49–77, und: *Brown, Kaser*, Soviet Policy (X. 1, 9), 35–64; *Chruschtschow* (VI. 1, 9), 378 ff.
2 *Bradley*, War, 99 ff.; *Nogee, Donaldson*, 225 ff.; *K. Syrop*, Spring in October. The Story

of the Polish Revolution 1956. Westport/Conn. 1976 (Or. 1958); *H.-H. Hahn, H. Olschowsky* (Hg.), Das Jahr 1956 in Ostmitteleuropa. Berlin 1996; *P. Unger,* Die Ursachen der politischen Unruhen in Polen im Winter 1970/71. Eine ökonomische und politische Analyse. Frankfurt a. M. u. a. 1975; *T. Garton Ash,* The Polish Revolution: Solidarity. London 1991 (Or. 1983).

3 *Bradley,* War, 103 f.; *Nogee, Donaldson,* 227 ff.; Monographien u. a.: *G. Litván, J. M. Bak* (Hg.), Die ungarische Revolution. Reform – Aufstand – Vergeltung. Wien 1994; *P. A. Zinner,* Revolution in Hungary. New York 1962; *J. K. Hoensch,* Die Sowjetische Osteuropapolitik, in: *Geyer,* Außenpolitik II, 307 ff.; *ders.,* Sowjetische Osteuropapolitik 1945–1975. Kronberg 1977, 124 ff.

4 Vgl. «Bluff»-These: *Nogee, Donaldson,* 130 ff.; zusätzlich u. a.: *M. Görtemaker,* Die unheilige Allianz. Die Geschichte der Entspannungspolitik 1943–1979. München 1979, 42 f.; *A. Hillgruber,* Europa in der Weltpolitik der Nachkriegszeit 1945–1963. München u. a. 1979, 89 f.; *E. Schulz,* Die sowjetische Deutschlandpolitik, in: *Geyer,* Außenpolitik II, 255 ff.

5 Im einzelnen: *R. Slusser,* The Berlin Crisis of 1961: Soviet-American Relations and the Struggle for Power in the Kremlin. Baltimore 1973, bes. 123 ff.; *Chruschtschow,* 454 ff.

6 Vgl. *Chruschtschow,* 493 f.; monographische Darstellungen: *R. L. Garthoff,* Reflections on the Cuban Missile Crisis. 2. Aufl. Washington, D. C. 1987; *G. T. Allison,* Essence of Decision: Explaining the Cuban Missile Crisis. Boston 1971; *E. Abel,* 713 Tage vor dem 3. Weltkrieg. Dokumentation und Hintergründe der Krise, die die Welt an den Rand der atomaren Vernichtung führte. München 1967; neue Deutung: *R. N. Lebow, J. G. Stein,* We all lost the Cold War. Princeton 1994, 51 ff., bes. 144; Quellen: *L. Chang, P. Kornbluh* (Hg.), The Cuban Missile Crisis, 1962. A National Security Archive Documents Reader. New York 1992; erste sowj. Dokumente: *A. Fursenko,* One hell of a gamble. Khrushchev, Castro, and Kennedy, 1958–1964. New York 1997.

7 Vgl. u. a. *E. Griffiths,* The Sino-Soviet Rift. Cambridge/Mass. 1964; *G. Kolko,* Vietnam. Anatomy of a War. London 1986; *Crockatt,* 235 ff.

8 Vgl. u. a. *P. Windsor, A. Roberts,* Czechoslovakia 1968. Reform, Repression and Resistance. New York 1969; *J. Pauer,* Prag 1968. Der Einmarsch des Warschauer Paktes. Hintergründe – Planung – Durchführung. Bremen 1995; *Bradley,* War, 141, 144.

9 *Görtemaker,* 104 ff. (Zitat 111); *D. L. Bark,* Agreement on Berlin. A Study of the 1970–1972 Quadripartite Negotiations. Washington, D. C. 1974; *J. Korbel,* Detente in Europe. Real or Imaginary? Princeton 1972„ 187 ff.

10 Daten nach *D. Holloway,* The Soviet Union and the Arms Race. New Haven 1983, 43 ff., 58 ff. (hier 43); *Crockatt,* 214 f.

11 *G. Smith,* Doubletalk. The Story of Salt I. New York 1980; *Holloway,* Soviet Union, 47; *Nogee, Donaldson,* 264 ff.

12 *Nogee, Donaldson,* 259 ff.; *Crockatt,* 232 ff.; *W. von Bredow,* Der KSZE-Prozeß: von der Zähmung zur Auflösung des Ost-West-Konflikts. Darmstadt 1992; Vertragstext – wie alle vorgenannten auch – bei: *J. Grenville, B. Wasserstein* (Hg.), The Major International Treaties: A History and Guide with Texts. Bd. 2: Since 1945. London 1987, 463 ff.

13 *Crockatt,* 253 ff.; *Bradley,* War, 159 ff.; *Nogee, Donaldson,* 288 ff.; *S. S. Kaplan u. a.,* Diplomacy of Power. Soviet Armed Forces as a Political Instrument. Washington D. C. 1981, bes. 570 ff.

14 *Holloway,* Soviet Union, 54 f., 72 ff.

15 *Crockatt,* 305 ff.; grundlegend: *R. L. Garthoff,* The Great Transition: American-Soviet Relations and the End of the Cold War. Washington D. C. 1994, hier 8 ff.; *M. Galeotti,* Afghanistan. The Soviet Union's last War. 1994; *A. Arnold,* The Fateful Pebble: Afghanistan's Role in the Fall of the Soviet Empire. Novato 1993, bes. 89 ff., 185 ff.; *Boyle,* 199 ff.

6. Interpretationen des «entwickelten Sozialismus»

1 Vgl. A. G. Meyer, The Soviet Political System. An Interpretation. N. Y. 1965, Zitate 467f.; ders., USSR, incorporated, in: SR 20 (1961), 369–376. Zur Kritik u. a.: J. Hough, The Soviet Union and Social Science Theory. Cambridge/Mass. 1977, 22f.; A. von Borcke, G. Simon, Neue Wege der Sowjetunion-Forschung. Beiträge zur Methoden- und Theoriediskussion, 143; V. Bunce, J. M. Echols III, Soviet Politics in the Brezhnev-Era: Pluralism or Corporatism, in: Kelley (X. 1, 1), 1–26, bes. 19; umfassende Bestandsaufnahme der anglophonen Nachkriegs-«Sowjetologie»: F. J. Fleron, E. P. Hoffmann (Hg.), Post-Communist Studies and Political Science: Methodology and Empirical Theory in Sovietology. Boulder 1993, bes. die Einleitung der Hg. 3–23 sowie G. A. Almond, L. Roselle, Model Fitting in Communism Studies, 27–75; Gleason (VIII. 6, 1), 121ff.
2 Vgl. Rigby, Changing System (VIII. 6, 6), 82–112 sowie den Definitionskatalog S. 6 und weitere Aufsätze dort; Kritik u. a. Hough, Soviet Union, 50ff.; exemplarische seinerzeitige Standortbestimmung: F. J. Fleron (Hg.), Communist Studies and the Social Sciences: Essays on Methodology and Empirical Theory. Chicago 1969.
3 Vgl. u. a. R. V. Daniels, Soviet Politics Since Khrushchev, in: Strong, Soviet Union (X. 1, 21), 16–25, bes. 20, 22.
4 Vgl. R. Löwenthal, Kommunistische Einparteiherrschaft in der Industriegesellschaft, in: Meissner, Brunner, Löwenthal (IX. 1, 11), 9–64, bes. 42f.; ders., Development vs. Utopia in Communist Policy, in: Ch. Johnson (Hg.), Change in Communist Systems. Stanford 1970, 33–116.
5 Vgl. die Selbstdeutung bei: Hough, Soviet Union, 19ff. (Zitate 23) sowie den Sammelband von: H. G. Skilling, F. Griffiths (Hg.), Pressure Groups in der Sowjetunion. Wien 1974 (am. Or. 1971).
6 Vgl. u. a. G. Meyer, Bürokratischer Sozialismus. Eine Analyse des sowjetischen Herrschaftssystems. Stuttgart-Bad Cannstatt 1977; ders., Sozialistische Systeme. Theorie und Strukturanalyse. Opladen 1974, bes. 248, 257f.; B. Balla, Kaderverwaltung. Versuch zur Idealtypologisierung der «Bürokratie» sowjetisch-volksdemokratischen Typs. Stuttgart 1972.
7 Vgl. ähnlich: Fleron, Hoffmann, 10; D. Deudney, G. J. Ikenberry, in: ebd., 223; neue Variante dieses Gedankens: P. G. Roeder, Red Sunset. The Failure of Soviet Politics. Princeton 1993.
8 Vgl. ähnliche Überlegungen Borcke, Simon, 54ff.; F. Fleron, Toward a reconceptualization of political change in the Soviet Union: the political leadership system, in: Ders., 222–43; H. G. Skilling, Group Conflict and Political Change, in: Johnson, Change, 215–234; Löwenthal, Kommunistische Einparteiherrschaft, in: Meissner, Brunner, Löwenthal, 57ff.; P. C. Ludz, Parteielite im Wandel. Funktionsaufbau, Sozialstruktur und Ideologie der SED-Führung. Eine empirisch-systematische Untersuchung. 2. Aufl. Köln, Opladen 1968, 35.

XI. Übergang, perestrojka und Zusammenbruch (1983–1991)

1 Eindrucksvolle Krisenanalyse: Byrnes (X. 1, 1), bes. 25, 413.
2 Ausführlich: A. Brown, Power and Policy in a Time of Leadership Transition, 1982–1988, in: Brown, Leadership (VI. 1, 28) 163–217, hier 164ff.; Sowjetunion 1982–83. Ereignisse. Probleme. Perspektiven. München 1983, 17f.; S. White, After Gorbachev. Cambridge 1993, 3ff.; B. Meissner, Sowjetische Kurskorrekturen. Breshnew und seine Erben. Zürich 1984. Informativste Darstellung der perestrojka neben White bislang:

A. Brown, The Gorbachev Factor in Soviet Politics. Oxford 1996; *R. Sakwa*, Gorbachev and the Reforms, 1985-1990. New York 1990. Vgl. aus der bereits umfangreichen Literatur ferner: *B. Meissner*, Die Sowjetunion im Umbruch. Historische Hintergründe, Ziele und Grenzen der Reformpolitik Gorbatschows. Stuttgart 1988; *M. I. Goldman*, What Went Wrong with Perestroika. New York 1992; *R. V. Daniels*, The End of the Communist Revolution. New York 1993; *J. B. Dunlop*, The Rise of Russia and the Fall of the Soviet Empire. Princeton 1993; *C. Merridale, C. Ward* (Hg.), Perestroika. The Historical Perspective. London and New York 1991; *Sowjetunion 1986/87.* Ereignisse. Probleme. Perspektiven. München 1987; *Sowjetunion 1988/89.* Perestrojka in der Krise? München 1989; *Sowjetunion 1990/91.* Krise - Zerfall - Neuorientierung. München 1991; *A. Åslund*, Gorbachev's Struggle for Economic Reform. 2. erw. Aufl. London 1991; *Ellman, Kontorovich* (X. 2, 9); *G. Hosking*, The Awakening of the Soviet Union. 2. erw. Aufl. Cambridge/Mass. 1991; *S. Bialer*, Der hohle Riese. Die Sowjetunion zwischen Anspruch und Wirklichkeit. Düsseldorf 1987; *K. v. Beyme*, Reformpolitik und sozialer Wandel in der Sowjetunion (1970-1988). Baden-Baden 1988; *ders.*, Systemwechsel in Osteuropa. 2. Aufl., Frankfurt a. M. 1994; *M. Lewin*, Gorbatschows neue Politik. Die reformierte Realität und die Wirklichkeit der Reformen. Frankfurt a. M. 1988; *P. R. Gregory*, Restructuring the Soviet Economic Bureaucracy. Cambridge 1990; *M. Matthews*, Patterns of Deprivation in the Soviet Union under Brezhnev and Gorbachev. Stanford 1989; *P. Hanson*, From Stagnation to Catastroika: Commentaries on the Soviet Economy, 1983-1991. New York 1992; *D. Lane*, Soviet Society Under Perestroika. London 1990; *P. Desai*, Perestroika in Perspective. The Design and Dilemmas of Soviet Reform. Princeton 1989; *H. D. Balzer* (Hg.), Five Years That Shook the World. Gorbachev's Unfinished Revolution. Boulder 1991; *W. Joyce, H. Ticktin, S. White* (Hg.), Gorbachev and Gorbachevism. London 1989; *H. Adomeit, H. H. Höhmann, G. Wagenlehner* (Hg.), Die Sowjetunion unter Gorbačev. Stand, Probleme und Perspektiven der Perestrojka. Stuttgart u. a. 1990; *S. Baske* (Hg.), Perestrojka. Probleme und Perspektiven der Perestrojka. Multidisziplinäre Beiträge zum Stand der Realisierung in der Sowjetunion. Wiesbaden 1990; *D. W. Spring* (Hg.), The Impact of Gorbachev. The first phase, 1985-90. London 1991; *S. White, G. Gill, D. Slider*, The Politics of Transition. Shaping a Post-Soviet Future. Cambridge 1993; *Bialer*, Politics (X. 1, 1); *J. de Bardeleben*, Soviet Politics in Transition. Lexington/Mass. 1993; *G. u. N. Simon*, Verfall und Untergang des sowjetischen Imperiums. München 1993; *Sowjetpolitik unter Gorbatschow.* Die Innen- und Außenpolitik der UdSSR 1985-1990. Berlin 1991; (allzu) frühe Biographie: *Z. Medvedev*, Gorbachev. Oxford 1986; grundlegende Quelle jetzt: *M. S. Gorbatschow*, Erinnerungen. München 1996.

3 Vgl. *Sowjetunion 1982/83,* 18 f.; *Sowjetunion 1984/85,* 28 ff.; *Brown*, Power, 168 ff. (mit anderer Sicht Černenkos); *White*, After Gorbachev, 4 ff.; *Sakwa*, Gorbachev, 5 f.; *T. J. Colton* (Hg.), The Dilemma of Reform in the Soviet Union. 2. Aufl. New York 1986, 70 ff.; *Gorbatschow*, Erinnerungen, 218 ff., 240 ff.

4 *Sakwa*, Gorbachev 1 (Zitat), 3 ff.; *Brown*, Gorbachev, 24 ff., 82 ff.; *Gorbatschow*, Erinnerungen, 38 ff., 256 ff.; *Sowjetunion 1984/85,* 13 ff.; Kontinuitätsthese bei: *Beyme*, Reformpolitik, 11 u. pass. sowie allgemein: *Lewin*, Gorbatschows; bemerkenswerte Bestandsaufnahme der Probleme neben *Brown, Kaser*, Soviet Policy (X. 1, 9) und *Wesson* (X. 2, 1): *S. Bialer, T. Gustafson* (Hg.), Russia at the Crossroads: The 26th Congress of the CPSU. London 1982

5 Ähnlich: *Sakwa*, Gorbachev, 8 ff.; *Brown*, Gorbachev, 160 f.

6 *S. White*, Russia Goes Dry. Alcohol, State and Society. Cambridge 1995, 137 ff.; *Gorbatschow*, Erinnerungen, 328 ff.

7 Zitate: *Gorbatschow*, Reden (VII. 3, 1) II, 85 f.; *ders.*, Perestrojka (VII. 3, 1), 32, ‹vorgedacht› bei: *T. Zaslavskaya*, The Second Socialist Revolution. An Alternative Soviet Strategy. Bloomington 1990, 47 ff. u. pass.; *KPSS* (IV. 1, 13), 21 ff.

8 Gorbatschow, Reden III, 200–314 (Zitate 222, 262); ders., Erinnerungen, 282 ff.
9 Vgl. Brown, Gorbachev, 89 ff.; White, After Gorbachev, 18 ff.; Sakwa, Gorbachev, 11 ff. (Daten 13); White, Leadership (IV. 2, 21), 25 ff.; Mitchell (X. 1, 7), 148 ff.; Mawdsley, Portrait (VIII. 1, 5), 197; abweichend: Sowjetunion 1986/87, 36; offizielle Angaben: KPSS XV, 28, 65; anschaulich: Gorbatschow, Erinnerungen, 276 ff.
10 Absicht: M. Gorbatschow, Glasnost – Das neue Denken. Berlin 1989; Einzelheiten: B. McNair, Glasnost, Perestroika and the Soviet Media. London and New York 1991; dazu: Sakwa, Gorbachev, 65 ff.
11 Gorbatschow, Reden V, 354 ff.; Rehabilitierung: Sakwa, Gorbachev, 96 f.; White, After Gorbachev, 81 f.; beste Übersichten: A. Nove, Glasnost' in Action. Cultural Renaissance in Russia. Boston 1989; Geyer, Umwertung (V., 67); R. W. Davies, Perestroika und Geschichte. Die Wende in der sowjetischen Historiographie. München 1991 (Or. 1989); Ito (V. 67); Merridale, Ward.
12 Vgl. neben Nove, Glasnost', 127 ff.: E. Reißner (Hg.), Perestrojka und Literatur. Berlin 1990; W. Beitz (Hg.), Vom ‹Tauwetter› zur Perestrojka. Bern 1994, 333 ff.; J. Curtis, Literature under Gorbachev – A second Thaw, in: Merridale, Ward, 168 ff.; B. Menzel, Streitkultur oder »literarischer Bürgerkrieg«? Der sowjetische Literaturbetrieb und die Perestrojka, in: Baske, 188–203; teilw. auch: Shneidman (X. 4, 36); A. Horton, M. Brashinsky, The Zero Hour: Glasnost and Soviet Cinema in Transition. Princeton 1992; R. Marsh, History and literature in contemporary Russia. London 1995.
13 Vgl. Tab. A–2/2; White, After Gorbachev, 108; A. F. Dowlah, Soviet Political Economy in Transition: From Lenin to Gorbachev. New York 1992, 152 f.; A. Aganbegjan, Ökonomie und Perestroika: Gorbatschows Wirtschaftsstrategien. Hamburg 1989; verschiedene Autoren: A. Jones, W. Moskoff (Hg.), Perestroika and the Economy. New Thinking in Soviet Economics. Armonk 1989.
14 Vgl. Gorbatschow, Erinnerungen, 323 (Daten), 573 (Zitat), 577 ff.; ders., Perestroika, 169 ff.; Brown, Gorbachev, 212 ff.; Sakwa, Gorbachev, 315 ff.; Nogee, Donaldson (VIII. 5, 1), 335 ff.; S. Kull, Burying Lenin: the revolution in Soviet ideology and Foreign policy. Boulder 1992; Garthoff, Great Transition (X. 5, 15), 197 ff.; D. Oberdorfer, The Turn. From the Cold War to a New Era: The United States and the Soviet Union 1983–1990. New York 1991, 107 ff.; A. Pravda (Hg.), The End of the Outer Empire: Soviet-East European Relations in Transition, 1985–1990. London 1992.
15 Vgl.: Sakwa, Gorbachev, 268 ff., bes. 292 ff.; White, After Gorbachev, 102 ff., 268 ff.; Åslund, 91–181; Goldman, 94 ff.; Aganbegjan; Dowlah; Jones, Moskoff.
16 Vgl. Gorbatschow, Perestroika, 27 ff.; J. Gooding, Lenin in Soviet Politics, 1985–91, in: SS 44 (1992), 403–422.
17 Zitate: XIX. Unionskonferenz der KPdSU. Dokumente und Materialien. Moskau 1988, 117 f.; Details: Sowjetunion 1988/89, 38 ff.; S. Bialer, The Changing Soviet Political System: The Nineteenth Party Conference and After, in: Ders., Politics (X. 1, 1), 193–241; Gorbatschow, Erinnerungen, 380 ff.
18 R. Sakwa, Russian politics and society. New York 1993, 56 f.
19 Details bei Sakwa, Gorbachev, 129, 142 ff.; Brown, Gorbachev, 175 ff.; White, After Gorbachev, 34 ff., 50 ff.; Sowjetunion 1990/91, 24 ff.
20 Vgl. neben Sakwa, Gorbachev, 200 ff. und White, After Gorbachev, 56 ff. (Daten 61 f.): M. A. Weiglé, Political Participation and Party Formation in Russia, 1985–1992: Institutionalizing Democracy?, in: RR 53 (1994), 240–70, bes. 250 ff., 266 f.; V. Tolz, The USSR's Emerging Multiparty System. London 1990; M. McFaul, S. Markov, The troubled birth of Russian democracy. Parties, Personalities, and Programs. Stanford 1993; G. Luchterhandt, Die politischen Parteien im neuen Rußland. Dokumente und Kommentare. Bremen 1993; E. Schneider, Rußland auf Demokratiekurs? Neue Parteien, Bewegungen und Gewerkschaften in Rußland, Ukraine und Weißrußland. Köln 1994 sowie Anm. XII, 10.

21 *Sakwa*, Gorbachev, 159 ff., bes. 162; *White*, After Gorbachev, 64 ff.; *Brown*, Gorbachev, 202 ff.; *Sowjetunion 1990/91*, 47 ff., 56 ff.; *Gorbatschow*, Erinnerungen, 462 ff.; *G. Gill*, The Collapse of a Single-Party System. The Disintegration of the CPSU. Cambridge 1994.
22 Vgl. *Sakwa*, Gorbachev, 15 ff., 174 f.; *White*, After Gorbachev, 20 f.; *Sowjetunion 1988/89*, 22; *Sowjetunion 1990/91*, 56 ff. u. pass..
23 Vgl. *Sakwa*, Gorbachev, 286; *White*, After Gorbachev, 126; *Sowjetunion 1990/91*, 135 ff.; *Brown*, Gorbachev, 130 ff.
24 Vgl. *G. E. Schroeder*, Soviet consumption in the 1980's. A tale of woe, in: *Ellman, Kontorovich* (X. 2, 9), 86–105; *M. Matthews*, Patterns of Deprivation in the Soviet Union under Brezhnev and Gorbachev. Stanford 1989; *W. Moskoff*, Hard Times: Impoverishment and Protest in the Perestroika Years. Armonk 1993, bes. 87 ff.; *M. Buckley*, Redefining Russian Society and Polity. Boulder 1994, 73 ff., 248 ff.; *L. J. Cook*, The Soviet Social Contract and Why It Failed: Welfare Policy and Worker's Politics from Brezhnev to Yeltsin. Cambridge/Mass. 1993, 116 ff.
25 Vgl. *Sakwa*, Gorbachev, 211 ff.; *D. Filtzer*, Soviet Workers and the Collapse of Perestroika. The Soviet Labour Process and Gorbachev's Reforms, 1985–1991. Cambridge 1994, 95 ff.; *W. D. Connor*, The Accidental Proletariat: Workers, Politics, and Crisis in Gorbachev's Russia. Princeton 1991, 271 f.
26 Vgl. *Sowjetunion 1990/91*, 144 ff.; *White*, After Gorbachev, 130 ff.; *Brown*, Gorbachev, 147 ff.; dazu, mit Erklärungslücken: *Gorbatschow*, Erinnerungen, 543 ff.
27 *Sakwa*, Gorbachev, 286 ff.
28 Vgl. *Sowjetunion 1990/91*, 31 ff.; *Sakwa*, Gorbachev, 231 ff.; *Brown*, Gorbachev, 252 ff.; *White*, After Gorbachev, 143 ff. sowie u. a.: *L. Haida, M. Beissinger* (Hg.), The Nationalities Factor in Soviet Politics and Society. Boulder 1990; *V. Krasnov*, Russia beyond Communism: A Chronicle of National Rebirth. Boulder/Co. 1991; *M. Rezun* (Hg.), Nationalism and the Breakup of an Empire. Russia and Its Periphery. Westport 1992; *G. W. Lapidus, V. Zaslavsky, P. Goldman* (Hg.), From Union To Commonwealth: Nationalism and Separatism in The Soviet Republics. New York 1992; *M. Buttino* (Hg.), In a Collapsing Empire: Underdevelopment, Ethnic Conflicts, and Nationalisms in the Soviet Union. Mailand 1993; *V. Zaslavsky*, Das russische Imperium unter Gorbatschow. Seine ethnische Strukur und ihre Zukunft. Berlin 1991; bester Reader zur Brežnev-Ära: *R. Denber* (Hg.), The Soviet Nationality Reader. The Disintegration in Context. Boulder 1992. Zitat: *Carrère d'Encausse*, Risse (X. 1, 42).
29 Fundamentaler Dokumentenband: *C. F. Furtado u. A. Chandler* (Hg.), Perestroika in the Soviet Republics. Documents on the National Question. Boulder/Colo. 1992; «nomenklatura-Nationalismus» bei *Brown*, Gorbachev, 259.
30 Zitat: *Gorbatschow*, Erinnerungen, 500.
31 Vgl. *Sakwa*, Gorbachev, 149 f.; ders., Russian Politics, 5 f.; *G. Helf, J. Hahn*, Old Dogs and New Tricks: Party Elites in the Russian Regional Elections of 1990, in: SR 51 (1992), S. 511–530; *A. Kappeler* (Hg.), Die Russen. Ihr Nationalbewußtsein in Geschichte und Gegenwart. Köln 1990, 83 ff.
32 Vgl. *Sowjetunion 1990–91*, 28 f.; anders u. wenig kritisch: *Brown*, Gorbachev, 276 ff.
33 Vgl. *Sowjetunion 1990–91*, 29, 33; *Furtado, Chandler*, 637 f.; *Gorbatschow*, Erinnerungen, 1010 ff.
34 Vgl. *Sakwa*; Russian Politics, 9 f., 416 f., 428; *Dunlop*, 54 ff.
35 Nützliche Chronik: *G. Ruge*, Der Putsch. Vier Tage, die die Welt veränderten. Frankfurt a. M. 1991, Zitate 9, 46 ff., 57 f., Daten 273 ff., sowie: Der Putsch in Moskau. Berichte und Dokumente. Fkft. a. M. 1992, bes. 40 ff., 53 f.; Memoiren: *R. Khasbulatov*, The Struggle for Russia. Power and change in the democratic revolution. London 1993, 139 ff.; *B. Jelzin*, Auf des Messers Schneide. Tagebuch des Präsidenten. Berlin 1994, 47 ff.; *M. Gorbatschow*, Der Staatsstreich. München 1991, bes. 16 f.; ders., Erin-

nerungen, 1067 ff.; detailliert: *Dunlop*, 186 ff.; Zusammenfassung: *Brown*, Gorbachev, 294 ff.
36 *Sakwa*, Russian Politics, 16 ff.; als Bubenstück El'cins: *Gorbatschow*, Erinnerungen, 1093 ff., Zitat 1131.
37 Vgl. R. *Sakwa*, A Cleansing Storm: The August Coup and the Triumph of Perestroika. In: The Journal of Communist Studies 9 (1993), 131-49; *Gorbatschow*, Staatsstreich, 20 f.

XII. Ausblick: Rußland auf dem Wege zur Demokratie? (1991-1996)

1 Vgl. R. C. *Tucker*, The fifth Russian revolution: commentary, in: T. *Taranovski* (Hg.), Reform in modern Russian history. Progress or cycle? Cambridge 1995, 412-418; *Sakwa*, Russian Politics (XI, 16), 38 ff.; allgemein: *Beyme*, Systemwechsel (XI, 1).
2 Details bei *Sakwa*, Russian politics, 44 ff., 75 ff. sowie in den Beiträgen von *J. P. Willerton* und *T. F. Remington* in: S. *White, A. Pravda, Z. Gitelman* (Hg.), Developments in Soviet and Post-Soviet Politics. 3. Aufl., Houndmills, London 1994, 25 ff. u. 57 ff.
3 Vgl. *Sakwa*, Russian politics, 213 ff., Zitate 49; *Kuda idet Rossija?* 10 let reform. Zasedanije «Kruglogo stola», in: OI (1995) H. 4, 198-210, Zitat 208.
4 *Sakwa*, Russian politics, 228 ff., 234 ff.; *P. L. Patterson* (Hg.), Capitalist Goals, Socialist Past: The Rise of the Private Sector in Command Economics. Boulder 1993; *R. Frydman, A. Rapaczynski, J. S. Earle u. a.*, The Privatization Process in Russia, Ukraine and the Baltic States. New York 1993; *B. A. Ruble*, Money Sings. The Changing Politics of Urban Space in Post-Soviet Yaroslavl. Washington, D. C. 1995.
5 Selbstdeutung: *Khasbulatov* (XI, 34), 209 ff.
6 Vgl. *H. Tiller, H.-H. Schröder*, Machtkrise und Militär. Die russischen Streitkräfte während des Machtkampfes zwischen Präsident und Parlament im Herbst 1993 (Bericht des BIOst, Köln, Nr. 46/1993); Chronik: *A. Zevelev, J. Pavlov*, Raskolotaja vlast'. 14 dnej i nočej graždanskoj vojny v Moskve osen'ju 1993 goda. Moskva 1995.
7 Vgl. *E. Schneider*, Die russischen Parlamentswahlen 1993 und die neue Verfassung. Bericht des BIOst Nr. 15/1994, 3, 15 f.; *ders.*, Die Parlamentsneuwahlen in Rußland vom Dezember 1993. Ein Überblick, in: Osteuropa 44 (1994), 442-453; Texte: *V. V. Belyakov, W. J. Raymond* (Hg.), Constitution of the Russian Federation. With Commentaries by Russian and American Scholars. Lawrenceville 1994; *R. Sakwa*, The Russian Constitution. Glasgow 1994; *D. Frenzke*, Die russischen Verfassungen von 1978 und 1993. Eine texthistorische Dokumentation mit komparativem Sachregister. Berlin 1995, 271 ff.; Entwürfe: *J. C. Traut* (Hg.), Verfassungsentwürfe der Russischen Föderation. Baden-Baden 1994.
8 Vgl. *Schneider*, Parlamentswahlen, 13, 20 (Daten); *P. Lentini* (Hg.), Elections and political Order in Russia. The Implications of the 1993 Elections to the Federal Assembly. Budapest u. a. 1995; *D. Slider, V. Gimpel'son, S. Chugrov*, Political Tendencies in Russia's Regions: Evidence from the 1993 Parliamentary Elections, in: SR 53 (1994), S. 711-732; *T. F. Remington* (Hg.), Parliaments in Transition. The New Legislative Politics in the Former USSR and Eastern Europe. Boulder/Col. 1994; *Sakwa*, Constitution, 2 (Daten). Zweifel an der Korrektheit der offiziellen Angaben über die Beteiligung am Verfassungsreferendum sind weder bestätigt noch ausgeräumt worden. Ich danke E. Schneider für diese Erläuterung.
9 Daten nach: *E. Schneider*, Duma-Wahlen 1995, in: Osteuropa 46 (1996), 126-133, 225-236, 430-457, bes. 440
10 Vgl. *V. Scheijnis*, Zur Wahl des russischen Präsidenten. Kompetenzen, Wahlgesetz, Kandidaten, Wahlkampf, Ergebnis, in: Osteuropa 46 (1996), 1053-1071, bes. 1059, 1061, 1068; *E. Schneider*, Zur Wahl des russischen Präsidenten. Kompetenzen, Wahl-

gesetz, Kandidaten, Wahlkampf, Ergebnis, in: ebd., 1072–1095; *J. Stadelbauer,* Russische Präsidentschaftwahlen 1996. Dokumente regionaler Wahlergebnisse, in: ebd., 1096–1107; tief enttäuscht: *A. Solschenizyn,* So ist Rußland wirklich, in: Süddeutsche Zeitung Nr. 277 vom 1. Dez. 1996 S. 14.

11 Vgl. *M. Urban,* The Politics of Identity in Russia's Postcommunist Transition: The Nation against Itself, in: SR 53 (1994), 733–765, bes. 758; *G. Simon,* Zukunft aus der Vergangenheit. Elemente der politischen Kultur in Rußland, in: Osteuropa 45 (1995), 455–482, bes. 482; *T. H. Friedgut, J. W. Hahn* (Hg.), Local Power and Post-Soviet Politics. Armonk 1994; *M. Malyutin* in der umfangreichen Bestandsaufnahme: K. *Segbers, S. de Spiegeleire* (Hg.), Post-Soviet Puzzles. Mapping the Political Economy of the Former Soviet Union. Bd. 1–4, Baden-Baden 1995, hier III, 553 ff.; *Gitelman* und *Slider* in: *White, Pravda, Gitelman,* 237 ff.; *T. J. Colton, R. C. Tucker* (Hg.), Patterns in Post-Soviet Leadership. Boulder 1995.

Woran scheiterte der Sowjetsozialismus?

1 Vgl. *Malia,* Vollstreckter Wahn (III, 18), bes. 555 ff.; *A. Cipko,* Istoki stalinizma, in: Nauka i žizn' (1988) H. 11, 45–55; H. 12, 40–47; 1989 H. 1, 46–56; H. 2, S. 53–61; *Heller, Nekritsch* (Einl., 5, Originaltitel: «Die Utopie an der Macht»); Sammlung konservativer westlicher Deutungen: *The Strange Death of Soviet Communism.* An Autopsy, in: The National Interest. Special Issue (1993) H. 31; Übersichten: *A. Dallin,* Causes of the Collapse of the USSR, in: Post-Soviet Affairs 8 (1992), 279–302; *D. Geyer,* Osteuropäische Geschichte und das Ende der kommunistischen Zeit. Heidelberg 1996; *D. C. B. Lieven,* Western Scholarship on the Rise and Fall of the Soviet Regime: The View from 1993, in: Journal of Contemporary History 29 (1994), 195–227; *G. Simon,* Zukunft (XII, 11); ders., Warum ging die Sowjetunion unter? Köln 1995 (Berichte des BIost Nr. 52/1995); *W. Laqueur,* The Dream that failed. Reflections on the Soviet Union. Oxford 1994, bes. 50 ff.

2 Vgl. *Lapidus,* Social Trends, in: *Byrnes* (X. 1, 1), 233.

3 Vgl. *B. Bonwetsch,* Das Ende der Sowjetunion: die unträgbare Bürde der Weltmacht, in: Osteuropa 42 (1992), 551–563; insofern erscheint die Sowjetunion im Rückblick nachgerade als Musterfall der ‹imperialen Überdehnung›, s.: *P. M. Kennedy,* Aufstieg und Fall der großen Mächte. Ökonomischer Wandel und militärischer Konflikt von 1500 bis 2000. Frankfurt a. M. 1996 (Or. 1987), 12 u. pass.; Armeestärke nach: *C. D. Blacker,* Military Forces, in: *Byrnes,* 127.

4 Auch betont bei: *R. F. Byrnes,* Critical Choices in the 1980s, in: *Ders.,* 426 ff.

5 Vgl. v. a.: *Löwenthal,* Kommunistische Einparteiherrschaft; *ders.,* Development vs. Utopia (beide (X. 6, 4); *ders.,* On ‹Established› Communist Party Regimes, in: Studies in Comparative Communism 7 (1974), 335–358; dagegen, trotz aller Widersprüche Stabilität für erwiesen haltend: *ders.,* Beyond Totalitarianism?, in: *I. Howe* (Hg.), 1984 Revisited. Totalitarianism in Our Century. New York 1983, 209–268, bes. 258 f.; verwandte Deutung: *Roeder* (X. 6, 7) (Zitat 3).

6 Übersicht: *I. Bremmer, R. Taras* (Hg.), Nation and politics in the Soviet successor states. Cambridge 1993.

Tabellen

Tabelle A–1: **Bevölkerung der Sowjetunion 1897–1991 mit Anteilen der Frauen und der Stadtbevölkerung (in Mio.)**

	Grenzen bis 1939	Gesamtbevölkerung heutige Grenzen	Frauen	in %	Stadtbevölkerung	in %
1897[1]	124,6				18,4	15
1914[2]	139,3	159,2	80,1	50,3	28,5	18
1922[3]	136,1		71,1	52,3	22,0	16
1926	148,5[4]		76,8	51,7	26,3	17,9
1937	162,7[5]		84,7	52,1	51,9	32
1939	167,3[6]		(88,9)		(56,1)	(32,9)
1940		194,1	101,1	52,1	63,1	33
1950		178,5	101,7[7]	56,0[7]	69,4	39
1959		208,8	114,8	55,0	100,0	48
1970		241,7	130,3	53,9	136,0	56
1980		264,5	141,1	53,3	166,2	63
1991		278,1	146,3	52,7	183,6	66

[1] nach der ersten gesamtrussischen Volkszählung *(perepis')*
[2] zum Jahresende
[3] unter Einschluß der Sowjetrepubliken Chorezma und Buchara, die der UdSSR 1924 beitraten.
[4] fehlerbereinigtes Ergebnis (Vorschlag) der Volkszählung vom 17. Dezember; das offizielle Resultat ergab 147,0 Mio. Gesamtbevölkerung und 76,0 Mio. Frauen.
[5] fehlerbereinigtes Ergebnis (Vorschlag) der (seinerzeit unterdrückten) Volkszählung vom 6. 1.; das offizielle Resultat ergab: 162,0 Mio. Gesamtbevölkerung, 84,3 Mio. Frauen.
[6] fehlerbereinigtes Ergebnis laut jüngster Veröffentlichung. Die Zählung selbst ergab 170,5 Mio. und 88,9 Mio. Frauen. Die Angaben über die Anzahl der Frauen und der Stadtbewohner beziehen sich auf dieses offizielle Ergebnis und wurden daher in Klammern gesetzt. Eine andere Korrektur schlug 168,9 Mio. Gesamtbevölkerung und 88,0 Mio. Frauen vor.
[7] Angaben beziehen sich auf 1951 bei einer Gesamtbevölkerung von 181,6 Mio.

Quellen: Narodnoe chozjajstvo SSSR 1922–1972 gg. Jubilejnyj statističeskij ežegodnik. M. 1972, 9; Narodnoe chozjajstvo SSSR 1922–1982. Jubilejnyj statističeskij ežegodnik. M. 1982, 9f.; korrigiert und ergänzt durch: R. W. Davies, M. Harrison u. S. G. Wheatcroft, The economic transformation of the Soviet Union, 1913–1945. Cambridge 1994, 65, 273; Vsesojuznaja perepis' naselenija 1937 g. Kratkie itogi. M. 1991, 47, 60; Vsesojuznaja perepis' naselenija 1939 goda. Osnovnye itogi. M. 1992, 8, 20; S. Merl, Rußland und die Sowjetunion 1914–1980, in: W. Fischer u. a. (Hg.), Handbuch der europäischen Wirtschafts- und Sozialgeschichte, Bd 6. Stuttgart 1987, 650f.; Strany-členy SNG. Statističeskij ežegodnik. M. 1992, 5.

Tabelle A-2/1: Industrielle Bruttoproduktion 1913-1953

Jahr	Gesamtproduktion		Produktionsmittel		Konsumgüter	
	Index	Veränderung zum Vorjahr in %	Index	Veränderung zum Vorjahr in %	Index	Veränderung zum Vorjahr in %
1913	100		100		100	
1917	71		81		67	
1921	31		29		33	
1924	45		52		41	
1925	73	62,2	80	53,8	69	68,3
1926	98	34,2	113	41,3	90	30,4
1927	111	13,3	128	13,3	102	13,3
1928	132	18,9	155	21,1	120	17,6
1929	158	19,7	200	29,0	137	14,2
1930	193	22,2	276	38,0	151	10,2
1931	233	20,7	355	28,6	171	13,2
1932	267	14,6	424	19,4	187	9,4
1933	281	5,2	450	6,1	196	4,8
1934	335	19,2	563	25,1	220	12,2
1935	411	22,7	713	26,6	258	17,3
1936	529	28,7	934	31,0	324	25,6
1937	588	11,2	1013	8,5	373	15,1
1938	657	11,7	1138	12,3	415	11,3
1939	763	16,1	1353	18,9	464	11,8
1940	852	11,7	1554	14,9	497	7,1
1940	100		100		100	
1941	98	- 2,0				
1942	77	-21,4				
1943	90	16,9			54	
1944	104	15,6	136			
1945	92	-15,3	112	-17,6	59	9,3
1946	77	-16,3	82	-26,8	67	13,6
1947	93	20,8	101	23,2	82	22,3
1948	118	26,9	130	28,7	99	20,7
1949	114	19,5	163	25,4	107	8,1
1950	173	22,7	205	25,8	123	15,0
1951	202	16,8	239	16,6	143	16,3
1952	225	11,4	268	12,1	158	10,5
1953	252	12,0	299	11,6	177	12,0

Quelle: R. A. Clarke, Soviet Economic Facts, 1917-1970. London 1972, 8f., hier nach: Altrichter, Haumann, 526.

Tabelle A–2/2: Entwicklung und Planziele der sowjetischen Wirtschaft (durchschnittliches jährliches Wachstum in %)

	1951–55	1956–60	1961–65	1966–70	1971–75	1976–80	1981–85	1986–90[1]	1991–95[1]	1996–2000[1]
Produziertes Nationaleinkommen	11,4	9,2	6,5	7,7	5,6	4,2	3,4	3,8*	4,7*	5,7*
Industrieproduktion	13,1	10,4	8,6	8,5	7,4	4,5	3,7	4,1	4,7	5,4
Agrarproduktion	4,0	5,9	2,4	4,2	0,8	1,6	2,0	2,8	3,5	4,2
Einzelhandelsumsatz	13,5	9,4	6,0	8,2	6,3	4,5	3,1	3,7	4,0	4,3
Bruttoanlageinvestitionen	12,3	13,0	6,2	7,6	6,9	3,4	3,5	3,6	6,7	9,0
Arbeitsproduktivität der Industrie	8,2	6,5	4,6	5,8	6,0	3,2	3,1	4,4	6,6	8,8
Realeinkommen pro Kopf der Bevölkerung	7,2	5,7	3,5	5,9	4,4	3,4	2,2	2,7	3,6	4,5

* Verwendetes Nationaleinkommen
[1] Planziele

Quelle: Sowjetunion 1986/87, 120–22.

Tabelle A-2/3: Jährliche Wachstumsrate der Industrie in der Sowjetunion 1926-1940
(prozentuale Veränderungen im Vergleich zum Vorjahr)

	1926	1927	1928	1929[2]	1930[2]	1931[2]	1932	1933	1934	1935	1936	1937	1938	1939	1940
Offiziell[1]															
Industrie gesamt	34,4	31,9	19,1	20,0	22,0	20,5	14,7	5,5	19,1	22,6	28,7	11,2	11,8	16,2	11,0
Gruppe A	41,1	31,6	21,9	28,5	38,1	28,8	19,4	6,1	25,2	26,6	30,9	8,5	12,4	18,7	13,8
Gruppe B	30,5	32,1	17,4	14,4	10,1	12,8	9,7	4,8	12,2	17,4	25,6	15,0	11,1	12,2	6,8
Nutter															
(Preise von 1928)[3]															
Zivile Industrie gesamt	–	–	–	13,6	14,8	7,5	0,1	6,0	19,7	18,3	16,9	6,1	4,6	2,9	0,3
Zwischenprodukte[4]	–	–	–	23,5	30,1	6,9	6,8	7,7	22,4	19,5	18,4	2,0	3,6	5,4	4,9
Maschinen und Ausrüstung	–	–	–	33,7	42,5	22,5	28,0	53,7	37,1	42,0	8,5	17,4	3,8	– 4,3	–26,9
Konsumgüter[5]	–	–	–	5,8	0,6	6,9	– 9,4	– 2,0	12,6	11,0	17,1	9,4	6,3	1,3	0,8
Nutter															
(Preise von 1955)[3]															
Industrie gesamt	–	–	–	17,0	12,8	– 3,5	6,8	1,9	16,2	22,7	10,4	2,3	1,1	1,7	– 5,5
Zwischenprodukte[4]	–	–	–	26,7	30,8	–10,2	14,2	2,4	16,3	18,2	16,3	– 2,5	1,0	5,0	– 1,1
Maschinen und Ausrüstung	–	–	–	30,2	35,1	1,8	3,5	18,4	27,9	51,4	– 8,4	– 0,8	– 3,5	– 8,9	–22,8
Konsumgüter[5]	–	–	–	9,0	– 7,5	0,9	1,6	– 6,0	9,3	7,7	22,2	9,3	4,0	5,1	– 1,6

[1] Geschätzt nach sowjetischen Daten für die Bruttoproduktion in Werten in Preisen von 1926/27.
[2] Die Daten von Nutter beziehen sich jeweils auf die Wirtschaftsjahre 1928/29 (im Vergleich zu 1927/28), 1929/30 (im Vergleich zu 1928/29) und das Kalenderjahr 1931 (im Vergleich zum Wirtschaftsjahr 1929/30).
[3] Nettoproduktion.
[4] Metalle, Brennstoffe und Energie, Chemikalien, Baumaterial.
[5] Beinhaltet sowohl Nahrungsmittelindustrie als auch produzierte Güter und langlebige Konsumgüter.

Quelle: Davies, Harrison, Wheatcroft, 302–3.

Tabelle A–3/1: «Klassenstruktur» der Bevölkerung 1913–1989 (in %)

	1913	1924	1928	1937	1939	1959	1970	1980	1985	1989
Gesamtbevölkerung[1]	100,0	100,0	100,0	100,0	100,0	100,0	100,0	100,0	100,0	100,0
Arbeiter	14,6	10,4	12,4	31,0	33,5	49,5	56,8	60,0	61,6	58,8
Angestellte	2,4	4,4	5,2	14,8	16,7	18,8	22,7	25,1	26,0	29,3
Kolchozniki	–	0,8	1,7	46,4	44,9	31,4	20,5	14,9	12,4	11,7
Kooperierte Handwerker[2]	–	0,5	1,2	0,9	2,3	–	–	–	–	–
Einzelbauern und nicht kooperierte Handwerker	66,7	75,4	74,9	5,0	2,6	0,3	0,0	0,0	0,0	–
Bourgeoisie, Großgrundbesitzer, Händler, Kulaken	16,3	8,5	4,6	1,9[3]	–	–	–	–	–	0,2

[1] einschließlich nichtarbeitender Familienangehöriger
[2] seit 1959 unter «Arbeiter» gefaßt
[3] einschließlich der nicht arbeitenden und Angehöriger freier Berufe

Quelle: Narodnoe Chozjajstvo 1922–72,35; Narodnoe Chozjajstvo 1984,7; Narodnoe Chozjajstvo 1989, 33; Perepis' 1937, 116f.

Tabelle A-3/2: Arbeiter und Angestellte in der Volkswirtschaft der Sowjetunion 1922–1990 (in Tsd.)

	1922	1940	1950	Index[1]	1960	Index	1970	Index	1980	Index	1990	Index
Beschäftigte gesamt	6235	33926	40420	119	62032	182	90186	266	112498	332	112936	333
Industrie (Produktion)	1900	13079	15317	117	22620	173	31593	242	36891	282	35286	267
Landwirtschaft	1190	2703	3437	127	6793	251	9180	340	11650	431	10929	404
davon Sowchosen, zwischenwirtschaftliche und andere landwirtschaftliche Produktionsbetriebe	175	1760	2425	138	6022	342	8593	488	10693	608	9914	563
Forstwirtschaft	75	280	444	159	359	128	433	155	458	164	391	140
Transport	1020	3525	4117	117	6279	178	7985	227	10324	293	8629	245
Eisenbahn	800	1767	2068	117	2348	133	2315	131	2616	148	2401	136
Wassertransport	85	206	222	108	322	156	370	180	433	210	419	203
Kraftverkehr, Personennahverkehr, Güterumschlag	135	1552	1827	118	3609	233	5300	341	7275	469	5809	374
Fernmeldewesen	78	484	542	112	738	152	1330	275	1634	338	1526	315
Bauwirtschaft	102	1993	3278	164	6319	317	9052	454	11240	564	12149	610
davon Bau- und Montagearbeiten	78	1620	2603	161	5143	317	6994	432	8174	505	9104	562
Handel, Gaststättenwesen, Beschaffung, Versorgung	230	3351	3360	100	4675	140	7537	225	9694	289	9812	293
Andere Produktionstätigkeiten	10	166	194	117	477	287	998	601	1436	865	1748	1053
Kommunales Wohnungswesen, nicht produktive Dienstleistungsbetriebe	95	1516	1371	90	1920	127	3052	201	4512	298	4948	326
Gesundheitswesen, Sport und Sozialfürsorge	230	1512	2051	136	3461	229	5080	336	6223	412	7594	502
Volksbildung	500	2482	3315	134	4803	194	7246	292	9166	369	11185	451
Kultur		196			315	182	824	420	1290	658	1588	810
Kunst	25	173	185	107			412	238	457	264	464	268
Wissenschaft und wissenschaftliche Dienstleistungen	35	362	714	197	1763	487	3238	894	4379	1210	4031	1114
Bankwesen und staatliche Versicherung	45	267	264	99	265	99	388	145	649	243	699	262
Verwaltung	700	1837	1831	100	1245	68	1883	103	2495	136	1637[2]	89

[1] 1940 = 100
[2] Seit 1987 gezählt ohne Beschäftigte des Handels, der Trusts des Gaststättenwesens, der ORS, der Rajonapparate von Sel'chozteсhnika und Sel'chozchimija, die in Produktionsbetriebe umgewandelt wurden und deren Zahl 1987 etwa 400000 Personen betrug.

Quelle: Narodnoe chozjajstvo 1922–1972, 346 f.; Narodnoe chozjajstvo 1922–1982, 399 f.; Narodnoe chozjajstvo 1990, 100 f.

Tabelle A-4: Nationale Zusammensetzung der Sowjetbevölkerung 1926–1989 (in Tsd.)

	1926	%	1937	%	1959	%	1970	%	1979	%	1989	%
Gesamtbevölkerung	147028		161753		208827		241720		262085		285743	
Russen	77791	52,91	93933	58,07	114114	54,65	129015	53,37	137397	52,42	145155	50,80
Ukrainer	31195	21,21	26421	16,33	37253	17,84	40753	16,86	42347	16,16	44186	15,46
Weißrussen	4739	3,22	4874	3,01	7913	3,79	9052	3,74	9463	3,61	10036	3,51
	113725	77,34	125228	77,42	159280	76,27	178820	73,97	189207	72,19	199377	69,77
Litauer, Esten, Letten	347	0,23	168	0,10	4715	2,26	5102	2,11	5310	2,03	5553	1,94
Usbeken	3989	2,71	4551	2,81	6015	2,88	9195	3,80	12456	4,75	16698	5,84
Kasachen	3968	2,69	2862	1,77	3622	1,73	5299	2,19	6556	2,50	8136	2,85
Tadschiken	981	0,66	1138	0,70	1397	0,67	2136	0,88	2898	1,11	4215	1,47
Turkmenen	764	0,51	718	0,44	1002	0,48	1525	0,63	2028	0,77	2729	0,95
Kirgisen	763	0,51	847	0,52	969	0,46	1452	0,60	1906	0,73	2529	0,88
Kazachstan/Mittelasien	10465	7,11	10116	6,25	13005	6,23	19607	8,10	25844	9,86	34307	12,01
Aserbajdschaner	1713	1,17	2135	1,32	2940	1,41	4380	1,81	5477	2,09	6770	2,37
Armenier	1568	1,07	1969	1,22	2787	1,33	3559	1,47	4151	1,58	4623	1,62
Georgier	1821	1,24	2009	1,24	2692	1,29	3245	1,34	3571	1,36	3981	1,39
Kaukasus	5102	3,48	6113	3,78	8419	4,03	11184	4,62	13199	5,04	15374	5,38
Tataren	3311	2,25	3793	2,34	4968	2,38	5931	2,45	6317	2,41	6649	2,32
Moldawier	279	0,19	224	0,14	2214	1,06	2698	1,12	2968	1,13	3352	1,17
Juden	2672	1,82	2715	1,68	2268	1,09	2151	0,89	1811	0,69	1378	0,48
Deutsche	1239	0,84	1152	0,71	1620	0,78	1846	0,76	1936	0,74	2039	0,71
übrige	9888	6,73	12246	7,57	12338	5,91	14381	5,95	15493	5,91	17714	6,20

Quelle: Merl, Rußland, 656; Perepis' 1937, 83; Narodnoe Chozjajstvo 1990, 77–80.

Tabelle A-5/1: Lese- und Schreibfähigkeit der Bevölkerung Rußlands und der UdSSR 1897-1979 nach Wohnort (Stadt/Land) und Geschlecht (9-49 Jahre, in %)

Jahr	Stadt		Land		gesamt		gesamt
	m.	w.	m.	w.	m.	w.	m. u. w.
1897	66,1	45,7	35,5	12,5	40,3	16,6	28,4
1920	80,7	66,7	52,4	25,2	57,6	32,3	44,1
1926	88,0	73,9	67,3	35,4	71,5	42,7	56,6
1939	97,1	90,7	91,6	76,8	93,5	81,6	87,4
1959	99,5	98,1	99,1	97,5	99,3	97,8	98,5
1970	99,9	99,8	99,6	99,4	99,8	99,7	99,7
1979	99,9	99,9	99,7	99,7	99,8	99,8	99,8

Quelle: Narodnoe chozjajstvo 1922-72, 35; Narodnoe chozjajstvo 1922-82, 41.

Tabelle A–5/2: Hochschulstudenten nach Fachgebieten 1914–1991 (in Tsd.)

	1914/15	1927/28	1940/41	1950/51	1960/61	1970/71	1980/81	1990/91
Gesamt	127,4	168,5	811,7	1247,4	2396,1	4580,6	5235,2	5161,6
Davon in Einrichtungen für								
Industrie und Bau	24,9	40,7	168,4	272,8	873,1	1825,7	2088,2	1844,5
Transport und Kommunikationswesen		2,8	36,2	47,9	146,7	251,7	300,5	268,3
Landwirtschaft	4,6	20,5	52,1	104,1	246,5	423,9	533,8	525,3
Wirtschaft und Recht	11,4	18,2	36,3	89,2	161,9	341,4	377,0	336,1
Gesundheitswesen, Körperkultur und Sport	5,0	11,2	109,8	111,5	188,9	321,0	378,7	409,3
Bildung	81,5	68,2	398,6	607,0	759,6	1375,7	1509,0	1726,5
Kunst und Film		6,9	10,3	14,9	19,4	41,2	48,0	51,6

Quelle: Narodnoe Chozjajstvo 1922–1972, 431; Narodnoe Chozjajstvo 1922–1982, 509; Narodnoe Chozjajstvo 1990, 220.

Tabelle A–6: Die mittleren Monatslöhne[1] der Arbeiter und Angestellten nach Wirtschaftszweigen sowie die Einkommen der Kolchosmitglieder 1928–1990 (Industriearbeiter = 100)

	1928	1932	1940	1950	1960	1970	1980	1990
Volkswirtschaft insgesamt	83	103	102	93	90	93	91	93
Industrie								
Arbeiter	100	100	100	100	100	100	100	100
Ingenieure/Techniker	175[2]	194[2]	215	178	151	136	115	116
Angestellte			111	93	82	85	79	
Landwirtschaft								
Arbeiter	37[2]	68[2]	68	52	58	75	80	92
Agronomen/Veterinäre/Ingenieure/Techniker			156	123	128	126	100	112
Angestellte			96	74	73	73	68	–
Kolchosmitglieder[3]	–	–	37	25	31	57	65	81
Bauwesen	118	109	112	95	103	115	109	119
Handel, Versorgung	93	92	77	68	66	73	75	80
Gesundheit	76	90	79	70	66	70	68	63
Wissenschaft	–	–	145	136	117	105	97	114
Bildung	80	118	102	97[4]	78	83	73	64
Verwaltung	107	140	120	100	96	94	84	114

[1] Einschließlich Prämien
[2] Aufgeschlüsselte Angaben liegen nicht vor.
[3] Einschließlich Naturalzahlungen
[4] Einschließlich Kultur

Quelle: S. Merl, »Jeder nach seinen Fähigkeiten, jedem nach seinen Bedürfnissen«? Über Anspruch und Realität von Lebensstandard und Wirtschaftssystem in Rußland und der Sowjetunion, in: Wolfram Fischer (Hg.), Lebensstandard und Wirtschaftssystem. Studien im Auftrage des Wissenschaftsfonds der DG Bank. 1995, 286.

Tabelle A–7/1: Mitglieder der KPdSU, ihres Zentralkomitees
und Politbüros 1905–1990

Jahr	Parteitag	Parteimitgliedschaft[1]			Zentralkomitee		Politbüro[2]	
		Mitgl.	Kand.	gesamt	Mitgl.	Kand.	Mitgl.	Kand.
1905		0,008		0,008	5			
1917		0,024		0,024				
1917 (Apr.)		0,040		0,040	9	4		
1917 (Aug.)		0,200		0,200	21	8		
1918 (März)	7.	0,390		0,390	15	8		
1919		0,251						
1919 (März)	8.	0,314		0,314	19	8	5	3
1920	9.	0,612		0,612	19	12	5	3
1921	10.	0,730		0,730	25	15	5	3
1922	11.	0,410	0,118	0,528	27	19	7	3
1923	12.	0,381	0,118	0,499	40	17	7	4
1924	13.	0,350	0,122	0,472	53	34	7	6
1925	14.	0,440	0,361	0,802	63	43	9	5
1927	15.	0,786	0,426	1,213	71	50	9	8
1930	16.	1,185	0,493	1,678	71	67	10	5
1934	17.	1,827	0,874	2,701	71	68	10	5
1939	18.	1,514	0,793	2,307	71	68	9	2
1952	19.	5,853	0,854	6,708	125	110	25	11
1956	20.	6,768	0,406	7,174	133	122	11	6
1959	21.	7,622	0,617	8,239				
1961	22.	8,472	0,803	9,276	175	155	11	5
1966	23.	11,548	0,809	12,357	195	165	11	8
1971	24.	13,746	0,627	14,373	241	155	15	6
1976	25.	15,030	0,609	15,639	287	139	16	6
1981	26.	16,732	0,698	17,430	319	151	14	8
1986	27.			19,412[3]	307	170	12	7
1990	28.			17,918	412		24[4]	

[1] In Millionen, wenn nicht anders angegeben zum 1. Januar des Jahres.
[2] 1952–1966 war das Politbüro formell aufgelöst; an seine Stelle trat das Präsidium des Zentralkomitees.
[3] Zahlen für den 1. 1. 1987
[4] Neue Zusammensetzung des Politbüros; Aufnahme der Parteichefs der Unionsrepubliken.

Quelle: Altrichter, Kleine Geschichte der SU, 212; Lane, State and Politics, 325 f.

Tabelle A-7/2: ‹Soziale Position› der Mitglieder der KPdSU 1924-1983 (in %)

	1917	Jan. 1924	1927	Juli 1932	1947	Jan. 1956	Juli 1961	Jan. 1966	1976	1983
Arbeiter	60,2	44,0	55,1	65,2	33,7	32,0	34,5	37,8	41,6	44,1
Bauern	7,5	28,8	27,3	26,9	18,0	17,1	17,5	16,2	13,9	12,4
Angestellte und sonstige	32,2	27,2	17,6	7,9	48,3	50,9	48,0	46,0	44,5	43,5

Quelle: R. J. Hill, P. Frank, The Soviet Communist Party. 3. Aufl., London 1988, 36 (1917, 1927, 1947) Rigby, Membership, 325 (1924, 1932); Meissner, Sowjetgesellschaft, 277 (1956, 1961, 1966, 1976 1983).

Glossar

Artel *(artel')*	traditionelle Gemeinschaft oder Genossenschaft dörflich-handwerklicher Saisonarbeiter, die sich kollektiv verdingten, kollektiv bezahlt wurden und in den Städten oder auf den Baustellen auch zusammen lebten und wirtschafteten
batraki	Angehörige der landlosen dörflichen Unterschicht
bednjak	armer Bauer (von *bednyj* = arm)
bol'šak	der Gößere, Ältere: reicher Bauer oder Haushaltsvorstand
Centrosojuz	Zentralverband der Konsumgenossenschaften
Červonec	Goldrubel
chozrasčet	wirtschaftliche Rechnungsführung *(chozjajstvennyj rasčet)*, Bezeichnung für die begrenzte ökonomische Selbständigkeit großer Staatsunternehmen in der NĖP, zu Beginn der *perestrojka* wiederentdeckt
chutor	Einzelgehöft
Desjatine (Desj.)	russ. Flächenmaß *(desjatina)*, ungefähr 1,09 ha.
Duma	Rat, Name des russischen Parlaments seit 1906
Gosplan	Oberste Planungsbehörde *(gosudarstvennyj plan,* Staatsplan)
glavki	von *glava* = Haupt, Hauptverwaltungen des VSNCh für die jeweiligen Industriezweige
Hetman (auch Ataman)	Oberbefehlshaber kosakischer Verbände
Kolchos	(agrarische) Kollektivwirtschaft, zusammengezogen aus: *Kollektivnoe chozjajstvo*
Kadett(en)	Angehörige(r) der überwiegend linksliberalen *Konstitutionell-Demokratischen Partei* (abgek. KD)
Kulak	von *kulak* = Faust, seit dem ausgehenden 19. Jahrhundert Bezeichnung für (relativ) wohlhabende Bauern, von den Bolschewiki mehr und mehr auf alle selbständigen Landwirte ausgedehnt
Kustar'	(von kust = Busch), Bezeichnung für das bäuerliche Nebengewerbe, das bereits im 19. Jahrhundert vor allem im Bereich der Textil- und Eisenwarenherstellung in ein permanentes Handwerk und Industrie überging
mir	Dorfgemeinde, Synonym zu *obščina*

narodničestvo	von *narod* = Volk, ‹Volkstümelei›, Bezeichnung für die vormarxistische revolutionäre Bewegung der 1870er Jahre
nomenklatura	Gesamtheit der Führungspositionen in Staat, Gesellschaft, Wirtschaft und Kultur, deren Besetzung, nach Wichtigkeit und Hierarchie differenziert, den Partei- und Sowjetorganen vorbehalten war
oblast'	Gebiet, Region: nach der Abschaffung der alten Gouvernements Ende der 1920er Jahre größte territoriale Verwaltungseinheit der Sowjetunion
obščina	dörfliche Landumteilungsgemeinde, zugleich steuerliche und administrative Solidargemeinde
okrug	Bezirk, Zusammenfassung mehrerer Kreise *(uezd)*, unterhalb des *oblast'* (administrative Ebene seit Mitte der 1920er Jahre)
Oktobrist	Angehörige(r) des konservativ-liberalen *Bundes vom 17. Oktober* (1905)
otchod	«Weggang», saisonale Arbeit dörflicher Handwerker zumeist in den aufstrebenden Industriestädten
otrabotka	«Abarbeit», Abgeltung monetärer Zahlungen durch ‹naturale› Dienste
otrub	Einzelgehöft
schod	Versammlung in der Regel der Haushaltsvorstände in der *obščina*
serednjak	Mittelbauer (von *srednij* = der Mittlere)
socha	hölzerner Hakenpflug
Rada	(Rat) ukrainische Nationalregierung
volost'	Verwaltungseinheit unterhalb des Kreises *(uezd)* in den Gouvernements des zarischen Reiches, etwa mit Bezirk zu übersetzen
vydvižency	‹Aufsteiger›
zemstvo (Pl. zemstva)	von *zemlja* = Land, korporativ zusammengesetzte Repräsentativgremien auf Gouvernements- und Kreisebene mit (beschränkten) Selbstverwaltungskompetenzen (seit 1864)

Personen- und Ortsregister

Abakumov, V. S. 760
Abalkin, L. I. 1045
Abramov, F. A. 968
Abuladze, T. E. 1029
Achmatova, Anna 346, 716f.
Adenauer, K. 739
Aganbegjan, A. G. 1031, 1066
Akademgorodok 813
Aleksandrov, A. P. 961, 963
Alekseev, N. V. 70f., 140
Aleksij (Simanskij), Patriarch 986
Aleksij, Metropolit von Leningrad 667
Alexander II. 25, 43, 74, 221, 283, 1016
Alexander III. 47
Alexander Nevskij 627
Alexandra Fedorovna (Alice von Hessen) 58, 62
Aliev, G. A. 842
Allilueva, S. 687, 731
Alma-Ata 191, 403, 1058
Amalrik, A. A. 978
Amur-Darja 692
Andreev, A. A. 403, 467, 674, 694
Andropov, Ju. V. 834, 842, 846, 872, 993
Antonov-Ovseenko, V. A. 137, 170
Aristophanes 343
Aschabad 1058
Astrachan' 611
Averbach, L. L. 567
Avksent'ev, N. D. 78, 81, 139

Bach, J. S. 343
Bachrušin, S. V. 724
Bachtin, M. M. 561
Bagirov, M. D. 761
Bakatin, V. V. 1053
Baku 200, 607
Basov, C. G. 963
Batu 665
Bazarov, V. A. 369, 410
Bebel, A. 317, 942
Bednyj, D. 565, 584
Belgrad 991
Belinskij, V. G. 564

Belov, V. I. 968
Berdjaev, N. A. 351
Berg, A. 973
Berija, L. P. 467, 470, 479f., 604, 619–622, 626, 630, 672–674, 676f., 682, 685, 687, 720, 757, 759–761, 763, 765, 773, 784–786, 812, 871f.
Berlin 349, 359, 361, 428, 457, 512, 588, 590–592, 594, 596, 613f., 617, 737, 739–741, 763, 766, 990, 994f., 998–1001, 1042
Bernoulli, N. 563
Bessarabien 708
Bierut, B. 991
Bismarck, O. v. 359
Blok, A. A. 346
Blonskij, P. P. 309
Bogdanov, A. A. 169, 331f., 343
Bogoslavskij, M. M. 350
Bohr, N. 576
Brandt, W. 998, 1001
Brest-Litovsk 128, 140, 150, 178, 323, 354, 604, 730
Brežnev, L. I. 13, 468, 542, 748, 768–771, 775, 783, 816, 826–844, 846–853, 855–857, 859f., 865, 867–870, 872–877, 882f., 885–892, 895–906, 908–912, 914, 916–918, 920, 923, 927–929, 931–933, 935, 937, 939, 941, 944, 946f., 950, 952–955, 957f., 960, 962–964, 966, 968, 970–974, 979, 981, 988–990, 997, 1000f., 1004f., 1009, 1011–1026, 1030, 1041, 1048, 1061f., 1066, 1081, 1084, 1089
Briand, A. 588
Brik, O. M. 346
Brjansk 604, 615
Brjusov, V. Ja. 346
Brockdorff-Rantzau, U. v. 360, 362
Brodskij, I. A. 825, 975
Brusilov, A. A. 71, 83
Brzezinski, Z. 744, 1013
Bubnov, A. S. 412
Bucharin, N. I. 129, 144, 151, 160, 167,

175f., 184, 187, 196, 246f., 250, 258, 260, 318, 320, 326, 344, 347f., 363, 370, 384f., 387, 390, 402–405, 409, 445f., 451, 457–459, 467f., 558, 567, 578, 745, 817, 1029
Bucharina, A. L. 457
Budapest 992
Budënnyj, S. M. 142, 221
Bukovskij, V. K. 975
Bulgakov, M. A. 567, 819, 991
Bulganin, N. A. 620, 622
Burbulis, G. Ė. 1065
Burckhardt, J. 21
Burdžalov, E. N. 817
Butlerov, A. M. 963
Bykov, V. V. 968
Byrnes, J. F. 736

Čajanov, A. V. 292, 410
Čalidze, V. N. 977f.
Caricyn → Stalingrad
Castro, F. 994
Carskoe Selo 70
Carter, J. 1004
Čebrikov, V. M. 873, 1024, 1040
Čeljabinsk 648
Čerenkov, P. A. 963
Čerepnin, L. V. 723
Cereteli, I. G. 78, 80
Černenko, K. U. 842, 850, 1016f., 1019, 1021
Černjaev, A. S. 1025
Černomyrdin, V. S. 1066, 1068f., 1075
Černov, V. M. 44, 78f., 81, 87, 95–97, 121, 131
Černyševskij, N. G. 41, 321, 564, 566
Char'kov 612, 828
Chasbulatov, R. I. 1065, 1072
Chaustov, V. A. 975
Chlebnikov, V. V. 346
Chruščev, N. S. 13, 19f., 35, 158, 186, 440, 447, 455f., 458, 464, 467, 475, 479, 501, 530, 572f., 578, 605, 615, 622, 626f., 672–676, 684, 687, 693, 696, 728, 757–777, 779–792, 794f., 797–810, 812–818, 821–824, 826, 829, 831–834, 836–840, 844–847, 849, 851, 853, 855–857, 860f., 865, 868f., 871f., 874–880, 882, 884, 886f., 889, 892f., 897, 899f., 903f., 908, 912, 914–919, 923, 928f., 930–932, 937–939, 944f., 948, 951–953, 955–957, 959, 962,

965f., 969f., 973–976, 981–984, 986–997, 1005f., 1009, 1012–1014, 1016f., 1021, 1081, 1083f., 1086, 1090
Churchill, W. 730–733, 735
Čičerin, G. V. 355–357, 360–363, 585
Cipko, A. S. 1083
Clemenceau, G. 188f.
Cohen, S. 745
Conquest, R. 401
Čubar', V. Ja. 467, 479
Čukovskaja, L. K. 823
Cvigun, S. K. 873

Dan, F. I. 78, 80, 112
Daniel', Ju. M. (N. Aršak) 872, 969, 975
Daniels, R. V. 160, 1007f.
Deborin, A. M. 351f., 576
Delone, V. N. 975
Demičev, P. N. 830, 842
Denikin, A. I. 140f.
Dewey, J. 307
Dilthey, W. 578
Djilas, M. 731
Dnepropetrovsk 831, 833
Donec-Becken 691, 717, 1044
Doneck → Stalinsk
Dovženko, A. P. 569, 580
Dubček, A. 998
Dudincev, V. M. 820
Dulles, J. F. 991
Durkheim, E. 578
Dzeržinskij, F. Ė. 108, 110, 150, 160, 174, 226, 229–231, 277

E'lcin, B. N. (Yelzin) 1024, 1037f., 1041, 1052, 1054–1059, 1063–1073, 1075f., 1087
Ėiche, R. I. 467
Ėlista, 631
Eastman, Max 185
Efremov, L. N. 770
Ehrenburg, I. 660, 757, 804, 818
Eisenhower, D. D. 991
Eisenstein, S. M. 337, 342, 569, 663, 717f.
Ešliman, N. 987
Elisabeth I. 327
Elizavetgrad → Zinov'evsk
Engels, F. 9, 319, 351, 549, 559, 816
Erevan 479
Esenin, S. A. 346, 975
Esenin-Vol'pin, A. S. 975, 978

Euler, L. 963
Evtušenko, E. A. 823–825
Ežov, N. I. 450–452, 457, 460, 462, 464

Fadeev, A. A. 566, 578
Fedin K. A. 346, 967
Feuchtwanger, L. 557
Flerov, N. G. 668
Fok, V. A. 577, 963
Foros 1059
Franco, F. 679
Frank, S. L. 351
Franz-Ferdinand (Erzherzog) 447
Freisler, R. 550
Frenkel', Ja. I. 720, 963
Freud, S. 578
Frunze, M. V. 142, 174, 221, 223 f.
Fulton 735
Furceva, E. A. 766
Furmanov, D. A. 566

Gabaj, I. Ja 975
Gajdar, E. T. 1065, 1066
Galanskov, Ju. T. 975
Gamarnik, Ja. B. 473
Gastev, A. K. 346
Gefter, M. Ja. 815
Genf 991, 993, 1001, 1031
Genua 356, 360
Gerschenkron, A. 30
Gierek, E. 992
Gindin, I. F. 815 f.
Ginzburg, A. I. 974 f., 979
Ginzburg, E. 528
Gladkov, F. V. 566
Goc, A. R. 81, 112
Gomulka, W. 992
Gor'kij (Nižnij Novgorod) 116, 240, 467, 621, 977, 1082
Gorbačev, M. S. 9, 20, 158, 594, 632, 758, 823, 845 f., 850 f., 857, 928, 933, 977, 979–981, 1015, 1018–1035, 1039–1042, 1044–1048, 1050–1060, 1063 f., 1066 f., 1069, 1089
Gorki, M. 335, 446, 565, 568, 574, 581
Granin, D. A. 820, 834
Grečko, A. A. 834, 846, 849
Grišin, V. V. 834, 842
Groman, V. G. (Grohmann) 369, 410
Gromyko, A. A. 834, 842, 846, 996, 1021, 1024, 1035, 1040,
Gropius, O. 570 f.

Groznyj 630
Gučkov, A. I. 55, 69
Guizot, F. 247
Gumilev, N. S. 346
Gusev, S. I. 221

Haimson, L. 73
Halder, F. 606
Harriman, W. A. 506
Heisenberg, W. K. 576
Heller, M. 1083
Helsinki 871, 978 f., 1001–1003
Herzen, A. (A. I. Gercen) 41–43, 62
Hitler, A. 559, 590–592, 594, 596 f., 729–731
Hobsbawm, E. 14
Hoffmann, E. T. A. 346
Honecker, E. 999
Hough, J. F. 1010
Hruševs'kyj, M. S. 199, 476
Husak, G. 998
Husserl, E. 578
Huxley, A. 743

Il'f, I. A. 819
Ioffe, A. F. 577, 668, 720, 963
Irkutsk 141
Iskander, F. A. 968
Ivan IV. (der Schreckliche) 579, 663, 717
Ivanov, L. M. 815
Ivanov, V. V. 346
Ivanovo-Voznesensk 116

Jagoda, G. G. 392, 451 f., 457, 459, 462
Jakir, I. E. 473
Jakir, P. I. 978
Jakovlev, A. N. 1024, 1029
Jakunin, G. P. 987
Jalta 732 f., 736, 740
Janaev, G. I. 1053, 1055 f.
Jaroslavl' 289
Jaroslavskij, E. M. 333, 556, 581
Jaruzelski, W. 992
Javlinksij, G. A. 1065, 1066
Jazov, D. T. 1055
Jelzin → El'cin
Jofan, B. M. 512
Judenič, N. N. 141
Juzovka → Stalinsk

Kachovka 692
Kádár, J. 993

Kaganovič, L. M. 186, 215, 404, 467, 556, 573, 620, 633, 676, 687, 761, 763, 765 f.
Kalinin (Tver') 255 f., 604
Kalinin, M. I. 174, 185, 305, 348, 403, 467, 556, 679, 870
Kamenev, L. B. 84, 107 f., 122, 142, 151, 166 f., 175–178, 182, 186, 190–192, 324, 363, 384, 403 f., 406, 445, 449, 451, 457–459
Kandelaki, D. 590
Kapica 577, 668, 812, 962, 963, 974
Kaplan, D. 150, 459
Karaganda 481
Karelien 613
Karl XII. 665
Kaspisches Meer 692
Katharina I. 327 f.
Katharina II. 328, 628
Katušev, K. F. 850
Kaukasus 140, 149, 306, 389, 399, 401, 479, 603, 606–608, 610 f., 630 f., 636, 674, 684, 695, 798, 875, 887, 902 f., 942, 1020, 1049 f.
Kazan' 116, 138 f., 621, 633, 342
Keldyš, M. V. 961, 963
Kellog, F. B. 588
Kennan, G. F. 688 f.
Kennedy, J. F. 994
Kerč 607
Kerenskij, A. F. 67, 79, 82 f., 87, 98–101, 111–113, 115, 116, 121, 128
Kerschensteiner, G. 307
Keržencev, P. M. 342
Kiev 33, 87, 137, 140, 479, 584, 603, 612, 638, 667, 674, 691, 984
Kiričenko, A. I. 766, 769
Kirilenko, A. P. 766, 770, 775, 830, 833, 842, 846
Kirillov, V. T. 341, 346
Kirov (Vjatka) 988
Kirov, S. M. 186, 445–449, 455, 457, 461, 467, 555
Kissinger, H. A. 1000
Ključevskij, V. O. 724
Kolčak, A. V. 139–143
Kollontaj, A. M. 108, 155, 160, 315, 512, 946
Kolmogorov, A. N. 962
Kondrat'ev, N. D. 240, 410
Konev, I. S. 613, 844
Kopelev, L. Z. 378
Kork, A. I. 473

Kornilov, L. G. 98–102, 106, 140
Kosior, S. V. 467, 479
Kostroma 289
Kosygin, A. N. 468, 542, 633, 673, 676, 748, 766, 769 f., 784, 827 f., 830, 832–837, 839, 841 f., 846, 862, 869, 880–883, 897, 912, 918, 929, 937, 939, 954, 957, 981, 997, 1000, 1024, 1081, 1088
Kozlov, F. R. 766, 769 f., 832 f.
Krasin, L. B. 326
Krasin, V. A. 356, 978
Kravčuk, L. M. 1058
Kremer, G. M. 973
Krestinskij, N. N. 160, 457, 459
Krjučkov, V. A. 1040
Kronstadt 71, 149, 155, 161
Krupskaja, N. K. 174–176, 304, 311, 325 f., 340
Krylenko, N. V. 203, 228, 230, 442
Kujbyšev (Samara) 116, 129, 137–139, 143, 150, 404, 467, 621, 648, 692
Kujbyšev, V. V. 185, 187, 215, 371, 409, 450, 556
Kulakov, F. D. 842, 1020
Kunaev, D. A. 830, 834, 842
Kuncevo 671, 674
Kurčatov, I. V. 668, 718, 963
Kuroedov, V. A. 985
Kursk 116, 611 f., 693
Kušev, E. I. 975
Kutuzov, M. I. 627, 659, 662
Kuusinen, O. V. 769, 770
Kuzbass 481, 648
Kuznecov, A. A. 684
Kuznecov, N. G. 619
Kuznecov, V. V. 842
Kviring, E. I. 482

Lacis, M. Ja. 151
Ladoga-See 604, 611
Landau, L. D. 963
Lappo-Danilevskij, A. S. 349
Laval, P. 589
Lavrov, P. L. 44
Le Corbusier 570 f.
Lebed, A. I. 1076
Lenin, V. I. 13, 15, 17 f., 20, 45 f., 78, 84–87, 90, 97, 102, 105–110, 112–114, 117 f., 120–122, 126 f., 129, 131, 133, 137 f., 142, 144 f., 149–152, 154, 157, 160–169, 172–177, 179–183, 185 f., 188–192, 194–196, 198–201, 208–211, 214,

219–222, 232–234, 236, 239, 244, 247, 251, 267, 272, 276, 282, 303 f., 317–321, 323–327, 330, 332, 337, 340, 343–345, 349, 352 f., 356, 359 f., 362 f., 396, 403–406, 408, 433, 436, 440 f., 445, 457, 459, 467, 469 f., 477, 549, 555–559, 566 f., 572, 576, 586, 659, 695, 719, 728, 742, 745, 749, 751, 753, 759, 761, 764, 766, 772, 774, 782, 826, 830, 834 f., 861, 873, 896, 915, 929, 945, 957, 976, 980, 983, 1026 f., 1029 f., 1032–1034, 1037, 1040, 1044, 1053, 1060
Leningrad (St. Petersburg; Petrograd) 33, 35, 37, 39, 49, 58–61, 64 f., 66, 70–72, 75, 78, 82, 85 f., 89–91, 100, 102, 106–113, 115, 127, 129 f., 135 f., 141–143, 146, 153, 155, 172, 177, 178, 182–184, 186, 220, 251, 270 f., 275, 289, 327, 332, 416, 443, 445–447, 449, 473, 567, 575, 583, 603, 606, 611, 613, 616, 633, 643, 647, 667, 683 f., 702, 716, 757, 762, 775, 813 f., 825, 832, 842, 914, 938, 953 f., 985, 1024
Leonidov, I. I. 571
Leskov, N. S. 568
Levitin-Krasnov, A. E. 988
Lewin, M. 373
Liberman, E. G. 880
Ligačev, E. K. 1018, 1021, 1024, 1026, 1040, 1047
Litvinov, M. M. 362, 585, 588–593
Ljubavskij, M. K. 575
Ljubimov, P. 971
Lloyd George, D. 365, 360
Lobov, O. I. 1065
Louis Philippe 247
Lominadze, V. V. 405
Lomonosov, M. V. 723
Losskij, N. O. 351
Löwenthal, R. 1008
Lunačarskij, A. V. 304, 310 f., 332, 340, 345, 348 f., 412
Lur'je, S. Ja. 723
Luxemburg, R. 195, 319
Luzin, N. N. 577, 963
L'vov, G. E. 69, 79, 87
Lysenko, T. D. 577, 580, 683, 695, 721, 798, 823, 976

Macharadze, F. 479
Machno, N. I. 137

Magnitogorsk 373, 377, 481, 541, 570, 581, 603, 653
Mai, E. 570
Majakovskij, V. V. 330, 342, 345, 346, 347
Majkop 606, 674
Makarenko, A. S. 546
Malenkov, G. M. 460, 469, 479, 615, 622, 673, 684, 687, 759–761, 781
Malia, M. 1083
Mandelštam, O. Ė. 346
Manstein, E. v. 609
Mao-tse-tung 740
Marčuk, G. I. 961
Marienhof, A. B. 346
Marr, N. Ja. 724
Marshall, G. C. 736
Martov, Ju. O. 45, 78, 80, 114–116, 131, 154
Marx, K. 9, 46, 72, 84, 106, 118, 126, 169, 179, 196, 245, 314, 319, 325, 328, 430, 549, 559, 579, 762, 769, 797, 816, 894, 897, 908, 924, 965, 980, 1032
Mašerov, P. M. 830, 842
Maškin, N. A. 723 f.
Mazurov, K. T. 770, 830, 834, 842
McDonald, R. 357
Mechlis, L. Z. 475, 626
Medvedev, R. A. 816, 966, 978, 980
Medvedev, V. A. 1024
Medvedev, Ž. A. 823, 978
Meyer, A. G. 1006
Mel'nikov, L. G. 570, 763
Merekalov, A. F. 592 f.
Merkulov, V. N. 682
Meyer, H. 570
Meyerhold, V. E. (Mejerchol'd) 342, 568
Mežlauk, V. I. 482
Michajl Aleksandrovič, Großfürst 71
Mikojan, A. I. 186, 386, 395, 457, 479, 556, 620, 633, 672, 674, 676, 690, 759, 761, 769–771, 815, 829, 860
Miljukov, P. N. 58, 68–70, 77–79, 81, 86, 95, 99, 135, 138
Miljutin, V. P. 122
Minc, I. I. 723
Minsk 479, 1058
Mirbach, W. Graf v. 150
Molotov, V. M. 184–186, 215, 250, 260, 330, 391–393, 437, 440, 446 f., 460, 467, 479, 507, 509, 516, 590, 592, 594, 596, 602, 618–620, 622, 672 f., 676 f.,

684, 735, 737, 759–761, 763, 765 f.,
789, 798, 956, 1001
Moskau 33–36, 38, 56, 60, 71, 81, 89 f.,
99, 101 f., 106–108, 112, 116, 120, 130,
136, 139 f., 143, 147, 150, 153, 155,
170, 172–174, 178 f., 184, 185, 186,
191, 195, 199, 202–204, 208, 212, 239,
241, 265, 266, 271, 275, 277 f., 280 f.,
287, 289, 293, 325, 329, 331, 337, 340,
346, 348, 350, 353, 356, 360, 363, 388,
404 f., 410, 417 f., 446 f., 457, 467,
515 f., 557, 561, 567, 570, 572–574,
576, 583 f., 589, 590 f., 594 f., 597 f.,
603–606, 608, 610, 613 f., 619, 621 f.,
631, 633 f., 636, 643, 651, 659, 667,
670 f., 674, 676, 686, 688, 694 f., 718,
724, 729, 732 f., 736 f., 765, 771, 775,
797, 821, 824, 831, 842, 862, 875 f.,
907, 914, 916, 951, 966, 971, 976 f.,
987 f., 992, 993, 999, 1001, 1003,
1017 f., 1020, 1024, 1026 f., 1038, 1042,
1050, 1057, 1071, 1076, 1092
Murmansk 139, 357
Mussorgskij, M. P. 343
Mžavanadze, V. P. 770, 830, 834

Nabokov, V. V. 1029
Nachimov, P. S. (Admiral) 717
Nagorny Karabach 1045
Nagy, I. 993
Nanking 187
Napoleon 665, 741
Natanson, M. A. 78
Nazarbaev, N. A. 1059
Nekritsch, A. (Nekrič) 605, 966, 1083
Nemčinov, V. S. 880, 900
Nesmejanov, A. N. 961
Neva 611
Nevskij, A. 380
Nevskij, V. I. 350
Nikolaev (am Schwarzen Meer) 833
Nikolaev, L. (Kirov-Mörder) 447 f.
Nikolaj (Metropolit von Kiev) 667
Nikolaj I. 34, 1025, 1083
Nikolaj II. 37 f., 42, 47, 52–59, 62, 65–67, 70 f., 122, 151 f.
Nixon, R. 1001
Nižnij Novgorod → Gor'kij
Nogin, V. P. 108, 122
Nove, A. 378
Novgorod 129, 289, 601
Novosibirsk 630, 813, 1031

Oder 613
Odessa 613
Ol'denburg, S. F. 575
Omsk 630
Oppenheimer, R. J. 668
Ordžonikidze, G. S. 186, 188, 199, 223, 403 f., 409, 467, 556, 674
Orel 116, 140, 611, 614, 693
Orlov, Ju. F. 979
Orwell, G. 742, 1029
Osinskij, N. 155, 170
Ostankino 1071
Ostrovskij, N. A. 564

Pankratova, A. M. 815, 817
Paris 818
Pašukanis, E. B. 442
Pasternak, B. L. 821 f., 872, 969, 974, 1029
Paulus, F. (General) 609
Pavlov, I. P. 349 f.
Pavlov, V. S. 1046
Pavlovo-Posad 914
Peipussee 613
Peking 990
Pel'še, A. Ja. 830, 834, 842
Penza 401
Peredelkino 969
Perm 648
Pervuchin, M. G. 760 f., 766
Peter (Metropolit) 331
Peter I. (der Große) 14, 33, 41, 323, 327 f., 333, 416, 529, 579, 667, 954
Petljura, S. V. 140
Petrov, E. P. 819
Petrov, Ju. V. 1061
Petrov, V. M. 662
Petrovskij, G. I. 467
Petruševskij, D. M. 350
Pieck, W. 660
Piłsudski, J. 354
Pimen (Patriarch) 986–988
Pipes, R. 198
Pirogov, N. I. 308
Pjatakov, G. I. 242, 445, 451 f., 467
Plank, M. 349
Platonov, S. F. 349, 350, 575
Plechanov, G. V. 45, 567
Pletnev, V. F. 343
Pliseckaja, M. M. 975
Podvojskij, N. I. 221
Pokrovskij, M. N. 305, 348–350, 723

Poljanskij, D. S. 770, 830
Poltava 693
Pomerancev, V. M. 818
Pommern 613
Ponomarenko, P. K. 761
Ponomarev, B. N. 842
Popkov, P. S. 684
Popov, G. Ch. 1034
Port Arthur 991
Poskrebyšev, A. N. 441
Pospelov, P. N. 763
Postyšev, P. P. 437, 479
Požarskij, D. 659
Potsdam 733 f.
Preobraženskij, E. A. 160, 170, 176, 182, 242, 244 f., 348
Prochorov, A. M. 963
Pudovkin, V. I. 337, 569, 717 f.
Pugo, B. K. 1053
Pulkovo 116
Puškin, A. S. 343, 568

Radek, K. 161, 186, 359, 445, 551–553, 567
Rákosi, M. 992 f.
Rapallo 358, 361, 586, 588
Rašidov, Š. R. 770, 831, 834
Rasputin, G. E. 58, 62
Rasputin, V. G. 968, 971
Rathenau, W. 359 f.
Razgon, I. M. 723
Reagan, R. 1004
Reval → Tallinn
Reykjavik 1031
Ribbentrop, J. v. 594, 595
Riga 33, 99, 109, 195
Rigby, T. H. 1007
Rjazanov, D. B. 318, 350
Rjutin, M. I. 405
Rodčenko, A. M. 570
Röhm, E. 447
Rokossovskij, K. K. 612 f.
Romanov, G. V. 842, 1024
Romm, M. M. 975
Roosevelt, F. D. 729–733, 740
Rosenberg, W. 88
Rostov 607
Rostropovič, M. 973
Rubinštein, N. L. 723
Ruckoj, A. V. 1065, 1072
Rudzutak, Ė. 467
Rutherford, E. 574

Ruzskij, N. V. 71
Rybakov, A. 1029
Rykov, A. I. 108, 122, 174, 176, 214, 246, 249, 383, 390, 402 f., 405, 445, 451, 457, 459
Ryžkov, N. I. 1018, 1024, 1029, 1045 f., 1055

Saburov, M. S. 760 f., 765
Sacharov, A. D. 809, 812 f., 961, 963, 975–980, 988, 1026, 1035, 1037 f.
Šachnazarov, G. Ch. 1025
Šackij, S. T. 308
Šalamov, V. T. 823, 970
Salomé, L.-A. 317
Samara → Kujbyšev
Sapronov, T. V. 170
Saratov 116, 401
Šatalin, S. S. 1045, 1054, 1065, 1066
Ščaranskij, A. B. 979
Ščerbakov, A. S. 622
Ščerbickij, V. V. 770, 831, 834, 842
Schacht, H. v. 590
Schanghai 187, 428
Schlüsselburg 611
Schönberg, A. 972
Schulenburg, F. W. Graf v. der 594
Schumann, R. 343
Schwarzes Meer 688
Ščusev, A. V. 570
Seeckt, H. v. 359
Šelepin 770, 828–830, 872
Šelest, P. E. 830, 834
Semenov, N. N. 810, 963
Semičastnyj, V. E. 770, 872
Semipalatinsk 789
Šepilov, D. T. 765
Sergej, (Patriarchatsverweser) 665–667
Sergij (Stragorodskij) (Metropolit von Novgorod) 331, 583 f.
Ševardnadze, E. A. 846, 1024
Sevastopol' 607
Shakespeare, W. 343
Sibirien 19, 138, 141, 143, 149, 266, 369, 379, 393, 398, 481, 486, 630, 633, 635, 637 f., 648 f., 657, 669, 685, 705, 762, 786, 788, 790, 798, 801, 813, 887, 903, 951, 1076
Sidorov, A. L. 723
Simbirsk → Ul'janovsk
Simmel, G. 578
Simonov, K. M. 660, 819

Sinjavskij, A. D. (A. Terc) 872, 969, 974
Skoropadskyj, P. P. 137, 140
Skrypnyk, M. A. 199, 203
Šljapnikov, A. V. 84, 91, 155, 160, 450
Smilga, I. T. 188, 260
Smolensk 289, 605, 976
Sokolnikov, G. Ja. 452f.
Sol'c, A. A. 229
Šolochov, M. A. 566, 568, 820, 967
Solomencev, M. S. 842
Solženicyn, A. I. 526, 527f., 685, 692, 786, 823f., 931, 969f., 976, 978, 980, 1030
Šostakovič, D. D. 568, 718, 860
Šostakovič, M. D. 973
Stachanov, A. G. 521–526, 652, 758
Stalin, I. V. 13, 18–20, 25, 108, 110, 133, 161, 164–168, 170–176, 178, 181–194, 199–201, 208–211, 213–217, 222–224, 232, 242, 244f., 248–250, 258, 265, 267, 278, 283, 288, 301f., 307, 319, 324, 326–328, 333f., 346, 351–353, 358, 362f., 367–369, 371–373, 377, 379, 384f., 389, 390, 392, 396f., 399, 401–415, 419, 422, 428f., 432–435, 437–452, 454–480, 486–488, 504, 506–511, 515, 518, 522, 525–531, 538f., 541–543, 545, 547, 549–559, 561–564, 566–580, 582, 584–587, 589–598, 602–608, 613–623, 626–633, 635–637, 643, 649, 658–664, 666–680, 682–687, 689–692, 694f., 696, 698, 700, 705, 707f., 716–719, 721–725, 727–742, 744–751, 753, 757–766, 768f., 772–776, 779, 782, 784–788, 793, 794, 796f., 799, 802, 804f., 807–810, 812–814, 816–819, 821, 823, 824, 826, 828–830, 832f., 835, 839, 840f., 842, 844–848, 851, 860f., 868, 870f., 874, 878–880, 882, 900f., 906, 909, 914–916, 925, 927, 929f., 935, 938–942, 945f., 948f., 951–953, 955, 956, 960, 964–967, 969–971, 973, 975–977, 980f., 983f., 988, 990–992, 994, 997, 998, 1001, 1005f., 1010, 1012, 1014, 1016, 1021, 1027–1030, 1044, 1047, 1049, 1053, 1079–1081, 1086, 1088–1090;
Stalingrad (Caricyn, heute Volgograd) 140, 328, 607–610, 622, 624, 627, 633, 648, 691f., 728, 789
Stalinsk (Juzovka, heute Doneck)
Stanislavskij, K. S. 342

Stavropol' 832, 1020
Steklov, V. A. 963
Stettin 613
Stolypin, P. A. 31, 54f., 96, 1069
Stravinsky, I. F. 973
Stresemann, G. 361
Strumilin, S. G. 241, 551
Struve, P. B. 45, 48, 138
Štruve, F. G. W. 963
Stučka, P. I. 229, 442
Suchanov, N. N. 106, 111, 113f., 410
Šukšin, V. M. 967
Šul'gin, V. V. 415
Sultan-Galiev, M. S. 198
Šumejko, V. F. 1066
Suslov, M. A. 674, 676, 683, 769, 770f., 777, 828, 830, 832f., 837, 841f., 850, 966, 971, 975, 1016f., 1019f.
Suvorov, A. B. 627
Sverdlov, Ja. M. 108, 131, 152f., 213
Sverdlovsk (Ekaterinburg) 327, 633, 648, 833, 1024, 1064
Švernik, N. M. 467
Syrcov, S. I. 405

Taganrog 612
Tallinn (Reval) 109, 195
Tarkovskij, A. A. 972
Tambov 116, 148, 156
Tamm, I. E. 577, 963, 975f.
Tarkovskij, A. A. 569, 972
Tarle, E. V. 350, 575
Tarnovskij, K. N. 815
Tatlin, V. E. 345, 570, 571
Teller, E. 668
Tendrjakov, V. F. 967
Teheran 730
Tichon (Patriarch) 329–331
Tichonov, N. A. 846, 1024
Tiflis 173, 204, 914
Timošenko, S. K. 619
Tito, J. B. 683, 991, 997
Tocqueville, A. de 25, 41, 751, 1016
Tolstoj, A. N. 346, 564, 568, 660
Tolstoj, L. N. 308
Tomsk 1018
Tomskij, M. P. 176, 273, 384, 390, 402f., 405, 409, 445, 451, 457, 1029
Townes, C. 963
Trapeznikov, S. P. 962, 966
Trifonov, Ju. V. 967, 971
Trotzki, L. D. (Trockij) 10, 70, 78, 84,

101 f., 105–115, 118, 120 f., 128 f.,
138 f., 142–144, 149, 151 f., 154, 160,
163–178, 181–193, 198, 207, 214, 215,
220–224, 239–242, 260, 319, 321, 324–
327, 332, 336, 346 f., 349, 353, 370,
403, 434, 439, 445, 448 f., 451, 457,
525, 558, 621, 759, 1029
Truman, H. S. 733
Tschajkowski, P. I. (Čajkovskij) 568
Tschiang Kaischek 679
Tuchačevskij, M. N. 142, 221, 473, 475
Tucker, R. C. 745
Tugan-Baranovskij, M. A. 45
Tula 141, 481
Tupolev, A. N. 383
Tvardovskij, A. T. 819, 822 f., 825, 970
Tverdochlebov, A. N. 977
Tynjanov, Ju. N. 819

Uborevič, I. P. 473
Ufa 139
Uglanov, N. A. 404
Ul'janovsk (Simbirsk) 138 f.
Ulbricht, W. 598, 660, 999
Urickij, M. S. 108
Ussuri 997
Ustinov, D. F. 830, 842, 846, 869

Vacetis, I. I. 142
Vajnštejn, O. L. 723
Vandervelde, E. 232
Varga, E. S. 683
Vasilevskij, A. M. 608
Vavilov, N. I. 578, 810
Ventcel', K. N. 308
Vernadskij, V. I. 348, 350, 577
Vertov, D. 337
Vinogradov, V. N. 685
Vitebsk 612
Vjaz'ma 604
Vladivostok 137–139, 354, 1004
Vlassov, A. A. 629
Volgin, V. P. 575
Volgograd → Stalingrad

Volobuev, P. V. 815
Voronež 116, 140, 612, 761
Voronov, G. I. 770, 830, 834
Voronskij, A. K. 345, 347
Vorošilov, K. E. 185, 215, 221–223, 288,
403, 446 f., 467, 471, 475, 556, 619 f.,
672, 676, 687, 760 f., 763, 765 f., 860
Voznesenskij, N. A. 616 f., 673, 684, 690,
880
Vyborg 39, 64 f., 107
Vygockij, L. S. 814
Vyšinskij, A. Ja. 442, 450–452, 459

Warschau 992
Webb, B. & S. 439
Weber, M. 52, 555, 578, 1088
Webern, A. v. 973
Weizsäcker, E. v. 592 f.
Westpreußen 613
Wien 613
Williams, V. R. (Vil'jams) 695, 798
Witte, S. Ju. (Vitte) 52
Wolga 607, 611, 649
Wrangel, P. N. v. (Vrangel') 140 f.
Wright, F. L. 572

Zajkov, L. N. 1024
Zalygin, S. P. 968
Zaporož'e 481
Ždanov, A. A. 397, 404, 447, 449, 460,
467, 469, 475, 567, 622, 626, 663, 672,
674, 679 f., 683, 684 f., 690, 694 f., 716–
723, 775, 817, 821 f.
Zelinskij, N. D. 963
Zenzinov, V. M. 139
Zinov'ev, G. E. 108, 121, 166 f., 171–178,
182–184, 186–188, 190–192, 258, 311,
325, 357, 363, 445, 449, 451, 457–459,
684
Zinov'evsk (Elizavetgrad) 327
Žirinovskij, V. V. 1074
Zjuganov, G. A. 1076
Zoščenko, M. M. 346, 716
Žukov, G. K. 608, 611, 613, 679, 766, 781

Sachregister

9+1-Gespräche 1051
500-Tage-Plan 1045
Abrüstung (s. a. Rüstung)
- allgemein 979, 1000f.
- ABM-Vertrag 1001
- INF-Vertrag (1987) 1032
- SALT I (1973) 1001, 1089
- SALT II 1003f., 1031
Adel 17, 257, 267, 285, 297, 311, 315, 407
Afghanistan 13, 587, 887, 977, 979, 989, 993, 997, 1004, 1015, 1065, 1075
Agrarsozialismus → Sozialrevolutionäre Partei Rußlands
Albanien 1001
Alkoholismus 277, 327, 474, 914, 1022
Anarchie 83, 85, 87, 98, 117, 137, 140, 144, 155
Alphabetisierung 36, 265, 303–314, 320, 334, 340, 413, 543, 543–554, 939
Aprilthesen (Lenin) 179, 353
Arbeiter
- allgemein 32–40, 43, 45f., 50–52, 56f., 59–64, 66–68, 72–74, 76, 78f., 82f., 85, 88–93, 95, 97, 100, 107f., 113, 115–118, 120, 122, 124–127, 130–133, 136, 141f., 146, 148–150, 153–156, 159, 161, 184, 210, 216, 221, 239, 269–282, 370–372, 374f., 383, 385, 401f., 404, 407, 413, 415–422, 432, 434, 438f., 465f., 469, 477, 482, 512–526, 540f., 547, 551, 554, 562, 565, 579, 581, 625, 643, 646–654, 689, 702, 705, 745, 777, 808, 855, 859, 878, 887, 904, 907–916, 918, 929, 938f., 953, 1014, 1055, 1086
- Abteilungen für Arbeiterversorgung (Orsy) 67
- Arbeiterkontrolle 89f., 93, 124–127
- Arbeiterprotest 31, 37f., 42, 60, 62, 64–67, 78, 85, 93, 97, 110, 132, 422, 517, 771, 897, 1063
- Arbeitsbedingungen 61, 87, 89, 92, 125, 127, 273, 278, 314, 417, 420f.,

515–521, 524, 541, 648–650, 652, 835, 894, 897f., 910–917, 949
- Fabrikkomitees 88–90, 116, 124f., 145
- Streiks 31, 37–40, 48, 50, 52, 62, 64f., 67, 69, 89, 92, 116, 126, 131, 149, 240, 241, 277, 341, 1044, 1055
Armee, Rote (s. a. Rüstung)
- allgemein 17, 137, 140–143, 149, 153, 172, 197–199, 219–225, 231, 268, 270f., 354, 469, 471–476, 480, 484, 560, 595, 598, 601–614, 625, 653, 659, 666, 671, 679f., 688, 701f., 708, 729, 733, 750, 780f., 801, 851, 866–870, 887, 889, 897, 915, 928, 958, 991, 993, 1014, 1050f., 1054, 1057, 1089
- Frunzesche Reformen 471
- *PURKKA* 473, 475
- Militärräte 149, 198, 472, 475
Armee, zaristische 64–72, 75–77, 79, 82f., 85f., 88, 97, 99f., 102, 108f., 112f., 116f., 121f., 127f., 131f., 134
Armeen, Weiße 134, 139–141, 143, 151f., 195, 197, 220, 354
Armeeführung 65f., 68–72, 75f., 83–85, 98–100, 111, 113, 128, 135, 138–143, 146, 223f., 472–476, 604, 606, 618f., 625, 679, 763, 866, 868f., 877, 1056
Artel' (s. a. Kolchosen) 285, 381, 488, 519
Ärztekomplott 685, 687, 757, 759f., 763, 785
Atomindustrie 812, 871
Augustputsch (1991) 13, 1052–1060, 1062
Außenhandel 201, 356, 372, 504–506, 761, 767, 894f., 1033, 1043
Außenpolitik (s. a. unter den einzelnen Ländern)
- der provisorischen Regierung 77
- Sowjetische (s. a. Kalter Krieg; Friedliche Koexistenz; Neues Denken) 21, 352–363, 429, 585–598, 679, 729–741, 767, 990–1013, 1031
Autokratie 15, 25, 27f., 30f., 33, 37, 39, 42, 44–46, 49, 52, 55f., 63–66, 69–74,

77, 86, 88, 93, 105, 113, 131, 134, 137, 144f., 178–180, 183, 197, 222, 255, 257, 265, 267f., 293, 304, 306f., 311, 314, 332, 334f., 476, 478, 504, 623, 649, 679, 750, 752, 814, 862, 875, 1077, 1085

Baltische Republiken (s. a. Estland; Lettland; Litauen) 128, 594–596, 607, 628, 634, 708, 798, 875, 903, 906f., 936, 1029, 1049–1051, 1057, 1076f.
Bauern
- allgemein 17, 27–35, 37, 42–45, 47f., 50–52, 56f., 61–63, 75, 79, 82–84, 88, 93f., 96–98, 106, 109f., 114f., 118, 120, 122–124, 127, 130–135, 137, 141, 147–149, 152, 154–157, 169, 177, 180f., 183, 210, 212, 222, 234, 239, 246, 254, 260, 267, 282–297, 312, 334, 351, 354, 374, 377–401, 405, 407, 416, 438, 466, 469f., 535–537, 540f., 551, 554, 579f., 689, 708, 745, 750f., 777, 788, 795f., 808, 859, 903, 908, 916–924, 929, 939
- Bauernprotest 29, 31, 37, 44, 51, 82, 123, 135, 156, 368, 582
Berlin-Blockade 739–741
Berlin Mauerbau 998
Berlin-Ultimatum 763, 994
Berliner Vertrag (April 1926) 361, 428
bezprizorniki (Unbeaufsichtigte) 301, 318
Bildungswesen (s. a. Universitäten; Schulwesen; Kommunistische Akademie; VTUZ) 16, 25, 36, 38f., 49f., 54, 60, 282, 303–314, 411, 415, 534, 543–554, 673, 681, 705f., 715, 746, 778, 804–809, 851, 855, 859, 865, 899, 908f., 922, 926f., 929, 931–941, 1012
Blutsonntag 50, 64, 132
Bolschewiki (Mehrheitler) (s. a. KPdSU) 15, 17, 39, 46, 63, 67f., 76, 81, 83–87, 90f., 93, 97–102, 368, 370, 388, 402, 406, 430, 436, 439, 441, 446, 449f., 461, 466, 471, 525, 543, 558–560, 575, 579, 586
Brest-Litovsk, Separatfrieden von 323, 354, 359, 625, 654–658, 730
Brežnev-Doktrin 998
Bulgarien 177, 304, 596
Bürgerkrieg 17, 134–196, 210, 213, 215, 222, 227, 237, 255, 264, 265, 281, 301, 354, 379, 383, 396, 399, 405, 407, 409, 419, 430, 432, 436, 442, 444, 449, 464, 475, 505, 551, 556, 568, 673, 705, 746, 753, 821, 901, 1049, 1053, 1059, 1079
Bürgerrechte 228, 315f., 442, 787, 871, 977, 978–980, 1002, 1073, 1086
Bürgertum 17, 178, 180, 204, 267, 277, 297, 300, 313, 363, 349, 409, 411, 438f., 443, 541, 551f., 561, 565, 571
Burgfrieden 56, 62
Bürokratie 162f., 166, 170, 184, 204, 207, 225, 419, 439, 523, 525, 561, 678, 692, 758, 778, 783, 798f., 862, 868, 874, 928, 1006–1013, 1015, 1047

China 428, 485, 740, 994, 997, 1002f., 1079
- Massaker von Schanghai 187, 188
Comecon → Rat für Gegenseitige Wirtschaftshilfe
Containment-Politik 736
Curzon-Linie 731, 733
Curzon-Ultimatum (Mai 1923) 357

Demographie (s. a. Zensus) 30, 59, 263–269, 284, 493, 506–515, 620, 629, 643, 652, 657, 663, 704f., 708, 841–844, 891, 899–909, 1033
Demokratie 17f., 63, 68f., 72–75, 77, 79, 81–84, 86f., 95f., 101, 106, 108, 114f., 118, 121f., 125, 128–131, 133, 135f., 144, 154–156, 171, 184, 191, 435, 437–439, 451, 546, 615–617, 678, 763, 774, 787, 807, 859, 980, 1016, 1025, 1034, 1036f., 1048, 1056, 1062, 1070, 1072f., 1076–1078, 1087, 1092
Demokratische Konferenz (1917) 101f., 107f., 112f.
Demokratische Zentralisten 162
Deportationen 290, 394, 398, 489, 501, 521, 526, 528, 451, 616, 628–631, 703, 784, 951
Deutschland 14, 78, 85, 99f., 108–110, 128f., 136f., 140f., 150, 177, 179f., 353f., 356, 358, 360–363, 428, 475, 483, 485, 505f., 572, 586–598, 613, 619, 658, 670, 727, 729, 731f., 734f., 737, 741, 816, 1032, 1054, 1089
- Bundesrepublik Deutschland (s. a. Ostpolitik) 739, 741, 878, 905, 994, 998–1000
- Deutsche Demokratische Republik 688, 740, 994f., 999f.

Dissidenten 560, 578, 584, 779, 804, 827, 899, 966, 972 f., 976–981, 987, 1013, 1026, 1035, 1038
Doppelherrschaft 68, 72–80, 88, 120, 1061
Dnepr-Staudamm 251, 373, 691
Dritte Welt 866, 1003
Duma
- allgemein 25, 52–59, 73
- erste 53 f.
- zweite 54
- dritte 54, 58
- vierte 39, 64–73, 79, 99, 109
- Stadtdumen 74
- Dumakomitee 69 f.
- Staatsduma (nach 1993) 1072 f.
Dumawahlen
- 1993 1062, 1073 f.
- 1995 1075

Elektrifizierung 15, 695, 698, 753, 788, 797
Elite, technisch-administrative (s. a. Intelligenz: technische) 16, 402, 413, 471, 480, 515, 539, 541, 543, 559, 669, 865, 924, 925
Emigration 62, 73, 78, 135 f., 510, 666, 685, 750, 766, 1085
England 14, 179, 188, 354–359, 361, 428 f., 484 f., 505 f., 588, 590–593, 595–597, 658, 685, 729–732, 816, 904
Enteignungen (s. a. Landwirtschaft: Landenteignungen) 17, 95, 123, 125, 127, 138, 144 f., 147 f., 154, 329, 505, 895
Entspannungspolitik 997 f., 1001–1004
Entwickelter Sozialismus 13, 20, 367, 632, 867, 874, 900–907, 918, 929, 939, 950, 954, 1005–1013
Erklärung der 13/46/84 → Opposition: Linke
Estland 109, 120, 126 f., 148, 195, 474, 587, 902, 906, 1049, 1052, 1054, 1058
Eurokommunismus 976, 991–993, 998, 1017
Evakuierung 19, 621, 632–635, 639, 642, 648, 669, 703, 730
Exekutivkomitees
- allgemein 67–69, 78 f., 131, 205 f., 214, 294, 296, 393, 438, 440, 478 f., 678 f., 684, 783, 851, 853, 864–866, 947
- Zentrales Exekutivkomitee (VCIK) (s. a. Sowjets: Oberster Sowjet) 83, 86, 91, 102, 107, 120 f., 124 f., 132, 153–155, 201, 274, 305, 309, 318, 330, 336, 363, 552, 676, 859, 915
Ežovščina 464

Familienpolitik 314–318, 509, 537, 550–554, 665, 931, 941–950
Faschismus (s. a. Nationalsozialismus) 438, 451, 586, 588, 598, 631, 741 f., 744, 954
Finanzwesen (s. a. Inflation) 236 f., 243 f., 253, 281, 503–505, 677, 700, 707, 865, 895–899
Finnland (s. a. Winterkrieg) 86, 128, 195, 587, 595 f., 629
Formalismus 568, 570
Föderalismus 194, 198–200, 203, 207, 438, 476, 784 f., 873–877, 905, 1072 f., 1092
Frankreich 354–356, 428, 506, 572, 587–593, 595 f., 598, 731, 735, 737, 1040
Fraktionsverbot 18, 122, 158, 161, 172 f., 186, 188, 192, 194, 222, 957
Frauen 26, 64, 108, 133, 308, 314–317, 347, 550–554, 647, 655, 665, 693, 779, 901 f., 905, 907, 924, 935, 941–950
Friedliche Koexistenz 763, 931, 955, 957, 994
Fünfjahresplan 505, 520, 524, 708, 750
- allgemein 268, 644, 880
- erster 368–377, 385, 387–389, 392, 401, 406, 411, 417, 423, 446, 483, 505 f., 520, 528, 635, 637, 645, 746, 749, 753, 764, 776, 904, 908
- zweiter 435, 480–483, 513, 515, 529, 637, 753, 904, 908
- dritter 482, 485, 513, 529, 530, 637, 884, 904
- vierter 689, 691, 693 f., 697, 704, 708, 710, 738, 788
- fünfter 703, 715, 725, 801, 805
- sechster (1960–60) 801 f., 878
- siebter (Siebenjahresplan) 774, 787, 801 f., 878
- achter (1970–70) 882
- neunter (1975–75) 838, 848, 870, 884, 887, 890
- zehnter (1980–80) 839, 885, 890, 911
- elfter 1021
- zwölfter 1030

Geheimpolizei (s. a. Tscheka, OGPU, NKVD, KGB, MGB) 191, 201, 367,

394, 423, 442 f., 448, 453, 463, 480,
521, 554, 619 f., 627, 682, 684, 750, 775
- Sonderkomitees 443
Geheimrede Chruščevs (s. a. KPdSU, Parteitage: 20.) 447, 475, 762 f., 974, 991
Gemeinschaft Unabhängiger Staaten (GUS) 1058
Generalsekretär der KPdSU, allgemein 20, 164, 175, 214, 468, 556, 828, 851, 1016–1018
Genossenschaften 38, 114, 158, 237, 247, 340, 380–382, 403, 644, 655, 1033
Genua, Konferenz von (1922) 356, 360
Geschichtsschreibung
- allgemein 350, 815–817, 965, 966, 1026
- sowjetische 73, 602, 605, 645, 647, 722 f.
Gesundheitswesen 701, 715, 894, 902, 906, 908, 926 f., 929, 937, 943
Gewerkschaften 37–39, 40, 50, 52, 57, 72 f., 88–92, 100, 108, 110, 114, 116, 121, 123, 125–127, 147, 155, 159 f., 162, 272–274, 276, 282, 304, 337, 358, 403 f., 420 f., 519, 676, 774, 834, 872, 915
Gipfeltreffen
- von Genf (1955) 991, 993, 1001
- von Genf (1985) 1031
- von Reykjavik (1986) 1031
GKO → Verteidigungskomitee, Staatliches
Glasnost' 455, 616, 770, 816, 872, 951, 980, 1025–1028, 1033 f., 1038, 1048 f., 1052
Gosizdat (Staatsverlag) 335
Gosplan 241, 249, 251 f., 277, 368 f., 371, 389, 409 f., 423, 440, 442, 478, 482, 507, 513, 621, 677, 684, 689, 690, 758, 802 f., 832, 861, 894, 955, 1018, 1041
GPU → OGPU
GULag → Lager
GUS → Gemeinschaft Unabhängiger Staaten

Handel (s. a. Außenhandel, Schwarzhandel; Kolchosen: Kolchosmarkt) 17, 99, 116, 143, 146 f., 157 f., 161, 201, 204, 235, 237–241, 252, 257, 259 f., 268, 290, 298 f., 321, 327, 374 f., 383, 386, 395, 417, 424 f., 433, 438, 457, 469, 473, 478, 497, 499, 502–504, 515 f., 531, 615, 621, 636, 643, 647,
650, 655, 700–702, 706, 711, 761, 851, 853, 886, 893–895, 910, 920, 943, 1042, 1044, 1067, 1069
Helsinki, Schlußakte von → KSZE: Schlußakte von Helsinki
Hitler-Stalin-Pakt 586, 592, 598, 616, 708, 729, 733, 1029, 1049
Hungersnot
- von 1891/92 43
- von 1921/22 301
- von 1932/34 369 f., 389, 409 f., 423, 505, 551

Industrie vor 1917 28–30, 32–46, 49, 56 f., 59–61, 67, 79, 82, 88–91, 99, 423 f., 426
Industrie nach 1917 (s. a. Atomindustrie)
- allgemein 15–17, 19, 116, 124 f., 127, 143, 145, 147, 156, 166, 182, 193, 241–252, 266, 282, 299, 314, 350, 369, 372 f., 375, 378, 380, 385–387, 389, 401 f., 407, 409, 412, 414, 416–426, 428, 430, 432, 442, 444, 476, 480–483, 485, 487, 499, 505 f., 511, 521, 536–538, 541 f., 544, 550 f., 554, 559, 561, 571, 575, 580–582, 585 f., 621, 631, 648, 654, 669, 677 f., 688–693, 698, 701 f., 708, 730, 750, 760, 772, 778, 790, 796, 800–802, 805, 828, 850, 856, 878–888, 893 f., 896, 902, 909 f., 918, 925, 931, 946, 1008, 1012, 1014, 1028, 1047, 1067, 1081
- Schwerindustrie (s. a. Rüstung) 32, 145, 234, 240, 243, 251, 368, 440, 469, 484, 513 f., 522, 631, 635, 646, 648 f., 690 f., 738, 762, 781, 788, 800 f., 831, 834, 839, 846, 851, 869, 879, 881, 886, 889
- Konsumgüterindustrie 146, 148, 168, 238, 239, 259, 261, 469, 481, 472, 486, 513, 516, 632, 646, 651, 690–692, 694, 702, 704, 713, 768, 781, 788, 800, 832, 836 f., 851, 869, 879, 881–886, 913, 952
Industrialisierungsdebatte 239, 241 f., 245, 249, 370 f., 379, 404, 405, 751
Inflation 60, 62, 89, 92, 145, 147 f., 241, 277, 370, 373 f., 376, 483, 503, 515, 885, 898, 917, 1043, 1067
Institut für Weltwirtschaft 683
Intelligenz 26, 37, 42, 44, 47–51, 82, 94 f., 119, 132, 159, 339, 343, 345, 367, 411, 415, 432, 466, 539–543, 560, 565,

575, 578f., 623, 682, 689, 715, 787, 804, 813, 826, 856, 981, 988f., 1028, 1081, 1085
- technische (s. a. Elite, technisch-administrative; *Vydvižency*) 42, 144, 411, 550, 673, 678, 714f., 746, 778, 909, 927
Izvestija (VCIK) 327, 336, 405, 583, 669, 1027

Jalta, Konferenz von 732f., 736, 740
Japan (s. a. russisch-japanischer Krieg) 428, 475, 483, 485, 589, 729, 732, 740, 845, 878, 1079
Jugoslawien 601, 683, 731f., 992
Juliputsch (1917) 85, 92, 111, 150
Junge Pioniere 338, 953
Junikrise (1957) 769–771, 781, 817, 821
Juniumsturz (1907) 40, 62
Justiz (s. a. Lager) 201, 203, 224–230, 232f., 367, 379, 386, 401, 436–444, 449, 478, 606, 620, 677, 750, 752, 786f., 873, 931, 943, 1064
- Sondergerichte 442
- Todesstrafe 73, 76, 83, 98, 128, 155

Kadetten → Konstitutionelle Demokraten
Kalter Krieg 688, 692, 700, 716, 723, 725f., 729–741, 869, 991, 994–997, 1003f., 1031
Kanada 1001
KGB (NKGB) 447, 759, 765, 770, 780, 786f., 829, 834, 846, 861, 870–874, 877, 915, 969f., 974, 978f., 985, 989, 1009, 1013, 1017f., 1024f., 1037, 1040f., 1050, 1054f., 1057, 1059
Kirche 97, 122, 133, 302, 319, 327–333, 419, 553, 580–585, 665–668, 725–727, 954, 981–990
- Lebendige Kirche 331
Kirov-Affaire 445–447, 449, 459, 461, 763
Kolchosen (s. a. Artel'; TOZ; Kollektivierung; Sowchosen)
- allgemein 285, 370, 381, 382, 386–390, 392f., 395–397, 399f., 428f., 487–503, 530–538, 547, 614f., 638–643, 655–658, 689, 693–697, 708–714, 777, 783, 792–800, 806f., 865, 892, 907, 916–924, 944, 969, 1069, 1076
- Kolchosmarkt 375, 489, 502, 531, 642–644, 700, 712, 892, 898, 1043
- *Tagewerk*-System 492–494, 501,

655f., 694, 710f., 714, 794f., 892, 918f., 944
Kollektivierung (s. a. Kolchosen; Sowchosen) 250, 257, 285–287, 290, 299, 368, 374–376, 377–401, 403, 405, 407, 409, 414, 419, 423, 425–427, 430f., 433, 435, 440, 444, 449, 476, 485f., 488f., 502, 505f., 527, 530, 532, 537, 551, 556, 566, 580, 582, 585, 626, 631, 645, 657, 690, 693, 746, 749f., 752f., 838, 889, 901, 916, 922, 1028, 1047, 1080, 1081f., 1084
Komintern 177, 179f., 188, 353f., 361–363, 429, 590, 598, 631
Kommunikationswesen 303, 862, 879
Kommunistische Akademie 292, 348f., 442
Komsomol 278, 282, 304, 313, 333, 337–339, 382, 386, 404, 413, 419f., 432, 470f., 545, 551, 626, 653, 725, 780, 787, 791, 867f., 953
Konstitution → Verfassung Konstituierende Versammlung → Verfassung
Konstitutionelle Demokraten (Kadetten) 49, 52–54, 56f., 69, 79, 81f., 86f., 95f., 99–102, 114, 129f., 134–136, 138f., 143, 348
Koreakrieg 726, 740f., 768, 990
Kornilov-Putsch 100–102, 106
Kosaken 65, 132, 135–140, 142
Kosmopolitismus 720, 723f.
KPD 177, 361, 363
KPdSU (s. a. KPdSU, Parteitage; Politbüro) 758–782
- allgemein 13, 15, 20, 157–194, 204, 206–219, 384, 393, 405f., 408–412, 436–438, 462–471, 476, 480, 525, 622–625, 627, 671–684, 694, 826f., 841–857, 860, 865, 867f., 870, 876, 925, 928, 931, 940, 951, 955f., 962, 1009, 1017, 1025, 1035, 1038, 1039, 1041, 1050f., 1054, 1055, 1057, 1064, 1074, 1077, 1081
- Kader 468, 470, 550, 622, 625, 673, 681, 834, 836, 877, 897, 1016, 1018, 1026, 1081
KPdSU, (RSDRP(b); RKP(b); VKP(b)), Parteitage
- 2. (1903) 46
- 7. (1918) 128, 209
- 8. (1919) 196, 213, 220f., 225, 251, 334
- 9. (1920) 162, 215
- 10. (1921) 18, 153, 157–159, 161f.,

210, 215, 221, 224, 234, 236, 272f., 317, 335
- 11. (1922) 164, 199, 214, 222
- 12. (1923) 164, 166–168, 170, 172, 200f., 235, 239, 301, 311, 325, 368
- 13. (1924) 174–176, 181, 242, 244
- 14. (1925) 183, 185, 215, 248f., 251, 259f., 262
- 15. (1927) 189f., 215, 250f., 296, 369, 379, 381, 402, 409, 411, 420
- 16. (1930) 372, 397, 582, 956
- 17. (1934) 444, 446, 464, 467, 469, 472, 507, 544, 557, 844
- 18. (1939) 460, 464–467, 469, 482, 517, 543, 557, 592, 622, 681, 845
- 19. (1952) 622, 675f., 681, 725, 729, 776, 805f., 844
- 20. (1956) (s. a. Geheimrede Chruščevs) 447, 762, 765, 776f., 779–781, 801, 811, 815, 817, 820, 822, 849, 857, 915, 951, 955, 959, 982, 991f., 1005
- 21. (außerordentlicher)(1959) 775, 790, 849
- 22. (1961) 447, 768, 773, 775–779, 816, 823, 849, 872, 951, 956, 1016
- 23. (1966) 775, 778f., 795, 828, 830, 836, 841, 848f., 854, 857, 889, 933, 975
- 24. (1971) 836–838, 848, 856, 933, 1001
- 25. (1976) 839, 848, 855, 868, 885
- 26. (1981) 839, 848, 856, 890
- 27. (1986) 1023f., 1026, 1041
- 28. (1990) 1041

Kratkij kurs (Kurzer Lehrgang) (Stalin) 558f., 728
Kriegskommunismus 144, 146f., 157, 160, 246, 260, 271, 310, 345, 375, 380f., 402, 436, 502, 518, 587
Kriegswirtschaft (s. a. Kriegskommunismus) 59f., 145, 631–645, 653f.
Krimkrieg (1858–56) 32, 41
Kronstadt, Aufstand von 71, 149, 155, 161
KSZE 979, 1002,
- Schlußakte von Helsinki 871, 978f., 988, 1001–1003, 1058
Kuba-Krise 763, 768, 781, 978, 990, 994–996, 1000
Kulaken 183, 190, 247f., 259f., 263, 289–292, 294f., 298, 373, 378f., 381, 385, 388–399, 414, 425, 427f., 437, 450, 454, 489f., 493, 501, 509, 519, 532, 535, 686

Kultur (s. a. Kulturrevolution)
- vor 1917 26f., 30
- nach 1917 302–352, 534, 539, 542–585, 658–670, 680, 701, 714, 716–729, 746f., 804–825, 834, 851, 865, 894, 908, 922, 931–990, 1001, 1091
Kulturrevolution 26, 303, 307, 324, 411–414, 422, 543f., 550f., 559, 569
Kustargewerbe 34, 238, 300, 516, 532

Lager 392, 394f., 446, 448, 453f., 474, 507, 526–530, 627, 685f., 692f., 759, 763, 766, 786, 1028
Landdekret 122–124, 127f., 254, 1047
Landwirtschaft (s. a. Bauern; Kollektivierung; Landdekret; Neulandprogramm; Sowjets: Dorfsowjets)
- allgemein 27–34, 41f., 46, 48, 51, 54f., 57f., 61, 82, 87, 93, 95, 123, 125, 128, 161, 182, 195, 216, 239f., 246, 250, 253–263, 278, 304, 370–373, 377–401, 402, 425f., 431, 435, 442, 486, 487–502, 505, 511, 530–538, 558, 578, 638–643, 655–658, 690, 693–702, 707, 762, 767, 771, 774, 788–800, 803, 828, 836, 838, 850, 869, 879, 882–885, 887–893, 895, 916, 937, 944, 828, 836, 838, 850, 869, 879, 882–885, 887–893, 895, 916–924, 937, 944, 1026, 1031, 1040, 1046, 1067, 1084
- Agrarkodex (1922) 292
- Dorfgemeinschaft (*obščina, mir*) 29, 31, 146, 253, 255, 257, 265, 271, 283, 285–289, 293–297, 378, 381–382, 389, 490f., 530f., 534, 969, 1069
- Getreidebeschaffung 146f., 149f., 157, 235, 253f., 258, 260, 284, 379, 409, 426
- Landenteignungen 53, 82, 87, 94–97, 106, 122–124, 127f., 131, 149, 500
Langes Telegramm von G. Kennan 1946 688
Lehren des Oktober 178, 180f.
Lend-Lease-Abkommen 688, 700, 729, 737
Leninaufgebot 211, 296, 313, 338, 777, 1086
Leningrad, Blockade von 603, 611, 613
Leningrader Affaire 684, 757, 762, 832
Leninismus 176, 182, 325, 350–352, 368, 430, 443, 556, 559, 574, 578, 716, 742, 745, 749, 773, 787, 800, 814, 817, 965, 982f., 1065, 1086

Leninkult
Lettland 99, 587, 876, 902, 906, 1049, 1052, 1054, 1058
Liberalismus 26 f., 41, 45, 47–59, 67–74, 77, 79, 81–83, 93, 95 f., 99–101, 119, 131, 134 f., 316, 1085 f., 1092
Liga militanter Atheisten 333
Litauen 594 f., 832, 906, 1049 f., 1052, 1054, 1958
Literaturpolitik → Poletkul't; Sozialistischer Realismus
Schriftstellerverband, Sowjetischer
Locarno, Verträge von (1925) 361
Londoner Außenministerkonferenz 1947 739

Maidekret 146
Marine → Armee Marshall-Plan 736, 737
Marxismus 15, 32, 36, 42, 44 f., 48, 147, 157, 169, 179 f., 195, 225, 226 f., 245, 250, 257, 262 f., 274, 282, 286, 289–293, 298, 304, 308, 325, 339, 345, 349–351, 355, 385, 431, 442 f., 477, 531, 551, 561, 566 f., 576, 578 f., 695, 720, 722–724, 749, 753, 814 f., 822, 889, 908, 940–942, 946, 956, 965 f., 998, 1010, 1086
Marxismus-Leninismus → Leninismus
Menschenrechte → Bürgerrechte; KSZE
Menschewiki (Minderheitler) 39 f., 45 f., 67 f., 70, 72 f., 76, 78–81, 84 f., 87, 90–92, 96, 99 f., 102, 110, 112–114, 116, 121, 130–132, 135 f., 138, 153–155, 172, 178 f., 191, 195, 232, 304, 337, 345, 369, 370, 410, 457, 817
Metro, Moskauer 573
MGB → KGB Militärisch-industrieller Komplex 867
Ministerrat → Rat der Volkskomissare
Modernisierung 15, 25, 28, 41 f., 47, 56, 105, 119, 169, 266 f., 309, 504, 530, 563, 579, 704, 709, 715, 753, 778, 805, 826, 838, 862, 899 f., 902–904, 940, 943, 946, 952, 1001, 1008, 1011, 1013
Münchner Abkommen 590
MTS (Maschinen- und Traktorenstationen) 388, 491 f., 535, 626, 640 f., 693–696, 712, 792–795, 799

Narodniki 43–45
Nationalitäten (s. a. Estland, Finnland Lettland, Litauen, Polen, RSFSR)
– allgemein 86, 164, 166 f., 268 f., 181, 195–197, 200, 474, 476–480, 438, 628–631, 661, 760, 780, 784 f., 873–877, 906 f., 957, 980, 1038, 1042, 1047–1052, 1058, 1080, 1092
– Armenien 199, 478 f., 1049, 1051 f., 1058
– Azerbaidschan 198, 478 f., 876, 906, 1049, 1058
– Balkaren 480, 630
– Bessarabien 596
– Čečenen 480, 630 f.
– Georgien 164, 166 f., 199–201, 248, 257, 478 f., 661, 834, 876, 1051, 1057 f.
– Inguŝen 480, 630 f.
– Juden 73, 208, 394, 478, 601, 616 f., 648, 685, 721, 845, 1002
– Kabardinen 480
– Kalmücken 630 f.
– Karačäer 630
– Kasachstan 477, 509, 630, 762, 786, 788, 790 f., 798, 801, 803, 809, 831, 834, 875, 876, 906
– Kirgisien 906, 1058
– Kommissariat für Nationalitätenfragen 477
– *Korenizacija* (Verwurzelung) 207 f., 476 f., 479, 562
– Mingrelen 684
– Moldavien 876, 1058
– Nationalitätensowjet 478
– Osseten 480
– Rußlanddeutsche 628–630
– Tadžikistan 906, 1058
– Tartaren 630
– Transkaukasische Föderation/Republik 199 f., 202, 478
– Turkestan 273
– Turkmenistan 202, 906, 1058
– Ukraine 86 f., 128, 130, 136 f., 140, 143, 149, 167, 197 f., 199, 201–203, 207, 268, 284, 288, 306, 400, 476, 479, 501, 629, 638–640, 662, 666, 676, 688, 693, 708, 732, 760, 766, 769, 775, 780, 785, 798, 803, 834, 875 f., 902, 906, 1044, 1049, 1052, 1058, 1076, 1080
– Usbekistan 834, 875, 906
– Weißrußland 128, 198, 202, 207, 269, 306, 479, 612 f., 629, 666, 676, 688, 708, 714, 732, 834, 875 f., 906, 1058
Nationalsozialismus (s. a. Faschismus) 367, 433, 450, 462, 485, 522, 526, 555,

586, 588f., 592, 594, 598, 629, 631,
662, 670, 742, 744, 1083
NATO 886, 996
- *Doppelbeschluß* 886, 1003, 1015
Neulandprogramm 831, 838
Neue Ökonomische Politik (NĖP) 17f.,
  146, 149, 157–363, 367–369, 378–382,
  384f., 400, 402–404, 408f., 415, 419,
  421, 423, 426, 430f., 433, 436, 441,
  463, 483, 498, 500, 505, 511, 515f.,
  518, 564, 567, 578, 580, 689, 745, 749,
  758, 762, 765, 773, 789–790, 814, 880,
  901, 903, 914, 957, 1029, 1032f., 1047,
  1080, 1082
Neues Denken 20, 1031
Nepleute 297–301, 373
Neuer Kurs 167
NKVD (s. a. Geheimpolizei) 331, 398,
  443, 447–450, 452–454, 456, 458, 461,
  465, 470, 472, 474, 509, 517, 526, 542,
  578, 620, 626, 629, 682, 685, 702, 810,
  821, 832, 870
Nomenklatura 20, 542, 674, 767, 772,
  809, 826f., 829f., 836, 840, 844, 860,
  923, 929f., 938, 957, 971, 1007, 1013,
  1037, 1068, 1069, 1077, 1081

Oder-Neiße-Linie (s. a. Warschauer Vertrag) 733f., 737, 999
Öffentlichkeit (s. a. Presse) 37, 41, 48,
  52f., 334f., 1027, 1034, 1048
OGPU (GPU) s. a. Geheimpolizei 189,
  230f., 392, 395, 398, 409f., 443, 448,
  528, 546, 682
Oktobermanifest 52
Oktobristen 53, 55–57, 66, 69, 72
Opposition (s. a. Dissidenten)
- allgemein 172, 185f., 190f., 378, 383,
  402–407, 410, 441, 444, 450, 543, 555,
  560, 565, 574, 585, 598, 765, 767, 871,
  973, 976, 1026, 1038
- *Arbeiteropposition* 155, 159–161, 211,
  272, 317, 407
- Linke 170, 186, 188, 367, 402, 421,
  551
- Rechte 367, 370f., 384, 402, 409f.,
  429, 1028
- Vereinigte 185f., 249
- *Zinov'evsche* 182
Orgraspred 468f.
Orsy → Arbeiter: Abteilungen für Arbeiterversorgung

Österreich 735, 991
Ostpolitik 998, 1000

Paßgesetze 33, 423, 495, 520, 924
Partisanenkampf 614f., 663, 832
Parteien 26, 37–44, 52–54, 57, 59, 62,
  64, 67, 78, 80–84, 87, 89f., 95, 100f.,
  109, 113, 116, 121, 123f., 126f., 129–
  132, 139, 155
Partei der Volksfreiheit → Konstitutionelle Demokraten
Perestrojka 13, 16, 224, 233, 246, 483,
  568, 584, 595, 758, 776, 841, 902, 907,
  914, 928, 977, 1004, 1009, 1015f., 1018–
  1054, 1056, 1059, 1061–1063, 1066,
  1075, 1083f., 1086, 1089, 1092
Permanente Revolution 176, 178, 180–
  182, 193
Personenkult 173f., 321–328, 434, 471,
  525, 554–563, 727, 742, 768f., 815
Planwirtschaft (s. a. Fünfjahresplan; Gosplan) 367f., 377, 414, 420, 422, 431,
  433, 476, 486, 494, 502, 505, 514, 517,
  743, 744, 753, 767, 805, 898, 1044, 1082
Polen 86, 128, 194, 354, 359, 361, 474,
  476, 587–589, 591–595, 598, 601, 613,
  629, 634, 689, 731–734, 737, 991–993,
  997f., 1003
Politbüro 20, 153, 167f., 170, 174, 176,
  182, 184f., 186–189, 191, 204, 208,
  213–215, 234, 242, 272, 326, 330,
  343f., 369, 371, 379, 384, 389, 393,
  394, 404f., 449, 451, 478, 542, 558,
  592f., 621, 673f., 685, 721, 728, 760,
  828, 837f., 841, 846, 850, 851, 875,
  970, 1014, 1017–1019, 1041f.
Potsdam, Konferenz von 733f.
Präsidentenamt 1040f., 1046, 1064, 1072,
  1076
Präsidentschaftswahl 1996 1062, 1075,
  1076
Prager Frühling (s. a. Eurokommunismus) 973, 976, 998f.
Pravda 111, 171, 325, 389, 396, 403, 449,
  451, 552, 561f., 568, 591, 660, 762,
  765, 785, 828, 880, 1018, 1026f., 1057
Presse (s. a. Pravda; Izvestija) 172, 246,
  333–335, 554f., 559, 664, 998
Propaganda 108f., 137, 142, 172, 323,
  333–339, 342, 370, 373, 385, 429, 434,
  438, 449, 451, 469, 521, 524f., 544f.,
  554–563, 586, 607, 611, 614, 661f.,

664, 727, 743, 750, 767, 832, 885, 946, 950–955
Proletkul't 339–347
Provisorische Regierung
- allgemein 69, 73–79, 220, 348, 353
- Erste Koalition 81–87
- Zweite Koalition 87–102, 106–117
Putsch gegen Cruščev (1964) 758, 769–772, 781, 824, 826, 840, 871, 872, 874, 893, 957, 969, 970, 1005, 1014
Putschversuch gegen Cruščev (1957) 765, 769, 774, 833, 952
Putschversuch gegen E'lcin (1993) 1061, 1071, 1079

Rapallo, Vertrag von 358, 361, 586, 588
Rat der Volkskomissare (ab 1945: Ministerrat) (SNK) 120f., 129, 131–133, 149f., 154, 164, 174, 185, 202, 204, 231, 235f., 304, 403, 405, 437, 438, 440, 457, 477, 544, 547, 576, 621, 633, 652, 671, 676f., 782–784, 766, 832, 846, 861, 864, 961, 982, 1024
Rat für Gegenseitige Wirtschaftshilfe (RGW engl. *Comecon*) 895
Raumfahrt 809, 812, 831, 956, 993
Religion → Kirche
Revolution
- Februarrevolution 15, 52, 56, 62, 64–72, 158, 209, 283, 316
- Französische 13, 25, 320, 355, 525, 570, 1079
- *Fünfte russische Revolution* 1995–1993 1061
- Militär-Revolutionäres Komitee (VRK)
- Oktoberrevolution 13–17, 64, 105–117, 119, 121, 126, 131, 134, 158, 162, 167, 181, 209, 224, 234, 281, 283, 302, 314, 319, 369, 381, 408, 437, 441, 505, 546, 550, 553, 556, 562, 564–566, 581, 666, 723, 725, 745, 753, 815, 855, 1028, 1034f., 1039, 1046, 1061, 1077, 1079, 1086f.
- Revolution von 1905/06 25, 31, 37, 38, 49–52, 54f., 180, 558, 1061
- Revolutionärer Militärrat 472
- *Rote Garden* 113, 130, 141
- Russische, allgemein 550, 661, 705, 1059
- Theorie der (s. a. Permanente Revolution, Sozialismus in einem Lande) 25, 27, 32, 40, 44–46, 56, 70, 72, 79, 84,

96, 119, 162, 178f., 181, 187, 351, 1016
- Stalinsche 20f., 27, 44, 165, 219, 377, 408f., 415, 423–435, 444, 514, 520, 551, 557, 562, 861, 925, 1030, 1061, 1079, 1082, 1088
- Weltrevolution 178, 180, 187, 353, 359, 362, 429, 573, 994
Revisionismus (s. a. Totalitarismus) 30, 436, 734f., 747, 1039
- in der Geschichtsschreibung 436, 734f., 747
Rote Direktoren → Wirtschaftselite
RKP(b) → KPdSU
RSdRP → KPdSU
RSFSR 133, 197–204, 206, 213, 218, 227–229, 285–287, 295, 306, 311–313, 353, 357, 379, 389, 391, 396, 405, 477, 480, 514, 770, 775, 791, 803, 813, 821, 833f., 851, 887, 902, 932, 1041, 1051f., 1057
RTS (Reparatur- und Technikstationen) 793
Rückständigkeit 28, 30, 37, 46, 158, 245, 265, 372, 425, 431, 486, 489, 631, 690, 752, 816, 879, 899, 1081, 1085
Rumänien 591, 596, 613, 689, 732
Rundfunk 952, 1027
Russisch-japanischer Krieg (1904/1905) 37, 48, 50f.
Rüstung (s. a. Abrüstung)
- allgemein 59, 149, 484f., 602, 617, 621, 632, 635–637, 643, 649, 693, 700, 702, 738, 781, 788, 809–811, 831, 835–837, 839, 851, 869, 870, 877, 882f., 885, 1000, 1003f., 1014, 1089
- atomare Rüstung 668, 720, 800, 809, 931, 994f., 1000f., 1053, 1089
- Rüstungswettlauf 720
- Wasserstoffbombe 760, 809, 958, 963, 976

Säuberungen 930, 993
- allgemein 210, 406, 408, 444, 448, 466, 468, 470, 474f., 606, 674, 679, 721
- 1921 210f.
- 1925 211
- 1929 406f.
- 1933 407, 464
- 1935 450
- 1938 460
- 1946 694

– 1949–51 684f.
Šachty-Prozeß 219, 362, 409–411, 476, 575
Schauprozesse (s. a. Šachty-Prozess) 232, 401, 406, 408, 442, 449–453, 456, 459f., 463, 476, 763
Schwarzhandel 148, 417, 424f.
Scherenkrise 168, 211, 238–242, 245, 257, 259, 261, 299, 368, 897
Schriftstellerverband, Sowjetischer 567f., 717, 820f., 825, 967, 972
Schulwesen (s. a. Universitäten) 32, 39, 60, 301, 329f., 411, 414f., 543–554, 576, 581, 663, 673, 701, 706, 714, 724f., 778, 783, 785, 807–809, 855, 922, 932
SDI-Programm 997, 1004, 1031
Sicherheit, kollektive 585–587, 589, 591, 598
Sicherheitsrat 1064
Slavophile 165, 287, 980
Smyčka 157, 212, 222, 246, 254, 409
SNK → Rat der Volkskomissare
Soldaten → Armee
Solovki-Affaire 232
Sowchosen 285, 370, 381, 388, 392, 399, 531, 639, 640, 693, 695f., 698, 707, 783, 792, 795f., 799, 806, 918
Sowjetpatriotismus 19, 477, 561f., 618, 627f., 658, 661
Sowjets (Räte) (s. a. Exekutivkomitees)
– allgemein 15, 17, 67, 73–79, 82–84, 88–92, 96f., 99, 102, 106–110, 113–118, 121–129, 132–136, 138, 140, 145, 154–156, 205, 225, 393, 437, 614, 678f., 758, 782f., 857–866, 1034, 1037
– Arbeiter- und Soldatenräte 68, 73f., 82f., 97, 113, 124, 136
– Allrussischer Kongreß der Räte der Arbeiter- und Soldatendeputierten 107, 124, 127, 858
– Allunionskongreß der Arbeiter-, Soldaten- und Bauerndeputierten 82f., 437
– Allunionssowjet 438, 440, 478
– Dorfsowjets 205, 294f., 386, 389, 395
– Oberster Sowjet (s. a. Exekutivkomitees: Zentrales Exekutivkomitee) 438, 652, 782, 858, 864, 1017, 1036f., 1053, 1063, 1071
– Oblast'-Sowjets 205f., 863f.
– Rajonsowjets 206, 864
– Stadtbezirkssowjets 206, 864

– Stadtsowjets 205f., 547, 684
Sozialdemokratische Partei Rußlands (s. a. Bolschewiki; Menschewiki) 39, 43–46, 48, 51, 54, 64, 410, 429, 598
Sozialismus in einem Lande 176, 181f., 183, 186, 193, 244, 250, 262, 353, 362, 476, 562, 585, 598
Sozialistischer Realismus 565, 567f., 571, 668, 716f., 819, 822, 974
Sozialistischer Wettbewerb 420, 522
Sozialrevolutionäre Partei Rußlands (PSR) 27, 44, 48, 54, 64, 67f., 70, 78–81, 83, 85, 87, 91, 93, 95–97, 99f., 102, 107f., 110, 112–116, 121–124, 129–132, 135f., 138f., 141, 149f., 153–155, 232, 304, 337, 408, 410
Spanischer Bürgerkrieg 485, 594
Spezialisten (s. a. Intelligenz, technische) 282, 297–301, 349, 376, 412, 414f., 422, 432, 409, 411, 539, 541f., 550, 649
Staat und Revolution 165, 219
Staatsgrundgesetz → Verfassung
Staatssymbole 322, 323
Stachanov-Bewegung → Stoßarbeit
Stalingrad, Schlacht um 607–610, 622, 627
Stalinismus (s. a. Revolution: Stalinsche) 230, 334, 368, 411, 415, 423–434, 504, 521, 572, 577, 621, 645, 658, 670, 741–754, 757f., 773, 779, 845
Stalin-Plan zur Umgestaltung der Natur 695
Stalin-Note 739
Steuerpolitik 157f., 169, 235, 259, 427f., 489, 491, 500, 503–504, 644, 700, 713, 762
STO 149, 160, 174, 198, 251, 259, 274
Stolypinsche Reformen 31, 54, 55, 96, 254, 286
Stoßarbeit 278, 420, 521–526, 652

Tage der Freiheit 37, 52
Tauwetter 19, 757, 788, 804, 818–820, 839, 931, 951, 967, 974, 997
Taylorismus 276, 420, 518, 525
Teheran, Konferenz von 730
Terror 117, 131, 148–151, 156, 227, 232, 401, 440, 444–463, 466, 468, 480–482, 485, 525, 529, 542f., 554, 577, 584f., 620, 631, 645, 669f., 673, 682, 686, 715, 743, 747, 752, 757, 763, 768, 772,

785, 787f., 832, 844, 900f., 930, 954, 975, 988, 1013, 1028
- «Großer Terror» 443, 452, 461, 470, 478, 500, 507, 509, 521, 526, 528, 568, 570, 686, 690, 779, 786, 845, 849
Testament, Lenins politisches 164, 174f., 177, 189, 404
Totalitarismus (s. a. Revisionismus) 15f., 118, 433, 435f., 462, 526, 553, 555, 559, 566, 572, 580, 586f., 592, 631, 645, 678, 742–744, 747–749, 751, 772, 780, 841, 846, 951, 1003, 1006–1009, 1012, 1039
TOZ (s. a. Kolchosen) 285, 381, 389, 490, 531
Transportwesen 143, 149, 160, 648f., 691, 851, 908
Transsibirische Eisenbahn 33, 45, 486
Trotzkismus 176, 178, 180f., 187–189., 191–193, 347, 371, 449, 451f., 457, 476, 525, 558, 621
trudoden' → Kolchosen: *Tagewerk*-System
Tschechoslowakei (s. a. *Prager Frühling*) 589f., 737, 957, 976, 998–1000
Tschechoslowakische Legion 136–139, 141
Tscheka (ČK, eigentlich VČK) 108, 126, 149–152, 154f., 226, 230, 232, 346, 441, 453, 480, 871
Troika 166, 169, 172, 178, 180, 182, 185, 211, 258, 326
Trotzkismus 452
Trotzkistisch-sinowjewistisches terroristisches Zentrum 451, 476
Truman-Doktrin 736
Türkei 587, 596, 996

U-2 Abschuß 991
Über die Grundlagen des Leninismus (Stalin) 351
Ungarn 613, 763, 992, 993, 997, 998
Universitäten (VUZy) 172, 311–313, 315, 348, 413f., 543–554, 572, 583, 673, 681, 715, 725, 767, 778, 806f., 814, 853, 859, 922, 926, 930, 932, 937, 939, 943, 951, 1020,
- Institut der Roten Professur 339
UNO 679, 731f., 740, 979, 996
- Menschenrechtsdeklaration (1948) 978
Unternehmen Barbarossa → Weltkrieg: Zweiter

Urbanisierung 16, 33, 35, 39f., 60, 265f., 269, 271, 278, 284, 375, 416, 418, 424, 432, 511–514, 551, 654f., 669, 709, 778, 791, 796, 800, 856, 899, 903f., 925, 936, 1012
USA 254, 361, 484, 506, 588, 658, 661, 685, 688, 723, 726, 729–741, 752, 798, 811, 869, 904f., 913, 943, 956, 958, 970, 979, 988, 994–997, 999–1004, 1010, 1028, 1031

VARNITSO 575
Verbannung 62, 672
Verfassung
- allgemein 37f., 48f., 52–54, 57, 67, 69, 74, 83, 87, 93, 95f., 106–108, 113f., 120, 122–124, 126f., 129–132, 134–136, 139, 149, 581
- 1906 66
- 1918/24 133
- 1922/24 194, 204, 286
- 1936 133, 436–444, 451, 478, 525, 562, 583, 678, 783
- 1977 847, 857, 873, 957, 1036, 1039, 1048, 1062, 1063
- 1993 1074
- 1996 1068–1071, 1077
Versailler Vertrag 359, 360
Versorgung (s. a. Hungersnot) 61f., 64f., 74f., 90–93, 97, 108f., 117f., 142, 144–149, 153–157, 259–261, 278f., 282, 290, 378, 380, 385, 408, 418, 424, 426f., 473, 515, 527, 581, 627, 638, 640, 643f., 650, 655, 686, 688, 697, 699, 702, 706, 788, 839, 882, 889, 916, 919, 929
Verteidigungskomitee, Staatliches (GKO) 615–623, 630, 633, 671, 689
Verwaltungsbezirke, Reform der 206
Vietnam-Krieg 996f., 1003
VKP(b) → KPdSU
Vlasov-Bewegung 661
Völkerbund 361, 589
Volksdeputiertenkongreß 592, 977, 1034–1040, 1045, 1051, 1053, 1055, 1061f., 1066, 1068–1071
Volksfront 598
Volkswirtschaftsrat, Oberster (VSNCh) 159, 174, 187, 233, 235f., 239, 242, 246–252, 271f., 277, 300, 369f., 409, 411, 414, 419, 421, 478, 519
Vorparlament → Demokratischer Rat

VRK → Revolution: Militär-Revolutionäres Komitee
VSNCh → Volkswirtschaftsrat, Oberster
VTUZ (Technische Hochschulen) 412–414, 778
VUZ → Universitäten
Vydvižency 212, 218, 419, 432, 444, 515, 650, 673, 746, 845

Wahlgesetze
- allgemein 38, 53f., 74, 80, 286
- 1936 437–439., 583
- Wahlen zum Volksdeputiertenkongreß 1034–1036
Warschauer Pakt 998
Warschauer Vertrag 999
Was tun? (Lenin, 1902) 45
Weltkrieg
- Erster 25, 28, 31, 55, 62, 64f., 69, 72, 75–82, 84, 86f., 93, 99f., 108–110, 127f., 137, 155, 263–265, 353, 386, 483, 485, 505, 513, 551, 649, 1079
- Zweiter 18f., 394, 423, 465, 475, 482, 527, 530, 536, 545, 547, 551f., 574, 580, 584, 587, 592, 601–670, 705, 715, 722, 727, 729, 763, 779, 786, 830, 846, 862, 867f., 904, 916, 939, 941f., 947, 953, 954, 964, 966, 991, 994f., 999, 1028, 1080
- Kriegsreparationen 700, 734, 737, 739, 741

- Kriegsverluste 615–617, 644, 693, 830, 831f.
Winterkrieg gegen Finnland 475, 595
Wirtschaftselite 301, 419, 481, 520, 523, 652, 927
Wissenschaft 348–352, 543, 563–580, 668, 718–724, 804, 807, 809–817, 851, 908, 931, 951, 958–966, 971, 1001, 1024f.
Wissenschaften, Akademie der 722, 812–814, 932, 940, 959–963, 976, 1031, 1035
Wohnungswesen 279, 281, 418, 516, 581, 650–652, 714, 893, 914, 920, 929, 947

Zarismus → Autokratie
Zemstva 26, 41f., 47–49, 54, 57, 69, 74, 94, 123, 307, 478, 1085
Zensus
- von 1926 264, 305, 506, 510
- von 1937 507, 509f.
- von 1939 506f.
- von 1959 901
Zentralkomitee (ZK) (Organisation) 85f., 153, 161f., 165, 167, 175, 176, 204, 213f., 335, 350, 457, 467, 469, 471, 479, 622, 633, 675f., 760, 765, 770–776, 779, 781, 784, 829, 837, 844–846, 848–850, 851, 857, 860–862, 868, 872, 875f., 947, 1016f., 1024–1027, 1041, 1057, 1064